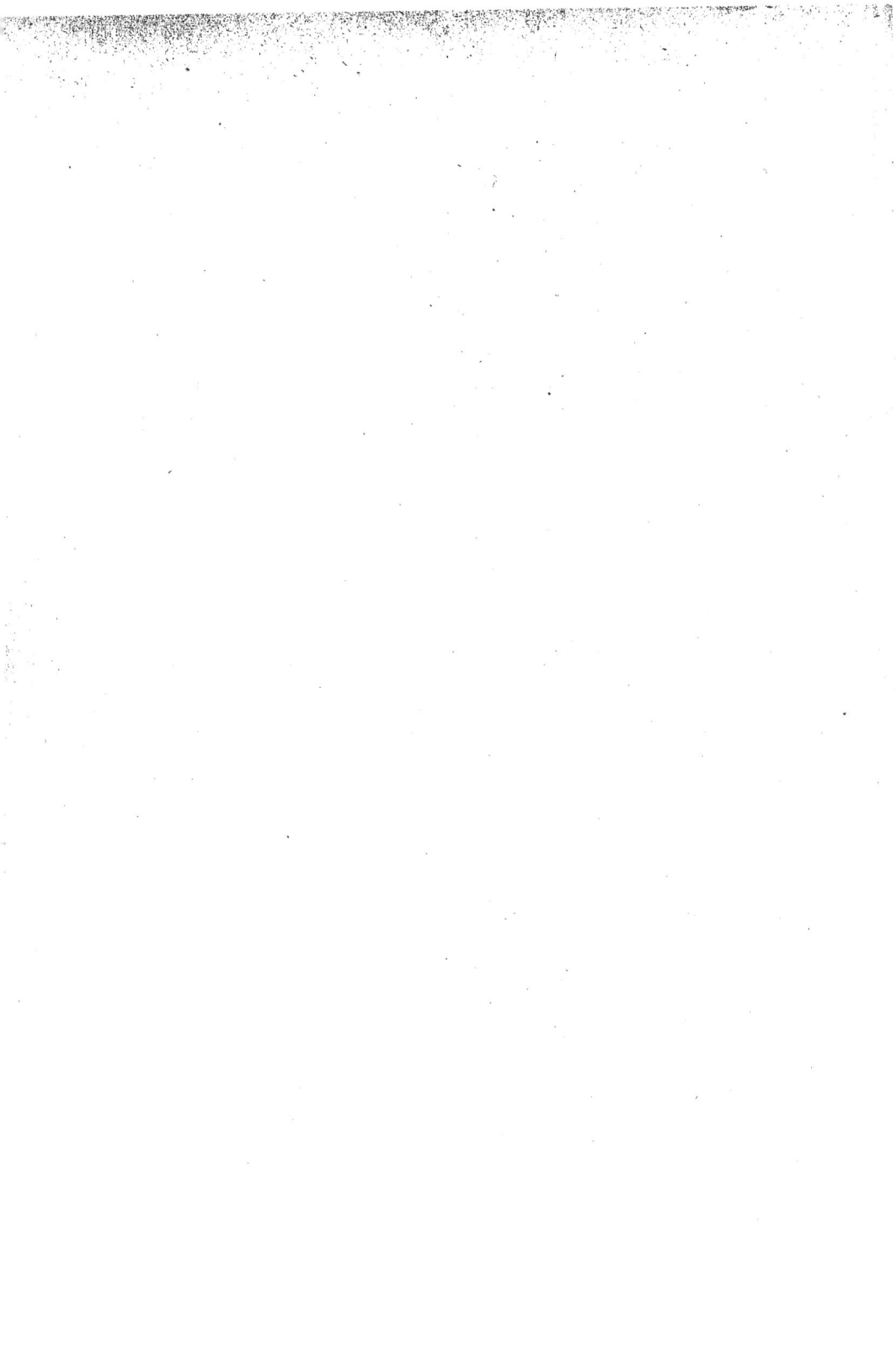

PANDECTES FRANÇAISES

PANDECTES CHRONOLOGIQUES

OU

COLLECTION NOUVELLE RÉSUMANT LA JURISPRUDENCE

DE 1789 A 1886

DATE DE LA CRÉATION DU

RECUEIL MENSUEL

COMPRENANT

TOUTES LES DÉCISIONS IMPORTANTES ET PRATIQUES DE LA COUR DE CASSATION DES COURS D'APPEL, DES TRIBUNAUX CIVILS, DE COMMERCE ET DE PAIX, DU TRIBUNAL DES CONFLITS DU CONSEIL D'ÉTAT, DES CONSEILS DE PRÉFECTURE ET AUTRES JURIDICTIONS

PAR

M. RUBEN DE COUDER

DOCTEUR EN DROIT, CONSEILLER A LA COUR D'APPEL DE PARIS

TOME SIXIÈME

1878 — 1886

PARIS

LIBRAIRIE MARESCQ AINÉ
CHEVALIER-MARESCQ ET Cie
ÉDITEURS
20, RUE SOUFFLOT, 20

LIBRAIRIE PLON
É. PLON, NOURRIT ET Cie
IMPRIMEURS
8, RUE GARANCIÈRE, 8

1887

PANDECTES FRANÇAISES

PANDECTES CHRONOLOGIQUES

OU

COLLECTION NOUVELLE RÉSUMANT LA JURISPRUDENCE

DE 1789 A 1886

1878 — 1886

VI

PRINCIPALES ABRÉVIATIONS

Pand. chr.	Pandectes françaises chronologiques ou collection nouvelle résumant la jurisprudence de 1789 à 1886.
Pand. pér.	Recueil périodique des Pandectes françaises comprenant six parties.—Ainsi, *Pand. pér.*, 86.2.140 veut dire : *Pandectes françaises*, année 1886, 2e partie, p. 140.
Pand. fr. alph.	Répertoire alphabétique de législation, de doctrine et de jurisprudence des Pandectes françaises.
S.	Recueil Sirey ou Recueil général des Lois et des Arrêts.
S. chr.	Refonte chronologique de ce même Recueil jusqu'en 1830.
P.	Journal du Palais.
P. chr.	Même Recueil, collection chronologique qui va jusqu'en 1845; la collection périodique répondant aux mêmes années étant encore dans beaucoup de bibliothèques, surtout depuis 1835, nous citerons les deux collections.
P. chr. adm.	Partie du même Recueil qui comprend la jurisprudence administrative par ordre chronologique jusqu'à nos jours.
D.	Dalloz, Recueil périodique.
Jurispr. gén.	Jurisprudence générale ou Répertoire alphabétique de MM. Dalloz.
Bull. crim.	Bulletin des arrêts de la Cour de cassation en matière criminelle.
J. off.	Journal officiel.
Journ. trib. comm.	Journal des tribunaux de commerce.
Rev. crit.	Revue critique.
Rev. prat.	Revue pratique.
Rev. de dr. int. marit.	Revue internationale de droit maritime de M. Autran.

NOTA. — Se reporter, pour les abréviations moins usuelles, au tableau très-complet des abréviations inséré en tête du volume annuel du *Recueil périodique des Pandectes françaises.*

PARIS. TYPOGRAPHIE DE E. PLON, NOURRIT ET Cie, 8, RUE GARANCIÈRE.

PANDECTES FRANÇAISES

PANDECTES CHRONOLOGIQUES

OU

COLLECTION NOUVELLE RÉSUMANT LA JURISPRUDENCE

DE 1789 A 1886

DATE DE LA CRÉATION DU

RECUEIL MENSUEL

COMPRENANT

TOUTES LES DÉCISIONS IMPORTANTES ET PRATIQUES DE LA COUR DE CASSATION
DES COURS D'APPEL, DES TRIBUNAUX CIVILS, DE COMMERCE ET DE PAIX, DU TRIBUNAL DES CONFLITS
DU CONSEIL D'ÉTAT, DES CONSEILS DE PRÉFECTURE ET AUTRES JURIDICTIONS

PAR

M. RUBEN DE COUDER

DOCTEUR EN DROIT, CONSEILLER A LA COUR D'APPEL DE PARIS

TOME SIXIÈME

1878 — 1886

PARIS

LIBRAIRIE MARESCQ AINÉ
CHEVALIER-MARESCQ ET Cie
ÉDITEURS
20, RUE SOUFFLOT, 20

LIBRAIRIE PLON
E. PLON, NOURRIT ET Cie
IMPRIMEURS
8, RUE GARANCIÈRE, 8

1887

PANDECTES CHRONOLOGIQUES

RECUEIL DE JURISPRUDENCE

PREMIÈRE PARTIE

COUR DE CASSATION

1878

CASS.-CRIM. 4 janvier 1878.

CHASSE, GIBIER, QUÊTE, LIMIER, TERRAIN D'AUTRUI.

Le fait de quêter le gibier à trait de limier, c'est-à-dire de rechercher et suivre des pistes d'animaux sauvages au moyen d'un chien limier tenu en laisse, constitue, au même titre que la quête par chiens courants, un fait de chasse comme en étant l'acte initial et le début nécessaire (1) (L. 3 mai 1844, art. 11-2°).

Et il en est ainsi, alors même que cette quête n'est suivie, ni de la poursuite, ni de la capture de l'animal recherché (2) (Id.).

Si donc cette quête se produit sur le terrain d'autrui, sans le consentement du propriétaire, elle donne lieu à la répression prévue par l'art. 11-2° de la loi du 3 mai 1844 (3) (Id.).

(1-2-3) Cette question est controversée. — D'après un arrêt de Dijon, du 19 nov. 1862 (S. 63. 2. 86. — P. 63. 677. — D. 63. 2. 173), et l'arrêt de Bourges frappé de pourvoi et cassé dans l'affaire actuelle, le fait de quêter le gibier *à trait de limier* ne constitue qu'un acte préliminaire ou préparatoire pour la chasse. — Au contraire, selon l'arrêt de la Cour de cassation ci-dessus reproduit et l'arrêt d'Orléans, rendu sur renvoi et rapporté en sous-note (*a*), il y a là un fait de chasse proprement dit.

Même divergence encore sur le point de savoir s'il y a fait de chasse dans la recherche du gibier avec un chien d'arrêt qu'on veut dresser ou exercer, habituellement laissé libre et conduit dans la plaine. V. dans le sens de la négative, Douai, 28 déc. 1852 (S. 53. 2. 313. — P. 53. 1. 186. — D. 55. 2. 245); et pour l'affirmative, Cass., 17 févr. 1853 (Pand. chr.).

Mais, quelle que soit l'affinité qu'on puisse trouver entre ces deux questions (les arrêtistes n'en voient même qu'une seule), il y a, selon nous, entre elles une différence capitale, que nous mettrons en relief dans le cours de cette discussion. Renfermons-nous donc, pour le moment, dans les limites de la première difficulté.

On sait que la quête du gibier à trait de limier se pratique exclusivement dans les bois, et accidentellement sur leurs lisières, à l'aide d'un chien doué d'une grande finesse de nez, *muet* (c'est-à-dire ne donnant pas de voix sur la piste du gibier) et tenu en laisse par un piqueur. Ce dernier parcourt les allées lentement, et en faisant le moins de bruit possible. Quand, à l'attitude de son chien, il croit reconnaître que le gibier qu'il recherche (on n'agit ainsi que pour le gros gibier, loups, sangliers, cerfs, etc.) a traversé la voie où il se trouve, il marque l'endroit à l'aide d'une *brisée* et cherche à se rendre compte si l'animal est ou non resté dans l'enceinte où il a constaté sa rentrée. Ce n'est que quand il est à peu près sûr d'une *remise*, ou qu'il a exploré tout le bois sans trouver de piste (ce qui s'appelle *faire buisson creux*) qu'il va rejoindre les chasseurs et la meute, qui attendent ou viendront plus tard dans les environs de la contrée explorée. — On place les chasseurs de manière à envelopper la partie du bois où l'animal doit se trouver, on amène un ou deux chiens sur la piste présumée, et si cette piste est bonne, quand la bête a *levé le pied*, on lâche une certaine quantité de chiens pour la poursuivre.

(*a*) Sur le renvoi prononcé par l'arrêt ci-dessus de la Cour de cassation, l'affaire a été portée devant la Cour d'Orléans (ch. corr.), qui, par arrêt du 20 mai 1878, a statué de la manière suivante :

LA COUR : — Attendu qu'il est établi par un procès-verbal régulier du garde Courault et par les aveux du prévenu à l'audience, que, dans la matinée du 27 déc. 1876, Lepère, piqueur de M. de Séguin-Pazzis, a été trouvé faisant le bois sur une propriété de M. de Champigny, duquel il n'avait aucune autorisation; — Que, sans être armé d'un fusil, mais tenant en laisse un limier muet, il parcourait, en longeant le bois de la Creuse, un terrain dit la Pâture des curés, appartenant, comme le bois de la Creuse et tous les bois environnants, à M. de Champigny, et qu'il y recherchait des pistes d'animaux sauvages; — Attendu que Lepère a commis ainsi un délit de chasse au préjudice du plaignant; qu'il ressort, en effet, tant de la discussion de la loi du 3 mai 1844, que des instructions qui en ont accompagné la mise en vigueur, que cette loi considère comme acte de chasse la seule recherche, de même que la poursuite ou la capture du gibier; que, dans le but de réglementer l'exercice de la chasse et de protéger la propriété, l'agriculture, la conservation et la reproduction du gibier, elle a entendu prohiber, à certaines époques et dans certaines conditions, non-seulement la poursuite et la capture, mais aussi la recherche, la quête de ce gibier; qu'il est aujourd'hui décidé par la jurisprudence que la quête du gibier à l'aide de chiens d'arrêt ou de chiens courants constitue un fait de chasse; qu'il en doit être de même de la quête à trait de limier; que le plus ordinairement sans doute, en faisant le bois, les piqueurs ou les gardes n'ont d'autre but que de rechercher le lieu où stationne l'animal que l'on désire chasser quelques heures plus tard, mais néanmoins, il ne serait pas exact de considérer cet acte de recherche comme un simple fait de passage inoffensif et licite, même lorsqu'il s'exercera sur le terrain d'autrui; qu'il arrivera souvent, par exemple, que le piqueur, donnant suite à son limier, mettra sur pied et fera partir de l'enceinte plus d'une pièce de gibier, peut-être un animal qu'aurait voulu chasser le propriétaire lui-même, dont les droits seront ainsi directement lésés; que si ce mode de quête était déclaré un fait licite sur le terrain d'autrui, le braconnier pourrait le pratiquer impunément, aussi bien que le piqueur d'un équipage; de sorte qu'en temps prohibé, en temps de reproduction, en temps de neige, il ne lui serait que trop facile de surprendre et de détruire toutes sortes de gibier, au détriment du propriétaire et parfois des récoltes; qu'un acte de cette nature ne doit donc pas être envisagé simplement comme un acte préparatoire de chasse ultérieure, mais constitue par lui seul un fait de chasse tombant sous l'application de la loi du 3 mai 1844, ayant comme tel un caractère de contravention et punissable lorsqu'il aura été commis dans les propriétés d'autrui; — Par ces motifs, etc.

M. Boussion, prés.

(Pellé de Champigny c. Lepère et de Séguin-Pazzis).

9 juin 1877, arrêt de la Cour de Bourges, ainsi conçu : « La Cour : — Considérant que le fait de passer sur le terrain d'autrui, tenant un limier en laisse, et d'y pratiquer l'acte que l'on nomme, en termes de vénerie, *faire le bois*, ne constitue pas un mode de chasse complet, c'est-à-dire propre, par lui seul, à procurer la prise du gibier; — Qu'il n'est pas même allégué qu'à la suite du passage de Lepère il y ait eu poursuite organisée de l'animal par lui spécialement recherché, et qu'il est résulté des débats que le limier était muet; — Attendu que le lieu dit *la Pâture des curés*, où le garde Courault a rencontré Lepère, n'était pas un terrain préparé ou ensemencé; que Lepère n'a donc commis ni le délit de chasse relevé par la citation, ni la contravention prévue par le n° 13 de l'art. 471, C. pén., et qu'il n'y a pas lieu de procéder à son égard conformément aux règles tracées par l'art. 192, C. instr. crim.; — Que si son introduction, répréhensible sans doute, quoique non délictueuse, dans la Pâture des curés, avait pu causer un préjudice au

---

Il n'est donc pas tout à fait exact de dire, avec l'arrêt de cassation, que la quête à trait de limier consiste à rechercher et à *suivre* les pistes. On se garde bien de *suivre*, on mettrait infailliblement le gibier sur pied, et le but qu'on se propose est de connaître approximativement le lieu de son refuge pour ne l'y attaquer que quand les chasseurs seront postés.

De ces explications, qui nous ont paru indispensables, ne ressort-il pas, et de toute évidence, que les agissements du piqueur ne sont que des *préliminaires*, des *actes préparatoires* de chasse, et que le fait de chasse proprement dit ne se produira réellement qu'à partir du moment où on découplera des chiens sur la piste du gibier?

La Cour suprême dit que cette recherche est « l'*acte initial* et le *début nécessaire* de la chasse ». — Apprécions ces motifs.

Pourquoi rapprocher cette quête de celle opérée à l'aide de chiens courants? Entre ces deux modes de quête, il y a une différence caractéristique; les chiens courants sont libres, ils vont se ruer, en donnant de la voix, à la poursuite du gibier, aussitôt qu'ils suivront sa piste, et, bien certainement, pour nous du moins, leur maître a fait acte de chasse en les découplant. Or, dans notre espèce, le limier était muet, en laisse, « la poursuite n'était même pas organisée », constate l'arrêt cassé, et, entre la quête et la poursuite, il y aurait nécessairement eu, comme toujours, un certain trait de temps. Il peut se faire, d'ailleurs, et pour plusieurs motifs, qu'il n'y ait pas de poursuite. N'assimilons donc pas des faits si dissemblables.

De pareils actes, dit l'arrêt, s'ils n'étaient pas réprimés comme faits de chasse, ne pourraient pas être atteints par la loi de 1844! — Ce ne serait que justice, s'ils ne constituent pas des faits de chasse, et telle est la question.

L'arrêt insiste : de tels actes portent directement atteinte aux intérêts que cette loi a pour but de protéger. Ils peuvent éloigner le gibier au détriment du propriétaire de l'héritage; à l'époque de la reproduction, ils le privent de la sécurité nécessaire à la conservation et à la reproduction de l'espèce; ils ne nuisent pas moins que la poursuite même du gibier aux récoltes traversées par le chasseur et par son chien!

Ces objections paraissent facilement réfutables : — Le propriétaire qui souffre de ces actes a l'action civile. Quant au préjudice qui peut en résulter pour le gibier et pour les récoltes, la Cour suprême nous paraît confondre la quête à trait de limier avec celle faite en plaine avec un chien d'arrêt, que nous examinons plus loin.

Rappelons que la quête à trait de limier se fait toujours dans les allées des bois et accidentellement sur les lisières de ces bois. Faisons remarquer que l'arrêt cassé avait constaté que le terrain où le piqueur était passé n'était ni ensemencé ni préparé; notons que le gibier, n'étant pas attaqué, n'a pas à se défendre, et que, si, par hasard, il est ainsi dérangé, il le serait plus sûrement encore par un simple fait de passage sans chien, et surtout si le passant pénétrait dans le bois, sous un prétexte quelconque; or, dans ces cas, l'inculpation de chasse ne serait pas soutenable.

Ces divers motifs n'ont donc, selon nous, rien de concluant. Voyons si l'arrêt de renvoi en contient d'autres.

D'après la Cour d'Orléans (V. la sous-note *a*, *supr.*, p. 1,) la loi de 1844 considère comme acte de chasse le fait seul de rechercher le gibier; cela résulte de sa discussion et des instructions qui ont accompagné sa mise en vigueur.

La discussion ne fournit aucun argument topique; mais voici ce que nous lisons dans la circulaire du Garde des sceaux (S. *Lois annotées*, 1844, p. 796) : « Pour être fidèle à la pensée de la loi, il « faut entendre le mot *chasse* dans le sens le plus général, et « l'appliquer, sans distinction, à la recherche, à la poursuite de « tout animal sauvage ou de tout oiseau; c'est ainsi, au surplus, « que ce mot a été entendu par la Cour de cassation, même sous « l'empire de la législation de 1790 et de 1812. »

Disons, tout d'abord, que c'est une simple interprétation de la loi par le Garde des sceaux, invoquant l'autorité de la Cour de cassation. Faisons remarquer, ensuite, que les faits cités comme constituant des actes de chasse, ne comprennent pas la quête à trait de limier, connue déjà depuis longtemps, et ajoutons que, du sens ni de l'esprit de cette instruction, il ne résulte pas que le fait seul de la recherche du gibier dût constituer un acte de chasse.

A priori, on ne comprend guère cette recherche sans l'intention de capturer le gibier, ou tout au moins, de le poursuivre dans ce but, et rien n'établit que, lors de la discussion de la loi de 1844, aucun membre des Chambres ait fait abstraction de cette arrière-pensée qui est le seul et véritable mobile de la recherche du gibier. Mais une loi a été faite; son but principal est net, bien déterminé : protéger le gibier, dont la disparition est imminente, et les juges doivent l'appliquer strictement, dès que les faits qui lui sont soumis portent atteinte à ce but. Donc, prenant ce point de départ, nous poserons, comme principe général, que toutes les fois que la recherche du gibier aura pour effet direct et immédiat de l'attaquer, même de le déranger de son refuge, il y aura acte de chasse, sans qu'il soit besoin de rechercher si l'agent avait ou non l'intention de le capturer ou poursuivre. Hors de là, rien autre qu'un fait susceptible, s'il est dommageable, d'engendrer une action en dommages-intérêts.

En conséquence, si, par exemple, avant l'ouverture de la chasse, le propriétaire d'un chien fait quêter cet animal, en plaine comme au bois, mais spécialement en plaine, soit pour l'exercer ou dresser, soit pour tout autre motif, nous dirons, sans hésiter : il y a là un véritable fait de chasse; et, en effet, l'agent attaque directement le gibier, il le dérange fatalement, et son chien peut, d'ailleurs, s'emparer de celui qui se laisse surprendre ou ne peut se défendre.

A cet égard, nous sommes d'accord avec Petit, *Tr. de la chasse*, t. I, p. 4 et suiv., Gillon et Villepin, *Nouveau Code des chass.*, p. 38, n. 3, pour qui « c'est chasser, que de parcourir les champs « et les bois *pour faire lever le gibier*, quand même on ne serait « ni armé, ni muni de moyens de s'en emparer ».

Tel est aussi le sentiment de la Cour de cass. (Arrêt, 17 févr. 1853, Pand. chr.), qui a statué dans une espèce où l'agent faisait quêter son chien dans les champs pour l'exercer. — *Contrà*, Douai, 28 déc. 1852 (S. 53. 2. 315. — P. 53. 1. 186. — D. 53. 2. 245).

Les motifs sur lesquels repose cette doctrine peuvent-ils être invoqués dans l'espèce actuelle? Non : pas de récoltes à protéger, pas de crainte que le gibier ne soit pris, ni même dérangé par le limier; donc, la loi de 1844 n'est pas applicable, il n'y a pas fait de chasse.

La Cour de renvoi redoute que l'impunité du fait à elle soumis n'encourage les braconniers. Qu'elle se rassure : d'abord, ils n'useront jamais de limiers, le prix en est trop élevé : ensuite, quel parti pourraient-ils en tirer? Le gibier de bois ne se laisse pas prendre à la main comme les petits oiseaux; une arme est nécessaire, il faudrait d'ailleurs pénétrer dans l'intérieur du bois, et, alors, fait de chasse incontestable.

En matière de chasse, comme en toute autre matière de droit commun, certains délits sont susceptibles d'actes préparatoires, Ainsi, le propriétaire d'un bois, qui veut y faire une *tendue* pour prendre des petits oiseaux, peut, soit avant d'avoir son permis, soit avant l'ouverture de cette chasse, s'assurer de l'emplacement où le passage se fait le mieux, même disposer son attirail sur place, sous la condition que le gibier ne pourra pas s'y prendre. On n'aura certainement pas l'idée de le poursuivre à raison de ces préparatifs. Et, si, dans les mêmes conditions, il parcourt les allées de son bois, avec un limier en laisse, pour se rendre compte si tel animal sauvage qui fréquente habituellement sa propriété vers cette époque, y a fait actuellement élection de domicile, il devra être condamné pour chasse sans permis, ou en temps prohibé! — Aller jusque-là, et il le faut dans la doctrine que nous combattons, c'est dépasser le but du législateur.

A la théorie, d'après laquelle il n'y a fait de chasse qu'autant que l'agent veut capturer le gibier, la Cour suprême a répondu, dans son arrêt précité du 17 févr. 1853 : « C'est, en cette matière « spéciale, substituer le but que se promet le chasseur à l'effet « que doit ou peut produire son action. » Cet argument est plein de sens et de justesse. Mais ne pourrait-on pas lui dire, à raison de l'arrêt ci-dessus, considérer comme fait de chasse la quête à trait de limier, c'est substituer l'intention de l'agent à l'effet que doit produire son action?

propriétaire, la juridiction correctionnelle ne serait pas, en l'état, compétente pour en connaître; — Par ces motifs, et autres invoqués par les premiers juges, la Cour reçoit Pellé de Champigny dans son appel, l'y déclare mal fondé, l'en déboute et le condamne aux dépens; — Ordonne que le jugement dont est appel sortira effet. »

Pourvoi par de Champigny.

ARRÊT.

LA COUR : — Vu l'art. 11, § 2, de la loi du 3 mai 1844; — Vu l'art. 28 de la même loi; — Attendu qu'il est constaté en fait, que Lepère, piqueur du comte de Séguin-Pazzis, a été surpris, le 20 déc. 1876, sur les terres et prés d'un bois de Pellé de Champigny, occupé à faire la quête du gibier à trait de limier, c'est-à-dire à rechercher et à suivre des pistes d'animaux sauvages, au moyen d'un limier qu'il tenait en laisse; que ce limier était muet; que le garde du plaignant a aussitôt déclaré procès-verbal à Lepère; enfin que la quête n'a pas été suivie de la poursuite de l'animal dont Lepère avait recherché la trace; — Attendu que Lepère et le comte de Séguin-Pazzis ont été assignés à raison de ces faits par Pellé de Champigny devant le tribunal correctionnel de Château-Chinon : le premier, pour avoir chassé sans permission sur le terrain d'autrui, le second comme civilement responsable de ce délit; qu'ils ont été acquittés par jugement du 20 avr. 1877; que le ministère public n'ayant pas interjeté appel, cette décision est devenue définitive quant à l'action publique; — Attendu que, sur l'appel de Pellé de Champigny, la Cour de Bourges a confirmé le jugement susvisé, par le motif que la quête à trait de limier ne pouvant à elle seule procurer la capture du gibier, ne serait pas un acte de chasse, mais un acte préparatoire auquel ne s'appliquerait pas la prohibition de chasser sur le terrain d'autrui, édictée avec une sanction correctionnelle par la loi du 3 mai 1844; — Mais, attendu que la chasse aux chiens courants comprend l'ensemble des opérations qui commencent par la recherche d'un animal sauvage pour aboutir à sa capture; que chacune d'elles constitue un fait de chasse; — Que la quête du gibier à trait de limier, aussi bien que la quête par les chiens courants, fait partie de ces opérations; qu'elle n'est pas la préparation, mais l'acte initial et le début nécessaire de la chasse; que, par conséquent, Lepère a chassé sur le terrain d'autrui, et que, l'ayant fait sans droit, il a commis un délit, quoiqu'il n'ait pas continué à chasser après la rencontre du garde; — Attendu que les actes de ce genre, que la loi du 3 mai 1844 ne pourrait jamais réprimer, s'ils n'étaient pas des faits de chasse, portent directement atteinte aux intérêts qu'elle a pour but de protéger, lors même qu'ils ne sont pas suivis de la poursuite et de la capture de l'animal recherché; qu'ils peuvent en effet éloigner le gibier de l'héritage où ils s'accomplissent, au détriment du propriétaire de cet héritage; — Qu'en temps prohibé ou en temps de neige, ils sont un danger pour le gibier inhabile à se défendre par la fuite, et, à l'époque de la reproduction, le privent de la sécurité nécessaire à la conservation et à la propagation de l'espèce; — Qu'ils ne nuisent pas moins que la poursuite même du gibier aux récoltes traversées par le chasseur et par son chien; — Qu'ils sont donc des faits de chasse, d'après l'esprit de la loi de 1844, aussi bien que d'après sa lettre; — D'où il suit que l'arrêt attaqué a violé l'art. 11 de la loi du 3 mai 1844, en refusant d'en faire l'application à la cause; — Attendu que l'action publique est éteinte; — Casse, etc.

MM. de Carnières, prés.; Thiriot, rapp.; Benoist, av. gén.; Massénat-Desroches et Sabatier, av.

CASS.-CRIM. 4 janvier 1878.

CHASSE, PROCÈS-VERBAL, FORCE PROBANTE, CHIENS COURANTS, TERRAIN D'AUTRUI, PASSAGE, EXCUSE.

En matière de délit de chasse, les juges ne peuvent, sans violer la foi due à un procès-verbal régulier, méconnaître les faits matériels y relevés, par le seul motif que le prévenu les dénierait (1) (L. 3 mai 1844, art. 22).

En conséquence, si le procès-verbal constate que la meute du prévenu a traversé, en chassant, l'héritage d'autrui, et que, lui, était en attitude de chasse sur le bord de cet héritage, attendant, pour le tirer, le gibier poursuivi, les juges qui acquittent le prévenu, en se fondant exclusivement sur ses propres dénégations, méconnaissent les faits matériels constatés au procès-verbal, et refusent à cet acte la foi qui lui est due (2) (Id.).

D'ailleurs, alors même que le prévenu n'aurait pas été en attitude de chasse, le passage de sa meute sur le terrain d'autrui l'aurait constitué en délit, à moins qu'il n'eût été établi par lui, et constaté par le juge, que le gibier poursuivi avait été lancé sur sa propriété, et qu'il lui avait été impossible de rompre ses chiens (3) (L. 3 mai 1844, art. 11-2°).

(De Champigny c. de Seguin-Pazzis). — ARRÊT.

LA COUR : — Sur le moyen unique, pris de la violation des art. 11 et 22 de la loi du 3 mai 1844 ; — Attendu qu'il est constaté par un procès-verbal du garde Courault que, le 19 janvier 1877, la meute de M. de Séguin-Pazzis, dont Dominique Comte est le piqueur, a traversé en chassant les bois de la Creuse, des Fondreaux et des Routies, appartenant tous trois à M. de Champigny, et s'est dirigée vers la route d'Auney à Château-Chinon, qui forme au levant la lisière du bois des Routies; que Dominique Comte, armé d'un fusil à deux coups, se tenait sur cette route en attitude de chasse, ayant le ventre au bois des Routies, et attendant pour le tirer le sanglier chassé par sa meute, lequel d'ailleurs avait déjà dépassé la route avant que Comte y arrivât; — Attendu qu'assigné à raison de ces faits par M. de Champigny devant le tribunal correctionnel de Château-Chinon, Comte a été condamné à une amende, à des dommages-intérêts et aux frais du procès pour avoir chassé sans permission sur le terrain d'autrui, et M. de Pazzis, déclaré responsable des condamnations civiles prononcées contre lui; que le garde Courault a déposé à l'audience comme témoin; qu'après l'avoir entendu, le tribunal a déclaré dans son jugement « que la preuve résultant du procès-verbal n'avait pas été contredite »; — Attendu que, sur l'appel de Comte et de M. de Pazzis, la Cour de Bourges les a renvoyés des poursuites, en jugeant en fait que Comte

(1-2) Aux termes de l'art. 22 de la loi de 1844, foi est due, jusqu'à preuve contraire, aux procès-verbaux constatant des délits de chasse et dressés par certains agents. Par conséquent, la preuve contraire peut, seule, détruire les faits matériels constatés par un procès-verbal régulièrement dressé, et, si les juges méconnaissent ces faits par le seul motif que le prévenu les a déniés, ils violent cette disposition de la loi, et leur décision doit être cassée. Pas de doute possible. V. Nîmes, 29 janv. 1880 (S. 80. 2. 109. — P. 80. 452); Giraudeau et Lelièvre, *La chasse*, n. 834; de Neyremand, *Quest. sur la chasse*, p. 420; Leblond, *Code de la chasse*, n. 311. V. aussi Orléans, 11 août 1885 (S. 86. 2. 19. — P. 86. 1. 110).

(3) V. nos observations et les autorités sous Cass., 26 juill. 1878 (Pand. chr.).

L'arrêt ci-dessus reproduit exige à bon droit que les juges du fait relèvent les circonstances constitutives de l'excuse par eux admise. Les caractères de cette excuse sont déterminés par la loi, et la Cour suprême a le droit, et même le devoir, de vérifier si les faits admis comme excuse par le juge du fond réunissent les conditions légales.

attendait la chasse, non pour tirer le gibier poursuivi et dans l'attitude d'un homme prêt à faire feu, mais seulement pour reprendre ses chiens à leur sortie du bois et continuer ailleurs la chasse avec eux ; — Attendu que, d'après les termes mêmes de l'arrêt, cette déclaration de fait n'est pas fondée sur la déposition du garde Courault devant le tribunal de première instance ou sur tout autre élément de preuve, mais uniquement sur les explications fournies à la barre de la Cour par l'avocat de Comte au nom de son client ; — Attendu qu'en méconnaissant les faits matériels constatés au procès-verbal par le seul motif que l'inculpé les déniait, l'arrêt attaqué a refusé à cet acte la foi qui lui est due ; — Attendu en outre que, fût-il établi que Comte n'était pas en attitude de chasse lorsqu'il attendait sur la route, cette circonstance n'autorisait pas, à elle seule, la Cour de Bourges à prononcer son acquittement ; — Que le passage de la meute sur le terrain d'autrui en action de chasse constituait un délit, à moins qu'il ne fût démontré par Comte et expressément constaté par l'arrêt que le gibier poursuivi avait été lancé dans un lieu où M. de Pazzis avait le droit de chasse, et, de plus, que Comte n'avait pas laissé chasser ses chiens dans les bois de M. de Champigny, pouvant les empêcher de le faire ; que l'arrêt attaqué ne contient pas d'indication expresse et précise sur le premier élément de l'excuse et ne s'explique pas sur le second ; — D'où il suit qu'en renvoyant des poursuites, en cet état des faits, Dominique Comte et M. de Séguin-Pazzis, l'arrêt attaqué a violé les art. 11, § 2, et 22 de la loi du 3 mai 1844 ; — Casse, etc.

MM. de Carnières, prés. ; Thiriot, rapp. ; Benoist, av. gén. ; Massénat-Desroches et Sabatier, av.

CASS.-REQ. 8 janvier 1878.

PROTÊT, DISPENSE, APPRÉCIATION SOUVERAINE.

Les dispositions de la loi qui prescrivent de constater par un protêt le refus de payement à l'échéance des effets de commerce, n'intéressent pas l'ordre public ; dès lors, il y peut être dérogé par des conventions particulières (1) (C. com., 162, 168 ; C. civ., 6, 1134).

Et c'est aux juges du fond qu'il appartient d'apprécier souverainement les circonstances constitutives d'accords de cette nature (2) (Id.).

(Bourut c. Abadie et Mesrine). — ARRÊT.

LA COUR : — Sur le second moyen, pris des art. 162, 163, 168, 175 et 187, C. comm. : — Attendu que les dispositions de la loi commerciale qui prescrivent de constater, par un protêt, le refus de payement à l'échéance d'une lettre de change ou d'un billet à ordre, n'intéressent pas l'ordre public, et qu'on peut, dès lors, y déroger par des conventions particulières ; — Attendu que l'arrêt attaqué déclare qu'un accord de toutes les parties excluait les formalités du protêt relativement à des valeurs souscrites par Gilly, pour une somme de 33,000 francs, au profit de Bourut et remises par ce dernier à Abadie et Mérisne ; — Que cette constatation souveraine rendait sans application à la cause les art. 162, 163, 168, 175 et 187, C. comm. ; et qu'ainsi la Cour d'Alger n'a ni violé ni pu violer lesdits articles ; — Rejette, etc.

MM. Bédarrides, prés. ; Connelly, rapp. ; Godelle, av. gén. (concl. conf.) ; Sauvel, av.

CASS.-REQ. 14 janvier 1878.

PUISSANCE PATERNELLE, ADMINISTRATION LÉGALE, OPPOSITION D'INTÉRÊTS, ADMINISTRATEUR *ad hoc*, LICITATION, JUGEMENT, SIGNIFICATION, SUBROGÉ TUTEUR, APPEL, DÉLAI, FIN DE NON-RECEVOIR.

L'administration légale qui, durant le mariage, appartient au père sur les biens de ses enfants mineurs, différant essentiellement de la tutelle, laquelle ne s'ouvre qu'à la dissolution du mariage, il n'y a pas lieu d'adjoindre au père un subrogé tuteur (3). — *Il en est de même au regard de l'administrateur* ad hoc *qui, chargé de représenter le mineur dont les intérêts sont en opposition avec ceux de son père, agit en la même qualité et dans les mêmes conditions que le père lui-même* (4) (C. civ., 389, 420).

En conséquence, s'agissant d'une liquidation entre un père et son enfant mineur, il n'y a lieu, ni d'appeler un subrogé tuteur à la vente des immeubles, ni de signifier à un subrogé tuteur le jugement homologuant l'état liquidatif (5) (C. civ., 389, 420 ; C. proc., 962, 972).

Par suite encore, la signification d'un jugement à l'administrateur ad hoc *fait courir contre le mineur le délai d'appel* (6) (C. proc., 444). — Résol. en ce sens par le 2e arrêt de Bordeaux — et en sens contraire par le 1er arrêt.

Si donc l'administrateur ad hoc *n'interjette pas appel dans le délai légal, l'appel est non recevable de la part d'un subrogé tuteur* ad hoc *ultérieurement nommé par le conseil de famille à l'effet de l'interjeter* (Id.) (7). — Même opposition entre les arrêts de Bordeaux.

---

(1) Principe aujourd'hui constant. V. Cass., 6 févr. 1872 (Pand. chr.), et les renvois. — Et la dispense du protêt peut être la conséquence d'un accord tacite, aussi bien que d'un accord exprès entre les parties. V. Cass., 10 avril 1876 (Pand. chr.). — Elle peut aussi s'induire de simples présomptions tirées des circonstances de la cause. V. Paris, 24 août 1877 (Pand. chr.), et la note. Consult., sur tous ces points, notre *Dictionnaire de dr. comm., ind. et marit.*, t. VI, v° *Protêt*, n. 78 à 90.

(2) V. conf., Cass., 10 avril 1876, précité ; 27 févr. 1877 (Pand. chr.) ; 28 juill. 1885 (Pand. chr.), et les renvois.

(3) *Sic*, Cass., 4 juill. 1842 (S. 42. 1. 601. — P. 42. 2. 121. — D. *Jurispr. gén.*, v° *Appel civil*, n. 980) ; Besançon, 29 nov. 1864 (S. 65. 2. 76. — P. 65. 360. — D. 64. 2. 195) ; Toullier, t. II, n. 1090 ; Duranton, t. III, n. 415 ; Marcadé, t. XI, p. 154 ; Demante, *Cours analyt.*, t. II, n. 137 *bis*-1° ; Zachariæ, Massé et Vergé, t. I, p. 406, § 207, texte et note 10 ; Aubry et Rau, 4e édit., t. I, § 123, p. 500, texte et note 6 ; Valette, *Explicat. somm.*, p. 220, et *Cours de C. civ.*, t. I, p. 506 ; Mourlon, *Répét. écr.*, 7e édit., t. I, n. 1074 ; De Fréminville, *Minor. et tut.*, t. I, n. 156 ; Demolombe, *Puiss. pat.*, n. 421 ; Laurent, *Principes de dr. civ.*, t. IV, n. 310 ; Chauveau, sur Carré, *Lois de la proc.*, t. IV, quest. 1590 *bis*. — V. aussi le rapport ci-dessus reproduit de M. le conseiller Petit.

(4-7) V. le même rapport de M. le conseiller Petit, au cours de cet article. — Il est à remarquer que c'est la même chambre (la 4e) de la même Cour qui, sur les mêmes questions, dans la même affaire, a rendu deux arrêts en sens diamétralement opposé.

Dans son premier arrêt, celui de 1875, la Cour de Bordeaux argue de ce que le titre d'administrateur légal est absolument personnel au père de famille et que, quand le législateur donne au mineur un protecteur provisoire, chargé momentanément de le représenter dans une lutte contre ses défenseurs naturels ou légaux, il le qualifie de *tuteur ad hoc*, et, de là, il conclut à la nécessité d'avoir un subrogé tuteur pour les cas spécifiés par les art. 444 et 962, C. proc.

Qu'importe la qualification ? Ce qu'il faut envisager, c'est le but de la nomination, le rôle qu'est appelé à jouer le protecteur donné au mineur. Or, s'agissant de remplacer le père, comme administrateur, il est naturel et logique de donner à ce remplaçant la même qualification, celle d'*administrateur ad hoc*. V., en ce qui concerne cette qualification, la note 4 sous Cass., 10 juin 1885 (Pand. chr.). — Dans tous les cas, sa mission est celle que le père lui-même aurait remplie sans l'opposition d'intérêts, et, puisque aucun agent légal n'est appelé à surveiller la gestion du père, pourquoi vouloir en adjoindre un à son remplaçant ?

Mais, ajoute l'arrêt, s'il s'agissait d'une véritable tutelle, il faudrait un subrogé tuteur qui serait convoqué à la vente, et à qui on signifierait aussi le jugement rendu contre le mineur ! C'est indiscutable !

Alors même qu'on admettrait cette doctrine, est-ce que nous sommes en matière de tutelle ? Non ; nous sommes en matière

(Jarnage et héritiers Roy c. Barrère).

Le 30 janv. 1863, Barrère faisait nommer un administrateur *ad hoc* à sa fille mineure, Jeanne-Marie-Louise, et poursuivait contre lui la liquidation : 1° de la communauté d'acquêts d'entre lui et sa première femme; 2° de la succession de cette dernière; 3° de la succession d'une fille de son premier mariage, laquelle était décédée nantie de ses droits dans la succession de sa mère, et laissant pour héritiers son père, et Jeanne-Marie-Louise, sa sœur consanguine.

Le 18 août 1863, il était procédé, devant le tribunal civil de Bordeaux, à la vente sur licitation des immeubles dépendant des communauté et successions ci-dessus, et, le 28 du même mois, ledit tribunal homologuait le travail du notaire chargé de liquider les droits respectifs des parties.

Près de quatre ans après, le 16 juillet 1867, le conseil de famille de la mineure Barrère nommait à cette dernière un subrogé tuteur, qui, dès le lendemain, interjetait appel des jugements des 18 et 28 août 1863, et demandait la nullité de la vente.

Par arrêt du 19 mars 1875, la Cour de Bordeaux (4e ch.) recevait l'appel, par le motif que, contrairement à l'art. 444, C. proc., les jugements dont s'agit n'avaient pas été signifiés à un subrogé tuteur de la mineure, annulait la vente comme n'ayant pas été faite en présence d'un subrogé tuteur (art. 962 et 972, C. proc.) et, comme conséquence, ordonnait une nouvelle licitation des immeubles et une nouvelle liquidation des droits des parties.

Cet arrêt est ainsi conçu : — « LA COUR : — Sur la recevabilité de l'appel : — Attendu que l'art. 444, C. proc. civ., dispose que le délai pour interjeter appel ne courra contre le mineur non émancipé que du jour où le jugement aura été signifié tant au tuteur qu'au subrogé tuteur, encore que ce dernier n'ait pas été en cause; — Attendu que le jugement du 28 août 1863 n'a été signifié qu'au sieur Dejean, qui avait été nommé, par délibération du conseil de famille en date du 30 janv. 1863, administrateur *ad hoc* de la mineure Jeanne-Marie-Louise Barrère, et contre qui avait été introduite par Jean-Baptiste Barrère, l'instance en partage : 1° de la société d'acquêts ayant existé entre Barrère et Catherine Greneau, sa première femme; 2° de la succession de cette dernière; 3° de la succession de Jeanne-Marie Barrère, fille du premier mariage, décédée après sa mère, à la survivance de sa sœur consanguine; — Que le jugement aujourd'hui frappé d'appel ne fut pas signifié à un subrogé tuteur dont la nomination ne fut même pas provoquée; — Que, par suite, le délai pour interjeter appel n'a pas couru contre la mineure Jeanne-Marie-Louise Barrère, et que le subrogé tuteur *ad hoc*, nommé par délibération du conseil de famille en date du 16 juill. 1867, a pu valablement interjeter appel, le 17 du même mois, des deux jugements des 18 et 28 août 1863; — Attendu qu'on prétendrait vainement que, dans le cas où le père est l'administrateur légal et non le tuteur de son enfant mineur, on doit se borner, s'il y a opposition entre le père et l'enfant, à nommer à celui-ci un administrateur légal *ad hoc* dont la protection, remplaçant pour le mineur celle du père, s'exerce dans les mêmes conditions que celle-ci, et qui reçoit valablement et seul, comme le père lui-même, toutes les significations destinées au mineur; — Attendu que cette objection méconnaît des principes indiscutables et apporte à la garantie des intérêts du mineur une restriction contre laquelle protestent le texte et l'esprit de la loi; — Attendu que le titre d'administrateur légal est absolument personnel au père de famille; — Qu'aucun texte de loi n'autorise, soit les tribunaux, soit les conseils de famille, à nommer un administrateur légal *ad hoc*; — Que le législateur a donné lui-même le titre de tuteur *ad hoc* au protecteur provisoire chargé momentanément de représenter le mineur dans la lutte de ses intérêts contre ceux de ses défenseurs naturels ou légaux; — Que le tuteur *ad hoc* reçoit, pour l'affaire spéciale qu'il doit mener à fin, toutes les attributions d'un tuteur ordinaire; — Que, s'il n'est pas indispensable de lui nommer un subrogé tuteur *ad hoc* permanent pour toute la durée de ses fonctions, cette formalité devra être remplie dans tous les cas où la loi exige le concours du tuteur et du subrogé tuteur, et spécialement dans ceux prévus par les art. 444, 962 et 972, C. proc. civ.; — Attendu qu'une jurisprudence imposante reconnaît que l'art. 444 a voulu accorder au mineur une double garantie contre la déchéance qui le menace; — Que, dans le cas où le mineur plaide contre son tuteur, le délai d'appel ne peut courir que par une double signification du jugement, sans quoi la garantie que la loi lui accorde lui serait retirée au moment où elle lui est le plus nécessaire, parce qu'il est privé de son protecteur légal; — Que la signification que le tuteur se ferait à lui-même serait un acte évidemment frustratoire et sans profit pour le mineur; — Que la signification unique au subrogé tuteur, qui remplit dans le procès le rôle de tuteur, est insuffisante pour satisfaire au vœu de la loi; — Et que, pour faire courir le délai de l'appel, il y a lieu de nommer un subrogé tuteur *ad hoc* chargé de recevoir la seconde signification; — Attendu que ces principes, indiscutables dans le cas où le mineur est en opposition d'intérêts avec son tuteur, s'imposent, avec une énergie toute spéciale au cas où les intérêts du mineur le privent de la protection bien autrement précieuse de son père, et rendent pour lui la lutte bien plus périlleuse; — Que, s'il est vrai que les précautions à prendre doivent être en raison directe des dangers qu'elles sont destinées à conjurer, il n'est pas admissible qu'une seule signification soit suffisante pour faire courir le délai d'appel contre le mineur en opposition d'intérêts avec son père, tandis qu'une double signification est nécessaire si l'adversaire du mineur est son tuteur ou un étranger;

« Sur la nullité de la vente par licitation du 18 août 1863 : — Attendu que les art. 962 et 972, C. proc. civ., exigent que le subrogé tuteur soit appelé à la vente des immeubles appartenant à un mineur, et à la licitation d'immeubles dans la propriété desquels un mineur a des droits indivis; — Que cette prescription a été méconnue dans la licitation du 18 août 1863, et que la mineure Jeanne-Marie-Louise Barrère a été privée ainsi d'une garantie que la loi exige pour la validité de la vente; — Que, par suite, la licitation dont s'agit est viciée d'une nullité que la Cour doit proclamer, en remettant les parties en l'état où elles se trouvaient avant le 18 août 1863.....; — Par ces motifs : — Donne défaut contre J. B. Barrère, et statuant sur l'instance d'appel introduite par Jean Barrère, subrogé tuteur *ad hoc*, reprise par Louis Ricaud, curateur *ad hoc* de Marie-Louise Barrère, mineure émancipée, et par cette instance, sur les deux jugements rendus les 18 et 28 août 1863, par

---

d'administration légale, et elle diffère trop de la tutelle pour lui appliquer une règle édictée spécialement pour ce dernier régime.

Nous estimons donc que la Cour de Bordeaux a fait preuve de sagesse juridique, en abandonnant sa thèse première. V., dans le sens du deuxième arrêt de Bordeaux et de l'arrêt de la Cour suprême, Paris, 5 avril 1876 (S. 76. 2. 331. — P. 76. 1258. — D. 77. 2. 34); Chauveau, sur Carré, *Lois de la procéd.*, t. IV, quest. 1590 *bis*; Bioche, *Dict. de proc.*, v° *Appel*, n. 36. — Comp. Trib. civ. Lille, 11 juin 1886 (Pand. pér., 86. 2. 293), et la note.

le tribunal de Bordeaux, réforme et déclare Jean-Baptiste Barrère mal fondé dans sa demande en homologation de la liquidation dressée après la licitation du 18 août 1863; — Renvoie les parties en l'état où elles se trouvaient avant le 18 août 1863; — Dit qu'il sera procédé à une nouvelle licitation et à une nouvelle liquidation des droits des parties. »

Sur la signification de cet arrêt aux détenteurs des immeubles licités, les époux Jarnage et héritiers Roy y ont formé tierce opposition. — Par arrêt du 2 juin 1876, la Cour de Bordeaux (4e ch.) a statué, en sens contraire, dans les termes suivants : — « LA COUR : — Attendu que le sieur Déjean, nommé le 30 janv. 1863, par le conseil de famille, administrateur *ad hoc* pour représenter la mineure Jeanne-Marie-Louise Barrère, dont les intérêts étaient en opposition avec ceux de son père, administrateur légal de sa personne et de ses biens, a été, en cette qualité, partie dans l'instance où ont été rendus les jugements des 18 et 28 août de la même année; que ces jugements lui ont été signifiés, et qu'il n'en a pas interjeté appel dans le délai de deux mois; — Attendu que cette procédure est régulière et conforme aux prescriptions de la loi; que l'art. 444, C. proc., sur lequel s'est fondé l'arrêt du 19 mars 1875 pour réformer ces deux décisions, n'est relatif qu'à la tutelle et ne peut être étendu par analogie à l'administration légale du père de famille pendant le mariage; — Attendu que cet arrêt, en faisant à la cause l'application dudit article, soumet, par cela même, à une règle commune, deux institutions essentiellement différentes par leur nature, leur principe et leurs effets; que l'assimilation, ainsi créée entre elles, repoussée par l'ancien droit français, n'est pas moins contraire au texte et à l'esprit des dispositions de la législation moderne en cette matière; que, pour s'en convaincre, il suffit de rappeler ce passage du rapport fait au Tribunat sur l'art. 389, C. civ. : « Si, pendant que le mariage existe, la loi n'admettait aucune différence entre le père administrateur légal et le tuteur, il faudrait que le père fût, par rapport aux biens personnels, assujetti pendant le mariage à toutes les conditions et charges que la loi impose au tuteur; il faudrait que le père fût sous la surveillance d'un subrogé tuteur, sous la dépendance d'un conseil de famille, etc., etc., ce qui répugne à tous les principes constamment reçus »; — Attendu que cette différence, hautement signalée par le législateur lui-même, ressort de l'ensemble des divers articles du Code qui ont spécifié les droits et les devoirs de l'administrateur légal et ceux du tuteur, ainsi que des conditions auxquelles leur service et leur accomplissement sont subordonnés; que, notamment, les art. 424, 455, 456, 464, 472 et 2121, C. civ., n'ont trait qu'aux obligations et aux charges imposées au tuteur au profit de son pupille; mais que l'administration légale, se référant à un tout autre ordre d'idées, ne comporte ni une subrogée tutelle, ni une hypothèque légale sur les biens du père de famille; qu'elle confère à celui qui en est investi la faculté d'intenter, sans autorisation du conseil de famille, une action concernant les droits immobiliers du mineur, d'acquiescer soit à une demande de même nature, soit au jugement qui l'a tranchée, comme aussi de traiter avec le mineur parvenu à sa majorité sans avoir à lui rendre un compte préalable de gestion et de lui payer, conformément au droit commun, les intérêts des sommes dont il peut être débiteur envers lui; — Attendu que le représentant *ad hoc*, nommé pendant la durée de l'union conjugale, ne possède pas la qualité et n'est pas revêtu des fonctions de tuteur, puisqu'il n'y a pas de tutelle pendant le mariage, qu'il ne peut donc y avoir lieu, dans cette situation, d'assurer à l'incapable la double protection dont la décision attaquée proclame la nécessité absolue, parce que, d'une part, aucun texte ne prescrit ce surcroît de formalités, et qu'une déchéance ne doit résulter que d'une disposition spéciale qui la prononce; que, d'un autre côté, le mineur trouve dans la présence et l'affection de sa mère, une surveillance active, dévouée, qui rend inutile l'adjonction d'un subrogé tuteur et constitue pour lui, aux yeux du législateur, une garantie puissante dont il est privé lorsque le mariage est dissous; — Attendu, enfin, que dans les cas prévus par les art. 318, 393 et 838, C. civ., la nomination d'un subrogé tuteur et sa présence aux divers actes de l'instance poursuivie contradictoirement avec le curateur ou le tuteur *ad hoc* ne sont nullement exigées pour la validité de la procédure, quoique le mineur soit orphelin et que les considérations développées dans l'arrêt susvisé semblent commander aussi cette mesure de précaution et le concours de deux agents spéciaux pour sauvegarder ses intérêts; — Attendu, en conséquence, que la signification des jugements des 18 et 28 août 1863 a été légalement effectuée à la mineure Marie-Louise Barrère, dans la personne du sieur Déjean; qu'elle a fait utilement courir les délais de l'appel, et que ces jugements, n'ayant pas été attaqués dans les deux mois, ont acquis l'autorité de la chose jugée; que, dès lors, l'appel interjeté le 17 juill. 1867 par Jean Barrère, subrogé tuteur de la mineure, commis par délibération du conseil de famille, est tardif, partant non recevable; — Attendu que les motifs qui justifient cette solution, au point de vue de l'application de l'art. 444, C. proc., s'appliquent aussi à la demande en nullité de la vente sur licitation effectuée par le jugement précité du 18 août et doivent en faire prononcer le rejet; — Attendu que les époux Jarnage et les héritiers Roy, acquéreurs d'immeubles compris dans cette adjudication, ont qualité pour critiquer l'arrêt du 19 mars, qui préjudicie à leurs droits et auxquels ils n'ont été ni représentés, ni appelés; qu'il convient donc d'accueillir leur tierce opposition dont le bien fondé est démontré; — Par ces motifs : — Reçoit les époux Jarnage et les héritiers Roy, tiers opposants à l'arrêt du 19 mars 1875 précité; pour le profit, annule, en ce qui concerne les tiers opposants, ledit arrêt; déclare non recevable à leur égard l'appel interjeté par Jean Barrère, subrogé tuteur *ad hoc* de Jeanne-Marie-Louise Barrère, et qui avait été repris par celle-ci, mineure émancipée assistée de Jean Ricaud, son curateur *ad hoc*, des jugements du tribunal civil de Bordeaux des 18 et 28 août 1863, etc. ».

Pourvoi en cassation par la demoiselle Barrère. — *Moyen unique*. Violation des art. 444, 962 et 972, C. proc., et fausse application des art. 389 et 420, C. civ., en ce que l'arrêt attaqué a décidé que, durant le mariage, il n'y avait pas lieu d'appeler le subrogé tuteur à la licitation d'immeubles indivis entre un mineur et son père, ni de signifier au subrogé tuteur les jugements rendus entre le tuteur *ad hoc* et son père, sous prétexte que, pendant le mariage, il ne pouvait être question de tutelle, mais seulement d'administration légale.

M. le conseiller Petit, chargé du rapport, a présenté les observations suivantes :

« Le père, porte l'art. 389, est, durant le mariage, administrateur des biens personnels de ses enfants mineurs. Il est comptable quant à la propriété et aux revenus des biens dont il n'a pas la jouissance, et quant à la propriété seulement de ceux des biens dont la loi lui donne l'usufruit. — Cet article n'existait pas dans le projet primitif du Code, et il y a été ajouté sur l'observation suivante du Tribunat : « La section pense que le premier article de ce chapitre (du chapitre, de la tutelle) doit exprimer en termes précis quelle est, durant le mariage, la qualité du père par rapport aux biens personnels de ses enfants mineurs, soit pour ce qui concerne la propriété de ces biens seulement, s'il a droit à la jouissance, soit pour ce qui concerne la jouissance et la propriété, si l'une et l'autre appartiennent à ses enfants. Jamais, jusqu'à ce jour, le père ne fut qualifié de tuteur de ses enfants avant la dissolution du mariage. Si, pendant que le mariage existe, la loi n'admettait aucune différence entre le père et le tuteur proprement dit, il faudrait que le père fût, par rapport aux biens personnels de ses enfants, assujetti, durant le mariage, à toutes les conditions et charges que la loi impose au tuteur. Il faudrait que le père fût sous la surveillance d'un subrogé tuteur, sous la dépendance d'un conseil de famille, etc., ce qui répugne à tous les principes constamment reçus. Il paraît évident que jusqu'à la dissolution du mariage, le véritable titre du père, et le seul qu'il puisse avoir dans l'hypothèse dont il est ici question, est celui d'administrateur. »

« Le conseiller d'Etat Berlier a assigné, dans l'exposé des motifs, le même sens et la même portée à la disposition ajoutée sur la proposition du Tribunat, en disant : « Tout mineur n'est pas nécessairement en tutelle ; celui dont les père et mère sont encore vivants, trouve en eux des protecteurs naturels, et, s'il a quelques biens personnels, l'administration en appartient à son père. — La tutelle commence au décès du père ou de la mère ; car, alors, en perdant un de ses protecteurs naturels, le mineur réclame déjà une protection plus spéciale de la loi.

« L'administration légale diffère donc de la tutelle, et elle ne saurait ni imposer les mêmes charges, ni entraîner les mêmes conséquences. C'est ainsi que l'hypothèque légale dont les mineurs jouissent sur les biens de leur tuteur, ne grève pas les immeubles du père administrateur. Votre Chambre civile l'a jugé le 3 déc. 1821... (Suit le texte de l'arrêt). — C'est ainsi encore qu'il n'y a pas lieu d'adjoindre de subrogé tuteur au père administrateur des biens de ses enfants mineurs. — Ici, M. le conseiller rapporteur invoque l'arrêt de Cass. du 4 juill. 1842 (V. à la note).

« La situation change-t-elle, lorsque, le père administrateur ayant des intérêts contraires à ceux du mineur, un représentant spécial est donné à ce dernier pour le défendre? — Le pourvoi soutient l'affirmative, et il base toute son argumentation, sur ce que le représentant du mineur est, dans ce cas, un tuteur véritable ayant sans doute un mandat plus limité qu'un tuteur ordinaire, mais astreint cependant aux mêmes obligations et soumis aux mêmes règles. — Mais il ne faut pas de grands efforts pour démontrer que l'assimilation que le pourvoi cherche à établir est inadmissible. La tutelle ne s'ouvre qu'au moment de la dissolution du mariage. Jusque-là, le mineur est entouré d'une double protection, et si l'une d'elles, celle du père, lui échappe momentanément, un second protecteur, qui n'est et ne saurait être un tuteur, lui est aussi momentanément donné. Ce protecteur, appelé à remplacer, pour une affaire spéciale, le père de famille, est un simple *représentant ad hoc,* ayant les mêmes pouvoirs que celui à qui il est substitué. On le qualifierait, par analogie, de *tuteur ad hoc*, comme le fait, dans un cas semblable, l'art. 318, C. civ. (en matière de désaveu), que cette qualification ne modifierait en rien l'état réel des choses, et ne pourrait pas avoir pour résultat de donner, même pour un acte spécial, un tuteur à un mineur ayant ses père et mère.

« Dans l'espèce, ce n'est pas la qualification de *tuteur ad hoc* acceptée par la plupart des auteurs (V. MM. Demante, t. II, n. 137 *bis*; Demolombe, *Puiss. patern.*, n. 422; Aubry et Rau, t. I, § 123, p. 500, texte et note 7; Laurent, t. IV, n. 310), qui a été donnée à Dejean, mais bien celle beaucoup plus exacte d'administrateur *ad hoc* (1). M. Valette, dans son *Cours de Code civil* (p. 508), désigne sous le même titre, au cas qui nous occupe, le représentant du mineur. « Dans le cas, dit-il, où le père aurait des intérêts contraires à ceux de ses enfants, par exemple, s'il était appelé à recueillir une succession communément avec eux, on devrait faire nommer par le conseil de famille un *administrateur ad hoc*, chargé de représenter le mineur. Cela se passe comme on nommerait un tuteur *ad hoc*, si ce mineur était en tutelle, et que son tuteur eût des intérêts contraires aux siens (art. 838, C. civ.; art. 968, C. proc.). » — Ces quelques lignes précisent parfaitement les différences qui existent entre le représentant *ad hoc*, destiné à remplacer le père administrateur, et le représentant *ad hoc*, destiné à remplacer le tuteur. Le premier n'est qu'un administrateur, comme celui auquel il est substitué, et c'est en cette qualité d'administrateur qu'il le supplée dans l'affaire spéciale pour laquelle il a été nommé; il ne saurait y avoir, comme le déclare à deux reprises votre Chambre civile (arrêts précités des 3 déc. 1821 et 4 juill. 1842), de tuteur *ad hoc* soumis aux charges de la tutelle là où il n'y a pas et ne peut y avoir de véritable tutelle.

« Il n'est pas vrai d'ailleurs que le mineur soit ainsi privé de la double protection que la loi a entendu lui assurer, et cela au moment où s'engageait pour lui la lutte la plus périlleuse; à défaut de l'appui du père, il a celui de l'administrateur *ad hoc* appelé à remplacer ce dernier, et la mère est toujours là pour veiller avec sollicitude sur tout ce qui le touche. — Ajoutons que le mineur a rarement des biens personnels, qu'il est rarement aussi en opposition d'intérêts avec son père, et que le législateur n'a pas dû se préoccuper d'une éventualité qui ne se produit que très-exceptionnellement.

« Si l'administrateur *ad hoc*, appelé à remplacer pour un acte ou pour une affaire, le père administrateur, n'est pas un tuteur et ne peut être assimilé à un tuteur, il en résulte qu'il n'y a pas plus lieu de lui adjoindre un subrogé tuteur, qu'il n'y a lieu d'en adjoindre un au père administrateur lui-même. V. Cass., 3 déc. 1821 et 4 juill. 1842, précités.

« Le pourvoi croit pouvoir invoquer à l'appui de sa thèse un passage de la belle dissertation publiée par M. Labbé, dans le *Recueil* de Sirey, au bas du premier arrêt de la Cour de Bordeaux, du 19 mars 1875 (S. 76. 2. 97. — P. 76. 441), qui avait admis une doctrine tout à fait contraire à celle que la même Cour a consacrée dans l'arrêt attaqué. — Mais, si l'on se reporte à cette dissertation, on voit que le savant professeur est absolument défavorable à la thèse du pourvoi; qu'il soutient, ainsi qu'il le dit lui-même, une opinion radicale, et qu'il arrive à cette conclusion que, lorsqu'une opposition d'intérêts ayant surgi entre le mineur et le tuteur, la loi provoque l'intervention du subrogé tuteur, le subrogé tuteur ne devient pas ce qu'il n'était pas d'abord, c'est-à-dire tuteur, et qu'il n'y a pas lieu de le remplacer, en une qualité qui n'a pas cessé de lui appartenir, puisque, s'il est subrogé tuteur, c'est pour être précisément subrogé au tuteur, au cas d'opposition d'intérêts, et agir alors comme subrogé. M. Labbé estime, au surplus, en se plaçant plus près de notre espèce, et il termine par là son travail, que « si une personne, fût-elle nommée tuteur, représente le mineur pour la conduite d'une affaire seulement, sans avoir, en aucun cas, la gestion de valeurs pécuniaires, la loi n'institue pas à côté d'elle, un subrogé tuteur, la loi ne grève pas ses biens d'hypothèque légale. »

« A l'occasion du premier arrêt de Bordeaux, le *Recueil* de MM. Dalloz a formulé des critiques, comme le *Recueil* de Sirey. « Nous inclinons, y lit-on (p. 25, 2e part., 1877), à penser, contrairement à l'arrêt, que, même dans le cas où la loi exige le concours du tuteur et du subrogé tuteur, il n'y a pas lieu d'adjoindre un subrogé tuteur *ad hoc* au subrogé tuteur appelé à remplacer le tuteur dont les intérêts sont en opposition avec ceux du pupille. Les raisons qui nous déterminent sont qu'aucune disposition de loi ne prescrit cette formalité, et que, d'un autre côté, elle n'a pas une importance suffisante pour qu'il soit permis de suppléer à ce silence, et de créer, par voie d'interprétation doctrinale, des nullités que le législateur n'a point édictées. » — La même solution s'applique « par majorité de raison, au cas où l'enfant mineur étant placé sous l'administration légale de son père, a été, à raison du conflit de leurs intérêts, pourvu d'un protecteur spécial et provisoire. Il existe, en effet, entre les deux situations, cette différence considérable que, dans la seconde, la protection de la mère vient s'ajouter à celle de la personne chargée directement de défendre les droits de l'enfant. Dès lors, et sans qu'il soit nécessaire de rechercher si cette personne a le caractère d'un administrateur légal *ad hoc* ou d'un tuteur *ad hoc*, ou d'un curateur, on doit décider qu'il n'y a pas lieu de lui adjoindre un subrogé tuteur spécial, alors même qu'il s'agirait d'un acte pour lequel la loi veut le concours du tuteur et du subrogé tuteur.

« Vous n'avez pas, croyons-nous, à vous expliquer sur la question généralisée dans la dissertation de M. Labbé au *Sirey*, et dans l'annotation du *Recueil* de MM. Dalloz. — La question spéciale qui vous est soumise doit être résolue et peut être résolue par des raisons qui s'appliquent à elle particulièrement. Quelle que soit, en effet, la solution à adopter quand un conflit d'intérêts se produit entre le tuteur et le mineur dans une véritable tutelle, au cas où la loi exige le concours du tuteur et du subrogé tuteur, il n'y a là, dans l'espèce, qu'un représentant du mineur, appelé dans une instance à remplacer le père administrateur. Ce représentant a été qualifié, et il l'a été justement, d'administrateur *ad hoc*; il a agi avec le même titre et dans les mêmes conditions que le père administrateur, et il n'y a pas plus lieu de lui adjoindre un subrogé tuteur qu'il n'y aurait lieu d'en adjoindre un au père lui-même. Pendant la durée du mariage, il n'y a ni tutelle, ni subrogée tutelle, et il est dès lors absolument impossible d'assujettir l'administrateur *ad hoc* à des formalités exclusivement relatives à la tutelle.

« Il nous semble donc que c'est à bon droit que l'arrêt attaqué faisant application de ces principes, la Cour a décidé qu'il n'y a pas eu lieu ni d'appeler un subrogé tuteur à la vente sur licitation qui a été effectuée le 18 août 1863, ni de signifier à ce subrogé tuteur le jugement qui a homologué, le 28 août 1863, la liquidation des droits respectifs de Barrère et de sa fille.

« Si vous partagez cette manière de voir, vous prononcerez le rejet du pourvoi. »

ARRÊT.

LA COUR : — Sur le moyen unique, pris de la violation des art. 444, 932 et 972, C. proc., et de la fausse applica-

(1) V. cependant Cass., 10 juin 1885 (Pand. chr.).

tion des art. 389 et 420, C. civ. : — Attendu que l'administration légale qui, aux termes de l'art. 389, C. civ., appartient, *durant le mariage*, au père sur les biens personnels de ses enfants mineurs, diffère essentiellement de la tutelle qui ne s'ouvre *qu'à la dissolution du mariage*; — Que l'administrateur *ad hoc* chargé de représenter le mineur dont les intérêts sont en opposition avec ceux du père, agit en la même qualité et dans les mêmes conditions que ce dernier et qu'il n'y a pas lieu, non plus, de lui adjoindre de subrogé tuteur; — Attendu que le 30 janv. 1863, Dejean a été nommé par le conseil de famille administrateur *ad hoc* pour représenter la mineure Barrère dans l'instance en partage que son père se proposait de suivre contre elle, que la vente sur licitation des immeubles indivis entre la mineure et son père a été ordonnée contradictoirement avec l'administrateur *ad hoc*, et que le jugement qui a homologué, le 28 août 1863, la liquidation des droits respectifs de Barrère et de sa fille a été rendu aussi contradictoirement avec lui; — Qu'en décidant qu'il n'y a lieu ni d'appeler un subrogé tuteur à la vente sur licitation, ni de signifier le jugement du 28 août 1863 à un subrogé tuteur, en même temps qu'à l'administrateur *ad hoc*, l'arrêt attaqué n'a ni violé les art. 444, 962 et 972, C. proc., ni faussement appliqué les art. 389 et 420, C. civ.; — Rejette, etc.

MM. Bédarrides, prés.; Petit, rapp.; Robinet de Cléry, av. gén. (concl. conf.); Moutard-Martin, av.

CASS.-civ. 15 janvier 1878.

OCTROI, EXEMPTION, CHEMIN DE FER, VOIE FERRÉE, GARE, TOITURE VITRÉE.

L'exemption de taxe inscrite dans un tarif d'octroi en faveur des matériaux destinés à la construction ou à la réparation de la voie ferrée des chemins de fer, ne s'étend pas aux matériaux employés à la réparation d'une toiture vitrée recouvrant la voie ferrée dans l'intérieur d'une gare (1) Tarif d'octroi de Lyon, art. 86).

(Ville et octroi de Lyon c. Chemin de fer de Lyon). — ARRÊT.

LA COUR : — Sur le premier moyen : — Vu l'art. 86 du règlement de l'octroi de la ville de Lyon approuvé par décret du 18 janv. 1873, dont le paragraphe 2 affranchit des taxes locales les matériaux employés pour la voie des chemins de fer, et dont le paragraphe 3 soumet, au contraire, aux droits, les matériaux employés autrement que pour le service de la voie ; — Attendu que les taxes d'octroi ont, en principe, pour cause et pour condition la consommation locale ou l'emploi sur place des denrées ou des matériaux frappés desdites taxes ; — Attendu que si, aux termes de l'art. 86 précité, les matériaux employés pour la voie d'un chemin de fer sont exempts de tous droits d'octroi, cette exemption ne s'applique qu'aux matériaux destinés à la construction ou à la réparation de la voie ferrée proprement dite, qui, formant dans l'ensemble de son parcours un tout indivisible, ne saurait, même pour la partie comprise dans un périmètre d'octroi, être considérée comme une construction dont les matériaux soient sujets à des taxes de consommation locale ; — Que l'exemption accordée par l'article ci-dessus cité ne peut s'étendre à la toiture vitrée, qui, dans l'intérieur d'une gare, recouvre la voie ferrée, et qui, faisant partie de cette gare, constitue une construction locale dont les matériaux sont par cela même soumis aux droits d'octroi ; — D'où il suit qu'en décidant le contraire, et en condamnant l'octroi et la ville de Lyon à restituer à la Compagnie défenderesse la somme de 3,160 fr. 10 c. perçue pour droits d'octroi des verres à vitre employés à la réparation de la toiture vitrée qui relie, au-dessus de la voie ferrée, les deux corps de bâtiments de la gare de Perrache, le jugement attaqué a violé la disposition ci-dessus visée ; — Casse, etc.

MM. Mercier, 1er prés. ; Aubry, rapp. ; Charrins, 1er av. gén. (concl. conf.) ; Barry et Dancongnée, av.

CASS.-REQ. 22 janvier 1878.

HYPOTHÈQUE LÉGALE, RANG, FEMME MARIÉE, DOT, MARIAGE, CÉLÉBRATION, CONTRAT DE MARIAGE.

L'hypothèque légale de la femme à raison de sa dot et de ses conventions matrimoniales, remonte non pas à la date du contrat de mariage, mais seulement au jour de la célébration du mariage devant l'officier de l'état civil (2) (C. civ., 144, 1399, 2135).

En vain prétendrait-on que les art. 2194 et 2195, C. civ., supposent l'existence de l'hypothèque légale à dater du contrat de mariage; *ces expressions équivoques de leur nature pouvant être entendues aussi bien de la célébration du mariage que de l'acte notarié qui a réglé les conventions matrimoniales* (3) (C. civ., 2194, 2195).

---

(1) Les exemptions de taxes contenues dans les tarifs d'octroi en faveur des matières employées dans certains services de l'exploitation des chemins de fer, doivent être strictement limitées aux cas qu'elles prévoient. Ce principe est de jurisprudence constante. V. Cass., 13 déc. 1870 (S. 71. 1. 103. — P. 71. 250. — D. 72. 1. 8); 27 nov. 1871 (S. 71. 1. 127. — P. 71. 393. — D. 72. 1. 126); 5 août 1878 (Pand. chr.), et la note.

Jugé, d'une part, que les exemptions s'appliquent : — 1° aux matériaux employés à la construction d'une voie ferrée destinée à relier une gare avec les bassins du port de la même ville, afin de mettre directement en contact avec les points de débarquement et d'embarquement des marchandises, la gare d'où elles doivent ensuite être expédiées à leurs diverses destinations : Cass., 12 déc. 1883 (S. 85. 1. 439. — P. 85. 1. 1060. — D. 84. 1. 273); — 2° à ceux employés dans une gare à l'établissement des voies de garage et à la réparation de plaques tournantes : Cass., 17 févr. 1886, *aff.* Ville de Lyon c. chem. de fer de Lyon (S. 86. 1. 259. — P. 86. 1. 624). — D'autre part, que les exemptions ne s'étendent pas : — 1° aux matériaux utilisés exclusivement à la construction d'une gare : Cass., 21 janv. 1884 (S. 86. 1. 257. — P. 86. 1. 620. — D. 84. 1. 472); — 2° ni aux matériaux qui servent à la construction d'un dortoir et d'une salle de bains pour les chauffeurs et mécaniciens, d'un bureau pour le chef de l'exploitation, d'ateliers de peinture et de chaudronnerie, de trottoirs bordant les voies ferrées, d'une cave pour les huiles et d'un pont tournant pour la conduite des machines dans la rotonde : Cass., 17 févr. 1886, *aff.* Nicot c. octroi des Sables-d'Olonne (S. 86. 1. 257. — P. 86. 1. 620).

Le plus souvent les tarifs d'octroi se servent pour désigner les objets affranchis des droits, des expressions génériques suivantes : « matières destinées à la construction de la voie », ou bien « matières destinées au service de l'exploitation ». Voici la portée juridique que la Cour de cassation attache à ces énumérations.

Il ne faut entendre comme « matières destinées à la construction de la voie » que celles qui doivent faire partie intégrante de cette voie ou en constituer l'accessoire indispensable, et comme « matières destinées au service de l'exploitation » que celles qui s'appliquent aux besoins de la voie ferrée formant dans l'ensemble de son parcours un tout indivisible, et notamment à la marche des trains, à la sécurité des personnes et à la conservation du matériel. V. même arrêt de Cass. (motifs), 17 févr. 1886 *aff.* Nicot c. octroi des Sables-d'Olonne (S. 86. 1. 257. — P. 86. 1. 620).

(2-3) Cette question n'avait point encore été soumise directement à l'examen de la Cour de cassation; elle n'avait été jusqu'ici résolue, à notre connaissance du moins, que par un arrêt de Nimes, du 26 mars 1833 (S. 34. 2. 90. — P. chr.), qui s'était prononcé dans le sens du système que vient de consacrer la Cour suprême. M. le conseiller Barafort a fait de la difficulté une étude très-complète et très-approfondie. Tous les arguments y ont été exposés et discutés. La jurisprudence s'y trouve analysée avec ses éléments d'analogie ou de comparaison. Ce travail du savant magistrat n'a besoin d'être complété qu'au point de vue des citations d'auteurs surtout modernes. V. en faveur de la théorie de l'arrêt ci-dessus, c'est-à-dire de l'opinion qui veut que l'hypothèque

(Gosselin c. Leroux.)

5 juin 1876, arrêt de la cour de Caen, ainsi conçu : — « LA COUR : — Sur la première question : — Attendu qu'aux termes de l'art. 2135, C. civ., l'hypothèque existe indépendamment de toute inscription au profit des femmes à raison de leur dot et conventions matrimoniales, sur les immeubles de leur mari et à compter du jour du mariage ; — Attendu que les expressions si nettes et si absolues dont le législateur s'est servi pour déterminer la date précise de l'hypothèque légale ne sont susceptibles d'aucune interprétation ; — Attendu que la dame Gosselin invoque en vain les art. 2194 et 2195 ; que ces textes ne s'appliquent qu'au mode de purger les hypothèques et aux formalités que l'acquéreur doit observer au respect des femmes et des mineurs ; qu'elles sont sans aucune influence sur l'application de l'art. 2135 qui a réglementé en termes si précis le rang que les hypothèques ont entre elles ; — Attendu que l'hypothèque légale ayant pour but de garantir la femme contre la mauvaise administration du mari, cette garantie ne peut exister que du jour où le mari est devenu administrateur de la dot, c'est-à-dire à partir de la célébration du mariage ; que la dot apportée par la femme Gosselin n'a été versée, conformément aux stipulations contenues au contrat de mariage, que le jour même de la célébration du mariage ; — Attendu, en fait, que le mariage des époux Gosselin a eu lieu le 6 juin ; que l'ouverture de crédit consentie à Gosselin par Leroux jusqu'à concurrence de 14,000 francs est du 1er juin 1870 ; que l'inscription a été requise par Leroux le 3 juin de la même année ; — Qu'elle est conséquemment antérieure à l'hypothèque légale de la dame Gosselin ; que la demande de celle-ci doit, dès lors, être déclarée mal fondée ; — Par ces motifs, confirme, etc. »

Pourvoi en cassation par la dame Gosselin. — *Moyen unique.* Fausse application de l'art. 2135, C. civ., et violation des art. 2194 et 2195 du même Code, en ce que l'arrêt attaqué a admis en principe que l'hypothèque légale de la femme ne produit son effet qu'à partir du jour de la célébration du mariage, alors que l'art. 2135, complété par les art. 2194 et 2195, établit que l'hypothèque légale de la femme remonte, quant à ses effets, jusqu'au jour du contrat de mariage.

M. Barafort, conseiller rapporteur, a présenté les observations suivantes :

« Nous reconnaissons, avec le mémoire ampliatif, que, dans l'ancienne jurisprudence française, il était généralement admis que l'hypothèque de la femme produisait effet à compter de l'acte notarié qui réglait les droits et les intérêts des futurs époux, et qui précédait d'ordinaire le mariage proprement dit. Quelques docteurs résistaient pourtant à cette manière de voir (V. notamment, Neguzantius, *De Pign.*, liv. III, tit. 2, 9, 74, n. 15, 16 et suiv., — et Novellus, *De dote pars decima, privilegium vigesimum*, n. 39). — Quoi qu'il en soit, il est essentiel de remarquer que l'hypothèque *tacite* ou *privilégiée* de la femme, comme on l'appelait alors, ne prenait rang du jour des conventions civiles entre les futurs époux que lorsque ces conventions étaient réglées par un acte notarié. Si elles ne se trouvaient établies que par un acte sous seing privé, ainsi qu'on le pratiquait assez souvent dans certaines provinces, l'hypothèque ne datait que du jour de la célébration du mariage, ou du jour de la reconnaissance du sous seing privé faite devant notaire, ou bien en justice (V. Pothier, *Introduction au tit. 20 des Coutumes d'Orléans :* des arrêts et exécutions, n. 13, édit. Dupin, t. X, p. 824, et édit. Bugnet, t. I, p. 641).

« La raison de cette distinction était donnée par la plupart des auteurs qui s'étaient occupés de la matière. Les actes sous seing privé, disait-on, n'étant pas munis du sceau de l'autorité publique, ne pouvaient conférer hypothèque, alors même que l'hypothèque y aurait été stipulée. Les actes notariés, au contraire, produisaient hypothèque sur tous les biens présents et à venir des parties, pour toutes les obligations par elles contractées devant l'officier public. Ces derniers actes produisaient même une hypothèque générale, non-seulement lorsqu'elle avait été stipulée, mais encore *ipso jure*, dans le cas où il n'en avait été fait aucune mention. V. Pothier, *loc. cit.*, et *De l'hypothèque*, ch. I, art. 1er, édit. Dupin, t. VIII, p. 528, et édit. Bugnet, t. IX, p. 425. — V. encore Serres, *Institutions de droit français*, p. 429, où l'auteur cite un arrêt du Parlement de Toulouse, du 7 juin 1719, par lequel il fut jugé que les pactes privés de mariage n'avaient ni privilége, ni hypothèque, si ce n'est du jour de l'aveu, et ne pouvaient porter le moindre préjudice à aucun des créanciers antérieurs à cet aveu. L'hypothèque était donc acquise à la femme, à dater de la convention anténuptiale, uniquement parce que cette convention avait été passée devant notaire, et par ce motif que, dans l'ancien droit, *tous les actes notariés emportaient hypothèque.* Aussi, dès le jour de la convention notariée antérieure au mariage, l'hypothèque était assurée, non pas seulement à la femme sur les biens du mari pour la garantie de la dot, *mais encore au mari sur tous les biens de ceux qui avaient constitué cette dot* (V. Domat, édit. Rémi, *Lois civiles*, liv. III, n. 3, t. II, p. 4). Or, la cause de l'hypothèque de la femme, sous l'empire de notre ancien droit, étant ainsi précisée, ne serait-il pas contraire à tous les principes de dire qu'elle doit exister dans les mêmes conditions, sous le Code civil, puisque l'acte authentique ne confère plus hypothèque aujourd'hui, sans une stipulation expresse à cet égard (C. civ., 2124, 2127 et 2129)? Remarquons, d'ailleurs, que l'hypothèque conventionnelle dont il s'agit dans ces dispositions du Code civil est une hypothèque spéciale sur certains immeubles, et non pas une hypothèque générale sur tous les biens présents et à venir du débiteur. Il est donc manifeste qu'entre le passé et le présent, il y a une dissemblance absolue dans les principes qui nous occupent, et qu'on ne pourrait conclure de ce qui pouvait exister autrefois, à ce qui doit exister aujourd'hui.

« Passons maintenant à la discussion de la loi moderne, invoquée par le mémoire ampliatif à l'appui du pourvoi. Comme base de notre étude, à ce point de vue, tenons pour certain que l'art. 44 du projet portait déjà dans la rédaction proposée : « L'hypothèque existe, indépendamment de toute inscription, au profit des femmes..., *à compter du jour de leur mariage.* » Sur cette rédaction première, le Tribunat fit sagement observer qu'il y aurait un grave inconvénient à laisser subsister, d'une manière indéfinie, à dater du mariage, l'hypothèque légale des femmes sur les biens des maris. Les sommes provenant de successions ou de donations, fut-il dit, ne doivent avoir d'hypothèque légale que du jour de l'ouverture de ces successions, ou de la date de ces donations acceptées, puisque *c'est seulement alors, qu'il y a, de la part du mari, une administration, qui* SEULE PEUT FAIRE LE FONDEMENT DE L'HYPOTHÈQUE. N'oublions pas ces derniers mots, et retenons que, d'après les auteurs eux-mêmes du Code civil, *l'administration du mari fait seule le fondement de l'hypothèque légale de la femme.* Des observations de même nature, quant à la date de l'hypothèque, furent présentées sur les obligations que la femme pourrait contracter conjointement avec son mari, et sur les aliénations que, du consentement de ce dernier, elle pourrait faire de ses immeubles. Il n'est pas juste, fut-il ajouté, qu'une hypothèque existe au profit de la femme, *antérieurement aux actes qui forment l'origine de la créance.* Là, nous voyons revenir cette pensée si vraie que l'effet ne saurait précéder la cause. Ainsi, la section de législation proposa de substituer à l'art. 44 la rédaction définitive de l'art. 2135. Mais si des modifications furent faites au projet dans le sens des observations qui précèdent, et sur un autre point inutile à rappeler, les mots : « *à compter du jour du mariage* », furent maintenus tels quels, sans que personne songeât à demander que l'hypothèque légale de la femme, dans certains cas au moins, remontât à la convention anténuptiale et notariée qui aurait réglé les intérêts des futurs époux.

« La conclusion à tirer de cette élaboration de la loi peut-elle être favorable au système du pourvoi, et n'en démontre-t-elle pas, au contraire, toute l'inexactitude? Le contrat anténuptial et le mariage sont, aujourd'hui comme autrefois, deux choses distinctes, qu'il n'est pas possible de confondre. Et lorsque dans la

---

prenne rang seulement au jour de la *célébration du mariage*, V. Delvincourt, t. III, p. 159 et 559 ; Duranton, t. XX, n. 20 ; Grenier, *Hypoth.*, t. I, n. 243 ; Persil, *Rég. hypothéc.*, sur l'art. 2135, § 2, n. 2 ; Potel, *Hypoth. lég.*, p. 217 ; Tessier, *De la dot*, t. II, n. 134, note 1093 ; Bellot des Minières, *Rég. dot.*, t. II, n. 1397 ; Rodière et Pont, *Contr. de mar.*, t. III, n. 1965 ; Aubry et Rau, t. III, § 264 *ter*, p. 239, note 64 ; Audier, *Revue prat.*, t. XVI, p. 491. — *Contrà*, c'est-à-dire en ce sens que, lorsque l'union a été précédée d'un contrat, c'est en réalité *au jour de ce contrat*, que remontent les effets de l'hypothèque légale, V. Delaporte, *Pandect. franç.*, t. XV, p. 275 ; Tarrible, *Répert.*, de Merlin, vo *Inscript. hypothéc.*, § 3, n. 8 ; Troplong, *Privil. et hypoth.*, t. II, n. 578 et suiv. ; Benoît, *De la dot*, t. II, n. 47 ; Wolowski, *Rev. de législat.*, t. I, p. 278.

discussion de l'art. 44 du projet, devenu l'art. 2135, on disait : L'hypothèque légale existera sans inscription..., *à compter du jour du mariage*, nous ne saurions admettre qu'on eût entendu : *à compter d'une époque qui peut être antérieure de plusieurs jours, de plusieurs mois, de plusieurs années, à la célébration du mariage.* Le mariage seul est connu des tiers. Quels inconvénients pour ces derniers, quelles fraudes possibles à leur préjudice, si l'on eût accordé à la femme le bénéfice de son hypothèque occulte, non pas seulement à dater du mariage, mais à dater d'une époque ignorée du public, et qui aurait pu remonter à des années entières avant le mariage. Rappelons, d'ailleurs, que c'est par le mariage, et par le mariage accompli seulement, que le *mari* est constitué administrateur des biens de sa *femme*. Or, nous venons de le voir, *l'administration de l'époux fait seule le fondement de l'hypothèque légale de l'épouse*. La conclusion se déduit d'elle-même.

« Passons maintenant à l'étude des textes du Code civil afférents à la matière. L'art. 1399, le premier du chapitre intitulé : *Du régime en communauté*, est ainsi conçu : « La communauté, soit légale, soit conventionnelle, commence *au jour du mariage* CONTRACTÉ DEVANT L'OFFICIER DE L'ÉTAT CIVIL; *on ne peut stipuler qu'elle commencera à une autre époque.* » La communauté commence donc, non pas du jour de la convention notariée par laquelle on l'aurait stipulée, mais seulement du jour du mariage célébré ou plutôt *contracté*, dit la loi, devant l'officier de l'état civil. S'il en est ainsi pour la communauté, si même on ne peut stipuler qu'elle commencera à une époque antérieure au mariage, pourquoi donc en serait-il autrement pour l'hypothèque légale qui frappe le chef de la communauté? N'en serions-nous pas toujours à l'effet avant la cause? Mais, dit-on, l'art. 1404 dispose pourtant que si l'un des futurs époux acquiert un immeuble après le contrat de mariage notarié, mais avant la célébration du mariage, cet immeuble tombe dans la communauté. Nous répondons que cette exception, fondée sur ce motif qu'on ne saurait légitimement priver la communauté d'une partie de ce qui devait y entrer, ne fait pas autre chose que confirmer la règle, et que partout où ne se rencontre pas une exception posée par la loi, la règle générale subsiste. De l'art. 1399, passons à l'art. 2121, placé sous la rubrique : *Des hypothèques légales*. Les droits et créances, dit cet article, auxquels l'hypothèque légale est attribuée, sont ceux des femmes mariées sur les biens de leur mari, etc. Ces expressions : *femmes mariées* et *mari* doivent être retenues. Il n'est point dit que *la future épouse* aura hypothèque légale sur les biens *du futur époux*; il est dit ce que nous venons de trouver dans la loi : *femmes mariées, mari*. Cette disposition de l'art. 2121, créatrice du droit de la femme, a donc en vue, non pas un simple projet de mariage arrêté devant notaire, mais un mariage *contracté devant l'officier de l'état civil*, comme s'en explique l'art. 1399. Les diverses hypothèques légales judiciaires et conventionnelles étant constituées par les art. 2121 à 2133 inclusivement, il fallait régler le rang de ces hypothèques entre elles. C'est l'objet de la section qui va suivre, et dans laquelle nous trouvons l'art. 2135, ainsi conçu : « L'hypothèque existe, indépendamment de toute inscription..., au profit des femmes... sur les immeubles de leur mari, et *à compter du jour du mariage*. » Peut-on imaginer une locution plus précise et plus claire? Et la Cour de Caen, dans l'arrêt attaqué, n'a-t-elle pas été fondée à dire « *que les expressions si nettes et si absolues, dont le législateur s'est servi pour déterminer la date de l'hypothèque légale de la femme ne sont susceptibles d'aucune interprétation* »? « *Ubi sunt verba clara, nulla est interpretatio.* »

« Mais que faire, dit-on, des art. 2194 et 2195, et de ces mots qu'on y trouve : « Les inscriptions de l'hypothèque légale des femmes auront le même effet que si elles avaient été prises *le jour du contrat de mariage*? » Remarquons, d'abord, que nous ne sommes plus au centre de la matière, au cœur même de la difficulté, puisque du rang des hypothèques entre elles, franchissant plusieurs chapitres, nous venons au mode de purger les hypothèques quand il n'existe pas d'inscription sur les biens des maris et des tuteurs. Les art. 2194 et 2195, fixant la procédure à suivre dans cette circonstance, disent : « *le jour du contrat de mariage* » et non plus : « *le jour du mariage* », comme avait dit l'art. 2135. Eh bien, s'il était vrai qu'il y eût un antagonisme absolu entre ces diverses dispositions, nous demandons s'il ne serait pas d'une bonne logique de s'en tenir aux dispositions de l'art. 2135, dont le but direct et déterminé a été de fixer la date de l'hypothèque légale, tandis que les art. 2194 et 2195 ne parlent de cette date que d'une manière incidente et indirecte.

« Mais l'antagonisme entre les diverses expressions de la loi est-il aussi absolu qu'on l'a supposé? A première vue, on serait tenté de le croire. Toutefois, si l'art. 2135 doit évidemment être entendu dans ce sens que les mots : « *à compter du jour du mariage* », veulent dire : « *à compter du jour de la célébration du mariage devant l'officier de l'état civil* », — est-il certain que par les expressions employées dans les art. 2194 et 2195, « *à compter du jour du contrat de mariage* », on doive nécessairement entendre *la date du contrat notarié antérieur au mariage?* Le législateur de 1803 et 1804 reproduisait facilement, tout pénétré qu'il en était, les formules de nos anciens auteurs. Or, dans leur langage habituel, cette expression *contrat de mariage était équivoque.* C'est Pothier lui-même qui parle ainsi et qui continue comme suit : « Ce terme est pris, dans ce traité (son propre *Traité du contrat de mariage*, t. V, p. 1), pour le mariage même; ailleurs, il est pris, dans un autre sens, pour l'acte qui contient les conventions particulières que font entre elles les personnes qui contractent mariage. — Nous verrons, ajoute-t-il, *dans ce Traité du contrat de mariage pris dans le premier sens* : 1° ce que c'est que le *contrat de mariage*...; 2° quelles sont les choses qui précèdent le *contrat de mariage*...; 3° quelles sont les personnes entre lesquelles il peut ou ne peut pas *être valablement contracté*; 4° *comment se contracte le mariage*..., etc., etc. » Tous les développements qui suivent ont pour objet le mariage proprement dit. Faut-il donc s'étonner de ce que les rédacteurs du Code civil, pour lesquels Pothier fut presque toujours un guide si sûr, ont pu employer dans le même sens que lui ces expressions *contrat de mariage* sur lesquelles se fonde le pourvoi?

« On pourrait argumenter, au même point de vue, des termes comparés des art. 1394 et 1399. Le premier disant, de la convention matrimoniale, *un acte devant notaire;* le deuxième, fixant le commencement de la communauté *au jour du mariage contracté devant l'officier de l'état civil*, ce qui revient à dire : *contrat de mariage devant l'officier de l'état civil.* L'art. 144, C. civ., emploie dans le même sens ces mots : « *contrat de mariage* ». Mais, sans insister davantage, retenons au moins, de la citation empruntée à Pothier, que ce terme, *contrat de mariage est une expression équivoque*, comme il le dit lui-même. En pareille occurrence, n'est-il pas juridique de s'en tenir aux dispositions de l'art. 2135, véritable loi de la matière, plutôt qu'à celles des art. 2194 et 2195, qualifiées comme nous venons de le voir par le plus autorisé peut-être des jurisconsultes anciens et modernes? Il y a plus : conçoit-on la possibilité de mettre en pratique la procédure des art. 2193, 2194 et 2195, si l'hypothèque légale, datant de la convention matrimoniale, comme on le prétend, en faveur de la future épouse, il y avait lieu de purger contre elle, avant le mariage, cette hypothèque non inscrite? Où trouverait-on *la femme* à laquelle devrait être faite la signification prescrite par l'art. 2194? On insiste, toutefois, en disant : Les conventions matrimoniales sont soumises à la condition qui résulte de la nature des choses, *si nuptiæ subsecutæ fuerint;* mais la condition accomplie a un effet rétroactif au jour auquel l'engagement a été contracté (C. civ., 1179). En conséquence, il faut conclure de l'accomplissement de la condition, c'est-à-dire du mariage, à l'hypothèque légale remontant à la date des conventions matrimoniales. Sans doute, si des stipulations particulières sont faites dans l'acte notarié qui aura précédé le mariage, l'art. 1179 pourra être applicable en divers cas. Mais nous ne saurions admettre qu'il pût faire remonter l'hypothèque légale de la femme à une époque antérieure au mariage. La raison en est simple, à notre avis : le législateur ayant dit que cette hypothèque existe et date *du jour du mariage*, comment pourrait-on méconnaître une disposition si formelle et si sage? L'art. 1179, au titre *Des contrats et obligations*, pouvait-il abroger d'avance une règle écrite plus tard au titre *Des privilèges et hypothèques*, et spéciale à cette matière?

« Nous finissons par votre jurisprudence. Est-il vrai que la Cour de cassation ne se soit jamais prononcée, implicitement au moins, sur la question qui nous occupe? Vous en jugerez tout à l'heure. Cette question fut agitée dans une espèce soumise à cette Chambre le 22 nov. 1836 (S. 37. 1. 83. — P. 37. 1. 6), mais il fut reconnu qu'il était inutile de la juger, à raison d'un défaut d'intérêt manifeste. Depuis lors, et à la date du 27 déc. 1859 (S. 61. 1. 87. — P. 60. 731. — D. 60. 1. 107), on trouve un arrêt de cette Chambre dans lequel il est dit une première fois que l'hypothèque remonte *au jour du mariage*, et puis une deuxième *au contrat de mariage*. Mais l'arrêt sur lequel intervenait le rejet disait très-explicitement qu'aux termes de l'art. 2135, l'hypothèque légale remontait *au jour du mariage, époque à laquelle le mari était devenu administrateur des biens de sa femme.* Cette théorie fort juridique était textuellement reproduite par l'arrêt de rejet, d'où l'on doit induire contre le pourvoi actuel, que ces mots : « *à compter du jour du mariage* », ceux-ci : « *à dater du contrat de mariage* », ont été entendus, les uns et les autres, *du jour du mariage*, époque à laquelle commence l'administration du mari. Un troisième arrêt de la Chambre civile, cette fois, du 4 févr. 1868 (S. 68. 1. 113. — P. 68. 268. — D. 68. 1. 57), juge que l'hypothèque légale de la femme pour le remboursement des créances que son mari a touchées pour elle, date du jour du mariage, et non du jour du versement opéré entre les mains du mari, lorsque c'est en vertu du contrat de mariage que celui-ci a effectué le recouvrement. Il est vrai que, ni dans l'arrêt de 1868, ni dans celui de 1859, il n'y avait à opter entre la date du mariage et celle des conventions matrimoniales; mais dans les deux, la Cour de cassation a dit littéralement que la date de l'hypothèque légale de la femme *remonte au jour du mariage, par application de l'art. 2135.* La disposition textuelle de cet article est reproduite dans les deux arrêts. Le mémoire ne cite aucun de ces précédents de votre jurisprudence, mais il rappelle un récent arrêt de la Chambre civile, du 7 févr. 1872 (S. 72. 1. 73. — P. 72. 1153. — D. 73. 1. 80). Ce dernier arrêt en reproduit textuellement un autre du 26 janv. 1847 (S. 47. 1. 147. — P. 47. 1. 175. — D. 48. 1. 63). Ces deux décisions de votre Chambre civile ne font pas autre chose qu'appliquer l'effet rétroactif de l'art. 1179 à des stipulations indépendantes de la date de l'hypothèque légale de la femme.

« Dans ces circonstances, si la Cour partageait notre manière de voir, elle rejetterait le pourvoi. »

ARRÊT.

LA COUR : — Sur le moyen unique du pourvoi, tiré de la fausse application de l'art. 2135, C. civ., et de la violation des art. 2194 et 2195 du même Code : — Attendu qu'aux termes de l'art. 2121, C. civ., les droits et créances auxquels l'hypothèque légale est attribuée sont ceux des femmes mariées sur les biens de leur mari; — D'où il suit que l'hypothèque accordée par la loi à la femme mariée ne l'est point à la future épouse, et qu'elle ne peut être acquise à cette dernière qu'au jour où, par la célébration du mariage, il y a, d'une part, une femme mariée pourvue de l'hypothèque légale, et, d'autre part, un mari dont les biens immeubles sont frappés de cette hypothèque; — Qu'en outre, aux termes de l'art. 2135, C. civ., l'hypothèque existe, indépendamment de toute inscription, au profit des femmes, pour raison de leurs dot et conventions matrimoniales, sur les immeubles de leur mari, et à compter du jour du mariage; — Que ces dernières expressions parfaitement claires et précises ne peuvent être entendues que du jour où le mariage a été contracté devant l'officier de l'état civil (C. civ., 1399 et 144); — Que, d'ailleurs, l'hypothèque de la femme contre le mari ayant pour fondement l'administration, par celui-ci, des biens de celle-là, et cette administration ne commençant qu'au jour du mariage, l'hypothèque ne saurait remonter à une date antérieure à la cause dont elle est l'effet; — Attendu que vainement il est allégué que les art. 2194 et 2195, C. civ., supposent l'existence de l'hypothèque légale de la femme, à dater du contrat de mariage; que ces expressions, équivoques de leur nature, peuvent être entendues de la célébration du mariage, comme de l'acte notarié par lequel ont été réglées les conventions matrimoniales; — Que, d'ailleurs, ces derniers articles étant relatifs au mode de purger l'hypothèque légale, il n'y est qu'incidemment parlé de la date à laquelle cette hypothèque remonte, tandis que l'art. 2135 a été spécialement édicté pour la fixation de cette date; — Qu'en conséquence, la solution de la difficulté se trouve dans ce dernier article, et non pas dans les art. 2194 et 2195; — Attendu, d'ailleurs, que si dans l'ancienne jurisprudence, une décision contraire était généralement admise, il n'en était ainsi que dans le cas où la convention anténuptiale avait eu lieu par acte public, en force du principe que tous les actes notariés conféraient hypothèque; — Que, dès lors, c'est à bon droit que l'arrêt attaqué n'a fait remonter l'hypothèque légale de la femme Gosselin qu'à la date de la célébration de son mariage devant l'officier de l'état civil, et que cet arrêt, loin d'avoir mal interprété ou violé les articles invoqués, en a fait, au contraire, une saine application; — Rejette, etc.

MM. Bédarrides, prés.; Barafort, rapp.; Godelle, av. gén. (concl. conf.); Sabatier, av.

CASS.-REQ. **28 janvier 1878.**

EXCEPTION, ACTE D'APPEL, COMMUNICATION DE PIÈCES, NULLITÉ (ABSENCE DE).

L'exception tirée de la nullité d'un acte d'appel, à raison du défaut de signification au domicile réel ou à la personne de l'intimé, n'est point couverte par une demande en communication de pièces quand les pièces visées ont principalement trait à la nullité opposée (1) (C. proc., 173).

Alors surtout que l'intimé a toujours proposé cette nullité comme moyen principal et qu'il n'a accepté le débat au fond que très-subsidiairement, *et en tant seulement qu'il pouvait être tenu de conclure à toutes fins en appel* (2) (Id.).

(David c. Certeux et Lebeau).

11 août 1877, arrêt de la Cour de Paris, ainsi conçu : — « LA COUR : — Considérant que le jugement dont est appel a été signifié à David par exploit de Boulet, huissier, le 7 janv. 1876, à la requête de Georges Certeux, ancien manufacturier, demeurant ci-devant à Levallois-Perret, rue d'Asnières, n. 106, et actuellement à Paris, rue Oblin, n. 3; — Que, nonobstant ces énonciations précises, la déclaration d'appel à la requête de David par le ministère de Rozé, huissier, a été signifiée le 2 fév. 1876 à Georges Certeux, manufacturier, demeurant à Levallois-Perret, route d'Asnières, n. 106, parlant à un homme à son service; — Considérant, en droit, qu'aux termes des art. 61, § 2, 68 et 456, C. proc. civ., l'exploit d'appel doit contenir la demeure du défendeur et être signifié à personne ou domicile, le tout à peine de nullité; — Qu'il résulte de ces constatations que l'acte d'appel signifié à la requête de David à Georges Certeux est nul : 1° comme ne contenant pas la demeure actuelle de l'intimé; 2° comme ayant été délivré à une personne autre que l'intimé; — Qu'à la vérité, David soutient que ces nullités ayant été proposées pour la première fois dans des conclusions signifiées le 20 juill. 1877, sont, aux termes de l'art. 173, C. proc., couvertes par une sommation à fin de production de pièces signifiées, dès le 15 mai 1877, à la requête de Georges Certeux; — Mais considérant que ce dernier acte contient sommation de communiquer toutes les pièces dont l'appelant entend se servir, principalement quant à la nullité ou à la non-recevabilité de l'appel en la forme, et qu'ainsi il a réservé expressément à l'intimé le droit d'invoquer toutes les fins de non-recevoir à ce sujet; — Par ces motifs, etc. »

Pourvoi en cassation par David.

ARRÊT.

LA COUR : — Sur le moyen pris de la fausse application des art. 61, n. 2, 68 et 456, C. proc. civ. (sans intérêt);

Sur le moyen pris de la violation de l'art. 172, C. proc. : — Attendu que dans toutes les conclusions qui lui sont opposées par le pourvoi, l'intimé Georges Certeux a pris des précautions efficaces pour éviter de couvrir la nullité de l'exploit d'appel constatée en fait par l'arrêt; — Qu'il a toujours proposé cette nullité comme moyen principal en n'acceptant le débat au fond que *très-subsidiairement*, et en tant qu'il pouvait être tenu légalement de conclure à toutes fins en appel; — Attendu que la demande en communication de pièces, du 15 mai 1877, contient la même distinction expressément formulée et porte principalement sur les documents relatifs à la nullité, c'est-à-dire sur ceux que l'ap-

(1) Mais, en principe, les nullités d'exploit sont couvertes par une demande en communication de pièces. V. Paris, 5 avril 1880 (Pand. chr.), et les arrêts cités en note. *Adde* Rousseau et Laisney, *Dict. de proc.*, t. IV, v° *Exception*, n. 161. — V. toutefois Cass., 24 nov. 1885 (S. 86. 1. 120. — P. 86. 1. 264).

(2) V. dans le même sens, Rennes, 15 mars 1821; Cass., 28 févr. 1849, *aff.* Clapier c. Armand, cité par Chauveau, sur Carré, *L. de la proc.*, quest. 739 *bis*, § 12; Grenoble, 20 mars 1867 (S. 67. 2. 213. — P. 67. 808. — D. 68. 2. 153). V. aussi Besançon, 23 févr. 1880 (S. 82. 2. 9. — P. 82. 1. 91. — D. 80. 2. 225).

pelant avait à produire pour constater le changement de domicile d'où est résultée la nullité ; — Attendu que dans ces conditions l'arrêt a décidé à bon droit que la nullité n'avait pas été couverte aux termes de l'art. 173, C. proc. civ. ; — Rejette, etc.

MM. Bédarrides, prés. ; Babinet, rapp. ; Robinet de Cléry, av. gén. (concl. conf.) ; Lehmann, av.

CASS.-civ. 30 janvier 1878.

NOM COMMERCIAL, USAGE, HOMONYMIE, CONCURRENCE DÉLOYALE, INTERDICTION, POUVOIR DU JUGE.

Tout individu, qui exerce réellement et personnellement un commerce ou une industrie, a le droit incontestable d'inscrire son nom patronymique sur ses enseignes, annonces, factures, et sur les produits de sa fabrication, à la condition de ne pas en user, pour usurper, à l'aide d'une confusion frauduleuse, les avantages du crédit et de la réputation acquis à un tiers, déjà connu sous le même nom (1) (C. civ., 544).

En pareil cas, il appartient aux tribunaux d'ordonner toutes mesures nécessaires à l'effet d'éviter la confusion, mais ces mesures, ne sauraient aller jusqu'à interdire au commerçant, d'une manière absolue, la faculté de se servir de son nom dans les faits et actes de son commerce; ce serait porter atteinte à son droit de propriété (2) (Id.).

(Erard c. Erard).

Par jugement du 28 déc. 1874, le tribunal de commerce de la Seine avait statué comme suit : — « LE TRIBUNAL : Attendu qu'il appert des débats que le défendeur a établi à Paris en 1865, une maison pour la vente des pianos; — Que, sur les poursuites de la dame veuve Erard, le tribunal de commerce de la Seine a, par jugement du 8 sept. 1869, donné acte à Nicolas Erard de l'offre par lui faite de n'employer à l'avenir sur ses prospectus, annonces, enseignes, réclames, et sur chaque instrument qu'il fabriquerait, que les noms de Nicolas Erard, en toutes lettres en caractères de même grandeur; — Que, par arrêt de la Cour de Paris, en date du 26 août 1871, il a été ordonné qu'indépendamment de ce que Nicolas Erard doit mettre son prénom en toutes lettres à côté de son nom, et n'employer ledit prénom qu'en lettres de même grandeur que son nom, il devra encore mettre à la suite ou au-dessous de ses prénom et nom la mention : « Maison fondée en 1865 » sur les prospectus, annonces, factures, enseignes et réclames, et aussi sur chaque instrument de musique; — Attendu que, depuis les jugement et arrêt ci-dessus rappelés, Nicolas Erard, loin d'exécuter loyalement les prescriptions des décisions ci-dessus, se serait rendu de nouveau coupable de concurrence déloyale ; — Que la dame veuve Erard, invoquant la reproduction des agissements déjà condamnés, les faits nouveaux survenus depuis les jugement et arrêt, demande, par le premier chef de ses conclusions, pour mettre un terme à la continuation des abus qui lui causent un grave préjudice, que Nicolas Erard soit tenu, à l'avenir, de supprimer, de toutes publications, réclames et insertions, le nom de Erard, même avec les additions prescrites par l'arrêt du 26 août 1871 ; — Mais attendu que s'il est vrai, comme l'articule la demanderesse, que Nicolas Erard ait acheté et exploité pendant neuf mois, en 1865, à son arrivée à Paris, un fonds de brasserie, boulevard Beaumarchais, 91, en annonçant faussement au

(1-2) La concurrence déloyale, si féconde et si habile en ses ressources, n'a pas manqué de chercher à se cacher sous le voile de l'homonymie. La justice devait sauvegarder les intérêts du commerce et de l'industrie honnêtement exercés : mais cette mission n'était pas sans difficultés; d'une part, chaque citoyen a le droit de choisir tel commerce que bon lui semble et de faire usage, pour les actes qui s'y rattachent, du nom que lui donne son état civil et qui, même, lui est imposé par la loi (L. 6 fructidor an II); d'autre part, aux termes de l'art. 544, C. civ., le droit de jouir et de disposer de sa chose n'est absolu que s'il n'en est pas fait un usage prohibé par la loi ou les règlements.

Il fallait donc concilier ces deux principes.

La jurisprudence y est arrivée très-heureusement en décidant que, si un nom commercial est la propriété indiscutable de celui qui le porte, et implique, dès lors, le droit d'en jouir et disposer librement et de la manière la plus absolue, c'est sous la condition de ne pas s'en servir pour causer à autrui un dommage volontaire, calculé à dessein.

Il peut arriver que ce dommage soit involontaire, par suite de la bonne foi de l'agent; mais laissons ce cas de côté; il est régi exclusivement par l'art. 1382, C. civ., et ne constitue pas un acte de concurrence déloyale qui suppose infailliblement la mauvaise foi. Renfermons-nous dans cette dernière hypothèse.

Tandis que la fraude se produisait sous diverses formes, au moyen de l'homonymie, les juges s'ingéniaient, de leur côté, à découvrir les mesures propres à la faire cesser, et c'est ainsi que, par application du principe général formulé ci-dessus, il a été jugé que, quand il s'agit de la confusion de produits ou d'établissements de commerce, par suite de la similitude des noms, les tribunaux peuvent notamment enjoindre à l'auteur de la concurrence, soit d'ajouter à son nom patronymique, sur ses enseignes, factures, annonces, produits, etc., un de ses prénoms ou tous ses prénoms dans l'ordre où ils sont inscrits en son acte de naissance, soit d'y mentionner son pays d'origine, soit d'indiquer l'année de la création de sa maison, soit de donner plus d'importance à ses prénoms à l'aide de plus gros caractères, etc. V. en ce sens, Cass., 2 janv. 1844 (S. 44. 1. 363. — P. 44. 1. 423. — D. 44. 1. 73); Paris, 6 févr. 1865 (S. 65. 2. 89. — P. 65. 462. — D. 65. 2. 87); Amiens, 2 août 1878, et Cass., 15 juill. 1879 (Pand. chr.) (ces arrêts ont été rendus dans la même affaire).

Pour la concurrence déloyale, ces faits n'étaient, qu'on nous passe l'expression, que l'enfance de l'art; elle en a donc créé d'autres, et il est arrivé plusieurs fois qu'un commerçant s'est fait céder le nom d'un tiers, dans un but manifestement illicite, soit pour le porter lui-même, soit pour le faire figurer dans la raison sociale de sa maison, alors que le cédant n'exerçait aucun commerce ou n'était pas associé. Dans ces cas, les tribunaux n'ont pas hésité à prononcer l'interdiction absolue de l'usage du nom. V. Paris, 6 mars 1851 et Cass., 5 févr. 1852 (S. 53. 1. 213. — P. 52. 1. 436 et 53. 1. 167. — D. 52. 1. 200 et 2. 266); Besançon, 30 nov. 1861 (S. 62. 2. 342. — P. 63. 215. — D. 62. 2. 43); Paris, 19 mai 1865 (S. 65. 2. 158. — P. 65. 711. — D. 66. 2. 134); Cass., 27 mars 1877 (Pand. chr.), et notre *Dictionnaire de dr. commerc., ind. et marit.*, t. III, v° *Concurrence déloyale*, n. 155, et t. V, v° *Nom industriel*, n. 21.

Est-ce ainsi que, dans l'affaire actuelle, se posait la question d'interdiction? Non. Dans les cas des arrêts que nous venons d'énumérer au paragraphe précédent, l'interdiction a été prononcée en vertu de ce principe, incontestable, quoique non écrit dans nos lois, et que M. Lyon-Caen a si bien formulé (S. 78. 1. 289. — P. 78. 717) : « Le nom commercial ne peut être cédé isolément du fonds « de commerce auquel il se rattache : une cession isolée ne peut « que favoriser la concurrence déloyale. »

Ici, il n'y avait pas de nom commercial cédé; c'était le légitime propriétaire de ce nom qui s'en servait lui-même pour les actes de son commerce; et, il s'agissait de savoir si, par cela seul qu'il persistait dans l'emploi de manœuvres et procédés auxquels la justice avait déjà tenté de mettre un terme, on pouvait lui interdire, d'une manière absolue, l'emploi de son nom.

Plusieurs auteurs se sont prononcés pour l'affirmative (V. not. Et. Blanc, *Contref.*, p. 713; Rendu, *Marq. de fabr.*, n. 405 et suiv.; Pouillet, *Marq. et concurr. déloy.*, n. 496); la Cour de Paris avait cru devoir aller jusque-là. Mais, comme nous l'avons fait observer ailleurs (V. notre *Dictionnaire de dr. commerc., ind. et marit.*, v° *Concurrence déloyale*, n. 153 et suiv.), cette doctrine porte atteinte au principe de la liberté de l'industrie et en même temps à la propriété du nom.

On prétendrait en vain arguer contre notre opinion d'un arrêt de Cass., du 18 nov. 1862 (Pand. chr.). Dans cette espèce, l'auteur de la concurrence avait deux noms; jusqu'alors, il n'était connu que sous l'un d'eux, et il n'avait pris l'autre qu'à partir du jour où un homonyme était venu s'établir dans la même maison que lui. La fraude était manifeste, et les juges lui ont interdit de faire usage du nom qu'il n'employait qu'abusivement, tant que la confusion pourrait s'en suivre dans la maison commune.

Il n'y avait donc pas similitude complète entre ce cas et celui de l'affaire actuelle; nous estimons que c'est à bon droit que la Cour suprême a cassé l'arrêt de Paris. — V. conf., sur renvoi, Amiens, 2 août 1878, et Cass., 15 juill. 1879 (Pand. chr.); Paris (3e ch.), 27 mai 1887 (journ. le *Droit*, 14 juin).

public qu'il exploitait alors une manufacture de pianos, qu'il ne créait réellement qu'en août 1867, il est établi au procès, que, depuis plusieurs années, le défendeur se livrait, à Mulhouse, au commerce de location et de vente de musique et d'instruments; — Qu'en fondant une fabrique de pianos, il n'a fait que continuer, en la développant, la profession à laquelle il s'adonnait antérieurement; — Que si, abusant d'une similitude de nom, il a cherché à usurper la notoriété de la maison de la demanderesse, cette circonstance, si blâmable qu'elle soit, n'est pas suffisante pour motiver, à l'égard de Nicolas Erard, la suppression de son nom dans les conditions de la demande, alors que ses agissements déloyaux peuvent être réprimés par les mesures qui pourront être ordonnées, en statuant sur les autres chefs de conclusions de la dame veuve Erard; — Par ces motifs, déclare la dame veuve Erard mal fondée en sa demande de faire supprimer le nom de Nicolas Erard de toutes publications, réclames, insertions, l'en déboute, etc. »

Appel par Nicolas Erard, et appel incident par veuve Erard; et, le 29 juill. 1876, arrêt de la Cour de Paris, conçu dans les termes suivants : — « LA COUR : — Sur l'appel principal de Nicolas Erard, etc.; — Sur l'appel incident de veuve Erard : — Considérant, quant à la suppression du nom de Nicolas Erard, que les manœuvres et procédés auxquels Nicolas Erard persiste à se livrer, même depuis le jugement de première instance, prouvent, par leur succès même, que les mesures prescrites par le jugement du 8 sept. 1869 et l'arrêt du 26 août 1871, sont impuissantes et inefficaces pour empêcher la confusion que la justice a entendu prévenir entre les deux maisons de commerce; — Qu'en présence des efforts persévérants d'une concurrence déloyale qui se poursuit au moyen d'une similitude de nom, la suppression même de ce nom, quant à son usage commercial et industriel, est aujourd'hui la seule mesure qui puisse efficacement contenir et réprimer la fraude; — Considérant que si le nom patronymique est la propriété de celui qui le porte, il ne peut cependant, dans l'exploitation de son commerce ou de son industrie, s'en faire un moyen de concurrence malhonnête et frauduleuse, au préjudice de tiers pour qui le même nom est antérieurement devenu un élément de notoriété et la marque réelle de leurs produits; — Que telle est, précisément, la situation de Nicolas Erard, qui ne fait que trafiquer de son nom à l'égard de la veuve Erard, dont la maison est depuis près d'un siècle en possession d'une légitime célébrité; — Qu'il appartient à la justice, en même temps qu'elle constate le fait dommageable, de donner à sa décision toute sanction nécessaire pour en empêcher le renouvellement; — Par ces motifs; statuant sur l'appel incident et y faisant droit, ordonne la suppression absolue du nom de Nicolas Erard dans toutes les marques de commerce et de fabrique, factures, circulaires, annonces, prospectus, réclames, enseignes extérieures et intérieures, en tout ce qui concerne le commerce et la fabrication des pianos, et ce, dans les trente jours de la signification du présent arrêt. »

Pourvoi en cassation par Nicolas Erard, pour violation des art. 544 et 1382, C. civ., en ce que l'arrêt attaqué a excédé les pouvoirs qui peuvent appartenir aux juges du fait pour réparer un dommage et l'empêcher de se produire, en prononçant une véritable expropriation contre l'exposant et en le dépossédant de son nom.

ARRÊT (*après délib. en ch. du cons.*).

LA COUR : — Sur le moyen unique de cassation proposé par le pourvoi : — Vu l'art. 544, C. civ.; — Attendu que tout individu qui exerce réellement et personnellement un commerce ou une industrie a le droit incontestable d'inscrire son nom patronymique sur ses enseignes, annonces et factures, et sur les produits de sa fabrication; — Que cet emploi du nom patronymique est une des formes permises de la jouissance et de la disposition, attributs essentiels de la propriété; — Attendu qu'il appartient aux tribunaux de réprimer l'abus qui serait fait de ce droit pour usurper, à l'aide d'une confusion frauduleuse, les avantages du crédit et de la réputation acquis à un tiers, déjà connu sous le même nom; — Que si les pouvoirs du juge à cet égard doivent avoir toute l'étendue nécessaire pour assurer leur efficacité, ils ne sauraient aller jusqu'à priver un commerçant de la faculté de se servir du nom qui lui appartient dans les faits et actes de son commerce par une interdiction absolue qui constituerait une atteinte portée à son droit de propriété; — Attendu que l'arrêt attaqué, en même temps qu'il constate contre le demandeur l'existence de manœuvres répréhensibles et d'efforts persévérants pour faire à la défenderesse une concurrence déloyale, reconnaît que ledit demandeur exerce réellement à Paris, depuis 1867, le commerce de la fabrication et de la vente des pianos; — Que, dès lors, en ordonnant dans ces circonstances la suppression absolue du nom de Nicolas Erard dans toutes les marques de commerce et de fabrique, circulaires, annonces, prospectus, réclames, enseignes extérieures et intérieures, en tout ce qui concerne le commerce et la fabrication des pianos, l'arrêt attaqué a méconnu le droit de propriété du demandeur et formellement violé l'art. 544, C. civ.; — Par ces motifs, casse et annule, au chef qui fait l'objet du pourvoi, l'arrêt rendu entre les parties le 29 juill. 1876, par la Cour d'appel de Paris, et renvoie devant la Cour d'Amiens.

MM. Mercier, 1er prés.; Sallé, rapp.; Charrins, 1er av. gén. (concl. conf.); Sabatier et Bosviel, av.

CASS.-CIV. 13 février 1878.

CHEMIN DE FER, TARIF, FORCE OBLIGATOIRE, ERREUR, FAUTE COMMUNE, RESPONSABILITÉ, DOMMAGES-INTÉRÊTS, REDRESSEMENT.

Les tarifs de chemins de fer, régulièrement publiés, tenus à la disposition des parties intéressées toujours admises à les consulter, ont force de loi, si bien que nul n'est présumé en ignorer les dispositions (1). — V. également l'arrêt en sous-note (*a*).

Si donc une erreur vient à être commise dans l'application

---

(1) Principe absolument constant. V. conf., Cass., 20 févr. 1878 (Pand. chr.); 4 août 1885 (Pand. chr.); 24 mars 1886 (Pand.

(*a*) Cet arrêt de Cass.-civ., 11 mars 1878, *aff.* Chem. de fer de Lyon c. Barthélemy, est conçu dans les termes suivants :

LA COUR : — ...Sur le deuxième moyen : — Vu l'art. 1382, C. civ. : — Attendu qu'il a été reconnu par le jugement attaqué que la taxe perçue pour le transport des expéditions litigieuses a été inférieure à celle du tarif applicable d'après ledit jugement; que néanmoins le tribunal de commerce de Lyon a rejeté la demande en payement de la différence, formée par la Compagnie du chemin de fer contre les expéditeurs, par l'unique motif que l'erreur commise était imputable à la Compagnie elle-même, et que le redressement demandé causerait aux expéditeurs un préjudice dont ladite Compagnie serait responsable envers eux; — Mais attendu que les tarifs des Compagnies de chemins de fer, régulièrement approuvés et publiés, ont force de loi pour ou contre lesdites Compagnies relativement aux conditions des transports qui leur sont confiés; qu'en conséquence, ces tarifs sont de droit présumés connus des expéditeurs qui traitent avec les Compagnies; — Attendu que, s'il a été commis une erreur dans la perception de la taxe, soit au préjudice de la Compagnie, soit à son avantage, son erreur doit être rectifiée par le payement du complément de la taxe dans le premier cas, ou par le remboursement de la surtaxe dans le second cas; — Que l'erreur ainsi commise étant commune aux deux parties ne peut être imputée à l'une d'elles exclusivement à l'autre; — Qu'on ne saurait donc, soit par voie d'action, soit par voie d'exception, mettre à la charge de la Compagnie la responsabilité des suites de cette erreur; — Attendu qu'il résulte de ce qui précède qu'en rejetant, dans la cause, la prétention de la Compagnie demanderesse relative au complément de taxe réclamé, sous le prétexte qu'elle était tenue vis-à-vis des expéditeurs, et à raison de l'erreur commise dans la perception de la taxe, à des dommages-intérêts pouvant se compenser avec l'objet de la demande,

de la taxe de transport, comme cette erreur est l'œuvre commune des deux parties, de la Compagnie et de l'expéditeur, ce dernier ne saurait être admis à faire peser sur la Compagnie seule la responsabilité des conséquences de cette erreur, et à obtenir contre elle, de ce chef, une condamnation à des dommages-intérêts (1). — V. encore le même arrêt en sous-note (*a*).

L'erreur de taxe donne toujours lieu à rectification soit par le payement d'un complément en cas de perception inférieure au tarif, soit par le remboursement de l'excédent en cas de surtaxe (2). — V. l'arrêt en sous-note (*a*) seulement.

(Chemin de fer du Midi c. Aggery). — ARRÊT.

LA COUR : — Vu l'art. 42 du cahier des charges de la Compagnie du Midi, approuvé par décret du 1er août 1857, et les art. 1382 et 1384, C. civ. ; — Attendu qu'il est reconnu par le jugement attaqué qu'Aggery avait demandé que ses expéditions de cerises fussent faites par la Compagnie du Midi, en suivant d'abord la ligne de Montauban à Agen, sur le réseau de cette Compagnie, puis celle d'Agen à Paris, sur le réseau de la Compagnie d'Orléans ; — Que, par conséquent, il devait payer, pour le transport, la taxe établie sur les deux lignes suivies par la marchandise; — Que le tribunal de commerce de Montauban a constaté que la taxe réclamée par la Compagnie du Midi était bien celle fixée par les deux tarifs légalement applicables, et qu'il a, en effet, condamné Aggery à payer la somme de 572 fr. 35 c. pour le complément du prix de transport ; — Que cependant il a, par le même jugement, déclaré que cette somme serait compensée avec une somme égale qu'il a allouée à Aggery, à titre de dommages-intérêts, et cela par le motif que celui-ci n'avait chargé la Compagnie du Midi du transport de ses expéditions de cerises que par suite d'une indication erronée fournie par la Compagnie ou par son préposé sur le chiffre de la taxe à payer, chiffre qui avait servi de base à la fixation du prix de vente des fruits expédiés; — Attendu que les tarifs des chemins de fer sont établis par des arrêtés de l'autorité administrative rendus publics, ayant force de loi et présumés connus de toutes les parties intéressées, qui peuvent toujours les consulter ; — Qu'ainsi l'erreur sur la taxe étant commune aux deux parties, on ne saurait mettre à la charge de la Compagnie, l'une d'elles, la responsabilité des suites de cette erreur ; — D'où il suit qu'en décidant que la Compagnie demanderesse devait être condamnée à des dommages-intérêts à raison de l'erreur commise par ses préposés dans l'indication du chiffre des taxes afférentes aux transports effectués par la voie choisie par Aggery, le jugement attaqué a violé les articles susvisés; — Casse, etc.

MM. Mercier, 1er prés. ; Greffier, rapp. ; Charrins, 1er av. gén. (concl. conf.); Devin, av.

CASS.-CIV. **20 février 1878.**

CHEMIN DE FER, TARIF, FORCE OBLIGATOIRE, ERREUR, RESPONSABILITÉ, DOMMAGES-INTÉRÊTS.

Les tarifs des chemins de fer, régulièrement publiés, ayant force de loi (3), *nul n'est présumé en ignorer les dispositions; par conséquent, un expéditeur ne peut légalement prétendre avoir été induit en erreur sur les conditions du transport par un renseignement émané d'un employé de la Compagnie, et obtenir contre cette dernière une condamnation à des dommages-intérêts* (4) (C. civ., 1382, 1384).

(Chem. de fer de l'Ouest c. Bijeau et Hales). — ARRÊT.

LA COUR : — Vu le tarif spécial P. V. n° 1 *bis* de la Compagnie des chemins de fer de l'Ouest et l'art. 1384, C. civ.; — Attendu que les tarifs des chemins de fer approuvés par le gouvernement et légalement publiés ont force de loi pour les Compagnies comme pour le public, et sont réputés connus de toutes les parties intéressées qui peuvent les consulter; que, dès lors, un expéditeur ne peut légalement prétendre avoir été induit en erreur sur les conditions de transport par un renseignement émané d'un employé de la Compagnie, et qu'on ne saurait faire peser sur celle-ci, par une condamnation à des dommages-intérêts, la responsabilité des conséquences de cette erreur; — D'où il suit que le jugement attaqué (Trib. comm. Saumur, 19 juill. 1875), en condamnant la Compagnie de l'Ouest à réparer le préjudice éprouvé par les demandeurs, a faussement appliqué et ainsi violé les dispositions légales ci-dessus visées ; — Casse, etc.

MM. Mercier, 1er prés.; Gastambide, rapp. ; Desjardins, av. gén. (concl. conf.); Larnac, av.

CASS.-REQ. **25 février 1878.**

PRIVILÉGE, OUVRIER, FAÇON, ACCROISSEMENT DE VALEUR, CONSERVATION, RÉTENTION (DROIT DE).

L'ouvrier qui façonne un objet et en augmente la valeur, n'a pas droit au privilége de l'art. 2102, § 3, C. civ., lequel

---

pér., 86. 1. 134); 8 juin 1886 (Pand. pér., 86. 1. 162), et les renvois.

(1) Sur la règle générale d'après laquelle les Compagnies ne sont pas responsables des erreurs commises par leurs employés dans les renseignements qu'ils ont pu fournir en matière de tarifs, V. Cass., 16 mars 1869 (S. 69. 1. 221. — P. 69. 528. — D. 69. 1. 184); 15 juin 1875 (S. 77. 1. 76. — P. 77. 158. — D. 76. 1. 314); 8 août 1877 (D. 78. 1. 26); 20 févr. 1878 (Pand. chr.); 24 mai 1882 (S. 83. 1. 373. — P. 83. 1. 950. — D. 83. 1. 32); 2 juill. 1883 (D. 84. 5. 69); 25 mars 1885 (S. 86. 1. 78. — P. 86. 1. 162); 4 août 1885 (Pand. chr.); 25 oct. 1886 (S. 87. 1. 181); Aucoc, *Confér. de dr. adm.*, t. III, n. 1463; Féraud-Giraud, *Code des transports de marchandises*, t. II, n. 412, et notre *Dictionnaire de dr. comm., ind. et marit.*, t. II, v° *Chemin de fer*, n. 68.

(2) L'erreur commise au préjudice d'une Compagnie de chemins de fer, dans l'application des tarifs au transport des marchandises, ne fait pas obstacle à ce que le complément de la taxe puisse être ultérieurement exigé par la Compagnie. V. Cass., 13 févr. 1867 (S. 67. 1. 211. — P. 67. 512. — D. 67. 1. 71); 6 déc. 1869 (S. 71. 1. 58. — P. 71. 174. — D. 70. 1. 149); 21 déc. 1874 (S. 75. 1. 128. — P. 75. 294. — D. 75. 1. 304); 15 nov. 1876 (S. 77. 1. 32. — P. 77. 50. — D. 77. 1. 71); 9 avril 1883 (S. 83. 1. 418. — P. 83. 1. 1053. — D. 83. 1. 480); 2 févr. 1885 (S. 85. 1. 502. — P. 85. 1. 1186. — D. 85. 1. 436). — Jugé même que la rectification peut être poursuivie par la Compagnie et le complément réclamé, malgré la promesse d'un abaissement de prix faite par elle, et alors même que cet abaissement de prix aurait déterminé l'expéditeur à effectuer le transport : Cass., 2 févr. 1885, précité. — Et, en effet, la convention par laquelle une Compagnie s'engage à transporter des marchandises au prix d'une série inférieure, est illicite et non obligatoire. V. Cass., 6 déc. 1869 (S. 71. 1. 58. — P. 71. 174. — D. 70. 1. 149); 19 janv. 1870 (S. 70. 1. 171. — P. 70. 397. — D. 70. 1.362); 30 mai 1876 (S. 76. 1. 319. — P. 76. 772. — D. 76. 1. 495).

A l'inverse, en cas de perception par la Compagnie d'un droit de transport supérieur au taux des tarifs, il y a lieu à restitution de l'excédent. V. les arrêts précités ainsi que Cass., 8 janv. 1879 (S. 79. 1. 79. — P. 79. 164. — D. 79. 1. 105); 18 janv. 1882 (Pand. chr.), et notre *Dictionnaire de dr. commerc., ind. et marit.*, t. II, v° *Chemin de fer*, n. 377.

(3) Principe constant. V. not. Cass., 13 févr. 1878 (Pand. chr.); 11 mars 1878, rapporté en sous-note de l'arrêt qui précède; 9 mai 1883 (Pand. chr.); 13 août 1884 (Pand. chr.); 4 août 1885 (Pand. chr.), et les renvois. *Adde*, notre *Dictionnaire de dr. commerc., ind. et marit.*, t. II, v° *Chemin de fer*, n. 66.

(4) V. conf., Cass., 13 févr. et 11 mars 1878, précités, ainsi que les indications de la note.

le jugement attaqué a faussement appliqué et par suite violé l'art. 1382, C. civ. ; — Sans qu'il soit besoin de statuer sur les autres moyens du pourvoi ; — Casse, etc.

MM. Mercier, 1er prés.; Sallé, rapp.; Desjardins, av. gén. (concl. conf.); Dancongnée, av.

s'applique exclusivement aux frais faits pour la conservation de la chose (1) (C. civ., 2102, § 3).

Mais si cet objet a été mis et est resté en sa possession, il a le droit de le retenir jusqu'à ce qu'il soit payé de ce qui lui est dû (2) (C. civ., 571).

(Lemoine c. synd. Guyot). — ARRÊT.

LA COUR : — Sur les deux premiers moyens, pris d'une prétendue violation des art. 2102, n. 3570 et 2073, C. civ. : — Attendu que l'ouvrier qui n'a pas empêché la chose de périr ou d'être détériorée, mais lui en a donné la forme et en a augmenté la valeur, s'il ne peut se prévaloir de la disposition de l'art. 2102, n. 3, n'accordant un privilége que pour les frais faits pour la conservation de la chose, a droit, en vertu de l'art. 570, de retenir la chose améliorée par lui, jusqu'à ce qu'il soit payé de ce qui lui est dû; que ce droit de rétention n'existe que si l'objet sur lequel il s'exerce a été mis et est resté en la possession de l'ouvrier; — Attendu que le jugement attaqué déclare, d'une part, que le travail exécuté par Lemoine n'a pas servi à conserver les bois dont il s'agissait, et que, d'autre part, il n'a jamais eu en sa possession ces mêmes bois qu'il a sciés et travaillés, sans qu'il aient jamais été déplacés de la sapinière qui était le chantier et le magasin de Guyot; — Attendu que de ces faits qu'il lui appartenait de constater, le tribunal de la Flèche a dû conclure que Lemoine n'avait ni le privilége de l'art. 2102, n. 3, ni le droit de rétention, et qu'en statuant ainsi, il n'a violé aucune loi;

Sur le troisième moyen (sans intérêt); — Rejette, etc.

MM. Bédarrides, prés.; Connelly, rapp.; Robinet de Cléry, av. gén. (concl. conf.); Debrou, av.

CASS.-CIV. 26 février 1878.

JUGEMENT OU ARRÊT, QUALITÉS, RÈGLEMENT, DATE (ABSENCE DE), NULLITÉ.

L'ordonnance portant règlement des qualités d'un jugement est entachée d'une nullité radicale, lorsqu'elle est sans date et se borne à cette simple formule : Bon à expédier (3) (C. proc., 154).

Et cette nullité vicie le jugement lui-même (4) (Id.).

Mais il n'en serait plus de même, et il n'y aurait plus lieu à nullité si les qualités signifiées avaient été frappées d'opposition, que des modifications eussent été apportées à leur rédaction avec le concours et sur les réclamations de l'avoué ou des avoués opposants, lesquels auraient apposé leurs signatures sur l'acte rectifié, que le bon à expédier *eût été délivré avec la mention* sur rectification ; *dans ces conditions, en effet, les droits de la défense ont été, malgré l'omission de date, pleinement sauvegardés par l'exercice de la contradiction* (5) (Id.). — V. l'arrêt de Cass. en sous-note (*a*).

---

(1) Le principe dominant, en cette matière, est que les priviléges sont de droit étroit et ne peuvent être étendus d'un cas à un autre, quelle que soit l'analogie.

C'est ainsi qu'il a été jugé : — 1° que l'art. 2103, § 4, ne s'applique pas aux sommes dépensées par le syndic d'une faillite pour réparations et améliorations d'un immeuble dépendant de cette faillite : Cass., 23 juin 1862 (S. 63. 1. 205. — P. 63. 782. — D. 63. 1. 243); — 2° que le § 3 de l'art. 2102, C. civ., ne saurait être étendu aux frais faits pour un immeuble : Douai, 21 janv. 1865 (S. 65. 2. 237. — P. 65. 944); Paris, 15 nov. 1875 (Pand. chr.); ni à ceux faits pour l'amélioration de la chose : Lyon, 1er avril 1881 (S. 82. 2. 165. — P. 82. 1. 890. — D. 82. 2. 44).

L'arrêt recueilli nous paraît donc à l'abri de toute critique. Le contraire a pourtant été jugé. V. Colmar, 7 mars 1812; Rouen, 18 juin 1825.

D'après le premier de ces arrêts, l'augmentation de valeur étant le résultat des dépenses, de l'habileté et des travaux de l'ouvrier, il est juste que ce dernier jouisse, sur les objets de son industrie, des avantages et priviléges que la loi accorde aux entrepreneurs de bâtiments améliorés, maçons et autres ouvriers, qui ne sont privilégiés qu'à raison de la nature de leur créance, et pour avoir amélioré, à leurs dépens, la chose d'autrui.

La Cour de Rouen se borne à dire que le privilége accordé pour la conservation de la chose existe *à fortiori* pour l'augmentation de valeur donnée à cette chose. Tel est aussi le sentiment de Grenier, *Privil. et hypoth.*, t. II, p. 36, n. 314.

Nous n'admettons pas l'argument *à fortiori* de la Cour de Rouen : celui qui empêche la ruine d'un objet a, sur le prix de cet objet, plus de droits que celui qui l'améliore. Quant aux motifs sur lesquels repose l'arrêt de Colmar, ils n'ont d'autre but que d'assimiler un cas non prévu à d'autres textuellement spécifiés par le législateur.

Or, la question n'est pas de savoir si tel travail est plus digne de privilége que tel autre, ou si le législateur n'aurait pas dû accorder de privilége à l'ouvrier dans des circonstances identiques avec celles de notre arrêt; elle est là où nous l'avons placée au début de nos observations, il ne faut pas la mettre ailleurs.

V. dans le sens de notre arrêt, la plupart des auteurs, notamment Persil, sur l'art. 2102, § 3, n. 2; Troplong, *Privil.*, t. I, n. 176; Duranton, t. XIX, n. 115; Valette, *Privil.*, n. 82; Pont, *id.*, n. 141; Aubry et Rau, 4e édit., t. III, § 261, p. 152, note 53; Colmet de Santerre, *Contin. de Demante*, t. IX, p. 55, n. 30 *bis*-II; Laurent, *Principes de dr. civ.*, t. XXIX, p. 488, n. 456.

On sait d'ailleurs qu'il appartient aux juges du fait de décider souverainement sur le vu des faits et documents de la cause, si des avances pour lesquelles le privilége est réclamé, ont été faites pour la conservation de la chose. V. Cass., 15 mars 1882 (S. 85. 1. 20. — P. 85. 1. 31).

(2) La question est controversée. V. nos observations sous Cass., 13 mai 1861 (Pand. chr.).

(3-4-5) Cette solution est d'une importance considérable, parce qu'elle s'attaque à des pratiques vicieuses qui se sont introduites dans nombre de tribunaux, sans que les magistrats y aient pris garde. L'habitude de donner le *Bon à expédier*, suivi de la seule signature du juge, sans mention de date, est assez générale; elle n'en est pas pour cela plus valable. La Cour de cassation la condamne avec énergie; elle y voit un vice radical qui entache, non-seulement l'ordonnance, mais les qualités, et le jugement lui-même. V. conf., Cass., 16 janv. 1883 (Pand. chr.), et la note.

Ce sont là des conséquences d'une sérieuse gravité qu'il suffit de signaler, de produire en pleine lumière, pour mettre fin aux errements qui les engendrent.

Quelles sont les raisons juridiques qui ont déterminé la Cour suprême à formuler, avec tant de netteté et de précision, cette exigence de la date dans l'ordonnance en règlement de qualités? Il y en a deux :

La première est qu'une ordonnance participe du caractère d'un jugement et qu'elle doit, par conséquent, comme tout jugement, porter en elle-même la preuve de sa régularité. Or, la mention de la date est une condition essentielle de la validité des jugements (V. Cass., 13 pluv. an VIII, Pand. chr.), tout comme de la validité des exploits (C. proc., 61; Cass., 4 déc. 1811, Pand. chr.). — A notre avis, la Cour de cassation aurait pu s'en tenir à ce seul et unique argument et négliger tout le reste.

La seconde raison est tirée de la nécessité d'assurer les droits de la défense. Ces droits seraient incontestablement lésés si l'avoué de la partie adverse n'avait pas été mis à même de faire connaître ses objections, de formuler son opposition au règlement des qualités. Or, une ordonnance qui ne porte point de date, ne fournit pas de point de repère. Avec la multiplicité des affaires qui encombrent les études, il est difficile à l'officier ministériel d'être bien fixé, de savoir si réellement, il a été appelé devant le juge et s'il a eu la faculté de fournir sa contradiction. La formalité a pu être remplie, mais rien ne démontre qu'elle l'ait été, parce que rien ne prouve que les qualités ont été réglées au jour même indiqué pour le règlement. Or, il faut que la certitude en soit acquise.

Dans le système de la Cour de cassation, cette seconde raison domine la première; elle justifie, à elle seule, l'annulation ou le maintien du règlement. Aussi, quand il est démontré, par la teneur même de l'ordonnance, que la défense a exercé ses droits en toute plénitude, que les qualités signifiées ont été frappées d'opposition, que l'avoué opposant s'est présenté au jour indiqué pour le règlement, que la contradiction s'est manifestée, qu'elle s'est manifestée avec succès, au point que des modifications ont été opérées à la rédaction des qualités, avec le concours et sur les réclamations de l'opposant, quand aucun doute ne peut subsister sur cette intervention et cette participation, qu'elles sont constatées par l'apposition de la signature de l'avoué opposant sur l'acte ainsi rectifié, alors le défaut de date se trouve en quelque sorte réparé, la régularité du règlement n'est plus une probabilité douteuse; elle est une certitude à laquelle la date ne pourrait ajouter aucune force.

Mais que l'on veuille bien le remarquer, ce sont là des circon-

(Chassain c. Peyrat). — ARRÊT.

LA COUR : — Vu l'art. 145, C. prov. civ.; — Attendu que toute ordonnance doit, comme tout jugement, porter en elle-même la preuve de la régularité ; — Attendu que l'ordonnance contenant règlement des qualités du jugement attaqué est sans date et se borne à cette formule : *Bon à expédier;* — Que rien ne prouve donc que les qualités dont il s'agit aient été réglées au jour où elles devaient l'être et que l'avoué de la veuve Chassain ait eu la faculté de les contredire; — Qu'il en résulte que l'ordonnance qui les a maintenues se trouve entachée d'une nullité radicale dont l'effet est de vicier lesdites qualités du jugement dénoncé, et, par suite, ce jugement lui-même; — Casse, etc.

MM. Mercier, 1er prés.; Guérin, rapp.; Charrins, 1er av. gén. (concl. conf.); Massénat-Desroche, av.

CASS.-REQ. 26 février 1878.

MARIAGE, PRÊTRE CATHOLIQUE, NULLITÉ.

Est nul et de nul effet, le mariage contracté par un prêtre catholique malgré la prohibition des canons reçus en France, actuellement encore en vigueur (1) (C. civ., 184; L. 18 germ. an X, art. 2 et 26).

(Aupy c. Lemontagner).

V. le texte de cet arrêt reproduit (Pand pér., 86. 2. 40), en note d'un arrêt d'Amiens (ch. réun.), du 30 janv. 1886, aff. Sterlin c. Houpin (Pand. pér., 86. 2. 36).

CASS.-CIV. 4 mars 1878.

PARTAGE D'ASCENDANT, DONATION, DETTES PRÉSENTES ET FUTURES, NULLITÉ, INTERPRÉTATION, AMBIGUITÉ (DÉFAUT DE), CASSATION.

L'acte de donation-partage qui, après avoir imposé aux donataires l'obligation de payer les dettes actuelles du donateur, stipule en outre « que les donataires acquitteront enfin toutes celles qui pourront grever la succession du donateur », ne comporte ni équivoque, ni ambiguïté, et met bien à la charge des donataires toutes les dettes que le donateur laissera à son décès. — S'appliquant à un passif, dont il n'existe et ne peut exister aucun état, une telle disposition entraîne la nullité de la donation (2) (C. civ., 945, 1156 et suiv.).

En conséquence, si, sous prétexte d'interprétation de cette clause, le juge du fond déclare qu'elle assujettit seulement les donataires au payement des dettes actuelles, et si, en même temps, il les condamne à payer l'une d'elles, il substitue une clause à une autre, et par là ne fait pas produire à l'acte son effet juridique; sa décision doit donc être cassée (3) (Id.).

(Cayrel c. Bonnet). — ARRÊT.

LA COUR : — Sur le premier moyen du pourvoi : — Vu l'art. 945, C. civ.; — Attendu qu'après avoir imposé aux donataires l'obligation de payer les dettes actuelles du donateur, l'acte du 22 sept. 1875 ajoute à la suite de l'énumération qu'il en fait : « Enfin les parties acquitteront généralement toutes les dettes passives qui *pourront* grever la *succession* du donateur, y compris les intérêts échus ou à *échoir;* » — Attendu qu'une telle clause ne présente aucune ambiguïté, que le mot *succession* ne laisse place à aucune équivoque, et qu'il est évident que Cayrel père a mis à la charge de ses enfants, auxquels il a partagé ses biens présents, toutes les dettes qu'il laisserait à son décès; — Que cette disposition, s'appliquant à un passif éventuel dont il n'existe et ne pouvait exister aucun état, a pour effet d'entraîner la nullité de la donation, aux termes de l'art. 945, C. civ.; — D'où il suit qu'en déclarant à tort que la donation-partage faite par Cayrel père à ses enfants ne les assujettissait qu'au payement de ses dettes actuelles, non à celles qui grèveraient sa succession, et en les condamnant comme obligés par un acte essentiellement nul, et dont ils opposaient la nullité, à payer à Bonnet, créancier du donateur, le montant de sa créance, le jugement attaqué (Trib. civ. Figeac, 20 janv. 1876) a, sous prétexte d'interprétation, substitué une clause à une autre et refusé de faire produire à l'acte son effet juridique; — Qu'il a ainsi formellement violé l'art. 945, C. civ., ci-dessus visé; — Casse, etc.

MM. Mercier, 1er prés.; Guérin, rapp.; Desjardins, av. gén. (concl. conf.); Costa, av.

CASS.-REQ. 13 mars 1878.

VENTE DE MARCHANDISES, RÉCEPTION, USAGE, QUALITÉ (DÉFAUT DE), RÉSOLUTION.

La réception et même l'usage par l'acheteur des marchandises vendues ne suffisent point pour engendrer une fin de non-

---

stances toutes spéciales, exceptionnelles; nous les trouvons réunies dans l'arrêt de la Cour de cassation, du 18 mai 1881, *aff.* Sanger et Veyrière, c. de Tourris et autres (V. la sous-note *a*); elles se représenteront rarement avec le même degré d'évidence, et la même force de conviction.

Le mieux est de *dater* les ordonnances en règlement de qualités. C'est la règle qui doit toujours et absolument être suivie par tout magistrat soucieux de ses devoirs et de sa responsabilité.

(1) V., sur cette question, la note 3 de l'arrêt d'Amiens, du 30 janv. 1886 (Pand. pér., 86. 2. 36), où se trouvent des indications très-complètes de jurisprudence et de doctrine.

(2-3) Il y a controverse sur le point de savoir si le donataire est tenu de plein droit des dettes existant lors de la donation. V. nos observations sous Toulouse, 29 janv. 1872 (Pand. chr.).

Dans notre espèce, telle n'était pas la question; il s'agissait d'apprécier la valeur juridique d'une donation-partage qui mettait manifestement à la charge du donataire toutes les dettes, tant présentes que futures, que laisserait le donateur.

Or, aux termes de l'art. 945, C. civ., cet acte était nul; il ne peut pas dépendre de la volonté du donateur de transformer une libéralité en une véritable charge: donner et retenir ne vaut.

D'un autre côté, comme les dispositions de l'acte ne présentaient pas la moindre ambiguïté, il n'y avait pas lieu à interprétation; le juge du fait ne saurait, sous un tel prétexte, modifier la volonté des parties. — *Sic*, en matière de testament, Cass., 20 janv. 1868 (S. 68. 1. 100. — P. 68. 246. — D. 68. 1. 125), et en matière d'exécution de conventions, Cass., 22 nov. 1865 (S. 66. 1. 23. — P. 66. 36. — D. 66. 1. 108); 15 avril 1872 (S. 72. 1. 232. — P. 72. 549. — D. 72. 1. 176).

C'est donc à bon droit que la Cour suprême a cassé la décision qui lui était déférée.

(*a*) Cet arrêt de la Chambre civile, du 18 mai 1881, dans la partie utile à consulter, est ainsi conçu :

LA COUR : — Sur le premier moyen (violation de l'art. 145, C. proc., en ce que l'ordonnance des qualités est sans date) : — Attendu qu'il résulte de l'expédition certifiée conforme par le greffier de la Cour d'appel de l'île de la Réunion de l'original de l'arrêt attaqué, déposé au greffe de ladite Cour, et sur lequel a été dressée, suivant la loi, la grosse dudit arrêt; que lesdites qualités ayant été, lors de la signification, frappées d'opposition par divers avoués de la cause et spécialement par l'avoué des demandeurs en cassation, des modifications y ont été apportées par le concours et suivant les réclamations des avoués opposants, qui ont apposé leurs signatures sur l'acte ainsi rectifié; — Attendu que c'est à la suite de ce règlement amiable, que le magistrat qui avait présidé aux débats de l'affaire a apposé sur lesdites qualités, en les signant, la mention *bon à expédier sur rectifications;* que, dans ces conditions, et alors que les droits de la défense ont été pleinement exercés par la contradiction, on ne saurait voir dans l'omission d'une date à la suite de la mention apposée par le magistrat une cause de nullité des qualités de l'arrêt attaqué (Cour de la Réunion, 8 févr. 1878)...; — Rejette, etc.

MM. Mercier, 1er prés.; Baudouin, rapp.; Desjardins, av. gén. (concl. conf.); Godey, Dareste et Gaston Mayer, av.

recevoir contre l'action en résolution fondée sur ce que ces marchandises ne seraient pas de la nature stipulée au contrat (1) (C. civ., 1642).

Spécialement, *le fait d'avoir payé des à-compte sur le prix, d'avoir reçu les marchandises, de les avoir déposées dans les Magasins généraux, et enfin d'avoir négocié les warrants qui accompagnaient le certificat de dépôt, n'implique pas, de la part de l'acheteur, l'abandon de son action résolutoire* (2) (Id.).

(Lemore c. Zellweger). — ARRÊT.

LA COUR : — Sur le moyen unique, tiré de la violation de l'art. 1642, C. civ., et de l'art. 4 de la loi du 28 mai 1858 : — Attendu que la réception et même l'usage par l'acheteur des marchandises vendues, ne suffisent point pour engendrer une fin de non-recevoir contre l'action en résolution fondée sur ce que ces marchandises ne seraient pas de la nature stipulée au contrat; — Attendu qu'il est constaté en fait par l'arrêt attaqué que les cotons livrés par Lemore et Cie à Zellweger n'étaient point conformes au type convenu et que, par conséquent, il y avait lieu à prononcer la résiliation du marché; — Attendu, dès lors, qu'en déclarant par appréciation des circonstances de la cause, que le fait par Zellweger d'avoir payé des à-compte sur le prix des cotons, reçu et déposé ces marchandises dans les Magasins généraux et enfin négocié les warrants qui accompagnaient le certificat de dépôt, n'impliquait pas l'abandon de l'action en résolution, l'arrêt attaqué (Rouen, 7 juill. 1877) n'a pu violer aucune des dispositions légales ci-dessus visées ; — Rejette, etc.

MM. Bédarrides, prés.; Cantel, rapp.; Robinet de Cléry, av. gén. (concl. conf.); Monod, av.

CASS.-CIV. **18 mars 1878** (DEUX ARRÊTS).

1° AUTORISATION DE FEMME MARIÉE, APPEL, AUTORISATION TACITE. — 2° NATURALISATION, FEMME SÉPARÉE, AUTORISATION MARITALE, DIVORCE, SECOND MARIAGE, FRAUDE A LA LOI. — 3° CASSATION, CHEFS DISTINCTS, ACQUIESCEMENT, RECEVABILITÉ. — 4° JUGEMENT OU ARRÊT, SANCTION, SAISIE, SÉQUESTRE, DOMMAGES-INTÉRÊTS, POUVOIR DU JUGE, SÉPARATION DE CORPS, ENFANTS, GARDE. — 5° REQUÊTE CIVILE, *Ultra petita*, CASSATION.

1° *L'autorisation maritale, nécessaire à la femme pour ester en justice à chaque degré de juridiction, n'a pas besoin d'être expresse. Ainsi, en cas de procès entre époux, elle peut être tacite, et résulter, en première instance, de ce que la femme a été actionnée par son mari, et, en appel, de ce que ce dernier a, sur l'appel de la femme, accepté le débat et conclu au fond* (3) (C. civ., 215, 217). — 1er et 2e arrêt.

2° *La femme, séparée de corps, ne peut, même avec l'autorisation de son mari, se faire naturaliser à l'étranger, et, à la faveur de la loi étrangère, transformer sa condition de femme séparée en celle de femme divorcée; elle ne saurait se soustraire ainsi à la loi française qui, seule, règle les effets du mariage de ses nationaux et en déclare le lien indestructible* (4) (C. civ., 3, § 3, 17, 147; L. 8 mai 1816). — 1er arrêt.

Il doit surtout en être ainsi, quand, par ce changement de nationalité, la femme n'avait qu'un but, se remarier, et aliéner immédiatement sa nouvelle nationalité (5) (Id.). — Ibid.

L'acte de naturalisation intervenu dans ces circonstances, le divorce et le second mariage ne sont pas opposables au mari (6) (Id.). — Ibid.

3° *L'exécution d'un arrêt qui contient plusieurs chefs distincts, quand elle est limitée à un ou quelques-uns des chefs seulement, ne rend pas non recevable à se pourvoir contre les autres* (7). — 2e arrêt.

4° *Lorsque, après séparation de corps, un jugement décide que l'époux, auquel les enfants avaient été confiés originairement, devra les remettre à son conjoint, à peine de certaines mesures d'exécution sur ses biens, la Cour, sur l'appel de ce jugement, peut recourir à d'autres modes de coercition lui paraissant plus propres à assurer l'exécution de la prescription de justice. Ainsi, notamment, elle peut, sans excéder ses pouvoirs ni transformer l'action originaire, substituer des dommages-intérêts par chaque jour de retard aux saisie et séquestre ordonnés par le premier juge* (8) (C. civ., 302, 1142 et suiv.; L. 27 vent. an VIII, art. 80). — Ibid.

5° *En admettant que, par cette substitution, la Cour ait accordé plus qu'il n'était demandé, sa décision pourrait être attaquée par voie de requête civile, et ne saurait donner ouverture à cassation* (9) (C. proc., 480, § 5). — Ibid.

(1-2) Les solutions varient en cette matière, suivant la diversité des faits de chaque espèce. Il n'y a donc entre elles aucune contradiction à relever. V. notamment Cass., 10 juill. 1877 (Pand. chr.); Bordeaux, 24 juill. 1878 (Pand. chr.); Cass., 4 juill. 1883 (Pand. chr.), et les notes qui accompagnent ces arrêts.

(3) V., sur cette question, les observations que nous avons présentées sous un arrêt de Paris du 6 juin 1882 (Pand. chr.). Ces observations sont, d'ailleurs, conformes à la doctrine de notre arrêt.

Faisons seulement remarquer que cette doctrine n'a pas toujours été suivie par la Cour de cassation, qui, par son arrêt du 24 févr. 1841 (S. 41. 1. 315. — P. 41. 1. 543. — D., *Jurispr. gén.*, vº *Mariage*, n. 776), décidait n'y avoir lieu de voir une autorisation tacite dans le fait, par le mari intimé, de conclure à la confirmation du jugement qu'il avait obtenu contre sa femme.

(4-5-6) Aux termes de l'art. 3, § 3, C. civ., les lois concernant l'état et la capacité des personnes régissent les Français, même résidant en pays étranger; par conséquent, la femme, devenue Française par son mariage, conservait cette qualité, même après un jugement de séparation de corps; et, comme son statut personnel la suivait à l'étranger, elle ne pouvait, même avec l'autorisation de son mari, se faire naturaliser dans un pays admettant la rupture du lien conjugal par le divorce, et y contracter un second mariage. Tout contrat, même d'intérêt privé, passé en France, ne peut être brisé au gré et au profit d'une seule des parties contractantes : *à fortiori*, doit-il en être ainsi d'un contrat qui, comme le mariage, intéresse l'ordre public à un degré tel que le consentement des deux parties serait inopérant pour le rompre. Comprendrait-on, d'ailleurs, que, par l'effet de nos lois, l'un des époux restât fatalement uni à un conjoint qui, de son côté, serait engagé dans les liens d'un second mariage?

Il avait, du reste, apparu à la Cour d'appel, que la nationalité étrangère n'avait été acquise par la femme que dans un but frauduleux; or, il a été jugé plusieurs fois que pareille fraude doit être déjouée partout où elle se produit. V. notamment Cass., 16 déc. 1845 (S. 46. 1. 100. — P. 46. 1. 401. — D. 46. 1. 7); Toulouse, 17 juill. 1874 (S. 76. 2. 149. — P. 76. 677. — D. 76. 1. 5), et sur pourvoi, Cass., 19 juill. 1875 (S. 76. 1. 289. — P. 76. 721. — D. 76. 1. 5); Paris, 17 juill. 1876 (S. 76. 2. 249. — P. 76. 981. — D. 78. 2. 1); Bruxelles, 5 août 1880 (S. 80. 4. 1. — P. 81. 2. 1).

La circonstance que la naturalisation avait été obtenue dans un but frauduleux était un motif de plus pour annuler, au regard de l'époux resté Français, tous les actes passés à l'étranger par son conjoint.

Aujourd'hui que le divorce est rétabli en France, la question n'aurait plus le même intérêt. Il faudrait pourtant qu'il fût prononcé en France, si l'autre époux y avait conservé son domicile.

(7) Jurisprudence constante, qu'il s'agisse d'appel ou de pourvoi en cassation. V. not. Cass., 15 avril 1834 (Pand. chr.); 4 mai 1859 (S. 59. 1. 609. — P. 59. 1061. — D. 59. 1. 228); Montpellier, 26 janv. 1853 (S. 53. 2. 155. — P. 53. 2. 90. — D. 53. 2. 224); Orléans, 11 nov. 1859 (P. 60. 195. — D. 61. 5. 7); Cass., 4 janv. 1881 (S. 81. 1. 263. — P. 81. 1. 631. — D. 81. 1. 126).

(8-9) Lorsqu'un tribunal enjoint à une partie de faire une chose dans un délai déterminé, il la condamne fréquemment, pour assurer autant que possible l'exécution de sa décision, à des dommages-intérêts par chaque jour de retard : cette disposition est licite. V. Cass., 25 mars 1857 (S. 57. 1. 267. — P. 57. 879. — D. 57.

(Princesse de Bauffremont c. prince de Bauffremont).

§ 1er.

La princesse de Bauffremont s'est pourvue contre un arrêt de Paris, du 17 juill. 1876 (S. 76. 2. 249. — P. 76. 981. — D. 78. 2. 1), décidant que la naturalisation, le divorce et le second mariage de ladite princesse n'étaient pas opposables au prince de Bauffremont.

Le pourvoi invoquait deux moyens. — 1er *Moyen.* Violation des art. 215 et 217, C. civ., en ce que la Cour, dans l'arrêt précité, a admis la princesse de Bauffremont, mariée en Allemagne au prince de Bibesco, à ester en justice en appel pour soutenir la validité de son second mariage sans autorisation maritale ou de justice.

2e *Moyen.* Violation des art. 3, § 3, 17, 108, C. civ.; fausse application des art. 215 et 217, C. civ.; violation de l'art. 1124, § 3, du même Code; violation de l'art. 227, C. civ., et la loi du 8 mai 1816, en ce que la Cour a refusé d'apprécier la naturalisation d'après la loi du pays où elle a été obtenue, et refusé ensuite d'apprécier la capacité pour la femme de convoler en secondes noces d'après la loi sous l'empire de laquelle elle était placée par sa naturalisation.

ARRÊT (*après délib. en ch. du cons.*).

LA COUR : — Sur le premier moyen : — Attendu que si la femme mariée ne peut ester en jugement, à aucun degré de juridiction, sans l'autorisation de son mari, il n'est pas exigé par la loi que cette autorisation soit expresse; — Qu'elle peut, lorsque le litige est engagé entre deux époux plaidant l'un contre l'autre, être tacite et résulter notamment de ce que le mari ayant provoqué le débat y a appelé sa femme; — Qu'en l'actionnant, le mari l'autorise à défendre sa cause contradictoirement avec lui; — Que, dans l'espèce, le défendeur (au pourvoi) a introduit devant le tribunal civil de la Seine contre la demanderesse, sa femme, une action en nullité, tant du mariage contracté par celle-ci, le 14 oct. 1875, à Berlin, avec le prince Bibesco, que de l'acte de naturalisation passé à Altembourg le 3 mai précédent; — Qu'intimé plus tard sur l'appel interjeté par la demanderesse du jugement intervenu, il a accepté le débat, et, loin, d'élever aucune exception, il a, par des conclusions formelles, contesté les prétentions dans lesquelles la demanderesse avait succombé en première instance, et demandé aux juges d'appel l'invalidation des actes dont l'annulation avait été l'objet même de sa demande originaire; — Qu'il a par là tacitement maintenu et confirmé, au second degré de juridiction, l'autorisation tacite qui, au premier degré, résultait de ce qu'il avait actionné sa femme; — Qu'ainsi il a été satisfait aux exigences des art. 215 et 218, C. civ., tant en appel qu'en première instance; — D'où il suit que le premier moyen manque en fait;

Sur le second moyen, pris dans ses deux branches : — Attendu que la demanderesse, Belge d'origine, est devenue Française par son mariage avec le prince de Bauffremont, sujet français; — Que, séparée de corps et de biens aux termes de l'arrêt du 1er août 1874, elle est néanmoins restée l'épouse du prince de Bauffremont et Française, la séparation ayant pour effet seulement de relâcher le lien conjugal sans le dissoudre; — Qu'ainsi elle était Française et mariée en France, lors du mariage par elle contracté à Berlin avec le prince Bibesco, à la suite de la naturalisation par elle obtenue dans le duché de Saxe-Altembourg; — Que l'arrêt attaqué n'a pas eu à statuer et n'a pas statué sur la régularité et la valeur juridique, en Allemagne et d'après la loi allemande, de ces actes émanés de la seule volonté de la demanderesse; — Que se plaçant uniquement au point de vue de la loi française qui, en effet, domine le débat et s'impose aux parties, il a décidé que même eût-elle été autorisée par son mari, la demanderesse ne pouvait être admise à invoquer la loi de l'Etat où elle aurait obtenu une nationalité nouvelle à la faveur de laquelle, transformant sa condition de femme séparée en celle de femme divorcée, elle se soustrairait à la loi française qui, seule, règle les effets du mariage de ses nationaux, et en déclare le lien indestructible; — Qu'adoptant les motifs des premiers juges, il a, en outre, constaté en fait que, d'ailleurs, la demanderesse avait sollicité et obtenu cette nationalité nouvelle, non pas pour exercer les droits et accomplir les devoirs qui en découlent, en établissant son domicile dans l'Etat de Saxe-Altembourg, mais dans le seul but d'échapper aux prohibitions de la loi française en contractant un second mariage, et d'aliéner sa nouvelle nationalité aussitôt qu'elle l'aurait acquise; — Qu'en décidant, dans ces circonstances, que des actes ainsi faits en fraude de la loi française et au mépris d'engagements antérieurement contractés en France n'étaient pas opposables au prince de Bauffremont, l'arrêt attaqué a statué conformément aux principes de la loi française sur l'indissolubilité du mariage, et n'a violé aucune des dispositions de la loi invoquées par le pourvoi; — Par ces motifs, rejette le pourvoi formé contre l'arrêt de la Cour de Paris du 17 juill. 1876, etc.

MM. Mercier, 1er prés.; Charrins, 1er av. gén.; Chambareaud et Sabatier, av.

§ 2.

Par arrêt du 7 août 1874 (S. 74. 2. 265. — P. 74. 1138. — D. 78. 2. 125), la Cour de Paris avait prononcé la séparation de corps d'entre les époux de Bauffremont et confié les enfants à la garde de la princesse. Celle-ci s'étant fait naturaliser à l'étranger et y ayant contracté un second mariage, le prince demanda et obtint du tribunal civil de la Seine, suivant jugements des 13 janv. et 30 mars 1876, qu'elle serait privée de la garde des enfants et qu'elle devrait les lui remettre pour les placer dans une maison d'éducation déterminée; lesdits jugements portaient en

1. 213), qui a statué dans une espèce où il s'agissait, comme ici, de remise des enfants par un époux à l'autre conjoint. — Ce qu'il y avait de particulier dans l'affaire actuelle, c'est que l'époux à qui la remise devait être faite concluait, non pas à des dommages-intérêts représentant le préjudice que le retard lui causait, mais à des voies d'exécution sur les biens de son conjoint et dont le bénéfice serait pour les enfants.

La Cour suprême a répondu, d'une part, que les juges ont le pouvoir de recourir au moyen de coercition qui leur paraît le plus propre à assurer l'exécution de leur décision; d'autre part, que s'ils accordent ainsi plus qu'il n'était demandé, il y a lieu à requête civile, et non à cassation.

Cette décision nous paraît, sous ce double rapport, à l'abri de toute critique. — Sur le premier point, pas de doute; il appartient, bien plus au juge qu'à la partie, de choisir le mode de contrainte. — Sur le second, pas de difficulté encore; l'art. 480, n. 3 et 4, C. proc., dit formellement que la requête civile est ouverte aux parties, quand le juge a prononcé sur choses non demandées, ou adjugé plus qu'il n'était demandé. Il pourrait arriver toutefois qu'une décision, susceptible d'être attaquée par la requête civile, donnât, en même temps, ouverture à cassation : tel serait le cas où la loi aurait été violée, comme dans l'arrêt de Cass. du 15 mai 1876 invoqué à l'appui du pourvoi (D. 76. 1. 268). Tout en reconnaissant, dans cette espèce, l'existence d'un droit d'usufruit sur des immeubles revendiqués, les juges du fond avaient converti ce droit en rente viagère; ils avaient donc, non-seulement statué sur chose non demandée, mais encore manifestement violé la loi. Ici, rien de pareil; la Cour s'était bornée à prescrire un mode de contrainte autre que celui demandé, et sa décision n'était critiquable qu'en vertu des § 3 et 4 de l'art. 480, C. proc. V. en ce sens, Cass., 8 août 1872 (S. 72. 1. 425. — P. 72. 1129); 22 nov. 1876 (S. 77. 1. 109. — P. 77. 261. — D. 77. 1. 484).

outre que, faute de faire cette remise dans un délai déterminé, le prince était autorisé à saisir-arrêter les revenus de sa femme avec établissement d'un séquestre sur le domaine de Ménars appartenant à la princesse.

Sur appel de cette dernière, la Cour de Paris a, par arrêt du 7 août 1876, statué comme suit : — « La Cour : — En ce qui concerne la garde des enfants et leur remise au père par la princesse de Bauffremont : — Adoptant les motifs des premiers juges; — En ce qui concerne la sanction des mesures prescrites à cet égard par le jugement dont est appel : — Considérant qu'il est du droit et du devoir de la justice, en prévision de l'inexécution et du retard dans l'exécution de ce qu'elle ordonne, de prendre dès à présent les dispositions que la loi autorise, soit pour vaincre la résistance de la princesse de Bauffremont, soit pour indemniser autant que possible le mari du préjudice qui lui serait causé; — Qu'allant au-devant de cette éventualité, le prince de Bauffremont demande à être autorisé à saisir-arrêter tous les revenus de sa femme avec établissement d'un séquestre comme moyen d'exécution; — Que, prise dans ces termes, et abstraction faite du mode de payement tel qu'il est indiqué, ces conclusions ne tendent à rien moins qu'à une allocation, à titre de sanction et de peine, de véritables dommages-intérêts; que le caractère de la demande ainsi précisée n'est pas modifié par l'indication de l'emploi que le prince de Bauffremont déclare vouloir en faire au profit de ses enfants; qu'il appartient à la justice de l'apprécier, soit pour l'admettre dans ce qu'elle a de fondé, soit pour la réduire dans ce qu'elle a d'excessif; — Considérant que l'obligation imposée à la princesse de Bauffremont de remettre à son mari leurs enfants communs, constitue une obligation de faire dont l'inexécution ou le retard dans l'exécution se résout, suivant l'art. 1142, C. civ., en dommages-intérêts; — Que la créance résultant du jugement de condamnation participe de la nature de toute créance ordinaire, et que le payement ne peut en être poursuivi sur les biens de la partie condamnée par des voies d'exécution et de contrainte autres que celles qui sont expressément déterminées par la loi; — Qu'aucune disposition légale n'autorise celui au profit duquel un droit de créance a été reconnu, à se mettre en possession des biens de son obligé pour en percevoir les fruits, jusqu'à ce que satisfaction lui ait été donnée; — Que, n'y ayant litige ni sur la propriété, ni sur la possession, l'établissement d'un séquestre ne rentre dans aucun des cas où la loi l'autorise; que l'emploi de semblables mesures de coercition est une atteinte illégitime au droit de propriété, dont la protection réside non-seulement dans les dispositions qui le déclarent inviolable, mais encore dans celles qui déterminent les formes et les conditions d'après lesquelles des contraintes peuvent être exécutées sur les biens d'un débiteur; — Considérant que ni l'objet du débat, ni la qualité des parties, ne sont de nature à justifier une exception aux règles ordinaires du droit ; — Que, par suite de sa séparation de corps et de biens, la princesse de Bauffremont a repris la libre administration de sa fortune; — Que son droit de propriété et de possession est désormais indépendant des modifications qu'aurait pu y apporter son contrat de mariage; qu'il est aussi entier et aussi absolu à l'égard de son mari qu'il peut l'être à l'égard d'un créancier étranger; — Que la sanction qui est demandée à la justice se réfère à l'exécution éventuelle d'une condamnation judiciaire concernant seulement la garde des enfants; — Qu'il ne s'agit point, dans la cause, d'une infraction aux devoirs essentiels qui naissent du mariage, tels que ceux de la vie commune et de la cohabitation, dont la séparation de corps a affranchi la femme; — Qu'à cette situation de deux époux ainsi séparés de fait et de droit sont inapplicables la jurisprudence et la doctrine invoquées par le prince de Bauffremont; — Considérant qu'en réduisant à de simples dommages-intérêts la sanction demandée, il convient de la proportionner à la résistance qu'il s'agit de vaincre et au dommage à réparer, ainsi qu'à l'importance des revenus dont la saisie-arrêt a été réclamée; — Considérant, quant aux dépens, que le prince de Bauffremont obtenant gain de cause sur l'objet principal de son action, sauf la forme sous laquelle les dommages-intérêts lui sont alloués, il est juste de condamner la princesse de Bauffremont à tous les dépens exposés dans l'instance, y compris ceux occasionnés par l'établissement du séquestre; — Par ces motifs, confirme les jugements frappés d'appel, en ce qui concerne la garde et la remise des enfants; — Quant au surplus, faisant droit sur l'appel et réformant : — Dit qu'il n'y a lieu de maintenir la saisie-arrêt des revenus et le séquestre ordonnés par les premiers juges; — Décharge la princesse de Bauffremont des condamnations prononcées contre elle à cet égard; — Dit toutefois que, faute par elle d'avoir remis les enfants au prince de Bauffremont, dans la quinzaine de la signification du présent arrêt, elle est dès à présent condamnée à lui payer, pour chaque jour de retard, à partir de l'expiration dudit délai de quinzaine, savoir : 500 francs pendant le premier mois et 1,000 francs pendant le second mois ; passé le délai de deux mois, à défaut d'exécution, il sera par la Cour fait droit définitivement. »

La Princesse n'ayant pas satisfait aux injonctions de cette décision, dans le délai qui lui avait été imparti, la Cour, appelée à faire droit définitivement, a, le 13 février 1877, rendu l'arrêt ainsi conçu : — « La Cour : — Considérant que l'arrêt du 7 août 1876 a été signifié à avoué, le 21 sept. 1876, et à la princesse de Bauffremont, le 27 du même mois, de telle sorte que le délai assigné est aujourd'hui expiré depuis deux mois; — Considérant que la princesse de Bauffremont, ne tenant aucun compte des décisions de la justice, n'a point encore satisfait aux condamnations prononcées contre elle; que l'obligation qui lui a été imposée de remettre ses enfants est de nature à pouvoir être incessamment accomplie; que son inexécution se renouvelant jour par jour, il n'y a qu'une sanction correspondante qui puisse lui être efficacement appliquée ; — Qu'en présence de la résistance qu'il s'agit de vaincre, la justice doit d'autant moins hésiter à recourir à une contrainte pécuniaire d'une durée égale à celle de l'obligation, qu'il dépend de la princesse de Bauffremont d'en prévenir ou arrêter les effets par sa soumission aux ordres de la justice; — Par ces motifs, dit et décide que, faute par la princesse de Bauffremont d'avoir remis leurs enfants communs au prince de Bauffremont dans la quinzaine de la signification du présent arrêt, elle demeure dès à présent condamnée à lui payer la somme de mille francs par chaque jour de retard dans l'exécution de la condamnation principale concernant la remise des enfants, et ce, sans interruption, pendant tout le temps fixé par ladite condamnation, etc. »

Pourvoi en cassation par la princesse de Bauffremont contre les deux arrêts de Paris, des 7 août 1876 et 13 févr. 1877. — 1er *Moyen*. Violation de l'art. 215 et 218, C. civ. (ce moyen est identique avec le premier moyen du pourvoi sur lequel est intervenu l'arrêt qui précède).

2e *Moyen*. Violation des principes sur la compétence, excès de pouvoir, violation de l'art. 80 de la loi du 27 vent. an VIII, en ce que la Cour de Paris a transformé une demande conservatoire de saisie-arrêt et de séquestre en une demande de dommages-intérêts dont elle n'était pas saisie.

ARRÊT (*après délib. en ch. du cons.*).

LA COUR : — Vu la connexité des pourvois inscrits sous les numéros 34657 et 34904, en prononce la jonction et statuant par un seul arrêt; — Sur la fin de non-recevoir, opposée à la demanderesse et tirée de son acquiescement prétendu à l'arrêt du 7 août 1876 : — Attendu que cet arrêt contenait deux chefs distincts, l'un qui réformait la décision des premiers juges dans la disposition relative à la saisie-arrêt des revenus de la demanderesse et à l'établissement d'un séquestre, l'autre qui ordonnait la remise des enfants sous une contrainte pécuniaire, substituée au moyen de coercition auquel les premiers juges s'étaient arrêtés; — Que l'exécution de l'arrêt, d'où résulterait la fin de non-recevoir opposée à la demanderesse, n'a porté que sur la première disposition, et que cette exécution de l'arrêt de la demanderesse quant au chef dont la décision lui était favorable, n'a pu la rendre non recevable à se pourvoir en cassation contre le chef de l'arrêt qui lui fait grief; — Rejette la fin de non-recevoir;

Au fond : — Sur le premier moyen, tiré de la violation prétendue des art. 215 et 218, C. civ. (suivent des motifs de rejet identiques avec ceux énoncés dans l'arrêt qui précède sur le même moyen)...

Sur le second moyen : — Attendu que l'action est restée devant la Cour d'appel ce qu'elle était devant les premiers juges; — Qu'aux deux degrés de juridiction, elle a également tendu à l'exécution de la décision judiciaire qui, modifiant l'état de choses créé par le jugement de séparation de corps relativement à la garde des enfants, ordonnait que la princesse de Bauffremont ferait, dans les conditions déterminées, la remise de ces enfants; — Qu'il s'est agi uniquement pour la Cour d'appel, d'apprécier le moyen de coercition admis par les premiers juges et de fixer celui qui lui paraîtrait le plus propre à assurer l'exécution de la mesure ordonnée par la justice; — Qu'elle a donc pu, sans excéder ses pouvoirs, ni transformer l'action, opter entre ceux que la loi mettait à sa disposition;

Et qu'en supposant qu'elle ait accordé plus qu'il n'était demandé par la substitution d'une contrainte pécuniaire à l'établissement du séquestre ordonné par les premiers juges, sa décision pourrait être attaquée par la voie de la requête civile et ne saurait donner ouverture à cassation; — Rejette le pourvoi dirigé contre l'arrêt du 7 août 1876, et rejette également celui formé contre l'arrêt du 13 févr. 1877, etc.

MM. Mercier, 1er prés.; Charrins, 1er av. gén.; Chambareaud et Sabatier, av.

CASS.-CIV. 2 avril 1878.

ARMATEUR, CONNAISSEMENT, RESPONSABILITÉ (CLAUSE DE NON-), CAPITAINE, EQUIPAGE, MÉCANICIEN, FAUTE, SAUVETAGE, REMORQUE, FRAIS, ABANDON DE NAVIRE, AVARIE COMMUNE, CONTRIBUTION.

Ne blesse aucun principe ni d'ordre public, ni de morale; par suite, est valable la clause d'un connaissement par laquelle l'armateur s'affranchit de la responsabilité des fautes ou des erreurs du capitaine, des gens de l'équipage et des mécaniciens (1) (C. civ., 6, 1134, 1384; C. com., 216).

En pareil cas, les frais de sauvetage, de remorque et autres payés par l'armateur pour dégager des mains du sauveteur, le navire et sa cargaison abandonnés en mer par la faute du capitaine et de l'équipage et livrés à la dérive des flots, constituent une avarie commune ou grosse à laquelle les chargeurs doivent contribuer (2) (C. com., 400, 401).

(Lenormant et autres c. Comp. gén. transatlantique). — ARRÊT.

LA COUR : — Sur le premier moyen : — Attendu, en fait, que, en s'engageant par le connaissement du 3 avril 1874, à transporter de New-York au Havre les marchandises chargées sur l'*Amérique*, la Comp. générale transatlantique a formellement excepté les actes de Dieu, des ennemis, des pirates, le feu sur mer ou sur terre, les accidents provenant de la machine, des chaudières, de la vapeur ou tous autres accidents de mer causés ou non causés par la négligence, la faute ou l'erreur du capitaine, de l'équipage ou des mécaniciens, de quelque nature que soient ces accidents et quelles que soient leurs conséquences; — Attendu, en droit, que les conventions tiennent lieu de loi à ceux qui les ont faites, si elles ne sont défendues par la loi ou contraires à l'ordre public ou aux bonnes mœurs; — Attendu qu'aucune loi ne défend aux propriétaires de navires de stipuler qu'ils ne répondent pas des fautes du capitaine ou de celles de l'équipage; qu'une telle convention n'est pas davantage contraire à l'ordre public ou aux bonnes mœurs; qu'en effet, tout en admettant que l'ordre public ou les bonnes mœurs ne permettaient pas, en principe, de s'exonérer des fautes de ses préposés, et s'il est vrai que le capitaine est le commis ou le préposé du propriétaire du navire, il est également vrai que, dans l'exercice de son commandement, le capitaine échappe, en fait et en droit, à l'autorité de son commettant et à sa direction; qu'aussi, lui-même est-il frappé par les art. 221 et 222, C. comm., d'une responsabilité directe et principale, et que, pour la même raison, l'art. 353 du même Code, dont les termes généraux ne font aucune distinction, permet aux propriétaires de navires, aussi bien qu'aux simples chargeurs, de se faire assurer contre toutes prévarications et fautes du capitaine et de l'équipage, connues sous le nom de baraterie de patron; — Qu'en déclarant valable, dans l'espèce, la clause du connaissement par laquelle la Compagnie demanderesse déclinait la responsabilité des fautes ou erreurs du capitaine, de l'équipage ou des mécaniciens, l'arrêt attaqué n'a violé aucune loi;

Sur le deuxième moyen : — Attendu qu'il est établi, en fait, que le navire l'*Amérique* a été abandonné en mer, avec son chargement, après une délibération commune, par son équipage, et que, alors qu'il s'en allait à la dérive, il a été rencontré par trois navires anglais, qui l'ont remorqué et conduit au port de Plymouth, où ils l'ont volontairement échoué; que la Compagnie générale transatlantique a fait tirer des mains des sauveteurs anglais le navire avec la cargaison, en payant les frais de sauvetage, de remorque et autres accessoires; — Attendu que les dépenses ainsi faites ne procèdent point d'un accident particulier affectant séparément le navire ou la marchandise, mais d'un dommage souffert volontairement et d'une dépense faite simultanément pour le salut commun du navire et de la

(1) V. conf., sur ce principe aujourd'hui constant, Aix, 16 mars 1875 (S. 77. 2. 286. — P. 77. 1152. — D. 77. 1. 449); Rouen, 14 juin 1876 (S. 77. 2. 287. — P. 77. 1154. — D. 77. 2. 68) (c'est l'arrêt attaqué); Cass., 14 mars 1877 (Pand. chr.); 23 juill. 1878 (Pand. chr.); Alger, 26 déc. 1881 (Pand. chr.); Aix (deux arrêts), 4 déc. 1883 (D. 84. 2. 197); Cass., 22 janv. 1884 (Pand. chr.); 11 févr. 1884 (Pand. chr.), et les renvois. *Adde*, notre *Dictionnaire de dr. commerc., ind. et marit.*, t. I, v° *Armateur*, n. 26, et pour les renseignements de droit international relatifs à cette clause de non-responsabilité, V. Autran, *Revue internat. de dr. marit.*, 1885-1886, p. 274 et 275.

(2) V. en ce sens, Cass., 15 avr. 1863 (D. 63. 1. 345). V. aussi notre *Dictionnaire*, t. I, v° *Avarie*, n. 79 et 80. — V. toutefois, de Courcy, *Questions de dr. marit.*, v° *Avarie commune*.

marchandise, et sans le payement de laquelle les sauveteurs n'auraient pas fait la remise dudit navire et de son chargement ; qu'elles constituent dès lors une avarie commune, dans le sens de la disposition finale de l'art. 400, C. comm. ; — Attendu qu'il n'importe que, dans l'espèce, l'abandon du navire *l'Amérique* doive être attribué, non à une fortune de mer, mais à une faute commise par le capitaine et l'équipage, puisque la Compagnie transatlantique était licitement exonérée de la responsabilité de ces sortes de fautes par la convention ; — Attendu que, s'agissant d'un règlement d'avaries maritimes, c'est par l'application des dispositions spéciales du C. comm. sur la matière, et non par les règles de la gestion d'affaires, que la question doit être résolue ; — D'où suit que l'arrêt attaqué de la Cour de Rouen, du 14 juin 1876 (V. à la note), en décidant que les dépenses dont s'agit au procès constituent des avaries grosses à régler suivant les dispositions légales précitées, loin d'avoir violé les articles de loi visés au pourvoi, en a fait au contraire une saine application ; — Rejette, etc.

MM. Mercier, 1er prés. ; Baudouin, rapp. ; Desjardins, av. gén. (concl. conf.) ; Gosset et Housset, av.

CASS.-civ. 3 avril 1878.

CHEMIN DE FER, COLIS REFUSÉS, REMISE AU DOMAINE, VENTE, RESPONSABILITÉ, AVERTISSEMENT, EXPÉDITEUR.

Le décret du 13 août 1810 qui prescrit la remise au Domaine de tous les colis qui n'auront pas été réclamés dans le délai de six mois, ne s'applique pas seulement aux colis égarés dont l'expéditeur ne serait pas connu, mais à tous les objets confiés à un voiturier pour être transportés en France et qui n'ont pas été réclamés dans le délai de six mois, pour quelque cause que soit (1) (Décr. 13 août 1810, art. 1er).

Et le voiturier, dans l'espèce, une Compagnie de chemin de fer qui se conforme à cette prescription, ne fait qu'user d'un droit dont l'exercice ne peut engager sa responsabilité vis-à-vis du propriétaire des colis (2) (Id.).

Il en est ainsi surtout alors que le voiturier s'est à plusieurs reprises adressé, sans résultat, au transporteur originaire pour obtenir des instructions, que ce transporteur a été prévenu des conséquences de son silence et qu'il a persisté dans son inaction (3) (Id.).

Le voiturier, en pareil cas, n'est nullement tenu de rechercher l'expéditeur des colis et de lui donner directement avis de la situation (4) (Id.).

(Chemin de fer Paris-Lyon-Méditerranée c. Chemin de fer du Midi et Rivière). — ARRÊT.

LA COUR : — Vu l'art. 1382, C. civ., et l'art. 1er du décret du 13 août 1810 : — Attendu que celui qui se borne à exercer un droit ou à ne pas faire un acte qu'il n'est pas légalement tenu d'accomplir, ne commet pas une faute ; — Que des termes du décret ci-dessus visé, il résulte qu'on ne saurait en restreindre l'application aux colis égarés dont l'expéditeur ne serait pas connu ; qu'il comprend tous les objets confiés à un voiturier pour être transportés en France, et qui n'ont pas été réclamés dans le délai de six mois, pour quelque cause que ce soit ; — Que si, dans le cas de refus ou de contestation pour la réception des marchandises transportées, l'art. 106, C. comm., autorise le voiturier à en faire vérifier l'état et à en provoquer la mise en séquestre et la vente jusqu'à concurrence du prix de la voiture, le voiturier n'est pas obligé d'user de la faculté qui lui est accordée, et que, lorsqu'il conserve en sa possession les objets transportés, il doit se conformer aux prescriptions du décret du 13 août 1810 ; — Attendu que le jugement, dont l'arrêt attaqué s'est approprié les motifs, constate que les colis litigieux avaient été confiés à la Compagnie demanderesse par la Compagnie du Midi, qui les avait reçus de Rivière ; et que la demanderesse ne s'en est dessaisie qu'après avoir fait connaître à ladite Compagnie du Midi le refus du destinataire, et après lui avoir réclamé, à deux reprises, des instructions en l'avertissant, qu'à défaut de réponse, elle se libérerait, soit en requérant la nomination d'un tiers consignataire, soit en livrant les marchandises à l'administration des Domaines, à l'expiration du délai fixé par le décret du 13 août 1810 ; — Attendu qu'en adressant ces avertissements à la Compagnie avec laquelle elle avait contracté, la demanderesse avait satisfait à toutes ses obligations ; qu'elle n'était tenue de donner directement aucun avis à Rivière, et qu'en remettant à l'administration les colis que le destinataire avait refusé de recevoir, elle n'avait fait qu'user d'un droit dont l'exercice ne pouvait engager sa responsabilité ; — Qu'en décidant le contraire, et en la condamnant à garantir la Compagnie du Midi de la moitié des condamnations prononcées contre cette dernière au profit de Rivière, l'arrêt attaqué a violé les articles de loi ci-dessus visé ; — Casse, etc.

MM. Mercier, 1er prés. ; Goujet, rapp. ; Desjardins, av. gén. (concl. conf.) ; Dancongnée, av. gén.

CASS.-REQ. 15 avril 1878.

FAILLITE, COMPÉTENCE, HYPOTHÈQUE.

Est de la compétence du tribunal de commerce, comme née de la faillite ou l'intéressant directement, la contestation sur la validité d'une hypothèque, fondée sur ce que la faillite devait être reportée à une date où le failli n'aurait pu conférer une hypothèque valable (5) (C. com., 635).

(Becquettes c. Bonvoisin). — ARRÊT.

LA COUR : — Attendu que les contestations qui sont nées de la faillite et qui l'intéressent directement sont, aux termes de l'art. 635, C. comm., soumises à la juridiction commerciale, alors même qu'elles seraient, par leur nature, de la compétence des tribunaux civils ; — Attendu que la contestation élevée par le demandeur en cassation sur la validité de l'hypothèque conférée à Bonvoisin était fondée, notamment, sur ce que la faillite devait être reportée à une date où le failli n'aurait pu conférer

---

(1-2-3-4) Ces solutions méritent d'être approuvées ; elles se justifient pleinement par les circonstances de la cause. — Toutefois une réserve est nécessaire pour le cas de faute ou de négligence du voiturier. Il est facile de prévoir des hypothèses dans lesquelles il y aurait lieu à responsabilité et, par conséquent, à dommages-intérêts. V. not. Cass., 22 janv. 1873 (S. 73 1. 417. — P. 73. 1005. — D. 73. 1. 237) ; 17 mai 1882 (Pand. chr.), et la note. V. aussi notre *Dictionnaire de dr. commerc., ind. et marit.*, t. II, vº *Chemin de fer*, n. 267.

(5) *Sic*, Paris, 6 août 1866 (S. 66. 2. 254. — P. 66. 938) ; Lyon-Caen et Renault, *Précis de dr. commerc.*, t. II, n. 317. D'après ces auteurs, la compétence n'appartiendrait au tribunal civil que si, par exemple, la nullité de l'inscription hypothécaire était réclamée pour omission de mentions exigées par l'art. 2148, C. civ. — Quant à nous, notre opinion est diamétralement contraire. Pour savoir, dans le silence de la loi, si une contestation doit être portée devant le tribunal civil ou devant le tribunal de commerce, il faut se reporter aux principes ordinaires de compétence et rechercher si cette contestation est d'une nature civile ou d'une nature commerciale. Si elle rentre dans la classe des difficultés qui échappent, en général, aux juges consulaires, le fait de la faillite ne saurait modifier l'ordre des juridictions. V. notre *Dictionnaire de dr. commerc., ind. et marit.*, t. IV, vº *Faillite*, n. 1056 et suiv., 1059 *in fine*.

une hypothèque valable; — Qu'elle dérivait donc de la faillite et l'intéressait directement; — Rejette, etc.

MM. Bédarrides, prés.; Lepelletier, rapp.; Robinet de Cléry, av. gén. (concl. conf.); Lesage, av.

CASS.-REQ. 6 mai 1878.

RÉSERVE, LEGS, NUE PROPRIÉTÉ, USUFRUIT, QUOTITÉ DISPONIBLE, CLAUSE PÉNALE, OPTION, APPRÉCIATION SOUVERAINE.

L'héritier réservataire ne peut être rempli de ses droits au moyen d'un simple usufruit sur les biens de la succession (1) (C. civ., 913, 920, 922).

Si, dans le cas de libéralités en usufruit excédant la quotité disponible, les héritiers à réserve ont l'option d'exécuter les dispositions en usufruit ou de faire l'abandon de la quotité disponible, les donataires et légataires n'ont pas réciproquement le droit de contraindre les réservataires à exécuter les libéralités ou à se contenter de la réserve, quand c'est par une disposition en nue propriété que la réserve a été entamée (2) (C. civ., 913, 917, 920).

La clause pénale, valable, lorsqu'elle tend à assurer l'exécution d'une disposition de dernière volonté licite, doit être réputée non écrite, dans le cas où cette disposition est prohibée par la loi. — Il en est ainsi, spécialement, *de la clause par laquelle, après avoir disposé, au profit de ses petits-enfants, de la nue propriété de tous ses biens, et de l'usufruit au profit de sa fille, le testateur ajoute que « si, contre ses intentions, sa fille prétend à sa réserve, il lègue à ses petits-enfants la plus forte quotité disponible »* (3) (C. civ., 900, 913, 920).

Lorsque les juges du fond, qui ont, à cet égard, un pouvoir souverain d'appréciation, estiment que ladite clause constitue, non une simple option, mais une véritable peine testamentaire, il n'y a pas lieu d'en faire l'application à l'héritier qui a attaqué le testament (4) (Id.).

En pareil cas, l'héritier réservataire a le droit de demander la réduction du legs en nue propriété, à concurrence de sa réserve, et de conserver l'usufruit dont le testateur avait disposé en sa faveur (5) (C. civ., 913, 920, 922). — Résolu par la Cour d'appel.

(Consorts Regnault c. Regnault).

17 mars 1877, arrêt de la Cour de Paris (1re ch.), ainsi conçu : — « LA COUR : — ...En ce qui concerne les effets légaux du testament du 10 sept. 1868; — Considérant que par cet acte, le sieur Lallemand a institué légataires de la nue propriété de tous ses biens les cinq enfants de la femme Regnault, sa fille unique, et cette dernière légataire de de l'usufruit seulement; qu'il ajoute que, si elle venait à prétendre à sa réserve, pour ce cas, il léguait et donnait à ses petits-enfants la plus forte quotité disponible; — Considérant qu'en disposant ainsi, le testateur a porté atteinte à la réserve de la femme Regnault, son seul enfant; que cette réserve consistait en la moitié des biens existant à sa mort et de ceux fictivement réunis à la masse, conformément à l'art. 922, C. civ.; — Que cette masse se composant de valeurs en pleine propriété, la fille réservataire avait droit sur ces mêmes valeurs en pleine propriété à la quotité fixée par la loi; qu'elle ne pouvait être remplie de sa réserve en valeurs de simple usufruit; — Que si, aux termes de l'art. 917, lorsque des libéralités en usufruit et en rentes viagères excèdent la quotité disponible, les héritiers réservataires ont l'option ou d'exécuter ces dispositions, ou de faire l'abandon de la quotité disponible, les donataires au delà de cette quotité en nue propriété n'ont pas réciproquement le droit de contraindre le réservataire à exécuter les libéralités ou à se contenter de la réserve dont il est saisi de plein droit et qu'il tient de la loi; — Qu'il est donc dès à présent établi, par la nature même de ces dispositions et indépendamment de tout autre mode de vérification, que le testament du sieur Lallemand entame la réserve de sa fille unique, la femme Regnault;

« Considérant que la clause pénale par laquelle il déclare léguer à ses petits-enfants la plus forte quotité disponible si leur mère prétend à sa réserve, ne se réduit

---

(1) Des art. 913, 920 et 922, C. civ., il ressort implicitement que la réserve est une portion de la succession, telle qu'elle se composerait si le défunt était mort *ab intestat*; elle doit donc consister en biens héréditaires, et, si ces biens sont des valeurs en pleine propriété, la réserve doit être en pleine propriété. V. en ce sens, Cass., 7 juill. 1857 (S. 57. 1. 737. — P. 58. 135. — D. 57. 1. 348); Caen, 17 mars 1858 (Pand. chr.); 13 déc. 1872 (S. 73. 2. 251. — P. 73. 1068); Aubry et Rau, t. VII, §. 683, p. 183; Demolombe, *Donat. et Test.*, t. II, n. 429, p. 423. Comp., Angers, 15 févr. 1876 (S. 67. 2. 264. — P. 67. 938).

(2) Cette question est controversée. V. nos observations jointes à Caen, 17 mars 1858 (Pand. chr.).

(3-4-5) Quelle que soit l'interprétation qu'on donne à l'art. 917, C. civ., il est hors de doute que le testateur, qui est maître absolu de sa fortune, la réserve exceptée, peut en disposer de manière à ne laisser à son héritier que la portion qui lui est conservée par la loi. Donc, s'il croit devoir ne lui faire qu'un legs en usufruit ou en nue propriété, il a le droit de déclarer que ce legs, pourvu que sa valeur soit au moins égale à la réserve, demeurera sans effet, si l'héritier réclame sa réserve en pleine propriété, et que, pour ce cas, il laisse au légataire la quotité disponible tout entière. Alors l'héritier est libre de choisir entre l'exécution du testament et sa réserve.

Mais si, comme dans notre espèce, au lieu d'user de son droit d'une façon nette et bien précise, il se sert de termes pouvant paraître ambigus et comminatoires à l'égard du réservataire, il s'expose à ce que le juge, interprétant mal ses intentions, décide contrairement à sa volonté.

Comme le dit si bien Laurent, *Principes de dr. civ.*, t. XI, n. 479, p. 624, « la réserve est d'ordre public. Il est vrai qu'elle consiste en un droit pécuniaire, et que les droits patrimoniaux sont, en général, d'intérêt privé, en ce sens que le législateur les abandonne aux libres conventions des parties intéressées. Mais il n'en est pas ainsi de la réserve. Si le législateur ne permet pas au père de disposer de tous ses biens quand il laisse des enfants, c'est qu'il a des devoirs à remplir envers ceux auxquels il a donné la vie; or, tout devoir qui incombe au père, comme tel, est d'ordre public. C'est encore pour la conservation des familles que le législateur a établi des réserves; et certes, c'est là le plus grand des intérêts sociaux, puisqu'il n'y a pas de société sans famille. Donc la réserve est à tous égards, d'intérêt général, et, par suite, la clause pénale qui tendrait à priver un enfant de sa réserve, ou à la réduire, est contraire aux lois, et comme telle, réputée non écrite ».

Laurent ne vise que les cas de privation et de réduction de la réserve; mais, en modifier la nature, en ne laissant à l'héritier que des valeurs en usufruit, c'est, également, y porter atteinte, c'est violer la loi, et la clause pénale qui sanctionne pareille disposition doit être réputée non écrite (C. civ., 900).

Cette atteinte constatée, il s'agissait de savoir si la clause relevée était édictée contre le réservataire ou en faveur du légataire. Les juges sont, à cet égard, souverains appréciateurs; ils ont décidé que, « d'après les termes et l'intention du testateur, ladite clause « caractérisait une condition de clause pénale », ayant pour but de contraindre le réservataire à se contenter du legs en usufruit qui lui était fait; la Cour suprême a dû la réputer non écrite.

Le juge du fait n'est-il pas allé bien loin? Le testateur disait expressément que, si le réservataire n'acceptait pas la part qu'il avait cru devoir lui faire, il entendait le réduire à la quotité que la loi lui conférait, et que le légataire aurait toute la quotité disponible. Or, avec la décision de la Cour, le réservataire a eu, non-seulement sa réserve, mais encore l'usufruit de la portion laissée au légataire en nue propriété, de sorte que, contrairement à la volonté manifeste du testateur, sa part s'est trouvée accrue de ce dont celle du légataire a été diminuée.

Comp., pour les effets de la clause pénale, Cass., 7 juill. 1857; Caen, 17 mars 1858, précités; Chambéry, 8 juill. 1873 (S. 74. 2. 12. — P. 74. 96. — D. 74. 2. 198); Cass., 22 juill. 1874 (S. 74. 1. 479. — P. 74. 1222. — D. 75. 1. 453); Caen, 9 juin 1874, et Paris, 24 juin 1886 (Pand. pér., 86. 2. 310), et la note; Demolombe, *loc. cit.*, n. 431, p. 425.

pas aux termes d'une simple option qu'il aurait laissée à celle-ci d'abandonner à ses enfants à son choix, soit la nue propriété de tous ses biens, soit la quotité disponible en pleine propriété; — Qu'en effet, le testament ne contient au profit des enfants Regnault qu'une seule disposition principale, comprenant la nue propriété de tous ses biens, soit la quotité disponible en pleine propriété; — Qu'en effet, le testament ne contient au profit des enfants Regnault qu'une seule disposition principale, comprenant la nue propriété, qu'ils n'y sont pas principalement et sous une alternative institués en même temps légataires de la portion disponible, que cette portion ne leur est léguée que par la clause accessoire; — Que cette clause interprétée d'après les termes et l'intention du testateur, caractérise une condition de clause pénale apposée à la disposition principale; — Que cette disposition contient par elle-même une atteinte à la réserve, l'héritier réservataire ne pouvant subir ni condition ni contrainte quant à l'exercice des droits que la loi lui confère; — Que la condition de clause pénale dont s'agit, se rapportant à une disposition illicite et contraire à la loi, doit, dès lors, être réputée non écrite par application de l'art. 900, C. civ.; — Qu'en conséquence, la femme Regnault, dont la réserve a été effectivement atteinte, a pu attaquer le testament de son père sans encourir la peine qui y est édictée; — Considérant que la clause pénale étant ainsi écartée, la fille réservataire procédant par voie de réduction est bien fondée à demander, d'une part, que le legs de la nue propriété de tous les biens du défunt, fait à ses enfants, soit réduit de moitié pour la remplir de sa réserve en pleine propriété, et, d'autre part, qu'en exécution du testament lui-même il lui soit fait attribution sur l'autre moitié des mêmes biens de l'usufruit qui lui a été réservé et qui n'a pas été légué par le testateur; — Par ces motifs: — Confirme le jugement de première instance du trib. civ. de la Seine, du 7 août 1875, en ce qu'il a annulé le testament du sieur Lallemand en date du 29 oct. 1868; au contraire, validé celui du 10 sept. précédent; — Réformant quant aux effets légaux de ce dernier testament, dit que la femme Regnault a droit dans la succession du sieur Lallemand, son père: 1° à la moitié de tous les biens du défunt pour la remplir de sa réserve en pleine propriété, conformément à la loi; 2° à l'usufruit de l'autre moitié des mêmes biens qui lui a été réservée, ses enfants légataires ne pouvant prétendre qu'à une moitié en nue propriété, etc. »

Pourvoi en cassation par les consorts Regnault. — *Moyen unique*. Violation des art. 895, 700, 917, et 970, C. civ., en ce que l'arrêt a annulé la clause d'un testament par laquelle le père de famille a légué à ses petits-enfants la plus forte quotité disponible pour le cas où sa fille, au lieu de se contenter de l'usufruit de sa fortune entière, réclamerait en outre sa réserve, par le motif que l'héritier ne peut subir ni condition, ni contrainte, à l'exercice des droits que la loi lui confère.

ARRÊT.

LA COUR: — Sur le moyen unique des deux pourvois, tiré de la violation des art. 895, 900, 917, 970, C. civ.: — Attendu qu'il résulte de l'arrêt attaqué que, par son testament du 10 sept. 1868, le sieur Lallemand a institué légataires de la nue propriété de tous ses biens, les cinq enfants de la dame Regnault, sa fille unique, et cette dernière légataire de l'usufruit seulement des mêmes biens; — Qu'il a ajouté que si, *contre ses intentions, ladite dame venait à prétendre à sa réserve*, pour ce cas, il léguait à ses petits-enfants la plus forte quotité disponible; — Attendu qu'en disposant ainsi de la nue propriété de son entier patrimoine, le testateur a porté atteinte à la réserve légale de la dame Regnault, sa fille (art. 913, C. civ.); — Qu'en effet, ladite dame ne pouvait être remplie de ses droits de réservataire dans la succession de son père, au moyen d'un simple usufruit sur les biens de cette succession; — Que si, dans le cas de l'art. 917, C. civ., les héritiers réservataires ont l'option d'exécuter les dispositions en usufruit ou en rentes viagères, ou de faire l'abandon de la quotité disponible, les donataires et légataires n'ont pas réciproquement le droit de contraindre les réservataires à exécuter les libéralités, ou à se contenter de la réserve dont ces derniers sont saisis de plein droit; — Que c'est donc à juste titre que la Cour de Paris a déclaré que le testament du sieur Lallemand entamait la réserve de sa fille unique; — Attendu, d'ailleurs, que si le testateur peut garantir, par une clause pénale, l'exécution de ses dernières volontés, ce n'est qu'autant que ces dispositions ne présentent rien de contraire à la loi; mais que la clause pénale doit être réputée non écrite (art. 900, C. civ.), quand elle tend à assurer l'exécution d'une disposition prohibée; — Que, dans l'espèce, les juges du fond ont reconnu, par une interprétation souveraine *des termes du testament et de l'intention du testateur*, que la clause finale par laquelle le sieur Lallemand a dit léguer éventuellement à ses petits-enfants la plus forte quotité disponible, ne se réduit pas à une simple option laissée à cette dernière, mais qu'elle constitue une véritable peine testamentaire; — Qu'en conséquence, c'est à bon droit encore qu'il a été déclaré par l'arrêt attaqué que la dame Regnault, dont la réserve légale était évidemment atteinte, avait pu attaquer le testament de son père, sans encourir la peine qui s'y trouvait édictée; — D'où il suit que les divers textes de loi susrappelés n'ont aucunement été violés; — Rejette, etc.

MM. Bédarrides, prés.; Barafort, rapp.; Robinet de Cléry, av. gén. (concl. conf.); Chambareaud et Larnac, av.

CASS.-REQ. **13 mai 1878.**

PÉREMPTION, DÉLAI, PROROGATION, NOUVEL AVOUÉ, CONSTITUTION, COUR DE RENVOI, CASSATION.

Il n'y a constitution de nouvel avoué prorogeant de six mois le délai de la péremption d'instance, que lorsque la partie se trouve obligée, par suite d'un événement indépendant de sa volonté, de remplacer, devant la juridiction déjà saisie, l'avoué qu'elle avait choisi et qui occupait pour elle (1) (C. proc., 397, § 2).

En conséquence, on ne peut considérer comme une constitution de nouvel *avoué, mais comme une constitution* pure et simple *d'avoué, celle faite, pour la première fois, sans remplacement d'avoué antérieurement désigné, devant la Cour à laquelle une affaire a été renvoyée après cassation* (2) (Id.).

(Barbière c. faillite Alliot et Gravier). — ARRÊT.

LA COUR: — Sur le moyen unique, tiré de la violation de l'art. 397, C. proc. civ.: — Attendu qu'aux termes du § 1er de l'article invoqué, toute instance est éteinte par la discontinuation des poursuites pendant trois ans, et qu'aux termes du § 2 du même article, le délai doit être augmenté de six mois, lorsqu'il y a lieu à reprise d'instance ou constitution de nouvel avoué; — Attendu que, par arrêt en date du 2 déc. 1872 (S. 72. 1. 416. — P. 72. 1115. — D. 72. 1. 462), la Cour de cassation a cassé, sur le pourvoi de Barbière, l'arrêt rendu le 30 déc. 1869 par la Cour

(1-2) V. conf., dans la même affaire, Bordeaux (ch. réun.), 7 août 1877 (Pand. chr.), et la note. — V. toutefois, en sens diamétralement contraire, Orléans, 7 déc. 1883 (Pand. chr.).

d'appel d'Agen, entre lui et les syndics de la faillite Alliot, et renvoyé la cause devant la Cour de Bordeaux (V. arrêt, du 7 août 1877, Pand. chr.); qu'après avoir fait signifier cet arrêt, le 13 janv. 1873, Barbière n'a fait aucun acte de procédure jusqu'au 14 mars 1876, jour où la péremption de l'instance a été demandée par les défendeurs éventuels; — Attendu qu'il s'est ainsi écoulé plus de trois ans, mais moins de trois ans et demi, sans poursuites depuis la signification de l'arrêt de Cassation; qu'il y a donc lieu de rechercher si, comme le prétend le demandeur en cassation, c'était le cas de constituer un nouvel avoué et d'appliquer le deuxième paragraphe de l'art. 397; — Attendu qu'il ne peut y avoir lieu à constitution de nouvel avoué que lorsque la partie se trouve obligée, par suite d'un événement indépendant de sa volonté, de remplacer devant la Cour ou le tribunal actuellement saisi de la cause l'avoué qu'elle avait choisi et qui occupait déjà pour elle dans l'instance devant la même Cour ou le même tribunal; — Attendu qu'il n'en est pas ainsi après un arrêt de Cassation, renvoyant la cause et les parties devant une autre Cour; que, dans ce cas, en effet, il y a lieu de constituer un avoué devant la Cour de renvoi, mais non un nouvel avoué, puisqu'il n'y en avait encore eu aucun de constitué dans l'instance reportée devant ladite Cour; qu'il suit de là qu'il n'y avait pas, dans l'espèce, constitution de nouvel avoué, et que, dès lors, en déclarant éteinte par le délai de trois ans depuis la discontinuation des poursuites, l'instance dont il s'agit, l'arrêt attaqué, loin de violer le § 2 de l'art. 397, C. proc. civ., n'a fait qu'une saine application du § 1er du même article; — Rejette, etc.

MM. Bédarrides, prés.; Lepelletier, rapp.; Lacointa, av. gén. (concl. conf.); Lesage, av.

CASS.-REQ. 20 mai 1878.

COMMERÇANT, PÉPINIÉRISTE, ACTE DE COMMERCE.

Peut être considéré comme commerçant le pépiniériste qui ne se borne pas à vendre les arbres et arbustes venus de ses semis ou greffés par lui, mais qui, pour satisfaire aux besoins de sa clientèle, achète une partie de ses fournitures au dehors (1) (C. com., 1, 631 et suiv., 638).

(Arnould-Drappier c. Chemin de fer de l'Est). — ARRÊT.

LA COUR : — Sur le moyen unique, tiré de la violation de l'art. 638 et de la fausse application des art. 631 et suiv., C. comm., de la violation de l'art. 424, C. proc. civ., et de l'art. 7 de la loi du 20 avril 1810 : — Attendu qu'il résulte de l'arrêt attaqué que le sieur Arnould-Drappier ne se borne pas à vendre les arbres et arbustes venus de ses semis ou greffés par lui; que, pour satisfaire aux besoins de sa clientèle, il achète une partie de ses fournitures au dehors; qu'il exerce habituellement, pour sa profession de pépiniériste, des actes de commerce; — Attendu que c'est là une appréciation qui appartenait souverainement à la Cour de Nancy, et que, dans ces circonstances, elle a pu considérer le demandeur en cassation comme commerçant; d'où il suit que l'arrêt attaqué, du 17 déc. 1877, qui d'ailleurs répond à toutes les conclusions des parties, en décidant que le tribunal de commerce de Nancy était compétent, n'a violé aucun des articles visés par le pourvoi; — Rejette, etc.

MM. Bédarrides, prés.; Voisin, rapp.; Robinet de Cléry, av. gén. (concl. conf.); Panhard, av.

CASS.-REQ. 21 mai 1878.

FAILLITE, DESSAISISSEMENT, DATE, HEURE, EFFETS DE COMMERCE, REVENDICATION.

Le jugement déclaratif de faillite emporte, de plein droit, à partir de sa date, dessaisissement, pour le failli, de l'administration de tous ses biens, et il n'est pas permis de rechercher si ce jugement a été prononcé avant ou après l'heure à laquelle aurait eu lieu l'acte attaqué (2) (C. com., 443).

En conséquence, si des effets de commerce, envoyés à un banquier, lui parviennent le jour même où il est déclaré en état de faillite, l'expéditeur est en droit de les revendiquer (3) (Id.).

(Purnot et Cie c. syndic Lachaussée).

Par arrêt du 13 août 1877, la Cour de Rouen avait statué comme suit : — « LA COUR : — Attendu que l'action de Purnot et Cie a pour objet la revendication de cinq effets,

---

(1) En principe, un pépiniériste qui se borne à vendre les arbres ou arbustes provenant de terrains lui appartenant ou par lui cultivés, n'est pas un commerçant. V. Colmar, 17 juin 1809 (Pand. chr.); Metz, 4 août 1819 (Pand. chr.); Cass. (sol. implic.), 13 mars 1878 (S. 78. 1. 312. — P. 78. 1058. — D. 78. 1. 311), et notre *Dictionnaire de dr. commerc., ind. et marit.*, v° *Commerçant*, n. 19-23°. — Mais ce principe n'est pas inflexible; il peut se modifier suivant les circonstances de chaque espèce. Aussi quand le pépiniériste achète les produits qu'il revend, il devient commerçant; il ne tient par aucun côté du cultivateur; il est industriel en plein. Les arbres et arbustes constituent une marchandise comme une autre. L'arrêt ci-dessus rapporté se concilie donc avec les décisions antérieures. V. aussi Trib. civ. Cambrai, 7 juill. 1886 (journ. *la Loi*, 2 juin 1887).

(2-3) Jurisprudence et doctrine constantes. V. Turin, 22 août 1812; Rouen, 12 juill. 1825; Amiens, 18 mars 1848 (S. 48. 2. 715. — P. 49. 2. 622. — D. 49. 2. 213); Cass., 24 janv. 1853 (S. 53. 1. 321. — P. 53. 2. 219. — D. 53. 1. 124); Metz, 23 juin 1857 (S. 58. 2. 328. — P. 57. 1121. — D. 58. 2. 36); Cass., 7 mars 1882 (Pand. chr.); Renouard, *Faill.*, t. I, p. 293; Massé, *Dr. commerc.*, t. II, n. 1181; Alauzet, *Comment. C. comm.*, n. 2454; Demangeat, sur Bravard-Veyrières, t. V, p. 78 et 79, note 2; Laroque-Sayssinel et Dutruc, *Formul. des faillites*, t. I, n. 135; Boistel, *Précis de dr. commerc.*, n. 908, p. 641; Namur, *Dr. commerc.*, t. III, n. 1635; Camberlin, *Man. des trib. de commerce*, p. 381; Lyon-Caen et Renault, *Précis de dr. commerc.*, t. II, n. 2656, texte et note 3, p. 650 et 651, et notre *Dictionnaire de dr. commerc., ind. et marit.*, t. IV, v° *Faillite*, n. 181. V. au surplus le rapport ci-dessus reproduit de M. le conseiller Voisin.

La loi allemande de 1877 (art. 100) prescrit d'indiquer l'heure à laquelle est rendu le jugement déclaratif; à défaut d'indication sur ce point, il est réputé rendu à midi. Mais la loi allemande (art. 6, § 3) présume que les actes faits par le failli le jour du jugement déclaratif l'ont été après ce jugement. V. Lyon-Caen et Renault, *loc. cit.*

L'arrêt d'appel nous suggère une réflexion se rattachant étroitement à la question qui vient d'être examinée. — Cet arrêt porte « qu'il n'y a pas à rechercher si le jugement aurait pu être « daté d'heure ou s'il aurait pu déclarer qu'il ne fixait l'ouverture « de la faillite qu'à partir d'un moment déterminé de la journée ».

Tel est aussi notre sentiment. Mais supposons que le jugement déclaratif de faillite ait indiqué l'heure à partir de laquelle le dessaisissement devrait s'opérer, soit en le disant expressément, soit en mentionnant seulement l'heure à laquelle il aurait été prononcé. Supposons aussi qu'il soit parfaitement établi que les effets de commerce étaient parvenus au banquier avant le moment précis de déclaration de faillite. Qu'aurait fait la Cour dans ces conditions? aurait-elle statué autrement qu'elle ne l'a fait?

Selon nous, sa décision aurait dû être la même; en voici les raisons. Si aucun texte de loi ne s'oppose à ce qu'un jugement déclaratif de faillite porte l'indication de l'heure à laquelle il a été prononcé, les art. 441 et suiv., C. comm., mettent implicitement obstacle à ce que cette indication produise un effet juridique autre que celui déterminé par le législateur lui-même : or, en disant, art. 443, « que le jugement déclaratif de faillite emporte... à partir de sa date, dessaisissement... », art. 448, « que les droits d'hypothèque... pourront être inscrits jusqu'au jour du jugement déclaratif de la faillite », et, en ne prescrivant pas que ces jugements seraient datés d'heure, le législateur a dû vouloir entendre, comme la jurisprudence le décide d'ailleurs, que le dessaisissement daterait de la première heure du jour où serait rendu le jugement déclaratif de faillite.

Dans la doctrine contraire, il faudrait rechercher les heures

montant ensemble à 1,839 fr. 45 c., par eux adressés de Rethel, le 28 déc. 1876, à Lachaussée, Desmoulins, Payen et Cie, de Rouen, et parvenus à ceux-ci le lendemain 29; que cette revendication se fonde, en premier lieu, sur le dessaisissement opéré par le jugement déclaratif de faillite de la Société Lachaussée, Desmoulins, Payen et Cie, prononcé ledit jour 29 déc., qu'il convient d'abord d'examiner ce premier moyen; — Attendu qu'il est constant, en fait, que les valeurs adressées par Purnot et Cie ne sont parvenues à la maison Lachaussée et Cie que le 29 déc., à une heure quelconque de l'après-midi; — Attendu que, comme il vient d'être dit, c'est ce même jour, 29 déc., qu'a été rendu le jugement déclaratif de faillite de Lachaussée, Desmoulins, Payen et Cie; — Attendu qu'aux termes formels de l'art. 443, C. comm., le jugement déclaratif de faillite emporte de plein droit, à partir de sa date, pour les faillis, dessaisissement complet de l'administration de leurs biens; que le jugement qui prononce la faillite de Lachaussée, Demoulins, Payen et Cie, ne porte que la date du jour; que par conséquent c'est pour le jour entier, et non à partir de telle ou de telle heure, que le dessaisissement s'est opéré; qu'il n'y a pas à rechercher si le jugement aurait pu être daté d'heure, ou s'il aurait pu déclarer qu'il ne fixait l'ouverture de la faillite qu'à partir d'un moment déterminé de la journée; que le seul point juridiquement constaté, le seul dont il y ait à tenir compte pour en tirer la conséquence légale, c'est que le jugement a été rendu le 29 déc.; — Attendu que cette date ne peut être modifiée ni par voie d'interprétation dudit jugement, comme ont essayé de le faire les premiers juges, ni par voie d'appel incident du jugement du 30 mars 1877, comme le demandent les intimés par leurs dernières conclusions devant la Cour; — Attendu qu'il importe d'éviter la confusion entre le jugement déclaratif de faillite et celui fixant la date de la cessation des payements; que, réunies dans le même instrument judiciaire ou séparées, ces deux décisions restent toujours essentiellement différentes, soit quant à leurs effets, soit quant aux délais dans lesquels elles peuvent être attaquées; que les effets du jugement déclaratif sont déterminés par les art. 443, 444 et 445, C. comm., et spécialement par l'art. 443 en ce qui concerne le dessaisissement; que l'effet du jugement fixant la date de la cessation des payements est indiqué par les art. 446 et suiv., déterminant les actes qui, faits depuis la cessation des payements ou dans les dix jours qui l'ont précédé, sont ou nuls de droit, ou seulement annulables; que le délai dans lequel le premier de ces jugements peut être attaqué est spécifié par l'art. 580, tandis que c'est l'art. 581 qui fixe le délai différent dans lequel les créanciers peuvent demander la fixation de la cessation des payements à une date autre que celle résultant du jugement déclaratif; — Attendu que le jugement déclaratif de la faillite Lachaussée, Desmoulins, Payen et Cie, est devenu définitif par l'expiration des délais fixés par l'art. 580; qu'il ne peut plus donc être attaqué ni modifié; que si les créanciers se trouvant encore dans le délai indiqué par l'art. 581, C. comm., peuvent faire fixer une date de cessation de payements autre que celle résultant du jugement déclaratif, c'est en ce sens seulement que ce sera une date antérieure à ce jugement, puisque, s'il en était autrement, on arriverait à ce résultat impossible que la cause suivrait l'effet au lieu de le précéder; que, dans aucun cas donc, la date du jugement déclaratif de la faillite Lachaussée, Desmoulins, Payen et Cie ne saurait être modifiée; qu'il s'ensuit que le 29 déc. 1876, lorsque Lachaussée et Cie ont reçu les valeurs remises par Purnot et Cie, ils étaient sous le coup du dessaisissement et de l'incapacité en résultant; que cette remise doit donc être déclarée nulle et sans effet; que, par suite, c'est à bon droit que les demandeurs ont revendiqué ces valeurs; — Attendu que ce premier moyen justifiant péremptoirement l'action de Purnot et Cie, il devient inutile d'examiner celui qu'ils y ont joint et qui est tiré de stipulations générales par l'effet desquelles ils prétendent s'être réservé la propriété des valeurs contenues dans les remises par eux faites à leurs correspondants; — Par ces motifs; — Statuant sur l'appel interjeté par Purnot et Cie, du jugement rendu le 31 mars dernier, par le tribunal de commerce de Rouen, met à néant ledit jugement; dit à bonne cause la revendication par Purnot et Cie des valeurs montant ensemble à 1,839 fr. 45 c., adressées le 28 déc. dernier à la maison de banque Lachaussée, Desmoulins, Payen et Cie, et reçues par elle le lendemain 29, jour de la déclaration de faillite; condamne, en conséquence, Fauconnet, syndic de ladite faillite, à restituer à Purnot et Cie ces valeurs, ou à leur en payer le montant, par prélèvement sur les deniers de la faillite, avec intérêts du jour de l'action. »

Pourvoi en cassation par le syndic. — *Moyen unique*. Violation et fausse application des art. 441 et suiv., C. comm., en ce que l'on a ordonné le remboursement par le syndic d'une faillite d'une somme reçue par le failli avant le jugement déclaratif de faillite, sous prétexte que le jugement déclaratif de faillite emporte, à partir de sa date, le dessaisissement pour le failli de l'administration de ses biens, comme si l'on pouvait faire remonter le dessaisissement à la première heure du jour où a été prononcé le susdit jugement, alors qu'il n'a pu avoir lieu et que le syndic n'a pu être saisi de l'administration des biens du failli qu'après la prononciation du jugement.

M. le conseiller Voisin a présenté sur ce pourvoi les observations dont nous extrayons les parties essentielles :

« Il importe que nous nous placions immédiatement en présence de l'art. 443, C. comm., dont le premier paragraphe est ainsi conçu : « Le jugement déclaratif de faillite emporte de plein droit, *à partir de sa date*, dessaisissement pour le failli de l'administration de tous ses biens ». Nous pouvons dire tout de suite que le sens naturel de ces mots *à partir de sa date* est *à partir du jour* où le jugement est rendu, car les jugements n'étant pas datés par l'heure, il serait difficile d'admettre que le législateur eût voulu, dans ce cas tout spécial, apporter une dérogation à la règle générale, sans s'en exprimer en termes formels : « Mais, dit le pourvoi, l'art. 441, C. comm., donne un argument de texte des plus formels, puisqu'il dit que, à défaut de détermination spéciale, la cessation de payements sera réputée avoir eu lieu *à par-*

auxquelles sont intervenus les actes litigieux; de là des difficultés, des procès, des situations différentes pour les intéressés; tous inconvénients à éviter. Telle est d'ailleurs la pensée qui se dégage de notre arrêt : « il ne saurait être *permis* d'établir, par une recherche d'heure, des différences entre... »

Faisons remarquer aussi qu'en matière d'inscriptions hypothécaires prises le même jour, l'art. 2147, C. civ., s'oppose à toute recherche analogue.

Mais, objectera-t-on, en présence de plusieurs actes sous seing privé, incompatibles entre eux, et ayant été enregistrés le même jour, les juges ne doivent-ils pas rechercher quel est celui qui a été soumis le premier à cette formalité? V. pour l'affirmative, Aubry et Rau, t. VIII, § 756, p. 262, texte et note 141; Larombière, *Obligat.*, t. IV, sur l'art. 1328, n. 1356; Demolombe, *Obligat.*, t. VI, n. 586.

Est-ce que les situations sont les mêmes? En matière de faillite, il y a, dans la loi, une disposition qui permet de trancher la question d'une manière uniforme pour tous les intéressés : dans l'hypothèse créée par l'objection, nous n'en rencontrons pas, et, pourtant, il faut que les juges décident quel est, parmi ces actes, celui qui devra, seul, produire effet. Quel sera le criterium? V. nos observations sous Douai, 3 août 1870 (Pand. chr.), qui, en présence de deux baux de chasse, enregistrés le même jour, accorde la priorité au locataire qui a pris, le premier, possession de son droit, alors même que le bail de l'autre aurait été enregistré quelques heures plus tôt.

tir du jugement déclaratif de la faillite, et non *à partir du jour.* » Vous penserez, sans doute, que cet argument de texte n'est pas de nature à porter la conviction dans vos esprits, car si la cessation de payements est, dans le cas prévu, réputée avoir eu lieu *à partir du jugement déclaratif de la faillite*, il faut, pour savoir quel est le point de départ de ce jugement, recourir à l'art. 443 lui-même, qui détermine les effets du jugement déclaratif de faillite et le point de départ de ces effets, *à sa date.*

« On n'a donc rien fait en invoquant, soit l'art. 441, soit même l'art. 443, § 2, disant *qu'à partir de ce jugement*, toute action mobilière ou immobilière ne pourra être suivie ou intentée que contre les syndics, car on résout la question par la question, c'est un cercle vicieux. C'est le paragraphe 1er de l'art. 443 qu'il y a lieu d'interpréter, en s'inspirant des vrais principes. Or, le Code de commerce nous fournit un argument de texte qui vous paraîtra peut-être décisif. Le pourvoi croit pouvoir interpréter ces mots de l'art. 443 *à sa date*, en ce sens que les effets produits par la déclaration de faillite sont produits à partir du jugement même, de l'heure même du jugement et non *à partir du jour;* eh bien, l'art. 448, C. comm., fait à ce système une réponse très-précise.

« Les droits d'hypothèque et de privilége valablement acquis, dit-il, pourront être inscrits *jusqu'au jour du jugement déclaratif de faillite.* » Il n'y a plus moyen d'équivoquer sur le sens ou la portée du mot *date:* aucun droit d'hypothèque ou de privilége ne pourrait être inscrit *le jour* du jugement déclaratif de faillite.

« On ne pourrait pas inscrire un droit d'hypothèque ou de privilége que l'on aurait, que l'on posséderait jusqu'à l'heure du jugement déclaratif comme le soutient le pourvoi, en principe, pour l'art. 443, § 1er. Ces droits ne pourront être inscrits, dit l'art. 448, que jusqu'au jour du jugement déclaratif de faillite. Il y a donc prohibition d'inscrire le jour même du jugement, et par conséquent le jour tout entier, et c'est en ce sens que s'est prononcée la Cour d'Amiens, par un arrêt que nous vous citons à titre de renseignement, rendu à la date du 26 déc. 1854 (S. 56. 2. 563. — P. 56. 2. 548. — D. 57. 2. 35).

« Devez-vous vous laisser davantage arrêter par cette autre considération, mise en avant par le demandeur en cassation, et qui tend à montrer que, dans le système de la Cour de Rouen, il y aurait, résultat, dit-il, impossible à admettre, une solution de continuité entre l'administration du failli et celle du syndic? Nous ne le pensons pas. Le pourvoi insiste sur cette idée que des opérations, des actes auront pu être accomplis par le failli, dans l'intervalle du commencement du jour au moment de ce même jour où le jugement déclaratif interviendra, et que pendant ces instants, le failli n'étant pas encore dessaisi, le syndic n'étant pas encore investi, il y aura une solution de continuité entre deux administrations successives, ce que nos lois ne sauraient admettre. Mais c'est là, croyons-nous, que vous reconnaîtrez l'erreur du pourvoi. Le failli conserve l'administration de ses biens jusqu'à la dernière minute du jour qui précède le jour où le jugement déclaratif est rendu, mais il le perd à la première minute de ce jour.

« M. Alauzet, dans son *Comment. du Code de commerce*, 2e édit., sur l'art. 443, nous dit que « le jugement déclaratif de faillite rétroagit au commencement ou à la première heure du jour ». L'objection est donc sans valeur. Les deux administrations, celle du failli et celle du syndic, se succèdent sans aucune interruption, et la solution de continuité dont parle le pourvoi n'existe réellement pas. Si des actes, nécessairement liés avec l'administration du failli, sont faits dans le jour du jugement déclaratif, si des actions sont commencées ou suivies contre lui ce jour-là, tout ce qui aura été fait ainsi sera nul, et le principe de l'annulation qui en sera prononcée se trouvera non pas dans les art. 446 et 447 relatifs à la cessation de payements, mais dans l'art. 443 lui-même, qui détermine les effets du jugement déclaratif de faillite.

« Les deux arguments du pourvoi, arguments tirés du texte d'abord et de l'esprit de la loi ensuite, ne nous paraissent donc pas fondés. Les auteurs sont d'ailleurs unanimes pour repousser l'interprétation légale qui vous est demandée.

(Ici M. le rapporteur cite, à l'appui de la thèse qu'il développe, des extraits de Renouard, Massé, Alauzet, Demangeat, sur Bravard-Veyrières, V. à la note; puis il passe à l'examen des arrêts) :

« La jurisprudence des Cours d'appel s'est, à plusieurs reprises, très-explicitement prononcée sur la question qui vous est aujourd'hui si nettement soumise; à titre de renseignement, vous nous permettrez de vous les citer. La Cour de Turin, par arrêt du 22 août 1812, a décidé « que les payements faits par un failli le jour même de l'ouverture de la faillite étaient nuls sans distinction de l'heure à laquelle ils ont eu lieu, et cela encore qu'ils eussent été faits le matin, et que le failli eût continué ses opérations jusqu'à midi ». La Cour de Rouen, par un arrêt du 12 juill. 1825, la Cour d'Amiens, par un arrêt du 18 mars 1848 (V. à la note), et celle de Metz, par un arrêt du 23 juin 1857 (*ibid.*), ont tranché la question dans le même sens. Enfin, la Cour de cassation elle-même, par arrêt en date du 24 janv. 1853, a décidé, sous la présidence de M. Troplong, et sur les conclusions conformes de M. l'avocat général Rouland, que les saisies-arrêts pratiquées par le créancier *le jour même* où la faillite de son débiteur est déclarée, tombent de plein droit et ne peuvent produire aucun effet au profit exclusif du saisissant (V. à la note). La Cour n'a fait là aucune distinction d'heure, et il est certain que, pour elle, le jour où est prononcée la faillite, et pendant lequel les saisies-arrêts pratiquées par le créancier tombent de plein droit, était le jour tout entier.

« Ainsi, la doctrine et la jurisprudence sont d'accord pour repousser le sens que le mémoire ampliatif essaye de donner à l'art. 443, § 1, C. comm. L'arrêt attaqué ne vous paraîtra donc sans doute avoir violé ni l'art. 443, ni l'art. 574, C. comm., en décidant que les sieurs Purnot et comp., banquiers à Rethel, avaient pu revendiquer les valeurs reçues par Lachaussée et comp., le 29 déc. 1876, le jour même de la déclaration de leur faillite, c'est-à-dire au moment où ceux-ci étaient sous le coup du dessaisissement et de l'incapacité en résultant. La règle, en vertu de laquelle les effets des jugements se produisent nécessairement dans le jour tout entier duquel ils sont datés, est, croyons-nous, une règle fort sage, car la distinction à faire entre les diverses opérations intervenues le même jour, selon l'heure à laquelle elles auraient eu lieu, serait très-vague et prêterait nécessairement à l'arbitraire.

« Si vous le pensez ainsi, vous rejetterez le pourvoi. »

ARRÊT.

LA COUR : — Sur le moyen unique, tiré de la violation et de la fausse application des art. 441 et suiv., C. comm.: — Attendu qu'il résulte de l'arrêt attaqué que les valeurs adressées par Purnot et Cie ne sont parvenues à la maison de banque Lachaussée, Desmoulins, Payen et Cie, que le 29 déc. 1876; que le jugement déclaratif de la faillite de Lachaussée, Desmoulins, Payen et Cie, a été rendu le même jour, 29 déc. 1876; — Attendu que le jugement déclaratif de faillite emporte de plein droit, à partir de sa date, dessaisissement pour le failli de l'administration de tous ses biens; que les jugements n'étant jamais datés de l'heure doivent avoir leur plein et entier effet pendant le jour tout entier où ils ont été rendus; que le dessaisissement pour le failli de l'administration de ses biens s'opère donc dans cette mesure, et qu'il ne saurait être permis d'établir, par une recherche d'heure, des différences entre les divers actes intervenus relativement à lui, le jour même de la déclaration de sa faillite; d'où il suit que l'arrêt attaqué, en disant que Purnot et Cie ont revendiqué à bon droit les valeurs adressées le 28 déc. 1876 à la maison de banque Lachaussée, Desmoulins, Payen et Cie, et reçues par elle le lendemain 29 déc., jour où le jugement déclaratif de faillite a été rendu, loin de violer les art. 441 et suiv., C. comm., en a fait une juste application; — Rejette, etc.

MM. Bédarrides, prés.; Voisin, rapp.; Robinet de Cléry, av. gén. (concl. conf.); Bosviel, av.

CASS.-CIV. 5 juin 1878.

COMMISSIONNAIRE DE TRANSPORTS, BAGAGES, ENREGISTREMENT, BULLETIN D'EMBARQUEMENT, RESPONSABILITÉ (CLAUSE DE NON-), FAUTE, PERTE.

Est licite la clause imprimée ou manuscrite d'un bulletin d'embarquement délivré aux voyageurs avant le départ, stipulant que la Compagnie de transport ne sera point responsable des bagages qui n'auront point été enregistrés (1) (C. civ., 1134).

(1) Sur la validité de la clause ci-dessus, V. Cass., 5 févr. 1873 (Pand. chr.), et notre *Dictionnaire de dr. commerc., ind. et marit.*, t. III, v° *Commissionnaire de transports*, n. 99 et suiv. V. aussi Cass., 22 janv. 1884 (Pand. chr.), et note. — Que la clause soit

Une telle clause n'a pas pour effet d'affranchir la Compagnie des conséquences d'une faute lourde ou d'un fait délictueux, mais d'éviter les erreurs dans la remise des colis à l'arrivée, et de laisser le bagage non inscrit sous la surveillance particulière du voyageur (1) (Id.). — Motifs.

Il n'y a pas lieu à dommages-intérêts en cas de perte, alors surtout qu'il est constaté en fait que le voyageur a, par sa faute, mis la Compagnie dans l'impossibilité d'enregistrer les colis et de s'assurer ainsi un moyen de contrôle qui en eût peut-être empêché la perte (Id.).

(Valéry frères et fils c. Bourgarel). — ARRÊT.

LA COUR : — Vu les art. 1134, § 1er, C. civ., et 103, C. comm.; — Attendu que lorsqu'une Compagnie de transports avertit les voyageurs par un bulletin imprimé ou manuscrit, délivré avant le départ, qu'elle ne sera pas responsable des bagages qui n'auront pas été enregistrés, une telle stipulation ne saurait sans doute avoir pour résultat d'affranchir le voiturier d'une faute lourde ou d'un fait délictueux; mais que, réduite à ses termes, ayant pour but d'éviter des erreurs dans la remise des colis à l'arrivée, et pour effet de laisser le bagage non inscrit du voyageur sous sa surveillance particulière, elle n'a rien de contraire à l'ordre public ou aux lois; — Attendu que, tout en reconnaissant qu'un bulletin imprimé d'embarquement, avertissant les voyageurs que la Compagnie ne répondait pas des bagages non enregistrés, avait été remis au sieur Bourgarel, et en ajoutant que ce voyageur avait, par sa faute, mis cette Compagnie dans l'impossibilité d'enregistrer ses colis et de s'assurer ainsi un moyen de contrôle qui en eût peut-être empêché la perte, l'arrêt attaqué, qui ne relève aucune faute à la charge de la Compagnie ou de ses agents, l'a néanmoins déclarée responsable de la perte d'une malle appartenant audit sieur Bourgarel, et l'a condamnée à lui en payer la valeur; — En quoi il a fait une fausse application de l'art. 103, C. comm., et violé l'art. 1134, C. civ.; — Casse, etc.

MM. Mercier, 1er prés.; Guérin, rapp.; Desjardins, av. gén. (concl. conf.); Sabatier, av.

CASS.-CIV. 5 juin 1878.

SUCCESSION, RENONCIATION, ACCEPTATION POSTÉRIEURE, DROITS ACQUIS, DONATION, LEGS, QUOTITÉ DISPONIBLE, RÉDUCTION.

L'héritier à réserve qui accepte une succession à laquelle il avait d'abord renoncé, ne peut la reprendre que dans l'état où elle existe, à la condition de respecter tous les droits acquis (2) (C. civ., 790, 920).

Ainsi, il ne saurait être admis à réclamer la réduction des dons ou legs excédant la quotité disponible (3) (Id.).

...Spécialement, *la réduction des libéralités faites par l'auteur commun à un autre héritier qui a renoncé et qui a maintenu sa renonciation* (4) (Id.).

(Déléris c. Massabiau et Cavanhac). — ARRÊT (*après délib. en ch. du cons.*).

LA COUR : — Sur le moyen unique du pourvoi, violation de l'art. 790, et de l'art. 920, C. civ., en ce que l'on a décidé que l'héritier qui, après avoir renoncé à la succession ouverte à son profit, revient sur cette renonciation et accepte, est obligé de respecter les donations faites par le *de cujus* à d'autres héritiers, sans pouvoir leur demander la réduction des biens donnés conformément à l'art. 920, C. civ. : — Attendu qu'après avoir accepté, conformément à l'art. 790, C. civ., la succession d'Alexandre Massabiau, répudiée, en 1837, par sa fille, leur mère, les consorts Déléris prétendent avoir le droit d'exercer l'action en réduction des donations faites par leur aïeul à Léon Massabiau, son fils, représenté au procès par les défendeurs à la cassation; — Mais attendu que si l'art. 970, C. civ., autorise l'héritier qui a renoncé à une succession à l'accepter ensuite lorsqu'elle n'a pas été acceptée par d'autres héritiers, il résulte de cet article et de l'art. 462 du même Code qu'il ne peut la reprendre que dans l'état où elle existe alors et à la condition de respecter tous les droits acquis; — Attendu que la renonciation de l'héritier réservataire ayant pour effet immédiat d'affranchir les donations de l'action en réduction à laquelle elles étaient soumises, l'acceptation ultérieure de l'hérédité ne saurait modifier cet état de choses, toujours subsistant, et anéantir, au préjudice des donataires, des droits acquis, consolidés par le fait du renonçant lui-même; — Attendu qu'en jugeant, par application de ces principes, que la renonciation de la dame Déléris à la succession d'Alexandre Massabiau, son père, ayant éteint son droit de réserve, ses héritiers n'étaient pas fondés, malgré l'acceptation ultérieure de cette succession, à demander la réduction des donations faites par l'auteur commun en faveur de Léon Massabiau son fils, l'arrêt attaqué n'a pas violé l'art. 920, C. civ., mais a fait une saine application de l'art. 790 du même Code; — Rejette, etc.

MM. Mercier, 1er prés.; Guérin, rapp.; Desjardins, av. gén. (concl. conf.); Bosviel et Horteloup, av.

CASS. (CH.-RÉUNIES) 27 juin 1878.

OCTROI, DESTINATAIRE, LIVRAISON, A-COMPTE, CONDUCTEUR, LIBÉRATION.

Tout porteur ou conducteur d'objets soumis aux droits d'octroi, tenu par le seul fait de l'introduction des objets d'acquitter les droits y afférents, ne peut être libéré de cette obligation que par le payement intégral ou par une décharge obtenue suivant les formes prescrites par les règlements spéciaux (5) (L. 27 vendém. an VII, art. 10; Décr. 17 mai 1809, art. 59; Ord. 9-27 déc. 1814, art. 28).

Et il en est ainsi quand bien même l'administration de l'octroi aurait autorisé la livraison des marchandises au destinataire, qu'elle aurait inscrit sur ses registres le nom de ce destinataire et qu'elle aurait reçu de lui un à-compte sur les droits à acquitter; de tels faits n'impliquent pas substitution d'un nouveau débiteur au débiteur primitif et décharge de celui-ci (6) (Id.).

(Octroi de Paris c. Jossier).

En 1866, Jossier, entrepreneur de transports, introdui-

---

imprimée ou *manuscrite*, il n'importe; les effets en sont les mêmes. V. Aix, 18 mars 1874 (S. 74. 2. 304. — P. 74. 1277. — D. 77. 2. 43).

(1) C'est un principe consacré par une jurisprudence constante, en matière de transports par chemin de fer, que la clause de non-garantie n'affranchit pas la Compagnie de toute responsabilité; qu'elle a seulement pour résultat de mettre la preuve de la faute à la charge de l'expéditeur ou du destinataire. V. notamment Cass., 9 mai 1883 (Pand. chr.); 11 févr. 1884 (Pand. chr.); 26 août 1884 (Pand. chr.); 22 avril 1884 (Pand. chr.); Paris, 7 août 1885 (Pand. pér., 86. 2. 1); Cass., 9 et 29 (trois arrêts) mars 1886 (Pand. pér., 86. 1. 126), et les nombreux arrêts rappelés dans les notes.

(2-3-4) V. en ce sens, Montpellier, 25 mars (ou 28 mai) 1831 (S. 31. 2. 217. — P. chr. — D., *Jurispr. gén.*, v° *Succession*, n. 680); Paris, 15 janv. 1857 (S. 57. 2. 301. — P. 57. 180); Ducaurroy, Bonnier et Roustan, *Comment. C. civ.*, t. II, n. 600, note 1; Zachariæ, Massé et Vergé, t. II, § 380, p. 317, note 28; Aubry et Rau, t. VI, § 613, p. 415, texte et note 26; Laurent, *Princip. de dr. civ.*, t. IX, n. 456; Demolombe, *Success*, t. III, n. 71.

(5-6) Le tribunal de la Seine, avait vu, dans les faits de la cause, une renonciation de l'octroi à la poursuite de ses droits contre l'introducteur. D'après le tribunal de Melun, l'entrepreneur de

sait, par bateaux, dans Paris, 436,200 kilog. de ciment, avec déclaration que cette marchandise était destinée au sieur Huot, et soumission de payer les droits dus à l'octroi, lesquels s'élevaient à la somme de 5,232 fr. 94. — Huot a pris livraison de cette marchandise, et a été déclaré en faillite après avoir versé un à-compte de 1,200 fr. — Une contrainte ayant été décernée contre lui pour le surplus, Jossier a payé en déclarant n'agir que comme contraint et forcé, et sous réserve de répétition.

Par jugement du 27 avril 1867, le juge de paix du 4e arrondissement de Paris a fait droit à la réclamation de Jossier, par le motif que l'administration de l'octroi avait toujours vu dans Huot le seul propriétaire des ciments, à ce titre, responsable du payement des droits; que la valeur du ciment constituant sa garantie, elle aurait pu s'opposer au déchargement et à l'enlèvement de la marchandise avant l'acquit des droits; qu'elle avait suivi la foi du destinataire, qu'elle s'était contentée d'une garantie insuffisante, et que Jossier avait payé les droits sans en être tenu.

Sur appel de l'administration de l'octroi, le tribunal de la Seine a, par jugement du 21 janvier 1869, confirmé, en ces termes, la sentence du premier juge : — « LE TRIBUNAL : — Attendu que, si Jossier, expéditeur, s'est soumis, tant en son nom personnel qu'en celui du destinataire, à acquitter les droits vis-à-vis de l'octroi, il est constant que l'exécution de cette obligation devait être requise contre lui au moment du déchargement des marchandises et de leur livraison au destinataire ; qu'à ce moment, Jossier n'a point été mis en demeure, bien qu'il n'eût, personnellement, sollicité aucun délai; que, dans ces circonstances, l'administration de l'octroi doit être considérée comme ayant renoncé à exercer son droit contre l'expéditeur pour suivre la foi du destinataire ; — Adoptant au surplus, les motifs du premier juge; — Confirme, etc. »

L'administration de l'octroi s'est pourvue en cassation, pour violation des art. 1134, 1203, 1234, 1271, 1272, 1273, C. civ.; de l'art. 10, L. du 27 vendémiaire an VII; de l'art. 11, L. du 27 frimaire an VIII; des art. 37, 38 et 59, régl. 17 mai 1809, et de l'art. 28, ord. 9-27 déc. 1814. — Elle disait, en substance, que le tribunal de la Seine avait créé contre l'octroi une sorte de déchéance sans base aucune; que l'intervention du destinataire, comme deuxième débiteur des droits, n'aurait pu affranchir le conducteur de sa propre dette, qu'autant que le créancier aurait eu lui-même la volonté de l'en décharger; qu'aux termes de l'art. 1273, C. civ., cette volonté doit résulter clairement de l'acte intervenu ; que, dans l'espèce, il n'y avait pas eu d'acte, mais une simple abstention d'exiger les droits avant le débarquement de la marchandise; que c'est par le fait de cette abstention que le conducteur était resté débiteur des droits, et que, dès lors, il ne pouvait s'en prévaloir à l'appui de sa libération; que, d'après les lois spéciales à la matière, les agents de l'administration, ayant qualité pour recevoir le payement, n'ont pas pouvoir de libérer le redevable d'une autre manière; que les transactions ne sont valablement consenties par le Directeur lui-même, qu'avec l'approbation du Préfet, et que c'est à ce magistrat seul qu'il appartient de prononcer la décharge des droits, sur la demande des assujettis (art. 13, ord. de 1814), de telle sorte qu'alors même qu'il y aurait eu, par le fait des agents, novation par substitution de débiteur, cette novation ne serait pas valable, l'art. 1272, C. civ., édictant formellement qu'elle ne peut s'opérer qu'entre personnes capables de contracter.

Par arrêt du 30 août 1871 (S. 71. 1. 123. — P. 71. 388. — D. 71. 1. 130), la Cour suprême, visant les art. 10, L. 27 vend. an VII, 1, § 59, décr. 17 mars 1809, et 28, Ord. 9-27 déc. 1814, a déclaré, notamment, que les « circonstances relevées par le tribunal ne pouvaient autoriser une dérogation à des lois édictées dans un intérêt général ; que, dans l'espèce, la libération de Jossier ne pouvait résulter que du payement des droits ou d'une décharge obtenue selon les formes prescrites par l'ordonnance du roi du 9 déc. 1814 ».

En cassant le jugement précité, la Cour a renvoyé l'affaire devant le tribunal de Melun, qui, à la date du 17 janv. 1873, a statué en ces termes : — « LE TRIBUNAL : — Considérant que la disposition de la loi invoquée par l'octroi de la ville de Paris à l'appui de sa réclamation contre le sieur Jossier, est contenue dans l'art. 10 de la loi du 27 vendém. an VII, lequel est ainsi conçu : — « Tout porteur ou conducteur d'objets de consommation compris dans le tarif sera tenu d'en faire la déclaration au bureau de la recette et d'en acquitter le droit avant de pouvoir les faire entrer dans la commune de Paris »; — Considérant qu'il résulte autant de l'esprit de cette disposition que de la nature du mandat de l'entrepreneur de transports que la loi n'a entendu rendre ce dernier redevable des droits que comme tiers détenteur des marchandises

transports ne serait redevable des droits que comme tiers détenteur des objets assujettis ; en conséquence, par cela que l'administration de l'octroi ne lui réclame pas les droits au moment du débarquement, qu'elle consent à ce que les objets soient remis au destinataire, qu'elle n'inscrit sur ses registres que le nom de ce dernier, elle encourt, au regard du transporteur, une déchéance qui la rend non recevable, par la suite, à recourir contre lui.

Si cette thèse est plus radicale encore que celle du premier jugement, elle n'est pas mieux assise : en effet, les lois et règlements, en matière d'octroi, ont pour but d'assurer le payement des droits auxquels certains objets sont assujettis, pour pouvoir pénétrer dans l'intérieur des villes. Ce payement peut être exigé avant l'introduction, mais l'octroi a la faculté, dans l'intérêt du commerce et de l'industrie, de se contenter d'une soumission de payer ultérieurement. Or, comme l'a fait fort judicieusement observer M. le procureur général de Raynal, devant les Chambres réunies, du jour où la thèse du jugement de Melun serait consacrée par la Cour suprême, l'administration de l'octroi de Paris n'aurait garde de se prêter désormais à ces pratiques conciliantes; elle fermerait inexorablement l'entrée de Paris à toute marchandise pour laquelle les droits ne seraient pas préalablement acquittés, quelles que fussent la nature de cette marchandise, l'importance de l'expédition, l'urgence de son arrivée aux mains des destinataires. Le commerce et l'industrie en souffriraient assurément, et cette considération n'est pas à dédaigner dans un litige où la loi milite si hautement en faveur des réclamations de l'administration

Au surplus, quel est le véritable débiteur des droits? C'est le transporteur; le jugement de Melun le reconnaît. Le législateur n'a voulu établir de rapports juridiques qu'entre le conducteur et l'octroi. Pourquoi? Est-ce parce que le conducteur est tiers détenteur? Non : qu'il détienne la marchandise pour des tiers, ou pour lui-même, peu importe, la loi ne distingue pas.

Le jugement attaqué tire encore un argument de la prescription de l'art. 28 de l'ordonnance de 1814, enjoignant au conducteur de désigner le lieu du déchargement dans la déclaration des objets arrivant par eau. — Est-ce que l'ordonnance de 1814 ajoute que le débiteur des droits sera la personne au profit de laquelle le déchargement aura lieu? Non : l'indication du lieu de déchargement a pour but de permettre à l'octroi, surtout quand il se contente d'une soumission, de surveiller la marchandise et d'en arrêter l'enlèvement, comme garantie du payement des droits.

Tenons donc pour constant que, ces droits étant dus par le fait seul de l'introduction et par le conducteur, l'administration n'est pas tenue de les percevoir avant cette introduction. V. Cass., 29 avril 1868 (S. 68. 1. 306. — P. 68. 779. — D. 68. 1. 455), et qu'elle peut les réclamer ultérieurement à l'introducteur, par voie, soit d'action civile, soit de contrainte. V. notamment en ce sens, Cass., 19 sept. 1845 (S. 46. 1. 190. — P. 46. 1. 303. — D. 46. 1. 34); 7 janv. 1852 (sol. implic.), (S. 52. 1. 136. — P. 52. 1. 396. — D. 52. 1. 39); 14 mai 1859 (sol. implic.) (S. 59. 1. 714. — P. 59. 1149. — D. 59. 1. 476); Cass., 29 avril 1868, précité.

qu'il transporte; que cette interprétation est confirmée par l'art. 28 de l'ord. des 9-27 déc. 1814, d'après lequel la déclaration relative aux objets arrivant par eau contiendra le lieu de déchargement, lequel ne pourra s'effectuer que les droits n'aient été acquittés, ou au moins valablement soumissionnés; que l'octroi de la ville de Paris l'a ainsi entendu en n'exigeant pas immédiatement les droits et en n'inscrivant sur ses registres, lors du débarquement, que le nom du sieur Huot, destinataire; qu'en agissant ainsi, l'octroi a encouru, au regard de Jossier, une déchéance qui le rend aujourd'hui non recevable à lui réclamer les droits dont il n'a pu se faire payer par Huot... »

Pourvoi en cassation par l'administration de l'octroi de Paris, qui, tout en invoquant les moyens de son premier pourvoi, s'est surtout attachée à combattre la déchéance tirée par le tribunal de Melun de l'interprétation de la loi du 27 vend. an VII et de l'ord. de 1814.

ARRÊT.

LA COUR : — Vu les art. 10 de la loi du 27 vendém. an VII, § 59, du décret du 17 mai 1809, et 28 de l'ordonnance des 9-27 déc. 1814 ; — Sur le moyen de cassation, pris de la violation de ces dispositions légales : — Attendu qu'aux termes des lois précitées, tout porteur d'objets assujettis aux droits de l'octroi est tenu d'en faire la déclaration à leur entrée, et ne peut les introduire dans les villes qu'après le payement des droits ou la soumission valable de les acquitter; — Attendu qu'il résulte des constatations du jugement attaqué que Jossier, en 1866, a introduit dans Paris, sur ses bateaux de transport, 436,020 kilog. de ciment destiné à un sieur Huot et donnant lieu à des droits s'élevant à la somme de 5,232 fr. 94; qu'il suit de là que Jossier est devenu, par le seul fait de l'introduction des objets assujettis, débiteur de ladite somme envers l'administration de l'octroi; — Attendu que la libération de Jossier ne pouvait résulter que du payement des droits ou d'une décharge obtenue suivant les formes prescrites par les règlements spéciaux relatifs aux octrois; — Attendu qu'il importe peu que l'octroi de Paris n'ait pas exigé, au moment de l'introduction des marchandises, le payement intégral par Jossier des droits dus; que, sur les registres de l'octroi, ait été inscrit le nom du sieur Huot, destinataire des marchandises, et qu'enfin une somme à valoir sur les mêmes droits ait été payée par ledit sieur Huot; — Attendu, en effet, que les facilités ou les tolérances que le redevable peut rencontrer auprès des employés de l'administration, ne sauraient avoir pour effet d'entraîner contre l'octroi une déchéance qui n'est prononcée par aucune disposition légale, pas plus que de libérer l'introducteur, débiteur des droits en cette qualité, de l'obligation de les payer, par la supposition purement arbitraire que l'octroi, créancier, aurait accepté la substitution d'un nouveau débiteur à son débiteur primitif et aurait déchargé celui-ci; — Attendu que le jugement attaqué, qui se borne à constater que l'octroi n'aurait pas immédiatement exigé de Jossier les droits par lui dus, en tirant de ce fait la conséquence que l'octroi avait par là même encouru une déchéance qui le rend non recevable à réclamer lesdits droits contre Jossier, a formellement violé les dispositions légales ci-dessus visées; — Casse, etc.

MM. Mercier, 1er prés. ; Barbier, rapp. ; de Raynal, proc. gén. ; Arbelet, av.

CASS.-CIV. **1er juillet 1878** (DEUX ARRÊTS).

EXPLOIT, APPEL, CONSTITUTION D'AVOUÉ, ÉLECTION DE DOMICILE, NULLITÉ COUVERTE, RECONNAISSANCE, RÉSERVES.

De ce que la constitution d'un avoué pour l'appelant emporte de plein droit élection de domicile chez cet avoué, il n'en est plus de même de la simple élection de domicile chez un avoué, laquelle ne peut suppléer à la constitution prescrite à peine de nullité de l'acte d'appel (1) (C. proc., 61, 470). — 1re espèce.

Mais cette nullité fondée sur l'insuffisance des énonciations

---

(1) Pendant longtemps les Cours d'appel se sont prononcées pour la nullité de l'exploit d'appel qui ne contenait qu'une simple élection de domicile chez un avoué, se refusant ainsi d'assimiler l'élection de domicile chez un avoué à la constitution d'avoué. V. en ce sens, Turin, 14 juin 1807; Bruxelles, 15 juin 1807; Montpellier, 5 août 1807; Trèves, 4 mars 1812; Liège, 23 nov. 1814; Colmar, 28 janv. 1816; Lyon, 29 (ou 23) mai 1816; Amiens, 10 nov. 1821; Grenoble, 5 juill. 1828; Lyon, 25 août 1828; Nîmes, 17 nov. 1828; Bourges, 28 mars 1832 (S. 48. 2. 622, en note. — P. chr. — D., *Jurispr. gén.*, vº *Exploit*, n. 625); Colmar, 25 févr. 1836 (S., *ibid.* — P. chr. — D., *ibid.*); Bourges, 9 déc. 1840 (S. 42. 2. 16. — D., *ibid.*); Poitiers, 31 déc. 1840 (D., *ibid.*); Toulouse, 7 août 1848 (S. 48. 2. 622. — D. 48. 2. 200); Nîmes, 30 avril 1850 (S. 50. 2. 513); Toulouse, 26 avril 1856 (D. 56. 2. 199). — Telle est également l'opinion de M. Boncenne, qui, dans sa *Théorie de la procédure civile*, t. II, p. 140, détermine ainsi le sens de l'art. 61 C. proc. : « L'élection de domicile chez un avoué n'équivaut pas à la constitution. La raison est facile à concevoir : on peut élire domicile dans une maison quelconque, et, bien que cette maison soit celle d'un avoué, il n'y a rien là qui se rattache essentiellement à la qualité et à l'emploi de ses fonctions, car il est possible que l'avoué constitué ne soit pas celui chez lequel la partie a élu domicile. L'élection de domicile est de droit chez l'avoué constitué, parce qu'on doit croire, quand la partie n'a pas exprimé le contraire, qu'elle n'a pas voulu charger du soin de recevoir les significations qui lui seront adressées, un autre que celui auquel elle a confié la direction de son procès; mais on ne peut pas présumer de même que la simple commission donnée pour recevoir les significations, confère nécessairement le pouvoir de postuler et de conclure. » V. aussi Pigeau, *Comment. C. proc.*, t. I, p. 176; Favard, *Répert.*, vº *Ajournement*, § 2, n. 2; Talandier, *De l'appel*, n. 188; Bioche, *Dict. de proc.*, vº *Appel*, n. 417 et suiv.; Fréminville, *Cours d'appel*, t. II, n. 804; Colmet-Daage et Boitard, *Leçons de proc. civ.*, 8e édit., t. I, n. 152.

Au contraire, la validité d'un pareil exploit et l'équipollence de l'élection de domicile à l'effet de tenir lieu de constitution d'avoué, consacrées à l'origine par quelques rares arrêts et par un petit nombre d'auteurs (V. not. Colmar, 24 mars 1810; Metz, 7 juill. 1814; Riom, 23 janv. 1815; Metz, 1er juin 1819; Nancy, 16 août 1825; Thomine-Desmazures, *Comment. C. proc. civ.*, t. I, p. 158; Chauveau, sur Carré, *Lois de la proc.*, quest. 302 *bis* ont eu, pendant quelque temps, leur période de succès; le premier système semblait de plus en plus frappé de discrédit. V. Bastia, 5 févr. 1850 (P. 50. 2. 99. — D. 50. 2. 68); Dijon, 16 janv. 1865 (S. 65. 2. 208. — P. 65. 852. — D. 65. 2. 72); Caen, 21 janv. 1867 (S. 67. 2. 349. — P. 67. 1259. — D. 67. 5. 192); Chambéry, 2 avril 1867 (S. 67. 2. 289. — P. 67. 1011. — D. 67. 2. 64).

Le premier des deux arrêts de la Chambre civile ci-dessus rapportés donne une nouvelle vie au système qui à l'origine prédominait; il rejette nettement l'équipollence de l'élection de domicile et la validité de l'assignation, et condamne par là même la thèse que les arrêts précités de Dijon et de Caen surtout avaient consacrée avec un caractère de généralité absolue que ne présentaient pas les autres décisions également susmentionnées, rendues dans le même sens. V. aussi Besançon, 23 févr. 1880 (S. 82. 2. 9. — P. 80. 1. 91).

On pourrait être tenté d'opposer à la Chambre civile la Chambre des requêtes dans deux documents déjà anciens, l'un du 21 déc. 1831 (S. 32. 1. 41. — P. chr. — D., *Jurispr. gén.*, vº *Exploit*, n. 628), l'autre du 21 août 1832 (S. 32. 1. 789. — P. chr. — D., *ibid.*, n. 624). — Mais le premier de ces arrêts ne touche point directement notre question : il a statué dans une espèce où, en réalité, la constitution d'avoué était mentionnée dans une déclaration d'appel faisant corps avec l'exploit d'assignation, lequel ne contenait qu'une simple élection de domicile. — Le second a admis, il est vrai, le système des équipollents; mais il ne présente pas une rédaction assez nette pour constituer un préjugé de nature à fournir une contradiction. L'intérêt de la solution de cet arrêt n'est pas, nous le croyons du moins, dans la question qui fait l'objet de nos préoccupations actuelles; il est ailleurs, sur un autre terrain où nous n'avons aucune raison de l'y suivre.

de l'exploit d'appel, est couverte par la signification de sa propre constitution faite par l'avoué de l'intimé à l'avoué de l'appelant en cette qualité formellement exprimée (1) (C. proc., 61, 470). — 2e espèce.

Peu importe que l'acte de constitution, ainsi notifié par l'avoué de l'intimé, contienne des réserves tant en la forme qu'au fond, si ces réserves dénuées de toute précision et de sens bien déterminé, ne relèvent pas nettement le moyen de nullité tiré du défaut de constitution d'avoué (2) (Id.). — Ibid.

1re Espèce. — (Roudeille c. Roudeille). — ARRÊT.

LA COUR : — Sur le moyen unique du pourvoi : — Attendu que l'art. 61, C. proc. civ., prescrit, à peine de nullité, que l'exploit d'assignation contienne la constitution d'un avoué pour le demandeur, et en cas d'appel pour l'appelant (art. 470 du même Code); que l'accomplissement de cette formalité est la conséquence nécessaire de la règle de notre organisation judiciaire qui exige que la partie soit représentée devant les tribunaux civils et les Cours d'appel par un officier ministériel institué à cet effet par la loi; que si la constitution d'avoué emporte de plein droit élection de domicile chez l'avoué constitué, l'art. 61 n'a point admis que l'élection de domicile pût suppléer à la constitution d'avoué; que l'élection de domicile peut, en effet, d'après les dispositions mêmes dudit art. 61, avoir un autre objet que la création du mandat *ad litem* qui confère à l'avoué constitué des pouvoirs déterminés par la loi elle-même; — D'où il suit que l'arrêt attaqué a, à bon droit, refusé de reconnaître, à la simple déclaration d'une élection de domicile chez l'avoué Bessaignet dans l'acte d'appel du 17 août 1876, le caractère d'équipollence qui permettrait de suppléer, par cette élection de domicile, à la constitution d'avoué qu'il ne contient pas; — Rejette, etc.

MM. Mercier, 1er prés.; Greffier, rapp.; Charrins, 1er av. gén. (concl. conf.); Collet et Dareste, av.

2e Espèce. — (Chemin de fer de l'Ouest c. Sabatier).

ARRÊT.

LA COUR : — Vu les art. 61, 470, 456, C. proc. civ.; — Attendu que l'acte d'avoué à avoué du 6 nov. 1876, par lequel d'Everlange, avoué, a déclaré à Me Deferre qu'il se constituait à l'effet d'occuper pour Sabatier intimé, sur l'assignation signifiée à ce dernier, à la requête de la Compagnie des chemins de fer de l'Ouest, a été notifié audit Me Deferre, en sa qualité d'*avoué constitué* pour la Compagnie appelante; — Que cette reconnaissance formelle de la qualité en laquelle ledit M. Deferre n'était indiqué dans l'exploit d'assignation que par la mention d'une élection de domicile en son étude, excluait toute contestation ultérieure de cette qualité, fondée sur l'insuffisance des énonciations de l'exploit d'appel; — Qu'en vain, l'arrêt attaqué invoque, pour détruire les effets de cette reconnaissance, les réserves tant en la forme qu'au fond, que contient l'acte de constitution notifié par d'Everlange à Deferre; que des réserves exprimées dans cette formule dénuée de toute précision, et n'ayant pas de sens déterminé, ne pouvaient s'appliquer au moyen de nullité tiré du défaut de constitution d'avoué, et conserver à l'intimé le droit de l'opposer à l'appelant dans l'instance; — D'où il suit qu'en annulant, dans l'état des faits, l'acte d'appel du 21 oct. 1876, et en déclarant, comme conséquence, l'appel du jugement du tribunal de commerce d'Avignon non recevable, l'arrêt attaqué (Nîmes, 3 janv. 1877) a faussement appliqué et, par suite, violé les dispositions de loi susvisées; — Casse, etc.

MM. Mercier, 1er prés.; Greffier, rapp.; Charrins, 1er av. gén. (concl. conf.); Larnac, av.

CASS.-REQ. 1er juillet 1878.

MINES, SOCIÉTÉ COMMERCIALE, ACTE DE COMMERCE.

Le caractère de Société commerciale est à bon droit reconnu à la Société minière : 1° qui a pour objet l'exploitation de minerais et de mines métallurgiques, leur développement, toutes les opérations qui s'y rattachent, le commerce des matières employées et des matières fabriquées dans ces usines, ainsi que l'achat et l'exploitation d'autres usines métallurgiques, de houillères et de fours à coke; 2° qui, à différentes reprises, s'est livrée, sur une grande échelle, à l'achat de minerais étrangers pour les travailler dans ses hauts-fourneaux et vendre ensuite les produits résultant de leur transformation (3) (C. com., 1, 632, 633; L. 21 avril 1810, art. 32).

(1-2) Ces solutions ont été consacrées par un arrêt déjà ancien de la Chambre des requêtes du 24 févr. 1813, et par un autre plus récent de la Cour de Chambéry, du 2 avr. 1867 (D. 67. 1. 64). On peut ajouter à ces arrêts la plupart de ceux qui ont été cités dans la note qui précède à l'appui du second système et qui, après avoir proclamé que l'élection de domicile chez un avoué peut tenir lieu de la constitution exigée par l'art. 61, décident que, d'ailleurs, le moyen de nullité a été couvert par des constitutions d'avoué signifiées par les défendeurs à l'avoué chez lequel l'élection de domicile avait été faite. V. encore et plus particulièrement Bastia, 5 févr. 1850 (D. P. 50. 2. 68); Toulouse, 26 avr. 1856 (D. 56. 2. 199); Dijon, 16 janv. 1865 (S. 65. 2. 208. — P. 65. 852. — D. 65. 2. 72); Carré, *Lois de la procéd. civ.*, quest. 744; Crivelli, sur Pigeau, *Procédure civile*, 4e édit., t. I, p. 181, note 1.

On objecte que, pour opposer le moyen de nullité tiré de l'irrégularité de la constitution d'avoué, il faut que le défendeur ou l'intimé constitue lui-même avoué et signifie cette constitution conformément à la loi, c'est-à-dire par acte du palais, à l'avoué du demandeur ou de l'appelant, et qu'on ne peut considérer comme une renonciation au moyen de nullité le simple fait d'une constitution signifiée à l'avoué chez lequel l'exploit mentionne qu'il est fait élection de domicile. — Cette objection comporte deux réponses : 1° le défendeur ou l'intimé peuvent soit assigner directement le demandeur ou l'appelant en nullité de l'exploit, soit faire défaut, former ensuite opposition au jugement ou arrêt de défaut en se fondant sur la nullité de l'exploit d'ajournement ou de l'acte d'appel; 2° ils peuvent plus simplement signifier la constitution du défendeur ou de l'intimé, en ne reconnaissant pas la qualité d'avoué constitué à celui chez lequel l'élection de domicile a été faite, et en insérant en outre des réserves expressément spécifiées d'opposer le moyen de nullité.

Dans l'espèce actuelle, l'avoué du défendeur avait donné formellement à son confrère la qualité d'*avoué constitué* pour le demandeur. A la vérité, des réserves avaient été faites; mais elles étaient ainsi formulées : « sous toutes réserves, tant en la forme qu'au fond ». L'arrêt attaqué de Nîmes a ajouté aux expressions: « sous toutes réserves », les mots : *de nullité*; mais c'est une addition erronée, ces mots ne se trouvant pas dans l'acte d'avoué à avoué du 6 nov. 1876. Quand même, d'ailleurs, ils y auraient été insérés, on pourrait encore douter de la valeur des réserves et soutenir qu'elles manquent de précision. C'est ce qui a été jugé par l'arrêt cité plus haut de la Chambre des requêtes du 24 févr. 1813, dans une espèce où les réserves invoquées étaient ainsi conçues : « sous la réserve de tous les moyens de fait et de droit *et de nullité* » (Analyse du rapport de M. le conseiller Greffier). Comp. Besançon, 23 févr. 1880 (S. 82. 2. 9. — P. 82. 1. 91).

(3) Sur le caractère de Sociétés civiles qui appartient, en principe, aux Sociétés formées pour l'exploitation des mines. V. Lyon, 13 févr. 1878 (Pand. chr.), et les arrêts cités en note. *Adde* Cass., 28 janv. 1884 (S. 86. 1. 465. — P. 86. 1. 1147. — D. 84. 1. 145). — Mais ce caractère peut se modifier et devenir commercial, d'après les circonstances, suivant que les opérations auxquelles se livrent ces Sociétés, se présentent comme de véritables entreprises industrielles. V. Cass., Colmar, 4 juin 1862 (Pand. chr.); Grenoble, 19 mars 1870 (S. 71. 2. 35. — P. 71. 114); Cass., 28 oct. 1875 (Pand. chr.). V. aussi les décisions de la jurisprudence belge que nous mentionnons dans notre *Dictionnaire de dr. commerc., ind. et marit.*, t. I, v° *Acte de commerce*, n. 119, p. 83.

(Compagnie des forges de Liverdun c. Chemin de fer de l'Est).

Assignée par la Compagnie du chemin de fer de l'Est, en payement de sommes exigibles, devant le tribunal de Toul, jugeant commercialement, la Société des forges de Liverdun, vu le caractère prétendument civil de son exploitation minière, a opposé l'incompétence du tribunal saisi. — Rejet de l'exception par le tribunal.

Sur appel, la Cour de Nancy a rendu, le 14 déc. 1877, un arrêt confirmatif ainsi conçu : — « La Cour : — Sur l'exception d'incompétence *ratione materiæ* : — Attendu que, si, aux termes de l'art. 32 de la loi du 21 avril 1810, l'exploitation d'une mine n'est pas un acte de commerce, il faut entendre ces dispositions en ce sens que le législateur a prévu : l'exploitation proprement dite de la mine, tous les travaux, constructions et marchés qu'elle impose; la vente et l'écoulement naturel des produits ; que c'est là l'exercice civil du droit attaché à la qualité de concessionnaire; — Attendu que le bénéfice de cet article ne peut couvrir le concessionnaire qui joint à son exploitation des opérations, agissements, marchés, connexes peut-être à son exploitation, mais s'en détachant, et présentant en eux-mêmes, séparément ou dans leur ensemble, les caractères d'entreprises industrielles ou commerciales; qu'il sort ainsi de la situation protégée par l'art. 32 et suiv.; — Attendu que les statuts de la Société des forges de Liverdun déterminent sa nature, son objet et son but; qu'aux termes de l'art. 4, tit. I, sous la rubrique, « formation, dénomination, siége, durée et objet de la Société », elle a pour objet « l'exploitation du minerai de fer de Croisette et des usines métallurgiques de Liverdun, leur développement, toutes les opérations qui s'y rattachent, le commerce des matières premières employées et des matières fabriquées dans ces usines, ainsi que l'achat et l'exploitation d'autres usines métallurgiques, de houillères et de fours à coke »; — Attendu qu'il ne s'agit donc pas seulement de l'exploitation de la mine de Croisette, dont la Société est concessionnaire, mais d'opérations s'étendant aux autres usines métallurgiques de Liverdun, au commerce des matières fabriquées dans ces usines, à l'exploitation d'autres usines métallurgiques, de houillères, de fours à coke; — Attendu qu'il résulte des documents versés au procès, que la Société des forges s'est livrée à différentes reprises à des achats de minerais étrangers à la mine de Croisette; qu'elle les a transformés dans ses hauts-fourneaux; qu'elle a revendu ces produits transformés; que de semblables opérations, indépendantes de l'exploitation proprement dite de la mine de Croisette, constituent de véritables agissements industriels et commerciaux et impriment à la Société tous les caractères d'une Société de commerce; — Attendu que, dans de telles conditions, c'est avec raison que le tribunal de Toul saisi consulairement s'est déclaré compétent. »

Pourvoi en cassation par la Société des forges de Liverdun. — *Moyen unique*. Violation de l'art. 32 de la loi du 21 avril 1810 sur les mines, 4 des statuts de la Société; et fausse application de l'art. 632, C. comm., en ce que la Cour de Nancy, tout en reproduisant le texte de l'art. 4 des statuts, lequel vise l'exploitation ordinaire et normale d'une mine, et en constatant que, si la Société s'est livrée à des actes de commerce, c'est d'une manière exceptionnelle, a néanmoins reconnu à l'exposante le caractère commercial et l'a déclarée justiciable des tribunaux consulaires.

ARRÊT.

LA COUR : — Sur le moyen unique, pris de la violation des art. 32 de la loi du 21 avril 1810, 4 des statuts de la Société des forges de Liverdun, et de la fausse application de l'art. 632, C. comm.; — Attendu qu'il est établi en fait par l'arrêt dénoncé : 1° que la Société anonyme des forges de Liverdun a pour objet l'exploitation du minerai de fer de Croisette et des mines métallurgiques de Liverdun, leur développement, toutes les opérations qui s'y rattachent, le commerce des matières employées et des matières fabriquées dans ces usines, ainsi que l'achat et l'exploitation d'autres usines métallurgiques, de houillères et de fours à coke; 2° qu'à différentes reprises, la Société s'est livrée sur une grande échelle à l'achat de minerais étrangers pour les travailler dans ses hauts-fourneaux et vendre ensuite les produits résultant de leur transformation; — Attendu qu'en déduisant de ces constatations de fait que la Société a pour but un ensemble d'opérations industrielles et commerciales qui lui impriment le caractère d'une Société de commerce, l'arrêt n'a violé aucune loi; — Rejette, etc.

MM. Bédarrides, prés.; Guillemard, rapp.; Lacointa, av. gén. (concl. conf.); Duverger, av.

CASS.-CIV. 23 juillet 1878.

ARMATEUR, CONNAISSEMENT, RESPONSABILITÉ (CLAUSE DE NON-), CAPITAINE, EQUIPAGE, FAUTE, NÉGLIGENCE.

Aucune loi n'interdit aux propriétaires de navires de s'affranchir, par une clause expresse du connaissement, de la responsabilité des fautes ou négligences du capitaine, du pilote et autres gens de l'équipage (1) (C. civ., 6, 1134, 1384; C. com., 216).

(Compagnie de navigation *British India Steam* c. Stora frères et consorts). — ARRÊT.

LA COUR : — Vu les art. 1134, C. civ., et 216, C. comm.; — Attendu que la Compagnie de navigation *British India*, assignée en payement de la valeur de marchandises chargées sur son vapeur *le Java* et avariées dans le trajet de Londres à Alger, a excipé de la clause insérée dans le connaissement passé à Londres, et aux termes de laquelle l'acte de Dieu, les ennemis de la reine, les accidents, pertes et avaries provenant de mer ou de tous actes de négligence ou faute des pilotes, capitaine, ou marins et autres employés, seraient aux risques de l'envoyeur; et que, sans nier que l'avarie des marchandises dût être imputée à la négligence ou à la faute du capitaine ou des gens de l'équipage, le tribunal de commerce d'Alger s'est fondé, pour écarter l'exception, sur ce que la clause précitée du connaissement, « si elle affranchissait le capitaine de certains risques, ne saurait en aucun cas l'affranchir des obligations d'ordre public »; — Mais attendu qu'il ne s'agissait, devant le tribunal d'Alger, ni du capitaine, ni de sa propre responsabilité; que la Compagnie était seule en cause vis-à-vis des défendeurs à l'action desquels elle opposait qu'elle était exonérée de la faute de ses agents par suite de la clause de non-garantie insérée dans le connaissement; qu'aucune loi n'ayant interdit aux propriétaires de navires de s'affranchir par convention, sinon de la responsabilité de leur propre fait, au moins de la responsabilité du fait d'autrui que leur impose l'art. 216, C. comm., la clause dont il s'agit n'avait rien d'illicite; et qu'insérée dans le connaissement délivré aux chargeurs, elle était devenue la loi des parties; — D'où il suit qu'en déclarant la Compagnie responsable de l'avarie, et en la condamnant à en payer le montant, nonobstant la clause précitée de

(1) La jurisprudence est invariablement fixée en ce sens par un grand nombre de décisions. V. Cass., 14 mars 1877 (Pand. chr.); 2 avril 1878 (Pand. chr.), et les renvois.

non-garantie, le jugement attaqué a expressément violé l'art. 1134, C. civ., et faussement appliqué l'art. 216, C. comm.; — Par ces motifs, et sans qu'il soit besoin de statuer sur les autres moyens du pourvoi; — Casse, etc.

MM. Mercier, 1er prés.; Pont, rapp.; Charrins, 1er av. gén. (concl. conf.); Sabatier, av.

CASS.-CRIM. 26 juillet 1878.

CHASSE, CHIENS COURANTS, TERRAIN D'AUTRUI, PASSAGE, EXCUSE.

Le fait de passage, sur le terrain d'autrui, de chiens courants, constitue un délit, à moins qu'il ne soit démontré par le prévenu, à qui, du reste, incombe la charge de la preuve, que le gibier poursuivi avait été lancé sur son propre terrain, et que, de plus, il lui avait été impossible de rompre ses chiens (1) (L. 3 mai 1844, art. 11, § 2).

(Bocquillon).

Le 10 oct. 1877, Bocquillon, armé d'un fusil et suivi de deux chiens, l'un d'arrêt, l'autre courant, allait rejoindre ses charretiers, tout en chassant dans une plaine où il avait le droit de chasse. — Ses chiens ayant fait lever un lièvre l'ont conduit dans un bois réservé, où ils l'ont chassé pendant plusieurs heures. Quoique se trouvant à peu de distance de ce bois, Bocquillon n'a rien fait pour empêcher la continuation de cette chasse; c'est à peine s'il a rappelé ses chiens pendant quelques instants; en tout cas, il n'a cherché à les rompre, ni avant, ni après l'invitation qui lui en a été faite par le garde du bois.

Traduit en police correctionnelle, sur la plainte du propriétaire, il a été acquitté par jugement du tribunal de Senlis, du 20 févr. 1878, par le motif « qu'il ne s'était nullement occupé de la chasse de ses chiens; que, loin de chercher à en profiter, il s'était mis en chasse, en quittant ses charretiers, dans une direction opposée; que, dès lors, il n'avait pas concouru personnellement au fait de chasse de ses chiens, et que, si le propriétaire en était lésé, il aurait dû recourir à la voie civile pour en demander réparation ».

Sur l'appel de la partie civile, la Cour d'Amiens a, par arrêt du 21 mars 1878, infirmé la décision des premiers juges en se fondant sur les faits que nous avons reproduits et que le garde avait constatés dans son procès-verbal.

Pourvoi en cassation par Bocquillon.

ARRÊT.

LA COUR : — Sur le moyen, tiré de la prétendue violation des art 1er et 11, § 3, de la loi du 3 mai 1844; — Attendu que si la disposition du § 3 de l'art. 11 exonère de toute responsabilité pénale le chasseur dont les chiens courants passent sur l'héritage d'autrui à la suite d'un gibier lancé sur la propriété de leur maître, cette disposition constitue une excuse dont la preuve est à la charge du prévenu qui l'allègue; — Attendu que l'arrêt attaqué constate que les chiens du sieur Bocquillon ont chassé sur le terrain de la partie civile pendant plusieurs heures, au vu et au su de leur maître, sans que celui-ci ait essayé de les rompre; — Que le sieur Bocquillon alléguait qu'il lui avait été impossible de le faire, mais qu'il n'en rapportait pas la preuve; — Attendu, dès lors, que les faits constatés à sa charge constituent le délit de chasse qui lui était imputé et que l'arrêt attaqué a fait une juste application des dispositions précitées de la loi de 1844; — Rejette, etc.

MM. de Carnières, prés.; Vente, rapp.; Benoist, av. gén.; Mazeau et Debrou, av.

CASS.-CRIM. 3 août 1878.

VOL DE RÉCOLTES, TRUFFES, CULTURE, NUIT, CARNIER.

Si la truffe, considérée comme production spontanée, peut rentrer dans la généralité des termes de l'art. 144, C. forest., lequel prévoit et punit de peines d'amende l'enlèvement non autorisé de pierres, sable, bruyères, herbages et autres fruits ou semences des bois et forêts, il n'en saurait être ainsi, lorsque la truffe est une production due aux efforts de l'homme et à une véritable culture. Elle constitue, dans ce dernier cas, une récolte proprement dite dont la soustraction frauduleuse tombe sous l'application du § 5 de l'art. 388, C. pén., lorsqu'elle a été opérée soit la nuit (2) (C. pén., 388, § 5; C. for., 144).

...Soit à l'aide d'un carnier, objet équivalent à un sac ou à un panier (3) (Id.). — Résol. par le jugement en sous-note (*a*).

---

(1) Le mot *pourra* de l'art. 11, § 2, L. 3 mai 1844, indique que, dans la pensée du législateur, il y a présomption de délit contre le maître de chiens chassant sur le terrain d'autrui; par conséquent, c'est à ce dernier d'établir qu'il est dans l'hypothèse prévue par cet article pour être excusé.

Quelles sont les conditions de cette excuse? L'art. 11 en mentionne deux : la première, qu'il s'agisse d'un simple fait de passage; la seconde, que le gibier poursuivi ait été lancé sur la propriété du maître des chiens.

Bien que, dans l'esprit du législateur, le passage doive être purement accidentel, il est de jurisprudence constante qu'il n'y a pas délit, par cela seul que les chiens auraient séjourné un certain temps sur le territoire d'autrui. La raison veut, d'ailleurs, qu'il en soit ainsi : il est possible, en effet, que le gibier ne veuille pas sortir du terrain, surtout s'il est en nature de bois, où il s'est réfugié, et les chiens, entraînés par leur instinct, y séjournent aussi en le pourchassant; mais alors, si cette poursuite a lieu au vu et au su de leur maître, celui-ci doit chercher à les en éloigner, à les rompre, et s'il n'établit pas avoir fait des efforts dans ce but, il y a délit.

Dans notre espèce, malgré l'invitation du garde, le prévenu n'avait fait aucune tentative de rompre ses chiens. La Cour de cassation n'a pas relevé cette invitation; elle a bien fait au point de vue juridique : les chiens avaient chassé au vu et au su de leur maître, celui-ci devait chercher, de lui-même, à les empêcher de continuer; aussi la Cour d'appel dit-elle, avec beaucoup de justesse, « qu'en ne cherchant pas à rompre ses chiens, le prévenu s'était affranchi d'une obligation, dont l'inaccomplissement volontaire devait engager sa responsabilité personnelle, alors même qu'il n'aurait pas été mis en demeure de la remplir ».

Il arrive parfois que non content de ne pas chercher à rompre ses chiens, le maître attend le gibier, en attitude de chasse, à la sortie de l'héritage d'autrui. Cette dernière circonstance n'est certainement pas nécessaire pour le constituer en délit; mais alors, il ne lui est plus possible de s'excuser : dans le sens de la loi, il a concouru personnellement au fait de chasse de ses chiens. Sic, Cass., 15 déc. 1866 (S. 67. 1. 312. — P. 67. 786. — D. 67. 1. 141). V. aussi Amiens, 29 janv. 1880 (S. 80. 2. 109. — P. 80. 452).

Le principe de notre arrêt est incontestable. V. en ce sens, et dans des espèces analogues, Caen, 26 janv. 1870 (S. 70. 2. 249. — P. 70. 933. — D. 70. 2. 57); Cass., 7 déc. 1872 (S. 73. 1. 94. — P. 73. 189. — D. 72. 1. 476): et sur renvoi, Angers, 17 mars 1873 (D. 73. 2. 172); 4 janv. 1878 (Pand. chr.); Orléans, 27 juill. 1882 (S. 83. 2. 36. — P. 82. 1. 217); Neyremand, *Quest. sur la chasse*, 2e édit. p. 190; Leblond, *Code de la chasse*, n. 222; Sorel, *Du droit de suite et de la propriété du gibier tué*, etc., n. 24 et suiv.

Jugé qu'il n'est pas nécessaire que le maître soit chasseur pour que l'art. 11, § 2, L. du 3 mai 1844, lui soit applicable. Il suffit qu'il ait été prévenu plusieurs fois par le garde de ne pas laisser son chien errer et chasser dans un bois voisin d'une vigne où il travaille. Trib. corr. Tonnerre, 17 janv. 1885 (*Revue des Eaux et Forêts*, 1885, p. 391).

(2-3) Le rapport de M. le conseiller Barbier ci-dessus reproduit contient une étude très-approfondie de la question. Nous y renvoyons nos lecteurs.

(Béroulle).

M. le conseiller Barbier, chargé du rapport, a présenté sur cette affaire les observations suivantes :

« ...La truffe est-elle une production utile de la terre ayant droit à la protection édictée par l'art. 388 du Code pénal?

« ... Il est nécessaire d'étudier la truffe à deux points de vue bien distincts, c'est-à-dire de l'envisager tour à tour comme production spontanée et comme production artificielle; c'est de là, croyons-nous, que découlera la solution de la difficulté et la conciliation des diverses décisions qui se sont produites sur la matière.

« Nos pères n'ont connu la truffe que comme production spontanée, ils en savouraient les bienfaits sans s'inquiéter de rechercher les lois qui président à sa création. Au surplus, cette heureuse ignorance durait depuis bien longtemps. On a interrogé sur ce point Aristote, Théophraste, Pline qui nommait la truffe un excrément de la terre, Plutarque qui n'y voyait « qu'un nœud ou peloton mol et friable que le tonnerre, la chaleur et l'eau forment aux entrailles de la terre, comme au corps humain se produisent tumeurs et enflures qu'on appelle glandes et écrouelles ». Ces notions peu flatteuses pour le précieux tubercule ont été reproduites par un journal judiciaire (*le Droit*, numéro du 24 mai 1878), en rendant compte du procès de Béroulle devant la Cour de Nîmes.

« Heureusement, ce n'a point été là le dernier mot de la sapience humaine.

« Brillat-Savarin, dans la sixième méditation, § 7, a résumé d'une façon piquante l'histoire de la truffe : « L'origine de la truffe est inconnue, dit-il; on la trouve, mais on ne sait ni comment elle naît, ni comment elle végète. Les hommes les plus habiles s'en sont occupés, on a cru en reconnaître les graines, on a promis qu'on en sèmerait à volonté. Efforts inutiles! promesses mensongères! Jamais la plantation n'a été suivie de la récolte, et ce n'est peut-être pas un grand malheur; car, comme le prix des truffes tient un peu au caprice, peut-être les estimerait-on moins, si on les avait en quantité et à bon marché », et l'auteur cite ce mot d'une dame : « Si la dentelle était à bon marché, croyez-vous qu'on voudrait porter de semblables guenilles? »

« Pour revenir aux truffes, Brillat-Savarin constate que « les Romains les ont connues; mais il ne paraît pas que l'espèce française (ou gauloise) soit parvenue jusqu'à eux. Celles dont ils faisaient leurs délices leur venaient de Grèce, d'Afrique et principalement de Lybie; la substance en était blanche et rougeâtre, et les truffes de Lybie étaient les plus recherchées, comme à la fois plus délicates et plus parfumées. — Des Romains jusqu'à nous, il y a un long interrègne, et la résurrection des truffes est assez récente, car j'ai lu plusieurs anciens dispensaires où il n'en est pas fait mention; on peut même dire que la génération qui s'écoule au moment où j'écris en a été presque témoin. Vers 1780, les truffes étaient rares à Paris : on n'en trouvait, et seulement en petite quantité, qu'à l'hôtel des Américains et à l'hôtel de Provence... Nous devons leur multiplication aux marchands de comestibles, dont le nombre s'est fort accru... On peut dire qu'au moment où j'écris (1825) la gloire de la truffe est à son apogée. »

« Ainsi dans le premier quart de notre siècle, la truffe ne nous apparaît encore que comme une production spontanée.

« Le poëte a dit des premières fleurs de la terre : *Mulcebant Zephiri natos sine semine flores*. La truffe a conservé le privilége des fleurs de l'âge d'or. Elle croît sans semence. Si elle n'est pas une fleur, n'est-elle pas plus précieuse encore? Un maître l'a qualifiée : le diamant de la cuisine. Ingénieuses allusions aux points communs de ces deux raretés. La loi de création de l'une comme de l'autre est encore un problème, et la science cherche à percer les mystères de cette élaboration souterraine qui produit le diamant et la truffe.

« Toutefois, il y a progrès. Nous avons vu Brillat-Savarin s'écrier en 1825 : « La gloire de la truffe est à son apogée! » Et la poésie faisait chorus avec lui par la voix de Béranger. Il est toujours téméraire de préjuger l'élan des générations futures. La truffe n'est pas moins estimée dans ce dernier quart du dix-neuvième siècle qu'en 1825.

« Mais il y a mieux, on a cherché, on a réussi dans une certaine mesure à la propager, à la mettre à la disposition, non pas du plus grand nombre, mais d'un grand nombre de consommateurs et d'augmenter ainsi la somme des heureux.

« C'est ici que nous devons envisager la truffe sous son second point de vue et comme production artificielle.

« L'arrêt attaqué dit avec raison qu'il a fallu recourir à la néologie pour qualifier d'un mot, trufficulture, l'art aujourd'hui pratiqué, non pas de reproduire, mais de produire artificiellement les truffes. M. de Gasparin avait dit : « Si vous voulez des truffes, semez des glands. » L'expérience a appris qu'en choisissant le terrain, les semences, et en employant certains procédés de culture, on produisait à coup sûr la truffe. L'industrie agricole ou sylvicole toute nouvelle, la trufficulture, a été fondée. Les coteaux les plus arides se sont couverts de chênes auxquels on ne donne pas moins de soins qu'aux plus précieuses essences. Les chênes sont semés, soit en ligne, soit en quinconces; ils reçoivent des labours ou des binages en nombre convenable et sont soumis à une direction particulière, souvent fort différente de celle qu'aurait comportée la seule exploitation forestière. Des écrivains spéciaux, des agronomes ont tracé la règle de la nouvelle culture, et ces règles ont été suivies avec succès. Dans le midi de la France, spécialement dans le département de Vaucluse, les truffes ont cessé d'être un produit recueilli au hasard, créé par la nature seule, obtenu sans main-d'œuvre préalable, sans dépense d'aménagement et d'entretien. L'Etat, les communes, propriétaires de forêts, ont affermé ou amodié certaines portions de leur domaine, au point de vue exclusif de la recherche et de la production truffière; et c'est ainsi que, dans la cause, le sieur Carle, au préjudice duquel aurait été commise la soustraction frauduleuse imputée à Béroulle, est le fermier de la commune, pour le terrain où le délit a eu lieu, au prix annuel de 11,500 francs; suivant les dernières statistiques, le département de Vaucluse tiendrait la tête dans la culture et la production de la truffe, avec un chiffre annuel de près de 4 millions de francs, tandis que la Dordogne, malgré la renommée aussi bruyante que méritée des truffes périgourdines, n'y figurait guère pour plus d'un million.

« Telles sont les conditions de fait utiles à connaître, au milieu desquelles s'est produite la poursuite dirigée contre Béroulle.

« Et maintenant examinons la thèse juridique de l'arrêt et les objections que le pourvoi peut lui opposer.

« Les textes sur lesquels la discussion repose sont l'art. 388 du Code pénal et l'art. 144 du Code forestier.

« Les termes très-compréhensifs de l'art. 144 du Code forestier, embrassent toutes les productions forestières, jusqu'aux mousses parasites, inutiles ou nuisibles. Est-ce dans cette catégorie qu'il faut placer la truffe? — On a jugé qu'en présence des termes si généraux de l'art. 144 du Code forestier, de ceux de l'art. 198 du même Code et de ceux enfin de l'art. 167 de l'ordon-

Depuis l'arrêt de la Cour suprême, la même difficulté s'est présentée devant le tribunal correctionnel de Loudun et a reçu une solution analogue par le jugement que nous insérons ci-après en sous-note (*a*).

(*a*) Ce jugement du 4 nov. 1878, *aff.* Cruchon, est, dans ses parties essentielles, ainsi conçu :

Le Tribunal : — Attendu qu'il résulte d'un procès-verbal régulier des débats et des aveux du prévenu, que, le 1er novembre courant, sur la commune de Benon, Cruchon a été trouvé fouillant avec un bâton les truffières appartenant à M. Mauléon; qu'il avait déjà recueilli 50 truffes formant un poids total de 2 kilos 500 grammes, qu'il avait cachées dans un carnier dont il était porteur, et dont la valeur était alors de 25 francs environ; — Sur la qualification du fait reproché au prévenu : — Attendu qu'il ne s'agit pas au procès de truffes croissant spontanément et naturellement dans les bois, mais d'une récolte spécialement préparée par les soins du propriétaire; que des semis sont faits de glands habituellement venus du Périgord; que les chênes sont élevés exclusivement au point de vue de la production de la truffe : que le sol est l'objet de travaux d'appropriation particuliers, de binages répétés pendant quatorze ou quinze années, et que ce n'est qu'après ce long délai que la truffe apparaît; qu'elle constitue alors un revenu très-important du sol; — Attendu que les truffières ainsi organisées sont l'objet des déprédations de jour et de nuit de voleurs nombreux séduits par le prix élevé du produit, souvent armés et redoutés des propriétaires et des gardes, déprédations d'autant plus dommageables que, non-seulement les truffes sont enlevées, mais encore les truffières, fouillées sans précaution et à la hâte par les maraudeurs, sont endommagées ou détruites, et les racines des chênes brisées et arrachées; qu'à tous égard un tort considérable est causé aux propriétaires; — Attendu que, dans cette situation des faits, il n'y a pas lieu à l'application de l'art. 144, C. forest., qui prévoit et punit l'enlèvement ou l'extraction de produits naturels et spontanés des bois, tels que les faînes, les glands, les bruyères, les genêts, les herbages, mais qui ne protége pas la propriété du sol, résultat des efforts et du travail de l'homme; que les dispositions de cet article qui punissent ces enlèvements d'une amende qui varie de 2 à 30 francs suivant qu'ils ont eu lieu par charges d'hommes, par charges de bêtes de somme ou par charretées ou tombereaux, selon le nombre des bêtes attelées, révèlent la pensée du législateur qui a statué pour les produits naturels et de valeur minime qu'il a énumérés, ou autres analogues, et non pour les truffes, dont la soustraction ne peut être évaluée ni par tombereaux, ni même par charges d'homme; que d'ailleurs, eu égard à la valeur du produit et au préjudice résultant de sa disparition, la peine n'eût été nullement proportionnée à la faute; — Attendu que s'agissant du vol de productions utiles de la terre, résultant du travail de l'homme, qui n'étaient pas encore détachées du sol lors de leur enlèvement, il y a lieu à l'application de l'art. 388, C. pén.; que le vol a été commis à l'aide d'un carnier, objet équivalent à un sac ou panier; — Attendu qu'il y a lieu d'user de sévérité à l'égard de Cruchon, à qui les avertissements de la justice n'ont jusqu'à ce jour nullement profité; — Par ces motifs, déclare Cruchon coupable d'avoir, le 1er novembre courant, sur la commune de Benon, soustrait frauduleusement au préjudice de Mauléon, des truffes, production utile de la terre, non encore détachée du sol lors de son enlèvement, et de les avoir réunies dans un carnier dont il était porteur, et qui est l'équivalent d'un sac ou panier; — Et pour réparation de ce délit, condamne Cruchon à dix mois d'emprisonnement et à 160 francs d'amende.

MM. Muray, prés.; Giraud, proc. de la République.

nance réglementaire du 1er août 1827, qui tous parlent des productions quelconques du sol forestier, la truffe se trouvait comprise sous cette large classification.

« Il est temps, en effet, d'arriver à l'examen de la jurisprudence et de vérifier si elle est ou non conciliable avec la thèse adoptée par l'arrêt attaqué.

« N'oublions pas le point de fait qui est nettement constaté. Tout a son intérêt dans cette cause, même le lieu de la scène. Elle se passe au pied du mont Ventoux, qui garde le souvenir de Pétrarque, sur le territoire d'une bourgade très-pittoresque et qui, malgré son nom un peu sauvage, Bédoin, est en train de s'enrichir par la propagation d'une denrée très-recherchée. Le délit a été commis sur un terrain planté en bois, appartenant à la commune de Bédoin, mais affermé à une sieur Carle pour la recherche et la culture de la truffe.

« Ceci dit, voyons si les précédents de la jurisprudence s'appliquent à des situations identiques. — Mentionnons d'abord un arrêt de principe, rendu le 29 nov. 1848, au rapport de M. Legagneur (*Bull.*, n. 289), et qui juge que l'enlèvement frauduleux de toute production du sol forestier, quelle qu'elle soit, mousses parasites ou autres produits, est réprimé par les art. 144 et 198 du Code forestier. — En 1861, la question se spécialise, et il s'agit expressément de savoir si la truffe est une production utile de la terre, ou un simple produit forestier, n'ayant droit qu'à la modeste protection de l'art. 144. — Un sieur Poupier avait enlevé une certaine quantité de truffes trouvées par lui dans un bois sis dans le canton de Creil (Oise). Ce n'était pas précisément des truffes du Périgord, mais enfin c'était des truffes, paraît-il. — Poupier fut poursuivi, mais relaxé par le tribunal de Senlis, sur le motif peu juridique : « que le fait imputé au prévenu était la recherche d'un produit jusque-là inconnu dans le canton de Creil; que cette recherche avait eu lieu de sa part publiquement et n'avait été accompagnée d'aucune des circonstances qui constituent la soustraction frauduleuse ». — Appel du ministère public qui réclamait l'application de l'art. 388, § 5. — Le prévenu soutenait qu'il n'avait commis aucun délit, et que, dans tous les cas, le fait d'enlèvement à lui imputé ayant eu lieu dans un bois, il n'était passible que de l'application de l'art. 144 du Code forestier. — Le 25 janv. 1861, arrêt de la Cour d'Amiens (S. 61. 2. 160. — P. 61. 593), qui décide en effet que le fait imputé à Poupier est établi, mais qu'il n'entraîne que l'application de l'art. 144 du Code forestier. Cet arrêt n'a point été soumis à la Cour de cassation.

« Mais quelques années plus tard, à l'occasion d'un pourvoi dirigé contre un jugement du tribunal correctionnel d'Étampes, jugeant sur appel de simple police, la question vous a été soumise. — Il s'agissait alors de l'enlèvement de 22 kilogrammes de truffes, quantité assez notable, dans un bois appartenant à un particulier et sis dans le canton de Méréville (Seine-et-Oise), autre région qui, au point de vue de la production truffière, n'est point encore parvenue à la célébrité. — Les deux prévenus portaient encore le nom de Poupier; mais c'était là comme un procès de famille, car la partie civile demanderesse en cassation, et propriétaire apparemment du bois où l'enlèvement avait eu lieu, s'appelait aussi Poupier (François Poupier). — Quoi qu'il en soit, le tribunal de simple police du canton de Méréville avait condamné chacun des deux prévenus à une amende de 10 francs, par application de l'art. 475, n. 15, du Code pénal, atteignant « ceux qui dérobent, sans aucune des circonstances prévues en l'art. 388, des récoltes ou autres productions utiles de la terre, qui, avant d'être soustraites, n'étaient pas encore détachées du sol, et, en outre, à 240 francs de dommages-intérêts envers la partie civile ». — Sur l'appel des condamnés, le tribunal civil d'Étampes se déclara incompétent, par le motif que le fait imputé constituait non une contravention, mais le délit prévu par l'art. 388 du Code pénal. — Pourvoi de François Poupier, et le 27 nov. 1869, au rapport de notre regretté collègue, M. Moignon, vous rendîtes un arrêt (S. 70. 1. 326. — P. 70. 812) qui semble poser très-nettement, en thèse de droit, que l'art. 388, C. pén., prévoit exclusivement le vol *dans les champs* de productions utiles de la terre, soit détachées, soit non détachées du sol, dans des circonstances données, et qu'il est absolument inapplicable à l'enlèvement, *dans les bois*, des produits du sol forestier. Il décide également que par la généralité de ses expressions, *enlèvement des autres fruits ou semences des bois et forêts*, l'art. 144, C. forest., comprend toutes les productions du sol forestier, non déterminées par d'autres articles répressifs, et par conséquent les *truffes*.

« Nous ne nous dissimulons pas combien cet arrêt semble prêter d'appui au pourvoi formé par le sieur Béroulle, et cependant il nous reste les doutes les plus sérieux sur la nécessité de prononcer l'annulation de l'arrêt rendu, dans l'espèce, par la Cour d'appel de Nîmes. Ces doutes tiennent à des considérations qui ont été très-énergiquement et très-heureusement développées dans la décision même qui vous est déférée. Ils tiennent surtout aux différences profondes qui distinguent la cause actuelle des espèces antérieures, et notamment de celle sur laquelle vous avez eu à vous prononcer le 27 nov. 1869.

« Mais d'abord il est un argument général tout à fait indépendant de ces différences, qui semble apporter au pourvoi un appui considérable, et que nous voulons éliminer d'un mot.

« Est-il vrai que l'art. 388, C. pén., est absolument inapplicable, parce qu'il n'a prévu que les vols commis *dans les champs*, dans les champs proprement dits, et qu'il n'a rien à faire dès qu'il s'agit du vol ou de la maraude sur un sol forestier? Votre arrêt semble avoir admis cette thèse par l'opposition qu'il a faite des expressions : vol dans les champs, enlèvement dans les bois.

« Mais nous doutons que telle ait été la pensée du rédacteur de l'arrêt, et, dans tous les cas, nous hésiterions beaucoup à considérer cette idée comme juridique et conforme à vos précédents. — L'art. 388 a prévu et puni le vol dans les champs. Mais le mot champs doit être entendu *latissimo sensu*, et il comprend tous les vols commis sur une partie quelconque du sol, à la seule condition qu'il s'agisse du vol d'une récolte ou d'une production utile de la terre.

« La *Théorie du Code pénal* porte (Chauveau et Faustin Hélie, t. V, n. 2024) : Que faut-il entendre par champs dans cet article? La Cour de cassation a répondu « que, par le mot champs, on doit entendre toute propriété rurale dans laquelle sont exposés à la foi publique les objets mentionnés dans l'article; que, conséquemment, on doit comprendre sous le mot champs, les terres labourables, les bois, les pâturages et autres propriétés de même nature. » Ce sont les propres termes d'un arrêt rendu par la Chambre criminelle, le 2 janv. 1813, au rapport de M. le conseiller Buschop, et sur les conclusions de M. Pons, avocat général. Et les auteurs de la *Théorie* ajoutent : « Cette définition est conforme à l'esprit de la loi, qui a voulu comprendre en général dans l'art. 388, ainsi que le déclare l'exposé des motifs, tous les vols faits dans les campagnes. » — Ne peut-il y avoir dans les bois et les forêts, et n'y voit-on pas tous les jours, soit autour des maisons des gardes, soit ailleurs, des portions cultivées, et en nature de récoltes, comme sarrasin, pommes de terre ou autres productions utiles, et comprendrait-on qu'elles ne fussent pas protégées par l'art. 388 pour le seul motif qu'elles croissent sur un sol forestier?

« Laissons donc de côté l'argument tiré du mot champs dont se sert l'art. 388, C. pén., et arrivons à la question du procès qui consiste à déterminer la nature vraie de la truffe artificiellement produite par la main et les soins de l'homme.

« Nous rappelons les constatations souveraines de fait que nous rencontrons dans l'arrêt attaqué, puisqu'elles doivent toujours servir de point de départ à votre décision. Au moment où Béroulle a été surpris nuitamment, il était déjà porteur de 5 hectogrammes de truffes qu'il venait de soustraire dans un semis de chênes-truffiers appartenant à la commune, mais amodié pour la récolte des truffes seulement, à un sieur Carle, qui s'en était rendu adjudicataire au prix annuel de 11,500 francs.

« Est-ce là le fait prévu par l'art. 144, C. forestier? S'agit-il d'un enlèvement tel que celui des gazons, tourbes, bruyères, glands dont s'est préoccupé le législateur de 1827?

« A la raison et au bon sens de répondre : Le législateur de 1827 avait-il prévu la trufficulture?

« J'admets, à la rigueur, que, faute de trouver un autre texte qui s'y applique, on range la truffe, en tant que production spontanée, dans la classification de l'art. 144; j'admets, jusqu'à un certain point que, comme dans les espèces de 1861 et 1869, le chercheur de truffes jusque-là inconnues dans les arrondissements de Senlis ou d'Étampes soit régi par l'art. 144, C. forest. Cette truffe sauvage, innomée dans l'article, sera rangée au nombre des autres produits forestiers qui peuvent compléter une énumération énonciative. — Mais dans les contrées de la France où la truffe est une des richesses du sol; où, loin de rester à l'état de production spontanée, elle est devenue une production artificielle, due au travail de l'homme, à des soins répétés et intelligents, à des dépenses considérables, comment donc appeler le résultat de ce travail, si on ne l'appelle pas une récolte?

« J'ouvre le Dictionnaire, et j'y lis : Moisson se dit des grains, récolte se dit de tous les biens de la terre, de tous les fruits, en prenant ce mot dans le sens le plus large. — L'étymologie, comme la raison, nous enseigne que tout ce qui se cultive est un objet de récolte. C'était donc bien une récolte que Carle, le fermier, poursuivait au prix de longs labeurs et de lourds sacrifices; c'est cette partie de sa récolte qui lui a été soustraite. — Supprimez la circonstance de nuit, le fait était un simple maraudage et tombait sous l'application de l'art. 474, n. 15, C. pén. Il était passible d'une amende de 6 à 10 francs. — Mais, avec la circonstance de nuit, constatée par l'arrêt, il semble que le demandeur aurait bien réellement encouru la disposition pénale dont il lui a été fait application, celle du § 5 de l'art. 388. — La chose ne paraîtrait douteuse à personne, si Béroulle avait soustrait dans ce même lieu, en les arrachant du sol, quelques pommes de terre que Carle y aurait fait pousser. Comment donc justifier la différence parce qu'il s'agit du plus précieux tubercule, au lieu du plus modeste?

« Telle est la cause.

« Etes-vous liés par votre arrêt de 1869, à ce point que vous soyez réduits à laisser sans protection efficace une culture digne de toute la protection de la loi? Votre sagesse en décidera. »

ARRÊT.

LA COUR : — Sur les moyens relevés d'office et pris de ce que l'arrêt attaqué aurait faussement appliqué aux faits constatés les dispositions de l'art. 388, C. pén., alors que ces faits étaient seulement prévus et atteints par les dispositions de l'art. 144, C. forest. : — Attendu que si l'on a pu juger que la truffe, considérée comme production spontanée, rentrait dans la généralité des termes de l'art. 144, C. forest., lequel prévoit et punit des peines d'amende l'enlèvement non autorisé de pierres, sable, bruyères, herbages et autres fruits ou semences des bois et forêts, il n'en saurait être ainsi lorsque la truffe est une production due aux efforts de l'homme et à une véritable culture ; — Attendu que l'arrêt attaqué constate, en effet, que Béroulle a été surpris, la nuit, muni d'une pioche et accompagné d'un chien truffier, au moment où il venait de soustraire cinq hectogrammes de truffes dont il était porteur, dans un semis de chênes truffiers appartenant à la commune de Bédoin (Vaucluse), mais amodié pour la récolte des truffes à un sieur Carle, qui s'en était rendu adjudicataire au prix annuel de 11,500 fr. ; — Attendu que dans ces circonstances de fait ainsi précisées les truffes enlevées constituaient une véritable récolte non encore détachée du sol dans le sens de l'art. 388, C. pén.; et que la soustraction frauduleuse ayant eu lieu la nuit, circonstance prévue par le § 5 dudit article, c'est à bon droit que l'arrêt attaqué a prononcé la peine correctionnelle édictée par cet article; que, loin de le violer, il en a fait une juste application aux faits de la cause; — Rejette, etc.

MM. de Carnières, prés.; Barbier, rapp.; Robinet de Cléry, av. gén.

CASS.-civ. 5 août 1878.

OCTROI, TARIF, EXEMPTIONS, CHEMINS PUBLICS, FLEUVE, RIVIÈRE NAVIGABLE, DIGUE, CONSTRUCTION.

L'exemption de taxe insérée dans un tarif d'octroi en faveur des matériaux destinés à la confection et à la réparation des chemins publics, se restreint aux seules voies de communication terrestres, et ne peut être étendue aux fleuves et rivières navigables (1). — Spécialement, *aux matériaux employés à la construction de digues submersibles et autres travaux d'amélioration.*

(Hilaire c. préfet des Bouches-du-Rhône et autres). — ARRÊT (*après délib. en ch. du cons.*).

LA COUR : — Sur le moyen unique du pourvoi; — Vu le tarif de perception annexé au règlement de l'octroi d'Arles et approuvé par délibération de la commission départementale du conseil général des Bouches-du-Rhône, en date du 5 juillet 1873, ledit tarif contenant, en son chap. v, les dispositions suivantes : « Objets assujettis aux droits, pierres de toute espèce et de toutes dimensions, moellons, plâtras, gravois et sables, le mètre cube, 5 centimes; les pierres et sables destinés à la confection et à la réparation des chemins publics sont affranchis de la taxe » ; — Attendu que le tarif susmentionné, en assujettissant au droit d'entrée de 5 centimes par mètre cube les pierres de toute espèce et de toutes dimensions, moellons, plâtras, gravois et sables, dispose que les pierres et sables destinés à la confection et à la réparation des chemins publics sont affranchis de la taxe; que cette exception, faite pour les voies de communication terrestres, ne doit pas être étendue au delà de ses termes, et ne peut être appliquée aux fleuves et rivières navigables; — D'où il suit qu'en ordonnant en principe la restitution des droits perçus dans la cause sur des pierres d'enrochement employées à la construction de digues submersibles et autres travaux ayant pour objet l'amélioration du Rhône maritime d'Arles à la mer, le jugement attaqué a faussement appliqué et, par suite, violé les dispositions du tarif précité invoquées par le pourvoi; — Casse, etc.

MM. Mercier, 1er prés.; Sallé, rapp.; Desjardins, av. gén. (concl. contr.); P. Dareste et Fosse, av.

CASS.-REQ. 13 août 1878.

SAISIE-EXÉCUTION, REVENDICATION, SAISI, MISE EN CAUSE, OMISSION, APPEL, IRRÉGULARITÉ, NON-RECEVABILITÉ.

La revendication par un tiers d'objets saisis-exécutés doit, en appel, comme en première instance, être dirigée non-seulement contre le saisissant, mais contre le saisi propriétaire apparent contradicteur nécessaire; et le défaut de mise en cause du saisi constitue une nullité absolue et d'ordre public qui rend l'appel non recevable (2) (C. proc., 443, 608, 1030).

Par suite de cette nécessité de mise en cause, si le saisi assigné ne constitue pas avoué, il y a lieu de prendre contre lui un jugement de défaut profit joint (3) (C. proc., 153). — Résol. par l'arrêt en sous-note (*a*).

Et il ne suffirait pas pour remplir le vœu de la loi que le saisi ait figuré dans l'instance en revendication introduite par sa femme pour l'assister et l'autoriser à ester en justice, s'il n'a pas été personnellement mis en cause (4) (C. civ., 215). — Ibid.

(Depoilly c. Ozenne). — ARRÊT.

LA COUR : — Sur le moyen unique, pris de la violation des art. 608, 443 et 1030, C. proc. civ. : — Attendu, en droit, que d'après l'art. 608, en matière de saisie-exécu-

(1) C'est l'application de ce principe de jurisprudence constante, renouvelé dans chaque affaire par l'infinie variété des espèces, à savoir que les exemptions en matière d'octroi doivent être strictement maintenues dans la lettre même des clauses et conditions des tarifs, qu'elles ne sont pas susceptibles de s'étendre par assimilation d'un cas à un autre. V. Cass., 21 févr. 1866 (S. 66. 1. 126. — P. 66. 303. — D. 66. 1. 227); 13 déc. 1870 (S. 71. 1. 103. — P. 71. 250. — D. 72. 1. 8); 27 nov. 1871 (S. 71. 1. 127. — P. 71. 393. — D. 72. 1. 126); 12 nov. 1877 (S. 78. 1. 33. — P. 78. 51. — D. 77. 1. 465); 15 janv. 1878 (Pand. chr.), et la note; 21 janv. 1884 (S. 86. 1. 257. — P. 86. 1. 624); 17 févr. 1885 (S. 86. 1. 257. — P. 86. 1. 620).

(2) Cette solution est conforme à une jurisprudence constante. V. Paris, 31 mai et 9 août 1862 et 16 mai 1863 (S. 63. 2. 150. — P. 63. 989. — D. 63. 5. 334); 20 août 1864 (D. 66. 5. 420); Chambéry, 29 avril 1872 (S. 73. 2. 46. — P. 73. 219. — D. 73. 5. 410); Chauveau, sur Carré, *Lois de la proc.* (*Supplém.*), n. 2075 *ter*.

(3) Cette application de l'art. 153, C. proc., ne nous paraît pas devoir faire difficulté; elle découle comme une conséquence nécessaire du principe une fois admis.

(4) Dégageons bien la situation de fait que ni le jugement du Trib. civ. de la Seine, ni l'arrêt de Paris, en sous-note *a*, n'éclairent d'une manière satisfaisante. Hâtons-nous d'ajouter que cette situation se présente avec une telle fréquence, dans des conditions toujours identiques, que c'est souvent la raison qui dispense les juges d'insister autrement.

Précisons : une saisie est pratiquée contre le mari; la femme, d'accord avec son conjoint, pourvu d'une autorisation régulière

(*a*) Cet arrêt de Paris (6e ch.), du 14 juin 1887, rendu par adoption pure et simple des motifs d'un jugement du Trib. civ. de la Seine, du 15 avril 1886, est ainsi conçu :

« LE TRIBUNAL : — Attendu qu'aux termes de l'art. 608, C. proc. civ., celui qui se prétend propriétaire d'objets saisis sur un tiers et en poursuit la revendication est tenu, à peine de nullité, de mettre en cause le saisi et, à défaut par celui-ci de constituer avoué, de prendre contre lui un jugement de défaut profit joint; — Attendu que Lavanant n'a pas été mis personnellement en cause et qu'il figure seulement dans l'instance pour assister sa femme et l'autoriser à ester en justice; — Que cette omission d'un contradicteur légitime et nécessaire à

tion, la revendication des meubles par un tiers qui s'en prétend propriétaire, malgré la présomption de l'art. 2279, C. civ., doit être dirigée, non-seulement contre le saisissant, dont la loi reconnait le droit éventuel à des dommages-intérêts, mais encore et principalement contre le saisi, propriétaire apparent et contradicteur nécessaire; que le texte de l'art. 608, pas plus que celui de l'art. 725 qui règle la même situation en matière immobilière, n'établit aucune exception pour le cas où le revendiquant est demandeur en appel; — Attendu que, obligé, dès le début, d'énoncer les preuves de sa propriété et ensuite d'en poursuivre la vérification, le tiers doit pourvoir en première instance et en appel à ce que la procédure soit toujours régularisée par la mise en cause du saisi; que cette obligation seule peut garantir l'exercice des droits de poursuite autorisés par la loi au profit des créanciers munis de titres exécutoires, contre une collusion entre le saisi et le tiers, et contre les effets de leur inaction calculée; — Attendu, en fait, que, dans l'espèce, le demandeur en cassation, tiers revendiquant, a interjeté appel du jugement qui condamnait ses prétentions, sans mettre en cause le saisi, et en intimant seulement le saisissant; que celui-ci a donc à bon droit réclamé et obtenu le rejet de cet appel irrégulier et non recevable; — Attendu qu'en le décidant ainsi, l'arrêt attaqué s'est conformé à l'art. 608, C. proc. civ., et n'a violé ni l'art. 443 dont il n'a pas à faire l'application, ni l'art. 1030, puisqu'il n'a prononcé la nullité d'aucun acte de la procédure et s'est borné à tirer les conséquences de l'omission d'une mesure prescrite par la loi; — Rejette, etc.

MM. Bédarrides, prés.; Babinet, rapp.; Benoist, av. gén. (concl. conf.); Collet, av.

CASS.-REQ. **9 décembre 1878.**

PARTAGE, CESSION, INDIVISION, PARTAGE PARTIEL, EFFET DÉCLARATIF, FEMME, HYPOTHÈQUE LÉGALE.

La cession de ses droits dans des immeubles donnés, consentie par l'un des codonataires, au profit de tous ses autres codonataires, équivaut à un véritable partage et n'en est que le mode d'exécution, alors que les parties n'y ont eu recours que pour sortir de l'indivision vis-à-vis de ce codonataire (1) (C. civ., 815 et suiv.). — Résol. par la Cour d'appel.

Et l'effet déclaratif attribué au partage s'attache à cet acte, bien que l'indivision continue de subsister entre les autres communistes (2) (C. civ., 883).

Cet effet dévolutif n'exige pas une opération qui assigne sa part à chaque indivisaire; il suffit que tous les intéressés y figurent, et que l'un d'eux en sorte définitivement rempli de sa part par un allotissement particulier, de telle sorte que l'indivision cesse entre lui et ses coïntéressés (3) (Id.).

Par suite, un tel acte affranchit les immeubles ainsi cédés de l'hypothèque légale qui les grevait du chef de la femme du communiste sorti de l'indivision (4) (Id.).

(Langout c. Langout).

16 janv. 1878, arrêt de la Cour de Bourges ainsi conçu: — « LA COUR : — Attendu que, par acte du 14 mai 1875, reçu Gérin, notaire à Nevers, Pierre Langout, propriétaire à Chassenay, commune de Marzy, a fait donation entre-vifs à titre de partage anticipé, conformément aux art. 1075 et suiv., C. civ., à ses cinq enfants, de tous ses biens consistant en divers immeubles et en une créance de la somme de 6,000 francs à lui due par Auguste Langout, l'un de ses enfants, pour diverses avances qu'il lui a faites; — Attendu que cette donation était faite à la condition que les

---

(C. civ., 215), revendique les objets saisis comme étant sa propriété personnelle. Faut-il qu'à peine de nullité la dénonciation de cette revendication avec assignation soit faite au saisi? La bizarrerie d'une pareille exigence est manifeste. C'est, en réalité, le mari qui agit; par son autorisation il figure avec sa femme dans l'instance; s'il a des droits à faire valoir, qui l'en empêche? N'est-il pas prévenu? Qu'importe, en raison, qu'il soit en cause avec telle ou telle qualité, puisqu'il reste l'âme de la procédure qui se poursuit! En vérité, l'art. 608, C. proc., va-t-il jusqu'à exiger d'une partie qu'elle se signifie à elle-même des exploits de procédure? Ce ne serait plus le respect de la forme, mais quelque chose comme le triomphe des écritures contre tout bon sens, au seul résultat évident d'une augmentation de frais sans compensation, inutile au même titre à toutes les parties en cause.

(1) Il est certain, d'une part, que le partage n'est point assujetti par la loi à une forme sacramentelle, et qu'il peut se réaliser au moyen d'une cession qui devient, en pareil cas, le mode d'exécution adopté par les parties pour sortir de l'indivision. C'est l'application pure et simple de l'art. 819, C. civ., aux termes duquel, « si tous les héritiers sont présents et majeurs,... le partage peut être fait *dans la forme et par tel acte* que les parties intéressées jugent convenable ».

D'autre part, il est unanimement admis en jurisprudence et en doctrine que le principe de l'effet déclaratif et rétroactif du partage, établi par l'art. 883, C. civ., s'applique aussi bien au cas de propriété qu'au cas de cohérédité. V. Cass., 28 avril 1840 (S. 40. 1. 821. — P. 40. 2. 191. — D. 40. 1. 210); Grenoble, 28 août 1847 (S. 48. 2. 469. — P. 48. 1. 688. — D. 48. 2. 137); 12 mars 1849 (S. 49. 2. 385); Lyon, 14 févr. 1853 (Pand. chr.); Riom, 17 août 1853, et Cass., 29 mars 1854 (S. 56. 1. 49. — P. 54. 2. 43. — D. 54. 1. 331); Cass. (sol implic.), 29 mai 1866 (S. 66. 1. 393. — P. 66. 1068. — D. 66. 1. 481); Trib. civ. Orange, 30 déc. 1885 (S. 86. 2. 144. — P. 86. 1. 703); Duranton, t. VII, n. 522; Marcadé, sur l'art. 883, n. 2; Aubry et Rau, 4e édit., t. II, § 221, p. 408, note 25; Demolombe, *Success.*, t. V, n. 266.

(2-3) L'acte par lequel l'indivision ne cesse qu'entre quelques-uns des copartageants a-t-il, au point de vue de l'application de l'art. 883, C. civ., le caractère d'un véritable partage? — En principe, il faut répondre non.

La majorité des arrêts et des auteurs s'accorde à ne reconnaître d'effet déclaratif qu'aux actes de partage qui font cesser complètement l'indivision entre tous les communistes par la concentration de la propriété sur la tête d'un seul, et nullement aux conventions qui ne mettent fin à l'indivision qu'à l'égard d'un ou quelques-uns des communistes et la laisse subsister entre les autres. V. notamment Cass., 8 mars 1875 (Pand. chr.); 23 avril 1883 (Pand. chr.), et les notes. *Adde*, Alger (motifs), 4 avril 1877 (S. 80. 2. 145. — P. 80. 571); Duranton, t. XX, n. 223; Marcadé, sur l'art. 1686, n. 2; Demante, *Cours analyt.*, t. III, n. 225 *bis*, III; Aubry et Rau, t. VI, § 625, texte et notes 4, 11 et 12; Demolombe, *Successions*, t. V, n. 278, 284 et suiv.; Pont, *Privil. et hypoth.*, n. 291; Flandin, *Transcription*, t. I, n. 205; Verdier, *id.*, t. I, n. 85; Rivière et Huguet, *Quest. sur la transcription*, n. 92. — V. toutefois Rolland de Villargues, *Rép. du notar.*, vº *Licitation*, n. 10 et suiv.; Vazeille, *Success.*, sur l'art. 883, n. 1; Mourlon, *Transcription*, t. I, n. 179; Laurent, *Principes de dr. civ.*, t. X, n. 148 et suiv.

Toutefois la jurisprudence a apporté certains tempéraments à la rigueur de ce principe, au cas notamment de partage en nature entre tous les cohéritiers, attribuant à l'un d'eux, après détermination des droits de tous, la part lui revenant et laissant les autres dans l'indivision. Il y a alors partage au profit de celui qui a reçu sa part, qui est définitivement loti; il y a également partage à l'égard des autres cohéritiers qui, restant dans l'indivision entre eux, en sont sortis vis-à-vis du cohéritier qui a reçu tout ce qui pouvait lui être dû. V. Cass., 2 avril 1851 (S. 51. 1. 337. — P. 51. 1. 664. — D. 51. 1. 97); Paris, 23 févr. 1860 (P. 60. 647); Cass., 25 avril 1864 (S. 64. 1. 237. — P. 64. 704. — D. 64. 1. 225).

La doctrine de l'arrêt ci-dessus rapporté de la Chambre des requêtes se rattache à cette dernière jurisprudence; peut-être même l'accentue-t-elle plus nettement par la précision de ses termes et le relief de sa formule.

l'action en revendication constitue, aux termes de l'article précité, une nullité absolue et d'ordre public; — Qu'en effet, en l'absence de la partie saisie, il ne saurait être statué sur la propriété des meubles saisis; — Attendu que par suite de l'admission de cette fin de non-recevoir, il n'échet de statuer sur les autres moyens et conclusions des parties; — Par ces motifs : — Déclare les époux Lavanant mal fondés en leur demande; les en déboute; — Ordonne la continuation des poursuites; — Dit qu'il n'y a lieu de statuer sur les autres chefs de demande; — Et condamne les époux Lavanant aux dépens. » — Appel.

ARRÊT.

LA COUR : — Adoptant les motifs, des premiers juges; — Confirme, etc.

MM. Villetard de Laguérie, prés.; Sarrut, av. gén.; Weber et Lecomte, av.

donataires seraient tenus par cinquièmes entre eux et solidairement envers le donateur d'acquitter toutes les dettes de ce dernier, s'élevant à 28,000 francs, et de lui servir une pension annuelle, viagère et alimentaire, payable par cinquième entre les donataires, tous les trois mois et en quatre termes; — Attendu que cette donation et les conditions qui la grèvent ont été acceptées par tous les consorts Langout, lesquels, sans désemparer et par le même acte, sont convenus, au moyen d'une clause intitulée : *Partages partiels*, que, pour fournir à Auguste Langout le montant de ses droits dans les biens plus haut désignés, la somme de 6,000 francs par lui due lui serait attribuée par les autres copartageants, et que de plus ceux-ci se chargeaient de payer en son acquit, et à titre de soulte, le cinquième à sa charge dans les 28,000 francs de dettes de Pierre Langout, soit, pour son cinquième, la somme de 5,600 francs; — Attendu qu'à la suite de cette convention qui a reçu la pleine approbation d'Auguste Langout, les quatre autres donataires ont stipulé que, au moyen de l'attribution partielle précédente, les immeubles, objet de la donation, leur appartenaient par quart et seraient partagés entre eux à la première demande de l'un d'eux; — Attendu que, près de deux ans postérieurement à l'acte du 14 mai 1875, et à la date du 20 févr. 1877, un jugement du tribunal de Nevers a prononcé la séparation de biens des époux Auguste Langout, et a condamné le mari à rendre à sa femme le montant de sa dot, s'élevant à 3,000 francs, et à lui payer une somme de 1,299 francs, formant le titre d'engagement par elle pris solidairement avec son mari; — Qu'à la date du 3 mars 1877, la dame Auguste Langout a fait commandement à son mari d'avoir à lui payer les sommes dont il s'agit, et que, le 18 avril suivant, elle a fait signifier aux quatre autres codonataires Langout, considérés comme tiers détenteurs de biens affectés à son hypothèque légale, sommation de lui payer les sommes faisant l'objet de la condamnation prononcée contre son mari, ou de délaisser le cinquième des biens qu'ils tenaient, suivant elle, d'une cession à eux consentie par Auguste Langout; — Attendu que, le 12 mai 1877, les consorts Langout ont formé opposition à la sommation du 18 avril, et que, dans des conclusions ultérieures, ils ont soutenu que l'acte du 14 mai 1875, en vertu duquel ils étaient devenus propriétaires des immeubles compris dans la donation, n'avait aucunement les caractères d'une cession; qu'il constituait un partage; que, par suite de l'application de l'art. 883, C. civ., ces immeubles n'avaient point été affectés à l'hypothèque légale de leur belle-sœur; qu'en conséquence, ils étaient passés en leurs mains absolument libres du chef d'Auguste Langout; — Attendu que, par jugement du tribunal de Nevers (28 août 1877), il a été décidé que, par l'acte du 14 mai 1875, Auguste Langout avait fait à ses frères et sœurs une cession de ses droits translative et non déclarative de propriété; — Qu'en conséquence, les immeubles qui en faisaient l'objet n'avaient pu passer en leurs mains qu'affectés de l'hypothèque légale; que, dès lors, la sommation était bien fondée; — ...Attendu que les consorts Langout ont formé appel du jugement, par le motif qu'il aurait à tort considéré l'acte du 14 mai 1875 comme renfermant une cession, par Auguste Langout, à ses codonataires, de ses droits dans les immeubles donnés, alors que cet acte avait les caractères d'un partage permettant l'application à leur profit de l'art. 883, C. civ.; — En ce qui touche cet appel provoquant l'appréciation de la nature de l'acte du 14 mai 1875 : — Attendu que de la teneur de l'acte du 14 mai 1875 et de l'intention des parties qui y ont concouru, il résulte que cet acte a eu pour objet de consacrer réellement un partage et non une cession; — Qu'il ne semble pas, en effet douteux, que les cinq enfants Langout, devenus propriétaires collectifs des biens à eux donnés par leur père, aient eu la volonté de les partager immédiatement entre eux, de manière à faire sortir Auguste Langout de la copropriété indivise dans les immeubles à l'aide d'un lotissement en valeurs mobilières mieux en rapport avec sa position gênée; — Que la réalisation de cette intention, loin d'être en désaccord avec la nature et les termes de la convention dont s'agit, est, au contraire, confirmée par les énonciations qui s'y rencontrent et par les principes en matière de partage; qu'en effet, les cinq enfants Langout déclarent procéder entre eux à un partage partiel; qu'attribution est faite pour son lot à Auguste Langout, l'un d'eux, de la créance de 6,000 francs dont il est débiteur; que cette stipulation est conforme aux dispositions de la loi, qui veut que les sommes dues par un des copartageants soient rapportées à la masse à partager, et que le rapport s'en fasse alors, comme au cas particulier, en moins prenant; que, de plus, engagement est pris par les quatre attributaires des immeubles de payer, « à titre de soultes » et à la décharge dudit Auguste Langout, sa part dans les dettes du donateur; que quittance est donnée de la part afférente au copartageant sorti de l'indivision; que toutes les expressions employées à traduire et à caractériser la clause à interpréter, conviennent donc essentiellement à un partage conventionnel; — Attendu, d'ailleurs, que le partage n'est point assujetti par la loi à une forme sacramentelle; qu'une cession par l'un des indivisaires aux autres propriétaires par indivis peut être considérée comme un partage, alors que les parties ont eu l'intention de sortir d'indivision par ce moyen, et que l'acte n'y répugne pas; qu'il doit en être particulièrement ainsi quand, comme dans l'espèce, le prix de la cession consiste, en grande partie, en une valeur comprise dans la masse à partager; que cette cession devient alors le mode d'exécution d'un partage conventionnel; que la seule question à résoudre, qu'il s'agisse d'un partage ou d'un acte équivalent, est de savoir si l'indivision continue d'exister, relativement aux immeubles, entre quatre des copartageants, et si cette circonstance fait obstacle à l'application de l'art. 883, C. civ., aux détenteurs desdits immeubles; — Attendu que la cession entre cohéritiers ou propriétaires indivis était, d'après la jurisprudence antérieure au Code civil, assimilée au partage, non-seulement quand elle faisait cesser l'indivision d'une manière complète, mais au cas même où elle la laisserait subsister en partie; qu'il n'apparaît ni des travaux préparatoires ni de la discussion du Code, que la loi nouvelle se soit proposé de répudier un système généralement pratiqué et signalé par les jurisconsultes les plus autorisés comme essentiellement propre à faciliter les partages entre majeurs, à aplanir les complications et à donner satisfaction aux convenances comme aux intérêts des familles; — Que le silence gardé par le législateur moderne sur une réforme dont rien n'expliquerait l'utilité, autorise à penser qu'il n'a point entendu innover en portant atteinte à un principe consacré par l'expérience; — Attendu que vainement on prétendrait que l'art. 883, C. civ., établit une fiction qui ne doit pas être étendue hors du cas prévu, lequel, d'après son texte, serait celui d'un partage complet par l'attribution d'un lot à chaque cohéritier; qu'en effet, d'une part, l'art. 883, C. civ., proclame moins une fiction que l'application d'un principe général, à savoir qu'un propriétaire par indivis d'immeubles ne peut concéder, quand il procède seul, qu'un droit conditionnel sur le lot qui lui sera ultérieurement attribué en propre, et qu'il ne lui appartient pas, sans leur consentement, de porter atteinte aux droits de ses coïndivisaires; que, d'autre part, il ne résulte pas rigoureusement des termes de l'art. 883 que le partage aura dû faire cesser l'indivision entre tous les cohéritiers, ce texte pouvant être entendu de chaque héritier ayant reçu un lot, sans qu'on en doive induire la nécessité qu'ils aient été tous lotis; — Attendu que cette interprétation de la loi est confirmée par les dispositions de l'art. 888, C. civ., qui, s'exprimant sur la rescision en matière de partage, l'admet contre tout acte, quelle qu'en soit la qualification, ayant eu pour objet de faire cesser l'indivision entre cohéritiers, sans exiger qu'elle ait cessé entre tous les cohéritiers; que, des termes de cet article, il appert encore que la rescision est admise non-seulement contre le partage, mais encore contre tout acte qui en tient lieu, d'où l'on est amené à conclure que le Code n'a pas dérogé aux principes de l'ancienne jurisprudence ci-dessus rappelés; — Attendu que de tout ce qui précède il résulte : que l'acte du 14 mai 1875 est un pacte de famille auquel ont concouru les cinq enfants de Pierre Langout, tous majeurs et maîtres de leurs droits, et ayant pour objet de faire cesser entre eux l'indivision, au moins au regard d'Auguste Langout; que, nonobstant le maintien de l'indivision des immeubles relativement à quatre d'entre eux, cet acte n'en a pas moins les caractères d'un partage, les valeurs mobilières attribuées au lot d'Auguste Langout étant en grande partie comprises dans les biens donnés et à partager, etc. »

Pourvoi en cassation par la dame Langout. — *Moyen unique*. Violation des art. 883, 2114, 2121, 2135, 2166, C. civ., en ce que, pour décider que l'exposante n'était pas fondée à se prévaloir de son hypothèque légale sur les immeubles compris dans la donation du 14 mai 1875, l'arrêt attaqué avait considéré cet acte comme ayant le caractère d'un partage auquel était applicable la fiction de l'art. 883, C. civ.

ARRÊT.

LA COUR : — Sur le moyen unique, pris de la violation des art. 883, 2114, 2121, 2135, 2166, C. civ. : — Attendu que, par acte entre-vifs, du 14 juin 1875, Pierre Langout a donné à ses cinq enfants tous ses biens, consistant en une créance de 6,000 francs sur son fils Auguste, et en divers immeubles, à la charge d'acquitter ses dettes et de lui servir une rente annuelle et viagère, conformément aux stipulations du contrat; que le même acte contient ensuite deux clauses ayant chacune pour objet le partage des biens donnés; qu'aux termes de la première, intitulée *partage particulier*, et à laquelle les cinq enfants ont concouru, Auguste Langout reçoit pour sa part la somme de 6,000 fr. qu'il doit à son père, et est en outre dispensé, à titre de soulte, de contribuer au payement des dettes du donateur; qu'aux termes de la seconde, intitulée *partage à faire*, ses frères et sœurs conviennent de garder indivisément le surplus des biens, jusqu'à ce que l'un deux en réclame le partage; et qu'il s'agit aujourd'hui de savoir quels sont les caractères de ce traité, si c'est une cession ou un partage, et si la femme d'Auguste Langout peut exercer son hypothèque légale sur une portion quelconque des immeubles non dévolus à son mari; — Attendu, en fait, que d'après sa nature propre, comme d'après ses termes, le traité litigieux n'est point une cession; qu'aucun contractant n'y joue le rôle de cédant ou de cessionnaire, et qu'il ne constitue qu'un partage partiel ou particulier, qui, en déterminant la part d'Auguste Langout dans les effets donnés, laisse le reste des biens indivis entre ses codonataires; — Attendu, en droit, que le partage total ou partiel est déclaratif et non attributif; que suivant l'art. 883, C. civ., conforme en ce point à l'ancien droit, chaque cohéritier est censé avoir succédé seul, et immédiatement, aux effets qui composent son lot, et n'avoir jamais eu la propriété de ceux qui n'y sont pas compris; qu'il faut, sans doute, pour qu'il en soit ainsi, une opération où figurent tous les intéressés, et qui rompe entre eux la communauté par un partage réel ou par un acte équivalent, mais qu'il n'est pas nécessaire, comme le prouve l'art. 883, en assimilant la licitation au partage, que cette opération assigne sa part à chaque cohéritier ou copropriétaire, et qu'il suffit que l'un d'eux soit définitivement rempli de la sienne, au moyen d'un allotissement particulier, puisque, de la sorte, celui qui reçoit sa part dans la chose commune n'a plus rien désormais à y prétendre, et que, en ce qui concerne les biens dont il est privativement approprié, l'indivision cesse complétement entre lui et ses coïntéressés; — D'où il suit qu'Auguste Langout est sorti de communauté avec ses codonataires, non par un titre translatif de propriété, mais par un acte déclaratif, et que, dès lors, en décidant que la demanderesse n'a point d'hypothèque légale sur les biens recueillis dans la donation par les défendeurs éventuels, la Cour d'appel de Bourges, bien loin d'appliquer faussement le principe consacré par l'art. 883, C. civ., s'y est, au contraire, exactement conformée; — Rejette, etc.

MM. Bédarrides, prés.; Guillemard, rapp.; Robinet de Cléry, av. gén. (concl. conf.); Hérisson, av.

CASS.-REQ. 9 décembre 1878.

SAISIE IMMOBILIÈRE, BAIL, DATE CERTAINE, ANNULATION, POUVOIR SOUVERAIN.

En disposant que les baux qui n'ont pas date certaine avant le commandement à fin de saisie immobilière pourront être annulés, si les créanciers ou l'adjudicataire le demandent, l'art. 684, C. proc., laisse aux tribunaux la faculté de prononcer, ou de ne pas prononcer la nullité de ces baux, selon les circonstances que la loi abandonne à leur appréciation souveraine (1) (C. proc., 684).

En conséquence, le bail est valablement maintenu, si le juge déclare qu'il n'a pas été consenti en fraude des créanciers saisissants et qu'il ne constitue pas un acte de mauvaise administration (2) (Id.).

(1-2) Lors de la discussion de la loi du 2 juin 1841, la Chambre des députés s'était prononcée pour la nullité impérative des baux qui n'avaient pas date certaine avant le commandement tendant à saisie immobilière. La Chambre des pairs a maintenu, sinon l'ancien texte, du moins la pensée du législateur précédent qui, par son art. 691, donnait aux juges le pouvoir d'apprécier, sur la demande des créanciers ou de l'adjudicataire, si la nullité devait, ou non, être prononcée.

Il nous semble donc hors de conteste, qu'en cette matière, les juges ont un pouvoir d'appréciation souverain, et telle est la doctrine de l'arrêt ci-dessus rapporté. V. Cass., 8 mai 1872 (S. 72. 1. 241. — P. 72. 564. — D. 72. 1. 373); 22 mai 1878 (S. 79. 1. 109. — P. 79. 261. — D. 78. 1. 484); Douai, 12 févr. 1883 (Pand. chr.).

Dans l'affaire actuelle, il faut le remarquer, les juges du fait avaient déclaré que le bail n'avait rien de frauduleux, ni même de préjudiciable pour les créanciers et l'adjudicataire. On peut se demander ce qu'aurait décidé la Cour suprême, si l'arrêt qui lui était déféré eût annulé le bail, en dehors de toute fraude, et par le seul motif qu'il constituait un acte d'administration dommageable pour les intéressés. A notre avis, elle aurait encore dû rejeter le pourvoi; l'art. 684 lui en faisait une loi.

Si nous posons la question, c'est parce qu'il n'y a pas accord unanime sur le point de savoir si la fraude est nécessaire pour que le juge prononce l'annulation. — D'après la Cour de Bordeaux (arrêt, 18 nov. 1848, S. 49. 2. 282. — P. 50. 1. 207. — D. 49. 2. 153), le bail ne peut être annulé que s'il est le résultat d'un concert frauduleux. — Au contraire, il a été jugé par des

(Battarel c. Favier). — ARRÊT.

LA COUR : — Sur le moyen unique de cassation, tiré de la violation ou de la fausse application des art. 1319, 1320, 1322 et suiv., C. civ., 681, 682, 685, 686 et 684, C. proc. civ. : — Attendu qu'il résulte des mentions insérées dans les qualités de l'arrêt attaqué, que le bail litigieux a été consenti postérieurement à la saisie immobilière pratiquée contre le sieur Goullier, à la date du 22 août 1870 ; — Attendu que l'art. 684, C. proc. civ., en disposant que les baux qui n'ont pas date certaine avant le commandement à fin de saisie immobilière, pourront être annulés si les créanciers ou l'adjudicataire le demandent, laisse aux tribunaux la faculté de prononcer ou de ne pas prononcer la nullité de ces baux, selon les circonstances que la loi abandonne à leur appréciation souveraine ; que l'art. 686, C. proc. civ., spécial aux aliénations postérieures à la transcription de la saisie, ne peut, pour le cas qu'il signale, faire obstacle à l'application de cette règle générale ; — Attendu que l'arrêt attaqué déclare souverainement et en fait, que, dans l'espèce, il n'est pas établi que le bail ait été consenti par Goullier en fraude des créanciers saisissants, ni qu'il constitue un acte de mauvaise administration ; — Attendu que, dans cet état des faits, en refusant de prononcer la nullité demandée par Battarel, l'arrêt attaqué n'a violé aucune loi ; — Rejette, etc.

MM. Bédarrides, prés. ; Alméras-Latour, rapp. ; Robinet de Cléry, av. gén. (concl. conf.) ; Aguillon, av.

CASS.-CIV. **10 décembre 1878.**

OFFICE, CESSION, TRAITÉ SECRET, COLLABORATION, PRODUITS (PARTAGE DES), NULLITÉ, RESTITUTION.

Est radicalement nul, comme contraire à l'ordre public, le traité secret par lequel un huissier stipule, comme condition de la cession de son office, qu'il continuera à diriger l'office et à travailler dans l'étude, moyennant l'abandon de la moitié des produits bruts (1) (C. civ., 6, 1131, 1133).

En conséquence, il y a lieu à restitution des sommes perçues en vertu de ce traité (2) (C. civ., 1235, 1376 et suiv.).

C'est donc à tort que les juges refusent d'ordonner cette restitution sur l'unique fondement que le travail du cédant, travail dont ils n'ont même pas recherché l'importance, pouvait donner lieu à une rémunération (3) (Id.).

(François c. François).

ARRÊT (*après délib. en ch. du conseil*).

LA COUR : — Vu les art. 1377 et 1378, C. civ. ; — Attendu que la veuve et le fils de Téléphe François demandaient que la succession de François père fût condamnée à restituer à l'hoirie du premier la somme de 15,000 francs qu'ils prétendaient avoir été indûment perçue par lui en exécution d'un traité secret en date du 30 mai 1848, par lequel François père, comme condition de la cession de son office d'huissier par lui consentie le même jour en faveur de son fils Téléphe, avait stipulé qu'il continuerait à diriger l'office cédé et à travailler dans l'étude de son fils, moyennant l'abandon de la moitié des produits bruts de cet office qui devaient être partagés à la fin de chaque mois d'après les résultats du répertoire : — Attendu que, tout en considérant que ce traité secret était radicalement nul comme contraire à l'ordre public, l'arrêt attaqué, sans méconnaître que cette somme de 15,000 francs avait été perçue par François père, en vertu et en conformité de ce traité, et sans apprécier l'importance des services que François père avait pu rendre à son fils dans l'exercice de son office, ni même l'importance de la rémunération qui aurait pu lui être due de ce chef, abstraction faite des stipulations de ce traité, a néanmoins refusé d'ordonner la restitution de ladite somme de 15,000 francs indûment perçue en vertu de ce traité, sur l'unique fondement que le travail donné par François père, et accepté par son fils, pouvait donner lieu à une rémunération qui, sans en préciser le chiffre, rendait non recevable la demande en répétition formée par la veuve et le fils de Téléphe François ; — Attendu qu'en jugeant ainsi, l'arrêt attaqué a maintenu, en fait, l'exécution d'un traité secret qu'il déclarait nul en droit, sans donner aucune autre base légale à sa

---

arrêts de Nimes, 4 mars 1850 (S. 50. 2. 452. — P. 51. 1. 190. — D. 53. 2. 249), et de Paris, 19 août 1852 (S. 52. 2. 199. — P. 53. 1. 33. — D. 52. 2. 221), qu'il suffit d'un simple préjudice. V. en ce dernier sens, Duvergier, *Collect. des lois*, notes sur la loi du 2 juin 1841, t. XLI, p. 236. Enfin, par arrêt du 12 févr. 1883 (Pand. chr.), la Cour de Douai, adoptant une sorte de terme moyen entre ces deux systèmes, a jugé qu'en l'absence de fraude, l'article 684, C. proc., permet au juge de réduire la durée du bail quand elle lèse les intérêts des créanciers. — V. nos observations sous l'arrêt de Douai précité. *Adde*, sur la question, Boitard et Colmet d'Aage, *Leçons de proc. civ.*, 12e édit., t. II, n. 925 ; Rodière, *Compét. et proc. civ.*, 2 édit., t. II, p. 294 ; Chauveau, sur Carré, *Lois de la proc. civ.*, t. V, p. 155, *quest.* 2282 ; Bioche, *Dict. de proc.*, vo *Saisie immob.*, n. 285.

(1-2-3) Comme nous l'avons fait observer à l'occasion d'un arrêt de Cass., du 19 juin 1883 (Pand. chr.), le principe qui sert de base à cette décision ne se discute plus. Il est, en effet, certain qu'en matière de cession d'offices, les contre-lettres sont nulles et d'une nullité absolue, comme contraires à l'ordre public. V. les nombreux arrêts cités en note sous Cass., 19 juin 1883, précité ; 19 nov. 1884 (Pand. chr.) ; 5 août 1885 (Pand. chr.), ainsi que sous Cass., 13 juill. 1885 (Pand. pér., 86. 1. 23). — Dans notre espèce, la Cour d'appel ne l'avait pas méconnu ; elle aurait donc dû ordonner la restitution du prix de cession touché en vertu d'un traité qu'elle considérait comme contraire à l'ordre public ; mais, dit-elle, « il y avait eu, de la part du père (du cédant), un concours prêté et un travail accepté, pour lesquels il peut y avoir droit à rémunération ». Alors, si, comme il est probable, les héritiers du cédant réclamaient un salaire de ce chef, les juges d'appel auraient dû en apprécier l'importance, la fixer au chiffre de 15,000 francs, somme égale au prix de vente, ordonner la compensation des deux créances. *Sic*, Paris, 1er mars 1850 (P. 50. 1. 264. — D. 50. 2. 153). De cette façon, leur décision aurait été à l'abri de toute censure de la Cour suprême.

La nullité des traités secrets est radicale, absolue, et il a été jugé : — 1o que la dissimulation du prix constitue une fraude à la loi et peut être établie par témoins : Cass., 9 janv. 1850 (Pand. chr.) ; — 2o que la nullité est encourue, bien que les parties aient été de bonne foi, sans intention de surprendre la religion du gouvernement, et bien que le prix total n'ait rien eu d'exagéré : Paris, 31 juill. 1851 (Pand. chr.) ; — *Contrà*, Bourges, 5 janv. 1850 (Pand. chr.) ; — et qu'il en est ainsi, sans qu'il y ait à rechercher si la convention secrète avait pour résultat d'augmenter ou de diminuer le prix déclaré : Cass., 22 févr. 1853 (Pand. chr.) ; — 3o que, si l'acquéreur a payé le supplément du prix, il peut en demander la restitution, malgré l'existence d'une transaction : Cass., 5 nov. 1855 (Pand. chr.) ; — malgré la remise de dette par lui faite, alors qu'il avait déjà cessé ses fonctions : Cass., 19 avril 1852 (Pand. chr.).

Et, comme il s'agit là d'une matière qui intéresse l'ordre public, la Cour suprême a le droit d'apprécier les actes incriminés, de vérifier l'exactitude de la qualification qui leur a été donnée. V. Cass., 24 juill. 1855 (Pand. chr.), et la note.

Un autre principe avait encore été méconnu dans le traité secret passé entre les parties ; ce traité avait constitué entre elles une véritable association pour l'exploitation de l'office cédé. Or, toute association de ce genre est prohibée comme contraire à l'ordre public. C'est ce qui a été décidé à diverses reprises au sujet même d'une étude d'huissier et ne paraît plus susceptible de controverse. V. not. Cass., 9 févr. 1852 (S. 52. 1. 190. — P. 52. 1. 302. — D. 52. 1. 70) ; Paris, 4 févr. 1854 (S. 54. 2. 148. — P. 54. 1. 200. — D. 54. 2. 149) ; Toulouse, 18 janv. 1866 (S. 66. 2. 107. — P. 66. 459. — D. 66. 2. 6) ; Marc-Deffaux et Harel, *Encyclop. des huissiers*, vo *Huissiers*, n. 444 et suiv. — Cette règle d'ailleurs est générale et s'étend à tous les offices. V. en ce qui concerne les offices de courtier maritime, Rennes, 19 janv. 1881 (S. 81. 2. 181. — P. 81. 1. 957. — D. 81. 2. 104) ; 15 avril 1886 (S. 86. 2. 213. — P. 86. 1. 1209).

décision ; qu'il a ainsi refusé d'appliquer les conséquences juridiques de la nullité par lui déclarée, et violé les articles de loi ci-dessus visés ; — Casse, etc.

MM. Mercier, 1er prés. ; Rohault de Fleury, rapp. ; Desjardins, av. gén. (concl. contr.) ; Coulombel et Bosviel, av.

CASS.-CIV. 16 décembre 1878.

GAZ, ECLAIRAGE, POLICE D'ABONNEMENT, RÉFÉRÉ, COMPÉTENCE.

Une police d'abonnement pour l'éclairage au gaz, lien d'obligations réciproques entre une Compagnie et des particuliers, présente le caractère d'un contrat essentiellement civil dont l'appréciation appartient à l'autorité judiciaire, à l'exclusion de l'autorité administrative (1) (L. 28 pluv. an VIII, art. 4).

Par suite, le juge des référés est compétent à l'effet d'ordonner, dans la limite de ses attributions, les mesures provisoires et urgentes que comporte l'exécution de la police (2) (C. proc., 806 et suiv.).

Et il en est ainsi, alors même que la solution du litige au fond devrait nécessiter l'interprétation préalable du cahier des charges par l'autorité administrative (3) (Id.).

(Société du gaz de Bordeaux c. Blanché et autres). — ARRÊT (*après délib. en ch. du cons.*).

LA COUR : — Attendu que le débat judiciaire qui s'est élevé entre les parties a eu pour cause la police d'abonnement que la Compagnie d'éclairage au gaz de Bordeaux prétendait faire souscrire aux défendeurs, qui, refusant d'en accepter certaines conditions, avaient été privés, pour ce motif, du gaz qui leur était précédemment fourni ; que le contrat, objet de ce dissentiment, étant destiné à établir un lien d'obligations réciproques entre une Compagnie industrielle et des particuliers, avait par là même un caractère essentiellement civil ; que, par conséquent, la juridiction civile pouvait seule connaître du litige auquel il donnait lieu ; — Attendu que la compétence de cette juridiction déterminait celle du juge du référé ; que, légalement saisi, mais dans les limites seulement des attributions que lui confèrent les art. 806 et suiv., C. proc. civ., il n'avait pas à surseoir jusqu'à ce que l'autorité administrative eût interprété le cahier des charges de la Compagnie ; qu'en effet, en supposant qu'elle fût nécessaire, l'interprétation préalable, touchant uniquement au fond du procès, n'était pas obligatoire pour le juge du référé, dont la décision ne préjugeait rien à cet égard et qui, n'ayant droit de prescrire que des mesures provisoires et urgentes, n'avait pas à se préoccuper du sens qui pourrait être ultérieurement attribué au cahier des charges, soit par l'autorité judiciaire, soit par l'autorité administrative ; — Attendu, en fait, qu'il s'est borné à ordonner que la fourniture du gaz continuerait d'être faite provisoirement aux défendeurs, moyennant le prix *non contesté* de 22 centimes par mètre cube, sous la réserve de la question litigieuse des frais de branchement et de toutes autres difficultés ; — D'où il suit qu'en confirmant l'ordonnance du juge du référé qui avait rejeté l'exception d'incompétence et statué sans renvoi préalable devant l'autorité administrative, l'arrêt attaqué (Bordeaux, 8 août 1877) n'a méconnu ni les règles de la compétence, ni le principe de la séparation des pouvoirs ; — Rejette, etc.

MM. le cons. Merville, prés. ; Guérin, rapp. ; Desjardins, av. gén. (concl. conf.) ; Lehmann, av.

CASS.-REQ. 30 décembre 1878.

FEMME MARIÉE, AUTORISATION, DÉPOT, VALIDITÉ.

N'est point nul, pour défaut d'autorisation maritale, le dépôt d'une somme d'argent opéré entre les mains d'une femme mariée, dans ces circonstances de fait « que le mari a reconnu le dépôt, qu'il a consenti à ce que sa femme s'en chargeât, qu'enfin il a profité de la somme déposée et non restituée »; ces circonstances équivalant à un concours personnel du mari au dépôt reçu (4) (C. civ., 721, 1124, 1338, 1426, 1925).

(Zraggen c. Lejeune). — ARRÊT.

LA COUR : — Sur le moyen tiré de la violation des art. 217, 1124, 1426, 1925 et 1926, C. civ., et de l'art. 7 de la loi du 20 avril 1810 : — Sur la première branche tirée de la violation des art. 217 et 1124, C. civ. : — Attendu qu'il résulte de l'arrêt attaqué que le sieur Zraggen « a reconnu le dépôt de la somme de 33,000 francs fait par la dame Authié à sa femme, et a consenti à ce que sa femme s'en chargeât ; qu'il a profité de la somme déposée et non restituée » ; — Attendu que la Cour de Paris, appréciant ces faits par elle constatés, a pu légalement en tirer cette conséquence que le mari avait apporté son concours personnel au dépôt reçu par sa femme ; qu'elle a pu ainsi considérer comme remplies les prescriptions de l'art. 217, C. civ. ;

Sur les deuxième et troisième branches (sans intérêt) ; — Rejette, etc.

MM. Bédarrides, prés. ; Voisin, rapp. ; Lacointa, av. gén. (concl. conf.) ; Demasure, av.

---

(1) Quand des difficultés s'élèvent entre une ville et la Compagnie concessionnaire de l'éclairage par le gaz, sur le sens ou la portée d'application d'une clause du cahier des charges, c'est l'autorité administrative, à l'exclusion de l'autorité judiciaire, qui est compétente, dans tous les cas, pour trancher le litige. V. Trib. des conflits, 16 déc. 1876 (Pand. chr.), et la note ; Cass., 2 mars 1880 (Pand chr.). — Mais lorsque les contestations portent sur des conventions passées par la Compagnie avec des particuliers et ayant trait à des fournitures ou approvisionnements de gaz, il ne s'agit plus alors que de contrats de droit commun dont l'exécution relève de la compétence des tribunaux civils seuls. V. Cons. d'État, 14 nov. 1879 (Pand. chr.). C'est là d'ailleurs un principe d'une application générale en toutes matières. V. notamment, Trib. des conflits, 11 janv. 1873 (Pand. chr.); Cass., 20 janv. 1873 (S. 73. 1. 197. — P. 73. 487. — D. 73. 1. 188); Trib, des conflits, 12 mai 1877 (Pand. chr.), et les renvois.

(2-3) L'attribution de compétence à l'autorité judiciaire justifie l'intervention du juge des référés. Il n'est donc porté aucune atteinte au principe admis par la majorité des arrêts, à savoir que le juge des référés est incompétent pour statuer au provisoire sur une contestation ressortissant, à raison de la matière, quant au principal et au fond, de la juridiction administrative. V. notamment, Alger, 9 févr. 1881 (S. 81. 2. 52. — P. 81. 1. 318. — D. 82. 2. 16) ; Orléans, 4 juill. 1882 (Pand. chr.).

(4) Les circonstances de fait invoquées par l'arrêt ci-dessus rapporté, sont suffisamment énergiques pour constituer un concours non douteux du mari à l'acte de dépôt et justifier la solution qui est intervenue. Comp. Cass., 26 juill. 1871 (Pand. chr.), et la note.

1879

CASS.-CIV. 8 janvier 1879.

TESTAMENT OLOGRAPHE, DATE, ERREUR, FILIGRANE, SIGNATURE.

La fausseté de la date, dans un testament olographe, équivaut à l'absence de date, si elle ne peut être rectifiée au moyen d'éléments fournis par le testament lui-même (1) (C. civ., 970, 1001).

La fausseté de la date quant au millésime résulte, invinciblement, de cette double circonstance : 1° que le testament est écrit sur une feuille de timbre au filigrane d'une année postérieure; 2° qu'il porte la signature veuve X..., quand le mari de la testatrice n'est décédé que plus tard (2) (Id.).

En présence d'une indication manifestement erronée sur une partie essentielle de la date, et qui, d'après les faits, rend la date suspecte dans ses autres parties, le juge peut, en prenant pour base les énonciations du testament lui-même, déclarer souverainement qu'il n'y a pas moyen de restituer au testament sa véritable date et prononcer la nullité de cet acte (3) (Id.).

(Lecarpentier c. Tardif).

La dame Godard a perdu son mari le 8 avril 1869. Elle est décédée le 14 mars 1876, laissant deux testaments olographes; l'un de ces testaments était daté du 4 oct. 1875 et n'était pas attaqué; l'autre, le litigieux, portant la date du 4 oct. 1864, était signé, veuve Godard, et écrit sur une feuille de timbre au filigrane de 1875.

ARRÊT.

LA COUR : — Attendu qu'aux termes des art. 970 et 1001, C. civ., le testament olographe doit être daté, à peine de nullité; que la fausseté de la date énoncée équivaut à l'absence de date, si elle ne peut être rectifiée au moyen des éléments fournis par le testament lui-même; que, dans l'espèce, la fausseté de la date du 4 oct. 1864, portée au testament litigieux, était établie et résultait invinciblement de cette double circonstance : 1° que l'acte daté de 1864 était écrit sur une feuille de papier au filigrane de 1875; 2° qu'il était signé veuve Godard, alors que le mari de la testatrice n'était mort qu'en 1869; qu'en présence d'une indication manifestement erronée sur une partie essentielle de la date et qui, d'après les faits, rendait la date suspecte même dans les autres parties, les juges du fond ont pu, en prenant pour base les énonciations du testament lui-même, déclarer, par une déclaration qu'il leur appartenait de faire, qu'il n'y avait pas moyen de restituer au testament sa véritable date, et qu'en prononçant, en cet état des choses, la nullité du testament, l'arrêt attaqué, loin d'avoir violé les dispositions de loi invoquées par le pourvoi, en a fait, au contraire, une juste application aux faits de la cause; — Rejette, etc.

MM. Mercier, 1er prés.; P. Pont, rapp.; Desjardins, av. gén. (concl. conf.); Fosse et Chambon, av.

CASS.-REQ. 13 janvier 1879.

1° MITOYENNETÉ, ACQUISITION, SERVITUDE, EXERCICE, INCONCILIABILITÉ. — 2° SERVITUDE, HANGAR, VUE, PRESCRIPTION.

1° Un propriétaire ne peut acquérir la mitoyenneté d'un mur contigu à son terrain qu'ainsi que ce mur se comporte, avec ses servitudes actives et passives (4) (C. civ., 661).

L'existence de pareilles servitudes ne forme un obstacle invincible à l'acquisition de la mitoyenneté qu'autant que leur exercice est inconciliable avec les droits que confère la mitoyenneté (5) (Id.).

2° Un hangar à engranger des fagots, de la paille ou des fourrages, complétement ouvert sur deux côtés correspondants de sa partie postérieure, quand il est vide; entièrement fermé, au moyen de bois et planches, quand il est plein, n'assure ni par sa construction, ni par son fonctionnement, des vues libres et droites sur l'héritage voisin, et ne manifeste point au propriétaire de cet héritage une intention suffisante d'acquérir sur son fonds des droits de vue et d'aspect (6) (C. civ., 678, 690).

Par suite, le propriétaire d'un tel hangar ne peut prétendre avoir acquis par prescription un droit de vue direct sur le fonds voisin (7) (Id.).

(1-2-3) Les principes ne sont plus discutables. — V. notamment Cass., 15 déc. 1879 (Pand. chr.); 13 mars 1883 (Pand. chr.); 19 mai 1885 (Pand. chr.), avec les arrêts et autorités à l'appui.

Notre espèce présentait une double particularité; d'une part, la fausseté de la date résultait de deux éléments pris dans le testament lui-même; d'autre part, entre le millésime de la date et celui du filigrane, il y avait une différence de onze ans. Cette différence, tout à fait exceptionnelle, ne pouvait se comprendre qu'en admettant que la testatrice avait, en 1875 ou 1876, copié, sans en modifier la date, en tout ou en partie, un testament qu'elle avait fait en 1864. Il est probable qu'elle avait fait cette copie le même jour que son testament non attaqué, c'est-à-dire le 4 octobre 1875; mais, n'en trouvant pas la preuve dans les éléments fournis par l'acte lui-même, les juges ont déclaré souverainement qu'il était impossible de restituer au testament sa véritable date, et, comme conséquence, ils ont annulé cet acte. V. plus particulièrement, en ce qui concerne l'inexactitude de date dont la preuve peut résulter du filigrane du papier timbré, Riom, 19 juill. 1871, sous Cass. (S. 73. 1. 107. — P. 73. 242. — D. 73. 1. 436); Trib. civ. Lodève, 24 avril 1872, et sur appel, Montpellier, 31 déc. 1872 (S. 73. 2. 173. — P. 73. 715. — D. 73. 2. 116); Lyon, 25 juin 1875 (S. 76. 2. 55. — P. 76. 237); Cass., 4 févr. 1879 (Pand. chr.); Caen, 1er mai 1883 (S. 83. 2. 134. — P. 83. 710). Comp. Rouen, 11 févr. 1884 (S. 85. 2. 174. — P. 85. 1. 983).

(4) V. conf., sur le principe, Cass., 15 juill. 1855 (Pand. chr.); Rouen, 9 déc. 1878 (S. 79. 2. 147. — P. 79. 693), et les renvois.

(5) A titre d'exemples de cas dans lesquels l'existence de servitudes forme un obstacle invincible à l'acquisition de la mitoyenneté par le propriétaire du fonds servant, V. Cass., 25 janv. 1869 (Pand. chr.), et les renvois; Grenoble, 16 déc. 1871 (S. 72. 2. 20. — P. 72. 197. — D. 72. 2. 165); Trib. civ. Castelnaudary, 10 juin 1873 (S. 73. 2. 184. — P. 73. 733); Rouen, 9 déc. 1878, précité. — Et il appartient aux juges du fond d'apprécier souverainement la question d'incompatibilité entre l'exercice de la servitude et l'acquisition de la mitoyenneté. V. Cass., 6 avril 1875 (D. 76. 1. 88).

(6-7) Comp. Trib. civ. Troyes, 9 févr. 1881 (Pand. chr.) et la note. Cette solution est diamétralement opposée à celle de l'arrêt de la Cour suprême ci-dessus rapporté. Il n'y a pas cependant

(Cistac c. Rouillon). — ARRÊT.

LA COUR : — Sur le premier moyen, tiré de la fausse application de l'art. 661 et de la violation des art. 712, 2219, 2262, et subsidiairement des art. 697 et 701, C. civ., en ce que l'arrêt attaqué a reconnu à Rouillon le droit d'acquérir la mitoyenneté d'un mur, sans égard aux effets légaux de l'existence plus que trentenaire d'une rigole d'écoulement; — Attendu que l'arrêt attaqué constate en fait, d'une part, que la propriété de Rouillon était contiguë au mur dont il voulait acquérir la mitoyenneté; d'autre part, que les hoirs Cistac n'ont jamais fait aucun acte de possession sur une partie quelconque du jardin Rouillon; — Attendu que, si le riverain qui veut obtenir la mitoyenneté d'un mur, ne peut acquérir ce mur que tel qu'il est, avec ses servitudes actives ou passives, l'existence de ces servitudes ne peut, en règle générale, motiver d'une manière absolue le refus de cession de cette mitoyenneté; que ce refus ne saurait être sanctionné, lorsque la servitude acquise est de telle nature que son exercice est parfaitement conciliable avec l'exercice des droits que confère l'acquisition de la mitoyenneté; — Attendu qu'il est constaté par l'arrêt, que l'acquisition par Rouillon de la mitoyenneté du mur Cistac ne mettra aucun obstacle à ce que la servitude établie au profit du fonds des hoirs Cistac s'exerce comme auparavant; que, dès lors, en autorisant Rouillon à acquérir la mitoyenneté du mur contigu à son héritage, à charge de respecter les droits acquis par les hoirs Cistac, et qui se concilient parfaitement avec les droits résultant de la mitoyenneté, l'arrêt attaqué a fait une juste application de la loi;

Sur le deuxième moyen, tiré de la violation des art. 678 et 690, C. civ., en ce que l'arrêt a refusé le caractère d'un droit de servitude au profit d'un bâtiment, à l'exercice d'une vue droite prolongée plus de trente ans; — Attendu qu'il résulte des constatations faites par l'arrêt attaqué, après enquête, rapport d'expert et descente sur les lieux, que la construction établie par les hoirs Cistac dans leur cour n'était qu'un hangar destiné à engranger des fagots, de la paille ou du fourrage; que, comme toutes les constructions de cette nature, il était complétement ouvert sur deux côtés correspondants de sa partie postérieure, lorsqu'il était vide; et complétement fermé au moyen de bois et planches destinés à maintenir les objets engrangés, lorsque ces objets y étaient déposés; que, par sa construction et son fonctionnement, il n'assurait point des vues libres et droites sur l'héritage voisin, et ne pouvait manifester au propriétaire de cet héritage une intention d'acquérir sur son fonds des droits de vue et d'aspect; que, dans ces conditions, l'arrêt attaqué (Toulouse, 19 juill. 1878) a pu, à bon droit, déclarer que les œuvres des hoirs Cistac étaient insuffisantes pour leur faire acquérir par prescription un droit de vue directe sur le fonds Rouillon; — Rejette, etc.

MM. Bédarrides, prés.; Féraud-Giraud, rapp.; Robinet de Cléry, av. gén. (concl. conf.); Mimerel, av.

CASS.-CRIM. 18 janvier 1879.

CHASSE, LIEUTENANT DE LOUVETERIE, ANIMAUX NUISIBLES, TERRAIN D'AUTRUI, ARRÊTÉ PRÉFECTORAL, BATTUE, TEMPS PROHIBÉ, AGENTS FORESTIERS, ARRÊTÉ DU 19 PLUVIOSE AN V, RÈGLEMENT DU 20 AOUT 1814.

L'arrêté du 19 pluviôse an V n'autorise la chasse des animaux nuisibles sur le terrain d'autrui, sans le consentement du propriétaire, qu'autant que cette chasse a été ordonnée ou permise par le préfet. — Si le règlement du 1er germinal an XIII, qui a créé les officiers de louveterie, et celui du 20 août 1814, qui l'a abrogé et le remplace, ont, par leurs art. 8 et 9, dérogé à cette règle en ce qui concerne les loups, cette dérogation, fondée sur le caractère particulièrement dangereux de ces animaux, n'a été édictée qu'à leur égard et n'a pas été étendue par les articles suivants à la poursuite des autres animaux nuisibles (1) (Arr. 19 pluv. an V, art. 3, 4, 5; Règl. 20 août 1814, art. 8, 9).

En conséquence, le lieutenant de louveterie qui chasse un

---

entre les deux décisions de contradiction de principes. En pareille matière, l'absolu, dans un sens ou dans l'autre, ne peut trouver de place. Tout dépend du caractère de la possession et, par conséquent, des circonstances particulières à chaque espèce. — Tel hangar, comme celui dont le tribunal de Troyes a constaté avec un soin minutieux les conditions matérielles de construction, les dispositions intérieures, l'emplacement, la destination, pourra constituer une vue libre et droite sur le fonds voisin et servir de base à une possession utile pour prescrire. — Tel autre, comme celui dont il s'agit dans l'espèce, établi différemment, sans caractère nettement dessiné de nature à provoquer la contradiction du voisin, ne lui causant d'ailleurs nul préjudice, n'impliquant aucun exercice nécessaire d'un droit de vue, ne pourra conduire par la prescription à l'acquisition d'une servitude d'aspect. C'est ainsi que l'harmonie des mêmes principes se rétablit sous l'apparente contradiction de solutions qui, loin de s'exclure, se prêtent un mutuel appui.

(1) L'arrêté du 19 pluviôse an V a eu pour but de protéger la société contre les loups, renards, blaireaux et autres animaux nuisibles; il a donc autorisé la destruction et la chasse de ces animaux partout où ils seraient trouvés. Les mesures prescrites à cet effet consistent : 1° en des chasses générales et battues; 2° en des chasses individuelles. Comme ces chasses pouvaient avoir lieu sur le terrain d'autrui, sans le consentement du propriétaire, et même malgré lui, il y avait là une sorte d'expropriation qu'il était nécessaire de restreindre dans de certaines limites; aussi, les art. 3, 4 et 5 de cet arrêté prescrivent-ils, les deux premiers, que les chasses générales et battues soient ordonnées par le préfet, de concert avec l'Administration forestière, sous la surveillance des agents de cette Administration, et le troisième, l'art. 5, que les chasses individuelles soient autorisées par le préfet et exécutées sous l'inspection et la surveillance des agents forestiers.

Tel était l'état de la législation lorsque a été pris l'arrêté du 1er germinal an XIII, aujourd'hui remplacé par le règlement du 20 août 1814, qui a créé les lieutenants de louveterie.

Quand il s'agit de chasses générales ou de battues, le louvetier peut en faire la demande au préfet, et, si cette mesure est ordonnée, il la commande et la dirige sous l'inspection et la surveillance des agents forestiers : l'art. 11 du règlement de 1814 ne laisse pas de doute à cet égard. Mais, s'il s'agit de chasses individuelles, quel sera le droit du louvetier? Pourra-t-il, de par sa seule commission, chasser, non-seulement le loup, mais encore tous autres animaux nuisibles en tout temps, et dans toutes les propriétés de son arrondissement? Devra-t-il, au contraire, en dehors du loup, se conformer aux prescriptions de l'arrêté de pluviôse?

Telle était la question qui se posait devant la Cour de cassation.

Elle est controversée. Avant d'en chercher la solution, il importe de se bien fixer sur la valeur légale du règlement de 1814. Dans son arrêt, du 12 juin 1847 (S. 47. 1. 698. — P. 47. 2. 669. — D. 47. 4. 69), la Cour suprême qualifie ce règlement d' « acte « émané seulement du grand veneur de la couronne, non revêtu « du contre-seing ministériel, n'empruntant aucune autorité à « l'ordonnance du 24 juillet 1832 qui n'en avait ni sanctionné les « dispositions, ni ordonné l'inscription au *Bulletin des lois* ».

Dans son arrêt du 6 juill. 1861 (S. 61. 1. 917. — P. 62. 536. — D. 61. 1. 352), elle semble prendre à tâche de réfuter sa précédente appréciation, et présente ce règlement comme « approuvé par « le Roi le 20 août 1814, revêtu de la signature de M. de Blacas, « ministre de la maison du Roi, et inséré au *Bulletin*, année 1832, « 2e part., 1re sect., bulletin 176, n. 4327 ». Elle le déclare « obligatoire » et le qualifie même de « *règlement organique* de louveterie ».

Enfin, dans son arrêt du 21 janv. 1864 (S. 64. 1. 299. — P. 64. 862. — D. 64. 1. 321), elle l'appelle « *Code de la louveterie* ». V. dans le sens de ces deux derniers arrêts, Angers, 27 sept.

sanglier sur le terrain d'autrui, sans le consentement du propriétaire, et sans autorisation préfectorale, commet le délit de chasse prévu et puni par l'art. 11, § 2, L. 3 mai 1844 (1) (L. 3 mai 1844, art. 11, § 2).

Alors même que cette chasse aurait été autorisée par le préfet, si elle a eu lieu avec l'assistance de simples gardes forestiers non délégués par leurs chefs, le lieutenant de louveterie aurait encore commis le délit précité; l'art. 5 de l'arrêté de pluviôse exigeant impérativement l'inspection et la surveillance d'agents forestiers, c'est-à-dire de fonctionnaires de l'Administration des forêts qui, depuis 1827, portent seuls le titre d'agents forestiers (2) (Arr. 19 pluv. an V, art. 5; Ord. 1er août 1827, art. 10 et suiv.; L. 3 mai 1844, art. 11, § 2).

L'autorisation de faire une battue aux sangliers sur le territoire d'une commune est limitée à ce territoire (3) (Arr. 19 pluv. an V, art. 3, 4, 5).

En conséquence, si, trouvant sur ledit territoire la piste d'un de ces animaux, le lieutenant de louveterie la fait suivre par ses chiens, lève la bête sur un territoire limitrophe et l'y fait chasser un certain temps, alors que la chasse est close, il commet le délit de chasse en temps prohibé (4) (L. 3 mai 1844, art. 12).

1861 (S. 61. 1. 917 *ad notam.* — P. 62. 536 *ad notam.* — D. 62. 2. 164); Circ. min. int., 13 déc. 1860 (D. 61. 3. 62); Berriat-Saint-Prix, *Législ. de la chasse*, p. 287; Gillon et Villepin, *Codes des chasses*, p. 369 et 399; Villequez, *Destruct. des anim. malfais.*, n. 107 et 109; Puton, *La louveterie*, n. 12 et 13; Viel, *C. du chasseur*, p. 84; de Neyremand, *Quest. sur la chasse*, p. 353; Leblond, *C. de la chasse*, t. II, n. 453.

Telle est encore l'application implicite de l'arrêt ci-dessus rapporté, et nous considérons comme constant que le règlement du 20 août 1814 a force obligatoire.

Voyons maintenant les divers systèmes qui se sont produits sur la question en litige.

Dans un premier système, le louvetier peut, en vertu de sa seule commission, chasser les animaux nuisibles dans toute l'étendue de sa circonscription; comme conséquence, il n'aurait pas besoin d'autorisation préfectorale et ne serait pas soumis à la surveillance de l'Administration forestière; en tout cas, il ne commettrait pas de délit en pratiquant cette chasse sur le terrain d'autrui sans le consentement du propriétaire. V. en ce sens, Trib. corr., Nevers, 21 mars 1839; Bourges, 30 mai 1839 (D. *Jurispr. gén.*, v° *Chasse*, n. 512, note 3); Cass., 3 janv. 1840 (S. 42. 1. 657. — P. 40. 2. 308. — D., *loc. cit.*).

D'après un second système, le louvetier a, dans sa commission, une autorisation permanente, mais il ne peut chasser en dehors de l'inspection et de la surveillance des agents forestiers. *Sic*, sur renvoi de l'arrêt de Cass. précité, Orléans, 11 mai 1840 (P. 40. 2. 308. — D., *loc. cit.*), et sur pourvoi, Cass., 30 juin 1841 (S. 42. 1. 657. — P. 41. 2. 274. — D., *loc. cit.*); 12 juin 1847 (S. 47. 1. 698. — P. 47. 2. 669. — D. 47. 4. 69). Comp. Trib. corr. Châtillon-sur-Seine, 2 août 1860 (D. 60. 3. 63); Cass., 6 juill. 1861 (S. 61. 1. 917. — P. 62. 536. — D. 61. 1. 353); et sur renvoi, Angers, 27 sept. 1861 (S. 61. 1. 917 *ad notam.* — P. 62. 536 *ad notam.* — D. 62. 2. 164). Ces trois dernières décisions exigent impérativement la surveillance des agents forestiers : elles ne s'expliquent pas sur l'autorisation du préfet.

D'après un troisième système, il faut distinguer si le fait de chasse se produit pendant que la chasse est ouverte ou fermée; dans le premier cas, la surveillance de l'Administration forestière suffit au louvetier; dans le second, il lui faut, en outre, une autorisation administrative. V. Villequez, *Destruct. des anim. malfais.*, n. 125, 143, 144 et 162; de Neyremand, *Quest. sur la chasse*, p. 353 et 354; Menche de Loisne, *Essai sur le dr. de chasse*, n. 209, p. 282, note 3.

Enfin, selon un quatrième système, celui de notre arrêt, s'il s'agit de tout autre animal nuisible que le loup, le louvetier ne peut chasser qu'en vertu d'une autorisation préfectorale et sous la surveillance de l'Administration forestière. V. en ce sens, Trib. corr. Neufchâtel, 27 janv. 1882 (*Gaz. du Pal.*, t. II, p. 3); Cons. d'Etat, 12 mai 1882 (S. 84. 3. 35. — P. chr. adm. — D. 83. 3. 100); Giraudeau et Lelièvre, *La chasse*, n. 1000; Puton, *La louveterie*, n. 88 et 196; Leblond, *Code de la chasse*, t. II, n. 465. Comp. instr. minist. intér., 13 déc. 1860 (D. 61. 3. 62); 11 avril 1865 (D. 65. 3. 46).

Nous n'hésitons pas un seul instant à adopter la dernière doctrine, et voici nos raisons :

Il est hors de doute que le règlement du 20 août 1814 a été pris spécialement en vue du loup; l'art. 16 le déclare de la manière la plus formelle (V. ce règlement dans Dalloz, à la suite du *Code forest. annoté*, p. 895). Il est vrai que l'art. 4 confère au grand veneur le droit de prendre toutes dispositions utiles par suite des arrêtés concernant les animaux nuisibles, et que l'art. 7 enjoint au louvetier de se procurer les piéges nécessaires pour la destruction des loups, renards, et autres animaux nuisibles, mais tous les autres articles se réfèrent uniquement au loup, et les art. 8 et 9, les seuls qui s'occupent de la chasse *proprement dite*, c'est-à-dire de la *poursuite*, déterminent les modes suivant lesquels le loup devra être recherché et chassé, suivant que la chasse sera ouverte ou défendue. Enfin l'art. 16, que nous avons déjà invoqué, autorise les louvetiers, pour tenir leurs chiens en haleine, à les lancer, deux fois par mois, dans les forêts de l'Etat, sur les chevreuils, brocards, sangliers, lièvres; or, s'ils avaient eu le droit de poursuivre partout les animaux nuisibles, cette autorisation eût été, à raison de son but, complétement inutile.

Ne perdons pas de vue non plus qu'en autorisant les préfets à délivrer des permissions de chasse individuelles, l'arrêté de pluviôse a déjà porté une grave atteinte au droit de propriété; cette atteinte serait bien plus grave encore si le louvetier trouvait, dans sa seule commission, une permission permanente et perpétuelle de chasser sur le terrain d'autrui sans le consentement du propriétaire; il faudrait, pour qu'il en fût ainsi, un texte bien formel, et, loin qu'il existe, toutes les dispositions du règlement de 1814 tendent à démontrer que c'est seulement pour le loup que le louvetier peut agir librement sur le terrain d'autrui.

Remarquons enfin que la loi du 5 avril 1884, relative à l'organisation municipale, a été plus soucieuse encore du respect que mérite le droit de chasse du propriétaire. Par son art. 90, § 9, elle charge le maire de « prendre toutes les mesures propres à la destruction des animaux nuisibles désignés par l'arrêté préfectoral », mais sous la condition de « s'entendre avec les propriétaires et détenteurs du droit de chasse », et *ce n'est qu'à défaut de ces derniers dûment invités* qu'il peut, en temps de neige, détourner loups et sangliers, et requérir les habitants pour la destruction de ces animaux.

(1) Il y a également controverse sur le point de savoir si le fait par un louvetier de chasser dans des conditions autres que celles qui lui sont prescrites constitue un délit tombant sous l'application des art. 11 et 12 (L. 3 mai 1844) ou une contravention à un arrêté administratif prévue par l'art. 471, n. 13, C. pén. V. nos observations sous Besançon, 11 juin 1877 (Pand. chr.).

(2) Quels sont les agents forestiers qui, d'après l'art. 5 de l'arrêté de pluviôse, doivent inspecter et surveiller les chasses particulières des louvetiers?

Si l'on se reporte au préambule de cet arrêté (S. *Lois annot.*, 1789 à 1830, p. 410), on y lit que « l'ordonnance de janvier 1583, « art. 19, enjoint aux agents forestiers de rassembler un homme « par feu *de leur arrondissement* ». Il s'agit donc là, non de simples gardes ou préposés subalternes, mais d'agents dont les attributions s'étendent sur *un arrondissement*, c'est-à-dire de véritables fonctionnaires, tels que conservateurs, inspecteurs, sous-inspecteurs, ou gardes généraux visés par l'art. 11 de l'ordonnance du 1er août 1827 relative à l'exécution du Code forestier. On peut consulter aussi les art. 8 et 9 du règlement de 1814, on y verra que les *gardes forestiers* ont à jouer, au regard des louvetiers, un rôle qui exclut toute surveillance de leur part.

L'agent à qui cette surveillance appartient peut-il se faire remplacer par un de ses préposés? A notre avis, l'affirmative ne saurait faire doute; autrement, les chasses de destruction pourraient en souffrir; du reste, l'art. 14 de l'ordonnance du 1er août 1827 susvisée confère, d'une manière générale, aux agents forestiers cette faculté de remplacement. Le contraire avait pourtant été jugé par le Trib. corr. de Chaumont, à l'occasion d'une battue où le garde général s'était fait remplacer par un brigadier forestier, mais la Cour de Dijon a réformé ce jugement par arrêt du 30 août 1865, cité par Villequez, *op. cit.*, n. 163. V. en ce sens, outre cet auteur, Puton, *op. cit.*, n. 130 et 161; Leblond, *op. cit.*, n. 479; il faut, en outre, que cette délégation soit expresse et spéciale au territoire où la chasse est autorisée, comme le déclare notre arrêt.

(3-4) Selon nous, ce point ne saurait faire de doute. Lorsque le préfet donne une permission de cette nature, c'est à raison du danger couru par les récoltes de telle ou telle commune, et son autorisation est spéciale et limitée au territoire de cette commune. On dirait en vain que le sanglier se déplace facilement, qu'il se tient dans un certain périmètre du lieu où il laisse des traces de son passage, et que, par cela seul que ses ravages sont à redouter, le louvetier doit pouvoir le suivre et l'attaquer sur un territoire limitrophe. C'est au louvetier qui provoque l'autorisation, ou au préfet qui l'accorde, de calculer ces éventualités; il ne faut pas qu'en dehors des cas prévus, le louvetier puisse chasser, souvent pour son plaisir, sur le terrain d'autrui, sans le consentement du propriétaire.

(Caillot). — ARRÊT.

LA COUR : — Sur le premier moyen, tiré de la violation de l'arrêté du 19 pluv. an V, du règlement du 20 août 1814, de l'art. 9 de la loi du 3 mai 1844, et de la fausse application de l'ordonnance du 1er août 1827, en ce que le demandeur a été déclaré coupable d'avoir chassé sans droit sur le terrain d'autrui, alors qu'il était lieutenant de louveterie, chassait un animal classé par le préfet du département parmi les animaux nuisibles, et se livrait à cette chasse sous l'inspection et la surveillance de deux gardes forestiers : — Attendu que par arrêté du préfet de la Haute-Saône, du 24 janv. 1878, Caillot, lieutenant de louveterie, avait été chargé de procéder, du 25 janv. au 4 févr., à trois traques ou battues dans les bois situés sur le territoire de Filain, pour la destruction des loups, sangliers, renards et autres animaux nuisibles désignés audit arrêté ; que cet arrêté lui permettait d'employer les chiens, lui prescrivait de se concerter avec les agents forestiers et d'agir sous leur surveillance, et chargeait l'inspecteur des forêts de Vesoul d'assurer l'exécution de ses prescriptions ; que celui-ci délégua, en effet, deux gardes forestiers pour assister à ces battues ; — Attendu que, le 30 janv. 1878, Caillot s'est rendu sur le territoire d'une autre commune, celle de Vy-lez-Filain ; qu'il y a chassé le sanglier dans une forêt dont la chasse appartient à Courcelles, sans le consentement de celui-ci et sans ordre ou permission du préfet; que les deux gardes forestiers ont assisté à cette chasse, mais qu'ils n'avaient reçu à cet effet aucune délégation de leurs chefs hiérarchiques ; — Attendu que l'arrêté du 19 pluv. an V n'autorise la destruction des animaux nuisibles sur le terrain d'autrui, sans le consentement du propriétaire, qu'autant qu'il y est procédé soit en vertu d'un arrêté du préfet ordonnant une battue ou une chasse générale ou particulière (art. 2, 3 et 4), soit en vertu d'une permission de chasse individuelle délivrée par le préfet (art. 5) ; que le règlement du 1er germ. an XIII, qui a créé les officiers de louveterie, et celui du 20 août 1814, qui l'a abrogé et qui le remplace, ont, il est vrai, dérogé à cette règle en ce qui concerne les loups, et dans leurs art. 8 et 9, ont conféré des pouvoirs particuliers au lieutenant de louveterie pour la destruction de ces animaux ; mais que cette exception, fondée sur le caractère particulièrement dangereux des loups, n'a été édictée qu'à leur égard par lesdits articles et n'a pas été étendue par les articles suivants à la poursuite, par le lieutenant de louveterie, des autres animaux nuisibles; que cette poursuite est donc restée soumise aux règles posées par l'arrêté de l'an V et constitue un délit de chasse toutes les fois qu'elle a lieu sur le terrain d'autrui sans que ces règles soient observées ; qu'il ne résulte ni des termes ni de l'esprit du règlement de 1814 que, dans le cas où le lieutenant de louveterie veut chasser sur un terrain où il n'a pas le droit de chasse un animal nuisible autre que le loup, ce règlement ait entendu priver le propriétaire du terrain d'une des garanties que lui donne l'arrêté de l'an V, la constatation préalable par le préfet d'une nécessité d'ordre public de nature à justifier un fait de chasse qui aura lieu sur sa propriété sans son consentement ; qu'il suit de là que le lieutenant de louveterie commet le délit prévu et puni par l'art. 11, § 2, de la loi du 3 mai 1844, lorsqu'il chasse sur le terrain d'autrui un animal nuisible autre que le loup, sans la permission du propriétaire et sans que cette chasse ait été prescrite ou autorisée par le préfet; que tel est le fait reconnu constant à la charge du demandeur en cassation, et que, en le déclarant coupable du délit ci-dessus spécifié, l'arrêt attaqué, loin de violer la loi, en a fait à la cause une juste et exacte application ;

Attendu, en outre, que la chasse reprochée au demandeur eût-elle été régulièrement autorisée par le préfet de la Haute-Saône, Caillot serait encore en délit pour y avoir procédé sans l'inspection et la surveillance des agents forestiers, les agents locaux n'en ayant pas été préalablement avertis et n'ayant donné aucune délégation aux deux gardes forestiers qui ont jugé à propos d'y assister ; qu'en vain le demandeur objecte que la présence de préposés suffit pour satisfaire à la loi, lors même que ces préposés n'ont pas reçu mission d'un fonctionnaire ayant le titre d'agent; que l'art. 5 de l'arrêté de l'an V exige impérativement l'inspection et la surveillance d'agents forestiers; qu'il résulte du préambule de l'arrêté que cette expression désigne, dans l'art. 5, les fonctionnaires de l'Administration des forêts qui remplacent aujourd'hui ceux indiqués dans l'art. 19 de l'ordonnance du mois de janv. 1583, c'est-à-dire les fonctionnaires qui, depuis 1827, portent seuls le titre d'agents forestiers; que cette interprétation est confirmée par les dispositions du règlement de 1814 relatives aux battues et par l'ordonnance du 1er août 1827 et le Code forestier, qui ont définitivement séparé les agents proprement dits des gardes ou préposés ; que, sans doute, l'agent local, dûment averti, peut se faire représenter sur le terrain par des gardes qu'il délègue, mais qu'on ne peut dire qu'un fait de chasse a eu lieu sous son inspection et sous sa surveillance, lorsqu'on le lui a laissé ignorer et qu'il n'a eu pour témoins que deux gardes non délégués par cet agent ou délégués pour un autre territoire ; qu'à ce point de vue encore, l'arrêt attaqué, en déclarant délictueux le fait incriminé, a fait une exacte application de la loi;

Sur le second moyen de pourvoi, pris de la violation de l'art. 11, § 2, de la loi du 3 mai 1844, en ce que cet article justifierait le second fait de chasse relevé comme délictueux à la charge du demandeur : — Attendu qu'il résulte du jugement attaqué que, le 21 mars 1878, après la clôture de la chasse dans le département de la Haute-Saône, une battue ou chasse aux sangliers a été régulièrement autorisée sur le territoire de Filain; que Caillot, chargé de la diriger, comme lieutenant de louveterie, trouva dans un bois de cette commune la piste d'un de ces animaux et la fit suivre par ses chiens; qu'elle le conduisit sur le territoire de Vy-lez-Filain, où le sanglier fut levé dans une forêt communale dont la chasse est louée à Courcelles; que le sanglier fut chassé dans cette forêt pendant une partie de la journée, par Caillot et par ceux qui l'accompagnaient; — Attendu que l'autorisation accordée par le préfet de la Haute-Saône étant limitée au territoire de la commune de Filain, les faits de chasse qui ont eu lieu hors de ce territoire constituent le délit de chasse en temps prohibé et ont été, à bon droit, réprimés sous cette qualification par l'arrêt attaqué; que la découverte d'une piste dans le bois de Filain ne pouvait donner à Caillot le droit de rechercher et de lever dans le bois d'une autre commune l'animal que cette piste indiquait ; — Rejette, etc.

MM. de Carnières, prés. ; Thiriot, rapp. ; Benoist, av. gén. ; Hérisson et Brugnon, av.

CASS.-CRIM. **30 janvier 1879.**

DÉLIT RURAL, CHASSE, TERRAIN ENSEMENCÉ, PASSAGE, GIBIER TUÉ, CONTRAVENTION, EXCUSE.

Le fait, par un chasseur, qui n'est ni armé, ni en attitude de chasse, de passer sur un terrain ensemencé, sans le consentement du propriétaire, constitue une contravention à l'art. 471, n. 13, C. pén. — On exciperait en vain de ce que ce passage n'avait lieu que pour aller ramasser un gibier mort ou mourant; ce n'est pas là une excuse légale dérivant de la nécessité et assimilable au droit du propriétaire enclavé (1) (C. pén., 471, n. 13).

(Lebrument). — ARRÊT.

LA COUR : — Vu l'art. 471, n. 13, C. pén.; — Attendu qu'il est constaté par le jugement attaqué que, le 13 nov. 1878, le sieur Lebrument, après avoir mortellement blessé un lièvre sur son terrain, avait, en poursuivant ce gibier, pour le ramasser, passé, sans y être autorisé, sur un champ ensemencé et appartenant à autrui; — Attendu que traduit devant le tribunal de simple police, il a été relaxé par ce motif qu'il avait exercé un droit de suite, dérivant de la nécessité et assimilable au droit du propriétaire enclavé; — Attendu que cette excuse est illégale; que si, dans certains cas, le passage sur le terrain d'autrui est considéré comme circonstance aggravante d'un délit de chasse, et ne peut en être séparé, il en résulte seulement que le juge de police devient alors incompétent; — Mais attendu que, dans l'espèce, il est déclaré, par le jugement attaqué, que le prévenu, au moment où il traversait le champ ensemencé de son voisin, n'était ni armé ni en état de chasse; que ce fait, isolé de toute action de chasse, constituait une contravention à l'art. 471, n. 13, C. pén.; que si cet article souffre des exceptions, par exemple, en faveur du propriétaire enclavé, ces exceptions sont établies par des lois spéciales; mais que ni la loi du 3 mai 1844, ni aucune loi n'admettent une pareille exception en faveur de celui qui, pour ramasser un gibier mort ou mourant, passe sur un terrain ensemencé sans l'autorisation du maître de ce terrain, et au mépris de la défense édictée par la loi; — D'où il suit qu'en refusant de reconnaître la contravention et d'appliquer l'art. 471, n. 13, C. pén., le jugement attaqué a violé cette disposition; — Casse, etc.

MM. de Carnières, prés.; Dupré-Lasale, rapp.; Benoist, av. gén.

CASS.-REQ. 3 février 1879.

DOT, RÉGIME MATRIMONIAL, INALIÉNABILITÉ, MEUBLES, RAPPORT A SUCCESSION, REMPLOI, RECOURS, HYPOTHÈQUE LÉGALE, SÉPARATION DE BIENS, CRÉANCE DOTALE, CESSION, CONSENTEMENT DU MARI.

Les époux, quel que soit leur régime matrimonial, ont la faculté de stipuler que la dot mobilière ou immobilière sera inaliénable, ou ne pourra être aliénée que sous certaines conditions; une clause de cette nature, qui n'a rien de contraire à la loi, imprime à la dot constituée un véritable caractère d'inaliénabilité avec les effets réglés pour le régime dotal (2) (C. civ., 1387 et suiv., 1549, 1553, 1554, 1560).

Lorsqu'une dot mobilière est rapportée à la succession du constituant, le capital reçu en représentation sur les autres valeurs successorales se trouve frappé de dotalité (3) (C. civ., 1559).

En principe, la dot mobilière est inaliénable en ce sens seulement que la femme ne peut renoncer, soit à son recours contre son mari, soit à l'hypothèque légale attachée à ce recours (4) (C. civ., 1554).

Mais, après la séparation de biens, la dot reste absolument inaliénable pour la femme, qui en reprend la libre administration, sans pouvoir s'obliger sur le capital dotal, ni l'aliéner. — Par suite, la femme ne peut, même avec le concours de son mari, valablement céder une partie de sa créance dotale (5) (Id.).

(Hue c. Girout de Villette).

M. Barafort, conseiller rapporteur, a présenté, sur ces intéressantes questions, les observations suivantes :

« La *première branche* du moyen ne nous arrêtera pas longtemps. Nous reconnaissons qu'une simple stipulation d'emploi ou de remploi, pour certains des biens de la femme, n'implique pas nécessairement de la part des époux l'intention de soumettre ces biens au régime dotal. C'est dans ce sens que s'expliquent généralement les auteurs, quoique plusieurs d'entre eux, et des plus autorisés, notamment Merlin, *Questions de droit*, v° *Remploi*, § 7, paraissent incliner dans un sens contraire. Ainsi l'on comprend très-bien que dans l'arrêt de cette Chambre, du 19 janv. 1869 (S. 69. 1. 360. — P. 69. 393), cité par le mémoire (MM. Bonjean, Dagallier, Savary), vous ayez dit que la clause d'un contrat de mariage portant, après adoption du régime de la communauté, qu'il sera fait emploi des biens de la communauté jusqu'à concurrence d'une certaine somme, sans que les acquéreurs et débiteurs aient à exiger aucune autre justification de cet emploi qu'un acte notarié, et sans qu'ils en soient juges ni responsables, n'imprime pas aux biens soumis à un tel remploi le caractère de biens dotaux, et, par suite, ne met pas obstacle à ce qu'ils soient saisis par les créanciers de la femme, ou cédés à ceux-ci en payement de leurs créances. Il n'y avait là ni déclaration expresse de dotalité, ni déclaration équivalente qui pût en tenir lieu. Mais il n'en est pas moins certain que l'adoption totale ou partielle du régime dotal n'est point assujettie à des expressions sacramentelles, et qu'elle peut très-bien résulter de l'ensemble des clauses d'un contrat de mariage. (Ici M. le rapporteur cite un arrêt du 15 mars 1853 (S. 53. 1. 465. — P. 56. 1. 219. — D. 53. 1. 81), dont il lit la partie doctrinale applicable à l'espèce actuelle; il lit aussi un arrêt du 21 janv. 1856 (S. 56. 1. 329. — P. 56. 2. 544. — D. 56. 1. 354), et il continue en ces termes :) — Éclairés par ces précédents de votre jurisprudence, nous pouvons dire avec MM. Aubry et Rau, 4e édit., t. V, § 504, p. 268, que les époux auront la faculté, « en se mariant sous le régime de la communauté, d'adopter, sous certains rapports et pour partie seulement, telles ou telles règles particulières au régime dotal. Il leur sera notamment permis de déclarer inaliénables les immeubles de la communauté. » Cette clause n'a rien de contraire à la loi; donc elle est licite et obligatoire.

« Venons à notre espèce.

« Art. 4. En faveur du mariage projeté, Conneville *constitue personnellement en dot à sa fille* une rente sur l'État de 1,770 fr.. en 5 pour 100, donnant un capital de 40,008 fr. — Art. 6. Les 1,770 fr. de rente ci-dessus constitués en dot à la future épouse ne pourront être aliénés qu'à la charge par le futur époux de faire emploi des capitaux en provenant, soit en actions de la Banque, soit en acquisitions d'immeubles ou en placements hypothécaires. » — Le même article ajoute *in fine* : « La future épouse ne pourra contracter aucun engagement qui pourrait avoir pour objet d'aliéner sa dot, les parties voulant que les 40,000 fr. ci-dessus donnés en dot soit toujours employés, soit en rentes sur l'État, soit en actions de la Banque, soit en obligations, soit en immeubles. »

« Nous n'avons plus qu'un mot à ajouter : l'arrêt de la Chambre civile de 1853 dit très-bien que l'inaliénabilité de la dot dans un

(1) Il a été jugé que celui qui, sans le consentement du fermier, traverse, en chassant, un terrain ensemencé dont il a le droit de chasse, contrevient à l'art. 471, n. 13, C. pén., encore bien que son bail lui accorde, pour l'exercice de son droit de chasse, tous les droits que la loi confère au propriétaire : Cass., 2 avr. 1881 (Pand. chr.), et la note. — La même solution s'imposait dans notre espèce.

Pour relaxer le prévenu, le premier juge paraît s'être laissé guider par la considération que le chasseur était propriétaire du gibier qu'il avait tué ou blessé mortellement. Il est certain que le gibier appartient au premier occupant, et qu'il y a occupation par cela que le gibier est suivi par celui qui l'a blessé mortellement. V. nos observations sous un arrêt de Cass., du 17 déc. 1879 (Pand. chr.). Sans doute encore, ce chasseur peut aller ramasser son gibier sur le terrain d'autrui sans commettre un délit de chasse; Rouen, 21 nov. 1879 (Pand. chr.), et la note. Mais ce droit ne peut être exercé que sous la condition de ne pas enfreindre la loi, que cette loi se réfère ou non à la chasse. Or, en matière de passage sur un terrain ensemencé, les cas d'excuse légale sont limitativement énoncés par l'art. 491, C. pén.; il n'appartient pas au juge d'en créer d'autres par assimilation, et, quand il le fait, comme dans notre espèce, sa décision doit être cassée.

(2-5) V. sur toutes ces questions le rapport de M. le conseiller Barafort inséré au cours de cet article et les citations d'arrêts et d'auteurs qu'il contient. — *Adde*, Cass. req., 27 avril 1880 (Pand. chr.); civ., 13 févr. 1884, aff. Brun c. Monier (Pand. chr.), et les renvois en note.

contrat de mariage est le signe caractéristique du régime dotal; l'arrêt attaqué a donc eu raison de conclure de l'ensemble des clauses du contrat de mariage des époux de Villette que la dot, de 40,000 fr. constituée à la future épouse ne pouvait être aliénée *que sous condition d'un remploi déterminé*. — Or, qu'a fait la dame de Villette? Elle a *cédé* une partie de son capital dotal; elle a donc contrevenu à cette clause de son contrat de mariage : « La future épouse ne pourra contracter aucun engagement qui pourrait avoir pour objet d'*aliéner* sa dot. »

Deuxième branche. — Nous savons comment la dot de 40,000 ou de 40,008 fr., constituée à la dame de Villette par son père, a dû être *rapportée*, partiellement au moins, à la succession de ce dernier. Il peut être utile de rappeler comment l'arrêt attaqué constate le résultat des opérations de partage en ce qui concerne ce rapport (ici, M. le rapporteur lit la partie de l'arrêt attaqué sur ce point). Ces opérations de partage et de rapport ainsi constatées s'expliquent par les nécessités légales de la situation qui se trouvait faite aux parties. La dame de Bonneville, leur mère, était légataire en usufruit de la moitié de la succession de son mari; il ne fallait donc pas que deux des cohéritiers, — les deux frères, — fussent lotis avec des valeurs grevées de cet usufruit, tandis que la dame de Villette, leur sœur, conserverait son ancienne dot affranchie de cet usufruit de la mère commune. Ainsi s'explique le *rapport partiel* opéré sur sa dot par la dame de Villette en faveur de ses deux frères. Ainsi s'explique parfaitement encore le droit reconnu à celle-ci en nue propriété, sur les facultés attribuées en usufruit à la dame de Bonneville, sa mère, et parmi lesquelles se trouvait la somme hypothéquée, prêtée aux époux Feautrier, déclarée dans l'acte de prêt appartenir à la dame de Villette, en nue propriété, pour 28,975 fr. *Une sorte de substitution* qu'indique l'arrêt attaqué, relativement à la somme *rapportée comme dotale*, et retrouvée *comme telle*, sur les autres valeurs héréditaires, cela parait insolite, anormal au mémoire ampliatif; l'arrêt, dit-il, ne prononce pas même le mot de *remploi*. — Il y a ceci de particulier dans une telle objection, que le remploi est généralement et fort exactement défini : « la substitution d'une chose à une autre ». — En tout cas, il ne faut pas s'arrêter aux mots, mais aux choses que ces mots représentent. Or la substitution caractérisée par l'arrêt attaqué nous paraît exister en réalité.

« Remarquons, d'ailleurs, qu'il ne s'agit point ici des questions ordinairement agitées en matière d'emploi ou de remploi; — il s'agit uniquement de trouver le lien entre la dot représentée par la créance Appey, et la dot partiellement représentée par la créance Feautrier. Or, ce lien, l'arrêt attaqué le trouve, en fait, dans les opérations de partage et de rapport qu'il constate. Il y a plus, la substitution de la créance Feautrier constituée en valeurs successorales avec attribution de 28,975 fr. à la dame de Villette, cette substitution, disons-nous, ne s'est-elle pas opérée, *ipso jure*, dans les circonstances de la cause? Le mémoire touche cette question en nous indiquant un arrêt d'Agen, du 27 juill. 1865 (S. 66. 2. 5. — P. 66. 72. — D. 65. 2. 173), par lequel il est jugé que l'immeuble constitué en dot à la femme en avancement d'hoirie, par ses père et mère dans son contrat de mariage, cesse d'être dotal, si, par l'effet du rapport qui en est fait à la succession des donateurs, il est tombé dans le lot d'un autre héritier. Jusqu'ici, rien de mieux; mais l'arrêt ajoute que la dotalité ainsi effacée ne revit pas sur l'immeuble que la femme reçoit en remplacement. Là se trouve la difficulté. Nous ne connaissons pas d'arrêt émané de vous qui la tranche. — Mais la Cour de Montpellier s'est prononcée dans un sens contraire à la solution de la Cour d'Agen, par un arrêt du 11 nov. 1836 (S. 37. 2. 133. — P. 37. 1. 258. — D. *Jurispr. gén.*, v° *Contr. de mar.*, n. 3239-2°). — La *Revue judiciaire du Midi* (1re année, 1re part., p. 449), dit l'arrêtiste Dalloz, dans les observations qui accompagnent l'arrêt d'Agen, adopte de préférence la doctrine de la Cour de Montpellier. Ajoutons que Dalloz, *Jur. gén.*, v° *Contrat de mariage*, n. 3239 et 3721, reproduit non-seulement sans désapprobation aucune, mais paraissant y adhérer, au contraire, l'arrêt de Montpellier, duquel il résulte que, lorsqu'une femme a été obligée de rapporter à la succession de son père, donateur, certains immeubles à elle donnés en avancement d'hoirie et frappés de dotalité en vertu de la donation faite par contrat de mariage, et que, par l'effet du partage, elle a reçu d'autres biens dans son lot, les autres biens prennent la place de ceux primitivement constitués en dot, et deviennent comme eux dotaux et inaliénables jusqu'à concurrence de la valeur de ces derniers : *Subrogatum capit naturam subrogati;* c'est la *subrogation de chose*, admise encore dans un cas semblable par un deuxième arrêt de Montpellier du 2 mai 1854 (S. 54. 2. 687. — P. 56. 1. 47), et par deux autres arrêts cités par celui-ci. Les arrêts de Montpellier, sur notre question, sont approuvés par M. Troplong, *Du contrat de mariage*, t. IV, n. 3512, par MM. Rodière et Pont, *Traité du contrat de mariage*, 2e édit., t. III, n. 1686; par M. Guilhon, *Des donations*, n. 1228; par MM. Massé et Vergé, sur Zachariæ, t. IV, p. 249, § 670, note 64; et par MM. Aubry et Rau, *Droit civil français*, 4e édit., t. V, § 534, p. 541, texte et note 36.

« En pareil cas, suivant ces derniers auteurs, on peut dire qu'il y a échange forcé. « Il y a mieux, ajoutent-ils; par cela même que la constitution de dot porte sur des immeubles donnés en avancement d'hoirie, elle s'applique virtuellement aux immeubles que la femme recevra par suite du partage... Le système contraire présenterait les plus grands dangers, en ce qu'il permettrait à la femme de rendre tous ses biens aliénables au mépris de la constitution dotale... »

« Le seul auteur indiqué comme ayant une opinion contraire est Tessier, *De la dot*, t. 1, p. 270 et suiv. Mais voici le tempérament qu'il apporte à son opinion : l'immeuble pris dans la succession en remplacement de l'immeuble rapporté n'est pas dotal; c'est la valeur de l'immeuble donné qui repose sur l'immeuble reçu à sa place. Cette valeur est *frappée d'inaliénabilité* et demeure à l'abri de toute exécution de la part des créanciers envers lesquels des obligations auraient été contractées par la femme. Cette manière de voir nous semble devoir être adoptée: en même temps qu'elle respecte les notions reçues en matière de subrogation (de chose), elle concilie, autant que possible, avec les règles du rapport, la loi du contrat de mariage et le caractère de perpétuité attaché à cette loi. Ce système est aussi favorable à la femme que le précédent.

« Par une pente toute naturelle, nous revenons à notre espèce. Une dot mobilière de 40,000 francs a été constituée. Partiellement rapportée par la fille donataire, celle-ci la reprend dans la succession, et sur la créance Fautrier déclarée lui appartenir pour 28,975 francs (juste la somme que l'arrêt déclare lui être due sur sa dot par suite du rapport); cette créance est donc dotale, jusqu'à due concurrence, en vertu des règles du rapport combinées avec la loi du contrat de mariage, comme parlait tout à l'heure Tessier.

« Ce n'est pas tout. Ce qu'on décide en matière d'immeubles nous paraît, *à fortiori*, devoir être décidé, en matière de valeurs mobilières, de sommes d'argent. Un immeuble, le fonds Cornélien, par exemple, est constitué *in specie;* une somme d'argent l'est *in genere*, des espèces remplacent absolument d'autres espèces. Ici la substitution s'opère naturellement par la force des choses. Une créance hypothécaire en remplace une autre; c'est toujours une somme d'argent constituée en dot. L'incommutabilité de la convention matrimoniale exerce tout son empire. La dot n'est pas constituée à temps, mais bien pour toute la durée du mariage. Ne serait-ce pas ouvrir la porte aux plus graves abus que de ne pas reconnaître la dotalité de la dernière somme remplaçant la première? Que deviendraient les garanties de conservation dotale stipulées par le père donateur?

« On insiste pourtant : dans l'acte de cession, les époux de Villette déclarent qu'ils sont judiciairement séparés de biens depuis le 23 sept. 1858, et qu'auparavant ils étaient mariés sous le régime de la communauté, suivant contrat de mariage du 6 fév. 1840; rien ne peut être plus affirmatif sur la validité de la garantie donnée aux prêteurs, dit le mémoire. La réponse se fait d'elle-même. Celui qui traite avec une femme mariée doit s'assurer, par l'inspection du contrat de mariage, si les biens de celle-ci sont dotaux, ou extradotaux. Ce sont vos arrêts qui le disent (V. notamment un arrêt de la Cour du 9 nov. 1826). Remarquons d'ailleurs que, dans l'espèce, l'un des principaux prêteurs était le notaire B... Faire dire par la femme qu'elle était mariée en communauté sans ajouter qu'elle avait 40,000 francs constitués en capital dotal, n'était-ce pas un calcul? On pourrait le supposer. — En résumé, le deuxième grief du pourvoi ne nous paraît pas mieux fondé que le premier.

« *Troisième branche.* — On sait qu'après la promulgation du Code civil, deux systèmes se sont trouvés en présence sur la question de l'aliénabilité ou de l'inaliénabilité de la dot mobilière, l'un se prononçant résolûment dans le premier sens, l'autre se prononçant non moins résolûment dans le deuxième. L'expression *immeubles*, de l'art. 1554, et l'expression *biens dotaux*, de l'art. 1555, appelaient nécessairement cette ancienne controverse. Vos arrêts, s'inspirant du droit romain et des traditions de notre vieille jurisprudence française, que nous ne voulons pas exhumer (cela nous mènerait trop loin), ont adopté une théorie intermédiaire entre les deux systèmes des auteurs. « Le mari, ont-ils dit, doit avoir, comme *dominus dotis*, la libre disposition des valeurs mobilières; toutefois, la femme ne pourra point renoncer à son hypothèque légale qui lui garantira le remboursement de sa dot. » Tels sont les arrêts *Drevon* et *Carvalho*, cités par le mémoire, et quelques autres antérieurs. Mais, quand il y a séparation de biens, comme dans notre espèce, le système intermédiaire ne trouve plus de place. D'une part, il n'est pas permis au mari d'aliéner les valeurs mobilières dotales dont il n'a plus la disposition; et, d'autre part, la femme ne peut pas plus aliéner sa dot mobilière que sa dot immobilière, dont elle ne saurait compromettre la conservation par des engagements quelconques. — Écoutons un instant M. Delangle, parlant, en 1846, devant la Chambre civile. Il venait de dire que le mari est encore aujourd'hui *dominus dotis*... et il ajoute : « Mais si l'inaliénabilité de la dot mobilière, au regard du mari, *n'est qu'un vain mot*, cette inaliénabilité existe dans toute son énergie au regard de la femme. Oui, c'est à l'égard de la femme seule que la dot est vraiment inaliénable; elle doit la conserver intacte. Tous ses droits pour conserver sa dot doivent être saufs; tout ce qu'elle fait pour y porter atteinte ou la diminuer d'une manière quelconque est affecté de nullité. Si les tiers ont traité avec elle, même concurremment avec son mari, tout ce qu'ils ont fait est sans force. La femme a une action contre eux pour les contraindre à restituer ce qu'elle a indûment aliéné. » — Sur les conclusions de M. Delangle et sous la présidence de M. Portalis, au rapport de M. Miller, la Chambre civile décide que c'est à l'égard de la femme seule que la dot mobilière est inaliénable, en ce sens qu'elle ne peut ni directement, ni indirectement, avec le concours de son mari ou sans ce concours, aliéner les droits que la loi lui a assurés pour la conservation de cette dot, mais que, de la part du mari, la dot mobilière est aliénable, et qu'il a pu céder à un tiers une créance dotale de sa femme, même avant son exigibilité, 12 août 1846 (S. 46. 1. 602. — P. 46. 2. 379. — D. 46. 1. 297). — Le 14 nov. 1846, M. Teste, président, M. Rives, rapporteur, M. Pascalis, conclusions conformes, vous avez jugé, Chambres réunies, que la dot mobilière était inaliénable de la part de la femme séparée de biens, dans le cas surtout où elle a été constituée à charge d'emploi (S. 46. 1. 824. — P. 47. 1. 60. — D. 47. 1. 27). Et votre Chambre civile avait jugé de même dans la même affaire, le 23 déc. 1839, sous la présidence de M. Dunoyer, faisant fonction de président, au rapport de M. de Broé, et sur les conclusions conformes de M. Laplagne-Baris (S. 40. 1. 242. — P. 40. 1. 63. — D. 40. 1. 5). Le 11 mai 1859 (S. 59. 1. 481. — P. 59. 917. — D. 59. 1. 226), votre Chambre civile, MM. Bérenger, président, Moreau (de la Meurthe), rapporteur, Sévin, avocat général, conclusions conformes, a jugé que les payements faits, après la séparation de biens, par une femme dotale, avec des deniers dotaux, en vertu d'engagements contractés durant son mariage, sont nuls. Le 29 juin 1862 (S. 63. 1. 443. — P. 63. 605. — D. 63. 1. 366), la Chambre des requêtes a jugé que lorsqu'une femme dotale renonce, au profit des créanciers de son mari, à l'exercice d'une partie de ses reprises dotales, cet abandon est nul comme contraire au principe de l'inaliénabilité de la dot. MM. Nicias Gaillard, président; Nicolas, rapporteur; de Peyramont, avocat général, conclusions conformes : — « Attendu, avez-vous dit, que cet engagement constitue, de la part de la femme, une aliénation d'une partie de sa dot hors des exceptions aux principes de l'inaliénabilité de la dot; qu'ainsi cet engagement était frappé de nullité. » Enfin, le 12 mars 1866 (S. 66. 1. 159. — P. 66. 407. — D. 66. 1. 178), la Chambre civile, MM. Troplong, président; Eugène Lami, rapporteur, Blanche, conclusions conformes, jugeait que, sous le régime dotal, la femme, après séparation de biens, ne peut pas plus s'obliger sur sa dot mobilière que sur ses immeubles dotaux. — Il faut donc tenir pour constant qu'en face de votre jurisprudence, conforme aux principes les plus certains, la femme, après séparation de biens, se trouve replacée sous l'empire absolu de l'*inaliénabilité dotale*.

« Vous n'avez plus qu'à conclure sur ce dernier chef. La dame de Villette, après sa séparation de biens, a cédé une partie de sa dot. C'est elle-même qui a été la cédante. Le mémoire a dit, par erreur, le contraire. On a donc violé les principes généraux en cette matière; on a violé, en outre, la loi spéciale du contrat de mariage, portant : « La future épouse ne pourra contracter aucun engagement qui pourrait avoir pour objet d'aliéner la dot, les parties voulant que les 40,000 francs ci-dessus donnés en dot soient toujours employés en rentes sur l'Etat, en actions de la Banque, en obligations ou en immeubles. » — Aussi bien l'arrêt n'autorise la dame de Villette à retirer sa dot consignée qu'à la condition d'en faire emploi, conformément à la convention matrimoniale. — Le troisième grief du pourvoi ne nous paraît donc pas mieux fondé que les précédents.

« Si la Cour pensait comme nous, elle rejetterait le pourvoi. »

ARRÊT.

LA COUR : — Sur le moyen unique du pourvoi, tiré de la violation des art. 1549 et 1553, C. civ., et de la fausse application des art. 1554 et 1560 du même Code : — Sur la première branche du moyen : — Attendu qu'il résulte de l'ensemble des constatations de l'arrêt attaqué que le sieur de Bonneville père constitua en dot à sa fille, la dame de Villette, dans le contrat de mariage de cette dernière, du 6 févr. 1840, un capital de 40,008 francs en rente 5 pour 100, qui ne pouvait être aliéné qu'à la charge par le futur époux d'un emploi en actions de la Banque, en immeubles ou en placements hypothécaires, et qu'il fut ajouté dans le contrat de mariage que la future épouse ne pourrait contracter aucun engagement qui aurait pour objet d'aliéner sa dot; — Attendu que les époux, quel que soit leur régime matrimonial, ont la faculté de stipuler que la dot mobilière ou immobilière sera inaliénable, ou ne pourra être aliénée que sous certaines conditions, et qu'une clause de cette nature, qui n'a rien de contraire à la loi, imprime à la dot constituée un véritable caractère d'inaliénabilité avec les effets réglés pour le régime dotal;

Sur la deuxième branche : — Attendu qu'il résulte encore des diverses circonstances détaillées et appréciées par les juges du fond, que le capital dotal ne sortit partiellement des mains de la dame de Villette, par l'effet d'*un rapport* auquel cette dame fut tenue envers ses deux frères, après la mort du père commun, que pour se retrouver, avec le même caractère de dotalité, sur les autres facultés mobilières de la succession, et qu'une partie de ces valeurs a été employée à constituer la créance hypothécaire sur les époux Feautrier; qu'il a donc été déclaré, à bon droit, que la somme due par ces derniers, ou consignée par eux, fait partie de la dot de la dame de Villette jusqu'à concurrence du solde de cette dot; — Attendu, en effet, que lorsqu'une dot mobilière est rapportée, comme dans l'espèce, à la succession du constituant, le capital reçu en représentation sur les autres valeurs successorales se trouve frappé de dotalité; que la première somme constituée en dot n'étant pas destinée à être conservée *in specie*, ce qui la rendrait absolument improductive, il suffit qu'elle revienne, *in genere*, à la femme qui en a effectué le rapport, pour que la dernière somme conserve le caractère dotal de la première; qu'une décision contraire violerait ouvertement le principe de l'immutabilité de la convention matrimoniale, puisque le capital de la femme se trouverait transformé de la sorte, de créance dotale en créance d'une autre nature, ce qui ne saurait être;

Sur la troisième branche : — Attendu qu'en thèse générale, la dot mobilière est inaliénable, en ce sens seulement que la femme ne peut renoncer, soit à son recours contre le mari, soit à l'hypothèque légale attachée à ce recours; — Mais qu'après la séparation de biens, la dot reste absolument inaliénable pour la femme qui en reprend la libre administration, sans pouvoir s'obliger sur le capital dotal, ni l'aliéner; — Attendu que, dans l'espèce, la dame de Villette était judiciairement séparée de biens, depuis le 23 sept. 1858; qu'il a donc été décidé très-juridiquement, par l'arrêt attaqué, que cette dame n'avait pu, même avec le concours de son mari, valablement céder une partie de sa créance dotale; — D'où il suit que les divers articles de loi ci-dessus invoqués n'ont été ni violés ni faussement appliqués; — Rejette, etc.

MM. Bédarrides, prés.; Barafort, rapp.; Robinet de Cléry, av. gén. (concl. conf.); Sabatier, av.

CASS.-REQ. 4 février 1879.

TESTAMENT OLOGRAPHE, DATE, ERREUR INVOLONTAIRE, RECTIFICATION, TIMBRE, FILIGRANE, CODICILLE, ÉLÉMENTS INTRINSÈQUES.

L'erreur dans la date d'un testament n'est point une cause de nullité lorsqu'elle est le résultat d'une inadvertance et qu'elle peut être rectifiée avec certitude à l'aide d'éléments fournis par le testament lui-même (1) (C. civ., 970).

(1) V. en ce sens, Riom, 19 juill. 1871, sous Cass. (S. 73. 1. 107. — P. 73. 242. — D. 73. 1. 436); Bordeaux, 28 févr. 1872 (S. 73. 2. 173. — P. 73. 715. — D. 72. 2. 204); Montpellier, 31 déc. 1872 (S. 73. 2. 173. — P. 73. 715. — D. 73. 2. 116); Lyon, 25 juin

...Spécialement, *au moyen d'un rapprochement entre la date du filigrane du papier timbré et la date non contestée d'un codicille suivant immédiatement le testament, s'y rattachant par un lien matériel et moral indissoluble et faisant corps avec lui* (1) (Id.).

Par exemple, un testament daté du 25 févr. 1871, avec indication du jour et du mois reconnue exacte, doit être nécessairement déclaré du 25 févr. 1872, seule date possible entre le mois de janvier 1872, époque de l'émission du papier timbré, et le 16 août 1872, époque de la confection du codicille; le testament ne pouvant être ni antérieur à 1872 et par conséquent de 1871, ni postérieur au 16 août 1872 (2) (Id.).

(Baudin c. Musy).

5 avril 1878, arrêt de la Cour de Lyon, conçu dans les termes suivants : — « LA COUR : — Considérant que la veuve Crépu est décédée laissant un testament olographe qui porte la date du 25 févr. 1871 et par lequel, après avoir fait différents legs, elle institue pour sa légataire universelle Marie-Josephte Musy, sa nièce; — Considérant que, à la suite de ce testament, se trouve un codicille ainsi conçu : « Par supplément, je lègue aux trois petites filles nées du premier mariage de mon neveu, Louis Musy, la somme de douze mille francs »; que ce codicille, régulièrement signé, porte la date du 16 août 1872; — Considérant que la date du codicille n'a point été contestée, mais qu'il n'en est pas de même de celle du testament; que, tout en reconnaissant sincère et vraie l'indication du jour et du mois, on prouve, par le filigrane du papier timbré dont s'est servi la veuve Crépu, qu'elle n'a pu faire son testament le 25 févr. 1871, puisque ce papier timbré n'a été mis en circulation qu'au mois de janv. 1872; — Considérant que la demoiselle Musy, légataire universelle, ne nie point ces faits, mais qu'elle soutient que la date du testament peut facilement être rectifiée au moyen du codicille; — Considérant, en effet, que le testament ne peut pas être postérieur au codicille se référant au testament et la testatrice déclarant qu'elle dispose par supplément à ce testament; que, dès lors, le testament ne peut pas être du 25 févr. 1873, puisque le codicille est du 16 août 1872; que, d'un autre côté, on a vu déjà qu'il ne pouvait pas être du 25 févr. 1871, puisque le papier timbré sur lequel il est écrit n'était pas en circulation en 1871; qu'il est donc nécessairement du 25 fév. 1872; — Considérant que cette rectification ne laisse pas place au plus léger doute; qu'elle est aussi certaine que si la testatrice était morte le jour même où elle a fait son codicille, hypothèse dans laquelle personne ne se refuserait à la rectification; — Considérant qu'à la vérité la jurisprudence qui permet de contester la date d'un testament, en recourant à des preuves en dehors du testament, veut que, pour la rectifier, on ne s'adresse qu'au testament lui-même; — Mais que, dans l'espèce, on ne s'écartera pas de cette jurisprudence et surtout on restera fidèle à son esprit en rectifiant la date du testament au moyen du codicille; — Considérant, en effet, qu'il ne s'agit pas d'un codicille isolé, ne se rattachant au testament par aucun lien matériel ou intellectuel; que le codicille de la veuve Crépu est sur la même feuille de papier timbré que son testament, qu'il est écrit immédiatement au-dessous de la signature dudit testament, sans autre séparation que l'intervalle ordinaire mis par la testatrice entre les lignes de son écriture; qu'il commence par ces mots : « par supplément »; qu'il fait corps avec le testament lui-même; que, dans l'esprit de la veuve Crépu, il est une annexe nécessaire dont le but est de réparer une omission dans l'intérêt des personnes qui lui sont chères; que codicille et testament tiennent l'un à l'autre par un lien matériel et un lien moral vraiment indissolubles; — Considérant qu'il résulte de tout ce qui précède que la date du testament de la veuve Crépu doit être fixée au 25 févr. 1872; que dès lors le testament est régulier et doit être validé; qu'il n'y a donc plus lieu d'ordonner le partage de la succession de la veuve Crépu, ainsi que l'a fait le tribunal; — Par ces motifs, dit que la date du testament de la veuve Crépu est rectifiée et fixée au 24 févr. 1872; — En conséquence valide ledit testament et déboute Baudin, en sa qualité, de sa demande en partage. »

Pourvoi en cassation par Baudin, ès qualités.

ARRÊT.

LA COUR : — Sur le moyen unique, tiré de la violation de l'art. 970, C. civ. : — Attendu, en droit, que l'erreur dans la date d'un testament n'est point une cause de nullité lorsqu'elle est le résultat d'une inadvertance et qu'elle peut être rectifiée avec certitude à l'aide d'éléments fournis par le testament lui-même; — Attendu, en fait, qu'il résulte de l'ensemble des motifs de l'arrêt attaqué : — 1° que la date du testament de la veuve Crépu (25 févr. 1871) a été reconnue vraie et sincère en ce qui concerne l'indication du jour et du mois; — 2° qu'en ce qui concerne l'indication de l'année, la veuve Crépu a commis involontairement une erreur démontrée par le filigrane du papier timbré émis en janv. 1872; — 3° que le codicille du 16 août 1872, qui suit immédiatement le testament, s'y rattache par un lien matériel et moral indissoluble et fait corps avec lui, permet de rectifier cette erreur de la manière la plus certaine et sans qu'il reste place au plus léger doute; qu'il ressort, en effet, du rapprochement de la date de l'émission du papier timbré et de celle non contestée du codicille, que le testament qui, énonçant exactement le jour et le mois où il a été rédigé, ne peut être ni de l'année 1871, ni postérieur au 16 août 1872, est nécessairement du 25 févr. 1872; qu'en validant par suite le testament dont il s'agit, la Cour d'appel de Lyon n'a nullement violé l'article susvisé; — Rejette, etc.

MM. Bédarrides, prés.; Petit, rapp.; Robinet de Cléry, av. gén. (concl. conf.); Bosviel, av.

CASS.-CIV. 25 février 1879.

AUTORISATION DE FEMME MARIÉE, APPEL.

(Pissard c. Maury et autres.)

V. le texte de cet arrêt reproduit en sous-note *a* de Paris, 6 juin 1882 (Pand. chr.).

CASS.-CRIM. 6 mars 1879.

1° CITATION, MATIÈRE CORRECTIONNELLE, FORMALITÉS, PRÉVENU, NOM, ERREUR, REMISE A PERSONNE OU A DOMICILE, COMPARUTION, DÉFENSE, NULLITÉ COUVERTE. — 2° HOMICIDE, BLESSURES, IMPRUDENCE, ENTREPRENEUR, CHEF DES TRAVAUX, FAUTE, RESPONSABILITÉ.

1° L'omission, dans un exploit de citation en matière cor-

1875 (S. 76. 2. 55. — P. 76. 237); Cass., 8 janv. 1879 (Pand. chr.); 15 déc. 1839 (Pand. chr.); Nancy, 14 févr. 1880 (S. 80. 2. 238. — P. 80. 947. — D. 81. 2. 77); Aix, 16 févr. 1881, et Douai, 8 nov. 1881 (S. 82. 2. 150. — P. 82. 1. 841. — D. 82. 2. 69); Caen, 1er mai 1883 (S. 83. 2. 114. — P. 83. 1. 713). — Mais la fausseté ou l'inexactitude de la date ne peut être rectifiée pour valider le testament qu'autant qu'elle est le résultat de la volonté du testateur. V. Cass., 11 mai 1864 (S. 64. 1. 233. — P. 64. 828. — D. 64. 1. 294); Lyon, 25 juin 1875, précité; Cass., 29 nov. 1882 (Pand. chr.), et la note.

(1-2) V. anal., Cass., 28 juin 1869 (S. 70. 1. 16. — P. 70. 24. — D. 72. 1. 32). — V. aussi Cass., 8 mai 1855 (S. 55. 1. 327. — P. 55. 2. 506. — D. 55. 1. 163).

rectionnelle, de quelqu'une des formes prescrites pour les exploits en matière civile, n'est pas une cause de nullité; il suffit que le prévenu ait été mis en demeure de répondre sur le fait qui lui est imputé (1) (C. instr. crim., 182, 183, 184; C. proc., 61, 68).

Ainsi, n'est pas nulle la citation qui indique inexactement le nom du prévenu, et qui n'a été remise ni à son domicile, ni à une personne ayant qualité pour la recevoir (2) (Id.).

...Alors d'ailleurs que le prévenu a comparu à l'audience indiquée, présenté ses moyens de défense, et, par là, accepté le débat (3) (Id.).

Dans tous les cas, en admettant, même par hypothèse, la nullité de la citation pour inobservation des formes prescrites par le Code de procédure civile, cette nullité serait couverte, aux termes de l'art. 173 du même Code, à défaut d'avoir été proposée avant toute défense au fond (4) (C. proc., 173).

2° Un entrepreneur de constructions et le surveillant des travaux sont tous deux pénalement responsables des suites d'un accident arrivé à un de leurs ouvriers, sur le chantier, par la fausse manœuvre des autres ouvriers, alors que entrepreneur et surveillant ont omis, dans un travail qui exigeait des précautions d'une nature spéciale, le premier de donner aux ouvriers des instructions en rapport avec les difficultés de l'opération, le second d'en assurer l'exécution (5) (C. pén., 319, 320).

Peu importe, au moment de l'accident, l'absence de l'entrepreneur du chantier (6) (Id.).

(Tétard et Buchaut). — ARRÊT.

LA COUR : — Sur le moyen de forme, pris de la violation des art. 61, 68 et 70 du C. de proc. civ., en ce que la citation délivrée à l'un des prévenus, indépendamment de l'orthographe de son nom, n'aurait été remise ni à son domicile ni à une personne ayant qualité pour la recevoir; — Attendu que les formes des citations en matière correctionnelle sont réglées par les art. 182, 183 et 184, C. instr. crim.; qu'aucun de ces articles ne prononce la nullité de ces citations en cas d'omission de quelqu'une des formes prescrites pour les exploits en matière civile; qu'il suffit que le prévenu cité devant le tribunal correctionnel ait été mis en demeure de répondre sur le fait qui lui était imputé; — Attendu qu'il résulte, tant du jugement de première instance que de l'arrêt attaqué, que Buchaut, improprement dénommé Brichaud dans la citation, a comparu à l'audience, présenté ses moyens de défense, et qu'il a ainsi accepté le débat; — Attendu, d'ailleurs, qu'en admettant hypothétiquement la nullité de la citation pour inobservation des formes prescrites par les articles susvisés du Code de procédure civile, cette nullité serait couverte, aux termes de l'art. 173 du même Code, à défaut d'avoir été proposée avant toute défense au fond; qu'ainsi le moyen, fût-il fondé, ne serait pas recevable;

Sur le moyen du fond, pris d'une fausse application des art. 319 et 320, C. pén., en ce qu'il ne serait pas suffisamment démontré que les blessures faites au sieur Taurand ont été le résultat d'une négligence ou d'un défaut de précaution imputable, soit à Tétard, soit à Buchaut, alors qu'il n'est pas même constaté que le premier se trouvât sur les lieux au moment de l'accident; — Attendu que l'arrêt attaqué, par une appréciation souveraine des faits, qui échappe au contrôle de la Cour de cassation, déclare que la chute du bâtiment, qui a entraîné celle du sieur Taurand, et, par suite, déterminé chez celui-ci une fracture du col du fémur, a eu pour cause une fausse manœuvre des ouvriers qui ont enlevé les étrésillons servant d'appui à la charpente, sans prendre les précautions que rendaient nécessaires le peu de solidité de l'édifice et la déliquescence du sol détrempé par l'eau; que Tétard, entrepreneur de la construction, et Buchaut, surveillant des travaux, ont omis, l'un, de donner aux ouvriers les instructions que nécessitait cet état de choses, l'autre, de surveiller l'opération; qu'ainsi, l'accident arrivé à Taurand est le résultat tant de cette omission que de ce défaut de surveillance; qu'il importe peu, d'ailleurs, que Tétard se soit, ou non, trouvé sur les lieux, puisqu'il reste toujours à sa charge de n'avoir pas recommandé à ses ouvriers les précautions spéciales qu'exigeait la nature du travail qu'ils avaient à accomplir; — Attendu, dès lors, qu'en décidant, d'après cet ensemble de faits, que les prévenus avaient encouru la peine prononcée par les articles prérappelés du Code pénal, l'arrêt attaqué, loin de violer lesdits articles, en a fait, au contraire, une juste application; — Attendu d'ailleurs que l'arrêt est régulier en la forme; — Rejette, etc.

MM. de Carnières, prés.; Robert de Chenevières, rapp.; Petiton, av. gén.; Massenat-Déroche et Henry Defert, av.

CASS.-CIV. 23 juin 1879.

VENTE DE MARCHANDISES, VINS, FALSIFICATION, CARAMELS COLORANTS, FUCHSINE.

Est illicite, et par conséquent sans effet, au regard des deux parties, la vente de caramels colorants à base de fuchsine concertée en vue d'une opération délictueuse, dans l'espèce, d'une falsification de vins de nature à nuire à la santé publique (7) (C. civ., 1131, 1133, 1650).

(1-2) Sur ce principe, d'une jurisprudence constante, que les dispositions du Code de procédure civile, relatives aux formes des exploits, ne sont pas applicables aux citations en matière correctionnelle. V. Cass., 5 mai 1809; 18 oct. (ou nov.) 1813; 2 avril 1819; Grenoble, 8 mai 1824; Cass., 30 déc. 1825; 25 janv. 1828; 30 janv. 1846 (Pand. chr.); 24 déc. 1846 (S. 47. 1. 105. — P. 47. 2. 159. — D. 47. 4. 242); 14 févr. 1851 (*Bull. crim.*, n. 67); Metz, 21 janv. 1852 (D. 52. 2. 157); 25 nov. 1875 (S. 76. 1. 385. — P. 76. 913); 24 mai 1879 (S. 80. 1. 137. — P. 80. 291. — D. 79. 1. 274); Carnot, *C. instr. crim.*, t. II, sur l'art. 182, p. 30; Bourguignon, sur l'art. 183; Legraverend, *Législat. crim.*, t. II, p. 388; Massabiau, *Man. du ministère public*, t. II, n. 2908. V. nos observations jointes à Paris (ch. corr.), 25 nov. 1884 (Pand. chr.).

(3-4) Quant à cet autre principe également consacré par une pratique journalière et par d'innombrables documents de jurisprudence, qu'en matière répressive comme en matière civile, par application de l'art. 173, C. proc., toute nullité d'exploit ou d'acte de procédure est couverte, si elle n'est proposée avant toute défense ou exception autre que les exceptions d'incompétence, V. not. Cass., 30 déc. 1825; 20 juill. 1832 (S. 33. 1. 59. — P. chr.); 5 mars 1836 (S. 37. 1. 838. — P. chr.); 6 janv. 1838 (S. 38. 1. 922); 12 avril 1839 (P. 39. 2. 668); 30 janv. 1846 (Pand. chr.); 21 mars 1851 (S. 51. 1. 704. — P. 52. 1. 124); 25 nov. 1875 (S. 76. 1. 385. — P. 76. 913); Massabiau, *op. cit.*, t. II, n. 2918; Faustin Hélie, *Instruct. crim.*, t. VI, n. 2832. V. en outre Cass., 16 juin 1881 (S. 84. 1. 176. — P. 84. 1. 406. — D. 82. 1. 279); 22 mai 1885 (S. 87. 1. 187).

(5-6) Comp. Cass., 21 nov. 1856 (S. 65. 1. 98 *ad notam*. — P. 65. 193 *ad notam*. — D. 56. 1. 471); 10 juin 1864 (S. 65. 1. 98. — P. 65. 193. — D. 65. 1. 198); 24 nov. 1865 (S. 66. 1. 181. — P. 66. 442); 8 mars 1867 (S. 68. 1. 95. — P. 68. 191. — D. 67. 1. 461); 30 juin 1882 (S. 82. 1. 486. — P. 82. 1. 1196).

Au surplus la constatation des faits d'imprudence, maladresse, inattention et négligence rentre dans le pouvoir souverain des juges du fond. V. Cass., 20 avril 1855 (D. 55. 1. 267); 26 juill. 1872 (S. 73. 1. 44. — P. 73. 70. — D. 72. 1. 285); 12 nov. 1875 (S. 76. 1. 281. — P. 76. 659. — D. 76. 1. 141).

(7) V. en ce sens, Rouen, 27 mars 1882 rapporté avec Cass., 12 févr. 1883 (Pand. chr.). — Mais il n'en est ainsi toutefois qu'autant que le but frauduleux de la vente est nettement démontré; les caramels rouges à base de fuchsine, étant susceptibles d'autres destinations que la coloration des vins, ne constituent pas par eux-mêmes, indépendamment de tout emploi, des marchandises illicites. Même arrêt de Rouen, 27 mars 1882, précité. — Et il appartient aux juges du fond de déclarer par une appréciation souveraine des faits, que des marchandises pouvant servir à former

Par suite, le vendeur est sans droit pour poursuivre le payement des caramels par lui livrés, si grande qu'en soit la quantité (1) (Id.).

(Villacèque c. Levray). — ARRÊT.

LA COUR : — Sur le moyen unique du pourvoi : — Attendu qu'il résulte de l'arrêt attaqué, que les caramels colorants vendus par Levray à Villacèque fils aîné et Cie sont propres à communiquer aux vins une couleur artificielle, que leur emploi donne lieu à des produits certainement nuisibles, et que la convention intervenue entre les parties a eu pour objet, dans leur intention commune, l'œuvre de falsification à opérer au moyen de la substance vendue; — Attendu que, la convention ainsi appréciée ayant pour cause déterminante une fraude concertée en vue d'une opération délictueuse, l'arrêt (Rouen, 27 avril 1877) l'a déclarée à bon droit illicite, et par conséquent sans effet, au regard des deux parties; qu'en statuant ainsi, loin d'avoir violé l'art. 1131, C. civ., il en a fait au contraire une juste application; — Rejette, etc.

MM. Mercier, 1er prés.; Baudouin, rapp.; Desjardins, av. gén. (concl. conf.); Michaux-Bellaire et de Saint-Malo, av.

CASS.-CRIM. 27 juin 1879.

RÈGLEMENT DE POLICE, SALUBRITÉ, PROPRIÉTÉ, TRAVAUX, EXCÈS DE POUVOIR.

Si l'autorité municipale est investie du droit de prescrire les mesures de police que peuvent exiger les intérêts confiés à sa vigilance, notamment les intérêts de la salubrité publique, ces mesures ne sauraient porter atteinte au droit de propriété. — Ainsi, il y a excès de pouvoir de la part des maires à vouloir déterminer eux-mêmes la nature et l'importance des travaux qui doivent être effectués, et prescrire un moyen exclusivement obligatoire de faire disparaître les causes d'insalubrité, lorsqu'il peut en exister d'autres aussi efficaces et moins onéreux pour les propriétaires (2) (LL. 16-24 août 1790, tit. XI, art. 3; 11 juill. 1837, art. 11; C. pén., 471, n. 15).

(Roux). — ARRÊT.

LA COUR : — Attendu que le pourvoi dirige contre le jugement attaqué le double reproche : 1° d'avoir méconnu les pouvoirs que les lois ont conférés aux maires dans l'intérêt de la salubrité publique; 2° d'avoir faussement appliqué ou du moins d'avoir faussement interprété la loi du 13 avril 1850; — Sur le premier moyen : — Attendu que l'arrêté municipal pris par le maire de Bordeaux, à la date du 30 août 1878, enjoint aux propriétaires riverains de la cité Hovyn de Tranchère à la Bastide de faire exécuter, dans la huitaine de la notification, les travaux d'assainissement de la cité conformément au projet dressé par l'ingénieur en chef du service municipal, c'est-à-dire qu'il leur prescrit l'exécution des travaux déterminés par le plan et fixés à la somme de 14,600 francs à supporter par lesdits propriétaires, suivant l'état de répartition de la dépense entre les intéressés, état joint au plan et dressé comme lui par l'ingénieur municipal; que l'arrêté ajoute que, faute par les intéressés de se conformer à ces prescriptions dans le délai qui leur est imparti, ils seront traduits devant le tribunal de simple police; — Attendu, en droit, que si l'autorité municipale est investie par les lois des 16-24 août 1790 et 18 juill. 1837 du droit de prescrire les mesures de police que peuvent exiger les intérêts confiés à sa vigilance, notamment les intérêts de la salubrité publique, ces mesures ne sauraient porter atteinte au droit de propriété; qu'ainsi, et en vertu de ce principe, les maires ne sont pas autorisés à déterminer eux-mêmes la nature et l'importance des travaux qui doivent être effectués, ni à prescrire un moyen exclusivement obligatoire de faire disparaître les causes d'insalubrité, lorsqu'il peut en exister d'autres aussi efficaces et moins onéreux pour les propriétaires; — Attendu qu'il résulte de ce qui précède qu'en déclarant que le maire avait excédé ses pouvoirs, dans la partie de son arrêté du 30 août 1878 qui impose aux propriétaires riverains de la cité Hovyn de Tranchère, l'exécution des travaux déterminés pour une somme de 14,600 francs à répartir entre eux, et que l'inexécution de cette partie de l'arrêté ne constitue pas de contravention punissable, le jugement attaqué n'a violé aucune loi, mais a fait, à l'espèce, une juste application des principes de la matière;

Sur le second moyen (sans intérêt); — ...Rejette, etc.

MM. de Carnières, prés.; Barbier, rapp.; Petiton, av. gén.

CASS.-REQ. 15 juillet 1879.

NOM COMMERCIAL, HOMONYMIE, CONCURRENCE DÉLOYALE, INTERDICTION ABSOLUE, MESURES PRÉVENTIVES, MENTIONS, RÉGLEMENTATION, APPRÉCIATION.

Le nom patronymique est une propriété dont chacun a droit de faire usage dans l'exercice de son industrie comme dans tous les actes de la vie civile, sauf à ne pas en user de manière à usurper, au moyen d'une confusion frauduleuse, les avantages du crédit et de la réputation acquis à un tiers déjà connu sous le même nom (3) (C. civ., 544). — Résol. par l'arrêt d'appel.

Même en cas d'abus, les tribunaux ne peuvent prononcer contre le commerçant l'interdiction absolue de se servir de son nom (4) (Id.). — Résol. par l'arrêt de cassation.

Ni ordonner la suppression complète de ce nom sur les factures, réclames, prospectus, produits fabriqués, etc. (5) (Id.). — Résol. par l'arrêt d'appel.

Mais les tribunaux ont le droit et le devoir de prévenir la

---

un produit illicite, sont néanmoins susceptibles d'un usage licite et commercial. Même arrêt de Cass., 12 févr. 1883, que ci-dessus. — Par suite, et au cas d'une pareille constatation, c'est à bon droit qu'est maintenue, comme régulière et valable, la cession par un associé à son coassocié, consentie et acceptée sans intention frauduleuse, d'un stock de caramels à base de fuchsine restant en magasin après la dissolution de la Société et la cessation complète des opérations sociales. V. Cass., 12 févr. 1883, précité.

(1) La Cour de cassation a nettement posé le principe dans un arrêt du 15 déc. 1878 (Pand chr.). Il y est dit que des parties qui ont pris une part égale à une convention illicite sont, l'une aussi bien que l'autre, non recevables à demander en justice soit le payement du prix stipulé, soit sa restitution, s'il en a été payé un. — V. au surplus, conf. dans des espèces absolument identiques, Rouen (1re ch.) (six arrêts), 31 déc. 1879 (Pand. chr.).

(2) La jurisprudence de la Cour de cassation est définitivement fixée en ce sens depuis l'arrêt du 23 juill. 1864, qui a mis fin aux dernières hésitations (V. Pand. chr.). *Adde*, Cass., 9 (ou 2) mars 1867 (S. 68. 1. 46. — P. 68. 75. — D. 67. 1. 414); 16 mars 1867 (S. 67. 1. 416. — P. 67. 1104. — D. 67. 1. 415); 1er mai 1868 (S. 68. 1. 187. — P. 68. 424. — D. 68. 1. 363); 16 déc. 1881 (D. 82. 1. 185); 5 août 1882 (D. 82. 1. 485). — Le Conseil d'Etat s'est aussi arrêté à la même doctrine. V. Cons. d'Etat, 5 mai 1865 (S. 66. 2. 134. — P. chr. — D. 68. 3. 17); 12 mai 1882 (Pand. chr.). V. aussi Trib. de police de Sceaux, 20 juill. 1883 (Pand. chr.), et la note. — Il est à remarquer que la loi du 5 avril 1884, sur l'organisation municipale, n'a apporté en cette matière aucune modification. L'art. 97 de cette dernière loi reproduit à peu près textuellement l'art. 3, tit. XI, de la loi des 16-24 août 1790.

(3-8) V. sur tous ces points nos observations détaillées sous l'arrêt de la Cour suprême du 30 janv. 1878 (Pand. chr.), rendu dans la même affaire, et cassant un arrêt de la Cour de Paris du 29 juill. 1876. V. aussi notre *Dictionnaire de dr. commerc., ind. et marit.*, t. III, v[is] *Concurrence déloyale*, n. 153 et suiv., et t. V, *Nom industriel*, n. 21.

fraude par tous les moyens et d'ordonner toutes mesures de nature à empêcher la confusion (6) (Id.). — Résol. par l'arrêt de cassation et par l'arrêt d'appel.

Spécialement, *ils peuvent obliger le commerçant à ajouter sur ses factures, réclames, prospectus, produits*, etc., *à ses noms et prénoms, la mention du lieu de sa fabrication* (7) (Id.). — Résol. par l'arrêt d'appel.

Ils peuvent l'obliger encore à donner plus d'importance à son prénom qu'à son nom, à se servir de caractères d'une certaine dimension et à n'apposer sa marque de fabrique qu'à certaines places sur ses produits (8) (Id.). — Résol. par l'arrêt de cassation.

(Erard c. Erard).

La Cour d'Amiens (ch. réun.), saisie de cette affaire par suite du renvoi que lui en avait fait l'arrêt de cassation du 30 janv. 1878 (Pand. chr.), a statué, le 2 août 1878, dans les termes suivants : — « LA COUR : — Sur l'appel principal, etc.; — Sur l'appel incident de la veuve Erard : — Adoptant les motifs des premiers juges ; — Considérant, en outre, en ce qui touche la demande de suppression du nom de Nicolas Erard dans toutes publications, réclames et insertions ainsi que sur les pianos, que le nom est une propriété dont chacun a droit de faire usage dans l'exercice de son industrie comme dans tous les actes de la vie civile, à la charge de ne pas en user de manière à usurper, au moyen d'une confusion frauduleuse, les avantages du crédit et de la réputation acquis à un tiers déjà connu sous le même nom ; — Considérant qu'en présence des manœuvres persistantes et toujours plus audacieuses de Nicolas Erard, la veuve Erard est fondée à provoquer de nouvelles mesures qui la garantissent plus sûrement contre la confusion de nom ; — Par ces motifs, statuant sur l'appel principal de Nicolas Erard, etc. ; — Statuant sur l'appel incident de la veuve Erard : — Confirme le jugement dont est appel ; — Dit et ordonne, en outre, que Nicolas Erard sera tenu d'ajouter sur ses pianos, factures, annonces et publications quelconques, à ses nom et prénoms, ces mots : de Mulhouse ; — Dit et ordonne que, dans cette inscription, le mot « Erard » devra avoir 10 millimètres de hauteur et 2 millimètres de plein, et que les autres mots de l'inscription auront 6 millimètres de hauteur et 1 millimètre de plein ; — Dit et ordonne que ladite inscription devra être placée désormais dans tous les pianos droits et à queue de Nicolas Erard, en caractères mis sur plaque en bois ou cuivre de 15 centimètres sur 5, incrustés dans le placage, et ce, sous l'abattant qui ferme l'instrument à sa partie supérieure, et non plus sur le cylindre qui recouvre le clavier ; — Dit et ordonne que ladite inscription devra aussi être apposée au milieu et en avant de la table d'harmonie, en caractères romains également en noir, de dimension double de ceux de la plaque, de manière à être bien visible entre les cordes, etc. »

Pourvoi en cassation par Nicolas Erard.

ARRÊT.

LA COUR : — Sur le premier moyen, pris d'un excès de pouvoir, de la violation des art. 544 et 1382, C. civ., et des règles relatives à la propriété du nom patronymique : — Attendu que l'arrêt attaqué constate en fait que Nicolas Erard se livre à une concurrence déloyale au moyen de manœuvres persistantes et toujours plus audacieuses ; — Attendu qu'il est de principe qu'en pareil cas, les juges du fait ont le droit et le devoir de prévenir la fraude par tous les moyens, sauf qu'ils ne peuvent prononcer contre un commerçant l'interdiction absolue de se servir de son nom patronymique ; — D'où il suit qu'en obligeant Nicolas Erard à donner plus d'importance à son prénom qu'à son nom, à se servir de caractères d'une certaine dimension, et à ne mettre sa marque de fabrique qu'à certaines places, la Cour d'Amiens n'a point excédé ses pouvoirs et n'a violé ni les articles, ni les principes invoqués par le pourvoi ; — Rejette, etc.

MM. Bédarrides, prés. ; Demangeat, rapp. ; Lacointa, av. gén. (concl. conf.) ; Sabatier, av.

CASS.-CIV. **21 juillet 1879** (QUATRE ARRÊTS).

SOCIÉTÉ EN COMMANDITE, COMMANDITE PAR ACTIONS, TITRES NOMINATIFS, CONVERSION, ASSEMBLÉE GÉNÉRALE, DÉLIBÉRATION, NULLITÉ, SOUSCRIPTEURS PRIMITIFS, CESSIONNAIRES, VERSEMENTS COMPLÉMENTAIRES, STATUTS, CLAUSE ILLICITE, ORDRE PUBLIC.

La conversion des actions nominatives en titres au porteur, dans une Société en commandite par actions ou anonyme, ne s'effectue régulièrement qu'autant que ces actions sont toutes libérées au moins jusqu'à concurrence de moitié; il ne suffirait pas du versement de moitié sur les seules actions dont la conversion est demandée (9) (L. 24 juill. 1867, art. 3). — 1er arrêt.

Ce versement doit être antérieur à la délibération de l'assemblée générale qui autorise la conversion à peine de nullité de cette délibération (10) (L. 24 juill. 1867, art. 7). — Ibid.

Par suite les actionnaires sont non recevables à se prévaloir de cette délibération et de cette conversion, pour s'affranchir du payement intégral de leurs actions (11) (Id.). — Ibid.

Tant que des actionnaires restent dans une Société et conservent la propriété de leurs actions, ils sont tenus d'acquitter

(9) Chaque action nominative n'est pas convertissable en action au porteur dès qu'elle est libérée de moitié. D'une part, en effet, il importe que la condition de tous les actionnaires soit égale, que les uns ne soient pas enchaînés à l'action nominative, quand les autres seraient maîtres de cacher leurs cessionnaires. D'autre part, et surtout, il importe que les tiers ne puissent pas être trompés, et si chaque action libérée de moitié pouvait être convertie en action au porteur, les tiers n'auraient pas la certitude que la moitié du capital social est réalisée ; ils ne sauraient pas s'ils sont en face d'une société solide, à la tête d'un actif sérieux, ou si la Société à laquelle ils ont affaire ne compte que quelques sociétaires empressés de payer la moitié de leur dette pour se décharger du surplus. L'art. 3 exige le versement par chaque actionnaire de la motié du montant de son action, comme l'art. 1er exige le versement par chaque actionnaire du quart du montant de son action. Les deux articles sont l'expression de la même pensée ; l'art. 1er éclaire et interprète l'art. 3. (Analyse des conclusions de M. le procureur général Bertauld). V. en ce sens, Paris, 18 févr. 1881 (S. 81. 2. 97. — P. 81. 1. 561. — D. 84. 2. 1.) ; 8 juill. 1881, sous Cass. (S. 83. 1. 49. — P. 83. 1. 113. — D. 83. 1. 241) ; Cass., 8 août 1882 (Pand. chr.) ; Bédarride, *Comment. de la loi du 24 juill. 1867*, n. 69 et suiv. ; Rivière, *id.*, n. 31 ; Boistel, *Précis de dr. commerc.*, 2e édit., n. 264 ; Rousseau, *Sociétés commerc.*, t. I, n. 1105 ; Lyon-Caen et Renault, *Précis de dr. commerc.*, t. I, n. 430 ; Pont, *Soc. commerc.*, n. 906 ; Labbé, *Observations*, S. 80. 1. 5. — P. 80. 1. 5 ; Beudant *Observations*, D. 79. 1. 321 ; Lyon-Caen, *Observations*, S. 81. 2. 97. — P. 81. 1. 561, et *Revue critique de législation et de jurisprudence*, 1881, p. 270. *Adde*, notre *Dictionnaire de dr. commerc., ind. et marit.*, t. VI, v° *Société anonyme*, n. 149 et 150. — Jugé même que le fait de participer à la négociation d'actions au porteur converties avant que toutes les actions aient été libérées de moitié, constitue une contravention punie par l'art. 14 de la loi du 24 juill. 1867 : Paris, 18 févr. 1881, précité.

(10) La question de la date de la délibération qui vote la conversion des actions nominatives en actions au porteur reçoit sa solution de celle qui précède. Cette délibération doit constater le versement. Or on ne constate pas un fait avant son accomplissement. Donc la délibération doit être nécessairement postérieure au versement, non pas de la moitié du capital, mais de la moitié de chacune des actions. V. les arrêts et autorités cités à la note 9.

(11) Le souscripteur d'un titre irrégulièrement converti en titre au porteur reste actionnaire nominatif ; en cette qualité, il est tenu d'effectuer les versements supplémentaires ; il ne peut se pré-

les versements complémentaires jusqu'à libération entière des titres (1) (Id.). — 2e arrêt.

Et la clause des statuts sociaux qui affranchirait les actionnaires de cette obligation après l'expiration du délai de deux ans à partir du vote même régulier de la conversion, serait nulle et de nul effet comme contraire à l'ordre public (2) (Id.). — Ibid.

Ceux-là seuls des souscripteurs primitifs ou de leurs cessionnaires sont dispensés, après ce délai de deux ans, de payer le solde, qui ont aliéné leurs titres et ont cessé d'être actionnaires (3) (Id.). — Ibid.

(Vacheron et Pasquier c. Copin, syndic du *Crédit rural*. — Copin, syndic du *Crédit rural*, c. Poincenet et autres). — ARRÊTS *(après délib. en ch. du cons.)*.

1er ARRÊT.

LA COUR : — Statuant sur le pourvoi du sieur Vacheron, demandeur en cassation d'un arrêt de la Cour de Paris, du 17 août 1878 ; — Sur le moyen unique du pourvoi : — Attendu qu'aux termes de l'art. 1845, C. civ., chaque associé est débiteur envers la Société de tout ce qu'il a promis d'y apporter ; que tout actionnaire d'une Société anonyme ou en commandite est, par conséquent, tenu, d'après le droit commun, d'acquitter le montant intégral des actions qui constituent son apport ; — Que l'art. 3 de la loi du 24 juill. 1867 admet, à la vérité, une exception à ce principe dans le cas où il a été stipulé, par les statuts constitutifs de la Société, que les actions pourront, après avoir été libérées de moitié, être converties en actions au porteur par délibération de l'assemblée générale ; mais que cette exception doit être rigoureusement restreinte dans les termes qui l'établissent, et que plusieurs conditions sont indispensables pour qu'elle reçoive son application ; qu'il faut notamment : premièrement, que toutes les actions de la Société soit libérées de moitié ; et, secondement, que leur conversion ait été autorisée par l'assemblée générale ; — Qu'il ressort, du texte même de la loi, que la délibération de l'assemblée ne peut pas précéder la libération de la moitié des actions, puisqu'il dispose que c'est après avoir été libérées de moitié que les actions pourront être converties ; — Que, lors de la discussion du projet de loi à la Chambre des députés, le rapporteur de la Commission a d'ailleurs indiqué la portée et le but de la disposition dont il s'agit, en déclarant que la délibération de l'assemblée générale attesterait tout à la fois que la moitié du capital social avait été réellement versé, et que la Société était dans une situation prospère ; — Attendu que d'après l'art. 7 de la loi du 24 juill. 1867, l'inobservation des formalités prescrites par l'art. 3 entraîne la nullité de la délibération, et que par suite les actionnaires sont non recevables à se prévaloir de ce dernier article pour s'affranchir du payement intégral de leurs actions, lorsque la conversion des titres a été autorisée par une délibération prise prématurément par l'assemblée générale ; — Attendu qu'il est constaté par l'arrêt attaqué que la délibération de l'assemblée générale, par laquelle la Société *le Crédit rural de France* a voté, le 6 juill. 1872, la conversion des actions nominatives en actions au porteur, est intervenue à une époque où toutes les actions n'avaient pas encore été libérées de 200 francs ; — Qu'il résulte de ce qui précède, qu'en décidant, dans cet état des faits, que le demandeur n'était pas fondé à opposer à l'action du syndic l'exception tirée de ce que plus de deux ans s'étaient écoulés depuis la délibération de l'assemblée générale du 6 juill. 1872, l'arrêt attaqué n'a violé aucune loi ; — Sans qu'il soit besoin de s'expliquer sur les autres motifs dudit arrêt ; — Rejette, etc.

---

valoir de la prescription de deux ans, puisque cette prescription est le prix d'une conversion opérée avec la garantie des formalités voulues par la loi ; ici ces formalités n'ont point été observées ; la conversion n'a donc jamais existé légalement. V. Paris, 8 juill. 1881, sous Cass. (S. 83. 1. 49. — P. 83. 1. 113. — D. 83. 1. 241).

(1-2-3) V. conf., Cass.-civ., 26 août 1879, sept arrêts avec rédaction absolument identique avec celle du 2e arrêt ci-dessus rapporté, cassant sept jugements du Trib. de commerce de la Seine, du 11 avril 1878 : — *aff.* Copin c. 1o Delacour ; 2o Noirot ; 3o consorts Taland ; 4o Denis ; 5o Sabatier ; 6o Salaric et Courot ; 7o Cocirnut. V. encore avec reproduction textuelle des mêmes motifs, Cass.-civ., 24 nov. 1880, *aff.* Chem. de fer de Seine-et-Marne c. Segmann (S. 81. 1. 215. — P. 81. 1. 518. — D. 81. 1. 70). V. aussi, mais implicitement, Cass.-civ., 29 juin 1885 (deux arrêts) (Pand. chr.), et la note.

On peut donc considérer la jurisprudence comme définitivement fixée sur cette importante question. Ainsi les titulaires des actions au moment d'un appel de fonds sont obligés personnellement à l'acquit total du solde complémentaire des versements ; ils ne bénéficient point de la décharge de responsabilité inscrite dans le § 2 de l'art. 3 de la loi du 24 juill. 1867 ; cet avantage est réservé, après l'expiration du délai de deux ans à partir du vote régulier de la conversion, exclusivement aux actionnaires anciens (souscripteurs primitifs ou cessionnaires) qui, avant tout appel de fonds, ont aliéné leurs titres et se sont retirés de la Société. Les détenteurs d'actions restent tenus « parce qu'ils ne peuvent, suivant le langage énergique de M. le procureur général Bertauld, séparer de leur titre l'obligation qui s'y trouve attachée. La charge de la libération doit poser, et pèse toujours sur l'actionnaire qui l'a gardée. L'action n'est pas débitrice, elle est le gage de la dette. Le vrai débiteur, c'est le sociétaire. » V. en ce sens, Duvergier, *Collect. des lois*, notes sur l'art. 3 de la loi du 24 juill. 1867, p. 257 ; Labbé, *Observations* insérées S. 80. 1. 5. — P. 80. 5.

Ces solutions ne sont point acceptées par la doctrine. D'après la majorité des auteurs, deux ans après le vote de conversion, toute obligation personnelle est détruite ; l'action seule reste désormais débitrice des versements complémentaires ; la seconde moitié n'est plus garantie que par la moitié déjà versée ; tout actionnaire peut se soustraire aux versements appelés en abandonnant l'action à la Société. Voici comment s'exprime à cet égard M. Pont, *Soc. comm.*, n. 950 et suiv. : « La loi, tout en supposant qu'en principe les actions restent nominatives jusqu'à complète libération, admet pourtant qu'elles peuvent, après avoir été libérées au moins de moitié, être converties en actions au porteur par délibération de l'assemblée générale des actionnaires. Les actions, alors, n'affectent plus ou peuvent ne plus affecter cette forme nominative, qui est, en général, le signe de la responsabilité personnelle ; en sorte que le vote de l'assemblée qui autorise la conversion implique, comme effet légal, l'affranchissement, pour les souscripteurs primitifs et leurs cessionnaires, de l'obligation personnelle au payement du surplus. Seulement, cet effet légal n'est pas actuel et immédiat vis-à-vis de tous ceux qui ont possédé ou possèdent des actions non intégralement libérées. La loi veut avant tout prévenir les conversions frauduleuses, opérées en vue ou en prévision du mauvais état des affaires de la Société. Elle pouvait donc admettre, et de fait elle admet virtuellement, que ceux qui n'auraient acquis des titres non libérés qu'*après* le vote de conversion par l'assemblée générale ne seront tenus par aucune obligation personnelle à compléter le payement de l'action, parce que ceux-là n'ont pris et n'ont pas pu prendre part au vote de la conversion, qui était un fait accompli quand ils sont devenus actionnaires. Mais elle n'a pas dû vouloir, et de fait elle n'a pas voulu qu'il en fût de même relativement aux souscripteurs primitifs et aux cessionnaires devenus tels *avant* le vote de conversion ; ceux-là ont concouru ou ont pu concourir à ce vote, par cela même l'effet légal qui en résulte est *suspendu* vis-à-vis d'eux, et ils restent encore tenus et personnellement responsables, sinon indéfiniment, comme sous l'empire des lois de 1856 et de 1863, au moins pendant un délai de deux ans à partir de la délibération autorisant la conversion des actions. » V. avec des nuances diverses, Mathieu et Bourguignat, *Comment. de la loi sur les Sociétés*, p. 452, n. 31 et suiv. ; Rivière, *id.*, p. 76, n. 353 ; Bédarride, *id.*, t. I, n. 80 ; Beslay et Lauras, *Dr. commerc.*, t. V, p. 261 ; Valette, Journ. *le Droit* du 31 mai 1869 ; *Mélanges*, t. I, p. 634 ; Mornard, *Des Sociétés en commandite par actions*, p. 86 et suiv. ; Boistel, *Précis de dr. com.*, 2e édit., p. 186, n. 265 et suiv. (ces deux derniers auteurs se prévalent de l'opinion si autorisée de M. le professeur Rataud) ; Lyon-Caen et Renault, *id.*, n. 431 ; Rousseau, *id.*, n. 1113, et surtout Beudant, *De la responsabilité des souscripteurs et de leurs cessionnaires dans les Sociétés par actions*, Rev. crit. de législat. et de jurisprud., t. XXXIII, année 1868, p. 18 et suiv., et *dissertation* insérée au *Dalloz*, 1879, 1. 321 et suiv. Comp. Vavasseur, *Tr. des Sociétés par actions*, n. 114, p. 85, n. 120, p. 91, et *Tr. des Sociétés civiles et commerciales*, t. I, n. 512 et suiv.

MM. Mercier, 1er prés.; Goujet, rapp.; Bertauld, proc. gén. (concl. conf.); G. Devin, Moret, Sabatier, av.

Nota. — Du même jour, arrêt identique (Pasquier c. Copin). — Mêmes magistrats et avocats.

2e ARRÊT.

LA COUR : — Statuant sur le pourvoi du sieur Copin, syndic définitif de la faillite de la Société dite *le Crédit rural de France*, demandeur en cassation d'un jugement du tribunal de commerce de la Seine, du 11 avril 1878; — Sur le premier moyen du pourvoi (sans intérêt);

Mais sur le deuxième moyen du pourvoi : — Vu l'art. 3 de la loi du 24 juill. 1867, lequel est ainsi conçu : « Il peut être stipulé par les statuts constitutifs de la Société que les actions ou coupons d'actions pourront, après avoir été libérés de moitié, être convertis en actions au porteur par délibération de l'assemblée générale; — Soit que les actions restent nominatives après cette délibération, soit qu'elles aient été converties en actions au porteur, les souscripteurs primitifs qui ont aliéné leurs actions et ceux auxquels ils les ont cédées avant le versement de moitié restent tenus au payement du montant de leurs actions, pendant un délai de deux ans, à partir de la délibération de l'assemblée générale »; — Attendu que l'art. 1845, C. civ., dispose que chaque associé est débiteur envers la Société de tout ce qu'il a promis d'y apporter, et que, par application de ce principe, tout actionnaire d'une Société anonyme ou en commandite est tenu d'acquitter le montant des actions qui constituent son apport; — Que l'art. 3. ci-dessus visé de la loi du 24 juill. 1867 déroge, à la vérité, pour le cas spécial qu'il prévoit, à cette règle générale; mais qu'il ressort des termes mêmes dans lesquels il est conçu que la faveur exceptionnelle qu'il accorde s'applique exclusivement aux souscripteurs primitifs et à leurs cessionnaires qui ont aliéné leurs actions, et qu'elle ne saurait être étendue à ceux qui ont conservé leurs titres; — Que la discussion qui a précédé le vote de cet article à la Chambre des députés ne laisse d'ailleurs aucun doute sur son but et sa portée véritables; — Qu'il a pour objet, non d'autoriser l'assemblée générale à réduire le capital social en dispensant tout souscripteur ou cessionnaire qui a payé une moitié de ses actions d'en acquitter le surplus, mais seulement de permettre, sous les conditions qu'il détermine, à chaque souscripteur primitif ou cessionnaire, de s'affranchir, lorsqu'il se retire de la Société, de l'obligation qui lui incomberait, suivant le droit commun, de verser ultérieurement le complément des actions par lui aliénées; — Que la loi établit au profit de l'associé qui transmet ses droits et ses obligations à un tiers, une novation, par la substitution de son cessionnaire à son lieu et place; mais que, tant que l'actionnaire conserve la propriété de ses actions, il ne saurait, sous aucun prétexte, se soustraire à l'obligation qui pèse sur tout propriétaire d'une action d'en payer le montant total; — Que vainement on prétend qu'il existe une corrélation nécessaire entre la forme des actions et l'étendue de la responsabilité des actionnaires, et que la conversion des actions nominatives en actions au porteur entraîne forcément la libération de ces derniers; — Attendu, en effet, que si la conversion dont il s'agit a pour conséquence de modifier les règles relatives à la négociation des actions, elle n'implique nullement une dérogation aux engagements que les associés ont contractés envers la Société et qui peuvent, après comme avant la transformation des titres, recevoir leur exécution; — Que, sans doute, le changement apporté à la forme des titres rend plus difficile, en fait, la recherche et la preuve de leur transmission; mais que ceux auxquels ils appartiennent n'en doivent pas moins rester soumis, quand ils sont connus, aux obligations inhérentes à leur qualité d'associés; — Attendu qu'il importe peu que le jugement attaqué déclare qu'on doit induire des termes dans lesquels sont rédigés les statuts de la Société *le Crédit rural de France*, que dans l'espèce les souscripteurs ou porteurs d'actions sont affranchis de l'obligation d'en acquitter le solde quand ils en ont payé la moitié et que deux années se sont écoulées depuis que la transformation de leurs titres a été votée par l'assemblée générale; — Qu'il n'est pas permis, en effet, aux fondateurs d'une Société de modifier, par des stipulations particulières, les règles que la loi a établies dans un intérêt d'ordre public, et de dispenser, hors des cas qu'elle a spécialement prévus, les actionnaires du versement intégral du montant des actions par eux souscrites ou acquises; — Qu'il suit de ce qui précède qu'en déboutant le demandeur de la demande par lui intentée contre le défendeur en payement du complément des actions qui lui appartiennent, le jugement attaqué a formellement violé l'art. 3 ci-dessus visé de la loi du 24 juill. 1867; — Casse, etc.

MM. Mercier, 1er prés.; Bertauld, proc. gén.; Goujet, rapp.; Moret, Sabatier, Brugnon et G. Devin, av.

Nota. — Du même jour, arrêt identique (Copin c. Remy). — Mêmes magistrats et avocats.

CASS.-CIV. 20 août 1879.

RESPONSABILITÉ, ACCIDENT, FAUTE COMMUNE, DOMMAGES-INTÉRÊTS, ATTÉNUATION, TRAMWAY, CONDUCTEUR.

L'imprudence de la victime peut bien autoriser les tribunaux à réduire le chiffre des dommages-intérêts, mais ne saurait leur permettre d'affranchir de toute responsabilité celui dont la faute a contribué, dans une mesure quelconque, à déterminer l'accident ou à le rendre plus grave (1) (C. civ., 1382, 1383).

Spécialement, *la Compagnie de tramways est responsable de la chute d'un voyageur descendant de l'une de ses voitures, alors que le conducteur n'avait pris aucune des mesures prescrites par les règlements dans l'intérêt de la sécurité publique* (2) (Id.).

...*Qu'ainsi, par exemple, il avait laissé envahir sa voiture par un encombrement de voyageurs qui se tenaient jusque sur les marchepieds et en obstruaient le passage* (3) (Id.).

...*Qu'il n'avait pas donné le signal de l'arrêt, malgré la demande réitérée du voyageur, victime de l'accident* (4) (Id.).

Peu importe que, de son côté, le voyageur ait commis une imprudence en descendant de la voiture pendant qu'elle était encore en marche (5) (Id.).

(Marquant c. Tramways du département du Nord).

ARRÊT.

LA COUR : — Vu les art. 1382 et 1384, C. civ.; — At-

(1) V. conf., sur le principe, Paris, 4 févr. 1870 (S. 70. 2. 324. — P. 70. 1186. — D. 70. 2. 111); 16 nov. 1871 (D. 71. 2. 208); Lyon, 26 avr. 1871 (S. 71. 2. 156. — P. 71. 531. — D. 71. 2. 41); Cass., 8 fév. 1875 (S. 75. 1. 204. — P. 75. 500. — D. 75. 1. 320); Aix, 10 janv. 1877 (S. 77. 2. 336. — P. 77. 1306. — D. 77. 2. 204); Cass., 25 avr. 1877 (S. 78. 1. 107. — P. 78. 258); Bordeaux, 19 août 1878 (S. 79. 2. 13. — P. 79. 98); Chambéry, 23 déc. 1878 (S. 79. 2. 173. — P. 79. 720); Caen, 17 mars 1880 (Pand. chr.); Cons. d'Et., 11 mars 1881 (Pand. chr.); Cass., 10 nov. 1884 (Pand. chr.), et les notes.

(2 à 5) V. comme présentant les plus étroites analogies d'espèces, Trib. de paix (1er arrondissement) Paris, 18 juin 1886 (Pand. pér., 86. 2. 260); Paris, 13 août 1886 (Pand. pér., 86. 2. 266), et les renvois. V. aussi Paris, 24 mars 1866 (S. 66. 2. 358. — P. 66. 1279).

tendu que ces articles ne limitent pas la responsabilité qu'ils prononcent contre celui par la faute duquel il est arrivé, au seul cas où cette faute a été la cause unique et immédiate de l'accident préjudiciable; que si la personne lésée a commis elle-même une imprudence, cette circonstance peut sans doute autoriser les tribunaux à réduire le chiffre des dommages-intérêts, mais qu'elle ne saurait affranchir de toute responsabilité celui dont la faute a contribué dans une mesure quelconque à déterminer l'accident ou à le rendre plus grave; — Attendu qu'il est reconnu, en fait, par l'arrêt attaqué, que la mort de Marquant a été causée par la chute qu'il a faite en descendant de l'une des voitures conduites par les agents de la Compagnie défenderesse; — Attendu que la veuve Marquant, pour justifier la demande en dommages-intérêts qu'elle a formée contre cette Compagnie, offrait de prouver que la voiture dans laquelle se trouvait son mari était tellement encombrée de voyageurs que les plates-formes en étaient surchargées et qu'il y en avait sur tous les marchepieds; qu'avant de descendre, Marquant avait demandé plusieurs fois au conducteur d'arrêter, et que celui-ci n'en avait rien fait; qu'au moment où il descendait de la voiture, ses pieds s'étaient embarrassés dans les jambes de l'un des voyageurs qui se tenaient sur les marchepieds; — Attendu que ces faits, qui constituaient de la part du conducteur des infractions aux mesures prescrites dans l'intérêt de la sécurité publique, étaient de nature à engager la responsabilité de la Compagnie dont il était le préposé, par cela seul qu'ils avaient pu contribuer à occasionner la chute de Marquant, quelle que fût d'ailleurs l'imprudence que celui-ci aurait commise en descendant de la voiture pendant qu'elle était en marche; — D'où il suit qu'en refusant d'ordonner la preuve de ces mêmes faits, par le motif que la négligence, ou même la contravention reprochée au conducteur de la voiture, aurait pu donner lieu à des réclamations ultérieures, mais n'autorisait pas Marquant à engager, par son imprudence, une autre responsabilité que la sienne propre, la Cour d'appel de Douai a méconnu les conséquences légales de la faute imputée au préposé de la Compagnie défenderesse, et qu'elle a ainsi violé les articles ci-dessus visés; — Casse l'arrêt de Douai du 11 fév. 1878, etc.

MM. Mercier, 1er prés.; Requier, rapp.; Desjardins, av. gén. (concl. conf.); Mimerel et Court, av.

CASS.-civ. 5 novembre 1879.

Faillite, Insuffisance d'actif, Clôture, Dessaisissement, Syndic, Instance, Intervention.

La clôture de la faillite pour insuffisance d'actif laisse subsister l'état de dessaisissement du failli et la mission des syndics (1) (C. com., 443, 527).

Cette clôture, qui n'est que provisoire, a pour unique effet de rendre aux créanciers l'exercice de leurs actions individuelles contre la personne et sur les biens du failli (2) (Id.).

Mais, de ce que le failli est implicitement habilité à ester en justice sur les actions individuelles de ses créanciers, les syndics n'en conservent pas moins le droit d'intervenir dans les instances auxquelles ces actions donnent lieu, à l'effet d'y défendre les intérêts de la masse et d'empêcher, soit des collusions au détriment de celle-ci, soit l'attribution de tout ou partie de l'actif commun au profit exclusif de l'un des créanciers (3) (Id.).

(Synd. Kintzinger c. Pelgrain et Kintzinger). — ARRÊT.

LA COUR : — Sur le moyen unique du pourvoi : — Vu l'art. 443, C. comm.; — Attendu qu'aux termes de cet article, le jugement déclaratif de faillite opère de plein droit le dessaisissement du failli; que ce dessaisissement subsiste tant que dure l'état de faillite; qu'il n'est pas anéanti par le jugement qui clôt les opérations de la faillite pour insuffisance d'actif, conformément aux art. 527 et 528, C. comm.; que cette clôture, qui n'est que provisoire, a pour effet unique de rendre aux créanciers l'exercice de leurs actions individuelles contre la personne et sur les biens du failli; mais qu'elle ne le relève pas des liens de la faillite; qu'elle ne met pas fin aux fonctions des syndics, lesquels demeurent toujours investis du droit d'agir dans l'intérêt de la masse, et de faire les diligences nécessaires pour assurer la conservation et le recouvrement de toute valeur dépendant de la faillite; que si elle habilite implicitement le failli à ester en justice sur les actions individuelles de ses créanciers, elle ne fait pas obstacle à ce que les syndics interviennent dans les instances auxquelles ces actions peuvent donner lieu, à l'effet d'y défendre les intérêts de la masse et d'empêcher, soit des collusions au détriment de celle-ci, soit l'attribution de tout ou partie de l'actif commun au profit exclusif de l'un des créanciers; — D'où il suit qu'en déclarant non recevable l'intervention du syndic de la faillite d'Antoine Kintzinger dans l'instance d'appel pendante entre le failli et Pelgrain, sous le prétexte que la clôture de ladite faillite pour insuffisance d'actif avait dessaisi le syndic des droits attachés à ses fonctions, l'arrêt

---

(1) L'arrêt ci-dessus de la Chambre civile est le premier que la Cour suprême ait rendu sur la matière. Il consacre des solutions qui avaient été déjà antérieurement adoptées par la grande majorité des décisions judiciaires, mais qui néanmoins soulevaient encore des controverses sérieuses. V. conf., sur le principe, Rouen, 21 mars 1851 (S. 52. 2. 274. — P. 53. 1. 463. — D. 52. 2. 274); Paris, 18 déc. 1858 (S. 59. 2. 151. — P. 59. 24. — D. 68. 5. 214); Trib. comm. Marseille, 28 avril 1863 (D. 63. 3. 8); et 30 juin 1870 (*Journ. Mars.*, 70. 1. 194); Trib. de paix, Havre, 17 déc. 1862 (D. 64. 3. 24); Toulouse, 11 janv. 1867 (Motifs) (S. 67. 2. 36. — P. 67. 204); Bordeaux, 15 mars 1876 (*Rec. de cette Cour*, 76. 96); et 31 juill. 1879 (S. 80. 2. 236. — P. 80. 944); Rouen, 11 mai 1878 (D. 79. 2. 16), et 3 mai 1879 (S. 80. 2. 236. — P. 80. 944. — D. 80. 2. 15). — En sens contraire, c'est-à-dire dans le système d'après lequel le jugement de clôture de la faillite pour insuffisance d'actif ferait cesser le dessaisissement du failli et mettrait fin aux fonctions du syndic, V. Aix, 27 mars 1862 (*Journ. de Mars.*, 62. 1. 278); Paris, 30 août 1867 (S. 68. 2. 349. — P. 68. 1258. — D. 68. 2. 143); 8 août 1877 (c'est l'arrêt cassé par celui de la Cour suprême ci-dessus), et aussi Cons. d'Et., 5 juill. 1878 (Pand. chr.).

Depuis l'arrêt de la Chambre civile, il ne s'est plus produit de divergences sur la question, qui peut être considérée comme résolue d'une manière définitive. V. Nîmes, 15 janv. 1881 (Pand. chr.); Paris, 29 mars et 10 mai 1881 (Pand. chr.); Aix, 20 mars 1884 (Pand. chr.). V. d'ailleurs les indications de la doctrine rapportées dans notre *Dictionnaire de dr. commerc., ind. et marit.*, t. IV, v° *Faillite*, n. 652 et suiv.

(2-3) Par cela que des poursuites individuelles sont autorisées, les créanciers vigilants pourraient se faire des situations meilleures au détriment de la masse. Mais on peut dire avec certitude que ce résultat est repoussé par la loi, dont toutes les tendances s'accusent dans le sens de l'égalité la plus absolue entre les créanciers. Le droit de poursuivre le failli, rendu à chacun, n'est admis que pour suppléer à l'inaction des syndics dans des circonstances où cette inaction semble bien souvent se justifier par l'absence d'avantages de quelque importance à réaliser, mais il ne crée pas une cause de préférence en faveur du créancier diligent. Le syndic, en intervenant, se rendra compte des nouvelles ressources apportées à la faillite. Il demandera la reprise des opérations et poursuivra le rapport du jugement de clôture. Le créancier qui aura obtenu quelque chose le partagera avec tous les autres, de façon que chacun ait un dividende dans les sommes touchées. V. Paris, 8 mars 1856 (Pand. chr.); Trib. comm. Marseille, 8 janv. 1884 (*Journ. de Mars.*, 84. 1. 160). — V. aussi Aix, 20 mars 1884 (Pand. chr.), et la note.

attaqué (Paris, 8 août 1877) a faussement appliqué les art. 527 et 528, C. comm., et violé l'art. 443 du même Code ; — Casse, etc.

MM. Mercier, 1er prés. ; Aucher, rapp. ; Desjardins, av. gén. (concl. conf.) ; Mazeau, av.

CASS.-REQ. 5 novembre 1879.

SOCIÉTÉ EN COMMANDITE, COMMANDITE PAR ACTIONS, AUGMENTATION DE CAPITAL, SOUSCRIPTION, ORDRE PUBLIC, NULLITÉ, IRRÉGULARITÉS, CONSEIL DE SURVEILLANCE, FAUTE, PRÉJUDICE, RESPONSABILITÉ.

L'obligation de souscription de l'intégralité du capital social, relative aux Sociétés en commandite par actions, constitue une prescription d'ordre public (1) (L. 24 juill. 1867, art. 1 et suiv.).

Et cette prescription s'applique aux augmentations ultérieures du capital social, autorisées par l'assemblée générale des actionnaires, avec la même rigueur qu'au capital originaire lui-même (2) (Id.).

Par suite, à défaut de souscription intégrale de la totalité des actions composant l'augmentation du capital social, les nouveaux actionnaires ont le droit de demander la nullité de leurs souscriptions (3) (L. 24 juill. 1867, art. 7).

Et si l'absence de tout contrôle, de toute vérification, le silence gardé sur les irrégularités commises, ont empêché ces actionnaires, tenus dans l'ignorance de la situation, de demander la nullité de leurs souscriptions dont ils ont dû verser intégralement le montant à la Société en faillite, les membres du Conseil de surveillance, insoucieux de tous leurs devoirs, sont à bon droit condamnés à la réparation du préjudice ainsi occasionné aux souscripteurs (4) (C. civ., 1382 et suiv. ; L. 24 juill. 1867, art. 9, § 2).

En pareil cas, il y a lien juridique, corrélation étroite entre la faute et le préjudice (5) (Id.).

(Lamouroux et consorts c. Daudé). — ARRÊT.

LA COUR : — Sur les deux branches du moyen unique du pourvoi, tirées : 1° de la violation de l'art. 7 de la loi du 20 avril 1810 ; 2° de la violation, par fausse application, de l'art. 1382, C. civ., et de l'art. 9 de la loi du 24 juill. 1867, en ce que l'arrêt (Nîmes, 13 juill. 1878) a déclaré les demandeurs responsables envers le défendeur éventuel, en leur qualité de membres du conseil de surveillance d'une Société en commandite par actions, sans s'expliquer sur la nature du prétendu préjudice éprouvé par le défendeur, et sans qu'il y ait, dans tous les cas, aucune relation entre le préjudice éprouvé et la faute imputée aux demandeurs ; — Attendu qu'aux termes de l'art. 1er de la loi du 24 juill. 1867, les Sociétés en commandite par actions ne sont autorisées qu'à la condition que les actions représentant le capital social seront intégralement souscrites ; que cette prescription d'ordre public s'applique nécessairement aux augmentations de ce même capital, autorisées par l'assemblée générale des actionnaires ; qu'une distinction ne saurait être faite entre le capital originaire et le capital nouveau ; que l'un et l'autre sont la garantie des tiers et doivent être constitués dans les mêmes conditions ; — Attendu que les membres de la Société en commandite par actions Franc, Riche et Cie ont, dans l'assemblée générale du 8 nov. 1875, décidé que le capital de cette Société, primitivement fixé à 500,000 francs, serait augmenté, et qu'il serait, à cet effet, émis deux mille actions nouvelles d'une valeur de 525 francs chacune ; — Attendu que, sur ces deux mille actions, cinq cent quatre seulement ont été souscrites ; — Attendu qu'il résulte des constatations formelles et explicites de l'arrêt attaqué : 1° que des actes de négligence ont été commis par Lamouroux et consorts, membres du conseil de surveillance de la Société Franc, Riche et Cie ; que la liste a été couverte par des souscriptions fictives ; que l'entier montant des souscriptions n'a pas été versé ; que Lamouroux et consorts n'ont ni surveillé ni contrôlé les souscriptions ; qu'ils n'ont pas signalé les irrégularités commises, et qu'ils ont ainsi engagé leur responsabilité ; 2° que de ces fautes il était résulté un préjudice pour Daudé, consistant en ce qu'il a été obligé de verser l'intégralité de sa souscription après la mise en faillite de la Société, 3° que le silence des membres du conseil de surveillance a tenu Daudé dans l'ignorance de ce qui se passait et l'a ainsi empêché de demander la nullité de cette souscription, ainsi que lui en donnait le droit l'art. 7 de la loi du 24 juill. 1867 ; — Attendu qu'il résulte de ces constatations que Lamouroux et consorts étaient en faute, que Daudé avait éprouvé une perte, et que le préjudice subi par ce dernier avait eu pour cause efficiente la faute des premiers ; — Attendu que l'arrêt attaqué n'ayant condamné Lamouroux et consorts à réparer le préjudice occasionné à Daudé par leur faute qu'après avoir établi le lien juridique existant entre la faute des demandeurs en cassation et le préjudice éprouvé par le sieur Daudé, n'a ni violé l'art. 7 de la loi du 20 avr. 1810, ni fait une fausse application de l'art. 1382, C. civ., et de l'art. 9 de la loi du 24 juill. 1867 ; — Rejette, etc.

MM. Bédarrides, prés. ; Talandier, rapp. ; Lacointa, av. gén. (concl. conf.) ; Larnac, av.

CASS.-CRIM. 21 novembre 1879.

ABUS DE CONFIANCE, TUTEUR, TIERS.

Le tiers qui reçoit d'un tuteur pour les gérer et administrer, des fonds appartenant aux pupilles de ce dernier, se constitue le mandataire des pupilles, et devient, en cette qualité, coupable vis-à-vis d'eux et à leur préjudice d'abus de confiance, s'il détourne ultérieurement les sommes dont il est comptable (6) (C. pén., 408).

(1-2-3) Jurisprudence aujourd'hui constante. V. en matière de Sociétés en commandite par actions, Cass., 27 janv. 1873 (S. 73. 1. 163. — P. 73. 383. — D. 73. 1. 331) ; Orléans, 9 mars 1876, sous Cass., 13 et 14 nov. 1876 (S. 78. 1. 201. — P. 78. 510) ; — et en matière de Sociétés anonymes, Lyon, 12 mars 1885 (D. 86. 2. 136) ; Paris, 16 juill. 1885 (Pand. chr.) ; Cass., 17 juill. 1885 (Pand. chr.) ; Paris, 11 juin 1886 (*Journ. des Sociétés*, 1887, 28). V. aussi les indications d'auteurs relevées dans notre *Dictionnaire de dr. comm., ind. et marit.*, t. VI, vis *Société en commandite*, n. 112, et *Société anonyme*, n. 196.

(4) Sur la responsabilité des membres du conseil de surveillance à raison de fautes par eux commises dans l'exécution de leur mandat, V. Cass., 8 mars 1876 (S. 76. 1. 409. — P. 76. 1051. — D. 77. 1. 168). V. surtout notre *Dictionnaire*, t. VI, v° *Société en commandite*, n. 316 et suiv.

(5) Même en cas de faute, les membres du conseil de surveillance ne répondent des dommages qu'autant que les dommages sont la conséquence de leurs agissements. V. Lyon, 24 juin 1871 (S. 72. 2. 94. — P. 72. 468. — D. 71. 2. 288). V. aussi Rouen, 26 juill. 1865, joint à Cass., 4 mars 1867 (S. 67. 1. 254. — P. 67. 644. — D. 67. 1. 425) ; Cass., 8 mars 1876, précité. — Ainsi, quand même ils seraient coupables d'avoir laissé passer une cause de nullité de la Société, ils pourraient ne devoir aucune indemnité, si les pertes subies par les associés ou les tiers provenaient non de l'annulation de la Société, mais des dilapidations des gérants, sans qu'ils aient pu les empêcher. V. Cass., 23 août 1864 (S. 65. 1. 177. — P. 65. 400. — D. 64. 1. 267) ; 14 déc. 1869 (S. 70. 1. 165. — P. 70. 387. — D. 70. 1. 179) ; 11 mai 1870 (S. 70. 1. 425. — P. 70. 1118. — D. 70. 1. 401), et notre *Dictionnaire, ubi suprà cit.*, n. 325.

(6) Cette espèce se présente pour la première fois en jurisprudence, à notre connaissance du moins. La solution que l'arrêt actuel apporte à la difficulté se déduit logiquement et sans

(Suchet). — ARRÊT.

LA COUR : — Sur le troisième moyen, tiré de la violation du même art. 408, en ce que les valeurs détournées appartenant aux mineurs Laurencin et ayant été confiées au prévenu par leur tutrice, Suchet n'aurait commis d'abus de confiance ni à l'égard des mineurs dont il n'était pas le mandataire, ni à l'égard de la tutrice à qui il n'a pas causé de préjudice; — Attendu que le tuteur est le représentant légal du mineur; qu'en confiant à Suchet les fonds et les titres des mineurs Laurencin pour qu'il les gère et les administre, la tutrice l'a constitué mandataire de ses pupilles; que c'est donc à bon droit qu'il a été déclaré coupable d'avoir détourné ces sommes et ces valeurs au préjudice de ses mandants à qui elles appartenaient, et puni des peines édictées par l'art. 408, C. pén.; — Rejette le pourvoi formé contre l'arrêt de la Cour d'Aix, chambre des appels de police correctionnelle, du 28 août dernier, etc.

MM. de Carnières, prés.; Thiriot, rapp.; Benoist, av. gén.; Lesage, av.

CASS.-CIV. **10 décembre 1879.**

AUTORITÉ JUDICIAIRE, AUTORITÉ ADMINISTRATIVE, COMPÉTENCE, FONCTIONNAIRE PUBLIC, ACTE ADMINISTRATIF, FAIT PERSONNEL, AFFICHES ÉLECTORALES, MAIRE, COMMISSAIRE DE POLICE, VOIE DE FAIT, ENLÈVEMENT, LACÉRATION, DOMMAGES-INTÉRÊTS.

Les tribunaux judiciaires sont compétents pour connaître des actions auxquelles peuvent donner lieu les faits accomplis par un fonctionnaire public dans l'exercice ou à l'occasion de l'exercice de sa fonction, alors qu'ils constituent à sa charge une faute personnelle et qu'ils sont distincts de l'acte administratif proprement dit (1) (LL. 16-24 août 1790, titre II, art. 13; 16 fruct. an III; C. civ., 1382).

Spécialement, *l'autorité judiciaire est compétente pour connaître d'une demande en dommages-intérêts formée contre un maire à raison de ce que, pendant la période électorale et dans une intention déloyale, ce maire aurait placardé ou fait placarder sur les affiches d'un candidat, de manière à les couvrir et à les faire disparaître, les affiches d'un candidat officiel qu'en vertu d'ordres émanés de l'Administration supérieure, il était chargé uniquement de faire apposer dans la commune* (2) (Id.).

Peu importe que cet affichage ait eu lieu sur un édifice communal et que le maire ait pu, comme chargé de la police de la voirie ou comme administrateur des biens communaux, en ordonner la suppression, s'il a procédé à la substitution des affiches en dehors de tout arrêté municipal, et par une sorte de voie de fait marquée de déloyauté (3) (Id.).

Un acte reproché à un fonctionnaire public n'a le caractère d'acte administratif qui le soustrait à la compétence des tribunaux civils, qu'autant qu'il rentre dans les attributions de ce fonctionnaire et qu'il se trouve au nombre de ceux que la loi l'autorise à faire (4) (LL. 16-24 août 1790, tit. II, art. 13; 16 fruct. an III). — V. l'arrêt en sous-note (a).

Et il ne suffirait pas que le fonctionnaire ait agi en sa qualité, croyant avoir le droit d'accomplir l'acte (5) (Id.). — Ibid.

Par suite, on ne peut attribuer le caractère d'acte administratif à un acte qui constitue une contravention, tel, par exemple, que le fait par un commissaire de police de lacérer et d'enlever les affiches d'un candidat (6) (L. 29 juill. 1881, art. 16). — Ibid.

En pareil cas, l'autorité judiciaire est compétente pour connaître de l'action en dommages-intérêts intentée par le candidat contre le commissaire de police (7) (C. civ., 1382 et suiv.). — Ibid.

---

efforts des principes juridiques qu'il invoque. — Le cas sur lequel les tribunaux ont été fréquemment appelés à se prononcer, c'est celui d'un tuteur qui détourne lui-même les valeurs de son ou de ses pupilles. Il n'y a jamais eu d'hésitation; le détournement a toujours été reconnu avoir les caractères de l'abus de confiance et réprimé par l'application de l'art. 408, C. pén. V. Cass., 10 août 1850 (S. 50. 1. 695. — D. 50. 1. 250); 28 avril 1866 (S. 67. 1. 46. — P. 67. 70. — D. 66. 1. 356); 3 févr. 1870 (Pand. chr.), et le renvoi. *Adde* Demolombe, *Revue de jurispr.*, t. I, p. 134.

(1-2-3) V. conf., sur tous ces points, avec reproduction textuelle des mêmes motifs, Cass., 12 mai 1880, aff. Goullin c. Perio et Gouin (S. 81. 1. 215. — P. 81. 1. 519. — D. 80. 1. 33). V. aussi, sur renvoi, dans la même affaire, Angers, 12 janv. 1881 (S. 81. 2. 160. — P. 81. 1. 825. — D. 82. 2. 128). — Les principes sont d'ailleurs de jurisprudence constante. Ainsi, il est certain, d'une part, que l'autorité judiciaire est compétente pour connaître des actions dirigées contre les agents de l'Administration à raison de fautes personnelles qui leur sont reprochées. V. notamment Cass., 4 août 1880 (Pand. chr.); 12 mai 1880, précité; 25 mars 1884 (deux arrêts) (Pand. chr.); 12 juin 1886 (S. 86. 1. 489. — P. 86. 1. 1188); Trib. des conflits, 29 nov. 1879 (Pand. chr.); 13 déc. 1879 (Pand. chr.); 7 juill. 1883 (deux jugements) (Pand. chr.), et les renvois. *Adde* Trib. des conflits, 9 août 1884 (S. 86. 2. 34. — P. chr. adm.); — d'autre part, que l'autorité administrative reste seule compétente pour connaître des faits accomplis par les agents de l'Administration en conformité des instructions par eux reçues, alors qu'il ne leur est imputé aucun acte de nature à constituer une faute personnelle. V. notamment Trib. des conflits, 24 nov. 1877 (S. 78. 2. 157. — P. chr. adm. — D. 78. 3. 17); 8 déc. 1877 (quatre jugements) (S. 79. 2. 279. — P. chr. adm. — D. 78. 3. 17); 15 déc. 1877 (six jugements) (S. 79. 2. 307. — P. chr. adm. — D. 78. 3. 17); 22 avril 1882 (S. 84. 3. 26. — P. chr. adm. — D. 83. 3. 94); 14 avril 1883 (Pand. chr.); 7 juill. 1883 (2e espèce) (Pand. chr.), et les renvois en note.

(4-7) Il n'est pas douteux que l'acte du fonctionnaire qui

(a) Cet arrêt de Montpellier (ch. civ.), du 12 janv. 1883, *aff.* de Serres c. Favas, est infirmatif d'un jugement rendu par le tribunal de la même ville. Voici le texte du jugement et de l'arrêt :

« LE TRIBUNAL; — Sur la compétence : — Attendu que la demande en dommages-intérêts formée par le sieur Alphonse de Serres a pour objet la réparation d'un préjudice que lui aurait causé le sieur Favas, commissaire de police à Pignan, en enlevant des affiches relatives à la candidature du demandeur, lesquelles étaient apposées sur les murs de la mairie; — Attendu qu'il n'est et ne peut être contesté que les commissaires de police n'aient à la fois le caractère d'officiers de police judiciaire et de fonctionnaires de l'ordre administratif, et qu'à ce dernier titre ils ne soient chargés par la loi de prévenir les contraventions ou d'en empêcher la continuation lorsqu'elles sont déjà commises; qu'ainsi l'enlèvement d'affiches que ce fonctionnaire considérait comme illégalement apposées, est un acte qui rentre dans l'exercice de ses fonctions, et que, cette mesure ayant le caractère d'un acte de police administrative, la prohibition faite aux tribunaux de connaître des actes de cette nature, laquelle constitue une règle absolue et d'ordre public, aux termes des art. 13, titre 2, de la loi des 16-24 août 1790, et de la loi du 16 fruct. an III, lui est applicable; que l'illégalité reprochée à l'acte ne le dépouillerait pas du caractère administratif pour le faire dégénérer en un fait émanant d'un particulier, et qu'il n'appartiendrait qu'à l'autorité administrative d'apprécier si le reproche d'illégalité est fondé; — Attendu que les monuments de jurisprudence qu'invoque le demandeur n'ont rien de contraire à ces principes; qu'il s'agissait, dans les arrêts que l'on produit, d'un fonctionnaire ayant un intérêt personnel à l'acte dommageable, intérêt qui, créant à l'acte un mobile étranger à la fonction, en effaçait le caractère officiel; — Attendu qu'il résulte des motifs ci-dessus que le tribunal est incompétent pour connaître de la demande; — Par ces motifs : — Se déclare incompétent, délaisse le demandeur à se pourvoir ainsi qu'il avisera. » — Appel.

ARRÊT.

LA COUR : — Attendu que le fait reproché à Favas, commissaire de police, lacération de l'affiche d'un candidat apposée sur le mur de la mairie de Pignan, aux abords de la salle du scrutin, n'est pas un acte admininistratif; qu'il ne suffit pas que celui auquel il est imputé ait agi en qualité de commissaire, croyant avoir le droit de l'accomplir, qu'il faut de plus qu'il soit au nombre de ceux que la loi l'autorise à faire; qu'on ne peut considérer comme tel un acte qui constitue une contravention à l'art. 16 de la loi du 29 juill. 1881; que c'est donc mal à propos que le tribunal, considérant comme un acte administratif le fait reproché au commissaire de police Favas, s'est déclaré incompétent; qu'il y a lieu de réformer sa décision; — Attendu qu'il y a lieu, l'affaire étant en état, de statuer au fond;

Au fond : — Attendu que Favas ne conteste pas l'acte qui lui est imputé; que cet acte a pu préjudicier à la candidature d'Alphonse de Serres; qu'il est donc dû à ce dernier, en vertu de l'art. 1382, C. civ., des dommages; que la Cour a les éléments nécessaires pour évaluer ces dommages; — Par ces motifs : — Réformant et évoquant, se déclare compétente pour connaître de la demande d'Alphonse de Serres contre Favas, et statuant au fond, dit que Favas a commis un fait qui a causé un dommage à Alphonse de Serres; — Ce faisant, condamne Favas à payer en raison de ce dommage, à Alphonse de Serres, la somme, etc.

MM. Sadde, prés.; Vallat et Lisbonne fils, av.

(Goullin c. Cadou). — ARRÊT.

LA COUR : — Vu l'art. 13, tit. II, de la loi des 16-24 août 1790, et la loi du 16 fruct. an III; — Attendu que la demande de dommages-intérêts formée par Goullin contre Cadou, maire de la commune de Frossay, se fonde, non sur le fait d'avoir, en exécution des ordres de l'autorité administrative supérieure, placardé ou fait placarder des affiches relatives à une candidature officielle, opposée à la sienne, mais uniquement d'avoir, dans une intention déloyale, placardé ou fait placarder ces affiches sur celles qui étaient relatives à sa candidature, de manière à les couvrir et à les faire disparaître ; — Attendu que le fait ainsi précisé constituait non un acte administratif dont l'appréciation eût échappé à la compétence de l'autorité judiciaire, mais un fait personnel à Cadou, fait distinct de l'affichage à l'occasion duquel il avait été accompli et dont il appartenait, par conséquent, à cette autorité d'apprécier la nature et les conséquences; qu'en effet, d'une part, l'ordre donné au maire de Frossay de faire apposer les affiches du candidat officiel n'impliquait pas par lui-même l'ordre de les apposer sur les affiches d'un autre candidat, et qu'il n'a jamais été prétendu que cet ordre eût été donné à Cadou ; — Et, d'autre part, qu'il ne s'agit pas dans la cause de savoir si le maire de Frossay aurait pu, comme chargé de la police de la voirie ou comme administrateur des biens communaux, ordonner la suppression des affiches apposées sur des édifices municipaux, mais s'il a pu, en dehors de tout arrêté municipal et procédant par une sorte de voie de fait, couvrir, dans une intention déloyale, les affiches d'un candidat par les affiches d'un autre candidat, et, par suite, s'il a encouru la responsabilité de droit commun établie par l'art. 1382, C. civ.; qu'en se déclarant incompétente dans ces circonstances, la Cour de Rennes (arrêt, 31 déc. 1878) a méconnu ses pouvoirs, faussement appliqué et, par suite, violé les dispositions de loi ci-dessus visées; — Casse, etc.

MM. Mercier, 1er prés.; Massé, rapp.; Bertauld, proc. gén. (concl. conf.); Bouchié de Belle et Sabatier, av.

CASS.-REQ. 15 décembre 1879.

TESTAMENT OLOGRAPHE, DATE, ERREUR, RECTIFICATION, ÉLÉMENTS INTRINSÈQUES, NULLITÉ.

La fausseté de la date d'un testament olographe équivaut à l'absence de date et entraine la nullité de l'acte, à moins que l'erreur ne puisse être rectifiée à l'aide du testament lui-même et des énonciations qu'il contient (1) (C. civ., 970, 1001).

Elle ne pourrait l'être au moyen de circonstances prises en dehors du testament (2) (Id.).

(Gay c. Gay). — ARRÊT.

LA COUR : — Sur le moyen pris de la violation des art. 970 et 1001, C. civ. : — Attendu que la fausseté de la date d'un testament équivaut à l'absence de date et entraîne la nullité de l'acte par défaut d'accomplissement d'une formalité prescrite par la loi, à moins que l'erreur de la date ne puisse être rectifiée à l'aide du testament lui-même et des énonciations qu'il contient; qu'une preuve puisée dans des éléments étrangers à l'acte de dernière volonté pourrait faire connaître le jour de la confection, mais qu'elle ne démontrerait jamais que l'acte renferme, en lui-même, l'indication exacte du jour où il a été fait; — Attendu, en conséquence, que la Cour de Bordeaux, après avoir, par l'arrêt attaqué, déclaré fausse la date du testament de Marguerite Chavoix, a dû repousser comme inadmissible la preuve des faits articulés par le demandeur en cassation, preuve qui tendait exclusivement à rectifier l'inexactitude de la date du testament, au moyen de circonstances prises en dehors de l'acte lui-même; qu'en statuant ainsi, la Cour de Bordeaux, loin de violer les articles invoqués, en a fait au contraire une saine application; — Rejette, etc.

MM. Bédarrides, prés.; Connelly, rapp.; Lacointa, av. gén.; Aguillon, av.

CASS.-CRIM. 17 décembre 1879.

CHASSE, GIBIER, POURSUITE SIMULTANÉE, OCCUPATION, PROPRIÉTÉ.

On ne saurait attribuer au fait seul de la poursuite simultanée d'un gibier le caractère légal de l'occupation, pour en faire résulter une propriété commune (3) (C. civ., 714, 715).

En conséquence, lorsqu'un gibier (dans l'espèce, un sanglier), poursuivi simultanément par les chiens de deux chasseurs, a été abattu par l'un d'eux, il appartient à ce dernier, et non, par moitié à chaque chasseur (4) (Id.).

(De Séguins-Pazzis c. Pellé de Champigny).

Le 14 déc. 1877, un sanglier était lancé, tout à la fois par les chiens du comte de Séguins-Pazzis et par ceux de Pellé de Champigny, dans une forêt où ils avaient l'un et l'autre

---

constitue un crime, un délit ou une contravention nettement caractérisés, reste un acte qui lui est personnel et ne rentre sous aucun rapport, par aucun côté, dans la catégorie des actes administratifs. Mais il n'en est pas de même des actes simplement illégaux, de ceux qui sont empreints d'excès de pouvoir, par exemple; ils ne perdent point par là même leur caractère propre d'acte de la fonction, pour dégénérer en faute de droit commun ; ce résultat ne pourrait être l'effet que d'une illégalité flagrante, indéniable, odieuse. Il n'est pas toujours facile de fixer avec une précision bien sûre la limite des attributions d'un fonctionnaire; il peut se tromper, et de très-bonne foi, sur l'étendue de ses pouvoirs. L'Administration seule appréciera. L'arrêt de Montpellier ci-dessus rapporté s'exprime peut-être avec une formule trop générale et qui serait inexacte s'il fallait la prendre à la lettre. V. au surplus, sur les principes, les décisions de jurisprudence citées à la note qui précède.

(1-2) La jurisprudence est depuis longtemps fixée sur ces questions. V. notamment Cass., 8 janv. 1879 (Pand. chr.); 4 févr. 1879 (Pand. chr.); 13 mars 1883 (Pand. chr.); 19 mai 1885 (Pand. chr.), et les nombreux arrêts cités en note. *Adde*, Cass., 11 janv. 1886 (S. 86. 1. 337. — P. 86. 1. 849); Paris, 26 mai 1886 (Pand. pér., 86. 2. 264); Cass., 20 juill. 1886 (Pand. pér., 86. 1. 196), et les renvois.

(3-4) Le gibier est *res nullius*, il appartient *primo occupanti*. Pas de doute à cet égard; il n'y a de désaccord, en doctrine comme en jurisprudence, que sur le fait constitutif de l'occupation.

D'après le tribunal de Château-Chinon, dans l'affaire actuelle, à partir du moment où l'animal est obligé de quitter son refuge, il tombe dans la dépendance effective du chasseur qui, soit par ses chiens, soit par ses piqueurs, l'a mis dans la nécessité de prendre la fuite, il est sa propriété; en un mot, poursuite et occupation ne sont qu'une seule et même chose.

Telle était l'opinion d'anciens jurisconsultes, notamment de Trébatius (Instit., *De divis. rerum*, liv. II, titre I, § 13); de Barbeyrac, Comment. de Puffendorf, *Droit des gens*, liv. IV, chap. VI, n. 10; de Pothier, *Tr. de la propriété*, n. 26. Cette doctrine est également professée par Villequez, *Droit du chasseur sur le gibier*, p. 125 à 130, n. 55 et suiv; La Vallée, *Chasse à courre*, p. 15 et 16, et on la trouve dans un certain nombre de décisions. V. Trib. de paix de Schirmeck, 10 nov. 1859, et de Bulgnéville, 28 mars 1860 (S. 63. 1. 237, *ad notam*. — D. 60. 3. 80); Trib. de paix de Buxy, 3 mars 1866 (rapporté par Sorel, *Du droit de suite et de la propriété du gibier, tué, blessé ou poursuivi*, p. 143); Trib. de paix de Schirmeck, 14 décembre 1869 (Sorel, *loc. cit.*, p. 149); Trib. civ. Château-Thierry, 29 mars 1877 (Sorel, *loc. cit.*, p. 153; Journ. *le Droit*, 4 avril 1877); Trib. civ. Vienne, 21 août 1884, (*Gaz. du Pal.*, 84. 2. 736). Comp. Trib. de paix de Dourdan, 22 févr. 1883 (S. 86. 2. 48. — P. 86. 1. 351).

Selon nous, cette doctrine repose sur une base bien fragile.

le droit de chasse, droit qu'ils exerçaient chacun de leur côté. Après une poursuite simultanée, l'animal était abattu par un piqueur du comte de Séguins-Pazzis. — Pellé de Champigny crut devoir assigner de Séguins-Pazzis en payement d'une somme de ..., représentant la valeur de la bête, et en dommages-intérêts, et ce par le motif que le lancer avait été fait par sa meute, que c'était sans droit que les gens de Séguins-Pazzis étaient intervenus dans sa chasse et que, dès lors, l'animal était sa propriété.

Son action, portée devant le juge de paix de Châtillon, fut rejetée. — Sur son appel, le tribunal civil de Château-Chinon a, par jugement du 30 août 1878, statué comme suit : — « Le Tribunal : — Attendu qu'il s'agit d'un intérêt relatif à l'exercice du droit de chasse à l'aide de chiens courants; qu'il y a lieu d'admettre, en cette matière, dans un intérêt public et de sécurité même pour la mise en pratique de ce droit, qu'à partir de l'instant, et uniquement à partir de cet instant, où l'animal de chasse est tombé dans la dépendance effective du chasseur qui l'a obligé, par le fait de ses piqueurs ou de ses chiens, à quitter son refuge, à prendre une fuite protectrice, sans laquelle il eût été capturé, l'a mis par une poursuite continue dans l'impossibilité d'user à son gré de sa liberté, aucun étranger à cette action de chasse ne peut plus, sans causer un préjudice réel à celui qui l'exerce dans ces conditions, intervenir et entraver d'une manière quelconque, soit l'agrément, soit la capture d'animaux sauvages, résultats habituels de ce genre de chasse; — Attendu, dès lors, sans qu'il soit nécessaire de rechercher si la voie a été découverte par l'un ou l'autre des chasseurs, si elle était ou n'était pas signalée par des brisées, si elle était plus ou moins bonne, si l'un ou l'autre a abusé des recherches faites, s'ils étaient plus ou moins invités à chasser sur le terrain où ils se sont rencontrés, leur droit d'y chasser étant constant, si l'un ou l'autre a eu l'intention déplacée de gêner l'action d'une chasse préparée, si les jours de chasse ont été modifiés, si les quêtes étaient faites à la vue des piqueurs ou à traits de limiers, si l'animal était ou n'était pas dangereux, si l'enceinte était complète ou ne l'était pas, s'il avait été bien ou mal rembuché, toutes circonstances constitutives de mauvais procédés, sans efficacité attributive de droit exclusif; qu'il convient de s'arrêter uniquement aux faits caractéristiques d'une prise de possession utile et réelle; — Attendu que des enquêtes et contre-enquêtes et autres documents versés au procès résulte la preuve formelle que les gardes du sieur de Champigny, à cet effet commissionnés, ainsi que le sieur de Pazzis et ses gens, se sont trouvés, soit fortuitement, soit volontairement, à la date du 14 déc. dernier, sur un terrain de chasse où ils avaient l'un et l'autre le droit et l'intention de chasser un sanglier dont la présence en ces lieux était à peu près certaine, ce qu'ils savaient les uns et les autres; qu'ils ont découplé volontairement leurs chiens sur des voies séparées, respectivement découvertes, mais conduisant au même rembuché; que l'animal qui y était remisé a été mis sur pied, lancé par les chiens des uns et des autres, plus ou moins réunis, qui ont suivi la bête, peu en importe le nombre, et qu'aussitôt le lancer, chiens et chasseurs à la suite se sont mis à sa poursuite, essayant d'en faire la capture, qui, en définitive, en a été réalisée par les gens du sieur de Pazzis ; — Attendu que de ces faits certains, sur lesquels il ne peut exister de contradiction, ressort, incontestablement, que le sanglier, objet de cette double attaque, a été volontairement poursuivi, chassé et capturé par des chasseurs dans la possession collective desquels les faits accomplis l'avaient placé, et qu'à partir de ce moment il n'appartenait pas plus aux uns qu'aux autres, le chasseur plus heureux qui l'a abattu n'ayant fait qu'atteindre le but commun; — Attendu que cette propriété commune, conséquence inévitable des agissements communs, s'imposait tellement aux auteurs eux-mêmes, que spontanément les gens du sieur de Pazzis l'ont reconnu, en offrant, sans ordre, il est vrai, de leur maître, le partage de l'animal; qu'elle a été formellement admise par le premier juge; — Attendu que des renseignements donnés au tribunal résulte la preuve que la valeur de ce sanglier était de 120 francs; — Par ces motifs, infirme le jugement dont est appel et condamne le sieur de Pazzis à payer au sieur de Champigny, la somme de 60 francs, moitié de la valeur du sanglier capturé. »

Pourvoi en cassation par le sieur de Séguins-Pazzis. — *Moyen unique.* — Violation des art. 545, 714 et 715, C. civ., et des principes en matière de prise de possession du gibier, en ce que le jugement attaqué a reconnu un droit de copropriété sur un animal poursuivi par les chiens du demandeur et capturé uniquement par le piqueur de ce dernier, par le seul motif que les chiens appartenant au défendeur avaient également pris part à la poursuite de l'animal.

Arrêt (*après délib. en ch. du cons.*).

LA COUR : — Sur le moyen unique du pourvoi : — Vu les art. 714 et 715, C. civ.; — Attendu que le gibier, *res nullius*, devient la propriété du premier occupant; — Attendu que le jugement attaqué constate, en fait, que le sanglier qui fait l'objet du litige, poursuivi simultanément par les chiens de Séguins-Pazzis et les chiens de Cham-

Certes, personne ne méconnaîtra, à l'encontre du jugement cassé, que, si, une fois dépisté par les chiens, l'animal ne prenait pas la fuite, il serait infailliblement capturé; mais cette infaillibilité subsistera-t-elle, dès qu'il aura levé le pied? Non : quelque excellents que soient chiens et chasseurs, on n'a jamais la certitude de capturer le gibier qu'on poursuit; son instinct, ses ruses, sa vitesse, sa force, et bien d'autres circonstances encore qui lui sont étrangères peuvent le sauver. Donc, considérer la poursuite comme une mainmise, c'est partir d'une donnée complètement erronée, et nous ne voyons pas en quoi cette doctrine est, comme le dit le jugement cassé, la sauvegarde de l'intérêt public et même de la sécurité, en matière d'exercice du droit de chasse à l'aide de chiens courants. Qu'entre chasseurs bien élevés, il soit d'usage de respecter le gibier poursuivi par les chiens de son voisin, nous l'admettons, mais le Code civil est basé sur des principes où la quintessence des bonnes manières, des procédés délicats n'a rien à voir.

Ce qui constitue l'occupation, c'est, à proprement parler, la mainmise du chasseur sur le gibier : nous admettons toutefois, avec ceux qui rejettent la thèse ci-dessus, qu'elle résulte aussi de tout fait qui met le gibier dans l'impossibilité absolue d'échapper, comme, par exemple, une blessure mortelle, l'épuisement de la bête qui va être forcée, et faut-il encore, dans ces cas, que la poursuite n'ait pas cessé. V. en ce sens, Cass., 29 avril 1862 (S. 63. 1. 237. — P. 63. 779. — D. 62. 1. 449); Trib. civ. Langres, 13 avril 1882 (D. 82. 3. 95); Trib. de paix de Coucy-le-Château, 15 janvier 1886 (*Gaz. du Pal.*, 86. 1. 386); Proudhon, *Domaine privé*, t. I, n. 386; Duranton, t. IV, n. 278; Demolombe, t. XIII, n. 25; Laurent, *Principes de dr. civ.*, t. VIII, n. 441 et 442; Aubry et Rau, t. II, § 201, p. 236 et 237, texte et note 8.

D'après cette doctrine, si la bête a été poursuivie par les chiens de chasseurs qui ne chassaient pas en commun, elle n'appartiendra pour moitié, à chacun d'eux, que si elle est forcée. Dans les cas où les chiens l'appréhenderaient à raison d'une blessure mortelle, elle serait la propriété du chasseur qui l'aurait blessée. Enfin, elle peut être tuée légitimement par tout propriétaire du terrain sur lequel elle passe durant la poursuite. — *Contrà*, Trib. de paix de Dourdan, 22 févr. 1883 (S. 86. 2. 48. — P. 86. 351).

Quid, si la bête, n'étant pas blessée mortellement par le chasseur étranger, était ensuite, grâce à cette blessure, capturée par les chiens qui l'avaient débusquée et sans cesse poursuivie? Elle reviendrait, selon nous, tant aux propriétaires des chiens qu'à l'auteur de la blessure. Le juge apprécierait la part de chacun d'après les circonstances de la cause.

pigny, a été capturé par les gens de de Pazzis; — Attendu qu'en attribuant au fait seul de la poursuite simultanée le caractère légal de l'occupation pour en faire résulter une propriété commune, le jugement attaqué a faussement appliqué et par suite violé les art. 714 et 715 ci-dessus visés; — Casse, etc.

MM. Mercier, 1er prés.; Rohault de Fleury, rapp.; Desjardins, av. gén. (concl. conf.); Sabatier et Massénat-Deroche, av.

CASS.-REQ. 30 décembre 1879.

USAGES COMMERCIAUX, CONVENTION, LOI, VENTE DE MARCHANDISES, GRAINS, EXPÉDITION, LIVRAISON, VICES CACHÉS, APPRÉCIATION SOUVERAINE.

Les usages commerciaux peuvent bien être invoqués dans le silence de la loi ou de la convention; mais ils ne sauraient autoriser le juge à méconnaître les effets que la loi attache à une convention dûment constatée (1) (C. civ., 1134, 1159, 1160).

Spécialement, *il y a lieu, malgré l'usage constant d'un port (du port de Dunkerque), usage d'après lequel les grains venus de l'étranger, vendus et mis en bateaux ou sur wagons, cessent d'être aux risques du vendeur après reconnaissance et acceptation par l'acheteur, de maintenir quand même la responsabilité du vendeur, par application des règles ordinaires de garantie écrites dans les art. 1641 et suiv., C. civ., au cas de vices cachés, par exemple d'échauffement du grain pouvant provenir d'une siccité insuffisante ou de toute autre cause, alors que, de toute certitude, ce vice préexistant à la vente, invisible, ne s'est manifesté qu'au cours de la livraison* (2) (C. civ., 1641, 1643, 1644).

C'est aux juges du fait qu'il appartient d'apprécier souverainement si les défauts de la chose vendue constituent des vices cachés engageant la responsabilité du vendeur (3) (Id.).

(Leconte-Dupond c. Woussen). — ARRÊT.

LA COUR : — Sur le premier moyen, tiré de la violation des art. 1134 et 1159, C. civ., en ce que l'arrêt a décidé qu'un usage commercial ne pouvait prévaloir contre la loi : — Attendu qu'il résulte de l'arrêt attaqué que les maïs vendus à Woussen et Cie par Leconte-Dupond fils, étaient, au sortir du navire, parfaitement froids, mais que, transbordés dans divers bateaux, ils étaient, quelques jours après, soumis à une très-forte chaleur; que la marchandise n'a pas pu remplir les conditions de vente stipulées entre les parties, qu'elle n'était ni loyale ni marchande; — Attendu que l'arrêt attaqué déclare en outre, qu'il est constant que le germe de l'échauffement qui s'est manifesté au cours de la livraison, préexistait au moment où cette livraison a commencé; que la défectuosité des maïs doit être attribuée à un vice caché, pouvant provenir de la non-siccité complète des grains ou de toute autre cause invisible; — Attendu que, si les usages du commerce peuvent être invoqués dans le silence de la loi ou de la convention, ils ne sauraient autoriser le juge à méconnaître les effets que la loi attache à une convention dûment constatée comme dans l'espèce; — D'où il suit que la Cour de Douai, en condamnant Leconte-Dupond fils à payer à Woussen et Cie la somme de 19,131 francs pour dépréciation des maïs dont s'agit, et en faisant ainsi application à la cause des art. 1641, 1643 et 1644, C. civ., n'a pas violé les articles visés au pourvoi et a fait une saine application des principes de la matière;

Sur le deuxième moyen, tiré de la fausse application de l'art. 1643, C. civ., et de la violation de l'art. 7 de la loi du 20 avril 1810, en ce que ledit arrêt a traité comme un vice caché donnant lieu à résiliation de la vente un défaut inévitable et nécessairement prévu de la marchandise vendue, et en ce qu'il a rejeté, sans en donner de motifs, les conclusions prises pour faire écarter cette assimilation : — Sur les deux branches : — Attendu, d'une part, que la Cour de Douai déclare, en fait, que la marchandise livrée n'était ni loyale ni marchande, qu'elle était atteinte d'un vice caché généralement appelé *vice propre*, pouvant provenir de la non-siccité complète du grain ou de toute autre cause invisible; — Attendu qu'il appartenait aux juges du fait d'apprécier souverainement si les défauts de la chose vendue constituaient des vices cachés engageant la responsabilité des vendeurs; — Attendu, d'autre part, que pour répondre aux conclusions de Leconte-Dupond fils et Cie, qui, s'emparant des mots *vice propre* con-

(1) Quelle est exactement l'autorité juridique des usages commerciaux? — « A défaut de texte de loi, dit Locré, *Législat. civ. et commerc.*, t. I, p. 259, n. 11, un usage ancien, constant et bien établi, une suite non interrompue de décisions semblables, une opinion ou une maxime reçue tiennent lieu de loi. »

Lorsqu'il y a un texte de loi, l'usage peut servir à l'interpréter ou à l'expliquer dans toutes les dispositions qui ne sont pas claires.

Mais l'usage peut-il contredire la loi ou l'abroger? — Cette question ne comporte pas de solution absolue; certaines distinctions, qu'il est inutile d'examiner ici, sont établies par les auteurs. V., au surplus, notre *Dictionnaire de dr. commerc., ind. et marit.*, t. VI, v° *Usages commerciaux*, n. 4 et suiv. — Toutefois deux points sont hors de toute contestation :

1° L'usage ne peut rien ni contre les principes généraux du droit, ni contre une loi d'ordre public, ni contre celle qui prohibe formellement la pratique qui est devenue un usage. V. Delamarre et Lepoitvin, *Dr. commerc.*, t. I, p. 648 et 649; Massé, *id.*, n. 83; Boistel, *Précis de dr. commerc.*, n. 22, p. 15; Lyon-Caen et Renault, *id.*, t. I, n. 51, et notre *Dictionnaire, loc. cit.*, n. 4.

2° Lorsqu'une convention est régulièrement intervenue entre des parties, que le sens en est clair et précis et ne prête nullement à interprétation, on ne saurait invoquer un usage contraire pour en paralyser l'exécution ou en détruire les effets. *Sic*, Cass., 26 mai 1868 (S. 69. 1. 33. — P. 69. 52. — D. 68. 1. 471); Alauzet, *Comment. C. comm.*, t. I, n. 10; Massé, Lyon-Caen et Renault, *loc. cit.*, et notre *Dictionnaire*, n. 6. V. aussi Cass., 5 mars 1884 (Pand. chr.); Pont, *Sociétés civiles et commerc.*, t. II, n. 804 et suiv. — C'est à cette dernière théorie que se rattache l'arrêt ci-dessus rapporté.

(2) La jurisprudence et la doctrine s'accordent pour reconnaître que la réception par l'acheteur et même l'usage des marchandises livrées n'élèvent point une fin de non-recevoir absolue contre l'action en résolution fondée sur les vices cachés dont ces marchandises seraient atteintes. V. Lyon, 18 août 1858 (P. 59. 1144. — D. 59. 2. 102); Trib. Saint-Tropez (Var), 1er oct. 1877 (Journ. *le Droit*, 24 oct.); Chambéry, 12 juin 1875 (S. 77. 2. 106. — P. 77. 466); Alauzet, *Comment. C. comm.*, t. II, n. 991, et notre *Dictionnaire*, t. III, v° *Commissionnaire de transports*, n. 200 *in fine*, p. 92. — C'est qu'en effet, l'obligation implicite de garantie résulte de la nature même de la vente et du but que les parties se sont proposé et qui a formé la condition essentielle de leur accord. Elle est générale et s'applique à toute espèce de ventes, qu'elles soient commerciales ou civiles. V. Rouen, 11 déc. 1806, et notre *Dictionnaire*, t. VI, v° *Vices rédhibitoires*, n. 4, p. 1012. — Il n'y a pas d'usage du commerce qui puisse aller à l'encontre de ce principe et priver l'acheteur d'une protection sur laquelle il a dû légitimement compter. Une stipulation seule de non-garantie formellement exprimée déchargerait le vendeur, et encore à la condition que les vices cachés fussent ignorés de ce dernier au moment où la convention intervient. V. notre *Dictionnaire*, t. VI, v° *Vices rédhibitoires*, n. 17. — Jugé, toutefois, mais en dehors de l'hypothèse de vices rendant la marchandise livrée impropre à l'usage auquel elle était destinée, que s'il s'agit seulement d'une qualité un peu inférieure à celle convenue, le marché peut être maintenu, et l'acheteur se trouver obligé de garder la marchandise avec une réduction sur le prix, si tel est l'usage de la place. V. Cass., 1er déc. 1875 (D. 77. 1. 450); Lyon-Caen et Renault, t. I, n. 15, p. 29, texte et note 2.

(3) V. en ce sens, sur les pouvoirs d'appréciation du juge du fait en matière de vices cachés, Cass., 15 nov. 1873 (S. 74. 1. 433. — P. 74. 1097); 15 mai 1877 (D. 78. 1. 30); 13 mars 1878 (S. 78. 1. 253. — P. 78. 646. — D. 78. 1. 471).

tenus au rapport des experts, tendaient à ce qu'il fût dit que la détérioration était due à un vice propre de la marchandise résultant de sa nature même, connu de tout négociant et n'ayant, par conséquent, pas le caractère de vice caché, l'arrêt attaqué déclare que « les experts se sont servis de cette expression comme dans le cas où les assureurs sont en cause, pour désigner d'une façon générale tout ce qui n'est pas le résultat d'une fortune de mer; que cela n'altère pas le sens de leurs conclusions qui sont formelles et ne contredit en rien leurs constatations » ; — D'où il suit que la Cour de Douai (arrêts, 12 août 1879) n'a pas fait une fausse application de l'art. 1643, C. civ., et a satisfait, d'une façon explicite, aux prescriptions de l'art. 7 de la loi du 20 avril 1810; — Rejette, etc.

MM. Bédarrides, prés. ; Voisin, rapp. ; Robinet de Cléry, av. gén. (concl. conf.) ; Dareste, av.

CASS.-CIV. **31 décembre 1879.**

CHEMIN DE FER, TARIF, TRANSPORTS, CONDITIONS, MODIFICATIONS, RESPONSABILITÉ, DÉCHETS DE ROUTE, MOUILLURE, BACHES, EMPLOI.

Les cahiers de charges des Compagnies de chemins de fer, ainsi que leurs tarifs ou règlements, déterminant les conditions des transports, ont force de loi pour ou contre les Compagnies, et il n'y peut être dérogé par aucune convention expresse ou tacite (1) (C. civ., 1134; C. com., 103).

Spécialement, *une Compagnie ne saurait être déclarée responsable de la mouillure survenue à des fourrages chargés sur des plates-formes ou wagons découverts et transportés aux conditions d'un tarif spécial à prix réduit, si ce tarif contient décharge de garantie pour les déchets et avaries de route* (2) (Id.).

Et cette solution doit être maintenue, alors même que les agents auraient pris l'engagement formel, qu'ils n'auraient point tenu, de couvrir la marchandise avec des bâches (3) (Id.).

(Chem. de fer du Midi c. Bournet). — ARRÊT.

LA COUR : — Sur le moyen unique du pourvoi : — Vu le tarif P. n. 10, des transports en petite vitesse pour la Compagnie des chemins de fer du Midi, et l'art. 103, C. comm. ; — Attendu qu'il résulte de l'arrêt attaqué que les fourrages remis par Bournet à la gare de Ville-Dieu, pour être transportés à Toulouse, ont été expédiés en petite vitesse et à prix réduit, dans les conditions du tarif spécial n. 10, portant que les marchandises qui en font l'objet voyagent par plates-formes ou wagons découverts, et y sont chargés par les soins et aux frais des expéditeurs, sans que la Compagnie ait à répondre des déchets et avaries de route; que, cependant, l'arrêt attaqué a condamné la Compagnie des chemins de fer du Midi, comme responsable de l'avarie par mouillure survenue en cours de route auxdits fourrages, en se fondant sur ce que les agents de la Compagnie ayant pris l'engagement de couvrir la marchandise avec des bâches, auraient commis une faute en ne tenant pas cet engagement; — Mais attendu que les clauses et conditions des cahiers de charges et des tarifs ou règlements qui déterminent les conditions des transports par les chemins de fer, ont force de loi pour et contre les Compagnies concessionnaires; qu'il est interdit à celles-ci d'y déroger par aucune convention expresse ou tacite; que, notamment, elles ne peuvent valablement s'obliger à effectuer le transport des marchandises dans d'autres conditions que celles fixées par les tarifs adoptés par les expéditeurs, alors qu'elles resteraient libres de refuser ces avantages à d'autres; — D'où il suit qu'en déclarant la Compagnie du Midi responsable d'une avarie survenue en cours de route, et qui n'avait été que la conséquence du mode de transport adopté par l'expéditeur, sous prétexte que, par des conventions particulières, il avait été dérogé aux clauses du tarif P. n. 10, l'arrêt attaqué a violé les dispositions du tarif P. n. 10 ci-dessus visé, et faussement appliqué l'art. 103, C. comm. ; — Casse, etc.

MM. Mercier, 1er prés. ; de Lagrevol, rapp. ; Desjardins, av. gén. (concl. conf.) ; Georges Devin et Sabatier, av.

---

(1) Principe constant. V. Cass., 16 juill. 1872 (S. 72. 1. 301. — P. 72. 731. — D. 73. 1. 473); 1er déc. 1874 (S. 75. 1. 16. — P. 75. 23); 15 nov. 1876 (S. 77. 1. 16. — P. 77. 30. — D. 77. 1. 71); 17 mai 1882 (Pand. chr.); 9 mai 1883 (Pand. chr.); 26 nov. 1883 (S. 85. 1. 378. — P. 85. 1. 919. — D. 85. 1. 20); 13 août 1884 (Pand. chr.); 2 févr. 1885 (S. 85. 1. 502. — P. 85. 1. 1186); 25 mars 1885 (S. 86. 1. 78. — P. 86. 1. 182. — D. 85. 1. 436); 24 mars 1886 (Pand. pér., 86. 1. 134), et les renvois. — *Adde* notre *Dictionnaire de dr. commerc., ind. et marit.*, t. II, v° *Chemin de fer*, n. 66 et suiv.

(2) Les Compagnies de chemins de fer ne sont pas responsables des avaries occasionnées aux marchandises par le mode de transport choisi par l'expéditeur qui, entre plusieurs tarifs, a préféré le moins coûteux, mais aussi le moins sûr. Ainsi, spécialement, au cas d'expéditions sur plates-formes ou par wagons découverts, si la marchandise se trouve avariée par la pluie ou les intempéries de la saison, la Compagnie ne saurait être déclarée responsable d'un manque de précaution pour n'avoir pas abrité la marchandise contre la mouillure, à l'aide de bâches ou autrement. V. Cass., 21 nov. 1871 (S. 72. 1. 77. — P. 72. 159. — D. 71. 1. 292); 29 janv. 1872 (S. 72. 1. 172. — P. 72. 401. — D. 72. 1. 116); Pau, 24 juin 1872 (S. 72. 2. 76. — P. 72. 450. — D. 72. 2. 224); Cass., 31 mars 1874 (S. 74. 1. 385. — P. 74. 946. — D. 74. 2. 254); Dijon, 23 mars 1881 (S. 82. 2. 61. — P. 82. 1. 338); Cass., 17 mai 1882 (Pand. chr.); 22 avril 1885 (Pand. chr.), et les renvois. V. aussi notre *Dictionnaire, cod. verb.*, n. 294 et suiv.

Quant à la portée exacte qu'il faut attribuer à la clause de non-garantie des déchets et avaries de route, insérée dans un tarif, V. Cass., 9 mai 1883 (Pand. chr.); 26 août 1884 (Pand. chr.); 22 avril 1885 (Pand. chr.); 9 et 29 (trois arrêts) mars 1886 (Pand. pér., 86. 1. 126), et les nombreux arrêts rappelés dans les notes.

(3) Tous les engagements en dehors des clauses et conditions des tarifs et par dérogation aux cahiers des charges, restent lettre morte et ne sauraient devenir un principe de condamnation à des dommages-intérêts. La raison en est que les tarifs étant publiés sont réputés connus des expéditeurs et échappent, par leur caractère, aux conventions des parties. V. Cass., 30 mai 1876 (S. 76. 1. 319. — P. 76. 772. — D. 76. 1. 495); 22 janv. 1878 (S. 78. 1. 127. — P. 78. 293. — D. 78. 1. 112); 14 mai 1878 (S. 78. 1. 383. — P. 78. 942. — D. 78. 1. 255); 20 févr. 1878 (Pand. chr.); 24 mai 1882 (S. 83. 1. 373. — P. 83. 1. 950. — D. 83. 1. 32), et notre *Dictionnaire*, t. II, v° *Chemin de fer*, n. 68, 164, 330.

1880

CASS.-CRIM. 2 janvier 1880.

CHASSE, TRAQUEUR, PERMIS DE CHASSE, PREUVE, MINISTÈRE PUBLIC.

Bien que la traque constitue un fait de chasse (1), *le traqueur n'a pas besoin de permis de chasse, lorsqu'il prête son concours à un chasseur qui en est muni; il est censé ne faire, avec lui, qu'une seule et même personne* (2) (L. 3 mai 1844, art. 1 et 11).

Mais s'il est poursuivi pour fait de chasse, la présomption étant que celui qui est trouvé en action de chasse, chasse sans permis tant qu'il n'établit pas le contraire, c'est à lui de justifier que le chasseur qu'il accompagnait avait un permis : le ministère public n'a pas à prouver que le chasseur n'avait pas de permis, il est seulement tenu d'établir le fait de chasse (3) (Id.).

(Gau). — ARRÊT.

LA COUR : — Vu les art. 1 et 11 de la loi du 3 mai 1844; — Attendu que trois individus chassaient ensemble et de concert, le 21 sept. dernier, à Augmentel, l'un d'eux traquant le gibier dans les buissons, les deux autres l'attendant, le fusil à la main, lorsque des gendarmes survinrent et se dirigèrent vers eux; qu'aussitôt tous trois prirent la fuite; que le traqueur, qui était le prévenu Gau, fut seul rejoint et reconnu par les gendarmes; qu'il refusa de leur répondre et de leur donner des explications sur ses actes personnels, et des renseignements sur ses compagnons de chasse; que, poursuivi en police correctionnelle pour avoir chassé sans permis, il fit défaut en première instance et en appel; qu'il fut cependant renvoyé des poursuites par le motif que le ministère public n'avait pas prouvé que les deux inconnus qu'il accompagnait fussent dépourvus de permis, et que, dès lors, il n'était pas établi que le fait de chasse auquel il avait participé fût un fait de chasse sans permis; — Attendu que la traque, qui consiste à faire lever le gibier et à le pousser vers le chasseur qui l'attend armé d'un fusil, constitue, de la part du traqueur, un acte de chasse, et le soumet aux prescriptions de la loi du 3 mai 1844 et aux pénalités qui en sont la sanction; que cette règle, il est vrai, souffre exception quant à l'obligation du permis de chasse, en ce sens que les traqueurs sont considérés comme ne faisant qu'une seule et même personne avec le chasseur qui les emploie, et, par suite, si celui-ci a un permis, n'ont pas besoin d'en avoir; mais, que cette exception ne justifie nullement la décision attaquée; qu'en effet, sous l'empire de la loi du 3 mai 1844, comme sous l'empire du décret du 4 mai 1812, celui qui est trouvé en action de chasse est réputé avoir chassé sans permis, tant qu'il ne justifie pas d'un permis qui rende licite le fait constaté à sa charge; que Gau, non-seulement n'a jamais prouvé mais encore n'a jamais allégué que les deux chasseurs pour lesquels il traquait fussent munis de permis, ni même qu'il les en ait crus munis; que la présomption légale n'étant pas contredite par le prévenu, conservait contre lui toute son autorité; qu'elle établissait que le fait auquel il avait concouru avait été accompli sans permis et ne permettait pas au juge correctionnel de lui faire application des dispositions ci-dessus visées de la loi du 3 mai 1844; — Attendu qu'au lieu de les lui appliquer, l'arrêt attaqué pose, en thèse de droit, qu'un acte de chasse est réputé avoir été accompli en vertu d'un permis, toutes les fois que le minis-

---

(1-2-3) La traque, ayant pour but de faire lever le gibier et de le pousser dans la direction d'un chasseur armé, constitue incontestablement un fait de chasse. V. Cass., 16 janv. 1872 (S. 72. 1. 42. — P. 72. 68. — D. 72. 1. 146); Limoges, 11 févr. 1886 (Pand. pér., 86. 2. 245). Mais l'auteur principal de cet acte, celui qui en a le plaisir et le profit, c'est le chasseur lui-même, et il a été jugé que le permis de chasse dont il est muni couvre en même temps son auxiliaire, qui est censé ne faire qu'un avec lui : Paris, 26 avril 1845 (S. 45. 2. 359. — P. 45. 2. 129. — D. 45. 2. 153); Amiens, 30 mars 1871, sous Cass., 16 janv. 1872, précité; Chambéry, 17 nov. 1881 (D. 82. 5. 77); Limoges, 11 févr. 1886, précité.

Ainsi, en principe, le chasseur qui s'est conformé aux prescriptions de la loi du 3 mai 1844, peut se faire assister par un ou plusieurs auxiliaires, non munis de permis de chasse; mais, pour que cette immunité puisse être invoquée par un prétendu auxiliaire, il faut que ce dernier agisse simultanément avec le chasseur; il ne serait pas couvert, s'il accomplissait lui-même, hors la présence et pour le compte du chasseur, le fait principal de chasse. C'est par application de ces principes qu'il a été jugé qu'il y a délit de chasse sans permis : —1° de la part d'une femme chassant des alouettes à l'aide de filets appartenant à son fils qu'elle aidait habituellement, mais qui n'était pas avec elle lors du fait relevé à sa charge : Toulouse, 8 janv. 1846 (S. 47. 2. 135. — P. 47. 1. 477. — D. 47. 4. 71); —2° de la part d'un domestique qui, hors la présence de son maître, tend des piéges à grives et enlève les oiseaux ainsi capturés : Chambéry, 5 févr. 1883 (S. 83. 2. 128. — P. 83. 1. 700.)

Du rôle que l'auxiliaire, en particulier, le traqueur, est appelé à jouer, il résulte qu'il participe aux délits de chasse que le chasseur peut commettre : en conséquence, il a été décidé qu'il peut être considéré comme complice d'un délit de chasse sur le terrain d'autrui sans le consentement du propriétaire (Rouen, 26 avril 1849 (D. 50. 2. 69), et, plus généralement, qu'il est solidairement responsable avec le chasseur des suites d'un délit de chasse commis sans permis, en temps prohibé, ou sur le terrain d'autrui, sans le consentement du propriétaire : Trib. civ. Loudun, 29 janv. 1886 (*Journ. du droit crim.*, 86, 94).

Etant donné, comme dans notre espèce et dans celle de l'arrêt de Limoges, 11 févr. 1886, précité, qu'à l'approche des agents qui ont verbalisé contre le traqueur non muni de permis de chasse, le chasseur s'est enfui et qu'on n'est pas fixé sur son identité, qui devra prouver que ce chasseur avait ou n'avait pas de permis de chasse?

A notre avis, poser la question, c'est la résoudre.

Lorsqu'une personne est trouvée en action de chasse, il est hors de doute que c'est à elle de justifier qu'elle est en règle, qu'elle a un permis : jusqu'à ce qu'elle fasse cette justification, il y a, contre elle, une sorte de présomption légale qu'elle est en délit; or, le traqueur fait acte de chasse, donc, la même présomption s'élève contre lui, et, pour la faire tomber, il doit prouver que le chasseur qu'il accompagnait le couvrait par un permis : il ne peut profiter de cette immunité qu'en justifiant qu'il y a droit. — C'est donc à tort que plusieurs décisions ont imposé au ministère public l'obligation de prouver que le chasseur n'avait pas de permis. Comment, d'ailleurs, pourrait-il faire cette preuve, quand il n'est pas fixé sur l'identité du chasseur et que le traqueur se refuse à la faire connaître?

Du reste, le silence de ce dernier est la preuve non équivoque qu'il y avait délit. Le ministère public est seulement tenu d'établir le fait de chasse. *Sic*, Limoges, 11 févr. 1886, précité. — V. toutefois nos observations jointes à un jugement du trib. corr. Albi, 19 déc. 1885 (*Pand. chr.*), qui statue sur une hypothèse distincte.

tère public ne démontre pas le contraire, et acquitte le prévenu Gau parce que la partie poursuivante n'a pas fourni la preuve que les chasseurs pour lesquels il traquait fussent dépourvus de permis; qu'en mettant à la charge du ministère public la preuve de la non-existence d'un fait justificatif dont le prévenu n'avait pas même allégué l'existence, et en substituant à la présomption légale une présomption contraire, cet arrêt a violé l'art. 1er et l'art. 11 de la loi du 3 mai 1844; — Casse, etc.

MM. de Carnières, prés.; Thiriot, rapp.; Benoist, av. gén.

CASS.-CRIM. 3 janvier 1880.

CIRCONSTANCES ATTÉNUANTES, AMENDE, MINIMUM.

Au cas de délit dont la seule peine édictée par la loi est l'emprisonnement (dans l'espèce, le délit d'outrage, réprimé par l'art. 222, C. pén.), les juges qui, par l'admission de circonstances atténuantes, usent du pouvoir à eux conféré de substituer l'amende à l'emprisonnement, ne peuvent prononcer que le minimum des amendes correctionnelles, c'est-à-dire 16 francs (1) (C. pén., 4, 463).

(De Rubelles). — ARRÊT.

LA COUR : — Sur le moyen pris de la violation des art. 4 et 463, C. pén. : — Attendu que, d'après l'art. 4, C. pén., nulle infraction ne peut être punie de peines qui n'étaient pas prononcées par la loi avant qu'elle fût commise; que cette disposition, qui domine toute notre législation criminelle, exclut toute peine arbitraire, non-seulement quant à sa nature, mais aussi quant à sa quotité; qu'il suit de là que, lorsque la loi édicte pour un cas donné une peine d'une nature déterminée sans fixer un maximum, les tribunaux sont tenus de ne prononcer que le minimum de cette peine, tel qu'il est réglé par les dispositions générales du Code pénal; que ce minimum pour les peines correctionnelles est de six jours pour l'emprisonnement et de seize francs pour l'amende, d'après la combinaison des art. 9, 465 et 466, C. pén.; — Attendu que cette règle est applicable au cas où les tribunaux sont autorisés, lorsque les circonstances sont atténuantes et qu'il s'agit d'un délit puni seulement de l'emprisonnement, à substituer à cette peine celle de l'amende, puisque l'art. 463, qui leur donne ce pouvoir, a omis de dire dans quelles limites cette amende serait prononcée, et que ni l'art. 9 ni aucune autre disposition générale du Code pénal ne fixent de maximum pour les amendes correctionnelles; que permettre aux tribunaux de fixer arbitrairement l'amende et, par conséquent, de l'élever aussi haut qu'ils le jugeraient convenable, suivant l'exigence des cas, ce serait leur accorder un pouvoir absolument incompatible avec les principes de notre droit criminel; — Et attendu que le sieur de Rubelles a été reconnu coupable du délit prévu et puni de la peine d'emprisonnement par l'art. 222, C. pén.; que la Cour de Riom, ayant reconnu qu'il existait des circonstances atténuantes, a substitué à cette peine celle de 500 fr. d'amende, en quoi elle a faussement appliqué l'art. 463 et formellement violé l'art. 4, C. pén.; — Casse l'arrêt rendu, le 1er déc. 1879, par la Cour d'appel de Riom, etc.

MM. de Carnières, prés.; Gast, rapp.; Benoist, av. gén. (concl. conf.).

CASS.-REQ. 13 janvier 1880.

MARQUE DE FABRIQUE, NOM, FORME DISTINCTIVE, PRESCRIPTION, DOMAINE PUBLIC, APPRÉCIATION SOUVERAINE, ETRANGER, TRAITÉ INTERNATIONAL, POURSUITE, USURPATION.

Un nom propre accompagné d'emblèmes et de mentions auxquels il s'incorpore et avec lesquels il se confond, peut devenir, sous cette forme distinctive, l'un des éléments constitutifs d'une marque de fabrique, susceptible comme tel, à la différence du nom isolé dont la propriété est imprescriptible et protégée par le droit des gens, de tomber dans le domaine public en l'absence de dépôt régulier (2) (LL. 28 juill. 1824; 23 juin 1857, art. 1).

---

(1) La question comporte en jurisprudence deux solutions, et un plus grand nombre en doctrine.

A nous en tenir exclusivement à la jurisprudence, nous trouvons un premier système, qui est celui adopté dans la présente affaire, par l'arrêt cassé de la Cour de Riom, du 1er déc. 1879, dont voici les motifs : — « En ce qui concerne la peine : — Attendu, y est-il dit, que, eu égard aux circonstances où la lettre délictueuse a été écrite, il y a lieu de faire une plus large application de l'art. 463, C. pén., en substituant une peine pécuniaire à la peine corporelle; que, pour proportionner le taux de l'amende à la gravité du délit, il appartient à la Cour de se mouvoir dans les limites des amendes fixes déterminées par le Code pénal; que cette faculté a été expressément reconnue dans la discussion législative de 1832 à la Chambre des députés; que, si le minimum de l'amende était seul applicable, la substitution autorisée par l'art. 463, C. pén., deviendrait, dans bien des cas, moralement impossible au magistrat, dont la conscience serait forcée d'opter entre une peine corporelle et une minime amende de 16 francs; qu'il n'est pas admissible que le silence de la loi sur le maximum de l'amende substituable à l'emprisonnement emporte une telle conséquence; que, dès lors, ce n'est pas créer arbitrairement une peine que d'emprunter le taux de l'amende aux dispositions du Code pénal, notamment à l'art. 225, qui réprime un délit d'outrage; — Par ces motifs, infirmant, quant à la peine seulement, le jugement du tribunal de Gannat, décharge de Rubelles de la peine d'emprisonnement prononcée, et le condamne à une amende de 500 francs. » — Ce système, en résumé, consiste à dire que l'amende, lorsque, à raison des circonstances atténuantes, elle est substituée à l'emprisonnement, peut être fixée dans les limites du minimum au maximum des amendes correctionnelles. Cette théorie avait été déjà formulée par un arrêt de Douai, du 22 mars 1852 (S. 53. 2. 29. — P. 53. 2. 530. — D. 54. 2. 135).

Mais, il faut le reconnaître, ces arrêts, en mettant de côté la cassation qui a frappé celui de Riom, sont sans autorité parce qu'ils restent isolés. La plupart des Cours d'appel se sont prononcées dans le sens de la solution ci-dessus. V. notamment, Douai, 19 mai 1851 (Pand. chr.); Pau, 12 janv. 1870 (*Journ. min. publ.*, t. XIII, p. 113); Limoges, 14 août 1874 (S. 75. 2. 40. — P. 75. 216). Ces décisions avaient été elles-mêmes précédées bien antérieurement par un arrêt de la Cour de cassation du 10 janv. 1846 (Pand. chr.), qui avait fixé les principes et tracé la direction à suivre.

(2) On peut signaler cinq différences entre la propriété des noms et la propriété des marques de fabrique figuratives et symboliques : 1° différence de régime; 2° différence de juridiction; 3° différence de nature; 4° différence de moyens de conservation; 5° Différence d'effets.

Pour les noms, la protection est dans la loi du 28 juill. 1824; pour les marques de fabrique, elle est dans la loi du 23 juin 1857.

Pour les noms, l'action civile est portée devant le tribunal de commerce; pour les marques figuratives, elle est portée devant le tribunal civil.

Pour les noms, la propriété est une propriété naturelle s'il en fut; on ne choisit pas son nom, parfois on le subit, et le poëte a pu dire :

Souvent le nom d'un père est un pesant fardeau.

La propriété de la marque de fabrique est une propriété absolument artificielle. Le léopard et la licorne, dans l'espèce, comme tous autres signes, sont au premier occupant, sous certaines conditions. Des signes arbitrairement composés sont empruntés au domaine public. Ils en sortent et ils peuvent y rentrer.

La propriété des noms se conserve par elle-même. La propriété des marques de fabrique emblématiques ne se conserve qu'à l'aide d'un double dépôt.

La propriété des noms est imprescriptible; la propriété des marques emblématiques est en général prescriptible, sauf des exceptions.

Si les noms sont imprescriptibles en eux-mêmes, l'arrêt ci-dessus rapporté décide qu'ils deviennent prescriptibles accessoirement à la marque symbolique de fabrique. V. en ce sens, Paris, 19 janv. 1858 (*Journ. des trib. de comm.*, t. VII, 115); 10 mars 1876 (*Journ. du dr. crim.*, 76. 125); Trib. civ. de Charleville, 17 août

Toute marque de fabrique, une fois tombée dans le domaine public, ne peut plus en être retirée et devenir l'objet d'une propriété exclusive (1) (Id.).

Et il appartient aux juges du fond d'apprécier souverainement les circonstances décisives qui ont livré la marque au domaine public (2) (Id.).

Spécialement, *c'est à bon droit qu'il a été décidé qu'une marque, tombée dans le domaine public avant le traité franco-allemand du 2 août 1862, y est restée depuis comme auparavant* (3) (Id.).

L'art. 28, § 1, du traité franco-allemand du 2 août 1862, en assurant, pour les marques de fabrique ou de commerce, aux sujets de chacun des deux Etats dans l'autre Etat la même protection qu'aux nationaux, ne saurait leur assurer plus de protection et leur constituer une situation privilégiée (4) (Tr. 2 août 1862, art. 28, § 1).

En conséquence, un fabricant allemand, pas plus d'ailleurs qu'un Français, ne peut poursuivre en France de prétendues usurpations d'une marque non déposée et depuis longtemps tombée dans le domaine public (5) (Id.).

(Beissel et fils c. Selkinghaus). — ARRÊT.

LA COUR : — Sur le moyen tiré de la violation de la loi du 28 juill. 1824, art. 1er; de l'art. 28 du traité de commerce franco-allemand du 2 août 1862, remis en vigueur par le décret du 11 oct. 1873; de la loi du 26 nov. 1873, art. 9, et des art. 544, 545, 1382, C. civ. : — Attendu qu'aux termes de l'art. 1er de la loi du 23 juin 1857, sont considérés comme marques de fabrique ou de commerce les noms sous une forme distinctive; que dès lors le nom accompagné d'emblèmes et de mentions auxquels il s'incorpore, et avec lesquels il se confond, n'est plus, à la différence du nom isolé, que l'un des éléments constitutifs dont la marque se compose; — Attendu que toute marque de fabrique, quand elle n'a pas été déposée, est susceptible de tomber dans le domaine public, et que, du moment où elle y est tombée, nul ne peut plus désormais en revendiquer la propriété exclusive; — Attendu, en fait, qu'il est constaté, par l'arrêt dénoncé, que l'étiquette sous laquelle la maison Beissel et fils d'Aix-la-Chapelle vend les aiguilles de sa fabrication est rédigée en anglais et représente un écusson anglais où sont figurés le léopard et la licorne, le tout afin d'accréditer ses produits sous les apparences mensongères d'une provenance anglaise et non allemande; que l'énonciation en anglais de sa raison sociale a pour unique objet, en intention comme en fait, de compléter sa marque de fabrique et ne saurait être séparée des autres signes et mentions dont elle est escortée pour constituer distinctement un nom propre dont la propriété serait imprescriptible et protégée par le droit des gens, et que l'étiquette de la maison Beissel, veuve et fils, ainsi considérée dans l'ensemble de ses éléments, y compris le nom ou la raison sociale, ne représente rien de plus qu'une marque de fabrique; — Attendu qu'il est également constaté par l'arrêt que, depuis 1842, cette marque, qui n'a jamais été déposée, était tombée dans le domaine public en France, comme y étant devenue déjà un usage courant et général dans le commerce des aiguilles; — Attendu que ces considérations de fait sont souveraines et échappent à toute censure; — Attendu, par conséquent, que la marque de la maison Beissel, étant tombée dans le domaine public antérieurement au traité franco-allemand du 2 août 1862, y est restée depuis comme auparavant;

Sur le moyen tiré de la violation de l'art. 28, § 2, du traité de 1862 et du principe de la séparation des pouvoirs : — Attendu que l'art. 28, § 1er, du traité déclare expressément, en ce qui concerne les marques de fabrique ou de commerce, que les sujets de chacun des Etats contractants jouiront respectivement dans l'autre de la même protection que les nationaux; — Attendu que cette disposition n'a rien d'obscur ou d'ambigu; qu'elle est claire et formelle; qu'elle accorde aux sujets de chacun des Etats contractants, dans l'autre, la même et non une plus grande protection qu'aux nationaux, et que l'unique conséquence à en déduire, c'est qu'il faut traiter comme s'il était Français le fabricant allemand qui se plaint en France, soit de l'usurpation de son nom ou de sa raison commerciale, soit de l'usurpation de sa marque; — Attendu qu'il résulte des motifs qui précèdent, qu'un Français n'aurait pas d'action en France contre les défendeurs éventuels à raison de l'emploi qu'ils auraient fait de la marque litigieuse, et qu'ainsi, en décidant qu'il en devait être de même à l'égard de la maison d'Aix-la-Chapelle, l'arrêt, ayant littéralement et justement appliqué l'art. 28, § 1, n'a pu contrevenir à la disposition du § 2; — D'où il suit qu'en déboutant les demandeurs de leur action contre Roger et Cie, la Cour de Paris, bien loin de méconnaître les principes de la matière, s'y est, au contraire, exactement conformée, et n'a violé aucune loi; — Rejette, etc.

MM. Bédarrides, prés.; Guillemard, rapp.; Bertauld, proc. gén. (concl. contr.); Chambareaud, av.

CASS.-CIV. 27 janvier 1880.

REMORQUAGE, SERVICE PUBLIC, ETAT, CHAMBRE DE COMMERCE, PILOTES LAMANEURS, ABORDAGE, DOMMAGES-INTÉRÊTS, RESPONSABILITÉ, COMPÉTENCE, FIN DE NON-RECEVOIR, FORCE MAJEURE, FAUTE.

Le service de remorquage dans un port, bien qu'établi dans l'intérêt général du commerce maritime et à l'aide d'un bateau remorqueur acheté par l'Etat, n'est pas un service public, si l'Etat y est resté complètement étranger, et si l'exploitation en a été abandonnée à une chambre de commerce, moyennant la perception à son profit d'un droit déterminé. — Par suite, cette chambre est seule responsable, conformément au droit commun, des fautes de ses préposés, sans recours contre l'Etat (6) (C. civ., 1382, 1383). — Motifs.

Et il n'y a pas lieu, en pareil cas, d'assimiler la situation de la chambre de commerce à celle des pilotes lamaneurs, in-

---

1878 (*Journ. des trib. de comm.*, 78, 425); Pouillet, *Marques de fabrique*, n. 60; et notre *Dictionnaire de dr. commerc., ind. et marit.*, t. V, n. 38. — Toutefois cette solution n'est pas acceptée par certains auteurs, qui se refusent à admettre que la prescriptibilité de certaines parties de la marque entraîne la prescriptibilité du tout, du nom propre lui-même. *Sic*, Pataille et Bozérian, *Annales de la propriété littéraire*, 1880, p. 113, note, et p. 126; Bregeault, *Journ. de dr. internat. privé* de Clunet, 1879, p. 367, et surtout les conclusions de M. le procureur général Bertauld dans l'affaire actuelle (S. 82. 1. 449. — P. 82. 1. 1134).

(1) V. en ce sens, Cass., 30 avr. 1864 (S. 64. 1. 246. — P. 64. 864. — D. 64. 1. 461); 4 févr. 1865 (S. 65. 1. 432. — P. 65. 1095. — D. 65. 1. 197). — *Contrà*, Pataille, *Annales de la propriété littéraire*, 1864, p. 218; Calmels, *Noms et marques*, n. 225 et 238; Pouillet, *op. cit.*, n. 336; Rendu, *Codes de la propriété industr.* (*Marques de fabrique*), n. 282.

(2) V. anal., Cass. (motifs), 8 févr. 1875 (S. 77. 1. 161. — P. 77. 867. — D. 77. 1. 76); 18 nov. 1876 (D. 78. 1. 492); 30 juill. 1884 (Pand. chr.); Pouillet, *op. cit.*, n. 81.

(3-4-5) V. conf., Cass., 3 août 1880 (S. 82. 1. 452. — P. 82. 1. 1140. — D. 81. 1. 429; 30 juill. 1884, précité.

(6) Un service public est celui qui est placé sous la haute direction de l'Etat, qu'il organise et surveille, dont il assure le fonctionnement régulier par des agents de son choix, à sa solde, qu'il peut révoquer en cas d'impéritie ou de négligence professionnelle. Telle n'était pas la situation du service de remorquage dans le port de Bayonne. Sans conteste, il y avait là un service d'intérêt général, provoqué par les besoins de notre commerce

stitués dans certains ports, et de lui appliquer, sous prétexte d'analogie, les règlements spéciaux qui régissent ces derniers (1) (Id.). — Motifs.

En conséquence, l'action en responsabilité dirigée contre la chambre de commerce, à raison d'un dommage causé à un navire remorqué par suite de la faute du capitaine du navire remorqueur, relève de la compétence de l'autorité judiciaire et non de celle de l'autorité administrative (2) (LL. 16-24 août 1790, tit. II, art. 13; 16 fruct. an III).

Les fins de non-recevoir édictées par les art. 435 et 436, C. com., contre l'action en réparation du dommage causé par un abordage, ne peuvent être étendues à des circonstances autres que celles que ces articles prévoient expressément; par exemple, à l'action dirigée contre l'armateur d'un navire remorqueur, à raison de la perte du navire remorqué résultant de l'abandon de ce navire par le remorqueur, à la suite de la section de la remorque (3) (C. com., 435, 436).

Peu importe que cette section n'ait été ordonnée par le capitaine du remorqueur qu'à la suite d'un abordage dont son bâtiment aurait été lui-même victime de la part d'un autre navire; un pareil fait ne constituant pas un événement de force majeure de nature à décharger le capitaine de toute responsabilité ou même à modifier le caractère de cette responsabilité (4) (Id.).

En pareil cas, le capitaine du remorqueur, et la chambre de commerce, armateur de ce navire, sont responsables des pertes et avaries éprouvées par le navire remorqué, lorsque surtout la nécessité de couper la remorque ne dérive pas directement de l'abordage, mais est plutôt le résultat d'une imprudence ou négligence du capitaine du remorqueur dans l'exercice de son commandement (5) (C. civ., 1382).

(Chambre de commerce de Bayonne c. Comp. d'assur. mar. *British and Foreign*, Delalun et autres). — ARRÊT.

LA COUR : — Sur le premier moyen du pourvoi (violation des règles de la séparation des pouvoirs, en ce que l'action d'avarie jugée par l'arrêt attaqué aurait dû être portée devant la juridiction administrative, l'Etat étant propriétaire du bateau remorqueur et le remorqueur lui-même remplissant les fonctions de pilote lamaneur) : — Attendu que si le service du remorquage des navires dans le port de Bayonne a été établi dans l'intérêt général du commerce maritime, et si une somme de 250,000 francs a été affectée à l'achat d'un bateau à vapeur pour cet usage par la loi du 21 juin 1838, la chambre de commerce de Bayonne a été expressément chargée, aux termes de l'art. 3 de ladite loi, de pourvoir, conformément à l'offre qu'elle avait faite, à l'entretien et au service du bateau remorqueur, moyennant la perception sur les navires qui entrent dans le port ou qui en sortent de droits déterminés par des règlements d'administration publique; qu'il résulte de cette disposition que l'Etat reste complétement étranger au service dont il s'agit; que c'est la chambre de commerce qui est personnellement chargée du remorquage des navires; qu'elle seule est responsable des fautes commises par ses préposés dans cette exploitation, et que les condamnations prononcées contre elle à raison desdites fautes ne peuvent motiver aucun recours contre le Trésor public; — Attendu, d'autre part, qu'on ne saurait assimiler la situation faite par la loi du 21 juin 1838 à la chambre de commerce de Bayonne à celle des pilotes lamaneurs institués dans cer-

---

maritime. Aussi l'Etat y avait prêté un concours efficace; il avait fourni une subvention pour l'achat du remorqueur; il avait, par des règlements administratifs, déterminé le mode de fonctionnement de l'entreprise, arrêté par des tarifs le taux des rétributions à percevoir. Mais, là s'était borné son rôle; il n'avait point voulu assumer lui-même les charges de l'exploitation.

La concession du service a été abandonnée, dès l'origine, à la chambre de commerce de Bayonne, qui en a pris la direction exclusive. L'Etat y est resté entièrement étranger. C'est à la chambre de commerce qu'incombaient l'entretien du navire, le choix du capitaine et de l'équipage. Elle avait si bien la qualité d'armateur responsable, qu'elle était seule mentionnée sur l'acte de francisation, comme propriétaire du navire. Au point de vue juridique, la situation d'une chambre de commerce, chargée de l'entreprise de remorquage dans un port, présente avec celle des diverses Compagnies, qui fonctionnent dans un intérêt d'utilité générale, les plus complètes analogies; elle est même à peu près identique avec celle des Compagnies de chemins de fer avec concession et monopole du service, cahier des charges, tarifs homologués, contrôle administratif.

Or, les Compagnies de chemins de fer sont directement et seules responsables des faits et actes de leurs employés. Elles n'ont aucun recours contre l'Etat. Toutes prétentions de ce genre ne seraient même pas sérieuses. Aussi, elles n'ont jamais été émises. Les Compagnies, cependant, n'auraient pas manqué de s'en emparer, si elles avaient vu quelques chances de les faire admettre. V. conf., Cass. civ., 30 déc. 1884 (Pand. chr.).

(1) Il est certain qu'un pilote lamaneur ne peut être actionné en responsabilité d'un accident ou d'un abordage, qu'après que l'autorité administrative a été appelée à se prononcer sur le point de savoir si le pilote s'est ou non conformé aux règlements et instructions sur le lamanage. Mais, quelle est la raison qui motive cette intervention de l'autorité administrative? Elle est conforme aux principes de notre droit public en matière de séparation des pouvoirs.

Le pilote lamaneur est un agent de l'Administration, attaché à un service public. V. à cet égard, Cons. d'Etat, 23 avril 1807; 6 sept. 1824 (Pand. chr.); Cass., 17 janv. 1842 (Pand. chr.); Bordeaux, 4 janv. 1860 (*Journ. de Mars.*, t. XXXVIII, 2. 45), et notre *Dictionnaire de dr. com., ind. et marit.*, t. V, v° *Pilote*, n. 60. — Or, ainsi que nous l'avons vu dans la note qui précède, le remorquage, pour être un service d'intérêt général, n'est point un service public, alors surtout que l'exploitation en est abandonnée à une chambre de commerce et que l'Etat y reste complétement étranger.

(2) C'est un principe aujourd'hui constant que l'Etat n'encourt pas la responsabilité de droit commun quand il agit comme puissance publique et dans l'intérêt d'un service public, et que les réclamations soulevées par les particuliers contre lui, à raison des fautes commises par ses préposés dans l'exercice de leur emploi, doivent être déférées aux tribunaux de l'ordre administratif. V. notamment, Trib. des conflits, 8 févr. 1873 (Pand. chr.); 17 janv. 1874 (S. 75. 2. 341. — P. chr. adm. — D. 75. 3. 2); 4 juill. 1874 (S. 74. 2. 328. — P. chr. adm. — D. 75. 3. 68); 29 mai 1875 (S. 77. 2. 128. — P. chr. adm. — D. 76. 3. 45); 31 juill. 1875 (S. 75. 2. 305. — P. chr. adm. — D. 76. 3. 46); 4 août 1877 (Pand. chr.), et les notes. — Le principe est indiscutable, mais il est sans application dans notre espèce, où il n'était question ni de l'Etat, ni de ses agents, mais d'une entreprise avec un caractère privé et de préposés de cette entreprise, sans attache administrative.

(3-4) Les fins de non-recevoir édictées par les art. 435 et 436, C. com., sont des déchéances; comme telles, l'application en doit être restreinte aux seuls cas expressément prévus par les textes interprétés dans le sens le plus limitatif.

Or, ces dispositions, par leur caractère propre, sont spéciales à la matière des abordages. Là où le dommage dont on poursuit la réparation ne provient pas directement de cette cause, les art. 435 et 436 restent sans portée efficace. V. en ce sens, Marseille, 16 août 1842 (*Journ. de Mars.*, t. XXI, 1. 341); 26 juin 1844 (*ibid.*, t. XXIII, 1. 252); 11 janv. 1846 (Lehir, 46. 2. 231); 3 janv. 1866 (*Journ. de Mars.*, 66. 1. 52); Aix, 29 janv. 1866 (*ibid.*, 66. 1. 80), et notre *Dictionnaire de dr. com., ind. et marit.*, t. I, v° *Abordage*, n. 44.

Or, dans l'espèce de l'arrêt ci-dessus, la fracture de la remorque qui avait entraîné la perte du bâtiment remorqué, n'avait point été produite par le choc du navire abordeur contre le remorqueur au moment même de l'abordage. Cet accident n'avait point exercé de contre-coup sur le bâtiment remorqué, qui ne s'était même point aperçu de la rencontre, vu la distance qui le séparait du remorqueur. L'ordre de couper la remorque avait été donné par le capitaine du remorqueur, volontairement, après examen des avaries causées au navire dont il avait le commandement et pour le soustraire au danger d'une situation qu'il jugeait périlleuse. Dans de telles conditions, la perte du navire remorqué constituait un fait distinct de l'abordage; elle n'avait point dans cet accident sa cause génératrice, directe et immédiate. Les art. 435 et 436 étaient inapplicables.

(5) Comp. Cass., 2 juin 1886 (Pand. pér., 86. 1. 163), et la note.

tains ports et lui appliquer, sous prétexte d'analogie, les règlements spéciaux qui régissent ces derniers ; qu'il est, dès lors, superflu de rechercher si les tribunaux ordinaires ne peuvent pas condamner les pilotes à des indemnités pour réparation des fautes par eux commises, dans l'exercice de leurs fonctions, sans qu'il ait été préalablement décidé, par l'autorité administrative, s'ils ont contrevenu aux règlements d'administration maritime ;

Sur le deuxième moyen (violation des art. 435 et 436, C. com.) : — Attendu que l'action en indemnité intentée par les défendeurs contre la chambre de commerce de Bayonne n'avait pas pour objet la réparation d'un dommage causé par un abordage ; qu'elle était uniquement fondée sur ce que le capitaine de l'*Adour*, dont la chambre de commerce est armateur, avait coupé la remorque qui reliait ce bateau au navire *le Saint-George*, qu'il s'était engagé à conduire dans le port, et que cette mesure avait entraîné la perte du *Saint-George* ; que, si la chambre de commerce, pour repousser l'action dont il s'agit, prétendait qu'elle avait été contrainte d'abandonner le *Saint-George* par suite d'un abordage dont elle avait été elle-même victime de la part du navire *la Jeune-Elisa*, ce fait, invoqué par elle comme constituant un événement de force majeure de nature à la décharger de toute responsabilité envers les demandeurs, ne pouvait pas avoir pour conséquence de modifier les caractères légaux de l'action formée par ceux-ci ; que les parties ne se trouvaient dans aucun des cas déterminés par l'art. 435, C. com. ; qu'il n'est pas permis d'appliquer les fins de non-recevoir établies par cet article, dans des circonstances autres que celles qu'il prévoit expressément ; — Et qu'en le décidant ainsi, l'arrêt attaqué (Pau, 12 mars 1878) n'a violé ni ledit article, ni l'art. 436 du même Code ;

Sur les troisième et quatrième moyens (violation et fausse application de l'art. 1784 et de l'art. 1315, C. civ. ; violation de l'art. 1382, C. civ., fausse application de l'art. 15 du décret du 25 oct. 1862, en ce que l'arrêt attaqué a mis à tort à la charge du remorqueur la responsabilité de l'abordage) : — Attendu que des déclarations de l'arrêt attaqué il résulte que la nécessité où s'est trouvé le capitaine de l'*Adour* de couper la remorque qui reliait le remorqueur au *Saint-George*, ce qui a entraîné la perte de ce dernier navire, ne saurait être imputée au capitaine de la *Jeune-Elisa*, et qu'elle est la conséquence de l'imprudence du capitaine de l'*Adour* ; — Attendu que la faute relevée à la charge du préposé de la demanderesse était de nature à engager sa responsabilité, aux termes des art. 1382 et 1384, C. civ., et que la constatation de cette faute suffit pour justifier la condamnation prononcée ; — ...Rejette, etc.

MM. Mercier, 1er prés. ; Goujet, rapp. ; Desjardins, av. gén. (concl. conf.) ; Sabatier, Michaux-Bellaire et de Valroger, av.

CASS.-CRIM. 12 février 1880.

OUTRAGE, SYNDIC DE FAILLITE.

Les syndics de faillite, associés à l'œuvre de justice et investis d'une véritable délégation judiciaire, sont des citoyens chargés d'un ministère de service public. — En conséquence, les outrages qui leur sont adressés à l'occasion de leurs fonctions tombent sous l'application de l'art. 224, C. pén. (1) (C. pén., 224).

(N...). — ARRÊT.

LA COUR : — Attendu que, dès qu'une faillite est déclarée, le failli est, de plein droit, dessaisi de l'administration de ses biens ; qu'un syndic nommé par la justice est aussitôt chargé d'y pourvoir, sous la surveillance d'un juge-commissaire ; que, dès lors, aucune action mobilière ou immobilière ne peut plus être intentée ou suivie que contre lui, et qu'il est investi du droit de procéder au recouvrement des dettes actives, à la vente des objets mobiliers, des marchandises et des immeubles, à la vérification et au règlement des créances prétendues et à la répartition entre les créanciers des valeurs réalisées ; — Attendu, en outre, que, au cas où le tribunal a ordonné le dépôt de la personne du failli dans une maison d'arrêt, cette décision doit être exécutée à la diligence, soit du ministère public, soit de lui, syndic ; — Attendu enfin que, dans la quinzaine de son entrée ou de son maintien en fonction, le syndic est tenu de transmettre au procureur de la République, par l'intermédiaire du juge-commissaire, un mémoire ou état sommaire de l'état apparent de la faillite, de ses principales causes et circonstances, et des caractères qu'elle paraît avoir ; — Et attendu que, à ces différents points de vue, il y a lieu de reconnaître que les attributions conférées à un syndic de faillite sont de celles qui associent à l'œuvre de la justice et qui constituent une véritable délégation judiciaire ; — ...Rejette, etc.

MM. de Carnières, prés. ; Didier, rapp. ; Petiton, av. gén. ; Defert, av.

CASS.-REQ. 16 février 1880.

DOT, INALIÉNABILITÉ, DÉLIT, QUASI-DÉLIT, MANŒUVRES FRAUDULEUSES, IMPRUDENCE, EMPRUNT, HYPOTHÈQUE, AUTORISATION DE JUSTICE, PRÉJUDICE, RÉPARATION.

Le principe de l'inaliénabilité de la dot reçoit exception au cas de délit ou de quasi-délit commis par la femme (2) (C. civ., 1382 et suiv., 1454, 1558).

Et il n'y a point à rechercher, en pareil cas, si ceux qui ont souffert du délit n'auraient pas pu, avec plus d'attention ou de clairvoyance, éviter le dommage éprouvé (3) (Id.).

Spécialement, *la femme qui, à l'aide de manœuvres frauduleuses, obtient de justice l'autorisation d'emprunter avec hypothèque sur un immeuble qu'elle présentait comme dotal, mais qui appartenait à son mari seul, est responsable sur sa dot du*

---

(1) V. en ce sens, Riom, 9 mai 1866 (S. 67. 2. 7. — P. 67. 85) ; Dijon, 15 avril 1868 (S. 68. 2. 216. — P. 68. 842). V. aussi notre *Dictionnaire de droit commerc., industr. et marit.*, t. VI, v° *Syndic*, n. 52. — Mais il a été jugé qu'un syndic de faillite n'est ni un fonctionnaire public, ni un dépositaire ou agent de l'autorité publique, ni même un citoyen chargé d'un service ou d'un mandat public, dans le sens de l'art. 31 de la loi du 29 juill. 1881, et que, par conséquent, c'est le tribunal correctionnel qui reste compétent pour connaître des diffamations dont il se plaint à raison de ses fonctions : Agen, 25 nov. 1885 (Pand. chr.). — Il n'y a, à notre avis, aucune contradiction entre ces solutions.

(2) C'est un principe consacré par une jurisprudence depuis longtemps constante, que la règle de l'inaliénabilité de la dot reçoit exception au cas de délit ou de quasi-délit commis par la femme. V. notamment Cass., 23 juill. 1851 (S. 51. 1. 576. — P. 51. 2. 45. — D. 51. 5. 184) ; 23 nov. 1852 (S. 52. 1. 769. — P. 56. 1. 197. — D. 52. 1. 264) ; 24 déc. 1860 (S. 61. 1. 784. — P. 62. 977) ; 23 avril 1861 (S. 61. 1. 983. — P. 62. 324. — D. 61. 1. 255) ; 15 juin 1864 (S. 64. 1. 363. — P. 64. 1015. — D. 64. 1. 379) ; 20 juill. 1870 (S. 71. 1. 69. — P. 71. 192. — D. 70. 1. 334) ; 4 juill. 1877 (Pand. chr.) ; 10 juin 1879 (S. 79. 1. 419. — P. 79. 1085. — D. 80. 1. 418).

(3) L'imprudence ou la négligence de la victime ne fait pas disparaître la responsabilité de l'auteur du dommage ; elle ne peut que l'atténuer et donner lieu à une réduction du chiffre de l'indemnité. Ce principe a été consacré en diverses matières ; il est d'application journalière, notamment dans les nombreux procès en responsabilité d'accidents. V. Cass., 25 avril 1877 (S. 78. 1. 107. — P. 78. 258) ; 20 août 1879 (Pand. chr.), et les renvois.

préjudice causé aux prêteurs par l'annulation du jugement d'autorisation et de l'acte intervenu à la suite (1) (Id.).

(Michaëlis c. Guilbaud). — ARRÊT.

LA COUR : — Sur le moyen tiré de la fausse application de l'art. 1382 et de la violation des art. 1554 et 1558, C. civ. : — Attendu que le principe de l'inaliénabilité de la dot n'a pour objet que les contrats et les quasi-contrats ; qu'il ne s'applique ni aux délits ni aux quasi-délits; que tout fait quelconque de dol ou de fraude par lequel une personne cause du tort à une autre constitue un délit; que la femme est donc tenue de réparer, même sur ses biens dotaux, le tort causé par son dol ou sa fraude; et qu'il n'y a point à rechercher, en pareil cas, si ceux qui ont souffert du délit n'auraient pas pu, avec plus d'attention ou de clairvoyance, éviter le dommage éprouvé; — Attendu, en fait, qu'il résulte de l'arrêt dénoncé que la dame Michaëlis n'a obtenu qu'à l'aide de manœuvres frauduleuses : 1° les jugements qui l'ont autorisée à emprunter avec hypothèque sur le domaine de Gentilly, qu'elle présentait comme étant dotal pour une partie, tandis que son mari en était seul propriétaire; 2° les fonds qui lui ont été successivement prêtés par Guiramond, Cournaud et Guilbaud; qu'il a été reconnu que le domaine de Gentilly n'était pas dotal, et que les jugements d'autorisation comme les actes d'obligation intervenus à la suite ont été déclarés nuls et de nul effet; — D'où la conséquence que Guiramond, Cournaud et Guilbaud, ayant été privés de la sorte du bénéfice de leurs contrats, l'arrêt n'a fait qu'une juste application de l'art. 1382, C. civ., et n'a pu contrevenir aux art. 1554 et 1558 du même Code, en déclarant Mme Michaëlis responsable sur sa dot du dommage causé aux défendeurs éventuels par ses manœuvres frauduleuses; — Rejette, etc.

MM. Bédarrides, prés.; Guillemard, rapp.; Lacointa, av. gén. (concl. conf.); Larnac, av.

CASS.-CRIM. 19 février 1880.

VOL, NUIT, RÉUNION, PÉNALITÉ.

Le vol, commis avec les deux seules circonstances aggravantes de nuit et de réunion, n'est passible que de la réclusion, et non des travaux forcés à temps (2) (C. pén., 384, 386).

(Guillou, et Proc. gén. à la Cour de cassation. — Intérêt de la loi). — ARRÊT.

LA COUR : — ... Vu les art. 441, C. instr. crim., 384 et 386, C. pén.; — Attendu que Guillou et Doublet avaient été déclarés par le jury coupables d'un vol commis la nuit en réunion; — Attendu que le fait ainsi reconnu constant était passible de la peine de la réclusion, aux termes de l'art. 386, C. pén.; — Attendu cependant que, sur le vu de la déclaration du jury, la Cour d'assises a fait aux deux accusés l'application de l'art. 384, C. pén., et les a condamnés aux travaux forcés; — Attendu qu'en statuant ainsi, l'arrêt attaqué a fait une fausse application de l'art. 384, C. pén., et a formellement violé l'art. 386 du même Code; — Casse et annule, etc.

MM. de Carnières, prés.; Dupré-Lasale, rapp.; Ronjat, av. gén.

CASS.-CIV. 2 mars 1880.

GAZ, ECLAIRAGE, TRAITÉ, CLAUSES FINANCIÈRES, OCTROI, MODIFICATION, COMPÉTENCE.

Les traités pour l'éclairage au gaz d'une ville ont le caractère de marché de travaux publics (3) (L. 28 pluv. an VIII, art. 4).

Par suite, la juridiction administrative est seule compétente pour statuer sur les difficultés de toute nature que soulèvent l'interprétation et l'exécution de pareils traités entre la ville et la Compagnie concessionnaire (4) (Id.).

Et il n'y a aucune distinction à faire entre les clauses de ces traités selon qu'elles concernent la nature ou le mode d'exécution des travaux entrepris, ou qu'elles sont relatives au prix et aux conditions financières de l'entreprise (5) (Id.).

Spécialement, *c'est bien à l'autorité administrative qu'il appartient de trancher la question de savoir si la ville a ou non modifié les conditions conventionnelles du marché en surélevant, au cours de la concession, les tarifs d'octroi en vigueur sur les houilles au moment de l'adjudication* (6) (Id.).

(Comp. d'éclairage au gaz c. Ville de Nîmes). — ARRÊT.

LA COUR : — Sur le moyen unique du pourvoi : — Vu l'art. 4 de la loi du 28 pluv. an VIII; — Attendu, en droit, que cette disposition de loi est générale; qu'elle attribue à la juridiction administrative toutes les contestations qui peuvent naître entre l'Administration et les entrepreneurs de travaux publics sur le sens et l'exécution de leurs marchés; qu'elle régit les traités ayant pour objet l'éclairage d'une ville par le gaz, lesquels, impliquant la nécessité d'établir des travaux tant dans le sous-sol que sur la superficie des voies publiques, constituent de véritables marchés de travaux publics; qu'elle ne comporte aucune distinction quant à la compétence qu'elle institue entre les clauses du traité

(1) L'arrêt ci-dessus constate l'emploi, par la femme dotale, de *manœuvres frauduleuses*. Cette extrémité est-elle nécessaire pour faire fléchir le principe de l'inaliénabilité de la dot? La déclaration fausse ou mensongère, sans manœuvres frauduleuses proprement dites, ne produirait donc pas le même résultat?

Quelques arrêts ont montré cette exigence. V. notamment Pau, 3 mars 1853 (S. 56. 2. 428. — P. 56. 1. 197. — D. 53. 2. 148); Toulouse, 12 juin 1860 (S. 60. 2. 545. — P. 61. 395); Nancy, 2 août 1862 (P. 63. 31). V. aussi Cass., 15 juin 1864 (S. 64. 1. 363. — P. 64. 1015. — D. 64. 1. 379). V. aussi Lyon, 3 févr. 1883 (S. 85. 2. 154. — P. 85. 1. 826); Limoges, 5 déc. 1883 (S. 85. 2. 110. — P. 85. 1. 585).

Mais ce sont là des décisions qui s'écartent de l'ensemble de la jurisprudence. Il est certain, en effet, que dès l'instant qu'il est admis par la majorité des arrêts que la femme doit répondre sur sa dot des quasi-délits qu'elle commet (V. les arrêts cités à la note 2 de la page qui précède; *adde*, Rouen, 21 mai 1853, S. 56. 2. 428. — P. 56. 1. 197. — D. 53. 2. 148; Montpellier, 2 mai 1854, S. 54. 2. 687. — P. 54. 1. 47; Agen, 6 févr. 1865, S. 65. 2. 240. — P. 65. 949. — D. 65. 2. 95; Nîmes, 11 janv. 1878, D. 79. 2. 55; Orléans, 26 déc. 1878, S. 79. 2. 97. — P. 79. 451. — D. 79. 2. 49; Pau, 2 juin 1880, Pand. chr.), il n'y a plus d'utilité à distinguer entre la simple déclaration mensongère et la manœuvre frauduleuse. Si la femme est responsable du dommage qu'elle cause non-seulement par son fait, mais encore par sa négligence ou par son imprudence, et c'est la définition que l'art. 1383, C. civ., donne du quasi-délit, elle doit à plus forte raison être tenue de faits plus graves, de préjudices résultant de combinaisons déloyales, d'habiletés qui, pour n'être point constitutives de manœuvres frauduleuses caractérisées, n'en sont pas moins inspirées par l'esprit de fraude. V. Orléans, 13 mars 1884, sous Cass. (S. 86. 1. 5. — P. 86. 1. 5).

(2) Point de difficulté à cet égard. V. Cass., 3 oct. 1872 (*Bull. crim.*, n. 247); 27 juin 1878 (S. 79. 1. 44. — P. 79. 70).

(3) Ce principe de compétence n'est plus sérieusement contesté. V. Trib. des conflits, 16 déc. 1876 (Pand. chr.), et les renvois; Cons. d'Etat, 14 nov. 1879 (Pand. chr.), et les renvois. Il y a lieu également d'en étendre l'application aux traités qui ont pour objet le service et la distribution des eaux d'une ville. V. Trib. des conflits, 20 déc. 1879 (Pand. chr.), et la note.

(4-5-6) La Cour de cassation avait commencé par consacrer une doctrine contraire (V. arrêt du 24 juill. 1867, S. 67. 1. 395. — P. 67. 1069. — D. 68. 1. 33); elle s'est rangée au système inauguré par le Tribunal des conflits dans son jugement de principe du 16 déc. 1876, aff. Ville de Lyon c. Soc. du gaz de la Guillotière (Pand. chr.). Comp. toutefois, Cass., 14 avril 1885 (S. 86. 1. 63. — P. 86. 1. 138).

L'arrêt de cassation ci-dessus reproduit est rédigé avec une vigueur d'idées et un relief d'expressions dignes de remarque.

concernant la nature ou le mode d'exécution des travaux entrepris, et les clauses concernant le prix et les conditions financières de l'entreprise; que le prix et les combinaisons qui s'y rattachent sont les conditions essentielles du marché; qu'on ne saurait séparer, pour en composer autant de contrats de nature différente, les éléments constitutifs d'une convention synallagmatique, les engagements réciproques qu'elle renferme; — Attendu, en fait, que le litige sur lequel l'arrêt attaqué a statué s'était élevé entre l'administration de la ville de Nîmes et la Compagnie adjudicataire de l'éclairage au gaz; qu'il portait sur la question de savoir si la ville avait ou non modifié les conditions conventionnelles de l'entreprise, en surélevant, au cours de la concession, les tarifs d'octroi en vigueur sur les houilles au moment de l'adjudication, et si, par suite, la surélévation dont il s'agit, constituait une violation des engagements contractés par la ville envers la Compagnie concessionnaire et résultait de la susdite adjudication; qu'un tel litige soulevait bien une contestation entre la ville et le concessionnaire sur le sens et l'exécution du marché passé pour l'éclairage au gaz de ladite ville, et que, dès lors, il rentrait exclusivement dans la compétence de l'autorité administrative; — Casse, etc.

MM. Mercier, 1er prés.; Guérin, rapp.; Charrins, 1er av. gén. (concl. conf.); Bosviel et Jozon, av.

CASS.-CRIM. 25 mars 1880.

CULTE, ABUS, AFFICHES ADMINISTRATIVES, LACÉRATION, POURSUITE, AUTORISATION PRÉALABLE, EGLISE, MURS EXTÉRIEURS, MAIRE, CONTRAVENTION, INTENTION COUPABLE.

Il n'y a pas contravention commise dans l'exercice du culte, susceptible de constituer l'un des cas d'abus prévus par l'art. 6 de la loi du 18 germ. an X, dans le fait, de la part d'un ecclésiastique, de lacérer une affiche placardée par ordre de l'autorité municipale sur les murs extérieurs de l'église où il exerce son ministère. — Par suite, un tel fait peut être poursuivi par le ministère public directement devant le tribunal de simple police, sans qu'au préalable le Conseil d'Etat ait été appelé à l'apprécier (1) (L. 18 germ. an X, art. 6, 8; C. pén., 479, § 9).

Par l'apposition, sur les murs extérieurs de l'église, d'une affiche contenant une décision du Conseil d'État en déclaration d'abus contre l'archevêque du diocèse, l'autorité municipale ne porte aucune atteinte au libre exercice du culte. — En conséquence, il n'y a pas lieu de subordonner la poursuite en simple police contre l'ecclésiastique qui a enlevé ou lacéré cette affiche, à un recours en abus devant le Conseil d'Etat contre l'acte du maire (2) (Id.).

Et la circonstance d'avoir agi méchamment *qui forme l'un des éléments constitutifs de la contravention, résulte suffisamment de l'intention de l'ecclésiastique d'empêcher le public de prendre connaissance du contenu de l'affiche* (3) (C. pén., 479, § 9).

(Aninard). — ARRÊT.

LA COUR : — Sur la première branche du premier moyen, tiré de la violation des art. 6 et 8 de la loi du 18 germ. an X, en ce que le juge de police devait, en l'état, se déclarer incompétent, le fait dénoncé constituant un abus qui devait au préalable être soumis à l'appréciation du Conseil d'Etat; — Attendu que, pour qu'il y ait lieu à l'application de l'art. 6 de la loi de germ. an X, il faut que l'abus ait été commis par un ecclésiastique, et l'ait été en même temps dans l'exercice du culte; — Attendu qu'il est constaté en fait par le jugement attaqué que l'abbé Aninard avait lacéré ou enlevé une affiche apposée par ordre de l'autorité administrative, sur le mur extérieur de la Madeleine, à Aix; qu'en admettant que le curé, que remplaçait à ce moment l'abbé Aninard, premier vicaire, eût la police de l'église tant à l'intérieur qu'à l'extérieur, il ne lui appartenait pas de se rendre juge du droit que pouvait avoir le maire d'ordonner l'apposition de cette affiche; qu'en tout cas, la contravention par lui commise ne l'avait pas été dans l'exercice du culte, et ne pouvait constituer un des cas d'abus prévus par l'art. 5 de la loi du 18 germ. an X;

Sur la deuxième branche du premier moyen, fondée sur la violation de l'art. 6 de la même loi, en ce que le fait pouvant constituer un abus de la part du maire, de nature à porter atteinte à l'exercice public du culte et à la liberté que les lois et les règlements garantissent à ses ministres, il devait préalablement y avoir recours au Conseil d'Etat; — Attendu que le fait, tel qu'il a été constaté par le jugement attaqué, ne pouvait avoir ce caractère, qu'il ne pouvait être de nature à porter atteinte, soit à l'exercice du culte, soit à la liberté que les lois et règlements garantissent à ses ministres; que conséquemment, l'art. 7 de la loi du 18 germ. an X ne pouvait, dans l'espèce, recevoir son application;

Sur le quatrième moyen, tiré de la violation de l'art. 479, n° 9, C. pén., en ce que l'une des circonstances constitutives de la contravention, *d'avoir agi méchamment*, n'est pas suffisamment établie : — Attendu, à cet égard, que le jugement déclare qu'il est établi que le prévenu a enlevé une affiche qui avait été apposée par ordre de l'Administration, avec intention d'empêcher le public d'en connaître le contenu : — Attendu que cette constatation est suffisante pour caractériser cette contravention; — Rejette, etc.

MM. de Carnières, prés.; Bertrand, rapp.; Bertauld, proc. gén. (concl. conf.); Sabatier, av.

CASS.-REQ. 27 avril 1880.

DOT, MEUBLES, INALIÉNABILITÉ, SÉPARATION DE BIENS, REVENUS, BESOINS DE LA FAMILLE, APPRÉCIATION SOUVERAINE.

La dot mobilière, aussi bien que la dot immobilière, reste, après comme avant la séparation de biens, absolument inaliénable entre les mains de la femme qui ne peut ni s'obliger sur cette dot, ni subroger un tiers dans le bénéfice de son hypothèque légale, sans y être autorisée par justice, conformément à l'art. 1558, C. civ. (4) (C. civ., 1449, 1554, 1558).

Et cette incapacité s'applique non-seulement au capital, mais encore aux revenus dotaux, pour toute la portion de ces

(1-2) Sur la poursuite directe par le ministère public, sans renvoi préalable au Conseil d'État, et sur la question préjudicielle d'abus, V. Cass., 19 avril 1883 (Pand. chr.); 23 févr. 1884 (Pand. chr.); 11 févr. 1885 (Pand. chr.); Cons. d'État, 17 mars 1881 (Pand. chr); 3 août 1884 (Pand. chr.) et nos observations. — Jugé, sous l'empire de l'art. 17, § 1er, de la loi du 29 juill. 1881, dans une espèce analogue, au sujet de l'enlèvement ou de la lacération, par un desservant, des affiches apposées par ordre de l'Administration sur le portail d'un presbytère, qu'un tel fait ne constitue la contravention prévue et punie par cette disposition de la loi nouvelle, qu'autant que le portail du presbytère a été réservé comme emplacement à l'affichage des actes administratifs et expressément désigné à cet effet par arrêté du maire : Cass., 16 févr. 1883 (Pand. chr.), et nos observations jointes à cet arrêt.

(3) V. dans le même sens, en matière de destruction de drapeaux le jour de la fête nationale, Cass., 31 mars 1882 (Pand. chr.), et le renvoi.

(4) Ces principes ne se discutent plus. V. Cass., 12 mars 1866 (Pand. chr.); Trib. civ. Grenoble, 14 mars 1872 (S. 72. 2. 249. — P. 72. 155); Cass., 3 févr. 1879 (Pand. chr.); Rennes, 4 mars 1880 (S. 81. 2. 268. — P. 81. 1. 1271. — D. 81. 2. 213); Cass., 7 févr. 1881 (Pand. chr.); 13 févr. 1884 (Pand. chr.), et les renvois.

revenus nécessaire aux besoins de la famille (1) (C. civ., 1449, 1554).

Et c'est aux juges du fond qu'il appartient d'apprécier le chiffre des revenus nécessaires à ces besoins (2) (Id.).

(Thuret c. du Port). — ARRÊT.

LA COUR : — Sur le moyen unique du pourvoi, tiré de la violation et de la fausse application des art. 1449 et 1554, C. civ. : — Attendu, en droit, que, sous le régime dotal et après un jugement de séparation de biens ou de corps et de biens, la dot mobilière reste absolument inaliénable entre les mains de l'épouse, aussi bien que la dot immobilière, et que tout ce qui pourrait être fait pour porter directement ou indirectement atteinte aux droits dotaux de la femme doit être considéré comme non avenu; — Attendu, dans l'espèce, qu'il résulte de l'arrêt attaqué que la dame du Port était mariée sous le régime dotal, et qu'elle s'était constitué en dot tous les biens meubles et immeubles à l'exception des bijoux, hardes et linge à son usage personnel, et qu'un jugement de séparation de corps et de biens a été prononcé en sa faveur par le tribunal de la Seine; — Attendu que, dans cette situation, la dame du Port ne pouvait s'obliger sur sa dot au profit du demandeur en cassation, ni le subroger au bénéfice de son hypothèque légale, sans y être autorisée conformément à l'art. 1558, C. civ.; — Attendu que vainement on allègue que ladite dame ne se serait obligée que sur les revenus de ses biens dotaux; que, sans rechercher si ce point de fait résulterait ou ne résulterait pas de la cession de 1874 dont se prévaut le demandeur, et dont la production devant la Cour d'appel n'est aucunement établie, il est certain que les revenus dotaux sont inaliénables après comme avant la séparation de biens, jusqu'à concurrence des besoins de la famille, et que devant les juges du fond aucun débat ne s'étant élevé à cet égard, on ne saurait faire état aujourd'hui d'une telle exception, qui serait restée soumise à l'appréciation souveraine de la Cour d'appel quant à la fixation du chiffre des revenus nécessaires à l'épouse et à la famille; — Rejette, etc.

MM. Bédarrides, prés.; Barafort, rapp.; Rivière, av. gén. (concl. conf.); Dareste, av.

CASS.-CIV. **12 mai 1880.**

AUTORITÉ JUDICIAIRE, AUTORITÉ ADMINISTRATIVE, COMPÉTENCE, FONCTIONNAIRE PUBLIC, FAIT PERSONNEL, ACTE ADMINISTRATIF, AFFICHES ÉLECTORALES, MAIRE, ETC.

(Goullin c. Perio et Gouin).

(Cet arrêt est reproduit textuellement d'un précédent arrêt de la même chambre, du 10 déc. 1879, aff. Goullin c. Cadou. — V. Pand. chr.).

Mêmes magistrats et avocats.

CASS.-CIV. **12 mai 1880.**

ELECTIONS MUNICIPALES, APPEL, FORME, LETTRE MISSIVE, GREFFIER.

En matière électorale, l'appel contre la décision de la commission municipale, devant être formé par déclaration au greffe, ne peut être régulièrement interjeté par simple lettre missive adressée au greffier (3) (Décr. 2 févr. 1852, art. 22).

(Giudicelli c. Électeurs de Souza). — ARRÊT (*après délib. en ch. du cons.*).

LA COUR : — Attendu que l'art. 22 du décret du 2 févr. 1852 dispose qu'en matière électorale, l'appel sera porté devant le juge de paix du canton et formé par simple déclaration au greffe; — Attendu, en fait, que le demandeur n'a interjeté appel de la décision de la commission municipale de Souza, que par simple lettre missive adressée au greffier; qu'il s'ensuit que cet appel ayant été irrégulièrement interjeté, le juge de paix, en le déclarant non recevable, n'a violé aucune loi; — Rejette, etc.

MM. Mercier, 1er prés.; Blondel, rapp.; Desjardins, av. gén. (concl. conf.).

CASS.-REQ. **31 mai 1880.**

SERVITUDE, JOURS, VUE, INTERDICTION DE BATIR, TITRE, APPRÉCIATION SOUVERAINE.

En principe, la servitude de jours et de vue ne s'étend sur le fonds voisin et n'emporte prohibition d'y bâtir qu'à la distance fixée par les art. 678 et 680, C. civ. (4) (C. civ., 678, 680). — Sol. implic.

(1-2) La jurisprudence admet généralement, d'une part, que les obligations contractées par la femme avant la séparation de biens ne peuvent être poursuivies, après la séparation, sur aucune partie des revenus des biens dotaux : V. Cass., 7 juin 1864 (Pand. chr.); trib. civ. Montélimar, 18 déc. 1868 (S. 69. 2. 137 *ad notam.* — P. 69. 689 *ad notam*); Paris, 28 déc. 1875 (D. 79. 2. 198); Pau, 25 nov. 1879 (S. 81. 2. 183. — P. 81. 1. 961); Cass., 14 août 1883 (S. 86. 1. 37. — P. 86. 1. 59. — D. 84. 1. 334); — d'autre part, que les obligations contractées par la femme postérieurement à la séparation de biens peuvent être valablement poursuivies sur la portion des revenus dotaux qui excède les besoins du ménage. V. Cass., 17 mars 1856 (S. 56. 1. 515. — P. 56. 2. 444. — D. 56. 1. 130); Cass., 29 juill. 1862 (S. 63. 1. 443. — P. 63. 605. — D. 63. 1. 306); Rouen, 15 avril 1869 (S. 70. 2. 149. — P. 70. 596); Cass., 27 juill. 1875 (S. 75. 1. 411. — P. 75. 1039. — D. 75. 1. 401); Orléans, 2 mars 1876 (S. 77. 2. 67. — P. 77. 377. — D. 78. 2. 143); Cass., 14 août 1883 (S. 86. 1. 37. — P. 86. 1. 59. — D. 84. 1. 334); Aubry et Rau, t. V, § 539, p. 619 et 623; Rodière et Pont, *Contr. de mar.*, 2e édit., t. III, n. 1765. — Mais la plupart des auteurs déclarent les revenus dotaux saisissables après la séparation de biens, pour la portion qui excède les besoins de la famille, *même à raison d'engagements de la femme antérieurs à la séparation.* V. Troplong, *Contr. de mar.*, t. IV, n. 3306 et suiv.; Marcadé, t. VI, sur l'art. 1554, n. 4; Massé et Vergé, sur Zachariæ, t. IV, § 670, p. 238, note 31; Benoit, *De la dot*, t. I, n. 322; Tessier, *De la dot*, t. I, p. 360, et *Questions sur la dot*, n. 145; Laurent, *Principes de dr. civ.*, t. XXIII, n. 556 et 557.

(3) Il a été jugé *à fortiori* que l'appel ne peut être régulièrement formé par une simple lettre missive adressée au juge de paix : Cass., 8 mai 1877 (Pand. chr.), et les renvois. — Dans l'espèce de l'arrêt ci-dessus rapporté, la lettre missive avait été envoyée au greffier, au greffe de la justice de paix. La Cour de cassation n'en a pas moins condamné ce mode de procéder; dans cette théorie, la forme de l'appel par *déclaration au greffe* est substantielle, et doit être observée à peine de déchéance, sans qu'aucune autre mesure y puisse suppléer. — Toutefois, quand la lettre missive n'est que la forme extérieure, apparente, sous laquelle se produit une véritable déclaration au greffe, l'appel doit être considéré comme valablement formé. C'est ainsi qu'il a été décidé que l'appel est régulièrement interjeté par requête en forme de lettre, sous enveloppe ouverte, portant l'adresse du juge de paix, mais préalablement déposée au greffe de la justice de paix et transmise au magistrat par son greffier après constatation de la date du dépôt, alors surtout que la requête, déposée dans le délai imparti par la loi, est rédigée dans les formes légales, qu'elle indique les noms des parties, la date des décisions attaquées et les moyens d'appel : Cass., 12 août 1885 (Pand. chr.), et la note.

(4) V. en ce sens, Montpellier, 15 nov. 1847 (S. 48. 2. 124. — P. 48. 1. 544. — D. 48. 2. 65); Cass., 22 août 1853 (S. 53. 1. 593. — P. 53. 2. 574. — D. 53. 1. 427); 7 mars 1855 (S. 56. 1. 392. — P. 56. 2. 400. — D. 55. 1. 409); 10 avril 1855 (S. 55. 1. 369. — P. 55. 2. 595. — D. 55. 1. 211); 17 août 1858 (Pand. chr.); Aix, 18 nov. 1854 (S. 55. 2. 33. — P. 55. 1. 398. — D. 57. 2. 40).

Mais il en est autrement lorsque cette servitude est établie par un titre qui en détermine les effets et l'étendue (1) (C. civ., 690 et suiv.).

En pareil cas, il appartient aux tribunaux d'appliquer et d'interpréter au besoin les actes constitutifs de la servitude (2) (Id.).

Ainsi, il leur appartient notamment de décider, par appréciation des faits et circonstances de la cause, que la servitude litigieuse ne comporte pas seulement un droit de jour et de vue, mais s'étend jusqu'à l'interdiction de bâtir sur l'héritage asservi (3) (Id.).

(Massabuau c. Guérin). — ARRÊT.

LA COUR : — Sur la première branche du moyen unique du pourvoi, fondée sur la violation des art. 544, 552, 678, 691, C. civ. : — Attendu que si la servitude de jour et de vue ne s'étend sur le fonds asservi et n'emporte prohibition d'y bâtir qu'à la distance fixée par les art. 678 et 680, C. civ., il en est autrement lorsque cette servitude est établie par un titre qui en détermine les effets et l'étendue ; qu'il appartient, en pareil cas, aux tribunaux d'appliquer et d'interpréter au besoin les actes constitutifs de la servitude ; — Attendu qu'il est constaté par l'arrêt attaqué que, d'après les stipulations de l'acte notarié du 24 nov. 1831 que cet arrêt relate et explique, et d'après la commune intention des parties résultant de leur situation au moment où l'acte a été passé, et manifestée par l'exécution qu'elles lui ont donnée depuis cette époque, Guérin père, propriétaire des immeubles n. 4 et 6, en vendant à l'auteur de la demoiselle Massabuau l'immeuble n. 6, ne s'était pas borné à réserver au profit de l'immeuble n. 4, qu'il conservait, un droit de vue déjà acquis par la destination du père de famille; mais qu'il avait constitué sur le n. 6, au profit du n. 4, une servitude de non-bâtir; que, dès lors, en repoussant la demande formée par la demoiselle Massabuau pour se soustraire à cette défense, l'arrêt attaqué n'a violé aucun des articles de loi précités ; — ...Rejette, etc.

MM. Bédarrides, prés.; Féraud-Giraud, rapp.; Rivière, av. gén.; Fosse, av.

CASS.-CRIM. 11 juin 1880.

CHASSE, PIGEONS RAMIERS, PIES, BÊTES FAUVES, ANIMAUX MALFAISANTS OU NUISIBLES, DESTRUCTION, TEMPS PROHIBÉ, ARMES A FEU, ARRÊTÉ PRÉFECTORAL.

Les oiseaux, notamment les pigeons ramiers et les pies, alors même qu'ils porteraient actuellement un dommage aux propriétés, ne sauraient être assimilés aux bêtes fauves que l'art. 9, § 3, de la loi du 3 mai 1844, autorise à détruire, même avec des armes à feu (4) (L. 3 mai 1844, art. 9, § 3).

Lorsque ces oiseaux sont rangés par un arrêté préfectoral dans la catégorie des animaux malfaisants ou nuisibles, la destruction ne peut en être faite que sous les conditions déterminées par cet arrêté (5) (Id.).

En conséquence, si ledit arrêté prohibe l'emploi du fusil, sans autorisation spéciale, dans le temps où la chasse est, soit suspendue, soit fermée, il y a délit dans le fait de tuer ces oiseaux, en temps de neige, à l'aide d'un fusil, sans y avoir été autorisé (6) (L. 3 mai 1844, art. 11).

(Dusanter). — ARRÊT.

LA COUR : — Sur l'unique moyen du pourvoi, pris de la violation des art. 9 et 11 de la loi du 3 mai 1844, en ce que l'arrêt attaqué aurait refusé de reconnaître au demandeur le droit de détruire à l'aide d'une arme à feu des pies et des pigeons ramiers qui causaient du dommage à une propriété : — Attendu que le préfet de l'Aisne, par un arrêté pris le 1er sept. 1879 pour l'exécution de l'art. 9 de la loi du 3 mai 1844, a dressé la liste des animaux qui, dans ce département, doivent être considérés comme malfaisants ou nuisibles; que, par l'art. 6 de cet arrêté, les propriétaires, possesseurs ou fermiers, sont autorisés à détruire sur leurs terres, en tout temps, à l'aide de piéges en usage autres que les lacets, les animaux énumérés dans cette liste, notamment les pies et les pigeons ramiers; mais qu'aux termes de l'art. 8 du même arrêté, cette destruction ne peut s'opérer à l'aide du fusil, lorsque la chasse est suspendue ou fermée, qu'en vertu de l'autorisation du préfet pour l'arrondissement chef-lieu, et des sous-préfets pour les autres arrondissements; — Attendu qu'un procès-verbal dressé par les gendarmes de la brigade de la Fère constate que, dans le courant du mois de décembre dernier, alors que la terre était couverte de neige et que la chasse était suspendue, le sieur Dusanter, sans autorisation du préfet, a, pendant plusieurs jours, sur la demande d'un de ses voisins, tué à l'aide d'un fusil des pies et des pigeons ramiers qui causaient des dégâts dans un champ planté en choux de Bruxelles; que, traduit à raison de ce fait devant le tribunal correctionnel de Laon, le prévenu, par un jugement, confirmé ultérieurement par la Cour d'appel d'Amiens, a été condamné à 16 fr. d'amende pour avoir contrevenu au § 3 de l'art. 11 de la loi du 3 mai 1844; — Attendu que Dusanter soutient dans son pourvoi que c'est à tort que cette condamnation a été prononcée contre lui, parce qu'il n'aurait, en réalité, fait qu'user du droit accordé par l'art. 9 de ladite loi à tout propriétaire de repousser ou de détruire, même avec des armes à feu, les bêtes fauves qui porteraient dommage à ses propriétés; qu'il prétend que le mot *bête fauve* inscrit dans la loi doit être pris dans un sens général, et comprend tous les animaux sauvages, malfaisants ou nuisibles; — Attendu que cette interprétation ne saurait être acceptée; qu'en effet, le législateur a distingué dans l'art. 9 précité les animaux nuisibles ou malfaisants de ceux qu'il désigne sous le nom de bêtes fauves; que, quant aux premiers, il laisse aux préfets le soin d'en dresser la nomenclature pour chaque département et de régler les modes de destruction qui pourront être autorisés, tandis qu'à l'égard des bêtes fauves qui portent dommage à la propriété, il reconnaît le droit de les repousser et de les détruire, même avec l'aide d'armes à feu, en dehors de toute intervention de l'autorité ; qu'on ne comprendrait pas que, dans le même article de loi le législateur eût employé des expressions différentes si l'une et l'autre disposition de la loi s'appliquaient aux mêmes animaux; — Attendu, d'ailleurs, que la seconde partie du § 3 de l'art. 9 a été empruntée presque textuellement à la loi du 22 avril 1790, qui permettait à tout propriétaire, possesseur ou fermier, de repousser avec des armes à feu les bêtes fauves qui se répandraient dans les récoltes; que, s'il est vrai qu'à l'époque où cette loi a été promulguée, on comprenait sous ce nom, non-seulement les bêtes fauves proprement dites, telles que cerfs, daims et chevreuils, mais encore d'autres bêtes, telles que les sangliers, les loups, les renards, etc., désignés jadis dans la

---

(1-2-3) Sur le pouvoir souverain d'interprétation des titres reconnu aux juges du fond en matière de servitude, V. Cass., 5 mars 1879 (S. 79. 1. 468. — P. 79. 1213). V. aussi Cass., 16 juill. 1878 (S. 79. 1. 268. — P. 79. 655. — D. 79. 1. 128); 3 mai 1886 (S. 86. 1. 413. — P. 86. 1. 1014); Demolombe, *Tr. des servitudes*, t. II, n. 578.

(4-5-6) V. conf., Cass., 5 janv. 1883 (Pand. chr.), et la note avec les nombreux arrêts et autorités y cités. *Adde* Angers, 10 mars 1874 (S. 75. 2. 207. — P. 75. 824. — D. 74. 2. 178); Cass., 20 juill. 1883 (Pand. chr.), et sur renvoi, Aix, 26 déc. 1883, en sous-note *a* de l'arrêt de Cass., 20 juill. 1883, précité.

langue de la vénerie sous le nom de bêtes noires et bêtes rousses, on n'a jamais étendu cette appellation au gibier, notamment aux oiseaux qui, dans les anciennes ordonnances sur la chasse, étaient toujours distingués des bêtes fauves; qu'il en est de même actuellement, et qu'on ne saurait, soit dans le sens usuel, soit dans le sens de la loi, considérer des pies et des pigeons ramiers comme étant des bêtes fauves; — Attendu, dès lors, que loin de violer les dispositions des art. 9 et 11 de la loi du 3 mai 1844, l'arrêt attaqué en a fait une juste application; — Rejette, etc.

MM. de Carnières, prés.; Sallantin, rapp.; Petiton, av. gén. (concl. conf.); Sabatier, av.

CASS.-REQ. 22 juin 1880.

SOCIÉTÉ EN COMMANDITE, COMMANDITE SIMPLE, DIVIDENDES, RESTITUTION, MISE SOCIALE, INDU (RÉPÉTITION DE L').

L'art. 10 de la loi du 24 juill. 1867, relatif aux restitutions de dividendes, est étranger aux Sociétés en commandite simple (1) (L. 24 juill. 1867, art. 10).

Mais, à défaut de bénéfices réalisés, les dividendes distribués par une Société en commandite simple constituent un remboursement total ou partiel de la mise sociale indûment effectué; d'où l'obligation pour les associés qui les ont reçus de les restituer (2) (C. civ., 1376).

(Fontaine c. synd. Delattre-Camblain et Cie). — ARRÊT.

LA COUR : — Sur le deuxième moyen, pris de la violation des art. 10 de la loi du 24 juill. 1867, 26, C. comm., 549, 550 et 2281, C. civ. : — Attendu que l'art. 10 de la loi du 24 juill. 1867 est étranger aux Sociétés en commandite simple; qu'en effet, il se trouve dans le titre Ier de la loi, lequel est intitulé : *Des Sociétés en commandite par actions*, et qu'il parle des répétitions à exercer contre les *actionnaires;*

Attendu, d'ailleurs, que lorsque, comme dans l'espèce, la Société n'a point réalisé de bénéfices, les dividendes distribués ne sont qu'un remboursement total ou partiel de la mise sociale, et que les associés qui les ont reçus sont obligés à restituer, selon le principe général de l'art. 1376, C. civ.;

Sur le troisième et sur le quatrième moyen (sans intérêt); — Rejette, etc.

MM. Bédarrides, prés.; Demangeat, rapp.; Lacointa, av. gén. (concl. conf.); Mimerel, av.

CASS.-CRIM. 25 juin 1880.

VENTE DE MARCHANDISES, PIQUETTE, VIN, COUPAGE, TROMPERIE, INDICATIONS (INSUFFISANCE DES).

Les piquettes, même relevées par un mélange de vin et d'eau-de-vie, peuvent être l'objet d'un commerce licite, lorsqu'elles sont annoncées telles qu'elles sont, et que leur nature et les coupages qu'elles ont subis n'ont pas été déloyalement dissimulés (3) (LL. 27 mars 1851; 5 mai 1855; C. pén., 423).

Par suite, les circonstances de dissimulation, de mise en vente, de vente et d'achat des piquettes présentées comme du vin, doivent être soigneusement relevées, dans toute condamnation pour tromperie, comme des éléments essentiels et constitutifs du délit (4) (Id.).

(Seguin). — ARRÊT.

LA COUR : — Sur le moyen unique, tiré d'une fausse application des art. 1er, § 2, de la loi du 27 mars 1851, 4 de la loi du 5 mai 1855, et 423, C. pén. : — Vu lesdits articles; — Attendu qu'il est constaté par l'arrêt attaqué et par le jugement dont il adopte les motifs, qu'en 1879 Séguin avait expédié à Paris, à son courtier, pour être mis en vente et vendus, 121 hectolitres de piquettes ou lavages de marcs alcoolisés à 14 degrés et additionnés de 10 pour 100 de soutirages de vins; qu'en présence de ces faits, l'arrêt attaqué, tout en reconnaissant qu'à l'état naturel les piquettes ne pouvaient être incriminées comme contenant une proportion d'eau anormale, a déclaré qu'il en était autrement lorsque les manipulations, connues sous le nom de vinage et de coupage, avaient eu pour résultat de relever leur goût, leur couleur, leur richesse en alcool et en matière extractive, et de leur donner les apparences du vin; qu'en cet état, ces liquides devaient être assimilés à des vins falsifiés; — Attendu que, par ces motifs, l'arrêt attaqué a condamné Séguin comme complice d'une mise en vente de vins falsifiés; — Mais attendu que la loi pénale n'admet pas de semblables assimilations; que les piquettes

---

(1) La jurisprudence est fixée en ce sens. V. Cass. (motifs), 21 juill. 1884 (S. 86. 1. 291. — P. 86. 1. 708). V. aussi Cass., 27 janv. 1880 (S. 80. 1. 121. — P. 80. 264. — D. 80. 1. 247); Deloison, *Tr. des Sociétés commerciales françaises et étrangères*, t. I, n. 227, p. 266; Boistel, *Précis de dr. comm.*, 2e édit., n. 213. — *Contrà*, Lyon-Caen et Renault, *Précis de dr. comm.*, t. I, n. 454, p. 239, note 1, et notre *Dictionnaire de dr. comm., ind. et marit.*, t. VI, v° *Société en commandite*, n. 373 *in fine*.

(2) D'où cette conséquence que la restitution est due par l'actionnaire même quand il a reçu de bonne foi. *Sic*, Vavasseur, *Sociétés*, t. I, n. 638; Boistel, *op. cit.*, n. 213; Deloison, *op. cit.*, n. 227. — *Contrà* Lyon-Caen et Renault, *loc. cit.* Ces auteurs considèrent la mauvaise foi des commanditaires comme une condition *sine qua non* de la répétition des dividendes fictifs. C'est à cette dernière opinion que nous nous sommes ralliés dans notre *Dictionnaire de dr. comm., ind. et marit.*, t. VI, v° *Société en commandite*, n. 385.

(3) Les mélanges et coupages de boissons, usités dans le commerce, ne constituent pas par eux-mêmes des falsifications illicites. Quand l'acheteur, dit le Rapport sur la loi du 5 mai 1855, « a accepté la chose qu'on lui a déclaré être mélangée, et la paye en conséquence, la fraude disparaît ». C'est ce que la jurisprudence a toujours reconnu. V. Poitiers, 4 févr. 1855 (S. 58. 2. 436. — P. 58. 402). — Dans les espèces où des condamnations sont intervenues, elles n'ont été encourues que parce que les manipulations avaient été soigneusement dissimulées en vue de tromper l'acheteur et de faire prendre des coupages pour des boissons pures de tout mélange. V. notamment Cass., 27 févr. 1857 (S. 58. 1. 95. — P. 58. 483. — D. 57. 1. 410); 21 mars 1857 (S. 58. 1. 841 *ad notam*. — P. 57. 955. — D. 58. 1. 476); 14 mai 1858 (S. 58. 1. 841. — P. 58. 815. — D. 58. 1. 232); 24 juin 1859 (Pand. chr.); 22 nov. 1860 (D. 60. 5. 413); 22 juill. 1869 (Pand. chr.); Dijon, 13 mars 1878 (Pand. chr.); Cass., 20 mars 1885 (Pand. chr.); 5 nov. 1885 (Pand. chr.), et les notes.

Ces solutions de la jurisprudence sont en parfait accord avec les conclusions de la science qui ne voit pas dans le mélange de deux ou plusieurs sortes de vins différents ou coupage une manipulation nuisible pour la santé publique. V. une étude médico-légale de M. le docteur Gallard sur *le vinage et les falsifications des vins et leur influence sur la santé publique*, publiée par le journal *le Droit*, numéros des 30 et 31 oct. 1886. On y lit, en effet : « Les coupages habilement opérés ont même pour avantage de neutraliser les uns par les autres les caractères défectueux de certains vins et de permettre d'utiliser pour la consommation des quantités assez considérables de liquide qui, sans cela, ne trouveraient point d'emploi. C'est une pratique à laquelle le commerce le plus honorable ne manque pas d'avoir recours et qui est, du reste, encouragée par l'Assistance publique, qui, grâce à elle, peut fournir à ses administrés du vin excellent, dans des conditions de prix relativement très-avantageuses. »

(4) Sur l'insuffisance des motifs servant de base à des condamnations en matière de tromperie, et par application de la loi du 27 mars 1851, V. Cass., 30 déc. 1880 (Pand. chr.); 27 janv. 1882 (Pand. chr.). — Faisons toutefois observer que la Cour de cassation n'exige pas que les juges, dans les condamnations qu'ils prononcent, spécifient les substances qui ont été employées pour la falsification, non plus que la nature de ces substances; il suffit qu'ils constatent l'existence de la fraude. V. Cass., 24 févr. 1854 (Pand. chr.); 13 nov. 1856 (*Bull. crim.*, n. 348); 5 nov. 1885 (Pand. chr.), et les renvois.

même relevées par un mélange de vin et d'eau-de-vie, peuvent être l'objet d'un commerce licite, lorsqu'elles sont annoncées telles qu'elles sont, et que leur nature et les coupages qu'elles ont subis n'ont pas été déloyalement dissimulés; — Attendu que, dans l'espèce, il ne résulte pas de l'arrêt attaqué que des dissimulations de ce genre aient été commises par Séguin ou son courtier; qu'il n'y est pas dit que les piquettes dont s'agit aient été mises en vente, vendues et achetées comme du vin; qu'aucune tromperie, aucune fraude n'ont été signalées; — D'où il suit que, faute d'avoir constaté les éléments constitutifs du délit de mise en vente de vins falsifiés, la condamnation prononcée manque de base légale, et que les dispositions de loi ci-dessus visées ont été faussement appliquées; — Casse, etc.

MM. de Carnières, prés.; Dupré-Lasale, rapp.; Petiton, av. gén. (concl. conf.); Mazeau, av.

CASS.-REQ. 13 juillet 1880.

JOURNAL, TITRE, PROPRIÉTÉ, FORMALITÉS.

La propriété du titre d'un journal peut être attribuée à celui qui, le premier, a manifesté son intention de publier une feuille périodique sous le titre dont s'agit, et qui a porté cette intention à la connaissance du public avant toute manifestation contraire (1) (C. civ., 544 et suiv.).

Spécialement, *elle est légitimement attribuée à celui qui a fait des annonces dans les journaux, sa déclaration à la préfecture et le dépôt de son cautionnement, antérieurement à l'accomplissement des mêmes formalités par la partie adverse* (2) (Id.).

(Vigier c. Duvand). — ARRÊT.

LA COUR : — Attendu qu'il résulte de l'arrêt attaqué que, le 2 avril 1877, Duvand et Dubuisson avaient fait apposer des affiches annonçant, pour le 14 du même mois, l'apparition d'un journal politique quotidien sous le titre de *la Marseillaise*, lorsque, par exploit du lendemain, Vigier les a fait assigner devant le tribunal de commerce de la Seine, afin de revendiquer à son profit la propriété de ce titre; — Attendu que l'arrêt déclare, en fait, que, dès le 18 févr. 1877, Duvand avait fait à la préfecture de police une déclaration verbale de son intention de faire paraître un journal politique quotidien, sous le titre de *la Marseillaise*; que, dès le 19 mars, il fit des annonces dans les journaux; que, le 29 mars, il fit le dépôt du cautionnement exigé par la loi et fit, le même jour, sa déclaration à la préfecture; que le cautionnement de Vigier ne fut déposé que le 30 mars, et que la déclaration écrite ne fut reçue que le lendemain; — Attendu qu'il suit de ces constatations que Duvand avait le premier manifesté, par les voies légales, son intention de publier un journal politique quotidien sous le titre de *la Marseillaise*, et qu'il avait porté cette intention à la connaissance du public avant toute manifestation contraire de Vigier; — Attendu que, dans cet état des faits, en attribuant au défendeur éventuel un droit exclusif de propriété au titre du journal politique quotidien *la Marseillaise*, l'arrêt attaqué (Paris, 8 août 1879) n'a pu violer aucune loi; — Rejette, etc.

MM. Bédarrides, prés.; Alméras-Latour, rapp.; Rivière, av. gén. (concl. conf.); Jozon, av.

CASS.-REQ. 4 août 1880.

AUTORITÉ JUDICIAIRE, AUTORITÉ ADMINISTRATIVE, COMPÉTENCE, FONCTIONNAIRE PUBLIC, FAIT PERSONNEL, CIMETIÈRE, MAIRE, ENTERREMENT CIVIL.

L'autorité judiciaire est compétente pour statuer sur les réclamations portées contre des fonctionnaires de l'ordre administratif, lorsque aux actes que ceux-ci ont mission d'accomplir se mêlent des faits personnels ayant le caractère de faute et pouvant ainsi donner lieu à des réparations civiles (3) (LL. 16-24 août 1790, tit. II, art. 13; 16 fruct. an III; C. civ., 1382, 1383).

Ainsi, elle est compétente pour condamner à des dommages-intérêts un maire qui, sans nécessité, en dehors de toutes préoccupations d'ordre public ou de sécurité des citoyens, a pris des mesures, formellement blâmées, d'ailleurs, par l'autorité supérieure, à l'effet d'interdire le passage par la porte du cimetière à un enterrement civil et a nécessité l'ouverture d'une brèche dans le mur d'enceinte pour l'introduction du corps, avec défense à la famille du défunt et aux personnes du cortége de pénétrer dans le cimetière (4) (Id.).

(1-2) Cet arrêt ne met pas en doute que le titre d'un journal puisse servir de fondement à un droit privatif de propriété. Il accepte ce point de départ; il le suppose même acquis. Il l'est, en effet. V. Caen, 15 janv. 1878 (Pand. chr.), et les renvois; Paris, 23 mars 1885 (Pand. chr.), et la note. — Mais comment, par quelles manifestations extérieures la propriété du titre s'acquiert-elle? Voilà où se concentre toute la difficulté. L'arrêt ci-dessus rapporté ne semble pas aller jusqu'à exiger une publication effective du journal; il se contente d'une expression de volonté nettement démontrée par des annonces, par l'accomplissement des formalités administratives, lorsqu'il en est prescrit. Hâtons-nous d'ajouter que la Cour de cassation n'a pas rendu, en cette affaire, une décision de principe, mais toute d'espèce. Les prétentions des deux parties s'étaient affirmées dans un temps très-rapproché, presque du même coup. La première qui avait pris les devants n'avait point eu le temps, dans le court délai qui lui avait été imparti, de mettre à exécution ses intentions, de les réaliser dans leur forme matérielle par l'exploitation du journal. Aussi serait-il peut-être téméraire de dire, en se basant sur cet unique précédent, que la publication effective du journal n'est pas exigée comme condition d'attribution de la propriété du titre.

Rappelons que le régime légal de la presse doit être recherché aujourd'hui dans la loi du 29 juill. 1881.

(3) La jurisprudence de la Cour de cassation est, sur ce point, en conformité parfaite avec celle du Tribunal des conflits. Les difficultés litigieuses ne portent plus sur le principe même de la question de compétence, mais sur l'appréciation des faits et leur caractère juridique. V. nos observations jointes à Cass., 10 déc. 1879 (Pand. chr.); 25 mars 1884 (Pand. chr.), et à Trib. des conflits, 29 nov. 1879 (Pand. chr.); 7 juill. 1883 (deux jugements) (Pand. chr.).

(4) C'est là un acte que nous n'hésitons pas à qualifier de monstrueux; le fanatisme religieux l'explique, mais ne l'excuse point. — On se rappelle que l'art. 15 du décret du 23 prair. an XII prescrivait la séparation de chaque cimetière en autant de parties que de cultes différents dans la commune. Cette disposition a été abrogée par la loi du 14 nov. 1881.

Cette dernière loi a eu pour but et pour résultat, suivant les propres expressions de M. le rapporteur au Sénat : « de restituer au cimetière le caractère de propriété communale et *neutre* qui lui appartient; de maintenir dans leur intégrité les attributions respectives de l'autorité municipale et de l'autorité ecclésiastique; de ramener dans le pays, avec l'uniformité dans le régime des sépultures, l'*apaisement des esprits, l'unité dans le respect et l'observance de la loi* ».

Au cours de la discussion devant le Sénat, MM. Chesnelong, Daussol, Lucien Brun et autres avaient proposé l'amendement suivant, qui aurait constitué, s'il avait été adopté, une aggravation de l'art. 15 du décret de prairial, et offert un aliment nouveau aux passions religieuses suffisamment surexcitées par des distinctions ou des catégories sans raison d'être dans la mort. Voici cet amendement : « Remplacer l'article unique de la proposition de loi (devenue la loi précitée du 14 nov. 1881), par l'article suivant :

« L'art. 15 du décret du 23 prair. an XII est maintenu et com-
« plété comme suit :

« Il sera laissé, en outre, dans le cimetière de toutes les com-
« munes, deux parties de terrain destinées : l'une, à l'inhumation
« des personnes qui auraient professé un culte différent de celui
« ou ceux généralement suivis dans la commune; l'autre, à l'inhu-
« mation de celles qui auraient fait profession de n'appartenir à
« aucun culte; *lesdits terrains ayant accès sur la voie publique par*
« *une entrée particulière.* » — (Sénat, séance du 28 juill. 1881, *Journ. off.* du 29 juill., p. 1348.)

(Delcassé c. Méric-Nègre). — ARRÊT.

LA COUR : — Sur le premier moyen de cassation, tiré de la fausse application des art. 1382 et 1383, C. civ., et de la violation de la loi des 16-24 août 1790, du 16 fruct. an III, et du principe de la séparation des pouvoirs : — Attendu que l'autorité judiciaire est compétente pour statuer sur les réclamations portées contre des fonctionnaires de l'ordre administratif, lorsque aux actes que ceux-ci ont mission d'accomplir se mêlent des faits personnels ayant le caractère de faute et pouvant ainsi donner lieu à des réparations civiles; — Attendu qu'il est établi, en fait, par l'arrêt attaqué, qu'au mois de déc. 1875, le sieur Mérie-Nègre père étant décédé à Albefeuille-Lagarde, Nègre fils vint déclarer à Delcassé, alors maire de la commune, qu'un enterrement civil serait fait au défunt; qu'à cette occasion, et sans qu'il apparaisse d'aucune autre circonstance se rattachant à l'ordre public ou à la sécurité des habitants, Delcassé prit des mesures ensuite desquelles Nègre fils fut obligé de faire passer le cercueil contenant le corps de son père par une brèche pratiquée, à cet effet, au mur d'enceinte du cimetière, et que, de plus, l'entrée du cimetière fut interdite à la famille du défunt et au cortège qui le suivait; — Attendu qu'en déclarant que ces actes, expressément blâmés par l'autorité supérieure, constituaient de la part de Delcassé des abus de pouvoir et auraient causé au défendeur éventuel un préjudice moral et matériel dont il lui était dû réparation, et en condamnant, par voie de conséquence, ledit Delcassé à des dommages-intérêts, les juges du fond ont fait une juste application des règles du droit civil et n'ont nullement violé le principe de la séparation des pouvoirs administratif et judiciaire; — Rejette, etc.

MM. Bédarrides, prés.; Alméras-Latour, rapp.; Chevrier, av. gén. (concl. conf.); Sabatier, av.

CASS.-CRIM. 12 août 1880.

VOL, AUMONIER, FAUSSES CLEFS, AGGRAVATION.

L'aggravation de peine au cas de vol commis par un individu « travaillant habituellement dans l'habitation où il a volé », s'applique au vol dont un aumônier se rend coupable dans le couvent d'éducation où il exerce son ministère (1) (C. pén., 386, § 3).

On doit considérer comme fausses clefs, non-seulement les clefs imitées, contrefaites ou altérées, mais encore celles qui ont été employées à un usage auquel elles n'étaient point destinées (2) (C. pén., 398).

Ainsi, il y a usage de fausses clefs, avec l'aggravation de peine que cet usage comporte, dans le fait de l'individu qui se sert, pour ouvrir les tiroirs intérieurs d'un secrétaire, munis chacun d'une clef distincte soigneusement enlevée, de la clef oubliée dans la serrure du montant ou tablier extérieur de ce meuble (3) (Id.).

(Cameigt). — ARRÊT (*après délib. en la ch. du cons.*).

LA COUR : — Sur le moyen pris de la violation de l'art. 386, § 3, C. pén. : — Attendu que cette disposition légale, après avoir attribué le caractère de crime aux vols commis dans la maison, l'atelier ou le magasin du maître, par les commis, compagnons ou apprentis, considère également comme crime, dans le dernier alinéa de l'art. 386, les vols commis par un individu travaillant « habituellement dans l'habitation où il aura volé »; — Attendu, en ce qui concerne ce dernier alinéa de l'art. 386, § 3, qu'il faut, mais qu'il suffit pour l'aggravation, que l'auteur du vol ait travaillé habituellement dans l'habitation, et pu ainsi étudier l'état des lieux et les habitudes du propriétaire ou locataire, et ait abusé des facilités que lui procurait son travail habituel; — Attendu, d'ailleurs, que cette expression de la loi « travaillant habituellement » embrasse toute espèce de travaux matériels, ou plus ou moins intellectuels, sans qu'on puisse la restreindre à ceux qui sont faits par des manœuvres, des ouvriers, des gens de service; — Attendu qu'il résulte des constatations de l'arrêt que l'auteur présumé des trois vols commis à Pau, dans le couvent de Notre-Dame-de-Lorette, dans le courant de l'année 1874, exerçait dans ce couvent, consacré à l'éducation des jeunes filles, les fonctions d'aumônier, et recevait, à ce titre, un traitement annuel de 1,500 francs; — Attendu que, si l'aumônier qui remplit sa mission dans un couvent où il est admis habituellement, accomplit un travail d'un ordre différent et plus élevé que celui de l'ouvrier dont l'occupation est principalement matérielle, il a, plus encore que ce dernier, la facilité et les moyens de connaître l'état des lieux et les habitudes de la maison, et d'abuser de la confiance illimitée que lui assure le caractère dont il est revêtu; que, conséquemment, soit qu'on consulte le texte, soit qu'on interroge l'esprit de la loi, la circonstance aggravante prévue par l'art. 386, § 3, existait dans l'espèce, et qu'en jugeant le contraire, l'arrêt attaqué a faussement interprété et a violé cette disposition légale;

Sur le deuxième moyen, tiré de la violation de l'art. 398, C. pén. : — Attendu que cet article considère comme fausses clefs, non-seulement celles qui ont été imitées, contrefaites ou altérées, mais celles qui ont été employées à un usage auquel elles n'ont pas été destinées par le propriétaire ou locataire; — Attendu qu'il résulte des énonciations de l'arrêt qu'au mois de déc. 1875, un vol d'une somme d'environ 4,000 francs a été perpétré dans la maison et au préjudice de l'abbé Franchistéguy, et que la somme volée était déposée dans un tiroir du secrétaire placé dans la chambre de ce vicaire général; que, d'après les mêmes énonciations, ce secrétaire renfermait quatre tiroirs intérieurs ayant chacun une clef distincte que le propriétaire avait eu soin d'enlever, comme à l'ordinaire, et que le montant ou tablier de ce meuble se fermait au moyen d'une clef particulière qui avait été laissée dans la serrure, et qui, contrairement à l'usage auquel elle était destinée, aurait servi à ouvrir le tiroir où l'argent avait été déposé; — Attendu qu'il résulte de ces constatations que l'auteur du vol, s'il n'a pas apporté une fausse clef, aurait employé à un usage auquel le propriétaire ne l'avait pas destinée la clef laissée dans la serrure par ce propriétaire, qui ignorait que cette clef pouvait ouvrir un des tiroirs intérieurs; — Attendu qu'en écartant la circonstance de fausse clef, l'arrêt n'a pas tiré de ses propres constatations la conséquence juridique qu'elles devaient amener, et qu'il y a eu violation de l'art. 398, précité; — Casse l'arrêt attaqué de Pau, 17 juill. 1880.

(1) Il est incontestable que l'expression de la loi *travaillant habituellement* embrasse toute espèce de travaux matériels, ou plus ou moins intellectuels, sans qu'on puisse la restreindre à ceux qui sont faits par des manœuvres, des ouvriers, des gens de service. V. Cass., 13 août 1812 (Pand. chr.); 16 mars 1816 (Pand. chr.); 31 janv. 1822 (Pand. chr.). — L'application qui est faite de ce texte à l'aumônier d'un couvent d'éducation est neuve en jurisprudence; elle nous paraît, d'ailleurs, conforme à l'esprit et à la lettre de l'art. 386, § 3, C. pén.

(2-3) « Détourner une clef de sa destination pour l'employer à commettre un crime, n'est autre chose que convertir une clef véritable en fausse clef. En un mot, toute clef n'est véritable que relativement à sa destination. » Exposé des motifs fait par M. Faure au Corps législatif. — V. en ce sens, Cass., 5 niv. an XIV; 27 avril 1855 (Pand. chr.); Blanche, *Etudes sur le Code pénal*, t. VI, sur l'art. 398, n. 52. V. toutefois, Paris, 24 févr. 1854 (S. 55. 2. 272. — P. 54. 2. 559. — D. 54. 2. 153); Chauveau et Hélie, *Théor. C. pén.*, t. V, n. 1914.

MM. de Carnières prés.; Saint-Luc Courborieu, rapp.; Chevrier, av. gén.

CASS.-CRIM. 10 septembre 1880.

1° CAISSE D'ÉPARGNE, CARACTÈRE, ETABLISSEMENT PRIVÉ, AGENTS. — 2° FAUX, CAISSE D'ÉPARGNE, CAISSIER.

1° Les Caisses d'épargne, quoique créées dans un but d'intérêt général et d'utilité publique, n'en sont pas moins des établissements privés (1). — *Il en résulte que leurs agents, notamment leurs caissiers, ne peuvent être assimilés aux employés et agents de l'Administration publique* (2).

2° Par suite, les falsifications commises par le caissier d'une caisse d'épargne sur les pièces de comptabilité, et sur les registres de cet établissement, ne sauraient être punis comme des faux en écritures authentiques et publiques (3) (C. pén., 147).

(Jeanne). — ARRÊT.

LA COUR : — ...Vu l'art. 147, C. pén.; — Attendu que le demandeur a été déclaré par le jury coupable d'avoir, étant caissier de la Caisse d'épargne de Laigle, frauduleusement altéré, par des inscriptions inexactes, les mentions portées soit sur les livrets, soit sur les écritures et pièces de comptabilité de ladite Caisse; que la Cour d'assises, considérant les faits ainsi déclarés constants par le jury, comme constituant des faux en écriture publique, a fait au demandeur application de la pénalité prononcée par l'art. 147, susvisé, en la modifiant par les dispositions de l'art. 463, et a condamné Jeanne à cinq ans de réclusion; — Mais attendu que l'autorisation exigée pour l'établissement des Caisses d'épargne, les avantages accordés à ces institutions à raison de leur objet et de leur but d'intérêt général et d'utilité publique, la surveillance à laquelle elles sont soumises, quant à leur gestion et à leur comptabilité, ne leur ont point imprimé le caractère d'établissements publics; qu'à la différence des établissements publics proprement dits, l'autorité gouvernementale ou administrative n'intervient pas directement dans leur gestion; qu'elles s'administrent elles-mêmes, en se conformant aux lois et règlements généraux qui les régissent; qu'à l'exception de leur caissier, elles ont la nomination du personnel; qu'il suit de là que les Caisses d'épargne, créées dans un but d'intérêt général et d'utilité publique, sont néanmoins des établissements privés, et que leurs agents, notamment leurs caissiers, ne peuvent être assimilés aux employés et agents de l'administration publique; que, dès lors, les falsifications opérées sur les pièces de comptabilité et sur les registres de la Caisse d'épargne de la ville de Laigle, et dont Jeanne, caissier de ladite Caisse, a été déclaré coupable, ne pouvaient être considérées comme ayant été commises dans des écritures authentiques ou publiques, ni tomber sous le coup de l'art. 147, C. pén.; qu'il en résulte que l'arrêt attaqué, en faisant au demandeur application dudit article, l'a faussement interprété et formellement violé, et que la peine n'a point été légalement appliquée aux faits déclarés constants par le jury; — Casse, etc.

MM. le cons. Barbier, prés.; de Lafaulotte, rapp.; Ronjat, av. gén. (concl. conf.).

CASS.-CIV. 15 novembre 1880.

1° TRIBUNAL DE COMMERCE, INCOMPÉTENCE, CONFIRMATION, INFIRMATION, PLÉNITUDE DE JURIDICTION, CASSATION, POURVOI, RECEVABILITÉ. — 2° FAILLITE, TRANSACTION, HOMOLOGATION.

1° La Cour d'appel, en confirmant un jugement de tribunal de commerce, agit dans l'exercice de sa compétence commerciale; elle n'agit dans la plénitude de sa juridiction qu'autant que, réformant le jugement du tribunal de commerce pour cause d'incompétence, elle évoque le fond et y statue comme juge civil (4) (C. proc., 473).

Si donc elle a procédé par voie de confirmation au cas où l'incompétence de la juridiction commerciale est opposée, le recours en cassation est recevable contre son arrêt (5) (Id.).

2° En matière de faillite, il appartient à la juridiction commerciale de statuer sur l'homologation d'une transaction d'un caractère principalement mobilier (6) (C. com., 487).

(Bouteloup c. synd. Rapeaud). — ARRÊT *(ap. délib. en ch. du cons.)*.

LA COUR : — Sur les fins de non-recevoir opposées au pourvoi : — A l'égard du défaut d'intérêt..... ;

A l'égard de la plénitude de juridiction du juge d'appel; — Attendu qu'en confirmant le jugement du tribunal de commerce qui a homologué la transaction dont il s'agit, la Cour d'appel a agi dans l'exercice de sa juridiction commerciale; qu'elle n'aurait pu agir dans la plénitude de sa juridiction qu'autant qu'en réformant le jugement du tribunal de commerce pour cause d'incompétence, elle aurait

---

(1-2-3) V. conf., sur le principe, les indications d'arrêts en note sous Cass., 7 déc. 1883 (Pand. chr.). — Quant à l'application spéciale à la matière de faux en écriture, V. dans le même sens, Orléans, 26 nov. 1873 (S. 74. 2. 319. — P. 74. 1303).

(4) Sur le pouvoir d'évocation des juges d'appel (C. proc., 473), V. notre *Dictionnaire de dr. commerc., ind. et marit.*, t. 1, v° *Appel*, n. 38. — *Adde*, Cass., 6 juill. 1859 (S. 60. 1. 279. — P. 61. 386. — D. 59. 1. 387); 7 déc. 1859 (S. 60. 1. 229. — P. 60. 683. — D. 60. 1. 30); 22 mars 1864 (S. 64. 1. 345. — P. 64. 917. — D. 64. 1. 334); 17 févr. 1878 (S. 79. 1. 444. — P. 79. 1174. — D. 79. 1. 367); Rennes (3e arrêt), 4 mars 1880 (S. 81. 2. 265. — P. 81. 1. 1265. — D. 81. 1. 210). — V. toutefois Amiens, 26 févr. 1881 (S. 82. 2. 188. — P. 82. 1. 969); Lyon, 24 oct. 1885 (S. 86. 2. 137. — P. 86. 1. 811).

(5) Mais il a été jugé, à l'inverse, conformément toutefois à la même doctrine, que lorsqu'une Cour d'appel a infirmé le jugement d'un tribunal de commerce se déclarant compétent et qu'elle a évoqué le fond, on ne peut se pourvoir en cassation contre l'arrêt rendu par elle sur le fond, en prétendant que c'est à tort qu'elle a déclaré le tribunal de commerce incompétent : Cass., 17 août 1870 (S. 72. 1. 216. — P. 72. 523. — D. 71. 1. 284). — Comp. toutefois Cass. (1re espèce), 14 août 1882 (Pand. chr.); 10 févr. 1885 (S. 85. 1. 303. — P. 85. 1. 745).

(6) Quel est le tribunal compétent pour homologuer les transactions, quand elles sont soumises à cette formalité? L'art. 487, C. comm., fait une distinction : il attribue compétence au tribunal de commerce, lorsque la transaction concerne des droits mobiliers, et déclare le tribunal civil compétent quand elle est relative à des droits immobiliers. Cette distinction, suivant MM. Lyon-Caen et Renault, *Précis de dr. commerc.*, t. II, n. 2845, ne doit pas être prise à la lettre; elle est seulement conforme aux faits les plus ordinaires. Exceptionnellement, les tribunaux de commerce peuvent connaître de procès relatifs à des droits immobiliers, comme, par exemple, quand il s'agit de faire annuler une vente ou une donation d'immeubles, en vertu des art. 446 et suiv., C. comm. Ce serait alors au tribunal de commerce qu'il appartiendrait d'homologuer la transaction. A l'inverse, une contestation relative à des droits mobiliers, dans laquelle un failli est intéressé, peut être de la compétence du tribunal civil; c'est ce qui a lieu notamment quand elle concerne une succession mobilière échue au failli. C'est au tribunal civil qu'alors l'homologation devrait être demandée. Jugé, dans ce sens, que l'homologation d'une transaction passée entre les syndics d'une faillite et l'un des créanciers sur une contestation relative, par exemple, au report de l'ouverture de la faillite et à la nullité dont certaines hypothèques auraient pu être frappées par application de l'art. 446, C. comm., appartient à la compétence de la juridiction consulaire et non à celle du tribunal civil; qu'en pareil cas, est inapplicable la règle générale de l'art. 487, C. comm., qui attribue à la juridiction civile l'homologation des transactions sur les droits immobiliers du failli : Cass., 13 déc. 1865 (S. 67. 1. 65. — P. 67. 139. — D. 66. 1. 145). — V. toutefois notre *Dictionnaire de dr. comm., ind. et marit.*, t. IV, v° *Faillite*, n. 1053-8°.

évoqué le fond pour y statuer comme juge civil aux termes de l'art. 473, C. proc.; que dès lors le moyen tiré de ce que l'arrêt attaqué aurait à tort reconnu la compétence de la juridiction commerciale est recevable; — Rejette les fins de non-recevoir;

Au fond : — Sur le moyen unique du pourvoi : — Attendu que l'arrêt attaqué constate que l'action en nullité dirigée contre la dissolution de la Société Besson et Rapeaud, contre la liquidation de la Société et d'autres actes n'ayant qu'un objet mobilier, était le principal élément de la transaction; qu'en décidant par suite que le tribunal de commerce était compétent pour en prononcer l'homologation, l'arrêt n'a contrevenu à aucune loi, et s'est au contraire conformé à la règle de compétence établie par l'art. 487, C. comm.; — Rejette, etc.

MM. Mercier, 1er prés.; Rohault de Fleury, rapp.; Desjardins, av. gén. (concl. conf.); Lecointe, Chambareaud et G. Mayer, av.

CASS.-CRIM. **18 novembre 1880.**

1°-3° FALSIFICATION, BOISSONS, COMPLICITÉ, MIXTIONS NUISIBLES A LA SANTÉ, MARCHAND, VENTE, INTENTION FRAUDULEUSE, MOTIFS SUFFISANTS, CONCLUSIONS, RESTITUTIONS, DOMMAGES-INTÉRÊTS, ÉVALUATION, AMENDE FIXE. — 2° COMPLICITÉ, AUTEURS PRINCIPAUX, ABSENCE DE POURSUITE.

1° Le fait d'avoir vendu à des cabaretiers et aubergistes, des préparations destinées, soit à fabriquer des boissons avec des éléments étrangers à leur composition normale, soit à colorer des boissons ou à en changer la saveur pour dissimuler leur origine, constitue, à la charge du vendeur, la complicité du délit de falsification de boissons, commis par les débitants qui ont réalisé les manipulations et mélanges frauduleux, et ont livré ensuite aux consommateurs ces produits comme des vins naturels, alors que le vendeur n'a rien ignoré ni du but poursuivi, ni des circonstances de la fraude et qu'il n'en a pas moins fourni les moyens de commettre les tromperies, sachant qu'ils devaient y servir (1) (C. pén., 423; LL. 27 mars 1851; 5 mai 1855).

Et il y a, dans de pareils faits, la constatation suffisamment expresse de l'intention frauduleuse, élément essentiel, soit du délit lui-même, soit de la complicité (2) (Id.).

La déclaration du caractère nuisible à la santé des mixtions poursuivies suffit à motiver l'aggravation de peine édictée par l'art. 2 de la loi du 27 mars 1851; il n'est pas nécessaire que les juges entrent dans l'analyse de la nature précise des substances employées (3) (Id.). — Sol. implic.

...Non plus que dans l'examen des moyens de défense qui ne leur sont pas soumis par des conclusions formelles (4) (Id.).

2° S'il n'y a point de complicité sans délit, les complices peuvent néanmoins être punis, bien que les auteurs principaux du délit restent inconnus ou ne soient point poursuivis (5) (C. pén., 61).

3° L'évaluation du chiffre des restitutions et dommages-intérêts n'est pas obligatoire pour le juge, tant que la condamnation qu'il prononce se maintient dans la limite du minimum au maximum de l'amende fixe de 50 à 500 francs édictée par l'art. 2 de la loi du 27 mars 1851 (6) (L. 27 mars 1851, art. 2).

(Briatte). — ARRÊT.

LA COUR : — Sur la première branche du premier moyen, tirée de la violation des lois des 27 mars 1851 et 5 mai 1855, et de l'art. 423, C. pén., en ce que les faits

---

(1) V. conf., Bordeaux, 12 juill. 1877 (*Rec.* de cette Cour, 78. 29); Cass., 30 nov. 1877 (Pand. chr.); Dijon, 13 mars 1878 (Pand. chr.), et les renvois.

(2) Il a été jugé que la seule constatation de la falsification implique suffisamment, chez le délinquant, l'existence de l'intention frauduleuse, et qu'il n'est pas besoin à cet égard d'une déclaration expresse : Cass., 20 mars 1885 (Pand. chr.), et la note. — Dans l'affaire actuelle, l'intention frauduleuse était formellement relevée par l'arrêt frappé de pourvoi; par là, toutes difficultés disparaissaient.

(3) La constatation du caractère nuisible des mixtions est suffisante. Ainsi, aucune loi n'oblige les tribunaux — soit à apprécier la qualité particulière ou la nature précise des substances employées dans les falsifications (Cass., 5 nov. 1885, Pand. chr., et les renvois), — soit à constater l'existence de maladies ou malaises produits par ces substances : Cass., 30 nov. 1877 (Pand. chr.), et la note.

(4) Il est certain que si le juge est tenu de constater toutes les circonstances de nature à caractériser le délit (Cass., 29 nov. 1877, et 25 juin 1880, Pand. chr.), il n'est point obligé de détailler tous les moyens de preuve à l'aide desquels il a acquis sa conviction (Cass., 29 nov. 1877, précité), ni de répondre textuellement et séparément à chacun des arguments de la défense (Cass., 12 avril 1876, S. 77. 1. 165. — P. 77. 402; 29 nov. 1877, ci-dessus mentionné).

A plus forte raison, il n'est pas tenu de s'expliquer sur des arguments et moyens qui ne se sont point formulés en chefs précis de conclusions (Cass., 10 déc. 1867, S. 68. 1. 83. — P. 68. 170; 11 nov. 1874, S. 75. 1. 453. — P. 75. 1157. — D. 75. 1. 220 et 221; 22 mai 1878, S. 79. 1. 109. — P. 79. 261; 7 mars 1879, S. 79. 1. 141. — P. 79. 315).

(5) Principe constant. V. Cass., 24 avril 1812; 23 avril 1813; 19 août 1819; 3 juin 1830; 24 sept. 1834 (S. 35. 1. 135. — P. chr.); 10 déc. 1836 (S. 37. 1. 830. — P. chr. — D. 37. 1. 483). — Bien plus même, la culpabilité des complices est à ce point indépendante de la culpabilité des auteurs principaux, que l'acquittement des derniers n'est pas un obstacle à la condamnation des premiers. V. Cass., 20 fruct. an XII; 12 sept. et 26 déc. 1812; 23 avril 1829; 3 déc. 1836 (S. 38. 1. 82. — P. chr. — D. 37. 1. 475); 9 févr. 1855 (Pand. chr.), et les renvois.

(6) Cette théorie très-rationnelle avait été déjà émise au sujet d'une interprétation analogue de l'art. 423, C. pén., dans un arrêt du 4 nov. 1865, *aff.* Urbain (*Bull. crim.*, n. 192, p. 325), où il est dit : — « Attendu que l'art. 423, C. pén., laisse aux tribunaux la faculté de prononcer soit une amende fixe de 50 fr., soit une amende qui ne peut excéder le quart des restitutions et dommages-intérêts, pourvu qu'il ne soit pas inférieur au minimum de 50 fr.; que si, dans le cas où les juges appliquent l'amende proportionnelle, il est nécessaire de fixer le chiffre de ces restitutions et dommages-intérêts, cette indication devient inutile lorsqu'ils prononcent l'amende fixe. »

Ainsi, tant que le juge se maintient dans la limite du minimum au maximum de l'amende fixe de 50 à 500 francs édictée par l'art. 2 de la loi du 27 mars 1851, il reste dans les prévisions de la peine arrêtée par le législateur; il n'a pas besoin de déterminer, pour justifier la condamnation qu'il prononce, le chiffre exact des restitutions et dommages-intérêts. Cette détermination ne devient nécessaire, obligatoire, que lorsqu'il s'agit de dépasser le maximum de 500 francs; ce maximum, en effet, serait insuffisant dans certaines circonstances, en présence de fraudes extraordinairement lucratives et faisant courir à la santé publique des dangers d'une gravité exceptionnelle. Mais l'arbitraire du juge dans l'application d'une peine sans maximum arrêté à l'avance doit être contenu par une règle; cette règle se trouve dans la proportionnalité de l'amende par rapport au chiffre des restitutions et dommages-intérêts; l'amende n'en doit point excéder le quart.

Or, il peut se présenter deux modes de constater, dans les jugements et arrêts, le calcul des restitutions et dommages-intérêts : — le premier, qui ne saurait souffrir de difficultés, consiste à en déterminer le montant par un chiffre précis et à prendre le quart de ce chiffre comme maximum de l'amende, l'opération arithmétique se poursuit par la division avec 4 pour diviseur; — le second, plus susceptible de discussion, ne fixe point le total d'évaluation intégrale, il ne détermine que le taux de l'amende avec la précaution toutefois d'ajouter que ce taux n'excède pas le quart des restitutions et dommages-intérêts. Pour dégager le chiffre qui en représente la quotité, il suffit de procéder par la multiplication avec 4 pour multiplicateur. — La jurisprudence a proclamé, dans diverses circonstances, la régularité de ce dernier système de calcul qui, à la grande rigueur, satisfait au but visé par la loi, en ce sens qu'il démontre que la condamnation repose non point sur un chiffre arbitraire et de fantaisie, mais a été réglée d'après les restitutions et dommages-intérêts adoptés comme base d'évaluation. V. Cass., 29 juill. 1869 (Pand. chr.); 20 juin 1885 (Pand. chr.), et les renvois.

constatés ne présenteraient pas le caractère de falsification de boissons, et en ce que l'intention frauduleuse ne serait pas établie : — Attendu qu'il résulte de l'arrêt attaqué que Briatte père avait vendu à des cabaretiers et aubergistes des préparations destinées, soit à fabriquer des boissons avec des éléments étrangers à leur composition normale, soit à colorer des boissons ou en changer la saveur pour dissimuler leur origine; que les falsifications en vue desquelles un concert frauduleux s'était établi entre Briatte et les débitants susmentionnés ont été réalisées par ceux-ci, notamment par la coloration, avec des préparations de cochenille ammoniacale et d'aniline venant de la maison Briatte, de vins livrés ensuite aux consommateurs comme vins naturels, soit par des manipulations opérées avec des produits à base de nitro-benzine provenant de la même maison pour fabriquer différentes espèces de liqueurs; que Briatte connaissait l'objet et la composition des produits dont il faisait le commerce, ainsi que le but poursuivi par les débitants auxquels il fournissait ainsi les moyens de commettre ces tromperies, sachant qu'ils devaient y servir; — Attendu que les faits ainsi constatés présentent tous les caractères du délit de falsification de boissons, et que l'intention frauduleuse, soit chez les auteurs principaux, soit chez le complice, est expressément déclarée; d'où il suit que les dispositions de lois ci-dessus visées n'ont pas été violées;

Sur la seconde branche du premier moyen, tirée d'une violation de l'art. 7 de la loi du 20 avril 1810, en ce que des motifs suffisants n'auraient pas été donnés sur la circonstance aggravante de mixtions nuisibles à la santé; — Attendu que la Cour d'appel, après avoir constaté que les falsifications avaient été, en partie, commises à l'aide de préparations d'aniline et de nitro-benzine, déclare que ces mixtions étaient nuisibles à la santé; que sa décision, sur ce point, est suffisamment motivée, et qu'elle n'était pas obligée de s'expliquer sur des moyens de défense qui ne lui avaient pas été soumis par des conclusions formelles;

Sur le deuxième moyen, tiré d'une violation de l'art. 60, C. pén., en ce que les faits constatés ne présentaient pas les caractères constitutifs de la complicité : — Attendu que s'il est vrai qu'il ne saurait exister de complice où il n'y a pas de délit, il n'en est pas moins vrai que les complices peuvent être punis, bien que les auteurs principaux du délit soient restés inconnus ou ne soient point poursuivis; — Attendu que l'arrêt attaqué, après avoir constaté l'existence des délits de falsification de boissons commis par des individus non poursuivis actuellement, déclare que Briatte s'est rendu complice de ces individus en leur fournissant les moyens qui ont servi à la perpétration des délits, sachant qu'ils devaient y servir; d'où il suit que cet arrêt n'a pas violé l'art. 60, C. pén., et qu'il est, sur ce point, suffisamment motivé;

Sur le troisième moyen, tiré de la violation de l'art. 423, C. pén., des lois des 27 mars 1851 et 5 mai 1855, et de l'art. 7 de la loi du 20 avril 1810, en ce que l'arrêt attaqué a condamné le demandeur à 500 fr. d'amende, sans déterminer le montant des restitutions et dommages-intérêts; — Attendu que Briatte a été reconnu complice de délits de falsifications commis, les uns, à l'aide de mixtions nuisibles à la santé, les autres, sans l'emploi de ces mixtions; que la peine la plus forte devait seule être appliquée; que la disposition la plus sévère était celle de l'art. 2 de la loi du 27 mars 1851, qui punit les falsifications commises à l'aide de mixtions nuisibles à la santé d'une amende fixe de 50 à 500 fr., à moins que le quart des restitutions ou dommages-intérêts n'excède cette somme; que l'arrêt qui a condamné Briatte à 500 fr. d'amende, c'est-à-dire au maximum de l'amende fixe, n'avait pas à déterminer le montant des restitutions et dommages-intérêts; — D'où suit que cette décision est suffisamment motivée et qu'elle n'a pas violé les dispositions des lois ci-dessus visées; — Rejette, etc.

MM. de Carnières, prés.; Dupré-Lasale, rapp.; Chevrier, av. gén.; Costa, av.

CASS.-CRIM. 20 novembre 1880.

Poste aux lettres, Bulletins de vote, Suppression.

Les bulletins de vote, envoyés par la poste, avec adresses, doivent être assimilés aux correspondances proprement dites, et sont protégés par l'art. 187, C. pén., contre les suppressions qui peuvent être commises par les agents de l'administration des postes (1) (C. pén., 187).

(Cholet).

14 août 1880, un jugement du tribunal correctionnel de Cholet ainsi conçu : — « Le Tribunal : — ... Attendu que le mot « lettre » visé par l'art. 187, C. pén., comprend tous les genres de correspondance; — Attendu que le bulletin de vote envoyé, par la poste, à un électeur par un candidat, a pour but, de la part du candidat, de solliciter le vote de l'électeur, et que, pour ce motif, le bulletin de vote doit être assimilé à une correspondance; — Attendu que Cholet est ainsi convaincu d'avoir, le 31 juill. 1880, à Cholet, alors qu'il était au service de l'administration des postes, supprimé un certain nombre de bulletins de vote, correspondances confiées à la poste, et qui étaient à l'adresse de plusieurs personnes de la commune de Cholet; — Délit prévu et puni par l'art. 187, C. pén.; — Condamne, etc. » — Appel.

La Cour d'Angers, par arrêt du 6 sept. 1880, a confirmé le jugement, par adoption de motifs.

Pourvoi en cassation par Cholet.

ARRÊT.

LA COUR : — Attendu que le demandeur ne produit aucun moyen à l'appui de son pourvoi; que les faits souverainement constatés par l'arrêt attaqué justifient la qualification qu'ils ont reçue et la peine qui a été appliquée; que l'arrêt est d'ailleurs régulier en la forme; — Rejette, etc.

M. de Carnières, prés.

CASS.-CIV. 22 décembre 1880.

1° Vente, Epoux, Séparation de biens, Effets mobiliers, Payement, Reprises, Créanciers, Action en nullité. — 2° Dot, Constitution, Valeurs communes, Femme, Communauté, Renonciation, Rapport, Présomptions.

1° *La cession, au prix d'inventaire, d'effets mobiliers de communauté consentie par le mari à sa femme, en payement de ses reprises, après la séparation de biens, ne peut être attaquée par les créanciers personnels du mari qu'autant qu'elle a eu lieu en fraude de leurs droits et que la femme s'est rendue complice de cette fraude* (2) (C. civ., 1167, 1595).

---

(1) Même solution en ce qui concerne les suppressions de circulaires électorales. V. Orléans, 24 avril 1876 (Pand. chr.), et la note. — En pareille matière, les suppressions sont même plus graves que quand il s'agit de circulaires commerciales ou autres, parce qu'elles compromettent dans une certaine mesure la liberté du vote, et qu'elles peuvent faire supposer, de la part de l'Administration, des préférences pour tel ou tel candidat.

(2-3) *Sic*, Cass., 11 mai 1868 (S. 68. 1. 432. — P. 68. 1164. — D. 68. 1. 456); Duvergier, *Vente*, t. I, n. 185; Toullier, t. XII, n. 41; Troplong, *Vente*, t. I, n. 183; Marcadé, sur l'art. 1595, n. 5.

Elle ne saurait être annulée sous le seul prétexte que l'estimation de l'inventaire est ordinairement inférieure à la valeur réelle des meubles (2) (Id.).

2° *Les dots constituées aux enfants communs et payées en valeurs de communauté ne peuvent être mises à la charge de la mère qu'autant qu'elle s'y est expressément engagée* (3) (C. civ., 1438, 1544).

Et cet engagement ne peut s'induire de reconnaissances émanées des enfants seuls, et par lesquelles ceux-ci auraient déclaré avoir reçu de leurs père et mère le payement de leurs dots; ces reconnaissances, alors que la mère n'y a point été partie, n'ont vis-à-vis d'elle que la valeur de simples présomptions et ne lui sont point, par conséquent, opposables quand il s'agit de sommes supérieures à 150 francs (4) (C. civ., 1341).

D'où la femme n'est point tenue, malgré sa renonciation, de rapporter à la communauté la moitié des dots (5) (Id.).

(Babin c. Comptoir d'escompte de Paris). — ARRÊT (*après délib. en ch. du cons.*).

LA COUR : — Sur le premier moyen : — Vu les articles 1167 et 1595, C. civ.; — Attendu que l'arrêt attaqué constate que, par l'acte litigieux, Babin a cédé à sa femme, séparée judiciairement d'avec lui, en payement de ses reprises, certains meubles au prix d'inventaire, alors que ces meubles n'avaient été de la part du Comptoir d'escompte, créancier de Babin, frappés d'aucune saisie ni opposition; — Attendu que cette dation en payement ayant été faite dans les conditions prévues par le n° 1 de l'art. 1595, C. civ., le Comptoir d'escompte ne pouvait l'attaquer, en son nom personnel, qu'en établissant, conformément à l'art. 1167 du même Code, qu'elle avait été faite en fraude de ses droits, et que, s'agissant d'un acte à titre onéreux, la femme Babin s'était rendue complice de la fraude; — Mais attendu que l'arrêt attaqué constate, au contraire, que la dame Babin n'a pas participé aux actes reprochés à son mari; qu'il suit de là qu'en décidant que les meubles donnés en payement à la femme Babin seraient rapportés à la communauté pour être vendus aux enchères publiques dans l'intérêt des créanciers, sous le prétexte que l'estimation de l'inventaire est ordinairement inférieure à la valeur réelle, et que, la dame Babin n'ayant aucun privilége sur les meubles, son mari n'avait pu en disposer à son profit au préjudice de ses autres créanciers, l'arrêt attaqué a formellement violé les articles ci-dessus visés;

Sur le deuxième moyen : — Vu les art. 1341 et 1544, C. civ.; — Attendu qu'aux termes de l'art. 1544, les dots constituées aux enfants communs ne peuvent être mises à la charge de la mère qu'autant qu'elle s'y est expressément engagée; — Attendu que, sans viser aucun acte écrit par lequel la femme Babin se serait expressément engagée à prendre à sa charge la moitié des dots constituées à ses fils Henri et Jules Babin et payées en valeurs de la communauté, l'arrêt attaqué a fait résulter la preuve de cet engagement, bien qu'il excède 150 francs, de simples présomptions qu'il a tirées de deux reconnaissances souscrites les 3 févr. et 1er mars 1869 par les fils Babin, mais auxquelles la dame Babin n'a pas été partie et qui ne sont pas émanées d'elle; — Attendu qu'en se fondant sur ces présomptions pour obliger la femme Babin à rapporter à la communauté, à laquelle elle a renoncé, la moitié des dots constituées à ses fils, l'arrêt attaqué (Rennes, 24 juillet 1877) a formellement violé les articles de loi ci-dessus visés; — Casse, etc.

MM. Mercier, 1er prés.; Blondel, rapp.; Desjardins, av. gén. (concl. conf.); Bosviel et Fosse, av.

CASS.-CIV. **26 décembre 1880.**

PROPRIÉTÉ LITTÉRAIRE, DURÉE, ŒUVRES POSTHUMES, PUBLICATEUR, CESSIONNAIRE.

Le droit spécial reconnu aux publicateurs d'œuvres posthumes, ou à leurs cessionnaires, continue à rester régi, quant à sa durée, par les dispositions du décret de germin. an XIII, qui le limite à dix années après le décès des publicateurs; ce droit n'a, dans aucune mesure, profité des accroissements que les lois de 1810, de 1854 et de 1866, ont successivement, dans d'autres vues et pour pourvoir à des intérêts différents, apportés à la durée de la propriété littéraire, en faveur des auteurs et de leurs représentants (6) (LL. 13-19 janv. 1791; 19-24 juill. 1793, art. 2; Décr. 1er germin. an XIII).

— Jugé que le concert frauduleux peut s'induire de certaines circonstances de fait, telles que le rapprochement de la date de la vente avec la date d'un commandement à fin de saisie, le choix, pour la réalisation de la vente, d'un notaire étranger à la localité et même au département du domicile des époux, l'étendue de la vente, qui ne laisse en dehors de ses effets aucun objet quelconque et englobe même les outils servant à la profession du mari et jusqu'aux provisions du ménage, le mode de jouissance, qui reste après ce qu'il était avant, conservant au mari les avantages de la propriété et n'investissant la femme d'aucun droit privatif et nouveau : Nancy, 18 févr. 1885 (Pand. chr.), et les indications d'arrêts en note. V. aussi Cass., 18 févr. 1878 (S. 78. 1. 165. — P. 78. 403. — D. 78. 1. 291).

(3-4) Le § 2 de l'art. 1544 est aussi formel que possible et ne permet aucune ambiguïté : « Si la dot, y est-il dit, est constituée par le père seul pour droits paternels et maternels, la mère, *quoique présente au contrat,* ne sera point engagée et la dot demeurera en entier à la charge du père. » — Ce qu'il faut pour obliger la mère, c'est donc un engagement personnel de sa part, une promesse expresse de contribuer, avec les ressources qui lui sont propres, au payement des sommes stipulées.

Et comme il s'agit là d'une dette ordinaire, les moyens de la prouver, d'en établir l'existence, ne peuvent être demandés qu'au droit commun. Nécessairement, il faut recourir aux art. 1341 et suiv., C. civ.; les présomptions, les témoignages sont inopérants quand il s'agit de sommes supérieures à 150 francs.

Ces solutions ne nous paraissent pas susceptibles de contestations bien sérieuses.

(5) La dot constituée par le mari des deniers de la communauté est une charge de la communauté. A ce titre, elle incombe à la femme pour moitié en cas d'acceptation. Par sa renonciation, la femme devient étrangère à la communauté; elle ne bénéficie d'aucune de ses ressources, elle n'a point à supporter aucune portion de son passif. En payant, la communauté n'a fait qu'acquitter une dette qui lui est personnelle, elle n'a point payé pour la femme. Il n'y a donc point de recours; pas de recours, pas de rapport.

Autre serait la solution, si la femme s'était engagée à fournir la dot concurremment avec le mari; en pareil cas, il n'y aurait plus dette de communauté, mais dette propre aux époux donateurs. La communauté qui a payé de ses deniers, est censée avoir fait une avance. La renonciation de la femme à la communauté devient indifférente; elle est dans la situation d'un débiteur qui se voit payer sa dette; il y a eu gestion d'affaire. La récompense due à la communauté par la femme se fera dans la mesure du déboursé à sa charge, c'est-à-dire par le rapport de la moitié de la dot. *Sic*, Bourges, 29 juill. 1851 (Pand. chr.); Cass., 13 nov. 1882 (Pand. chr.), et les renvois.

(6) V. dans le sens de l'arrêt ci-dessus rapporté, c'est-à-dire contre l'assimilation des publicateurs aux auteurs, quant à la durée de leurs droits sur les œuvres posthumes, Lacan et Paulmier, *Législat. des théâtres*, t. II, n. 695; Rendu et Delorme, *Tr. prat. du dr. industriel*, n. 359; Delalande, *Revue pratique*, t. XLV, p. 189, note 3; Worms, *Etude sur la propriété littéraire*, t. I, p. 32 et suiv. V. les conclusions de M. l'avocat général Choppin d'Arnouville reproduites avec l'arrêt de Paris 29 mars 1878 (S. 78. 2. 145. — P. 78. 606. — D. 78. 2. 137). — V. en sens contraire, c'est-à-dire en faveur de l'assimilation des publicateurs aux auteurs, Renouard, *Tr. des droits d'auteur*, n. 168; Dalloz, *Jurisprud. gén.*, v° *Propriété littéraire*, n. 155; Gastambide, *Contrefaçons*, n. 33 et 143; Blanc, *id.*, p. 128, Vivien et Blanc, *Législat. des théâtres*,

(Charpentier c. Lemerre et Chénier). — ARRÊT.

LA COUR : — Sur le premier moyen (violation du décret du 1er germ. an XIII, en ce que l'arrêt attaqué aurait refusé aux publicateurs d'œuvres posthumes, le bénéfice des accroissements de durée accordés au droit des auteurs par des lois postérieures, alors que le décret assimile absolument, quant à la durée, le droit des publicateurs au droit des auteurs) : — Attendu que le décret du 1er germ. an XIII, en disposant que les propriétaires par succession ou à d'autres titres d'un ouvrage posthume ont le même droit que l'auteur, et que les dispositions des lois sur la propriété exclusive des auteurs leur sont applicables, n'établit pas une assimilation complète et absolue entre le propriétaire d'un ouvrage posthume et l'auteur de cet ouvrage, et n'appelle pas d'avance ce propriétaire à profiter de l'extension des droits que la législation postérieure à ce décret a établie au profit des auteurs ; qu'il résulte au contraire des considérants de ce décret, qu'il n'est pas possible de séparer de ses dispositions, qu'il n'a eu d'autre but que de faire profiter celui qui publie un ouvrage posthume des droits que la législation alors existante à laquelle il se réfère expressément, c'est-à-dire la loi du 19 juill. 1793, accordait aux auteurs eux-mêmes ; — Attendu que les lois postérieures des 5 févr. 1810, 8 avril 1854 et 14 juill. 1866, qui ont étendu au profit des auteurs, de leurs veuves et de leurs héritiers, les droits de propriété littéraire, ne s'appliquent ni par leur texte ni par leur esprit aux publicateurs d'ouvrages posthumes ou à leurs cessionnaires ; que, d'une part, elles ne parlent limitativement que des auteurs, de leur conjoint et de leur famille ; que, d'autre part, si elles ont progressivement étendu au profit de l'auteur, de son conjoint et de ses héritiers, la durée du droit de propriété littéraire, renfermé dans des limites trop étroites par la loi du 19 juill. 1793, le bénéfice de ces lois ne peut appartenir au propriétaire d'œuvres posthumes dont le droit privatif ne dérive pas, comme celui de l'auteur ou de ses représentants, d'une création ou d'une composition qui lui est personnelle, mais du fait seul de la publication d'une œuvre à laquelle d'ailleurs il est étranger ; — Qu'il suit de là que l'arrêt attaqué (Paris, 29 mars 1878, S. 78. 2. 145. — P. 78. 606. — D. 78. 2. 137), en décidant que le droit privatif du publicateur d'un ouvrage posthume est réglé par la législation existante au moment de la publication du décret du 1er germ. an XIII, a fait une juste application de ce décret, et n'a contrevenu à aucune loi ;

Sur le deuxième moyen (sans intérêt) ; — Rejette, etc.

MM. Mercier, 1er prés. ; Massé, rapp. ; Charrins, 1er av. gén. (concl. conf.) ; Passez et Sabatier, av.

CASS.-CIV. 29 décembre 1880.

TÉMOINS, CHEMIN DE FER, EMPLOYÉS, REPROCHES.

Les employés de chemins de fer ne sauraient être considérés comme des serviteurs *ou* domestiques *dans les termes de l'art. 283, C. proc. — Dès lors, ils ne sont pas reprochables, comme témoins, dans les affaires qui intéressent la Compagnie à laquelle ils sont attachés* (1) (C. proc., 283).

(Chemin de fer de Paris-Lyon-Méditerranée et Sigraud c. Armand). — ARRÊT.

LA COUR : — ... Attendu, en droit, que les employés d'une Compagnie de chemin de fer ne sauraient être considérés comme des serviteurs ou domestiques, aux termes de l'art. 283, C. proc. ; qu'en effet, ils ne sont attachés ni à la personne ni à la maison du directeur de la Compagnie ; que ce directeur n'est pas leur maître, et qu'il n'y a aucune raison pour regarder leur témoignage comme nécessairement suspect dans les affaires qui intéressent la Compagnie à laquelle ils sont attachés ; — Attendu, dès lors, qu'en admettant le reproche dont il s'agit, et en décidant, par cette unique raison, que les témoins produits par le défendeur ne seraient point entendus, le jugement attaqué a faussement appliqué et, par suite, violé l'art. 283, C. proc. ; — Casse, etc.

MM. Mercier, 1er prés. ; Charrins, av. gén. (concl. conf.) ; Dancongnée, av.

CASS.-CRIM. 30 décembre 1880.

VENTE DE MARCHANDISES, TROMPERIE, MANŒUVRES, INDICATIONS (INSUFFISANCE DES).

La seule livraison d'une marchandise avec une quantité réelle inférieure à celle sur laquelle l'acheteur était en droit de compter, ne suffit pas, lorsqu'elle n'est accompagnée d'aucuns signes extérieurs, d'aucunes circonstances matérielles de nature à faire croire à un mesurage antérieur et exact, pour constituer le délit de tromperie prévu par le paragraphe final de l'art. 1er de la loi du 27 mars 1851 ; une simple déclaration mensongère ne pouvant équivaloir à l'indication frauduleuse exigée par cet article (2) (L. 27 mars 1851, art. 1er).

(Trossevin). — ARRÊT.

LA COUR : — Vu les art. 1er de la loi du 27 mars 1851, et 423, C. pén. ; — Attendu, en droit, que, pour constituer les indications frauduleuses dont parle le paragraphe final de l'art. 1er de la loi du 27 mars 1851, une simple déclaration mensongère ne suffit pas, et qu'il faut qu'elle soit accompagnée de signes extérieurs et de circonstances matérielles de nature à faire croire à un pesage ou mesurage antérieur et exact ; — Attendu, en fait, que l'arrêt attaqué et le jugement dont il adopte les motifs se sont bornés à énoncer que Trossevin, par des indications frauduleuses tendant à faire croire à un mesurage antérieur et exact, a tenté de tromper sur la quantité de la marchandise vendue, en livrant un sac de charbon de bois présentant un déficit de sept litres pour deux hectolitres de combustible ; — Attendu que, faute d'avoir ajouté que le sac, par sa forme, par sa contenance habituelle, et, d'après l'usage, devait faire supposer un mesurage antérieur et exact, l'arrêt attaqué ne constate qu'un mensonge insuffisant pour constituer le délit prévu et puni par les art. 1er de la loi du 27 mars 1851 et 423, C. pén. ; — ... Casse, etc.

MM. de Carnières, prés. ; Dupré-Lasale, rapp. ; Chévrier, av. gén. (concl. conf.) ; Massénat-Desroches, av.

---

n. 448 ; Calmels, *Propriété et contrefaçon*, p. 452 ; Collet et Lesenne, *Etude sur la propriété des œuvres posthumes*, p. 60 et suiv., et les consultations de MM. Pataille, Carraby et Huart, annexées à cette étude ; Pouillet, *Tr. de la propriété littéraire*, n. 443 et suiv. ; Lyon-Caen, dissertation insérée au *Sirey*, 81. 1. 113, — et au *Palais*, 81. 1. 251, et notre *Dictionnaire de dr. commerc., ind. et marit.*, t. VI, v° *Propriété littéraire*, n. 57.

(1) V. sur la question, les indications très-complètes de la note sous Dinan, 4 déc. 1880 (Pand. chr.). — Faisons observer qu'il n'y a pas de distinction à établir entre les diverses catégories d'employés, suivant la situation qu'ils occupent dans la hiérarchie de ces administrations. V. Dinan, 4 déc. 1880, précité, ainsi que nos observations détaillées jointes à Dijon, 8 mars 1880. (Pand. chr.).

(2) V. conf. Cass., 27 avril 1855 (S. 55. 1. 312. — P. 55. 2. 213. — D. 55. 1. 272) ; 28 avril 1855 (*ibid.*) ; 24 juill. 1855 (S. 56. 1. 86. — P. 56. 1. 279. — D. 55. 1. 375). V. aussi Cass., 27 janv. 1882 (Pand. chr.), et les renvois.

1881

CASS.-REQ. **3 janvier 1881.**

OFFICE, CESSION, CLIENTÈLE, MINUTES, RÉPERTOIRES, ACCESSOIRES, PAPIERS PERSONNELS, DOMMAGES-INTÉRÊTS.

La cession d'un office de notaire, qu'elle soit faite par le titulaire ou par ses héritiers, même bénéficiaires, comprend, en principe, outre la clientèle, les minutes et répertoires, ainsi que leurs accessoires, c'est-à-dire les documents, notes, pièces, registres, dossiers, qui s'y rattachent, ou qui ont été laissés aux mains du notaire à raison de son ministère (1) (L. 25 vent. an XI, art. 61).

Mais elle ne s'étend pas aux papiers considérés, dans la pratique notariale, comme personnels au notaire (2) (Id.).

Par suite, la veuve d'un notaire qui, même avant la cession de l'office, remet à des clients, sans motif légitime, des papiers d'étude, méconnaît ses obligations et peut, à raison de cette faute, être condamnée à restituer lesdites pièces au cessionnaire, dans un délai déterminé, à peine de dommages-intérêts fixés par chaque jour de retard (3) (C. civ., 1142, 1382).

Peu importe que ces pièces soient nécessaires pour liquider la succession du titulaire décédé (4) (Id.).

(Grillet c. Nachbaur). — ARRÊT.

LA COUR : — Sur le premier moyen, tiré de la violation de l'art. 61 de la loi du 25 vent. an XI, en ce que l'on a condamné l'héritier d'un notaire décédé à remettre au cessionnaire de l'étude, non-seulement les minutes et répertoires, mais encore des documents étrangers à ces minutes et répertoires : — Attendu que la cession d'un office de notaire comprend, en principe, la cession de la clientèle et la cession des minutes et des répertoires, ainsi que des accessoires de ces minutes et répertoires, c'est-à-dire les documents, notes, pièces, registres, dossiers qui s'y rattachent ou qui ont été laissés en mains de l'officier public à raison de son ministère; qu'il suit de là qu'en consentant à Nachbaur la cession de l'office de notaire dont son mari était titulaire, la veuve Grillet ne s'est pas obligée à remettre seulement à Nachbaur les minutes et les répertoires, et qu'elle a été condamnée à bon droit à lui remettre, en outre, tous les dossiers, registres et papiers de toute nature dépendant de l'étude, y compris toutes pièces confiées à Grillet en sa qualité de notaire, ou à raison de ses fonctions;

Sur le deuxième moyen, pris de la violation de l'art. 61 de la loi du 25 vent. an XI, en ce qu'en tout cas, la Cour d'appel a ordonné la remise de documents étrangers aux minutes et répertoires, sans faire préalablement la distinction entre les papiers personnels du notaire défunt et ceux qui auraient un rapport avec l'exercice de ses fonctions notariales : — Attendu que, loin de confondre les papiers personnels et les papiers d'étude, la Cour d'appel de Besançon les distingue parfaitement; qu'on en trouve la preuve dans le chef même du dispositif, où elle dit qu'en cas de contestation sur le caractère de quelques-unes des pièces, les parties se retireront, la réintégration préalablement opérée, devant l'expert commis, lequel fera connaître si les pièces dont il s'agit sont considérées, dans la pratique notariale, comme pièces d'étude ou comme pièces personnelles au cédant; — Attendu que la réintégration préalable, ainsi ordonnée, n'a rien de définitif, et que le maintien ou le retrait ultérieur des pièces ou d'une partie d'entre elles reste subordonné au résultat de la vérification; que c'est là un simple mode d'exécution d'une mesure d'instruction qu'il appartenait aux juges du fond de prescrire et qui ne porte d'ailleurs aucune atteinte aux droits de la veuve Grillet;

Sur le troisième moyen, tiré de la violation de l'art. 61 de la loi du 25 vent. an XI, en ce que l'on a condamné la veuve Grillet, en principe, à des dommages-intérêts pour le défaut de remise de pièces confiées au notaire défunt par les clients de l'étude, bien qu'elles eussent été remises à ceux-ci, sur leur demande, avant la prestation de serment du successeur, ou même avant la cession à lui consentie : — Attendu qu'à l'appui de son refus de restituer les pièces confiées par les clients à son mari, la veuve Grillet n'a jamais excipé de l'obligation où elle aurait été mise de les rendre à ces clients, par leurs réclamations; qu'elle a seulement invoqué les nécessités de la liquidation de la succession bénéficiaire, et le droit qu'elle aurait eu de conserver les pièces appartenant aux tiers dont Nachbaur n'était pas le mandataire; — Attendu que l'arrêt (Besançon, 1er mai 1880) se borne à écarter cette double prétention, et que si, dans son dispositif, il charge l'expert

(1-4) Il tombe sous le sens que la cession d'un office comprend par elle-même celle de la clientèle; par suite, le cédant s'oblige implicitement à remettre au cessionnaire tous les registres, dossiers et papiers qui constituent, pour ainsi dire, la matérialité même de cette clientèle. — Ce qu'on achète, ce n'est pas le titre nu, c'est le titre avec toutes les chances possibles de bénéfices et avantages résultant de la clientèle y attachée, et, comme le dit avec raison un arrêt de la Cour de Bourges, du 30 nov. 1853 (D. 54. 2. 80), « le cessionnaire d'un office a droit, malgré l'absence « de stipulation à cet égard, aux bons procédés du cédant pour lui « transmettre, autant qu'il dépend de lui, la confiance de la clien- « tèle, et lui faciliter l'exercice utile et honorable de sa profes- « sion ». V. aussi Lyon, 9 août 1884 (S. 85. 2. 200. — P. 85. 1. 1242); Cass., 13 juill. 1885 (S. 86. 1. 205. — P. 86. 1. 501).

Dans l'espèce de notre arrêt, le détournement de l'étude d'un certain nombre de pièces avait eu de telles conséquences que la clientèle avait presque complètement disparu. — Souvent, le cédant stipule la retenue, à son profit, des dossiers et pièces nécessaires pour ses recouvrements; dans ce cas, il ne doit pas les garder trop longtemps, sinon, il s'expose à être condamné à des dommages-intérêts. V. Bourges, 14 mai 1850 (D. 54. 2. 80); 30 nov. 1853, précité; Rouen, 4 févr. 1870 (S. 70. 2. 239. — P. 70. 1194).

Cette stipulation ne se rencontrait pas dans notre espèce; dès lors, comme le dit la Cour de Paris, tous les papiers, sauf ceux qui étaient personnels au titulaire, auraient dû rester entre les mains du cessionnaire, avec faculté, pour le cédant, d'en venir prendre communication toutes les fois qu'il aurait eu besoin de les consulter. V. Orléans, 27 juin 1877 (S. 79. 2. 47. — P. 79. 223); Lyon, 9 août 1884 (S. 85. 2. 200. — P. 85. 1. 1242); Deffaux et Harel, *Encyclop. des huiss.*, v° *Office*, n. 137; Rouen, 26 janv. 1829, rapp. au n. 138 de cet ouvrage; Perriquet, *Off. minist.*, n. 369.

d'évaluer le dommage qui a pu résulter pour Nachbaur de la remise de partie de pièces inventoriées faite directement aux anciens clients de l'étude, il ne fait qu'indiquer d'une manière générale le mandat à remplir; qu'il ressort, du reste, de ces motifs, que la responsabilité de la veuve Grillet n'est reconnue engagée qu'à raison de la faute qu'elle aurait commise en n'exécutant pas son obligation de cédante, c'est-à-dire en restituant sans motif légitime à des clients des papiers qui constituaient des papiers d'étude qu'elle était tenue de remettre au cessionnaire; — Rejette, etc.

MM. Bédarrides, prés.; Petit, rapp.; Rivière, av. gén. (concl. conf.); Bosviel, av.

CASS.-CIV. 5 janvier 1881.

CHEMIN DE FER, RESPONSABILITÉ (CLAUSE DE NON-), PREUVE, FAUTE, CHARBON, PESAGE, MANQUANTS.

La clause de non-garantie, insérée dans un tarif spécial de chemins de fer adopté pour une expédition de marchandises, si elle n'affranchit point la Compagnie de la responsabilité de ses fautes ou de celles de ses agents, a du moins pour effet, contrairement au droit commun, d'en mettre la preuve à la charge des expéditeurs ou destinataires (1) (C. civ., 6, 1134; C. com., 103).

Et, s'agissant de charbon expédié en wagon, la faute de nature à faire déclarer la Compagnie responsable de manquants à l'arrivée ne saurait s'induire d'un simple défaut de pesage au départ, le pesage n'étant point obligatoire en pareil cas (2) (Id.).

Au surplus, le pesage eût-il été effectué qu'il n'en résulterait pas nécessairement que le manquant dût être imputable à une faute de la Compagnie, démonstration qui resterait toujours à parfaire (Id.).

(Chem. de fer de l'Est c. Hannier). — ARRÊT.

LA COUR : — Vu l'art. 1134, C. civ., et le tarif spécial P. V., n. 11, de la Compagnie des chemins de fer de l'Est, portant que ladite Compagnie ne répond pas des déchets et avaries de route, ledit tarif dûment homologué : — Attendu que, si la clause de non-garantie, autorisée par le tarif et stipulée dans le contrat de transport par le choix qui en est fait lors de la remise des marchandises à la Compagnie du chemin de fer, n'a pas pour effet d'affranchir celle-ci de toute responsabilité pour les fautes commises par elle ou ses employés, elle a pour résultat de, contrairement au droit commun, mettre la preuve de ces fautes à la charge des expéditeurs ou des destinataires; que, cependant, le jugement attaqué, tout en reconnaissant que le transport des charbons destinés à Hannier a été opéré dans les conditions du tarif spécial P. V., n. 11, a débouté la Compagnie de l'Est de sa demande en payement du prix de transport, sans relever contre elle aucune faute engageant sa responsabilité; qu'on ne saurait, en effet, considérer comme une faute de cette nature le défaut de pesage du wagon de charbon expédié à Hannier, puisque ce pesage n'était pas obligatoire pour la Compagnie, et, qu'eût-il été effectué, il n'en résulterait pas nécessairement la preuve que le manquant de 1,280 kilogrammes soit imputable à une faute de la Compagnie, et que, dès lors, Hannier resterait toujours tenu de rapporter cette preuve; — D'où il suit que le jugement attaqué a méconnu et ouvertement violé la disposition de la loi et du tarif susvisés; — Casse, etc.

MM. Mercier, 1er prés.; Greffier, rapp.; Desjardins, av. gén. (concl. conf.); Georges Devin, av.

CASS.-CIV. 19 janvier 1881.

COMMERÇANT, FEMME MARIÉE, FONDS DE COMMERCE, EXPLOITATION EN COMMUN, DETTES, PAYEMENT.

La femme mariée qui ne fait qu'exploiter conjointement avec son mari le même fonds de commerce, ne peut être considérée comme commerçante (3) (C. civ., 220; C. com., art. 5, § 2).

Dès lors, elle ne saurait être condamnée solidairement avec son mari au payement des dettes contractées pour ce commerce (4) (Id.).

(Loiseau c. Caron). — ARRÊT.

LA COUR : — Vu les art. 220, C. civ., et 5, C. comm.; — (Le 1er paragraphe de l'arrêt du 27 janv. 1875 [Pand. chr.] se trouve ici textuellement reproduit. — L'arrêt continue) : — Qu'il s'ensuit que la femme qui ne fait qu'exploiter conjointement avec son mari le même fonds de commerce ne peut être considérée comme commerçante, ni, dès lors, être condamnée solidairement avec son mari au payement des dettes contractées pour ce commerce; — Attendu que l'arrêt attaqué, tout en constatant que la dame Loiseau n'exerçait pas un commerce distinct de celui de son mari, s'est fondé sur ce qu'elle aurait été associée par celui-ci aux opérations de son commerce pour la déclarer marchande publique et tenue à ce titre, conjointement avec son mari, de la dette contractée envers le défendeur à raison des fournitures par lui faites à la maison de commerce, en quoi il a expressément violé les dispositions de loi ci-dessus visées; — Casse, etc.

MM. Mercier, 1er prés.; Paul Pont, rapp.; Desjardins, av. gén. (concl. conf.); Moret et Lesur, av.

CASS.-REQ. 25 janvier 1881.

SOCIÉTÉ ANONYME, NULLITÉ, ACTIONNAIRE, CHOSE JUGÉE, DOL, FONDATEURS, ADMINISTRATEURS, RECOURS, CESSION, RENONCIATION, CESSIONNAIRE, FIN DE NON-RECEVOIR.

Le rejet de la demande en nullité d'une Société anonyme n'a d'autorité de chose jugée qu'à l'égard de l'actionnaire qui a figuré au procès; il n'est pas opposable à un autre actionnaire qui n'a pas été partie dans l'instance et qui renouvelle cette demande en son nom personnel (5) (C. civ., 1351; L. 24 juill. 1867, art. 17).

La cession, par un actionnaire, de ses actions, à un moment

(1) Principe absolument constant. V notamment Cass., 30 mai 1877 (Pand. chr.), et les renvois; 10 déc. 1878 (S. 79. 1. 228. — P. 79. 540. — D. 79. 1. 53); 4 août 1880 (deux arrêts) (S. 81. 1. 35. — P. 81. 1. 56); 23 août 1881 (Pand. chr.); 8 févr. 1882 (Pand. chr.); 15 mars 1882 (S. 82. 1. 427. — P. 82. 1. 779); 22 avril 1885 (Pand. chr.); Paris, 7 août 1885 (Pand. pér., 86. 2. 1); Cass., 9 mars et 29 mars (trois arrêts) 1886 (Pand. pér., 86. 1. 126), et les renvois.

(2) V. dans le même sens, Cass., 18 août 1880 (S. 81. 1. 36. — P. 81. 1. 57. — D. 81. 1. 154).

(3) V. conf., Cass., 27 janv. 1875 (Pand. chr.); 10 mai 1882 (Pand. chr.); 11 août 1884 (Pand. chr.), et les notes.

(4) Sur l'application à l'espèce, V. anal., Cass., 11 août 1884 (Pand. chr.), et les renvois.

(5) L'une des conditions essentielles à l'exception de la chose jugée, c'est que le litige se renouvelle « entre les mêmes parties » (C. civ., 1351). — Or, dans l'espèce, il s'agissait de deux actionnaires distincts, procédant chacun en vertu d'un droit propre et individuel (L. 24 juill. 1867, art. 17).

En dehors de tout texte de loi, on voit le danger de la thèse qui repousserait toute action nouvelle par une exception de chose jugée trop facilement admise. Les fondateurs et administrateurs de Sociétés, de ces sociétés véreuses bien entendu qui ont eu dans ces dernières années des démêlés judiciaires si retentissants, peu scrupuleux sur l'emploi des moyens, auraient, pour se mettre à l'abri de tout ennui, une recette d'une simplicité excessive; ils ne manqueraient pas d'y avoir recours. Ce moyen consisterait à prendre les devants, à s'entendre avec un homme de paille, action-

où les manœuvres frauduleuses employées par les fondateurs ou administrateurs de la Société pour déterminer le public à souscrire le capital social n'étaient plus un mystère pour personne, n'emporte pas transmission au cessionnaire du droit à la réparation du dol, mais implique, au contraire, de la part du cédant lésé, une renonciation à ce droit (1) (L. 24 juill. 1867, art. 1, 4, 7, 41).

Et le cessionnaire qui, de son côté, a acheté les actions en pleine connaissance de cause, a fait par là un acte de confiance qui le rend inhabile à demander après coup la nullité de la Société (2) (Id.). — Solut. implic.

(Richard c. Comp. des Mines de nickel de Bel-Air).

3 avr. 1880, jugement du tribunal supérieur de Nouméa, ainsi conçu : — « LE TRIBUNAL : — Attendu qu'il est constant en fait que l'intimée n'est devenue actionnaire de la Société de Bel-Air qu'après le 24 octobre 1878; qu'ainsi l'établit la feuille de présence des actionnaires de l'assemblée générale dudit jour, dont l'enregistrement sera ci-après ordonné, et où l'on voit qu'à cette date l'action 2495 appartient à un sieur Lidin, représenté par le sieur Richard, mari de l'intimée; — Attendu que le droit qui peut appartenir aux souscripteurs d'actions émises par une Société anonyme, contre les administrateurs ou fondateurs de cette Société dont les manœuvres dolosives les auraient déterminés à souscrire lesdites actions, constitue à leur profit un droit personnel qui ne se transmet pas par la simple tradition des actions et sans l'accomplissement des conditions exigées par les règles du Code civil; que, par suite, et en supposant Lidin, ou tout autre cédant antérieur, nanti de ce droit personnel, la dame Richard n'étant que cessionnaire, non pas du droit, mais de l'action, est sans qualité pour le faire valoir; — Attendu que, pour pouvoir agir de son propre chef, elle devait au moins apporter la preuve que les actes dolosifs qu'elle allègue, en supposant qu'ils soient établis, se placent au moment où elle a fait l'acquisition de son action, et qu'ils ont été la cause déterminante de cette acquisition ; — Mais attendu que cette preuve n'a pas été faite; qu'un préjudice appréciable n'est même pas sérieusement allégué par l'intimée; que les griefs qu'elle formule à l'encontre des membres fondateurs de la Compagnie de Bel-Air remontent au 25 avr. 1877, à l'origine de la Société, à la date même du contrat statutaire, et n'ont pu exercer aucune influence sur sa détermination d'acheter l'action n. 2495 à la fin de l'année 1878; qu'il est, en effet, de notoriété publique qu'à cette époque les actions de Bel-Air étaient considérablement dépréciées, les ressources de la Société très-précaires et les travaux d'exploitation provisoirement suspendus; que cette situation de la Société n'était un mystère pour personne, et encore moins pour la dame Richard, dont le mari, un des forts actionnaires de Bel-Air, ancien membre du conseil d'administration, homme d'affaires, notaire, et en cette qualité rédacteur et signataire de divers actes intéressant la Compagnie, a dû nécessairement l'éclairer lors de l'acquisition par elle faite de l'action n. 2495; que le doute, à cet égard, n'est plus possible, si l'on se rappelle que cette action appartenait encore, au 24 oct. 1878, à Lidin, dont le notaire Richard était mandataire à Nouméa, et que, selon toute probabilité, c'est des mains mêmes de son mari, et pour un prix insignifiant sans doute, que la dame Richard a reçu cette action; qu'on se demande alors à quel intérêt elle a cédé en devenant actionnaire de Bel-Air et pourquoi elle a choisi, en connaissance de cause, le moment même où cette Société périclitait et où l'on n'avait plus à compter sur les chiffres fantastiques trop facilement entrevus au commencement de l'ère du nickel (extrait du rapport du commissaire de surveillance, exercices 1876 et 1877); — Attendu qu'il est évident, pour le tribunal supérieur, que la dame Richard ne s'est mise en possession de son action que pour pouvoir intenter le procès actuel contre la Société appelante, dans le but d'obtenir la rescision de son pacte social, et d'essayer par ce moyen de conjurer la ruine de son mari, l'ex-notaire Richard, un des forts actionnaires de Bel-Air, déclaré en faillite par jugement en date du 18 oct. dernier, enregistré; que, pour établir la connivence des époux Richard, il suffit de rappeler l'immense intérêt de Richard dans l'issue de cette affaire, qui en offre si peu à la dame Richard; et que l'on s'explique dès lors pourquoi, au lieu de se restreindre dans les limites de son droit propre, droit illusoire, il est vrai, en exerçant l'action en responsabilité dont il a été parlé plus haut, elle s'est arrogé le droit d'agir dans un intérêt collectif, en demandant au regard de tous les actionnaires la nullité de la Société de Bel-Air; — Attendu que pareille tentative avait déjà été faite auparavant par un sieur Boutan, et que le tribunal supérieur, par arrêt en date du 6 sept. 1879, enregistré, en a fait bonne justice en le déboutant de ses prétentions;

« Attendu que la demande formée par la dame Richard est évidemment la même que celle qui a été introduite et suivie par Boutan; qu'il s'agissait comme aujourd'hui de faire déclarer nulle, pour dol et pour fraude, la Société anonyme de Bel-Air; que Boutan, comme la dame Richard, agissait en sa qualité d'actionnaire, et qu'il y a, par conséquent, identité de demande et de cause; — Attendu qu'il est complétement inadmissible, en droit, que le même procès puisse être recommencé par chacun des actionnaires et pour chacune des actions; qu'une pareille théorie, si elle était admise, pourrait avoir pour effet d'engager dans des contestations interminables, à leur insu et peut-être contre leur gré, tous les actionnaires, et de provoquer des décisions contradictoires sur des intérêts identiques; qu'elle aurait aussi pour résultat de livrer l'existence des grandes entreprises, pour lesquelles se forment d'ordinaire les Sociétés anonymes, au bon plaisir de l'un quelconque des actionnaires, quelquefois très-nombreux, qui y ont intérêt, qu'elle consacrerait enfin une fausse application de la maxime que « nul en France ne plaide par procureur », et une violation de l'art. 17 de la loi du 24 juill. 1867; — ...Par ces motifs: — Reçoit la Société de Bel-Air appelante tant en la forme qu'au fond du jugement du 21 janv. 1880; — Déclare la dame Richard non recevable en sa demande, l'en déboute, etc. »

Pourvoi en cassation par la dame Richard. — 1er *Moyen*. Violation des art. 1350 et 1351, C. civ.

2e *Moyen*. Violation des art. 1, 4, 21 de la loi du 24 juill. 1867, ainsi que fausse application de l'art. 17 de la même loi.

---

naire véritable ou porteur de titres pour la circonstance; une action en nullité de la Société ou en responsabilité contre les fondateurs et administrateurs serait introduite; la demande de pure forme ne serait pas soutenue; la défense n'aurait pas à déployer de grands efforts, pour en obtenir le rejet. Ce résultat obtenu, tout serait dit; le débat ne pourrait plus être renouvelé. Les exploiteurs du public peuvent bien rêver un tel idéal; ils ne le posséderont jamais. L'actionnaire a dans les mains des armes suffisantes; qu'il veille avec méfiance sur ses intérêts, car il a été assez trompé en maintes circonstances, et qu'il agisse. Sa cause est digne d'intérêt.

(1) V. sur cette question nos observations critiques jointes à Cass., 3 déc. 1883 (Pand. chr., note 2).

(2) V. dans le même sens, Cass., 11 nov. 1873 (S. 74. 1. 97. — P. 74. 241. — D. 76. 1. 425); 27 mars 1878 (S. 79. 1. 24. — P. 79. 37). V. aussi Paris, 23 juin 1870 (trois arrêts) (S. 74. 1. 97 *ad notam*. — P. 74. 241 *ad notam*); 28 juin 1870 (Pand. chr.), ainsi que nos observations sous Cass., 3 déc. 1883, précité.

ARRÊT.

LA COUR : — Sur le premier moyen, pris de la violation des art. 1350 et 1351, C. civ., et sur le deuxième moyen, pris de la violation des art. 1, 4, 21 de la loi du 24 juill. 1867, ainsi que de la fausse application de l'art. 17 de la même loi; — Attendu que, sans doute, c'est à tort que le tribunal supérieur de Nouméa considère sa décision du 6 sept. 1879 comme ayant l'autorité de la chose jugée vis-à-vis de la dame Richard, qui n'avait pas été partie dans l'instance;

Mais, attendu qu'il est constaté, en fait, par l'arrêt attaqué : 1° que la demande de la dame Richard était fondée sur des manœuvres frauduleuses qui auraient été employées par les fondateurs ou administrateurs de la Société de Bel-Air, pour déterminer le public à souscrire des actions de ladite Société; 2° qu'au moment où le sieur Lidin vendait à la dame Richard l'action qu'il avait souscrite, la situation véritable de la Société n'était un mystère pour personne; qu'il suit de là que la vente dont s'agit constitue de la part de Lidin, non une transmission à la dame Richard du droit qu'il pouvait avoir à raison du dol dont il avait été victime, mais une renonciation à ce droit, et qu'ainsi, c'est avec raison que la dame Richard a été déboutée de sa demande; — Rejette, etc.

MM. Bédarrides, prés.; Demangeat, rapp.; Petiton, av. gén. (concl. conf.); Sabatier, av.

CASS.-REQ. 7 février 1881.

DOT, INALIÉNABILITÉ, OBLIGATION, EXÉCUTION.

Une aliénation consentie par la femme dotale de droits lui appartenant ne peut être déclarée nulle qu'autant qu'il s'agit de droits compris dans sa dot et frappés, par conséquent, de dotalité (1) (C. civ., 1541).

Les obligations contractées par la femme dotale sont valables, avec cette seule restriction qu'elles ne sauraient être exécutées sur les biens dotaux (2) (C. civ., 1554, 1560).

Par suite, la femme peut être condamnée à exécuter les engagements qu'elle a contractés, sous la réserve, bien entendu, de l'examen des poursuites ultérieures d'exécution (3) (Id.).

(Du Port c. Thuret). — ARRÊT.

LA COUR : — Sur le premier moyen du pourvoi, tiré de la fausse application des art. 1350, 1351, 1352, C. civ., et de la fausse application ou de la violation des art. 1541 et 1554, C. civ.; — En ce qui touche la première branche du moyen... (sans intérêt); — En ce qui touche la deuxième branche : — Attendu qu'il appert de l'arrêt attaqué que, dans l'instance engagée par Thuret, mandataire de la dame du Port contre cette dernière, sa mandante, en apurement de son compte de gestion, la dame du Port a été condamnée, par appréciation des titres, documents et faits de la cause, à payer à Thuret une somme de 11,125 francs pour solde des dépenses par lui faites dans l'exécution de son mandat; — Attendu que, vainement, il est soutenu par la dame du Port que dans ladite instance la nullité de divers actes obligatoires par elle consentis à Thuret aurait dû être prononcée comme contenant une aliénation de partie de ses droits dotaux; qu'en effet, s'il est dit dans l'arrêt attaqué que la dame du Port était mariée sous le régime dotal, il n'y est aucunement constaté que les droits par elle cédés eussent été compris dans sa constitution dotale et fussent conséquemment frappés de dotalité (C. civ., 1541); — Attendu, d'ailleurs, qu'il est certain que les obligations contractées par une femme dotale sont valables, avec cette seule restriction qu'elles ne sauraient être exécutées sur les biens dotaux, et qu'il est déclaré par l'arrêt attaqué qu'il ne s'agissait pas pour le moment de garantir les biens dotaux de la dame du Port contre les mesures d'exécution que Thuret pourrait prendre en vertu des engagements souscrits à son profit par ladite dame; qu'il fallait distinguer entre les engagements d'une femme dotale et l'exécution de ces engagements sur les biens dotaux, et que cette dernière question n'est pas née; qu'en conséquence, l'inaliénabilité des biens qui, sur les poursuites ultérieures du défendeur éventuel, pourraient être reconnus dotaux, demeure manifestement réservée;

Sur le deuxième moyen, tiré d'un défaut de motifs... (sans intérêt); — Rejette, etc.

MM. Bédarrides, prés.; Barafort, rapp.; Petiton, av. gén. (concl. conf.); Hérisson, av.

CASS.-CIV. 7 février 1881.

MANDAT, VALEURS DE BANQUE, ENVOI, POSTE, RESPONSABILITÉ, PREUVE ÉCRITE, PRÉSOMPTIONS.

Les risques d'expédition d'une valeur de banque sont à la charge du destinataire, si l'expéditeur s'est conformé au mandat qu'il avait reçu et n'a commis aucune faute (4) (C. civ., 113, 1192, 1998).

Spécialement, *le banquier qui adresse un chèque à son client, par la poste, sous pli fermé, non chargé, ni recommandé, n'est pas responsable de la perte de cette valeur, alors que ce mode d'envoi est conforme à l'usage et que le destinataire, qui n'en avait pas prescrit de spécial, l'avait précédemment accepté et même pratiqué* (5) (Id.).

Et le banquier qui n'est pas tenu de supporter des frais de chargement ou de recommandation, qui par là n'est pas en situation de rapporter la preuve écrite de son envoi, peut l'établir à l'aide de présomptions (6) (C. civ., 1341, 1353).

(1) Tout ce qui n'est pas stipulé dotal par le contrat de mariage, reste paraphernal et, par conséquent, susceptible d'être saisi et aliéné. Si aucune formule sacramentelle n'est imposée pour la constitution de dot (V. Limoges, 7 juill. 1855, S. 55. 2. 679. — P. 56. 2. 544; Cass., 21 janv. 1856, Pand. chr., et la note), du moins, faut-il, à cet égard, une déclaration claire et précise, qui ne laisse place à aucune ambiguïté, le doute s'interprétant en faveur de la paraphernalité contre la dotalité. V. en ce sens, à titre d'exemple, Nîmes, 22 juill. 1851 (S. 51. 2. 630. — P. 52. 2. 70. — D. 52. 2. 182); Cass., 9 août 1858 (S. 58. 1. 19. — P. 59. 650. — D. 58. 1. 371); 30 juill. 1877 (Pand. chr.), et la note.

(2-3) V. conf., sur le principe, Cass., 12 nov. 1879 (S. 80. 1. 65. — P. 80. 139. — D. 80. 1. 418). V. aussi, Grenoble, 16 déc. 1882 (S. 84. 2. 65. — P. 84. 1. 344); Cass., 24 mars 1885 (S. 85. 1. 220. — P. 85. 1. 527. — D. 85. 1. 254).

(4-5-6) En première instance, comme en appel, les juges avaient déclaré que le destinataire n'avait prescrit aucun mode particulier d'envoi pour le chèque qu'il avait demandé, que, d'après l'usage, les expéditions de cette nature se font par la poste, sans charger ni recommander le pli fermé contenant sa valeur, et que, précédemment, le destinataire avait accepté et pratiqué lui-même ce mode d'envoi. La conséquence à en tirer, et ils n'ont pas manqué de le faire, c'est que l'expéditeur n'avait commis aucune faute en procédant de cette façon.

Pourquoi donc l'ont-ils rendu responsable de la perte du chèque? — Parce qu'il ne rapportait pas la preuve écrite de la remise de son envoi au bureau de poste.

Mais, la seule preuve littérale possible était un récépissé de la poste, et les juges avaient décidé que le banquier n'était pas tenu de charger ni de recommander sa lettre. C'était lui imposer les frais d'une précaution qu'il n'était pas tenu de prendre, et il y avait là une sorte de contradiction que l'arrêt de cassation ci-dessus rapporté ne manque pas de relever.

On pourrait peut-être dire que, par la convention tacite intervenue entre elles, les parties avaient dérogé aux règles ordinaires de la preuve écrite, ce qu'il leur était permis de faire d'après l'opinion la plus accréditée (V. en ce sens, Bordeaux, 16 janv. 1846, Pand. chr.; Cass., 24 août 1880, S. 80. 1. 413. — P. 80. 1042.

(Evrard et Cie c. George).

Le 6 juin 1878, Amédée George, propriétaire à Boulaincourt, chargeait la maison de banque Evrard et Cie, de Mirecourt, de lui envoyer à Paris, boulevard Saint-Germain, nº 157, un chèque de deux mille francs; — Le 11 du même mois, étonné de ne rien recevoir, George télégraphia à son banquier. On ne tarda pas à savoir que, le 8 dudit mois, un faussaire avait touché, en l'acquittant sous le nom de « Amédée George, boulevard Saint-Germain, 157 », au siége de la Société des Dépôts et Comptes courants, un chèque de 2,000 francs que la maison Evrard avait tiré le 7 sur ladite Société. Le banquier établissait donc qu'il avait mis sous pli, à l'adresse de George, le chèque qui lui avait été demandé, mais il ne justifiait pas, par un bulletin de chargement ou de recommandation, que ce pli avait été déposé au bureau de poste; et c'est pour ce motif que, suivant jugement du tribunal civil de Mirecourt, du 31 août 1878, il a été débouté de sa demande contre George.

Sur son appel, la Cour de Nancy a, par arrêt, du 25 février 1879, confirmé la décision des premiers juges. — Sans méconnaître la valeur des présomptions invoquées par la maison de banque, et puisées, soit dans les mentions inscrites sur ses livres, soit dans la régularité avec laquelle se font, dans ses bureaux, les envois d'argent et de valeurs, l'honnêteté parfaite de ses employés, et les précautions prises chaque jour pour l'expédition de sa correspondance, la Cour a déclaré « que ces présomptions, » alors même qu'elles réuniraient les conditions exigées « par l'art. 1353, C. civ., seraient inefficaces, puisqu'il « était possible à la maison Evrard de se procurer une « preuve littérale de l'exécution de son mandat, en se faisant délivrer au bureau de poste expéditeur, après chargement ou recommandation, un récépissé contenant, « non-seulement la remise de la lettre, mais encore la « conformité de la suscription avec les indications fournies « par le destinataire ».

Pourvoi en cassation par la maison Evrard et Cie. — 1er *Moyen*. Violation de l'art. 1134, C. civ., en ce que l'arrêt attaqué a imposé à l'expéditeur d'une valeur de banque par la voie de la poste l'obligation de représenter la preuve littérale du chargement ou de la recommandation du pli renfermant ladite valeur, alors qu'il avait été convenu entre les parties que l'envoi pouvait être fait sous simple pli.

2e *Moyen*. Fausse application du même art. 1134, et violation des art. 1348 et 1353, C. civ., en ce que l'arrêt attaqué a exigé la preuve écrite d'un fait matériel, qui n'est pas susceptible d'être prouvé autrement que par témoins ou par des présomptions.

ARRÊT.

LA COUR: — Sur les deux moyens du pourvoi: — Attendu qu'il est constaté, en fait, par l'arrêt attaqué, que George a chargé Evrard et Cie de lui envoyer de Mirecourt à Paris un chèque de 2,000 francs, sans prescrire aucun mode particulier d'envoi d'une valeur qu'il est d'usage d'expédier par la poste, sous pli fermé, non chargé ni recommandé, et que cet usage avait été précédemment accepté et pratiqué par le destinataire; — Attendu que les risques d'expédition d'une valeur de banque sont à la charge du destinataire, s'il est établi que l'expéditeur s'est conformé au mandat qu'il avait reçu et n'a commis aucune faute; — Attendu que l'arrêt attaqué ne relève aucune faute à la charge d'Evrard, et que, pour déclarer ce dernier responsable de la perte du chèque, il se fonde uniquement sur ce qu'Evrard ne rapporterait pas la preuve de l'envoi fait par lui, preuve qui, au cas particulier, devait être une preuve écrite; sur ce que la preuve offerte par Evrard ne résulterait que de présomptions invoquées par lui, et que ces présomptions, alors même qu'elles réuniraient les conditions exigées par l'art. 1353, C. civ., seraient inefficaces, puisqu'il aurait été possible à Evrard de se procurer une preuve littérale de l'exécution de son mandat, en faisant charger ou recommander la lettre; — Mais attendu que, du moment où les parties étaient convenues de se conformer à l'usage en ce qui concerne le mode d'expédition par la poste sans chargement ni recommandation, Evrard ne pouvait être tenu de prendre une précaution dont les frais seraient restés à sa charge; que, dès lors, le fait de l'envoi de la lettre par la poste n'était pas susceptible d'être prouvé par écrit, et qu'en écartant, en droit, les présomptions invoquées par Evrard pour établir ce fait, l'arrêt attaqué a violé les dispositions précitées: — Casse, etc.

MM. Mercier, 1er prés.; Dareste, rapp.; Charrins, av. gén. (concl. conf.); Housset et Pérouse, av.

CASS.-CRIM. 12 février 1881.

ABUS DE CONFIANCE, MANDAT, SOCIÉTÉ EN COMMANDITE, GÉRANT.

La désignation expresse et nominative du contrat dont la violation constitue le délit d'abus de confiance, n'est pas indispensable et nécessaire quand, des termes du jugement ou de l'arrêt, il résulte nettement et sans méprise possible, que ce contrat est celui de mandat (1) (C. pén., 408).

— D. 80. 1. 447). V. aussi Cass., 22 juill. 1878 (D. 80. 1. 447, en sous-note *a*), qui déclare que la prohibition de la preuve testimoniale au-dessus de 150 francs n'est pas d'ordre public. *Contrà*, Aubry et Rau, t. VIII, § 761, p. 295, texte et notes 3, 4 et 5; Laurent, *Principes de dr. civ.*, t. XIX, n. 397 à 400.

L'art. 1341, C. civ., n'avait pas d'application possible au cas qui nous occupe. En effet, il enjoint à celui qui se prétend créancier d'une somme ou chose excédant 150 francs de rapporter, soit un acte notarié, soit un acte sous seing privé signé de son débiteur, constatant l'obligation dont il se prévaut. — Or, dans notre espèce, le banquier était dans l'impossibilité de produire un acte de cette nature, et le récépissé de la poste n'eût été, au point de vue juridique, qu'un simple témoignage.

En fait, son client l'avait tacitement dispensé de produire ce récépissé, et l'exiger de lui c'était, de la part du juge, violer la convention des parties.

Le principe, en pareille matière, ne saurait être douteux : la responsabilité incombe à l'expéditeur, et ce, par le motif qu'il est tenu de faire la preuve de l'envoi dont il excipe. Mais, la plupart du temps, il y a, soit des ordres, soit des conventions, soit des usages qui lui facilitent cette preuve, et, de là, des espèces où le juge n'a, pour ainsi dire, plus qu'à apprécier si l'envoyeur a, ou non, commis une faute de nature à entrainer sa responsabilité.

Dans le sens de l'irresponsabilité de l'expéditeur, et dans des espèces analogues à la nôtre, V. Paris, 18 mai 1850 (S. 50. 2. 397. — D. 50. 2. 153); Cass., 1er juin 1857 (S. 59. 1. 28. — P. 59. 320); Dijon, 17 avril 1873 (S. 74. 2. 112. — P. 74. 485. — D. 76. 2. 167).

Dans le sens de la responsabilité, V. Lyon, 16 mars 1854 (P. 54. 1. 570. — D. 55. 2. 141); 16 déc. 1865 (S. 66. 2. 319. — P. 66. 1224. — D. 66. 5. 296); Cass., 10 août 1870 (Pand. chr.), ce dernier arrêt rejetant le pourvoi contre un arrêt qui déclare l'expéditeur responsable, non pour défaut de chargement ou de recommandation de son pli, mais pour avoir déposé sa lettre dans une boîte supplémentaire ouvrant sur la voie publique et ne pas avoir avisé le destinataire par une lettre spéciale.

(1) Il ne faut pas se méprendre sur la portée de cette solution. Notre droit se montre fort réservé dans les exigences de termes sacramentels. Mais si le mot, la dénomination, lui sont le plus souvent indifférents, il n'en est plus de même de la réalité, de l'existence de la chose ou du fait. Ainsi, tout détournement ne constitue pas un abus de confiance. Il est par suite essentiel de savoir si l'on se trouve dans les conditions voulues par la loi, si la remise préalable a été faite en exécution de l'un des contrats limitativement énumérés par l'art. 408, C. pén. Les précisions, les renseignements sur les circonstances particulières et caractéristiques de chaque espèce acquièrent une importance capitale.

Dans une Société en commandite, les associés responsables et solidaires, et plus spécialement l'associé qui accepte le titre et les fonctions de gérant, sont de véritables mandataires de leurs coassociés pour la gestion des affaires sociales, et tenus, à ce titre, de se renfermer dans leurs attributions (1) (Id.).

Par suite, ils se rendent coupables d'abus de confiance, lorsqu'ils emploient frauduleusement les fonds sociaux en dehors des conditions stipulées par le pacte social, ou les affectent à d'autres besoins que ceux de la Société (2) (Id.).

(Debans). — ARRÊT.

LA COUR : — Sur le moyen tiré d'une prétendue violation de l'art. 408, C. pén., en ce que l'arrêt attaqué déclare le demandeur coupable d'avoir commis le délit d'abus de confiance, sans déterminer le contrat en exécution duquel a été reçue la somme qu'on lui reproche d'avoir détournée, et, si ce contrat existe, sans dire quel il est; — Attendu : 1° que, si ledit arrêt ne dit point expressément quel est le contrat dont la violation constitue le délit d'abus de confiance reconnu à la charge du demandeur, il résulte nettement des termes dont il se sert, et sans qu'il soit possible de s'y méprendre, que ce contrat est celui de mandat, spécialement dénommé en l'art. 408; 2° que le même arrêt constate que les sommes détournées au préjudice des personnes qui en étaient propriétaires avaient été remises par ces personnes au demandeur, en sa qualité de gérant de la Société en commandite qu'elles avaient formée avec lui; que, vainement, Debans soutient qu'il n'était point, dans le sens légal, le mandataire de cette Société, mais un simple associé; que le contrat de Société n'exclut pas la stipulation d'un mandat; que, dans la Société en commandite, les associés responsables et solidaires, et plus spécialement l'associé qui accepte le titre et les fonctions de gérant, sont, dans le sens légal, de véritables mandataires de leurs coassociés pour la gestion de leurs affaires; qu'à ce titre ils sont soumis à l'obligation de se renfermer dans leurs attributions; qu'ils n'ont pas le droit, notamment, d'employer les fonds qui leur sont versés en cette qualité en dehors des conditions stipulées par le pacte social, ou de les affecter à d'autres besoins que ceux de la Société; qu'en cas de fraude ils sont passibles des poursuites et peines déterminées par l'art. 408, C. pén. ; — Attendu, dès lors, que, loin de violer les dispositions du Code pénal, l'arrêt attaqué (Bordeaux, 17 nov. 1880) en a fait une juste application; — Rejette, etc.

MM. de Carnières, prés.; Vente, rapp.; Ronjat, av. gén.; Mimerel, av.

CASS.-CIV. 23 février 1881.

CHEMINS DE FER, LETTRE D'AVIS, MARCHANDISES, ARRIVÉE, RESPONSABILITÉ.

L'obligation de mettre les expéditions à la disposition des destinataires dans le jour de leur arrivée en gare, n'impose pas aux Compagnies l'obligation de prévenir les destinataires par une lettre d'avis de l'arrivée des marchandises (3) (Arr. min. 12 juin 1866, art. 10).

C'est donc à tort qu'un jugement, en dehors de toute constatation de faute, base une condamnation en dommages-intérêts sur le seul retard apporté dans l'envoi de la lettre d'avis (4) (Id.).

(Chemin de fer de Lyon c. Broudet, Martin et Cie). — ARRÊT.

LA COUR : — Sur le moyen unique du pourvoi : — Vu l'art. 10 de l'arrêté ministériel du 12 juin 1866 ; — Attendu que cet article, en imposant aux Compagnies l'obligation de mettre les expéditions à la disposition des destinataires dans le jour qui suivra celui de leur arrivée en gare, ne leur impose pas de plus l'obligation de prévenir les destinataires, par une lettre d'avis, de l'arrivée des expéditions ou des marchandises qu'elles doivent être en mesure de leur délivrer, quand, dans le jour qui suit leur arrivée, ils se présentent pour en prendre livraison; qu'en cette matière tout est de droit étroit, et que les devoirs des Compagnies, comme les droits des destinataires, ne peuvent résulter que des dispositions des lois et règlements qui les régissent; qu'il suit de là que le jugement attaqué, en mettant à la charge de la Compagnie de Paris-Lyon-Méditerranée le dommage dont se plaignaient Broudet, Martin et Cie, sans constater que ce dommage fût imputable à une faute commise par elle ou par ses agents, mais uniquement parce que le destinataire avait été avisé tardivement de l'arrivée des marchandises en gare, a formellement violé l'article visé; — Casse, etc.

MM. Mercier, 1er prés.; Rohault de Fleury, rapp. ; Charrins, 1er av. gén. (concl. conf.); Dancongnée, av.

CASS.-REQ. 28 février 1881.

AGENT DE CHANGE, EFFETS PUBLICS, NÉGOCIATIONS, MONOPOLE, IMMIXTION, COULISSIERS, NULLITÉ, SANCTION, CLIENTS, REFUS D'ACTION.

Le monopole reconnu aux agents de change pour la négociation des effets publics n'est pas seulement protégé par des peines correctionnelles, il a encore, pour conséquence et pour sanction civile, la nullité de toutes les opérations effectuées par des intermédiaires sans qualité (5) (C. comm., 76).

Spécialement, *sont nulles les négociations d'effets publics, opérées par l'intermédiaire de coulissiers, c'est-à-dire d'agents*

La Cour de cassation ne revise pas le fait; elle le prend tel que l'arrête en ses contours le jugement ou l'arrêt. Mais elle exerce son contrôle sur la qualification légale, sur la corrélation étroite qui doit exister entre la peine et l'infraction. Des constatations vagues, sans corps bien déterminé, ne lui permettraient pas d'exercer sa mission avec utilité.

Ce sont là des principes généraux qui ont déjà reçu leur application, même en matière d'abus de confiance. V. Cass., 21 avril 1866 (S. 67. 1. 91. — P. 67. 184); 26 sept. 1878 (S. 79. 1. 283. — P. 79. 680. — D. 79. 1. 487).

Mais une fois les indications fournies, les éléments du délit bien dégagés de la confusion, au point de ne permettre aucune méprise, il importe peu qu'une étiquette s'y ajoute, parce qu'il est facile d'y suppléer.

(1-2) La jurisprudence a varié sur cette question. Elle a commencé par se prononcer en sens contraire à la solution ci-dessus. V. notamment, Cass., 15 janv. 1842 (Dalloz, *Jur. gén.*, v° *Abus de confiance*, n. 165). — Mais, cette opinion n'a point tardé à être définitivement abandonnée. Aujourd'hui, l'application de l'art. 408, dans les rapports des associés responsables et solidaires, et surtout des gérants, avec leurs coassociés, ne fait plus de difficulté. V. notamment, Cass., 14 mars 1862 (Pand. chr.), et la note.

(3-4) Ce principe que la lettre d'avis de l'arrivée des marchandises à destination n'est que facultative et nullement obligatoire, a été consacré par de nombreux arrêts de la Cour suprême. V. notamment, Cass., 2 déc. 1873 (S. 74. 1. 35. — P. 74. 56. — D. 74. 1. 63); 7 août 1878 et 26 mars 1879 (S. 80. 1. 82. — P. 80. 169. — D. 78. 1. 367 et 79. 1. 374); 14 janv. 1880 (S. 80. 1. 315. — P. 80. 749. — D. 80. 1. 160); 29 nov. 1881 (S. 82. 1. 132. — P. 82. 1. 284. — D. 81. 5. 52); 8 févr. 1882 (Pand. chr.); 8 juin 1886 (Pand. pér., 86. 1. 162), et les renvois. V. aussi notre *Dictionnaire de dr. com., ind. et marit.*, t. II, v° *Chemins de fer*, n. 245 et suiv.

(5-6) V. dans le même sens, antérieurement à l'arrêt actuel, Paris, 2 août 1859, et sur pourvoi, Cass., 19 janv. 1860 (S. 60. 1. 481. — P. 60. 432. — D. 60. 1. 44 et 48); Cass., 21 févr. 1868 (S. 68. 1. 188. — P. 68. 425. — D. 81. 1. 97 *ad notam*); et depuis l'arrêt ci-dessus, Paris, 2 juin 1881 et 1er févr. 1882 (S. 83. 2. 129. —

d'affaires faisant sur le marché libre des opérations d'achat et de vente de fonds publics sans ministère d'agents de change (6) (Id.).

Et ces intermédiaires sans qualité sont dépourvus de toute action en justice contre leurs clients pour le règlement d'opérations ainsi pratiquées au mépris de la loi (1) (Id.).

(Bonnaud et Cie c. G...). — ARRÊT.

LA COUR : — Sur le moyen unique du pourvoi, tiré de la violation des art. 1134, 1998 et 1999, C. civ., et de la fausse application de l'art. 76, C. comm. (en ce que la décision attaquée a repoussé la demande de Bonnaud et Cie tendant au payement du solde de leur compte avec le défendeur) : — Attendu que, si l'art. 76, C. comm., s'est borné à confirmer le privilége depuis longtemps concédé aux agents de change d'être seuls chargés de la négociation des effets publics, la sanction de ce privilége se trouve dans des dispositions non abrogées des lois antérieures, notamment dans les art. 13 de l'arrêt du Conseil du 26 nov. 1781, 8 de la loi du 28 vent. an IX, 4 et 7 de l'arrêté du 29 prair. an X ; — Attendu que ces articles non-seulement punissent de peines correctionnelles l'immixtion dans les fonctions d'agents de change, mais déclarent nulles toutes négociations faites par des intermédiaires sans qualité; — Attendu que l'arrêt attaqué constate que Bonnaud et Cie sont des coulissiers, c'est-à-dire des agents d'affaires faisant à Paris, sur le marché libre, des opérations d'achat et de vente sur les fonds publics; que les opérations à l'occasion desquelles ils réclament à G... une somme de 6,531 fr. 25 centimes sont de cette nature; qu'ils les ont faites en leur qualité de coulissiers, et qu'ils n'allèguent même pas n'avoir été que des intermédiaires entre G... et des agents de change ; — Attendu que dans ces conditions, en déclarant nulles les négociations faites par Bonnaud et Cie, et en refusant action en justice pour les suites d'opérations pratiquées au mépris de la loi, la Cour d'Aix, loin de violer les textes précités, n'en a fait qu'une juste et saine application ; — Rejette, etc.

MM. Bédarrides, prés.; Crépon, rapp.; Bertauld, proc. gén. (concl. conf.); Massénat-Deroche, av.

CASS.-CIV. 8 mars 1881.

SOCIÉTÉ EN COMMANDITE, APPORTS, INTÉRÊTS, PRÉLÈVEMENTS, BÉNÉFICES (ABSENCE DE), FAILLITE, PUBLICITÉ, TIERS, NULLITÉ.

Est licite la clause insérée dans les statuts d'une Société en commandite et consacrée par l'usage du commerce portant que les mises des commanditaires seront productives d'intérêts à 6 pour 100, ces intérêts étant considérés comme des frais généraux à la charge de l'exploitation (2) (C. comm., 26;

P. 83. 1. 701. — D. 83. 2. 81); 10 mars, 1er avril, 16 et 22 juin 1882 (S. 82. 2. 177. — P. 82. 1. 909. — D. 82. 2. 222 et 83. 2. 81); 10 juill. et 29 sept. 1882 (S. 83. 2. 129. — P. 83. 1. 701. — D. 83. 2. 81); 21 nov. 1882 (S. 83. 2. 12. — P. 83. 1. 97. — D. 83. 2. 81); Toulouse, 2 août 1882 (S. 83. 2. 129. — P. 83. 1. 701. — D., *ibid.*); Besançon, 27 déc. 1882 (S., P. et D., *ibid.*); Cass., 29 mai 1883 (S. 84. 1. 120. — P. 84. 1. 264. — D. 83. 1. 418), et sur renvoi, Orléans, 5 janv. 1884 (S. 85. 2. 54. — P. 85. 1. 328); Cass., 21 avril 1885 (S. 85. 1. 249. — P. 85. 1. 622. — D. 85. 1. 275); 22 avril 1885 (Pand. chr.); 29 juin 1885 (Pand. chr.); 1er juill. 1885 (Pand. chr.); Lyon (ch. réun.), 2 juill. 1885 (Pand. pér., 86. 2. 24); Agen, 19 nov. 1885 (S. 86. 2. 236. — P. 86. 1. 1239), et les notes; Alauzet, *Comment. C. comm.*, t. III, n. 891; Boistel, *Précis de dr. comm.*, n. 662, p. 446; Lyon-Caen et Renault, *id.*, t. I, n. 1480 et suiv.; Mollot, *Bourses de comm.*, n. 608; Guillard, *Opérat. de bourse*, p. 315. *Adde* notre *Dictionnaire de dr. commerc., ind. et marit.*, v° *Agent de change*, n. 90 et suiv., 123 et suiv. — V. au surplus le rapport de M. le conseiller Crépon (S. 81. 1. 291. — P. 81. 1. 724. — D. 81. 1. 98).

Et la nullité des opérations de bourse effectuées sur des effets publics sans le concours d'un agent de change, est d'ordre public et ne peut être couverte par la ratification des parties. *Sic*, Cass., 21 et 22 avril, et 29 juin 1885, précités. V. aussi Agen, 19 nov. 1885 également précité, et Cass., 16 juin 1885 (Pand. chr.).

Mais, bien entendu, le monopole conféré aux agents de change pour la négociation des effets publics et autres susceptibles d'être cotés, n'empêche pas que les parties intéressées puissent toujours traiter directement entre elles et sans intermédiaire. V. Besançon (motifs), 21 août 1883, avec Cass., 22 avril 1885, et Toulouse (motifs), 4 mars 1885, avec Cass., 29 juin 1885 (S. 85. 1. 249. — P. 85. 1. 622); Bordeaux, 3 mars 1885 (S. 85. 2. 150. — P. 85. 1. 822); Agen, 19 nov. 1885 (S. 86. 2. 236. — P. 86. 1. 239); Orléans, 20 nov. 1886 (S. 87. 2. 49); Boistel, *loc. cit.*; Lyon-Caen et Renault, *op. cit.*, t. I, n. 1482; Laurin, *Cours élément. de dr. comm.*, n. 191; Buchère, *Opérat. de bourse*, n. 258, et notre *Dictionnaire*, t. I, v° *Agent de change*, n. 94.

Quant à ce qu'il faut entendre par ces expressions de l'art. 76, C. comm., *effets susceptibles d'être cotés*, V. Cass., 1er juill. 1885 (Pand. chr.), et nos observations.

(1) Le refus d'action qui sert de sanction à la nullité est général et absolu ; il s'applique sans distinction de personnes, aussi bien à l'intermédiaire sans qualité, qu'au client qui a provoqué ou accepté l'intervention de celui-ci.

Ainsi, d'une part, l'intermédiaire sans qualité ne peut, à propos de pareilles opérations, poursuivre par action en justice, ni le remboursement de ses avances, ni l'attribution des sommes déposées entre ses mains.

D'autre part, aucune action en répétition des sommes versées ne saurait être ouverte au client qui, en connaissance de cause, a pris livraison des titres et en a payé le prix, ou qui, en l'absence de levée et de livraison des titres, a réglé définitivement les opérations effectuées.

Toutes ces solutions, qui se trouvaient en germe dans l'arrêt de cassation ci-dessus rapporté, ont été déduites depuis par la Cour suprême dans de nouvelles affaires et sont devenues aujourd'hui de jurisprudence constante. V. Cass., 22 avril et 29 juin 1885 (Pand. chr.), et nos observations. V. aussi Lyon, 2 juill. 1885 (Pand. pér., 86. 2. 24).

(2-3) En principe, le commanditaire étant un associé et non pas un prêteur, a droit à des bénéfices, mais non aux intérêts de sa mise. Si donc la Société ne réalise point de bénéfices, les commanditaires ne peuvent rien percevoir, et s'ils se distribuent quand même des sommes, ils peuvent être tenus à restitution selon le principe général de l'art. 1376, C. civ. V. Cass., 22 juin 1880 (Pand. chr.), et nos observations en note.

Est-ce là une règle absolue; les statuts ne peuvent-ils pas conférer aux commanditaires le droit de toucher les intérêts de leur mise, alors même qu'il n'y aurait pas de bénéfices?

Des auteurs considérables par le nombre et par l'autorité, soutiennent qu'une telle stipulation d'intérêts est nulle; qu'elle ne déguise pas autre chose qu'une distribution de dividendes fictifs prohibée formellement par la loi. — « Pour qu'une pareille question puisse être seulement controversée, dit M. de Courcy (*les Sociétés anonymes*, p. 156 et suiv.), il faut toute la puissance des mauvais précédents et des fausses idées économiques; il faut aussi l'illusion des mots. C'est le mot *intérêts* qui fait ici l'illusion... Il est vrai qu'à une autre époque les fondateurs de Sociétés offraient volontiers aux actionnaires l'appât d'un intérêt fixe à recevoir, indépendamment des dividendes éventuels. Il est vrai que le Gouvernement laissait passer cette stipulation vicieuse dans les statuts des Sociétés anonymes qu'il autorisait. Mais le Conseil d'État vint à s'apercevoir des inconvénients qu'elle présente et changea aussitôt de jurisprudence : depuis plus de vingt ans, il n'autorisait plus la clause du payement des intérêts... Une seule exception était admise, dans des matières spéciales et pour un temps limité. On devine que je veux parler des chemins de fer. Il est bien clair qu'une Compagnie de chemin de fer ne peut pas établir de compte de *profits et pertes* dès les premières années de sa formation; il lui faut d'abord construire sa voie, ce qui est fort long. Si les actionnaires étaient privés de tout revenu pendant la période de la construction et jusqu'à la mise en exploitation, on craignait qu'ils ne fussent peu empressés à souscrire. On faisait donc fléchir transitoirement le principe, et l'on décidait que jusqu'à l'entrée en exploitation, les actionnaires toucheraient les intérêts à 5 pour 100 de leurs fonds. Ces prétendus intérêts ne pouvaient naturellement pas être pris ailleurs que sur le capital... On aurait pu poser la règle dans la loi, en permettant quelques exceptions, ou bien encore en réservant au Gouvernement le droit d'autoriser les exceptions. La loi (celle du 24 juill. 1867) étant muette, ou plutôt n'exprimant que le principe que les administrateurs engagent leur responsabilité lorsqu'ils distribuent ou laissent distribuer sans opposition des dividendes fictifs (art. 44), je n'hésite pas à penser que toute distribution d'intérêts sans bénéfices constatés engage la responsabilité des administrateurs, quand bien même les statuts l'auraient permise. » — V. dans le

L. 24 juill. 1867, art. 10). — 1re et 2e espèces. — V. aussi l'arrêt en sous-note (a).

Une pareille clause doit s'exécuter, lors même que la Société n'a pas réalisé de bénéfices (3) (Id.). — Ibid.

même sens, Delangle, *Soc.*, n. 361 et suiv.; Pardessus, *Dr. commerc.*, n. 1035; Alauzet, *Comment. C. comm.*, t. II, n. 685 et suiv.; Bédarride, *Comment. de la loi du 24 juill. 1867*, n. 233; Lescœur, *Soc.*, n. 219; Boistel, *Préc. de dr. com.*, n. 249, p. 177; Lombard, *Engag. des sociétés civ. et com.*, p. 115; Dolez, *Soc. en commandite*, p. 213 et suiv.; Demangeat, sur Bravard, t. I, p. 216, note, et dissertation insérée S. 81. 1. 257. — P. 81. 1. 619.

Mais la validité de la clause dont s'agit a été de tout temps, avant comme depuis la loi de 1867, reconnue par la jurisprudence, proclamée par elle avec une quasi-unanimité qu'il est difficile de rencontrer dans les questions controversées. Quelques rares décisions seulement font exception à cet accord, et toutes celles qui sont à notre connaissance remontent à une époque antérieure à la loi qui régit actuellement les Sociétés. V. conf. à la solution des arrêts de Cass. ci-dessus rapportés, et de Rouen en sous-note (*a*); — avant la loi de 1867, Cass., 14 févr. 1810; Rouen, 26 janv. et 30 mars 1841 (S. 47. 1. 585, en note); Cass., 19 mai 1847 (S. 47. 1. 585. — P. 47. 2. 199. — D. 47. 1. 199); Paris, 2 août 1855 (S. 55. 2. 633. — P. 56. 1. 109. — D. 56. 2. 31); Rennes, 25 août 1863 (S. 64. 2. 63. — P. 64. 539); Lyon, 8 juill. 1864 (S. 65. 2. 38. — P. 65. 226. — D. 65. 2. 197); Caen, 16 août 1864 (S. 65. 2. 33. — P. 65. 217. — D. 65. 2. 192); Angers, 18 janv. 1865 (S. 65. 2. 211. — P. 65. 857. — D. 65. 2. 67); Paris, 26 janv. 1866 (*Gaz. des trib.*, 3 avril); Cass., 8 mai 1867 (S. 67. 1. 253. — P. 67. 642. — D. 67. 1. 193). — Et, depuis cette loi, Cass., 6 mai 1868 (S. 68. 1. 243. — P. 68. 612. — D. 69. 1. 232); Paris, 1er juin 1876 et 9 août 1877 (S. 78. 2. 225. — P. 78. 966. — D. 78. 2. 193 et 194); Cass., 7 mai 1878 (S. 80. 1. 107. — P. 80. 243. — D. 79. 1. 134); Douai, 9 avril 1879 (Pand. chr.), et Paris, 5 déc. 1883 en sous-note de l'arrêt de Douai, précité. — *Contrà*, Trib. com. Seine, 27 oct. 1858, et Marseille, 30 mai 1859 (D. 59. 3. 24 et 68); Orléans, 20 déc. 1860 (S. 61. 2. 289. — P. 61. 1032).

Quant aux auteurs, la liste de ceux qui approuvent la jurisprudence, ne le cède en rien, ni par le nombre, ni par l'autorité, à celle de leurs adversaires. V. Troplong, *Soc.*, n. 191; Mathieu et Bourguignat, *Comment. de la loi du 24 juill. 1867*, n. 92; Rivière, *id.*, n. 104; Vavasseur, *Soc. par actions*, n. 213; Rousseau, *Soc. comm.*, n. 915; Mornard, *Soc. en commandite par actions*, p. 185 et 186; Ameline, *Rev. prat.*, t. XXIV, p. 442; Rataud, *Rev. crit.*, t. XXVI, p. 3 et suiv.; Labbé, *Observations* insérées S. 78. 2. 225. — P. 78. 968; Lyon-Caen et Renault, *Précis de dr. comm.*, t. I, n. 456, p. 241; Pont, *Soc. civ. et commerc.*, t. II, n. 1456; Laurin, *Cours de dr. commerc.*, n. 401; et notre *Dictionnaire de dr. comm., ind. et marit.*, v° *Société en commandite*, n. 402 et suiv.

La jurisprudence a raison; en se laissant pénétrer de l'esprit des affaires, elle reste dans sa mission. Le droit pur est un non-sens, quand il élève la prétention de dominer le règlement des litiges. Qu'il soit à sa place dans l'Ecole, qu'il se fasse admirer dans les spéculations des jurisconsultes, rien de mieux; ces domaines sont assez vastes et lui appartiennent sans conteste. Mais il devient funeste, lorsqu'il quitte ces sphères de direction pour se mêler à la lutte des intérêts et se mettre au travers des pratiques, des usages depuis longtemps consacrés, sans besoin, sans nécessité qui s'impose, alors qu'il ne s'agit de défendre aucun principe d'ordre public compromis, mais seulement de contrarier des volontés qui, en elles-mêmes, lorsqu'elles s'expriment librement et sont librement acceptées, n'ont rien de répréhensible.

Les statuts sont rédigés; ils préviennent qui veut bien les consulter, que les intérêts des mises sociales seront payables même en l'absence de bénéfices; tout le monde est averti; personne n'est surpris par une manœuvre dolosive. « Il faut bien réfléchir, dit M. Labbé, *Observations* insérées S. 78. 2. 225, — et P. 78. 968, à ce que c'est qu'un capital social annoncé dans les statuts. Est-ce pour les créanciers un gage irréductible? Est-ce une valeur à l'abri de toute perte et d'une conservation assurée? Non, c'est un point de départ, c'est un capital de début soumis aux vicissitudes de la bonne ou de la mauvaise fortune de la Société. A chaque époque où un tiers contracte avec la Société, celui-ci doit examiner non pas ce qu'elle a eu d'actif à l'origine, mais ce qui lui reste actuellement. La clause du payement des intérêts est une chance de plus de perte. Les tiers doivent s'informer du sort de la Société et tenir compte de cette chance de perte ou de cette aggravation des pertes que la Société a pu subir. » Voilà pour le raisonnement juridique; il est ramassé en quelques lignes, mais il est puissant, irréfutable.

Quant aux considérations pratiques, elles sont encore plus irrésistibles. Quel est le capitaliste, le rentier même qui peut faire le sacrifice, fût-il momentané, des intérêts de tout ou partie de son avoir? Chacun a besoin de son revenu. L'époque moderne est fertile en vastes entreprises; telles opérations demandent dix, quinze ou vingt années de travaux avant tout commencement d'exploitation, les dépenses se chiffrent par centaines de millions, les exemples abondent sous la plume. C'est Suez, c'est Panama. Voit-on les actionnaires de ces Sociétés ajournés du début jusqu'à l'entière réalisation de l'opération, avant de toucher un centime de leurs capitaux? Eh bien! il n'est pas téméraire de dire que ces Sociétés n'auraient pas pu se constituer si la jurisprudence avait apporté des obstacles à la distribution des intérêts pendant la période de l'exécution des travaux; elles n'auraient point trouvé d'argent, ou bien elles auraient été obligées d'emprunter à des taux autrement onéreux; les entreprises les plus lucratives n'y résisteraient pas. Ces intérêts payés aux actionnaires constituent des *frais généraux;* ils entrent dans les prévisions de dépenses. S'ils augmentent le prix de revient, ils l'augmentent moins que des intérêts qu'il faudrait payer à des banquiers, et ils ont de plus cet avantage d'assurer le crédit des Sociétés, de mettre à leur disposition des ressources en rapport avec l'importance du but qu'elles poursuivent.

Certains auteurs (MM. Boistel, *op. cit.*, n. 233, p. 168 et n. 295, p. 207, Dolez, *op. cit.*, p. 213 et suiv.), contraires à l'opinion de la jurisprudence, sembleraient disposés à tolérer la clause du service des intérêts, seulement pendant la période de construction ou des travaux préparatoires, période où l'exploitation fructueuse ne peut avoir lieu. — Cette distinction, si nous ne nous trompons, est d'exportation étrangère. Elle a été consacrée par les Codes allemand (art. 217), hongrois (art. 165) et italien (art. 141, 2e alinéa). Tout n'est pas bon de ce qui nous vient de l'étranger; et quand on y regarde de près, on rencontre dans l'ordre législatif, comme dans les produits industriels ou manufacturés, beaucoup de fatras et de pacotille à jeter par-dessus bord, sauf vérification antérieure.

(*a*) La Cour de Rouen, saisie de la même affaire, par suite du renvoi que lui en avait fait la Cour de cassation, a statué en audience solennelle, par arrêt du 15 juin 1882, dans les termes suivants :

LA COUR : — Attendu que Damiens et consorts, actionnaires de la Société en commandite créée à Fluquières, pour la fabrication du sucre de betteraves, sous la raison sociale Belin et Cie, ayant demandé au gérant de comprendre dans les frais généraux les intérêts de leur mise sociale, omis à l'inventaire du 16 août 1876, Belin s'y est refusé, par la raison que la clause des statuts, qui prescrit ce prélèvement, en l'absence de bénéfices, est nulle de plein droit; qu'il s'agit donc de rechercher si le refus du gérant est fondé; — Attendu que les conventions librement formées obligent les parties qui les ont faites; qu'il n'y a d'exception à cette règle qu'autant que les stipulations exprimées dans ces conventions sont prohibées par la loi, contraires aux bonnes mœurs ou à l'ordre public; que l'art. 7 des statuts dispose en termes exprès « que le capital social produira des intérêts à 6 pour 100 en faveur des associés, et que l'intérêt fera partie des frais généraux »; qu'il ajoute « que cet intérêt ne se prélèvera pas seulement sur les bénéfices, mais devra au contraire être toujours payé quand même la Société n'aurait pas fait de bénéfices »; que cette clause, conforme à un usage commercial constant, ne contient rien d'illicite; que, consacrée par divers monuments de jurisprudence antérieurement à la loi nouvelle, malgré les critiques élevées contre sa validité, elle n'a été l'objet d'aucune restriction, d'aucune interdiction de la part du législateur de 1867; que mû par la pensée d'appeler le crédit au secours de l'établissement des Sociétés par actions, il a craint d'éloigner les capitaux des entreprises, dont la formation est souvent longue et difficile, en frappant ces capitaux de stérilité avant toute réalisation de bénéfices, et a laissé aux parties, meilleurs juges de leurs droits, la liberté d'adopter les mesures qu'elles croiraient utiles tout ensemble à l'intérêt public et à leurs intérêts privés; qu'à défaut d'un texte qui l'annule, Belin soutient néanmoins qu'une telle clause méconnaît les principes essentiels de la commandite, l'art. 7 assimilant ainsi les associés à de véritables prêteurs; — Mais que cette objection repose sur une confusion; qu'il n'y a aucune analogie entre la stipulation des intérêts de leur mise par des commanditaires à titre de frais généraux, et un prêt consenti par des tiers; que les associés restent associés et ne deviennent pas créanciers; que ce prélèvement convenu de bonne foi entre tous est une charge sociale instituée par des bailleurs de fonds, insérée par eux dans les statuts comme condition de leur apport, et sans laquelle ils n'eussent point versé cet apport dans l'entreprise; qu'on ne peut davantage le considérer comme une diminution du capital social, puisque le gage reste tel qu'il a été constitué par l'acte public avec la même destination et les éventualités prévues; ni comme un dividende fictif, puisque les intérêts sont invariablement fixés par le contrat, et que d'ailleurs les dividendes ne se composent que des profits faits par l'association, déduction faite des frais généraux et charges qu'elle a dû supporter; que le gérant est d'autant moins fondé à se plaindre qu'il était partie dans l'acte, et qu'en déterminant le montant des valeurs sociales, il a été formellement arrêté qu'elles seraient soumises à un prélèvement certain, quelles que fussent les vicissitudes de l'exploitation; que les commanditaires n'étant légalement passibles des pertes que jusqu'à concurrence des fonds qu'ils ont mis dans la Société, ne peuvent être exposés à des risques plus grands que ceux qu'ils ont entendu courir; que cette clause concorde au surplus avec diverses garanties stipulées en cas de perte du quart ou du tiers du capital social et forme avec elles un ensemble auquel nul associé ne peut légitimement se soustraire; que le refus par Belin de porter à l'inventaire de 1876 les intérêts dus aux appelants, à titre de frais généraux, même en l'absence de bénéfices, alors que la Société, malgré ses pertes, était maintenue par l'assemblée générale dans le plein exercice de ses opérations commerciales, est donc à la fois la violation de l'art. 26, C. comm., et du pacte social; — Par ces motifs : — Statuant en vertu de l'arrêt de renvoi du 8 mars 1881 (V. ci-dessus, 2e arrêt); — Emendant : — Met l'appellation et ce dont est appel à néant, déclare valable la clause contenue dans l'art. 7 des statuts; — Ordonne, en conséquence, que Cachera et Cie porteront à l'inventaire du 16 août 1876, à titre de frais généraux, les intérêts à 6 pour 100 des mises sociales appartenant à Muguet, Damiens, Morand et Noé; — Condamne Cachera et Cie à payer lesdits intérêts, etc.

MM. Neveu-Lemaire, 1er prés.; Chrétien, av. gén.; Hardouin, av.

Et même tant que la Société, malgré ses pertes, est maintenue par l'assemblée générale dans le plein exercice de ses opérations commerciales, tant qu'elle est en un mot in bonis *et qu'elle n'est en état ni d'insolvabilité, ni de faillite* (1) (Id.). — Ibid.

Pour être opposable aux tiers, la clause dont il s'agit doit-elle être insérée dans l'extrait publié par la voie des journaux, en exécution des art. 55 et 57 de la loi du 24 juill. 1867? (2) (L. 24 juill. 1867, art. 55 et 57). — Non résolu.

Dans tous les cas, le défaut de publication de ladite clause ne pourrait donner naissance à une simple demande en nullité de la stipulation, mais à une action en nullité de la Société elle-même (3) (Id.). — 1re espèce.

1re Espèce. — (Faré et Guérin c. Réquillart). — ARRÊT (*après délib. en ch. du cons.*).

LA COUR : — Sur le premier moyen, tiré de la violation des art. 1134, 1376, 1826 et 1863, C. civ., 26, C. comm., et 10 de la loi du 24 juill. 1867 (en ce que l'on a considéré comme valable la clause d'un acte de société donnant aux commanditaires le droit de se faire payer les intérêts de leur commandite sur le capital social) : — Attendu qu'il est déclaré par l'arrêt attaqué qu'il a été stipulé en l'art. 7 de l'acte constitutif de la Société en commandite simple, Faré, Guérin et Cie, que les sommes versées sur le capital social par les commanditaires seraient productives d'intérêts au taux de 6 pour 100 par an payables tous les six mois; et en l'art. 11, que ces intérêts seraient pris comme *frais généraux;* — Attendu qu'on ne saurait considérer une telle clause, consacrée par les usages du commerce, comme étant, par elle-même, contraire aux principes essentiels de la Société en commandite; qu'en effet, le payement de ces intérêts, lorsqu'il a été expressément placé au nombre des frais généraux, peut, ainsi que l'a reconnu l'arrêt attaqué, avoir le caractère d'une charge destinée à assurer la marche régulière de la Société et le développement de l'entreprise qui en fait l'objet; que ce payement peut dès lors être réclamé par le commanditaire aux gérants de la Société qui n'est point en état d'insolvabilité ou de faillite; qu'il est, à cet égard, expressément déclaré par l'arrêt attaqué que la Société Faré, Guérin et Cie, constituée en 1868, avait régulièrement fonctionné jusqu'au jour dudit arrêt, qu'elle avait acheté et vendu ses marchandises, encaissé ses créances et bénéfices et payé toutes ses dettes; qu'en un mot elle était *in bonis* au moment où la demande de Réquillart a été formée; qu'en décidant, dans ces circonstances, que ladite demande était recevable, et que Faré et Guérin ne pouvaient invoquer la nullité de la clause dont il s'agit, l'arrêt attaqué n'a point violé les articles de loi invoqués par le premier moyen du pourvoi;

Sur le second moyen, tiré de la violation des art. 42 et 43, C. comm., 55 et 57 de la loi du 24 juill. 1867 (en ce que l'on a obligé la Société exposante à l'exécution de la clause litigieuse, bien qu'ainsi entendue, elle ne pût produire aucun effet sans être publiée, puisqu'elle autorisait une réduction du capital social) : — Attendu qu'en admettant que la clause relative au payement des intérêts de la commandite dût être comprise dans l'extrait publié en exécution des art. 55 et 57 de la loi du 24 juill. 1867, le défaut de publication de ladite clause ne pourrait, dans tous les cas, donner naissance à une simple demande en nullité de la stipulation, mais à une action en nullité de la Société elle-même; que, dès lors, l'arrêt attaqué, en déclarant que Faré, Guérin et Cie ne pouvaient opposer la nullité de la clause pour défaut de publication, alors qu'ils ne prétendaient pas que la Société était nulle par ce motif, et n'en demandaient point la dissolution, loin de violer les articles de loi invoqués par le pourvoi, en a fait une juste interprétation; — Rejette, etc.

MM. Mercier, 1er prés.; Greffier, rapp.; Charrins, 1er av. gén. (concl. conf.); Bosviel et Mimerel, av.

2e Espèce. — (Damiens, Muguet et autres c. Belin et Cie). — ARRÊT.

LA COUR : ... — Sur le second moyen : — Vu les art. 1134, C. civ., et 26, C. comm.; — Attendu qu'il est stipulé par l'art. 7 de l'acte constitutif de la Société « que le capital social produirait des intérêts à 6 pour 100 en faveur des associés, et que l'intérêt ferait partie des *frais généraux*, ne se prélèverait pas seulement sur les bénéfices, mais devrait au contraire être toujours payé, quand même la Société n'aurait pas fait de bénéfices »; — Attendu qu'on

---

Avec MM. Lyon-Caen et Renault, *Précis de dr. comm.*, t. I, p. 242, note 1, nous pensons qu'en l'absence de texte la jurisprudence française n'a que deux partis à prendre : déclarer la clause valable ou nulle, sans la distinction que l'on voudrait y introduire. — Mais nous nous séparons de ces auteurs sur le mérite même de cette distinction. Elle est à notre avis dangereuse; elle peut nuire à l'activité des travaux; elle peut y apporter des retards volontaires, qui n'auraient d'autre considération que de permettre pendant un plus grand nombre d'années le service des intérêts, auquel viendrait mettre fin le commencement de l'exploitation. Puis les bénéfices n'arrivent jamais dès le début; les premières années restent souvent infructueuses; c'est la période ingrate d'épreuves de toute nature, de tâtonnements, de modifications; ce sont des habitudes nouvelles qui se substituent aux anciennes; les relations commerciales, si fort que soit le courant qui les porte, ne se dénouent et ne se renouent pas en un jour; il faut le temps. Combien d'années les actionnaires seront-ils tenus d'attendre les bénéfices? Quand le service des intérêts reprendra-t-il son cours régulier et normal? Cette incertitude, encore une fois, est nuisible à tous les intérêts; le crédit des Sociétés les mieux assurées de leur avenir en ferait une expérience désastreuse.

(1) V. conf., Douai, 9 avril 1879 (Pand. chr.), et nos observations; Paris, 5 déc. 1882, rapporté en sous-note de l'arrêt de Douai. — Mais le service des intérêts doit cesser avec l'insolvabilité de la Société et son état de faillite. V. Paris, 14 août 1868 (S. 68. 2. 248. — P. 68. 980. — D. 68. 5. 376). — La continuation du payement des intérêts après l'époque où les inventaires auraient démontré un état d'affaires désastreux, l'infériorité de l'actif par rapport au passif de la Société, exposerait les commanditaires à une action en restitution de la part des créanciers sociaux. V. Cass., 6 mai 1868 (S. 68. 1. 243. — P. 68. 612. — D. 69. 1. 232); Labbé, *Observations* insérées, S. 78. 2. 225. — P. 78. 966; Lyon-Caen et Renault, t. I, n. 456, p. 242, note 1; Laurin, *Cours élém. de dr. comm.*, n. 401 *in fine*.

(2) Nous avons soutenu l'affirmative dans nos observations jointes à l'arrêt de Douai, 9 avril 1879 (Pand. chr.), et dans notre *Dictionnaire*, t. VI, vo *Société en commandite*, n. 407. — Mais, à l'exception d'un arrêt de Rennes, 25 août 1863 (S. 64. 2. 63. — P. 64. 539), favorable à notre thèse, tous les autres arrêts des Cours d'appel et de la Cour de cassation se prononcent en sens contraire et dispensent la clause dont s'agit de la nécessité d'une insertion dans l'extrait publié par les journaux. V. Angers, 18 janv. 1865 (S. 65. 2. 211. — P. 65. 857. — D. 65. 2. 67); Cass., 8 mai 1867 (S. 67. 2. 253. — P. 67. 642. — D. 67. 1. 193); Paris, 9 août 1877 (S. 78. 2. 225. — P. 78. 966. — D. 79. 2. 193); Douai, 9 avril 1879 (Pand. chr.).

(3) Sur ce point encore nous repoussons la conséquence extrême que la Cour de cassation, après la Cour de Paris (V. l'arrêt attaqué du 9 août 1877, S. 78. 2. 225. — P. 78. 966. — D. 79. 2. 193), attache au défaut de publication. — Il n'y a qu'une omission partielle, relative à une clause unique de l'acte social, la nullité doit être également spéciale et limitée; que la stipulation soit considérée vis-à-vis des tiers comme si elle n'existait pas, qu'elle ne leur soit pas opposable, et tout le mal est réparé. — Plus de rigueur risque de tourner contre les intérêts des créanciers. Faire prononcer la nullité d'une Société et sa dissolution est toujours une mesure grave; elle n'arrange pas les situations compromises; tout au contraire, elle achève et précipite la ruine. Les créanciers le savent d'expérience; aussi ils y résistent et ne s'y résignent qu'à toute extrémité. V. Labbé, *loc. cit.*; Lyon-Caen et Renault, *op. cit.*, t. I, n. 306, p. 151, et n. 456, p. 243, note 1 *in fine*, et notre *Dictionnaire*, t. VI, vo *Société en commandite*, n. 409.

ne saurait considérer une telle clause comme étant par elle-même contraire aux principes essentiels de la Société en commandite; que le payement des intérêts de la commandite, lorsqu'il a été expressément placé au nombre des frais généraux, prend le caractère d'une charge sociale destinée à faciliter la constitution de la Société et à assurer la marche régulière et le développement de l'entreprise qui en fait l'objet; que, dès lors, ce payement peut être demandé par l'associé au gérant d'une Société qui, quoique ayant subi des pertes, n'en est pas moins *in bonis* et a été expressément maintenue dans son plein exercice par l'assemblée générale des actionnaires en vertu des pouvoirs qui lui appartenaient; — D'où il suit que les intérêts de l'apport social échus au moment où a été dressé l'inventaire du 15 août 1876 étaient dus aux demandeurs en cassation et devaient être portés audit inventaire en accroissement du passif; qu'en refusant d'ordonner en ce point la rectification de cet acte, la Cour d'appel d'Amiens a donc méconnu la validité de l'art. 7 du pacte social et violé l'art. 1134, C. civ.; — Casse, mais seulement en ce qui concerne le chef de la demande relatif aux intérêts des parts sociales, etc.

MM. Mercier, 1er prés.; Greffier, rapp.; Charrins, 1er av. gén. (concl. conf.); Demasure et Chambareaud, av.

CASS.-CRIM. 17 mars 1881.

ATTENTAT AUX MOEURS, MINEURE DE PLUS DE TREIZE ANS, ASCENDANT, BEAU-PÈRE.

L'art. 331, § 2, C. pén., qui punit de la réclusion l'attentat à la pudeur commis par tout ascendant sur la personne d'un mineur, même de plus de treize ans, mais non émancipé par le mariage, ne s'applique pas aux ascendants par alliance, spécialement au beau-père qui attente sans violence à la pudeur de la fille issue du premier mariage de sa femme (1) (C. pén., 331, § 2).

(Marchais). — ARRÊT.

LA COUR : — Sur le moyen proposé d'office et pris d'une fausse interprétation de l'art. 331, § 2, C. pén. : — Attendu que le demandeur Jean Marchais a été condamné, par l'arrêt attaqué, comme coupable « d'attentats à la pudeur consommés ou tentés sans violence sur la personne de Malvina Fréchet, alors mineure non émancipée par le mariage, et dont il était l'ascendant, comme ayant épousé la mère de cette jeune fille » ; — Attendu que le § 2, ajouté à l'art. 331 par la loi du 13 mai 1863, punit de la réclusion « l'attentat à la pudeur commis par tout ascendant sur la personne d'un mineur, même âgé de plus de treize ans, mais non émancipé par le mariage » ; que cette disposition, applicable à tous les ascendants d'un mineur, c'est-à-dire au père, à la mère, aux aïeuls et aïeules, ne saurait être étendue, à défaut d'un texte formel, aux ascendants par alliance; que, d'ailleurs, dans la langue du droit, l'expression *ascendant* implique toujours un rapport entre parents et ne s'emploie jamais pour caractériser un rapport entre alliés; — Attendu, en conséquence, que le demandeur ne pouvait pas être considéré légalement comme étant, au sens de l'art. 331, § 2, C. pén., l'ascendant de Malvina Fréchet, fille issue du premier mariage de sa femme; — D'où il suit que le fait reconnu constant par le jury ne constituant pas une infraction punissable, la Cour d'assises devait, aux termes de l'art. 364, C. instr. crim., déclarer l'accusé absous; qu'en ne procédant pas ainsi, et en prononçant une condamnation contre Marchais, elle a faussement interprété et appliqué le § 2 de l'art. 331, C. pén.; — Par ces motifs : — Casse l'arrêt rendu par la Cour d'assises de la Charente-Inférieure le 23 févr. 1881.

MM. de Carnières, prés.; De Larouverade, rapp.; Chevrier, av. gén. (concl. conf.).

CASS.-CRIM. 2 avril 1881.

CHASSE, BAIL, RÉCOLTES, PASSAGE, CONTRAVENTION.

Les art. 471, n. 13, et 475, n. 9, C. pén., visant uniquement le propriétaire qui a tout à la fois la propriété du sol et celle de la récolte, il en résulte que le propriétaire d'un bien rural, qui en a affermé l'exploitation, sans se réserver le droit de passage sur les terrains ensemencés ou chargés de récoltes, ne peut transmettre pareil droit à celui auquel il loue ultérieurement sa chasse (2) (C. pén., 471, n. 13, et 475, n. 9).

En conséquence, si le locataire de la chasse passe sur ces terrains, il commet la contravention prévue et réprimée par lesdits articles, et ce alors même que son bail porterait « qu'il a, pour l'exercice de son droit de chasse, tous les droits que la loi accorde aux propriétaires, sauf à indemniser les fermiers des dommages qu'il pourrait occasionner aux récoltes en les traversant » (3) (Id.).

(1) C'est ce qui avait été jugé avant la modification de la loi du 13 mai 1863, sous l'empire de la loi du 28 avril 1832, alors que la qualité d'ascendant était déjà considérée par l'art. 333, C. pén., comme une circonstance aggravante des crimes de viol et d'attentat à la pudeur. V. Cass., 10 août 1839 (Pand. chr.), et le renvoi. V. aussi, Cass., 3 août 1848 (D. 48. 5. 87); 11 janv. 1850 et 17 janv. 1850 (D. 50. 5. 117). — Il est d'ailleurs certain que le législateur, lorsqu'il a voulu faire aux alliés la même situation qu'aux parents, s'en est toujours formellement expliqué. V. notamment, C. civ., 161, 162, 206; C. proc. civ., 131; C. pén., 380. — Toutefois, l'argumentation en sens contraire, en vue de l'assimilation des alliés de même degré aux ascendants, si elle est moins juridique, paraît mieux satisfaire les principes d'une moralité supérieure. A cet égard, l'arrêt de la Cour de Poitiers, chambre d'accusation, rendu dans la même affaire, à la date du 5 févr. 1881 (Pand. chr.), et qui avait renvoyé l'accusé devant la Cour d'assises de la Charente-Inférieure, reste un document utile à consulter. V. nos observations jointes à cet arrêt.

(2-3) En édictant les art. 471, n. 13, et 475, n. 9, C. pén., le législateur n'a eu qu'un but, mettre les terrains, préparés ou ensemencés, et chargés de récoltes, à l'abri du dommage résultant du fait d'y passer. L'interdiction de passage ne pouvait être générale et absolue. Tout d'abord, il fallait la lever au regard de ceux à qui la récolte doit revenir, comme l'usufruitier, le fermier, et qui peuvent user et abuser de leur chose. Il fallait aussi créer la même immunité en faveur des personnes ayant un droit de passage à titre de servitude, d'enclave ou autrement, enfin, cette immunité avait la même raison d'être pour les agents et préposés des ayants droit ci-dessus. C'est ce que le législateur a fait.

Mais, au regard du propriétaire du sol, ayant affermé son terrain sans se réserver expressément le droit d'y passer, pareille immunité n'était pas nécessaire : aussi, comme le porte notre arrêt, si le propriétaire est visé par les art. 471 et 475, c'est uniquement pour le cas où il a conservé à la fois la propriété du terrain et celle de la récolte. Le législateur aurait pu, même pour ce cas, ne pas le désigner nommément, car, dès lors qu'il aurait cultivé pour lui, il eût été le propre usufruitier de sa terre, et cette qualité lui aurait permis de passer sur ses récoltes.

Ce principe dégagé, la solution s'imposait. En affermant son terrain sans réserve, le propriétaire avait aliéné son droit de passage; il n'avait donc pu transmettre ce droit à celui auquel il avait ultérieurement loué sa chasse, et ce locataire, qui ne pouvait avoir plus de droits que lui, avait contrevenu à la loi pénale en traversant un terrain chargé de sa récolte. Sur ce point, les auteurs et la jurisprudence sont d'accord. V. Cass., 4 juill. 1845 (S. 45. 1. 774. — P. 45. 2. 297. — D. 45. 1. 351); 6 juill. 1876 (D. 77. 1. 141; journal *le Droit*, n. 7 juill.); Trib. corr. Pontoise, 22 nov. 1880 (*Gaz. des trib.*, 1er janv. 1881; journ. *le Droit*, 12 janv. 1881); Dalloz, *Jurispr. gén.*, vº *Chasse*, n. 260; Chauveau et Faustin Hélie, *Théorie du Code pénal*, t. VI, n. 2792; Blanche, *Etudes pratiques sur le Code pénal*, t. VII, n. 205; Jullemier, *Des procès de chasse*, p. 116; Giraudeau, Lelièvre et Soudée, *la Chasse*, 2e édit., n. 779, 780.

Le locataire de la chasse aurait pu, comme d'autres l'avaient fait, notamment dans l'espèce de l'arrêt précité du 6 juill. 1876, tenter de soutenir que le droit de chasse emporte nécessairement

(Pillon de Saint-Philibert et Plaisant).

LA COUR : — Sur le moyen unique, tiré d'une prétendue violation de l'art. 475, n. 9, C. pén., en ce que le juge de police aurait condamné les demandeurs à l'amende, pour avoir passé sur un terrain couvert de récoltes, alors que le passage avait eu lieu en vertu d'un bail de chasse consenti par le propriétaire du terrain ; — Attendu qu'il résulte du jugement attaqué que, le 16 oct. dernier, le sieur de Pillon de Saint-Philibert et le sieur Plaisant, son garde particulier, ont traversé un champ couvert de betteraves, ledit champ dépendant d'un domaine appartenant aux hospices de Douai et affermé, depuis le 23 nov. 1875, au sieur Couppé; — Attendu que, sur la poursuite dirigée contre eux par le ministère public, pour contravention à l'art. 475, n. 9, C. pén., le sieur de Saint-Philibert, locataire du droit de chasse sur le domaine précité, aux termes d'un bail du 18 juin 1877, a excipé de ce qu'il avait pu, en cette qualité, sans commettre aucune infraction pénale et à la seule condition de réparer le dommage causé, traverser, en action de chasse, les terres affermées, même celles qui n'étaient pas encore dépouillées de leurs fruits, qu'il a invoqué, en outre, à l'appui de sa prétention, une clause formelle de son bail lui donnant, pour l'exercice de la chasse, tous les droits que la loi accorde aux propriétaires, sauf à indemniser les fermiers des dommages qu'il pourrait occasionner aux récoltes, en les traversant; — Attendu que, si le propriétaire d'un bien rural, en donnant à bail le droit de chasse, peut concéder au preneur le droit de traverser, en chassant, les terres ensemencées ou chargées de fruits, c'est évidemment à la condition qu'il aura lui-même conservé le droit de passage sur ces terres; — Attendu que les hospices de Douai, en affermant l'exploitation de leur propriété au sieur Couppé, le 23 nov. 1875, ont par cela même, et à défaut de stipulation contraire, aliéné, à partir de cette date, le droit de passage sur les terrains ensemencés ou chargés de récoltes; qu'ils n'ont pu, dès lors, en affermant plus tard le droit de chasse au sieur de Saint-Philibert, transmettre un droit de passage qui ne leur appartenait plus; — Attendu, en conséquence, que le sieur de Saint-Philibert et son auxiliaire de chasse, le sieur Plaisant, ne pouvaient pas invoquer en leur faveur l'immunité accordée au propriétaire par les art. 471, n. 13, et 475, n. 9, C. pén., ces articles visant uniquement le propriétaire qui a conservé à la fois la propriété du terrain et celle de la récolte; qu'il y a donc lieu de reconnaître que le juge de police, en condamnant les demandeurs à l'amende, a fait une juste et saine application de l'art. 475, n. 9, précité; — Rejette, etc.

MM. de Carnières, prés. ; de Larouverade, rapp. ; Chevrier, av. gén. ; Sabatier, av.

CASS.-CIV. **4 avril 1881.**

1°-3° ETRANGER, STATUT MATRIMONIAL, IMMEUBLE SIS EN FRANCE, FEMME AMÉRICAINE, CONVENTION CONSULAIRE DE 1853, DOUAIRE, RÉSERVE, PARTAGE, COMPÉTENCE. — 2° USUFRUIT, HÉRITIER A RÉSERVE, CAUTION (DISPENSE DE), POUVOIR DU JUGE.

1° *En soumettant à la loi française les immeubles situés en France, même ceux appartenant à des étrangers, l'art. 3, C. civ., embrasse, par la généralité de sa disposition, tous les droits de propriété et autres droits réels qui sont réclamés sur ces immeubles* (1). — *En conséquence, une femme étrangère ne peut prétendre à la propriété de tels biens, qui lui auraient été légués par son mari, à la charge de les conserver et remettre à ses enfants ; il y a là une substitution prohibée* (2) (C. civ., 3, 896). — Résol. par le jugement.

Elle ne saurait non plus avoir droit à la propriété de la moitié des immeubles acquis en France par son mari, au cours du mariage, par le motif que, s'étant mariée sans contrat, elle devrait être considérée en France comme étant mariée sous le régime de la communauté, alors que ce régime n'est pas celui qui, à défaut de contrat, est imposé par la loi du pays où elle a contracté mariage (3) (C. civ., 3, 1393). — Résol. par le jugement et par l'arrêt d'appel.

---

celui de passage, et invoquer, à l'appui de cette prétention, la partie de l'art. 11, L. 3 mai 1844, qui porte que « ceux qui auront « chassé sur le terrain d'autrui, sans le consentement du proprié- « taire, seront punis d'une amende de... et que l'amende pourra « être portée au double, si le délit a été commis sur des terres « non dépouillées de leurs récoltes ».

Ce moyen aurait sans doute été écarté par les considérations suivantes : Ce que le législateur punit par le n. 2 de l'art. 11, c'est le fait de chasse sur le terrain d'autrui sans le consentement du propriétaire, et comme ce fait peut se produire lorsque le terrain est encore chargé de sa récolte, il y a vu une circonstance aggravante du délit par lui visé. Alors, dans ce cas, le fait du passage est inséparable du fait de chasse. Mais, si le fait de chasse est licite, en sera-t-il ainsi du passage? N'y a-t-il pas là deux faits complètement distincts et indépendants l'un de l'autre? Est-ce que le fermier, qui chasse sans autorisation sur les terres à lui affermées, ne commet pas un délit de chasse? et pourtant, il a toute latitude de passage. Pourquoi le propriétaire, bien qu'il ait le droit de chasse, ne commettrait-il pas une contravention en traversant les récoltes de son fermier? Pour nous, il y a deux faits bien distincts, correspondant, dès lors, à deux droits de nature différente; de telle façon que, si l'un de ces droits fait défaut, l'auteur du double fait est passible de la peine attachée à celui qu'il n'avait pas le droit de commettre. »

Comme le dit si bien Blanche, *loc. cit.* « Le passage sur les terrains préparés ou ensemencés n'est pas plus permis en fait et en temps de chasse qu'en tout autre temps et pour tout autre fait. Pour qu'il ne constitue pas une contravention, il faut qu'il ait été autorisé, pour le chasseur comme pour tout autre, par celui qui exploite la terre. »

La Cour de cassation a formellement distingué le fait de passage du fait de chasse par son arrêt du 31 mars 1831 (D., *Jurispr. gén.*, v° *Contraventions de police*, n. 229 note 5).

Il est vrai que, dans son arrêt du 24 avril 1852 (S. 52. 1. 681. — P. 53. 1. 128. — D. 52. 5. 195), elle a repoussé cette distinction. Ne s'est-elle pas écartée de la saine doctrine? Le prévenu avait l'autorisation de chasser, mais il n'avait pas celle de passer sur les terres chargées de récoltes. Peu importait que le propriétaire, qui lui avait permis de chasser, eût conservé tout à la fois la propriété du sol et celle de la récolte. S'il n'y avait pas délit de chasse, il y avait contravention pour le fait de passage, et le juge de paix était compétent pour statuer sur la contravention. Du reste, la Cour suprême semble avoir reconnu son erreur, car, par son arrêt précité, du 6 juillet 1876, elle proclame formellement la thèse que nous avons soutenue et qu'elle avait elle-même consacrée par ses arrêts précités de 1831 et de 1845.

(1-2) Pas de doute sur ces points. Lors du second exposé qu'il a fait des motifs de la loi, Portalis a dit : « Au citoyen, la propriété; au souverain, l'empire. Aucune portion du territoire ne peut être soustraite à l'administretion du souverain, comme aucune personne habitant le territoire ne peut être soustraite à sa surveillance, ni à son autorité. La souveraineté est indivisible; elle cesserait de l'être, si les portions d'un même territoire pouvaient être régies par des lois qui n'émaneraient pas du même souverain. Il est donc de l'essence même des choses que les immeubles, dont l'ensemble forme le territoire public d'un peuple, soient exclusivement régis par les lois de ce peuple, quoique une partie de ces immeubles puisse être possédée par des étrangers. » Locré, *Législ.*, t. I, p. 581, n. 14 et 15.

Citons aussi ces quelques lignes d'Aubry et Rau, t. I, § 31, p. 9? et suiv., note 45 : « Le territoire formant en quelque sorte la base matérielle de l'Etat, dont l'existence se trouve ainsi liée au sort des immeubles qui composent ce territoire, aucune législation n'a pu consentir à soumettre les immeubles situés dans son pays à l'empire d'une loi étrangère; aussi la règle que les immeubles sont régis par la loi de leur situation est-elle suivie dans tous les Etats policés. »

V. au surplus sur le premier point, Cass., 14 mars 1837 (Pand. chr.), — et sur le second point, Aubry et Rau, *loc. cit.*, p. 33, 100, qui prévoient le cas où les lois de l'étranger lui permettraient de disposer de ses biens par voie de substitution.

(3) Solution également certaine. Le régime de la communauté

Elle exciperait, en vain, étant femme américaine, de la convention consulaire passée entre la France et les Etats-Unis les 23 févr.-11 sept. 1853, ladite convention n'ayant pas entendu créer, au profit des sujets américains, pour le règlement de leurs intérêts matrimoniaux en France, une situation autre que celle résultant de la législation sous l'empire de laquelle ils se sont mariés (1) (C. civ., 3; Conv. consul. 23 févr.-11 sept. 1853, art. 7). — Ibid.

Enfin, se trouvant en présence d'enfants communs, elle ne peut exercer, sur ces immeubles, le douaire qu'elle tient de la loi ou d'une disposition testamentaire de son mari, que dans les limites de la quotité disponible fixée par l'art. 1094, C. civ.; ce douaire n'étant pas reconnu en France, son exercice ne saurait porter atteinte aux principes d'ordre public qui, dans notre Code, protègent les droits des héritiers réservataires (2) (C. civ., 3, 1094).

2° *En matière d'usufruit testamentaire, les juges du fond apprécient souverainement, d'après les clauses de l'acte, si le testateur a, ou non, dispensé l'usufruitier de fournir caution* (3) (C. civ., 601).

3° *La succession de l'étranger, quoique décédé en France, s'il n'y avait pas son domicile, s'ouvre dans son pays d'origine, et l'art. 3, C. civ., ne disposant que pour les immeubles, il y a lieu d'en conclure que, si les tribunaux français ont compétence pour ordonner le partage des immeubles situés en France, les juges du domicile de l'étranger sont seuls com-*

---

légale établi par notre Code civil est fait pour nos nationaux, et non pour les étrangers, alors surtout qu'ils se sont mariés à l'étranger. V. en ce sens, Cass., 27 déc. 1836 (S. 37. 1. 437. — P. chr. — D. 37. 1. 93). Les étrangers ne pourraient s'en prévaloir que s'ils s'étaient mariés en France, sans contrat, et avec l'intention d'y fixer leur domicile matrimonial. V. Cass., 4 mars 1857 (Pand. chr.); Bordeaux, 24 mai 1876 (S. 77. 2. 109. — P. 77. 471); Aix, 12 mars 1878 (Pand. chr.), et la note.

(1) L'art. 7 de la convention consulaire invoquée se borne à reconnaître aux citoyens des Etats-Unis le droit de jouir en France, en matière de propriété mobilière, immobilière et de succession, du traitement dont jouissent en France, en pareille matière, les citoyens Français. Il n'y a pas là substitution du statut matrimonial français au statut matrimonial américain.

(2) Ce point est plus délicat. Il a bien été jugé, par application de l'art. 3, C. civ., conformément à la doctrine la plus accréditée, que nos lois régissent seules, quant aux immeubles situés en France, les dispositions testamentaires d'un étranger. — V. notamment l'arrêt précité de Cass., 4 mars 1857, et l'arrêt de la même cour, du 19 avril 1841 (D., v° *Lois*, n. 417, note 1).

Mais, selon nous, telle n'est pas la question qui nous occupe. A proprement parler, il ne s'agit pas de l'exécution d'une disposition testamentaire, car, si le mari a fait un testament en faveur de sa femme, la loi américaine porte qu'une fois accepté par la femme, ce testament constitue son véritable statut matrimonial. La difficulté est donc de savoir si ce statut, qui nous semble personnel, doit suivre la femme dans tous les pays, notamment en France, où son mari possédait des immeubles.

A notre connaissance, c'est la première fois que la jurisprudence était appelée à résoudre cette question. Telle que nous l'avons posée, elle est controversée. Il en devait être ainsi : en effet, si l'art. 3, C. civ., dispose que « les lois concernant l'état et « la capacité des personnes régissent les Français, même résidant « en pays étranger », il ne s'explique nullement, quant à ce, pour les étrangers résidant en France.

D'après un premier système, les étrangers, en France, sont toujours soumis à leur loi personnelle. Ils doivent, par réciprocité, être traités comme les Français en pays étranger. C'est logique, équitable, politique et conforme au droit des gens. *Sic*, Fœlix, *Tr. de dr. internat.*, p. 55 et 117; Duranton, t. I, p. 57.

Un second système enseigne, au contraire, que les étrangers doivent toujours être soumis à notre législation. Nous ne connaissons pas leurs lois; en tout cas, elles ne sont pas obligatoires en France, et le projet de notre Code portait « que l'étranger serait soumis à la loi française pour les biens qu'il possède en France ».

En l'absence de texte précis, ne serait-il pas plus conforme à l'esprit de notre Code de dire qu'en principe, l'étranger est suivi en France par son statut personnel, mais que si la loi de son pays est contraire à nos lois d'ordre public, c'est notre législation qui devra prévaloir? — V. Demolombe, t. I, n. 98, qui propose ce système mixte, même pour le cas où la loi étrangère compromettrait seulement l'intérêt privé d'un Français.

Cela posé, examinons les décisions intervenues :

Le tribunal a jugé que le douaire *légal* était seulement du tiers, que pour le surplus légué par testament, il y avait libéralité, que, dès lors, la veuve commencerait par faire, sur l'immeuble, un prélèvement du tiers, et que la différence entre la moitié et le tiers serait régie par l'art. 1094, C. civ.

Mais la législation, sous l'empire de laquelle le mariage avait été contracté, porte que le douaire, même modifié par un testament que la femme accepte, constitue le véritable statut matrimonial de cette dernière!

Il nous semble, dès lors, que, si le tribunal eût été logique, il aurait dû ordonner l'exécution du douaire *in integrum*, c'est-à-dire pour la moitié; c'eût été l'application du système enseignant que le statut matrimonial suit l'étranger en France.

La Cour d'appel, tout en déclarant inutile de rechercher le caractère ou les effets du douaire américain, constate néanmoins « qu'il ne constitue pas un droit de propriété, qu'il ne peut être assimilé à notre régime de communauté, qu'il n'a pas cours en France, et que, finalement, c'est un simple avantage qui, quels qu'en soient les motifs ou la forme, doit subir la règle d'ordre public établie par l'art. 1094 ».

La Cour a-t-elle voulu dire que, pour les immeubles situés en France, la veuve devait être soumise à nos lois, ou que la législation de son pays ne saurait lui être appliquée par le motif que nos lois d'ordre public en seraient compromises? Nous croyons rencontrer, dans son arrêt, ces deux ordres de considérations; en tout cas, elle condamne la distinction établie par le jugement entre le douaire *légal* du tiers et celui de moitié, par suite de l'augmentation que le mari en a faite par son testament.

Il nous semble aussi que l'arrêt de la Cour de cassation invoque également ces deux ordres de considérations; il se termine, d'ailleurs, par le motif de notre troisième système, que « l'application du statut matrimonial de la femme aurait pour résultat de porter atteinte aux principes d'ordre public qui, dans le Code civil, protègent les droits des héritiers réservataires ».

En résumé, nous estimons qu'avec l'art. 3 de notre Code civil, on ne pouvait, ni ne devait, arriver à une autre solution.

Nous nous sommes demandé ce que la Cour d'appel aurait décidé, si elle eût reconnu que le douaire américain constituait un véritable droit de propriété. Avec la thèse de Demolombe, cette circonstance aurait été sans importance, puisque nos lois sur la réserve, qui sont d'ordre public, auraient été violées par l'application du statut américain. Peut-être n'est-il pas inutile, pour approfondir la question du statut matrimonial, de rechercher la solution qui devrait intervenir dans les cas suivants.

Restons dans la législation américaine. Supposons que le douaire légal ne puisse être modifié et qu'il porte, non pas sur tous les biens du mari, mais seulement sur les bénéfices et économies réalisés pendant le mariage, et que ces bénéfices aient servi à l'acquisition d'immeubles situés en France. Nous pensons qu'en principe, ce douaire, fût-il de la moitié, des trois quarts, même de la totalité, devrait être exécuté en France : ce serait là un régime autorisé par l'art. 1520 de notre Code civil. Mais, si le mari, laissant des enfants, et maître absolu de sa fortune, avait disposé de tout en faveur d'étrangers, la veuve ne pourrait se prévaloir de son douaire sur les immeubles français que dans les limites de l'art. 1094.

En serait-il encore ainsi dans le cas où les dispositions testamentaires du mari porteraient seulement une atteinte plus ou moins grave à notre réserve légale en faveur des enfants? N'y aurait-il pas des distinctions à faire suivant la gravité de cette atteinte, et la veuve ne pourrait-elle pas arriver ainsi à avoir une part qui excéderait celle fixée par l'art. 1094?

L'examen de ces questions nous entraînerait trop loin. Ce que nous avons voulu bien mettre en relief, c'est que, dans le système mixte proposé par Demolombe, et dont le principe nous paraît avoir été consacré par nos arrêts, surtout par celui de la Cour suprême, c'est que les magistrats Français, si le statut matrimonial de l'étranger doit le suivre en France, ne peuvent lui faire produire effet, sur des immeubles sis en France, que dans les limites qui assureront le respect de nos lois sur la réserve.

(3) La Cour d'appel semble exiger une dispense *formelle* de caution. La Cour suprême lui répond que cette dispense n'a pas besoin d'être expresse, qu'elle peut résulter de l'interprétation du testament; ce qu'elle avait déjà jugé le 10 janv. 1859 (S. 59. 1. 225. — P. 59. 364. — D. 59. 1. 71). V. aussi en ce sens, Rennes, 12 janv. 1864 (S. 64. 2. 181. — P. 64. 810).

D'après la Cour d'appel encore, la présence d'héritiers à réserve serait un obstacle à la validité de la dispense de caution. Ce point est controversé. Mais la Cour de cassation a décidé le contraire par arrêt du 5 juill. 1876 (Pand. chr.).

pétents pour connaître de l'action en partage du mobilier, quel que soit le lieu où les meubles sont situés (1) (C. civ., 3, 110 ; C. proc., 59). — Résol. par le jugement.

(Lesieur c. Mauchien).

Le 24 août 1877, le tribunal civil de la Seine a rendu un jugement dont nous extrayons les dispositions qui suivent : — « LE TRIBUNAL : — Sur les valeurs à comprendre dans le partage : — Attendu que Higonnet et consorts prétendent que les opérations doivent porter non-seulement sur l'immeuble sis à Paris, mais encore sur tous les biens meubles dépendant de la succession du *de cujus*, en quelque lieu qu'ils soient situés, par le motif que ce serait en France que Lesieur père aurait fixé son domicile et établi le siége de ses affaires ; — Mais attendu qu'en admettant que l'étranger puisse, sans avoir obtenu l'autorisation prévue par l'art. 13, C. civ., acquérir en France un domicile ayant pour conséquence juridique de déterminer le lieu de l'ouverture de sa succession, il n'en saurait être ainsi qu'autant que les faits invoqués comme preuve de ce domicile ne laisseraient aucun doute sur l'intention qu'aurait eue le *de cujus* de se fixer en France ; — Attendu que telle n'est pas la situation dans la cause; qu'il résulte des documents du procès que Lesieur ne peut pas être considéré comme ayant transféré en France le siége de ses affaires; qu'en effet, il était originaire de Norfolk (Virginie), où il s'était marié en 1830; qu'il possédait des immeubles aux États-Unis et y faisait des voyages et des séjours; qu'il prenait, lorsqu'il était à Paris, la qualité de citoyen américain; qu'enfin, c'est à New-York que, le 19 avril 1875, il a fait son testament, et que ce sont des personnes de cette ville qu'il désigne, à défaut de sa femme, pour ses exécuteurs testamentaires; — Attendu que, dans ces circonstances, la résidence plus ou moins prolongée du *de cujus* en France, l'achat par lui fait en 1853 d'une maison à Paris, ne sauraient suffire pour qu'il dût être considéré comme ayant établi son domicile en France; qu'il a, en conséquence, conservé son domicile aux États-Unis et que c'est là que sa succession est ouverte; — Attendu que l'art. 3, C. civ., ne disposant que pour les immeubles, indique par cela même que les meubles laissés par l'étranger sont régis, quelle que soit leur situation, par la loi du pays auquel appartient ce dernier; qu'aux termes de l'art. 110, C. civ., le lieu de l'ouverture de la succession est déterminé par le domicile du défunt, et que, suivant l'art. 59, C. proc. civ., le tribunal compétent pour connaître d'une demande en partage est celui du lieu où la succession s'est ouverte; qu'il ressort de ces textes qu'à l'exception des immeubles situés en France, pour lesquels l'art. 3 a édicté une disposition spéciale, le partage de la succession de l'étranger est de la compétence exclusive de la juridiction du pays dont il est originaire et où il a conservé son domicile, peu importe qu'il s'agisse de meubles existant en France ou se trouvant à l'étranger;

« En ce qui concerne les droits de Mme veuve Lesieur sur l'immeuble de Paris : — Attendu que la veuve Lesieur invoque à ce sujet le testament du 19 avril 1875, dont elle demande l'exécution en ce qui touche ledit immeuble, mais que cet acte est argué de nullité par Higonnet et consorts, à raison tant de sa forme que des dispositions qu'il contient; — Attendu, au fond, que le *de cujus* laisse la seconde moitié de sa fortune à sa femme, à charge par elle de la remettre à ses enfants dans des conditions qu'il indique, et si cette disposition ne peut recevoir effet en France comme contenant une substitution prohibée par notre législation, cette nullité ne saurait réfléchir sur la partie du testament par laquelle le *de cujus* a légué purement et simplement la moitié de sa fortune à sa femme ; que ce legs devra, en conséquence, recevoir l'exécution sur l'immeuble de la manière qui sera ci-après déterminée ;

« Sur l'étendue des droits de la veuve Lesieur : — Attendu que celle-ci soutient en premier lieu que, s'étant mariée sans contrat, elle doit être considérée en France comme soumise au régime de la communauté légale, et qu'à ce titre elle a droit tout d'abord à la moitié de la maison à partager ; qu'elle invoque à cet égard l'art. 7 de la Convention consulaire conclue entre la France et les États-Unis les 23 févr.-11 sept. 1853 ; — Mais attendu que, si cet article reconnaît aux citoyens des États-Unis le droit de jouir en France, en matière mobilière, immobilière et de succession, du même traitement que les Français, on ne saurait induire de cette disposition, et en l'absence de termes exprès, que la Convention aurait entendu déroger au principe de l'immutabilité du régime matrimonial, et consacrer pour le règlement des intérêts de l'étranger en France, au point de vue de l'association conjugale, une situation différente de celle que lui donne la législation de son pays ; que, par conséquent, la veuve Lesieur, qui ne pourrait aux États-Unis, d'après le statut qui lui est propre, invoquer un droit de communauté, ne saurait en réclamer un en France ; — Attendu qu'elle soutient, en second lieu, qu'elle a droit dans tous les cas à la moitié de l'immeuble en vertu du testament de son mari, qui lui lègue la moitié de ses biens pour lui tenir lieu, dit le testateur, du droit de douaire, ou du tiers, ou de tout autre droit lui revenant sur ces biens; qu'elle prétend que, par cette clause, le *de cujus* n'a fait que réglementer son douaire, qui est, en principe, d'après la législation américaine, du tiers de la fortune du mari, mais que celui-ci a la faculté d'augmenter ; qu'il s'agirait ainsi de l'application de son statut matrimonial dont elle pourrait invoquer le bénéfice même sur l'immeuble situé en France, et abstraction faite des règles concernant la réserve ; — Attendu que les lois qui régissent l'association conjugale intéressant l'état et la capacité des époux forment par cela même des éléments de leur statut personnel ; que l'étranger peut, en conséquence, réclamer en France l'application de la loi de son pays en cette matière; qu'il ne saurait d'ailleurs être soumis à une autre législation que celle sous l'empire de laquelle il a contracté et dont il a entendu s'assurer le bénéfice ; que la nature de l'association conjugale répugne du reste à ce que le régime des époux varie d'un pays à un autre ; que la femme étrangère peut dès lors exercer sur les immeubles situés en France les droits que lui confère la loi de sa nation ; — Attendu, en conséquence, que la veuve Lesieur est fondée à réclamer sur l'immeuble dont s'agit le douaire que lui reconnaît la législation de l'État de Virginie et de New-York, et qui, d'après les documents produits, est en principe du tiers des biens du mari ; — — Attendu qu'elle doit être admise à exercer ce droit par droit de prélèvement, en ce sens que ce tiers sera déduit de la valeur de l'immeuble pour le calcul de la réserve et de la quotité disponible à l'égard des enfants ; — Attendu, en effet, que, d'après la législation des États désignés, le douaire ne constitue pas une libéralité, que la femme le tient de la loi et non pas du mari, qui ne peut en aucune manière y porter atteinte ; qu'il est de l'essence même du

(1) Jurisprudence constante. V. Colmar, 12 août 1817; Cass., 14 mars 1837, précité, et 22 mars 1865 (S. 65. 1. 175. —P. 65. 405. — D. 65. 1. 127); Lyon, 21 juin 1871 (S. 72. 2. 201. — P. 72. 900); Pau, 17 janv. 1872 (S. 72. 2. 233. — P. 72. 736. — D. 75. 2. 193); Cass., 7 juill. 1874 (S. 75. 19. — P. 75. 28. — D. 75. 1. 271); Bordeaux, 19 août 1879 (S. 80. 2. 247. — P. 80. 964).

régime matrimonial, qu'il n'est d'ailleurs que la compensation de la situation faite à la femme américaine, qui ne participe en rien aux acquisitions de son mari; qu'au point de vue de l'application des règles de la réserve, il y a lieu de l'assimiler aux conventions de mariage prévues notamment par les art. 1496 et 1527, C. civ., conventions qui, encore bien qu'elles procurent un avantage à l'époux, ne sont pas considérées comme des libéralités soumises à la réduction, au moins lorsqu'il n'existe pas d'enfant d'un premier mariage;

« Mais attendu que, pour tout ce qui excède le tiers formant le douaire légal, la veuve Lesieur le tient effectivement de la libéralité de son mari; que cette fraction, représentée par la différence du tiers à la moitié, doit dès lors être considérée comme un avantage et comprise dans la quotité disponible: — Attendu que les règles relatives à la réserve, ayant avant tout pour but d'assurer en France la transmission des immeubles dans des conditions qui touchent essentiellement à l'ordre public, sont du statut réel; qu'en conséquence, par application de l'art. 3, C. civ., la quotité disponible au regard de la veuve Lesieur doit être fixée conformément à l'art. 1094, C. civ., c'est-à-dire à un quart en toute propriété et un quart en usufruit; qu'il résulte de ce qui précède que la demanderesse a droit de prélever 1/3 de l'immeuble ou de sa valeur à titre de douaire, et que sur les 2/3 restants ses droits ne peuvent excéder la quotité fixée par l'art. 1094, C. civ... »

Sur l'appel, la Cour de Paris a, le 6 mars 1879, rendu l'arrêt suivant: — « LA COUR: — Considérant que les époux Lesieur, sujets américains, se sont mariés sans contrat sous le régime des lois de l'Etat de Virginie, qui reconnaissent à la femme un douaire du tiers et autorisent le mari à l'augmenter sans limite par contrat entre-vifs ou par testament; — Considérant que John Lesieur a donné par testament à sa femme : 1° la moitié de sa fortune à titre de douaire; 2° la possession de l'autre moitié par fidéicommis, et 3° enfin la jouissance d'un appartement habité par les époux dans la maison qui lui appartenait à Paris; — Considérant que, prétendant pouvoir se fonder sur la loi qui régit ses conventions matrimoniales, la veuve Lesieur demande à être reconnue personnellement propriétaire de la moitié de la maison dont il s'agit, sauf à souffrir sur l'autre moitié la réduction motivée par la réserve à laquelle ses enfants ont droit en France; — Considérant que l'art. 3, ch. 110, du Code de l'Etat de Virginie, en accordant en douaire à la veuve le tiers des immeubles, lui accorde, pour se faire payer, un droit de suite, et une créance qui ne constitue pas un droit de propriété; que cette loi ne peut en aucune manière être assimilée au régime de la communauté admis en France, mais inconnu dans l'Etat de Virginie; — Considérant que les premiers juges, tout en déclarant vouloir observer la loi des Etats-Unis, sous l'empire de laquelle les époux Lesieur étaient mariés, ont déclaré la veuve propriétaire du tiers de l'immeuble à titre de douaire légal, mais lui ont refusé l'augment de douaire qui lui était donné par son mari, quoique cet augment soit autorisé par la loi américaine et tout aussi obligatoire que le douaire légal lui-même; — Considérant que cette décision établirait ainsi sur la loi étrangère des distinctions et des solutions qui ne sont pas justifiées par les textes; que rien n'autorise à considérer le douaire légal comme une propriété, l'augment comme une libéralité réductible; que le jugement ne peut être confirmé sur ce point; — Considérant que, aux termes de l'art. 3, C. civ., les immeubles, même ceux possédés par des étrangers, étant régis par la loi française, la loi de l'Etat de Virginie n'a aucun pouvoir sur la maison sise à Paris; — Considérant que, le Code civil n'ayant pas admis le douaire, soit légal, soit conventionnel, il est inutile, dans le procès, d'en rechercher le caractère ou les effets; qu'il suffit de déclarer, que, le douaire n'ayant pas cours en France, la veuve Lesieur ne peut en réclamer l'exercice sur un immeuble sis à Paris; — Considérant que, sur ce point, le testament de John Lesieur tombe dans le statut réel; qu'autrefois, sous le régime des coutumes qui admettaient le douaire, on le décidait ainsi (Pothier, *Du douaire*, n. 18), et que l'art. 3 de notre Code civil oblige impérieusement à juger de même; — Considérant que la veuve Lesieur ne peut tenir ses droits sur l'immeuble situé en France qu'à titre d'avantage qui lui a été fait par son mari, et que cet avantage, quels qu'en soient les motifs ou la forme, doit subir la règle d'ordre public établie par l'art. 1094; — Considérant que cette décision n'est en rien contraire à la Convention consulaire des 23 févr.-11 sept. 1853, laquelle n'abroge pas au profit des citoyens américains, les art. 3 et 1094, C. civ.;

« Considérant que les termes du testament de John Lesieur ne dispensent pas formellement sa veuve de donner caution; que, s'agissant d'un héritier à réserve et de ses créanciers, la règle générale de l'art. 601, C. civ., doit être appliquée. »

Pourvoi en cassation par la dame veuve Lesieur. — 1er *Moyen*. Fausse application des art. 3 et 1094, C. civ., et violation des art. 3, 11, 1134 et 1138 du même Code.

2e *Moyen*. Violation de l'art. 601, C. civ.

ARRÊT (*après délib. en ch. du cons.*).

LA COUR : — Sur le premier moyen : — Attendu que l'art. 3, C. civ., conforme aux anciens principes, soumet les immeubles situés en France, même ceux possédés par des étrangers, à la loi française, et que sa disposition embrasse dans sa généralité tous les droits de propriété et autres droits réels qui sont réclamés sur les immeubles; — Attendu que le procès actuel a pour objet unique la fixation des droits respectifs des héritiers réservataires de John-Baptiste Lesieur et de sa veuve, tous américains, sur une maison sise à Paris, rue de la Chaussée d'Antin, n° 23, qui était la propriété dudit feu J. B. Lesieur; que ces droits, bien que les héritiers et la veuve soient étrangers, doivent donc être réglés suivant les dispositions de la loi française, et non d'après celles du Code de l'Etat de Virginie, sous lequel les époux Lesieur ont contracté mariage; — Attendu que, s'il est constant que les époux Lesieur, mariés sans contrat de mariage dans l'Etat de Virginie, doivent, suivant leur volonté présumée, être réputés avoir choisi les dispositions du Code de cet Etat comme règle de leur association conjugale, et si cette législation crée au profit de la femme un douaire d'un tiers qui peut être augmenté sans restriction par le mari, soit par contrat entre-vifs, soit par testament, la loi française n'admettant pas le douaire, la veuve Lesieur ne peut en réclamer l'exercice sur l'immeuble français à l'encontre des héritiers réservataires ou de leurs ayants cause; que les dispositions qu'elle invoque ne peuvent avoir d'effet qu'à titre de libéralité et dans la mesure de la quotité disponible fixée par l'art. 1094, C. civ.; — Attendu que l'application à l'immeuble litigieux, soit de la législation en vigueur dans l'Etat de Virginie, soit des dispositions testamentaires par lesquelles J. B. Lesieur a légué à sa femme la moitié de tous ses biens immobiliers ou mobiliers pour lui tenir lieu de douaire, aurait pour résultat, si elle s'opérait à titre de convention matrimoniale constitutive d'une dette du mari en faveur de sa femme, de porter atteinte aux principes d'ordre public qui, dans le Code civil, protègent les droits des héritiers réservataires; que l'arrêt attaqué, en prononçant la réduction des susdites dispositions, en vertu des art. 3 et 1094, C. civ., a donc fait de ces articles une juste application et n'a violé ni les dispositions de loi invoquées par le pourvoi, ni aucune autre disposition légale;

Sur le second moyen : — Attendu que les juges du fond ont, par interprétation des clauses du testament, décidé que la dame Lesicur n'a pas été dispensée de donner caution comme garantie de son usufruit; que cette appréciation ne tombe pas sous le contrôle de la Cour de cassation; — Rejette, etc.

MM. Mercier, 1er prés.; Baudouin, rapp.; Desjardins, av. gén. (concl. contr.); Brugnon et Mimerel, av.

CASS.-CIV. 4 avril 1881.

VALEURS MOBILIÈRES, RENTES SUR L'ÉTAT, ALIÉNATION, AUTORISATION DE JUSTICE, SUCCESSION BÉNÉFICIAIRE.

L'héritier bénéficiaire ne peut plus, sans autorisation de justice, aliéner les inscriptions de rentes sur l'Etat dépendant de la succession qu'il administre (1) (Avis Cons. d'Etat, 11 janv. 1808; L. 17 févr. 1880, art. 12).

Et cette prohibition est absolue et s'étend, depuis la loi du 27 févr. 1880, même aux inscriptions de rentes inférieures à 50 francs (2) (Id.).

(Aff. Darodes. — Intérêt de la loi). — ARRÊT.

LA COUR : — Statuant sur le pourvoi formé par le procureur général en la Cour, en vertu de l'art. 88 de la loi du 27 vent. an VIII, contre un jugement rendu sur requête et en chambre du conseil par le tribunal civil de la Seine, le 4 juin 1880 : — Vu ledit jugement; — Vu le réquisitoire ci-dessus mentionné, en date du 21 mars 1881 ; — Vu l'art. 12 de la loi du 27 févr. 1880 ; — Attendu que, d'après l'avis du Conseil d'Etat, approuvé le 11 janv. 1808 et inséré au *Bulletin des lois* sous le numéro 2946, il est interdit en principe à l'héritier bénéficiaire d'aliéner, sans y être autorisé par justice, toutes inscriptions de rentes sur l'Etat dépendant de la succession qu'il administre; que, toutefois, le même avis déclarait applicable aux héritiers bénéficiaires le tempérament apporté à la rigueur des principes par les art. 1 et 2 de la loi du 24 mars 1806, lesquels permettaient aux tuteurs des mineurs et interdits, ainsi qu'aux mineurs émancipés assistés de leurs curateurs, de transférer sans autorisation les inscriptions de rentes au-dessous de 50 francs; — Attendu que l'art. 12 de la loi du 27 févr. 1880 ayant abrogé la loi du 24 mars 1806, la distinction établie par cette loi entre les inscriptions de rentes au-dessus et au-dessous de 50 francs ne peut plus subsister, et qu'elle est d'ailleurs surabondamment écartée, en ce qui concerne les tuteurs des mineurs ou interdits, par l'art. 1er de la loi nouvelle qui les assujettit, en termes généraux et absolus, à n'aliéner aucune rente ou autre meuble incorporel appartenant à leur pupille, sans y être autorisés par le conseil de famille; — Attendu que l'abrogation ci-dessus rappelée ne permet pas davantage de maintenir la distinction dont il s'agit à l'égard des héritiers bénéficiaires; que, seul, le principe posé dans l'avis précité du Conseil d'Etat conserve son empire, et le conserve sans être limité dans son application par une restriction que la loi elle-même a effacée; — Attendu qu'en jugeant le contraire, et en disant n'y avoir lieu d'autoriser Darodes, ès qualités, à aliéner un titre de rente de 42 francs, parce que, d'après l'avis du Conseil d'Etat précité, cette autorisation n'était pas nécessaire, le tribunal de la Seine a faussement appliqué ledit avis et expressément violé l'art. 12 de la loi du 27 févr. 1880; — Casse et annule, dans l'intérêt de la loi, le jugement ci-dessus daté du tribunal civil de la Seine, etc.

MM. Mercier, prés.; Merville, rapp.; Bertauld, proc. gén.

CASS.-CIV. 18 mai 1881.

JUGEMENT OU ARRÊT, QUALITÉS, RÈGLEMENT, DATE (ABSENCE DE), NULLITÉ.

(Sanger et Veyrières c. de Touris et autres).

V. le texte de cet arrêt reproduit en sous-note *a* avec Cass. civ., 26 févr. 1878, *aff.* Chassain c. Peyrat (Pand. chr.).

CASS.-CIV. 24 mai 1881.

BREVET D'INVENTION, MOYENS NOUVEAUX, APPLICATION NOUVELLE, RÉSULTAT NOUVEAU, IMPORTANCE DE L'INVENTION, MÉCANISME, PERFECTIONNEMENT.

Est brevetable l'invention de moyens nouveaux ou l'application nouvelle de moyens connus pour l'obtention d'un résultat ou d'un produit industriel, encore bien que ce résultat ou ce produit ne soit pas nouveau (3), *et sans qu'il y ait à tenir compte de l'importance plus ou moins grande de la découverte* (4) (L. 5 juill. 1844, art. 2).

(1-2) Des avis du Conseil d'Etat, insérés au *Bulletin des lois*, avaient étendu aux curateurs des successions vacantes et aux héritiers bénéficiaires les dispositions de la loi du 24 mars 1806. De l'abrogation totale de cette loi par celle du 7 févr. 1880, M. le directeur de la Dette inscrite crut devoir conclure à l'abrogation partielle des avis du Conseil d'Etat, et par suite à la nécessité, pour les curateurs et héritiers bénéficiaires, de se pourvoir, *dans tous les cas*, d'une autorisation de la justice, lorsqu'ils voudraient transférer des rentes dépendant de la succession dont l'administration leur était confiée, et il donna à ses agents des instructions dans ce sens (10 mars 1880).

Le tribunal de la Seine pensa, au contraire, que la loi du 24 mars 1806 n'avait été abrogée que *par rapport aux mineurs*, que cette abrogation, purement relative, restait donc sans influence sur l'avis du Conseil d'Etat du 11 janv. 1808, et qu'on devrait continuer de l'appliquer *tout entier* aux héritiers bénéficiaires.

C'est cette question que l'arrêt ci-dessus rapporté de la Cour de cassation a tranchée contre le sentiment adopté par le tribunal de la Seine.

Les pouvoirs du Conseil d'Etat, soit en 1807, soit en 1808, n'étaient que des pouvoirs d'interprétation souveraine des lois existantes (Règl. 5 niv. an VIII, art. 11; MM. Aubry et Rau, t. I, p. 16, § 5); il n'avait donc pu étendre aux administrateurs comptables, autres que les tuteurs, les dispositions bienveillantes de la loi de 1806, si ce n'est par voie d'analogie et d'application extensive. Dès lors, l'abrogation de cette loi par celle de 1880 a ôté à l'avis du Conseil d'Etat de 1808 la base même sur laquelle il s'appuyait pour autoriser une dérogation au principe qui lui servait de point de départ. Car, il ne faut pas l'oublier, ce principe consiste, par interprétation souveraine de l'art. 805, C. civ., à proclamer que l'héritier bénéficiaire ne peut vendre, sans autorisation, aucun objet dépendant de la succession qu'il administre; et c'est seulement par une exception toute de faveur, et uniquement fondée sur la loi de 1806, que le Conseil d'Etat a pu décider que cet héritier pouvait néanmoins aliéner, sans se faire préalablement autoriser, les inscriptions de rente sur l'Etat ne dépassant pas 50 francs.

Comp. un autre arrêt rendu par la même chambre civile, à la date du 13 août 1883, *aff.* Reveil (Pand. chr.), et les conclusions de M. l'av. gén. Desjardins reproduites au cours de l'article.

(3) Le défaut de nouveauté du résultat ou du produit industriel obtenu n'empêche pas l'invention de moyens nouveaux, ou l'application nouvelle de moyens connus de faire l'objet d'un brevet valable. V. comme application de ce principe, constant en jurisprudence et en doctrine : Cass., 1er mai 1851 (Pand. chr.). V. aussi Cass., 7 avril 1869 (S. 69. 1. 219. — P. 69. 525. — D. 69. 1. 406); Paris, 1er juill. 1870 (S. 70. 266. — P. 70. 1162). — Quant aux indications d'auteurs, consult. notre *Dictionnaire de dr. comm., ind. et marit.*, t. II, v° *Brevet d'invent.*, n. 65.

(4-5) Jugé, en sens contraire, que l'application nouvelle d'un moyen connu pour l'obtention d'un résultat ou d'un produit industriel, peut être déclarée non brevetable, lorsqu'en raison de sa

Spécialement, *la cession d'un brevet d'invention, réalisant une simplification dans le mécanisme employé pour faire parler les poupées, ne peut être déclarée nulle par cette seule et unique raison que la modification peu importante apportée au mécanisme d'horlogerie ne constituerait pas un perfectionnement suffisant pour produire un résultat industriel nouveau* (5) (Id.).

(Chauvière c. Cuchet). — ARRÊT.

LA COUR : — Sur le moyen unique du pourvoi : — Vu l'art. 2 de la loi du 5 juill. 1844 : — Attendu que des termes de cet article il ressort qu'un brevet peut être valablement pris, non-seulement pour l'invention de produits industriels nouveaux, mais encore pour l'invention de nouveaux moyens ou l'application nouvelle de moyens connus pour l'obtention d'un résultat ou d'un produit industriel; qu'il est indifférent que le résultat ou le produit industriel ainsi obtenu soit ou ne soit pas nouveau, et qu'on ne doit avoir aucun égard à l'importance plus ou moins grande de la découverte; — Attendu que l'arrêt attaqué constate que la demanderesse a introduit une simplification dans le mécanisme employé pour faire parler des poupées; que cependant, sans examiner si la simplification dont il s'agit offre ou n'offre pas les caractères d'un moyen nouveau ou l'application nouvelle d'un moyen connu pour l'obtention d'un résultat ou d'un produit industriel, l'arrêt a déclaré nulle la cession faite par la demoiselle Chauvière à la dame Cuchet du brevet du 21 janv. 1870, en se fondant uniquement sur ce que la modification peu importante apportée au mécanisme d'horlogerie ne constitue pas un perfectionnement suffisant pour produire un résultat industriel nouveau; — En quoi il a violé l'article ci-dessus visé de la loi du 5 juill. 1844; — Casse, etc.

MM. Mercier, 1er prés.; Goujet, rapp.; Charrins, 1er av. gén. (concl. conf.); Chambon et Mazeau, av.

CASS.-REQ. 15 juin 1881.

SERVITUDE, MUR MITOYEN, FENÊTRES, BRÈCHES, ECHANCRURES, PRESCRIPTION.

Les fenêtres ou ouvertures qui, comme servitudes apparentes, peuvent être acquises par prescription, sont celles que l'un des voisins a pratiquées dans le mur mitoyen et qui, par leur nature, éveillent l'attention et provoquent la contradiction de l'autre voisin (1) (C. civ., 675, 690).

Par suite, on ne saurait y assimiler des brèches ou échancrures pouvant provenir d'un simple accident (2) (Id.).

(Perrier c. de Monterno). — ARRÊT.

LA COUR : — Sur le troisième moyen, tiré de la violation des art. 675 et suiv., 690, C. civ. : — Attendu que les fenêtres ou ouvertures indiquées dans l'art. 675, C. civ., qui, comme servitudes apparentes, peuvent, aux termes de l'art. 690, être acquises par prescription, sont celles que l'un des voisins a pratiquées dans le mur mitoyen et qui, par leur nature, éveillent l'attention et provoquent la contradiction de l'autre voisin; — Attendu qu'il est constaté, en fait, par la Cour d'appel (Lyon, 28 nov. 1880), que les ouvertures dont de Monterno a demandé la fermeture ne sont pas, de l'aveu même de Perrier, de véritables ouvertures, et qu'elles consistent dans une fente ou descente à travers le mur; qu'en refusant par suite d'assimiler des brèches ou échancrures pouvant provenir d'un simple accident aux fenêtres et ouvrages extérieurs qui donnent lieu à la prescription, l'arrêt n'a nullement violé les articles précités; — Rejette, etc.

MM. Bédarrides, prés.; Petit, rapp.; Petiton, av. gén.; Arsène Périer et Barry, av.

CASS.-CIV. 15 juin 1881.

VENTE, ÉPOUX, CAUSE LÉGITIME, DOT, REPRISES, EXIGIBILITÉ.

Pour qu'une vente faite par un mari à sa femme, non séparée judiciairement, ait une cause légitime, au sens de l'art. 1595, § 2, C. civ., il faut qu'elle ait pour but le remboursement d'une créance actuelle et exigible (3) (C. civ., 1595, § 2).

En conséquence, pareille vente est nulle, si elle est destinée à remplir la femme du montant de sa dot ou de reprises exigibles seulement après la dissolution du mariage ou la séparation de biens (4) (C. civ., 1595, § 2, 1563).

---

simplicité, elle n'exige aucun effort d'intelligence et ne présente pas le caractère d'une véritable création : Aix, 21 févr. 1866, sous Cass., 29 janv. 1868 (S. 68. 1. 217. — P. 68. 521). — Mais cette solution est condamnée par la doctrine (V. notamment, Pouillet, *Brev. d'invent.*, n. 15), et elle est en opposition manifeste avec ce principe consacré par de nombreux arrêts de la Cour de cassation, à savoir que la brevetabilité d'une découverte ou d'une invention reste complétement indépendante de son mérite ou de son degré d'importance. V. Cass., 30 déc. 1845 (S. 46. 1. 244. — P. 46. 1. 216. — D. 46. 1. 46); 1er mai 1851 (Pand. chr.); 17 janv. 1852 (S. 52. 1. 66. — P. 52. 2. 482. — D. 53. 1. 67); 24 avril 1856 (S. 56. 1. 763. — P. 56. 2. 615. — D. 56. 1. 223); Aix, 11 nov. 1863, sous Cass., 14 mars 1865 (S. 65. 1. 372. — P. 65. 966. — D. 65. 1. 227).

(1-2) Le principe ne souffre pas de difficulté. Il est, en effet, hors de doute que l'on peut acquérir par la prescription une servitude de vue sur l'héritage voisin au moyen de fenêtres ou d'ouvertures pratiquées dans le mur mitoyen. V. Cass., 10 avril 1849 (Pand. chr.). — Mais pour conduire à ce résultat, il faut que les fenêtres ou ouvertures soient établies dans de telles conditions qu'elles marquent un but d'empiétement caractérisé, qu'elles dépassent la tolérance que comportent les rapports de bon voisinage, qu'elles constituent une sorte de provocation permanente à l'adresse du propriétaire voisin. Ainsi, par exemple, on ne pourrait considérer comme signe apparent d'une servitude de vue, un trou irrégulier de petite dimension et qui, totalement privé de pierres de taille, n'a à l'extérieur aucune apparence d'un jour pratiqué exprès. V. Bourges, 6 mars 1847 (S. 47. 2. 523. — P. 48. 1. 69). — A plus forte raison en doit-il être de même, lorsqu'il ne s'agit, comme dans l'affaire actuelle, que d'une brèche dans le mur, d'une simple échancrure qui ne révèle pas, d'une manière certaine, la main de l'homme et qui peut être attribuée à la vétusté, ou à une dégradation accidentelle. — Consult., au surplus, sur les conditions générales que doit réunir la possession utile à la prescription d'une servitude de vue, Cass., 29 avril 1872 (Pand. chr.); 13 janv. 1879 (Pand. chr.); Rennes, 31 déc. 1880 (Pand. chr.), et les renvois.

(3-4) A l'origine, la Cour de cassation reconnaissait aux juges du fait le droit d'apprécier souverainement si une vente consentie par un mari à sa femme avait une cause légitime. V. notamment arrêt du 25 août 1825 (Pand. chr.).

Par son arrêt du 24 juin 1839 (Pand. chr., et la note), elle est revenue, à bon droit, sur cette jurisprudence et se réserve le contrôle des faits constitutifs de la *cause légitime*.

Un principe unanimement admis en jurisprudence, et que nous trouvons au seuil de cette discussion, est que les hypothèses prévues au § 2 de l'art. 1595, C. civ., ne sont que des exemples cités par le législateur. V. notamment Cass., 1er juill. 1873 (Pand. chr.), et la note.

Il n'en est pas de même du point de savoir quand il y a *cause légitime*. Cette question est vivement controversée. V. à ce sujet le relevé très-complet des arrêts en note sous Nancy, 18 févr. 1885 (Pand. chr.). *Adde* Cass., 14 juin 1839 (D., *Jurispr. gén.*, v° *Vente*, n. 426-7°).

D'après la thèse consacrée par la Cour de cassation et la majorité des arrêts des Cours d'appel, il n'y a cause légitime que si la créance de la femme est *exigible*.

C'est une garantie de plus contre les avantages déguisés entre époux que le législateur a voulu prévenir; mais n'est-ce pas ajouter, au texte d'abord, et ensuite à l'esprit de la loi?

L'article 1595, § 2, cite deux cas de remploi, le premier, d'immeubles, le second, de deniers. Si le remploi est prescrit par le contrat de mariage, la dette sera exigible et il y aura cause légitime; si, au contraire, le contrat de mariage est muet sur ce point, il n'y aura pas exigibilité, de sorte que, dans ce dernier cas, il fau-

(Robert c. Robert).

ARRÊT.

LA COUR : — Sur le moyen unique du pourvoi : — Vu l'art. 1595, C. civ.; — Attendu qu'il est constaté, en fait, par l'arrêt attaqué, que la vente consentie par Sébastien Robert à sa femme, le 11 mai 1853, avait pour but de la couvrir du montant de sa dot et de ses reprises, évaluées par le mari à la somme de 4,588 francs; qu'aux termes de l'art. 1595, § 2, C. civ., les contrats de vente ne peuvent avoir lieu entre époux que dans le cas où la cession par le mari à la femme, même non séparée, a une cause légitime, telle que le remploi de ses immeubles aliénés ou de deniers à elle appartenant, si ces immeubles ou deniers ne tombent pas en communauté; que, pour qu'il y ait cause légitime, dans le sens de cet article, il faut que la vente ait pour but le remboursement d'une créance actuelle et exigible; qu'il en est autrement d'une dot ou des reprises de la femme pendant la durée du mariage; que, dès lors, en déclarant valable la vente faite par Sébastien Robert à sa femme dans les conditions ci-dessus indiquées, l'arrêt attaqué a faussement interprété, et, par là même, violé les dispositions de l'art. 1595 susvisé; — Casse, etc.

MM. Mercier, 1er prés.; Bernard, rapp.; Charrins, 1er av. gén. (concl. conf.); Pérouse, Sabatier et Chambareaud, av.

CASS.-REQ. 27 juin 1881.

HYPOTHÈQUE CONVENTIONNELLE, MANDAT, ACTE AUTHENTIQUE, NULLITÉ.

Le mandat donné pour hypothéquer doit être en forme authentique, comme l'acte même d'hypothèque conventionnelle, et ce à peine de nullité de l'hypothèque (1) (C. civ., 1998, 2127).

(Soc. des Bons hypothécaires c. syndic des Forges de Liverdun). — ARRÊT.

LA COUR : — Sur la première branche du moyen, tirée de la violation des art. 1985, 1988 et 2127, C. civ.: — Attendu que, par acte des 13 avr. 1876 et 12 janv. 1877, reçu par Me Michelet, notaire à Paris, le sieur Piedferré, mandataire de la Société anonyme des Forges de Liverdun, a conféré à la Société civile des Bons hypothécaires, une hypothèque sur les immeubles appartenant à la première; qu'il n'est pas contesté que le sieur Piedferré, pour consentir cette affectation hypothécaire, n'était pas muni d'une procuration en forme authentique; — Attendu qu'aux termes de l'art. 2127, C. civ., l'hypothèque conventionnelle ne peut être consentie que par un acte authentique, et qu'il en résulte qu'une procuration dans la même forme est nécessaire pour la validité de l'hypothèque conférée par un mandataire; qu'en effet les deux

---

dra annuler la cession. — C'est ce qu'a fait la Cour de Besançon, pour un remploi d'immeubles non prévu, par son arrêt du 15 juin 1881 (S. 82. 2. 127. — P. 82. 1. 690. — D. 82. 2. 52).

La Cour suprême avait jugé de même pour un remploi de deniers propres à une femme mariée sous le régime de la communauté réduite aux acquêts (Arrêt du 1er juill. 1873, précité).

Il est pourtant manifeste que, par la généralité de ses termes, le § 2 de l'art. 1595 comprend tout aussi bien les remplois non prévus au contrat de mariage que ceux qui y ont été prévus. Pourquoi donc cette restriction? — Là où le législateur ne distingue pas, le juge ne doit pas distinguer.

Est-ce parce que, lors de la discussion de la loi, l'épithète *exigibles* a été accolée aux créances de la femme par le tribun Grenier? — Mais cette exigibilité est fatale dans les cas des §§ 1 et 3 de l'art. 1595; elle se rencontre souvent dans ceux du § 2, et, pas plus dans la pensée de cet orateur que dans celle des autres, elle n'était une condition essentielle de la validité de la cession faite par le mari à sa femme.

Le législateur n'a voulu qu'une chose, prévenir les avantages indirects entre époux, et assurer, autant que possible, le respect des dispositions par lui prises relativement aux donations qu'ils sont autorisés à se faire. Il ne s'est même pas inquiété des créanciers, qui sont d'ailleurs protégés par l'art. 1167, C. civ., et, selon nous, les dernières paroles de Portalis (elles sont reproduites dans l'affaire actuelle par l'arrêt cassé de Montpellier) mettent en pleine lumière la véritable pensée du législateur.

Les mots *payement forcé* visent les cas d'exigibilité, et les mots *acte d'administration* ceux où, par la cession, le mari ne fait qu'administrer la fortune de la femme.

Partant de là, reprenons les deux hypothèses prévues par le § 2 de l'art. 1595. Si le remploi est prescrit par le contrat de mariage, il y aura exigibilité, payement forcé. Dans le cas contraire, n'y aura-t-il pas acte d'administration, et même de sage administration, de la part du mari qui cédera à sa femme des meubles ou immeubles en remploi de deniers qui lui sont propres et dont il est comptable envers elle? Il nous semble que poser la question, c'est la résoudre.

Du reste, la Cour de cassation a jugé, sous le régime de la communauté réduite aux acquêts : — 1° que les propres mobiliers des époux peuvent être l'objet d'un remploi en immeubles, alors même que ce mode n'aurait pas été prescrit au contrat de mariage : Cass., 16 nov. 1859 (Pand. chr.), et la note; — 2° que le mari cède valablement des meubles à sa femme en remboursement de sommes à elle propres qu'il avait touchées pour elle : Cass., 9 mars 1837 (Pand. chr.), et la note.

Comment est-elle arrivée à décider dans son arrêt précité, du 1er juill. 1873, que, sous le même régime, le mari ne peut pas céder des meubles à sa femme en remboursement de deniers qui lui étaient propres et qu'il avait encaissés pour elle? — Elle a dit que « si ces deniers demeuraient propres à la femme, ils entraient « dans la communauté, en ce sens que le mari en avait l'adminis- « tration et la jouissance jusqu'à la dissolution de la communauté ».

Est-ce donc ainsi qu'il faut entendre le dernier membre de phrase du § 2 de l'art. 1595 « si ces immeubles ou deniers ne « tombent pas en communauté »? Evidemment non : le législateur n'a eu en vue que les biens dont la communauté est pleine propriétaire (C. civ., 1401); il a emprunté ses deux exemples au régime de la communauté, soit légale, soit réduite aux acquêts, où la communauté a l'usufruit de tous les biens propres aux époux, et, s'il eût voulu que les remplois, non prescrits par le contrat de mariage, ne fussent pas des causes légitimes de cession, il n'aurait pas manqué de le dire.

En résumé, pour nous, dès que la créance de la femme est certaine, hors de conteste, la cession a une *cause légitime*, à la condition, bien entendu, que les immeubles aliénés ou les deniers employés étaient propres à la femme et n'appartenaient pas, dès lors, à la communauté, si tel était le régime matrimonial.

Nous objectera-t-on que, avec cette doctrine, on arrive fatalement à valider les cessions faites sous le régime dotal, en remboursement de la dot, que, sous ce régime, la dot n'est restituable que par suite d'une séparation de biens ou de la dissolution du mariage, et que, si le mari en fait la restitution anticipée, il pourra être tenu d'en payer une seconde fois la valeur?

Cette considération ne nous touche pas; au mari, seul, d'en apprécier la portée; à lui, de ne pas encourir la responsabilité des risques qui pourraient lui incomber plus tard.

Dans une note très-savante et très-intéressante à consulter, insérée (S. 83. 1. 473. — P. 83. 1. 1175), M. Bufnoir, qui n'admet pas la condition d'exigibilité de la dette, formule ainsi sa pensée: « La cession aura une cause légitime, si le mari peut ACTUELLEMENT se libérer. » C'est, pour ainsi dire, un troisième système qui se glisse entre les deux autres, car, selon l'éminent professeur, comme d'après la Cour de cassation, le mari ne peut se libérer, en cours du mariage, de sommes qui sont propres à sa femme et dont il a l'administration et la jouissance.

(1) V. conf., Cass., 23 déc. 1885 (Pand. chr.), et les nombreux arrêts cités en note. — Mais la question est encore fort controversée en doctrine. V. dans le sens de la jurisprudence, Merlin, *Rép.*, v° *Hypothèque*, sect. 1, § 8, art. 10; Grenier, *Tr. des hypothèques*, t. I, n. 68, p. 143; Taulier, *Théor.*, C. civ., t. VII, p. 263; Domenget, *Du mandat*, t. I, n. 99; Grosse, *Comment. sur la loi de la transcription*, n. 269; Mourlon, *Tr. théor. et prat. de la transcription*, n. 1006; Rivière et Huguet, *Quest. théor. et prat. sur la transcription hypothéc.*, n. 401 et 402; Pont, *Privil. et hypothèques*, n. 470 et 657; Colmet de Santerre, *Cours analyt.*, t. IX, p. 138; Aubry et Rau, t. III, § 266, p. 274; Laurent, *Principes de dr. civ.*, t. XXX, n. 447, p. 417; Thezard, *Nantissement, priv. et hypoth.*, n. 58; Merville, *Rev. pratique*, t. II, p. 97. — *Contrà*, et pour la validité de l'hypothèque, Delvincourt, t. III, p. 163, note 6; Duranton, t. XIX, n. 357 *bis*; Rolland de Villargues, *Rép. du notar.*, v° *Hypothèque*, n. 137; Troplong, *Mandat*, sur l'art. 1985, n. 104; Baudot, *Tr. des formal. hypothéc.*, n. 525; Marcadé, *Revue critique*, t. II, p. 109; Massé et Vergé, sur Zachariæ, t. V, § 393, note 4.

actes constitutifs de l'hypothèque et du mandat forment un tout indivisible soumis aux mêmes conditions, et doivent par suite revêtir le même caractère d'authenticité; — Attendu, dès lors, qu'en prononçant la nullité de l'hypothèque consentie au nom de la Société des Forges de Liverdun par le sieur Piedferré, l'arrêt attaqué n'a violé aucune loi et a fait une juste application des règles de la matière;

Sur la seconde branche du moyen (sans intérêt); — ...Rejette, etc.

MM. Bédarrides, prés.; Bécot, rapp.; Petiton, av. gén. (concl. conf.); Chambareaud, av.

CASS. (CH. RÉUNIES) 22 juillet 1881.

DOUANES, DROIT DE QUAI, NAVIGATION, PORTS, COLONIES, ALGÉRIE, MÉTROPOLE, ASSIMILATION.

Le droit de quai établi par l'art. 6 de la loi du 30 janv. 1872, est général et absolu, et s'applique à tout navire abordant dans un port de la métropole, que ce navire vienne de l'étranger, d'une colonie ou d'une possession française (1) (L. 30 janv. 1872, art. 6).

Par exemple, de l'Algérie (2) Id.).

En vain, pour repousser la perception d'une telle taxe, invoquerait-on la prétendue assimilation absolue, au point de vue douanier, de l'Algérie à la France, alors qu'en réalité le régime douanier de l'Algérie la rapproche bien plus des colonies ou possessions françaises que de la métropole (3) (Ord. 11 nov. 1835; 16 déc. 1843; L. 11 janv. 1851; 17 juill. 1867, art. 9).

(Administration des douanes c. Compagnie des Messageries maritimes.)

Cette affaire, avant de se présenter dans l'état actuel, avait donné lieu, à la date du 12 déc. 1879 (S. 79. 1. 148. — P. 79. 374. — D. 79. 1. 93), à un arrêt de la chambre civile de la Cour suprême, cassant un jugement du tribunal civil de Marseille qui avait condamné l'Administration des douanes à restituer des droits de quai perçus sur des navires venus d'Algérie en France. — La question avait été renvoyée à l'examen du tribunal civil d'Aix, qui s'est approprié la doctrine du tribunal de Marseille, par jugement du 9 juin 1879.

Pourvoi en cassation par l'Administration des douanes.

La question a été portée devant les chambres réunies de la Cour de cassation, et M. le procureur général Bertauld a conclu, en ces termes, à la cassation :

« ... Je voudrais tout d'abord dégager le débat d'une considération à laquelle, devant toutes les juridictions, on a attribué une place et une valeur qui ne me paraissent pas lui appartenir. On a dit : Le système de l'Administration des douanes est condamné par la flagrante contradiction dont il est entaché. Elle perçoit le droit de quai sur les navires venant de l'étranger ou des colonies et possessions françaises, quand ils entrent dans les ports de l'Algérie, ce qui implique qu'elle assimile ces ports aux ports de France; et quand ces navires partant de l'Algérie abordent les ports français, elle prétend encore percevoir un droit de quai, ce qui suppose que les ports de l'Algérie ne sont plus que des ports d'une colonie ou d'une possession française. Ces deux perceptions ainsi cumulées sont, en justice et en raison, inconciliables; les ports de l'Algérie ne sauraient être des ports français comme ports d'arrivée, et seulement des ports de possession française comme ports de départ. L'argument déduit de cette prétendue contradiction est absolument dénué de portée; la contradiction signalée a une apparence qui peut tromper un regard superficiel; mais la réalité lui manque. Ce n'est pas parce que les ports algériens sont assimilés à des ports de la France métropolitaine que les navires de tout pavillon qui y arrivent de l'étranger ou des colonies supportent le droit de quai. Il supportent cette taxe fiscale, non pas en vertu du droit commun, du droit qui régit la France, mais en vertu de dispositions exceptionnelles spéciales à l'Algérie. Avant la loi du 19 mai 1866, qui avait aboli les droits de quai, ces droits, que la loi du 30 janvier 1872 (S., *Lois annotées* de 1872, p. 168. — P., *Lois, décr., etc.*, de 1872, p. 287. — D., *Lois annotées* de 1872, p. 25) a fait revivre, deux droits de quai distincts, indépendants, se percevaient, l'un en France, l'autre en Algérie. Le droit pour la France était, avec les décimes des lois du 28 avr. 1816 et du 14 juill. 1855, de 4 fr. 58 par tonneau de jauge. Le droit de quai pour l'Algérie était, en vertu de l'art. 3 d'une ordonnance du 16 déc. 1843, de 4 francs seulement par tonneau de jauge, et l'art 1er d'une ordonnance du 28 mai 1863 avait réduit ce droit à 4 francs par tonneau d'affrétement. Les droits de quai sont supprimés en Algérie comme en France par la loi du 19 mai 1866, sous réserve de rétablissement par décret, conformément aux prévisions du dernier paragraphe de l'art. 4. L'art. 6 de la loi du 30 janv. 1872 fait revivre le droit de quai, sans distinction, mais avec un grand adoucissement pour sa quotité. Il n'est plus que de 50 centimes pour les navires venant des mers d'Europe et du bassin de la Méditerranée, et de 1 franc pour les autres mers. La douane considéra que cette réduction devait profiter à l'Algérie comme à la France, toutefois en calculant le droit par tonneau de jauge. Ainsi, suivant ce qui avait été pratiqué avant la loi du 19 mai 1866, elle perçut le droit de quai en Algérie sur les navires qui ne venaient pas de la métropole et le droit de quai en France sur les navires venant de l'étranger ou des possessions françaises, et notamment sur ceux venant des ports de l'Algérie : les deux droits revivaient avec leur caractère distinct et pouvaient être cumulés. Ce n'était point parce que les ports d'Algérie étaient assimilés à des ports de la métropole qu'un droit de quai était perçu à l'entrée. Il était perçu parce qu'avant la loi du 19 mai 1866, il était établi spécialement pour l'Algérie. Originairement droit spécial, il reprenait vie avec sa spécialité. Le cumul ne constitue donc pas la contradiction, qui est le gros argument des compagnies. Il est si vrai que les droits de quai, pour la France et pour l'Algérie, sont restés deux droits indépendants et séparés, qu'une loi du 20 mars 1875 (S., *Lois annotées* de 1875, p. 661. — P., *Lois, décr., etc.*, de 1875, p. 1137. — D., *Lois annotées* de 1875, p. 96), tout à fait étrangère aux ports de la métropole, substitua pour les ports de l'Algérie le tonneau d'affrétement au tonneau de jauge, et qu'une autre loi du 12 mars 1877 (S., *Lois annotées* de 1877, p. 232. — P., *Lois. décr., etc.*, de 1877, p. 400. — D., *Lois annotées* de 1877, p. 64), encore spéciale à l'Algérie, décida que le droit de quai à percevoir dans les ports de cette colonie ne pourrait, dans aucun cas, excéder la somme qui aurait pu être perçue d'après le taux fixé par la loi du 30 janv. 1872. Nous trouvons ainsi, dans les lois qui régissent les droits de quai, la preuve que l'Algérie n'est pas soumise au droit commun pour la France. Nous reviendrons sur cette considération. Mais, en ce moment, notre conclusion se borne à la constatation du concours possible des deux droits de quai.

« Le terrain de la discussion ainsi déblayé, il ne s'agit plus, à notre sens, que de faire l'application de l'art. 6 de la loi du 30 janv. 1872, suivant sa teneur : « Les navires de tout pavillon venant de l'étranger ou des colonies et possessions françaises, chargés en totalité ou en partie, acquitteront, pour frais de quai, une taxe fixée par tonneau de jauge, savoir : pour les provenances des pays d'Europe ou du bassin de la Méditerranée, 50 centimes; pour les arrivages de tous autres pays, 1 franc. » Si l'Algérie est une colonie, une *possession française,* les navires venant de l'Algérie dans un port de France doivent acquitter la taxe pour frais de quai. Eh bien, l'Algérie, depuis la conquête, n'a-t-elle pas toujours eu, n'a-t-elle pas aujourd'hui encore la qualification de *possession française?* Lisez l'ordonnance du 22 juill. 1834, les art. 1, 2, 4, 7, 11, 14 et 15 de l'ordonnance du 11 nov. 1835, l'ordonnance du 28 fév. 1837, l'ordonnance du 16 déc. 1843, la loi du 11 janv. 1851, les art. 27 et 30 de la loi du 16 mai 1863, la loi du 19 mai 1866, la loi du 17 juill. 1867, et enfin la loi toute récente du 7 mai 1881 (S., *Lois annotées* de 1882, p. 234), relative à l'établissement du tarif général des douanes, vous reconnaîtrez que l'Algérie est toujours appelée *possession française.* Tous ces textes ont été réunis et mis sous vos yeux. Le vocabulaire législatif n'a-t-il pas une uniformité décisive?

« La langue diplomatique n'est pas moins expressive. Les art. 31 du traité avec la Prusse du 2 août 1862, 25 du traité avec l'Italie du 17 janv. 1863, 29 du traité avec la Suisse du 30 juin 1864, 13 du traité avec la Suède et la Norwége du 14 févr. 1865, 33 du du traité avec les Pays-Bas des 7 juill. et 10 août 1865, 31 du traité avec le Portugal du 11 juill. 1866, 13 de l'un des traités in-

---

(1-2-3) V. sur ces questions, Cass., 12 déc. 1879 (S. 79. 1. 148. — P. 79. 374. — D. 79. 1. 93), avec le rapport de M. le conseiller Greffier (D., seulement *ibid.*) et les conclusions de M. l'avocat général Desjardins. V. aussi les conclusions de M. le procureur général Bertauld, rapportées ci-dessus au cours de cet article, ainsi que notre *Dictionnaire de dr. commerc., ind. et marit.*, t. V, v° *Navire*, n. 69 et 69 *bis*.

tervenus avec l'Autriche le 11 déc. 1866 et 7 de l'autre traité avec la même puissance à la même date, donnent à l'Algérie la qualification de *possession française*. Les textes imposent donc cette conclusion que les navires venant de l'Algérie, possession française, et abordant dans les ports de France, sont assujettis au droit de quai.

« Un autre argument, non moins concluant, exige non moins impérieusement cette solution. Si les ports algériens étaient assimilés aux ports de la métropole, la navigation entre l'Algérie et la France serait une navigation de cabotage; je parle du cabotage au point de vue douanier, et non du cabotage par opposition à la navigation de long cours, dans le sens de l'art. 377, C. comm., et de la loi du 14 juin 1854. Or, il n'y a cabotage que d'un port algérien à un autre port algérien, comme il n'y a cabotage pour la France que d'un port métropolitain à un autre port métropolitain, et le cabotage algérien peut avoir lieu aujourd'hui sous tout pavillon, tandis que le cabotage en France ne peut s'exercer que sous pavillon français. Je pourrais multiplier les citations des textes : les art. 5 de l'ordonnance du 11 nov. 1835, 2 et 17 de l'ordonnance du 16 déc. 1843, 8 de la loi du 5 juill. 1836, sont très-explicites et suffisent à une démonstration.

« J'examine rapidement les objections. On dit d'abord qu'un décret du 24 oct. 1870 a déclaré que les trois départements d'Alger, d'Oran et de Constantine constituaient trois départements français. Ce décret n'est que la reproduction de l'arrêté du 9-16 déc. 1848, qui n'était lui-même que l'exécution de l'ordonn. du 4 nov. 1841, laquelle proclamait que le territoire de l'Algérie et des colonies fait partie du territoire français. Mais cette Constitution, dans son art. 109, proclamait en même temps que l'Algérie et les autres colonies seraient régies par des lois particulières. L'organisation administrative de l'Algérie est encore aujourd'hui soumise au régime des décrets, et le décret du 10 déc. 1860 reste la base de cette organisation (V. Ducrocq, *Cours de droit administratif*, 6e édit., n. 533). L'Algérie fait sans doute partie de la République, mais non de la France. Elle a des représentants au Sénat et à la Chambre des députés (loi constitutionnelle du 24 févr. 1875 et loi organique du 30 nov. 1875). Mais d'autres colonies ont droit à une représentation au Parlement. C'est parce que l'Algérie n'est pas assimilée à la métropole que la jurisprudence de vos trois chambres a toujours décidé que pour qu'une loi française, muette sur l'étendue de son application, soit exécutoire dans nos possessions algériennes sans promulgation spéciale, il faut que cette loi ait été promulguée en France antérieurement à la conquête, ou qu'elle ne soit qu'une simple modification d'une loi avant cette date de promulgation (Req. 4 févr. 1863, S. 63. 1. 201. — P. 63. 725. — D. 63. 1. 306; Civ. cass., 15 juill. 1868, S. 68. 1. 448. — P. 68. 1193. — D. 68. 1. 373; Crim. rej., 17 août 1865, S. 75. 1. 462. — P. 65. 1200. — D. 65. 1. 504; Crim. cass. 5 janv. 1871, S. 71. 1. 63. — P. 71. 182. — D. 71. 1. 65). A la vérité, la nécessité de cette promulgation spéciale n'est pas applicable aux lois douanières, en tant qu'elles concernent l'Algérie. Mais l'application du droit commun douanier n'est faite et ne peut être faite à l'Algérie qu'en vertu d'une déclaration expresse de la loi, ce qui implique que cette application est une exception, dont l'existence ne saurait être présumée.

« On insiste au nom des Compagnies, et on invoque l'art. 20 de l'ordonnance du 11 nov. 1835, l'art. 23 de l'ordonnance du 16 déc. 1843, l'art. 10 de la loi du 11 janv. 1851 et l'art. 9 de la loi du 17 juill. 1867, qui renvoient aux lois de douane françaises. Ce renvoi n'a trait qu'à l'organisation de l'administration et à la police des douanes. Ces ordonnances et ces lois attestent d'ailleurs, et par la rubrique de leurs titres et par les dispositions qu'elles renferment, qu'il y a deux tarifs, un tarif de droit commun et un tarif spécial pour l'Algérie, qui n'est soumise au tarif de droit commun qu'en vertu d'une disposition exceptionnelle. La preuve que l'application du droit commun douanier à l'Algérie est une exception qui n'est admise qu'autant qu'elle est législativement écrite, résulte de la loi même du 30 janv. 1872, dans son art. 5, qui dispose que les droits de surtaxe de pavillon et d'entrepôt sont applicables à l'Algérie, ce qui suppose que, sans l'expression de cette volonté, ces droits seraient restés étrangers aux ports algériens. Cette preuve, elle résulte encore des lois du 20 mars 1875 et du 12 mars 1877, qui sont spéciales à l'Algérie, en substituant, pour le calcul de la taxe dans cette possession, le tonneau d'affrétement au tonneau de jauge. Encore ici, l'Algérie a une position à part, résultant d'une législation à part. L'Algérie est si peu considérée comme une portion intégrante de la métropole, que les produits étrangers qui ont reçu un complément de main-d'œuvre en France, en vertu d'une admission temporaire, peuvent être introduits et rester sur le sol algérien. Nous pourrions citer de nombreuses lois qui, en matière fiscale ou douanière, régissent la France et sont sans application en Algérie. Ainsi la loi du 22 janv. 1872 (S., *Lois annotées* de 1872, p. 175. — P., *Lois, décr., etc.*, de 1872, p. 297) a établi en France le droit de statistique, qui n'est pas perçu en Algérie. Ainsi on n'a pas appliqué en Algérie les cinq décimes supplémentaires dont le sucre a été frappé une première fois par la loi du 8 juill. 1871 (S., *Lois annotées* de 1871, p. 100. — P., *Lois, décr., etc.*, de 1871, p. 171), une seconde fois par la loi du 22 janv. 1872. Le tarif du sucre et du café spécialement établi pour l'Algérie par la loi du 17 juill. 1867 (S., *Lois annotées* de 1867, p. 162. — P., *Lois, décr., etc.*, de 1867, p. 273) (tableau B) a été modifié par des dispositions spéciales à l'Algérie, par décret du 29 sept. 1873, et par la loi du 19 mars 1875 (S., *Lois annotées* de 1873 et 1875, p. 452 et 679. — P., *Lois, décr., etc.*, de 1873 et 1875, p. 776 et 1168).

« Je veux clore cette argumentation et en finir avec ces détails techniques, mais décisifs, par un témoignage qui ne pouvait être invoqué devant la chambre civile, lors de son arrêt du 5 mars 1879. Ce témoignage nous est fourni par la loi relative à l'établissement du tarif général des douanes, la loi du 7 mai 1881. Le premier paragraphe de l'art. 3 est ainsi conçu : « Les droits et immunités applicables aux produits importés des colonies et possessions françaises sont fixés conformément au tableau E, annexé à la présente loi. » Et dans le tableau E, on lit : « Produits étrangers importés de l'Algérie, après y avoir acquitté des taxes spéciales : payement de la différence entre les droits du tarif algérien et ceux du tarif métropolitain... Importés des autres colonies ou possessions : droits du tarif général ». D'une part, l'Algérie est une possession française, et, d'autre part, il y a un tarif métropolitain et un tarif algérien. La conclusion irrésistible, c'est que les navires arrivant de l'Algérie, possession française, dans les ports de la métropole, sont assujettis au droit de quai.

« Que deviennent, en présence de ces preuves géminées et éclatantes, les inductions que les Compagnies essayent de tirer de quelques paroles échangées, lors de la discussion de la loi du 30 janv. 1872, à la tribune de l'Assemblée nationale, non pas sur l'art. 6, relatif aux droits de quai, mais sur les art. 1 et 3 de cette loi relatifs aux droits de surtaxe, de pavillon et d'entrepôt? Ces paroles, qui ont été dépaysées pour leur faire dire ce qui n'a pas été, ce qui ne pouvait être dans la pensée des orateurs, n'appartiennent pas à un exact vocabulaire juridique. Mais qu'importe! elles sont absolument étrangères à la question que la Cour doit résoudre...

« Je conclus à la cassation du jugement du tribunal civil d'Aix. »

ARRÊT.

LA COUR : — Vu l'art. 6 de la loi du 30 janv. 1872, ainsi conçu, etc. : — Attendu qu'aux termes dudit art. 6, les navires de tout pavillon venant de l'étranger ou des colonies et possessions françaises, chargés en totalité ou en partie, doivent acquitter pour frais de quai une taxe calculée d'après leur contenance; que cette disposition est générale et absolue, et s'applique à tout navire abordant dans un port de la métropole, lorsque ce navire vient de l'étranger, d'une colonie ou d'une possession française; — Attendu, néanmoins, que le jugement attaqué déclare que cette taxe ne pouvait être imposée aux navires venant de l'Algérie en France, par le double motif que l'Administration des douanes aurait assimilé les ports de l'Algérie aux ports métropolitains, en y percevant des droits de quai, en vertu de la loi du 30 janv. 1872, et que les lois de douane considéreraient l'Algérie comme faisant partie intégrante du territoire français; — Attendu, d'une part, qu'il n'y a pas lieu d'examiner si, avant la loi du 20 mars 1875, qui a établi un droit de quai spécial pour l'Algérie, l'Administration des douanes était fondée à percevoir une taxe de ce genre sur les navires abordant en Algérie; que la seule question soumise au juge du fond était celle de savoir si cette taxe pouvait être exigée des navires venant de l'Algérie en France; que, sur ce point, les dispositions de l'art. 6 de la loi du 30 janv. 1872 sont générales et ne comportent aucune exception au profit de l'Algérie ou de toute autre colonie; — Attendu, d'autre part, que, loin d'assimiler l'Algérie à la France, au point de vue douanier, les lois spéciales qui régissent cette colonie ont rangé l'Algérie parmi les colonies ou possessions françaises et ont établi pour elle des taxes plus favorables, sous beaucoup de rapports, que celles de la métropole; que tel a été le but des ordonnances du 11 nov. 1835, du 16 déc. 1843, de la loi du 11 janv. 1851 et de la loi du 17 juill. 1867, qui ont fixé le régime douanier de l'Algérie; que si l'art. 9 de cette dernière loi porte que « les lois, ordonnances et règlements applicables en matière de douane dans la métropole seront également appliqués en Algérie », cette disposition, qui ne touchait qu'à l'organisation du service des douanes, ne se référait qu'aux lois et règlements alors en vigueur, en tant qu'ils n'étaient pas contraires à la législation spéciale de cette colonie, mais qu'on ne saurait induire de ce texte, emprunté à la loi du 11 janv. 1851 et aux ordonnances de 1835 et de 1843, que le régime douanier de l'Algérie dût être à l'avenir réglé de plein droit par les lois publiées pour la France; — Attendu que la preuve du contraire résulte des lois de douane promulguées postérieurement, notamment des lois du 8 juill. 1871, des 22 janv. et 26 juill. 1872, des 20 mars 1875, 12 mars 1877 et 7 mai 1881, enfin de la loi du 30 janv. 1872 elle-même, laquelle, après avoir établi, par ses art. 1 et 3, des surtaxes de pavillon et d'entrepôt sur les marchandises importées en France, déclare expressément, dans l'art. 4, que ces surtaxes seront applicables aux relations de l'Algérie avec l'étranger; que cette disposition aurait été sans objet si, comme le prétend le jugement attaqué, il résultait de la loi du 17 juill. 1867 que l'Algérie, en matière de douanes, avait été assimilée à la métropole d'une manière définitive et absolue; — D'où il suit que le tribunal civil d'Aix, en déclarant illégale la perception du droit de quai opérée à Marseille sur les navires de la Compagnie des Messageries maritimes venant de l'Algérie, et en condamnant l'Administration des douanes à la restitution des sommes par elle régulièrement perçues, a violé l'art. 6 de la loi du 30 janv. 1872; — Casse et annule le jugement rendu par le tribunal civil d'Aix, le 9 juin 1879, au profit de la Compagnie des Messageries maritimes; — Remet la cause et les parties au même état qu'avant ledit jugement, et les renvoie devant le tribunal de Toulon.

MM. Mercier, 1er prés.; Sallantin, rapp.; Bertauld, proc. gén. (concl. conf.); Housset et Sabatier, av.

Nota. — Du même jour, trois autres arrêts identiques.

CASS.-REQ. 25 juillet 1881.

DONATION ENTRE ÉPOUX, DONATION DÉGUISÉE, NULLITÉ, QUALITÉ POUR AGIR, HÉRITIERS NON RÉSERVATAIRES.

La nullité des donations déguisées entre époux ne peut être invoquée que par les institués contractuels ou par les héritiers réservataires; elle ne bénéficie pas aux héritiers légitimes non réservataires (1) (C. civ., 1099).

(Bornot c. Bornot). — ARRÊT.

LA COUR : — Sur le premier moyen (sans intérêt);

Sur le second moyen, pris de la violation des art. 1096 et 1099, C. civ., en ce que l'arrêt attaqué a déclaré les héritiers non réservataires d'un époux non recevables à demander la nullité d'une libéralité déguisée faite à celui-ci par son conjoint : — Attendu que le conjoint donateur peut, en vertu des art. 1096 et 1099, combinés, intenter une action pour prouver l'existence d'une libéralité déguisée et exercer ensuite la faculté de révoquer que lui attribue l'art. 1096; que la nullité édictée par l'art. 1099 peut-être invoquée par les personnes instituées par contrat de mariage et par les héritiers à réserve, aux droits desquels la donation entre conjoints ne peut porter atteinte; — Mais attendu que les héritiers légitimes non réservataires ne trouvent, dans les articles précités, le principe d'aucune action; que, d'une part, l'action du donateur ne leur est pas transmise, puisque le droit de révocation périt avec lui; que, d'autre part, à la différence des institués contractuels ou des héritiers à réserve, ils n'ont aucun droit indépendant du *de cujus*, qu'ils puissent opposer à sa volonté de les exclure; que l'art. 1099 n'ouvre aucune action aux héritiers de celui qui peut disposer librement de sa succession; que le déguisement de la donation ne peut suffire pour leur conférer le droit de l'attaquer, puisqu'il est de principe que les parties peuvent faire un choix libre entre plusieurs moyens d'atteindre un but, quand ce but est licite en lui-même; — D'où il suit que la Cour de Paris (arrêt, 20 févr. 1880), en déclarant, par l'arrêt attaqué, les héritiers non réservataires de Bornot non recevables à demander la nullité d'une libéralité déguisée faite par Bornot à sa femme, n'a ni violé ni pu violer les art. 1096 et 1099, C. civ., qui sont sans application dans la cause; — Rejette, etc.

MM. Bédarrides, prés.; Conelly, rapp.; Petiton, av. gén. (concl. conf.); Defert, av.

CASS.-CIV. 10 août 1881.

SAISIE-ARRÊT, DETTES MULTIPLES, DÉCLARATION AFFIRMATIVE, JUSTIFICATIONS, DISSIMULATION, FRAUDE, DOMMAGES-INTÉRÊTS, JUGEMENT NON SIGNIFIÉ, APPEL, MESURE CONSERVATOIRE.

Lorsqu'une saisie-arrêt frappe plusieurs dettes de nature différente, il suffit que la déclaration affirmative laisse dans le doute la question de savoir si le tiers saisi est ou non débiteur de l'une d'elles, pour que le juge déclare le tiers saisi débiteur pur et simple des causes de la saisie; peu importe que sa déclaration soit conforme à la loi sur les autres dettes (2) (C. proc., 577). — Résol. par la Cour d'appel.

Spécialement, *si une Société, entre les mains de laquelle un créancier de son directeur saisit les appointements de ce dernier et les actions qu'elle détient pour lui, fait une déclaration affirmative régulière quant aux appointements, mais accompagnée, pour les actions, de réticences telles qu'il est impossible de savoir si elle est ou non sa débitrice de ce chef, elle peut être déclarée débitrice pure et simple des causes de la saisie, par application de l'art. 577, C. proc.* (3) (Id.). — Ibid.

---

(1) Cet arrêt, plus net et plus précis que tous ceux qui avaient été rendus jusque-là sur cette question controversée, paraît avoir définitivement fixé la jurisprudence. V. Cour supr. de la Guadeloupe, 13 mars 1815, rapporté avec Cass., 27 mars 1822; Grenoble, 2 juill. 1831 (S. 32. 2. 346. — P. chr.); Riom, 9 août 1843 (S. 44. 2. 15); Cass., 2 mai 1855 (Pand. chr.); Rouen, 23 déc. 1871 (S. 72. 2. 101. — P. 72. 479); 23 mai 1862 (motifs implicites) (Pand. chr.); Nîmes, 27 nov. 1882 (Pand. chr.), et surtout Cass., 22 juill. 1884 (Pand. chr.); Aubry et Rau, 4e édit., t. VII, § 689, p. 259 et 260, et § 690, p. 282. — Dans le système condamné par la Cour de cassation, la nullité serait proposable par *toute personne* ayant intérêt à la faire prononcer, non-seulement par les héritiers à réserve, mais encore par le donateur lui-même ou par ses créanciers et ayants cause. *Sic*, Bordeaux, 5 juill. 1824; Montpellier, 28 févr. 1876 (S. 76. 2. 241. — P. 76. 967. — D. 79. 2. 249).

(2-3-4) On sait qu'en matière de saisie-arrêt, la jurisprudence n'assimile pas la déclaration inexacte et fausse à l'absence de déclaration ou de production de pièces justificatives. V. sur ce point, nos observations sous Cass., 15 juill. 1885 (Pand. chr.), et les autorités y citées.

Ce qu'ici nous avons voulu mettre en relief et qui se dégage de notre espèce, c'est la pluralité des dettes imputées au tiers saisi en présence d'une déclaration qui, tout en étant régulière sur toutes ces dettes moins une, ne jetterait pas la moindre lumière sur cette dernière. Dans ce cas, devra-t-on appliquer l'art. 577, C. proc., comme s'il y avait absence de déclaration, ou bien devra-t-on ne voir là qu'une déclaration inexacte et frauduleuse, et condamner son auteur à réparer le préjudice qu'il aura ainsi causé?

Selon nous, il faut déclarer le tiers saisi débiteur pur et simple des causes de la saisie, et ce, par application de l'art. 577, sans avoir à recourir aux art. 1382 et 1383, C. civ.

Nous objectera-t-on que, par cela seul que le tiers saisi a fait une déclaration, en partie conforme à la loi et accompagnée de

Lorsque le tiers saisi fait une déclaration inexacte et frauduleuse, il peut être condamné à réparer le préjudice qu'il occasionne ainsi au saisissant, et il appartient au juge du fait de décider que ce préjudice est au moins égal aux causes de la saisie (4) (C. proc., 571, 573, 574, 577; C. civ., 1382, 1383).

La saisie-arrêt ayant uniquement pour but et pour effet d'empêcher le tiers saisi de se libérer au préjudice du saisissant, sous réserve de tous droits, est, par elle-même, une mesure conservatoire, et peut être faite en vertu d'un jugement, non encore signifié et déjà frappé d'appel (5) (C. proc., 147, 457, 557).

(Huet c. Mazure).

21 mai 1879, arrêt de la Cour de Paris qui statue en ces termes : — « La Cour : — En ce qui touche la déclaration affirmative de la Société Française : — Considérant que, par un acte au greffe du 19 janv. 1878, Huet prenant, au nom de la Société Française, le rôle de tiers saisi, a déclaré, à l'égard de son traitement, que, nommé directeur pour trois années qui devaient expirer le 1er juill. suivant, il avait, conformément à une clause des statuts, touché annuellement, et d'avance, l'émolument de 6,000 francs qui lui avait été attribué; qu'en conséquence, il ne lui était rien dû par ladite Société Française de ce chef, et, à l'égard de ses droits comme actionnaire, que les actions par lui souscrites dans ladite Société faisaient partie de la première série délivrée aux porteurs et étaient transmissibles par simple endossement; — Considérant que Mazure critique la déclaration affirmative faite dans de pareils termes;

---

pièces justificatives, il n'y a pas lieu, en l'état de la jurisprudence, d'assimiler ce cas, soit à celui où il n'y a pas de déclaration, soit à celui où il ne fait pas de justifications?

Cette objection ne serait que spécieuse. La déclaration affirmative est toute dans l'intérêt du saisissant; elle a pour but de l'éclairer sur les garanties que sa saisie peut lui procurer, et ce but ne serait pas atteint s'il était permis au tiers saisi de lui dissimuler une partie de la vérité.

Mais, nous dira-t-on, sa dissimulation lui vaudra une condamnation à des dommages-intérêts!

A notre avis, la déclaration affirmative n'est pas une et indivisible; elle doit être la réponse à la demande implicite du saisissant, et, si cette demande porte sur plusieurs points, la réponse doit faire de même, et être conforme au vœu de la loi sur chacun de ces points; en conséquence, si elle en laisse un seul dans une ombre complète, il faudra appliquer l'art. 577. Dans notre espèce, le tiers saisi avait fait certaines justifications sur les appointements; il n'en avait pas été de même relativement aux actions, et c'est à bon droit que le tribunal et la Cour ont successivement, sur le premier grief, fait application au tiers saisi de l'art. 577.

Ce n'est pas là une pure question théorique et sans intérêt pratique; en effet, l'insuffisance d'une déclaration affirmative considérée comme un tout indivisible pourrait ne causer au saisissant qu'un préjudice minime; avec l'art. 577, il sera désintéressé intégralement.

La Cour de cassation n'a pas examiné la question à ce point de vue; elle n'y était pas suffisamment conviée par le pourvoi.

(5) En doctrine, comme en jurisprudence, il y a controverse sur le point de savoir si une saisie-arrêt est une simple mesure conservatoire ou un acte d'exécution. Il devait en être ainsi; en effet, dans son principe même, la saisie-arrêt tend uniquement à empêcher le tiers saisi de se libérer au préjudice du saisissant, et, envisagée sous cet aspect, elle ne constitue qu'une mesure purement conservatoire; mais par l'effet du jugement qui la valide, elle attribue au saisissant les objets arrêtés, et devient alors un véritable acte d'exécution. Elle a donc un caractère mixte, et, suivant qu'on la considère sous l'un de ces points de vue, elle peut ou ne peut pas être faite en vertu d'un jugement non encore signifié, ou déjà frappé d'appel.

Dans les motifs de son arrêt du 23 mars 1868 (S. 68. 1. 328. — P. 68. 876. — D. 68. 1. 369), la chambre civile de la Cour suprême qualifiait la saisie-arrêt de « mesure purement conservatoire »; mais dans les motifs de son arrêt du 17 mars 1873 (S. 73. 1. 257. — P. 73. 636. — D. 74. 1. 33), la chambre des requêtes l'a considérée comme une mesure d'exécution. Notre arrêt prouve que la chambre civile persiste dans son appréciation; nous croyons que c'est à bon droit.

M. le conseiller Voisin faisait observer que « la saisie-arrêt, « immobilisant les fonds entre les mains du tiers saisi, peut avoir « pour conséquence la ruine du débiteur saisi, et que ce n'est « pas là le caractère d'un simple acte conservatoire ».

Est-ce que pareil fait ne se produirait pas au regard du créancier, si son gage pouvait disparaître par le seul effet de l'appel d'un débiteur de mauvaise foi?

Ce sont là des considérations que le législateur peut invoquer pour décréter qu'un jugement frappé d'appel pourra ou ne pourra pas servir de base à une saisie-arrêt; mais le juge n'a pas à s'y arrêter, il doit prendre la loi telle qu'elle est faite et l'appliquer sans se préoccuper des conséquences qu'elle peut entraîner. Or, il n'est pas douteux que, jusqu'au jugement qui la valide, la saisie-arrêt n'est qu'une mesure purement conservatoire; donc, elle peut être pratiquée avec un jugement non signifié ou frappé d'appel; ce jugement est l'œuvre d'un tribunal, et, à ce titre, il a certainement plus de valeur qu'une simple ordonnance de juge. L'arrêt déféré va jusqu'à dire que les effets d'exécution qui se produisent à la suite du jugement de validité sont dus, non à la saisie, qui serait impuissante à les engendrer, mais à ce jugement même, qui, seul, leur donne naissance. Cette argumentation n'a-t-elle pas quelque chose de subtil? S'il n'y avait pas de saisie, il n'y aurait pas de jugement, et n'est-il pas plus exact de dire, avec la Cour suprême, que la saisie elle-même devient une mesure d'exécution par l'effet du jugement qui la valide?

A la doctrine que nous défendons, on objecte en vain qu'un jugement frappé d'appel « est sans force, ni autorité, que, jusqu'à ce que l'appel soit vidé, il n'est qu'un simple acte de procédure ». V. en ce sens, Chauveau, sur Carré, *Lois de la proc. civ.*, et *Supplém.*, quest. 1928. — L'appel n'a qu'un effet, suspendre l'exécution si elle n'a pas été ordonnée provisoirement (C. proc., 457); mais le jugement n'en reste pas moins debout, il constitue un titre pour celui qui l'a obtenu, celui-ci peut s'en servir pour prendre inscription. V. notamment Paris, 23 juill. 1840 (S. 40. 2. 420. — P. 40. 2. 220. — D. 40. 2. 241); Bordeaux, 22 août 1854 (D. 55. 2. 123). Et il ne pourrait pas en faire usage pour pratiquer une saisie-arrêt? Mais, dit Chauveau, *loc. suprà cit.*, c'est exécuter le jugement que d'enlever à la partie condamnée la libre disposition de son bien!

Comme l'arrêt déféré le fait ressortir, la saisie-arrêt ne compromet le fond du droit vis-à-vis de qui que ce soit; « elle avertit seulement, sous les formes légales, le tiers auquel elle s'adresse de ne pas se dessaisir des sommes dont il est débiteur avant que la justice n'ait statué à leur égard; elle ne produit, au profit de celui qui la pratique, aucune appropriation, aucun droit exclusif ou privilégié sur lesdites sommes », et nous pouvons ajouter que le saisi en est toujours seul propriétaire.

Nous arrêterons-nous à l'argument tiré de ce que la saisie-arrêt est placée dans notre Code de procédure sous la rubrique « *Règles générales sur l'exécution forcée des jugements et actes* », et que son titre vient immédiatement après celui qui sert de préliminaire aux titres suivants et trace les règles de l'exécution générale des jugements? V. Roger, *Saisie-arrêt*, 2e édit., n. 2, p. 2.

Nous avons déjà dit que le jugement de validité transforme la saisie-arrêt en un acte d'exécution; donc le législateur a eu raison de lui assigner la place qu'elle occupe dans notre Code, et la seule conséquence à en tirer, c'est que le juge ne peut valider une saisie-arrêt pratiquée en vertu d'un jugement frappé d'appel, tant que ce jugement n'est pas confirmé. V. dans le sens de notre arrêt, Paris, 8 juill. 1808; Rennes, 24 avril 1815: Rouen, 14 juin 1828; 21 nov. 1845 (S. 46. 2. 522, — P. 46. 2. 698); Trib. civ. Bastia, 20 mars 1858 (D. 59. 3. 7); Bordeaux, 24 mai 1869 (S. 70. 2. 23. — P. 70. 200); Rennes, 21 août 1871 (S. 74. 2. 72. — P. 74. 344. — D. 75. 2. 20); Paris, 28 nov. 1879 et 11 mars 1880 (S. 80. 2. 213. — P. 80. 823); Bordeaux, 12 juill. 1880 (S. 81. 2. 106. — P. 81. 1. 577. — D. 80. 2. 232); Trib. civ. Seine (6e ch.), 29 nov. 1882, et 21 avril 1885 (*Gaz. du Pal.*, t. IV, 2e part. 344 et 85. 2. *Suppl.*, p. 30); Rennes, 8 juin 1885 et Trib. civ. Chambéry, 29 janv. 1885 (*Gaz. du Pal.*, 85. 2. 28); Trib. civ. Seine, 8 janv. 1886 (journ. *le Droit*, 3 mars 1886). — *Contrà*, Besançon, 3 mars 1809; Bourges, 17 mars 1826; Bordeaux, 28 août 1827; Rennes, 5 déc. 1836 (*Journ. des avoués*, t. LIII, p. 676); Douai, 10 déc. 1836 (S. 38. 2. 119. — P. 38. 2. 81. — D. 38. 2. 81); Paris, 23 juill. 1840 (S. 40. 2. 420. — P. 40. 2. 220. — D. 40. 2. 241); Bordeaux, 22 août 1854 (D. 55. 2. 123); Paris, 14 févr. 1866; 17 janv. 1867; 7 août 1873 (*Journ. des huiss.*, t. LXVII, p. 155; t. XLVIII. p. 166; t. LV, p. 24; Dalloz, *Jurispr. gén.*, v° *Saisie-arrêt*, n. 95; Bioche, *Dict. de proc.*, v° *Saisie-arrêt*, n. 26; Rousseau et Laisney, *Dict. de proc.*, v° *Saisie-arrêt*, n. 1).

Ainsi qu'on peut le remarquer par ces citations, plusieurs Cours, notamment celles de Bordeaux, Rennes et Paris, paraissent avoir abandonné définitivement leur ancienne doctrine pour adopter celle de la Cour suprême, qui s'affirme de jour en jour.

qu'il soutient en premier lieu qu'elle est insuffisante, non appuyée des justifications exigées par la loi, et que la Société Française doit, en vertu de l'art. 577, C. proc., être déclarée débitrice pure et simple des causes de la saisie; qu'il prétend en second lieu que cette déclaration est mensongère et frauduleuse; qu'elle constitue de la part de la Société Française un fait dolosif qui lui a occasionné un préjudice égal aux causes de la saisie et qui oblige ladite Société, aux termes des art. 1382 et 1383, C. civ., à le réparer; — Considérant qu'il y a lieu d'examiner ces deux griefs; — Sur le premier grief, tiré de l'insuffisance de la déclaration affirmative et du défaut de justification : — Considérant que les art. 573 et 574, C. proc., disposent que la déclaration énoncera le montant de la dette, l'acte ou les causes de la libération si le tiers saisi n'est plus débiteur, et que les pièces justificatives de la déclaration y seront annexées; — Considérant que, s'il est vrai que la Société Française a, sur les sommations réitérées qui lui ont été adressées, produit une copie de ses statuts et un extrait de ses livres, desquels il résulterait que le traitement personnel de Huet était exigible à l'avance, et qu'il lui avait été réellement versé à des époques antérieures à la saisie de Mazure, et si, sous ce rapport, il y a lieu d'admettre que certaines justifications aient été produites, il n'en a pas été de même relativement aux actions appartenant à Huet; qu'à leur égard la Société Française, après avoir confessé sa dette envers celui-ci en reconnaissant le fait de sa souscription, s'est abstenue d'en énoncer le montant; qu'elle a laissé dans le doute la question de savoir si elle était ou non sa débitrice, et que, pour le cas où elle soutiendrait avoir cessé de l'être, elle n'a pas fait connaître l'acte ou les causes de sa libération; que vainement, pour motiver son silence, elle voudrait se retrancher derrière une impuissance prétendue d'indiquer le sort d'actions au porteur cessibles par simple endossement et de les suivre dans les transmissions successives qu'elles ont pu subir; que ce langage, évidemment mensonger dans la bouche de Huet, est d'autant moins admissible que, dans l'assemblée générale du 16 déc. 1877, qui avait précédé de quelques jours la déclaration affirmative, de nouveaux statuts avaient été arrêtés qui supprimaient les titres de la première série, et leur substituaient des titres nominatifs ne pouvant plus être transmis que par voie de transfert sur les livres de la Société; qu'en vain la Société Française a offert et réitéré l'offre de soumettre ses livres à l'examen de la Cour, mais en refusant d'en donner communication à Mazure; que cette offre ne peut être accueillie, puisqu'il est de principe qu'aucune pièce ne peut être produite dans un procès sans être l'objet du contrôle et du débat contradictoire des autres parties; — Considérant, en conséquence, qu'à raison de ces réticences volontaires, de l'absence de justifications, de l'insuffisance des productions postérieures, enfin des réserves sous lesquelles les offres de communication ont été faites, la déclaration affirmative de la Société Française doit être considérée comme n'ayant pas satisfait aux conditions de la loi, et être assimilée tant à un défaut de déclaration qu'à une déclaration dénuée de pièces justificatives; que c'est donc à bon droit que les premiers juges lui ont fait application de l'art. 577, C. proc.;

« Sur le deuxième grief, tiré du caractère mensonger et frauduleux de la déclaration : — Considérant... (suivent d'autres motifs de fait); — ...Par ces motifs : — Confirme, etc. »

Pourvoi en cassation par Huet ès noms. — 1er *Moyen*. Violation et fausse application des art. 571 et suiv., 577, C. proc., en ce que l'arrêt attaqué a déclaré la Société Française, en sa qualité de tiers saisi, débitrice des causes de la saisie, alors qu'elle avait régulièrement fait sa déclaration affirmative et les justifications prescrites.

2e *Moyen*. Violation des art. 147, 457 et suiv., C. proc., en ce que l'arrêt attaqué a déclaré bonnes et valables des saisies-arrêts pratiquées en vertu d'un jugement qui n'avait été signifié ni à avoué ni à partie, qui était déjà frappé d'appel au moment où elles ont eu lieu, et qui a été postérieurement annulé en ce qui concernait l'exécution provisoire.

ARRÊT (*après délib. en la ch. du cons.*).

LA COUR : — Sur le premier moyen : — Attendu que, pour déclarer la Société Française responsable des causes de la saisie-arrêt pratiquée entre ses mains, par Mazure, sur toutes les sommes dont elle pouvait être débitrice envers Huet, l'arrêt attaqué s'est fondé non-seulement sur l'insuffisance de la déclaration affirmative faite par Huet, au nom et comme directeur de ladite Société, et sur le défaut de justifications, mais encore sur le caractère frauduleux et mensonger de ladite déclaration; qu'en se plaçant à ce second point de vue, l'arrêt fait l'évaluation du dommage causé à Mazure, dommage qu'il considère comme au moins égal aux causes de ladite saisie; que, dans ces circonstances, l'arrêt attaqué n'a violé aucun des articles invoqués par le pourvoi;

Sur le deuxième moyen : — Attendu que la saisie-arrêt est une mesure conservatoire qui peut être prise même en vertu d'un simple titre privé ou d'une permission de juge; qu'elle a uniquement pour but et pour effet d'empêcher le tiers saisi de se libérer au préjudice du saisissant, sous réserve de tous droits; qu'elle ne devient une mesure d'exécution que par l'effet du jugement de validité qui attribue au saisissant les sommes saisies et lui confère la faculté de contraindre le tiers saisi; — Attendu que les saisies-arrêts pratiquées par Mazure l'ont été en vertu d'un jugement; que ce jugement, bien que non encore signifié et déjà frappé d'appel, constituait un titre suffisant pour autoriser des saisies-arrêts qui, dans ces conditions, n'avaient que le caractère de mesures conservatoires; qu'en le jugeant ainsi, l'arrêt attaqué n'a violé ni l'art. 147, C. proc., ni l'art. 457 du même Code, ni aucune loi;

Sur le troisième moyen...; — Rejette, etc.

MM. Massé, prés.; Dareste, rapp.; Charrins, 1er av. gén. (concl. conf.); Mazeau et Chambareaud, av.

CASS.-CIV. 23 août 1881.

CHEMIN DE FER, PERTE, RESPONSABILITÉ (CLAUSE DE NON-), FAUTE, PREUVE, CONSTATATION INSUFFISANTE.

La clause de non-garantie, insérée dans un tarif spécial de chemin de fer, si elle n'affranchit point la Compagnie de la responsabilité de ses fautes ou de celles de ses agents, a du moins pour effet, contrairement aux règles ordinaires, d'en mettre la preuve à la charge du propriétaire de la marchandise (1) (C. civ., 6, 1134; C. com., 103).

Par suite, doit être cassé le jugement qui, pour condamner la Compagnie à rembourser le prix de paniers vides transportés gratuitement en retour d'une expédition antérieure de

(1) Plus de difficulté sur ce principe de jurisprudence constante. V. notamment Cass., 5 janv. 1881 (Pand. chr.); 8 févr. 1882 (Pand. chr.); 15 mars 1882 (S. 82. 1. 427. — P. 82. 1. 1030); 6 juin 1882 (S. 83. 1. 323. — P. 83. 1. 779. — D. 83. 1. 340); 3 janv. 1883 (S. 83. 1. 323. — P. 83. 1. 779. — D. 83. 1. 373); 9 mai 1883 (Pand. chr.); 11 févr. 1884 (Pand. chr.); 26 août 1884, (Pand. chr.); 22 avril 1885 (Pand. chr.); 9 et 29 mars (trois arrêts) 1886 (Pand. pér., 86. 1. 126), et les nombreux renvois en note. V. aussi pour plus de détails, notre *Dictionnaire de dr. comm., ind. et marit.*, t. II, v° *Chemin de fer*, n. 292 et suiv.

marchandises, et égarés en cours de route, donne pour tout motif que la perte « n'a pu être que le résultat de la négligence ou du défaut de surveillance de la part des agents ou préposés de la Compagnie », sans autre précision de circonstances caractéristiques de cette négligence ou de ce défaut de surveillance (1) (Id.).

(Chemin de fer de l'Est c. Desthorest). — ARRÊT.

LA COUR : — Statuant sur le moyen unique du pourvoi : — Vu le tarif spécial P. V., n. 53, des transports à petite vitesse de la Compagnie des chemins de fer de l'Est, portant que « la Compagnie décline toute espèce de responsabilité à raison de la perte des objets désignés dans ledit tarif et transportés gratuitement » ; — Attendu que, si une clause semblable ne peut avoir pour effet d'affranchir les Compagnies de chemins de fer de la responsabilité des fautes commises par elles ou leurs agents, elle a du moins pour résultat, en opposition aux règles ordinaires en matière de transports, de mettre la preuve de ces fautes à la charge des propriétaires de la marchandise ; — Attendu, en fait, que l'action de Desthorest tendait à faire condamner la Compagnie au payement, avec dommages-intérêts, du prix des paniers égarés, lesquels, d'après les constatations du jugement attaqué, avaient voyagé en franchise, aux conditions du tarif spécial P. V., n. 53; que cependant, et sans que Desthorest ait prouvé que la perte provenait de la faute de la Compagnie ou de ses agents, ni même articulé aucun fait constitutif d'une faute, le tribunal a condamné la Compagnie à payer la valeur des manquants, en se fondant uniquement sur ce que la disparition des objets qui lui avaient été confiés « n'a pu être que le résultat de la négligence ou du défaut de surveillance de la part de ses agents ou préposés » ; qu'en décidant ainsi, le jugement attaqué (Nancy, 23 févr. 1880) a violé la disposition ci-dessus visée du tarif de la Compagnie de l'Est, lequel a force de loi ; — Casse, etc.

MM. Massé, prés.; Legendre, rapp.; Charrins, 1er av. gén. (concl. conf.); Georges Devin, av.

CASS.-CIV. 24 août 1881.

JUGEMENT OU ARRÊT, QUALITÉS, RÈGLEMENT, COMPÉTENCE, VACATIONS (CHAMBRE DES), MATIÈRE URGENTE, COUR D'APPEL, PREMIER PRÉSIDENT.

Les membres de la chambre des vacations ont pouvoir de régler les qualités d'un jugement ou d'un arrêt, alors même qu'ils n'y ont pas concouru; c'est là un acte d'une nature urgente (2) (C. proc., 145).

Ce même pouvoir appartient au premier président de la Cour d'appel, en vertu du droit dont il est investi de présider toutes les chambres et, par conséquent, la chambre des vacations (3) (C. proc., 145; Décr. 30 mars 1808, art. 40).

(Saudino c. Piona et autres). — ARRÊT (*après délib. en la ch. du cons.*).

LA COUR : — Attendu que, quelque absolues que soient les dispositions de l'art. 145, C. proc., elles ne peuvent être considérées comme ayant été violées dans les cas où leur application a été légalement impossible; — Attendu que, pendant les vacances des tribunaux, la chambre des vacations et les magistrats qui la composent étant, pour toutes les matières urgentes, investis des pouvoirs de juridiction qui, pendant l'année judiciaire, appartiennent à tous les membres d'une Cour ou d'un tribunal, les magistrats qui ne font pas partie de cette chambre se trouvent empêchés de procéder aux actes qui, en temps ordinaire, seraient de leur compétence exclusive; qu'il suit de là que les membres de la chambre des vacations ont pouvoir de régler les qualités d'un jugement ou d'un arrêt, alors même qu'ils n'y ont pas concouru, le règlement des qualités d'une décision judiciaire étant de sa nature une matière urgente; que, s'il en était autrement, le cours de la justice se trouverait interrompu pendant les vacations, inconvénient auquel a eu pour but d'obvier l'institution d'une chambre spéciale, chargée de pourvoir, dans les cas urgents, aux nécessités du service judiciaire; — Attendu que le premier président d'une Cour d'appel a le droit de présider toutes les chambres et par conséquent la chambre des vacations, dont,

---

(1) V. dans des espèces analogues, Cass., 24 janv. 1876 (S. 76. 1. 80.—P. 76. 166.—D. 77. 5. 91); 8 févr. 1882 (Pand. chr.); 9 mai 1883 (Pand. chr.); 11 févr. 1884 (Pand. chr.).

(2) Le règlement des qualités d'un jugement ou d'un arrêt est nul lorsqu'il est fait par un magistrat qui n'a pas concouru au jugement ou à l'arrêt. Voilà un principe qui ne se discute même plus. V. Cass., 26 août 1884 (Pand. chr.), et les renvois. — Mais ce règlement entre dans la catégorie des affaires de nature urgente. A ce titre, il relève incontestablement de la compétence de la chambre des vacations et des magistrats qui la composent. V. Cass., 22 août 1855 (motifs implicites) (S. 56. 1. 523.— P. 55. 2. 560. — D. 55. 1. 354); 27 juill. 1858 (motifs implic.) (P. 59. 1088. — D. 58. 1. 389); Douai, 19 janv. 1884, en sous-note (*a*).

Il y a encore un cas plus rare dans lequel les qualités devront forcément être réglées par d'autres magistrats que ceux qui ont concouru au jugement ou à l'arrêt; c'est celui où ces derniers magistrats seraient tous décédés, ou bien auraient tous cessé leurs fonctions. V. Paris, 22 juill. 1876 (Pand. chr.), et la note.

(3) L'exclusion prononcée contre les magistrats qui n'ont point participé à la sentence rendue s'applique aux premiers présidents des Cours d'appel comme à tous autres magistrats; le rang plus élevé ne constitue pas ici un motif d'exception (V. notamment Cass., 6 août 1879, S. 81. 1. 400. — P. 81. 1. 1038. — D. 79. 5. 255; 26 août 1884, Pand. chr. Dans ces espèces, la nullité des qualités et des arrêts a été prononcée bien que les règlements fussent l'œuvre de premiers présidents). — Mais si la situation des premiers présidents n'est pas meilleure, elle n'est pas plus désavantageuse que celle des autres magistrats. Tout au contraire, car les premiers présidents sont expressément investis par la loi du pouvoir de présider toutes les chambres, la chambre des vacations comme les chambres ordinaires (V. Cass., 15 janv. 1834, S. 34. 1. 1. — P. chr.; 15 mai 1839, S. 39. 1. 514. — P. 39. 1. 667; 20 déc. 1875, S. 76. 1. 160. — P. 76. 1. 378. — D. 76. 1. 157; 8 mars 1880, S. 81. 1. 1. 32.—P. 81. 1. 50.—D. 80. 1. 260; 20 juill. 1880, S. 81. 1. 248. — P. 82. 1. 604. — D. 81. 1. 179). Un règlement de qualités fait, pendant les vacances, par un premier président est donc valable comme fait par le président de la chambre des vacations. V. Douai, 19 janv. 1884, en sous-note (*a*).

Toutefois il a été jugé que le premier président n'a pas qualité pour régler, pendant les vacances de Pâques, les qualités d'un arrêt auquel il n'a pas concouru : Cass., 27 juill. 1869 (Pand. chr.). — Cette décision ne nous paraît plus en rapport avec le motif décisif de la solution ci-dessus. Pourquoi les règlements de qualités peuvent-ils s'effectuer pendant les vacations? *A cause de l'urgence.* Or l'urgence ne se mesure pas absolument ni à la période des vacances, ni à leur durée. L'urgence peut être de quelques jours, comme de plusieurs mois. Pendant les vacances de Pâques, la chambre de service remplit les mêmes fonctions que lors des grandes vacances; elle pourvoit aux affaires *urgentes*; elle peut, à notre avis et conformément à la doctrine ci-dessus, procéder aux règlements de qualités. — Faisons d'ailleurs observer que l'arrêt précité de 1869 ne contient pas l'ombre d'un motif susceptible de justifier une différence entre les deux situations.

(*a*) Cet arrêt de Douai (2e ch.), en date du 19 janv. 1884, *aff.* Despinois c. Hartog-Cahen, est conçu dans les termes suivants :

LA COUR : — Attendu que les qualités du jugement rendu le 28 août 1883 par la deuxième chambre civile du tribunal civil de Lille ont été compétemment réglées le 7 sept. suivant par le président de la chambre des vacations, bien que ce magistrat n'ait pas concouru au jugement; que le règlement des qualités est urgent de sa nature; que la chambre des vacations et son président sont, pour toutes les affaires urgentes, investis des pouvoirs de juridiction pour les actes qui, pendant l'année judiciaire, sont de la compétence exclusive des autres membres du tribunal, et auxquels ces derniers, par le fait même des vacances, sont empêchés de procéder; que, s'il n'en était pas ainsi, le cours de la justice serait chaque année interrompu pendant les mois de sept. et oct.; qu'il n'échet, dès lors, de prononcer la nullité du jugement dont est appel; — Par ces motifs, etc.

M. Duhem, prés.

aux termes de l'art. 40 du décret du 30 mars 1808, il doit faire l'ouverture; que M. le premier président de la Cour de Chambéry était donc compétent pour faire, le 1er sept., le règlement des qualités de l'arrêt attaqué, bien qu'il n'y eût pas concouru, et qu'en procédant ainsi, il n'a pas contrevenu aux dispositions de l'art. 145, C. proc.; — Rejette, etc.

MM. Massé, prés.; Blondel, rapp.; Charrins, 1er av. gén. (concl. conf.); Boivin-Champeaux, av.

CASS.-CIV. 28 décembre 1881.

CHOSE JUGÉE, SOLIDARITÉ, DÉBITEUR, CAUTION, EXCEPTION PERSONNELLE, FRAUDE (ABSENCE DE), TRIBUNAL DE COMMERCE.

La chose jugée avec l'un des codébiteurs solidaires est opposable à tous les autres codébiteurs; chacun des codébiteurs étant considéré comme le contradicteur légitime du créancier et le représentant nécessaire de ses coobligés (1) (C. civ., 1203, 1208, 1351).

Ces principes régissent également les rapports entre la caution solidaire et le débiteur principal; ce qui est jugé avec le débiteur principal est opposable à la caution (2) (C. civ., 2021).

Il en est ainsi, du moins, lorsque la caution solidaire à laquelle le jugement est opposé n'invoque, de son chef, aucune exception personnelle, ni aucun fait de fraude ou de collusion (3) (Id.).

A plus forte raison en est-il encore ainsi, lorsque les moyens ou exceptions opposés par la caution, ne sont autres que ceux déjà invoqués par le débiteur et rejetés par le jugement (4) (Id.).

Et il importe peu, d'ailleurs, que le jugement invoqué contre la caution devant la juridiction civile ait été rendu par un tribunal de commerce (Id.).

(Consorts Pillon c. Ibry). — ARRÊT.

LA COUR : — Attendu qu'il résulte des qualités de l'arrêt attaqué que Pillon était la caution solidaire de Roger-Bossy, débiteur d'Ibry; qu'aux termes de l'art. 2021, C. civ., lorsque la caution s'est engagée solidairement avec le débiteur principal, son engagement se règle par les principes qui ont été établis pour les dettes solidaires; — Attendu qu'en matière d'obligations solidaires, et en raison même de la nature de ces obligations, chacun des codébiteurs solidaires, qui peut, aux termes de l'art. 1203, C. civ., être poursuivi seul pour la totalité de la dette, et qui a le droit, aux termes de l'art. 1208 du même Code, d'opposer au créancier toutes les exceptions qui résultent de la nature de l'obligation, doit être considéré comme le contradicteur légitime du créancier et le représentant nécessaire de ses coobligés; que, dès lors, la chose jugée avec l'un des codébiteurs solidaires est opposable à tous les autres codébiteurs; que c'est donc à bon droit que l'arrêt attaqué a décidé, dans l'espèce, que les consorts Pillon n'opposant, du chef de leur auteur, au créancier, ni une exception personnelle à la caution, ni des faits de fraude ou de collusion, la chose jugée avec le débiteur principal devait être réputée avoir été jugée avec la caution, avec d'autant plus de raison que l'arrêt attaqué constate en fait que les exceptions opposées par la caution au créancier, n'étaient autres que celles déjà proposées par le débiteur et jugées avec lui; qu'il importe peu, d'ailleurs, que le jugement opposé par le créancier à la caution solidaire ait été rendu par un tribunal de commerce; que ce tribunal se trouvant compétent dans les relations du débiteur avec le créancier, le jugement qu'il avait rendu avait acquis l'autorité de la chose jugée, non-seulement vis-à-vis du débiteur, mais encore vis-à-vis de la caution; que, dès lors, en décidant, en cet état de la cause, que la chose jugée avec Roger-Bossy était opposable à Pillon, l'arrêt attaqué, loin d'avoir violé les art. 1350 et 1351, C. civ., en a fait, au contraire, une saine application; — Rejette, etc.

MM. Mercier, 1er prés.; Bernard, rapp.; Desjardins, av. gén.; Pérouse et Renault-Morlière, av.

(1-2) La question est des plus controversées; elle a donné lieu à trois systèmes différents. Deux se partagent la jurisprudence; le troisième se recommande de l'autorité de jurisconsultes éminents.

Dans le premier système, les jugements rendus entre le créancier et l'un des débiteurs solidaires n'ont, en aucun cas, l'autorité de la chose jugée vis-à-vis des autres codébiteurs; l'issue du procès n'est pas à considérer; la solution reste la même, que le débiteur qui était en cause ait perdu ou gagné. V. en se sens, Cass., 15 janv. 1839 (Pand. chr.); Limoges, 19 déc. 1842 (S. 43. 2. 495).

D'après le second système, et c'est celui auquel se rallie l'arrêt ci-dessus rapporté, la chose jugée entre le créancier et l'un des débiteurs solidaires est, toujours et dans tous les cas, opposable aux autres débiteurs demeurés étrangers à l'instance, ou peut être invoquée par eux, quelle qu'ait été la solution intervenue; chacun des codébiteurs est alors considéré comme le contradicteur légitime du créancier et le représentant nécessaire de ses coobligés. V. Bourges, 18 mai 1859 (S. 60. 1. 335. — P. 60. 144); Dijon, 28 déc. 1871 (S. 72. 2. 18. — P. 72. 193. — D. 72. 2. 194). — V. aussi, depuis notre arrêt, Cass., 1er déc. 1885 (Pand. chr.); Alger, 7 déc. 1885 (Pand. chr.), et les notes. — Cette opinion est donc celle qui peut être considérée comme ayant définitivement triomphé en jurisprudence.

Enfin, vient entre ces deux opinions extrêmes une sorte de transaction proposée par les auteurs. Le bénéfice des jugements rendus en faveur de l'un des débiteurs solidaires pourra toujours être invoqué par les autres codébiteurs qui n'avaient point été mis en cause; mais les condamnations prononcées contre lui ne leur seront jamais opposables. V. notamment, MM. Aubry et Rau, t. VIII, p. 380, § 769, texte et note 52.

L'arrêt ci-dessus rapporté a été rendu non point entre le créancier et l'un des codébiteurs, mais entre le créancier et la caution tenue solidairement avec le débiteur. Cette situation de fait ne pouvait exercer aucune influence sur les règles de droit à appliquer, puisque aux termes de l'art. 2021, C. civ., dont l'arrêt vise expressément la disposition, l'effet des engagements de la caution solidaire se règle d'après les principes établis pour les dettes solidaires.

(3) V. conf., Dijon, 28 déc. 1871 (S. 72. 2. 18. — P. 72. 193. — D. 72. 2. 194); Cass., 1er déc. 1883 (Pand. chr.).

(4) Cette solution est la conséquence nécessaire du principe ci-dessus reconnu.

1882

CASS.-CIV. 18 janvier 1882.

CHEMIN DE FER, MARCHANDISES, RÉCEPTION, PRIX, PAYEMENT, RÉSERVES, REMBOURSEMENT, TARIF, FAUSSE APPLICATION, DÉSISTEMENT, ACTION EN JUSTICE.

Une Compagnie de chemins de fer ne peut se refuser à livrer la marchandise au destinataire qui offre de payer le prix du transport, mais sous réserve de se faire rembourser tout excédant en cas de fausse application des tarifs (1) (C. comm., 104, 106).

Sauf à la Compagnie à contraindre le destinataire à se désister de ses réserves après le délai nécessaire pour les vérifications ou à subir à ses risques et périls une appréciation judiciaire de ses prétentions (Id.). — Rés. par le jugement et l'arrêt attaqués.

(Chemin de fer de Paris-Lyon-Méditerranée c. Jeanton et autres).

29 janv. 1879, jugement du tribunal de commerce d'Aix, ainsi conçu : — « LE TRIBUNAL : — .....Attendu qu'il y a eu exagération de la part de la Compagnie à vouloir que les réserves faites contre elle fussent appréciées immédiatement et à retenir la marchandise si les réserves n'étaient pas retirées ; qu'un destinataire de marchandises ne reçoit qu'un titre incomplet et que les tarifs sont trop compliqués pour que le destinataire puisse se rendre compte immédiatement de l'exacte appréciation des tarifs; que la délivrance des marchandises arrivées en gare doit s'effectuer, dans l'intérêt du commerce, avec une célérité qui ne saurait se concilier avec les vérifications à faire dans le cas où il peut y avoir lieu à réclamation, et avec les pourparlers et explications qui peuvent suivre la vérification ou la réclamation ; que la Compagnie doit donc livrer la marchandise en l'état des réserves, sauf à contraindre immédiatement celui qui les a faites ou à s'en désister après le délai nécessaire pour les vérifications à faire, ou à subir à ses risques et périls une appréciation judiciaire de la prétention qu'il aura réservée, etc. ». — Appel.

29 mai 1879, arrêt confirmatif de la Cour d'Aix.

Pourvoi en cassation par la Compagnie Paris-Lyon-Méditerranée. — *Moyen unique*. Violation de l'art. 1382, C. civ., 104 et 106, C. comm. ; 16 des conditions d'application des tarifs généraux de la Compagnie exposante.

ARRÊT.

LA COUR : — Sur le moyen unique du pourvoi : — Attendu que, sur l'offre faite par les destinataires de payer le prix du transport réclamé, sous réserves de se faire rembourser en cas de fausse application des tarifs, la Compagnie a refusé la livraison sous prétexte que la vérification devait être immédiate et préalable; — Attendu que ces réserves n'étaient que la manifestation légitime d'un droit ; que dès lors l'arrêt attaqué, en condamnant la Compagnie Paris-Lyon-Méditerranée à livrer des marchandises transportées en l'état des réserves faites par les destinataires, n'a pu violer les art. 104 et 106, C. com., visés par le pourvoi ; — Rejette, etc.

MM. Mercier, 1er prés.; Blondel, rapp.; Charrins, 1er av. gén. (concl. conf.); Dancongnée et Sabatier, av.

CASS.-CRIM. 27 janvier 1882.

VENTE DE MARCHANDISES, TROMPERIE, MANOEUVRES, INDICATIONS (INSUFFISANCE DES).

Le jugement qui prononce une condamnation pour tromperie sur la quantité de la marchandise, par des manœuvres ou procédés tendant à fausser l'opération du pesage ou à augmenter frauduleusement le poids de la marchandise, doit spécifier et préciser, autrement que par la simple énonciation du délit, les circonstances de la tromperie, les manœuvres employées (2) (L. 27 mars 1851 ; C. pén., 423; L. 20 avril 1810, art. 7).

(Thiébault). — ARRÊT.

LA COUR : — Sur le moyen présenté d'office, et sur le deuxième moyen du pourvoi pris d'une violation des art. 1er de la loi du 27 mars 1851, 423, C. pén., et 7 de la loi du 20 avr. 1810 : — Vu lesdits articles ; — Attendu, en fait, que Thiébault était traduit devant la juridiction correctionnelle, pour avoir trompé ou tenté de tromper l'acheteur sur la quantité de la marchandise vendue ; — Attendu que l'arrêt attaqué s'est borné à adopter les motifs du jugement du tribunal correctionnel de la Seine, qui avait condamné le prévenu à 50 francs d'amende ; que ce jugement déclare simplement « qu'il résulte des documents de la cause et des débats que le sieur Thiébault a trompé l'acheteur sur la quantité de la marchandise vendue, et ce, par des manœuvres ou des procédés tendant à fausser l'opération du pesage ou à augmenter frauduleusement le poids de la marchandise » ; — Attendu, en droit, que cette déclaration est insuffisante pour justifier la condamnation qui a été prononcée, qu'elle ne fait pas connaître les circonstances dans lesquelles le prévenu aurait trompé l'acheteur, et quels sont les procédés ou manœuvres qu'il a employés pour fausser l'opération du pesage ; qu'elle ne permet pas, dès lors, à la Cour de cassation d'exercer son droit de contrôle et de vérifier si les procédés ou manœuvres auxquels le prévenu a eu recours tombaient sous l'application de l'art. 1er de la loi du 27 mars 1851 et de l'art. 423, C. pén. ; d'où il suit que ces dispositions de loi ont été violées ; — Casse l'arrêt de la Cour de Paris, en date du 7 nov. 1881.

MM. Barbier, prés.; Sallantin, rapp.; Tappie, av. gén. (concl. conf.) ; Michaux-Bellaire, av.

---

(1) V. sur cette importante solution, nos observations dans la note 4 sous Cass., 25 juin 1884 (Pand. chr.). V. aussi, quant au caractère obligatoire des réserves relatives au retard dans la livraison des marchandises, Cass., 28 mars 1882 (Pand. chr.), et la note.

(2) Jurisprudence constante. V. Cass., 31 juill. 1862 (*Bull. crim.*, n. 187); 7 août 1862 (*ibid.*, n. 196); 26 mars 1874 (*ibid.*, n. 93); 20 juin 1879 (*ibid.*, n. 126). — V. aussi Cass., 30 déc. 1881 (Pand. chr.), et les renvois.

CASS.-CRIM. 2 février 1882.

MINES, ENFANTS, TRAVAIL DE NUIT, INTERDICTION, LOI DE 1874.

La prohibition absolue du travail de nuit des enfants dans les mines, rentre dans l'interdiction générale que prononce l'art. 4 de la loi du 19 mai 1874, de tout travail de nuit des enfants n'ayant pas l'âge de seize ans révolus (1) (L. 17 mai 1874, art. 4).

(Proc. gén. de Douai c. Bureau). — ARRÊT.

LA COUR : — Vu les art. 1er, 4 et 7 de la loi du 19 mai 1874 ; — Attendu qu'il est constant en fait que Bureau, directeur des mines de Fléchinelles, a fait travailler, pendant la nuit du 11 févr. 1881, le jeune Jules Dupuis, âgé de douze ans et demi, dans une des galeries souterraines desdites mines, et qu'en remontant par les boiseries, cet enfant a fait une chute à la suite de laquelle il est mort; que, traduit à raison de ce fait devant la juridiction correctionnelle pour homicide par imprudence et contravention à l'art. 4 de la loi du 19 mai 1874, Bureau a été condamné par le juge du premier degré; mais que, sur son appel, il a été relaxé des poursuites, par le motif que, d'une part, il n'aurait commis aucune imprudence, et que, d'autre part, la loi du 19 mai 1874 ne prohiberait pas le travail de nuit des enfants dans les mines; — Attendu qu'en statuant ainsi, l'arrêt attaqué a faussement interprété le texte et l'esprit de la loi précitée; qu'en effet, à la différence de la loi du 22 mars 1841, qui ne comprenait pas les mines dans l'énumération des établissements auxquels elle était applicable, la loi du 19 mai 1874 dispose, dans son art. 1er, que les enfants ne pourront être employés à un travail industriel, non-seulement dans les manufactures, fabriques, usines et ateliers, mais encore dans les mines, que sous les conditions déterminées dans ladite loi ; — Attendu, dès lors, que les principes posés dans cette loi doivent être appliqués d'une manière générale au travail industriel des enfants, que ce travail ait lieu dans les galeries souterraines des mines ou dans les manufactures et autres établissements énumérés dans l'art. 1er ; — Attendu que l'art. 4 porte que les enfants ne pourront être employés à aucun travail de nuit jusqu'à l'âge de seize ans révolus; que c'est là une règle générale qui s'étend à tous les genres de travaux prévus par la loi, à moins d'une disposition contraire; — Attendu que, si l'art. 6 contient une dérogation à cette règle et permet, dans les usines à feu continu, d'employer des enfants pendant la nuit, ce n'est là qu'une exception imposée par les conditions spéciales dans lesquelles fonctionnent ces usines, et limitée d'ailleurs aux travaux indispensables; qu'en dehors de ce seul cas, expressément prévu par la loi, le principe général posé dans l'art. 4 doit recevoir son application; — Attendu, il est vrai, qu'une exception de même nature avait été insérée dans l'art. 7 du projet primitif soumis à l'Assemblée nationale, lequel réglementait l'emploi des enfants dans les travaux souterrains des mines, minières et carrières, mais que le paragraphe de cet article, qui assimilait ces établissements aux usines à feu continu, n'a pas été reproduit dans le texte définitif de la loi ; que, quels qu'aient été les motifs qui ont amené la suppression de cette disposition, il n'est plus possible, en présence de la rédaction actuelle de l'art. 7, de prétendre que l'exception primitivement proposée doit recevoir encore son application; qu'il faut reconnaître, au contraire, que la règle générale formulée dans l'art. 4 doit reprendre son empire, et qu'elle s'étend à tous les enfants employés dans les divers établissements énumérés dans l'art. 1er; — Attendu que c'est par ce motif que le décret du 12 mai 1875, qui a fixé la durée et la nature du travail des enfants dans les mines, ne s'est pas occupé du travail de nuit; que ce genre de travail étant prohibé d'une façon absolue par la loi elle-même, le règlement d'administration publique intervenu en vertu de cette loi ne pouvait contenir sur ce point aucune disposition; — D'où il suit qu'en prononçant la relaxe du prévenu, par le motif qu'il n'aurait commis aucune infraction aux prescriptions de la loi du 19 mai 1874, l'arrêt attaqué a faussement interprété ladite loi et en a violé les dispositions; — Casse et annule l'arrêt rendu par la Cour d'appel de Douai, le 14 juin 1881 (V. à la note); — Et, renvoie la cause et le prévenu devant la Cour d'appel d'Amiens.

MM. Barbier, prés.; Sallantin, rapp.; Tappie, av. gén.

CASS.-CIV. 8 février 1882.

CHEMIN DE FER, RESPONSABILITÉ (CLAUSE DE NON-), FAUTE, PREUVE, CONSTATATION INSUFFISANTE, VÉRIFICATION, IMPOSSIBILITÉ.

La clause de non-garantie des avaries de route, insérée dans un tarif spécial de chemin de fer, si elle n'affranchit point la Compagnie de la responsabilité de ses fautes ou de celles de ses agents, a du moins pour effet, contrairement au droit commun, d'en mettre la preuve à la charge des expéditeurs ou destinataires (2) (C. civ., 6, 1134; C. comm., 103).

Et cette preuve ne résulte pas d'un jugement qui se contente d'affirmer l'existence de la faute de la Compagnie dérivant d'un prétendu manque de soins, sans précision des faits constitutifs de cette faute (3) (Id.).

---

(1) La Cour de cassation nous paraît avoir fait une exacte interprétation de la portée d'application de la loi du 19 mai 1874, sur le travail des enfants. Toutefois la question est délicate, susceptible de soulever encore des contradictions. A ce point de vue, il peut être utile de reproduire l'argumentation de l'arrêt de Douai du 14 juin 1881, bien que cet arrêt soit l'arrêt cassé. En voici les motifs : — « La Cour : — Attendu que, si l'art. 1er de la loi du 19 mai 1874, portant : « Les enfants ne peuvent être employés à un travail industriel dans les manufactures, fabriques, usines..., que sous les conditions déterminées par la présente loi », semble indiquer que l'art. 4 de ladite loi défendant, pour les enfants mineurs de seize ans, tout travail ayant lieu après neuf heures du soir, ne fait aucune exception pour les mines, il n'en est pas moins vrai que la section 3 de ladite loi (art. 7) déclare positivement que les conditions spéciales du travail des enfants de douze à seize ans dans les galeries souterraines seront déterminées par des règlements d'administration publique; qu'en outre il résulte tant de l'esprit de cette section 3 que des travaux préparatoires de la loi, que le législateur a entendu renvoyer à l'Administration toutes les questions relatives au travail des enfants dans les mines, y compris le travail de nuit; qu'en effet, le rapporteur de la commission chargée d'étudier le projet de la loi déclare formellement que certaines dispositions de ce projet, comme celles relatives au travail de nuit, ne peuvent utilement s'appliquer aux exploitations des houillères et des mines, et que la commission a dû laisser à des règlements d'administration publique le soin de déterminer toutes les conditions spéciales du travail des mineurs de seize ans dans les exploitations souterraines; — Attendu que le décret en forme de règlement d'administration publique, en date du 12 mai 1875, rendu en exécution de la loi du 19 mai 1874, n'interdit pas pour les enfants de douze à seize ans le travail de nuit dans les galeries souterraines et se borne à réglementer la nature et les modalités de ce travail; qu'il résulte de ce qui précède que Bureau n'a commis aucune infraction aux dispositions réglant le travail des enfants dans les mines; — Par ces motifs : — Réformant le jugement dont est appel; — Acquitte Bureau. »

(2) Principe constant. V. notamment, 5 janv. 1881 (Pand. chr.); 23 août 1881 (Pand. chr.), et les renvois. V. aussi, Cass., 9 et 29 (trois arrêts) mars 1886 (Pand. pér., 86. 1. 226), et la note.

(3) V. dans le même sens, Cass., 23 août 1881 (Pand. chr.); 9 mai 1883 (Pand. chr.), et les renvois.

La Compagnie, d'ailleurs, ne saurait être réputée avoir mis le destinataire dans l'impossibilité d'administrer la preuve alléguée (1) *soit parce qu'elle aurait fait décharger le wagon adressé en gare avant d'avoir prévenu le destinataire* (2) (Id.).

Soit parce qu'elle aurait fait camionner la marchandise à domicile avant toute vérification et sans y être autorisée (3) (Id.).

(Chem. de fer de l'Est c. Sauvageot et autres). — ARRÊT.

LA COUR : — Sur le moyen unique du pourvoi : — Vu le tarif spécial à petite vitesse Est, n. 5, et Ouest, n. 45, commun aux deux Compagnies; — Attendu qu'il est constaté, en fait, par le jugement attaqué, que la marchandise, objet du litige, avait été transportée en tarif spécial Est, n. 5, Ouest, n. 45, commun aux deux Compagnies, aux termes duquel les Compagnies ne sont pas, en principe, responsables des avaries de route; — Attendu que, si cette stipulation n'a pas pour effet d'affranchir les Compagnies des conséquences d'une faute qu'elles auraient commise, la preuve de cette faute incombe à celui qui l'allègue; — Attendu, dans l'espèce, que le jugement attaqué s'est contenté d'affirmer l'existence d'une faute de la Compagnie de l'Est dérivant, suivant lui, d'un manque de soins, sans préciser les faits qui seraient constitutifs de cette faute; — Attendu, d'autre part, que le jugement attaqué a fait grief à la Compagnie d'avoir mis le propriétaire de la marchandise dans l'impossibilité de faire la preuve qui lui incombait, en se fondant uniquement sur cette double circonstance, que la Compagnie aurait fait décharger le wagon adressé en gare avant d'avoir prévenu le destinataire, et fait camionner la marchandise à domicile avant toute vérification et sans y être autorisée; — Mais attendu que, non-seulement rien, dans les règlements et arrêtés ministériels, n'oblige les Compagnies à différer le déchargement de leurs marchandises, mais que le déchargement constituait au contraire, dans l'espèce, une opération à la charge exclusive de la Compagnie, dérivant directement des obligations du contrat de transport, et dont l'exécution est nécessairement préalable à la livraison; — Attendu qu'à supposer que la Compagnie ait camionné à domicile avant l'expiration des délais réglementaires, cette circonstance ne serait pas de nature à constituer la faute génératrice de l'avarie, puisqu'il est constaté en fait, par le jugement attaqué, que l'avarie existait déjà à ce moment; qu'elle était, d'autre part, sans relations avec le prétendu obstacle qu'aurait apporté la Compagnie aux droits de défense du destinataire; — D'où il suit qu'en déclarant, à raison de ces faits, la Compagnie responsable de l'avarie, le jugement attaqué a violé la disposition du tarif spécial précité; — Casse, etc.

MM. Mercier, 1er prés.; Bernard, rapp.; Desjardins, av. gén. (concl. conf.); Georges Devin, Bosviel et Massénat-Deroche, av.

CASS.-REQ. **15 février 1882.**

COMPÉTENCE COMMERCIALE, LETTRE DE CHANGE, AUTORISATION DE TIRER, GARANTIE, TIRÉ, TIREUR, TIERS PORTEUR.

Le client qui autorise un huissier à faire traite sur lui pour le recouvrement de frais ou honoraires dus à cet officier ministériel, transforme sa dette, à l'origine d'un caractère purement civil, en un engagement essentiellement commercial et se soumet par là, en cas de non-payement à l'échéance, à la juridiction commerciale (4) (C. com., 631, 632).

Si donc le tiers porteur de l'effet protesté assigne le tireur et le tiré devant le tribunal de commerce du tireur, et que le tireur assigne à son tour le tiré en garantie devant le même tribunal, ce dernier ne saurait être admis, sous prétexte d'in-

---

(1) Si l'impossibilité d'administrer la preuve résultait des agissements de la Compagnie, la solution serait différente. Il y aurait lieu à retenue de la responsabilité. V. Cass., 4 févr. 1874 (S. 74. 1. 167. — P. 74. 406. — D. 74. 1. 301); 24 nov. 1875 (Pand. chr.); 15 mai 1876 (S. 77. 1. 128. — P. 77. 293. — D. 76. 1. 448); 10 déc. 1878 (motifs) (S. 79. 1. 225. — P. 79. 540. — D. 79. 1. 53).

(2) Les Compagnies ne sont point tenues de prévenir les destinataires de l'arrivée des expéditions ou marchandises par l'envoi d'une lettre d'avis. V. Cass., 2 déc. 1873 (S. 74. 1. 35. — P. 74. 56. — D. 74. 1. 63); 14 janv. 1880 (S. 80. 1. 315. — P. 80. 749. — D. 80. 1. 160); 23 févr. 1881 (Pand. chr.); 29 nov. 1881 (S. 82. 1. 132. — P. 82. 1. 284. — D. 81. 5. 52); 8 juin 1886 (Pand. pér., 86. 1. 162), et les renvois. *Adde*, notre *Dictionnaire de dr. comm., ind. et marit.*, t. II, v° *Chemin de fer*, n. 245 et suiv.

(3) Les Compagnies ne sont point non plus tenues de procéder à une vérification des marchandises, avant d'en opérer le camionnage.

(4) Quand la lettre de change a été souscrite en remplacement d'une obligation civile, une distinction est nécessaire :

Si les parties ont entendu réellement faire novation et étendre une convention antérieure au moyen d'un contrat de change loyalement et sérieusement exécuté, la lettre de change doit produire tout l'effet des lettres de change ordinaires. V. Colmar, 22 nov. 1815; Cass., 15 mai 1839 (P. 39. 2. 257); Nouguier, *Lettre de change*, t. II, n. 1371. — C'est ainsi qu'il a été jugé que l'autorisation qu'un débiteur donne à son créancier de tirer sur lui une lettre de change en l'acquit d'une dette civile, a pour effet de substituer à l'obligation primitive une opération de change dont la nature et la forme essentiellement commerciales rendent le tiré justiciable du tribunal de commerce en cas de non-payement de l'effet à l'échéance : Cass., 18 avril 1866 (Pand. chr.); Nouguier, t. II, n. 1398.

Mais s'il est reconnu que la lettre de change n'a eu pour cause que de fournir au créancier un titre pour une créance ordinaire non constatée du tout ou insuffisamment constatée, et que l'obligation a revêtu cette forme sans la participation du débiteur, en dehors de toute autorisation ou acceptation de sa part, le tiré non commerçant ne devient pas justiciable du tribunal de commerce, parce que le caractère de son obligation n'a pas pu être modifié contre son assentiment. V. Angers, 10 févr. 1865 (S. 65. 2. 163. — P. 65. 719); Paris, 13 déc. 1875 (*Journ. des trib. de commerce*, 76. 272).

V. au surplus, sur toutes ces questions, notre *Dictionnaire de dr. commerc., ind. et marit.*, t. V, v° *Lettre de change*, n. 840 et suiv.

Dans cette affaire, un point avait dominé tout le débat; tout l'effort de la discussion s'y était porté. L'arrêt n'a pas cru cependant devoir s'y arrêter et l'examiner tout au moins d'une manière explicite. Quelle est, en matière de lettre de change, la valeur d'une acceptation par lettre missive, et quels sont les effets de cette acceptation, lorsque l'engagemennt ainsi pris l'a été non envers le porteur, mais envers le tireur?

En fait, le débiteur, avait autorisé son créancier à disposer sur lui; l'autorisation avait été donnée purement et simplement sans condition; le tireur s'y était immédiatement conformé et avait fait traite au profit d'un tiers. La rétractation du débiteur n'était intervenue qu'après la création de l'effet, alors que l'autorisation était devenue irrévocable.

En droit, la grande majorité des auteurs admet la régularité d'une acceptation par lettre missive. V. not. Locré, sur l'art. 122, C. comm., p. 96; Merlin, *Rép.*, v° *Lettre de change*, § 4, n. 10; Pardessus, *Contr. de change*, n. 367; Vincens, *Législat. commerc.*, t. I, p. 260, n. 18; Nouguier, *op. cit.*, n. 483; Em. Ollivier, *Rev. prat.*, t. V, p. 218 et suiv.; Hérisson, *même Revue*, t. XIV, p. 215 et suiv; Alauzet, *Comment. C. comm.*, t. VI, n. 1310; Boistel, *Précis de dr. comm.*, n. 783. — *Contrà*, Persil, *Lettre de change*, sur l'art. 122, n. 7; Bédarride, *id.*, n. 215 et suiv.; Massé, *Droit comm.*, n. 2559; Bravard et Demangeat, *id.*, t. III, p. 234 et suiv.; Lyon-Caen et Renault, *Précis de dr. comm.*, t. I, n. 1147, p. 631 et 632, texte et note 4.

Mais les difficultés surgissent surtout quand il s'agit de décider quels sont les effets de l'acceptation par lettre adressée au tireur. En principe, la jurisprudence et la doctrine inclinent à ne reconnaître au porteur aucune action de son chef contre le tiré. V. not. Paris, 18 juill. 1849 (D. 49. 2. 255); Cass., 27 juin 1859 (S. 60. 1. 161. — P. 60. 721. — D. 59. 1. 390); 14 mai 1862 (S. 62. 1. 719. — P. 62. 1035. — D. 62. 1. 238); 19 mars 1864 (S. 65. 2. 112. — P. 65. 491); Lyon, 29 déc. 1865 (D. 66. 2. 5); Alauzet, t. IV, n. 1311; Bravard et Demangeat, t. III, p. 242 et suiv.; Boistel, n. 783. — Toutefois, dans certaines circonstances exceptionnelles, des arrêts ont autorisé le porteur à se prévaloir de l'engagement pris envers

compétence du tribunal, à demander son renvoi devant le tribunal de commerce de son domicile (1) (C. proc., 59, 181 ; C. com., 122, 164).

(Kowachiche c. Boutillier de Saint-André et autres). — ARRÊT.

LA COUR : — Sur le premier moyen :... — (Sans intérêt) ;

Sur le deuxième moyen, pris de la violation des art. 59 et 60, C. proc., et de la fausse application des art. 631, 632 et 633, C. comm. : — Attendu qu'il résulte de l'arrêt attaqué que le demandeur a autorisé, par sa lettre du 18 févr. 1879, le sieur Mathieu, huissier, à disposer sur lui pour le payement de frais qui lui étaient dus ; que cet officier ministériel a tiré le lendemain sur son débiteur, lequel n'a pas payé la traite à son échéance, ainsi qu'il s'y était engagé, et a été assigné devant le tribunal de commerce par le tiers porteur ; — Attendu, en droit, qu'en admettant que, à son origine, la créance de Mathieu eût un caractère purement civil, et donnât naissance à une action devant les tribunaux civils, les parties ont pu substituer à cette créance primitive une opération de change dont la traite tirée sur Kowachiche à l'ordre d'un tiers n'a été que la réalisation ; que l'engagement essentiellement commercial qui en résultait rendait le demandeur justiciable de la juridiction commerciale ;

Sur le troisième moyen, tiré de la violation des art. 59 et 181, C. proc., et de la fausse application des art. 122 et 164, C. comm. : — Attendu qu'il résulte des qualités et de l'arrêt attaqué que le demandeur, sur lequel la lettre de change a été tirée, était débiteur du montant de la traite ; qu'il avait autorisé Mathieu à disposer sur lui ; que, n'ayant pas payé à l'échéance, le tiers porteur a assigné le tireur avec les autres signataires et le tiré devant le tribunal de commerce de Parthenay ; que le tireur a également assigné le tiré en garantie devant le même tribunal ; que celui-ci a demandé postérieurement son renvoi devant les juges de son domicile ; qu'en rejetant le déclinatoire présenté dans ces conditions par le demandeur, et en déclarant le tribunal de commerce de Parthenay compétent, l'arrêt attaqué n'a ni violé, ni faussement appliqué les textes de loi invoqués ; — Rejette, etc.

MM. Bédarrides, prés. ; Rivière, rapp. ; Chevrier, av. gén. (concl. conf.) ; Demonts, av.

CASS.-CIV. **7 mars 1882.**

1° CHÈQUE, ORDRE, ENDOSSEMENT, PROPRIÉTÉ, TRANSLATION, COMPTE COURANT, FAILLITE, RESTITUTION, RISQUE, PERTE, EFFETS DE COMMERCE, PAYEMENT, ENDOS EN BLANC, RÉGULARITÉ. — 2° FAILLITE, DESSAISISSEMENT (DATE DU).

1° Si la propriété d'un chèque à ordre est transférée par simple endossement, c'est à la condition que le bénéficiaire de l'endos soit d'accord à cet égard avec l'endosseur (2) (C. civ., 1138 ; C. com., 136 ; L. 14 juin 1865, art. 1 et 4).

En conséquence, lorsque deux commerçants sont en compte courant, si, l'un réclamant une couverture, l'autre lui expédie un chèque à ordre après l'avoir endossé à son profit, le premier ne devient propriétaire de ce chèque qu'au moment où il le reçoit. — Si donc, à ce moment, l'expéditeur est déjà en faillite, son incapacité d'aliéner apporte un obstacle à la transmission de propriété (3) (C. com., 136, 443 ; L. 14 juin 1865, art. 1 et 4).

D'où l'obligation pour le réceptionnaire qui a touché le chèque d'en restituer le montant à la faillite de l'envoyeur (4) (Id.).

C'est qu'en effet, le chèque, tant qu'il n'est point parvenu aux mains du bénéficiaire, voyage aux risques et périls de l'envoyeur (5) (C. civ., 1138, 1302 ; C. com., 100). — Résol. par la Cour d'appel.

Si, par sa nature, le chèque, même tiré d'un lieu sur un autre, ne constitue pas un effet de commerce, il n'en est plus de même dès qu'il est employé entre commerçants, en l'acquit d'engagements commerciaux (6) ; *il y a, en pareil cas, véritable payement en effet de commerce dans le sens de l'art. 446, C. comm.* (7) (C. com., 446 ; L. 14 juin 1865, art. 4). — Ibid.

Les chèques sont dispensés des formalités édictées par les art. 136 et suiv. pour les endossements. — Est donc suffisamment régulier l'endos en blanc mis sur un chèque même à ordre et tiré d'un lieu sur un autre (8) (C. com., 136 ; L. 14 juin 1865, art. 1 et 3). — Ibid.

---

le tireur. V. Cass., 30 juin 1862 (S. 62. 1. 862. — P. 62. 682. — D. 62. 1. 349) ; 11 mars 1863 (S. 63. 1. 396. — P. 63. 1073. — D. 63. 1. 194) ; 2 déc. 1873 (S. 74. 1. 246. — P. 74. 634. — D. 74. 5. 184) ; Nouguier, t. II, n. 1402 ; Merlin, *Rép.*, v° *Lettre de change*, § 4 ; Pardessus, *op. cit.*, n. 367 ; Em. Ollivier, *ubi suprà*, p. 236 et suiv. — V. au surplus une discussion plus complète de cette question dans notre *Dictionnaire de dr. commerc., ind. et marit.*, t. V, v° *Lettre de change*, n. 400 et suiv.

(1) V. dans le même sens, Cass., 12 juill. 1814 ; Bourges, 4 juin 1851 (S. 52. 2. 449. — P. 51. 1. 662) ; Carré et Chauveau, *Lois de la procédure*, t. II, p. 240, *ad notam* ; et notre *Dictionnaire, eod. verbo*, n. 856-3°.

(2-5) La rapidité que comportent souvent les affaires commerciales exigeait, pour la transmission de propriété des effets de commerce, un mode simple et expéditif. Le législateur a choisi l'endossement ; mais c'est là un mode comme un autre de céder sa chose à autrui, et, pour qu'il puisse produire effet, il est indispensable que les volontés des parties se soient rencontrées à cet égard.

Or, dans notre espèce, cette rencontre, cet accord n'existait pas ; le banquier, bénéficiaire de l'effet, n'avait même pas demandé l'envoi d'un chèque *in genere*, pour le couvrir de ses avances ; à la réception du chèque, l'envoyeur était en faillite ; dès lors, il était incapable d'aliéner ; il n'y avait donc pas eu transmission de propriété.

L'existence d'un compte courant importait peu, pareil compte étant arrêté et son solde définitivement fixé au jour du décès ou de la déclaration de faillite de l'un des correspondants. V. Cass., 13 mai 1835 (S. 35. 1. 707. — P. chr. — D. 35. 1. 237) ; 20 juill. 1846 (Pand. chr.), et la note.

A l'appui de leur prétention sur les effets du compte courant, les demandeurs en cassation invoquaient deux arrêts de la Cour suprême, l'un du 18 déc. 1871 (S. 72. 1. 223. — P. 72. 535. — D. 72. 1. 100), l'autre du 8 déc. 1875 (Pand. chr.), et la note. — Or, dans ces deux espèces, il s'agissait de valeurs transmises pendant la période suspecte de l'art. 446, C. comm., tandis que, dans la nôtre, le chèque n'était arrivé qu'après l'arrêt du compte courant par l'effet de la faillite.

Pour établir que la propriété d'un chèque est transférée par le seul fait de l'endossement du chèque et de son envoi au bénéficiaire, le pourvoi visait un arrêt de Cassation du 7 févr. 1881 (Pand. chr., et la note), mettant à la charge du destinataire les risques d'expédition d'un chèque ; mais cet envoi avait été demandé par le destinataire, de sorte que le bénéficiaire était en même temps un mandant, et, comme il n'y avait pas eu faute de l'expéditeur, ce dernier n'était pas responsable de la perte du chèque. Ce n'était donc pas notre cas : si la Cour de cassation n'a pas statué sur ce moyen, c'est sans doute par le motif que l'arrêt à elle dénoncé n'avait argumenté que par hypothèse.

(6) En créant le chèque, le législateur de 1865 a voulu en faire un instrument de circulation et de payement à l'usage de tous. Il ne lui a donc pas assigné de caractère fixe et invariable. Ce caractère est tantôt civil, tantôt commercial, suivant les règles de l'art. 638, C. comm. Aussi a-t-il été jugé qu'un chèque, tiré par un commerçant sur un autre, est présumé souscrit dans l'intérêt de son commerce (C. com., 638) et qu'en dehors de toute cause de nature à établir une destination différente, il constitue un acte de commerce : Cass., 24 juill. 1873 (Pand. chr.). V. aussi notre *Dictionnaire de dr. comm., ind. et marit.*, t. II, v° *Chèque*, n. 34.

(7) V. dans le même sens, Boistel, *Précis de dr. comm.*, n. 950, p. 682 ; Lyon-Caen et Renault, *id.*, t. II, n. 2748, texte et note 4, p. 712, et notre *Dictionnaire de dr. comm., ind. et marit.*, t. IV, v° *Faillite*, n. 363.

(8) *Sic*, Alauzet, *Comment. C. comm.*, t. III, n. 1589 ; Nouguier, *Des chèques*, n. 64 et suiv. ; Lyon-Caen et Renault, *op. cit.*, t. I,

2° *Le jugement déclaratif de faillite produit effet dès la première heure du jour de sa prononciation* (1) (C. com., 443). — Ibid.

(Lazard et Cie c. syndic Rueff).

Le 26 février 1877, Lazard et Cie, de Londres, en compte courant de banque avec la maison Rueff et Cie de Paris, réclamaient, par lettre, à cette dernière une couverture de leur solde créditeur : — Le lendemain, Rueff et Cie leur envoyaient par la poste, après l'avoir endossé à leur profit, un chèque de 2,000 livres sterling sur la maison Brightwein et Cie de Londres. — Ce même jour, Rueff prenait la fuite, à raison du mauvais état de ses affaires, et, dès le lendemain 28, jour où le chèque en question parvenait à la maison Lazard, sa faillite était déclarée à Paris. — Avisés de cet événement, Brightwein et Cie refusèrent de payer. — Plus tard, sur la mainlevée ordonnée par justice de l'opposition faite entre leurs mains, ils ont versé le montant du chèque, soit 2,000 livres, à la maison Lazard. — C'est de cette somme que le syndic de la faillite Rueff demandait le rapport à la masse.

26 nov. 1880, arrêt de la Cour de Paris statuant comme suit : — « LA COUR : — Considérant qu'il est établi, à l'aide de tous les documents versés devant la Cour, et qu'il est d'ailleurs reconnu par les appelants (Lazard et Cie), et par l'intimé ès noms (le syndic de la faillite Rueff), que le chèque litigieux a été tiré de Paris, le 27 févr. 1877, par Breston sur Brightwein et Cie de Londres, à l'ordre de Rueff et Cie, à qui la valeur était aussitôt remise; que, le même jour, Rueff et Cie l'ont endossée à Lazard et Cie, et la leur ont expédiée par la voie de la poste sous le pli d'une lettre missive; qu'enfin Lazard et Cie n'ont pu la recevoir, et ne l'ont en effet reçue, dans leurs bureaux à Londres, que le 28; — Considérant que ce chèque était, d'ailleurs, régulier et conforme aux prescriptions de la loi du 14 juin 1865; qu'il y avait provision préalable chez le tiré, et que l'effet était payable à vue; — Considérant, d'autre part, que, le 27 févr., peu d'heures après la création et l'envoi du chèque endossé, Rueff prenait la fuite, laissant sa caisse en pleine déconfiture, et que, le lendemain 28, jour où la valeur, comme il vient d'être dit, parvenait à Londres, aux mains des appelants, les mêmes Rueff et Cie étaient déclarés en état de faillite par jugement du tribunal de la Seine, passé en force de chose jugée; — Considérant que, sur la présentation du chèque à Brightwein et Cie, ceux-ci, avisés par dépêche du tireur, se sont refusés d'abord au versement de la somme jusque-là disponible en leur caisse au profit du porteur; que Lazard et Cie ne l'ont pu toucher qu'en mars 1878, après mainlevée de l'opposition ordonnée par justice; — Considérant que, sur la réclamation du syndic Rueff, lequel conclut à ce qu'ils soient déclarés tenus à rapporter les 2,000 liv. sterl. encaissées par eux, ils soutiennent que dès le 27 févr., ils auraient été saisis de la propriété du chèque; que l'endossement à eux passé par Rueff et Cie constituerait à leur profit un payement en effets de commerce, partant valable aux termes de l'art. 446, § 3 *in fine*, C. comm.; — En ce qui touche la commercialité de l'effet : — Considérant que si, par sa nature, l'émission d'un chèque, même tiré d'un lieu sur un autre, ne constitue pas un acte de commerce (L. 14 juin 1865, art. 4), le législateur a reconnu que, lorsqu'il est fait usage de ce mode de retrait de sommes entre commerçants pour les besoins de leur commerce et à raison de leurs engagements réciproques, le chèque tombe alors sous l'application des règles du droit commun en matière commerciale (C. comm., 632, 633 et 638); qu'il constitue dans la circonstance un effet de commerce véritable, et qu'il suit de là, en droit, que le tiers porteur, cessionnaire par la voie d'un endossement opéré avant le jour de la faillite du cédant, a pu être considéré comme utilement saisi de la propriété de l'effet (C. comm., 136 et 446);

« Sur l'endos et ses effets au procès : — Considérant, d'autre part, qu'en vain on alléguerait au procès l'irrégularité prétendue de l'endos; que la loi précitée du 14 juin 1865 a dispensé les chèques des formalités édictées par les art. 136 et suiv., C. comm.; qu'au cas même où, n'étant point dressés en la forme d'un simple reçu, ils ont été souscrits à ordre et sont tirés d'un lieu sur un autre, la même loi a déclaré valable l'endossement donné en blanc; — Considérant, à ce point de vue, que l'endos dont les appelants se prévalent doit être regardé comme régulier et suffisant en la forme;

« Mais, considérant qu'en toute matière, l'endossement n'est jamais autre chose qu'une cession-transport d'une créance ou valeur à ordre; que, si la loi a disposé que le cessionnaire est ainsi saisi de la propriété au regard des tiers ou du débiteur par la voie ou le mode simple et rapide qu'elle a institué en vue des facilités dues au commerce, et, par suite, est dispensé de la notification de son titre (C. civ., 1690), cette cession, pour être parfaite et pour opérer son effet utile et définitif, n'en a pas moins et nécessairement besoin de la réunion et du concours des deux volontés du cédant et du cessionnaire au moment même où le transfert se consomme (*duorum in idem placitum consensus*); que tant que ce concours ne s'est pas produit et n'a pu se produire, il n'y a point transport complet de la propriété de la valeur; — Considérant qu'ainsi qu'il a été dit plus haut, le chèque de 2,000 liv. sterl., endossé le 27 févr. 1877, à Lazard et Cie, n'est parvenu que le 28 févr., aux mains du bénéficiaire;

« Considérant qu'à ce jour et dès la première heure, aux termes de la loi (C. comm., 443-448), Rueff et Cie se trouvaient déjà dessaisis de l'administration de leurs biens, en vertu du jugement déclaratif de leur faillite; qu'ils étaient frappés d'incapacité absolue, et ne pouvaient plus ni contracter ni aliéner; que le concours des deux volontés, celle du cédant, failli avant la mise en possession du cessionnaire, et celle de ce dernier, était devenue impossible; que l'endos, la missive d'envoi et le consentement donné au transfert, étaient, par suite, lettre morte; qu'enfin, et à dater du même moment, toute acceptation par Lazard et Cie devenait inefficace et ne pouvait s'interposer ou rétroagir, en quelque sorte, au préjudice des droits ouverts et acquis désormais à la masse créancière;

« Considérant, enfin, que les appelants seraient bien forcés de reconnaître que la valeur a voyagé aux risques et périls du cédant; que, si elle se fût perdue ou eût été détruite en cours de route, elle eût péri, non pour eux, mais pour le cédant; qu'ils ne s'en seraient pas dits en tel cas les définitifs propriétaires; que, dès lors, ils auraient à bon droit considéré l'endos comme inopérant avant la remise de l'effet entre leurs mains; — Adoptant, au surplus, les

n. 1345, texte et note 2, p. 742, et notre *Dictionnaire*, t. II, v° *Chèque*, n. 22 et 47.

(1) Il est de jurisprudence aujourd'hui constante que les effets d'un jugement déclaratif de faillite se produisent dès la première heure du jour où ce jugement a été rendu, et que, dès lors, les juges n'ont pas à rechercher si l'acte attaqué s'est effectué avant ou après la prononciation dudit jugement. V. Cass., 21 mai 1878 (Pand. chr.), et nos observations en note. V. aussi Lyon-Caen et Renault, *op. cit.*, t. II. n. 2656, texte et note 1, p. 650, et notre *Dictionnaire*, t. IV, v° *Faillite*, n. 181.

motifs du jugement dont est appel ; — Met l'appellation à néant, etc. ».

Pourvoi en cassation par Lazard et Cie. — *Moyen unique*. Violation des art. 1 et 4 de la loi du 14 juin 1865, sur les chèques, et des art. 446 et suiv., C. comm., ainsi que des art. 137 et 139 du même Code, et des principes en matière de compte courant, en ce que l'arrêt attaqué a décidé d'une part que l'endos d'un chèque n'en opère la transmission au profit du bénéficiaire qu'après l'acceptation de ce dernier, et d'autre part que l'envoi du chèque litigieux ne constituait ni une dation en payement, ni un payement réellement effectué en effets de commerce.

ARRÊT.

LA COUR : — Sur l'unique moyen du pourvoi, pris de la violation des art. 1 et 4 de la loi du 14 juin 1865 sur les chèques, et des art. 446 et suivants, C. comm., ainsi que des art. 137 et 139 du même Code, et des principes en matière de compte courant : — Attendu qu'il est constaté, en fait, par l'arrêt attaqué que Rueff et Cie étaient en compte courant de banque avec Lazard et Cie ; que, par lettre du 26 févr. 1877, Lazard et Cie signalaient à Rueff et Cie l'existence, à la charge de ceux-ci, d'un solde débiteur de 700 liv. sterl. environ, sans compter un découvert éventuel plus considérable, à raison duquel ils demandaient couverture ; que, le 27 févr., un chèque de 2,000 livres a été tiré par un sieur Breston à l'ordre de Rueff et Cie endossé et expédié par Rueff et Cie à Lazard et Cie ; que ce chèque a été reçu par Lazard et Cie dans leurs bureaux, à Londres, le 28 févr., et que, le même jour, Rueff et Cie étaient déclarés en faillite ; — Attendu, en droit, que, si la propriété d'un chèque à ordre est transférée par simple endossement, c'est à la condition que le bénéficiaire de l'endos soit d'accord avec l'endosseur pour acquérir la propriété du chèque ainsi cédé ; que, par conséquent, dans l'espèce, Lazard et Cie n'auraient pu acquérir la propriété du chèque de 2,000 livres tiré par Breston, qu'au moment où il leur était remis dans leurs bureaux ; et attendu qu'à ce moment, Rueff et Cie étant devenus incapables d'aliéner, la translation de propriété n'a pas pu s'opérer ; — D'où il suit qu'en condamnant Lazard et Cie à restituer au syndic de la faillite Rueff et Cie le montant du chèque de 2,000 livres à eux endossé et expédié par les faillis, l'arrêt attaqué n'a violé aucun des articles cités, et a fait, au contraire, une juste application des principes de la matière ; — Rejette, etc.

MM. Bédarrides, prés. ; Demangeat, rapp. ; Petiton, av. gén. (concl. conf.) ; Sabatier, av.

CASS.-CIV. 22 mars 1882.

LEGS, CONDITION LICITE, CHARGE.

Est valable le legs fait avec cette stipulation que le légataire entretiendra le testateur jusqu'à sa mort (1) (C. civ., 895, 1040).

Et une telle clause, en l'absence de tout accord intervenu entre le testateur et le légataire et de tout engagement pris par ce dernier, constitue non une charge, imprimant à la disposition un caractère de contrat à titre onéreux, mais une condition qui lui laisse son caractère de libéralité (2) (Id.).

Peu importe, d'ailleurs, que la condition soit de nature à se réaliser pendant la vie du testateur (3) (Id.).

(Lanzini c. Viatte). — ARRÊT.

LA COUR : — Sur le moyen unique du pourvoi (violation des art. 895, 967, 970, 1040, 1046, 1168 et suiv., C. civ., et fausse application des art. 1101 et 1106 du même Code, en ce que l'arrêt attaqué a déclaré nul et de nul effet le testament olographe du sieur Viatte sous prétexte qu'il n'avait pas les caractères d'un testament, mais ceux d'un contrat à titre onéreux) : — Vu les art. 895 et 1040, C. civ. ; — Attendu que l'acte du 6 nov. 1878, par lequel Viatte déclare léguer aux époux Lanzini la maison qu'il habitait avec eux et la totalité du mobilier et des meubles qu'il laissera à son décès, non compris l'argent et les créances, est écrit, daté et signé de sa main, et réunit, par conséquent, les conditions exigées par l'art. 970, C. civ., pour la validité, en la forme, d'un testament olographe ; que, pour en prononcer la nullité, l'arrêt attaqué se fonde uniquement sur ce que ce testament contient la mention finale suivante : « Mais j'entends qu'ils (les époux Lanzini) m'entretiendront jusqu'à ma mort », d'où l'arrêt conclut que Viatte ne dispose d'une partie de sa succession qu'en échange des soins qu'il entend recevoir de ses légataires, du moment même où il écrit son testament jusqu'à sa mort ; que ce serait méconnaître sa volonté manifeste que de décider que l'acte du 6 nov. 1878 est l'expression d'une pure libéralité, et que l'obligation imposée aux légataires, cause déterminante du legs, est essentiellement contraire à la nature même du testament ; — Mais attendu que l'arrêt attaqué ne constate l'existence d'aucun accord intervenu entre le testateur et ses légataires, d'aucun engagement pris par ces derniers de l'entretenir jusqu'à sa mort à raison du legs fait à leur profit, et qu'une convention réciproquement consentie par les parties, et dont la disposition litigieuse serait l'exécution, pourrait seule enlever à cette disposition son caractère de libéralité, en lui imprimant celui d'un contrat à titre onéreux ; — Attendu que la disposition ci-dessus relatée constitue un legs fait sous une condition, et non un legs soumis à une charge ; que, si le testament est un acte de bienfaisance, il n'en résulte nullement qu'il soit interdit au testateur de subordonner sa libéralité à la réalisation d'une condition quelconque, notamment à l'accomplissement par le légataire d'un fait déterminé, pourvu que la condition apposée au legs soit licite ; qu'il importe peu, du reste, que cette condition soit de nature à se réaliser pendant la vie du testateur ; et que, si elle se trouve remplie au jour de son décès, le légataire est fondé à réclamer l'exécution immédiate du legs fait à son profit ; — Attendu qu'en décidant le contraire, et en repoussant, en conséquence, la demande en délivrance du legs formée par les époux Lanzini, l'arrêt attaqué a violé les articles ci-dessus visés. — Casse, etc.

MM. Mercier, 1er prés. ; Goujet, rapp. ; Desjardins, av. gén. (concl. conf.) ; Brugnon et Sabatier, av.

(1-2) Il est bien certain qu'un testament ou un legs ne peut être fait à titre onéreux. Aussi est-ce avec juste raison que la Cour de Bordeaux, par arrêt du 10 mars 1852 (S. 53. 1. 172. — P. 53. 1. 323), a prononcé la nullité d'un testament par lequel le testateur avait institué un légataire universel, par suite de l'engagement pris par celui-ci de lui laisser la jouissance de certains biens. V. aussi l'arrêt de la Cour suprême intervenu dans la même affaire, le 25 janvier 1853 (Pand. chr.). — Ce qui distingue les deux espèces, c'est que, dans l'affaire précédente, il y avait eu concours des deux volontés, engagement réciproque des deux contractants, tandis que dans l'affaire actuelle rien de pareil n'était révélé par les faits extérieurs et connus ; que le testateur seul avait posé ses conditions en dehors de toute intervention, de toute acceptation du bénéficiaire qui restait libre d'engagement quelconque.

(3) C'est la *conditio ad id tempus quo testator vivat*, du droit romain. L. 91, *Dig.*, lib. 35, tit. 1, *De condit.* ; *Instit.*, lib. 2, tit. 20, *De legatis*, § 31.

CASS.-CIV. 28 mars 1882.

CHEMIN DE FER, LIVRAISON, SOMMATION, RÉSERVES, ÉTENDUE, RETARD, AVARIES, MARCHANDISES, RETENUE, VÉRIFICATION.

La réserve de ses droits et actions *insérée par le destinataire dans une sommation à une Compagnie de chemins de fer de lui livrer sa marchandise avec offre de payement du prix du transport, comprend, dans la généralité des expressions employées, tout à la fois le cas de retard dans le transport ou la livraison, et le cas des avaries survenues en cours de route* (1) (C. com., 105, 106).

Par suite, les juges ne peuvent, sans dénaturer le sens et la portée de cette réserve, la restreindre au seul retard dans la livraison (2) (Id.).

Mais la Compagnie n'est pas tenue d'accepter cette réserve, en tant qu'elle se réfère aux avaries (3) (Id.).

Dans ce dernier cas, la Compagnie a le droit de retenir la marchandise pour en faire vérifier l'état (4) (Id.).

(Chemin de fer de Lyon c. Benier-Duteil). — ARRÊT (*ap. délib. en ch. du cons.*).

LA COUR : — Sur le moyen unique du pourvoi : — Vu les art. 105 et 106, C. comm. ; — Attendu que Benier-Duteil a remis, le 20 mars 1876, à la gare de Lyon quinze ballots de marchandises pour être transportés en petite vitesse, à la gare de Langeac; — Attendu que, par acte d'huissier en date du 24 mars, il a fait sommation au chef de gare de Langeac de lui livrer sa marchandise, en offrant de payer le prix de transport, sous la réserve de ses droits et actions; — Attendu que cette réserve, par la généralité de ses expressions, comprenait tout à la fois le cas de retard dans le transport ou la livraison de la marchandise et le cas des avaries qu'elle aurait pu subir durant le transport; — Attendu que la Compagnie n'était pas tenue d'accepter cette réserve, en tant qu'elle se serait référée au cas d'avaries; que, dans ce cas, elle avait le droit incontestable de retenir la marchandise pour en faire vérifier l'état, conformément à l'art. 106, C. comm., ainsi que d'ailleurs elle en avait fait l'offre; — Attendu, qu'en limitant au cas de retard la réserve insérée dans la sommation du 24 mars, et en condamnant, par suite, la Compagnie à payer à Benier-Duteil des dommages pour retard dans la livraison des marchandises, à partir du 24 mars, le jugement attaqué a dénaturé le sens et la portée de cet acte judiciaire, méconnu ses conséquences légales, et violé les articles de loi ci-dessus visés; — Casse, etc.

MM. Mercier, 1er prés. ; Bernard, rapp. ; Charrins, 1er av. gén. (concl. conf.) ; Dancongnée, av.

CASS.CRIM. 31 mars 1882.

1-3° DÉGRADATION OU DESTRUCTION DE DÉCORATION PUBLIQUE, DRAPEAU NATIONAL, PRESBYTÈRE, VICAIRE, INTENTION. — 2° PRESBYTÈRE, PROPRIÉTÉ, COMMUNE.

1° Quels que soient le caractère et l'étendue des droits des curés ou desservants sur les presbytères, les maires n'en conservent pas moins le droit, en conformité des instructions de l'autorité supérieure, de faire apposer, le jour de fête nationale, une décoration de drapeaux sur les piliers du portail extérieur des presbytères (5).

Un vicaire, quoique logé au presbytère, n'y est que par tolérance et comme hôte du curé, il n'a donc ni titre, ni qualité, ni droit d'aucune sorte pour intervenir à l'encontre des mesures prises par l'autorité municipale, pour faire décorer de drapeaux le portail de ce presbytère (6).

2° Les presbytères sont des édifices communaux de leur nature (7) (L. 18 germ. an X, art. 72 et 74).

3° L'art. 257, C. pén., protége indistinctement, par sa formule générale et absolue, tous les objets destinés à l'utilité ou à la décoration publique, au rang desquels doit être compris le drapeau national apposé, les jours de fête, sur les monuments et édifices publics et communaux; cette apposition, pour n'être que temporaire, n'en constitue pas moins une décoration qui commande le respect de tous les citoyens (8) (C. pén., 257).

Par suite, tombe sous le coup de cet article le vicaire qui arrache et détruit des drapeaux ainsi apposés (9) (Id.).

Et ce délit existe, même en l'absence de tout dessein de faire injure au drapeau national, l'intention mauvaise et coupable qui suffit à le constituer résultant nécessairement du fait de l'enlèvement et de la destruction (10) (Id.).

(Verroux). — ARRÊT.

LA COUR : — Statuant sur le pourvoi du procureur général à la Cour d'appel de Lyon contre l'arrêt de la chambre correctionnelle de ladite Cour, en date du 14 déc. 1881, qui a renvoyé l'abbé Verroux, vicaire de la paroisse de Cessy, des fins de la poursuite par lui encourue pour

---

(1-4) Les réserves *générales* formulées par le destinataire, lors de la réception d'une expédition de marchandises, ne sont point obligatoires pour les Compagnies qui, en pareil cas, peuvent se refuser à opérer la livraison des colis. La raison en est simple : ces réserves rendraient, en effet, inutile et illusoire la protection que le législateur a établie au profit des voituriers dans l'art. 105, C. comm. V. Cass., 30 janv. 1872 (S. 72. 1. 34.—P. 72. 53.—D. 72. 1. 375), et notre *Dictionnaire de dr. comm., ind. et marit.*, t. II, v° *Chemin de fer*, n. 261.

Quant aux réserves *spéciales*, il y a lieu de distinguer : — Portent-elles sur des retards dans la livraison, l'arrêt ci-dessus reproduit leur reconnaît implicitement le caractère obligatoire pour les Compagnies, qui ne sauraient y trouver prétexte à un ajournement ou à un refus de livraison. — La même solution est encore suivie au cas où le destinataire s'est borné à réserver tous ses droits et actions, quant au remboursement de sommes qu'il prétend avoir indûment payées par suite d'une fausse application des tarifs. V. Cass., 18 janv. 1882 (Pand. chr.). Ce dernier point surtout ne paraît pas soulever de difficultés bien sérieuses. — Mais que décider lorsque les réserves ne visent que l'état des marchandises, qu'elles n'ont trait qu'aux avaries éprouvées en cours de route? Sur ce point, la Cour de cassation s'est prononcée par arrêt du 25 juin 1884 (Pand. chr.) dans un sens absolument contraire à la décision que nous rapportons. Après avoir déclaré de telles réserves facultatives, elle leur reconnaît le caractère obligatoire, mais sans s'y arrêter, en passant pour ainsi dire, comme si la question ne pouvait pas souffrir d'objection et n'avait pas été, par elle-même, dans une précédente affaire, après un délibéré en chambre du conseil, résolue tout autrement. — A notre avis, il faut s'en tenir au seul arrêt ci-dessus, dont l'autorité reste entière et n'est nullement infirmée par une décision postérieure sans motifs spéciaux sur la difficulté. V. au surplus nos observations plus développées dans la note 4, sous l'arrêt du 25 juin 1884, précité.

(5-6) Cette question a été nettement tranchée depuis, vis-à-vis des curés et desservants, qui, eux, à la différence des vicaires, ont un droit de jouissance *sui generis* sur les presbytères communaux. V. Cass., 9 juin 1882 (Pand. chr.), et les conclusions de M. le procureur général Barbier, 7 déc. 1883 (Pand. chr.). V. aussi Trib. des conflits, 15 déc. 1883 (Pand. chr.), et nos observations en note.

(7) *Sic*, Cass., 16 févr. 1883 (Pand. chr.), et la note. V. aussi les conclusions de M. Gomel, commissaire du Gouvernement jointes à Trib. des conflits, 15 déc. 1883 (Pand. chr.).

(8-9) V. en ce sens, Cass., 9 juin 1882 (Pand. chr.); 7 déc. 1883 (Pand. chr.). V. aussi Cass., 5 juin 1885 (Pand. chr.). Dans ce dernier arrêt, il s'agissait non plus d'un curé, mais d'un maire, non plus d'un presbytère, mais d'une maison d'école. La différence des espèces était insignifiante; au fond, les principes engagés restaient les mêmes. — V. toutefois Blanche, *Etudes sur le C. pén.*, t. IV, n. 229; Chauveau et Hélie, *Théor. C. pén.*, t. III, n. 1056 et suiv.

(10) *Sic*, pour la destruction d'édifices dans les termes de l'art. 437, C. pén., Cass., 23 déc. 1813.

infraction aux dispositions de l'art. 257, C. pén.; — Sur l'unique moyen du pourvoi, pris d'une violation dudit art. 257, C. pén. : 1° En ce que l'arrêt attaqué déclare que le maire de Cessy aurait agi contrairement à son droit en faisant pavoiser de drapeaux aux couleurs nationales, sans entente préalable avec l'autorité ecclésiastique, le portail du presbytère, — propriété privée, — aux mains de l'occupant, d'après ledit arrêt, tandis que le vicaire Verroux n'aurait fait qu'agir dans la limite de son droit, à lui, en détruisant cette décoration, que l'arrêt a qualifiée de vexatoire et d'illégale; 2° En ce qu'il a refusé de faire application au vicaire Verroux de l'art. 257, sous le prétexte que les faits que cet article a eu en vue ne seraient punissables que lorsqu'ils ont été commis à dessein et avec l'intention de nuire, ce qui n'aurait pas eu lieu dans l'espèce; 3° En ce qu'il pose en principe que la protection de l'art. 257 ne serait pas due au drapeau national, en tant que servant à une décoration publique, passagère et accidentelle; — En ce qui touche la première branche du moyen : — Attendu, sans qu'il soit besoin d'examiner quel est le caractère, et quelle peut être l'étendue des droits du curé ou desservant sur le presbytère mis à sa disposition par la commune, qu'il est établi, en fait, par les documents lus à l'audience, et visés dans le jugement du tribunal correctionnel de Gex, lequel a été confirmé purement et simplement par l'arrêt attaqué, que, le 17 juillet dernier, jour auquel avait été reportée la célébration, à Cessy, de la fête nationale du 14, le maire de la commune, conformément aux instructions du préfet du département, avait fait placer dès le matin des drapeaux tricolores sur tous les édifices communaux; que notamment il en avait fait placer deux sur le portail du presbytère; que, sur ces entrefaites, le vicaire Verroux, sortant dudit presbytère et apercevant ces deux drapeaux, n'hésita pas à les en arracher; qu'il cassa la hampe de l'un et qu'il jeta et abandonna l'autre dans la poussière de la rue; que le maire, averti, avait donné l'ordre, aussitôt exécuté, de les remplacer par deux autres, avec injonction au garde champêtre de veiller à ce que personne n'y touchât; mais que le vicaire Verroux, étant sorti une seconde fois, n'hésita pas davantage à arracher ces deux nouveaux drapeaux, et que, sans tenir compte des observations du garde champêtre, il les emporta dans l'intérieur du presbytère; — Attendu que les faits ainsi précisés à la charge du vicaire Verroux, et reconnus exacts par lui-même, sont restés ignorés du curé; que ledit vicaire les a accomplis de son propre mouvement et sous sa responsabilité personnelle; — Attendu que le maire, s'agissant d'un édifice qui, de sa nature, est communal, a pu très-légitimement se considérer comme autorisé à faire apposer, dans la circonstance donnée, une décoration de drapeaux sur les piliers du portail du presbytère, et qu'il s'ensuit qu'aucun reproche d'illégalité vexatoire ne devait lui être adressé à cette occasion; — Attendu, d'un autre côté, que, si, aux termes de l'art. 92 du décret du 30 déc. 1809, concernant les fabriques des églises, les communes sont tenues de fournir au curé ou desservant un presbytère, à défaut de presbytère, un logement, et, à défaut de presbytère et de logement, une indemnité pécuniaire, il n'en est pas de même à l'égard des vicaires, lesquels n'ont droit ni au presbytère, ni au logement, ni à une indemnité pécuniaire, et ne peuvent également prétendre qu'à un traitement de 500 francs au plus et de 300 francs au moins, payable par les fabriques sur la portion de leurs revenus restés disponibles; — Attendu, en conséquence, que le vicaire Verroux, quoique logé au presbytère de Cessy, n'y était que par tolérance et comme hôte du curé; qu'il ne pouvait résulter de là à son profit ni titre, ni qualité, ni droit d'aucune sorte pour intervenir, comme il l'a fait, à l'encontre des mesures prises par l'autorité municipale pour faire décorer de drapeaux le portail de ce presbytère, et que c'est à tort et en violation de la loi que l'arrêt attaqué a décidé le contraire;

En ce qui touche la seconde branche : — Attendu que l'arrêt attaqué constate que le vicaire Verroux a déclaré qu'il n'avait pas eu l'intention de faire injure au drapeau national, et qu'il ajoute que, pour que les faits prévus par l'art. 257, C. pén., soient punissables, il faut qu'ils aient été commis à dessein et avec l'intention de nuire; — Attendu que, le dessein de faire injure au drapeau national et l'intention de nuire étant écartés, il n'en demeure pas moins constaté que, par deux fois, et la deuxième fois en dépit des avertissements du garde champêtre, le vicaire Verroux a arraché les drapeaux que le maire avait fait apposer sur le portail du presbytère, qu'il a mutilé l'un d'eux, et que cela seul implique nécessairement une intention mauvaise et coupable, suffisante pour constituer le délit pour lequel il était poursuivi;

Sur la troisième branche du même moyen : — Attendu que l'art. 257 porte : « Quiconque aura détruit, abattu, mutilé ou dégradé des monuments, statues et autres objets destinés à l'utilité ou à la décoration publique, et élevés par l'autorité publique ou avec son autorisation, sera puni, etc... »; — Attendu qu'il est de doctrine qu'il n'y a pas lieu de distinguer là où la loi ne distingue pas; que les termes de l'art. 257 sont généraux et absolus, qu'ils comprennent indistinctement tous les objets destinés à l'utilité ou à la décoration publique; qu'il est inadmissible que le drapeau national, déployé, les jours de fêtes, sur les monuments et édifices publics et communaux, puisse être exclu de la protection générale dont sont entourés les autres objets de décoration publique; que, pour n'être que temporairement et accidentellement exposé aux regards, il n'en constitue pas moins une décoration publique qui doit être respectée de tous; — Attendu que, de tout ce qui précède, il résulte que l'arrêt attaqué a expressément violé l'art. 257, précité, et a ainsi, à tous les points de vue, encouru la censure de la Cour; — Casse, etc.

MM. Barbier, prés.; Henry Didier, rapp.; Ronjat, av. gén.

CASS.-CIV. 18 avril 1882.

COMMERÇANT, MINEUR, AUTORISATION (DÉFAUT D'), TIERS, FEMME MARIÉE, AYANTS CAUSE, HYPOTHÈQUE LÉGALE, RESTRICTION, FAILLITE.

Le mineur qui n'a point été habilité à faire le commerce dans les conditions de forme et de publicité prescrites par l'art. 2, C. comm., ne devient pas légalement commerçant (1) (C. com., 2).

Et les formalités de cette autorisation sont prescrites, non-seulement dans l'intérêt du mineur, mais encore dans l'intérêt des tiers (2) (Id.).

Par suite, la femme de ce mineur ou les ayants droit de celle-ci peuvent se prévaloir de l'inaccomplissement de ces formalités pour refuser au mari la qualité légale de commerçant et les conséquences juridiques de cette situation (3) (Id.).

...*Spécialement, à l'effet de ne pas subir les restrictions édictées par l'art. 563, C. comm., pour le cas où le mari est commerçant lors de la célébration du mariage, ou bien l'est devenu dans l'année, restrictions qui limitent l'hypothèque légale de la femme d'un négociant failli aux immeubles possédés par ce dernier au moment du mariage, ou acquis depuis par succession, donation ou testament* (4) (C. com., 2, 563).

(1-2-3-4) Un mineur qui fait le commerce, sans y avoir été autorisé, conformément à l'art. 2, C. comm., n'est point réputé lé-

(Naquet c. liquidateurs du Crédit agricole).

26 févr. 1879, arrêt de la Cour d'appel de Nîmes, conçu dans les termes suivants : — « LA COUR : — Attendu que les dispositions restrictives de l'art. 563, C. comm., ne peuvent être appliquées qu'aux deux conditions suivantes : — 1° Que le mari fût commerçant à l'époque du mariage, ou qu'il le soit devenu dans l'année; — 2° Que le mari, au moment où s'ouvre l'exercice du droit que réclame la femme, soit en état de faillite commerciale ou dans une situation équivalente à cet état; — Attendu qu'il est constant, en fait, que Fabre, à l'époque de son mariage et dans l'année qui a suivi le mariage, était mineur, et que s'il a exercé le négoce à cette époque, il ne pouvait être légalement réputé commerçant qu'autant que les formalités prescrites par l'art. 2, C. comm., auraient été accomplies; — Attendu qu'il résulte des éléments d'appréciation fournis aux débats, que les dispositions dudit article n'ont pas été observées à l'égard du mineur Fabre; qu'aucune preuve contraire n'a du reste été offerte sur ce point par les sieurs Naquet (créanciers contredisants); qu'il s'agit, dans l'espèce, non d'une incompatibilité professionnelle, comme pour les notaires ou autres fonctionnaires qui se seraient indûment immiscés dans des opérations commerciales, mais d'une incapacité d'*ordre public*, attachée à la personne même et à la qualité civile du mineur; — Attendu, dès lors, que les dispositions de l'art. 563, C. comm., sont inapplicables à l'hypothèque légale de la dame Fabre; que cette hypothèque a pu frapper même les immeubles acquis par Fabre pendant le mariage; que la cession a pu en être faite valablement au Crédit agricole, et qu'elle doit produire aujourd'hui ses effets; — Attendu qu'il devient par suite inutile de rechercher si Fabre a continué d'exercer le commerce; s'il se trouvait dans un état de faillite ou dans une situation légalement équivalente, au moment où s'est ouvert l'exercice des droits de la femme; — Par ces motifs : — Réformant le jugement du tribunal civil de Carpentras en date du 18 juill. 1878, et faisant droit; — Déclare l'art. 563, C. comm., inapplicable à la cause; — Ordonne que le Crédit agricole touchera dans l'ordre, etc. »

Pourvoi en cassation par Naquet, père et fils. — 1er *Moyen*. Violation des art. 1125, 1305 et 1166, C. civ., fausse application des art. 2 et 563, C. comm., en ce que l'arrêt attaqué a mal à propos accueilli l'exception du Crédit agricole tirée de l'incapacité légale où était le mineur Fabre de s'engager comme commerçant, faute d'autorisation régulière de faire le commerce, alors que cette exception n'aurait pu être invoquée que par le mineur et dans son intérêt, et non par un tiers ayant contracté avec lui.

2e *Moyen* (sans intérêt).

ARRÊT.

LA COUR : — Attendu que, si l'arrêt attaqué a constaté, en fait, que Fabre exerçait le négoce lors de la célébration de son mariage et dans l'année qui a suivi, il a en même temps constaté qu'à cette époque Fabre était mineur, et n'avait point été habilité à faire le commerce, dans les conditions de forme et de publicité prescrites par l'art. 2, C. comm.; — Attendu qu'aux termes de cet article, le mineur qui veut faire le commerce *ne peut en commencer les opérations* et n'est réputé majeur quant à ses engagements commerciaux, que si, au préalable, il a été, à cet effet, dûment autorisé, et si cette autorisation a été enregistrée et affichée au greffe; — Attendu que ces formalités ont été prescrites, non-seulement dans l'intérêt du mineur, mais encore dans

galement commerçant. V. not., Nîmes, 5 nov. 1863 (S. 63. 2. 256. — P. 63. 439); Paris, 17 déc. 1885 (S. 86. 2. 37. — P. 86. 1. 219); Laurin, *Cours élément. de dr. commerc.*, n. 900, p. 546. — De ce principe, la jurisprudence et la doctrine ont tiré les conclusions suivantes.

Le mineur ne peut :

Ni être justiciable des tribunaux de commerce : Dijon, 8 janv. 1845 (D. 45. 2. 80); Rouen, 25 juill. 1858 (S. 59. 2. 630. — P. 60. 1059. — D. 59. 2. 216); Amiens, 8 févr. 1862 (S. 62. 2. 110. — P. 62. 624. — D. 62. 1. 375); Cass., 6 août 1862 (S. 64. 1. 171. — P. 63. 1096. — D. 62. 1. 375); Paris, 11 juill. 1878 (*Gaz. des trib.*, n. 18 août); 17 déc. 1885 (S. 86. 2. 37. — P. 86. 1. 219); Orillard, *Compétence commerc.*, n. 162; Paris, *Comment. C. comm.*, n. 308; Bédarride, *Des commerçants*, n. 92; Rivière, *Répét. écr. sur le C. comm.*, p. 33; Boistel, *Préc. de dr. commerc.*, n. 83, p. 62; Lyon-Caen et Renault, *id.*, t. I, n. 176; et notre *Dict. de dr. commerc., ind. et marit.*, t. V, v° *Mineur*, n. 38-3°.

Ni être tenu de payer des intérêts calculés au taux du commerce, supérieur, par conséquent, au taux de 5 p. 100. V. Cass., 6 août 1862 (S. 64. 1. 171. — P. 63. 1096. — D. 62. 1. 375); Rivière et Boistel, *loc. cit.*, et notre *Dictionnaire, ubi suprà*, n. 38-4°.

Ni, en cas de suspension de payements, être mis en état de faillite. V. Amiens, 7 janv. 1853 (P. 55. 1. 334. — D. 54. 2. 9); Nantes, 2 déc. 1863 (D. 64. 3. 16); Douai, 16 août 1869 (D. 70. 2. 87); Paris, 2 juin 1885 (S. 85. 2. 163. — P. 85. 1. 843); Alauzet, *Comment. C. comm.*, n. 48; Beslay, *Des commerçants*, n. 252; Rivière, *op. cit.*, p. 33, note 4; Boistel, n. 83; Laurin, n. 900; Lyon-Caen et Renault, n. 176, et notre *Dictionnaire, ubi suprà*, n. 38-1°.

Ni être déclaré banqueroutier. Cette dernière conséquence, cependant, n'a été admise qu'après des hésitations. Plusieurs fois, des mineurs qui n'avaient pas été autorisés à faire le commerce, ont été renvoyés devant la Cour d'assises comme banqueroutiers frauduleux. On se fondait sur ce que les incapables ne sont pas restituables à raison de leurs délits (C. civ., 1310), et sur ce que les règles ordinaires de la capacité sont écartées pour l'application des peines (C. pén., 66).

Mais, ainsi qu'on l'a fait justement remarquer, ces idées n'ont rien à faire en la matière; puisqu'il s'agit d'une infraction qui ne peut être commise que par un commerçant, la première question à examiner est celle de savoir si l'individu poursuivi est commerçant; est-elle résolue négativement? il n'y a pas à aller plus loin; le délit ne saurait exister. V. Cass., 17 mars 1853 (Pand. chr.); Besançon, 23 juin 1870 (Journ. *le Droit*, n. 9 juill.); Alauzet, n. 282; Boistel, Renault et Lyon-Caen, *ubi suprà*, et notre *Dictionnaire, loc. cit.*, n. 38-2°.

L'arrêt que nous rapportons ci-dessus a complété cette théorie par un développement logique, normal, en décidant que l'hypothèque légale de la femme d'un mineur, non régulièrement autorisé à faire le commerce, ne subit pas les restrictions édictées par l'art. 563, C. comm., pour le cas où le mari est commerçant, lors de la célébration du mariage, ou l'est devenu dans l'année. Au point de vue légal, le mineur non autorisé n'est pas commerçant, il reste dans la catégorie ordinaire des personnes de son état. A quel titre peut-il donc être appelé à bénéficier des dispositions exceptionnelles, dérogatoires du droit commun? L'art. 563 ne comporte pas d'interprétation extensive, il doit être rigoureusement circonscrit à la situation spéciale qu'il prévoit.

Mais la femme peut-elle se prévaloir du défaut d'autorisation, à l'effet de conserver à son hypothèque légale toute l'étendue juridique qu'elle comporterait à l'encontre d'un mari mineur non commerçant, dont les affaires seraient en mauvais état? Pourquoi ne le pourrait-elle pas?

L'objection vient de l'art. 1125, C. civ. En cas d'inobservation des formalités d'autorisation, les actes passés par le mineur sont infectés d'une nullité purement relative. Ceux qui ont contracté avec l'incapable ne peuvent s'en prévaloir; ce dernier seul est maître d'anéantir le contrat ou de lui faire produire tous ses effets (V. à cet égard, les arrêts et les auteurs cités dans notre *Dictionnaire*, t. V, v° *Mineur*, n. 32).

Ce principe est exact; nous n'avons garde de le méconnaître. Mais l'objection que l'on prétend en tirer manque de base sérieuse. Il ne s'agit point, dans l'espèce, d'exécution d'engagements quelconques. La femme n'a pas contracté avec son mari; elle n'attaque pas ses actes de commerce; elle ne poursuit aucune nullité. La question est tout autre. Ce qu'elle recherche, ce qu'elle a intérêt à faire établir, c'est la véritable situation juridique de son mari; est-elle femme de *commerçant* ou de *non commerçant*? Certaines conditions essentielles sont imposées au mineur pour exercer régulièrement le négoce, et, par suite, pour devenir légalement commerçant. Ces conditions ont-elles été remplies? Si oui, les restrictions de l'art. 563 sont de droit. Si non, elles ne trouvent plus leur application. Dans tous les cas, la discussion s'agite sur un terrain placé complètement en dehors des hypothèses de l'art. 1125, C. civ.

l'intérêt des tiers; — Attendu que Fabre, qui était mineur, n'a donc pu, à défaut d'autorisation régulière, devenir légalement commerçant; — Attendu que l'art. 1125, C. civ., portant que les personnes capables de s'engager ne peuvent opposer l'incapacité du mineur avec qui elles ont contracté, ne saurait être invoqué contre la femme Fabre ou ses ayants droit; qu'en effet, ils n'opposent point l'incapacité du mineur pour attaquer les actes faits par lui, ils ne demandent point la nullité d'actes de commerce auxquels ils ont d'ailleurs été étrangers, mais ils se bornent à soutenir que ces actes, faits par un mineur, non autorisé à exercer le négoce, n'ont pu lui conférer la qualité de commerçant, et que la restriction exceptionnelle apportée par l'art. 563, C. comm., à l'hypothèque légale de la femme du failli ne peut avoir lieu, lorsque, à l'époque du mariage, ou dans l'année qui a suivi, celui-ci étant mineur et n'ayant point été autorisé à faire le commerce, n'a pu être alors légalement commerçant; — D'où il suit qu'en décidant que Fabre n'avait point été légalement commerçant au moment de son mariage, ni dans l'année qui a suivi, et que par suite l'art. 563, C. comm., n'était pas applicable à la cause, l'arrêt attaqué n'a violé aucun texte de loi; — Rejette, etc.

MM. Mercier, 1er prés.; de Lagrévol, rapp.; Charrins, 1er av. gén. (concl. conf.); Costa et Sabatier, av.

CASS.-REQ. 19 avril 1882.

1° Legs, Aliénation, Condition suspensive, Non-réalisation, Révocation (Absence de). — 2° Testament, Testaments multiples, Inconciliabilité, Appréciation souveraine.

1° La vente sous condition suspensive de la chose léguée n'emporte pas révocation du legs, à défaut de réalisation de la condition (1) (C. civ., 1038).

2° Il appartient aux juges du fond de décider souverainement si deux testaments successifs sont ou non inconciliables, si, par suite, le second révoque le premier ou bien s'il n'en constitue que l'explication ou le développement normal (2) (C. civ., 1036).

(Labat de Lapeyrière c. du Pac Labastide). — Arrêt.

LA COUR : — Sur la première branche du premier moyen, tirée de la violation des art. 1038 et 1134, C. civ. : — Attendu qu'Elie du Pac Labastide s'était prétendu propriétaire de la métairie de la Salle en qualité de légataire universel de Jean-Marie Dutour, en vertu d'un testament olographe du 22 déc. 1840; que les demandeurs ont soutenu au contraire que cette métairie devait être comprise dans la succession d'Alexandre du Pac Labastide père, à raison d'une vente à lui faite dudit immeuble par Jean-Marie Dutour le 24 déc. 1840, et que les demandeurs reprochent à l'arrêt attaqué de n'avoir pas déclaré le legs universel du 22 déc. 1840 révoqué, conformément à l'art. 1038, C. civ., en ce qui concerne la métairie de la Salle, par la vente intervenue deux jours après le testament; — Attendu que l'arrêt attaqué constate que cette vente n'a été faite que pour le cas où le sieur Dutour père aurait survécu à son fils, et afin de l'empêcher d'exercer ses droits d'héritier à réserve; qu'en dehors de cette éventualité, qui ne s'est pas produite, ledit acte de vente devait demeurer sans cause, sans objet et sans valeur; — Attendu, en conséquence, que cet acte ne constituait qu'une aliénation éventuelle, soumise à une condition suspensive (la survie de Dutour père); que cette condition ne s'étant pas réalisée, il n'y a pas eu d'aliénation ni en droit ni en fait, et le domaine prétendu aliéné n'est pas sorti du patrimoine de Dutour fils; — Attendu, dès lors, qu'en refusant de considérer le legs du 22 déc. 1840 comme révoqué par la vente du 24 du même mois, les juges du fond n'ont ni violé, ni faussement appliqué les art. 1038 et 1134, C. civ.;

Sur le deuxième moyen, pris de la violation des art. 967 et 1036, C. civ. : — Attendu que, par son testament olographe en date du 5 sept. 1868, Alexandre du Pac Labastide a légué à sa fille, Marie du Pac, femme de Lapeyrière, « par préciput et hors part le tiers de son bien, ou quotité disponible, avec l'obligation de prélever sur ce tiers une somme de 20,000 francs en faveur de son frère »; — Attendu que, par un codicille du 1er janv. suivant, ledit Alexandre du Pac Labastide, disant vouloir expliquer les dispositions préciputaires faites par son testament en faveur de sa fille, « déclare avoir entendu lui léguer et lui lègue par préciput et hors part, le tiers de tous les biens qui composeront sa succession après rapport à la masse de tous avancements d'hoirie, voulant épuiser ainsi la plus forte partie disponible léguée; il entend que le tiers ainsi légué soit rempli et composé de son château de Brincaze » et de diverses autres propriétés qu'il désigne; — Attendu qu'en déclarant que ce testament et ce codicille n'étaient pas inconciliables, parce que le second ne contenait que l'explication du premier et la désignation des biens sur lesquels devait se calculer et se prélever le legs préciputaire de la dame de Lapeyrière, et en décidant par suite que le codicille n'avait pas révoqué la disposition du testament qui grevait la quotité disponible léguée à la dame de Lapeyrière d'un prélèvement de 20,000 francs au profit de son frère, les juges du fond se sont livrés à une interprétation qui, dans l'espèce, ne dénature aucune des clauses des actes testamentaires interprétés, et ne constitue dès lors aucune violation des articles susvisés; — Rejette, etc.

MM. Bédarrides, prés.; Georges Lemaire, rapp.; Chevrier, av. gén. (concl. conf.); Devin, av.

---

(1) En principe, l'aliénation par le testateur de la chose léguée emporte révocation du legs; et il en est ainsi, non point seulement d'une aliénation volontaire, mais de toute aliénation même forcée ou résultant de faits qui ne sont point l'œuvre du testateur; dans ce dernier cas il y a plutôt *caducité* du legs, c'est-à-dire perte de la chose léguée dans le sens de l'art. 1042, C. civ. V. not. Paris, 30 juill. 1860 (S. 60. 2. 593. — P. 61. 379), et sur pourvoi, Cass., 19 août 1862 (S. 62. 1. 923. — P. 63. 60. — D. 62. 1. 321); Paris, 27 nov. 1879 (S. 81. 2. 233. — P. 81. 1. 1120). Trib. civ. Gand (Belgique), 26 janv. 1881 (Pand. chr.); Toullier, t. V, n. 650; Duranton, t. IX, n. 248 et 459; Coin-Delisle, *Donations et test.*, sur l'art. 1021, C. civ., n. 14, et sur l'art. 1038, du même Code, n. 3; Troplong, *id.*, t. IV, n. 1952 et 2095; Massé et Vergé, sur Zachariæ, t. III, § 445, note 5, et § 502, texte et note 19; Aubry et Rau, t. VII, § 726, p. 530; Demolombe, *Donations et testam.*, t. V, n. 238 et 239; Laurent, *Principes de dr. civ.*, t. XIV, n. 221, p. 244 et 245; Colmet de Santerre t. IV, n. 185 *bis* 1.

Il ne s'élève de difficultés que lorsque l'aliénation est faite sous condition suspensive et que la condition ne s'est point réalisée. Et encore, la jurisprudence se prononce avec un ensemble unanime en faveur de la solution de l'arrêt ci-dessus rapporté. Quelques divergences ne se produisent que dans la doctrine. V. Caen, 25 nov. 1847 (D. 48. 2. 129); Rennes, 28 mars 1860 (S. 60. 2. 325. — P. 60. 117. — D. 61. 5. 431); Cass., 15 mai 1860 (Pand. chr.); Toullier, t. V, n. 653; Marcadé, sur l'art. 1038, n. 1; Vazeille, sur le même art., n. 7; Troplong, t. IV, n. 2099; Massé et Vergé, sur Zachariæ, t. III, § 502, p. 297, note 14, et p. 298, note 17; Demolombe, t. V, n. 218; Laurent, t. XIV, n. 225. — *Contrà*, Duranton, t. IX, n. 159; Coin-Delisle, sur l'art. 1038, n. 4.

(2) Principe constant. V. Cass., 31 juill. 1876 (S. 77. 1. 158. — P. 77. 391. — D. 77. 1. 28); 23 janv. 1878 (S. 79. 1. 204. — P. 79. 500. — D. 78. 1. 375); 18 mars 1879 (S. 79. 1. 352. — P. 79. 891). — V. aussi Cass. 22 août 1881 (S. 83. 1. 467. — P. 83. 1. 1166. — D. 82. 1. 476).

CASS.-CIV. 26 avril 1882.

CHEMIN DE FER, MARCHANDISES, EXPÉDITION, REMBOURSEMENT, DESTINATAIRE, SAISIE-ARRÊT, EXPÉDITEUR, RESTITUTION (REFUS DE).

Dans une expédition de marchandises contre remboursement, *le voiturier contracte l'engagement de ne faire la livraison au destinataire que contre le payement de la somme à rembourser, et de restituer la marchandise à l'expéditeur si cette condition essentielle n'est point remplie* (1) (C. civ., 1134, 1135, 1175).

Par suite, les saisies-arrêts pratiquées contre le destinataire aux mains du voiturier ne sauraient autoriser ce dernier à refuser la restitution de la marchandise à l'expéditeur (2) (Id.).

(Chem. de fer du Nord c. Voisin). — ARRÊT (*après délib. en ch. du cons.*).

LA COUR : — Sur le moyen unique du pourvoi : — Attendu que le jugement attaqué a constaté en fait que Voisin ayant expédié à Gourdin, par l'entremise de la Compagnie du chemin de fer du Nord, en port payé et contre remboursement, une certaine quantité de poires d'une valeur de 690 francs, la livraison a été refusée à Gourdin à défaut par lui d'effectuer le remboursement stipulé dans le bulletin d'expédition; que Voisin ayant alors réclamé la marchandise, la Compagnie a refusé de la lui rendre, sous le prétexte qu'il existait entre ses mains des saisies-arrêts contre Gourdin; qu'elle a fait procéder à la vente de ladite marchandise, et qu'elle a offert d'en remettre à qui de droit le prix, qui ne s'est élevé qu'à la somme nette de 165 francs; — Attendu, en droit, que, lorsque l'expédition est faite contre remboursement, le voiturier contracte l'engagement de ne faire la livraison au destinataire que contre le payement de la somme à rembourser, et de restituer la marchandise à l'expéditeur si cette condition essentielle n'est point remplie; — Attendu, dès lors, que la livraison ne devant être faite au destinataire que contre remboursement, les saisies-arrêts pratiquées contre celui-ci ne pouvaient servir de prétexte au voiturier pour refuser la restitution de la marchandise à l'expéditeur; — D'où il suit qu'en condamnant la Compagnie à payer à Voisin la somme de 690 francs, valeur de l'expédition, le jugement attaqué n'a violé aucun des textes de loi invoqués par le pourvoi; — Rejette, etc.

MM. Mercier, 1er prés.; de Lagrévol, rapp.; Desjardins, av. gén. (concl. conf.); Devin et Demasure, av.

CASS.-CIV. 10 mai 1882.

COMMERÇANT, FEMME MARIÉE, COMPÉTENCE.

La femme mariée qui ne fait qu'exploiter, conjointement avec son mari, le même fonds de commerce ne peut être considérée comme commerçante (3) (C. civ., 220; C. com., 5, § 2).

Et il en est ainsi, alors même que la femme donnait les commissions ou ordres de service, qu'elle percevait les recettes, payait les factures, et devait être considérée par les tiers comme faisant le commerce, soit pour son compte exclusif, soit en qualité d'associée de son mari (4) (Id.).

Dès lors, elle ne saurait être justiciable personnellement de la juridiction commerciale pour les actes de la gestion qui lui était confiée (5) (C. com., 631).

(Louis c. Grégoire). — ARRÊT.

LA COUR : — Vu les art. 220, C. civ., et 5, § 2, C. comm. : — (Le premier paragraphe de l'arrêt du 27 janvier 1875, Pand. chr., se trouve ici textuellement reproduit. — L'arrêt continue) : qu'il s'ensuit que la femme qui ne fait qu'exploiter conjointement avec son mari le même fonds de commerce ne peut être considérée comme commerçante, et ne peut, dès lors, être justiciable personnellement de la juridiction commerciale pour les actes de la gestion qui lui est confiée; — Attendu que l'arrêt attaqué (Montpellier, 3 juill. 1880), après avoir constaté en fait que la femme Louis

---

(1-2) Dans une expédition ordinaire, la propriété des marchandises n'est pas nettement déterminée au regard du voiturier qui n'est pas au courant des conventions intervenues entre expéditeur et destinataire, et qui d'ailleurs n'a aucun intérêt à les connaître. Lors donc que des saisies-arrêts sont formées entre ses mains soit contre l'expéditeur, soit contre le destinataire, le voiturier ne peut, de son autorité privée, sans avoir les moindres éléments de renseignements sur les droits respectifs des parties, trancher les questions de propriété. La même réserve lui est encore imposée relativement à l'appréciation du mérite de la saisie-arrêt soit au fond, soit en la forme, que cette saisie ait été faite sans droit, sans motifs sérieux, sans titre de créance régulièrement établi, ou bien qu'elle n'ait réuni aucune des prescriptions légales, nécessaires à la validité de l'acte. Un devoir tout tracé, facile à remplir, s'impose au voiturier : garder la marchandise, ou la consigner, ou la faire vendre même, pour éviter le dépérissement; mais dans tous les cas s'abstenir de toute livraison en nature ou de toute remise de sommes provenant de la vente, jusqu'à ce qu'il ait été définitivement statué sur les difficultés par les tribunaux compétents. V. notamment Cass., 20 juin 1876 (Pand. chr.); Paris, 12 juill. 1876 et 5 mars 1879 (S. 79. 2. 226. — P. 79. 970. — D. 79. 2. 103); Rouen, 28 janv. 1878 (S. 78. 2. 54. — P. 78. 234. — D. 79. 2. 103); Cass., 19 juill. 1882 (Pand. chr.), et la note.

Dans une expédition contre remboursement, les situations juridiques sont autrement arrêtées. La propriété de la marchandise appartient sans conteste à l'expéditeur jusqu'au moment où, à la suite de la livraison, le payement du prix en est effectué aux mains du voiturier. Une fois la livraison faite, une fois le prix payé, le destinataire devient propriétaire des objets, il peut en disposer à son gré. Il n'y a là rien d'indécis, pas la moindre obscurité, pas le moindre enchevêtrement d'un droit sur l'autre. Quant au voiturier, il a accepté un mandat que le seul bulletin d'expédition avec la mention *contre remboursement* suffit à caractériser. Il a reçu la marchandise de l'expéditeur; il a mission de la livrer, mais argent comptant. S'il ne touche pas le prix, il garde les colis; s'il a l'imprudence de s'en dessaisir à crédit, il devient responsable du recouvrement, comptable de la somme. C'est le versement correspondant à la valeur des objets qui crée le droit du destinataire à la marchandise. Supprimez le versement, elle lui reste étrangère; aucune relation n'existe entre elle et lui. Dans ces conditions, le créancier du destinataire qui frappe de saisie la marchandise, saisit une chose qui n'appartient pas à son débiteur. Il a mal opéré; il ne s'ensuivra pas de mainmise. Ce qu'il aura fait ou rien équivaut au même résultat.

Le voiturier connaît le seul propriétaire de la marchandise; c'est l'expéditeur; il la tient de lui, pas d'un autre. Si la livraison ne peut s'effectuer aux conditions précisées par le bulletin, la marchandise fait retour à son propriétaire, c'est de droit. Cette situation fort simple, dont le voiturier tient tous les renseignements, il peut la débrouiller avec aisance. Si donc au lieu de prendre l'opposition pour ce qu'elle vaut, pour un acte sans autorité, radicalement nul, contraire au droit, le voiturier lui attache une importance, lui reconnaît la vertu efficace d'une opposition régulière, il est en faute; il peut être condamné à des dommages-intérêts envers l'expéditeur pour le préjudice causé à ce dernier par le refus de restitution. V. Cass., 13 avril 1885 (Pand. chr.).

La saisie ne viendrait arrêter les colis entre les mains du voiturier que si elle était dirigée contre l'expéditeur, en tant qu'elle serait l'œuvre des créanciers de ce dernier. — On peut encore prévoir un autre cas, très-improbable, qui se présentera d'ailleurs difficilement dans la pratique : celui où le destinataire aurait payé son prix mais n'aurait pas immédiatement exigé livraison. La propriété n'en serait pas moins transmise, et le voiturier ne serait plus alors que le mandataire du destinataire, chargé par lui de la garde et de la conservation des marchandises.

(3) V. conf., Cass., 27 janv. 1875 (Pand. chr.), et les observations en note; 19 janv. 1881 (Pand. chr.); 11 août 1884 (Pand. chr.).

(4) V. dans une espèce analogue, Lyon, 5 févr. 1881 (Pand. chr.).

(5) C'est là une nouvelle conséquence du principe admis.

exerce conjointement avec son mari la profession d'aubergiste, n'a pu déclarer le tribunal de commerce compétent pour connaître de la demande formée contre la femme Louis en payement de marchandises fournies à la maison de commerce, sous l'unique prétexte que la femme Louis, donnant les commissions, percevant les recettes et payant les factures, devait être considérée par les tiers comme faisant le commerce soit pour son compte exclusif, soit en qualité d'associée de son mari; qu'en ce faisant, il a violé les dispositions de loi susvisées; — Casse, etc.

MM. Mercier, 1er prés.; Rohault de Fleury, rapp.; Desjardins, av. gén. (concl. conf.); Brugnon et Massenat-Déroche, av.

CASS.-REQ. 17 mai 1882.

CHEMIN DE FER, COLIS ÉGARÉS, VENTE, PRÉJUDICE, RESPONSABILITÉ, RECHERCHES (ABSENCE DE), RÉCLAMATIONS, NÉGLIGENCE.

Les Compagnies de chemins de fer sont tenues aux termes du droit commun, et malgré le silence de leurs règlements, de prendre les mesures et soins nécessaires pour que les colis égarés puissent être facilement retrouvés (1) (C. civ., 1382).

Par suite, c'est à bon droit qu'au cas où une caisse, laissée par mégarde sur le quai d'une gare, a été trouvée par les employés du chemin de fer, expédiée et déposée par eux au magasin général des objets perdus, la Compagnie est déclarée responsable du préjudice causé au propriétaire par la vente de cette caisse, sans qu'elle se fût livrée à la moindre recherche, ni qu'elle se fût préoccupée de savoir s'il existait des réclamations à la gare d'expédition (2) (Id.).

Alors surtout qu'en fait, ces réclamations s'étaient produites et que le chef de gare s'était borné à répondre qu'il n'avait rien été trouvé du tout (3) (Id.).

(Chem. de fer de Lyon c. Moirond). — ARRÊT.

LA COUR : — Sur le moyen unique du pourvoi, tiré de la violation par fausse application des art. 1382 et 2279, C. civ. : — Attendu que le jugement attaqué constate qu'une caisse marquée J. M., 105, aurait été laissée par mégarde sur le quai de la gare de Vaise; que cette caisse, trouvée par les employés de la gare, avait été expédiée à Paris pour être déposée au magasin général des objets égarés; que sur la réclamation du sieur Moirond, auquel cette caisse appartenait, le chef de gare de Vaise se borna à répondre que la caisse n'avait pas été trouvée par ses employés; qu'aucune recherche ne fut faite dans les écritures, constatant l'expédition ou le dépôt des objets égarés au magasin général, non plus que dans ce magasin lui-même; qu'avant de procéder à la vente de la caisse, aucune demande ne fut adressée à la gare d'expédition pour savoir si des réclamations ne s'étaient pas produites; — Attendu qu'en ces conditions, c'est à bon droit que le jugement attaqué a déclaré la Compagnie Paris-Lyon-Méditerranée responsable du dommage causé à Moirond, cette Compagnie ne pouvant être admise à se prévaloir du silence de ses règlements relativement aux objets égarés, quand le droit commun suffit à lui imposer les mesures et soins nécessaires pour que ces objets puissent être facilement retrouvés; — Rejette, etc.

MM. Bédarrides, prés.; Crépon, rapp.; Chevrier, av. gén. (concl. conf.); Dancongnée, av.

CASS.-CIV. 17 mai 1882.

CHEMIN DE FER, RÈGLEMENTS, FORCE OBLIGATOIRE, DÉLAI, CALCUL, RENONCIATION (DÉFAUT DE).

Les règlements de l'autorité publique qui déterminent les conditions et délais des transports par chemins de fer, ayant force de loi pour et contre les Compagnies concessionnaires, il est interdit à celles-ci d'y déroger par aucune convention expresse ou tacite (4) (C. civ., 1134).

La Compagnie de chemins de fer qui consent à expédier des marchandises par un train qui précède celui qui aurait dû être chargé du transport, ne renonce point pour cela au droit de se prévaloir des délais réglementaires, calculés sur le train suivant, le seul qui fût réellement obligatoire (5) (Arr. min., 12 juin 1866, art. 2, 4).

(Chem. de fer des Dombes c. Lazare Juif). — ARRÊT.

LA COUR : — Sur le moyen unique du pourvoi : — Vu les art. 2 et 4 de l'arrêté ministériel du 12 juin 1866; — Attendu qu'aux termes de ces articles, si les animaux et objets quelconques à expédier à grande vitesse ne sont pas présentés et enregistrés trois heures avant l'heure réglementaire du premier train de voyageurs comprenant des voitures de toutes classes, ils sont remis au départ suivant, et la livraison n'en peut être exigée par les destinataires que deux heures après l'arrivée de ce dernier train; — Attendu que les règlements de l'autorité publique qui déterminent les conditions et délais des transports par chemins de fer, ayant force de loi pour et contre les Compagnies concessionnaires, il est interdit à celles-ci d'y déroger par aucune convention expresse ou tacite; — Attendu que, pour condamner la Compagnie des chemins de fer des Dombes et du Sud-Est à des dommages intérêts envers Lazare Juif, le jugement attaqué s'est fondé sur ce que, par suite d'un accident survenu à la machine, le train qui transportait les bœufs de ce commerçant n'était arrivé à Paray-le-Monial qu'après le départ du train correspondant de Paris à Lyon, et que l'expéditeur s'était dès lors trouvé forcé de reprendre ses bestiaux, qui ne pouvaient plus parvenir en temps utile à la Villette pour le marché du lendemain; — Mais attendu qu'il est constant en fait que ces bestiaux n'avaient été remis à la gare de Cluny par Lazare Juif qu'à 9 heures du matin, et que, si le représentant de la Compagnie a consenti à les expédier par le train de 10 heures 33, il n'a pu renoncer aux délais réglementaires calculés sur le train suivant, le seul qui fût obligatoire; — D'où il suit qu'en condamnant, dans ces circonstances, la Compagnie des Dombes, pour un

---

(1-2-3) V. dans le même sens, Cass., 22 janv. 1873 (Pand. chr.), et notre *Dictionnaire de dr. commerc., ind. et marit.*, t. II, v° *Chemin de fer*, n. 247. — Mais les Compagnies de chemins de fer ne sont plus responsables des conséquences des ventes, par elles effectuées, de marchandises non réclamées ou refusées, quand elles ont agi conformément aux prescriptions soit de l'art. 106, C. comm., soit du décret du 13 août 1810. V. Cass., 3 avril 1878 (Pand. chr.), et la note. — V., pour le cas où les formalités de l'art. 106, C. comm., n'auraient point été observées, Cass., 17 juill. 1883 (Pand. chr.), et nos observations.

(4) Principe constant. V. notamment Cass., 26 juill. 1871 (S. 71. 1. 58. — P. 71. 174. — D. 71. 1. 234); 3 mars 1874 (S. 74. 1. 276. — P. 74. 684. — D. 75. 1. 171); 1er déc. 1874 (S. 75. 1. 16. — P. 75. 23. — D. 74. 1. 461 et 75. 1. 231); 9 mai 1883 (Pand. chr.); 26 nov. 1883 (S. 85. 1. 378. — P. 85. 1. 919); 13 août 1884 (Pand. chr.); 2 févr. 1885 (S. 85. 1. 502. — P. 85. 1. 1186. — D. 85. 1. 436); 25 mars 1885 (S. 86. 1. 78. — P. 86. 1. 162); 4 août 1885 (Pand. chr.), et les renvois; 24 mai 1886 (S. 87. 1. 37). V. aussi l'arrêt qui suit, et notre *Dictionnaire de dr. commerc., ind. et marit.*, t. II, v° *Chemin de fer*, n. 66 et suiv.

(5) V. conf., Cass., 4 et 23 mars 1874 (S. 74. 1. 274. — P. 74. 681. — D. 74. 1. 245 et 391); 18 juill. 1878 (S. 80. 1. 469. — P. 80. 1169. — D. 78. 1. 383); 31 déc. 1879 (S. 80. 1. 276. — P. 80. 636. — D. 80. 1. 64); 3 et 17 mai 1882 (D. 83. 1. 21); 9 mai 1883 (S. 83. 1. 418. — P. 83. 1. 1052. — D. 83. 1. 455); 19 nov. 1883 (S. 84. 1. 290. — P. 84. 1. 697. — D. 84. 1. 63); 21 nov. 1883 (S. 84. 1. 196. — P. 84. 1. 465. — D. 84. 5. 64); 24 mai 1886, précité; Féraud-Giraud, *Code des transports par chemins de fer*, t. I, n. 283.

prétendu retard, à des dommages-intérêts envers l'expéditeur, sans déclarer qu'elle s'était mise dans l'impossibilité de livrer les bœufs de celui-ci dans les délais réglementaires afférents au train suivant, et en décidant, au contraire, qu'elle avait renoncé à s'en prévaloir, le jugement attaqué a formellement violé les dispositions ci-dessus visées de l'arrêté ministériel du 12 juin 1866 ; — Casse, etc.

MM. Mercier, 1er prés. ; Guérin, rapp. ; Charrins, 1er av. gén. (concl. conf.); Bosviel et Bouchié, av.

CASS.-CIV. 17 mai 1882.

CHEMIN DE FER, TARIF, FORCE OBLIGATOIRE, SOINS EXCEPTIONNELS, AVARIES DE ROUTE, CONGÉLATION, FAUTE, PREUVE.

Les tarifs de chemins de fer, obligatoires dans toutes leurs parties, règlent non-seulement le prix, mais aussi le mode et le délai du transport (1) (C. civ., 1134).

Les Compagnies de chemins de fer ne sont pas obligées de donner à la marchandise des soins exceptionnels autres que ceux qui leur sont imposés par les tarifs et qui ne trouveraient pas leur rémunération dans le prix qui leur est alloué et qu'elles ne peuvent ni augmenter, ni diminuer (2) (Id.).

Elles ne sont pas responsables des avaries occasionnées par la force majeure (3), *par le vice propre de la chose* (4) *ou le vice de l'emballage* (5), *à moins qu'une faute spéciale et déterminée ne leur soit imputée* (Id.).

Par suite, une Compagnie de chemins de fer ne saurait être déclarée responsable des avaries de route arrivées à la marchandise par la congélation, alors que le transport a été effectué dans les conditions du tarif requis par l'expéditeur, et qu'aucune faute spéciale et déterminée n'a été relevée à l'encontre de la Compagnie (6) (Id.).

(Chem. de fer de Lyon c. Fage). — ARRÊT *(apr. délib. en ch. du cons.)*.

LA COUR : — Vu l'art. 103, C. comm. ; — Vu ensemble les tarifs de la Compagnie de Lyon; — Attendu que les tarifs des Compagnies de chemins de fer, obligatoires dans toutes leurs parties, règlent non-seulement le prix, mais aussi le mode et le délai du transport; — Attendu qu'à la différence des autres voituriers, les Compagnies de chemins de fer ne peuvent ni refuser ni retarder le transport des marchandises qui leur sont remises, pour être transportées aux conditions du tarif requis par l'expéditeur; — Attendu qu'elles ne sont pas obligées de donner à la marchandise des soins exceptionnels autres que ceux qui leur sont imposés par le tarif et qui ne trouveraient pas leur rémunération dans le prix qui leur est alloué, et qu'elles ne peuvent ni augmenter, ni diminuer; qu'elles ne sont pas responsables des avaries occasionnées par la force majeure, par le vice propre de la chose ou le vice de l'emballage, à moins qu'une faute spéciale et déterminée ne leur soit imputée; — Attendu, en fait, qu'il résulte du jugement attaqué que le défendeur a remis à la Compagnie le 27 nov. 1879, à la gare de Grasse, un fût en cuivre contenant de l'eau de fleurs d'oranger, à la destination du sieur Doublet, négociant à Paris; qu'à l'arrivée de ce fût, il a été reconnu qu'il était avarié et que l'eau de fleurs d'oranger avait été perdue par suite de la congélation de ce liquide; que la Compagnie a articulé, et qu'il n'est pas contesté, que le transport a été effectué dans un wagon clos et couvert et dans les conditions du tarif requis par l'expéditeur; qu'aucune faute spéciale et déterminée n'a été imputée à la Compagnie à raison de l'avarie subie par la marchandise; — Attendu qu'en déclarant, dans ces circonstances, la Compagnie demanderesse responsable de cette avarie, sous le prétexte qu'elle n'avait pas donné des soins suffisants à la marchandise pour prévenir cette avarie, le jugement attaqué a faussement appliqué l'article de loi susvisé; — Casse, etc.

MM. Mercier, 1er prés.; Greffier, rapp.; Charrins, 1er av. gén. (concl. contr.); Dancongnée et Bosviel, av.

CASS.-CIV. 23 mai 1882.

DONATION ENTRE ÉPOUX, DONATION DÉGUISÉE, DONATION INDIRECTE, NULLITÉ, VENTE, PERSONNE INTERPOSÉE.

Les donations entre époux, durant le mariage, faites à personnes interposées, ou déguisées sous quelque forme que ce soit, ne sont pas seulement réductibles, comme les donations indirectes, mais sont, au contraire, nulles et radicalement nulles pour le tout (7) (C. civ., 1099).

Et cette nullité s'étend aussi à l'acte destiné, dans la commune intention des parties, à déguiser la donation, alors qu'il ne forme avec elle qu'un tout indivisible (8) (Id.).

Spécialement, *lorsque sous forme de vente d'immeubles à*

(1) V. conf., sur le principe, l'arrêt de même date (17 mai 1882) qui précède, et le résumé de la jurisprudence à la note 4.

(2) Cette solution a été confirmée depuis par un autre arrêt de la Cour de cassation du 22 avril 1885 (Pand. chr.), en ses motifs; elle semble par là désormais à l'abri de toute contestation. V. toutefois Cass., 16 févr. 1870 (Pand. chr.), et la note.

(3) *Sic*, Cass., 25 août 1875 (S. 75. 1. 469. — P. 75. 1184. — D. 76. 1. 390); 20 févr. 1878 (S. 78. 1. 324. — P. 78. 796. — D. 79. 1. 171), et notre *Dict. de dr. comm., ind. et marit.*, t. II, vo *Chemins de fer*, n. 363 et suiv.

(4) V. dans le même sens, Cass., 20 févr. 1878, précité; 5 févr. 1879 (S. 79. 1. 178. — P. 79. 425. — D. 79. 1. 171); 9 juill. 1879 (deux arrêts) (S. 80. 1. 34. — P. 80. 54. — D. 80. 5. 74); 23 mars 1880 (S. 80. 1. 278. — P. 80. 638).

(5) V. plus particulièrement, en ce qui concerne le vice d'emballage, Caen, 20 avril 1864 (S. 65. 2. 29. — P. 65. 210. — D. 65. 2. 183). V. aussi, sur l'insuffisance du cerclage et le mauvais état des fûts, Cass., 20 févr. 1878 et 5 févr. 1879, précités.

(6) V. anal., Dijon, 23 mars 1881 (S. 82. 2. 61. — P. 82. 1. 338); Cass., 9 avril 1883 (Pand. chr.). — Même solution au cas inverse où les avaries sont causées par la trop grande chaleur et la sécheresse. V. Cass., 22 avril 1885 (Pand. chr.), et les renvois; — ou bien encore par la pluie et la mouillure, alors surtout que ces accidents sont la conséquence du mode de transport adopté par l'expéditeur (transport par wagon découvert). V. Cass., 31 déc. 1879 (Pand. chr.), et les nombreux arrêts cités à la note.

(7) La jurisprudence de la Cour de cassation est depuis longtemps fixée dans le sens de la nullité pour le tout des donations déguisées entre époux, qu'elles excèdent ou n'excèdent pas la quotité disponible. Les Cours d'appel, en grande majorité, se sont aussi prononcées en faveur du même système. V. Cass., 30 nov. 1831 (S. 32. 1. 137); 29 mai 1838 (S. 38. 1. 481. — P. 38. 1. 658. — D. 38. 1. 225); 11 mars 1862 (Pand. chr.) ; 22 juill. 1884 (Pand. chr.); Limoges, 6 juill. 1842 (S. 43. 2. 27. — P. 44. 1. 500. — D. 43. 2. 122); Caen, 6 janv. 1845 (S. 45. 2. 393. — D. 45. 2. 115); 13 nov. 1847 (S. 48. 2. 677); 30 avril 1853 (S. 53. 2. 699. — P. 54. 2. 393. — D. 54. 2. 257); Orléans, 23 févr. 1861 (S. 61. 2. 410. — P. 61. 973. — D. 61. 2. 84); Grenoble, 29 nov. 1862 (S. 62. 2. 51. — P. 63. 524); 19 mars 1869 (S. 69. 2. 129. — P. 69. 584); Pau, 24 juill. 1872 (Pand. chr.); Montpellier, 28 févr. 1876 (S. 76. 2. 241. — P. 76. 967. — D. 79. 2. 249); Lyon, 14 mai 1880 (Pand. chr.). — Mais la question est controversée.

Quelques Cours d'appel décident que les donations déguisées sont valables dans les limites de la quotité disponible, et ne sont nulles radicalement et pour le tout que si elles dépassent cette quotité. V. Bourges, 29 mars 1836 (S. 36. 2. 343); Paris, 21 juin 1837 (S. 37. 2. 322. — P. 37. 2. 7); Dijon, 10 avril 1867 (S. 68. 2. 11. — P. 68. 95. — D. 67. 2. 228); Grenoble, 21 mars 1870 (S. 70. 2. 40. — P. 70. 918. — D. 70. 2. 190); Bordeaux, 16 févr. 1874 (Pand. chr.).

Enfin, d'autres Cours écartent la nullité radicale, pour le tout, les donations déguisées entre époux, même celles qui dépassent la quotité disponible, restent valables; seulement, elles sont réductibles à cette quotité. V. Toulouse, 26 févr. 1861 (S. 61. 2. 327. — P. 61. 818. — D. 61. 2. 58); Lyon, 18 nov. 1862 (S. 63. 2. 51. — P. 63. 524); Orléans, 21 juill. 1865 (S. 66. 2. 126. — P. 66. 491); Montpellier, 4 déc. 1867 (S. 68. 2. 256. — P. 68. 992).

(8-9) Ces solutions ne sont que la conséquence du principe une fois admis. Il est clair, en effet, qu'en annulant la donation, on ne

une personne interposée, le mari constitue une donation déguisée à sa seconde femme au préjudice d'enfants issus d'un premier mariage, la vente et la donation sont nulles; et il n'y a pas lieu seulement d'obliger l'acquéreur à rapporter un supplément de prix (9) (Id.).

(Vertadier et Legrand). — ARRÊT.

LA COUR : — Sur le moyen unique du pourvoi : — Vu l'art. 1099, C. civ. ; — Attendu, en droit, que les dispositions du deuxième paragraphe de cet article sont générales et absolues; qu'il suit de là que les donations entre époux, durant le mariage, faites à personnes interposées, ou déguisées sous quelque forme que ce soit, ne sont pas seulement réductibles, comme les donations indirectes, mais sont, au contraire, radicalement nulles; que cette nullité a son principe et sa cause aussi bien dans la nécessité de protéger les héritiers réservataires contre des actes de dissimulation frauduleuse, que contre les dangers de la captation et de la suggestion que les époux peuvent exercer réciproquement l'un sur l'autre; qu'elle s'applique essentiellement au cas où la donation forme un tout indivisible avec l'acte destiné, dans la commune intention des parties, à la déguiser; — Attendu que l'arrêt attaqué constate, en fait, que l'acte authentique, en date du 22 janv. 1852, passé pendant le mariage des époux Legrand, et aux termes duquel le mari J. Legrand a vendu à Ant. Legrand divers immeubles, constitue une donation déguisée, et faite à personne interposée au profit de Jeanne Mangounat, deuxième femme dudit J. Legrand, et qu'elle avait pour but de frustrer les enfants issus d'un premier mariage; qu'en se bornant à ordonner que l'acquéreur serait simplement tenu de rapporter un supplément de prix, et en maintenant ainsi les effets d'un contrat nul en soi, l'arrêt attaqué (Limoges, 5 août 1879) a formellement violé l'article susvisé; — Casse, etc.

MM. Mercier, 1er prés.; Descoutures, rapp.; Desjardins, av. gén.; Chaufton et Trézel, av.

CASS.-CRIM. 25 mai 1882.

JOURNAUX OU ÉCRITS PÉRIODIQUES, RÉPONSE (DR. DE), LIMITE.

La personne nommée ou désignée dans un journal ne peut, sous prétexte qu'elle entend user de son droit de réponse, l'exercer indéfiniment, et par là prolonger à son gré un débat qu'elle a elle-même provoqué (1) (L. 29 juill. 1881, art. 13).

Ainsi, après l'insertion d'une première réponse, et d'une seconde à la suite de l'intervention d'un tiers dans la polémique engagée, c'est à bon droit qu'une troisième réponse est refusée par le journal (2) (Id.).

(Barral c. Fargues, gérant du *Messager du Midi*). — ARRÊT.

LA COUR : — Vu l'art. 13 de la loi du 29 juill. 1881; — Attendu que cet article donne à toute personne nommée ou désignée dans un journal le droit d'y faire insérer une réponse; que cette disposition, qui est générale, a pour but d'assurer aux citoyens le moyen de se défendre contre les attaques dont ils pourraient être l'objet dans la presse périodique; que, si la personne nommée ou désignée dans un journal est seule juge de l'opportunité, et de la teneur de la réponse, on ne peut, toutefois, prétendre qu'elle a le droit d'user indéfiniment du droit de réponse, et, notamment, de prolonger à son gré un débat qu'elle a elle-même provoqué ; — Attendu, en fait, que l'arrêt attaqué (Montpellier, 28 mars 1882) constate que Léon Barral, nommé dans un article publié le 3 sept. dernier par le *Messager du Midi*, a adressé à Fargues, gérant de ce journal, une réponse qui a été insérée dans le numéro paru le 19 sept.; que cette publication a amené une réponse du sieur Jullian, que Barral avait mis en cause; que, deux jours après la publication de la lettre de Jullian, Barral a adressé une seconde réponse, que le gérant du *Messager du Midi* a fait paraître dans le numéro du 23 sept.; que Barral élève la prétention de contraindre Fargues, gérant du *Messager du Midi*, à insérer une troisième réponse, ce à quoi ce dernier s'est refusé; — Attendu que Barral avait usé complétement du droit que l'art. 13 de la loi du 28 juill. 1881 lui conférait, et que c'est dès lors avec raison que l'arrêt attaqué l'a déclaré mal fondé dans l'action qu'il avait contre Fargues, afin de le contraindre à publier cette troisième lettre; — Rejette, etc.

MM. Baudouin, prés.; Sallantin, rapp.; Ronjat, av. gén.

CASS.-CRIM. 26 mai 1882.

CULTE, ABUS, EXCEPTION PRÉJUDICIELLE, OFFICE DU JUGE, SURSIS, CÉRÉMONIES EXTÉRIEURES, INTERDICTION, TEMPLE PROTESTANT, ÉGLISE PAROISSIALE, LIEU DE CULTE.

L'exception d'abus, préjudicielle non à l'action publique, mais seulement au jugement du fond, doit être formellement proposée; le juge de police, légalement saisi par le ministère public, n'a pas à la suppléer d'office, et doit, si le prévenu s'abstient de la soulever, statuer sur la contravention, objet de la poursuite (3) (L. 18 germ. an X, art. 6, 7 et 8).

La prohibition de l'art. 45 de la loi du 18 germ. an X, qui porte qu' « aucune cérémonie religieuse n'aura lieu hors des églises consacrées au culte catholique dans les villes où il y a des temples consacrés à différents cultes », restreinte d'abord, en ce qui concerne le culte protestant, aux communes sièges d'une église consistoriale, étendue nécessairement, depuis le décret du 26 mars 1852, aux communes où ont été établies des églises paroissiales, administrées par des conseils presbytéraux sous l'autorité des consistoires, est inapplicable aux communes où existe seulement, en vertu d'un décret d'autorisation, un lieu de culte, *sans pasteur, sans conseil presbytéral et sans administration propre; le* lieu de culte *ne saurait, en effet, être considéré ni comme un temple, ni comme une paroisse* (4) (L. 18 germ. an X, art. 45; Décr. 26 mars 1852).

Ce lieu de culte *rentre dans la catégorie des chapelles ou oratoires qui, d'après une tradition constante et suivant le décret du 19 mars 1859, sont complétement distincts des temples* (5) (Id.).

(George).

Voici sur la question du fond, les parties essentielles du rapport de M. le conseiller Larouverade :

peut laisser subsister l'acte qui, dans l'intention commune des parties, n'a eu d'autre but que de réaliser la fraude. Cet acte n'a plus de raison d'être; il ne repose plus sur rien. V. Cass., 11 mars 1862 (Pand. chr.).

(1-2) Ces solutions ne soulèvent aucune difficulté sérieuse; elles sont, pour ainsi dire, de principe dans la matière, et étaient déjà admises sans contestation, sous la législation antérieure. V. Riom, 14 janv. 1844 (S. 47. 2. 501. — P. chr. — D. 47. 2. 220). V. aussi Cass. (motifs), 19 juill. 1873 (D. 77. 1. 67).

(3) Sur ce principe irrévocablement consacré par la jurisprudence dernière de la Cour de cassation, que l'exception d'abus est préjudicielle au jugement du fond et qu'elle n'est jamais préjudicielle à l'action publique, V. Cass., 25 mars 1880 (deux arrêts) (S. 80. 1. 329 et 433. — P. 80. 1. 771 et 1075. — D. 80. 1. 233); 31 mars 1881 (S. 83. 1. 385. — P. 83. 1. 969. — D. 81. 1. 393); 11 août 1881 (S. 83. 1. 388. — P. 83. 1. 974. — D. 81. 1. 393); 27 mai 1882 (S. 83. 1. 457. — P. 83. 1. 1. 1084. — D. 82. 1. 381); 26 mai 1882, qui suit.

(4-5) V. conf. le rapport ci-dessus reproduit de M. le conseiller Larouverade.

« .... Nous arrivons au premier moyen du pourvoi, tiré d'une violation par fausse interprétation des art. 45 de la loi du 18 germ. an X, 1 et 2 de l'arrêté du préfet de police, en date du 3 mai 1833, et de la fausse application de l'art. 471, n. 15, C. pén.

« Il n'existe pas à Charenton, dit le pourvoi, *des temples destinés à des cultes différents*. Il n'y a qu'un temple, celui de la paroisse catholique; quant au *lieu de culte*, ouvert par les protestants, ce n'est qu'une chapelle de secours, un oratoire sans pasteur à demeure et sans administration propre, qui ne saurait être considéré comme un *temple* dans le sens de l'art. 45 des lois organiques; par conséquent la contravention imputée à l'abbé George n'existait pas et le juge de police aurait dû prononcer le relaxe. — La question soulevée par le demandeur consiste donc à savoir si le mot *temple*, employé dans le texte de l'art. 45 de la loi de l'an X, s'applique d'une manière générale à tout édifice où se célèbre un culte, que cette célébration y soit continue ou intermittente, et spécialement si cette dénomination est applicable *au lieu de culte* protestant autorisé par le décret du 29 sept. 1880.

« Le texte de l'art. 45, pour être sainement interprété, ne doit pas être isolé de celui de l'art. 1er de la convention du 26 mess. an IX ainsi conçu : « La religion catholique, apostolique et romaine sera librement exercée en France; son culte sera public, en se conformant aux règlements de police que le gouvernement jugera nécessaire pour la tranquillité publique. » C'est un de ces *règlements de police nécessaires pour la tranquillité publique* qu'on trouve dans l'art. 45 des lois organiques, et il n'est pas sans intérêt de demander aux contemporains du Concordat, et surtout aux juristes qui ont pris la plus large part soit à la rédaction, soit à l'application des articles organiques, ce qu'ils ont voulu en rédigeant cet art. 45.

« Au premier rang de ces juristes figure Portalis; voici ce qu'il dit sur notre question : « La loi du 18 germ. an X a décidé (dans l'art. 16 de la loi organique du culte protestant) qu'il faut qu'il y ait 6,000 âmes de la même communion pour qu'il puisse y avoir lieu à l'établissement d'une église consistoriale. Cela n'empêche pas qu'un moindre nombre de protestants ne puisse avoir des *églises de commodité*, pour profiter de la liberté qu'a chaque individu pour professer son culte; *mais ces églises ne sont point alors de celles dont l'établissement peut mettre obstacle à l'exercice extérieur d'un autre culte* » (Lettre du 14 prair. an XI). — On le voit, d'après le sentiment de Portalis, le mot *temple* employé dans l'art. 45 doit s'entendre pour le culte protestant de l'*église consistoriale* régulièrement autorisée; et c'est dans ce sens que s'explique une circulaire du ministre de l'intérieur, en date du 30 germ. an XI; nous y lisons le passage suivant : « L'intention du gouvernement est que les cérémonies religieuses puissent se faire publiquement dans toutes les villes où il n'y a pas une église consistoriale reconnue. D'où la conséquence que, quel que soit le nombre des protestants, il ne fait pas obstacle à l'exercice du culte extérieur catholique, s'il n'y a pas d'église consistoriale légalement établie; mais cette église, même avec un nombre moindre de 6,000 protestants, suffit pour empêcher l'exercice extérieur » (Circ. min., 30 germ. an XI).

« Ainsi, dès les premiers jours de la mise à exécution du Concordat, la règle adoptée en ce qui concerne les cérémonies extérieures du catholicisme, est celle-ci : liberté de pratiquer ces cérémonies, sauf les droits de la police générale, dans toutes les communes où il n'y a pas d'église consistoriale protestante; défense de célébrer le culte à l'extérieur, là où il y a une église consistoriale, alors même que le nombre des protestants serait inférieur à 6,000. Cette règle fut celle du gouvernement pendant toute la durée du premier Empire; et telle était la crainte de blesser les croyances de l'immense majorité des Français, qu'il arriva plusieurs fois qu'ayant à créer des églises consistoriales, le gouvernement en plaça le siége non dans la ville même où se trouvait la communauté protestante, mais dans une commune de la banlieue. C'est ce qui fut fait à Marseille, à Lyon, à Rouen, tout en reconnaissant d'ailleurs que les protestants continueraient à avoir le droit de s'assembler en ville, pour prier ensemble sous la direction de leurs pasteurs. Nous lisons par exemple dans un décret du 30 brum. an XIII : « Il y aura une église consistoriale au Vaugneux, faubourg de la ville de Caen (et commune indépendante). Les protestants continueront de s'assembler dans la ville de Caen, sans préjudice des cérémonies extérieures du culte catholique. »

« Il est à peine besoin de dire que la charte de 1814, ayant fait de la religion catholique une religion d'Etat, les cérémonies extérieures, les processions notamment, eurent lieu partout, sans distinction, pendant toute la durée de la Restauration. Mais, sous la monarchie de 1830, on reprit les errements du premier Empire, et nous voyons qu'une commission, dont faisait partie M. Dupin aîné, fut d'avis que l'art. 45 de la loi de germ. an X, devait être appliqué comme il l'avait été depuis l'époque du Concordat jusqu'en 1814.

« Même pratique pendant la période républicaine de 1848 à 1852. Puis vient le second Empire. Jusque-là, le culte protestant n'a pas changé de régime légal : l'église consistoriale est encore la seule qui ait un caractère officiel. Mais un décret du 26 mars 1852 apporte à cette situation un changement notable : il reconnaît, à côté des églises consistoriales et de leurs conseils presbytéraux, qui porteront désormais le nom de consistoires, des paroisses ressortissant à ces consistoires, et chacune de ces paroisses est administrée, sous l'autorité suprême du consistoire, par un conseil presbytéral composé de membres laïques et présidé par le pasteur. Enfin, dit l'art. 1er du décret, *il y a une paroisse partout où l'Etat rétribue un ou plusieurs pasteurs*.

« En présence de cette nouvelle organisation du culte protestant, nous n'hésitons pas à penser que l'art. 45 des lois et décrets organiques est applicable, et aux chefs-lieux des consistoires, et aux *paroisses* protestantes. Ainsi le veut, croyons-nous, l'esprit du Concordat. Mais nous ne pensons pas qu'on puisse aller plus loin, en assimilant arbitrairement une chapelle ou un oratoire à une église paroissiale. Du reste, hâtons-nous de dire que l'art. 45 est encore entendu comme il l'était en l'an XI. Voici, en effet, en quels termes est conçue une circulaire adressée aux préfets de la République, le 20 mars 1879, par M. Lepère, ministre de l'intérieur : « Des instructions ministérielles rédigées par M. Portalis, le 21 niv. et le 30 germ. an XI, ont décidé que ce texte (celui de l'art. 45) devait être combiné avec l'art. 16 de la loi organique des cultes protestants, d'après lequel il y aura une église consistoriale par 6,000 âmes de la même communion; que, par suite, les cérémonies extérieures ne doivent être interdites que dans les villes qui sont le siége d'une église consistoriale. Quant à présent, ajoute le ministre, je ne me croirais autorisé ni à déroger à la pratique administrative qui s'est établie dès l'an XI et qui, depuis cette époque, a été suivie par tous mes prédécesseurs, ni à mettre obstacle à des coutumes locales qui ont consacré l'usage des processions dans certaines villes qui sont le siége d'églises consistoriales »...

« Vous le voyez, le sens du mot *temple* a été fixé dès les premiers jours du Concordat et accepté jusqu'à présent sans protestation : là où existe une église consistoriale; les cérémonies religieuses extérieures du culte catholique ne peuvent avoir lieu; et nous ajoutons volontiers, même solution là où existe une *paroisse* régulièrement établie, c'est-à-dire fonctionnant avec son conseil presbytéral et son pasteur. Mais nous n'admettons pas qu'un simple oratoire puisse être assimilé à une église paroissiale, et constituer un empêchement à la célébration des cérémonies extérieures du culte catholique. C'est pourtant cette assimilation qu'a consacrée le jugement attaqué en ne tenant aucun compte des précédents, et en refusant de distinguer entre les temples proprement dits et les simples chapelles, distinction nécessaire et qui se trouve nettement exprimée dans l'art. 1er du décret du 19 mars 1859 : « L'autorisation pour l'ouverture de nouveaux *temples, chapelles, ou oratoires* destinés à l'exercice des cultes protestants, sera, sur la demande des consistoires, donnée par nous... »

« C'est cette autorisation qui a été donnée par le décret du 29 sept. 1880, pour l'ouverture du *lieu de culte* protestant de Charenton. Or, ce lieu de culte n'est qu'un simple oratoire, sans conseil presbytéral, sans pasteur, sans aucune administration propre; ce n'est pas une annexe directe de l'église consistoriale de Paris; c'est une annexe de l'oratoire de Vincennes, lequel est lui-même un lieu de culte sans pasteur, où le service religieux se fait comme à Charenton, le dimanche, par les soins d'un délégué du consistoire de Paris.

« Telle est la situation; vous direz si le juge de police a sainement interprété la loi ou s'il en a méconnu le véritable sens. »

ARRÊT.

LA COUR : — Sur le deuxième moyen, pris de la violation des art. 6, 7 et 8 de la loi du 18 germinal, an X, en ce que le juge de police aurait dû surseoir, même d'office, au jugement du fond, l'infraction poursuivie se confondant avec l'exercice même des fonctions du prêtre inculpé : — Attendu que l'abbé George, curé de la paroisse de Charenton-le-Pont, était inculpé d'avoir, le 19 juin 1881, fait sortir une procession sur la voie publique et d'avoir ainsi contrevenu à l'ordonnance du préfet de police du 3 mai 1833, qui, par application de l'art. 45 de la loi du 18 germinal an X, défend les cérémonies extérieures du culte dans les communes du département de la Seine où il existe des temples destinés à différents cultes ou sectes; — Attendu que l'inculpé n'a pas contesté la légalité de cette ordonnance, qu'il s'est borné à soutenir qu'elle était inapplicable au fait relevé contre lui, la commune de Charenton ne se trouvant pas dans les conditions prévues par l'art. 45 de la loi précitée; — Attendu que l'exception d'abus, préjudicielle non à l'action publique, mais seulement au jugement du fond, doit être formellement proposée; que le juge de police, légalement saisi par le ministère public, n'a pas à la suppléer d'office, et doit, si le prévenu s'abstient de la soulever, statuer sur la contravention, objet de la poursuite; — D'où il résulte que l'abbé George, n'ayant pas excipé de l'illégalité de l'ordonnance de 1833, le juge de police n'a, en statuant au fond, violé aucune des dispositions légales invoquées par le pourvoi;

Mais sur le premier moyen, tiré de la violation par fausse application de l'art. 45 de la loi du 18 germ. an X, de l'ordonnance de police du 3 mai 1833 et de l'art. 471, n. 15, C. pén. : — Attendu que l'art. 45 de la loi de l'an X dispose : « Aucune cérémonie religieuse n'aura lieu hors des églises consacrées au culte catholique dans les villes où il y a des temples consacrés à différents cultes »; — Attendu que l'ordonnance du 3 mai 1833 n'a eu pour objet que de rappeler, en vue des communes du département de la Seine et de certaines communes de Seine-et-Oise, la prohibition portée audit art. 45 de la loi de l'an X; — Attendu que cette prohibition, originairement restreinte, en ce qui concerne le culte protestant, aux communes siéges d'une église consistoriale, s'est étendue nécessairement, depuis le décret du 26 mars 1852 aux communes où ont été établies, avec l'autorisation de l'Etat, des églises paroissiales, administrées par des conseils presbytéraux sous l'autorité des consistoires; — Attendu, en fait, qu'il n'y a dans la commune de Charenton ni église consistoriale, ni paroisse; qu'il existe seulement, en vertu d'un décret d'autorisation du 29 sept. 1880, *un lieu de culte*, sans pasteur, sans conseil presbytéral, sans administration propre, lequel ne saurait être considéré ni comme un temple, dans les termes de l'art. 45 de la loi de germ. an X, ni comme une paroisse, dans le sens du décret du 26 mars 1852; que ce lieu de culte rentre dans la catégorie des chapelles ou oratoires, qui, d'après une tradition constante, et suivant le décret du 19 mars 1859, sont complétement distincts des temples : — Attendu, en conséquence, que l'ordonnance du 3 mai 1833 étant inapplicable dans la commune de Charenton, le jugement attaqué, en déclarant l'abbé George coupable et en prononçant contre lui une amende, a faussement appliqué et par suite violé ladite ordonnance et l'art. 471, n. 15, C. pén.; — Casse le jugement rendu par le tribunal de police de Charenton, en date du 6 juillet 1881.

MM. Baudouin, prés.; de Larouverade, rapp.; Ronjat, av. gén. (concl. conf.); Besson, av.

CASS.-CRIM. 26 mai 1882.

CULTE, ARRÊTÉ MUNICIPAL, PROCESSION, MANIFESTATIONS EXTÉRIEURES, INTERDICTION, MESURES TEMPORAIRES, URGENCE, EXÉCUTION IMMÉDIATE, PUBLICITÉ, ABUS ECCLÉSIASTIQUE, EXCEPTION PRÉJUDICIELLE, CASSATION, MOYEN NOUVEAU, FIN DE NON-RECEVOIR.

L'arrêté municipal qui interdit, jusqu'à nouvel ordre, les processions et autres manifestations extérieures du culte, est, une fois notifié au curé et publié, immédiatement obligatoire, alors qu'il a été pris sous l'influence de circonstances accidentelles et exceptionnelles, qu'il s'agit d'une mesure temporaire et marquée d'un caractère d'urgence (1) (C. pén., 471, n. 15; L. 18 juill. 1837, art. 11).

En pareil cas, il y a lieu de faire application de cet arrêté à une cérémonie religieuse qui se développe sur une tour, dépendante d'une habitation bordant la voie publique et occupant le point le plus élevé de la ville, en présence d'une foule convoquée à l'avance, provoquée à se réunir pour cet objet, et qui encombrait les rues avoisinantes, une telle manifestation étant essentiellement publique (2) (Id.).

L'exception tirée de l'abus administratif que pourrait présenter l'arrêté du maire auquel il aurait été contrevenu, n'est pas préjudicielle à l'action publique qui peut être librement exercée, mais seulement au jugement du fond, quand elle est présentée par le prévenu (3) (L. 18 germ. an X, art. 6, 7 et 8).

C'est là, au surplus, une exception qui ne peut être proposée pour la première fois devant la Cour de cassation (4) (Id.).

(Hiou). — ARRÊT.

LA COUR : — Sur le premier moyen, pris de violation de l'art. 11 de la loi du 18 juill. 1837, en raison du caractère permanent de l'arrêté municipal : — Attendu qu'il résulte des motifs et du dispositif de l'arrêté du maire de Confolens, en date du 13 mai 1881, qu'il a été pris sous l'influence de circonstances accidentelles et exceptionnelles, et que la défense contenue dans l'art. 1er de cet arrêté doit être considérée comme temporaire; que l'arrêté déclare qu'il y a urgence, et que l'urgence est d'ailleurs indiquée par les circonstances mêmes qui avaient rendu nécessaire, jusqu'à nouvel ordre, l'interdiction des processions et de toutes autres manifestations extérieures du culte, à l'exception des cérémonies relatives aux inhumations; que, conséquemment, l'arrêté municipal, notifié au curé de Confolens et publié, était immédiatement obligatoire;

Sur le deuxième moyen, tiré de la violation de l'art. 153, C. instr. crim., en ce que, avant le jugement sur opposition, il n'avait pas été donné lecture du procès-verbal : — Attendu que cette lecture, qui avait été faite à l'audience avant le jugement par défaut, n'a pas été réclamée par le prévenu qui se présentait pour soutenir son opposition; que l'accomplissement de cette formalité, non prescrite à peine de nullité par l'art. 153, n'était pas substantielle au droit de la défense, alors que le curé de Confolens ne contestait aucun des faits énoncés dans le procès-verbal, et se bornait à prétendre qu'il avait agi selon son droit;

Sur le troisième moyen, pris d'une fausse application de l'arrêté municipal et de l'art. 471, n. 15, C. pén., en ce que le jugement attaqué a étendu aux manifestations extérieures du culte dans un lieu privé, l'interdiction que cet arrêté n'établit et ne pouvait établir que pour les manifestations extérieures et publiques : — Attendu qu'il résulte des constatations du jugement que la cérémonie religieuse qui a eu lieu sur une tour, dépendante d'une habitation bordant la voie publique, sur le point le plus élevé des édifices de la ville de Confolens, en vue du public, en présence d'une foule convoquée à l'avance, provoquée à se réunir pour cet objet, et qui encombrait les rues environnantes, était une manifestation extérieure du culte, essentiellement publique, et non un acte du culte se produisant dans l'intérieur du domicile, sans publicité; — Attendu que le juge de police a reconnu et déclaré avec raison, en cet état des faits, qu'une pareille manifestation devait être, au double point de vue du but et du résultat, assimilée à une manifestation sur la voie publique, et qu'en

(1-2) V. en ce sens, Cass., 13 oct. 1859 (Pand. chr.), et la note. V. aussi Cass., 30 avril 1881 (S. 81. 1. 435. — P. 81. 1. 1096. — D. 82. 1. 278).

(3-4) V. conf., Cass., 26 mai 1882, *aff.* Georges, qui précède, et les renvois. — V. toutefois, Cass., 11 févr. 1885 (Pand. chr.), et nos observations critiques.

statuant ainsi, il a exactement appliqué les dispositions légales de l'arrêté municipal, et par suite, l'art. 471, n. 15, C. pén.;

Sur le quatrième moyen, tiré d'un excès de pouvoir, et de la violation des art. 6, 7 et 8 de la loi du 18 germ. an X, en ce que la question d'abus administratif était préjudicielle au jugement sur le fond, et imposait un sursis, même d'office : — Attendu que le moyen tiré de l'abus administratif n'est pas préjudiciel à l'action publique qui peut être librement exercée, mais seulement au jugement du fond, quand il est présenté par le prévenu; — Attendu que cette exception n'a pas été soumise au juge de simple police, et qu'elle ne peut être proposée pour la première fois devant la Cour de cassation; — Attendu, enfin, que le jugement est régulier dans sa forme; — Par ces motifs; — Sans s'arrêter à l'exception d'abus, qui est déclarée non recevable : — Rejette le pourvoi de l'abbé Hiou, curé de Confolens, etc.

MM. Baudouin, prés.; Saint-Luc Courborieu, rapp.; Ronjat, av. gén.; Besson, av.

CASS.-CRIM. 9 juin 1882.

1° DÉGRADATION OU DESTRUCTION DE DÉCORATION PUBLIQUE, DRAPEAU NATIONAL, CURÉ, PRESBYTÈRE COMMUNAL. — 2° PRESBYTÈRE, CURÉ, JOUISSANCE (DR. DE).

1° L'art. 257, C. pén., protége, indistinctement, par sa formule générale et absolue, tous les objets destinés à l'utilité ou à la décoration publique, élevés par l'administration ou avec son autorisation (1) (C. pén., 257).

En conséquence, le fait par un curé d'enlever et de détruire un drapeau aux couleurs nationales, placé, par ordre du maire, comme objet de décoration, sur le mur du presbytère, un jour de fête nationale, constitue le délit prévu et puni par ledit article (2) (Id.).

Alors surtout que l'apposition du drapeau a eu lieu sur le mur extérieur du presbytère et de façon à ne gêner ni restreindre l'exercice du droit du curé (3) (Id.).

2° Le curé a sur le presbytère communal un droit d'usufruit spécial et d'habitation (4) (L. 18 germ. an X, art. 72; Décr. 6 nov. 1813, art. 6, 13, 14 et 21).

(Maury).

M. le procureur général Barbier a pris dans cette affaire des conclusions très-importantes. Nous en extrayons les parties les plus essentielles. Les difficultés de la question y sont abordées de front et résolues dans le sens d'ailleurs de la jurisprudence qui a fini par s'établir et prévaloir, après bien des hésitations dont l'arrêt ci-dessus porte manifestement les traces :

« .... Le curé ou desservant, qui a un droit incontestable sur le presbytère, a dit M. le procureur général, puise-t-il dans ce droit la faculté de faire disparaître, d'enlever (je ne dis pas de détruire ou de brûler, (comme dans l'espèce, nul esprit sérieux ne le soutiendrait) la faculté d'enlever une décoration, un drapeau, par exemple, placé sur la façade extérieure du presbytère par l'autorité communale? Cette question vaut la peine d'être résolue par vous, non pas seulement au point de vue du droit, mais dans l'intérêt de la paix publique. Je ne veux rien exagérer, mais je dis que le dissentiment sur ce point entre les maires des communes et les desservants pourrait se propager et devenir une cause de trouble.

« J'ai le droit de dire que la question, dans les termes où je viens de la poser, si vous ne l'avez pas jugée encore, vous l'avez du moins préjugée par votre arrêt du 31 mars. Le presbytère, avez-vous dit, est de sa nature un édifice communal; le maire peut très-légitimement y apposer une décoration de drapeaux. Ce n'est qu'un préjugé, je le reconnais. Le droit du maire est affirmé, reste le droit du desservant; y aurait-il conflit entre ces deux droits?

« Le droit du curé ou desservant sur le presbytère, nous l'avons dit, est incontestable. Il a sa base dans la loi du 18 germ. an X (8 avril 1802), art. 72 et 74. Quelle est, au vrai, la nature de ce droit? Il a toujours paru délicat d'en déterminer exactement, et la nature et les limites. C'est un usufruit *sui generis*, droit de location, droit d'habitation, il y a de ces éléments divers dans le droit du desservant. Mais il est certain que c'est un droit de jouissance légale, qu'il faut scrupuleusement respecter. C'est ce qu'a dit votre Chambre des requêtes dans un arrêt récent (4 févr. 1879, S. 81. 1. 395.—P. 81. 1. 1028.—D. 79. 1. 221). « Quelle que soit la qualification à donner à la jouissance qu'ont les curés ou desservants de presbytères, cette jouissance qui a un caractère réel et non simplement personnel, puisqu'elle est attribuée à tous les curés présents et futurs, implique nécessairement pour eux la possibilité de la faire respecter ou de la revendiquer, quand ils en sont dépouillés »; et l'arrêt tire de ces principes cette conséquence qu'ils ont qualité pour plaider relativement à ses droits, avec l'autorisation du conseil de préfecture donnée après avis de la fabrique.

« D'un autre côté, il n'est pas douteux que, ce droit de jouissance restant sauf, le presbytère est une propriété communale. C'est ce qu'enseigne M. Dalloz, v° *Culte;* c'est ce qu'affirme la jurisprudence constante du Conseil d'Etat; c'est au surplus ce qui n'a jamais été mis en question.

« Voilà donc le droit de propriété de la commune et le droit de jouissance du desservant, je ne dirai pas en conflit, mais en présence l'un de l'autre.

« Sans qu'il soit besoin d'en déterminer doctrinalement le caractère légal, nous connaissons les droits des curés ou desservants, tels que la loi de l'an X les leur concède. C'est la jouissance du presbytère comme habitation et du jardin y attenant; le curé est tenu seulement des réparations locatives et des dégradations survenues par sa faute, les autres réparations restant à la charge de la commune (art. 72 et 74, L. 18 germ. an X, et art. 6 et 21 du décr. du 6 nov. 1813 combinés). Le curé est mieux traité sous ce rapport qu'un usufruitier proprement dit. Il est des biens pour lesquels, à l'inverse, le curé est un véritable usufruitier : ce sont *les biens des curés*, biens, fonds ou rentes, dont les desservants sont titulaires; ils supportent, pour ces biens, les charges usufruitières suivant le droit commun et conformément à ce qui est établi par le Code civil (art. 6, décr. de 1813). Mais quant au presbytère, le curé est tenu seulement des réparations locatives.

« Que conclure de tout ce qui précède? Que la jouissance du presbytère par le desservant doit être paisible, qu'il a droit et action pour se plaindre du trouble qui y serait apporté; mais que la commune reste propriétaire du presbytère avec tous les attributs de la propriété. Supposons qu'un propriétaire ordinaire veuille décorer la façade extérieure de sa maison, même louée en entier à un tiers, en vue de s'associer à la fête nationale; le locataire pourra-t-il s'y opposer? Je ne pense pas qu'on puisse le soutenir. Et notez que les rapports respectifs d'un locataire ordinaire et d'un propriétaire ne sont pas les mêmes que ceux du curé et de la commune; la personne du curé n'entre en rien dans le contrat qui intervient entre eux; ou plutôt il n'intervient pas de contrat entre la commune et le curé; celui-ci a un droit de jouissance légale qui lui est concédé par la loi à raison non de sa personne, mais de son ministère.

« Ici il est un point sur lequel je veux aller plus loin que M. le rapporteur. M. le rapporteur a pensé que le maire aurait dû laisser en dehors de ses ordres de décoration le presbytère, édifice communal, il est vrai, mais non affecté à un usage public. Sans doute, le presbytère n'est pas affecté à un usage public, puisqu'il est destiné à l'habitation privée du prêtre; mais il est affecté réellement et également à une destination d'utilité publique. Sans doute aussi l'accord eût été désirable entre les deux pouvoirs. Autrefois, paraît-il, le ministre de l'intérieur et le ministre des cultes se sont concertés et ont donné des ordres pour que les églises fussent pavoisées; mais les circonstances ont rendu dans plus d'une localité l'accord difficile entre le maire et le curé. Quoi qu'il en soit, il s'agit ici, non d'une question de convenance, mais d'une question de droit. Le maire était-il dans son droit? l'a-t-il outrepassé? Il s'agit d'une fête nationale votée par une loi. Des instructions générales que chacun a pu connaître sont transmises par le pouvoir central aux préfets, qui sont chargés de de-

(1-2-3) V. conf., Cass., 7 déc. 1883 (Pand. chr.). V. aussi les conclusions ci-dessus rapportées de M. le procureur général Barbier. *Adde* Cass., 31 mars 1882 (Pand. chr.); Trib. des conflits, 15 déc. 1883 (Pand. chr.), et les renvois.

(4) Quant au caractère et à l'étendue du droit de jouissance des curés ou desservants sur les presbytères, V. Cass., 11 nov. 1882 (Pand. chr.); 16 févr. 1883 (Pand. chr.); 7 déc. 1883, précité, et surtout Trib. des conflits, 15 déc. 1883, également susmentionné.

mander aux maires de donner le plus d'éclat possible à la fête dans les communes, suivant leurs ressources. Le maire de Puivert a agi conformément au vœu du gouvernement, qui ne le désavoue pas. Il importe peu que des instructions écrites et spéciales n'aient pas été données dans notre espèce; le maire a suivi les instructions générales du gouvernement pour donner un certain éclat à la fête. Comment le pouvait-il faire? En quoi peut consister cet éclat? Dans un petit village, en dehors des illuminations ou des jeux particuliers, c'est en faisant flotter le drapeau national sur les édifices communaux; ils y sont peu nombreux : la mairie, l'école, l'église, le presbytère; voilà les édifices des petites communes. Je pense que le maire peut et doit décorer le presbytère dans lequel la commune donne l'*hospitalité légale* à son pasteur, et que c'est le droit, sinon le devoir, du représentant du pouvoir civil de ne pas laisser le presbytère en dehors de la manifestation nationale.

« Le seul droit du desservant, quel est-il? C'est de ne pas être troublé dans la jouissance; rien de plus, rien de moins. L'a-t-il été? C'est toute la question. Il ne s'agit pas ici d'une délimitation théorique, nous ne saurions trop le dire, des droits de propriété de la commune et des droits de jouissance du desservant; il ne faut pas même supposer des hypothèses étrangères à la question, mais il faut les réserver. Aurez-vous à dire plus tard si le desservant a pu légalement faire disparaître des affiches apposées sur le mur du presbytère par l'autorité? Vous examinerez la question avec les traits particuliers qui lui sont propres; il existe des lois spéciales sur l'affichage : cela ne peut être confondu avec un objet de décoration publique dont parle l'art. 257, C. pén. L'application de cet article est aujourd'hui seule en jeu, et la question se réduit à savoir s'il y a eu trouble à la jouissance du desservant; si oui, l'arrêt a raison; si non, il doit être cassé. Où est le trouble à la jouissance du desservant? Est-ce la vue du drapeau tricolore qui a pu offusquer le curé? On n'oserait le prétendre; il est inadmissible que la vue du drapeau national pût avoir cet effet sur un citoyen. Ah! je comprendrais le trouble si l'apposition du drapeau avait eu lieu, par exemple, en fixant la hampe dans l'intérieur de l'appartement, si même elle gênait son jour ou sa vue; mais le placement du drapeau ayant été fait sur le mur extérieur, y a-t-il là quelque chose, qui, à un degré quelconque, ressemble au trouble apporté à la jouissance du desservant et à son droit d'habitation? Le Code civil s'explique sur l'étendue du droit d'habitation, elle est réglée par le titre qui a établi ce droit, et, à défaut de titre, le droit d'habitation se restreint à ce qui est nécessaire pour l'habitation de celui à qui ce droit est concédé et de sa famille (art. 633). L'obligation du propriétaire, c'est de n'apporter par son fait, ni de quelque manière que ce soit, aucun obstacle aux droits de l'usufruitier (art. 599). Mais, dès que le desservant n'est pas troublé, il n'a aucune plainte à faire entendre. Le pouvoir civil avait usé de son droit en décorant le presbytère, l'objet de la décoration devait être respecté.

« En résumé, sous aucun prétexte, le desservant ne peut échapper à l'application de l'art. 257; la loi oblige tout le monde; nul citoyen ne peut puiser dans sa qualité, quelle qu'elle soit, une cause de privilège qui le dispense de l'obéissance à la loi... »

ARRÊT.

LA COUR : — ... Sur le moyen unique, proposé par le procureur général, demandeur, à l'appui du pourvoi, ledit moyen tiré de la violation de l'art. 257, C. pén. : — Vu cet article; — Attendu que cette disposition légale protège par sa formule générale et absolue tous les objets destinés à l'utilité ou à la décoration publique élevés par l'administration ou avec son autorisation; que conséquemment le fait d'avoir détruit, abattu, mutilé ou dégradé un drapeau aux couleurs nationales placé sur un édifice communal, comme objet extérieur de décoration, le 14 juill. 1881, par ordre du maire de la commune de Puivert, était prévu et puni par l'art. 257 susvisé; qu'en restreignant arbitrairement, sans avoir égard au texte et à l'esprit de la loi, le sens et la portée de l'art. 257, et en refusant de l'appliquer au fait reconnu constant, l'arrêt attaqué a faussement interprété et a violé cette disposition légale;

Attendu, à la vérité, que le curé de la paroisse de Lescale (section de la commune de Puivert) avait sur le presbytère un droit d'usufruit spécial et d'habitation, conformément aux dispositions des art. 72 de la loi du 18 germ. an X, 6, 13, 14 et 21 du décret du 6 nov. 1813; mais qu'en faisant apposer, le 14 juill. 1881, le drapeau national sur le mur extérieur du presbytère, qui est un édifice communal, et en le faisant flotter sur la voie publique, le maire de la commune de Puivert n'a porté aucune atteinte au droit d'usufruit et d'habitation du desservant; — D'où il ressort que l'abbé Maury ne pouvait également enlever, et encore moins détruire, le drapeau qui avait été placé par l'autorité publique comme objet de décoration, le jour de la fête nationale, sur le mur extérieur du presbytère, et de façon à ne gêner ni restreindre l'exercice du droit d'usufruit et d'habitation qui appartient au curé; — Casse, etc.

MM. le cons. Camescasse, prés.; Saint-Luc Courborieu, rapp.; Barbier, proc. gén.

CASS.-CRIM. **10 juin 1882.**

AFFICHAGE, AFFICHES PEINTES, TAXE (NON-PAYEMENT DE LA), PERMIS (ABSENCE DE), CONTRAVENTIONS DISTINCTES, PEINE, CUMUL.

L'apposition d'affiches peintes sur bois est assujettie à la double condition du payement préalable des droits d'affichage (1) *et de la délivrance d'une permission de l'autorité municipale* (2) (L. 8 juill. 1852, art. 30; Décr. 25 août 1852, art. 1 et 8).

L'infraction à ces prescriptions constitue à la fois une contravention fiscale et une contravention de simple police; la première punie d'une amende de 100 à 500 francs dont sont passibles ceux qui ont prescrit l'affichage, la seconde des peines de simple police encourues par ceux qui l'ont opéré (3) (L. 1816, art. 69; 8 juill. 1852, art. 30; Décr. 25 août 1852, art. 1 et 8; C. pén., 464).

En cas de double contravention encourue, il y a lieu à l'application de deux amendes distinctes; ici ne peut être invoqué

(1-2-3) Renversons l'ordre des questions. — Il est acquis aujourd'hui, d'une manière définitive, que la loi du 29 juill. 1881, en inaugurant la liberté de l'affichage, a, du même coup, mis fin au pouvoir de réglementation dont avait été investie l'autorité municipale par la législation antérieure. V. Cass., 18 janv. 1885 (Pand. pér., 86. 1. 29), et nos observations en note. — D'où cette conséquence inévitable que l'obtention, préalable à toute apposition, d'un permis d'affichage n'est plus obligatoire (lettre du garde des sceaux, ministre de la justice, en réponse au ministre des finances, 31 mars 1882; circ. du préfet de police, 18 juill. 1882), non plus que la nécessité d'inscrire le numéro du permis sur chaque exemplaire de l'affiche. V. Cass., 1er mai 1885 (Pand. chr.); et sur renvoi, Orléans, 28 juill. 1885 (Pand. chr.). — Dans l'espèce, l'arrêt de Paris (23 juill. 1881), dont l'examen était déféré à la Cour de cassation, était antérieur à la loi nouvelle, qui, par conséquent, était inapplicable.

Mais, la loi du 29 juill. 1881 a laissé subsister les dispositions sur l'affichage qui sont d'ordre purement fiscal, celles, par exemple, concernant le payement préalable de la taxe d'affichage (L. 8 juill. 1852, art. 30; Décr. 25 août 1853, art. 1 et 8). V. Lettre du ministre des finances au garde des sceaux, 16 mars 1882; réponse du garde des sceaux au ministre des finances, lettre précitée, 31 mars 1882; lettre du ministre de l'intérieur au ministre des finances, 27 avril 1882; Circ. préfet de police, 18 juill. 1882; Cass., 1er mai 1885 (Pand. chr.); Orléans, 28 juill. 1885 (Pand. chr.); Amiens, 3 févr. 1887 (*Gaz. du Pal.*, n. 20 avril). — Aussi, il a été jugé que la prescription corrélative d'inscrire, sur chaque exemplaire de l'affiche, préalablement à son apposition, un numéro d'ordre conforme à la déclaration passée au bureau d'enregistrement, est restée toujours en vigueur; cette prescription n'ayant d'autre but que d'assurer le recouvrement de la taxe et de faciliter le contrôle et la surveillance des agents chargés d'assurer la répression de la fraude. V. Cass., 1er mai 1885, et Orléans, 28 juill. 1885, précités.

Mais, la violation de cette prescription, l'oubli de cette formalité, n'ont pas la même gravité que le non-payement préalable de la taxe qui peut causer au Trésor des pertes importantes; aussi, il n'y a lieu de réprimer une telle contravention, que par l'application des peines de simple police (C. pén., 464). V. Orléans, 28 juill. 1885, précité. V. aussi Amiens, 3 févr. 1887 (*Gaz. du Pal.*, n. 20 avril).

l'art. 365, C. instr. crim., prohibitif du cumul des peines (1) (C. instr. crim., 365).

(Lissarague). — ARRÊT.

LA COUR : — Sur le moyen unique, pris de la violation de l'art. 30 de la loi de finances du 8 juill. 1852, et des art. 1 et 8 du décret du 25 août de la même année, intervenu en exécution de cette loi : — Vu ces dispositions légales ; — Attendu que l'art. 30 de la loi du 8 juill. 1852 a eu pour objet de compléter les dispositions de l'art. 69 de la loi de finances de 1816, en appliquant l'impôt aux affiches sur toiles, sur bois et sur murailles ; — Qu'il résulte des dispositions rapprochées des lois de 1816 et de 1852 que la contravention fiscale résultant du non-payement des droits est punie d'une amende d'un chiffre élevé, et que les contraventions considérées comme moins graves sont passibles des peines de simple police ; — Que, d'après les dispositions de l'art. 30 de la loi de 1852, sainement entendues, les juges doivent nécessairement appliquer l'une et l'autre de ces peines, s'il est établi que le prévenu a commis à la fois une contravention fiscale et une contravention de police, l'art. 365, C. instr. crim., ne pouvant être dans ce cas invoqué ; — Attendu, en fait, que, d'après les constatations de l'arrêt (Paris, 23 juill. 1881), Lissarague avait fait apposer publiquement une affiche peinte sur bois sans avoir préalablement payé les droits d'affichage, et sans avoir demandé et obtenu la permission de l'autorité compétente ; — Attendu qu'en ne prononçant, en raison de cette double infraction, qu'une simple peine de police, et en s'abstenant de réprimer directement et spécialement la contravention fiscale, l'arrêt attaqué a faussement interprété et a violé l'art. 30 de la loi du 8 juillet 1852 ; — Casse, etc.

MM. le cons. Camescasse, prés.; Saint-Luc Courborieu, rapp.; Tappie, av. gén.

CASS.-CIV. 14 juin 1882.

EFFETS DE COMMERCE, ENDOSSEMENT EN BLANC, TIERS PORTEUR, MAUVAISE FOI, RESTITUTION.

Si l'endosseur en blanc d'un effet de commerce suit la foi de celui auquel il a confié sa signature et est supposé lui donner le droit de remplir l'ordre comme il avisera, il est certain que, tant que l'endossement n'est pas rempli, le porteur ne peut être considéré par les tiers que comme le mandataire de l'endosseur resté propriétaire de l'effet (2) (C. com., 138).

En conséquence, le tiers à qui le preneur remet l'effet tel qu'il l'a reçu, et qui en remplit lui-même l'endos en son nom, ne peut être considéré comme tiers porteur de bonne foi, alors que l'endos étant causé « valeur en compte *», il est certain qu'il n'a jamais eu de compte avec l'endosseur et qu'il a employé le montant de l'effet à se couvrir, jusqu'à due concurrence, de ce qui lui était dû par le preneur personnellement* (3) (Id.).

Aussi le tiers porteur est à bon droit condamné à restituer à l'endosseur l'effet litigieux (4) (Id.).

---

(1) Principe constant. V. Cass., 18 août 1860 (S. 61. 1. 661. — P. 61. 378. — D. 60. 5. 374); 5 août 1869 (S. 70. 1. 230. — P. 70. 557); 2 mai 1873 (S. 73. 1. 342. — P. 73. 826. — D. 73. 1. 173); 30 déc. 1875 (S. 76. 1. 389. — P. 76. 921); 6 et 7 janv. 1876 (Pand. chr.); 23 mars 1878 (S. 79. 1. 390. — P. 79. 954); 27 janv. 1883 (S. 85. 1. 403. — P. 85. 1. 961. — D. 83. 1. 229); — et plus spécialement Cass., 7 févr. 1873 (D. 73. 1. 94); Paris, 12 janv. 1885 (Pand. chr.), rendus dans la même matière que l'arrêt ci-dessus.

(2-3-4) Si, lorsqu'il réunit les conditions de l'art. 137, C. comm., l'endossement transfère la propriété du titre, il n'en est pas de même quand il est irrégulier, par exemple, avec la seule signature de l'endosseur, c'est-à-dire en blanc; alors, il ne vaut que comme procuration ou mandat (C. comm., 138); et l'effet reste la propriété de l'endosseur, lequel, suivant la foi de celui à qui il confie sa signature, lui confère néanmoins le droit de remplir l'ordre comme il avisera, et de faire toute négociation utile de l'effet, sauf à lui rendre compte de son mandat. Il n'y a pas de doute sur ce point. V. notamment Cass., 24 avril 1827; 14 janv. 1873 (S. 73. 1. 16. — P. 73. 23. — D. 73. 1. 235), et notre *Dictionnaire de dr. comm., ind. et marit.*, t. V, v° *Lettre de change*, n. 580 et suiv.

Notre arrêt n'a fait que consacrer ce principe et en tirer la conséquence juridique que le tiers porteur devait restituer l'effet à l'endosseur en blanc qui en était resté propriétaire, puisque son mandataire ne l'avait pas négocié régulièrement. Il nous semble, dès lors, que, quand le tiers porteur aurait pu et même dû croire que le preneur avait fourni la valeur des traites, les endosseurs en blanc auraient toujours eu le droit de lui réclamer les titres.

Et, lorsque l'arrêt relève la circonstance que le second cessionnaire qui a rempli l'endos à son profit, n'a pu, vu les faits de la cause, devenir tiers porteur de bonne foi, c'est un argument de plus contre la prétention du tiers porteur. Ce dernier savait pertinemment que son cédant n'était que mandataire de l'endosseur ; par conséquent, pour devenir propriétaire des traites, il aurait dû se les faire endosser régulièrement, et, par cela seul que cette formalité n'avait pas été remplie, la propriété ne lui en avait pas été transmise et était restée celle de l'endosseur. Vis-à-vis de ce dernier, sa situation était celle qu'aurait eue son cédant, dont il n'était que le mandataire substitué, et, pour triompher, il lui aurait fallu établir que la valeur en avait été fournie à l'endosseur en blanc; en un mot, dès lors qu'il ne faisait pas cette preuve, à part sa bonne foi, dont il ne pouvait tirer avantage, il n'avait pas plus de droit à la propriété des traites que le tiers qui se les serait appropriées, même d'une manière illicite, et qui en aurait rempli les endos à son profit.

Nous objectera-t-on, que le porteur d'un effet de commerce endossé en blanc peut, s'il en a fourni la valeur, le remplir à son nom et en devenir ainsi légitime propriétaire? Nous ferions la réponse qui se dégage implicitement de notre discussion. Le tiers porteur, avait rempli, dans notre espèce, l'endos en blanc par les mots *« valeur en compte »*. Or, ce n'était pas avec les endosseurs, mais avec le courtier auquel avait été remis les effets que le dernier preneur était en compte. Au regard de ce dernier, il avait bien fourni la valeur, mais le courtier ne pouvait transférer la propriété des effets qu'à la charge de les négocier utilement pour ses mandants, et il avait manifestement excédé ses pouvoirs en payant sa propre dette avec lesdits effets; donc, le tiers porteur n'en avait pas acquis la propriété.

Sa situation aurait-elle été meilleure si l'endos eût été rempli, tel qu'il l'a été, de la propre main du premier preneur, mandataire des endosseurs. Évidemment non : cet intermédiaire n'avait pas mandat de créer un compte fictif entre les endosseurs et son cessionnaire.

Nous estimons donc que la Cour a parfaitement jugé. V. anal. Paris, 18 déc. 1850 (D. 54. 2. 285), qui décide que l'endosseur en blanc peut demander la restitution de l'effet, non-seulement à son mandataire, mais encore au tiers à qui ce dernier l'a remis avec l'endos également en blanc, et ce, malgré l'offre des tiers de prouver qu'il en a fourni la valeur à son propre cédant.

Quelle solution aurait dû intervenir si, dans l'espèce de notre arrêt, le tiré se fût libéré ès mains du porteur avant toute défense de payer? Pour le tiré, l'endos était régulier, il se serait donc valablement libéré; les endosseurs n'auraient eu d'action utile que contre le porteur, de sorte qu'en cas d'insolvabilité de ce dernier, la perte eût été pour eux seuls.

L'endossement en blanc a donné lieu à de nombreuses contestations entre les divers intéressés au titre. Ainsi, il a été jugé : — 1° que, si, aux termes de l'art. 138, C. comm., l'endossement irrégulier ne vaut que comme procuration, il n'y a là qu'une simple présomption qui cède à la preuve contraire : V. Cass. 14 avril 1856 (Pand. chr.); — 2° que cette preuve ne peut être faite qu'entre l'endosseur en blanc et son cessionnaire, et que, pour le tiré accepteur ou le souscripteur, la réalité du transport doit résulter de l'endos lui-même : V. Cass., 17 août 1881 (S. 82. 1. 81. — P. 82. 1. 166. — D. 82. 1. 340); — 3° que la procuration de l'art. 138, C. comm., donne au porteur le droit de poursuivre, en son nom personnel, le recouvrement de l'effet : V. Cass. 12 janv. 1869 (S. 69. 1. 73. — P. 69. 153. — D. 72. 1. 225); *Contrà*, Cass., 25 juin 1845 (S. 45. 1. 829. — P. 45. 2. 755. — D. 45. 1. 345); et ce, alors même qu'il établirait en avoir fourni la valeur : — 4° que, si le preneur d'un effet endossé en blanc en fournit la valeur et régularise l'endos à son profit avant tout événement, tel que décès, faillite ou déconfiture de l'endosseur, qui met fin au mandat, il peut, alors même que cet endos aurait été reporté à une date inexacte, poursuivre le payement de l'effet contre le souscripteur, sans être passible des exceptions opposables à son endosseur. V. Cass., 21 déc. 1864 (Pand. chr.); — 5° que, si, après

(Brocheton c. Bonpain.) — ARRÊT.

LA COUR : — Sur le moyen unique, pris de la violation des art. 136 et 137, C. comm., et de la fausse application de l'art. 138 du même Code, en ce que l'arrêt attaqué a condamné l'exposant à restituer des traites qui lui avaient été valablement transmises par le mandataire des défendeurs éventuels : — Attendu, en droit, que les endossements en blanc d'un effet à ordre ne transfèrent pas au porteur la propriété du titre, et ne lui confèrent qu'un mandat pour en opérer la négociation; que s'il est vrai que l'endosseur en blanc suit la foi de celui auquel il a confié sa signature, et est supposé lui donner le droit de remplir l'ordre comme il avisera, il est certain que, tant que l'endossement n'est pas rempli, le porteur ne peut être considéré par les tiers que comme le mandataire de l'endosseur resté propriétaire de l'effet; — Attendu, en fait, qu'il résulte de l'arrêt attaqué que Brocheton a reçu de Place les traites litigieuses endossées en blanc par les frères Bonpain, que c'est lui-même qui a rempli les endos en son propre nom, valeur en compte, au-dessus de la signature des endosseurs, et qu'il est constant et reconnu qu'aucun compte n'existait entre lui et ceux-ci, et qu'il a employé les traites à se payer lui-même, jusqu'à concurrence de leur valeur, de ce qui lui était alors dû par Place; — Attendu que l'arrêt attaqué, appréciant souverainement les faits et circonstances de la cause, déclare que Brocheton n'a ni dû ni pu croire que Place, auquel le titre ne donnait que la qualité de mandataire, eût fourni aux endosseurs la valeur des effets; que dès lors, en appliquant au payement de la dette de Place envers lui des titres qui n'étaient pas la propriété de son débiteur, il n'a pu devenir tiers porteur de bonne foi; — D'où il suit qu'en le condamnant à restituer aux défendeurs éventuels les traites litigieuses, l'arrêt attaqué n'a pas violé les articles visés par le pourvoi; — Rejette, etc.

MM. Bédarrides, prés.; Lepelletier, rapp.; Pétiton, av. gén. (concl. conf.); Lehmann, av.

CASS.-REQ. 19 juin 1882.

BAIL A LOYER, JOUISSANCE, TROUBLE, TRAVAUX, EXÉCUTION, MAISON CONTIGUË, COUR COMMUNE, TRANSFORMATION, FAIT PERSONNEL.

Par la nature du contrat de louage, et sans qu'il soit besoin d'aucune stipulation particulière, le bailleur est tenu de faire jouir paisiblement le preneur de la chose louée pendant toute la durée du bail (1) (C. civ., 1719).

Spécialement, *le bailleur doit indemniser le locataire du trouble de jouissance occasionné par l'exécution de travaux dans une maison contiguë, alors que ces travaux ont duré six mois, et ont transformé en chantier une partie de la cour commune aux deux maisons* (2) (Id.).

Vainement pour échapper à la responsabilité, le bailleur alléguerait que ces travaux n'auraient point été exécutés dans l'immeuble loué, dès lors que le trouble de jouissance provient d'un fait qui lui est personnel (3) (Id.).

(Gripon c. de Nervaux.) — ARRÊT.

LA COUR : — Sur le moyen unique du pourvoi, tiré de la violation des art. 1719 et suiv., C. civ., et de la fausse application de l'art. 1382 du même Code : — Attendu qu'aux termes de l'art. 1719, § 3, C. civ., le bailleur est obligé, par la nature du contrat et sans qu'il soit besoin d'aucune stipulation particulière, de faire jouir paisiblement le preneur de la chose louée, pendant la durée du bail; — Attendu, en fait, qu'il est souverainement constaté par le jugement attaqué (Trib. Seine, 22 juill. 1881) que le sieur Gripon, qui avait loué au sieur de Nervaux un étage de la maison portant le n° 49 de la rue Cambon, est marié sous le régime de la communauté, et que, dans l'acte de bail, il avait stipulé personnellement à titre de bailleur, en sa qualité de maître de la communauté usufruitière, de ce propre de son épouse; que, pendant la durée du bail, le sieur Gripon a fait procéder, dans la maison n° 47 de la même rue, qui est un acquêt de la communauté, à des travaux d'agrandissement qui ont duré six mois, transformé en chantier une partie de la cour commune à ces deux maisons, et apporté à la jouissance du locataire un trouble pour lequel il lui était dû réparation; — Attendu que le pourvoi allègue vainement que ces travaux n'avaient pas été exécutés dans l'immeuble loué; que cette circonstance n'a rien de relevant au procès, dès lors qu'il est établi par le jugement attaqué que c'est par le fait personnel du bailleur qu'un trouble a été apporté à la jouissance du preneur; qu'en déclarant, dans ces circonstances de fait et de droit, la responsabilité civile du sieur Gripon, le jugement attaqué a fait une saine application de l'art. 1719 susvisé; — Rejette, etc.

MM. Bédarrides, prés.; Bécot, rapp.; Chevrier, av. gén. (concl. conf.); Sabatier, av.

CASS.-REQ. 19 juin 1882.

BREVET D'INVENTION, SOCIÉTÉ, CESSION, APPORT, FORMALITÉS, ACTE NOTARIÉ, ENREGISTREMENT, INOBSERVATION.

L'apport en société de la propriété d'un brevet d'invention ne peut être assimilé à une cession, au point de vue de l'accomplissement des formalités de l'art. 20 de la loi du 5 juill. 1844, et n'exige point, par conséquent, une constatation par acte notarié, enregistré au secrétariat de la préfecture (4) (L. 5 juill. 1844, art. 20).

Par suite, en cas de dissolution ultérieure de la société, l'associé apporteur ne saurait se prévaloir de l'inaccomplissement de ces formalités, pour s'opposer à la vente du brevet au profit de la liquidation, et pour en revendiquer la propriété exclusive (5) (Id.).

---

diverses négociations avec endos en blanc, un porteur, créancier de son cédant, remplit l'endos à son profit, négocie l'effet avec endos régulier, et en rembourse le montant sur protêt à son cessionnaire; il peut, comme subrogé aux droits de ce dernier, agir en payement contre tous les obligés au titre, sans avoir à redouter les exceptions opposables à son cédant. V. Cass., 10 mai 1865 (Pand. chr.); — 6° qu'un effet de commerce, avec endos en blanc, peut faire l'objet d'un don manuel. V., mais implicitement, Cass., 9 mars et 21 août 1837 (Pand. chr. à la date de ce dernier arrêt).

(1-2-3) Le principe ne saurait soulever de difficultés bien sérieuses; il est écrit très-nettement dans l'art. 1719, C. civ. — Les solutions de l'arrêt ci-dessus rapporté n'en sont pas moins intéressantes, mais comme application d'espèce.

(4-5) La jurisprudence est unanime à décider, conformément aux solutions de l'arrêt ci-dessus, que les formalités prescrites par l'art. 20 de la loi du 5 juill. 1844, pour le cas de *cession* d'un brevet, restent sans application quand il s'agit de l'*apport en société* de ce brevet. V. Cass., 24 mars 1864 (S. 64. 1. 374. — P. 64. 1108); 24 nov. 1866 (*Bull. crim.*, n. 246); Renouard, *Tr. des brevets d'inv.*, n. 171; Bédarrides, *Brevets d'inv.*, t. I, n. 254; Huard, *Répert. de législat. en matière de brevets*, sur l'art. 20, précité, n. 35, p. 456; et notre *Dictionnaire de dr. commerc., ind. et maritime*, t. II, v° *Brevet d'invent.*, n. 402.

Cette théorie est combattue par Allart, *Brevet d'invention*, n. 87, et Pouillet, *id.*, n. 306; elle n'est pas non plus recommandée par l'Administration supérieure dont les instructions témoignent d'une pratique nettement contraire. On lit en effet dans la circulaire du ministre de l'agriculture et du commerce en date du 30 déc. 1865, adressée aux préfets, sur les mutations dans la propriété des

(Hock c. Petit.) — ARRÊT.

LA COUR : — Sur le moyen unique, tiré de la violation de l'art. 20 de la loi du 5 juill. 1844, des art. 1134, 1832 et suiv., C. civ., 18 et suiv., C. comm., et des principes en matière de société : — Attendu qu'il résulte en fait des constatations de l'arrêt dénoncé que la propriété des brevets dont s'agit avait été apportée par les frères Hock dans la société Hock frères, Anthony et Allègre; que la dissolution de cette société ayant été prononcée, ils se sont opposés à la vente desdits brevets par le liquidateur judiciaire; qu'ils soutiennent que les formalités de l'art. 20 de la loi du 5 juill. 1844 n'ayant pas été remplies, ils sont restés propriétaires de ces brevets; — Attendu que l'art. 20 exige, il est vrai, que les cessions de brevet aient lieu par acte notarié, avec enregistrement à la préfecture du département, et qu'il est constant que ces formalités n'ont pas été remplies dans l'espèce; mais que l'apport en société de la propriété d'un brevet ne peut être assimilé à une cession de brevet; que tous les objets qui, par suite de l'apport, composent l'actif d'une société, appartiennent indivisément à tous les associés, tandis que la cession dessaisit d'une manière absolue le cédant, pour transporter la propriété exclusive de la chose cédée au cessionnaire; que, dans l'espèce du pourvoi, l'art. 20 de la loi du 5 juill. 1844 n'était donc pas applicable, et que l'arrêt dénoncé, loin de violer aucun des articles précités, a fait une juste application des principes de la matière; — Rejette, etc.

MM. Bédarrides, prés.; Delise, rapp.; Chevrier, av. gén. (concl. conf.); Costa, av.

CASS.-REQ. 19 juin 1882.

PRESCRIPTION, PRESCRIPTION ANNALE, MÉDECIN, VISITES, CONSULTATIONS, APPAREILS, MÉDICAMENTS, PHARMACIEN (ABSENCE DE).

La prescription annale de l'art. 2272, C. civ., contre l'action du médecin en payement de ses visites, s'applique seulement aux créances résultant pour lui de ses visites et consultations, et non à celles qui ont pour objet le prix des appareils ou médicaments qu'il a fournis à ses malades (1) (C. civ., 2272).

Les sommes réclamées pour appareils et médicaments étant plutôt des débours que le prix de soins médicaux proprement dits, la prescription annale ne leur est pas applicable (2) (Id.).

Toutefois, si le médecin exerce dans une commune où il n'y a pas de pharmacien tenant officine ouverte, la loi de germinal an XI l'autorisant à fournir des médicaments à ses malades, son action, de ce chef, est, comme celle du pharmacien, prescriptible par un an (3) (L. 21 germin. an XI, art. 27; C. civ., 2272). — V. le jugement en sous-note (*a*).

(Debaecher c. Vauthrin.) — ARRÊT.

LA COUR : — Sur le moyen unique, pris de la violation de l'art. 2272, C. civ. : — Attendu que si, aux termes de cet article, l'action des médecins pour le payement de leurs visites se prescrit par un an, cette prescription ne s'applique qu'aux créances résultant pour le médecin des visites qu'il a faites et des consultations qu'il a données, et non à celles qui ont pour objet le prix ou le remboursement du prix des appareils ou médicaments qu'il a fournis ou pro-

---

brevets : « Quand la propriété d'un brevet est cédée par un particulier à une société, *ou apportée par un particulier dans une société dont il fait partie*, la cession doit, comme lorsqu'il s'agit d'une transmission faite par un particulier à un autre particulier, être constatée par acte notarié après le payement de la totalité de la taxe, et enregistrée au secrétariat de la préfecture pour être valable à l'égard des tiers. »

Au surplus, la nullité résultant de l'inaccomplissement des formalités de l'art. 20 n'opère pas entre les parties contractantes : cédant et cessionnaire ne sauraient s'en prévaloir dans leurs rapports respectifs; elle n'est édictée qu'au profit des tiers et ne peut être invoquée que par ces derniers. V. en ce sens Cass., 1er sept. 1855 (S. 56. 1. 280. — P. 56. 2. 181. — D. 55. 1. 413); Rendu, *Code de la propriété industrielle, Brevet d'invent.*, n. 155; Renouard, *op. cit.*, n. 171; Pouillet, *op. cit.*, n. 217, et notre *Dictionnaire de dr. commerc., ind. et marit.*, t. II, v° *Brevet d'invent.*, n. 384 et suiv. — Or, dans l'espèce actuelle, l'ancien propriétaire du brevet n'était pas un tiers, vis-à-vis de la société à laquelle il avait fait l'apport de son brevet; les véritables situations juridiques étaient celles de cédant d'un côté, de cessionnaire de l'autre. La dissolution de la société n'opérait aucun changement dans les relations originaires des parties. — D'où cette conséquence que l'apporteur, n'étant pas un tiers, ne pouvait se prévaloir, à l'encontre du liquidateur, de l'inobservation des formalités de l'art. 20 de la loi de 1844.

(1-2-3) Il n'est pas nécessaire de faire remarquer que, malgré sa rédaction, l'art. 2272, C. civ., veut dire que l'action des médecins pour leurs visites, des chirurgiens pour leurs opérations, et des apothicaires pour leurs médicaments, se prescrit par un an. On ne lui a jamais donné d'autre portée.

Bien que cet article ne parle pas des consultations données par le médecin, il tombe sous le sens qu'elles rentrent, comme ses visites et soins médicaux, dans l'exercice de sa profession, et que l'action en payement des honoraires y relatifs se prescrit également par un an.

Mais il ne faudrait pas pousser l'assimilation plus loin et dire que les appareils et médicaments fournis par le médecin sont des accessoires de ses soins médicaux. Ces fournitures sont complètement étrangères à l'exercice de sa profession; il est, à cet égard, un véritable mandataire, comme l'huissier, pour les avances qu'il a faites en dehors de ses fonctions (v. Rouen, 14 déc. 1878, Pand. chr., et la note), et son action n'est prescriptible que par trente ans.

Nous objectera-t-on que le dentiste est soumis à la prescription annale, à raison de l'action en payement de ses appareils?

Nous ne le méconnaissons pas; seulement, nous ferons remarquer que ces appareils, il les fabrique lui-même ou les fait fabriquer pour son compte et sous sa propre direction, que ce sont de véritables accessoires de sa profession, tandis que, pour ceux qu'il fournit, le médecin n'est qu'un intermédiaire entre ses clients et le fabricant.

Mais si le médecin exerce dans une commune où il n'y a pas de pharmacien tenant officine ouverte, comme l'art. 27 de la loi de germinal an XI l'autorise à vendre des médicaments aux personnes près desquelles il est appelé, il est, au regard de ces personnes, un véritable pharmacien, et, par suite, son action est prescrite par un an. V. en ce sens Trib. civ. Sens, 12 juin 1885, en sous-note (*a*). C'est aussi cette même prescription qui s'applique à l'action des vétérinaires brevetés en payement de leurs honoraires. V. Cass., 11 juin 1884 (Pand. chr.), et la note.

La prescription ainsi établie quant à sa durée, quel en sera le point de départ?

S'il n'y a eu qu'une seule visite ou consultation, pas de difficulté. Mais *quid*, en cas de maladie ayant occasionné une certaine assiduité? Il a été jugé que la prescription ne commence à courir, pour la totalité des honoraires, que du jour de la dernière visite : Chambéry, 28 févr. 1873 (Pand. chr.).

En sera-t-il encore ainsi dans le cas d'une maladie chronique, n'ayant donné lieu qu'à des soins intermittents? V., pour l'affirmative, Seine, 15 janv. 1870 (Pand. chr.), — et, pour la négative, Chambéry, 28 févr. 1873, précité.

(*a*) Ce jugement du Trib. civ. Sens, rendu à la date du 12 juin 1885, *aff.* cons. Breuil c. époux Tremblay, est ainsi conçu :

« LE TRIBUNAL : — Attendu que les réclamations des consorts Breuil se rapportent à des visites médicales et à des fournitures de médicaments livrés dans une période de temps comprise entre le 23 octobre 1860 et le 17 décembre 1876; — Attendu que les époux Tremblay opposent à cette réclamation la prescription annale de l'art. 2272, C. civ.; — Attendu que, si le premier juge a fait une saine application de cet article en ce qui concerne les honoraires du médecin, c'est à tort qu'il a condamné les époux Tremblay à payer aux consorts Breuil une certaine somme d'argent pour fournitures de médicaments; — Qu'en effet, Breuil père était médecin à Cérilly, commune où il n'y avait pas de pharmacien ayant officine ouverte; qu'aux termes de la loi du 21 germinal an XI, il était autorisé à préparer et à vendre des médicaments aux personnes près desquelles il était appelé; que, quand le médecin de campagne, ainsi appelé à vendre des médicaments, les fournit à ses clients, il agit, dans ce cas, comme pharmacien, et est, à ce titre, placé sous l'application de l'art. 2272; — Par ces motifs, — Infirme, et faisant ce que le premier juge aurait dû faire, déclare prescrite l'action des consorts Breuil, tant pour honoraires de visites et consultations médicales que pour fournitures de médicaments, etc. »

curés au malade ; que le prix de ces objets ne fait pas partie des honoraires dus au médecin pour l'exercice de sa profession, et qui sont seuls soumis à la prescription annale; — Attendu que le jugement attaqué (Trib. civ. de la Seine, 20 janv. 1881) constate que les sommes réclamées par Vauthrin sont plutôt des déboursés pour appareils et médicaments procurés au malade, que le payement de soins médicaux proprement dits; qu'il suit de là qu'en rejetant le moyen de prescription opposé à la demande de Vauthrin, le jugement attaqué n'a pas violé l'art. 2272 ; — Rejette, etc.

MM. Bédarrides, prés. ; Lepelletier, rapp. ; Chevrier, av. gén. (concl. conf.) ; Court, av.

CASS.-REQ. 19 juin 1882.

SERVITUDE, AGGRAVATION, PASSAGE, ASSIETTE, CHANGEMENT, TITRE CONSTITUTIF.

L'art. 701, C. civ., qui autorise le déplacement de la servitude quand elle est devenue trop onéreuse au propriétaire du fonds assujetti, est général et absolu, et s'applique même au cas de servitude conventionnelle (1) (C. civ., 701).

Par exemple, à une servitude de passage dont l'assiette a été déterminée par le titre constitutif (2) (Id.).

(Picavet c. Vandamme-Graudel.) — ARRÊT.

LA COUR : — Sur le moyen unique du pourvoi, tiré de la violation de l'art. 701, C. civ., en ce que l'arrêt attaqué a décidé que la défenderesse éventuelle avait pu déplacer l'assiette d'une servitude de passage, alors que cette assiette avait été fixée par le titre constitutif : — Attendu, en droit, que l'art. 701, C. civ., en termes généraux, sans faire de distinction en ce qui concerne les servitudes établies par conventions, déclare que si l'assignation primitive donnée à la servitude est devenue plus onéreuse au propriétaire du fonds assujetti, ou si elle l'empêche d'y faire des réparations avantageuses, il peut offrir au propriétaire de l'autre fonds un endroit aussi commode pour l'exercice de ses droits, et que celui-ci ne peut le refuser; — Attendu, en fait, que la Cour de Douai (arrêt du 27 juill. 1881), par une appréciation souveraine des faits de la cause, a constaté qu'à raison de l'affectation nouvelle donnée au fonds de la dame Vandamme-Graudel, le maintien de l'assiette primitivement assignée à l'exercice du droit de passage concédé au profit du fonds de la demoiselle Picavet, constituerait une aggravation considérable de la servitude, et que le chemin offert en échange, tout en permettant à celle-ci de passer comme auparavant avec chevaux et chariots, est plus commode pour l'exercice du droit de cette demoiselle; — Attendu qu'en l'état des faits ainsi constatés, l'arrêt attaqué a justement décidé que l'offre faite par la dame Vandamme-Graudel était régulière, et que la demoiselle Picavet ne pouvait la refuser; — D'où il suit que loin de violer l'art. 701, C. civ., il en a fait une exacte application ; — Rejette, etc.

MM. Bédarrides, prés.; Talandier, rapp.; Chevrier, av. gén. (concl. conf.); Sabatier, av.

CASS.-CIV. 21 juin 1882.

CHEMIN DE FER, FACTAGE, CAMIONNAGE, ARRIVÉE, DÉPART, SERVICE FACULTATIF, AVANTAGES PARTICULIERS, PROHIBITION, BUREAUX DE VILLE, GARE, FERMETURE, HEURES RÉGLEMENTAIRES, CONCURRENCE.

L'interdiction aux Compagnies de chemins de fer d'accorder directement ou indirectement, sous quelque dénomination que ce soit, à une entreprise de transports, des avantages qui ne seraient pas donnés aux autres entreprises du même genre, si elle ne s'applique pas au service du factage et du camionnage obligatoires à l'arrivée pour la remise des colis au domicile des destinataires, s'applique, au contraire, au service du factage et du camionnage au départ pour la remise des marchandises à la gare d'expédition, service purement facultatif (3) (L. 15 juill. 1845, art. 14; Cah. des charges, art. 50, 52 et 53).

Par suite, une Compagnie de chemins de fer ne peut, sans porter préjudice aux camionneurs libres, recevoir et expédier des marchandises prises dans ses bureaux de ville en dehors des heures réglementaires imposées aux autres entrepreneurs de roulage pour l'entrée ou la sortie des gares (4) (C. civ., 1382).

Les bureaux de ville destinés à recevoir les colis à expédier sont essentiellement distincts de la gare, puisque le transport de ces bureaux à la gare donne lieu, au profit de la Compagnie, à la perception d'une taxe (5) (Id.).

(1-2) V. en ce sens Pau (motifs), 9 févr. 1835 (S. 35. 2. 640. — P. chr. — D., *Jurispr. gén.*, v° *Servitude*, n. 1182 et 1183). — V. toutefois Montpellier, 23 juill. 1846 (Pand. chr.), qui n'applique l'art. 701 qu'aux servitudes conventionnelles, à l'exclusion de celles dont le mode d'exercice est réglé par le titre constitutif; ces dernières servitudes ne pouvant être modifiées sans le consentement du propriétaire du fonds dominant. V. nos observations critiques sur cet arrêt.

(3-4) Les camionneurs ont toujours soutenu que les Compagnies de chemins de fer violaient leurs cahiers des charges et portaient atteinte au principe de la liberté du commerce en permettant l'accès des gares, après l'heure de leur fermeture réglementaire, aux marchandises provenant des bureaux de ville. Les tribunaux ont, en maintes circonstances et par de nombreuses décisions, consacré la légitimité de leurs réclamations. V. Cass., 30 mars 1863 (S. 63. 1. 252. — P. 63. 844. — D. 63. 1. 178); Toulouse, 24 juin 1879 (S. 79. 2. 327. — P. 79. 1272. — D. 83. 1. 85) (c'est l'arrêt attaqué dans l'affaire actuelle); Lyon, 4 août 1881 (S. 82. 2. 129. — P. 82. 1. 692. — D. 84. 1. 233); Cass., 22 août 1883 (Pand. chr.); Lamé-Fleury, *Code annoté des chemins de fer*, p. 342; Sarrut, *Transport par chem. de fer*, n. 617 et suiv.; Bédarrides, *Des chemins de fer*, t. I, n. 121 et 131 ; et notre *Dictionnaire de dr. commerc., ind. et marit.*, t. II, v° *Chemin de fer*, n. 129, 277 et suiv.

(5) Cette solution se rattache étroitement à celles qui précèdent. Les bureaux de ville restent en dehors des gares, n'en faisant point partie, n'en constituant pas des annexes; les Compagnies qui les organisent se livrent, en les exploitant, à une industrie absolument distincte de celle pour laquelle elles ont un monopole; elles ne peuvent donc pas l'exercer d'une manière privilégiée; elles sont soumises à la loi commune; sans doute, leur droit est indiscutable en principe ; il a été, en effet, reconnu que les Compagnies peuvent se livrer à toutes les exploitations qui se présentent avec les caractères d'un développement naturel, normal, d'une amélioration de leur service (v. not. Cass.-civ., 19 déc. 1882, Pand. chr., reconnaissant qu'une Compagnie avait pu légalement établir un hôtel meublé dans la gare d'une ville éloignée du centre et rejetant le pourvoi des hôteliers de cette ville) ; mais les Compagnies se retrouvent, en pareil cas, sur le même pied d'égalité avec tous les commerçants libres qui exercent des industries similaires; elles ne peuvent se prévaloir d'aucun des avantages de leur situation de faveur.

Dans un système contraire, qui est celui généralement adopté par le tribunal de commerce de la Seine, les bureaux de ville sont des prolongements, des annexes des gares. Pour le justifier, on dit : Toutes les formalités prévues par l'art. 49 du cahier des charges, pour les transports, sont passées dans ces bureaux; c'est là que l'expéditeur dépose ses colis, reçoit le récépissé qui lui indique que, dans un délai déterminé, le transport sera effectué, et acquitte le prix fixé d'après les tarifs approuvés par l'autorité supérieure : le contrat de transport est entièrement passé au bureau de ville ; les marchandises déposées à ce bureau sont, en réalité, déjà entrées en gare dès le moment où elles ont été enregistrées au bureau de ville.

Quant aux deux objections tirées, soit de ce que les bureaux de ville ne font pas partie du domaine public et ne feront jamais retour à l'Etat, soit de ce qu'il y a une taxe perçue pour le transport des marchandises de ces bureaux à la gare (v. Toulouse, 24 juin 1879, S. 79. 2. 327. — P. 79. 1272. — D. 83. 1. 85), on y répond : — Sans doute les bureaux de ville ne font pas partie du domaine public et ne retourneront point à l'Etat à la fin de la concession, mais

(Chem. de fer du Midi et d'Orléans c. Abribat et autres.)
ARRÊT (*après délib. en ch. du conseil*).

LA COUR : — Sur le moyen unique du pourvoi (violation de l'art. 1382, C. civ., et des art. 52 et 53 des cahiers des charges des Compagnies du Midi et d'Orléans, en ce que l'arrêt attaqué les a condamnées à des dommages-intérêts pour avoir reçu dans leur gare, à une heure interdite au public, des marchandises provenant d'un bureau de ville, où elles avaient été régulièrement déposées comme dans une succursale de la gare) : — Attendu qu'aux termes des art. 52 et 53 des cahiers des charges des Compagnies demanderesses, la plus complète égalité doit être observée entre les diverses entreprises de transports, dans leurs rapports avec les Compagnies de chemins de fer, et qu'il est interdit à celles-ci d'accorder directement ou indirectement, sous quelque dénomination que ce puisse être, à une entreprise de transports, des avantages qui ne seraient pas donnés aux autres entreprises du même genre ; — Attendu que, si cette règle ne s'applique pas au service du factage et du camionnage obligatoires imposé aux Compagnies pour la remise des colis au domicile des destinataires, elle s'applique au contraire au service purement facultatif du factage et du camionnage des marchandises au départ, et elle interdit aux Compagnies de favoriser un entrepreneur aux dépens des autres et de lui créer, pour ce service, une situation privilégiée au détriment de l'industrie libre ; — Attendu que vainement, pour échapper à cette conséquence, les Compagnies cherchent à se prévaloir de ce que, pour le service facultatif, comme pour le service obligatoire, elles sont soumises aux règlements administratifs et à des tarifs approuvés ou imposés par l'autorité supérieure; que cette circonstance ne change pas la nature du service facultatif, et ne saurait avoir pour effet de le transformer en un monopole, contrairement aux dispositions précitées des cahiers des charges; — Attendu qu'il résulte de l'arrêt attaqué que les Compagnies demanderesses ont organisé à Toulouse un bureau central, dans lequel elles reçoivent les colis destinés à la grande vitesse ; que, pour le transport de ces colis du bureau central à la gare, elles ont fait un traité, et arrêté un tarif avec la société Glaize, Decamps et Cie; qu'en exécution de ce traité, les colis reçus à ce bureau sont portés à la gare jusqu'à dix heures du soir pour partir par les trains de nuit, tandis qu'à huit heures du soir la gare est fermée au commerce libre et aux camionneurs; — Attendu, d'autre part, que le bureau de ville dont il s'agit est essentiellement distinct de la gare, puisque le transport du bureau à la gare donne lieu à la perception d'une taxe au profit des Compagnies; — Attendu que, dans ces circonstances, en accueillant la demande d'indemnité formée par les camionneurs libres contre les Compagnies pour le préjudice résultant desdits faits, l'arrêt attaqué (Toulouse, 25 juin 1879), loin de violer l'art. 1382, C. civ., et les art. 52 et 53 des cahiers des charges des Compagnies en cause, en a fait au contraire une juste application ; — Rejette, etc.

MM. Mercier, 1er prés. ; Dareste, rapp. ; Desjardins, av. gén. (concl. conf.); Devin et Sabatier, av.

CASS-CRIM. 29 juin 1882.

DIFFAMATION, ENTREPRISES FINANCIÈRES, DIRECTEURS OU ADMINISTRATEURS, COMPÉTENCE, PREUVE, PROCÉDURE.

Les garanties spéciales édictées pour la preuve en matière de diffamation, autorisée à l'encontre des directeurs ou administrateurs d'entreprises industrielles, commerciales ou financières, faisant publiquement appel à l'épargne et au crédit, ne modifient point la nature des faits, qui n'en gardent pas moins le caractère de diffamations envers de simples particuliers justiciables, à ce titre, des tribunaux correctionnels (1) (L. 29 juill. 1881, art. 32, 35, § 2, 45 et 52).

Devant la juridiction correctionnelle saisie de telles poursuites, la preuve des faits diffamatoires est entourée des mêmes garanties que dans les procédures devant la Cour d'assises (2) (L. 29 juill. 1881, art. 35, § 2, 52).

Par suite, le Tribunal ou la Cour ne peuvent ordonner cette preuve d'office, sans y être provoqués par les conclusions du prévenu et malgré l'opposition du plaignant (3) (Id.).

(Bischoffsheim c. Guerdat, journal *le Progrès de Nice.*) — ARRÊT (*après délib. en ch. du cons.*).

LA COUR : — Vidant son délibéré : — Sur le moyen tiré de la fausse application, et par suite de la violation des art. 32, 35, 45, et 52 de la loi du 29 juill. 1881, en ce que la Cour d'appel d'Aix, chambre correctionnelle, aurait méconnu les règles de sa compétence, en retenant la connaissance d'un délit de diffamation envers un administrateur d'une Société industrielle, commerciale ou financière, faisant publiquement appel à l'épargne et au crédit (Mêmes motifs que dans l'arrêt du 21 juin 1884, *aff.* Morel c. Jaluzot. V. Pand. chr., 1re part., p. 284)...; — Rejette le moyen.

Mais sur le premier moyen du pourvoi, pris de la violation des art. 35 et 52 précités, en ce que l'arrêt attaqué aurait ordonné, sans qu'elle fût offerte ou demandée par le prévenu, la preuve des imputations diffamatoires dirigées contre le demandeur; — Attendu que, si la loi de 1881 autorise la preuve de la vérité des imputations diffama-

---

toutes les dépendances des gares ne font pas nécessairement partie du domaine public, ni ne sont destinées à l'enrichir dans l'avenir. C'est ce qui a été décidé notamment pour les clôtures des voies d'accès. V. Cons. d'Et., 1er févr. 1884 (S. 85. 3. 75. — P. chr. adm. — D. 85. 3. 52). — Sans doute encore, il est exact que le transport des bureaux à la gare donne lieu à la perception d'une taxe, sauf cependant pour les petits colis, postaux ou non postaux, qui ne payent pas cette taxe supplémentaire. Mais l'argument n'est pas décisif. Sur le réseau même de la voie ferrée, dans l'intérieur de la même ville, les Compagnies peuvent en effet percevoir des taxes pour le camionnage. La Cour de cassation (arrêt du 22 août 1883, Pand. chr.) a jugé que la Compagnie de Lyon pouvait, pour transporter par voie ferrée les marchandises des gares de Lyon-Vaise et Lyon-Brotteaux à Lyon-Perrache, percevoir non le tarif kilométrique, mais un simple tarif de camionnage.

La conclusion de ce système devrait être celle-ci : Il devient sans intérêt de rechercher à quelle heure la gare centrale reçoit les marchandises déposées dans ses bureaux de ville; il n'y a là que des convenances, des dispositions de service intérieur qui échappent à la critique des particuliers et qui ne relèvent que de la surveillance de l'Administration supérieure.

Que ne la formule-t-on, cette conclusion? Nous ne l'avons trouvée nulle part nettement exprimée. L'embarras est visible. Si les marchandises, du moment où elles sont entrées dans les bureaux de ville, doivent être considérées comme entrées en gare, il faudrait tout au moins soumettre les bureaux de ville aux mêmes exigences de réglementation pour les heures d'ouverture et de fermeture que les gares elles-mêmes. Or, dans la pratique, cette assimilation n'existe pas; les bureaux ouvrent et ferment à leur guise, ou en vertu d'ordres de service qui n'ont rien de commun avec les arrêtés sur la police des gares. Mais qui ne voit les abus où conduiraient de telles facilités laissées aux Compagnies? Elles n'ont pas besoin, dans cette voie, d'encouragement; toutes leurs tendances ne les y portent que trop.

(1) V. conf. Aix, 17 mars 1882 (S. 82. 2. 88. — P. 82. 1. 460); Trib. corr. Seine, 4 mai 1882 (Pand. chr.); Cass., 21 juin 1884 (Pand. chr.), et la note.

(2-3) Jurisprudence constante. V. Paris, 6 janv. 1883 (S. 83. 2. 76. — P. 83. 1. 449); Cass., 19 juill. 1883 (S. 84. 1. 359. — P. 84. 1. 862. — D. 84. 1. 46), et sur renvoi, Rouen, 29 déc. 1883 (S. 85. 2. 144.—P. 85. 1. 809); Cass., 21 juin 1884 (Pand. chr.). — *Contrà*, Lille, ch. corr., 28 janv. 1882 (S. 82. 2. 91. — P. 82. 1. 465).

toires à l'égard des représentants de l'autorité, et même à l'égard de simples particuliers, quand il s'agit de directeurs ou administrateurs d'une entreprise industrielle, commerciale ou financière faisant appel à l'épargne et au crédit, cette autorisation n'est accordée par la loi que sous des conditions qu'elle précise avec rigueur; que, spécialement, ladite preuve ne peut être admise, aux termes de l'art. 52, que si le prévenu a offert formellement de la faire, et à la charge par lui de notifier dans la forme et dans les délais prescrits les faits dont il entend prouver la vérité, et les noms, professions et demeures des témoins à l'appui; que cette disposition de l'art. 52, bien qu'elle soit insérée sous le titre relatif à la procédure devant les Cours d'assises, est applicable également alors que la preuve est autorisée devant la juridiction correctionnelle dans les cas prévus par le paragraphe deuxième de l'art. 35, les garanties spéciales qui résultent des formes et délais prescrits étant déterminées par la nature même du délit de diffamation et non en considération de la juridiction appelée à en connaître; — Attendu que la Cour d'appel a néanmoins, sans y être provoquée par les conclusions du prévenu, et malgré l'opposition formelle du demandeur, ordonné la preuve des faits; que, par là, elle a faussement appliqué et formellement violé les articles de loi ci-dessus visés; — Vu lesdits articles précités, et sans qu'il soit besoin de statuer sur les autres moyens du pourvoi; — Casse et annule l'arrêt rendu le 17 mars 1882, par la Cour d'appel d'Aix (chambre correctionnelle) et pour être statué conformément à la loi sur l'appel interjeté par le sieur Bischoffsheim du jugement du tribunal correctionnel de Nice, en date du 2 déc. 1881, rendu sur la poursuite de Bischoffsheim, contre Guerdat; — Renvoie la cause, les parties et les pièces de la procédure devant la Cour de Montpellier, etc.

MM. Baudouin, prés.; Etignard de la Faulotte, rapp.; Tappie, av. gén.; Lehmann, av.

CASS.-CRIM. 8 juillet 1882.

LOTERIE, VALEURS A LOTS, OBLIGATIONS, VENTE, PRIX, FRACTIONNEMENT, INTÉRÊTS, PRIME, ASSOCIATION, MAJORATION, TIRAGES, RÉSERVES.

Les conditions imposées à la création et à la vente au public d'obligations ou de valeurs à lots par les lois spéciales d'autorisation dérogeant à la prohibition générale en matière de loterie, doivent être strictement observées, surtout dans celles de ces conditions qui déterminent la valeur des titres, leur revenu annuel, l'importance des gains aléatoires, le nombre des tirages au sort et le taux du remboursement; la proportion d'aléa autorisée se trouvant ainsi limitée de manière à conserver à la valeur émise le caractère de placement sérieux (1) (L. 21 mai 1836, art. 1, 2, 3; C. pén., 410). — Motifs. — V. aussi les arrêts en sous-note.

Ainsi il n'est pas permis d'ajouter à ces obligations des chances de gain autres que celles déterminées par le législateur (2) (Id.). — Ibid.

Spécialement, *il y a loterie prohibée dans le fait d'offrir et*

(1-2) Ces principes sont reconnus et consacrés par toutes les décisions judiciaires intervenues, en assez grand nombre, dans ces dernières années, sur les difficultés auxquelles ont donné lieu les ventes à tempérament de valeurs à lots. Des banques se sont constituées se livrant presque exclusivement à ce genre d'opérations. La petite épargne surtout s'est laissé prendre avec plus d'entraînement que de raison, à ces combinaisons alléchantes qui lui demandaient peu en apparence et lui prodiguaient tant de promesses de gains, promesses, il est vrai, toujours fallacieuses et qui ne coûtaient qu'à ceux qui les échangeaient contre de réelles et solides espèces laborieusement économisées. La fermeté des tribunaux dans le rappel aux dispositions de la loi de 1836 toujours en vigueur a empêché beaucoup de mal et en empêchera encore, car l'âpreté aux gains ne désarme pas facilement; tout au contraire, refoulée sur un point, elle s'ingénie en combinaisons toujours nouvelles et prend mille chemins de traverse pour tourner la loi, quand les voies ouvertes lui sont interdites. V. dans le sens des deux premières solutions ci-dessus, en outre des arrêts de Besançon, 30 nov. 1882, et de Paris, 23 nov. 1882, rapportés en sous-note (*a* et *b*), et du jugement du Trib. corr. de

(*a*) La Cour de Besançon (ch. corr.), saisie de l'affaire par l'arrêt de renvoi de la Cour de cassation ci-dessus rapporté, a statué, à la date du 30 nov. 1882 dans le sens des solutions déjà consacrées. Voici les motifs de sa décision :

LA COUR : — Considérant que la Caisse nationale de crédit, fondée dans le but apparent de vendre, avec facilité de payement, des valeurs à lots, telles qu'obligations du Crédit foncier ou de la Ville de Paris, et de mettre tout souscripteur à même de s'acquitter du prix de son acquisition au moyen de termes s'étendant jusqu'à trois années, n'a fait en réalité que se livrer à un trafic, revêtant tous les caractères d'une véritable loterie; — Considérant, en effet, que dans les traités qu'elle passait, ladite Caisse stipulait, entre autres conditions, que, jusqu'à complète libération de l'acheteur, celui-ci demeurait privé de tout droit à l'intérêt attaché au titre dont il devenait bénéficiaire; qu'en outre, au cas où ce titre serait remboursé au pair par la voie du tirage au sort, la Caisse s'engageait à verser au souscripteur une somme de 50 francs en sus du montant du remboursement; — Considérant que l'une et l'autre de ces deux dispositions ont pour résultat de dénaturer profondément l'émission des obligations précitées, telle qu'elle se trouvait légalement autorisée; qu'il importe, en effet, de ne pas perdre de vue que les valeurs dont il s'agit, en même temps qu'elles sont accompagnées de lots destinés à en assurer la faveur auprès du public, constituent tout d'abord et au premier chef des valeurs de placement; qu'à côté des chances de gain qu'elles présentent et des espérances qu'elles éveillent, elles ont pour principal avantage de procurer à leur possesseur un revenu régulier, dont le taux n'est pas sensiblement inférieur à celui que produisent les valeurs de tout repos; — Considérant, d'autre part, que l'engagement pris par la Caisse nationale de crédit d'avantager d'une prime de 50 francs le titre qui serait remboursable au pair, imprime également à l'opération le caractère d'une loterie; que vainement il a été prétendu qu'il ne s'agissait là que d'une sorte d'assurance parfaitement licite en elle-même et destinée à garantir le souscripteur contre la perte que lui ferait éprouver le remboursement au pair; que, en effet, cette prime constitue un appât nouveau qu'on ne retrouve aucunement dans l'émission publique, et qui est l'œuvre propre de la Caisse nationale de crédit; qu'en apposant à son contrat une semblable stipulation, la Caisse non-seulement modifiait dans son essence les conditions originaires de l'émission publique, mais encore se livrait, par ce moyen, à un véritable jeu avec le souscripteur; car, si elle était exposée à payer à celui-ci une somme supérieure de 50 francs au montant du remboursement, pour le cas où la valeur sortirait au tirage sans être favorisée d'un lot, elle courait aussi la chance, dans le cas infiniment plus probable où cette même valeur ne serait pas atteinte par le tirage avant la complète libération du souscripteur, de bénéficier de la différence notable qui existait entre le prix de vente que lui versait le souscripteur et le prix auquel elle avait elle-même acheté la valeur en bourse; qu'une pareille alternative dont la solution dépendait essentiellement du sort, rendait l'opération incriminée éminemment aléatoire entre les parties; — D'où il suit que les inculpés ont contrevenu à la loi du 21 mai 1836 et se sont rendus coupables du délit de loterie non autorisée prévu par l'art. 410, C. pén.; — Sur l'application de la peine : — Considérant que les condamnations prononcées par les premiers juges sont excessives; qu'il y a lieu de les réduire dans une large mesure à l'égard de chacun des prévenus, en faisant application de l'art. 463, C. pén.; — Par ces motifs; — Condamne, etc.

MM. Dayras, prés.; Besson, subst.; Rousseau (du barreau de Paris) et Belin, av.

(*b*) L'arrêt de Paris (ch. corr.) du 23 nov. 1882, *aff.* Kircheisen, est ainsi conçu :

LA COUR : — Considérant que la loi du 21 mai 1836 a qualifié loterie toutes opérations offertes au public pour faire naître l'espérance d'un gain qui serait acquis par la voie du sort; que, dans le système des emprunts à lots, émis par le Crédit foncier et par certaines villes, tous les obligataires subissent une réduction des intérêts de leur prêt pour contribuer à la formation des lots qui doivent échoir par la voie du sort à quelques-uns d'entre eux; qu'une pareille opération n'est donc pas autre chose qu'une loterie; que, pour être licite, elle doit être autorisée par une loi spéciale et ne s'écarter en rien du programme auquel s'est référée cette autorisation; — Considérant que, si des obligations à lots peuvent, comme toutes autres valeurs, être possédées en commun ou mises en société, un banquier n'a point le droit de spéculer sur les tirages de lots autorisés, en offrant au public, par le moyen de ces tirages, des chances de gain fractionnées ou combinées autrement qu'elles ne l'ont été par la loi constitutive de l'opération, et ce moyennant un enjeu différent de celui qui ressort du cours officiel des titres auxquels lesdites chances de gain sont attachées; — Considérant qu'il est établi par les débats que, les obligations foncières 4 p. 100 donnant lieu à des tirages de lots, dont on ne pouvait bénéficier sans être possesseur de un dixième d'obligation, qui se vendait à la bourse 108 francs, l'appelant, a, depuis moins de trois ans, fait l'offre publique à tous souscripteurs de les rendre participants à ces mêmes tirages moyennant un débours de 30 francs seulement; qu'il leur proposait en outre de les former par groupes de vingt en sociétés organisées et régies par son entremise, dans le but de faire participer chacun d'eux à 1 pour 20 de part dans les chances de vingt séries différentes de tirages de lots; — Considérant que, pour acquérir ces avantages aléatoires, dans des conditions de mise et de fonctionnement si peu conformes à celles prévues et fixées par les lois d'autorisation, les souscripteurs avaient à payer, en plusieurs termes échelonnés, un prix excédant de plus de 80 francs le cours officiel des titres qui devaient leur être attribués; que cette majoration de prix, constituant un bénéfice assuré pour le banquier et une perte non moins certaine pour le plus grand nombre de ses clients, avait le caractère non équivoque d'un enjeu que le souscripteur exposait pour profiter d'un nouveau genre d'aléa, organisé par l'appelant;

Considérant que, bien que susceptibles d'être réalisées séparément au gré de chacun, les deux combinaisons d'achat à terme et d'association entre les acheteurs étaient étroitement liées dans la pensée de l'appelant et dans la teneur des prospectus par lesquels il tentait les convoitises du public; que, d'une part, toutes deux roulaient sur une même période triennale; que, d'autre part, il était stipulé

de vendre au public des obligations et des coupures d'obligations à primes et à lots de la Ville de Paris ou du Crédit foncier, moyennant un prix fractionné en termes mensuels et ne donnant droit, jusqu'au payement final, qu'aux chances de gain résultant des tirages trimestriels; l'intérêt annuel attaché à chacun des titres devant demeurer acquis au vendeur jusqu'à libération définitive de l'acheteur (1) (Id.). — V. aussi l'arrêt de Besançon en sous-note (*a*).

...*Et aussi avec cet engagement pris par le vendeur, en vue de grossir l'aléa, de payer à l'acheteur une prime dans le cas*

Chambéry, du 4 déc. 1886, également reproduit en sous-note (*c*), Cass., 10 févr. et 24 mars 1866 (S. 66. 1. 340. — P. 66. 909. — D. 66. 1. 281 et 283); Limoges, 1er mai 1884 (S. 85. 2. 32. — P. 85. 1. 208), et sur pourvoi Cass., 31 janv. 1885 (Pand. chr.); Trib. corr. Nontron, 18 août 1886 (S. 87. 2. 49. — Journ. *la Loi*, 8 oct. 1886); Paris, 26 oct. 1886 (S. 87. 2. 49); Poitiers, 12 nov. 1886, (Journ. *la Loi*, 9 janv. 1887); Orléans, 20 nov. 1886 (S., *ibid.* — Journ. *la Loi*, 26 janv. 1887); Nîmes, 26 nov. 1886 (Journ. *la Loi*, 10 déc. 1886); Nancy, 1er déc. 1886 (S. 87. 2. 54. — Journ. *la Loi*, 9 janv. 1887); Trib. corr. Valence, 16 déc. 1886 (*Gaz. du Pal.*, 3 janv. 1887); Cass., 29 janv. 1887, V. la sous-note (*d*); Orléans, 15 mars 1887, V. la sous-note (*e*).

Il est aussi de principe constant que la négociation en France de valeurs à lots étrangères donne lieu à l'application des peines de la loi de 1836, si l'émission de ces valeurs n'a pas été autorisée par un acte des pouvoirs publics ou par une convention diplomatique. V. Paris, 25 mars 1870 (S. 70. 2. 313. — P. 70. 1166. — D. 70. 2. 165); Trib. civ. Seine, 18 juin 1885 (Pand. chr.); Nancy, 1er déc. 1886 (S. 87. 2. 54. — Journ. *la Loi*, 9 janv. 1887).

(1) Cette stipulation, qui consiste à laisser au vendeur jusqu'à parfait payement l'intérêt des valeurs cédées, a été condamnée par la jurisprudence. En effet, il ne paraît pas possible de séparer ainsi le revenu du droit aux lots ou primes, sans modifier profondément les conditions de l'émission autorisée. L'opération prend un caractère aléatoire sans mélange, puisque l'acheteur n'a, tout au moins jusqu'à ce qu'il ait touché les coupons, d'autre avantage que de courir les chances du sort. L'application sévère des dispositions prohibitives des loteries est donc absolument justifiée. V. Cass., 10 févr. 1866; Paris, 23 nov. 1882, Besançon, 30 nov. 1882, Limoges, 1er mai 1884, et Cass., 31 janv. 1885, Nancy, 1er déc. 1886, précités; Rousseau, *De la vente à crédit des obligations à lots*, p. 67.

Jugé qu'il y aurait encore lieu à prohibition, quand bien même il serait stipulé que les coupons d'intérêts détachés des titres jusqu'au payement intégral, seraient portés par le vendeur au compte de l'acheteur, à moins que celui-ci ne préfère en encaisser le montant aux bureaux du vendeur : Nancy, 1er déc. 1886, précité. — La raison décisive de cette solution est tirée de cette considération qu'une pareille stipulation a pour effet de substituer aux garanties de solvabilité présentées par l'établissement de crédit

dans les contrats qu'au cas de payement anticipé du prix convenu, l'acheteur ne pouvait exiger la délivrance du titre dont le numéro lui aurait été attribué; qu'il devait accepter l'un des titres disponibles dans la caisse au moment de sa libération; qu'ainsi les titres offerts en vente ne devenaient pas la propriété individuelle de l'acheteur, mais demeuraient engagés dans une association de jeu dont l'appelant se faisait le promoteur et le gérant intéressé; qu'en l'état, ce dernier a fait fraude à la loi de la façon la plus manifeste en greffant une loterie non autorisée sur le morcellement et le débit des chances auxquelles donne lieu la loterie autorisée du Crédit foncier; — Adoptant au surplus les motifs des premiers juges, — Confirme.

MM. Cotelle, prés.; Calary, av. gén.; Lenté, av.

(*c*) A la date du 4 déc. 1886, le trib. corr. de Chambéry, *aff.* Meiffredy, a rendu le jugement suivant :

Le Tribunal: —...Attendu, cela posé, qu'il reste à examiner si le prévenu s'est rendu coupable du délit qui lui est reproché, c'est-à-dire si la vente de valeurs à lots telle qu'elle a été pratiquée rentre dans les prévisions de la loi du 21 mai 1836; — Attendu qu'aux termes des engagements passés entre Meiffredy et les diverses personnes ci-devant nommées, le Crédit des familles s'engageait à livrer une obligation du Crédit foncier contre la remise de 20 francs, payés comptant, et le surplus au moyen de 61 termes égaux, à raison de 10 francs par titre et par mois : ce qui portait à 630 francs le prix de l'obligation, emprunt 1879, vendue en bourse à une somme inférieure jusqu'ici à 480 francs; que l'engagement portait en outre que Meiffredy devait adresser le numéro de l'obligation après encaissement de la première traite, sans autrement préciser la date de l'envoi dudit numéro; qu'ensuite Meiffredy stipulait en sa faveur le droit de faire acte de propriété de ladite obligation jusqu'à son complet payement;

Attendu qu'il est de jurisprudence constante que toute modification à l'une des conditions essentielles, sous lesquelles ont été autorisées l'émission et la vente au public d'une valeur à lots, dénature le caractère de cette valeur et constitue une opération aléatoire nouvelle tombant sous le coup de la loi du 21 mai 1836; qu'il n'est pas nécessaire d'un long examen pour se convaincre que Meiffredy a substitué aux conditions déterminées par la loi autorisant chacun des emprunts du Crédit foncier des conditions nouvelles qui modifient l'importance des gains aléatoires et la valeur du titre; qu'il suffit en effet de retenir que le contrat était formé aussitôt après le versement de la somme de 20 francs payée comptant; que néanmoins le prétendu acquéreur d'une obligation du Crédit foncier n'obtenait en retour que la promesse d'une obligation indéterminée; que dans l'intervalle qui séparait le versement de 20 francs et jusqu'après encaissement de la première traite, le numéro de l'obligation était inconnu de l'acheteur qui, de la sorte, ne pouvait participer à l'aléa du tirage venant à s'effectuer dans cette période de temps; qu'à ce point de vue Meiffredy a modifié les conditions de souscription originaire;

Attendu, d'autre part, que le prévenu, stipulant en sa faveur le droit de faire acte de propriété sur l'obligation, se substituait au Crédit foncier, en ce sens que le souscripteur avait pour le garantir la responsabilité et la solvabilité de Meiffredy au lieu et place de la responsabilité et de la solvabilité du Crédit foncier; — Attendu qu'on objecte en vain le rapport de l'expert commis, la régularité des comptes de Meiffredy, le fait par ce dernier d'avoir pu représenter les valeurs vendues, la bonne tenue de la comptabilité, l'absence de tout péril pour les souscripteurs engagés, la loyauté et la bonne foi qui ont présidé aux opérations du prévenu; que ce sont là des circonstances favorables à ce dernier, mais qui n'effacent pas la culpabilité du délinquant; que c'est à bon droit que la loi s'est montrée rigoureuse dans son application, ne pouvant pas permettre que des combinaisons, plus ou moins dangereuses suivant les personnalités les mettant en œuvre, pussent déjouer les prévisions d'une loi prohibitive et pénale; — Par ces motifs... — Dit que Meiffredy a contrevenu à la loi du 21 mai 1836 prohibant l'émission des valeurs à lots; en réparation par application des articles 2 et 3 de ladite loi et 410 du Code pénal, le condamne à 100 francs d'amende, qui ne se confondront pas avec les peines précédemment prononcées.

MM. Bouisson, prés.; Canteloube, min. publ.; Raymond, av.

(*d*) Cet arrêt de Cass.-crim., 29 janv. 1887, *aff.* Léger, contient les motifs suivants :

LA COUR : — Sur le moyen unique du pourvoi, tiré de la violation par refus d'application des art. 1, 2, 3, 4 de la loi du 21 mai 1836 et 410 du Code pénal; — Attendu qu'il résulte des constatations de l'arrêt attaqué que les opérations auxquelles M. Léger s'est livré sur les obligations à lots du Crédit foncier consistaient dans la vente à forfait desdites obligations au prix de l'émission, moyennant le versement immédiat d'un à-compte de 20 francs et le remboursement du surplus du prix par à-compte mensuels de 10 francs, avec intérêts ne dépassant pas le taux légal; — Attendu que l'arrêt constate en outre que les contrats intervenus entre Léger et ses acheteurs n'étaient parfaits que du jour de la délivrance des titres, lesquels, à partir de ce moment, devenaient la propriété desdits acheteurs avec tous les droits y afférents; que, relevant ensuite chacune des conditions essentielles sous lesquelles la création et la vente au public des obligations à lots du Crédit foncier ont été autorisées par des lois spéciales, l'arrêt constate qu'elles ont toutes été respectées, que la valeur du titre n'a pas été modifiée, que les coupons semestriels attachés à chaque obligation ont été acquis à l'acheteur, du jour du contrat, qu'il en a été de même des gains aléatoires dont l'importance et le nombre n'ont pas été modifiés, que le taux du remboursement n'a subi aucune atteinte, que l'acquéreur n'avait point la faculté de renoncer à son engagement, et qu'enfin, si le titre restait entre les mains du vendeur comme garantie de ses avances, l'acquéreur n'en demeurait pas moins propriétaire; — Attendu qu'en cet état des constatations, en l'absence de toute disposition légale qui prohibe la vente des obligations à lots, moyennant un prix payable par à-compte successifs, et alors que l'arrêt attaqué ne relève d'ailleurs aucune circonstance d'où l'on puisse induire que les ventes effectuées par Léger dissimulaient une opération aléatoire prohibée par la loi du 21 mai 1836, ledit arrêt a pu, sans violer les textes de lois visés par le pourvoi, prononcer le relaxe de ce prévenu; — Rejette, etc.

MM. Lœw, prés.; Sevestre, rapp.; Loubers, av. gén.; Morillot, av.

(*e*) Voici comment s'exprime la Cour d'Orléans (ch. corr.), dans son arrêt du 15 mars 1887, *aff.* Michel :

LA COUR : — ...En ce qui concerne l'infraction aux art. 2 et 4 de la loi du 21 mai 1836, prohibant les loteries : — Considérant que les premiers juges ont trouvé une modification aux conventions substantielles d'émission des valeurs à lots des obligations communales de 500 francs du Crédit foncier de France, emprunt de 1879, des dixièmes d'obligations emprunt de 1858, ainsi que des obligations de l'emprunt 1871 de la Ville de Paris, dans ce fait que Michel a fait vendre plusieurs de ces obligations en stipulant le payement du prix à terme en de nombreux fractionnements; — Qu'en outre, le Tribunal a visé d'une façon générale, mais sans les indiquer, des clauses qui modifieraient les conditions d'émission; — Mais attendu que le payement à terme d'une valeur à lots ne peut être considéré comme en ayant modifié les conditions d'émission; que rien dans la loi autorisant la création de ces valeurs ne s'oppose à une vente avec des termes de payement nombreux et éloignés de ces obligations après la période d'émission; — Attendu que les stipulations relatives à ces ventes n'ont pas créé un aléa nouveau, qu'elles n'ont pas modifié la valeur nominale du titre, l'importance des gains aléatoires, le nombre des tirages au sort, ni le taux du remboursement; — Que la propriété des titres vendus devait, aux termes du contrat, être transférée à l'acheteur, du jour même de son achat, avec droit aux intérêts et à toutes chances de gain; que les numéros des titres devaient être indiqués avant le premier tirage au sort, que la vente n'était pas résoluble au gré des contractants; que le prix en était dû à toute éventualité;

Que la prévention a relevé, il est vrai, comme dérogation aux conditions essentielles de l'émission, les stipulations de la Caisse parisienne d'épargne, concernant les coupons d'intérêts des valeurs vendues; qu'on lit, en effet, au recto du titre d'engagement : « L'intérêt de l'obligation sera payé, impôt déduit, au domicile de l'acheteur, et sans aucuns frais pour lui, par la Caisse parisienne d'épargne, qui en diminuera le montant sur le montant mensuel y correspondant »; — Mais qu'il ne résulte pas de cette clause que le droit à l'intérêt attaché à chaque titre ait été réservé au vendeur et séparé des chances de gain résultant du tirage trimestriel; que, tout au contraire, ces intérêts étaient transmis avec le titre, qu'ils devenaient, en même temps que lui, la propriété de l'acheteur, et que les coupons attachés à chaque obligation lui étaient acquis du jour même où le titre lui avait été vendu; qu'il importe peu qu'ils fussent touchés par le vendeur lui-même pour le compte de l'acheteur, du moment où ils étaient portés à son crédit, et alors que ce mode d'opérer avait pour but d'éviter une circulation inutile de coupons; que, sans cela, ils auraient été transmis à l'acheteur, et que celui-ci aurait envoyé au vendeur le montant de cet encaissement pour l'imputer sur son compte; — Qu'il résulte de ce qui précède qu'aucune contravention n'a été commise à la loi prohibitive des loteries; — Par ces motifs, — Reçoit Michel appelant du jugement du Tribunal correctionnel de Loches, du 4 décembre 1886; — Infirme ce jugement; — Décharge Michel des condamnations prononcées contre lui, etc.

MM. Dubec, prés.; Dandonneau, av. gén. (concl. contr.); Baratte, av.

où, avant libération complète, le titre viendrait à remboursement sans être accompagné d'un lot (1) (Id.). — Ibid.

Bien que les obligations à lots soient, comme toutes autres valeurs, susceptibles d'être possédées en commun ou mises en société, il y a néanmoins loterie prohibée dans des ventes à terme avec offre aux preneurs de s'associer avec d'autres acheteurs de valeurs à lots de manière à répartir entre tous les participants les gains de toute une série de titres, alors surtout que ces avantages aléatoires d'un nouveau genre donnent lieu à une augmentation considérable du prix de vente des titres sur le cours officiel de la Bourse (2) (Id.). — Résol. par l'arrêt de Paris en sous-note (*b*).

Peu importe que les deux combinaisons d'achat à terme et d'association entre les acheteurs fussent susceptibles d'être réalisées séparément au gré de chacun, si elles étaient étroitement liées dans l'intention du vendeur et dans ses prospectus au public (3) (Id.). — Ibid.

Il y a également substitution prohibée d'un aléa différent de celui de l'émission dans le fait de ne faire connaître à l'acquéreur d'une obligation à lots le numéro afférent à cette obligation qu'après l'encaissement de la première traite postérieure d'un mois à la vente; l'acheteur ne pouvant ainsi, dans l'intervalle de temps, profiter des chances du tirage (4) (Id.). — Résol. par le jugement de Chambéry en sous-note (*c*).

La réserve de faire acte de propriétaire sur l'obligation vendue est modificatrice des conditions originaires, puisque, au lieu et place de la garantie de l'établissement financier autorisé à émettre des obligations à lots, l'acheteur ne trouve d'autre responsabilité que celle de son vendeur (5) (Id.). — Ibid.

(Lamarre.) — ARRÊT.

LA COUR : — Vu les art. 1, 2, 3 de la loi du 21 mai 1836, et 410, C. pén.; — Sur le moyen pris de la violation de ces articles : — Attendu que la loi du 21 mai 1836, après avoir prohibé par son art. 1er les loteries de toute espèce, leur assimile, par son art. 2, et interdit comme telles certaines ventes mobilières ou immobilières qu'elle désigne, et généralement toutes opérations offertes au public pour faire naître l'espérance d'un gain qui serait acquis par la voie du sort; — Attendu que si, en vue d'un intérêt économique, des lois postérieures ont dérogé à ces dispositions, en autorisant des villes ou des compagnies financières à émettre des obligations avec primes ou lots, ces lois ont strictement prévu dans quelles conditions, chacune de ces émissions aurait lieu, qu'elles ont fixé la valeur du titre et son revenu annuel, l'importance des gains aléatoires, le nombre des tirages au sort et le taux du remboursement, limitant ainsi la proportion d'aléa qu'elles autorisaient, de manière à conserver à la valeur émise le caractère d'un placement sérieux; — Attendu que les conditions arrêtées par ces lois spéciales pour la création de certaines obligations à lots doivent être rigoureusement observées; qu'il ne saurait être permis de les modifier dans leurs parties essentielles, et notamment

---

qui a émis les valeurs, la seule garantie du vendeur, et de séparer le revenu des éventualités de tirage.

Cet arrêt de Nancy nous paraît être tombé dans une exagération manifeste; il n'est pas exact de dire qu'une stipulation de cette nature substitue la solvabilité du vendeur à celle de l'établissement de crédit; cette substitution se limiterait dans tous les cas aux coupons d'intérêts seulement, mais même dans cette mesure, l'objection ne porte pas, puisque de toute manière l'intérêt perçu vient en déduction d'un prix de vente non complètement acquitté et qu'il le réduit d'autant; l'acheteur reste garanti par l'obligation qui lui est attribuée, dont il connait le numéro, dont il détient même le titre moins les coupons réservés. Ce ne seraient point seulement les coupons que le vendeur pourrait, à notre avis, retenir jusqu'au payement intégral, ce serait le titre lui-même dont la livraison constituerait une imprudence, toutes les fois que l'acheteur ne présente qu'une solvabilité douteuse. — Quant à la prétendue séparation du revenu d'avec le droit aux lots, elle est imaginaire, et dans les mots plutôt que dans la réalité de l'opération. Il n'y a pas deux bénéficiaires, comme lorsque le vendeur s'approprie le revenu; c'est l'acheteur qui profite des deux avantages et des intérêts et des chances de tirage; il n'y a donc point division des deux éléments, puisqu'ils retournent en définitive à un seul et même titulaire. V. Trib. corr. Nontron, 18 août 1886 (S. 87. 2. 49. — Journ. *la Loi*, 8 oct. 1886); Cass., 29 janv. 1887; Orléans, 15 mars 1887, V. les sous-notes (*d* et *e*). — *Contra*, Fernand Rome, *Les agences de placement des valeurs à lots*, (journ. *la Loi*, 24 mai 1887).

(1) Cette obligation onéreuse pour le vendeur n'est introduite que pour justifier, dans une certaine mesure, l'énormité ordinaire de la majoration du prix de vente sur le cours officiel de la Bourse. Il y a là un aléa dont il est difficile de peser l'importance; c'est un élément formé de hasard qui entre dans le contrat, qui compte pour quelque chose dans la détermination du prix et qui modifie les conditions essentielles d'autorisation de l'émission; la prohibition est légitime.

La jurisprudence pousse même plus loin ses exigences; elle condamne, avec la même sévérité, la clause plus modeste, moins grosse de conséquences, par laquelle le vendeur s'engage, au cas où, avant le payement effectué en totalité, le titre viendrait à sortir au tirage pour le remboursement sans être favorisé d'un lot, à le remplacer par un autre titre de même nature. Cet arrangement par la continuité de l'espérance d'un lot accentue le caractère aléatoire de l'opération. V. Limoges, 1er mai 1884 (S. 85. 2. 32. — P. 85. 1. 208), et, sur pourvoi, Cass., 31 janv. 1885 (Pand. chr.); Rousseau, *op. cit.*, p. 70.

Mais la vente à crédit moyennant un prix fractionné en un certain nombre de versements mensuels, *quelle que soit l'énormité de la majoration au-dessus du prix d'émission ou de la valeur en Bourse*, constitue une opération licite, lorsque, d'une part, aucune modification n'a été apportée à la valeur nominale du titre, à son revenu, à l'importance des lots et au nombre des tirages, et que, d'autre part, la propriété du titre a été transférée à l'acheteur dès le jour de la vente avec droit actuel aux intérêts, à toutes les chances de gain, sans que l'acheteur eût la faculté de résoudre le contrat à son gré. V. Trib. corr. Nontron, 18 août 1886; Orléans, 20 nov. 1886; Cass., 29 janv. 1887; Orléans, 15 mars 1887, précités.

(2-3) La vente à crédit de valeurs à lots, payables par fractions, n'est point en principe prohibée; la majoration du prix, si considérable qu'elle puisse être, relève de la liberté des conventions. Ces deux points paraissent hors de contestation, ainsi que nous venons de l'établir par une jurisprudence bien assise. V. les arrêts cités à la note qui précède.

L'association mutuelle entre des propriétaires de valeurs à lots est-elle licite? Nous répondons sans hésitation par l'affirmative, quand il s'agit de propriétaires véritables de valeurs, et qu'il n'est nullement question de séparer les chances de gain des titres. La Cour de Paris reconnaît, en principe, que les obligations à lots, comme toutes autres valeurs, sont susceptibles d'être possédées en commun ou mises en société; mais elle ne permet point la mise en commun des chances de gain. Pourquoi? Elle ne le dit pas; ses raisons auraient pourtant valu la peine d'être exposées ou de se laisser percevoir.

En quoi les conditions essentielles d'émission des titres se trouvent-elles atteintes par le partage éventuel des bénéfices à réaliser? Les titres restent ce qu'ils sont : même valeur nominale, même revenu, même importance des lots, même nombre de tirages, rien n'est changé. L'association n'a aucune influence sur la manière d'être des valeurs. Bien plus, l'association en pareil cas est morale : elle diminue la quotité des gros gains, elle les réduit à des sommes plus modestes; par là, elle tempère la fièvre que développent ces coups de fortune éclatants, toujours scandaleux malgré l'autorisation qui les couvre. Moins les chances se concentrent sur une seule tête, plus elles se répandent sur un grand nombre d'intéressés, plus elles s'égalisent, moins il y a loterie. C'est si vrai que jamais un véritable joueur ne fera partie d'associations de ce genre; il aimera mieux avoir des chances moins nombreuses de gain, mais les avoir seul, avec toute leur puissance d'effets, d'espérances ou d'illusions.

(4-5) La vente d'une valeur à lots n'est licite, d'après l'unanimité des arrêts, que lorsqu'elle transfère immédiatement à l'acheteur, du jour même du contrat, la propriété individuelle du titre avec le droit aux coupons et le droit aux chances attachées au titre. V. Paris, 23 nov. 1882 (motifs), rapporté en sous-note (*b*); Limoges, 1er mai 1884 (S. 85. 2. 32. — P. 85. 1. 208); Paris, 26 oct. 1886 (S. 87. 2. 49); Nancy, 1er déc. 1886 (S. 87. 2. 49. — Journ. *la Loi*, 9 janv. 1887); Trib. corr. Valence, 16 déc. 1886 (Journ. *la Loi*, *ibid.*). — Cette solution résulte encore implicitement des arrêts de Cass., 29 janv. 1887, et d'Orléans, 15 mars 1887, précités. V. aussi Mack, *De la négociation à crédit des valeurs à lots*, p. 23; Rousseau, *op. cit.*, p. 67.

d'y ajouter des chances de gain autres que celles déterminées par le législateur; qu'une modification de cette sorte dénature le caractère de la valeur autorisée et constitue une opération aléatoire nouvelle tombant, à défaut d'autorisation, sous l'application des art. 1, 2, 3 de la loi du 21 mai 1836, et 410, C. pén.; — Attendu qu'il est constaté, en fait, par l'arrêt attaqué, que Lamarre, directeur de l'agence financière, dite Caisse nationale de crédit, et ses employés Lefebvre, Werner et Scaillier, ont offert et vendu au public des valeurs à lots ou à primes, telles que obligations et quarts d'obligations de la Ville de Paris, etc., et en les modifiant dans deux de leurs conditions substantielles; qu'en effet, en ce qui concerne les dixièmes d'obligations foncières, ces coupures, vendues moyennant un prix payable en trente-six termes mensuels, ne donnaient droit, jusqu'à final payement, qu'aux chances de gain résultant des tirages trimestriels; qu'aux termes d'une stipulation particulière, l'intérêt annuel attaché à chacun de ces titres demeurait acquis à la Caisse nationale de crédit jusqu'à la libération définitive de l'acheteur; que, par suite, et pendant une période qui, à moins d'anticipation de payement, pouvait durer trois années, le droit à l'intérêt se trouvait complétement séparé du droit aux chances de gain; — Attendu, d'autre part, que, pour grossir l'aléa attaché légalement au dixième d'obligation foncière, valeur remboursable au pair par voie de tirage au sort, Lamarre et ses représentants s'engageaient par une clause expresse à payer à l'acquéreur une prime de 50 francs pour le cas où, avant libération complète, le numéro du titre vendu viendrait à remboursement sans être accompagné d'un lot; — Attendu que des conditions analogues de prix de payement, d'aléa et de remboursement, se retrouvent dans les opérations faites par la Caisse nationale de crédit sur les quarts d'obligations de la Ville de Paris et autres titres de même nature; qu'il est donc constant que Lamarre et consorts, en offrant au public des valeurs à lots autorisées, mais auxquelles ils avaient apporté les deux modifications essentielles ci-avant spécifiées, ont créé une opération aléatoire leur appartenant en propre et assimilée par la loi pénale à une loterie; — D'où il suit qu'en déclarant cette opération licite et en relaxant les prévenus de la poursuite dirigée contre eux, l'arrêt attaqué a expressément violé les art. 1, 2, 3 de la loi du 21 mai 1836 et 410, C. pén., susvisés; — Par ces motifs, — Casse et annule l'arrêt de la Cour d'appel de Nancy, en date du 28 déc. 1881; — Renvoie la cause et les prévenus devant la Cour de Besançon, ch. corr. (V. l'arrêt en sous-note *a*, ci-dessus, p. 125.)

MM. Beaudouin, prés.; de Larouverade, rapp.; Tappie, av. gén. (concl. conf.); Defert, av.

CASS.-CIV. **19 juillet 1882.**

CHEMIN DE FER, SAISIE-ARRÊT, MARCHANDISES, LIVRAISON (REFUS DE), DESTINATAIRE.

Le refus opposé par une Compagnie de chemins de fer au destinataire de lui livrer des marchandises à lui expédiées, mais frappées de saisies-arrêts par des créanciers de l'expéditeur, tant que mainlevée des saisies n'est pas rapportée et qu'il n'est justifié d'aucune décision judiciaire indiquant aux mains de qui doit être opérée la livraison, est légitime et fondé, si la Compagnie a ignoré les conventions intervenues entre expéditeur et destinataire; — et spécialement, si elle n'a pas su que les marchandises avaient été vendues au destinataire, livrées à ce dernier à la gare d'expédition, et qu'elles voyageaient à ses risques et périls (1) (C. proc., 557; C. civ., 1382).

(Chem. de fer de Lyon c. Portanier et Arnulfi.) — ARRÊT (*après délib. en ch. du cons.*).

LA COUR : — Vu l'art. 1382, C. civ.; — Attendu que l'arrêt attaqué a constaté, il est vrai, que la marchandise litigieuse avait été vendue à Portanier par Scerno Gismondi, livrée à Portanier à San Pierro d'Arena, et expédiée à ce dernier à ses périls et risques en sa qualité de propriétaire; — Mais attendu qu'il ne déclare point que ces circonstances de fait aient été à la connaissance de la Compagnie des chemins de fer au moment où elle a refusé de délivrer la marchandise au destinataire; — Attendu, d'autre part, que Scerno Gismondi a été l'expéditeur de la marchandise litigieuse et que la saisie-arrêt dont a excipé la Compagnie pour justifier son refus de livraison avait été pratiquée entre ses mains à la requête d'Arnulfi, sur toutes sommes, deniers, valeurs généralement quelconques, dues ou pouvant appartenir à Scerno Gismondi; que les termes larges et généraux de cette saisie ont pu faire raisonnablement craindre à la Compagnie que l'opposition ne portât sur toutes choses se trouvant entre ses mains et pouvant appartenir au saisi; — Attendu, dès lors, que la Compagnie a été en droit de refuser de se dessaisir, tant qu'on ne lui justifiait pas d'une mainlevée, ou d'une décision judiciaire indiquant entre quelles mains elle devait vider les siennes; — D'où il suit qu'en décidant, en ces circonstances, que la Compagnie des chemins de fer avait manqué envers Portanier à ses obligations de voiturier chargé du transport de la marchandise et, par là, commis une faute engageant sa responsabilité, et en la condamnant envers ledit Portanier à des dommages-intérêts, l'arrêt attaqué a violé, par fausse application, l'article de loi ci-dessus visé; — Casse, etc.

MM. Mercier, 1er prés.; de Lagrévol, rapp.; Ronjat, av. gén. (concl. contr.); Dancongnée, av.

CASS.-CIV. **19 juillet 1882.**

PRESCRIPTION, PRESCRIPTION DE SIX MOIS, PRESCRIPTION D'UN AN, ENTREPRENEUR, FORFAIT, MENUS OUVRAGES, MARCHÉ, IMPORTANCE, CARACTÈRES.

La prescription de six mois contre les ouvriers ou gens de travail et la prescription d'un an contre les marchands sont, en principe, inapplicables aux entrepreneurs (2) (C. civ., 2271, 2272).

Et la perte de la qualité d'entrepreneur ne saurait résulter de ce que le travail n'aurait pas eu lieu à forfait, ou consisterait uniquement en menus ouvrages (3) (Id.).

---

(1) Jurisprudence constante. V. Cass., 20 juin 1876 (Pand. chr.); Paris, 12 juill. 1876 (S. 79. 2. 226. — P. 79. 970); Rouen, 28 janv. 1878 (S. 78. 2. 54. — P. 78. 234. — D. 79. 2. 103); Paris, 5 mars 1877 (S. 79. 2. 226. — P. 79. 970. — D. 79. 2. 103). — Mais il en est autrement quand il s'agit d'expédition *contre remboursement*; en pareil cas, la marchandise étant, jusqu'au payement du prix, la propriété, sans conteste, de l'expéditeur, la saisie opérée auparavant par le créancier du destinataire est une saisie d'objets qui n'appartenaient pas encore à ce dernier; elle est nulle et d'une nullité radicale. La conséquence facile à déduire est que les Compagnies n'y doivent avoir aucun égard; elles ne peuvent s'y arrêter, sans exposer leur responsabilité; elles risquent d'être tenues, suivant les cas, à des réparations pécuniaires. La saisie est à ce point dénuée d'effets, que non-seulement elle ne saurait mettre le moindre obstacle à la restitution de la marchandise à l'expéditeur, mais même qu'elle ne devrait pas en empêcher la livraison au destinataire qui offrirait de payer le prix de la facture et du transport. V. Cass., 26 avril 1882 (Pand. chr.); 13 avril 1885 (Pand. chr.), et les notes et renvois.

(2-3) V. conf., Cass., 13 juill. 1885 (Pand. chr.), rendu entre les mêmes parties, et nos observations jointes à l'arrêt.

Elle ne saurait non plus dépendre du plus ou moins d'importance du marché, mais du seul mode et de la nature même de la convention (1) (C. civ., 1799).

(Constantin frères et Cie c. Arnould-Drapier). — ARRÊT.

LA COUR : — Sur l'unique moyen du pourvoi : — Vu les art. 1799, 2271 et 2272, C. civ. ; — Attendu que le jugement attaqué reconnaît que Constantin frères et Cie exercent habituellement la profession d'entrepreneurs ; — Attendu que la prescription de six mois édictée par l'art. 2271, C. civ., contre les ouvriers ou gens de travail, et la prescription d'un an établie contre les marchands par l'art. 2272 du même Code sont, en principe, ainsi que le tribunal le déclare lui-même, inapplicables aux entrepreneurs ; — Attendu que l'entrepreneur ne perd pas sa qualité, lorsque le travail dont il s'est chargé n'a pas eu lieu à prix fait ou qu'il consiste seulement en menus ouvrages ; qu'en effet, si l'ouvrier ne devient entrepreneur, d'après l'art. 1799, C. civ., qu'autant qu'il y a eu de sa part devis et marché préalable, il n'en résulte pas que l'entrepreneur de profession qui a traité avec un tiers, sans devis ni prix convenu à l'avance, doive être par là même considéré comme ouvrier ; — Attendu, d'autre part, qu'il n'y a pas lieu d'avoir égard au plus ou moins d'importance du marché pour décider s'il a été ou n'a pas été fait à l'entreprise ; qu'aucune distinction n'existe sous ce rapport, dans la loi, qui, pour attribuer la qualité d'entrepreneur à l'ouvrier, ne prend en considération, dans l'art. 1799, C. civ., que le mode de la convention et non la valeur des travaux ou des fournitures ; — D'où il suit qu'en déclarant éteinte par la prescription de six mois ou d'un an l'action intentée par les demandeurs en payement de travaux et fournitures, sous prétexte que ces travaux et fournitures, relatifs à la construction de deux trottoirs, étaient de minime importance, et n'avaient pas eu lieu à prix fait, le jugement attaqué a faussement appliqué et par conséquent violé les articles de loi ci-dessus visés ; — Casse le jugement rendu le 5 juill. 1881, par le tribunal civil de Nancy, etc.

MM. Mercier, 1er prés. ; Guérin, rapp. ; Ronjat, av. gén. ; Devin et Panhard, av.

CASS.-CRIM. 21 juillet 1882.

VOL, ABUS DE CONFIANCE, CARACTÈRES, SOUSTRACTIONS FRAUDULEUSES.

Le fait par un individu de prendre des mains d'une personne des fonds qu'elle détient, sous prétexte d'en vérifier le chiffre, et de se les approprier par surprise, constitue, non un abus de confiance, mais un vol (2) (C. pén., 401, 406, 408).

(Cabé). — ARRÊT.

LA COUR : — Sur le moyen pris de la violation pour fausse application de l'art. 408, C. pén., en ce qu'il n'y aurait pas eu remise volontaire au prévenu des fonds par lui détournés : — Attendu que des termes de l'arrêt attaqué il résulte effectivement que la veuve Gleizes n'avait pas volontairement remis les fonds au prévenu : que, dès lors, le délit d'abus de confiance à lui imputé manquait d'un de ses éléments essentiels et que, conséquemment, c'est à tort qu'il lui a été fait application des dispositions de l'art. 408 susvisé ; — Mais attendu, d'autre part, que les énonciations formelles de l'arrêt établissent que le prévenu a pris des mains de la veuve Gleizes les fonds qu'elle détenait, sous prétexte d'en vérifier le chiffre, et qu'il s'est emparé de ces valeurs par surprise ; que les faits ainsi souverainement constatés présentent tous les caractères du délit de soustraction frauduleuse réprimé par les dispositions de l'art. 401, C. pén., qui autorisaient l'application au prévenu d'une peine identique avec celle qui lui a été infligée, et que, dès lors, aux termes de l'art. 411, C. instr. crim., l'arrêt attaqué (Toulouse, 21 avril 1882) ne saurait être annulé de ce chef, la condamnation qu'il prononce se trouvant justifiée ; — Rejette, etc.

MM. Baudouin, prés. ; Petiton, av. gén. (concl. conf.) ; Lesage, av.

CASS.-CRIM. 22 juillet 1882.

RÉUNION PUBLIQUE, INFRACTIONS, PEINE DE SIMPLE POLICE, AMENDE, EMPRISONNEMENT, PREMIÈRE CONTRAVENTION.

L'art. 10 de la loi du 30 juin 1881, sur la liberté de réunion, en punissant de peines de simple police toute infraction à cette loi, se réfère virtuellement aux dispositions générales des art. 465 et 466, C. pén. — Par suite, les tribunaux, alors même qu'il s'agit d'une première contravention, ont la faculté de se mouvoir dans les limites de l'emprisonnement de un à cinq jours et de l'amende de 1 à 15 francs posées par ces articles, et de prononcer, soit la prison et l'amende cumulativement, *soit l'une ou l'autre de ces peines ; ils ne sont point tenus de se renfermer dans l'application de l'amende seule* (3) (C. pén., 465, 466 ; L. 30 juin 1881, art. 10).

M. le conseiller Tanon, chargé du rapport, a présenté les observations suivantes :

« La loi du 30 juin 1881, sur la liberté des réunions, contient une disposition pénale unique pour la répression des infractions qu'elle prévoit. — L'art. 10 est ainsi conçu : « Toute infraction aux dispositions de la présente loi sera punie des peines de simple police, sans préjudice des poursuites pour crimes et délits qui pourraient être commis dans les réunions. »

« Il semble que le texte de cet article ne laisse pas de doute sur la signification véritable, qu'il fixe, avec précision, la pénalité applicable. — En disposant que les infractions à la loi seront punies des peines de simple police, l'art. 10 paraît se référer virtuellement aux art. 465 et 466, C. pén., qui définissent ces peines, en renfermant l'amende dans les limites de un à quinze francs et l'emprisonnement dans celles de un à cinq jours.

« Lorsque la loi pénale, dit M. Carnot, C. pén., sur l'art. 464, déclare que tel fait sera puni des peines de police, il rentre dans le pouvoir discrétionnaire des tribunaux de prononcer cumulativement celles de l'emprisonnement et de l'amende, ou de ne prononcer que l'une de ces deux peines ; ils ont, sur ce point, toute la latitude désirable. — Quand la loi a déterminé le genre de peine applicable à la contravention qu'elle réprime, les tribunaux commettraient un excès de pouvoir, s'ils en substituaient un autre. Lorsque la loi se borne, au contraire, à déclarer que la contravention sera punie des peines d'emprisonnement et d'amende, l'une et l'autre de ces peines doivent être cumulativement appliquées. »

(1) Jugé que n'en doit pas moins être considéré comme un entrepreneur l'individu qui, accessoirement au travail qu'il s'engage à faire, se charge de certaines fournitures de marchandises, si ces fournitures n'entrent dans le contrat que comme moyen d'exécution du travail, objet de l'entreprise : Trib. civ. Seine (7e ch.), 19 nov. 1885 (Pand. pér., 86. 2. 33), et la note.

(2) La remise, exclusive de la soustraction frauduleuse, est la seule remise volontaire par le propriétaire de la chose. V. Cass., 18 mai 1876 (Pand. chr.) ; 28 févr. 1883 (Pand. chr.), et les renvois. — Mais alors même qu'il y aurait eu remise effective, matérielle, par le propriétaire, cette remise ne pourrait être considérée comme volontaire, si elle avait été obtenue par surprise, à l'aide de moyens condamnables. V. Cass., 2 juin 1876 (Pand. chr.). Il en serait de même si elle avait été nécessaire et forcée. V. Cass., 11 janv. 1867 (S. 67. 1. 306. — P. 67. 776. — D. 67. 1. 358).

(3) Il s'agit dans cette affaire d'une question de principe envisagée au point de vue d'une espèce particulière à la matière des réunions publiques. Le rapport de M. le conseiller Tanon forme un commentaire lumineux de l'arrêt ; aussi, nous n'avons pas hésité à le reproduire en son entier ; il sera consulté avec profit.

« La thèse contraire se justifie-t-elle, comme le prétend le demandeur, par la nature spéciale des peines de police? Le caractère de ces peines est-il tel que l'amende seule soit toujours prononcée pour la première infraction? Nullement. — Il est bien vrai que c'est une règle générale, commune aux trois classes de contraventions que l'emprisonnement n'est prononcé qu'en récidive; mais il y a dans chaque classe un certain nombre de contraventions, auxquelles cette peine est appliquée pour la première fois. La règle qu'invoque le pourvoi n'est pas, à vrai dire, une règle qui affecte les peines de police; c'est une simple formule tirée de la classification des contraventions. Or, la loi ne dit pas que les infractions qu'elle prévoit seront punies comme telle ou telle classe de contraventions; elle dit qu'elles seront frappées, d'une manière générale, des peines de simple police.

« Le pourvoi rappelle encore le principe d'après lequel, dans le cas d'ambiguïté de la loi sur la peine à appliquer, les tribunaux répressifs doivent prononcer la peine moins forte. — Ce principe est vrai dans sa généralité; mais il faut que la peine soit, en effet, indéterminée. L'une des applications les plus notables que vous ayez faites de cette règle est celle qui concerne la substitution de l'amende à l'emprisonnement dans les cas où la loi ne prononce que cette dernière peine. Vous décidez, dans ce cas, que l'amende ne peut être supérieure au minimum de l'amende correctionnelle, c'est-à-dire à seize francs. Mais quel en est le motif? C'est que la loi n'ayant, par aucune disposition générale, assigné le maximum à l'amende, en matière correctionnelle, et l'art. 463 du Code pénal n'en fixant non plus aucun pour la substitution de cette peine à celle de l'emprisonnement, les tribunaux, s'ils dépassent le minimum, pourraient élever arbitrairement l'amende à un taux indéterminé; d'où il résulte que le minimum est la seule base légale (Cass., 3 janv. 1880, Pand. chr.). Ces motifs ne sont ici nullement applicables, puisque les peines de police que prononce la loi sont parfaitement déterminées dans leur maximum et leur minimum par les art. 465 et 466.

« Votre jurisprudence a fait, en ce qui concerne l'amende de police, une application remarquable d'une disposition de la loi du 19 vent. an XI, sur l'exercice de la médecine qui, à la différence de celle qui nous occupe ici, prononçait une peine réellement indéterminée. L'art. 35 de cette loi punit l'exercice illégal de la médecine, sans usurpation de titre, d'une amende pécuniaire envers les hospices. Il est ainsi conçu : « Six mois après la publication de la présente loi, tout individu qui continuerait d'exercer la médecine ou la chirurgie, ou de pratiquer l'art des accouchements, sans être sur les listes dont il est parlé aux art. 25, 26 et 34, et sans avoir de diplôme, de certificat ou de lettre de réception, sera poursuivi et condamné à une amende pécuniaire envers les hospices. » Vous avez décidé que l'amende prononcée par cette loi n'étant pas précisée, il y avait lieu, par suite des principes généraux d'interprétation en matière pénale, d'appliquer la peine la plus faible, c'est-à-dire l'amende de simple police. Mais quelle est cette amende? Est-ce celle abaissée au taux de l'art. 471, § 15, qui réprime les contraventions les plus légères? Nullement. C'est l'amende de police variant de un à quinze francs, et telle qu'elle est fixée par la disposition générale de l'art. 466 (Cass., 9 et 21 juill. 1853, Pand. chr.).

« Si le système du pourvoi était fondé, il faudrait admettre non-seulement que l'amende peut seule être prononcée pour une première infraction à la loi sur les réunions, mais encore que c'est l'amende de l'art. 471, § 15, de même que l'emprisonnement, en récidive, serait seulement celui de trois jours fixé par l'art. 474.

« La disposition si précise, dans ses termes, de l'art. 10, résiste à une telle interprétation. Le texte primitif de cet article, tel qu'il était soumis par la commission aux délibérations de la Chambre des députés, punissait les infractions à la loi d'une amende de 100 à 500 francs et d'un emprisonnement de quinze jours à deux mois. Le texte nouveau qui a été adopté par voie d'amendement s'est borné à substituer à ces peines celles de simple police. Il ne semble pas qu'il soit possible d'abaisser encore, par voie d'interprétation, cette pénalité à celle qui frappe les contraventions de police les plus légères. On le comprendrait d'autant moins que l'art. 10 constituant l'unique disposition édictée pour la répression de nombreuses infractions qui diffèrent notablement par leur nature et leur gravité, il convenait de laisser au juge une certaine latitude dans l'application de la peine. »

(Goubert). — ARRÊT.

LA COUR : — Sur le moyen pris de la violation de l'art. 10 de la loi du 30 juin 1881 sur la liberté de réunion, en ce que la peine de l'emprisonnement a été prononcée contre le demandeur en cassation, au lieu de celle de l'amende qui aurait été seule applicable à une première infraction : — Attendu que l'art. 10 de la loi du 30 juin 1881 porte que toute infraction aux dispositions de cette loi sera punie des peines de simple police; — Attendu qu'aux termes de l'art. 464, C. pén., les peines de simple police sont, outre la confiscation dans les cas spéciaux fixés par la loi, l'emprisonnement et l'amende; que ces peines sont entièrement déterminées, dans leur maximum et leur minimum, par les art. 465 et 466 du même Code, et qu'elles consistent en un emprisonnement de un à cinq jours et en une amende de 1 à 15 fr. inclusivement; — Attendu que l'art. 10 précité de la loi du 30 juin 1881 s'est référé virtuellement à ces articles, et qu'ainsi la disposition pénale qu'il édicte ne présente aucune ambiguïté; — Attendu que le texte primitif de cet article punissait les infractions à la loi d'une amende de 100 à 500 fr. et d'un emprisonnement de quinze jours à deux mois; qu'en abaissant aux peines de simple police la pénalité applicable à des infractions multiples et de natures diverses, l'art. 10, tel qu'il résulte de la rédaction définitive de la loi, a manifestement laissé aux tribunaux la faculté de se mouvoir dans les limites de l'emprisonnement et de l'amende posées par les art. 465 et 466, C. pén., et de prononcer contre les contrevenants, soit la prison et l'amende cumulativement, soit l'une ou l'autre de ces peines; — Attendu, en conséquence, qu'en condamnant le demandeur en cassation à trois jours de prison, par application de l'art. 10 de la loi du 30 juin 1881, pour avoir contrevenu à l'art. 8 de cette même loi, l'arrêt attaqué n'a pas violé ces articles, mais en a fait, au contraire, une exacte application; — Rejette le pourvoi formé par le sieur Louis Goubert contre : 1° un jugement rendu le 18 oct. 1881 par le tribunal de Pondichéry (par défaut), qui a confirmé le jugement rendu par le tribunal de simple police de Pondichéry, le 1er du même mois, qui l'a condamné à trois jours de prison pour contravention à la loi du 30 juin 1881 sur la liberté de réunion; 2° un jugement rendu le 4 nov. 1881, par lequel le tribunal, statuant sur l'opposition formée par le sieur Goubert à l'exécution dudit jugement par défaut, l'a maintenu, etc.

MM. Baudouin, prés.; Tanon, rapp.; Petiton, av. gén.

CASS.-REQ. **24 juillet 1882.**

COMMUNE, ENSEIGNEMENT, CONGRÉGATION, TRAITÉ, INTERPRÉTATION, POUVOIR SOUVERAIN, IMMEUBLES, CONCESSION, USUFRUIT, DURÉE, JOUISSANCE INDÉFINIE, CASSATION, QUESTION DE FAIT ET DE DROIT, MOYEN NOUVEAU.

Il appartient aux juges du fond d'apprécier souverainement la portée d'un traité passé entre une ville et les Frères des écoles chrétiennes au sujet de la concession d'un terrain destiné à la construction d'un établissement scolaire, et de décider si ce traité est bien l'expression exacte de la volonté des parties et des intentions qui ont motivé la délibération du conseil municipal prise à cet effet (1) (C. civ., 1134).

Et ils font usage de ce pouvoir souverain d'appréciation lorsqu'ils décident que la clause du traité stipulant que la ville aurait le droit de reprendre l'immeuble avec ses constructions dans le cas où les Frères viendraient à cesser leur enseignement, ne s'applique pas au seul retrait de la qualité d'instituteurs communaux et de la suppression des subventions municipales, si les Frères continuent d'y exercer l'enseignement libre (2) (Id.).

Cette concession d'immeuble avec affectation à un service spécial, considérée à ce moment comme répondant à un intérêt

(1-2) C'étaient là, en effet, questions de fait et d'interprétation de contrat dans lesquelles le contrôle de la Cour de cassation n'avait point à s'exercer.

public, diffère essentiellement d'une constitution d'usufruit (1); *la jouissance promise n'étant que l'accessoire de la destination donnée à l'immeuble acquis et le moyen de réaliser l'œuvre d'instruction en vue de laquelle l'acquisition avait eu lieu* (2) (C. civ., 578).

Par suite, cette jouissance n'est pas limitée à la durée de trente ans assignée par la loi aux usufruits concédés à des personnes morales (3) (C. civ., 578, 619).

Mais il ne s'ensuit pas de là nécessairement que la concession dont s'agit doive constituer un droit réel d'une durée indéfinie, viciée, par ce caractère même de perpétuité prohibée, d'une nullité substantielle (4) (Id.).

Dans tous les cas, un moyen d'une nature si complexe, par cela même qu'il nécessiterait un nouvel examen de l'intention des parties, afin de déterminer le vrai caractère du contrat litigieux, doit être déclaré non recevable et écarté comme moyen nouveau, s'il est présenté pour la première fois devant la Cour de cassation (5) (Id.).

(Ville de Chambéry c. Frères des écoles chrétiennes). — ARRÊT (*après délib. en ch. du cons.*).

LA COUR : — Sur les deux premiers moyens de cassation tirés : 1° de la violation des art. 1134, 1984 et 1998, C. civ., de la violation de l'art. 1134, C. civ., et des lettres patentes du roi de Sardaigne du 23 juill. 1822 (en ce que, d'une part, l'arrêt attaqué a déclaré opposables à la ville de Chambéry toutes les clauses du traité conclu par elle le 9 avril 1844 avec les Frères des écoles chrétiennes, alors que plusieurs de ces clauses, notamment celle qui restreignait les cas de résolution dudit traité, excédaient manifestement les pouvoirs conférés d'une matière limitative aux syndics par la délibération du conseil municipal qui les autorisait à passer le contrat; 2° en ce que, d'autre part, l'arrêt attaqué a refusé de donner effet à une clause claire et précise du contrat, laquelle portait révocation de la concession faite aux défendeurs pour le cas où les écoles chrétiennes seraient supprimées autrement que par la seule volonté de la ville, et ce, sous le prétexte que la ville aurait contracté avec les Frères en tant qu'instituteurs privés, alors au contraire que les avantages concédés par la ville, ayant la charge légale de l'enseignement primaire, aux seuls instituteurs qui distribuaient cet enseignement, n'avaient et ne pouvaient avoir pour but que l'entretien d'un service public) : — Attendu que, d'un ensemble de faits mentionnés dans ses motifs, l'arrêt attaqué tire la conséquence, d'une part, que l'acte du 9 avril 1844 a été l'expression exacte de la volonté des parties et des intentions qui ont motivé la délibération prise par le conseil municipal de Chambéry le 18 déc. 1843, puis approuvée par le rescrit du 9 mars suivant; que les Frères n'ont, à aucun point de vue, enfreint les conditions essentielles de ce contrat, et que les passages du dernier de ces actes, qui ne se trouvent pas littéralement dans celui qui l'a précédé, sont évidemment la reproduction explicite et complète de la pensée des parties contractantes; d'autre part, qu'il résulte de tous les éléments de la cause que, en 1844, les administrateurs de Chambéry, trouvant en cette ville des écoles qui fonctionnaient régulièrement, ont profité, pour la population, des ressources offertes par ces écoles, à l'entretien desquelles la ville a pu concourir, mais sans changer le caractère originaire essentiellement libre de cette œuvre; que, si des sommes affectées à l'entretien de ces écoles ont été portées aux budgets de la ville, elles n'y ont figuré, pendant plusieurs années, que sous la dénomination de subventions; enfin, qu'il est de toute évidence qu'il n'a pu entrer dans la pensée d'aucune des parties de soumettre les droits et obligations créés par le contrat litigieux à une condition qui aurait laissé à l'autorité municipale la faculté d'expulser à sa volonté les Frères de l'immeuble dont elle venait de les mettre en possession; — Attendu que ces déclarations souveraines ne peuvent être revisées par la Cour de cassation, et qu'elles justifient, aux deux chefs dont il s'agit, les dispositions de l'arrêt attaqué;

Sur le troisième moyen, fondé sur la violation des art. 492 et 530 du Code Albertin, 578, 579 et 619, C. civ. français (en ce que l'arrêt attaqué a méconnu les caractères légaux du droit d'usufruit, et reconnu au profit des défendeurs éventuels l'existence d'un droit de jouissance pleine et entière d'une durée indéfinie) : — Attendu qu'il résulte des considérations retenues par l'arrêt que le but unique poursuivi par les auteurs du contrat de 1844 a été de pro-

(1) V. comme présentant avec l'espèce actuelle les plus grandes analogies, Cass., 23 avril 1883, rapporté en sous-note (*a*). Dans cet arrêt il s'agissait d'apprécier la nature juridique d'une concession semblable sous bien des rapports à celle ci-dessus analysée, à l'effet de décider si l'évêque, pour intenter une action à cette occasion, avait ou non besoin d'une autorisation préalable du Conseil de préfecture. Le refus d'attribuer à un pareil acte le caractère d'un droit réel d'usufruit a dispensé l'évêque de cette exigence.

(2) Jugé que la jouissance des bâtiments affectés à l'habitation des instituteurs communaux est un accessoire de la rémunération attachée à leur fonction, et doit prendre fin lorsqu'ils cessent d'être investis de leur qualité; qu'ainsi l'arrêté préfectoral qui remplace un instituteur congréganiste par un instituteur laïque entraîne la rupture des conventions par lesquelles des communes ont concédé à des congréganistes, pour un temps déterminé, la direction de leur école publique et la jouissance de certains bâtiments communaux : Cass., 12 et 19 (deux arrêts) mars 1884 (S. 85. 1. 49. — P. 85. 1. 113. — D. 84. 1. 281); Toulouse, 3 févr. 1885 (S. 58. 2. 108. — P. 85. 1. 581).

(3) L'usufruit concédé aux personnes morales ne peut être de plus de trente années. Des raisons d'ordre public militent en faveur de cette limitation de durée; aussi il n'est pas permis de déroger à l'art. 619, C. civ., par les conventions des parties. *Sic*, Aubry et Rau, t. II, § 228, p. 468, texte et note 4; Laurent, *Principes de dr. civ.*, t. VI, n. 352; Demolombe, *Distinction des biens*, t. II, n. 244. — *Contrà*, Proudhon, *Usufr.*, t. I, n. 231.

(4) Comp. Rennes, 29 déc. 1836 (S. 37. 2. 177. — P. chr.); et sur pourvoi, Cass., 17 janv. 1838 (S. 38. 1. 147. — P. 38. 1. 224. — D. 38. 1. 105); Proudhon, *Etat des personnes*, t. I, p. 40.

(5) Ce moyen constituait un point de vue nouveau qui n'avait point été présenté à l'appréciation des juges du fond. Il soulevait une question de droit délicate, qui aurait nécessité un nouvel examen des faits, une recherche minutieuse de l'intention des parties; fait et droit se trouvaient ainsi mélangés au point de ne pouvoir être séparés. Présenté pour la première fois devant la Cour de cassation, un tel moyen devait être écarté par une fin de non-recevoir. V. conf., sur le principe d'une jurisprudence constante, Cass., 30 mai 1883 (S. 83. 1. 447. — P. 83. 1. 1131); 9 juill. 1883 (S. 85. 1. 116. — P. 85. 1. 257); 18 déc. 1883 (S. 86. 1. 27. — P. 86. 1. 42); 23 avril 1884 (S. 86. 1. 311. — P. 86. 1. 742); 2 juill. 1884 (S. 85. 1. 28. — P. 85. 1. 45); 30 déc. 1884 (S. 86. 1. 209. — P. 86. 1. 508); 20 janv. 1885 (S. 85. 1. 299. — P. 85. 1. 737); 23 févr. 1885 (S. 86. 1. 414. — P. 86. 1. 1016); 22 juin 1885 (S. 86. 1. 124. — P. 86. 1. 271).

(*a*) Cet arrêt de Cass.-req., rendu aussi après délibéré en la Chambre du conseil, à la date du 23 avril 1883, aff. ville de Mont-de-Marsan c. évêque d'Aire et de Dax, porte, dans sa partie ayant trait à l'appréciation de la nature juridique d'une concession analogue à celle ci-dessus examinée, les considérants suivants :

LA COUR : —...Sur le troisième moyen, tiré de la violation des art. 14 et 29 du décret du 6 nov. 1813 : — Attendu que la demande de l'évêque d'Aire n'impliquait aucune revendication de droit foncier; que, si les conclusions formulées en son nom tendaient à faire restituer aux Frères de la Doctrine chrétienne la jouissance à perpétuité de la maison acquise en vertu du traité de 1825, la concession du droit ainsi qualifié sur un immeuble affecté à un service spécial n'avait point nécessairement les caractères d'une constitution d'usufruit; qu'elle n'était, dans l'espèce, que l'accessoire de la destination donnée à l'immeuble acquis par la ville et le moyen de réaliser l'œuvre en vue de laquelle l'acquisition dont il s'agit avait eu lieu; — Attendu que, dans ces circonstances, les art. 14 et 29 du décret du 6 nov. 1813 sont restés sans application au procès; — Rejette, etc.

MM. Bédarrides, prés.; Alméras-Latour, rapp.; Petiton, av. gén. (concl. conf.); Le Sueur, av.

curer à la population le bénéfice de l'enseignement, tel que le donnaient à cette époque les Frères des écoles chrétiennes; — Attendu que, dans des conditions ainsi précisées, la concession aux Frères de la doctrine chrétienne d'une portion d'immeuble située au Verney, avec affectation à un service spécial, alors considéré comme correspondant à un intérêt public, diffère essentiellement d'une constitution d'usufruit; que le droit de jouissance conféré aux Frères n'a point nécessairement pour principe l'usufruit, tel qu'il est défini et réglé par les art. 578 et suiv., C. civ.; qu'il peut se rattacher à des contrats d'un autre ordre; qu'il n'était, dans l'espèce, que l'accessoire de la destination donnée à l'immeuble concédé, et le moyen de réaliser l'œuvre à laquelle les Frères devaient fournir la prestation constante de leurs travaux personnels; — D'où il suit qu'au point de vue du pourvoi, la Cour d'appel a décidé, à bon droit, qu'aucun des textes invoqués ne l'autorisait à limiter à un nombre d'années déterminé la durée de la jouissance accordée à la congrégation défenderesse;

Attendu que le pourvoi critique en outre l'arrêt attaqué pour avoir reconnu au profit des défendeurs éventuels un droit de jouissance d'une durée indéfinie, et qui serait contraire aux principes sur lesquels repose l'organisation de la propriété; que ce grief, s'il était admis, aurait pour effet de faire considérer la convention litigieuse comme entachée d'une nullité substantielle, en tant qu'offrant un caractère de perpétuité prohibée, dans tous les cas, soit par la loi française, soit par la loi sarde, sous l'empire de laquelle elle s'est formée; — Attendu que le grief ainsi formulé porte sur une question de nature complexe; qu'il n'a été ni explicitement, ni implicitement soumis à l'examen des juges du fond; que la solution de cette question provoquerait nécessairement une nouvelle recherche de l'intention des parties, afin de caractériser le contrat, d'où il suit que le moyen est non recevable comme moyen nouveau; — Attendu, au surplus, qu'il est établi par les motifs qui précèdent qu'il ne s'agit point, dans la cause, de la concession d'un droit réel de la nature de ceux qu'atteindraient les principes invoqués par le pourvoi; que cette circonstance suffit pour mettre la décision attaquée en harmonie avec les exigences de la loi, et pour écarter l'application des textes visés dans la formule du grief;

Sur le quatrième moyen (sans intérêt); — Rejette, etc.

MM. Bédarrides, prés.; Alméras-Latour, rapp.; Petiton, av. gén. (concl. conf.); Pérouse et Boivin-Champeaux, av.

CASS.-CIV. 24 juillet 1882.

SURENCHÈRE, FOLLE ENCHÈRE.

La surenchère du sixième n'est pas admissible après une revente sur folle enchère (1) (C. civ., 2185; C. proc., 710, 739, 740).

(Pujol c. Brun). — ARRÊT.

LA COUR : — Sur le moyen unique du pourvoi; — Vu les art. 739 et 740, C. proc.; — Attendu que la surenchère après adjudication étant une mesure exceptionnelle, puisqu'elle tend à résoudre un contrat formé en justice, doit être restreinte au cas où elle a été expressément admise; et que, loin d'être autorisée par aucune disposition de loi après l'adjudication prononcée sur folle enchère, elle est implicitement interdite, dans ce cas, par les art. 739 et 740 précités; — Attendu, en effet, que l'art. 739 qui trace les formalités et les effets de la folle enchère, et qui renvoie, pour les régler, aux art. 705, 706, 707 et 711, ne se réfère qu'aux dispositions qui régissent les enchères; et qu'en passant sous silence les art. 708, 709 et 710, concernant la surenchère, il manifeste clairement que la volonté de la loi est de ne point soumettre à la surenchère la nouvelle adjudication intervenue après folle enchère; — Attendu que l'art. 740, portant que le fol enchérisseur est tenu, par corps, de la différence entre son prix et celui de la revente sur folle enchère, n'est pas moins inconciliable avec la possibilité d'une adjudication subséquente, puisqu'il en résulte que, dans la pensée du législateur, c'est cette revente qui consomme la procédure et qui, en la terminant, fixe irrévocablement le prix de l'immeuble; — D'où il suit qu'en déclarant admissible et régulière la surenchère du sixième faite par Pujol après l'adjudication sur folle enchère prononcée par le tribunal au profit des demandeurs en cassation, l'arrêt attaqué (Toulouse, 11 juin 1881) a fait une fausse application des règles de la matière et violé les art. 739 et 740, précités, C. proc.; — Casse, mais au chef seulement qui déclare la surenchère régulière et admissible, etc.

MM. Mercier, 1er prés.; Legendre, rapp.; Charrins, 1er av. gén. (concl. conf.); Bosviel, av.

CASS. (CH. RÉUNIES) 2 août 1882.

ARCHITECTE, RESPONSABILITÉ, ACTION, PRESCRIPTION, POINT DE DÉPART.

En cas de perte d'un édifice, en tout ou en partie, par le vice de la construction et même par le vice du sol, l'action en garantie contre l'architecte ou l'entrepreneur se prescrit, comme la responsabilité elle-même, par un délai de dix ans à partir de la réception des travaux, de telle sorte qu'après l'expiration de ces dix années, l'architecte et l'entrepreneur sont déchargés de toute garantie, tant pour le passé que pour l'avenir (2) (C. civ., 1792 et 2270).

(Comtesse de Béarn c. Parent).

En 1863, la comtesse de Béarn a fait exécuter, sous la direction de Parent, architecte, des travaux de construction

---

(1) Cette décision ne fait que confirmer une jurisprudence déjà ancienne de la Cour de cassation sur cette question controversée dans les Cours d'appel. V. Cass., 24 mars 1851 (S. 51. 1. 434. — P. 51. 2. 147. — D. 51. 1. 119); 4 août 1851 (S. et P., *ibid.* — D. 51. 1. 231); 11 mars 1863 (D. 63. 1. 98); 14 mars 1870 (S. 70. 1. 198. — P. 70. 503. — D. 70. 1. 328). V. au surplus un autre arrêt, en termes absolument identiques, rendu entre les mêmes parties, par la Chambre des requêtes, le 31 mars 1884 (Pand. chr.). *Adde* Paris, 7 juin 1886, aff. Landragin, c. Michel, textuellement copié sur l'arrêt ci-dessus reproduit (journ. *le Droit*, 9 juill. 1886). — Telle est également la solution qui domine en matière de *surenchère du dixième*, après revente sur folle enchère poursuivie contre un surenchérisseur. V. Rouen, 4 juill. 1884 (Pand. chr.).

(2) De l'interprétation et du rapprochement des art. 1792 et 2270, C. civ., sont nés les trois systèmes suivants :

1er Système. — Le délai de dix ans, visé dans ces deux articles, se réfère exclusivement à la durée de la garantie, à raison des vices. Quant à l'action qui en découle, le législateur n'ayant pas fixé de délai spécial pour son exercice, elle se prescrit d'après le droit commun (C. civ., 2262), et, comme elle ne prend naissance que le jour où les vices se manifestent, cette manifestation est le point de départ de la prescription trentenaire à laquelle elle est soumise.

C'est la doctrine admise par la Chambre civile dans son arrêt du 5 août 1879 (S. 79. 1. 405. — P. 79. 1061. — D. 80. 1. 17). Elle est également professée par la plupart des auteurs. V. notamment Sourdat, *Tr. de la responsabilité*, t. I, n. 745; Zachariæ, t. III, p. 47, note 13; Troplong, *Tr. du louage*, n. 1007; Marcadé, sur l'art. 1792, n. 2; Aubry et Rau, t. IV, § 374, p. 533, texte et note 30; Laurent, *Principes de droit civ.*, t. XXVI, n. 58 et suiv.

2e Système. — Le législateur a voulu confondre et la garantie et l'action; pour l'une comme pour l'autre, il a fixé un seul et même

qui ont été reçus en 1864. — Le 12 janv. 1875, elle a assigné Parent devant le tribunal civil de la Seine en garantie des désordres qui s'étaient produits dans ses constructions. — 12 mai 1877, arrêt de la Cour de Paris, qui a déclaré l'action du propriétaire prescrite pour ne pas avoir été intentée dans les dix ans qui avaient suivi la réception des travaux (S. 77. 2. 195. — P. 77. 837). — Sur le pourvoi de la comtesse de Béarn, la Cour suprême a cassé l'arrêt de Paris, par le motif que la prescription de l'action ne commence à courir que du jour de la manifestation des vices de construction (V. arrêt, 5 août 1879, S. 79. 1. 405. — P. 79. 1061. — D. 80. 1. 17), et a renvoyé la cause devant la Cour d'Amiens. — Par arrêt du 16 mars 1880, la Cour de renvoi a adopté la doctrine de la Cour de Paris (S. 80. 2. 317. — P. 80. 1214. — D. 80. 2. 227). — La comtesse de Béarn s'étant de nouveau pourvue en cassation, l'affaire a été renvoyée devant les Chambres réunies.

Après le rapport de M. le cons. Périvier, M. le procureur général Barbier a conclu comme suit :

§ 1

« Le procès de Mme la comtesse de Béarn contre M. Parent soulève et vous donne à décider une question de droit d'une importance pratique considérable.

« Deux intérêts également respectables sont en présence : d'une part, celui des propriétaires qui ont droit à une besogne bien faite ; d'autre part, celui d'une classe de citoyens exerçant une profession des plus utiles, un art qui, sous l'influence de notre civilisation, a pris de merveilleux développements.

---

délai, celui de dix ans, à partir de la réception des travaux ; de sorte que, si, à l'expiration de ce délai, l'action n'est pas intentée, tout est consommé, l'architecte est complétement déchargé. Les choses se passent alors comme si un horloger, un marchand quelconque, garantit, pour un certain temps, le bon état de l'objet qu'il vend.

C'est la doctrine de notre arrêt. La Cour de Paris l'avait émise dans ses arrêts des 15 nov. 1836 (S. 37. 2. 257. — P. chr. — D. *Jurispr. gén.*, v° *Louage d'ouvrage*, n. 155); 17 févr. 1853 (S. 53. 2. 157. — P. 53. 1. 279. — D. 53. 2. 133); 20 juin 1857 (S. 58. 2. 49. — P. 59. 515. — D. 58. 2. 88); 12 mai 1877 (S. 77. 2. 195. — P. 77. 837) (arrêt rendu dans la présente affaire); elle l'a maintenue dans son arrêt du 21 janv. 1882 (Pand. chr.). La Cour d'Amiens l'a adoptée dans son arrêt du 16 mars 1880 (S. 80. 2. 317. — P. 80. 1214. — D. 80. 2. 227) (arrêt également rendu dans l'affaire actuelle), et la Cour de Bourges a fait de même le 14 mai 1884 (Pand. chr.). V. en ce sens, Devilleneuve, note au *Sirey* sous l'arrêt de Paris du 15 nov. 1836, précité; Mourlon, *Répét. écrites sur le C. civ.*, art. 1792; Perrin et Rendu, *Dict. des construct.*, n. 1770; Massé et Vergé, sur Zachariæ, t. IV, p. 413, § 710.

3e Système. — L'article 2270 étant placé sous la rubrique « *de la prescription par dix et vingt ans* », la durée de l'action ne saurait être confondue avec celle de la garantie elle-même. Bien que le délai de l'art. 1792 ait la même durée que celui de l'art. 2270, il y a là deux délais distincts, l'un, pour la garantie, l'autre, pour l'exercice de l'action qui en naît : le premier part de la réception des travaux, le deuxième ne commence à courir que du jour où l'action prend naissance, c'est-à-dire du jour de la manifestation extérieure des vices. *Sic*, Duvergier, *Louage*, t. II, n. 360.

Dans l'un comme dans l'autre de ces trois systèmes, l'architecte n'est responsable que si des vices se produisent avant l'expiration de la dixième année qui suit la réception des travaux ; il n'y a de divergence que sur le point de départ de l'action et sur sa durée.

Nous ne ferons pas ressortir les avantages et inconvénients de chacun d'eux. La question n'est pas là; il s'agit de savoir ce qu'a voulu le législateur.

Si nous consultons les travaux préparatoires du Code, nous y voyons qu'en présentant le titre relatif à la prescription, Bigot Préameneu a dit : « Il restait un cas qu'il convenait de ne pas omettre, c'est celui de la prescription en faveur des architectes ou des entrepreneurs à raison de la garantie des gros ouvrages qu'ils ont faits ou dirigés. Le droit commun, qui exige dix ans pour cette prescription, a été maintenu. Sur quoi, le Conseil adopte et fixe à dix ans la durée de la garantie. » Fenet, *Trav. prépar. du C. civ.*, t. XV, p. 94. — Donc, pas de doute, notre législateur a voulu conserver l'ancien droit.

Quel était donc ce droit?

Si nous remontons au droit romain, nous trouvons dans la loi 8, au Code « *De operibus publicis* », le principe de la responsabilité des architectes : cette loi dit, en effet, que les architectes ou entrepreneurs sont tenus, eux et leurs héritiers, pendant quinze ans, à compter de la fin de l'ouvrage, de réparer les vices de leurs constructions; mais elle n'éclaire pas le point principal : la durée de l'action est-elle la même que celle de la garantie?

Pierre Pithou, célèbre jurisconsulte du seizième siècle et élève de Cujas, dans son ouvrage (édition Troyes, 1609, art. 200), s'exprime ainsi : « Au surplus, ce que la loi *de operibus publicis préfinit* quinze ans aux actions pour un bastiment ou édifice mal faict, il se pratique en France pour le regard des vices qui se trouvent ès gros murs pendant ledit temps... Mais, pour le regard des menus ouvrages et réparations, on dit qu'on tient en Chatelet, qu'il fault agir contre l'ouvrier dedans trois ans, autrement qu'on n'est plus recevable. »

Voici l'action et sa durée qui apparaissent bien nettement pour les menus ouvrages. N'est-il pas permis d'en induire que, pour les vices ès gros murs qui se produisaient dans les quinze ans, ce délai de quinze années était aussi celui de l'action, qu'autrement elle n'aurait plus été recevable?

Mais poursuivons : si on consulte les lois des bâtiments, suivant la coutume de Paris de Desgodets (édition Paris, 1748, 2e part., p. 118, sur l'art. 114 de la coutume), on y lit : — « Les entrepreneurs, maçons et charpentiers sont garants des édifices qu'ils ont construits, chacun à leur égard, pendant le temps de dix années après leurs constructions ; et, les dix années expirées, ils sont déchargés de la garantie. »

Cette rédaction paraît avoir servi de type à notre législateur pour les art. 1792 et 2270. Or, dans le nouveau Denizart, on lit, v° *Bâtiments :* « Parmi nous, la durée de la garantie n'est que de dix ans. Voyez Desgodets sur l'art. 114 de la coutume de Paris et sur l'art. 189, ainsi que Goupy, dans ses notes sur cet endroit de Desgodets. Goupy pense que, dans le cas où le feu prendrait à une maison, parce que les maçons auraient construit une cheminée sur du bois, ou par quelque autre cause semblable, l'action en garantie durerait trente ans. » — N'est-ce pas dire qu'à part ce cas exceptionnel, la durée de l'action est de dix ans, comme celle de la garantie elle-même?

Passons maintenant aux commentateurs de la coutume de Paris.

Bourjon, qui nous apprend que le délai de quinze ans a été réduit à dix, n'est pas très-explicite sur la durée de l'action; il se borne à dire qu'après ces dix ans, la garantie cesse.

Ferrière l'est davantage. Dans son commentaire de l'art. 127 (édition de Paris, 1714), il dit, en parlant de l'action des maçons, charpentiers : « Après les six mois passés ou un an, il n'y a plus d'action. » Ne peut-on pas en conclure, à l'inverse, qu'après les dix ans, le maître n'avait plus d'action contre le constructeur? Du reste, après avoir rappelé ce qu'en dit Pithou sur la durée de l'action pour les mêmes ouvrages, il ajoute : « Néanmoins, on observe au Châtelet que les maçons ne sont tenus et responsables que pendant dix ans. »

Enfin, dans son commentaire de la coutume de Paris, Brodeau s'exprime ainsi : « Comme l'action des massons, charpentiers et autres ouvriers se prescrit par un an, à compter du jour du bâtiment et ouvrage parachevé, aussi l'action que le bourgeois a contre eux, pour les vices et malfaçons, tombe dans la prescription. Elle est de quinze ans pour les gros murs par la disposition de la loi 8 au Code... La pratique du Chatelet est de dix ans pour les murs et gros ouvrages... après lequel temps, l'on n'est plus recevable, et il n'y a plus ni recours, ni garantie, parce qu'il peut se faire que la ruine arrive plutôt par la vieillesse et caducité du vieil bâtiment que par la faute de celui qui a travaillé. » (Edition de 1669, sous l'art. 127 de la coutume, n. 4, massons). — Dire que « après dix ans, l'action du bourgeois *tombe dans la prescription;* que, ce délai passé, *on n'est plus recevable...* » n'est-ce pas dire, aussi clairement que possible, que le même délai éteignait tout à la fois la garantie et l'action elle même?

Notons aussi que, parmi les anciens jurisconsultes, la controverse qui nous divise n'a jamais été soulevée; on n'en trouve pas la moindre trace, et elle se serait produite infailliblement si tous n'avaient pas reconnu que, faute par le propriétaire d'intenter son action dans le délai fixé pour la durée de la garantie, il serait non recevable. Tel était donc l'ancien droit, et comme notre législateur a voulu le conserver, il ne faut pas interpréter autrement les art. 1792 et 2270 de notre Code.

Nous avons emprunté la plupart de ces documents sur l'ancien droit aux conclusions de M. le Procureur général, ci-dessus reproduites; nous nous référons, pour la discussion du pourvoi, aux mêmes conclusions.

La question avait une haute importance pour les architectes et pour les propriétaires. Elle a été tranchée par la Cour suprême, toutes Chambres réunies; le débat est épuisé; le dernier mot est dit. Il n'y a plus de résistance à craindre des Cours et des tribunaux. V. l'arrêt précité de la Cour de Bourges, du 14 mai 1884 (Pand. chr.).

« Cette question peut se formuler ainsi : L'action en responsabilité contre l'architecte ou l'entrepreneur est-elle irrévocablement éteinte après le laps de dix années écoulées depuis la réception du travail? Ou bien, au contraire, la prescription qui a pour effet d'éteindre cette action doit-elle avoir pour point de départ la révélation du vice qui s'est manifesté dans le laps de dix années ?

« Les précédents de la jurisprudence se réduisent à quelques mots. Avant le procès de madame de Béarn, la question s'était présentée trois fois, à des intervalles assez éloignés, devant la Cour de Paris, le 15 nov. 1836 (S. 37. 2. 257. — P. chr. — D., *Jurispr. gén.*, v° *Louage d'ouvrage*, n. 155); le 17 févr. 1853 (S. 53. 2. 157. — P. 53. 1. 279. — D. 53. 2. 133); le 20 juin 1857 (S. 58. 2. 59. — P. 57. 947. — D. 58. 2. 88). La Cour de Paris (toujours par confirmation et par adoption des motifs) avait décidé qu'après l'expiration de dix années depuis la réception, le droit du propriétaire est éteint. Nous reviendrons sur ces arrêts. — Vous n'avez pas encore à vous prononcer sur ce point grave. Dans les espèces de 1836, 1853, 1857, aucun pourvoi n'ayant été formé, la question n'a pas été soumise à la Cour de cassation. C'est donc l'arrêt de votre Chambre civile du 5 août 1879 (V. à la note) qui a été la première expression de la pensée de la Cour suprême sur cette question importante. Elle a rompu avec ce que l'on considérait (non sans quelque témérité) comme l'état de la jurisprudence ; car, à vrai dire, il n'y a de jurisprudence établie que par les décisions de la Cour suprême. La Chambre civile a posé le principe de la distinction entre l'action en garantie et la durée de cette action, et ce résultat est d'autant plus remarquable qu'il était un peu inattendu, l'effort de la discussion contradictoire ayant porté sur les autres points du procès.

« Une grande et légitime émotion s'est produite dans le monde juridique à la suite de cet arrêt. La solution qui émanera de vos Chambres réunies est donc attendue avec une vive impatience. Elle aura une immense portée. Ce débat, par son importance doctrinale, par la grandeur des intérêts qu'il engage, et nous pouvons dire encore par sa nouveauté devant vous, est digne de toutes vos méditations et de la solennité de cette audience.

« Le siége de la difficulté est dans les art. 1792 et 2270, C. civ. Relisons ces textes au début de la discussion. Art. 1792. — « Si l'édifice construit à prix fait périt en tout ou en partie par le vice de la construction, même par le vice du sol, les architecte et entrepreneur en sont responsables pendant dix ans. » Art. 2270. — « Après dix ans, l'architecte et les entrepreneurs sont déchargés de la garantie des gros ouvrages qu'ils ont faits ou dirigés. »

« Quand on se borne à la lecture de ces articles, la question, il faut en convenir, paraît simple, « si simple », a dit un écrivain juridique (*Revue critique*, 1880, p. 67), qu'il a fallu, selon lui, la subtilité de l'école pour créer la difficulté. — Ne lui en déplaise, ce n'est pas si simple que cela... Les interprètes du droit les plus autorisés ont pensé, comme votre Chambre civile, que l'action n'est pas éteinte par le simple laps de dix ans, et si la Chambre civile s'est trompée (ce que nous rechercherons tout à l'heure), elle s'est, à coup sûr, trompée en bonne compagnie.

« Comment combiner les art. 1792 et 2270? Tout est là.

« 1° Les deux dispositions se confondent-elles? L'art. 2270 n'a-t-il fait que répéter, après l'art. 1792, que le délai pendant lequel le constructeur encourt la garantie est de dix ans (la durée de l'action étant de trente ans)? S'il en est ainsi, la thèse de la Chambre civile est inattaquable.

« 2° Faut-il dire que de ces deux dispositions, la première, celle de l'art. 1792, a statué sur la durée de l'épreuve, et que la deuxième, l'art. 2270, placée au titre des prescriptions, à la section de la prescription décennale, a statué sur la prescription même de l'action, et l'a fixée à dix ans, confondant dans un même délai et le temps pendant lequel naît l'action, et celui pendant lequel elle peut utilement se produire? Alors, il faut prononcer le rejet du pourvoi.

« 3° Enfin, y aurait-il, aux termes de ces deux articles, un double délai de dix ans : l'un pour donner naissance à la garantie, l'autre pour limiter l'exercice de l'action? C'est le système mixte de M. Duvergier (*Louage*, t. II, n. 360), dont l'adoption entraînerait encore la cassation de l'arrêt attaqué.

« Mais oublions ce système pour ne nous occuper que des deux thèses radicales : Tout est-il fini après dix ans? Ou bien, l'action ouverte n'est-elle prescrite que par trente ans? Ces deux thèses, avant de les examiner, nous tenons à les résumer dans leurs éléments principaux.

« *a.* Le système de l'arrêt de la Chambre civile (du 5 août 1879, S. 79. 1. 405. — P. 79. 1061. — D. 80. 1. 17) est le suivant : Les art. 1792 et 2270, C. civ., en limitant à dix ans la durée de la responsabilité des architectes ou entrepreneurs..., ne se sont pas exprimés sur la durée de l'action à laquelle cette responsabilité donne naissance au profit du propriétaire. Aucune autre disposition de loi n'en règle la durée d'une manière spéciale; c'est donc la durée du droit commun, trente ans. La prescription, ne pouvant atteindre cette action avant qu'elle soit née, ne peut commencer à courir contre elle qu'à la manifestation du vice de construction. En méconnaissant ces principes, en prenant pour point de départ de la prescription l'exécution ou plutôt la réception des travaux, l'arrêt de la Cour de Paris a violé les art. 1792 et 2270.

« *b.* Le système de l'arrêt attaqué (Cour d'Amiens, 16 mars 1880, S. 80. 2. 317. — P. 80. 1214. — D. 80. 2. 227) peut se résumer ainsi : La distinction entre la responsabilité et l'action qui en découle, quant à leur point de départ et à leur durée, n'a aucune raison d'être; elle n'est autorisée ni par le texte de la loi, ni par son esprit, ni par les précédents de la doctrine (c'est l'arrêt qui parle). L'arrêt invoque l'examen des travaux préparatoires du Code, et notre vieux droit, auquel on n'a pas voulu déroger. En logique, en droit, ajoute-t-il, ce n'est pas l'apparition du vice qui donne naissance à l'action, c'est le vice lui-même, préexistant à sa manifestation extérieure : d'où la conséquence que la maxime : *Actioni non natæ non præscribitur* n'a rien à faire ici, pas plus que celle : *Contra non valentem agere non currit præscriptio.* La loi confond la responsabilité et l'action, et elle a limité l'exercice de cette dernière à dix ans, à partir de la réception des travaux.

« Entre ces deux systèmes, lequel choisir? Je n'ai point à le dissimuler, quand il s'est agi pour moi de faire un choix, mon hésitation a été longue. Le système de la prescription trentenaire contre l'action née dans les dix ans attirait mon esprit et me semblait indiquer la solution. Il se recommande par l'imposante autorité d'écrivains considérables. Il a, d'ailleurs, son point d'appui dans la doctrine adoptée par votre Chambre civile. Et cependant (je le dis au début de ces conclusions), je me sépare de cette opinion et j'arrive au rejet du pourvoi. Ce qui me décide (au milieu du conflit des arguments sérieux qui peuvent être invoqués de part et d'autre), ce qui me décide, c'est la préoccupation de l'intérêt public auquel la justice est appelée à pourvoir avant tout. La vérité qui m'apparaît avec le plus d'évidence, c'est ce que le législateur a dû vouloir, c'est qu'il a voulu tarir ou du moins rendre moins féconde la source des procès; qu'il n'a pas entendu en éterniser la durée; et qu'adopter la thèse du pourvoi, ce serait trahir cette intention.

« J'ai formulé le choix que j'ai fait entre les deux opinions en présence. Il s'agit de le justifier; et à cette heure, où tous les éléments contradictoires de la question vous sont connus, après l'audience d'hier, remplie par un rapport si complet et par deux excellentes plaidoiries, j'espère pouvoir exposer brièvement mon opinion, sans négliger cependant aucun des éléments fondamentaux de la discussion.

« Nous cherchons le sens vrai des art. 1792 et 2270. Pour interpréter, pour combiner ces deux textes, il faut interroger la volonté présumée du législateur; je dis la volonté présumée, car, en examinant les travaux préparatoires, on n'y trouve pas, quoi qu'on en ait dit, de lumières absolument décisives. La preuve, c'est que chacune des deux opinions les invoque en sa faveur.

« Les rédacteurs du Code ont-ils aperçu la distinction (que M. Troplong appelle le nœud de la question, *Louage d'ouvrage*, t. II, n. 1010) entre la responsabilité proprement dite et l'action qui suit cette responsabilité? J'en doute fort. S'ils s'en étaient préoccupés, ils avaient le devoir de s'en expliquer, de dire si la prescription de cette action serait celle de trente ans, ou celle de dix ans (comme le veut M. Duvergier). C'est ainsi, nous assure-t-on, que la loi italienne, dans l'état de sa législation la plus récente, s'inspirant peut-être des difficultés que nos articles ont fait naître, aurait fixé à dix ans le temps d'épreuve, et à deux ans la prescription de l'action. Mais nous n'avons pas dans nos Codes de disposition pareille. Elle supprimerait tout procès.

« Voyons donc ce qui résulte des travaux préparatoires du Code, puis nous remonterons à notre ancien droit, en face duquel se sont placés nos législateurs modernes, non pour innover, mais pour consacrer les anciennes règles. Nous allons avoir à étudier (après les travaux préparatoires) la coutume de Paris et ses commentateurs et la source première, le droit romain, la loi 8 au Code, *Deo per. public.* Après cette étude historique, et un coup d'œil rapide sur l'état de la doctrine et de la jurisprudence, nous interrogerons la théorie de la loi, au point de vue des principes qui régissent les conventions. Tel sera l'ordre que je suivrai dans ces conclusions.

§ 2

Les travaux préparatoires du Code.

(Ici M. le procureur général examine les travaux préparatoires du Code civil et arrive à la conclusion, admise du reste par tous les auteurs, que notre législateur a voulu, non pas innover, mais s'en tenir à l'ancien droit).

§§ 3, 4 et 5

(Après avoir établi que le principe de la responsabilité des architectes nous vient du droit romain et que, de notre vieux droit coutumier, il a passé dans les art. 1792 et 2270, C. civ., M. le procureur général recherche quelle était la jurisprudence du Châtelet, interroge, à cet effet, nos anciens auteurs, notamment Pothier et Merlin, Bourjon, Ferrière et Brodeau, commentateurs de la Coutume de Paris, et en conclut qu' « *après dix ans, tout « est éteint, qu'il n'y a plus ni recours, ni garantie, c'est-à-dire ni « principe d'action, ni exercice d'action possible* ». — Puis, jetant un coup d'œil sur la doctrine et la jurisprudence moderne, après avoir cité successivement l'opinion de Troplong, Mourlon, Devilleneuve et Laurent (V. *ad notam*), ainsi que la doctrine de la Cour de Paris, il arrive à la discussion du pourvoi. C'est cette partie qui est l'œuvre personnelle de l'éminent magistrat; nous la reproduisons *in extenso*).

§ 6

« Recherchons maintenant quelle est la théorie de la loi.

« N'oublions pas que la thèse du pourvoi est celle-ci : L'action en garantie ne peut naître que d'un vice qui se produit dans la période de dix années. Mais cette action, une fois née, ne s'éteindra que par la prescription trentenaire. Nous avons donc à nous demander : — 1° si tel est bien le système de garantie que la loi a organisé au profit des propriétaires contre les constructeurs; — 2° quel pourrait être le fonctionnement d'une pareille organisation.

« I. — Il faut se placer d'abord en face de l'art. 1792. Dit-il bien ce que le pourvoi veut lui faire dire?

« On suppose que, dans l'art. 1792, la loi tient ce langage : Les constructeurs sont responsables des vices de construction qui se manifestent dans les dix ans de la réception des ouvrages. Si la loi avait parlé ainsi, le pourvoi pourrait avoir raison; il pèserait sur le constructeur une obligation de garantie dont la durée serait indéterminée et qui serait, en conséquence, prescriptible seulement par trente ans. Mais le texte ne dit pas cela; il dit : Les constructeurs sont responsables pendant dix ans, en cas de perte (totale ou partielle) de l'édifice par vice de construction. Le bon sens crie : Après dix ans, ils ne sont plus responsables, et c'est ce que l'art. 2270 a formellement déclaré. Or, après dix ans, comment y aurait-il action au profit du propriétaire, quand il n'y a plus d'obligation de garantie à la charge du constructeur? Après dix ans, le constructeur n'est plus débiteur de la garantie; comment peut-il subsister un créancier, une action? — Voilà donc déjà l'argument de texte qui repousse le pourvoi.

« Mais allons plus loin, et, pour apprécier le système du pourvoi, cherchons à quelle pensée aurait obéi le législateur. A-t-il pensé (comme le soutient M. Troplong en s'appuyant sur la loi 21, *de evictionibus*) qu'en principe général, la garantie est due perpétuellement? Que spécialement, pour ce qui concerne l'architecte, sa garantie serait perpétuelle si la loi ne venait à son secours? « L'art. 2270 la restreint à dix ans (continue-t-il), mais la durée de l'action est restée en dehors des prescriptions des art. 1792 et 2270, d'où la conséquence qu'elle est de trente ans. » Le raisonnement, suivant nous, pèche par sa base. Tout ce qui précède est vrai en matière d'éviction. Pourquoi? Parce que le vendeur a pour obligation principale, essentielle et perpétuelle, de garantir la chose qu'il vend (C. civ. 1603), garantie qui s'étend, non-seulement à la jouissance paisible, mais encore aux défauts cachés de la chose vendue (C. civ., 1641 et suiv.). Mais il faut se hâter d'ajouter que, quand l'existence de ces défauts donne ouverture à l'exercice de l'action rédhibitoire, « cette action doit être intentée dans un bref délai (arbitré par le juge), suivant la nature des vices rédhibitoires, et l'usage du lieu où la vente a été faite (C. civ., 1648) ». Mais nous ne sommes pas en matière de vente et d'éviction; nous sommes en matière de contrat de louage d'industrie ou de mandat salarié. Des principes tout différents règlent les situations respectives des parties. Quel était le contrat entre le propriétaire et le constructeur? Edifier un bâtiment, voilà ce que doit le constructeur; mais, en outre, il doit l'édifier solide, *debet peritiam artis*. Quand l'ouvrage est parachevé (comme on disait), il faut qu'il soit reçu; pour ce qui touche à la preuve de la réception, à son moment exact, ce sont des questions de fait; mais, une fois l'ouvrage reçu et payé, les deux parties sont quittes l'une envers l'autre. Voilà le droit pur, et, dans le silence de la loi, si la loi n'avait pas parlé, le constructeur auquel le propriétaire demanderait, après coup, garantie, pourrait lui opposer comme fin de non-recevoir la réception que le propriétaire a dû faire à bon escient, et lui répondre : « Je ne vous dois plus rien. » Mais les art. 1792 et 2270 n'ont pas permis que cette réponse fermât au propriétaire toute réclamation contre les vices de la construction; c'est donc contre l'architecte et au profit du propriétaire que cette exception, que cette dérogation au droit commun a été écrite dans la loi; donc, il n'en faut pas abuser contre le constructeur, mais il faut l'appliquer *stricto sensu*. Or, quand le texte dit qu'il est déchargé après dix ans, le constructeur serait exposé, trente ans après l'expiration du délai décennal, c'est-à-dire pendant quarante ans au minimum, et bien plus longtemps encore (si la prescription est suspendue par des minorités), à des réclamations du propriétaire? — Je ne puis admettre que ce soit là la théorie de la loi.

« Le vrai caractère de l'action en responsabilité contre le constructeur nous apparaît maintenant. C'est une faveur que la loi accorde aux propriétaires, faveur nécessaire, je le confesse, mais qui n'en constitue pas moins une exception aux règles du droit commun, ainsi que l'a reconnu M. Laurent lui-même (V. la note). Or, comme toute exception, elle doit être restreinte aux limites qui lui ont été expressément tracées. Ces limites, nous les trouvons indiquées avec une clarté lumineuse dans l'art. 1792, complété par l'art. 2270.

« Toute la théorie exceptionnelle de l'action en responsabilité est dans ces deux articles. Elle se suffit à elle-même, elle n'a rien à emprunter à d'autres principes de droit. Vous demandez où est la naissance de l'action? Elle est dans l'art. 1792; l'action ne saurait naître en dehors de ces conditions. Et l'exercice de l'action? Et sa durée? Tout cela est réglé par l'art. 2270. Oui, si l'art. 1792 était seul, il pourrait rester un doute. Mais l'art. 2270 a parlé, et ce n'est pas une superfétation. Il est placé à la section des prescriptions de dix ans. Cette prescription particulière (dix ou vingt ans) est tantôt acquisitive (C. civ., 2265 à 2269), tantôt libératoire (notre art. 2270) : « L'architecte est déchargé après dix ans. » Est-ce qu'il est possible de douter quand la loi parle ainsi? quand elle est aussi énergique, aussi impérieuse? Il y a dans notre Code d'autres exemples de la prescription de dix ans. L'action du mineur contre son tuteur se prescrit par dix ans (C. civ., 475). L'action en nullité ou en rescision d'une convention dure dix ans, quand elle n'est pas limitée à un moindre temps par une loi particulière (C. civ., 1304). L'art. 2270 n'a pas pris le soin de rappeler ces deux règles au titre des prescriptions; c'était inutile, la théorie de la loi était complète. Mais pour l'art. 1792, il a paru nécessaire de le compléter. L'art. 2270, dans sa formule extensive, comprend tous les édifices, tous les gros ouvrages que les architectes ou entrepreneurs ont faits ou dirigés et dont, à ce titre, ils répondent. Mais que dure cette responsabilité? En d'autres termes, pendant combien de temps pourront-ils être recherchés? Notre article répond : Après dix ans, ils sont déchargés.

« La législation (suivant nous) est donc claire, complète. L'action en responsabilité ne peut naître que dans les dix ans (art. 1792). Elle ne peut s'exercer que dans les dix ans (art. 2270); c'est-à-dire que la garantie et l'action en garantie se confondent de par la toute-puissance du législateur qui l'a voulu ainsi, par les plus puissants motifs d'intérêt public, et qui a entendu, nous l'avons dit plus haut, se conformer en cela au droit préexistant.

« II. — Je me demande, maintenant, comment on prétendrait faire fonctionner le système soutenu par le pourvoi.

« Et d'abord, si les dix ans expirent sans aucune réclamation du propriétaire, tout est fini, n'est-ce pas? — Je crois que le pourvoi l'accorde. Et cependant cette concession n'est pas logique. Dans le système du pourvoi, pour que l'action prenne naissance, il faut, mais il suffit que le vice se produise dans les dix ans (abstraction faite de toute réclamation du propriétaire). Ce vice engendre une action trentenaire. Mais alors, moi propriétaire, qui me suis tu pendant dix ans, je puis agir même après l'expiration de ce délai, à la seule condition de prouver que le vice est né dans la période des dix ans et a ainsi donné naissance à l'action.

« Le pourvoi ne va pas jusque-là... Il y devrait aller pour être conséquent avec lui-même. Le pourvoi dit : « J'ai réclamé dans les dix ans; j'ai signalé le vice..., mon action est née et dure trente ans. » — Quoi! après la manifestation du vice, l'action pourra sommeiller trente ans et plus! Mais c'est impossible. Quelle situation faites-vous donc au constructeur?

« J'entends bien la réponse à cette objection : L'intérêt du propriétaire, c'est d'agir vite, pour ne pas laisser dépérir les preuves. — Cette réponse ne me rassure pas. Ce sont là des considérations de fait. Mais, en droit, peut-on comprendre cette action suspendue (par la négligence du propriétaire si l'on veut), pendant un temps si long, pendant un siècle peut-être, sur la tête du constructeur et de ses héritiers? Quoi qu'on dise, c'est là une sorte d'action rédhibitoire, en ce sens que c'est la révélation d'un vice caché qui la met en mouvement. Or, une telle action doit être intentée dans un bref délai (art. 1648). Le bon sens l'exige avant la loi écrite, avant l'art. 1648, et dans la thèse du pourvoi, le délai est à peu près indéfini. Cette seule considération condamne la thèse et la démontre inacceptable.

« Puis, a-t-on songé aux inextricables difficultés d'un litige, où, après un long terme écoulé, il s'agira de décider si, oui ou non, tel désordre d'un bâtiment provient d'un vice imputable à la faute du constructeur?

« Au point de vue pratique, comme au point de vue doctrinal, le système du pourvoi ne peut être celui de la loi. Dans le système de l'arrêt attaqué, au contraire, tout est simple et facile : « Ce qui est simple, a-t-on dit, n'est pas toujours juridique. » Cela est vrai; mais il faut se féliciter quand la simplicité est d'accord avec le droit; tout est simple, ai-je dit, et cela sans que de légitimes intérêts soient sacrifiés.

« On trouve trop court le délai de dix ans fermant la porte à toute réclamation, surtout, dit-on, si le vice se révèle vers la fin du délai, la veille, peut-être. — Ce sont là, à mes yeux, des terreurs imaginaires, ou du moins très-exagérées. *Vigilantibus jura succurrunt.* Rien de plus sage, rien de plus salutaire que cette maxime. Quand tout le monde saura par votre arrêt (et permettez-nous de dire qu'à l'heure qu'il est presque tout le monde le croit), quand on saura « qu'après dix ans tout est fini », la vigilance du propriétaire ne fera pas défaut. — Et n'est-ce rien, après tout, qu'un délai de dix années? Si de graves malfaçons existent, attendront-elles jusque-là pour se révéler? Ici encore le bon sens répond : C'est surtout dans les premières années (vous a dit M. Laurent) que les vices de construction apparaissent. Nous dirons donc aux propriétaires : Veillez pendant les dix ans. Veillez surtout au cours de la dixième année. Faites examiner, vérifier l'état du bâtiment, en y apportant plus de soins encore que vous avez dû en mettre lors de la réception, et le délai de la garantie et de l'exercice de l'action en garantie sera suffisant pour couvrir vos légitimes intérêts. *Tempus sufficiens* : « C'est temps suffisant », a dit notre vieux jurisconsulte Bourjon.

§ 7

« La réfutation des objections principales que le système du pourvoi oppose à celui de l'arrêt attaqué va découler naturellement des principes que nous avons posés en déterminant quel est le véritable caractère de l'action en responsabilité que le législateur a accordée au propriétaire, après que celui-ci a reçu et payé les travaux.

« Une grosse objection est tirée de ces maximes : *Actioni non natæ non præscribitur*, et : *Contrà non valentem agere non currit præscriptio.*

« Rien de plus incontestable que les principes de droit dans leur formule générale. Il ne s'agit que de savoir s'ils sont toujours et absolument applicables. Or, c'est le contraire qui est vrai. Nous allons montrer pourquoi ils sont ici sans application.

« I. — Quand une action n'est pas née, on ne peut prescrire contre elle, sans doute, à moins que la loi, par voie d'exception, ne dise absolument le contraire. Dans notre législation, spécialement dans une matière qui confine à la nôtre, les exemples ne manquent pas. Dans bien des cas, l'action est circonscrite dans un délai préfixe, et le droit du créancier va périr par l'expiration de ce délai. Voici différents exemples à l'appui de cette vérité. — 1° Art. 475, Code civil. Action du mineur contre son tuteur; après dix ans, elle est éteinte, les cas de fraude exceptés. — 2° Art. 1676. L'action en lésion de plus des 7/12 en matière de vente d'immeubles. La loi fixe un délai de deux ans, un délai qui court contre les femmes mariées, les absents, les mineurs. — 3° Art. 108, C. comm. L'action contre le voiturier ou commissionnaire pour perte ou avarie de la marchandise. Elle est éteinte par six mois. — 4° Loi 20 mai 1838, sur les vices rédhibitoires en matière de vente d'animaux domestiques. L'acheteur n'a qu'un délai de neuf ou trente jours courant, non de la découverte du vice, mais du jour de livraison (1).

« Certes, dans tous ces cas, il est fait brèche à la règle *actioni non natæ non præscribitur*. Certes, il y a des intérêts sacrifiés. Et pourquoi? Parce que la loi le veut ainsi; parce qu'un intérêt supérieur l'exige, l'intérêt public. Mes recherches, dans nos vieux auteurs, ont placé sous mes yeux deux citations de Ferrière qui doivent ici trouver leur place. Ferrière rappelle un passage de Platon sur les *Lois*, et il le traduit en latin. Il a commencé par parler en français : Il faut, dit-il, pardonner au législateur qui *publicæ gubernationi intendens, singulorum incommodis non usquequaque providet.* Et Ferrière ajoute encore (c'est en son titre 6 : *De la Prescription générale*) ces mots empruntés à une constitution impériale : *Ea quæ communiter omnibus prosunt, his quæ specialiter quibusdam utilia sunt, præponimus.* Rien de plus sage, en effet, rien de plus social que cette maxime : la subordination des intérêts privés aux nécessités générales, à l'intérêt public. — Donc, la maxime : *Actioni non natæ, etc.*, n'est pas toujours applicable. Elle ne l'est pas dans la question qui nous occupe, parce que la loi, *exceptionnellement*, a fixé un délai dans la limite duquel elle a enfermé l'action.

« II. — Il en est de même de la règle : *Contrà non valentem agere non currit præscriptio.* Cette règle d'équité, aux termes de l'art. 2252, par exemple, suspend le cours de la prescription en faveur des mineurs, en exceptant toutefois « les cas déterminés par la loi ». Or la loi, ici, en déclarant le constructeur déchargé après dix ans, a indiqué énergiquement qu'aucune suspension n'est possible. Et la nature des choses l'exigeait impérieusement. Le fait qui décharge le constructeur, qui éteint la créance du propriétaire, c'est que l'édifice a duré dix ans, sans ruine. Qu'importe la minorité du propriétaire? et de quelle influence pourrait-elle être sur ce fait?

« III. — Ajoutons, pour revenir à l'objection : *qu'on ne peut prescrire contre une action qui n'est pas née*, qu'il y a erreur de droit manifeste à l'invoquer dans le cas qui nous occupe. En effet, quel est le fait générateur de l'action, ce qui lui donne naissance? Est-ce la révélation du vice, comme le soutient le pourvoi? Non, c'est l'existence même du vice, laquelle est inhérente aux travaux parachevés. Dès que le vice infecte les travaux, l'action existe, que le propriétaire le connaisse ou l'ignore. La loi lui a fixé un temps d'épreuve pour le reconnaître. C'est à lui d'agir, de se renseigner, de se faire éclairer, comme nous l'avons dit plus haut, pendant le délai, et surtout lorsque ce délai est près d'expirer.

« IV. — Et ici nous touchons à une dernière objection que le pourvoi croit bien forte, mais qui est sans portée véritable. L'art. 2257, C. civ., qu'il invoque, n'est pas opposable. Cet article porte que la prescription ne court point : 1° à l'égard d'une créance qui dépend d'une condition jusqu'à ce que la condition arrive; 2° à l'égard d'une action en garantie. Dans cette dernière hypothèse, la prescription est suspendue, dit notre art. 2257, jusqu'à ce que l'éviction ait lieu. Nous avons déjà répondu, en ce qui concerne ce deuxième paragraphe. Nous avons établi qu'il s'agit, dans l'espèce actuelle, d'une garantie particulière engendrant une action *sui generis*, et non de la garantie due par le vendeur; d'où il suit que les principes applicables en cas d'éviction n'ont rien à faire ici. Insistons seulement sur le § 1er de l'art. 2257, auquel le pourvoi croit pouvoir demander son principal appui.

« Le pourvoi ne craint pas d'affirmer ceci : « L'obligation de garantie organisée par l'art. 1792 est subordonnée à la condition suspensive que l'édifice périra en tout ou en partie dans le délai fixé par cet article; elle ne peut se traduire en une action tant que la condition n'est pas réalisée, d'où la conséquence que ce n'est pas l'existence, mais la manifestation du vice qui seule donne naissance à l'action en garantie, en vertu de l'art. 2257. » Voilà bien la vraie thèse du pourvoi. Elle est nette : l'obligation de garantie est une obligation subordonnée à une condition suspensive.

« Tout le système croule si cette proposition est fausse en droit. Or, il n'est pas difficile d'établir qu'elle repose sur une erreur profonde.

« 1° Qu'est-ce qu'une condition en général? 2° qu'est-ce qu'une condition suspensive? Art. 1168 : « L'obligation est conditionnelle lorsqu'on la fait dépendre d'un événement futur et incertain... » Voilà l'essence de l'obligation conditionnelle. Et l'art. 1181 (dans sa rédaction que tout le monde reconnaît vicieuse) n'altère pas ce principe. Il a beau parler... d'un événement arrivé, mais encore inconnu des parties, il ne peut imprimer, et il n'a pas voulu imprimer à une telle circonstance le caractère d'une condition proprement dite. En droit, il n'y a pas de condition s'il n'y a pas d'événement futur. Aussi notre art. 1181 ajoute-t-il : « Dans ce second cas, l'obligation a son effet *du jour où elle a été contractée* », et non pas du jour où l'événement est devenu connu. Nous croyons qu'il ne peut y avoir un doute sur ce point. Lisons, par exemple, Toullier, t. VI, n. 473 : « Le propre de la condition étant de suspendre l'existence (ou la résolution) de l'obligation, un événement présent ou passé, mais ignoré des parties, ne saurait être considéré comme la condition d'un contrat, si ce n'est dans le sens étendu du mot. Un pareil événement ne peut ni suspendre (ni résoudre) l'obligation qui existe ou qui n'a jamais existé, dès le moment de la convention, selon que l'événement prévu était ou n'était pas arrivé. L'obligation a son effet du jour où elle a été contractée » (art. 1181).

« Appliquons ces principes à l'obligation de garantie édictée par l'art. 1792. Est-ce que le propriétaire est créancier de la garantie conditionnellement, comme dit le pourvoi? Pas le moins du monde. Nous l'avons déjà dit et nous le répétons. Il s'agit ici, non d'une créance subordonnée à une condition suspensive, mais d'une créance qui, au moment de la réception des travaux, et alors que sa source peut être inconnue de l'une des parties, existe d'ores et déjà ou n'existera jamais, suivant que les travaux parachevés contiennent ou ne contiennent pas de vice de construction. Donc, la théorie du pourvoi s'écroule, et nous restons en présence d'une volonté législative enfermant l'exercice d'une action dans un délai déterminé.

« S'il est quelques autres considérations secondaires invoquées encore à l'appui du pourvoi, nous croyons pouvoir les négliger.

« Nous avons réfuté les principaux motifs sur lesquels il s'appuie et qui laissent debout les propositions servant de base à notre système.

§ 8

« Et maintenant, résumons ces observations trop longues peut-être et concluons.

« Nous avons recherché avec vous quel est le sens vrai des art. 1792 et 2270, C. civ.

« Nous l'avons demandé aux rédacteurs du Code. Ils nous ont répondu que leur intention avait été de maintenir les règles de notre ancien droit.

(1) Cette loi de 1838 a été abrogée et remplacée par la loi des 2-6 août 1884.

« Nous avons interrogé le droit ancien. Il nous a répondu, par la plume de ses interprètes les plus autorisés, par celle de Brodeau, qui semble avoir prévu l'avenir et prévu même la difficulté actuelle, qu'en fait d'action en responsabilité contre le constructeur, après dix ans, tout est fini.

« Nous avons examiné la doctrine et la jurisprudence, et nous avons constaté que celle-ci, dans ses rares monuments, est unanime pour dire que l'expiration des dix années éteint toute action, et que, dans la doctrine, s'il existe des divergences d'opinion, si la prescription trentenaire compte de nombreux et illustres partisans, cette opinion respectable de juriste s'inspire (suivant nous) plutôt de la métaphysique du droit et des théories spéculatives que de l'intention du législateur et des nécessités de la pratique.

« Nous avons, à notre tour, cherché quelle devait être *la loi de la loi*, et nous avons cru qu'elle devait édicter et qu'elle édicte en effet une prescription unique, courte, absolue, définitive; conséquente, en cela, avec cet immense besoin de paix qui est la fin même de la justice, *pax opus justitiæ*; conséquente avec cet intérêt supérieur et d'ordre public, qui est de tous les temps, de tous les pays, de toutes les législations, et dont la brève formule semble être celle-ci : Diminuer le nombre des procès, en abréger la durée. C'est là l'idéal qui, depuis longtemps, est poursuivi; c'est celui vers lequel tend de plus en plus la sagesse de l'esprit moderne. C'est à cette règle qu'il convient d'obéir, non-seulement quand il s'agit de faire la loi, mais encore quand il s'agit de l'interpréter.

« C'est par l'ensemble de ces considérations (et telle est notre conclusion finale) que nous croyons, d'une conviction profonde, à la nécessité pour la Cour de prononcer le rejet du pourvoi ou, pour mieux dire, du moyen proposé à l'appui du pourvoi, et sur lequel seul les chambres réunies sont compétentes pour statuer. »

ARRÊT (*après délib. en ch. du cons.*).

LA COUR : — Sur le premier moyen du pourvoi : — Attendu que de la combinaison des art. 1792 et 2270, C. civ., il résulte que le législateur a voulu comprendre dans un délai unique de dix ans, à partir de la réception des ouvrages, la responsabilité que l'art. 1792 établit à la charge des architectes et entrepreneurs et l'action en garantie que cet article accorde au propriétaire de l'édifice qui, dans ce délai, a péri en tout ou en partie par le vice de la construction et même par le vice du sol, de telle sorte qu'après dix ans l'architecte et les entrepreneurs sont déchargés de toute garantie, tant pour le passé que pour l'avenir; — D'où il suit qu'en déclarant, à ce point de vue, non recevable la demande en garantie formée par la dame de Béarn contre Parent, par exploit du 12 janv. 1875, plus de dix ans après la réception des travaux, pour des vices de construction qui se seraient manifestés durant ce délai, l'arrêt attaqué, loin de violer les autres articles précités, en a fait une juste application; — Rejette ce moyen;

Sur le deuxième moyen du pourvoi : — (Sans intérêt.)

MM. Mercier, 1er prés.; Périvier, rapp.; Barbier, proc. gén. (concl. conf.); Démonts et Brugnon, av.

CASS.-CRIM. 4 août 1882.

1° APPEL, MATIÈRE CORRECTIONNELLE, PRÉVENU, PEINE, AGGRAVATION, ARRÊT CONFIRMATIF, MOTIF ERRONÉ, DISPOSITIF. — 2° CHOSE JUGÉE, MATIÈRE CORRECTIONNELLE, MOTIF ERRONÉ, RESPONSABILITÉ CIVILE.

1° Le sort du prévenu ne peut être aggravé sur son seul appel; notamment, il ne saurait être condamné, devant le second degré de juridiction, pour une infraction qui n'aurait pas été relevée contre lui en première instance (1) (C. instr. crim., 199; Avis Cons. d'Etat, 19 nov. 1806).

Mais ce principe est sans application au cas où, sur appel, la Cour s'est bornée à confirmer purement et simplement le dispositif du jugement (2) (Id.).

Peu importe que, dans ses motifs, par une surabondance regrettable, l'arrêt relève une infraction non visée par le jugement, si cette énonciation erronée ne figure plus dans le dispositif et n'a été sanctionnée par aucune peine (3) (Id.).

2° L'autorité de la chose jugée au criminel ne saurait non plus être attribuée à une pareille énonciation au point de vue des conséquences civiles qui pourraient en être déduites (4) (C. civ., 1351).

(Paz c. Soc. des mines de Collo.) — ARRÊT.

LA COUR : — Sur le moyen pris de la violation des art. 199 et suiv., C. instr. crim., et de l'avis du Conseil d'Etat approuvé le 12 nov. 1806, en ce que la situation du demandeur aurait été aggravée sur son appel, en l'absence de tout appel du ministère public : — Attendu qu'il est de principe que le sort du prévenu ne peut être aggravé sur son seul appel; que, notamment, il ne peut être condamné devant le second degré de juridiction pour une infraction qui n'a pas été relevée contre lui en première instance; — Mais attendu que ce principe est sans application dans l'espèce; qu'en effet le sieur Paz, déclaré coupable par le tribunal correctionnel de la Seine : 1° d'avoir négocié des actions irrégulièrement converties en titres au porteur; 2° d'avoir, à l'aide de publication de faits faux et de mauvaise foi, obtenu des souscriptions, a été condamné, ainsi que le précise avec soin le jugement, à une double amende de 500 francs pour ces deux infractions aux art. 14 et 15 de la loi du 24 juill. 1867; que, d'autre part, sur l'appel de Paz, l'arrêt attaqué, loin d'aggraver le sort de ce prévenu, a purement et simplement confirmé le dispositif du

---

(1-2) Le principe est constant. V. Cass., 27 août 1812, *aff.* Brion; 3 janv. 1822, *aff.* Dubreuil; 4 mai 1827, *aff.* Legrand; 14 juill. 1827, *aff.* Jacques; 4 févr. 1876 (S. 77. 1. 233. — P. 77. 564); 15 mars 1878 (S. 79. 1. 93. — P. 79. 186). V. aussi, Cass., 26 juill. 1873 (S. 73. 1. 430. — P. 73. 1026. — D. 74. 5. 127); 13 nov. 1885 (S. 86. 1. 240. — P. 86. 1. 561); Merlin, *Rép.*, v° *Appel*, sect. II, § 6, et *Quest. de dr.*, v° *Appel*, § 5; Bourguignon, *Jurisprudence des Codes crim.*, sur l'art. 202, C. pén., n. 1; Le Sellyer, *Dr. crim.*, t. II, n. 439. — Mais la qualification du fait peut être redressée par l'arrêt, en appel, à la condition de n'aggraver en rien la situation du prévenu. V. Cass., 21 juill. 1877 (D. 78. 1. 96); Paris, 30 août 1877 (S. 80. 2. 333. — P. 80. 1240); Bourges, 11 mars 1881 (S. 81. 2. 239. — P. 81. 1. 1130. — D. 81. 2. 189).

(3) Dans l'espèce, le dispositif de l'arrêt était identiquement le même que celui du jugement; la constatation d'une infraction nouvelle, non relevée par les premiers juges, n'avait pas influé sur la peine en manière d'aggravation; rigoureusement, ce raisonnement peut être exact, puisque la condamnation avait été maintenue au même taux. Toutefois, un doute nous reste : il nous est difficile de voir, dans ce fait grave d'une infraction de plus mentionnée dans les motifs d'une décision de justice, une simple *surabondance regrettable*. L'expression n'est pas heureuse; il y a toujours corrélation étroite, proportionnalité raisonnée entre les faits incriminés, examinés, retenus, et la peine appliquée. Suffit-il, pour que la position du prévenu reste intacte, que la condamnation ne soit pas aggravée? Mais elle aurait pu être réduite, considérablement réduite, sans cette préoccupation en dehors de la véritable poursuite. S'il en a été ainsi, le prévenu a pu éprouver un tort incalculable; l'introduction, dans l'arrêt, de considérations étrangères, a faussé la balance de justice; la situation du prévenu s'en est trouvée aggravée par là même.

(4) Il est certain, d'une part, que les décisions rendues au criminel ont l'autorité de la chose jugée, au point de vue des conséquences civiles qui peuvent en être déduites. V. notamment Cass., 3 mars 1879 (S. 80, 1. 117. — P. 80. 258. — D. 79, 1. 472); 18 août 1879 (S. 80. 1. 247. — P. 80. 587. — D. 80. 1. 179); Orléans, 22 janv. 1880 (S. 82. 2. 57. — P. 82. 1. 330); Le Sellyer, *Action publique et privée*, t. II, n. 720; Hoffmann, *Quest. préjudic.*, t. I, n. 142 et suiv. — V. toutefois Faustin Hélie, *Instr. crim.*, t. II, n. 1108 et suiv; Griolet, *Autorité de la chose jugée*, p. 321 et 322. — D'autre part, il est admis sans contradiction que l'autorité de la chose jugée ne s'attache qu'au dispositif et non aux motifs, qui ne trouvent aucune confirmation, aucune sanction dans le dispositif. V. Cass., 9 juin 1873 (S. 74. 1. 376. — P. 74. 930); 7 juill. 1874 (D. 76. 1. 430); 16 févr. 1876 (S. 76. 1. 207. — P. 76. 505. — D. 76. 1. 455); 30 déc. 1878 (S. 79. 1. 68. — P. 79. 145. — D. 79. 1. 231); 18 nov. 1879 (S. 79. 1. 302. — P. 79. 728. — D. 80. 1. 214); 11 juill. 1881 (S. 82. 1. 12. — P. 82. 1. 17).

jugement; — Attendu, à la vérité, que, dans ses motifs, l'arrêt attaqué ne se borne pas à déclarer que Paz a contrevenu à l'art. 15 de la loi de 1867, en publiant des faits faux pour obtenir des souscriptions, et à l'art. 14 en négociant des actions irrégulièrement converties; que, par une surabondance regrettable, il énonce en outre, que le demandeur a participé à la négociation d'actions sur lesquelles n'avait pas eu lieu le versement d'un quart en numéraire; — Mais attendu que cette énonciation ne saurait avoir les effets d'une déclaration de culpabilité, puisqu'elle ne figure pas dans le dispositif de l'arrêt et n'a été sanctionnée par aucune peine; que les conséquences pénales dudit arrêt sont donc restées les mêmes que celles du jugement;

Attendu que le pourvoi prétend vainement que, de l'énonciation nouvelle insérée dans l'arrêt, naîtrait, à l'encontre du prévenu, une nouvelle responsabilité civile, dans le cas, par exemple, où la nullité de la Société des mines de Collo viendrait à être demandée en justice; qu'on ne saurait, en effet, attribuer l'autorité de la chose jugée à un motif erroné qui n'est pas reproduit, et ne reçoit aucune sanction dans le dispositif de l'arrêt attaqué; — Attendu, en conséquence, que le moyen ne peut être accueilli; — Attendu que, par suite de la solution qui précède, l'examen du second moyen proposé devient sans objet; — Attendu, d'ailleurs, que l'arrêt est régulier en la forme; — Rejette, etc.

MM. Baudouin, prés.; de Larouverade, rapp.; Ronjat, av. gén.; Lehmann, av.

CASS.-CRIM. 5 août 1882.

DIFFAMATION, PUBLICITÉ, CARACTÈRES.

La publicité constitutive du délit de diffamation n'existe qu'autant que les propos ont été tenus dans des lieux ou réunions publics (1) (L. 29 juill. 1881, art. 23, 32).

Ainsi ne présentent pas ce caractère de publicité les propos tenus dans un bureau d'hypothèques sur un ton si peu élevé qu'un seul des employés présents, indépendamment de celui auquel le prévenu s'adressait, croit avoir entendu lesdits propos, sans même pouvoir l'affirmer positivement (2) (Id.).

(Salus c. Picco.) — ARRÊT.

LA COUR : — Sur le moyen tiré de la violation des art. 23 et 32 de la loi du 29 juill. 1881, en ce que l'arrêt attaqué (Dijon, 14 juin 1882) aurait méconnu la publicité des propos diffamatoires incriminés : — Attendu que l'art. 23 de la loi du 29 juill. 1881, qui détermine, d'après l'art. 32 de la même loi, les caractères légaux de la publicité du délit de diffamation, exige, comme l'art. 1er de la loi du 17 mai 1819, dont il n'est que la reproduction en ce point, que les propos diffamatoires aient été *proférés*, et non simplement tenus, dans les lieux ou réunions publics; — Attendu que l'arrêt attaqué ne constate pas que les propos incriminés aient été proférés dans le bureau de la conservation des hypothèques; qu'il déclare, au contraire, qu'ils ont été tenus sur un ton si peu élevé qu'un seul des employés présents, indépendamment de celui auquel le prévenu s'adressait, croit avoir entendu lesdits propos, sans même pouvoir l'affirmer positivement; — Attendu qu'en déclarant, dans ces circonstances, que les propos incriminés ne présentaient pas le caractère de publicité exigé par la loi, l'arrêt attaqué, loin de violer les articles précités, en fait, au contraire, une juste application; — Rejette, etc.

MM. Baudouin, prés.; Tanon, rapp.; Ronjat, av. gén.

CASS.-REQ. 8 août 1882.

SOCIÉTÉ ANONYME, ACTIONS, CONVERSION, TITRES AU PORTEUR, SOUSCRIPTEUR PRIMITIF, VENTE, VICE CACHÉ, VERSEMENTS COMPLÉMENTAIRES, RECOURS, CESSIONNAIRES SUCCESSIFS, AGENT DE CHANGE, SECRET PROFESSIONNEL, NOM, RÉVÉLATION, RESPONSABILITÉ.

Le souscripteur d'actions irrégulièrement converties en titres au porteur à défaut de versement de moitié (3) *n'est tenu à aucune garantie vis-à-vis de l'acheteur; il ne saurait, en effet, être question de vices cachés quand il eût été facile à l'acheteur, en se reportant à la délibération de l'assemblée générale, de constater l'irrégularité de la conversion* (4) (C. civ., 1625, 1641, 1642; L. 24 juill. 1867, art. 3, § 2).

En pareil cas, le vendeur est même fondé à recourir contre l'acheteur à raison des versements complémentaires qu'il a été obligé de faire pour la libération des titres cédés (5) (Id.).

Mais l'acquéreur a, de son côté, un recours contre le sous-acquéreur à qui les titres ont été rétrocédés, avec remise sur le prix d'achat, à la charge de parfaire les versements non encore effectués (6) (Id.).

Et si ce dernier acquéreur est resté inconnu, le premier

---

(1) La jurisprudence s'était déjà prononcée en ce sens sous l'empire de la législation antérieure. V. Cass., 29 déc. 1865 (S. 66. 1. 310. — P. 66. 802. — D. 66. 1. 192); 2 juill. 1872 (S. 72. 1. 204. — P. 72. 503. — D. 74. 1. 398); 20 déc. 1873 (S. 74. 1. 133. — P. 74. 301. — D. 74. 1. 393); Alger, 9 juin 1877 (S. 77. 2. 247. — P. 77. 1012). — Depuis la loi du 29 juill. 1881, V. Amiens, 19 janv. 1883 (Pand. chr.); Cass., 23 août 1883 (Pand. chr.).

(2) Il a été cependant jugé, sous la loi du 17 mai 1819, que l'on doit considérer comme *proférés* les propos tenus sur le ton de la conversation ordinaire; qu'il n'y a d'exceptés que ceux dits à voix basse ou à titre confidentiel : Cass., 26 nov. 1864 (S. 65. 1. 102. — P. 65. 199). Ce ne peut être là qu'une question de fait et d'appréciation; les principes restent constants.

(3) La conversion des actions nominatives en titres au porteur, dans une société en commandite ou anonyme, ne s'effectue régulièrement qu'autant qu'elles sont *toutes* libérées au moins jusqu'à concurrence de moitié; il ne suffirait pas du versement de moitié sur les actions dont la conversion est demandée. Ce versement doit être antérieur à la délibération de l'assemblée générale qui autorise la conversion, à peine de nullité de cette délibération. V. en ce sens Cass., 21 juill. 1879 (plusieurs arrêts) (Pand. chr.), et les indications d'auteurs cités en note. *Adde* Paris, 18 févr. 1881 (S. 81. 2. 97. — P. 81. 1. 561), et notre *Dictionnaire de dr. commerc., ind. et marit.*, t. VI, v° *Société anonyme*, n. 149 et 150.

(4) D'après le pourvoi, la conversion des actions nominatives en titres au porteur n'ayant point été régulièrement opérée dans les conditions prescrites par l'art. 3 de la loi du 24 juill. 1867, la chose vendue se trouvait par là infectée d'un vice caché dans le sens de l'art. 1641, C. civ., et le vendeur devait être tenu à la garantie. — Mais les constatations de fait de l'arrêt attaqué détruisaient cette prétention. « Il suffisait, y est-il dit, de se reporter à la délibération du 6 juill. 1872, pour en constater l'irrégularité. » Il n'y avait donc point eu vice caché, et l'acheteur, dans l'espèce tout au moins, n'avait qu'à s'en prendre à sa propre négligence de n'avoir pas vérifié les conditions d'existence des titres dont il faisait l'acquisition (C. civ., 1642).

Au surplus, il importe de le remarquer : les juges se montrent, en principe, fort réservés dans l'admission des vices cachés lorsqu'il s'agit de négociation d'actions de Sociétés. V. notamment Lyon, 22 (ou 23) janv. 1884 (S. 84. 2. 49. — P. 84. 1. 316. — D. 84. 2. 153); 8 mai 1884 (S. 84. 2. 107. — P. 84. 1. 602. — D. 84. 2. 219); Cass., 3 juin 1885 (deux arrêts) (Pand. chr.), et la note.

(5-6) Dans l'espèce, l'irrégularité de la conversion des titres au porteur leur laissait leur caractère de titres nominatifs. Vis-à-vis de la Société, le souscripteur originaire devait donc être tenu d'acquitter les versements complémentaires. Il n'y avait à cet égard aucune difficulté, et il ne pouvait y en avoir.

Mais l'actionnaire souscripteur qui a vendu ses titres paye une dette qui n'est plus sienne; ce qu'il a cédé, en effet, ce sont les actions en l'état des versements opérés, ni plus, ni moins; le cessionnaire est devenu à son tour actionnaire; il a tous les avantages de la situation, il doit en supporter toutes les charges; la détention des titres implique, pour le porteur actuel, l'obligation de compléter le montant de la souscription; de tous les de-

acheteur qui a opéré les versements est bien fondé à exiger de l'agent de change la révélation du nom du cessionnaire, faute de quoi l'agent devra le garantir des condamnations prononcées au profit du souscripteur primitif (1) (Arr. 27 prair. an X, art. 19).

(Audousset, Johanneau et Cie c. Terrière; Dolfus c. Audousset, Johanneau et Cie.) — ARRÊT.

LA COUR : — Attendu que les pourvois sont connexes et formés contre le même arrêt; qu'il y a lieu de les joindre et de statuer sur le tout par une seule et même décision; — Sur le pourvoi n° 37,746 (Audousset), fondé sur la violation des art. 1625 et 1641, C. civ., et sur la fausse application de l'art. 3, § 2, de la loi du 24 juill. 1867 : — Attendu que l'assemblée générale des actionnaires du *Crédit rural*, par délibération du 6 juill. 1872, a autorisé la conversion des titres nominatifs en titres au porteur, alors que toutes les actions n'étaient pas encore libérées jusqu'à concurrence de moitié; que Terrière, propriétaire de 200 actions, en a obtenu la conversion, et les a ensuite vendues comme actions au porteur, à Audousset, Johanneau et Cie; — Attendu qu'Audousset, Johanneau et Cie ne peuvent pas dire que leur vendeur, garant du vice caché qui infectait la chose, n'est pas fondé à recourir contre eux pour ce qu'il reste devoir sur le montant des 200 actions par lui souscrites; qu'en effet, Audousset, Johanneau et Cie n'avaient qu'à se reporter à la délibération du 6 juill. 1872 pour en constater l'irrégularité, et qu'ainsi l'art. 1642, C. civ., leur est applicable;

Sur le pourvoi n° 37,626 (Dolfus), fondé sur la violation de l'art. 3 de la loi du 24 juill. 1867 et des règles sur la transmission des titres au porteur, ainsi que de l'art. 19 de l'arrêté du 27 prair. an X et de l'art. 7 de la loi du 20 avril 1810 : — Attendu qu'il est constaté en fait par l'arrêt attaqué ou par le jugement dont il adopte les motifs que Dolfus, agent de change, a reçu de son collègue Hollard, agissant pour le compte d'Audousset, Johanneau et Cie, 200 actions du *Crédit rural* en forme de titres au porteur; qu'une assemblée générale des actionnaires du *Crédit rural* avait, le 6 juill. 1872, autorisé la conversion des titres nominatifs en titres au porteur, et que les 200 actions dont s'agit avaient été ainsi converties, le 11 juill. 1873, par Terrière, à qui elles appartenaient alors; mais que la délibération du 6 juill. 1872 avait été annulée pour contravention à l'art. 3 de la loi de 1867; enfin, que l'acquéreur inconnu qui a, en dernier lieu, acheté les 200 actions par le ministère de Dolfus, a obtenu une remise sur son prix d'achat, à la charge par lui de parfaire les versements non encore effectués; — Attendu qu'en disant, dans ces circonstances, que Dolfus sera tenu de faire connaître à Audousset, Johanneau et Cie, dans le délai qu'il indique, le ou les acquéreurs des 200 actions, faute de quoi Dolfus lui-même devra garantir Audousset, Johanneau et Cie des condamnations prononcées contre eux au profit de leur vendeur, l'arrêt attaqué, loin de violer les articles invoqués par le pourvoi, en a fait, au contraire, une juste application; — Rejette les pourvois, etc.

MM. Bédarrides, prés.; Demangeat, rapp.; Chevrier, av. gén. (concl. conf.); Lehmann et Sabatier, av.

CASS.-CIV. 14 août 1882.

1° CASSATION, INCOMPÉTENCE, TRIBUNAL DE COMMERCE. — 2° RESPONSABILITÉ, ACTION EN JUSTICE, EXERCICE LÉGITIME, MAUVAISE FOI, DOL.

1° *L'incompétence des tribunaux de commerce pour connaître d'une affaire purement civile, quand elle n'a pas été soulevée en appel, ne peut plus être proposée pour la première fois devant la Cour de cassation; la Cour d'appel ayant en pareil cas, régulièrement connu du litige, en vertu de la plénitude de juridiction* (2) (C. proc., 170, 424; C. comm., 631, 636). — 1re espèce.

2° *L'exercice d'une action en justice (dans l'espèce, d'une action en nullité de Société) ne peut devenir une faute qu'autant qu'il constitue ou un acte de malice et de mauvaise foi ou tout au moins un acte d'erreur grossière, équipollente au dol* (3) (C. civ., 1382, 1383; C. proc., 130) — 1re espèce.

Jugé toutefois que l'appel évidemment mal fondé, déclaré téméraire, impliquant une faute, un abus du droit d'appel, peut donner lieu à des dommages-intérêts (4) (Id.). — 2e espèce.

---

voirs, c'est peut-être le plus étroit, attaché à la qualité d'actionnaire. V. Cass., 21 juill. 1879, précité; 29 juin 1885 (Pand. chr.), et nos observations sous ce dernier arrêt.

Le recours du vendeur contre le cessionnaire est d'autant plus justifié, que ce dernier a obtenu une remise par titre sur son prix d'achat, correspondant à la portion du capital dont le versement était censé rester à effectuer; cette remise ne lui a été consentie qu'à charge par lui de parfaire les compléments des appels de fonds ultérieurs.

La nécessité du recours qu'il subit n'est pour lui qu'un manque à gagner; elle ne lui cause, en réalité, aucun préjudice. Dans tous les cas, il n'y a là que la réalisation d'une éventualité normale, dans l'ordre de prévisions du contrat.

(1) En réalité, les titres vendus par l'entremise de l'agent de change étaient des titres nominatifs, puisque la conversion en titres au porteur qu'on avait voulu leur faire subir était frappée d'une nullité radicale. Le recours du vendeur contre son acquéreur, et de cet acquéreur contre le sous-acquéreur, et des sous-acquéreurs successifs entre eux, n'était point douteux; il y avait là toute une filière d'obligés, à qui les compléments de mise pouvaient être réclamés jusqu'au détenteur actuel des titres.

Or, il est de principe qu'en cas de recours assuré, l'agent de change n'est plus lié par le secret professionnel; qu'il est tenu de révéler les noms des clients pour lesquels il a opéré des négociations. V. en ce sens Lyon, 22 (ou 23) janv. 1884, précité; Douai, 26 nov. 1884 (Pand. chr.); Cass., 31 janv. 1887 (journ. *la Loi*, 3 févr.).

Mais la situation serait différente, s'il s'agissait de véritables titres au porteur, devenus tels par une conversion régulière, après l'accomplissement de toutes les formalités voulues par la loi, et notamment après le versement de la moitié du capital social sur toutes les actions.

Il a été jugé, en pareil cas, par deux célèbres arrêts de la Chambre civile de la Cour de cassation, du 29 juin 1885 (Pand. chr.), par un arrêt de la Cour de Paris, du 26 nov. 1886 (journ. *la Loi*, n. du 23 janv. 1887), et par trois jugements du Tribunal de commerce de la Seine, du 10 déc. 1886 (journ. *la Loi*, n. du 12 déc.), que le vendeur n'est pas fondé à exiger de l'agent de change, chargé des négociations, la révélation des noms des cessionnaires, non plus qu'il ne serait autorisé à contraindre son cessionnaire de lui connu, qui ne serait plus porteur de titres, à lui indiquer le nom de l'acheteur à qui les actions auraient été transmises; une pareille obligation étant en contradiction avec la nature des titres au porteur, dont la transmission n'implique aucunement que le cédant connaisse son cessionnaire et soit en état de le désigner. V. nos observations dans le sens de ces arrêts, sous Cass., 29 juin 1885 (Pand. chr.), et sous Trib. comm. Seine, 12 nov. 1885 (Pand. chr.).

(2) Principe constant. V. Cass., 30 avril 1856 (S. 58. 1. 442. — P. 58. 1029. — D. 56. 1. 461); 13 août 1856 (S. 57. 1. 637. — P. 58. 647. — D. 57. 1. 22); 17 févr. 1873 (S. 73. 1. 471. — P. 73. 1186. — D. 73. 1. 208); 29 avril 1873 (S. 74. 1. 127. — D. 74. 291. — D. 73. 1. 207); 19 juin 1876 (D. 77. 5. 49); 15 janv. 1877 (D. 78. 1. 256); 15 avril 1878 (S. 79. 1. 250. — P. 79. 625. — D. 79. 1. 169); 10 févr. 1885 (S. 85. 1. 303. — P. 85. 1. 745); Rousseau et Laisney, *Dict. de procéd.*, v° *Compétence des trib. de comm.*, n. 5, *in fine*, et notre *Dictionn. de dr. commerc., ind. et marit.*, t. III, v° *Compétence*, n. 17, *in fine*. V. toutefois Glasson, *Revue crit.*, 1881, p. 238. — Comp. Cass., 15 nov. 1880 (Pand. chr.).

(3-4) Les deux arrêts ci-dessus rapportés continuent à accuser, à accentuer sinon la contradiction, du moins la divergence de vues des solutions antérieures, selon qu'elles émanent de la Chambre civile ou de la Chambre des requêtes. Il y a là deux jurisprudences qui se distinguent par des tempéraments divers, fortement nuancés. — Tandis que la Chambre civile semble exiger, pour constituer la faute, l'abus du droit, qu'il ait été exercé méchamment, de mauvaise foi, avec malice ou avec une erreur tellement grossière

1re Espèce. — (Galot c. Martineau et autres.) — ARRÊT.

LA COUR : — Sur le premier moyen de cassation : — Attendu qu'en supposant que la juridiction commerciale fût incompétente pour connaître de l'action en garantie exercée par Martineau et consorts contre les demandeurs en cassation, ceux-ci n'ont proposé en cause d'appel aucune exception prise de cette prétendue incompétence des premiers juges ; que la Cour d'appel, qui a plénitude de juridiction, a d'ailleurs régulièrement connu du litige, et qu'ainsi le moyen n'est pas recevable par la Cour de cassation ; — Rejette ce moyen ;

Mais sur le deuxième moyen : — Vu les art. 1382 et 1383, C. civ. ; — Attendu que nul n'est en faute, s'il n'a fait qu'user de son droit, et que c'est un droit pour les particuliers de soumettre aux tribunaux le jugement des différends qui les divisent ; que l'exercice de ce droit ne pourrait devenir une faute qu'autant qu'il constituerait ou un acte de malice et de mauvaise foi, ou au moins un acte d'erreur grossière, équipollente au dol ; — Attendu que, pour déclarer les demandeurs en cassation responsables du préjudice qu'ils auraient causé aux défendeurs en exerçant contre ceux-ci une action en nullité de société que les tribunaux ont reconnue mal fondée, l'arrêt attaqué constate, il est vrai, que ladite action a porté aux défendeurs un préjudice direct et considérable, à raison de l'influence funeste qu'elle a eue sur la valeur du matériel appartenant à cette Société ; qu'on peut même induire de l'ensemble de ses déclarations qu'il a considéré l'exercice de cette action en nullité comme ayant constitué une faute de la part des demandeurs en cassation, mais qu'il ne relève aucun fait propre à justifier cette appréciation ; qu'en effet, quelles que dussent être pour la Société Pourmeraye, Pinelle et Cie les conséquences du procès dont s'agit, il n'y aurait faute à l'avoir intenté, alors qu'aucune mauvaise foi n'est alléguée, qu'autant qu'il n'aurait reposé sur aucune apparence sérieuse, et que rien de semblable ne résulte de l'arrêt dénoncé ; qu'en accueillant par de tels motifs l'action en garantie introduite contre Galot et consorts par les défendeurs au pourvoi, l'arrêt a donc violé, en les appliquant faussement, les art. 1382 et 1383, C. civ. ; — Casse, etc.

Ch. civ. — MM. Goujet, prés. ; Merville, rapp. ; Charrins, 1er av. gén. (concl. conf.) ; Bosviel et Sabatier, av.

2e Espèce. — (Fourré c. Dumaine.) — ARRÊT.

LA COUR : — Sur le moyen unique du pourvoi, tiré de la violation et de la fausse application des art. 464, C. proc., et 1382, C. civ. : — Attendu qu'il résulte du jugement attaqué que les époux Fourré, condamnés sur action en complainte dirigée contre eux par le sieur Dumaine devant le juge de paix de Barenton, ont interjeté appel de la sentence de ce magistrat, en prétendant que la procédure était nulle et en outre qu'ils n'avaient jamais méconnu à Dumaine la possession du terrain litigieux et qu'ils n'avaient pas coupé des bois sur ce terrain ; — Attendu que, contrairement à ces allégations, le jugement attaqué déclare que, si l'enquête, reçue d'abord par le juge de paix de Barenton, pouvait être arguée de nullité et ne pouvait faire foi parce que les dépositions entendues n'avaient point été signées par les témoins en conformité de l'art. 39, C. proc., le juge de paix a procédé à une nouvelle enquête et expertise d'accord avec toutes les parties ; que le même jugement constate encore que les époux Fourré avaient méconnu la possession de Dumaine, coupé des bois sur sa propriété, puis ajoute que l'appel a été téméraire ; — Attendu que cette dernière déclaration des juges du fond, combinée avec les constatations matérielles ci-dessus rappelées, implique un abus du droit d'appel, une faute commise, et que, rapprochée de la circonstance qu'il y a eu préjudice causé à Dumaine, elle justifie la condamnation aux dommages-intérêts prononcée contre les époux Fourré, appelants, en faveur de Dumaine, intimé ; — D'où il suit que le jugement attaqué n'a pas violé les articles susvisés ; — Rejette, etc.

Ch. req. — MM. le cons. Alméras-Latour, prés. ; Talandier, rapp. ; Chevrier, av. gén. (concl. conf.) ; Trezel, av.

CASS.-REQ. 21 août 1882.

COMMUNE, ACTION EN JUSTICE, MÉMOIRE PRÉALABLE, DÉPOT, PRESCRIPTION, INTERRUPTION, DÉLAI.

Le dépôt à la préfecture d'un mémoire préalable par qui veut intenter une action contre une commune, interrompt la prescription, quel que soit le délai après lequel l'action aura été ensuite introduite (1) (L. 18 juill. 1837, art. 51).

Et il n'y a pas lieu d'impartir au déposant un délai fixé dans les limites de l'art. 2245, C. civ., cette disposition étant édictée en vue d'une situation spéciale qui n'est pas celle de l'art. 51 de la loi de 1837 (2) (C. civ., 2245). — V. le rapport.

Il n'y a pas lieu davantage de lui assigner un délai d'un ou de deux mois en vertu de cette même loi de 1837 ; l'art. 51 porte bien que l'action ne pourra être intentée qu'après l'expiration des délais qu'il fixe, mais il ne dit pas à quelle époque après l'expiration de ces délais (3) (L. 18 juill. 1837, art. 51). — Ibid.

(Commune de Fromelennes c. Donau.)

M. le conseiller Féraud-Giraud a présenté sur ces questions le rapport suivant :

« La question peut être considérée comme neuve en jurisprudence. — Voyons avant tout la disposition de l'article de la

qu'on peut y voir une intention de dol (v. notamment Cass.-civ., 20 mars 1878, S. 78. 1. 406. — P. 78. 1063. — D. 78. 1. 256 ; 17 déc. 1878, S. 79. 1. 53. — P. 79. 119. — D. 79. 1. 125 ; 26 janv. 1881, S. 81. 1. 322. — P. 81. 1. 777. — D. 81. 1. 150 ; 28 déc. 1881, S. 82. 1. 312. — P. 82. 1. 760. — D. 83. 5. 154 ; 25 mai 1887, aff. Comp. d'assur. *la Mutuelle de Valence* c. Cochet et Genin, *Gaz. du Pal.*, 13-14 juin 1887), — la Chambre des requêtes reconnaît la faute dans une simple constatation d'imprudence, de légèreté, de témérité. Elle ne tient plus la méchanceté, la mauvaise foi, la malice, le dol, comme condition nécessaire de la faute. *Sic*, Cass.-req., 13 janv. 1873 (S. 73. 1. 70. — P. 73. 148. — D. 73. 1. 157) ; 7 avril 1879 (D. 80. 1. 8) ; 27 mai 1884 (S. 85. 1. 209. — P. 85. 1. 508. — D. 84. 1. 437) ; 28 mai 1884 (S. 85. 1. 61. — P. 85. 1. 133) ; 9 juill. 1884 (S. 86. 1. 103. — P. 86. 1. 236. — D. 85. 1. 392).

La doctrine est également divisée entre ces deux tendances. V., dans le sens des arrêts de la Chambre civile, Dalloz, *Jurispr. gén.*, vo *Responsabilité*, n. 112 et 115 ; Sourdat, *Tr. de la responsabilité*, n. 664 ; Boncenne, *Proc. civ.*, t. II, p. 535 ; Chauveau et Carré, *Lois de la proc.*, et *Supplém.*, quest. 544 *quater* ; Dutruc, *Supplém.* au même ouvrage, t. I, vo *Dommages-intérêts*, n. 2 et suiv. — Et en faveur de la jurisprudence de la Chambre des requêtes, Laurent, *Principes de dr. civ.*, t. XX, n. 412 et 413 ; Larombière, *Tr. des oblig.*, t. V, p. 692, n. 11.

Entre ces deux systèmes ou ces deux tendances, lequel choisir ? Nous n'hésitons pas à donner la préférence au dernier, à celui de la Chambre des requêtes ; il nous paraît plus conforme à l'esprit et même au texte des art. 1382 et 1383, qui n'exigent pas, pour qu'une responsabilité soit encourue, qu'il y ait dol, malice ou mauvaise foi, et qui la font résulter même de la simple imprudence, lorsque cette imprudence a causé un dommage.

(1-2-3) V. sur ces intéressantes questions le rapport de M. le conseiller Féraud-Giraud, qui contient, en même temps qu'un lumineux commentaire de l'arrêt, une analyse très-complète de la jurisprudence et de la doctrine.

qu'il s'agit d'appliquer. — Loi du 18 juill. 1837, art. 51, § 1 : « Quiconque voudra intenter une action contre une commune ou section de commune sera tenu d'adresser préalablement au préfet un mémoire exposant les motifs de sa réclamation; il lui en sera donné récépissé. — § 2. La présentation du mémoire interrompra la prescription et toutes déchéances. — § 3. Le préfet transmettra le mémoire au maire, avec l'autorisation de convoquer immédiatement le conseil municipal pour en délibérer. »

« Si l'on s'en tient à ce texte, il est aussi clair, aussi formel que possible et très-absolu. La présentation du mémoire interrompra la prescription et toutes déchéances. Le pourvoi veut qu'on ajoute ces mots qui sont dans l'art. 2245, relatif aux effets de la demande en conciliation : « Interrompra la prescription et toutes déchéances, *s'il est suivi d'une assignation en justice donnée dans les délais de droit.* » Cette exigence du pourvoi prouve que notre article, tel qu'il est rédigé, ne suffit pas à lui seul pour justifier la prétention de la commune. — Mais la commune ajoute : « L'application des règles posées dans l'art. 51 doit se faire en se conformant aux règles générales du droit civil. » Or, en droit civil, un simple acte protestatif ne suffit pas pour interrompre la prescription, s'il est pris isolément, s'il ne se rattache pas à une citation en justice, et ne reçoit pas ainsi un complément nécessaire.

« Nous répondons : — Les règles administratives concernant les communes, les départements et l'État, sont indépendantes des règles du droit civil, comme les pouvoirs administratifs sont indépendants des pouvoirs judiciaires ; l'administration des communes a ses règles propres, spéciales, parfois opposées aux règles du droit civil, et ces règles posées dans les lois spéciales doivent être appliquées telles qu'elles ont été rédigées et promulguées. Et, de ce que la demande en conciliation n'interrompt la prescription que lorsqu'elle est suivie d'une demande en justice dans les délais voulus, parce que l'art. 2245, C. civ., l'a formellement indiqué, on ne peut en conclure que le mémoire déposé par celui qui se propose de plaider contre une commune n'interrompra la prescription que si le dépôt est suivi à bref délai d'une demande en justice, parce que l'art. 51 de la loi de 1837 fait produire au dépôt du mémoire, abstraction faite de toute autre formalité exigée par lui, l'interruption de la prescription et de toute déchéance. Ce que l'art. 51 de la loi de 1837 n'exige pas, ce qu'il n'y a pas lieu de rechercher dans des dispositions, d'ailleurs spéciales et non générales, du droit civil, les dispositions qui suivent l'art. 51 (de 52 à 59) de la loi de 1837 ne l'exigent pas davantage. Il y a plus, ces dispositions donnent lieu à une remarque utile ; elles fixent les délais dans lesquels les conseils municipaux, les conseils de préfecture ou le Conseil d'État devront statuer sur l'autorisation à donner à la commune pour ester en jugement. Et l'art. 51 porte : « L'action *ne pourra être intentée qu'après* la décision du conseil de préfecture, et, à défaut de décision dans le délai fixé par l'art. 52, qu'après l'expiration de ce délai. » Remarquez ces mots *ne pourra être intentée qu'après*; et alors comment soutenir ce système : Le dépôt du mémoire n'opère interruption de la prescription que si l'action est intentée *dans les délais fixés par l'art. 54*, comme le prétend le pourvoi? Mais l'art. 54 porte que l'action ne peut être intentée *qu'après* le délai qu'il fixe, et il ne dit pas à quelle époque après l'expiration de ce délai; donc il n'est pas possible de soutenir que le mémoire ne produira un effet interruptif que s'il est suivi d'une citation dans les délais fixés par l'art. 54, cet article suspendant toute action pendant les délais. Et si la demande doit être formée après, pourquoi sera-t-elle valable après quelques jours et ne le sera-t-elle pas après quelques années?

« Donc l'art. 51 doit être appliqué tel qu'il est rédigé, et l'on est mal venu à y apporter des modifications par voie d'additions qui ne s'y trouvent pas.

« On ajoute : La situation des communes est à ce point de vue la même que celle des départements ; partant, même raison de décider pour les deux. Or, la loi du 10 août 1871, art. 55, relative à l'administration départementale, porte que la remise du mémoire interrompra la prescription, si elle est suivie d'une demande en justice dans le délai de trois mois. Ici, quelques courtes explications. Le jugement rappelait l'art. 37 de la loi du 10 mai 1838 sur l'administration départementale qui portait : « L'action ne peut être portée devant les tribunaux que deux mois après la date du récépissé (du mémoire préalable)... ; durant cet intervalle, le cours de toute prescription demeurera suspendu. » Le mémoire fait intervenir la loi de 1871 au lieu de celle de 1838, peu importe. Les lois sur l'administration départementale, soit qu'il s'agit autrefois d'une suspension de prescription, disposition très-critiquée, ayant donné lieu à bien des difficultés, et à laquelle M. Batbie, par voie d'amendement, a fait substituer en 1871 l'interruption, soit qu'il s'agisse aujourd'hui de l'interruption dans des conditions limitées, doivent être appliquées telles qu'elles l'ordonnent quant aux conséquences juridiques du mémoire dont elles exigent le dépôt. Mais le vice du raisonnement du demandeur est facile à saisir, si on lui donne sa véritable formule, qui est la suivante : L'interruption de prescription résultant du dépôt du mémoire dans les procès contre les communes, est régie, non par le texte de la loi municipale de 1837, mais par ce texte modifié par la loi de 1871 concernant l'administration départementale.

« Le mémoire nous accuse ici de raisonner *à contrario*. Ce n'est pas exact, nous demandons que l'art. 51 de la loi de 1837 soit appliqué tel qu'il est, et non point tel qu'il pourrait être en lui substituant l'art. 55 de la loi de 1871. Le texte de la loi de 1837 a donc été rigoureusement appliqué par l'arrêt attaqué. Il faut l'amender pour pouvoir l'exécuter autrement, et le droit de voter des amendements par voie de décision judiciaire n'appartient pas aux tribunaux.

« Et maintenant, M. Dalloz pense qu'on doit appliquer l'article 2245, C. civ., si la citation n'est pas intervenue, après dépôt dans les délais fixés par l'art. 52 de la loi de 1837. Nous avons signalé déjà pourquoi cette raison, en l'état des textes, était peu de nature à modifier notre avis. MM. Aubry et Rau, 4e édit., t. II, p. 353, § 215, texte et note 36, dont l'opinion est toujours d'un grand poids, surtout lorsqu'elle est défendue avec leur sagacité habituelle, se bornent à l'énoncer en la faisant suivre de cette réflexion : « Sinon, avec de pareilles remises opérées tous les vingt-neuf ans, celui contre lequel la prescription court pourrait indéfiniment en empêcher l'accomplissement. » Si l'acte est interruptif de la prescription par lui-même, pourquoi pas? Ajoutez que, à ce point de vue, il y aurait bien encore quelque chose à dire. Le demandeur, pour avoir raison aujourd'hui, est obligé de prouver deux choses, que le dépôt du mémoire doit être suivi d'une citation en justice et que cette citation en justice doit intervenir dans le mois ou les deux mois de ce dépôt; car le cas auquel font allusion MM. Aubry et Rau n'est pas le cas actuel : Donau n'a pas à établir qu'il n'est pas nécessaire qu'une action suive sa citation, il se borne à soutenir qu'aucun délai ne lui est imparti pour remplir cette formalité, et que, n'étant pas tenu de citer dans le mois ou les deux mois, il a pu légalement agir lorsqu'il l'a fait.

« Et puisque nous avons été amenés à aborder la difficulté à ce point de vue, n'est-il pas vrai que la commune et Donau, sans s'en douter, se rapprochent beaucoup d'une opinion commune? Voyons, art. 51 de la loi de 1837 : « Quiconque voudra intenter une action en justice contre une commune sera tenu de déposer préalablement un mémoire. » Donc Donau, pour exercer une action en justice contre la commune de Fromelennes, devait déposer préalablement un mémoire. Lorsque, le 1er sept. 1880, Donau a donné sa citation, la commune a-t-elle songé à repousser cette action par le motif qu'aucun mémoire n'avait été déposé? Evidemment, non; au point de vue de la procédure, elle a accepté comme suffisant et régulier le dépôt fait le 28 avril 1853. Si cet acte est régulier au point de vue de la procédure, pourquoi ne procurerait-il pas les effets que la loi lui assure sans condition ni réserves?

« Mais revenons aux autorités citées par le mémoire. Nous rencontrons M. Reverchon (*Autorisat. de plaider*, n. 72), dont nous nous garderons bien de nier la compétence en ces matières. Il s'appuie également sur l'assimilation avec le cas de citation en conciliation, et il dit : « Si la loi ne subordonne pas expressément ici l'interruption de la prescription, comme dans le cas de l'art. 2245, à la condition d'une assignation ultérieure en justice, il ne paraît pas logique d'en conclure que cette condition ne doive pas être suppléée. » Tout est là : faut-il suppléer à la loi, en imposant une condition qu'elle n'a pas cru devoir imposer elle-même? Ajoutons que, aux auteurs cités par le mémoire et dans le même sens, on peut joindre Foucart, *Droit administrat.*, t. II, n. 839, et t. III, n. 1755, tandis que M. Serrigny, *Compét. administr.*, n. 414, a adopté le système défendu par l'arrêt attaqué.

« Est-il bien sûr que la question soit complétement neuve en jurisprudence? C'est ce que soutient le pourvoi; nous croyons que cela n'est qu'imparfaitement exact. La Cour de Nancy a cité un de vos arrêts du 23 déc. 1840 (S. 41. 1. 136. — P. 41. 1. 430, M. Portalis, prés.; Jacquinot-Godard, rapp.; Laplagne-Barris, av. gén., c. conf.), rendu sur un pourvoi contre un autre arrêt de Nancy, qui ne résout pas la question incontestablement, mais qui pose des principes utiles pour sa solution. Il s'agissait d'une demande en restitution de fruits. L'arrêt dit : — « Attendu que l'article 15, tit. III, de la loi des 28 oct.-5 nov. 1790, n'a attaché exceptionnellement à la remise et à l'enregistrement du mémoire, qu'il exige comme préalable de toute action contre l'État, que l'effet d'interrompre la prescription; que, loin d'assimiler, quant au surplus, ce mémoire à la demande judiciaire, il l'en distingue soigneusement, en déclarant que cette demande pourra être formée un mois après ladite remise; — Attendu que cette loi régissait l'espèce, puisqu'il s'agit des effets du mémoire remis à l'administration et enregistré le 27 févr. 1793; — Attendu que l'action judiciaire exercée par la ville de Remiremont, à la suite de ce mémoire, a eu pour issue finale un jugement du tribunal d'appel de

Nancy, du 2 fruct. an X, qui a annulé la sentence arbitrale, du 9 frim. an II, ainsi que toute la procédure qui avait précédé et suivi cette sentence, et a renvoyé ladite ville à se pourvoir par action nouvelle, si elle le jugeait convenable; — D'où il suit qu'en considérant, depuis, le mémoire de 1792 comme n'étant pas *compris dans cette annulation, et en lui attribuant, par suite, quant à la prescription, l'effet interruptif que la loi lui donne*, c'est avec raison que l'arrêt attaqué a, en même temps, refusé à ce mémoire l'effet d'avoir constitué immédiatement le Domaine en état de possession de mauvaise foi et d'avoir fait courir, dès ce moment, au profit de la ville, la restitution des fruits, à laquelle a donné lieu l'exercice de la nouvelle action intentée contre l'Etat, vingt-six ans après. » — Ainsi, la Cour reconnaît très-nettement que le mémoire déposé par un plaideur qui veut actionner l'Etat, lorsque l'instance qui a suivi a été complétement annulée, ne suffit pas pour constituer l'Etat comme débiteur de mauvaise foi au point de vue de la restitution des fruits, mais que ce dépôt, bien que restant isolé par suite de l'annulation de tout ce qui a suivi, a pour résultat juridique de produire, *quant à la prescription, l'effet interruptif.* Donc, dans son arrêt de 1840, la Cour de cassation attribue au dépôt du mémoire, abstraction faite des actes qui le suivent, l'effet que lui donne la loi d'interrompre la prescription.

« En matière forestière, lorsqu'un prévenu excipe d'un droit de propriété qui ferait disparaître la contravention, le tribunal doit surseoir et fixer un délai dans lequel celui qui a élevé la question préjudicielle de propriété devra saisir le juge compétent. Si le poursuivant devant le tribunal correctionnel est une commune, le prévenu, agissant au civil pour faire valider son exception, devra présenter un mémoire au préfet tendant à autoriser la commune à ester en jugement; or, si ce mémoire n'est qu'un acte préparatoire, sans valeur intrinsèque, ne se soutenant et n'acquérant de force que s'il est suivi à bref délai de citation en justice, le prévenu renvoyé à fin civile devra, dans le délai qui lui est départi, non-seulement présenter son mémoire, mais encore faire signer sa citation. Voici ce que vous jugiez le 3 nov. 1842 (S. 43. 1. 301. — P. 43. 1. 459. Ch. crim., MM. de Bastard, prés.; Ricard, rapp.; Quénault, av. gén.) : — « Attendu que ce mémoire interrompt la prescription et toutes déchéances; qu'il en résulte que, lorsqu'il a été présenté au préfet par celui qui veut intenter l'action pendant le délai fixé par le jugement, on ne peut lui opposer aucune déchéance; et attendu que le demandeur, après avoir élevé la question préjudicielle de propriété, avait, avant l'expiration des trois mois à lui accordés, présenté au préfet un mémoire à l'effet d'obtenir pour la commune l'autorisation d'ester en jugement; qu'en cet état, aucune déchéance ne pouvait lui être opposée; que, néanmoins, le jugement attaqué a décidé que le mémoire déposé à la préfecture par le prévenu ne constituait pas l'introduction de l'instance que le jugement lui imposait, etc.; — Casse. » — Donc, le mémoire est interruptif de toute déchéance, abstraction faite des actes qui le suivent.

« En l'état, nous sommes d'avis que le dépôt du mémoire interrompt la prescription, qu'il soit ou non suivi de citation dans un bref délai, parce que c'est l'application littérale de la loi de 1837. Nous ne comprenons pas un délai imparti au déposant dans les limites de l'art. 2245, C. civ., pour agir en justice, à peine de nullité des effets de son mémoire relativement à la prescription, parce que l'art. 2245 est fait pour régir une situation spéciale qui n'est pas celle de l'art. 51 de la loi de 1837. Nous ne comprenons pas davantage un délai d'un mois ou deux mois imparti en vertu de la loi de 1837, et dans lequel la citation devrait être donnée sous la même sanction, alors que l'art. 54 porte que l'action ne pourra être intentée qu'après l'expiration de ces délais, sans déterminer l'époque où elle doit être réalisée après ces délais. La doctrine est généralement contraire à notre opinion, nous le reconnaissons; mais les principes posés dans deux de vos arrêts peuvent peut-être lui fournir quelque appui : c'est à vous qu'appartient la solution de la difficulté. »

ARRÊT.

LA COUR : — Sur le moyen unique du pourvoi (fausse application de l'art. 51 de la loi du 18 juill. 1837, et, par suite, fausse application et violation des règles posées dans les art. 2242 et suiv., C. civ., et 57, C. proc., sur les causes qui interrompent la prescription, et encore violation de l'art. 2262, C. civ., en ce que l'arrêt attaqué a attribué à un mémoire préalable adressé au préfet à l'effet d'intenter une action contre une commune, mémoire remontant à près de vingt-huit ans de date au jour de l'introduction de l'instance, et resté jusque-là à l'état d'acte isolé, non suivi d'une citation en justice, la force définitive et irrévocable d'une interruption de prescription) : — Attendu qu'aux termes de l'art. 15 de la loi du 18 juill. 1837, quiconque veut intenter une action contre une commune est tenu d'adresser préalablement au préfet un mémoire exposant les motifs de sa réclamation, dont il lui est donné récépissé; que la présentation de ce mémoire interrompt la prescription et toutes les déchéances; — Attendu qu'aucune disposition de cette loi ne subordonne à une citation en justice dans un délai déterminé l'efficacité de ce mémoire au point de vue de l'effet interruptif de la prescription; — Que, loin de fixer le délai dans lequel la citation devrait être donnée dans ce but, l'art. 54 de la loi porte, en termes généraux et sans autre détermination, que l'action ne pourra être intentée avant l'expiration de certains délais qui suivent le dépôt du mémoire, et qui se rapportent, soit à la décision du Conseil de préfecture, soit à celle du Conseil d'Etat en cas de pourvoi; — Attendu, dès lors, que l'arrêt attaqué s'est justement conformé aux règles édictées par la loi spéciale de la matière, et a refusé, à bon droit, d'appliquer des restrictions et modifications insérées dans d'autres lois étrangères au régime municipal et sur lesquelles on se fondait pour faire admettre la fin de non-recevoir proposée par la commune; — Rejette, etc.

MM. le cons. Alméras-Latour, prés.; Féraud-Giraud, rapp.; Babinet, f. f. d'av. gén. (concl. conf.); Housset, av.

CASS.-CIV. **21 août 1882.**

EXPLOIT, VISA, MENTION, JUGEMENT, SIGNIFICATION, NULLITÉ.

La nullité, pour défaut de mention du visa du maire, tant sur l'original que sur la copie de l'exploit, résultant de la combinaison des art. 68 et 70, C. proc., s'applique seulement aux exploits d'ajournement, et ne saurait être étendue aux significations de jugement (1) (C. proc., 68, 70, 1030).

(Cassagnade c. Nigou). — ARRÊT.

LA COUR : — Attendu qu'aux termes de l'art. 1er de la loi du 2 juin 1862, le délai pour se pourvoir en cassation est de deux mois, à compter du jour où la signification de la décision, objet du pourvoi, a eu lieu; — Attendu que le jugement attaqué a été signifié à Cassagnade le 11 janv. 1881, et que son pourvoi n'a été formé que le 31 mai suivant, c'est-à-dire après l'expiration du délai légal; que, vainement, il soutient que la notification qui lui a été faite est nulle, en se fondant sur ce que la copie de l'exploit ayant

---

(1) Les nullités d'exploit ou d'acte de procédure sont de droit étroit (C. proc., 1030); elles ne sauraient donc être étendues d'un cas à un autre, quelle que soit leur analogie. — Or, les art. 68 et 70, C. proc., sont compris au titre *Des ajournements;* par suite, ils ne visent que cette sorte d'exploits. *Sic*, Colmar, 24 juill. 1812; Cass., 20 août 1816; Nancy, 20 avril 1826; Cass., 28 avril 1835 (S. 35. 1. 327. — P. chr. — D. 38. 1. 96); Favard, *Rép.*, t. I, p. 144; Thomine Desmazures, *Comment. sur le C. de proc. civ.*, t. II, n. 1177; Boitard, *Leçons de proc. civ.*, t. II, p. 650, n. 1223, *ad notam*; Bioche, *Dict. de proc.*, vo *Exploit*, n. 295; Carré et Chauveau, *Lois de la proc. civ., suppl.*, quest. 370 *decies*, p. 93; Dutruc, *Suppl.* aux *Lois de la proc.* de Carré et Chauveau, t. II, vo *Exploit*, n. 11.

On ne saurait arguer, en sens contraire, d'un arrêt de Cass. du 21 juill. 1863 (S. 63. 1. 412. — P. 63. 1178. — D. 63. 1. 425), qui décide que l'exploit remis à un maire est nul, si le visa de ce fonctionnaire n'est pas mentionné, non-seulement sur l'original, mais encore sur la copie. Dans cette espèce, il s'agissait de la signification d'un acte d'appel, et l'on sait qu'aux termes de l'art. 456, C. proc., pareil acte doit contenir assignation; il rentrait, dès lors, dans la classe des ajournements, et, à ce point de vue, les art. 68 et 70 lui étaient applicables. Comp. toutefois Orléans, 5 août 1851 (D. 52. 2. 151).

été, à raison de son absence momentanée de son domicile, remise au maire de la commune qu'il habite, l'huissier a mentionné seulement sur cette pièce la réquisition du *visa* adressée à ce fonctionnaire, sans constater tant sur la copie que sur l'original qu'il avait été effectivement apposé, ainsi que l'exige l'art. 68, C. proc.; — Attendu que, d'après l'art. 1030 du même Code, aucun exploit ne peut être déclaré nul, si la nullité n'en est pas formellement prononcée par la loi; que, si la nullité pour défaut de *visa* est prononcée par les art. 68 et 70 combinés, C. proc., ces articles sont uniquement applicables aux exploits d'ajournement, et que les dispositions irritantes des lois ne doivent pas être étendues d'un cas à un autre sous prétexte d'analogie; d'où il suit qu'aucune autre irrégularité n'étant relevée contre la signification du 11 janv. 1881, et sa date devant dès lors servir de point de départ au délai de deux mois imparti pour se pourvoir en cassation, le pourvoi du demandeur est tardif; — Déclare le pourvoi non recevable, etc.

MM. Goujet, prés.; Guérin, rapp.; Desjardins, av. gén. (concl. conf.); Chaufton, av.

CASS.-CIV. 22 août 1882.

Saisie conservatoire, Créance commerciale, Compétence civile, Appel, Exception, Ordre public.

Les tribunaux de commerce, juridiction d'exception, n'ont, en l'absence de toute attribution expresse, aucune compétence à l'effet de statuer sur les demandes en validité ou en mainlevée des saisies conservatoires pratiquées en vertu d'ordonnances rendues par leur président (1) (C. proc., 417, 442).

Cette incompétence étant absolue ne saurait être couverte par le consentement des parties et peut être proposée pour la première fois même en appel (2) (Id.).

(Accomito c. Inghibert.) — arrêt.

LA COUR : — Sur le moyen unique du pourvoi : — Vu l'art. 442, C. proc.; — Attendu que la juridiction des tribunaux de commerce, étant exceptionnelle, ne peut s'étendre, par analogie, à des matières autres que celles qui leur sont expressément attribuées par la loi, et qu'aucune disposition légale n'attribue à ces tribunaux la connaissance des demandes en validité ou en mainlevée des saisies que leur président peut autoriser dans les cas prévus par l'art. 417, C. proc.; — Attendu, en fait, qu'Accomito, se prétendant créancier d'Inghibert, aux termes d'un procès-verbal de liquidation de la société commerciale ayant existé entre eux, a fait pratiquer, en vertu d'une ordonnance du président du tribunal de commerce de Nice, des saisies conservatoires sur les effets mobiliers de son débiteur, et qu'il a assigné ce dernier devant le tribunal de commerce pour s'entendre condamner au montant des causes énoncées dans sa requête, voir déclarer bonnes et valables les saisies conservatoires, ordonner leur conversion en saisies-exécutions, et autoriser la vente des objets saisis; que le tribunal, sans statuer sur la demande en condamnation et ayant prononcé la mainlevée desdites saisies, la Cour d'Aix a rejeté les conclusions d'incompétence prises en appel par Accomito, en se fondant sur ce que l'appelant avait lui-même porté sa demande devant la juridiction commerciale, et que, d'ailleurs, cette demande n'était pas relative à la validité de la saisie en elle-même, mais touchait au fond du litige, lequel rentrait dans les attributions du tribunal de commerce; — Mais attendu, d'une part, que l'incompétence des tribunaux de commerce pour statuer sur les contestations relatives aux saisies, étant absolue, ne saurait être couverte par le consentement des parties, et qu'elle peut être opposée pour la première fois en appel; et que, d'autre part, le tribunal de commerce de Nice, qui avait qualité pour connaître du chef de la demande ayant pour objet une créance commerciale, ne pouvait valablement, alors surtout qu'il ne statuait pas sur l'existence de cette créance, prononcer sur la validité de mesures d'exécution dont la loi réserve la connaissance exclusive aux tribunaux civils; — D'où il suit qu'en rejetant, dans ces circonstances, les conclusions du demandeur en cassation tendant à l'incompétence du tribunal de commerce, et en ordonnant que le jugement de ce tribunal, en date du 6 juin 1877, sortirait effet, l'arrêt attaqué (Aix, 27 nov. 1878) a faussement appliqué l'art. 417, C. proc., et violé l'art. 442, précité, du même Code; — Casse, etc.

MM. Goujet, prés.; Legendre, rapp.; Desjardins, av. gén. (concl. conf.); Dupont, av.

CASS.-CIV. 28 août 1882.

Responsabilité, Patron, Ouvrier, Préposé, Accident, Surveillance (Défaut de), Travail dangereux, Ordres, Fonctions, Dévouement, Imprudence.

Le patron est responsable de l'accident survenu à l'un de ses ouvriers, dans un travail commandé, par suite d'une double faute du préposé par lui commis à la surveillance et à la direction du chantier, double faute consistant à la fois à n'avoir pris aucune des précautions indiquées par les difficultés de l'opération, et à avoir donné des ordres d'une exécution dangereuse (3) (C. civ., 1382, 1383, 1384).

Peu importerait que l'accident ne se fût pas produit dans la limite stricte des fonctions de l'ouvrier, dès l'instant que les ordres se rattachaient au service dont il était chargé (4) (Id.).

Peu importerait aussi que l'ouvrier eût obéi par dévouement à un ordre ou à une invitation de son chef, auxquels, à raison du danger, il aurait pu ou aurait dû ne pas obéir (5) (Id.).

---

(1) La question ne fait plus de difficulté. V. conf., en matière de saisie conservatoire, Nîmes, 12 juill. 1854 (S. 54. 2. 754. — P. 54. 2. 135. — D. 55. 2. 208); Cass., 11 nov. 1885 (Pand. chr.); — et en matière de saisie-arrêt et de saisie-exécution, Cass., 13 mai 1884 (Pand. chr.), et les renvois. — V. aussi notre *Dictionnaire de dr. comm., ind. et marit.*, t. III, v° *Compétence*, n. 55-7°, et *Saisie conservatoire*, n. 15.

(2) La juridiction des tribunaux de commerce est exceptionnelle; elle ne peut, en conséquence, s'étendre à des matières autres que celles qui lui sont expressément attribuées par une disposition formelle de la loi. Or, aucun texte législatif n'établit la compétence des tribunaux de commerce dans les contestations en validité ou en mainlevée de saisies conservatoires. L'incompétence des tribunaux de commerce à l'égard de ces matières étrangères à ses attributions est absolue; elle ne saurait être couverte par le consentement réciproque des parties, ce consentement étant impuissant à déroger à l'ordre des juridictions. D'où cette conséquence que les magistrats doivent la prononcer d'office, et qu'elle peut être opposée pour la première fois même en appel. V. conf., sur tous ses points, Paris, 7 fév. 1870 (Pand. chr.), et la note; Cass., 14 août 1882 (Pand. chr.). — Mais, quand l'incompétence n'a pas été opposée en appel, elle ne peut plus l'être devant la Cour de cassation, la Cour d'appel étant compétente, à raison de la plénitude de juridiction, pour connaître du litige. V. Cass., 14 août 1882, précité, et la note. V. aussi les indications plus détaillées d'arrêts et d'auteurs que fournit notre *Dictionnaire de dr. commerc., ind. et marit.*, t. III, v° *Compétence*, n. 16 et 17.

(3) Il a été fait par la jurisprudence de nombreuses applications de ces principes. V. Cons. d'Etat, 4 avril 1879 (Pand. chr.); 11 mars 1881 (Pand. chr.); Caen, 17 mars 1880 (Pand. chr.); Douai, 27 juin 1881 (Pand. chr.); Amiens, 15 nov. 1883 (Pand. chr.); Cass., 10 nov. 1884 (Pand. chr.), et les arrêts cités en note. *Adde*, Orléans, 28 janv. 1887 (journ. *la Loi*, 24 févr.); Aubry et Rau, 4e édit., t. IV, § 447, p. 760 et 761; Larombière, *Obligat.*, t. V, sur l'art. 1384, n. 9; Sourdat, *Responsabil.*, 3e édit., t. II, n. 912.

(4-5) V. en ce sens, Lyon, 5 avril 1856 (S. 57. 2. 297. — P. 58. 775); Bordeaux, 12 août 1857 (S. 57. 2. 738. — P. 57. 1213. — D. 58. 2. 31). V. aussi Paris, 15 mai 1851 (S. 51. 2. 359. — P. 51. 2.

D'ailleurs, l'imprudence même commise par l'ouvrier en déférant à l'ordre ou l'invitation du préposé, n'effacerait point la faute de ce dernier, et ne saurait affranchir le patron de la responsabilité dérivant à sa charge du fait de son préposé (1) (Id.).

(Charvaz c. Defresne et Terraz.) — ARRÊT.

LA COUR : — Sur la fin de non-recevoir opposée au pourvoi...

Au fond, sur le moyen unique du pourvoi : — Vu l'art. 1384, C. civ. ; — Attendu que l'action dirigée par Charvaz contre Defresne avait notamment pour objet de le faire déclarer responsable, aux termes de l'art. 1384, C. civ., du dommage causé par le fait de Terraz, son préposé, pour l'exécution d'un travail consistant à faire descendre des bois sur la pente du couloir dit de Collauson; que, par des conclusions prises devant le tribunal civil de Moutiers, et relatées aux qualités du jugement attaqué (Moutiers, 3 août 1880), Charvaz avait articulé des faits tendant à établir que Terraz était effectivement le préposé de Defresne pour la direction et la surveillance du travail en question, et que ledit Terraz avait commis une double faute, en n'avertissant pas les ouvriers placés au sommet du couloir de suspendre le lancement des pièces de bois à un moment où cette opération était dangereuse, et en donnant à Charvaz l'ordre d'arrêter, s'il était possible, dans sa course, une pièce de bois lancée inopportunément; — Attendu que, sans contester la qualité de préposé attribuée à Terraz, non plus que les deux faits imputés audit Terraz ci-dessus spécifiés, le tribunal de Moutiers a rejeté la demande de Charvaz contre Defresne, en se fondant, d'une part, sur ce que l'accident ne s'était pas produit dans la limite de l'exercice des fonctions de Charvaz, lesquelles consistaient non à arrêter ou détourner les pièces de bois dans leur course, mais uniquement à relancer celles qui se seraient arrêtées; d'autre part, sur ce que Charvaz avait été blessé en obéissant par dévouement à un ordre ou à une invitation auxquels, à raison du danger, il pouvait et devait ne pas obéir; — Mais attendu que l'ordre et l'invitation adressés par Terraz à Charvaz, dans les circonstances et dans les termes constatés par le jugement attaqué, se rattachaient au service dont Charvaz était chargé sous la direction de Terraz; que la faute qui serait imputable à ce dernier pour avoir donné l'ordre ou l'invitation dont il s'agit, se rattacherait elle-même à la première faute résultant du défaut d'avertissement qui aurait dû être donné aux ouvriers placés au sommet du couloir; qu'enfin l'imprudence même que Charvaz aurait commise en déférant à l'ordre ou a l'invitation susmentionnés n'effacerait pas la faute imputable à Terraz, et ne saurait affranchir Dufresne de la responsabilité dérivant à sa charge du fait de son préposé; — Attendu qu'il suit de ce qui précède qu'en repoussant la demande de Charvaz en payement d'une indemnité pour réparation du dommage souffert par suite de sa blessure, le tribunal de Moutiers a violé l'art. 1384, C. civ., ci-dessus visé; — Casse, etc.; — Renvoie devant le tribunal civil de Chambéry.

MM. Goujet, prés.; Sallé, rapp.; Charrins, 1er av. gén. (concl. conf.); Mayer et Defert, av.

CASS.-CIV. **30 août 1882.**

BAIL A FERME, PAILLES, IMMEUBLES PAR DESTINATION, INCENDIE, RESPONSABILITÉ, DÉCHARGE, PREUVE.

Lorsque la clause d'un bail impose au fermier l'obligation de laisser, à la fin de sa jouissance, toutes les pailles provenant de la ferme, ces pailles sont immeubles par destination, sans qu'il y ait lieu de distinguer entre celles que le propriétaire avait placées sur le fonds, lors de l'entrée du fermier, et celles que le fermier a récoltées ultérieurement (2) (C. civ., 524, 1778).

Par conséquent, en cas d'incendie, comme ces pailles faisaient partie de l'immeuble loué, le fermier est responsable de leur perte, à moins qu'il ne prouve que cet incendie doit être attribué à une des causes qui, d'après l'art. 1733, C. civ., le déchargent de toute responsabilité (3) (C. civ., 524, 1733).

(Levavasseur c. Noury.)

25 mars 1880, arrêt de la Cour de Rouen ainsi conçu :

---

264. — D. 52. 2. 240); Sourdat, *op. cit.*, t. II, n. 888, p. 123.

(1) Toutefois, si l'imprudence de l'ouvrier ne décharge pas complètement le patron de toute responsabilité, elle vient du moins en atténuation de cette responsabilité et permet de modérer le chiffre des dommages-intérêts à allouer. V. notamment Cass., 20 août 1879 (Pand. chr.); Amiens, 15 nov. 1883 (Pand. chr.); Cass., 10 nov. 1884 (Pand. chr.). *Adde*, Cass., 29 mars 1886 (S. 86. 1. 428. — P. 86. 1. 1039); Orléans, 22 janv. 1887 (journ. *la Loi*, 27 févr.); 28 janv. 1887 (*ibid.*, 24 févr.).

(2-3) Lorsque le propriétaire impose au fermier l'obligation de laisser, à la fin de sa jouissance, toutes les pailles provenant de la ferme, il ne lui enjoint pas de les accumuler pendant la durée de son bail, qui peut être fort long, pour les lui abandonner en partant : ce serait absurde. Il lui dit : « Toutes les pailles de vos récoltes serviront, comme celles que je vous livre, à nourrir vos bestiaux, à faire des fumiers; en un mot, vous les emploierez sur la ferme même, au fur et à mesure des besoins de l'exploitation, sans pouvoir en vendre ni détourner à votre profit. »

Et alors, voici ce qui se produit : les pailles de la première récolte remplacent celles trouvées par le fermier à son entrée; celles de la seconde remplacent celles de la première, et ainsi de suite, d'année en année, de sorte qu'à la fin du bail, le propriétaire ou le nouveau fermier devra trouver, sur la ferme, les pailles qui lui seront nécessaires pour son exploitation jusqu'à ce qu'il en récolte lui-même.

Par conséquent, toutes ces pailles, sans distinction aucune, ont pour destination le service et l'exploitation du fonds, elles sont un accessoire de la ferme, elles appartiennent au bailleur et sont *immeubles par destination*.

En vain prétendrait-on que l'art. 524, C. civ., ne répute telles que celles qui ont été placées par le propriétaire et que le fermier a trouvées en entrant. Au fur et à mesure que ce dernier en récolte, elles deviennent, par l'effet de la clause ci-dessus, la propriété du bailleur, qui est censé les mettre lui-même sur la ferme pour l'exploitation de son fonds.

En droit romain, comme dans notre ancienne jurisprudence, les objets mobiliers qui servaient à l'exploitation d'un fonds ne cessaient pas d'être considérés comme meubles. Mais leur immobilisation ne tarda pas à s'imposer. Pothier enseigne que « les pailles « et fumiers d'une métairie sont censés en faire partie comme y « étant pour perpétuelle demeure » (*Des choses*, part. II, § 1).

Or, comment comprendre cette idée de perpétuité, relativement à des choses qui se consomment par l'usage qu'on en fait, suivant leur destination, si ce n'est en l'appliquant aux choses de même nature qui les remplacent successivement?

Du reste, l'art. 524, C. civ., nous offre lui-même plusieurs autres exemples de ce genre, notamment les lapins des garennes, les pigeons des colombiers, les ruches à miel, les poissons des étangs, qui, pendant toute la durée du bail, ne sont certainement pas ceux que le propriétaire avait placés sur son fonds, et ne cessent pourtant pas un seul instant d'être immeubles par destination.

L'arrêt de Rouen frappé de pourvoi et cassé porte que, si le bailleur eût été propriétaire des pailles récoltées par son fermier, lui seul aurait dû en supporter la perte par application de la maxime *res perit domino*.

Ce principe, nous l'admettons, mais en cas d'incendie, le législateur y a dérogé, et l'art. 1733, C. civ., en met la responsabilité à la charge du locataire, s'il ne fait pas la preuve qui peut l'exonérer.

Ce n'est point seulement le côté juridique de cet arrêt de Rouen qui prêtait à la critique; dans la pratique, sa doctrine aurait abouti à des conséquences désastreuses par l'épuisement du sol, faute de ménager suffisamment les éléments nécessaires à sa reconstitution; en tout cas, elle aurait eu pour résultat d'enrichir le preneur aux dépens de son bailleur.

D'accord avec la Cour de cassation, nous n'hésitons pas à faire

— « La Cour : — Attendu que Noury tenait à bail une ferme appartenant à James Levavasseur; qu'aux termes des art. 3 et 4 du bail, le preneur était tenu de laisser, à la fin de sa jouissance, toutes les pailles provenant de la ferme; que ce bail a pris fin le 29 sept. 1879; que le 20 oct., un incendie a détruit une meule contenant environ 4,800 gerbes de paille de blé; que cette meule était placée dans les champs, et qu'il n'est allégué aucun fait duquel on puisse induire la responsabilité de Noury; — Attendu que ce dernier ayant fait assurer ses récoltes à la Compagnie d'assurance *l'Ancienne Mutuelle*, l'indemnité à lui due pour ce sinistre a été fixée à l'amiable à 1,296 francs; — Attendu que Levavasseur a fait pratiquer une saisie-arrêt sur cette somme, et a demandé au tribunal que Noury fût condamné, sous une contrainte de 1,296 francs, à rétablir sur les fermes les pailles que l'incendie a dévorées, et que la saisie-arrêt pratiquée entre les mains de la Compagnie fût déclarée valable; que le tribunal a déclaré bien fondés ces deux chefs de demande; — Attendu qu'à l'appui de sa solution, le tribunal prétend que les pailles dont il s'agit étaient immeubles par destination, aux termes de l'art. 524, C. civ., et que, par conséquent, Levavasseur en était propriétaire; — Attendu que si cette propriété existait, en effet, au profit de ce dernier, il ne pourrait rien réclamer de son fermier; que Levavasseur seul devrait supporter la perte, en vertu du principe : *Res perit domino;* mais que l'art. 524, C. civ., n'est pas applicable aux faits de la cause; qu'en effet, ces pailles n'avaient pas été placées par le propriétaire du fonds pour le service et l'exploitation de ce fonds; qu'elles provenaient d'une récolte appartenant à Noury, qui seulement était obligé de les laisser à la fin de sa jouissance, soit en nature, soit converties en fumiers, mais que cette obligation ne l'empêchait pas d'en être propriétaire; qu'en d'autres termes, il était débiteur d'un corps certain et déterminé; — Attendu qu'aux termes de l'art. 1302, C. civ., lorsque le corps certain déterminé qui était l'objet de l'obligation vient à périr, l'obligation est éteinte s'il a péri sans la faute du débiteur; qu'il suit de là que l'obligation imposée par le bail à Noury s'est trouvée éteinte par la destruction, sans aucune faute de sa part, des pailles qui en faisaient l'objet, etc.; — Par ces motifs : — Réformant; — Dit et juge, que Noury, obligé par son bail d'engranger et de consommer les pailles excrues sur la ferme, ne peut être tenu de remplacer à prix d'argent celles qui se trouveraient détruites par cas fortuit. »

Pourvoi en cassation par Levavasseur, pour violation des art. 424 et 1733, C. civ.

ARRÊT.

LA COUR : — Sur le premier moyen : — Vu les art. 524 et 1733, C. civ.; — Attendu qu'il est établi en fait, par l'arrêt attaqué de la Cour de Rouen, que Noury, fermier de Levavasseur, était tenu, par son bail, de laisser à la fin de sa jouissance toutes les pailles provenant de la ferme; qu'il suit de là que ces pailles étaient immeubles par destination, sans qu'il y ait lieu de distinguer entre celles qui avaient été placées sur le fonds par le propriétaire, pour le service et l'exploitation de ce fonds, au moment de l'entrée en jouissance du fermier, et celles qui étaient ultérieurement provenues d'une récolte appartenant au fermier; — Attendu que ces pailles faisant partie de l'immeuble loué, le fermier était responsable de l'incendie, et ne pouvait se décharger de cette responsabilité qu'en faisant la preuve exigée par l'art. 1733, C. civ.; — Attendu que cette preuve n'a pas été faite, et que, si l'arrêt attaqué déclare qu'il n'a été allégué aucun fait duquel on puisse induire la responsabilité du fermier, cette déclaration est insuffisante, et ne remplit pas les conditions spécifiées par la loi; — D'où il suit qu'en déchargeant Noury de l'obligation de remplacer les pailles consumées par l'incendie, et en annulant la saisie-arrêt pratiquée par Levavasseur sur l'indemnité due au fermier par la Compagnie d'assurance *l'Ancienne Mutuelle*, à raison de l'incendie desdites pailles, l'arrêt attaqué a violé les dispositions susvisées; — Sans qu'il soit besoin de statuer sur le second moyen du pourvoi : — Casse, etc.

MM. Goujet, prés.; Dareste, rapp.; Charrins, 1er av. gén. (concl. conf.); Bosviel et Michaux-Bellaire, av.

CASS.-CRIM. 11 novembre 1882 (DEUX ARRÊTS).

AFFICHES, AFFICHES ÉLECTORALES, APPOSITION, LACÉRATION PARTIELLE, ENLÈVEMENT, USUFRUITIER, CURÉ, DESSERVANT, JOUISSANCE (DR. DE), PRESBYTÈRE.

La lacération partielle d'une affiche électorale qui, n'ayant porté que sur une minime étendue de l'affiche et sur une partie insignifiante, ne l'a en aucune façon rendue illisible et a laissé intact son contexte, ne tombe pas sous l'application de l'art. 17 de la loi du 29 juill. 1881 (1) (L. 29 juill. 1881, art. 17, § 1). — 1re espèce.

La faculté de lacérer ou d'enlever les affiches électorales apposées sur un immeuble appartient à l'usufruitier qui a sur cet immeuble un droit exclusif de jouissance, comme au propriétaire lui-même (2) (C. civ., 578; L. 29 juill. 1881, art. 17, § 3) (Motifs). — 2e espèce.

La même faculté appartient aux curés et desservants, investis sur les presbytères d'un droit spécial de jouissance équivalent à celui de l'usufruitier (3) (LL. 18 germ. an X, art. 72 et 74; 29 juill. 1881, art. 17, § 3). — Ibid.

---

des pailles, même celles récoltées par le fermier, à n'importe quelle période du bail, comme les lapins, pigeons, ruches à miel et poissons, la propriété exclusive du bailleur; elles sont immeubles par destination, et quand elles viennent à être détruites par un incendie, le fermier est responsable de leur perte, dans les termes de l'art. 1733, C. civ. *Sic,* Troplong, *Louage,* t. II, n. 666 et 780; Demolombe, *Distinct. des biens,* t. I, n. 236 et 249.

Il a été jugé, conformément à ces principes, que les créanciers du fermier ne peuvent faire saisir sur lui les pailles et fumiers destinés à l'exploitation du domaine : Douai, 12 avril 1848 (S. 49. 2. 671. — P. 48. 1. 326. — D. 50. 2. 261).

On a voulu pousser plus loin, trop loin, les conséquences du droit de propriété du bailleur sur les pailles récoltées par son fermier, et il a été décidé que, si ce dernier en détournait, il commettait le délit d'abus de confiance; la Cour suprême a cassé (V. arrêt, 23 juill. 1846, Pand. chr.). — Il a été jugé encore que, si des récoltes sur pied sont détruites ou détériorées par la grêle, le bailleur a droit à une part proportionnelle de l'indemnité due au fermier par la Compagnie assureur de ses récoltes. Mais cette décision a été infirmée par arrêt de Paris, du 6 déc. 1877 (Pand. chr.).

(1) Cette solution est justifiée par les termes mêmes de l'art. 7, § 1, de la loi du 29 juill. 1881, qui ne punit la lacération ou l'altération des affiches que lorsqu'elles ont été opérées « de manière à travestir les affiches ou à les rendre illisibles ». — On peut se demander si c'est là une protection suffisante, et si le respect dû à toute affiche, en temps de période électorale, par les citoyens, n'aurait pas dû conduire le législateur, dans l'intérêt de la libre manifestation des opinions, à réprimer la moindre atteinte, l'altération la plus insignifiante en cette matière, car autrement où est la limite, où est la garantie? Ce sont là de ces questions qu'il faut soustraire à l'appréciation du juge. Les intentions sont toujours honnêtes. Mais les passions n'abdiquent point; elles agissent en dessous, et peuvent faire dévier les raisons les plus droites.

(2-3) Le propriétaire a le droit de faire enlever les affiches électorales apposées sur son immeuble (L. 29 juill. 1881, art. 17, § 3). Et ce droit lui a été reconnu, alors même que l'immeuble serait occupé par des locataires et que ces derniers auraient

1re Espèce. — (Le Corr.) — ARRÊT.

LA COUR : — Attendu que le procès-verbal dressé par la gendarmerie se bornait à constater qu'une affiche électorale, apposée sur un mur appartenant à la femme Pennanguer et se rapportant à la candidature de M. Hénon, avait été partiellement lacérée par le sieur Le Corr; — Attendu qu'il résulte du jugement attaqué que la lacération imputée à l'inculpé et avouée par lui n'a porté que sur une minime étendue de l'affiche et sur une partie insignifiante; qu'elle ne l'a en aucune façon rendue illisible et a laissé intact son contexte; qu'en relaxant, dans ces circonstances, l'inculpé des fins de la prévention, le jugement attaqué, loin d'avoir violé l'article de la loi susvisée, en a fait, au contraire, une juste et exacte application; — Rejette, etc.

MM. Baudouin, prés.; Camescasse, rapp.; Tappie, av. gén.

2e Espèce. — (Bergerat.) — ARRÊT.

LA COUR : — Sur le moyen tiré de la violation de l'art. 17, § 3, de la loi du 29 juill. 1881 : — Vu ledit article, lequel est ainsi conçu : « Seront punis d'une amende de 5 à 15 francs ceux qui auront enlevé, déchiré, recouvert ou altéré par un procédé quelconque, de manière à les travestir ou à les rendre illisibles, des affiches électorales émanant de simples particuliers, apposées ailleurs que sur les propriétés de ceux qui auront commis cette altération ou lacération » ; — Attendu que de cette disposition de loi il résulte que les propriétaires ont le droit d'interdire l'apposition sur leurs immeubles des affiches électorales émanant de simples particuliers, et, en cas d'apposition opérée, de les faire enlever ; — Attendu que ce même droit appartient évidemment à l'usufruitier, investi du droit de jouir exclusivement de l'immeuble qui en est grevé, comme le propriétaire lui-même, et qu'il peut, comme celui-ci, faire respecter son droit propre contre les faits qui en troublent la jouissance ; — Attendu que, si les presbytères constituent des propriétés communales, la loi concède aux curés et desservants, sur ces immeubles, sinon un droit ayant tous les caractères légaux d'un usufruit, du moins un droit spécial de jouissance qui en est équivalent; — Attendu, dès lors, que l'abbé Bergerat, desservant de la commune de la Cellette, a eu le droit d'enlever les affiches électorales apposées sur le presbytère, qu'il occupe d'une façon privative; que le relaxe prononcé par le jugement attaqué est pleinement justifié; — Rejette, etc.

MM. Baudouin, prés.; Etignard de la Faulotte, rapp.; Tappie, av. gén.

---

donné leur consentement à l'apposition des affiches. V. Cass., 20 janv. 1883 (Pand. chr.), et la note.

L'usufruitier a la même faculté, car l'usufruit est un démembrement de la propriété, un droit réel, et l'usufruitier a des droits égaux à ceux du propriétaire, en ce qui concerne la jouissance de l'immeuble et tout ce qui peut affecter cette jouissance (C. civ., 578).

Les curés et desservants ne sont pas propriétaires des presbytères; ils n'en sont pas usufruitiers. N'ayant ni l'une ni l'autre de ces qualités, ils ne sauraient prétendre à l'exercice d'un privilège exceptionnel expressément réservé aux seuls propriétaires et étendu aux usufruitiers par un développement normal, régulier, des principes généraux du droit.

Il importe peu que sous certains côtés la jouissance des curés sur les presbytères ait été assimilée à un usufruit (V. notamment Cass., 4 févr. 1879, S. 81. 1. 305. — P. 81. 1. 1028. — D. 79. 1. 221), si ce n'est plus identiquement le même droit.

Dans des matières qui présentent avec celle de notre espèce des analogies frappantes, le caractère de l'usufruit n'a pas été reconnu à la jouissance des curés. Autrement, il serait difficile, impossible même d'expliquer et de justifier les solutions de la jurisprudence. Ainsi il a été décidé, et il est aujourd'hui hors de controverse que les curés ne peuvent ni s'opposer à l'apposition de drapeaux sur les murs extérieurs des presbytères le jour de fête nationale, ni les enlever ou les faire enlever une fois qu'ils ont été apposés : Cass., 31 mars et 9 juin 1882 (Pand. chr.); 7 déc. 1883 (Pand. chr.); Trib. des conflits, 15 déc. 1883 (Pand. chr.), et les notes. — Supposons un droit d'usufruit, et ces décisions constituent une usurpation du droit de propriété ou de l'un de ses démembrements, ce qui est tout un.

Autre exemple qui nous rapproche encore plus de l'affaire actuelle. Il a été jugé que la jouissance *sui generis* des curés sur les presbytères ne met point obstacle à ce que l'autorité municipale, procédant en vertu du droit de propriété de la commune, et après l'accomplissement des formalités prescrites par la loi, fasse apposer à l'extérieur des presbytères les affiches des lois et autres actes de l'autorité; qu'en conséquence, le curé qui a enlevé ou lacéré des affiches apposées par ordre de l'autorité administrative sur le portail du presbytère, ne peut être relaxé des poursuites dirigées contre lui par le motif *qu'il n'a fait qu'user du droit qui lui appartient de se préserver contre toute atteinte à sa jouissance exclusive* : Cass., 16 févr. 1883 (Pand. chr.). — Ici encore la solution ne serait plus conciliable avec la reconnaissance, au profit des curés, d'une jouissance entière, absolue, sans partage.

Au surplus, le seul droit du desservant, quel est-il? C'est de jouir du presbytère comme habitation et du jardin y attenant, lorsqu'il en existe un. De quelle utilité peuvent être pour lui les murs extérieurs du presbytère? D'aucune. Il n'en peut tirer nul profit. Or, c'est la jouissance qui marque à la fois l'étendue et la limite de ce qu'il peut réclamer légitimement. Où est le trouble? Le desservant reçoit-il moins de jour, moins d'air? Y a-t-il encombrement, gêne, empiétement? C'est ce qui arriverait, par exemple, si les affiches étaient placardées contre les vitrages des fenêtres ou des portes, à l'intérieur de l'habitation ou du jardin. Mais ces hypothèses ne sont pas à prévoir; elles ne pourraient s'inspirer que d'un but de vexation, sans utilité pour personne à cause du caractère non public des lieux. Mais, encore une fois, le mur plein en bordure sur la rue, que peut en faire le curé? Rien. Cette partie du presbytère échappe à sa jouissance. C'est la commune qui reprend ses droits de propriétaire, qui en dispose à son gré ou laisse en disposer par qui bon lui semble. La commune pourrait louer la façade de ces murs pour des affiches industrielles ou commerciales. Le curé, incontestablement, ne saurait prétendre au même droit, ni même s'y opposer. Si donc la commune se trouve seule en face des citoyens, si cette partie de l'édifice, dans la propriété, dans l'utilité qu'elle peut fournir, est purement communale, il ne reste plus qu'un édifice public. La commune même, si elle n'a pas fait de ce mur un emplacement réservé à l'affichage des actes et documents administratifs, n'aurait aucun droit à l'effet d'empêcher les citoyens d'y placarder les professions de foi, circulaires et affiches électorales. L'art. 16 de la loi du 29 juill. 1881 permet, en effet, l'affichage *sur tous les édifices publics*; il n'en excepte que les *édifices consacrés au culte*. On ne saurait ranger dans cette dernière catégorie les presbytères.

Donc les curés ou desservants, qui n'ont ni droit de propriété ni droit de jouissance sur la façade extérieure des murs des presbytères, ne peuvent invoquer le bénéfice de la disposition exceptionnelle de l'art. 17, § 3, *in fine*, édictée en faveur des seuls propriétaires; s'ils lacèrent ou enlèvent en temps de période électorale les circulaires ou affiches qui s'y trouvent apposées, ils commettent un délit et s'exposent à une répression d'autant plus sévère qu'ils s'écartent de la tolérance qui est du rôle de leur ministère.

Il ne s'agit point ici d'une question de convenance, mais d'une question de droit. Malheureusement, dans les matières de cet ordre, des considérations qui n'ont rien de commun avec la raison juridique se substituent à celle-ci au point de la dominer, de l'annihiler. L'esprit n'a plus la même perspicacité, parce que la passion, ou pour nous servir d'une expression plus affaiblie, le sentiment, modifie les couleurs et déplace les difficultés.

Nous appelons à un nouvel examen du problème. La jurisprudence actuelle manque d'ensemble et d'harmonie. Il y a un effort à faire vers une unité de vue plus complète. Les décisions en matière d'apposition de drapeaux le jour de la fête nationale et d'affichage des lois et autres actes de l'autorité, ne laissent plus intacts les principes. Au fond, les situations sont identiques; les solutions doivent rester les mêmes. N'y a-t-il pas aussi, d'ailleurs, en jeu, un intérêt public de l'ordre le plus élevé, la nécessité d'assurer pleine franchise aux manifestations électorales d'où dépend, avec le meilleur choix du candidat, la liberté du vote? V. aussi sur l'ensemble de la question, nos observations jointes à Cass., 15 nov. 1884 (Pand. chr.), et 18 déc. 1885 (Pand. chr.).

CASS.-civ. 13 novembre 1882.

DOT, CONSTITUTION, ENGAGEMENT, SOLIDARITÉ, IMPUTATION, FAILLITE, SÉPARATION DE BIENS, COMMUNAUTÉ, RENONCIATION, RÉCOMPENSE, CONSIGNATION.

Lorsque deux époux, mariés en communauté, constituent une dot à un de leurs enfants, conjointement ou solidairement, en avancement d'hoirie et par imputation sur la succession du prémourant, cet enfant a, contre chacun d'eux personnellement, pour le payement de sa dot, une créance née et actuelle (1) (C. civ., 1438).

En vain soutiendrait-on que l'imputation devant être faite sur la succession du prémourant, il faut attendre l'ouverture de cette succession pour savoir lequel des époux sera débiteur de la dot. — Cette imputation conditionnelle ne faisant pas disparaître l'obligation prise par chaque époux de payer, de son vivant, la moitié ou la totalité de la dot suivant les éventualités (2) (C. civ., 1438).

En conséquence, si la dot a été acquittée par la communauté ou par l'un des époux, celui qui n'a pas payé sa part en est débiteur envers l'autre, jusqu'à l'arrivée du décès qui peut résoudre son obligation (3) (Id.).

Spécialement, *si la dot a été payée par le mari, soit sur ses biens propres, soit en valeur de communauté, et si, ledit mari étant déclaré en faillite, la femme obtient sa séparation de biens, le syndic de cette faillite peut lui demander, à titre de récompense, la part de la dot que son conjoint a avancée pour elle* (4) (C. civ., 1213 et 1438).

Mais, vu l'état de faillite, il y a lieu d'ordonner que cette part sera déposée à la Caisse des dépôts et consignations, pour être remise à qui de droit lors du décès du prémourant (5). — Résol. par le jugement.

(Veuve Pasquin c. syndic Pasquin.)

21 juin 1879, jugement du tribunal civil de Verdun ainsi conçu : — « LE TRIBUNAL : — Attendu que, par son jugement du 28 nov. 1878, le tribunal a prononcé la séparation de biens d'entre les époux Pasquin, et ordonné qu'il serait procédé aux opérations de liquidation, par le ministère de Mᵉ Gérard, notaire à Verdun; que la dame Pasquin a, par déclaration du 6 déc. 1878, renoncé à la communauté, et que le notaire a liquidé ses reprises et récompenses, selon procès-verbal du 10 déc. suivant; — Attendu que ce travail, contesté par le syndic de la faillite Pasquin, a été l'objet de quatre contredits, dont le seul actuellement en litige est celui par lequel le syndic reproche au notaire d'avoir établi le montant des reprises de ladite dame Pasquin, sans tenir compte des obligations qu'elle a contractées conjointement avec son mari pour doter ses enfants; — Attendu que les époux Pasquin, par trois contrats de mariage, aux dates des 26 juin 1867, 24 nov. 1874 et 17 nov. 1877, ont donné, soit conjointement, soit solidairement en dot la somme de 30,000 francs à chacun de leurs enfants, Catherine-Marie Pasquin et Marie-Louis-Victor Pasquin, et des immeubles non évalués à leur fils René-Ernest-Marie Pasquin; que ces constitutions ont été faites par imputation sur la succession du prémourant, et, s'il y a lieu, pour les deux dernières, sur celle du survivant; que les dots ont été payées, les deux

(1 à 5) Aucune disposition de loi n'oblige les parents à doter leurs enfants; mais lorsqu'ils croient devoir le faire, ils contractent une obligation qui prend naissance au mariage de l'enfant doté, et ce dernier peut, s'il n'y a pas de terme stipulé pour le payement, poursuivre chacun d'eux personnellement, pour le tout ou pour la moitié, suivant que leur engagement est solidaire ou conjoint; ils sont tenus aussi à la garantie de la dot promise et des effets constitués en dot (C. civ., 1440, 1547).

Il peut arriver, en cas de dot constituée conjointement, que chacun des parents acquitte immédiatement sa dette en en prélevant le montant sur sa fortune personnelle; alors, tout est définitivement réglé entre les époux; mais rarement on procède ainsi; la dot est payée, soit en valeurs de communauté, soit en valeurs propres à l'un des époux, soit de toute autre façon, et on stipule assez souvent qu'elle sera imputable, par avancement d'hoirie, soit en entier sur la succession du prémourant, soit d'abord sur cette succession et subsidiairement sur celle du survivant. De la sorte, on sauvegarde les intérêts pécuniaires de l'époux qui survivra; seulement, un règlement ultérieur sera nécessaire, et de là des difficultés possibles entre les époux ou leurs successions, et aussi entre les enfants.

Lorsque l'union conjugale dure jusqu'à la mort de l'un des époux, c'est alors que se fait l'imputation; mais, avant cette fin naturelle de l'association conjugale, il peut survenir tel événement qui entraînera la séparation de biens ou déterminera les juges à l'accorder à la femme, et, dans ces cas, il faudra bien procéder au règlement de la dot.

C'est ce qui s'est produit dans notre espèce, par suite de la faillite du mari. Les dots, constituées conjointement aux enfants communs, avaient été prélevées tant sur les biens du mari que sur ceux de la communauté; la femme avait renoncé à cette communauté qui, dès lors, appartenait au mari, et, lors de la liquidation rendue nécessaire par la séparation de biens, le syndic demandait à la femme le montant de sa part dans les dots.

Que prétendait-elle pour résister à cette demande? Que, d'après la clause d'imputation, il fallait attendre le décès de l'un des constituants; qu'alors, seulement, on saurait qui doit la dot, qui doit une récompense; qu'elle n'avait entendu engager que sa succession, qu'en un mot, elle ne s'était obligée que sous une condition suspensive, sous prédécès, et que si elle mourait la dernière, elle n'aurait jamais rien dû.

Nous avons fait ressortir plus haut qu'au regard des enfants dotés, elle était tenue au payement et à la garantie des dots; elle était donc obligée *hic et nunc*; à la vérité, en cas de survie, elle serait déchargée par la clause d'imputation, mais ce serait là un effet résolutoire; cette clause affectait la constitution dotale d'une condition résolutoire, et non d'une condition suspensive.

La doctrine et la jurisprudence sont unanimes sur ce point. V. Orléans, 24 mai 1848 (S. 50. 2. 145. — P. 48. 2. 57. — D. 48. 2. 185); Bourges, 29 juill. 1851 (S. 53. 2. 345. — P. 51. 2. 251. — D. 52. 2. 11); Paris, 6 nov. 1854 (S. 55. 2. 607. — P. 55. 1. 498); Rodière et Pont, *Contrat de mariage*, t. I, n. 107; Aubry et Rau, t. V, § 500, p. 226; Laurent, *Principes de droit civil*, t. XXI, n. 171.

Le mari ayant payé la part de sa femme, trouvait dans l'article 1251, C. civ., le droit de lui en demander le remboursement, à titre de récompense; seulement, vu l'état de la faillite, et la survie éventuelle de la femme devant faire disparaître son obligation, le tribunal a ordonné, comme le demandait d'ailleurs le syndic, que cette part serait déposée à la Caisse des consignations pour être remise à qui de droit au décès du prémourant. *Sic*, Bourges, 29 juill. 1851, précité.

Les décisions rapportées ne se sont pas préoccupées de la façon dont les clauses d'imputation étaient libellées dans les constitutions dotales des trois enfants. C'était inutile pour trancher le litige, mais cette circonstance pourra avoir son intérêt à l'avénement de la condition résolutoire, c'est-à-dire au décès du prémourant. Souvent alors, en pareil cas, il s'élève des contestations, non-seulement entre les enfants qui viennent à la succession, surtout si cette succession est obérée et que tous les enfants n'aient pas été dotés, mais encore entre ces héritiers et l'époux survivant.

C'est ainsi que les tribunaux ont été appelés à juger : — 1° Qu'en cas de dot constituée conjointement et solidairement, avec stipulation qu'elle s'imputera en entier sur la succession du prémourant, cette dot doit être rapportée intégralement : Cass., 3 juill. 1872 (Pand. chr.) : — *Contrà*, Paris, 10 août 1843, en sous-note sous l'arrêt de Cass., précité; — 2° Que, dans ce cas, l'ascendant survivant étant censé n'avoir rien donné, l'enfant doté ne peut lui réclamer la différence entre la somme rapportée et sa part héréditaire : Cass., 3 juill. 1872, précité; — 3° Que la dot, constituée par le père seul, en effets de communauté, n'engage pas la mère, si elle renonce à la communauté : Cass., 22 déc. 1880 (S. 81. 1. 321. — P. 81. 1. 774. — D. 81. 1. 156); — 4° Qu'alors même que la dot aurait été constituée conjointement, avec stipulation expresse qu'elle serait une charge de communauté, la mère en est affranchie si elle renonce à la communauté; Agen, 23 mai 1865 (Pand. chr.) : — *Contrà*, Paris, 6 juill. 1813, en sous-note sous l'arrêt d'Agen, précité; — 5° Que l'enfant doté par ses parents, conjointement et en avancement d'hoirie sur leurs successions futures, ne peut, même en cas d'engagement solidaire, recourir en garantie contre le survivant, si la moitié de la dot qu'il est tenu de rapporter à la succession du prédécédé, excède sa part héréditaire dans ladite succession : Amiens, 1ᵉʳ déc. 1875 (S. 77. 2. 39. — P. 77. 217); Aubry et Rau, t. V, § 500, texte *C*, p. 22.

premières en valeurs de communauté, l'autre en biens propres à Pasquin; — Attendu qu'en s'engageant conjointement à doter leurs enfants communs, les époux Pasquin ont contracté une obligation naturelle, personnelle à chacun d'eux, et étrangère à la communauté; qu'ils sont censés, conformément aux dispositions de l'art. 1438, C. civ., avoir doté chacun par moitié; — Attendu que la dame Pasquin soutient qu'elle ne s'est obligée que sous condition suspensive, et n'a voulu engager que sa succession; — Mais attendu qu'aux termes des contrats, la constitution des dots est actuelle de la part des père et mère; que la clause d'imputation ne régit que l'avenir, et ne doit se réaliser qu'au décès de l'un des deux époux; qu'alors seulement, elle aura pour effet de résoudre l'obligation du survivant, et de faire reporter la totalité de la dot sur la succession du prémourant; que provisoirement, et jusqu'à l'avénement du prédécès, condition prévue par les parties, les époux Pasquin, tant qu'ils vivent l'un ou l'autre, et que le débiteur définitif est incertain, demeurent soumis au droit commun, et sont tenus entre eux de supporter également les charges des dots qu'ils ont constituées conjointement; — D'où il suit que le sieur Pasquin, et la communauté dont il est propriétaire, ont acquitté la moitié desdites dots à la décharge de la femme, qui en doit récompense; — Attendu qu'il y a lieu toutefois de prendre les mesures nécessaires pour assurer à la dame Pasquin le retour de la somme dont elle sera actuellement reconnue débitrice, pour le cas où elle serait affranchie par le prédécès de son mari; qu'il y a lieu de donner acte au syndic de sa déclaration qu'il n'entend faire aucune distinction entre le principal et les intérêts; — Par ces motifs : — Ordonne que la dame Pasquin devra récompense de la moitié des trois dots qu'elle a consenties conjointement avec son mari, et qui ont été payées, soit en deniers de communauté, soit en biens propres du mari; — Ordonne que le montant de la somme à laquelle s'élèvera l'indemnité sera déposé à la Caisse des dépôts et consignations, pour être remis à qui de droit, lors du prédécès de l'un ou de l'autre des constituants; — Donne acte au syndic de la déclaration qu'il fait, qu'il a toujours entendu que les intérêts resteraient consignés avec le capital jusqu'au jour du remboursement à faire par la Caisse des consignations, à qui de droit, etc. »

Sur appel, 31 déc. 1880, arrêt confirmatif de la Cour de Nancy, ainsi conçu : — « La Cour : — Attendu que les époux Pasquin se sont mariés le 15 mars 1846, sous le régime de la communauté réduite aux acquêts; qu'un jugement du 26 nov. 1878 a prononcé la séparation de biens contre le mari, déclaré en état de faillite le 3 oct. précédent, et qu'à la date du 5 déc. suivant, la femme a renoncé purement et simplement à la communauté; — Attendu qu'antérieurement à la séparation de biens, le mari avait acquitté, soit avec ses immeubles propres, soit avec des deniers communs, trois dots que sa femme et lui, par trois actes successifs, avaient constituées tantôt solidairement, tantôt conjointement au profit de leurs trois enfants; — Attendu que le premier contrat de mariage stipulait, en termes formels, que la constitution était faite, en avancement d'hoirie à imputer antérieurement sur la succession du premier mourant; — Attendu que les deux autres contrats reproduisaient la même clause, mais en ajoutant que l'imputation au besoin aurait lieu subsidiairement sur la succession du survivant; — Attendu que, dans ces circonstances, le tribunal de Verdun, sur la demande du syndic de la faillite, a décidé que, conformément à l'art. 1438, C. civ., les époux Pasquin, en constituant des dots à leurs enfants, avaient chacun par moitié contracté des engagements personnels; que chacun d'eux était obligé, non pas sous une condition suspensive, celle de son prédécès, mais sous une condition résolutoire, celle de sa survie; que, provisoirement, la dette existait donc à la charge de tous deux, jusqu'à l'ouverture de la succession du premier mourant, cet événement seul pouvant faire connaître le débiteur définitif; — Attendu, en conséquence, que le tribunal a considéré la dame Pasquin, par suite de sa renonciation à la communauté, comme devant dès à présent récompense à son mari pour la moitié payée à sa décharge; — Attendu que l'appelante conclut à la réformation de ce jugement, par le motif qu'il ne s'agit pas au procès d'une constitution de dots effectuée dans les termes de l'art. 1438; que la clause d'imputation produit des résultats juridiques tout différents, et que, de la part de la communauté, il y a simplement, dans l'espèce, une avance faite aux enfants dotés, avance remboursable seulement sur la succession du prémourant, de telle sorte que celui-ci se trouvera, par l'effet rétroactif de la condition accomplie, avoir toujours dû la somme entière, tandis que le survivant, au contraire, n'aura jamais rien dû; — Mais attendu qu'il n'est pas contestable, et la dame Pasquin elle-même le reconnaît implicitement dans ses conclusions, qu'en vertu des trois contrats de mariage, et malgré la clause d'imputation, les enfants dotés avaient pour le payement de leurs dots une créance née et actuelle contre chaque époux personnellement; qu'à leur égard et sur leur demande, la dame Pasquin aurait donc été, comme son mari, immédiatement obligée au moins pour moitié; — Attendu que le payement intégral opéré entre leurs mains a eu pour conséquence de subroger légalement le sieur Pasquin à leur créance *née et actuelle* contre sa femme; qu'en effet, l'art. 1251, C. civ., s'exprime ainsi : « La subrogation a lieu de plein droit au profit de celui qui, étant tenu avec d'autres ou pour d'autres au payement de la dette, avait intérêt de l'acquitter »; — Attendu que, dans le premier contrat de mariage, stipulant entre les époux Pasquin la solidarité, le mari, selon le principe général de l'art. 1213, était tenu avec sa femme de la moitié de la dette qui incombait personnellement à celle-ci; — Attendu que, dans les deux autres contrats, et même en l'absence de solidarité, il était tenu encore, non plus *avec*, mais *pour* sa femme, en sa qualité de chef de la communauté, et par application de l'art. 1419, ainsi conçu : « Les créanciers peuvent poursuivre le payement des dettes que la femme a contractées avec le consentement du mari, tant sur tous les biens de la communauté que sur ceux du mari, etc. »; — Attendu que l'intérêt de Pasquin à acquitter, comme il l'a fait, la dette dont il était tenu avec ou pour l'appelante, ne saurait être nié; que l'art. 1251 lui a donc conféré, dès le jour du payement, et par une subrogation légale, sauf pour lui à s'en prévaloir seulement lors de la dissolution de la communauté, tous les droits que l'on reconnaît avoir existé contre la dame Pasquin, et dans l'intérêt des enfants, en vertu des contrats de mariage eux-mêmes; — Attendu que la clause d'imputation, destinée simplement à régler pour l'avenir la situation résultant du prédécès de l'un des époux, n'a pu avoir pour but d'enlever au mari le bénéfice de l'art. 1251; que le jugement attaqué doit, par conséquent, être confirmé sur ce chef; — Par ces motifs : — Confirme, etc... »

Pourvoi en cassation par Mme veuve Pasquin. — *Moyen unique*. Violation des art. 1132, 1168 et 1181, C. civ., fausse application de l'art. 1438 du même Code, en ce que l'arrêt a condamné la femme séparée et renonçante à rapporter à la communauté des dots payées par celle-ci, alors que la femme n'était obligée au remboursement que sous une condition qui n'était pas accomplie.

ARRÊT (*après délib. en ch. du cons.*).

LA COUR : — Sur le moyen unique du pourvoi : — Attendu que, par contrats de mariage en date du 26 juin 1867, du 24 nov. 1874 et du 17 nov. 1877, les époux Charles-Nicolas Pasquin et Catherine-Delphine Legendre, mariés sous le régime de la communauté réduite aux acquêts, ont, soit conjointement, soit solidairement, constitué en dot : 1° à leur fille Marie-Catherine Pasquin une somme de 50,000 francs et un trousseau de 3,000 francs; 2° à leur fils Marie-Victor Pasquin une somme de 50,000 fr.; 3° à leur fils Marie-Ernest Pasquin une ferme au territoire de Dugny et une rente égale à la différence entre le revenu de cet immeuble et la somme de 2,500 francs, lesdites constitutions de dots faites par lesdits époux Pasquin en avancement d'hoirie, et par imputation sur la succession du premier mourant; — Attendu que de ces stipulations il résulte que les enfants Pasquin avaient, pour le payement de leurs dots, une créance née et actuelle contre chacun des constituants personnellement; — Attendu que l'imputation conditionnelle de la totalité de ces dots sur la succession du premier mourant n'a point fait disparaître l'obligation prise par chacun des époux d'en payer de son vivant, soit le tout quand l'engagement a été solidaire, soit la moitié quand il a été pris conjointement; que, dès lors, au cas de payement de la totalité des dots par la communauté ou par l'un des deux époux, celui qui n'a point payé sa part dans la dot constituée en est, jusqu'à l'avénement de la condition qui peut résoudre son obligation, débiteur envers celui par lequel elle a été acquittée; — Et attendu qu'il est constaté en fait que les dots constituées aux enfants Pasquin leur ont été payées en valeurs de la communauté ou du mari; que Pasquin père a depuis été déclaré en faillite, et que la dame Pasquin a renoncé à la communauté; — Attendu qu'en décidant, dans ces circonstances, que la dame Pasquin doit récompense de la moitié des trois dots qu'elle a constituées conjointement avec son mari, l'arrêt attaqué n'a ni faussement appliqué l'art. 1438, C. civ., ni violé les autres dispositions de la loi invoquées par le pourvoi; — Rejette, etc.

MM. Mercier, 1er prés.; Onofrio, rapp.; Desjardins, av. gén. (concl. conf.); Bosviel et Mimerel, av.

CASS.-CIV. **14 novembre 1882.**

INSCRIPTION HYPOTHÉCAIRE, RENOUVELLEMENT, VENTE VOLONTAIRE, PURGE, NOTIFICATION, SURENCHÈRE, ORDRE, ÉTAT D'INSCRIPTION, OMISSION, PRIX, PRÉFÉRENCE (DR. DE).

Dans le cas d'une adjudication sur conversion de saisie immobilière, l'obligation de renouveler les inscriptions hypothécaires cesse du jour où, par l'accomplissement des formalités de transcription et de notifications, et par l'expiration du délai de surenchère, l'immeuble est aux mains de l'adjudicataire affranchi du droit de suite; les hypothèques ne portant plus alors que sur le prix à distribuer, l'effet d'un tel changement est de fixer définitivement, entre les créanciers inscrits, les rangs de préférence (1) (C. civ., 2154, 2183 et suiv.).

Si, par l'omission de son inscription dans l'état délivré sur transcription par le conservateur, le créancier est privé, au regard de l'adjudicataire, du droit de surenchère et de tout droit de suite, il n'en conserve pas moins, vis-à-vis des autres créanciers ayant reçu notification du contrat, le droit de se

(1) La jurisprudence et la doctrine reconnaissent qu'en matière de vente volontaire, le renouvellement d'une inscription hypothécaire cesse d'être obligatoire dès que le droit réel du créancier se trouve converti en un droit sur le prix.

Mais à partir de quel moment précis l'inscription a-t-elle produit son effet légal? C'est là que commence le désaccord. On ne compte pas moins de cinq systèmes.

1er Système. — Le renouvellement cesse d'être obligatoire, dès le jour des notifications.

En effet, dit-on, à ce moment-là, les créanciers ont l'acquéreur pour obligé, en vertu d'un quasi-contrat formé par l'offre de son prix; leurs droits sont assurés sur ce prix; il n'y a pas à se préoccuper de l'éventualité ou même de l'exercice de la surenchère, laquelle ne fait que substituer un nouvel acquéreur au premier, et augmente le gage commun. *Sic*, Paris, 21 févr. 1825; Lyon, 16 févr. 1830; Dijon, 13 août 1855 (deux arrêts) (S. 55. 2. 618. — P. 56. 1. 404. — D. 56. 2. 101); Cass., 20 mars 1831 (S. 31. 1. 343. — P. chr.); 21 mars 1848 (S. 48. 1. 273. — D. 48. 1. 117); 19 juill. 1858 (S. 59. 1. 25. — P. 59. 494. — D. 58. 1. 345); 15 nov. 1876 (S. 76. 1. 216. — P. 76. 519).

2e Système. — Si les notifications ne sont pas suivies de surenchère, c'est à partir du jour où elles ont été faites que le renouvellement n'est plus obligatoire; mais s'il y a surenchère, la dispense ne date que de la nouvelle adjudication.

Dans ce système, on argumente ainsi : l'offre de payer ne suffit pas, il faut qu'elle soit acceptée; elle est faite sous cette condition, et, si cette condition se réalise, l'effet en rétroagit au jour de l'offre; s'il y a surenchère, il faut attendre la nouvelle adjudication. Ce système ne diffère du précédent qu'en cas de surenchère. *Sic*, Grenoble, 12 mai 1824; Paris, 24 mars 1860 (S. 60. 2. 235. — P. 60. 922).

3e Système. — Alors même qu'il n'y aurait pas de surenchère, la dispense de renouvellement ne date que du jour de l'expiration du délai pour surenchérir.

Ici, on n'admet pas d'effet rétroactif à l'acceptation de l'offre. — S'il y a surenchère, comme dans le système précédent. V. Toulouse, 30 juill. 1835 (S. 36. 2. 156); Paris, 16 janv. 1840 (S. 40. 2. 129); Bourges, 20 nov. 1852 (P. 52. 2. 651. — D. 56. 2. 27); Colmar, 27 avril 1853 (S. 53. 2. 572. — P. 54. 2. 30. — D. 55. 2. 338); Pont, *Privil. et hypoth.*, n. 1060.

4e Système. — Ce n'est qu'à partir de la production des titres à l'ordre que les créanciers sont affranchis de l'obligation de renouveler leurs inscriptions.

C'est, en effet, le moment où ils doivent faire usage de leurs inscriptions. V. en ce sens, Merlin, *Rép.*, v° *Inscript. hypoth.*, § 8 *bis*, n. 6. V. aussi Lyon, 17 août 1822 (D., *Jurispr. gén.*, v° *Priv. et hyp.*, n. 1687-1°); Bordeaux, 17 mars 1828.

5e Système. — Il faut non-seulement que les créanciers aient produit, mais encore qu'ils aient reçu leurs bordereaux de collocation. Dalloz, *op. cit.*, v° *Priv. et hypoth.*, n. 1678 et 1683.

Ces deux derniers systèmes étant fondés sur ce que l'inscription est encore susceptible de produire effet après l'adjudication qui suit la surenchère, il nous semble que, pour être logique, leurs partisans devraient aller plus loin et dire : Tant qu'il n'y a pas eu payement, les priviléges et hypothèques continuent à subsister; l'article 2186, C. civ., est formel à cet égard; par conséquent, c'est seulement par le payement effectif ou par la consignation que les inscriptions cessent d'avoir leur utilité. Ces systèmes n'ont guère trouvé d'appui dans la jurisprudence.

Les deuxième et troisième ont un grave inconvénient; ils mettent dans l'embarras les créanciers dont les inscriptions arriveront à brève échéance après les notifications.

Ces inscriptions doivent-elles ou non être renouvelées? Cela dépendra de tel événement qui surviendra ultérieurement.

A notre sens, il est inadmissible que le législateur ait voulu placer les créanciers dans une pareille incertitude. Nous préférons de beaucoup le premier système, celui adopté jusqu'ici par la Cour suprême; il a l'avantage d'être net, précis, et d'avoir un point de repère fixe et invariable.

Il est presque inutile de faire remarquer que les trois premiers systèmes n'ont d'application possible qu'entre l'acquéreur qui a notifié son contrat et les créanciers inscrits du chef du vendeur. Or, il peut arriver que ni l'acquéreur, ni le surenchérisseur ne tiennent leurs engagements; de là, nécessité de les déposséder. Les nouveaux acquéreurs peuvent, avant de payer leur prix, concéder des hypothèques de leur propre chef. Que devra-t-il se passer si le défaut de renouvellement par les créanciers du vendeur originaire est invoqué par les sous-acquéreurs, par leurs créanciers inscrits? V. à ce sujet, Cass., 29 juill. 1828 (Pand. chr.); 21 mars 1848, précité; Bordeaux, 31 juill. 1882 (S. 84. 2. 141. — P. 84. 1. 743). — Mais ce sont là des cas exceptionnels.

L'arrêt que nous rapportons ci-dessus semble se rattacher par les motifs au troisième des systèmes exposés. Doit-on en induire que la Cour de cassation a voulu déserter sa doctrine?

Nous ne le pensons pas. Dans l'espèce, il n'y avait pas eu de surenchère, et l'inscription litigieuse ne tombait en péremption qu'après l'expiration du délai accordé pour surenchérir; l'arrêt frappé de pourvoi avait décidé que le créancier n'avait pas eu à renouveler son inscription. La Cour de cassation n'était donc pas appelée à dire si la dispense de renouvellement daterait des noti-

faire colloquer, suivant son rang, sur le prix, tant que ce prix n'a pas été payé par l'acquéreur, ni distribué par voie d'ordre (1) (C. civ., 2198).

(Guimaraës et consorts c. Moran.)

12 juill. 1880, arrêt de Bordeaux ainsi conçu : « — LA COUR : — Attendu que l'inscription prise, le 18 janv. 1863, par Moran, sur les biens dont le prix est à distribuer, était valable sans renouvellement jusqu'au mois de déc. 1873, à raison du délai de prorogation résultant des décrets du gouvernement de la Défense nationale et de la loi du 26 mai 1871 ; qu'elle n'était périmée ni le 19 juin 1873, date de la transcription du procès-verbal d'adjudication au profit de Mousseron, ni le 3 oct. 1873, lors de la notification faite par l'adjudicataire aux créanciers inscrits portés par l'état délivré par le conservateur des hypothèques, ni le 13 nov. 1873, époque où le droit de surenchère s'est trouvé éteint ; — Attendu que c'est à tort que l'inscription qui garantissait la créance de Moran n'a pas figuré sur l'état délivré, après la transcription, par le conservateur des hypothèques ; mais que si, par suite de cette omission, la notification prescrite par la purge ne lui a pas été faite, il n'en a pas moins le droit d'être colloqué dans l'ordre, au rang que son inscription devait lui assurer ; — Attendu, en effet, que cette inscription avait produit tout son effet à partir du jour où le délai de la surenchère était expiré ; que, dès ce moment, le droit qu'elle conférait à Moran avait changé de nature ; qu'elle ne lui donnait plus un droit de suite sur l'immeuble dont la propriété était définitivement acquise à l'adjudicataire, mais un droit de préférence sur le prix qui devait être distribué aux créanciers ; qu'elle n'était donc plus sujette à renouvellement lorsqu'elle s'est trouvée périmée dans le mois de déc. 1873 ; — Attendu, d'autre part, que l'effet de la notification est absolu ; qu'elle affranchit l'immeuble entre les mains du nouveau possesseur, sans qu'il y ait lieu de distinguer entre les créanciers à qui la notification a été faite et ceux à l'égard desquels elle n'aurait point eu lieu, parce qu'ils n'étaient pas compris dans l'état hypothécaire ; — Attendu, dès lors, que c'est à bon droit que Moran demandait à être colloqué par préférence à la dame Guimaraës ; qu'il y a lieu de réformer le jugement qui a rejeté sa demande. »

Pourvoi en cassation par les époux Guimaraës, pour violation des art. 2154, 2167, 2183 et suiv., C. civ., ainsi que de l'art. 2198 du même Code, en ce que l'arrêt attaqué a colloqué Moran par préférence aux époux Guimaraës, bien que les notifications prescrites par la purge ne lui eussent pas été faites par la faute du conservateur, et que son inscription eût été périmée faute de renouvellement dans le délai légal.

ARRÊT.

LA COUR : — Sur le moyen unique du pourvoi : — Attendu que l'arrêt attaqué constate que l'inscription prise par Moran, le 18 janv. 1863, était, par suite des délais de prorogation résultant des décrets du gouvernement de la Défense nationale et de la loi du 26 mai 1871, valable, sans renouvellement, jusqu'au mois de déc. 1873 ; que, d'autre part, le procès-verbal d'adjudication des biens dont le prix est à distribuer a été transcrit le 19 juin 1873 ; que les notifications ont été faites à la requête de l'adjudicataire, le 3 oct. suivant, aux créanciers inscrits portés sur l'état délivré par le conservateur des hypothèques, et que le délai pour l'exercice du droit de surenchère expirait le 13 nov. de ladite année 1873 ; — Attendu que, à cette dernière date du 13 nov., l'immeuble dont le prix avait fait l'objet des notifications était aux mains de l'adjudicataire, affranchi du droit de suite ; qu'à partir de ce moment, les hypothèques ne portaient que sur le prix à distribuer, et que ce changement a eu pour effet de fixer définitivement entre les créanciers les rangs de préférence ; que le renouvellement des inscriptions a, dès lors, cessé d'être nécessaire ;

Attendu que l'inscription de Moran, qui n'était pas périmée au 13 nov., n'était pas plus que les autres soumise au renouvellement ; que, si cette inscription ayant été omise par le conservateur, dans l'état par lui délivré sur transcription, Moran était, aux termes de l'art. 2198, privé du droit de surenchère et de tout droit de suite au regard de l'adjudicataire, malgré le défaut de notification, il n'était pas pour cela privé de son rang de préférence sur le prix à l'égard des autres créanciers qui avaient reçu notification du contrat, ainsi qu'il résulte de la disposition finale dudit art. 2198 ; que l'arrêt constate qu'il a exercé son droit dans les conditions précisées par cette disposition ; que l'arrêt attaqué, en décidant, dans ces circonstances, qu'il devait être colloqué dans l'ordre à la date de son inscription, loin d'avoir violé les articles de loi invoqués au pourvoi, en a fait au contraire une juste application ; — Rejette, etc.

MM. Mercier, 1er prés. ; Manau, rapp. ; Charrins, 1er av. gén. (concl. conf.) ; Sabatier et Aguillon, av.

CASS.-CRIM. 18 novembre 1882.

ABUS DE CONFIANCE, COMMISSIONNAIRE, MANDAT, VENTE CONDITIONNELLE.

Il y a abus de confiance de la part du commissionnaire qui détourne au préjudice de son commettant des marchandises qui lui sont confiées pour être vendues au compte de ce commettant, et sans que la propriété lui en soit transférée ; le commissionnaire étant, dans ses rapports avec son commettant, un véritable mandataire (2) (C. pén., 408 ; C. com., 94).

Et il en est ainsi alors même que les marchandises auraient été, lors de la livraison qui en a été faite au commissionnaire, facturées d'après une certaine valeur estimative, si, dans l'intention des parties, cette estimation devait rester sans effet au point de vue de la transmission de la propriété et n'avait d'autre portée que de déterminer la quotité du salaire du commissionnaire formé de toute la différence entre cette estimation et le prix éventuel de vente ; un pareil mode de rémunération ne suffit pas, en effet, pour enlever au contrat intervenu le caractère de mandat et lui attribuer celui de vente à condition (3) (Id.).

---

fications ou de l'expiration du délai de surenchère. Ayant jugé jusque-là qu'une inscription a produit son effet légal dès le jour des notifications, *à fortiori* devait-elle décider que cet effet s'était produit à l'expiration du délai de surenchère, et c'est ce qu'elle a fait en rejetant le pourvoi.

Pour le cas où la vente, au lieu d'être volontaire, intervient sur expropriation forcée, V. Caen, 9 juin 1871 (Pand. chr.), et la note.

(1) C'est l'application pure et simple de l'art. 2198, C. civ. : ni l'acquéreur, ni le créancier, ne pouvaient avoir à souffrir d'une faute commise par le conservateur ; ce dernier seul devait être tenu des conséquences préjudiciables de son propre fait.

(2) V. en ce sens, Cass., 17 nov. 1866 (Pand. chr.), et la note. — V. toutefois, en ce qui concerne les commis, Cass., 20 déc. 1881 (S. 86. 1. 444. — P. 86. 1. 1066).

(3) Le point qui pouvait paraître délicat et qui soulevait les seules hésitations sur la solution à adopter, consistait dans le mode de salaire consenti au commissionnaire qui n'était pas le salaire ordinaire du *tant pour cent*. Mais le salaire, dans la commission, est réglé d'après la convention, sous une forme ou sous une autre, dans des proportions variables ; les modifications qu'il reçoit n'affectent pas le caractère intrinsèque du contrat, qui n'en reste pas moins toujours le même. M. Bédarride, dans son nouveau *Traité des commissionnaires* (1882, p. 182), prévoit précisé-

(Derville.) — ARRÊT.

LA COUR: — Sur le moyen tiré de la violation, par fausse application de l'art. 408, C. pén., en ce que le délit d'abus de confiance, par abus de mandat, ne pouvait être légalement déclaré à la charge du prévenu, le contrat sur la violation duquel il repose constituant une vente à condition, et non un mandat; — Attendu que l'arrêt attaqué (Paris, 6 mars 1882), appréciant la convention commerciale intervenue entre les parties, a déclaré souverainement que Derville, commissionnaire en marchandises, a reçu des sieurs Marcilhacy, Arbellot et Cie, ses commettants, les marchandises objet du détournement, pour en opérer, moyennant salaire, la vente à des tiers, pour le compte desdits sieurs Marcilhacy; que l'arrêt ajoute expressément que, dans l'intention des parties, la convention qui est intervenue entre elles n'avait pas pour effet de transférer la propriété des marchandises à Derville; — Attendu, il est vrai, que la remise des marchandises était accompagnée d'une fixation de valeur; mais que cette fixation n'était pas faite à titre de prix de vente conditionnelle, puisque le contrat n'avait pas opéré transmission de propriété; qu'elle avait uniquement pour objet de déterminer, au moyen d'un prélèvement sur le prix de vente, le règlement de la somme à payer à Derville, à titre de salaire, dans le cas d'accomplissement du mandat conféré par le contrat; — Attendu que, dans ces conditions, Derville était un véritable commissionnaire, dans le sens de l'art. 94, C. com., agissant sous son nom personnel, mais pour le compte d'autrui, et ayant, dans ses rapports avec son commettant, la qualité de mandataire salarié; que l'arrêt attaqué, en le condamnant pour délit d'abus de confiance, à raison du détournement, par lui opéré, de marchandises qui ne lui avaient été remises qu'à titre de mandat, loin d'avoir violé l'art. 408, C. pén., en fait, au contraire, une exacte application; — Rejette, etc.

MM. Baudouin, prés.; Tanon, rapp.; Ronjat, av. gén. (concl. conf.); Bosviel, av.

CASS.-CRIM. 18 novembre 1882.

ELECTIONS, CORRUPTION, OFFRES, PROMESSES, ACCEPTATION (ABSENCE D').

Le délit de corruption électorale prévu et puni par l'art. 38 du décret du 2 février 1852, existe par le seul fait de l'offre ou de la promesse adressée dans un but de corruption indépendamment de tout résultat, sans qu'il y ait lieu de rechercher, notamment, si l'offre ou la promesse a été ou non acceptée, ou si celui qui l'a reçue a voté ou non pour le candidat dans l'intérêt duquel elle a été faite (1) (D. 2 févr. 1852, art. 38).

(Filippini.) — ARRÊT.

LA COUR : — Sur le moyen unique du pourvoi, pris de la violation de l'art. 38 du décret du 2 fév. 1852; — Vu ledit article; — Attendu qu'il dispose que quiconque aura donné, promis ou reçu des deniers, effets ou valeurs quelconques, sous la condition soit de donner ou de procurer un suffrage, soit de s'abstenir de voter, sera puni d'un emprisonnement de trois mois à deux ans et d'une amende de 500 fr. à 5,000 fr.; — Attendu que les défendeurs au pourvoi ont été cités en police correctionnelle, comme prévenus d'avoir donné ou promis des deniers ou valeurs sous la condition de procurer ou donner des suffrages à Filippini Michel, l'un des candidats dans les élections pour le conseil général de la Corse; — Attendu que l'arrêt attaqué, tout en constatant que Ange Filippini et consorts ont fait à divers électeurs des offres d'argent ou valeurs, à l'effet de provoquer leurs votes en faveur dudit Michel Filippini, a néanmoins relaxé les prévenus de la poursuite, par le motif que les offres ainsi faites n'avaient pas été agréées et qu'elles n'avaient pas empêché les électeurs, auxquels elles avaient été faites, de voter pour le candidat de leur choix; — Attendu que la loi, dans l'art. 38 précité, punit ceux qui ont donné, promis ou reçu; que le délit existe par le fait seul de l'offre ou de la promesse adressée dans un but de corruption électorale, et que cette promesse existe légalement lors même qu'elle n'a pas été acceptée; qu'il s'agit ici d'un délit particulier, puni à raison de son immoralité propre et du danger qu'il fait courir à la liberté et à la sincérité des votes; qu'il existe donc, sans qu'il y ait lieu de tenir compte du résultat, ni de rechercher si l'offre ou la promesse a été ou non acceptée, si celui qui l'a reçue a voté ou non pour le candidat dans l'intérêt duquel elle a été faite; que cette intention de la loi résulte manifestement de la disposition qui, dans le même art. 38, punit et réprime des mêmes peines ceux qui sous les mêmes conditions ont fait ou accepté l'offre ou la promesse d'emplois publics ou privés, la loi mettant ainsi sur la même ligne l'offre et la promesse, à l'occasion d'un délit absolument similaire, sans considérer ni l'acceptation ni le résultat; — D'où il suit que l'arrêt attaqué, en relaxant les prévenus de la poursuite dans les circonstances ci-dessus, a violé expressément l'art. 38 du décret du 2 févr. 1852, susvisé; — Casse l'arrêt rendu par la chambre des appels correctionnels de la Cour de Bastia le 9 février 1882.

MM. Baudouin, prés.; Etignart de Lafaulotte, rapp.; Ronjat, av. gén.; Sabatier, av.

CASS.-REQ. 20 novembre 1882.

MITOYENNETÉ, MUR, JOURS, HÉRITAGES NON CONTIGUS, VOIE PUBLIQUE.

La prohibition d'ouvrir des jours dans un mur mitoyen constitue une servitude au profit d'un héritage sur un héritage contigu. — D'où cette prohibition n'est plus applicable lorsque l'un des héritages, cessant d'être contigu au mur, s'en trouve séparé par une voie publique (2) (C. civ., 675).

En pareil cas, les seuls principes qui régissent les rapports des parties sont ceux de l'indivision, suivant lesquels tout copropriétaire peut faire usage de la chose commune pourvu qu'il ne porte pas atteinte au droit de son copropriétaire (3) (C. civ., 544, 675).

---

ment une stipulation de salaire identique avec celle de l'espèce actuelle : « Le droit du commissionnaire au salaire, dit-il, pouvant être conventionnellement supprimé, peut, à plus forte raison, subir toute espèce de modification. Il est donc facultatif aux parties de convenir qu'il ne consistera que dans la différence entre le prix déterminé et celui que produira... la chose, c'est-à-dire que le commissionnaire retiendra ce qu'il aura retiré en plus. » — Ces considérations ont trouvé place dans le rapport de M. le cons. Tanon, d'où nous les extrayons, et n'ont pas manqué d'exercer leur influence sur la solution qui est intervenue.

(1) La question était des plus controversées. V. en sens contraire, Riom, 21 avril 1862 (S. 63. 2. 81. — P. 63. 858. — D. 62. 2. 69); Rouen, 24 juin 1881 (S. 83. 2. 6. — P. 83. 1. 87. — D. 82. 2. 205). — Malgré la solution donnée par l'arrêt de la Cour de cassation ci-dessus reproduit, la résistance des Cours d'appel s'était maintenue, et la Cour de Toulouse, par décision du 14 août 1884, s'était prononcée dans le même sens que les Cours de Riom et de Rouen. Cette décision a été de nouveau cassée par un arrêt de la Chambre criminelle du 9 janv. 1885 (Pand. chr.). — La jurisprudence est donc définitivement fixée sur ce point.

(2-3) V. dans le même sens, Montpellier, 9 juin 1848 (S. 48. 2. 679. — P. 49. 1. 30. — D. 48. 2. 176); Cass., 31 janv. 1849 (S. 60.

Et il appartient aux juges du fait d'apprécier souverainement si l'usage de la chose commune par l'un des communistes est ou non préjudiciable à l'autre communiste (1) (Id.).

(Verguand c. Picat.) — ARRÊT.

LA COUR : — Sur le moyen unique : — Attendu que si, au cas de propriété exclusive, un propriétaire a le droit d'empêcher les travaux par sa seule volonté, il en est autrement lorsqu'il s'agit d'une propriété commune; — Attendu que la prohibition portée en l'art. 675, C. civ., d'ouvrir des jours dans un mur mitoyen constitue une servitude au profit d'un héritage sur un héritage contigu, ce qui exclut l'application de cet article au cas où l'un des héritages cessant d'être contigu à ce mur s'en trouve séparé par une voie publique ; que, dans ce cas, les seuls principes qui puissent être invoqués sont ceux de la communauté indivise, suivant lesquels tout copropriétaire peut faire usage de la chose commune pourvu qu'il ne porte pas atteinte au droit de son copropriétaire ; — Attendu qu'il est constaté, en fait, par l'arrêt attaqué que les propriétés des parties en cause sont aujourd'hui séparées par un chemin public sur lequel elles ont le droit de circuler et d'ouvrir les jours; que le mur litigieux entre elles, par suite de la non-contiguïté de leurs héritages séparés par la voie publique, était un mur commun, quels que fussent les termes de la stipulation que l'arrêt a interprétés; et que les travaux que Picat y avait exécutés n'avaient pas causé de dommages à son communiste; qu'en écartant dans ces circonstances l'application de l'art. 675, C. civ., pour se renfermer dans l'application des principes qui régissent la communauté, l'arrêt attaqué (Limoges, 24 août 1881) n'a fait qu'une juste appréciation des règles de droit qu'il devait appliquer aux faits déclarés constants; — Rejette, etc.

MM. Bédarrides, prés. ; Féraud-Giraud, rapp. ; Chevrier, av. gén. (concl. conf.) ; Bosviel, av.

CASS.-REQ. 29 novembre 1882.

TESTAMENT OLOGRAPHE, DATE, FAUSSETÉ, ERREUR VOLONTAIRE, RECTIFICATION, IMPOSSIBILITÉ, NULLITÉ, CLAUSES ADDITIONNELLES, AMBIGUITÉ, APPRÉCIATION SOUVERAINE, CASSATION.

La fausseté de la date d'un testament olographe en entraîne la nullité, lorsqu'elle a été volontaire de la part du testateur, et qu'il est impossible de la rectifier (2) (C. civ., 970).

Et cette nullité n'est pas corrigée par l'apposition de dates exactes à des dispositions testamentaires additionnelles écrites plusieurs années après, à la suite de l'acte originaire, si ces dispositions se contentent de rappeler et de maintenir le testament principal avec sa date et sa rédaction, sans s'expliquer catégoriquement et à nouveau sur la ferme volonté du testateur d'imposer l'exécution de ce testament, dans sa forme et teneur (3) (Id.).

Dans tous les cas, de semblables appréciations rentrent dans le pouvoir souverain d'interprétation des juges du fond et échappent, par conséquent, au contrôle de la Cour de cassation (4) (Id.).

(Administration de l'*Assistance publique* c. hérit. du Bois du Bais.)

19 déc. 1881, arrêt de Paris, ainsi conçu : — « LA COUR : — Considérant que, par testament daté du 25 juin 1854, Louis-Auguste-René du Bois du Bais a fait, entre autres dispositions, un legs de 40,000 francs à la fille de M. Humbert Molard en la qualifiant de madame Le Prévost d'Iray, tandis que son mariage n'a été célébré que le 14 février 1855 ; que le rapprochement de ces deux dates suffit pour établir l'antidate de l'acte testamentaire; qu'il n'existe d'ailleurs, dans la cause, ainsi que le reconnaissent les intimés eux-mêmes, aucun document, même extérieur au testament, qui permette de supposer qu'au 25 juin 1854, le mariage de la dame Le Prévost d'Iray fût déjà en projet, et qu'en prévision de la célébration prochaine, du Bois du Bais ait donné par avance à la légataire la qualification de dame Le Prévost d'Iray ; que l'antidate est donc manifeste, et que la fausseté de la date assignée imprudemment, mais volontairement, à son testament olographe, doit en entraîner la nullité ; — Considérant que le testament présente dans son contexte trois lignes barrées où était écrit un legs au profit de Sophie Savouret; qu'à la suite de l'acte testamentaire, et au-dessous de sa signature, du Bois du Bais, sous la date du 16 novembre 1861, a écrit et signé cette mention : « trois lignes barrées concernant la demoiselle Savouret, supprimées dans mon testament » ; qu'enfin, sous la date du 24 mai 1864, il a écrit et signé une nouvelle déclaration qui annule la mention précédente et rétablit le legs fait au profit de Sophie Savouret; — Considérant que l'Assistance publique, tout en reconnaissant la fausseté de la date du 25 juin 1854 et la cause de nullité qui en résulte, soutient vainement que l'une ou l'autre des dates des dispositions codicillaires, soit celle du 16 novembre 1861, soit celle du 24 mai 1864, dont l'exactitude n'est pas contestée, doivent se substituer à celle reconnue fausse du 24 juin 1854, et s'appliquer au testament avec lequel elles forment matériellement corps et unité de contexte ; — Considérant, en effet, que, si le testament olographe qui porte une fausse date est vicié de nullité comme s'il n'était pas daté du tout, ce n'est pas que cette date soit considérée comme non existante; c'est, au contraire, qu'elle existe en réalité et que la preuve de sa fausseté est une cause d'annulation; que le testament litigieux ne doit pas être apprécié comme s'il était absolument sans date ; qu'il forme par lui-même un ensemble homogène et complet de dispositions que le testateur qualifie de dispositions dernières, seules bonnes et valables, et qu'il clôt par l'apposition de la date et de la signature ; qu'il doit, en conséquence, sous le rapport de l'ob-

---

2. 359 *ad notam.* — P. 49. 2. 48. — D. 49. 1. 96); 21 juill. 1862 (Pand. chr.), et la note.

(1) Sur les droits des communistes à l'usage de la chose commune, V. notamment Cass., 7 avril 1875 (Pand. chr.); 28 juin 1876 (Pand. chr.), et les renvois.

(2-3) V. anal., Cass., 11 mai 1864 (S. 64. 1. 233. — P. 64. 846. — D. 64. 1. 294); Demolombe, *Donat. et testam.*, t. IV, n. 91. — V. aussi Bayle-Mouillard, sur Grenier, *Donat. et testam.*, t. II, n. 228 *bis*, note *g*; Demante, *Cours analyt.*, t. IV, n. 115 *bis* II; Massé et Vergé, sur Zachariæ, t. III, § 437, note 4.

Même quand l'erreur est involontaire, non calculée à dessein, la fausseté de la date est assimilée à l'absence de date et entraîne la nullité du testament, si la rectification n'en peut avoir lieu à l'aide du testament lui-même et des énonciations qu'il renferme. V. Cass., 19 mai 1885 (Pand. chr.). — *Adde*, Cass., 11 janv. 1886 (S. 86. 1. 337. — P. 86. 1. 849); Paris, 26 mai 1886 (Pand. pér., 86. 2. 264); Cass., 20 juill. 1886 (Pand. pér., 86. 1. 196), et les nombreux arrêts cités en note.

(4) Les juges du fond sont souverains appréciateurs, lorsque, par interprétation du testament, ils décident que l'acte ne contient pas en lui-même les éléments intrinsèques qui permettent de rectifier la date. V. Cass., 18 nov. 1856 (S. 57. 2. 272. — P. 57. 1048. — D. 57. 1. 85); 18 août 1859 (S. 60. 1. 139. — P. 59. 1100. — D. 59. 1. 415); 8 janv. 1879 (Pand. chr.); 16 août 1881 (D. 82. 1. 2..)

servation des formes prescrites, être examiné seul en soi et indépendamment des dispositions additionnelles qui y ont été inscrites, à la suite, et à des dates différentes ; — Considérant que le vice d'antidate dont il est entaché étant constant, il est impossible de le réparer par la substitution de la date vraie du 16 novembre 1861, à la date fausse du 25 juin 1854 ; premièrement, parce que le testateur ne l'ayant pas effacée, a maintenu cette dernière date avec sa signature, comme celle de la clôture du testament ; secondement, parce que celle du 16 novembre 1861 s'applique seulement à la révocation du legs antérieurement fait à Sophie Savouret ; troisièmement enfin, parce qu'elle a été expressément annulée par la dernière disposition qui rétablit, sous la date du 24 mai 1864, le legs, précédemment révoqué ; que, de même, on ne saurait assigner au testament, au lieu et place des deux premières dates, celle du 24 mai 1864 ; qu'en effet, chacune de ces trois dates successives correspondant à des dispositions distinctes, il n'est pas possible de les transporter de l'une à l'autre, en vue de rectifier l'antidate du premier testament dont le testateur a maintenu la rédaction originaire, sans expliquer d'ailleurs dans ses dispositions additionnelles qu'il entendait que ce testament fût exécuté suivant sa forme et teneur ; qu'un pareil procédé de rectification, outre qu'il aboutirait à une véritable postdate de l'acte testamentaire, serait impuissant à en déterminer la date avec exactitude et d'une manière conforme à la vérité ; — Par ces motifs : — Faisant droit à l'appel et réformant, déclare nul et de nul effet le testament de du Bois du Bais portant la date du 25 juin 1854 ».

Pourvoi en cassation par l'Assistance publique.

ARRÊT (*après délib. en ch. du cons.*).

LA COUR : — Sur le moyen de cassation, tiré de la fausse application ou de la violation des art. 970, 893 et 967, C. civ. : — Attendu qu'il est constaté, en fait, par l'arrêt attaqué, que le testament litigieux, écrit et signé à la date du 25 juin 1854 porte une date fausse, que le testateur lui a volontairement assignée et qu'il est impossible de rectifier ; — Attendu que l'arrêt déclare en outre : 1° qu'en écrivant à la suite de cet acte les dispositions datées successivement du 16 novembre 1861 et du 24 mai 1864, le sieur du Bois a maintenu la rédaction originaire de son premier testament, avec la date du 25 juin 1854, comme étant celle de la clôture dudit testament ; 2° que ledit du Bois n'a point expliqué, dans ses dispositions additionnelles, qu'il entendait que ce testament fût exécuté suivant sa forme et teneur ; 3° que les trois dates, ci-dessus mentionnées, correspondent à des dispositions distinctes ; — Attendu que ces déclarations sont souveraines ; que, par suite, les juges du fond ont dû apprécier la validité du testament, en le considérant en lui-même et dans les seuls éléments qui le constituent, et qu'en en prononçant la nullité pour cause d'antidate, ils n'ont pu violer ni faussement appliquer aucune loi ; — Rejette, etc.

MM. Bédarrides, prés. ; Alméras-Latour, rapp. ; Petiton, av. gén. (concl. conf.) ; Arbelet, av.

CASS.-CRIM. 9 décembre 1882.

RÉUNION PUBLIQUE, DÉCLARATION PRÉALABLE, OMISSION, MEMBRES DU BUREAU.

Les membres du bureau qui dirigent une réunion publique, soit qu'ils aient pris d'eux-mêmes cette qualité, soit qu'ils aient été désignés par un vote de l'assemblée, sont, aussi bien que les organisateurs de la réunion, pénalement responsables du défaut de déclaration préalable (1) (L. 30 juin 1881, art. 2, 4, 8, 10).

(Platon, Monier et autres). — ARRÊT.

LA COUR : — Sur le moyen pris de la violation des art. 1, 2, 4, 8, § 3 et 10 de la loi du 30 juin 1881 ; — Vu lesdits articles ; — Attendu qu'aux termes des art. 1 et 2 combinés, toute réunion publique doit être précédée d'une déclaration indiquant le lieu, le jour, l'heure de la réunion ; que cette déclaration doit être signée par deux personnes au moins, et qu'il en est donné récépissé ; que l'art. 8 est ainsi conçu : « Chaque réunion doit avoir un bureau, composé de trois personnes au moins ; le bureau est chargé de maintenir l'ordre, d'empêcher toute infraction aux lois, de conserver à la réunion le caractère qui lui a été donné par la déclaration, d'interdire tout discours contraire à l'ordre public et aux bonnes mœurs, ou contenant provocations à un acte qualifié crime ou délit. A défaut de désignation par les signataires de la déclaration, les membres du bureau seront élus par l'assemblée. Les membres du bureau, et jusqu'à la formation du bureau, les signataires de la déclaration, sont responsables des infractions aux prescriptions des art. 6, 7 et 8 de la présente loi. — Art. 10. Toute infraction aux dispositions de la présente loi sera punie des peines de simple police, sans préjudice des poursuites pour crimes ou délits qui pourraient être commis dans les réunions » ; — Attendu que, du rapprochement et de la combinaison de ces divers articles, il résulte que, au cas d'omission de la déclaration préalable prescrite par la loi, les membres du bureau qui dirigent une réunion publique, soit qu'ils aient pris d'eux-mêmes cette qualité, soit qu'ils l'aient reçue d'une élection par l'assemblée, sont tenus de toutes les infractions qui peuvent être commises aux dipositions de la loi du 30 juin 1881 ; que cette responsabilité comprend non-seulement celles qui se rapportent à la tenue de la réunion, mais aussi celles qui concernent la régularité légale de sa constitution, qu'ils doivent préalablement vérifier ; qu'en procédant en l'absence de déclaration, ils contreviennent aux dispositions tant des art. 1, 2 et 4 qui la prescrivent et en précisent l'objet, qu'à celle de l'art. 8 qui oblige le bureau à conserver à la réunion le caractère qui doit lui être donné par la déclaration ; — Et, attendu que d'un procès-verbal régulier il résulte, et qu'il n'est pas nié par le jugement attaqué, que le jour indiqué audit procès-verbal, il a été tenu à Avignon, sans déclaration préalable, une réunion publique dont le bureau était composé des sieurs Platon, Monier, Isnard et Gérente, défendeurs au pourvoi, dûment avertis de la contravention qu'ils commettaient ; — D'où il suit que le jugement attaqué, en déclarant que la prévention manquait de base légale, et en renvoyant les prévenus de la poursuite sans dépens, a faussement interprété et formellement violé les articles susvisés de la loi du 30 juin 1881 ; — Casse, etc.

MM. Baudouin, prés. ; Etignard de la Faulotte, rapp. ; Tappie, av. gén.

CASS.-CIV. 11 décembre 1882.

CONTRAT DE MARIAGE, MINEUR, CONVENTION, DONATION, RÉVOCATION, SURVENANCE D'ENFANT.

La capacité spéciale que l'art. 1398, C. civ., confère au

(1) Cet arrêt, le premier rendu sur la question, pose avec soin les principes. Ils doivent être considérés comme définitivement établis puisque, dans une affaire ultérieure, la Chambre criminelle ne s'est plus attachée qu'à dégager les circonstances de fait particulières à l'espèce, sans revenir sur l'examen doctrinal de la difficulté. V. Cass., 9 mars 1883 (Pand. chr.), et la note.

mineur, habile à contracter mariage, pour consentir toutes les conventions dont le contrat de mariage est susceptible, se réfère exclusivement aux conventions matrimoniales proprement dites, et ne s'étend pas à celles qui sont étrangères à la formation ou au règlement de l'association conjugale (1) (C. civ., 1309, 1398).

Un mineur ne pourrait, en conséquence, insérer, dans son contrat de mariage, une convention qui, n'ayant de la donation que l'apparence, porterait sur des biens dont il aurait déjà la propriété à un autre titre, dans l'espèce à titre d'acheteur, alors surtout qu'il y aurait aggravation de charges (2) (Id.).

D'où le donateur ne saurait exciper d'une pareille convention en vue de la faire révoquer pour survenance d'enfant (3) (C. civ., 960, 1398).

(Combes c. Pradal et Espitalier).

A la date du 11 mars 1857, par un acte sous seing privé, Pradal a vendu à son beau-frère Kwasiborski deux pièces de terre lui provenant d'un partage d'ascendant fait entre lui et la dame Kwasiborski, sa sœur. Kwasiborski est décédé en 1859. — Le 29 avril 1865 a été signé le contrat de mariage de la fille de Kwasiborski encore mineure, avec Combes. Pradal, oncle de la future, est intervenu à cet acte et a fait donation à sa nièce des deux pièces de terre ci-dessus, sous les mêmes charges et avec stipulation du droit de retour en sa faveur, pour le cas de prédécès de la donataire sans postérité. — En 1874, ces immeubles ont été vendus par les époux Combes à Espitalier. — Pradal, qui n'avait pas d'enfants lors du mariage de sa nièce, en a eu un plus tard. C'est ce dernier qui demandait dans la présente instance, contre les époux Combes et leur acheteur, Espitalier, la révocation de la donation faite par son père dans le contrat de mariage du 29 avril 1865.

24 mai 1880, jugement du tribunal civil de Béziers, qui déboute Pradal de sa demande.

Sur appel de Pradal, la Cour de Montpellier a infirmé ce jugement par arrêt du 13 juin 1881, ainsi conçu : — « LA COUR : — Attendu que l'acte du 11 mars 1857, qui a acquis date certaine par la mort de l'un des signataires, le sieur Kwasiborski, survenue le 6 juill. 1859, a été présenté à la Cour comme étant une donation déguisée ; — Attendu que la situation respective du vendeur et de l'acheteur exclut cette hypothèse : Hippolyte Pradal, né le 14 oct. 1821, avait, au moment de l'acte sous seing privé daté de 1857 ou 1859, de trente-six à trente-huit ans ; ce n'est pas à cet âge qu'on donne sans motifs, sous une forme déguisée, à son beau-frère ; — Attendu, d'ailleurs, que cet acte n'est pas isolé et se relie à d'autres qui prouvent que l'appelant poursuivait alors le projet de convertir en argent le lot immobilier qu'il avait recueilli dans le partage de présuccession de 1850 ; que les intimés produisent, à l'appui de cette assertion, une série d'actes de vente successifs portant sur des immeubles compris dans son lot ; — Attendu que c'est en présence de ces faits géminés, que les intimés signalent à la Cour le but de l'acte du 11 mars 1857, qui était de permettre à M. Hippolyte Pradal de toucher le prix de ses aliénations, en garantissant à son père et à sa mère le service de la pension stipulée dans l'acte de partage, qui, sans cela, aurait été compromise ; — Attendu que ce qui confirme cette indication, c'est qu'une copie de l'acte privé dont il s'agit avait été remise à Louis Pradal père ; cette copie qui est versée au procès, et qui sera enregistrée avec le présent arrêt, porte en tête : « Copie de la police entre mon gendre et mon fils Hippolyte », et finit par ces mots : « Approuvant le contenu ci-dessus, dont ils ont signé tous les deux en ma présence » ; — Cette copie est écrite de la main de Louis Pradal père et signée par lui ; — « Mais attendu que cet acte, vrai pacte de famille, ainsi établi dans sa partie conventionnelle, n'a pas été formalisé du vivant de l'acheteur ; qu'il ne l'a pas été non plus après son décès par sa fille, devenue son héritière ; qu'il n'en a été question ni dans l'inventaire, ni dans la consistance successorale, ni dans la déclaration de succession faite à l'enregistrement ; — Attendu que ces faits incontestables annoncent, de la part des parties contractantes ou de leurs représentants, une renonciation, et cette renonciation acquiert même le caractère de la certitude, alors qu'on la rapproche de l'acte ultérieur, le contrat de mariage du 29 avril 1865 ; — Attendu que, dans cet acte solennel, passé après un long intervalle de six ou huit années, on reproduit littéralement l'acte privé, avec trois modifications importantes ; ce n'est pas la fille de l'acquéreur qui se constitue les immeubles vendus, mais elle les reçoit de son oncle, grevés d'un pacte de retour au profit de celui-ci ; elle déclare enfin les recevoir comme donataire, pour en prendre possession et jouissance immédiatement après la célébration du mariage ; — Attendu que ces énonciations témoignent de l'abandon de l'acte privé, devenu inutile, et de son remplacement par l'acte authentique ; — Attendu que toute convention peut être révoquée de la même manière qu'elle a été formée, c'est-à-dire par le con-

(1-2-3) En considération du mariage, qui est un des actes les plus importants de la vie civile, le législateur a dit au mineur habile à contracter mariage : « Pour les conventions qui sont de la nature et de l'essence même du contrat de mariage, vous n'aurez besoin que de l'assistance des personnes dont le consentement vous est nécessaire pour la validité de votre union ; mais, si vous voulez en faire d'autres, vous retomberez sous l'empire du droit commun ; elles ne seront valables que sous l'accomplissement des formalités que j'ai dû prescrire en vue de l'état de minorité. »

Si l'on est unanime à reconnaître (V. notamment Rodière et Pont, *Contr. de mar.*, t. I, n. 41 ; Larombière, *Obligat.*, t. IV, sur l'art. 1309, n. 2 ; de Fréminville, *Minorité*, t. II, n. 956 et suiv.) que cette faveur exceptionnelle ne peut être étendue à des conventions étrangères aux conventions matrimoniales proprement dites, l'application de ce principe n'en est pas toujours faite de la même manière. — Notre espèce nous en fournit un exemple.

Pourtant, la question était bien simple, et il est presque permis de se demander comment la Cour de Montpellier a pu arriver à la solution que consacre son arrêt.

En somme, la future était, comme unique héritière de son père, propriétaire des deux pièces de terre que son père avait achetées de Pradal. A ce titre de propriété, antérieur au contrat de mariage, la Cour de Montpellier en a substitué un autre dérivant de la donation portée au contrat de mariage.

D'abord, il y avait là une sorte d'aliénation immobilière consentie au profit d'un tiers, et ne rentrant pas, dès lors, dans les conventions matrimoniales proprement dites que la mineure pouvait faire avec la seule assistance de sa tutrice. Ensuite, si les donations faites aux futurs par des tiers rentrent dans les conventions matrimoniales autorisées par l'art. 1398, C. civ., c'est à la condition que, conformément à leur nature propre, elles améliorent la situation des donataires. V. Riom, 11 juill. 1864 (S. 64. 2. 161. — P. 64. 836) ; Cass., 10 déc. 1867 (S. 68. 1. 1. 121. — P. 68. 281. — D. 67. 1. 475).

Or, la prétendue donation qui était faite à la mineure, rendait sa situation pire, puisqu'en outre des charges de la vente, elle était soumise au droit de retour et au droit de révocation pour survenance d'enfant. C'est donc à bon droit que la Cour suprême a cassé l'arrêt qui lui était déféré.

Mais il est des cas, nous le répétons, où l'application des principes est fort délicate. — Ainsi, une mineure peut-elle, par contrat de mariage : — 1° Conférer à son futur le pouvoir de faire le partage définitif d'une succession qui lui est échue. V. pour l'affirmative, Cass., 12 janv. 1847 (Pand. chr.) ; et pour la négative, Bordeaux, 25 janv. 1826, en sous-note de l'arrêt précité. V. aussi Bordeaux, 1er févr. 1826 (S. chr.). — 2° Ratifier elle-même un partage l'intéressant qui n'était que provisionnel. V. pour l'affirmative, Grenoble, 10 juill. 1860 (Pand. chr.), et pour la négative, Grenoble, 5 août 1859 en sous-note de l'arrêt de Grenoble, précité. — 3° Se constituer en dot les biens par elle recueillis dans un partage qui a été fait pour elle et, comme porte-fort, par l'ascendant dont elle est assistée. V. pour l'affirmative, Cass., 23 févr. 1869 (Pand. chr.). Comp. toutefois, Limoges, 29 janv. 1879 (S. 79. 2. 232. — P. 79. 979).

sentement mutuel des parties, *mutuus dissensus* (art. 1134, C. civ.); — Attendu que les conventions s'éteignent par les mêmes causes que les obligations; or, si la novation ne se présume pas, il n'est pas non plus nécessaire qu'elle soit exprimée en termes formels (art. 1273, C. civ.); il suffit qu'elle résulte de l'acte, c'est-à-dire du rapprochement de la première convention avec la seconde;

« Attendu que les premiers juges se basent, pour refuser leur sanction aux stipulations du contrat de mariage du 29 avril 1865, sur ce que la dame Combes était mineure à cette époque et qu'elle n'a pu rendre sa condition pire; — Mais attendu que l'art. 1398, C. civ., l'autorisait, avec l'assentiment des personnes dont le consentement était nécessaire à la validité de son mariage, à souscrire toutes les conventions dont ce contrat est susceptible; en acceptant la double donation qui lui a été faite par sa mère et par son oncle, elle a stipulé dans l'intérêt de l'union conjugale; bien loin de rendre sa condition pire, elle l'a améliorée, car l'acte de 1857 ou 1859 restait sans effet; et en admettant qu'elle pût parvenir à en réclamer le bénéfice comme héritière de son père, il lui fallait subordonner son mariage aux éventualités toujours longues, onéreuses et souvent périlleuses, d'un litige; tandis que son acceptation de la donation l'investissait immédiatement de la propriété comme de la jouissance des immeubles qui en étaient l'objet; — Attendu que ce n'est pas avec plus de fondement qu'on soutient que la donation, étant substituée à l'acte de 1857 ou 1859, avait, à cause de ses charges, le caractère d'un acte à titre onéreux, et que, par suite, elle n'était pas révocable pour survenance d'enfants; le prix touché ou promis en récompense de l'immeuble donné prouve, à lui seul, l'inanité de cette objection; de 1857 ou 1859, date de l'acte passé, à 1865, date de la donation, l'immeuble avait tellement gagné de plus-value que, le 17 mai 1874, il était vendu, par les époux Combes à Espitalier au prix de 18,270 francs (acte Coste, notaire à Quarante); — Par ces motifs, etc. »

Pourvoi en cassation par les époux Combes, pour violation des art. 1134 et 1398, C. civ., en ce que l'arrêt attaqué a considéré comme valable la renonciation faite dans son contrat de mariage, par une femme mineure, à un droit de propriété provenant d'une acquisition faite par son père défunt, et l'acceptation d'une donation du même droit, alors qu'une telle stipulation était étrangère à la formation et au règlement de l'association conjugale.

ARRÊT (*après délib. en la ch. du cons.*).

LA COUR : — Vu l'art. 1398, C. civ.; — Attendu qu'il est reconnu, en fait, par l'arrêt attaqué que le 11 mars 1857, Pradal vendit à son beau-frère, Kwasiborski, deux pièces de terre moyennant une rente viagère de 300 francs par an, payable d'abord aux père et mère du vendeur, et après leur décès, au vendeur lui-même; que Kwasiborski est décédé le 6 juill. 1859, laissant pour unique héritière une fille mineure; que celle-ci étant encore en minorité lorsque fut conclu, le 29 avril 1865, son contrat de mariage, où elle fut assistée de sa mère, Pradal fit donation à la future épouse des deux mêmes pièces de terre précédemment vendues à Kwasiborski, sous la charge de la même rente viagère, payable de la même manière; que cette donation fut acceptée par la mineure, qui devait entrer en possession et jouissance desdits biens immédiatement après la célébration du mariage; — Attendu qu'il n'est pas exact de dire, avec les défendeurs, que, pour expliquer les faits qui précèdent, l'arrêt décide que la vente de 1857 avait été révoquée d'un commun accord par le vendeur et l'acheteur, du vivant de ce dernier; que l'arrêt déclare, au contraire, que le contrat de mariage de 1865 a opéré novation, qu'il fait résulter cette novation *de l'acte lui-même, c'est-à-dire du rapprochement de la première convention avec la seconde* : il examine ensuite si *la future épouse a pu y consentir valablement*; — Attendu, sur ce dernier point, que la substitution consentie par la future épouse Combes, le 29 avril 1865, était, en réalité, celle d'un nouveau titre de propriété à un titre préexistant, et qu'un tel consentement, de la part d'une fille mineure, ne pouvait être valable, encore que la convention fût insérée dans un contrat de mariage; qu'en effet, les conventions que, aux termes de l'article susvisé du Code civil, le mineur habile à contracter mariage est habile à consentir, avec l'assistance des personnes dont le consentement est requis pour le mariage lui-même, et contre lesquelles, d'après l'art. 1309, il n'est pas restituable, sont uniquement celles dont le contrat de mariage est susceptible et non celles qui sont étrangères à la formation ou au règlement de l'association conjugale; — Attendu que, parmi les conventions de la première espèce, se trouve certainement comprise une donation de biens immeubles faite par un tiers à la future épouse; — Mais qu'il en est autrement si la convention, n'ayant de la donation que l'apparence, porte sur des biens dont la prétendue donataire avait déjà la propriété à un autre titre; que la renonciation expresse ou virtuelle faite en ce cas par la future épouse, à son droit de propriété antérieur, ne saurait, à aucun point de vue, être considérée comme concourant à la formation ou au règlement de l'association conjugale; qu'en décidant le contraire, et en accueillant, par suite, l'action intentée par Pradal contre les époux Combes à fin de révocation de la donation du 29 avril 1865, l'arrêt attaqué a faussement appliqué, et, par suite, violé l'art. 1398, C. civ.; — Casse, etc.

MM. Mercier, 1er prés.; Merville, rapp.; Desjardins, av. gén. (concl. conf.); Boivin-Champeaux, Sabatier et Massénat-Déroche, av.

CASS.-CRIM. 16 décembre 1882.

CHEMIN DE FER, TARIFS, RÈGLEMENTS GÉNÉRAUX, HOMOLOGATION, FORCE OBLIGATOIRE, PÉNALITÉ, BAGAGES, EMPRUNTS DE BILLETS, CONTRAVENTION, VOYAGE DE COMPAGNIE, INTÉRÊT COMMUN.

Les tarifs et règlements généraux relatifs à l'exploitation des chemins de fer, une fois revêtus de l'approbation nécessaire pour leur mise en vigueur, ont force de loi (1), *et leur observation est garantie par la sanction pénale de l'art. 21 de la loi du 15 juill. 1845* (2) (L. 15 juill. 1845, art. 21; Ord. 15 nov. 1846, art. 79).

Le droit au transport de bagages jusqu'à concurrence de

---

(1) Le principe a été consacré à maintes reprises par une jurisprudence aujourd'hui constante. V. Cass., 9 mai 1883 (Pand. chr.); 13 août 1884 (Pand chr.); 24 mars 1886 (Pand. pér., 86. 1. 134), et les nombreux arrêts cités en note.

(2) C'est une question de principe fort controversée que celle de savoir quelle peut être la portée d'application de l'art. 21 de la loi du 15 juill. 1845. La sanction pénale qu'il édicte protége-t-elle la stricte observation de toutes les règles, sans distinction, que comporte l'*exploitation* des chemins de fer, dans l'ensemble le plus complet des dispositions des règlements et des tarifs? Ou bien ne se réfère-t-elle qu'à certaines de ces règles, à celles-là seulement qui sont relatives aux *mesures de police et de sûreté* pour laisser les autres en dehors, c'est-à-dire les dispositions d'intérêt purement commercial? Les mesures de police et de sûreté sont le plus souvent spéciales au transport des *voyageurs*, les dispositions qui concernent l'exploitation proprement dite, ont plus particulièrement trait au transport des *marchandises*.

La rubrique du titre III de la loi de 1845, sous laquelle est in-

30 kilogr. est accessoire du transport de la personne même du voyageur, inhérent au droit à la place; il n'en peut, par conséquent, être détaché, ni transmis au profit d'un autre voyageur (1) (Cah. des charges, 11 avril 1857, art. 44; Tarif, 24 juill. 1874, art. 8 et 9).

Spécialement, *le voyageur qui, pour n'avoir point à payer de supplément de taxe pour ses bagages, présente à l'enregistrement des billets qu'il a empruntés à d'autres voyageurs dépourvus de colis, commet la contravention punie par les art. 21 de la loi du 15 juill. 1845 et 79 de l'ord. du 15 nov. 1846* (2) (L. 15 juill. 1845, art. 21; Ord. 15 nov. 1846, art. 79).

Mais plusieurs personnes d'une même famille ou d'une même compagnie peuvent réunir leurs bagages dans une commune déclaration d'enregistrement; cette réunion se justifiant comme application et exercice du droit individuel de chaque voyageur sur partie des bagages ainsi déclarés et qui restent leur propriété ou à leur disposition pour le moment de l'arrivée (3) (Id.).

---

séré l'art. 21, parait autoriser cette distinction; elle est ainsi libellée : *Des mesures relatives à la sûreté de la circulation sur les chemins de fer.* En outre des onze articles dont se compose ce titre, aucun ne vise l'exploitation commerciale. Mais la difficulté vient de l'art. 21. Là, sans précautions, sans explications, le législateur a introduit le mot *exploitation* dans sa rédaction, à côté des mots *police* et *sûreté*. Que conclure?

La Cour de cassation s'est décidé pour l'extension, dans le sens le plus large, de l'art. 21. Le raisonnement qui l'y conduit, séduit par sa simplicité. « Le mot *exploitation*, porte un arrêt du 23 juin 1884 (Pand. chr.), ne saurait avoir la même signification que les mots *police* et *sûreté* qui le précèdent, et, par sa généralité, s'applique aussi bien aux décisions prises par l'autorité pour le transport des marchandises, qu'à celles concernant le transport des personnes, etc... »

Dans l'opinion restrictive de l'art. 21 aux seules dispositions relatives aux mesures de *police* et de *sûreté*, on s'empare de la teneur de la rubrique et de l'objet des prescriptions du titre III. — On ajoute que les règles relatives à l'exploitation commerciale des chemins de fer, sont d'ordre purement privé, qu'elles n'ont pour but que la sauvegarde des intérêts pécuniaires des Compagnies; qu'à cet égard, à moins d'un privilège que rien ne saurait justifier, les Compagnies doivent être dans la situation des autres entreprises de transport, qui n'ont à leur disposition, pour se protéger contre les fraudes commises à leur encontre, aucune pénalité spéciale et exceptionnelle.

Enfin, on complète l'argumentation par l'invocation de ce principe incontesté, que les peines en cas de doute ou d'obscurité, doivent se resteindre et non s'étendre. V. Lamé et Fleury, Journ. *le Droit*, 21 fév. 1883; Sarrut, *Législat. et jurispr. sur le transport des march. par chem. de fer*, n. 335, et surtout M. Ch. Lyon-Caen, dans des observations qui accompagnent l'arrêt ci-dessus au *Recueil de Sirey*, 83. 1. 434, et au *Journ. du Palais*, 83. 1. 1077.

(1-2-3) Voici quelle a été en substance, sur ce point, l'argumentation de M. le procureur général Barbier, que l'arrêt ci-dessus a consacré : Le fait d'emprunter le billet d'un autre voyageur, pour se dispenser de payer un supplément de taxe à raison de l'excédent de ses bagages, est contraire à la probité; il est, en outre, préjudiciable aux intérêts de la Compagnie, et absolument illégal. La preuve se tire de la nature du contrat intervenu entre les parties, c'est-à-dire entre la Compagnie et le voyageur. Il s'agit, en effet, d'un contrat de transport; or, on doit distinguer le transport des personnes et le transport des marchandises; ce sont là deux choses essentiellement différentes; il y a pour les uns et pour les autres des trains différents, comme il y a des tarifs distincts. Le porteur d'un billet de place a droit principalement au transport de sa personne, et accessoirement au transport de son bagage, qui tient essentiellement à sa personne; s'il n'a pas de bagages, il n'a que le droit de se faire transporter; il n'a aucun droit au transport d'un bagage absent; il n'a aucun droit qui puisse faire l'objet d'une cession. V. en ce sens, Lyon, 25 févr. 1863, et Caen, 25 janv. 1865 (S. 65. 2. 9. — P. 65. 94); Rennes, 22 avr. 1868 (Pand. chr.).

Cette argumentation ne nous a point convaincu. On peut répondre dans le sens de la cessibilité du droit : Le voyageur par son billet a acquis la franchise de transport, jusqu'à concurrence de 30 kil. de bagages. Ce droit il en use, comme bon lui semble, il peut le réserver à son profit pour ses bagages propres, ou bien en faire bénéficier un autre voyageur; qu'il l'abandonne à titre gratuit ou même qu'il le cède à titre onéreux, la Compagnie n'a rien à y voir, puisqu'elle n'a rien à perdre; il ne sera transporté de colis sans taxe supplémentaire que 30 kil. par voyageur, ni plus, ni moins: que ce poids vienne à être dépassé par le défaut de concordance du nombre des billets présentés avec la lourdeur des colis, l'excédent de tarif sera dû sans contestation.

Que l'on ne parle point de droit attaché à la personne du voyageur; la considération de la personne est étrangère au contrat de transport par chemin de fer. La circulation est trop considérable sur les lignes ferrées pour que les Compagnies aient la prétention de traiter avec des individualités déterminées. Aussi elles n'ont jamais contesté la cessibilité du ticket qu'elles délivrent; il peut passer de mains en mains et être vendu par celui qui l'a pris au guichet et qui se voit, au dernier moment, dans l'impossibilité de l'utiliser. Pas plus que le ticket, le droit au transport de bagages, qui n'y est attaché que comme accessoire, n'est personnel à tel ou tel voyageur. Celui qui en est investi peut en retirer tout le profit qu'il comporte. L'art. 1598, C. civ., ne dit-il pas que tout ce qui est dans le commerce peut être cédé, lorsque des lois particulières n'en ont pas prohibé la cession. Où est la loi particulière qui formule l'interdiction? Les cahiers des charges, les tarifs généraux invoqués, quelque effort que l'on fasse pour en élargir les termes, ne laissent même pas soupçonner la préoccupation de la difficulté. Comment donc pourrait-il en sortir une solution certaine dans un sens ou dans l'autre. Et il faut une défense catégorique; autrement, la liberté de disposition reprend ses droits.

Il n'est pas jusqu'à l'interprétation même, unanimement donnée au mot *bagages*, qui ne tourne contre la limitation de jouissance au porteur de billet. En principe, tout voyageur doit être admis à présenter comme bagages les objets, quels qu'ils soient, qu'il lui convient de faire transporter avec lui et à revendiquer, pour ce transport, le bénéfice de la gratuité, jusqu'à la franchise de poids accordée par les règlements. Il n'y a donc pas nécessité absolue de corrélation entre le colis et le voyageur; l'un peut n'avoir même aucun rapport avec l'autre. C'est le commerçant qui emportera des fournitures urgentes, des marchandises pour compléter ses approvisionnements, c'est le cultivateur qui circulera avec ses instruments de travail ou de labour, toutes choses étrangères aux besoins du voyageur pendant le parcours. V. Paris, 1er févr. 1886 (Pand. pér., 86. 2. 141), et la note. V. aussi, Avis motivé de la Commission centrale des chemins de fer, adopté par M. le ministre des travaux publics, dans une dépêche du 11 mai 1875. — Il n'y a donc pas à craindre que le voyageur dissimule des marchandises sous l'étiquette de bagages, puisque ce droit lui est largement reconnu et qu'il peut en user ouvertement.

Puis il faudrait un peu de logique dans les déductions et ne point admettre des tempéraments qui constituent des contradictions et ruinent le système dans sa base. Mais comment, après avoir déclaré, d'une manière absolue, le droit au transport des bagages personnel, *inhérent au droit à la place*, réaliser l'application pratique de cette théorie? Les tracasseries qui en résulteraient ne tarderaient pas à soulever la colère publique. Le monopole assuré aux Compagnies leur donne assez de puissance; il n'est pas de leur intérêt de l'exagérer et de la rendre tyrannique.

La Cour suprême s'est bien rendu compte des difficultés que pouvait soulever le maintien d'une thèse juridique trop absolue. Elle a fait une première concession; elle a excepté de la rigueur des principes qu'elle posait, le cas de voyage en famille ou en société; elle autorise alors le groupement des bagages et leur enregistrement avec confusion des billets. Déjà ce tempérament avait été admis par des arrêts antérieurs. V. Lyon, 25 févr. 1863; Caen, 25 janv. 1865; Rennes, 22 avril 1868, susmentionnés. — Mais ce n'est plus là une simple atténuation. Est-ce que le voyage en famille ou en société change la nature du contrat de transport? N'y a-t-il pas des billets distincts pour chaque personne. Est-ce que la Compagnie peut contrôler les rapports d'amitié ou les liens de parenté? Où sont ses moyens? La distinction se concevrait si un seul coupon était délivré pour la famille tout entière ou pour tout le groupe d'amis. Cette pratique n'est pas suivie. Ainsi, voilà des billets dont la nature juridique se transforme du tout au tout, sans l'intervention d'une cause quelconque; leur forme extérieure même, leur manière d'être n'est pas touchée; ce sont des billets qui ne se distinguent pas des autres; ils peuvent être groupés; les autres ne le peuvent pas.

Ce n'est point tout : l'arrêt ci-dessus rapporté semble ne blâmer l'emprunt des billets qu'aux tiers *dépourvus* de bagages. Est-ce donc que le même emprunt serait régulier et autorisé, s'il était fait à un voyageur accompagné de colis, mais d'un poids minime. Ce voyageur pourrait-il céder en partie, dans la mesure de la différence pour parfaire les 30 kilogr., son droit au transport gratuit des bagages qu'il ne peut céder en totalité? En quoi cette circonstance nouvelle influe-t-elle sur le caractère juridique du droit, qui reste le même, et n'est nullement modifié dans ses éléments intrinsèques. Hâtons-nous de reconnaître que la Cour

(Biscobi). — ARRÊT (*après délib. en la ch. du cons.*).

LA COUR : — Vu l'art. 21 de la loi du 15 juill. 1845, le titre V, et l'art. 79 du règlement d'administration publique du 15 nov. 1846, ensemble l'art. 44 du cahier des charges du 11 avril 1857, annexé à la loi de concession faite à la Compagnie d'Orléans, les art. 8 et 9 des tarifs généraux de ladite Compagnie, homologués par décisions du ministre des travaux publics en date du 24 juill. 1874; — Attendu qu'il est de principe que les tarifs et règlements généraux relatifs à l'exploitation des chemins de fer, une fois revêtus de l'approbation nécessaire pour leur mise en vigueur, ont force de loi, et qu'aux termes de l'art. 79 de l'ordonnance royale du 15 nov. 1846, portant règlement d'administration publique sur la police, la sûreté et l'exploitation des chemins de fer, les contraventions à ce règlement, aux décisions rendues par le ministre des travaux publics et aux arrêtés pris sous son approbation par les préfets pour l'exécution dudit règlement, sont constatées, poursuivies et réprimées conformément au titre III de la loi du 15 juillet 1845; — Attendu que le cahier des charges du 11 avril 1857, annexé à la convention intervenue le même jour entre le ministre des travaux publics et la Compagnie d'Orléans, a été approuvé comme elle par la loi de concession et le décret du 19 juin 1857, et que les tarifs généraux de ladite Compagnie ont été homologués par le ministre des travaux publics le 24 juill. 1874, en vertu de la délégation de pouvoirs à lui conférés par le règlement d'administration publique du 15 nov. 1846; que les actes ainsi régulièrement approuvés ont force légale, et qu'ils créent entre la Compagnie et ceux qui traitent avec elle des obligations réciproques, dont l'observation est garantie par la sanction pénale de l'art. 21 de la loi du 15 juill. 1845;

Attendu qu'aux termes de l'art. 44 dudit cahier des charges « tout voyageur dont le bagage ne pèsera pas plus de 30 kilogrammes n'aura à payer pour le port de ce bagage aucun supplément du prix de sa place »; et que les art. 8 et 9 des tarifs généraux reproduisent cette disposition et ajoutent que l'excédent des 30 kilogrammes est tenu d'acquitter les prix fixés aux tableaux; — Attendu qu'il résulte manifestement de la combinaison de ces dispositions légales que le billet donne à celui qui le prend droit au transport de sa personne, et, jusqu'à concurrence de 30 kilogrammes, au transport de bagages dont il a la propriété ou la légitime disposition; que ce droit, accessoire du droit principal qui concerne la personne même du voyageur, est inhérent au droit à la place; qu'il n'en saurait être détaché par un fait qui aurait pour résultat d'en transporter le bénéfice à un étranger; — Attendu que, si diverses personnes d'une même famille ou d'une même compagnie peuvent réunir leurs bagages dans une commune déclaration pour l'enregistrement, cette réunion se justifie comme application et exercice du droit individuel de chaque voyageur sur partie des bagages ainsi déclarés, et qui restent leur propriété ou à leur disposition pour le moment de l'arrivée; mais que de cette faculté, on ne saurait induire au profit d'un voyageur le droit d'exonérer l'excédent de ses propres bagages par l'emprunt de billets appartenant à des tiers qui en sont dépourvus: — Attendu, en fait, qu'il résulte, tant des constatations du procès-verbal que de l'arrêt attaqué, que le 28 août 1880, Biscobi, après avoir pris son billet pour Libourne, a emprunté à sept autres voyageurs leurs billets de place pour la même destination; qu'il s'est présenté au bureau d'enregistrement comme propriétaire de ces billets, et par ce moyen a fait transporter gratuitement la totalité de ses bagages, dont le poids était de 237 kilogrammes; — Attendu qu'en décidant que ce procédé n'était réprimé par aucune disposition pénale, et en renvoyant le prévenu de la poursuite dirigée contre lui, l'arrêt attaqué a violé l'art. 21 de la loi du 15 juill. 1845, ainsi que les autres dispositions légales susvisées; — Casse, etc.

MM. Baudouin, prés.; Puget, rapp.; Barbier, proc. gén. (concl. conf.); Chaufton, av.

CASS.-REQ. 19 décembre 1882.

CHEMIN DE FER, HOTEL, CONSTRUCTION, EXPLOITATION, DOMMAGES-INTÉRÊTS, LIBERTÉ DE L'INDUSTRIE.

S'il est vrai que les Compagnies de chemins de fer ne peuvent se livrer aux opérations commerciales et à l'exercice des industries que la nature de leur concession leur interdit, elles ont, du moins, le droit d'apporter, sous la surveillance de l'administration, toutes les améliorations possibles dans les services qui leur sont confiés (1).

Ainsi, spécialement, *une Compagnie peut, avec l'autorisation administrative, et sans violer les conditions de sa concession, construire et exploiter, dans une de ses gares, un hôtel à l'usage principalement des voyageurs, heureux de profiter de la proximité de l'établissement pour s'y reposer au milieu d'un trajet trop long pour être achevé sans interruption; il n'y a là qu'un développement naturel, une amélioration normale du service de transport des voyageurs, d'où ne peut dériver aucun principe de dommages-intérêts au profit des maîtres d'hôtel de la ville* (2) (C. civ., 1382).

Et il n'y a même pas lieu d'obliger la Compagnie à ne recevoir dans son hôtel que des voyageurs munis d'un billet délivré dans une de ses gares, alors que, par son éloignement du centre de la ville, cet établissement ne peut faire aucune concurrence sérieuse aux hôteliers qui y exercent leur industrie (3) (Id.). — Résol. par la Cour d'appel.

---

de Poitiers, saisie de l'affaire sur renvoi, a, avec juste raison, laissé de côté cette considération dont il nous est difficile de pénétrer les motifs (V. arrêt, 26 janv. 1883, Pand. chr., et la note). N'insistons pas.

A notre avis, et pour nous résumer sur cette délicate question, le fait d'emprunter d'un autre voyageur son billet afin d'éviter le supplément de taxe pour excédent de bagages, ne concerne que les rapports des voyageurs entre eux; ils n'en doivent point compte à la Compagnie; celle-ci ne souffre point des contraventions qui peuvent intervenir, puisqu'elle ne peut jamais être tenue à transporter un poids total de bagages supérieur au nombre de voyageurs multiplié par 30. Si aucun préjudice n'est subi et si la cession du droit au transport des bagages est légitime, la Compagnie ne peut rien réclamer, même pas, à titre de dommages-intérêts, la taxe supplémentaire, abstraction faite du billet emprunté. A plus forte raison, notre système écarte l'existence de tout délit, de toute contravention. Il ne peut y avoir application de peine là où nous ne voyons même pas l'ombre d'une infraction. V. en ce sens, Trib. Mulhouse, 20 août 1864, sous Colmar, 27 sept. 1864, précité; Bordeaux, 25 avril 1881 (l'arrêt cassé dans l'affaire actuelle), et la note de M. Lyon-Caen au Sirey, 83. 1. 433, et au *Palais*, 83. 1. 1077.

Au contraire l'existence d'une infraction étant reconnue, le système de l'arrêt ci-dessus, qui consiste dans l'application, comme sanction, de l'art. 21 de la loi du 15 juill. 1845 et de l'art. 79 de l'ordonnance du 15 nov. 1846, est consacré par une jurisprudence presque unanime. V. en ce sens, Trib. corr. Aix, 5 juin 1860 (S. 65. 2. 9. — P. 65. 94, en note); Lyon, 25 févr. 1863; Colmar, 27 sept. 1864; Caen, 25 janv. 1865, précités; Nîmes, 10 août 1865 (S. 65. 2. 286. — P. 65. 1108. — D. 65. 2. 159); Rennes, 28 avril 1868 (Pand. chr.), et les notes. — V. toutefois dans le sens d'une assimilation à une filouterie : Trib. corr. Château-Thierry, 19 juill. 1861 (S. 65. 2. 9. — P. 65. 94 en note); — et à une escroquerie : Trib. corr. Mirecourt, 11 oct. 1861 (S. 65. 2. 9. — P. 65. 94 en note).

(1-2-3) V. sur tous ces points le rapport de M. le cons. Féraud-Giraud, ci-dessous reproduit. *Adde* un article de M. Dumay, publié par le journ. *la Loi*, numéro du 24 janv. 1883.

(Jullien et Blanc c. chem. de fer de Paris-Lyon-Méditerranée).

15 févr. 1882, arrêt de la Cour d'Aix (1re ch.) conçu dans les termes suivants : — « LA COUR : — Sur l'appel principal de la Compagnie du chemin de fer de Paris-Lyon-Méditerranée, et sur l'appel incident de Blanc et Jullien; — Attendu que, d'après le droit public moderne, toutes les industries sont libres en France, et que la concurrence n'a pas d'autres limites que celles qui lui sont imposées par la loyauté, par la loi ou par des contrats particuliers; — Attendu que Blanc et Jullien n'accusent la Compagnie du chemin de fer d'aucun procédé déloyal, auquel elle aurait eu recours pour attirer les voyageurs dans l'hôtel qu'elle a construit sur le buffet de la gare de Marseille; — Attendu qu'aucune loi ne prohibait à la Compagnie de construire cet hôtel; — Attendu que cette prohibition ne résulte pas davantage pour elle d'aucun contrat particulier qu'elle aurait passé avec Blanc et Jullien; — Attendu, dès lors, que l'action de ces derniers, tendant à faire fermer l'hôtel construit par la Compagnie, et à obtenir des dommages-intérêts pour le fait de l'avoir ouvert, ne peut avoir pour base que l'art. 1382, C. civ., qui porte que tout fait quelconque de l'homme qui cause un dommage à autrui oblige celui, par la faute duquel il est arrivé, à réparer ce dommage; — Attendu que Blanc et Jullien ne reprochent pas à la Compagnie d'autre faute que celle d'avoir méconnu les règles et d'être sortie des limites qui lui étaient imposées par son cahier des charges; — Attendu cependant que la construction d'un hôtel dans la gare même, loin d'être de la part de la Compagnie une violation des conditions auxquelles le monopole du transport des voyageurs par les voies ferrées lui a été concédé, n'est, au contraire, que le développement naturel et une amélioration de ce service; — Attendu qu'en percevant une rétribution des voyageurs qui descendent volontairement dans cet hôtel, et qui sont libres de ne pas le faire, la Compagnie ne manque en rien à la règle qui lui prohibe de modifier ses tarifs, et de percevoir aucune taxe sans autorisation du gouvernement; — Attendu, enfin, que ce qui prouve surabondamment, dans l'espèce, qu'en construisant l'hôtel qu'elle a construit, la Compagnie n'a méconnu ni les termes ni l'esprit de son cahier des charges, c'est qu'à l'occasion de cette construction et à propos du classement à faire de la dépense qu'elle devait entraîner, elle a fait connaître son intention à l'Etat, qui, en autorisant le classement de la dépense tel qu'il était demandé, a implicitement autorisé la construction elle-même;

Attendu que, si la Compagnie était libre de construire l'hôtel qu'elle a construit, rien ne justifie les restrictions que le tribunal lui a imposées, en déclarant qu'elle ne pourrait y recevoir que des voyageurs munis d'un billet délivré dans une de ses gares; — Attendu, d'ailleurs, que ces restrictions sont ou illusoires, ou d'une exécution à peu près impossible, et que la meilleure garantie qui puisse être offerte aux hôteliers de Marseille contre les abus que la Compagnie voudrait faire de sa situation pour leur nuire, résulte de la place même qu'occupe l'hôtel qui leur fait ombrage et dont ils demandent la fermeture; — Attendu, en effet, que cet hôtel, étant placé à une grande distance du centre de la ville, répugne par cela même à tout séjour un peu prolongé, et ne peut guère attirer en réalité que ceux des voyageurs qui veulent profiter de sa proximité de la gare pour s'y reposer quelques instants au milieu d'un voyage trop long, pour être achevé sans interruption; — Statuant sur l'appel de la Compagnie, faisant droit à cet appel, repoussant, au contraire, celui de Blanc et Jullien; — Met l'appellation et ce dont est appel à néant; — Emendant, sans s'arrêter à aucune des demandes de Blanc et Jullien, dont ils sont démis et déboutés; — Met sur icelles la Compagnie Paris-Lyon-Méditerranée, hors de cause et de procès, etc. »

Pourvoi en cassation par Jullien et Blanc. — *Moyen unique*. Violation du décret du 19 juin 1857 et du cahier des charges y annexé, ainsi que de l'art. 1382, C. civ., en ce que l'arrêt attaqué a débouté les exposants de leur demande en dommages-intérêts contre la Compagnie, sous le prétexte de la liberté de l'industrie, alors qu'il ressort de la nature même de la concession faite à ladite Compagnie, qu'elle ne peut exercer d'autre industrie que celle du transport des voyageurs et des marchandises, et que la construction dans une de ses gares d'un hôtel ouvert au public sans distinction et sans tarification préalable excède les limites de la concession.

M. le conseiller Féraud-Giraud, rapporteur, après avoir fait remarquer que le pourvoi reproche à l'arrêt d'avoir violé, non-seulement les règles qui régissent les concessions de chemins de fer, mais aussi l'art. 37, C. comm., sous l'empire duquel la Compagnie Paris-Lyon-Méditerranée a été fondée, et disposant que toute Société anonyme ne peut exister, sans une autorisation du chef de l'Etat, et, dès lors, ne peut entreprendre d'autres opérations que celles qui sont permises par ses statuts approuvés, à peine de retrait de l'autorisation et de dommages-intérêts envers les tiers lésés, a ajouté les considérations suivantes sur le fond de la question :

« Les difficultés que peuvent introduire dans la solution de la question qui vous est soumise les arguments tirés de l'art. 37, C. comm., ont préoccupé des esprits fort sérieux (V. note de M. Lyon-Caen, sous l'arrêt attaqué d'Aix, du 15 févr. 1882, S. 82. 2. 169. — P. 82. 1. 895). Dans certaines circonstances, elles ont donné lieu à des arrêts émanés de votre autorité. Il y avait donc, dans cette argumentation du pourvoi, motif suffisant pour exciter nos préoccupations. Nos réflexions nous conduisent cependant à vous proposer de ne pas vous arrêter trop longtemps à cette variante dans le mode de présenter les griefs. D'abord, la formule du pourvoi elle-même n'en porte pas trace. Puis, allant au fond des choses, sous des formes différentes, la difficulté ne reste-t-elle pas toujours la même? On vous disait : La Compagnie, en exploitant son hôtel, viole la loi de sa concession; on vous dit : La Compagnie viole, non-seulement sa loi de concession, mais sa loi de création. Quel a été le but et l'objet de la création de la Compagnie? Obtenir la concession de certains chemins de fer, et le droit de les exploiter, suivant les conditions de la concession. Cela nous paraît incontestable; la Compagnie de Paris-Lyon-Méditerranée, n'a pu obtenir la concession qu'elle sollicitait, qu'à charge de remplir les conditions de cette concession, en exerçant les droits qu'elle lui conférait, et en se soumettant aux obligations qu'elle lui imposerait. — Dès lors, pour apprécier la légalité des faits d'exploitation, c'est à l'acte de concession, ratifié d'ailleurs par la Société sous la sanction de l'autorité publique, qu'il faut se reporter pour savoir s'il y a violation ou non de la loi de concession, et non au pacte primitif tendant à obtenir la concession à des conditions à débattre ultérieurement, et nous en revenons toujours à nous demander si la Compagnie a violé la loi de sa concession.

« L'acte de concession, que nous n'avons pas, mais qui est inséré au *Bulletin des lois*, et que nous consentons à discuter, ne prohibe pas d'une manière formelle et positive à la Compagnie ce qu'elle vient de faire; c'est incontestable. Le lui défend-elle implicitement? La réponse, pour avoir une portée juridique, doit être franchement affirmative; elle ne doit être accompagnée d'aucun doute, d'aucune hésitation. Si vous hésitiez à croire que ce droit a été enlevé à la Compagnie, vous ne pourriez l'en dépouiller de votre autorité propre. C'est la seule conséquence que nous voulons tirer du principe posé en tête de l'arrêt attaqué, où on lit : « D'après le droit public moderne, toutes les industries sont libres en France, et la concurrence n'a d'autres limites que celles qui lui sont imposées par la loyauté, par la loi, ou par des contrats particuliers. » Est-il certain, que la loi ou les contrats ont imposé aux droits de la Compagnie, les limites qu'on veut y apporter?

« Les demandeurs nous disent : Lorsqu'il s'agit de Compagnies de chemins de fer, on doit rigoureusement leur interdire toutes opérations autres que celles qui leur sont permises par les cahiers des charges. Elles ont été instituées, non dans l'intérêt des actionnaires, mais dans l'intérêt public; substituées à l'Etat, dans l'exécution d'une grande œuvre d'utilité nationale, elles ont pour objet et pour but de développer le commerce par les transports sur la voie ferrée. — Vous dites : L'organisation des Compagnies pour l'exploitation des chemins de fer, ne doit pas être encouragée dans l'intérêt des actionnaires, mais dans celui du public. — Pour nous, nous préférerions joindre les deux intérêts, que de les séparer. Le public a peu à espérer d'une Société besoigneuse et en faillite; il ne gagne jamais à l'établissement d'un séquestre.

« La substitution de la Compagnie à l'Etat, ajoute-t-on, a pour but de développer le commerce par les transports sur la voie ferrée. — Cette explication est inexacte, parce qu'elle est incomplète; les demandeurs paraissent oublier (et en cela ils font plus cause commune qu'ils ne le croient avec les Compagnies) que les chemins de fer sont appelés à transporter, non-seulement des colis, mais encore des personnes, et que ces deux natures de transports ont leurs exigences propres.

« On ne parlait que des marchandises; nous ne parlerons que des voyageurs. Transporter des voyageurs en chemins de fer, ce n'est pas seulement leur assurer une place sur un véhicule quelconque allant d'un lieu à un autre. C'est encore leur assurer les facilités et les commodités nécessaires, pour que ce transport ait lieu dans les conditions les moins fatigantes et les moins compromettantes pour la santé des voyageurs; cela est dans la nature même des choses, et personne ne songera à le contredire. Pour arriver à ce résultat, les mesures les plus directes à prendre consistent dans le mode d'établissement de la voie, la construction et la disposition des voitures, leur aménagement intérieur, leur attelage, etc. Tout cela est beaucoup, mais cela est insuffisant; il faut pourvoir également, en dehors du transport proprement dit, à l'abri de ce voyageur dans les salles d'attente au départ et à l'arrivée, à mille autres détails dans lesquels nous n'avons pas à entrer ici. Et, dans cet ordre d'idées, il faut combiner la satisfaction des besoins physiques avec les exigences de la nature des transports. Le pourvoi le reconnait, et il admet, avec l'arrêt de la Chambre criminelle, du 29 déc. 1860 (S. 61. 1. 556. — P. 61. 1131. — D. 61. 5. 71), que, quoi qu'en disent les restaurateurs, les chemins de fer pourront établir des buffets dans les gares. Mais, dans un long voyage, un repos absolu de quelques heures peut être aussi indispensable que le besoin de nourriture. Pourquoi la Compagnie, qui peut prendre des moyens pour satisfaire une de ces nécessités, serait-elle privée du droit de pourvoir à l'autre? En ce qui concerne les buffets, on nous dit : Il faut obéir à la nécessité; le voyageur ne peut vivre sans se nourrir; or, il ne peut sortir des gares; il faut donc qu'il y trouve de quoi s'alimenter. Dans les lignes nouvellement ouvertes, les trains circulent des mois et des années avant que le service des buffets soit complètement organisé; qui de nous n'en a fait l'expérience? Et on pourvoit ailleurs à son alimentation; c'est ennuyeux, fâcheux, désagréable; mais, c'est possible; et, lorsque le service du buffet est organisé, on s'en félicite, et le restaurateur voisin ferme son établissement en grommelant, sans action possible en justice. Pourquoi? Parce que la Compagnie n'a fait qu'améliorer son service des voyageurs, en ouvrant un restaurant elle-même pour leur commodité.

« L'établissement de l'hôtel, dit *Hôtel Terminus*, s'est effectué dans les mêmes conditions juridiques. Tel voyageur arrivé à Marseille, et devant en partir peu après pour toute autre destination, n'ayant que quelques heures à passer dans cette ville, ne pouvait y prendre aucun repos, s'il était obligé de descendre en ville et de remonter ensuite à la gare. L'*Hôtel Terminus* lui offre et lui donne effectivement le repos, que des courses forcées en voiture changeraient en fatigue nouvelle, comme le buffet offre un repas à celui qui n'aurait pu le prendre qu'en courant au restaurant voisin.

« Des deux côtés, la mesure prise n'est qu'une amélioration apportée par la Compagnie au service des voyageurs, et dont ceux-ci sont libres d'user ou de ne pas user. Mais, réduire les Compagnies au simple rôle de transporteur des voyageurs comme les anciennes messageries, c'est rendre impossible l'organisation sérieuse et pratique de ce service. Nous insistons en ce qui concerne les buffets, parce que c'est la concurrence la plus directe et la plus préjudiciable possible que l'on puisse faire aux restaurateurs, et on admet qu'elle est légale; pourquoi celui qui peut fournir un repas ne pourra-t-il pas fournir un lit? Dans les deux cas, c'est une facilité, une commodité offerte par la Compagnie au voyageur qui, à défaut de buffet, s'alimenterait ailleurs et d'avance, avec les ennuis et les embarras dont les buffets le préservent. — On fait observer que les buffets ne sont ouverts que pour les voyageurs. On cite une circulaire du ministre des travaux publics, au sujet des buffetiers; le ministre déclare que l'administration doit rester étrangère à toutes les difficultés naissant des autorisations données par les préfets, au point de vue du monopole et de la libre concurrence. Mais, précisément, puisque le ministre indique que l'administration ne doit pas se préoccuper des questions de concurrence, il fait nettement connaître que les préfets ne peuvent puiser dans des considérations de cette nature un motif pour restreindre l'établissement des buffets. Or, tous les buffets, dans les gares, sont établis dans des conditions qui permettent au public d'y pénétrer librement et de s'y faire servir.

« D'ailleurs, dans ces mêmes gares, ne trouvons-nous pas également des étalages de livres et des produits d'autres industries, également exploitées comme satisfaction donnée aux habitudes des voyageurs qui les fréquentent? Et en quoi l'exploitation de ces industries viole-t-elle la loi de concession?

« Enfin, n'oublions pas que la Compagnie est d'autant plus fondée à soutenir, qu'elle n'a pas entendu joindre l'exploitation d'une industrie nouvelle et indépendante à son commerce des transports, mais apporter une amélioration dans son service des voyageurs, que, par la dénomination même donnée à son hôtel d'*Hôtel Terminus*, empruntée aux chemins anglais, elle indique suffisamment que ce n'est pas une amélioration incertaine qu'elle entend expérimenter, mais une amélioration certaine, constatée par l'expérience, qu'elle a voulu importer d'Angleterre en France.

« Le demandeur en cassation cite des arrêts à l'appui de sa thèse. Il signale un arrêt de la Cour de Paris, du 14 nov. 1864 (M. Lamé-Fleury, *Bull. annoté des chem. de fer*, p. 74), qui aurait décidé, que la Compagnie Paris-Lyon-Méditerranée n'aurait pas fait une concurrence illégale au commerce en créant des bureaux de fournitures pour ses ouvriers, à cause de la limitation de cette mesure. Soit, nous ne contestons pas la doctrine que cet arrêt sanctionne; mais que les hôteliers de Marseille n'essayent pas d'en déduire *à contrario* des restrictions que cette décision ne sanctionne pas à leur profit. — Un arrêt de la Cour de Colmar, avait défendu à une Compagnie de chemins de fer, de faire certains transports; la Cour de cassation (7 juill. 1852, S. 52. 1. 713. — P. 54. 2. 250. — D. 51. 1. 204) a cassé cette décision, parce qu'elle était conçue d'une manière générale et réglementaire; quelle conséquence cette décision peut-elle avoir sur la cause? — Mais, la Compagnie de l'Est, achetait des charbons aux mines de Sarrebruck; ces charbons lui étaient livrés à *l'état de tout venant*, c'est-à-dire de morceaux de toute grosseur. La Compagnie, ne pouvant utiliser le menu, le vendait. Des commerçants en charbon ont vu là une concurrence illicite, et leurs réclamations ont été accueillies par jugement du 13 juin 1861, confirmé par arrêt du 17 janv. 1863, suivi d'un rejet à la date du 5 juill. 1865 (S. 65. 1. 441. — P. 65. 1166. — D. 65. 1. 348). Lisons l'arrêt dans ses constatations en fait : « Attendu que les achats de la Compagnie avaient lieu dans un but de spéculation, et que les ventes se poursuivaient sur toute l'étendue du réseau; — Attendu que l'arrêt attaqué reconnait qu'en procédant à de pareils achats et en opérant des ventes dans les conditions qui viennent d'être indiquées sur les divers marchés de son parcours, la Compagnie a fait aux commerçants de houille une concurrence nuisible et de nature à motiver les dommages-intérêts réclamés. »

« Qui n'applaudirait à de pareilles décisions? Une préoccupation constante en ces matières a toujours poursuivi les législateurs et l'administration française. En concédant aux Compagnies l'exploitation des chemins de fer, on a voulu avant tout assurer à tous les intéressés une égalité absolue de régime. C'est dit partout, dans les lois, dans les décrets, dans les cahiers des charges, dans les instructions et circulaires; tout ce qui est traité de faveur, clauses particulières, dérogation aux règlements, est formellement défendu; les traités d'abonnement un moment tolérés sont eux-mêmes supprimés; la loi pour les transports sera la même pour tous. C'est la condition fondamentale de la concession. Or, voilà une Compagnie qui fait, pour son compte personnel, un commerce particulier de transport portant sur des houilles qu'elle achète, et on lui dit de le cesser, parce que l'interdiction d'exercer un pareil commerce résulte pour elle de la nature de la concession qui lui a été faite. Cela est parfaitement correct. Mais quel rapport le commerce de transport de charbons entrepris par la Compagnie de l'Est, dans un intérêt exclusif, personnel, en contradiction directe avec sa loi de concession et l'égalité de régime pour tous les transports, a-t-il avec l'hôtel ouvert à Marseille par la Compagnie de Paris-Lyon-Méditerranée pour les convenances et les commodités de certains voyageurs? Ces précédents sont, dès lors, loin de justifier le pourvoi; mais le dernier arrêt de la Cour de cassation de 1865, en s'appuyant sur les constatations de l'arrêt attaqué, pour rejeter le pourvoi, nous conduit à vous faire remarquer que, dans l'appréciation du point de savoir si les Compagnies violent ou non leur loi de concession, il y a une question de fait et d'interprétation du contrat, qui est du domaine spécial du juge du fait. Ici vous pouvez d'autant moins différer des appréciations antérieures, qu'elles émanent de deux autorités différentes.

« Lorsqu'il s'est agi de l'établissement de l'hôtel en question, la Compagnie s'est adressée à l'administration pour obtenir une autorisation, et non-seulement une autorisation, mais encore l'inscription de la dépense sur les comptes de premier établissement du chemin de fer, pour régler les rapports financiers, quant à ce, entre l'Etat et la Compagnie; et l'arrêt attaqué nous dit :

« Ce qui prouve surabondamment qu'en construisant cet hôtel, la Compagnie n'a méconnu ni les termes, ni l'esprit de son cahier des charges, c'est qu'à l'occasion de cette construction et à propos du classement à faire de la dépense qu'elle devait entraîner, elle a fait connaître son intention à l'Etat, qui, en autorisant le classement de la dépense tel qu'il était demandé, a implicitement autorisé la construction elle-même ». L'arrêt attaqué déclare de plus que l'établissement de cet hôtel n'est que le développement naturel du service des voyageurs et une amélioration de ce service. Ce qu'a admis l'administration, ce qu'a constaté le juge du fait, pouvez-vous le contredire?

« Enfin, et nous en aurons fini, le pourvoi prétend que, pour que le nouvel hôtel pût fonctionner tel que l'entendait l'administration, tel que l'admettait l'autorité judiciaire, on aurait dû, dans tous les cas, maintenir les dispositions limitatives du jugement du tribunal de commerce. L'arrêt vous dit avec raison que les restrictions apportées par le tribunal de Marseille à l'exploitation de l'hôtel ouvert par la Compagnie sont illusoires et d'une exécution à peu près impossible. Votre attention a été trop fatiguée par ces longs développements pour que nous osions aborder la justification de cette appréciation de l'arrêt. Il ajoute, au surplus, que, dans les conditions où l'hôtel fonctionne, l'usage s'en trouve limité aux voyageurs qui veulent profiter de la proximité de la gare pour s'y reposer quelques instants, au milieu d'un voyage trop long pour être achevé sans interruption. D'ailleurs, ou cet hôtel, dans les conditions d'établissement et d'exploitation dans lesquelles il fonctionne, a une existence légale, et alors maintenez-le, ou il a été indûment ouvert, et qu'il soit fermé, mais n'essayez pas d'en réglementer le fonctionnement judiciairement. Une réglementation pareille n'est pas œuvre du pouvoir judiciaire. »

ARRÊT.

LA COUR : — Sur l'unique moyen du pourvoi, tiré de la violation du décret du 9 juin 1857 et du cahier des charges y annexé, ainsi que de l'art. 1382, C. civ. : — Attendu que si les Compagnies de chemins de fer ne peuvent se livrer aux opérations commerciales et à l'exercice des industries que la nature de leur concession leur interdit, elles ont le droit d'apporter, sous la surveillance de l'administration, toutes les améliorations possibles dans les services qui leur sont confiés; — Attendu qu'il est constaté, par l'arrêt attaqué : 1° que l'hôtel dont on demande la fermeture n'a été établi qu'après autorisation administrative et classement de la dépense, tel qu'il avait été demandé pour régler les rapports financiers de la Compagnie avec l'Etat; 2° que la construction et l'exploitation de cet hôtel, loin d'être de la part de la Compagnie une violation des conditions de la concession, n'étaient au contraire que le développement naturel et l'amélioration du service des transports des voyageurs qui lui est confié; 3° que les conditions dans lesquelles cet hôtel fonctionne en limitent l'usage aux voyageurs qui veulent profiter de la proximité de la gare pour s'y reposer, au milieu d'un voyage trop long pour être achevé sans interruption; que, dans ces circonstances, cet arrêt a pu repousser la demande de Jullien et Blanc, sans violer aucune des dispositions susvisées; — Rejette, etc.

MM. Bédarrides, prés.; Féraud-Giraud, rapp.; Chévrier, av. gén. (concl. conf.); Sabatier, av.

CASS.-CIV. 19 décembre 1882.

QUOTITÉ DISPONIBLE, DONATION DÉGUISÉE, BAIL, RÉSERVE, LEGS, RÉDUCTION.

Lorsqu'il est constant qu'un bail contient une donation déguisée notablement supérieure à la quotité disponible, les juges du fond ne peuvent, sans dire de quelle valeur la quotité disponible a été dépassée, sans avoir au préalable déterminé les droits de l'héritier réservataire, réduire arbitrairement l'exécution du bail à la moitié des immeubles de la succession (1) (C. civ., 813, 920 et suiv.).

Ni ordonner, sur le surplus des biens non absorbé par la réserve, l'exécution des legs faits par le de cujus *dans divers testaments, les légataires ne pouvant prendre aucune portion de la quotité disponible au détriment des donataires, dont le droit est préférable au leur* (2) (C. civ., 923).

C'est avec juste raison que l'art. 917, C. civ., relatif aux dons et legs de rente viagère ou d'usufruit excédant la quotité disponible, est déclaré sans application à une donation déguisée sous forme de bail (3) (C. civ., 917). — Sol. implic.

(Leroy c. Hays). — ARRÊT.

LA COUR : — Sur le moyen unique du pourvoi : — Vu les art. 922, 923, C. civ; — Attendu qu'il résulte en fait des constatations de l'arrêt attaqué que le bail du 23 août 1869, par lequel le défunt Daupley a affermé tous ses immeubles aux mariés Leroy pour une durée de cinquante ans, contient une donation déguisée qui dépasse notablement la quotité disponible, et qu'en outre il n'y a lieu à l'application de l'art. 917, C. civ; — Attendu que, si la Cour de Caen a pu, à bon droit, écarter l'application de cet article, elle n'a pu opérer arbitrairement la réduction de la donation dont il s'agit, en limitant les effets de cette libéralité à l'exécution du bail de 1869 sur la moitié des immeubles de la succession; qu'elle devait, conformément aux art. 920 et suiv., C. civ., qui forment, en dehors de l'exception de l'art. 917, la règle commune de la réduction des libéralités, rechercher de quelle valeur la quotité disponible avait été excédée par la donation dont s'agit, la réduire à cette quotité, et attribuer la réserve à l'héritière réservataire; que, d'autre part, les légataires ne pouvaient prendre aucune portion de la quotité disponible au détriment des donataires, dont le droit était préférable au leur; — Attendu que, sans dire de quelle valeur la quotité disponible était dépassée par la donation faite aux mariés Leroy, et sans observer dans la réduction des libéralités l'ordre prescrit par l'art. 923, l'arrêt attaqué (Caen, 26 janv. 1880) a limité arbitrairement l'exécution du bail de 1869 à la moitié des immeubles de la succession, et ordonné sur le surplus de la quotité disponible l'exécution des legs faits par les testaments du défunt; — En quoi il a violé les dispositions de loi précitées; — Casse, etc.

MM. Mercier, 1er prés.; Onofrio, rapp.; Desjardins, av. gén. (concl. conf.); Bosviel et Sabatier, av.

CASS.-CIV. 20 décembre 1882.

SOCIÉTÉ ANONYME, CONSTITUTION, ASSEMBLÉE GÉNÉRALE, DÉLIBÉRATIONS, PROCÈS-VERBAL, REGISTRES, SIGNATURE (ABSENCE DE), NOTAIRE, ETUDE, DÉPOT D'ACTES, PUBLI-

(1) Sur la composition de la masse servant à déterminer la quotité disponible, V. Paris, 23 août 1878, sous Cass. (S. 80. 1. 65. — P. 80. 139. — D. 80. 1. 50); Caen, 28 mai 1879 (S. 80. 2. 281. — P. 80. 1088. — 80. 2. 49); Cass., 11 janv. 1882 (S. 82. 1. 129. — P. 82. 278. — D. 82. 1. 313). V. aussi Montpellier, 31 déc. 1863 et 4 juill. 1865 (S. 66. 2. 186. — P. 66. 722); Caen, 13 déc. 1872 (S. 73. 2. 251. — P. 73. 1067); Laurent, *Princip. de dr. civ.*, t. XII, n. 171; Demolombe, *Successions*, t. IV, n. 409.

(2) La réduction se fait dans l'ordre établi par l'art. 923, C. civ. — Ainsi lorsqu'une donation entre-vifs et des dispositions testamentaires dépassent la quotité disponible, ce n'est qu'après l'épuisement des legs que la réduction peut atteindre la donation, encore qu'elle soit d'une date postérieure au testament. V. Liège, 4 frim. an XII, aff. Neveu. V. toutefois Cass., 1er mai 1876 (S. 76. 1. 292. — P. 76. 727. — D. 76. 1. 433).

(3) Les auteurs admettent généralement que la disposition de l'art. 917, C. civ., est exorbitante du droit commun et ne comporte pas d'interprétation extensive. V. not. Demante, *Cours analyt.*, t. IV, p. 120, n. 55 *bis*; Aubry et Rau, t. VII, § 684 bis, p. 196; Laurent, *Princip. de dr. civ.*, t. XII, n. 151.

CATIONS, EXTRAITS, OPÉRATIONS SOCIALES, EXTENSION, STATUTS, MODIFICATIONS, MAJORITÉ, PUBLICITÉ, DÉLAI, NULLITÉ.

La constitution d'une Société anonyme n'est pas viciée de nullité par cela seul que les procès-verbaux des délibérations de l'assemblée générale relatives à la vérification des apports et à l'accomplissement des formalités prescrites par la loi, consignés sur les registres, seraient demeurés sans signature aucune, si, concurremment avec ces procès-verbaux, des actes contenant les mêmes énonciations ont été, en exécution desdites délibérations, rédigés et signés par le président de l'assemblée, certifiés par l'administrateur délégué, et déposés pour minute en l'étude d'un notaire (1) (L. 24 juill. 1867, art. 4, 21, 24, 25, 41, 42, 55 et 56).

En conséquence, sont régulières et valables et réunissent les conditions exigées par les art. 55 et 56 de la loi du 24 juill. 1867, les copies conformes à ces actes, déposées au greffe du tribunal de commerce et aux greffes des justices de paix, et les extraits publiés dans les journaux (2) (Id.).

Ces mêmes principes s'appliquent à la validité d'une délibération postérieure de l'assemblée générale ayant trait à l'extension des affaires de la Société; en pareil cas encore, l'absence de signature du procès-verbal transcrit sur les registres est suppléée par la rédaction, la signature et le dépôt au greffe d'un acte équivalent émané de mandataires de ladite assemblée, en exécution de ses instructions (3) (Id.).

La délibération de l'assemblée générale qui ne change pas la nature et l'objet de la Société, mais se borne à donner une plus grande extension à certaines branches d'affaires, conformément d'ailleurs aux clauses des statuts, est valable, quoique n'ayant pas été prise à l'unanimité, mais seulement à la majorité des actionnaires (4) (C. civ., 1134; L. 24 juill. 1867, art. 31).

La nullité résultant du défaut de publication dans le mois des changements apportés aux statuts d'une Société peut être couverte par la publication faite même après ce délai, à condition toutefois qu'il ait été procédé à cette publication avant qu'aucun droit résultant du retard ait été acquis aux tiers et qu'aucune action en nullité fondée sur ce retard ait été formée (5) (L. 24 juill. 1867, art. 55, 56, 61).

(Syndic de la Société foncière calédonienne c. Montéfiore et autres.)

29 juill. 1880, arrêt de la Cour de Paris, ainsi conçu : — « LA COUR : — Considérant que Pinet, syndic de la Société anonyme dite Société foncière calédonienne, a intenté une action en responsabilité contre Montéfiore et consorts, comme ayant été fondateurs et administrateurs de ladite Société, à l'effet de les faire déclarer tenus solidairement de toutes les dettes de cette Société en raison des nullités dont elle serait entachée et qui résulteraient : — 1° de ce que la vérification et l'approbation des déclarations des fondateurs sur la souscription et le versement du capital, ainsi que la vérification et l'approbation des apports ne consistant pas en numéraire, devraient être considérées comme n'ayant pas eu lieu; — 2° de ce que la publicité de la Société aurait été opérée, par le dépôt au greffe de la justice de paix et du tribunal de commerce de pièces qui seraient irrégulières et sans valeur; — 3° de ce que la nature et l'objet de la Société auraient été, postérieurement à sa constitution, transformés par une assemblée générale qui n'avait pas pouvoir à cet effet; — 4° de ce que la délibération qui a été alors prise n'aurait pas été revêtue des formes nécessaires; — 5° de ce que la publication de cette délibération aurait été effectuée par le dépôt au greffe de la justice de paix et du tribunal de commerce d'une pièce qui serait sans valeur; — 6° de ce qu'en tout cas ce dépôt, ainsi que l'insertion dans les journaux, auraient été opérés après le délai imparti par la loi et seraient tardifs;

« Sur le 1er moyen de nullité : — Considérant que Pinet, ès nom, invoque l'absence de signature apposée sur le registre des délibérations des deux premières assemblées générales tenues les 4 et 12 juin 1874; l'une, portant

(1-2-3) Jugé, en ce sens, que l'omission d'une ou plusieurs signatures sur le procès-verbal d'une délibération d'assemblée générale d'actionnaires, ne peut réagir sur la délibération reconnue valable et régulière en elle-même, non plus que sur les effets que cette délibération était destinée à produire : Cass., 28 janv. 1878 (S. 78. 1. 450. — P. 78. 1184. — D. 78. 1. 230). La loi de 1867, en effet, n'a pas prescrit une forme particulière, exclusive de toutes autres, pour la rédaction des procès-verbaux; il suffit que la délibération soit constatée par un acte écrit certifié par les signatures de mandataires, dûment autorisés à cet effet par l'assemblée générale. Dès l'instant que cet acte a été réalisé, le vœu de la loi est rempli. — Dans l'affaire actuelle, les délibérations de l'assemblée générale avaient donné lieu à un double procès-verbal : 1° à une constatation régulière, revêtue des signatures nécessaires, déposée pour plus de sûreté en l'étude d'un notaire au rang de ses minutes; 2° à une transcription sur les registres de la Société. La première formalité était pleinement suffisante; elle répondait à toutes les exigences; il importait peu, par suite, que la seconde fut incomplète, inachevée; elle était surabondante; il n'y aurait point eu de transcription du tout sur lesdits registres que la situation de droit n'eût point été modifiée.

Toutefois, s'il n'y avait eu des délibérations que cette seule constatation sur les registres non signée, ni certifiée, ces délibérations seraient nulles; il ne pourrait être suppléé à ce défaut de signatures, ni par des déclarations postérieures de ceux qui auraient dû signer, ni par la preuve testimoniale ou par des présomptions. V. Lyon, 26 nov. 1863 (S. 64. 2. 202. — P. 64. 951. — D. 64. 2. 233); Pont, *Sociétés commerc.*, t. II, n. 1669, et notre *Dictionnaire de dr. commerc., ind. et marit.*, t. VI, v° *Société anonyme*, n. 405 et 406.

(4) V. en ce sens, Paris, 7 août 1880 (S. 81. 2. 93. — P. 81. 1. 470); Cass., 21 juin 1881 (S. 85. 1. 107. — P. 85. 1. 242. — D. 81. 1. 465); 8 mars 1882 (S. 82. 1. 206. — P. 82. 1. 734. — D. 83. 1. 81); Paris, 30 juin 1883 (D. 85. 2. 18); Cass., 14 janv. 1885 (S. 85. 1. 159. — P. 85. 1. 383. — D. 85. 1. 403); 23 févr. 1885 (Pand. chr.). — Mais il est bien certain que la *majorité* ne suffirait plus et qu'il faudrait l'*unanimité* des actionnaires, s'il s'agissait de déroger aux conditions substantielles du contrat d'association, et de changer l'objet et la nature de la Société. V. Cass., 23 févr. 1853 (S. 53. 1. 425. — P. 54. 1. 459. — D.. 53. 1. 44); 17 avril 1855 (S. 55. 1. 652. — P. 55. 1. 598. — D. 55. 1. 113); 14 déc. 1869 (D. 70. 1. 179); Paris, 19 avril 1875 (S. 76. 2. 113. — P. 76. 467. — D. 75. 2. 161). V. aussi Paris, 19 juin 1885 (S. 86. 2. 61. — P. 86. 1. 445); Pardessus, *Dr. commerc.*, t. IV, n. 980; Troplong, *Sociétés*, n. 721 et suiv.; Bédarride, *id.*, n. 289; Pont, *op. cit.*, n. 1687, 1689; Boistel, *Précis de dr. comm.*, n. 320; Lyon-Caen et Renault, *id.*, n. 491, p. 263, et notre *Dictionnaire*, t. VI, v° *Société anonyme*, n. 434.

(5) Il y a, sur ce point, une vive controverse dans la jurisprudence et dans la doctrine. V. dans le sens de la solution ci-dessus, Grenoble, 21 juill. 1823; Douai, 21 août 1829; Cass., 6 juin 1831 (S. 31. 1. 246. — P. chr.); Paris, 26 janv. 1855 (P. 55. 1. 12. — D. 55. 2. 196); Cass., 16 mai 1859 (S. 60. 1. 889. — P. 60. 637. — D. 60. 1. 338); Amiens, 18 févr. 1878 (S. 78. 2. 97. — P. 78. 449); Lyon, 5 avril 1881 (S. 82. 2. 109. — P. 82. 1. 581); Pardessus, n. 1008; Dalloz, *Jurispr. gén.*, v° *Société*, n. 821 et 1493; Delangle, *Sociétés*, n. 537 et suiv.; Malpeyre et Jourdain, *id.*, p. 115; Bédarrides, *Comment. de la loi de 1867*, n. 625; Bravard-Veyrières et Demangeat, *Dr. commerc.*, t. I, p. 193, note; Pont, t. II, n. 1228; Boistel, n. 353; Lyon-Caen et Renault, n. 316. V. aussi Molinier, *Dr. commerc.*, n. 276; Mathieu et Bourguignat, *Comment. de la loi du 24 juill. 1867*, n. 317; Vavasseur, *Tr. des Sociétés*, 2e édit., t. II, n. 1026; Alauzet, *Comment. C. comm.*, t. II, n. 808; Deloison, *Sociétés commerc.*, t. I, n. 48. — V. en sens contraire, Lyon, 4 juill. 1827; Nîmes, 9 déc. 1829; Bruxelles, 13 févr. 1830; Toulouse, 25 juill. 1834 (P. 35. 2. 92. — D. 35. 2. 78); Rennes, 22 juin 1837 (S. 37. 2. 442. — P. 37. 2. 536. — D. 37. 2. 163); Cass., 30 janv. 1839 (S. 39. 1. 393. — P. 39. 1. 354. — D. 39. 1. 90); Paris, 4 mars 1840 (*Gaz. des trib.*, 9 mars); Orléans, 3 janv. 1843 (S. 43. 2. 376. — P. 43. 1. 139. — D. 43. 2. 93); Cass., 31 déc. 1844 (S. 45. 1. 10. — P. 45. 1. 44. — D. 45. 1. 75); Paris, 11 juill. 1857 (S. 58. 2. 10. — P. 57. 1142); Troplong, *Sociétés*, t. I, n. 241 et suiv.; et notre *Dictionnaire*, t. VI, v° *Société*, n. 339 et suiv.

reconnaissance de la sincérité de la déclaration par les fondateurs de la souscription du capital social et du versement du quart, et nomination des commissaires chargés d'apprécier la valeur des apports ne consistant pas en numéraire; l'autre contenant vérification et approbation desdits apports; qu'il prétend que ces procès-verbaux restés imparfaits, à défaut de signature, sont non avenus; qu'il en résulte que les intimés ne rapportent aucune preuve par écrit de la reconnaissance, vérification et approbation des apports; que, dès lors, ces formalités essentielles pour la validité de la constitution des Sociétés anonymes doivent être réputées n'avoir pas été accomplies; et qu'en conséquence il y a lieu, par application des art. 24 et 41 combinés de la loi du 24 juill. 1867 de déclarer nulle et de nul effet la Société foncière calédonienne, et, par application de l'art. 42 de la même loi, de déclarer Montéfiore et consorts solidairement responsables envers les tiers; — Mais considérant que, si à la vérité les procès-verbaux ci-dessus mentionnés n'ont pas force probante de l'accomplissement des formalités qu'ils avaient pour objet de constater, il est inexact de dire que les intimés n'en produisent d'ailleurs aucune preuve par écrit; qu'en effet, il n'est pas contesté que les deux assemblées générales dont il s'agit n'aient pas été tenues aux dates indiquées; qu'elles n'aient eu lieu sous la présidence de Montéfiore, l'un des intimés; que, dans la dernière de ces assemblées, Digeon, autre intimé, n'ait reçu mission de faire le dépôt chez un notaire, des pièces attestant la constitution définitive de la Société; que, par suite et en exécution de ce mandat, il n'ait été dressé, concurremment avec les procès-verbaux transcrits sur le registre et demeurés sans signature, deux actes contenant les mêmes constatations, lesquels, après avoir été dûment signés par Montéfiore, en sa qualité de président, et certifiés par Digeon, en sa qualité de délégué de l'assemblée générale, ont été déposés pour minute en l'étude de Me Pérard, notaire à Paris, le 24 juin 1874, et que ces actes forment régulièrement preuve de la reconnaissance, de la vérification et de l'approbation des apports; — Considérant que c'est en vain que l'appelant soutient que ces deux pièces n'ont que le caractère de simples copies, et que les procès-verbaux qui constituent les originaux dont elles sont tirées étant nuls, elles participent de la même nullité; que ces pièces doivent être appréciées d'après leur nature propre, et non d'après la dénomination qui leur serait donnée; qu'ayant été, en conformité d'une décision de l'assemblée générale, rédigées par Montéfiore et certifiées par Digeon, sous leurs signatures, alors qu'ils avaient, chacun en ce qui le concernait, capacité conférée à cet effet par ladite assemblée générale, elles ont le caractère d'actes complets subsistant par eux-mêmes et contiennent, sans qu'il soit besoin de les rattacher à d'autres actes ou procès-verbaux, tous les éléments légaux de preuve des faits qui y sont constatés;

« Sur le 2e moyen de nullité : — Considérant qu'il est fondé sur ce que les copies certifiées des délibérations sur les apports, dont l'art. 55 de la loi du 24 juill. 1867 prescrit l'annexe à l'acte constitutif déposé au greffe de la justice de paix et du tribunal de commerce, étaient sans valeur légale comme n'étant que la reproduction des procès-verbaux transcrits sur le registre spécial et réputés inexistants à raison du défaut de signature; — Mais, considérant qu'il est constant que ces copies ont été tirées des actes déposés pour minute à Me Pérard, notaire, et qui viennent d'être ci-dessus reconnus existants et valables; qu'elles sont dès lors régulières; et que ce grief doit être écarté ainsi que le premier, dont il n'est qu'un corollaire;

« Sur le 3e moyen de nullité : — Considérant que Pinet prétend que la Société foncière calédonienne était, lors de sa fondation, une Société purement civile ayant uniquement pour objet l'exploitation et la vente des terres dont elle était concessionnaire dans la Nouvelle-Calédonie; mais que, par une délibération prise dans une assemblée générale extraordinaire tenue le 15 juill. 1875, elle a été transformée en une Société commerciale comprenant des opérations commerciales, industrielles et minières, embrassant la commandite de ces mêmes opérations et s'étendant, non-seulement à la Nouvelle-Calédonie, mais aussi aux autres pays de l'Océanie; que, par suite, elle a changé de nature et d'objet; qu'une semblable transformation ayant porté atteinte au pacte social et aux conditions essentielles sous lesquelles il était intervenu, ne pouvait procéder que du consentement unanime des associés; qu'elle ne l'a pas obtenu, puisqu'elle n'a été votée que par 2,346 actions sur 2,400 dont se composait la Société; qu'en conséquence, la délibération qui a consacré ladite transformation doit être déclarée nulle comme entachée d'excès de pouvoir; — Mais considérant que, si, comme son titre l'indiquait, la Société foncière calédonienne avait été constituée principalement en vue de l'exploitation et de la mise en valeur de terrains existant dans la Nouvelle-Calédonie, il résulte de l'art. 4 de ses statuts que son action devait comprendre en outre l'établissement et l'exploitation d'usines, l'achat et la vente de propriétés mobilières aussi bien qu'immobilières, l'entreprise des travaux et opérations pouvant aider au développement de la colonie; que, d'une part, son objet ainsi élargi était à la fois agricole et commercial; que, d'autre part, la généralité des termes dans lesquels il était indiqué autorisait à y faire entrer les opérations de toute nature se rattachant à la mise en œuvre des ressources et produits de la Nouvelle-Calédonie; qu'il suit de là que la délibération du 15 juill. 1875, non-seulement n'a pas changé la nature ni l'objet de la Société, mais qu'elle n'a ajouté en rien à l'ensemble des opérations auxquelles celle-ci avait la faculté de se livrer; qu'elle n'a donc été qu'une décision surérogatoire, ayant plutôt pour objet d'informer les actionnaires de l'existence des richesses minières qu'on venait de découvrir et qu'on se proposait d'exploiter, que de leur demander de nouveaux pouvoirs à cet effet; — Considérant qu'au surplus, et au cas où ces pouvoirs n'auraient pas existé, ladite délibération qui les a conférés serait régulière aux termes de l'art. 45 des statuts portant que l'assemblée générale statue valablement sur l'extension à donner aux affaires de la Société;

« Sur les 4e, 5e et 6e moyens de nullité; — Considérant qu'étant établi par ce qui précède que la délibération du 15 juill. 1875 n'a pas transformé la Société et n'en a pas réellement modifié les statuts, cette délibération n'était pas soumise aux prescriptions de l'art. 61 de la loi du 24 juill. 1867; qu'en conséquence, il n'importerait aucunement que le procès-verbal qui l'a constatée n'eût pas été signé, qu'à défaut de cette signature, la copie qui en a été déposée au greffe fût sans valeur légale, et que ce dépôt, ainsi que l'insertion qui en a été opérée, eussent été tardifs; — Mais, considérant qu'il a été procédé pour cette délibération ainsi que pour celles prises les 4 et 12 juin 1874 et qui concernaient la vérification des appports; que le dépôt en a été effectué en l'étude de Me Pérard, notaire, le 21 août 1875, par Montéfiore sous sa signature; et que la copie qui en a été remise au greffe a été tirée de cet acte; que, d'un autre côté, s'il est vrai que ce dépôt au greffe et l'insertion dans les journaux n'aient eu lieu que les 27, 30 et 31 août 1875, ces formalités sont intervenues avant qu'aucun intéressé n'eût le droit acquis à la nullité pouvant résulter de la tardiveté de la publication; — Considérant, en conséquence, que tous les moyens de nullité invoqués par Pinet, ès noms, ne sont pas fondés et que ses demandes doivent être repoussées; — Confirme, etc. »

Pourvoi en cassation par le syndic. — 1er *Moyen*. Violation des art. 4, 24, 25, 41, 42, 55 et 56 de la loi du 24 juill. 1867, 1334 et 1834, C. civ., 39 et 41, C. comm., en ce que l'arrêt attaqué, pour se refuser à déclarer les défendeurs éventuels responsables, a considéré comme constituant des copies régulières des délibérations prises par l'assemblée générale des copies de délibérations qui n'étaient revêtues d'aucune signature.

2e *Moyen*. Violation des art. 55 et 56 de la loi de 1867, en ce que la Cour de Paris, bien qu'il n'ait pas été satisfait dans l'espèce, ainsi qu'il vient d'être dit, au vœu de l'art. 55, qui prescrit le dépôt de la copie des délibérations prises par l'assemblée générale, a cependant refusé de prononcer la nullité de la Société pour défaut d'accomplissement de cette formalité substantielle.

3e *Moyen*. Violation des art. 1134, 1163, 1859, § 4, 1988, C. civ., et 632, C. comm., 4, 24, 25, 34, 55, 56 et 61 de la loi du 24 juill. 1867, en ce que l'arrêt attaqué a refusé de prononcer la nullité de la délibération de l'assemblée générale du 15 juill. 1875, qui a changé la nature et l'objet de la Société, bien que les formalités exigées par la loi pour sa validité n'aient pas été observées.

ARRÊT (*après délib. en ch. du cons.*).

LA COUR : — Sur les deux premiers moyens du pourvoi, tirés de la violation des art. 4, 24, 25, 41, 42, 55, 56 de la loi du 24 juill. 1867, et des art. 1334 et 1834, C. civ.; et sur le moyen additionnel tiré de la violation des art. 1134, C. civ., 50 et 51 des statuts sociaux : — Attendu qu'il est déclaré en fait par l'arrêt attaqué qu'il n'est pas contesté que les deux assemblées des 4 et 12 juin 1874 aient été tenues aux époques indiquées; qu'elles aient eu lieu sous la présidence de Montéflore; que, dans la dernière de ces assemblées générales, Digeon a reçu mission de faire le dépôt chez un notaire des pièces attestant la constitution définitive de la Société; que, par suite, et en exécution de ce mandat, il a été dressé, *concurremment* avec les procès-verbaux transcrits sur le registre et demeurés sans signatures, deux actes contenant les mêmes énonciations; que ces actes, rédigés par Montéflore, signés par lui et certifiés par Digeon, alors qu'ils avaient, chacun en ce qui le concernait, capacité conférée à cet effet par ladite assemblée générale, ont été déposés pour minutes en l'étude de Me Pérard, notaire à Paris, le 24 juin 1874; qu'il est également constaté que les copies déposées au greffe du tribunal de commerce et aux greffes des justices de paix et les extraits publiés dans les journaux, conformément aux art. 55 et 56 de la loi du 24 juill. 1867, ont été tirées des actes déposés pour minutes en l'étude du notaire Pérard; qu'en rejetant, dans ces circonstances et dans l'état des faits ainsi constatés, la demande en nullité de la Société foncière calédonienne, l'arrêt attaqué n'a violé aucun des articles susvisés du Code civ., de la loi du 24 juill. 1867 et des statuts sociaux;

Sur le troisième moyen, tiré de la violation des art. 1134, 1163, 1859, § 4, 1988, C. civ., 632, C. comm., 4, 24, 31, 55, 56 et 61 de la loi du 24 juill. 1867 : — En ce qui concerne la première branche de ce moyen, relative à la nullité de la délibération du 15 juill. 1875, en ce qu'elle n'aurait pas été prise à l'unanimité des actionnaires; — Attendu qu'aux termes de l'art. 45 des statuts de la Société foncière calédonienne, l'assemblée générale délibère notamment sur l'extension à donner aux affaires de la Société et sur les modifications à apporter aux statuts; — Attendu que, pour les délibérations relatives à la simple extension des affaires sociales, l'assemblée est, suivant l'art. 29 de la loi de 1867, régulièrement composée d'un nombre d'actionnaires représentant le quart du capital social; que, pour les délibérations contenant des modifications aux statuts, l'art. 31 de la même loi (reproduit par l'art. 49 des statuts), porte que le nombre des actionnaires présents doit représenter au moins la moitié dudit capital; — Attendu qu'il est reconnu que la délibération du 15 juill. 1875 a été prise par des actionnaires possédant 2,346 actions sur 2,400, et par conséquent représentant plus de la moitié du capital social; que, dès lors, elle ne serait irrégulière, au point de vue de la constitution de l'assemblée générale, qu'autant que l'addition faite à l'art. 4 des statuts contiendrait un changement touchant à *la nature* et *à l'objet* même de la Société, auquel cas l'unanimité des actionnaires serait nécessaire pour la validité de la délibération; — Attendu qu'il est déclaré par l'arrêt attaqué : — 1° que la Société foncière calédonienne n'était pas seulement, lors de sa formation, une société purement civile et agricole, mais qu'à raison des opérations indiquées en l'art. 4, telles que l'établissement et l'exploitation d'usines, l'achat et la vente de propriétés mobilières, et l'entreprise de travaux et opérations pouvant aider au développement de la Nouvelle-Calédonie, elle avait ainsi les caractères d'une Société commerciale; — 2° que l'exploitation des mines de nickel, et les opérations commerciales industrielles et financières auxquelles elle devait donner lieu, rentraient dans la généralité des termes de l'art. 4, et particulièrement dans les opérations se rattachant à la mise en œuvre des ressources et des produits de la Nouvelle-Calédonie; qu'elles n'étaient ainsi qu'une extension des affaires de la Société et n'en changeaient ni l'objet ni la nature; que, par suite de cette interprétation juridique des clauses primitives des statuts sociaux et de l'addition qu'elles ont reçue, l'arrêt attaqué a décidé à bon droit que la délibération du 15 juill. 1875 a été régulièrement votée par l'assemblée générale composée d'un nombre d'actionnaires représentant une partie du capital social bien supérieur à la quotité déterminée par la loi;

Sur la seconde branche du même moyen, tirée du défaut de signature de la délibération transcrite sur le registre de la Société : — Attendu qu'il est déclaré par l'arrêt attaqué qu'il a été procédé pour cette délibération comme pour celle touchant à la vérification des apports en nature; que, par conséquent, et par les motifs ci-dessus exprimés, cette branche du troisième moyen n'est pas fondée;

Sur la troisième branche, prise de la tardiveté de la publication de la même délibération : — Attendu que l'arrêt attaqué constate que, si les formalités prescrites par les art. 55, 56 et 61 de la loi du 24 juill. 1867, n'ont pas été remplies dans le mois qui a suivi la délibération, elles l'ont du moins été longtemps avant qu'aucun droit résultant du retard apporté à la publication ait été acquis à des tiers, et qu'aucune action en nullité de la délibération fondée sur ce retard ait été formée; qu'en décidant, par suite, que la nullité de la délibération ne pouvait plus être, de ce chef, opposée par le syndic Pinet, l'arrêt attaqué n'a point violé lesdits art. 55, 56 et 61 de la loi susdatée; — Rejette, etc.

MM. Mercier, 1er prés.; Greffier, rapp.; Desjardins, av. gén. (concl. conf.); Choppart, Bosviel, Sabatier, Chambareaud et Carteron, av.

CASS.-CRIM. 29 décembre 1882.

MONNAIE, MONNAIE ÉTRANGÈRE, UNION MONÉTAIRE, COURS LÉGAL (ABSENCE DE), REFUS.

Le refus de recevoir des monnaies étrangères ne tombe pas sous l'application de l'art. 475, n° 11, ces monnaies n'ayant pas cours légal et obligatoire en France (1) (C. pén., 475, n° 11).

Et il en est ainsi alors même que ces monnaies appartiendraient à des pays compris dans les conventions d'union monétaire de 1865 et de 1878, par exemple la Suisse (2) (LL. 14 juill. 1866; 1er août 1879).

(Verger). — ARRÊT.

LA COUR : — Attendu que l'art. 475, n. 11, du Code pénal, punit d'une amende ceux qui auraient refusé de recevoir en payement les espèces et monnaies nationales, non fausses ou altérées, selon la valeur pour laquelle elles ont cours; qu'il résulte évidemment des termes exprès de cette disposition de loi, en même temps que des considérations d'intérêt spécial et de souveraineté nationale qui l'ont dictée, que la sanction pénale qu'elle a établie ne comprend pas le refus par un Français de recevoir des monnaies étrangères à son pays; — Attendu que la convention diplomatique du 23 déc. 1865, qui a constitué à l'état d'union la France, la Belgique, l'Italie et la Suisse, pour ce qui regarde le poids, le titre, le module et le cours de leurs espèces monnayées d'or et d'argent, n'a pas dérogé à la disposition de droit commun, consignée dans l'article précité du Code pénal; que, si cette convention, pour faciliter les relations habituelles des populations voisines, a pris diverses mesures propres à favoriser respectivement, dans chacun des pays qu'elle unit, la circulation de leurs monnaies d'or et d'argent, notamment, en ordonnant, dans les conditions qu'elle détermine, l'admission de ces monnaies dans les caisses publiques de chacun des Etats, aucune de ces dispositions n'établit, pour les relations entre les particuliers, un cours légal obligatoire et n'étend aux monnaies étrangères la sanction pénale qui protège la circulation de la monnaie nationale; — Attendu, en conséquence, qu'en relaxant le sieur Verger, inculpé d'avoir commis une contravention à l'art. 475, n. 11, en refusant de recevoir une pièce de 5 francs suisse qui lui avait été offerte en payement par la dame Bernard, le jugement attaqué, loin d'avoir violé la disposition de la loi précitée, en a fait au contraire une exacte interprétation; — Rejette, etc.

MM. Baudouin, prés.; Puget, rapp.; Ronjat, av. gén. (concl. conf.).

CASS.-CRIM. 29 décembre 1882.

PROPRIÉTÉ LITTÉRAIRE OU ARTISTIQUE, CONTREFAÇON, CONFISCATION.

La confiscation, étant une peine, ne peut d'après le droit commun être prononcée, en matière de contrefaçon artistique ou littéraire, au cas de renvoi des poursuites. — Ici ne s'applique pas la disposition exceptionnelle expressément prévue en matière de brevets d'invention (3) (L. 19-24 juill. 1793, art. 1 et 3; C. pén., 425).

(Sicard c. Joly). — ARRÊT.

LA COUR : — Sur la première branche du moyen...; — Sur la seconde branche du moyen, tirée de la violation des art. 1er et 3 de la loi du 19 juill. 1793, 425, 427 et 429, C. pén., en ce que l'arrêt attaqué a refusé de prononcer au profit de Sicard la confiscation du baromètre dont s'agit, tout en déclarant qu'il était contrefait : — Attendu que si, aux termes de l'art. 49 de la loi du 5 juill. 1844, la confiscation des objets reconnus contrefaits doit être prononcée, même en cas d'acquittement, contre le contrefacteur, le recéleur, l'introducteur ou le débitant, c'est là une disposition exceptionnelle qui ne s'applique qu'en matière de brevets d'invention, et doit être restreinte aux cas expressément prévus par cette loi; que, lorsqu'il s'agit de la contrefaçon artistique ou littéraire, réprimée et punie par la loi du 19 juill. 1793 et par les art. 425 et suiv., C. pén., ce sont les principes et les règles du droit commun qui doivent être observés; — Attendu que la première condition exigée par la loi pour qu'une peine puisse être prononcée, c'est que le prévenu soit déclaré coupable du délit qui lui est imputé; que la confiscation, d'après l'art. 11, C. pén., étant une peine, elle ne saurait être ordonnée dans le cas où, comme dans l'espèce, l'auteur et le complice du délit sont renvoyés des poursuites, l'action publique et l'action civile étant déclarées éteintes par la prescription; — D'où il suit que, loin de violer la disposition de la loi du 19 juill. 1793 et des art. 425, 427 et 429, C. pén., l'arrêt attaqué en a fait une juste application;... — Rejette, etc.

MM. Baudouin, prés.; Sallantin, rapp.; Ronjat, av. gén.; Aguillon, av.

(1-2) Voici certaines stipulations que nous extrayons des conventions : art. 2, § 2 de la convention, du 5 nov. 1878. « Les *gouvernements* contractants admettront sans distinction dans *leurs caisses publiques* les pièces d'or fabriquées, dans les conditions qui précèdent, dans l'un ou l'autre des cinq Etats... » — Article 5 de la même convention (6 de la convention du 23 déc. 1865) : « Les pièces d'argent fabriquées dans les conditions de l'article 4 auront cours légal *entre les particuliers de l'Etat qui les a émises*, jusqu'à concurrence de cinquante francs pour chaque payement. » Article 6 : — « Les *caisses publiques de chacun des cinq Etats* accepteront les monnaies d'argent fabriquées par un ou plusieurs des autres Etats contractants, conformément à l'article 4, jusqu'à concurrence de cent francs pour chaque payement fait auxdites caisses. » — La seule lecture de ces textes suffit, à notre avis, à lever tous les doutes. Il n'y est question que des *gouvernements contractants*, des *caisses publiques*. Aucune obligation n'est imposée aux particuliers, aux sujets de chaque Etat dans les relations d'affaires privées; ils peuvent refuser de recevoir en payement les pièces étrangères de l'Union monétaire. La Cour de cassation a donc fait par la solution ci-dessus une exacte appréciation des conventions internationales. Elle a persisté dans cette manière de voir, en un arrêt plus récent du 27 juill. 1883 (Pand. chr.), lequel reproduit textuellement les considérants de la décision actuelle.

(3) La question que tranche cet arrêt, le premier rendu par la Cour de cassation sur la difficulté, était restée jusqu'ici fortement controversée. La Cour de Paris en ses différentes chambres s'était divisée. — V. dans le sens de la solution ci-dessus, Paris, 12 avril 1862, 12 juill. 1862 (*Annales de Pataille*, 1862, p. 228 et 314); 27 mars 1868 (*ibid.*, 1868, p. 325). — V. en sens contraire, Paris, 24 janv. 1845 (*ibid.*, 1868, p. 321); 12 juill. 1867, 21 nov. 1867 (*ibid.*, 1867, p. 407 et 359); 7 févr. 1868 (*ibid.*, 1868, p. 63); 25 juin 1870 (*ibid.*, 1870, p. 264).

CASS.-CRIM. 5 janvier 1883.

CHASSE, OISEAUX, MOINEAUX, BÊTES FAUVES, DESTRUCTION, TEMPS PROHIBÉ, ARMES A FEU.

Les oiseaux, spécialement les moineaux, même réunis en bande, et malgré l'étendue du dommage qu'ils peuvent occasionner, ne sauraient être assimilés aux bêtes fauves *qu'aux termes de l'art. 9, § 3, de la loi du 3 mai 1844, le propriétaire ou fermier a le droit de repousser ou de détruire, même avec des armes à feu, lorsqu'elles portent dommage à ses propriétés* (1) (L. 3 mai 1844, art. 9, § 3).

En conséquence, doit être cassé, pour violation des art. 9 et 12 de la loi de 1844, l'arrêt relaxant un prévenu de chasse en temps prohibé, par le motif que l'art. 9 de ladite loi l'autorisait à détruire, même en temps prohibé, les moineaux qui, dans le moment, ravageaient sa récolte d'orge (2) (L. 3 mai 1844, art. 9 et 12).

(Blanc). — ARRÊT.

LA COUR : — Sur l'unique moyen du pourvoi, pris de la

(1-2) La question est vivement controversée.

Suivant un 1er système, le propriétaire, possesseur ou fermier, a le droit de détruire, en tout temps et par tous les moyens possibles, même avec des armes à feu, tous animaux sauvages au moment où ils portent dommage à sa propriété. V. en ce sens, Agen, 21 juill. 1852 (S. 52. 2. 442. — P. 54. 1. 164. — D. 53. 2. 10); Rouen, 7 août 1862, en sous-note (*a*); Clermont (Oise), 26 mars 1868, en sous-note (*b*); Montbrison, 11 nov. 1872, en sous-note (*c*); Caen, 11 avril 1877 (S. 78. 2. 10. — P. 78. 457. — D. 78. 2. 182); Gillon et Villepin, *Nouveau Code des chasseurs*, n. 201, 203, 204; Berriat Saint-Prix, *Législat. de la chasse*, p. 97; Giraudeau et Lelièvre, *La chasse*, n. 678; Villequez, *Droit de destruction des animaux nuisibles*, n. 21, 55 et 56; Petit, *Droit de chasse*, n. 201; Chardon, *Le droit de chasse*, p. 96 et 101; Dufour, *La loi sur la chasse*, p. 20; Gislain, *Le chasseur prudhomme*, n. 100 et suiv.; Puton, *De la louveterie*, n. 227 et 347; de Neyremand, *Du droit de destruction des animaux malfaisants ou nuisibles*, n. 25 et suiv., 54; Kencker, *Code de la chasse*, p. 218, 225 et suiv.; Menche de Loisne, n. 200 et 211; Leblond, *Code de la chasse*, t. I, n. 133 et 145; Frémy, p. 7 et suiv.; Cival, *Loi sur la police de la chasse*, sur l'art. 9, n. 6.

Dans un autre système, celui de notre arrêt, ce droit absolu de défense n'est concédé que pour une certaine catégorie d'animaux sauvages, les *bêtes fauves*. *Sic*, Rouen, 18 fév. 1864 (S. 64. 2. 62. — P. 64. 367. — D. 64. 2. 154); Angers, 10 mars 1874 (S. 75. 2. 207. — P. 75. 824. — D. 74. 2. 178); Cass., 5 nov. 1842 (S. 43. 1. 75. — P. 43. 1. 713. — D. 43. 1. 31); 11 juin 1880 (Pand. chr.); 20 juill. 1883 (Pand. chr.); et sur renvoi, Aix, 26 déc. 1883, en sous-note de cet arrêt. V. aussi Cons. d'Ét., 1er avril 1881 (Pand. chr.), et la note.

A notre sens, ce dernier système est le seul qui soit conforme à la lettre et à l'esprit de la loi du 3 mai 1844.

Le but principal était de préserver le gibier d'une destruction complète et prochaine. Il fallait empêcher les abus, réprimer le braconnage, mais il fallait aussi protéger la propriété et l'agriculture, en permettant aux intéressés de défendre leurs récoltes contre tous animaux sauvages susceptibles d'y porter atteinte. Le législateur a-t-il voulu que ce droit de défense fût toujours absolu? l'a-t-il réglementé dans certains cas, comme il a fait du droit de chasse?

Si nous lisons la dernière partie du § 3 de l'art. 9, nous y voyons deux dispositions : la première autorise le propriétaire à détruire, en tout temps, les animaux déclarés malfaisants ou nuisibles par le préfet, à la charge de se conformer, pour l'exercice de ce droit, aux conditions déterminées par ce fonctionnaire; la seconde lui

(*a*) Cet arrêt de Rouen (ch. corr.), en date du 7 août 1862, *aff.* Lemarchand, est ainsi conçu :

LA COUR : — En ce qui touche les délits de chasse en temps prohibé et sans permis; — Considérant qu'aux termes de l'art. 9, § 3, L. 3 mai 1844, il est permis à tout propriétaire, possesseur ou fermier, de repousser et de détruire avec des armes à feu les animaux malfaisants ou nuisibles; qu'il importe peu que les corbeaux et pigeons n'aient pas été classés par l'arrêté du préfet parmi les animaux malfaisants et nuisibles, si le propriétaire n'a fait que les détruire avec des armes à feu dans le temps des semailles et pendant qu'ils dévastaient ses champs ensemencés; qu'un acte de cette nature ne saurait constituer le fait de chasse, puisqu'il se rattache à l'exercice du droit de défense, d'une défense nécessaire et légitime, ayant pour objet, non pas seulement l'intérêt particulier du propriétaire, mais aussi l'intérêt général de la conservation des récoltes; — Considérant qu'en fait, le 8 juin dernier, Lemarchand, armé d'un fusil et placé dans sa cour près de la maison qu'il habite, surveillait les bandes de pigeons et de corbeaux qui faisaient des dommages sur le terrain qu'il exploite, en même temps que sur un autre champ contigu, également ensemencé, dont le propriétaire lui avait donné le mandat de préserver les récoltes contre les dégâts que ces animaux y commettent journellement; que, dans ces circonstances, il a tiré à plusieurs reprises sur des pigeons et des corbeaux qui s'étaient abattus plusieurs fois dans cette même journée sur son terrain et sur celui qui avait été confié à sa garde, et que Lemarchand en a tué plusieurs pendant qu'ils y continuaient leurs dégâts; — D'où il suit que Lemarchand s'est renfermé dans une défense aussi naturelle que légitime, et que n'ayant point commis un fait de chasse, il n'avait point à se munir d'un permis, ni à considérer si la chasse était permise, etc.

MM. Dumolin, prés.; Martin, av. gén.

(*b*) Voici les termes de ce jugement du trib. corr. de Clermont (Oise), rendu à la date du 26 mars 1868, *aff.* Roussel :

LE TRIBUNAL : — Attendu que s'il est vrai que les pigeons ramiers tués par Roussel à la date du 10 janv. 1868 en temps de neige, alors que la chasse était interdite, l'ont été au moyen d'une arme à feu, et non à l'aide d'engins, ainsi qu'y autorisait seulement l'arrêté du préfet de l'Oise du 28 déc. 1865, lequel a classé les pigeons ramiers parmi les animaux malfaisants et nuisibles, il est prouvé d'autre part qu'ils ont été détruits par ledit Roussel sur sa propriété alors emblavée en nature de colza, au moment même où ces ramiers y portaient dommage; — Que, de notoriété publique, les ravages qui sont ainsi causés par les pigeons de cette sorte dans les champs ensemencés en colza, quand les terres couvertes de neige ne leur offrent presque aucune nourriture, sont considérables; — Que, dès lors, l'acte de destruction reproché à Roussel constitue non un fait de chasse d'animaux malfaisants ou nuisibles, soumis à la réglementation préfectorale par l'art. 9 de la loi du 3 mai 1844, mais l'exercice du droit naturel et placé au-dessus de toute réglementation; que cette loi, après celle du 28 avril 1790, a reconnu à tout propriétaire de repousser et de détruire, même avec des armes à feu, les bêtes fauves qui porteraient dommage à ses propriétés; — Attendu qu'on objecterait vainement que la qualification de bêtes fauves ne peut s'appliquer à des pigeons ramiers; — Qu'en effet, dans la pensée du législateur, cette expression ne doit pas être prise dans un sens littéral ou limitatif; qu'elle ne diffère que par une nuance de celle d'animaux malfaisants et nuisibles qui la précède dans le texte légal; que celle-ci s'applique au cas où il s'agit de détruire les animaux malfaisants et nuisibles par leur nature, encore qu'ils ne nous portent aucun préjudice dans le moment de la chasse; que celle-là est relative au cas où il s'agit de détruire ou de repousser les animaux nuisibles au moment même ou ils nous portent préjudice; que c'est ce qui ressort de la discussion à laquelle a donné lieu à la Chambre des députés et à celle des pairs, le paragraphe 3 de l'art. 9 de la loi du 3 mai 1844; qu'ainsi M. Crémieux qui, au nom de la commission de la première de ces Chambres, a fait introduire, dans la disposition ci-dessus, la mention relative aux bêtes fauves, s'est exprimé en ces termes : « A côté du droit de chasse il y a un autre droit pris dans la loi de 1790 et dans laquelle nous l'avons copié : droit naturel d'ailleurs, et qui n'est pas contestable, c'est le droit pour le propriétaire de détruire tout animal malfaisant, quel qu'il soit, en tout temps, quand il menace ou attaque sa propriété. Le droit qui nous appartient à nous propriétaires de détruire les animaux malfaisants qui viendraient ravager nos récoltes, nul ne peut le réglementer, le restreindre; » Que c'est dans ce sens général que la proposition de la commission a été acceptée par le gouvernement, ainsi que cela résulte des paroles de M. le garde des sceaux Martin (du Nord) : « Pourquoi refuserait-on de déclarer que le propriétaire quand il verra sur ses terres des animaux malfaisants, pourra les détruire. Mais le droit du propriétaire paraît même s'étendre beaucoup plus loin »; — Que cela résulte encore du rapport fait par M. le premier président Frank-Carré à la Chambre des pairs, où l'on peut lire : « Les animaux nuisibles ou malfaisants, ne pourront être détruits, que suivant les conditions déterminées par les arrêtés des préfets, sauf le cas où ils porteront dommage aux propriétés »; — Attendu, dès lors, que Roussel n'a pas commis le délit de chasse qui lui est reproché; — Le délaisse des fins de la poursuite, etc.

MM. Bouguignat, prés.; de Boisbrunet, proc. imp.; Beauvais, av.

(*c*) A la date du 11 nov. 1872, il a été rendu par le tribunal correctionnel de Montbrison, *aff.* Destras, un jugement conçu dans les termes suivants :

LE TRIBUNAL : — Attendu que Destras est poursuivi pour avoir, le 1er sept. dernier, chassé sans permis de chasse, en tirant un coup de fusil sur une bande de

violation des art. 9 et 12 de la loi du 3 mai 1844, en ce que l'arrêt attaqué aurait reconnu au demandeur le droit de détruire, en tout temps, à l'aide d'une arme à feu, des moineaux qui portaient dommage à sa propriété : — Vu lesdits articles; — Attendu que, d'après l'art. 9, susvisé, les propriétaires, possesseurs ou fermiers, ne sont autorisés à détruire, en temps prohibé, sur leurs terres, que les animaux malfaisants ou nuisibles déclarés tels par arrêtés préfectoraux; qu'ils peuvent toujours, d'ailleurs, aux termes de la disposition finale du § 3 de cet article, repousser et détruire, même avec armes à feu, « les *bêtes fauves* qui porteraient dommage à leurs propriétés » ; — Attendu qu'il est constaté par l'arrêt attaqué qu'aux dates des 11 et 12 mai dernier, alors que la chasse était close, le sieur Blanc a tué, à coups de fusil, un certain nombre de moineaux, au moment où ces oiseaux causaient du dégât dans un champ d'orge lui appartenant, au territoire de Figanières; — Attendu, d'une part, que l'arrêté du préfet du département ne fait pas figurer les moineaux au nombre des animaux malfaisants ou nuisibles dont il permet la destruction en tout temps; — Attendu, d'autre part, que les moineaux, même réunis en bande, malgré l'étendue du dommage qu'ils peuvent occasionner, ne sauraient être considérés comme des bêtes fauves ou leur être assimilés; qu'en effet l'appellation de *bêtes fauves* n'a jamais été appliquée par les ouvrages de vénerie ou par les anciennes ordonnances au menu gibier, spécialement aux oiseaux; qu'il ne peut pas en être autrement aujourd'hui, sans détourner les mots de leur véritable

---

confère le droit absolu de repousser ou détruire, même avec des armes à feu, les bêtes fauves qui porteraient dommage à ses propriétés. L'une vise un dommage possible, éventuel, l'autre, un dommage actuel; le premier de ces dommages est à redouter de la part d'animaux déclarés malfaisants ou nuisibles par l'autorité administrative, le second est causé actuellement par des animaux que le législateur appelle *bêtes fauves*, et qui n'ont nul besoin d'être énumérés dans les arrêtés préfectoraux.

Il nous semble que ces deux dispositions sont essentiellement distinctes et indépendantes l'une de l'autre, et que la seule question à résoudre est de savoir si les animaux détruits au moment du dommage étaient ou non des bêtes fauves.

Dans l'espèce de notre arrêt, il s'agissait de moineaux, et, pour relaxer le prévenu, la Cour avait déclaré que ce menu gibier, ces petits oiseaux, étaient des bêtes fauves. Dans le langage de la vénerie, comme dans le langage usuel, les bêtes fauves sont, en général du moins, des quadrupèdes vivant dans les bois, parfois dangereux pour les personnes, et cette appellation ne saurait s'appliquer aux oiseaux sans dénaturer le sens des mots.

On devra donc nous concéder que la doctrine de notre arrêt a déjà pour elle le texte de la loi. Voyons si elle n'est pas, en même temps, conforme à son esprit.

Les bêtes fauves ou bêtes *noires* de l'édit de 1601, qui comprennent les loups, renards, sangliers, etc., sont, par leur nature propre, susceptibles de causer, presque instantanément, de très-graves dommages; le législateur devait permettre de les repousser ou détruire, au moment de leurs ravages, par tous les moyens possibles, même avec des armes à feu, au risque d'ouvrir la porte à des faits de braconnage que, pourtant, il tenait à réprimer. A-t-on à redouter de pareils dégâts de la part des autres animaux? Pourraient-ils saccager, en moins d'une nuit, comme le font parfois des sangliers, une récolte entière? Non : le dommage se produisant successivement, la nécessité de la défense est moins actuelle, moins urgente. D'ailleurs, parmi ces animaux, les oiseaux notamment, il y en a qui, tout en commettant de légères déprédations, rendent de grands services à l'agriculture en détruisant les insectes. Il était donc possible de réglementer leur destruction, et, de cette façon, tout en permettant aux propriétaires de garantir leurs récoltes dans une sage et juste mesure, le législateur empêchait le braconnage éhonté qui n'aurait pas manqué de se continuer et qui s'exerce trop souvent encore sous le prétexte de défendre la propriété.

Voilà ce qu'a voulu la loi de 1844, en confiant à l'autorité administrative le soin de déclarer quels sont, en dehors des bêtes fauves, les animaux malfaisants ou nuisibles, et en lui conférant le droit de déterminer les conditions dans lesquelles pourrait s'opérer la destruction de ces animaux.

Mais, dit-on, le droit de défendre sa propriété au moment où elle est attaquée, est un droit naturel, à l'abri de toute réglementation. — Et si le législateur trouve que, dans l'intérêt général, ce droit ne saurait être absolu, est-ce qu'il n'est pas le maître de le réglementer?

Où voit-on qu'antérieurement à la loi de 1844, ce droit ait été libre et sans entraves?

L'art. 15 de la loi des 28-30 avril 1790, qui nous avait régis jusque-là, a bien rendu aux propriétaires le droit de destruction dont ils avaient été dépossédés sous le régime féodal, mais cet article, conçu dans le même esprit que notre art. 9, vise deux droits de destruction : l'un au regard du gibier, qui ne pouvait s'exercer qu'à l'aide de filets ou engins non susceptibles de nuire aux fruits de la terre; l'autre, au regard des bêtes fauves, pour lequel l'emploi des armes à feu était autorisé. Le législateur de 1844 n'a pas fait autre chose; il a reproduit presque textuellement la dernière disposition de l'art. 15, mais, trouvant, et à bon droit, que la première était trop large, qu'elle ouvrait la porte au braconnage, il a voulu la restreindre en donnant aux préfets le pouvoir de décider quel gibier devrait être réputé malfaisant ou nuisible, et quels moyens de destruction seraient autorisés.

Permettre la destruction de tous animaux sauvages, même seulement de ceux déclarés malfaisants ou nuisibles, serait amoindrir, pour ne pas dire plus, le pouvoir qui a été délégué aux préfets dans l'intérêt de la conservation du gibier.

Il peut paraître sévère au propriétaire tirant, de sa cour, sur des oiseaux qui se sont abattus sur son champ, nouvellement ensemencé, d'être condamné correctionnellement pour fait de chasse ou contravention à un arrêté préfectoral; soit. — Nous reconnaissons aussi que, lors de la discussion de la loi de 1844, certains auteurs ont parlé en faveur du droit absolu de destruction. Ces concessions ne sauraient modifier notre conclusion.

Nous dirons au propriétaire : en ne chargeant votre arme qu'avec de la poudre, vous auriez effrayé la bande de pillards, et vous auriez ainsi obtenu, sans délit, le résultat que vous désiriez.

Aux partisans de la doctrine que nous combattons, nous répondrons : Non-seulement notre loi ne porte pas la moindre trace de votre thèse, mais encore son texte et son esprit y sont formellement contraires.

---

moineaux qui s'était abattue dans son champ, sur une meule de blé, près de la maison qu'il habite, et dont il a tué quelques-uns d'entre eux; — Attendu que les moineaux n'ont point été classés parmi les animaux malfaisants ou nuisibles, que l'on peut tuer en tout temps et sans permis de chasse, suivant les moyens de destruction indiqués par le préfet; — Que néanmoins le tribunal doit rechercher si le fait imputé au prévenu et reconnu par lui, constitue un fait de chasse; — Attendu que la chasse consiste dans la recherche et la poursuite du gibier pour s'en emparer; — Que l'on ne peut faire rentrer dans cette définition le fait du propriétaire ou du fermier qui se borne à repousser et à détruire les animaux qui causent un dommage à ses biens, dans le but de faire cesser le préjudice qu'il éprouve; — Qu'il semble juste de décider dans ce cas que le propriétaire ou le fermier ne fait qu'user du droit naturel de défendre sa propriété attaquée; — Attendu que ce droit de légitime défense est reconnu en ce qui concerne les animaux domestiques, savoir à l'égard des pigeons par le décret du 4 août 1789, et par celui du 6 oct. 1791, sur la police rurale, à l'égard de toute espèce de volailles; — Que la loi de 1790 sur la chasse l'avait également consacré vis-à-vis des animaux sauvages dans son art. 15 qui a été reproduit par le paragraphe 3 de l'art. 9 de la loi du 3 mai 1844, sur la police de la chasse qui nous régit aujourd'hui; — Que l'art. 9 dit, en effet, que le propriétaire ou fermier, indépendamment du droit qu'il a de détruire en tout temps sur ses terres les animaux déterminés comme malfaisants ou nuisibles par les préfets, peut, en outre, repousser ou détruire, même avec des armes à feu, les bêtes fauves qui porteront atteinte à sa propriété; — Qu'il résulte de la discussion du projet de loi à la Chambre des pairs et à celle des députés, que par le mot « bêtes fauves » emprunté à la loi de 1790, le législateur a voulu désigner les bêtes sauvages et traduire ainsi le mot *feræ bestiæ* du droit romain; — Attendu, en effet, que M. Frank-Carré, dans son rapport à la Chambre des pairs, à la séance du 3 mars 1844, après avoir parlé des bêtes fauves, résume sa pensée en disant : « Ainsi, les animaux nuisibles ou malfaisants ne pourront être détruits que suivant les conditions déterminées par les arrêtés des préfets, sauf le cas où ils porteront dommage aux propriétés » ; — Attendu que M. Crémieux s'était exprimé exactement dans le même sens à la Chambre des députés, et que M. le garde des sceaux disait aussi : « La première partie du paragraphe 3 de l'art. 9 s'applique au cas où il s'agit de détruire les animaux malfaisants ou nuisibles par leur nature, encore qu'ils ne nous portent aucun préjudice; la seconde partie est relative au cas où il s'agit de détruire ou repousser les animaux nuisibles, alors seulement qu'ils nous portent préjudice » ; — Attendu que c'est dans ce sens que la jurisprudence a interprété la disposition finale du troisième paragraphe, et qu'elle a décidé, en conséquence, avec la plupart des auteurs qui ont écrit sur la chasse, que les propriétaires, possesseurs ou fermiers, ont de tout temps le droit de défendre leurs propriétés, en détruisant les animaux qui y portent dommage, pourvu que ce droit ne soit exercé qu'au moment où le dégât est causé, alors même que ces animaux n'ont pas été désignés comme nuisibles par les préfets; — Attendu que le droit étant ainsi défini, il ne reste plus à résoudre que la question de fait spéciale à la cause actuelle, à savoir si le prévenu a fait la preuve d'un préjudice par lui éprouvé; — Qu'il ne peut lui suffire, en effet, d'invoquer la voracité et la réputation de franc-pillard du moineau, mais qu'il doit démontrer que les moineaux sur lesquels il a tiré causaient en ce moment un dommage à son gerbier de blé; — Attendu que Destras n'a point fait cette preuve, et qu'il paraît d'ailleurs certain au tribunal que la perte de quelques épis, avariés par l'humidité et la pluie, dont ces oiseaux ont pu dérober les grains, ne saurait constituer ce préjudice sérieux et applicable; — D'où il suit que c'est à bon droit que le prévenu a été poursuivi pour délit de chasse sans permis; — Par ces motifs, etc.

MM. Chaize, prés.; Lagrange, subst.; Montagne, av.

acception, et sans faire violence au texte même de la loi; — D'où il ressort qu'en relaxant le prévenu des fins de la poursuite, par le motif que la disposition finale du § 3 de l'art. 9 de la loi de 1844 l'autorisait à détruire, même en temps prohibé, les moineaux qui, dans le moment, ravageaient sa récolte d'orge, l'arrêt attaqué (Aix, 30 juin 1882) a faussement interprété, et, par suite, a violé les articles susvisés; — Casse, etc.

MM. Baudouin, prés.; de Larouverade, rapp.; Tappie, av. gén.

CAS.-civ. 9 janvier 1883.

SERVITUDE, PASSAGE, ENCLAVE.

L'usage par les habitants d'une commune depuis plus de trente ans d'un chemin traversant un héritage privé, pour arriver à une fontaine communale enclavée, équivaut à un titre d'acquisition à l'effet de fixer le mode et l'assiette du passage (1) (C. civ., 682).

(Sahanna c. Comm. de Billiers). — ARRÊT.

LA COUR : — Sur le moyen unique du pourvoi : — Attendu qu'il est constaté en fait par l'arrêt attaqué (Rennes, 25 août 1879), que la fontaine de la Géraudière, qui appartient à la commune de Billiers, ne peut avoir accès à la voie publique qu'en traversant des héritages privés; que cet arrêt constate, en outre, que depuis plus de trente ans, les habitants du bourg se servent, pour arriver à ladite fontaine, du chemin qui traverse le fonds des héritiers Sahanna, et que cette possession a eu pour effet de déterminer le mode et l'assiette d'un passage nécessaire pour l'usage d'une fontaine qui est réellement enclavée; — Attendu qu'en décidant, dans ces circonstances, que les consorts Sahanna, n'étaient pas fondés à demander la cessation de ce passage, sur ce motif qu'une partie des habitants userait aussi, sans qu'il leur fût actuellement contesté, d'un autre chemin qui traverse un autre héritage privé, l'arrêt attaqué n'a violé aucune loi; — Rejette, etc.

MM. Mercier, 1er prés.; Onofrio, rapp.; Charrins, 1er av. gén. (concl. conf.); Defert, av.

CASS.-crim. 11 janvier 1883.

DIFFAMATION, ÉLECTIONS, CANDIDAT.

Les dispositions légales qui punissent la diffamation et l'injure demeurent applicables au cours de la période électorale; la loi du 29 juill. 1881, sur la liberté de la presse, n'a pas dérogé à ce principe (2) (L. 29 juill. 1881, art. 31).

Contient une diffamation l'article de journal qui reproche à un candidat, en termes violents, notamment la répudiation des traditions libérales de sa famille, le délaissement éhonté des souvenirs laissés par son aïeul, l'entente et l'alliance avec les plus mortels ennemis de celui-ci (3) (Id.).

(Collignon et Vezin c. de Lanjuinais). — ARRÊT.

LA COUR : — Sur le moyen unique, tiré de la violation des art. 195, C. instr. crim., 7 de la loi du 20 avr. 1810, 23, 29, 32 et 33 de la loi du 29 juill. 1881 : — Sur la première branche du moyen : ... (sans intérêt);

Sur la deuxième branche du moyen, prise de ce que les faits qui ont motivé la condamnation ne constituaient ni le délit d'injures, ni celui de diffamation; — Attendu que les dispositions légales qui punissent la diffamation et l'injure demeurent applicables au cours de la période électorale; que la loi du 29 juill. 1881 n'a pas dérogé à ce principe; — Attendu, d'une part, que l'article poursuivi contient des invectives et expressions outrageantes qui constituent manifestement l'injure publique; — Attendu, d'autre part, que le même article contient contre le candidat électoral l'imputation de faits précis et déterminés, lui reprochant notamment en termes violents la répudiation des traditions libérales de sa famille, le délaissement éhonté des souvenirs laissés par son aïeul, et l'entente et l'alliance avec les plus mortels ennemis de celui-ci; que l'ensemble de ces imputations, adressées publiquement, au cours de la période électorale, à un des candidats, étaient essentiellement de nature à porter atteinte à son honneur et à sa considération, et à le discréditer auprès de ses électeurs; que la Cour d'appel de Rennes (arrêt du 26 juill. 1882), en leur reconnaissant le caractère du délit de diffamation, loin d'avoir violé les dispositions de loi invoquées par les demandeurs, en a, au contraire, fait une exacte application; — Rejette, etc.

MM. Baudouin, prés.; Saint-Luc Courborieu, rapp.; Ronjat, av. gén.; Chambareaud et Sabatier, av.

CASS.-civ. 16 janvier 1883.

JUGEMENT OU ARRÊT, QUALITÉS, RÈGLEMENT, DATE (ABSENCE DE), NULLITÉ.

L'ordonnance portant règlement des qualités d'un jugement est radicalement nulle, à défaut de date (4) (C. proc., 145).

Et cette nullité vicie le jugement lui-même (5) (Id.).

(Auger c. Gaillard). — ARRÊT.

LA COUR : — Donne défaut contre Gaillard, et statuant; — Sur le moyen unique du pourvoi : — Vu l'art. 145, C. proc.; — Attendu que toute ordonnance doit, comme tout jugement, porter en elle-même la preuve de sa régularité; — Attendu que l'ordonnance contenant règlement des qualités du jugement attaqué est sans date, et se borne à cette formule : « Personne ne se présentant pour soutenir la présente opposition, nous en donnons mainlevée. — Le président du tribunal (signé) : Clerc »; que rien ne prouve donc que les qualités dont il s'agit aient été réglées au jour où elles devaient l'être, et que l'avoué opposant ait eu la faculté de les contredire; qu'il en résulte que l'ordonnance qui les a maintenues se trouve entachée d'une nullité radicale, dont l'effet est de vicier lesdites qualités du jugement dénoncé, et, par suite, ce jugement lui-même : — Casse, etc.

MM. Mercier, 1er prés.; Rohault de Fleury, rapp.; Desjardins, av. gén. (concl. conf.); Choppard, av.

---

(1) *Sic*, sur le principe, antérieurement à la loi du 20 août 1881; Paris, 5 avril 1861 (S. 61. 2. 255. — P. 61. 709. — D. 61. 5. 453); Metz, 19 janv. 1865 (S. 65. 2. 124. — P. 65. 583); Cass., 26 août 1874 (S. 74. 1. 460. — P. 74. 1190. — D. 75. 1. 124); 21 avril 1875 (S. 75. 1. 304. — P. 75. 739. — D. 75. 1. 480); 24 nov. 1880 (S. 81. 1. 222. — P. 81. 1. 530. — D. 81. 1. 71); — et depuis ladite loi (C. civ., 685, § 1er), Cass., 17 févr. 1886 (S. 86. 1. 457. — P. 86. 1. 1134).

(2-3) Ainsi que le constate notre arrêt, la loi du 29 juill. 1881 n'a apporté aucune innovation en cette matière. — Sous la législation antérieure, V. conf., Cass., 19 mai 1876 (D. 77. 1. 44); 10 nov. 1876 (S. 77. 1. 127. — P. 77. 307. — D. 77. 1. 44); 7 juin 1878 (S. 80. 1. 285. — P. 80. 650. — D. 79. 1. 436); 2 août 1878 (S. 80. 1. 41. — P. 80. 65. — D. 79. 1. 47). — Depuis la loi du 29 juill. 1881, V. C. d'assises de la Seine, 15 oct. 1881 (S. 82. 2. 89. — P. 82. 1. 462).

(4-5) V. conf., Cass., 26 févr. 1878 (Pand. chr.). — On voit par cette nouvelle décision combien les pratiques vicieuses sont difficiles à déraciner. Il n'en coûte cependant ni beaucoup de temps, ni beaucoup d'efforts, de compléter le *Bon à expédier* et la *signature* du magistrat par la mention de la *date* du jour où l'ordonnance est rendue. La gravité des conséquences qu'entraine une telle omission mérite que le magistrat y prête une attention toute particulière. Les exigences formulées par la Cour de cassation, bien qu'elles ne fassent l'objet d'aucune prescription spéciale de la part des auteurs, se justifient cependant par des considérations juridiques irréfutables. V. nos observations jointes à l'arrêt, du 26 févr. 1878, précité.

CASS.-CRIM. 20 janvier 1883 (DEUX ARRÊTS).

AFFICHES (APPOSITIONS D'), AFFICHES ÉLECTORALES, PROPRIÉTAIRE, LOCATAIRE, LACÉRATION, CONTRAVENTION (ABSENCE DE).

Le fait par le propriétaire d'enlever ou de lacérer les affiches électorales émanant de simples particuliers, apposées sur sa propriété, ne constitue pas une contravention punissable (1) (L. 29 juill. 1881, art. 17, § 3).

Et il n'y a pas à distinguer, tant ce droit est général et absolu, si le propriétaire habite ou n'habite pas sa propriété, si elle est ou non occupée par des locataires, si ces derniers avaient ou non donné leur consentement à l'apposition des affiches (2) (Id.).

(Clément). — ARRÊT.

LA COUR : —Sur le moyen unique du pourvoi, tiré de la violation de l'art. 17, § 3, de la loi du 29 juill. 1881, en ce que le jugement attaqué aurait à tort déclaré que le fait relevé et constaté à la charge de Clément ne constituerait pas la contravention prévue et réprimée par cet article : — Vu ledit article ; — ... Attendu qu'il résulte de cet article que le fait par le propriétaire d'enlever ou de lacérer les affiches électorales émanant de simples particuliers, apposées sur sa propriété, ne constitue pas une contravention punissable ; que les termes de cet article sont généraux et absolus ; qu'il n'y a pas à distinguer si le propriétaire habite ou n'habite pas sa propriété, si elle est ou non occupée par des locataires, et si ces derniers avaient ou non donné leur consentement à l'apposition des affiches enlevées et lacérées ; — Attendu que le jugement attaqué constate, en fait, que Clément était propriétaire de l'immeuble sur lequel avaient été apposées les affiches électorales qu'il a enlevées et lacérées ; que, dans ces conditions, le jugement, en prononçant le relaxe de l'inculpé, loin de violer l'art. 17, § 3, de la loi du 29 juill. 1881, en a fait, au contraire, une exacte et saine interprétation ; — Rejette, etc.

MM. Baudouin, prés. ; Sevestre, rapp. ; Tappie, av. gén.

Nota. — Du même jour, autre arrêt identique, *aff.* Bazantay. — Mêmes magistrats.

CASS.-REQ. 24 janvier 1883.

INCENDIE, LOCATAIRE, SERVITEUR, INTENTION COUPABLE, RESPONSABILITÉ.

Le locataire est responsable, vis-à-vis du bailleur, de l'incendie de l'immeuble volontairement allumé par l'un de ses serviteurs, même en dehors des fonctions auxquelles ce dernier était employé (3) (C. civ., 1384, 1735).

---

(1) Le principe est constant; il est écrit formellement dans le § 3 *in fine* de l'art. 17 de la loi du 29 juill. 1881, et il a été reconnu et consacré par tous les arrêts de la Cour de cassation rendus en la matière. V. notamment les motifs des arrêts des 11 nov. 1882 (2e espèce) et 15 nov. 1884 (Pand. chr.), et les renvois. — Ce droit, le propriétaire peut l'exercer par lui-même ou par un mandataire qu'il se substitue. V. Cass., 31 déc. 1885 (Pand. chr.).

(2) Que les divers locataires d'un même immeuble ne puissent ni permettre ni empêcher l'apposition d'affiches électorales sur les murs de la maison qu'ils occupent ; que ce droit appartienne au propriétaire seul, c'est là un point que la discussion à la Chambre des députés a mis hors de toute controverse. — M. Lorois avait déposé, sur le § 3 de l'art. 17, un amendement ainsi conçu : « Seront punis d'une amende de 5 à 15 francs ceux qui auront enlevé, déchiré, recouvert ou altéré par un procédé quelconque, de manière à les travestir ou à les rendre illisibles, des affiches électorales émanant de simples particuliers, apposées ailleurs que sur les propriétés ou l'habitation de ceux qui auront commis cette lacération ou altération. » Il a soutenu cet amendement à l'aide des considérations suivantes : « Je voudrais faire observer à la Chambre que la Commission ayant fait une réserve seulement pour le propriétaire, il pourrait en résulter qu'un candidat, qui habiterait une maison dont il ne serait pas propriétaire, serait exposé à ce qu'on couvrît sa porte et toute son habitation d'affiches qui l'attaqueraient. Comme il s'agit ici d'une disposition pénale dont les termes doivent être étroits et obligatoires, et qu'une exception n'est faite à l'application de la peine qu'autant que la personne qui lacère les affiches est propriétaire de la maison sur laquelle elles sont apposées, le simple locataire ou habitant d'une maison n'aurait pas le droit d'enlever une affiche, et serait puni d'une amende s'il le faisait. Je crois que vous reconnaîtrez combien il serait pénible pour les habitants de voir la maison qu'ils habitent, mais dont ils ne sont pas propriétaires, couverte d'affiches qui les attaquent, ou qui attaquent le parti auquel ils appartiennent. J'espère que la Commission ne fera pas de difficulté pour accepter la modification que je propose, et qu'elle pourra la rédiger, en deuxième lecture, en d'autres termes que ceux dont je me suis servi, si elle le juge convenable. C'est le principe surtout que j'ai voulu poser, et que je crois parfaitement acceptable ». M. Lelièvre a répondu au nom de la Commission : « La Commission s'oppose à l'adoption de l'amendement. Nous avons fort bien compris qu'il n'était pas possible d'obliger le propriétaire d'une maison à respecter les affiches qui se trouvent sur sa propriété ; aussi le projet de loi lui accorde-t-il la faculté d'enlever celles qu'on aurait apposées contre sa volonté. Mais l'honorable M. Lorois voudrait qu'on accordât le même bénéfice aux locataires, et qu'on leur permît d'enlever les affiches électorales des murs de la maison qu'ils habitent. Veuillez bien remarquer que, si la maison était habitée par vingt locataires, il suffirait que l'affiche déplût à l'un d'eux pour qu'il pût l'enlever. Or, si, dans chaque maison d'une ville, il se trouvait qu'un locataire éprouvât ce déplaisir, les affiches disparaîtraient complètement de tous les murs et de toutes les maisons de cette ville. Je n'ai pas besoin d'insister davantage pour démontrer le danger de la proposition qui vous est faite ». L'amendement de M. Lorois n'a pas été adopté (*J. off.* du 26 janv. 1881, p. 53).

La doctrine qui se dégage des deux arrêts ci-dessus rapportés est radicale, absolue; elle ne semble comporter aucune distinction, aucun tempérament pour le cas où il s'agirait d'une maison louée à un locataire unique. Quelques efforts que l'on tente dans le but de concilier ces décisions avec une autre plus récente du 15 nov. 1884 (Pand. chr.), la formule des textes des arrêts et l'esprit qui les a conçus y résistent énergiquement; il faut, sans hésitation, constater des doctrines contradictoires ou plutôt reconnaître que, dans son arrêt du 15 nov. 1884, la Cour de cassation a apporté une restriction, une limitation, en faveur du locataire unique, au droit du propriétaire, qu'elle proclame ici, entier, absolu, indépendant de toute autre volonté. A notre avis, la modification n'est pas heureuse; elle soulève même les objections juridiques les plus sérieuses. V. nos observations sous l'arrêt de Cassation du 15 nov. 1884 (Pand. chr.).

(3) Les textes sont très-connus, d'une application usuelle; ils demandent cependant à être reproduits dans leur teneur, pour être mieux comparés, appréciés chacun avec sa valeur juridique respective. — L'art. 1384, C. civ., porte : « On est responsable non-seulement du dommage que l'on cause par son propre fait, mais encore de celui qui est causé par le fait des personnes dont on doit répondre... § 3. Les maîtres et les commettants, du dommage causé par leurs domestiques et préposés dans les fonctions auxquelles ils les ont employés. » — L'art. 1735 du même Code est ainsi conçu : « Le preneur est tenu des dégradations et des pertes qui arrivent par le fait des personnes de sa maison, ou de ses sous-locataires. »

Au premier abord, on est frappé des différences qui existent entre cet article et l'art. 1384.

Différence de texte : l'art. 1384 indique que la responsabilité du maître ou commettant ne peut avoir lieu que si le fait dommageable du serviteur ou préposé a eu lieu dans les fonctions auxquelles il est employé. — Aux termes de l'art. 1735, il suffit que le dommage soit arrivé par le fait des personnes de la maison et des sous-locataires.

Différence de personnes : l'art. 1384 s'occupe du maître ou commettant et de ses domestiques ou préposés. — L'art. 1735 vise le preneur, les gens de sa maison et ses sous-locataires.

Insistons sur ce dernier point. Sous la dénomination de *personnes de la maison* on est d'accord qu'il faut comprendre les hôtes, domestiques ou ouvriers. Ainsi, aux termes de l'art. 1735, le preneur est responsable du fait de ses hôtes et des sous-locataires, mais ni les hôtes, ni même les sous-locataires n'ont de fonctions à remplir vis-à-vis du preneur. L'art. 1735 ne pouvait donc reproduire la phrase dont on argumente, et qui sert de fondement à la responsabilité de l'art. 1384. Il a créé, contre le preneur, des responsabilités nouvelles qui ne pouvaient résulter de l'art. 1384, et il n'a pu le faire qu'en se fondant sur

(Comp. d'assur. terr. *la Nation* c. comp. d'assur. terr. *l'Orléanaise* et Collin.) — ARRÊT.

LA COUR : — Sur le moyen unique, tiré de la fausse application et violation des art. 1384, 1733, 1734 et 1735, C. civ. (en ce que l'arrêt attaqué a étendu en dehors des limites exigées par la loi la responsabilité du locataire en cas d'incendie de l'immeuble loué) : — Attendu que la Compagnie d'assurance *l'Orléanaise*, après avoir remboursé à Duchêne-Rabier le dommage résultant de l'incendie d'un immeuble loué par lui à Collin, s'est retournée contre Collin, comme subrogée aux droits du propriétaire, pour exercer le recours prévu par l'art. 1733 ; que Collin, après avoir mis en cause la Compagnie *la Nation*, à laquelle il était personnellement assuré, a soutenu, au fond, qu'aux termes de l'art. 1384, il ne pouvait être déclaré responsable, parce que le feu avait été mis volontairement par sa servante en dehors des fonctions auxquelles elle était employée, et qu'à l'appui de son dire, différents faits de preuve ont été par lui articulés ; que cette demande de preuve a été repoussée comme inutile par l'arrêt attaqué, qui a condamné Collin à rembourser à la Compagnie *l'Orléanaise* la somme payée au propriétaire, sauf recours contre la Compagnie *la Nation*, et que cette dernière s'est pourvue contre l'arrêt précité ; — Attendu qu'aux termes de l'art. 1735, C. civ., le preneur est tenu des dégradations et des pertes qui arrivent par le fait des personnes de sa maison ou de ses sous-locataires ; que, dans ces mots « personnes de sa maison » sont compris les serviteurs, et que c'est en sa qualité de preneur, et pour le fait de son domestique, que Collin a été actionné ; qu'en rejetant, dans les circonstances ci-dessus rappelées, la preuve offerte comme inutile, et en déclarant Collin responsable du dommage, sauf recours contre la Compagnie *la Nation*, l'arrêt attaqué (Orléans, 19 août 1881), loin de violer aucun des articles visés au pourvoi, a fait une juste application de l'art. 1735 et des principes de la matière ; — Rejette, etc.

MM. Bédarrides, prés. ; Delise, rapp. ; Petiton, av. gén. (concl. conf.) ; Michaux-Bellaire, av.

CASS.-CIV. 30 janvier 1883.

ENFANT NATUREL, INCAPACITÉ DE RECEVOIR, LEGS, MÈRE, PERSONNE INTERPOSÉE, AVANTAGE INDIRECT, USUFRUIT, RECONNAISSANCE POSTÉRIEURE.

L'enfant naturel, rempli de sa part légale de biens dans la succession de son père, ne peut rien recevoir au delà ; aussi, la présomption d'interposition de personne qui frappe la mère légitime s'étend-elle également à la mère naturelle (C. civ., 911). — V. aussi les arrêts en sous-note (*a* et *b*) (1).

Spécialement, *la disposition par laquelle le père naturel de l'enfant ainsi pourvu de tout ce qui lui revient, institue la mère naturelle « légataire de l'usufruit de la totalité de ses biens, à charge par elle d'employer les 4/5 des produits de cette jouissance à l'entretien et à l'éducation dudit enfant », constitue, non pas une libéralité conditionnelle au profit de la mère, mais un avantage à l'enfant sous le nom de sa mère* (Id.). (2) — V. aussi l'arrêt de Dijon en sous-note (*a*).

Et il importe peu que l'objet de la libéralité ne consiste qu'en un simple droit d'usufruit ; la prohibition d'avantager

---

un motif différent. C'est le fait d'un choix imprudent pour une fonction déterminée qui, dans l'art. 1384, est la cause de la responsabilité. En matière de louage, et pour garantir plus énergiquement l'intérêt du bailleur, l'art. 1735 attache la présomption d'imprudence au fait de l'introduction par le preneur, dans la maison louée, des personnes dont l'acte a occasionné la perte ou la dégradation de l'immeuble. Il forme par conséquent, en matière de louage, une règle indépendante et distincte de celle de l'art. 1384, et l'on ne comprendrait pas, quand l'hôte et le domestique ont été compris sans distinction dans la même désignation, qu'il y eût pour chacun d'eux une règle différente.

« Mais quelle sera, dans ce système, l'application de l'art. 1384, et comment le concilier avec l'art. 1735 ? Rien de plus simple. L'art. 1384 a posé la règle générale ; il règlera la responsabilité du maître, considéré comme maître seulement, et vis-à-vis des tiers ordinaires, qui ne peuvent invoquer que le droit commun. Mais si le maître à cette qualité joint celle de preneur, et s'il est actionné en responsabilité par le bailleur, c'est le droit spécial en matière de louage qui devra être appliqué. L'art. 1735 pourra donc être invoqué par le bailleur, sans qu'il ait à se préoccuper des restrictions de l'art. 1384. La doctrine de l'arrêt serait donc justifiée, et c'est avec raison, par suite, que la demande d'enquête a été rejetée. » (Analyse des observations de M. le cons. rapporteur Delise.) V. dans le même sens, Paris, 30 mars 1868 ; Trib. civ. Seine, 10 févr. 1876 (à leur date dans la *Jurisprudence générale des assurances terrestres* de M. Bonneville de Marsangy) ; Paris, 7 févr. 1880 (S. 81. 2. 152. — P. 81. 1. 816. — D. 81. 2 7) ; Aubry et Rau, t. IV, § 367, p. 484 ; Marcadé, sur l'art. 1735, n. 1, t. VI. p, 473 ; Laurent, *Princip. de dr. civ.*, t. XXV, n. 275, p. 298.

(1-2) En l'absence de toute distinction de la loi (C. civ., 911), il y a lieu, au point de vue de l'interposition de personnes, d'assimiler la parenté naturelle à la parenté légitime. Ce principe admis par la presque unanimité des auteurs (V. notamment, Bayle-Mouillard, sur Grenier, t. I, n. 133, note *e*, p. 606 ; Marcadé, *Comment. C. civ.*, sur l'art. 911, n. 2 ; Mourlon, *Répét. écrit.*, t. II, n. 574 ; Boileux, *Comment. C. civ.*, t. III, sur l'art. 911 ; Coin-Delisle, *Donat. et testam.*, sur l'art. 911, n. 15 ; Saintespès-Lescot, *id.*, t. I, n. 273 ; Demolombe, *id.*, t. I, n. 655 ; Massé et Vergé, sur Zachariæ, t. III, § 418, p. 47, note 43 ; Aubry et Rau, t. VI, § 567, p. 154, et t. VII, § 650 *bis*, p. 51 ; Laurent, *Principes de dr. civ.*, t. XI, n. 397. — V. toutefois, Demante, t. IV, n. 32 *bis*, 7), est à ce point accepté par les arrêts qu'il ressort, de toutes les décisions intervenues en la matière, comme une solution implicite ; la controverse ne s'y est jamais attardée sérieusement. Aussi, il n'y a jamais eu nécessité d'une réponse directe. V. Cass., 13 juill. 1813 ; Paris, 6 mai 1854 (S. 54. 2. 537. — P. 55. 2. 512. — D. 56. 2. 240) ; 17 juill. 1855 (S. 55. 2. 627. — P. 56. 1. 314. — D. 55. 5. 153) ; Metz, 10 août 1864 (S. 65. 2. 64. — P. 65. 330. — D. 64. 2. 211) ; Dijon (ch. réun.), 26 déc. 1883 (V. sous-note *a*) ; Cass., 22 janv. 1884 (V. également sous-note *b*) ; Orléans (ch.

(*a*) La Cour de Dijon (ch. réun.), saisie de la présente affaire par suite du renvoi que lui en avait fait l'arrêt de la Cour suprême, s'est prononcée, à la date du 26 déc. 1883, en faveur des solutions ci-dessus consacrées. Voici en quels termes :

LA COUR : — Attendu qu'en faisant à l'officier de l'état civil de Besançon, le 5 déc. 1871, la déclaration de la naissance d'Emile-Ernest Debin, Emile-Amédée Debin l'a reconnu comme son fils naturel, et indiqué Onésime Langard, domestique, comme étant sa mère naturelle ; — Attendu que, par son testament authentique, en date du 11 août 1879, ledit Emile-Amédée Debin a légué à son fils naturel reconnu la moitié de tous ses biens, et à Onésime Langard l'usufruit de l'autre moitié, pour en jouir jusqu'à son décès, ou jusqu'au jour de son mariage si elle se mariait avec la condition d'employer les 4/5 de cet usufruit à l'entretien et à l'éducation de son fils reconnu ; — Attendu que, quatre jours après le décès d'Emile-Amédée Debin, survenu le 16 août 1879, Onésime Langard a reconnu à son tour Emile-Ernest Debin pour son fils naturel ; — Attendu que le *de cujus* a laissé pour héritiers du sang ses frères, les demandeurs au procès ; — Attendu que, venant en concours avec des collatéraux de son père, Emile-Ernest Debin n'avait droit qu'à la moitié de sa succession ; qu'il en avait été pourvu par le testament du 11 août 1879, et qu'il ne pouvait rien recevoir, ni directement ni indirectement, au delà de cette quotité ; — Attendu que la reconnaissance étant déclarative et non attributive de filiation, les effets de celle faite par Onésime Langard remontent nécessairement au jour de la naissance d'Emile-Ernest Debin ; — D'où il suit que, dès cette époque, la présomption légale établie par l'art. 911, C. civ., pesait sur elle et lui imprimait le caractère de personne interposée ; — Mais attendu, en fait, que les termes du testament prouvent jusqu'à l'évidence que le legs d'usufruit était bien réellement fait à Emile-Ernest Debin, et non à sa mère Onésime Langard, qui n'était, dans la pensée du testateur, qu'un intermédiaire, pour faire arriver à son fils une part de sa fortune plus grande que celle que la loi lui réservait dans sa succession ; — Attendu que rien dans la cause ne permet d'attribuer au legs fait à Onésime Langard le caractère d'une libéralité rémunératoire, même pour le 1/5, pour lequel aucun emploi ne lui a été prescrit ; — Attendu que la clause de révocation, en cas de mariage, suffit pour démontrer qu'en instituant Onésime Langard usufruitière de la moitié de sa succession, Emile-Amédée Debin, n'avait pas l'intention de s'acquitter d'une dette envers elle ; — Attendu que la présomption légale édictée par l'art. 911, C. civ., ne permet pas de distinguer dans l'usufruit légué le 1/5 sur lequel le testateur a gardé le silence, des 4/5 dont il détermine l'emploi ; — Attendu, dès lors, que le legs d'usufruit fait à Onésime Langard, constitue, non une libéralité conditionnelle à son profit, mais une véritable disposition faite au profit d'un incapable, sous le nom d'une personne interposée ; — Par ces motifs, etc.

MM. Marignan, 1er prés. ; Persil, subst. ; Toussaint et Ally, av.

(*b*) Cet arrêt rendu par la chambre civile de la Cour de cassation, à la date du 22 janv. 1884, aff. Périn et Pelletier c. Taureau, est ainsi conçu :

LA COUR : — Sur le moyen unique du pourvoi (violation des art. 908 et 911, C. civ., en ce que l'arrêt attaqué a décidé que l'incapacité prévue par

un incapable au delà de la mesure légale est générale et comprend sans distinction les diverses libéralités faites à son profit (Id.) (1). — V. aussi l'arrêt de Dijon en sous-note (*a*).

Peu importe aussi que la reconnaissance de l'enfant par la mère n'ait eu lieu qu'après le décès du testateur; la reconnaissance étant déclarative et non attributive de la filiation, ses effets remontent à l'époque de la naissance de l'enfant reconnu (Id.) (2). — V. aussi les arrêts en sous-note (*a* et *b*).

La présomption d'interposition est absolue, juris et de jure *elle exclut toute preuve contraire. — Par suite, il n'est pas permis de l'écarter, sous le prétexte qu'il résulterait des faits et documents de la cause que l'intention du testateur a été de gratifier la personne même désignée comme légataire (la mère), sans aucune charge de fidéicommis au profit de l'enfant* (3). — V. l'arrêt en sous-note (*b*) seulement.

...Alors surtout que le testateur connaissait les rapports de maternité et de filiation existant entre l'enfant naturel et l'autre légataire (Id.). — (Ibid.) (4).

(Debin c. Langard.) — ARRÊT.

LA COUR : — Sur le moyen unique du pourvoi (violation des art. 757, 908 et 911, C. civ., fausse application de l'art. 900 du même Code, en ce que l'arrêt attaqué à déclaré valable un legs de la moitié de l'usufruit de ses biens fait par un testateur à la mère de son enfant naturel reconnu, alors que cet enfant naturel avait d'ailleurs reçu la part que la loi lui permettait de recueillir dans la succession paternelle, et alors que ce legs d'usufruit fait à la mère naturelle devait même, par une clause formelle du testament, profiter à l'enfant naturel jusqu'à concurrence des 4/5) : — Vu lesdits articles ; — Attendu qu'il résulte de l'arrêt attaqué que Ernest-Emile Debin, enfant naturel reconnu par Amédée Debin, n'avait droit, venant en concours avec des frères et sœurs du *de cujus,* qu'à la moitié de la succession de son père, et qu'il a été pourvu directement de cette quotité par les dispositions de celui-ci à son égard; que la fille Onésime Langard, qui a elle-même reconnu ledit Ernest-Emile Debin pour son fils naturel, a été instituée par Amédée Debin légataire de l'usufruit de tous les biens meubles et immeubles qu'il laisserait à son décès, les quatre cinquièmes des produits de cette jouissance devant être employés par elle à l'entretien et à l'éducation d'Ernest-Emile Debin; — Attendu que ce legs constituait, non pas une libéralité conditionnelle au profit d'Onésime Langard, ainsi qu'il a été déclaré par l'arrêt attaqué, mais une véritable disposition faite au profit d'un incapable sous le nom d'une personne interposée; que, d'une part, l'enfant naturel, ayant été rempli de sa part légale, était incapable de rien recevoir au delà; que, d'autre part, la mère naturelle est, comme la mère légitime, réputée personne interposée; — Attendu que ni la nature particulière du droit légué, qui consiste en usufruit, ni la date de la reconnaissance faite par la mère postérieurement au décès du père naturel, n'ont pu rendre inapplicables à l'espèce les dispositions des art. 908 et 911; que la prohibition d'avantager un incapable au delà de la mesure légale est générale et comprend sans distinction les divers avantages faits à son profit, et que la reconnaissance étant déclarative et non attributive de la filiation, ses effets doivent remonter à l'époque de la naissance de l'enfant naturel reconnu; — D'où suit qu'en décidant le contraire, l'arrêt attaqué (Besançon, 24 août 1880) a violé les articles de loi susvisés; — Casse, etc.

MM. Mercier, 1er prés.; Manau, rapp.; Desjardins, av. gén. (concl. conf.); Brugnon, av.

CASS.-REQ. **31 janvier 1883.**

COURTIER MARITIME, NAVIRE, AGRÈS, APPARAUX, LOTS, VENTE PUBLIQUE, MONOPOLE, COMMISSAIRES-PRISEURS.

La vente volontaire aux enchères et par lots d'un navire échoué avec ses agrès et apparaux, rentre dans le monopole réservé aux courtiers maritimes, alors d'ailleurs qu'elle ne porte pas sur de simples débris ou matériaux (C. comm., 80; L. 28 mai 1858; Décr. 8 mai 1861 et 30 mai 1863) (5).

---

réun.), 5 févr. 1885 (S. 85. 2. 152. — P. 85. 1. 829. — D. 86. 2. 166).

(1) V. conf., dans la même affaire, Dijon (ch. réun.), 26 déc. 1883 (sous-note *a*). — V. aussi, en ce sens, Paris (sol. implic.), 7 juill. 1855, précité. Dans l'espèce de cet arrêt, la libéralité consistait pour partie en une rente viagère. — Qu'il s'agisse d'usufruit ou de rente viagère, la raison de douter a été tirée par certains arrêts tout à la fois de la durée du droit concédé et de l'intention probable du disposant. Le droit finit avec l'existence de la personne appelée à en bénéficier; l'enfant, suivant toute probabilité, survivra à sa mère; il est exposé à rester après elle, pendant de longues années, privé de toutes ressources, réduit aux extrémités de la misère. Cette éventualité a été envisagée par le donateur; elle n'a pas pu lui échapper. D'où cette conclusion qu'en s'arrêtant à cette détermination, il a voulu avantager principalement la bénéficiaire; que c'est cet intérêt presque exclusif qui a inspiré, dominé ses libéralités; que la considération de l'enfant n'a tenu que le second plan dans ses préoccupations, comme dans son affection. Et si cette intention est réelle, il n'y a plus d'interposition, puisque la libéralité est bien faite à la personne même gratifiée et à nulle autre. V. Amiens, 6 flor. an XII; Paris, 6 mai 1854 (S. 54. 2. 537. — P. 55. 2. 512. — D. 56. 2. 240).

(2) V. conf., dans la même affaire, Dijon (ch. réun.), 26 déc. 1883 (en sous-note *a*); Cass., 22 janv. 1884 (en sous-note *b*); Orléans (ch. réun.) 5 févr. 1885 (S. 85. 2. 152. — P. 85. 1. 829. — D. 86. 2. 166). — V. toutefois, en sens contraire, Cass., 28 mai 1878 (Pand. chr.), et la note.

(3-4) Jurisprudence constante. V. Cass., 13 juill. 1813; Paris, 26 avril 1833 (S. 33. 2. 421); 17 juill. 1855 (S. 55. 2. 627. — P. 56. 1. 314. — D. 55. 5. 153); Metz, 10 août 1864 (S. 65. 2. 64. — P. 65. 330. — D. 64. 2. 211); sur renvoi de l'arrêt de la Cour suprême, du 22 janv. 1884, et dans la même affaire, Orléans (ch. réun.), 5 févr. 1885 (S. 85. 2. 152. — P. 85. 1. 829. — D. 86. 2. 166); Mourlon, t. II, n. 573; Marcadé, sur l'art. 911, n. 2; Demante, t. IV, n. 32 *bis*, IV; Coin-Delisle, sur l'art. 911, n. 14; Aubry et Rau, t. VII, § 650 *bis*, p. 52, texte et note 16; Demolombe, t. I, n. 67; Laurent, t. XI, n. 402 et suiv.

(5-6-7) Sur le privilége conféré aux courtiers maritimes de vendre les navires aux enchères publiques, V. Douai, 20 déc. 1872 (S. 73. 2. 141. — P. 73. 593. — D. 73. 5. 150), et notre *Dictionnaire de dr. comm., ind. et marit.*, t. II, vº *Commissaire-priseur*, n. 32, et

l'art. 911 ne reçoit son application qu'autant que le lien de filiation entre la mère naturelle et l'enfant est établie par une reconnaissance antérieure au testament et au décès du testateur) : — Vu lesdits articles; — Attendu qu'il résulte de l'arrêt attaqué : 1º que la demoiselle Jeanne Bertrand, fille naturelle reconnue par le sieur Bertrand, venant en concours avec la mère et la sœur du *de cujus*, avait reçu par testament de son père naturel toute la portion de fortune que la loi autorisait ce dernier à lui laisser; 2º que le sieur Bertrand n'ignorait pas, au moment de la confection de son testament, le lien de filiation qui rattachait Jeanne Bertrand à la demoiselle Taureau, puisqu'en déclarant la naissance de Jeanne, qu'il reconnaissait pour sa fille naturelle, il avait lui-même indiqué ladite demoiselle Taureau comme étant la mère; 3º que, néanmoins, le sieur Bertrand a, par le même testament, légué le reste de ses biens à la demoiselle Taureau; 4º qu'enfin celle-ci a, postérieurement au testament et même au décès du sieur Bertrand, reconnu elle-même Jeanne Bertrand pour sa fille naturelle; — Attendu que, dans ces conditions, le legs fait à la demoiselle Taureau constituait une disposition faite au profit de Jeanne Bertrand, incapable, sous le nom d'une personne interposée; qu'en effet, d'une part, l'enfant naturel ayant été déjà rempli de sa part légale, était incapable de rien recevoir au delà que, d'autre part, la mère naturelle est, comme la mère légitime, réputée légalement personne interposée; — Attendu que cette présomption d'interposition est absolue, *juris et de jure*; qu'elle exclut toute preuve contraire, et qu'il n'est pas permis, par suite, de l'écarter, sous le prétexte qu'il résulterait des faits et documents de la cause que l'intention du testateur avait été de gratifier la personne même désignée comme légataire, sans aucune charge de fidéicommis au profit de l'enfant naturel, premier légataire institué; qu'il en doit être ainsi surtout lorsque, comme dans l'espèce, le testateur connaissait les rapports de maternité et de filiation existant entre l'enfant naturel et l'autre légataire; — Attendu qu'il importe peu que la reconnaissance ait été faite par la demoiselle Taureau postérieurement au testament et même au décès du père naturel testateur; que la date de cette reconnaissance n'a pu rendre inapplicables à l'espèce les dispositions des art. 908 et 911; qu'en effet, la reconnaissance étant déclarative et non attributive de la filiation, ses effets doivent remonter à l'époque de la naissance de l'enfant reconnu; — D'où il suit qu'en décidant le contraire, l'arrêt attaqué (Paris, 9 févr. 1883) a violé les articles de loi susvisés; — Casse, etc.

MM. Cazot, 1er prés.; Manau, rapp.; Desjardins, av. gén. (concl. conf. Brugnon et Moret, av.

En pareil cas, pour apprécier la nature et le caractère des objets ainsi vendus, il faut les considérer avant la vente, et non s'attacher aux effets que cette vente peut ultérieurement produire (Id.) (6).

Par suite, la réalisation d'une telle vente par ministère de courtier ne saurait servir de base à une action en dommages-intérêts au profit des commissaires-priseurs (C. civ., 1382) (7).

(Boulard c. Regnault.) — ARRÊT.

LA COUR : — Sur le moyen unique, tiré de la violation de l'art. 1382, C. civ., et des lois du 27 vent. an IX et du 28 avril 1816, par fausse application de la loi du 28 mai 1858 et des décrets du 8 mai 1861 et du 30 mai 1863 : — Attendu qu'aux termes de la loi du 28 mai 1858 et du décret du 30 mai 1863, la vente volontaire aux enchères et en gros des navires, ainsi que des agrès et apparaux, peut avoir lieu, sans autorisation du tribunal de commerce, par le ministère des courtiers; que, pour apprécier la nature et le caractère des objets ainsi vendus, il faut les considérer avant la vente et non s'attacher aux effets que cette vente peut ensuite produire; — Attendu qu'il résulte, en fait, du jugement attaqué que le courtier Regnault a procédé à la vente volontaire aux enchères et en gros, non pas de simples débris ou de matériaux, mais bien de la goëlette *la Pêcheuse* elle-même, avec ses agrès et apparaux, laquelle avait fait côte sur les rochers de la rade de Cherbourg, et était échouée avec bris; que, par ordonnance rendue sur requête, le président du tribunal de commerce de cette ville avait abaissé le minimum fixée par la loi pour les mises à prix de chaque lot, conformément à l'art. 25 du décret du 30 mai 1863; — Attendu qu'en décidant, dans ces circonstances, que le courtier Regnault avait le droit de procéder à la vente dont il s'agit, et en rejetant la demande de dommages-intérêts formée contre lui par le commissaire-priseur Boulard, le jugement attaqué, loin de violer les textes visés en a fait une juste et saine application; — Rejette, etc.

MM. Bédarrides, prés.; Rivière, rapp.; Chevrier, av. gén. (concl. conf.); Choppard, av.

CASS.-REQ. 12 février 1883.

NOTAIRE, RESPONSABILITÉ, ERREUR DE DROIT, SUBROGATION, PRIVILÈGE, COPARTAGEANT, INSCRIPTION, DÉLAI, JUGEMENT, POINT DE DÉPART.

Une erreur sur le fond du droit ne peut engager la responsabilité du notaire qui la commet qu'autant qu'elle ne porte pas sur un point douteux et susceptible de controverse (L. 25 vent. an XI, art. 68; C. civ., 1382) (1).

Spécialement, *le notaire chargé seulement de recueillir et constater les accords des parties et de rédiger un acte de subrogation du prêteur par l'emprunteur dans le bénéfice d'un privilège de copartageant* (2), *n'encourt aucune responsabilité de ce qu'il s'est trompé sur l'efficacité juridique de ce privilège, en croyant à la validité de l'inscription qui en avait été prise, même plus de soixante jours après la prononciation du jugement d'où découle le privilège, mais avant tout acquiescement à ce jugement, avant toute signification à partie, et alors qu'il n'était pas encore passé en force de chose jugée* (C. civ., 1382, 2109) (3).

Il en est ainsi surtout lorsque, d'une part, la bonne foi et l'honorabilité du notaire ne sont pas contestées, et que, d'autre part, le prêteur est un homme d'une expérience consommée en affaires et capable de veiller lui-même sur ses intérêts (Id.) (4).

---

t. III, v° *Courtier*, n. 141. — Et ce privilége leur appartient, alors même qu'il s'agit d'un navire échoué et innavigable, si, nonobstant cette innavigabilité, le navire conserve son caractère de bâtiment de mer. V. Douai, 3 mars (ou mai) 1876 (*Rec. de cette Cour*, 1876, 123. — D. 76. 2. 148. — *Journ. de Mars.*, 76. 2. 183). — Bien plus, le monopole s'étend encore à la vente des débris ou ustensiles ayant fait corps avec le navire, mais que l'on a été forcé d'en détacher, le navire ne pouvant plus être vendu comme navire, toutes les fois que ces débris ou ustensiles présentent le caractère d'agrès, d'apparaux, d'objets de marine, et qu'ils sont susceptibles d'être utilisés avec leur destination originaire : tels sont, par exemple, les grelins, cordages, chaînes, poulies, ancres, etc. V. Nîmes, 3 mai 1879 (S. 79. 2. 239. — P. 79. 991. — D. 80. 2. 121). — Mais quand la vente porte sur des matériaux déformés, brisés, à ce point endommagés qu'ils ne sont plus en état de servir à la navigation, et ne sauraient plus faire partie d'aucun matériel de marine, comme ces débris ne constituent pas autre chose que du vieux bois, de la vieille ferraille ou du vieux cuivre, sans rapport aucun avec un bâtiment de mer quelconque, il n'est plus nécessaire de s'adresser à des hommes d'une compétence toute spéciale pour opérer la réalisation de la vente aux enchères d'objets qui ne se différencient par aucun côté de tous les rebuts du même genre. Le monopole des courtiers n'a plus de raison d'être, et, ne se justifiant plus, ne doit point être maintenu à l'encontre des courtiers de marchandises et de certains officiers ministériels, commissaires-priseurs ou autres. Cette restriction résultait déjà implicitement de l'arrêt précité de Nîmes; elle est formellement consacrée par la décision ci-dessus rapportée de la Cour suprême.

(1) V. en ce sens, Toulouse, 9 juill. 1859 (S. 59. 2. 407. — P. 59. 782); Montpellier, 7 févr. 1866 (S. 66. 2. 351. — P. 66. 1258); Alger, 13 févr. 1869, sous Cass. (S. 74. 1. 313. — P. 74. 794); Cass. (arg.), 17 août 1869 (S. 69. 1. 396. — P. 69. 1047. — D. 74. 5. 353); 10 juill. 1871 (S. 71. 1. 177. — P. 71. 577. — D. 71. 1. 215); 2 déc. 1885 (Pand. chr.). V. toutefois Cass., 24 mai 1886 (Pand. pér., 86. 1. 157), et la note. *Adde* : Eloy, *De la responsabilité des notaires*, t. II, n. 690 et suiv.; Rutgeerts et Amiaud, *Comment. de la loi du 25 vent. an XI*, t. III, n. 1314 et suiv.

(2) Sur la question de responsabilité des notaires, en restant, bien entendu, dans l'espèce qui est celle de l'arrêt ci-dessus, c'est-à-dire d'un notaire qui n'est ni mandataire ni gérant d'affaires et qui a été le simple rédacteur de la convention des parties, V. Cass. (motifs), 27 mai 1857 (S. 58. 1. 133. — P. 57. 884. — D. 58. 1. 290); 3 août 1858 (S. 58. 1. 817. — P. 59. 597. — D. 58. 1. 374); 19 juin 1872 (motifs) (S. 72. 1. 281. — P. 72. 698. — D. 72. 1. 346); Rennes, 4 mai 1878 (D. 79. 2. 1.); Cass., 2 juill. 1878 (S. 79. 1. 155. — P. 79. 385. — D. 79. 1. 60); Toulouse, 24 mars 1879 (D. 79. 2. 244).

(3) Il y a eu pendant longtemps, dans la jurisprudence, des doutes, des hésitations, des contradictions sur la fixation du point de départ du délai pour l'inscription du privilége du copartageant. La Cour de cassation elle-même, ainsi que l'a rappelé M. le conseiller rapporteur en ses observations, a varié en ses solutions. Aujourd'hui, l'accord est établi, en ce sens que le délai fixé par l'art. 2109, C. civ. (et la loi du 23 mars 1855), court du jour de l'acte qui fait cesser l'indivision et non de celui de la liquidation définitive ou du jugement d'homologation. V. notamment Montpellier, 4 janv. 1845 (D. 45. 2. 102); Cass., 10 juin 1849 (D. 49. 1. 186); Colmar, 3 août 1849 (D. 50. 2. 54); Agen, 6 févr. 1852 (S. 52. 2. 233. — P. 52. 2. 208. — D. 52. 2. 118); Cass., 10 nov. 1862 (S. 63. 1. 129. — P. 63. 823. — D. 62. 1. 470); Lyon, 30 janv. 1866 (S. 66. 2. 287. — P. 66. 1111. — D. 66. 2. 228); Cass., 30 juill. 1873 (D. 76. 1. 106); Orléans, 18 janv. 1879 (S. 79. 2. 85. — P. 79. 355); Rivière, *Jurisprudence de la Cour de cassation*, n. 565; Flandin, *De la transcription*, t. II, n. 1128 et suiv.; Verdier, *Transcription hypothéc.*, t. II, n. 565 et suiv.; Pont, *Privil. et hypoth.*, n. 291; Aubry et Rau, t. III, § 378, p. 362 et 363, texte et note 20 et suiv.; Dalloz, *Jurispr. gén.*, v° *Privilège et hypoth.*, n. 684 et suiv.

Mais la jurisprudence et la doctrine ne se sont pas encore prononcées sur la question qui constitue le fond de la difficulté du procès actuel, et qui est celle de savoir si, lorsque le privilége résulte d'un jugement, le point de départ du délai doit être le jour de la prononciation du jugement, ou seulement celui de la signification du jugement à la partie ou de l'acquiescement donné par cette partie. V. à cet égard le rapport de M. le conseiller Rivière inséré *infrà*, au cours de cet article.

(4) Il est certain que, pour apprécier et déterminer la responsabilité des notaires, le degré d'instruction et d'expérience des affaires des clients doit être pris en sérieuse considération. Les officiers ministériels sont tenus à d'autant plus de précautions et de vigilance que les clients sont plus illettrés et moins capables de se protéger eux-mêmes. V. notamment Alger, 6 juill. 1866 (S. 66. 2. 299. — P. 66. 1119); Lyon, 23 août 1866 sous Cass. (S. 69. 1. 213. — P. 69. 515); 8 févr. 1867 (S. 67. 2. 143. — P. 67. 581); Montpellior, 31 mai 1870, sous Cass. (S. 72. 1. 386. — P. 72. 1016);

(Riquès c. Bort.)

29 août 1881, arrêt de la cour de Montpellier conçu dans les termes suivants : — « La Cour : — Attendu que, par acte passé devant Mᵉ Bort, notaire, le 5 mai 1875, Riquès fit à Alfred Bédarride un prêt de 20,000 fr. Pour garantir son obligation, le débiteur hypothéqua les domaines de Marcouines et du mas de Bayle qu'il avait recueillis dans la succession de son père, et comme la somme empruntée avait pour objet le payement d'un à-compte sur la créance de sa sœur, la dame Sée, il fut dit que celle-ci, en quittançant dans l'acte ces 20,000 fr., subrogerait le prêteur à tous ses droits, rang, privilége et hypothèque, avec priorité sur elle-même et notamment à l'utilité de l'inscription de privilége prise à son profit le 28 juill. 1870. L'acte porte en effet quittance de ladite somme de 20,000 fr. avec la subrogation convenue; — Attendu que ces garanties, qui paraissaient être sérieuses, ont été, par suite d'événements ultérieurs, frappées d'impuissance, et que Riquès a perdu complétement sa créance; — D'une part, les immeubles hypothéqués par Bédarride ont été vendus en justice en 1879. Le domaine de Marcouines a été adjugé au prix dérisoire de 79,300 fr.; celui du mas de Bayle l'a été au prix de 25,000 fr., qui a été absorbé par l'hypothèque légale de Mᵐᵉ Bédarride, épouse du débiteur, pour sa dot se portant à 125,000 fr. D'autre part, un ordre ayant été ouvert sur le prix de 79,300 fr., la créance de Mᵐᵉ Sée n'a pu être colloquée en rang de privilége à raison de la tardiveté de son inscription, intervenue plus de soixante jours après le jugement du 29 avril 1870, en vertu duquel le privilége de copartageant avait été inscrit. C'est ainsi que l'a décidé un jugement, à la date du 8 mai 1880, qui a acquis depuis l'autorité de la chose jugée; — Attendu que c'est dans ces circonstances que Riquès, après avoir sommé vainement Mᵉ Bort d'intervenir devant les premiers juges, l'a actionné en responsabilité ; — Attendu que le jugement admet tout d'abord comme certain que Riquès avait placé sa confiance dans Mᵉ Bort, dont il acceptait la direction, et que, par suite, cet officier public n'était pas seulement lié envers lui par le devoir professionnel, mais encore par les obligations plus étroites de la gestion d'affaires; — Attendu qu'il fonde cette appréciation sur les nombreux placements que Riquès a faits par le ministère de Mᵉ Bort et sur une correspondance versée au procès, qui prouve en effet que, même pour des prêts chirographaires, il lui servait d'intermédiaire; — Mais attendu que cette correspondance et les placements sont postérieurs en date à l'obligation dont il s'agit dans le procès; — Mᵉ Bort affirme, et il n'est en cela démenti par aucun des éléments de la cause, que Riquès était étranger à son étude; qu'il ne l'a connu qu'à l'occasion de cet acte, et que sa mission, au lieu de *prendre le caractère* qu'on lui assigne de « *negotiorum gestor* », s'était bornée à recueillir et à constater les accords des parties ; — Attendu que, sur l'insuffisance des valeurs immobilières, il importe de relever que la date de l'obligation (5 mai 1875) doit être prise en sérieuse considération, car il est de règle de ne pas considérer l'insuffisance du gage au jour de sa réalisation, mais bien à celui du contrat. La valeur apparente et réelle du domaine de Marcouines était bien supérieure à son prix d'adjudication; — Assigné par M. Bédarride à son fils aîné pour le prix de 400,000 fr., il avait été accepté par lui, sous cette condition, par le jugement du 9 avr. 1870. Le domaine de Marcouines a certainement subi une dépréciation considérable par suite de l'invasion phylloxérique; mais les faits contemporains du prêt ne permettent pas de porter sa valeur au-dessous de 200,000 fr. Il est de notoriété publique que le prix même de l'adjudication fut bien plus l'expression des craintes exagérées que la présence du fléau avait fait naître que celle de sa valeur réelle; — Attendu d'ailleurs que M. Riquès, d'une expérience consommée, fort versé dans les affaires, capable de veiller lui-même à ses intérêts, était parfaitement en situation de se rendre un compte exact de son gage, du moment qu'il l'acceptait comme garantie de sa créance; — Mais attendu que les premiers juges ajoutent, tout en reconnaissant la justesse de cette observation, que le contrat avait, dans la prévision de l'insuffisance du gage, admis, à titre de supplément, la subrogation au privilége de copartageant dont Mᵉ Bort aurait dû reconnaître préalablement l'efficacité; — Attendu que sur ce point, disent-ils, M. Riquès était par lui-même, incapable de prendre une détermination. Il s'agissait d'une règle de droit positif qui ne pouvait être connue que par l'étude des textes, et qui, portant sur le point de départ d'un délai de rigueur, était nécessairement en dehors de la pratique habituelle des affaires; — Attendu que, se préoccupant enfin de la difficulté juridique relative à la fixation de ce point de départ, les premiers juges reprochent à Mᵉ Bort de ne l'avoir pas signalée à Riquès, qui, dûment averti, n'aurait pas contracté; — Attendu que Mᵉ Bort serait certainement passible d'une faute si, ayant de justes sujets de craindre que l'une des garanties essentielles de l'obligation qu'il était chargé de constater ne fût efficace, il l'avait cependant reçue, laissant la partie intéressée dans l'ignorance de ce qu'elle devait connaître et que lui seul pouvait lui apprendre. Mais où est la preuve que ce vice lui fût connu? Son ignorance à cet égard est-elle assez grossière pour équivaloir à une faute? — Attendu que son caractère et ses antécédents excluent la possibilité qu'il en ait soupçonné même l'existence; — Affirmer le contraire, ce serait évidemment contester sa bonne foi; on l'a proclamée hautement; — L'inscription qui a été placée sous les yeux de la Cour constate qu'elle a été prise en vertu du jugement du 9 avr. 1870, par l'avoué de la partie intéressée à la conservation du privilége. Au moment où cette formalité était remplie, le jugement n'avait point acquis, soit par l'expiration du délai d'appel, soit par l'acquiescement des parties en cause, l'autorité de la chose jugée; elle était remplie bien moins à titre d'exécution d'une sentence définitive qu'en vue d'assurer, le cas échéant, les droits de Mᵐᵉ Sée, copartageante; — Attendu que, si les premiers juges ont admis, par une décision antérieure, que l'inscription devait être prise dans les soixante jours de la prononciation du jugement du 9 avr. 1870, avant sa signification à partie, qui était cependant exigée par la loi, pour le porter à la connaissance des intéressés et les mettre en demeure de l'attaquer ou de s'y conformer, ils reconnaissent, dans les motifs de la sentence attaquée, que c'était là une question soumise à la la controverse et au sujet de laquelle le doute était possible; — Les conseils de Riquès avaient eux-mêmes une telle confiance dans leurs moyens de défense qu'ils ont attendu que le tribunal se fût prononcé pour agir contre Mᵉ Bort en responsabilité; — Son erreur, il faut le

Lyon, 4 mars 1876 (S. 77. 2. 85. — P. 77. 328); Cass., 2 juill. 1878 (S. 79. 1. 155. — P. 79. 385. — D. 79. 1. 60); 20 déc. 1882 (S. 83. 1. 176. — P. 83. 1. 406. — D. 83. 1. 311).
Au surplus, les tribunaux ont un pouvoir discrétionnaire pour décider quand et dans quelle mesure les notaires doivent être déclarés responsables du préjudice causé. V. notamment Cass., 5 févr. 1872 (S. 72. 1. 386. — P. 72. 1016. — D. 72. 1 225); 19 juin 1872 (S. 72. 1. 281. — P. 72. 697. — D. 72. 1. 346); 17 juill. 1872 (S. 72. 1. 386. — P. 72. 1017. — D. 73. 1. 87); 18 août 1873 (S. 74. 1. 169. — P. 74. 410. — D. 74. 1. 224); 4 mai 1875 (S. 75. 1. 274. — P. 75. 649. — D. 75. 1. 382); 19 mai 1885 (S. 85. 297. — P. 85. 1. 734. — D. 85. 1. 315).

reconnaître, dans le cas même où elle existerait, serait excusable. Or comment pourrait-elle constituer cette ignorance qui ne devient une faute qu'alors qu'elle porte sur les choses qu'on doit savoir et que l'on ne peut ignorer? — Réforme; — Met à néant le jugement attaqué; — Dit que Mᵉ Bort n'a commis aucune faute pouvant engager sa responsabilité envers M. Riquès, le décharge, par suite, des condamnations contre lui prononcées et condamne Riquès, etc. »

Pourvoi en cassation par Riquès, pour violation de l'art. 68 de la loi du 25 vent. an XI, ainsi que des art. 1382 et 1383, C. civ.

M. le conseiller Rivière, chargé du rapport, a présenté sur cette affaire des observations très-étudiées. Nous laisserons de côté, à cause de son étendue, la partie du travail de l'honorable magistrat consacrée aux généralités, à l'exposé des principes de la jurisprudence sur la responsabilité des notaires qui ne sont ni mandataires ni gérants d'affaires et qui, comme dans l'espèce, restent de simples rédacteurs d'actes, chargés de donner la forme authentique à la volonté des parties. Voici les passages du rapport qui ont plus particulièrement trait à la discussion des points de fait et de droit de l'affaire actuelle :

« ...Un notaire passe un acte de subrogation en faveur d'un prêteur très-versé dans la pratique des affaires, selon les expressions de l'arrêt attaqué. Toutes les conditions exigées par le second paragraphe de l'art. 1250, C. civ., sont ponctuellement remplies : l'acte d'emprunt et la quittance sont passés devant notaire; dans l'acte d'emprunt il est déclaré que la somme a été empruntée pour faire le payement, et dans la quittance il est déclaré que le payement a été fait des deniers fournis à cet effet par le nouveau créancier. L'acte de subrogation est, par conséquent, en la *forme instrumentaire*, très-régulier. Mais, quant à la *convention* concernant la subrogation dans le privilége du copartageant, c'est-à-dire quant *au fond du droit*, il se trouve que ce privilége, dans lequel l'emprunteur a consenti à subroger le prêteur, n'a pas été inscrit dans les soixante jours de la prononciation d'un jugement qui donnait acte à un des cohéritiers de l'option qu'il faisait de conserver un immeuble faisant partie de la succession, à la charge de payer une somme à ses cohéritiers.

« Le notaire avait sous les yeux l'extrait de l'inscription qui a été prise après les soixante jours; il en a fait mention dans l'acte de subrogation. Mais, il a pensé que cette inscription avait été prise en temps utile, par la raison que les soixante jours ne devaient pas courir du jour du jugement, auquel les autres parties n'avaient pas acquiescé, qui n'était pas encore passé en force de chose jugée et qui n'était même pas encore signifié à partie.

« Si c'est une erreur, elle porte évidemment sur le fond du droit. Est-elle assez grave, assez lourde, pour engager la responsabilité du notaire? — Avant d'aller plus loin, la Cour nous permettra, pour bien préciser, de remettre sous ses yeux les motifs de l'arrêt qui ont trait à la question (V. *suprà* le texte de l'arrêt).

« L'arrêt ne dit pas que le notaire n'a pas vérifié la régularité de l'inscription; il n'admet pas l'alternative posée par le pourvoi, lorsqu'il fait ce raisonnement : « Ou le notaire Bort n'a pas vérifié l'inscription, ou il a omis d'informer Ricquès des résultats de sa vérification, qui lui faisait naître des doutes sur la conservation du privilége. » L'arrêt dit que, « si le vice rendant l'inscription inefficace existait, le notaire ne l'a pas connu. Il a vérifié l'inscription, mais il l'a crue régulière »; et, il ajoute : « dans le cas où il se serait trompé, son erreur serait excusable. Ce ne serait pas une erreur *assez grossière* pour équivaloir à une faute; elle ne pourrait constituer cette ignorance qui ne devient une faute qu'alors qu'elle porte sur des choses qu'on doit savoir et qu'il n'est pas permis d'ignorer ».

« L'arrêt reconnaît que le notaire Bort serait responsable si, connaissant ou soupçonnant l'inefficacité du privilége, il n'en avait pas prévenu Ricqués; mais il dit que le notaire Bort avait la conviction que l'inscription était régulière, c'est-à-dire prise dans le délai utile, et que, s'il avait pensé le contraire, s'il avait même eu des doutes, il en aurait prévenu le prêteur. A l'appui de cette déclaration, l'arrêt invoque, comme considération puissante, le caractère, la loyauté professionnelle du notaire, sa bonne foi, qui est proclamée par tous, même par ses adversaires.

« En présence de ces déclarations de l'arrêt et de cette appréciation des faits, qui selon votre jurisprudence (V. à la note); appartient exclusivement aux juges du fond, il ne reste plus qu'à examiner si l'erreur reprochée par le pourvoi au notaire Bort, est une de ces *grossières* erreurs qui engagent la responsabilité d'un notaire, parce qu'il s'agirait d'un point de droit qu'il serait *impardonnable* d'avoir ignoré, comme le dit M. Demolombe.

« Mᵉ Bort, selon le pourvoi, ne devait avoir aucun doute; le texte de l'art. 2109, C. civ., est formel; il exige que l'inscription pour la conservation du privilége des copartageants soit prise dans les soixante jours qui suivent l'acte de partage; et la jurisprudence décide depuis longtemps, dit le demandeur, que les soixante jours courent du jour même de *l'acte qui fait cesser l'indivision* (V. Cass., 10 nov. 1862, S. 63. 1. 129. — P. 63. 823. — D. 62. 1. 470; 30 juill. 1873, *Bull. civ.*, n. 100).

« Les termes de l'art. 2109 ne sont pas aussi clairs que le prétend le pourvoi, puisqu'ils ont fait naître en doctrine et en jurisprudence de nombreuses et graves difficultés. D'après l'art. 2109, le délai pour l'inscription du privilége est de soixante jours à dater *de l'acte de partage ou de l'adjudication par licitation*. Mais on s'est demandé quel est *l'acte* dont la loi entend parler comme fixant le point de départ du délai. Il a fallu plusieurs arrêts de la Cour de cassation pour arriver à fixer ce point de jurisprudence, que le délai fixé par l'art. 2109 a pour point de départ le jour de l'acte qui fait cesser l'indivision et non celui de la liquidation définitive, ou du jugement d'homologation. Il y a même des arrêts de la Cour en sens contraire (V. notamment, *d'une part*, Civ. rej., 23 juill. 1839 (S. 39. 1. 560. — P. 39. 2. 65); Req., 15 juin 1842 (S. 42. 1. 631. — P. 42. 2. 306); 17 nov. 1851 (S. 52. 1. 49. — P. 51. 2. 614. — D. 51. 1. 313); et, *d'autre part*, Req., 11 août 1830 (S. 31. 1. 63); Req., 17 févr. 1820. Mais tous les arrêts rendus par la Cour (V. à la note), bien que statuant sur des espèces offrant des analogies, n'ont pas résolu la question qui nous occupe, celle de savoir si, lorsqu'il s'agit d'un jugement auquel les parties n'ont pas acquiescé, qui n'est pas passé en force de chose jugée, et qui n'a pas même encore été signifié, le point de départ du délai est le jour de la prononciation du jugement, quoiqu'il ne soit pas *définitif*, — ce qui est la question que l'on reproche au notaire Bort d'avoir résolue négativement.

« Les pièces du dossier ne fournissent aucun renseignement sur l'objet et la nature de l'instance dans laquelle est intervenu le jugement du 9 avril 1870, c'est-à-dire dans laquelle M. Bédarride a opté pour la terre de *Marcouines*, à la charge par lui de payer 150,000 francs à chacune de ses deux sœurs. Nous n'avons sur cette instance aucune autre indication que celle que nous venons de rappeler, et qui est seulement mentionnée dans l'extrait d'inscription. Mais l'arrêt attaqué déclare que ce jugement, lorsque l'inscription a été prise, n'avait pas encore acquis, soit par l'expiration du délai de l'appel, soit par l'acquiescement des parties en cause, l'autorité de la chose jugée; qu'elle était prise *bien moins à titre d'exécution d'une sentence définitive* qu'en vue d'assurer, le cas échéant, les droits de madame Sée, copartageante.

« L'arrêt ajoute que la signification du jugement à partie était cependant exigée par la loi pour le porter à la connaissance des intéressés et les mettre en demeure de l'attaquer ou de s'y conformer, et que la question a été reconnue par les premiers juges, comme étant une de celles qui sont soumises à la controverse, bien qu'il ait été jugé, par le jugement du 9 avril 1870, dont il n'a pas été appelé, que les soixante jours devaient courir, non du jour où ce jugement serait devenu définitif, par suite de l'acquiescement des parties ou de l'expiration du délai de l'appel, mais du jour même où il a été rendu. La Cour de Montpellier ne dit pas que le notaire Bort a mal résolu la question; elle semble, au contraire, admettre qu'il y a des raisons pour adopter cette solution, et que, tout au moins, les premiers juges l'ont, à juste titre, considérée comme pouvant donner lieu à une controverse sérieuse. Or, quelle que soit l'opinion que l'on ait sur cette question, peut-on reprocher à un notaire, comme une faute lourde engageant sa responsabilité, le fait de s'être mépris sur une question qui n'avait dans la jurisprudence aucun précédent, et qu'une Cour d'appel considère comme sérieuse et présentant de véritables difficultés?

« Comme dernière considération, nous disons : Si le texte de l'art. 2109 résolvait la question d'une manière si claire, si certaine que le prétend le pourvoi, pourquoi Ricquès, qui a, selon l'arrêt, une expérience consommée en affaires, a-t-il consenti à un acte qui renfermait le vice qu'il lui reproche aujourd'hui? N'a-t-il pas à se reprocher une faute personnelle? N'était-il pas le premier ou le seul intéressé à ce qu'elle ne fût pas commise? Si, au contraire, il y avait une difficulté dans l'application du texte de l'art. 2109 à l'espèce, l'erreur de droit reprochée au notaire Bort, en admettant qu'elle existe, est-elle une de ces fautes lourdes, une de ces erreurs grossières comme celles dont il était question dans les espèces de vos arrêts du 27 mars 1839 (S. 39. 1. 267. — P. 39. 1. 335. — D. 39. 1. 111), et du 17 août 1869 (V. à la note), une de ces fautes *impardonnables*, comme le dit M. Demolombe, qui engagent la responsabilité du notaire? La

Cour ne le pensera peut-être pas; une autre solution nous paraîtrait par trop rigoureuse.

« Nous terminerons ces observations en mettant sous vos yeux le passage suivant du commentaire de M. Troplong, sur le *Mandat* (n. 26) : « Il est de la prudence des tribunaux de se tenir en garde contre les prétentions de clients trop portés à déverser sur autrui la responsabilité d'actes qu'ils ne peuvent imputer qu'à eux-mêmes. A côté des arrêts qui ont sévi contre les notaires, il y en a d'autres, tout aussi graves, qui les ont sauvés de recours injustes. Je pense, en général qu'il n'est pas bon de pousser à l'excès la responsabilité des notaires, et qu'il ne faut pas environner de trop de périls leurs fonctions déjà si délicates et si difficiles. » M. Demolombe dit qu'il approuve entièrement et sans réserves ces sages réflexions.

« La Cour s'y associera peut-être aussi en prononçant le rejet du pourvoi. »

ARRÊT.

LA COUR : — Sur le moyen unique, tiré de la violation de l'art. 68 de la loi du 25 vent. an XI, ainsi que des art. 1382 et 1383, C. civ. : — Attendu qu'il résulte, en fait, de l'arrêt attaqué que le notaire Bort, dont la bonne foi et l'honorabilité ont été reconnues, n'a eu d'autre mission, en recevant l'acte de subrogation du 5 mai 1875, que de recueillir et de constater les accords des parties; qu'en rédigeant cet acte, il a eu la conviction que l'inscription prise plus de soixante jours après le jugement du 9 avr. 1870, auquel il n'avait pas été acquiescé, et qui n'était pas passé en force de chose jugée, ni même signifié à partie, avait pu conserver le privilège de copartageants dans le bénéfice duquel l'emprunteur a subrogé Riquès, le prêteur, homme d'une expérience consommée en affaires et capable de veiller lui-même sur ses intérêts; — Attendu, en droit, que s'il est vrai que l'art. 68 de la loi de vent. an XI ne soit pas limitatif et qu'aucune loi n'affranchisse les notaires de toute responsabilité en cas d'erreur portant sur le fond du droit, il faut néanmoins, pour qu'il en soit ainsi, que l'erreur de droit qui leur est reprochée ne porte pas sur un point douteux et susceptible de controverse; — Attendu qu'en admettant que l'erreur du notaire Bort ait existé au sujet d'une difficulté considérée comme sérieuse par les juges du fond, cette erreur serait excusable, et qu'en décidant, dans les circonstances ci-dessus rappelées, qu'il n'a commis aucune faute pouvant engager sa responsabilité envers Riquès, l'arrêt attaqué n'a violé aucun des textes de loi précités ; — Rejette, etc.

MM. Bédarrides, prés. ; Rivière, rapp. ; Chevrier, av. gén. (concl. conf.) ; Sabatier, av.

CASS.-REQ. 12 février 1883.

1° VENTE DE MARCHANDISES, ASSOCIATION, OBJET LICITE, CARAMELS COLORANTS, CLAUSE ILLICITE, FUSCHINE, INTENTION FRAUDULEUSE, POUVOIR DU JUGE, CESSION. — 2° MOTIFS DE JUGEMENT OU D'ARRÊT, CONCLUSIONS SUBSIDIAIRES, MOTIFS IMPLICITES.

1° Est valable l'association formée en vue de la fabrication et de la vente des caramels jaunes destinés à colorer les bières et eaux-de-vie, caramels dont l'usage est parfaitement licite (Motifs) (C. civ., 1131, 1132, 1833) (1). — Résol. par la Cour d'appel.

Mais est nulle, comme contraire à l'ordre public, l'association ayant uniquement pour objet la fabrication des caramels rouges à base de fuschine et la vente de ces produits aux marchands de vin dans un but de fraude (Motifs). — (Id.) (2).

Il n'en est ainsi toutefois qu'autant que le but frauduleux est nettement démontré; les caramels rouges, même à base de fuschine, étant susceptibles d'autres destinations que la coloration des vins, ne constituent pas par eux-mêmes, indépendamment de tout emploi, des marchandises illicites (Motifs). — (Id.) (3).

Et il appartient aux juges du fond de déclarer, par une appréciation souveraine des faits, que des marchandises pouvant servir à former un produit illicite, sont néanmoins susceptibles d'un usage licite et commercial (4).

Par suite, et au cas d'une pareille constatation, c'est à bon droit qu'est maintenue, comme régulière et valable, la cession, par un associé à son coassocié, consentie et acceptée sans intention frauduleuse, d'un stock de caramels à base de fuschine restant en magasin après la dissolution de la Société et la cessation complète des opérations sociales (C. civ., 1598) (5).

2° L'arrêt qui rejette par ces motifs la demande en nullité de la cession répond implicitement et avec une précision suffisante à des conclusions subsidiaires tendant à ce que la valeur des marchandises prétendues illicites soit défalquée des traites acceptées par le cessionnaire (L. 20 avril 1810, art. 3) (6).

(Lireux c. Mutel, Gamblin et Cie et Lemonon.)

27 mars 1882, arrêt de la Cour de Rouen, ainsi conçu : — « LA COUR : — Attendu que Lireux se borne à demander la réformation du jugement, en ce qu'il l'a condamné à payer à Lemonon, son ancien associé, la somme de 16,024 fr. 15, montant de traites et de billets souscrits et acceptés par lui, à la suite de la dissolution de la Société consentie le 26 juin 1877 ; qu'il invoque, à l'appui de sa prétention, la jurisprudence antérieure de la Cour de Rouen, qui a décidé que la vente des caramels à base de fuschine était illicite et, par conséquent, sans effet à l'égard des deux parties, lorsque, dans l'intention commune de l'acheteur et du vendeur, la vente avait eu pour objet la coloration des vins ; — Attendu qu'il est évident que si Lireux, demandeur au procès actuel, auquel incombe la charge de la preuve, avait pu établir que les conventions passées entre lui et Lemonon avaient eu uniquement pour objet la fabrication du caramel à base de fuschine, et la vente de ce caramel aux marchands de vin dans un but frauduleux, l'association intervenue entre lui et Lemonon aurait dû être déclarée nulle comme contraire à l'ordre public ; — Mais attendu qu'il n'en peut être ainsi, puisque Lireux est obligé de reconnaître que leur association avait pour objet la fabrication des caramels jaunes destinés à colorer les bières et les eaux-de-vie, dont la vente est parfaitement licite ; — Attendu, d'ailleurs, que les caramels à base de fuschine, qui se trouvaient au moment de la dissolution de la Société dans les magasins des associés, ne peuvent être regardés

(1 à 6) L'arrêt de la Cour de Rouen pose en fait que le caramel colorant à base de fuschine peut servir à d'autres usages qu'à la falsification des vins, à des usages parfaitement licites. Ce point de départ admis, et il est difficile de le contester, une Société qui se fonde ayant pour objet l'exploitation de cette branche d'industrie, ne peut être déclarée nulle *à priori*, comme lorsqu'il s'agit de choses hors du commerce ou ayant soit un objet, soit une cause illicite d'un caractère non douteux, déterminé à l'avance. La solution doit être recherchée dans les circonstances qui ont présidé à la formation de la Société, dans les faits qui en manifestent le but au public, dans la nature surtout des affaires traitées, des marchés conclus. Si la coloration seule des vins est visée, la Société sera nulle; car elle aura un but délictueux; l'emploi de la fuschine constituant une falsification punie par la loi (V. Cass., 29 et 30 nov. 1877, Pand. chr.), et les notes. Elle sera valable et régulière, si des bénéfices de ce genre ne sont point entrés en ligne de compte. Il faudra donc démontrer le but frauduleux de l'association.

Ces mêmes principes sont applicables à la vente. La fuschine, dans la commune intention des parties contractantes, est-elle destinée à des mélanges de vins, la vente est nulle, V. Cass. 23 juin 1879 (Pand. chr.), et la note. — Au contraire, cet emploi frauduleux est-il resté en dehors des prévisions, l'opération est inattaquable.

La Cour de Cassation, en rejetant le pourvoi, a laissé à ces solutions de l'arrêt de Rouen leur légitime autorité.

en eux-mêmes comme des marchandises illicites ; qu'ils ne peuvent avoir ce caractère que si la vente en est faite dans un but frauduleux ; que ces caramels pourraient être cependant considérés comme étant hors du commerce, s'il était prouvé qu'ils sont nécessairement un instrument de fraude, parce que, en dehors de la coloration des vins, ils ne peuvent être employés d'une façon utile et licite; qu'assurément, dans ce cas, l'appelant devrait être, dans une certaine mesure, exonéré du payement de la somme de 16,000 fr. ; — Mais attendu que, loin que ce fait soit juridiquement établi, Lireux n'a même pas cherché à prouver que les caramels rouges ne pouvaient servir qu'à la coloration des vins; qu'il doit donc être condamné au payement de la somme de 16,024 fr. 15; — Confirme ».

Pourvoi en cassation par Lireux. — 1er moyen (violation des art. 1131, 1133, 1172 et 1833, C. civ., en ce que l'arrêt attaqué à refusé d'appliquer ces articles à une Société nulle dans son objet, sous le prétexte que la Société n'aurait pas eu *uniquement* pour objet la fabrication et la vente des marchandises prohibées).

2e moyen (violation de l'art. 7 de la loi du 20 avril 1810, en ce que l'arrêt attaqué a rejeté, sans en donner de motifs, un chef de conclusions subsidiaires prises en appel pour la première fois).

ARRÊT.

LA COUR : — Sur les premier et deuxième moyens, pris de la violation des art. 1131, 1133, 1172, 1833, C. civ., et 7 de la loi du 20 avril 1810 : — Attendu que l'art. 1172 est inapplicable à un contrat qui ne dépendait d'aucune condition; — Attendu que l'art. 1833 ne s'appliquait pas à un litige restreint par les conclusions mêmes des parties à la cession acceptée par Lireux de matières premières ou de produits fabriqués restant en magasin après la dissolution d'une Société et la cessation complète de ses opérations; — Attendu que les art. 1131 et 1133 ne pouvaient condamner la cession sans intention frauduleuse de marchandises qui, par une appréciation souveraine des juges du fond, ont été déclarées susceptibles d'un usage licite et commercial; — Attendu, du reste, que, par cette affirmation, la Cour d'appel a répondu avec précision au chef subsidiaire des conclusions de Lireux, tendant à ce que la valeur de ces marchandises prétendues illicites fût défalquée des traites par lui acceptées; — Rejette, etc.

MM. Bédarrides, prés.; Babinet, rapp.; Chevrier, av. gén. (concl. conf.); Chambareaud, av.

CASS.-CRIM. 16 février 1883.

1° PRESBYTÈRE, PROPRIÉTÉ, COMMUNE, DESSERVANT, JOUISSANCE (DROIT DE), AFFICHES ADMINISTRATIVES. — 2° AFFICHES, AFFICHAGE, LACÉRATION, PRESBYTÈRE, PORTAIL, DESSERVANT, EMPLACEMENT RÉSERVÉ, ARRÊTÉ MUNICIPAL, DÉSIGNATION.

1° Les presbytères sont des propriétés communales (L. 18 germ. an X, art. 72 et 74) (1).

Sauf un droit de jouissance sui generis (2) *réservé aux curés ou desservants et qu'ils peuvent faire respecter par les simples particuliers* (C. civ., 578) (3).

Mais cette jouissance ne saurait mettre obstacle à ce que l'autorité municipale, procédant en vertu du droit de propriété de la commune, et après l'accomplissement des formalités prescrites par la loi, fasse apposer à l'extérieur des presbytères des affiches des lois et autres actes de l'autorité publique (C. civ., 544) (4).

2° L'enlèvement ou la lacération, par le desservant, des affiches apposées par ordre de l'administration, sur le portail du presbytère, ne constitue la contravention prévue par l'art. 17, § 1, de la loi du 29 juill. 1881, qu'autant que cet emplacement a été réservé aux affiches administratives et expressément désigné à cet effet par arrêté du maire (L. 29 juill. 1881, art. 15 et 17) (5).

(1) V. en ce sens Grenoble, 30 mai 1866 (S. 67. 2. 234. — P. 67. 902); 31 mars 1882 (Pand. chr.); 9 juin 1882 (Pand. chr.), et les renvois. — Cette solution se présente avec une rédaction trop doctrinale. Les presbytères n'appartiennent pas toujours et d'une manière absolue aux communes. C'est le cas le plus fréquent, la situation la plus générale; il n'y a point d'exclusion. Quelquefois les presbytères sont la propriété des fabriques. Ils peuvent encore faire partie des biens dépendant des cures (Décr. 6 nov. 1813, art. 1er).

(2) Relativement au caractère juridique de ce droit de jouissance *sui generis* reconnu aux curés ou desservants sur les presbytères communaux, V. Cass., 9 juin 1882 (Pand. chr.); 11 nov. 1882 (Pand. chr.); 7 déc. 1883 (Pand. chr.); Trib. des conflits, 15 déc. 1883 (Pand. chr.), et les notes.

(3) Cette jouissance *sui generis* ne constitue point un droit purement nominal; elle ne manque pas, suivant les cas, d'importance pratique. L'arrêt ci-dessus rapporté contient à cet égard une indication qu'il signale comme en passant, sans trop s'y appesantir. Il y a lieu cependant de fournir sur ce point quelques brèves explications. Ainsi, le droit reconnu aux curés ou desservants sur les presbytères communaux leur donne toute qualité à l'effet de faire respecter leur prérogative à l'encontre de quiconque essayerait d'y porter atteinte. V. Cons. d'Et., 29 juill. 1858, aff. David-Faure (D. 71. 5. 315); 1er juill. 1882, aff. abbé Forcès; Trib. des conflits, 18 mars 1882, aff. Daniel (Pand. chr.). V. aussi Cass. 3 févr. 1879 (S. 81. 1. 395. — P. 81. 1. 1028. — D. 79. 1. 221).

Si, au contraire, les curés ou desservants n'occupaient les presbytères qu'en vertu d'une simple *affectation administrative*, comme les évêques par rapport aux palais épiscopaux mis par l'État à leur disposition (V. Trib. des conflits, 14 avril 1883, Pand. chr.), ils ne pourraient pas, au cas où ils viendraient à être troublés dans leur jouissance, s'adresser aux tribunaux; ils n'auraient d'autres ressources que de réclamer administrativement. — V. sur tous ces points les conclusions de M. le commissaire du gouvernement reproduites avec Trib. des conflits, 15 déc. 1883 (Pand. chr.).

(4-6) La commune est propriétaire du presbytère; elle reste libre de tirer de ce presbytère l'usage que bon lui semble, à une condition cependant, c'est que cet usage ne constitue pas un empiétement sur les droits d'habitation du curé, qu'il n'en résulte pas pour lui une gène matérielle, une diminution de jouissance. En partant de ce principe, la jurisprudence a décidé que les curés ne peuvent ni s'opposer à l'apposition de drapeaux sur les murs extérieurs des presbytères le jour de fête nationale, ni les enlever ou les faire enlever une fois qu'ils ont été apposés : Cass., 31 mars et 9 juin 1882, 7 déc. 1883; Trib. des conflits, 15 déc. 1883, précités.

Mais la jurisprudence s'est montrée illogique, peu d'accord avec elle-même, quand elle a reconnu aux curés le droit de lacérer ou d'enlever les affiches électorales placardées sur les mêmes murs extérieurs des presbytères bordant la voie publique (V. Cass., 11 nov. 1882, 2e espèce, Pand. chr.); les curés ne peuvent prétendre à aucune jouissance sur cette partie de la propriété qui reste avec son caractère purement communal; ils ne pourraient pas, par exemple, louer ces murs à une agence de publicité avec faculté de les employer à des annonces industrielles ou autres et percevoir de ce chef une redevance. A la commune seule appartiendrait cette faculté et les revenus susceptibles d'être tirés de cette source. D'où puiseraient-ils donc le droit de détériorer, d'enlever les affiches électorales, puisqu'ils n'ont point la situation juridique des propriétaires, qu'ils ne jouissent pas de ces murs, qu'ils ne sauraient même être admis à en faire un usage régulier quelconque. V. nos observations critiques jointes à l'arrêt précité de Cass., 11 nov. 1882.

Des murs extérieurs du presbytère au portail la distance n'est pas longue; le point de vue juridique à peine déplacé, n'est pas sensiblement modifié. Les murs servent à la clôture, le portail au passage, à l'accès du presbytère. De même que les affiches électorales placardées sur la façade extérieure n'enlèvent point la moindre parcelle de jouissance à l'usage du curé, que l'habitation reste avec toutes ses commodités de jour, d'aération ou de vue, l'affectation administrative du portail à l'affichage des actes de l'administration ne prend rien sur le passage, ne le réduit dans aucune proportion; la facilité d'accès reste après ce qu'elle était avant. Matériellement la jouissance n'est point troublée.

(Chincholle.) — ARRÊT.

LA COUR : — Sur le moyen unique du pourvoi, tiré de la violation de l'art. 17, § 1er, de la loi du 29 juill. 1881, en ce que le jugement attaqué a refusé de faire au prévenu application de la pénalité édictée par ledit article : — Attendu que l'abbé Chincholle, curé de Nérac, était poursuivi sous la prévention d'avoir lacéré une affiche administrative apposée par ordre de l'autorité publique sur le portail du presbytère qu'il occupe; que le jugement attaqué a retenu comme constant le fait imputé au prévenu, mais a néanmoins prononcé son relaxe en se fondant sur le double motif : 1° que le desservant a l'usufruit absolu du presbytère, qui est pour lui comme une propriété privée, et qu'en lacérant l'affiche administrative apposée sur le portail de cet édifice, il n'a fait qu'user du droit qui lui appartient de se préserver contre toute atteinte à sa jouissance exclusive; 2° que, d'ailleurs, tous les éléments constitutifs de la contravention prévue et réprimée par l'art. 17, § 1er, de la loi du 29 juill. 1881, ne se rencontrent pas dans le fait retenu à la charge de l'abbé Chincholle, la lacération des affiches administratives apposées par ordre de l'autorité ne constituant, aux termes dudit article, une contravention punissable que lorsque les affiches ont été apposées dans les emplacements à ce réservés, dont la désignation doit être faite par arrêté du maire, et aucun arrêté du maire de Nérac n'ayant, dans l'espèce, désigné le portail du presbytère comme emplacement réservé pour l'affichage des lois et autres actes de l'autorité publique; — Attendu que les presbytères sont des propriétés communales; que les desservants qui les occupent ont, sans doute, au regard des simples particuliers, le droit de faire respecter la jouissance *sui generis* qui leur appartient sur ces édifices communaux, mais que ce droit des desservants ne saurait faire obstacle à ce que l'autorité municipale, procédant en vertu du droit de propriété de la commune, et après l'accomplissement des formalités prescrites par la loi, fasse apposer à l'extérieur des presbytères les affiches des lois et autres actes de l'autorité publique; que ce premier motif du jugement attaqué ne saurait donc justifier le relaxe prononcé; — Mais attendu que l'art. 17, § 1er, de la loi du 29 juill. 1881, dispose que ceux qui auront enlevé, déchiré, etc., des affiches apposées par ordre de l'administration dans les emplacements à ce réservés, seront punis d'une amende de 5 à 15 francs; qu'il résulte des termes mêmes de cet article que l'enlèvement ou la lacération des affiches apposées par ordre de l'administration n'est punissable que lorsque ces affiches se trouvaient apposées dans les emplacements à ce réservés; — Attendu, d'autre part, qu'aux termes de l'art. 15 de la même loi, les emplacements exclusivement réservés pour l'affichage des lois et autres actes de l'autorité publique doivent, dans chaque commune, être désignés par arrêté du maire; que cette disposition est édictée en termes impératifs et absolus; — Attendu qu'il résulte nécessairement de la combinaison de ces articles que la contravention prévue par l'art. 17, § 1er, ne peut exister qu'autant que les lieux exclusivement réservés aux affiches administratives ont été préalablement désignés par arrêté du maire, en exécution des prescriptions de l'art. 15; que, d'ailleurs, en matière pénale, tout est de droit étroit; — Et attendu qu'en se fondant, pour prononcer le relaxe du prévenu, sur l'absence de tout arrêté du maire de Nérac, désignant le portail du presbytère comme emplacement réservé pour l'affichage des lois et autres actes de l'autorité publique, le jugement attaqué, loin de violer l'art. 17, § 1er, de la loi du 29 juill. 1881, en a fait, au contraire, une exacte et saine interprétation; — Rejette, etc.

MM. Baudouin, prés.; Sevestre, rapp.; Tappie, av. gén.

CASS.-CIV. 20 février 1883.

LOUAGE D'OUVRAGE, ENTREPRENEUR, CONSTRUCTION, MATÉRIAUX, FOURNITURES, VENTE, INTÉRÊT, POINT DE DÉPART, RÉCEPTION DES TRAVAUX, DEMANDE EN JUSTICE.

Le traité passé par le propriétaire d'un terrain avec un entrepreneur pour la construction d'un édifice, constitue non une vente, mais un louage d'industrie (C. civ., 1787) (1).

... Et reste avec ce caractère, même malgré l'engagement pris par l'entrepreneur de fournir, avec son travail ou son industrie, les matériaux nécessaires à la construction (Id.) (2).

Est-il nécessaire d'examiner l'autre question, dont les passions intéressées font tant de fracas : le côté moral. Deux mots suffiront : les actes et règlements administratifs sont généralement sans couleur; les mesures qu'ils édictent peuvent être plus ou moins susceptibles de discussion, mais la forme par laquelle elles se manifestent est toujours acceptable; elle n'est blessante pour personne; elle ménage toutes les susceptibilités. Et, après tout, quand quelques écarts se produiraient, le curé reste sous la loi commune, avec les moyens légaux à la portée de tous les citoyens. A lui de les faire valoir, s'il croit en avoir le droit.

Mais quand, de son autorité privée, par la violence, il arrache les affiches administratives apposées sur le portail du presbytère, il s'expose dans tous les cas à une action civile et, dans certaines circonstances déterminées, à une poursuite devant les tribunaux répressifs.

L'action civile n'est pas douteuse; elle prend sa base dans l'art. 1382, C. civ. Les affiches placardées par l'administration lui ont coûté des frais de papier, d'impression, des journées d'ouvriers, etc. Leur destruction ou leur enlèvement font que ces frais ont été exposés en pure perte. Il y a plus : l'apposition des affiches a pour but et pour résultat de simplifier les opérations des services administratifs. Les avertissements sont donnés, le public est prévenu; il se portera moins à la mairie pour se procurer des renseignements qu'une simple lecture lui fournit. D'où moins de dérangements pour les employés, une économie sérieuse de frais de personnel. Tout cela est appréciable et peut se chiffrer en argent.

L'action répressive a été réglementée par l'art. 17, § 1er, de la loi du 29 juill. 1881. Aux termes de cette disposition, la lacération ou l'enlèvement des affiches « apposées par ordre de l'administration » ne sont punis que lorsque l'apposition en a lieu « sur les *emplacements à ce réservés* ». D'où cette conséquence très-juridiquement déduite par notre arrêt, dans l'espèce actuelle, que la lacération ou l'enlèvement des affiches apposées par l'administration sur le portail des presbytères ne tombent sous l'application de la sanction répressive de la loi que lorsque le presbytère, ou tout au moins le portail du presbytère, a été compris dans les lieux désignés *ad hoc* par l'autorité compétente. V. en ce sens, Faivre et Benoit Lévy, *Code manuel de la presse*, p. 80; Basille et Constant, *Code de la presse*, n. 98; Fabreguettes, *Tr. des infractions de la parole, de l'écriture et de la presse*, t. I, n. 623 et suiv.

(1-2) La solution de l'arrêt est tranchante; elle l'est trop. La concision ne devient mérite ou même vertu que lorsqu'elle n'est pas acquise aux dépens de la clarté. Ici, il y a plus; les motifs font défaut.

Le traité passé par le propriétaire d'un terrain avec un entrepreneur pour la construction d'un édifice constitue un *louage*. Est-ce d'une manière absolue, par la nature propre du contrat, par l'analyse de ses éléments intrinsèques, par la constatation des conditions inscrites dans l'art. 1787, C. civ.?

Nous aurions quelques tendances à croire que c'est à cette opinion radicale que s'est arrêtée la chambre civile. Mais nous ne faisons que le supposer, nous n'en avons aucune certitude. Pas un mot dans l'arrêt qui soit susceptible de fournir une orientation juridique. V. d'ailleurs, en ce sens, Duranton, t. XVII, p. 250; Duvergier, *Tr. du louage*, t. II, n. 335.

Ou bien, nous trouvons-nous en présence d'une décision d'espèce, dominée par cette considération que le propriétaire qui a fourni le terrain a fourni le principal, que les constructions qu'il y élève y adhèrent comme une dépendance accessoire, que la main-d'œuvre, les matériaux le cèdent à l'importance du sol, fût-ce par déférence ou par respect des vieilles traditions juridiques? L'hésitation est possible; la supposition n'en est pas

Par suite, les intérêts du prix des constructions doivent courir, non du jour de la réception des travaux, comme au cas de livraison d'une chose vendue, mais seulement du jour de la demande en justice (C. civ., 1153, 1652) (1).

(Société du moulin de Bazacle c. Sirven frères et Castaing.) — ARRÊT (*après délib. en ch. du cons.*).

LA COUR : — Sur le deuxième moyen (violation de l'art. 1153, C. civ., en ce que le point de départ des intérêts dus à un entrepreneur aurait été fixé au jour de la réception des travaux, et non au jour de la demande en payement de ces travaux) : — Vu l'art. 1153, C. civ. ; — Attendu que, d'après cet article, les intérêts moratoires sont dus seulement du jour de la demande, si la loi ne les fait point courir de plein droit ; — Attendu que l'arrêt attaqué a alloué à Castaing une somme de 9,976 fr. 30 c., représentant les intérêts du prix des travaux de construction par lui exécutés pour la Société du Bazacle, lesquels intérêts auraient couru du jour de la réception des travaux jusqu'à celui où la demande en payement du prix a été introduite en justice, et que l'arrêt fonde cette exception à la règle générale ci-dessus rappelée, sur les dispositions de l'art. 1652, C. civ.; — Mais attendu que, si ce dernier article veut que l'acheteur doive l'intérêt du prix de la vente, lorsque la chose vendue et livrée produit des fruits ou autres revenus, cette disposition ne saurait être appliquée dans le cas où le propriétaire d'un terrain y fait construire un édifice par un entrepreneur, lors même que ce dernier fournit non-seulement son travail ou son industrie, mais encore les matériaux de la construction ; que, nonobstant cette dernière stipulation, le contrat reste un contrat de louage d'industrie, auquel on ne peut transporter les règles spéciales au contrat de vente; — Attendu qu'en jugeant le contraire, l'arrêt attaqué a donc violé l'art. 1153, C. civ., ci dessus visé ; — Casse, mais seulement au regard de Castaing et au chef de la somme de 9,976 fr. 30 c. d'intérêts alloués à celui-ci contre la Société du Bazacle, etc.

MM. le cons. Pont, prés. ; de Lagrevol, rapp. ; Charrins, 1er av. gén. (concl. conf.) ; Bosviel, Sabatier et Bouchié de Belle, av.

CASS.-REQ. 21 février 1883.

SOCIÉTÉ (EN GÉNÉRAL), SOCIÉTÉ CIVILE, ASSOCIÉS, DETTES SOCIALES, RESPONSABILITÉ PERSONNELLE, CRÉANCIERS, RENONCIATION, VALIDITÉ, INTERPRÉTATION SOUVERAINE.

Les membres d'une Société civile tenus envers les créanciers de la Société, chacun pour une somme et part égales, ne peuvent être affranchis de cette obligation par une clause de l'acte social, stipulant qu'ils ne seront point obligés sur leurs biens personnels des dettes de la Société, et que le payement de ces dettes ne pourra être poursuivi que sur les biens dépendant de la Société. Une telle clause, nulle et non avenue, n'est pas opposable aux tiers (C. civ., 1863) (2).

Mais il est loisible à toute personne qui traite avec la Société de se départir des avantages ou des droits établis en sa faveur et de faire remise aux associés de leur responsabilité personnelle; une telle renonciation n'ayant rien de contraire à l'ordre public est, par conséquent, licite (Id.) (3).

Et il appartient aux juges du fait d'interpréter souverainement, à cet égard, le sens et la portée des conventions, ainsi que l'intention des parties contractantes (C. civ., 1134) (4).

(Châtillon c. Société des mines de la Haute-Loire et Bouvier.)

M. le conseiller Lemaire a présenté sur ces questions, si importantes dans la pratique, des observations que nous résumons de la manière suivante :

« L'arrêt attaqué admet le principe de l'obligation personnelle des associés. Seulement, ce n'est à ses yeux qu'un principe général, et il est loisible aux parties d'y déroger. La Société, ou les associés, en traitant avec un tiers, peuvent convenir que le traité obligera la Société seule et non pas les associés, que la responsabilité individuelle de ceux-ci ne sera pas engagée. En quoi une telle convention est-elle illicite? Le pourvoi soutient que les dispositions de la loi qui déterminent la responsabilité des associés, dans les diverses Sociétés sont d'ordre public, et que les conventions des parties n'y peuvent apporter aucune dérogation. Le pourvoi le soutient, notamment pour les Sociétés en nom collectif, celles qui se rapprochent le plus de la société civile dont nous nous occupons.

« La thèse du pourvoi n'est pas exacte, parce qu'elle est trop générale. Il faut distinguer entre les stipulations de l'acte de société et les contrats que la Société peut conclure. Dans l'acte de société, on ne peut stipuler d'une façon générale que les associés ne seront pas tenus solidairement des dettes sociales. Cette clause, même lorsqu'elle a reçu la publicité régulière, est non avenue, et ne peut être opposée au public, car lorsque le public a affaire à une Société en nom collectif, il doit compter sur la solidarité des associés établie par la loi. « Toutefois, dit M. Pont, si la solidarité s'impose aux associés, et ne peut fléchir par l'effet d'une clause générale et dérogatoire insérée dans l'acte social, ce n'est pas à dire que les associés en devraient rester tenus, s'il convenait au tiers d'y renoncer dans le traité particulier qu'il ferait avec eux ou avec la Société constituée. Ceci est du domaine de la convention ; et, assurément, s'il convenait à un tiers traitant avec la Société, de faire remise de la solidarité, nul n'y saurait trouver à redire ; car chacun est parfaitement libre de se départir des avantages ou des droits établis en sa faveur. » (*Soc. civ. et comm.*, t. II, n, 1381). (V. M. Massé, *Dr. comm.*, 3e éd., t. III, n. 1964.) M. Pont fait remarquer, au n. 1382, que l'exception à la règle de la solidarité pourrait résulter même d'une renoncia-

---

déraisonnable. D'excellents auteurs (V. notamment Massé et Vergé, sur Zachariæ, t. IV, § 710, p. 411, note 3, *in fine*; Marcadé, t. VI, sur l'art. 1787, p. 534) ont prévu l'hypothèse spéciale que nous envisageons et l'ont résolue dans le même sens, à l'aide des mêmes considérations.

Ajoutons, du reste, qu'il n'y a là qu'une application particulière d'un système plus général. Suivant ces mêmes auteurs, auxquels il faut encore adjoindre Delvincourt, *Cours de C. civ.*, p. 113, n. 3; Troplong, *De l'échange et du louage*, t. II, n. 963; Boileux, *Comment. sur le Code civ.*, t. VI, sur l'art. 1787, p. 178; lorsque les fournitures nécessaires à la construction ne sont pas intégralement effectuées par l'entrepreneur, le caractère du contrat se détermine eu égard à l'importance de la participation de chacun des contractants. Si les matériaux que le propriétaire apporte ne constituent qu'une portion insignifiante par comparaison, s'ils ne comprennent que des choses de minime valeur et en quantité limitée, comme, par exemple, les pierres qui proviendraient des fouilles exécutées pour l'établissement des fondations, c'est en réalité l'entrepreneur qui procure le tout; il y a vente, et les règles de ce contrat doivent être appliquées dans les rapports des parties. Mais, au contraire, si l'entrepreneur ne fournit que la main-d'œuvre et les objets de sa spécialité, outils, échafaudages, etc., le propriétaire devient le véritable fournisseur, il y a louage d'industrie avec toutes ses conséquences juridiques.

Selon MM. Aubry et Rau, t. IV, § 374, p. 525, note 2, le contrat dont s'agit réunit le double caractère de louage et de vente; jusqu'au moment de la réception de l'ouvrage, il est louage; il devient vente à partir de cet instant.

(1) Le rejet des principes de la vente laissait les parties sous l'application de l'art. 1153, C. civ., pour le point de départ des intérêts du prix des constructions. L'art. 1152 restait par là même sans objet.

(2-3) V. dans le même sens, Douai, 23 mars 1878 (S. 78. 2. 305. — P. 78. 1255. — D. 79. 2. 109); Bruxelles, 2 févr. 1882 (D. 83. 2. 1); Paris, 27 juin 1882 (*Journal des sociétés civiles et commerc.*, 1883, p. 133); Douai, 18 juin 1883, sous Cass., 2 juill. 1884 (Pand. chr.); Duvergier, *Sociétés*, n. 391; Pont, *id.*, n. 661; Laurent, *Principes de dr. civ.*, t. XXVI, n. 352. V. aussi le rapport de M. le conseiller Lemaire reproduit au cours de cet article.

(4) L'interprétation des contrats, en matière de Société comme en toute autre, rentre dans les pouvoirs d'appréciation souveraine des juges du fond. — (V. Cass., 22 juin 1881 (S. 83. 1. 158. — — P. 83. 1. 375. — D. 82. 1. 183); 3 août 1881 (S. 83. 1. 367. —

tion tacite de la part du créancier de la Société. « C'est là un point à résoudre d'après les circonstances; et, par conséquent, la question est de celles dont la solution doit être laissée à l'appréciation des juges du fait. Ainsi en serait-il, d'ailleurs, même de la renonciation expresse, si les termes de la convention présentaient de l'ambiguïté. Il appartiendrait alors au juge du fait de statuer par interprétation de la clause ambiguë. »

« Le pourvoi va donc trop loin, lorsqu'il prétend qu'on ne saurait modifier les règles relatives aux obligations personnelles des associés vis-à-vis des tiers. Non, on ne saurait les modifier d'une façon générale dans l'acte de société, et opposer ces modifications à tout le monde. Mais on peut, dans une convention particulière, faire les modifications auxquelles consent le tiers avec qui l'on contracte... Interrogeons l'art. 1863 lui-même, spécial à la Société civile, et qui sert de base au pourvoi. D'après cet article, chacun des associés est tenu envers les créanciers sociaux pour une somme égale, encore que la part de l'un d'eux dans la Société fût moindre. Mais l'article apporte lui-même une exception à cette règle; il décide que l'associé ne sera tenu que d'une part inférieure à sa part virile, lorsque l'acte passé avec les tiers aura spécialement restreint son obligation sur le pied de sa part dans la Société. Ainsi, l'un des quatre associés n'a qu'un intérêt d'un huitième dans la Société. Il n'en est pas moins tenu de plein droit au quart de la dette; mais si, dans l'acte passé avec le créancier, il a été dit que sa part serait restreinte à son huitième, il ne sera tenu que d'un huitième. Allons plus loin, et supposons que dans l'acte social on a stipulé que la responsabilité de tel ou tel associé serait limitée à sa mise. Les tiers ne seront sans doute pas liés par cette clause dérogatoire au droit commun, et, vis-à-vis du public, l'associé sera tenu pour sa part virile. Mais si, dans un contrat spécial, il a eu soin de porter cette clause à la connaissance des créanciers, et de stipuler qu'il entendait que sa responsabilité serait limitée à sa mise, cette stipulation est valable vis-à-vis des tiers. M. Pont en admet pleinement la validité (*Soc. civ. et comm.*, t. 1, n. 662, p. 442).

« Or cette stipulation est précisément celle qui a été faite dans notre espèce, non pas pour un associé, mais pour tous. C'est ce à quoi les époux Châtillon ont consenti en faveur de tous les associés. Qu'est-ce qu'une pareille clause, sinon un usage légitime de la liberté des conventions? Les administrateurs d'une Société civile n'entendent passer le contrat qu'à la condition que les membres de cette Société ne seront pas personnellement responsables, et qu'ils n'engageront rien au delà de leur mise, et les époux Châtillon se contentent d'avoir la Société pour obligée, ses biens et son actif pour gage. A qui font-ils tort, les uns ou les autres? Pourquoi les époux Châtillon ne pourraient-ils pas renoncer à un droit établi en leur faveur? En quoi le public est-il lésé par cette renonciation? Elle ne compromet en rien les droits et les garanties du public vis-à-vis des associés; elle ne limite que le droit d'un créancier qui consent à cette limitation.

« Une telle stipulation était assez naturelle dans les circonstances où le contrat se concluait. Que voyons-nous, en effet? Des gens qui veulent former une Société pour une affaire de mines très-aléatoire. Ils promettent au propriétaire un loyer élevé et un prix d'achat considérable, et offrent de verser immédiatement 65,000 francs. Mais avant de souscrire un contrat si avantageux pour le propriétaire, ils lui font connaître que leurs ressources sont limitées, et qu'ils ne veulent pas engager plus de 300,000 francs dans l'affaire. Sans doute ils seront indéfiniment responsables vis-à-vis du public, des ouvriers, des employés, des fournisseurs. Mais, vis-à-vis du propriétaire, ils ne consentent pas à risquer plus que leurs mises, ils ne veulent pas être obligés personnellement et indéfiniment envers lui, comme ils le seront envers le public; ils ne veulent engager vis-à-vis de lui que la Société, que le capital social. Le propriétaire trop heureux de louer sa mine et de toucher 65,000 francs comptant, consent à n'avoir que la Société pour obligée; il renonce volontairement aux droits que l'art. 1863 lui conférait dans le silence du contrat. Pourra-t-il revenir plus tard sur sa renonciation, demander qu'elle soit déclarée non avenue, et invoquer l'art. 1863, comme s'il n'y avait pas lui-même apporté librement une dérogation?

« C'est cette dérogation spéciale, insérée dans un contrat particulier, et acceptée par le tiers contractant, qui a paru licite à l'arrêt attaqué. Si elle ne vous paraît pas illégale et contraire à l'ordre public, vous rejetterez la première branche du moyen. »

ARRÊT.

LA COUR : — Sur la première branche du moyen unique de cassation, tirée de la violation des art. 1863 et 1131, C. civ. (en ce que l'arrêt attaqué a refusé de prononcer la responsabilité personnelle des membres d'une Société civile pour une dette sociale, sous prétexte que les parties auraient, par une clause de l'acte social, écarté cette responsabilité, une telle dérogation étant nulle et inopérante, comme contraire aux principes de la Société civile) : — Attendu que, d'après l'art. 1863, C. civ., les membres d'une Société civile sont tenus envers le créancier de la Société chacun pour une somme et part égales; qu'ils ne sauraient s'affranchir de cette obligation en stipulant dans l'acte de société qu'ils ne seraient pas tenus sur leurs biens personnels des dettes sociales, et que le payement ne pourrait en être poursuivi que sur les biens dépendant de la Société; qu'une telle clause serait non avenue, et ne pourrait être opposée aux tiers, qui ont le droit de compter sur la responsabilité personnelle des associés établie par la loi; — Mais, attendu qu'il est en général loisible à chacun de se départir des avantages ou des droits établis en sa faveur, et qu'il n'est pas interdit à ceux qui contractent avec les membres d'une Société civile de renoncer au bénéfice de l'art. 1863, et de faire remise aux associés de leur responsabilité personnelle; que cette renonciation, stipulée et consentie dans un contrat particulier, restreinte à ce contrat, et applicable seulement entre les parties contractantes, ne constitue que l'exercice légitime de la liberté des conventions; qu'elle n'est donc pas contraire à l'ordre public, ni, par conséquent, illicite; — Attendu qu'il résulte des déclarations de l'arrêt attaqué qu'il est constant, en fait, et démontré par le texte même du contrat de bail du 15 févr. 1877, consenti à la Société civile des mines d'antimoine de la Licoulne et de la Bessade par les époux Châtillon, que ceux-ci n'ont entendu traiter qu'avec la Société seule, et n'avoir qu'elle pour obligée; que les parties ont voulu déroger aux dispositions de l'art 1863, C. civ., et que cette dérogation résulte clairement du texte et de l'esprit des conventions intervenues entre elles; — Attendu qu'en décidant, dans ces circonstances, que la responsabilité personnelle des membres de la Société n'était aucunement engagée dans l'espèce, et en refusant de la prononcer, l'arrêt attaqué n'a pas violé les art. 1863 et 1131, C. civ., invoqués par le pourvoi :

Sur la deuxième branche du moyen, tirée de la violation de l'art. 1134, C. civ. (en ce que l'arrêt attaqué, en déclarant que dans le bail les parties avaient dérogé à l'art. 1863, du même Code, a créé arbitrairement une clause qui ne se trouvait pas dans la convention) : — Attendu qu'en déclarant que les parties avaient entendu déroger à l'art. 1863 dudit Code, l'arrêt attaqué s'est borné à interpréter la convention, en interrogeant son texte et son esprit; que cette interprétation, ne dénaturant le sens clair et précis d'aucune des clauses du contrat, rentrait dans le pouvoir souverain des juges du fond, et qu'en faisant usage de ce pouvoir, la Cour de Paris (arrêt, 12 mars 1881), n'a pu violer l'art. 1134, C. civ. ; — Rejette, etc.

MM. Bédarrides, prés.; Georges Lemaire, rapp.; Petiton, av. gén. (concl. conf.); Sabatier, av.

CASS.-REQ. 26 février 1883.

HYPOTHÈQUE JUDICIAIRE, BIENS A VENIR, EFFETS, PROPRIÉTAIRE ACTUEL, CRÉANCIER, RANG, PRÉFÉRENCE, RADIATION.

L'effet légal de l'hypothèque judiciaire ne peut se réaliser, quant aux biens à venir, qu'à mesure que ces biens deviennent la propriété du débiteur (C. civ., 2123) (1).

P. 83. 1. 940. — D. 82. 1. 395); 1er mars 1882 (S. 84. 1. 231. — P. 84. 1. 550. — D. 83. 1. 130); 2 juill. 1884 (Pand. chr.), et le renvoi.)

(1-2-3) V. sur ces intéressantes questions le rapport de M. le conseiller Babinet, reproduit ci-dessus au cours de l'article. Ce rapport constitue un excellent commentaire de l'arrêt.

Par suite, le propriétaire actuel d'un immeuble dont le droit est de justifier que son bien est libre de toute charge, et qui trouve sur l'état d'inscriptions de cet immeuble une hypothèque judiciaire le grevant prématurément en prévision d'une éventualité non encore réalisée peut, à défaut de mainlevée amiable, obtenir en justice la radiation de l'inscription (C. civ., 2123, 2134, 2157) (2).

Sans toutefois que cette radiation préjuge en rien les questions de rang et de préférence entre créanciers qui pourraient s'élever, si l'immeuble entrait plus tard dans le patrimoine d'un nouveau propriétaire (notamment du débiteur du chef duquel l'hypothèque judiciaire avait été prématurément inscrite) (Id.) (3).

(Crédit foncier c. Cartelier et duc de Montmorency.)

13 janv. 1882, jugement du tribunal civil de la Seine, ainsi conçu : — « LE TRIBUNAL : — Attendu que les inscriptions d'hypothèque dont les demandeurs réclament la mainlevée, ayant été prises en vertu de jugements rendus contre le duc de Montmorency personnellement, n'ont pu, du vivant de la duchesse de Montmorency, atteindre les immeubles qui lui appartenaient en propre, et qui, d'après son contrat de mariage, étaient soumis au régime dotal; que, depuis son décès, lesdites inscriptions n'ont pu frapper davantage l'usufruit des mêmes immeubles, légué par elle au duc son mari, cet usufruit étant, d'après sa volonté formelle, incessible et insaisissable; que, conséquemment, les immeubles situés à Paris, rue de Trévise, n. 35 et 37, boulevard Poissonnière, n. 4, et rue de l'Elysée, n. 20, ne sauraient demeurer grevés d'hypothèques, qui pourront les frapper efficacement un jour, s'ils viennent à entrer dans le domaine du duc de Montmorency, mais qui ne les atteignent pas encore; — Attendu, dès lors, que l'offre contenue dans les dernières conclusions du Crédit foncier ne donne pas une entière satisfaction aux droits des demandeurs, et qu'elle doit être écartée; — Par ces motifs, — Prononce la mainlevée des inscriptions prises sur le duc de Montmorency, à la requête du Crédit foncier de France et du Comptoir de l'agriculture, en tant qu'elles s'appliquent aux immeubles sis à Paris, rue de Trévise, n. 35 et 37, boulevard Poissonnière, n. 4, et rue de l'Elysée, n. 20; — Dit que, sur le vu du présent jugement, M. le conservateur du premier bureau des hypothèques de la Seine sera tenu de rayer les inscriptions ci-après et d'en remettre les certificats de radiation aux demandeurs. » — Appel par le Crédit foncier.

21 mars 1882, arrêt de la Cour de Paris, qui confirme le jugement par adoption de motifs.

Pourvoi en cassation par le Crédit foncier. — Moyen unique : violation des art. 2123, 2160, 2161, C. civ., en ce que l'arrêt a prononcé la mainlevée des inscriptions, en tant qu'elles s'appliquent aux immeubles visés, et ordonné la radiation, sous prétexte que ces inscriptions ne pouvaient atteindre des biens qui n'appartiennent pas au duc de Montmorency, alors que, s'agissant d'une hypothèque judiciaire, ces inscriptions étaient de nature à atteindre ultérieurement ces mêmes biens, au cas où ils entreraient dans le patrimoine du duc de Montmorency, et ne pouvaient être actuellement l'objet d'une radiation effectuée en dehors des cas prévu par la loi.

M. le conseiller Babinet, chargé du rapport, a présenté les observations suivantes :

« Nous n'hésitons pas à penser que la Cour de Paris a statué conformément au texte et à l'esprit de la loi, et à repousser soit le système absolu du pourvoi, soit la prétention plus modérée que les conclusions d'appel du Crédit foncier avaient formulées.

« Et d'abord, qu'est-ce que l'arrêt a décidé?

« Dans ses motifs, il vérifie que les immeubles visés en l'état d'inscription n'ont pas appartenu au mari, soit du vivant de sa femme, soit depuis sa mort, même à titre d'usufruit, sur lequel ait pu peser son hypothèque. Il en conclut que ces immeubles ne sauraient demeurer grevés des hypothèques des créanciers du mari non propriétaire. Il reconnaît que ces hypothèques pourront les grever efficacement un jour, s'ils viennent à entrer dans le domaine du débiteur, mais qu'elles *ne les atteignent pas encore*. Dans le dispositif, il prononce la mainlevée des inscriptions, *en tant qu'elles s'appliquent* aux immeubles visés, et dit que le conservateur sera tenu de remettre aux intéressés les certificats de radiation, le tout aux frais du Crédit foncier.

« Vous penserez peut-être que la Cour de Paris ne pouvait pas faire moins, sans méconnaître absolument un droit bien autrement sacré que celui des créanciers d'un propriétaire hypothétique, celui du propriétaire, qui n'a pas de créanciers.

« Laissons, en effet, de côté l'usufruit légué au mari survivant; aussi bien, le pourvoi consent à cet égard à une radiation définitive. Que reste-t-il dans le débat? Un propriétaire d'immeubles, le fils mineur ou le successeur, peu importe. Il veut en disposer, les vendre ou emprunter sur cette garantie, en accordant des hypothèques conventionnelles. C'est son droit absolu, actuel, non équivoque. Il ne peut l'exercer dans sa plénitude et avec son utilité complète, si des tiers prétendent avoir sur l'immeuble des droits éventuels, quelle qu'en soit la nature. Cette menace, même éloignée, cette ombre jetée sur l'indépendance et la libre disposition de la propriété suffisent pour la déprécier et pour compromettre le crédit du propriétaire. Toute manifestation d'une prétention limitative sur ses droits doit disparaître. Il est fondé à s'adresser aux tribunaux pour que son adversaire, qui est celui au profit de qui la prétention s'est produite, soit condamné à reconnaître que l'immeuble est libre, et il faut que la décision à intervenir le protège non-seulement dans l'instant actuel, où il est inquiété, mais encore contre la répétition d'un trouble semblable le lendemain. Si la manifestation s'est produite dans un état d'inscriptions délivré par un agent de l'État qui n'est pas en cause, il faut empêcher que, le lendemain du jugement, un nouvel état, pareil au premier, compromette de nouveau le crédit du propriétaire. De là la nécessité de lui faire remettre des certificats de libération qui préviendront toute répétition du dommage. L'arrêt attaqué n'a rien prescrit qui ait dépassé les nécessités de la protection réellement due au propriétaire actuel, dont les biens ne sont assujettis à aucune hypothèque de son chef ou du chef de ses auteurs.

« Voyons maintenant les deux points de vue auxquels s'est placé successivement le Crédit foncier pour faire de l'hypothèque judiciaire sur biens à venir, obtenue contre un seul débiteur, une arme menaçant tous les propriétaires de la circonscription du bureau où elle a été inscrite, et une hydre menaçante pour paralyser toutes les transactions foncières.

« I. — Suivant la thèse de droit du pourvoi, la conséquence normale de l'hypothèque sur biens à venir est celle-ci : le débiteur peut, comme le duc de Montmorency, ne posséder actuellement aucun immeuble à Paris; mais, comme rien ne prouve qu'il ne devienne pas propriétaire un jour de tous et de chacun des immeubles de la capitale, il est exact de soutenir que le droit hypothécaire de ses créanciers existe en puissance, virtuellement, et dès à présent, sur tous ces immeubles; il est seulement soumis à une condition suspensive; mais, sous cette réserve quant à son exercice actuel, rien dans la loi ne s'oppose à sa manifestation immédiate.

« Si la loi était ainsi faite, il faudrait la corriger sans aucun délai, et l'hypothèque judiciaire, si souvent attaquée par nos jurisconsultes, et déjà supprimée en Belgique, ne conserverait plus aucun défenseur, tant son action serait absurde et préjudiciable à la richesse du pays. Mais nous pouvons affirmer que la thèse du pourvoi ne trouve d'appui, ni dans le texte de la loi, ni dans les auteurs dont il semble invoquer l'autorité, ni dans la jurisprudence.

« L'art. 2123 n'emploie même pas l'expression de l'école, *les biens à venir*; il dit que l'hypothèque judiciaire peut s'exercer « sur les immeubles actuels du débiteur et sur ceux qu'il pourra acquérir ». Le fait de l'acquisition *réalisée* est donc essentiel pour un exercice quelconque du droit. Nul immeuble ne peut avoir à la fois deux maîtres, sauf le cas d'indivision. C'est bien un exercice actuel du droit que l'inscription qui, selon le pourvoi, devrait frapper un immeuble étranger au débiteur, et figurer dans tous états d'inscription, par la raison qu'il n'est pas impossible que l'immeuble devienne plus tard la propriété du débiteur. M. Pont, cité à tort par le pourvoi, dit très-justement (*Privil. et hypoth.*, t. II, n. 598 et 602), que l'inscription de l'hypothèque judiciaire frappe « non-seulement les immeubles que le débiteur possède au moment du jugement, et qui sont atteints *à l'instant même*, mais encore ceux qu'il acquiert ultérieurement, lesquels viennent se ranger sous l'hypothèque, au fur et à mesure des acquisitions ». Dans ces termes, pas de difficulté possible. C'est un propriétaire qui succède à un autre, et dont les créanciers ne peuvent être en lutte avec ceux du propriétaire précédent. — Mais, dit le pourvoi, M. Pont déclare plus loin (n. 599) qu'entre les créanciers du nouveau propriétaire, la préférence se règle par la date de l'inscription de leur hypothèque générale antérieure à l'acquisition. Donc, en vertu de l'hypothèque judiciaire, on a pu s'inscrire sur des biens qui n'étaient pas encore entrés au patrimoine. — C'est là confondre des questions et des situations bien différentes. D'abord, le pourvoi ne devrait pas s'arrêter en chemin; il lui faudrait soutenir, à peine de manquer de logique, que le créancier à hypothèque générale de B, inscrit en 1874, sera préférable sur l'immeuble que B a acheté de A en 1878 au créancier également inscrit, à qui A, pendant qu'il était seul propriétaire, a conféré une hypothèque conventionnelle ou laissé acquérir une hypothèque judiciaire après 1874 et avant 1878. Puis, il suffit de répondre au pourvoi que, quand il s'agit d'une compétition relative à la préférence entre les créanciers du même propriétaire, on a pu résoudre la question d'après l'ordre des inscriptions, par respect pour la règle *vigilantibus jura succurrunt*, et pour prévenir des fraudes au préjudice des créanciers anciens munis d'hypothèques générales. — Votre arrêt du 5 nov. 1873 (S. 74. 1. 81. — P. 74. 167. —D. 74. 1. 373) fixe le rang des divers créanciers d'après la date de l'inscription de leur hypothèque, quelle qu'en soit la nature, en visant l'art. 2134; mais M. Pont, au passage invoqué par le pourvoi, prend soin d'expliquer que, « sans doute, le gage du créancier inscrit ne peut s'accroître de ces biens à venir qu'au fur et à mesure des acquisitions, mais qu'à l'instant même où ces acquisitions sont faites, l'inscription s'en saisit et s'y rattache rétroactivement à la date où elle a été faite ». Nous avons trouvé la consécration de ces principes dans un arrêt de votre chambre du 21 déc. 1825, fort remarquable. En 1811, les consorts Crétin avaient vendu deux immeubles ruraux à réméré. En 1813, Renaud, leur créancier, obtient une hypothèque judiciaire et la fait inscrire. Les consorts Crétin n'exercent pas leur droit de réméré, mais le cèdent à un tiers, qui rachète les immeubles et en dispose. Le créancier Renaud prétend plus tard exercer des droits hypothécaires. Il est débouté par la Cour de Besançon. »

(M. le rapporteur analyse l'arrêt de la Cour de Besançon, rapporté sous Cass., 21 déc. 1825, S. et P. chr., et il continue) :

« A son tour, votre arrêt de rejet s'approprie les idées et même la terminologie de la Cour de Besançon. « Attendu que la propriété est la base de toute affectation hypothécaire... l'acquéreur à réméré a seul le *jus in re*; le vendeur à réméré n'a plus que le *jus ad rem* dans l'action qu'il s'est réservée... Cette action est tout ce dont ses créanciers peuvent se prévaloir en son nom (art. 1166); si l'effet légal de l'hypothèque judiciaire est de frapper les biens à venir du débiteur comme ses biens présents, cet effet *ne peut se réaliser quant aux biens à venir qu'à mesure* que ces biens deviennent la propriété du débiteur. Le cessionnaire, devenu acquéreur par l'exercice de la faculté de rachat, est censé sans doute tenir son droit du vendeur; mais ce droit remonte à la date de la vente même, antérieurement à l'hypothèque ».

« En présence de cette décision, et *à fortiori*, comment pourrions-nous accorder l'exercice direct ou indirect d'un droit hypothécaire au créancier du tiers qui n'a jamais eu sur l'immeuble ni *jus in re* ni *jus ad rem*, alors que l'immeuble n'est jamais sorti de son patrimoine, n'y est pas *rentré* à une date ou sous une forme quelconque, et n'y entrera peut-être jamais?

« La Cour de Paris n'avait pas à s'occuper de l'hypothèse où les immeubles passeraient de la succession de Mme de Montmorency dans le domaine de son mari par achat, donation ou héritage. Alors seulement, le Crédit foncier, en lutte avec d'autres créanciers, pourrait être autorisé à discuter la date à laquelle il ferait valoir son hypothèque judiciaire, qui alors commencerait à s'exercer.

« II. — Le Crédit foncier peut-il tirer un meilleur parti de la thèse qu'il avait développée dans ses conclusions d'appel? En voici le résumé : l'état délivré par le conservateur, le 5 oct. 1880, ne contenait ni erreur ni violation des instructions sur la matière. On avait indiqué dans la réquisition des immeubles déterminés, et plusieurs personnes, y compris le duc de Montmorency; le conservateur a dû porter toutes les inscriptions générales prises contre ces personnes. Il ignore, et n'a ni mission ni moyen de vérifier si ce duc n'est pas propriétaire; c'est aux parties intéressées à faire ces recherches. C'est la faute de Cartelier et du duc, s'ils ont demandé l'état avec l'indication du mari survivant. On ne l'aurait pas introduit d'office si, comme l'a fait de son côté le Crédit foncier, on s'était borné à demander l'état des inscriptions grevant les immeubles du chef de la duchesse, précédente propriétaire.

« A quoi aboutit un pareil raisonnement? A justifier le procédé du conservateur? Soit! Il n'est ni en cause, ni menacé d'être appelé en garantie. A faire toucher du doigt les vices de notre système hypothécaire, qui conduit à signaler faussement, comme grevés d'hypothèques judiciaires, des biens qui n'appartiennent même pas au débiteur des créanciers inscrits? Soit encore! Mais on ne nous démontrera pas qu'il n'y a pas de remède, et que les vrais propriétaires n'ont pas le droit d'obtenir un certificat de libération de leurs immeubles. Dans l'espèce, c'est ce qui a été réclamé et obtenu légitimement.

« Mais le créancier doit-il être obligé de payer les frais de cette rectification, quand il n'est pas en faute, et qu'il n'a rien fait pour spécialiser l'hypothèque générale sur le bien d'autrui? Ceci est une question bien différente, qui n'a pas été posée aux juges, et qui ne nous est pas soumise. Nous l'indiquons, parce que c'est la seule qui ressorte naturellement de la thèse proposée.

« Quant à la prétendue faute reprochée à Cartelier et au duc de Montmorency, et qui consiste à avoir voulu libérer les biens de toute prétention hypothécaire de la part du duc, nous avons deux observations à faire : *a*) Il était absolument nécessaire d'obtenir cette libération, et le Crédit foncier l'a reconnu lui-même en ce qui concernait l'usufruit, bien immobilier sujet à l'hypothèque, advenu par legs au duc après les inscriptions de 1874, entré au patrimoine, et qui n'échappe à l'hypothèque qu'à raison d'une clause spéciale, dont ses créanciers pouvaient contester la valeur. — *b*) Quant à la propriété, le droit absolu du propriétaire actuel est d'établir, auprès de tout acquéreur ou de tout prêteur, que son immeuble est libre d'hypothèques du chef de tous ceux qu'on lui désigne comme pouvant avoir des droits rivaux du sien; sans cela, son crédit est entamé. Il faut donc qu'il puisse faire disparaître les charges apparentes et nouvelles que le conservateur a pu sans doute indiquer sans faute, grâce à l'imperfection de ses moyens de contrôle, mais que cette imperfection n'oblige nullement à maintenir contre toute vérité, contre toute justice. Ce peut-être une question de responsabilité des frais et dépens, ce n'est pas une question de fond, une question de droit.

« Vous déciderez si le pourvoi ne doit pas être rejeté. »

ARRÊT.

LA COUR : — Sur le moyen pris de la violation des art. 2123, 2160 et 2161, C. civ. : — Attendu que les art. 2160 et 2161 n'ont pu être violés, puisqu'il n'a jamais été question au procès, ni dans l'arrêt attaqué, d'une réduction de l'hypothèque judiciaire du demandeur; — Attendu, quant à l'art. 2122, que la base indispensable de toute affectation hypothécaire au profit d'un créancier, est la propriété immobilière de son débiteur, et que l'effet légal de l'hypothèque judiciaire ne peut se réaliser, quant aux biens à venir, qu'à mesure que ces biens deviennent la propriété du débiteur; — Attendu que, tant qu'un immeuble reste en dehors du patrimoine de ce débiteur, aucune des hypothèques générales ou spéciales inscrites contre lui ne peut, directement ou indirectement, affecter le vrai propriétaire; que, pour assurer à celui-ci son droit absolu de justifier à l'égard de tous, par un état négatif d'inscriptions, que son bien n'est assujetti à aucune charge de son chef ou du chef d'autrui, l'intervention des tribunaux, à défaut du consentement des créanciers signalés à tort, doit lui procurer la radiation des inscriptions qui ne portent pas réellement, alors même que, au point de vue purement professionnel, le conservateur aurait été autorisé à les faire figurer, sans en garantir l'application, sur l'état d'abord délivré par lui; — Attendu qu'aucune loi n'a donc été violée par l'arrêt qui a statué en ce sens, sans préjuger les questions de rang et de préférence entre créanciers qui pourraient s'élever, si l'immeuble entrait plus tard dans le patrimoine d'un nouveau propriétaire; — Rejette, etc.

MM. Bédarrides, prés.; Babinet, rapp.; Chévrier, av. gén. (concl. conf.); Sabatier, av.

CASS.-CIV. **27 février 1883.**

TESTAMENT (EN GÉNÉRAL), INTERDICTION LÉGALE, RÉCLUSION. CAPACITÉ.

La prohibition de tester n'est pas une conséquence néces-

saire de l'interdiction légale (L. 31 mai 1854, art. 3) (1).

D'où l'individu en état d'interdiction légale par suite d'une condamnation à la peine de la réclusion, peut disposer de sa fortune par testament; un tel acte ne devant produire d'effet qu'après la mort du disposant, n'emporte d'ailleurs ni aliénation ni dessaisissement des biens soumis à la gestion du tuteur (C. civ., 901; C. proc., 29) (2).

(Goussault et Vauthier c. hérit. Quinard.)

« M. le procureur général Barbier a pris sur cette question, dont l'importance doctrinale est considérable, les conclusions suivantes :

« La question peut se poser ainsi en pur droit : Le condamné à une peine temporaire afflictive et infamante, aux travaux forcés à temps ou à la réclusion, peut-il valablement tester? M. Dalloz a dit avec raison dans son Répertoire (vº *Dispositions entre-vifs et testamentaires*, nº 304) que, devant la jurisprudence, la question n'a pas paru présenter de doute sérieux, et il cite en effet trois arrêts, l'un de la Cour d'appel de Rouen, du 28 déc. 1822; l'autre de la Cour de Nîmes, du 16 juin 1835; le troisième de la Cour de Colmar, du 1er avril 1846, qui ont décidé que le condamné à temps conserve la faculté de tester. M. Dalloz ajoute, ce qui est vrai encore à l'heure où je parle, que la Cour suprême n'a point eu à se prononcer sur cette grave question.

« Mais si, dans la jurisprudence, il ne s'est point révélé d'hésitation, il n'en est pas de même dans la doctrine. En effet, tandis que l'opinion qui affirme la capacité testamentaire du condamné à temps peut invoquer l'imposante autorité de MM. Demolombe, Mourlon et Demangeat, Aubry et Rau, Garnier et Bayle-Mouillard, Chauveau et Faustin Hélie, l'opinion contraire est adoptée par MM. Duranton, Duvergier, Rauter, Boitard, Troplong et Coin-Delisle...

« Je me propose, en premier lieu, d'examiner historiquement la question que le pourvoi vous donne à résoudre. J'interrogerai successivement : notre ancien droit, qui s'est inspiré du droit romain; le Code pénal de 1791, celui de 1810; les modifications qui y furent apportées en 1832; ce que la doctrine et la jurisprudence ont dit sur la question; puis, en second lieu, essayant de dégager les principes de droit à l'aide desquels il faut la résoudre, je me placerai en face de l'arrêt qui vous est dénoncé, et je l'apprécierai au point de vue de sa valeur juridique.

« § 1er. — Quand on s'est livré à l'étude de notre ancien droit criminel français, on peut affirmer cette proposition : que notre ancien droit, conforme en ce point au droit romain, n'attachait l'incapacité absolue qu'aux condamnations qui anéantissaient l'état du condamné ou emportaient la mort civile. Voyons les preuves. Je prends d'abord Antoine Despeisses, avocat et jurisconsulte de Montpellier, qui, comme vous le savez, vivait au seizième et au dix-septième siècle, et qui a laissé un ouvrage où sont traitées toutes les importantes matières du droit romain et du droit français. Dans une section particulière, il s'occupe des personnes *qui peuvent faire testament*, et il s'exprime ainsi : « Régulièrement, toutes personnes ont la faculté de faire testament, excepté celles auxquelles ce droit a été plus particulièrement refusé. » Vous reconnaissez là l'origine de notre art. 902, C. civ. Au nº 32, Despeisses ajoute : « En deuxième lieu, le condamné à mort civile ne peut pas faire testament... Ainsi, les condamnés aux galères perpétuelles ne peuvent pas tester; il en est autrement des condamnés aux galères à certain temps. » Et Despeisses cite à l'appui Charondas, au livre IV de ses *Pandectes*, chap. II.

« Ricard (*Des donations*, part. I, chap. III, sect. VI, n. 252 et s.): — « 252. Il n'était pas nécessaire, aux termes du droit romain, pour exclure une personne des effets civils, et pour la rendre incapable de disposer de ses biens et de recevoir les gratifications de ses amis, qu'il intervînt un jugement de mort; mais, ceux qui étaient déportés dans les îles, étaient sujets à la même peine, comme aussi la condamnation de travailler aux mines, de combattre contre les bêtes et les autres semblables produisaient le même effet (l'auteur cite de nombreux passages du Digeste et du Code). — 253. Ce qui a été introduit par ces lois est encore en vigueur parmi nous : l'application étant faite des peines dont elles parlent avec celles que nous avons en usage, et en comparant la condamnation aux métaux et les autres semblables aux galères et la déportation au bannissement... — 254. Sur ce fondement, il se juge parmi nous qu'un condamné aux galères perpétuelles est exclu de tous effets civils et de la disposition de ses biens, et non pas celui qui ne l'est que pour un certain temps. Suivant la loi 28 au Digeste, *De pœnis*, au paragraphe *Divus Adrianus*, il a été aussi jugé que celui qui est banni à perpétuité hors du royaume, est pareillement privé des effets civils; mais il est nécessaire, pour faire que le bannissement produise cet effet, qu'il soit aggravé de ces deux circonstances, à perpétuité et hors du royaume (et non pas seulement hors d'une province)... »; et plus loin : « et cet effet résulte du retranchement perpétuel et absolu du corps de la République. » Au XLVIIIe livre du Digeste est le titre XIX, *De pœnis*. La loi 28, que cite Ricard, est un fragment tiré de Callistrate (Lib. VI, *De cognitionibus*). Il contient l'énumération des principales peines; et d'abord, la mort sous ses formes diverses : *Ad furcam damnatio, — vivi crematio, — capitis amputatio... deinde, proxima morti pœna, metalli coercitio; deinde in insulam deportatio.* Puis vient le paragraphe 6, indiqué plus haut : § 6 : *Divus Adrianus in hæc verba rescripsit : in opus metalli ad tempus nemo damnari debet; sed qui ad tempus damnatus est, etiamsi faciet metallicum opus, non in metallum damnatus esse intelligi debet : hujus enim libertas manet; quamdiù etiam hi qui non in perpetuum opus damnantur.* C'est donc seulement aux peines perpétuelles que la privation des droits civils était attachée comme effet nécessaire.

« Enfin Bourjon, dans son *Droit commun de la France*, au chapitre où il traite des qualités nécessaires pour tester, dit au n. 9 : « Le banni à temps, de même celui qui a été condamné aux galères à temps, peuvent tester, parce que la mort civile imite la mort naturelle, et que l'homme ne mourant pas pour un temps ou pour un lieu, ces sortes de condamnations n'emportent pas mort civile, et, par conséquent, n'ôtent pas la faculté de tester. »

Voilà, messieurs, quel était notre ancien droit.

« Survint le Code pénal de 1791, qui innova sur cette matière. On avait alors en vue de rétablir l'égalité dans les peines; sous l'empire des anciennes règles, cette égalité se trouvait rompue au profit du condamné riche qui conservait la possession de ses biens. Le Code des délits et des peines des 25 sept.-6 oct. 1791 s'occupe en sa partie première, tit. IV, des effets des condamnations. L'art. 2 porte : « Quiconque aura été condamné à l'une des peines des fers, de la réclusion dans la maison de force, de la gêne ou de la détention ne pourra, pendant la durée de la peine, exercer par lui-même aucun droit civil; il sera pendant ce temps en état d'interdiction légale, et il lui sera nommé un curateur pour gérer et administrer ses biens. » — Art. 3. « Le curateur sera nommé dans les formes ordinaires et accoutumées pour la nomination des curateurs aux interdits. » Il faut convenir que sous l'empire de ce Code, qui disait expressément : « Le condamné ne peut exercer par lui-même aucun droit civil », la question qui se débat devant vous ne pouvait guère se poser.

« Mais le Code pénal de 1810 n'a-t-il pas réagi, n'a-t-il pas voulu en revenir aux anciens principes? Le texte du Code pénal de 1810, en son art. 29, est celui-ci : « Quiconque aura été condamné à la peine des travaux forcés à temps ou de la réclusion sera, de plus, pendant la durée de sa peine, en état d'interdiction légale; il lui sera nommé un curateur pour gérer et administrer ses biens, dans les formes prescrites pour les nominations des tuteurs aux interdits. » La révision du Code pénal en 1832 apporta à ce texte des modifications peu considérables; le second paragraphe de l'article se trouve modifié ainsi qu'il suit : « Il lui sera nommé un tuteur et un subrogé tuteur pour gérer et administrer ses biens, dans les formes prescrites pour les nominations des tuteurs et subrogés tuteurs aux interdits. »

« Après la promulgation du Code pénal de 1810, la doctrine et la jurisprudence se sont occupées de la question que nous traitons aujourd'hui. M. Carnot émit l'opinion consacrée par l'arrêt qui vous est dénoncé. Ecoutons la réfutation qui en est faite par Merlin, dont l'autorité est si considérable. Sa pensée n'était point inspirée seulement, comme on a paru le dire à la barre, par des souvenirs personnels plus ou moins fugitifs, mais, au contraire, par la connaissance approfondie des deux législations qui se succédaient, de l'ancienne qu'il connaissait si bien, de la nouvelle à laquelle il a apporté sa part de coopération. Voici l'exposé de l'opinion de Merlin; je ne crois pas pouvoir en retrancher une ligne. Il commence ainsi qu'il suit au § 3 *bis* de ses *Questions de droit*, vº *Testament* : — « § 3 *bis*. L'interdiction légale, dont l'art. 29, C. pén., frappe les condamnés aux peines des travaux forcés à temps ou de la réclusion, les rend-elles incapables de tester pendant la durée de ces peines? M. Carnot n'en doute pas. Après avoir dit, sur l'art. 29, C. pén., que l'interdiction prononcée par cet article n'a que la durée de la peine, il ajoute : « Le condamné se trouve, par suite de son interdiction légale, dans l'incapacité... de faire aucune disposition de ses biens... à cause de mort. » Puis Merlin continue : « La doctrine de Carnot paraît fort hasardée. Sans doute, la faculté de tester est aujourd'hui ce qu'elle était sous l'ancienne jurisprudence, c'est-à-dire une concession de la loi, un pur droit civil; et c'est pour cette raison que l'art. 25, C. civ., la comprend en termes exprès dans la nomenclature des droits civils dont il déclare que le mort civilement encourt la privation. Mais, d'une part, le condamné à la peine des travaux forcés à

(1-2) V. sur cette question, qui touche tout à la fois aux principes du droit civil et à ceux du droit criminel, l'étude magistrale de M. le procureur général Barbier, insérée au cours de cet article. Il n'y a rien à y ajouter, que des redites qui seraient inutiles.

temps ou à celle de la reclusion n'est pas pour cela mort civilement; d'un autre côté, l'art. 28, C. pén., le prive bien pour toujours de ses droits politiques et de quelques droits civils qu'il énumère; mais il ne le prive pas nommément du droit de tester, et il ne faut pas oublier qu'aux termes de l'art. 902, C. civ., « toutes personnes peuvent disposer... par testament, excepté celles que la loi en déclare incapables ». Or placer, comme le fait l'art. 29, C. pén., les personnes condamnées, soit aux travaux forcés à temps, soit à la reclusion, dans un état d'interdiction légale, est-ce les déclarer de plein droit incapables de tester? Il me paraît évident que non.

« D'abord, le mineur non émancipé est certainement en état d'interdiction légale, et cependant l'art. 904 porte que, parvenu à l'âge de seize ans, il pourra disposer par testament de la moitié des biens dont il aurait la libre disposition s'il était majeur. Ensuite, l'interdiction légale dont la loi frappe un condamné pendant la durée de sa peine n'est pas et ne peut pas être d'une autre nature que l'interdiction judiciaire, qui est prononcée pour cause de fureur, de démence ou d'imbécillité. Or l'interdit pour cause de fureur, de démence ou d'imbécillité est-il, à ce seul titre, incapable de faire un testament? Non, car ce n'est point parce qu'il est interdit qu'il est incapable; c'est uniquement (comme je l'ai prouvé dans le *Répertoire de jurisprudence*, au mot *Testament*, sect. I, § 1er, art. 1, n. 6), à raison *de la cause* de son interdiction; et cette cause venant à cesser, son incapacité cesse de plein droit, quoique d'ailleurs son interdiction continue de subsister jusqu'à ce qu'elle ait été levée par un jugement.

« Il est vrai que, sous le Code pénal de 1791, le condamné, soit à la peine des travaux forcés à temps, soit à celle de la reclusion, *était, pendant toute la durée de cette peine, incapable de tester*; mais pourquoi l'était-il? Ce n'était point à raison *de l'interdiction légale* dont le frappait l'art. 2 du tit. IV de la première partie de ce Code; c'était parce que le même article *déclarait expressément* qu'il ne pourrait, *pendant la durée de sa peine, exercer par lui-même aucun droit civil*; disposition qui ne se retrouve pas dans l'art. 29, C. pén. actuel, et qui n'a pu en être retranchée que parce qu'il n'était pas dans l'intention des rédacteurs de ce Code de laisser subsister, à l'égard du condamné aux travaux forcés à temps ou de la reclusion, *l'incapacité de faire un testament*.

« Nous avons vu ci-dessus Merlin renvoyer à son *Répertoire*, v° *Testament*, sect. I, § 1, art. 1, n. 6. Je me suis reporté à ce passage. De ce fragment assez long, il n'y a guère à extraire que les lignes suivantes, comme ayant un rapport direct avec la question que nous examinons en ce moment: « Sans doute, l'interdiction, en constatant que l'individu qu'elle frappe *n'est pas sain d'esprit*, constate par cela seul qu'il est incapable de tester; *mais elle n'est pas la cause efficiente* de cette incapacité, et cela est si vrai que cette incapacité peut exister par le seul effet de *l'absence de la qualité de sain d'esprit*, sans qu'il y ait eu ni jugement d'interdiction, ni poursuites tendant à faire rendre un pareil jugement. Mais dès que, pour déclarer un furieux ou un homme en démence incapable de tester, *n'importe qu'il soit interdit ou non*, on est obligé de recourir à l'art. 901; il faut bien aussi que l'on s'y tienne pour déterminer les limites de cette incapacité... Ainsi, que le jugement d'interdiction forme, pour l'héritier *ab intestat*, une preuve suffisante que le testateur ou donateur n'était pas sain d'esprit à l'époque où il a disposé, à la bonne heure. Mais qu'il exclue, de la part du légataire ou donataire, la preuve que l'acte de libéralité *a été fait dans un intervalle lucide*, c'est ce que je ne saurais admettre. »

« J'ai déjà indiqué que la jurisprudence avait, comme la doctrine, examiné notre question, même avant les modifications qu'a subies en 1832 le Code pénal de 1810. Je rencontre d'abord un arrêt de la chambre criminelle de la Cour de cassation, en date du 6 nov. 1817 (Dalloz, *Jur. gén.*, v[is] *Instruction criminelle*, n. 88, 5°, et *Jugement*, n. 1064, 3°). Cet arrêt, ayant à déterminer la portée de l'art. 29, C. pén., a décidé que le condamné à une peine temporaire, frappé à ce titre d'interdiction légale, pouvait porter plainte devant les tribunaux à raison d'un délit dont il avait ressenti un préjudice. Nous voilà loin de l'incapacité absolue qui résulterait de l'état d'interdiction légale. Mais notre question même a été jugée *in terminis*, dans le sens du pourvoi, par trois arrêts de Cours d'appel, que je rappelais au commencement de ces observations (arrêts de Rouen, du 28 déc. 1822, de Nîmes, du 16 juin 1835, Dalloz, *Jur. gén.*, *Dispositions entre-vifs*, n. 304, et arrêt de la Cour de Colmar, du 1er avr. 1846, S. 46. 2. 625. — P. 46. 2. 579. — D. 46. 2. 145).

« Serait-il vrai que cette solution a été condamnée par l'arrêt de la Cour de cassation (chambre des requêtes) du 25 janv. 1825 (Pand. chr.)? Il convient de placer cet arrêt sous vos yeux, en vous signalant bien l'espèce sur laquelle il a statué. Dans l'arrêt du 25 janv. 1825 (Pand. chr.), la Cour de cassation a décidé que le condamné interdit légalement est incapable d'*aliéner* pendant l'exécution de sa peine. Or, ainsi qu'on l'a fait remarquer avec raison, le contrat d'aliénation, bien qu'il appartienne au droit des gens plus qu'au droit civil, pourrait n'être, entre les mains du condamné, qu'un moyen détourné d'échapper aux prohibitions dont il est frappé...

« La Cour aurait-elle prononcé, aurait-elle dû prononcer de même, s'il se fût agi d'un testament au lieu d'un contrat? Voilà la véritable question qui vous est soumise aujourd'hui, ainsi que l'a fait remarquer M. le rapporteur. Toutefois, je le reconnais, cet arrêt de 1825 déclare qu'il ne faut pas distinguer entre les deux interdictions, ce qui implique dans une certaine mesure un préjugé en faveur de la défense au pourvoi. Mais je demande qu'on n'abuse pas d'une proposition incidemment placée dans cet arrêt, et qu'on reconnaisse que la question relative à la capacité de tester reste entière.

« Quant à l'arrêt de la chambre des requêtes du 14 août 1865 (S. 65. 1. 456. — P. 65. 1190. — D. 66. 1. 23), invoqué à cette audience par la défense au pourvoi, je l'écarte d'un seul mot: il s'explique non sur l'étendue et les effets de l'interdiction légale, édictée par l'art. 29 de notre Code pénal, mais sur les conséquences de l'incapacité civile dont l'art. 2, C. pén. de 1791, frappait le condamné à l'une des peines des fers, de la reclusion, de la gêne ou de la détention.

« Je me place maintenant en face de l'arrêt de Nancy qui vous est dénoncé. Cet arrêt a très-nettement posé la question. Le condamné aux travaux forcés à temps ou à la reclusion peut-il valablement tester? Non, a répondu l'arrêt. Je ne veux pas rechercher, en thèse de droit, si l'interdit judiciaire est absolument incapable de tester. La solution de cette grave question peut et doit être réservée, cette solution n'étant pas indispensable à la décision que vous avez à rendre sur l'espèce actuelle. Je laisse donc de côté la théorie qui a été débattue à la barre sur la portée des principes posés par les art. 502 et suiv., C. civ. Je prends l'arrêt de Nancy, et j'en analyse fidèlement la substance.

« La Cour se demande si *l'interdit légalement* est ou non capable de tester. Elle rappelle d'abord le texte de l'art. 29, C. pén., modifié par la loi du 28 avril 1832; puis le texte des art. 2 et 3, C. pén. de 1791. Elle poursuit: Le Code pénal actuel reproduit presque textuellement celui de 1791. De la différence des termes, on ne saurait conclure à la différence d'intention. L'arrêt emprunte en passant des arguments à la discussion de la loi de 1832. Il affirme que l'interdit légalement est absolument assimilé à l'individu judiciairement interdit; cette assimilation est créée *ipso facto* par la condamnation, bien que les deux situations procèdent de causes différentes. Il y a différence de causes, mais identité d'effets juridiques. L'incapacité grève, dit l'arrêt, l'individu moralement irrespensable et l'individu moralement déchu, qui, dans son milieu infamant, a perdu jusqu'à un certain point la liberté et la volonté. Donc, tout revient à savoir, continue l'arrêt, si l'interdit judiciaire a la capacité de tester, puisque l'interdit légalement lui est complètement assimilé. Or, aux termes des art. 502 et 1352, C. civ., combinés, tous actes passés postérieurement à l'interdiction sont nuls; le testament de l'interdit légalement est donc pareillement nul. L'arrêt repousse, comme tout à fait arbitraire, la distinction entre les donations qui seraient défendues et les testaments qui seraient permis; il proscrit les uns et les autres, en déclarant qu'il y a pour cela les mêmes raisons de décider, même au point de vue de l'art. 31, C. pén. Enfin, l'arrêt repousse l'argument tiré des termes de la loi du 31 mai 1854, abolitive de la mort civile.

« Cet arrêt qui, je me plais à le reconnaitre, est rédigé avec un grand soin, affirme une doctrine que je crois contraire aux vrais principes. Il résume d'ailleurs à peu près tous les arguments invoqués à l'appui de l'opinion d'après laquelle l'interdit légalement est incapable de tester.

« J'ai dit que de graves autorités appuient cette opinion. On invoque d'abord l'esprit du législateur et la morale, au nom de laquelle il a dû édicter les règles de droit. On découpe un extrait de l'exposé des motifs de la loi du 31 mai 1854. L'orateur du gouvernement a dit en effet:

« Le testament, cet acte solennel d'une volonté suprême, qui substitue ses prescriptions aux lois de l'Etat, peut-il être imprudemment abandonné aux inspirations du crime? La faculté de recevoir ne pouvait-elle pas elle-même devenir un bénéfice d'infamie ou favoriser d'audacieuses et mensongères protestations contre l'autorité de la chose jugée? L'art. 3 n'est donc qu'un hommage rendu à la plus saine morale. » Cela est vrai, mais on oublie que cet art. 3 vise exclusivement le condamné à une peine afflictive perpétuelle. En effet, voici les termes de la loi du 31 mai 1854, qui ne contient que trois articles: — « Art. 1er. La mort civile est abolie. — Art. 2. Les condamnations à des peines afflictives perpétuelles emportent la dégradation civique et l'interdiction légale établies par les art. 28, 29 et 31, C. civ. — Art. 3. Le condamné à une peine afflictive perpétuelle ne peut disposer de ses biens en tout ou en partie, soit par donation entre-vifs, *soit par testament*, ni recevoir à ce titre, si ce n'est pour cause d'aliments. Tout testament par lui fait antérieurement à sa condamnation contradictoire, devenue définitive, est nul. »

« Abandonnant le domaine de la morale, on invoque des arguments de droit. Nul doute, dit-on, que le testament appartienne au droit civil. Il n'y a donc que ceux qui jouissent de leurs droits civils qui peuvent tester. C'était, ajoute-t-on, l'opinion de Pothier, *Des donations testamentaires*, n. 113. A côté de bien d'autres autorités professant les mêmes principes, il en est une qu'on invoquait tout à l'heure à la barre et qui a pour moi une valeur particulière, c'est celle de mon éminent et regretté prédécesseur M. Bertauld. Dans son *Cours de Code pénal*, p. 259, il s'exprime ainsi : « Quel est l'effet de l'interdiction légale? Une théorie dit que l'interdiction légale n'enlève au condamné que le droit d'administrer ses biens, qu'elle lui laisse le droit de disposition entre-vifs et testamentaire... Une seconde théorie dit que l'interdiction enlève au condamné l'aptitude juridique pour faire tous les actes qui peuvent être faits par intermédiaire, par représentant, mais qu'elle lui laisse l'exercice des droits qui sont exclusivement personnels, le droit de se marier, de faire un testament; on ne saurait considérer ces droits comme des moyens de se créer des ressources. » M. Bertauld cite en note les diverses autorités en sens inverse, puis il ajoute : « Je crois que le condamné à une peine qui emporte l'interdiction légale est, pendant toute la durée de sa peine, incapable de tous les actes de la vie civile. Si la loi n'a nulle part indiqué les conséquences de l'interdiction légale, c'est qu'elle s'est référée aux conséquences de l'interdiction judiciaire; c'est qu'elle a entendu assimiler, quant aux effets, les deux interdictions. »

« Nous arrivons ainsi à l'argument capital adopté par l'arrêt de Nancy, l'assimilation complète, absolue de l'interdit judiciaire et de l'interdit légal. Eh bien, malgré tout mon respect pour l'autorité que je rappelais il n'y a qu'un instant, il m'est impossible d'admettre cette assimilation absolue qui fait toute la base du système de l'arrêt.

« Et, en effet, que dit l'art. 29, C. pén.? Il place le condamné à une peine temporaire en état d'interdiction légale, et il ajoute : « Il lui sera nommé un tuteur et un subrogé tuteur pour gérer et administrer ses biens dans les formes prescrites pour les nominations de tuteurs et subrogés tuteurs aux interdits. » Je vois bien là une identité de formes entre les deux interdictions; mais quant à une identité d'effets, ma raison y résiste, et pourquoi? Parce que l'identité d'effets ne pourrait provenir que de l'identité de causes, et que les causes des deux interdictions, bien loin d'être identiques, sont essentiellement différentes. L'une a sa source dans l'insanité d'esprit; l'autre, absolument étrangère à l'intelligence de l'agent, n'est qu'un accessoire de pénalité dont il convient de déterminer et les motifs vrais et les limites certaines.

« Eh! quoi, s'écrie-t-on, le coupable sera plus favorablement traité que le malheureux chez qui la lueur de l'intelligence s'est éteinte! Oui, sans doute, et ces résultats différents sont commandés par la différence des causes. Cette différence dans les causes, on est obligé de la reconnaître: l'arrêt attaqué la proclame, mais il ne craint pas d'affirmer une proposition bien hasardée. « Il y a, dit-il, différence de causes, mais identité d'effets juridiques; l'incapacité frappe également l'individu moralement irresponsable, et l'individu moralement déchu, qui, dans son milieu infamant, a perdu, jusqu'à un certain point, la liberté et la volonté. » Ah! où irions-nous, s'il fallait prendre pour des raisons juridiques une pareille théorie? Pour moi, je dis bien haut, je repousse de toutes mes forces ces à peu près métaphysiques; je me défie de ces assimilations morales où l'imagination et la fantaisie tiennent plus de place que la froide raison. Ce n'est pas là le procédé à employer pour l'interprétation de la loi; il n'est pas de méthode plus dangereuse. Le véritable aliment d'une discussion juridique, ne l'oublions pas, c'est le texte légal. Des aperçus philosophiques, plus ou moins contestables, peuvent avoir cours dans les délibérations d'une assemblée de législateurs. Le rôle du juge est plus modeste, mais plus sûr. Le juge n'a point à rechercher comment devrait être faite la loi, mais comment elle est faite; il a pour mission de proclamer nettement ce qu'elle commande.

« Et, d'ailleurs, que peut valoir le raisonnement qui met sur le même pied l'individu moralement irresponsable et l'individu moralement déchu? Quoi! ce dernier aurait perdu, dans une mesure quelconque, avec la liberté corporelle, la liberté de l'esprit et de la volonté! Mais c'est là une hérésie, en philosophie comme en droit. S'il commet un nouveau crime, pendant sa reclusion et dans ce milieu infamant dont vous signalez la pernicieuse influence, direz-vous qu'il n'était pas libre? Il le faut, pour être logique. Mais bien loin de là, vous le poursuivrez et vous le ferez punir. Laissons donc là des exagérations de raisonnement qui sont tout au plus ingénieuses. On ne perd la liberté que de par la loi. A Rome, on ne devenait *servus pœnæ* que quand la loi l'avait dit. Dans le domaine de la capacité civile, il ne saurait y avoir de demi-liberté : on est absolument libre ou on ne l'est pas du tout. Or, en principe, tous peuvent tester, je ne dis pas de par le droit naturel, mais de par le droit civil, qui a institué au profit de tous cette magnifique faculté de se survivre dans des dispositions de volonté dernière. Où est le texte qui prive le reclusionnaire de l'exercice de ce droit?

« La théorie que je repousse en ce moment et qui se fonde sur l'indignité du condamné, cette théorie fût-elle acceptable, ce serait la loi à faire, et non pas, à coup sûr, la loi telle qu'elle existe. Mais s'il fallait l'examiner, même en tant que théorie, que de considérations lui pourraient être opposées! La peine est temporaire, et vous prétendez enchaîner l'avenir! Vous rendez arbitrairement le châtiment plus dur; vous frappez l'homme après sa mort, quand la peine est subie, quand il ne doit plus rien à la société, quand il est vrai de dire plus que jamais : *Mors omnia solvit*. Vous lui enlevez le droit de régler, suivant les principes de l'équité et les inspirations de sa conscience, les conditions de sa famille. Bien plus, vous lui enlevez peut-être la faculté suprême de réparer des fautes commises, celles-là mêmes pour lesquelles il a été frappé. Tout cela est bien grave.

« On oublie toujours que le testament n'est pas un contrat; c'est mieux qu'un contrat, c'est la loi même édictée par la volonté humaine : *dicat testator et erit lex*. Vous répétez que le condamné est incapable de légiférer. Le priver de ce droit est une rigueur énorme. Ces rigueurs, je l'avoue, elles sont dans le domaine du législateur. Il eût pu les appliquer au condamné à temps, comme il l'avait fait en 1791. Mais notre loi s'est séparée de ces rigueurs excessives. Elle a, dites-vous, reproduit presque textuellement les termes du Code de 1791, et vous ajoutez : « De la différence des termes, on ne saurait conclure à la différence d'intention. » Si l'on admet de tels procédés d'argumentation, il faut déchirer le livre de la loi. Mais écoutez donc Merlin : « Le Code pénal de 1791 déclarait expressément que le condamné ne pourrait, pendant la durée de sa peine, exercer par lui-même aucun droit civil. Cette disposition ne se retrouve pas dans le Code pénal actuel. Elle n'a pu en être retranchée que parce qu'il n'était pas dans l'intention des rédacteurs du Code de laisser subsister, à l'égard du condamné aux travaux forcés à temps ou à la reclusion, l'incapacité de faire un testament. »

« Le bon sens, qui dicte les règles de l'interprétation des lois, les principes éternels du droit, qui ne permettent pas qu'une incapacité se présume, en l'absence d'un texte formel, nous semblent trancher nettement la question dans le sens du pourvoi.

« Insisterai-je maintenant sur des arguments secondaires peut-être, mais qui cependant ont aussi leur valeur? Je fais remarquer d'abord que, même avant la loi de 1854, sous l'empire de la mort civile, cette sinistre fiction, qui d'un vivant faisait un mort, le législateur avait senti le besoin de dire expressément, dans l'art. 25, C. civ., que le mort civilement ne pouvait faire un testament valable. La loi du 31 mai 1854, portant abolition de la mort civile, a repris la formule du Code civil : « Il ne peut, — qui? le condamné à une peine afflictive perpétuelle, entendez-le bien, — il ne peut disposer de ses biens, en tout ou en partie, soit par donation entre-vifs, soit par testament. »

« On prétend objecter l'art. 12 de la loi promulguée la veille (30 mai 1854) sur l'exécution de la peine des travaux forcés. Cet art. 12 porte : « Le gouvernement pourra accorder aux condamnés aux travaux forcés à temps l'exercice, dans la colonie, des droits civils, ou de quelques-uns de ces droits, dont ils sont privés par leur état d'interdiction légale. » Qu'est-ce à dire? Soutiendra-t-on que l'art. 12 détermine l'étendue de la privation des droits civils, par suite de l'état d'interdiction légale? Mais il est manifeste que ce texte législatif n'a d'autre but que de régler l'exécution de la peine dans la colonie, et qu'il se réfère nécessairement et virtuellement à l'art. 29, C. pén. Il ne dit ni plus ni moins que lui.

« Au surplus, n'oublions pas qu'il ne s'agit point, dans la thèse du pourvoi, de revendiquer, pour le condamné, l'exercice de tous les droits civils, mais spécialement de celui qui consiste à tester, droit qui est essentiellement personnel, qu'un tuteur ne peut exercer pour le condamné; si bien qu'alors que, pour les autres droits, ce condamné en a perdu l'exercice et non la jouissance; pour le droit le plus précieux, il serait dépouillé tout à la fois de la jouissance et de l'exercice, et cela par voie de prétérition, et par l'interprétation du silence de la loi!

« J'ajoute que le condamné à une peine temporaire, en usant de la faculté de tester, ne porte pas atteinte aux règles que les nécessités de la répression ont fait introduire dans l'art. 31, C. pén., et dont l'exposé des motifs a déterminé le caractère. « Aucune somme (dit l'art. 31), aucune provision, aucune portion de ses revenus ne peut être remise au condamné pendant la durée de sa peine. » Pourquoi? Parce qu'on a voulu, ainsi que l'indique l'exposé des motifs, tarir la source de désordres scandaleux, mettre obstacle à des moyens de corruption et d'évasion possibles. Mais proscrire le droit de tester, n'est-ce pas céder à des terreurs imaginaires? Le condamné, en testant, ne se crée aucune ressource; tout au plus ferait-il naître des espérances qui sont bien fragiles; et il ne dispose, après tout, que pour un temps où il ne sera plus. Les motifs qui ont dicté l'art. 31 sont donc ici absolument désintéressés.

« Enfin, il est une considération juridique qui a son importance. Ce n'est pas, à vrai dire, l'état d'interdiction qui, par lui-même, entraîne l'incapacité de tester. Pour la personne en démence, quelle est la source de l'incapacité? Elle est dans le principe de l'art. 901, C. civ., ainsi que l'a si bien établi Merlin. Sans l'interdiction, le testament de l'homme qui n'est pas sain d'esprit n'est pas valable. Même après l'interdiction, si la sanité d'esprit du testateur, au moment où il a testé était certaine en fait, nul doute (pour moi) que le testament ne fût valable. Mais veut-on réserver cette question qui touche à celle des intervalles lucides? Il est du moins incontestable que la loi laisse la faculté de tester à certains incapables, il y en a deux exemples frappants dans notre législation civile.

« Aux termes des art. 217 et 1124, C. civ., la femme mariée est incapable de contracter seule durant le mariage; mais son droit de tester reste entier (art. 905, § 2, C. civ.). Le mineur dit l'art. 904, parvenu à l'âge de seize ans, peut tester jusqu'à concurrence de la moitié des biens dont il pourrait disposer s'il était majeur. Et cependant ce mineur est placé dans les liens d'une interdiction véritable, interdiction essentiellement tutélaire et protectrice, mais faisant de lui un incapable.

« Il résulte de ce qui précède que l'incapacité édictée par la loi ne supprime pas *ipso jure* la faculté testamentaire.

« Il faut donc, pour ce qui concerne l'interdit légalement, en vertu d'une condamnation temporaire, en revenir aux vrais principes. La règle générale est posée par l'art. 902, C. civ. « Toutes personnes peuvent... disposer par testament, excepté celles que la loi en déclare incapables. » Où est l'exception? Nulle part, dès qu'il a été démontré (et je crois l'avoir fait), qu'elle n'est pas écrite dans l'art. 29, C. pén., et cela à la différence d'une législation précédente, à la différence du texte formel inscrit dans la loi de 1854, et qui prive du droit de tester le condamné à une peine perpétuelle.

« Pour déclarer le condamné à une peine temporaire déchu de ce droit, il faut donc créer une incapacité, aggraver une pénalité accessoire, autrement dit, une disposition pénale, ce qui, en droit criminel, est une véritable monstruosité. « Ce serait, ont dit excellemment MM. Aubry et Rau (t. VII, p. 21, § 648, note 29), ce serait donner à l'interdiction légale un effet qui dépasserait le but de la loi, que d'y attacher la privation du droit de tester ».

« Je veux rester sur ce dernier mot, si sage et si juridique. L'arrêt de la Cour de Nancy a erré en droit quand il a invalidé les dispositions testamentaires de Quinard. J'estime, en conséquence, qu'il y a lieu de prononcer la cassation de cet arrêt. »

ARRÊT (*après délib. en ch. du cons.*).

LA COUR : — Statuant sur le moyen unique de cassation, tiré de la violation de l'art. 902, C. civ., et aussi de l'art. 29, C. pén. : — Attendu qu'aux termes de l'art. 902, C. civ., toutes personnes peuvent disposer par donation entre-vifs et par testament, excepté celles que la loi en déclare incapables; — Attendu que cette incapacité ne peut, quant aux dispositions testamentaires, résulter à l'égard du condamné à une peine afflictive temporaire, des prescriptions de l'art. 29, C. pén.; qu'en effet cet article n'a point reproduit dans son texte la disposition de la loi du 6 oct. 1791, qui déclarait ce condamné incapable d'exercer par lui-même aucun droit civil; qu'il a seulement décidé qu'il serait, pendant la durée de sa peine, en état d'interdiction légale; et qu'il lui serait nommé un tuteur et un subrogé tuteur pour gérer et administrer ses biens; qu'il en résulte que, pendant qu'il subit sa peine, le condamné est privé uniquement de l'exercice du droit de consentir des actes d'aliénation et de dessaisissement, actes qu'il ne pourrait faire par lui-même sans porter atteinte aux règles qui régissent l'administration des biens de l'interdit; mais que rien ne fait obstacle à ce qu'il dispose de sa fortune par un acte testamentaire, qui ne doit produire d'effets qu'après sa mort, et n'emporte ni aliénation ni dessaisissement des biens soumis à la gestion du tuteur; — Attendu que le sens et la portée de l'art. 29, C. pén., ont au surplus été clairement déterminés par la loi du 31 mai 1854, qui, après avoir, par son art. 2, prescrit que les condamnés à des peines afflictives perpétuelles seraient, par suite de leur condamnation, en état d'interdiction légale, a, par une disposition spéciale et séparée insérée en l'art. 3, déclaré qu'ils ne pourraient faire un testament; d'où l'on doit induire que la prohibition de tester n'est pas une conséquence nécessaire de l'interdiction légale; — Attendu d'ailleurs qu'aucune autre loi n'enlève au condamné à une peine afflictive temporaire, la faculté de faire un testament; — D'où il suit qu'en déclarant nuls les testaments faits les 14 oct. 1872, 8 mars et 31 mai 1875 par Quinard au profit de la femme Goussault et de Vauthier, par l'unique motif qu'au moment de leur confection ce testateur était en état d'interdiction légale par suite d'une condamnation à la peine de la reclusion qu'il subissait aux dates précitées, l'arrêt attaqué (Nancy, 8 mai 1880) a faussement interprété et, par suite, violé les art. 902, C. civ., et 29, C. pén.; — Casse, etc.

MM. Mercier, 1er prés.; Greffier, rapp.; Barbier, proc. gén. (concl. conf.); Bosviel, Chambon et Devin, av.

CASS.-CIV. 28 février 1883.

VOL, TITRES AU PORTEUR, REMISE VOLONTAIRE, SOUSTRACTION FRAUDULEUSE (ABSENCE DE), REVENDICATION.

La soustraction, qui est un des éléments constitutifs du délit de vol, n'existe qu'autant que la chose soustraite a été appréhendée contre le gré du propriétaire (1). — *Par suite, il n'y a pas vol, lorsque la chose a été volontairement remise au mandataire de celui à qui elle devait être livrée, et que ce mandataire se l'est frauduleusement appropriée, sans l'avoir, au préalable, effectivement restituée à son mandant* (C. pén. 379, 401) (2).

Plus spécialement encore, il n'y a pas vol dans le fait d'un commis d'agent de change qui, recevant d'un client, au nom et pour le compte de son patron, des valeurs affectées à une opération de report, ne les remet pas à l'agent de change et se les approprie en un trait de temps (3).

D'où cette autre conséquence que le propriétaire des valeurs ne saurait être admis à les revendiquer contre un tiers détenteur de bonne foi (C. civ., 2279) (4).

(Lévi et Hachenbourg c. Clausse et autres.) — ARRÊT.

LA COUR : — Sur le moyen unique du pourvoi (fausse application de l'art. 2279, C. civ., et des art. 379 et 401,

(1-2-3) Le principe est certain : pour qu'il y ait vol, il faut que la chose soit appréhendée *à l'insu et contre le gré* du propriétaire. La remise volontaire, même erronée, est exclusive de la soustraction frauduleuse. — (V. Cass., 18 mai 1876 (Pand. chr.); Lyon, 29 déc. 1881 (Pand. chr.); Cass., 21 juill. 1882 (Pand. chr.); Bordeaux, 12 avril 1883 (Pand. chr.), et les renvois.) — Dans l'espèce actuelle, la remise des titres ou valeurs n'avait été faite au commis de l'agent de change qu'aux lieu et place de son patron, et pour que la transmission fût instantanément opérée entre les mains de celui-ci. Cette considération importait peu; elle ne pouvait en rien influer sur le caractère de la remise, qui n'en restait pas moins effective, complète, consommée. La Cour de cassation, dans un arrêt du 7 janv. 1864 (Pand. chr.), est même allée jusqu'à décider qu'il importait peu que la détention dont on abusait ne fût que momentanée, ou que la remise n'eût été effectuée que sous la condition d'une restitution immédiate. V. cependant Bordeaux, 23 juin 1880 (Pand. chr.), et nos observations.

(4) Le point important de l'affaire n'était pas de rechercher quelle pouvait être la qualification exacte et rigoureusement juridique des faits. Il ne s'agissait pas d'appliquer une peine, mais de vérifier si l'on se trouvait dans les conditions que l'art. 2279 du Code civil a mises à l'exercice de l'action en revendication. Cet article prévoit deux cas : de perte ou de vol. Il n'était nullement question de perte. Restait le vol. Si les éléments constitutifs de ce délit étaient reconnus, la revendication devait être autorisée dans les termes des art. 2279 et 2280, C. civ. S'ils n'existaient pas, la revendication devenait impossible, peu importait qu'il y eût, dans les faits, un autre délit bien caractérisé, une escroquerie ou un abus de confiance. Cette recherche devenait par là inutile; aussi la Cour suprême s'est-elle abstenue. Ajoutons cependant que la seule qualification

C. pén., et violation du § 2 de l'art. 2279 et des art. 405 et 406, C. pén., en ce que l'arrêt a admis la revendication de valeurs mobilières contre un tiers détenteur de bonne foi, sous prétexte qu'elles n'étaient en sa possession que par suite d'un vol, alors que le fait constituait évidemment une escroquerie ou un abus de confiance) : — Vu les art. 379, C. pén.; et 2279, C. civ.; — Attendu que la soustraction, qui est l'un des éléments constitutifs du délit de vol, n'existe qu'autant que la chose soustraite a été appréhendée contre le gré du propriétaire; — D'où il ressort qu'il ne saurait y avoir de vol, dans le sens légal de ce mot, lorsque la chose a été volontairement remise au mandataire de celui à qui elle devait être rendue, et que ce mandataire se l'est frauduleusement appropriée, sans l'avoir, au préalable, effectivement restituée à son mandant; — Attendu que l'arrêt dénoncé déclare, en fait : 1° qu'Aron était le commis de Moyse, agent de change; 2° qu'en cette qualité, il a, le 4 févr. 1878, reçu de Clausse divers titres de rente, affectés à une opération de report qui avait été effectuée par les soins et par l'intermédiaire de Moyse; 3° que, le même jour, et après un « trait de temps », Aron s'est approprié les valeurs qui lui avaient été remises; — Attendu que cet arrêt ne constate pas qu'Aron a mis fin à son mandat, et l'a accompli au moyen d'une remise effective des titres dans les mains de Moyse, et qu'ainsi celui-ci en a été mis en possession par une tradition réelle; qu'en cet état, ledit Aron n'a pu les soustraire au préjudice de Moyse, qui n'en était pas encore détenteur; qu'en décidant le contraire, en attribuant la qualification de vol aux faits ainsi précisés, et en admettant l'action en revendication formée par Moyse, l'arrêt attaqué a formellement violé l'art. 379, C. pén., et, par suite, faussement appliqué les dispositions ci-dessus visées de l'art. 2279, C. civ.; — Casse, etc.

MM. le cons. Pont, prés.; Descoutures, rapp.; Desjardins, av. gén. (concl. conf.); Bosviel, Devin et Aguillon, av.

CASS.-CIV. 7 mars 1883.

EXPROPRIATION POUR CAUSE D'UTILITÉ PUBLIQUE, RENVOI APRÈS CASSATION, MAGISTRAT DIRECTEUR, DÉSIGNATION.

Au tribunal saisi sur renvoi après cassation d'un jugement d'expropriation, il appartient seul, lorsque l'expropriation est de nouveau prononcée, de désigner le magistrat directeur du jury chargé de fixer l'indemnité (L. 3 mai 1841, art. 14) (1).

Et ce magistrat doit, à peine de nullité, être choisi parmi les membres de ce dernier tribunal, à l'exclusion des membres du premier tribunal dont la décision a été cassée (Id.) (2).

(Bénard c. comm. de Villefranche-Saint-Phal.) — ARRÊT.

LA COUR : — Sur le deuxième moyen (violation de l'art. 14 de la loi du 3 mai 1841, en ce que le tribunal d'Auxerre, saisi sur renvoi après cassation d'un jugement du tribunal de Joigny, qui avait prononcé l'expropriation, a désigné un magistrat de Joigny comme président du jury d'expropriation). : — Vu ledit article; — Attendu que, d'après cet article, le tribunal qui prononce l'expropriation pour cause d'utilité publique doit en même temps commettre un de ses membres pour remplir les fonctions de magistrat directeur du jury chargé de fixer l'indemnité; qu'il suit de là, d'une part, que le tribunal qui prononce l'expropriation est seul compétent pour désigner le magistrat directeur, et, d'autre part, que ce magistrat ne peut être pris que parmi les membres du même siége; — Attendu qu'il en est de même lorsque, par suite de l'annulation du jugement qui avait prononcé l'expropriation, la cause est renvoyée à un autre tribunal qui, à son tour, prononce de nouveau cette expropriation; qu'en effet ce dernier statue à cet égard dans la plénitude de sa juridiction, au même titre et de la même manière que celui dont le jugement a été annulé; que, sous ce rapport, les effets légaux du jugement du tribunal de renvoi, spécialement pour le règlement de l'indemnité, ne peuvent différer, en aucun point, de ceux qui découleraient du jugement rendu par les magistrats primitivement saisis; — Attendu, en fait, que le tribunal d'Auxerre, saisi de la cause sur le renvoi prononcé après cassation du jugement de Joigny, a désigné un membre du siége de Joigny, au lieu de désigner un de ses membres; qu'en faisant cette désignation il a commis un excès de pouvoir et formellement violé l'article susvisé; — Sans qu'il soit besoin de statuer sur le premier moyen; — Casse, etc.

MM. Pont, prés.; Manau, rapp.; Charrins, 1er av. gén. (concl. conf.); Devin et Carteron, av.

CASS.-CRIM. 9 mars 1883.

BREVET D'INVENTION, DIVULGATION, PUBLICITÉ SUFFISANTE, PAYS ÉTRANGER, ALLEMAGNE, DÉLIVRANCE ANTÉRIEURE, NULLITÉ.

L'absence de toute définition des caractères légaux de la publicité antérieure à laquelle les art. 30 et 31 de la loi du 5 juill. 1844, sur les brevets d'invention, attachent la nullité du brevet, rend par là même admissibles tous les modes de divulgation, sans en excepter celui qui résulterait de l'accomplissement des formalités prescrites pour l'obtention d'un brevet en pays étranger (L. 5 juill. 1844, art. 30, § 1, 31) (3).

....A la condition toutefois que cette publicité soit suffisante pour que l'invention puisse être exécutée (Id.) (4).

En conséquence, est à bon droit déclaré nul et de nul effet le brevet pris en France après la demande et l'obtention antérieure d'un brevet en Allemagne (Id.) (5).

---

susceptible de s'appliquer aux faits de la cause, nous paraît être celle de l'abus de confiance et point du tout de l'escroquerie. Or il y avait eu remise des valeurs par leur propriétaire, dessaisissement volontaire, toutes circonstances qui écartaient l'idée de soustraction frauduleuse; il n'y avait donc point vol.

Il est de principe, en effet, que l'art. 2279, C. civ., est de droit étroit et ne s'applique ni au cas d'abus de confiance. — Paris, 7 mars 1851 (S. 52. 2. 38. — P. 51. 2. 332); 29 mars 1856 (S. 56. 2. 408. — P. 56. 2. 390. — D. 56. 2. 228); Cass., 22 juin 1858 (S. 58. 1. 591. — P. 59. 481. — D. 58. 2. 238); 17 août 1859 (D. 59. 1. 347); 23 déc. 1863 (S. 65. 1. 187. — P. 65. 805. — D. 65. 1. 81); Rouen, 12 mars 1873 (Pand. chr.); Bordeaux, 26 mai 1873 (Pand. chr.); — ni au cas d'escroquerie : Cass., 20 mai 1835 (Pand. chr.); Paris, 21 nov. 1825 (Pand. chr.); Rouen, 10 (ou 12) mars 1836 (Pand. chr.). — *Contrà* : Paris, 13 janv. 1834 (S. 34. 2. 91. — P. chr.); Dijon, 26 nov. 1856 (Pand. chr.); Bordeaux, 3 janv. 1859 (Pand. chr.); 9 janv. 1862 (D. 62. 5. 247).

(1-2) La jurisprudence est fixée en ce sens. V. Cass., 17 déc. 1860 (S. 61. 1. 378. — P. 61. 848. — D. 61. 1. 133); 19 nov. 1866, aff. Granier de Cassagnac (*Bull. civ.*, n. 180, p. 260); Daffry de la Monnoye, *Théorie et prat. de l'expropriation*, t. I, sur l'art. 20 de la loi de 1841, p. 242, n. 66 et suiv. — *Contrà*, mais sous l'empire de la loi de 1833, Cass., 11 mai 1835 (S. 35. 1. 949. — P. chr. — D., *Jurisprud. génér.*, v° *Expropriation publique*, n. 265).

Pour le cas où c'est la décision du jury d'expropriation qui a été seule cassée, V. Cass., 22 juill. 1885 (Pand. pér., 86. 1. 25). V. aussi nos observations en note sous cet arrêt.

(3 à 6) V. conf. sur tous ces points : Rennes, 9 janv. 1865 (S. 66. 2. 58. — P. 66. 234); Cass., 12 janv. 1865 (S. 65. 1. 99. — P. 65. 194. — D. 66. 1. 457), et sur renvoi, Amiens, 29 mars 1865 (S. 65. 1. 463. — P. 65. 1203. — D. 66. 1. 457); Cass., 1er juin 1865 (S. 65. 1. 463. — P. 65. 1203. — D. 66. 1. 457); 9 déc. 1867 (S. 68. 1. 77. — P. 68. 161). V. aussi les indications d'auteurs contenues dans notre *Dictionnaire de dr. comm., industr. et marit.*, t. II, v° *Brevet d'invent.*, n. 500 et suiv. *Adde* Pouillet, *Brev. d'invent.*, n. 338 et suiv.

Toutefois il a été jugé que la publicité de l'invention, entrai-

Alors que, conformément à la loi allemande (L. 25 mai 1877, art. 20 et suiv.), toute demande de brevet est publiée dans le Journal officiel *de l'Empire, et reste exposée pendant huit semaines dans les bureaux de l'office des brevets, avec les annexes contenant la description complète des appareils et procédés nouveaux* (Id.) (6).

(Seltsam c. Couillard.) — ARRÊT.

LA COUR : — Sur le moyen tiré de la violation des art. 29 et 31 de la loi du 5 juill. 1844, en ce que l'arrêt attaqué a fait résulter la divulgation de la découverte de l'accomplissement des formalités légales requises pour l'obtention d'un brevet en Allemagne : — Attendu qu'aux termes de l'art. 30, § 1er de la loi du 5 juill. 1844, est nul et de nul effet le brevet délivré en France si la découverte, l'invention ou l'application n'est plus nouvelle; que, d'après l'art. 31 de la même loi, n'est pas réputée nouvelle toute découverte qui, « en France ou à l'étranger et antérieurement à la date du dépôt de la demande, aura reçu publicité suffisante pour pouvoir être exécutée » ; — Attendu que la loi n'a pas défini les caractères légaux de la publicité antérieure à laquelle les articles de la loi précités attachent la nullité du brevet; qu'elle admet par cela même tous les modes de divulgation, sans excepter celui qui résulterait de l'accomplissement des formalités prescrites pour l'obtention d'un brevet en pays étranger, sous la condition que cette publicité sera suffisante pour que l'invention puisse être exécutée; — Attendu, en fait, que l'arrêt attaqué constate que Seltsam a formé à Berlin une demande de brevet le 7 déc. 1879; que cette demande, après avoir été publiée dans le *Journal officiel allemand*, le 9 févr. 1880, est restée exposée avec son annexe, pendant huit semaines, dans les bureaux de l'Office des brevets; que cette annexe, qui contenait la description complète des appareils et procédés nouveaux, de manière à rendre possible l'exécution de l'invention, s'est trouvée ainsi à la disposition de toute personne qui s'est présentée à l'Office des brevets; qu'enfin le brevet n'a été obtenu par le demandeur que le 16 avril suivant, et que c'est le 19 mai seulement qu'il a formé à Paris une demande afin d'obtenir pour la France un brevet semblable à celui qui lui avait été concédé pour l'Allemagne; — Attendu qu'en décidant, dans ces circonstances, qu'antérieurement au dépôt de la demande d'un brevet en France par Seltsam, le procédé breveté en Allemagne avait déjà reçu une publicité suffisante pour qu'il pût être exécuté, et que, par suite, le brevet pris en France était nul et sans effet, l'arrêt attaqué, loin de violer les art. 29, 30 et 31 de la loi du 5 juill. 1844, en a fait au contraire une exacte application; — Rejette, etc.

MM. Baudouin, prés.; Sallantin, rapp.; Tappie, av. gén. (concl. conf.); Sauvel, av.

CASS.-CRIM. 9 mars 1883.

RÉUNION PUBLIQUE, DÉCLARATION PRÉALABLE, OMISSION, IRRÉGULARITÉ, MEMBRES DU BUREAU.

Les membres du bureau qui dirigent une réunion publique, soit qu'ils aient pris d'eux-mêmes cette qualité, soit qu'ils aient été désignés par un vote de l'assemblée, sont, aussi bien que les organisateurs de la réunion, pénalement responsables du défaut de déclaration préalable (L. 30 juin 1881, art. 2, 4, 8, 10) (1).

.... *Ou de l'irrégularité de la déclaration* (Id.) (2). — Motifs.

(Calemard et autres.) — ARRÊT.

LA COUR : — Sur le moyen unique du pourvoi, tiré de la violation des art. 1, 2, 4, 8 et 10 de la loi du 30 juin 1881, en ce que le jugement attaqué aurait à tort prononcé le relaxe des nommés Calemard, Chalier, Bonnafous et Logerot, poursuivis pour avoir, comme membres du bureau, tenu une réunion publique sans déclaration préalable régulière : — Vu lesdits articles; — Attendu qu'il résulte d'un procès-verbal régulier, dressé par le commissaire central de Montpellier, et qu'il n'est pas nié par le jugement attaqué que, le 13 mai dernier, de huit à dix heures du soir, il a été tenu à Montpellier une réunion publique qui n'avait pas été précédée de la déclaration régulière prescrite par les art. 2 et 4 de la loi du 30 juin 1881, et dont le bureau était composé des sieurs Calemard, Chalier, Bonnafous et Logerot, défendeurs au pourvoi; — Attendu que, sur la poursuite dirigée, à raison de cette contravention, tant contre le sieur Berghes, organisateur de la réunion, que contre les sieurs Calemard, Chalier, Bonnafous et Logerot, en leur qualité de membres du bureau de ladite réunion, le jugement attaqué a condamné Berghes à 5 fr. d'amende, mais a prononcé le relaxe des quatre autres inculpés, en se fondant sur ce que la responsabilité pénale des membres du bureau d'une réunion publique ne peut exister que pour les contraventions commises pendant que se tient la réunion, et non pour les contraventions résultant du défaut de déclaration préalable ou de l'irrégularité de cette déclaration; — Attendu qu'en prononçant ce relaxe, le juge de police a méconnu le sens et la portée des articles de loi susvisés et, par suite, a formellement violé

---

nant la nullité du brevet, ne résulte pas de la prise du même brevet en pays étranger et du dépôt des pièces qui l'a accompagnée, lorsque le peu de temps qui s'est écoulé entre les deux brevets n'a pu permettre d'exécuter l'invention, et lorsqu'il n'est pas établi que les tiers en aient pris communication : Cass., 8 mars 1865 (S. 66. 1. 360. — P. 66. 986. — D. 66. 1. 262). — Cette solution ne doit être accueillie qu'avec quelques réserves. Il ne nous paraît pas juridique, en effet, de subordonner la publicité de l'invention à une question de délai ayant laissé aux tiers la possibilité matérielle d'exécuter l'invention. La loi de 1844 n'a formulé dans aucun de ses articles une pareille exigence.

Mais c'est à bon droit que la prise d'un brevet a été déclarée valable en France, bien que la découverte brevetée eût été déjà l'objet d'une délivrance de patente en Angleterre, si, en fait, l'invention à laquelle se rapportait cette patente n'avait reçu aucune publication antérieurement au brevet pris en France. V. Cass., 28 janv. 1858 (P. 58. 422. — D. 64. 5. 34), et notre *Dictionnaire, eod. verb.*, n. 508.

(1) V. conf. l'arrêt de Cassation, du 9 décembre 1882 (Pand. chr.), qui doit être considéré comme l'arrêt de principe sur la question.

(2) Cette seconde exigence paraît plus sévère que la première. Il est facile à tout le monde de s'assurer si une déclaration a été faite ou bien si elle a été omise, et de s'en assurer, séance tenante, auprès des organisateurs de la réunion. Il y a négligence à ne pas vérifier, il y a mépris des prescriptions de la loi à passer outre une fois l'irrégularité reconnue; dans l'un et l'autre cas, la responsabilité pénale des membres du bureau ne saurait être écartée. — Mais il y a eu une déclaration; il en est justifié. Les membres du bureau devront-ils se livrer à une enquête, interroger les organisateurs, la loi de 1881 en main, pour savoir si, par exemple, les mentions de la déclaration sont bien exactes, si elles ne renferment pas d'erreurs de noms, de qualités, de domiciles, susceptibles de rejaillir sur la régularité de la réunion?

Nous le croyons avec la Cour de cassation, malgré la rigueur certaine de cette solution. La vérification, difficile sans doute, n'est pas impossible. Cela suffit. Il y a d'ailleurs une sorte de communauté de responsabilités qui lie entre eux les organisateurs d'une réunion et les membres du bureau; ils participent les uns et les autres à la même œuvre; ils subissent les conséquences de leur commune collaboration. Quand les formalités d'une réunion publique n'ont pas été accomplies conformément aux prescriptions légales, la réunion est irrégulière et les membres du bureau qui prêtent leur concours à la tenue d'une assemblée ainsi entachée d'illégalité engagent leur responsabilité, peu importe par la faute de qui ou par quels vices l'irrégularité se produit; le vice n'en existe pas moins au même degré.

lesdits articles; qu'en effet, les membres du bureau, qui dirigent une réunion publique, soit qu'ils aient pris d'eux-mêmes cette qualité, soit qu'ils aient été désignés par un vote de l'assemblée, sont tenus, aux termes de l'art. 8, § 1er, de la loi du 30 juin 1881, « de conserver à la réunion le caractère qui lui a été donné par la déclaration »; que leur premier devoir est donc de vérifier si cette déclaration a été faite, et si le titre en vertu duquel se tient la réunion est régulier et légal; — D'où il suit que le fait de tenir une réunion publique, sans déclaration préalable régulière, constitue une contravention, dont les membres du bureau sont nécessairement responsables, aussi bien que les organisateurs de la réunion; — Casse, *in parte qua*, etc.

MM. Baudouin, prés.; Sevestre, rapp.; Tappie, av. gén. (concl. conf.).

CASS.-REQ. 13 mars 1883.

MONT-DE-PIÉTÉ, NANTISSEMENT, OBJET ÉGARÉ, VENTE AVANT TERME, RÈGLEMENT, INAPPLICATION, DROIT COMMUN, RESPONSABILITÉ.

L'article du règlement d'un mont-de-piété qui détermine le taux du remboursement au cas où le nantissement vient à être égaré, n'entend par nantissement égaré *que le nantissement qu'on pouvait espérer retrouver et qu'on n'a pas retrouvé et non celui qu'il est inutile de rechercher et dont la disparition provient du fait du mont-de-piété qui l'a, à tort, aliéné* (1).

Spécialement, *il n'est pas applicable au nantissement vendu par l'administration avant le terme fixé pour le dégagement ou le renouvellement* (2).

En pareil cas, la responsabilité encourue par l'administration est déterminée d'après le droit commun (C. civ., 1382) (3).

(Mont-de-piété de Bordeaux c. Chabeau.) — ARRÊT.

LA COUR : — Sur le moyen unique, pris de la violation des art. 1382, 1927 et 1928, C. civ., et de la violation de l'art. 40 du règlement organique annexé à l'ordonn. du 25 juin 1847, portant règlement pour le mont-de-piété de Bordeaux : — Attendu que l'art. 40 du règlement du mont-de-piété de Bordeaux porte que « si le nantissement est égaré et ne peut être rendu à son propriétaire, la valeur doit en être payée par le garde-magasin au prix de l'estimation faite lors du dépôt, avec l'augmentation d'un cinquième en sus, si c'est de la vaisselle d'or ou d'argent, et d'un quart, si ce sont d'autres objets »; que cette disposition a un sens précis et limité; que, par nantissement *égaré*, il faut entendre le nantissement qu'on pouvait espérer retrouver et qu'on n'a pas retrouvé, et non celui qu'il est inutile de chercher et dont la disparition provient du fait du mont-de-piété qui l'a, à tort, aliéné; — Attendu que le jugement attaqué constate que l'administration demanderesse a reconnu avoir vendu, avant le terme fixé, les bijoux déposés par Chabeau en garantie du prêt qu'elle lui avait consenti, et que, en décidant que la responsabilité qu'elle a encourue à raison de cette faute doit être déterminée non d'après l'art. 40 précité, mais d'après le droit commun, ledit jugement n'a ni violé ni faussement appliqué les articles visés par le pourvoi; — Rejette, etc.

MM. Bédarrides, prés.; Petit, rapp.; Chevrier, av. gén. (concl. conf.); Bosviel, av.

CASS.-CIV. 13 mars 1883.

TESTAMENT OLOGRAPHE, DATE ERRONÉE, RECTIFICATION, ÉLÉMENTS EXTRINSÈQUES, VENTES, MENTION, ACTES AUTHENTIQUES, ACTES SOUS SEING PRIVÉ, MOTIFS D'ARRÊT.

La fausseté de la date, dans un testament olographe, équivaut à l'absence de date, si elle ne peut être rectifiée au moyen des éléments fournis par l'acte lui-même (C. civ., 970, 1001) (4).

Et si, pour apprécier la portée de ces éléments, il est permis de recourir à des faits extrinsèques au testament, mais s'y rattachant, c'est à la condition que la rectification devra ressortir de ces éléments mêmes avec la certitude la plus complète (Id.) (5).

Spécialement, *la rectification de la date, reconnue erronée, d'un testament ne peut être faite à l'aide de la mention qui s'y trouve consignée, de ventes consenties par le testateur, lorsque, ces ventes ayant donné lieu à la réalisation d'actes à la fois sous seing privé et authentiques séparés par plusieurs années d'intervalle, la date du testament reste incertaine et flottante durant toute cette période* (Id.).

Et, en pareil cas, les juges du fond ne peuvent tenir compte uniquement des actes authentiques et faire abstraction des actes sous seing privé, sans indiquer les motifs de préférence ou d'exclusion (L. 20 avril 1810, art. 7).

(Pascal c. de Gissac.)

10 (ou 11) juin 1879, jugement du Trib. civ. de Saint-Affrique ainsi conçu : — « LE TRIBUNAL : — Attendu que Pascal demande la nullité du testament de feu d'Albis de Salze par le motif que cet acte, daté du 29 avr. 1862 et écrit sur un timbre dont le filigrane indique l'année 1866, porte évidemment une date inexacte, circonstance qui équivaut, en droit, à l'absence de date; — Attendu que si ce principe n'est pas contestable, il en est aussi un autre tout à fait certain et indéniable, à savoir que l'erreur dans la date d'un testament n'est pas une cause de nullité lorsqu'elle est le résultat d'une inadvertance, et qu'elle peut être rectifiée avec certitude, à l'aide d'éléments fournis par le testament lui-même (Req., 4 févr. 1879, Pand. chr.); — Attendu, en effet, qu'il n'est rien de plus sacré que la volonté d'un testateur et que cette volonté doit être respectée et rigoureusement exécutée, toutes les fois qu'elle est manifeste et que rien dans la loi ne s'oppose à son accomplissement; — Attendu que, dans l'espèce, la volonté ferme, réfléchie et persistante du *de cujus* d'instituer M. Joseph d'Albis de Gissac comme son légataire universel, ressort manifestement de toutes les circonstances de la cause et de tous les documents versés au procès, mais qu'elle jaillit avec plus d'éclat et de lumière encore du testament lui-même; qu'en effet, il est à remarquer que, dans cet acte de dernière volonté, M. d'Albis de Salze ne s'occupe pas seulement de l'héritier qu'il institue, mais qu'il s'occupe de lui-même, de sa famille, de ses père, mère, tante, de son nom, qui représente la branche cadette, nom qui va s'éteindre avec

(1-2-3) Sur ce principe que les monts-de-piété, indépendamment des cas spéciaux de responsabilité prévus par leurs règlements, restent placés sous la règle commune de l'art. 1382, C. civ., et sont tenus, comme toutes les autres personnes morales, comme tous les particuliers, à la réparation du préjudice causé par les fautes de leurs agents ou préposés, V. Cass., 6 août 1884 (Pand. chr.), et les nombreux arrêts cités en note. *Adde* Blaize, *Des monts-de-piété*, t. II, p. 343.

(4-5) La jurisprudence est fixée sur ces principes. V. notamment Cass., 4 févr. 1879 (Pand. chr.); 15 déc. 1879 (Pand. chr.); 19 mai 1885 (Pand. chr.), et les nombreux arrêts cités en note. *Adde :* Cass., 11 janv. 1886 (S. 86. 1. 337. — P. 86. 1. 849); Paris, 26 mai 1886 (Pand. pér., 86. 2. 264); Cass., 20 juill. 1886 (Pand. pér., 86. 1. 196), et les renvois; Aubry et Rau, t. VII, § 668, p. 104, texte et note 11; Demolombe, *Donations et testaments*, t. IV, n. 90 et suiv.; Marcadé, *Explication théorique et pratique du Code civil*, art. 970, n. 14; Colmet de Santerre, *Cours analyt.*, art. 970, n. 115 *bis*-11.

lui, et qu'il tend à faire vivre encore, et surtout de son âme qui, chez un chrétien fortement trempé comme lui, fut toujours l'objet de sa constante sollicitude et de ses plus grandes préoccupations;... — Qu'au surplus les dispositions faites, le 10 mars 1873, en faveur de son domestique, confirment pleinement le testament précédent et démontrent jusqu'à l'évidence que cet acte était bien l'expression d'une volonté parfaitement arrêtée et réfléchie; qu'il suit de là que l'inexactitude de date relevée dans ledit testament provient uniquement d'une inadvertance;

« Attendu que, cela posé, il n'y a plus qu'à chercher s'il se rencontre, en fait, dans le testament, des éléments qui permettent de déterminer la véritable date, c'est-à-dire, dans l'espèce, de rétablir le dernier chiffre du miliésime, qui seul fait ici défaut, puisque le filigrane qui relève l'erreur de la date inscrite fait foi des trois premiers chiffres; — Attendu que la formalité de la date nécessaire à la validation a pour but de rendre possible la vérification de la capacité de tester de la part du *de cujus*, au moment de sa confection et aussi de permettre de discerner, en cas de coexistence de plusieurs testaments, quelles sont les dispositions qui doivent prévaloir; qu'il suit de là que les tribunaux ont un pouvoir d'appréciation d'autant plus étendu pour rectifier ou établir une date erronée par suite d'inadvertance, que le *de cujus* a joui constamment de l'entière capacité de tester, et qu'il n'a laissé qu'un seul acte de dernière volonté; — Attendu qu'il existe dans le testament des énonciations précises desquelles résulte la fixation de deux dates entre lesquelles le testament a dû être fait, n'ayant pu l'être, par le testateur, ni avant l'une ni après l'autre; qu'en effet, il y est fait mention de deux ventes consenties à Panis et à Delfau, dont les actes sont à la date du 22 juin 1868, actes authentiques et date certaine contre lesquels aucune preuve ne peut être admise et ne saurait prévaloir, d'où suit que le testament n'a pu être fait qu'après cette date; — Que cette induction, puisée dans le testament même, est encore corroborée par une note écrite par le *de cujus* sur un livre, sorte de memorandum intime où il consignait les pensées et les intentions que la réflexion et le souvenir du passé lui suggéraient au sujet de son testament; qu'il faut donc reconnaître que le testament est postérieur au 22 juin 1868; — Attendu, d'autre part qu'il est nécessairement antérieur au mois de décembre 1869; — Qu'en effet le *de cujus* qualifiait ainsi dans cet acte son légataire universel avec lequel il vivait dans des relations permanentes d'intimité : « A mon cousin, M. Joseph d'Albis de Gissac, demeurant actuellement au château de Creissels, près Millau, docteur en droit. » Or il résulte de documents certains versés au procès, extrait du rôle des contributions (cote personnelle), certificats des maires de Creissels et de Comprégnac et lettres du *de cujus*, que M. de Gissac a cessé d'avoir son domicile à Creissels à partir des dernières semaines de l'année 1869; qu'ainsi il est hors de doute que si le testament eût été fait après le changement de résidence au château de Peyre, c'est-à-dire postérieurement à 1869, le *de cujus* qui était en correspondance suivie avec M. de Gissac et qui connaissait d'autant mieux le déménagement du château de Creissels, qu'il l'avait lui-même conseillé, n'aurait pas manqué de désigner cette dernière résidence au lieu de celle de Creissels; — Attendu, dès lors, que la date du testament devant se placer entre le 22 juin 1868 et la fin de 1869, l'indication du mois aussi bien que du quantième restant certaine en face du testament (29 avril), la date certaine et complète de cet acte est nécessairement celle du 29 avril 1869, puisqu'il n'y a qu'un 29 avril dans la période de temps écoulée du 22 juin 1868 à la fin de l'année 1869, date du changement de domicile de M. d'Albis de Gissac; — Déclare que, par les énonciations mêmes du testament, la véritable date se trouve rétablie et se reporte forcément au 29 avril 1869; — Ce faisant, rejette la demande en nullité dudit testament. »

Sur l'appel, Pascal a posé les conclusions subsidiaires suivantes :— « Dire et déclarer qu'il n'est pas certain que le testament argué, daté par erreur du 29 avril 1862, soit du 29 avril 1869; — Subsidiairement admettre le concluant à prouver par titres et par témoins : 1° que les ventes des biens de Requista avaient été faites par actes privés du 11 févr. 1866; 2° que les acquéreurs ont joui des immeubles vendus depuis le 24 juin 1866; 3° qu'après le décès de M. d'Albis de Salze, M. d'Albis de Gissac s'est fait remettre les doubles de ces actes. »

24 déc. 1879, arrêt de la Cour de Montpellier, qui confirme le jugement du tribunal, en adoptant les motifs des premiers juges sur les conclusions principales, et qui, sur les conclusions subsidiaires s'exprime ainsi : — « La Cour : — Attendu que, sans doute, la preuve offerte est admissible, l'art. 1341 n'étant pas applicable, puisqu'il ne s'agit pas de prouver contre le contenu des actes authentiques, dont la date est seule invoquée au procès comme l'un des éléments qui servent à fixer la véritable date du testament; — Mais attendu qu'elle serait inutile et frustratoire; qu'en effet l'articulation en preuve a déjà été soumise aux premiers juges; que les motifs du jugement entrepris y répondent suffisamment; que, d'ailleurs, l'existence de ventes ou de conventions privées, non enregistrées, antérieures aux actes notariés, n'a jamais été contestée, et qu'enfin il importe peu que le défendeur se les soit fait remettre, de telles conventions, sans authenticité et ne présentant aucun caractère définitif, ne pouvant, en effet, exercer aucune influence sur la solution du litige; — Démet l'appelant de son appel.

Pourvoi en cassation par Pascal. — Moyen unique : violation, ou tout au moins fausse application des art. 970. 1322, 1328 et 1382, C. civ., en ce que l'arrêt attaqué a jugé que des actes sous seing privé, dont l'existence était constante, et la date non contestée, ne pouvaient être pris en aucune considération pour rectifier la date erronée d'un testament où ils se trouvaient mentionnés, comme si, dans ces conditions, et envisagés comme éléments de rectification de la date erronée d'un testament, des actes sous seing privé n'avaient pas la même portée et la même valeur que les actes authentiques; et aussi insuffisance de motifs.

ARRÊT (*après délib. en ch. du cons.*).

LA COUR : — Sur le moyen unique du pourvoi : — Vu les art. 970 et 1001, C. civ.; — Attendu, en droit, qu'aux termes des art. 970 et 1001, C. civ., le testament doit être daté, à peine de nullité; que la fausseté de la date énoncée équivaut à l'absence de date, si elle ne peut être rectifiée au moyen des éléments fournis par le testament lui-même; que, s'il est possible, pour apprécier la portée de ces éléments fournis par l'acte de dernière volonté, de recourir à des faits extrinsèques au testament, mais s'y rattachant, c'est à la condition que l'on fera ressortir des éléments du testament lui-même la complète certitude de la rectification; — Attendu, en fait, qu'il résulte des constatations de l'arrêt attaqué et de la reconnaissance de toutes les parties, que la date de 1862 donnée par M. d'Albis de Salze à son testament, est erronée; que, pour arriver à rectifier cette date et à lui restituer la date de 1869, l'arrêt attaqué s'est fondé sur certaines énonciations puisées dans ce testament et notamment sur la mention qui y est faite de ventes consenties à divers acquéreurs et auxquelles ledit arrêt a assigné la date de 1868 portée sur des actes authentiques qui les consacraient; — Mais attendu que le sieur Pascal demandeur en nullité du testament, avait opposé à ces actes authentiques, tant en première instance qu'en appel, les actes sous seing privé par lesquels ces ventes avaient été réalisées en 1866, et dont il offrait la preuve par des conclusions subsidiaires; que l'arrêt attaqué, tout en reconnaissant l'existence desdites ventes sous signatures privées, ne s'en est pas moins arrêté à la date de 1868, sans justifier par ses motifs comment celle de 1866 se trouvait nécessairement et certainement exclue; — D'où il suit que la date du testament, flottant entre 1866 et 1869, reste incertaine, et qu'en validant dans ces circonstances le testament de M. d'Albis de Salze, l'arrêt attaqué a formellement violé les articles de loi ci-dessus visés; — Casse, etc.

MM. le cons. Pont, prés; Bernard, rapp.; Desjardins, av. gén. (concl. conf.); Bosviel et Pérouse, av.

CASS.-CIV. 14 mars 1883.

CHEMIN DE FER, RETARD, TRANSPORT, DÉLAI, HEURE DE L'ARRIVÉE, CONSTATATION INSUFFISANTE.

Doit être cassé, comme manquant de base légale, le jugement qui condamne une Compagnie de chemins de fer pour retard dans la livraison de marchandises, sans indiquer ni l'heure de l'arrivée des marchandises en gare de destination, ni celle de leur mise à la disposition du destinataire (Arrêté ministériel 12 juin 1866, art. 2; L. 20 avril 1810, art. 7) (1).

Peu importe que le jugement constate le jour et l'heure de la remise des colis à la gare d'expédition (Id.) (2).

(Chem. de fer de Paris-Lyon-Méditerranée c. Gazielly.) — ARRÊT.

LA COUR : — Vu l'art. 7 de la loi du 20 avril 1810; — — Attendu que la demande de Gazielly tendait à faire condamner la Compagnie des chemins de fer de Paris à Lyon et à la Méditerranée à raison d'un retard commis dans l'expédition de colis de fruits et de légumes qu'il lui avait livrés pour être transportés de Cannes à Nice, en grande vitesse, et que la Compagnie s'est défendue en soutenant qu'elle avait mis ces marchandises arrivées à destination à la disposition de Gazielly dans les délais réglementaires; — Attendu que le tribunal de commerce de Nice a condamné la Compagnie à payer à Gazielly 250 francs comme ayant apporté un retard à la livraison qu'elle devait faire; mais que le jugement attaqué n'explique pas en quoi ce retard consiste; que, si ce jugement constate le jour et l'heure auxquels les colis dont s'agit ont été remis à Cannes à la Compagnie, il n'indique pas l'heure à laquelle ils sont arrivés à Nice, ni celle à laquelle ils ont été mis à la disposition du destinataire; qu'il est dès lors impossible de reconnaître si la Compagnie a observé les délais qui lui sont imposés par le règlement de la grande vitesse, et s'il a été fait à la cause une juste application de la loi; que le jugement attaqué manque ainsi de motifs et, par suite, de base légale; qu'il a, par là, violé la disposition de loi indiquée; — Casse, etc.

MM. le cons. Pont, prés.; Onofrio, rapp.; Desjardins, av. gén. (concl. conf.); Dancongnée, av.

CASS.-CRIM. 15 mars 1883.

OUTRAGE, FONCTIONNAIRE PUBLIC, INJURES, DIFFAMATION, COMPÉTENCE, PLAINTE PRÉALABLE, LOI SUR LA PRESSE.

L'injure et la menace verbales adressées à un fonctionnaire public ou à un agent de l'autorité, dans l'exercice ou à l'occasion de l'exercice de ses fonctions, même quand la publicité vient les aggraver, constituent des outrages qui sont restés en dehors des prévisions de la loi du 29 juill. 1881, sur la presse, et continuent à être réprimés par l'art. 224, C. pén. — Par suite, elles relèvent de la compétence des tribunaux correctionnels, sans qu'il y ait nécessité d'une plainte préalable de l'agent outragé (C. pén., 224) (3).

C'est seulement lorsque les attaques dirigées contre les fonctionnaires ou agents de l'autorité, le sont par la voie de la presse ou par des discours proférés dans des lieux ou réunions publics et renferment des imputations diffamatoires ou des appréciations et expressions injurieuses, à raison de leurs fonctions ou de leur qualité, qu'elles ne constituent pas des outrages proprement dits et qu'elles tombent sous l'application de la loi de 1881; elles relèvent alors des Cours d'assises (L. 29 juill. 1881, art. 23, 31, 33, 45) (4).

(De Buor de la Voy.)

La gravité de la question, l'importance de l'arrêt qui a servi de type aux décisions rendues depuis, nous décident à reproduire, presque en entier, le très-remarquable rapport de M. le conseiller Saint-Luc Courborieu :

« La question, qui, par suite, s'impose à la Cour, est celle de savoir si les outrages par paroles injurieuses publiquement adressés à un garde champêtre, *à l'occasion de l'exercice de ses fonctions*, sont punis par les art. 33, 31 et 23 de la loi du 29 juill. 1881, ou par l'art. 224, C. pén.

« Nous devons d'abord rapprocher les textes. Non-seulement le législateur, en 1881, a volontairement écarté l'expression *outrage*, mais le rapporteur a fait des déclarations très-importantes à ce sujet à l'occasion de l'art. 33, relatif à l'injure publique, et de l'art. 68, qui abroge les lois antérieures. En proposant l'art. 33, le rapporteur disait : « Le projet ne punit que la diffamation ou l'injure dans les cas prévus par le § 2 du chap. IV; il n'emploie l'expression d'outrage que dans le § 2, dont nous avons déjà exposé les motifs. » (Il s'agissait de l'outrage envers le président de la Républque, et cette expression a disparu dans la rédaction définitive et a été remplacée par le mot offense.) Les explications du rapporteur sur l'art. 68 sont particulièrement utiles... Aussi la circulaire de M. le garde des sceaux, relative à l'application de la loi du 29 juillet 1881, indique-t-elle, comme étant maintenues, les dispositions des art. 222 et 224, C. pén. Ainsi, en principe, soit qu'on consulte le texte de la loi de 1881 (art. 33), soit qu'on interroge le rapporteur et la circulaire du garde des sceaux, l'art. 224, C. pén., n'est pas expressément abrogé; on peut même dire avec la circulaire, qu'il est maintenu sans restriction.

« Par voie de conséquence, les outrages de toute nature *non publics*, par paroles, gestes ou menaces, sont punis par le Code pénal, au cas prévu par l'art. 224, et doivent être déférés à la juridiction correctionnelle. Il en est de même des outrages publics ou non publics par *gestes* ou *menaces*, qui ne rentrent pas dans les prévisions de l'art. 33 de la loi de 1881, qui ne réprime que les injures.

« Mais en présence des textes, la difficulté d'interprétation et

---

(1-2) V. anal. Cass., 31 mars 1879 (S. 79. 1. 277. — P. 79. 670. — D. 79. 1. 373); 9 avril 1883 (Pand. chr.); 21 nov. 1883 (deux arrêts) (Pand. chr.), et les renvois.

(3-4) Cet arrêt doit être considéré comme l'arrêt type. Les décisions postérieures qui ont été rendues sur les mêmes questions, lui ont emprunté presque textuellement leurs considérants. V. notamment Bordeaux, 31 mars 1883 (S. 84. 2. 38. — P. 84. 1. 217) arrêt rendu dans la même affaire après renvoi; Cass., 12 juillet 1883 (Pand. chr.); 23 août 1883 (Pand. chr.); 16 nov. 1883 (Pand. chr.). — Nos lecteurs trouveront dans le rapport de M. le conseiller Saint-Luc Courborieu, reproduit au cours de cet article, un commentaire lumineux de la doctrine adoptée par la Cour de cassation et arrêtée d'une manière définitive. V. en outre, Cass., 8 févr. 1884 (Pand. chr.); Lyon, 14 mars 1884 (D. 85. 2. 262).

Faisons observer, d'ailleurs, qu'il a été décidé, d'une manière plus générale, par un autre arrêt de la Cour de cassation du 28 juill. 1883 (Pand. chr.), que l'abrogation, prononcée par l'art. 68 de la loi du 29 juill. 1881, se restreint aux seuls délits de publication prévus par les lois sur la presse, et laisse subsister les délits de même nature définis, soit par le Code pénal, soit par des lois spéciales, par exemple le délit de provocation à un attroupement. V. la note qui accompagne cet arrêt.

d'application est réelle et grave relativement aux *injures publiques*, même verbales, proférées contre un des agents désignés dans l'art. 223, C. pén., *à l'occasion de ses fonctions*. Dans cette hypothèse, l'art. 224 n'est-il pas remplacé, au cas spécial, par l'art. 33 de la loi de 1881, qui réprime l'injure publique adressée à un fonctionnaire ou dépositaire, ou agent de l'autorité *à raison de sa fonction ou de sa qualité?*

« Si les deux dispositions sont inconciliables, il faudra bien de toute nécessité reconnaître l'abrogation partielle de l'art. 224 au cas d'injures publiques prévu par les art. 31 et 33, et, par application de l'art. 45, admettre, comme l'a fait l'arrêt attaqué, la compétence de la Cour d'assises.

« On invoque également, dans ce sens, les dispositions de l'art. 68 de la loi de 1881, lequel, en abrogeant les lois antérieures sur des points analogues, dispose que cette abrogation n'aura pas pour effet de faire revivre les textes que ces lois auront elles-mêmes abrogés. Or, ajoute-t-on, les art. 19 de la loi du 17 mai 1819 et 6 de la loi du 25 mars 1822 avaient déjà abrogé partiellement l'art. 224, C. pén., en ce qui concerne les injures publiques adressées aux agents de l'autorité, et relativement aux outrages publics quelconques envers les fonctionnaires.

« Ces considérations, qui ont une incontestable valeur juridique, ont amené le tribunal de Lille, le 16 févr. 1883, à renvoyer à la Cour d'assises, par déclaration d'incompétence, une affaire dans laquelle le prévenu avait traité un agent de police de lâche, fainéant, etc., alors que celui-ci le conduisait au poste sous inculpation d'ivresse manifeste.

« Si cette interprétation de la loi de 1881 est exacte, la répression des outrages par paroles adressés publiquement aux agents de la force publique à l'occasion de leurs fonctions sera bien difficile, soit parce que dans les départements, les Cours d'assises ne sont pas permanentes, soit parce que le peu de gravité relative de ces délits d'outrages par paroles ne permet pas de demander au jury la répression de ces infractions qu'on pourrait plus utilement, dans la plupart des cas, déférer au tribunal de simple police.

« Vous penserez peut-être qu'il n'est pas impossible, en s'inspirant de l'esprit de la loi, d'une pratique constante, et des déclarations du rapporteur, de concilier heureusement les textes de la loi de 1881 et l'art. 224, C. pén.

« Ce dernier article est celui édicté par la loi du 13 mai 1863, qui a étendu l'ancien texte et a fortifié la répression. L'art. 2 du projet de loi, en 1881, le maintenait expressément en vigueur, sans aucune restriction, à raison même de l'abrogation proposée et ultérieurement votée de la loi du 17 mai 1819 (art. 19) et de la loi du 25 mars 1822 (art. 6). On doit donc tenir pour certain, d'après les travaux préparatoires et la discussion de la loi de 1881, que, sauf inconciliabilité, l'art. 224 n'a été abrogé dans aucune de ses dispositions.

« Cet article embrasse, dans sa formule, les outrages (publics ou non publics) par paroles, gestes ou menaces, dans l'exercice ou à l'occasion de l'exercice des fonctions de l'agent dont il protège l'autorité. Au cas qu'il prévoit, l'injure verbale revêt, par qualification légale, la forme et le caractère de l'outrage, parce que, proférée le plus souvent en présence du fonctionnaire ou agent, dans l'exercice ou à l'occasion de l'exercice des fonctions, elle l'atteint directement et personnellement, et qu'elle amoindrit ou compromet l'autorité de la fonction qu'il exerce ou qu'il vient d'exercer. La publicité de l'injure, dans ces circonstances, peut aggraver le délit, mais elle n'altère pas sa nature, et elle ne lui enlève pas la qualification d'outrage.

« Les art. 31 et 33 de la loi de 1881 ne paraissent pas applicables aux faits qualifiés outrages par le C. pén.; ils ne semblent applicables qu'aux injures publiques, plus ou moins relatives à la fonction ou à la qualité, dirigées contre un fonctionnaire, un dépositaire ou agent de l'autorité, spécialement au moyen de discours, cris ou menaces proférés dans des lieux ou réunions publics. Ici la relation qui existe entre l'injure et la fonction, doit exister sans doute à un degré quelconque : mais elle est moins directe, moins étroite qu'au cas prevu par l'art. 224; d'autre part, dans ce dernier cas, l'injure a presque toujours un caractère spécial, restreint, et en quelque sorte vulgaire, qui la distingue des actes prévus et réprimés par la loi de 1881.

« Voici, ce semble, quelle a été la pensée du législateur en 1881 :

« Les lois précédentes sur la presse n'avaient réservé à la juridiction de la Cour d'assises et du jury ni les diffamations verbales relatives aux actes des fonctionnaires publics, ni les injures verbales ou écrites, même publiques, dirigées contre ces mêmes actes. Ces lois permettaient ainsi au fonctionnaire à la fois diffamé et injurié par la voie de la presse, de négliger les diffamations, de se dérober ainsi à la preuve des imputations et à l'appréciation du jury, et de demander aux tribunaux correctionnels la répression des injures qui auraient été mêlées à la discussion de leurs actes professionnels. La loi nouvelle n'a pas approuvé ces habiletés de procédure et ce choix entre deux juridictions; elle a voulu confier au jury le soin de prononcer sur les poursuites motivées soit par des diffamations et des injures, soit par des critiques d'actes de fonctions, lesdites critiques non-seulement injurieuses, mais publiques, exercées au moyen de la presse ou de la parole. Ce que la loi nouvelle défère au jury, ce n'est pas l'outrage, même public, par paroles, se produisant à l'occasion de l'exercice des fonctions, ce n'est pas le propos grossier du vagabond, du mendiant ou de l'ivrogne trouvés sur la voie publique et conduits au dépôt, après quelques heures de séjour au poste, par un agent qu'ils insultent sur la voie publique; non certes ; si libérale qu'ait été, au profit des attributions du jury, la loi de 1881, elle n'a pas dessaisi la juridiction correctionnelle de délits qui doivent être réprimés dans un bref délai et qui ne peuvent, à aucun degré, à raison de leur nature même, intéresser l'opinion et la presse. Le législateur, en 1881, a maintenu entières les dispositions de l'art. 224, C. pén., qui assimile complétement les outrages par paroles proférés, avec ou sans publicité, dans l'exercice même des fonctions, aux outrages adressés aux agents à l'occasion de l'exercice même de ces fonctions.

« Ce que le législateur, en 1881, a entendu réserver au jury, c'est l'appréciation des poursuites dirigées contre les gérants des journaux, à raison d'articles publiés par la voie de la presse, ou contre les orateurs dans les réunions ou lieux publics, pour diffamations, ou même pour simples critiques injurieuses dirigées contre les fonctionnaires, dépositaires ou agents de l'autorité, à raison de leurs fonctions ou de leur qualité; la juridiction du jury, en pareille occurrence, a paru être la sauvegarde nécessaire du droit d'examen, de discussion, de contrôle et de censure des actes du gouvernement et de ses agents. Voilà la pensée du législateur; elle s'éloigne singulièrement des outrages par paroles prévus par la loi pénale à l'occasion des fonctions, comme dans l'exercice même des fonctions.

« Nous n'ignorons pas que, sous l'empire des lois du 17 mai 1819 (art. 19) et du 25 mars 1822 (art. 6), votre jurisprudence assimilait les outrages publics par paroles *à l'occasion des fonctions*, aux injures verbales publiques *à raison des fonctions*. Mais cette assimilation n'avait pas été admise en présence d'une question de compétence : la juridiction correctionnelle statuait dans tous les cas; la jurisprudence n'avait alors à se préoccuper que de la répression la plus efficace et la plus conforme aux diverses dispositions légales alors en vigueur. Aujourd'hui, au contraire, il s'agit de savoir, après l'abrogation de l'art. 19 de la loi du 17 mai 1819 et de l'art. 6 de la loi du 25 mars 1822, qui réprimaient les injures et outrages publics, si, quant à la compétence, au point de vue des exigences les plus impérieuses de l'ordre et de la sécurité, dans un intérêt de bonne administration de la justice, et, pour se conformer à la pensée de la loi nouvelle, il ne faut pas appliquer toutes les dispositions de l'art. 224, C. pén., en ne réservant au jury que l'appréciation et le jugement des diffamations et des critiques injurieuses dirigées par la voie de la presse ou dans des lieux et réunions publics, contre des fonctionnaires à raison de leurs fonctions ou de leur qualité.

« Dans ce système d'interprétation, qui semble conforme aux conditions d'une théorie rationnelle, le droit de discussion et de critique des actes des fonctionnaires pourrait s'exercer selon le vœu du législateur, les excès devant être réprimés par le jury; mais les outrages par paroles, gestes ou menaces, aux cas prévus par l'art. 224 dans sa formule générale, trouveraient une prompte et légitime répression devant la juridiction correctionnelle, conformément à la procédure sommaire des flagrants délits.

« Nous reconnaissons que, dans la pratique, il sera quelquefois difficile de marquer sûrement la limite entre les critiques injurieuses et publiques réservées à l'appréciation du jury, et les outrages publics par paroles, à l'occasion des fonctions. Les circonstances du fait indiqueront à la sagacité du juge s'il est en présence du délit d'outrage, qualifié et puni par l'art. 224, c'est-à-dire de l'injure verbale proférée dans l'exercice ou à l'occasion de l'exercice des fonctions, ce qui désignera la juridiction correctionnelle, ou si, au contraire, le fait poursuivi a les caractères d'une censure, d'une critique publique, plus ou moins vive et injurieuse, d'actes de fonctionnaires ou agents, ce qui rentrerait dans le domaine du jury, qui est le juge des appréciations morales et des délits d'opinion.

« Quoi qu'il en soit, si, dans certains cas rares, la décision du juge, au point de vue de la qualification des propos publics et injurieux et de la compétence, peut donner lieu devant le tribunal correctionnel à des questions plus ou moins délicates, il vous paraîtra peut-être plus difficile encore, pour la Cour de cassation, d'admettre l'interprétation de l'arrêt attaqué, qui est à la fois contraire à la pensée du législateur, à une théorie rationnelle, à une pratique constante et à l'intérêt d'une bonne administration de la justice. »

ARRÊT (*après délib. en ch. du cons.*).

LA COUR : — Sur le premier moyen.....

Sur le deuxième moyen, pris de la violation, par fausse

application des art. 33, 31, 23, 45, 47 de la loi du 29 juill. 1881, et de l'art 224, C. pén. : — Vu ces articles de loi; — Attendu que des constatations de fait retenues par l'arrêt résulte que l'outrage par paroles et menaces a été adressé publiquement à un garde champêtre à l'occasion de l'exercice de ses fonctions, à la suite d'un procès-verbal pour délit de chasse, qu'il avait précédemment rédigé contre le fils du prévenu; — Attendu que l'injure et la menace verbales, lorsqu'elles sont adressées à un fonctionnaire public ou à un agent de l'autorité, dans l'exercice ou à l'occasion de l'exercice de ses fonctions, sont qualifiées outrages par l'art. 224, C. pén., et rentrent, même quand la publicité peut les aggraver, dans les termes de cet article, et non dans ceux des art. 33, 31 et 23 de la loi du 29 juill. 1881; qu'en effet, ces derniers articles répriment seulement les injures, non qualifiées outrages par le C. pén., dirigées par la voie de la presse, ou par des discours proférés dans des lieux ou réunions publics, contre des fonctionnaires ou agents, à raison de leurs fonctions ou de leur qualité; — Attendu qu'il résulte des travaux préparatoires, ainsi que de la discussion, et spécialement de l'art. 68 de la loi du 29 juill. 1881, que cette loi n'a pas abrogé l'art. 224, C. pén.; qu'elle l'a, au contraire, maintenu dans toutes ses dispositions considérées comme indispensables, sans restrictions, alors que l'art. 68 abrogeait les art. 19 de la loi du 17 mai 1819 et 6 de la loi du 25 mars 1822; — Attendu que le rapport de la commission de la Chambre des députés a formellement expliqué que le projet voté, en cette partie, par les deux Chambres, ne punissait que la diffamation et l'injure prévues par le § 2 du chapitre IV, et n'employait pas l'expression d'outrage, marquant ainsi clairement que la loi de 1881 laissait hors de ses prévisions les faits qualifiés outrages par le C. pén. (art. 224), dont le texte diffère notablement de celui de la loi de 1881 (art. 31 et 33); — D'où il ressort que la loi du 29 juill. 1881 a attribué compétence au jury, pour prononcer sur les attaques dirigées contre les fonctionnaires publics ou agents de l'autorité, par la voie de la presse, ou par des discours proférés dans des lieux ou réunions publics, lesdites attaques renfermant des imputations diffamatoires ou des appréciations et expressions injurieuses, à raison des fonctions ou de la qualité des agents; mais qu'elle a, conformément aux lois antérieures, maintenu la compétence des tribunaux correctionnels en ce qui concerne les délits d'outrages par paroles, gestes ou menaces, avec ou sans publicité, prévus et punis par l'art. 224, C. pén., modifié par la loi du 13 mai 1863, sans qu'il y ait, dans ce dernier cas, nécessité d'une plainte préalable de l'agent outragé; — Attendu qu'en refusant de statuer sur le délit d'outrages par paroles, gestes ou menaces envers un garde champêtre, à l'occasion de l'exercice de ses fonctions, délit prévu par l'art. 224, C. pén., et que le ministère public avait régulièrement soumis à la juridiction correctionnelle, qui était compétente, l'arrêt attaqué a, par fausse interprétation, formellement violé les dispositions des articles de loi susvisés; — Casse, etc.

MM. Baudouin, prés.; Saint-Luc Courborieu, rapp.; Tappie, av. gén. (concl. conf.); Chambareaud, av.

CASS.-CIV. 20 mars 1883.

TESTAMENT AUTHENTIQUE, PAYS ÉTRANGER, CHANCELIER DE CONSULAT, FORMALITÉS, ACCOMPLISSEMENT, RÉDACTION, NULLITÉ, LECTURE, TÉMOINS, PRÉSENCE, CONSTATATION, CASSATION.

L'art. 999, C. civ., qui permet aux Français en pays étranger de tester soit en la forme olographe, soit par acte authentique avec les formes usitées dans le lieu où l'acte est passé, n'est pas exclusif de tout autre mode de procéder, et n'a pas entendu déroger à l'art. 24, tit. IX, livre Ier, de l'ordonnance d'août 1681 sur la marine, aux termes duquel les testaments reçus par le chancelier, dans l'étendue du consulat, en présence du consul et de deux témoins et signés d'eux, sont réputés solennels (Ord. août 1681, liv. Ier, tit. IX, art. 24; C. civ., 994, 999) (1).

Et du moment où l'article précité de l'ord. de 1681 est encore en vigueur quant aux pouvoirs qu'il attribue aux chanceliers de consulat, il doit être considéré comme étant également en vigueur quant aux conditions qu'il impose à l'exercice de ces pouvoirs (Id.) (2).

Mais l'ordonnance de 1681, n'ayant pas réglementé d'une manière complète la matière des testaments reçus par les chanceliers de consulat, s'est référée implicitement et nécessairement, pour leur rédaction, aux dispositions du droit commun. — De telle sorte que le chancelier, se trouvant substitué au notaire, doit observer les règles prescrites pour cette rédaction par le Code civil et la loi du 25 ventôse an XI, concurremment avec la disposition spéciale de l'ordonnance de 1681 (Ord. août 1681, liv. Ier, tit. IX, art. 24; Édit de juin 1778, art. 8; L. 25 vent. an XI, art. 68; C. civ., 971 et suiv.) (3).

D'où cette conséquence qu'il y a nullité du testament dont la lecture n'a pas été donnée par le chancelier au testateur en présence *des témoins* (C. civ., 972) (4).

Et la constatation des juges du fait que la lecture en aurait été donnée au testateur ainsi qu'aux témoins, *ne remplissant pas le but de la loi, ne suffirait pas à mettre l'arrêt à l'abri de la cassation* (Id.) (5).

(Vidal c. Mars.) — ARRÊT.

LA COUR : — Sur le premier moyen (violation de l'art. 7 de la loi du 30 vent. an XII, de la loi du 25 vent. an XI sur le notariat, des art. 971 et suiv., 999 et 1001, C. civ., ainsi que des principes en matière de testaments; fausse application de l'ordonnance de 1681 sur la marine, et de l'art. 994, C. civ., en ce que l'arrêt attaqué a reconnu valable et régulier un testament fait à l'étranger par un Français et reçu par le chancelier d'un poste diplomatique, bien que, d'une part, l'art. 7 de la loi du 30 vent. an XII précité porte abrogation des ordonnances, règlements et coutumes dans les matières qui font l'objet du Code civil, et bien que, d'autre part, l'art. 999, C. civ., ait réglé d'une manière complète les formes du testament fait par un Français en pays étranger, et que, par suite, toute législation antérieure se trouve par là même supprimée) : — Attendu que l'art. 999, C. civ., qui permet aux Français en pays étranger de tester soit en la forme olographe, soit par un acte authentique, avec les formes usitées dans le lieu où l'acte sera passé, n'est pas exclusif de tout autre mode de procéder, et n'a pas entendu déroger à l'art. 24, tit. IX, liv. Ier, de l'ordonn.

(1-2-3) Ces questions sont très-controversées et ont donné lieu, tant en jurisprudence qu'en doctrine, à divers systèmes que nous avons exposés sous un arrêt de Dijon, du 9 avril 1879, aff. Nectoux c. Nectoux (Pand. chr.). Nous y renvoyons nos lecteurs. V. aussi Aix, 16 févr. 1871, aff. Lafont c. Lafont, reproduit en sous-note de l'arrêt de Dijon précité.

(4-5) V. anal., mais relativement à la formalité de la *dictée* par le testateur, Aix, 16 févr. 1871, déjà mentionné. *Adde :* Pardessus, *Cours de dr. comm.*, 6e édit., t. IV, n. 1467; Beaussant, *Code marit.*, t. II, p. 590; De Clercq et Vallat, *Guide pratique des consulats*, édit. de 1880, t. I, p. 322 et 324.

sur la marine, du mois d'août 1681, aux termes duquel les testaments reçus par le chancelier, dans l'étendue du consulat, en présence du consul et de deux témoins, et signés d'eux, seront réputés solennels; qu'en effet, ces deux dispositions n'ont rien d'incompatible, et que, dès lors, il n'est pas établi que l'une ait implicitement abrogé l'autre; — Attendu que cette abrogation virtuelle est d'autant moins démontrée que l'art. 994, C. civ., enjoint en certains cas aux Français en pays étranger de faire recevoir leurs testaments par les officiers publics de leur nation dans les lieux où il en existe; que ces officiers publics ne peuvent être que les chanceliers des consulats; qu'ainsi, loin d'enlever à ces officiers le pouvoir que leur avait conféré l'ordonnance, le Code l'a, au contraire, expressément confirmé dans un cas particulier, d'où résulte une confirmation implicite pour tous les autres cas; — Attendu que, en décidant ainsi, l'arrêt attaqué n'a violé aucune des dispositions invoquées à l'appui du pourvoi;

Sur le deuxième moyen (violation des principes du droit des gens, des art. 970 à 1002, C. civ., et des principes établis en matière de testament authentique; violation aussi de la loi du 25 vent. an XI sur le notariat, ainsi que de la loi du 30 vent. an XII; enfin fausse application de l'ordonn. de 1681 sur la marine, en ce que l'arrêt attaqué a déclaré valable et régulier un testament reçu par un chancelier près d'un consul général et agent diplomatique, et dans les formes indiquées par l'ordonn. de 1681 sur la marine, liv. Ier, tit. IX, art. 24, bien qu'il soit de doctrine et de jurisprudence certaines que dans les postes où les consuls ont une mission diplomatique et jouissent, par suite, de l'immunité territoriale (et spécialement dans les pays hors chrétienté, ce qui est le cas de l'espèce), les chanceliers faisant fonction de notaires doivent suivre toutes les prescriptions imposées à ces officiers ministériels sur le sol français, tant par la loi du 25 vent. an XI que par le Code civil) : — Attendu que, du moment où l'article précité de l'ordonn. de 1681 est encore en vigueur, quant aux pouvoirs qu'il attribue aux chanceliers de consulat, il doit être considéré comme étant également en vigueur quant aux conditions qu'il impose à l'exercice de ces pouvoirs; que, dès lors, en déclarant que le chancelier du consulat de Bucharest s'était, à bon droit, conformé à ces dispositions pour recevoir le testament du sieur Hugues, l'arrêt attaqué n'a violé aucune loi; — Par ces motifs, — Rejette les deux premiers moyens;

Mais sur le troisième moyen (violation des art. 970 à 1002, C. civ., et de la loi du 25 vent. an XI sur le notariat; fausse application de l'ordonn. de 1681 sur la marine, en ce que l'arrêt attaqué a considéré les prescriptions de ladite ordonnance comme seules applicables dans l'espèce, et a décidé que l'accomplissement des formalités prévues par le Code civil et la loi de l'an XI n'étaient pas applicables, bien qu'il soit de principe que la législation moderne doive compléter l'ancienne, dans tous les cas où elle n'a pas été formellement abrogée) : — Vu l'art. 8 de l'édit de juin 1778, l'art. 68 de la loi du 25 vent. an XI, et l'art. 1001, C. civ.; — Attendu que l'art. 24, tit. IX, liv. Ier, de l'ordonn. d'août 1681 sur la marine, en déclarant que les testaments reçus par le chancelier dans l'étendue du consulat, en présence du consul et de deux témoins, et signés d'eux, seront réputés solennels, ne règle pas d'une manière complète tout ce qui concerne les testaments faits par les Français à l'étranger, par-devant les officiers publics de leur nation; qu'il détermine seulement le nombre des témoins instrumentaires nécessaires pour que l'acte soit réputé solennel; mais que, loin d'abroger pour la rédaction des testaments dont il s'agit, les dispositions du droit commun, il s'y réfère, au contraire, implicitement et nécessairement; qu'il est, en effet, impossible d'admettre que le législateur ait voulu dispenser de toute formalité quelconque la rédaction d'actes aussi graves et aussi importants; — Attendu, d'ailleurs, que les chanceliers des consulats remplissent les fonctions de notaire; que cette qualité leur a été expressément attribuée par l'art. 8 de l'édit susvisé de 1778, portant règlement sur les fonctions judiciaires et de police qu'exercent les consuls de France en pays étranger, et particulièrement dans les Échelles du Levant et de Barbarie; que, dès lors, les chanceliers du consulat doivent se conformer, dans la rédaction des testaments comme dans celle de tous autres actes, aux règles prescrites par le droit commun pour la rédaction des actes notariés; — Attendu que le droit commun, qui résultait autrefois des dispositions des coutumes, de l'ordonn. d'août 1735 sur les testaments, et de l'arrêt de règlement du 4 sept. 1685, a été constitué en dernier lieu par le Code civil et par la loi du 25 vent. an XI, lesquels sont devenus de plein droit applicables, du jour de leur promulgation en France, à tous les testaments reçus depuis par les chanceliers des consulats de France à l'étranger, concurremment avec la disposition spéciale de l'ordonn. de 1681 précitée; — Attendu que, devant la Cour d'Aix comme en première instance, les époux Vidal demandaient l'annulation du testament pour violation des formes prescrites tant par le Code civil que par la loi du 25 vent. an XI, et relevaient plusieurs griefs, entre autres l'inobservation de l'art. 972, C. civ., et de l'art. 68 de la loi du 25 vent. an XI; — Attendu que, pour repousser cette demande, l'arrêt attaqué s'est fondé sur ce que toutes les formalités prescrites par l'ordonn. de 1681 ont été exactement remplies, que notamment la lecture du testament a été donnée au testateur ainsi qu'aux témoins; mais que cette formalité, qui n'est pas même exigée par l'ordonnance, n'équivaut pas à celle qui est prescrite par l'art. 972, C. civ., qui veut que lecture soit donnée au testateur *en présence* des témoins; qu'en refusant d'appliquer les dispositions du Code civil et de celles de la loi du 25 vent. an XI, concurremment avec celles de l'ordonnance de 1681, l'arrêt attaqué (Aix, 30 mai 1881) a violé lesdites dispositions; — Par ces motifs, — Casse, etc.

MM. le cons. Pont, prés.; Dareste, rapp.; Charrins, 1er av. gén. (concl. conf.); Panhart et Aguillon, av.

CASS.-CIV. 3 avril 1883.

ALIMENTS, SÉPARATION DE CORPS, ADULTÈRE POSTÉRIEUR.

La dette alimentaire entre époux subsiste même après la séparation de corps, tant qu'il n'est pas démontré, soit que le conjoint créancier n'est plus dans le besoin, soit que le conjoint débiteur n'est plus en état d'y satisfaire (C. civ., 212) (1).

La condamnation de la femme pour adultère, postérieurement à la séparation de corps, ne décharge point le mari de cette obligation (Id.) (2).

---

(1) La jurisprudence est fixée en ce sens. V. Lyon, 16 mars et 16 juill. 1835 (S. 36. 2. 239. — P. chr.); Aix, 18 janv. 1841 (P. 42. 1. 705); Cass., 8 juill. 1850 (S. 51. 1. 61. — P. 50. 2. 404. — D. 50. 1. 225); Paris, 4 déc. 1875 (D. 76. 2. 209); Cass., Turin, 23 sept. 1880 (S. 81. 4. 16. — P. 81. 2, 27). — Même solution, au cas de conversion du jugement de séparation de corps en jugement de divorce. Les époux restent dans la situation de droit qui leur appartenait l'un vis-à-vis de l'autre, notamment, en ce qui concerne les avantages pécuniaires, alloués à l'époux au profit de qui la séparation a été prononcée et aussi en ce qui a trait à la pension alimentaire. V. Douai, 29 juin 1885 (Pand. chr.), et les renvois.

(2) V. conf. Lyon, 16 mars et 16 juill. 1835, précité; Bordeaux, 8 janv. 1838 (P. 40. 2. 535). — Sur l'adultère de la femme après la séparation, V. Paris, 13 mars 1826; Caen, 13 janv. 1842 (S. 42. 2. 175).

(Poterlet c. Poterlet.) — ARRÊT (*après délib. en ch. du cons.*).

LA COUR : — Sur le premier moyen, tiré de la violation de l'art. 212, C. civ. : — Attendu qu'aux termes de cet article, les époux se doivent mutuellement des aliments ; que cette disposition est absolue et subsiste même au cas de séparation de corps, tant qu'il n'est pas démontré que celui des conjoints au profit duquel elle s'applique n'est plus dans le besoin, ou que le débiteur de la pension alimentaire n'est plus en état d'y satisfaire ; — Attendu que Poterlet, condamné par arrêt de la Cour de Nancy, du 8 janv. 1880, à fournir à sa femme, séparée de corps, une pension annuelle de 400 francs à titre d'aliments, prétend vainement qu'il devait être déchargé de cette obligation par suite d'une condamnation pour adultère encourue par cette dernière depuis ledit arrêt ; que c'est là une exception non reconnue par la loi, et qu'en la repoussant, l'arrêt attaqué (Nancy, 12 févr. 1881), loin de violer l'art. 212, C. civ., n'en a fait qu'une juste application ; — Rejette, etc.

MM. le cons. Pont, prés. ; Blondel, rapp. ; Desjardins, av. gén. (concl. contr.) ; Carteron et Clément, av.

CASS.-REQ. 3 avril 1883.

FAILLITE, JUGEMENT SUR REQUÊTE, APPEL, FORMES, SIGNIFICATION, DÉLAI, JOUR *a quo*.

L'appel d'un jugement rejetant une requête en déclaration de faillite est valablement formé, soit par simple requête, soit par signification en la forme ordinaire au failli (C. proc., 443 ; C. comm., 580, 581, 582) (1).

Cet appel doit, à peine de déchéance, être interjeté dans le délai de quinzaine (2), *non du jour de la signification, mais du jour même de la prononciation du jugement, cette prononciation équivalant à la signification à la partie qui a provoqué le jugement* (C. comm., 582) (3).

(Adm. des contributions indirectes c. Gardey.)

1er juin 1880, arrêt de la Cour de Poitiers, qui fait suffisamment connaître les faits de la cause. Il est conçu dans les termes suivants : — « LA COUR : — Sur le 1er moyen : — Attendu que, s'il est de principe que nul ne peut être intimé sur un appel sans avoir été partie devant le tribunal dont la décision est attaquée, il est certain, d'autre part, que l'administration avait le droit d'interjeter appel par voie de simple requête du jugement qui avait rejeté sa première requête en déclaration, et d'obtenir la réformation du jugement sans que Gardey eût contre cette décision en dernier ressort d'autre recours que l'opposition accordée au failli par l'art. 580, C. comm., dans la huitaine du jour où les formalités légales de publication auraient été accomplies ; que le premier degré de juridiction eût ainsi fait défaut à Gardey et qu'il ne peut se plaindre de ce que, au lieu de procéder en son absence, l'administration l'ait mis en cause et en situation de se défendre par un appel signifié en la forme ordinaire ;

« Mais, sur le second moyen : — Attendu qu'aux termes de l'art. 582, C. comm., le délai d'appel, pour tout jugement rendu en matière de faillite, est de quinze jours seulement à partir de la signification ; — Attendu qu'à l'égard du créancier dont la requête tendant à déclaration de faillite a été rejetée, le fait seul de la prononciation du jugement rendu sur cette requête équivaut nécessairement à la signification de la sentence ; que le débiteur qui n'était pas partie dans l'instance n'a pu avoir la charge de notifier la décision intervenue en sa faveur, mais à son insu ; que le créancier qui choisit lui-même la voie de la requête, au lieu de mettre en cause celui dont il voulait faire prononcer la faillite, ne saurait avoir ainsi acquis pour un temps indéterminé le droit d'attaquer le jugement rejetant sa prétention ; que l'intention formelle du législateur a été, par des raisons d'intérêt public, de limiter à un très-bref délai les instances relatives aux faillites, et qu'il importe spécialement que le sort des commerçants ne soit pas laissé à la merci de créanciers qui, après avoir échoué dans une demande en déclaration de faillite, formée sans que leurs débiteurs eussent été parties devant les premiers juges, pourraient indéfiniment se pourvoir contre cette décision ; qu'il est à la fois conforme au texte et à l'esprit de l'art 582 de considérer le délai de quinzaine comme courant dans ce cas à partir du jour même de la sentence ; — Attendu qu'en fait l'administration n'a interjeté que le 23 déc. 1879 appel du jugement du 14 novembre du tribunal de commerce de Rochefort, et que cet appel doit être dès lors déclaré tardif ; — Par ces motifs, — Déclare ledit appel non recevable. »

Pourvoi en cassation par l'administration des contributions indirectes. — *Moyen unique*. Fausse application et, par suite, violation de l'art. 582, C. comm., en ce que l'arrêt attaqué a déclaré irrecevable comme tardif l'appel de la demanderesse, sous prétexte qu'il devait être formé à peine de déchéance dans les quinze jours de la prononciation du jugement.

ARRÊT.

LA COUR : — Sur le moyen unique, pris de la fausse application et de la violation de l'art. 582, C. comm. : — Attendu que si, aux termes de l'art. 582, C. comm., c'est de la signification que courent les quinze jours accordés pour l'appel des jugements en matière de faillite, le point de départ du délai doit être fixé à leur prononciation même, quand les jugements sont intervenus sur simple

---

(1) En principe, l'appel d'un jugement rendu sur requête, doit être interjeté par voie de requête. V. Chauveau et Carré, *Lois de la proc.*, t. IV, quest. 1645 *ter* ; Dutruc, *Supplém. aux Lois de la proc.*, de Chauveau et Carré, t. I, v° *Appel*, n. 367 ; Rousseau et Laisney, *Dict. de proc.*, t. I, v° *Appel*, n. 347. Jugé, en conséquence, que l'appel du jugement qui déclare le failli inexcusable est valablement interjeté par celui-ci par voie de requête présentée à la Cour : Bourges, 11 févr. 1851 (S. 52. 2. 81. — P. 51. 1. 225. — D. 51. 2. 87). — Toutefois, lorsque le jugement doit nécessairement s'exécuter contre certaines personnes, par exemple, contre les syndics de faillite et que ces syndics ont fait signifier le jugement à telles fins que de droit, les syndics ne sont pas recevables à se plaindre de ce que l'appel leur a été signifié avec assignation pour y venir contester devant la Cour. On ne voit pas, en effet, quels motifs légitimes de grief ils pourraient alléguer. *Sic* Pau, 26 janv. 1881 (S. 81. 2. 140. — P. 81. 1. 713).

(2-3) Ces deux points paraissent ne plus soulever dans la jurisprudence de contestations bien sérieuses. Il a été jugé, en effet ; — d'une part, que l'art. 582, C. comm., qui fixe à quinze jours le délai d'appel pour tout jugement rendu en matière de faillite, s'applique aussi bien à l'appel d'un jugement qui déboute d'une demande en déclaration de faillite, qu'à celui qui accueille cette demande et déclare la faillite : Cass., 16 août 1842 (S. 42. 1. 979. — P. 42. 2. 665. — D. 42. 1. 403) ; Paris, 8 déc. 1849 (S. 50. 2. 49) ; Poitiers, 4 juill. 1860 (Pand. chr.) ; — d'autre part, que, pour les jugements non susceptibles de signification, tels, par exemple, que ceux de l'espèce qui refusent de déclarer la faillite sur la requête d'un créancier, le délai d'appel court nécessairement du jour de la *prononciation* du jugement : Rennes, 25 mai 1838 (S. 39. 2. 26. — P. 39. 1. 233. — D. 39. 2. 69) ; Pau, 21 juill. 1866 (Rec. de cette Cour, 67. 266) ; Paris, 6 mai 1873 (*J. Nantes*, 73. 2. 65). — V. aussi, sur ces deux questions, les indications complémentaires de jurisprudence et de doctrine dans notre *Dictionnaire de dr. com., ind. et marit.*, t. IV, v° *Faillite*, n. 1153, § 1, et n. 1146.

requête, sans défendeur assigné, et que, par conséquent, ils ne sont susceptibles d'aucune notification, pour la partie qui les a provoqués et contre laquelle ils ont été rendus; qu'autrement le délai de l'appel resterait indéfini, ce qui est manifestement contraire aux intentions de la loi; — Attendu qu'il est constaté en fait que l'administration des contributions indirectes n'a relevé appel que le 23 déc. 1879 du jugement du tribunal de commerce qui avait rejeté le 14 nov. précédent la demande en déclaration de faillite de Gardey fils et Cie, qu'elle avait formée par requête sans aucun contradicteur; et qu'en déclarant dans ces circonstances cet appel irrecevable comme tardif, l'arrêt attaqué n'a fait qu'une juste application de l'article susvisé; — Rejette, etc.

MM. Bédarrides, prés.; Petit, rapp.; Chevrier, av. gén.; Arbelet, av.

CASS.-REQ. 3 avril 1883.

Société en commandite, Société par actions, Souscripteurs primitifs, Cessionnaires, Versement complémentaire, Aliénation, Preuve.

Si les souscripteurs primitifs d'actions ou leurs cessionnaires peuvent se soustraire à l'obligation d'effectuer le versement de la seconde moitié du montant de leurs actions, c'est à la condition de justifier de l'aliénation de leurs titres (C. civ., 1315; L. 24 juill. 1867, art. 3) (1).

(De Béarn-Viana c. syndic de la Banque de la Nouvelle-Calédonie.) — ARRÊT.

LA COUR : — Sur le moyen unique du pourvoi, tiré de la fausse application et de la violation de l'art. 3 de la loi du 24 juillet 1867 et de la violation de l'art. 1315, C. civ. : — Attendu qu'aux termes de l'art. 1315, C. civ., celui qui se prétend libéré doit justifier le payement ou le fait qui a produit l'extinction des obligations dont le demandeur a établi l'existence; — Attendu que l'art. 1845, C. civ., dispose que chaque associé est débiteur envers la société de tout ce qu'il a promis d'y apporter, et que, par application de ce principe, tout actionnaire d'une Société anonyme ou en commandite est tenu d'acquitter le montant des actions qui constituent son apport; — Attendu que, si l'art. 3 de la loi du 24 juill. 1867 déroge à cette règle générale, et, dans certains cas et sous certaines conditions qu'il spécifie, dispense les souscripteurs primitifs ou leurs cessionnaires d'effectuer le versement de la seconde moitié du montant de leurs actions, c'est notamment sous la condition expresse que ceux-ci auront aliéné leurs actions; — Attendu qu'il résulte des constatations de l'arrêt attaqué (Paris, 3 juill. 1882) que le syndic de la Banque de la Nouvelle-Calédonie a régulièrement établi que le prince de Béarn s'était rendu souscripteur de 2,096 actions de ladite banque, et que, en cette qualité, il s'était obligé au versement intégral du montant de ces actions; — Attendu que le prince de Béarn, pour se soustraire aux effets de cet engagement, eût dû justifier qu'il se trouvait dans les conditions voulues pour lui permettre d'invoquer la faveur exceptionnelle de l'art. 3 de la loi du 24 juill. 1867, c'est-à-dire qu'il avait aliéné les actions par lui souscrites; — Attendu que, cette preuve n'ayant pas été faite, l'arrêt attaqué, en décidant que le prince de Béarn était resté obligé dans les termes de sa souscription, loin de violer les articles visés au pourvoi, en a fait une juste application; — Rejette, etc.

MM. Bédarrides, prés.; Talandier, rapp.; Chevrier, av. gén. (concl. conf.); Chambareaud, av.

CASS.-CIV. 9 avril 1883.

Chemin de fer, Responsabilité (Clause de non-), Avaries, Faute, Preuve, Expertise, Pluie, Gelée, Retard, Constatation insuffisante.

La clause de non-garantie insérée dans un tarif spécial de chemin de fer et adoptée pour une expédition de marchandises, si elle n'affranchit point la Compagnie de la responsabilité de ses fautes ou de celles de ses agents, a du moins pour effet, contrairement aux règles du droit commun, d'en mettre la preuve à la charge du propriétaire des marchandises (C. civ., 6, 1134; C. comm., 103) (2).

Spécialement, *la Compagnie ne saurait, en dehors de toute faute démontrée, être déclarée responsable des avaries survenues en cours de route aux marchandises et occasionnées par la pluie et la gelée* (C. civ., 1315, 1382) (3).

La Compagnie de chemins de fer qui accepte une expertise amiable, en vue de déterminer la nature et l'étendue du dommage et d'en rechercher la cause, ne se reconnaît point par là responsable de l'accident et ne renonce pas au bénéfice de la la clause de non-garantie (C. civ., 1354) (4).

Doit être cassé le jugement qui condamne la Compagnie à des dommages-intérêts pour retard, sans indiquer l'époque de l'expédition ni celle de la livraison et sans expliquer en quoi consiste le retard, de sorte qu'il est impossible de reconnaître si la Compagnie s'est ou non conformée aux délais réglementaires et s'il a été fait à la cause une juste application des dispositions qui fixent ces délais (L. 20 avril 1810, art. 7) (5).

---

(1) Cette solution était en harmonie avec la jurisprudence antérieure de la Cour de cassation, telle qu'elle s'était affirmée dans les arrêts des 21 juill. 1879 (S. 80. 1. 5. — P. 80. 5. — D. 79. 1. 321). Mais elle ne nous paraît plus susceptible de se concilier avec les principes nouveaux, qui ont définitivement triomphé en cette matière et qu'ont consacrés deux décisions remarquables du 29 juin 1885 (Pand. chr.). Nous exposons nos raisons dans nos observations sous ces derniers arrêts; nous les développons encore et plus amplement dans la note qui accompagne un jugement du tribunal de commerce de la Seine du 12 nov. 1885 (Pand. chr.), jugement qui s'approprie la thèse de droit de l'arrêt ci-dessus. Ces explications suffisent, nous ne pouvons pas nous arrêter indéfiniment à la même question. Nous attendons qu'une contradiction se produise; nous y répondrons.

(2) Le principe est depuis longtemps consacré par une jurisprudence constante. V. notamment Cass., 5 janv. 1881 (Pand. chr.); 23 août 1881 (Pand. chr.); 8 févr. 1882 (Pand. chr.); 9 mai 1883 (Pand. chr.); 11 févr. 1884 (Pand. chr.); 26 août 1884 (Pand. chr.); 22 avril 1885 (Pand. chr.); 9 et 29 mars (trois arrêts) 1886 (Pand. pér., 86. 1. 126), et les renvois.

(3) Cette solution est dominée par ce principe que les Compagnies ne sont point tenues « de donner à la marchandise transportée des soins exceptionnels autres que ceux qui leur sont imposés par les tarifs et qui ne trouveraient point leur rémunération dans le prix qui leur est alloué, et qu'elles ne peuvent ni augmenter ni diminuer ». V. Cass., 17 mai 1882 (Pand. chr.); 22 avril 1885 (Pand. chr.), et les notes.

(4) L'expertise est une mesure d'instruction qui ne comporte aucune reconnaissance de faute ou de négligence. Elle a un double but : — éclairer sur la véritable cause des avaries; — établir le quantum du préjudice. — L'expertise à laquelle la Compagnie donne son consentement peut tourner à son avantage; elle peut lui être défavorable. Dans tous les cas, il y a chance à courir. Pourquoi la Compagnie y renoncerait-elle à l'avance? Cette renonciation au bénéfice de la clause de non-garantie, cette reconnaissance indirecte de sa responsabilité dans les avaries survenues en cours de route, ne pourrait se supposer que si la mission d'accord donnée à l'expert consistait uniquement à évaluer le chiffre du dommage et de la perte. Tel n'était point le cas de l'espèce où l'expertise devait porter expressément sur la recherche de la cause. Comp. Cass., 5 nov. 1883 (Pand. chr.); 25 juin 1884 (Pand. chr.).

(5) (V. conf. Cass., 14 mars 1883 (Pand. chr.), et les nombreux arrêts cités à la note; 21 nov. 1883 (deux arrêts) (Pand. chr.);

(Chemin de fer du Nord c. Duflot.) — ARRÊT.

LA COUR : — Sur le premier moyen, concernant le premier chef du jugement : — Vu le tarif spécial P. V., n. 4, de la Compagnie du Nord, dûment homologué ; — Vu les art. 1134 et 1354, C. civ. ; — Attendu que la clause de non-responsabilité, insérée au tarif spécial dont l'application avait été requise par l'expéditeur, avait pour effet, sinon de faire disparaître la responsabilité de la Compagnie à l'égard de ses propres fautes ou de celles de ses agents, du moins de mettre la preuve de ces fautes à la charge du propriétaire des marchandises, par dérogation aux règles du droit commun en matière de transports ; — Attendu qu'il résulte du jugement attaqué que, dans l'espèce, l'avarie éprouvée par les marchandises transportées a pour cause la pluie et la gelée ; que ces accidents ne sont pas imputables à la Compagnie, et qu'il n'est, d'ailleurs, relevé aucune faute ni contre elle ni contre aucun de ses agents ; — Attendu, d'autre part, qu'en acceptant une expertise amiable pour reconnaître la nature et l'étendue du dommage et en rechercher la cause, la Compagnie du chemin de fer du Nord ne se reconnaissait pas responsable de l'accident; que cette mesure purement préparatoire n'impliquait nullement, de sa part, l'abandon de ses droits ; — Attendu qu'en jugeant le contraire, le jugement attaqué a violé et faussement appliqué les dispositions précitées ;

Sur le deuxième moyen, concernant le deuxième chef du jugement : — Vu l'art. 7 de la loi du 20 avril 1810 ; — Attendu que le jugement attaqué a condamné la Compagnie à 50 francs de dommages-intérêts pour retard, sans indiquer l'époque de l'expédition ni celle de la livraison, et sans expliquer en quoi consistait le retard, de sorte qu'il est impossible de reconnaître si la Compagnie s'est ou non conformée aux délais réglementaires, et s'il a été fait à la cause une juste application des dispositions qui fixent ces délais ; — D'où il suit que le jugement attaqué manque de base légale et a violé les dispositions susvisées ; — Casse, etc.

MM. Pont, prés. ; Dareste, rapp. ; Charrins, 1er av. gén. (concl. conf.) ; Georges Devin, av.

CASS.-CRIM. 19 avril 1883.

CULTE, ABUS, DÉLIT, CENSURE DES ACTES DE L'AUTORITÉ, ACTION PUBLIQUE, ACTION CIVILE, AUTORISATION PRÉALABLE, QUESTION PRÉJUDICIELLE.

L'organisation de la juridiction disciplinaire d'abus, chargée de réprimer les excès de pouvoir spirituel, n'a porté aucune atteinte à l'indépendance de l'action publique pour la répression des délits de droit commun que les ecclésiastiques peuvent commettre dans l'exercice même du culte et par un abus évident de leur ministère (L. 18 germ. an X, art. 6 et 8 ; C. instr. crim., 1 et 22) (1).

Spécialement, *le ministère public peut, sans renvoi préalable au conseil dÉtat, poursuivre* de plano, *devant la juridiction répressive, le fait par un ecclésiastique d'avoir, soit dans l'enseignement du catéchisme, soit en chaire, prononcé des discours contenant la critique ou la censure des actes de l'autorité publique* (C. pén., 201).

Le recours préalable au conseil d'État n'est nécessaire que dans le cas d'exercice, par les citoyens lésés, de l'action civile (L. 18 germ. an X, art. 6 ; C. instr. crim., 182 et suiv.) (2).

Mais une question préjudicielle d'abus peut s'élever dans une poursuite, même intentée par le ministère public, lorsque, par exemple, s'agissant de contravention à un arrêté de l'autorité administrative, le prévenu oppose à la poursuite le moyen tiré de l'abus que renfermerait, au détriment des droits conférés aux ministres des cultes et au préjudice de la liberté religieuse, le règlement administratif même auquel il aurait été contrevenu (L. 28 germ. an X, art. 7) (3).

(Gilède.) — ARRÊT.

LA COUR : — Sur le moyen tiré de la violation des art. 7 et 8 de la loi du 18 germ. an X, en ce que la Cour d'appel de Toulouse a repoussé l'exception de renvoi proposée par le demandeur, et ordonné qu'il serait plaidé au fond : — Attendu que l'abbé Gilède est poursuivi, en vertu de l'art. 201, C. pén., pour avoir, soit dans l'enseignement du catéchisme, soit en chaire, prononcé des discours contenant la critique ou la censure des actes de l'autorité publique ; — Attendu que le délit relevé ainsi à sa charge aurait été commis, s'il était établi, dans l'exercice même du culte dont il ne pourrait être séparé ; — Attendu que l'abbé Gilède, se fondant sur cette circonstance, a demandé son renvoi préalable devant le conseil d'État ; — Mais attendu que la poursuite dirigée contre lui a été intentée à la requête du ministère public ; — Attendu que les art. 6 et 8 de la loi organique du 18 germ. an X, en déférant au conseil d'État la connaissance des abus imputés aux supérieurs et autres personnes ecclésiastiques, et en organisant ainsi une juridiction disciplinaire chargée de réprimer les excès de pouvoir spirituel, n'ont porté aucune atteinte à l'indépendance de l'action publique, en ce qui concerne la répression des actes qualifiés par la loi pénale que les ecclésiastiques peuvent commettre dans l'exercice même de leur ministère ; — Attendu que la seule restriction au droit de poursuite, qui résulte de ces articles, est contenue dans l'art. 6, qui range, dans les cas d'abus, les entreprises ou procédés qui, dans l'exercice du culte, peuvent compromettre l'honneur des citoyens, troubler arbitrairement leur conscience et dégénérer contre eux en oppression, ou en injure, ou en scandale public ; — Mais attendu que cette

---

20 août 1884 (S. 85. 1. 270. — P. 85. 1. 658. — D. 84. 5. 68); 27 janv. 1885 (S. 85. 1. 270. — P. 85. 1. 659. — D. 85. 5. 63).

(1-2) V. sur ces questions délicates et sur la distinction arbitraire établie par la Cour de cassation entre l'action publique et l'action civile au point de vue de la nécessité d'un recours préalable au conseil d'Etat, nos observations jointes à Cons. d'Ét., 17 mars 1881 (Pand. chr.); 3 août 1884 (Pand. chr.); et à Cass., 23 févr. 1884 (Pand. chr.); 11 févr. 1885 (Pand. chr.).

(3) L'exception d'abus est préjudicielle au jugement du fond ; elle n'est jamais préjudicielle à l'action elle-même. Si donc, à une poursuite dirigée contre lui à la requête du ministère public, l'ecclésiastique oppose, comme moyen de défense, l'abus, l'atteinte apportée à la liberté religieuse, le tribunal de répression ne doit point se dessaisir, mais seulement surseoir à statuer jusqu'à l'examen du conseil d'Etat, seule juridiction compétente en pareille matière. V. Montpellier, 13 déc. 1858 (S. 59. 2. 688. — P. 59. 1020); Cass., 25 juin 1863 (S. 63. 1. 407. — P. 63. 1122. — D. 63. 1. 321); 5 déc. 1878 (deux arrêts) (S. 79. 1. 185. — P. 79. 436. — D 79. 1. 185); 25 mars 1880 (S. 80. 1. 329. — P. 80. 771. — D. 80. 1. 233); 31 mars et 11 août 1881 (S. 83. 1. 385 et 388. — P. 83. 1. 969 et 974. — D. 81. 1. 393); 26 mai 1882 (deux arrêts) (S. 83. 1. 391 et 437. — P. 83. 1. 976 et 980. — D. 82. 1. 379 et 382). V. aussi Cass. (motifs), 23 févr. 1884 (Pand. chr.).

Toutefois, lorsque le fait imputé au ministre du culte ou dont la réparation est poursuivie n'a aucun rapport avec les actes du sacerdoce, le tribunal de répression n'est plus tenu de surseoir; il peut passer outre, car alors il n'y a pas réellement question préjudicielle d'abus; mais un simple moyen employé par le prévenu pour gagner du temps et échapper à la poursuite. V. Cass., 8 mai 1869 (S. 69. 1. 434. — P. 69. 1109. — D. 70. 1. 93); Trib. des conflits, 1er mai 1875 (S. 75. 2. 153. — P. chr. adm. — D. 76. 3. 1); Cass., 27 mai 1882 (D. 82. 1. 381).

restriction, qui a pour résultat de soumettre la plainte des particuliers à l'appréciation préalable du conseil d'État, ne concerne que l'action privée, et que le ministère public en demeure totalement affranchi; que l'action publique reste pleine et entière pour la répression de tous les délits de droit commun, et que la circonstance que ces délits auraient été commis par l'ecclésiastique, dans l'exercice du culte et par un abus évident de son ministère, n'enlève rien à l'indépendance de cette action;

Attendu, il est vrai, qu'une question préjudicielle d'abus peut s'élever dans une poursuite, même intentée par le ministère public; qu'il en est ainsi lorsque, comme en matière de contravention, le prévenu oppose à une poursuite semblable le moyen de défense tiré de l'abus que renfermerait, au détriment des droits conférés aux ministres des cultes et au préjudice de la liberté religieuse, le règlement administratif même auquel il aurait été contrevenu; qu'un pareil moyen de défense, qui s'attaque au titre même de la poursuite et tend à le faire annuler comme entaché d'abus de la part de l'autorité administrative, soulève une question préjudicielle, qui échappe nécessairement à l'examen du tribunal répressif, et dont l'art 7 de la loi précitée, du 18 germ. an X, réserve précisément la connaissance au conseil d'État; — Mais attendu que la poursuite dirigée contre l'abbé Gilède, fondée sur une infraction à la loi commune, ne présentait aucune question de cette nature à résoudre, et que l'exception, par lui proposée, tendait à soumettre la poursuite même à l'appréciation du conseil d'État et à subordonner ainsi l'exercice de l'action publique à l'examen préalable de la juridiction administrative; que c'est donc à bon droit que la Cour d'appel de Toulouse a repoussé cette exception, s'est déclarée compétente et a ordonné qu'il serait plaidé au fond; — Rejette, etc.

MM. le cons. Saint-Luc Courborieu, prés.; Tanon, rapp.; Tappie, av. gén. (concl. conf.); Bosviel, av.

CASS.-CRIM. 21 avril 1883.

DOUANES, CONTRIBUTIONS INDIRECTES, FRAUDE, IMMUNITÉ, TRANSPORTEUR, RÉVÉLATION, FEUILLES DE VOYAGE, MENTIONS, EXPÉDITEUR, PAYS ÉTRANGER, DOMICILE, INSOLVABILITÉ.

L'immunité susceptible d'être invoquée, en matière de contravention de douanes, par les transporteurs de bonne foi, est réglementée par l'art. 29, du titre II, de la loi du 22 août 1791, et non par l'art. 13 de la loi du 21 juin 1873, spéciale à la matière des contributions indirectes (LL. 22 août 1791, tit. II, art. 29; 21 juin 1873, art. 13) (1).

Ainsi, l'immunité établie, en faveur du transporteur, au cas où les objets introduits en fraude se trouvent portés sur la feuille de voyage, n'est susceptible d'être invoquée par le voiturier que lorsque, par les indications portées sur la feuille, l'administration des douanes a été mise en mesure d'exercer des poursuites efficaces contre le véritable auteur de la fraude (L. 22 août 1791, tit. II, art. 29) (2).

Spécialement, *cette immunité reste sans application lorsque l'expéditeur indiqué par le voiturier est domicilié à l'étranger* (Id.) (3).

Et que, d'ailleurs, cet expéditeur n'offre aucune garantie à l'administration (Id.) (4).

(Germa et chemin de fer du Midi c. administration des douanes.) — ARRÊT.

LA COUR : — Sur le moyen tiré de la violation pour défaut d'application de l'art. 13 de la loi du 21 juin 1873: — Attendu que le demandeur était poursuivi pour importation frauduleuse sur le territoire français de marchandises prohibées à l'entrée; — Attendu que l'immunité susceptible d'être invoquée en matière de contravention aux lois sur les douanes, par les transporteurs de bonne foi, se trouve réglementée par l'art. 29 du titre II de la loi du

---

(1 à 4) La préférence que les transporteurs témoignent à la loi du 21 juin 1873, art. 13, les efforts qu'ils tentent à chaque occasion et que l'insuccès ne décourage jamais, dans le but de relever de l'application de cette loi, n'ont rien de platonique; ils s'inspirent, au contraire, de l'intérêt le plus positif.

La loi des 16-24 août 1791, tit. II, art. 29, n'accorde aux transporteurs le bénéfice de l'immunité, en cas de contravention ou de fraude en matière de douanes, que « lorsque les objets sont portés sur la feuille qui doit être représentée pour servir à la déclaration ». — La jurisprudence, interprétant ce texte avec un esprit de sévérité que comporte peut-être la multiplicité des fraudes à réprimer, ne se contente pas de la seule production par les voituriers des feuilles de route et de l'inscription sur ces feuilles des objets de contrebande, avec l'indication exacte de l'expéditeur; elle pousse plus loin ses exigences; la démonstration par les voituriers de leur bonne foi est insuffisante. L'administration des douanes, de par autorité de justice, ne lâche sa proie que lorsqu'elle en tient une autre. Tant pis pour les voituriers; ils n'ont qu'à s'assurer de la nature des colis qu'ils acceptent. Le bénéfice de l'immunité est réservé aux seuls transporteurs qui mettent l'administration en mesure d'exercer des poursuites utiles et efficaces contre le véritable auteur de la fraude. V. Cass., 22 mai 1818; 18 déc. 1818; 9 juill. 1819; 19 août 1819; 28 avril 1820; 6 mars 1824; 21 juill. 1827; 26 avril 1828; 12 juin 1828; 10 nov. 1854 (S. 57. 1. 154. — P. 56. 2. 395. — D. 55. 1. 188). — Faisons observer qu'une telle jurisprudence paraît bien draconienne. Le texte de l'art. 29, tit. II, de la loi des 16-22 août 1791, à le prendre dans sa formule dégagée de tout commentaire, ne contient pas tant de rigueur. Cette rigueur s'expliquait encore au commencement de ce siècle; on pouvait rendre les voituriers responsables des marchandises qu'ils transportaient, parce que les expéditions étaient restreintes, qu'elles ne comportaient qu'un petit nombre de colis sur lesquels la surveillance s'exerçait facilement. Mais aujourd'hui la vapeur a révolutionné tout le système des transports; avec l'augmentation de la production industrielle, les échanges se sont multipliés. Un seul convoi emporte plus de marchandises qu'autrefois le camionnage de toute une année. Les grandes Compagnies de chemins de fer, les entreprises de bateaux à vapeur n'ont aucun intérêt à faire de la contrebande; elles n'en profitent pas; tout au contraire, c'est le plus souvent à leur préjudice même que la fraude se pratique, au détriment des droits de transport plus considérables qu'elles auraient à percevoir si les marchandises étaient déclarées avec leur véritable nature. La rapidité des échanges, la fragilité de certains objets ne permettent pas de vérifier au départ la nature des colis; force est donc d'accepter comme sincères les déclarations des expéditeurs. La jurisprudence, par ses exagérations surfaites, à côté de la loi, exige l'impossible. Les transporteurs ne peuvent qu'une chose : transmettre à la douane les feuilles de route avec les déclarations des marchandises et les indications des expéditeurs. A cette administration de se livrer aux investigations les plus minutieuses, et de poursuivre les fraudeurs.

C'est de cette situation, plus en harmonie avec la réalité vraie des besoins, des nécessités de notre époque, que procède l'art. 13 de la loi du 21 juin 1873, sur les contributions indirectes. D'après cette disposition, l'immunité est accordée aux transporteurs de bonne foi « lorsque, par une désignation exacte et régulière, ils mettent l'administration en mesure d'exercer leurs poursuites contre les véritables auteurs de la fraude ». Il n'y a rien de plus. Les transporteurs ne seront pas tenus de livrer les expéditeurs coupables à l'administration. Leur décharge n'est point à ce prix. Ils sont quittes de l'instant qu'ils prouvent qu'ils ont agi de bonne foi, comme intermédiaires de commettants qu'ils désignent et que, par leur indication, ils mettent l'administration à même de poursuivre.

A notre avis, il n'est pas nécessaire d'une révision de la loi des 16-24 août 1791, tit. II, art. 29, pour aboutir à une interprétation analogue. Il suffirait aux tribunaux et à la Cour de cassation de jeter par-dessus bord une jurisprudence qui a pu avoir sa raison d'être dans un passé déjà loin de nous, mais qui ne se justifie plus par aucune raison sérieuse, qui est en opposition avec la pratique journalière des choses et les nécessités du commerce, et qui est d'autant plus exorbitante qu'elle constitue une aggravation gratuite de la loi.

22 août 1791 ; — Attendu que les dispositions de la loi du 21 juin 1873 ne concernant que les contributions indirectes, l'art. 13 de cette loi ne pouvait être invoquée par le prévenu poursuivi par l'administration des douanes pour un fait de contrebande; que, dès lors, l'arrêt attaqué n'a pu violer ledit article, qui était inapplicable à la cause ;

Sur le moyen subsidiaire, tiré de la violation de l'art. 29 du titre II de la loi du 22 août 1791 et de l'art. 7 de la loi du 20 avril 1810 : — Attendu que si, aux termes dudit art. 29, la condamnation à l'amende ne doit point être prononcée contre le transporteur, lorsque les objets introduits en fraude se trouvent portés sur la feuille de voyage, cette immunité ne saurait toutefois appartenir au voiturier que dans le cas où, par les indications portées sur la feuille, il a mis l'administration des douanes en mesure d'exercer des poursuites efficaces contre le véritable auteur de la fraude; — Et attendu que, dans l'espèce, l'expéditeur indiqué par le prévenu se trouvait domicilié à l'étranger et que, d'ailleurs, l'arrêt attaqué ajoute en termes exprès que cet expéditeur n'offrait aucune garantie à l'administration; que, dès lors, en statuant ainsi qu'il l'a fait, l'arrêt attaqué (Montpellier, 4 décembre 1882) a sainement interprété l'art. 29, ci-dessus visé, en même temps qu'il a justifié par des motifs suffisants le refus d'en faire application en faveur du prévenu ; — Rejette, etc.

MM. Saint-Luc Courborieu, prés. ; Gast, rapp.; Ronjat, av. gén. ; Devin et Housset, av.

CASS.-CRIM. 26 avril 1883 (DEUX ARRÊTS).

QUESTION PRÉJUDICIELLE, PRESBYTÈRE, DESSERVANT, USUFRUIT, DROIT RÉEL, ENLÈVEMENT DE DRAPEAUX, SURSIS.

Le juge de répression n'est pas tenu de s'arrêter à l'exception préjudicielle qu'un desservant, poursuivi pour avoir enlevé des drapeaux arborés par l'autorité publique sur le portail extérieur du presbytère communal, prétendrait tirer d'un droit réel d'usufruit sur le presbytère, si ce droit n'est fondé ni sur un titre apparent, ni sur des faits de possession équivalents (C. pén., 257 ; C. forest., 182) (1).

En pareil cas, il y a lieu de statuer sur l'exception proposée sans renvoi préalable à la juridiction civile (Id.) (2).

(Ribert et Benoist.) — ARRÊT (*après délib. en ch. du cons.*).

LA COUR : — Sur le moyen unique, tiré de la violation de l'art. 182, C. forest. : — Attendu que l'abbé Ribert, desservant de la commune de Brissac, et Benoist, sacristain, ont été poursuivis en vertu de l'art. 257, C. pén., pour avoir enlevé des drapeaux apposés par l'autorité publique sur le portail de l'édifice communal qui sert de presbytère; — Attendu que Ribert a opposé à cette poursuite une exception préjudicielle fondée sur l'art. 182, C. forest., et tirée de ce qu'il aurait sur ce presbytère un droit d'usufruit garanti par la loi; — Attendu que la Cour d'appel d'Angers, chambre correctionnelle, a accueilli cette exception, et en a renvoyé le jugement à la juridiction civile; — Mais attendu, en principe, que le juge de l'action est le juge de l'exception; — Attendu que le droit prétendu par l'abbé Ribert ne présentait pas les caractères de la question préjudicielle prévue et définie par l'art. 182, C. forest.; qu'il n'était fondé ni sur un titre apparent, ni sur des faits de possession équivalents; que le prévenu le faisait résulter uniquement des art. 72 et 74 de la loi du 18 germ. an X, et des art. 6, 13 et 21 du décret du 6 nov. 1813; — Attendu que, quelle que soit la nature des droits conférés par ces lois aux desservants sur les presbytères affectés à leur habitation, le tribunal de répression avait toute compétence pour apprécier le moyen de défense tiré de leurs dispositions, et pour interpréter lesdites lois dans leurs rapports avec la loi pénale dont l'application était requise contre les prévenus; — Attendu, en conséquence, qu'en refusant de statuer sur l'exception proposée, et en en renvoyant la connaissance à la juridiction civile, la Cour d'appel d'Angers, chambre correctionnelle, a méconnu les règles de sa compétence, et violé par fausse application l'art. 182, C. forest.; — Casse, etc.

MM. le cons. Saint-Luc Courborieu, prés.; Tanon, rapp.; Ronjat, av. gén.; Bonnet, av.

Nota. — Du même jour, arrêt identique, cassant un arrêt rendu par la Cour d'Angers, chambre correctionnelle, du 20 sept. 1882, dans la cause concernant l'abbé Vigneron. — Mêmes magistrats.

CASS.-CIV. 1er mai 1883.

TRIBUNAL DE COMMERCE, MANDATAIRE, POUVOIR, LÉGALISATION, MANDANT, JUGEMENT PAR DÉFAUT, HUISSIER, EXPLOIT D'AJOURNEMENT, SIGNATURE.

Les tribunaux de commerce ont le droit, dans l'intérêt des justiciables autant que dans un intérêt supérieur d'ordre public, de contrôler les pouvoirs produits par ceux qui demandent à représenter les parties non comparantes, et de s'assurer de la sincérité de ces pouvoirs (C. proc., 414, 421 ; C. comm., 627) (3).

Notamment d'exiger la légalisation de la signature du mandant, lorsque le mandataire se présente en vertu d'un pouvoir sous seing privé et sans l'assistance de son client (Id.) (4).

Et, en cas de refus du mandataire de remplir cette formalité, ils peuvent ne pas l'admettre à plaider et donner défaut contre le mandant (Id.) (5).

La légalisation ne saurait résulter, du reste, de la signature de l'huissier au bas de l'exploit d'ajournement dans lequel a été inséré le pouvoir donné par le client qui y a apposé sa propre signature (Id.) (6). — V. l'arrêt en sous-note *(a)*.

(1-2) Sur la question préjudicielle, il est de jurisprudence constante, conformément d'ailleurs à la doctrine du présent arrêt, que le juge de répression ne peut admettre l'exception de propriété (ou d'usufruit) qu'après avoir examiné les titres produits par l'inculpé et alors seulement que ces titres sont apparents et rendent vraisemblable le droit allégué. — (V. Cass., 23 (ou 13) avril 1824; 12 févr. 1830; 12 juill. 1834 (S. 35. 1. 279); 14 avril 1839 (S. 39. 1. 427. — P. 39. 1. 563. — D. 39. 1. 380); 25 août 1877 (S. 78. 1. 288. — P. 78. 704. — D. 78. 1. 142); Hoffmann, *Quest. préjud.*, t. II, n. 372, 373, § 2; F. Hélie, *Instr. crim.*, t. VI, n. 2683.) — La Cour de Poitiers, saisie de l'affaire par suite du renvoi après cassation, s'est rangée à la théorie de la Cour suprême; elle a même fait mieux; elle a réédité, en les reproduisant presque textuellement, les motifs de la décision ci-dessus de la chambre criminelle. V. arrêt, 29 juin 1883 (D. 83. 2. 169).

Quant à la nature juridique du droit reconnu aux curés ou desservants sur les presbytères communaux, V. Cass., 9 juin 1882 (Pand. chr.); 11 nov. 1882 (Pand. chr.); 16 févr. 1883 (Pand. chr.); 7 déc. 1883 (Pand. chr.); Trib. des conflits, 15 déc. 1883 (Pand. chr.), et les renvois.

Enfin, relativement à l'application de l'art. 257, C. pén., au fait d'enlever et de déchirer des drapeaux aux couleurs nationales, placés sur les édifices publics à l'occasion du 14 juillet, en exécution d'instructions données par l'administration supérieure, V. Cass., 31 mars et 9 juin 1882 (Pand. chr.); 7 déc. 1883 (Pand. chr.); Trib. des conflits, 14 avril 1883 (Pand. chr.); 15 déc. 1883 (Pand. chr.). V. aussi Cass., 5 juin 1885 (Pand. chr.), et les notes.

(3-4-5-6) MM. Lyon-Caen et Renault, dans leur *Précis de droit commercial*, t. II, n. 3207, ont résumé la question en quelques lignes d'une remarquable concision. Tous les arguments dans un sens ou dans l'autre, se trouvent indiqués, nettement esquissés. Voici ce passage :

« On a dit, contre l'exigence des tribunaux de commerce, qu'aucun texte ne prescrit la légalisation (art. 627, C. comm.), et que

(Jannin c. Renaud et Parent.)

Nous extrayons des conclusions de M. l'avocat général Desjardins, la seule partie relative à la discussion du fond même de la question que soulevait le pourvoi : les tribunaux de commerce ont-ils le droit de vérifier les pouvoirs des mandataires qui se présentent à leur barre, et s'ils ont ce droit, peuvent-ils exiger la légalisation de la signature des mandants ?

« ...Le juge, qui se doit à lui-même et doit à ses fonctions, a dit M. l'avocat général, de bien savoir s'il n'a pas à sa barre, au lieu du vrai plaideur, un faussaire ou un mauvais plaisant, vérifie, comme il le veut et comme il le peut, l' « identité » du mandataire, pourvu qu'il n'enfreigne aucune loi. A-t-il imposé, dans l'espèce, une mesure illégale ?

« Oui, d'après le demandeur, parce qu'il a modifié l'art. 627, C. comm., ainsi conçu : « ...Nul ne pourra plaider pour une partie devant les tribunaux de commerce, si la partie, présente à l'audience, ne l'autorise ou s'il n'est muni d'un pouvoir spécial. Ce pouvoir, qui pourra être donné au bas de l'original ou de la copie de l'assignation, sera exhibé au greffier avant l'appel de la cause, et par lui visé sans frais. » Un pouvoir spécial et visé sans frais ! voilà tout ce qu'exige le législateur. Le tribunal complète et, par conséquent, modifie de sa propre autorité l'art. 627.

« Tel n'est pas notre avis. Lorsque l'ordonnance du 10 mars 1825 exigea qu'il fût fait mention expresse du pouvoir spécial dans les jugements à intervenir, elle ne dénatura pas ce texte du Code, mais en assura l'exécution. Le tribunal de commerce a procédé de même : exiger certaines garanties pour empêcher que la partie, non présente à l'audience, ne soit représentée par un mandataire fictif, c'est encore assurer la loyale et complète exécution de la loi commerciale.

« Le pourvoi s'attaque alors à la nature spéciale de cette garantie, en reprochant au tribunal de commerce d'avoir illégalement astreint un plaideur, dans la cause, à la légalisation d'un acte sous seing privé. Il invoque, avant tout, votre arrêt du 17 mai (ou mars) 1858, ainsi conçu : « Attendu que, suivant le droit commun, la légalisation n'est exigée que relativement aux actes des fonctionnaires ou officiers publics, dont elle a pour objet de certifier les signatures; que, lorsque l'acte est sous seing privé, cette formalité serait inutile, puisque celui à qui on l'oppose peut le dénier ou ne pas le reconnaître; que de tels actes, ne faisant pas pleine foi, et n'ayant pas de caractère exécutoire par eux-mêmes, ne sont susceptibles d'exécution forcée qu'après que les conventions ou autres faits qu'ils énoncent ont été vérifiés ou confirmés par jugement ». (P. 59. 96. — D. 58. 1. 213.) — C'est inutile, donc c'est illégal, poursuit le demandeur; la loi n'a pas pu revêtir les maires d'une attribution qui serait sans aucune portée.

« Mais il s'agissait en 1858, de la signification faite à la Pointe-à-Pitre, d'un acte de délégation passé au Havre, en faveur de la maison Ancel, par le créancier d'un sieur Arsonneau, demeurant à la Guadeloupe. Or la signature des parties qui figuraient à cet acte de délégation n'ayant pas été légalisée, on s'était pourvu pour violation des arrêtés coloniaux des 8 vent. an XII et 8 janv. 1815, en ce que l'arrêt attaqué avait validé une signification faite à la Guadeloupe, d'un acte venant de France, sans légalisation préalable de cet acte par l'autorité compétente. Vous avez, pour rejeter le pourvoi, raisonné ainsi qu'il suit : Pourquoi Haurigot (autre créancier) prétendait-il que la signification de l'acte non légalisé est *nulle?* La légalisation n'a d'autre but que de certifier la signature. Mais, dans les rapports des parties, elle n'empêche pas l'application de l'art. 427, C. proc.; dès lors, ou Haurigot ne conteste pas la sincérité des signatures, et le défaut de légalisation importe peu, ou il la conteste, et son droit, dérivant de l'art. 527, resterait intact nonobstant la légalisation. Donc, les arrêtés de l'an XII et de 1815 n'ont pas été violés. Cette hypothèse diffère absolument de la nôtre, où aucun acte n'est argué de nullité : il ne s'est pas même produit d'incident contentieux, et c'est le juge qui, d'office, cherche à s'éclairer sur la sincérité d'une signature.

« Or l'art. 11 de la loi des 6-27 mars 1791, intitulé : « Décret relatif au nouvel ordre judiciaire », est ainsi conçu : « La légalisation des actes ne sera point faite, les certificats de vie ne seront point donnés par les juges de paix; la légalisation sera faite, les certificats seront donnés gratuitement par les tribunaux de district ou ceux des juges qui en feront les fonctions. Dans les chefs-lieux où sont établis soit les tribunaux, soit les administrations de district, les maires feront les légalisations de district ou ceux des juges qui en feront les fonctions. Dans les chefs-lieux où sont établis soit les tribunaux, soit les administrations de district, les maires feront les légalisations et donneront les certificats de vie concurremment avec les présidents des tribunaux, mais seulement sur les actes des officiers publics, ou pour les citoyens qui seront domiciliés dans l'étendue de la commune. » Toute l'argumentation du pourvoi consiste à dire qu'il faut lire ce texte autrement qu'il n'est écrit, et comme si la loi avait dit : « Feront les légalisations concurremment, etc., mais seulement sur les actes des officiers publics; donneront les certificats de vie concurremment, mais seulement pour les citoyens, etc. » Mais on ne peut pas ainsi démembrer et déna-

---

les tribunaux ne peuvent arbitrairement ajouter à la loi. V. Oudin, *Du monopole illégal des agréés*; Cruchon, *Du droit de défense devant les tribunaux de commerce; De l'usurpation de la puissance législative par les tribunaux de commerce; Des légalisations des actes privés, et spécialement des procurations pour plaider devant certains tribunaux de commerce*. — On allègue, du reste, que les actes authentiques seuls, sont soumis à la légalisation et que les actes sous seing privé ne doivent être légalisés que dans des cas exceptionnels que la loi détermine limitativement. — Enfin, l'on fait observer qu'on ne saurait, dans le silence de la loi, indiquer avec certitude les fonctionnaires compétents pour opérer la légalisation des procurations, et que dans les cas d'assignation de jour à jour ou d'heure à heure, on n'a guère le temps matériel de faire accomplir cette formalité.

« Avec la jurisprudence, nous croyons, au contraire, que l'exigence de la légalisation n'est pas illégale. Les tribunaux de commerce doivent avoir dans l'intérêt des justiciables et dans un intérêt supérieur d'ordre public, le droit de contrôler les procurations produites par ceux qui prétendent pouvoir représenter les parties. Dans le silence de la loi, c'est aux tribunaux à déterminer les mesures qui leur semblent utiles dans ce but. Il n'y a pas de motif pour qu'ils n'exigent pas la légalisation. Ce n'est pas une formalité interdite par la loi pour les actes sous seing privé; elle est même prescrite par elle en certains cas, pour la garantie de la sincérité des signatures des particuliers. En cette matière, elle doit être donnée par le maire de la commune de la résidence du mandant, par application de la loi des 6-27 mars 1791 (art. 11). Si le délai de l'ajournement n'a pas permis de faire opérer la légalisation, il appartient au tribunal d'accorder un délai supplémentaire pour y faire procéder. Mais quand ce délai n'est pas accordé, le tribunal peut donner défaut contre la partie pour laquelle se présente une personne qui produit une procuration non légalisée. » V. en ce sens, Paris, 6 mars 1880 (arrêt contre lequel était dirigé le pourvoi dans l'affaire actuelle) (S. 80. 2. 27. — P. 81. 1. 197. — D. 81. 2. 100); 12 juin 1880, transcrit en sous-note (a). *Adde* les conclusions de M. l'avocat général Desjardins reproduites ci-dessus au cours de cet article, ainsi qu'un avis du procureur général près la Cour de Paris (M. Bernard de Rennes), en date du 24 sept. 1830, et une décision du ministre de la justice (M. Dupont de l'Eure), en date du 13 oct. 1830, approuvant un avis du conseil d'administration du ministère de la justice du 6 du même mois. V. ces derniers documents dans l'ouvrage de M. Camberlin, *Manuel des trib. de comm.*, p. 301 et suiv. (note).

Ajoutons qu'à Paris, les légalisations de signature sont souvent opérées par les soins des commissaires de police.

Dans tous les cas, la signature de l'huissier instrumentant ne peut équivaloir à une légalisation : les huissiers n'ont, en effet, reçu d'aucun texte législatif le pouvoir de donner l'authenticité aux signatures des particuliers. *Sic* Camberlin, *Manuel des tribun. de comm.*, p. 303.

(a) Cet arrêt de Paris (4e ch.), du 12 juin 1880, aff. Esmard c. Comp. française des tramways, est conçu dans les termes suivants :

LA COUR : — Considérant qu'aux termes des art. 421, C. pr. civ., et 627, C. comm., les parties en instance devant les tribunaux de commerce sont tenues de comparaître en personne ou par un mandataire porteur d'un pouvoir spécial; — Qu'en interdisant aux parties de se faire représenter par les avoués dont le ministère est prohibé en ces matières, la loi a laissé aux tribunaux le soin de prendre les mesures qu'ils jugeraient utiles pour contrôler la sincérité de ces mandats; — Considérant qu'il importe à la bonne administration de la justice de garantir les plaideurs contre l'abus qui pourrait être fait d'un pouvoir simulé; que le tribunal doit s'assurer que les parties sont régulièrement représentées à la barre; — Que la légalisation de la signature du mandant par les fonctionnaires investis du droit de certifier la sincérité de ces signatures est de nature à garantir les tribunaux de commerce contre toute surprise, et que cette formalité ne peut entraver ni retarder le cours de la justice; — Considérant, dès lors, que le tribunal de commerce de la Seine, en mettant à néant les causes présentées à son audience au nom d'Esmard par un mandataire dont la procuration n'était pas légalisée, a statué dans la limite de ses droits et qu'il n'y a point lieu d'annuler pour vice de forme les jugements susdatés; — Considérant qu'il importe peu que les pouvoirs conférés par Esmard à son mandataire aient été insérés dans les ajournements signifiés à sa requête et soient constatés par ces ajournements; — Qu'aucune disposition légale ne donne aux huissiers instrumentaires le droit de certifier la signature de leurs clients au bas de leurs exploits ni de conférer un caractère quelconque aux pouvoirs qui peuvent y être insérés; — Confirme.

MM. Senart, prés.; D'Herbelot, av. gén.; Thibault et Clausel de Coussergues, av.

turer un texte qui, lorsqu'on le respecte, s'explique clairement et naturellement : les maires légaliseront les actes des officiers publics et les signatures des simples citoyens, domiciliés dans leur commune, tandis que les présidents exerceront le même droit dans tout le ressort de leur tribunal. Ainsi l'entendait assurément le grand juge, lorsque, par sa lettre du 26 déc. 1807, il traçait aux maires une règle de conduite pour la légalisation des actes sous seing privé. Ainsi l'entendait le conseil d'Etat, lorsqu'il rédigeait son avis du 22 avril 1831 dans les termes suivants : « Toutes les fois qu'il s'agit d'un acte sous seing privé, de la délivrance d'un certificat de vie ou, en un mot, *de toutes les pièces ayant caractère d'utilité*, les maires *ne* peuvent *refuser* de légaliser les signatures des habitants de leurs communes; mais ils peuvent refuser les légalisations qui leur seraient demandées pour certifier des signatures apposées à des écrits qui n'ont aucun but d'utilité judiciaire ou administrative ».

« La formalité serait illégale parce qu'elle est inutile? Mais que signifie, dans ce système, l'ordonnance du 12 déc. 1821, sur la procédure en matière de conflits, ainsi conçue (art. 5) : « Les observations seront fournies par simple mémoire signé de la partie ou d'un avocat en nos conseils; lorsque la partie signera seule, sa signature sera légalisée par le maire de son domicile. » Donc la légalisation d'une signature privée peut éclairer le tribunal sur l'identité d'un plaideur, et ce texte semble décisif : on ne lui a jamais reproché d'avoir modifié la loi de 1791, à laquelle il n'aurait pu déroger qu'illégalement; il l'a purement et simplement appliquée. L'art. 698 (ancien art. 683), C. proc., n'a pas non plus innové en chargeant le maire de légaliser la signature des imprimeurs. Les deux Chambres législatives n'ont pas commis une infraction nouvelle à la loi de 1791 en insérant dans leurs règlements que « les signatures des pétitionnaires doivent être légalisées ».

« Le pourvoi, pour échapper à l'autorité de ces textes, imagine de soutenir que les citoyens dont la signature est à légaliser ont revêtu momentanément, dans ces diverses hypothèses, l'habit du fonctionnaire, ou remplissent tout au moins une sorte de service public, *quoddam munus publicum*. — En aucune façon! Le pétitionnaire a le droit de pétitionner pour son compte et sans se soucier du reste des Français. Quant à la partie qui signe un mémoire, elle résiste dans un intérêt particulier à une mesure prise au nom d'un intérêt général. Où est le *munus publicum?*

« Mais le demandeur insiste en rappelant certaines définitions du mot « légalisations », données par d'estimables jurisconsultes. Il en résulterait que le législateur, en appliquant la « légalisation » à des signatures privées, s'est servi d'une expression impropre. — Il est très-difficile, répondrai-je, de se montrer plus puriste que le législateur, et des impropriétés de termes, quand la loi les a commises, cessent aisément d'être des impropriétés. Mais quand il en serait ainsi, quand il y aurait une légalisation proprement dite, appliquée aux signatures des fonctionnaires, une légalisation improprement dite appliquée aux signatures des simples citoyens, qu'importe? Le tribunal, employant d'ailleurs le langage qu'avaient tenu de nombreux documents législatifs et réglementaires, a pensé que, pour bannir toute incertitude, la signature du mandant devait être garantie par la légalisation improprement dite, et, si l'on veut absolument donner une leçon de grammaire juridique au législateur lui-même, *certifiée, non légalisée*. Qu'importe? Quelle loi a-t-il violée? Il se contente de cette « certification »; qui peut y trouver à redire?

« Enfin, le demandeur argumente du jugement rendu par le tribunal des conflits, le 29 nov. 1879, *De Boislinard* (Pand. chr.). Je ne comprends pas trop, à vrai dire, quel appui ce jugement peut donner au pourvoi. Il y est dit sans doute (et je n'ignore pas que cette doctrine est sérieusement contestée), que les maires légalisent les signatures de leurs administrés, « en leur qualité d'agents du pouvoir central »; s'ils légalisent comme agents du pouvoir central, c'est-à-dire en vertu des attributions générales que leur confère la loi du 18 juill. 1837 (art. 9), ils ne commettent pas une illégalité en certifiant, même en dehors des cas expressément prévus, les signatures des simples particuliers.

« Mais, poursuit-on, d'après cette nouvelle jurisprudence, les maires peuvent arbitrairement refuser la légalisation; par conséquent, on impose aux parties une obligation qui peut être inexécutable. — Le tribunal des conflits est-il allé aussi loin? Il a simplement dit, si je ne m'abuse (et ce n'est pas ici le moment d'examiner si sa jurisprudence, même ainsi entendue, est conforme ou contraire à la loi), que la décision du maire, « soit qu'il délivre, soit qu'il refuse les certificats, constitue un acte d'administration » dont les tribunaux *civils* ne peuvent examiner les motifs ni apprécier la légalité. Cela veut-il dire qu'il ait interdit tout recours à une partie dont le droit serait lésé? En tout cas, allègue-t-on, dans la cause actuelle, un refus de légalisation? Personne ne l'allègue. Or, comme il ne s'agit que d'une mesure individuelle, il ne suffit pas d'alléguer que le maire pourrait, dans une autre cause, refuser de certifier une autre signature. Cette difficulté n'est pas de celles que le tribunal de commerce ait eu à résoudre dans l'espèce, et dont nous devions nous occuper aujourd'hui.

« Je conclus au rejet du pourvoi. »

ARRÊT.

LA COUR : — .....Sur la première branche du moyen (excès de pouvoir et violation des art. 421, C. proc., 627, C. comm., en ce que la Cour d'appel a décidé qu'il appartenait aux tribunaux de commerce de contraindre les parties à faire, dans certains cas arbitrairement désignés, légaliser leurs signatures apposées au bas des procurations données aux personnes qu'elles chargent spécialement de les représenter à l'audience, et que, par suite, le tribunal avait le droit d'écarter le mandataire qui n'était pas muni d'un pouvoir avec signature légalisée) : — Attendu que, d'après l'art. 627, C. comm., nul ne peut être admis à plaider pour une partie non présente à l'audience, s'il n'est muni d'un pouvoir spécial; qu'il résulte de cette disposition que la loi a conféré aux tribunaux de commerce, soit dans l'intérêt des justiciables, soit dans un intérêt supérieur d'ordre public, le droit de contrôler les pouvoirs produits par ceux qui demandent à représenter les parties non comparantes, et de s'assurer de la sincérité de ces pouvoirs; — Attendu qu'elle n'a point déterminé le mode suivant lequel ce droit d'examen peut être exercé; qu'elle s'en est donc rapportée à cet égard à la sagesse des juges, en leur permettant d'avoir recours à tous moyens de procédure rentrant dans les limites de leur compétence; — Attendu que la légalisation des signatures apposées sur les actes sous seing privé, loin d'être une formalité interdite par la loi, est au contraire reconnue, et en certains cas, prescrite par elle comme une garantie de la sincérité des signatures de simples particuliers; — D'où il suit que l'arrêt attaqué, en décidant que le tribunal de commerce avait pu exiger la légalisation de la signature apposée sur le pouvoir sous seing privé produit par Léonel Oudin, qui se disait le mandataire de Jannin, dont il n'était point personnellement assisté à l'audience, et, en présence du refus dudit Oudin de faire remplir cette formalité, ne pas l'admettre à plaider, et donner défaut contre Jannin, et en confirmant en conséquence les jugements des 10 juill., 10 et 24 sept. et 5 nov. 1878, n'a point violé les textes de loi invoqués par le pourvoi, ni commis un excès de pouvoir; — Rejette, etc.

MM. Cazot, 1er prés.; de Lagrevol, rapp.; Desjardins, av. gén. (concl. conf.); Michaux-Bellaire et Devin, av.

CASS.-CRIM. 4 mai 1883.

DIFFAMATION, PUBLICITÉ, CARTE POSTALE, AGENTS DES POSTES, SECRET PROFESSIONNEL, REMISE, CONCIERGE, LOGE, LOCATAIRES, ALLANTS ET VENANTS, LIEU PUBLIC, RÉUNION PUBLIQUE.

La publicité de la diffamation ne peut résulter du simple dépôt à la poste d'une carte postale contenant des imputations diffamatoires; le secret professionnel auquel sont astreints les agents des postes s'étendant aux cartes postales aussi bien qu'aux lettres closes (Décr. 26-29 août 1790; L. 29 juill. 1881, art. 23, 28 et 32) (1).

(1) Les cartes postales, instituées par l'art. 22 de la loi du 20 déc. 1872, sont des lettres missives d'un nouveau genre; si ces lettres ne sont pas closes, il est incontestable qu'elles ont droit aux mêmes garanties que tous objets transportés par l'administration des postes; or la première de ces garanties, c'est l'inviolabilité de la correspondance de la part des agents de cette administration. Un serment est imposé à ces agents par l'art. 2 du décret des 26-29 août 1790.

Elle ne résulte pas non plus de cette circonstance que la carte, avant d'être remise au destinataire, serait restée aux mains du concierge (1) *ou exposée aux regards des personnes allant et venant dans la loge; une loge de concierge n'étant point un lieu public, au sens restreint de l'art. 23 de la loi du 29 juill. 1881* (2), *et la succession des allants et venants n'ayant point le caractère d'une réunion publique qui suppose la présence simultanée d'un certain nombre de personnes dans un même local* (Id.) (3).

(De la Rouveraye.) — ARRÊT (*ap. délib. en ch. du cons.*).

LA COUR : — Vu la loi du 29 juill. 1881 ; — Sur le moyen unique du pourvoi, pris de la violation des art. 23

Une décision ministérielle du 15 févr. 1873 s'occupe spécialement des cartes postales. « La carte postale (est-il dit dans ce document) constitue un nouveau mode de correspondance qui, malgré son prix réduit, a le même droit que la lettre fermée à l'inviolabilité. L'expédition de cette carte à découvert ne saurait délier les agents du service des postes du serment de discrétion qui leur est imposé par le décret des 26-29 août 1790. Ils doivent donc s'abstenir de prendre connaissance, sous peine de manquer à ce serment, des inscriptions au verso des cartes postales. » La décision ministérielle ajoute que tout fait d'indiscrétion commis à l'égard des cartes postales serait puni de la révocation de l'agent, sans préjudice des poursuites judiciaires.

La Cour de cassation a fait application du principe inscrit dans cette instruction ministérielle. Voici dans quelle circonstance de faits : Une directrice d'un bureau de poste avait lu à haute voix dans son bureau, en présence des facteurs réunis, le contenu d'une carte postale. La Cour de Caen l'avait relaxée des poursuites, par le motif que le fait qui lui était reproché ne constituait ni crime ni délit. La chambre criminelle a cassé cet arrêt, le 21 nov. 1874 (S. 75. 1. 89. — P. 75. 180. — D. 75. 1. 224), en déclarant que lorsqu'une carte postale est remise à la poste, elle devient pour l'agent de l'administration une chose secrète, confiée à sa discrétion, et dont il ne peut révéler le contenu. V. aussi sur renvoi, Rouen, 12 févr. 1875 (D. 76. 5. 341).

Voilà le principe clairement formulé. Qu'en résulte-t-il au point de vue de la diffamation? C'est que le fait de remettre à la poste une carte postale diffamatoire dans son contexte, ne peut constituer le délit prévu par l'art. 29 de la loi du 29 juill. 1881, tant que cette carte n'est pas sortie des mains des agents de l'administration des postes. En effet, si cette carte a circulé entre les mains de ces agents, c'est sous le sceau du secret, et, jusqu'à preuve du contraire, elle n'est pas présumée avoir reçu la publicité prévue par l'un des moyens indiqués dans l'art. 23 de la loi du 29 juill. 1881 (Analyse du rapport de M. le conseiller Sallantin).

Avant l'arrêt ci-dessus reproduit, la question de publicité résultant de l'emploi de la carte postale comme moyen de correspondance, avait été soumise à diverses Cours d'appel et à plusieurs tribunaux; elle avait reçu une solution identique avec celle que la Cour de cassation a consacrée. V. notamment, Rouen, 24 juill. 1873 (S. 73. 2. 232. — P. 73. 890. — D. 74. 2. 28); Montpellier, 2 févr. 1876 (D. 78. 3. 7); Dijon, 7 mars 1877 (S. 77. 2. 243. — P. 77. 1005).

(1) En principe, la remise d'une carte postale au domestique du destinataire de cette carte ne constitue pas un acte de publicité. Or le concierge est à l'égard des habitants de la maison un domestique pour certains services déterminés ; il est particulièrement préposé à la réception des lettres qui lui sont remises par le facteur pour les divers locataires.

Cependant, il n'y a pas dans cette seule qualité de mandataire ou de domestique un obstacle absolu à la publicité, de nature à rendre impossible tout délit de diffamation. Ce délit peut résulter d'un propos proféré uniquement devant des serviteurs de la personne diffamée ou, comme l'a décidé un arrêt de la chambre criminelle du 10 déc. 1842 (*Bull. crim.*, n. 324, p. 505), d'un écrit distribué exclusivement aux correspondants ou mandataires de cette personne, à la condition toutefois que la publication du fait diffamatoire aura été effectuée à l'aide de l'un des moyens limitativement énoncés dans l'art. 23 de la loi du 29 juill. 1881. Toute la question est de savoir si, en fait, ces moyens ont été employés et mis en œuvre. C'est ce que nous vérifierons dans la note qui suit.

(2-3) Une carte postale n'est qu'un écrit et pas autre chose, une lettre d'une forme particulière et qui n'a rien de commun avec une affiche ou un placard. Ce sont donc les règles tracées pour la diffamation au moyen d'un écrit qui lui sont applicables.

La diffamation au moyen d'un écrit peut exister de différentes manières, notamment lorsque cet écrit a été exposé; c'est ce dernier mode de publication qui était seul visé dans l'affaire actuelle.

Mais il ne suffit pas, pour que le délit soit consommé, que l'écrit ait été exposé d'une manière quelconque; il ne suffit pas, comme pour le placard ou l'affiche, que le public ait pu lire l'affiche, sans qu'on ait à se préoccuper du lieu où cette affiche a été placée; il faut, d'après l'art. 23 de la loi du 29 juill. 1881, que l'exposition ait eu lieu, *soit dans un lieu public*, soit dans une *réunion publique*.

Examinons si l'une ou l'autre de ces conditions se trouve remplie dans notre pièce.

Une loge de concierge peut-elle être rangée dans la catégorie des *lieux publics*?

La loi, pas plus celle du 29 juill. 1881 que celle du 17 mai 1819, n'a pas défini ce qu'on doit entendre par un lieu public.

Mais la jurisprudence s'est déjà prononcée sur un certain nombre de cas, et il est utile d'en opérer le rapprochement avec les circonstances actuelles.

Ainsi, elle a reconnu le caractère de lieux publics : — aux auberges : Cass., 19 févr. 1825; 26 nov. 1864 (S. 65. 1. 102. — P. 65. 199); — aux bureaux d'une sous-préfecture : Cass., 4 août 1826; — à une salle d'audience : Cass., 19 nov. 1829 (encore cette publicité n'est-elle pas absolue. (V. Cass., 4 août 1832, S. 33. 1. 872. — P. chr.); — à une salle de spectacle : Cass., 2 juill. 1812; — au greffe d'un tribunal : Cass., 22 août 1828; 20 déc. 1873 (S. 74. 1. 133. — P. 74. 301. — D. 74. 1. 393); — à un bureau de chemins de fer: Cass., 28 avril 1843 (S. 43. 1. 727. — P. 43. 2. 500. — D. 43. 1. 317). — Dans toutes ces espèces, il s'agissait de lieux qui, par leur nature, par leur destination, étaient accessibles au public; le public avait le droit de s'y présenter.

Au contraire, elle a refusé ce caractère : — à une diligence allant d'une ville à une autre : Cass., 27 août 1831 (S. 32. 1. 114. — P. chr.); — à la cour d'un presbytère : Cass., 1er mars 1834 (S. 35. 1. 505. — P. chr.); — à la boutique d'un maréchal-ferrant: Cass., 15 mars 1832 (S. 32. 1. 669. — P. chr.); Caen, 8 janv. 1849 (P. 50. 2. 607); — à l'étude d'un avoué ou d'un huissier: Riom, 13 nov. 1867 (S. 68. 2. 110. — P. 68. 563), etc.

Dans ces dernières espèces, il s'agit de domiciles privés, qui ne perdent pas ce caractère, bien qu'à certains égards ils soient accessibles au public.

Or une loge de concierge n'est-elle pas une dépendance d'une habitation particulière, habitation dont la nature est essentiellement privée? N'est-ce pas le domicile personnel du concierge qui, comme tout autre citoyen, a le droit de revendiquer l'inviolabilité de son chez lui?

Sans doute, par sa charge domestique, il est obligé de rendre divers services aux habitants de la maison; il doit, dans une certaine limite, recevoir ou exécuter leurs ordres, conserver les lettres qui leur sont destinées, répondre aux personnes qui viennent les demander. Mais ces divers offices ont-ils pour conséquence de transformer son habitation en un lieu public, dans le sens de la loi du 17 mai 1819? Si la boutique d'un marchand, la cour d'une maison particulière ne sont pas des lieux publics, bien que le public y ait accès, pourquoi en serait-il autrement de la loge d'un concierge, où le public n'a pas légalement le droit de pénétrer ou de stationner?

La carte postale n'a donc point été exposée dans un lieu public; l'a-t-elle été du moins dans une *réunion publique*? Cette dernière circonstance suffirait à elle seule pour établir le délit, alors même que l'exposition n'aurait pas eu lieu dans un endroit public.

Mais une réunion, ainsi que le mot l'indique, comporte nécessairement la présence simultanée d'un certain nombre de personnes. Or les constatations de l'arrêt cassé dans notre espèce ne mentionneraient qu'une exposition prolongée dans « un lieu destiné aux allées et venues d'un grand nombre de personnes ». Des allants et venants, quel que soit leur nombre, ne constituent pas une réunion, pas plus que les passants qui se succèdent dans la rue ou sur la place publique.

Sans doute, il est des cas où la carte postale contenant des imputations diffamatoires pourra devenir l'instrument du délit de diffamation. Ainsi, dans une espèce jugée par le tribunal de la Seine, 2 juill. 1873 (S. 72. 2. 232. — P. 73. 890. — D. 74. 3. 79), le diffamateur avait adressé la carte postale dans un café où le destinataire se rendait habituellement; il fut établi que cette carte était restée exposée dans ce café, où elle avait passé de main en main. Il y avait là tous les caractères du délit, et c'est à bon droit que la peine édictée par l'art. 18 de la loi du 17 mai 1819 a été appliquée. De même, si le juge du fait déclare que la carte postale diffamatoire a été colportée ou lue à plusieurs personnes, suivant la recommandation faite par le prévenu, le délit de diffamation sera encore constant (V. Cass., 29 juill. 1858, *Bull. crim.*, n. 216). (Analyse du rapport de M. le conseiller Sallantin.)

et 32 de ladite loi, en ce que l'arrêt attaqué aurait condamné le demandeur pour diffamation, bien que le fait constituant le délit n'ait pas reçu la publicité prévue par la loi : — Attendu que la diffamation ne tombe sous l'application de la loi pénale que lorsqu'elle a été commise par l'un des moyens limitativement énoncés dans les art. 23 et 28 de la loi du 29 juill. 1881 ; que s'il s'agit, comme dans l'espèce, d'une diffamation résultant d'un écrit, il faut, aux termes de l'art. 23, pour que le délit existe légalement, que l'écrit ait été vendu ou exposé dans des lieux ou réunions publics; — Attendu que l'arrêt attaqué constate en fait que de la Rouveraye a, dans l'intention de nuire à la dame Garnier, mis à la poste, à l'adresse de cette dame, une carte postale contenant des imputations de nature à porter atteinte à sa considération; que l'arrêt ajoute que cette carte, confiée à découvert au service de la poste, a été ainsi exposée aux regards, non-seulement des agents de cette administration, mais aussi du concierge de la maison habitée par la dame Garnier et des personnes que leurs besoins ont appelé dans la loge de ce concierge; — Attendu que la publicité de la diffamation ne peut résulter du simple dépôt à la poste d'une carte postale; que, tant que cette carte est dans les mains des préposés de l'administration des postes, elle ne reçoit aucune publicité; qu'en effet, d'après les instructions ministérielles, les cartes postales sont, au point de vue du secret, assimilées aux lettres closes; qu'il est, dès lors, expressément interdit aux employés, facteurs et autres agents de l'administration, de prendre communication de leur contenu, sous peine de manquer au serment qui leur est imposé par le décret des 26-29 août 1790; — Attendu que les autres faits de publication constatés par l'arrêt attaqué ne rentrent pas davantage dans les modes de publication indiqués par l'art. 23 de la loi du 29 juill. 1881; que l'arrêt, il est vrai, déclare que la carte postale dont il s'agit, avant d'être remise à la dame Garnier, a été exposée aux regards soit du concierge de sa maison, soit des personnes qui allaient et venaient dans la loge de ce concierge; mais qu'il n'en résulte pas que cette carte ait été exposée dans les conditions que suppose l'article de la loi susvisée, c'est-à-dire placée d'une façon apparente, de manière à attirer les regards et à pouvoir être lue par le public; — Attendu, d'une autre part, qu'une loge de concierge, dépendant d'une habitation privée, n'est pas, par sa nature ou sa destination, un lieu dans lequel le public ait le droit de pénétrer et de stationner; qu'elle ne saurait, dès lors, sauf dans des circonstances exceptionnelles qui n'existent pas dans l'espèce, être considérée comme un lieu public dans le sens restreint que l'art. 23 de la loi précitée donne à cette expression; — Attendu, d'ailleurs, que l'arrêt ne constate pas que certains locataires aient eu connaissance du contenu de la carte postale, ou que cette carte ait été exposée dans une réunion qui suppose la présence simultanée d'un certain nombre de personnes dans un même local, et non une succession d'allants et venants, comme l'indique l'arrêt; que, dès lors, les conditions exigées par l'art. 23 de la loi susvisée pour établir la publicité ne se trouvent pas remplies, et que, si le fait relevé à la charge du demandeur pouvait constituer une injure, il ne présentait pas les caractères légaux du délit de diffamation; — Casse l'arrêt de la Cour de Paris du 22 janv. 1883, etc.

MM. Baudouin, prés.; Sallantin, rapp.; Tappie, av. gén.; de Ramel, av.

CASS.-CRIM. 5 mai 1883.

MARQUE DE FABRIQUE, PROPRIÉTÉ, DÉPÔT, FAITS ANTÉRIEURS, CONTREFAÇON.

Le dépôt d'une marque de fabrique est simplement déclaratif et non attributif de propriété (L. 23 juin 1857, art. 2). — Motifs (1).

Mais ne jouissent des garanties et de la protection de la loi pénale que les seules marques dont le dépôt a été effectué (Id.) (2).

En conséquence, les faits d'usurpation antérieurs au dépôt échappent à toute répression correctionnelle (Id.) (3).

(1-2) La marque de fabrique ou de commerce appartient à celui qui la prend le premier. Le dépôt protége cette propriété, mais ne la fait pas naître. C'est cette idée qui se trouve exprimée, concentrée dans cette formule usuelle : le dépôt de la marque est *simplement déclaratif et non attributif de propriété*. Déjà, avant la loi du 23 juin 1857, cette doctrine était universellement admise (V. Rouen, 30 nov. 1840, S. 41. 2. 81. — P. 41. 1. 232. — D. 41. 2. 107; Cass., 17 mai 1843, S. 43. 1. 702. — P. 43. 2. 497. — D. 43. 1. 327), et il n'a été rien innové à cet égard. Tout au contraire, ce principe est resté, quoique sous-entendu, la base de la nouvelle réglementation.—V. Metz, 31 déc. 1861 (S. 62. 2. 342. — P. 63. 608); Montpellier, 17 juin 1862 (*Annales de la propr. industr.*, 62. 273); Paris, 13 juill. 1883 (S. 85. 2. 158. — P. 85. 1. 835); Cass., 17 juin 1884 (S. 86. 1. 407. — P. 86. 1. 1004); Trib. civ. Seine (3e ch.), 4 avril 1887, aff. Hervy c. Chauveau (inédit); Rendu, *Tr. des marques de fabr.*, n. 77; Pouillet, *id.*, n. 108, et notre *Dictionnaire de dr. comm., ind. et marit.*, t. V, n. 70, 101 et 102.)

Il résulte donc de là que le dépôt établit seulement au profit du déposant une présomption de propriété qui peut être détruite par la preuve que font d'autres fabricants d'un usage de la marque antérieur au dépôt.— V. les arrêts de Metz et de Montpellier précités. *Adde* : Paris, 17 janv. 1867 (*Annal. de la propr. industr.*, 67. 21); 4 févr. 1869 (*ibid.*, 69. 259); 19 juin 1870 (*ibid.*, 70. 219); 20 juill. 1872 (*ibid.*, 72. 295); Lyon, 31 juill. 1872 (*ibid.*, 73. 24); Aix, 8 août 1872 (*ibid.*, 73. 29); Poitiers, 19 juill. 1872 (*ibid.*, 73. 16); Aix, 29 nov. 1877 (*Rec. de cette Cour*, 78. 60); Calmels, *Contrefaçon*, n. 216, et *Marques de fabr.*, n. 51; Rendu, *op. cit.*, n. 70 et suiv. — *Contrà* Trib. civ. Charleville, 17 août 1878 (*J. trib. comm.*, 78. 425.) — Et il appartient aux juges du fond de constater qu'une marque est ou non tombée dans le domaine public. V. Cass., 13 janv. 1880 (S. 82. 1. 449. — P. 82. 1. 1135); 30 juill. 1884 (S. 86. 1. 262. — P. 86. 1. 629).

Une constatation de cette nature suffirait pour faire repousser la demande en revendication formée par un fabricant, encore bien qu'il alléguerait avoir opéré le dépôt de la marque, s'il est d'ailleurs constant que la marque était tombée dans le domaine public avant ce dépôt. En pareille hypothèse, aucune force de présomption de propriété ne s'attache au dépôt; le défendeur à l'action en revendication n'a pas à la détruire, puisqu'elle n'existe pas. — V. Cass., 30 juill. 1884 (S. 86. 1. 262. — P. 86. 1. 629).

(3) Le dépôt a-t-il un effet rétroactif? Autrement dit, un fabricant a-t-il le droit de poursuivre des contrefaçons postérieures à la création de la marque, mais antérieures au dépôt?

Au civil, cela n'est pas douteux. Les principes du droit commun suffisent à assurer ce résultat. La loi de 1857, loin de diminuer et d'affaiblir les garanties dont jouit tout droit de propriété, les a, au contraire, fortifiées, en y ajoutant de nouvelles protections. Cette opinion est formellement exprimée dans le rapport de la commission du Corps législatif, reproduit par Bédarride, *Brevets d'invent. et marques de fabr.*, t. III, p. 476. La jurisprudence est aussi nettement fixée dans ce sens. — V. Rouen, 30 nov. 1867 (*Annales de la propr. industr.*, 68. 105); Lyon, 31 juill. 1872 (*ibid.*, 73. 24); Paris, 13 juill. 1883 (S. 85. 2. 158. — P. 85. 835); Cass., 17 juin 1884 (S. 86. 1. 407. — P. 86. 1. 1004), et notre *Dictionnaire, op.* et *verb. cit.*, n. 104.

Mais, au correctionnel, en doit-il être de même? La question est vivement controversée. — (V. dans le sens de l'arrêt ci-dessus : Paris, 30 juin 1865 (*Annal. de la propr. industr.*, 65. 344); Lille, 4 déc. 1872 (*Rec. de Douai*, 73, 161); Paris, 29 juin 1882 (S. 82. 2. 201. — P. 82. 1. 989) (c'est l'arrêt qui était frappé de pourvoi dans l'affaire actuelle); Bédarride, *Brev. d'invent. et marques de fabr.*, n. 862; Ch. Lyon-Caen, observations insérées au S. et au P.; sous l'arrêt de Paris, 29 juin 1882, précité.) Sur quel argument capital s'appuient et arrêts et auteurs dans cette opinion? Sur cette considération qu'il serait, au point de vue pénal, tout à fait exorbitant de donner au dépôt un effet rétroactif.

Nous pourrions objecter que c'est là néanmoins l'effet reconnu au dépôt relativement aux œuvres littéraires et artistiques (V. notre *Dictionnaire*, t. VI, v° *Propriété littéraire*, n. 134 et suiv.), qu'il existe entre les deux matières de grandes analogies. La con-

(Saxlehner c. Riboulet.) — ARRÊT.

LA COUR : — Sur le premier moyen, pris de la violation des art. 2, 7 et 8 de la loi du 23 juin 1857, en ce que l'arrêt attaqué aurait refusé de faire application desdits articles au prévenu Riboulet, par le motif que les faits de contrefaçon de marque qui lui étaient imputés étaient antérieurs au dépôt de la marque effectué par Saxlehner, au greffe du tribunal de commerce de la Seine : — Attendu que l'art. 2 de la loi du 23 juin 1857 dispose que nul ne peut revendiquer la propriété exclusive d'une marque de fabrique qu'après le dépôt de cette marque; qu'il résulte des travaux préparatoires de cette loi que le législateur n'a voulu accorder le bénéfice de ses dispositions protectrices qu'à la marque régulièrement déposée, et que le propriétaire d'une marque non déposée n'aurait d'autres droits, pour se défendre contre le contrefacteur, que ceux qu'il puise dans l'art. 1382, C. civ., sans pouvoir prétendre aux garanties pénales que la loi de 1857 n'accorde qu'à la marque dont le dépôt a été effectué; — Attendu sans doute que ce dépôt n'est pas nécessaire pour attribuer la propriété d'une marque à l'industriel ou au fabricant qui en fait usage; qu'il ne s'agissait pas, dans l'espèce, de savoir si Saxlehner était ou non propriétaire de la marque usurpée par Riboulet, mais s'il pouvait traduire ce dernier devant le tribunal correctionnel pour lui faire appliquer les peines édictées par la loi du 23 juin 1857; — Attendu que la loi du 22 germ. an XI et le décret du 11 juin 1809, modifié par l'avis du conseil d'Etat du 20 févr. 1810, qui, avant la loi de 1857, réglaient la propriété des marques de fabrique, disposaient que nul ne sera admis à intenter une action en contrefaçon de sa marque, s'il ne l'a fait connaître d'une manière légale par le dépôt d'un modèle au greffe du tribunal de commerce et au secrétariat des prud'hommes; que la loi du 23 juin 1857, dans son art. 2, n'a fait que maintenir ce principe, et que nul ne peut revendiquer le bénéfice de ladite loi, s'il n'a préalablement opéré le dépôt de sa marque dans les formes prescrites; — Attendu que l'arrêt attaqué (Paris, 29 juin 1882) constate que les faits de contrefaçon imputés à Riboulet ont été commis à une époque antérieure au dépôt de la marque du demandeur; qu'il est de principe que nulle peine ne peut être appliquée que lorsqu'elle a été édictée par une loi; que la loi de 1857 ne punissant la contrefaçon d'une marque que dans le cas où cette contrefaçon a eu lieu postérieurement au dépôt de la marque contrefaite, c'est avec raison que l'arrêt attaqué a déclaré que, dans l'état des faits constatés, il n'y avait lieu de faire application à Riboulet des peines prévues par la loi du 23 juin 1857; — Sur le second moyen...; — Rejette, etc.

MM. le cons. Saint-Luc-Courborieu, prés.; Sallantin, rapp.; Tappie, av. gén.; Defert et Massénat-Deroche, av.

CASS.-CRIM. **5 mai 1883.**

MARQUE DE FABRIQUE, TROMPERIE, NATURE DU PRODUIT, EAU MINÉRALE, COMPOSITION CHIMIQUE, POURSUITE CORRECTIONNELLE.

Il y a tromperie, à l'aide d'une marque, sur la nature du produit vendu, dans le fait de vendre ou de mettre en vente, sous le nom d'une eau minérale naturelle (dans l'espèce, l'eau du Hunyadi-Janos), une eau artificielle contenue dans des fioles dont le bouchon, la capsule et l'étiquette portent la marque contrefaite du propriétaire de la source (C. pén., 423; L. 23 juin 1857, art. 8, § 3) (1).

Et il en est ainsi, quelle que soit la composition de l'eau artificielle et alors même qu'elle renfermerait les mêmes éléments chimiques que l'eau naturelle (Id.) (2).

L'action en réparation d'un tel délit n'appartient pas seulement au ministère public et aux acheteurs trompés; elle peut aussi être exercée par le propriétaire de la marque contrefaite (C. instr. crim., 1, 2; L. 23 juin 1857, art. 17, 18) (3).

(Fleury c. Saxlehner.) — ARRÊT.

LA COUR : — Sur le second moyen, pris de la violation de l'art. 8, § 3, de la loi du 23 juin 1857, par fausse application aux faits de la cause des dispositions pénales dudit article : — Attendu que l'arrêt attaqué constate en fait que Fleury a vendu sous le nom d'eau naturelle minérale d'Hunyadi-Janos une eau artificielle contenue dans une fiole dont le bouchon, la capsule et l'étiquette portaient les marques contrefaites du sieur Andreas Saxlehner, propriétaire de la source d'eau minérale d'Hunyadi-Janos; que

---

trefaçon ne se produisant pas plus fortuitement ici que là, l'usurpation vient toujours, dans la plupart des cas tout au moins, d'un acte voulu, réfléchi, d'un calcul coupable de lucre.

Il y a mieux. Sans doute, la loi de 1857 déclare expressément que l'effet du dépôt est de permettre de poursuivre les contrefacteurs, et, par suite, la plainte au correctionnel ne peut précéder le dépôt. Ce point est incontestable (V. notre *Dictionnaire*, t. V, v° *Marques de fabrique*, n. 106). Mais il est tout aussi hors de controverse, comme le reconnaît d'ailleurs l'arrêt ci-dessus reproduite, que le dépôt n'est pas attributif de propriété, qu'il est simplement déclaratif. Or les poursuites correctionnelles dérivent du droit de propriété; elles peuvent être paralysées dans leur exercice tant que le dépôt n'a pas été effectué. Cette formalité remplie, tout obstacle disparaît, et du même coup s'efface toute différence entre la contrefaçon antérieure et celle postérieure au dépôt. L'une comme l'autre constitue une usurpation du droit de propriété et mérite au même titre une répression. Restreindre l'exercice des poursuites aux seuls faits postérieurs, c'est donner pour date d'origine à la propriété le dépôt, faire de cet événement le commencement de tous les droits, de toutes les actions, au moins au point de vue pénal. Autant dire alors que ce qui est vrai au civil ne l'est plus au correctionnel, et que, pour la répression des contrefaçons, le dépôt est *attributif* et non point déclaratif. *Sic :* Paris, 4 févr. 1869 (*Annales de la propr. industr.*, 69. 259); Cass., 20 juin 1874 (S. 76. 1. 231. — P. 76. 545. — D. 76. 1. 139); Rendu, *op. cit.*, n. 69; Calmels, *Des marques de fabr.*, n. 53; Blanc, *Contrefaçon*, p. 768 et 769; Pouillet, *Marques de fabr.*, n. 108; Huard, *Rép. en mat. de marques de fabr.*, p. 23, n. 16, et notre *Dictionnaire*, t. V, v° *Marques de fabr.*, n. 105.

(1-2) Pour que le délit de l'art. 8, § 2, de la loi du 23 juin 1857 existe, il faut que la tromperie porte sur la *nature* même des marchandises. — (V. Cass., 30 déc. 1859, Pand. chr.; Rendu, *Marques de fabr.*, n. 280 et suiv.; Blanc, *Contrefaç.*, p. 773; Million, *Tr. des fraudes en matière de marchandises*, p. 177); elle ne tomberait plus sous le coup de cette disposition spéciale, si elle portait : — soit sur la *qualité :* Cass., 30 déc. 1859, précité; Rendu, n. 200; Million, *loc. cit.*; — soit sur l'*origine* des produits. En effet, ce dernier genre de tromperie est puni par la loi du 28 juill. 1824. On conçoit donc que le législateur de 1857 ne l'ait pas mentionné. *Sic :* Rendu, n. 202; Bédarride, *Brev. d'invent. et marques de fabr.*, t. III, n. 936. — V. au surplus, sur ces divers points, notre *Dictionnaire de dr. comm., ind. et marit.*, t. V, v° *Marque de fabr.*, n. 178, 185, 189, 190.)

Ajoutons que, indépendamment de la loi spéciale de 1857, il peut y avoir lieu aussi à application de l'art. 423, C. pén. — (V. Angers, 4 mars 1870 (S. 70. 2. 150. — P. 70. 597. — D. 70. 2. 59); et dans l'affaire actuelle, Trib. corr. Seine, 1er févr. 1882, sous Paris, 29 juin 1882 (S. 82. 2. 201. — P. 82. 1. 989.)

(3) Même dès avant la loi de 1857, on décidait que le fabricant dont la dénomination avait été usurpée ou le propriétaire dont la marque avait été contrefaite, pouvait poursuivre devant les tribunaux correctionnels la réparation du tort qui lui avait été causé, et l'on admettait qu'il y avait là un préjudice sérieux à ses intérêts aussi bien qu'à l'intérêt des acheteurs ou consommateurs. V. Orléans, 30 avril 1851 (S. 52. 2. 88. — P. 51. 2. 167. — D. 53. 2. 35); Angers, 4 mars 1870 et Trib. corr. Seine, 1er févr. 1882, précités. — La loi du 23 juin 1857 n'a rien innové à cet égard. — V. Trib. corr. Seine, 5 déc. 1860 (*Annales de la propriété industr.*, 61. 88), et notre *Dictionnaire de dr. comm., ind. et marit.*, t. V, v° *Marques de fabr.*, n. 187 et 188.

Fleury soutient que ce fait ne peut tomber sous l'application de l'art. 8, § 3, de la loi du 23 juin 1857, parce que l'eau artificielle qu'il vendait sous le nom d'Hunyadi-Janos renfermait les mêmes éléments chimiques que l'eau naturelle, et que, dès lors, l'acheteur n'a pas été trompé sur la nature du produit; — Attendu, il est vrai, que, dans l'art. 8 de la loi précitée, les mots *nature du produit* doivent s'entendre comme ceux de l'art. 423, nature de la marchandise; qu'il faut, pour que ledit art. 8 soit applicable, que le produit vendu ou mis en vente soit revêtu d'une marque portant des indications propres à tromper l'acheteur non sur la qualité de la chose, mais sur sa nature même, sur son essence et son identité; — Attendu que c'est un fait de ce genre que l'arrêt attaqué à constaté à la charge du demandeur; qu'en vendant ou mettant en vente comme provenant de la source d'Hunyadi-Janos une eau artificielle, fabriquée à Paris, quelle que fût d'ailleurs la composition de cette eau, Fleury trompait en réalité l'acheteur sur la nature du produit vendu, dont il cherchait à dissimuler l'essence et l'identité; que c'est, dès lors, à bon droit que l'arrêt attaqué a déclaré que ce fait constituait le délit prévu par l'art. 8, § 3, de la loi du 23 juin 1857;

Sur le 3e moyen, pris de la violation du même article, en ce que Fleury aurait été condamné sur la citation donnée à la requête de Saxlehner, propriétaire de la marque contrefaite, alors que l'action correctionnelle pour la réparation d'un délit de ce genre n'appartient qu'au ministère public ou aux acheteurs trompés; — Attendu qu'aux termes des art. 1 et 2, C. instr. crim., l'action en réparation du dommage causé par un crime, un délit ou une contravention, peut être exercée par tous ceux qui ont souffert de ce dommage; que ce droit ne saurait être restreint ou limité que par une disposition expresse de la loi; — Attendu que la loi du 23 juin 1857 a pour objet principal de protéger les marques de fabrique et d'en assurer la disposition exclusive au profit des industriels ou commerçants qui en ont opéré le dépôt; que, loin de priver les propriétaires des marques du droit de poursuivre directement les contrefacteurs, la loi du 23 juin 1857, dans ses art. 17 et 18, leur reconnaît expressément ce pouvoir et trace la procédure qu'ils doivent suivre pour saisir soit la juridiction civile, soit la juridiction correctionnelle; — D'où il suit qu'en faisant application à Fleury de la peine édictée par l'art. 8 de la loi du 23 juin 1857, l'arrêt attaqué n'a nullement violé ladite loi; — Rejette, etc.

MM. le cons. Saint-Luc-Courborieu, prés.; Sallantin, rapp.; Tappie, av. gén. (concl. conf.); Massénat-Deroche et Defert, av.

CASS.-CIV. 9 mai 1883.

CHEMINS DE FER, TARIF, HOMOLOGATION, FORCE OBLIGATOIRE, RESPONSABILITÉ (CLAUSE DE NON-), FAUTE, PREUVE, CONSTATATION INSUFFISANTE.

Les tarifs de chemins de fer, dûment homologués, ont force de loi et doivent être exécutés et appliqués, suivant leur forme et teneur (C. civ., 1134) (1).

Si la clause de non-garantie n'a pas pour effet d'exonérer la Compagnie de l'entière responsabilité de ses fautes, elle a du moins pour résultat, contrairement aux règles du droit commun, d'en mettre la preuve à la charge des expéditeurs ou destinataires (C. comm., 103) (2).

Par suite, doit être cassé le jugement qui, pour condamner la Compagnie en des dommages-intérêts, à raison de la perte en cours de route d'objets transportés gratuitement en retour d'une expédition antérieure de marchandises, induit la faute de la perte même des objets, sans relever aucune autre circonstance de nature à la mieux caractériser (C. civ., 1382) (3).

(Chem. de Paris-Lyon-Méditerranée c. Michaudon.) — ARRÊT.

LA COUR : — Sur le moyen unique du pourvoi : — Vu l'article unique du tarif spécial P. V. 171, de la Compagnie du chemin de P.-L.-M., et l'art. 1382, C. civ.; — Attendu qu'il résulte, en fait, des conclusions des parties devant le tribunal et des constatations du jugement attaqué, que les cadres, bache et prolonge, objet du litige, avaient servi à l'emballage de marchandises antérieurement expédiées par Michaudon à Manchès et Touchon, et lui ont été réexpédiés en retour par ces derniers, dans les conditions du tarif spécial P. V. 171; que lesdits cadres et accessoires ont été perdus; — Attendu, en droit, d'une part, qu'aux termes de ce tarif, la Compagnie ne répond pas de la perte ou de l'avarie des emballages de toute sorte qu'elle transporte gratuitement, en retour d'une expédition de marchandises effectuée par son entremise; que les tarifs de chemin de fer, dûment homologués, ont force de loi, et doivent être exécutés et appliqués suivant leur forme et teneur; que, d'autre part, si la clause de non-garantie n'a pas pour effet d'exonérer la Compagnie de toute responsabilité à raison des fautes commises par elle, elle a pour résultat, contrairement aux règles ordinaires, d'en mettre la preuve à la charge des expéditeurs ou destinataires; que, dès lors, en induisant la faute de la Compagnie P.-L.-M. de la perte même des objets expédiés à Michaudon, sans relever aucune autre circonstance qui fût de nature à la constituer réellement en faute, et en la condamnant, par ce motif, à payer audit Michaudon, une certaine somme à titre de dommages-intérêts, le jugement attaqué a faussement appliqué l'art. 1382, C. civ., et par conséquent violé ledit article et les dispositions du tarif susvisé; — Casse, etc.

MM. Gazot, 1er prés.; Descoutures, rapp.; Charrins, 1er av. gén. (concl. conf.); Dancongnée, av.

CASS.-CIV. 21 mai 1883.

SAISIE IMMOBILIÈRE, DOT, IMMEUBLES, INALIÉNABILITÉ, REVENDICATION, ADJUDICATION, JUGEMENT, CHOSE JUGÉE.

La demande en délaissement d'immeubles saisis, sous prétexte de dotalité de ces immeubles, n'est plus recevable lorsqu'elle se produit après l'expiration des délais impartis à la partie saisie pour produire ses réclamations, alors que le jugement d'adjudication, ayant acquis l'autorité de la chose jugée, l'adjudicataire est devenu propriétaire définitif (C. civ., 1351, 1554; C. proc., 728, 729) (4).

(Boutet c. Rives et Martin.) — ARRÊT.

LA COUR : — Statuant sur le moyen unique du pourvoi;

(1) Principe constant. — (V. not. Cass., 17 mai 1882 (Pand. chr.); 26 nov. 1883 (S. 85. 1. 378. — P. 85. 1. 919. — D. 85. 1. 20); 13 août 1884 (Pand. chr.); 2 févr. 1885 (S. 85. 1. 502. — P. 85. 1. 1186); 25 mars 1885 (S. 86. 1. 78. — P. 86. 1. 182. — D. 85. 1. 436); 24 mars 1886 (Pand. pér., 86. 1. 134), et les renvois. — *Adde* notre *Dict. de dr. comm., ind. et marit.*, t. II, v° *Chemin de fer*, n. 66 et suiv.)

(2) La jurisprudence est fixée, en ce sens, par de nombreux arrêts. — (V. notamment Cass., 26 avril 1883 (Pand. chr.); 21 août 1883 (Pand. chr.); 11 févr. 1884 (Pand. chr.); 22 avril 1885 (Pand. chr.); Paris, 7 août 1885 (Pand. pér., 86. 2. 1); Cass., 9 et 29 mars 1886 (Pand. pér., 86. 1. 126), et les renvois.)

(3) V. anal. Cass., 23 août 1881 (Pand. chr.); 8 févr. 1882 (Pand. chr.); 11 févr. 1884 (Pand. chr.), et les notes.

(4) Jugé, d'une part, que les art. 728 et 729, C. proc., voulant accélérer la procédure de saisie immobilière, prévenir l'incerti-

— Sur la branche relative au défaut de motifs :... (sans intérêt); — Sur la branche relative à l'autorité de la chose jugée : — Attendu que, par jugement du tribunal civil de Narbonne du 30 avril 1845, ayant acquis l'autorité de la chose jugée, les biens saisis par Jean-Pierre Rives sur la femme Boutet ont été adjugés à l'auteur de Martin, qui en est devenu propriétaire définitif, à défaut de réclamation de la partie saisie, eu égard au caractère de dotalité des biens, dans les délais impartis, avant la lecture du cahier des charges; — Attendu que la demande dirigée par Alphonse Boutet fils en délaissement des immeubles saisis sur sa mère, et en dommages-intérêts, sous prétexte de dotalité de ces immeubles, n'a pas d'autre objet que la révision de l'adjudication de 1845; qu'elle présente la même cause et est entre les mêmes parties; qu'il suit de là, qu'en repoussant l'action de Boutet comme contraire à la chose jugée, l'arrêt attaqué n'a pas violé les articles visés au pourvoi; — Rejette, etc.

MM. Cazot, 1er prés.; Rohault de Fleury, rapp.; Desjardins, av. gén. (concl. conf.); Chambareaud et Sabatier, av.

CASS.-CIV. 29 mai 1883.

Agents de change, Effets publics, Négociation, Coulissiers, Preuve, Bordereau, Nullité, Ordre public, Ratification.

C'est au coulissier qui poursuit l'exécution d'opérations de Bourse faites pour le compte d'un client sur des effets publics et autres susceptibles d'être cotés, à rapporter la preuve de la régularité de ces opérations par la production d'un bordereau de l'agent de change (C. comm., 76; C. civ., 1993) (1).

La nullité d'ordre public qui frappe de telles négociations, lorsqu'elles sont opérées en dehors du ministère des agents de change, ne peut être couverte par aucune ratification (C. comm., 76; C. civ., 1133, 1338) (2).

(Rophé c. Perardel et autres.) — ARRÊT.

LA COUR; — Sur le moyen unique du pourvoi : — Vu l'art. 1315, C. civ., et l'art. 76, C. comm.; — Attendu qu'aux termes de l'art. 1315, celui qui réclame l'exécution d'une obligation doit faire preuve des conditions essentielles de sa validité; — Attendu que la demande d'Henri et Cie avait pour objet un compte d'opération de Bourse; qu'Henri et Cie n'ont pas la qualité d'agents de change; qu'il leur incombait donc d'établir que lesdites opérations avaient été effectuées par un agent ayant qualité pour les faire; — Attendu que, s'agissant d'une règle d'ordre public, Henri et Cie ne peuvent exciper d'un acquiescement de Rophé; — Attendu, dès lors, qu'en mettant à la charge de celui-ci la preuve de l'irrégularité de l'obligation dont l'exécution lui était demandée, l'arrêt attaqué (Paris, 2e ch., 22 juin 1881) a violé les règles de la preuve des obligations, et les dispositions de loi précitées; — Par ces motifs; — Casse, etc.

MM. Cazot, 1er prés.; Onofrio, rapp.; Charrins, av. gén. (concl. conf.); Lehmann et Michaux-Bellaire, av.

CASS-CIV. 4 juin 1883.

1° Prescription criminelle, Action civile, Contrat. — 2° Société anonyme, Responsabilité, Fondateurs, Administrateurs, Commissaires de surveillance, Irrégularité, Vices de constitution, Assemblée générale, Convocation, Urgence, Faute, Mandat. — 3° Cassation, Dommages-intérêts, Solidarité.

1° Les prescriptions criminelles ne s'appliquent aux actions civiles en réparation d'un dommage qu'autant que ces actions ont réellement et exclusivement pour base un crime, un délit ou une contravention, et non lorsqu'elles dérivent d'une disposition du droit civil et des stipulations d'un contrat (C. civ., 2262; C. instr. crim., 2, 637, 638) (3).

---

tude de la propriété, et mettre l'adjudication à l'abri de toute éviction, créent contre la partie saisie qui ne propose pas ces moyens de nullité dans les délais déterminés, une déchéance absolue qui rend non recevables tous les moyens de nullité, tant en la forme qu'au fond, sans distinction d'origine, sans exception, susceptibles d'être invoqués contre l'adjudication : Cass., 24 mars 1875 (Pand. chr.), et les renvois. — Et ce principe s'applique notamment au moyen tiré de la dotalité et, par suite, de l'inaliénabilité de l'immeuble saisi que la femme ne peut plus revendiquer après l'adjudication. — (V. Cass., 20 août 1823; 5 mai 1846 (S. 50. 1. 497, *ad notam*. — D. 46. 4. 450); 30 avril 1850 (S. 50. 1. 497. — D. 50. 1. 273); Agen, 27 nov. 1861 (S. 62. 2. 176. — P. 62. 683); Grenoble, 11 août 1862 (S. 63. 2. 12. — P. 63. 369); Cass., 13 janv. 1862 (S. 62. 1. 179. — P. 62. 683. — D. 62. 1. 129); 21 janv. 1867 (S. 67. 1. 400. — P. 67. 1078. D. 67. 1. 210); 9 mars 1870 (S. 70. 1. 285. — P. 70. 744. — D. 72. 1. 85); 16 mai 1870 (S. 71. 1. 78. — P. 71. 207. — D. 71. 1. 51); 24 mars 1875, précité; Demolombe, *Rev. crit.*, t. I, p. 148; Rousseau et Laisnoy, *Dict. de proc. civ.*, t. VIII, v° *Vente judiciaire d'immeubles*, n. 1121. — *Contrà* : Trib. civ. Oloron, 8 mars 1849 (S. 49. 2. 305); Pau, 16 juin 1849 (S. 50. 2. 129); Agen, 8 févr. 1861 (S. 61. 2. 227. — P. 61. 594); Chauveau, sur Carré, *Lois de la proc.*, quest. 2422; Bioche, *Journ. de proc.*, t. XV, p. 317; Devilleneuve, *observations* insérées au *Sirey*, 50. 1. 497.)

D'autre part, il est également constant que les adjudications prononcées en justice constituent de véritables jugements susceptibles d'acquérir l'autorité de la chose jugée. — V. Cass., 3 juill. 1855 (S. 55. 1. 840. — P. 55. 2. 235. — D. 55. 1. 307), et que, à cet autre point de vue encore, le vice résultant de l'inaliénabilité des biens dotaux se trouve couvert. *Sic* Demolombe, *Contr. et obligat.*, t. VII, n. 341 *bis*. — *Contrà* : Trib. civ. Oloron, 8 mars 1849; Pau, 16 juin 1849, précités, et les observations de M. Devilleneuve insérées au *Sirey*, 50. 2. 129.

(1) La question se présentait pour la première fois devant la Cour de cassation. La solution qu'elle y a reçue prédominait déjà dans la jurisprudence des Cours d'appel, malgré une vive controverse. — (V. conf. Paris, 16 juin 1882 (S. 82. 2. 177. — P. 82. 1. 909. — D. 82. 2. 222); 21 nov. (deux arrêts, 1re et 2e ch.) (S. 83. 2. 12 et 129. — P. 83. 1. 97 et 701. — D. 83. 2. 81); Besançon, 27 déc. 1882 (S. 83. 2. 129. — P. 83. 1. 701. — D. 83. 2. 81). V. aussi, en sous-note (*a*), l'arrêt d'Orléans rendu, dans la présente affaire, sur le renvoi prononcé par l'arrêt ci-dessus de la Cour de cassation. — *Contrà* Paris (4e ch.), 10 mars, 1er avril et 22 juin 1882 (S. 82. 2. 177. — P. 82. 1. 909. — D. 82. 2. 222.)

(2) Jurisprudence certaine. — V. Cass., 22 avril 1885 (Pand. chr.), 29 juin 1885 (Pand. chr.), et les renvois. V. aussi Lyon (ch. réun.), 2 juill. 1885 (Pand. pér., 86. 2. 24.)

(3) L'action civile en réparation d'un délit se prescrit par le même laps de temps que l'action publique, c'est-à-dire par trois ans, alors même qu'elle est intentée séparément devant la juridiction civile. C'est là un principe depuis longtemps définitivement établi en jurisprudence et en doctrine. — V. notamment Lyon,

(*a*) Cet arrêt d'Orléans (aud. sol.), rendu entre les mêmes parties, à la date du 5 janv. 1884, est ainsi conçu :

LA COUR : Sur l'exception de jeu : ...(sans intérêt);

Sur l'exception prise de l'art. 76, C. comm. : — Considérant que les marchés à raison desquels la veuve Pérardel actionne Rophé en payement d'un reliquat de compte, ont consisté en achat et revente de titres de la dette extérieure d'Espagne et de la rente turque, valeurs cotées en Bourse; que les négociations n'ont pu être légalement faites que par le ministère d'un agent de change; — Considérant que les intimés ne produisent aucun bordereau émanant d'un de ces officiers publics; qu'aux termes de l'art. 1993, C. civ., tout mandataire est tenu de justifier de l'exécution régulière de son mandat et des conditions d'origine de la créance dont il réclame le payement; que, faute par les ayants cause de Henri et Cie d'établir que les marchés faits pour le compte de Rophé ont été traités par l'intermédiaire d'un agent de change, c'est à bon droit que Rophé excipe de la nullité des opérations litigieuses; — Considérant qu'à la vérité, par des conclusions prises devant la Cour, les intimés soutiennent qu'ils auraient été, vis-à-vis de Rophé, non de simples mandataires, mais des vendeurs directs de titres dont ils étaient propriétaires; mais qu'il résulte des documents du procès que, jusqu'à la dernière heure, les intimés, qui exercent la profession de coulissiers, n'ont pas contesté qu'ils aient reçu un mandat, et qu'ils l'aient exécuté selon l'usage des coulissiers; que, devant l'arbitre rapporteur nommé par le tribunal, ce n'est pas comme vendeurs et acheteurs que les parties se sont présentées et ont fourni leurs explications, mais à titre de mandant et de mandataire, etc. — Par ces motifs; — Infirme...; — Déclare Rophé bien fondé dans l'exception prise de l'art. 76, C. comm., etc.

M. Dumas, 1er prés.

2° Spécialement, *réunit ce dernier caractère et, par suite, échappe à la prescription des art. 637, 638, C. instr. crim., l'action en responsabilité contre les fondateurs, administrateurs et commissaires de surveillance d'une Société anonyme, alors qu'elle est fondée sur la nullité de la Société à raison des irrégularités et des vices de constitution* (L. 24 juill. 1867, art. 41, 42, 43) (1).

Le commissaire de surveillance d'une Société anonyme, démissionnaire avant l'ouverture de la période de trois mois qui précède l'assemblée générale, par cela même qu'il n'était point tenu, pendant le temps de la durée de ses fonctions, de demander communication des livres et de prendre connaissance de la situation de la Société, n'est point en faute de n'avoir pas contrôlé les déclarations des fondateurs et de n'avoir point éclairé les actionnaires sur l'irrégularité de la constitution de la Société (L. 24 juill. 1867, art. 32, 33, 43) (2).

Alors, d'ailleurs, qu'il n'est pas établi que cette irrégularité lui ait été révélée (Id.) (3).

Il n'importe qu'en vertu du pouvoir qui lui appartient de convoquer en tout temps l'assemblée générale, en cas d'urgence, le commissaire de surveillance soit investi d'un devoir général de contrôle sur l'administration de la Société, si, en fait, aucun cas d'urgence ne s'est présenté et si aucun manquement aux obligations du mandat n'est relevé contre lui avec précision (L. 24 juill. 1867, art. 33, 34, 43) (4).

3° *La condamnation solidaire à des dommages-intérêts prononcée contre deux parties, si elle vient à être cassée à l'égard de l'une d'elles, devient également sans effet vis-à-vis de l'autre; le bénéfice de la cassation profitant aux deux parties* (Id.) (5)

(Ordener et Coppens de Nortland c. Wattier.)

ARRÊT (*après délib. en ch. du cons.*).

LA COUR : — Sur le second moyen additionnel (sans intérêt) :

Sur le premier moyen du pourvoi (violation des art. 637 et 638, C. instr. crim., en ce que l'arrêt attaqué a refusé d'appliquer la prescription énoncée dans ces articles à l'action en responsabilité fondée sur la constitution irrégulière de la Société) : — Attendu que les prescriptions établies par les lois criminelles ne s'appliquent aux actions civiles en réparation d'un dommage qu'autant que ces actions ont réellement et exclusivement pour base un crime, un délit ou une contravention; que, dans ce cas seulement, les mêmes motifs d'ordre public ont dû faire assigner la même durée à l'action publique et à l'action civile; — Attendu que l'action de Wattier tendait à faire prononcer la nullité de la Société générale forestière à raison de l'irrégularité de sa constitution, et, comme conséquence de cette nullité, à faire condamner Ordener et Coppens de Nortland à lui payer 10,000 francs de dommages-intérêts; qu'il basait sa demande sur ce que Ordener, fondateur et administrateur de ladite Société, et Coppens de Nortland, commissaire de contrôle, auraient été les auteurs de cette nullité; — Attendu que la responsabilité des fondateurs et des administrateurs dans les Sociétés anonymes

---

30 janv. 1854 (S. 54. 2. 303. — P. 54. 2. 583. — D. 55. 2. 67); Cass., 21 nov. 1854 (S. 54. 1. 725. — P. 55. 1. 241. — D. 54. 1. 415); Bourges, 26 mars 1855 (S. 55. 2. 305. — P. 55. 1. 245. — D. 55. 2. 307); Paris, 5 mai 1860 (S. 60. 2. 404. — P. 61. 393); Nîmes, 19 déc. 1864 (S. 65. 2. 46. — P. 65. 322); Colmar, 26 févr. 1867 (S. 67. 2. 354. — P. 67. 1243); Cass., 13 mai 1868 (S. 68. 1. 356. — P. 68. 924. — D. 69. 1. 217); Nancy, 23 janv. 1875 (S. 77. 2. 133. — P. 77. 585); Cass., 1er mai 1876 (S. 76. 1. 445. — P. 76. 1144. — D. 76. 1. 400); Caen, 22 déc. 1876 (S. 77. 2. 49. — P. 77. 234); 10 janv. 1877 (S. 77. 1. 270. — P. 77. 674. — D. 77. 1. 197); 1er févr. 1882 (S. 83. 1. 155. — P. 83. 1. 370. — D. 82. 1. 154); Brun de Villeret, *Prescription crim.*, n. 327 et suiv.; Le Sellyer, *Tr. de l'exercice et de l'extinction des actions publique et privée*, t. II, n. 548; Faustin Hélie, *Instr. crim.*, t. II, n. 1114; Ortolan et Bonnier, *Eléments de dr. pén.*, t. II, n. 1878 et suiv.; Mangin et Sorel, *Action publique et action civile*, t. II, n. 367 et 368; Sourdat, *Tr. de la responsabilité*, t. I, n. 378.

Mais cette règle n'est plus applicable toutes les fois qu'il s'agit d'une action en restitution, en répétition ou même en dommages-intérêts dérivant d'un droit préexistant au délit et indépendant de ce délit. En pareil cas, la prescription de trente ans est la seule opposable. Et peu importe que l'action fondée sur un droit préexistant au délit soit exercée à la suite ou à l'occasion de ce délit; une telle circonstance ne saurait avoir pour effet d'altérer la nature de l'action elle-même et d'abréger le temps de la prescription. — V. Cass., 23 janv. 1822, D., *Jurispr. gén.*, v° *Enregistrement*, n. 5533; Cass., 28 août 1855 (S. 56. 1. 37. — P. 56. 2. 474. — D. 55. 1. 407); 5 mai 1863 (S. 63. 1. 301. — P. 64. 603. — D. 63. 1. 195); 29 janv. 1867 (D. 67. 1. 52); 27 août 1867 (S. 68. 1. 117. — P. 68. 275. — D. 67. 1. 489); Rouen, 29 déc. 1875 (S. 77. 2. 166. — P. 77. 714). — (V. les auteurs cités ci-dessus. *Adde* : Colmet de Santerre (contin. de Demante), *Cours analyt. de Code civ.*, t. V, n. 364, VII *bis*; Aubry et Rau, t. IV, § 445, p. 753, texte et note 21; Larombière, *Tr. des obligations*, sur les art. 1382, 1383, n. 49.) — Dans l'espèce, l'action en responsabilité contre les fondateurs, administrateurs et commissaires, dérivait de la nullité de la Société; elle ne s'étayait sur aucune disposition de la loi pénale; elle n'en avait nul besoin; il lui suffisait d'invoquer les art. 42, 43 et 44 de la loi du 24 juill. 1867, qui tracent aux fondateurs, administrateurs et commissaires, les obligations que, par le fait de leur entrée dans la Société et de l'acceptation volontaire de leurs fonctions, ils se sont engagés à remplir ou à en surveiller l'exécution. — (V. Cass., 2 juill. 1873 (S. 73. 1. 306. — P. 73. 765. — D. 74. 1. 50.)

(1) V. dans le même sens : Paris, 14 nov. (ou déc.) 1880 (S. 82. 2. 17. — P. 82. 1. 104. — D. 83. 1. 380) (c'est l'arrêt frappé de pourvoi dans l'affaire actuelle); 13 janv. 1882 (S. 83. 2. 233. — P. 83. 1. 1210. — D. 83. 2. 73); Vavasseur, *Sociétés civ. et comm.*, n. 710 et suiv. — *Contrà* Rousseau, *Questions nouvelles sur les Sociétés comm.*, p. 135 et suiv.

(2-3-4) Le contrôle exercé par les commissaires dans les Sociétés anonymes n'est pas permanent comme celui qu'exerce le conseil de surveillance dans les Sociétés en commandite par actions. C'est seulement pendant le trimestre précédant la réunion de l'assemblée générale que les commissaires peuvent user de leur droit d'examen et de vérification des écritures et des pièces de comptabilité (L. 24 juill. 1867, art. 32 et 33). Il est vrai que les commissaires peuvent toujours, en cas d'urgence, convoquer l'assemblée générale (même loi, art. 33, § 2). Mais ils ne doivent recourir que dans des circonstances tout à fait exceptionnelles à cette mesure grave, qui comporte des situations extrêmes, et ne laisse pas d'ébranler la confiance du public dans la prospérité des affaires de la Société.

De cette réglementation de la loi de 1867, il résulte que les commissaires sont bien investis d'un pouvoir de surveillance générale, mais qu'ils n'ont à leur disposition, pour l'exercer, que des moyens insuffisants très-limités, ménagés avec une discrétion plus que parcimonieuse, susceptibles de toutes sortes de contestations, comme tout ce qui est mal défini.

On a craint de créer un antagonisme au sein de la Société, on a voulu éviter de porter la moindre atteinte au principe de l'unité de direction indispensable à la marche des opérations. On est tombé dans une autre exagération; on a sacrifié le contrôle; on a mis la surveillance en tel état qu'il est impossible de se montrer trop rigoureux, vis-à-vis des commissaires, pour tous les incidents, les particularités de la vie sociale qui ne se placent pas dans la période des trois mois qui précède la convocation de l'assemblée générale, ou qui ne seraient point révélés par l'examen de la comptabilité proprement dite.

En effet, si l'étendue et les conséquences de la responsabilité des commissaires envers la Société sont déterminés d'après les règles générales du mandat (L. 24 juill. 1867, art. 43), si, en principe, les commissaires doivent répondre non-seulement de leur dol, mais encore de leur faute, les tribunaux restent souverains appréciateurs des circonstances, des difficultés contingentes, du degré de négligence. Ils peuvent écarter les demandes en indemnité, s'il leur apparait que les commissaires ont rempli convenablement leur mission de contrôle, ou proportionner les condamnations à la gravité des manquements. *Sic* : Pont, *Soc. civ. et commerc.*, t. II, n. 1658 et 1659; Boistel, *Précis de dr. comm.*, n. 322; Lyon-Caen et Renault, *id.*, t. I, n. 484; Vavasseur, *op. cit.*, t. II, n. 888 et suiv. — (V. au surplus, notre *Dictionnaire de dr. comm., ind. et marit.*, t. VI, v° *Société anonyme*, n. 378 et suiv.)

(5) V. en ce sens : Cass., 17 avril 1837 (S. 37. 1. 275. — P. 37. 1. 442); Besançon (motifs), 15 juill. 1874 (S. 75. 2. 9. — P. 75. 91. — D. 74. 2. 219); Rodière, *De la solidarité*, n. 126 et 490.

est établie expressément par les art. 41 et 42 de la loi du 24 juillet 1867, et celle des commissaires par l'art. 43 de la même loi, ainsi que par les dispositions du Code civil au titre du mandat; que l'action de Wattier avait donc sa source dans une disposition du droit civil et les stipulations d'un contrat; que c'est sur ces dispositions du droit civil qu'a été motivée la condamnation prononcée contre Ordener et Coppens; — Attendu qu'en refusant d'appliquer à une telle action la prescription des art. 637, 638, C. instr. crim., l'arrêt attaqué n'a point violé les dispositions de loi invoquées, mais en a fait une saine application; — Rejette ces moyens;

Mais sur le troisième moyen (fausse application des art. 32 et 33 et violation de l'art. 43 de la loi du 24 juill. 1867, en ce que l'arrêt ne précise aucun fait constituant à la charge de Coppens de Nortland une faute ou manquement aux obligations du mandat) : — Vu les art. 32, 33, 43 de la loi du 24 juill. 1867; — Attendu que, dans les sociétés anonymes, les commissaires dont les fonctions sont déterminées par l'art. 32 de la loi du 24 juill. 1867, sont chargés de faire à l'assemblée générale de l'année qui suit leur nomination un rapport sur la situation de la Société, sur le bilan et les comptes présentés par les administrateurs; que, pour l'accomplissement de ce devoir, l'art. 33 leur confère le droit, pendant le trimestre qui précède l'assemblée générale, de prendre communication des livres et d'examiner les opérations de la Société; — Attendu que le seul fait précisé par l'arrêt attaqué pour motiver la responsabilité de Coppens de Nortland, consiste à n'avoir point éclairé les actionnaires sur la situation de la Société, en contrôlant les déclarations de Mayrargues relatives à la régularité de sa constitution; mais qu'il a été allégué par Coppens, sans que le contraire résulte des constatations de l'arrêt, que, dans le trimestre qui a précédé l'époque fixée pour l'assemblée générale de 1871, il n'avait plus les fonctions de commissaire; — Attendu, dès lors, qu'il n'est pas établi qu'il ait jamais eu le devoir de demander la communication des livres et de prendre ainsi connaissance de la situation de la Société; qu'il ne résulte point non plus de l'arrêt attaqué que l'irrégularité de la constitution de la Société qui avait été approuvée par l'assemblée générale de 1870, lui ait été d'autre part révélée; — Attendu, il est vrai, que l'art. 33 donne encore aux commissaires le droit de convoquer en tout temps l'assemblée générale en cas d'urgence, ce qui implique, ainsi que la disposition de l'art. 34, un devoir général de surveillance sur l'administration de la Société, mais que l'arrêt attaqué ne dit pas que ce cas d'urgence se soit présenté, et qu'à cet égard il ne précise aucun fait constituant un manquement aux obligations du mandat; — Attendu, dès lors, que l'imputation à la charge de Coppens de Nortland d'une faute portant préjudice à Wattier n'est pas justifiée par les constatations de l'arrêt attaqué, et qu'en le condamnant solidairement avec Ordener à des dommages-intérêts, cet arrêt a faussement appliqué et, par là, violé les dispositions de la loi susvisées;

Attendu qu'à raison de la solidarité prononcée par l'arrêt à l'égard d'Ordener et de Coppens, il existe une dépendance nécessaire entre les dispositions qui les condamne l'un et l'autre à des dommages-intérêts, et que, par suite, la cassation à l'égard de l'un doit entraîner cassation par rapport à l'autre; — Sans qu'il soit besoin de statuer sur le second moyen; — Casse l'arrêt de Paris du 14 déc. 1880.

MM. Cazot, 1er prés.; Onofrio, rapp.; Charrins, 1er av. gén. (concl. conf.); Chambareaud et Moret, av.

CASS.-CIV. 5 juin 1883.

PRESCRIPTION, INTERRUPTION, ARCHITECTE, VICES DE CONSTRUCTION, MESURES D'INSTRUCTION, EXPERTISE, CITATION EN RÉFÉRÉ.

Une assignation en référé à fin de faire ordonner de simples mesures provisoires d'instruction, par exemple la nomination d'experts chargés de constater des vices de construction, ne peut, malgré certaines réserves, mais en dehors de toute action en responsabilité ou en garantie contre l'architecte, de toutes conclusions au fond signifiées, être considérée comme une citation en justice interruptive de la prescription (C. civ., 2224, 2246) (1).

(De Béarn c. Parent.) — ARRÊT.

LA COUR : — Vu l'arrêt des chambres réunies, en date du 2 août suivant, qui a rejeté le premier moyen du pourvoi, et, sur le deuxième moyen, renvoyé la cause et les parties devant la chambre civile; — Vidant le renvoi, et statuant sur le deuxième moyen : — Attendu que l'arrêt attaqué a constaté, par une saine appréciation des termes de la citation en référé du 29 nov. 1873, que cet acte ne libellait point une demande en responsabilité ou en garantie contre l'architecte Parent, et ne contenait point de conclusions au fond, mais réclamait seulement de simples mesures provisoires, en vue de faire valoir ultérieurement le droit qui pourrait découler au profit des requérants, des constatations à faire par les experts en exécution de l'ordonnance à intervenir; — Attendu qu'une telle demande ne saurait être considérée comme une citation en justice, ni dans le sens de l'art. 2244, C. civ., ni dans celui de l'art. 2246 du même Code; qu'en effet, aux termes de ces articles combinés, pour qu'il y ait interruption civile de la prescription, il faut un commandement, une saisie ou une interpellation judiciaire portant réclamation du droit du demandeur, signifiés à celui que l'on veut empêcher de prescrire; — D'où il suit qu'en décidant que la citation en référé du 29 nov. 1873 n'a pas interrompu la prescription de l'action en garantie ou en responsabilité que les consorts de Béarn pouvaient avoir contre l'architecte Parent, et que, par suite, cette action était éteinte par la prescription lors de l'ajournement du 12 janv. 1875 devant le tribunal civil de la Seine, l'arrêt attaqué (Amiens, 16 mars 1880) n'a violé aucun des textes de loi visés par le pourvoi; — Rejette, etc.

MM. Cazot, 1er prés.; de Lagrévol, rapp.; Desjardins, av. gén. (concl. conf.); Demonts et Brugnon, av.

CASS.-CIV. 6 juin 1883.

LEGS, CHOSE D'AUTRUI, IMMEUBLE INDIVIS, FEMME MARIÉE, COMMUNAUTÉ, LIQUIDATION ÉVENTUELLE, CONDITION, CLAUSE PÉNALE.

Le legs d'une chose indivise ne constitue pas le legs de la chose d'autrui au sens de l'art. 1021, C. civ. (C. civ., 1021) (2).

Spécialement, *il n'y a pas legs de la chose d'autrui dans*

(1) V. dans le même sens : Paris, 12 mai 1877 (S. 77. 2. 195. — P. 77. 837. — D. 80. 1. 18); Amiens, 16 mars 1880 (S. 80. 2. 317. — P. 80. 1215. — D. 80. 2. 227). — V. aussi les conclusions de M. l'avocat général Desjardins, reproduites sous Cass., 5 août 1879 (S. 79. 1. 405. — P. 79. 1061. — D. 80. 1. 17). Comp. toutefois, Trib. civ. Nice, 5 juin 1877 (journ. *le Droit*, 29 sept. 1877), et sur appel, arrêt confirmatif, Aix, 5 janvier 1878.

(2-3-4) V. conf. sur le principe : Troplong, *Donations et testaments*, t. III, n. 1953; Marcadé, t. IV, p. 104, sur l'art. 1021, n. 3; Colmet de Santerre (contin. de Demante), *Cours analyt. de Code civ.*, t. IV, n. 166 *bis*, 8; Aubry et Rau, t. VII, § 675,

le legs, fait par la femme commune, d'un immeuble dépendant de la communauté de biens ayant existé entre elle et son mari, et qui, à la date du testament, n'était ni partagée ni liquidée (C. civ., 1021, 1423) (3).

Par suite, la clause du même testament qui attribue au légataire une portion, par préciput, de la succession de la disposante, pour le cas où il ne serait pas mis en possession de l'immeuble spécialement légué, constitue simplement un legs conditionnel nullement contraire aux dispositions de la loi (C. civ., 900) (4).

(Barbot c. Pierre.) — ARRÊT.

LA COUR : — Vu les art. 1021, C. civ., et 900 du même Code; — Attendu que, pour annuler la clause du testament de la veuve Pierre, portant que si Caroline Barbot, petite-fille de la testatrice, n'est pas mise en possession de l'immeuble à elle légué, elle recevra le tiers des biens de ladite testatrice en préciput et hors part, l'arrêt attaqué s'est fondé sur ce que ce serait là une clause pénale édictée pour assurer l'exécution d'une disposition nulle comme constituant le legs de la chose d'autrui; — Mais attendu que l'immeuble spécialement légué à Caroline Barbot dépendait de la communauté de biens ayant existé entre la testatrice et son mari et qui, à la date du testament, n'était ni partagée ni liquidée; que le legs, qui avait ainsi pour objet une chose appartenant par indivis à la testatrice, ne saurait, par cela même, être pris comme legs de la chose d'autrui au sens de l'art. 1021, C. civ., et que, par suite, la clause du testament, qui instituait Caroline Barbot légataire préciputaire du tiers de la succession de la testatrice, pour le cas où elle ne serait pas mise en possession de l'immeuble spécialement légué, constituait simplement un legs conditionnel, nullement contraire aux dispositions de la loi; — D'où il suit qu'en décidant le contraire, l'arrêt attaqué (Caen, 13 déc. 1880) a faussement appliqué et, par conséquent, violé les dispositions de loi ci-dessus visées; — Casse, etc.

MM. Cazot, 1er prés.; Pont, rapp.; Desjardins, av. gén. (concl. conf.); Sabatier et Bosviel, av.

CASS.-CRIM. 9 juin 1883.

LETTRE MISSIVE, SECRET, INVIOLABILITÉ, ADULTÈRE, PREUVE, MARI, LETTRE DE LA FEMME, ACHAT.

Le principe de l'inviolabilité du secret des lettres n'est pas si absolu qu'il ne doive exceptionnellement fléchir dans une certaine mesure, dans l'intérêt de la vérité, en matière de justice criminelle, pourvu, bien entendu, que la détention des lettres ne soit pas due à l'emploi de procédés délictueux, rentrant dans les prohibitions de la loi, ces procédés fussent-ils même de nature à blesser certains scrupules (C. pén., 187; C. instr. crim., 35, 36, 37, 89) (1).

Spécialement, *au cas d'adultère de la femme, le mari a, en vertu de l'autorité domestique que la loi lui reconnaît, des droits particulièrement étendus d'investigation et de recherche pour découvrir les preuves de l'adultère* (C. pén., 336) (2).

Ainsi, par exemple, il peut faire état des lettres que lui aurait vendues le complice de sa femme (Id.) (3).

(Meisels.) — ARRÊT (*ap. délib. en ch. du cons.*).

LA COUR : — Sur le moyen tiré de la violation du principe de l'inviolabilité du secret des lettres; — ...Au fond : — Attendu que l'inviolabilité du secret des lettres est un principe de haute moralité, qui intéresse essentiellement l'ordre public; mais que le respect qu'il commande n'est pas si absolu qu'il ne doive exceptionnellement fléchir dans une certaine mesure, dans l'intérêt de la vérité, en matière de justice criminelle; que, sans doute, même en cette matière, aucune atteinte ne saurait être portée au principe de l'inviolabilité du secret des lettres au moyen de procédés délictueux, rentrant dans les prohibitions mêmes de la loi; mais qu'il ne suffit pas, pour faire repousser par la justice criminelle la preuve d'un délit ou d'un crime, résultant d'une correspondance produite devant elle, que la possession de cette correspondance ait été obtenue par des moyens qui, n'étant pas coupables aux yeux de la loi, peuvent blesser certains scrupules;

Attendu que, spécialement en ce qui concerne la preuve du délit d'adultère poursuivi par le mari contre sa femme, celui-ci a incontestablement, en vertu de l'autorité domestique que la loi lui reconnaît, des droits particulièrement

---

p. 154, texte et note 16; Demolombe, *Donations*, t. IV, n. 695; Laurent, *Princip. de dr. civ.*, t. XIV, n. 136.

La validité du legs étant admise, il ne restait plus qu'une question d'exécution à régler. L'abandon au légataire d'une portion de la quotité disponible, pour le cas où, par suite des éventualités du partage, il ne serait pas mis en possession de l'objet même légué en nature, n'avait point d'autre but; cette mesure assurait, sous une autre forme, l'accomplissement rigoureux des dispositions libérales de la testatrice.

Faisons observer que la Cour de cassation n'a point eu à se prononcer sur la question controversée de savoir si l'art. 1423, C. civ., qui réglemente le legs fait par le mari d'un objet compris dans l'actif de la communauté, a un caractère exceptionnel et doit être étroitement limité au cas qu'il prévoit, ou bien s'il peut être étendu à un legs analogue émanant de la femme. — Dans le sens de l'assimilation, on soutient qu'il n'y a aucune raison de distinguer; que des situations identiques doivent être réglées par le même traitement juridique. Au surplus, la femme n'est-elle pas, au même titre que son mari, copropriétaire pour moitié des biens de communauté. V. Massé et Vergé, sur Zachariæ, t. IV, p. 92, note 14; Rodière et Pont, *Contr. de mar.*, t. II, n. 895; de Folleville, *Tr. du contr. pécun. de mar.*, n. 306, 306 *bis*. — Mais la plupart des auteurs considèrent l'art. 1423 comme une dérogation au droit commun dont le mari seul peut invoquer le bénéfice. V. Coin-Delisle, *Donations*, sur l'art. 1021, n. 13; Marcadé, t. V, sur l'art. 1423, n. 6; Aubry et Rau, t. V, § 509, p. 330, note 17, et t. VII, § 675, p. 155, note 18; Laurent, *op. cit.*, t. XXII, n. 35.

(1-2-3) Cet arrêt a fixé définitivement les principes en cette matière. Quand la détention des lettres produites au procès et qui peuvent servir de base à la condamnation, n'est due qu'à des moyens délictueux, par exemple à une soustraction frauduleuse, les juges doivent refuser d'en faire état. Des pièces sorties d'une source si essentiellement viciée, doivent être non avenues de droit; elles sont comme si elles n'étaient pas. Les tribunaux ne peuvent, dans leur œuvre supérieure de justice, s'aider d'éléments qui mériteraient à celui qui prétendrait s'en emparer et en tirer profit, les sévérités d'une répression; leur décision perdrait en autorité. Au contraire, quand les procédés employés ne rentrent pas dans les prohibitions expresses de la loi, qu'ils ne constituent aucun délit caractérisé, les documents de la correspondance tirée du secret, et jetée au grand jour de la publicité, appartiennent au procès et peuvent exercer sur la solution des débats une influence décisive. Sans doute, les moyens pratiqués par l'époux outragé, en vue de se procurer des lettres qui contiennent la preuve de l'adultère de son conjoint, laisseront le plus souvent à désirer; ils ne seront jamais d'une délicatesse à l'abri de tout reproche; ils procéderont ou de la ruse, ou d'une pression quelquefois voisine de l'intimidation, ou, comme dans l'espèce, de l'infamie d'un complice qui livrera les lettres à beaux deniers comptants. Ces moyens sont regrettables, la conscience du magistrat peut en condamner l'usage. Encore faut-il, même à ce point de vue, tenir compte du juste ressentiment du mari outragé dans son honneur et du but légitime en soi qu'il poursuit, et ne point lui mesurer trop étroitement le droit de protéger la moralité du foyer domestique contre les déportements d'une femme coupable. Dans tous les cas, les documents sont réunis; celui qui les a réunis n'a contrevenu à aucune prescription pénale, cela suffit pour que les pièces qu'il produit ne soient point écartées des débats sans examen et qu'elles y apportent leur contingent de preuve et de lumière. — Ces principes ont été étendus par la chambre civile de la Cour de cassation au cas d'une demande en séparation de corps, pour cause d'adultère, formée par le mari contre sa femme, en vue de la démonstration de l'adultère. — V. arrêt, 15 juill. 1885 (Pand. chr.), et la note.

étendus d'investigation et de recherche pour découvrir les preuves soit de l'offense faite à son honneur, soit pour arriver à rejeter de sa famille, par le désaveu, un enfant qui lui est étranger; qu'il est impossible de lui refuser, pour la protection de ses intérêts et de ceux des siens, une latitude d'action privilégiée; qu'il serait excessif d'exclure, comme absolument indigne de la justice, toute preuve obtenue par lui au moyen d'un procédé ou d'un expédient auquel il n'a recours que sous l'influence d'un mobile honorable au fond, et en vue d'un délit que la justice reconnaît constant; — Attendu, en fait, que la Cour d'appel, au vu et au su de toutes les circonstances de l'affaire qui lui ont permis d'apprécier les conditions dans lesquelles Meisels s'est procuré les lettres de sa femme, et tout en qualifiant sévèrement le procédé qu'il a employé, et dont la turpitude incombait au complice (qui avait vendu au mari les lettres de la femme), a néanmoins estimé que la détention des lettres par le mari était légitime et que la preuve qui en résultait pouvait et devait même être accueillie; que, par cette appréciation, la Cour d'appel n'a violé aucun texte de loi, et n'a pas méconnu le principe de l'inviolabilité du secret des lettres; — Rejette, etc.

MM. Baudouin, prés.; Gast, rapp.; Tappie, av. gén.; Sabatier et Lehmann, av.

CASS.-REQ. 12 juin 1883.

FEMME MARIÉE, COMMERCE SÉPARÉ, DOMICILE DISTINCT, FAILLITE, COMPÉTENCE, CIRCONSTANCES.

La femme mariée, autorisée par son mari à faire le commerce, peut acquérir, comme commerçante, un domicile spécial, distinct de celui de son mari (C. civ., 108, 220; C. comm., 4 et 5) (1).

Et c'est avec raison que ce domicile est fixé là où se trouve son principal établissement, le centre réel de ses affaires, le siège de ses opérations (Id.) (2).

Par suite, le tribunal de commerce de ce lieu est compétent à l'effet de déclarer sa faillite (Id.) (3).

(Synd. Ballay c. synd. Ballay.) — ARRÊT (*après délib. en ch. du cons.*).

LA COUR : — Au fond : — Attendu, en droit, qu'en vertu des dispositions des art. 220, C. civ., 4 et 5, C. comm., la femme mariée peut, avec le consentement de son mari, faire un commerce séparé, auquel cas elle s'oblige pour tout ce qui concerne son négoce; qu'il résulte de la généralité de ces expressions que la femme ainsi autorisée peut, en tant que commerçante, et en vertu de ces mêmes dispositions, acquérir un domicile distinct de celui de son mari; — Attendu, d'autre part, que la femme marchande publique peut être déclarée en état de faillite, si elle cesse ses payements, et qu'aux termes de l'art. 438, C. comm., c'est le tribunal du domicile du failli qui est compétent pour déclarer la faillite; qu'il faut donc rechercher si, dans la cause, et en fait, la dame Ballay, femme mariée autorisée par son mari à faire le commerce, a acquis, comme commerçante, un domicile spécial, distinct de celui de son mari, et quel était ce domicile au jour de la déclaration de faillite; — Attendu qu'il résulte des circonstances du procès et des documents produits que, si la dame Ballay a eu son domicile à Lyon, où elle habitait avec son mari, elle s'est, depuis l'année 1881, constitué un domicile commercial à Cauterets; qu'en effet, à cette époque, elle a manifesté, d'une manière certaine, son intention de fixer dans cette localité son habitation, le centre réel et la direction des affaires relatives à son négoce et à son industrie; qu'après y avoir acheté des terrains, elle y a fait construire et meubler en 1880, au prix de dépenses considérables, les deux établissements importants connus sous les noms d'Hôtel Continental et de théâtre du Casino-Club de Cauterets; qu'elle a exploité ces établissements pendant les années 1881 et 1882; que c'est à Cauterets qu'elle payait la patente et la contribution personnelle et mobilière; que, dans des actes signés par elle, et dans de nombreuses assignations ou significations faites à la requête de ses créanciers ou de son mari, pendant ces

---

(1-2-3) Ces solutions doivent être approuvées sans réserve. Les nécessités de la pratique des affaires les imposent, et ne permettent pas d'en admettre d'autres.

La femme ne peut faire le commerce qu'avec l'autorisation de son mari. L'intervention de justice ne saurait y suppléer. Sans doute, la justice peut bien, à défaut ou sur le refus du mari, autoriser la femme à faire un acte déterminé quelconque (C. civ., 219), un acte de commerce comme tout autre, puisque la loi ne distingue pas entre les différents actes. Mais autre chose est de faire un acte isolé dont les conséquences peuvent être facilement prévues par les tribunaux, autre chose est de solliciter l'autorisation de justice pour exercer une profession qui implique une série d'actes, de spéculations qui peuvent engager, sinon anéantir, les ressources pécuniaires de la famille et exposer la femme à tomber en faillite.—V. sur tous ces points, les arrêts et les auteurs énumérés dans notre *Dictionnaire de dr. comm., ind. et marit.*, t. IV, v° *Femme*, n. 33.

L'autorisation une fois accordée, la femme devient tout aussi indépendante pour les actes de son négoce que si elle n'était pas mariée. Les tiers avec qui elle traite ne connaissent qu'elle seule. C'est l'établissement commercial qui leur inspire confiance. Si des difficultés surgissent, elles sont portées devant le tribunal du lieu où se trouve fixé le siège de l'exploitation. Autrement qui serait assez insensé pour entrer en relation d'affaires avec une femme dont le mari aurait un domicile inconnu ou situé à une autre extrémité du territoire, ou même établi en pays étranger? Qui veut la fin veut les moyens. Le négoce a ses exigences irréductibles, parce qu'il ne peut pas exister autrement, qu'il ne peut pas prospérer sans réunir certaines conditions essentielles de vitalité. La première conséquence de l'autorisation donnée par le mari à la femme d'entreprendre le commerce est donc de lui attribuer un domicile spécial pour tous les actes qui constitueront ce commerce, et ce domicile se trouvera là même où elle aura fixé le centre de ses affaires, son principal et plus important établissement. V. en ce sens, Cass., 20 mai 1806 (D., *Jurispr. gén.*, v° *Domicile*, n. 68); 1er mai 1823 (D., *ibid.*, n. 59).

Or la faillite, ainsi que l'a fort justement fait remarquer M. le conseiller Mazeau en son rapport sur l'affaire actuelle, est un état essentiellement commercial; les seuls commerçants peuvent être déclarés en état de faillite, et ils le sont en leur qualité, pour n'avoir pas rempli leurs obligations commerciales. Et ce serait précisément à propos d'un événement de cette nature que le domicile de la femme marchande publique serait déplacé et qu'il serait absorbé par le domicile conjugal!

Est-ce à dire pour cela que l'exercice du commerce doive être considéré comme brisant tout lien de domicile entre la femme et son mari, si bien qu'elle ne relèverait plus de lui par aucun côté? Ce serait pousser trop loin les exigences, et se jeter dans un excès inutile. La femme marchande réunit pour ainsi dire deux personnalités : comme commerçante, elle est libre, elle s'appartient à elle-même, elle jouit d'une émancipation presque absolue. Mais elle n'en reste pas moins, sous tous les autres rapports, femme mariée. Pour les actes qui ne se rattachent pas à son commerce, pour toutes les circonstances encore si importantes de la vie civile, elle relève de son mari, seigneur et maître devant la loi; elle est régie par l'art. 108, C. civ., qui veut que la femme mariée n'ait point d'autre domicile que celui de son mari. — V. sur la question les dissertations de MM. Esmein et Ch. Lyon-Caen insérées (S. 84. 1. 257. —P. 84. 1. 641), et *Revue critique de législat.*, 1884, p. 364 et suiv. — V. aussi Lyon-Caen et Renault, *Précis de dr. comm.*, t. II, n. 2580, p. 602, note 5.

Cette reconnaissance d'un domicile spécial quant aux actes de commerce, distinct du domicile général, s'harmonise avec les plus saines doctrines juridiques. MM. Aubry et Rau, dans leur traité sur le Code civil, ont établi, avec une magistrale autorité, la théorie du domicile général et des domiciles spéciaux. L'unité de la personne s'oppose à ce qu'un individu puisse avoir plus d'un domicile général (C. civ., 102); mais on peut avoir des domiciles spéciaux dans certains cas. C'est ainsi, par exemple, que le domicile commercial d'un négociant peut être distinct de son domicile politique. V. Nancy, 18 déc. 1869 (S. 71. 2. 92. — P. 71. 319. — D. 70. 2. 55). V. aussi Cass., 8 janv. 1884 (Pand. chr.), et les indications de la note.

deux années, il est énoncé qu'elle est domiciliée à Cauterets; que c'est, d'ailleurs, à ce domicile qu'ont été souscrites et acceptées par elle un grand nombre de traites; que c'est là aussi que ces traites étaient payables; qu'enfin c'est à Cauterets que se manifestait uniquement, au jour de la déclaration de faillite, et depuis près de deux ans, la vie commerciale de la dame Ballay; que, par suite, c'est là qu'elle avait son principal et même son seul établissement; que c'est donc là qu'aux termes de l'art. 102, C. civ., se trouvait son domicile; — Réglant de juges; — Annule le jugement rendu par le tribunal de commerce de Lyon, le 10 nov. 1882, etc.

MM. Bédarrides, prés.; Mazeau, rapp.; Petiton, av. gén. (concl. conf.); Sabatier et Pérouse, av.

CASS.-CRIM. 15 juin 1883.

DIFFAMATION, NOTAIRE, COMPÉTENCE.

Les notaires ne sont ni des fonctionnaires publics, ni des dépositaires ou agents de l'autorité, ni des citoyens chargés d'un service ou d'un mandat public, dans le sens de l'art. 31 de la loi du 29 juill. 1881; ils sont les mandataires des intérêts privés. — En conséquence, la juridiction correctionnelle est compétente pour connaître du délit de diffamation dont ils sont l'objet, en raison de leur qualité et d'actes de leur ministère (L. 29 juill. 1881, art. 31, 32, 45, § 2) (1).

(Gagnepain.) — ARRÊT.

LA COUR : — Attendu que l'arrêt attaqué constate que les imputations que Gagnepain a dirigées par voie d'affichage contre T... ont porté, non sur des actes que celui-ci a reçus en sa qualité de notaire, mais bien sur des agissements postérieurs à ces actes, et qui en sont indépendants; que le moyen proposé manque donc en fait; qu'au surplus, eût-il été établi que les imputations diffamatoires s'adressaient à T... en sa qualité de notaire, à raison d'actes de son ministère, la poursuite n'en eût pas moins été légalement portée devant la juridiction correctionnelle; que les notaires, en effet, ne peuvent être considérés ni comme fonctionnaires publics, ni comme dépositaires ou agents de l'autorité publique, ni comme citoyens chargés d'un service ou d'un mandat public, dans le sens de l'art. 31 de la loi du 29 juill. 1881; qu'ils ne sont chargés d'aucune partie de l'administration publique, et n'exercent leur ministère que dans des intérêts privés; que, dès lors, la Cour d'appel de Dijon, en se déclarant compétente pour statuer sur l'action dirigée contre le demandeur par T... n'a violé aucun texte de loi, ni commis aucun excès de pouvoir; — Rejette, etc.

MM. Baudouin, prés.; Gast, rapp.; Ronjat, av. gén.; Massenat-Déroche, av.

CASS.-REQ. 19 juin 1883.

OFFICE, CESSION, CONTRE-LETTRE, ORDRE PUBLIC, NULLITÉ, TIERS, PAYEMENT, RÉPÉTITION, COMPENSATION, CRÉANCIERS, SAISIE-ARRÊT, CESSIONNAIRE, AGISSEMENTS.

En matière de cession d'office, les contre-lettres, nulles d'une nullité absolue, comme contraires à l'ordre public, sont sans effet même entre les parties, si bien que les sommes payées au delà du prix sont sujettes à restitution ou à compensation sur la portion du prix restant encore due (C. civ., 6, 1133, 1235, 1321, 1376 et suiv.). — Motifs (2).

A plus forte raison, cette inefficacité doit être admise à l'égard des tiers de bonne foi, des créanciers du vendeur notamment, qui ne sauraient perdre les garanties que devait leur offrir l'entrée du prix de cession dans le patrimoine de leur débiteur (Id.) (3).

Et comme conséquence de cette inefficacité, le cessionnaire ne peut opposer à un créancier du cédant le payement qu'il aurait opéré aux mains de ce dernier en exécution d'une contre-lettre, ni prétendre à la compensation de la somme ainsi payée sur la portion du prix de cession frappée de saisie-arrêt (Id.) (4).

Alors surtout que l'erreur que le créancier a pu commettre par suite de la dissimulation de la contre-lettre, provient des agissements du cessionnaire lui-même (Id.) (5).

(Sicard c. Drouot et Royer.) — ARRÊT.

LA COUR : — Sur le premier moyen, pris de la violation des art. 1235 et 1376, C. civ., et de la fausse application des art. 1321 et 1295 : — Attendu que Sicard, acquéreur de l'office d'huissier de Royer, moyennant un prix de 8,000 francs, réduit à 6,500 francs par un à-compte régulièrement payé, avait, en outre, versé au cédant 900 francs, en vertu d'une contre-lettre illégale, et que la Cour d'appel a justement condamné Royer à restituer cette somme; — Mais attendu que Drouot, créancier privilégié sur le prix de cession, ayant formé une saisie-opposition entre les mains de Sicard, celui-ci a émis la prétention de réduire de 900 francs, à l'égard du saisissant, le reliquat du prix par lui dû; — Attendu que, si l'art. 1321 refuse tout effet contre les tiers à la contre-lettre, même valable entre les parties, il doit en être ainsi à plus forte raison de la contre-lettre qui, créée au mépris du principe de la loi du 28 avril 1816, est frappée, même entre les contractants, d'un vice radical par les art. 6 et 1133, C. civ.; — Attendu que les principes, en matière de cession d'office, protégent tous les tiers qui seraient lésés, à des degrés divers, par la perte des garanties que devait leur offrir l'entrée au patrimoine du vendeur du prix, payable dans les conditions déterminées, d'une cession stipulée sous le contrôle et les auspices de l'autorité publique, et que l'inefficacité de la contre-lettre doit être admise, soit que les tiers aient acquis la saisine de la créance par voie de cession, soit que, créanciers privilégiés ou chirographaires, ils l'aient frappée d'une saisie; — Attendu que la restitution ou la compensation des sommes payées en vertu du traité secret contraire à l'ordre public, sont, entre les parties, la sanction de la nullité, en anéantissant le bénéfice qu'en avait tiré le vendeur; mais que, si l'acheteur pouvait opposer aux tiers la compensation, ce serait lui qui tirerait profit de sa participation à la fraude, en se libérant de sa dette ostensible par un payement caché, fait en vertu d'un autre titre entaché d'un vice radical; — Attendu que, dans l'espèce, il s'agit

(1) On décidait déjà ainsi, sous l'empire de la législation antérieure (art. 16, L. 17 mai 1819). — V. Cass., 9 sept. 1836 (S. 36. 1. 868. — P. chr.); 27 nov. 1840 (S. 41. 1. 137. — P. 41. 1. 438); Riom, 13 nov. 1846 (D. 47. 2. 37); 17 août 1849 (S. 49. 1. 709. — P. 49. 2. 563); Bordeaux, 21 mars 1860 (S. 60. 2. 620. — P. 60. 1022. — D. 60. 5. 118); Cass., 23 mai 1862 (D. 62. 1. 392); Colmar, 16 oct. 1866 (S. 67. 2. 48. — P. 67. 224). — La jurisprudence de l'arrêt ci-dessus rapporté a été définitivement consacrée par une décision nouvelle de la Cour de cassation en date du 21 juin 1884 (Pand. chr.).

(2) Ce principe n'est plus susceptible de discussion. V. les nombreux arrêts cités en note sous Cass., 13 juill. 1885 (Pand. pér., 86. 1. 23). *Adde* Cass., 10 déc. 1878 (Pand. chr); 19 nov. 1884 (Pand. chr.); 5 août 1885 (Pand. chr.), et les notes.

(3-4-5) V. en ce sens, Trib. civ. Seine, 6 juill. 1844 (D. 45. 4. 376); Caen, 12 févr. 1845 (D., *ibid.*); Cass., 26 déc. 1848 (S. 49. 1. 29. — P. 49. 1. 517. — D. 49. 1. 14); Lyon, 24 août 1849 (D. 50. 2. 36); Paris, 22 mars 1859 (S. 59. 2. 431. — P. 59. 633. — D. 59. 2. 144); et surtout Cass., 12 déc. 1859 (Pand. chr.), et la note.

d'une compensation que la saisie du créancier Drouot a rendue impossible ; — Attendu que la bonne foi de ce tiers créancier est affirmée par l'arrêt, lorsqu'il constate que Drouot a ignoré le traité secret jusqu'à la saisie de 1878, et qu'il a été induit en erreur par le fait de Sicard lui-même, qui, en 1876, réglait en sa présence avec Royer le payement des intérêts alors dus, en prenant pour base le capital de 6,500 francs, dû en vertu du traité officiel;

Sur le deuxième moyen... ; — Rejette, etc.

MM. Bédarrides, prés.; Babinet, rapp.; Chévrier, av. gén. (concl. conf.); Bonnet, av.

CASS.-REQ. 20 juin 1883.

CONSEIL JUDICIAIRE, PRODIGUE, INSTANCES, PARTIE EN CAUSE, APPEL, DÉLAI, JUGEMENT, SIGNIFICATION.

Le conseil judiciaire est partie nécessaire dans les instances qui intéressent le prodigue (C. civ., 513) (1).

Par suite, pour faire courir les délais d'appel contre le prodigue, la signification du jugement qui le condamne doit être faite tant au prodigue qu'à son conseil judiciaire (C. civ., 513; C. proc., 444) (2).

(Dehaussy de Robecourt c. de Castries.) — ARRÊT.

LA COUR : — Sur le moyen unique, tiré de la violation de l'art. 513, C. civ., et de l'art. 444, C. proc. : — Attendu qu'aux termes de l'art. 513, C. civ., il peut être défendu aux prodigues de faire certains actes, et notamment de plaider, sans l'assistance d'un conseil qui leur est nommé par le tribunal; que le conseil judiciaire est partie nécessaire dans les instances qui intéressent le prodigue; qu'il suit de là que, pour faire courir les délais d'appel contre le prodigue, et lui assurer la protection à laquelle il a droit, la signification du jugement qui le condamne doit être faite tant au prodigue qu'à son conseil judiciaire; — Attendu qu'il résulte de l'arrêt attaqué (Paris, 25 mars 1882) que le jugement rendu par le tribunal de commerce de la Seine, le 22 févr. 1872, contre de Castries, alors régulièrement pourvu de conseil judiciaire, a été signifié à de Castries seul, le 12 mars 1872; que cette signification étant sans efficacité, de Castries, réintégré dans ses droits, a pu valablement, en 1878, porter appel dudit jugement du 22 févr. 1872 ; — Attendu qu'en déclarant, dans ces circonstances, l'appel recevable, l'arrêt attaqué, loin de violer aucun des articles visés au pourvoi, a fait une juste application des principes de la matière; — Rejette, etc.

MM. Bédarrides, prés.; Delise, rapp.; Chevrier, av. gén. (concl. conf.); Choppard, av.

CASS.-CRIM. 22 juin 1883.

DIFFAMATION, SECRÉTAIRE DE MAIRIE, COMPÉTENCE.

Les secrétaires de mairie ne sont ni des fonctionnaires, ni des dépositaires ou agents de l'autorité publique, ni même des citoyens chargés d'un service public; ce sont de simples particuliers, commis ou employés de bureau. — En conséquence, la diffamation envers un secrétaire de mairie relève de la compétence, non de la Cour d'assises, mais du tribunal de police correctionnelle (L. 29 juill. 1881, art. 31, 32, 45, § 2, 60) (3).

(Sustendal et Tilloy ; journal *le Vrai Gagnant* c. Fonrobert.) — ARRÊT.

LA COUR : — Sur le moyen tiré de la violation des art. 31 et 47 de la loi du 29 juill. 1881, en ce que la juridiction correctionnelle aurait incompétemment statué sur une action en diffamation fondée sur des faits imputés à un secrétaire général de mairie à raison de ses fonctions; — Attendu que la loi sur la presse du 29 juill. 1881 attribue à la juridiction de la Cour d'assises la connaissance des diffamations envers les fonctionnaires publics, les dépositaires ou agents de l'autorité publique, les citoyens chargés d'un service ou d'un mandat public temporaire ou permanent; — Attendu que, par l'effet de la loi du 28 pluv. an VIII, les secrétaires de mairie ont cessé d'avoir le caractère de fonctionnaires publics, qui leur avait été attribué par la législation antérieure ; qu'ils sont devenus de simples commis ou employés de bureau, dépourvus d'initiative et de responsabilité à raison des actes qu'ils préparent, faisant office d'auxiliaires du maire, qui a le pouvoir de les nommer et de les révoquer, sans aucune situation légale, comme aussi sans délégation personnelle de fonctions; — Attendu que, dépourvus ainsi de toutes attributions propres, temporaires ou permanentes, et conséquemment de tout caractère public, les secrétaires de mairie ne sont ni des fonctionnaires, ni des dépositaires ou agents de l'autorité publique, ni même des citoyens chargés d'un service public; qu'ils ne peuvent être, dès lors, regardés que comme de simples particuliers, au regard des dispositions de la loi du 29 juill. 1881, aussi bien que sous l'empire de la législation qui l'a précédée ; — Attendu, en conséquence, qu'en décidant que la juridiction correctionnelle était incompétente pour statuer sur l'action en diffamation intentée par Fonrobert à raison de faits diffamatoires à lui imputés, en sa qualité de secrétaire général de la mairie de Lille, l'arrêt attaqué (Douai, 15 janv. 1883) a fait une exacte application des règles de la compétence, et n'a nullement violé les dispositions de loi invoquées par le pourvoi ; — Rejette, etc.

MM. Baudouin, prés.; Tanon, rapp.; Tappie, av. gén.; Lesage et Michaux-Bellaire, av.

CASS.-CRIM. 23 juin 1883.

1° SOCIÉTÉ ANONYME, ACTIONS, SOUSCRIPTIONS, VERSEMENT DU QUART, VERSEMENT EFFECTIF, COMPENSATION, OPÉRATIONS DE COMPTE, MAISON DE BANQUE, AUGMENTATION DE CAPITAL, ACTIONS NOUVELLES, SOUSCRIPTION PAR LA SOCIÉTÉ, VIREMENT D'ÉCRITURES, TIERS, PRÊTE-NOM, SIMULATION DE SOUSCRIPTIONS ET DE VERSEMENTS, EMISSION, MOYENS DE FRAUDE, TITRES, CIRCULATION, NÉGOCIATION D'ACTIONS, COTE OFFICIELLE, COULISSE, MARCHÉS A TERME, INVENTAIRE FRAUDULEUX, CARACTÈRES, CASSATION, INTERPRÉTATION

(1-2) Il est de principe incontesté que la défense faite aux individus pourvus d'un conseil judiciaire de plaider sans l'assistance de leur conseil (C. civ., 513) est générale et absolue (V. Amiens, 9 juill. 1873, S. 73. 2. 225. — P. 73. 1039), — à ce point qu'il ne peut être suppléé à cette assistance par l'autorisation de justice — V. Douai, 7 mars 1881 (Pand. chr.); Boileux, *Comment. C. civ.*, sur l'art. 513; Demolombe, *Minor. et tut.*, t. II, n. 724; Aubry et Rau, t. I, § 140, p. 570; Laurent, *Princip. de dr. civ.*, t. V, n. 361. — D'où cette conséquence, qu'à défaut de l'assistance du conseil, il y a lieu de prononcer la nullité de la procédure suivie et du jugement intervenu en première instance contre le prodigue seul. — V. Amiens, 9 juill. 1873, précité. — V. en ce sens, Pigeau, *Procédure civ.*, t. I, p. 668; Thomine-Desmasures, *Comm. C. proc.*, t. I, p. 680; Bioche, *Dict. de proc. civ.*, v° *Appel*, n. 366; Rodière, *Cours de compét. et de proc.*, t. II, p. 80; Rousseau et Laisney, *Dict. de proc. civ.*, t. I, v° *Appel*, n. 259. — *Contrà* : de Fréminville, *Tr. de l'organisation et de la compétence des cours d'appel*, n. 721; Rivoire, *De l'appel*, n. 192.

(3) V. conf., sous la législation antérieure (art. 16, de la loi du 17 mai 1819); Poitiers, 12 févr. 1875 (S. 75. 2. 72. — P. 75. 312. — D. 75. 2. 78); Fabreguettes, *Tr. des infractions de la parole, de l'écriture et de la presse*, t. I, n. 1295.

SOUVERAINE, DIVIDENDES FICTIFS, DISTRIBUTION EFFECTIVE, DÉLIT, COMPLICITÉ. — 2° LIBERTÉ DU COMMERCE ET DE L'INDUSTRIE, MARCHANDISES, SOCIÉTÉS, ACTIONS, HAUSSE OU BAISSE FACTICE, MANŒUVRES FRAUDULEUSES.

1° Une Société anonyme n'est valablement constituée que lorsqu'il y a tout à la fois souscription, *c'est-à-dire obligation personnelle des actionnaires pour le capital entier, et* versement, *c'est-à-dire exécution de cette obligation à concurrence du quart* (L. 24 juill. 1867, art. 1er). — Résol. par la Cour d'appel (1).

L'accomplissement de cette double exigence exclut par là même toute opération de compte pour tenir lieu de versement, à moins que l'actionnaire étant créancier pour des causes antérieures à sa souscription, ne se trouve libéré d'icelle par compensation (Id.). — (Ibid.) (2).

Mais le versement du quart dans une maison de banque, au crédit de la Société en formation, équivaut à un versement opéré dans les caisses de la Société (Id.). — (Ibid.) (3).

Les conditions de souscription de l'intégralité du capital social et de versement du quart au moins de ce capital, s'appliquent aux augmentations ultérieures et successives du capital avec la même rigueur qu'à la constitution originaire et première de la Société (Id.). (Sol. implic.). — (Ibid.) (4).

Une Société qui met en souscription le doublement de son capital sous forme d'actions nouvelles, ne peut prendre part elle-même à cette souscription, n'y emploierait-elle que ses dépôts et ses réserves; elle n'effectuerait, en effet, par une telle opération, qu'un virement d'écritures qui n'ajouterait rien à son actif réalisé (Id.). — (Ibid.) (5).

Et ce que la Société ne peut pas faire directement et ouvertement par elle-même, elle ne peut le faire faire par des tiers, simples souscripteurs apparents mais qui ne seraient, en réalité, que ses mandataires ou prête-nom (Id.). — (Ibid.) (6).

(1-2) Le versement du quart sur chaque action, exigé par l'art. 1er de la loi du 24 juill. 1867, doit être réel et effectif.

Ce qu'il faut, c'est qu'au début de la Société, au moment où commencent les opérations de son fonctionnement régulier, le premier quart soit bien une réalité et non une fiction, une véritable ressource à la disposition, sous la main des administrateurs ou gérants, susceptible d'être immédiatement employée au mieux des intérêts sociaux. Ce résultat, une jurisprudence unanime considère qu'il ne serait pas atteint même par des versements en valeurs de portefeuille, toujours d'un recouvrement plus ou moins certain. — (V. Cass., 11 mai 1863, S. 63. 1. 284. — P. 63. 767. — D. 63. 1. 213; Paris, 28 mai 1869, S. 70. 2. 69. — P. 70. 335; Cass., 27 janv. 1873, S. 73. 1. 163. — P. 73. 383. — D. 73. 1. 331; Lyon, 15 mars 1879, S. 81. 1. 459. — P. 81. 1. 1184; Paris (motifs), 15 févr. 1881, S. 81. 2. 97. — P. 81. 1. 561; 5 déc. 1881, D. 83. 1. 355; 13 janv. 1882, S. 83. 2. 233. — P. 83. 1. 1210. — D. 83. 2. 73), non plus qu'en factures, mémoires de fournitures ou de travaux faits ou à faire pour le compte de la Société ou en d'autres titres analogues. — (V. Cass., 11 mai 1863, précité; Bordeaux, 20 juin 1865, S. 65. 2. 296. — P. 65. 1124; Paris, 13 janv. 1882, susmentionné.) — V. aussi, sur tous ces points, notre *Dict. de dr. comm., ind. et marit.*, t. VI, v° *Société en commandite*, n. 102 et 103. Aux autorités qui s'y trouvent relevées, *adde* Rousseau, *Sociétés commerc.*, t. I, n. 1031 et suiv.

A plus forte raison, il ne serait pas satisfait au vœu de la loi, si le versement était seulement supposé, s'il n'avait donné lieu qu'à de simples jeux d'écritures ou à des opérations de compte sur les livres de la société. — V. Chambéry, 28 janv. 1881 (S. 81. 2. 260. — P. 81. 1. 1252); Paris, 13 janv. 1882, précité; Grenoble, 15 juill. 1886 (S. 86. 2. 241. — P. 86. 1. 1245); Trib. corr. Seine (9e ch.), 1 avril 1887, aff. la *Banque mobilière* (journ. *le Droit*, n° 16 avril.)

C'est ce qui arrive d'ailleurs lorsque la compensation ne présente aucun caractère sérieux, qu'elle est tentée, poursuivie en dehors des conditions strictement limitatives des art. 1289 et suiv., C. civ. Une compensation qui n'est pas régulière n'est pas une compensation; elle n'est point libératoire et ne saurait tenir lieu de payement valable (C. civ., 1234, § 5). Elle constitue un simulacre, une démonstration qui ne vaut ni plus ni moins qu'un jeu d'écritures; la Société est appauvrie, ou tout au moins il y a pour elle manque de s'enrichir d'autant. — (V. comme exemples de compensations rejetées par la jurisprudence, antérieurement à la loi de 1867, Aix, 16 mai 1860 (S. 60. 2. 439. — P. 61. 183. — D. 60. 2. 118); Cass., 24 avril 1861 (S. 62. 1. 182. — P. 62. 527. — D. 61. 1. 428), et depuis 1867, Bordeaux, 9 mars 1874, sous Cass., 13 mars 1876 (S. 76. 1. 361. — P. 76. 873); Paris, 13 janv. 1882, précité, et notre *Dictionnaire*, t. VI, v° *Société en commandite*, n. 98 et 99. — Dans toutes les espèces qui ont donné lieu à ces décisions, la compensation n'était que fictive; elle était même entachée de fraude en ce qu'au moyen d'un jeu d'écritures, les souscripteurs étaient présentés comme créanciers de la Société, alors qu'ils ne l'étaient pas et ne l'ont même jamais été, ou bien qu'ils ne le sont devenus que plus tard et après coup.

Mais la compensation, quand elle est régulière, quand elle répond bien à une dette liquide, exigible, contractée par la Société et dans son intérêt au moment de sa formation et qui l'oblige vis-à-vis d'un souscripteur d'actions, peut être opposée par celui-ci et admise comme payement valable, même en ce qui concerne la libération du premier quart. V. à titre d'exemples, antérieurement à la loi de 1867, Cass., 4 mars 1867 (S. 67. 1. 254. — P. 67. 644. — D. 67. 1. 425), — et, depuis cette loi, Cass., 20 févr. 1877 (S. 77. 1. 445. — P. 77. 1192. — D. 77. 1. 201), et notre *Dictionnaire*, *op. et verb. cit.*, n. 100.

Et si la Cour de cassation (arrêt, 2 juill. 1884, S. 85. 1. 28. — P. 85. 1. 45) reconnaît aux juges du fond le pouvoir d'apprécier souverainement les circonstances et documents d'où résulte la preuve que le versement du quart a été ou non réellement effectué, elle n'en conserve pas moins son contrôle quant au point de savoir si les constatations de fait admises, reconnues dans leur existence, répondent bien aux conditions voulues par la loi, pour qu'il y ait compensation.

(3) Deux arrêts postérieurs, l'un de Cass., 17 juill. 1885 (Pand. chr.), l'autre de Paris, 16 juill. 1885 (Pand. chr.), semblent exiger un versement opéré *dans les caisses de la Société*.

Mais, ainsi que nous le faisons remarquer dans nos observations jointes à l'arrêt de Paris précité, il y a là des expressions qu'il ne faut pas prendre à la lettre. L'usage s'est fort répandu, dans la pratique financière, de charger une ou même plusieurs maisons de banque, moyennant commission, de centraliser les recouvrements aux lieu et place de la Société. Il y a là plus de facilités, plus de commodités accordées au public; la Société n'y perd rien; tout au contraire, les émissions y puisent plus d'élan; elles sont plus vite couvertes; les versements s'effectuent avec plus de régularité et d'empressement.

Il est vrai que la Société encourt les risques d'insolvabilité des maisons de banque, que son capital se trouve, pour ainsi dire, une fois les versements opérés, assis sur le crédit de ces maisons. Mais qu'y a-t-il là d'anormal? N'est-ce pas la situation ordinaire de toute entreprise commerciale. On ne fait pas d'affaires sans confiance; forcément, il faut passer par la filière des intermédiaires; les fonds qui arrivent directement dans la caisse d'une Société n'y séjournent jamais bien longtemps; l'habileté ne consiste pas à les y laisser dormir, mais à les en faire sortir au plus vite sous forme d'opérations nouvelles.

Quand la Société aurait elle-même encaissé son premier quart, le lendemain de l'encaissement, sa situation ne serait pas meilleure; elle ne serait ni plus ni moins à l'abri de l'insolvabilité des tiers avec lesquels elle serait entrée en relation d'affaires; c'est à elle de se montrer prudente, de ne point traiter avec des maisons sans surface ou des agences véreuses. Le souci de ses intérêts sera sa meilleure sauvegarde.

Au surplus, l'insolvabilité des banquiers avant l'organisation définitive de la Société rendrait cette constitution impossible et ne pourrait qu'engager la responsabilité des fondateurs vis-à-vis des souscripteurs.

Donc, il n'y a aucune différence à établir entre les versements effectués aux maisons de banque et ceux acquittés directement au siége de la Société. Mais alors faut-il tout au moins qu'il soit établi et démontré par les écritures des maisons de banque, par l'état de leurs caisses, qu'au jour des vérifications par l'assemblée générale des actionnaires, la somme représentative du premier quart était bien intacte, disponible, prête à passer des caisses de ces maisons dans celle de la Société. V. Paris, 5 mars 1885, aff. l'*Union provinciale* c. Palombe (journ. *le Droit*, 11 avril 1886.)

(4) La jurisprudence est définitivement fixée sur ce principe. V. conf., en matière de Sociétés anonymes, Lyon (motifs), 12 mars 1885 (S. 86. 2. 241. — P. 86. 1. 1245. — D. 86. 2. 130); Paris, 16 juill. 1885 (Pand. chr.); Cass., 17 juill. 1885 (Pand. chr.); Paris, 11 juin 1886 (*Journ. des Sociétés*, 1887, p. 28), et notre *Dictionnaire*, t. VI, v° *Société anonyme*, n. 196, — et en matière de Sociétés en commandite par actions, Cass., 27 janv. 1873 (S. 73. 1. 163. — P. 73. 383. — D. 73. 1. 331); Orléans, 9 mars 1876 (S. 78 1. 201. — P. 78. 510); Cass., 5 nov. 1879 (Pand. chr.), et les renvois.

(5-6) « La loi veut que, dans une émission d'actions, chaque titre souscrit soit, pour la Société qui émet, un accroissement

Mais les simulations de souscriptions et de versements ne constituent le délit puni par l'art. 15, § 1, de la loi du 24 juill. 1867, qu'autant qu'elles ont eu pour but d'assurer le succès de l'émission en y attirant d'autres souscriptions ou versements (L. 24 juill. 1867, art. 15, § 1). — (Ibid.) (1).

Toutefois, de telles simulations, même indépendamment de la loi spéciale de 1867, pourraient être retenues comme moyens de fraude destinés à faire illusion au public et à produire la hausse des titres (C. pén., 405, 419) (2).

Le délit d'émission d'actions d'une Société non régulièrement constituée ne peut résider que dans la délivrance des titres qui présentent la Société comme légalement établie, tandis qu'elle ne l'est point en réalité (L. 24 juill. 1867, art. 13). — (Ibid.) (3).

Et c'est la mise en circulation des titres qui à elle seule suffit pour engager la responsabilité du président du conseil d'administration qui l'a ordonnée en pleine connaissance des irrégularités commises; peu importe qu'aucun des titres n'ait été revêtu de sa signature (Id.). — (Ibid.) (4).

Le délit de négociation *d'actions d'une Société non régulièrement constituée n'est pas subordonné à l'émission préalable de titres admissibles à la cote officielle, lorsqu'il est établi que des ventes à terme ont pu se conclure et se sont conclues dans la coulisse, sur des certificats ou promesses d'actions qui suffisaient en fait pour devenir la base et fournir la matière de ces marchés* (L. 24 juill. 1867, art. 14). — (Ibid.) (5).

L'expression inventaire *dans le sens de l'art. 45 de la loi du 24 juill. 1867, ne désigne point un acte spécial d'une forme sacramentelle et déterminée, mais bien tout compte rendu, tout état de situation, soit écrit, soit verbal, au moyen duquel on peut surprendre le vote d'une assemblée d'actionnaires en lui présentant, sous un faux jour, les opérations et les ressources de la Société* (L. 24 juill. 1867, art. 45). — (Ibid.) (6).

Un inventaire, reconnu exact au point de vue des opérations matérielles et des cours de Bourse pris pour base d'évaluation

---

réel de capital. La loi veut que le souscripteur verse réellement en souscrivant, sinon le montant total de l'action, au moins une certaine somme, au moins le quart du prix d'émission, qui s'ajoute à ce que la Société possède déjà; et elle veut que, pour le surplus, pour la partie de l'action qui n'est pas immédiatement libérée, il prenne un engagement qui assure à la Société un versement complémentaire réel, c'est-à-dire d'autres sommes d'argent qui viendront s'ajouter à leur tour au capital social et l'augmenter d'autant. Ainsi, l'argent de la souscription doit, partie immédiatement, partie ultérieurement, être apporté à la Société, et doit lui être réellement apporté par les souscripteurs. Or, si c'est elle qui souscrit pour elle-même, et si elle emploie à effectuer le versement auquel l'oblige sa souscription, des fonds qui sont le résultat des versements faits par d'autres souscripteurs, de telle sorte que, émettant pour un million d'actions, et ne trouvant de souscripteurs que pour 500,000 fr., elle emploie les 500,000 fr. qu'elle reçoit ainsi à souscrire pour elle-même les 500,000 autres, et paraît avoir un million, quand elle n'a que 500,000 fr., si elle fait cela, elle est complètement en dehors de la loi, et trompe le public. » (Extrait des conclusions de M. l'avocat général Calary.)

On ne voit pas en quoi l'affectation par la Société de ses réserves ou de ses dépôts à la libération des actions qu'elle aurait souscrites, pourrait infirmer ce raisonnement et modifier la solution juridique. Le capital social ne reçoit, par cette opération, qu'un emploi différent, une utilisation spéciale; il ne s'en trouve pas accru d'un centime; il reste après ce qu'il était avant, du moins pour toute la portion de souscription accaparée par la Société. Or là où il n'y a pas augmentation de ressources, il n'y a pas émission; les deux mots signifient la même chose.

Et ce que la Société ne peut pas faire par elle-même, parce que le jeu serait trop grossier et ne ferait illusion à personne, elle ne peut encore moins l'accomplir à l'aide de prête-nom, de personnalités complaisantes. Cette intervention de tiers serait à elle seule caractéristique d'une pensée de fraude et aggraverait la situation au point de vue pénal.

Un rapprochement s'impose. Une Société peut-elle se livrer au rachat de ses propres actions en y affectant une partie de son capital?—V. dans le sens de la prohibition et de la nullité de telles opérations, Cass., 18 févr. 1868 (S. 68. 1. 241. — P. 68. 600. — D. 68. 1. 503); 14 déc. 1869 (S. 70. 1. 165. — P 70. 387. — D. 70. 1. 179); Riom, 22 févr, 1870 (S. 70. 2. 210. — P. 70. 889. — D. 71. 2. 66); Bourges, 26 déc. 1870 (S. 70. 2. 318. — P. 70. 1176. — D. 72. 2. 222); Paris, 2 juin 1876 (S. 79. 2. 33. — P. 79. 108); Cass., 2 juill. 1878 (S. 81. 1. 411. — P. 81. 1. 1055); Caen, 11 mai 1880, et Paris, 4 févr. 1881 (S. 82. 2. 121. — P. 82. 1. 678); Grenoble, 26 janv. 1881 (S. 82. 2. 175. — P. 82. 1. 906); Orléans, 5 août 1882 (S. 84. 2. 57. — P. 84. 1. 332); Paris, 5 mars 1887 (journ. *le Droit*, 9 avril), et notre *Dictionnaire*, t. VI, v° *Société en commandite*, n. 94. Aux auteurs cités *adde* : Beudant, *Revue critique de législat.*, 1878, t. XXXVI, p. 122; Deloison, *Des sociétés*, t. II, p. 726.

(1) Cette solution avait été combattue, à l'avance, par M. l'avocat général Calary comme trop restrictive des dispositions de l'art. 15, § 1er, de la loi de 1867.

« La loi n'indique nulle part, a dit l'honorable organe du ministère public, que la simulation doit avoir été opérée *dans le but* d'obtenir des versements. La loi dit : « Ceux qui, *par simulation* de souscription ou de versement, auront obtenu des souscriptions ou des versements ». Qu'est-ce à dire? Voilà une simulation que vous faites; vous la faites volontairement, sciemment, mais nullement dans le but d'obtenir par ce moyen des versements; vous avez à ce moment-là une tout autre pensée; puis plus tard, l'idée vous vient de profiter de cette simulation pour obtenir un versement, et vous en profitez. L'art. 15 vous est applicable. Allons plus loin : il n'est même pas nécessaire que celui qui obtient le versement soit l'auteur de la simulation! C'est telle personne qui, pour un motif ou pour un autre, a fait la simulation, et c'est telle autre, qui avait d'abord même ignoré l'existence de cette simulation, qui, plus tard, s'en sert pour obtenir un versement : l'art. 15 lui est applicable. Ainsi, il n'est pas nécessaire que la simulation ait été inspirée par la pensée d'obtenir des versements, ait été faite dans ce but. Il suffit, d'une part, qu'il y ait eu simulation, quel qu'ait été son but à l'origine, et que, de l'autre, en se servant sciemment de cette simulation, — par cette simulation, comme dit la loi, — on obtienne des versements. »

La thèse juridique soutenue par le ministère public et condamnée par la Cour de Paris, nous paraît avoir été consacrée par la Cour de Lyon (arrêt, 12 mars 1885, S. 86. 2. 241. — P. 86. 1. 1245. — D. 86. 2. 136), affaire de la *Banque de Lyon et de la Loire*.

(2) Les conditions de l'infraction spéciale peuvent ne pas se trouver réunies; il n'y aura pas lieu à l'application, en pareil cas, des dispositions de la loi de 1867. Mais les faits ne disparaissent point nécessairement du même coup; ils peuvent être retenus comme des éléments constitutifs d'escroquerie. C'est même la marche habituelle qu'adopte la prévention dans les poursuites en matière de Société. L'art. 405, C. pén., est seul visé (V. comme exemples, Cass., 6 févr. 1885, S. 85. 1. 233. — P. 85. 1. 548. — D. 86. 1. 41; 9 mai et 26 juin 1885, S. 85. 1. 521. — P. 85. 1. 1217. — D. 86. 1. 89); Trib. corr. Seine (9e ch.), 4 avril 1887, aff. la *Banque mobilière* (journ. *le Droit*, 16 avril). — A notre avis, cette conduite est excellente. Le public trouvera toujours plus de garanties dans les règles générales de la pénalité que dans les prescriptions de telle ou telle loi particulière. La pratique des affaires ne permet pas l'hésitation : l'accomplissement de formalités multipliées à l'excès ne pèse qu'aux gens à intentions honnêtes; les autres, les tripoteurs véreux, n'y voient que jeu d'enfants; ils y puisent même le plus souvent une force qui tourne contre le but que s'était proposé le législateur. D'où cette conclusion que toute loi spéciale sur les Sociétés constitue une œuvre plus nuisible qu'utile et est destinée à produire d'autant plus de désastres et de ruines que les prescriptions et les formalités en seront plus multipliées, plus exagérées, parce qu'elles inspireront plus de confiance, qu'elles feront croire à une protection sérieuse quand cette protection n'existera pas. L'art. 405 suffit à toutes les répressions entre les mains de qui sait s'en servir; mais son application exige des magistrats une connaissance achevée des matières et des opérations commerciales.

(3-4) Cette solution était déjà suivie antérieurement à la loi de 1867, qui, d'ailleurs, dans son art. 15, n'a fait que reproduire les dispositions de l'art. 11 de la loi du 17 juill. 1856.—V. Cass., 8 févr. 1861 (S. 61. 1. 668. — P. 62. 346). V. au surplus, les commentaires du nouvel art. 15 de Pont, *Soc. comm.*, t. II, n. 1315, et Rousseau, *Soc. comm.*, t. I, n. 1404.

(5) Mais la négociation ou la participation à la négociation des actions nouvelles d'une Société n'est point passible des peines portées par l'art. 14 de la loi de 1867, quand cette négociation n'a eu lieu qu'après le versement du quart de ces actions; il n'y a pas lieu de tenir compte soit des vices originaires de constitution, soit de ceux qui ont affecté plus particulièrement l'émission elle-même à ses débuts. — (V. Paris, 10 mai 1883 (S. 84. 1. 199. — P. 84. 1. 475. — D. 84. 2. 6); Rouen, 10 mai 1884 (Pand. chr.), et nos observations en note.)

(6-7-8) Cette définition de l'*inventaire frauduleux* est excel-

des titres, n'en reste pas moins frauduleux si, dans l'avoir apparent de la Société, on a fait figurer d'une part des actions de la Société elle-même, cotées au cours que cette Société leur avait fait atteindre par ses opérations de report et par ses achats poussés sans mesure jusqu'à épuisement de ses ressources, d'autre part, comme certaines et disponibles, des valeurs purement éventuelles et aléatoires (Id.) (7).

A cet égard, il y a lieu de s'en rapporter aux déclarations des juges du fait, qui sont souveraines et échappent au contrôle de la Cour de cassation (Id.) (8).

La répartition de dividendes est accomplie, lorsque des bénéfices étant constatés et attribués aux associés ou actionnaires, ceux-ci ont acquis un droit privatif sur la valeur répartie; il n'est point nécessaire que la distribution ait eu lieu matériellement; elle peut s'effectuer par voie de compensation, et, spécialement, par l'affectation de valeurs à la libération d'actions antérieurement souscrites; ce mode d'attribution n'enlève pas aux bénéfices distribués le caractère légal de dividendes, et, si la valeur ainsi employée n'est que fictive, l'opération rentre dans les termes des art. 15, § 3, et 45 de la loi du 24 juill. 1867 (L. 24 juill. 1867, art. 15, § 3, 45) (9).

Et pour que la répartition ait ce caractère de droit ferme et non précaire, il n'est pas nécessaire non plus que les écritures aient formalisé la situation sur les livres de la Société, ni que des titres nouveaux aient été délivrés aux actionnaires bénéficiaires de la libération (Id.) (10).

Peu importe aussi que l'opération ait été susceptible d'annulation, ou même que la nullité en ait été prononcée par la justice au regard de la faillite, une pareille annulation ne pouvant, au point de vue pénal, lui ôter le caractère de fait accompli entre les actionnaires et les administrateurs de la Société (Id.) (11).

La distribution de dividendes fictifs dont la fraude forme l'un des éléments essentiels et dont la peine est celle de l'escroquerie, constitue non une simple contravention, mais un délit caractérisé (C. pén., 1, 405; L. 24 juill. 1867, art. 15, 43 et 45) (12).

Par suite, à défaut de dérogation expresse, les règles de la complicité sont applicables à ce délit (C. pén., 59, 60) (13).

2° *Le mot* marchandises *comprend dans son acception générique, non-seulement les choses corporelles fongibles qui se comptent, se pèsent ou se mesurent, mais aussi les choses incorporelles en tant qu'elles sont l'objet des spéculations du*

---

lente dans sa généralité. — Il est d'ailleurs inutile d'insister sur les circonstances de fait relevées par l'arrêt de Paris dans l'affaire actuelle, ou sur d'autres analogues et qui sont à l'abri de toute controverse. Ainsi, les administrateurs ou gérants ne doivent pas inscrire, à titre de bénéfices, au crédit des comptes des profits et pertes, une simple majoration ou plus-value des immeubles sociaux : Paris, 16 avril 1870 (Pand. chr.), — non plus que l'excédent sur le prix de revient des terrains acquis par la Société, des prix de revente, lorsque ces prix, payables par annuités, n'ont pas été encaissés durant l'exercice et ne sont même pas échus (même arrêt); — ni surtout l'excédant provenant d'aliénations non encore réalisées et constituant seulement de simples locations des terrains avec promesse d'en consentir l'aliénation moyennant un prix fixé d'avance (même arrêt). — V. aussi Cass., 28 nov. 1860 (S. 61. 1. 967. — P. 62. 529. — D. 61. 1. 339). — Ils ne doivent pas non plus maintenir comme éléments d'actif dans les inventaires les créances éventuelles ou aléatoires — V. Lyon, 17 août 1865 (S. 66. 2. 231. — P. 66. 854. — D. 66. 2. 194); — les effets en souffrance. V. Grenoble, 6 juill. 1875 (S. 76. 2. 103. — P. 76. 451), — les créances irrecouvrables ou sur des insolvables. — (V. Lyon, 8 juin 1864 (S. 65. 2. 38. — P. 65. 226. — D. 65. 2. 197); Cass., 7 mai 1872 (S. 72. 1. 123. — P. 72. 285. — D. 72. 1. 233); Grenoble, 6 juill. 1875, précité; Orléans, 30 juill. 1881 (S. 83. 2. 29. — P. 83. 1. 206), et notre *Dictionnaire*, t. VI, v° *Société en commandite*, n. 298, 363 et suiv.).

(9-10-11) Il est certain, d'une part, que toute répartition de deniers faite à des actionnaires, quelles qu'en soient la forme ou la dénomination, constitue en réalité une distribution de dividendes, et doit être justifiée par des bénéfices réalisés constatés au moyen d'un inventaire régulier — V. Lyon, 12 mars 1885 (S. 86. 2. 241. — P. 86. 1. 1245. — D. 86. 2. 130); — d'autre part, qu'il n'est pas nécessaire que la distribution ait eu lieu matériellement; que des espèces ou des billets de banque soient sortis de la caisse sociale et aient été effectivement remis aux actionnaires; que la distribution peut s'opérer par voie de compensation, par l'affectation, comme dans l'espèce actuelle, des sommes à la libération des actions anciennes de la Société sur lesquelles restait due partie du capital souscrit.

Ces vérités étaient reconnues ou tout au moins elles n'étaient pas contestées dans l'affaire dont nous nous occupons. On soutenait seulement que la libération des actions avait bien été tentée, mais qu'elle ne s'était pas réalisée; que, se fût-elle même effectuée, elle avait été, dans tous les cas, annulée par une décision de la juridiction civile, la considérant comme n'ayant jamais eu lieu. Voici la réponse triomphante faite à cette argumentation par M. l'avocat général Calary : « De ce qu'une distribution frauduleuse de dividendes est considérée, et justement considérée, comme n'ayant pas eu lieu, en résulte-t-il qu'en fait elle n'ait pas eu réellement lieu à un certain moment et qu'elle cesse d'être punissable? Pas de doute à cet égard. Quand un fait délictueux s'est produit, on peut bien en effacer les conséquences civiles, on peut même, par une sorte de fiction, non pas seulement l'annuler, mais déclarer qu'il a toujours été nul; on ne peut pas l'empêcher d'avoir existé. — Supposons qu'en fait il y ait eu distribution matérielle de fonds, d'espèces, que les millions aient été matériellement distribués et que, plus tard, par suite de circonstances particulières, les actionnaires soient forcés de reverser à la caisse ce qu'ils ont reçu, que, en un mot, ils soient dans un cas de répétition de dividendes distribués. Les voilà à qui il ne reste rien de ce qui leur a été réparti, attribué. Au point de vue des conséquences civiles, la distribution faite entre eux sera comme si elle n'avait jamais eu lieu; et cependant elle aura existé en fait, et en fait elle ne pourra être comparée avec ce qu'aurait été une simple promesse de distribution, une tentative non suivie d'effet, et, au point de vue correctionnel, elle pourra être l'objet de poursuites. — Il en est de même ici. Sans doute, il n'y a pas eu distribution réelle d'espèces sonnantes; mais il y a eu distribution, versement, sous forme de libération d'actions, ce qui, juridiquement, est absolument la même chose; il y a ensuite véritable répétition. Juridiquement, en effet, que s'est-il passé? Le 5 nov., l'assemblée générale vote que, à l'aide de 25 millions (125 francs par titre), pris sur les versements faits par les souscripteurs des nouvelles actions, et de 50 millions pris sur les disponibilités des exercices antérieurs et sur les bénéfices sociaux, les actions anciennes seront complètement libérées; et, le 3 janv. 1882, après des souscriptions et des versements plus ou moins réguliers, déclaration est faite chez le notaire que 3,217 actionnaires ont souscrit la totalité de 100,000 actions nouvelles, et que non-seulement ils ont versé les fonds nécessaires pour la libération complète de ces actions nouvelles, mais qu'en outre ils ont versé les millions nécessaires pour libérer les anciennes actions dans les conditions prévues par la délibération du 5 nov.; et du jour de cette déclaration, et toujours suivant les décisions de l'assemblée générale, la nouvelle Société est considérée et présentée aux tiers, avec publications légales, comme définitivement constituée au capital de 150 millions, comprenant 300,000 actions libérées. Eh bien! à partir de ce moment, à partir de cette déclaration du 3 janv. 1882, faite dans de semblables conditions, il y a eu libération des anciens titres. La situation de l'actionnaire a été la même que si on lui avait matériellement versé 250 francs, et, également, il y a eu un véritable versement entre ses mains, depuis et très-justement considéré comme sans valeur légale. Mais cela ne fait pas que les choses n'aient pas existé. Il n'y a pas eu simple promesse de libération, simple tentative, mais libération absolue, et les souscripteurs auraient pu immédiatement réclamer leurs titres s'ils avaient pu être prêts. Et cela est si vrai, que la Cour a eu besoin de déclarer que la libération était nulle, ce qu'elle n'eût pas fait si tout s'était borné à un vote non suivi d'effet, à une promesse, à un projet. »

(12) La fraude est un des éléments essentiels pour que la distribution de dividendes fictifs tombe sous l'application de l'art. 405, C. pén. Le § 3 de l'art. 15 de la loi du 24 juill. 1867 porte, en effet : « Les gérants qui, en l'absence d'inventaires ou au moyen d'inventaires *frauduleux*, etc. » — V. Grenoble, 15 juill. 1886 (S. 86. 2. 241. — P. 86. 1. 1245).

Si à ce caractère on ajoute la considération de la peine appliquée on arrive à cette conclusion inattaquable, qu'il s'agit bien là d'un véritable délit et nullement d'une contravention. — V. à cet égard notre *Dictionnaire*, t. VI, v° *Société en commandite*, n. 186 *bis*, ainsi que nos observations jointes à Cass., 28 févr. 1885 (Pand. chr.), et 17 juill. 1885 (Pand. chr.).

(13) Il est de principe constant que les règles générales de la complicité établies par les art. 59 et 60, C. pén., s'appliquent à tous les délits sans exception, qu'ils soient prévus par le Code

commerce à un prix habituellement déterminé par la concurrence libre du marché; telles sont, par exemple, les actions de Sociétés financières ou industrielles (C. pén., 419). — Résol. par la Cour d'appel (1).

Par suite, faire hausser ou baisser, par des manœuvres frauduleuses, par le jeu d'une spéculation éhontée, les actions d'une Société commerciale, constitue, de la part des directeurs ou administrateurs de cette Société qui se livrent à de tels agissements, soit pour leur compte, soit pour le compte de la Société, le délit prévu et puni par l'art. 419, C. pén. (Id). — (Ibid.) (2).

(Bontoux et Féder.)

19 mars 1883, arrêt de la Cour de Paris (ch. corr.), conçu dans les termes suivants : — « LA COUR : — Sur le premier chef de prévention, simulation de souscriptions et de versements; — En ce qui touche la première augmentation du capital de l'Union générale votée par l'assemblée du 29 avril 1879 : — Considérant qu'à la date du 13 juin suivant, le conseil d'administration dont Bontoux était président a fait par-devant notaire la déclaration légale que la totalité des 50,000 actions nouvelles était souscrite et que le capital en était versé à concurrence du quart; que, néanmoins, il résulte de l'instruction et des débats que 2,653 actions attribués au sieur Balensi n'avaient donné lieu à aucun versement de capital, et que si la Société s'est couverte du montant desdites actions, c'est seulement au moyen de la vente des titres, qu'elle a fait écouler sur le marché au mois de septembre suivant; — Considérant qu'en vain les appelants prétendraient n'avoir point à répondre de ce fait parce que la déclaration du 19 juin a été signée non par eux, mais par M. Riant, comme mandataire du conseil d'administration; qu'il est établi par la correspondance que tous deux ont agréé les offres de M. Balensi et déterminé les conditions dans lesquelles la souscription serait reçue avec un simple jeu d'écritures, pour tenir lieu du capital exigé par la loi; — Considérant qu'en admettant que le sieur Balensi fût souscripteur pour son compte personnel et que la Société ait fait un acte licite en lui concédant à forfait, moyennant une prime de 35 fr., le privilége de souscrire pour tous les titres qui ne seraient point réclamés pour une part d'anciens actionnaires, il est constant et reconnu que le sieur Balensi n'a rien versé à la caisse; qu'il a bien été débité sur les livres du montant de sa souscription, mais que cette écriture n'a rien ajouté comme lien de droit à la souscription elle-même, laquelle constituait déjà un engagement de payer; — Considérant qu'aux termes de l'art. 1er de la loi du 24 juill. 1867, une Société ne peut être constituée que lorsqu'il y a tout à la fois souscription, c'est-à-dire obligation personnelle des actionnaires pour le capital entier, et versement, c'est-à-dire exécution de cette obligation à concurrence du quart; que la double exigence formulée par la loi exclut toute opération de compte pour tenir lieu de versement, à moins que l'actionnaire, étant créancier pour des causes antérieures à sa souscription, ne se trouve libéré d'icelle par une compensation ; — Considérant que sans doute le capital n'entre pas toujours en espèces dans la caisse sociale; qu'il peut être déposé dans une maison de banque et, par conséquent, assis uniquement sur le crédit de cette maison ; que, toutefois, il ne saurait reposer sur le crédit des actionnaires eux-mêmes, parce que ces derniers ne satisfont à la loi qu'en se libérant du quart au moins de leur souscription;

« En ce qui touche la deuxième augmentation du capital, votée le 15 nov. 1880 : — Considérant qu'une souscription étant ouverte pour cent mille actions nouvelles réservées une pour une aux anciens actionnaires, il est établi par l'expertise que 3,060 titres non réclamés par les ayants droit, plus 22,875 correspondant à pareil nombre d'actions que la Société destinait aux reports, ont été souscrits par diverses personnes agissant seulement comme mandataires ou prête-nom de la Société; que celle-ci, n'ayant aucun recours contre les souscripteurs apparents qui n'avaient fait que lui prêter leurs noms apparents, a réellement souscrit elle-même son propre capital à concurrence de 25,935 actions représentant une somme supérieure à 17 millions; — Considérant que ces souscriptions fictives n'ont été accompagnées d'aucun versement; que, par un simple jeu d'écritures, le chiffre en a été porté d'abord au débit d'un compte de report et plus tard au compte Isoard, nom sous lequel se voilaient les opérations de jeu engagées par la Société sur ses propres actions; — Considérant qu'il est inadmissible qu'une Société qui met en souscription le doublement de son capital sous forme d'actions nouvelles puisse prendre part elle-même à cette souscription; qu'une telle pratique est contraire à la nature même des choses, puisque l'action étant une part individuelle dans un ensemble de biens mis en commun, n'existe en fait et en droit qu'à la condition d'entrer dans un patrimoine distinct de celui de la communauté; que la Société qui prétend employer ses dépôts et ses réserves, en souscription de ses propres actions, n'opère, en agissant ainsi, qu'un virement d'écritures sans ajouter rien à son actif réalisé; qu'elle pourra bien tirer de cette opération un bénéfice ultérieur, à la condition que la hausse lui permette d'écouler avec prime les titres qu'elle s'est attribués; mais qu'à l'heure même où la souscription a lieu, la Société ne s'est point procuré l'augmentation de capital, c'est-à-dire l'apport de nouvelles ressources immédiates, d'où dépend la validité de toute création d'actions; qu'en principe donc et d'une manière absolue, il y a fraude à la loi dans le fait d'une Société de commerce souscrivant à ses propres actions; — Considérant que les appelants ne l'ignoraient point lorsque,

---

pénal ou qu'ils relèvent des lois spéciales postérieures et qu'il faut, pour les y soustraire, une dérogation expresse, tout au moins tacite, mais à la condition qu'elle soit suffisamment explicite. V. notamment Cass., 11 sept. 1846 (S. 46. 1. 840. — P. 47. 2. 144. — D. 46. 1. 361); 26 juill. 1850 (S. 51. 1. 77. — P. 52. 2. 332. — D. 51. 5. 54); 26 déc. 1857 (S. 58. 1. 492. — P. 58. 1136. — D. 58. 1. 143); Toulouse, 27 févr. 1868 (D. 69. 2. 61). — C'est la règle inverse qui domine en matière de contraventions où la complicité a besoin d'être formellement édictée. Aux arrêts précités, *adde* : Pau, 6 août 1874 (S. 75. 2. 18. — P. 75. 107. — D. 75. 2. 53); Blanche, *Études pratiques sur le Code pénal*, t. II, n. 71 et suiv.

Or, rien, ni dans le texte de l'art. 15, § 3, de la loi de 1867, ni dans les discussions parlementaires, n'indique qu'une situation d'exception ait été faite au délit de distribution de dividendes fictifs. Il est vrai que cet art. 15 ne vise que les administrateurs de Sociétés; mais on n'en peut tirer aucun argument : tout individu qui a provoqué ou aidé, par l'un des moyens énoncés en l'art. 60, C. pén., à la perpétration d'un délit qu'il n'aurait pu commettre, à raison notamment de ce qu'il n'a pas la qualité que suppose ce délit, ne s'expose pas moins à être poursuivi comme complice de l'auteur principal. — V. Cass., 9 janv. 1863 (S. 63. 1. 224. — P. 63. 796). V. plus particulièrement, en matière de Société, Dalloz, *Jurispr. gén.*, v° *Société*, n. 1267.

Mais nous avons combattu l'extension des règles de la complicité alors qu'il s'agit d'*émissions prohibées*. — V. nos observations sous Cass., 28 févr. 1885 (Pand. chr.).

(1-2) La solution contraire a été consacrée par un arrêt de la Cour de cassation, en date du 30 juill. 1885 (Pand. chr.), qui a décidé que l'art. 419, C. pén., ne s'applique pas aux actions des Sociétés fondées par des particuliers, de pareilles valeurs ne pouvant être considérées ni comme des marchandises, ni comme des papiers ou effets publics. — V. reproduit avec cet arrêt, le rapport de M. le cons. Auger, qui contient une étude approfondie de la question, très-controversée d'ailleurs en jurisprudence et en doctrine. *Adde* conf. Grenoble, 15 juill. 1886 (S. 86. 2. 241. — P. 86. 1. 1245).

pour faire croire au public que toutes les actions avaient été régulièrement attribuées, ils ont eu soin de multiplier les souscriptions fictives des titres, qui restaient en définitive à la charge de la Société;

« En ce qui touche la troisième augmentation du capital votée par l'assemblée du 5 nov. 1881 : — Considérant que les cent mille actions créées en représentation de cette augmentation de capital étaient réservées aux anciens actionnaires à raison d'un titre nouveau pour deux anciens; qu'après l'expiration des délais impartis pour la souscription et le versement, Bontoux a fait, le 3 janv. 1882, conjointement avec les autres administrateurs, la déclaration légale que la totalité des actions avait été souscrite par 3,217 actionnaires, lesquels avaient effectivement versé 850 fr. par chaque action ; — Considérant que l'Union générale était cependant bien loin d'avoir en caisse la somme de 85 millions que ce versement aurait produite, et que, parmi les prétendus souscripteurs, deux au moins étaient de simples prête-nom de la Société; que, d'une part, le sieur Isoard, porté sur la liste comme souscripteur de 12,382 actions, n'avait même pas connaissance de cet engagement pris en son nom, habitué qu'il était à donner, moyennant une rétribution, sa signature autant de fois que la Société en avait besoin; que, d'autre part, Féder, inscrit comme souscripteur de 12,376 actions, avoue n'en avoir souscrit réellement que 3,829; que, pour le surplus, soit 8,547 actions, il n'a fait, lui aussi, que prêter son nom à la Société; qu'ainsi les actions non souscrites et restant à la charge de la Société étaient au nombre de 20,929, représentant une somme de plus de 17 millions; — Considérant qu'en outre 10,460 autres actions, bien que régulièrement souscrites, n'avaient pas été libérées en espèces; que, pour un certain nombre, il y avait eu seulement passation d'écritures au débit des souscripteurs; que, pour d'autres, cette libération par compte, si peu régulière qu'elle fût, n'avait même pas été opérée sur les livres de la Société; — Considérant que les appelants ont participé l'un et l'autre à ces graves abus; que c'était Bontoux qui combinait, comme président du conseil d'administration, les augmentations successives du capital social et le projet aléatoire que la Société poursuivait en retenant pour elle-même à chaque émission nouvelle une portion notable des titres livrés en apparence aux anciens actionnaires; que Féder a constamment dirigé l'exécution des mesures nécessaires pour dissimuler cette ingérence de la Société dans les souscriptions; que sciemment il a fait de sa propre signature un instrument de fraude en figurant lui-même au nombre des prête-nom dont se couvrait la Société; — Considérant qu'il n'est point établi que, dans les circonstances de fait où elles se sont produites, les simulations de souscriptions et de versements qui viennent d'être exposées aient eu pour but d'assurer le succès de chaque émission en y attirant d'autres souscriptions ou versements; que, par conséquent, ces dissimulations, considérées en elles-mêmes, n'ont pas constitué le délit puni par l'art. 15, § 1er, de la loi du 24 juill. 1867; qu'elles doivent être retenues toutefois comme un moyen de fraude employé par les appelants pour faire illusion au public sur le classement des actions émises par l'Union générale et pour produire ainsi la hausse sur le cours des titres qu'ils faisaient accaparer en si grand nombre par la Société;

« Sur le deuxième chef de prévention (émission des actions d'une Société non régulièrement constituée) : — Considérant que le délit prévu par l'art. 13 de la loi du 24 juill. 1867 ne peut résider que dans la délivrance de titres qui présentent une Société comme légalement instituée, tandis qu'elle ne l'est point; que l'émission d'actions ne doit pas être confondue avec l'ouverture de la souscription, c'est-à-dire avec l'appel adressé aux capitaux pour parvenir à la formation d'une Société; — Considérant que les titres d'actions unifiés représentant le capital de la nouvelle Société issue du vote de l'assemblée générale du 5 nov. 1881, n'ont jamais été remis aux ayants droit; que, par conséquent, en ce qui concerne lesdites actions, il est juste de reconnaître qu'elles n'ont point été émises; mais que des faits relatés ci-dessous relativement au premier chef de la prévention, il ressort que des actions afférentes aux première et deuxième augmentation du capital ne satisfaisaient pas mieux que les dernières aux prescriptions de la loi; qu'une partie notable de ces actions n'avait pas été régulièrement souscrite; qu'un nombre encore plus grand n'était pas libéré du quart, ce que Bontoux savait mieux que personne; que, néanmoins, ces actions ont été émises par le conseil d'administration, dont Bontoux était le président; — Considérant qu'en vain Bontoux prétend n'avoir apposé sa signature sur aucun titre d'actions; que les signatures d'administrateurs dont les actions de cette nature sont revêtues donnent au titre son caractère d'authenticité, mais qu'elles ne constituent point l'émission, c'est-à-dire la mise en circulation dont il convient de rendre responsable le chef qui l'a ordonnée, sachant que les conditions légales n'ont aucunement été remplies;

« Sur le troisième chef de prévention (négociation des actions d'une Société non régulièrement constituée) : — Considérant que ce délit, prévu par l'art. 14 de la loi du 24 juill. 1867, n'est point subordonné à l'émission préalable des titres admissibles à la cote officielle, lorsqu'il est établi que des ventes à terme ont pu se conclure et se sont conclues dans la coulisse, sur des certificats ou promesses d'actions qui suffisaient en fait pour devenir la base et fournir la matière de ces marchés; — Considérant que les actions émises en 1879 et 1880, et les promesses d'actions unifiées résultant de la souscription de 1881, ont été négociées par Féder, d'accord avec Bontoux et sous l'impulsion de ce dernier, contrairement aux prescriptions de l'art. 14; que ce fait n'est point déniable en ce qui concerne les deux premières émissions, puisque c'est seulement au moyen de la vente des 2,653 actions attribuées à Balensi en 1879, et des 25,935 actions accaparées par la Société en 1880, que les appelants soutiennent avoir comblé les déficits laissés dans le capital social par des souscriptions considérables auxquelles n'avait correspondu aucun versement mutuel; qu'en ce qui concerne les actions unifiées par la délibération du 5 nov. 1881, l'expertise a établi que la Société en a vendu 41,107 pour son propre compte, 9,643 pour le compte de son personnel et 7,202 pour ses clients; que les deux appelants en ont fait vendre pour eux-mêmes, Bontoux 3,075 et Féder 6,175; qu'il est donc bien certain que l'un et l'autre ont participé à la négociation d'actions qu'ils savaient n'être pas celles d'une Société régulièrement constituée;

« Sur le quatrième chef de prévention (distribution de dividendes fictifs au moyen d'un inventaire frauduleux) : — Considérant qu'il a été décidé, sur la proposition de Bontoux, par l'assemblée générale du 5 nov. 1881, que 100,000 actions nouvelles seraient émises aux prix de 850 francs, dont 500 francs pour la valeur nominale de l'action, 100 pour être mis en réserve, et 250 pour libérer d'un deuxième quart les 200,000 actions existantes; que ces 200,000 actions anciennes étant ainsi libérées de moitié, 50,000,000 de francs restaient à trouver pour les libérer de l'autre moitié; que la même assemblée générale a décidé d'y pourvoir par l'emploi de 25,500,000 de francs à prendre sur les réserves disponibles des années antérieures et de 24,500,000 à prendre sur les bénéfices de l'exercice courant; que, pour déterminer le vote de ces mesures, Bontoux avait fait établir un bilan arrêté au 30 sept. précédent, lequel faisait ressortir à cette date un bénéfice réalisé de 34,072,014 de fr.; — Considérant que, s'il convient de reconnaître l'exactitude de ce bilan au point de vue des opérations matérielles et des cours de Bourse pris pour base d'évaluation des titres, l'examen des documents révèle, parmi les éléments dont l'acte était composé, l'existence de comptes de reports de valeurs diverses, d'avances sur nantissement, de participations financières et de comptes courants très-importants; qu'ainsi que l'a déjà reconnu le tribunal de commerce dans un jugement du 15 mai 1882, confirmé par arrêt de la 1re chambre de cette Cour, en date du 2 mars, présent mois, la réalisation précipitée de ces divers éléments de l'actif aurait déterminé de telles dépréciations sur les valeurs appartenant à l'Union générale qu'il était impossible à la Société de se procurer la somme de 67 millions reconnue nécessaire pour libérer de moitié les actions anciennes et maintenir intactes les réserves prévues dans la délibération du 5 nov. 1881; — Considérant que dans l'avoir de la Société étaient comprises, pour 85 millions environ, des actions, de l'Union générale elles-mêmes, cotées au cours que la Société lui avait fait atteindre par ses opérations de report et par ses achats; qu'il importe peu que les titres détenus en report fussent seulement le gage d'une créance ferme reposant d'autre part sur la garantie des agents de change; que la Société ne pouvait, le cas échéant, invoquer cette garantie sans porter à son crédit une atteinte funeste, en jetant sur le marché l'énorme quantité de ses propres actions qu'elle avait eu le tort de prendre pour aliment de spéculation; — Considérant que cette situation, déjà périlleuse au 30 sept., à raison de l'importance des opérations aléatoires engagées par l'Union générale sur ses propres actions, est devenue de plus en plus chargée dans les mois suivants à tel point que le 31 déc., date à laquelle devait prendre cours la libération des actions, la Société se trouvait acheteur de ses propres titres pour plus de 57 millions et demi, qu'elle en reportait pour 62 millions, ce qui représentait un capital immobilisé de près de 120 millions, qu'il y avait ainsi pour elle impossibilité de plus en plus absolue de distribuer à ses actionnaires un dividende susceptible d'être affecté à la libération des titres anciens; — Considérant que non-seulement les bénéfices et les disponibilités dont on a leurré l'assemblée générale étaient aléatoires, non réalisables, par conséquent fictifs, et que Bontoux a commis une fraude caractérisée en présentant comme des résultats tangibles ce qui se réduisait à des espérances fondées sur l'effort continu de la spéculation; mais que, de plus, les actionnaires ont été trompés par des déclarations mensongères sur ce qui constituait un danger très-sérieux pour l'entreprise et le vice capital de sa situation; — Considérant que par l'expression d'inventaire, l'art. 45 de la loi de 1867 ne désigne point un acte spécial d'une forme sacramentelle et déterminée, mais bien tout compte rendu, tout état de situation, soit écrit, soit verbal, au moyen duquel on peut surprendre le vote d'une assemblée d'actionnaires en lui présentant, sous un faux jour, les ressources et les opérations de la Société de l'Union générale; — Considérant que dans le rapport imprimé, qui a été seul distribué aux actionnaires, les bénéfices réalisés ont été évalués à 36 millions au moins, tandis qu'ils n'avaient été dans le bilan que de 34 millions; — Considérant que ce rapport ne mettait sous les yeux des actionnaires que les résultats des calculs du bilan sans leur faire connaître à quelles valeurs étaient employés les capitaux; que, pour donner à penser que l'Union générale ne devait rien à l'agiotage, Bontoux a osé affirmer à l'assemblée générale que la Société ne détenait pas une seule de ses propres actions, tandis que ces titres étaient entrés dans les valeurs actives accusées par le bilan pour 85 millions, et qu'à la date même de l'assemblée générale, la Société en détenait pour 98 millions; que Bontoux a commis encore une fraude par réticence en basant les combinaisons soumises à l'assemblée sur un apport immédiat de 85 millions qu'il alignait comme produit assuré de la nouvelle souscription, tandis que, se réservant de faire souscrire le plus grand nombre possible d'actions par la Société, il savait très-bien que cet apport ne serait point réalisé et ne comptait que sur la hausse pour se le procurer ultérieurement; — Considérant que vainement Bontoux proteste de sa bonne foi; qu'ayant toujours été non-seulement l'un des administrateurs, mais le chef très-obéi de l'Union générale et, pour ainsi dire, l'âme de ses opérations, il n'a pas pris l'initiative de projets aussi importants que ceux dont était saisie l'assemblée du 5 nov. 1881, sans s'être parfaitement mis au fait de tous les détails de l'affaire et surtout de la situation financière, dont le bilan devait être l'expression; que, parent et ami d'Isoard, il n'a jamais ignoré les spéculations auxquelles la Société se livrait sous ce nom sur ses propres actions; que ce n'était pas à son insu ni sans son aveu que 80 millions avaient été engagés en report sur ces mêmes actions; que le chef de la comptabilité a déclaré dans l'instruction que le bilan avait été dressé d'après des indications émanées de Bontoux lui-même; que c'est donc bien frauduleusement que Bontoux a faussé cet inventaire, d'abord en y faisant figurer comme certaines et disponibles des valeurs qu'il savait être purement éventuelles, et, de plus, en affirmant aux actionnaires, pour éloigner de leurs esprits toute crainte des mauvaises chances du jeu, que l'Union générale ne possédait pas une seule de ses actions;

« Considérant que vainement aussi Féder prétend ne pouvoir être impliqué dans la poursuite, parce que la distribution de dividendes fictifs constituerait, aux termes de l'art. 45, un délit tout spécial, dont les administrateurs porteraient exclusivement la responsabilité; — Considérant que, quelles que soient la fonction, la parenté, en un mot, les circonstances inhérentes à la personne que suppose une qualification pénale en ce qui touche l'auteur principal du délit, tout individu quelconque peut être repris comme complice de ce même délit, s'il a aidé à le commettre; que cette règle est observée sans contestation possible en matière de parricide, d'attentat à la pudeur par une personne ayant autorité, d'abus commis par des fonctionnaires publics; qu'il en est de même au regard des délits propres aux administrateurs de Société; que tout individu, étranger ou non à la Société, peut s'en rendre complice dans les termes de l'art. 60, C. pén., en aidant un administrateur à les commettre; — Considérant que Féder a sciemment aidé Bontoux à tromper les actionnaires en déclarant lui-même au conseil d'administration que la Société ne détenait aucune de ses propres actions; que, chargé, comme directeur des opérations de Bourse, du service des titres et de la comptabilité, il ne pouvait ignorer à quel point cette allégation était contraire à la vérité; que le bilan avait d'ailleurs été dressé dans les bureaux placés sous ses ordres immédiats; qu'il avait trop d'expérience pour se méprendre sur le caractère instable et aléatoire des évaluations offertes à la crédulité des actionnaires comme étant des bénéfices acquis et réalisés; qu'en dissimulant sous cette forme décevante une situation qu'il savait ne pouvoir suffire à la réalisation du capital dont Bontoux proposait de quittancer par compensation des actions anciennes, Féder a, par la rédaction même de l'inventaire, assisté Bontoux dans les faits qui ont préparé et consommé le délit relevé à sa charge; que c'est donc à bon droit qu'il est repris comme complice de ce délit; — Considérant qu'il n'est point douteux que la libération des actions, dont les conditions ont été déterminées par l'assemblée générale du 5 nov. 1881, n'impliquât l'attribution faite à chaque titre d'une part de bénéfices sociaux, c'est-à-dire d'un dividende de 250 francs, lequel se compensait de droit avec la somme égale restant due par l'actionnaire à la Société; — Considérant qu'en vain les appelants ont soutenu que cette compensation ne s'était point effectuée, soit parce qu'il n'en a pas été fait écriture sur les livres de la Société, soit parce que les titres d'actions libérées n'ont pas été mis en distribution; — Considérant qu'aux termes des résolutions votées le 5 nov. par l'assemblée générale, tout titulaire de deux actions ayant souscrit pour une action nouvelle et versé 850 francs avait un droit ferme à trois actions libérées à partir du 1er janv. 1882; que ce droit ne dépendait d'aucune éventualité de répartition ultérieure; que la seule condition à laquelle il fût soumis était que la nouvelle souscription fût couverte; que du moment où Bontoux lui-même a fait, le 3 janv., la déclaration légale que cette condition était remplie, les actionnaires ont été saisis d'un droit acquis définitif, transmissible sinon au parquet des agents de change, au moins par les autres modes d'aliénation qu'autorise la loi civile; que les appelants eux-mêmes ont vendu des actions anciennes ou nouvelles, c'est-à-dire comme étant libérées; que la juridiction civile peut bien avoir déclaré cette libération nulle et destituée d'effets au regard de la faillite, à raison du caractère fictif et frauduleux des opérations qui l'auraient produite; que cette annulation n'empêche point qu'il n'y ait eu, au point de vue pénal, fait accompli entre les actionnaires et Bontoux, celui-ci ayant poussé jusqu'à ses dernières conséquences la perpétration de la fraude qui lui est reprochée; — Considérant qu'à supposer qu'un dividende affecté par voie de compensation légale et forcée à la libération d'actions ne rentrât point dans les prévisions des art. 15 et 45 de la loi de 1867, il y aurait lieu de remarquer que, dans l'espèce, le dividende voté par l'assemblée générale a été, jusqu'à concurrence d'environ 400,000 francs, remis en deniers ou en quittances du montant de leur souscription nouvelle à ceux des actionnaires anciens qui avaient fait le versement anticipé sur la valeur intégrale de leurs titres; qu'en outre, les prétendus bénéfices de l'année 1881 ont été si bien considérés comme mis en distribution que la part de ces bénéfices, attribuée par les statuts aux administrateurs et au directeur, a été portée sur les livres au crédit de leurs comptes particuliers; qu'il importe peu de savoir si les appelants ont ou n'ont pas touché cet argent au moment où, par une mesure à laquelle tous deux ont concouru, les fonds ont été mis à leur disposition; que, d'ailleurs, si Bontoux n'a point retiré sa part, celle de Féder, qui s'élevait à plus d'un million, a servi à décharger d'autant son compte débiteur envers la Société; qu'en cet état l'on ne peut soutenir que la distribution de dividendes soit demeurée un projet non réalisé ou tout au plus une tentative non suivie d'effets; qu'elle présente au contraire tous les caractères d'un délit consommé;

« Sur le cinquième chef de prévention (hausse des actions de l'Union générale opérée par des voies et moyens frauduleux): — Considérant que les actions de l'Union générale émises à 250 fr. en 1879, à 675 en 1880, à 850 fr. en 1881, se sont élevées au mois de janv. 1882 à plus de 3,000 fr., prix qui n'était pas en rapport ni avec le revenu présent, ni avec les produits probables des affaires engagées par la Société; que, quoi qu'on puisse dire de l'abondance des capitaux, de la fièvre de spéculation qui surélevaient les cours à cette époque, une aussi forte hausse n'a pas été déterminée par la concurrence naturelle et libre du commerce, mais bien par les achats de l'Union générale, achats poussés sans mesure jusqu'à l'épuisement des dernières ressources de la Société; — Considérant qu'il résulte de l'expertise qu'il est sorti des caisses de la Société, par l'achat au comptant de ses actions au nombre de 46,889, une somme totale de plus de 95 millions; qu'indépendamment de ces opérations au comptant, la Société en poursuivait d'autres à terme, par suite desquelles elle avait à prendre livraison, fin janv., de 20,150 titres à la Bourse de Paris, et de 10,125 à la Bourse de Lyon; qu'en outre la Société poussait à la hausse en faisant sur ses propres actions des reports dont le compte variait à chaque liquidation, et s'élevait, à la date de la faillite, à 73 millions; — Considérant que, si les achats poussés à outrance pendant le mois de janv. peuvent avoir été surtout le fait de Féder, Bontoux s'étant alors absenté de France, tous deux avaient trouvé bon, depuis la naissance de la Société, qu'elle soutînt la hausse de ses actions par un système combiné d'opérations à terme qui lui étaient pourtant interdites par ses statuts; — Considérant que Bontoux a bien pu, dans le cercle de ses relations privées, dissuader certaines personnes d'acheter des actions dans les hauts cours; que les spéculations qu'il laissait se poursuivre en violation des statuts n'en constituaient pas moins une manœuvre frauduleuse, en tant qu'on prenait le soin de les cacher sous le nom du compte Isoard, de manière à faire croire aux actionnaires et, par suite, au public, que la Société n'entrait pour rien dans le mouvement d'offres et de demandes auquel donnaient lieu ses actions; — Considérant que c'était encore un moyen frauduleux d'agir sur les cours et de faire la hausse que de procéder, ainsi que l'ont fait les appelants, à des augmentations incessantes de capital, en publiant chaque fois que la souscription était couverte, alors qu'il restait réellement à placer 3,633 actions sur l'émission de 1879, 25,935 actions sur celle de 1880 et 20,929 actions sur celle de 1881; — Considérant qu'en raréfiant ainsi les titres par l'attribution qu'elle s'en faisait à elle-même dans d'aussi fortes proportions, tandis qu'elle annonçait avoir complété son capital, la Société contribuait à assurer la hausse qui lui permettait ensuite d'écouler avec avantage les actions dont elle ne s'était point dessaisie; — Considérant que c'était au même but que tendaient les manœuvres encore plus graves reprises à part comme constituant un délit distinct dans le quatrième chef de la prévention; — Considérant que, si l'art. 419, C. pén., ne parle que de la hausse ou de la baisse sur les denrées et marchandises, papiers et effets publics, il n'y a pas lieu de conclure de là qu'il ne soit pas applicable aux variations du cours des actions de Sociétés de banque ou d'industrie; — Considérant que ce que le législateur a voulu exclure en substituant l'expression d'effets publics à celle d'effets négociables, qui figurait dans le projet de loi, ce sont les lettres de change qui sont sujettes aux variations de cours, et dont le projet avait dû faire une mention spéciale, ainsi que des fonds d'État, parce qu'il eût été douteux que les deux espèces de valeurs pussent être considérées comme des marchandises; qu'il en est tout autrement des actions des Sociétés, aujourd'hui surtout qu'elles sont devenues l'objet d'un trafic si important, qu'elles donnent lieu chaque jour à des transactions innombrables et changent de mains sans cesse au gré des fluctuations du marché des capitaux, et que, dans le seul état des mœurs de l'industrie, de la richesse publique, ce mode de placement est un besoin de premier ordre pour la société; — Considérant que le mot *marchandises* comprend dans son acception générique non-seulement les choses corporelles fongibles qui se comptent, se pèsent ou se mesurent, mais aussi les choses incorporelles en tant qu'elles sont l'objet des spéculations du commerce à un prix habituellement déterminé par la concurrence libre du marché ; — Considérant qu'il est certain que le prix des actions de Société est bien habituellement déterminé par la concurrence, puisque aucune valeur n'est d'un débit plus courant et ne subit plus sensiblement l'influence relative de l'offre et de la demande ; que le fait habituel d'en acheter pour les revendre est considéré par la jurisprudence comme une pratique commerciale ; que l'Union générale se livrait incessament à ce commerce, achetant ses actions en grand nombre pour les revendre plus cher ; que lesdites actions étaient donc entre ses mains une marchandise à laquelle s'applique littéralement l'art. 419, C. pén. ; — Considérant que cette interprétation s'appuie notamment sur le langage tenu par le garde des sceaux, M. Baroche, devant le Corps législatif, au cours de la discussion de la loi du 24 juill. 1867 : « Faire hausser ou baisser, disait-il, par des manœuvres frauduleuses, les actions d'une Société commerciale, c'est incontestablement commettre un délit, et dans ce cas les peines édictées par l'art. 419 devront être prononcées » ; qu'il a fallu cette assurance donnée par le ministre et confirmée par le rapporteur, M. Mathieu, pour faire échouer un amendement tendant à incriminer d'une manière absolue tout achat fait par une Société de ses propres actions ; que c'est donc à bon droit que les premiers juges ont retenu à la charge des appelants le délit prévu par l'art. 419, C. pén. ; — Considérant que Bontoux et Féder ont été des joueurs aveugles et sans scrupules, poursuivant par tous les moyens les gros bénéfices aussi bien pour eux-mêmes que pour la Société qu'ils représentaient ; que, s'ils se défendent d'avoir jamais trahi dans un but de lucre personnel les intérêts considérables dont ils s'étaient assurés la gestion, au moins n'ont-ils pas reculé devant la fraude vis-à-vis du public pour lui faire acheter leurs actions en hausse, et vis-à-vis de la Société pour l'entraîner à leur suite dans la voie hasardeuse où tant de familles allaient trouver la ruine ; qu'en l'état, les peines prononcées contre eux par les premiers juges paraissent excessives ; que, cependant, la répression doit rester sévère pour être en rapport avec l'étendue des désastres causés par les manœuvres dolosives des appelants et par le mirage fallacieux dont ils avaient réussi à s'entourer ; — Par ces motifs, — En ce qui touche : 1° le délit de simulation de souscriptions et de versements ; 2° le délit d'émission des actions unifiées de la dernière souscription : — Infirmant le jugement dont est appel, renvoie les appelants des fins de la poursuite ; — En ce qui touche les autres chefs de prévention, confirme le jugement sur la qualification des faits, et déclare, en conséquence, Bontoux et Féder coupables desdits faits ; — Toutefois, émendant, réduit à deux années la durée de l'emprisonnement auquel sont condamnés les deux appelants ; — Confirme, quant au surplus, le jugement dont est appel. »

Pourvoi en cassation par Bontoux et Féder.

ARRÊT.

LA COUR : — Joint les pourvois, attendu leur connexité ; — Et statuant sur le tout par un seul et même arrêt ; — Sur le premier moyen commun aux deux demandeurs : — Sur la première branche de ce moyen, tiré de la violation des art. 15, § 3 et 45 de la loi du 24 juill. 1867, 3, C. pén., et 7 de la loi du 20 avril 1810, en ce qu'il n'y aurait point eu distribution effective de dividendes, mais un simple projet non réalisé ; — Attendu que la répartition de dividendes est accomplie lorsque, des bénéfices étant constatés et attribués aux associés ou actionnaires, ceux-ci ont acquis un droit privatif sur la valeur répartie ; qu'il n'est point nécessaire que la distribution ait eu lieu matériellement ; qu'elle peut s'effectuer par voie de compensation, et spécialement par l'affectation de valeurs à la libération d'actions antérieurement souscrites ; que ce mode d'attribution n'enlève pas aux bénéfices distribués le caractère légal de dividendes, et que, si la valeur ainsi employée n'est que fictive, l'opération rentre dans les termes des art. 15, n. 3, et 45 de la loi du 24 juill. 1867 ; — Attendu que des constatations de l'arrêt attaqué, il résulte que, sur la proposition de Bontoux, il a été décidé, par l'assemblée générale du 5 nov. 1881, que cent mille actions nouvelles seraient émises au prix de 850 francs, sur lequel il serait prélevé 250 francs pour libérer d'un deuxième quart les deux cent mille actions déjà existantes ; que la même assemblée a décidé, en outre, qu'il serait pourvu à la libération de la seconde moitié desdites actions au moyen, pour partie du moins, d'une somme de 24,500,000 francs à prendre sur les bénéfices de l'exercice alors courant ; que l'arrêt constate que, le 3 janv. 1882, Bontoux, conjointement avec les autres administrateurs, a fait la déclaration légale que la totalité des actions avait été souscrite par trois mille deux cent dix-sept actionnaires, lesquels, était-il dit, avaient effectivement versé 850 francs par chaque action ; que, par l'effet de cette déclaration, attribution a été faite à chaque titre libéré d'une part de bénéfices sociaux, c'est-à-dire d'un dividende de 250 francs, lequel se compenserait de droit avec la somme égale due par l'actionnaire à la Société ; que, dès lors, aux termes des résolutions votées par l'assemblée générale du 5 nov., tout titulaire de deux actions ayant souscrit une action nouvelle et versé 850 francs., a été saisi d'un droit ferme et acquis à trois actions libérées à dater du 1er janv. 1882 ; — Attendu que, pour avoir ce caractère de droit ferme et non précaire, il n'était pas nécessaire que les écritures eussent formalisé la situation sur les livres de la Société, et que des titres nouveaux eussent été délivrés aux actionnaires bénéficiaires de la libération ; qu'il importe peu, d'ailleurs, que l'opération fût susceptible d'annulation, ou même que la nullité en ait été prononcée par la justice civile ; que cette annulation ne saurait, au point de vue pénal, lui ôter le caractère de fait accompli entre les actionnaires et Bontoux ; — Attendu que, dans l'état des faits souverainement constatés, l'arrêt attaqué a pu déclarer à bon droit qu'il était impossible de soutenir que la distribution du dividende dont il s'agit fût demeurée un projet non réalisé ou tout au plus une tentative non suivie d'effet ; qu'elle présente, au contraire, tous les caractères d'un délit consommé ; qu'en le décidant ainsi, ledit arrêt n'a violé ni les articles susvisés de la loi de 1867, ni l'art. 3, C. pén., ou l'art. 7 de la loi du 20 avril 1810 ;

Sur la deuxième branche du même moyen, tirée de la violation des art. 15 et 45, § 2, de la loi précitée du 24 juill. 1867, et de l'art. 34 de la même loi, en ce qu'il ne résulterait pas de l'arrêt attaqué que la répartition de dividendes fictifs, si elle a eu lieu, ait été opérée au moyen d'un inventaire frauduleux : — Attendu qu'en même temps qu'il reconnaît que le bilan présenté par Bontoux aux actionnaires était, à l'époque où il a été dressé, exact au point de vue des opérations matérielles et des cours de la Bourse pris pour base d'évaluation des titres, l'arrêt attaqué constate que, dans l'avoir apparent de la Société, étaient comprises, pour 85 millions environ, des actions de l'Union générale elle-même, cotées au cours que cette Société leur avait fait atteindre par ses opérations de report et par ses achats, achats, dit l'arrêt, poussés sans mesure jusqu'à l'épuisement des dernières ressources de la Société ; que l'arrêt déclare, en outre, que, dans ce bilan dressé d'après les indications émanées de Bontoux lui-même, celui-ci avait fait figurer comme certaines et disponibles des valeurs qu'il savait purement éventuelles et aléatoires, et qu'il avait ainsi frauduleusement faussé cet acte, dont il a plus tard aggravé la fraude par ses affirmations mensongères faites à l'assemblée du 5 nov. 1881 ; que ces déclarations de l'arrêt attaqué sont souveraines; qu'elles échappent au contrôle de la Cour de cassation, et qu'elles justifient pleinement la qualification donnée à l'inventaire au moyen duquel a été opérée la répartition de dividendes incriminée ; — D'où il suit que la seconde branche du premier moyen n'est pas fondée, et que, loin d'avoir violé les art. de loi susvisés, les juges du fond en ont fait une juste et saine application ;

Sur le second moyen, spécial à Féder, et pris de la violation, par fausse application de l'art. 45 précité de la loi de 1867, et des art. 59 et 60, C. pén., relatifs à la complicité ; — Attendu qu'aux termes de l'art. 59, C. pén., les complices d'un crime ou d'un délit sont punis de la même peine que les auteurs mêmes de ce crime ou de ce délit, sauf les cas où la loi en aurait disposé autrement ; — Attendu que la loi de 1867 ne contient aucune dérogation à cet égard ; que l'infraction prévue par les art. 15, 43 et 45 de ladite loi, infraction dont la fraude est un des éléments essentiels, et dont la peine est celle de l'escroquerie, délit réprimé par l'art. 405, C. pén., constitue non une simple contravention, mais un délit caractérisé ; que l'arrêt attaqué constate que Féder ne pouvait se méprendre sur le caractère instable et aléatoire des évaluations offertes à la crédulité des actionnaires comme des bénéfices réalisés, et que, par sa participation active, à la rédaction de l'inventaire, il a sciemment assisté Bontoux dans les faits qui ont préparé et consommé le délit relevé à la charge de celui-ci ; — Attendu que ces constatations réunissent tous les éléments constitutifs de la complicité définie par la loi pénale, et que l'arrêt, en retenant Féder au procès comme complice de Bontoux, n'a violé ni les articles susvisés de la loi de 1867, ni les art. 59 et 60, C. pén. ; — Et attendu que l'arrêt, au surplus, est régulier en la forme ; — Rejette, etc.

MM. Baudouin, prés. ; Etignard de la Faulotte, rapp. ; Tappie, av. gén. ; Sabatier et Chambareaud, av.

CASS.-CIV. 25 juin 1883.

REMPLOI, IMMEUBLE, PRIX, DENIERS, FEMME, DÉCLARATION (ABSENCE DE), NON-ACCEPTATION.

Le payement, par le mari, du prix d'acquisition d'un immeuble avec des deniers de sa femme ne suffit pas pour constituer un remploi au profit de celle-ci, en l'absence de toute déclaration de remploi dans l'acte, ni d'acceptation de la femme (C. civ., 1435) (1).

(Hérit. Houissie de la Ville-au-Comte c. Houissie de la Ville-au-Comte.) — ARRÊT.

LA COUR : — Sur le premier moyen... : — Rejette, etc.

Mais sur le second moyen (violation de l'art. 1435, C. civ., en ce que l'arrêt attaqué a décidé que l'acquisition du 13 nov. 1875 constituait un remploi au profit de la dame de Ville-au-Comte, alors que cet acte ne renfermait aucune déclaration de remploi à son profit, et qu'il n'était même intervenu aucune acceptation par elle de ce prétendu remploi, sous le prétexte que l'acquisition avait été payée de ses deniers) : — Vu l'art. 1435, C. civ. ; — Attendu qu'aux termes de cet article, une des conditions essentielles pour la validité d'un remploi au profit de la femme, c'est son acceptation formelle de ce remploi ; — Attendu, dans l'espèce, que, si l'on peut induire des termes du contrat d'acquisition du parc Guennec, rapportés par l'arrêt attaqué, que l'immeuble, objet du litige, aurait été acquis des deniers personnels de la dame de la Ville-au-Comte, il ne résulte d'aucune des parties de ce contrat que cette acquisition aurait été faite à son profit, à titre de remploi, et surtout que ce remploi ait été accepté par elle; qu'en décidant, dans ces circonstances, que le domaine du parc Guennec était un propre de la femme, comme lui constituant un remploi, l'arrêt attaqué (Rennes, 23 mai 1881) a donc manifestement violé les dispositions de l'art. 1435, précité ; — Casse, etc.

MM. Cazot, 1er prés. ; Bernard, rapp. ; Charrins, 1er av. gén. (concl. conf.); Sabatier et de Valroger, av.

CASS.-REQ. 27 juin 1883.

ACTE DE COMMERCE, OPÉRATIONS DE BOURSE, JEU, PARI, BANQUIER, COUVERTURE, RESTITUTION, AGENT DE CHANGE, SOLDE DE COMPTE, ACTION EN PAYEMENT, COMPÉTENCE.

Ne constituent pas des actes de commerce les opérations de Bourse faites par un banquier pour le compte d'un client, lorsqu'elles sont fictives et n'ont d'autre cause que le jeu et le pari (C. civ., 1965 ; C. comm., 631, 632) (2).

Il en résulte que le tribunal civil est compétent, à l'exclusion du tribunal de commerce, pour statuer sur la demande du client contre le banquier en restitution des titres remis en couverture (Id.) (3).

Au contraire, il y aurait lieu à la compétence du tribunal de commerce, en cas de demande formée par un agent de change contre son client en payement d'un solde de compte d'opérations de Bourse, si ces opérations avaient pour but des spéculations sur des valeurs de Bourse, si elles faisaient suite à de nombreuses opérations de même nature, si, en un mot, elles ne constituaient pas des marchés fictifs, susceptibles de se régler par des payements de simples différences (Id.) (4). — V. l'arrêt en sous-note *(a)*.

---

(1) *Sic* : Cass., 25 (ou 26) juill. 1852 (S. 52. 1. 812. — P. 52. 2. 294. — D. 52. 1. 249); 2 mai 1859 (S. 59. 1. 293. — P. 59. 731. — D. 59. 1. 275); 12 juin 1865 (Pand. chr.); 30 mars 1869 (D. 69. 1. 236); 26 juill. 1869 (Pand. chr.); Rouen, 23 févr. 1870 (S. 71. 2. 91. — P. 71. 318); Cass., 20 août 1872 (Pand. chr.), et les notes.

(2-3) Ces solutions sont consacrées par la presque unanimité des arrêts. — V. notamment : Aix, 6 mai 1861 (S. 61. 2. 109, *ad notam*. — P. 62. 1192. — D. 63. 2. 72); Lyon, 26 mai 1877 (D. 78. 2. 93); Paris, 6 févr. 1882 (D. 83. 2. 227); 22 juin 1882 (D. 83. 2. 81); 4 août 1882 (deux arrêts) (Pand. chr.); 1er déc. 1882, 24 juin et 22 nov. 1884, 16 avril 1885, reproduits aux *Pand. chr.*, en sous-note des arrêts précités de Paris, 4 août 1882. V. aussi notre *Dictionnaire de dr. comm., ind. et marit.*, t. V, v° *Jeux de Bourse*, n. 98 et suiv. — Comp. toutefois Paris, 28 déc. 1881 (S. 85. 2. 122. — P. 85. 1. 693).

Faisons observer toutefois que lorsque la demande est formée, comme dans l'affaire actuelle, par le client contre l'agent de change ou le banquier, il dépendrait du choix du demandeur, à raison de la qualité du défendeur, de déférer la connaissance du litige à la juridiction consulaire. L'agent de change est commerçant, le banquier aussi (V. notre *Dictionnaire*, t. II, v° *Commerçant*, n. 20, 8° et 9°); ni l'un ni l'autre ne pourraient décliner la compétence du tribunal de commerce. V. Mollot, *Bourses de commerce*, n. 648 ; Guillard, *Opérat. de Bourse*, p. 404 et suiv. ; Vainberg, journ. *la Loi* du 26 juin 1884, et *Quest. de Bourse*, p. 24.

(4) V. en ce sens, Cass., 15 juin 1874 (S. 75. 1. 303. — P. 75. 729. — D. 75. 1. 158); 4 juill. 1881 (S. 82. 1. 15. — P. 82. 1. 23. — D. 81. 2. 153); 22 janv. 1882 (S. 82. 1. 263. — P. 82. 1. 630. — D. 82. 1. 246); 9 mars 1885, aff. Dufau c. Galichon, en sous-note *(a)*;

(a) L'arrêt de Cass.-req., rendu à la date du 9 mars 1885, aff. Dufau c. Galichon, est ainsi conçu dans la partie ayant trait à la question ci-dessus résolue :

LA COUR : — Sur le premier moyen, pris de la violation des art. 631 et 632, C. comm. : — Attendu que l'arrêt attaqué constate, en fait, que les opérations

(Druard frères c. Chevogeon.) — ARRÊT.

LA COUR : — Sur le moyen unique, fondé sur la violation des art. 631 et 632, C. comm., et sur la fausse application de l'art. 1965, C. civ. : — Attendu que Chevogeon, ayant actionné Druard frères devant le tribunal civil de Chalon, en restitution de titres qu'il leur avait remis comme couverture des opérations de Bourse faites pour son compte, Druard frères ont excipé de l'incompétence de la juridiction saisie, à raison du caractère commercial de ces opérations; — Attendu que l'arrêt attaqué, par une appréciation souveraine des faits de la cause et de l'intention commune des parties, a constaté que les opérations faites pour le compte de Chevogeon par Druard frères étaient fictives et n'avaient d'autre cause que le jeu et le pari; qu'en de pareilles circonstances, c'est à bon droit qu'il a déclaré que ces opérations ne constituaient pas des actes de commerce, et qu'en décidant, par suite, que le tribunal saisi par l'action de Chevogeon était compétent, l'arrêt dénoncé, loin de violer les articles visés au pourvoi, a fait une juste application des principes de la matière; — Rejette, etc.

MM. Bédarrides, prés.; Delise, rapp.; Petiton, av. gén.; (concl. conf.); Sabatier, av.

CASS.-REQ. **4 juillet 1883.**

ASSURANCES TERRESTRES, POLICES, DÉCLARATIONS INEXACTES, AGENTS DES COMPAGNIES, RESPONSABILITÉ, ASSURÉS, DÉCHÉANCE (ABSENCE DE).

Les inexactitudes dans les déclarations des polices d'assurance ne peuvent être opposées par les Compagnies aux assurés, lorsque la désignation des objets reste l'œuvre exclusive de leurs agents qui les ont vus et inspectés, en dehors de toute participation des assurés (C. civ., 1134; C. comm., 348) (1).

Il n'y a pas fausse déclaration dans la désignation d'un bâtiment comme « étant à l'usage d'habitation, et contenant cave, écurie et grenier », mais indication suffisante de sa destination, s'il sert dans une certaine mesure à une exploitation agricole (Id.) (2).

(Comp. d'ass. *la Caisse générale agricole* c. Penet-Segret.) ARRÊT.

LA COUR : — Sur le moyen pris de la violation de l'art. 1134, C. civ., et des art. 1, 10, 13, 16, 21, 22, 23 des conditions générales de la police d'assurance; des conditions particulières n° 1 de ladite police, et des principes en matière d'assurance : — Attendu que la Compagnie d'assurance *la Caisse générale agricole* demandait à la Cour de Grenoble de prononcer contre Penet-Segret la déchéance du contrat d'assurance intervenu entre elle et lui le 15 juin 1880, parce que, d'une part, le bâtiment incendié aurait été l'objet d'une fausse déclaration au moment du contrat, ou d'un changement de destination depuis; et, d'autre part, parce que les fourrages incendiés dans le bâtiment n'y avaient pas été déclarés; — En ce qui concerne le bâtiment: — Attendu que l'arrêt attaqué constate que la déclaration qui le désigne comme étant à usage d'habitation, et contenant cave, écurie et grenier, était exacte et complète; qu'elle indiquait suffisamment qu'il devait servir en une certaine mesure à l'exploitation; que, dès lors, la Compagnie n'a pu être trompée sur l'opinion du risque; que le même arrêt déclare en outre que la désignation des objets assurés était l'œuvre exclusive de l'agent de la Compagnie, qui les avait vus et inspectés, et auquel Penet, qui y était resté étranger, s'en était complétement remis; que, dès lors, la désignation, fût-elle inexacte, ne pourrait être imputée à l'assuré... — Rejette, etc.

MM. Bédarrides, prés.; Chevrier, av. gén. (concl. conf.); Sabatier, av.

CASS.-REQ. **4 juillet 1883.**

1° CASSATION, MOYEN NOUVEAU. — 2° VENTE DE MARCHANDISES, RÉSILIATION, ECHANTILLONS, DÉFAUT DE CONFORMITÉ, VINS, DÉGUSTATION.

1° Lorsque, en première instance et en appel, on s'est fondé exclusivement sur le défaut de conformité de la marchandise livrée avec les échantillons, pour demander la résiliation d'un marché, on n'est plus recevable à arguer, pour la première fois, devant la Cour de cassation, de prétendus vices rédhibitoires dont la marchandise serait affectée (C. civ., 1587, 1641) (3).

2° La résiliation d'une vente de vins pour cause de non-conformité avec l'échantillon ne peut plus être poursuivie par l'acheteur, après qu'il a lui-même vu, dégusté et agréé la marchandise (C. civ., 1587) (4).

(Raymond c. Charbonnier et Giran.) — ARRÊT.

LA COUR : — Sur le premier moyen, pris de la viola-

Cass., 4 janv. 1886 (Pand. pér., 86. 1. 77), et les renvois. V. aussi Cass., 3 juin 1885 (deux arrêts) (Pand. chr.), et la note 1.

(1) V. en ce sens Cass., 3 nov. 1845 (S. 45. 1. 801. — P. 46. 1. 125. — D. 45. 1. 423); 18 mai 1852 (S. 52. 1. 565. — P. 52. 2. 199. — D. 52. 1. 174). V. aussi Cass., 19 janv. 1870 (S. 71. 1. 97. — P. 71. 239. — D. 70. 1. 302); Dijon, 18 juill. 1872 (S. 73. 2. 208. — P. 73. 870); Bourges, 29 mai 1872 (D. 73. 2. 171), et sur pourvoi, Cass., 8 juill. 1872 (S. 73. 1 438. — P. 73. 1130. — D. 74. 1. 172); Paris, 20 avril 1877 (journ. *la Gaz. des Trib.*, n° 1er mai); Limoges, 22 janv. 1883, sous Cass. (S. 86. 1. 148. — P. 86. 1. 358), et notre *Dictionnaire de dr. comm., ind. et marit.*, t. I, v° *Assurance terrestre*, n. 378 et suiv. — Toutefois, dans certains cas de réticence ou d'assertions mensongères émanant des assurés, la déchéance peut leur être opposée, malgré la visite des lieux par les agents des Compagnies et bien que la rédaction des polices reste l'œuvre de ces derniers. Comp. Rennes, 30 nov. 1836 (Dalloz, *Jurispr. gén.*, v° *Assurances terrestres*, n. 168); Rouen, 2 juill. 1869 (D. 71. 2. 61); Cass., 5 janv. 1870 (S. 70. 1. 215. — P. 70. 531. — D. 70. 1. 301); 8 juill. 1878 (S. 80. 1. 124. — P. 80. 270. — D. 80. 1. 62); Besançon, 4 mars 1882 (S. 83. 2. 60. — P. 83. 1. 342. — D. 82. 2. 167).

(2) C'est aux tribunaux qu'il appartient d'apprécier souverainement l'étendue d'une assurance; à cet égard leur décision échappe à la censure de la Cour de cassation. V. notre *Dictionnaire de dr. comm., ind. et marit., verb. cit.*, n. 32. *Adde* Cass., 17 mars 1880 (S. 80. 1. 272. — P. 80. 629. — D. 80. 1. 406); 28 déc. 1880 (S. 81. 1. 155. — P. 81. 1. 371. — D. 81. 1. 427).

(3) La demande en résolution d'une vente de marchandises, lorsqu'elle est poursuivie pour non-conformité avec les échantillons, se fonde sur l'art. 1587, C. civ.; quand elle est provoquée pour vices rédhibitoires, elle s'appuie sur l'art. 1641 du même Code. Ce sont donc là deux moyens distincts, qui n'ont entre eux rien de commun, aucun point de contact; ils semblent même s'exclure à certains égards. Car lorsque l'on plaide la non-conformité, on parait admettre que la marchandise est marchande, mais qu'elle ne répond pas au type que l'on voulait acheter, qui faisait l'objet de la commande. A l'inverse, une fois le débat porté sur des vices cachés ou rédhibitoires, il devient indifférent qu'il y ait ou non conformité avec les échantillons arrêtés.

(4) C'est là une question de fait dont la solution doit être puisée dans les circonstances de chaque espèce. Il n'est pas possible

intervenues entre Dufau et l'agent de change Galichon avaient pour but des spéculations sur des valeurs de Bourse, et faisaient suite à de nombreuses opérations de même nature; qu'il suit de là qu'en décidant, comme il l'a fait, que la demande formée par Galichon contre son commettant en payement d'une somme de 70,538 fr., pour solde de compte desdites opérations, était de la compétence du tribunal de commerce, l'arrêt attaqué n'a point violé les articles cités, et a fait, au contraire, une juste application des principes de la matière; que, du reste, les marchés n'étaient point des marchés fictifs devant se régler par des payements de différence; — Rejette, etc...

MM. Bédarrides, prés.; Demangeat, rapp.; Chevrier, av. gén. (concl. conf.); Chambareaud, av.

tion des art. 1641, 1643, 1644, 1645, C. civ.; — Attendu que, devant les juges du fond, Charbonnier et Raymond fondaient leur demande en résiliation du marché intervenu entre eux et Giran, non sur les vices rédhibitoires dont le vin livré aurait été affecté, mais sur la non-conformité dudit vin avec les conditions du marché; que le moyen pris de la violation des art. 1641 et suiv., C. civ., présenté pour la première fois devant la Cour de cassation, est donc irrecevable; — Attendu, au surplus, qu'il ne serait pas fondé, l'arrêt attaqué constatant que l'acheteur avait lui-même vu, dégusté et agréé ledit vin;

Sur le troisième moyen...

MM. Bédarrides, prés.; Lepelletier, rapp.; Chévrier, av. gén. (concl. conf.); Robiquet, av.

CASS.-REQ. 4 juillet 1883.

CONNAISSEMENT, FORMES, PAYS ÉTRANGER, LOI ÉTRANGÈRE, CHARGEUR, SIGNATURE, OMISSION, PREUVE, EQUIVALENCE, ASSUREUR.

Un connaissement, rédigé et délivré en pays étranger, ne peut être argué d'irrégularités et annulé, qu'autant qu'il ne remplirait pas les conditions substantielles de forme prescrites, à peine de nullité, par la loi étrangère (C. civ., 3; C. comm., 281). — Résol. par la Cour d'appel (1).

Dans notre législation, la signature essentielle, nécessaire à la validité du connaissement pour faire preuve du chargé à l'encontre des assureurs, est celle du capitaine; la signature du chargeur n'est pas substantielle; elle peut être suppléée par l'acceptation qu'il fait des divers exemplaires du connaissement qui lui sont remis soit pour lui-même, soit pour les destinataires de la marchandise (C. comm., 283, 284). — (Id.)(2).

En tout cas, ce connaissement, fût-il régulier, peut être corroboré et complété, pour la preuve du chargé à l'égard des assureurs, par tous autres actes et documents justificatifs, tels que extraits certifiés des livres du chargeur, factures constatant l'achat des marchandises, quittances délivrées par les gens employés au chargement (Id.). — Résol. par la Cour d'appel et par la Cour de cassation (3).

(Compagnie d'assur. marit. *le Zodiaque* c. Peulevey.)

Les Compagnies d'assur. marit. *la Spéciale* et *le Zodiaque* ont assuré sur facultés, en déc. 1879, pour une somme de 50,000 fr., et pour le compte de Peulevey, le navire espagnol *le Salvador*, expédié de Santa-Cruz pour le Havre. Ce navire ayant péri, Peulevey à réclamé à ses assureurs une indemnité pour la perte qu'il éprouvait. Refus des Compagnies, sous prétexte qu'il y avait eu fausse déclaration quant à la quantité des marchandises chargées, valeur fictive ou frauduleusement exagérée; elles alléguaient la fausseté des connaissements.

3 mars 1880, premier jugement du tribunal de commerce du Havre, renvoyant la cause à l'instruction et condamnant provisoirement, en vertu de l'art. 384, C. comm., les deux Compagnies au payement de 50,000 fr., montant de la somme assurée.

Sur une nouvelle assignation de Peulevey, les Compagnies

---

d'établir, sur ce point, des règles strictes, et d'appliquer la fin de non-recevoir absolue de l'art. 105, C. comm., qui règle, non les rapports du vendeur avec l'acheteur, mais seulement ceux du voiturier avec le destinataire. V. Cass., 10 janv. 1870 (Pand. chr.); 1er avril 1873 (Pand. chr.); Chambéry, 12 juin 1875 (S. 77. 2.106. — P. 77. 466). — Tantôt la réception de la marchandise rendra l'acheteur non recevable à agir en résolution de la vente: Cass., 15 avril 1846 (S. 46. 1. 694. — P. 46. 2. 222. — D. 46. 1. 251); Montpellier, 14 mai 1875, sous Cass., 5 janv. 1876 (S. 76. 1. 61. — P. 76. 134. — D. 76. 1. 111); Cass., 10 juill. 1877 (Pand. chr.) — Tantôt, au contraire, la réception laissera intact le droit de l'acheteur de demander la résolution: Trib. civ. Melun, 11 juin 1869, et Paris, 18 mars 1870 (S. 70. 2. 321. — P. 70. 1179); Douai, 22 août 1872 (Pand. chr.); Bordeaux, 4 juin 1874 (D. 75. 2. 99); 24 juill. 1878 (Pand. chr.); Cass., 13 mars 1878 (Pand. chr.). — V. sur tous ces points, le résumé de la jurisprudence et de la doctrine rapporté dans notre *Dictionnaire de droit commercial, industriel et maritime*, t. VI, v° *Vente*, n. 165 et suiv.

(1) C'est l'application de la règle « *locus regit actum* ». V. notre *Dictionnaire de dr. commerc., ind. et marit.*, t. III, v° *Connaissement*, n. 45.

(2) La question est très-vivement controversée. V. dans le sens de l'arrêt ci-dessus: Aix, 20 août 1833 (Pand. chr.); Trib. comm. Havre, 15 mai 1877 (*Rec.* Havre, 77. 1. 147); Rouen, 23 juin 1877 (*ibid.*, 77. 2. 166). Comme on le voit, la Cour de Rouen ne fait que persister dans sa jurisprudence antérieure. — Mais la plupart des auteurs se prononcent très-nettement dans le sens du système contraire, qui exige la signature du chargeur sur le connaissement, au même titre que celle du capitaine, pour prouver le chargement à l'égard des assureurs. Ils invoquent un argument de texte et des considérations rationnelles.

L'argument de texte peut se formuler ainsi: Les art. 281 et 282, C. comm., déterminent, avec précision, les conditions de forme que doit remplir le connaissement pour être régulier. L'art. 283 indique quelles sont les personnes vis-à-vis desquelles le connaissement fait preuve du chargé et voici de quelle formule il se sert: « Le connaissement *rédigé dans la forme ci-dessus prescrite* fait foi, etc. » D'où cette conclusion que ce n'est qu'autant que les prescriptions édictées par les art. 281 et 282 ont été observées (et la signature du chargeur est exigée par ces articles au même titre que celle du capitaine) que le connaissement conserve la force probante que la loi lui attribue.

Quant aux considérations rationnelles qui viennent fortifier le système, les voici avec la formule que leur donne un maître éminent: « Le capitaine signe le connaissement presque toujours sans connaître le contenu des colis chargés à bord de son navire, par cela qu'il ne peut guère les ouvrir pour opérer une vérification. C'est ce dont témoignent les clauses des connaissements: *que dit être, poids et contenus ni connus*, et qui sont pour ainsi dire devenus de style. La signature du capitaine constate donc bien qu'il y a eu un chargement, mais elle ne peut servir à prouver à elle seule quelle est sa nature et, partant, sa valeur. La signature du chargeur certifie le contenu; elle constitue dans une certaine mesure une garantie pour l'assureur à l'égard duquel la nature du chargement a une grande importance, puisque, avec elle, l'indemnité à payer peut varier d'une façon très-notable. » (Lyon-Caen, observations insérées sous l'arrêt de Cass. ci-dessus au *Sirey*, 84. 1. 57, et au *Palais*, 84. 1. 126). V. aussi Cass., 6 juill. 1829 (Pand. chr.); MM. Cresp. et Laurin, *Cours de dr. marit.*, t. II, p. 121, 122, 142; Boistel, *Précis de dr. comm.*, n. 1244; De Valroger, *Dr. marit.*, t. II, n. 731.

L'argument de texte est sérieux; il nous parait même difficilement réfutable. Quant aux considérations qui s'y ajoutent, elles sont loin d'être décisives. La signature du chargeur n'a qu'une valeur relative; si elle est exigée par la loi, il faut que la prescription soit remplie, par cela même qu'elle est ordonnée et qu'il n'est pas au pouvoir des tribunaux de rien changer aux formalités légales. Mais en réalité, la garantie des tiers, des assureurs, est bien médiocre. Les déclarations du chargeur ne sont pas contrôlées; elles ne sont assujetties à aucune vérification; rien n'en confirme ni l'exactitude, ni même la sincérité. Peut-être est-ce la raison qui porte la jurisprudence à leur accorder la même importance avec ou sans signature, importance bien réduite dans les deux cas. En outre, que le connaissement soit signé ou non, les énonciations qu'il contient, n'en sont pas moins toujours l'œuvre du chargeur, et du chargeur seul; elles ne procèdent jamais du capitaine. L'absence de signature sur le connaissement ne peut exercer d'influence sur ce qui est de la nature des faits et de la logique des situations respectives. S'il en est ainsi, la remise au chargeur d'un exemplaire du connaissement, l'adhésion tacite qu'il y donne par l'acceptation sans protestation, n'équivalent-elles point à l'apposition d'une signature, n'offrent-elles pas aux tiers, aux assureurs, les mêmes garanties, ni plus ni moins sérieuses?

Quoi qu'il en soit, la question est délicate. Il eût été à souhaiter que la chambre des requêtes eût rendu un arrêt d'admission et renvoyé la solution de la difficulté à l'examen de la chambre civile.

(3) V. dans ce sens, Cass., 25 mars 1835 (S. 35. 1. 804. — P. chr. — D. 35. 1. 250); 18 févr. 1863 (Pand. chr.); Trib. comm. Marseille, 29 janv. 1872 (*Journ. de Marseille*, 72. 1. 63); 8 mai 1876 (*ibid.*, 76. 1. 164). V. aussi les autorités citées dans notre *Dictionnaire de dr. comm., ind. et marit.*, t. III, v° *Connaissement*, n. 11.

ont pris des conclusions tendant à être autorisées à faire la preuve de la fausseté des déclarations et du caractère frauduleux des connaissements.

3 nov. 1880, jugement du tribunal du Havre, qui rejette les conclusions des Compagnies et déclare définitives les condamnations prononcées.

Sur appel, arrêt de la Cour de Rouen, du 23 déc. 1880, qui ordonne une nouvelle enquête; le 6 avril 1882, nouvel arrêt qui confirme le jugement de première instance. Voici les motifs de ce dernier arrêt : — « LA COUR : — Attendu que par l'arrêt du 23 déc. 1880, les Compagnies appelantes ont été admises à contredire les documents relatifs au chargement du navire *Salvador* et à prouver, contrairement aux connaissements, qu'il n'avait été chargé sur le *Salvador* que 106 tierçons de tabac au lieu de 402, et qu'il n'avait été mis à bord ni cire jaune, ni cuirs, ni écailles; que, par le même arrêt, le consul général de France à Cuba a reçu commission rogatoire à l'effet de contrôler et vérifier les articulations des Compagnies et de se renseigner sur le chargement; — Attendu qu'on se trouve en présence des déclarations assermentées du capitaine et de l'équipage, faites aussitôt après le sinistre devant l'autorité consulaire de Hassan, déclarations renouvelées en la forme solennelle devant les autorités maritimes de la Havane, et desquelles il résulte que la cargaison était conforme aux indications des connaissements; — Attendu que, des informations prises par le consul auprès de l'administration des douanes, il paraît résulter que le certificat délivré par la douane de la Havane aurait été surpris, au moins en tant qu'il porte sur les marchandises dont la déclaration de sortie a été faite à la douane de Santa-Cruz del Sud; mais que, à cet égard, il est à remarquer que le consul ne semble pas s'être préoccupé de rechercher et de vérifier si le certificat délivré aux assureurs par la douane de Santa-Cruz était lui-même exact et conforme aux déclarations de sortie faites en ce port par le capitaine du *Salvador;* qu'au surplus, dût-on admettre comme constant qu'il n'a été déclaré ni cire jaune, ni écailles, ni cuirs, et seulement 106 tierçons de tabac, il n'en résulterait pas la preuve que toutes les marchandises portées au connaissement n'ont pas été réellement chargées; que jamais, en effet, les relevés des déclarations faites en douane n'ont été considérés comme prouvant juridiquement la consistance d'un chargement, par cette raison péremptoire que la vigilance des agents de douane, surtout en pays étranger, peut se trouver mise en défaut ou même endormie par des moyens de diverse nature, mais tous également répréhensibles, auxquels des commerçants et des capitaines peu scrupuleux n'hésitent pas à recourir pour se soustraire au payement de droits fiscaux considérables; — Attendu que le consul a, en outre, reçu la déposition d'un sieur Bezand, mais que les déclarations, d'ailleurs vagues et peu concluantes, de ce témoin, commissionnaire des agents des assureurs à la Havane, ne sont pas de nature à infirmer l'autorité des connaissements; que vainement, pour contester la force probante de ces documents, les appelants excipent de ce qu'ils ne portent pas la signature du chargeur, mais seulement celle du capitaine; que, pour arguer de nullité des connaissements rédigés et délivrés à la Havane ou à Santa-Cruz del Sud, il faudrait prouver qu'ils ne remplissent pas les conditions prescrites à peine de nullité par la loi espagnole; que, d'ailleurs, en se plaçant même au point de vue de la loi française et des art. 281 et 282, C. comm., il faut reconnaître que ces dispositions ne prononcent pas la peine de nullité, et que la signature du chargeur n'est pas une formalité substantielle; que cette signature se trouve en quelque sorte suppléée par l'acceptation que fait le chargeur des connaissements qui lui sont remis soit pour lui, soit pour les destinataires de la marchandise; que la signature tout à fait essentielle est celle du capitaine; que c'est elle qui donne aux connaissements toute leur force, puisqu'elle certifie la reconnaissance de la mise à bord des marchandises formant sa cargaison; — Attendu que, si les appelants n'ont pas fait la preuve des faits par eux articulés, l'intimé a confirmé celle résultant des documents déjà produits par lui; qu'il a, en effet, mis au procès des extraits certifiés des livres du chargeur, et des factures constatant l'achat des marchandises inscrites au connaissement; qu'il a, de plus, produit les quittances des gens employés pour transporter ces marchandises à bord du *Salvador;* — Attendu qu'en cet état, et les assureurs n'ayant pas réussi à faire la preuve contraire à celle qui résulte des actes justificatifs du chargement, il est sans intérêt de rechercher si l'assurance peut être divisée; et si la police souscrite par le *Zodiaque* et la *Spéciale* s'applique exclusivement aux marchandises chargées à la Havane, etc. »

Pourvoi en cassation par la Compagnie le *Zodiaque*. — *Moyen unique*. Violation des art. 281 et 282, C. comm., en ce que l'arrêt a décidé qu'un connaissement qui n'a pas été signé par le chargeur est régulier à l'égard des assureurs et fait preuve contre eux.

ARRÊT.

LA COUR : — Sur le moyen unique, tiré de la violation des art. 281 et 282, C. comm. : — Attendu que l'arrêt attaqué constate que, par un arrêt du 23 déc. 1880, les Compagnies demanderesses ont été admises à contredire les documents relatifs au chargement du navire *Salvador;* que, par le même arrêt, le consul général de France à Cuba a reçu commission rogatoire à l'effet de contrôler et vérifier les articulations des Compagnies, et de se renseigner sur le chargement; qu'il résulte des déclarations assermentées du capitaine et de l'équipage, faites aussitôt après le sinistre devant l'autorité consulaire de Hassan, déclarations renouvelées devant les autorités maritimes de la Havane, que la cargaison était conforme aux indications des connaissements; que, si les Compagnies n'ont pas fait la preuve des faits par elles articulés, le défendeur a confirmé celle qui résultait des documents déjà produits par lui; qu'il a, en effet, mis au procès des extraits certifiés des livres du chargeur et des factures constatant l'achat des marchandises inscrites au connaissement; qu'il a, de plus, produit les quittances des gens employés pour transporter les marchandises à bord du *Salvador*; que les assureurs n'ont pas réussi à faire la preuve contraire à celle qui résulte des actes justificatifs du chargement; — Attendu que l'arrêt ne fait pas résulter exclusivement du connaissement la preuve du chargé, mais qu'il se base aussi sur les actes justificatifs et autres documents précités, qu'il appartenait aux juges du fond d'apprécier souverainement; — D'où il suit qu'en confirmant le jugement qui déclarait définitives, au profit du défendeur, les condamnations prononcées contre les demanderesses, et les cautions déchargées, l'arrêt attaqué n'a nullement violé les textes de loi susvisés; — Rejette, etc.

MM. Bédarrides, prés.; Rivière, rapp.; Petiton, av. gén. (concl. conf.); Michaux-Bellaire, av.

CASS.-CRIM. 5 juillet 1883.

DIFFAMATION, FONCTIONNAIRE PUBLIC, VIE PRIVÉE, VIE PUBLIQUE, DÉLITS DISTINCTS, SERVICE PUBLIC, MILITAIRE, ETRANGER, COMPÉTENCE.

En cas d'imputations diffamatoires ayant trait à la fois à la vie privée et à la vie publique d'un fonctionnaire, mais distinctes, indépendantes les unes des autres et sans aucun caractère d'indivisibilité réelle, la juridiction correctionnelle, saisie du tout par la plainte, a le droit de distinguer entre les griefs et de retenir les imputations relatives à la vie privée, dont la connaissance lui appartient et qui lui ont été régulièrement déférées, tout en déclarant son incompétence relativement aux imputations concernant la vie publique (L. 29 juill. 1881, art. 32, 45, 47, 60) (1).

L'art. 31 de la loi du 29 juill. 1881, assimilant, en matière de diffamation, aux fonctionnaires et agents ou dépositaires de l'autorité publique, les citoyens chargés d'un service public, s'applique, sans distinction de nationalité, à toute personne, même étrangère, chargée d'un pareil service (L. 29 juill. 1881, art. 31) (2).

Spécialement, *l'on doit considérer comme tel, l'étranger qui, au cours d'une expédition ou action militaire de la France à l'extérieur (dans l'espèce, au Mexique), est pourvu d'un commandement de troupes auxiliaires, même dans un corps composé en partie de soldats étrangers, si ces troupes ne constituent pas moins, dans leur ensemble, une force publique française, sous la direction d'un officier supérieur français* (Id.) (3).

Par suite, la diffamation commise envers cet étranger à raison de la conduite qu'il a tenue dans son commandement, est de la compétence, non du tribunal de police correctionnelle, mais de la Cour d'assises (Id.) (4).

(Yvelin de Béville, Hans, Neisse de Croiziac ; journal *le Henri IV* c. Carmona.) — ARRÊT.

LA COUR : — Statuant sur le pourvoi formé par Yvelin de Béville, Hans et Neisse de Croiziac; — Sur le moyen tiré de la violation des art. 32, 45, 47 et 60 de la loi du 29 juill. 1881, et des principes de la compétence en matière de diffamation : — Attendu que la poursuite intentée par Carmona contre les demandeurs devant la juridiction correctionnelle, comprenait des imputations diffamatoires dirigées contre lui, dans une série d'articles du journal *le Henri IV*, les unes se rapportant à sa vie privée au Mexique, et dénonçant de prétendus actes de duplicité, de captation, et même de complicité d'homicide, les autres dénonçant son rôle militaire, comme chargé d'un commandement de troupes auxiliaires dans l'affaire dite de San-Pedro; — Attendu que ces imputations étaient distinctes, indépendantes et ne présentaient aucun caractère d'indivisibilité; que, s'il existait entre elles une certaine connexité, à raison de leur publication dans une même feuille, pendant le même temps et dans un même but, cette connexité n'a pu avoir pour effet d'enlever à la juridiction correctionnelle, saisie du tout par la plainte, le droit de diviser les chefs de prévention et de retenir les imputations relatives à la vie privée, dont la connaissance lui appartenait et qui lui étaient régulièrement déférées, tout en déclarant son incompétence relativement aux imputations concernant la vie publique;

Statuant sur le pourvoi formé par Carmona; — Sur le moyen tiré de la violation des art. 29, 31, 32 et 45 de la loi du 29 juill. 1881 : — Attendu que les art. 30 et 45 de la loi du 29 juill. 1881 défèrent à la Cour d'assises les diffamations commises, à raison de leurs fonctions ou de leur qualité, envers les fonctionnaires publics, les dépositaires ou agents de l'autorité publique et les citoyens chargés d'un service ou d'un mandat public, temporaire ou permanent; — Attendu que l'arrêt attaqué constate que Carmona a pris part, au cours de l'expédition du Mexique, au combat de San-Pedro, comme pourvu d'un commandement de troupes auxiliaires dans un corps qui était composé, en partie, de soldats étrangers, mais qui n'en constituait pas moins, dans son ensemble, une force publique française, exerçant l'action militaire de la France sous la direction d'un officier supérieur français; — Attendu que la circonstance que le gouvernement mexicain était alors tenu, par les traités, de la solde, de la nourriture et de l'entretien des troupes de l'expédition, n'était pas de nature à enlever son caractère propre à l'action militaire de la France dans ce pays;

(1) La difficulté consiste à distinguer, parmi les imputations diffamatoires, celles qui se rapportent à la vie privée et celles qui touchent à la vie publique. Souvent, elles se confondent au point de ne pouvoir être séparées. C'est alors la Cour d'assises, jouissant de la plénitude de juridiction, qui emporte la compétence du tout (C. instr. crim., 226, 227).

Mais quand elles ont chacune un caractère bien marqué, qu'elles ne sont plus, les unes vis-à-vis des autres, dans les liens d'une étroite connexité, elles peuvent être divisées; les faits de la vie privée appartiennent à la police correctionnelle, les actes de la fonction relèvent de la Cour d'assises. — V. Grenoble (motifs), 17 févr. et 27 avril 1872 (S. 72. 2. 245. — P. 72. 1046. — D. 72. 2. 209); Cass., 13 juill. 1872 (S. 72. 1. 349. — P. 72. 893. — D. 72. 1. 287); Cass., 23 mai 1873 (S. 74. 1. 47. — P. 74. 75. — D. 74. 1. 498); C. d'assises de la Loire-Inférieure, 6 juin 1874 (S. 74. 2. 161. — P. 74. 716. — D. 75. 2. 34); Toulouse, 17 juin 1881, sous Cass., 16 août 1882 (S. 83. 1. 225. — P. 83. 1. 535); Trib. corr. Perpignan, 17 avril 1883 (journ. *la Loi*, n. 183); Cass., 3 août 1883 (D. 84. 1. 45); 4 janv. 1884 (S. 85. 1. 288. — P. 85. 1. 689. — D. 84. 1. 168); 2 avril 1887 (journ. *le Droit*, nº 17 avril).

Quand ces distinctions ne sont point établies par la plainte, elles doivent être faites avec soin par les différentes juridictions, car les lois sur la compétence en matière criminelle sont d'ordre public. —(V. Riom, 3 août 1876 (S. 77. 2. 102. — P. 77. 459); Nîmes, 10 nov. 1879 (S. 81. 2. 4. — P. 81. 1. 83). V. aussi Paris, 8 nov. 1881, sous Cass., 18 févr. 1882 (S. 82. 1. 185. — P. 82. 1. 420).

Mais, le plus souvent, le diffamé procède lui-même à ce triage et ne relève dans sa plainte et dans la citation que les imputations qui s'adressent à sa vie privée. V. Grenoble, 17 févr. et 27 avril 1872; Trib. corr. Perpignan, 7 avril 1883, et Cass., 4 janv. 1884, précités. — Et même, d'après ce dernier arrêt (Cass., 4 janv. 1884, — S. 85. 1. 288. — P. 85. 1. 689. — D. 84. 1. 168), il importe peu qu'en pareil cas, certaines des énonciations de la citation se rattachent à la fonction publique, si le caractère privé de la diffamation se dégage nettement de l'ensemble de la citation, de la nature des faits incriminés et plus particulièrement de la *disposition de loi invoquée à l'appui de la poursuite*, et relative à la diffamation envers les particuliers.

A notre avis, cette importance attachée à la *disposition de loi invoquée* est exagérée; elle renferme même une erreur de quelque gravité. Les faits sont ce qu'ils sont et non pas ce que l'on voudrait qu'ils fussent; ils ont leur nature propre, indépendante de l'étiquette sous laquelle on peut essayer de les dissimuler. La disposition de loi invoquée n'est pas autre chose qu'une étiquette, et rien de plus. La citation qualifiera, comme elle le voudra, une diffamation d'un caractère public, elle n'en fera jamais une diffamation privée, et réciproquement. Les magistrats ont le devoir d'aller au fond des choses et de déjouer les calculs de la ruse ou de l'intérêt. Ce devoir est d'autant plus impérieux que les lois sur la compétence criminelle ou correctionnelle sont, ainsi que nous venons de le voir, d'ordre public.

Aussi appartient-il à la Cour de cassation de vérifier les faits incriminés au point de vue de la qualification légale. V. Cass., 30 avril 1880 (S. 80. 1. 334. — P. 80. 780); 17 mai 1886 (Pand. pér., 86. 1. 164), — et de rectifier les affirmations des juges du fait en ce qui concerne les éléments du délit. — V. Cass., 13 nov. 1875 (S. 76. 1. 44. — P. 76. 70); 10 nov. 1876 (S. 77. 1. 137. — P. 77. 307. — D. 77. 1. 44); 8 nov. 1878 (S. 79. 1. 42. — P. 79. 67. — D. 80. 1. 44).

Ainsi donc, il ne faut attacher au texte de loi visé qu'une médiocre importance; mais le point où tout l'effort de l'examen mérite de s'arrêter, c'est sur la nature même des faits incriminés; c'est elle qui commande les qualifications et ne se laisse jamais dominer. Il n'y a pas lieu de plus insister sur des vérités aussi élémentaires que l'analyse juridique a depuis longtemps fixées.

Sur tous ces points, d'ailleurs, la loi du 29 juill. 1881 n'a apporté aucune modification aux principes déduits par la jurisprudence sous la législation antérieure.

(2-3-4) V. en ce sens, Fabreguettes, *Tr. des infractions de la parole, de l'écriture et de la presse*, t. I, n. 1298. — Comp. Paris, 25 avril 1885 (Pand. chr.).

que Carmona, en exerçant le commandement qui lui était confié dans les circonstances relevées par l'arrêt attaqué, a été chargé temporairement d'un service public français; — Attendu que Carmona prétend vainement que sa qualité d'étranger le place en dehors des termes de l'art. 31 de la loi du 29 juill. 1881, qui ne disposerait qu'à l'égard des citoyens français; — Attendu qu'en assimilant, au point de vue de la diffamation, aux fonctionnaires et agents ou dépositaires de l'autorité publique, les citoyens chargés d'un service public temporaire ou permanent, cet article a eu pour but de protéger moins la personne que l'exercice du service dont elle est investie,et que ses dispositions doivent être étendues, comme sous la législation antérieure, à toute personne quelconque chargée d'un pareil service; — Attendu qu'en décidant, dans ces circonstances, que les imputations dirigées contre Carmona à raison de son rôle dans l'affaire dite de San-Pedro, ne relevaient pas de la juridiction correctionnelle, l'arrêt attaqué, loin d'avoir violé les dispositions de loi invoquées par le pourvoi, en a fait, au contraire, une juste application; — Rejette, etc.

MM. Baudouin, prés.; Tanon, rapp.; Ronjat, av. gén.; Sabatier et Chaufton, av.

CASS.-CRIM. 10 juillet 1883.

VOL, GARDE PARTICULIER, OFFICIER DE POLICE JUDICIAIRE, NON-AGGRAVATION, POURSUITE, FORMALITÉS.

La qualité d'officier de police judiciaire dont sont investis les gardes particuliers ne permet pas, bien qu'ils reçoivent un salaire du propriétaire qui les emploie, de les considérer comme des hommes de service à gages. — Par suite, le vol commis par un garde particulier, au préjudice de son propriétaire, d'objets confiés à sa surveillance ne constitue pas un vol domestique, passible de la Cour d'assises, mais reste un simple délit correctionnel (C. pén., 379, 386, § 3, 401) (1).

Par suite encore de cette qualité, la répression d'un tel vol comme d'ailleurs de tout autre délit par lui commis dans l'exercice de ses fonctions, ne peut être poursuivie que par le procureur général, devant la Chambre civile de la Cour d'appel, suivant les formes tracées par l'art. 483, C. instr. crim. (C. instr. crim., 16, 17, 18, 20, 479, 483) (2).

(Poissonnard.) — ARRÊT.

LA COUR : — Vu les art. 525 et suiv., C. instr. crim., 401, C. pén., 479 et 483, C. instr. crim., et 10 de la loi du 20 avril 1810; — Attendu que le fait imputé à Poissonnard est d'avoir volé, au préjudice du tir de Lons-le-Saulnier, dont il était garde particulier, et de l'Etat, certaines quantités de plomb dans les dépendances du tir; — Attendu que de la combinaison des art. 16, 17, 18 et 20, C. instr. crim., il résulte que les gardes particuliers sont officiers de police judiciaire; qu'ainsi, lorsqu'ils commettent un délit dans l'exercice de leurs fonctions, ils doivent être poursuivis dans les formes tracées par l'art. 483, C. instr. crim.; que les gardes sont dans l'exercice de leurs fonctions toutes les fois qu'ils commettent, dans les lieux pour lesquels ils sont assermentés, des délits contre les propriétés confiées à leur surveillance; que la qualité d'officier de police judiciaire qui appartient aux gardes particuliers ne permet pas, quoiqu'ils reçoivent un salaire du propriétaire qui les emploie, de les considérer comme des hommes de service à gages; qu'ainsi, les vols commis par Poissonnard sont de simples délits correctionnels, dont un officier de police judiciaire se serait rendu coupable; — Attendu qu'aux termes des art. 479 et 483, C. instr. crim., lorsqu'un officier de police judiciaire est inculpé d'avoir, dans l'exercice de ses fonctions, commis un délit emportant une peine correctionnelle, c'est au procureur général près la Cour d'appel qu'il appartient de le poursuivre et de le faire citer devant la première chambre civile de la Cour d'appel; — Renvoie Poissonnard, en l'état où il se trouve, ainsi que les pièces de l'affaire devant le procureur général près la Cour d'appel de Besançon, pour être par lui procédé conformément à la loi, etc.

MM. Baudouin, prés.; Dupré-Lasale, rapp.; Petiton, av. gén.

CASS.-CRIM. 12 juillet 1883.

OUTRAGE, FONCTIONNAIRE PUBLIC, INJURE, COMPÉTENCE, LOI SUR LA PRESSE.

L'injure par paroles, lorsqu'elle s'adresse à un fonctionnaire public ou à un agent de l'autorité, dans l'exercice ou à l'occasion de l'exercice de ses fonctions, même quand la publicité vient l'aggraver, constitue un outrage qui est resté en dehors des prévisions de la loi du 29 juill. 1881, sur la presse, et qui continue à être réprimé par les art. 222 et 224, C. pén. — Par suite, elle relève de la compétence du tribunal correctionnel (C. pén., 222, 224) (3).

C'est seulement lorsque l'injure ne constitue pas un outrage dans le sens des art. 222 et 224 et qu'elle a été commise par la voie de la presse ou par des discours proférés dans des lieux ou réunions publics, qu'elle est réprimée par la loi de 1881, et qu'alors elle relève de la Cour d'assises (L. 29 juill. 1881, art. 23, 31 et 33) (4).

(Jourdan.)

LA COUR: — (Motifs identiques avec ceux d'un précédent arrêt de la même chambre, du 15 mars 1883, aff. de Buor de la Voy. — V. Pand. chr.); — ...Rejette, etc.

MM. Baudouin, prés.; Sevestre, rapp.; Ronjat, av. gén.

CASS.-CIV. 17 juillet 1883.

DONATION, CONDITION ILLICITE, EFFETS, MOTIF DÉTERMINANT, NULLITÉ.

La règle que les conditions contraires aux lois sont réputées non écrites, dans les dispositions entre-vifs ou testamentaires, s'applique, sans exception, même au cas où l'auteur de la libéralité aurait déclaré en subordonner l'effet à l'accom-

---

(1) Sur le caractère d'officiers de police judiciaire reconnu aux gardes particuliers, V. Orléans (sol. implic.), 1er déc. 1874 (S. 75. 2. 136. — P. 75. 574. — D. 75. 5. 246); Dijon, 21 août 1878 (S. 79. 2. 24. — P. 79. 198). — Quant à l'inconciliabilité de ce caractère avec la condition de domestique ou d'homme de service à gage et à l'impossibilité d'appliquer l'aggravation de pénalité de l'art. 386, § 3, V. Cass., 21 mai 1835 (S. 35. 1. 733. — P. chr.); Bourges, 2 janv. 1872 (Pand. chr.). V. aussi anal. Toulouse, 14 févr. 1880 (Pand. chr.), et nos observations.

A défaut de l'aggravation de l'art. 386, § 3, celle de l'art. 198, C. pén., à l'égard des fonctionnaires ou officiers publics qui commettent eux-mêmes les délits qu'ils sont chargés de surveiller ou de réprimer est-elle applicable aux gardes particuliers? Pas du tout, puisque ceux-ci ne sont ni des fonctionnaires, ni des officiers publics proprement dits. V. en ce sens Cass., 17 août 1860 (S. 61. 1. 299. — P. 61. 107. — D. 60. 1. 423); Nancy, 18 nov. 1869 (Pand. chr.). — On arrivera donc à ce singulier résultat d'une pénalité beaucoup moins sévère pour une culpabilité cependant plus criminelle.

(2) Jurisprudence absolument certaine. —(V. Cass., 5 nov. 1874 (S. 75. 1. 438. — P. 75. 1084. — D. 76. 1. 510); 24 déc. 1874 (S. 75. 1. 48. — P. 75. 78. — D. 75. 1. 442); 12 mai 1881 (S. 83. 1. 185. — P. 83. 1. 421. — D. 81. 1. 385); 4 juill. 1884 (S. 85. 1. 393. — P. 85. 1. 944. — D. 85. 1. 129.)

(3-4) V. conf. Cass., 15 mars 1883 (Pand. chr.), et la note. V. aussi le rapport de M. le cons. Saint-Luc Courborieu.

plissement de la condition qu'il y a mise (C. civ., 900, 1172) (1).

Il n'en serait autrement que si la condition d'une chose illicite était reconnue, en fait, avoir été la cause déterminante et le but de la disposition (Id.) (2).

(Tain c. Giraud.)

M. l'avocat général Ronjat a examiné les questions intéressantes de droit, dans des conclusions très-complètes que nous résumons de la manière suivante :

« ...Les considérations de fait invoquées par les demandeurs et les défendeurs doivent être écartées du débat devant la Cour ; il faut retenir seulement ce qui n'est pas contesté : 1° que le donateur a nettement formulé sa volonté que la donation ne produisît effet que dans le cas où ses héritiers à réserve consentiraient à l'exécuter; à défaut de quoi la donation elle-même deviendrait nulle; 2° que les héritiers à réserve du donateur refusent de servir la rente viagère donnée.

« La condition est illicite; doit-elle être considérée comme non écrite? Faut-il déclarer nulle la donation elle-même? Les demandeurs invoquent d'abord les principes généraux du droit. La donation, disent-ils, comme tous les contrats consensuels, ne peut exister que par la volonté des parties; malgré la condition imposée par le donateur, et jointe à la clause principale, qui est une libéralité, le contrat est un; il forme un tout indivisible : le donateur donne en imposant une condition; sa volonté reste une et indivisible, comprenant la totalité de l'acte consenti par lui. Donc, la donation est valable ou nulle pour le tout; on ne peut arbitrairement scinder la volonté du donateur, en annuler une partie, valider l'autre; ce serait faire un nouveau contrat, substituer une volonté étrangère à celle des parties; ce serait, par une contradiction inadmissible, créer un acte consensuel où manquerait l'élément essentiel, le consentement.

« La thèse est exacte au point de vue rationnel et philosophique. Mais le législateur a édicté l'art. 900, C. civ.; il a ordonné, à tort ou à raison, que la condition illicite serait réputée non écrite; le juge doit appliquer le texte de la loi, lors même qu'il le trouve déraisonnable ou contraire aux principes.

« Cependant, la doctrine a cherché à concilier, partiellement tout au moins, le texte de l'art. 900, C. civ., avec les principes généraux du droit. Elle l'a fait avec le désir évident d'atténuer la portée de l'article qu'elle avait à interpréter. M. Demolombe, après avoir indiqué les origines de cet article, après avoir montré combien, pris à la lettre, il s'écarte des principes généraux du droit, tente d'expliquer et même de justifier, dans une certaine mesure, la théorie que cet article a consacrée. Résumant la discussion, il dit (*Tr. des donations et des testaments*, t. I, n. 205, p. 238) : « La disposition de cet article est fondée sur la volonté du disposant lui-même, qui est présumée n'avoir pas voulu subordonner l'existence de sa libéralité à la condition impossible ou illicite qu'il y a mise. » Mais, dans le cas où le donateur a formellement, expressément subordonné l'existence de la donation à l'accomplissement de la condition, M. Demolombe dit : « La libéralité tout entière devra être alors déclarée comme non avenue, non pas, comme tout à l'heure, par défaut de capacité, mais par défaut de volonté. Supposez un testateur qui mette à son legs une condition dont la possibilité légale peut paraître douteuse et contestable, et que, prévoyant le cas où cette condition serait, en effet, légalement impossible, il déclare que sa libéralité, alors, devra être considérée comme non avenue; est-ce qu'une telle libéralité pourrait être maintenue, en présence de cette déclaration, qui en fait défaillir la cause essentielle et la base, à savoir la volonté même du disposant? » — Ainsi, pour M. Demolombe, l'art. 900 a pour but de faire prévaloir la volonté maîtresse du disposant; s'il a considéré la libéralité comme le principal, et la condition illicite comme un accessoire négligeable à la rigueur, la loi annule la condition comme non essentielle; s'il a manifesté la volonté de subordonner l'existence de la disposition à l'accomplissement de la condition, la loi annule l'acte tout entier, et dans les deux cas, la loi respecte la volonté du disposant, lui accorde l'effet voulu par le disposant lui-même.

« Les demandeurs invoquent encore l'autorité de vos deux arrêts des 3 juin 1863 (S. 64. 1. 269. — P. 64. 381. — D. 63. 1. 429) et 20 nov. 1878 (S. 79. 1. 413. — P. 79. 1074. — D. 79. 1. 305). Le premier de ces arrêts statue en ces termes, sur le deuxième moyen du pourvoi, tiré d'une violation des art. 938, 953, 956 et 1078, C. civ. : — « Attendu que si, en thèse générale, l'annulation d'un acte de partage d'ascendant n'entraîne point la nullité du don préciputaire qu'il renferme, ce principe ne peut recevoir aucune application à la cause; qu'en effet, l'acte de partage du 16 avril 1851 ne contient aucune libéralité de cette nature; que la veuve Jolly s'y démet de tous ses biens en faveur de tous ses enfants et petits-enfants présents à l'acte, sous l'expresse condition que ces biens, réunis à ceux de son défunt mari, seront partagés, par voie d'attribution, sous les yeux de la donatrice et de son consentement; — Attendu que le partage qui fut ainsi effectué *est inséparable de la donation*; que sa réalisation immédiate était la condition essentielle de la démission de biens consentie par la mère commune; — Attendu que le partage ayant été annulé, la donation ne pouvait lui survivre, et que c'est à bon droit que l'arrêt attaqué en a prononcé la nullité. » — Il n'a pas été question de l'art. 900, qui n'est pas compris dans la formule du moyen; cependant, l'arrêt est complet; les motifs justifient pleinement le rejet du pourvoi, et ils sont étrangers à l'art. 900. Vous ajoutez, il est vrai : — « Attendu qu'il en serait encore ainsi, alors même que la condition devrait être réputée non écrite comme contraire à l'ordre public (C. civ. 900); qu'il est, en effet, constant que la nullité d'une condition contraire à la loi entraîne la nullité de la donation à laquelle elle est jointe, s'il est reconnu, comme dans le litige actuel, que la condition a été la cause impulsive et déterminante de la libéralité. » — Cette dernière partie de l'arrêt, surabondante, hypothétique, voit sa valeur doctrinale singulièrement affaiblie par les premiers motifs et par les circonstances de fait qu'ils relèvent.

« Dans l'espèce jugée en 1878, la Cour d'appel déclare, après un examen minutieux des clauses du testament, « qu'il ne s'agit pas dans la cause de simples conditions dont l'inexécution n'altère pas le fond de la donation, et qui doivent, aux termes de l'art. 900, être considérées comme non écrites, mais de clauses essentielles, dont la suppression doit entraîner l'annulation de la donation elle-même ». En présence d'une telle dénonciation, alors que le juge du fait affirme que l'essence même de l'acte est dans la stipulation qui a la forme d'une condition, vous rejetez : — « Attendu, dites-vous, que l'arrêt attaqué juge en fait, par interprétation de la volonté du testateur, que les charges et conditions apposées au legs fait en faveur de la commune sont substantielles; que leur inaccomplissement volontaire ou forcé doit faire tomber la libéralité elle-même; qu'elles ont été le motif impulsif et déterminant de cette libéralité; — Attendu qu'en décidant, dans ces circonstances, que l'exécution des charges et conditions susdites n'étant pas légalement possible, le legs devait être annulé, la Cour de Pau a fait une saine application de l'art. 900, C. civ., et n'a violé aucun des principes de droit ou des articles de loi invoqués par le pourvoi. »

« Vous avez décidé que, par interprétation des clauses d'un acte, dans des circonstances spéciales relevées par le juge du fait, celui-ci avait pu annuler l'acte tout entier qui contenait une clause illicite.

« Aujourd'hui, on vous demande de faire un pas de plus, de décider que le juge du fait doit toujours rechercher la volonté du disposant, annuler ou valider la disposition, suivant que le disposant aura donné telle ou telle forme à la condition illicite insérée dans l'acte; qu'il devra toujours respecter et faire valoir la volonté vraie du disposant.

« Cette thèse nous paraît inadmissible, comme contraire au texte et à l'esprit de la loi.

« Le texte est formel, clair et précis. Toute condition illicite est réputée non écrite. On ne peut méconnaître que, dans certains cas, la condition illicite doit toujours être retranchée de la donation où elle se trouve. Sinon, le juge distingue où le législateur n'a pas distingué; il n'applique pas la loi; il ne l'interprète pas; il la crée lui-même. L'art. 900 établit une présomption

(1) V. en ce sens, Paris, 28 janv. 1853 (S. 53. 2. 425. — P. 53. 1. 705); 12 nov. 1858 (S. 59. 2. 307. — P. 59. 74. — D. 59. 2. 131); Cass., 7 juill. 1868 (S. 68. 1. 435. — P. 68. 1170. — D. 68. 1. 446); Trib. civ. Castel-Sarrasin, 7 mai 1869 (S. 69. 2. 152. — P. 69. 600. — D. 70. 3. 26); Merlin, *Quest. de dr.*, v° *Condition*, § 1er; Coin-Delisle, *Donat. et testam.*, sur l'art. 900, n. 3; Demante, *Cours analyt. du C. civ.*, t. IV, n. 16 *bis*, p. 34, et surtout Laurent, *Princip. de dr. civ.*, t. XI, n. 263 et suiv., 432 et suiv., ainsi que les conclusions de M. l'avocat général Ronjat, ci-dessus reproduites avec l'arrêt de la Cour de cassation. — *Contrà* Troplong, *Donat. et testam.*, t. I, n. 222 et suiv.; Grenier, *Id.*, t. I, p. 685 et suiv.; Saintespès-Lescot, *Id.*, t. I, n. 114; et surtout Bertauld, *Quest. prat. et doctr.*, t. II, n. 307, p. 233; Demolombe, *Donat. et testam.*, t. I, n. 207 et 208. — Comp. Cass., 12 nov. 1867 (S. 68. 1. 34. — P. 68. 54. — D. 69. 1. 528); Pau, 3 mars 1869 (S. 69. 2. 209. — P. 69. 963. — D. 69. 2. 203), et sur pourvoi, Cass., 21 déc. 1869 (S. 70. 1. 130. — P. 70. 297. — D. 70. 1. 308).

(2) *Sic* Cass., 3 juin 1863 (S. 63. 1. 169. — P. 63. 561. — D. 63. 1. 429); et sur renvoi, Amiens, 24 juill. 1863 (S. 63. 2. 131. — P. 63. 561); 7 juill. 1868, susmentionné; Paris, 27 nov. 1877 (D. 78. 2. 188); Cass., 20 nov. 1878 (S. 79. 1. 413. — P. 79. 1074. — D. 79. 1. 305); Aubry et Rau, t. VII, § 692, p. 289, note 3. V. aussi les conclusions précitées de M. l'avocat général au cours de l'article.

légale, en vertu de laquelle la condition illicite est annulée, sans que la disposition devienne nulle. Aucune preuve n'est admise contre cette présomption, aux termes de l'art. 1355, C. civ.

« Pour connaître l'esprit de la loi, il faut remonter à son origine, établir sa filiation. En droit romain, les donations furent toujours soumises aux règles générales des contrats; toute condition illicite entraînait la nullité de la disposition entière. Pour les testaments, les Sabiniens proposèrent une exception; ils voulaient que la condition illicite, dans une institution d'héritier, fût considérée comme non écrite, et l'institution maintenue. Plus tard, ils proposèrent d'étendre l'exception aux legs. Malgré l'opposition des Proculéiens, après de très-vives controverses, l'avis des Sabiniens prévalut, mais on ne put en donner d'autre motif que la très-grande faveur dont les testaments jouissaient à Rome. C'était la volonté du législateur, imposant, dans un intérêt supérieur, une règle contraire aux principes du droit. La condition illicite fut considérée comme non écrite dans tous les cas, sans distinction, qu'elle dût être exécutée par le bénéficiaire de la disposition ou par un tiers, qu'elle fût imposée par une formule impérative ou non.

« Dans l'ancien droit, les provinces de droit écrit suivaient la loi romaine, qui fut admise dans la plupart des provinces coutumières.

« Surviennent la révolution de 1789 et le droit intermédiaire. En 1791, les résistances aux idées nouvelles se multiplient et s'accentuent. Mais, d'un autre côté, on a la ferme volonté de briser ces résistances, de faire triompher les idées nouvelles; on songe à modifier profondément les lois relatives à la transmission des biens. Dès le mois de février 1791, Thouret, Target et Merlin soumettent à l'Assemblée constituante un projet de loi sur les successions, les donations et les testaments. La discussion de ce projet est ajournée à la prochaine législature; mais, le 5 sept. 1791, Barrère fait une motion d'ordre, propose à l'Assemblée de voter immédiatement l'art. 32, titre II, du projet de Thouret. (V. Merlin, *Questions de droit*, t. II, p. 482 et suiv., v° *Condition*, § 1er.) La loi est votée; elle est conçue en ces termes : « L'Assemblée nationale, après avoir entendu le rapport de ses comités de constitution et d'aliénation, décrète ce qui suit : Toute clause impérative ou prohibitive qui serait contraire aux lois et aux bonnes mœurs, qui porterait atteinte à la liberté religieuse du donataire, héritier ou légataire, qui génerait la liberté qu'il a, soit de se marier même avec telle personne, soit d'embrasser tel état, emploi ou profession, ou qui tendrait à le détourner de remplir les devoirs imposés et d'exercer les fonctions déférées par la Constitution aux citoyens actifs et éligibles, est réputée non écrite. » Rien de plus formel, si ce n'est l'exposé des motifs fait oralement par Barrère (*Moniteur*, 6 sept. 1791). On déclare hautement que la volonté du donateur doit être méconnue, brisée, et que, plus il tient à ce qu'elle s'exécute, plus le législateur veut qu'elle soit non avenue. La volonté du législateur est si formelle et si impérieuse que, par deux décrets du 5 brum. et du 17 niv. an II, il décide que la loi du 5 sept. aura un effet rétroactif; ces deux décrets furent bientôt abrogés. La loi du 5 sept. n'annulait que les conditions illicites. On soutint que les conditions impossibles n'étaient pas régies par cette loi, et plusieurs arrêts décidèrent que les conditions impossibles rendaient nulles pour le tout les donations qui les contenaient.

« C'est en cet état de la législation et de la jurisprudence que fut discuté et adopté le titre du Code civil relatif aux donations et aux testaments, comprenant l'art. 900. Les auteurs du C. civ. connaissent la législation intermédiaire, la loi du 5 sept. 1791, et l'application qu'elle avait reçue. Ils modifient cette législation, non pour la rendre moins dure aux conditions illicites, pour la rapprocher des principes généraux, mais, au contraire, pour la rendre plus sévère, pour l'écarter davantage des principes. L'art. 900, en effet, déclare non écrites les conditions impossibles, sur lesquelles la loi de 1791 n'avait pas statué. Il n'est pas admissible que les auteurs du Code civil aient voulu modifier l'esprit de la législation intermédiaire, respecter mieux que par le passé la volonté du disposant.

« Si les travaux préparatoires sont muets sur le point qui nous occupe, on peut cependant affirmer que les auteurs du Code avaient la ferme volonté d'assurer la transmission des biens d'après les idées révolutionnaires; qu'ils voulaient empêcher le retour des abus constatés sous l'ancien régime, qu'ils n'avaient pas pour la volonté des testateurs le même respect que les jurisconsultes de Rome, et qu'en cette matière, ils se sont inspirés uniquement de la législation intermédiaire et de la nécessité d'assurer les conquêtes de la Révolution. C'est dans cet esprit qu'a été édicté l'art. 900.

« L'interprétation de M. Demolombe n'a pas été universellement acceptée; outre M. Laurent (*Princ. de dr. civ.*, t. XI, n. 263 et s.), qui combat avec vigueur la thèse de M. Demolombe, Merlin, tout en blâmant l'art. 900, n'imagine pas qu'on puisse y introduire une distinction (*Rép.*, t. III, p. 383, v° *Condition*, sect. II, § 4).

« M. Coin-Delisle dit nettement qu'il annule toute condition illicite : « Dans cet état du droit, lors de la rédaction du Code civil qui devait abroger les lois antérieures, on voulut, dit-il, conserver les principes, et l'art. 900 fut déclaré commun aux donations et aux testaments, peut-être à cause d'une partie des motifs politiques qui avaient dicté les lois intermédiaires, de sorte qu'aujourd'hui, dans les donations comme dans les testaments, les conditions impossibles sont aussi bien réputées non écrites que celles contraires aux lois et aux mœurs. » (*Donat. et testam.*, sur l'art. 900, n. 3.) M. Coin-Delisle, après avoir constaté que cette disposition de loi a excité les réclamations de presque tous les jurisconsultes, résume le système de M. Duranton, qui proposait de nombreuses distinctions; puis il ajoute : « Mais ne serait-ce pas changer la volonté du législateur? La loi est absolue...; les termes de l'art. 900 sont généraux; et, par conditions, il faut entendre, non-seulement la condition proprement dite, qui suspend la libéralité, mais surtout toute espèce de charge ou de clause impossible ou illicite (*op. et loc. cit.*, n. 4).

« Comme à M. Coin-Delisle, il nous paraît qu'annuler la donation contenant une clause illicite, c'est changer la volonté du législateur, violer la lettre et l'esprit de la loi. La disposition de l'art. 900 n'est pas isolée dans nos lois; le Code civil, quand il lui paraît nécessaire, modifie les testaments et même les contrats, annule une partie de l'acte au mépris de la volonté certaine des parties. Ainsi, l'héritier à réserve peut faire réduire la libéralité faite au détriment de la réserve, quels que soient les termes employés par le donateur ou le testateur. Ainsi encore, la nullité de la clause pénale n'entraîne pas la nullité de l'acte (C. civ., 1227), sans qu'il y ait lieu de se préoccuper de la formule de la clause pénale. L'art. 1628 déclare nulle toute stipulation de non-garantie des faits personnels du vendeur, sans annuler la vente. L'art. 1674 déclare nulle la renonciation du vendeur à demander la rescision pour lésion de plus des 7/12es, lors même qu'il aurait déclaré donner la plus-value; la vente reste valable.

« Nous terminerons cette énumération, qui pourrait se prolonger, par une application aux substitutions du principe écrit dans l'art. 900. M. Demolombe pose l'espèce en ces termes : « Je lègue ma fortune à *Primus*, et je le charge de la conserver et de la rendre, après sa mort, à *Secundus*. Si mon héritier demande la nullité de cette disposition, je lègue à *Primus* ma ferme sans aucune charge, ou même je lègue à *Primus* la totalité de mes biens. » — La volonté du testateur est très-nette et très-formelle; il veut énergiquement l'exécution de la substitution, il subordonne le droit de son héritier à cette exécution. Cependant, M. Demolombe déclare qu'on doit considérer la clause comme non écrite; que l'héritier peut faire annuler le legs : « Ricard, ajoute-t-il, disait d'une clause semblable qu'elle n'est inspirée que par un esprit d'arrogance qui n'a d'autre but que de détruire la loi et qu'elle doit être censée non écrite. Cette doctrine est encore exacte aujourd'hui. » Et, après avoir cité les nombreux arrêts rendus dans ce sens, M. Demolombe donne la longue liste des auteurs qui professent la même doctrine.

« L'art. 1172 veut que toute condition illicite soit nulle et rende nulle la convention. On n'a jamais prétendu que, malgré les termes formels de la loi, il fallait cependant distinguer, rechercher la volonté des parties, annuler la convention elle-même si la condition était formulée en certains termes, annuler seulement la condition si elle ne paraissait pas être le motif impulsif et déterminant de la convention. On a toujours appliqué la loi dans sa rigueur, sans tenir aucun compte de la volonté des parties. Inversement, cette volonté ne doit pas même être consultée quand la loi, par une disposition formelle, précise, générale, a voulu annuler la condition illicite en maintenant la disposition elle-même.

« J'estime que la cour de Riom a sainement interprété l'art. 900, C. civ., et je conclus au rejet du pourvoi. »

ARRÊT (*après délib. en ch. du cons.*).

LA COUR : — Statuant sur le moyen unique de cassation (violation des art. 1172, 1131, 1134, C. civ., et fausse interprétation de l'art. 908 du même Code, en ce que l'arrêt attaqué n'a tenu aucun compte de la déclaration faite par le donateur de la volonté que sa donation fût nulle plutôt que de porter sur la partie disponible de sa fortune, et a maintenu la donation, en la faisant peser sur les légataires du disponible, sans rechercher si la condition qu'elle s'exécutât sur la réserve n'avait pas été la cause déterminante de la libéralité) : — Attendu que si, d'après l'art. 1172, C. civ., toute condition d'une chose prohibée par la loi est nulle et rend nulle la convention qui en dépend, il n'en n'est plus ainsi dans les dispositions entre-vifs ou testamentaires; qu'aux termes de l'art. 900, les conditions qui seraient contraires aux lois y sont réputées non écrites, ce qui implique que la libéralité conserve la même force et le même effet que si la condition n'existait pas; — Attendu, quels que soient les motifs qui ont dicté cette disposition de la loi, que les termes en sont clairs et précis; qu'ils ne permettent donc pas de faire exception pour le cas où l'auteur de la libéralité aurait déclaré en subordonner l'effet à l'accomplissement de la condition qu'il y a mise; qu'une semblable volonté, se trouvant en opposition directe avec la loi, ne peut recevoir exécution; qu'il en serait autrement sans doute si la condition d'une chose illicite était reconnue, en fait, avoir été la cause déterminante et le but de la disposition; que l'absence d'une cause licite ôterait alors tout effet à l'obligation, conformément à l'art. 1131, C. civ.; mais que, dans l'espèce, les demandeurs en cassation n'ont jamais prétendu que la donation, consentie par Giraud, ait eu une autre cause et un autre but qu'un sentiment de bienfaisance envers sa femme, et le désir de subvenir à ses besoins dans le cas où elle lui survivrait; que, dès lors, en déclarant non écrite la condition illégale mise par le donateur à ladite donation, l'arrêt attaqué (Riom, 7 juill. 1881), outre qu'il n'a pas violé les art. 1131 et 1172, C. civ., a exactement appliqué l'art. 900 du même Code; — Attendu que l'arrêt n'a pas violé davantage soit l'art. 7 de la loi du 20 avril 1810, soit l'art. 1134, C. civ.; que ledit arrêt déclarant, en droit, que l'art. 900 précité ne comporte aucune distinction, quelle que soit la manière dont la condition est formulée, a ainsi motivé valablement sa décision; que, d'autre part, n'ayant pas donné à la clause conditionnelle un autre sens que celui que les parties s'accordaient à lui attribuer, l'arrêt n'a pu contrevenir à l'art. 1134, C. civ.; — Rejette, etc.

MM. Cazot, 1er prés.; Merville, rapp.; Ronjat, av. gén. (concl. conf.); Lesueur et Rambaud de Laroque, av.

CASS.-CIV. 17 juillet 1883.

VOITURIER, MARCHANDISES, DESTINATAIRE, REFUS, VENTE, RESPONSABILITÉ, DOMMAGE, CASSATION.

Le voiturier qui fait vendre, sans observer les formalités prescrites par l'art. 106, C. comm., des marchandises dont le destinataire n'a pas pris livraison, engage sa responsabilité (C. civ., 1382; C. comm., 106) (1).

Mais il ne peut être tenu, vis-à-vis du destinataire, qu'au remboursement du produit de la vente (Id.) (2).

...A moins qu'il n'y ait un préjudice dûment établi (Id.) (3).

Par suite, doit être cassé le jugement qui, sans constatation d'aucun préjudice déterminé, condamne le voiturier à payer au destinataire une somme supérieure à celle produite par la vente réalisée, par le seul motif que le voiturier a fait sienne la marchandise transportée et refusée (Id.) (4).

(Chemin de fer de l'Ouest c. Lamarre.) — ARRÊT.

LA COUR : — Vu les art. 1382, C. civ., et 106, C. comm.; — Attendu que, si le voiturier qui fait vendre, sans observer les formalités prescrites par l'art 106, C. comm., des marchandises dont le destinataire n'a pas pris livraison, engage dans une certaine mesure sa responsabilité, il ne peut cependant, en l'absence d'une disposition spéciale de la loi, être tenu de rembourser à l'expéditeur une somme supérieure au produit de la vente opérée que dans le cas où il est établi que cette vente a causé un préjudice à ce dernier; — Attendu que le jugement attaqué ne constate, en aucune façon, qu'il soit résulté pour le défendeur un dommage quelconque de la vente, faite par la Compagnie des chemins de fer de l'Ouest, du beurre refusé par le destinataire; qu'il se borne à déclarer que la Compagnie, en vendant, sans remplir les formalités édictées par l'art. 106, une marchandise qui ne lui appartenait pas, l'avait faite sienne, et devait faire compte à l'expéditeur du prix que le destinataire devait payer; que, dans cet état des faits, en condamnant la Compagnie de l'Ouest à payer au défendeur une somme supérieure à celle produite par la vente réalisée à la halle de Paris, par le seul motif que la Compagnie avait fait sienne la marchandise transportée et refusée, le jugement dénoncé (Trib. comm. Alençon, 13 sept. 1882), a faussement appliqué et, par suite, violé les dispositions légales susvisées; — Casse, etc.

MM. Cazot, 1er prés.; Rohault de Fleury, rapp.; Ronjat, av. gén. (concl. conf.); Pérouse, av.

CASS.-CRIM. 20 juillet 1883.

CHASSE, LIÈVRE, CAPTURE, TEMPS PROHIBÉ, BÊTE FAUVE, DÉGATS, AUTORISATION (DÉFAUT D'), ARRÊTÉ PRÉFECTORAL, TERRAINS CLOS, MUR, BRÈCHE, ENGINS PROHIBÉS, COLLETS.

Le lièvre ne saurait être rangé dans la catégorie des bêtes fauves, *au sens de l'art. 9 de la loi du 3 mai 1844, sur la chasse* (L. 3 mai 1844, art. 9) (5). — Résol. implicit. par l'arrêt de Cass., et explicit. par l'arrêt d'Aix en sous-note (*a*).

En conséquence, la capture d'un lièvre en temps prohibé constitue un délit de chasse (Même loi, art. 11). — Id. (6).

Et il en est ainsi même en cas de dégâts causés à la propriété du prévenu, à défaut d'autorisation, accordée par arrêté préfectoral, de détruire ces animaux comme malfaisants et nuisibles (Id). — Id. (7).

Une brèche de 10 mètres d'ouverture pratiquée dans un mur de clôture, fait perdre au terrain entouré attenant à une

(1-2-3) V. conf., et dans des termes presque identiques, Cass., 16 nov. 1881 (S. 82. 1. 477. — P. 82. 1. 1182. — D. 82. 1. 160); Féraud-Giraud, *Code des transports*, t. II, n. 1088, et notre *Dictionnaire de dr. comm., ind. et marit.*, t. II, v° *Chemin de fer*, n. 265 et 266. — L'arrêt ci-dessus reproduit, en cassant le jugement du tribunal de commerce d'Alençon, a renvoyé l'affaire devant le tribunal de commerce d'Argentan, qui, à son tour, s'est prononcé dans le même sens que le jugement cassé et a condamné la Compagnie à payer au destinataire, à titre de dommages-intérêts, une somme supérieure à celle produite par la vente réalisée, par le motif qu'elle avait à tort disposé de la marchandise sans l'autorisation exigée par l'art. 106, C. comm., en dehors de toute constatation que ce défaut d'autorisation ait été la cause du préjudice éprouvé (jugement, 7 nov. 1883). Les parties se trouvaient ainsi dans la même situation qu'avant la première cassation. Sur un nouveau pourvoi de la Compagnie des chemins de fer de l'Ouest, la question a été portée devant les chambres réunies de la Cour de cassation et résolue, comme la première fois, par les mêmes arguments de droit. La question peut donc être considérée comme définitivement tranchée et le débat épuisé par l'arrêt des chambres réunies, rendu à la date du 10 mai 1886, arrêt dont nous donnons le texte dans nos *Pandectes pér.*, année 1887. V. comme exemple d'un préjudice causé au propriétaire d'un colis égaré vendu par la Compagnie en dehors des formalités prescrites par l'art. 106, C. comm., Cass., 17 mai 1882 (Pand. chr.), et la note.

(4) V. dans le même sens, Cass., 23 août 1881 (Pand. chr.); 26 août 1884 (Pand. chr.), et les renvois.

(5-6-7) V. conf. Cass., 29 avr. 1858 (P. 58. 1047 — D. 58. 1. 289). — *Adde* Aix, 26 déc. 1883, rapporté en sous-note *a*. — V. au surplus anal., en ce qui concerne les lapins : Rouen, 18 févr. 1864 (Pand. chr.); — les pigeons ramiers et les pies : Cass., 11 juin 1880 (Pand. chr.); — les moineaux : Cass., 5 janv. 1883 (Pand. chr.),

(*a*) Sur le renvoi, la Cour d'Aix a rendu dans la même affaire, à la date du 26 déc. 1883, l'arrêt ainsi conçu :

LA COUR : — Attendu que l'appel du ministère public envers le jugement du tribunal correctionnel d'Ajaccio, en date du 21 avr. 1882, est régulier en la forme et fait en temps utile; — Attendu que Griffani ne comparaît pas, quoique régulièrement cité, et qu'il y a lieu, en son absence, de statuer par défaut envers lui; — Attendu que le prévenu Griffani a été renvoyé des fins de la poursuite par le motif que, le lièvre étant un animal malfaisant, le propriétaire avait eu le droit de le détruire dans sa propriété, où il broutait les pousses de vigne; — Attendu qu'il s'agit de déterminer la portée du paragraphe de l'art. 9 de la loi

habitation, le caractère de terrain clos (L. 3 mai 1844, art. 2). — Résol. par l'arrêt de Cass. seulement (1).

Au surplus, le terrain fût-il en état de cloture continue et attenant à une habitation, que le propriétaire n'aurait d'autre droit que d'y chasser en tout temps et sans permis, mais à l'aide des seuls moyens et procédés de chasse de l'art. 9 de la loi du 3 mai 1844, lequel laisse en dehors les lacets et n'en autorise point l'usage (L. 3 mai 1844, art. 9). — Id. (2).

(Griffani.) — ARRÊT.

LA COUR; — Vu les art. 1, 12, 16 et 21 de la loi de 1844; — Attendu que, d'un procès-verbal de gendarmerie, du 28 mars 1882, il résulte que Griffani a été surpris, en temps prohibé, tenant à la main un lièvre qu'il venait de détacher d'un collet par lui tendu; — Attendu que Griffani a été relaxé de la prévention par le triple motif : 1° que le fait poursuivi ne constituait pas un délit de chasse proprement dit; 2° que les lièvres causaient dommage à la propriété du prévenu; 3° que le fait s'était accompli dans une propriété close attenant à une maison servant d'habitation; — Attendu, d'une part, que l'arrêt attaqué a complètement méconnu le caractère du fait incriminé, en refusant d'y voir un délit de chasse qu'il constituait essentiellement; — Attendu, d'autre part, que le dommage causé par les lièvres à la propriété du prévenu aurait pu justifier de sa part une demande adressée à l'autorité administrative à l'effet d'être autorisé à détruire ces animaux comme malfaisants et nuisibles, mais qu'à défaut de cette autorisation, la capture de ce gibier rentrait dans les prohibitions de la loi;

Attendu, enfin, que pour admettre comme moyen justificatif du fait poursuivi la circonstance qu'il se serait accompli dans une propriété attenant à une maison servant à l'habitation et entourée d'un mur de clôture, l'arrêt attaqué s'est fondé exclusivement sur le procès-verbal de la gendarmerie, dont les constatations sont en contradiction directe avec cette affirmation; qu'il résulte en effet de ce document et de l'aveu même du prévenu, qu'il existe dans le mur de clôture une brèche de 10 mètres d'ouverture; que l'arrêt a ainsi méconnu la foi due jusqu'à preuve du contraire au procès-verbal; — Attendu d'ailleurs, que même en admettant que le terrain du prévenu fût en état de clôture continue et attenant à une maison servant à l'habitation, son relaxe, dans l'espèce, ne serait pas justifié; qu'en effet, le fait constaté à la charge du prévenu, et non dénié par lui, est celui d'avoir été surpris tenant dans la main un lièvre qu'il venait de prendre à l'aide d'un lacet; que l'art. 2 de la loi du 3 mai 1844, en accordant au propriétaire la faculté de chasser en tout temps et sans permis de chasse dans les possessions attenantes à une habitation et entourées d'une clôture faisant obstacle avec les héritages voisins, ne lui confère pas le droit de chasser à l'aide d'autres moyens que ceux autorisés par l'art. 9, lequel n'admet que la chasse à tir et à courre, et ajoute : « Tous autres moyens de chasse, à l'exception des filets et des bourses destinés à prendre le lapin, sont formellement prohibés »; — Casse, etc.

MM. Baudouin, prés.; Sevestre, rapp.; Petiton, av. gén.

CASS.-CRIM. 27 juillet 1883.

FAUSSE MONNAIE, MONNAIES ÉTRANGÈRES, CONTREFAÇON, POURSUITE EN FRANCE, BELGIQUE.

Les monnaies étrangères n'ayant pas cours légal en France (3), *leur contrefaçon ne saurait constituer le crime prévu par l'art. 132, C. pén.* (C. pén., 132) (4).

Et il en est ainsi malgré les conventions d'union monétaire de 1865 et de 1878 avec les peuples voisins, notamment avec la Belgique (LL. 14 juill. 1866; 1er août 1879) (5).

La contrefaçon de monnaies étrangères ne constitue un crime, au regard de la loi française, qu'autant qu'elle a été commise en France. — Par suite, n'est point punissable en France la contrefaçon par un Français en Belgique de monnaies belges (C. instr. crim., 5; C. pén., 133) (6).

---

et nos observations très-développées; — les corbeaux et les cosardes, mais déjà sous la législation antérieure : Cass., 5 nov. 1842 (S. 43. 1. 75. — P. 43. 1. 713. — D. 43. 1. 31).

(1) Ce point est invariablement fixé en jurisprudence par de nombreux arrêts. V. notamment Nîmes, 28 mars 1867 (S. 67. 2. 120. — P. 67. 556. — D. 67. 2. 175); Rouen, 25 févr. 1875 (S. 75. 2. 136. — P. 75. 573. — D. 76. 2. 169); Caen, 5 janv. 1876 (S. 76. 2. 139. — P. 76. 579. — D. 76. 2. 170); Cass., 16 nov. 1883 (Bull. crim., n. 258); Camusat-Busserolles, *Code de la police de la chasse*, p. 49; Guillon et Villepin, *Nouv. Code des chasses*, n. 52; Rogron, *Code de la chasse*, p. 44; Petit, *Tr. du droit de chasse*, t. 1, n. 158 et 163.

(2) V. en ce sens, Aix, 2 mars 1876 (Pand. chr.); Bordeaux, 7 janv. 1885 (Pand. chr.), et les notes.

(3) Il est de principe que les monnaies étrangères, même celles appartenant aux États compris dans l'union dite latine, n'ont point de cours légal en France. — V. Cass., 29 déc. 1882 (Pand. chr.), et la note.

(4-5) Déjà dans un précédent arrêt, du 8 mars 1883 (*infrà*, sous-note *a*), la Cour de cassation avait décidé que la contrefaçon de monnaies étrangères ne tombe pas sous le coup de l'art. 132, C. pén. Dans l'espèce de cet arrêt il y avait eu fabrication frauduleuse à Nice de pièces italiennes de 5 francs en argent à l'effigie de Victor Emmanuel II, et au millésime de 1874.

(6) Il n'existe aucune opposition entre l'arrêt ci-dessus reproduit et l'arrêt précité du 8 mars 1883 (V. sous-note *a*), qui fait application à la contrefaçon de l'art. 133, C. pén. Dans l'un, la contrefaçon avait été commise à l'étranger, en Belgique, tandis que dans l'autre, c'était en France même que la fabrication frauduleuse avait eu lieu. La différence des espèces justifie la différence

du 3 mai 1844, invoqué par le prévenu et appliqué par le tribunal; qu'aux termes dudit paragraphe, les propriétaires ne sont autorisés à détruire, en temps prohibé, sur leurs terres, que les animaux malfaisants ou nuisibles déclarés tels par arrêtés préfectoraux; qu'ils peuvent détruire même avec armes à feu les bêtes fauves qui porteraient dommage à leurs propriétés; — Attendu, en premier lieu, que l'arrêté préfectoral présenté à la Cour ne comprend pas le lièvre parmi les animaux nuisibles ou malfaisants; que, du reste, le prévenu n'a pas même demandé l'autorisation préfectorale; — Attendu, en second lieu, que le lièvre ne saurait être classé parmi les bêtes fauves; qu'en effet, l'appellation *bêtes fauves* n'a jamais été appliquée par les ouvrages de vénerie ou par les anciennes ordonnances au menu gibier ni aux oiseaux; qu'il ne peut pas en être autrement aujourd'hui, sans détourner les mots de leur véritable acception, et sans faire violence au texte de la loi; qu'en conséquence, le prévenu a accompli un acte de chasse en temps prohibé; — Attendu, en outre, que le prévenu a reconnu avoir pris le lièvre au lacet, c'est-à-dire avec un engin prohibé; — Par ces motifs, — Statuant par défaut par suite du renvoi de l'arrêt de Cass., 20 juill. 1883 (V. *suprà*); — Réforme le jugement du tribunal correctionnel d'Ajaccio, du 21 avr. 1882; — Déclare Griffani coupable d'avoir, le 28 mars 1882, sur le territoire de la commune de Vico, chassé en temps prohibé et à l'aide d'un engin prohibé, etc.

MM. Chabriniac, prés.; Bujard, av. gén.

(*a*) Cet arrêt de Cass.-ch. crim., aff. Colombo et Burdin, rendu à la date du 8 mars 1883, est ainsi conçu :

LA COUR : — Sur le moyen relevé d'office et pris de la violation, par fausse application de l'art. 132, C. pén. : — Vu ledit article, ensemble l'art. 133, du même Code; — Attendu que la loi, pour l'application des peines en cette partie, distingue entre la contrefaçon des monnaies nationales ayant cours légal en France, et celle des monnaies étrangères; qu'elle punit la première de la peine des travaux forcés à perpétuité, et la seconde de la peine des travaux forcés à temps; — Que, dans l'espèce, la question posée au jury et répondue affirmativement, en ce qui concernait chacun des demandeurs était ainsi conçue : « L'accusé est-il coupable d'avoir, à Nice, frauduleusement contrefait une ou plusieurs pièces de 5 francs en argent, à l'effigie de Victor-Emmanuel II, et au millésime de 1874? » — Attendu que, de la déclaration affirmative intervenue sur cette question, il résultait qu'en fait, lesdites monnaies étaient étrangères, puisqu'elles étaient frappées à l'effigie d'un souverain étranger; — Que, si ladite question énonçait que ces monnaies avaient cours légal en France, cette circonstance qui est constitutive du crime de fabrication de fausse monnaie, lorsqu'il s'agit de monnaies nationales, ne pouvait avoir pour effet de faire considérer, comme monnaie nationale une monnaie étrangère; — Qu'il s'ensuit que la contrefaçon dont les demandeurs étaient déclarés coupables, tombait sous le coup, non de l'art. 132, C. pén., mais de l'art. 133 du même Code, et qu'en prononçant contre lesdits demandeurs la peine édictée par le premier de ces articles, l'arrêt attaqué en a fait une fausse application et l'a expressément violé; — Par ces motifs, casse *parte in quâ* l'arrêt de la Cour d'assises des Alpes-Maritimes (du 30 janv. 1883), la déclaration du jury demeurant maintenue, et pour, sur ladite déclaration être fait à Colombo et à Burdin application des peines portées par la loi, renvoie la cause et les parties devant la Cour d'assises des Bouches-du-Rhône.

MM. Baudouin, prés.; De Lafaulotte, rapp.; Tappie, av. gén. (concl. conf.).

(Briard.) — ARRÊT.

LA COUR : — Sur le moyen tiré de la violation de l'art. 132, C. pén., et des dispositions de la convention diplomatique du 23 déc. 1865, homologuée par la loi du 14 juill. 1866, ladite convention renouvelée par une convention du 5 nov. 1878, approuvée par la loi du 1er août 1879, et promulguée par décret du 2 août de la même année; — Attendu que le nommé Briard, Français arrêté en France, était inculpé d'avoir, en Belgique, fabriqué de fausses pièces d'argent belges, et d'avoir ainsi commis le crime prévu par l'art. 132, § 1er, C. pén. ; — Attendu que cet article punit quiconque aura contrefait des monnaies d'or ou d'argent ayant cours légal en France; que le cours légal, c'est l'obligation imposée par la loi à tous les citoyens d'un pays d'accepter les monnaies nationales ou celles qui leur sont légalement assimilés; que les pièces belges, si elles ont cours légal en Belgique, ne l'ont pas en France, et que les conventions de 1865 et de 1878 ne leur ont pas attribué un caractère qu'elles n'ont point par elles-mêmes ; — Attendu, en effet, que, si les conventions ont constitué à l'état d'union la France, la Belgique, l'Italie et la Suisse, pour ce qui regarde le poids, le titre, le module et le cours de leurs espèces monnayées d'or et d'argent, et si, pour favoriser les relations habituelles des populations voisines, ces conventions ont pris diverses mesures propres à faciliter respectivement, dans chacun des pays qu'elles unissent, la circulation de leurs monnaies d'or et d'argent, notamment en stipulant, dans les conditions qu'elles déterminent, l'admission de ces monnaies dans les caisses publiques de chacun des Etats, aucune de leurs dispositions n'impose aux particuliers l'obligation de recevoir, soit des autres particuliers, soit de l'Etat, les monnaies étrangères, et n'étend à celles-ci la sanction pénale qui protège la circulation de la monnaie nationale; — Attendu, dès lors, qu'en décidant que les monnaies d'argent belges n'ont pas cours légal en France, et que le fait de les avoir contrefaites ne tombe pas sous l'application de l'art. 132, C. pén., l'arrêt attaqué n'a violé ni cet article ni les conventions précitées;

Attendu que, dans l'espèce, l'art. 133, C. pén., était également inapplicable ; que si, d'après l'art. 5, C. instr. crim., tout Français peut, après son retour en France, être poursuivi et jugé en France pour un crime commis à l'étranger, c'est à la condition qu'il s'agisse d'un crime puni par la loi française, et, qu'aux termes de l'art. 133, C. pén., la contrefaçon de monnaies étrangères ne constitue un crime, au regard de la loi française, qu'autant qu'elle a été commise en France ; — Attendu, en fait, que la contrefaçon de monnaies d'argent belges imputée à Briard aurait eu lieu en Belgique; que, par conséquent, aux termes des art. 5, C. instr. crim., et 133, C. pén., Briard ne pouvait de ce chef être poursuivi en France ; — Attendu, dès lors, que c'est à bon droit que l'arrêt attaqué a déclaré qu'il n'y avait lieu de renvoyer Briard devant la Cour d'assises du Nord pour avoir, en Belgique, contrefait des monnaies d'argent belges, puisque ce fait ne tombe sous l'application ni de l'art. 132, C. pén., ni de l'art. 133 du même Code; — Rejette, etc.

MM. Baudouin, prés.; Dupré-Lasale, rapp.; Ronjat, av. gén.

CASS.-CRIM. 28 juillet 1883.

ATTROUPEMENTS, PROVOCATION, LOI DE 1881 SUR LA PRESSE, COMPÉTENCE.

L'abrogation prononcée par l'art. 68 de la loi du 29 juill. 1881, sur la presse, se restreint aux seuls délits de publication prévus par les lois sur la presse et laisse subsister, en conséquence, les délits de même nature définis soit par le Code pénal, soit par des lois spéciales (L. 29 juill. 1881, art. 68) (1).

Spécialement, *est toujours resté en vigueur l'art. 6 de la loi du 7 juin 1848 relatif au délit de provocation à un attroupement* (LL. 7 juin 1848, art. 6; 29 juill. 1881, art. 43, 68) (2).

En conséquence, c'est la juridiction correctionnelle qui continue à connaître du délit de provocation à un attroupement, suivant les dispositions non modifiées des art. 1 et 4 du décret du 25 févr. 1852 (L. 7 juin 1848, art. 6, 10; Décr. 25 févr. 1852, art. 1, 4; LL. 15 avril 1871; 29 juill. 1881, art. 45) (3).

(Feuillant.) — ARRÊT.

LA COUR : — Attendu que l'art. 6 de la loi du 7 juin 1848, sur les attroupements, prévoit et réprime, suivant des distinctions qu'il précise, toute provocation directe à un attroupement, armé ou non armé, par des discours proférés publiquement, et par des écrits ou imprimés affichés ou distribués, alors même que cette provocation n'a pas été suivie d'effet ; — Attendu que cette disposition légale,

---

des solutions. En cas de fabrication, l'exécution de l'opération *en France* est une condition essentielle d'application de l'art. 133. L'exécution à l'étranger n'est pas en elle-même punie; il faut autre chose : la participation à l'émission ou exposition des monnaies contrefaites ou à leur introduction sur le territoire français.

(1) Les effets de l'abrogation édictée par l'art. 68 de la loi du 29 juill. 1881, ont été examinés surtout à propos des outrages adressés aux fonctionnaires publics ou aux agents de l'autorité dans l'exercice ou à l'occasion de l'exercice de leurs fonctions; et il a été décidé que les art. 222 à 227 du Code pénal sont restés toujours en vigueur malgré la loi de 1881. — V. Cass., 25 nov. 1882 (S. 83. 1. 141. — P. 83. 1. 316. — D. 83. 1. 227); 15 mars 1883 (Pand. chr.); Bordeaux, 31 mars 1883 (S. 84. 2. 38. — P. 84. 1. 217); 12 juill. 1883 (Pand. chr.); 23 août 1883 (Pand. chr.); 16 nov. 1883 (Pand. chr.); 8 févr. 1884 (Pand. chr.); Lyon, 14 mars 1884 (D. 85. 2. 262).

(2-3) Le principe une fois admis, nous pensons avec M. le conseiller rapporteur, que la solution de la question de compétence ne pouvait être douteuse. Elle devait être recherchée avec pleine raison, non dans la loi de 1881, mais dans la législation spéciale relative aux attroupements.

L'art. 10 de la loi du 7 juin 1848 déférait à la Cour d'assises tous les délits qu'elle prévoyait ; il soumettait donc à cette juridiction la provocation aussi bien que le délit même d'attroupement. Mais cet article a été abrogé par l'art. 4 du décret du 25 févr. 1852. Il importe de rappeler le texte des art. 1er et 4 de ce décret. « Art. 1er. Tous les délits dont la connaissance est actuellement attribuée aux Cours d'assises, et qui ne sont pas compris dans les décrets des 31 déc. 1851 (décret relatif aux délits prévus par les lois sur la presse et commis au moyen de la parole) et 17 févr. 1852 (décret organique sur la presse) seront jugés par les tribunaux correctionnels... — Art. 4. Sont et demeurent abrogées toutes dispositions relatives à la compétence, contraires au présent décret, et notamment, celles qui résultent de la loi du 18 déc. 1830, en matière de délits politiques ou réputés tels, de l'art. 16 de la loi du 10 déc. 1830, relative aux afficheurs et crieurs publics, de l'art. 10 du décret du 7 juin 1848, sur les délits d'attroupement, de l'art. 6, § 2, de la loi du 28 juill. 1848, sur les clubs et les sociétés secrètes, de l'art. 117 de la loi électorale du 15 mars 1849 ».

Ce décret était, comme on le voit, sauf en ce qui concerne la disposition relative aux afficheurs et crieurs publics, entièrement étranger par son objet à la législation sur la presse. Il n'a donc pas cessé d'être en vigueur. On ne le conteste pas pour les délits mêmes d'attroupement, qui sont déférés, sans contestation, en vertu de ses dispositions, à la juridiction correctionnelle. Pourquoi en serait-il autrement du délit de provocation? Ce délit n'a pas été prévu par les lois de presse; il a été créé et défini par la loi du 7 juin 1848. Il n'est donc pas régi aujourd'hui par la loi de 1881, et il reste, en conséquence, en ce qui concerne la compétence, sous l'empire du décret du 25 févr. 1852. La juridiction correctionnelle est donc seule compétente pour en connaître. (Analyse du rapport de M. le conseiller Tanon).

qui coexistait avec les incriminations portées par la législation antérieure sur la presse relativement aux délits mêmes de provocation, n'a pas été abrogée par la loi du 29 juill. 1881; — Attendu que, si l'art. 68 de cette loi déclare abrogés « les édits, lois, décrets, ordonnances, arrêtés, règlements, déclarations, généralement quelconques, relatifs à l'imprimerie, à la librairie, à la presse périodique ou non périodique, au colportage, à l'affichage, à la vente sur la voie publique et aux crimes et délits prévus par les lois sur la presse et les autres moyens de publication », il résulte, tant du texte même de cet article que des travaux préparatoires de la loi, qu'il a eu pour but d'abroger, non pas toutes les dispositions relatives aux délits de publication, mais seulement celles qui étaient comprises dans les lois sur la presse proprement dites; — Attendu que l'art. 1er du projet de loi primitif abrogeait, d'une manière générale, toutes les dispositions quelconques relatives aux délits *commis par la parole, la presse, ou tout autre moyen de publication;* que l'art. 2 réservait expressément la plupart des délits de publication prévus par les lois spéciales, et notamment l'art. 6 de la loi du 7 juin 1848, concernant la provocation à un attroupement; — Attendu que l'art. 68, qui a remplacé ces articles, a restreint l'abrogation aux délits *prévus par les lois sur la presse et les autres moyens de publication*, qu'il a rendu ainsi superflues les dispositions de l'art. 2, lequel a été supprimé; que cette rédaction nouvelle, loin de faire disparaître les réserves contenues dans cet article, a eu pour effet de les maintenir, ou même de les étendre, en limitant formellement l'abrogation édictée par l'art. 68 aux seuls délits de publication *prévus par les lois sur la presse*, et en laissant subsister, en conséquence, les délits de même nature définis, soit par le Code pénal, soit par les lois spéciales; — Attendu, d'ailleurs, que l'art. 43 de la loi du 29 juill. 1881 se réfère expressément à l'art. 6 de la loi du 7 juin 1848, en ce qui concerne les imprimeurs, et que cette référence implique virtuellement le maintien de cet article, et la spécialité du délit qu'il a pour but de réprimer; — Attendu qu'il suit de ce qui précède que le délit de provocation directe à un attroupement n'étant pas réglé par la loi de 1881, c'est à la loi spéciale qui le prévoit et à celles qui l'ont modifiée qu'il y a lieu de se référer pour déterminer la juridiction compétente pour en connaître; — Attendu que, d'après l'art. 10 de la loi du 7 juin 1848, les poursuites pour les crimes et délits qu'elle réprime devaient être portées devant la Cour d'assises, mais que cette disposition a été abrogée expressément par les art. 1er et 4 du décret du 25 févr. 1852, qui a attribué la connaissance de ces mêmes délits à la juridiction correctionnelle; — Attendu que cette attribution de compétence n'a plus été modifiée par aucune disposition légale; que la loi du 15 avril 1871 n'a eu pour but et pour effet de restituer au jury que la connaissance des délits de presse que le décret organique du 17 févr. 1852 lui avaient enlevée; que la loi du 29 juill. 1881, dans son art. 45, se borne à déclarer que les crimes et délits qu'elle prévoit seront déférés à la Cour d'assises; qu'elle laisse, en conséquence, en dehors de cette disposition, le délit défini par l'art. 6 précité de la loi du 7 juin 1848; — Rejette le pourvoi formé contre l'arrêt de la Cour de Paris du 18 avril 1883.

MM. Baudouin, prés.; Tanon, rapp.; Ronjat, av. gén.; Sabatier, av.

CASS.-CRIM. 28 juillet 1883.

Délits de la presse, Diffamation, Auteur, Gérant, Complicité.

Le signataire d'articles diffamatoires publiés dans un journal ne peut être poursuivi comme auteur principal du délit de diffamation, quand le gérant ou éditeur du journal est bien connu, qu'il réside en France et que rien ne s'oppose à ce qu'il soit appelé devant la justice (L. 29 juill. 1881, art. 42) (1).

Il ne peut même être poursuivi comme complice qu'autant que le gérant ou éditeur est simultanément mis en cause comme auteur principal du délit (L. 29 juill. 1881, art. 43) (2).

(Brochier, Aurigo c. Lerouge, journal *le Radical de Marseille.*) — ARRÊT.

LA COUR : — Sur le moyen tiré de la violation, par fausse application, des art. 42 et 43 de la loi du 29 juill. 1881, 47, §§ 6 et 50, de la même loi, en ce que l'arrêt attaqué a déclaré irrecevable l'action directe de la partie civile contre l'auteur d'un écrit incriminé, poursuivi comme complice, par le motif que le gérant du journal, connu et résidant en France, n'avait pas été appelé en cause comme auteur principal; — Attendu que l'art. 42 de la loi du 29 juill. 1881 détermine, pour la répression des crimes et délits commis par la voie de la presse, un ordre particulier, suivant lequel les personnes qui ont participé à la publication d'un article incriminé peuvent être poursuivies, les unes à défaut des autres, comme auteurs principaux; qu'il résulte manifestement du texte de cette disposition et de son esprit, attesté par les travaux préparatoires de la loi, que la responsabilité pénale n'incombe à l'écrivain, comme auteur principal du délit de publication, qu'à défaut des gérants ou éditeurs, et qu'elle cesse de lui incomber en cette qualité si ces derniers sont ou peuvent être appelés devant la justice; — Attendu, en fait, que l'arrêt constate que le gérant du journal *le Radical*, dans lequel ont été insérés les articles incriminés, est connu et réside à Marseille; que Lerouge, signataire des articles, n'a donc pu être poursuivi comme auteur principal du délit;

Attendu que de même il n'a pu être légalement poursuivi comme complice; — Attendu, en effet, que si le § 1er de l'art. 43 dispose que, « lorsque les gérants ou éditeurs seront en cause, les auteurs seront poursuivis comme complices », la forme restrictive de cette rédaction, en accord du reste avec les explications qu'elle a reçues dans la discussion législative, établit clairement que la loi subordonne la poursuite à titre de complicité qu'elle édicte contre l'auteur de l'écrit, à la mise en cause simultanée du gérant comme auteur principal du délit; — Attendu qu'il suit de là que la Cour d'assises, en déclarant irrecevable, dans les conditions constatées par l'arrêt, l'action exercée contre Lerouge, soit comme auteur principal, soit comme complice, a fait une exacte application des dispositions de la loi; — Rejette, etc.

MM. Baudouin, prés.; Puget, rapp.; Ronjat, av. gén.; Lesueur, av.

---

(1) Le texte de l'art. 42 est d'une clarté parfaite et ne pouvait donner lieu à une interprétation différente. V. aussi dans le même sens, Paris, 5 mars 1884 (S. 84. 2. 84. — P. 84. 1. 426).

(2) L'art. 43 établit une corrélation étroite entre le gérant et l'auteur, tous deux poursuivis. Le gérant étant mis en cause, avec la qualité d'auteur principal, l'auteur des articles incriminés est associé à la poursuite, en qualité de complice. Mais il n'est poursuivi à ce titre que parce que le gérant, auteur principal du délit, est mis en cause avec lui. Cette situation légale ne lui est faite qu'à raison de la présence en justice du gérant. C'est la présence seule du gérant qui lui imprime ce caractère de complicité, et si le gérant n'est pas mis en cause, il n'y a plus de complice, parce qu'il n'y a pas d'auteur principal. L'art. 43 n'admet pas d'autre interprétation. (Analyse du rapport de M. le conseiller Puget.)

CASS.-CRIM. **2 août 1883.**

VOL, CIRCONSTANCES AGGRAVANTES, VIOLENCE, FUITE.

Ne sauraient être considérés comme des circonstances aggravantes du vol des actes de violence commis par le voleur après le vol consommé, au moment où il se retirait et dans le but de faciliter sa fuite (C. pén., 381) (1).

(Martail.) — ARRÊT.

LA COUR : — Sur le moyen tiré de la violation des art. 311, 382 et 401, C. pén. : — Attendu que l'arrêt attaqué (Rennes, ch. correct., 27 juin 1883) constate que Martail n'a porté des coups et fait des blessures à la femme Poulain qu'après avoir commis le vol, et au moment où il sortait de la maison dans laquelle il venait de le commettre en emportant la chose volée; qu'il s'est livré à ces violences pour faciliter sa fuite; — Attendu qu'à ce moment le vol était consommé; que la fuite du voleur n'est pas un acte d'exécution du vol, et qu'un délit ne peut s'aggraver au moyen de circonstances postérieures à cette exécution; que l'arrêt attaqué, en refusant de considérer les coups et blessures comme circonstance aggravante du vol, et en condamnant le demandeur à raison des délits distincts de vol et de coups et blessures volontaires, loin d'avoir violé les articles susvisés, en a fait, au contraire, une exacte application; — Rejette, etc.

MM. Baudouin, prés.; Le Blond, rapp.; Chévrier, av. gén.

CASS.-CRIM. **4 août 1883** (DEUX ARRÊTS).

ENSEIGNEMENT PRIMAIRE, ENSEIGNEMENT OBLIGATOIRE, AVIS INDIVIDUEL, RENTRÉE DES CLASSES, INSCRIPTION D'OFFICE, DÉLAI, COMMISSION SCOLAIRE, CITATION, NON-COMPARUTION, AFFICHAGE, NOUVELLE RÉCIDIVE, TRIBUNAL DE POLICE.

L'avis de l'inscription d'office d'un enfant sur les registres de fréquentation d'une école publique, à défaut de toute déclaration des parents ou personnes responsables, bien que non prescrit à peine de nullité, n'en constitue pas moins une formalité substantielle dont l'inaccomplissement par le maire dégage les intéressés du devoir de la fréquentation scolaire et des pénalités qui en assurent la sanction (L. 28 mars 1882, art. 8, 14) (2). — 1re et 2e espèces.

Mais cet avis et celui de la rentrée des classes ne doivent pas être nécessairement donnés dans la quinzaine qui précède l'époque de la rentrée; ils peuvent l'être en tout temps. Seulement, l'obligation de la fréquentation scolaire ne s'impose qu'après l'expiration du délai de quinzaine à dater de la réception de cet avis (*Ibid.*, art. 7 et 8) (3). — 2e espèce.

La personne responsable, citée devant la commission scolaire, à raison de la non-présence de son enfant à l'école, qui, par suite de son défaut de comparution sans justification aucune, n'a pas pu recevoir l'avertissement prescrit, est, dès la première infraction, justement condamnée à la peine de l'affichage; sa situation légale étant identique avec celle d'une personne qui, après avoir comparu devant la commission pour une première infraction, en commet une seconde (*Ibid.*, art. 12, § 2, 13). — Id. (4).

Et la peine de l'affichage une fois encourue, si une infraction nouvelle est commise, il n'y a pas lieu de prononcer une seconde fois cette même peine, mais de déférer le contrevenant directement au tribunal de police et de lui appliquer les peines édictées par l'art. 14 de la loi du 28 mars 1882 (*Ibid.*, art. 14). — Id. (5).

1re espèce. — (Martin.) — ARRÊT.

LA COUR : — Sur le moyen tiré de la violation des art. 8 et 14 de la loi du 28 mars 1882 : — Attendu que l'art. 8 de la loi du 18 mars 1882 dispose que, dans le cas où la personne responsable d'un enfant en âge scolaire n'a pas fait la déclaration prescrite par l'art. 7, le maire inscrit l'enfant à l'une des écoles publiques de la commune, et en avertit la personne responsable; — Attendu que cet avis, bien que non prescrit à peine de nullité, doit être considéré comme une formalité substantielle; qu'à son défaut, la personne responsable ne peut être tenue du devoir de la fréquentation scolaire; — Attendu, qu'en décidant que, faute par le maire de la commune d'avoir avisé Martin de l'inscription d'office de son enfant sur les registres de l'école publique, la procédure suivie contre lui est viciée de nullité, et qu'en le relevant de la poursuite, le juge de police, loin de violer les articles de lois susvisés, en a fait, au contraire, une juste application; — Rejette le pourvoi du ministère public près le tribunal de police de Bléré (Indre-et-Loire), contre le jugement de ce tribunal, qui a acquitté le sieur Martin.

MM. Baudouin, prés.; Tanon, rapp.; Chevrier, av. gén.; Besson, av.

2e espèce. — (De Salaberry.)

M. le conseiller Tanon, chargé du rapport dans cette affaire, a présenté sur les deux moyens du pourvoi des observations fort importantes. Nous en extrayons les passages suivants :

« *Premier moyen.* — Violation de l'art. 8 de la loi du 28 mars 1882, en ce qu'il a été jugé que l'avis individuel par lequel le maire devait informer les personnes qui ont charge des enfants, de l'époque de la rentrée des classes, ne devait pas nécessairement leur être adressé plus de quinze jours avant l'époque de cette rentrée. — Le premier avis individuel donné au père de famille à l'effet de le mettre en demeure de faire la déclaration prescrite par l'art. 7 de la loi du 28 mars 1882, ne lui a été adressé que le 4 oct., moins de quinze jours avant l'époque de la rentrée des classes, qui a eu lieu le 16. Mais il vous paraîtra peut-être que cette circonstance ne saurait être prise en considération et que le moyen proposé de ce chef doit être rejeté.

« Il résulte bien de l'art. 8 que le maire doit, en principe, aviser les personnes responsables, plus de quinze jours avant l'époque de la rentrée des classes, à l'effet d'obtenir d'elles la déclaration prescrite. Mais la question est de savoir si, lorsque le maire a omis de donner cet avis dans la quinzaine qui précède la rentrée, cette omission ne peut pas être réparée.

« Le pourvoi soutient que cette omission est en effet irréparable, et que la déclaration du père de famille ne peut être ni exigée ni reçue, en dehors de ce délai. Il semble que ce soit là une erreur. Il a été reconnu, dans la discussion de la loi, que la déclaration du père de famille pourrait être reçue par le maire, à toute époque.

« L'interprétation proposée par le demandeur rendrait à peu près impossible l'application de la loi. Les travaux de recensement, auxquels le maire doit faire procéder pour donner les avis individuels, ne peuvent pas être assez parfaits pour que des omissions ne se produisent pas, surtout dans les grandes villes. Il faudrait donc laisser, pendant toute l'année, la loi sans exécution, à l'égard de nombreux enfants, alors même que l'omission de leur nom serait reconnue dès le début de l'année scolaire et qu'il serait constaté que ces enfants sont abandonnés à eux-mêmes et ne reçoivent aucune espèce d'instruction. Le législateur ne peut avoir apporté lui-même une entrave aussi grave à l'exécution de ses prescriptions.

---

(1) Comp. Cass. 18 déc. 1812 (Pand. chr.). — Dans cet arrêt les circonstances de fait étaient sensiblement différentes; les voleurs s'étaient laissé surprendre à l'œuvre; ils n'avaient point eu le temps de consommer leur méfait. Au moment où ils prenaient la fuite et où ils se livraient à des violences pour mieux assurer leur retraite, ils pouvaient encore être considérés, à juste raison, comme en état de tentative de vol. Il n'y a donc pas entre les deux arrêts l'opposition absolue que l'on y a relevée à tort.

(2-5) V. sur toutes ces questions, les développements très-complets contenus au rapport ci-dessus reproduit de M. le conseiller Tanon.

« Le pourvoi objecte que, si on supprime le délai de quinzaine, on rend les formalités des avis au père de famille illusoires, puisqu'ils pourront être donnés la veille, et même quelques heures avant l'époque de la rentrée, et qu'ainsi le père de famille pourra être poursuivi et condamné, sans avoir été réellement mis en demeure.

« Ces conséquences extrêmes de l'opinion que combat le pourvoi sont, semble-t-il, purement imaginaires. On doit admettre que les avis aux pères de famille peuvent être donnés, et que la déclaration peut être faite moins de quinze jours avant la rentrée, et même après cette époque, parce que cette solution s'impose. Mais le système des avis et des garanties que le législateur a entendu donner aux personnes responsables, subsiste.

« Dans le cas normal, la loi prévoit que les avis seront donnés, et l'inscription faite avant la rentrée des classes, parce que c'est, en effet, à ce moment, que le travail de recensement sera effectué. Elle exige alors que les avis soient donnés quinze jours au moins avant la rentrée. Pourquoi? Parce qu'elle veut laisser aux parents un certain temps pour réparer l'omission de la déclaration, ou se mettre en mesure d'envoyer leurs enfants à l'école publique.

« C'est ce délai qui est substantiel; ce n'est pas l'époque à laquelle l'avis peut être donné. Lors donc que les avis ne seront pas délivrés dans la quinzaine qui précède la rentrée, le devoir de la fréquentation scolaire ne courra pas du jour de la rentrée; il ne commencera que quinze jours après l'avis de l'inscription d'office, comme dans le cas où tout s'est accompli à l'époque normale de la quinzaine qui précède la rentrée.

« Le père de famille jouit ainsi de toutes les garanties que lui assure la loi. Il reçoit toutes les mises en demeure qu'elle prescrit, et il a tout le temps nécessaire pour se mettre en règle, soit en faisant la déclaration prescrite par l'art. 7 et en établissant que l'enfant reçoit l'instruction à domicile ou dans une école libre, soit en l'inscrivant et l'envoyant à l'école publique. Tous les droits sont donc ainsi respectés.

« *2e moyen.* — Violation des art. 12, 13 et 14 de la loi en ce que, après avoir infligé une seule condamnation au prétendu délinquant, la commission scolaire l'a cité devant le juge de paix, et en ce que, contrairement à l'art. 14 de la loi, le juge de paix l'a condamné sans qu'il fût en état de *nouvelle récidive.* — Lorsqu'un enfant, régulièrement inscrit sur le registre de l'école, ne fréquente pas assidûment, la personne responsable est l'objet d'une série de poursuites dans la forme administrative ou judiciaire, organisées pour lui faire connaître son devoir et vaincre sa résistance. C'est l'objet des art. 12 à 14 de la loi.

« Lorsque l'enfant s'est absenté de l'école quatre fois dans le mois pendant une demi-journée au moins, la personne responsable est citée devant la commission scolaire, et reçoit un avertissement (art. 12). Elle est affichée pour une seconde infraction (art. 13). Elle est traduite devant le juge de paix pour une troisième infraction (art. 14).

« Aucune difficulté ne peut se présenter, lorsque la personne responsable comparaît sur la citation qui lui est donnée pour la première infraction. Les trois pénalités successives lui sont appliquées dans leur ordre. Mais, lorsque cette personne ne comparaît pas, l'art. 12, § 2, dispose que la commission lui appliquera immédiatement la peine de l'affichage portée par l'article suivant.

« De là, naît la question qui vous est soumise par le pourvoi, et qui peut se formuler de la manière suivante : Lorsque la personne responsable, citée devant la commission pour une première infraction, n'a pas comparu, et que la commission lui a appliqué, en vertu de l'art. 12, § 2, la peine de l'affichage, peut-elle être traduite devant le juge de paix dès la seconde infraction? ou, au contraire, doit-on l'afficher une seconde fois, et attendre la troisième infraction pour la déférer au tribunal de simple police?

« Il vous semblera peut-être que, dans ce cas, les peines de simple police sont encourues après un seul affichage.

« L'opinion qui exige un double affichage et n'autorise qu'à la troisième infraction la traduction devant le tribunal de police de la personne même qui a déjà été affichée pour n'avoir pas comparu, ne peut guère invoquer en sa faveur qu'un argument. Cet argument est considérable, il est vrai; c'est un argument de texte. On s'appuie sur les mots de l'art. 14, qui prévoit la plainte au juge de police, « en cas d'une nouvelle récidive ».

« On ne saurait le contester, l'expression de « nouvelle récidive », se rapporte bien à une troisième infraction; et cette expression est parfaitement exacte dans le cas ordinaire prévu par les art. 12 et 14, lorsque la personne responsable, ayant comparu lors de la première infraction, est affichée pour la seconde, et traduite devant le juge de paix pour la troisième. L'art. 14 trouve là son application naturelle dans son esprit et dans son texte.

Mais la question est précisément de savoir si, en dehors de ce cas normal, et dans l'hypothèse exceptionnelle prévue par l'art. 12, § 2, c'est-à-dire lorsque la personne responsable n'a pas comparu, il faut s'attacher, en dehors de toute autre considération, à cette expression de *nouvelle récidive* pour déterminer le moment où cette personne pourra être déférée au tribunal de police.

« Or il semble que l'économie de la loi repousse cette interprétation. En cas de non-comparution de la personne responsable, elle est condamnée *de plano* à l'affichage pour la première infraction. Elle est donc assimilée à la personne responsable qui, après avoir comparu, est en état de première récidive, et elle doit être, comme elle, traduite devant le juge de paix à l'infraction suivante. La loi ne prévoit nulle part un double affichage, et c'est y ajouter que de prononcer cette peine une seconde fois. On ne voit pas, d'ailleurs, quel serait le but de cette réitération d'une peine, déjà vainement appliquée, et dont l'inefficacité a été ainsi démontrée, si ce n'est d'introduire dans une procédure déjà compliquée une nouvelle phase purement dilatoire.

« La volonté d'assimiler le non comparant, lors de la première infraction, au comparant en état de récidive ressort très-nettement de l'ensemble de la loi.

« Le mémoire en défense, qui soutient la thèse contraire, cite les travaux préparatoires. Mais il paraît difficile de tirer de ces documents aucun argument en ce sens. Les rares orateurs qui ont touché à la discussion des art. 12 et 14, n'ont fait que paraphraser ces articles en reprenant l'hypothèse normale du prévenu qui comparaît, et de l'application à ce cas, qu'ils avaient uniquement en vue, de la procédure organisée par cet article. Ils parlent, il est vrai, de la première, de la seconde et de la troisième infraction, mais c'est pour mettre en regard l'avertissement, l'affichage, et le renvoi en simple police.

« Quoi qu'on en fasse, disait le rapporteur, on n'arrivera pas du coup à s'attirer ce martyre de trois ou cinq jours de prison. Il faudra franchir une série d'échelons. Il faudra d'abord avoir été mandé, en cas d'absence de l'enfant, dans la salle des actes de la mairie, devant la commission municipale scolaire, avoir ouï le rappel du texte de la loi et l'explication du devoir paternel.

« Puis, si dans les douze mois qui suivent la première infraction il y a eu récidive, on pourra appliquer cette autre peine morale sur laquelle nous fondons, quant à nous, nos plus grandes espérances, à savoir : l'inscription pendant quinze jours ou un mois, à la porte de la mairie, des nom, prénoms et qualités de la personne responsable, avec indication du fait relevé contre elle. Dans un grand nombre de cas, il faut le reconnaître, le père de famille sermonné n'attachera pas une grande importance à cette remontrance paternelle. Mais lorsqu'il verra son nom affiché à la porte de la mairie, nous pouvons affirmer que cette peine morale aura une efficacité sérieuse. » (*J. off.*, du 25 déc. 1880, p. 12871.)

« C'est l'affichage demeuré sans effet qui justifie et rend nécessaires les peines de simple police. Lorsque cette peine morale est restée inefficace, il ne reste plus qu'à saisir le juge. Nulle part, aucun des orateurs entendus n'a fait entrevoir qu'il pût y avoir un double affichage.

« En résumé, l'économie de la loi, à travers une certaine complication qui lui est propre, paraît facile à saisir. Elle organise, pour la répression de l'inobservation du devoir scolaire, une pénalité progressive. Cette pénalité, dans les cas ordinaires, et pour les prévenus comparants, comprend trois termes : l'avertissement, l'affichage, et les peines de police. Dans le cas exceptionnel où la personne responsable ne comparaît pas, l'un de ces termes est supprimé, c'est le premier : l'avertissement. On passe immédiatement à l'affichage. La procédure suit donc son cours, et le prévenu est traduit, sans nouveau délai, devant le juge de paix. »

ARRÊT.

LA COUR : — Sur le moyen tiré de la violation de l'art. 8 de la loi du 28 mars 1882, en ce que le jugement attaqué a décidé que l'avis individuel, prescrit par cet article, est valable et obligatoire pour les personnes qui ont charge d'enfant en âge scolaire, bien qu'adressé moins de quinze jours avant la rentrée des classes : — Attendu que, d'après les art. 7 et 8 de la loi du 28 mars 1882, le maire doit aviser les personnes qui ont charge d'enfants en âge scolaire de l'époque de la rentrée des classes, et que, quinze jours au moins avant cette époque, ces personnes doivent faire connaître au maire le mode d'instruction qu'elles entendent donner à leur enfant ; — Attendu que ces prescriptions, édictées en vue de tous les enfants de la commune qui sont en état de recevoir l'instruction, demeurent nécessairement applicables, même dans le cas où, par suite d'omission ou de retard, l'avis n'a pas été délivré avant les quinze jours qui précèdent la rentrée; — Attendu que l'avis de l'ouverture des classes nécessaires pour constituer la mise en demeure, et le délai de quinzaine accordé aux personnes responsables pour s'y conformer, bien que n'étant pas prescrit par la loi à peine de nullité, doivent être considérés comme substantiels; mais qu'il en est autrement de l'époque à laquelle l'avis doit être donné; — Que, s'il importe, dans l'intérêt des études et de la régularité de la fréquentation scolaire, que, dès l'époque de la rentrée, alors que le maire procède à la formation de la liste générale des enfants de la commune, en âge scolaire, les personnes responsables soient uniformément avisées, celles-ci ne sauraient se faire grief de ce que l'avis ne leur aurait été adressé que postérieurement à cette époque, puisqu'elles ne peuvent être tenues du devoir scolaire qu'après l'expiration du délai de quinzaine; — Attendu qu'il serait absolument contraire au but et à l'esprit de la loi que l'omission, à l'époque de la rentrée, des formalités qu'elle prescrit, fût irréparable pendant toute la durée de l'année scolaire, au risque de laisser dans tout le cours de cette année des enfants abandonnés à eux-mêmes et privés de toute instruction; que le législateur n'a pu vouloir apporter lui-même une entrave aussi dommageable à l'exécution de ses prescriptions; — Et attendu, en fait, qu'il résulte des constatations du jugement attaqué, que de Salaberry a été avisé, le 4 oct., de la rentrée des classes, et que son enfant a été inscrit, le 8, sur les registres de l'école; que, si la rentrée a eu lieu dès le 16, c'est-à-dire moins de quinze jours après l'avis à lui adressé, il est simplement résulté de cette circonstance que le délai dont il jouissait, d'après la loi, a été prorogé au delà du jour de la rentrée et jusqu'à concurrence d'un délai complet de quinzaine; que, dans ces circonstances, le jugement attaqué, loin de violer l'art. 8, en a fait, au contraire, une juste application;

Sur le moyen tiré de la violation des art. 12, 13 et 14 de la loi du 28 mars 1882, en ce que la commission scolaire a traduit de Salaberry devant le tribunal de simple police, après avoir prononcé contre lui la peine unique de l'affichage: — Attendu qu'il résulte, des constatations du jugement attaqué, que de Salaberry, après avoir reçu les avis de la rentrée des classes et de l'inscription de son enfant sur les registres de l'école, s'est abstenu soit de faire la déclaration prescrite par l'art. 7, soit d'envoyer son enfant à l'école publique, sur les registres de laquelle il avait été inscrit, à défaut de déclaration; que, cité une première fois devant la commission scolaire à raison de la non-présence de son enfant à l'école, il n'a pas comparu, mais a été excusé le 15 nov. 1882; que, cité une seconde fois, le mois suivant, il s'est encore abstenu de comparaître, et que la commission a, par l'application de l'art. 12, § 2, prononcé contre lui la peine de l'affichage; — Attendu qu'à la suite d'une nouvelle infraction, le juge de paix a été saisi directement, qu'il a été ainsi régulièrement procédé; — Attendu que le législateur a, dans les art. 12, 13 et 14, organisé, contre les personnes responsables du devoir scolaire, un système de pénalités graduées et d'ordre divers, l'avertissement, l'affichage, puis les peines de simple police; que l'application de ces pénalités est différente, suivant que l'auteur de l'infraction poursuivie comparaît ou ne comparaît pas; que, pour le cas le plus ordinaire, lorsqu'il y a comparution devant la commission scolaire, les trois pénalités de la loi sont successivement appliquées, suivant leur ordre, aux infractions qui se renouvellent; mais que, dans le cas où la personne citée, refusant de déférer à la loi, s'abstient de comparaître, sans aucune justification, le § 2 de l'art. 12 prescrit de leur appliquer, *de plano*, dès la première infraction, la peine de l'affichage, l'assimilant ainsi à celui qui a commis une seconde infraction, après avoir déjà comparu devant la commission; — Attendu que la peine d'affichage une fois prononcée, si une infraction nouvelle est commise, il n'y a pas lieu, pour la commission scolaire, de prononcer une seconde fois cette même peine, dont la loi n'a, par aucune de ses dispositions, autorisé, pour ce cas, la réitération; que le contrevenant à qui l'affichage a été infligé, qu'il ait ou non comparu, devient passible des peines portées par l'art. 14 et justiciable du tribunal de simple police; — Que les expressions de l'art. 14 « en cas de nouvelle récidive », qui supposent l'existence d'une troisième infraction, comme condition de l'application des peines de police, visent le cas le plus habituel, prévu par le § 1er de l'art. 12, et qu'elles reçoivent alors leur application littérale; que, quant au non-comparant, il rentre dans les dispositions du § 2, même article, qui aggrave exceptionnellement sa situation pénale; — Attendu qu'il résulte de ce qui précède que le tribunal de police, loin d'avoir violé les dispositions de loi invoquées par le pourvoi, en a fait, au contraire, une exacte application; — Et attendu que le jugement est régulier en la forme, et que la peine a été légalement appliquée; — Par ces motifs, — Rejette le pourvoi formé par de Salaberry contre le jugement du tribunal de simple police de Blois du 22 mars 1883, etc.

MM. Baudouin, prés.; Tanon, rapp., Barbier, proc. gén.; Bosviel, av.

CASS.-CIV. 13 août 1883.

COMMUNAUTÉ CONJUGALE, PARTAGE, PRÉLÈVEMENTS, REPRISES, LÉSION, RESCISION, CALCUL, ACTIF NET.

Les prélèvements de leurs reprises, que les époux ou leurs représentants exercent sur la masse active de la communauté, s'effectuent à titre de partage (C. civ., 887, 1470, 1471, 1476) (1).

En conséquence, pour apprécier si, dans le partage de la communauté, l'un des copartageants a éprouvé la lésion rescisoire de plus du quart, il faut la calculer, non pas seulement sur la somme dont il a été alloti pour sa part dans l'actif net, mais bien sur la totalité des valeurs qui lui ont été attribuées dans la masse active, tant pour ses prélèvements que pour sa part dans l'actif net (Id.) (2).

(Gaudefroy c. Vergne.) — ARRÈT (*après délib. en ch. du cons.*).

LA COUR : — Sur le premier moyen du pourvoi : —

(1-2) V. dans le même sens, Paris, 4 mars 1874 (Pand. chr.), et nos observations en note. — La Cour de Poitiers (V. sous-note *a*), saisie de la question par suite du renvoi après cassation, s'est rangée à la doctrine consacrée par la Cour suprême. Elle a même

(a) Cet arrêt de Poitiers (ch. réun.), rendu à la date du 21 mai 1884, dans l'affaire actuelle et entre les mêmes parties, est ainsi conçu :

LA COUR : — Attendu que les rectifications effectuées tant par le tribunal que par la Cour portent l'actif de la communauté de 95,568 fr. 50 c. à 132,103 fr. 50 c., la somme nette partageable à 45,646 francs, déduction faite du passif exactement ramené à 86,457 fr. 50 c., enfin le montant total des droits de la femme à 100,323 francs au lieu de 78,705 fr. 50 c.; — Attendu que les premiers juges, en présence des résultats de la liquidation, qui n'a attribué à la dame Gourse-Verneuil, pour sa moitié dans l'actif net de la communauté, que 7,815 fr. 50 c., tandis qu'elle aurait dû recevoir de ce chef plus de 22,000 francs, ont pensé qu'il y avait eu pour elle lésion de plus d'un quart, et déclaré son action bien fondée, tout en admettant la défenderesse à la demande en rescision à en arrêter les effets, conformément à l'art. 891, C. civ., par l'offre de payer aux consorts Vergne, en numéraire, le supplément de leur part héréditaire telle que le jugement la déterminait; — Mais attendu que, pour apprécier si, dans le partage d'une communauté, l'un des époux a éprouvé la lésion rescisoire de l'art. 887, ce n'est pas seulement sur la part qui lui a été attribuée dans l'actif net commun, mais bien sur l'ensemble des sommes qu'il a touchées dans la masse active, soit comme créancier, soit comme copropriétaire, que le calcul du quart doit être établi; que, en effet, si les diverses opérations que comporte l'action ouverte à tout copropriétaire par indivis, et que le Code civil énumère dans les art. 828, 829 et 830 au *titre des Successions*, sont distinctes entre elles, elles ne tendent

Vu l'art. 887, C. civ.; — Attendu que l'action en partage, ouverte par l'art. 815, C. civ., à tout propriétaire par indivis, comporte, aux termes des art. 828, 829 et 830, le règlement des comptes que les partageants peuvent se devoir, et la formation de la masse générale, au moyen des rapports et prélèvements, après quoi il est procédé à la composition et au tirage des lots (C. civ., 831 et 834); — Attendu que, si ces diverses opérations sont distinctes, elles n'en tendent pas moins à un but unique, et s'enchaînent par un lien étroit; que, dès lors, la rescision autorisée par l'art. 887, pour le cas de lésion, s'applique nécessairement à toutes les opérations qui ont été la conséquence de l'action en partage, et non pas seulement au partage proprement dit, qui a été le but final de l'action; — Attendu que l'art. 1476 applique en matière de communauté les règles tracées pour le partage des successions; que l'action en partage de communauté, ouverte par l'art. 1467, comporte également la composition de la masse au moyen des récompenses, et la fixation de l'actif net, tant par le payement des dettes que par l'opération des reprises et prélèvements; — Attendu que, dans la liquidation entre époux ou leurs représentants d'une communauté acceptée par la femme, c'est en leur double qualité de créanciers et de copartageants que les époux exercent les prélèvements de leurs reprises successives, dans les termes de l'art. 1470, C. civ., sur la masse active de la communauté, grossie des récompenses et rapports fictifs; que les prélèvements constituent alors une des opérations du partage, avec lequel ils se confondent; que c'est à ce titre, en les considérant comme une partie intégrante du partage de la communauté, que la loi les a placés sous la rubrique *Du partage de l'actif;* que c'est par la même raison que les biens prélevés par chaque époux sur la masse commune pour ses reprises lui adviennent avec le caractère rétroactif et déclaratif de propriété que la loi attache au partage; qu'il s'ensuit que, pour apprécier si, dans le partage d'une communauté, l'un des copartageants a éprouvé la lésion rescisoire de plus du quart, il faut la calculer, non pas seulement sur la somme dont il a été alloti pour sa part dans l'actif net, mais bien sur la totalité des valeurs qui lui ont été attribuées dans la masse active, tant pour ses prélèvements que pour sa part dans l'actif net; — Attendu que, cependant, l'arrêt attaqué a prononcé la rescision de l'acte du 13 nov. 1863, qui contient liquidation et partage de la communauté de biens ayant existé entre les auteurs des parties, sous l'unique prétexte que les défendeurs n'y auraient pas été allotis des trois quarts de leur part dans l'actif net, en calculant la lésion exclusivement sur cette part, et sans vouloir tenir compte des attributions qui leur avaient été faites par le même acte sur la masse commune, pour leurs prélèvements; en quoi il a violé l'article de loi ci-dessus visé; — Sans qu'il soit besoin de statuer sur les autres moyens du pourvoi, — Casse, et renvoie devant la Cour de Poitiers, etc.

MM. Cazot, 1er prés.; Dareste, rapp.; Charrins, 1er av. gén. (concl. conf.); Georges Devin et Boivin-Champeaux, av.

CASS.-CIV. 13 août 1883.

VALEURS MOBILIÈRES, RENTES SUR L'ÉTAT, ALIÉNATION, MINEUR ÉMANCIPÉ, CURATEUR, AUTORISATION, SUCCESSION BÉNÉFICIAIRE.

Le mineur émancipé par le mariage n'a pas besoin de justifier de l'autorisation de justice pour l'aliénation de ses meubles incorporels, spécialement de ses rentes sur l'Etat (L. 27 févr. 1880, art. 4, § 2) (1).

Il lui suffit de la seule assistance de son curateur (Id.) (2).

Et il n'y a point d'exception à faire pour celles de ces valeurs qui lui appartiendraient à titre d'héritier bénéficiaire (Avis cons. d'Et., 11 janv. 1808) (3).

(Aff. Reveil. — Intérêt de la loi.)

Voici le jugement, frappé de pourvoi à la suite de dissentiments entre l'autorité judiciaire et l'administration des finances : — « LE TRIBUNAL : — Attendu qu'il résulte du texte de l'art. 4, § 2, de la loi du 27 févr. 1880, que le mineur émancipé par le mariage peut aliéner les valeurs mobilières lui appartenant avec la seule assistance de son curateur; que la qualité d'héritier bénéficiaire, imposée au mineur, ne peut pas le faire assimiler à l'héritier bénéficiaire volontaire, administrateur des biens d'une succession; que la législation relative à l'administration des biens des mineurs exclut l'application à ces biens des règles relatives à l'hérédité bénéficiaire; — Par ces motifs, — Dit n'y avoir lieu de faire droit à la requête. » — Pourvoi.

M. l'avocat général Desjardins, après avoir donné lecture du réquisitoire écrit par lequel M. le procureur général poursuivait l'annulation du jugement dans l'intérêt de la loi, a conclu au rejet du pourvoi dans les termes suivants :

« ...Le jugement attaqué ne me paraît violer, ni les art. 4 et 12 de la loi du 27 févr. 1880, ni le principe posé par l'avis du conseil d'Etat du 11 janv. 1808.

« Le Code civil défendit seulement au mineur émancipé de « recevoir et donner décharge d'un capital mobilier sans l'assistance de son curateur » (art. 482); il ne lui imposa l'obligation de recourir au tribunal que s'il s'agissait d'aliéner un immeuble (art. 458 et 484). Donc, le mineur, en tant que mineur, ne devait pas, à cette époque, s'adresser à la justice pour transférer régulièrement une inscription de rente. Quant à l'héritier bénéficiaire, en général, il ne pouvait, aux termes de l'art. 805, § 1er, « vendre

---

reproduit presque textuellement les principaux considérants de l'arrêt ci-dessus. Il est facile de s'en convaincre par la comparaison des deux textes.

(1-2-3) V. sur ces importantes questions, d'un intérêt pratique égal, sinon supérieur, au point de vue doctrinal, les conclusions de M. l'avocat général Desjardins. Nous donnons notre adhésion sans réserve à la thèse consacrée par l'arrêt ci-dessus reproduit, et pour les raisons si brillamment exposées par l'éminent magistrat. — V. toutefois, en sens contraire, Testoud, dissertation insérée dans la *France judiciaire*, 1884, p. 241 et suiv.; Lyon-Caen, *Observations*, S. 84. 1. 177. — P. 84. 1. 433).

pas moins à un but unique et s'enchaînent par un lien étroit, pour ne former qu'un tout; que, dès lors, la rescision pour cause de lésion doit embrasser nécessairement la totalité des opérations qui sont la conséquence du partage (règlement des comptes que les copartageants peuvent se devoir, formation de la masse générale au moyen des rapports et prélèvements, etc.), aussi bien que le partage proprement dit qui a été l'objectif de l'action ouverte en vertu de l'art. 815; — Attendu que les règles tracées en matière de succession sont, au termes de l'art. 1476, applicables à l'instance en partage de la communauté, laquelle comporte également la composition de la masse au moyen des récompenses dues par les époux, d'une part, et, d'autre part, la fixation de l'actif net tant par le payement des dettes que par l'opération des reprises et prélèvements; — Attendu que, dans la liquidation d'une communauté acceptée par la femme, les époux exercent en leur double qualité de créanciers et de copartageants les prélèvements de leurs reprises respectives sur la masse commune grossie des récompenses et des rapports fictifs; que ces prélèvements constituent une des opérations du partage avec lequel elle se confond; — Que c'est à ce titre, en les considérant comme une partie intégrante du partage de la communauté, que la loi les a placés dans l'art. 1470, C. civ., sous la rubrique : *Partage de l'actif*; que, par cette même raison, les biens prélevés par chaque époux lui adviennent avec le caractère rétroactif et déclaratif de propriété que le Code attribue au partage (art. 883, C. civ.) et sans qu'ils soient soumis à aucun droit de mutation; — Attendu, en fait, que les consorts Vergne ont reçu pour la part de leur auteur 78,705 fr. 50 c.; — Que, pour pouvoir invoquer l'art. 887, C. civ., il faudrait qu'ils prouvassent que la lésion qu'ils ont subie dépasse 26,235 fr. 16 c.; — Or, attendu que les redressements admis n'ayant élevé leurs droits héréditaires qu'à 100,323 francs, la lésion par eux soufferte, est de 21,678 fr. 50 c. seulement, c'est-à-dire de 4,556 fr. 66 c. inférieure à celle qui pourrait entraîner la rescision de la liquidation; que, dans ces circonstances, leur action doit être repoussée...; — Par ces motifs... émendant et réformant, etc.

MM. Loiseau, 1er prés.; Broussard, av. gén. (concl. conf.); L. Devin (du barreau de Paris), et Desplanches (du barreau d'Orléans), av.

les meubles de la succession que par le ministère d'un officier public, aux enchères et après les affiches et publications accoutumées ». Cet alinéa du Code civil, ainsi que le conseil d'Etat le reconnut d'ailleurs expressément dans son avis du 11 janv. 1808, n'était pas applicable à l'aliénation des rentes sur l'Etat. Dans cette première période, aucun héritier bénéficiaire, quel qu'il fût, n'avait à demander, pour cette sorte d'aliénation, la permission du juge.

« Mais les rentes sur l'État n'étaient pas, aux yeux du législateur, de ces biens meubles qu'on peut aliéner à la légère. On résolut de protéger les mineurs contre les aliénations irréfléchies, en même temps qu'on n'était pas fâché de mettre à part, et dans une sorte de sphère supérieure, cette catégorie de meubles incorporels. D'après la loi du 24 mars 1806, le transfert d'une inscription de rente de 50 francs et au-dessous peut être fait par les tuteurs sans autorisation spéciale, et par les mineurs émancipés avec la seule assistance de leurs curateurs. Les inscriptions au-dessus de 50 francs de rente ne purent être vendues par les tuteurs et par les curateurs qu'avec l'autorisation du conseil de famille.

« On se demanda, presque aussitôt après la promulgation de cette loi, si les héritiers bénéficiaires pouvaient transférer sans autorisation les inscriptions au-dessus de 50 francs de rente. Le conseil d'Etat, saisi par l'Empereur, émit, le 11 janv. 1808, l'avis que « l'héritier bénéficiaire ne peut pas faire le transfert des rentes au-dessus de 50 francs sans être préalablement autorisé ». Par qui? L'avis ne s'expliquait pas sur ce point. Mais, comme la loi ne constitue pas un conseil de famille à l'ouverture d'une succession bénéficiaire, il fallait évidemment s'adresser à la justice, et, par une analogie manifeste, suivre la marche tracée par l'article 987, C. proc.

« Le conseil d'Etat avait-il entendu soumettre à cette prescription le mineur émancipé par le mariage, héritier bénéficiaire aux termes de l'art. 461, C. civ.? Bien avant la promulgation de la loi du 27 févr. 1880, le tribunal de la Seine résolut négativement cette question (V. notamment les jugements des 3 janv., 9 mars, 29 juill. 1852, cités par M. Bertin, *Chambre du conseil*, t. I, p. 530), et je crois que, dès cette époque, il l'a bien résolue.

« Le curateur du mineur émancipé devait, dès cette époque, s'abstenir de solliciter l'autorisation du tribunal, par deux motifs principaux. D'abord, à mon avis, la loi du 24 mars 1806 interdisait elle-même ce recours au juge, puisqu'elle n'exigeait qu'un avis des parents. Un mineur n'est, le plus souvent, propriétaire d'une inscription de rente que pour l'avoir recueillie dans une succession; or il n'a pu la recueillir, d'après l'art. 461, C. civ., qu'en acceptant cette succession bénéficiairement. Il aurait fallu que le législateur de 1806 fût bien étourdi pour faire abstraction de cette hypothèse, alors que, dans la pratique, il n'y avait presque pas une autre hypothèse à prévoir. Or l'avis de 1808, quoique ayant force législative, n'étant qu'interprétatif, comment admettre qu'il eût substitué un nouveau système de garantie au système créé deux ans plus tôt par la loi elle-même, et transformé, en fait, la règle en exception?

« Ensuite, le conseil d'Etat s'était proposé un autre but. Relisez ce long avis. Il prend soin de définir l'héritier bénéficiaire un homme « chargé d'administrer ». « Cette nécessité de l'autorisation, poursuit-il, dérive de sa qualité, qui ne le constitue qu'un administrateur. » Or est-ce que le mineur émancipé peut être regardé comme administrateur? C'est, au contraire, passez-moi l'expression, un administré. Mais son curateur administre? Sans doute, et son administration, en ce qui touche le transfert des rentes, venait d'être précisément soumise, par une loi formelle, à une autre règle. Cet administrateur, pour les inscriptions au-dessus de 50 francs de rente, n'avait à s'adresser qu'au conseil de famille.

« Le conseil d'Etat avait dû d'autant moins songer à mettre sur le même plan l'héritier bénéficiaire ordinaire et le mineur acceptant bénéficiairement une succession aux termes de l'art. 461, que ces deux situations ne se ressemblent pas. Celle de l'héritier bénéficiaire ordinaire est à la fois transitoire et volontaire : le mineur est, au contraire, héritier bénéficiaire, qu'il le veuille ou non, et garde cette qualité, dérivant de son incapacité, tant que cette incapacité subsiste. Il est, jusqu'à sa majorité, protégé par une disposition toute-puissante de la loi contre les chances et les périls de l'acceptation pure et simple. Dès lors, si le législateur a organisé, en faveur de ce même incapable, un mode de protection spécial quant au transfert des rentes, il est impossible de superposer ces deux garanties d'un ordre différent. En un mot, le mineur n'est héritier bénéficiaire qu'à un seul point de vue, c'est-à-dire pour n'être pas exposé aux chances indéfinies d'un engagement qui absorberait son patrimoine : c'est pourquoi l'avis du conseil d'Etat ne lui est applicable ni dans son esprit ni même dans ses termes.

« Or il s'en faut que cet état de choses ait été modifié par la loi du 27 févr. 1880. Celle-ci, après avoir interdit aux tuteurs d'aliéner les meubles incorporels du mineur sans l'autorisation du conseil de famille, et exigé, en outre, l'homologation du tribunal quand la valeur de ces meubles dépassera 1,500 francs en capital, s'exprime ainsi (art. 4) : « Le mineur émancipé au cours de la même tutelle, assisté de son curateur, devra observer, pour l'aliénation de ses meubles incorporels, les formes ci-dessus prescrites à l'égard du mineur émancipé. Cette disposition ne s'applique pas au mineur émancipé par le mariage. » Ajoutons que la loi du 24 mars 1806 est expressément abrogé (art. 12).

« Donc, la loi n'astreint pas le mineur émancipé par le mariage à une autorisation judiciaire que la législation antérieure ne lui imposait pas. Bien plus, elle dispense ce mineur de solliciter l'autorisation du conseil de famille, puisque la loi de 1806 a disparu. On lit, en effet, dans le deuxième rapport de M. Denormandie au Sénat : « Le § 2 de l'art. 4 est ainsi conçu : « Cette disposition ne s'applique pas au mineur émancipé par le mariage, ni au mineur autorisé à faire le commerce. L'un ou l'autre pourra aliéner ses meubles incorporels avec la seule assistance de son curateur. Sur les observations présentées par M. Durand, et concernant uniquement le mineur autorisé à faire le commerce, l'art. 4 a été renvoyé à la commission, qui, faisant droit aux idées développées par cet honorable député, a fait complètement disparaître ce mineur du nouvel art. 4. Mais, en y conservant le mineur émancipé par le mariage, la commission de la Chambre des députés a cru inutile de maintenir qu'il pouvait aliéner ses meubles incorporels avec la seule assistance de son curateur. L'addition dans le § 1er du mot « même » devant ceux « assisté de son curateur », indique bien qu'on considère l'aliénation par le mineur émancipé avec l'assistance du curateur, comme étant aujourd'hui de droit commun; il ne paraît donc pas douteux, qu'on reconnait au mineur émancipé par le mariage le droit d'aliéner avec la seule assistance de son curateur; mais cette affirmation aurait pu être, sinon absolument nécessaire, au moins très-utile. Aussi, il nous a paru bon de donner la présente explication. » — « Nous avons pensé, a redit au Sénat M. Denormandie dans la séance du 25 mai 1878, que nous pouvions donner exceptionnellement aux mineurs émancipés par leur propre mariage la capacité nécessaire pour faire des actes d'aliénation. »

« La circulaire envoyée par M. le garde des sceaux aux procureurs généraux après la promulgation de la loi, rappelle ces explications données au Sénat par M. Denormandie, rapporteur, se les approprie et les transmet aux officiers du parquet comme une sorte de commentaire officiel.

« Ainsi, la loi du 27 févr. 1880 efface toute distinction entre les rentes sur l'Etat et les autres meubles incorporels; de plus, elle dispense le mineur émancipé par le mariage de solliciter l'autorisation du conseil de famille. Comment induire de pareilles dispositions qu'il devra désormais s'adresser aux tribunaux pour le transfert des rentes comprises dans une succession bénéficiaire?

« Auriez-vous enfin, comme on paraît le croire, préjugé la question dans le sens du pourvoi par votre arrêt du 4 avril 1881 (Pand. chr.), rendu sur les conclusions de M. le procureur général Bertaud? Je ne le pense pas. Cet arrêt se borne à maintenir le principe posé par l'avis du conseil d'Etat du 11 janv. 1808, en ce qui touche l'héritier bénéficiaire ordinaire, tout en reconnaissant que la loi interprétée par l'avis de 1808, n'est plus en vigueur. L'héritier bénéficiaire ordinaire s'adressera donc à la justice, comme par le passé.

« Mais l'avis de 1808 s'appliquait-il au mineur, à raison de sa qualité d'héritier bénéficiaire forcé? La loi du 27 févr. 1880 implique-t-elle d'une façon quelconque pour le mineur émancipé par le mariage, héritier bénéficiaire aux termes de l'art. 461, C. civ., l'obligation de s'adresser à la justice pour le transfert des rentes comprises dans la succession bénéficiaire? Votre arrêt du 4 avril 1881 n'a pas même effleuré ces deux questions.

« Je conclus au rejet du pourvoi. »

ARRÊT.

LA COUR : — Statuant sur le pourvoi formé par le procureur général en la Cour, en vertu de l'art. 88 de la loi du 27 ventôse an VIII, contre un jugement rendu sur requête en la chambre du conseil, le 13 janvier 1882, par le tribunal civil de la Seine; — Vu ledit jugement; — Vu le réquisitoire déposé au greffe le 7 juill. 1883 : — Attendu que, de la combinaison des art. 1er, 2, 3 et 4 de la loi du 27 févr. 1880, il ressort que le mineur émancipé par le mariage n'est pas assujetti, pour l'aliénation de ses meubles incorporels, aux formes prescrites par lesdits articles; qu'il peut y procéder valablement avec la seule assistance de son curateur; — Attendu qu'en réglant cette matière, la loi de 1880 a entendu comprendre dans la généralité de ses termes toutes les valeurs mobilières non corporelles appartenant aux mineurs ou interdits à un titre quelconque; qu'il n'y a point d'exception à faire pour celles qui leur appartiendraient à titre d'héritier bénéficiaire; qu'en principe, les lois sur la tutelle des mineurs formait un ensemble de garanties qui se suffit à lui-même; qu'on ne pourrait les compléter ou modifier, en y ajoutant ou substituant celles qui régissent le bénéfice d'inventaire, qu'à raison de la volonté clairement manifestée du législateur; — Attendu que cette volonté, en ce qui concerne le transfert des rentes sur l'Etat, ne résulte ni des termes ni de l'esprit de l'avis du conseil d'Etat du 11 janv. 1808; que le conseil, dans la discussion à laquelle il se livre pour justifier son opinion, et notamment quand il invoque la loi du 24 mars 1806, considère au contraire les dispositions relatives à l'administration des tuteurs et curateurs comme devant s'appliquer, par analogie, à tous les autres administrateurs comptables, et spécialement aux héritiers bénéficiaires; qu'il en résulte que le conseil n'a entendu viser que les héritiers bénéficiaires qui sont administrateurs comptables, ce qui laisse en dehors les mineurs ou interdits, dont la situation légale reste fixée par les lois qui leur sont propres; — D'où il suit qu'en le décidant ainsi, et en rejetant, comme dépourvue d'objet légal, la requête à lui présentée par la dame Reveil, mineure émancipée par le mariage, assistée de son mari et curateur, le tribunal civil de la Seine s'est conformé à la loi; — Rejette, etc.

MM. Cazot, 1er prés.; Merville, rapp.; Desjardins, av. gén.

CASS.-CRIM. 17 août 1883.

ADULTÈRE, MARI, MAISON CONJUGALE, CONCUBINE, ENTRETIEN, SÉPARATION DE CORPS, INSTANCE PENDANTE, JUGEMENT, PRONONCIATION, EFFET RÉTROACTIF, ACTION PUBLIQUE.

Pendant toute la durée du mariage, le domicile du mari est la maison conjugale, et il en est ainsi, même pendant l'instance en séparation de corps, tant qu'il n'y a pas séparation prononcée (C. civ., 214) (1).

Par suite, l'entretien par le mari d'une concubine dans le domicile conjugal, pendant l'instance en séparation de corps, constitue bien le délit prévu et puni par l'art. 339, C. pén. (C. pén., 339) (2).

Et il n'y a pas lieu, en pareil cas, de tenir compte du principe de la rétroactivité du jugement de séparation de corps au jour de la demande; un pareil principe, n'ayant trait qu'au règlement de la situation pécuniaire et entre époux (3), *ne saurait influer sur leurs obligations morales, en ce qui touche spécialement à l'habitation commune et aux devoirs d'assistance ou de fidélité mutuelle* (C. civ., 1445) (4).

Par conséquent, le jugement de séparation de corps, une fois prononcé, ne fait pas disparaître le délit commis et ne met pas fin à l'action publique (Id.) (5).

(Petit et Martin.) — ARRÊT.

LA COUR : — Sur le moyen unique, tiré d'une prétendue violation du principe général de la rétroactivité des jugements au jour de la demande, et d'une fausse application de l'art. 339, C. pén.: — Attendu que ce moyen consiste à prétendre que le sieur Petit, inculpé d'avoir, pendant l'instance en séparation de corps, entretenu une concubine dans son domicile, ne pouvait pas être condamné pour ce fait postérieurement au jugement de séparation, les effets de cette séparation remontant au jour de la demande, et, par suite, la maison conjugale ayant cessé d'exister à cette date; — Attendu que, pendant toute la durée du mariage, le domicile du mari est la maison conjugale; qu'il en est ainsi, du moins, tant qu'il n'y a pas eu une séparation de corps prononcée; que la demande en séparation ne change rien à cet état de choses; qu'en effet, si le juge a droit d'autoriser la femme à quitter momentanément l'habitation commune, cette mesure est essentiellement provisoire, et peut cesser, d'un moment à l'autre, par la volonté des époux ou par le rejet de la demande en séparation; qu'il faut donc tenir pour certain que, pendant l'instance, la maison conjugale continue à exister sous la protection de la loi et dans les termes de l'art. 339, C. pén.; — Attendu qu'il importe peu que, suivant le principe invoqué par le pourvoi, l'effet du jugement de séparation de corps rétroagisse au jour de la demande; que, si cette rétroactivité peut être admise, par application de l'art. 1445, C. civ., en ce qui concerne la séparation de biens, conséquence forcée de la séparation de corps, il n'en saurait être de même pour les obligations morales des époux, et spécialement pour ce qui touche à l'habitation commune et aux devoirs d'assistance ou de fidélité mutuelle; que ces obligations et ces devoirs subsistent tout entiers tant que les liens du mariage n'ont pas été relâchés par la séparation de

---

(1-2) Le domicile du mari n'en reste pas moins la *maison conjugale* dans le sens de l'art. 339, C. pén., tant qu'il n'y a pas séparation de corps prononcée par jugement ayant acquis l'autorité de la chose jugée (C. civ., 214). V. Rennes, 20 janv. 1851 (S. 51. 2. 448. — P. 51. 1. 388. — D. 51. 2. 186); Cass., 12 déc. 1857 (S. 58. 1. 176. — P. 58. 64. — D. 58. 1. 136); Bordeaux, 21 avril 1858 (S. 58. 2. 487. — P. 59. 504. — D. 59. 2. 25). — D'où cette conséquence que l'entretien par le mari d'une concubine dans son domicile, *pendant* l'instance en séparation de corps, constitue bien le délit prévu et puni par l'art. 339, C. pén. — V. les arrêts précités. *Adde*: Blanche, *Etudes sur le Code pén.*, t. V, n. 203; Faustin Hélie, *Instr. crim.*, t. II, n. 773; Dutruc, *Mémor. du min. public*, vo *Adultère*, n. 32. — Et il en est ainsi alors même que la femme aurait été autorisée par le président à quitter provisoirement le domicile du mari. (Mêmes arrêts que ci-dessus.)

Mais, *après* séparation de corps prononcée par un jugement passé en force de chose jugée, l'entretien d'une concubine par le mari dans son domicile n'est plus punissable des peines de l'adultère, ce domicile cesse alors d'être considéré comme *maison conjugale*. — V. Cass., 27 avril 1838 (S. 38. 1. 358); Grenoble, 18 nov. 1838 (S. 39. 2. 160); Paris, 4 déc. 1857 (S. 58. 2. 121. — P. 58. 63. — D. 58. 2. 1); Trib. corr. Seine, 28 mai 1872 (S. 72. 2. 154. — P. 72. 651. — D. 73. 3. 56); Lyon, 7 janvier 1873 (S. 73. 2. 231. — P. 73. 1048. — D. 73. 2. 8); Blanche, *op. et verb. cit.*, t. V, n. 204; Dutruc, *op. et verb. cit.*, n. 28; Chauveau et Hélie, *Théorie du C. pén.*, t. IV, n. 1468; Valette, *Explic. sommaire*, p. 148; Demolombe, *Mariage*, t. II, n. 500; Laurent, *Principes de dr. civ.*, t. III, n. 346. — V. toutefois Le Sellyer, *Dr. crim.*, t. II, p. 201, et *De l'exercice des actions publ. et priv.*, t. I, n. 193, p. 281, note 2.

(3) Il est généralement admis que les effets de la séparation de biens prononcée comme conséquence de la séparation de corps remontent à l'égard des époux au jour de la demande en séparation de corps. V. notamment, Cass., 5 août 1868 (D. 68. 1. 407); Paris, 8 avril 1869 (D. 69. 2. 236); 12 mai 1869 (S. 69. 1. 301. — P. 69. 757. — D. 69. 1. 270); Dijon, 3 déc. 1869 (S. 70. 2. 17. — P. 70. 1105. — D. 70. 2. 161); Paris, 7 juill. 1870 (D. 71. 2. 42); Cass., 13 mars 1872 (S. 72. 1. 74. — P. 72. 156. — D. 72. 1. 19); Bordeaux, 28 mai 1873 (S. 73. 2. 291. — P. 73. 1225); Cass., 18 juin 1877 (S. 77. 1. 406. — P. 77. 1079. — D. 77. 1. 445); Bordeaux, 22 janv. 1880 et 23 nov. 1880 (S. 81. 2. 76. — P. 81 1. 1143); Lyon, 16 juill. 1881 (S. 82. 2. 237. — P. 82. 1. 1207). — Trib. civ. Troyes, 10 août 1881 (S. 81. 2. 220. — P. 81. 1. 1143). — Une réserve est nécessaire : en ce qui concerne les effets de la séparation par rapport aux *tiers*, la jurisprudence et la majorité des auteurs s'accordent presque unanimement pour repousser toute rétroactivité au jour de la demande. — V. en ce sens, sur cette question controversée, Cass., 12 mai 1869 (S. 69. 1. 301. — P. 69. 757. — D. 69. 1. 270); Lyon, 16 juill. 1881 (S. 82. 2. 237. — P. 82. 1. 1207. — D. 82. 2. 175); Paris, 12 janv. 1882 (S. 82. 2. 115. — P. 82. 1. 673); Demolombe, *op. cit.*, t. II, n. 515; Aubry et Rau, t. V, § 494, p. 203; Laurent, *op. cit.*, t. XXII, n. 338; Valette, *op. cit.*, t. I, p. 574.

(4-5) La séparation de corps ne dégage point les époux du devoir réciproque de fidélité (C. civ., 212). — V. plus particulièrement, en ce qui concerne la femme et l'adultère par elle commis après la séparation prononcée, Paris, 13 mars 1826; Caen, 13 janv. 1842 (S. 42. 2. 176. — P. 42. 2. 523).

corps; qu'il n'est donc pas possible d'admettre qu'un jugement de séparation, survenant après l'entretien d'une concubine dans la maison conjugale, fasse disparaître le délit commis par le mari; qu'il est non moins admissible que ce jugement puisse mettre fin à l'action publique, et en soustraire la connaissance à la juridiction correctionnelle légalement saisie; qu'il suit de là qu'en refusant de faire droit à l'exception soulevée par Petit et par la demoiselle Martin, sa complice, l'arrêt attaqué n'a ni violé le principe de rétroactivité des jugements, ni faussement appliqué l'art. 339, C. pén.; qu'il les a, au contraire, sainement interprétés et appliqués; — Attendu, d'ailleurs, que l'arrêt est régulier en la forme, et que le fait souverainement constaté par la Cour d'appel justifie la peine appliquée; — Rejette, etc.

MM. Baudouin, prés.; de Larouverade, rapp.; Ronjat, av. gén.; Bazille, av.

CASS.-crim. 17 août 1883.

Règlement municipal ou de police, Chiens, Hydrophobie, Abatage.

Le soin de pourvoir aux dangers de l'hydrophobie rentre essentiellement dans les attributions de l'autorité municipale. — Par suite, le droit d'ordonner la destruction ou l'abatage des chiens enragés, ou autres animaux de même espèce, ne s'applique pas seulement au cas où l'animal est surpris en état de divagation sur la voie publique, et où il est établi qu'il a été effectivement mordu par un autre chien enragé, mais même au cas où, après divagation, il est retenu dans la maison de son maître et est soupçonné d'avoir été mordu (LL. 16-24 août 1790, tit. XI, art. 3, n. 6; 19-22 juill. 1791, tit. I, art. 14; 18 juill. 1837, art. 11) (1).

(Boixo.) — arrêt.

LA COUR : — Sur le moyen tiré de la violation des art. 3, n. 6, titre XI, de la loi des 16-24 août 1790, 14, titre Ier, de la loi des 19-22 juill. 1791, et 11 de la loi du 18 juill. 1837 : — Vu ces dispositions de loi; — Attendu que, par arrêté du 1er août 1878, le préfet des Pyrénées-Orientales dispose que « seront immédiatement abattus les chiens et les chats enragés, et les animaux des mêmes espèces qui ont été mordus par des animaux enragés ou sont soupçonnés de l'avoir été »; — Attendu que le tribunal de simple police, statuant sur la poursuite dirigée contre Boixo, inculpé d'avoir contrevenu aux prescriptions dudit arrêté en refusant d'abattre son chien, soupçonné d'avoir été mordu par un chien enragé, a relaxé Boixo, par le double motif que l'arrêté n'a pu ordonner légalement la destruction d'un animal détenu dans la maison et sous la surveillance de son maître, et que, d'ailleurs, cet animal n'était que soupçonné d'avoir été mordu par un chien enragé; — Attendu qu'il est constaté, en fait, par le jugement attaqué et par l'enquête, que le chien de Boïxo est allé à la rencontre d'un chien atteint d'hydrophobie, qu'ils se sont jetés l'un sur l'autre, et qu'ils se sont battus; — Attendu qu'il appartient à l'autorité municipale, aux termes de l'art. 3 de la loi des 16-24 août 1790, d'obvier aux dangers qui pourraient résulter de la divagation des animaux malfaisants ou féroces, et, aux termes de l'art. 14 de la loi des 19-22 juill. 1791, de veiller à tout ce qui touche à la sûreté et à la salubrité publiques, et notamment de prévenir ou faire cesser par des précautions convenables les accidents et fléaux calamiteux; que le soin de pourvoir aux dangers de l'hydrophobie rentre essentiellement dans ces attributions; que le droit d'ordonner la destruction de l'animal ne s'applique pas seulement au cas où il est surpris en état de divagation sur la voie publique, et où il est établi qu'il a été effectivement mordu par un chien enragé, mais même au cas où, après divagation, il est retenu dans la maison de son maître et est soupçonné d'avoir été mordu; — D'où suit que le jugement attaqué, en refusant de faire application à l'inculpé des dispositions de l'arrêté préfectoral, en a méconnu la portée légale, et par suite violé les dispositions de loi susvisées; — Casse, etc.

MM. Baudouin, prés.; Puget, rapp.; Ronjat, av. gén.

CASS.-civ. 22 août 1883.

Chemin de fer, Factage, Camionnage, Arrivée, Départ, Avantages particuliers, Prohibition, Bureaux de ville, Gares, Fermeture, Ouverture, Heures réglementaires, Tarif, Réduction, Industrie libre, Concurrence, Voie ferrée, Usage, Taxe kilométrique.

L'interdiction aux Compagnies de chemins de fer d'accorder directement ou indirectement, sous quelque dénomination que ce soit, à une entreprise de transport des avantages qui ne seraient point donnés aux autres entreprises du même genre, ne s'applique pas au service de factage et de camionnage, obligatoire à l'arrivée pour la remise des colis au domicile des destinataires (L. 15 juill. 1845, art. 14; Cahier des charges, art. 52 et 53) (2).

Mais elle s'applique au factage et camionnage au départ pour la remise des marchandises à la gare d'expédition, service purement facultatif (Id.) (3).

Vainement les Compagnies prétendraient, pour échapper à cette interdiction, qu'elles sont, pour le service facultatif, comme pour le service obligatoire, soumises aux règlements administratifs et à des tarifs approuvés ou imposés par l'autorité supérieure; cette circonstance, ne changeant pas la nature du service facultatif, ne saurait avoir pour effet de le transformer en un monopole (Id.) (4).

Par suite, une Compagnie de chemins de fer ne peut, sans porter préjudice aux camionneurs libres, recevoir et expédier des marchandises prises soit à domicile, soit dans ses bureaux de ville, en dehors des heures réglementaires imposées aux autres entrepreneurs de roulage pour l'entrée ou la sortie des gares (C. civ., 1382) (5).

...Ni accorder à ses clients des réductions sur les tarifs homologués par l'autorité pour le factage et le camionnage (Id.) (6).

---

(1) V. conf. Cass., 20 août 1874 (Pand. chr.). — Telle n'a pas toujours été la doctrine de la Cour de cassation, qui, dans un arrêt du 16 nov. 1872 (rapporté en sous-note avec Cass., 20 août 1874, précité), avait commencé par limiter l'application des arrêtés de police au seul cas où les habitants laissaient vaguer leurs chiens sur la voie publique; leur refusant toute sanction au cas où ils les tenaient enfermés dans leurs domiciles. V. au surplus nos observations jointes à l'arrêt du 20 août 1874.

(2-6) V. conf., sur toutes ces questions, Lyon, 4 août 1881 (S. 81. 2. 129. — P. 82. 1. 692. — D. 84. 1. 233) (c'est l'arrêt attaqué cassé seulement sur le dernier chef). *Adde* Cass., 21 juin 1882 (Pand. chr.), et la note; 21 nov. 1883 (1re espèce) (Pand. chr.).

Ajoutons que les commissionnaires de transport se sont adressés au Conseil d'Etat à l'effet d'obtenir l'annulation des arrêtés pris par M. le ministre des travaux publics, autorisant les Compagnies de chemins de fer à laisser les gares ouvertes à leurs propres camionneurs, pour le service des marchandises au départ reçues, dans leurs bureaux de ville, après l'heure de la fermeture réglementaire. Le conseil d'Etat a décidé que de tels arrêtés n'étaient point susceptibles de lui être déférés pour excès de pouvoir; il a, en conséquence, rejeté la requête des facteurs libres. Mais, en même temps, le conseil d'Etat a nettement déclaré que de semblables arrêtés ne formaient point obstacle au droit des camionneurs libres d'actionner les Compagnies devant l'autorité judiciaire par ce motif que des autorisations ainsi données portaient atteinte au principe de la libre concurrence. — V. Cons. d'Et., 15 janv. 1885 (Pand. chr.), et notre *Dictionnaire de dr. comm., ind. et marit.*, t. II, v° *Chem. de fer*, n. 277 et suiv.

Mais une Compagnie qui a plusieurs gares dans la même ville est libre de se servir de la voie ferrée pour le factage et le camionnage entre ses gares, tant au départ qu'à l'arrivée, à la condition de percevoir la taxe entière de ce service; elle n'a pas à faire entrer, dans le prix, la taxe kilométrique afférente au parcours sur la voie ferrée (Id.) (1).

(Chemin de fer de Paris-Lyon-Méditerranée c. Marcet et autres.) — ARRÊT (*après délib. en ch. du cons.*).

LA COUR : — Sur le deuxième moyen du pourvoi (sans intérêt) : — Rejette ce moyen;

Mais sur le premier moyen considéré dans ses deux branches : — Vu l'art. 1382, C. civ., ainsi conçu : « Tout fait quelconque de l'homme, qui cause à autrui un dommage, oblige celui par la faute duquel il est arrivé à le réparer »; — Attendu que, d'après les art. 52 et 53 du cahier des charges de la Compagnie de Paris-Lyon-Méditerranée, la plus complète égalité doit être observée entre les diverses entreprises de transport dans leurs rapports avec la Compagnie, et qu'il est interdit à celle-ci d'accorder directement ou indirectement, sous quelque dénomination que ce puisse être, à une entreprise de transport des avantages qui ne seraient pas donnés aux autres entreprises du même genre; — Attendu que, si cette règle ne s'applique pas au service du factage et du camionnage obligatoires, imposé à la Compagnie pour la remise des colis au domicile des destinataires, elle s'applique, au contraire, au service purement facultatif du factage et du camionnage au départ; — Attendu que, vainement, pour échapper à cette conséquence, la Compagnie cherche à se prévaloir de ce que, pour le service facultatif comme pour le service obligatoire, elle est soumise aux règlements administratifs et à des tarifs approuvés ou imposés par l'autorité supérieure; que cette circonstance ne change pas la nature du service facultatif et ne saurait avoir pour effet de la transformer en un monopole, contrairement aux dispositions précitées du cahier des charges; — Attendu, en fait, qu'il est déclaré par l'arrêt que la Compagnie a fait grief aux appelants : 1° en recevant et en expédiant des marchandises prises soit à domicile, soit dans ses bureaux de ville, en dehors des heures réglementaires imposées aux entrepreneurs de roulage pour l'entrée ou la sortie des gares; 2° en accordant à ses clients des réductions sur les tarifs homologués par l'autorité pour le factage et le camionnage; 3° en consentant à ses seuls clients l'abandon de la taxe kilométrique entre les gares de Lyon-Perrache, Lyon-Vaise et Lyon-Brotteaux; — Attendu qu'en condamnant la Compagnie à des dommages-intérêts à raison des deux premiers griefs, l'arrêt attaqué n'a violé aucune loi; qu'en effet pour le camionnage au départ, la Compagnie est tenue de se soumettre elle-même et de soumettre ses concessionnaires aux mêmes règles que les camionneurs libres, et que, si elle a un privilège pour le factage et le camionnage à l'arrivée, c'est à la condition de respecter et de faire respecter par son concessionnaire les tarifs arrêtés ou homologués par l'administration;

Mais en ce qui concerne le troisième grief : — Attendu que si, aux termes de l'art. 42 du cahier des charges, la Compagnie est autorisée à percevoir un droit de péage et un prix de transport dont la perception a lieu d'après le nombre de kilomètres parcourus, et si les art. 52 et 53 du même cahier des charges interdisent à la Compagnie de consentir sur cette taxe aucune réduction qui ne serait pas applicable à tout le monde, sans distinction, ces dispositions ne font pas obstacle à ce que la Compagnie se serve, si bon lui semble, de la voie ferrée pour exécuter le camionnage dont elle est chargée, soit à l'arrivée, soit au départ; que, du moment où elle exige le prix entier du service dont elle est ainsi chargée, elle est libre d'employer, pour l'accomplissement de ce service, des moyens qui sont à sa disposition; que, si elle parvient à réaliser une économie, les tiers ne peuvent ni en profiter ni en souffrir, et n'ont, dès lors, ni intérêt ni droit à contester le mode d'exécution par elle adopté; qu'ainsi la taxe kilométrique n'était pas due pour les transports dont il s'agit, et que, par conséquent, la Compagnie n'en a pas fait remise; — ...Casse l'arrêt de la Cour de Lyon, du 4 août 1881, sur ce dernier chef seulement.

MM. Cazot, 1er prés.; Dareste, rapp.; Charrins, 1er av. gén.; Dancongnée et Sabatier, av.

CASS.-CRIM. **23 août 1883** (DEUX ARRÊTS).

1° OUTRAGE, FONCTIONNAIRE PUBLIC, INJURE, DIFFAMATION, COMPÉTENCE, LOI SUR LA PRESSE. — 2° DIFFAMATION, PUBLICITÉ, CARACTÈRES.

1° L'injure et la menace verbales adressées à un fonctionnaire public ou à un agent de l'autorité, dans l'exercice ou à l'occasion de l'exercice de ses fonctions, même quand la publicité vient les aggraver, constituent des outrages qui sont restés en dehors des prévisions de la loi du 29 juill. 1881, sur la presse, et qui continuent à être réprimés par l'art. 224, C. pén. — Par suite, elles relèvent de la compétence des tribunaux correctionnels (C. pén., 224) (2).

C'est seulement lorsque les attaques dirigées contre les fonctionnaires ou agents de l'autorité le sont par la voie de la presse ou par des discours proférés dans les lieux ou réunions publics, et renferment des imputations diffamatoires ou des appréciations et expressions injurieuses, à raison de leurs fonctions ou de leur qualité, qu'elles ne constituent pas des outrages et qu'elles tombent sous l'application de la loi de 1881; elles relèvent alors de la compétence des Cours d'assises (L. 29 juill. 1881, art. 23, 31, 33) (3).

2° La publicité constitutive du délit de diffamation n'existe qu'autant que les propos ont été proférés et non simplement tenus dans les lieux ou réunions publics (L. 29 juill. 1881, art. 23, 32) (4).

(Sinnanaik c. Vaïty. — Intérêt de la loi.) — ARRÊT.

LA COUR : — (La première partie de cette décision reproduit textuellement les motifs de l'arrêt du 15 mars 1883, aff. de Buor de la Voy. — V. Pand. chr. — L'arrêt continue ainsi qu'il suit) :

...Attendu, d'ailleurs, qu'à supposer que, d'après les circonstances du fait, le délit relevé à la charge de Vaïty n'eût pu, selon les distinctions ci-dessus formulées, rentrer dans la définition de l'outrage prévu par l'art. 224, C. pén., et qu'il eût revêtu le caractère de l'injure définie par les art. 33 et 31 de la loi du 29 juill. 1881, l'arrêt attaqué aurait encore fait une fausse application de ladite loi, en ce qu'il n'aurait pas constaté légalement la publicité des propos injurieux; — Attendu, en effet, que l'art. 23 de la loi de 29 juill. 1881, qui détermine les caractères légaux de la publicité des délits de diffamation et d'injure qu'elle prévoit, exige, comme l'art. 1er de la loi du 17 mai 1819, que

(1) *Contrà* Lyon, 4 août 1881, précité. C'est sur ce point qu'a porté la cassation.

(2-3) V. conf. Cass., 15 mars 1883 (Pand. chr.), et la note, ainsi que le rapport de M. Saint-Luc Courborieu reproduit avec cet arrêt. — V. aussi Cass., 12 juill. 1883 (Pand. chr.); 16 nov. 1883 (Pand. chr.).

(4) Jurisprudence certaine. V. conf., sur le principe, Cass., 5 août 1882 (Pand. chr.), et les renvois en note.

les propos diffamatoires ou injurieux aient été proférés et non simplement tenus dans les lieux ou réunions publics; que l'arrêt attaqué constate simplement que les propos incriminés ont été tenus dans un lieu public; — Par ces motifs, — Casse, etc.

MM. Baudouin, prés.; Tanon, rapp.; Desjardins, av. gén.

Nota. — Du même jour, autre arrêt semblable portant cassation, sur le pourvoi du procureur général près la Cour d'appel de Nancy, de l'arrêt de cette Cour dans une affaire *Vexelard*.

CASS.-CIV. 5 novembre 1883.

CHEMIN DE FER, NON-GARANTIE (CLAUSE DE), TARIF SPÉCIAL, DÉCHETS DE ROUTE, FAUTE, PREUVE, FAIT PRÉCIS, POIDS, CONSTATATION, MESURE PROVISOIRE.

La clause d'un tarif spécial de chemin de fer, portant stipulation de non-garantie « des déchets de route », *n'a point pour effet d'affranchir la Compagnie de la responsabilité de ses fautes ou de celles de ses agents, mais seulement d'en mettre la preuve à la charge des expéditeurs ou destinataires* (C. civ., 1134; C. comm., 103) (1).

Par suite, doit être cassé, comme manquant de base légale, le jugement qui condamne la Compagnie au payement des déchets de route, en faisant résulter la responsabilité « de fautes trop souvent constatées dans le transport des marchandises sur cette ligne », sans relever, d'ailleurs, aucun fait précis et déterminé constitutif de faute (C. civ., 1382 et suiv., 1784) (2).

Et la Compagnie de chemin de fer ne saurait être présumée avoir renoncé au bénéfice de la clause de garantie, parce qu'elle aurait, contradictoirement avec le destinataire, constaté le poids des marchandises à la gare d'arrivée; cette opération, constituant une simple mesure provisoire, uniquement destinée à déterminer le montant des déchets, ne préjudicie en rien aux droits de chacune des parties (Id.) (3).

(Chem. de fer de Bone-Guelma c. Péclat Maunder.) — ARRÊT.

LA COUR : — Sur le moyen unique : — Vu le tarif spécial P. V. n. 6, de la Compagnie des chemins de fer Bone-Guelma, dûment homologué, et portant que la Compagnie ne répond pas « des déchets de route » : — Attendu que, si cette clause ne peut avoir pour effet d'affranchir la Compagnie de toute responsabilité à raison des fautes commises par elle ou par ses agents, elle a du moins, pour résultat, contrairement aux règles du droit commun, de mettre la preuve de ces fautes à la charge de ceux qui les allèguent; — Attendu, en fait, que l'action de Péclat Maunder tendait à faire condamner la Compagnie de Bone-Guelma au payement de la valeur des déchets constatés sur plusieurs expéditions effectuées à l'adresse dudit Péclat aux conditions du tarif précité; — Attendu que le tribunal de commerce de Bone a prononcé la condamnation demandée, soit en faisant résulter la responsabilité encourue « de fautes trop souvent constatées dans le transport des marchandises sur cette ligne », sans relever d'ailleurs, dans l'espèce, aucun fait déterminé constitutif d'une faute, soit en induisant une prétendue renonciation au bénéfice de la clause stipulée de ce que la Compagnie a constaté, contradictoirement avec le destinataire, le poids des marchandises à la gare d'arrivée, alors qu'il n'y a dans cette opération qu'une simple mesure provisoire, destinée uniquement à faire connaître le montant des déchets, et qui ne saurait préjudicier aux droits d'aucune des parties; — D'où il suit qu'en statuant, ainsi qu'il l'a fait, le jugement attaqué a violé la disposition précitée du tarif P. V. n. 6, lequel a force de loi; — Casse, etc.

MM. Cazot, 1er prés.; Legendre, rapp.; Charrins, 1er av. gén. (concl. conf.); Gaston Mayer, av.

CASS.-CRIM. 10 novembre 1883.

DÉLITS DE LA PRESSE, JOURNAUX, RÉPONSE, INSERTION (REFUS D'), TRIBUNAL COMPÉTENT.

En matière de presse, c'est la publication de l'écrit incriminé qui constitue le délit. — Par suite, la répression peut en être poursuivie devant tout tribunal dans le ressort duquel l'écrit a été publié, et non pas exclusivement devant le tribunal du domicile ou de la résidence du prévenu (C. instr. crim., 23 et 63; L. 29 juill. 1881, art. 13, 45, 60) (4).

Et cette règle de compétence s'applique, notamment, au cas de poursuite exercée contre un journal, à raison du refus ou omission d'insertion d'une réponse à lui adressée en vertu de l'art. 13 de la loi du 29 juill. 1881 (Id.) (5).

(Justère; journal *l'Adour*.) — ARRÊT.

LA COUR : — Sur le moyen tiré de la violation des art. 13, 45, 60 de la loi du 29 juill. 1881, et 63, C. instr. crim. (en ce que, s'agissant d'une demande d'insertion dans le journal *l'Adour*, d'une réponse à un article par lui publié, la poursuite, au lieu d'être portée devant le tribunal de Saint-Sever, considéré comme lieu du délit, aurait dû être déférée au tribunal de Dax, seul compétent comme lieu du domicile du défendeur, gérant du journal); — Attendu que l'infraction à l'art. 13 de la loi du 29 juill. 1881 doit, d'après l'art. 45 de la même loi, être déférée aux tribunaux correctionnels, et que, d'après l'art. 60, sauf les exceptions qu'il précise, la poursuite devant les tribunaux correctionnels, en matière de délits de presse, doit avoir lieu conformément aux dispositions du chapitre II, titre Ier du liv. II,

---

(1) Jurisprudence absolument constante. — V. Cass., 24 janv. 1874 (D. 76. 1. 133); 4 févr. 1874 (S. 74. 1. 273. — P. 74. 678. — D. 74. 1. 305); 6 févr. 1877 (S. 77. 1. 275. — P. 77. 683. — D. 77. 1. 383); 30 mai 1877 (S. 78. 1. 275. — P. 78. 683. — D. 77. 1. 383); 10 déc. 1878 (S. 79. 1. 228. — P. 79. 540. — D. 79. 1. 53); 4 août 1880 (S. 81. 1. 35. — P. 81. 1. 56); 5 janv. 1881 (Pand. chr.); 23 août 1881 (Pand. chr.); 8 févr. 1882 (Pand. chr.); 15 mars 1882 (S. 82. 1. 427. — P. 82. 1. 1050. — D. 84. 1. 192); 8 juin 1882 et 3 janv. 1883 (S. 83. 1. 323. — P. 83. 1. 779. — D. 83. 1. 140, et 84. 5. 89); 19 déc. 1882 (D. 84. 5. 89); 9 mai 1883 (S. 83. 1. 420. — P. 83. 1. 1055. — D. 83. 1. 455); 19 nov. 1883 (Pand. chr.); 9 et 29 (trois arrêts) mars 1886 (Pand. pér., 86. 1. 126), et les nombreux renvois en note. — *Adde*, comme application plus particulière en ce qui concerne les déchets et avaries de route, Cass., 24 juill. 1877 (S. 78. 1. 424. — P. 78. 1093. — D. 79. 1. 28); 4 févr. 1885 (Pand. chr.); 22 avril 1885 (Pand. chr.), et les renvois.

(2) Il est de principe, d'une part, qu'il ne suffit pas, pour justifier la condamnation prononcée contre la Compagnie, que le jugement ou l'arrêt affirme l'existence de la faute, sans indication des faits précis qui la constituent. — V. Cass., 23 août 1881 (Pand. chr.); 8 févr. 1882 (Pand. chr.), et les renvois; 19 nov. 1883 (Pand. chr.); 9 mars 1886 (Pand. pér., 86. 1. 126); — d'autre part, qu'une corrélation nécessaire et juridique doit exister entre le fait relevé et la faute ou la conséquence qui en est déduite. — V. Cass., 11 févr. 1884 (Pand. chr.); 29 mars 1886 (3e espèce) (Pand. pér., 86. 1. 126).

(3) Jugé, dans le même sens, que la Compagnie de chemins de fer qui accepte une expertise amiable en vue de déterminer la nature et l'étendue d'avaries subies par la marchandise en cours de route, et d'en rechercher la cause, ne se reconnaît point par là responsable du dommage et ne renonce pas au bénéfice de la clause de non-garantie : Cass., 9 avril 1883 (Pand. chr.), et la note. *Adde* Cass., 19 nov. 1883 (Pand. chr.); 25 juin 1884 (Pand. chr.), et les notes.

(4-5) V. conf. Cass., 27 févr. 1885 (Pand. chr.), et le journal *la Loi* du 18 juin 1883. — V. en sens contraire, *Gaz. des Trib.* du 1er mars 1883.

C. instr. crim.; — Attendu que, suivant l'art. 63 dudit Code, toute personne qui se prétend lésée par un délit, peut saisir de sa plainte soit le tribunal du lieu du délit, soit celui de la résidence du prévenu, soit celui du lieu où il pourra être trouvé; — Attendu que, en matière de presse, c'est la publication de l'écrit coupable qui constitue le délit; que la poursuite peut donc être portée devant tout tribunal dans le ressort duquel l'écrit a été publié, à moins qu'une disposition légale n'en ait ordonné autrement; — Attendu que cette règle de compétence s'applique à la poursuite exercée contre un journal, à raison du refus ou omission d'insertion d'une réponse à lui adressée, en vertu de l'art. 13 de la loi du 29 juill. 1881; que le refus ou l'omission d'insertion de la rectification, dans le delai et suivant les formes déterminés par la loi, se rattache étroitement au délit même de publication qu'il continue; qu'aucune disposition de loi n'oblige, en ce cas, le plaignant à s'adresser exclusivement au tribunal du lieu de la résidence du prévenu; — Et attendu, en fait, qu'il est constaté par l'arrêt attaqué que le journal *l'Adour*, s'il a le siége de son administration à Dax, a un certain nombre d'abonnés dans l'arrondissement de Saint-Sever; que des numéros, contenant l'article qui a provoqué la réponse, ont été publiés dans cet arrondissement, et que les numéros publiés au même lieu, dans les trois jours qui ont suivi, ne contenaient pas cette réponse; que le plaignant a donc pu, en vertu de l'art. 63, C. instr. crim., porter devant le tribunal de cet arrondissement sa demande à fin d'insertion de la réponse par lui faite à l'article du journal, en date du 17 mai 1882; que l'arrêt attaqué (Pau, 24 janv. 1883, D. 83. 2. 117), en le décidant ainsi, loin d'avoir violé les dispositions de loi invoquées par le pourvoi, en a fait au contraire une exacte interprétation; — Rejette, etc.

MM. Baudouin, prés.; Leblond rapp.; Ronjat, av. gén.; Sabatier, av.

CASS.-CRIM. 16 novembre 1883.

OUTRAGE, MAGISTRAT DE L'ORDRE ADMINISTRATIF, INJURE, PUBLICITÉ, COMPÉTENCE, LOI SUR LA PRESSE.

L'injure par parole, lorsqu'elle est adressée à un magistrat de l'ordre administratif ou judiciaire dans l'exercice ou à l'occasion de l'exercice de ses fonctions, même quand la publicité vient l'aggraver, constitue un outrage, resté en dehors des prévisions de la loi du 29 juill. 1881, sur la presse, et laissé sous l'application de l'art. 222, C. pén. — Par suite, elle continue à relever de la compétence du tribunal correctionnel (C. pén., 222) (1).

C'est seulement lorsque l'injure ne constitue pas un outrage dans le sens de l'art. 222, et qu'elle a été commise par la voie de la presse ou par des discours proférés dans des lieux ou réunions publics, qu'elle est réprimée par la loi de 1881, et qu'alors elle relève de la Cour d'assises (L. 29 juill. 1881, art. 23, 31, 33) (2).

(Goubaux.)

LA COUR: — (Considérants identiques à ceux d'un arrêt de la même chambre du 15 mars 1883, aff. de Buor de la Voy, sauf la substitution de l'art. 222 à l'art. 224, C. pén., — V. Pand. chr.).

MM. Baudouin, prés.; Vetelay, rapp.; Rousselier, av. gén.; Besson, av.

CASS.-CIV. 19 novembre 1883.

CHEMIN DE FER, NON-GARANTIE (CLAUSE DE), TARIF SPÉCIAL, SACS, PERTE, FAUTE, PREUVE, FAIT PRÉCIS, CHEF DE GARE, DÉCLARATION, AVIS, RECONNAISSANCE (ABSENCE DE).

Les clauses de non-garantie insérées aux tarifs des Compagnies de chemins de fer, n'ont pas pour effet d'affranchir les Compagnies de la responsabilité de leurs fautes ou de celles de leurs agents, mais seulement d'en mettre la preuve, contrairement aux règles du droit commun en matière de transport, à la charge de qui se plaint du dommage (C. civ., 1134; C. comm., 103) (3).

Dès lors, doit être cassé le jugement qui, en cas de perte de sacs expédiés sans garantie (4), condamne la Compagnie à en rembourser le prix, par ce motif que « les faits, tels qu'ils ont été avancés et établis, donnent la preuve que la perte des sacs est le résultat de la négligence ou de l'infidélité des agents de la Compagnie »; une telle déclaration, en effet, sans précision, ne contenant l'affirmation d'aucun fait déterminé, ne permet pas à la Cour de cassation de vérifier si les faits établis devant le tribunal sont réellement constitutifs de faute (C. civ., 1382 et suiv., 1784) (5).

Et l'on ne saurait considérer comme l'aveu d'une faute opposable à la Compagnie : 1° la simple déclaration d'un chef de gare que des recherches vont être faites pour retrouver les sacs perdus (6); *2° ou l'annonce que la réclamation sera examinée et qu'il y sera donné une solution à bref délai* (Id.) (7).

(Chem. de Paris à Lyon c. Flory.) — ARRÊT.

LA COUR : — Sur le moyen unique du pourvoi : — Vu l'art. 1134, C. civ., et le tarif spécial n. 71 de la Compagnie Paris-Lyon-Méditerranée : — Attendu que, si les clauses de non-garantie insérées aux tarifs des Compagnies de chemins de fer n'ont pas pour effet d'affranchir les Compagnies de toute responsabilité à raison de leurs fautes ou de celles de leurs agents, elles ont pour résultat, contrairement aux règles de droit commun en matière de transport, de mettre la preuve de la faute à la charge de celui qui se plaint du dommage; — Attendu, en fait, que les sacs dont le prix est réclamé ont été expédiés aux conditions du tarif spécial n. 71 de la Compagnie Paris-Lyon-Méditerranée; — Attendu qu'il est déclaré dans le jugement attaqué que les faits du procès, tels qu'ils ont été avancés et établis devant le tribunal, donnent la preuve que la perte des sacs dont il s'agit est le résultat de la négligence ou de l'infidélité des agents de la Compagnie; mais que cette déclaration sans précision ne contient l'affirmation d'aucun fait déterminé, et ne permet pas à la Cour d'apprécier si les faits établis devant le tribunal sont en effet constitutifs d'une faute; — Attendu que le tribunal motive encore sa décision sur le texte de deux lettres, desquelles il fait résulter, de la part de la Compagnie, l'aveu

(1-2) V. conf. sur ces deux points, Cass., 23 août 1883 (Pand. chr.), et les renvois.

(3-4) Ce principe a été consacré à maintes reprises par la jurisprudence. — V. Cass., 5 nov. 1883 (Pand. chr.); 11 févr. 1884 (Pand. chr.); 26 août 1884 (Pand. chr.); 4 févr. 1885 (Pand. chr.); 22 avril 1885 (Pand. chr.); Paris, 7 août 1885 (Pand. pér., 86. 2. 1); Montpellier, 29 oct. 1885 (Pand. chr.); Cass., 9 et 29 (trois arrêts) mars 1886 (Pand. pér., 86. 1. 126), et les renvois. — *Adde*, comme application plus particulière en ce qui concerne le transport de sacs ou de paniers vides, Cass., 4 janv. 1875 (S. 75. 1. 16. — P. 75. 24. — D. 76. 5. 84); 5 janv. 1875 (S. 75. 1. 128. — P. 75. 293); 23 août 1881 (Pand. chr.), et les arrêts cités en note.

(5) V. en ce sens, Cass., 23 août 1881 (Pand. chr.), et les renvois en note; 8 févr. 1882 (Pand. chr.); 9 mai 1883 (Pand. chr.); 5 nov. 1883 (Pand. chr.); 11 févr. 1884 (Pand. chr.); 9 mars 1886 (Pand. pér., 86. 1. 126).

(6) V. anal., Cass., 30 mars 1874 (Pand. chr.); Paris, 15 mars 1875 (D. 77. 5. 88), et la note.

(7) *Sic* Cass., 11 juin 1877 (Pand. chr.), et le renvoi. — V. aussi Cass., 5 nov. 1883 (Pand. chr.).

d'une faute, mais que, dans ces lettres, où on lit seulement : 1° la déclaration par un chef de gare que des recherches vont être faites pour retrouver les sacs réclamés; 2° l'annonce par un autre chef de gare que la réclamation sera examinée et qu'il sera donné une solution à bref délai, il est impossible de voir l'aveu d'un fait déterminé se rapportant à la perte desdites marchandises, non plus que la reconnaissance d'une faute de la Compagnie ou d'un droit du réclamant; que la décision attaquée manque, dès lors, de base légale, et viole ainsi les dispositions susvisées; — Casse, etc.

MM. Cazot, 1er prés.; Onofrio, rapp.; Charrins, 1er av. gén. (concl. conf.); Dancongnée, av.

CASS.-CIV. 21 novembre 1883 (DEUX ARRÊTS).

CHEMINS DE FER, RETARD, TRANSPORT, DÉLAI, COLIS, HEURE DE LA REMISE, CONSTATATION (DÉFAUT DE), FORCE OBLIGATOIRE, BUREAUX DE VILLE.

Doit être cassé, comme manquant de base légale, le jugement qui condamne une Compagnie de chemin de fer pour retard dans la livraison de marchandises expédiées en grande vitesse, sans indiquer l'heure de la remise des colis à la gare de départ; une telle omission ne permettant pas de déterminer par quel train les marchandises auraient dû être utilement et réglementairement expédiées (1) (C. comm., 97). — 1re et 2e espèces.

Et il en est ainsi, alors même que le jugement constaterait que la Compagnie aurait reçu et accepté les colis (des bestiaux, dans l'espèce) en dehors des heures réglementaires, et devait, par suite, les faire partir par un train autre que le train réglementaire (Id.). — 2e espèce.

Les prescriptions des arrêtés ministériels sont obligatoires aussi bien pour les expéditeurs que pour les Compagnies (2). — (Id.)

Le délai de vingt-quatre heures dans lequel un colis (grande vitesse) doit être expédié s'applique aussi bien aux colis enlevés à domicile qu'aux colis remis aux bureaux de ville; le tarif ne distinguant pas entre les deux modes d'expédition (3) (Tarif Paris-Lyon-Méditerranée, avril 1880). — 1re espèce.

1re Espèce. — (Chem. de fer de Paris-Lyon c. Bonfante.) — ARRÊT.

LA COUR : — Vu l'art. 97, C. comm., et les conditions générales du tarif de factage de la Compagnie de Paris à Lyon et à la Méditerranée, du mois d'avril 1880; — Attendu qu'aux termes du tarif susvisé, la Compagnie demanderesse n'est tenue d'expédier les articles de messageries et les marchandises enlevés à domicile ou remis dans les bureaux de ville de la Compagnie qu'au plus tard dans les vingt-quatre heures qui suivent leur remise au bureau; — Attendu qu'il n'est pas contesté que le colis de bijouterie expédié en grande vitesse par Flocon, de Paris, à Bonfante, à Nice, à été remis le 19 mars à un bureau de ville de la Compagnie; que, cependant, le jugement attaqué, sans indiquer d'ailleurs l'heure de la remise du colis dans la journée du 19 mars, et fait connaître, par là, par quel train de ladite journée il aurait pu être utilement et réglementairement expédié, a, par l'unique motif que le délai de vingt-quatre heures accordé à la Compagnie par son tarif de factage, pour les expéditions en grande vitesse, ne s'appliquerait qu'au cas d'enlèvement des colis à domicile, déclaré que la livraison aurait dû être faite, soit dans la soirée du 21, soit dans la matinée du 22 mars, et qu'ayant eu lieu le 22 à midi, elle était tardive; qu'il a, en invoquant un retard dont la preuve manque de base légale, et en méconnaissant le droit de la Compagnie à invoquer les conditions de son tarif, condamné la Compagnie demanderesse à payer à Bonfante la somme de 200 francs à titre de dommages-intérêts; qu'en jugeant ainsi, il a violé les dispositions des lois et règlements susvisés; — Casse, etc.

MM. Cazot, 1er prés.; Greffier, rapp.; Charrins, 1er av. gén. (concl. conf.); Dancongnée, av.

2e Espèce. — (Chem. de fer de Paris à Lyon c. Lapray et Lazare Juif.) — ARRÊT.

LA COUR : — Vu l'art. 7 de la loi du 20 avril 1810 et l'arrêté ministériel du 12 juin 1866, art 2; — Attendu que le tribunal de commerce de Mâcon a condamné la Compagnie du chemin de Paris à Lyon et à la Méditerranée à des dommages-intérêts pour retard dans le transport et la livraison de bestiaux expédiés le 5 févr. 1882, de Mâcon à Paris, sans constater l'heure de la remise à la gare, des bestiaux à transporter par la grande vitesse; qu'aux termes de l'art. 2 de l'arrêté ministériel susvisé, l'heure de la remise à la Compagnie étant le point de départ des délais réglementaires de transport et de livraison, l'omission signalée dans le jugement attaqué ne permet pas de reconnaître si, en effet, la Compagnie de Lyon a négligé de se conformer aux prescriptions du règlement, et s'il a été fait à la cause une juste application de la loi; qu'en vain le jugement attaqué allègue que la Compagnie aurait reçu et accepté les bestiaux en dehors des heures ordinaires, et devait, par suite, les faire partir par un train autre que le train réglementaire, puisque, d'une part il ne spécifie pas quel aurait dû être ce train, et que, d'autre part, les prescriptions de l'arrêté ministériel sont obligatoires, aussi bien pour les expéditeurs que pour les Compagnies; qu'en jugeant comme il l'a fait, sans préciser l'heure à laquelle le transport aurait dû être opéré, le tribunal de commerce a donc violé les articles de la loi et de l'arrêté ministériel susvisés; — Casse, etc.

MM. Cazot, 1er prés.; Greffier, rapp.; Charrins, 1er av. gén. (concl. conf.); Dancongnée, av.

CASS.-CIV. 21 novembre 1883.

SUCCESSION, PARTAGE (ACTION EN), FAILLITE, SYNDIC, QUALITÉ, FAILLI, RAPPORT A JUSTICE, ACCEPTATION (DÉFAUT D'), INTERPRÉTATION, BÉNÉFICE D'INVENTAIRE.

La demande en partage d'une succession, introduite par le syndic de la faillite de l'un des héritiers, tant contre le failli que contre ses cohéritiers, mais au nom et dans l'intérêt exclusif de la masse des créanciers, en vertu d'un droit propre à ces derniers, dans un but de défense du gage commun, ne saurait réagir sur la situation personnelle du failli à l'égard de l'hoirie, ni compromettre la qualité qu'il n'appartient qu'à lui

---

(1) V. conf., Cass., 31 mars 1879 (S. 79. 1. 277. — P. 79. 670. — D. 79. 1. 373). — Le jugement doit contenir aussi l'indication précise de l'heure de l'arrivée des marchandises en gare de destination et celle de leur mise à la disposition du destinataire. V. Cass., 14 mars 1883 (Pand. chr.), et les renvois. — L'absence de ces constatations ne permet pas l'exercice d'un contrôle efficace, puisqu'il devient impossible de déterminer avec exactitude si les délais réglementaires ont été observés ou dépassés. V. Cass., 4 févr. 1874 (S. 74. 1. 273 — P. 74. 678. — D. 74. 1. 419); 10 nov. 1875 (S. 76. 1. 80. — P. 76. 165. — D. 75. 1. 453); 27 mai 1878 (S. 78. 1. 380. — P. 78. 938. — D. 78. 1. 272); 3 juill. 1882 (S. 83. 1. 229. — P. 83. 1. 543. — D. 83. 1. 56). V. aussi Cass., 5 juill. 1886 (Pand. pér., 86. 1. 172).

(2) Sur la force obligatoire des tarifs et règlements généraux, V. Cass., 17 mai 1882 (Pand. chr.); 9 mai 1883 (Pand. chr.); 24 mars 1886 (Pand. pér., 86. 1. 134), et les renvois. — Adde notre *Dictionnaire de dr. comm., ind. et marit.*, t. II, v° *Chemin de fer*, n. 66 et suiv.

(3) Le tarif de 1880 ne comporte, en effet, aucune distinction de ce genre.

seul de prendre en tant qu'héritier (1) (C. civ., 778, 800).

Il importe peu que le failli ait figuré dans l'instance en partage où il était appelé, et que, par ses conclusions, il s'en soit rapporté à justice; de telles conclusions n'impliquant aucunement, par leur formule, la volonté d'acquiescer à la demande, encore moins celle de s'y joindre ou de se l'approprier (2) (Id.).

Dès lors, l'action ainsi intentée par le syndic n'a pas pu avoir pour effet de faire déchoir le failli du droit de n'accepter la succession que sous bénéfice d'inventaire (3) (Id.).

(Maufra c. synd. Guilbaud.)

— ARRÊT *(ap. délib. en ch. du cons.)*.

LA COUR : — Sur le premier moyen (violation de l'art. 778 et fausse application de l'art. 800, C. civ., en ce que l'arrêt attaqué a refusé de considérer comme héritier pur et simple un successible qui avait fait acte d'héritier) : — Attendu que l'action en partage de la succession de la dame Guilbaud mère, formée par le syndic de la faillite d'Emile Guilbaud, tant contre celui-ci que contre ses cohéritiers, a été introduite au nom et dans l'intérêt exclusif de la masse des créanciers; qu'elle a son principe dans un droit qui leur est propre, et dont l'exercice a pour but unique la défense de leur gage commun; qu'il ressort de là qu'elle ne saurait réagir sur la situation personnelle du failli à l'égard de l'hoirie, et, particulièrement, compromettre la qualité qu'il n'appartient qu'à l'héritier d'y prendre; — Attendu, d'autre part, qu'il importe peu que le failli ait figuré dans l'instance en partage où il était appelé, et que, par ses conclusions, il s'en soit rapporté à justice; que ces conclusions ainsi formulées n'impliquent aucunement la volonté d'acquiescer à la demande, encore moins celle de s'y joindre ou de se l'approprier; — Attendu, dès lors, qu'en décidant que l'action en partage intentée par Perdereau, en sa qualité de syndic de ladite faillite, n'avait pas pu avoir pour effet de faire déchoir Emile Guilbaud du droit de n'accepter la succession de sa mère que sous bénéfice d'inventaire, l'arrêt attaqué (Rennes, 23 août 1879), loin de violer les dispositions de l'art. 778, C. civ., en a fait au contraire une saine application;

Sur le deuxième moyen... — Rejette, etc.

MM. Cazot, 1er prés.; Descoutures, rapp.; Charrins, 1er av. gén. (concl. conf.); Bosviel et Devin, av.

CASS.-CIV. 27 novembre 1883.

AVEU, FORCE PROBANTE, INSTANCE ULTÉRIEURE, POSSESSOIRE, PÉTITOIRE.

La loi n'attribue la force de présomption légale à l'aveu judiciaire que dans l'instance où il a lieu (4) (C. civ., 1350, 1356).

En conséquence, l'aveu intervenu dans une instance au possessoire ne fait pas pleine foi dans une instance au pétitoire contre la partie de qui il émane (5) (Id.).

(Pâris c. époux Lavergne.)

Ces solutions ont été développées et défendues par M. l'avocat général Desjardins dans des conclusions très-remarquées qui suppléent au laconisme de l'arrêt. Voici comment s'est exprimé l'honorable magistrat :

« L'aveu n'est-il judiciaire que dans l'instance où il a été fait? Fait-il, au contraire, pleine foi, et par conséquent lie-t-il le juge, même dans une instance ultérieure? La question était débattue bien avant le Code civil, et n'a pas cessé de l'être depuis quatre-vingts ans.

« Pâris, aujourd'hui demandeur en cassation, avait reconnu, dans une instance en complainte introduite par Lavergne, que celui-ci était enclavé. Le juge de paix mentionna cette reconnaissance, non dans le dispositif, mais dans un motif de sa sentence. Il tint, en conséquence, le fait d'enclave pour constant, et déclara Lavergne recevable à prouver qu'il avait exercé pendant l'an et jour un passage contesté, mais, au fond, le débouta. Lavergne assigna Pâris au pétitoire; et la Cour de Bordeaux, se fondant

---

(1-2-3) Une succession s'est ouverte; l'un des cohéritiers en demande le partage. Quelle portée juridique faut-il attribuer à cette action? A notre avis, en dehors de certaines circonstances exceptionnelles, susceptibles de révéler des intentions précises, des résolutions nettement arrêtées, il ne ressort de cette démonstration qu'une signification non douteuse : le successible veut être héritier, il maintient son droit et réclame les avantages attachés à sa situation. Voilà qui est clair.

Or on ne peut pas être et n'être pas héritier tout à la fois. D'où l'action en partage est incompatible avec le maintien de la *faculté de renoncer*. Les idées sont diamétralement contraires, les faits sont en opposition absolue. Ceci est la négation de cela. Il y a exclusion nécessaire, impossibilité de coexistence. Renoncer et vouloir prendre tout en même temps, c'est suivre des directions qui conduisent à des pôles extrêmes, sans point de rencontre commun. V. en ce sens, Cass., 3 mai 1865 (S. 65 1. 311. — P. 65. 761. — D. 65. 1. 153); 18 janv. 1869 (Pand. chr.).

Mais ces raisons n'existent plus quand il s'agit du maintien du *bénéfice d'inventaire*. Il n'y a plus d'inconciliabilité forcée. L'héritier qui demande à prendre sa part de succession peut ne vouloir la prendre, doit être même censé ne vouloir la prendre que dans les conditions les plus avantageuses de sécurité et de garantie. S'il n'a fait aucun acte d'adition qui implique une acceptation pure et simple, l'introduction de l'action en partage ne saurait à elle seule en tenir lieu; l'équivalence serait outrée. Le bénéfice d'inventaire n'exclut pas plus le partage que le partage n'exclut le bénéfice d'inventaire. Le partage entre cohéritiers est une opération nécessaire; l'acceptation bénéficiaire n'en dispense nullement. Il faudra toujours y aboutir. Pourquoi donc la poursuite du résultat final, d'un dénoûment forcé, inévitable, viendrait-elle compromettre une situation de droit qu'elle ne modifie en aucune manière, et qui reste après la demande telle qu'elle était auparavant?

Ces principes seraient rigoureusement exacts au cas où l'héritier agirait de lui-même, introduisant *proprio motu* l'action en partage. A plus forte raison, l'hésitation n'est plus possible dans les circonstances manifestées par les faits de la cause actuelle, où l'héritier ne fait rien, ne dit rien, ne demande rien, où c'est un syndic qui prend l'initiative de la poursuite, et qui la prend non plus comme représentant et dans l'intérêt du successible, mais au nom d'une faillite et au profit exclusif de la masse des créanciers.

(4-5) Quels que soient les efforts de conciliation tentés par M. l'avocat général, il n'en existe pas moins entre la doctrine de la chambre des requêtes exprimée dans les arrêts des 9 mai 1834 (Pand. chr.) et 16 mars 1868 (Pand. chr.), et celle de la chambre civile consacrée par l'arrêt du 11 avril 1865 (Pand. chr.) et par la décision ci-dessus rapportée, une contradiction absolue.

Cette contradiction signalait à elle seule une question délicate. Délicate elle l'est, en effet, car la même opposition se rencontre parmi les auteurs divisés en nombre à peu près égal. On ne s'en douterait pas à lire l'arrêt actuel.

Il y a absence de motifs et solution par simple affirmation. Or affirmation n'a jamais été raison. Il faut se reporter aux conclusions de M. l'avocat général Desjardins, que nous avons insérées plus haut au cours de l'article, pour y trouver les justifications nécessaires. La concision est une vertu de haut prix dans les jugements et arrêts; elle ne doit point cependant être pratiquée aux dépens d'une autre règle qui s'impose à toutes les juridictions et à laquelle le législateur a attaché une importance telle qu'il l'a rappelée en maintes dispositions : c'est la nécessité de motiver les décisions de justice (C. proc., 141; C. instr. crim., 163; L. 20 avril 1810, art. 7). Conclusions et rapports sont des documents précieux, toujours utiles à méditer; ils peuvent éclairer les points obscurs, compléter des indications, faire pénétrer jusqu'à la pensée intime des magistrats. Il n'y a à cela aucun inconvénient alors surtout que des questions de droit sont seules en jeu. Mais le principe est que le jugement, l'arrêt doivent se suffire à eux-mêmes, s'imposer en vertu d'une force propre et n'user jamais d'une autorité d'emprunt. Tel n'est pas le cas de notre arrêt. — Aux auteurs cités par M. l'avocat général dans le sens de la solution ci-dessus, *adde* notamment Boileux, sur l'art. 1356; Rauter, *Proc. civ.*, n. 133 et 224; Aubry et Rau, t. VIII, p. 168, § 751, note 7; Colmet de Santerre, contin. de Demante, *Cours analyt.*, t. V, n. 333 *bis*, 2; Demolombe, *Contr. et obligat.*, t. VII, n. 498. — *Contrà*, en faveur de la doctrine des arrêts de la chambre des requêtes, Baroche, *Encycl. du dr.*, v° *Aveu*, n. 11; Marcadé, sur l'art. 1356, n. 2; Massé et Vergé, sur Zachariæ, t. III, § 605, p. 536, n. 2; Laurent, *Princip. de dr. civ.*, t. XX, n. 164.

exclusivement sur la reconnaissance faite au possessoire, après l'avoir qualifiée d'aveu judiciaire, et déclarant que cette reconnaissance ne permettait plus de contester l'enclave, admit Lavergne à prouver sa possession trentenaire. Il s'agit de savoir si la Cour de Bordeaux était, en effet, astreinte à tenir pour avéré le fait reconnu dans la précédente instance.

« Qu'avez-vous décidé jusqu'à ce jour? C'est là, sans nul doute, sinon le premier élément, du moins un des premiers éléments de solution. Le défendeur se prévaut, avant tout d'ailleurs, de votre propre jurisprudence.

« Je ne méconnais pas que la chambre des requêtes ait, à deux reprises, condamné la thèse du pourvoi : — « Attendu, a-t-elle dit, le 9 mai 1834 (Pand. chr.), que, dans une autre instance, le demandeur a reconnu en personne à l'audience, ainsi que le constate l'arrêt attaqué, que son adversaire était propriétaire exclusif du terrain dont la délimitation était demandée... » — « Attendu, dit-elle encore, le 16 mars 1868 (Pand. chr.), que l'aveu judiciaire fait pleine foi contre celui qui l'a fait; qu'il peut être invoqué, non-seulement dans les instances où il a été fait, mais encore dans les instances ultérieures; que c'est ce qui résulte des termes de l'art. 1356 ». — On peut se demander, il est vrai, si l'arrêt du 23 avril 1877 (M. Cantel, rapp.) (D. 78. 1. 22), n'indique pas un commencement d'hésitation, et ne fait pas pressentir un revirement. « Attendu, dit cet arrêt, que P... n'a pu invoquer à l'appui de sa demande, comme un aveu judiciaire fait à son profit, des déclarations faites dans une précédente instance, à laquelle, *d'ailleurs*, il n'était pas personnellement partie. » Le pourvoi n'était-il rejeté que parce que P... ne figurait pas dans cette précédente instance? Il semble que la Chambre des requêtes eût dû se borner à dire : P... ne pouvait pas invoquer à son profit des déclarations faites dans une instance à laquelle il n'était pas personnellement partie. Le défaut d'identité de personnes paraît n'être invoqué que par surcroît.

« Mais, en admettant que la chambre des requêtes ait étendu la force probante *absolue* de l'aveu judiciaire aux instances ultérieures, la chambre civile ne s'est pas prononcée dans le même sens. Je ne m'attarde pas à discuter votre arrêt du 13 juin 1827; dans cette affaire, où personne n'avait contesté qu'on pût, en 1824, s'appuyer sur un contrat judiciaire de l'an X, la Cour de Nancy avait appliqué la loi du contrat judiciaire, en le divisant, et vous avez simplement dit : Puisque le juge d'appel résout la question litigieuse par l'application du contrat judiciaire, il doit le prendre tel qu'il est. J'insiste, au contraire, sur votre arrêt du 11 avril 1805 (Pand. chr.). L'arrêt attaqué, tel était l'un des deux griefs du pourvoi, avait décidé que la prescription n'était pas interrompue, alors qu'il résultait d'une sentence du juge de paix, passée en force de chose jugée et *rendue sur l'aveu même du défendeur*, que celui-ci n'avait pas exercé le passage litigieux depuis plus d'un an et jour : « Attendu, répond la chambre civile, que ce qui est jugé au possessoire est sans influence directe et nécessaire sur le pétitoire, et que le juge du fond peut n'avoir aucun égard aux éléments de preuve et *aux reconnaissances* qui ont servi de base à la décision du juge de paix. » Donc, ces reconnaissances ne sont pas des aveux judiciaires, puisque l'aveu judiciaire s'impose. La chambre civile, à qui le dernier mot appartient, s'écartait apparemment, ce jour-là, du principe énoncé par la chambre des requêtes, dans son arrêt du 16 mars 1868. J'ai donc conservé ma liberté d'appréciation dans toute sa plénitude, et j'en use.

« Il est impossible de ne pas rattacher la théorie française de l'aveu judiciaire à la doctrine des jurisconsultes romains. « *Confessus pro judicato est, qui quodammodo sua sententia damnatur* », dit la loi 1, Dig., *De confessis*. Cette proposition se rattache, a dit le défendeur, au système de la procédure formulaire : le magistrat n'accordait pas même la délivrance de la formule au demandeur, si le défendeur, *vocatus in jus*, terminait la contestation par sa propre reconnaissance. Qu'importe? Il s'agirait là d'une reconnaissance *in jure*, c'est-à-dire faite devant le magistrat lui-même, mais non pas d'un aveu fait dans une instance quelconque antérieure à cette procédure *in jure*. Ce qu'enseigne le droit romain, c'est que l'aveu tient la place de la chose jugée. Les huit lois du titre *De confessis*, au Digeste, ne sont que le développement de cette proposition. Par conséquent, l'aveu judiciaire n'équivaut à la chose jugée que s'il y a, non-seulement identité d'objet, identité de parties, mais encore *eadem causa petendi*.

« Cependant, on fait observer que Pothier n'a jamais assimilé l'aveu judiciaire à la chose jugée. Ma réponse sera brève. Qu'on se reporte au *Traité des obligations*, n. 916 : « Du principe que nous avons établi, dit Pothier, que le serment décisoire tire son effet de la convention qui renferme la délation du serment entre celui qui l'a déféré et celui à qui il a été déféré, il suit encore que, de même qu'une convention n'a d'effet qu'à l'égard de la chose qui a fait l'objet de la convention, et qu'entre les parties contractantes et leurs héritiers, de même aussi le serment décisoire ne peut avoir d'effet qu'à l'égard de la même chose sur laquelle le serment a été déféré. Pour savoir si ce qu'on demande est la même chose sur laquelle ce serment a été déféré, et qui a été terminée par ce serment, on peut appliquer toutes les règles que nous avons établies en la section précédente, art. 4, pour savoir quand ce qui est demandé doit être censé la même chose que ce qui a été décidé par le jugement intervenu entre les parties. » Donc, le serment décisoire a, d'après Pothier, le même effet, purement relatif, que la chose jugée. Ce qui est vrai du serment décisoire l'est, par une conséquence inévitable, de l'aveu judiciaire, puisque le serment n'est qu'un aveu judiciaire, où Dieu lui-même est pris à témoin.

« L'aveu judiciaire n'est, d'ailleurs, qu'une déclaration faite en justice (C. civ., 1356), c'est-à-dire une preuve reçue directement par le juge. Pourquoi donc le traiter autrement que les autres preuves du même genre, et lui assigner une place à part? Voici une enquête qui prépare la décision du tribunal, et force moralement sa conviction; les effets pourront-ils en être transportés d'une instance à l'autre? Non, sans doute. Chaque instance se suffit à elle-même. Ce qui s'y débat, ce qui s'y prouve se débat et se prouve en vue d'un but précis, d'un litige déterminé. Peut-être, en vue d'un autre résultat, l'enquête eût pris une autre allure; peut-être la déclaration faite en justice se fût-elle atténuée par certaines réserves et nuancée d'autres couleurs. C'est détourner l'aveu de son sens rigoureusement exact que de l'adapter avec sa force inéluctable à un nouveau procès. Rien ne met mieux cette doctrine juridique en relief que l'opposition même du possessoire et du pétitoire. Ce qui est jugé au possessoire ne peut avoir aucune influence sur le jugement du pétitoire; et les éléments de la chose jugée auraient cette influence, qui est déniée à la chose jugée elle-même! Ce serait extraordinaire. Voici, dans l'espèce actuelle, un juge de paix qui n'a pas même donné acte aux parties de la reconnaissance faite devant son tribunal : il l'a mentionnée purement et simplement dans un motif de sa décision. L'a-t-il bien interprétée? Je veux le croire; mais le texte, la formule même de la déclaration nous manque, et certaines phrases, vous le savez, changent de signification par cela seul qu'on en change un mot ou qu'on en modifie la ponctuation. Le demandeur en cassation proteste dans l'instance ultérieure, et conteste aujourd'hui ce qu'il aurait jadis reconnu. Quoi! ce simple motif, cette interprétation peut-être arbitraire d'une déclaration, peut-être équivoque, faite par un juge de paix, vont désormais, dans un procès différent, enchaîner les juridictions de tous les degrés. Un considérant aura la portée qui manque au dispositif! Voilà pourtant à quelle série de contradictions on aboutit dans le système de l'arrêt attaqué.

« Le dernier arrêt de la Chambre des requêtes (23 avril 1877) fournit à M. Demolombe (V. *ad notam*) un argument qui me paraît sérieux, et que je m'approprie. L'aveu, d'après cet arrêt, ne pourrait pas être invoqué par des personnes qui n'auraient pas figuré dans la précédente instance. Pourquoi, s'il a une force intrinsèque absolue par cela seul qu'il est consigné par le juge dans un jugement? C'est incompréhensible, si l'on n'applique à l'aveu l'art. 1351, qui exige, pour l'autorité de la chose jugée, l'identité des personnes. Donc, il est illogique de conserver à l'aveu son caractère de présomption *juris et de jure*, dès qu'il n'y a plus *eadem causa petendi*.

« Il semble, au premier aspect, que le système du pourvoi soit de nature à faciliter la fraude. Comment admettre que le même plaideur, ayant à s'expliquer sur un fait matériel, dise successivement blanc et noir? N'est-il pas immoral qu'on l'autorise à tenir deux langages différents, et, de plus, qu'on oblige le juge à écouter ses mensonges? Les écouter, soit; y croire, c'est autre chose. Le juge tiendra le plus grand compte de la première reconnaissance, qui deviendra, eu égard à l'instance nouvelle, un aveu extrajudiciaire. Il formera le plus souvent, dans ce second procès, sa conviction d'après cet aveu, mais il ne sera pas obligé rigoureusement d'y croire. Est-ce un malheur? Qui sait si, par aventure, ce n'est pas dans le premier procès que le plaideur a menti? Voici, d'ailleurs, un jugement mal rédigé, une reconnaissance mal faite et mal recueillie. Le nouveau juge conserve un doute, et voudrait encore dissiper certaines obscurités. Le pourra-t-il? Non, d'après l'arrêt attaqué, parce qu'il a la main forcée. Il y a, selon moi, plus d'inconvénients que d'avantages à ce qu'il ait la main forcée. Je conclus à la cassation. »

ARRÊT (*ap. délib. en ch. du cons.*).

LA COUR : — Sur le premier moyen (sans intérêt);

Mais sur le deuxième moyen (violation de l'art. 1356, C. civ., et des principes qui régissent l'aveu judiciaire, en ce que l'arrêt attaqué a considéré comme un aveu judiciaire l'aveu fait dans une autre instance que celle où il était invoqué) : — Attendu qu'il résulte de la combinaison des art. 1350 et 1356, C. civ., que la loi n'a attribué la force de présomption légale à l'aveu judiciaire que dans l'instance où il a eu lieu; — D'où il suit qu'en décidant que l'aveu intervenu dans une instance au possessoire devait faire pleine foi dans une instance au pétitoire, contre la partie de qui il émane, l'arrêt attaqué (Bordeaux, 6 janv. 1881) a faussement appliqué, et par là même violé l'art. 1356 ci-dessus visé; — Casse, etc.

MM. Larombière, prés.; Guérin, rapp.; Desjardins, av. gén. (concl. conf.); Lesage et G. Mayer, av.

CASS.-CIV. 28 novembre 1883.

PARTAGE, SUCCESSION, PARTAGE EN NATURE, LICITATION, COHÉRITIERS, LIGNES PATERNELLE ET MATERNELLE, SOUCHES, LOT UNIQUE.

Le partage par tête entre cohéritiers et la formation d'autant de lots égaux qu'il y a de copartageants ou de souches copartageantes constitue une règle absolue à laquelle il n'est apporté d'exception que pour le cas où plusieurs cohéritiers font partie d'une même souche; alors seulement un lot unique doit être attribué collectivement à plusieurs cohéritiers (1) (C. civ., 733, 753, § 2, 826, 827, 831).

Par suite, il y a lieu de procéder à la licitation des immeubles d'une succession à attribuer aux héritiers des deux lignes paternelle et maternelle, et non pas de répartir lesdits immeubles en deux lots affectés à chacune des lignes, alors surtout que dans l'un des lots le partage en nature est impraticable (2) (Id.).

(Lugagne c. Delpon.) — ARRÊT.

LA COUR : — Sur le moyen unique du pourvoi : — Vu les art. 826, § 1, 827, § 1, 831 et 753, § 1; — Attendu qu'il appert des qualités de l'arrêt dénoncé que les légataires universels de la demoiselle Julie Delpon, et les cinq héritiers de celle-ci dans la ligne paternelle, ont formellement demandé, par leurs conclusions, le partage en nature des immeubles de la succession, ou leur licitation, dans le cas où ce partage serait matériellement impossible; que l'arrêt constate que les experts, commis en vertu de l'art. 824, C. civ., ont émis l'avis que, s'il était facile de former commodément trois lots, l'un pour les légataires universels, et les deux autres pour chacune des deux lignes paternelle et maternelle, toutefois le partage en nature, entre les copartageants compris dans la première, serait à peu près impraticable; qu'en cet état, le juge du fond a décidé qu'après le prélèvement de la part réservée aux légataires, le surplus des immeubles serait divisé en deux lots, et que chacun d'eux serait affecté à chacune des deux lignes, sauf à statuer ultérieurement sur le mode de partage à adopter entre les cohéritiers de la ligne paternelle; — Attendu qu'il résulte du rapprochement des art. 732 et 733, C. civ., que le § 1 de ce dernier article a pour objet de déterminer un ordre de succession entre des ascendants ou des collatéraux, et la quotité invariable de biens qu'il assigne à chacune des deux lignes, paternelle et maternelle, mais qu'il n'a nullement pour effet de modifier, soit la nature et l'étendue des droits que la loi attache à la qualité d'héritier, soit le mode du partage, dont elle a établi les règles par des dispositions spéciales; que, d'autre part, les art. 753, § 2, et 831, C. civ., prescrivent le partage par tête entre les collatéraux, et la formation d'autant de lots égaux qu'il y a de copartageants ou de souches copartageantes; qu'il ressort de là que chaque cohéritier, à quelque ligne qu'il appartienne, a la faculté d'exiger sa part en nature des immeubles, ou leur licitation, le cas échéant, et que le seul cas prévu par la loi, où un lot unique doit être attribué à plusieurs cohéritiers collectivement, est celui où ils font partie d'une même souche; mais que cette exception, qui a sa cause dans le principe de la représentation, ne saurait être étendue, par une assimilation arbitraire de la ligne à la souche, aux héritiers venant de leur chef à la succession, y exerçant leur droit propre, et auxquels on ne peut, dès lors, imposer un lot indivis, contrairement au principe absolu de l'égalité entre copartageants, alors qu'ils peuvent exiger un lot individuel et distinct; qu'en décidant le contraire, et en ordonnant qu'un seul lot en immeubles serait attribué indivisément aux héritiers d'une même ligne, l'arrêt attaqué (Montpellier, 15 mars 1881) a faussement appliqué l'art. 831, C. civ., et, par conséquent, violé ledit article, ainsi que les autres dispositions de la loi susvisées; — Casse, etc.

MM. Cazot, 1er prés.; Descoutures, rapp.; Desjardins, av. gén. (concl. conf.); Passez et Sabatier, av.

CASS.-REQ. 3 décembre 1883.

SOCIÉTÉ ANONYME, ACTION SOCIALE, ACTION INDIVIDUELLE, CRÉDIT FONCIER, ADMINISTRATEURS, RESPONSABILITÉ, STATUTS (CLAUSE DES), TRANSACTION, CESSION D'ACTIONS, QUALITÉ (DÉFAUT DE), PRÉJUDICE, JUSTIFICATION.

Présente le double caractère d'action sociale *et d'action* personnelle *ou* individuelle, *avec des éléments constitutifs distincts, l'action en responsabilité contre les administrateurs d'une Société anonyme (du Crédit foncier, dans l'espèce), à raison de fautes de gestion, notamment de manœuvres ou dissimulations coupables; de tels actes étant de nature à préjudicier à la fois et à la Société et aux actionnaires pris individuellement* (3) (L. 24 juill. 1867, art. 17, 44).

Mais l'action reste purement sociale et ne peut être exercée par un actionnaire isolé : 1° quand un article des statuts y met obstacle (4); *2° quand la Société, dûment représentée, l'a exercée*

(1-2) Il a été jugé, conformément aux mêmes principes et dans des circonstances de fait presque identiques, qu'en matière de succession collatérale, quoique le partage puisse se faire en deux portions entre les deux lignes paternelle et maternelle, la licitation doit être ordonnée, si la subdivision de l'un des deux lots ne peut s'opérer ensuite entre les représentants de l'une des deux lignes. V. Bordeaux, 30 juill. 1838 (Pand. chr.). V. aussi Cass., 10 mai 1826 (Pand. chr.). — Toutefois, la question est vivement controversée et donne lieu à divers systèmes que nous avons brièvement résumés dans nos observations jointes à l'arrêt de Bordeaux, 30 juill. 1838, précité.

(3) Sur la distinction entre l'action sociale appartenant à l'universalité des associés et l'action personnelle ou individuelle propre à chaque actionnaire, V. Paris, 22 (et non 16) avril 1870 (S. 71. 2. 169. — P. 71. 552. — D. 70. 2. 121); Cass., 7 mai 1872 (S. 72. 1. 123. — P. 72. 285. — D. 72. 1. 233); 9 juin 1874 (S. 74. 1. 296. — P. 74. 765. — D. 76. 1. 387); 21 juin 1881 (S. 85. 1. 107. — P. 85. 1. 242. — D. 81. 1. 465); 23 févr. 1885 (Pand. chr.); Paris, 6 mai 1885 (Pand. pér., 86. 2. 98), et les notes. *Adde* notre *Dictionnaire de dr. comm., ind. et marit.*, t. VI, v° *Société anonyme*, n. 340 et suiv.

(4) La clause des statuts à laquelle il est fait allusion est ainsi conçue : — « Art. 95. Les contestations touchant l'intérêt général et collectif de la Société (le Crédit foncier) ne peuvent être dirigées, soit contre le conseil d'administration ou l'un de ses membres, soit contre le gouverneur, qu'au nom de la masse des actionnaires, et en vertu d'une délibération de l'Assemblée générale. »

Des clauses de ce genre se trouvent insérées dans nombre d'actes de Société. La consécration de validité que leur accorde la Cour de cassation dans la décision ci-dessus prend par là un caractère de généralité qui n'échappera pas aux praticiens. La précaution deviendra de style; elle ne tardera pas à figurer dans toutes les constitutions de Sociétés à venir.

A cet égard, il est regrettable que la Cour de cassation n'ait touché à une question de cette importance que comme en passant, sans s'y arrêter, d'une manière purement incidente. Il y faudra revenir et mieux limiter l'étendue et la portée d'application d'une telle clause.

La solution de l'arrêt ci-dessus semble ne comporter aucune restriction, aucune distinction. Et cependant il est difficile d'admettre, par exemple, que la clause dont s'agit, ou toute autre de même nature, puisse être opposable à la demande de l'actionnaire en nullité d'une délibération de l'Assemblée générale prise

ou même l'a épuisée par une transaction sur la réparation du préjudice souffert (1); *3° quand, enfin, l'actionnaire qui agit a perdu cette qualité par suite de l'aliénation de ses titres* (2) (Id.).

Au surplus, l'actionnaire ne saurait prétendre à l'exercice de l'action individuelle que conformément aux principes du droit commun, à charge par lui de démontrer l'influence préjudiciable qu'ont eue les fautes des administrateurs, soit sur son entrée dans la Société, lors de l'achat de ses actions, soit sur sa sortie par la revente qu'il en a consentie (3) (C. civ., 1382).

Et il faut que le préjudice soit certain et qu'il dérive directement des fautes alléguées (4) (Id.).

(Maslier c. Fremy, de Soubeyran et Leviez, anciens gouverneur et sous-gouverneurs du Crédit foncier.) — ARRÊT.

LA COUR : — Sur le moyen pris de la violation des art. 1382, C. civ., 1 et 2 du décret du 6 juill. 1854, 18 à 22, 4, 91, 76, 84 et 2 des statuts du Crédit foncier, et des principes en matière de responsabilité (en ce que l'arrêt attaqué a refusé d'appliquer aux administrateurs de la Société du Crédit foncier la responsabilité pécuniaire résultant de leurs fautes) : — Attendu que, si les administrateurs d'une Société anonyme peuvent être, à raison de faits différents ou des mêmes fautes, constituant notamment des manœuvres ou dissimulations coupables, doublement responsables envers la Société qu'ils ont mal gérée, et envers les tiers, actionnaires ou non, victimes de leurs actes, il n'est pas juridique de confondre les éléments constitutifs de l'action sociale et de l'action personnelle ou individuelle qui correspondent à cette double responsabilité; — Attendu que, dans l'espèce, Maslier ne pouvait exercer isolément l'action sociale, par le triple motif que l'art. 95 des statuts y faisait obstacle, que la Société, dûment représentée, avait exercé cette action en stipulant, en 1876, par voie transactionnelle, sur la réparation du préjudice par elle souffert, enfin que Maslier avait cessé d'être actionnaire; — Attendu, quant à l'exercice de l'action personnelle, que Maslier n'a nullement établi l'influence des fautes qu'il attribuait aux gouverneur et sous-gouverneurs du Crédit foncier, soit sur son entrée dans la Société, lors de l'achat de ses actions en 1870, soit sur sa sortie, par une revente qui ne lui a pas été imposée; qu'il n'a pas davantage établi en fait l'existence d'un préjudice certain dérivant directement de ces fautes prétendues; qu'ainsi, à aucun point de vue, il ne s'est placé dans le cas d'invoquer, au soutien de sa demande, distincte de toute action sociale, les principes de responsabilité consacrés par l'art. 1382, C. civ.; — Attendu que l'absence de ces éléments juridiques résulte des constatations et des appréciations des juges du fond, qui, sur ces divers points, sont souveraines; — Attendu, dès lors, qu'à bon droit l'arrêt (Paris, 11 juill. 1882) a repoussé comme non justifiée la demande de Maslier, fondée en apparence sur l'art. 1382, dont elle ne remplit pas les conditions, mais en réalité sur l'action sociale dont l'exercice ne lui appartenait plus; — Rejette, etc.

MM. Bédarrides, prés.; Babinet, rapp.; Chevrier, av. gén. (concl. conf.); Lesage, av.

---

contrairement aux dispositions des statuts, ou en nullité, ou en dissolution de la Société elle-même pour violation des prescriptions légales. Des actions de cette nature ne sauraient être limitées dans leur exercice, ni faire l'objet de conventions valables.

Les statuts font la loi des parties : ils lient tous les intéressés, actionnaires et administrateurs. Prévoir que le pacte social pourra être transgressé, c'est frapper le pacte d'inefficacité, lui enlever à l'avance toute autorité. Mettre des conditions, des entraves au redressement des écarts de gestion en dehors du cercle statutaire de l'exploitation sociale, c'est laisser toute latitude à l'arbitraire, à la fantaisie des administrateurs. Toute Société doit avoir un but parfaitement défini, un programme arrêté et qui ne peut recevoir de modifications que du consentement unanime de tous les intéressés. Il n'y a pas d'accord, pas de conventions préalables susceptibles de prévaloir contre cette nécessité.

A plus forte raison, la violation des prescriptions légales, constitutives ou autres, échappe à toute réglementation des parties. Ce qui est fait contre la loi n'est pas fait du tout, ou bien est mal fait. Tous ceux qui y ont intérêt peuvent en poursuivre le redressement, sans condition. Chaque actionnaire recouvre sa pleine liberté d'agir, malgré toutes les stipulations contraires, et cette liberté n'est soumise à aucun examen, à aucune approbation de l'Assemblée générale; elle se donne à elle-même son laisser-passer. V. en ce sens, Trib. civ. de Cahors, 31 juill. 1885, en sous-note (*a*).

La Cour de cassation n'a pas pu vouloir aller au delà, et sa décision ne saurait être acceptée sans ces restrictions, qui remédient aux torts d'une formule trop absolue. Comp. Paris, 19 avril 1875 (Pand. chr.), et les conclusions de M. l'avocat général Hémar.

(1) Ce point a été jugé à maintes reprises et ne paraît plus faire de difficultés bien sérieuses, quant au principe tout au moins. V. notamment Paris, 22 avril 1870, précité; 20 févr. 1875 (D. 77. 2. 54); Cass., 20 févr. 1877 (S. 77. 1. 445. — P. 77. 1192. — D. 77. 1. 201); 21 juin 1881; 24 févr. 1885, et Paris, 6 mai 1885 (V. *suprà*, note 3).

(2) Une question analogue s'est posée au sujet des manœuvres dolosives ou fautives exercées par des administrateurs de Sociétés vis-à-vis des tiers, pour les déterminer à souscrire des actions de ces Sociétés. Ces agissements donnent naissance à un principe de réparation, d'indemnité; une créance est acquise contre les administrateurs. Ce droit constitue un titre personnel aux actionnaires trompés; il ne compte pas comme un élément du fonds social; il reste distinct des actions souscrites et des droits attachés à ces actions.

D'où cette conséquence que la cession des actions ne transmet pas de plein droit aux nouveaux porteurs d'actions la créance du vendeur contre les administrateurs. V. Cass., 11 nov. 1873 (S. 74. 1. 97. — P. 73. 241. — D. 76. 1. 425); 27 mars 1878 (S. 79. 1. 24. — P. 79. 37); 25 janv. 1881 (Pand. chr.). V. aussi Paris, 23 juin 1870 (trois arrêts) (S. 74. 1. 97, *ad notam*. — P. 74. 241, *ad notam*); 28 juin 1870 (Pand. chr.).

Mais le vendeur qui s'est dessaisi de ses titres, qui n'est plus actionnaire, peut-il, après coup, se retourner contre les administrateurs et poursuivre l'exercice du droit à indemnité resté en dehors de la cession. Nous cherchons les raisons qui s'y opposeraient; nous ne les rencontrons pas. Nous ne voyons pas comment la cession produirait un effet extinctif par rapport à une créance qui ne rentre pas dans son objet et sur laquelle aucune stipulation n'est intervenue. V. conf., Paris, 28 juin 1870 (Pand. chr.). — L'arrêt ci-dessus se prononce en sens contraire, mais il tranche la difficulté par une affirmation. Nous voudrions des motifs; seuls, ils décident les convictions. Un précédent arrêt du 25 janv. 1881 (Pand. chr.) en dit un peu plus long : suivant sa thèse, le vendeur peut être présumé avoir renoncé au droit de se plaindre du dol dont il a été victime. Au moins, faudrait-il indiquer de quelles circonstances il serait légitime de faire découler cette présomption de renonciation. Nous demandons à les connaître, avant de nous prononcer.

Il est à remarquer que, dans l'affaire actuelle, il n'est nullement question de fraudes ou de manœuvres qui ont pu décider des souscriptions ou des achats d'actions, mais d'agissements ou de dissimulations coupables reprochés aux administrateurs dans leur gestion. Le point de vue juridique n'est plus tout à fait le même. Et cependant nous persistons à croire qu'en principe, tout au moins, le vendeur actionnaire conserve, même après l'aliénation de ses titres, le droit de poursuivre la réparation du préjudice qu'il a éprouvé.

(3-4) Ces solutions paraissent incontestables et dérivent des principes généraux en matière de responsabilité.

(*a*) Ce jugement, rendu par le tribunal civil de Cahors, à la date du 31 juill. 1885, *aff.* Ebel et Senil c. Soc. anonyme des chaux hydrauliques et ciments de Haoussa-Bel et du Lot, est ainsi conçu :

LE TRIBUNAL : Attendu que Desprès et les parties intervenantes opposent à l'action en nullité deux fins de non-recevoir tirées : la première de la non-observation par Ebel et Senil des prescriptions de l'article 43 des statuts... Attendu, sur la violation de l'article 43 des statuts, que dans l'hypothèse où se placent Ebel et Senil on ne peut leur faire un grief de ne pas avoir observé une clause insérée dans un contrat dont ils mettent en question l'existence; qu'à ce point de vue ils n'étaient donc pas tenus de déférer préalablement leur demande à l'assemblée générale des actionnaires, etc.

CASS.-CRIM. 7 décembre 1883.

DIFFAMATION, CAISSE D'ÉPARGNE, COMPÉTENCE.

Les caisses d'épargne, quoique créées dans un but d'intérêt général et d'utilité publique, n'en sont pas moins des établissements privés (1). — *En conséquence, la diffamation commise envers les administrateurs, contrôleurs et caissiers d'une caisse d'épargne, est de la compétence non de la Cour d'assises, mais du tribunal de police correctionnelle* (2) (L. 29 juill. 1881, art. 31, 32, 45, § 2, 60).

(Freydier : journ. *l'Echo du Velay* c. administrateurs, contrôleurs et caissiers de la caisse d'épargne de Brioude.) — ARRÊT.

LA COUR : — Sur le moyen tiré de la violation des art. 31 et 45 de la loi du 29 juill. 1881, en ce que les administrateurs et employés d'une caisse d'épargne, étant des fonctionnaires publics ou des citoyens chargés d'un service ou d'un mandat public, la juridiction correctionnelle serait incompétente pour statuer sur la plainte en diffamation que les administrateurs, les contrôleurs et caissiers de la caisse d'épargne de Brioude ont portée contre Freydier, gérant du journal *l'Echo du Velay*; — Attendu que, de l'arrêt attaqué, il résulte que Freydier a été renvoyé devant le tribunal correctionnel de Brioude sous l'inculpation d'avoir publiquement diffamé les administrateurs, contrôleurs et caissiers de la caisse d'épargne de cette ville; — Attendu, en droit, que les caisses d'épargne n'ont pas le caractère d'établissements publics; qu'elles s'administrent elles-mêmes, en se conformant aux lois et règlements qui les régissent suivant leurs statuts particuliers, et qu'à la différence des établissements publics proprement dits, l'autorité gouvernementale et administrative est seulement chargée de la surveillance de leur gestion, et n'intervient pas directement dans cette gestion; qu'il suit de là que les caisses d'épargne, créées dans un but d'intérêt général et d'utilité publique, sont des établissements d'intérêt privé, et que leurs agents, notamment leurs caissiers, quel que soit le mode de leur nomination, ne peuvent être considérés comme des employés ou agents d'une administration publique, ni être assimilés à des citoyens chargés d'un service public, dans le sens de l'art. 31 de la loi du 29 juill. 1881; que, dans ces conditions, la chambre des mises en accusation de la Cour de Riom a fait une saine application de l'article précité en renvoyant Freydier devant la juridiction correctionnelle sous la prévention de diffamation envers les administrateurs, contrôleurs et caissiers de la caisse d'épargne de Brioude; — Rejette, etc.

MM. Baudouin, prés.; Lescouvé, rapp.; Ronjat, av. gén.

CASS.-CRIM. 7 décembre 1883.

DÉGRADATION OU DESTRUCTION DE DÉCORATION PUBLIQUE, DRAPEAU, ENLÈVEMENT, FÊTE NATIONALE, DESSERVANT, PRESBYTÈRE.

L'art. 257, C. pén., protége, par sa formule générale et absolue, tous les objets destinés à l'utilité ou à la décoration publique élevés par l'administration ou avec son autorisation (3) (C. pén., 257).

En conséquence, le fait par un desservant d'enlever un drapeau aux couleurs nationales placé par l'autorité publique, comme objet de décoration, sur le mur du presbytère, le jour de la fête nationale, constitue le délit prévu et puni par ledit article (4) (Id.).

Alors surtout que l'apposition du drapeau a eu lieu sur le mur extérieur du presbytère et de façon à ne gêner ni restreindre l'exercice du droit sui generis *de jouissance qui appartient au desservant sur le presbytère* (5) (L. 18 germ. an X, art. 72; décr. 6 nov. 1813, art. 7, 13, 14 et 21).

(Vigneron.) — ARRÊT.

LA COUR : — Sur le moyen de l'art. 257, C. pén. : — Attendu que cette disposition légale protége, par sa formule générale et absolue, tous les objets destinés à l'utilité ou à la décoration publique, élevés par l'Administration ou avec son autorisation; que, conséquemment, le fait d'avoir détruit, abattu, mutilé ou dégradé le drapeau aux couleurs nationales placé sur un édifice communal, comme objet extérieur de décoration, le 14 juill. 1883, par le maire de la commune de Distré, était prévu et puni par l'art. 257 susvisé; qu'en restreignant arbitrairement, sans avoir égard au texte et à l'esprit de la loi, le sens et la portée de l'art. 257, et en refusant de l'appliquer au fait reconnu constant, l'arrêt a faussement interprété et violé cette disposition légale; — Attendu, à la vérité, que le curé de la paroisse de Distré avait sur le presbytère un droit de jouissance spécial, conformément aux art. 72 de la loi du 18 germ. an X; 6, 13, 14 et 21 du décret du 6 nov. 1813; mais qu'en faisant apposer, le 14 juill. 1883, le drapeau national sur le mur extérieur du presbytère, qui est un édifice communal, et en le faisant flotter sur la voie publique, le maire de la commune de Distré n'a porté aucune atteinte au droit du desservant; — D'où il suit que l'abbé Vigneron ne pouvait légalement enlever le drapeau qui avait été placé par l'autorité publique, comme objet de décoration, le jour de la fête nationale, sur le mur extérieur du presbytère et de façon à ne gêner ni restreindre l'exercice du droit qui appartient au curé; — Par ces motifs, — Casse l'arrêt de la cour d'Angers, du 14 sept. 1883, renvoie... devant la cour d'appel de Bourges.

MM. Baudouin, prés.; Tanon, rapp.; Ronjat, av. gén. (concl. conf.).

Du même jour, deux autres arrêts identiques, intervenus sur les pourvois du procureur général de Poitiers, en cassation de deux arrêts rendus, le 29 juin 1883, par la Cour d'appel de Poitiers, chambre correctionnelle, qui ont relaxé les sieurs Benoît et Ribert.

CASS.-CIV. 18 décembre 1883.

BREVET D'INVENTION, TÉLÉGRAPHIE ÉLECTRIQUE, PRINCIPES SCIENTIFIQUES, PROGRESSION GÉOMÉTRIQUE, APPLICATION INDUSTRIELLE, RÉSULTAT BREVETABLE, CONTREFAÇON.

Toute invention de moyens nouveaux, toute application nouvelle de moyens ou de principes scientifiques connus peuvent

---

(1-2) Sur le principe, V. conf., Paris, 17 mars 1854 (S. 55. 1. 564. — P. 55. 1. 290. — D. 54. 2. 197); Caen, 18 mai 1854 (S. 55. 2. 697. — P. 55. 2. 145. — D. 54. 4. 264); Cass., 5 mars 1856 (S. 56. 1. 517. — P. 56. 2. 605. — D. 56. 1. 121); 8 juill. 1856 (S. 56. 1. 878. — P. 57. 490. — D. 56. 1. 278); Orléans, 26 nov. 1873 (S. 74. 2. 319. — P. 74. 1303); Cass., 10 sept. 1880 (S. 81. 1. 236. — P. 81. 1. 553. — D. 81. 1. 48). — Sur l'application spéciale à la matière de la diffamation, V. conf., Cour d'assises de la Charente, 16 déc. 1882 (S. 83. 2. 45. — P. 83. 1. 235); Cass., 10 févr. 1883 (S. 83. 1. 384. — P. 83. 1. 969. — D. 83. 1. 436).

(3-4) V. dans le même sens, Cass., 31 mars 1882 (Pand. chr.); 9 juin 1882 (Pand. chr.); 5 juin 1885 (Pand. chr.), et les notes.

(5) Quant au caractère et à l'étendue du droit de jouissance des curés ou desservants sur les presbytères, V. Cass., 9 juin 1882, précité; 16 fév. 1883 (Pand. chr.), et surtout Trib. des conflits, 15 déc. 1883 (Pand. chr.), et les indications de la jurisprudence en note. V. aussi Cass., 11 nov. 1882 (Pand. chr.), et nos observations critiques.

être valablement brevetées, à la condition qu'elles servent à l'obtention d'un résultat industriel et qu'elles soient suffisamment indiquées, ainsi que leur résultat, dans la demande de brevet (1) (L. 4 juill. 1844, art. 2, 30, 31, 40).

Spécialement, *est brevetable un système de télégraphe électrique imprimant automatiquement les dépêches au moyen de trente et un signaux formés par les diverses combinaisons des effets produits par cinq courants électriques reçus à la station d'arrivée par un appareil qui, en fonctionnant suivant la loi de la progression géométrique 1, 2, 4, 8 et 16, combine les effets multiples de ces cinq courants en un effet simple* (2) (Id.).

Par suite, un autre inventeur ne pourrait, sans commettre de contrefaçon, prendre pour point de départ d'un système nouveau, une partie au moins du système breveté, et notamment l'application de la même loi de progression géométrique, en combinant les dispositions de son appareil en vue de cette progression, de manière à obtenir le même nombre de signaux, au moyen de la même progression mécaniquement appliquée (3) (Id.).

Vainement, pour faire repousser l'action en contrefaçon dirigée contre lui, le second inventeur prétendrait que ce principe de progression géométrique servant de base au système breveté, en soi et isolé de tout organe mécanique, ne constituerait qu'une loi purement théorique, non brevetable (4) (Id.).

(Mimault c. Baudot et Ministre des postes et télégraphes.) — ARRÊT (*après délib. en ch. du cons.*).

LA COUR : — Sur les 3e, 4e, 5e et 6e moyens du pourvoi : — Vu les art. 2, 30, 31 et 40 de la loi du 5 juill. 1844 sur les brevets ; — Attendu qu'aux termes de ces articles, toute invention de moyens nouveaux, toutes applications nouvelles de moyens ou de principes scientifiques connus, peuvent être valablement brevetées, à la condition qu'elles servent à l'obtention d'un résultat industriel, et qu'elles soient suffisamment indiquées, ainsi que leur résultat, dans la demande de brevet; — Attendu, en fait, que d'après la description contenue dans le brevet de Mimault, et d'après les constatations de l'arrêt attaqué, ce brevet a eu pour objet un système de télégraphe électrique, imprimant automatiquement les dépêches au moyen de trente et un signaux formés par les diverses combinaisons des effets produits par cinq courants électriques, reçus à la station d'arrivée par un appareil dit *rameau conducteur* qui, en fonctionnant suivant la loi de la progression géométrique 1, 2, 4, 8 et 16, combine les effets multiples de ces cinq courants en un effet simple; — Attendu que l'arrêt attaqué déclare que Baudot a pris pour point de départ de son système une partie au moins de celui de Mimault, et notamment l'application de la loi de la progression géométrique 1, 2, 4, 8 et 16; que la disposition de son *combinateur* est faite en vue de cette progression ; qu'il obtient trente et un signes au moyen de la même progression mécaniquement appliquée; que par là son appareil participe à certaines propriétés de l'appareil Mimault; qu'il existe entre ces appareils certaines ressemblances au double point de vue du nombre des effets élémentaires à combiner et du résultat en vue duquel on les combine; — Attendu que l'arrêt ne nie point formellement la nouveauté de l'invention de Mimault; — Attendu que la conséquence légale des faits ci-dessus relevés était que le brevet de Mimault, ayant pour objet une application nouvelle, soit de moyens, soit de principes connus, et indiquant le résultat industriel qu'il avait en vue, avait été valablement pris; — D'où il suit qu'en se fondant, pour repousser la demande de Mimault sur ce que vainement Mimault voudrait faire considérer son résultat comme un moyen, puisque dans tous les cas, ce prétendu moyen, par soi seul, et isolé de tout organe mécanique, serait impuissant à produire quoi que ce soit et ne constituerait qu'un principe abstrait, une loi purement théorique non brevetable, l'arrêt attaqué (Paris, 7 mai 1880) a violé la loi du brevet et les articles ci-dessus visés; — Casse, etc.

MM. Cazot, 1er prés.; de Lagrevol, rapp.; Charrins, 1er av. gén. (concl. conf.); Gosset et Choppard, av.

CASS-CIV. **26 décembre 1883** (DEUX ARRÊTS).

JUGEMENT OU ARRÊT, MAGISTRAT EMPÊCHÉ, AVOCAT, AVOUÉ, SERMENT, DISPENSE.

L'avocat (1re espèce) *ou l'avoué* (2e espèce) *appelé, en cas d'empêchement de juges titulaires et suppléants, à compléter le tribunal, n'est pas tenu de prêter le serment spécial imposé aux magistrats* (5) (LL. 21 niv. an VIII, art. 1; 22 vent. an XII, art. 31; 8-11 août 1849, art. 3; Décr. 22 mars 1852, art. 8).

(1-2-3-4) Les principes, méthodes, systèmes, découvertes et conceptions théoriques ou purement scientifiques ne sont pas brevetables (L. 5 juill. 1844, art. 30). Mais il n'en est plus de même des applications industrielles qui en dérivent et qui, elles, peuvent constituer, au profit de l'inventeur, un droit privatif et exclusif, protégé par un brevet valable. V. Cass., 13 août 1845 (S. 45. 1. 689. — P. 45. 2. 677. — D. 45. 1. 408); 9 fév. 1853 (Pand. chr.); Lyon, 13 déc. 1861 (S. 62. 2. 180. — P. 62. 725); — Cass., 13 août 1862 (S. 63. 1. 253. — P. 63. 789. — D. 63. 1. 67); 30 nov. 1864 (S. 65. 1. 70. — P. 65. 135. — D. 65. 1. 163). — C'est aux juges du fait qu'il appartient de décider souverainement s'il y a ou non application industrielle réalisée. V. Cass., 30 nov. 1864, précité; 14 mars 1865 (S. 65 1. 372. — P. 65. 966. — D. 65. 1. 225); 15 juill. 1867 (S. 67. 1. 286. — P. 67. 743); et notre *Dictionnaire de dr. comm., ind. et marit.*, t. II, v° *Brevet d'invention*, n. 121.

De plus, l'arrêt ci-dessus résout cette autre question, qui ne doit point passer inaperçue, puisque, à notre connaissance du moins, elle n'avait point été encore tranchée directement par la jurisprudence, à savoir qu'il n'est pas nécessaire que l'application industrielle ait été *mécaniquement et pratiquement réalisée* au moyen d'appareils, qu'il suffit qu'elle soit *indiquée* dans la demande de brevet.

Faisons observer, d'ailleurs, qu'à la suite de la cassation et du renvoi prononcé par la Cour suprême, la Cour d'Amiens, par arrêt du 29 mai 1884, a refusé de voir dans les faits qui lui étaient déférés une contrefaçon. Elle a abouti ainsi au même résultat que la Cour de Paris, dont l'arrêt (7 mai 1880), avait été cassé. Mais, d'une part, la Cour d'Amiens a justifié sa décision par des motifs de droit qui se sont inspirés des solutions de l'arrêt de renvoi, et qui n'ont point, comme ceux de l'arrêt de Paris, prêté à de légitimes critiques et à des réfutations directes; d'autre part, la Cour d'Amiens a déclaré nettement, catégoriquement, qu'il n'y avait, en fait, aucune identité, aucune ressemblance même entre les deux inventions, tandis qu'au contraire, la Cour de Paris avait montré des hésitations, s'était en quelque sorte embarrassée dans des constatations contradictoires, qu'elle repoussait toute contrefaçon, et cependant qu'elle ne paraissait pas éloignée de reconnaître, dans certains considérants de son arrêt, la similitude des deux appareils, au moins quant aux éléments les plus essentiels, à ceux qui caractérisaient, qui absorbaient, pour ainsi dire, toute l'invention.

(5) Ces deux arrêts de la chambre civile, rendus après délibéré en la chambre du conseil, contrairement aux conclusions de M. l'avocat général Desjardins, ont définitivement résolu la question. Depuis, la chambre des requêtes s'est prononcée dans le même sens par deux décisions qui reproduisent presque textuellement les motifs des arrêts ci-dessus rapportés. V. Cass.-req., 21 et 29 janv. 1884 (Pand. chr.). — D'ailleurs, ce n'est point là une jurisprudence nouvelle, mais la confirmation plus précise, désormais nettement arrêtée de solutions antérieures. V. conf., Cass., 8 déc. 1813 (S. et P. chr. — D. *Jurispr. gén.*, v° *Avocat*, n. 278); Paris, 8 janv. 1850 (S. 50. 2. 44. — P. 50. 1. 219. — D. 50. 2. 31); Montpellier, 2 juin 1876 (*J. des avoués*, 77, p. 23). — Toutefois l'opinion contraire, impliquant la necessité du serment spécial, a été consacrée par deux arrêts de Colmar, des 11 vent. an XIII et 21 avril 1813. C'est également cette opinion qu'a soutenue M. l'avocat général Desjardins, dans ses conclusions au sujet des deux affaires ci-dessus, conclusions reproduites par la *Gazette des Trib.*, le *Droit*, et la *Loi*, n. du 5 janv. 1884.

1re Espèce. — (Journiac c. Chem. de fer de l'État.) — ARRÊT (*après délib. en ch. du cons.*).

LA COUR : — ...Sur le premier moyen : — Attendu qu'aucune disposition des lois relatives à la composition des tribunaux n'exige que l'avocat, appelé à remplacer accidentellement un juge empêché, prête le serment spécial prescrit aux magistrats ; que la qualité d'avocat, dont il a été investi en se soumettant aux lois et règlements de sa profession, le rend apte à en remplir tous les devoirs, notamment celui de remplacer les juges lorsqu'il y est appelé dans les cas prévus par les lois ; — D'où il suit que Me Lacombe, avocat, a fait régulièrement partie du tribunal de Tulle, qui a, le 8 mars 1883, procédé aux choix des jurés pour l'expropriation poursuivie par l'administration des chemins de fer de l'État ;

Sur le second moyen : ...(sans intérêt) ; — Rejette, etc.

MM. Cazot, 1er prés. ; Onofrio, rapp. ; Desjardins, av. gén. (concl. contr.) ; Carteron et G. Mayer, av.

2e Espèce — (Hourdon c. veuve Vard.) — ARRÊT (*après délib. en ch. du cons.*).

LA COUR : — Sur le moyen unique du pourvoi : — Attendu qu'aucune disposition des lois relatives à la composition des tribunaux n'exige que l'avocat ou l'avoué, appelé à remplacer accidentellement un juge empêché, prête le serment spécial prescrit aux magistrats ; que la qualité d'avocat ou d'avoué, dont il a été investi en se soumettant aux lois et règlements de sa profession, le rend apte à en remplir tous les devoirs, notamment celui de remplacer les juges lorsqu'il y est appelé dans les cas prévus par les lois ; — D'où il suit que le tribunal des Andelys, en statuant, le 13 déc. 1881, dans la cause des époux Hourdon contre la veuve Vard, avec la coopération de Me Fenoux, avoué, appelé à défaut de juges, de juges suppléants et d'avocats, sans recevoir de lui le serment professionnel de magistrat, était régulièrement composé ; — Rejette, etc.

MM. Cazot, 1er prés. ; Rohault de Fleury, rapp. ; Desjardins, av. gén. (concl. contr.) ; Defert, av.

CASS.-CRIM. 29 décembre 1883.

CHASSE, BÊTES FAUVES, DOMMAGE IMMINENT, DESTRUCTION, BATTUE.

La présence prolongée de bêtes fauves sur une propriété ou dans le voisinage de cette propriété, peut être à juste titre considérée comme un dommage actuel ou imminent, de nature à justifier l'emploi, pour la destruction de ces bêtes fauves, de tous les moyens usités en pareil cas, et même des armes à feu (1) (L. 3 mai 1844, art. 9, § 3).

Et les battues organisées dans ce but constituent non pas un acte de chasse, mais bien l'exercice d'un droit de légitime défense qui n'est soumis à aucune condition (2) (Id.).

(Simonet-Peuchot et autres.) — ARRÊT.

LA COUR : — Sur le moyen unique, tiré de la violation, par fausse interprétation, de l'art. 9, § 3, de la loi du 3 mai 1844 : — Attendu que la disposition finale du § 3 de l'article précité réserve expressément le droit appartenant à tout propriétaire ou fermier de repousser ou de détruire, même avec des armes à feu, les bêtes fauves qui porteraient dommage à ses propriétés ; — Attendu que l'arrêt attaqué constate, en fait, que, dans la commune de Lacour-d'Arcenay, des sangliers causaient, presque toutes les nuits, des dégâts considérables dans les champs qui bordent les bois où la battue incriminée a eu lieu, et qui appartiennent, soit au comte de Thy, soit à un certain nombre de prévenus, défendeurs au pourvoi ; que ladite battue n'a été organisée que dans le but de faire cesser le dommage qui, sans cesse renouvelé, était en quelque sorte permanent, et qu'elle a amené la destruction de deux fauves, un loup et un sanglier ; — Attendu que ces faits, souverainement constatés, n'ont pas constitué un acte de chasse, mais un acte de destruction, qui n'a été que l'exercice du droit de légitime défense que la disposition de loi précitée a consacré au profit du propriétaire ou du fermier, sans le soumettre à aucune condition ; que le fait de la présence prolongée de bêtes fauves sur une propriété, ou dans le voisinage de cette propriété, peut être à juste titre considéré comme un dommage actuel ou imminent qui justifie l'emploi, pour la destruction de ces bêtes fauves, des moyens usités en pareil cas, et même des armes à feu ; que, dès lors, l'arrêt attaqué, en décidant que, dans les circonstances qu'il constate, le fait reproché aux prévenus rentrait dans la disposition finale du § 3 de l'art. 9 de la loi du 3 mai 1844, et ne constituait, dans l'état des faits, ni délit ni contravention, loin de violer ledit article, en a fait une saine interprétation ; — Rejette le pourvoi formé contre l'arrêt de la Cour de Dijon, du 25 juill. 1883, etc.

MM. Baudouin, prés. ; Etignard de Lafaulotte, rapp. ; Roussellier, av. gén.

(1-2) Jusqu'à ces derniers temps, la Cour de cassation n'autorisait l'emploi, contre les bêtes fauves, de tous les moyens de destruction, même des armes à feu, sans condition de permis, d'autorisation ou autre, que lorsque la poursuite avait lieu au moment même où le dommage était commis, où les bêtes fauves étaient surprises dans leur œuvre de déprédation. En pareil cas seulement, il y avait légitime défense. V. notamment Rouen, 7 août 1862 (S. 70. 2. 297, *ad notam*. — P. 70. 1098, *ad notam*. — D. 64. 2. 152) ; 18 févr. 1864 (S. 64. 2. 62. — P. 64. 367. — D. 64. 2. 164) ; Cass., 13 avr. 1865 (S. 65. 1. 391. — P. 65. 999. — D. 65. 1. 196) ; 2 déc. 1880 (S. 82. 1. 387. — P. 82. 1. 960. — D. 80. 2. 73). — Depuis l'arrêt du 28 avr. 1883 (S. 85. 1. 334. — P. 85. 1. 797. — D. 83. 5. 53), le dommage imminent a été assimilé au dommage actuel ou en voie de perpétration, la menace du danger au danger lui-même. La décision ci-dessus rapportée est une confirmation de cette jurisprudence antérieurement consacrée d'ailleurs par un arrêt très-explicite, de la Cour de Metz du 28 nov. 1867 (S. 68. 2. 275. — P. 68. 1015. — D. 68. 2. 123) et recommandée par la majorité des auteurs. *Sic*, Giraudeau et Lelièvre, *La chasse*, n. 586 et 587 ; Leblond, *id.*, t. I, n. 17 ; de Neyremand, *Quest. sur la chasse*, n. 61 ; Villeguez, *Anim. malf. ou nuis.*, n. 47, 69 et 70. V. aussi Rouen, 25 févr. 1875 (D. 76. 2. 169).

CASS.-REQ. 2 janvier 1884.

FOLLE ENCHÈRE, LICITATION, COLICITANTS, ADJUDICATION, SOMMATION, JUGEMENT D'ADJUDICATION, SIGNIFICATION, AFFICHAGE, PLACARDS, FOL ENCHÉRISSEUR, DOMICILE RÉEL, DOMICILE ÉLU, NULLITÉ, DÉLAI, CONCLUSIONS, DEMANDE DE SURSIS, APPEL.

La fiction légale de l'art. 883, C. civ., tout en s'appliquant à la licitation comme au partage des biens indivis, ne met point obstacle à ce que les colicitants conviennent, par une clause du cahier des charges, qu'au cas où l'un d'eux, devenu adjudicataire, ne satisferait pas aux conditions de l'adjudication, il serait soumis à la revente sur folle enchère (1) (C. civ., 883).

Dans la procédure de folle enchère, la sommation adressée à l'adjudicataire après la délivrance du jugement d'adjudication, n'a pas besoin d'être précédée, à peine de nullité, de la signification de ce jugement (2) (C. proc., 734, 735).

L'affichage, prescrit à peine de nullité par l'art. 699, C. proc., à la porte du domicile réel du saisi, n'est pas exigé, sous la même peine, à la porte du fol enchérisseur; les nullités de procédure ne pouvant être étendues sous prétexte d'analogie (3) (C. proc., 699, 735).

Alors surtout que l'affichage de placards a eu lieu au domicile élu par le fol enchérisseur pour tous les actes de la poursuite en folle enchère (4) (Id.).

D'ailleurs, ce moyen de nullité, dirigé contre la procédure postérieure à la publication du cahier des charges, doit, à peine de forclusion, être proposé trois jours au plus tard avant l'adjudication (C. proc., 729).

Et il ne suffirait pas, pour échapper à la forclusion, d'invoquer d'une manière générale, dans des conclusions signifiées trois jours avant l'adjudication, l'inobservation des formalités prescrites par les art. 699, 734 et 735, C. proc., s'il n'est pas indiqué en quoi a consisté cette prétendue inobservation, et si la précision de la nullité n'a été formulée que dans des conclusions prises la veille de l'adjudication (Id.).

Les seuls jugements susceptibles, en matière de folle enchère, d'être attaqués par la voie de l'appel, étant ceux qui statuent sur les moyens de nullité, les jugements rendus sur les demandes

(1) La validité d'une telle clause, insérée au cahier des charges, ne fait plus aujourd'hui de difficultés; elle a été consacrée par la presque unanimité des arrêts et par tous les auteurs. V. Paris, 21 mai 1816; Cass., 9 mai 1834 (S. 34. 1. 523. — P. chr. — D., *Jurispr. gén.*, vº *Vente publique d'immeubles*, n. 2132); 27 mai 1835 (S. 35. 1. 341. — P. chr.); Limoges, 11 août 1839 (S. 40. 2. 123); Bourges, 13 janv. 1845 (S. 46. 2. 407. — P. 47. 1. 745); Bordeaux, 8 mai 1848 (S. 52. 2. 423. — P. 50. 2. 96. — D., *Jurispr. gén.*, vº *Vente publique d'immeubles*, n. 2022); 3 mars 1852 (S. 52. 2. 423. — P. 53. 2. 414. — D. 54. 5. 547); Nîmes, 30 août 1853 (S. 54. 2. 368. — P. 55. 1. 295); Chauveau, sur Carré, *Lois de la proc.*, quest. 2505 *novies*. — *Contrà*, Bordeaux, 15 mars 1833 (S. 34. 2. 23. — P. chr. — D., *Jurispr. gén.*, vº *Succession*, n. 1201); 22 mars 1834 (S. 34. 2. 460. — P. chr.).

A côté de cette question s'en trouve une autre qui comporte les difficultés les plus sérieuses, c'est celle de savoir si l'adjudicataire colicitant qui ne paye pas son prix est soumis *de plein droit*, et sans que le cahier des charges l'ait expressément prévu, à la poursuite en folle enchère. Elle est étrangère à l'affaire actuelle, puisqu'il y avait stipulation sur ce point; elle n'en est pas moins digne d'intérêt. A notre avis, la folle enchère ne peut être encourue de plein droit. La fiction légale de l'art. 883, C. civ., les conséquences qui en découlent, le but et le résultat de l'action en partage entre cohéritiers ou copropriétaires à un autre titre, le silence de la loi qui, en organisant la procédure et en fixant les effets de la licitation, rappellent la faculté de surenchère et omet le droit de folle enchère, telles sont, en quelques mots, les raisons qui militent en faveur de notre opinion. V. Cass., 29 déc. 1829 (D., *Jurispr. gén.*, vº *Succession*, n. 2094); Bordeaux, 22 mars 1834 (S. 34. 2. 460. — P. chr.); Nîmes, 30 août 1853 (S. 54. 2. 368. — P. 55. 1. 295. — D. 54. 5. 546); Chauveau, quest. 2505. V. aussi, en ce sens, le rapport de M. le conseiller Lepelletier dans l'affaire actuelle inséré (D. 84. 1. 316).

(2) « En organisant la procédure de la folle enchère, le législateur a distingué deux périodes et prescrit des formalités différentes, suivant que la poursuite était entamée dans l'une ou l'autre de ces périodes.

« Si la folle enchère est poursuivie avant la délivrance du jugement d'adjudication, elle ne peut l'être que sur le vu d'un certificat du greffier constatant que l'adjudicataire n'a point satisfait aux conditions de l'adjudication (C. proc., 734).

« Si, au contraire, elle est poursuivie dans la deuxième période prévue par la loi, c'est-à-dire après la délivrance du jugement d'adjudication, le certificat du greffier n'est plus exigé, et c'est en vertu du jugement lui-même que la poursuite a lieu (C. proc., 735).

« ...Déterminons bien ce qui était exigé par la loi dans le cas de l'espèce... Nous sommes dans la seconde période, après la délivrance du jugement d'adjudication; c'est dans l'art. 735 qu'il faut chercher les formalités que la loi impose au poursuivant. Or nous y cherchons en vain la signification du jugement. Le texte est muet à cet égard. Le jugement existe. Le fol enchérisseur le sait; il y a été partie. Il en connaît les dispositions. Le jugement a été délivré. C'est tout ce que la loi exige.

« Votre jurisprudence n'a pas eu à examiner cette question, sur laquelle nous n'avons non plus rien trouvé dans les auteurs. Mais une fois au moins la jurisprudence des Cours d'appel l'a résolue dans le sens que nous indiquons, en décidant que non-seulement la sommation aux fins de consigner, mais même l'apposition des placards, qui est l'exécution même de la poursuite en folle enchère, peuvent être faites avant la signification du jugement d'adjudication; c'est ce qu'a jugé la Cour de Limoges par un arrêt du 11 août 1839, et elle l'a ainsi jugé par le motif que nous indiquions tout à l'heure, le silence de la loi justifié par son esprit : « — Attendu, dit la Cour de Limoges, que l'apposition des placards et l'insertion au journal n'ont pas eu lieu en « exécution du jugement qui n'avait pas à les ordonner, mais en « exécution de la loi, *qui n'exige pas la signification préalable du* « *jugement*, parce que la procédure de la revente sur folle enchère « doit être rapide. »

« Or l'apposition des placards et l'insertion sont nécessairement postérieures à la sommation d'exécuter, puisqu'ils sont la conséquence de la non-exécution. Donc, *à fortiori*, la signification du jugement n'est pas exigée préalablement à la sommation, puisqu'elle ne l'est pas même préalablement à l'apposition des placards... » (Extraits du rapport de M. le conseiller Lepelletier).

(3-4) Les formalités prescrites par l'art. 735 doivent être observées à peine de nullité. L'art. 739 le dit expressément. Il est vrai que l'art. 735 renvoie à l'art. 696 pour les annonces et à l'art. 699 pour les placards. Mais l'art. 699 exige-t-il l'apposition du placard à la porte du domicile du fol enchérisseur?

« Pas le moins du monde. Il ne parle que du domicile du *saisi*. Pourquoi? La raison en est facile à comprendre : c'est que le saisi qui, aux termes des art. 673 à 677, a reçu signification de la procédure tendant à l'adjudication sur saisie, pourrait ignorer la poursuite de folle enchère contre l'adjudicataire, et que c'est, pour la lui faire connaître, que le placard doit être apposé à sa porte. Le fol enchérisseur, au contraire, celui contre lequel la revente est poursuivie, ne peut ignorer cette poursuite, qui lui a

en sursis de l'adjudication ne peuvent être attaqués par ce mode de recours (1) (C. proc., 457, 718, 729, 730, 739).

(Jacquin c. Orphelinats d'Algérie.) — ARRÊT.

LA COUR : — Statuant, vu la connexité, par un seul et même arrêt sur les deux pourvois n. 38,395 et 38,396, contre deux arrêts rendus par la Cour d'appel d'Alger, le 13 juin 1882, et d'abord sur le pourvoi 38,396 (premier arrêt); — Sur le moyen pris de la violation de l'art. 883, C. civ. (en ce que, malgré la disposition de cet article, d'après laquelle tout copropriétaire est censé avoir succédé seul et immédiatement aux biens qui lui sont échus en partage ou sur licitation et ne tenir aucun droit de ses copropriétaires, l'arrêt attaqué a décidé qu'un colicitant pouvait poursuivre contre son colicitant devenu adjudicataire la revente sur folle enchère des biens adjugés à celui-ci) : — Attendu que, si la fiction légale de l'art. 883 s'applique à la licitation comme au partage des biens indivis, elle ne met pas obstacle à ce que les colicitants conviennent, par une clause du cahier des charges, qu'au cas où l'un d'eux, devenu adjudicataire, ne satisferait pas aux conditions de l'adjudication, il serait soumis à la revente sur folle enchère; qu'une pareille convention, licite en elle-même, l'est aussi dans sa cause, qui est l'obligation contractée par l'adjudicataire, et dans son objet, qui est d'assurer, par une sanction que la loi autorise, l'exécution de ladite obligation; — Attendu qu'il résulte de l'arrêt attaqué que le cahier des charges dressé pour la licitation des immeubles indivis entre Jacquin et la Société des orphelinats agricoles d'Algérie, stipulait expressément, dans ses art. 13 et 18, qu'à défaut de payement ou de consignation du prix par lui dû, l'adjudicataire, fût-il un des colicitants, pourrait être contraint par la voie de la folle enchère; que c'est donc à bon droit que l'arrêt attaqué a jugé que, faute par Jacquin, devenu adjudicataire, d'avoir effectué le payement ou la consignation de son prix, la revente sur folle enchère avait pu être poursuivie contre lui;

Sur le deuxième moyen, pris de la violation des art. 734 et 735, C. proc. (en ce que l'arrêt attaqué s'est refusé à faire l'application desdits art. 734 et 735, qui règlent cependant la procédure de revente sur folle enchère) : — Attendu que la loi distingue deux périodes dans la procédure de la folle enchère, celle qui précède la délivrance du jugement d'adjudication et celle qui suit cette délivrance; que, lorsque, comme dans l'espèce, la sommation n'est faite qu'après la délivrance du jugement, ni l'art. 735 ni aucun autre n'exigent la signification préalable dudit jugement; que l'absence de cette signification ne peut donc être une cause de nullité...; qu'il suit de là qu'en déclarant régulière et valable la sommation du 13 oct. l'arrêt attaqué n'a pas violé les art. 734 et 735, C. proc.;

Sur le troisième moyen, pris de la violation des art. 735 et 699, C. proc., et de la fausse application de l'art. 729 du même Code (en ce que, bien que les placards prescrits par ces articles n'aient pas été affichés à la porte du domicile réel du sieur Jacquin, l'arrêt attaqué a décidé que la nullité résultant de ce chef contre les poursuites de folle enchère ne pouvait être admise, sous prétexte que cette nullité n'avait pas été invoquée trois jours au moins avant l'adjudication, et, d'autre part, sous prétexte qu'il suffisait que les placards aient été affichés à la porte du domicile élu par le sieur Jacquin dans l'instance en vente sur licitation) : — Attendu que les nullités édictées par le Code de proc. civ. ne peuvent être étendues, sous prétexte d'analogie, hors des cas déterminés par le législateur; — Attendu que, si l'art. 735 renvoie, pour l'apposition des placards en cas de folle enchère, aux prescriptions de l'art. 699, ce dernier article, qui prescrit l'affichage au domicile du saisi, ne l'exige pas au domicile du *fol enchérisseur*, qui ne peut ignorer la poursuite dirigée contre lui; — Attendu que, dans la cause actuelle, Jacquin était *fol enchérisseur* et non saisi; que, dès lors, aucun texte n'exigeait à son domicile réel l'affichage de placards qui, d'ailleurs, avaient été apposés au domicile élu par lui pour tous les actes de la poursuite en folle enchère; que le moyen n'est donc pas fondé;

Attendu, en outre, qu'aux termes de l'art. 729, C. proc., ce moyen dirigé contre la procédure postérieure à la publication du cahier des charges, devait, à peine de nullité, être proposé trois jours au plus tard avant l'adjudication; que Jacquin, qui, dans ses conclusions du 20 novembre, s'était borné à invoquer d'une manière générale l'inobservation des formalités prescrites par les art. 734, 735 et 699, sans indiquer en quoi consistait cette prétendue inobservation, n'a précisé la nullité par lui relevée que dans ses conclusions prises la veille de l'adjudication; qu'il avait donc encouru la forclusion prononcée par l'art. 729, et qu'en déclarant le moyen non recevable comme tardif, la Cour d'Alger n'a fait qu'une juste application dudit article, etc.;

Sur le quatrième moyen... :

Sur le pourvoi n. 38395 (second arrêt) : — Sur le moyen unique, pris de la violation de l'art. 457, § 1er, et des art. 718 et 730, C. proc., et de la fausse application du même art. 457, § 2, et de l'art. 729 du même Code (en ce que, malgré l'effet suspensif de l'appel, l'arrêt attaqué a déclaré que c'était à bon droit qu'il avait été procédé à l'adjudication sur folle enchère) : — Attendu qu'aux termes de l'art. 739, C. proc., les seuls jugements qui, en matière de folle enchère, puissent être attaqués par la voie de l'appel sont ceux qui statuent sur les moyens de nullité; que les jugements rendus sur les demandes en sursis de l'adjudication ne sont donc pas susceptibles de ce mode de recours; — Attendu que le jugement déféré à la Cour d'Alger par l'appel du 13 déc. 1881, et qui décide qu'il n'y avait pas lieu de surseoir à l'adjudication sur folle enchère, et prononce cette adjudication, n'a pas statué sur un moyen de nullité; que c'est à bon droit que l'arrêt attaqué a déclaré ledit appel non recevable; — Rejette, etc.

MM. Bédarrides, prés.; Lepelletier, rapp.; Chévrier, av. gén. (concl. conf.); Bouchié de Belle, av.

CASS.-CRIM. 3 janvier 1884.

JOURNAUX OU ÉCRITS PÉRIODIQUES, DÉCLARATION PRÉALABLE, IMPRIMERIE, INDICATION, NOM DE L'IMPRIMEUR.

La déclaration au parquet, préalable à la publication de tout journal, doit contenir, en ce qui concerne l'indication de l'imprimerie, non-seulement l'adresse de l'établissement, mais aussi le nom de celui ou de ceux qui le dirigent (2) (L. 29 juill. 1881, art. 7).

été dénoncée par la sommation qui, restée sans effet, la lui fait encourir. On comprend dès lors à merveille que la loi, en prescrivant l'affichage à la porte du saisi, ne la prescrive pas à celle du fol enchérisseur. Dans l'espèce actuelle, nous ne sommes pas en matière de saisie, mais de licitation, ce qui suffirait peut-être pour ne pas y transporter des nullités qui ne sont édictées que dans la matière de la folle enchère après vente sur saisie. Il n'y a pas de saisi. Donc pas de domicile du saisi, et si l'affichage n'est ordonné à peine de nullité qu'au domicile du saisi, il nous semble difficile de faire résulter la nullité du défaut d'affichage à la porte du fol enchérisseur, affichage qu'aucun texte n'impose et qui ne le serait que par une induction d'analogie inadmissible en matière de nullité. » (Extraits du même rapport).

Telle est aussi la doctrine de Chauveau, sur Carré, *Lois de la proc.*, t. V, quest. 2428 *quater*.

(1) V. conf., Chauveau, sur Carré, *op. cit.*, t. V, quest. 2423 *ter*.

(2) C'est le seul arrêt sur la question. — Les commentateurs de la loi du 29 juill. 1881 ne paraissent pas l'avoir prévue.

(Deville; journal *le Poitiers-Journal.*) — ARRÊT.

LA COUR : — Sur le moyen tiré de la violation des art. 7 et 9 de la loi du 29 juill. 1881 : — Vu lesdits articles; — Attendu que l'art. 7, susvisé, dispose que, « avant la publication de tout journal ou écrit périodique, il sera fait au parquet du procureur de la République une déclaration contenant : 1° le titre du journal ou écrit périodique et son mode de publication ; 2° le nom et la demeure du gérant; 3° l'indication de l'imprimerie où il doit être imprimé »; — Attendu que l'indication d'une imprimerie n'est précise et complète qu'autant qu'elle contient, non-seulement l'adresse de l'établissement, mais aussi le nom de celui ou de ceux qui le dirigent; que cette double mention qui, seule, détermine exactement l'identité de l'imprimerie, est indispensable pour assurer la surveillance de l'autorité, et, en cas de saisie de numéros du journal ou de poursuites judiciaires, éviter les chances de confusion et d'erreur dommageable; — Attendu que les mesures de précaution, constamment exigées par la législation sur la presse, n'ont pas cessé d'être nécessaires sous la loi nouvelle; que cette nécessité semble même s'imposer impérieusement depuis que l'industrie de l'imprimerie est devenue libre; que les termes de l'art. 7 ne contiennent, d'ailleurs, aucune énonciation qui permette de présumer de la part du législateur une intention contraire; — Attendu, en fait, que de l'arrêt attaqué résulte la double constatation que le n° 15 du journal publié sous la dénomination de *Poitiers-Journal,* paru le 24 juin 1883, portait la mention suivante : *Imprimerie de* Poitiers-Journal, *rue de la Préfecture,* et que, le 28 du même mois de juin, Deville a fait au parquet de Poitiers la déclaration que son journal s'imprimerait désormais à Tours, rue de Lucé, n° 5; — Attendu que, ni la mention du n° 15 ni la déclaration faite le 28 juin ne contenant l'indication du nom de l'imprimeur, ne satisfaisaient au vœu de la loi; — D'où il suit qu'en décidant le contraire, l'arrêt attaqué a violé les dispositions de loi susvisées; — Casse l'arrêt de Poitiers du 17 août 1883, etc.

MM. Baudouin, prés.; Le Blond, rapp.; Roussellier, av. gén. (concl. conf.).

CASS.-CIV. 8 janvier 1884.

DOMICILE, DOMICILE POLITIQUE, TRANSFERT, DOMICILE CIVIL, MAINTIEN.

Le domicile politique est distinct du domicile civil (1) (C. civ., 102 et suiv.).

Dès lors, la demande à fin de radiation dans une commune et d'inscription dans une autre commune sur les listes électorales ne saurait être confondue avec la double déclaration exigée par l'art. 104, C. civ., et ne peut, en aucun cas, faire obstacle à ce que la partie intéressée prouve qu'en transférant son domicile politique, elle n'a pas transféré son domicile civil (2) (C. civ., 104).

(Bouyer c. Barrault.) — ARRÊT.

LA COUR : — Vu l'art. 102, C. civ.; — Attendu que Bouyer déclinait la compétence du tribunal de Châtellerault, en se disant domicilié à Paris, et offrait de prouver certains faits d'où il serait résulté qu'effectivement ledit Bouyer avait à Paris son principal établissement; — Attendu que le jugement attaqué a écarté cette offre de preuve comme non pertinente, en se fondant sur ce que, en 1877, Bouyer avait transféré son domicile politique de Paris à Naintré, et que la déclaration par lui faite à cette occasion le liait envers les tiers; que, d'ailleurs, aux termes du décret du 2 févr. 1852, il n'avait pu se faire inscrire à Naintré qu'à la condition d'habiter la commune depuis six mois au moins; — Mais attendu, d'une part, que le domicile politique est distinct du domicile civil; que, dès lors, la demande à fin de radiation dans une commune et d'inscription dans une autre commune, sur les listes électorales, ne saurait être confondue avec la double déclaration dont parle l'art. 104, C. civ., et ne peut, en aucun cas, faire obstacle à ce que la partie intéressée prouve qu'en transférant son domicile politique, elle n'a pas transféré son domicile civil; — Attendu, d'autre part, que l'habitation de six mois, exigée par le décret de 1852, est également distincte du domicile civil, et qu'elle a même cessé d'être exigée d'une manière absolue pour l'inscription sur la liste électorale municipale, aux termes des lois des 7 juill. 1874 et 30 nov. 1875; — Attendu, dès lors, que le jugement (Trib. de Châtellerault, 7 mars 1881), qui a écarté comme non pertinente la preuve offerte par Bouyer, manque de base légale, et viole l'art. 102, C. civ., précité; — Casse, etc.

MM. Cazot, 1er prés.; Dareste, rapp.; Desjardins, av. gén. (concl. conf.); Bouchié de Belle, av.

CASS.-CIV. 8 janvier 1884.

MARINS, SALAIRES, FRAIS, RAPATRIEMENT, PAYEMENT, DÉSARMEMENT (LIEU DE), NAUFRAGE, VOYAGE (FIN DU), ADMINISTRATION DE LA MARINE, ACTION EN JUSTICE, COMPÉTENCE.

Le payement, par l'armateur, des salaires, frais d'invalides et de rapatriement des gens de mer, doit être effectué au lieu du désarmement du navire (3) (Arr. du cons., 19 janv., 1734; Ord. 29 oct. 1833, art. 33; Décr. 19 mars 1852, art. 2).

Et, en règle générale, sauf stipulation contraire, le désarmement est opéré au lieu où finit le voyage (4) (Id.).

Il en est ainsi, notamment, en cas de naufrage (5) (Id.).

Par suite, l'action de l'administration de la marine en payement de salaires, frais d'invalides et de rapatriement des gens de mer, doit être portée devant le tribunal de commerce du lieu du naufrage (6) (C. proc., 420, 426).

(1-2) Cette distinction entre le domicile politique et le domicile civil, réel ou d'origine, existait déjà dans notre ancien droit. V. Cass. règl. de jug., 28 flor. an X.

Le domicile civil se conserve tant que la volonté de le remplacer par un autre ne s'est pas formulée d'une manière expresse et positive. V. Cass., 11 vend. an XIII; 22 janv. 1850 (S. 50. 1. 297. — D. 50. 1. 61; Limoges, 13 févr. 1869 (S. 69. 1. 75. — P. 69. 347. — D. 74. 5. 170); Douai, 13 déc. 1873 (S. 74. 2. 87. — P. 74. 454. — D. 74. 5. 169); Cass., 12 déc. 1877 (S. 78. 1. 18. — P. 78. 28); 28 mai 1879 (S. 79. 1. 311. — P. 79. 774). — Et cette intention n'est pas suffisamment manifestée par l'inscription sur les listes électorales d'une autre commune. V. Douai, 13 déc. 1873, précité. V. aussi Cass., 16 avril 1885 (Pand. pér., 86. 1. 90), et les observations en note.

Bien plus, même, l intention, si formelle qu'elle soit, alors même qu'elle se serait affirmée par une déclaration expresse faite tant à la mairie du lieu que l'on veut quitter qu'à la mairie du lieu où l'on veut transférer son domicile, n'opère légalement changement de domicile qu'autant que le fait s'en est suivi, que le déplacement matériel du principal établissement du déclarant s'est réalisé. V. Limoges, 1er sept. 1813; Cass., 16 avril 1817; 6 nov. 1832 (S. 32. 1. 822. — P. chr.); 25 août 1835 (S. 35. 1. 689. — P. chr.); 7 mai 1839 (S. 39. 1. 681. — P. 39. 2. 318. — D. 39. 1. 225); Toulouse, 26 févr. 1850 (S. 50. 2. 256. — D. 52. 2. 61); Cass., 30 juill. 1850 (S. 50. 1. 797. — D. 50. 1. 236); 18 déc. 1855 (S. 57. 1. 363. — P. 57. 1031. — D. 55. 1. 384); 21 août 1862 (S. 63. 1. 351. — P. 63. 971. — D. 65. 1. 130); 17 déc. 1862 (S. et P., *ibid.* — D. 63. 1. 132); Paris, 1er févr. 1870 (S. 70. 2. 155. — P. 70. 693. — D. 70. 2. 149); Cass., 9 mars 1880 (S. 80. 1. 407. — P. 80. 1032. — D. 80. 1. 203).

(3 à 6) La question est controversée. La plupart des tribunaux de commerce, ceux notamment de nos deux ports maritimes les plus importants, de Marseille et du Havre, s'étaient jusqu'ici prononcés en faveur de la compétence du tribunal du *port d'armement et de départ* du navire naufragé. V. en ce sens, Trib. comm. Marseille, 19 juin 1835 (*Journ. de Mars.*, 35. 1. 296); 31 janv.

(Adm. de la marine c. Lemaréchal.) — ARRÊT.

LA COUR : — Vu l'art. 420, C. proc., l'art. 2 du décret du 19 mars 1852, l'art. 33 de l'ordonn. du 29 oct. 1833, et l'arrêt du conseil du 19 janv. 1734 ; — Attendu qu'aux termes de l'art. 420, C. proc., le défendeur, en matière de commerce, peut être cité devant le tribunal dans l'arrondissement duquel le payement devait être effectué, et qu'aux termes de l'art. 426 du même Code, les veuves et héritiers des justiciables sont soumis aux mêmes règles de compétence ; — Attendu qu'aux termes des règlements de la marine, et notamment de l'arrêt du conseil du 19 janv. 1734, le payement, par l'armateur, des salaires, frais d'invalides et de rapatriement des gens de mer, doit être effectué au lieu du désarmement du navire ; — Attendu qu'en règle générale, et sauf stipulation contraire, le désarmement est opéré au lieu où finit le voyage ; qu'il en est ainsi, notamment, en cas de naufrage, les agents de la marine qui sont sur les lieux étant chargés du sauvetage et, par suite, du rapatriement et du payement des salaires ; — Attendu que le naufrage du brick-goëlette *Marie-Thérèse* a eu lieu dans la circonscription du sous-quartier maritime d'Audierne ; que le désarmement administratif du bâtiment naufragé a été régulièrement effectué à Audierne ; que, dès lors, le tribunal de commerce de Quimper était compétent pour connaître de l'action de l'Administration en payement de salaires, frais d'invalides et de rapatriement des gens de mer ; qu'en confirmant le jugement qui a déclaré ce tribunal incompétent, la Cour de Rennes (arrêt, 28 juin 1881) a violé les dispositions des lois susvisées ; — Casse, etc.

MM. Cazot, 1er prés. ; Onofrio, rapp. ; Desjardins, av. gén. (concl. conf.) ; Dancongnée, av.

CASS.-CIV. 9 janvier 1884.

FONDS DE COMMERCE, LICITATION, CAHIER DES CHARGES, CLAUSES ET CONDITIONS, ASSOCIÉS, POUVOIR DU JUGE, LIBERTÉ DU COMMERCE ET DE L'INDUSTRIE, ÉTABLISSEMENT NOUVEAU, INTERDICTION, DISTANCE.

A défaut d'accord entre associés, il appartient aux tribunaux de déterminer les clauses et conditions de la licitation, devenue nécessaire, du fonds de commerce indivis, en évitant toutefois de porter atteinte, d'une manière absolue, au droit des associés, quant à l'exercice ultérieur du même commerce (1) (L. 2-17 mars 1791).

Et l'arrêt qui ordonne l'insertion au cahier des charges d'une clause portant qu'aucun des colicitants ne pourrait se rétablir dans le même commerce, pendant la durée du bail des lieux où était situé le fonds de commerce mis en vente, et dans un rayon de 1,000 mètres, ne fait qu'appliquer la règle d'égalité des partages, et ne viole nullement le principe de la liberté du commerce et de l'industrie (2) (Id.).

(Plancke c. Vinay.) — ARRÊT.

LA COUR : — Attendu qu'à défaut d'accord entre les associés sur les clauses et conditions de la licitation, devenue nécessaire, de leur fonds de commerce, il appartenait aux tribunaux de déterminer ces clauses et conditions, en évitant toutefois de porter atteinte, d'une manière absolue, au droit des associés quant à l'exercice du commerce ; — Attendu, dès lors, qu'en ordonnant l'insertion au cahier des charges d'une clause portant qu'aucun des colicitants ne pourrait se rétablir dans le même commerce pendant la durée du bail des lieux où était situé le fonds de commerce mis en vente, et dans un rayon de 1,000 mètres, l'arrêt attaqué (Paris, 17 janv. 1883) n'a fait qu'appliquer le principe de l'égalité des partages, et n'a violé ni le principe de la liberté de l'industrie ni aucune autre loi ; — Rejette, etc.

MM. Cazot, 1er prés. ; Dareste, rapp. ; Desjardins, av. gén. (concl. contr.) ; Sabatier et Devin, av.

CASS.-REQ. 9 janvier 1884.

1° FORCE MAJEURE, VOITURIER, EXCUSE. — 2° CHEMIN DE FER, MARCHANDISES, SOINS ORDINAIRES, AVARIES, CLAUSE DE NON-GARANTIE, FAUTE, RESPONSABILITÉ.

1° *La force majeure n'est une cause d'excuse pour le voiturier qu'autant qu'il n'a pu prévoir le fait qu'il invoque et s'y soustraire* (3) (C. comm., 103.)

2° *Les Compagnies de chemins de fer sont, en principe, tenues de donner aux marchandises qu'elles transportent tous les soins que comporte l'expédition, en tant, bien entendu, que ces soins n'ont pas un caractère exceptionnel et ne sont pas incompatibles avec les nécessités du service* (4) (C. comm., 103).

Et il en est ainsi malgré la stipulation de non-garantie des avaries de route, contenue au tarif choisi pour l'expédition (5) (Id.).

Spécialement, *est à bon droit déclarée responsable de l'avarie arrivée à un cadre sucre en pains, la Compagnie qui, au lieu de l'abriter dans un endroit sec et surélevé, le laisse au pied de la grue qui a servi au déchargement, sur la terre battue et humide, et néglige de prendre les précautions les plus élémentaires pour la conservation de la marchandise* (6) (Id.).

Peu importe que l'avarie ait été occasionnée par une pluie torrentielle survenue subitement, si une pluie d'intensité moindre eût eu à peu près le même résultat (7) (Id.).

(Chem. de fer de Paris-Lyon-Méditerranée c. Nègre.) — ARRÊT.

LA COUR : — Sur le moyen unique du pourvoi, tiré de la violation de l'art. 103, C. comm., et du tarif spécial n. 9 de la Compagnie exposante : — Attendu qu'aux termes de

---

1862 (*Ibid.*, 62. 1. 100) ; 1er août 1866 (*Ibid.*, 66. 1. 326) ; Trib. comm. Havre, 19 mars 1861 (*Journ. de Mars.*, 61. 2. 69) ; 15 juill. 1862 (*Ibid.*, 62. 2. 143). V. aussi Trib. comm. Honfleur, 28 oct. 1868 (*Journ. off. de la marine*, 2e sem., 1868, p. 692). — C'était aussi cette doctrine que la Cour de Rennes avait consacrée, dans l'affaire actuelle, par sa décision du 28 juin 1881, frappée de pourvoi et cassée par l'arrêt ci-dessus reproduit de la Cour suprême.

La cour de Caen, saisie de la question à la suite du renvoi à elle fait par la Cour de cassation, s'est décidée dans le même sens et par les mêmes motifs que la Cour régulatrice. V. le texte de cet arrêt du 30 juill. 1884, dans la *Revue internat. de dr. marit.*, de M. Autran, 1885-1886, p. 28 et suiv.

(1-2) La jurisprudence est fixée en ce sens. V. Cass., 10 mars 1886 (Pand. pér., 86. 1. 122), et les renvois. — Mais il n'appartient pas aux tribunaux de prononcer contre un commerçant l'interdiction absolue de se servir de son nom patronymique. V. Cass., 28 avril 1884 (Pand. chr.), et la note.

(3) V. en ce sens, Cass., 6 janv. 1869 (S. 69. 1. 166. — P. 69. 404. — D. 69. 1. 9). — Il appartient aux juges du fait de constater souverainement les circonstances qui sont constitutives de la force majeure. V. Cass., 28 févr. 1861 (S. 61. 1. 671. — P. 62. 43. — D. 61. 1. 141) ; 13 févr. 1872 (S. 72. 1. 60. — P. 72. 133) ; 14 mai 1872 (S. 73. 1. 224. — P. 73. 533. — D. 73. 1. 78) ; 13 janv. 1874 (S. 75. 1. 351. — P. 75. 856) ; 24 mars 1874 (S. 74. 1. 428. — P. 74. 1089) ; 19 août 1874 (S. 75. 1. 24. — P. 75. 1. 37. — D. 76. 5. 257). — Mais la Cour de cassation est investie du droit de vérifier si ces circonstances, telles qu'elles sont relevées, présentent les caractères légaux de la force majeure. V. Cass., 28 févr. 1861, précité.

(4-5-6-7) La clause de non-garantie contenue dans un tarif de chemin de fer n'a pas pour effet d'affranchir la Compagnie de la responsabilité de ses fautes ou de celles de ses agents, mais d'en mettre la preuve à la charge des expéditeurs ou destinataires. V. Cass., 4 févr. 1885 (Pand. chr.) ; 22 avril 1885 (Pand. chr.) ; 9 et 29 (trois arrêts) mars 1886 (Pand. pér., 86. 1. 126), et les noml'article susvisé, la force majeure ne peut servir d'excuse qu'autant que le voiturier n'aurait pu prévoir le fait qu'il invoque et s'y soustraire; — Attendu, d'autre part, que les Compagnies de chemins de fer ne sont pas dispensées de l'obligation générale de donner leurs soins aux marchandises qu'elles transportent, en tant que ces soins n'ont pas un caractère exceptionnel, et ne sont pas incompatibles avec les nécessités de leur service; que la Compagnie demanderesse n'était pas exemptée de cette obligation par le tarif n. 9 qu'elle invoque, et qui la déclarait non responsable des avaries de route; — Attendu qu'il est constaté, en fait, par le jugement attaqué, que le cadre sucre destiné au sieur Nègre avait été, à son arrivée à la gare de Cannes, le 24 oct. 1882, laissé pendant plusieurs jours sur la terre battue, au pied de la grue qui avait servi au déchargement, et que la Compagnie avait négligé de prendre les mesures les plus élémentaires pour la conservation de cette marchandise; que, faute d'avoir pris aucune précaution, la pluie torrentielle qui survint le 27 oct. entraîna la perte presque totale du sucre, et qu'une pluie d'intensité moindre aurait eu à peu près le même résultat; « que la Compagnie, enfin, devait prévoir que la place du cadre sucre n'était pas sur la terre battue, toujours humide à pareille époque, mais dans un lieu sec et surélevé »; — Attendu qu'en faisant résulter de ces circonstances une infraction aux obligations de la Compagnie, et une faute engageant sa responsabilité, le jugement attaqué (Trib. comm. Grasse, 2 mars 1883) n'a violé aucun des textes visés au pourvoi; — Rejette, etc.

MM. Bédarrides, prés.; Bécot, rapp.; Petiton, av. gén. (concl. conf.); Dancongnée, av.

CASS.-CRIM. 11 janvier 1884.

EXTRADITION, ACTES D'ADMINISTRATION, PUISSANCES CONTRACTANTES, INTERPRÉTATION, EXTRADÉ, RÉCLAMATIONS, FIN DE NON-RECEVOIR.

Les traités ou conventions d'extradition sont des actes de haute administration qui interviennent entre deux puissances, et que, seules, ces puissances peuvent expliquer et interpréter, quand il y a lieu (1).

D'où l'extradé n'a aucun titre pour réclamer contre l'application du traité d'extradition (2).

(Cyvoct.) — ARRÊT.

LA COUR : — Sur le moyen tiré de la violation de l'art. 2 de la convention d'extradition conclue entre la France et la Belgique le 15 août 1874, et, en tout cas, de la violation des conditions de l'acte d'extradition : — Sur la première branche du moyen : — Attendu que les traités ou conventions d'extradition sont des actes de haute administration, qui interviennent entre deux puissances, et que, seules, lesdites puissances peuvent expliquer ou interpréter, quand il y a lieu; que l'accusé livré à la justice de son pays, en vertu de ces traités ou conventions, par le gouvernement sur le territoire duquel il s'était réfugié, n'a aucun titre pour réclamer contre l'application du traité d'extradition; — Rejette, etc.

MM. Baudouin, prés.; Poulet, rapp.; Roussellier, av. gén.; Massénat-Deroche, av.

CASS.-REQ. 21 janvier 1884.

JUGEMENT OU ARRÊT, MAGISTRAT EMPÊCHÉ, AVOUÉ, SERMENT, DISPENSE.

L'avoué appelé, en cas d'empêchement de juges titulaires et suppléants, à compléter le tribunal, n'est pas tenu de prêter le serment spécial imposé aux magistrats (3) (LL. 21 niv. an VIII, art. 1; 22 vent. an XII, art. 31; 8-11 août 1849, art. 3; Décr. 22 mars 1852, art. 8).

(Nicot c. Octroi des Sables-d'Olonne). — ARRÊT.

LA COUR : — ...Sur le quatrième moyen, tiré de la violation de l'art. 1er de la loi du 21 niv. an VIII, de l'art. 3 de la loi des 8-11 août 1849, et du décret des 22-27 mars 1852 : — Attendu qu'aucune disposition de loi relative à la composition des tribunaux n'exige que l'avoué, appelé accidentellement à compléter un tribunal, prête le serment spécial prescrit aux magistrats; que la qualité d'avoué dont il a été investi, en le soumettant aux lois et règlements de sa profession, le rend apte à en accomplir tous les devoirs, notamment celui de remplacer un juge lorsqu'il est appelé dans les cas prévus par la loi; que, dès lors, le tribunal, en statuant avec le concours de Merland, avoué, les juges, juge suppléant, avocats et avoués plus anciens étant empêchés, sans que ledit Merland ait préalablement prêté le serment des magistrats, était régulièrement composé; — Rejette, etc.

MM. Bédarrides, prés.; Petit, rapp.; Petiton, av. gén. (concl. conf.); Morillot, av.

CASS.-CIV. 22 janvier 1884.

ARMATEUR, RESPONSABILITÉ (CLAUSE DE NON-), CAPITAINE, ÉQUIPAGE, FAUTE, BULLETIN DE PASSAGE, ACCEPTATION, SIGNATURE (NON-APPOSITION DE), VALIDITÉ.

Aucune loi n'interdit aux propriétaires de navires de s'affranchir, par convention, de la responsabilité des fautes du capitaine et des gens de l'équipage (4) (C. civ., 6, 1134; C. comm., 216). — Résol. explicitement par la Cour d'appel et implicit. par la Cour de cassation.

---

breux arrêts cités en note. — Dans l'espèce, la faute était lourde; il y avait eu des négligences commises qui indiquaient un oubli complet des précautions les plus élémentaires. Le cadre sucre avait été laissé au pied de la grue de déchargement, sur un terrain battu, détrempé par l'humidité; il était resté exposé, sans abri, à la pluie et aux intempéries du plein air.

Il est certain, en effet, que si les Compagnies ne sont pas, dans la plupart des cas, quand il s'agit d'expéditions par wagons découverts avec stipulation de non-garantie, responsables de la mouillure arrivée, pendant le trajet, à la marchandise (V. Cass., 21 nov. 1871, S. 72. 1. 76. — P. 72. 160. — D. 71. 1. 292; 29 janv. 1872, S. 72. 1. 172. — P. 72. 401. — D. 72. 1. 116; Pau, 24 juin 1872, S. 72. 2. 76. — P. 72. 450. — D. 72. 2. 224), elles sont tenues à plus d'obligations à l'égard de la marchandise une fois l'arrivée en gare; c'est qu'elles ont alors toutes facilités pour la protéger, pour la mettre à l'abri; elles ont des hangars, des bâches, un personnel d'employés sous la main, des ressources, en un mot, qu'elles n'ont pas en cours de route. V. en ce sens, notre *Dictionnaire de dr. comm., ind. et marit.*, t. II, v° *Chemins de fer*, n. 800 et suiv. — V. anal., en cas d'avaries occasionnées par les gelées, Cass., 16 fév. 1870 (S. 70. 1. 308. — P. 70. 782. — D. 70. 1. 231); Bédarride, *Des chemins de fer*, t. II, n. 486.

(1-2) Jurisprudence constante. V. Cass., 11 mars 1847 (S. 47. 1. 397. — D. 47. 1. 94); 18 juill. 1851 (S. 52. 1. 157. — P. 53. 1. 451. — D. 51. 5. 248); 23 déc. 1852 (S. 53. 1. 400. — P. 53. 1. 525. — D. 53. 5. 215); 4 mai 1865 (S. 66. 1. 35. — P. 66. 56. — D. 65. 1. 248); 6 juin 1867 (S. 68. 1. 138. — P. 68. 311. — D. 67. 1. 463); 4, 25 et 26 juill. 1867 (S. 67. 1. 409. — P. 67. 1092. — D. 67. 1. 281 et 287); 13 avril 1876 (S. 76. 1. 287. — P. 76. 670. — D. 76. 1. 512); 11 mars 1880 (S. 81. 1. 329. — P. 81. 1. 788); 2 août 1883 (S. 85. 1. 509. — P. 85. 1. 1197. — D. 84. 1. 139). *Adde*, Billot, *Tr. de l'extradition*, p. 302, 353 et suiv.; Renault, *Revue crit.*, 1885, p. 586 et suiv.

(3) V. conf., Cass., 26 déc. 1883 (2e espèce) (Pand. chr.), et la note. — La même dispense s'étend aussi aux avocats, et pour des raisons identiques. V. Cass., 26 déc. 1883 (1re espèce) (Pand. chr.); 29 janv. 1884 (Pand. chr.), et les renvois.

(4) V. conf., sur le principe, Alger, 26 déc. 1881 (Pand. chr.); Aix, 4 déc. 1883 (deux arrêts) (D. 84. 2. 197); Cass., 11 févr. 1884 (Pand. chr.); Rouen, 15 mai 1886 (Pand. pér., 86. 2. 331), et les ren-

Et lorsque cette clause de non-responsabilité est imprimée sur les billets de passage délivrés par une Compagnie de transports, les voyageurs qui les ont reçus, sans protestations ni réserves, ne sauraient être admis à prétendre ensuite qu'ils n'ont pas adhéré à la décharge, sous prétexte que leur acceptation n'aurait pu résulter que de l'apposition non réalisée de leur signature sur le bulletin de passage (1) (C. civ., 1108, 1134).

(Comp. transatlantique c. Lévy.)

24 févr. 1881, jugement du tribunal de commerce de Philippeville, ainsi conçu : — « LE TRIBUNAL : — Attendu que Lévy a fait sommation à la Compagnie transatlantique de lui délivrer quatre colis de bagages embarqués avec lui à Alger, le 19 oct. précédent, sur le bateau *le Charles-Quint*, à destination de Philippeville, et, par le même acte, l'a assignée à comparaître devant le tribunal de commerce de Philippeville, pour s'entendre condamner à lui payer la somme de 3,654 fr. 50 c., valeur desdits colis, et en 1,000 fr. de dommages-intérêts; — Attendu que la Compagnie reconnait que quatre des colis embarqués par Lévy sur le *Charles-Quint* ne lui ont pas été livrés; — Attendu qu'elle expose que le *Charles-Quint*, en sortant de Djidjelli, a touché sur des récifs et subi de graves avaries, et que les colis réclamés ont été perdus par suite de ce sinistre; que l'accident dont s'agit n'a pas pour cause un vice propre du navire pouvant engager la responsabilité de la Compagnie, mais qu'il est dû, soit à un événement de force majeure, soit à une faute ou négligence du capitaine ou du mécanicien, et que la Compagnie s'est exonérée des fautes des gens du bord par l'une des clauses du billet de passage expressément acceptées par ce passager; — Attendu que la Compagnie transatlantique a pris charge à Alger des bagages de Lévy, et lui a délivré un reçu constatant qu'elle n'est responsable que des colis enregistrés régulièrement; — Attendu que, par les art. 5 et 6 du bulletin de passage délivré à Lévy, la Compagnie déclare qu'en cas de perte de bagages qui lui sera imputable, elle ne pourra être tenue de payer plus de 150 francs par colis, et qu'elle ne répond pas des pertes et dommages pouvant provenir d'accidents, de fortune de mer, ou de toute autre cause fortuite, ou bien des fautes du capitaine, des marins et autres personnes de l'équipage; — Attendu que la Compagnie est responsable de la valeur des bagages qui lui sont confiés, et qu'elle ne peut, au moyen d'une clause imprimée dans le bulletin de passage, non acceptée par Lévy, s'affranchir de cette responsabilité; — Attendu que Lévy fournit la liste et la valeur des objets renfermés dans les quatre colis qui ont été perdus; — Par ces motifs, — Dit que, dans la huitaine du présent jugement, la Comp. générale transatlantique sera tenue de délivrer à Lévy les quatre colis de bagages dont s'agit, et, faute de ce faire, la condamne à lui payer, etc. »

Appel par la Comp. transatlantique; mais, le 3 janv. 1882, arrêt confirmatif de la Cour d'Alger, ainsi conçu : — « LA COUR : — Attendu que si la jurisprudence de la Cour suprême, appliquée par la Cour d'appel d'Alger dans son arrêt du 26 déc. 1881 (Pand. chr.), décide qu'aucune loi n'interdit aux propriétaires de navires de s'affranchir, par convention, de la responsabilité d'autrui imposée spécialement par l'art. 216, C. comm., tout en admettant, portent les arrêts de Cass., 14 mars 1877 (Pand. chr.), et 2 avril 1878 (Pand. chr.), que l'ordre public et les bonnes mœurs ne permettent pas de s'exonérer des fautes de ses préposés, cette jurisprudence se limite elle-même en décidant : d'une part, que la dérogation doit résulter d'une convention; d'autre part, que les propriétaires de navires restent responsables du vice propre de la chose, de leur fait personnel, de leur dol, de leurs fautes lourdes dans le choix de leurs préposés, de leur complicité intentionnelle dans leurs fautes; — Attendu que la convention dérogeant à l'art. 216 doit être formellement stipulée et expressément acceptée; — Attendu que la Comp., dans l'espèce, veut la faire résulter des conditions imprimées au dos du billet remis au passager, mais que rien ne prouve qu'elles aient été acceptées, puisqu'elles ne sont pas signées par le passager; — Attendu que, dès lors, il est inutile de rechercher si la Compagnie ne serait pas tenue, à raison du vice propre du navire, ou de son fait personnel, résultant de l'absence d'un corps mort dans le port de Djidjelli, puisqu'à défaut de convention, sa responsabilité est engagée en vertu de l'art. 216; — Adoptant, au surplus, les motifs des premiers juges; — Par ces motifs, — Confirme, etc. ».

Pourvoi en cassation par la Comp. transatlantique. — *Moyen unique :* Violation de l'art. 1134, C. civ., et, par suite, fausse application de l'art. 216, C. comm., en ce que l'arrêt attaqué s'est refusé à faire l'application, au bénéfice de la Comp., des dispositions de l'art. 6 du billet de passage délivré au défendeur, et dont celui-ci avait fait usage, ledit art. 6 portant expressément que « la Comp. ne répond pas des pertes et dommages pouvant provenir d'accidents, de fortune de mer ou de toute autre cause fortuite, ou bien des fautes du capitaine, du pilote, des marins et autres personnes de l'équipage ».

ARRÊT (*ap. délib. en ch. du cons.*).

LA COUR : — Sur le moyen unique du pourvoi : — Vu les art. 1108, § 1, et 1134, § 1, C. civ.; — Attendu que, pour repousser la prétention de la Comp. transatlantique,

---

vois. V. aussi un résumé très-complet de la jurisprudence et de la doctrine, sur la question, dans la *Revue internationale du droit marit.*, de M. Autran, 1885-1886, p. 343.

(1) Le contrat de transport maritime affecte nécessairement des formes différentes, suivant les circonstances dans lesquelles il se conclut. S'agit-il du chargement de marchandises à bord d'un navire? On rédige un connaissement qui spécifie les conditions du transport débattues et arrêtées entre les parties; ce connaissement est signé du chargeur et du transporteur : il est établi en plusieurs exemplaires dont deux sont destinés au capitaine et à l'armateur, afin d'assurer le recouvrement du prix du fret. (V. au surplus, sur les conditions d'acceptation du connaissement, Alger, 26 déc. 1881, Pand. chr.). Mais il est impossible d'assujettir à des formes si compliquées le transport des personnes. Ce qu'il faut, avant tout, vu l'urgence, c'est la rapidité, la simplicité dans la constatation du contrat. De quoi s'agit-il d'ailleurs? Uniquement d'assurer au voyageur le titre en vertu duquel il réclamera le transport dont il a acquitté le prix d'avance. Dès lors disparaissent et la nécessité d'un acte en double original (art. 1325, C. civ.) et même la nécessité de la signature du voyageur, puisque, en ce qui le concerne, il a exécuté son obligation, il a payé son prix en échange duquel lui a été remis le bulletin qui en contient quittance. Quant à la Compagnie qui s'est chargée du transport, elle est liée vis-à-vis du voyageur, mais dans des conditions déterminées. Ces conditions, elle les a, pour ainsi dire, notifiées au voyageur en les insérant dans le billet de passage. Elle a même fait mieux; elle a provoqué l'examen de l'intéressé en l'invitant, par une note formelle portée sur le bulletin, à prendre connaissance des mentions qu'il contient. Si le passager a été négligent, insoucieux de ses intérêts, il n'a qu'à s'en prendre à lui seul de son incurie; la Compagnie ne lui a rien dissimulé; elle lui a fait connaître très-exactement jusqu'à quelle limite elle prétendait s'obliger; elle ne peut être tenue au delà du titre qu'elle lui a remis et qui forme la loi de la convention. Il a été d'ailleurs jugé, en matière de connaissement, que l'*acceptation par le chargeur du connaissement* équivalait à sa signature : Rouen, 23 déc. 1880, sous Cass., 24 juill. 1883 (Pand. chr.). — A plus forte raison doit-il être de même de l'acceptation par le voyageur de son billet de passage. — Comp., dans le sens de la solution ci-dessus, en ce qui concerne la force obligatoire des mentions portées dans les billets de passage, quant aux conditions de transport des bagages, Cass., 5 févr. 1873 (Pand. chr.); 5 juin 1878 (Pand. chr.), et les renvois.

qui invoquait la clause imprimée sur le billet de passage délivré à Lévy, aux termes de laquelle ladite Compagnie s'exonère de toutes garanties des faits et de la faute du capitaine et des gens de l'équipage, l'arrêt attaqué se fonde uniquement sur le motif que cette condition n'a pas été acceptée par ledit Lévy, puisqu'il n'a pas signé la convention à cet égard; — Mais attendu que le consentement des parties suffit pour la formation des contrats; que, dès lors, en subordonnant exclusivement la preuve de l'acceptation de la convention par l'une des parties, à l'apposition de la signature de celle-ci sur le bulletin de passage, l'arrêt attaqué a violé les dispositions des articles susvisés; — Casse, etc.

MM. Cazot, 1er prés.; Descoutures, rapp.; Desjardins, av. gén. (concl. conf.); Housset, av.

CASS.-crim. 24 janvier 1884.

Prêts sur gages (Maison de), Tenue, Warrants, Commerçants, Marchandises, Négoce, Courtiers, Prête-nom, Non-négociants.

S'il importe de conserver au fonctionnement du warrant tous ses effets légitimes, il est essentiel également de ne pas laisser dévier l'institution et de ne pas tolérer qu'elle serve de couverture à des opérations qui n'auraient rien de commun avec le commerce régulier qu'elle a pour mission de protéger (1) (C. comm., 91; C. pén., 411; LL. 28 mai 1858 et 23 mai 1863).

Spécialement, *l'usage habituel du prêt sur warrants ne saurait couvrir les actes ordinaires d'ouverture ou de tenue de maison de prêts sur gages interdite par l'art. 411, C. pén.; les lois des 28 mai 1858 et 23 mai 1863 n'ayant aucunement dérogé à cette prohibition* (2) (Id.).

Et il y a prêts sur gages prohibés et non point prêts sur warrants licites, lorsque des constatations de fait il résulte que si le plus grand nombre des emprunteurs ont été des commerçants, beaucoup d'entre eux ont engagé au prêteur des marchandises tout autres que celles dont ils trafiquaient ordinairement, de telle sorte que ces appels au crédit ne pouvaient être considérés comme des opérations normales de leur négoce (3) (Id.).

Ou encore, lorsque les mêmes constatations démontrent l'existence de nombreux prêts sur gages effectués par le prêteur soit ouvertement, soit sous le couvert de courtiers qui n'étaient que des prête-nom, à des hommes du monde qu'il savait être étrangers à tout commerce et pour qui l'engagement de marchandises achetées dans des conditions équivoques n'était qu'un moyen désespéré de subvenir à leurs dissipations (4) (Id.).

(Picq.) — Arrêt *(ap. délib. en ch. du cons.)*.

LA COUR : — Sur le moyen tiré de la violation des lois des 28 mai 1858 et 23 mai 1863, par fausse application de l'art. 411, C. pén., en ce que l'arrêt attaqué aurait considéré comme une maison de prêts sur gages tombant sous le coup de la loi pénale, un établissement licite fondé par application de la nouvelle législation sur les warrants, les magasins généraux et le prêt sur nantissement en matière commerciale; — Attendu que la loi du 28 mai 1858, qui a pour objet de réglementer les négociations concernant les marchandises déposées dans les magasins généraux, dispose : (art. 1er) que les magasins généraux, établis en vertu du décret du 21 mars 1848, et ceux qui seraient créés à l'avenir, recevront les matières premières, les marchandises et les objets fabriqués que les négociants et industriels voudront y déposer; que des récépissés dont la forme est déterminée seront délivrés aux déposants; — (art. 2) que, à chaque récépissé de marchandises doit être annexé, sous la dénomination de warrant, un bulletin de gage contenant les mêmes mentions que le récépissé; — (art. 3) que les récépissés et les warrants peuvent être transférés par voie d'endossement ensemble ou séparément; — (art. 4) que l'endossement du warrant, séparé du récépissé, vaut nantissement de la marchandise au profit du cessionnaire du warrant; que l'endossement du récépissé transmet au cessionnaire le droit de disposer de la marchandise; — (art. 11) que les établissements publics de crédit peuvent recevoir les warrants comme effets de commerce, avec dispense d'une des signatures exigées par leurs statuts; — Attendu que l'art. 92, C. comm., modifié par la loi du 23 mai 1863, est ainsi conçu : « Dans tous les cas, le privilège ne subsiste sur le gage qu'autant que ce gage a été mis et est resté en possession du créancier ou d'un tiers convenu entre les parties. Le créancier est réputé avoir les marchandises en sa possession lorsqu'elles sont à sa disposition, dans ses magasins ou navires, à la douane ou dans un dépôt public »; — Attendu que du texte et de l'esprit de ces diverses dispositions de loi, attesté par les travaux qui les ont préparées, il résulte que la pensée du législateur a été d'encourager et de vulgariser en France l'usage des warrants, qui permettent au propriétaire de la marchandise de l'engager ou de la vendre sans frais de déplacement, et, en la faisant circuler ainsi fictivement de main en main, à titre d'aliénation ou de nantissement, de se créer un moyen puissant de crédit; que, notamment, lesdites lois ont eu pour objet de venir en aide, d'une manière efficace et prompte, au commerçant sérieux qui, gêné momentanément et détenteur d'une marchandise, aurait besoin du capital qu'elle représente, et retrouverait ce capital à l'aide de la même marchandise mobilisée entre ses mains; que, pour répondre aux besoins du commerce honnêtement exercé, les lois précitées n'interdisent pas la création d'établissements, même spéciaux, pour les négociations qu'elles autorisent; — Mais attendu que, si tel a été le but visé par les lois de 1858 et de 1863, et s'il importe de conserver au fonctionnement du warrant tous ses effets légitimes, il est essentiel également de ne pas laisser dévier

(1 à 4) Cet arrêt est le premier rendu, à notre connaissance du moins, sur une matière qui intéresse au plus haut degré toutes les classes de commerçants, toutes les catégories de commerce, le petit comme le gros négoce. Il établit, par des faits nettement précisés, une distinction légitime, protectrice des transactions honnêtes, loyales, entre les prêts sur récépissés ou warrants des magasins généraux et les prêts sur gages ordinaires. Les premiers, passés dans les usages, bénéficient des dispositions favorables des lois du 28 mai 1858 et du 23 mai 1863; ils constituent une source sérieuse d'alimentation du crédit, même pour les maisons les plus solidement établies, les plus prospères. Les seconds, au contraire, ne sont, le plus souvent, que des moyens extrêmes, qui précipitent les désastres au lieu de les conjurer, et enlèvent aux créanciers les derniers débris de l'avoir de leur débiteur. Ils ont besoin d'être surveillés; ils tombent même sous l'application de l'art. 411, C. pén., lorsqu'ils constituent une industrie, une exploitation habituelle; car, en pareil cas, il y a ouverture ou tenue de maison de prêts sur gages sans autorisation. Consult. Blanche, *Études pratiques sur le C. pén.*, t. VI, n. 306. — C'est à juste titre que de tels établissements sont prohibés; loin d'être utiles au commerce, ils en consomment la ruine; ils permettent aux usuriers de pratiquer leur honteux métier avec moins de risques; ils facilitent les escroqueries de tous genres, commises par des individus qui, sans intention sérieuse de faire le commerce, obtiennent des fabricants ou des négociants en gros des livraisons de marchandises qu'ils s'empressent de consigner à peine reçues. — Ajoutons par analogie que la Cour de cassation a décidé que, même le fait habituel de prêter sur dépôt de reconnaissances de mont-de-piété constitue une infraction à l'art. 411, C. pén., les reconnaissances de mont-de-piété ne formant point un bien distinct de l'objet corporel dont elles constatent l'engagement. V. arrêt, 19 mai 1876 (Pand. chr.). — Mais l'art. 411 n'est pas, d'après une jurisprudence constante, applicable aux maisons qui font des avances sur titres ou valeurs incorporelles. V. Cass., 15 avril 1876 (Pand. chr.), et sur renvoi, Aix, 29 juin 1876 (S. 76. 2. 237. — P. 76. 962).

cette utile institution, et de ne pas tolérer qu'elle serve de couverture à des opérations qui n'auraient rien de commun avec le commerce régulier qu'elle a pour mission de protéger; que, spécialement, l'usage habituel du prêt sur warrants ne saurait couvrir les actes que l'art. 411, C. pén., a pour but d'atteindre et de réprimer; que cet article est encore aujourd'hui en pleine vigueur, et qu'il ne résulte, ni des termes, ni de l'esprit des lois susvisées, qu'elles aient entendu y déroger; — Et attendu, en fait, que l'arrêt attaqué ne se borne pas à constater « que pendant les trois années qui ont précédé les poursuites, la maison Picq s'est fait une spécialité notoire et publique du prêt sur nantissement; que les gages donnés ont consisté, tantôt en marchandises livrées à Picq, qui les a consignées sous son nom aux magasins généraux, tantôt en marchandises consignées aux magasins généraux par les emprunteurs, et mises à la disposition de Picq, par le transfert des récépissés et warrants qu'il recevait en garantie »; — Mais qu'il constate, en outre, que si le plus grand nombre de ces emprunteurs ont été des commerçants, beaucoup d'entre eux ont engagé à Picq des denrées tout autres que celles dont ils trafiquaient ordinairement; de telle sorte que ces appels au crédit ne pouvaient être considérés comme des opérations normales de leur négoce; qu'à plusieurs reprises, d'ailleurs, Picq a prêté sur gages, soit ouvertement, soit sous le couvert de courtiers qui n'étaient que des prête-nom, à des hommes du monde qu'il savait être étrangers à tout commerce, et pour qui l'engagement de marchandises achetées dans des conditions équivoques n'était qu'un moyen désespéré de subvenir à leurs dissipations; — Attendu qu'en présence de ces constatations, qui sont souveraines, l'arrêt attaqué (Paris, 1er mars 1883) a pu, à bon droit, déclarer Picq coupable du délit prévu et puni par l'art. 411 susvisé, C. pén., et qu'en statuant ainsi, il n'a ni faussement appliqué ledit article, ni violé les dispositions des lois susrappelées; — Rejette, etc.

MM. Baudouin, prés.; Etignard de la Faulotte, rapp.; Ronjat, av. gén.; Lesage et Demonts, av.

CASS.-REQ. 29 janvier 1884.

JUGEMENT OU ARRÊT, MAGISTRAT EMPÊCHÉ, AVOCAT, SERMENT, DISPENSE.

L'avocat appelé, en cas d'empêchement de juges titulaires et suppléants, à compléter le tribunal, n'est pas tenu de prêter le serment spécial imposé aux magistrats (1) (LL. 21 niv. an VIII, art. 1; 22 vent. an XII, art. 31; 8-11 août 1849, art. 3; Décr. 22 mars 1852, art. 8).

(Prégent c. Richerot.) — ARRÊT.

LA COUR : — Sur le moyen de cassation, tiré de la violation de l'art. 1er de la loi du 21 niv. an VIII, de l'art. 27 de la loi du 27 vent. an VIII, de l'art. 7 de la loi du 20 avril 1810, de l'art. 8 du décret des 22-27 mars 1852, et de l'art. 1er du décret du 11 sept. 1870 : — Attendu que (motifs identiques textuellement reproduits d'un précédent arrêt de la chambre civile, du 26 déc. 1883, aff. *Journiac c. Chem. de fer de l'État*, Pand. chr.); — D'où il suit que Me Colmet-Daage a régulièrement pris part à l'arrêt de la Cour de Paris (20 juill. 1882), qui a statué sur le procès engagé entre les parties; — Rejette, etc.

MM. Bédarrides, prés.; Alméras-Latour, rapp.; Chévrier, av. gén. (concl. conf.); Clément, av.

CASS.-CIV. 5 février 1884.

ENREGISTREMENT, ASSURANCES MARITIMES, ASSUREURS FRANÇAIS, TAXE ANNUELLE, RECOUVREMENT, RÉPERTOIRE, PAYS ÉTRANGERS, ASSUREURS ÉTRANGERS.

Tous les contrats d'assurances maritimes passés par des assureurs français en France ou hors de France, sont soumis à la taxe obligatoire d'enregistrement et doivent être mentionnés sur les répertoires dont la tenue est prescrite en vue précisément d'assurer le recouvrement de la taxe (2) (L. 23 août 1871, art. 6 et 7).

Par suite, les contrats passés à l'étranger *dont l'enregistrement ne doit avoir lieu, aux termes de l'art. 8 de la loi du 23 août 1871, qu'avant leur publicité ou usage en France, se restreignent aux seules polices souscrites à l'étranger par des assureurs étrangers n'ayant ni établissement ni succursale en France* (3) (L. 23 août 1871, art. 8).

(Comp. d'assur. marit. *la Réunion* c. Enregistrement.) — ARRÊT (*ap. délib. en ch. du cons.*).

LA COUR : — Sur le moyen unique (violation et fausse application des art. 6, 7 et 8 de la loi du 23 août 1871, en ce que le tribunal a décidé que les contrats d'assurances maritimes passés à l'étranger par les agents des Comp. françaises étaient soumis à la taxe introduite par cette loi, alors même qu'ils ne devaient être publiés ni exécutés en France) : — Attendu que les expressions générales et absolues dont le législateur s'est servi dans l'art. 6 de la loi du 23 août 1871, qui pose le principe de la nouvelle taxe à percevoir sur les contrats d'assurances, ne laissent aucun doute sur la volonté qu'il a eue de soumettre à cette taxe tous les contrats d'assurances dont les répertoires prescrits par l'art. 7 présentent l'ensemble; que cette généralité d'application de l'impôt ressort non moins nettement de la combinaison des dispositions de l'art. 7 avec celles de l'art. 8; qu'il résulte du rapprochement de ces textes de loi que tous les contrats d'assurances maritimes passés par des assureurs français, en France ou hors de France, doivent être mentionnés sur les répertoires susénoncés, en vue pré-

---

(1) V. conf., Cass., 26 déc. 1883 (1re espèce) (Pand. chr.), et la note. — La même dispense s'étend aussi aux avoués et pour les mêmes raisons. V. Cass., 26 déc. 1883 (2e espèce) (Pand. chr.); 21 janv. 1884 (Pand. chr.), et le renvoi.

(2-3) Une interprétation identique, au sujet du *timbre* des assurances, avait été donnée à l'art. 33 de la loi du 5 juin 1850, conçu dans les mêmes termes que l'art. 6 de la loi du 23 août 1871. V. Cass., 23 janv. 1854 (S. 54. 1. 247. — P. 54. 1. 328. — D. 54. 1. 65), qui décide : « que l'on doit comprendre, dans le calcul des bases de l'abonnement, pour droits de timbre, le chiffre de toutes les assurances faites par la Compagnie, y compris les assurances faites *en pays étranger* ».

Les conséquences pratiques de ces décisions sont loin d'être favorables aux Compagnies françaises et aux Compagnies étrangères qui ont un établissement ou une succursale en France; et il y a là, à notre sentiment, une considération qui à elle seule suffirait à motiver l'avis contraire soutenu par M. l'avocat général en ses conclusions. En effet, lorsque ces Compagnies opèrent à l'étranger, elles ne sont point seulement assujetties aux taxes résultant des lois fiscales des pays où elles passent des contrats; elles doivent encore supporter un supplément de droits et acquitter, pour ces mêmes actes, des impôts qui sont perçus en France. C'est décourager l'industrie de nos nationaux alors, au contraire, qu'elle devrait trouver dans les lois faveur et protection. C'est rompre l'égalité au détriment des Sociétés qui contribuent à augmenter la fortune nationale à l'avantage de celles qui ne lui apportent rien, aucun élément de richesses. C'est assurer aux Compagnies étrangères le monopole de leurs marchés, en les débarrassant de toute concurrence, même de toute possibilité de concurrence sérieuse. Il n'y a pas de texte impératif qui commande la soumission. Aussi, à notre avis, une jurisprudence qui porte de tels fruits est à réformer.

cisément de leur assujettissement à la taxe, et que, par suite, dans l'art. 8, les mots « contrats passés à l'étranger » ne s'appliquent qu'aux polices souscrites à l'étranger et par des assureurs étrangers n'ayant pas un établissement ou une succursale en France; qu'ainsi, en décidant que c'était à bon droit que la Régie de l'enregistrement avait exigé la taxe, fixée par l'art. 6 de la loi précitée sur les polices d'assurances maritimes conclues, en 1876 et 1877, par les agences que la Société anonyme française *la Réunion* a établies à l'étranger, le jugement attaqué (Trib. civ. Seine, 4 juin 1880) n'a fait de la loi qu'une exacte application; — Rejette, etc.

MM. Cazot, 1er prés.; Monod, rapp.; Desjardins, av. gén. (concl. contr.); Lefort et Moutard-Martin, av.

CASS.-CRIM. 9 février 1884.

DIFFAMATION, CONSUL ÉTRANGER, ESPAGNOL, AGENT DIPLOMATIQUE, FONCTIONNAIRE PUBLIC, COMPÉTENCE.

Les consuls étrangers, résidant en France, ne rentrent pas, en dehors de tout traité international de réciprocité, dans la catégorie des agents diplomatiques désignés par l'art. 37 de la loi du 29 juillet 1881 sur la presse (1) (L. 29 juill. 1881, art. 37).

Ainsi, notamment, les traités des 13 mars 1769 et 7 janvier 1882, qui ont réglé entre la France et l'Espagne la situation respective des agents consulaires des deux pays, tout en leur reconnaissant certaines immunités, ne les ont point élevés au rang d'agents diplomatiques (2) (Id.).

Les consuls étrangers ne sont pas non plus des fonctionnaires publics au sens de l'art. 31 de la loi du 29 juill. 1881 (3) (L. 29 juill. 1881, art. 31).

En conséquence, la diffamation envers un consul étranger est de la compétence, non de la Cour d'assises, mais du tribunal correctionnel (4) (L. 29 juill. 1881, art. 31, 45, § 2).

(Carrera c. Rubi.) — ARRÊT.

LA COUR : — Sur l'unique moyen du pourvoi, pris de la violation des art. 31, 37 et 45 de la loi du 29 juill. 1881, en ce que l'arrêt attaqué (Paris, 28 juin 1883, S. 84. 2. 29. — P. 84. 1. 202. — D. 84. 2. 115) a déclaré la juridiction correctionnelle compétente pour statuer sur l'action en diffamation formée par Rubi contre Carrera et autres, alors que cette action aurait dû être portée devant la Cour d'assises, Rubi ayant agi comme consul d'Espagne à Paris, et devant, en cette qualité, être considéré, soit comme un agent diplomatique, soit comme un fonctionnaire public; — Sur la première branche du moyen : — Attendu que l'art. 37 de la loi du 29 juill. 1881 punit l'outrage commis publiquement envers les ambassadeurs, les ministres plénipotentiaires, envoyés, chargés d'affaires ou autres agents diplomatiques accrédités près du gouvernement de la République; — Attendu que les consuls étrangers, résidant en France, ne rentrent pas dans la catégorie des personnes désignées dans ledit article; que, s'ils ont pour mission de protéger les intérêts commerciaux de leurs nationaux, ils n'ont ni le titre, ni le rang, ni le caractère d'agents diplomatiques; qu'en effet, ils ne sont pas soumis, au moment de leur nomination, à l'agrément du gouvernement français, et ne sont pas accrédités auprès de lui; qu'ils sont reconnus uniquement au moyen de la formalité de l'*exequatur*, qui n'a d'autre objet que de leur permettre d'exercer leurs attributions sur un territoire étranger, sans toucher aux intérêts nationaux; qu'ils ne représentent pas, dès lors, le gouvernement qui les a nommés, et n'ont aucune communication officielle avec le gouvernement du pays où ils résident;

Attendu, à la vérité, que les conventions internationales peuvent, à raison du principe de la réciprocité, qui est la règle en cette matière, conférer exceptionnellement aux consuls certaines prérogatives qui appartiennent, d'après le droit des gens, aux membres du corps diplomatique; mais que les traités des 13 mars 1769 et du 7 janv. 1882, qui ont réglé entre la France et l'Espagne la situation respective des agents consulaires, se bornent à leur reconnaître diverses immunités, sans les élever au rang des agents diplomatiques; — Attendu qu'en matière pénale, tout est de droit étroit; qu'on ne saurait donc, par voie d'analogie, appliquer aux consuls les dispositions de l'art. 37 de la loi du 29 juill. 1881, relatives aux ambassadeurs, ministres plénipotentiaires, chargés d'affaires ou autres agents diplomatiques accrédités près du gouvernement de la République, une telle assimilation devant avoir pour effet d'aggraver la peine édictée par la loi;

Sur la deuxième branche du moyen : — Attendu que l'art. 31 de la loi du 29 juill. 1881, lorsqu'il punit la diffamation commise, à raison de leurs fonctions, envers des fonctionnaires publics, des dépositaires ou des agents de l'autorité publique, ne s'occupe manifestement que des fonctionnaires ou agents que le gouvernement français a nommés, et qui sont, dans une certaine mesure, investis d'une part de son autorité; — Attendu que, si les consuls institués en France par le gouvernement espagnol ont le caractère de fonctionnaires au regard du gouvernement espagnol, ils ne l'ont pas au regard du gouvernement français, qui n'a sur eux aucune autorité; qu'ils ne sont donc pas compris dans les dispositions spéciales de l'art. 31 de la loi du 29 juill. 1881;

Attendu que, dans ces circonstances, c'est à bon droit que l'arrêt attaqué a déclaré la juridiction correctionnelle compétente pour statuer sur l'action formée par Rubi, et que, loin d'avoir violé les articles de loi susvisés, il en a fait une saine application; — Rejette, etc.

MM. Baudouin, prés.; Sallantin, rapp.; Ronjat, av. gén.; Lehmann et Demonts, av.

CASS.-CIV. 11 février 1884.

ARMATEUR, CONNAISSEMENT, RESPONSABILITÉ (CLAUSE DE NON-), PRÉPOSÉS, FAUTE, PREUVE, CONSTATATION.

Il n'est pas défendu aux propriétaires de navires de stipuler, à l'égard du chargeur, par une clause du connaissement, qu'ils ne seront pas responsables des marques, poids et désignation des marchandises (5) (C. civ., 6, 1134; C. comm., 281, 283).

Et si cette clause n'a pas pour effet d'affranchir les proprié-

(1-2-3-4) Il est depuis longtemps de jurisprudence constante que les consuls ne jouissent pas des mêmes immunités que les agents diplomatiques proprement dits. V. Cass., 23 déc. 1854 (S. 54. 1. 811. — P. 56. 2. 586. — D. 59. 1. 185); Paris, 2 mars 1868 (Pand. chr.); Trib. civ. Seine, 31 juill. 1878 (Journ. *le Droit*, n. 18 août). — Telle était du moins la situation nettement déterminée, quand l'art. 37 de la loi du 29 juill. 1881 a été édicté. La mention *et autres agents diplomatiques*, l'omission volontaire de consuls étaient significatives parce qu'elles fixaient des différences de caractère dans les deux fonctions, et que les rapprochements par voie d'analogie étaient défendus par la nature même de la matière.

Si les consuls exercent une fonction, s'ils ont la qualité d'agents, c'est dans l'intérêt et pour le compte du gouvernement étranger qui les a nommés. Ils ne détiennent pas la moindre parcelle de l'autorité publique française. Ils échappent à la surveillance, au contrôle, dans leurs actes professionnels, du pays où ils résident. V. Paris, 30 juin 1876 (Pand. chr.). Or l'art. 31 de la loi du 29 juill. 1881 n'a manifestement compris dans les catégories de personnes qu'elle énumère que des fonctionnaires français, des citoyens chargés d'un service ou d'un mandat public national.

(5) V. conf., sur le principe, Alger, 26 déc. 1881 (Pand. chr.); Cass., 22 janv. 1884 (Pand. chr.), et les renvois en note.

taires de navires de la responsabilité de leur propre faute ou de celle de leurs préposés, elle met du moins à la charge des destinataires la preuve de cette faute (1) (C. comm., 103).

Par suite, les propriétaires de navires ne peuvent, en l'absence de toute faute caractérisée, nettement constatée, être déclarés responsables du défaut de marques sur les marchandises transportées (2) (C. civ., 1382).

(Comp. générale de transports maritimes à vapeur c. Bianchi.) — ARRÊT.

LA COUR : — Vu les art. 1134, C. civ., 281 et 283, C. comm.; — Attendu que la loi ne défend pas aux propriétaires de navires de stipuler à l'égard du chargeur, par une clause du connaissement, qu'ils ne seront pas responsables des marques, poids et désignation des marchandises; — Attendu que, si cette clause n'a pas pour effet d'affranchir les propriétaires de navires de la responsabilité de leur propre faute ou de celle de leurs préposés, elle met à la charge des destinataires la preuve de cette faute; — Attendu qu'il résulte, tant de l'arrêt attaqué (Aix, 22 déc. 1880) que des motifs du jugement adoptés par la Cour, qu'une clause spéciale du connaissement intervenu le 18 juill. 1880, entre les parties, pour le transport de Buénos-Ayres à Marseille de 342 cuirs marqués M. V. U. portait : « Sans responsabilité pour marques, poids, désignation énoncés sur le connaissement pour cuirs secs »; — Et attendu que la décision attaquée déclare la Compagnie responsable du défaut de marques sur les cuirs dont elle offrait la livraison à Bianchi, sans imputer à la Compagnie une faute caractérisée, en se bornant à écarter la clause dont s'agit comme non valable, à cause des difficultés et des inconvénients de son exécution, et en déclarant que l'identité de la marchandise n'était pas suffisamment établie; qu'en statuant ainsi, l'arrêt dénoncé manque de base légale, et qu'en condamnant la Compagnie comme responsable, il a faussement appliqué et, par conséquent, violé les articles ci-dessus visés; — Casse, etc.

MM. Cazot, 1er prés.; Rohault de Fleury, rapp.; Charrins, 1er av. gén. (concl. conf.); Sabatier et Robiquet, av.

CASS.-CIV. 11 février 1884.

CHEMIN DE FER, PERTE, GARANTIE (CLAUSE DE NON-), FAUTE, PREUVE, CIRCONSTANCES DE FAIT.

En cas de perte de cadres d'emballage transportés gratuitement, avec clause de non-garantie et en retour d'une expédition antérieure de marchandises, la responsabilité n'en peut incomber à la Compagnie de chemins de fer qu'autant que la preuve d'une faute est rapportée contre elle (3) (C. civ., 6, 1134; C. comm., 103).

Et cette preuve ne saurait uniquement résulter de simples inductions tirées, soit de l'étendue restreinte du parcours, soit du poids, soit du volume ou de la destination toute spéciale du cadre; toutes circonstances étrangères au fait même du transport et sans relation directe avec la faute (4) (Id.).

(Chem. de fer de Paris à Lyon c. Turret). — ARRÊT.

LA COUR : — Vu le tarif n. 71 de la Comp. des chemins de fer de Paris à Lyon et à la Méditerranée; — Attendu qu'il est constant en fait que le cadre d'emballage remis, le 3 nov. 1881, par Tissereche à la Compagnie demanderesse en sa gare de Romans, pour être expédié à Turret, négociant à Roanne, provenait d'une expédition antérieure faite par Turret à Tissereche, et que, par conséquent, le transport de retour avait lieu gratuitement et sous les conditions du tarif n. 71 susvisé; — Attendu que, pour condamner la Compagnie à payer à Turret la valeur du cadre litigieux, le jugement attaqué, tout en reconnaissant que la preuve de la faute cause de la perte de ce cadre était à la charge du destinataire, a fait uniquement résulter cette preuve de simples inductions tirées, soit de l'étendue restreinte du parcours, soit du poids, soit du volume ou de la destination toute spéciale du cadre; — Attendu qu'il ne ressort cependant de ces circonstances étrangères au fait même du transport aucun rapport nécessaire et juridique entre la perte de l'objet en question et l'existence d'une faute imputable à la Compagnie demanderesse; — D'où il suit que la condamnation à une indemnité de 100 francs prononcée contre cette Compagnie manque de base légale et qu'en jugeant comme il l'a fait le tribunal de commerce de Roanne a faussement appliqué l'art. 103, C. comm., et violé les prescriptions du tarif n. 71, ci-dessus visé; — Casse, etc.

MM. Cazot, 1er prés.; Greffier, rapp.; Charrins, 1er av. gén. (concl. conf.); Dancongnée, av.

CASS.-CIV. 13 février 1884.

1° DOT, INALIÉNABILITÉ, BIENS PRÉSENTS ET A VENIR, PRODUITS, INSTITUTRICE COMMUNALE, TRAITEMENT. — 2° SAISIE-ARRÊT, DOT, TRAITEMENT, INDISPONIBILITÉ.

1° *La femme dotale ne peut, même avec le consentement de son mari, prendre aucun engagement sur les biens affectés de dotalité* (5) (C. civ., 1554).

La constitution en dot de tous les biens présents et à venir comprend, dans sa généralité, tous les fruits et produits de l'industrie exercée par la femme dans l'intervalle de temps qui s'écoule depuis la célébration du mariage jusqu'à la dissolution de l'union conjugale, par exemple, le traitement attaché aux fonctions d'institutrice communale; d'où résulte l'impossibilité

(1) Les solutions sont les mêmes en matière de transports par chemins de fer. C'est qu'en effet les raisons de décider sont absolument identiques. V. Cass., 9 avril 1883 (Pand. chr.); 5 nov. 1883 (Pand. chr.); 19 nov. 1883 (Pand. chr.); 11 févr. 1884 (Pand. chr.); 26 août 1884 (Pand. chr.); 22 avril 1885 (Pand. chr.); Paris, 7 août 1885 (Pand. pér., 86. 2. 1); Cass., 9 et 29 (trois arrêts) mars 1886 (Pand. pér., 86. 1. 126), et les renvois.

(2) Sur la nécessité, pour la justification d'une condamnation, de constater les faits et circonstances caractéristiques de la faute ou de la négligence, V. toujours au sujet des chemins de fer et et sans qu'il y ait lieu de distinguer, Cass., 23 août 1881 (Pand. chr.); 8 févr. 1882 (Pand. chr.); 9 mai 1883 (Pand. chr.); 5 et 19 nov. 1883, 11 févr. 1884, et 9 mars 1886, précités.

(3) En d'autres termes, si la clause de non-garantie n'a pas pour effet d'exonérer la Compagnie de l'entière responsabilité de ses fautes, elle a du moins pour résultat, contrairement aux règles du droit commun, d'en mettre la preuve à la charge des expéditeurs ou destinataires. Ce principe ne peut plus faire de doute; il est conforme à une jurisprudence attestée par de très-nombreux arrêts. V. notamment Cass., 9 avril 1883 (Pand. chr.); 9 mai 1883 (Pand. chr.); 5 et 19 nov. 1883 (Pand. chr.); 26 août 1884 (Pand. chr.); 22 avril 1885 (Pand. chr.), et les renvois en note. V. aussi Paris, 7 août 1885 (Pand. pér., 86. 2. 1); Cass., 9 et 29 mars (trois arrêts) 1886 (Pand. pér. 86. 1. 126), et les observations qui accompagnent ces deux derniers arrêts.

(4) V. anal., Cass., 23 août 1881 (Pand. chr.); 9 mai 1883 (Pand. chr.); 5 nov. 1883 (Pand. chr.); 11 févr. 1884 (Pand. chr.); 29 mars 1886 (3e espèce) (Pand. pér., 86. 1. 126), et les renvois.

(5) S'il est un principe constant, qui ne se discute plus en jurisprudence, c'est celui qui veut que la femme dotale ne puisse pas plus obliger sa dot mobilière que sa dot immobilière. V. notamment Cass., 12 mars 1866 (Pand. chr.); Trib. civ. Grenoble, 14 mars 1872 (S. 72. 2. 249. — P. 72. 955); Cass., 3 févr. 1879 (Pand. chr.); Rennes, 4 mars 1880 (Pand. chr.), et les notes; — Et cette impossibilité persiste même après la séparation de biens par elle obtenue. V. Cass., 3 févr. 1879 (Pand. chr.); 27 avril 1880 (Pand. chr.), et les renvois. Mais la femme n'en est pas moins, sous le régime dotal comme sous tous les autres régimes, pleinement capable de s'obliger. Les engagements qu'elle contracte ne sont pas seulement susceptibles d'être exécutés sur les biens dotaux, et cette restriction est absolue (V. Cass., 12 nov. 1879, Pand.

absolue pour la femme de s'engager valablement sur ce traitement (1) (C. civ., 1541, 1554).

2° *Si la loi du 21 vent. an IX autorise la saisie, jusqu'à concurrence d'une certaine fraction du traitement des fonctionnaires publics, cette disposition, édictée en leur faveur, ne fait pas obstacle à ce qu'ils opposent les règles du droit commun à l'exécution, même sur cette fraction saisissable, d'engagements entachés de nullité aux termes de la loi civile, tels, par exemple, que les engagements consentis par la femme sur ses biens dotaux* (2) (L. 21 vent. an IX; C. civ., 1541, 1554).

(Brun c. Monier.) — ARRÊT (*ap. délib. en ch. du cons.*).

LA COUR : — Sur la fin de non-recevoir : — Au fond; — Sur le moyen unique : — Vu l'art. 1541, C. civ.; — Attendu qu'il est constaté par le jugement attaqué que les époux Brun sont mariés sous le régime dotal, et que la dame Brun s'est constitué en dot tous ses biens présents et à venir; — Attendu que la femme dotale ne peut, même avec le consentement du mari, prendre aucun engagement sur les biens affectés de dotalité, et que la constitution en dot de tous les biens présents et à venir comprend, dans sa généralité, tous les fruits et produits de l'industrie exercée par la femme dans l'intervalle de temps qui s'écoule depuis la célébration du mariage jusqu'à la dissolution de l'union conjugale; qu'ainsi, la dame Brun (en souscrivant avec son mari un billet au profit de Monier) n'a pu s'obliger valablement sur le traitement attaché à ses fonctions d'institutrice communale, lequel fait partie de sa dot par cela même qu'il n'en a pas été excepté; que, si la loi du 21 vent. an IX autorise la saisie jusqu'à concurrence d'une certaine fraction du traitement des fonctionnaires publics, cette disposition, édictée en leur faveur, ne fait pas obstacle à ce qu'ils opposent les règles du droit commun à l'exécution, même sur cette fraction saisissable, d'engagements entachés de nullité aux termes de la loi civile; — D'où il suit qu'en décidant le contraire, le jugement attaqué (du tribunal de Briançon) a violé l'article de loi susvisé; — Casse, etc.

MM. Cazot, 1er prés.; Monod, rapp.; Charrins, 1er av. gén. (concl. conf.); Lecointe et Bouchié de Belle, av.

CASS.-REQ. 13 février 1884 (DEUX ARRÊTS).

TITRES-VALEURS, VALEURS ÉTRANGÈRES, OPPOSITION, NÉGOCIATION, REVENDICATION, ÉTATS ÉTRANGERS, RENTES, AGENT DE CHANGE, RÉTENTION, RESTITUTION, RESPONSABILITÉ.

La loi du 15 juin 1872, sur la perte des titres au porteur, s'applique, notamment dans celles de ses dispositions qui concernent la négociation et la revendication en France des titres frappés d'opposition, aux valeurs étrangères comme aux valeurs françaises (3) (L. 15 juin 1872, art. 1, 11, 12). — 1re et 2e espèces.

Spécialement, *elle s'applique aux rentes sur les États étrangers (dans l'espèce, à la rente russe), lesquelles ne profitent pas de l'exception formulée en faveur des rentes sur l'État français* (4) (Même loi, art. 16) (Id.).

L'agent de change, détenteur de titres au porteur frappés d'opposition, doit les garder et retenir en ses mains, jusqu'à ce qu'il ait été statué sur l'opposition (5) (Même loi, art. 12). — 2e espèce.

Il ne saurait s'en dessaisir, même les restituer au tiers porteur de qui il les a reçus, sans engager sa responsabilité vis-à-vis de l'opposant (6) (Id.).

1re Espèce. — (Cahen d'Anvers c. Lion.)

M. le conseiller Lepelletier, chargé du rapport, a présenté sur cette première affaire les observations suivantes :

« Devant le tribunal de la Seine et devant la Cour d'appel, l'avocat de MM. Cahen d'Anvers disait, dans ses conclusions, qu'il était aujourd'hui de jurisprudence constante que la loi du 15 juin 1872 ne s'appliquait point aux négociations dont les valeurs étrangères pouvaient être l'objet. — L'affirmation était peut-être un peu hardie. Cette jurisprudence constante, nous ne l'avons pas rencontrée une seule fois, et ce qui nous rassure contre l'insuffisance de nos recherches, c'est que le savant avocat du pourvoi n'a pas été plus heureux que nous. Le seul arrêt qu'il ait cité et qui a été rendu le 3 déc. 1877 (Journ. *le Droit* du 16 janv. 1878) par la Cour de Paris, en faveur de MM. de Rothschild, est intervenu dans une espèce et se fonde sur un principe qui ne peut fournir aucun appui à la requête. Nous y reviendrons d'ailleurs. Mais sur la question même que le pourvoi soulève, il n'y a pas de jurisprudence, et l'arrêt attaqué est le premier qui l'ait résolue.

« Quant à la doctrine, MM. Buchère (7), de Folleville (8) et Le Gost (9) se prononcent dans un sens contraire au pourvoi. MM. Lyon-Caen et Renault (10) seuls lui sont favorables; aussi le mémoire cherche-t-il la confirmation de sa thèse dans l'objet et dans le but de la loi elle-même, dans son esprit et dans son texte. Vous penserez peut-être, au contraire, que cet appui, c'est plutôt l'arrêt qui peut l'invoquer. — Examinons donc ce que le législateur a voulu faire et ce qu'il a fait.

« Nous ne nous attarderons pas à refaire l'historique de la loi de 1872, ni à en rechercher les origines. Permettez-nous seulement de nous arrêter, pour saluer au passage une mémoire qui reste particulièrement vénérée à la chambre des requêtes, devant le nom de M. le président Bonjean. C'est lui, en effet, qui, en 1862, dans son rapport au Sénat sur la pétition d'un sieur Troyan, victime d'un vol de titres au porteur, signala le premier la lacune de la législation en cette matière, et proposa les moyens d'y remédier. Cependant, aucun projet de loi ne fut alors présenté. Une commission, nommée en 1868 par le ministre de la justice, reprit la question, mais ses études n'eurent pas davantage de résultat pratique.

---

chr.; 7 févr. 1881, Pand. chr.; 24 mars 1885, Pand. chr., et les notes); ils peuvent l'être, toutefois, sur les biens paraphernaux, quand il en existe, et sur ceux que la femme acquiert après la dissolution du mariage. Sans doute, les créanciers restent exposés et courent risque de ne jamais rentrer dans leurs avances, faute de valeurs disponibles réalisables. Mais ces difficultés d'exécution, ces dangers, ces certitudes même de pertes n'enlèvent rien à la valeur des engagements; ils subsistent avec toute leur force virtuelle, effective, sur tout ce qui n'est pas bien dotal. La femme est dans la position d'un insolvable plutôt que d'un incapable. Or l'insolvabilité d'un débiteur n'infirme en rien l'obligation qu'il a souscrite. La créance vaudra ce qu'elle vaudra, elle pourra même ne valoir rien du tout, elle n'en subsistera pas moins.

(1) Jugé que lorsqu'une femme s'est constitué en dot tous ses biens présents et à venir, elle ne peut durant le mariage acquérir des biens paraphernaux; qu'en conséquence, les profits du commerce séparé qu'elle exerce, constituent des biens dotaux dont les fruits et revenus seulement appartiennent au mari : Riom, 23 mars 1881 (Pand. chr.). — C'est aussi la solution adoptée par la Cour de cassation dans l'arrêt ci-dessus rapporté. On ne voit pas, en effet, une fois le principe de dotalité admis, les raisons juridiques de distinguer entre les émoluments d'une place, d'une fonction, et les autres avantages rémunérateurs d'un travail ou d'une industrie quelconque.

(2) La loi du 21 ventôse an IX limite le droit de poursuite des créanciers; elle le réduit à un minimum d'effet; elle ne saurait donc se retourner contre les débiteurs qu'elle a toujours eu en vue de protéger, et les priver du bénéfice de leur régime matrimonial.

(3-4) Sur ces deux questions d'un intérêt si capital pour le marché financier, V. ci-dessus les observations contenues au premier rapport de M. le conseiller Lepelletier. L'étude est complète, large de développements, d'une réelle autorité. Il n'y a rien à y ajouter.

(5-6) Ce sont là des règles de direction très-clairement tracées, d'une portée d'application pratique très-étendue, d'une observation des plus simples. Les agents de change qui négligeraient de les suivre compromettraient comme à plaisir leur responsabilité. — Quant à la justification juridique de ces règles, V. le deuxième rapport de M. le conseiller Lepelletier, inséré ci-dessous au cours de cet article.

(7) *Tr. des valeurs mobilières*, p. 506.

(8) *Tr. de la possession des meubles*, n. 493.

(9) *Étude théorique et prat. sur les titres au porteur*, n. 277. — V. aussi Eon, *Rec. de Nantes*, année 1882, 2e part., p. 17 et suiv.; Moret et Desrues, *Memento théor. et prat. du prop. de titres*, p. 118.

(10) *Précis de dr. commercial*, t. I, n. 394. — V. aussi Trib. civ. Seine, 7 juin 1878 (Journ. *le Droit*, 21 juin)

« Ce n'est qu'en 1871 que le gouvernement, ému des pertes qui, après l'invasion étrangère et les crimes de la Commune, avaient atteint les propriétaires de titres au porteur, présenta à l'Assemblée nationale un projet de loi qui avait le double but d'empêcher le débiteur de payer entre les mains de l'injuste détenteur le capital ou les intérêts du titre dont le légitime propriétaire se trouvait dépossédé et de prévenir la négociation des mêmes titres, même au profit du tiers porteur de bonne foi qui, ayant acheté en Bourse les titres perdus ou volés, pouvait repousser la revendication par l'exception de l'art. 2280. Ce projet est devenu la loi du 15 juin 1872.

« Jusqu'alors les propriétaires de titres au porteur, titres soumis comme les meubles corporels à la maxime : possession vaut titre, n'étaient protégés contre la dépossession que par les art. 1348 et 2279, C. civ. Mais les difficultés d'application, les restrictions aux cas prévus par ces textes, et l'exception même édictée par l'art. 2280, rendaient trop souvent vaines les revendications. C'est pour compléter ces mesures de protection et ces moyens de restitution, c'est pour les rendre plus efficaces, que la nouvelle loi a été faite. — De plus, la vérification des oppositions concentrées au syndicat des agents de change était difficile, souvent impossible en pratique, et les agents de change se trouvaient ainsi exposés à des responsabilités pour des négociations sur des titres frappés d'oppositions qu'en droit ils auraient dû, mais qu'en fait ils n'avaient pu connaître. Pour obvier à ce danger, il fallait organiser la publicité réelle des oppositions.

« Il est difficile d'imaginer *a priori* que le législateur, préoccupé comme il l'était, et comme le révèlent l'exposé des motifs et le rapport, de rendre plus entière la sécurité des propriétaires de titres au porteur, ait eu la pensée d'exclure des mesures de protection qu'il ordonnait les titres étrangers, au moment même où ils devenaient de plus en plus nombreux sur le marché français, où la Bourse leur était de plus en plus ouverte, où les Français eux-mêmes les acquéraient davantage. C'eût été à la fois une inconséquence au point de vue des intérêts particuliers, et une faute économique au point de vue de l'activité du marché des valeurs; c'eût été d'autant plus étrange que la législation qu'on voulait compléter, et notamment les art. 2279 et 2280, était certainement applicable aux valeurs étrangères comme aux valeurs françaises. Si cette exclusion avait été dans l'intention du législateur, il serait plus étrange encore que, dans la discussion qui a précédé et préparé la loi, on ne trouvât pas trace de cette intention. Or, dans cette discussion que nous avons lue tout entière, il n'y a pas un mot qui révèle une pareille intention; pas un mot qui indique que l'idée en soit venue.

« Voyons cependant la loi elle-même.

« Certes, il est impossible de rien découvrir dans son texte qui exclue de son application les valeurs étrangères. Il ne le laisse pas entendre en déclarant que la loi est faite pour les valeurs françaises, pas plus qu'il ne l'affirme en déclarant que les titres étrangers n'y sont pas compris. Il dit, au contraire, par la formule la plus générale, la plus compréhensive qui puisse être employée, dans son art. 1er, qui résume l'objet et la portée de la loi : « Le propriétaire de titres *au porteur* qui en est dépossédé par un événement quelconque peut se faire restituer, etc. » Il était bien facile, si telle avait été la pensée de ceux qui ont fait la loi, d'ajouter un seul mot et de dire : « *Le propriétaire de titres français.* »

« Bien plus, dans le seizième et dernier article, la loi énumère et précise les valeurs auxquelles elle n'est pas applicable. Or on n'y voit pas figurer les valeurs étrangères. N'était-ce pas encore là le lieu de les excepter si on l'avait voulu? Entre ces deux articles, qui renferment toute la loi, il n'en est pas un seul qui mette en dehors de ses prescriptions, quand elles peuvent les atteindre en fait, les valeurs étrangères. On n'en parle pas, on n'y fait même pas allusion. Toute la loi reste fidèle à l'économie de l'art. 1er. Il s'agit de *titres au porteur*, sans restriction.

« Ainsi, soit qu'on consulte les travaux préparatoires, soit qu'on examine le texte, rien n'autorise à refuser au porteur de titres étrangers la protection qu'elle a voulu assurer aux titres au porteur. Elle protége toutes les valeurs de cette nature, sauf celles qu'elle excepte par son art. 16, et les valeurs étrangères ne sont pas comprises dans l'exception.

« Sans doute (et nous arrivons ici à l'argumentation du pourvoi), il y a dans la loi du 15 juin 1872 des dispositions auxquelles échappent, par la force même des choses, les titres étrangers, ce sont celles qui, comprises sous les art. 2 à 11, envisagent le titre perdu ou volé dans ses rapports avec l'établissement débiteur. Il va de soi que si ces établissements sont à l'étranger, la loi française ne peut les atteindre, et que là, comme en toute matière, l'extraterritorialité élève un obstacle infranchissable. Il est bien impossible, en effet, que la loi française empêche une Compagnie anglaise de payer à Londres les titres qu'elle a émis, sous prétexte qu'ils sont frappés d'une opposition en France. On comprend même qu'on ne puisse imposer l'exécution à l'établissement étranger, eût-il un représentant en France, si la loi étrangère qui le régit s'oppose à cette exécution. C'est ce qui a été jugé par la Cour de Paris dans une espèce où l'on prétendait rendre MM. de Rothschild responsables du payement de coupons de la rente italienne fait nonobstant une opposition qui leur avait été signifiée. Mais les motifs mêmes de l'arrêt font bien voir que cette décision se fondait sur le rôle tout spécial et tout personnel de ces banquiers, eu égard à la valeur dont il s'agissait. Ce n'est pas, en effet, parce que, d'une façon générale, les valeurs étrangères ne sont pas susceptibles des mesures édictées par la loi de 1872, que la Cour de Paris a repoussé la demande, mais parce que MM. de Rothschild n'étaient dans la cause que les agents ou les préposés du gouvernement italien. Ainsi, ce n'était pas la valeur, c'était le débiteur qui, à raison de son extranéité *in subjectâ materiâ*, échappait à la loi française.

« De même encore, les art. 11 à 15 de la loi, qui ont pour but d'empêcher la négociation des titres perdus ou volés frappés d'opposition, qui les considèrent non plus dans leurs rapports avec l'établissement débiteur, mais avec les tiers, ne pourraient empêcher cette négociation en pays étranger. C'est toujours le même principe, qu'en dehors du territoire la loi n'a plus d'effet, qui la rendrait vaine à l'étranger.

« Mais ici, nous ne sommes ni dans l'une ni dans l'autre de ces hypothèses. Ce n'est pas au gouvernement russe ni à son représentant que M. Lion a signifié son opposition. Ce n'est pas d'une négociation en pays étranger qu'il s'agit. Ici, la loi n'exige rien ni d'un étranger, ni en dehors du territoire français : aucun principe ne s'oppose à l'exécution en France d'une loi française. Les dispositions qu'invoquait le défendeur éventuel ne sont pas de celles que la force des choses empêche d'appliquer en France. Ces dispositions protectrices du propriétaire indûment dépossédé ont, au contraire, un caractère d'ordre public, de mesures de police et de sûreté, qui permet à tous de les invoquer à l'occasion de valeurs étrangères comme de valeurs françaises, pourvu qu'elles soient invoquées et qu'elles puissent être appliquées en France.

« C'est ce qu'enseignent les auteurs qui ont commenté la loi. « Si l'on ne peut pas, dit M. de Folleville (*Traité de la possession des meubles*, n. 493), se servir de la loi française pour arrêter le payement des intérêts et du capital à un tiers par l'établissement débiteur étranger... ne pourrait-on pas s'en servir du moins pour arrêter la circulation du titre au moyen de la publication des numéros dans le *Bulletin officiel?* Oui, certainement, aucun doute ne nous semble possible. Car cette publication n'entraîne aucune responsabilité pour la Compagnie étrangère », et cet auteur ajoute: « et la pratique a déjà, du reste, résolu cette question, car, en fait, il y a deux fois plus de numéros de valeurs étrangères inscrits sur le *Bulletin* que de numéros de valeurs françaises... Par suite, continue M. de Folleville, la revendication du propriétaire dépossédé deviendra possible, et le revendicant sera affranchi du remboursement préalable du prix d'achat. Toutes ces règles sont parfaitement applicables entre Français et étrangers habitant la France et ayant vendu ou acheté leurs titres en France ».

« M. Buchère, dans son *Traité des valeurs mobilières*, p. 506, enseigne la même doctrine : « Les oppositions signifiées par les propriétaires dépossédés, à l'effet d'empêcher la négociation des valeurs étrangères au porteur... conserveraient leur effet en France en ce sens du moins que les agents de change ou changeurs qui serviraient d'intermédiaires à la négociation de ces valeurs, nonobstant l'inscription des oppositions au *Bulletin*, engageraient leur responsabilité personnelle et pourraient être contraints à indemniser les opposants du préjudice qui serait résulté pour eux de cette négociation ». Et si le même auteur ajoute, comme le fait remarquer le mémoire, que les effets des oppositions peuvent dépendre de la législation qui régit les titres, c'est quand il les considère dans leur rapport, non plus avec les tiers, mais avec l'établissement débiteur étranger auquel la loi française ne peut être opposée, et c'est là qu'il rappelle l'arrêt Rothschild, qui vient d'être l'objet de notre examen.

« Entraîné par l'ordre de notre discussion, nous avons négligé jusqu'ici l'un des arguments que le mémoire place en tête de ses observations. Le projet de loi, dit-il, portait d'abord : « L'action en payement des intérêts ou dividendes afférents aux titres au porteur émis par des Sociétés *dont le siége est en France* se prescrit », etc. Il est vrai que cet article a été supprimé; mais il n'en résulte pas moins que, dans la pensée du législateur, la loi, si elle pouvait s'appliquer à des valeurs qui ne fussent pas absolument françaises, ne devait concerner du moins que des valeurs qui étaient dans une condition identique aux valeurs françaises par cette raison que le siége de l'établissement débiteur était en France.

« L'argument nous paraît de peu de valeur. Nous ne nous bornerons pas à répondre que l'article a été supprimé, et nous ne tirerons pas parti de cette suppression. Il a été supprimé parce que le système de prescription qu'avait présenté le projet a été écarté. Nous voulons bien tenir comme existant encore dans la loi les mots *dont le siége est en France* et la pensée à laquelle ils correspondent. Mais nous dirons que l'article où ils ont été écrits ne réglant que les rapports du titre avec l'établissement débiteur au point de vue, non de la négociation du titre, mais du payement des intérêts, il était tout simple et nécessaire, comme nous l'avons dit, que le législateur n'eût en vue que des établissements ayant leur siége en France.

« Les titres litigieux ont, il est vrai, été vendus à MM. Cahen d'Anvers par une maison allemande, et le pourvoi relève cette circonstance pour soutenir que la négociation qui les a mis aux mains des demandeurs en cassation n'a pas eu lieu en France. Il y a ici une équivoque qu'il faut dissiper. Sans doute MM. Cahen d'Anvers tiennent d'une maison allemande les titres revendiqués par M. Lion; mais l'arrêt fait observer avec raison, tant dans ses motifs que dans ceux du jugement qu'il adopte : 1° que les titres déterminés *in specie* par leurs numéros ne sont devenus la propriété de Cahen d'Anvers que par la tradition; que cette tradition s'est effectuée à Paris par la remise qui en a été faite aux demandeurs en cassation, le 7 févr. 1878, alors que l'opposition était depuis le 21 sept. 1876 mentionnée sans interruption au *Bulletin officiel*; que Cahen d'Anvers en a donc pris livraison en France, où le marché a reçu sa conclusion définitive, et qu'il les a reçus sans s'assurer s'ils étaient ou non frappés d'opposition. Ajoutons, enfin, que la revendication de Lion les a saisis dans les mains de l'agent qui les avait reçus, pour les négocier, non d'une maison étrangère, mais de Cahen d'Anvers; que, dès lors, la négociation arrêtée par l'opposition litigieuse est bien la négociation en France, à laquelle s'appliquent les dispositions de la loi.

« Reste la dernière objection du pourvoi et la plus grave, à coup sûr, de celles que développe le mémoire :

« Soit, dit le mémoire, admettons que les titres étrangers puissent être atteints par les dispositions des art. 11 et suiv. de la loi de 1872. Il n'en résulterait pas que la loi puisse s'appliquer aux titres litigieux qui sont des rentes sur l'État russe. Si ce n'est pas leur extranéité, c'est leur nature particulière qui les soustrait aux effets de l'opposition : c'est le texte même de la loi qui le déclare, car dans son art. 16 elle dit, en termes exprès, que ses dispositions ne sont pas applicables aux rentes sur l'État. Si elle exclut ainsi des mesures qu'elle édicte les rentes sur l'Etat français, les mêmes raisons en excluent les fonds d'Etats étrangers. Comment soumettre ceux-ci à des dispositions qui en entraveraient la libre circulation au moyen d'une opposition qui resterait sans effet à l'égard des rentes françaises? C'eût été méconnaître les principes du droit international sur l'indépendance et l'égalité réciproque des Etats; c'eût été surtout manquer de prudence économique aussi bien que de justice que de faire aux rentes des États étrangers une condition inférieure à celle des rentes de l'Etat français, au moment même où la France faisait appel aux capitaux du monde entier. »

« Nous avons reproduit l'argument sans l'affaiblir. Examinons ce qu'il vaut : parmi les considérations sur lesquelles il se fonde, la dernière, qui est, d'ailleurs, d'ordre politique plutôt que juridique, nous paraît, même à ce point de vue, reposer sur une base illogique : « C'eût été, dit le mémoire, manquer de prudence que de traiter moins bien les rentes étrangères que les rentes françaises, au moment où la France faisait appel aux capitaux étrangers. » Mais, au contraire, ce nous semble, le meilleur moyen d'attirer les capitaux étrangers en France, de les amener à préférer un placement en rentes françaises, à souscrire à nos emprunts plutôt que de s'employer en achats de titres étrangers, c'était justement de faire à nos rentes une condition meilleure qu'aux rentes étrangères. Donc si, ce qui nous paraît contestable, c'est faire une condition meilleure aux porteurs que de leur refuser la garantie contre la dépossession en leur laissant la liberté de la circulation de leurs titres, on comprendrait aisément qu'on l'eût faite aux rentes sur l'Etat français.

« Revenons donc au texte de l'art. 16, qui porte : « Les dispositions de la présente loi... ne sont pas applicables... aux rentes et autres titres au porteur émis par l'Etat. »

« Et d'abord, à ne considérer que le texte littéral de cet article, il est bien certain que par les mots « *rentes et autres titres émis par l'Etat* », le législateur a désigné l'Etat français. Quand une loi française dit : *l'Etat*, c'est de l'État français qu'elle parle. La loi de 1872 n'a pas dit : les fonds d'Etat, les titres émis par les Etats. Elle a dit : *l'Etat*, limitant ainsi à son acception consacrée et précisée par le langage politique aussi bien que juridique, le sens de cette expression. Donc, littéralement parlant, les rentes d'États étrangers ne sont pas désignées dans l'exception formulée par l'art. 16.

« Aussi bien le pourvoi ne le prétend-il pas. Ce n'est pas dans le texte même ou, du moins, dans ce texte seul qu'il trouve son argument. C'est dans l'interprétation de ce texte, dans la similitude des raisons qui ont dicté l'exception formulée quant aux rentes françaises, qu'il en trouve l'extension aux rentes étrangères. Vous vous rappelez quelles sont, d'après le mémoire, ces raisons. A part la raison politique que nous venons d'écarter, elles se réduisent à une seule, « ne pas entraver la libre circulation et négociation du titre »; lui laisser la même liberté, la même facilité qu'à l'argent ou au billet de banque. Voyons donc si c'est bien là, en effet, le motif qui a déterminé le législateur de 1872. Le rapporteur de la commission à laquelle avait été renvoyé le projet du gouvernement a nettement fait connaître quelles raisons justifiaient les exceptions de l'art. 16, et comme cet article a été voté tel qu'il était proposé par la commission, le rapport en est devenu le commentaire le plus autorisé. Or voici comment s'exprimait le rapporteur, M. Grivart, devant l'Assemblée nationale : « L'art. 16, disait-il, excepte de l'application de la loi les billets de banque... et les rentes sur l'Etat. Sur le premier point, aucune difficulté ne pouvait naître. *Les billets de banque ne sont pas des valeurs de placement. Ils remplissent l'office de monnaie et, pour qu'ils soient propres à une telle fonction, il faut qu'ils puissent se transmettre de main en main sans formalités, sans perte de temps, sans autre vérification que leur forme matérielle.* La seconde exception a soulevé, au contraire, des objections sérieuses. Il est peu rationnel, a-t-on dit, de ne pas soumettre les rentes sur l'Etat au même régime que les valeurs au porteur. De deux choses l'une : ou le système de la loi est bon, et il convient alors de l'étendre à tous les titres, à ceux mêmes qui ont l'Etat pour débiteur; ou on craint que, dans l'application, la loi nouvelle ne soit gênante, incommode, et, dans ce cas, il ne faut pas plus l'imposer aux valeurs des Compagnies qu'à celles de l'État.

« Malgré la force apparente de cet argument, la grande majorité de la commission a pensé qu'il ne convenait pas de s'écarter sur ce point du projet du gouvernement. Les rentes sur l'Etat sont depuis longtemps soumises à une législation spéciale d'après laquelle elles ne sont passibles d'aucune opposition. A la faveur de cette législation (remarquez ceci, voici le motif de l'exception), l'Etat a pu décentraliser ses payements et autoriser les porteurs à se présenter à celles des caisses publiques où il leur est le plus commode de se faire payer. Le nombre des agents payeurs est ainsi devenu très-considérable, et *si on imposait aux valeurs émises par le Trésor, les dispositions de la loi nouvelle, l'Etat aurait à se préoccuper de la responsabilité qui pourrait résulter pour lui de leur inaction ou de leur négligence.* Peut-être serait-il amené à retirer au porteur cette facilité fort précieuse qu'il leur accorde aujourd'hui d'être payés au lieu qu'il leur convient de choisir. »

« Ainsi, vous le voyez, tout autre est la raison d'exception des billets de banque, tout autre celle de l'exception des rentes sur l'Etat. Pour le billet de banque, c'est son caractère de monnaie courante qui doit permettre de le laisser circuler librement comme la pièce d'or et d'argent dont il fait l'office. Il n'est pas, comme dit le rapport, une valeur de placement. La rente sur l'Etat français n'a pas ce caractère, et la rente sur les Etats étrangers l'a encore moins, en France surtout. Aussi la raison qui la soustrait à l'application de la loi, ce n'est plus la nécessité de sa libre circulation, c'est le danger que ferait courir à l'Etat la multiplicité des agents dont la responsabilité lui incomberait. C'est pour maintenir, d'une part, les facilités qui résultent du grand nombre d'agents du Trésor, autorisés à payer les créanciers de l'Etat; c'est pour échapper, d'autre part, aux responsabilités qu'ils feraient encourir au Trésor s'ils négligeaient d'obéir aux prescriptions de la loi, qu'on ne les soumet pas à cette loi. Une pareille raison, on le voit, n'a rien à faire avec les titres sur les États étrangers, et, dès lors, l'exception qui n'est pas écrite dans le texte, on ne peut la trouver davantage dans l'identité des raisons qui ont inspiré l'art. 16 de la loi.

« ...Nous n'ajouterons qu'un mot. Un des auteurs que nous avons cités disait que la pratique avait déjà résolu la question en appliquant tous les jours aux valeurs étrangères la loi de 1872 dans les dispositions qui, en fait, peuvent leur être appliquées. Rien n'est plus exact, et votre arrêt étonnerait beaucoup les agents de change s'il leur apprenait qu'ils ne doivent pas tenir compte des oppositions à la négociation des titres au porteur de valeurs étrangères, voire même des rentes d'Etat; et à l'heure même où nous écrivons ces lignes, le *Bulletin officiel*, que nous avons sous les yeux, contient une longue liste de titres au porteur de fonds d'Etats étrangers frappés d'oppositions, parmi lesquels nous trouvons notamment des titres de l'emprunt russe 1870, c'est-à-dire de la valeur même qui fait l'objet de la question du pourvoi.

« Vous apprécierez s'il n'y a pas lieu de rejeter le pourvoi. »

ARRÊT.

LA COUR : — Sur le moyen unique pris de la violation des art. 2279 et 2280, C. civ., et de la fausse application des art. 11 et 12 de la loi du 15 juin 1872 aux titres au porteur étrangers (en ce que l'arrêt attaqué a autorisé la revendication d'un prétendu propriétaire contre le tiers porteur actuel de bonne foi desdits titres, sous prétexte que la négociation qui en aurait été faite à son profit se serait trouvée postérieure à l'opposition du prétendu propriétaire, comme si la loi de 1872 s'appliquait aux titres étrangers, surtout aux rentes étrangères) : — Attendu que la loi du 15 juin 1872 a eu pour objet de permettre aux propriétaires de titres au porteur de se faire restituer, même en dehors des cas prévus par les art. 1348, 2279 et 2280, C. civ., contre la dépossession ou la perte de leurs titres; qu'elle a édicté dans ce but diverses dispositions ayant le caractère de mesures de police et de sûreté, qui protégent aussi bien les propriétaires de titres étrangers que les propriétaires de titres français, et que ni ses termes ni son esprit ne permettent de distinguer entre eux; — Attendu que si quelques-unes de ses dispositions, envisageant le titre dans ses rapports avec l'établissement débiteur, ne peuvent recevoir d'application lorsque cet établissement est étranger et échappe à la loi française, il ne s'ensuit pas que ses autres dispositions, et notamment celles qui concernent la négociation et la revendication en France des titres frappés d'opposition, ne soient pas applicables aux valeurs étrangères comme aux valeurs françaises;

Attendu que l'art. 16 de ladite loi énumérant les seuls titres au porteur qui échappent à son application, il n'est pas permis d'étendre l'exception formulée par cet article à des valeurs qui n'y sont pas comprises; — Attendu qu'en exceptant des dispositions de la loi les rentes sur l'Etat, le législateur n'a entendu parler que des rentes sur l'Etat français, et que les motifs qui ont déterminé cette exception ne peuvent s'appliquer aux rentes étrangères, lesquelles restent, dès lors, sous l'application de ladite loi; — D'où il suit qu'en donnant effet à l'opposition dont le défendeur éventuel avait frappé les titres au porteur de rente russe, qui lui avaient été dérobés, et en faisant droit à sa revendication, l'arrêt attaqué (Paris, 21 août 1882), loin de violer les articles visés par le pourvoi, n'a fait qu'une juste application de loi du 15 juin 1872; — Rejette, etc.

MM. Bédarrides, prés.; Chevrier, av. gén. (concl. conf.); Morillot, av.

2ᵉ Espèce. — (Cahen d'Anvers c. Moyse et Tavernier.)

Cette seconde affaire soulevait les mêmes questions qui ont été examinées et résolues dans la première espèce. Il n'y a pas lieu de les poser à nouveau; il suffit que nos lecteurs se reportent aux observations de M. le conseiller Lepelletier et à l'arrêt rendu en conformité de ces observations.

Mais d'autres difficultés d'un intérêt pratique considérable s'ajoutaient aux premières et compliquaient encore le débat. Elles sont exposées avec autorité dans un nouveau rapport de M. le conseiller Lepelletier, dont nous extrayons les principaux passages suivants :

« ...En droit, il s'agit de savoir non pas si la loi oblige l'agent à retenir entre ses mains, quand ils y parviennent, les titres frappés d'opposition, mais si, au contraire, elle l'oblige à s'en dessaisir et à les remettre au tiers porteur qui les lui a livrés, de telle sorte qu'en ne les lui restituant pas, il manque à une obligation légale. Pour résoudre cette question, nous croyons qu'il faut bien se pénétrer de l'esprit de la loi de 1872, du but que s'est proposé le législateur.

« Nous vous le disions tout à l'heure et nous devons le répéter, ce but, c'est de protéger plus efficacement que ne le faisait l'ancienne législation les propriétaires de titres au porteur, c'est de mettre à leur disposition, par un ensemble de mesures coordonnées pour cet objet, le moyen de se faire restituer (c'est le texte même de la loi) contre la perte de leurs titres, quand ils en ont été dépossédés par un événement quelconque. L'effet de toutes ces mesures, c'est d'atteindre le titre perdu ou volé et d'en assurer la restitution au propriétaire dépossédé. Les unes les saisissent entre les mains de l'établissement débiteur quand il lui est présenté par le tiers porteur pour le payement du capital ou des coupons; les autres entre les mains du tiers porteur ou de l'intermédiaire auquel celui-ci les remet pour une négociation. C'est de ces dernières qu'il s'agit dans la cause.

« Vous savez en quoi elles consistent : c'est l'opposition signifiée, par le propriétaire dépossédé, à la chambre syndicale des agents de change et inscrite au *Bulletin officiel*. A partir du moment où cette opposition a été régulièrement publiée, la négociation, la transmission du titre suspect est interdite. Il est arrêté dans sa libre circulation.

« Qu'est-ce à dire? Et que devient le titre ainsi arrêté? Est-ce simplement que l'agent de change auquel il a été remis pour le négocier, ou pour le livrer en exécution d'une négociation déjà faite, doit s'abstenir d'en faire la négociation ou la livraison, mais qu'il est tenu, comme le prétend le mémoire, de le remettre au tiers porteur de qui il l'a reçu, purement et simplement dans le premier cas, en échange d'un titre libre dans le second?

« Est-ce que l'agent de change dépasserait la loi, est-ce que surtout il la violerait en refusant de remettre ainsi dans la circulation le titre suspect, au mépris de l'opposition qui a eu pour but de l'arrêter entre ses mains et avant qu'il ait été statué sur le mérite de cette opposition? S'il en était ainsi, il nous semble que l'intérêt du légitime propriétaire, cet intérêt qui est, ne l'oubliez pas, la principale préoccupation de la loi, serait bien peu sauvegardé et que la protection qu'elle lui accorde serait quelque peu platonique.

« Si, en effet, l'agent est obligé de remettre le titre à celui qui le lui a livré, quelle utilité le propriétaire retirera-t-il de son opposition? Que lui importe qu'il soit dans telle ou telle main de tiers porteur s'il ne peut demeurer dans la seule où il puisse l'atteindre, celle du tiers saisi? Il ne lui échappera pas moins, et l'impossibilité de le négocier en Bourse de Paris ne le lui rendra pas. Et non-seulement le propriétaire opposant n'aura rien gagné si son opposition ne permet pas à l'agent de retenir le titre et ne lui en interdit que la négociation, il pourra même arriver que cette interdiction, si elle est le seul effet de la loi, si l'agent est contraint de restituer le titre à celui qui le lui a remis, soit plus préjudiciable que favorable aux intérêts du propriétaire.

« Supposons, en effet, qu'il s'agisse d'un titre volé et que ce soit le voleur lui-même qui se présente à l'agent de change. Si celui-ci refuse de le recevoir parce qu'il est frappé d'opposition et qu'il le restitue à celui qui le lui offre, ce dernier, averti que le marché français lui est fermé, le négociera à l'étranger, où la loi française ne pourra l'atteindre, et pourra ainsi le soustraire aux effets de l'opposition; ce danger sera plus grand encore s'il s'agit d'un titre de valeurs étrangères qui, négocié à l'étranger, y sera aussi remboursé par l'établissement débiteur; de sorte que le propriétaire n'aura pas même la ressource d'espérer qu'après ces transmissions successives son titre arrivera, enfin, le jour du payement, là où son opposition pourrait enfin le retenir.

« Si ces considérations, tirées de l'esprit de la loi, de son but clairement exprimé par son texte et par la discussion qui l'a préparé sont exactes, est-il possible de dire, comme le pourvoi, qu'elles sont contraires, soit aux dispositions de la loi elle-même, soit aux principes du droit commun?

« Les dispositions mêmes de la loi? Sans doute, elle ne dit nulle part que l'agent sera obligé de retenir le titre frappé d'opposition qui arrive entre ses mains, mais elle ne dit nulle part, non plus, qu'il sera contraint de le restituer au tiers porteur sans tenir autrement compte de l'opposition; il semble même dire implicitement au moins le contraire en déclarant nulle, non-seulement toute négociation, mais toute *transmission* du titre après l'opposition.

« Mais si le texte est muet, et si aucun principe général de droit ne commande une autre interprétation, n'est-il pas sage, n'est-il pas juridique d'adopter celle qui est manifestement la plus conforme à la pensée du législateur, qui assure à la loi le résultat en vue duquel elle a été faite, en même temps qu'elle répond le mieux à l'équité, puisque sans compromettre le droit du tiers porteur, qui peut faire tomber l'opposition si elle a été faite à tort, qui peut exercer contre qui de droit les actions en garantie, elle seule peut permettre à l'opposant de faire valoir son droit, qui, avec le système du pourvoi, serait compromis, et souvent d'une façon irrémédiable.

« Loin de contredire cette interprétation, les principes généraux du droit vous paraîtront peut-être la confirmer. Qu'est-ce, en effet, en droit commun, que l'opposition, sinon la défense faite à celui entre les mains duquel se trouve la valeur frappée d'opposition, de s'en dessaisir jusqu'à ce qu'il ait été statué sur le mérite de l'opposition? Et en particulier l'opposition dont il s'agit, dans l'espèce, n'a-t-elle pas pour effet d'arrêter la valeur dans les mains de celui auquel l'opposition a été signifiée, c'est-à-dire lorsque y arrive le titre qui en est frappé? N'est-ce pas, si l'on peut ainsi parler, un véritable droit de suite qui en résulte pour l'opposant sur le titre, en quelques mains que cette opposition l'atteigne?

« En résumé, l'opposition a pour objet de permettre la revendication par le propriétaire dépossédé; comment pourrait-il l'exercer si le titre échappait à ses recherches en sortant de la main du tiers saisi pour rentrer dans celle du tiers porteur, qui peut lui être inconnu, et faire passer le titre là où il serait insaisissable?

« Mais, dit le pourvoi, ce n'est pas dans l'intérêt de l'opposant que l'opposition doit produire ses effets en ce qui concerne l'agent de change auquel le titre suspect a été remis. Cet agent n'est pas le mandataire de l'opposant, mais, au contraire, celui du tiers porteur, son client, qui lui a livré le titre, et vis-à-vis duquel il est lié par ce mandat.

« Qu'importe? il n'en est pas moins devenu le tiers détenteur du titre frappé d'opposition et revendiqué par l'opposant. L'opposition lui a été régulièrement signifiée par l'inscription au *Bulletin officiel*. Il est, dès lors, tiers saisi, et l'opposant a le droit de revendiquer entre ses mains; car c'est un principe de droit commun que vous avez consacré, notamment, par l'arrêt de votre chambre civile du 5 mai 1874 (MM. Devienne, Hély d'Oissel, Blanche, S. 75. 1. 49. — P. 75. 113. — D. 74. 1. 293), en matière de titres au porteur volés et frappés d'opposition. « Que l'action en revendication peut être exercée contre tout tiers détenteur de l'objet revendiqué, *alors même que cet objet ne serait entre les mains de ce dernier qu'en sa qualité de mandataire.* » Dans une note de M. Labbé, sous cet arrêt (S. et P., *loc. cit.*), nous trouvons formellement exprimée la doctrine contraire à celle du pourvoi. Voici ce que dit le savant professeur : « Une opposition avait été formée. Or tout mandataire, ou dépositaire, ou détenteur qui reçoit une opposition de la part de celui qui se prétend propriétaire de l'objet détenu ne doit pas se dessaisir de la chose frappée d'opposition, il doit attendre la décision de la justice; s'il se met hors d'état de rendre à qui, par justice, sera ordonné, il le fait à ses risques et périls. La qualité d'agent de change impose peut-être le devoir de respecter avec plus de scrupule encore l'opposition reçue, mais la décision serait la même à l'égard de tout autre détenteur, changeur ou banquier. »

« Vous le voyez, à la thèse du mémoire, qui dit : « Lorsque l'agent de change constate que les titres qui lui ont été remis pour une négociation sont frappés d'opposition, il doit les restituer à son client de qui il les a reçus », M. Labbé répond : « Il ne doit pas s'en dessaisir jusqu'à la décision de la justice sur la valeur de l'opposition. » Et plus loin, le même jurisconsulte ajoute : « Il n'y a pas à mettre en balance l'intérêt du vendeur ou acheteur avec le respect du droit de propriété », répondant ainsi d'avance à cette autre observation du mémoire, que l'agent de change n'a pas à se préoccuper, en retenant préventivement le titre, des intérêts du propriétaire, et que, la vérification des oppositions, il n'a à la faire que dans l'intérêt de son client et dans le sien... »

ARRÊT.

LA COUR : — Sur le premier moyen : — (Motifs textuellement reproduits de ceux de l'arrêt précédent;)

Sur le deuxième moyen, pris de la violation de l'art. 12 de la loi du 15 juin 1872 (en ce que l'arrêt attaqué a autorisé un agent de change, auquel des titres étrangers au porteur avaient été remis pour en faire la négociation, à s'en faire délivrer d'autres pour l'exécution du marché consenti, sans restituer les premiers, sous prétexte qu'ils étaient frappés d'opposition, comme si l'art. 12 autorisait une pareille atteinte aux droits du porteur) : — Attendu que ni cette loi ni les règles du droit commun n'obligent l'agent de change auquel les titres au porteur frappés d'opposition ont été remis, soit pour en opérer la négociation, soit en exécution d'une négociation antérieure, à restituer ces titres au tiers porteur de qui il les a reçus avant qu'il ait été fait droit entre ce tiers porteur et l'opposant; — Que l'art. 12 visé par le pourvoi, et qui déclare nulles la négociation et la transmission des titres au porteur frappés d'opposition, n'interdit pas à l'agent aux mains duquel les titres suspects sont parvenus de les retenir jusqu'à ce qu'il ait été statué sur l'opposition; — Qu'il résulte, au contraire, de l'ensemble des dispositions de la loi de 1872 et du but qu'elle a voulu atteindre que l'agent, lorsque, comme dans l'espèce, il est constitué détenteur des titres, ne saurait s'en dessaisir en dehors de l'opposant, sans exposer sa responsabilité envers ce dernier; — Attendu que l'inscription de l'opposition au *Bulletin officiel* équivaut, pour l'agent qui détient le titre, à une signification; — Que l'opposition saisit la valeur qui en est frappée et l'immobilise entre les mains du tiers détenteur, et que celui-ci, ne pouvant se faire juge de l'opposition, ne se dessaisirait qu'à ses risques et périls; — Qu'il suit de là qu'en condamnant MM. Cahen d'Anvers à livrer aux défendeurs éventuels des titres réguliers et valables, sans ordonner en échange la restitution des titres frappés d'opposition, l'arrêt attaqué (Paris, 21 août 1882) n'a pas violé l'art. 12 de la loi du 15 juin 1872; — Rejette, etc.

MM. Bédarrides, prés.; Lepelletier, rapp.; Chevrier, av. gén. (concl. conf.); Morillot, av.

CASS.-CRIM. 15 février 1884.

SOCIÉTÉ ANONYME, APPORTS EN NATURE, ACTION, LIBÉRATION PARTIELLE, QUART EN NUMÉRAIRE, FONDATEURS.

Des actions, libérées seulement pour partie, peuvent être attribuées aux fondateurs d'une Société anonyme en représentation de leurs apports en nature (1) (L. 24 juill. 1867, art. 1, 2, 4, 13, 24, 25).

Si donc ces actions sont libérées d'un quart, par le fait même de l'apport en nature, elles ne sont pas de plus assujetties, préalablement à toute émission, au complément d'un nouveau quart en numéraire, l'apport vérifié équivalant à un versement en espèces (2) (Id.).

(1-2) Ces solutions ont eu un grand retentissement dans le monde des affaires. Elles étaient recommandées par les auteurs les plus compétents sur la matière (V. Mathieu et Bourguignat, *Comment. sur la loi de 1867*, n. 16, 45; P. Pont, *Sociétés commerciales*, n. 893 et suiv., 1008; Duvergier, sur l'art. 4 de la loi du 17 juill. 1856, *Collection des lois*, année 1856, p. 339, note 3; Vavasseur, *Sociétés*, t. I, n. 527 et suiv., et articles publiés dans le *Droit*, n. des 1, 2, 4, 5 et 24 avril 1881; *Journal des Sociétés*, 1880, *note* de M. A. L., 1881, *note* du même, p. 213 et suiv.; Buchère, *Journal des Sociétés*, 1882, p. 126 et suiv. V. encore sur la question, Rataud, *Rev. crit.*, 1882, p. 215; Lyon-Caen, *Observations*, S. 81. 2. 97. — P. 81. 1. 561; Labbé, *Observations*, S. 84. 1. 109. — P. 84. 1. 471); elles étaient attendues, sollicitées par les intérêts menacés dans leur sécurité. Un grand nombre de Sociétés s'étaient constituées avec cette conviction que l'apport en nature équivalait à un versement en numéraire, soit pour la totalité de la libération des actions, soit pour la portion représentative de la valeur des apports vérifiés et approuvés.

Le premier point n'était pas contesté.

Mais, par une distinction purement arbitraire, voilà une jurisprudence qui tend à s'établir et qui décide que ce que l'apport peut faire pour une libération totale, il ne peut plus le faire pour une libération partielle, et qu'il faut que, dans ce dernier cas, l'apport soit fortifié, soutenu, accompagné par un versement concomitant en numéraire et correspondant au quart des sommes que l'actionnaire apporteur devra réaliser sur ses titres lors des appels de fonds ultérieurs.

Et les Sociétés qui n'ont pas accompli cette formalité, qui n'ont point eu cette intuition des exigences qu'aucun texte de loi révélateur ne signalait à l'observation des conseils les plus éclairés, se sont vues, du jour au lendemain, menacées dans leur existence, inquiétées dans leur avenir, livrées à la merci des agences véreuses, des chercheurs de nullités de profession.

Car, ainsi que l'a dit M. le procureur général, cette question, pour être née d'hier, *a son histoire*, et qu'il est facile de rappeler en deux mots : Elle s'est d'abord présentée une première fois devant la Cour de cassation, dans une affaire *Paz c. Société des mines de Collo* (V. arrêt, ch. crim., 4 août 1882, Pand. chr.). Mais une fin de non-recevoir relevée d'office contre le pourvoi l'a fait rejeter, sans que la Cour suprême ait eu à se prononcer sur la solution des difficultés du fond.

Cet ajournement suivait cependant deux arrêts de la Cour de Paris; — le premier, rendu le 18 févr. 1881 (S. 81. 2. 97. — P. 81. 1. 561. — D. 84. 2. 1), par la chambre des appels de police correctionnelle, dans cette même affaire *Paz* dite des *mines de Collo*. La Cour avait décidé très-nettement que, lorsque des actions correspondent pour partie à un apport en nature, pour partie à un apport en numéraire, la constitution de la Société reste subordonnée au versement du quart sur la portion de cet apport consistant en numéraire; en conséquence, elle avait vu dans le fait de participer à la négociation de ces actions, correspondant à un apport à la fois en nature et en numéraire, non libérées du quart pour cette dernière portion une contravention prévue par l'art. 14 de la loi du 24 juill. 1867. — Le second arrêt, du 4 avril 1881 (1re ch.,

(Gindre-Malherbe c. Duquesne, Stopin et Hugon.)

M. le procureur général Barbier a donné, dans cette importante affaire, des conclusions très-développées dont nous extrayons les principaux passages suivants :

« Le résumé de l'opinion qui a servi de base à l'arrêt attaqué peut se réduire aux deux propositions suivantes : 1° Des actions partiellement libérées, soit de moitié, soit du quart, et attribuées jusqu'à due concurrence en représentation d'apports régulièrement vérifiés et acceptés, ne peuvent être créées que contrairement au texte et à l'esprit de la loi; 2° A supposer que ces actions aient pu être créées légalement, elles sont tenues au versement préalable du quart sur le numéraire, au payement duquel elles se trouvent ultérieurement obligées.

« Cette double proposition, je la crois inexacte, et je vais essayer de la réfuter.

§ 1er.

« La première de ces propositions est radicale; elle affirme que la création des actions partiellement libérées est illicite; elle l'affirme, mais comment le prouve-t-elle? Par un texte? Non, elle est obligée de le reconnaître. Or ce qui n'est pas défendu est permis. Mais, dit-elle, la prohibition résulte de la combinaison des art. 1er, 4 et 25 de la loi. Nous aurons à les lire et à les apprécier.

« ...Insistons, avant tout, sur le défaut de texte contenant une prohibition formelle. La créer par interprétation, c'est une chose bien grave. Car enfin, le principe qui domine tout, c'est celui de la liberté des conventions (1133, 1134, 1832 et 1833, C. civ.). Réserve faite des bonnes mœurs et de l'ordre public, cette liberté ne peut être limitée que par une disposition expresse de la loi, formellement restrictive. On ne saurait trop le répéter, en matière de convention, ce que la loi ne défend pas est permis, et rien n'autorise à croire que ces principes ne sont pas applicables en matière de Sociétés par actions. Au contraire, le soin que le législateur a mis à les réglementer impose le devoir de respecter tout ce qui est placé en dehors de ses prohibitions formelles; et cette vérité apparaîtra plus saisissante encore, si l'on réfléchit que la loi de 1867 a été dictée (tout le monde l'a dit) par des inspirations libérales, et qu'elle a entendu réagir contre les restrictions excessives de la loi de 1856.

« Ceci dit, voyons donc comment l'arrêt attaqué, c'est-à-dire le système que je combats, a pu prendre pour une base qu'il croit solide la combinaison des art. 1er, 4 et 25. Tout le pivot de ce système est dans l'affirmation que voici : La loi de 1867 établit une distinction fondamentale entre : d'une part, les apports en nature, qui, n'étant pris que pour une valeur réelle, vérifiée et approuvée, représentent toujours et nécessairement un nombre correspondant d'actions entièrement libérées; et, d'autre part, les actions en numéraire, dont le quart au moins doit être versé préalablement à la constitution de la Société.

« Mais sur quoi s'appuie une telle affirmation ? Il faut, dit l'arrêt, que les actions soient entièrement libérées. Lisons les textes (L. 24 juill. 1867, art. 1er, § 2, 4 et 25).

« Pas un des trois articles ne dit ce que l'on fait dire à la loi.

« Que résulte-t-il, en effet, des diverses dispositions de ces trois articles ? 1° que le versement du quart au minimum est exigé pour la constitution de la Société, sur chacune des actions souscrites; 2° qu'il faut une approbation, donnée en connaissance de cause, des apports en nature; 3° qu'à cet effet, postérieurement à l'acte constatant le versement du quart, il faut une assemblée générale convoquée dans des conditions et avec des garanties spéciales. Voilà tout; mais rien, ni explicitement (on le reconnaît) ni implicitement, n'autorise à tirer de ces textes la conclusion que l'arrêt en tire.

« Mais on insiste sur les inconvénients que présente l'attribution d'actions partiellement libérées. Elle restreint considérablement le développement de la souscription publique; au lieu, par exemple, de deux mille actions de 500 francs représentant tout l'apport, on va pouvoir en attribuer quatre mille libérées de 250 francs, ou huit mille libérées de 125 francs aux apporteurs; ils vont les jeter sur le marché, se livrer à des négociations frauduleuses, etc. — Est-ce bien vrai ? Sans doute, malgré toutes les précautions de la loi, la fraude est toujours possible; mais quand cela serait, le silence de la loi permettrait cette combinaison. Le remède, c'est l'obligation de verser la moitié ou les trois quarts lors des appels ultérieurs (M. Vavasseur, *op. cit.*, n. 526, p. 284). Un avantage très-réel, dit cet auteur, de la création des actions mixtes, c'est de maintenir attachés au sort de la Société ceux-là mêmes qui l'ont fondée, puisqu'ils sont responsables des versements à faire, même en cédant leurs actions, pendant deux ans au moins à partir du jour de la conversion des actions nominatives en actions au porteur (Loi de 1867, art. 3). Par ce côté, le procédé en question répond complètement au vœu de la loi, qui n'a exigé que le versement du quart jugé par elle suffisant pour empêcher ceux qu'on a appelés les lanceurs d'affaires de se retirer sans risques, aussitôt leurs actions vendues avec prime. »

« On fait un autre reproche aux actions partiellement libérées. En diminuant le nombre des souscriptions en numéraire, elles empêchent de réaliser le fonds de roulement. — Mais rien ne révèle que la loi se soit préoccupée de cela. D'ailleurs, il y a des Sociétés dans lesquelles il n'y a pas de fonds de roulement possible, celles qui se composent exclusivement d'apports. Est-ce qu'il n'en existe pas de pareilles ? L'art. 4, dernier alinéa, dit : « Les dispositions du présent article, relatives à la vérification de l'apport qui ne consiste pas en numéraire, ne sont pas applicables au cas où la Société à laquelle est fait l'apport, est formée entre ceux seulement qui en étaient propriétaires indivis. » Ici, il n'y

---

M. Larombière, prés., S. 81. 2. 102. — P. 81. 1. 570, — D. 84. 2. 1), même solution : obligation pour l'action d'apport libérée du quart d'opérer un versement en numéraire sous peine d'annulation de la Société.

Mais cette jurisprudence avait soulevé une telle unanimité de protestations (V. les auteurs cités ci-dessus), elle avait causé un si fort émoi dans le monde financier, par cela même qu'elle pouvait mettre et mettait réellement en question l'existence des Sociétés les mieux établies, les plus prospères, qu'il était à prévoir qu'elle ne devait pas résister longtemps à l'assaut de tous les efforts combinés de la doctrine et de la pratique. On ne lutte pas longtemps quand on veut remonter un courant, quand surtout ce courant s'est déterminé par des nécessités de situation, par la logique des faits, et qu'à toutes ces causes on n'oppose qu'une interprétation plus ou moins fondée de texte qui ne dit rien, qui ne prescrit rien, ne prohibe rien non plus. La faiblesse des raisons qui servaient de base à la thèse des deux premiers arrêts de la Cour de Paris allait apparaître là même où elles avaient d'abord porté la conviction. C'est que quand le droit touche aux affaires, on ne peut pas le séparer des conséquences qu'il réalise. La solution juridique qui entraîne des perturbations, des désordres, des ruines même, est toujours à rejeter. Autrement il faudrait, par un manquement au plus élémentaire des devoirs du magistrat et du citoyen, supposer le législateur insensé et son œuvre déraisonnable.

Lorsque, dans l'affaire actuelle, la Cour de cassation a été saisie de l'examen de la difficulté, la difficulté n'existait déjà plus; un revirement de jurisprudence, en sens diamétralement contraire, s'était opéré. Un troisième arrêt de la Cour de Paris, du 28 avril 1883 (1re ch., M. Lefebvre de Viefville, prés., Pand. chr.) avait décidé que le complément d'un versement en numéraire, en plus de la libération du quart en apports sur la portion non libérée des actions, n'était pas exigible, que l'apport, pour sa quotité, équivalait aux espèces.

Mais, quelques jours après, alors sans doute que cette dernière solution n'était point encore publiée, qu'elle était inconnue des magistrats qui n'y avaient point participé, la question se représentait devant la chambre des appels de police correctionnelle. Cette chambre, par un arrêt du 10 mai 1883 (c'est l'arrêt frappé de pourvoi et cassé dans l'affaire actuelle) a persisté dans la doctrine que sa décision du 18 févr. 1881 précitée avait inaugurée, et dans laquelle elle avait été suivie par la première chambre. C'est ainsi que la Cour suprême s'est trouvée saisie des difficultés.

Le débat, devant la Cour de cassation, a pris toute l'ampleur de développements que comportait la gravité des intérêts en jeu. Un remarquable rapport de M. le conseiller de Larouverade, trop étendu pour être ici reproduit, des conclusions de M. le procureur général Barbier rapportées plus haut dans leurs parties essentielles, ont éclairé tous les recoins de la question. Rapporteur et ministère public n'ont éprouvé aucun moment d'hésitation. La conviction qui les animait, ils l'ont fait partager à leurs collègues de la Cour, ils la communiqueront à tous ceux qui les liront avec quelque attention.

Nous ne commettrons point l'imprudence de rouvrir le débat et de reprendre avec toutes chances de l'affaiblir une argumentation tracée de main de maître. Nous considérons la question comme épuisée, toute controverse comme impossible à faire revivre. Notre impression est même si forte qu'elle va jusqu'à se demander comment la difficulté a pu un instant arrêter la jurisprudence et l'engager dans une voie qui n'aboutissait qu'aux plus désastreuses conséquences. La Cour de cassation, avec cette intuition supérieure des nécessités pratiques, des exigences des affaires, a réparé tout le mal et prouvé une fois de plus que le droit bien interprété seconde, favorise le développement le plus large de l'activité humaine, ne le contrarie et ne l'entrave que lorsqu'il s'égare dans des directions contraires à la moralité publique.

Ajoutons, en terminant, que la Cour de Rouen, saisie de l'affaire par suite du renvoi de cassation, s'est conformée à la doctrine de la Cour suprême. V. arrêt, 10 mai 1884 (Pand. chr.), et les renvois.

a pas d'application possible des principales dispositions de la loi de 1867.

« Voici ce que dit votre chambre civile dans un arrêt du 26 avril 1880 (Pand. chr., aff. de la Société anonyme *le Batelage de Saint-Pierre*, île de la Réunion).

M. le procureur général lit le texte de l'arrêt, et continue ainsi :

« Ce genre de Société, exclusivement d'apports, admis en termes exprès par la loi de 1867, et consacré par la jurisprudence, nous éclaire sur les véritables intentions du législateur, et répond péremptoirement à l'une des principales objections du système adverse.

« La loi, dit-on, n'a pas voulu qu'il fût permis de restreindre la souscription publique ! — Mais elle permet de la supprimer totalement, comme dans cette affaire du *Batelage de Saint-Pierre*. Et, certes, c'est bien périlleux ; la possibilité de la fraude par les fondateurs pouvant faire appel aux capitaux au moyen d'obligations ou par la négociation de leurs actions, et cela sans contrôle de la valeur des apports, cette possibilité de fraude est évidente ; mais elle ne suffit pas pour enchaîner la liberté des transactions, dès que la loi n'édicte pas de prohibition formelle.

« Résumons-nous sur ce premier point. Il est certain que la loi de 1867, dont les divers articles ont trait à la création et à la négociation des actions, a eu surtout en vue celles qui sont émises contre espèces ; c'est ainsi qu'elle ordonne le versement du quart avant la constitution de la Société (art. 1er), comme aussi avant toute négociation (art. 2), et qu'elle défend la conversion en titres au porteur avant la libération de moitié (art. 3). Mais les actions émises contre espèces ne sont pas le seul type des titres représentant le capital social ; l'art. 4, déjà cité, en fait foi.

« Ce capital peut se composer de trois manières différentes : 1° exclusivement par des souscriptions d'actions en numéraire ; là, pas de difficulté possible ; 2° exclusivement par des souscriptions d'actions d'apport ; 3° d'une façon mixte, par des actions d'apport et des actions en numéraire. Ce dernier cas se subdivise en deux hypothèses : ou bien attribution d'actions d'apport entièrement libérées, à côté d'actions souscrites en numéraire, ou bien attribution d'actions d'apport partiellement libérées, ou pour moitié, ou pour un quart au minimum. C'est dans cette dernière hypothèse seulement que la difficulté se présente et que le débat s'agite. Nous en avons exposé les principaux éléments.

« La doctrine n'a pas cru plus que nous à la prohibition (non écrite dans la loi) de la création d'actions partiellement libérées. MM. Mathieu et Bourguignat, *Comment. sur la loi* de 1867, n. 45, P. Pont, *Sociétés*, t. II, n. 1008, disent que la disposition de l'art. 4 de la loi de 1867, qui refuse voix délibérative aux actionnaires ayant fait des apports en nature, s'applique aussi bien quand les actions à eux attribuées sont libérées entièrement que quand elles ne le sont qu'en partie. Voici les termes mêmes dans lesquels s'expriment ces auteurs. (Suit une reproduction exacte des textes. — M. le procureur général ajoute) : La doctrine ne paraît même pas supposer que l'on puisse considérer comme illicite la création d'actions partiellement libérées. J'estime donc que la première partie de la discussion est épuisée.

§ 2.

« Étant admis que l'attribution, en représentation d'apports, d'actions partiellement libérées est licite, ces actions ne correspondant que pour partie aux apports en nature, la validité de la constitution de la Société est-elle subordonnée au versement du quart en argent à faire par ces actions ?

« Je soutiens qu'il n'y a aucun versement à faire en numéraire, dès que l'apport en nature, dûment vérifié et accepté, correspond au moins, pour sa valeur, au quart du montant total de chaque action. Pourquoi ? Parce que ce versement est fait, et qu'on ne peut obliger l'actionnaire apporteur à verser deux fois !

« C'est là pourtant ce qu'exige l'arrêt attaqué : « Sans doute, dit-il, il n'y a pas de versement à faire quand l'action est entièrement libérée ; mais c'est une exception qu'il ne faut pas étendre au delà de ce cas spécial. Rien de plus faux que ce raisonnement. Il ne s'agit pas d'une exception ni d'une faveur, mais d'une nécessité juridique de l'application de cette vérité de bon sens, que le payement libère totalement ou partiellement.

« Que prescrit l'art. 1er ? Car c'est là, et là seulement, non dans d'autres articles de la loi, qu'il faut chercher la règle décisive. Il prescrit le versement, par chaque actionnaire, du quart au moins du montant des actions par lui souscrites.

« Laissons de côté, pour un moment, les termes mêmes de la loi, n'imposant le versement du quart *qu'au souscripteur* et *non à l'apporteur*. Au fond, la règle est celle-ci : Chaque action est frappée de l'obligation du versement du quart. Prétend-on qu'on ne peut verser qu'en espèces ? Mais c'est insoutenable. Versement, réalisation de l'apport, payement, *solutio*, terme générique dans le droit romain, voilà diverses appellations du même fait juridique ; c'est l'exécution de l'obligation contractée par l'associé. Les statuts ont fait connaître aux tiers, à tous, au public, que tel associé a promis d'apporter tel immeuble, tel brevet, tel outillage, évalué à telle somme. Quand l'apport est approuvé conformément à l'art. 4 de la loi, le contrat qui était resté en suspens est devenu parfait. L'apporteur, auquel des actions ont été attribuées, réalise son apport par la vertu même de cette approbation. Il est libéré jusqu'à concurrence de la valeur des apports ; ses actions, en conséquence, sont libérées, soit pour le tout, soit pour partie, et si le total des actions qui lui sont remises en représentation de l'apport accepté équivaut au moins au quart du montant de ses actions, il est libéré du quart, il a satisfait aux prescriptions de la loi. La théorie contraire n'a pu naître que d'un besoin de réglementation à outrance, qui n'est pas dans la loi, d'un besoin de protection excessive pour des intérêts respectables, sans doute, mais auxquels les dispositions de l'art. 4 ont suffisamment pourvu, à moins de dispenser ces intérêts de toute vigilance personnelle, ce qui n'est pas bon.

« Ma doctrine serait-elle donc téméraire ? C'est celle des commentaires les plus autorisés de la loi de 1867.

M. le procureur général cite MM. Mathieu et Bourguignat, P. Pont, Duvergier, sur l'art. 4 de la loi du 17 juill. 1856, Buchère (V. *ad notam*), et il continue :

« Objectera-t-on que ces auteurs n'ont eu en vue que des actions entièrement libérées ? Il a déjà été répondu à cette objection par une précédente citation. Ces auteurs reconnaissent et des actions entièrement et des actions partiellement libérées. D'ailleurs, rationnellement, si tout ce qui vient d'être exposé est vrai et indiscutable, quand l'apport en nature correspond à l'entière valeur des actions, comment ne pas dire que l'on a satisfait au versement du quart, quand ce même apport équivaut au moins au quart de chaque action ?

« La thèse que je combats, faute d'arguments de texte (car je repousse ceux qu'on veut emprunter aux art. 4 et 25, je m'en expliquerai tout à l'heure), prétend s'appuyer sur des considérations d'utilité publique. Le raisonnement est étrange, quand il s'agit du droit pénal, quand il s'agit de prononcer sur l'existence d'une infraction qui serait réprimée par la loi. Mais ces considérations mêmes, il est facile d'en récuser l'autorité, et c'est chose déjà faite, par la discussion de la première question.

« En effet, elles se résument en ces deux points : 1° Le fonds de roulement n'est pas alimenté ; 2° La souscription publique est restreinte. Nous avons répondu par avance à ce double argument : 1° Il n'y a pas de fonds de roulement dans certaines Sociétés, et le législateur de 1867 ne s'en est pas préoccupé ; 2° On peut supprimer totalement l'appel à la souscription publique (art. 4, dernier alinéa).

« Ce qu'a voulu la loi de 1867, en prescrivant le versement du quart, ç'a été d'éloigner les coureurs de primes, d'avoir des associés sérieux, attachés à l'affaire, et non pas empressés de se débarrasser d'actions auxquelles on aurait imprimé un mouvement de hausse fictive et frauduleuse. Voilà le seul but de la loi. Le législateur de 1867 n'a eu qu'une préoccupation, et cela est rationnel. Le capital sera réel parce qu'il devra être intégralement souscrit ; les actionnaires sont sérieux, d'une part, parce qu'ils auront dû verser le quart sur chaque titre souscrit ; d'autre part, parce qu'ils seront responsables des trois derniers quarts. Mais il n'importe qu'au lieu de verser le quart en espèces, ils aient fourni des objets acceptés par la Société et reconnus d'une valeur équivalente.

« L'arrêt attaqué substitue un système arbitraire à celui de la loi. Le système de la loi est bien simple : versement du quart sur chaque action prise comme unité, sans qu'il soit possible de la décomposer. Au contraire, la Cour de Paris morcelle et décompose l'action. Que demande-t-elle, en effet, à l'action libérée du quart ? Est-ce le versement d'un second quart, c'est-à-dire de moitié au total ? Il ne paraît pas qu'on ait osé aller jusque-là ; mais on demande le versement du quart sur le numéraire que l'actionnaire apporteur devra réaliser lors des appels de fonds ultérieurs.

« Les conséquences de ce système sont singulières, il faut les toucher du doigt. La question se pose ainsi : Sur quelle quotité portera le versement du quart ?

« Dans notre espèce, apparemment, sur les 3/4 non libérés, l'actionnaire apporteur devra verser le 1/4 des 3/4, c'est-à-dire les 3/16, soit, 93 fr. 75, au lieu de 125 francs. Mais, si l'action était libérée de 1/2, le versement dû serait du 1/4 de la 1/2 à payer plus tard, soit 1/8, c'est-à-dire 62 fr. 50 ; et si l'action était libérée des 3/4, elle devrait verser le 1/4 du 1/4 restant dû, soit 1/16, c'est-à-dire 31 fr. 25. Qui ne voit que ce n'est pas là ce que la loi a voulu, ce qu'elle a pu vouloir ? Que devient le type de l'action livrée au public ? Comprend-on la négociation d'actions de nature aussi diverse, libérées de sommes ainsi fractionnées dans des proportions variables ? Certes, on peut l'affirmer, ce n'est pas là l'exécution de la prescription si claire de la loi, en son art. 1er : « Versement du quart du montant des actions souscrites », c'est-à-dire d'une quotité fixe, invariable, sur le montant intégral de l'action.

« J'ai dit, et il y faut revenir, que la réalisation de l'apport dûment évalué au quart au moins des actions attribuées, satisfait à la prescription de la loi. Et, en effet, supposons que les apporteurs aient souscrit un nombre d'actions correspondant à ce quart qui représente l'apport par eux offert; souscripteurs d'actions, ils doivent se libérer du quart; ils payent à la caisse sociale les 625,000 francs dans l'espèce; mais la caisse va les leur restituer comme prix de ce qu'ils abandonnent à la Société.

« Ainsi, quand on va au fond des choses, quand on se rend bien compte de cette situation, on reconnaît qu'elle amène, non pas une vraie compensation légale dans le sens strict du mot et dès l'origine de la convention, mais une sorte de compensation nécessaire, éventuelle d'abord, puis survenant forcément à la suite de l'approbation des apports. Sans doute, comme l'a bien fait remarquer M. Lyon-Caen, dans sa dissertation sur l'arrêt de la Cour de Paris du 18 févr. 1881 (S. 81. 2. 97. — P. 81. 1. 561), la compensation légale n'est pas possible tant que la constitution définitive de la Société n'a pas eu lieu en conséquence de l'approbation des apports. Pourquoi? Parce que, jusque-là, on n'est pas en présence de deux dettes également liquides et exigibles (C. civ., 1291). Mais, et c'est le dernier mot du savant annotateur, deux dettes qui n'étaient pas compensables lors de leur naissance peuvent le devenir par la suite, et c'est ce qui arrive dans le cas qui nous occupe. L'obligation pour la Société de payer l'équivalent des apports en nature, devient liquide et exigible au moment même où ces apports sont approuvés par l'assemblée générale. Et, si cela est vrai, l'attribution des actions libérées du quart, après l'évaluation des apports, est légitime et nécessaire; et (comme nous vous le disions au seuil de la discussion) à la suite de cette libération, l'action ne peut être tenue à un second payement.

« Faut-il parler de l'argument que l'arrêt attaqué emprunte aux art. 4 et 25 de la loi ? Je l'écarte d'un mot. Ces articles n'ont pour but que de régler les conditions dans lesquelles doivent avoir lieu les réunions des assemblées générales. Ils se réfèrent à l'art. 1er de la loi, mais il n'ont ni voulu ni pu modifier la règle posée par cet article fondamental, sur lequel je me suis suffisamment expliqué.

« J'ajoute, en ce qui concerne l'art. 4, relatif à l'assemblée chargée spécialement de statuer sur l'approbation des apports, qu'on a voulu en tirer une objection particulière à laquelle je réponds en un mot. L'objection se formule à peu près ainsi : Quelle sera la situation des porteurs d'actions partiellement libérées dans cette assemblée générale ? D'une part, ils sont apporteurs et, partant, exclus de la délibération; d'autre part, ils sont actionnaires, tenus à des versements d'espèces, et pas exclus à ce titre! — C'est vraiment créer à plaisir une difficulté qui n'en est pas une. Rien de plus simple que notre système. Il importe peu que les actions dont il s'agit soient mixtes, c'est-à-dire qu'elles comprennent un double élément : apports et espèces. Ce double élément ne les dénature pas; il suffit que, dans une portion quelconque, elles représentent l'apport à vérifier. Par cela seul, ceux qui les détiennent ne peuvent avoir voix délibérative, pas plus que ceux qui détiendraient des actions d'apport entièrement libérées; nous avons vu l'opinion de la doctrine à cet égard.

« J'arrête ici des développements, trop longs peut-être ; mais la question m'a paru d'un grand intérêt théorique et pratique, et j'ai essayé de l'envisager sous ses aspects principaux.

« Je me résume définitivement en ces termes : L'arrêt attaqué est infecté d'un vice qui doit en entraîner l'annulation : *il a ajouté à la loi*; or le juge ne doit jamais le faire, et surtout en matière pénale...

« Je conclus à la cassation de cet arrêt. »

ARRÊT (*après délib. en ch. du cons.*).

LA COUR : — Sur le moyen unique, pris de la violation des art. 1er, 2, 13 de la loi du 24 juill. 1867 : — Attendu, en fait, que, lors de la constitution de la Société anonyme l'*Hypothèque foncière*, cinq mille actions de 500 fr., libérées d'un quart, ont été attribuées au Comptoir de la Bourse parisienne, en représentation d'un apport en nature également vérifié et approuvé; que l'arrêt attaqué, pour déclarer cette émission illicite, a décidé : 1° que les apports en nature ne peuvent être représentés que par un nombre correspondant d'actions entièrement libérées; 2° qu'en admettant qu'ils puissent l'être au moyen d'actions partiellement libérées, la portion non libérée de chacune de ces actions est assujettie au versement d'un quart en numéraire; — Attendu, en droit, qu'il résulte du texte même de la loi du 24 juill. 1867, et spécialement de l'art. 4, que le capital d'une Société par actions peut être réalisé au moyen, soit d'apports en numéraire, soit d'apports en nature; qu'il suit de là que les actions représentant ce capital peuvent être intégralement libérées par l'un ou l'autre de ces apports; — Attendu qu'il n'est pas moins certain que ces actions peuvent correspondre, pour partie, à un apport en nature, et, pour partie, à un apport en numéraire; que la loi ne prohibe nulle part cette combinaison, laquelle n'a, d'ailleurs, par elle-même, rien d'illicite, et présente dans certains cas, des avantages sérieux; que, si l'attribution d'actions partiellement libérées aux associés qui font un apport en nature, restreint l'importance de la souscription publique et, par suite, celle du fonds de roulement de la Société, cette considération d'un ordre secondaire ne s'appuie sur aucune disposition légale, et ne saurait, dès lors, prévaloir sur le principe supérieur de la liberté des conventions; qu'il y a donc lieu de reconnaître que la Cour d'appel de Paris, en jugeant que des actions libérées d'un quart n'avaient pas pu être valablement attribuées au Comptoir de la Bourse parisienne, en représentation de son apport en nature, a faussement interprété les textes de loi susvisés; — Attendu que l'arrêt attaqué n'a pas moins méconnu le sens et la portée des art. 1er, 2, 4, 25 de la loi de 1867, en statuant que les actions délivrées au Comptoir de la Bourse parisienne, quoique libérées d'un quart par le fait même de l'apport en nature, étaient, de plus, assujetties, préalablement à toute émission, au versement d'un quart en numéraire; qu'il n'existe aucun texte légal qui soumette à des versements inégaux les actions d'une même Société, actions émises au même taux, participant aux mêmes charges ou aux mêmes avantages, et qui, d'après l'art. 2 de la loi précitée, sont négociables dès qu'elles sont libérées d'un quart; que l'art. 1er, § 2, exigeant le versement par chaque actionnaire du quart au moins du montant des actions par lui souscrites, n'a pas voulu parler seulement d'un versement en espèces; qu'il a entendu prescrire, comme condition de la formation de la Société, la réalisation effective du quart de la valeur de chaque action, et que cette réalisation existe pour l'action attribuée en représentation d'un apport en nature, dès que cet apport a été vérifié et approuvé dans les formes légales; que l'apport vérifié équivaut, en effet, à un versement en espèces, et doit, au même titre que ce dernier, servir à la libération du quart voulue par le § 2 de l'art. 1er de la loi de 1867; — Attendu que si, aux termes de l'art. 4 de la même loi, les assemblées générales, chargées de vérifier la valeur des apports, doivent comprendre le quart des actionnaires et représenter le *quart du capital social en numéraire*, il faut entendre par là, non point que le quart de tout le capital espèces y devra être représenté, mais que, s'agissant de délibérer sur les apports en nature, à l'exclusion des apporteurs, les actions souscrites en numéraire pourront seules, jusqu'à concurrence du quart au moins, être l'objet d'une représentation; — Attendu que l'art. 25 n'implique pas davantage l'obligation du versement d'un quart en numéraire sur la portion non libérée des actions d'apport; qu'il vise exclusivement la représentation, à la première assemblée, des actions souscrites en espèces, cette partie du capital social pouvant seule être réalisée à ce moment, et la question étant alors incertaine de savoir non-seulement si les apports recevront l'approbation voulue par la loi, mais encore dans quelle proportion seront libérées les actions données en représentation de ces apports; — Attendu, en conséquence, qu'en décidant que les actions partiellement libérées, attribuées au Comptoir de la Bourse parisienne en représentation de son apport à l'*Hypothèque foncière*, devaient verser un quart en numéraire, et qu'à défaut de ce versement, leur émission constituait une infraction punissable, l'arrêt attaqué (Paris, 10 mai 1883) a faussement interprété et, par suite, expressément violé les art. de la loi du 24 juill. 1867 susvisés; — Casse, etc.

MM. Baudouin, prés.; de Larouverade, rapp.; Barbier proc. gén. (concl. conf.); Sabatier, av.

CASS.-REQ. 19 février 1884.

SOCIÉTÉ ANONYME, NULLITÉ, ADMINISTRATEUR, RESPONSABILITÉ, CONDAMNATION SOLIDAIRE, INEXÉCUTION, COMMERÇANT, FAILLITE.

Est à bon droit considéré comme commerçant et, par suite, déclaré en faillite l'administrateur d'une Société anonyme annulée, condamné solidairement avec ses coadministrateurs au payement des dettes sociales, alors qu'il n'a exécuté aucun des engagements sociaux mis à sa charge et qu'il est constant, en fait, qu'il avait fait de la gestion des affaires sociales, qui étaient commerciales, sa profession habituelle (1) (C. comm., 1, 437).

(De l'Aubespine-Sully c. synd. Crédit foncier suisse.) — ARRÊT.

LA COUR : — Sur l'unique moyen du pourvoi, pris de la violation des art. 1er et 437, C. comm. : — Attendu que, par des décisions aujourd'hui inattaquables, la Société anonyme du Crédit foncier commercial suisse a été déclarée nulle, et que ses fondateurs et administrateurs, au nombre desquels se trouve de l'Aubespine-Sully, ont été condamnés solidairement à payer les dettes sociales; — Attendu que l'arrêt attaqué constate en fait : 1° que de l'Aubespine-Sully n'a exécuté aucun des engagements sociaux, et 2° qu'il avait fait de la gestion des affaires sociales, qui étaient commerciales, sa profession habituelle; — Attendu qu'en réformant, dans ces circonstances, le jugement qui avait refusé de déclarer de l'Aubespine-Sully personnellement en état de faillite, l'arrêt attaqué (Paris, 5 mai 1881), loin de violer les articles cités, en a fait, au contraire, une juste application. — Rejette, etc.

MM. Bédarrides, prés.; Demangeat, rapp.; Petiton, av. gén. (concl. conf.); Massénat-Deroche, av.

CASS.-CRIM. 23 février 1884.

CULTE, ABUS, DÉLIT, VIOLENCES LÉGÈRES, ACTION PUBLIQUE, ACTION CIVILE, AUTORISATION PRÉALABLE, QUESTION PRÉJUDICIELLE.

L'organisation de la juridiction disciplinaire d'abus, chargée de réprimer les excès de pouvoir spirituel, n'a porté aucune atteinte à l'indépendance de l'action publique pour la répression des délits de droit commun que les ecclésiastiques peuvent commettre dans l'exercice même du culte et par un abus évident de leur ministère (2) (L. 18 germ. an X, art. 6 et 8; C. instr. crim., 1 et 22).

Spécialement, *le ministère public peut, sans renvoi préalable au conseil d'État, poursuivre* de plano, *devant la juridiction répressive, le fait par un ecclésiastique d'avoir, à l'occasion des exercices du catéchisme, commis des violences légères sur des enfants* (C. brum. an IV, art. 605; C. pén., 311).

Le recours préalable au conseil d'État n'est nécessaire que dans le cas d'exercice, par les citoyens lésés, de l'action civile (3) (L. 18 germ. an X, art. 6; C. instr. crim., 182 et suiv.).

Mais une question préjudicielle d'abus peut s'élever dans une poursuite, même intentée par le ministère public, lorsque, par exemple, s'agissant de contravention à un arrêté de l'autorité administrative, le prévenu oppose à la poursuite le moyen tiré de l'abus que renfermerait, au détriment des droits conférés aux ministres des cultes et au préjudice de la liberté religieuse, le règlement administratif même auquel il avait été contrevenu (4) (L. 28 germ. an X, art. 7).

(Proc. gén. à la Cour de cassation. — Aff. Ferrand.) — ARRÊT.

LA COUR : — Vu le réquisitoire du procureur général près la Cour de cassation, présenté d'ordre du garde des sceaux; — Sur le moyen tiré de la violation des art. 6 et 8 de la loi du 18 germ. an X : — Vu ces articles de loi; — Attendu que, à la suite d'une ordonnance de renvoi rendue par le juge d'instruction du tribunal de Chaumont, le ministère public a fait citer devant le tribunal de simple police de Nogent-le-Roi l'abbé Ferrand, sous l'inculpation de violences légères sur des enfants, contravention réprimée par l'art. 605, Code de brum. an IV, et que, sur l'exception proposée par l'inculpé, le tribunal a sursis à prononcer sur la poursuite, jusqu'à ce qu'il ait été statué par le conseil d'Etat sur la question d'abus, par le motif que les faits poursuivis auraient été commis pendant l'exercice ou à l'occasion de l'exercice du culte; — Attendu que les art. 6 et 8 de la loi du 18 germ. an X (le reste comme dans l'arrêt du 19 avril 1883, reproduit dans ses termes textuels, Pand. chr.); — Que c'est donc à tort que le tribunal de simple police a admis cette exception et ordonné le sursis; qu'il a violé les règles de sa compétence, et fait une fausse application des art. 6 et 8 de la loi du 18 germ. an X; — Casse, mais seulement dans l'intérêt de la loi, le jugement du tribunal de simple police de Nogent-le-Roi, en date du 17 avril 1883, etc.

MM. Baudouin, prés.; Vételay, rapp.; Ronjat, av. gén. (concl. conf.).

CASS.-CRIM. 23 février 1884 (DEUX ARRÊTS).

PHARMACIE, EXERCICE ILLÉGAL, DÉLITS CONTRAVENTIONNELS, COMPLICITÉ.

Les infractions aux lois sur la pharmacie étant, à raison de leur gravité, punies d'amendes supérieures à celles de simple police, constituent de véritables délits susceptibles d'entraîner l'application des règles de la complicité pénale (5) (Déclar. 25 avril 1777; L. 29 pluv. an XIII; C. pén., 59 et 60).

(1) La Cour de cassation avait déjà formulé, à deux reprises, cette idée qui porte en germe le principe de la solution ci-dessus, que les fondateurs et administrateurs d'une Société anonyme auxquels la nullité de la Société est imputable, se trouvent substitués à l'être moral qui, par leur faute ou leur négligence, est reconnu n'avoir pas d'existence légale, et sont tenus des mêmes obligations. V. arrêts de la Chambre civile, 27 janv. 1873 (S. 73. 1. 163. — P. 73. 383. — D. 73. 1. 331); 13 mars 1876 (S. 76. 1. 361. — P. 76. 873. — D. 77. 1. 49). — Mais il ne faudrait pas ériger en décision de principe cette solution toute d'espèce. V. notre *Dictionnaire de dr. commerc., ind. et marit.*, t. II, v° *Commerçant*, n. 19-29.

(2-3-4) V. conf., et en termes absolument identiques, Cass., 19 avril 1883 (Pand. chr.), et la note.

(5) V. en sens contraire, dans la même matière, Angers, 27 oct. 1877 (S. 78. 2. 87. — P. 78. 363). V. aussi Cass. (sol. implic.), 20 juill. 1872 (S. 72. 1. 395. — P. 72. 1032. — D. 72. 1. 280). — La jurisprudence n'est pas seulement contradictoire sur cette question spéciale de la complicité dans les infractions aux lois sur la *pharmacie*. Le problème est plus vaste; il a une portée très-étendue d'application ; il se généralise à toute cette catégorie si nombreuse d'infractions connues sous le nom de *délits contraventionnels*. Ces délits d'une nature toute exceptionnelle comportent-ils l'extension des règles de la complicité en matière de délits ordinaires ?

Jusqu'à ces dernières années la jurisprudence, surtout celle de la Cour de cassation, s'était presque invariablement prononcée contre toute extension, et en faveur d'une limitation étroite

(Hortala.) — ARRÊT.

LA COUR : — Sur le moyen tiré de la violation des art. 59 et 60, C. pén. : — Vu lesdits articles; — Attendu qu'Hortala (Marie-Joseph-Alexandre) était prévenu de complicité, par aide et assistance, d'une infraction aux lois de la pharmacie imputée à Albéric Duhem, et pour laquelle ce dernier a été condamné; que cependant l'arrêt attaqué a refusé d'appliquer à Hortala les peines de la complicité, par ce motif que l'exercice illégal de la pharmacie constituant une simple contravention, aucun fait de complicité ne saurait, en cette matière, fonder une action correctionnelle; — Mais attendu qu'aux termes de l'art. 1er, C. pén., l'infraction que les lois punissent de peines correctionnelles est un délit, et que cette règle générale régit les matières spéciales, toutes les fois qu'il n'y a pas été dérogé par une disposition expresse; — Attendu que les infractions aux lois sur la pharmacie sont dangereuses pour la santé publique et la vie des hommes; qu'à raison de leur gravité, elles ont dû être punies, par la déclaration du 22 avril 1777 et par la loi du 29 pluv. an XIII, d'amendes supérieures à celles de simple police; qu'elles constituent donc des délits, et que, dès lors, ceux qui s'en rendent complices par l'un des moyens déterminés par les art. 59 et 60, C. pén., doivent, aux termes du droit commun, être frappés de la même peine que l'auteur principal; — Attendu, en outre, que la disposition des art. 59 et 60, C. pén., est générale; qu'elle s'applique à tous les crimes et délits, à moins que la loi n'en ait autrement ordonné, et qu'aucune des lois sur la pharmacie n'a dérogé aux règles générales de complicité; qu'ainsi, l'arrêt attaqué a formellement violé les articles du Code pénal précités; — Casse l'arrêt rendu par la Cour de Montpellier, en date du 14 mai 1884, etc.

MM. Baudouin, prés.; Dupré-Lasale, rapp.; Ronjat, av. gén.

Nota. — Du même jour, arrêt identique, aff. Chauvin. — Mêmes magistrats.

CASS.-CIV. 25 février 1884.

PRESCRIPTION, HUISSIER, AVANCES, MANDAT.

La prescription annale établie par l'art. 2272, C. civ., contre l'action des huissiers en payement du salaire de leurs actes et commissions, s'applique bien au coût et aux émoluments des actes qu'ils signifient, mais ne saurait être étendue aux avances par eux opérées comme mandataires, notamment aux frais de grosse d'un jugement payés au greffier, et aux honoraires de l'avocat; ces avances restant, au point de vue de la prescription, sous l'empire des principes qui régissent les obligations du mandant et du mandataire (1) (C. civ., 1998, 2272 et s.).

(Hubert c. Hue.) — ARRÊT.

LA COUR : — Sur le moyen unique du pourvoi : — Vu l'art. 2272, § 2, C. civ.; — Attendu que le jugement attaqué constate que, dans les frais dont le sieur Hue demandait le remboursement aux consorts Hubert, figuraient des avances faites par ledit sieur Hue pour la levée du jugement obtenu et le payement des honoraires de l'avocat; que, malgré cette constatation, le jugement attaqué a declaré la pres-

---

de la complicité aux seuls délits proprement dits. V. Cass., 17 et 18 janv. 1867 (S. 67. 1. 365. — P. 67. 978. — D. 67. 1. 233); 3 avril 1869 (S. 70. 1. 229. — P. 70. 554. — D. 69. 1. 529); 7 avril 1870 (S. 71. 2. 258. — P. 71. 772); 11 févr. 1876 (S. 76. 1. 233. — P. 76. 547. — D. 76. 1. 401). — Quelques rares décisions s'étaient cependant déjà manifestées en sens contraire. V. Cass., 13 avril 1861 (S. 62. 1. 334. — P. 61. 1099. — D. 61. 1. 235); Toulouse, 24 juill. 1862 (S. 63. 2. 8. — P. 63. 560. — D. 62. 2. 176).

Les deux arrêts ci-dessus rapportés paraissent avoir marqué un revirement dans la jurisprudence. Cette théorie, sinon nouvelle, du moins encore peu suivie, de l'application des règles de la complicité aux délits contraventionnels s'est encore affirmée depuis, dans un arrêt du 28 févr. 1885 (Pand. chr.), qui en étend le principe aux infractions en matière de Société (L. 24 juill. 1867, art. 13, § 1).

Ce revirement n'est pas heureux; il ne témoigne pas d'idées bien nettes sur le caractère que doivent comporter les délits dits *contraventionnels*. D'ailleurs, en cette matière, le même désarroi, quoique un peu moins complet, se reproduit au sujet d'un autre principe, du cumul ou du non-cumul des peines. Le grand courant des arrêts se prononce dans un sens favorable au non-cumul. Mais là où devrait dominer une règle absolue, uniforme, s'établissent des distinctions arbitraires, dont il est difficile de tirer ni une théorie, ni même une règle. On voit des effets, il est impossible d'en pénétrer les causes. V. Cass., 13 juin 1884 (Pand. chr.), et les arrêts dans l'un et l'autre sens cités dans nos observations en note.

En appliquant les règles de la complicité aux délits contraventionnels, la Cour suprême s'est-elle résolue à faire disparaître cette classe particulière d'infraction, et à rentrer dans la limitation rigoureuse de l'art. 1er, C. pén.? S'il en est ainsi, comme l'a prétendu un maître autorisé, M. Ed. Villey, dans ses observations sur l'arrêt ci-dessus inséré (S. 86. 1. 232), pourquoi la Cour de cassation ne s'en est-elle pas plus formellement expliquée. Comment! la jurisprudence aurait vécu pendant plus de vingt ans sur une classification recommandée par des criminalistes éminents, commode dans la pratique, consacrée par de nombreux arrêts, et d'un trait de plume, tout cet échafaudage laborieusement construit s'écroulerait, sans une démonstration à fond de l'erreur commise? Et il nous paraît difficile de trouver dans les arrêts ci-dessus du 23 févr. 1884, pas plus que nous ne trouverons dans celui du 28 fév. 1885, précité, la démonstration que nous voudrions rencontrer. Ici et là, nulle doctrine scientifique, même confusion d'éléments faciles à distinguer.

Cette classification existe, il la faut maintenir. Les incertitudes et les contradictions ne viennent pas, ainsi que le professe M. Ed. Villey, de ce que cette classification peut avoir un caractère plus ou moins arbitraire, n'étant pas prévue par le Code pénal; elles procèdent d'une autre source, d'un défaut de méthode, d'une absence complète d'analyse des idées. Une fois que l'on se rend bien compte des éléments constitutifs d'une infraction, les difficultés s'effacent comme par enchantement, le terrain de la discussion s'établit solidement, l'application des principes devient un jeu d'esprit. Ce travail, nous l'avons fait sur l'arrêt du 28 févr. 1885 (Pand. chr.); nous ne le recommencerons pas. Nos observations contiennent une partie générale où se trouve formulée notre théorie sur les délits contraventionnels. Ces développements sont communs à l'arrêt actuel.

En deux mots, les délits contraventionnels mettent en jeu deux ordres d'idées bien distincts : d'une part, le fait, ses conditions d'être, sa formation, ses éléments juridiques; d'autre part, la peine et tout ce qui s'y réfère, durée, cumul ou non-cumul, étendue, compétence. La complicité ne procède point de la peine; la peine n'arrive, n'est provoquée que comme *conséquence* de la complicité; la complicité est la *cause* qui rend la peine nécessaire. Comment la conséquence pourrait-elle s'élever à ce degré d'importance qu'elle irait jusqu'à dominer la cause, à la transformer, à lui faire perdre sa virtualité, les éléments qui la constituent? La complicité tient donc à la nature du fait : elle suppose une entente, un accord, un concert préalable marqué d'un caractère frauduleux. L'entente, l'accord, le concert préalable et frauduleux, impliquent essentiellement une intention. Là où la matérialité répond à toutes les exigences de la loi, comme dans les délits contraventionnels, il y aurait contradiction à tenir compte des éléments de moralité, d'intention ou de volonté. L'existence de la complicité n'est donc pas conciliable avec la nature intrinsèque des délits contraventionnels, car c'est alors le caractère de la contravention qui domine, et la contravention, à moins d'une disposition formelle de la loi, ne comporte point de complicité.

Avec ce système, les incertitudes et les contradictions disparaissent devant une doctrine suffisamment équilibrée pour que toutes les parties du raisonnement juridique se tiennent dans un enchaînement serré et se prêtent un mutuel appui.

(1) La jurisprudence de la Cour de cassation est fixée en ce sens. V. arrêts des 18 févr. 1873 (S. 73. 1. 120. — P. 73. 263. — D. 73. 1. 60); 9 mars 1875 (S. 75. 1. 272. — P. 75. 646. — D. 77. 1. 83). V. aussi trib. civ. Beauvais, 8 juin 1860 (S. 63. 1. 349, *ad notam*. — P. 63. 941, *ibid.*); Rouen, 14 déc. 1878 (Pand. chr.). — Une distinction semblable est faite en ce qui concerne la prescription de deux ans établie par l'art. 2273, C. civ., à l'égard de l'action des avoués en payement de leurs frais et salaires. V. Colmar, 9 juin 1870 (Pand. chr.), et les renvois.

cription de l'art. 2272, C. civ., opposable par les consorts Blondeau, appelés en garantie, pour toutes les parties de la somme réclamée; qu'en statuant ainsi, il a violé ledit article, qui ne comprend sous la dénomination de *salaires et commissions* que le coût et les émoluments des actes signifiés par les huissiers, mais qui laisse en dehors les avances que l'huissier a consenti de faire comme mandataire, telles que les sommes payées au greffier pour la grosse du jugement, ou à l'avocat pour ses honoraires, ces avances restant, quant à la prescription, sous l'empire des principes qui régissent les obligations du mandant et du mandataire; — Casse, mais seulement en ce qui concerne la partie du jugement ayant trait à ce qui concerne les appelés en garantie, etc.

MM. Cazot, 1er prés.; Crépon, rapp.; Charrins, av. gén. (concl. conf.); Bazille, av.

CASS.-CIV. 5 mars 1884.

FRET, PAYEMENT, REFUS, CAPITAINE, MARCHANDISES, DÉPÔT, USAGE CONTRAIRE, DESTINATAIRE, SOLVABILITÉ.

La faculté accordée au capitaine de navire de demander dans le temps de la décharge, à défaut de payement du fret, le dépôt de la marchandise en mains tierces, existe nonobstant tout usage contraire et n'est nullement subordonnée à la preuve préalablement démontrée de l'insolvabilité du destinataire (1) (C. comm., 306).

(Lasserre et autres c. Asselin.)

16 mai 1881, arrêt de la cour de la Martinique, ainsi conçu : — « LA COUR : — Considérant qu'il est d'usage, sur la place de Saint-Pierre, de délivrer aux destinataires, au fur et à mesure de leur débarquement, les marchandises arrivant à leur adresse sur les navires à voiles, et cela sans exiger d'eux, au préalable, le payement du fret et des droits de douane; — Considérant que cet usage, qui remonte à de longues années, s'est imposé comme une nécessité, en présence du mode de règlement suivi par l'Administration de la douane; — Considérant, en effet, que c'est seulement au moment du départ du navire importateur qu'elle procède à cette liquidation; que ses règlements s'opposeraient même, d'après une lettre qui se trouve au dossier, à ce qu'elle agit autrement; — Considérant que, tant que les droits dont il s'agit n'ont pas été liquidés, on ne peut rien réclamer aux destinataires, puisqu'on ne peut déterminer le quantum de leur dette, d'où s'est introduit l'usage dont il a été précédemment parlé, de leur délivrer les colis à leur adresse, sauf payement ultérieur; que, sans doute, il est incontestable que, si des changements étaient survenus dans l'état des affaires du destinataire, et qu'il y eût des doutes sur sa solvabilité, le consignataire aurait le droit de se refuser à la livraison jusqu'à ce qu'on lui eût donné les garanties que comporte la circonstance; — Mais considérant que tel n'est pas le cas dans lequel se trouve Asselin; que sa solvabilité n'a jamais été contestée; que c'est donc à tort que les appelants (les sieurs Lasserre frères, consignataires du navire *Gaston-Auger*, et le sieur Gaillard, capitaine de ce navire) se sont refusés à lui livrer le colis qu'il leur réclamait, et l'ont fait déposer provisoirement dans leur magasin; qu'en agissant ainsi, ils lui ont causé un préjudice qui doit être réparé; — Confirme, etc. ».

Pourvoi en cassation par Lasserre frères et Gaillard, pour excès de pouvoirs et violation des art. 93 et 306, C. com., en ce que l'arrêt attaqué a condamné les demandeurs à des dommages-intérêts envers Asselin pour avoir refusé de lui livrer les marchandises arrivant à son adresse au fur et à mesure de leur débarquement, avant tout payement du fret et des droits de douane, sous le prétexte que tel serait l'usage sur la place de Saint-Pierre, alors que, d'une part, le capitaine pouvait demander le dépôt en mains tierces, et que, d'autre part, Lasserre frères étaient, en leur qualité de consignataires, aux droits du capitaine, ou tout au moins pouvaient invoquer le droit commun et retenir les marchandises.

ARRÊT *(après délib. en ch. du cons.)*.

LA COUR : — Statuant sur l'unique moyen de cassation : — Vu l'art. 306, C. comm.; — Attendu qu'aux termes de cet article, si le capitaine ne peut pas retenir à son bord les marchandises, faute de payement de son fret, il peut du moins, dans le temps de la décharge, demander le dépôt en mains tierces jusqu'au payement de ce même fret; — Attendu que, cette disposition étant formelle, tout usage contraire est sans force pour en faire écarter l'application;

(1) Dans l'usage, il n'y a pas de dépôt. Les capitaines ne réclament le fret qu'après livraison de la marchandise. Pour les voyages au long cours, ce fret n'est payable que trois mois après la livraison. Il est souvent réglé en billets. V. notre *Dictionnaire de dr. comm., ind. et marit.*, t. IV, v° *Fret*, n. 178. — Mais l'usage qui aide à interpréter ou à expliquer la loi dans toutes les dispositions qui ne sont pas claires, ne peut rien contre un texte précis, susceptible d'aucune ambiguïté. Autrement, il faudrait reconnaître à l'usage la puissance de contredire ou même d'abroger la loi, résultat inacceptable. V. Cass., 30 déc. 1879 (Pand. chr.), et la note. — Dans l'espèce, le capitaine, à défaut de payement du fret, ne peut pas retenir à son bord les marchandises dont il a opéré le transport; mais la faculté lui est expressément reconnue par l'art. 306, C. comm., d'en demander le dépôt, dans le temps de la décharge, en mains tierces. Le capitaine use ou n'use pas de son droit, c'est affaire à lui, aux circonstances, à la confiance plus ou moins grande que lui inspire le destinataire. Que le dépôt en mains tierces soit même exceptionnel dans la pratique, il n'importe. L'art. 306 n'en subsiste pas moins; il reste avec la même autorité le jour où le capitaine trouve plus commode ou plus sûr pour lui d'y recourir. Ce jour-là le destinataire serait mal venu à opposer l'usage de la place à la loi.

Mais de ce que le dépôt est demandé par le capitaine dans les conditions de l'art. 306, le juge est-il lié, est-il tenu de l'ordonner nécessairement, quelles que soient les situations, sans pouvoir apprécier les circonstances. Nous ne le croyons pas, et c'est, à notre avis, forcer les termes et le sens de l'arrêt actuel que de lui donner cette portée d'application. Le tribunal examinera la nécessité du dépôt, qui est une mesure toujours grave, un véritable désastre quelquefois, quand il s'agit de marchandises sujettes à déperdition rapide, qui est, dans tous les cas, une cause de surélévation de frais considérables, et comme contre-partie, de diminution, d'absorption même complète des bénéfices espérés. Ainsi, par exemple, le destinataire offre au capitaine bonne et valable caution, une garantie plus que suffisante pour assurer le payement du fret; le capitaine reconnaît qu'à cet égard toute satisfaction lui est assurée; il ne persiste pas moins à réclamer l'application stricte de l'art. 306. A notre avis, il devra être débouté de sa demande, et le dépôt lui sera justement refusé, parce que la mesure serait de pure rigueur, sans utilité pour personne. V. en ce sens, trib. comm. Anvers, 18 janv. 1869 (Rec. d'Anvers, 69. 1. 185).

Mais une pareille hypothèse est bien distincte de celle de l'arrêt ci-dessus rapporté, qui ne vise que le cas où aucune caution n'est offerte, aucune garantie ne vient assurer le payement du fret; le capitaine a besoin d'être protégé; le dépôt de la marchandise devient une nécessité : c'est une sorte de gage facilement réalisable, qui répondra toujours des frais de transport. Subordonner cette mesure à la preuve de l'insolvabilité du destinataire, c'est compliquer une situation en elle-même des plus simples. Rien n'est plus difficile, en effet, que de percer à jour l'état vrai des ressources d'un négociant. Le commerce, d'ailleurs, n'aurait rien à gagner à de pareilles investigations, qui nuiraient au crédit le mieux établi et aggraveraient sans retour des embarras passagers.

Au surplus, le destinataire peut avoir des raisons multiples de différer le payement du fret; il n'en a aucune, s'il est en bonne prospérité d'affaires, de ne pas offrir au capitaine, contre la livraison des marchandises, toute sécurité relativement au recouvrement des frais de transport. Il n'aura donc qu'à s'en prendre à lui-même si le dépôt est ordonné; il l'aura voulu. Si de cette mesure découlent des pertes, un préjudice quelconque, rien de plus juste qu'il en subisse les conséquences et le contre-coup.

que, d'autre part, la loi s'exprime en termes purs et simples, et ne subordonne nullement le droit du capitaine à la condition qu'il établisse préalablement la non-solvabilité du destinataire; — Attendu que, contrairement à ce qui précède, l'arrêt attaqué a approuvé le refus fait dans la cause par le tribunal de première instance d'ordonner, malgré la demande du capitaine et des consignataires, le dépôt en mains tierces des marchandises expédiées à l'adresse du défendeur jusqu'à l'acquittement des droits de douane, et ce, sous le seul prétexte qu'un usage contraire existerait sur la place de Saint-Pierre, et que, d'ailleurs, la solvabilité d'Asselin n'était pas contestée; — En quoi ledit arrêt a contrevenu à l'article susvisé du Code de commerce; — Casse, etc.

MM. Larombière, prés.; Merville, rapp.; Desjardins, av. gén. (concl. contr.); Sabatier, av.

CASS.-crim. 14 mars 1884.

Brevet d'invention, Société, Apport, Contrefaçon (Action en), Poursuite, Qualité pour agir.

L'apport dans une Société du droit absolu, exclusif et sans réserve, d'exploitation d'un brevet, donne à cette Société le droit de poursuivre les contrefacteurs (1) (L. 5 juill. 1844, art. 20, 21, 22, 40, 45).

(Pradon c. d'Argy et Cie.) — arrêt.

LA COUR : — Sur le premier moyen : — Attendu que l'arrêt attaqué a, par une appréciation souveraine de la convention intervenue entre Gaston d'Argy et la Société en nom collectif Gaston d'Argy et Cie, décidé que Gaston d'Argy a cédé à ladite Société le droit d'exploitation absolu, exclusif, sans réserves, d'un brevet par lui pris pour l'application d'une substance hydrofuge à l'extrémité du papier à cigarettes, et que cette concession constitue son apport dans la Société dont il fait partie et à laquelle il a donné son nom; qu'il a ainsi renoncé à la faculté d'accorder des licences à des tiers, et aux indemnités qui pourraient être dues par des contrefacteurs; enfin, qu'il a cédé à la Société tous les avantages que l'exploitation du brevet peut procurer, et en même temps tous les droits nécessaires pour les faire valoir; — Attendu que cette concession par le breveté à la Société de droits si étendus, si elle a pu n'avoir pas eu pour effet de transférer à celle-ci la propriété même du brevet, lui en a transmis, au moins pendant sa durée, tous les droits utiles, et par conséquent celui de poursuivre les contrefacteurs;

Sur le deuxième moyen (sans intérêt) : — Rejette, etc.

MM. le cons. Gast, prés.; Dupré-Lasale, rapp.; Rousselier, av. gén.; Defert et Lefort, av.

CASS.-civ. 25 mars 1884 (deux arrêts).

Autorité administrative, Autorité judiciaire, Compétence, Fonctionnaire public, Faute personnelle, Acte administratif, Maire, Incendie, Fête publique, Dommages-intérêts.

Les tribunaux judiciaires sont compétents pour connaître des actions auxquelles peuvent donner lieu les faits accomplis par un fonctionnaire public dans l'exercice ou à l'occasion de l'exercice de sa fonction, alors qu'ils constituent à sa charge une faute personnelle, et qu'ils sont distincts de l'acte administratif proprement dit (2) (C. civ., 1382 et suiv.).

Mais il n'en est plus ainsi quand c'est cet acte lui-même qui sert de base à l'action dirigée contre le fonctionnaire. — En ce cas, c'est à l'autorité administrative seule qu'il appartient d'en apprécier la nature et les conséquences (3) (LL. 16-24 août 1790, tit. II, art. 13; 16 fruct. an III).

Spécialement, *l'autorité judiciaire est incompétente pour statuer sur l'action en dommages-intérêts intentée contre un maire à l'effet de le rendre responsable des suites d'un incendie allumé par des fusées lancées un soir de fête publique par les membres d'une Société musicale, ladite action fondée sur ce double motif : 1° que le maire aurait autorisé cette Société à circuler en corps dans les rues de la ville; 2° que, présent à la fête, averti du danger, il n'aurait pris, quoique chargé de la police municipale, aucune mesure pour prévenir les risques d'incendie* (4) (Id.).

---

(1) En principe, la jurisprudence réserve au seul propriétaire du brevet le droit de poursuivre les contrefacteurs et le refuse à ceux qui n'ont acquis que la faculté d'exploitation. V. Cass., 8 mars 1852 (S. 52. 1. 454. — P. 52. 2. 265. — D. 52. 1. 81); 27 avril 1869 (S. 69. 1. 421. — P. 69. 1088. — D. 70. 1. 122). — Mais ce principe fléchit dans certains cas; tel serait, par exemple, le cas où le breveté aurait accordé, non pas seulement une simple licence limitée et restreinte, mais un droit d'exploitation général et exclusif, renonçant même aux indemnités dues par les contrefacteurs, et cédant son droit de les réclamer. V. Metz, 6 juill. 1865 (S. 66. 2. 141. — P. 66. 587. — D. 65. 2. 143); Rouen, 2 janv. 1869 (S. 69. 2. 300. — P. 69. 1249. — D. 74. 5. 46). — A plus forte raison, l'exception doit être étendue au cas où, comme dans notre espèce, cette faculté totale d'exploitation constituerait l'apport du breveté dans une Société qu'il aurait formée, dont il ferait partie et à laquelle il aurait donné son nom. Voici, d'ailleurs, un extrait du rapport de M. le conseiller Dupré-Lasale qui marque bien les précisions de fait : — « Le juge du fait déclare que d'Argy, breveté, a cédé un droit d'exploitation absolu, exclusif, sans réserves, et que cette concession constitue son apport dans la Société qu'il a formée avec Couzen, dont il fait partie, et à laquelle il a donné son nom. Puisque cet apport est fait sans réserves, d'Argy a donc renoncé au droit d'exploitation pour lui-même; il a renoncé à la faculté d'accorder des licences à des tiers; il a renoncé aux indemnités qui pourraient être dues par des contrefacteurs. Tous les avantages que peut procurer l'exploitation de son brevet, il les a abandonnés à la Société d'Argy et Cie, et, pour les défendre, il a cédé à cette Société (le juge du fait le déclare expressément), il a cédé les droits nécessaires pour poursuivre, comme il l'eût fait lui-même, ceux qui porteraient atteinte à l'exploitation. Si d'Argy, dans ces conditions, est resté propriétaire du brevet, on a peine à concevoir à quoi ce titre nu peut lui servir, sinon à l'obliger de garantir la société. L'arrêt attaqué ne dit pas qu'il ait cédé la propriété du brevet. Il dit seulement qu'une cession si étendue et si complète de la jouissance participe de la nature et des effets de la cession de propriété; en d'autres termes, qu'elle équivaut à une cession de brevet, qu'elle a le caractère d'une cession partielle du brevet, en tant que l'usufruit de ce brevet serait accordé au concessionnaire. »

(2-3-4) Sur le principe qui attribue à l'autorité judiciaire la connaissance des demandes en dommages-intérêts contre les fonctionnaires de l'ordre administratif à raison de leurs faits personnels, distincts des actes administratifs proprement dits, V. notamment, Cass., 10 déc. 1879 (S. 80. 1. 265. — P. 80. 616. — D. 80. 1. 33); 12 mai 1880 (S. 81. 1. 215. — P. 81. 1. 519); 4 août 1880 (S. 82. 1. 83. — P. 82. 1. 170. — D. 81. 1. 454); 23 févr. 1881 (D. 81. 1. 325). — Au surplus, la jurisprudence de la Cour de cassation est, sur ce point, en conformité parfaite avec celle du tribunal des conflits. V. Trib. des conflits, 24 nov. 1877 (S. 78. 2. 157. — P. chr. adm. — D. 78. 3. 17); 29 nov. 1879 (S. 81. 3. 20. — P. chr. adm. — D. 80. 3. 96); 13 déc. 1879 (S. 81. 3. 31. — P. chr. adm. — D. 80. 3. 98); 17 janv. 1880 (S. 81. 3. 47. — P. chr. adm. — D. 80. 3. 132); 11 déc. 1880 (deux jugements) (S. 82. 3. 20 et 21. — P. chr. adm. — D. 82. 3. 56 et 57); 7 juill. 1883 (deux jugements) (S. 85. 3. 42. — P. chr. adm. — D. 85. 3. 27).

Mais il n'en est plus ainsi lorsque, comme dans l'espèce, les faits qui servent de base à l'action en dommages-intérêts se rattachent à l'exercice de la fonction et constituent, par conséquent, des actes administratifs. En pareil cas, l'autorité administrative seule est compétente. V. Trib. des conflits, 22 avril 1882 (S. 84. 3. 26. — P. chr. adm. — D. 83. 3. 94); 14 avril 1883 (Pand. chr.). V. aussi Cass., 7 mai 1884 (S. 85. 1. 437. — P. 85. 1. 1056. — D. 84. 1. 220).

Faisons observer, du reste, que le caractère d'acte administratif peut s'attacher aussi bien à une abstention, à une omission d'action, qu'à un fait positif. V. Trib. des conflits, 10 avril

1re Espèce. — (Marc, maire de Nissan, c. Cantaloube.) — ARRÊT (*après délib. en ch. du cons.*).

LA COUR : — Sur le premier moyen du pourvoi : — Vu le décret du 16 fruct. an III; — Attendu que, si les tribunaux de l'ordre judiciaire sont compétents pour connaître des actions auxquelles peuvent donner lieu les faits accomplis par un fonctionnaire public dans l'exercice ou à l'occasion de l'exercice de sa fonction, alors qu'ils constituent, à sa charge, une faute personnelle, et qu'ils sont distincts de l'acte administratif proprement dit, il n'en est point ainsi quand c'est cet acte lui-même qui sert de base à l'action dirigée contre ce fonctionnaire; que, dans ce cas, c'est à l'autorité administrative seule qu'il appartient d'en apprécier la nature et les conséquences; — Attendu que, pour condamner Marc à payer à Cantaloube une somme de 468 fr. pour réparation du préjudice qu'avait causé à ce dernier la destruction de gerbes de blé incendiées par des fusées lancées pendant une fête publique, le jugement attaqué s'est fondé sur ce double motif : 1° que Marc, maire de Nissan, avait, en cette qualité, autorisé les membres d'une Société musicale à circuler, en corps, pendant la soirée, dans les rues du village; 2° qu'il était présent à la fête, qu'il avait été averti par un habitant que diverses pièces d'artifice étaient allumées et tirées dans les rues, et que, cependant, il n'avait pris, ainsi qu'il aurait dû le faire, comme chargé de la police municipale, aucune mesure pour prévenir le danger d'incendie; — Attendu que le premier de ces faits constituait un acte administratif, et que le second participait du même caractère, puisqu'il consistait en ce que Marc s'était abstenu de procéder à un acte de sa fonction ; que le jugement attaqué n'a imputé aucune faute à Marc personnellement; qu'il a, au contraire, considéré dans leur ensemble, les circonstances qu'il a relevées, comme engageant la responsabilité du maire, en sadite qualité, et que c'est à ce titre que, statuant au fond sur l'action intentée par Cantaloube, il a prononcé contre Marc, une condamnation en dommages-intérêts, au lieu de se déclarer incompétent; en quoi il a excédé ses pouvoirs et formellement violé la disposition légale susvisée; — Casse, etc.

MM. Cazot, 1er prés.; Descoutures, rapp.; Charrins, 1er av. gén.; Renaut-Morlière et Sabatier, av.

2e Espèce. — (Marc c. Faugères.) — ARRÊT.

LA COUR : — (Motifs absolument identiques à ceux de l'arrêt qui précède); — Casse, etc.

Mêmes magistrats et avocats.

CASS.-CIV. 25 mars 1884.

VENTE, TERRAINS DE NATURE DISTINCTE, DÉFICIT DE CONTENANCE, PRIX, RÉDUCTION, PARCELLES MANQUANTES, VALEUR RÉELLE, ESTIMATION.

En cas de vente, moyennant un prix total unique, d'un domaine comprenant des terres de nature diverse, mais sans aucune indication particulière de la contenance de chaque nature de terrains, la diminution de prix pour moindre mesure d'un vingtième doit être calculée d'après la superficie totale de l'immeuble et au taux du prix de vente, et non d'après la valeur réelle, au moyen d'une ventilation des parcelles manquantes (1) (C. civ., 1619).

(Abérard-Rémy c. Coll.)
ARRÊT (*après délib. en ch. du cons.*).

LA COUR : — Sur le moyen unique du pourvoi : — Attendu que le sieur Abérard-Rémy, par acte en date du 22 juill. 1876, a vendu à la dame Coll un domaine dit « la Grand'Borde », d'une contenance de 151 hectares 70 ares 25 centiares, moyennant le prix de 217,500 francs; qu'à la suite d'une expertise ordonnée par le tribunal de première instance de Pamiers, il a été reconnu que la contenance réelle dudit domaine n'était que de 126 hectares 79 ares 92 centiares, soit une différence en moins de 24 hectares 90 ares 33 centiares; — Attendu que le demandeur prétend que ce déficit porte sur des parcelles détachées antérieurement d'un autre domaine, dit « la Séniès », qu'il avait vendu le même jour au sieur Coll personnellement, et rattachées à tort au domaine de la Grand'Borde; que, dès lors, il y avait lieu, conformément aux prescriptions de l'art. 1619, C. civ., de fixer le taux de la réduction du prix au profit de l'acquéreur, non proportionnellement à la différence de contenance, mais d'après la valeur réelle, au moyen d'une constatation desdites parcelles manquantes; — Mais, attendu que la Cour d'appel de Toulouse, par une appréciation souveraine des circonstances de la cause, a constaté l'existence de deux ventes distinctes, et a laissé en dehors de la vente du domaine de la Grand'Borde les 24 hectares 90 ares 33 centiares dont il s'agit, et qu'en conséquence, à défaut d'une indication particulière de la contenance de chaque nature de terrains sur lesquels le déficit relevé aurait pu se produire, elle l'a fait porter sur l'ensemble des parcelles indiquées comme faisant partie de l'immeuble vendu; — D'où il suit qu'en recherchant dans ces conditions le prix de l'hectare d'après le prix de vente, et en calculant sur cette base le montant de l'indemnité due à la dame Coll, l'arrêt attaqué n'a nullement violé les prescriptions de l'art. 1619, C. civ.; — Rejette, etc.

MM. Cazot, 1er prés; Blondel, rapp.; Charrins, 1er av. gén. (concl. conf.); Sabatier et Pérouse, av.

CASS.-CRIM. 29 mars 1884.

RÈGLEMENT DE POLICE OU MUNICIPAL, VOITURES PUBLIQUES, PRIX DES PLACES.

Le pouvoir qui appartient aux maires de réglementer le service des voitures publiques, ne peut s'exercer que sur les voies purement communales (2) *et dans les limites restreintes au territoire de chacune des communes dont l'administration leur est confiée* (3). — *Ainsi, spécialement, est illégal et non obligatoire l'arrêté municipal qui fixe le tarif des courses ou le prix des places des voitures publiques pour l'ensemble d'un parcours sur plusieurs communes contiguës* (4) (C. pén., 471, n. 15).

1880 (D. 81. 3. 91); 11 déc. 1880 (S. 82. 3. 21. — P. chr. adm. — D. 82. 3. 56); 21 mai 1881 (Pand. chr.), et les renvois.

(1) *Sic*, Aubry et Rau, t. IV, § 354, p. 365; Colmet de Santerre, *Cours analyt.*, continuat. de Demante, t. VII, n. 52 *bis* II; Laurent, *Princip. de dr. civ.*, t. XXIV, n. 195.

(2) Il a été bien des fois jugé que l'autorité municipale est sans pouvoir pour réglementer le service des voitures publiques sur les routes nationales et départementales et sur les chemins vicinaux de grande communication; que ce droit ne lui appartient que sur les voies purement communales. V. Cass., 15 févr. 1856 (S. 56. 1. 632. — P. 56. 2. 407. — D. 56. 1. 349); 28 juin 1856 (S. 56. 1. 699. — P. 57. 422); 4 janv. 1862 (S. 62. 1. 556. — P. 62. 1099. — D. 62. 1. 103).

(3-4) Quant à la limitation de l'application des règlements de police municipale au territoire même des communes dans lesquelles ces règlements sont pris et mis en vigueur, c'est là un principe qui ne peut être sérieusement discuté. L'autorité des maires expire aux frontières des localités qu'ils administrent. Chaque municipalité reste maîtresse chez elle, indépendante de son action.

Les empiétements ou excès de pouvoirs, s'ils étaient autorisés, conduiraient à des conflits inévitables et à une véritable anarchie administrative.

(Bonnifay.) — ARRÊT.

LA COUR : — Sur le moyen tiré de la violation de l'art. 45 du règlement municipal du maire d'Alger, et de l'art. 471, § 15, C. pén. : — Attendu, en fait, qu'il résulte d'un procès-verbal dressé, le 10 juill. 1883, par l'un des commissaires de police de la ville d'Alger, que Bonnifay, directeur de la Compagnie des omnibus et messageries de l'Algérie, a fait percevoir une somme de 0 fr. 30 par place de voyageur se rendant en tramway d'Alger au Jardin d'Essai, commune de Mustapha-inférieur, au lieu de 0 fr. 25, prix fixé par l'arrêté du maire d'Alger, ci-dessus visé; — Attendu, en droit, que l'autorité municipale, par cela même qu'elle est chargée d'assurer la sûreté et la tranquillité de la voie publique, a le droit de prescrire les mesures qu'elle juge utiles dans ce but, ainsi que pour le maintien du bon ordre; qu'elle peut donc prendre des arrêtés, soit pour régler le stationnement et la circulation des voitures destinées au public, soit pour fixer le tarif des courses ou le prix des places que les conducteurs de ces voitures sont autorisés à percevoir; — Attendu, toutefois, que le pouvoir du maire ne peut s'exercer que sur les voies purement communales, et dans les limites mêmes du territoire de la commune dont l'administration lui est confiée; qu'il ne s'étend, dès lors, ni sur les routes ou chemins faisant partie de la grande voirie, ni sur les voies publiques dépendant d'une autre commune; — Attendu que l'arrêté pris par le maire d'Alger, le 24 mars 1883, détermine le prix des transports effectués par les corricolos, omnibus et tramways et toutes voitures faisant un service régulier à volonté, soit dans l'intérieur de la ville d'Alger, soit dans la commune de Mustapha-inférieur et dans d'autres communes voisines; que le maire d'Alger a ainsi réglementé le service des voitures publiques au delà du périmètre de la ville, pour des communes où il n'a légalement aucune autorité, et qu'il a, par là, excédé ses pouvoirs; — D'où il suit qu'en décidant que le fait à la charge du prévenu ne constituait pas une infraction à un règlement régulièrement publié, le jugement attaqué, loin de violer les lois de la matière, s'y est, au contraire, exactement conformé; — Rejette le pourvoi formé contre le jugement du tribunal de simple police d'Alger, en date du 6 août 1883, etc.

MM. Baudouin, prés.; Sallantin, rapp.; Roussellier, av. gén.; Robiquet, av.

CASS.-REQ. 31 mars 1884.

SURENCHÈRE, FOLLE ENCHÈRE.

La surenchère du sixième n'est pas admissible après une revente sur folle enchère (1) (C. civ., 2185; C. proc., 710, 739, 740).

(Pujol c. Brun.) — ARRÊT.

LA COUR : — (Texte littéralement reproduit d'un précédent arrêt de la chambre civile, rendu entre les mêmes parties, le 24 juill. 1882. — V. Pand. chr.); — Rejette le pourvoi formé contre l'arrêt de la Cour d'Agen, du 24 janv. 1883. etc.

MM. Bédarrides, prés.; George Lemaire, rapp.; Petiton, av. gén.; Lesur, av.

CASS.-CIV. 2 avril 1884.

AVARIES, AFFRÉTEUR, ACTION RÉELLE, ACTION PERSONNELLE, SAUVETAGE (FRAIS DE), MARCHANDISES, VALEUR.

Le règlement d'avaries, soit communes, soit particulières, ne donne, en principe, ouverture contre l'affréteur qu'à une action purement réelle sur les marchandises, objet du contrat d'affrètement, et nullement à une action personnelle sur sa fortune de terre (2) (C. comm., 401, 404).

D'où l'affréteur ne saurait être obligé au payement des frais de sauvetage des marchandises pour une somme supérieure à leur valeur ou à leur prix (3) (Id.).

(De Montricher et Cie c. de Wolff et Cie.)

28 mars 1881, arrêt de la Cour d'Aix, ainsi conçu : — « LA COUR : — Sur le moyen tiré du prétendu droit d'abandonner la marchandise : — Attendu que la faculté d'abandonner est un moyen exceptionnel de libération, qu'il n'est pas permis d'étendre par assimilation et par analogie à d'autres cas que ceux pour lesquels il a été spécialement autorisé par la loi ; — Attendu que les art. 216, 310 et 369 sont les seuls dans le Code de commerce qui autorisent l'abandon dans les cas qu'ils déterminent; qu'aucun de ces articles ne l'autorise pour le cas présent; qu'au contraire l'art. 340, spécial aux chargeurs, le leur interdit formellement, si ce n'est pour le cas spécial de coulage des futailles; — Attendu que cette raison pourrait suffire pour faire rejeter l'abandon proposé par Montricher et Cie; qu'au besoin cet abandon devrait encore être repoussé par application aux faits du procès des règles ordinaires du droit maritime; — Attendu, en effet, que, d'après ces règles, le capitaine est le mandataire de tous les intéressés au navire et au chargement; qu'à ce titre, il est préposé à la surveillance et à la garde de tous les intérêts; que la rupture même du voyage par un fait de force majeure ne le dispense pas de s'occuper des conséquences directes du sinistre, et qu'il a droit au remboursement des avances qu'il a pu faire, à moins qu'il ne soit établi contre lui qu'il a mal agi et qu'une faute quelconque lui est imputable; — Attendu que c'est là ce qui résulte de l'économie générale du Code de commerce, et notamment de la combinaison des art. 296 et 303, qui veulent que, toutes les fois qu'à la suite d'un événement de mer le capitaine peut en réparer les effets, il soit tenu de le faire, en procédant d'abord au sauvetage des marchandises par tous les moyens qui sont en son pouvoir, et en continuant ensuite son voyage, soit sur son navire radoubé, si c'est possible, soit en en louant un autre, s'il n'a que ce moyen de reprendre la mer; — Or, attendu qu'il est constant, dans l'espèce, que le capitaine du *Putnam*, loin d'avoir commis une faute et d'avoir trahi ses devoirs, n'a fait, au contraire, que s'y conformer exactement; — Attendu, en effet, qu'en comparant la valeur de la marchandise au lieu du chargement avec sa valeur présumée au lieu de destination, en considérant que le capitaine ignorait comment serait classée l'avarie faite à Sydney, à laquelle Montricher et Cie contestent encore aujourd'hui le caractère d'avarie commune, en tenant compte enfin de cette circonstance qu'au moment où il a entrepris le sauvetage, il ne pouvait pas davantage savoir d'une manière exacte les frais que ce sauvetage entrainerait, on arrive à reconnaître qu'il a pu et dû raisonnablement

---

(1) Jurisprudence désormais certaine. V. Cass., 24 juillet 1882 (Pand. chr.); Paris, 7 juin 1886 (*Pand. pér.*, 86. 2. 196), et les notes.

(2-3) La jurisprudence et la doctrine se prononcent dans un sens favorable à ces solutions. V. Cass., 28 août 1866 (S. 66. 1. 392. — P. 66. 1066. — D. 66. 1. 486); Trib. comm. Marseille, 9 nov. 1857 (*Journ. de Mars.*, t. XXXV, 1. 294); 24 janv. 1868 (*ibid.*, 68. 1. 89); 6 nov. 1869 (*ibid.*, 69. 1. 299); Cauvet, *Tr. des assur. marit.*, t. I, n. 68 et suiv.; de Valroger, *Dr. marit.*, t. I, n. 280; Desjardins, *id.*, t. IV, n. 1048 et 1049; Lyon-Caen et Renault, *Préc. de dr. comm.*, t. II, n. 1678 ; et notre *Dictionnaire de dr. comm., ind. et marit.*, t. I, v° *Armateur*, n. 58 et suiv., et t. II, v° *Avaries*, n. 208.

croire que son opération serait profitable aux destinataires de la marchandise, et qu'il l'a entreprise dans leur intérêt, bien plus que dans le sien propre; — Attendu, d'ailleurs, que le capitaine n'a pris sa résolution qu'avec l'assentiment de ceux qu'elle intéressait; — Attendu, en effet, qu'il résulte de la correspondance que, ne pouvant pas s'adresser directement aux destinataires de la marchandise, puisque, le connaissement étant à ordre, il ne les connaissait même pas, il a signalé la situation à ses armateurs à Liverpool; que ceux-ci l'ont signalée à leur correspondant à Marseille; que celui-ci l'a signalée à Montricher et Cie; que ceux-ci ne se sont abstenus de donner des instructions que parce qu'ils ont préféré se décharger de ce soin sur leurs assureurs, et qu'enfin ces derniers ont envoyé sur les lieux un délégué chargé de les représenter; de tout quoi il suit que Montricher et Cie, par l'intermédiaire de leurs assureurs, seuls et véritables intéressés dans l'instance, quoiqu'ils n'y figurent pas en nom, ont tout vu, tout su, tout approuvé, et qu'ils sont non recevables à se plaindre d'une opération faite de bonne foi, dont ils auraient recueilli le profit, si elle avait été avantageuse, et qu'ils ne peuvent pas répudier par cela seul qu'elle leur serait devenue onéreuse; — Sur le moyen tiré de ce que la dépense faite à Sydney ne devrait pas être classée comme avarie commune : — Attendu que tous les documents du procès établissent que cette dépense a été faite dans l'intérêt commun du navire et de la cargaison; que tel est le caractère que l'expert répartiteur lui a reconnu dans son rapport; que, dès lors, aux termes de l'art. 304, C. comm., elle doit être classée comme avarie commune; — Sur le moyen tiré de ce que les effets sauvés ne doivent contribuer au jet que sur le pied de leur valeur en l'état où ils se trouvent, et déduction faite des frais de sauvetage : — Attendu que le jet fait à Sydney de quelques marchandises qui étaient sur le pont n'a nullement sauvé le navire; que les documents du procès établissent que le salut du navire est dû à toute autre cause; que, dès lors, l'art. 424, C. comm., est absolument inapplicable à l'espèce; — Par ces motifs : — Émendant; — Sans s'arrêter à aucune des fins et conclusions de Montricher et Cie, dont ils sont démis et déboutés, homologue le rapport fait par l'expert Cauvet pour être exécuté selon sa forme et teneur, et, en conséquence, condamne Montricher et Cie à payer au capitaine Yung et à John de Wolff et Cie la somme de 85,345 fr. 20 c., montant des avaries de la marchandise avec intérêts à 6 p. 100 pour fret des marchandises du pont et celles vendues à Gibraltar, aussi avec intérêts de droit, etc. »

Pourvoi en cassation par de Montricher et Cie. — 1er *Moyen*. Violation des art. 401, 402, 403, 404 et 384, C. comm., et fausse application des art. 216, 310 et 396, en ce que l'arrêt attaqué a décidé que les chargeurs doivent supporter les avaries communes ou autres mises à la charge des marchandises, même sur leur fortune de terre, alors que les marchandises débitrices auraient été absorbées par le payement des avaries et frais accessoires.

2e *Moyen*. Violation de l'art. 424, C. comm., en ce que l'arrêt attaqué a rejeté le moyen tiré de ce que les effets sauvés ne doivent contribuer que sur le pied de leur valeur dans l'état où ils se trouvent, déduction faite des frais de sauvetage, sous le prétexte que le salut du navire était dû à une autre cause que ce jet.

ARRÊT (*après délib. en ch. du cons.*).

LA COUR : — Sur les deux moyens réunis du pourvoi : — Vu les art. 401 et 404, C. comm.; — Attendu qu'il résulte de la combinaison de ces articles que le règlement d'avaries, soit communes, soit particulières, ne donne, en principe, ouverture contre l'affréteur qu'à une action purement réelle, dont l'exercice ne peut être poursuivi que sur les marchandises qui ont fait le sujet du contrat d'affrétement, ce qui exclut, par conséquent, toute action personnelle pouvant affecter sa fortune de terre; qu'il suit de là que l'affréteur ne saurait être obligé au payement des frais de sauvetage de la marchandise pour une somme supérieure à leur valeur ou à leur prix; que, dès lors, en décidant le contraire, l'arrêt attaqué a violé les dispositions légales susvisées; — Casse, etc.

MM. Cazot, 1er prés.; Descoutures, rapp.; Desjardins, av. gén. (concl. conf.); Sabatier et Morillot, av.

CASS.-CIV. 7 avril 1884.

AGENT DE CHANGE, COMMIS, TITRES, DÉTOURNEMENT, RESPONSABILITÉ.

L'agent de change est responsable, vis-à-vis de ses clients, des détournements de titres commis par un employé de sa charge, lorsque aucun mandat personnel ni direct n'a été donné à l'employé par les clients, qui n'ont entendu traiter qu'avec l'agent de change lui-même, comme exclusivement chargé de leurs affaires de Bourse (1) (C. civ., 1984, 1985).

(Moyse c. Léon.) — ARRÊT.

LA COUR : — Sur le premier moyen, tiré de la violation des art. 1382, 1984 et 1985, C. civ., et 7, de la loi du 20 avril 1810, en ce que l'arrêt attaqué a condamné Moyse, agent de change, à restituer à Léon aîné et frères, banquiers, des titres que ceux-ci avaient remis à Ch. Aron, commis de la charge, pour renouvellement de feuilles de coupons, et que Aron avait détournés, et ce par le motif que Léon aîné et frères n'avaient point entendu conférer de mandat à un autre que Moyse : — Attendu qu'il est constaté en fait par l'arrêt attaqué, comme résultant de la correspondance des parties, que Léon aîné et frères, loin d'avoir donné mandat à Ch. Aron pour traiter leurs affaires avec Moyse, ont toujours entendu traiter directement avec celui-ci comme exclusivement chargé de leurs affaires de Bourse; — Attendu qu'en décidant, dans ces circonstances, que Moyse était tenu de restituer à Léon aîné et frères les valeurs détournées par Ch. Aron, son employé, l'arrêt attaqué a fait une juste application des art. 1984, 1985, C. civ.; qu'il n'a point violé l'art. 1382, et qu'en constatant les faits ci-dessus rappelés, il a donné les motifs de sa décision...; — Rejette le pourvoi formé contre l'arrêt rendu le 16 août 1879, par la Cour d'appel de Paris, etc.

MM. le cons. Greffier, prés.; Onofrio, rapp.; Charrins, 1er av. gén. (concl. conf.); Devin et Boivin-Champeaux, av.

---

(1) Il est certain que la responsabilité de l'agent de change peut être engagée par le fait de ceux qu'il emploie. Le principe n'est plus discuté. V. Bordeaux, 23 févr. 1859 (Pand. chr.). — Dans l'affaire actuelle, les circonstances de fait relevées par l'arrêt ne pouvaient mettre un instant en doute l'application du principe. V. dans des espèces analogues, Trib. comm. Seine, 13 juill. 1858 (*J. Trib. comm.*, t. VII, p. 411); 18 sept. 1862 (*ibid.*, t. XII. p. 361). — Mais l'agent de change ne serait plus responsable s'il était établi que le propriétaire des titres avait voulu confier au commis un mandat personnel et direct. V. Cass., 21 nov. 1876 (Pand. chr.). — Cette intention pourrait s'induire notamment de cette circonstance que la remise des titres au commis aurait eu lieu en dehors des bureaux. V. Trib. comm. Seine, 28 avril 1858 (*J. Trib. comm.*, t. VII, p. 328). V. sur tous ces points, notre *Dictionnaire de dr. comm., ind. et marit.*, t. I, v° *Agent de change*, n. 262 et suiv.

CASS.-CIV. 8 avril 1884.

FAILLITE, SYNDICS, DOUBLE FAILLITE, GESTION, REDDITION DE COMPTE, VALEURS, PIÈCES, RESTITUTION, COMPÉTENCE, RAPPORT DU JUGE, FORMALITÉ, ACCOMPLISSEMENT, PREUVE.

Doit être considérée comme née de la faillite et, par conséquent, de la compétence du tribunal du lieu où cette faillite a été déclarée, l'action dirigée par le syndic d'une seconde faillite contre le syndic d'une première faillite, tant en reddition de compte de gestion de la seconde faillite, dans laquelle celui-ci s'était immiscé en sa qualité de syndic de la première faillite, qu'en remise de valeurs et de pièces dépendant de l'administration de la seconde faillite (1) (C. proc., 59, § 7 ; C. comm., 635).

Dans les contestations en matière de faillite, le rapport du juge-commissaire constitue une formalité à ce point substantielle que son inobservation entraîne la nullité du jugement (2) (C. comm., 452).

Et la preuve de l'accomplissement de cette formalité doit être tirée du jugement lui-même, sans pouvoir s'induire des circonstances de la cause, par voie d'appréciation ou de raisonnement (3) (Id.).

Ainsi, notamment, elle ne saurait résulter de cette considération que le juge-commissaire, ayant assisté à la délibération qui a précédé le jugement, n'a pas pu ne pas faire son rapport (4) (Id.).

(Synd. Plaçais c. synd. Plaçais.) — ARRÊT.

LA COUR : — Statuant sur le premier moyen : — Attendu que, par jugement du 24 août 1880, confirmé par arrêt de la Cour de Caen, en date du 29 mai 1882, le tribunal de commerce d'Isigny a déclaré la faillite du sieur Plaçais, entrepreneur de travaux publics, demeurant audit Isigny, et nommé syndic le sieur Bertrand ; — Attendu que le syndic Bertrand a fait assigner devant ledit tribunal le sieur Bourjuge, syndic d'une première faillite déclarée à Angers contre le sieur Plaçais, alors entrepreneur audit Angers; qu'il résulte de l'arrêt attaqué que cette action avait pour but la reddition du compte de gestion de la faillite d'Isigny, dans laquelle le sieur Bourjuge s'était immiscé, en qualité de syndic de la faillite d'Angers; qu'elle tendait également à faire ordonner contre lui la remise de valeurs et de pièces dépendant de l'administration de la faillite d'Isigny ; — Attendu que l'action intentée est évidemment née de la faillite déclarée à Isigny ; que c'est donc à bon droit que l'arrêt attaqué a reconnu que le tribunal de commerce d'Isigny était seul compétent pour la juger ; — Rejette ce premier moyen ;

Mais sur le second moyen : — Vu l'art. 452, C. comm. ; — Attendu que la formalité du rapport est prescrite par des motifs d'intérêt public tenant à la bonne administration de la justice ; qu'elle est substantielle, et que son inobservation doit, par conséquent, entraîner la nullité du jugement rendu sans qu'elle ait été accomplie ; — Attendu, d'un autre côté, que les décisions judiciaires doivent porter en elles-mêmes la preuve formelle que toutes les formalités substantielles ont été remplies ; — Et attendu, d'autre part, que les jugements des 17 et 29 août 1882, rendus sur une contestation en matière de faillite, ne mentionnent point que le juge-commissaire ait fait son rapport ; — Attendu, d'autre part, que l'arrêt attaqué se borne à déclarer qu'il n'est pas possible d'admettre que M. Antime Marie, juge-commissaire de la faillite Plaçais, ait pris part à la délibération qui a précédé lesdits jugements sans rendre compte au tribunal de la situation de la faillite et des circonstances particulières dans lesquelles se trouvait le syndic, sans faire, en un mot, un rapport ; qu'il conclut de là que le vœu de l'art. 452, C. comm., a été rempli, et qu'il rejette, par suite, le moyen de nullité tiré du défaut de rapport ; — Attendu qu'une déclaration semblable, faite par appréciation des faits de la cause et par voie de raisonnement, est insuffisante pour constater d'une manière certaine que le rapport exigé par l'art. susvisé a eu lieu ; que l'arrêt a donc violé cet article ; — Casse, etc.

MM. Larombière, prés. ; Manau, rapp. ; Charrins, 1er av. gén. (concl. conf.) ; Lesage, av.

CASS.-CIV. 23 avril 1884.

PARTAGE, EFFET DÉCLARATIF, INDIVISION, PARTAGE PARTIEL, TRANSCRIPTION TARDIVE, CRÉANCIERS, HYPOTHÈQUE, INSCRIPTION, COLLOCATION.

L'effet déclaratif n'est attaché qu'aux partages qui font cesser complètement l'indivision entre tous les ayants droit, et nullement aux conventions ou décisions judiciaires qui ne mettent fin à l'indivision qu'à l'égard de quelques-uns des communistes (de deux sur cinq) et la laisse subsister entre les autres (les trois restant) (5) (C. civ., 883).

Dès lors, les communistes, mis en dehors de l'indivision, n'en continuent pas moins, jusqu'à la transcription des arrangements ou décisions de justice, à rester copropriétaires de l'immeuble vis-à-vis des tiers (6) (L. 23 mars 1855, art. 3).

D'où encore les créanciers de ces communistes peuvent exercer les droits résultant d'hypothèques inscrites antérieurement à la transcription, et se faire colloquer dans l'ordre ouvert sur le prix de l'immeuble (7) (Id.).

---

(1) Le principe et ses applications ne pouvaient, dans l'affaire actuelle, soulever de difficultés bien sérieuses. V. sur l'ensemble de la question, notre *Dictionnaire de dr. comm., ind. et marit.*, t. IV, v° *Faillite*, n. 1056 et suiv. — Mais le tribunal de la faillite ne serait plus compétent pour connaître de la demande formée par le syndic contre un *tiers* en remise de titres achetés par le tiers pour le failli, ou en payement de la valeur. V. Douai, 8 janv. 1877 (Pand. chr.), et le renvoi.

(2) C'est l'opinion qui prédomine en jurisprudence et en doctrine. V. notamment Besançon, 29 nov. 1843 (P. 44. 1. 641); Douai, 27 févr. 1875 (Rec. de cette cour, 75. 181); Aix, 12 déc. 1877 (Bull. de cette cour, 78, 69); Caen, 14 déc. 1880 (Pand. chr.); Orléans, 23 nov. 1881 (Pand. chr.), et notre *Dictionnaire*, *op.* et *loc. cit.*, n. 470. — *Contrà*, Bordeaux, 16 août 1854 (Rec. de cette cour, 54. 468); Rennes, 2 juin 1879 (Pand. chr.).

(3) La Cour de cassation n'exige pas que le jugement contienne une *mention expresse* du rapport fait par le juge-commissaire. Cependant elle semble ne pas permettre de rechercher ailleurs que dans les constatations du jugement même la preuve de l'accomplissement de cette formalité substantielle. V. en ce sens, Aix, 12 déc. 1877 (Pand. chr.). — La jurisprudence des Cours d'appel ne pousse pas aussi loin la sévérité; elle admet généralement que la preuve du rapport peut s'induire des faits et circonstances de la cause. V. Besançon, 29 nov. 1843, précité; Montpellier, 10 juill. 1858 (S. 59. 2. 247. — P. 59. 171. — D. 59. 2. 107); Caen, 14 déc. 1880 (Pand. chr.), et la note.

(4) *Contrà*, Besançon, 29 nov. 1843, Montpellier, 10 juill. 1858, Rennes, 2 juin 1879, précités. — La solution de l'arrêt de cassation est encore, sur ce point, des plus absolues; elle rend sans intérêt la question de savoir si le juge suppléant, faisant fonction de juge-commissaire, a assisté au jugement avec voix consultative ou avec voix délibérative, puisque, fût-il constaté qu'il ait pris part à la décision, même avec voix délibérative, cette mention ne prouverait rien au point de vue de l'accomplissement de la formalité du rapport. V. toutefois Orléans, 23 nov. 1881 (Pand. chr.), et la note.

(5-6-7) Le principe qui consiste à ne reconnaître d'effet déclaratif qu'aux actes de partage qui font cesser l'indivision, d'une manière complète, entre tous les communistes, en concentrant la propriété sur la tête d'un seul, est consacré par de nombreux arrêts. V. Cass., 27 mai 1835 (S. 35. 1. 341. — P. chr.); 13 août 1838 (S. 38. 1. 701. — P. 38. 2. 350); 28 déc. 1840 (S. 41. 1. 204. — P. 41. 1. 529); 19 janv. 1841 (S. 41. 1. 375. — P. 41. 1. 530); 6 mai 1844 (S. 44. 1. 596. — P. 44. 2. 411); Toulouse, 16 mai 1846 (S. 46. 2. 297. — P. 46. 2. 722); Montpellier, 9 juin 1853 (S. 53. 2. 406. — P. 54. 1. 189. — D. 54. 2. 173); Cass., 29 mars 1854 (S. 56. 1. 49. — P. 54. 2. 113. — D. 54. 1. 331); 22 nov. 1854 (P. 56. 2. 111. — D. 54. 1. 421); 17 août 1855 (S. 56. 1. 349. — P. 56. 1. 43); 18 mai

(Jourdan et Aribaud c. Lévy et Seyman.) — ARRÊT.

LA COUR : — Sur l'unique moyen du pourvoi : — Vu l'art. 3 de la loi du 23 mars 1855 ; — Attendu qu'il résulte expressément de l'arrêt de la Cour d'Alger rendu entre les consorts Seyman, le 29 juin 1870, que si les sœurs Seyman étaient exclues, par la loi mosaïque, des successions paternelle et maternelle, et n'avaient droit qu'à des dots, néanmoins, elles ont été associées par leurs frères à une communauté ou société de fait, dans laquelle elles se sont trouvées intéressées dans la proportion desdites dots; — Attendu, dès lors, que les sœurs Seyman ont été copropriétaires de la masse commune dans laquelle se trouvait confondu le capital de leurs dots, et que, spécialement, en ce qui concerne l'immeuble sis à Constantine et connu sous le nom d'hôtel de l'Univers, ce droit de copropriété, résulte pour les sœurs Seyman, de la déclaration de command faite par leur frère Abraham Seyman, à la suite de l'adjudication du 16 mars 1859; — Attendu que l'arrêt de la Cour d'Alger, du 29 juin 1870, a évalué à 65,000 francs, outre le capital de la dot, la part revenant à chacune des sœurs Seyman dans les bénéfices de la communauté précitée, pour le compte de laquelle avait été acquis l'hôtel de l'Univers, et que Zohra Seyman, femme Lévy, a reçu effectivement ladite somme, le 29 déc. 1870; mais que l'arrêt du 29 juin 1870 n'a été transcrit que le 1er mars 1878; qu'ainsi, jusqu'à cette époque, les sœurs Seyman ont été copropriétaires à l'égard des tiers; — Attendu que, pour écarter les créanciers inscrits sur l'immeuble, du chef de Zohra Seyman, femme Lévy, antérieurement à la transcription, l'arrêt attaqué se fonde sur ce que l'arrêt de 1870 devait être considéré comme un partage déclaratif de propriété, aux termes de l'art. 883, C. civ.; — Mais attendu que l'effet déclaratif n'est attaché qu'aux partages qui font cesser complètement l'indivision entre tous les ayants droit; que, dans l'espèce, l'arrêt de 1870, tout en faisant cesser l'indivision à l'égard des sœurs Seyman, a laissé cette indivision subsister entre les trois frères Seyman; — Attendu, dès lors, qu'en déclarant que les frères Seyman ont toujours, ou tout au moins sont censés avoir toujours été propriétaires exclusifs des meubles et immeubles achetés en commun, et en rejetant la demande en collocation formée par les créanciers inscrits du chef de Zohra Seyman, femme Lévy, l'arrêt attaqué (Alger, 14 janv. 1881) a faussement appliqué l'art. 883, C. civ., et violé l'art. 3 de la loi du 23 mars 1855, précité; — Casse, etc.

MM. Cazot, 1er prés.; Dareste, rapp.; Desjardins, av. gén. (concl. conf.); Lecointe, Demasure et Lefort, av.

CASS.-CIV. 28 avril 1884.

1° COMMUNAUTÉ CONJUGALE, DISSOLUTION, ACTIF, FONDS DE COMMERCE, BÉNÉFICES, INDUSTRIE PARTICULIÈRE, PROFIT PERSONNEL. — 2° FONDS DE COMMERCE, LICITATION, NOM COMMERCIAL, USAGE, INTERDICTION, POUVOIR DU JUGE, LIBERTÉ DE L'INDUSTRIE.

1° *Les produits et bénéfices d'un fonds de commerce dépendant d'une communauté conjugale, même perçus ou réalisés dans l'intervalle de la dissolution de la communauté au partage, fait partie de l'actif commun* (1) (C. civ., 1401, 1445, § 2, 1468, 1476).

Il n'en serait autrement et les bénéfices ne seraient conservés à l'époux qui aurait continué l'exploitation, que s'il s'était livré, pour son compte personnel, à des opérations toutes nouvelles, ne rentrant pas nécessairement dans le fonctionnement habituel de la maison de commerce, mais exigeant des connaissances spéciales et un travail approprié (2) (Id.).

2° *Les copropriétaires d'un fonds de commerce dont la licitation est poursuivie peuvent bien, quand ils sont tous maîtres de leurs droits et d'accord, convenir de l'insertion, dans le cahier des charges de l'adjudication, d'une clause portant interdiction à celui dont le nom désigne la maison de commerce de faire, sous ce nom et pendant un temps déterminé, un commerce semblable* (3) (L. 2-17 mars 1791). — Motifs.

Mais, en cas de litige sur l'admissibilité d'une telle clause, la même interdiction ne peut être prononcée par les tribunaux ; si, en effet, il appartient aux juges de prendre toutes mesures né-

---

1858 (S. 58. 1. 656. — P. 58. 679. — D. 58. 1. 400); 10 nov. 1862 (S. 63. 1. 129. — P. 63. 823. — D. 62. 1. 470); Limoges, 29 déc. 1868 (S. 69. 2. 55. — P. 69. 1012); Cass., 8 mars 1875 (Pand. chr.), et la note.

Toutefois, la jurisprudence a apporté certains tempéraments à la rigueur de ce principe au cas, notamment, de partage en nature entre tous les cohéritiers, attribuant à l'un d'eux, après détermination des droits de tous, la part lui revenant et laissant les autres dans l'indivision. Il y a alors partage au profit de celui qui a reçu sa part, qui est définitivement loti; il y a également partage à l'égard des autres cohéritiers, qui, restant dans l'indivision entre eux, en sont sortis vis-à-vis le cohéritier qui a reçu sa part. V. Cass., 2 avril 1851 (S. 51. 1. 337. — P. 51. 1. 664. — D. 51. 1. 97); Paris, 23 févr. 1860 (P. 60. 647); Cass., 25 avril 1864 (S. 64. 1. 237. — P. 64. 704. — D. 64. 1. 225); 9 déc. 1878 (Pand. chr.), et les renvois.

Dans l'affaire actuelle, le principe n'était pas contesté. Il était même formellement reconnu par toutes les parties. Quant à la restriction, il n'en pouvait être question. Le débat était plus nettement tranché. Car tandis que les demandeurs au pourvoi prétendaient se trouver dans le cercle même d'application de l'art. 883, C. civ., les défendeurs y résistaient énergiquement. Pour ces derniers, les principes, en matière de partage, n'avaient rien à voir dans la contestation. C'était à tort que l'arrêt attaqué, dont l'examen était déféré à la Cour de cassation, avait visé l'art. 883. Le raisonnement des juges du fond était juridique. La suppression de la référence erronée audit article laissait le dispositif de la décision parfaitement justifié quant au reste.

Voici, d'ailleurs, telle que l'a résumée M. le conseiller rapporteur Dareste, l'argumentation de la défense : « Aux termes de l'arrêt attaqué, l'arrêt de 1870 a nécessairement et implicitement décidé que les sœurs Seyman n'étaient pas copropriétaires des biens meubles et immeubles dépendant de la communauté. C'est là une déclaration de fait qui domine toute la cause. Ce que l'arrêt de 1870 a alloué aux sœurs Seyman, ce n'est pas la représentation d'un droit de propriété qui n'existe pas, c'est une part de bénéfices dans une communauté de fait. Le dixième auquel chacune d'elles avait droit dans les successions, à titre non héréditaire, mais dotal, a participé ensuite, comme une sorte de mise, aux opérations heureuses de cette Société, qui a prolongé entre les frères seulement l'indivision successorale. Mais, dans la pensée de l'arrêt attaqué, les sœurs Seyman n'ont jamais eu, à aucune époque, aucun droit de propriété dans l'immeuble litigieux.

« Si ce droit n'a jamais existé, il n'est pas nécessaire d'examiner si l'arrêt de 1870 équivaut à partage; il n'y a pas eu partage, mais par cette raison que les sœurs Seyman n'avaient aucun droit dans l'immeuble indivis. Peu importe, dès lors, que l'arrêt attaqué se soit mépris sur l'application de l'art. 883. C'est là un motif surabondant qui ne saurait infirmer le dispositif, parfaitement justifié d'ailleurs. »

Mais cette argumentation n'était que spécieuse; elle dénaturait même quelque peu l'expression exacte de l'arrêt attaqué. Car de ses constatations de fait il résultait que les sœurs Seyman étaient devenues, à l'origine, en vertu de la déclaration de command, lors de l'acquisition de l'immeuble, copropriétaires dudit immeuble avec leurs frères; que l'arrêt de 1870 avait transformé ce droit de propriété en un droit de créance. Il y avait eu vente, cession, mais non point partage. L'arrêt de 1870 était donc translatif et non déclaratif de propriété. S'agissant d'immeuble, la cession (ou l'arrêt qui l'opérait) devait être transcrite; à défaut, l'indivision continuait à subsister au regard des tiers. Les inscriptions hypothécaires du chef des communistes qui avaient cédé leurs droits grevaient, par conséquent, régulièrement l'immeuble, dès l'instant qu'elles étaient antérieures à toute transcription.

(1-2) Ces solutions ont été déjà consacrées par la jurisprudence. V. Cass., 29 nov. 1851 (S. 52. 1. 31. — P. 52. 2. 285); 24 nov. 1869 (S. 70. 1. 72. — P. 70. 151. — D. 70. 1. 25); Caen, 28 mars 1884 (S. 86. 2. 175).

(3) *Sic*, Cass., 30 mars 1885 (Pand. chr.); 10 mars 1886 (Pand. pér., 86. 1. 122), et les observations en note.

cessaires pour éviter la fraude et la concurrence illicite, il n'est plus en leur pouvoir d'interdire à un citoyen de se servir de son nom et de se livrer à telle industrie qu'il lui convient (1) (Id.).

(Reine c. Lapierre et consorts.) — ARRÊT.

LA COUR : — Sur le premier moyen, tiré de la violation des art. 1445, § 2, 1401, 1408 et 1476, C. civ. (en ce que l'arrêt attaqué a décidé que les bénéfices des usines de Vire et de Brouains, et de la maison de Paris, obtenus ou à obtenir jusqu'à la liquidation de la communauté, tombaient dans cette communauté, bien qu'elle eût été légalement dissoute le 4 mai 1878, jour de la demande en séparation de corps) : — Attendu que, d'après les art. 1401 et 1476, C. civ., la masse active de la communauté conjugale comprend tous les fruits produits par les biens qui en dépendent, depuis sa dissolution jusqu'au partage; qu'il en résulte que, lorsqu'un fonds de commerce dépend de la communauté, les produits et bénéfices réalisés depuis la dissolution font partie de son actif, à moins que le mari, qui en a continué l'exploitation, ne se soit livré, pour son compte personnel, à des opérations toutes nouvelles, ne rentrant pas nécessairement dans le fonctionnement habituel de la maison de commerce, mais exigeant des connaissances spéciales et un travail qui lui soit propre; qu'il n'en a point été ainsi dans la cause; qu'en effet, il est déclaré par l'arrêt attaqué qu'après la dissolution de la communauté d'entre les époux Reine, les usines de Vire et de Brouains, depuis longtemps établies et organisées, ont fonctionné comme elles fonctionnaient antérieurement, sans qu'il ait été besoin, pour les opérations postérieures, d'une direction nouvelle et d'entreprises spéciales, distinctes des précédentes, et que les bénéfices réalisés pendant cette période n'étaient point d'une autre nature que ceux résultant du fonctionnement antérieur de ces usines; qu'en jugeant, dans ces circonstances et par appréciation des faits, que ces bénéfices étaient tombés dans la communauté, l'arrêt attaqué, loin de violer les articles de loi invoqués par le pourvoi, en a fait une saine application;

Sur les second et troisième moyens... (sans intérêt);

Mais sur le quatrième moyen, tiré de la violation de l'art. 544, C. civ. (en ce que l'arrêt attaqué a décidé que l'adjudicataire d'un fonds de commerce aurait le droit de prendre le titre de successeur de la maison Alphonse Reine, et que, dans le cas où Alphonse Reine ne serait pas adjudicataire, il ne pourrait continuer son industrie actuelle, dans quelque lieu qu'il l'exerçât, sous son nom personnel, Alphonse Reine) : — Vu ledit article; — Attendu que, si les copropriétaires d'un fonds de commerce dont la vente par licitation est poursuivie peuvent, quand ils sont tous maîtres de leurs droits, convenir de l'insertion, dans le cahier des charges de l'adjudication, d'une clause portant interdiction à celui des copropriétaires dont le nom patronymique désigne la maison de commerce licitée, de faire, pendant un temps déterminé, sous ce nom, un commerce semblable à celui qui fait l'objet du fonds mis en vente, il n'est pas permis aux juges, si un litige s'élève sur l'admissibilité de cette clause, d'ordonner, à titre de garantie d'une loyale exécution du contrat, des mesures qui porteraient atteinte au droit qu'a tout citoyen à la propriété et à l'usage de son nom; qu'ils peuvent sans doute interdire à celui des communistes vendeurs, dont le nom est attaché au fonds de commerce, de continuer la fabrication et la vente des produits de même nature, dans les conditions qui constitueraient une rivalité abusive et une violation certaine des principes de la garantie; mais que l'interdiction absolue de continuer le commerce sous son nom, pendant un temps déterminé, ne peut être prononcée par les tribunaux contre un citoyen, sans violer les lois protectrices à la fois du droit de propriété des noms, de la liberté de faire tel négoce et de se livrer à telle industrie qu'il lui convient; — D'où il suit que l'arrêt attaqué, dont le dispositif se lie étroitement et nécessairement aux motifs qui, seuls, en précisent la généralité et le sens véritable, en interdisant à Alphonse Reine de continuer sous son nom, en quelque lieu que ce soit, et pendant dix ans, l'industrie exercée dans les usines de Vire et de Brouains, a violé l'art. 544 susvisé; — Casse et annule, mais seulement au chef relatif à l'interdiction prononcée contre Alphonse Reine de continuer le commerce des papiers sous son nom, l'arrêt rendu par la Cour d'appel de Caen, le 23 févr. 1881, etc.

MM. Cazot, 1er prés.; Greffier, rapp.; Charrins, 1er av. gén. (concl. conf.); Sabatier et Morillot, av.

CASS.-REQ. 29 avril 1884.

TIMBRE, QUITTANCES, REÇUS ET DÉCHARGES, PLURALITÉ, A-COMPTE, CRÉANCE UNIQUE, OBLIGATIONS, TITRES PROVISOIRES, MENTION.

Est soumise, sans distinction, au droit de timbre de 10 cent., chaque quittance emportant libération, reçu ou décharge, soit qu'il s'agisse d'une seule et même créance, soit qu'il s'agisse de créances différentes (2) (L. 23 août 1871, art. 18, 23).

Spécialement, *cette perception est due à chaque versement successif de sommes opéré en vue de libérer des titres émis par une Société financière* (le Crédit foncier) *et payables à des termes échelonnés, alors que chaque à-compte est constaté sur les titres provisoires par une quittance remplie au moment du payement* (Id.).

Vainement invoquerait-on l'art. 23, § 3, de la loi du 13 brum. an VII, autorisant la délivrance de plusieurs quittances sur une même feuille de papier timbré pour à-compte d'une seule et même créance; cette disposition de la loi, en ce qui concerne les quittances données dans les actes sous seing privé, ayant été abrogée par la loi du 23 août 1871, qui constitue, sur la matière, une législation spéciale et nouvelle (Id.).

(Crédit foncier c. Enregistrement.) — ARRÊT.

LA COUR : — Sur le moyen unique tiré de la violation de l'art. 23 de la loi du 13 brum. an VII et de la fausse application de l'art. 18 de la loi du 23 août 1871 : — Attendu, en fait, que le Crédit foncier de France a émis, en 1877 et 1879, des obligations foncières et communales; qu'il a été convenu que les souscripteurs feraient un premier versement lors de la répartition, et que le surplus du prix de l'obligation serait payé à des termes successifs fixés au nombre de sept pour l'emprunt de 1877, et au nombre de huit pour l'emprunt de 1879; que chacun des versements d'à-compte successifs a été constaté sur chaque titre provisoire par une quittance remplie lors des payements échus; — Attendu, en droit, d'une part, qu'aux termes de l'art. 18 de la loi du 23 août 1871, exclusivement applicable aux actes faits sous signatures privées, « sont soumis à un droit de timbre de 10 cent. les quittances ou acquits donnés au

(1) V. en ce sens, Cass., 30 janv. 1878 (Pand. chr.); et sur renvoi, Amiens, 2 août 1878 (Pand. chr.); Cass., 15 juill. 1879 (Pand. chr.), et les renvois. V. aussi Lyon, 8 janv. 1881 (S. 83. 2. 80. — P. 83. 1. 457), et notre *Dictionnaire de dr. comm., ind. et marit.*, t. III, v° *Concurrence déloyale*, n. 153 et suiv. — *Contrà*, Pouillet, *Des marques et de la concurr. déloy.*, n. 486.

(2) *Sic*, Sol. adm. enreg., 7 mai 1872 (Pand. chr.). — Comp. toutefois, Cass., 30 mars 1881 (S. 82. 1. 277. — P. 82. 1. 654. — D. 81. 1. 369), rendu par application de l'art. 4 de la loi du 8 juill. 1865, actuellement encore en vigueur.

pied des factures et mémoires, les quittances pures et simples, reçus ou décharges de sommes, titres, valeurs ou objets, et généralement tous les titres, de quelque nature qu'ils soient, signés ou non signés, qui emporteraient libération, reçu ou décharge; le droit est dû pour chaque acte, reçu, décharge ou quittance »; que l'art. 23 est également ainsi conçu : « Toute contravention aux dispositions de l'art. 18 sera punie d'une amende de 50 francs; l'amende sera due par chaque acte, écrit, quittance ou décharge pour lequel le droit de timbre n'aurait pas été acquitté »; — Attendu que ces textes précis manifestent clairement la volonté du législateur de soumettre, sans distinction, au timbre de 10 cent., chaque quittance donnée et emportant libération, reçu ou décharge, soit qu'il s'agisse d'une seule et même créance, soit qu'il s'agisse de créances différentes; — Attendu, d'autre part, que c'est vainement que le Crédit foncier de France invoque l'art. 23, § 3, de la loi du 13 brum. an VII, aux termes duquel « il pourra aussi être donné plusieurs quittances sur une même feuille de papier timbré pour à-compte d'une seule et même créance »; que les dispositions de ce paragraphe ont été abrogées, en ce qui concerne les quittances données dans les actes sous signatures privées, par la loi du 23 août 1871; qu'elles sont, en effet, inconciliables avec les termes des art. 18 et 23, précités, de ladite loi, constitutifs d'une législation spéciale et nouvelle, applicable aux seules quittances susvisées, et qui en soumettant au droit de timbre réduit de 10 cent. chaque reçu, décharge ou quittance, a eu pour but de rendre l'impôt plus productif par la multiplicité même des perceptions, ainsi que le prouve la discussion de la loi; qu'elles ont été, en outre, expressément abrogées par l'art. 20, qui excepte limitativement du droit de timbre certains acquits ou quittances autres que les quittances litigieuses, et dont le § 5 et dernier est ainsi conçu : « Toutes autres dispositions contraires sont abrogées »; — D'où il suit que le jugement attaqué, en déclarant soumise au droit de timbre de 0 fr. 10 chacune des quittances successives données par le Crédit foncier de France pour constater la libération des souscripteurs de ses obligations, n'a pas violé l'art. 23 de la loi du 13 brum. an VII, mais a fait une juste application des art. 18, 20 et 23 de la loi du 23 août 1871; — Rejette, etc.

MM. Bédarrides, prés.; Voisin, rapp.; Chévrier, av. gén. (concl. conf.); Sabatier, av.

CASS.-REQ. 30 avril 1884.

SUCCESSION, HÉRITIER, LÉGATAIRE A TITRE UNIVERSEL, AVANTAGES, DETTES, PROPORTIONNALITÉ, CONTRIBUTION, LEGS PARTICULIERS.

L'héritier est tenu, dans ses rapports avec les légataires à titre universel, de contribuer à chacune des dettes et charges de l'hérédité, dans la proportion de la quote-part qu'il est appelé à recueillir dans l'actif héréditiare, c'est-à-dire dans la proportion de ce qu'il prend à titre d'héritier (1) (C. civ., 870, 873).

Si donc il bénéficie, comme héritier, de toute la masse immobilière de la succession, il doit contribuer au payement des dettes dans la proportion de cette même masse, sans en déduire les charges consistant dans les legs à titre particulier d'immeubles, qui n'ont pas à contribuer au payement des dettes (2) (Id.).

(Monnin et Regnaud c. Guinot et autres.) — ARRÊT.

LA COUR : — Sur la première et la deuxième branche du premier moyen... (sans intérêt);

Sur la première branche du deuxième moyen... (sans intérêt);

Sur la deuxième branche du deuxième moyen, tirée de la fausse application des règles de la contribution aux dettes entre héritiers et légataires universels et, par suite, des art. 870, 873, C. civ. : — Attendu que l'héritier est tenu, dans ses rapports avec les légataires à titre universel, de contribuer à chacune des dettes et charges de l'hérédité dans la proportion de la quote-part qu'il est appelé à recueillir dans l'actif héréditaire, c'est-à-dire dans la proportion de ce qu'il prend à titre d'héritier; — Attendu que les consorts Regnaud trouvent, comme héritiers, dans la succession, toute la masse immobilière; qu'ils doivent, dès lors, contribuer au payement des dettes de la succession dans la proportion de cette même masse, sans en déduire les charges consistant dans les legs à titre particulier qui n'ont pas à contribuer au payement des dettes; — Attendu que l'arrêt attaqué n'a ainsi violé aucun des principes ni des textes invoqués au pourvoi; — Rejette, etc.

MM. Bédarrides, prés.; Varambon, rapp.; Chevrier, av. gén. (concl. conf.); Brugnon, av.

CASS.-CIV. 13 mai 1884.

1° MANDAT, VENTE DE FONDS DE COMMERCE, SOINS ET DÉMARCHES, SALAIRES, RÉDUCTION. — 2° SAISIE-ARRÊT, VALIDITÉ, TRIBUNAL DE COMMERCE, INCOMPÉTENCE.

1° *Les tribunaux peuvent, en cas d'exagération, réduire la rémunération stipulée par le mandataire pour ses soins et démarches* (3) (C. civ., 1999).

Il en est ainsi, spécialement, en matière de vente de fonds de commerce, alors que l'intermédiaire, chargé de la vente, s'est réservé une indemnité d'honoraires, même pour le cas où le vendeur viendrait à traiter directement avec l'acquéreur (4) (Id.).

2° *Le tribunal de commerce appelé à statuer sur une demande en payement d'honoraires* (5) *ne peut, sans se faire juge de la validité d'une saisie-arrêt formée à cette occasion et, par conséquent, sans excéder sa compétence, la déclarer non justifiée, et, tout en reconnaissant le saisissant créancier, le condamner*

(1-2) Cette question, toute de pratique, d'application fréquente, prévue par tous les auteurs qui ont écrit sur la matière, se présente, pour la première fois, à notre connaissance du moins, devant la jurisprudence. La Cour de cassation l'a résolue dans le sens qui réunit l'unanimité de la doctrine, unanimité toujours difficile à obtenir dans les questions de droit. V. notamment Demolombe, *Successions*, t. V, n. 30; Laurent, *Princip. de dr. civ.*, t. XI, n. 77.

(3-4) V. conf., sur le principe et ses applications très-diverses, Cass., 12 janv. 1863 (S. 63. 1. 249. — P. 63. 580. — D. 63. 1. 302); 9 mai 1866 (S. 66. 1. 278. — P. 66. 737. — D. 66. 1. 246); 28 févr. 1877 (S. 78. 1. 467. — P. 78. 1212. — D. 78. 1. 79). — Et cette réduction pourrait encore s'opérer utilement, alors même que le mandant aurait volontairement exécuté la convention par le payement de la rémunération promise, si les causes de réduction lui étaient à ce moment restées inconnues. V. Cass., 20 janv. 1854 (S. 54. 2. 688. — P. 55. 2. 514); 8 avril 1872 (Pand. chr.), et la note. V. d'ailleurs, pour plus de détails sur l'ensemble de la question, notre *Dictionnaire de dr. comm., ind. et marit.*, t. I, v° *Agent d'affaires*, n. 21 et suiv.

(5) C'est une question vivement controversée que celle de savoir si le mandat donné à un agent d'affaires pour la vente d'un fonds de commerce relève de la compétence des tribunaux de commerce ou bien doit être déféré aux tribunaux civils. L'arrêt que nous reproduisons ci-dessus se décide, implicitement, mais très-formellement, en faveur de la compétence commerciale. V. dans le même sens, Cass., 15 déc. 1856 (D. 57. 1. 170); Paris, 7 mars 1863 (*J. Trib. comm.*, t. XII, 465); 23 mars 1866 (*ibid.*, t. XVI, 86); 28 févr. 1868 (*ibid.*, t. XVIII, 53); 7 févr. 1870 (Pand. chr.). — V. toutefois, en sens contraire, Paris, 10 juill. 1857 (D. 57. 2. 152); 9 avril 1858 (*J. Trib. comm.*, t. VII, 103); 11 avril 1863 (S. 63. 2. 223. — P. 64. 102. — D. 63. 5. 5); 3 août 1863 (*J. Trib. comm.*, t. XIII, 259); 9 juin 1869 (Pand. chr.), et les notes. *Adde* notre *Dictionnaire de dr. comm., ind. et marit.*, t. I, v° *Agent d'affaires*, n. 28 et suiv.

aux frais de la saisie-arrêt envers le saisi, même à titre de dommages-intérêts (1) (C. proc., 567).

(Cabaret c. Girard.) — ARRÊT.

LA COUR : — Sur le premier moyen du pourvoi, pris de la violation de l'art. 1134, C. civ. : — Attendu, en fait, que la somme de 100 francs, que Girard s'était obligé de payer à Cabaret dans le cas où il traiterait lui-même directement de la vente de son fonds de commerce, a été stipulée à titre d'indemnité d'honoraires et démarches; que, dès lors, en décidant que l'allocation d'une somme de 50 francs constitue pour Cabaret une rémunération de ses démarches dans l'exécution du mandat, le jugement attaqué (Trib. de commerce du Mans, 24 janv. 1882) n'a fait qu'user du pouvoir de contrôle et de révision qui appartient aux tribunaux dans cette matière; — Rejette ce moyen;

Mais sur le deuxième moyen : — Vu l'art. 567, C. proc.; — Attendu qu'il résulte du jugement attaqué qu'en assignant Girard devant le tribunal de commerce en payement de ses honoraires comme mandataire, Cabaret avait réservé les effets de sa demande, précédemment introduite, en validité de son opposition sur le prix du fonds vendu; — Attendu, néanmoins, que le tribunal de commerce, déclarant que l'opposition de Cabaret n'était nullement justifiée, et tout en le reconnaissant, d'ailleurs, créancier de Girard pour une somme de 50 francs, l'a condamné en tous les frais de cette saisie-arrêt; qu'il importe peu que cette condamnation aux frais ait été prononcée à titre de dommages-intérêts au profit de Girard, puisqu'elle n'est autre que la conséquence nécessaire de l'appréciation faite par le tribunal de commerce sur la question de validité de la saisie-arrêt, laquelle rentrait dans la compétence exclusive des tribunaux civils; qu'en décidant ainsi, le jugement attaqué a violé l'art. 567, précité, et les règles de la compétence; — Casse, etc.

MM. Cazot, 1er prés.; Legendre, rapp.; Charrins, 1er av. gén. (concl. contr. sur le second moyen); Defert, av.

CASS.-REQ. 14 mai 1884.

1° AUTORISATION DE FEMME MARIÉE, SÉPARATION DE CORPS, PRÉSIDENT DU TRIBUNAL, APPEL, DEMANDE INCIDENTE. — 2° SÉPARATION DE CORPS, DOT, EMPLOI, EXÉCUTION, ACQUIESCEMENT, APPEL.

L'autorisation donnée à la femme, par le président du tribunal civil, « de procéder sur sa demande en séparation de corps », s'applique à tous les degrés de la procédure (2) (C. proc., 878).

Elle habilite aussi la femme à plaider, tant sur sa demande principale que sur les demandes incidentes qui s'y rattachent (3) (Id.).

Par suite, la femme peut, accessoirement à son action en séparation de corps, former une demande incidente, en vue d'obtenir une mesure utile à la conservation de sa dot, et interjeter valablement appel du jugement sur ce chef, sans avoir besoin de recourir à une nouvelle autorisation (4) (Id.).

Le jugement de séparation de corps peut, surtout en cas d'accord des deux conjoints et sur la demande de la femme, l'autoriser à toucher partie de sa dot à charge d'emploi approuvé par son mari ou par justice; c'est là une mesure de sage conservation qui, loin de porter atteinte à l'immutabilité des conventions matrimoniales, en assure, au contraire, l'exécution (5) (C. civ., 1449).

Et la femme qui a signifié le jugement, sans réserves, à son mari (6), *qui l'a exécuté à plusieurs reprises du chef de la disposition incidente* (7) *est censée y avoir acquiescé, en vertu de*

(1) C'est un principe aujourd'hui unanimement admis que les tribunaux de commerce, juridiction d'exception, n'ont, en l'absence de toute attribution expresse, aucune compétence à l'effet de statuer sur les demandes en validité ou en mainlevée des saisies-arrêts et saisies-exécutions, alors même que ces saisies ont pour cause une créance commerciale. V. notamment Bastia, 3 juill. 1862 (S. 62. 2. 532. — P. 63. 277. — D. 62. 2. 144); Montpellier, 31 janv. 1874 (S. 74. 2. 255. — P. 74. 1048. — D. 76. 2. 94). — Même solution en matière de saisies conservatoires. V. Cass., 22 août 1882 (Pand. chr.); 11 nov. 1885 (Pand. chr.), et les notes et renvois.

(2) *Sic*, Cass., 23 nov. 1864 (S. 65. 1. 320. — P. 65. 776. — D. 65. 1. 385).

(3-4) L'autorisation du président du tribunal, en matière de séparation de corps, comme celle du mari ou de la justice en matière ordinaire, habilite la femme à plaider tant sur sa demande principale, que sur les incidents qui s'y rattachent, ou sur les demandes qui en sont comme l'accessoire. Ainsi, par exemple, elle s'étend à la demande relative à l'administration des enfants et à l'intervention d'un membre de la famille dans cette administration. V. Cass., 11 mai 1858 (D. 58. 1. 285); — ou à la demande que la femme pourrait avoir à former afin de réintégration au domicile conjugal. V. Paris, 31 mars 1873 (Pand. chr.).

(5) V. dans le même sens, Cass., 13 déc. 1865 (Pand. chr.). Dans cet arrêt, il est vrai, la femme en cause était une femme mariée sous le régime dotal. Mais si quelques-uns des motifs à l'appui de l'arrêt sont pris du caractère de ce régime, et notamment de l'inaliénabilité de la dot, d'autres comportent une application générale et s'adaptent parfaitement à l'affaire actuelle, où la femme était mariée sous le régime de la communauté d'acquêts. Tel est, par exemple, l'argument emprunté aux dispositions de l'art. 1449, C. civ.

En effet, la femme, sous le régime de la séparation de biens conventionnelle, ou après sa séparation judiciaire, possède l'entière administration de ses biens. Or quand, devant toucher le capital de sa dot, elle consent à un placement qui doit en assurer la conservation, fait-elle autre chose « qu'user du pouvoir d'administration que lui confère cet article? »

Dira-t-on qu'ici, rien dans son contrat de mariage n'autorise ce consentement; qu'il aurait pour conséquence, contrairement à la prohibition de l'art. 1395, de changer les conventions matrimoniales? Nous répondrons : rien, assurément, dans le contrat, qui vise expressément ce consentement, mais rien qui y répugne et, surtout, qui le défende. Et si l'on veut bien admettre que, même en dehors du régime dotal, toute mesure tendant à la conservation de la dot, après la séparation de biens, rentre dans l'esprit de ces conventions et est conforme soit à la loi, soit à l'intérêt des époux et de la famille (puisque, art. 1448, C. civ., la femme, même séparée de biens, est obligée de contribuer, proportionnellement à ses facultés, à l'éducation des enfants), comment pourra-t-on soutenir que l'obligation de la femme est nulle, comme illicite, parce qu'elle fait échec aux dispositions de l'art. 1395, C. civ.?

En résumé, la femme judiciairement séparée de biens, sous le régime de la communauté d'acquêts, comme sous le régime dotal, ne peut être obligée de subir, contre sa volonté, une entrave à un pouvoir d'administration qui doit être aussi complet pour elle qu'il l'était pour son mari. Toutefois, la convention par laquelle la femme consent à un certain mode de placement de sa dot, destiné à en assurer la conservation, rentre dans ce pouvoir d'administration; une telle convention est donc licite et obligatoire pour la femme, qui ne pourrait se soustraire à son exécution, sous le prétexte qu'elle change ses conventions matrimoniales, car loin d'y déroger, elle en est comme la sanction volontaire.

Dans l'affaire actuelle, aucune convention proprement dite n'était intervenue entre les époux. Cependant les errements de la procédure avaient conduit à une situation à peu près identique. Devant le tribunal saisi de l'instance en séparation de corps, la femme avait demandé en ses conclusions, à être autorisée à poursuivre le payement d'une partie de sa dot, et à la toucher sur sa seule quittance (ce qui était inutile), et en outre « à ce qu'il fût dit que le surplus ne serait reçu par elle qu'à la charge d'en faire un emploi autorisé par son mari ou par justice ». Le mari n'avait fait aucune opposition à cette demande, il y avait tacitement acquiescé; le tribunal l'avait accueillie, en se bornant à reproduire dans le dispositif de son jugement le texte même des conclusions de la demanderesse. Le jugement avait été signifié par la femme, sans aucune réserve, exécuté par elle à plusieurs reprises; elle y avait par là formellement acquiescé et n'était plus recevable à en poursuivre la réformation par la voie de l'appel.

(6) Il est de jurisprudence constante que la signification sans réserve d'un jugement emporte acquiescement. V. *Pand. fr. alph.*, t. I, v° *Acquiescement*, n. 237 et suiv.

(7) Au même titre que la signification, l'exécution sans réserve d'un jugement par la partie qui a obtenu gain de cause, emporte aussi acquiescement. V. en ce sens, Cass., 10 août 1874 (S. 75. 1. 23. — P. 75. 35. — D. 75. 1. 108). Consult. aussi *Pand. fr. alph.*, *loc. cit.*, n. 288 et suiv., 338 et suiv.

son pouvoir d'administration (1) *et, par suite, avoir renoncé à en interjeter appel* (Id.).

(Sarlandie c. Sarlandie.) — ARRÊT.

LA COUR : — Sur le premier moyen du pourvoi, tiré de la violation des art. 215 et 218, C. civ., et 878, C. proc. : — Attendu, d'une part, que l'autorisation donnée à la femme par le président du tribunal civil, conformément aux dispositions de l'art. 878, « de procéder sur sa demande en séparation de corps », s'applique à tous les degrés de la procédure; que la femme qui interjette appel du jugement rendu sur cette demande n'a donc pas besoin de recourir à une nouvelle autorisation; — Attendu, d'autre part, que l'autorisation habilite la femme à plaider, tant sur sa demande principale que sur les demandes incidentes qui s'y rattachent; — Attendu, dès lors, et dans l'espèce, que l'ordonnance du président du tribunal civil de Périgueux, en autorisant la dame Sarlandie à procéder sur la demande en séparation, l'a autorisée virtuellement : 1° à saisir en même temps le tribunal de la demande incidente, par laquelle elle sollicitait une mesure qu'elle regardait comme utile à la conservation de sa dot; 2° à appeler du chef du jugement de séparation relatif à la demande incidente; qu'elle a donc pu valablement interjeter appel de ce chef, sans avoir besoin de recourir à une nouvelle autorisation ;

Sur le deuxième moyen, tiré de la violation des art. 1395, 1338, 1449, 1499, 1122, C. civ.; 443, C. proc., et des effets dévolutifs de l'appel : — Attendu que la dame Sarlandie, habilitée, comme il a été dit ci-dessus, a demandé au tribunal civil de Périgueux, saisi de son action en séparation de corps, de l'autoriser à toucher partie de sa dot, à la charge d'un emploi approuvé par son mari ou par justice; que le tribunal a fait droit à ses conclusions par un chef spécial du jugement prononçant la séparation, jugement qu'elle a exécuté, en ce chef, à plusieurs reprises; que l'arrêt attaqué a vu dans ces actes un acquiescement audit jugement et une renonciation péremptoire au droit d'appel; que ces déclarations souveraines ne sont en contradiction avec aucun des textes visés par le pourvoi; — Attendu, en effet, que la Cour de Bordeaux, usant de son pouvoir d'appréciation, a considéré la mesure sollicitée par la dame Sarlandie, acceptée par son mari et ordonnée par le tribunal, comme une mesure de conservation sagement adoptée dans l'intérêt bien compris des deux époux; — Attendu que, dans de telles conditions, cette mesure ne présente rien d'illicite; que, loin d'apporter aux conventions matrimoniales une modification, et de constituer une atteinte au principe de leur immutabilité, elle a, au contraire, pour effet d'en assurer l'exécution; qu'en acquiesçant au chef du jugement, qu'elle avait été virtuellement autorisée d'ailleurs à poursuivre et à obtenir, la demanderesse en cassation n'a fait qu'user du pouvoir d'administration conféré par l'art. 1449, C. civ., à la femme séparée de biens; qu'elle s'est ainsi valablement engagée, et qu'elle ne pouvait ultérieurement rétracter cet engagement, accepté, du reste, par son mari pendant l'instance en séparation de corps; qu'en déclarant, dans ces circonstances, non recevable et mal fondé l'appel de la dame Sarlandie contre le jugement du tribunal civil de Périgueux, du 11 août 1878, l'arrêt attaqué (Bordeaux, 28 févr. 1883) n'a violé aucun des textes invoqués par le pourvoi; — Rejette, etc.

MM. Bédarrides, prés.; Mazeau, rapp.; Chevrier, av. gén. (concl. conf.); Chambareaud, av.

CASS.-REQ. **21 mai 1884.**

LETTRE DE CHANGE, TIREUR, TIRÉ, PRÉPOSÉ, PROVISION, MARCHANDISES, PRIX, CRÉANCE ÉVENTUELLE, LIQUIDATION, TIERS PORTEUR, FAILLITE DU TIREUR.

Un négociant peut tirer, sur son préposé ou mandataire, une lettre de change, à raison des valeurs dont ce dernier aura à lui rendre compte en exécution de son mandat, et les affecter à une provision pour garantir ladite lettre de change (2) (C. comm., 110).

Et il n'y a pas lieu, en pareil cas, de distinguer si les marchandises, envoyées par le tireur au préposé pour les vendre, se trouvent dans un magasin appartenant à ce dernier ou dans une succursale louée par le préposant et gérée par le tiré, la provision ne consistant pas, en effet, dans les marchandises expédiées en nature, mais dans la créance éventuelle du prix résultant de la vente de ces marchandises, prix dont le tiré est personnellement tenu de faire compte au tireur, son préposant (3) (C. comm., 110, 116).

Les tiers porteurs ont un droit exclusif sur la provision, dès l'instant de la création de la lettre de change, et conservent ce droit intact, nonobstant la faillite ultérieure du tireur (4) *alors, du moins, que la provision a été fournie en période non suspecte* (5) (C. comm., 116, 446).

Peu importe que la liquidation de la créance éventuelle constituant cette provision n'ait été opérée, par la vente des marchandises au profit des tiers porteurs, qu'après l'échéance de la lettre de change (6) (Id.).

...Et même dans les dix jours qui ont précédé la cessation des payements du tireur (Id.).

(Syndic Blanc-Mutti c. Bougère et Cie et le Crédit lyonnais.) — ARRÊT.

LA COUR : — Sur le moyen unique tiré de la violation des art. 116, 446, C. comm., 2093, 2094, C. civ., et des

---

(1) Comp. Caen, 16 mars 1847 (S. 48. 2. 358. — P. 48. 2. 330. — D. 48. 2. 193).

(2) V. conf., Cass., 20 août 1873 (Pand. chr.), et la note.

(3) V. en ce sens Cass., 3 août 1835 (S. 35. 1. 866. — P. chr. — D. 36. 1. 348); Douai, 21 août 1844 (S. 45. 2. 158).

(4) Cette solution ne fait plus de difficulté. La jurisprudence, après quelques hésitations du début, est depuis longtemps unanime à la consacrer. V. notamment Paris, 19 mai 1830; 6 déc. 1831 (S. 32. 2. 48. — P. chr.); Cass., 22 nov. 1830; 15 fév. 1832 (S. 32. 1. 178. — P. chr. — D. 32. 1. 88); Poitiers, 25 juill. 1832 (S. 32. 2. 488. — P. chr. — D. 33. 2. 111); Bordeaux, 30 juin 1841 (P. 41. 2. 287); Toulouse, 24 déc. 1841 (P. 42. 2. 468); Amiens, 10 juin 1848 (S. 48. 2. 367. — P. 48. 2. 468. — D. 48. 1. 133); Bordeaux, 16 mai 1849 (S. 49. 2. 705); Cass., 19 nov. 1850 (S. 51. 1. 20. — P. 52. 1. 193. — D. 54. 5. 286); 20 juin 1854 (S. 54. 1. 593. — P. 54. 2. 537. — D. 54. 1. 305); Rouen, 1er déc. 1854 (S. 56. 2. 692. — P. 57. 413. — D. 55. 2. 122); Cass., 2 mars 1857 (D. 57. 1. 119); Bordeaux, 30 janv. 1861 (S. 61. 2. 398. — P. 61. 1110); Cass., 20 août 1873 (Pand. chr.). V. aussi Cass., 2 juill. 1883 (D. 84. 1. 272). — Consult., au surplus, pour plus de développements sur l'ensemble de la question, notre *Dictionnaire de dr. comm., ind. et marit.*, t. V, v° *Lettre de change*, n. 265 et suiv.

(5) Mais il est certain que la provision ne peut plus être utilement constituée par le tireur à partir de la cessation de payements, ou dans les dix jours qui l'ont précédée. V. Cass., 17 déc. 1850 (S. 51. 1. 414. — P. 52. 1. 208. — D. 51. 1. 29); 24 janv. 1860 (S. 60. 1. 789. — P. 60. 243. — D. 60. 1. 72). — Pour que le porteur ait droit sur la provision, il faut qu'il en soit saisi d'avance par un acte formel qui lui en ait transporté la possession légale vis-à-vis des tiers, antérieurement à l'époque critique susindiquée; à défaut d'un tel acte, les valeurs destinées à la provision demeurent dans l'actif du failli et ne peuvent être employées à l'acquittement de la lettre de change, parce qu'un pareil emploi constituerait le payement d'une dette non échue, prohibée par l'art. 446, C. comm. V. Cass., 17 déc. 1850, et 24 janv. 1860, précités; 15 déc. 1856 (S. 58. 1. 804. — P. 58. 929. — D. 56. 1. 445); Limoges, 22 juill. 1857 (S. et P., *ibid.*), et notre *Dictionnaire de dr. comm., ind. et marit., ubi suprà*, n. 274 et 275.

(6) *Sic*, Cass., 3 août 1835 (S. 35. 1. 866. — P. chr. — D. 35. 1. 348).

principes qui régissent la faillite et les effets à ordre; — Attendu qu'il résulte, en fait, des constatations de l'arrêt attaqué que le Crédit lyonnais, Bougère et Cie, sont porteurs de quatre lettres de change tirées, dans les premiers mois de 1882 par Blanc-Mutti, fabricant de chaussures à Angers, sur Moullière, marchand de chaussures à Cholet, causées valeurs en marchandises, acceptées par ce dernier, et venant à échéance à des dates diverses, mais dont la plus éloignée est celle du 15 juin de la même année; que Moullière n'était, en réalité, que le préposé de Blanc-Mutti, lequel a été déclaré en faillite le 30 juin 1882; que des marchandises avaient été expédiées à Moullière, le tiré, par Blanc-Mutti, le tireur, à une époque antérieure aux dix jours qui ont précédé la cessation des payements de celui-ci, et que, lors de l'échéance des traites, le magasin de Cholet contenait des marchandises expédiées pour une valeur supérieure aux 1,700 francs objet du procès; que cette somme de 1,700 francs représentait le prix d'une partie de ces marchandises, vendues par Moullière depuis le 9 mai jusqu'au 30 juin 1882, date de la déclaration de faillite de Blanc-Mutti; — Attendu, en droit, qu'un négociant peut tirer sur son préposé ou mandataire une lettre de change à raison des valeurs dont ce dernier aura à lui rendre compte en exécution de son mandat, et les affecter à une provision pour garantie de ladite lettre de change; qu'il n'y a pas lieu de distinguer si les marchandises envoyées par le tireur au préposé, pour les vendre, se trouvent dans un magasin appartenant à ce dernier ou dans une succursale louée par le préposant et gérée par le tiré, la provision ne consistant pas, en effet, dans les marchandises expédiées, mais dans la créance du prix résultant de la réception par le tiré chargé de les vendre, prix dont il devient éventuellement débiteur, et dont il est personnellement tenu de faire compte à son préposant; que la faillite de celui-ci, survenue depuis la souscription de la lettre de change, ne peut porter aucune atteinte aux droits des tiers porteurs sur la provision, lorsqu'il est constant que les marchandises expédiées se trouvaient dans le magasin dirigé par le préposé, à une époque antérieure à la faillite et dans la période non suspecte; que, les tiers porteurs ayant été investis, dès le jour de la création de la lettre de change, de la créance éventuelle qui formait la provision, il importe peu que la liquidation en ait été opérée par la vente des marchandises au profit des tiers porteurs, après l'échéance de la lettre de change, et même dans les dix jours qui ont précédé la cessation de payement; que l'on ne peut pas s'en prévaloir pour réduire les tiers porteurs à venir comme de simples créanciers dans la faillite du tireur, sous prétexte que la provision ne consisterait que dans la somme dont le tiré aurait pu se trouver redevable au jour de l'échéance, sur le produit de la vente effectuée antérieurement à la période suspecte; que, par suite, en déclarant le syndic de la faillite mal fondé en sa demande, et en décidant que la somme de 1,700 francs, déposée par Moullière aux mains de Chaillou, doit être versée au Credit lyonnais et à Bougère et Cie, à l'exclusion de la masse de la faillite de Blanc-Mutti, l'arrêt attaqué n'a nullement violé les articles visés au pourvoi, et a fait une juste application des principes de la matière; — Rejette, etc.

MM. Bédarrides, prés.; Rivière, rapp.; Pétiton, av. gén. (concl. conf.); Lesage, av.

CASS.-CIV. 27 mai 1884.

VENTE, PAYEMENT (DÉFAUT DE), RÉSOLUTION, TIERS, PRIVILÉGE, DÉCHÉANCE, REVENDICATION, DISTRACTION, SAISIE.

L'obligation imposée au vendeur d'un immeuble non payé, qui demande la résolution de la vente, de justifier, vis-à-vis des tiers auxquels l'action résolutoire peut préjudicier, de l'existence actuelle *de son privilége, n'est exigée qu'au moment où l'action résolutoire est introduite, le vendeur ne pouvant souffrir des retards de la décision à intervenir* (1) (C. civ., 1654; C. proc., 755; L. 23 mars 1855, art. 7).

Et une fois la résolution de la vente prononcée sur une action introduite par le vendeur en temps utile, les conséquences de cette résolution s'imposent même aux tiers qui n'auraient pas été parties au procès (2) (Id.).

Il en résulte que le vendeur peut revendiquer, entre les mains de tout tiers détenteur, l'immeuble dont la propriété, par suite de la résolution, est censée n'être jamais sortie de son patrimoine et y fait retour, libre de toutes charges consenties par d'autres que par lui-même (3) (Id.).

Spécialement, *il peut, même après la perte de son privilége, exciper de la résolution obtenue contre le premier acquéreur et les sous-acquéreurs, pour agir, en cas de saisie, en revendication ou en distraction de l'immeuble, soit contre le saisissant, soit contre la partie saisie* (4) (Id.).

(Tourangin, liquid. de la Société algérienne, c. Guily et Salfati.)

ARRÊT *(après délib. en ch. du cons.)*.

LA COUR : — Sur le deuxième moyen de cassation : — Vu l'art. 7 de la loi du 23 mars 1855; — Attendu que, par application des principes généraux, l'art. 1654, C. civ., auquel l'art. 7 ci-dessus visé se réfère d'ailleurs expressément, dispose que le vendeur, non payé par l'acheteur, peut demander la résolution de la vente; — Attendu que, limitant l'application de cette règle dans l'intérêt du crédit hypothécaire, ledit art. 7 a, il est vrai, imposé au vendeur, lorsque son action résolutoire peut préjudicier aux tiers, l'obligation de justifier à leur égard de l'existence *actuelle* de son privilége; mais que, comme l'indiquent les termes mêmes de la loi, cette justification n'est exigée qu'au moment où l'action résolutoire est introduite, le vendeur ne pouvant souffrir des retards que subira la décision à intervenir; — Attendu qu'une fois la résolution de la vente prononcée sur une action introduite par le vendeur en temps utile, les conséquences de cette résolution s'imposent même aux tiers qui n'auraient pas été parties au procès, et que, par application de la maxime *resoluto jure dantis, resolvitur jus accipientis*, le vendeur peut alors revendiquer entre les mains de tout tiers détenteur l'immeuble dont il est devenu propriétaire; — Attendu que, d'après les constatations de l'arrêt attaqué, c'est le 20 févr. 1879 que la Société générale algérienne a demandé contre Luzet, premier acquéreur, et contre les époux Monvoisin, sous-acquéreurs, la résolution de la vente du 30 juill. 1872; qu'à ce moment le privilége de la venderesse, régulièrement inscrit le 14 sept. 1872, subsistait incontestablement; que l'arrêt du 28 nov. 1881, qui a prononcé définitivement la résolution, l'a donc prononcée dans les conditions prévues par l'art. 7 de la loi du 23 mars 1855, et que, dès lors, la propriété de l'immeuble litigieux est rentrée aux mains de la Société algérienne, libre de toutes charges consenties par d'autres que par elle-même; — Attendu que, pour décider le contraire, l'arrêt attaqué se fonde vainement sur ce que la Société demanderesse n'aurait intenté son action contre Guily et Salfati, à la date du 27 mars 1880, qu'après avoir laissé son privilége s'éteindre; que la Société, munie d'un jugement qui déclarait la vente de 1872

(1-2-3-4) Comp. Riom, 7 juin 1859 (Pand. chr.); Cass., 3 août 1868 (Pand. chr.), et les notes.

résolue, et qui a été ultérieurement confirmé, n'avait nul besoin de demander à nouveau cette résolution contre Guily et Salfati, et qu'en fait tel n'était pas l'objet de son action; qu'elle s'est bornée, afin de recouvrer la possession de son immeuble, frappé de saisie par Guily et Salfati, à exciper de la résolution régulièrement demandée par elle le 20 févr. 1879, et dès lors, opposable aux tiers, pour revendiquer ledit immeuble, soit contre les saisissants, soit contre Chérouin, partie saisie; — Attendu que de tout ce qui précède il résulte qu'en se refusant à accueillir la demande en distraction de l'immeuble litigieux, formée par la Société générale algérienne, l'arrêt attaqué a faussement appliqué et, par suite, violé, l'art. 7 de la loi du 23 mars 1855; — Sans qu'il soit besoin d'examiner les autres moyens du pourvoi; — Casse, etc.

MM. Cazot, 1er prés.; Merville, rapp.; Charrins, 1er av. gén. (concl. conf.); Sabatier et Demasure, av.

CASS.-REQ. 21 mai 1884.

PROPRIÉTÉ INDUSTRIELLE, NOM, MARQUE, FABRICANT, REVENTE, CONCURRENCE DÉLOYALE.

Un commerçant qui achète à une maison en renom des produits de la fabrication de cette maison a le droit de les revendre en leur conservant le nom qui sert à les distinguer et sous lequel ils sont connus du public (1) (C. civ., 544).

Le seul droit du fabricant est d'exiger qu'il ne soit pas vendu sous le couvert de sa marque des marchandises d'une autre provenance (2) (Id.). — Motifs.

(Robineau c. Dupuy et Nuellas.) — ARRÊT.

LA COUR : — Sur la première branche du moyen, tirée de la violation de l'art. 544, C. civ.: — Attendu que l'arrêt attaqué constate que « les fondants Boissier, dont les dames Dupuy et Nuellas, défenderesses éventuelles, avaient annoncé la mise en vente dans les journaux de Limoges », avaient été acquis par elles de la maison Boissier et payés à cette maison, ainsi qu'il résulte des factures; qu'il n'a pas été allégué et encore moins justifié que les défenderesses éventuelles aient vendu, sous le couvert de la marque Boissier, des marchandises d'une autre provenance; que, par conséquent, il n'y a eu ni fraude ni concurrence déloyale; — Attendu, par suite, qu'en déclarant que les défenderesses éventuelles avaient eu le droit de revendre les fondants dont elles étaient devenues propriétaires, en leur conservant le nom qui sert à les distinguer, et sous lequel ils sont connus dans le commerce, l'arrêt attaqué s'est décidé, par une appréciation des faits de la cause, et n'a pas violé les dispositions de l'art. 544; — Rejette, etc.

MM. Bédarrides, prés.; Delise, rapp.; Petiton, av. gén. (concl. conf.); Chambareaud, av.

CASS.-CIV. 28 mai 1884 (DEUX ARRÊTS).

ENREGISTREMENT, FONDS DE COMMERCE, CLIENTÈLE, NOM COMMERCIAL, MUTATION.

L'autorisation donnée par une Compagnie d'assurances à une autre, moyennant finance, de prendre son nom et de se servir de ses agences pour passer des contrats d'assurance d'une nature différente, ne constitue pas une cession de clientèle assujettie au droit proportionnel d'enregistrement par application de la loi du 28 fév. 1872, alors que les deux sociétés conservent des intérêts tout à fait distincts et gardent leur complète autonomie, et qu'aucune transmission de fonds d'industrie, de portefeuille ou d'achalandage ne s'opère de l'ancienne à la nouvelle Compagnie (LL. 22 frim. an VII, art. 23; 28 févr. 1872, art. 7 et 8).

1re Espèce. — (Enregistrement c. Comp. d'ass. terr. *le Patrimoine*.) — ARRÊT.

LA COUR : — Attendu qu'aux termes de l'art. 7 de la loi du 28 févr. 1872, le droit d'enregistrement de 2 francs par 100 francs frappe uniquement les mutations de propriété à titre onéreux, soit de fonds de commerce, soit de clientèle; — Attendu qu'il est constant, en fait, qu'il a été stipulé au traité, intervenu le 22 mai 1880 entre le *Patrimoine*, Comp. d'assurances sur la vie, et la Société d'assurances contre les accidents fondée par de Cargouet, que les deux Comp. auraient des intérêts tout à fait distincts et conserveraient leur complète autonomie; que, par conséquent, cet acte ne contenait transmission à la nouvelle Comp. ni du fonds même de l'industrie du *Patrimoine*, ni du portefeuille contenant les traités d'assurances sur la vie souscrits par les personnes qui formaient réellement, et sous cette forme, sa clientèle acquise; que la cession de clientèle ne résultait pas davantage de la clause par laquelle la Comp. *le Patrimoine* mettait ses agences à la disposition de la Société dont de Cargouet était le fondateur, ni de celle qui l'autorisait à porter le nom *le Patrimoine*, Comp. d'assurances contre les accidents; qu'en effet, cette double faculté cédée à ladite Comp. n'implique en aucune façon une mutation à son profit de la propriété de la clientèle exclusivement liée à la première Société par l'objet spécial et limité de son industrie; — D'où il suit qu'en décidant qu'aucune transmission de clientèle n'était justifiée dans la cause, et que la direction de l'Enregistrement devait restituer le droit indûment perçu sur une prétendue mutation, le jugement attaqué, loin de violer l'art. 7 de la loi du 28 févr. 1872, en a fait une juste interprétation; — Rejette, etc.

MM. Cazot, 1er prés.; Greffier, rapp.; Charrins, 1er av. gén. (concl. conf.); Moutard-Martin et Clément, av.

2e Espèce. — (Enregistrement c. Comp. d'ass. terr. *la Foncière*.) — ARRÊT.

LA COUR : — Attendu qu'aux termes de l'art. 7 de la loi du 28 févr. 1872, le droit d'enregistrement de 2 francs par 100 francs frappe uniquement les mutations de propriété à titre onéreux, soit de fonds de commerce, soit de clientèle; — Attendu qu'il est déclaré par le jugement attaqué que la Société *la Foncière*, Comp. d'assurances contre l'incendie, s'est, dans la convention intervenue entre elle et la Comp. *la Foncière* (assurances sur la vie), réservé la totalité des affaires et de la clientèle spéciale aux assurances contre l'incendie; que, par conséquent (la suite des motifs identiques avec ceux de l'arrêt de la 1re espèce); — Rejette, etc.

MM. Cazot, 1er prés.; Greffier, rapp.; Charrins, 1er av. gén. (concl. conf.); Moutard-Martin et Clément, av.

---

(1) Le marchand qui vend des produits fabriqués par un tiers a le droit de les annoncer sur son enseigne, dans ses prospectus, annonces, catalogues, etc., avec la désignation de leur fabricant. Mais l'annonce des produits ainsi mis en vente ne doit cependant pas être conçue de manière à faire croire que celui de qui elle émane est un dépositaire choisi par le fabricant, lorsque, en réalité, cette qualité ne lui a pas été conférée. V. Marseille, 27 mai 1862 (J. Mars., 62. 1. 186). V. aussi Aix, 30 août 1864 (J. Mars., 66. 1. 177), et notre *Dictionnaire de dr. comm., ind. et marit.*, t. III, v° *Concurrence déloyale*, n. 62.

(2) Autrement, il y aurait, dans de pareils faits, de véritables actes de concurrence déloyale. V. Paris, 13 mars 1841 (P. 41. 1. 564); 4 mars 1869 (*Annal. de la propr. ind.*, t. XIX, 53); et notre *Dictionnaire*, *loc. cit.*, n. 12.

CASS.-CIV. 11 juin 1884.

PRESCRIPTION, PRESCRIPTION ANNALE, VÉTÉRINAIRE, HONORAIRES.

La prescription annale de l'art. 2272, C. civ., s'applique à l'action des vétérinaires brevetés en payement de leurs honoraires, comme à celle des médecins (1) (C. civ., 2272).

(Dumont c. Proffit.) — ARRÊT.

LA COUR : — Attendu que le jugement attaqué constate, en fait, que Dumont, vétérinaire breveté, demandait aux héritiers Proffit le payement d'une somme de 269 fr. 25, pour soins donnés aux animaux de la ferme exploitée par Proffit père, et que la dette ainsi réclamée était antérieure de plus d'une année à l'action en justice ; — Attendu que les termes généraux de l'art. 2272, C. civ., comprennent toute personne exerçant légalement la profession de médecin ; que cet article doit donc s'appliquer aux vétérinaires, qui pratiquent une des branches de la médecine, et notamment aux vétérinaires brevetés, puisque, en 1804, époque à laquelle le titre du Code civil sur la prescription a été décrété et promulgué, les vétérinaires brevetés tenaient de la loi du 25 germ. an III (art. 12) le titre de médecins vétérinaires ; — D'où il suit que, en admettant l'exception de prescription fondée sur l'art. 2272, C. civ., opposée par les défendeurs à l'action de Dumont, et en déclarant, par suite, cette action non recevable, le jugement attaqué, loin de violer ledit article invoqué par le pourvoi, en a fait à la cause une saine application ; — Rejette, etc.

MM. Cazot, 1er prés. ; de Lagrevol, rapp. ; Desjardins, av. gén. (concl. conf.); Sabatier et Panhard, av.

CASS.-CRIM. 13 juin 1884.

PEINE, NON-CUMUL, LOIS SPÉCIALES, PORT D'ARMES, DÉLITS CONTRAVENTIONNELS.

La règle prohibitive du cumul des peines est générale et s'applique même aux délits résultant de lois spéciales et ayant seulement le caractère d'infractions matérielles ; par exemple, au délit de port d'armes prohibées (2) (C. instr. crim., 365 ; L. 24 mai 1834 ; Ord. 23 févr. 1837).

(Paoli.) — ARRÊT.

LA COUR : — Attendu que le demandeur n'a produit aucun moyen à l'appui de son pourvoi ; que les faits souverainement constatés par la Cour d'appel justifient la condamnation prononcée contre Paoli par la Cour d'appel de Bastia, à quatre mois d'emprisonnement, pour dévastation de récoltes sur pied, avec violences et voies de fait ; — Mais qu'il en est autrement de la condamnation à 16 fr. d'amende prononcée contre ledit Paoli, pour avoir été porteur d'un pistolet de poche, qui est une arme prohibée d'après la loi du 24 mai 1834 et l'ordonn. du 23 févr. 1837 ; — Attendu, en effet, que l'art. 365, C. instr. crim., prohibe le cumul des peines, et veut qu'en cas de conviction de plusieurs crimes ou délits, la peine la plus forte soit seule prononcée ; que la loi ne fait aucune exception à cette règle ; qu'elle s'applique même aux délits résultant de lois spéciales, et ayant seulement le caractère d'infractions matérielles ; que, par cela seul qu'ils sont punis de peines correctionnelles et constituent des délits, ils sont soumis à la règle générale ; qu'il y a donc lieu d'annuler dans l'arrêt attaqué la disposition relative à l'amende ; — Rejette le pourvoi formé contre l'arrêt de la Cour de Bastia, en date du 24 avr. 1884, etc.

MM. Baudouin, prés. ; Génie, rapp. ; Roussellier, av. gén.

CASS.-CRIM. 14 juin 1884.

IVRESSE, RÉCIDIVE, DÉLIT, PEINE, COMPÉTENCE.

L'ivresse manifeste commise en état de récidive, dans les conditions de l'art. 2 de la loi du 23 janv. 1873, constitue un délit puni de peines correctionnelles et, par conséquent, justiciable des tribunaux correctionnels (3) (L. 23 janv. 1873, art. 2, § 1).

---

(1) La question ne s'était pas encore soulevée à propos des vétérinaires, et l'arrêt que nous reproduisons est le seul document de jurisprudence sur la matière. La solution de la Cour de cassation nous paraît inattaquable.

D'une part, en effet, le mot *médecin* dont se sert l'art. 2272, C. civ., a un sens très-large, une compréhension générique ; il s'applique à tous ceux qui font profession de guérir, qui soignent les maladies, que ces maladies atteignent les hommes ou les animaux. Si le législateur du Code civil avait eu une pensée restrictive, s'il n'avait voulu viser que la médecine humaine, il eût employé une expression qui s'indiquait d'elle-même par son usage officiel dans les textes législatifs, celle de *docteur en médecine* de la loi du 19 ventôse an XI. — Dans la pratique, les vétérinaires sont le plus souvent appelés *médecins-vétérinaires*, et cette dénomination vulgaire se retrouve dans les lois et décrets sur la matière. — V. notamment décrets des 29 germ. an III, art. 12 ; 15 janv. 1813, art. 5, et loi du 21 juill. 1881, art. 12.

D'autre part, il est difficile de faire aux vétérinaires une situation plus favorable qu'aux médecins, et tandis que ces derniers n'ont qu'un an pour réclamer leurs honoraires et sont exposés à une prescription de courte durée, d'accorder aux premiers un délai de trente ans, et de ne les soumettre qu'à la prescription de droit commun. Ce serait montrer une préférence à rebours, puisque les soins prodigués aux hommes sont d'un prix autrement estimable que ceux donnés aux animaux.

(2) La jurisprudence applique généralement aux délits contraventionnels le principe du non-cumul des peines. V. notamment Cass., 8 mai 1852 (S. 52. 1. 767. — P. 53. 1. 708. — D. 52. 5. 443) ; 13 juill. 1860 (S. 61. 1. 387. — P. 61. 758. — D. 60. 1. 467) ; 20 mars 1862 (S. 62. 1. 902. — P. 62. 386. — D. 62. 5. 242) ; Angers, 27 août 1866 (S. 67. 2. 158. — P. 67. 618) ; 14 janv. 1875 (S. 75. 1. 139. — P. 75. 312. — D. 75. 1. 281) ; 28 janv. 1876 (S. 76. 1. 89. — P. 76. 179. — D. 76. 1. 329) ; 1er déc. 1877 (S. 78. 1. 330. — P. 78. 806. — D. 78. 1. 495) ; Riom, 14 mai 1883 (S. 84. 2. 27. — P. 84. 1. 199).

Cette jurisprudence est, à notre avis, d'une exactitude scientifique absolue. Les délits contraventionnels mettent en jeu deux ordres d'idées bien distincts : d'un côté, le fait et ses conditions d'être, sa formation, ses éléments juridiques ; de l'autre, la peine et tout ce qui s'y réfère, durée, étendue, compétence. La question de cumul ou de non-cumul tient uniquement à la durée de la peine. Et, comme la peine appliquée aux délits contraventionnels n'est pas celle des contraventions, mais des délits, le principe du non-cumul des peines devra s'étendre aux infractions de cette nature, à moins d'une disposition contraire expresse des lois spéciales. Malheureusement, faute d'une analyse serrée des idées, la jurisprudence, même celle de la Cour de cassation, n'a pas su se fixer à un système bien étudié. Elle a montré des hésitations, des tergiversations. Elle a créé des catégories arbitraires d'exceptions. Elle a distingué là où il n'y avait qu'à passer le niveau d'une loi commune. C'est ainsi que le trouble s'établit dans les idées les plus simples, et que le désordre des solutions crée des difficultés qui sont plus dans le vice des méthodes du raisonnement que dans la nature même intrinsèque des problèmes à résoudre. V. comme exemple d'arrêts repoussant l'application du principe du non-cumul des peines aux délits contraventionnels : Cass., 17 mai 1851 (deux arrêts) (S. 51. 1. 376 et 380. — P. 53. 1. 314 et 695. — D. 51. 1. 153 et 215) ; 9 août 1851 (S. 52. 1. 64. — D. 53. 2. 314. — D. 51. 1. 279) ; 3 janv. 1856 (S. 56. 1. 380. — P. 56. 2. 43. — D. 56. 1. 94) ; 27 déc. 1862 (D. 63. 1. 325) ; 2 mai 1873 (S. 73. 1. 342. — P. 73. 826. — D. 73. 1. 173) ; 27 janv. 1883 (S. 85. 1. 403. — P. 85. 1. 961. — *Bull. crim.*, n. 25) ; 9 juin 1883 (S. 85. 1. 282. — P. 85. 1. 678. — *Bull. crim.*, n. 141). — V. au surplus la théorie générale que nous avons exposée des délits contraventionnels, dans nos observations sous Cass., 28 févr. 1885 (Pand. chr.).

(3) Cette solution constate une règle de jurisprudence qui est d'application journalière au tribunal de la Seine, en ses quatre chambres correctionnelles. La question avait d'ailleurs été tranchée, conformément à la décision ci-dessus rapportée, par des arrêts de Cours d'appel et de la Cour de cassation elle-même. V. Paris, 25 avril 1878 (S. 78. 2. 245. — P. 78. 1000. — D. 79. 2. 202).

(Lascaux.) — ARRÊT.

LA COUR : — Sur le moyen unique du pourvoi : — Attendu que si l'ivresse manifeste sur la voie publique, en certains cas, ne constitue qu'une contravention punie de peines de simple police, il en est autrement lorsque cette infraction est commise en état de récidive correctionnelle; que, dans ce cas, elle cesse d'être une contravention et devient un véritable délit, puni de peines correctionnelles, et par conséquent justiciable de la juridiction correctionnelle; — Attendu qu'il est constaté par le jugement attaqué que Lascaux, poursuivi pour avoir été trouvé en état d'ivresse manifeste dans une des rues de Coulommiers, le 6 sept. 1883, avait été déjà condamné par le tribunal correctionnel de Coulommiers, le 21 août précédent, étant en état de deuxième récidive, à six jours de prison, à raison d'une infraction de même nature commise dans le ressort du même tribunal; qu'il se trouvait, par conséquent, dans les conditions prévues et réglées par les dispositions de l'art. 2, § 1er, de la loi du 23 janv. 1873 et était passible de peines correctionnelles; que le tribunal de simple police, en se déclarant dans ces circonstances incompétent pour statuer sur les faits qui lui étaient déférés, loin de violer les articles de loi précités, en a fait une légale interprétation; — Rejette, etc.

MM. Baudouin, prés.; Falconnet, rapp.; Rousselier, av. gén.

CASS.-CRIM. 14 juin 1884.

OUTRAGE AUX BONNES MŒURS, TAPAGE NOCTURNE, COMPÉTENCE.

Des chants obscènes proférés, la nuit, à tue-tête, dans les rues d'une ville, bien qu'ils puissent être une cause de trouble pour la tranquillité des habitants, ne constituent pas la simple contravention de tapage nocturne prévue et punie par l'art. 479, § 8, mais bien le délit d'outrage aux bonnes mœurs des art. 23 et 28 de la loi du 29 juill. 1881. — Par suite, c'est à bon droit que le juge de simple police se déclare incompétent pour en connaître (1) (L. 29 juill. 1881, art. 23, 28).

(Petit.) — ARRÊT.

LA COUR : — Sur le moyen pris de la violation des art. 23 et 28 de la loi du 29 juillet 1881, en ce que le juge de police se serait à tort déclaré incompétent pour connaître des faits reprochés aux prévenus, par le motif qu'ils ne rentreraient pas dans les prévisions desdits articles : — Attendu que les inculpés étaient traduits devant le tribunal de simple police pour avoir commis la contravention prévue et punie par l'art. 479, § 8, C. pén., en chantant à *tue-tête*, dans les rues de Sèvres, pendant la nuit, des paroles obscènes, de manière à troubler la tranquillité des habitants; — Attendu que les paroles, telles qu'elles sont relatées au jugement, sont manifestement de nature à porter atteinte aux bonnes mœurs; que le juge de police leur a à bon droit reconnu ce caractère; qu'en considérant les vociférations qu'ils proféraient sur la voie publique comme constituant le délit d'outrage aux bonnes mœurs et non une simple contravention de tapage nocturne, et en se déclarant, par suite, incompétent pour en connaître, il n'a aucunement violé les règles de sa compétence; — Rejette, etc.

MM. Baudouin, prés.; Poulet, rapp.; Roussellier, av. gén. (concl. conf.).

CASS.-CRIM. 14 juin 1884.

RÈGLEMENT MUNICIPAL OU DE POLICE, QUÊTES A DOMICILE.

Est illégal et non obligatoire, comme ne rentrant pas dans le cercle des attributions conférées à l'autorité municipale, l'arrêté d'un maire qui interdit toute quête à domicile, de quelque nature qu'elle soit, sans autorisation (2) (L. 16-24 août 1790, tit. XI, art. 3; 19-22 juill. 1791, art. 46).

(Vigoureux.) — ARRÊT.

LA COUR : — Sur le moyen tiré de la violation de l'art. 471, § 15, C. pén. : — Attendu qu'aux termes des art. 3, tit. XI, de la loi des 16-24 août 1790, et 46 de la loi du 27 janv. 1791, l'autorité municipale ne peut réglementer par des arrêtés que ce qui intéresse la sûreté, la salubrité publique, l'ordre, la viabilité, la police des lieux publics; — Attendu qu'une quête faite à domicile ne rentre dans aucune de ces matières; que cet acte en lui-même ne porte pas atteinte à l'ordre public; que, s'il était l'occasion d'exigences ou de manœuvres frauduleuses, il tomberait sous la répression de la loi pénale; que l'arrêté du maire de Saint-Cyr-sur-Menthon, en date du 4 juin 1883, interdisant dans la commune toute quête à domicile, de quelque nature qu'elle soit, sans autorisation, excédait donc les limites de l'autorité municipale; — D'où il suit qu'en refusant de sanctionner par une répression pénale l'infraction à cet arrêté, le jugement attaqué du juge de paix de Pont-de-Veyle (Ain) n'a aucunement violé l'art. 471, § 15, C. pén.; — Rejette, etc.

MM. Baudouin, prés.; Falconnet, rapp.; Roussellier, av. gén.; Bonnet, av.

CASS.-REQ. 17 juin 1884.

FAILLITE, DATION EN PAYEMENT, FEMME, REPRISES, SÉPARATION DE BIENS.

L'abandon par le mari à sa femme, séparée de biens, d'un mobilier, à titre de dation en payement et pour la couvrir de ses reprises, est à bon droit annulé par application des art. 446 et 447, C. comm., lorsqu'il a eu lieu postérieurement à la cessation des payements du mari, et qu'au moment où il s'est effectué, la femme connaissait cette situation et a voulu par cet

---

Rennes, 26 mai 1878 (S. 79. 2. 135. — P. 79. 588. — D. 79. 2. 17); Cass., 30 juin 1881 (S. 83. 1. 333. — P. 83. 1. 796. — *Bull. crim.*, n. 165). — Tous ces arrêts ont été rendus en ce qui concerne le principe du non-cumul des peines, inapplicable aux simples contraventions, mais que la jurisprudence n'hésite pas non plus à étendre à la seconde et à la troisième récidives d'ivresse manifeste considérées, non comme des contraventions, mais comme des délits. — Consult., sur la compétence, Cass., 22 nov. 1879 (Pand. chr.), et la note.

(1) Le tapage nocturne n'a été ici que le moyen de manifestation, la forme par laquelle se sont traduits les chants obscènes. Supposons les paroles proférées assez haut pour être entendues, pas assez cependant pour troubler, d'une manière sérieuse, la tranquillité publique, il n'y aurait pas moins eu délit d'outrage aux bonnes mœurs. Le tapage n'était donc qu'une circonstance tout à fait accessoire, non susceptible d'exercer une influence quelconque sur la détermination de la juridiction compétente. — Faisons observer que les chansons et cris obscènes, même depuis la loi du 2 août 1882, ayant eu particulièrement pour objet la répression des outrages aux bonnes mœurs, sont restés régis par les dispositions des art. 23 et 28 de la loi du 29 juill. 1881 et relèvent, par conséquent, de la juridiction du jury. Il n'y a aucun doute à cet égard après les explications du rapporteur de la loi de 1882 à la Chambre des députés. — (V. séance du 26 juin 1882; *Journ. off.* du 27. *Déb. parl.*, p. 1033.)

(2) Jurisprudence certaine. V. Cass., 16 fév. 1833 (S. 33. 1. 776. — P. chr.); 2 (ou 3) juin 1847 (S. 48. 1. 256. — P. 48. 1. 570. — D. 47. 4. 33); 1er août 1850 (S. 50. 1. 640. — P. 51. 1. 503. — D. 50. 5. 40); 13 août 1858 (S. 58. 1. 845. — P. 59. 378. — D. 59. 1. 43). — Cette solution serait tout aussi exacte sous l'empire de la nouvelle loi du 5 avril 1884, relative à l'organisation municipale, l'art. 97 reproduisant, sur ce point, les anciennes dispositions.

acte se faire une situation meilleure que celle des autres créanciers (1) (C. comm., 446, 447).

(Niffle c. synd. Niffle.) — ARRÊT.

LA COUR : — Sur le premier moyen... : — Sur le deuxième moyen, tiré de la violation des art. 446 et 447, C. comm. : — Attendu que l'art. 446, C. comm., déclare nuls et sans effet, relativement à la masse, lorsqu'ils ont été faits par le débiteur depuis l'époque suspecte, pour dettes échues, tous payements effectués autrement qu'en espèces ou effets de commerce; qu'aux termes de l'art. 447, tous autres payements faits par le débiteur, après la cessation de payements, pour dettes échues, peuvent être annulés si, de la part de ceux qui ont reçu du débiteur, ils ont eu lieu avec connaissance de la cessation des payements; — Attendu qu'il résulte de l'arrêt attaqué que la dame Niffle, séparée de biens par le jugement du 26 nov. 1881, était, par l'effet de sa renonciation à la communauté, et en vertu de l'acte du 31 déc. 1881, créancière de son mari pour le montant de ses reprises liquidées; que, le 23 mars 1882, et postérieurement à la cessation des payements du sieur Niffle, reportée, par le jugement déclaratif de sa faillite, du 3 avril 1882 au 20 janvier de la même année, celui-ci a cédé à sa femme un mobilier pour la couvrir desdites reprises; que l'arrêt déclare en outre qu'il résulte des faits et documents de la cause que, au 23 mars 1882, la dame Niffle connaissait la cessation de payements de son mari, et qu'elle a voulu, par l'acte passé à cette date, se faire une situation meilleure que celle des autres créanciers; qu'en déboutant, dans ces circonstances, la dame Niffle de sa demande en revendication, l'arrêt attaqué (Douai, 23 avril 1883), loin d'avoir violé les dispositions du Code de commerce précitées, en a fait une juste application; — Rejette, etc.

MM. Bédarrides, prés.; Rivière, rapp.; Chevrier, av. gén. (concl. conf.); Lesage, av.

CASS.-CRIM. 21 juin 1884.

DIFFAMATION, ENTREPRISES FINANCIÈRES, DIRECTEURS, ADMINISTRATEURS, COMPÉTENCE.

Les garanties spéciales édictées pour la preuve en matière de diffamation, autorisée à l'encontre des directeurs ou administrateurs d'entreprises industrielles, commerciales ou financières, faisant publiquement appel à l'épargne et au crédit, ne modifient point la nature des faits qui gardent le caractère de diffamation envers de simples particuliers, ressortissant, à ce titre, de la juridiction correctionnelle (2) (L. 29 juill. 1881, art 32, 35, § 2, 45 et 52).

(Morel c. Jaluzot.) — ARRÊT.

LA COUR : — Sur le moyen tiré de la fausse application et, par suite, de la violation des art. 32, 35, 45 et 52 de la loi du 29 juill. 1881, en ce que la Cour d'appel de Paris, chambre correctionnelle, aurait méconnu les règles de sa compétence en retenant la connaissance d'un délit de diffamation envers un directeur d'une Société industrielle, commerciale ou financière, faisant publiquement appel à l'épargne et au crédit : — Attendu que, d'après le paragraphe 2 de l'art. 35 de la loi du 29 juill. 1881, la preuve des faits diffamatoires est admissible à l'encontre des directeurs ou administrateurs de toute entreprise industrielle, commerciale ou financière, faisant publiquement appel à l'épargne et au crédit; — Attendu que cette disposition toute spéciale, introduite isolément, par voie d'amendement, dans le texte de la loi, n'implique nullement l'attribution à la cour d'assises du jugement des actions intentées pour diffamation par les personnes ayant une des qualités susénoncées, et que cette attribution ne résulte d'aucun texte de la loi; que, si l'art. 45 de la loi précitée dispose d'une manière générale que les crimes ou délits qu'elle prévoit seront déférés à la cour d'assises, et, par voie de conséquence, que c'est à cette cour qu'il appartient de connaître de la diffamation dirigée contre les personnes désignées dans l'art. 31, et notamment contre les fonctionnaires publics et autres personnes investies d'un service ou d'un mandat public, ce même article reconnaît la juridiction correctionnelle comme seule compétente pour statuer sur le délit prévu par l'art. 32, c'est-à-dire sur la diffamation envers les particuliers; — Attendu que les directeurs ou administrateurs d'une entreprise industrielle, commerciale ou financière, ne sont ni des fonctionnaires publics ni des personnes chargées d'un service ou d'un mandat public; qu'à la vérité, par une disposition particulière de la loi, ils sont assimilés à ces personnes, au point de vue de l'admissibilité de la preuve, à raison de la nature et de l'importance des intérêts qu'ils administrent; mais qu'ils ne perdent pas pour cela le caractère de simples particuliers, et le droit, par conséquent, de saisir comme ceux-ci la juridiction correctionnelle, lorsqu'ils sont diffamés; qu'il est vrai, également, que l'art. 52 de la loi, dont l'objet est de régler les formalités et les délais applicables à la preuve, se réfère sans distinction aux dispositions de l'art. 35, et, par suite, au cas de diffamation envers les directeurs ou administrateurs dont il s'agit; mais que cette référence n'a pas pour objet de changer, pour ce dernier cas, la compétence établie par l'art. 32; qu'il en résulte seulement que les garanties spéciales édictées par la loi pour la preuve en matière de diffamation, lorsqu'elle est autorisée, doivent être observées devant la juridiction correctionnelle, aussi bien que devant la cour d'assises; que, dès lors, la Cour de Paris, chambre des appels correctionnels, s'est à bon droit reconnue compétente pour statuer sur l'action dont elle a été saisie par la partie civile, et que, loin de violer les articles susvisés de la loi du 29 juill. 1881, elle en a fait une juste et saine application; — Rejette, etc.

MM. Baudouin, prés.; Dupré-Lasale, rapp.; Ronjat, av. gén.; Morillot, av.

CASS.-CRIM. 21 juin 1884.

DIFFAMATION, NOTAIRE, COMPÉTENCE.

Les notaires ne sont ni des fonctionnaires publics ni des citoyens chargés d'un service public dans le sens de l'art. 31 de la loi du 29 juill. 1881; ils sont les mandataires des intérêts privés. — En conséquence, la juridiction correctionnelle est compétente pour connaître du délit de diffamation dont ils sont l'objet en raison de leur qualité et d'actes de leur ministère (3) (L. 29 juill. 1881, art. 31, 32, 45, § 2).

(Morel c. Lafoy.) — ARRÊT.

LA COUR : — Sur le moyen unique, tiré de la violation des art. 31, 32 et 45 de la loi du 29 juill. 1881, en ce

(1) *Sic*, Colmar, 30 juill. 1819; Cass., 24 janv. 1854 (Pand. chr.); Bordeaux, 4 avril 1876 (S. 77. 2. 257. — P. 77. 1029), et notre *Dictionnaire de dr. comm., ind. et marit.*, t. IV, v° *Faillite*, n. 309.

(2) Les motifs de l'arrêt ci-dessus sont textuellement reproduits d'un précédent arrêt du 29 juin 1882 (Pand. chr.). V. en outre, Cass., 19 juill. 1883 (S. 84. 1. 359. — P. 84. 1. 862. — *Bull. crim.*, n. 83). Il n'y a donc plus de controverse sérieuse sur cette question.

(3) Cet arrêt ne fait que confirmer une jurisprudence déjà consacrée par la Cour de cassation. V. une précédente décision du 15 juin 1883 (Pand. chr.), la première rendue par application de la

que la Cour de Paris, chambre correctionnelle (arrêt du 21 avril 1884), aurait méconnu les règles de la compétence en retenant la connaissance d'un délit de diffamation envers un citoyen chargé d'un service public; — Attendu que, si les imputations diffamatoires s'adressaient à Lafoy, en sa qualité de notaire, à raison d'actes de son ministère, la poursuite n'en a pas moins été légalement portée devant la juridiction correctionnelle; que les notaires, en effet, ne peuvent être considérés ni comme fonctionnaires publics ni comme citoyens chargés d'un service public, dans le sens de l'art. 31 de la loi du 29 juill. 1881; qu'ils ne sont chargés d'aucune partie de l'administration publique, et n'exercent leur ministère que dans des intérêts privés; que, dès lors, la Cour d'appel, en se déclarant compétente pour statuer sur l'action dirigée contre le demandeur par le sieur Lafoy, n'a violé aucune loi ni commis aucun excès de pouvoir; — Rejette le pourvoi formé contre l'arrêt de Paris, du 21 avril 1884, etc.

MM. Baudouin, prés.; Dupré-Lasale, rapp.; Ronjat, av. gén. (concl. conf.).

CASS.-CIV. 25 juin 1884.

CHEMIN DE FER, AVARIES, CONSTATATION, RÉSERVES, PRESCRIPTION, INTERRUPTION, TARIF SPÉCIAL, RESPONSABILITÉ (CLAUSE DE NON-), RENONCIATION (DÉFAUT DE).

La constatation par une Compagnie de chemins de fer au dos des lettres de voiture de l'existence d'avaries et le consentement par elle donné aux réserves les plus expresses formulées par le destinataire, n'équivalent point à une reconnaissance, au profit de celui-ci, du droit à une indemnité (1) (C. comm., 108; C. civ., 2248).

De tels actes ne sauraient, dès lors, avoir pour effet d'interrompre la prescription de six mois établie par l'art. 108, C. comm. (2) (Id.).

Ils n'impliquent pas non plus, de la part de la Compagnie, une renonciation au bénéfice d'un tarif spécial qui ne permettrait de rendre la Compagnie responsable des avaries de route qu'autant qu'elles seraient le résultat d'une faute de ses agents (3) (Id.).

...Alors surtout que la Compagnie ne pouvait pas refuser les réserves par elle accordées (4) (Id.).

---

loi du 29 juill. 1881, dont l'arrêt actuel reproduit presque textuellement les termes.

(1-2) La livraison opère la consommation du contrat de transport; elle met fin aux obligations des Compagnies. Par la réception de la marchandise et le payement du prix de transport sans réserves, les destinataires perdent tout droit d'élever des réclamations (C. comm., 105). On comprend donc d'un côté l'intérêt des Compagnies à ne pas admettre facilement les réserves des destinataires lors de la réception, et de l'autre la tendance des destinataires à se ménager un recours contre les Compagnies. — Il y a plus: l'effet des réserves peut dépasser la portée de l'art. 105. Tout dépend de la manière dont elles sont formulées, des mentions qu'elles contiennent.

Supposons, par exemple, que leur rédaction implique nettement une faute à la charge de la Compagnie à qui la perte ou les avaries de route sont imputées. Si la Compagnie les accepte sans y prendre garde, elle ne pourra décliner plus tard le principe de sa responsabilité. Il ne restera plus à évaluer que le quantum du préjudice et le chiffre de l'indemnité due. Bien entendu, elle aura du même coup renoncé à opposer à l'action du destinataire la prescription de six mois de l'art. 108, C. comm.

Au contraire, les réserves ne comportent aucune imputation de faute; elles ne font que constater purement et simplement l'état matériel des colis au moment de leur livraison. Elles ne compromettent rien; elles n'engagent aucune responsabilité. La Compagnie peut y adhérer, sans modifier la situation juridique, qui laisse la preuve de la faute à la charge du destinataire. Il n'y aura pas qu'à rechercher le quantum du préjudice souffert, mais surtout et avant tout les causes de ce préjudice et l'auteur responsable. Tout reste donc en l'état. L'acceptation par la Compagnie des réserves ne constitue pas l'ombre d'une reconnaissance; le destinataire ne peut en tirer contre elle aucun parti. Or, s'il n'est pas nécessaire que la renonciation au bénéfice de l'art. 108, C. comm., soit expresse, si elle peut être tacite, faut-il au moins que les faits qui l'établissent, ne laissent aucun doute sur les intentions de la Compagnie. V. sur ces divers points, les développements contenus dans notre *Dictionnaire de dr. comm., ind. et marit.*, t. III, v° *Commissionnaire de transports*, n. 216 et suiv. — Jugé notamment, dans une espèce qui présente quelque analogie avec celle de l'affaire actuelle, que la reconnaissance des manquants dans une expédition, si le chiffre de la valeur des manquants est resté indéterminé, ne suffit pas pour interrompre la prescription : Paris, 20 avril 1876 (Journ. *le Droit*, 25 juill.); Cass., 11 juin 1877 (S. 78. 1. 180. — P. 78. 428. — D. 77. 1. 374).

Constatons, d'ailleurs, la tendance nettement arrêtée de la jurisprudence à décider, d'une manière générale, que la prescription de l'art. 108, C. comm., n'est légalement interrompue que par les moyens limitativement énoncés dans les art. 2244 et suiv., C. civ. V. Cass., 10 mai 1876 (Pand. chr.), et le renvoi.

(3) Décidé, dans le même sens, que la Compagnie de chemins de fer qui accepte une expertise amiable en vue de déterminer la nature et l'étendue d'avaries subies par la marchandise en cours de route, et d'en rechercher la cause, ne se reconnaît point par là responsable du dommage et ne renonce pas au bénéfice de la clause de non-garantie : Cass., 9 avril 1883 (Pand. chr.), et la note.

(4) Jusqu'ici la jurisprudence de la Cour suprême n'avait reconnu de caractère obligatoire aux réserves des destinataires que dans les deux cas : — de retard apporté à la livraison (Cass., 28 mars 1882, Pand. chr., et la note); — de restitution d'une partie du prix de transport résultant d'une fausse application des tarifs (Cass., 18 janv. 1882, Pand. chr., et la note). — Quant aux réserves se référant aux avaries, elles n'étaient point imposées aux Compagnies, qui restaient libres de ne pas les accepter. V. Cass. (sol. implic.), 28 mars 1882 précité. V. aussi Cass., 30 janv. 1872 (S. 72. 1. 34. — P. 72. 53. — D. 72. 1. 375). — Cette jurisprudence se justifiait par des raisons sérieuses, de fait et de droit.

En fait, les réserves, dans les deux premières hypothèses, sont relativement assez rares : les Compagnies n'usent même pas toujours des délais qui leur sont impartis par les tarifs; et lorsqu'elles ne les devancent pas, elles ne les excèdent point, tout au moins. Les retards sont exceptionnels. Le commerce ne s'en arrangerait pas facilement; les plaintes qu'ils provoqueraient y mettraient promptement bon ordre. — Au sujet de l'application des tarifs et des erreurs de taxe, les difficultés s'élèvent encore plus rarement. Les employés des Compagnies, par l'expérience journalière de leur service, connaissent à merveille les tarifs; ils y sont aidés d'ailleurs par les commerçants, que l'intérêt suffit à rendre clairvoyants et qui, n'étudiant les tarifs qu'au regard de leur spécialité, ne tardent pas à en pénétrer toutes les complications.

Au contraire, les avaries se produisent fréquemment; elles constituent la source la plus nombreuse des litiges qui s'élèvent entre voituriers, d'une part, et expéditeurs et destinataires, d'autre part. La cause n'en est jamais facilement perceptible. Provient-elle d'une faute de l'expéditeur, emballage insuffisant, défaut de précaution, ou bien doit-elle être imputée à un vice propre de la marchandise, fermentation ou corruption, etc.? Ou plutôt encore, n'y a-t-il que du fait ou de la négligence du voiturier ou de ses employés, qui n'auraient pas donné à l'expédition les soins les plus ordinaires, ou ceux commandés par la nature spéciale de la marchandise? Toutes questions délicates, obscures, impénétrables souvent même après des recherches, qu'une expertise ne parvient pas toujours à éclaircir.

Ajoutons, en outre, que les délais et les tarifs reposent sur des textes arrêtés dont la base est invariable. Le calcul et la rectification peuvent s'en opérer à toute époque sans compromettre aucun des droits en litige; l'intérêt du voiturier est sauvegardé autant que celui du propriétaire de la marchandise.

Au cas d'avaries, il n'en est plus de même; les situations deviennent plus délicates : — ou bien la Compagnie ne voudra pas se dessaisir des colis; elle les retiendra en magasin, dans le but de faciliter les constatations des experts; c'est peut-être pour elle la garantie d'une décharge certaine. Mais la marchandise déjà avariée se trouvera exposée à une perte totale; vendue à temps elle aurait pu encore donner certains résultats; elle ne produira rien. Il y aura là une déperdition de valeur qui ne profitera ni à l'une ni à l'autre des deux parties et qui dans les incertitudes de la solution définitive les menace toutes deux. — Ou bien la Compagnie se dessaisira, de la marchandise, elle en effectuera la remise au destinataire malgré les réserves; mais alors quelle garantie lui restera? L'état de la marchandise ne pourra-t-il pas

(Chem. de fer du Midi c. Caraguel.) — ARRÊT.

LA COUR : — Vu les art. 2248, C. civ., 103 et 108, C. comm., et le tarif spécial P, n° 4, de la Comp. du Midi : — Attendu qu'il appert du jugement attaqué (Trib. de comm. de Narbonne, 12 mai 1882) que Caraguel n'a formé sa demande en dommages-intérêts, pour cause d'avaries, contre la Comp. du chemin de fer du Midi, à raison des transports dont elle a été chargée pour son compte, à l'exception toutefois de deux expéditions, que plus de six mois après la livraison des colis; — Attendu, d'autre part, qu'en ce qui concerne ces deux dernières expéditions, la Comp. soutenait, dans ses conclusions, qu'elles avaient été faites aux conditions du tarif spécial P., n. 4, qui dispose que la Comp. ne répond pas des avaries de route; — Attendu que ce fait n'a pas été contesté par le tribunal, qui, pour rejeter l'exception de prescription formulée à l'égard des anciens transports, et celle de non-garantie invoquée relativement aux deux dernières expéditions, s'est fondé sur ce qu'au moment de la livraison, et quelquefois après, les agents de la Comp. avaient constaté au dos des lettres de voiture l'existence des avaries, et consenti à Caraguel les plus expresses réserves; — Mais attendu qu'en faisant ces constatations, et en accordant ces réserves, qu'elle ne pouvait pas d'ailleurs refuser, la Comp. n'a pas reconnu le droit du destinataire à une indemnité; qu'on ne saurait donc y voir un acte interruptif de prescription, ni une renonciation au tarif spécial qui, en cas d'avaries, ne permettait d'en rendre la Comp. responsable qu'autant qu'elles seraient le résultat d'une faute de ses agents; que la preuve de cette faute incombait à Caraguel, et ne ressort d'aucun des motifs du jugement dénoncé; — D'où il suit qu'en statuant ainsi qu'il l'a fait, le tribunal a faussement appliqué les art. 2248, C. civ., et 103, C. comm., et formellement violé l'art. 108 du même Code, ainsi que le tarif ci-dessus visé; — Casse, etc.

MM. Cazot, 1er prés.; Guérin, rapp.; Desjardins, av. gén. (concl. conf.); Devin, av.

CASS.-CIV. 25 juin 1884.

MINEUR, TUTEUR (ABSENCE DE), ACTION EN JUSTICE, AUTORISATION, JUGE DE PAIX, EXCÈS DE POUVOIRS.

Un mineur, resté sans tuteur, ne peut être relevé de son incapacité et autorisé à se présenter seul en justice pour y défendre ses intérêts (1) (C. civ., 405 et 450).

Et la décision par laquelle un juge de paix confère cette autorisation doit être annulée pour excès de pouvoirs (2) (L. 25 mai 1838, art. 15).

(Billoin c. Douai.) — ARRÊT.

LA COUR : — Sur le moyen unique du pourvoi : — Vu les art. 405 et 450, C. civ., et 15 de la loi du 25 mai 1838 : — Attendu qu'aux termes des art. 405 et 450, C. civ., le tuteur est chargé de représenter le mineur dans tous les actes civils, et qu'à cet effet, à défaut d'un tuteur légitime ou élu par le dernier mourant des père et mère, il doit être pourvu par le conseil de famille à la nomination d'un tuteur, sans que les juges puissent s'attribuer le droit de relever le mineur de son incapacité et l'autoriser

---

être modifié à son désavantage? Et si la marchandise est vendue, consommée, comment se livrer jusqu'au bout à de nouvelles constatations rectificatives? Autant de difficultés qui feraient à la Compagnie une situation d'infériorité.

En droit, en matière d'application des tarifs, quand une Compagnie se trompe à son désavantage, elle peut toujours, même après la livraison et l'encaissement du prix du transport, réclamer le complément de la taxe (V. Cass., 13 févr. 1867, S. 67. 1. 211. — P. 67. 512. — D. 67. 1. 71; 21 déc. 1874, Pand. chr., et la note); — elle le peut en vertu de ce principe que les tarifs ont force de loi et qu'il n'y peut être dérogé par les parties en aucune manière (V. Cass., 17 mai 1882, Pand. chr.; 9 mai 1883, Pand. chr.; 4 août 1885, Pand. chr.; 8 juin 1886, Pand. pér., 86. 1. 162, et les renvois).

Quant au destinataire, lui, sa situation est singulièrement différente. Une fois qu'il a pris livraison et qu'il a acquitté le prix du transport *sans protestation ni réserves*, il s'est fermé toute voie à une action en détaxe; il ne peut plus, judiciairement tout ou moins, s'adresser à la Compagnie et lui demander le redressement de l'erreur, même manifeste, dans l'application des tarifs, commise à son préjudice; la fin de non-recevoir de l'art. 105, C. comm., lui est opposable. V. Cass., 10 mai 1886 (Pand. pér., 86. 1. 133), et les renvois de la note. Il y a donc là une situation d'inégalité et il ne peut y être remédié que par la possibilité accordée au destinataire de formuler des réserves qui, en pareil cas, sauvegarderont ses droits à une restitution légitime, et empêcheront la déchéance de l'art. 105, C. comm. On comprend que, dans une pareille situation, les réserves s'imposent aux Compagnies, qui ne sont plus libres de ne point les accepter, et doivent quand même livrer la marchandise. Cette solution ne saurait soulever d'objections bien sérieuses.

Au point de vue des réserves relatives au retard, un peu plus d'hésitation peut se produire. Mais, encore une fois, la livraison de la marchandise ne compromet rien; elle laisse les responsabilités face à face dans les mêmes positions. L'heure de l'arrivée est constatée; la durée du trajet est certaine. Le point litigieux est de savoir si le trajet a traîné en longueur, si les délais réglementaires ont été dépassés. Ce calcul peut s'établir après coup; il est de l'intérêt de toutes les parties que la livraison ne soit pas ajournée jusqu'à la solution à intervenir. D'ailleurs, le retard peut être sans importance, soit parce que la marchandise sera arrivée en parfait état de conservation, soit parce qu'aucune baisse ne se sera produite dans les cours du marché. On cherche l'intérêt des Compagnies, à moins de leur faire une situation de faveur excessive, à ne pas accepter des réserves qui garantissent seulement l'exercice d'un droit légitime. L'art. 105, C. comm., n'a point eu pour but d'assurer aux Compagnies une impunité contre la violation de leurs devoirs les mieux déterminés, et le transport des marchandises dans les délais réglementaires est une obligation stricte des cahiers de charges, une compensation légitime pour le public des avantages d'exploitation que les Compagnies retirent du monopole de leur concession. Tout le but visé par le législateur, qui a édicté la fin de non-recevoir de l'art. 105, a été de ne point laisser les voituriers exposés, après la livraison des marchandises, et le payement du prix par le destinataire, à des difficultés de justification ou de preuve d'autant plus délicates qu'ils se seraient dessaisis des objets transportés. Or là où la vérification de ces objets n'est pas nécessaire, et même inutile, l'art. 105 reste sans application.

Cependant, il faut laisser à cet article toute la portée de développement qu'il tient de son institution. Si les réserves en cas d'avaries étaient obligatoires pour les Compagnies, ainsi que le décide l'arrêt ci-dessus rapporté, contrairement à celui du 28 mars 1882 (Pand. chr.), l'habitude de les formuler s'introduirait dans la pratique ordinaire des expéditions; par une pente fatale, autant qu'irrésistible, les exigences de précision, de détermination minutieuse des avaries subies s'affaibliraient avec le temps. De concession en concession, la jurisprudence en arriverait à les admettre presque toutes, en toutes circonstances; elles deviendraient bientôt de style, s'appliqueraient à toutes les expéditions et rendraient ainsi inutile et illusoire la protection que l'art. 105 a édictée au profit des voituriers. Cette tentative s'est déjà produite, mais elle a été arrêtée par la Cour suprême, qui a toujours refusé de reconnaître la moindre autorité à des réserves générales. V. Cass., 30 janv. 1872 (S. 72. 1. 34. — P. 72. 53. — D. 72. 1. 373), et notre *Dictionnaire de dr. comm., ind. et marit.*, t. II, v° *Chemin de fer*, n. 261.

La question est donc délicate. L'arrêt que nous rapportons doit-il être relevé avec l'importance que lui attribuerait un revirement de jurisprudence. Nous ne le croyons pas. La solution est bien contraire à celle intervenue en 1882. Mais l'arrêt du 28 mars 1882 (Pand. chr.), délibéré en chambre du conseil, contient des motifs justificatifs de sa décision; celui rendu dans l'affaire actuelle n'en renferme aucun sur le point spécial qui nous occupe; il tranche la difficulté sans presque se douter qu'il en existe une, sérieuse à tous égards. Jusqu'à nouvelle décision, nous nous en tenons à la première jurisprudence : la seule qui implique, à notre avis, une direction mûrement réfléchie et délibérée.

(1-2) L'erreur dans laquelle est tombé le juge de paix a été de confondre, en voulant les assimiler, la situation du mineur non représenté par un tuteur avec celle de la femme mariée non autorisée par son mari.

à agir seul; — Attendu que, dans l'espèce, sur la poursuite d'un sieur Lambert, agissant au nom et comme tuteur datif du mineur Douai, le juge de paix (Justice de paix de Pontoise, 26 janv. 1883), après avoir reconnu que ledit sieur Lambert, parent et ami de la famille, n'avait pas en réalité la qualité de tuteur, a néanmoins autorisé le mineur Douai à se présenter seul en justice et à y défendre ses intérêts; — Attendu qu'en procédant ainsi qu'il vient d'être dit, le juge de paix a violé les art. 405 et 450, C. civ., et, par suite, commis un excès de pouvoirs; — Casse, etc.

MM. Cazot, prés.; Tappie, rapp.; Desjardins, av. gén. (concl. conf.); Sabatier, av.

CASS.-CRIM. 28 juin 1884.

ABUS DE CONFIANCE, BILLET DE BANQUE, DIFFÉRENCE, RÉTENTION, PREUVE, USAGES DU COMMERCE.

Le fait par un vendeur de recevoir d'un acheteur illettré, en payement d'une livraison de marchandises, un billet de banque de 1,000 francs, et de ne rendre la monnaie que sur un billet de 500 francs, constitue un abus de confiance, sinon par abus de dépôt, du moins par abus de mandat (1) (C. pén., 408).

Et cette remise de billet, sous condition de restitution de toute la différence, peut être établie par témoins, vu l'impossibilité, dans les habitudes du commerce, de s'en procurer une preuve écrite (2) (C. civ., 1341, 1348, 1923, 1924).

(Pradal.) — ARRÊT.

LA COUR : — Sur le moyen tiré de la violation des art. 408, C. pén., et 1915, C. civ., en ce que l'arrêt attaqué a décidé que le billet de banque, objet du détournement, avait été remis au demandeur à titre de dépôt, alors qu'il n'y avait pas charge pour lui de le garder et de le restituer : — Attendu que l'arrêt attaqué constate en fait que la fille Fromenti, qui ne sait ni lire ni écrire, ayant remis à Pradal un billet de banque de 1,000 francs, en payement de marchandises par elle acquises, Pradal ne lui a rendu la monnaie que sur un billet de 500 francs; — Attendu que l'arrêt a considéré à tort que, dans ces circonstances, la remise du billet de banque à Pradal a eu lieu à titre de dépôt; que, d'une part, la propriétaire n'a pas eu l'intention d'en conférer la garde à Pradal, et que, d'autre part, celui-ci n'était pas tenu de restituer le billet; que le fait ne présentait donc pas les éléments constitutifs du contrat de dépôt; — Mais, attendu que des faits relevés par l'arrêt, il résulte que la fille Fromenti n'a remis le billet de banque de 1,000 francs à Pradal que pour un usage déterminé, celui de se payer la somme dont il était créancier, et à la charge de lui rendre la monnaie pour le surplus de sa créance; que c'est dans ce but et à cette condition que cette remise a été faite; qu'elle impliquait un mandat donné à Pradal, mandat de fournir en monnaie la valeur du billet, sous déduction de ce qui lui était dû; que, dès lors, le détournement reconnu constant à la charge de Pradal, s'il ne constituait pas proprement un abus de dépôt, constituait, du moins, un abus de mandat et rentrait, par conséquent, dans les termes de l'art. 408, qui a été appliqué;

Sur le moyen tiré de la violation des art. 1341, 1923 et 1924, C. civ. : — Attendu que l'arrêt constate en fait que la fille Fromenti, étant obligée de payer à Pradal, marchand de charbon, la marchandise qu'elle lui avait achetée, a dû lui faire la remise du billet de banque à l'aide duquel elle effectuait ce payement, sous condition de restitution de la différence; que cette remise préalable du billet, nécessaire pour réaliser un règlement de compte instantané, qui devait s'effectuer par un simple échange de la main à la main, suivant les habitudes du commerce, ne comportait évidemment pas l'exigence d'une preuve par écrit; que l'arrêt attaqué n'a donc pas violé les articles susvisés; — Rejette, etc.

MM. Baudouin, prés.; Puget, rapp.; Roussellier, av. gén.; Massénat-Deroche, av.

CASS.-CIV. 2 juillet 1884.

1° TRIBUNAL DE COMMERCE, PROCÉDURE, DEMANDE RECONVENTIONNELLE, DEMANDE EN COMPENSATION, AJOURNEMENT, CONCLUSIONS. — 2° SOCIÉTÉ EN COMMANDITE, ASSOCIÉS, INSOLVABILITÉ, PERTES, RÉPARTITION PROPORTIONNELLE.

1° Devant les tribunaux de commerce, les demandes reconventionnelles ou en compensation peuvent être introduites, au-

(1) La jurisprudence n'est pas encore bien fixée sur le caractère pénal de ces agissements qui se commettent si fréquemment dans certains milieux d'affaires. — Des arrêts se sont prononcés, dans le sens de la décision ci-dessus rapportée, en faveur de l'assimilation à l'abus de confiance. V. Lyon, 29 avril 1857 (Pand. chr.); Bordeaux, 25 nov. 1881 (Pand. chr.); Riom, 31 mars 1886 (*a*). Dans cette dernière espèce, le prévenu n'avait point retenu l'appoint en monnaie de la pièce à lui remise; il avait frauduleusement rendu au plaignant une pièce suisse en nickel de 5 centimes, en la faisant passer pour une pièce d'argent de 50 centimes. — D'autres y ont vu un vol. (V. Bordeaux, 25 juin 1880 (Pand. chr.), et la note. — D'autres enfin n'y ont reconnu ni un vol — V. Lyon, 29 déc. 1881 (Pand. chr.); Bordeaux, 12 avril 1883 (Pand. chr.) — ni même aucun autre délit. V. Bordeaux, 12 avril 1883, précité.

(2) En principe, et cela n'est plus douteux, les faits constitutifs d'un abus de confiance ne peuvent être prouvés par témoins, au-dessus de 150 francs, à défaut de preuve écrite, ou de commencement de preuve par écrit. V. Cass., 12 nov. 1863 et 22 avril 1864 (S. 64. 1. 244. — P. 65. 817. — D. 64. 1. 150 et 149); 26 juin 1879 (S. 80. 1. 187. — P. 80. 406. — *Bull. crim.*, n. 133); 5 août 1880 (S. 81. 1. 52. — P. 81. 1. 118); Trib. corr. Seine, 12 août 1882 (S. 82. 2. 256. — P. 82. 1. 1242). — Mais pour qu'il en soit ainsi, faut-il du moins que celui au préjudice de qui l'abus de confiance est commis, ait pu réclamer une preuve littérale. Or est-il possible de faire raisonnablement grief à un acheteur, dépourvu de monnaie, de remettre, de la main à la main, à son vendeur un billet de banque d'une valeur supérieure au prix de l'acquisition. A quoi bon une reconnaissance de cette remise, puisque la différence doit être immédiatement rendue, et que, dans les usages du commerce autant que dans la pratique usuelle de la vie, cette restitution a lieu séance tenante, dans le même trait de temps. Il y aurait dans une pareille exigence, une impossibilité matérielle tout aussi bien qu'une impossibilité morale; il n'en faut pas tant pour que la preuve testimoniale soit autorisée. V. Bordeaux, 2 mars 1871 (S. 71. 2. 221. — P. 71. 786); Rennes, 26 févr. 1879 (S. 80. 2. 214. — P. 80. 825. — D. 80. 2. 91).

(*a*) Voici le texte de cet arrêt de Riom, du 31 mars 1886, *Aff.* Mauxion :

LA COUR : — Attendu, en fait, qu'il résulte des témoignages, de l'information et de l'aveu fait à cette audience, que le prévenu, exerçant le métier de marchand forain, a, à l'époque visée par l'assignation, mis en circulation des pièces en nickel, en les faisant passer pour des pièces d'argent ayant cours légal en France; que, spécialement, le 8 janv. dernier, le nommé Michelon, agent de police à Moulins, s'étant approché d'une femme qui venait de recevoir de Mauxion une certaine quantité de monnaie comme appoint de la pièce qu'elle lui avait donnée en payement de sa marchandise, constata qu'une pièce suisse de cinq centimes avait été remise par Mauxion pour une pièce d'argent de 50 centimes; que, le même jour, le nommé Pouillet (Pierre), qui avait failli être victime de la même supercherie, signala le prévenu à la police; qu'interrogé, il fut trouvé porteur d'un grand nombre de pièces de monnaie suisse en nickel, qu'il s'était procurées dans le but avoué de les écouler dans les foires et marchés et de réaliser ainsi un bénéfice illicite; qu'enfin, il est démontré que, depuis le 1er janv. 1886, il a procédé de cette façon au préjudice d'autres acheteurs, dans diverses localités, en ayant soin d'opérer plus spécialement auprès des personnes ignorantes et inexpérimentées; — Attendu que, dans toutes ces circonstances, les acheteurs qui remettaient à Mauxion une pièce d'argent représentant une valeur supérieure à celle de la marchandise par eux acquise, n'effectuaient cette remise que pour un usage déterminé, celui de se payer de la somme dont il était créancier, et à la charge de leur rendre la monnaie pour le surplus de sa créance; que c'est dans ce but et à cette condition que cette remise a été faite qu'elle impliquait le mandat donné à Mauxion de fournir en monnaie la valeur de la pièce d'argent, sous déduction de ce qui lui était dû; que, dès lors, le détournement d'une partie de cette monnaie constitue un abus de mandat rentrant dans les termes des art. 406 et 408, C. pén., dont il y a lieu de lui faire application; — Par ces motifs, — Confirme le jugement dont appel, en ce qu'il a relaxé le prévenu du chef de la prévention d'escroquerie; — Faisant droit à l'appel du ministère public, et donnant aux faits relevés leur véritable qualification, — Déclare Mauxion atteint et convaincu du délit d'abus de confiance, etc.

trement que par exploit d'ajournement, et sont régulièrement formées par conclusions déposées, dans une instance liée contradictoirement entre les parties présentes à la barre du tribunal (1) (C. proc., 415).

2° Dans une société en commandite, la règle d'égalité qui doit exister entre tous les associés, dans les pertes, comme dans les bénéfices sociaux, impose la répartition proportionnelle à leur part entre tous les associés en nom collectif ou en commandite, du surcroît de déficit social provenant de l'insolvabilité d'un ou de plusieurs des associés (2) (Civ., 1853; C. comm., 26).

(Bourée c. Bourguignon.) — ARRÊT
(*ap. délib. en ch. du cons.*).

LA COUR : — Sur le deuxième moyen du pourvoi : — Attendu que l'art. 415, C. proc., suivant lequel toute demande devant les tribunaux de commerce doit être formée par exploit d'ajournement, ne saurait être appliqué aux demandes reconventionnelles ou en compensation, ces demandes ayant pour objet de neutraliser, en tout ou en partie, la demande originaire; — Attendu que la demande de Bourée, tendant à faire condamner Bourguignon, demandeur originaire, à lui faire compte des remises de 25 pour 100 auxquelles ledit Bourée prétendait avoir droit d'après le traité intervenu entre eux dans le courant du mois d'avril 1879, sur les redevances perçues par Bourguignon, à raison de l'exploitation de ses brevets d'invention, présentait les caractères d'une demande reconventionnelle ou en compensation; que cette demande avait donc pu être formée par conclusions déposées, dans une instance liée contradictoirement entre les deux parties présentes à la barre du tribunal de commerce; — D'où il suit qu'en déclarant recevable cette demande comme régulièrement formée, l'arrêt attaqué n'a point violé l'art. 415, C. proc., visé par le pourvoi; — Rejette ce moyen;

Mais sur le premier moyen du pourvoi : — Vu les art. 1853, C. civ., et 26, C. comm.; — Attendu que si, à la différence des associés en nom collectif, qui sont tenus solidairement à l'égard des tiers, pour tous les engagements de la Société, les associés en commandite ne sont passibles des pertes sociales que jusqu'à concurrence des fonds qu'ils ont mis ou dû mettre dans la Société, il ne résulte pas de là qu'ils ne doivent point participer, en proportion de leur part dans la Société, et dans la limite seulement de leur apport réalisé ou encore dû à l'excédant de pertes provenant de l'insolvabilité d'un ou de plusieurs associés en nom collectif; que le contraire s'induit de la règle d'égalité qui doit exister entre tous les associés, dans les pertes comme dans les bénéfices sociaux, cette règle imposant la répartition proportionnelle à leur part entre tous les associés en nom collectif ou en commandite, du surcroît de déficit social, provenant de l'insolvabilité d'un ou de plusieurs d'entre eux; — Attendu que l'arrêt attaqué a néanmoins décidé que Bourée ne devait point participer, même à concurrence de son apport, dans l'excédant de perte occasionnée à la Société par l'insolvabilité de Watelet, associé en nom collectif, et que cet excédant de déficit devait rester à la charge exclusive de Bourguignon, autre associé en nom collectif, sous prétexte que Bourée, étant un simple commanditaire, et aucun lien de solidarité n'existant contre lui, comme à l'égard des deux autres associés, il ne pouvait être tenu de participer qu'au déficit provenant des opérations sociales proprement dites; en quoi l'arrêt a faussement appliqué et, par suite, violé les articles de loi ci-dessus visés; — Casse et annule, du chef relatif à la demande principale de Bourguignon contre Bourée, l'arrêt rendu par la Cour d'appel de Nancy, le 16 nov. 1881, etc.

MM. Cazot, 1er prés.; de Lagrevol, rapp.; Charrins, 1er av. gén. (concl. conf.); Chambon et Housset, av.

CASS.-CIV. 9 juillet 1884.

BREVET D'INVENTION, MOYENS CONNUS, APPLICATION NOUVELLE, RÉSULTAT INDUSTRIEL, DIVULGATION, NULLITÉ, INTENTION, EXÉCUTION DE L'INVENTION, ESSAIS, EXPÉRIMENTATION.

Le résultat industriel dont l'obtention est nécessaire pour qu'une application nouvelle de moyens connus soit brevetable, peut consister dans une économie de temps et de travail, avec plus grande quantité de fabrication (3) (L. 5 juill. 1844, art. 2).

La divulgation de l'invention, antérieure à la date du dépôt de la demande de brevet, soit qu'elle ait été volontaire, soit qu'elle ait été involontaire de la part de l'inventeur, fait tomber la découverte dans le domaine public et rend le brevet nul et de nul effet (4) (L. 5 juill. 1844, art. 30, § 1, 31). — Motifs.

Et il en est ainsi malgré l'intention constante de l'inventeur de réserver la propriété de sa découverte (5) (Id.). — Motifs.

Toutefois, la divulgation antérieure n'entraîne la nullité du brevet qu'autant qu'elle a été suffisante pour rendre possible l'exécution de l'invention (6) (Id.).

Et ne remplit pas cette condition la divulgation qui s'est produite pendant la période des essais ou expérimentations ou pendant la fabrication de l'appareil, alors que cet appareil n'était point encore muni de l'un des éléments caractéristiques de la découverte (7) (Id.).

---

(1) La question est vivement controversée en jurisprudence et en doctrine. V. conf. à la solution ci-dessus, Caen, 19 mai 1880 (Pand. chr.); Rodière, *Compét. et proc.*, t. II, p. 18. — *Contrà*, Paris, 24 juill. 1875 (Pand. chr.); Camberlin, *Man. prat. des trib. de comm.*, p. 238.

(2) V. dans le même sens, notre *Dictionnaire de dr. comm., ind. et marit.*, t. VI, v° *Société en commandite*, n. 435 et les indications d'auteurs cités.

(3) En quoi consiste le *résultat industriel* dont il est question dans l'art. 2 de la loi du 5 juill. 1844? La jurisprudence a toujours donné à ces mots une portée très-large d'application : ainsi, notamment, elle a vu un résultat industriel suffisant pour remplir les conditions voulues par la loi dans tout ce qui offre une valeur commerciale, ou peut donner lieu à une exploitation utile. V. Paris, 13 avril 1863, sous Cass., 30 nov. 1864 (S. 65. 1. 70. — P. 65. 135. — D. 65. 1. 163); — dans toute amélioration sensiblement appréciable, obtenue dans la production. V. Aix, 11 nov. 1863, sous Cass., 14 mars 1865 (S. 65. 1. 372. — P. 65. 966. — D. 65. 1. 227); — enfin dans des avantages analogues à ceux de l'espèce actuelle, tels qu'une économie de temps, de matière et de force. V. Cass., 15 juill. 1867 (S. 67. 1. 286. — P. 67. 743). — Faisons d'ailleurs observer que le résultat industriel n'a pas besoin d'être nouveau, ni d'une importance plus ou moins considérable. V. Cass., 24 mai 1881 (Pand. chr.), et la note.

(4-5-6) De quelque manière que la divulgation se produise, qu'elle soit volontaire ou non de la part de l'inventeur, peu importe! Dès l'instant qu'elle s'est effectuée antérieurement au dépôt de la demande, qu'elle est suffisante pour permettre l'exécution de l'invention, la nullité du brevet en résulte comme une conséquence nécessaire. V. Rennes, 9 janv. 1865 (S. 66. 2. 58. — P. 66. 234); 12 janv. 1865 (S. 65. 1. 99. — P. 65. 194. — D. 66. 1. 458); Amiens, 29 mars 1865, sous Cass., 1er juin 1865 (S. 65. 1. 463. — P. 65. 1203. — D. 66. 1. 458); Cass., 9 déc. 1867 (S. 68. 1. 77. — P. 68. 161); Caen, 10 nov. 1874 (Rec. de cette Cour, 75. 48). Ainsi, par exemple, la divulgation résulterait même de l'accomplissement des formalités requises pour l'obtention d'un brevet en pays étranger. V. Cass., 9 déc. 1867, précité; 9 mars 1883 (S. 83. 1. 281. — P. 83. 1. 661. — D. 84. 1. 143). V. aussi notre *Dictionnaire de dr. comm., ind., et marit.*, t. II, v° *Brevet d'invent.*, n. 500 et suiv.

(7) V. en ce sens : Cass., 19 août 1853 (S. 54. 1. 152. — P. 55. 1. 63. — D. 54. 5. 82); 22 avril 1854 (S. 54. 1. 491. — P. 55. 2. 229); 18 nov. 1864 (D. 66. 1. 453); 25 mai 1868 (D. 68. 1. 449); Poitiers, 17 fév. 1855 (S. 55. 2. 539. — P. 55. 1. 267. — D. 55. 2.

(Rességuier c. Alain Chartier.) — ARRÊT (*après délib. en ch. du cons.*).

LA COUR : — Sur le premier moyen du pourvoi, en ses deux branches (violation de l'art. 2 de la loi du 5 juill. 1844, et de l'art. 7 de la loi du 20 avril 1810, en ce que l'arrêt, déclarant brevetable une combinaison nouvelle d'éléments connus, n'aurait pas indiqué le résultat industriel qu'elle produisait) : — Attendu que la Cour d'appel de Toulouse, en déclarant adopter les motifs du jugement du tribunal civil d'Albi, en ce qui n'était pas contraire à ceux par lesquels elle motivait elle-même sa décision, a par là constaté, comme l'avaient fait les premiers juges, que le moule à fabriquer les bouteilles de verre, objet des brevets d'invention pris par Cahue, était, au moment de la demande de ces brevets, l'outil le plus perfectionné pour ce genre de fabrication, et que, par l'emploi de ce moule, on pouvait produire, avec une économie de temps et de travail, une plus grande quantité de bouteilles qu'en se servant des autres moules ou appareils alors connus; — Attendu que la somme de ces avantages spécifiés par cette constatation constitue le résultat industriel dont l'obtention est nécessaire pour qu'une application nouvelle de moyens connus soit brevetable; — D'où il suit que l'arrêt attaqué a donné les motifs de sa décision, et a sainement appliqué aux faits de la cause les dispositions de l'art. 2 de la loi du 5 juill. 1844 ; qu'ainsi, il n'a violé ni cet art. 2, ni la loi du 20 avril 1810, invoqués par le pourvoi;

Sur le second moyen du pourvoi (violation des art. 30, § 1, et 31 de la loi du 5 juill. 1844, en ce que l'arrêt a considéré comme nouvelle une invention qui avait reçu une publicité suffisante pour être exécutée antérieurement à la prise du brevet) : — Attendu que, si la divulgation de l'invention, lorsqu'elle est antérieure à la date du dépôt de la demande de brevet, soit que cette divulgation ait été volontaire, soit qu'elle ait été involontaire de la part de l'inventeur, fait tomber la découverte dans le domaine public, en rendant le brevet nul et de nul effet, sans que l'intention constante dudit inventeur de réserver la propriété de son invention puisse faire obstacle à la nullité édictée par l'art. 30, § 1er, de la loi du 5 juill. 1844, il résulte toutefois de l'art. 31 de cette même loi que la nullité ne peut être encourue que lorsque la publicité a été suffisante pour rendre l'exécution de l'invention possible; — Attendu que l'arrêt attaqué constate, d'une part, que les faits desquels Rességuier prétendait faire ressortir la divulgation se sont tous accomplis pendant la période des essais ou expérimentations pratiqués pour donner à la machine sa constitution définitive, ou pendant la fabrication chez Ader, alors que le moule breveté le 18 sept. 1874 n'était point encore muni du fond de terre réfractaire, et, d'autre part, que l'emploi de ce fond en terre est un des éléments caractéristiques de la découverte; — Attendu, dès lors, que la divulgation, telle qu'elle s'est produite, n'a pas été suffisante pour permettre la reproduction de l'appareil breveté; qu'elle n'a donc pas eu lieu dans les conditions nécessaires pour entraîner la nullité édictée par l'art. 30, § 1er, prérappelée; — D'où il suit que l'arrêt attaqué (Toulouse, 28 juin 1882) a légalement justifié sa décision, et que, par conséquent, en statuant ainsi qu'il l'a fait, il n'a point violé les lois visées par le pourvoi; — Rejette, etc.

MM. Cazot, 1er prés.; de Lagrévol, rapp.; Roussellier, av. gén. (concl. conf.); Morillot et Moret, av.

CASS.-CRIM. 11 juillet 1884.

RÈGLEMENT DE POLICE, ABROGATION (DÉFAUT D'), ORDONNANCE DE 1778, FILLES DE DÉBAUCHE, SANCTION.

L'abrogation d'un règlement intervenu dans un intérêt public ne peut résulter ni de son défaut d'exécution pendant un temps plus ou moins long, ni de la tolérance plus ou moins prolongée d'un usage dérogatoire à ses prescriptions ou à ses prohibitions (1) (C. pén., 484).

Par suite, sont toujours en vigueur les dispositions de l'ordonnance du 6 nov. 1778 qui défendent à tous propriétaires et principaux locataires des maisons de la ville de Paris et faubourgs d'y louer ou sous-louer ces maisons à des femmes de débauche (2) (Ord. 6 nov. 1778, art. 2).

Et les prescriptions de cette ordonnance, rentrant dans les matières confiées par les lois postérieures à la vigilance et à l'autorité des corps municipaux, ont aujourd'hui pour sanction, non plus les peines anciennes (500 livres d'amende), mais celles de simple police (3) (C. pén., 471, n. 15, 474).

(X...) — ARRÊT.

LA COUR : — Vu l'art. 2 de l'ordonn. de police du 6 nov. 1778, par lequel il est défendu à tous propriétaires et principaux locataires des maisons de la ville de Paris et faubourgs d'y louer ou sous-louer les maisons dont ils sont propriétaires et locataires qu'à des personnes de bonnes vie et mœurs et bien famées, et de souffrir en icelles aucun lieu de débauche; — Attendu qu'il résulte d'un procès-verbal régulier dressé par l'un des commissaires de police de la ville de Paris, en date du 29 oct. 1883, que le sieur X... a, par infraction à l'ordonnance précitée, loué dans sa maison un magasin de parfumerie à des filles notoirement connues pour se livrer à la débauche, et commis ainsi une contravention prévue et punie par l'art. 471, § 15, C. pén.; — Attendu que le tribunal de simple police de Paris, a relaxé le sieur X... de la prévention, en se fondant sur ce que l'ordonn. du 6 nov. 1778 serait abrogée, tant par désuétude que par l'usage contraire, et notamment en ce que les dispositions de ladite ordonnance seraient inconciliables avec le régime de tolérance appliqué depuis à la prostitution, l'exercice du droit de propriété et la nature des pénalités édictées en matière de contraventions de police; — Attendu,

---

110); Bordeaux, 20 juin 1867 (S. 68. 2, 221. — P. 68. 849), et notre *Dictionnaire, verb. et loc. cit.*, n. 493 et suiv.

(1) Principe constant. V. entre autres arrêts, Cass., 19 sept. 1856 (S. 56. 1. 920. — P. 57. 70. — D. 56. 1. 419); 28 août 1858 (S. 58. 1. 845. — P. 59. 803. — D. 58. 1. 473); 8 janv. 1864 (S. 64. 1. 247. — P. 64. 844. — D. 66. 5. 402); 17 janv. 1868 (S. 68. 1. 422. — P. 68. 1117. — D. 68. 1. 363); 15 juill. 1873 (S. 73. 1. 351. — P. 73. 841); 27 déc. 1878 (S. 79. 1. 334. — P. 79. 813. — D. 79. 1. 186); 3 déc. 1880 (D. 81. 1. 280); 11 nov. 1881 (D. 82. 5. 351).

(2) La jurisprudence a reconnu au pouvoir municipal et au préfet de police le droit d'imposer, au nom de l'ordre et de l'honnêteté publique, aux propriétaires, certaines restrictions, affectant même leur droit de propriété, et notamment de leur défendre de ne loger dans leurs maisons des femmes faisant commerce de prostitution, qu'à la charge d'en faire la déclaration aux officiers de police. V. Cass., 30 mai 1844 (D. *Jurispr. gén.*, vo *Commune*, n. 1204); 19 juin 1846 (D. 46. 4. 36); 18 févr. 1860 (S. 60. 1. 685. — P. 61. 295. — D. 60. 5. 309); 14 nov. 1861 (S. 62. 1. 215. — P. 62. 526. — D. 61. 5. 397); 30 nov. 1861 (S. et P., *ibid.*); 19 mars 1875 (Pand. chr.); 17 août 1882 (Bull. crim., n. 208). — Dans plusieurs de ces arrêts, l'ordonnance de 1778 est expressément visée. On peut donc dire que la jurisprudence n'a jamais eu qu'une opinion : cette ordonnance est toujours en vigueur. (Extrait des conclusions de M. le procureur général Barbier.)

(3) La question ne se discute plus aujourd'hui. Toutes les dissidences se sont ralliées à l'opinion de la Cour de cassation pour ne voir dans ces infractions que des contraventions, et leur faire l'application des peines de simple police. V. Cass., 19 janv. 1837 (D. *Jurispr. gén.*, vo *Commune*, n. 1178); 17 déc. 1841 (D. *Jurispr. gén.*, vo *Revendeurs*, n. 3); 1er déc. 1866 (S. 67. 1. 93. — P. 67. 187 — D. 67. 1. 142); Orléans, 28 janv. 1867 (S. 67. 2. 219. — P. 67. 819. — D. 67. 2. 205); 1er févr. 1878 (D. 78. 1. 489).

d'une part, que l'ordonn. du 6 nov. 1778 n'a été expressément abrogée par aucun texte légal; qu'elle se trouve, au contraire, maintenue par la disposition générale de l'art. 484, C. pén.; — Attendu, d'autre part, que l'abrogation d'un règlement intervenu dans un intérêt public ne peut résulter ni de son défaut d'exécution pendant un temps plus ou moins long, ni de la tolérance plus ou moins prolongée d'un usage dérogatoire à ses prescriptions ou à ses prohibitions; que l'ordonn. de 1778 n'a donc pu être abrogée par une prétendue désuétude; que, du reste, en fait, elle a été fréquemment rappelée dans des ordonnances du préfet de police, et n'a cessé d'être appliquée; — Attendu que les dispositions qu'elle contient ne sont, en aucune façon, inconciliables avec celles de la législation qui a suivi; qu'en effet, les lois des 16-24 août 1790 et 22 juill. 1791 confient à la vigilance de l'autorité municipale toutes les mesures de police qui intéressent l'ordre public; que, spécialement, la surveillance des prostituées exige des mesures particulières et préventives, dont l'observation devient obligatoire pour tous les citoyens indistinctement; — Attendu que ce n'est pas toucher aux droits de la propriété que de soumettre un propriétaire à des obligations que commande l'honnêteté publique, et qui ont pour but d'empêcher les désordres inséparables de la prostitution; — Attendu, enfin, que, si les pénalités prononcées par ladite ordonnance sont actuellement inapplicables, il ne s'ensuit pas que ses prescriptions elles-mêmes aient cessé d'être en vigueur; qu'aux termes des art. 1, 2, 3 et 5, titre XI de la loi des 16-24 août 1790, 474, n. 15, et 384, C. pén., les règlements de police statuant sur des matières confiées par la loi de 1790 à la vigilance et à l'autorité des corps municipaux antérieurs à cette loi, ont aujourd'hui pour sanction, non plus les peines qui y étaient édictées, mais celles de simple police; que c'est donc à tort et en violation des lois précitées que le juge de police a déclaré abrogée l'ordonn. du 6 nov. 1778, et relaxé le prévenu de la plainte dirigée contre lui; — Casse le jugement du tribunal de simple police de Paris, en date du 29 mars 1884, etc.

MM. Baudouin, prés.; Poulet, rapp.; Barbier, proc. gén.

Nota. — Du même jour, plusieurs arrêts identiques portant cassation d'autant de jugements du tribunal de police de Paris, en date du 29 mars 1884. — Mêmes magistrats.

CASS.-CRIM. 12 juillet 1884.

JOURNAUX OU ÉCRITS PÉRIODIQUES, RÉPONSE (DROIT DE), INTÉRÊT, PRÉJUDICE (ABSENCE DE), DÉPENS.

Le droit de répondre à un journal n'est pas subordonné à l'intérêt plus ou moins sérieux de celui qui l'exerce (1) (L. 29 juill. 1881, art. 13).

En l'absence même de préjudice, le simple refus d'insertion de la réponse constitue un délit qui demande à être réprimé, et justifie, tout au moins, la condamnation du journaliste aux dépens envers la partie civile (Id.).

(Bourget c. Cordier, directeur du *Nouvelliste de Bordeaux*.)
ARRÊT.

LA COUR : — Sur le moyen tiré de la violation des art. 13 et 60 de la loi du 29 juill. 1881, et des art. 1, 63, 65, 182, C. instr. crim. : — Vu lesdits articles; — Attendu que Bourget, nommé dans une annonce publiée par le journal *le Nouvelliste de Bordeaux*, a adressé au directeur de cette feuille une réponse, avec sommation de l'insérer au plus prochain numéro; que, cette sommation étant restée sans effet, il a fait citer Cordier devant le tribunal correctionnel pour refus d'insertion, et a réclamé 2,000 francs de dommages-intérêts; que cette demande a été repoussée par les premiers juges, et que, sur le seul appel de Bourget, la Cour d'appel, par ce motif qu'il ne justifiait d'aucun préjudice matériel ou moral, a déclaré que son action manquait de base et l'a condamné aux dépens; — Attendu que la loi de 1881 sur la presse ne subordonne pas le droit de répondre à l'intérêt plus ou moins sérieux de celui qui l'exerce; qu'aux termes de l'art. 13 de ladite loi, tout individu, nommé ou désigné dans un journal, a la faculté de répondre; que la réponse doit être insérée dans les trois jours de la sommation; que le refus d'insertion constitue un délit qui doit être réprimé, et que le journal qui l'a commis doit au moins être condamné aux dépens envers la partie civile, si une réparation plus ample n'est pas jugée nécessaire; — Attendu que, dans l'espèce, l'arrêt attaqué, pour rejeter la demande de Bourget, n'a relevé aucun motif tiré, soit de la nature de l'écrit auquel il était répondu, soit du contexte de la réponse; qu'il n'a pas dit que cette réponse fût contraire aux bonnes mœurs, ou injurieuse et diffamatoire pour le journaliste ou pour les tiers, et que, dès lors, en déclarant que l'action de Bourget manquait de base, par cela seul qu'il ne justifiait d'aucun préjudice, l'arrêt attaqué a formellement violé les dispositions de lois ci-dessus visées; — Casse, etc.

MM. Baudouin prés.; Dupré-Lasale, rapp.; Ronjat, av. gén.; Chambareaud, av.

CASS.-REQ. 17 juillet 1884.

TESTAMENT AUTHENTIQUE, ÉCRITURE, DICTÉE, TÉMOINS, ABSENCE MOMENTANÉE.

L'écriture du testament authentique, comme sa dictée, doit être faite, à peine de nullité, en présence des témoins instrumentaires (2) (C. civ., 971).

Par suite, est à bon droit déclaré nul le testament écrit en partie par le notaire pendant l'absence momentanée d'un des témoins (3) (Id.).

(Lebossé c. Deboulay.) — ARRÊT.

LA COUR : — Sur le moyen unique du pourvoi, tiré de la violation des art. 971 et 972, C. civ., 10 de la loi de vent. an XI et 4 de la loi du 21 juin 1843 : — Attendu que l'écriture du testament authentique, comme sa dictée, doit être faite en présence des témoins instrumentaires, à peine de nullité; — Attendu que l'arrêt attaqué déclare qu'il est établi par enquête et contre-enquête, que le sieur Téroitin, l'un des témoins instrumentaires appelés dans le testament de la demoiselle Deboulay, reçu par le notaire Dubois le 31 juillet 1880, était sorti de la chambre à coucher où se passait l'acte, qu'il resta absent de six à huit minutes, qu'au moment de sa sortie le notaire, était occupé à écrire le testament, et qu'au moment de sa rentrée, il continuait le même travail, et qu'il est donc indubitable qu'après la sortie de Téroitin et pendant son absence, l'officier public avait continué ses opérations; —

(1) Tel était déjà le principe dominant sous l'empire de la législation antérieure. V. Cass., 1er mars 1838 (S. 38. 1. 447. — P. 40. 2. 32); 27 nov. 1845 (S. 46. 1. 210. — P. 46. 1. 129. — D. 46. 1. 12), et sur renvoi, Orléans, 9 juin 1846 (D. 46. 2. 116).

(2-3) Jurisprudence constante. V. Bruxelles, 16 (ou 19) févr. 1816; Nancy, 24 juill. 1833 (S. 35. 2. 90. — P. chr.); Bordeaux, 8 mai 1860 (S. 60. 2. 433. — P. 61. 823. — D. 60. 2. 129); Cass., 18 janv. 1864 (S. 64. 1. 81. — P. 64. 492. — D. 64. 1. 139); Chambéry, 12 août 1872 (Pand. chr.), et la note. — L'enseignement pratique qui se dégage de ces arrêts se formule donc de la manière suivante : quand l'un des témoins se trouve forcé de s'absenter momentanément, le notaire doit alors suspendre, pendant cette absence, la confection du testament, et ne reprendre son œuvre que quand il s'est bien assuré de la présence et du concours de tous.

Attendu qu'en présence de ces constatations, l'arrêt attaqué n'a fait qu'une juste application des lois ci-dessus visées, en déclarant nul le testament dont s'agit; — Rejette le pourvoi formé contre un arrêt de la Cour d'appel d'Angers du 21 juin 1883, etc.

MM. Bédarrides, prés.; Bécot, rapp.; Chévrier, av. gén. (concl. conf.); Morillot av.

CASS.-REQ. **21 juillet 1884.**

1° SOCIÉTÉ EN COMMANDITE, COMMANDITE SIMPLE, DIVIDENDES (RÉPÉTITION DE). — 2° SOCIÉTÉ COMMERCIALE, INVENTAIRE, ÉCRITURES, ERREURS, RECTIFICATION, AVANCES, INTÉRÊTS, POINT DE DÉPART.

1° *L'art. 10 de la loi du 24 juill. 1867 reste sans application aux sociétés en commandite qui ne sont point par actions, alors d'ailleurs qu'il ne s'agit nullement de restitution de dividendes distribués* (1) (L. 24 juill. 1867, art. 10). — Motifs.

2° *Les inventaires d'une société commerciale (dans l'espèce, d'une société en nom collectif et en commandite simple) doivent, comme les autres écritures imposées aux commerçants, être sincères et exactes* (2); *il appartient, en conséquence, aux tribunaux de rectifier les erreurs ou omissions qui s'y glissent et qui sont de nature à porter atteinte aux conventions stipulées dans l'acte de société pour le règlement des droits entre les associés* (C. civ., 1134; C. comm., 12).

L'associé est de plein droit et sans demande en justice, par dérogation à l'art. 1153, C. civ., comptable des intérêts des sommes prises dans la caisse sociale, à partir du jour où il les en a tirés pour son profit exclusif (3) (C. civ., 1846).

Par réciprocité, la société doit, suivant la même règle, les intérêts des sommes avancées pour son compte par l'un des associés (4) (Id.).

(Collette c. Bourguignon et Varinet.) — ARRÊT.

LA COUR : — Sur le premier moyen, tiré de la violation des art. 1134, C. civ., et 10 de la loi du 24 juill. 1867 (en ce que, notamment, les inventaires d'exercices, définitivement réglés, ne pouvaient être modifiés) : — Attendu que, dans la cause actuelle, il ne s'agit ni de société en commandite par actions, ni de restitutions de dividendes; que, dès lors, l'art. 10 de la loi du 24 juill. 1867 est sans application; — Attendu que les inventaires, comme les autres écritures imposées aux commerçants, doivent être sincères et exacts; qu'il appartient aux tribunaux de rectifier les erreurs ou omissions qui s'y seraient glissées, et qui auraient notamment pour résultat de porter atteinte aux conventions stipulées dans l'acte de société entre les associés; — Attendu que, par acte du 18 nov. 1867, Bourguignon, Collette et Varinet avaient constitué une société commerciale, en nom collectif au regard des deux premiers, en commandite quant au troisième; que Collette apportait à la société la jouissance d'une usine lui appartenant, sous cette condition que, si sa part annuelle dans les bénéfices n'atteignait pas 5,000 fr., il y aurait lieu de parfaire cette somme à titre de loyers de ladite usine; que Bourguignon, gérant de la société, était autorisé à prélever mensuellement une somme de 200 fr. pour émoluments de gestion, mais sur les bénéfices seulement; qu'enfin, il était stipulé que les bénéfices revenant, soit à Collette, soit à Bourguignon, seraient portés aux comptes courants de chacun d'eux, comptes qui seraient chaque année, au 31 déc., crédités des intérêts à 6 0/0 des bénéfices non retirés; — Attendu que Bourguignon, tenant la société pour prospère, n'avait porté au crédit de Collette aucune somme pour loyers de son usine, et s'était crédité des émoluments de gestion non touchés par lui; — Attendu qu'à la suite de la dissolution de la société, survenue le 9 mai 1871, et bientôt suivie d'une reconstitution de cette société, entre les mêmes parties et sous les mêmes conditions, un expert liquidateur, révisant les écritures de la société, et constatant des pertes, au lieu de bénéfices, avait porté au crédit de Collette 20,935 fr. 40 pour loyers et intérêts du montant de ses loyers au 31 mars 1872, et que, par contre, il avait débité, en principal et intérêts, Bourguignon, de la somme de 5,831 fr., pour émoluments de gestion, dont il s'était, suivant ledit expert, indûment crédité; — Attendu que, par arrêt du 15 juin 1874, la Société des déchets de Sedan a été condamnée, vis-à-vis de la Société Bourguignon et Cie, au payement d'une somme de 171,950 fr. à titre de dommages-intérêts, à raison d'actes de contrefaçon accomplis avant le 7 juin 1869, c'est-à-dire dans les deux premières années du fonctionnement de la Société Bourguignon; — Attendu que, si ladite condamnation n'a été prononcée qu'en 1874, elle l'a été au profit de la première Société Bourguignon, la cause du dommage qu'elle répare s'étant produite de 1867 à 1869, et ayant affecté exclusivement les résultats des exercices de ces deux années; qu'ainsi, cette condamnation a eu essentiellement pour effet de replacer les parties lésées au même état que si aucun dommage n'avait été encouru; — Attendu que c'est donc avec raison que l'arrêt attaqué a décidé que les écritures de la Société Bourguignon seraient rectifiées en ce sens, que le montant de la condamnation serait reporté à l'actif des années qui avaient souffert de la contrefaçon; que, loin de méconnaître les engagements contractés par la société envers l'un des associés, il n'a fait qu'en assurer la loyale exécution, et n'a violé aucun des articles visés par le premier moyen;

Sur le deuxième moyen, etc.:

Sur le troisième moyen, tiré de la violation des art. 1153, § dernier, 1376, 1378, C. civ., et 7 de la loi du 20 avril 1810 : — Attendu qu'aux termes de l'art. 1153, C. civ., les intérêts ne sont dus que du jour de la demande, excepté dans les cas où la loi les fait courir de plein droit; — Attendu que l'une des exceptions à ce principe général est prévue par l'art. 1846 du même Code, d'après lequel l'associé devient de plein droit, et sans demande, débiteur des intérêts des sommes prises dans la caisse sociale, du jour où il les en a tirées pour son profit; que, par une juste réciprocité, la société doit, suivant la même règle, les intérêts des sommes avancées pour son compte par l'un des associés; — Attendu que l'arrêt attaqué, en constatant que l'expert liquidateur, à tort, avait porté au crédit de Collette une somme de 20,935 fr. 40 c., montant de loyers non dus, du 30 nov. 1868 au 1er mars 1872, y compris les intérêts au 31 du même mois, et débité Bourguignon en principal et intérêts de la somme de 5,831 fr., pour émoluments de gestion prétendus indûment perçus, et en établissant ainsi que ces sommes avaient été reçues à titre d'avances faites, quant à la première, par la société à Collette, quant à la seconde, par Bourguignon à la société, a suffisamment justifié la disposition ordonnant que cesdites avances seraient restituées avec intérêts du jour où elles avaient eu

---

(1) V. conf., Cass., 22 juin 1880 (Pand. chr.), et la note.

(2) Cette obligation pour la société commerciale, comme pour tout négociant, de tenir des écritures sincères et exactes, résulte de toutes les règles et prescriptions formulées dans le titre II, liv. I du Code de commerce, intitulé : *Des livres de commerce.*

(3-4) V. en ce sens, Riom, 1er juill. 1835, sous Cass., 25 mars 1839 (S. 39. 1. 70. — P. 43. 2. 408), et les autorités citées dans notre *Dictionnaire de dr. commerc., ind. et marit.*, t. VI, v° *Société en nom collectif*, n. 403, 404.

lieu; que, dès lors, l'arrêt n'a violé aucun des articles de loi visés par le troisième moyen; — Rejette, etc.

MM. Bédarrides, prés.; Talandier, rapp.; Pétiton, av. gén. (concl. conf.); Morillot, av.

CASS.-CIV. 22 juillet 1884.

DONATION ENTRE ÉPOUX, DONATION DÉGUISÉE, DONATION INDIRECTE, BILLET A ORDRE, SIMULATION, NULLITÉ, QUALITÉ POUR AGIR, HÉRITIERS RÉSERVATAIRES, HÉRITIERS NON RÉSERVATAIRES.

Les donations déguisées, par opposition aux donations simplement indirectes, s'entendent de celles qui sont dissimulées sous la forme et les apparences d'un contrat onéreux ou sous le nom de personnes interposées (1) (C. civ., 1099).

Spécialement, *le billet souscrit par un époux au profit de son conjoint, constitue une donation déguisée, lorsqu'il ne comporte aucune reconnaissance de dette, mais bien une pure libéralité dissimulée sous cette forme* (2) (Id.).

A l'encontre des donations indirectes entre époux qui sont simplement sujettes à réduction, les donations déguisées sont nulles pour le tout (3) (Id.).

Mais cette nullité ne peut être invoquée que par les héritiers réservataires ou par les institués contractuels; elle ne peut l'être par les héritiers légitimes non réservataires (4) (Id.).

(Boisset c. Boisset.) — ARRÊT (*ap. délib. en ch. du cons.*).

LA COUR : — Sur la première branche du moyen du pourvoi : — Attendu que l'arrêt attaqué constate en fait que le billet produit au procès par les époux Boisset, qui ont reconnu le tenir de Jean-Louis Benoît, époux de Joséphine Benoît, *de cujus*, n'a pas eu pour objet la reconnaissance d'une dette de celle-ci envers son mari, mais a eu pour cause une libéralité dissimulée sous cette forme; — Attendu, en droit, que, lorsque le législateur dispose spécialement à l'égard des donations déguisées, par opposition aux donations simplement indirectes, il entend parler de celles qui sont dissimulées sous la forme et les apparences d'un contrat onéreux, ou sous le nom de personnes interposées; — D'où il suit qu'en décidant que le billet produit au procès par les mariés Boisset constituait un acte de donation déguisée, dans le sens de l'art. 1099, C. civ., l'arrêt attaqué s'est conformé à la loi, et a sainement appliqué à la cause les principes de la matière; — Rejette le moyen en sa première branche;

Mais sur la deuxième branche du même moyen : — Vu l'art. 1099, C. civ.; — Attendu que cet article a pour objet d'empêcher les donations excessives entre époux; que, dans ce but, après avoir déclaré réductibles les donations indirectes entre époux, il prononce la nullité de celles qui sont déguisées sous la forme d'un contrat onéreux, ou faites à personnes interposées; — Attendu que la nullité, prononcée par cet article contre les libéralités déguisées entre époux, ne peut donc être invoquée que par les héritiers réservataires ou par les institués contractuels; — Attendu, en fait, que la dame Joséphine Benoît n'a laissé d'autres ayants droit à sa succession que son frère, Prosper Benoît, et sa sœur, Hortense Benoît, épouse Boisset, ses héritiers légitimes non réservataires; qu'ainsi, son droit de disposition au profit de son mari était illimité; — Attendu, cependant, que l'arrêt attaqué, pour annuler le billet de 5,000 fr. produit au procès par les époux Boisset, s'est fondé sur ce que ce billet n'étant qu'une donation déguisée faite par Joséphine Benoît, *de cujus*, en faveur de son mari, cette donation était radicalement nulle, aux termes de l'art. 1099, C. civ., et que la nullité pouvait être opposée par les héritiers de la donatrice, même non réservataires; — En quoi ledit arrêt (Montpellier, 9 août 1882) a faussement appliqué, et a, par suite, violé l'art. 1099, C. civ., ci-dessus visé; — Casse, etc.

MM. Cazot, 1er prés.; de Lagrevol, rapp.; Ronjat, av. gén. (concl. contr. sur la 2e branche du moyen); Costa, av.

CASS.-CIV. 22 juillet 1884.

SUCCESSION, BÉNÉFICE D'INVENTAIRE, ACCEPTATION PURE ET SIMPLE, FORMALITÉS DE JUSTICE, OMISSION, VENTE, BIENS DOTAUX, CRÉANCIERS DE LA SUCCESSION.

La vente des meubles et des immeubles d'une succession, effectuée sans formalités de justice, contient en elle-même, de la part de l'héritier, la manifestation d'une volonté très-nette, dans le sens d'une acceptation pure et simple (5) (C. civ., 778; C. proc., 988, 989).

Cette qualité d'héritier pur et simple lui est attribuée d'une manière absolue, sans égard au caractère des biens vendus, à la qualité des créanciers, ou aux circonstances de la vente (6) (Id.).

Il en est ainsi, quand bien même il s'agirait de biens, meubles et immeubles, frappés de dotalité entre les mains du de cujus *et transmis libres de tout engagement* (7) (Id.).

... Et aussi quand bien même les créanciers de la succession n'auraient aucune qualité pour se plaindre de la vente opérée sans formalités de justice (8) (Id.).

(Vannier c. Véron.) — ARRÊT.

LA COUR : — Sur le premier moyen du pourvoi : — Vu les art. 778, C. civ., 988, 989, C. proc.; — Attendu que l'acceptation pure et simple ou sous bénéfice d'inventaire d'une succession est un acte que la loi fait dépendre de la volonté de l'héritier; que la manifestation de cette volonté peut être expresse ou tacite; mais que la loi attache à cer-

---

(1-2-3) La jurisprudence, après bien des divergences, paraît se fixer définitivement, sur tous ces points, dans le sens des solutions de l'arrêt ci-dessus rapporté. V. Cass., 23 mai 1882 (Pand. chr.), et les observations jointes à cet arrêt.

(4) V. conf., Cass., 25 juill. 1881 (Pand. chr.), et la note; Nîmes, 27 nov. 1882 (Pand. chr.).

(5-6) V. en ce sens, Rennes, 17 juill. 1820; Paris, 17 déc. 1822; Caen, 16 juill. 1834 (S. 35. 2. 559. — P. chr.); Aubry et Rau, t. VI, § 618, texte et note 99, p. 468; Laurent, *Princip. de dr. civ.*, t. IX, n. 397.

Certains arrêts ont introduit un tempérament à cette règle absolue; ils exigent, pour que la déchéance du bénéfice d'inventaire puisse être prononcée contre l'héritier, que l'acte de disposition ait porté préjudice à l'intérêt des créanciers et des légataires, ou tout au moins qu'il y ait doute sur l'avantage de la conduite suivie. Si donc les agissements de l'héritier ont eu pour but et pour résultat le plus grand intérêt des créanciers et des légataires, la déchéance ne peut être invoquée contre lui. V. Cass., 27 déc. 1820; Rouen, 30 août 1828; Duvergier, sur Toullier, t. IV, n. 373, p. 237, note *a*.

Mais on s'accorde généralement à reconnaître qu'il n'y a pas lieu de prononcer contre l'héritier la déchéance du bénéfice d'inventaire, lorsque, en vendant des meubles cumulativement avec des immeubles, il a rempli pour l'une et l'autre espèce de biens, les formalités prescrites pour les ventes d'immeubles par l'art. 987, C. civ., bien qu'il n'ait pas observé de plus les formalités spéciales de l'art. 989, même Code, pour la vente des meubles, les premières formalités étant encore plus protectrices que les dernières. V. Cass., 20 août 1845 (S. 45. 1. 854. — P. 45. 2. 681. — D. 45. 1. 373).

Faisons enfin observer que la question de savoir si un acte fait par un successible constitue une acceptation de la succession dans le sens de l'art. 778, C. civ., est une question de droit qui relève du contrôle de la Cour de cassation et non une question de fait laissée à l'appréciation souveraine des juges du fond. V. Cass., 27 juin 1837 (S. 37. 1. 579. — P. chr. — D. 37. 1. 451); 18 janv. 1869, sol. implic. (S. 69. 1. 172. — P. 69. 415. — D. 69. 1. 103).

(7-8) *Sic*, Cass., 28 juin 1826; Aubry et Rau, t. IV, § 618, texte et note 99, p. 469 *b*. — *Contrà*, Caen, 24 déc. 1839 (S. 40. 2. 132. — P. 43. 1. 425); Demolombe, *Tr. des success.*, t. III, n. 379.

tains actes le caractère d'une volonté manifestée pour l'acceptation pure et simple; que telle est notamment la vente des meubles et des immeubles de la succession, sans les formes prescrites pour ces diverses sortes de biens; — Attendu que cette disposition de la loi est absolue, sans restrictions ni exceptions; qu'elle ne comporte aucune distinction tirée, soit de la qualité qu'avaient entre les mains du *de cujus* les biens vendus par l'héritier, soit de la qualité des créanciers, soit des circonstances dans lesquelles la vente a été effectuée, la vente sans formalités de justice ayant, dans tous les cas, le caractère d'un acte que l'héritier a fait volontairement, et qu'il n'avait droit de faire qu'en qualité d'héritier; — Attendu, en fait, que, devant la Cour de Poitiers, Vannier, à l'appui de sa demande en condamnation de la dame Véron comme héritière pure et simple de la dame Bellot, avait offert de prouver qu'elle avait disposé des biens meubles et immeubles de la succession, sans remplir les formalités légales; — Attendu que l'arrêt attaqué a rejeté cette offre de preuve comme sans pertinence, par ce seul motif que, tous les biens de la dame Bellot ayant été frappés de dotalité, et étant libres de tout engagement au profit de Vannier, celui-ci était sans qualité pour se plaindre de la vente qui avait pu en être faite par la dame Véron, sans les formes prescrites; — Mais attendu que les biens meubles et immeubles de la dame Bellot, quoiqu'ils eussent été affectés de dotalité, faisaient partie de sa succession; qu'ils n'ont été recueillis par la dame Véron que comme son héritière, et qu'ils étaient compris dans l'administration du bénéfice d'inventaire; que la vente en était, dès lors, assujettie aux prescriptions des articles de loi précités; qu'en déboutant Vannier de ses conclusions, la Cour de Poitiers a violé lesdits articles; — Sans qu'il y ait à statuer sur le moyen additionnel; — Casse, etc.

MM. Cazot, 1er prés.; Onofrio, rapp.; Ronjat, av. gén. (concl. conf.); Chambareaud et Sabatier, av.

CASS.-CRIM. 24 juillet 1884.

DIFFAMATION, COMMISSAIRE-PRISEUR, COMPÉTENCE.

Les commissaires-priseurs ne sont ni des fonctionnaires publics, ni des dépositaires ou agents de l'autorité publique, ni des citoyens chargés d'un service ou d'un mandat public; ils n'exercent leur ministère que dans des intérêts privés, à la demande des parties dont ils sont les mandataires. — En conséquence, c'est la juridiction correctionnelle qui est compétente pour statuer sur une poursuite en diffamation intentée par un commissaire-priseur (1) (L. 29 juill. 1881, art. 31, 32, 45, § 2).

(Morel et Vuilliens : journal *le Scandale* c. Chancel.) — ARRÊT.

LA COUR : — Sur le moyen tiré de la violation de l'art. 31 et de l'art. 41 de la loi du 29 juill. 1881, en ce que l'arrêt attaqué a considéré un commissaire-priseur comme étant une personne privée, et déclaré la juridiction correctionnelle compétente pour statuer sur la poursuite en diffamation intentée par le commissaire-priseur : — Attendu que les commissaires-priseurs ne peuvent être considérés ni comme fonctionnaires publics, ni comme dépositaires ou agents de l'autorité publique, ni comme citoyens chargés d'un service ou d'un mandat public, dans le sens de l'art. 31 de la loi du 29 juill. 1881; que, si ces officiers ministériels, investis du droit exclusif de faire certains actes qui exigent des connaissances spéciales et des garanties particulières de moralité, prêtent serment et sont soumis au pouvoir disciplinaire de l'autorité pour l'exercice de leur profession, ils ne sont chargés néanmoins d'aucune partie de l'administration publique, n'exercent leur ministère que dans des intérêts privés, et n'agissent qu'à la demande des parties dont ils sont les mandataires; que la Cour d'appel de Paris (arrêt, 28 mai 1884), en se déclarant compétente pour statuer sur l'action en diffamation dirigée par Chancel, commissaire-priseur, contre Morel, directeur, et Vuilliens, gérant du journal *le Scandale*, à raison d'articles publiés dans ledit journal, n'a donc violé aucune loi, et n'a pas méconnu les règles de sa compétence; — Rejette, etc.

MM. Baudouin, prés.; Dupré-Lasale, rapp.; Chévrier, av. gén.; Clément, av.

CASS.-REQ. 30 juillet 1884.

MARQUE DE FABRIQUE, DOMAINE PUBLIC, DÉPÔT, PROPRIÉTÉ, PRÉSOMPTIONS, PREUVE, POUVOIR DU JUGE, ÉTRANGER, TRAITÉ INTERNATIONAL, RÉTROACTIVITÉ.

Les juges du fond peuvent, et à cet égard leur appréciation est souveraine, pour repousser une demande en revendication de marque de fabrique formée par un industriel, s'appuyer sur ce que cette marque était depuis longtemps, antérieurement à tout dépôt, tombée dans le domaine public; une telle décision n'implique aucune méconnaissance, ni violation des règles de la présomption de propriété qui résulte du dépôt d'une marque et de l'obligation qui en dérive, pour quiconque prétend à l'usage d'une marque déposée, d'établir qu'au moment du dépôt, le déposant n'y avait aucun droit exclusif (2) (C. civ., 1315; L. 23 juin 1857, art. 5 et 6).

L'impossibilité où se trouve, à défaut de tout traité de commerce et de réciprocité, un fabricant étranger, propriétaire d'une marque, de protéger son droit par un dépôt, ne met point obstacle à ce que cette marque tombe dans le domaine public (3) (Id.). — Motifs.

En pareil cas, l'étranger ne peut plus, après la conclusion de conventions internationales et au moyen de dépôts faits conformément à la loi du 13 juin 1857, dessaisir le domaine public et faire revivre à son profit un droit privatif de propriété sur la marque (4) (L. 23 juin 1857, art. 2).

(Lanman et Kemp c. Rigaud et Cie.) — ARRÊT.

LA COUR : — Sur le premier moyen, tiré de la violation de l'art. 1315, § 3, et de l'art. 2 de la loi du 23 juin 1857, en ce que l'arrêt attaqué (Rouen, 5 juin 1883) intervertissant l'ordre de la preuve, a décidé que Lanman et Kemp n'établissaient pas leur droit de propriété sur la marque déposée par eux, alors que, le dépôt constituant une présomption de propriété en leur faveur, c'était à leurs adversaires à faire la preuve qu'à ce moment la marque n'appartenait pas aux déposants : — Attendu que, pour repousser la demande de Lanman et Kemp, l'arrêt attaqué s'est fondé sur ce que, alors même qu'ils justifieraient avoir usé de la marque en litige comme propriétaires et avec

(1) Solution conforme à un précédent arrêt de la Cour de Paris, du 2 avril 1884 (S. 84. 2. 78. — P. 84. 1. 417. — D. 85. 2. 31); M. Fabreguettes, *Tr. des infractions de la parole, de l'écriture et de la presse*, t. I, n. 1291.

(2) La question de savoir si une marque de fabrique est ou non tombée dans le domaine public dépend de l'appréciation des circonstances. A cet égard, les juges du fond décident en toute souveraineté. V. Cass., 13 janv. 1880 (Pand. chr.), et la note.

(3-4) Ces solutions sont conformes à la jurisprudence constante de la Cour de cassation. V. arrêts des 30 avril 1864 (S. 64. 1. 246. — P. 64. 864. — D. 64. 1. 451); 4 févr. 1865 (Pand. chr.); 13 janv. 1880 (Pand. chr.). — Toutefois, la question est controversée par les auteurs. V. notre *Dictionnaire de dr. comm., ind. et marit.*, t. V, v° *Marque de fabrique*, n. 120.

antériorité sur tous autres, ce qu'ils ne faisaient pas, il était établi et constaté, par les documents produits par les consorts Rigaud et Cie devant la Cour d'appel, que l'étiquette revendiquée par Lanman et Kemp, comme leur marque de commerce, était tombée dans le domaine public, en France, depuis de longues années, antérieurement à tous les dépôts qu'ils ont effectués; que, dès lors, l'arrêt attaqué, en se fondant sur ces constatations pour repousser la demande, n'a point violé les articles de loi susvisés;

Sur le deuxième moyen, tiré de la violation des art. 5 et 6 de la loi du 23 juin 1857, en ce que l'arrêt attaqué a décidé que des étrangers n'ont pu se réserver, en France, la propriété exclusive de la marque par eux déposée, sous prétexte que cette marque était tombée dans le domaine public, en France, antérieurement au dépôt qui y a été effectué, alors qu'avant ce dépôt, ces étrangers n'avaient pu agir, en France, pour conserver leur droit de propriété: — Attendu qu'aux termes de l'art. 2 de la loi du 23 juin 1857, le dépôt légal autorisant seul les commerçants à revendiquer la propriété exclusive de leur marque, et Lanman et Kemp, fabricants américains, n'ayant eu aucun droit au bénéfice de cette loi tant que la législation ne leur reconnaissait pas la faculté d'effectuer utilement, en France, le dépôt de leur marque, le dépôt effectué par eux, en dernier lieu, en vertu de la législation nouvelle, n'a pu leur donner le droit de dessaisir le domaine public, déclaré, par l'arrêt attaqué, en possession, en France, de cette marque depuis longues années, et avant tout dépôt en Amérique comme en France; que, dès lors, les art. 5 et 6 susvisés de la loi de 1857 n'ont pas été violés; — Rejette, etc.

MM. Bédarrides, prés.; Féraud-Giraud, rapp.; Chévrier, av. gén. (concl. conf.); Sabatier, av.

CASS.-civ. 30 juillet 1884.

Vente publique de meubles, Vente volontaire, Vente judiciaire, Fruits et récoltes, Notaire, Commissaire-priseur, Concurrence, Succession.

Les notaires n'ont, concurremment avec les commissaires-priseurs, même dans le lieu de la résidence de ces derniers, avec les huissiers et greffiers de justice de paix, le droit de procéder aux ventes de fruits et de récoltes pendants par branches ou par racines, qu'autant qu'il s'agit exclusivement de ventes publiques volontaires; *les ventes* judiciaires *demeurant soumises au Code de procédure civile ou aux lois spéciales qui les régissent* (1) (LL. 27 vent. an IX, art. 1; 28 avr. 1816, art. 89; 5 juin 1851, art. 1; C. civ., 520, 521).

Par vente judiciaire, *il faut entendre, notamment, la vente de fruits ou de récoltes qui s'opère, en vertu des art. 796, C. civ., et 986, C. proc., avec une autorisation du président, à la requête d'un héritier n'ayant pas encore pris qualité* (2) (C. civ., 796; C. proc., 986).

Par suite, le droit de procéder à des ventes de cette nature appartient aux commissaires-priseurs seuls, dans le lieu même de leur résidence, à l'exclusion des notaires (3) (Id.).

(Lainey et Deslongchamps c. Alline.) — ARRÊT.

LA COUR: — Sur les deux moyens de cassation réunis (violation de l'art. 520, C. civ., et fausse interprétation de la loi du 5 juin 1851, en ce que l'arrêt attaqué a considéré comme vente mobilière une vente de récoltes sur pied; — violation de l'art. 1er de la loi du 5 juin 1851, en ce que l'arrêt attaqué a refusé de considérer comme vente volontaire une vente autorisée par justice): — Attendu que la loi du 5 juin 1851, sur les ventes publiques volontaires de fruits ou de récoltes pendants par racines, a été à la fois une loi interprétative et transactionnelle; qu'en se reportant à la discussion de cette loi et au rapport qui l'a précédée, on ne peut méconnaître qu'elle a entendu réputer ventes mobilières, nonobstant les art. 520 et 521, C. civ., celles des fruits et récoltes adhérents au sol, mais vendus pour en être détachés; que, néanmoins, par esprit de transaction, et pour ne pas priver entièrement les notaires des avantages que la jurisprudence leur avait longtemps reconnus en cette matière, elle les a admis à procéder aux ventes de cette nature, concurremment avec les commissaires-priseurs, huissiers et greffiers de justice de paix, même dans le lieu de la résidence des commissaires-priseurs; — Attendu que, cette concession faite au notaire au préjudice des commissaires-priseurs constituant une exception au principe qui forme la loi d'institution de ces derniers (LL. 27 vent. an IX, art. 1er, et 28 avr. 1816, art. 89), elle ne peut être étendue au delà des termes où la loi de 1851 l'a restreinte; — Or, attendu que ladite loi est uniquement relative aux ventes publiques *volontaires*, et que le sens et la portée de ce dernier mot ont été expressément définis par le rapporteur de la loi, comme excluant les ventes *judiciaires*, qui, a-t-il dit, demeurent soumises au Code de procédure ou aux lois spéciales qui les régissent; — Attendu que la vente à laquelle fait procéder un héritier en vertu des art. 896, C. civ., et 986, C. proc., est incontestablement une vente *judiciaire;* qu'il s'ensuit qu'en reconnaissant que le notaire Lainey n'avait pas le droit de procéder à la vente, dans l'espèce, au préjudice d'Alline, au lieu même de la résidence de ce dernier, l'arrêt attaqué (Rouen, 17 juill. 1882), loin de violer l'art. 1er de la loi de 1851, l'a exactement appliqué, et qu'il n'a pas violé davantage l'art. 520, C. civ.; — Rejette, etc.

MM. Larombière, prés.; Merville, rapp.; Charrins, 1er av. gén. (concl. conf.); Lesage, av.

CASS.-civ. 6 août 1884.

Mont de piété, Responsabilité, Agent, Faute, Négligence, Objets volés, Domicile (Absence de), Permis de séjour, Préjudice, Réparation, Commissionnaires au Mont de piété, Intermédiaires.

Indépendamment des cas spéciaux de responsabilité, édictés par des prescriptions particulières, le Mont de piété de Paris est tenu, en vertu du droit commun, comme toutes les autres personnes morales, comme tous les particuliers, à la réparation du préjudice causé par les fautes de ses employés (4) (C. civ., 1382).

Ainsi, notamment, sa responsabilité est engagée, lorsque, des circonstances de fait, il résulte qu'il a reçu des objets volés dans des conditions qui auraient dû éveiller ses soupçons et le détourner de les accepter en nantissement (5) (Id.).

...Qu'il les a acceptés, malgré les avis officieux et officiels de la victime du vol, nonobstant les renseignements les plus précis sur la nature des marchandises soustraites (6) (Id.).

...Que les nantissements ont eu lieu dans un assez court espace de temps (trois mois), qu'ils se sont multipliés à l'excès (quarante-six engagements), qu'ils ont porté sur un nombre considérable d'objets neufs (trois cent trente-cinq bijoux) (7) (Id.).

(1-2-3) Ce sont là des questions d'une grande importance pratique et qui se signalent d'elles-mêmes à l'attention des officiers ministériels intéressés, notaires, huissiers, greffiers de justice de paix et commissaires-priseurs. V. dans le même sens, Trib. civ. Troyes, 18 oct. 1872 (Pand. chr.), et la note. — *Contrà*, Trib. civ. Bar-le-Duc, 10 mai 1867 (S. 68. 2. 24. — P. 68. 108. — D. 68. 3. 47), et notre *Dictionnaire de dr. commerc., ind. et marit.*, t. III, v° *Commissaire-priseur*, n. 35.

(4 à 10) Le principe que les Monts de piété sont placés sous la règle commune de l'art. 1382, C. civ., et tenus, comme toutes les

...Que le nombre et la fréquence des engagements ont été tels qu'observation en a été faite à l'emprunteur, par les agents de l'administration, qu'il venait trop souvent emprunter (8) (Id.).

...Qu'enfin, les nantissements ont été effectués au vu d'un simple permis de séjour délivré par la préfecture de police, permis qui ne peut équivaloir à la condition de domicile exigée de l'emprunteur, et dont la seule production était de nature à indiquer que le déposant était soumis à la surveillance du réclusionnaire libéré (9) (Id.).

En pareil cas, le Mont de piété peut être condamné non-seulement à la restitution pure et simple des objets volés, sans remboursement des sommes prêtées, mais encore à la réparation du préjudice souffert par la victime du vol, comme conséquence directe de la faute des agents de son administration (10) (Id.).

Mais le Mont de piété ne peut être rendu responsable d'engagements faits par l'entremise des commissionnaires au Mont de piété; ces commissionnaires n'étant ni ses agents, ni ses préposés, mais des intermédiaires auxquels les particuliers s'adressent pour faire effectuer des opérations qu'ils ne veulent point traiter directement (1).

Il en est ainsi, du moins, alors qu'aucune faute personnelle n'est relevée à la charge du Mont de piété dans ses rapports avec lesdits commissionnaires (2) (Id.).

(Mont de piété de Paris c. Havard.) — ARRÊT (*après délib. en ch. du cons.*).

LA COUR : — Sur le premier moyen : — Attendu qu'il résulte des constatations de l'arrêt attaqué que Vachet a été admis à faire des dépôts au Mont de piété de Paris, au vu d'un simple permis de séjour délivré par la préfecture de police, et dont la production était de nature à indiquer que ledit Vachet était soumis à la surveillance du réclusionnaire libéré; que le Mont de piété, nonobstant les avis officieux et officiels qu'il avait reçus du vol dont le bijoutier Havard avait été victime, a accepté de Vachet, pendant une période de trois mois, quarante-six engagements portant sur trois cent trente-cinq bijoux visiblement neufs, sans que l'emprunteur ait éprouvé aucun refus, et bien qu'il lui ait été fait l'observation qu'il venait trop souvent emprunter; enfin, qu'une attention plus scrupuleuse donnée par le Mont de piété aux avis qui lui avaient été transmis, lui aurait permis de garantir Havard dans une certaine mesure contre les pertes qu'il avait subies; — Attendu, d'une part, qu'il appartient aux juges du fait de décider, d'après les circonstances de la cause, ainsi que l'a fait l'arrêt attaqué, que le permis de séjour délivré pour un temps limité par la préfecture de police à un condamné libéré, permis renouvelable, mais toujours essentiellement révocable, ne peut équivaloir à la condition d'être domicilié, dont l'art. 47 du décret du 8 therm. an XIII exige que l'emprunteur fasse la justification; — Attendu, d'autre part, que l'arrêt attaqué n'a pas jugé que le propriétaire d'un objet volé aurait, toujours et dans tous les cas, le droit de le revendiquer dans les mains du Mont de piété, sans être tenu de rembourser les sommes par lui prêtées, mais qu'il s'est borné à dire que, en fait et dans l'espèce, le Mont de piété de Paris avait reçu des objets volés, dans des conditions qui auraient dû éveiller ses soupçons et le détourner de recevoir en nantissement des bijoux d'origine suspecte; qu'il avait ainsi commis une faute et une imprudence; — Attendu que, indépendamment des cas spéciaux que la loi, par des prescriptions particulières, a imposés au Mont de piété de Paris, le droit commun soumet cet établissement, comme toutes les autres personnes morales et les particuliers, à la réparation du préjudice causé par les fautes de ses employés; — D'où il suit qu'en décidant, dans les circonstances prérappelées, que la responsabilité du Mont de piété était engagée par la faute de ses agents et préposés, et en condamnant cet établissement, non-seulement à la restitution pure et simple des objets volés à Havard, sans remboursement des sommes prêtées à Vachet sur ces objets, mais encore à la réparation du préjudice dont Havard a souffert par la conséquence directe des faits susrelatés, l'arrêt attaqué, loin de violer les textes de loi invoqués par le pourvoi, n'en a fait qu'une exacte application; — Rejette le premier moyen;

Mais sur le second moyen : — Vu l'art. 1382, C. civ.; — Attendu qu'il est constaté par l'arrêt attaqué que tous les emprunts et dépôts effectués pour le compte de Vachet n'ont pas été opérés directement par lui au Mont de piété, avec le seul concours des agents et préposés de cet établissement; qu'un certain nombre d'engagements ont eu lieu, les 5 et 20 mai 1879, par l'entremise des commissionnaires au Mont de piété; — Attendu que lesdits commissionnaires ne sont pas les agents ou préposés de cet établissement, mais des intermédiaires auxquels les parties s'adressent pour qu'ils aillent, en leurs lieu et place, faire au Mont de piété les opérations pour lesquelles les particuliers ne veulent pas se présenter eux-mêmes; — Attendu qu'aucune disposition légale n'impose, en principe, au Mont de piété de Paris l'obligation de ne consentir au dépôt que lui présente un commissionnaire qu'après avoir exercé un contrôle préalable sur la personne de l'emprunteur; — Attendu que la responsabilité directe du Mont de piété aurait pu néanmoins se trouver engagée par suite d'une faute personnelle qu'il aurait commise dans ses rapports avec les commissionnaires, qui ont, dans l'espèce, joué le rôle d'intermédiaires; mais que l'arrêt attaqué (Paris, 24 janv. 1881) n'a relevé aucun fait précis de nature à établir juridiquement cette faute ou cette négligence; — Casse, etc.

MM. le cons. Merville, prés.; Monod, rapp.; Desjardins, av. gén. (concl. conf.); Arbelet et Housset, av.

CASS.-CIV. 11 août 1884.

COMMERÇANT, FEMME MARIÉE, EXPLOITATION EN COMMUN, DETTES, PAYEMENT.

La femme mariée qui ne fait qu'exploiter, conjointement avec son mari, le même fonds de commerce ne peut être réputée marchande publique (3), *alors même qu'elle serait séparée de biens et patentée en son nom personnel* (4) (C. civ., 220; C. comm., 5, § 2).

---

autres personnes morales, comme tous les particuliers, à la réparation du préjudice causé par les fautes de leurs agents ou préposés, n'est plus aujourd'hui susceptible de contradictions bien sérieuses; il a été consacré par d'assez nombreux arrêts. V. Cass., 28 nov. 1832 (S. 33. 1. 402. — P. chr. — D., *Jurisp. gén.*, v° *Mont de piété*, n. 58); 21 juill. 1857 (S. 57. 1. 681. — P. 58. 268. — D. 57. 1. 394). V. aussi Paris, 26 déc. 1871 (Pand. chr.); 18 nov. 1872 (S. 72. 2. 305. — P. 72. 1207); Rouen (sol. implic.), 29 juill. 1875 (Pand. chr.), et notre *Dictionnaire de dr. com., ind. et marit.*, t. V, v° *Mont de piété*, n. 20 et suiv. — L'accumulation des fautes ou des négligences relevées par l'arrêt frappé de pourvoi, et auxquelles se réfère la Cour de cassation comme à des constatations de fait souverainement appréciées par les juges du fond, rendait facile, dans l'affaire actuelle, l'application du principe de responsabilité à l'administration du Mont de piété de Paris.

(1-2) V. conf., Paris, 26 déc. 1871 (Pand. chr.), et notre *Dictionnaire de dr. comm., ind. et marit., loc. cit.*, n. 3.

(3) Principe certain. V. conf., Cass., 27 janv. 1875 (Pand. chr.); 19 janv. 1881 (Pand. chr.); 10 mai 1882 (Pand. chr.). V. aussi Lyon, 5 févr. 1881 (Pand. chr.).

(4) Ce sont là deux particularités qui distinguent l'arrêt ci-dessus, reproduit des décisions antérieures, et qui caractérisent avec plus de netteté encore le parti pris absolu adopté par la jurisprudence en cette matière.

Dès lors, elle ne saurait être condamnée solidairement avec son mari au payement de dettes contractées pour ce commerce (1) (Id.).

(Chavernoz c. Cazenove.) — ARRÊT.

LA COUR : — Vu l'art. 220, C. civ. ; (Le 1er paragraphe de l'arrêt du 27 janv. 1875, Pand. chr., se trouve ici textuellement reproduit. — L'arrêt continue) : — Qu'il importe donc peu que la femme soit séparée de biens, et que la patente soit en son nom, dès lors qu'il est certain qu'elle exploite conjointement avec son mari le même fonds de commerce ; — Attendu que l'arrêt attaqué (Montpellier, 24 juin 1882) constate ce fait qu'il n'existe à Roussillon qu'un seul commerce de vins exploité en commun par le mari et la femme Chavernoz, vivant ensemble ; qu'il en résulte que la demanderesse, n'exerçant pas un commerce séparé, ne peut être considérée comme marchande publique ; qu'en jugeant le contraire, en condamnant solidairement la femme et Chavernoz à payer le prix des fournitures faites par Cazenove à la maison commerciale, l'arrêt attaqué a formellement violé la disposition légale invoquée par le pourvoi ; — Casse, etc.

MM. Cazot, 1er prés. ; Guérin, rapp. ; Charrins, 1er av. gén. (concl. conf.) ; Costa et Roger-Marvaise, av.

CASS.-REQ. 11 août 1884.

MITOYENNETÉ, PRÉSOMPTIONS, PREUVE CONTRAIRE, TITRE COMMUN.

Le titre contraire susceptible de faire céder la présomption de mitoyenneté établie par l'art. 653, C. civ., ne s'entend pas nécessairement et exclusivement d'un titre commun aux deux propriétaires voisins (2) (C. civ., 653).

(Duprez c. Becquet-Rattel.) — ARRÊT.

LA COUR : — Sur le moyen unique du pourvoi, tiré de la violation des art. 653 et suiv., C. civ., et 7 de la loi du 20 avril 1810 : — Attendu que l'art. 653, C. civ., fait cesser devant un titre contraire la présomption de mitoyenneté qu'il établit ; que cet article n'exige point que les titres, dont il appartient aux juges du fait d'interpréter le sens et la portée, soient communs aux deux propriétaires voisins ; — Attendu que Becquet, pour revendiquer la propriété d'un mur séparant son immeuble de celui de Duprez, invoquait un acte de 1857, par lequel il prétendait avoir acheté ledit mur, et que Duprez opposait à cette revendication une vente du 13 janv. 1861, qui lui aurait attribué à lui-même la mitoyenneté de ce mur ; qu'il résulte de l'interprétation souverainement donnée par la Cour d'appel à ces deux actes, personnels, l'un à Becquet, l'autre à Duprez, que le mur litigieux n'était pas compris dans la vente faite en 1861 à Duprez, et qu'il avait été, au contraire, régulièrement acquis en 1857 par Becquet ; qu'en décidant, en conséquence, que ledit mur était la propriété de Becquet et n'était pas mitoyen entre lui et Duprez, l'arrêt attaqué (Douai, 5 juin 1883), qui répond d'ailleurs, par des motifs explicites, aux conclusions prises en appel, n'a violé ni les art. 653 et suiv., C. civ., ni l'art. 7 de la loi du 20 avril 1810, invoqués par le pourvoi ; — Rejette, etc.

MM. le cons. Alméras-Latour, prés. ; George-Lemaire, rapp. ; Chévrier, av. gén. (concl. conf.) ; Defert, av.

CASS.-CIV. 13 août 1884.

CHEMIN DE FER, TARIFS, APPLICATION, RETARD, INDEMNITÉ, FAUTE LOURDE, DOL, EXÉCUTION DU TRANSPORT.

Les cahiers des charges des Comp. de chemins de fer, ainsi que leurs tarifs généraux ou spéciaux, lorsqu'ils sont régulièrement approuvés, ont force de loi entre ces Compagnies et les tiers, relativement aux transports qu'elles se chargent d'effectuer (3) (C. civ., 1134).

Par suite, lorsqu'un tarif spécial limite, par forme de clause pénale, à l'abandon de tout ou partie du prix du transport, suivant la durée du retard, la responsabilité de la Compagnie, à raison des erreurs et des fautes, même lourdes, mais exemptes de dol ou de fraude, susceptibles d'occasionner des retards, cette clause a une portée générale et ne comporte pas de distinction entre les retards qui se produisent avant tout commencement d'exécution du contrat de transport et ceux survenus seulement au cours du trajet (4) (Id.).

D'où la condamnation de la Compagnie, pour des fautes lourdes, mais exemptes de dol ou de fraude, basée sur cette distinction, constitue une fausse interprétation, en même temps qu'une violation du tarif susmentionné (5) (Id.).

(Chem. de fer du Nord c. Calain.) — ARRÊT.

LA COUR : — Statuant sur le moyen du pourvoi, pris de la violation du tarif G. V., n. 3, et de l'arrêté du ministre des travaux publics du 12 juin 1866, ainsi que de la fausse application de l'art. 1382, C. civ. : — Vu ledit tarif ; — Attendu que le cahier des charges des Comp. de chemins de fer, ainsi que leurs tarifs généraux ou spéciaux, lorsqu'ils sont régulièrement approuvés, ont force de loi entre elles et les tiers, relativement aux transports qu'elles sont chargées d'opérer ; que les tarifs spéciaux, librement réclamés par les expéditeurs et accordés par les Compagnies, fixent l'étendue des engagements réciproquement contractés ; — Attendu que, par son tarif spécial G. V., n. 3, la Comp. du chemin de fer du Nord a précisément entendu se soustraire à l'application des principes du droit commun, en limitant par forme de clause pénale à l'abandon de tout ou partie du prix du transport, suivant la durée du retard, la responsabilité qu'elle pouvait encourir à raison des erreurs et des fautes, même lourdes, mais exemptes de dol

(1) V. comme présentant plus particulièrement des analogies avec l'espèce actuelle, Cass., 19 janv. 1881 (Pand. chr.) ; Lyon, 5 févr. 1881 (Pand. chr.), et les renvois.

(2) Cette solution paraît acquise en jurisprudence. V. conf., Cass., 25 janv. 1859 (S. 59. 1. 466. — P. 59. 258. — D. 59. 1. 85). — Toutefois, la question reste vivement controversée en doctrine. V. dans le sens des arrêts, Demolombe, *Servit.*, t. I, n. 334, 355. — *Contrà*, Aubry et Rau, t. II, p. 421, § 222, texte et note 16.

(3) V. conf., Cass., 17 mai 1882 (deux arrêts) (Pand. chr.) ; 19 mai 1883 (Pand. chr.) ; 26 nov. 1883 (S. 85. 1. 378. — P. 85. 1. 919. — D. 85. 1. 20) ; 2 févr. 1885 (S. 85. 1. 502. — P. 85. 1. 1186. — D. 85. 1. 436) ; 4 août 1885 (Pand. chr.) ; 24 mars 1886 (Pand. pér., 86. 1. 134) ; 8 juin 1886 (Pand. pér., 86. 1. 162), et les notes.

(4-5) La validité de la clause par laquelle les Compagnies de chemins de fer règlent, à l'avance et à forfait, l'indemnité dont elles peuvent être tenues en cas de retard, a été reconnue par de nombreux arrêts et n'est plus aujourd'hui sérieusement contestée. V. notamment Cass., 15 mars 1869 (Pand. chr.), et les renvois ; 31 mars 1874 (S. 74. 1. 385. — P. 74. 946. — D. 74. 1. 303) ; 25 août 1875 (S. 75. 1. 426. — P. 75. 1064) ; 14 août 1876 (S. 76. 1. 478. — P. 76. 1201. — D. 76. 1. 479) ; 27 mars 1878 (S. 78. 1. 326. — P. 78. 799. — D. 78. 1. 367) ; — et à propos de tarifs étrangers : Cass., 25 juill. 1881 (S. 82. 1. 84. — P. 82. 1. 173. — D. 81. 1. 404) ; 12 juin 1883 (Pand. chr.), et les renvois. — Mais la jurisprudence semble inclinée à interpréter cette clause, en ce sens qu'elle ne règle que les indemnités dues pour un retard ordinaire et sans conséquence grave, mais qu'elle ne prévoit pas les retards extraordinaires entraînant un préjudice considérable. Dans ce dernier cas, de plus amples dommages-intérêts pourraient être accordés au destinataire. V. Cass., 3 févr. 1873 (Pand. chr.), et la note. — Une telle clause peut couvrir les erreurs, même les fautes lourdes des employés de la Compagnie (V. Cass., 15 mars 1869, précité) ; elle ne saurait toutefois avoir pour effet de s'étendre ni au dol ni à la fraude, qui restent en matière de transports, comme de tous autres contrats, en dehors des conventions des parties, et même de leurs prévisions. V. Cass., 20 juill. 1868 (S. 68. 1. 362. — P. 68. 934. — D. 69. 1. 369) ; 21 févr. 1872 (S. 72. 1. 367. — P. 72. 985. — D. 72. 1. 116).

ou de fraude, que les employés auraient commises, et qui auraient occasionné des retards dans les expéditions; — Attendu que le jugement attaqué (Trib. de comm. de Boulogne-sur-Mer, 13 juin 1882) a, néanmoins, condamné la Comp. à payer, à titre de dommages-intérêts, la somme de 1,375 fr. 65 c. à Calain, alors qu'il avait réclamé le tarif spécial G. V., n. 3, et que sa marchandise avait éprouvé un retard de quatre heures dix minutes seulement, par le motif que le tarif spécial n'était applicable qu'au cas de force majeure survenue après un commencement d'exécution du transport, et que la Compagnie, en n'expédiant pas la marchandise par le train réglementaire, aurait commis une faute lourde dont les conséquences devaient lui incomber; qu'en le décidant ainsi, et en attribuant au texte une distinction qu'il ne comporte pas, le jugement attaqué a faussement interprété et, par suite, violé le tarif spécial susvisé; — Casse, etc.

MM. Larombière, prés.; Michaux-Bellaire, rapp.; Charrins, 1er av. gén. (concl. conf.); Devin, av.

CASS.-civ. 13 août 1884.

Séparation de corps, Mari, Décès, Garde des enfants, Puissance paternelle, Tutelle, Déchéance, Destitution.

La femme séparée de corps et privée par le jugement de séparation de la garde de ses enfants est réintégrée dans cette garde par le décès de son mari, qui met fin à l'état de séparation et l'investit, de plein droit, de la puissance paternelle et de la tutelle (1) (C. civ., 302, 371, 372, 373, 390).

Sauf à la famille des mineurs de poursuivre l'exclusion ou la destitution de la mère, en cas d'indignité ou d'incapacité (2) (C. civ., 443 et suiv.).

(Poulain c. Poulain.) — ARRÊT (*apr. délib. en ch. du cons.*).

LA COUR : — Sur le moyen unique du pourvoi : — Vu les art. 302, 372 et 390, C. civ.; — Attendu que le décès du père investit la mère survivante de la puissance paternelle et de la tutelle à l'égard de leurs enfants mineurs; — Attendu que les effets de la séparation de corps ne sauraient survivre à la dissolution du mariage par le décès de l'un des deux époux; qu'ainsi, dans le cas où le jugement de séparation, usant de la faculté conférée au juge par l'art. 302, C. civ., aurait confié la garde des enfants à une tierce personne, cette disposition accessoire de l'état de séparation doit s'évanouir avec cette séparation elle-même; que la loi a, d'ailleurs, pourvu au danger que pourrait présenter l'exercice, soit de la tutelle, soit de la puissance paternelle, en fournissant à la famille des mineurs les moyens d'en faire exclure ou destituer les personnes indignes ou incapables; — Et attendu qu'il résulte, en fait de l'arrêt attaqué, que la veuve Jules Poulain n'a subi ni déchéance ni destitution; que le décès de son mari a fait tomber le jugement de séparation dans ses effets; qu'il suit de là que son fils mineur a été placé de plein droit sous sa dépendance légale et sous sa tutelle; que, cependant, l'arrêt de la Cour de Paris a maintenu l'effet du jugement de séparation, en ordonnant que le jeune Charles Poulain resterait confié à la garde de la veuve Poulain, son aïeule paternelle, conformément à ce jugement; — En quoi il a faussement appliqué et, partant, violé les articles de loi ci-dessus visés; — Casse, etc.

MM. Larombière, prés.; Rohault de Fleury, rapp.; Charrins, 1er av. gén. (concl. conf.); Morel et Aguillon, av.

CASS.-req. 19 août 1884.

Saisie-immobilière, Insertions, Affiches, Immeuble, Désignation, Matrice cadastrale, Copie, Nullité, Appel.

L'obligation, en matière de poursuites sur saisie immobilière, de reproduire, dans les insertions et affiches, « la désignation des immeubles, telle qu'elle a été insérée dans le procès-verbal », ne s'étend pas à la copie littérale de la matrice cadastrale (3) (C. proc., 675, 696, 699).

Au surplus, la prétendue nullité qui résulterait du défaut de reproduction de la matrice cadastrale dans les insertions et affiches étant postérieure à la publication du cahier des charges, le jugement qui l'aurait écartée ne serait pas susceptible d'appel (C. proc., 730, § 3). — Motifs.

(Cancalon c. Tixier.) — ARRÊT.

LA COUR : — Sur le moyen unique du pourvoi, tiré de la violation des art. 696 et 699, C. proc., et de la fausse application de l'art. 675 du même Code : — Attendu qu'aux termes des art. 696, § 3, et 699, C. proc., l'extrait inséré dans un journal du département où sont situés les immeubles saisis, et l'extrait imprimé en placard et affiché en divers lieux, doivent contenir « la désignation des immeubles telle qu'elle a été insérée dans le procès-verbal »; que cette disposition se réfère nécessairement au troisième paragraphe de l'art. 675 du même Code, spécifiant la manière dont doit être faite, dans le procès-verbal de saisie, l'indication des biens saisis; qu'on ne saurait exiger, en outre, dans les insertions et affiches, la copie littérale de la matrice cadastrale, puisque cette copie n'est prescrite par l'art. 675 que dans un paragraphe spécial, distinct du troisième paragraphe, concernant le mode d'indication des biens saisis; que ce troisième paragraphe comprend, d'ailleurs, toutes les mentions prescrites pour les insertions et affiches par l'ancien art. 682, et que rien ne montre que le législateur de 1841 ait voulu en exiger de nouvelles; qu'en effet, loin d'étendre les formalités de publicité, il les a restreintes et simplifiées, et a même interdit par l'art. 730, § 3, la voie de l'appel contre les jugements statuant sur des nullités postérieures à la publication du cahier des charges : ce qui aurait dû déterminer la Cour de Limoges à écarter l'appel sur ce chef par une fin de non-recevoir, au lieu de confirmer au fond la décision des premiers juges; — Attendu, néanmoins, qu'en statuant ainsi, et en rejetant le moyen de nullité fondé sur l'absence de copie de la matrice cadastrale dans les insertions et affiches, ladite Cour n'a ni violé les art. 696 et 699, C. proc., ni faussement appliqué l'art. 675 du même Code; — Rejette, etc.

MM. le cons. Alméras-Latour, prés.; George-Lemaire, rapp.; le cons. Ballot-Beaupré, av. gén.; Bazille, av.

CASS.-civ. 25 août 1884.

Tribunal de commerce, Élections, Listes, Inscription, Notaire.

Sont électeurs consulaires, non point indistinctement toutes les personnes portées au rôle des patentes, mais bien les seuls pa-

(1-2) Comp. Cass., 27 janv. 1879 (S. 79. 1. 464. — P. 79. 1208. — D. 79. 1. 223), décidant que « la puissance paternelle, établie surtout dans l'intérêt de l'enfant, n'est pas absolue; qu'il appartient aux tribunaux d'en restreindre l'exercice, quand, matériellement ou moralement, cet intérêt est en péril ». — Ces principes sont parfaitement conciliables avec les solutions de l'arrêt ci-dessus rapporté.

(3) V. toutefois, en sens contraire, Carré et Chauveau, *Lois de la procédure*, t. V, quest. 2351, *quinquies*; Grosse et Rameau, *Comment. de la loi* du 28 mai 1858, t. I, p. 97, n. 72.

tentés qui, à des titres divers, font du commerce leur profession habituelle (1) (L. 8 déc. 1883, art. 1).

Par suite, les notaires, à qui les opérations commerciales sont interdites, restent, malgré leur imposition à la patente, sans droit à l'effet de réclamer leur inscription sur la liste des électeurs consulaires (2) (Id.).

(Hervé Le Gac c. Kerbourc'h.) — ARRÊT.

LA COUR : — Statuant sur le pourvoi formé, dans l'intérêt de la loi, par M. le premier avocat général, à l'audience, au nom de M. le procureur général près la Cour de cassation : — Vu l'art. 1er de la loi des 8-10 déc. 1883; — Attendu qu'aux termes dudit article, les membres des tribunaux de commerce sont élus, non par toutes les personnes portées au rôle des patentes, mais par les commerçants patentés et autres personnes qui, à des titres divers, se livrent aux opérations commerciales; que si les notaires sont, en exécution de la loi du 15 juill. 1880, tableau C, inscrits au rôle des patentes et assujettis au droit proportionnel de patente, ils ne sont point commerçants, et qu'il leur est même interdit de se livrer aux opérations de commerce; que, en ordonnant l'inscription de Kerbourc'h, notaire à Briac, sur la liste des électeurs consulaires, le jugement attaqué a donc violé les dispositions de l'article de loi susvisé; — Casse, dans l'intérêt de la loi seulement, etc.

MM. le cons. Merville, prés.; Greffier, rapp.; Charrins, 1er av. gén. (concl. conf.).

CASS.-CIV. 26 août 1884.

CHEMIN DE FER, RESPONSABILITÉ (CLAUSE DE NON-), FAUTE, PREUVE, VÉRIFICATION, RÉCEPTION, AVARIE, DOMMAGES-INTÉRÊTS, JUSTIFICATION (ABSENCE DE).

Si la clause de non-garantie n'affranchit pas la Compagnie de toute responsabilité, elle a du moins pour résultat de mettre la preuve de la faute à la charge du propriétaire de la marchandise (3) (C. civ., 6, 1134; C. comm., 103).

Et cette preuve ne saurait résulter de cette seule circonstance que, s'agissant de marchandises qu'il est d'usage de faire voyager sans emballage (dans l'espèce, de la quincaillerie), la Compagnie a dû constater l'état des marchandises au moment où elle s'en est chargée, et que, n'ayant fait à ce moment aucune réserve, elle s'est engagée implicitement à les rendre en bon état (4) (Id.).

Au surplus, aucune disposition réglementaire des tarifs n'impose aux Compagnies l'obligation de vérifier et de reconnaître l'état des marchandises qui leur sont confiées pour être transportées aux conditions d'un tarif spécial, alors même que cet état serait apparent, ni de faire, à ce sujet, aucune réserve (5) (Id.).

Dans tous les cas, l'avarie fût-elle même à la charge de la Compagnie, que celle-ci ne devrait que la réparation du dommage causé; par conséquent, la condamnation de la Compagnie à des dommages-intérêts, en sus du payement du prix de facture des objets avariés, en dehors de toute justification de circonstances particulières constitutives de faute, manque de base légale (6) (C. civ., 1382).

(Chem. de fer de l'Ouest c. Poupinet.) — ARRÊT.

LA COUR : — Sur les deux moyens du pourvoi : — Vu le tarif spécial, P. V., n. 45, de la Comp. des chemins de fer de l'Ouest, 5 des chemins de fer de l'Est; — Vu l'art. 1382, C. civ.; — Attendu que, si la clause de non-garantie n'affranchit pas la Compagnie de toute responsabilité, elle a du moins pour résultat de mettre la preuve de la faute à la charge du propriétaire de la marchandise; — Attendu que, sur la demande formée contre Poupinet par la Comp. de l'Ouest, en payement d'une somme de 52 fr. 50, pour frais du transport d'objets de quincaillerie, le jugement attaqué a déclaré ladite demande mal fondée, et a condamné la Compagnie à payer à Poupinet: 1° la somme de 32 fr. 40, prix de facture des objets brisés, déduction faite des frais de transport; 2° une somme de 50 fr., à titre de dommages-intérêts; — Attendu que, pour prononcer cette double condamnation, le jugement attaqué s'est fondé sur ce qu'il est d'usage de faire voyager la quincaillerie sans emballage; que, dès lors, la Compagnie a pu et dû constater l'état des marchandises au moment où elle s'en est chargée, et que, n'ayant fait à ce moment aucune réserve, elle s'est par là même implicitement engagée à rendre la marchandise en bon état; — Mais attendu que, d'une part, aucune disposition réglementaire n'impose à la Compagnie l'obligation de vérifier et de reconnaître l'état des marchandises qui lui sont confiées pour être transportées aux conditions d'un tarif spécial, alors même que cet état serait apparent, ni de faire à ce sujet aucune réserve; que, s'agissant d'avaries de route, la clause précitée du tarif spécial suffisait pour garantir la Compagnie contre toute action en responsabilité; — Attendu, d'autre part, que

---

(1) Cette interprétation est conforme à celle que la circulaire de M. le garde des sceaux, ministre de la justice, du 13 févr. 1880 (*Journ. off.*, 20 févr.), donnait de l'art. 1er de la loi du 8 déc. 1883. On y lit : « ...Il ne vous échappera pas que les commerçants participeront seuls aux élections, et que, de même, en vertu de l'art. 8, les juges consulaires ne pourront être choisis dans des catégories de patentés qui n'exerceraient pas ou n'auraient pas exercé réellement le commerce. L'impôt des patentes est, en effet, payé par un certain nombre de citoyens non commerçants; il importait donc que la loi nouvelle précisât; ces patentés ne pourront ni élire les juges des tribunaux de commerce, ni faire partie eux-mêmes de ces juridictions. »

D'ailleurs, à cet égard, ni la loi nouvelle, ni la circulaire ministérielle ne contiennent la moindre innovation. C'est l'état ancien de la jurisprudence qui se perpétue sans changement. V. Cass., 5 nov. 1850 (S. 51. 1. 519. — P. 52. 1. 287. — D. 50. 1. 326); — et par application de la loi nouvelle, Cass., 14 janv. 1885 (Pand. chr.), et les notes et renvois.

(2) L'art. 12 de l'Ordonnance du 4 janv. 1843 porte interdiction formelle aux notaires de faire le commerce. — Mais on sait, par une expérience journalière et par nombre de désastres retentissants, combien peu cette prescription est respectée.

(3) Principe constant. V. notamment Cass., 9 mai 1883 (Pand. chr.), et les renvois; 11 févr. 1884 (Pand. chr.); 22 avril 1885 (Pand. chr.); Paris, 7 août 1885 (Pand. pér., 86. 2. 1); Cass., 9 et 29 (trois arrêts) mars 1886 (Pand. pér. 86. 1. 126), et les notes.

(4) Jugé que la Compagnie, en l'absence de toute faute relevée à sa charge, ne peut être condamnée au payement de la valeur des colis sous prétexte qu'ils auraient été reçus en bon état de conditionnement à la gare de départ : Cass., 6 févr. 1877 (S. 77. 1. 275. — P. 77. 683); — ou sous prétexte qu'ils ne présentaient au départ aucune trace d'avarie : Cass., 30 mai 1877 (S. 78. 1. 275. — P. 78. 683. — D. 77. 1. 383). — Le principe dominant, en pareil cas, est qu'une corrélation nécessaire et juridique doit exister entre l'avarie et les faits retenus comme constitutifs de la faute. V. Cass., 11 févr. 1884 (Pand. chr.), et le renvoi.

(5) Cette obligation de vérifier et de reconnaître l'état des marchandises lors de la remise qui en est faite en gare n'est écrite nulle part. Or, les Compagnies ne peuvent ni rien ajouter, ni rien retrancher aux conditions de transport telles qu'elles sont réglées par les tarifs approuvés et homologués. V. Cass., 17 mai 1882 (Pand. chr.); 13 août 1884 (Pand. chr.), et les renvois. — En fait, l'encombrement des colis et la rapidité avec laquelle les transports doivent s'effectuer ne permettent point les vérifications au départ. Il faut se montrer sévère vis-à-vis des Compagnies, mais éviter avec soin d'apporter des entraves au commerce.

(6) La condamnation de la Compagnie au remboursement du prix de facture des objets expédiés exige une faute bien démontrée par des faits précis. V. Cass., 23 août 1881 (Pand. chr.); 9 mai 1883 (Pand. chr.); 11 févr. 1884 (Pand. chr.), et les renvois. — A plus forte raison, cette exigence doit s'imposer, lorsque la condamnation ne comporte pas qu'une simple restitution, mais comprend en outre des dommages-intérêts en sus du prix des marchandises.

pour condamner la Compagnie à des dommages-intérêts en sus de la valeur, au prix de facture, des objets avariés, le jugement attaqué ne relève aucun fait de la Compagnie ou de ses agents qui soit constitutif d'une faute ; que, dans le cas même où l'avarie serait à la charge de la Compagnie, celle-ci ne devrait que la réparation du dommage causé ; que les dommages-intérêts dont il s'agit, n'étant justifiés par aucune circonstance particulière, manquent de base légale ; — D'où il suit qu'en statuant ainsi qu'il l'a fait, le jugement attaqué a violé les dipositions précitées ; — Casse, etc.

MM. le cons. Merville, prés. ; Dareste rapp. ; Charrins, 1er av. gén. (concl. conf.) ; Pérouse, av.

CASS.-CIV. 26 août 1884.

JUGEMENT OU ARRÊT, QUALITÉS, RÈGLEMENT, NULLITÉ.

Le règlement des qualités d'un jugement ou d'un arrêt par un magistrat (dans l'espèce, un premier président) qui n'a pas concouru à la décision, est nul et d'une nullité absolue (1) (C. proc., 145).

Cette nullité entraîne celle du jugement ou arrêt lui-même, dont les qualités sont une partie essentielle (2) (Id.).

(Morand c. Le Boucher). — ARRÊT.

LA COUR : — Sur le premier moyen : — Vu l'art. 145, C. proc. ; — Attendu que le règlement des qualités d'un jugement ou arrêt par un magistrat qui n'a pas concouru à la décision est frappé d'une nullité absolue, qui vicie le jugement ou arrêt lui-même, dont ces qualités sont une partie essentielle ; — Attendu que les qualités de l'arrêt attaqué ont été réglées par le premier président de la Cour d'appel de Caen, qui n'avait pas concouru à cet arrêt ; qu'il en résulte une violation formelle de l'art. 145 ci-dessus visé ; — Sans qu'il soit besoin de statuer sur les autres moyens du pourvoi ; — Casse, etc.

MM. le cons. Merville, prés. ; Guérin, rapp. ; Charrins, 1er av. gén. (concl. conf.) ; Passez, av.

CASS.-CIV. 10 novembre 1884.

1° VOITURIER, TRANSPORT DE PERSONNES, ACCIDENT, RESPONSABILITÉ, FAUTE, PREUVE. — 2° CHEMIN DE FER, ACCIDENT, RESPONSABILITÉ, DOMMAGES-INTÉRÊTS, FIXATION, ATTÉNUATION, FAUTE COMMUNE.

1° *Les règles de la responsabilité civile, en matière de transport des personnes, sont exclusivement déterminées par les art. 1382 et suiv., C. civ. ; ici ne s'applique pas l'art. 1784, même Code, spécial au transport des choses* (3) (C. civ., 1382 et s., 1784, 1302, 1315).

Par suite, en cas d'accident arrivé à un voyageur en cours de route, la Compagnie de chemins de fer actionnée ne peut être tenue pour responsable qu'autant qu'une faute est relevée à sa charge (4) (Id.).

(1-2) Jurisprudence absolument constante. V. les indications d'arrêts dans la note 2 sous Cass., 7 juill. 1886 (Pand. pér., 86. 1. 171). *Adde* Cass., 6 août 1879 (S. 81. 1. 400. — P. 81. 1. 1038. — D. 79. 5. 255) ; 11 août 1880 (S. 82. 1. 472. — P. 82. 1. 248. — D. 80. 5. 232) ; 16 nov. 1881 (S. 82. 1. 111. — P. 82. 1. 248. — D. 82. 1. 219) ; 31 mars 1885 (S. 85. 1. 360. — P. 85. 1. 887. — D. 85. 1. 285). — Ce principe, si absolu qu'il soit, comporte cependant quelques exceptions. Ainsi, les qualités devront être forcément réglées par d'autres magistrats que ceux qui ont pris part au jugement ou à l'arrêt, si ces derniers sont tous décédés ou bien ont cessé leurs fonctions. V. Paris, 22 juill. 1876 (Pand. chr.). — Enfin, et c'est le cas qui se présente fréquemment dans la pratique, le règlement des qualités entre dans la catégorie des affaires de nature urgente. A ce titre, il relève incontestablement de la compétence de la chambre des vacations et des magistrats qui la composent. V. Douai, 19 janv. 1884 (Pand. chr.) ; Cass., 24 août 1881 (Pand. chr.), et les notes.

(3-4) La thèse diamétralement contraire a été consacrée par un arrêt de Paris, du 27 nov. 1866 (Pand. chr.). Voici les motifs qui ont trait à la question : « ...Considérant, y est-il dit, que le voiturier répond de l'avarie des choses à lui confiées, à moins qu'il ne prouve qu'elles ont été avariées par cas fortuit ou force majeure ; — Considérant que ce principe s'applique à plus forte raison au transport des personnes, et protège la sécurité des voyageurs ; qu'ainsi, dans l'espèce, le voyageur blessé n'est pas tenu de prouver la faute de la Compagnie de chemin de fer ; que c'est, au contraire, à la Compagnie qu'incombe l'obligation de prouver les faits qui la déchargent de sa responsabilité, etc. » — Depuis même l'arrêt de cassation dans l'affaire actuelle, le tribunal de commerce de la Seine s'est encore prononcé, par jugement du 13 avril 1885 (*aff.* Goudchaux c. Comp. gén. des Petites-Voitures), contre la doctrine de la Cour suprême, en faveur du système défendu par la Cour de Paris : — « ...Attendu, porte ce jugement, qu'en prenant en charge la personne de la dame Goudchaux, la Compagnie générale des Voitures à Paris, s'obligeait implicitement à la remettre saine et sauve à la destination indiquée ; qu'il est intervenu entre elle et cette dame un véritable contrat de transport ». V. aussi des décisions, dans le même sens, émanées de la Cour supérieure de justice du Luxembourg, *aff.* Direct. gén. des chemins de fer c. Collin, sous note (*a*) et de la Cour de Bruxelles, *aff.* L'Etat belge c. Thibaut, sous note (*b*).

Avec l'opposition de la jurisprudence française et étrangère, la Cour de cassation rencontre la résistance énergique de la presque unanimité des auteurs. V. notamment Bédarrides, *Transports par chemins de fer*, t. II, n. 439 et 440 ; Sainctelette, *De la responsabilité et de la garantie*, p. 87 à 100 ; Sarrut, *Rev. crit. de législat.*, 1885, p. 138. V. aussi ce dernier auteur en ses *observations* sur l'arrêt actuel (D. 85. 1. 433) et Lyon-Caen, *dissertation* sur le même arrêt insérée (S. 85. 1. 129. — P. 85. 1. 279).

A notre avis, l'hésitation n'est pas possible entre les deux systèmes. L'un assure au transport des voyageurs les mêmes garanties qu'au transport des objets, des colis. C'est le bon, celui qu'il faut suivre, sinon à la lettre, du moins dans ses solutions. L'autre n'étend pas aux personnes la protection qui couvre les marchandises. C'est le mauvais, celui qu'il faut rejeter. Quand une théorie de droit en arrive à tenir moins de compte de la vie d'un homme que d'une casse ou d'une avarie, — et c'est en tenir moins de compte que d'élever des obstacles à la réparation, à l'action en dommages-intérêts, — elle est jugée par ses fruits ; elle n'est pas viable. On peut, sans être grand prophète, lui prédire que son succès n'aura pas de lendemain, qu'il ne se prolongera pas au delà d'un nouvel examen de la difficulté.

Que l'art. 1784, C. civ., ne soit pas applicable au transport des personnes, que, par la teneur de son texte, il se limite au transport des choses, c'est un point que nous concédons volontiers à l'arrêt ci-dessus. Mais cette concession laisse tout entière la solution du problème. On n'a pas le choix tellement restreint entre cet art. 1784 et les art. 1382 et suiv., qu'il faille, de toute nécessité, à défaut de l'un se mettre sous la règle de droit édictée par les autres.

L'art. 1784 n'est point de droit exceptionnel, créé en vue d'assurer une protection spéciale au transport des marchandises. Tout au contraire, il procède des principes généraux de notre législation civile, il fait à une matière particulière l'application de règles qui dominent tous les contrats, sans distinction d'objet. Le voiturier est ni plus ni moins dans la situation de tout individu tenu à des engagements ; il doit les remplir avec d'autant plus de soin

(*a*) Voici cet arrêt, rendu à la date du 2 août 1877 :

LA COUR : — Attendu qu'aux termes des art. 1784, C. civ., et 103, C. comm., le voiturier répond de l'avarie des choses à lui confiées, à moins qu'il ne prouve qu'elles ont été avariées par cas fortuit ou force majeure ; — Attendu que ce principe doit s'appliquer *a fortiori* au transport des personnes, la sécurité et la protection dues aux voyageurs ne pouvant être moindres que celles qu'on accorde aux marchandises ; — Attendu qu'il s'ensuit que si un voyageur est blessé par suite d'un accident de chemin de fer, la présomption de faute à la charge des Compagnies exploitantes est inscrite dans la loi ; que ce n'est donc pas au voyageur à prouver que l'accident est le résultat d'une faute des agents de l'entreprise, mais que c'est, au contraire, à celle-ci qu'incombe l'obligation d'établir les circonstances qui la déchargeraient de sa responsabilité, de prouver, en d'autres termes, le cas fortuit ou la force majeure.

(*b*) Cet arrêt, en date du 28 nov. 1881, est ainsi conçu :

LA COUR : — Attendu que l'arrêt de cette Cour, du 8 juill. 1881, a justement décidé que l'appelant avait contracté envers l'intimé l'obligation de le transporter avec tout le soin que comporte la sécurité des voyageurs ; — Qu'il est constant que, par la négligence des préposés de l'Etat à s'assurer de la fermeture des portières du train de Châtelineau à Namur, pendant la nuit du 20 au 21 juin 1880, conformément à une prescription réglementaire, l'Etat n'a point satisfait aux obligations de son contrat ; que cet oubli a été la cause directe de la chute de l'intimé, chute dont les conséquences doivent être réglées conformément aux dispositions des art. 1147 et 1149, C. civ., sans qu'il y ait lieu de tenir compte de l'importance relative de la faute commise, etc.

MM. Jamar, 1er prés. ; Landrien et J. Janson, av.

2° *L'imprudence de la victime peut bien autoriser les tribunaux à réduire le chiffre des dommages-intérêts, mais ne saurait leur permettre d'affranchir de toute responsabilité celui dont la faute a contribué à déterminer l'accident ou à en aggraver les conséquences* (1) (C. civ., 1382, 1383).

Spécialement, *l'imprudence commise par un voyageur qui, à la descente de wagon, sans s'être assuré de la liberté du passage, a voulu traverser la voie ferrée pour gagner la porte de sortie, et a été mortellement atteint par un express venant en sens contraire, ne dégage point absolument la Compagnie, alors que le croisement des deux trains à l'endroit où l'accident s'est produit n'a eu lieu que par suite d'un retard, que cette circonstance anormale n'a motivé, de la part des employés de la Compagnie, aucune mesure de précaution exceptionnelle, aucun avertissement aux voyageurs, que même le passage de l'express n'a point été annoncé par les signaux ordinaires prescrits par les règlements* (2) (C. civ., 1382).

(Recullet c. chem. de fer du Nord.) — ARRÊT.

LA COUR : — Sur le premier moyen du pourvoi : — Attendu qu'en déclarant dans l'art. 1784, C. civ., les voituriers responsables de la perte et des avaries de choses qui leur sont confiées, à moins qu'ils ne prouvent qu'elles ont été perdues ou avariées par cas fortuit ou force majeure, le législateur a clairement indiqué, par les expressions mêmes dont il s'est servi, qu'il ne s'occupait que du transport des choses et marchandises, et non du transport des personnes; — Attendu que la règle édictée par cet art. 1784 n'est que l'application au dépôt nécessaire de la chose transportée entre les mains du voiturier, du principe général posé par les art. 1302 et 1315 du même Code sur la preuve de la libération, principe d'après lequel le voiturier doit, comme tout autre dépositaire d'un corps certain, le rendre en bon état à celui qui le lui a remis, ou bien justifier de l'extinction de son obligation par payement, ou par cas fortuit ou force majeure; — Attendu que ce principe ne saurait être appliqué au transport des personnes, par rapport auxquelles les règles de la responsabilité civile sont exclusivement fixées par les art. 1382 et suiv., C. civ.; — Attendu que, dans la cause, il s'agissait d'une action en responsabilité contre la Comp. du chemin de fer du Nord, à raison d'un accident arrivé à un voyageur en cours de route, sur les voies ferrées exploitées par cette Comp.; — D'où il suit qu'en refusant de faire application à l'espèce de la règle posée par l'art. 1784, l'arrêt attaqué, bien loin de violer ledit article, l'a sainement interprété; — Rejette le premier moyen du pourvoi;

Mais sur le deuxième moyen du pourvoi : — Vu les art. 1382, 1383 et 1384, C. civ., 22 de la loi du 15 juill. 1845, et 31 de l'ordonn. du 15 nov. 1846; — Attendu que les art. 1382 et 1383 ne limitent point la responsabilité qu'ils prononcent contre celui par la faute duquel un accident est arrivé, au seul cas où cette faute a été la cause unique et immédiate de l'accident dommageable; que, si la personne lésée a elle-même commis une imprudence, cette circonstance peut sans doute autoriser les tribunaux à réduire le chiffre des dommages-intérêts, mais ne saurait leur permettre d'affranchir de toute responsabilité celui dont la faute a contribué dans une certaine mesure à déterminer l'accident ou à en aggraver les conséquences; — Attendu que l'arrêt attaqué a constaté en fait que le sieur Recullet, arrivé le 21 déc. 1880, à 7 heures 43 du soir, à la gare de Gannes, par le train n° 6, venant d'Amiens avec un retard sur l'heure réglementaire, a été le seul voyageur descendu à cette station; qu'en voulant traverser la voie pour gagner la porte de sortie des voyageurs, il a été mortellement atteint par le train express n° 29, qui, franchissant ladite gare au moment où le train n° 36 en sortait en direction inverse, était masqué par les wagons de ce dernier train, pour les personnes se trouvant alors sur le quai d'arrivée; — Attendu que le retard extra-réglementaire du train n° 36 ayant occasionné le croisement de ce train à la gare de Gannes avec l'express, il est résulté de ce retard un péril pour les voyageurs qui, descendus du train n° 36 au moment où l'express allait passer, avaient à traverser la voie pour sortir de la gare; que, dans ces circonstances anormales, les employés de la Compagnie étaient obligés de signaler le danger aux voyageurs et de prendre des dispositions particulières et exceptionnelles pour les préserver de tout accident; — Attendu que, sans constater que

---

qu'il a exigé le payement d'avance, que le voyageur ne doit plus rien; que cette libération de l'une des parties ne s'est effectuée que sous réserve de la contre-partie nécessaire, c'est-à-dire du transport sans encombre à destination.

Il ne s'agit point ici, en effet, du cas où, aucun lien antérieur de droit n'existant entre les plaideurs, l'un poursuit contre l'autre la réparation du préjudice provenant d'un délit ou d'un quasi-délit. La faute *délictuelle* ou *quasi délictuelle* doit être prouvée par celui qui prétend en avoir été victime. Cette vérité juridique n'est plus à démontrer. V. notamment Cass., 19 juill. 1870 (Pand. chr.); 15 janv. 1872 (Pand. chr.), et les notes. — C'est la règle contraire qu'il faut suivre dans la faute *contractuelle*, où il appartient au débiteur qui ne remplit pas ses engagements de produire ses causes d'empêchement, de cas fortuit ou de force majeure.

Et il n'y a pas à introduire dans ce débat d'autres éléments qui n'ont rien à y faire. Quels arguments favorables ou défavorables peut-on tirer, par exemple, de l'art. 1302, C. civ., sur la perte de la chose due dans les obligations de corps certain? Le voyageur n'est pas un corps certain, c'est entendu. Les règles de l'art. 1302 ne lui sont pas applicables, nous n'y opposons aucune résistance. Mais après? Est-ce que les articles du Code sont épuisés? Ne s'en trouve-t-il pas d'autres d'une portée plus générale? Incontestablement, oui.

Les art. 1784, 1302, ne sont que des particularités, des applications spéciales de principes plus larges, et ces principes, nous les trouvons écrits dans les art. 1147 et 1315, § 2, C. civ. — Art. 1147 : « Le débiteur est condamné, s'il y a lieu, au payement de dommages-intérêts, soit à raison de l'inexécution de l'obligation, soit..., *toutes les fois qu'il ne justifie pas que l'inexécution provient d'une cause etrangère qui ne peut lui être imputée*, encore qu'il n'y ait aucune mauvaise foi de sa part. » — Art. 1315, § 2 : « Celui qui se prétend libéré, doit *justifier le payement ou le fait qui a produit l'extinction de son obligation.* »

Voilà le droit commun, voilà les textes sous la protection desquels nous plaçons le contrat de transport des voyageurs. Le voiturier doit le parcours; à lui donc de justifier des circonstances qui l'ont empêché de remplir ses engagements dans les conditions qui étaient d'entente commune entre les contractants.

Terminons par une double considération :

Les Compagnies ont un monopole; les avantages et la force qu'elles rencontrent dans cette situation privilégiée n'ont nul besoin d'être augmentés. Les tribunaux devraient y trouver, au contraire, le principe et la raison de devoirs plus grands, surtout en tout ce qui a trait aux précautions de nature à assurer la sécurité des voyageurs.

Mettre un voyageur enfermé dans un wagon quand il est blessé, ou ses ayants droit quand il est tué, dans l'obligation de se rendre compte de l'accident et de prouver la faute ou la négligence des agents de la Compagnie, c'est, en pratique, dans la réalité des faits, soustraire les Compagnies aux conséquences de leurs actes préjudiciables, les décharger de toutes réparations pécuniaires neuf fois sur dix, et peut-être même quatre-vingt-dix-neuf fois sur cent. Quels moyens d'investigations restent aux voyageurs? Auprès de qui prendre des renseignements? Comment pénétrer les côtés faibles de ces grandes administrations aux rouages si compliqués? La lutte n'est pas égale; la lutte n'est pas possible. Le jour où la caisse des Compagnies n'aura plus rien à redouter des recours en cas d'accidents, la sécurité des voyageurs sera bien compromise. On peut en être convaincu.

(1-2) Principe et application de jurisprudence constante. — V. conf., sur le principe, Cass., 20 août 1879 (Pand. chr.), et les renvois; — et sur l'application, Cass., 8 fév. 1875 (Pand. chr.), et la note. V. aussi en sens divers, Cass., 7 juin 1886 (Pand. pér., 86. 1. 175); Trib. paix Paris (1er arrond.), 18 juin 1886 (Pand. pér., 86. 2. 260); Paris, 13 août 1886 (Pand. pér., 86. 2. 266), et les notes.

Recullet ait été averti du danger auquel il pouvait être exposé en traversant la voie, et que des mesures de précaution exceptionnelles aient été prises par les employés, ni même que le passage du train express ait été annoncé par les signaux ordinaires prescrits par les règlements, l'arrêt attaqué a cependant affranchi la Comp. du chemin de fer de toute responsabilité, et s'est fondé, pour statuer ainsi, sur ce que Recullet avait lui-même commis une imprudence en voulant traverser la voie, alors que tous les wagons du train n° 36 n'avaient point encore dépassé les limites de la gare, et sur ce que la veuve Recullet n'avait pas établi que l'accident arrivé à son mari était imputable à l'imprudence, aux agissements blâmables de la Compagnie; — Mais attendu que, si le fait reproché à la victime a pu contribuer à l'accident, cette circonstance ne pouvait à elle seule exonérer la Compagnie de toute responsabilité, à raison de la faute de ses employés; — Attendu, dès lors, qu'en statuant ainsi qu'il l'a fait, l'arrêt attaqué (Amiens, 28 déc. 1881) a méconnu les conséquences légales des faits par lui constatés, et a, par suite, violé les textes de loi ci-dessus visés; — Casse, etc.

MM. Larombière, prés.; de Lagrevol, rapp.; Desjardins, av. gén. (concl. conf.); Demasure et Devin, av.

CASS.-CRIM. 15 novembre 1884.

AFFICHES, AFFICHES ÉLECTORALES, LACÉRATION, ENLÈVEMENT, PROPRIÉTAIRE, USUFRUITIER, LOCATAIRE UNIQUE, LOCATAIRES MULTIPLES.

La faculté de lacérer ou d'enlever les affiches électorales apposées sur un immeuble appartient à l'usufruitier, qui a sur cet immeuble un droit exclusif de jouissance, comme au propriétaire lui-même (1) (C. civ., 578; L. 29 juill. 1881, art. 17, § 3). — Motifs.

D'où cette faculté passe, en cas de bail de l'immeuble à un locataire unique, à ce locataire substitué au droit du propriétaire (2) (C. civ., 1719; L. 29 juill. 1881, art. 17, § 3).

Par suite, la lacération ou l'enlèvement des affiches par ce locataire ne constitue aucune violation de loi, mais l'exercice d'un droit légitime (3) (Id.).

Il en est toutefois autrement au cas où l'immeuble est loué à plusieurs locataires; le propriétaire conservant alors pour lui seul la faculté de lacérer ou d'enlever les affiches (4) (Id.).

---

(1) V. conf., Cass., 11 nov. 1882 (*2e espèce*) (Pand. chr.), et la note.

(2-3-4) Les locataires peuvent-ils, comme le propriétaire, lacérer ou enlever les affiches électorales apposées sur les murs de la maison qu'ils habitent, sans tomber sous le coup de la loi pénale? — A cette question, la Cour de cassation, par arrêt du 20 janv. 1883 (Pand. chr.), a répondu non de la manière la plus nette, la plus catégorique. On ne voit percer dans cette première décision aucune réserve, aucune restriction. Au propriétaire seul est reconnue la faculté de toucher aux affiches électorales; les locataires sont exclus de cette faveur, par cela même qu'elle porte le caractère d'un hommage rendu au droit de propriété et que les locataires ne sont pas propriétaires.

L'arrêt ci-dessus rapporté complique le problème; il distingue entre deux hypothèses : 1° celle où la maison sur laquelle les affiches ont été apposées est louée à plusieurs locataires différents; 2° celle où la maison est louée à un locataire unique.

Dans le premier cas, l'exercice de la faculté réservée au propriétaire ne passe point aux locataires multiples, alors même qu'ils se mettraient d'accord sur le parti à prendre, qu'ils n'auraient qu'une seule et même opinion. Le propriétaire reste investi de son droit; celui des locataires à qui il prendrait fantaisie d'enlever une affiche, s'exposerait aux peines édictées par la loi. Sur ce point, aucune difficulté. La Cour de cassation se maintient dans la théorie de son arrêt du 20 janv. 1883. Au surplus, la discussion qui a eu lieu à la Chambre des députés et le rejet de l'amendement proposé par M. Lorois ne permettent pas l'adoption d'une autre solution. V. nos observations jointes à Cass., 20 janv. 1883, précité.

Dans le second cas, au contraire, le droit de lacérer et d'enlever les affiches est reconnu au locataire unique; il est considéré comme partie intégrante du droit de jouissance résultant du bail. Le locataire est substitué au propriétaire par la volonté présumée de celui-ci. — Cette distinction doit-elle être suivie? Nous avons déjà laissé pressentir notre opinion dans un sens résolument contraire. (V. Cass., 20 janv. 1883, Pand. chr.). Essayons de la justifier.

1° L'art. 17 de la loi du 29 juill. 1881 est clair et précis; ses termes sont généraux, absolus, et ne sont pas susceptibles de deux sens; ils ne se prêtent pas à une interprétation. Le législateur a voulu établir la liberté la plus large en matière électorale; il a entendu faciliter l'affichage des placards des candidats, des comités, des simples électeurs, et a édicté des peines plus ou moins sévères contre ceux qui lacéreraient les affiches des candidats, ou celles de leurs ennemis ou adversaires. Il s'est seulement arrêté, dans la voie où il est entré, devant le respect dû à la propriété, et a purement et simplement exempté de l'application des peines qu'il a édictées ceux qui déchireraient les affiches électorales apposées sur leurs propriétés. Or, un locataire, même de la totalité d'une maison, d'un immeuble clos de murs, ne saurait, aux termes exprès de la loi, être assimilé au propriétaire; les affiches apposées sur les murs de l'immeuble qu'il occupe ou habite ne le sont pas sur sa propriété; il est donc obligé de les respecter. — On comprend que l'usufruitier ait le même droit que le propriétaire, puisque l'usufruit est un démembrement de la propriété. (V. Cass., 11 nov. 1882, deux arrêts, Pand. chr.). Le droit que le locataire unique tient du bail ne constitue pas, en effet, un démembrement de la propriété, et on ne saurait l'assimiler à l'usufruit. C'est donc volontairement que le législateur a excepté les locataires, et tous les locataires sans restriction, de l'immunité accordée aux propriétaires relativement à la lacération des affiches électorales.

A ces considérations très-exactes que nous avons extraites du rapport de M. le conseiller Vételay dans l'affaire actuelle, nous ajouterons quelques autres arguments susceptibles de former un faisceau de raisons triomphantes.

2° L'amendement de M. Lorois avait une portée générale; il visait aussi bien le locataire unique que les divers locataires habitant une même maison. Il a été rejeté en son entier. Si la réponse de M. Lelièvre, au nom de la commission, n'a eu trait qu'au cas d'habitation par plusieurs locataires, c'est que c'est l'hypothèse la plus ordinaire, celle qui se réalise dans la pratique des faits et de la vie; l'autre n'est que purement exceptionnelle, une rareté dans l'ensemble des locations. C'est ce qui explique le silence, volontaire ou non, de M. Lelièvre et de la commission, l'abandon de toutes les positions par l'auteur de l'amendement qui, battu sur un point, n'a même pas cru nécessaire de se défendre sur l'autre; dans tous les cas, d'y appeler la discussion.

3° La location constitue toujours des droits identiques, de même valeur, de même étendue, qu'il s'agisse d'un seul ou de plusieurs locataires. Comment admettre des effets si contradictoires, quand la jouissance concédée ne diffère pas bien sensiblement au fond? Et que l'on ne prétexte pas de l'impossibilité d'une entente commune entre colocataires; d'abord, le législateur aurait pu déclarer que tout désaccord profite à la liberté de l'affichage, ou bien qu'il rétablit le propriétaire dans l'exercice de la faculté qui lui est reconnue. Mais si tous sont du même avis, si l'opinion est unanime, les difficultés qui proviennent de la pluralité des locataires, disparaissent. Et cependant, ils n'en continuent pas moins à se voir écarter d'un avantage que l'on accorde pleinement au locataire unique!

4° Enfin, suivant un motif de l'arrêt ci-dessus : « L'exercice du droit du locataire unique se substitue au droit du propriétaire, par la volonté présumée de celui-ci, qu'il représente. » — Cette substitution par la volonté présumée du propriétaire nous paraît toute gratuite. La maison a été louée pour l'utilité que les parties contractantes ont eu en vue. Le droit de permettre ou d'empêcher l'apposition des affiches en période d'élections est-il entré en ligne de compte? Pour quelle quotité figure-t-il dans le prix de location? Poser la question, c'est en faire voir le soutien fragile. Non, il y a là un droit qui est resté en dehors des conventions. L'accord des parties ne l'a point prévu; elles n'y ont prêté aucune attention. Puis, on oublie trop facilement que c'est une extension que l'on ajoute à une exception, une nouvelle entrave que l'on apporte à la liberté de l'affichage, qui est le principe général en matière d'élections.

5° Un mot sur l'argument d'analogie que l'on prétend tirer de la situation des curés ou desservants, à qui la jurisprudence concède encore le même privilége qu'aux propriétaires. Cette concession, à notre avis, ne peut se défendre par des raisons juridiques. Nous

(Gavel). — ARRÊT.

LA COUR : — Sur le moyen tiré de la violation de l'art. 17, § 3, de la loi du 29 juill. 1881 : — Attendu que si la loi du 29 juill. 1881 a voulu assurer le maintien des affiches électorales, elle n'a pas entendu toutefois porter atteinte aux droits inhérents à la propriété ; qu'ainsi l'art. 17, § 3, reconnaît expressément au propriétaire la faculté de lacérer ou d'enlever les affiches électorales apposées contre son gré sur les maisons ou édifices qui lui appartiennent; — Attendu que, à raison de considérations de même ordre et de même importance, ce droit appartient incontestablement aussi à l'usufruitier, qui a un droit exclusif de jouissance; — Attendu, quant aux locataires, qu'il n'est pas douteux et qu'il résulte formellement des discussions préparatoires, que, dans le cas où un immeuble est loué à plusieurs, le législateur, en vue d'éviter des occasions de conflit, a réservé au propriétaire seul la faculté de lacérer ou d'enlever les affiches; mais que, dans le cas où un locataire unique a, comme dans l'espèce, la jouissance entière d'une maison ou construction, il ne paraît pas qu'une exclusion semblable doive être prononcée contre lui; que, dans ce cas, en effet, les raisons déterminantes, lorsque plusieurs colocataires occupent les lieux, sont sans application; que, eu égard à l'étendue de sa jouissance, l'exercice du droit du locataire unique se substitue au droit du propriétaire, par la volonté présumée de celui-ci, qu'il représente; — Attendu qu'en décidant, dans l'espèce, que Gavel, locataire unique de la maison, a eu le droit de faire enlever les affiches électorales qui y étaient apposées, le jugement attaqué n'a donc aucunement violé la disposition de loi invoquée par le pourvoi; — Rejette, etc.

MM. Baudouin, prés.; Vételay, rapp.; Roussellier, av. gén.

CASS.-CIV. **19 novembre 1884.**

1° OFFICE, CESSION, CONVENTION SECRÈTE, CLAUSES ACCESSOIRES, PRIX, PAYEMENT ANTICIPÉ, NULLITÉ, SAISIE-ARRÊT, CONSIGNATION, DISTRIBUTION, CRÉANCIERS. — 2° SAISIE-ARRÊT, EFFETS, CRÉANCE POSTÉRIEURE, OFFICE, CESSION, MAISON, MOBILIER, VENTE.

1° *En matière de cession d'office, aucune des clauses et conditions du traité transmis à la chancellerie et soumis à l'approbation du gouvernement, ne peut être modifiée par des conventions particulières postérieures à la production du traité et antérieures à la nomination du successeur désigné* (1) (LL. 28 avril 1816; 25 juin 1841, art. 6 et suiv.).

Et il n'y a pas à excepter de cette règle les clauses qualifiées accessoires *ou* d'exécution, *qui peuvent intéresser les tiers, comme, par exemple, celles qui se rapportent au payement du prix* (2) (Id.).

Dès lors, doit être considéré comme nul et non opposable aux tiers le payement de tout ou partie du prix fait par le cessionnaire dans l'intervalle de l'acte de cession à la prestation de serment (3) (Id.). — Résol. implic.

Lors donc qu'à cette dernière date, il a été fait aux mains du cessionnaire, par les créanciers du cédant, des saisies-arrêts pour des sommes supérieures au prix de vente, la consignation de la totalité de ce prix, préliminaire obligé de toute distribution par contribution, est à bon droit ordonnée, sans qu'il y ait à tenir compte des versements opérés (4) (Id.).

2° *L'accessoire d'une créance compris dans les effets d'une saisie-arrêt qui porte sur la créance, ne peut juridiquement s'entendre que de ce qui en est le produit direct et de ce qui s'y rattache comme une conséquence inséparable de l'obligation primitive ou de son exécution* (5) (C. proc., 537).

Par suite, ne peut être considérée comme accessoire d'une première créance une créance distincte, créée plus tard par une convention nouvelle des parties, lors même que les conventions qui ont fait naître ces deux créances, auraient été motivées l'une par l'autre et contractées dans une même prévision (6) (Id.).

Spécialement, *la vente de la maison où s'exerce l'office, celle du mobilier qui la garnit, ne constituent pas un accessoire de la vente de la charge, la maison, non plus que le mobilier, n'étant un accessoire de l'office* (7) (Id.).

Il en est ainsi surtout alors que ces ventes sont opérées par des actes distincts, à des dates différentes, sous des conditions particulières (8) (Id.).

En conséquence, la saisie-arrêt formée par les créanciers du vendeur sur le prix de la cession de l'office ne porte que sur le montant de la première vente relative uniquement à la charge, et reste sans effet sur les ventes postérieures et sur le prix de la maison et du mobilier (9) (Id.).

(Thuillier c. Lenfant.) — ARRÊT.

LA COUR : — Sur la première branche du premier moyen (fausse application de l'art. 91 de la loi du 28 avril 1816, et violation de l'art. 1234, C. civ., en ce que l'arrêt attaqué a condamné le demandeur en cassation à payer une seconde fois une dette qu'il avait valablement acquittée, sous le prétexte que, s'agissant de partie du prix de l'office de notaire qui avait été cédé, les payements faits sans fraude, antérieurement à la prestation de serment, étaient de plein droit nuls et inopposables aux tiers) : — Attendu qu'en exécution des lois du 28 avril 1816 et du 25 juin 1841, les traités et conventions passés pour la transmission des offices doivent être constatés par écrit et produits à l'appui de la demande de nomination du successeur désigné; — Attendu que cette production, ayant pour objet d'éclairer le gouvernement sur les graves intérêts qu'il lui appartient de surveiller pour des raisons d'ordre public, les contractants ne sauraient modifier les

---

l'avons démontré dans nos observations jointes à Cass., 11 nov. 1882 (Pand. chr.). — Au surplus, les raisons que nous venons de développer à l'encontre du locataire unique s'appliquent avec une force égale à la réfutation des revendications des curés ou desservants. Les deux droits participent de la même fragilité.

Donc, à notre avis, le locataire unique ou principal est dans la situation des locataires ordinaires habitant une même maison; il n'a pas plus de droit qu'eux en ce qui concerne les affiches électorales apposées sur les murs extérieurs de l'immeuble loué. L'exception du § 3 de l'art. 17 incline le principe de la liberté en matière d'élections, par hommage, devant le droit de propriété. L'hommage ne saurait être étendu indéfiniment à tout et à tous sans compromettre le principe.

(1-2-3) Ces solutions, après avoir été controversées, peuvent être considérées comme définitivement consacrées par la jurisprudence. V. notamment Cass., 22 févr. 1853 (S. 53. 1. 215. — P. 53. 2. 178. — D. 53. 1. 41); 2 mars 1864 (Pand. chr.); 19 juin 1883 (Pand. chr.), et surtout Cass., 5 août 1885 (Pand. chr.), et la note.

(4) Il est de principe que le créancier dont la saisie est la première en date n'a pas de privilége exclusif sur les sommes saisies-arrêtées, qu'il est tenu de subir le concours des autres créanciers opposants postérieurs. Dans ces conditions, les saisies une fois validées, les droits de chacun des saisissants ne peuvent être déterminés qu'au moyen d'une distribution par contribution ouverte entre tous les intéressés. La consignation devient alors, ainsi que l'exprime l'arrêt ci-dessus en termes excellents « le préliminaire obligé de cette distribution. » V. en ce sens, Cass., 25 août 1856 (Pand. chr.); 20 févr. 1865 (S. 65. 1. 185. — P. 65. 423. — D. 65. 1. 308). V. aussi Cass., 20 nov. 1860 (Pand. chr.), et la note.

(5 à 9) Ce sont là des applications très-intéressantes de ce principe que la validité de la saisie-arrêt est subordonnée à la préexistence d'un droit quelconque du débiteur saisi sur ce qui fait l'objet de la saisie; que la saisie ne saurait constituer une mainmise sur ce qui n'existerait pas encore, même en germe, au moment où elle est formée. V. en ce sens, Trib. civ. Marseille, 23 nov. 1869, sous Cass., 15 mai 1876 (S. 77. 1. 29. — P. 77. 46. — D. 76. 1. 436); Trib. civ. Seine, 7 févr. 1881 (Journ. *la Loi*, n° du 18 févr.); Trib. de Vassy, 6 avril 1883 (Pand. chr.), et la note.

clauses du traité produit par des conventions postérieures à sa production et antérieures à la nomination du successeur désigné; qu'il n'y a pas à excepter de cette règle les clauses qualifiées « accessoires » ou « d'exécution », qui peuvent intéresser les tiers, et, comme dans l'espèce, celles qui se rapportent au payement du prix, l'ordre public et l'honneur des fonctions qui sont placées sous la surveillance du gouvernement étant intéressés à ce qu'un officier public ne dispose pas du prix de son office de façon à frustrer ses créanciers, et à ce que son successeur ne paraisse pas s'associer à de tels actes;

Sur la seconde branche du même moyen (fausse application et violation des textes ci-dessus, en ce que au lieu de condamner le demandeur en cassation seulement à réparer le préjudice qu'il aurait pu causer aux défendeurs par les payements irréguliers, l'arrêt lui a imposé la consignation de la totalité des sommes irrégulièrement payées); — Attendu qu'il résulte des constatations en fait de l'arrêt attaqué, qu'au jour de la prestation de serment de Thuillier, il avait été fait en ses mains, au préjudice de Beausseaut, des saisies-arrêts-oppositions pour des sommes au-dessus de 72,000 francs, dépassant ainsi le total des sommes par lui dues; que plusieurs de ces saisies ont été validées; que, dans cette situation, une distribution par contribution, entre tous les divers créanciers saisissants, était indispensable pour déterminer le droit de chacun d'eux, et que la consignation était le préliminaire obligé de cette distribution; que, dès lors, l'offre faite par Thuillier aux mariés Lenfant d'une somme de 442 francs pour réparation du préjudice que leur causaient les payements faits après leur opposition, était inadmissible, et que la consignation a été à bon droit ordonnée;

Mais sur le deuxième moyen (fausse application de l'art. 557, C. proc., en ce que l'arrêt attaqué a validé la saisie-arrêt pratiquée par Lenfant, le 6 juin 1876, même en ce qui concernait la vente du mobilier faite par Beausseaut au demandeur en cassation, le 22 févr. 1877, sous le prétexte que ce mobilier n'était que le complément et l'accessoire de l'étude); — Vu ledit art. 557; — Attendu que, si l'on doit admettre que les effets de la saisie-arrêt pratiquée sur une créance s'étendent à ses accessoires, on ne saurait juridiquement qualifier ainsi que ce qui est le produit de la créance saisie et ce qui s'y rattache comme une conséquence inséparable de l'obligation primitive ou de son exécution; qu'il n'est pas possible d'attribuer cette qualification d'accessoire à une créance distincte de la première, créée plus tard par une convention nouvelle des parties, lors même que les conventions qui ont fait naître ces deux créances auraient été motivées l'une par l'autre et contractées dans une même prévision; — Et attendu qu'il résulte des constatations de l'arrêt attaqué que Thuillier a acquis l'office du notaire Beausseaut suivant acte notarié du 22 mai 1876; qu'il a acquis le 22 septembre de la même année, suivant acte par un autre notaire, la maison où Beausseaut exerçait son office, et, le 22 févr. 1877, par acte sous seings privés, divers objets mobiliers, qui se trouvaient dans cette maison; que ce sont là des ventes distinctes par leur objet, leur date et leurs conditions; qu'il n'est pas juridiquement possible de confondre ces trois actes en un seul; qu'il n'est pas possible non plus de voir dans la vente de la maison ou dans celle du mobilier l'accessoire de la vente de la charge, la maison où s'exerce un office de notaire, non plus que le mobilier qui la garnit, n'étant pas l'accessoire de cet office; — Attendu que la saisie-arrêt des mariés Lenfant a été pratiquée le 6 juin 1876 et validée le 13 févr. 1877, alors que la vente du mobilier de Beausseaut n'avait point été effectuée; que cette saisie-arrêt n'a pas porté sur le prix de ladite vente, qui n'était pas dû alors par Thuillier; — Attendu, dès lors, qu'en décidant que la saisie-arrêt aurait effet sur ce prix, la Cour de Paris a faussement appliqué et par là violé l'article précité; — Casse, etc.

MM. Larombière, prés.; Onofrio, rapp.; Desjardins, av. gén. (concl. conf.); Choppard et Carteron, av.

CASS.-CIV. 23 décembre 1884.

TRIBUNAL DE COMMERCE, ÉLECTIONS, LISTES, INSCRIPTION, AGENT D'AFFAIRES.

De ce que les entreprises d'agences et bureaux d'affaires constituent des actes de commerce, ceux qui en font leur profession habituelle, sans aucune indication restrictive de la nature de telles opérations, doivent être réputés commerçants (1) (C. comm., 1, 632 et suiv.).

... Et inscrits, en cette qualité, sur les listes électorales consulaires (2) (L. 8 déc. 1883, art. 1).

(Lefèvre.) — ARRÊT.

LA COUR : — Statuant sur le pourvoi relevé par Jacques-Louis-Victor Lefèvre, agent d'affaires, demeurant rue Legendre, 108, à Paris, contre une sentence rendue par le juge de paix du 17ᵉ arrondissement de Paris, le 15 nov. 1884, qui rejette sa demande en inscription sur la liste électorale consulaire, par le motif que les agents d'affaires ne sont pas commerçants, ledit pourvoi fondé sur la violation de l'art. 1er de la loi du 8 déc. 1883; — Vu l'art. 1er de la loi du 8 déc. 1883, ensemble l'art. 632, C. com.; — Attendu que des termes de ce dernier article il ressort que les entreprises d'agences et bureaux d'affaires constituent des actes de commerce, et que celui qui en fait sa profession habituelle, sans aucune indication restrictive de la nature de ses opérations, doit être réputé commerçant; — Attendu cependant que le juge de paix du 17ᵉ arrondissement de Paris, sans méconnaître que Lefèvre exerce la profession d'agent d'affaires, et sans établir qu'il eût restreint la nature de ses opérations, l'a débouté de sa demande en inscription de son nom sur la liste électorale consulaire, par ce seul motif qu'il n'était pas commerçant; qu'en statuant ainsi, il a expressément violé les articles de loi susvisés; — Casse, etc.

MM. Barbier 1er prés.; Rohault de Fleury, rapp.; Desjardins, av. gén. (concl. conf.).

CASS.-CIV. 30 décembre 1884.

REMORQUAGE, SERVICE PUBLIC, ÉTAT, CHAMBRE DE COMMERCE, ACCIDENT DE MER, RESPONSABILITÉ, CLAUSE DE NON-GARANTIE, RÈGLEMENT PARTICULIER, HOMOLOGATION (DÉFAUT D').

Le service de remorquage dans un port, bien qu'établi dans l'intérêt général du commerce maritime et à l'aide d'un bateau remorqueur acheté par l'État, n'est pas un service public, si l'État y est resté complétement étranger, et si l'exploitation en a été abandonnée à une chambre de commerce, moyennant la perception à son profit d'un droit déterminé. — Par suite, cette

---

(1-2) Que les entreprises d'agences et bureaux d'affaires constituent des actes de commerce, c'est ce qui est écrit en toutes lettres dans l'art. 632, C. comm. — Que, par suite, celui qui fait sa profession d'être agent d'affaires doive être rangé dans la catégorie des commerçants, c'est ce que la jurisprudence et la doctrine d'accord ont toujours décidé. V. les nombreux arrêts cités par *Pand. fr. alph.*, t. I, vº *Acte de commerce*, n. 309 et suiv. — Ces principes admis, l'inscription des agents d'affaires, en leur-dite qualité, sur les listes électorales consulaires ne pouvait soulever de difficultés bien sérieuses. — Ajoutons que les agents d'affaires figurent sur les tableaux annexés à la loi du 15 juill. 1880, dans la 4ᵉ classe des patentés.

chambre est seule responsable, conformément au droit commun, des fautes de ses préposés, sans recours contre l'État (1) (C. civ., 1382, 1383).

Et alors que les conditions du service de remorquage ont été déterminées par un règlement d'administration publique, cette chambre de commerce n'a pu, par une clause insérée dans un règlement particulier, non approuvé par l'autorité publique, s'exonérer de la responsabilité de droit commun, pour les fautes du capitaine et de l'équipage du remorqueur (2) (Id.).

Il en est ainsi, quand bien même il y aurait eu connaissance et acceptation de cette clause par le capitaine du navire remorqué (3) (Id.).

(Chambre de commerce de Bayonne c. Larré.) — ARRÊT.

LA COUR : — Statuant sur le moyen unique du pourvoi dans ses deux branches : — Attendu, d'une part, que, si le service du remorquage dans le port de Bayonne a été établi par la loi du 21 juin 1838 dans l'intérêt général du commerce maritime, et si une somme fournie par l'Etat a été affectée par cette loi à l'achat d'un bateau pour cet usage, la chambre de commerce de Bayonne a été expressément chargée par la même loi de pourvoir, conformément à l'offre qu'elle en avait faite, à l'entretien et au service du bateau remorqueur, et ce moyennant la perception, sur les bateaux qui entrent dans le port ou qui en sortent, d'un droit déterminé par un règlement d'administration publique; qu'il résulte de cette disposition que l'Etat reste complétement étranger au service dont il s'agit, et que c'est la chambre de commerce qui en est personnellement chargée, que cette chambre est seule responsable des fautes des préposés qu'elle emploie dans cette exploitation, et que les condamnations prononcées contre elle à raison desdites fautes ne peuvent motiver un recours contre le Trésor public; — Attendu, dès lors, que la chambre de commerce n'est pas un préposé ou agent de l'administration pour le service du remorquage; que ce service, bien qu'établi dans l'intérêt général du commerce, n'est pas un service public, et que de ce chef ladite chambre n'est investie d'aucun service public; qu'en conséquence, la responsabilité qu'elle peut encourir à raison des fautes de ses préposés, dans le service du remorquage, reste soumise aux règles du droit commun; — Attendu, d'autre part, que la chambre de commerce de Bayonne, chargée, sur son offre, par la loi du 21 juin 1838 et l'ordonnance du 30 mars 1841, de pourvoir, ainsi qu'il vient d'être dit, au service du remorquage dans les conditions d'une responsabilité de droit commun, n'a pu, par une clause insérée dans son règlement particulier du 18 déc. 1878, non approuvée par l'autorité publique, s'exonérer de la responsabilité du droit commun pour les fautes du capitaine et de l'équipage du bateau remorqueur, fût-il établi qu'il y a eu connaissance et acceptation de cette clause par le capitaine du navire remorqué; — D'où il suit qu'en décidant qu'il n'y avait pas lieu par ces motifs de s'arrêter au moyen de défense tiré de ce que la chambre de commerce de Bayonne, à raison de la nature du service qu'elle exerce, ou des modifications par elle apportées aux règlements qui régissent ce service, serait exempte de toute responsabilité, l'arrêt attaqué n'a ni faussement appliqué, ni violé aucun des textes de loi invoqués par le pourvoi; — Rejette, etc.

MM. Barbier, 1er prés.; de Lagrevol, rapp.; Desjardins, av. gén. (concl. conf.); Sabatier, Demasures et Chambareaud, av.

---

(1) V. conf. les motifs de l'arrêt de Cass., 27 janv. 1880 (Pand. chr.), et la note.

(2-3) C'est un principe admis sans difficulté que nul ne peut, par une clause insérée dans un contrat, se soustraire à l'obligation de répondre de ses fautes et de celles des personnes placées sous ses ordres. Les applications les plus fréquentes de ce principe ont eu lieu surtout en matière de contrats de transport, où les tribunaux ont toujours annulé les stipulations de non-garantie comme contraires à l'ordre public. V. notre *Dictionnaire de dr. commerc., ind. et marit.*, t. III, v° *Commissionnaire de transp.*, n. 104 et suiv. — En matière de transports par chemins de fer, l'assimilation avec l'espèce de l'arrêt ci-dessus est encore plus étroite. Comme pour le service de remorquage, celui des chemins de fer est régi par des tarifs généraux, des cahiers de charges qui ont besoin d'être approuvés, homologués par l'autorité supérieure. Les Compagnies sont liées par ces règlements qu'elles ont acceptés et qu'elles ne peuvent plus modifier, au gré de leur seule volonté, dans leurs rapports avec le public. C'est ainsi qu'il a été jugé que les Compagnies ne peuvent stipuler, par des conventions particulières et sans l'autorisation de l'administration, qu'elles ne seront pas garantes de la perte ou des avaries des objets transportés. V. Cass., 26 janv. 1859 (S. 59. 1. 316. — P. 59. 812. — D. 59. 1. 56); Nancy, 5 janv. 1860 (S. 60. 1. 889, note. — P. 61. 715, note); Caen, 20 avril 1864 (S. 65. 2. 29. — P. 65. 210. — D. 65. 2. 183); Cass., 4 févr. 1874 (Pand. chr.), et la note; — que, pour qu'une telle stipulation soit valable, il faut au moins qu'elle soit insérée dans les tarifs ou cahiers de charges dûment homologués. Mêmes arrêts précités. — Et encore, dans ce dernier cas, les Compagnies ne peuvent être allégées que de certaines responsabilités spéciales qui ne proviennent pas directement de leurs fautes, ni de celles de leurs agents. Une décharge générale serait contraire non-seulement à l'ordre public, mais encore aux conditions qui constituent l'essence même des contrats de transport; elle n'aurait, par conséquent, aucune valeur juridique, fût-elle comprise dans les prévisions des tarifs régulièrement approuvés. Les arrêtés ministériels ne peuvent, en effet, déroger à la loi et aux principes d'ordre public; s'ils s'en écartent, les tribunaux peuvent et doivent se refuser à les appliquer vu leur illégalité. V. Cass., 26 mars 1860 (S. 60. 1. 899. — P. 61. 715. — D. 60. 1. 260); 24 avril 1865 (S. 65. 1. 215. — P. 65. 521. — D. 66. 1. 35); 4 févr. 1874, précité. V. d'ailleurs les nombreuses citations d'arrêts et d'auteurs insérées dans notre *Dictionnaire de dr. commerc., ind. et marit.*, t. II, v° *Chemin de fer*, n. 292 et suiv., 308. — Dans le cas où les clauses de non-garantie sont formellement autorisées par les tarifs, et où elles se concilient avec les exigences inhérentes à la matière des transports, elles n'ont point pour effet d'affranchir les Compagnies de toute responsabilité; elles ont seulement pour conséquence de mettre la preuve de la faute à la charge du destinataire. V. notamment Cass., 9 mai 1883 (Pand. chr.); 22 avril 1885 (Pand. chr.); 9 et 29 (trois arrêts) mars 1886 (Pand. pér., 86. 1. 126), et les notes. — Ces mêmes principes ont été étendus aux armateurs ou propriétaires de navires au sujet des clauses de non-responsabilité insérées dans le connaissement; ils régissent et la validité et la portée d'application de ces clauses. V. Cass., 22 janv. et 11 févr. 1884 (Pand. chr.), et les notes. — Mais, à ce dernier point de vue encore, la chambre de commerce concessionnaire d'un service de remorquage n'est pas dans la situation d'un armateur ou propriétaire de navire ordinaire; elle est liée par le règlement d'administration publique qui constitue la loi de son exploitation; elle n'y peut déroger sans l'agrément de l'autorité supérieure. — Sur la nature du contrat de remorquage et la situation juridique des remorqueurs en cas d'abordage, V. *Pand. fr. alph.*, v° *Abordage*, n. 179 et suiv., et un excellent article de M. Laurin, *Revue intern. du dr. marit.* de M. Autran, 1885-1886, p. 548 et s., 555, *nota*.

1885

CASS.-CRIM. **8 janvier 1885.**

VOL, SAISIE-EXÉCUTION, DÉTOURNEMENT, CONJOINT, IMMUNITÉ.

La soustraction frauduleuse des choses saisies, lorsqu'elle est commise par le conjoint du saisi, tombe sous la répression de l'art. 400 ou de l'art. 401, C. pén., suivant que le conjoint agit de concert avec le saisi, ou de son propre mouvement, sans entente avec ce dernier (1) (C. pén., 400, 401).

Ici ne s'applique pas l'immunité de l'art. 380, C. pén., laquelle ne profite qu'aux vols qui lèsent exclusivement certaines personnes de la famille de l'auteur du fait délictueux (2) (C. pén., 380).

(Croquevielle). — ARRÊT.

LA COUR : — Sur le moyen tiré de la violation des art. 380, 400 et 401, C. pén.; — Attendu que l'art. 400, C. pén., modifié par la loi du 28 avril 1832, assimile à l'abus de confiance ou au vol le détournement des choses saisies, lors même qu'il a été commis par le saisi; — Attendu, dès lors, que la soustraction frauduleuse de ces choses, lorsqu'elle a été commise par le conjoint du saisi, ne saurait être couverte par l'immunité établie par l'art. 380, C. pén.; que les dispositions de cet article ne s'appliquent qu'aux vols qui lèsent exclusivement certaines personnes unies par des liens étroits de famille à l'auteur du fait délictueux; que les soustractions frauduleuses de choses saisies, commises par les personnes que ledit article énumère, doivent être réprimées, soit d'après l'art. 400, C. pén., si ces personnes agissent de complicité avec le saisi, soit d'après l'art. 401 du même Code, si elles agissent de leur propre mouvement; qu'il suit de là que l'arrêt attaqué, en renvoyant la femme Croquevielle de la prévention de détournements d'objets saisis sur son mari, par application de l'art. 380, a fait une fausse application dudit article, et violé, en ne l'appliquant pas, l'art. 401 du même Code; — Casse, etc.

MM. Ronjat, prés.; Tanon, rapp.; Roussellier, av. gén.

CASS.-CRIM. **9 janvier 1885.**

ÉLECTIONS, CORRUPTION, OFFRES, PROMESSES, ACCEPTATION (DÉFAUT D'), VOTE (ABSTENTION DE), TIERS, INTERMÉDIAIRE.

Le délit de corruption électorale prévu et puni par l'art. 38 du décret du 2 février 1852, existe par le fait seul de l'offre ou de la promesse de deniers, effets ou valeurs quelconques, en dehors de toute acceptation (3) (Décr. 2 févr. 1852, art. 38).

Les dons ou promesses, en vue de déterminer une abstention de vote, ne sont punissables qu'autant qu'ils ont été faits directement par leur auteur ou par un intermédiaire, à l'électeur lui-même, pour qu'il s'abstienne de voter, et non lorsqu'ils ont été faits simplement à un tiers pour qu'il procure l'abstention de l'électeur (4) (Id.).

Spécialement, *la promesse faite à une femme mariée, sous la condition de procurer l'abstention de son mari, ne rentre pas dans les prévisions de la loi, alors d'ailleurs qu'il n'est même pas établi que cette femme ait dû servir d'intermédiaire entre le prévenu et son mari* (5) (Id.).

(Jacobé de Naurois). — ARRÊT.

LA COUR : — Sur le moyen tiré de la violation de l'art. 38 du décret du 2 févr. 1852; — Attendu que, si l'arrêt attaqué (Toulouse, 14 août 1884) a décidé, à tort et par une fausse interprétation de l'art. 38 du décret du

(1) Le saisi ne souffrira guère du détournement; il en profitera le plus souvent. Tout le préjudice sera supporté par le saisissant et par les autres créanciers qui, par l'effet de la saisie, auront acquis des droits sur les objets saisis. Voilà pourquoi il y a bien vol et impossibilité d'appliquer à cette catégorie de détournement l'immunité de l'art. 380, C. pén. V. en ce sens Cass., 19 févr. 1842 (S. 42. 1. 376. — P. 42. 2. 157), et sur renvoi Rouen, 21 avril 1842 (S. 43. 2. 456. — P. 42. 2. 157); Orléans, 17 avril 1844 (S. 45. 2. 631. — P. 45. 1. 658); Bourges, 9 nov. 1854 (P. 56. 1. 357. — D. 55. 2. 33); Cass., 18 avril 1857 (S. 57. 1. 482. — P. 57. 343. — D. 57. 1. 226); Caen, 10 févr. 1879 (S. 79. 1. 176. — P. 79. 724. — D. 79. 5. 451). — Quand le détournement est commis par le saisi d'objets saisis sur lui par son conjoint, son parent ascendant ou descendant, son allié, la question se présente sous un autre aspect. Il n'y a pas alors de vol, mais un délit d'un caractère tout particulier. En effet, l'art. 400, C. pén., a eu pour but d'assurer l'exécution des décisions de justice, bien plus que de réprimer les atteintes portées au droit de propriété. V. Bordeaux, 8 août 1883 (Pand. chr.).

(2) V. conf. Cass., 18 nov. 1882 (Pand. chr.), et la note.

(3-4-5) C'est une interprétation étroite, judaïque, comme il convient d'ailleurs en matière pénale, du texte de l'art. 38 du décret de 1852. Mais elle soulève d'assez sérieuses objections qui n'ont pas laissé que de préoccuper les magistrats qui ont pris part à la décision. Voici comment s'exprime M. le conseiller Tanon dans son rapport : « On peut opposer à cette interprétation de sérieuses objections. Le décret de 1852 a voulu réprimer sévèrement tous les faits de corruption électorale, soit que la corruption ait pour but d'altérer la sincérité du vote, soit de déterminer l'abstention. L'art. 38, qu'il s'agit d'interpréter ici, place expressément sur la même ligne, dans la première alternative qu'il prévoit, les dons ou promesses faits sous la condition de *donner* ou *procurer* un suffrage; il entend donc, lorsqu'il s'agit d'un vote à obtenir, atteindre non-seulement le corrupteur qui s'adresse directement à l'électeur, pour qu'il donne son vote, mais encore celui qui s'adresse à un tiers pour qu'il procure le vote de cet électeur. On comprend difficilement que le législateur, considérant avec raison la corruption comme également dangereuse et condamnable, ait entendu ne réprimer que les dons et promesses faits directement à l'électeur, pour s'abstenir et laisser sans répression ces mêmes actes, lorsqu'ils s'adressent à un tiers pour procurer une abstention. Le texte de l'art. 38 n'est peut-être pas si clair qu'il faille en tirer une différence aussi peu justifiable entre les deux hypothèses qu'il prévoit. Les art. 39 et 40 du décret, qui contiennent d'autres dispositions répressives, ne font aucune différence entre la corruption en vue de l'obtention d'un vote et la corruption en vue de l'abstention. On peut ajouter que, s'il est permis de s'adresser à un tiers pour qu'il procure une abstention, la loi sera facilement éludée. — Le décret de 1852 n'a pas été précédé de travaux préparatoires qui puissent nous aider dans son interprétation, et nous n'avons trouvé aucun éclaircissement dans ceux de la loi électorale de 1849, à laquelle le texte de l'art. 38 a été littéralement emprunté. La Cour appréciera.

« En supposant qu'elle décide, en principe, que le fait de s'adresser à un tiers, en vue de procurer une abstention, n'est pas prévu par l'art. 38, elle pourrait peut-être se demander encore si, lorsque le tiers auquel la promesse corruptive a été faite est la femme de l'électeur, cette promesse ne peut pas être considérée comme faite à l'électeur lui-même; si, en un mot, la femme ne peut être véritablement réputée ici comme une personne interposée. »

2 févr. 1852, que les dons ou promesses de deniers, effets ou valeurs prévus par cet article, ne tombent sous le coup de ses dispositions qu'autant qu'ils ont été agréés, les circonstances de fait qu'il relève n'en justifient pas moins le relaxe du prévenu ; — Attendu que l'arrêt constate que de Naurois a offert à la femme Cavaliès une somme de 500 francs, pour qu'elle adressât à son mari, maire de Nages, alors absent, une dépêche télégraphique l'engageant à ne pas revenir avant les élections pour le conseil général, de manière à l'empêcher de prendre part au vote ; que cette offre a d'ailleurs été refusée, et que la dépêche n'a pas été envoyée ; — Attendu, en droit, que l'art. 38 du décret du 2 févr. 1852, précité, dispose en ces termes : « Quiconque aura donné, promis ou reçu des deniers, effets ou valeurs quelconques, sous les conditions, soit de donner ou procurer un suffrage, soit de s'abstenir de voter, sera puni d'un emprisonnement de trois mois à deux ans, et d'une amende de 500 à 2,000 francs » ; — Attendu que cet article, d'après les termes mêmes dans lesquels il est conçu, établit une différence entre les dons et promesses qui sont faits en vue de l'obtention d'un suffrage, et ceux qui sont faits en vue de déterminer une abstention ; que, dans le premier cas, ces actes sont punis lorsqu'ils ont été accomplis sous la condition, soit de *donner*, soit de *procurer* un suffrage, et qu'ils ne sont punis, dans le second cas, que lorsqu'ils ont été accomplis sous la condition de *s'abstenir de voter ;* qu'il suit de là que les dons ou promesses faits en vue de déterminer une abstention ne sont réprimés qu'autant qu'ils ont été faits, directement ou par un intermédiaire, à un électeur pour qu'il s'abstienne de voter, et non simplement à un tiers pour qu'il procure une abstention ; — Attendu, dès lors, que la promesse faite à la femme Cavaliès, sous la condition de procurer l'abstention de son mari, ne rentre pas dans la prévision de la disposition légale précitée, alors d'ailleurs qu'il n'est pas établi que cette femme ait dû servir d'intermédiaire entre le prévenu et son mari ; que, dans ces circonstances, le relaxe du prévenu, bien que fondé, en droit, par l'arrêt attaqué sur des motifs erronés, est justifié par les circonstances de fait relevés par ledit arrêt ; — Rejette, etc.

MM. Ronjat, prés. ; Tanon, rapp. ; Roussellier, av. gén. ; Costa, av.

CASS.-REQ. 14 janvier 1885.

NOTAIRE, DISCIPLINE, CITATION, DÉFENSE AU FOND, NULLITÉ.

La nullité tirée de l'absence de citation du notaire inculpé devant la chambre de discipline est couverte par la comparution volontaire de ce notaire, qui, après avoir sollicité une remise qui lui a été refusée, accepte le débat sans élever ni fin de non-recevoir, ni exception, et présente ses moyens de défense au fond (1) (Ord. 4 janv. 1843, art. 17).

(L... c. Ch. des notaires de Neufchâtel). — ARRÊT.

LA COUR : — Sur le moyen unique, pris de la violation des art. 17 de l'ordonn. du 4 janv. 1843, 39 et suiv. du règlement de la Comp. des notaires de l'arrondissement de Neufchâtel, ainsi que des droits et libertés de la défense ; — Attendu que, si le demandeur qui, par lettre du syndic du 20 oct. 1883, a reçu copie intégrale de la plainte dirigée contre lui, n'a pas été cité à comparaître le 9 nov. suivant devant la chambre de discipline, il résulte des constatations non contestées, quant à ce, de la délibération attaquée, qu'il s'est, le 9 nov., présenté devant cette chambre, qu'il a sollicité une remise, motivée sur ce qu'il ignorait que l'examen de la plainte dût avoir lieu ce jour-là et n'avait pas apporté son dossier, et qu'après la décision qui lui a refusé cette remise, il a accepté le débat sans élever de fin de non-recevoir ou d'exception ; qu'il est déclaré, en effet, d'abord, que lecture a été donnée de la plainte et de la réponse écrite de Me L..., ensuite, que le rapporteur et le plaignant ont été entendus, ainsi que l'inculpé, enfin, qu'après les conclusions du syndic, Me L... a dit n'avoir rien à ajouter pour sa défense ; — Attendu que, dans ces circonstances, la nullité tirée de l'absence de citation aurait été couverte par la comparution volontaire du demandeur, et par son acceptation du débat, et qu'il n'y a eu, dès lors, ni violation des articles susvisés, ni atteinte portée aux droits et libertés de la défense ; — Rejette, etc.

MM. Bédarrides, prés. ; Petit, rapp. ; Chevrier, av. gén. (concl. conf.) ; Morillot, av.

CASS.-CIV. 14 janvier 1885.

TRIBUNAL DE COMMERCE, ÉLECTIONS, LISTES, INSCRIPTION, MÉDECIN, VÉTÉRINAIRE, HUISSIER, GREFFIER.

Ne doivent pas être inscrits sur la liste des électeurs consulaires des individus qui, bien que patentés, ne sont point commerçants et ne font point du commerce leur profession habituelle (2) (L. 8 déc. 1883, art. 1).

Tels sont, par exemple, les huissiers (3), *greffiers* (4), *vétérinaires* (5) *et médecins* (6) (Id.).

(Bernadou). — ARRÊT.

LA COUR : — Vu l'art. 1er de la loi du 8 déc. 1883, et l'art. 1er, C. comm. ; — Attendu qu'aux termes de ces articles combinés, les commerçants, c'est-à-dire ceux qui font des actes de commerce leur profession habituelle, doivent, s'ils sont inscrits depuis cinq ans au rôle des patentés, être portés sur la liste des électeurs appelés à nommer les membres des tribunaux de commerce ; que les défendeurs, bien que patentés, en leur qualité d'huissier, de greffier, de vétérinaire et de médecin, ne font point profession de commerçants ; qu'en ordonnant leur inscription sur la liste électorale consulaire du canton de Molières, le jugement attaqué a donc faussement appliqué, et, par suite, violé les dispositions des articles susvisés ; — Casse, etc.

MM. Barbier, 1er prés. ; Greffier, rapp. ; Desjardins, av. gén. (concl. conf.).

(1) V. dans le même sens Cass., 18 mai 1870 (S. 70. 1. 236. — P. 70. 614. — D. 70. 1. 429) ; 17 août 1880 (S. 82. 1. 417. — P. 82. 1. 1034. — D. 81. 1. 342) ; 24 janv. 1881 (2e arrêt, motifs) (S. 81. 1. 417. — P. 81. 1. 1065. — D. 81. 1. 218) ; 4 août 1885 (S. 85. 1. 413. — P. 85. 1. 1016). — Mais il en serait tout autrement si le notaire n'avait pas comparu, ou si, ayant comparu, il avait relevé l'absence de citation et s'était abstenu de présenter ses moyens de défense au fond. V. Cass., 3 juin 1863 (S. 63. 1. 503. — P. 64. 145. — D. 63. 1. 311) ; 4 juill. 1864 (S. 64. 1. 417. — P. 64. 1125. — D. 64. 1. 286) ; 8 févr. 1875 (S. 75. 1. 256. — P. 75. 618. — D. 75. 1. 359) ; 24 janv. 1882 (1er arrêt) (S. 81. 1. 417. — P. 81. 1. 1065. — D. 81. 1. 248).

(2) V. conf., sur le principe, Cass., 25 août 1884 (Pand. chr.), et la note.

(3) Il y a même interdiction formelle et expresse aux huissiers de se livrer à certains commerces à moins d'y être autorisés. Décr. 13 juin 1813, art. 41.

(4) Les greffiers des Cours et tribunaux exercent des fonctions qui généralement sont considérées comme incompatibles avec l'exercice du commerce. V. notre *Dictionnaire de dr. comm., ind. et marit.*, t. II, v° *Commerçant*, n. 19-7°. — Toutefois le contraire a été décidé par la Cour de Besançon, à l'égard d'un greffier de justice de paix. V. arrêt, 29 déc. 1875 (Pand. chr.), et la note.

(5) Les vétérinaires ne sont point commerçants. V. Nancy, 15 juill. 1876 (Pand. chr.). V. aussi *Pand. fr. alph.*, t. I, v° *Acte de commerce*, n. 218, 392.

(6) Aucun doute ne saurait exister relativement aux médecins ; ils ne sont pas non plus commerçants. V. *Pand. fr. alph.*, *loc. cit.*, n. 390.

CASS.-CIV. **20 janvier 1885.**

SOCIÉTÉ ANONYME, ACTIONS NOMINATIVES, ACTIONS AU PORTEUR, CONVERSION, ASSEMBLÉE GÉNÉRALE, ASSEMBLÉE SPÉCIALE, ORDRE DU JOUR, CONVOCATION.

Aucune disposition de la loi du 24 juillet 1867, sur les sociétés, ne prescrit, pour la délibération relative à la conversion des titres nominatifs en titres au porteur, une assemblée générale spéciale, convoquée en des termes particuliers (1) (L. 24 juill. 1867, art. 3).

En conséquence, cette conversion est suffisamment signalée à l'attention des actionnaires, régulièrement décidée et votée dans une assemblée générale dont l'ordre du jour, joint à la convocation adressée à chaque actionnaire, mentionne la vérification à faire du versement des deux premiers quarts sur le montant des actions et la nécessité d'apporter des modifications aux statuts (2) (Id.).

(Syndic de la Banque de la Nouvelle-Calédonie c. Crédit mobilier). — ARRÊT.

LA COUR : — Sur le troisième moyen : — Attendu que l'arrêt attaqué constate que l'ordre du jour joint à la convocation adressée aux actionnaires pour l'assemblée générale du 24 févr. 1874, en mentionnant la vérification à faire du versement des deux premiers quarts sur le montant des actions et les modifications qui pourraient être apportées aux statuts, appelaient suffisamment leur attention sur la mesure de la conversion des titres, pour qu'il ne pût être commis vis-à-vis d'eux aucune surprise, et pour que le vote, émis à l'unanimité, le fût en pleine connaissance de cause ; — Attendu qu'en conséquence de ces constatations, l'arrêt attaqué a justement considéré comme régulière la délibération prise par l'assemblée générale du 24 février 1874, relativement à la conversion des titres, aucune disposition de la loi du 24 juill. 1867 ne prescrivant pour cette délibération une assemblée spéciale, convoquée en des termes particuliers ; — Rejette, etc.

MM. Barbier, 1er prés. ; Crépon, rapp. ; Charrins, 1er av. gén. (concl. conf.) ; Devin et Renault-Morlière, av.

CASS.-CH.-RÉUN. **21 janvier 1885.**

DOUANES, CONTREBANDE, CHEMIN DE FER, TRAIN, CONDUCTEUR-CHEF, CONDUCTEUR SUBALTERNE, RESPONSABILITÉ PÉNALE, PREUVE.

Les préposés à la conduite de voitures ou trains de chemins de fer sont, en principe, responsables pénalement de toute importation de marchandises prohibées et de toutes introductions frauduleuses desdites marchandises trouvées dans les voitures et trains placés sous leur surveillance (3) (LL. 6-22 août 1791, tit. V, art. 1 ; 28 avr. 1816, art. 38, 41 et suiv.).

Et leur responsabilité est engagée par le seul fait de la découverte, dans ces voitures et trains, d'objets de contrebande, sans que l'Administration des douanes soit tenue de prouver à leur charge un fait de participation personnelle à la fraude (4) (Id.).

La responsabilité des chefs-conducteurs de trains n'est pas exclusive de celle des autres conducteurs subalternes attachés au service d'un même train, chacun en ce qui concerne ses attributions particulières (5) (Id.).

Spécialement, le conducteur d'un fourgon, seul chargé de recevoir les colis, de procéder à leur arrimage, est pénalement responsable en cas de découverte et de saisie, dans le wagon dont il avait la garde, de tabacs de contrebande (6) (Id.).

(Adm. des douanes c. Gaydon). — ARRÊT (*en Ch. réun.*).

LA COUR : — Sur le moyen unique, pris de la violation des art. 1er, tit. 5, de la loi des 6-22 août 1791 ; 7, tit. 6, de la loi du 4 germ. an II ; 16, tit. 4, de la loi du 9 flor. an VII ; 41, 42, 43 de la loi du 28 avr. 1816, et 1er de la loi du 2 juin 1875 : — Vu les art. 1er, tit. 5, de la loi des 6-22 août 1791 ; 41, 42 et 43 de la loi du 28 avr. 1816 ; 1er de la loi du 2 juin 1875, et 7, tit. 6, de la loi du 4 germ. an II ; — Attendu qu'il est constaté par un procès-verbal régulier, dressé le 22 juill. 1883, que les agents des douanes, à la résidence de Bellegarde, procédant à la visite d'un train de chemin de fer qui arrivait à Genève, ont saisi quatre paquets de tabac en poudre, de provenance étrangère, du poids net de deux kilogrammes, et que ces paquets étaient cachés derrière le coussin du siége du fourgon de queue, à la garde duquel était préposé le conducteur de train Gaydon ; que, traduit à raison de ces faits devant la juridiction correctionnelle, Gaydon a été relaxé des poursuites ; et que, pour prononcer l'acquittement du prévenu, l'arrêt attaqué s'est fondé, d'une part, sur ce que Gaydon n'était pas poursuivi pour avoir lui-même introduit en France du tabac étranger, et sur ce que, d'ailleurs, il n'était pas établi qu'il se fût rendu personnellement coupable de la contravention constatée ; d'autre part, sur ce que les règlements spéciaux placent toutes les voitures dont se compose un train de chemin de fer sous la direction d'un conducteur-chef, surveillant général et seul responsable, et qu'on ne peut lui assimiler les employés subalternes chargés d'un service spécial pour la conduite du même train ; — Mais attendu que les préposés à la conduite sont généralement responsables de toute importation de marchandises prohibées et de toutes introductions frauduleuses de marchandises tarifées à 20 fr. et plus les 100 kilogr., qui sont trouvées dans les voitures dont ils ont la conduite, et que la responsabilité à laquelle ils sont assujettis est encourue par le seul fait de la découverte dans ces voitures d'objets de contrebande, sans que l'Administration des douanes soit tenue de prouver à leur charge un fait de participation personnelle à la fraude ; — Attendu que, lorsqu'il y a plusieurs conducteurs dans un train de chemin de fer, l'un d'eux a autorité sur les autres, et si le train en son entier est placé sous la surveillance de ce conducteur-chef, d'où il résulte que ce conducteur est responsable de toute importation d'objets prohibés et de toute introduction frauduleuse d'objets tarifés trouvés dans les wagons dont est formé le convoi dont il a la direction, il ne s'ensuit pas que les autres conducteurs attachés au service du train ne soient, chacun en ce qui concerne ses attributions particulières, soumis à la même responsabilité pénale, en cas d'infraction aux droits de douane ; — Attendu que des dispositions des règlements généraux de la Comp. des chemins de fer de Paris à Lyon et à la Méditerranée, il résulte que tous les conducteurs de train sont responsables de tous les faits de leur service, et qu'il leur est défendu de faire aucun com-

(1-2) Il est certain, d'une part, que la décision d'une assemblée générale d'actionnaires, pour être valable, doit porter sur un objet mis à l'ordre du jour ; — d'autre part, que c'est aux juges du fait qu'il appartient de décider si les résolutions votées ont ou non excédé les limites des indications de l'ordre du jour. Ainsi, par exemple, il est souverainement déclaré par ces juges, sans recours possible à cassation, que les mots « vote sur l'approbation des comptes » insérés dans un ordre du jour, suffisent pour faire prévoir que les difficultés nées des comptes rendus seront examinées, que la conduite des administrateurs dans le passé sera discutée, que leur responsabilité sera réglée, soit par un quitus pur et simple, soit par une transaction leur imposant des sacrifices. *Sic*, Cass., 23 févr. 1885 (Pand. chr.), et la note.

(3-4-5-6) V. conf. Cass., 14 mars 1884 (Pand. chr.), — et en sens contraire, Chambéry, 15 mai 1884, en sous-note de l'arrêt précité. Ces deux décisions ont été rendues dans l'affaire actuelle et la dernière a été cassée par l'arrêt des Chambres réunies que nous rapportons ci-dessus.

merce de transport; que le conducteur préposé à la garde d'un fourgon est spécialement chargé de la surveillance de ce wagon, dans lequel il doit se tenir pendant la marche du train; qu'il lui est interdit d'y admettre toute personne étrangère au contrôle administratif ou au service de la Comp.; qu'aucun colis ne doit être introduit dans le fourgon que sous le contrôle du conducteur, qui le prend en charge, et qui ne doit le recevoir que s'il lui est présenté dans les conditions réglementaires; que seul il est chargé de l'arrimage des bagages et des marchandises dans l'intérieur du wagon; qu'il rentre donc manifestement dans la catégorie de ces « préposés de la conduite » dont parle l'art. 1er, tit. 5, de la loi des 6-22 août 1791; — D'où il suit qu'en se fondant sur les motifs ci-dessus rapportés pour prononcer l'acquittement de Gaydon, l'arrêt attaqué (Chambéry, 15 mai 1884), a formellement violé les dispositions de loi ci-dessus visées; — Casse, etc.

MM. Barbier, prés.; Monod, rapp.; Baudouin, proc. gén.; Housset, av.

CASS.-REQ. 26 janvier 1885.

1° Bail, Aveu, Preuve, Congé. — 2° Interrogatoire sur faits et articles, Refus de répondre, Fait avéré.

1° En matière de bail, comme en toute autre, l'aveu est une preuve admissible et complète (1). (C. civ., 1715).

Il en est ainsi, spécialement, pour la preuve d'un congé (2) (Id).

2° L'aveu peut résulter d'un interrogatoire sur faits et articles, et notamment du refus par la partie interrogée de comparaître ou de répondre: un tel refus pouvant autoriser les juges à tenir le fait litigieux pour avéré (3) (C. proc., 330).

(Heuzey c. Vautier).

Voici un court extrait des considérations développées par M. le conseiller rapporteur Lepelletier. Elles éclairent l'arrêt et en forment un excellent commentaire :

« ... Nous sommes d'accord avec le mémoire sur les règles de la preuve en matière de bail. Nous admettons avec lui que ni l'existence d'un bail, ni sa résiliation ne peuvent être prouvés par témoins ou par présomptions, même quand il existerait un commencement de preuve par écrit. C'est la doctrine que votre jurisprudence a consacrée, quant à l'existence du bail (arrêt, Ch. civ., 19 févr. 1873, Pand. chr.), et nous estimons qu'elle doit être appliquée également en ce qui concerne la résiliation. Mais le mémoire est aussi d'accord avec nous pour reconnaître qu'à défaut de preuve écrite, l'aveu peut y suppléer comme le serment. Toute la question est donc de savoir si l'on peut considérer comme un aveu la non-comparution ou le refus de répondre sur l'interrogatoire ayant pour objet la question de savoir si le bail existe ou s'il a été résilié, et plus spécialement, dans l'espèce, si le preneur avait en effet donné régulièrement congé pour le terme de Noël 1884.

« L'art. 330 porte : « Si l'assigné ne comparaît pas ou refuse de répondre... les faits *pourront* être tenus pour *avérés* ». Ce texte n'est pas impératif. Il n'impose pas aux juges un devoir, il leur donne un pouvoir. C'est à eux d'apprécier (et leur appréciation sur ce point est souveraine), si, dans les cas prévus, il y a lieu de tenir les faits pour *avérés*; mais que faut-il entendre par ces mots? Est-ce que les faits seront tenus pour *établis*, ou est-ce qu'ils seront tenus pour *avoués?* Dans le premier cas, et c'est l'interprétation que donne le mémoire à ce mot *avérés*, il n'en résulte pas de preuve admissible en matière de bail, dit le pourvoi, car il n'y a pas aveu. Il n'y a qu'une induction, une présomption tirée du silence de la partie, induction, présomption, d'où ne peut résulter la preuve légale soit de l'existence, soit de la résiliation du bail.

« Il nous semble que c'est là une querelle de mots, subtile si l'on veut, mais plus spécieuse que sérieuse. En effet, si, en présence du silence de la partie, le fait est tenu pour établi, c'est que ce silence lui-même est tenu pour un aveu, car il n'y a pas d'autre relation possible entre ce silence et la vérité du fait. Le silence implique l'aveu et de l'aveu résulte la preuve du fait; mais l'aveu est nécessairement l'intermédiaire entre les deux points opposés, le silence de la partie et la constatation du fait. Ainsi, en acceptant même la signification que le mémoire donne au mot *avérés*, il n'en est pas moins certain que les faits ne sont tenus pour avérés que parce que le silence est tenu pour un aveu.

« Aussi le rapporteur de la loi au Corps législatif a-t-il, dans ses explications sur l'art. 330, déclaré en termes formels que le sens du mot *avérés* impliquait bien un aveu. — Il rendait compte des raisons qui ont décidé le législateur à donner aux juges une faculté plutôt qu'un ordre et il disait : « Si par hasard il existe des preuves écrites qui contredisent les faits tenus pour *confessés* ou *avoués* le précepte de la loi pourrait-il contraindre l'esprit du juge, etc. »

« Ainsi le législateur lui-même l'a dit. Dans l'art. 330, le mot *avérés* n'a pas d'autre signification que le mot *avoués, confessés*, c'est-à-dire établis par l'aveu. La conséquence juridique qui en résulte, c'est que toute autre preuve devient inutile, l'*aveu* étant réputé, quand il est admis par le juge, la plus énergique et la plus complète. Ce n'est pas une simple présomption, laquelle ne serait pas admissible dans l'espèce, puisqu'il s'agit d'une matière où la preuve testimoniale est inadmissible; ce n'est pas davantage, et pour la même raison, un commencement de preuve par écrit; c'est, comme l'a dit avec raison la Cour de Caen, la reconnaissance par la partie qui refuse de répondre, du fait sur lequel porte l'interrogatoire... »

ARRÊT.

LA COUR : — Sur le moyen unique, pris de la violation des art. 1715, 1736, 1732, C. civ., 324 et 330, C. proc., et de la fausse application des art. 1341 et 1353, C. civ.; — Attendu qu'aux termes de l'art. 330, C. proc., si la partie assignée pour être interrogée sur faits et articles ne comparaît pas ou refuse de répondre, les faits pourront être tenus pour *avérés*; que, par cette disposition, le législateur laisse au juge le pouvoir de considérer comme avoués par la partie les faits sur lesquels elle refuse de s'expliquer; — Attendu qu'en matière de bail, comme en toute autre, l'aveu est une preuve admissible et complète; — Attendu que Heuzey, assigné par la veuve Vautier aux fins de déclarer s'il n'avait pas donné congé, à partir de Noël 1883, des immeubles qu'elle lui avait loués, n'a pas comparu sur cette assignation; qu'il suit de là qu'en tenant pour avoué le fait sur lequel il a refusé de répondre, la Cour de Caen (arrêt, 12 nov. 1883) n'a fait qu'user de la faculté accordée aux juges par l'art. 330, C. proc., et qu'en fondant sur cet aveu la preuve du congé litigieux, l'arrêt attaqué n'a violé aucun des articles visés par le pourvoi; — Rejette, etc.

MM. Bédarrides, prés.; Lepelletier, rapp.; Chevrier, av. gén. (concl. conf.); Costa, av.

CASS.-CIV. 28 janvier 1885.

Enquête, Matière sommaire, Témoin, Serment, Constatation, Procès-verbal, Jugement, Nullité.

En matière sommaire, comme en matière ordinaire, les témoins sont tenus, à peine de nullité, de prêter le serment de dire la vérité; et, à peine de nullité aussi, l'accomplissement de cette formalité substantielle doit être constaté, soit dans le procès-verbal d'enquête, soit dans le jugement, suivant que le litige comporte ou non la rédaction d'un procès-verbal (4) (C. proc., 35, 40, 262, 410, 411).

(1-2-3) V. sur ces intéressantes questions pratiques, les observations de M. le conseiller rapporteur reproduites au cours de cet article. — *Adde*, Cass. 12 janv. 1864 (S. 64. 1. 88. — P. 64. 421. — D. 66. 1. 142.)

Rappelons, d'ailleurs, que l'art. 330, C. proc., n'est pas obligatoire, mais seulement facultatif pour les juges. V. Chambéry, 31 janv. 1881 (S. 81. 2. 131. — P. 81. 1. 698).

(4) Il n'y a plus de controverse sur ces questions, mais elles sont si fréquentes dans la pratique, que, malgré une jurisprudence affirmée par de nombreux arrêts, elles se représentent toujours et donnent souvent lieu à cassation. — V. conf., Cass., 26 juill. 1876 (S. 77. 1. 12. — P. 77. 17. — D. 76. 1. 358); 1er avril 1879 (S. 79. 1. 319. — P. 79. 788. — D. 79. 1. 183); 24 déc. 1879 (S. 80. 1. 55. — P. 80. 124); 15 juin 1880 (S. 80. 1. 300. — P. 80. 724); 2 mai 1883 (S. 85. 1. 174. — P. 85. 1. 398); 20 juill. 1885 (S. 85. 1. 432. — P. 85. 1. 1048. — D. 85. 1. 427).

(Vassas c. Noguier). — ARRÊT.

LA COUR : — Vu les art. 35, 40, 262, 410 et 411, C. proc.; — Attendu que du rapprochement de ces articles il ressort qu'en matière sommaire comme en matière ordinaire, les témoins sont tenus, à peine de nullité, de prêter le serment de dire la vérité; que l'accomplissement de cette formalité substantielle doit, dès lors, sous la même peine, être constaté, soit dans le procès-verbal d'enquête, soit dans le jugement, suivant que le litige comporte ou non la rédaction d'un procès-verbal; qu'en effet, toute formalité non constatée est réputée avoir été omise; — Et attendu, en fait, qu'il ne ressort d'aucune des énonciations du jugement du tribunal civil du Vigan, du 26 juill. 1883, ni d'aucune autre pièce, que les témoins entendus à cette audience, et sur les dépositions desquels le tribunal a basé sa décision, aient prêté le serment prescrit; — Casse, etc.

MM. Barbier, 1er prés.; Onofrio, rapp.; Desjardins, av. gén. (concl. conf.); Panhard, av.

CASS.-CRIM. 31 janvier 1885.

LOTERIE, OBLIGATIONS, VALEURS A LOTS, COMBINAISONS NOUVELLES, PROHIBITION, VENTE.

Les conditions imposées à la création et à la vente au public d'obligations ou de valeurs à lots, par les lois spéciales d'autorisation dérogeant à la prohibition générale en matière de loterie, doivent être strictement observées, surtout dans celles de ces conditions qui déterminent la valeur des titres, leur revenu annuel, l'importance des gains aléatoires, le nombre des tirages au sort, et le taux du remboursement; toute modification à l'un ou à l'autre de ces éléments essentiels dénature le caractère de la valeur autorisée et constitue une opération aléatoire nouvelle (1) (L. 21 mai 1836, art. 1, 2, 3; C. pén., 410).

Spécialement, *il y a loterie prohibée dans le fait d'offrir et de vendre au public des obligations et des coupures d'obligations à lots de la ville de Paris ou du Crédit foncier, moyennant un prix fractionné en termes mensuels s'échelonnant sur une période de plus de deux ans, avec stipulation que les titres ne seront délivrés à l'acheteur qu'après le dernier versement, mais munis seulement des coupons à échoir, l'acheteur n'ayant droit, jusqu'au payement intégral, qu'aux chances des lots* (2) (Id.).

...Ou encore avec cette autre stipulation que si, avant le payement intégral, le titre vendu sortait au tirage, sans être favorisé d'un lot, il serait remplacé par un autre titre (3) (Id.).

(Cazeaux c. Schlosser). — ARRÊT.

LA COUR : — Sur le moyen unique, tiré de la violation par fausse application des art. 1, 2, 3 de la loi du 21 mai 1836, et de l'art. 410, C. pén.; — Attendu que la loi du 21 mai 1836, après avoir, par son art. 1er, prohibé les loteries de toute espèce, dispose, dans son art. 2 : « Sont réputées loteries, et interdites comme telles, les ventes d'immeubles, de meubles ou de marchandises effectuées par la voie du sort, les ventes des mêmes objets auxquelles sont réunis des primes ou autres bénéfices dus au hasard, et généralement toutes opérations offertes au public pour faire naître l'espérance d'un gain qui serait acquis par la voie du sort »; — Attendu que les lois, qui ont autorisé certaines villes ou certaines compagnies financières à contracter des emprunts sous forme d'obligations offrant au public des chances de primes ou de lots qui sont acquis par la voie du sort, sont des lois spéciales dérogeant à la prohibition générale édictée par la loi du 21 mai 1836; qu'il suit de là que les conditions sous lesquelles la création et la vente au public de cette espèce d'obligations sont autorisées, doivent être strictement observées; que les lois d'autorisation déterminant notamment la valeur du titre, le revenu annuel qui y est attaché, l'importance des gains aléatoires, le nombre des tirages au sort et le taux du remboursement, toute modification à l'une ou à l'autre de ces conditions essentielles dénature le caractère de la valeur autorisée, et constitue une opération aléatoire nouvelle, tombant sous l'application des art. 1, 2, 3 de la loi du 21 mai 1836 et 410, C. pén.; — Attendu qu'il résulte des constatations de l'arrêt attaqué que Cazeaux, directeur du Comptoir général d'épargne, et Schlosser, l'un de ses employés, ont offert et vendu au public des obligations et quarts d'obligations à lots de la ville de Paris et des cinquièmes d'obligations à lots du Crédit foncier, moyennant un prix dont le payement était fractionné en plusieurs termes, le premier payable comptant, et les autres échelonnés de mois en mois, sur une période de plus de deux années, avec stipulation : 1° dans plusieurs ventes, que les titres seraient délivrés après le dernier versement, munis seulement des coupons à échoir; 2° dans une vente, que, si, avant le payement intégral le titre vendu sortait au tirage sans être favorisé d'un lot, il serait remplacé par un autre titre; — Attendu que ces deux stipulations modifient l'une et l'autre les titres vendus dans une de leurs conditions substantielles; qu'en effet, la clause par laquelle ces titres ne devaient être délivrés à l'acheteur qu'après le dernier versement, munis seulement des coupons à échoir, avait pour effet, pendant une période de temps qui, à moins d'anticipation de payement, devait durer plus de deux ans, de séparer le droit à l'intérêt attaché à chaque titre, lequel était réservé au vendeur, du droit aux chances de gains résultant des tirages semestriels, lesquels seuls, pendant toute cette période, étaient attribués à l'acheteur; que, d'autre part, l'engagement pris par le vendeur, pour le cas où, avant la libération complète, le numéro du titre vendu viendrait à remboursement, sans être accompagné d'un lot, de le remplacer par un autre titre, grossissait l'aléa légalement attaché à chaque obligation, et modifiait ainsi l'une des conditions essentielles déterminées par la loi d'autorisation; — Attendu, dès lors, qu'en offrant au public des valeurs à lots autorisées, mais qu'ils avaient modifiées dans deux de leurs conditions substantielles, au moyen des stipulations ci-dessus spécifiées, les demandeurs ont créé une opération aléatoire nouvelle qui leur est propre, et que l'art. 2 de la loi du 21 mai 1836 assimile à une loterie; que c'est donc à bon droit que l'arrêt attaqué leur a fait application de l'art. 3 de ladite loi et de l'art. 410, C. pén.; — Rejette, etc.

MM. Ronjat, prés.; Sevestre, rapp.; Loubers, av. gén.; Massénat-Deroche, av.

CASS.-CIV. 2 février 1885.

SÉPARATION DES PATRIMOINES, INSCRIPTION, CRÉANCIER, TITRE NON CONTESTÉ, QUOTITÉ, CRÉANCE NON LIQUIDE.

La séparation des patrimoines et l'inscription conservatoire du privilège peuvent être demandées et obtenues par tout créan-

(1-2-3) La jurisprudence paraît désormais fixée sur tous ces points. V. Cass., 8 juill. 1882 (Pand. chr.), et sur renvoi, Besançon, 30 nov. 1882 (S. 83. 2. 111. — P. 83. 1. 580. — D. 83. 2. 32). V. aussi Paris, 23 nov. 1882 (Pand. chr.), et la note.

cier de la succession dont la créance n'est pas contestée dans son existence (1) (C. civ., 878, 2111).

A plus forte raison quand la créance est reconnue dans son principe, quoique discutée dans sa quotité seulement (2) (Id.).

Peu importe que la créance (dans l'espèce, la créance d'un notaire pour frais et honoraires) ne fût pas liquide au moment où l'inscription a été requise (3) (Id.).

(Brouillat C. Dugas). — ARRÊT.

LA COUR : — Sur le premier moyen du pourvoi : — Vu les art. 878 et 2111, C. civ., — Attendu qu'il résulte du jugement attaqué que Brouillat ayant pris une inscription en séparation de patrimoines sur les immeubles dépendant de la succession de la dame Tessier, pour une créance de frais d'actes, évaluée par lui à 507 fr. 43 c., les défendeurs à la cassation lui ont fait offres réelles de la somme de 206 fr. 05 c., pour ce qu'ils pouvaient lui devoir de ce chef en qualité d'héritiers de ladite dame; — Attendu que le tribunal de Rochefort, saisi d'une demande en validité de ces offres et en mainlevée de l'inscription, tout en reconnaissant l'existence de la créance de Brouillat jusqu'à concurrence de cette somme, a néanmoins ordonné que Brouillat serait tenu de donner mainlevée de l'inscription comme ayant été prise sans droit, et ce, par le motif que la créance n'ayant été affirmée que par lui seul, sans l'adhésion de sa cliente au montant des frais, il n'avait point eu en mains une créance certaine et liquide pour servir de base à sa réclamation; — Mais attendu que la qualité de créancier de la succession, nécessaire, aux termes des art. 878 et 2111, C. civ., pour autoriser Brouillat à demander la séparation des patrimoines et a prendre valablement l'inscription destinée à conserver le privilège, n'était point contestée audit Brouillat par les héritiers Tessier, qui discutaient le montant de la créance; que, de plus, cette qualité lui a été expressément reconnue par le jugement lui-même, lequel a fixé, en outre, le chiffre de la dette, et qu'il importe peu que cette créance ne fût point encore liquide au moment où le demandeur en cassation a requis l'inscription; — Casse, etc.

MM. Barbier, 1er prés.; Legendre, rapp.; Charrins, 1er av. gén. (concl. conf.); Nivard, av.

CASS.-CIV. 3 février 1885.

CHEMIN DE FER, TARIFS, DÉSIGNATION, TARIF LE PLUS RÉDUIT, RÉSEAU UNIQUE, RÉSEAUX DISTINCTS, PRIX DE TRANSPORT, RESTITUTION, PARCOURS ALLONGÉ.

A défaut d'indication d'un itinéraire par l'expéditeur, la Compagnie de chemin de fer à qui des marchandises sont confiées doit, en principe, les transporter par la voie la plus courte (4) (C. comm., 101).

Toutefois si l'expéditeur a requis l'application d'un tarif spécial déterminé ou d'un tarif commun, ou même encore du tarif le plus réduit, cette réquisition implique l'emploi de l'itinéraire le moins coûteux, bien qu'il ne soit pas le plus court (5) (Id.).

Mais cette obligation n'existe qu'à l'égard des transports qui s'effectuent sur un seul et unique réseau, possédant plusieurs tarifs spéciaux plus ou moins réduits avec des itinéraires différents (Id.).

.....Ou même sur des réseaux différents, à la condition cependant d'une désignation précise par l'expéditeur d'un tarif commun entre la Compagnie qui commence le transport et celles qui doivent le continuer (Id.).

Lorsque le transport nécessite le concours de plusieurs Compagnies, la réquisition par l'expéditeur du tarif le plus réduit ne saurait obliger la première Compagnie à rechercher, parmi les tarifs étrangers à son propre réseau, celui qui procurerait le plus d'économie à l'expéditeur, même au prix des lenteurs d'un parcours plus ou moins allongé (6) (Id.).

Par suite, l'expéditeur auquel il appartenait de faire cette recherche, et de désigner l'itinéraire qu'il croyait devoir lui être le plus profitable, s'il s'en est abstenu, ne peut obtenir la restitution d'une partie du prix de transport, sous prétexte que le dernier trajet parcouru par la marchandise, quoique le plus direct, n'était pas le plus économique, et que c'était un itinéraire plus long, mais moins coûteux, qui aurait dû être suivi (7) (Id.).

(Ch. de fer de l'État c. Diénaide et Desvergnes). — ARRÊT.

LA COUR : — Vu l'art. 101, C. comm.; — Attendu qu'une Compagnie de chemins de fer, qui reçoit mandat de transporter des marchandises, sans que l'expéditeur désigne l'itinéraire à suivre, doit, en principe, les transporter par la voie la plus courte; qu'il y a pourtant exception dans le cas où l'expéditeur a requis l'application d'un tarif spécial déterminé, ou d'un tarif commun, ou même encore celle

---

(1-2-3) Le bénéfice de la séparation des patrimoines appartient à tous les créanciers de la succession, sans distinguer entre les créanciers privilégiés, hypothécaires ou simplement chirographaires; il leur appartient pour toutes les créances dont l'existence n'est pas contestée, dont le principe est reconnu par les héritiers, créances exigibles actuellement ou à terme, créances conditionnelles, créances certaines et liquides, créances indéterminées dans leur quotité et non liquides, etc. V. Lyon, 24 juill. 1835 (Pand. chr.); Orléans, 15 juin 1861 (Pand. chr.). — Dans l'espèce de l'arrêt ci-dessus rapporté, le créancier de la succession était un notaire à qui des frais d'actes et des honoraires étaient dus. Aucune difficulté n'était soulevée et ne pouvait être soulevée sur le principe même de la créance; elle n'était pas contestée dans son existence; les héritiers se reconnaissaient bien débiteurs, mais d'une somme indéterminée. Le notaire n'avait point fait au préalable taxer ses frais par justice. Jusqu'à la taxe, la quotité restait incertaine, la créance non liquide. Cette situation ne pouvait en rien contrarier, ni retarder les diligences nécessaires à assurer le recouvrement de la créance, à concurrence du chiffre auquel elle serait ultérieurement arrêtée. Or, la séparation des patrimoines est une mesure essentiellement conservatoire qui n'exige pas d'autre condition qu'un titre certain, qu'un droit acquis contre la succession. La question de taxe reste indifférente. Il ne s'agit point encore de se faire payer; à ce moment, la justification de la formalité du règlement par justice pourra être exigée; l'officier ministériel n'y échappera pas. — La difficulté de l'affaire actuelle est ailleurs, elle n'a rien de commun avec la solution du point très-controversé de savoir si toute action en payement de frais ou d'honoraires, formée par un notaire, n'exige pas, pour être recevable, qu'il ait été préalablement procédé par le juge à la taxe régulière de l'état des réclamations. V. dans le sens de l'affirmative, Cass., 9 mai 1839 (Dalloz, *Jurispr. gén.*, v° *Notaire*, n. 523), 7 mai 1850 (Pand. chr.), et la note; — et, dans le sens de la négative, Orléans, 9 nov. 1820 (Dalloz, *ibid., loc. cit.*, n. 522).

(4) Principe certain. V. les motifs des arrêts de cassation des 28 juin 1877 (S. 77. 1. 478. — P. 77. 1247. — D. 78. 1. 206); 24 décembre 1884 (S. 85. 1. 173. — P. 85. 1. 400. — D. 85. 1. 112).

(5) Le tarif le plus réduit ne comporte pas toujours l'itinéraire le plus court. Les Compagnies doivent donc, au cas d'une pareille mention dans une déclaration d'expédition, faire suivre aux marchandises le parcours le moins coûteux, le plus économique, sans s'arrêter à la longueur du trajet. L'expéditeur tient avant tout à une réduction de taxe; la rapidité du transport ne devient plus qu'une question accessoire.

(6-7) Une Compagnie n'est pas plus obligée de compulser les tarifs des autres Compagnies pour assurer à l'expéditeur le transport le plus économique sur tout le parcours, qu'elle n'est tenue de se servir, dans le même but, d'un réseau moins onéreux que son propre réseau, pour certaine partie du trajet, si la déclaration d'expédition ne contient aucune mention à cet égard. — V. sur ce dernier point, Cass., 22 avril 1885 (Pand. chr.); 20 mai 1885 (Pand. chr.); 4 août 1885 (Pand. chr.).

du tarif le plus réduit, si cette réquisition implique l'emploi d'un itinéraire plus long, quoique moins coûteux; que, toutefois, cette exception elle-même doit se restreindre à de justes limites; qu'ainsi, elle s'appliquera incontestablement si la Compagnie expéditrice, possédant plusieurs tarifs spéciaux plus ou moins réduits avec des itinéraires différents, le transport doit s'effectuer uniquement sur son propre réseau; qu'elle s'appliquera encore, en cas de désignation précise d'un tarif commun entre la Compagnie qui commence le transport et celle qui doit le continuer; mais que, si la marchandise doit emprunter les réseaux de deux ou plusieurs Compagnies, et que l'expéditeur se borne à requérir l'application du tarif le plus réduit, on ne saurait exiger de la première Compagnie qu'elle recherche, parmi les tarifs étrangers à son propre réseau, celui qui procurerait le plus d'économie à l'expéditeur, même au prix des lenteurs d'un parcours plus ou moins allongé; que c'est, en ce cas, à l'expéditeur lui-même de faire cette recherche, et de désigner l'itinéraire qu'il croit devoir lui être le plus profitable; que, s'il ne l'a fait, et que la marchandise ait suivi la voie la plus directe, il ne saurait s'en plaindre comme d'une faute de la Compagnie ou d'une infraction aux conditions de la lettre de voiture; — Attendu, en fait, que l'administration des chemins de fer de l'État a été chargée par les défendeurs de transporter des papiers d'emballage de Saint-Léonard (Haute-Vienne) à Béziers, ce qui nécessitait l'emploi successif de trois réseaux de chemins de fer; que les défendeurs se sont bornés à requérir l'application du tarif le plus réduit, sans autre indication; qu'il est implicitement reconnu par le jugement attaqué que ces marchandises ont suivi la voie la plus courte de Saint-Léonard à Béziers, et ont voyagé sous l'empire du tarif le plus réduit que ce trajet comportât; que, néanmoins, le tribunal a condamné la demanderesse à restituer une partie des frais de transport, par le motif qu'il existait, sur le réseau des chemins de fer du Midi, un autre trajet plus économique, et que la demanderesse, en l'absence de toute indication contraire de l'expéditeur, était tenue de faire passer la marchandise par cette route; — En quoi le tribunal a interverti les rôles résultant des termes de la lettre de voiture, et violé ainsi l'art. 101, C. comm.; — Casse, etc.

MM. Barbier, 1er prés.; Merville, rapp.; Charrins, 1er av. gén. (concl. conf.); Gaston Mayer, av.

CASS.-CIV. 3 février 1885.

VENTE PUBLIQUE DE MEUBLES, MARCHANDISES NEUVES, TABLEAUX.

Des tableaux ne doivent pas être considérés comme des marchandises neuves, dont la vente aux enchères publiques est prohibée par l'art. 1er de la loi du 25 juin 1841, par cela seul qu'à l'époque de la vente, ils sont revenus dans les magasins d'un commerçant vendant des choses pareilles; il faut encore que le caractère de nouveauté des tableaux, marqué par des éléments propres et divers, se dégage des constatations de l'arrêt (1) (L. 25 juin 1841, art. 1er).

(Lorenceau c. Imberti). — ARRÊT.

LA COUR : — Sur l'unique moyen du pourvoi, pris dans ses deux branches : — Vu l'art. 1er de la loi du 25 juin 1841; — Attendu que cette disposition légale, dont les termes sont généraux et absolus, prohibe les ventes aux enchères sous une double condition, à savoir qu'il s'agisse : 1° de marchandises, 2° de marchandises neuves; — Attendu que l'arrêt attaqué déclare en fait que Lorenceau a fait procéder à la vente aux enchères dans la ville de Bordeaux de nombreux tableaux, et qu'il a ainsi porté préjudice au commerce local qu'Imberti frères exercent dans ladite ville; mais que ledit arrêt ne spécifie aucunement les circonstances desquelles il aurait pu faire résulter le caractère de marchandises neuves qu'il attribue aux tableaux vendus; — Attendu que, pour leur imprimer ce caractère, l'arrêt attaqué se borne à dire que les tableaux dont il s'agit sont revenus dans les magasins d'une personne vendant des choses pareilles, et que, par cela seul, ils doivent être considérés, non-seulement comme des marchandises, mais encore comme des marchandises neuves; qu'une telle déclaration est manifestement erronée en droit, le caractère de nouveauté de la marchandise se constituant d'éléments propres et divers, qu'il est du devoir du juge de constater; — Attendu qu'en statuant ainsi qu'elle l'a fait, et en condamnant dans ces conditions le demandeur à des dommages-intérêts en réparation du préjudice qu'il aurait causé par une contravention prétendue à l'art. 1er de la loi du 25 juin 1841, la Cour de Bordeaux a tout à la fois rendu une décision qui manque de base légale et violé par fausse application ledit article de loi; — Casse, etc.

---

(1) Les œuvres d'art, tableaux, statues, bibelots, objets de curiosité, doivent-elles être rangées parmi les *marchandises* dont la loi du 25 juin 1841 interdit la vente en détail, aux enchères publiques? — La solution affirmative se dégage nettement de la discussion de la loi de 1841 à la Chambre des députés. M. Portalis avait demandé, par voie d'amendement, qu'on ne considérât jamais comme marchandises neuves : 1° les tableaux, les statues et les objets d'art uniquement destinés à la décoration; 2° les gravures encadrées; 3° les livres reliés ou brochés; 4° les porcelaines et cristaux de prix; 5° les pièces d'orfèvrerie, les pierres précieuses et les bijoux en or; 6° et tous les objets généralement qui auront été réparés, restaurés ou remis à neuf; ceux qui auront été déjà portés et exposés dans les foires et marchés, et ceux enfin qui auront été une première fois vendus et livrés à des particuliers. Or, cet amendement a été rejeté (*Moniteur universel*, 1841, p. 921). On peut induire de ce rejet que les œuvres d'art sont, dans certains cas, susceptibles d'être considérées, comme *marchandises neuves*. — V. en sens contraire, Riom, 15 janv. 1880 (Pand. chr.). — Mais devront-elles être regardées comme telles toutes les fois qu'elles se retrouvent entre les mains d'un marchand? qu'elles ont quitté l'hôtel, la galerie de l'amateur, pour revenir à la boutique, à l'étalage du vendeur d'objets similaires?

L'arrêt que nous rapportons ci-dessus n'admet pas une théorie aussi absolue; sa véritable portée consiste à placer les œuvres d'art sur le même plan d'égalité que les autres marchandises; elles seront *neuves*, quand elles n'auront jamais servi. Un tableau, une statue, un bibelot qui auront déjà figuré dans une collection ne sont plus *neufs*; ils n'ont cette qualité qu'autant qu'ils sortent de l'atelier du peintre ou du sculpteur, ou des mains du fabricant ou de l'ouvrier. La question de fait peut être difficile à trancher; les marchandises ordinaires sont généralement altérées ou modifiées par l'usage, si bien qu'à la première inspection, à la simple vue il est aisé de distinguer le vieux du neuf. Il n'en est pas de même des œuvres d'art et de curiosité qui restent éternellement ce qu'elles sont au début et qui ne portent aucune trace, aucune ride, des émotions idéales et salutaires qu'elles ont pu procurer à des séries de générations.

Ainsi, suivant notre arrêt, la prohibition de la loi du 25 juin 1841 ne s'applique qu'aux objets d'art que des circonstances particulières signaleront comme n'ayant jamais reçu une affectation antérieure à un usage quelconque. Un tableau qui revient en la possession d'un marchand, peut bien reprendre la qualification de *marchandise* qu'il n'avait pas alors qu'il faisait partie d'une collection privée. Il est bien une marchandise, puisqu'il est offert en vente et que le commerçant cherche à réaliser des bénéfices sur l'opération. Mais la question de neuf ou de vieux ne dépend plus d'une différence de locaux ou de la position de ceux qui deviennent successivement détenteurs d'un objet. Or la loi de 1841 exige les deux conditions réunies. « Vainement, dit avec raison M. Duvergier, *Collect. des lois de 1841*, p. 309, pour prohiber une vente, on établirait que les choses qu'elle doit comprendre sont des marchandises, si on ne démontrait pas qu'elles sont neuves, et réciproquement vainement on prouverait qu'elles sont neuves, si on ne justifiait pas qu'elles sont des marchandises. »

MM. Barbier, 1er prés.; de Lagrevol, rapp.; Charrins, 1er av. gén. (concl. conf.); Me Chauffton, av.

CASS.-CIV. 4 février 1885.

CHEMIN DE FER, NON-GARANTIE (CLAUSE DE), FÛT, SÉCHERESSE, PERTE DE LIQUIDE, FAUTE, PREUVE.

La clause de non-garantie pour avaries ou déchets de route, insérée dans un tarif à prix réduit, a pour effet de n'engager la responsabilité de la Compagnie, en cas de perte de ce genre, que si une faute est établie à sa charge ou à celle de ses agents (1) (C. civ., 1134, 1382 et suiv.; C. comm., 103).

Par suite, la Compagnie ne saurait être rendue responsable du coulage en cours de route, occasionné par le manque de serre ou de pression des cercles des fûts, sous l'action de la chaleur et de la sécheresse (2) (Id.).

Alors surtout que par le tarif même adopté pour le transport, elle n'était tenue à aucune mesure de précaution exceptionnelle (3) (Id.).

(Chemin de fer de l'État c. Laurent et Marot). — ARRÊT.

LA COUR : — Vu les art. 1134, C. civ., et les conditions du tarif spécial P. V. n. 2 de l'Administration des chemins de fer de l'État; — Attendu qu'il est reconnu par le jugement attaqué que les fûts d'eau-de-vie remis par Boisson et Grattecap à l'Administration des chemins de fer de l'État, en gare de la Rochelle, pour être expédiés à Laurent et Marcot, à Saint-Jean-d'Angély, ont été transportés aux conditions du tarif spécial P. V. n. 2, qui porte que la Compagnie ne répond pas des avaries ou déchets de route; qu'il en résulte que l'Administration ne pouvait être responsable des avaries de ce genre qu'autant que les expéditeurs ou les destinataires établiraient qu'elles proviennent d'une faute imputable à elle ou à ses agents; — Attendu qu'il est également déclaré par le jugement attaqué que la perte de 100 litres d'eau-de-vie, constatée à l'arrivée des cinq fûts à Saint-Jean-d'Angély, était due au manque de serre ou de pression des cercles, occasionné par la sécheresse; — Attendu que ce fait qui, en soi, ne relève aucune faute imputable à la Compagnie, mais seulement une conséquence de la température, et dans tous les cas une insuffisance de force dans la pression des cercles contre les douves des tonneaux, ne peut engager la responsabilité de l'Administration, alors qu'il n'est établi, ni même prétendu, que des dispositions expresses du tarif appliqué lui imposaient l'obligation de prendre des mesures exceptionnelles pour parer, en cours de route, à une avarie de cette nature; que, par conséquent, en condamnant l'Administration des chemins de fer de l'État à payer à Laurent et Marot le prix de 100 litres d'eau-de-vie perdus et 50 francs de dommages-intérêts, le jugement attaqué a violé les dispositions de loi et le tarif susvisé; — Casse, etc.

MM. Barbier, 1er prés.; Greffier, rapp.; Charrins, 1er av. gén. (concl. conf.); Me Gaston Mayer, av.

CASS.-CIV. 4 février 1885.

FAILLITE, ÉTRANGER, DOMICILE EN FRANCE, TRIBUNAUX FRANÇAIS, COMPÉTENCE.

Les tribunaux français peuvent connaître des demandes en déclaration de faillite formées contre des étrangers, alors surtout que ceux-ci ont leur domicile en France (4) (C. civ., 3; C. comm., 437, 438).

(Spick c. Lumsden). — ARRÊT *(après délib. en ch. du cons.)*.

LA COUR : — Sur la première branche du moyen relative à la compétence : — Attendu que les tribunaux français peuvent connaître des demandes en déclaration de faillite formées contre des étrangers, alors surtout que ceux-ci ont leur domicile en France; que l'arrêt attaqué constate que Spick a son seul établissement en France; qu'ainsi, le tribunal de Rocroy était compétent pour statuer sur l'action intentée par Lumsden; — Rejette le moyen, quant à ce; — Mais sur les deuxième et troisième branches de ce moyen... : — Casse l'arrêt de la Cour de Nancy, du 16 mars 1883, etc.

MM. Barbier, 1er prés.; Michaux-Bellaire, rapp.; Charrins, 1er av. gén. (concl. conf.); Morillot, av.

CASS.-CIV. 11 février 1885.

CULTE, ABUS, REFUS DE SACREMENT, DOMMAGES-INTÉRÊTS, QUESTION PRÉJUDICIELLE, CONVENTION, INEXÉCUTION, ORDRE PUBLIC.

Le fait d'accorder ou de refuser le sacrement de baptême constitue, de la part des ministres du culte catholique, un acte d'exercice de ce culte (5) (L. 18 germ. an X, art. 6, 7 et 8).

Par suite, la demande en dommages-intérêts fondée sur le préjudice causé par un refus de ce sacrement, ne peut être portée devant la juridiction civile qu'après que le Conseil d'État, seul compétent pour se prononcer sur la question préjudicielle d'abus, l'aura régulièrement reconnu et constaté (6) (Même loi, art. 6).

Vainement, pour échapper à la nécessité de ce recours préalable, prétendrait-on faire dériver la demande de la violation d'un engagement pris par le prêtre qui n'aurait refusé de procéder au baptême qu'après avoir fixé le jour et l'heure de la cérémonie (7) (C. civ., 1382).

(1-2-3) V. dans le même sens, et plus spécialement en ce qui concerne le coulage de liquides en cours de route, Cass., 30 mai 1877 (Pand. chr.); 20 févr. 1878 (S. 78. 1. 324. — P. 78. 986. — D. 79. 1. 171); 22 avril 1885 (Pand. chr.); et la note. — Quant à la portée plus générale d'application de la clause de non-garantie insérée dans les tarifs, V. Cass., 30 mai 1877 (Pand. chr.); Paris, 26 déc. 1885 (Pand. chr.), et les renvois.

(4) Il est généralement admis que la loi des faillites est une loi d'ordre public et de police, s'appliquant indistinctement à tous ceux, étrangers ou nationaux, qui habitent le territoire français et y font le commerce. (C. civ., 3). V. Cass., 24 nov. 1857 (Pand. chr.); Paris, 20 mai 1878 (Pand. chr.), et les notes. — Consult., en outre, notre *Dictionnaire de dr. comm., ind. et mar.*, t. IV, v° *Faillite*, n. 27.

(5-6-7) Le refus de sacrement n'est pas un acte délictueux; il ne tombe sous l'application d'aucune loi pénale. Mais il constitue au premier chef un acte d'abus, lorsqu'il ne repose sur aucun motif sérieux ou appréciable. V. avis Cons. d'Et., 22 mars 1826, rapporté par Cormenin, *Quest. de dr.* et *Dr. adm.*, v° *Appel comme d'abus*, append. 6; Cons. d'Etat, 30 déc. 1838 (S. 39. 2. 53. — P. chr. adm. — D. 39. 3. 1); V. aussi Cons. d'Et., 28 avril 1883 (deux arrêts, *aff.* évêque d'Annecy, et *aff.* évêque de Langres) (S. 85. 3. 21. — P. chr. adm. — D. 84. 3. 65).

Mais quelle est l'autorité chargée de constater et de déclarer l'abus? C'est le Conseil d'Etat. Si donc à une poursuite dirigée contre lui à la requête du ministère public, ou à une action en dommages-intérêts qui serait intentée, comme dans l'espèce, par un particulier, le ministre du culte répond par une question préjudicielle d'abus, les tribunaux de droit commun doivent surseoir à statuer, jusqu'à l'examen de la juridiction spéciale, seule compétente en pareille matière. V. notamment Cass., 25 juin 1863 (S. 63. 1. 407. — P. 63. 1122. — D. 63. 1. 321); Trib. civ. Nevers, 15 juin 1876 (D. 77. 3. 63); Cass. (deux arrêts), 5 déc. 1878 (S. 79. 1. 185. — P. 79. 436. — D. 79. 1. 185); 25 mars 1880 (S. 80. 1. 329. — P. 80. 771. — D. 80. 1. 233); 31 mars 1881 (S. 83. 1. 385. — P. 83. 1. 969. — D. 81. 1. 393). V. aussi, dans leurs motifs, Cass., 19 avril 1883 (Pand. chr.); 23 févr. 1884 (Pand. chr.).

Toutefois, lorsque le fait imputé au ministre du culte ou dont la réparation est poursuivie n'a aucun rapport avec les actes de son sacerdoce, les tribunaux ne sont plus tenus de surseoir; il

Les règles de procédure et de compétence en matière d'abus, étant d'ordre public, ne peuvent être modifiées par les conventions des parties (1) (Id.).

(Prat c. Sol.) — ARRÊT.

LA COUR : — Sur le premier moyen de cassation : — Vu l'art. 6, tit. 1er, de la loi du 18 germ. an X; — Attendu qu'après avoir, dans sa citation introductive d'instance, exposé les circonstances dans lesquelles l'abbé Prat a refusé de baptiser sa fille Ernestine, Louis Sol conclut que, d'après le Concordat, les curés sont des fonctionnaires publics qui ne peuvent refuser leur ministère que dans les cas exceptionnels prévus par les textes canoniques, et que, dans l'espèce, le motif du refus ne peut se justifier par aucun de ces textes; qu'il ajoute, il est vrai, que le curé Prat avait promis de baptiser la fille Sol et avait même fixé l'heure de la cérémonie, et que de son refus résultent des dommages matériels dont Prat lui doit réparation, en vertu de l'art. 1382, C. civ.; — Attendu que l'ensemble de ces motifs prouve que l'unique base de l'action dirigée par Sol contre Prat consiste dans le refus de ce dernier d'agréer comme parrain le sieur Monestier, et de passer outre à la cérémonie; que vainement le jugement attaqué prétend, au contraire, faire reposer la demande sur la violation de ce qu'il appelle « une espèce de contrat », intervenu entre Prat et Louis Sol trois heures avant celle où le baptême devait être célébré, et qui, d'après la citation, résulterait uniquement de la fixation de l'heure de la cérémonie, sans qu'il soit même allégué qu'à ce moment le nom du parrain fût connu de l'abbé Prat; qu'il est inadmissible qu'on puisse, à l'aide d'allégations aussi vagues, éluder les dispositions d'une loi d'ordre public; — Attendu que le fait d'accorder ou de refuser le sacrement de baptême constitue, de la part des ministres du culte catholique, un acte d'exercice de ce culte; qu'il s'agit donc, entre Louis Sol et Prat, de savoir si le refus de ce dernier constitue une infraction aux règles consacrées par les canons reçus en France, et, par voie de conséquence, un procédé dégénéré en oppression ou en scandale public; que, d'après l'art. 6 ci-dessus visé, cette question ne peut être examinée et tranchée que par le Conseil d'État, et que c'est seulement après la décision du Conseil, si elle est affirmative, que Louis Sol sera libre de traduire l'abbé Prat en justice réglée pour obtenir la réparation du préjudice que lui aurait causé ledit Prat en commettant un abus régulièrement reconnu et constaté par la juridiction compétente; — Attendu qu'en jugeant le contraire de ce qui précède, et en déclarant recevable, dans l'état des faits susénoncés, l'action introduite par Sol devant le juge de paix du canton de Gaillac, le tribunal de cette ville a manifestement violé l'article de loi ci-dessus visé; — Casse le jugement rendu, le 11 mai 1882, par le tribunal civil de Gaillac, etc.

MM. Barbier, 1er prés.; Merville, rapp.; Desjardins, av. gén. (concl. conf.); Rigot, av.

CASS.-CIV. 23 février 1885.

FAILLITE, SYNDIC, APPEL, DÉSISTEMENT.

La faculté de se désister d'une instance que les syndics puisent dans leurs pouvoirs d'administration (2) *n'emporte point pour eux la faculté de se désister de l'action elle-même; dans ce dernier cas, le désistement entraînant abandon ou aliénation d'un droit, équivaudrait à une transaction et serait, par conséquent, assujetti aux formalités prescrites par les art. 535 et 487, C. comm.* (3) (C. comm., 487, 535).

(Faucheron c. Henry.) — ARRÊT.

LA COUR : — Sur la première branche du premier moyen (sans intérêt); — Mais sur la deuxième branche : — Vu les art. 531 et 487, C. comm.; — Attendu que, si le syndic d'une faillite puise dans ses pouvoirs d'administrateur une qualité suffisante pour se désister d'une instance, il ne saurait en être ainsi lorsque, comme dans l'espèce, le désistement porte sur l'action elle-même; — Que, dans ce cas, le désistement entraînant abandon ou aliénation d'un droit, équivaut à une transaction, et est, par conséquent, assujetti aux formalités prescrites par les art. 535 et 487, C. comm.; — Attendu, en fait, que le désistement, signifié le 1er mars 1879 à la requête du sieur Beaujeu, syndic de la faillite Faucheron, n'a été accompagné de l'accomplissement d'aucune de ces formalités; — Qu'il n'a pu, conséquemment, avoir pour effet d'éteindre l'action portée en appel par le demandeur, ni d'empêcher ce dernier de poursuivre en son nom personnel l'instance engagée; — D'où il suit qu'en déclarant son appel irrecevable, l'arrêt attaqué a violé les dispositions de loi précitées; — Sans qu'il soit besoin de statuer sur la troisième branche du premier moyen, non plus que sur le deuxième moyen; — Casse, etc.

MM. Barbier, 1er prés.; Tappie, rapp.; Desjardins, av. gén. (concl. conf.); Rambaud de Larocque et Durnerin, av.

---

n'y a plus alors question préjudicielle d'abus. V. en ce sens, Cass. 8 mai 1869 (S. 69. 1. 434. — P. 69. 1109. — D. 70. 1. 93); Trib. des conflits, 1er mai 1875 (S. 75. 2. 153. — P. chr. adm. — D. 76. 3. 1).

Mais alors se pose la question de savoir si une autorisation préalable du Conseil d'Etat est encore nécessaire. A cet égard il y a divergence entre la jurisprudence de la Cour de cassation et celle du Conseil d'Etat. — La Cour de cassation distingue entre la poursuite exercée par le ministère public et la citation directe par les citoyens lésés. Dans la première hypothèse, elle admet que la règle générale écrite dans les art. 1 et 22, C. instr. crim., sur l'indépendance et la liberté de l'action publique, conserve son empire. Dans la seconde hypothèse, elle croit que l'on a voulu mettre une barrière au devant de l'action privée, et la soumettre, préalablement à la poursuite devant les tribunaux répressifs, à l'examen et à l'appréciation du Conseil d'Etat. V. notamment Cass., 10 août 1861 (S. 61. 1. 801. — P. 62. 265. — D. 61. 1. 348); 16 avril 1880 (S. 81. 1. 137. — P. 81. 1. 292); 19 avril 1883 (Pand. chr.); 23 févr. 1884 (Pand. chr.). — Quant au Conseil d'Etat, il repousse cette distinction et il décide « que les particuliers ont, aussi bien que le ministère public, le droit de poursuivre directement les ministres du culte devant les tribunaux de droit commun ». V. Cons. d'Et., 17 mars 1881 (Pand. chr.); 3 août 1884 (Pand. chr.). — A notre avis, il n'y a pas d'hésitation possible entre les deux jurisprudences : l'une, celle de la Cour de cassation, établit une distinction arbitraire; nous la repoussons. L'autre, celle du Conseil d'Etat, respecte le principe d'égalité entre l'action civile et l'action publique, nous l'approuvons. V. nos observations en ce sens sous les décisions précitées.

(1) La formule dont se sert l'arrêt est-elle dans sa rédaction rigoureusement exacte? Nous ne le croyons pas. Si l'*ordre public* était intéressé dans la question, il en résulterait ces conséquences nécessaires : — que l'exception préjudicielle d'abus n'aurait pas besoin d'être formellement proposée par le ministre du culte; — qu'il serait toujours du devoir du juge saisi de la suppléer d'office; — qu'elle pourrait être opposée en tout état de cause, même pour la première fois devant la Cour de cassation. Or toutes ces conséquences ont été repoussées par une jurisprudence aujourd'hui constante de la chambre criminelle de la Cour de cassation. V. arrêts des 11 août 1881 (S. 83. 1. 388. — P. 83. 1. 974. — D. 81. 1. 393); 26 mai 1882 (deux arrêts) (Pand. chr.); 27 mai 1882 (S. 83. 1. 437. — P. 38. 1. 1084. — D. 82. 1. 381).

(2) Les syndics puisent dans leurs pouvoirs d'administration la faculté de se désister d'un acte de procédure. V. Cass., 27 juin 1843 (Pand. chr.). — V. aussi, Paris, 18 mars 1875, cité dans notre *Dict. de dr. comm., ind. et marit.*, t. VI, v° *Syndic*, n. 99.

(3) V. conf., Nancy, 13 août 1839 (Pand. chr.).

CASS.-REQ. 23 février 1885.

1° SOCIÉTÉ ANONYME, ACTION SOCIALE, ACTION INDIVIDUELLE, ADMINISTRATEURS, QUITUS, CONDITIONS, INEXÉCUTION, ASSEMBLÉE GÉNÉRALE, DÉLIBÉRATION, ORDRE DU JOUR, INTERPRÉTATION SOUVERAINE, STATUTS (MODIFICATION DES), AFFAIRES, EXTENSION, MAJORITÉ DE VOIX, FAILLITE. — 2° VÉRIFICATION DE CRÉANCES, ADMISSION, CONTRAT JUDICIAIRE, CONTESTATIONS, ACTION SOCIALE.

1° Des actionnaires ne sont plus recevables à exercer ut singuli, *à titre d'action individuelle, l'action sociale en responsabilité contre les administrateurs d'une société anonyme, une fois cette dernière action éteinte par suite d'un quitus donné aux administrateurs par l'assemblée générale* (1) (C. civ., 1991, 1992; L. 24 juill. 1867, art. 17, 39, 44).

Mais les administrateurs n'en restent pas moins exposés à des poursuites en cas d'inexécution des conditions mises au quitus (2). (Id.). — Sol. implic.

Une délibération de l'assemblée générale n'a de valeur et ne s'impose à tous les intéressés qu'autant qu'elle porte sur un objet inscrit à l'ordre du jour (3) (L. 24 juill. 1867, art. 27 et suiv.). — Sol. implic.

Et il appartient aux juges du fond de fixer, par une appréciation souveraine, l'interprétation, la portée et l'étendue de l'ordre du jour d'une assemblée générale (4).

...Spécialement, de déclarer que les mots : « Vote sur l'approbation des comptes » *insérés à l'ordre du jour, ont pu comprendre un quitus à délivrer aux administrateurs à raison de leur gestion* (5) (Id.).

La délibération de l'assemblée générale qui ne change pas la nature et l'objet de la société, mais se borne à donner une plus grande extension à certaines branches d'affaires, conformément d'ailleurs aux prévisions des statuts, est valable quoique n'ayant pas été prise à l'unanimité, mais seulement à la majorité des actionnaires (6) (C. civ., 1134; L. 24 juill. 1867, art. 31).

2° La vérification et l'affirmation des créances dans une faillite forment un contrat judiciaire, qui place les créances admises sans protestation ni réserve à l'abri de toute contestation ultérieure, sauf le cas de dol ou de fraude (7) (C. comm., 491 et suiv.).

La contestation tardive par des actionnaires de créances admises, non fondée sur des faits qui leur seraient propres ou sur un préjudice qui leur aurait été causé individuellement, mais seulement sur un dommage qui aurait été causé à la société comme être collectif, doit être rejetée comme constituant une action sociale contre un tiers, par là même réservée au syndic (8) (C. comm., 443, 493).

(Perron et cons. c. synd. du Crédit rural et Banque de France.) — ARRÊT.

LA COUR : — Sur le premier moyen, tiré de la violation des art. 17, 39 et 44 de la loi du 24 juill. 1867, ainsi que des art. 1991 et 1992, C. civ. : — Attendu qu'il résulte de l'arrêt attaqué que le quitus, donné aux administrateurs du Crédit rural par l'assemblée générale du 7 août 1876, était ainsi conçu . « L'assemblée déclare approuver les comptes arrêtés au 31 déc. 1875, et portés par extension jusqu'au 31 janv. 1876, et donne dès à présent quitus aux administrateurs, à la charge par eux, suivant l'offre faite en leur nom, d'abandonner l'intégralité des fonds de concours et le solde de leurs comptes courants respectifs, s'élevant à 1,750,000 fr. au moins » ; — Attendu qu'il résulte encore de l'arrêt que l'action sociale a été éteinte au regard de tous les intéressés, par le quitus ainsi donné ; que, s'il est allégué qu'une partie seulement des fonds de concours a été réalisée et versée dans la caisse sociale, cette allégation n'est pas justifiée par les documents de la cause; qu'en décidant par suite que les demandeurs étaient non recevables dans toutes leurs demandes, fins et conclusions, comme exerçant une action sociale éteinte en vertu du quitus, l'arrêt attaqué (Paris, 30 juin 1883) qui, d'ailleurs, n'a rien préjugé quant aux actions qui pourraient être ouvertes contre les administrateurs à raison de l'inexécution des conditions du quitus, n'a violé aucun des textes susvisés:

(1) Le mandat qu'une société confère à ses administrateurs ne les oblige qu'envers la collectivité des associés, et n'engendre contre eux qu'une action sociale et non une action individuelle à l'usage de chaque associé. L'individualité des actionnaires est absorbée dans l'unité de la société. V. Paris, 22 (et non 16) avril 1870 (S. 71. 2. 169. — P. 71. 552. — D. 70. 2. 121); et surtout Cass., 21 juin 1881 (S. 85. 1. 107. — P. 85. 1. 242. — D. 81. 1. 465); 3 déc. 1883 (Pand. chr.). Or, le droit d'exercer l'action emporte le droit de transiger sur le litige. V. Cass. 21 juin 1881 (S. 85. 1.107. — P. 85. 1. 242. — D. 81. 1. 465). Si donc la société, par une délibération en due forme de l'assemblée générale des actionnaires, a renoncé, moyennant certains sacrifices consentis par les administrateurs, à exercer contre eux l'action sociale à raison des fautes ou fraudes qu'ils auraient commises dans l'exécution de leur mandat, cette action ne peut plus être reprise en sous-œuvre par chaque actionnaire individuellement. La volonté de la majorité s'impose à la minorité. Les administrateurs sont couverts par la transaction. V. Paris, 20 févr. 1875 (D. 77. 2. 54); Cass., 21 juin 1881, précités. V. aussi Cass., 20 févr. 1877 (S. 77. 1. 445. — P. 77. 1192. — D. 77. 1. 201); 3 déc. 1883 (Pand. chr.). — Toutefois l'abandon de l'action en responsabilité par délibération de l'assemblée générale laisse subsister, au profit des sociétaires, à l'égard desquels les mêmes faits présentent le caractère de quasi-délit, le droit d'en poursuivre la réparation ; une demande de cette dernière sorte constitue l'action individuelle fondée sur l'art. 1382, C. civ., et non l'action sociale *mandati*. V. Paris, 22 (et non 16) avril 1870 (S. 71. 2. 169. — P. 71 552. — D. 70. 2. 121) ; Cass., 7 mai 1872 (S. 72. 1. 123. — P. 72. 285. — D. 72. 1. 233) ; 9 juin 1874 (S. 74. 1. 296. — P. 74. 765. — D. 76. 1. 387) ; 27 mars 1878 (S. 79. 1. 24. — P. 79. 37). V. aussi Cass., 18 mai 1885 (Pand. chr.).

(2) Il y a eu quitus par délibération de l'assemblée générale ; mais ce quitus a été subordonné à l'exécution de certaines conditions. Les conditions ne sont pas exécutées ; les administrateurs manquent à leurs engagements. A coup sûr des poursuites pourront être exercées contre eux. Toute violation d'obligations contractées engendre une action. C'est à quoi conclut l'arrêt ci-dessus; il ne va pas plus loin; dans sa trop prudente réserve, il laisse dans le doute la nature de cette action. C'était cependant le point intéressant, puisqu'il était soulevé, et que la Cour de cassation semblait disposée à en aborder l'examen. A notre avis, l'action en exécution des conditions mises au quitus participe du même caractère que le droit qui y a donné lieu. Le quitus dérive de l'assemblée générale et non point de chaque actionnaire pris individuellement. Il se rattache au mandat dont les administrateurs ont été investis par la collectivité ; il en est une suite, un développement normal. Il touche aux intérêts de la société, il n'a aucune relation directe avec les droits propres à chaque associé. La société seule capable de le délivrer, doit être aussi seule autorisée à en surveiller l'exécution. Autrement, c'est l'anarchie, c'est le désordre s'introduisant là où doit régner l'unité de vues et de direction. Le caractère même de l'association le veut ainsi. Qui entre en société, fait nécessairement le sacrifice d'une partie de son indépendance à l'être social qui se constitue d'une personnalité distincte, d'une volonté indépendante, qui n'est pas la volonté de chaque associé.

(3-4-5) V. sur le principe et son application par la jurisprudence, Cass., 20 janv. 1885 (Pand. chr.) ; Paris, 19 juin 1885 (S. 86. 2. 61).

(6) V. en ce sens, Paris, 7 août 1880 (S. 81. 2. 93. — P. 81. 1. 470); Cass., 21 juin 1881 (S. 85. 1. 107. — P. 85. 1. 242. — D. 81. 1. 465); 8 mars 1882 (S. 82. 1. 296. — P. 82. 1. 734. — D. 83. 1. 81); Paris, 30 juin 1883 (D. 85. 2. 18). V. aussi Cass., 14 janv. 1885 (S. 85. 1. 159. — P. 85. 1. 383. — D. 85. 1. 403), rendu dans la même affaire. — Mais il est bien certain que la *majorité* ne suffirait plus, et qu'il faudrait l'unanimité des actionnaires, s'il s'agissait de déroger aux conditions substantielles du contrat d'association et de changer l'objet et la nature de la société. V. Cass., 23 févr. 1853 (S. 53. 1. 425. — P. 54. 1. 459. — D. 53. 1. 44) ; 17 avril 1855 (S. 55. 1. 652. — P. 55. 1. 598. — D. 55. 1. 213) ; Paris, 19 avril 1875 (S. 76. 2. 113. — P. 76. 467. — D. 75. 2. 161) ; Cass., 20 déc. 1882 (Pand. chr.), et la note.

(7) La jurisprudence est fixée en ce sens. V. Cass., 17 févr. 1873 (S. 73. 1. 63. — P. 73. 137. — D. 73. 1. 298) ; 18 mars 1874 (S. 74. 1. 304. — P. 74. 778. — D. 76. 1. 388) ; 8 mars 1882 (S. 83. 1. 82. — P. 83. 1. 169) ; 14 janv. 1885, précité.

(8) V. la note 1 ci-dessus. *Adde*, Cass., 18 mai 1885 (Pand. chr.), et le rapport de M. le conseiller Babinet.

Sur le deuxième moyen, tiré de la violation de l'art. 63 des statuts du Crédit rural, de l'art. 7 de loi du 20 avril 1810, et de la règle suivant laquelle l'unanimité des actionnaires est nécessaire pour la ratification des actes contraires aux statuts : — Attendu, d'une part, qu'il résulte de l'arrêt attaqué que l'ordre du jour de l'assemblée générale du 7 août 1876 portait dans son § 3 : « Vote sur l'approbation des comptes » ; que, par une appréciation souveraine, l'arrêt déclare que la question de savoir si un quitus serait ou non donné, à raison des faits de gestion antérieure à l'assemblée, était comprise dans celle de l'approbation des comptes; que le texte de l'art. 63 des statuts n'a point été violé; — Attendu, d'autre part, que l'arrêt déclare que, en ce qui touche les quatre premiers chefs de l'action des demandeurs, considérée comme fondée sur l'art. 1382, C. civ., ils n'ont, de leur propre aveu, souffert aucun dommage personnel et particulier; qu'aucun fait présentant un caractère privé ou ayant engendré un préjudice distinct de celui souffert par la société, n'est imputé ou établi à la charge des administrateurs, en dehors des actes accomplis par eux dans l'exercice de leur mandat social; qu'après avoir, par les motifs qui précèdent, déclaré les demandeurs mal fondés dans cette action, l'arrêt attaqué n'avait plus à statuer sur la question soulevée par le moyen du pourvoi; que, par conséquent, ni la règle ni le texte qui y sont invoqués n'ont été violés;

Sur le troisième moyen, tiré de la violation des art. 1134, 1163, 1839, § 4, 1988, C. civ., ainsi que de la violation de l'art. 5, et de la fausse application de l'art. 67 des statuts primitifs du Crédit rural : — Attendu que l'arrêt déclare que, si l'objet principal de la Société du Crédit rural était de faire des opérations se rattachant aux industries agricoles, l'art. 67 des statuts prévoyait et permettait l'extension des opérations sociales; que la délibération de l'assemblée du 18 octobre 1871 n'a fait en réalité qu'élargir le cercle des affaires de la société; — Attendu, en effet, qu'il résulte des statuts produits par les demandeurs que toutes les opérations de banque du Crédit rural ne se rattachaient pas exclusivement aux industries agricoles; que plusieurs étaient faites avec des tiers étrangers à ces industries; qu'en donnant une plus grande extension à ces dernières opérations, comme les statuts le permettaient, la délibération de l'assemblée générale de 1871 ne changeait pas la nature et l'objet de la société, et était par conséquent valable, comme ayant été prise par une assemblée régulièrement constituée; que, par suite, en refusant d'en prononcer la nullité, l'arrêt n'a point violé, ni faussement appliqué les textes de loi ou des statuts invoqués par le pourvoi;

Sur le quatrième moyen, tiré de la fausse application des art. 491 et suiv., C. comm., ainsi que de la violation du principe : *nemo auditur turpitudinem suam allegans* : — Attendu qu'il est de principe que la vérification et l'affirmation des créances dans une faillite forment un contrat judiciaire, qui place les créances admises sans protestation ni réserve à l'abri de toute contestation ultérieure, sauf le cas de dol ou de fraude; — Attendu que l'arrêt déclare, en outre, que la contestation tardive des demandeurs n'est point fondée sur des faits qui leur seraient propres, ou sur un préjudice qui leur aurait été causé individuellement, mais seulement sur un dommage qui aurait été causé à la société comme être collectif; qu'elle constitue en réalité une action sociale contre un tiers, réservée au syndic, par lequel ils ont été représentés dans la production à la faillite; que, mal fondés en fait, et faute de justifications aux termes des art. 1382 et 1383, ne pouvant prétendre exercer l'action *mandati* contre la Banque qui ne leur est rattachée par aucun lien de droit, les demandeurs sont, au point de vue d'un action sociale, non recevables, aux termes des art. 443, C. comm., d'une part, 491 et suiv. du même Code, d'autre part; qu'en décidant ainsi, et en refusant d'accueillir leurs conclusions subsidiaires à fin d'expertise, l'arrêt (Paris, 30 juin 1883) n'a ni faussement appliqué les articles du Code de commerce précités, ni violé le principe invoqué par le pourvoi; — Rejette, etc.

MM. Bédarrides, prés.; Rivière, rapp.; Chevrier, av. gén. (concl. conf.); Carteron, av.

CASS.-CRIM. 27 février 1885.

1° DIFFAMATION, HOSPICES, COMMISSIONS ADMINISTRATIVES, COMPÉTENCE. — 2° DÉLITS DE LA PRESSE, JOURNAL, RÉPONSE, INSERTION (REFUS D'), TRIBUNAL COMPÉTENT.

1° *Les membres des commissions administratives des hospices, n'étant chargés en réalité que de gérer les intérêts privés d'établissements municipaux, ne sont ni des dépositaires ou agents de l'autorité publique, ni des citoyens investis d'un mandat ou d'un service public, dans le sens de l'art. 31 de la loi du 29 juillet 1881. — En conséquence, la diffamation commise envers eux à raison de leurs fonctions est de la compétence des tribunaux correctionnels* (1) (L. 29 juill. 1881, art. 31, 45).

2° *La publication de l'écrit incriminé étant, en matière de presse, le fait constitutif du délit, la poursuite peut être portée devant tout tribunal dans le ressort duquel l'écrit a été publié* (2) (C. instr. crim., 63; L. 29 juill. 1881, art. 13, 45, 60).

Spécialement, *la poursuite dirigée contre un journal pour refus ou omission d'insertion d'une réponse à lui adressée en vertu de l'art. 13 de la loi du 29 juillet 1881, peut être déféré à tout tribunal dans l'arrondissement duquel le journal compte des abonnés* (3) (Id.).

(Parriel c. Tailhade; journal *le Courrier de Tarn-et-Garonne.*) — ARRÊT.

LA COUR : — Statuant par un seul arrêt sur les pourvois formés par Parriel et Tailhade contre l'arrêt de la Cour d'appel de Toulouse, du 5 juin 1884; — En ce qui concerne le pourvoi de Parriel; — Sur l'unique moyen, pris de la violation des art. 31 et 45 de la loi du 29 juill. 1881, en ce que l'arrêt attaqué a déclaré que le demandeur, en sa qualité de membre d'une commission administrative des hospices, était un citoyen chargé d'un service ou d'un mandat public, et que, par suite, la juridiction correctionnelle était incompétente pour statuer sur la plainte en diffamation : — Vu lesdits articles de la loi du 29 juill. 1881;

---

(1) *Contrà* Trib. corr. Meaux, 13 févr. 1884 (S. 84. 2. 192. — P. 84. 1. 1023), et l'arrêt cassé de la Cour de Toulouse, 5 juin 1884 (S. 84. 2. 143. — P. 84. 1. 748). — Faisons observer que sous l'empire de l'art. 20 de la loi du 17 mai 1819, la question avait reçu une solution conforme à celle que lui donne encore aujourd'hui la Cour de cassation. V. Cass., 27 nov. 1840 (D. *Jur. gén.*, v° *Presse-outrage*, n. 1516); 23 mai 1862 (S. 62. 1. 1000. — P. 63. 603. — D. 62. 1. 392); 16 mars 1872 (S. 72. 1. 348. — P. 72. 892. — D. 72. 1. 159). — La Cour de Bordeaux, saisie de l'affaire par suite du renvoi prononcé par la Chambre criminelle, s'est rangée à la doctrine ci-dessus par arrêt en date du 15 mai 1885 (Pand. chr., 2e part.).

(2-3) La jurisprudence est fixée sur ce point. V. conf., Cass., 10 nov. 1883 (Pand. chr.). V. aussi Cass., 6 mars 1884 (S. 84. 1. 303. — P. 84. 1. 720. — D. 85. 1. 135), rendu dans l'espèce d'une poursuite dirigée contre un journal à raison de la publication d'un acte de procédure criminelle ou correctionnelle avant la lecture en audience publique. Au fond, ce qui sert de base à ce dernier arrêt, c'est toujours ce principe commun : « qu'en matière de « presse, c'est la publication de l'écrit coupable qui constitue le « délit; que la poursuite peut donc être portée devant tout tri« bunal dans le ressort duquel l'écrit a été publié, etc. »

— Vu les art. 7, 8, 9 et 10 de la loi des 7-13 août 1851, ainsi que les art. 1, 4 et 5 de la loi du 5 août 1879; — Attendu qu'il résulte de l'arrêt attaqué que Tailhade, gérant du journal *le Courrier de Tarn-et-Garonne*, a publié, dans un numéro de ce journal, à la date du 5 avril 1884, un article que Parriel a considéré comme contenant à son égard des imputations diffamatoires; — Que, cité à la requête de Parriel devant le tribunal correctionnel de Moissac, sous la double prévention de diffamation et de refus d'insertion d'une lettre que le demandeur lui avait adressée en réponse à l'article du journal susvisé, Tailhade a proposé une exception d'incompétence, en prétendant que l'article en question s'occupait uniquement d'actes que Parriel aurait accomplis en qualité de membre de la commission administrative de l'hospice de Lauzerte; qu'à ce titre, ledit Parriel devait être considéré comme un citoyen chargé d'un service public, et que l'action en diffamation par lui introduite était dès lors de la compétence de la Cour d'assises; — Attendu qu'aux termes des art. 7, 8, 9 et 10 de la loi des 7-13 août 1851, les commissions administratives des hospices et hôpitaux sont chargées de diriger et de surveiller le service intérieur et extérieur des établissements hospitaliers; — Qu'elles délibèrent sur les recettes et les dépenses de ces établissements, sur les actions judiciaires et transactions, sur l'acceptation des dons et legs qui les concernent, sur tous les actes enfin qui se rapportent à l'administration des biens et revenus desdits établissements; — Que leurs délibérations, il est vrai, sont soumises, dans certains cas, soit au contrôle du préfet, soit à l'approbation du conseil municipal, mais que ces précautions prises par la loi ne changent pas la nature des fonctions attribuées aux membres des commissions administratives, qui, quel que soit le mode de leur nomination, ne sont chargés, en réalité, que de gérer les intérêts privés d'un établissement municipal; — Attendu, dès lors, que les membres desdites commissions ne sauraient être considérés, ni comme des dépositaires ou agents de l'autorité publique, ni comme des citoyens chargés d'un mandat ou d'un service public, dans le sens de l'art. 31 de la loi du 29 juill. 1881 : — D'où il suit qu'en reconnaissant au sieur Parriel cette dernière qualité, et en déclarant que l'action en diffamation par lui introduite contre Tailhade, dans les circonstances ci-dessus indiquées, n'était pas de la compétence de la juridiction correctionnelle, l'arrêt attaqué a violé les dispositions des art. 31 et 45 de la loi du 29 juill. 1881;

En ce qui concerne le pourvoi formé par Tailhade; — Sur le premier moyen :... (sans intérêt);

Sur le second moyen, pris de la violation des art. 13, 46 et 60 de la loi du 29 juill. 1881, et 63, C. instr. crim., en ce que, s'agissant d'une demande d'insertion, dans le journal *le Courrier de Tarn-et-Garonne*, d'une réponse à un article publié dans ledit journal, l'action, au lieu d'être portée devant le tribunal de Moissac, considéré comme lieu du délit, aurait dû être déférée au tribunal de Montauban, seul compétent comme lieu du domicile du défendeur; — Attendu que l'infraction à la disposition de l'art. 13 de la loi du 29 juill. 1881 doit, d'après l'art. 45 de la même loi, être déférée aux tribunaux correctionnels, et que d'après l'art. 60, sauf certaines exceptions, la poursuite devant les tribunaux correctionnels, en matière de délits de presse, doit avoir lieu conformément aux règles générales du Code d'instr. crim.; — Attendu que, suivant l'art. 63 dudit Code, toute personne qui se prétend lésée par un délit peut former une action, soit devant le tribunal du lieu où le délit a été commis, soit devant le tribunal du lieu de la résidence du prévenu, ou du lieu où il pourra être trouvé; — Attendu qu'en matière de presse, c'est la publication de l'écrit coupable qui constitue le délit; — Que, si le *Courrier de Tarn-et-Garonne* paraît à Mautauban, il est constant en fait qu'il a un certain nombre d'abonnés dans l'arrondissement de Moissac; — Que le plaignant a donc pu, en vertu de l'art. 63, C. instr. crim., porter devant le tribunal de cet arrondissement sa demande à fin d'insertion de la réponse par lui faite à l'article publié dans ledit journal à la date du 5 avril 1884; — Attendu que l'arrêt attaqué (Toulouse, 5 juin 1884), en le décidant ainsi, loin de violer les dispositions des art. 13, 45 et 60 de la loi du 29 juill. 1881, en a fait au contraire une juste interprétation; — Casse sur le pourvoi formé par Parriel...; — Rejette le pourvoi formé par Tailhade, etc.

MM. Ronjat, prés.; Sallantin, rapp.; Loubers, av. gén.; Massénat-Deroche et Morillot, av.

CASS.-CRIM. 28 février 1885.

SOCIÉTÉ ANONYME, INFRACTIONS, INTENTION FRAUDULEUSE (ABSENCE D'), CONTRAVENTION, COMPLICITÉ.

Le fait d'émission d'actions d'une Société, constituée contrairement aux prescriptions de la loi, punissable en dehors de toute question d'intention frauduleuse, et, par ce côté, assimilable à une contravention, n'en constitue pas moins, au point de vue légal, un véritable délit susceptible d'entraîner l'application des règles de la complicité pénale (1) (C. pén., 59, 60; L. 24 juill. 1867, art. 1, 13).

(1) Y a-t-il *complicité* dans le fait d'intermédiaires qui, avec connaissance de cause, prêtent leur concours à l'émission d'actions d'une Société constituée contrairement aux prescriptions des art. 1, 2 et 3 de la loi du 24 juillet 1867, par suite notamment de la non-souscription de l'intégralité du capital social et du non-versement du premier quart de ce capital?

I

Que suppose la complicité? un accord, un concert préalable. L'accord, le concert préalable, impliquent essentiellement l'intention. L'intention, pour être punissable, doit être frauduleuse.

Aussi, la complicité, admise en matière de crimes et de délits, ne l'est plus, sauf de rares exceptions, en matière de contraventions. Pourquoi? parce que la contravention ne recherche pas au delà du fait purement matériel de la démonstration extérieure. On n'a pas respecté la barrière imposée par la loi ou les règlements, on a passé par-dessus. On est coupable; on doit être puni; peu importe que l'on n'ait point vu la barrière, que l'on ait eu, en son for intérieur, les dispositions les moins suspectes d'obéissance et de soumission. La répression devient nécessaire; elle est brutale comme le fait même qui la provoque. Là où la matérialité répond à toutes les exigences de la loi, il y aurait contradiction à tenir compte des éléments de moralité, d'intention ou de volonté.

L'art. 59 du Code pénal, en limitant l'incrimination de la complicité aux délits, a entendu les délits intentionnels, et il y a à cela une bonne raison : c'est que les *délits-contraventions* n'avaient pas encore, au moins pour la plupart, pris place dans la législation. (V. Chauveau et Faustin Hélie, *Théorie du Code pénal*, t. I, n. 316, et *Pratique criminelle*, t. II, n. 582 et 587.)

II

Délits-contraventions ou *contraventions-délits*, qu'est-ce à dire?

On entend par ces mots les infractions qui, purement matérielles dans leurs éléments, sont passibles, à raison de leur gravité, de peines supérieures aux peines de simple police.

De cette définition résultent deux ordres d'idées bien distincts: Le fait et ses conditions d'être, sa formation juridique; la peine et tout ce qui s'y rapporte, durée, étendue, compétence.

Les idées, au même titre que les corps organiques, ont besoin de l'analyse pour garder leur valeur réelle. La langue du Droit est une langue précise; l'à peu près en matière pénale devient l'analogie, et l'analogie conduit facilement à l'usurpation dans un domaine où les limites sont tracées avec une rigoureuse fixité.

Or, il ne faut pas que cette expression *délits-contraventions* ou *contraventions-délits*, cache un piége sous la confusion qu'elle favorise; et la confusion ne résiste pas ici à l'examen scientifique. Comment ces deux mots peuvent-ils restés accolés l'un à l'autre

(Paz et Cordier c. Société le *Comptoir général de commission.*) — ARRÊT.

LA COUR : — Sur le moyen tiré de la violation par fausse application des art. 1 et 13 de la loi du 24 juill. 1867, 59 et 60, C. pén. ; — Attendu que l'arrêt attaqué (Paris, 2 déc. 1884 et 13 janv. 1885) a déclaré les deux demandeurs Paz et Cordier coupables d'avoir, avec connaissance, aidé le nommé Lebœuf dans les faits qui ont préparé et facilité l'émission des actions de la Société dite *Comptoir général de commission,* dont le capital social n'avait pas été intégralement souscrit et dont chaque action n'avait pas été libérée du quart par les souscripteurs ; — Qu'à raison de ce fait de complicité, Paz et Cordier ont été condamnés chacun et solidairement à 10,000 francs d'amende, par application des art. 1 et 13 de la loi du 24 juill. 1867, 59 et 60, C. pén. ; — Attendu que si le législateur, en réglementant les conditions matérielles d'existence des Sociétés en commandite et d'émission d'actions de ces Sociétés, et en vue de donner aux capitalistes des garanties indépendantes du plus ou moins de bonne foi des fondateurs, a voulu que l'inobservation de ces conditions constituât par elle-même une infraction punissable en dehors de toute question d'intention frauduleuse, et si (à ce point de vue seulement) le fait d'émission d'actions d'une Société constituée contrairement aux prescriptions des art. 1, 2 et 3 de la loi du 24 juill. 1867 a pu, dans le rapport qui a précédé le vote de cette loi, être qualifié de contravention, on ne saurait prétendre, comme le fait le pourvoi, que ce fait doit, en ce qui concerne les règles relatives à la complicité, être assimilé aux

---

par un trait d'union? Il ne viendra à aucun jurisconsulte sérieux l'idée de soutenir que les infractions ainsi qualifiées exigent, comme éléments constitutifs, à la fois les conditions de la contravention et les conditions du délit. Ces conditions s'excluent, car là où il y a lieu de s'enquérir de la moralité du fait et de l'intention de l'agent, il ne peut plus être question de contravention, il y a place pour le délit seul. A l'inverse, là où suffit la constatation de l'existence physique, matérielle du fait, le délit n'a rien à voir, la contravention domine sans partage.

Nulle part, pas plus dans le Code pénal que dans les lois postérieures, ne se trouve cette catégorie de faits hybrides, sans sexe bien défini, qui ne seraient ni une contravention, ni un délit, et qui, cependant, participeraient de cette dualité de caractères. Les faits restent ce qu'ils sont, avec leur réalité intrinsèque, leur nature propre. La gravité de la peine ne peut rien changer à ce qui existe en dehors d'elle ; ajouter ou retrancher un atome n'est pas en son pouvoir. Quand la peine frappe, l'infraction est parachevée. La peine n'arrive, n'est provoquée que comme *conséquence* de l'infraction ; l'infraction est la *cause* qui rend la peine nécessaire.

Comment la conséquence saurait-elle s'élever à ce degré d'importance qu'elle irait jusqu'à dominer la cause, à la transformer, à lui faire perdre sa virtualité, les éléments qui la constituent? Déduire les caractères *essentiels* et *intimes* d'un manquement aux lois de la gravité de la peine édictée, peut être une opération bien simple du raisonnement, dans tous les cas bien superficielle. Sans doute, la peine n'est pas à négliger ; elle doit avoir, et elle a une influence considérable, mais dans les limites de son action, dans le cercle de sa légitime autorité.

Ainsi la peine détermine la *compétence* dans la hiérarchie des juridictions. Rien de plus logique. Au tribunal le plus élevé, le soin d'appliquer les répressions les plus graves. Le délinquant est mieux protégé par des garanties plus sérieuses d'âge, d'expérience, de savoir et de mérite professionnels.

La peine détermine également les délais de la *prescription.* Pourquoi? Parce que l'oubli se mesure aux conséquences du fait et que ce sont ces conséquences qui servent à proportionner la peine. Le trouble causé à l'ordre social met plus ou moins de temps à se calmer, à s'effacer, suivant que l'ébranlement a été plus ou moins profond.

La peine est encore seule à considérer quand il s'agit de *cumul* ou de *non-cumul.* L'art. 365 du Code d'instruction criminelle, prohibitif du cumul des peines, n'est pas applicable aux simples contraventions ; chaque fait entraîne une répression spéciale, distincte, indépendante, qui n'admet pas de confusion. En somme, comme chaque répression est modérée, qu'elle s'élève à une légère amende, rarement à de la prison, et dans cette dernière hypothèse à quelques jours seulement, le cumul n'écrase point le délinquant ; le châtiment est expié, le mal racheté facilement et à bon compte. Au contraire, la vie du condamné ne suffirait pas souvent à répondre d'une série de délits graves commis dans un même laps de temps, sous les mêmes influences impulsives et déterminantes. C'est qu'ici la répression se chiffre par des années d'emprisonnement ; les tribunaux peuvent aller jusqu'à cinq, jusqu'à dix ans en cas de récidive. Le non-cumul s'impose, car la justice, même dans ses sévérités les plus extrêmes, garde une arrière-pensée d'indulgence ; elle sait tout ce que vaut la liberté, les aspirations salutaires de cette attente dans l'âme du condamné, et avec l'espérance qui soutient, les réflexions, les retours sur le passé, le réveil des sentiments endormis, l'éventualité bien rare, mais possible, d'une régénération morale.

Voilà le rôle de la peine ; il n'est pas autre ; il est en dehors et non pas en dedans ; il ne touche pas à la nature intrinsèque de l'infraction, qui reste avec le caractère que lui donnent ses éléments constitutifs et essentiels. V. sur l'ensemble de cette théorie, nos observations jointes à Cass. 23 févr. 1884 (deux arrêts) (Pand. chr.), et 13 juin 1884 (Pand. chr.).

III

Appliquons ces principes à la matière des Sociétés.

Il est aujourd'hui admis par l'unanimité des auteurs (V. Lescœur, *Essai sur la législation des sociétés,* n. 310, p. 202 ; Bédarride, *Sociétés,* t. I, n. 259 et suiv. ; Vavasseur, *Sociétés,* t. I, n. 724 et suiv. ; Rousseau, *Id.,* n. 1406 ; Deloison, *Id.,* n. 477 ; Boistel, *Précis de droit comm.,* 1re édit., n. 274 ; Lyon-Caen et Renault, *Id.,* n. 438 ; Mornard, *Sociétés,* n. 259 ; Pont, *Id.,* n. 1312 ; et notre *Dict. de droit commerc., industr. et marit.,* t. VI, v° *Société en commandite,* n. 186 *bis,* moins MM. Bourguignat et Mathieu) que la loi de 1867, dans ses art. 13, 14 et 15, comprend des contraventions et des délits suivant la nature des faits relevés.

Constituent des *contraventions* véritables les faits prévus par les 1er et 2e alinéas de l'art. 13, ainsi que les trois faits énumérés par l'art. 14.

Constituent de véritables *délits* les faits prévus par les 3e et 4e alinéas de l'art. 13 et par l'art. 15.

Cette distinction dans le corps d'un même article (art. 13) entre deux catégories aussi tranchées de faits ne tient pas de la fantaisie ; elle est nettement marquée par les textes eux-mêmes.

Là où la loi se sert des expressions suivantes : *frauduleusement, usage frauduleux, mauvaise foi,* il n'y a pas à en douter, c'est l'intention coupable chez l'agent qui est exigée ; il y a *délit.*

Là où ces expressions ne se rencontrent plus, il ne reste que la matérialité du fait, indépendante de toute considération de bonne foi ; c'est bien la *contravention.* (V. nos observations jointes à Cass. 17 juillet 1885, Pand. chr.).

La distinction dans les mots se retrouve dans les pénalités.

Punir une simple contravention de l'emprisonnement, c'eût été dépasser la mesure, le rapport de justice entre la peine et le fait incriminé ; l'amende de 500 francs à 10,000 francs suffit à tout, à la répression et à l'action préventive. Aussi est-ce la seule peine édictée par les deux premiers paragraphes de l'art. 13 et de l'art. 14.

Au contraire, dans les deux derniers paragraphes de l'art. 13 et de l'art. 15, la loi prononce non-seulement l'amende, mais encore l'emprisonnement.

Il n'y a aucune objection à tirer de l'art. 16 de la même loi de 1867 qui autorise l'application des circonstances atténuantes à tous les faits, sans distinction, prévus par les art. 13, 14 et 15.

D'après l'art. 483, § 2, du Code pénal, les contraventions peuvent aussi bien que les délits, sans perdre leur caractère propre, vivre avec l'art. 463 dans une intime harmonie. La faculté de modérer la peine ne comporte pas le pouvoir de l'effacer, de la faire disparaître absolument. La nécessité de la condamnation une fois reconnue, comme découlant du caractère intrinsèque de l'acte, la modération intervient toujours avec avantage, suivant les circonstances. Les pénalités excessives affaiblissent la répression, loin de la fortifier. Il est des cas où l'application de la peine généralement édictée serait un excès de rigueur ; la conscience du juge y répugnerait ; elle en serait blessée. Pour prévenir un pareil résultat, il n'existe d'autre moyen que l'art. 463 qui permet de proportionner la peine au plus ou moins de gravité de l'acte.

Cette ressource si précieuse pour la moralité de la répression, les délits pourraient à la rigueur s'en passer ; la démonstration de l'intention frauduleuse n'aboutit à l'évidence qu'après des difficultés de fait et de raisonnement qui, alors même qu'elles sont vaincues, laissent encore des retours de doute et d'hésitation. Les acquittements en bénéficient dans une mesure qui n'est jamais trop large.

Il n'en est plus de même des contraventions. La brutalité du fait suffit à tout ; elle oppose à l'acquittement un obstacle insur-

contraventions de simple police; — Attendu, en effet, que l'infraction dont Cordier et Paz ont été déclarés complices, quelque dénomination qu'on lui donne, constitue, au point de vue légal, un véritable délit; — Que cela résulte non-seulement de la nature de la peine prononcée et de la juridiction qui est appelée à en connaître, mais encore du caractère même de ladite infraction, laquelle a été considérée par le législateur comme exclusive, dans tous les cas, d'une entière bonne foi et passible, à ce titre, d'une pénalité; — Attendu, d'ailleurs, qu'aux termes de l'art. 1er du C. pén., l'infraction que les lois punissent de peines correctionnelles est un délit; — Qu'aux termes de l'art. 59 du même Code, les complices d'un crime ou d'un délit sont punis de la même peine que les auteurs de ce crime ou de ce délit, et que cette règle régit les matières spéciales, à moins qu'il n'y ait été expressément dérogé; — Attendu qu'il suit de là qu'en faisant application aux demandeurs des art. 1 et 2 de la loi du 24 juill. 1867, 59 et 60, C. pén., l'arrêt attaqué, loin de violer lesdits articles, en a fait au contraire une exacte et juste application; — Rejette, etc.

MM. Ronjat, prés.; Sevestre, rapp.; Loubers, av. gén.; Lehmann, av.

CASS-CIV. 4 mars 1885.

ETRANGER, SOCIÉTÉ ÉTRANGÈRE, SUCCURSALE EN FRANCE, RÉSIDENCE, COMPÉTENCE.

L'étranger défendeur ne peut être assigné en France devant le tribunal du domicile du demandeur, que lorsqu'il n'a ni domi-

---

montable. L'applicabilité de l'art. 463 s'affirme presque comme un correctif nécessaire. L'intention n'est plus une quantité négligeable; elle reprend sa valeur. La bonne foi atténue la peine; elle l'atténue jusqu'à la réduire à ce minimum d'expression qui fait de son maintien un simple hommage rendu aux principes. Si une sanction subsiste quand même, cette sanction marquée d'un caractère d'inéluctable *fatalité* se laisse pénétrer par toutes sortes de motifs légitimes d'indulgence et de ménagements.

Voilà pour les raisons générales et de principe.

IV

Un argument plus spécial peut encore être tiré des entrailles mêmes du sujet, de la rédaction des art. 13 et 14 de la loi du 24 juillet 1867.

La participation des intermédiaires (banquiers, agents de change, courtiers ou autres) aux *négociations prohibées* d'actions a été expressément prévue et punie (art. 14, § 2). Les principes de la complicité ordinaire semblaient donc inefficaces à la répression d'un tel concours. S'ils y avaient suffi, à quoi bon insister, formuler avec tant de netteté ce qui n'avait pas besoin d'être dit, puisqu'il l'eût été déjà? Le § 2 de l'art. 14 de la loi de 1867 ne fait pas double emploi avec les art. 59 et 60 du Code pénal; il s'occupe d'actes qui seraient assurés de l'impunité, s'ils ne relevaient que de la loi générale.

Supposons l'art. 14 réduit au § 1er, sans l'addition du § 2, l'aide et l'assistance prêtées par des intermédiaires aux *négociations prohibées* d'actions tomberaient-elles sous le coup d'une sanction quelconque? Non, car les précautions prises par le législateur doivent avoir une signification, une portée raisonnable.

Or, l'*émission prohibée* d'actions est une infraction de même nature que la *négociation*; toutes deux constituent une contravention, et rien qu'une contravention. La participation à une *émission* prohibée peut se produire aussi bien que la participation à une *négociation* illicite.

Les deux faits appartiennent au domaine des éventualités à redouter. Le législateur n'a pas pu ne pas voir l'un et voir l'autre; il les a vus tous les deux. Et les voyant, s'il n'a pas sévi contre les intermédiaires qui concourent à des *émissions* prohibées, c'est qu'il n'a pas voulu sévir. Il n'y a pas eu oubli, manque de prévoyance, mais omission délibérée, silence de parti pris.

Sans doute, l'impunité accordée en pareil cas est fâcheuse; elle peut avoir de déplorables effets. Mais la loi pénale est limitée par des contours nettement arrêtés; elle ne s'élargit point à volonté, même pour répondre à des besoins impérieux.

Disons-le cependant à la décharge du législateur. La répression de la participation aux *négociations* prohibées a été déterminée par la fréquence de ces faits si ordinaires dans la pratique des affaires. Ensuite, ce sont les intermédiaires qui dans ces négociations assument avec les plus gros bénéfices la plus forte part de responsabilité. Ils sont les instigateurs de ces opérations, ils les conduisent avec une habileté infinie. Sans leur intervention, rien ne se conclurait. Des deux contractants, cédant et cessionnaire, le dernier tout au moins est presque toujours une victime. Il est puni pour avoir figuré à un acte illicite. Comment l'intermédiaire qui a mis les parties en présence, les a enveloppées, entraînées, s'en sortirait-il indemne? Ce serait injuste, imprévoyant. Au contraire, le châtiment réservé au principal organisateur de ces trafics prohibés restreint le mal; il s'en dégage une crainte salutaire qui modère les élans, arrête quelquefois, car la participation n'est plus dépourvue de tout danger.

Quand il s'agit d'*émissions prohibées*, l'immixtion des tiers n'exerce plus une action aussi prépondérante.

Ce sont les fondateurs ou les administrateurs qui dressent les plans, préparent, combinent et organisent toutes les ruses. A eux seuls ils tiennent presque toute la scène; les autres, s'ils interviennent, ne remplissent que des bouts de rôle nécessairement effacés. Ils ne sont plus l'âme de l'opération, et s'ils y contribuent, c'est avec une responsabilité singulièrement amoindrie.

Puis le législateur de 1867 a pu croire, — à tort sans doute, ainsi que l'expérience l'a démontré, — que les déclarations, vérifications loyalement accomplies, rendraient l'intervention des tiers plus difficile en matière d'*émissions* que de *négociations*; que cette intervention ne se produirait que dans des circonstances tout à fait exceptionnelles; qu'elle ne s'effectuerait que sous l'impulsion et avec la connivence des fondateurs et des administrateurs; que frapper ceux-ci, c'était atteindre les grands, les vrais coupables; que ce châtiment devait suffire à prévenir le mal et à le réprimer.

L'illusion n'est plus aujourd'hui permise!

Mais le législateur de 1867 pouvait-il prévoir que des banques s'établiraient dans le but et avec la spécialité de fournir aux organisateurs de Sociétés, pour le temps seulement de la vérification, c'est-à-dire pour une heure et souvent moins, les fonds qui sont censés représenter le versement obligatoire du premier quart, qui seront rendus immédiatement après l'accomplissement de quelques simulacres de formalité et n'auront jamais garni la caisse sociale?

L'invention est essentiellement frauduleuse, le procédé coupable; il peut être regrettable qu'ils n'aient pas été prévus et sévèrement punis; on est libre de demander à des projets de réforme le redressement de pratiques si fatales à la richesse publique. Récriminations, regrets, vœux, sont manifestations toujours permises! Mais étendre et appliquer une pénalité par assimilation, par convenance, même par nécessité, en dehors de sa sphère étroite d'autorité, voilà ce qui est défendu.

Au surplus, si serré que l'on suppose l'enchaînement des textes revus, corrigés et augmentés, les mailles de la loi n'auront jamais, sur tous les points, ni la même dimension mathématique, ni la même solidité. Le flair des financiers est un guide plus sûr que l'aimant; il les portera toujours du côté des points faibles; le moindre écart, la plus petite fissure, leur suffiront pour s'insinuer, pénétrer et glisser au travers. C'est une erreur commune de croire qu'il existe en dehors du bon sens public, de son éducation par l'expérience, un préservatif infaillible, une barrière infranchissable contre les entreprises de l'agiotage. Le remède le plus sûr ici, comme en bien des maux, vient de l'excès, des ruines accumulées avec fracas et scandale. La leçon peut être dure aux générations qui la subissent en victimes; elle est acquise au prix de trop de larmes et de souffrances pour ne pas profiter à l'avenir.

V

Concluons :

L'émission d'actions d'une Société, constituée contrairement aux prescriptions des art. 1, 2 et 3 de la loi 1867, par la non-souscription de l'intégralité du capital social et du non-versement du premier quart de ce capital (art. 13, § 1), doit être considérée et ne peut être considérée que comme une *contravention*.

La contravention, à moins d'une disposition formelle de la loi, ne comporte point de *complicité*.

Or, le législateur de 1867, en restant muet sur ce point, en ne formulant aucune règle exceptionnelle, a laissé la matière sous l'empire des principes généraux de notre droit pénal.

Ce silence de parti pris est d'autant plus significatif que la participation aux *négociations* prohibées est expressément prévue et punie comme la négociation même; qu'aucune mesure analogue n'est édictée contre la participation aux *émissions* illicites.

L'applicabilité des *circonstances atténuantes* (art. 463), en permettant de modérer la peine, ne saurait avoir la vertu de convertir en délit ce qui ne constituerait en lui-même qu'une contravention.

cile ni résidence sur le territoire français. L'art. 14, C. civ., n'a eu d'autre but que de dispenser le demandeur français d'aller porter son action devant les tribunaux étrangers et non de l'affranchir de l'observation des règles de compétence édictées par l'art. 59, C. proc. (1) (C. civ., 14 ; C. proc., 59).

Les mêmes principes sont applicables aux Sociétés étrangères défenderesses (2) (Id.).

Une agence importante d'une Société étrangère doit être considérée comme constitutive d'une résidence (3) (Id.).

Par suite, le rejet de l'exception d'incompétence, tirée de l'existence de cette agence, donne lieu à ouverture à cassation, lorsque, en dehors de tout examen du caractère de l'agence et du point spécial de savoir si elle réunit les conditions d'une résidence légale, il ne se justifie que par ce seul motif : qu'en droit, pour un être moral tel qu'une Société, il ne peut y avoir de résidence proprement dite distincte du domicile (4) (Id.).

(Banque ottomane c. Racine et fils.) — ARRÊT *(après délib. en ch. du cons.).*

LA COUR : — Vu l'art. 14, C. civ., et les §§ 1 et 5 de l'art. 59, C. proc. ; — Attendu que la disposition de l'art. 14, C. civ., n'a eu d'autre but que de dispenser le demandeur français d'aller porter son action contre un défendeur étranger devant les tribunaux étrangers ; que, dès lors, ce n'est que lorsque ce défendeur n'a ni domicile ni résidence en France qu'il peut être assigné en France, en matière purement personnelle, devant le tribunal du domicile du demandeur ; que les mêmes règles sont applicables aux Sociétés étrangères ; — Attendu que la Banque ottomane, Société étrangère, a soutenu dans ses conclusions en Cour d'appel, qu'elle avait à Paris une agence importante, et possédait par là même en cette ville une résidence devant le tribunal de laquelle elle aurait dû être assignée ; — Attendu que l'arrêt attaqué, au lieu d'examiner si cette agence présentait les caractères d'une résidence légale, a rejeté l'exception d'incompétence invoquée par la Banque, en se fondant uniquement sur ce que, en principe de droit, pour un être moral, notamment pour une Société, il ne peut y avoir, à proprement parler, de résidence distincte du domicile ; — En quoi l'arrêt attaqué a violé l'art. 59, C. proc., et faussement appliqué l'art. 14, C. civ., ci-dessus visé ; — — Casse, etc.

MM. Barbier, 1er prés.; de Lagrevol, rapp.; Charrins, 1er av. gén. (concl. contr.); Devin et Sabatier, av.

CASS.-REQ. 11 mars 1885.

PAIEMENT, INDU, RÉPÉTITION, ERREUR, PREUVE, FAILLITE, MARI, CONCORDAT, FEMME DOTALE, CAUTIONNEMENT, GARANTIE HYPOTHÉCAIRE, ANNULATION, PRÊTEUR, SUBROGATION.

Celui qui réclame la restitution d'une somme comme l'ayant indûment payée par suite d'une erreur qui fait que ce payement a eu lieu sans cause, doit justifier non-seulement du payement dont il réclame la restitution, mais encore de l'erreur qui en aurait été la cause déterminante (5) (C. civ., 1235, 1376, 1377).

Par suite, on ne peut considérer comme un payement indû, sujet à restitution, les versements partiels de sommes opérées par une femme dotale entre les mains du syndic de la faillite de son mari en exécution d'engagements pris par ce dernier envers ses créanciers pour obtenir un concordat, engagements auxquels la femme était intervenue et qu'elle avait cautionnés (6) (Id.).

Et il en est ainsi quand bien même des décisions judiciaires postérieures auraient annulé, pour cause de dotalité, les garanties hypothécaires fournies par la femme à la faillite (7) (Id.).

Alors surtout que la femme aurait payé, en devançant même le terme de son obligation, avec des deniers d'emprunt (8) (Id.).

Et l'action en répétition doit être également refusée au tiers prêteur, même au cas où il se serait fait subroger par le syndic à certains droits de la faillite contre la femme, s'il apparaît que la

---

(1) V. en ce sens, Cass. 26 janv. 1836 (S. 36. 1. 217. — P. chr. — D. 36. 1. 100); Douai, 30 nov. 1854 (D. 55. 2. 104); Cass., 9 mars 1863 (Pand. chr.); 7 juill. 1874 (S. 75. 1. 19. — P. 75. 28. — D. 74. 1. 271); 2 aout 1876 (S. 77. 1. 97. — P. 77. 241. — D. 77. 1. 107), et notre *Dictionnaire de dr. comm., ind. et marit.*, t. III, v° *Etranger*, n. 95.

(2) *Sic*, Cass. 19 mai 1863 (Pand. chr.); 14 nov. 1864 (Pand. chr.); Amiens, 2 mars 1865 (S. 65. 2. 210. — P. 65. 835); Paris, 8 nov. 1865 (S. 66. 2. 117. — P. 66. 476); Aix, 15 mars 1870 (S. 70. 2. 297. — P. 70. 1154. — D. 70. 2. 204); Cass. 12 nov. 1872 (Pand. chr.); 23 févr. 1874 (S. 74. 1. 145. — P. 74. 369).

(3-4) L'arrêt ci-dessus reproduit assimile l'agence ou la succursale d'une Société anonyme étrangère à la résidence d'un individu. La même assimilation avait été déjà faite à propos de Sociétés en nom collectif ou en commandite étrangères. V. Rouen, 1er avril 1881 (Pand. chr.). V. aussi Trib. com. Marseille, 16 mars 1875 (J. Mars., 75. 1. 217). — A notre avis, l'agence ou succursale a même un caractère de fixité, d'importance qui en fait quelque chose de plus qu'une résidence ordinaire. Il n'est pas rare de voir certaines succursales, par l'extension et la prospérité de leurs affaires, prendre le pas sur les établissements principaux et accaparer tout le prestige aux lieu et place des maisons mères dont l'existence reste presque ignorée. Les agences, en effet, sont le plus souvent, surtout dans les centres importants, de véritables établissements distincts, doués d'un fonctionnement propre, d'une vie indépendante. Les grandes affaires s'y traitent sans recourir à des autorisations du siége social; il y a des gérants, et ils reçoivent les pouvoirs les plus étendus; ils sont secondés par un personnel d'employés en rapport avec les nécessités des transactions. Et il faut qu'il en soit ainsi; le commerce s'accommode mal des lenteurs, des séries d'intermédiaires avec mandat incomplet, des références d'un établissement à un autre. Aussi est-il dans la force même des choses que l'agence se rapproche le plus possible de l'établissement principal, à tel point qu'il est difficile par l'apparence extérieure des relations avec le public, le fonctionnement des opérations sociales, de distinguer l'une de l'autre. Au contraire, la résidence, quand il s'agit d'un individu, est toujours une installation défectueuse, incomplète, secondaire dans tous les cas, souvent même passagère; elle ne sert point de centre de ralliement aux affaires; à peine quelques intérêts d'une certaine catégorie s'y trouvent réunis. On voit donc qu'une Société étrangère qui a une agence en France est, pour l'application de l'art. 59, § 1, C. proc., dans une situation plus favorable que l'individu qui n'a pas de domicile et n'y a qu'une simple résidence. Si ce dernier doit être assigné devant le tribunal de sa résidence, à plus forte raison la Société doit l'être devant le tribunal du lieu où elle compte une agence qui fonctionne et agit.

(5) Cet arrêt consacre la doctrine suivie par la majorité des auteurs et qui fait de l'*erreur* une condition essentielle à l'exercice de l'action en répétition de l'indû. V. notamment Aubry et Rau, t. IV, p. 728, § 442, texte et notes 2 et 3; Demolombe, *Contr. et obligat.*, t. VIII, n. 276; Laurent, *Princip. de dr. civ.*, t. XX, n. 352; Larombière, *Obligat.*, t. V, sur l'art. 1376, n. 2 et 26. — D'après un second système, il y a toujours lieu à répétition de la somme indûment payée, le payement de l'indû eût-il été fait même en pleine connaissance de cause. V. Marcadé, sur les art. 1376 et 1377, n. 1; Mourlon, *Rev. prat.*, 1864, t. XVIII, p. 496; Demante, t. V, n. 174 *bis*, 12, et n. 357 *bis*, 3. V. aussi Cass. (Belgique), 18 avr. 1883 (S. 84. 4. 1. — P. 84. 2. 1). — Dans l'un et l'autre système, on s'accorde à reconnaître qu'il n'y a pas à distinguer entre l'erreur de droit et l'erreur de fait. V. Cass. 24 janv. 1827; Colmar, 18 janv. 1859 (S. 59. 2. 382. — P. 59. 931). V. toutefois, en sens contraire, Metz, 22 août 1806.

(6-7-8) Dans l'affaire qui nous occupe, il y avait eu deux choses distinctes : la femme était intervenue au concordat; elle avait cautionné, jusqu'à concurrence d'une certaine somme, les engagements pris par son mari pour lui permettre, dans l'intérêt commun de la famille, d'obtenir un concordat et de reprendre l'exploitation de son industrie. — Et comme cette garantie n'avait probablement pas paru suffisante aux créanciers, elle avait, en outre, renoncé au profit de la masse de la faillite à la priorité de son hypothèque légale sur les biens du failli, et même affecté hypothécairement ses immeubles dotaux pour assurer l'exécution de ses obligations. Ces derniers actes avaient été autorisés par jugement.

Cette double situation était bien nette.

subrogation n'a eu en vue que les droits tels qu'ils se comportaient, sans garantie aucune de leur efficacité dans l'avenir (1) (Id.).

(Reuss et Vezian c. Fayn, synd. Reuss.) — ARRÊT *(après délib. en ch. du cons.).*

LA COUR : — Sur le moyen unique du pourvoi, tiré de la violation des art. 1134, 1235, 1250, 1251 et 1252, 1350, 1351, 1376, 1377, 1692 et 1693, C. civ. : — Attendu que celui qui réclame la restitution d'une somme payée, comme l'ayant indûment payée par suite d'une erreur qui fait que ce payement a eu lieu sans cause, doit justifier, non-seulement du payement dont il réclame la restitution, mais encore de l'erreur qui aurait été la seule cause déterminante de son acte; — Attendu qu'il résulte de l'ensemble des constatations de l'arrêt attaqué que la somme reçue par Fayn, en sa qualité de syndic de la faillite Reuss, pour être distribuée aux créanciers de cette faillite Reuss, était incontestablement due à ceux-ci; — Attendu, d'un autre côté, que la dame Reuss, des mains de laquelle le syndic la recevait, avec l'assistance et l'autorisation du mari, était intervenue dans le concordat de celui-ci, et que, sous la même autorisation et assistance, elle avait cautionné dans une certaine limite les engagements pris par le failli, pour lui permettre, dans l'intérêt commun de la famille, d'obtenir un concordat et de reprendre l'exploitation de son industrie; qu'elle faisait ce payement, en devançant même volontairement le terme de son obligation, pour satisfaire ce même intérêt et remplir un engagement personnel, et qu'il n'est dès lors nullement établi qu'elle ait agi au contraire par suite d'une erreur de droit, résultant de l'ignorance où elle aurait été sur la portée de cet engagement; que l'origine des fonds qui ont servi à effectuer le payement, et la disparition des garanties promises par la dame Reuss, soit à son prêteur, soit à la faillite, par suite des décisions judiciaires intervenues depuis le payement, ne sauraient modifier la situation des parties, en relevant la dame Reuss de ses engagements, au point de faire considérer comme indû le payement fait par elle dans les conditions qui viennent d'être indiquées; — Attendu, en fait, que lorsque en recevant cette somme, le syndic a subrogé le prêteur à certains droits de la faillite contre la dame Reuss, l'arrêt attaqué (Nîmes, 16 févr. 1884) constate que, dans l'intention de toutes les parties, il n'a fait que transmettre, par voie de subrogation, au prêteur les droits qui pouvaient résulter des engagements pris par les époux Reuss, tels qu'ils avaient été reconnus et constatés, mais sans aucune garantie de leur efficacité dans l'avenir; que dans ces circonstances aucun des articles de la loi susvisés n'a été violé. — Rejette, etc.

MM. Bédarrides, prés.; Féraud-Giraud, rapp.; Chevrier, av. gén. (concl. conf.); Pérouse, av.

CASS.-CRIM. 12 mars 1885.

COUR D'ASSISES, ARRÊT DE RENVOI, CHOSE JUGÉE, INCOMPÉTENCE, CASSATION.

L'accusé qui a laissé l'arrêt de la chambre des mises en accusation qui l'a renvoyé devant une Cour d'assises, acquérir l'autorité de la chose jugée, n'est plus recevable, lors du pourvoi contre l'arrêt de condamnation, à opposer, pour la première fois devant la Cour de cassation, l'incompétence de la Cour d'assises; c'est là une question définitivement réglée et sur laquelle la Cour d'assises elle-même n'aurait pu statuer (2) (C. instr. crim., 296).

(Chervin et Mondière.) — ARRÊT *(ap. délib. en ch. du cons.).*

LA COUR : — En ce qui concerne le pourvoi formé par Mondière : — Sur le premier moyen, pris de la violation des règles de la compétence, en ce que, d'une part, Mondière, appartenant au service actif de l'armée, aurait dû être jugé par un conseil de guerre, et que, d'une autre part, la Cour d'assises de l'Ain serait incompétente, le vol imputé aux demandeurs ayant été commis, non dans le département de l'Ain, mais dans le département du Rhône: — Attendu que Mondière a été renvoyé devant la Cour d'assises de l'Ain par un arrêt de la chambre des mises en accusation de la Cour d'appel de Lyon, en date du 14 janv. 1885; qu'il a reçu notification régulière de cet arrêt, le 21 janv., et que, le lendemain matin, il a été interrogé par le président des assises, qui lui a donné l'avertissement prescrit par l'art. 296, C. instr. crim.; — Attendu que Mondière n'a formé aucun recours contre ledit arrêt,

---

La dernière (la cession de priorité sur l'hypothèque légale et la constitution d'hypothèque sur les immeubles dotaux) présentait quelques difficultés. L'art. 1558, C. civ., limite expressément les cas où la femme est autorisée à consentir des sacrifices sur sa dot. La faillite du mari ne figure pas dans les exceptions prévues. La permission de justice n'a pas pu donner une valeur quelconque à des actes essentiellement viciés dans leur essence. Voilà ce qui était soutenu par la femme dans une précédente instance, qui a parcouru tous les degrés de juridiction et dans laquelle est même intervenu un arrêt de Cassation. La cession de priorité et la constitution d'hypothèque ont été déclarées illégales et nulles. V. Trib. civ. Nîmes, 27 mai 1881; Nîmes, 27 mai 1882, infirmatif du jugement; Cass. 27 nov. 1883 (S. 84. 1. 161. — P. 84. 1. 380. — D. 85. 1. 39). V. également dans le même sens, Bordeaux, 21 juill. 1862 (S. 63. 2. 11. — P. 63. 504). V. toutefois Cass. 5 nov. 1855 (S. 56. 1. 204. — P. 56. 2. 40. — D. 55. 1. 435); Montpellier, 2 mars 1858 (S. 59. 2. 30. — P. 58. 1068. — D. 58. 2. 207). Cette question n'était point directement agitée dans l'affaire actuelle.

Ici le débat portait plus particulièrement sur les effets de l'engagement de la femme, du cautionnement par elle consenti. C'est le premier point de vue. Les difficultés étaient moindres. Il est, en effet, de jurisprudence constante que l'adoption du régime dotal ne fait subir aucune atteinte à la capacité de la femme régulièrement autorisée; qu'elle s'oblige aussi valablement que la femme mariée sous tout autre régime. Il n'existe que cette seule restriction : les obligations ne peuvent pas être exécutées sur les biens dotaux; la femme n'est pas dans la situation d'un incapable, si tout ce qu'elle possède est frappé de dotalité, elle sera dans la position d'un insolvable. Mais cette conséquence ne touche pas aux conditions de formation de l'engagement. L'obligation est régulière, valable. V. notamment Cass. 24 mars 1885 (Pand. chr.) et la note. — Faisant, à l'affaire actuelle, l'application de ces principes, l'arrêt ci-dessus aurait pu déclarer avec plus de netteté la validité des engagements pris par la femme. Ces engagements une fois reconnus existants, les payements n'intervenaient plus que comme une libération de ce qui était dû légitimement. Les anticipations de payement n'en changeaient point le caractère; un débiteur est toujours libre de renoncer aux termes et délais qui lui sont accordés (C. civ., 1186). Il n'y avait plus place à une répétition de l'indû, puisque ce qui a été payé, pour n'être point susceptible d'exécution sur les biens dotaux, n'en constituait pas moins une dette véritable.

(1) D'après la solution ci-dessus, la subrogation par le créancier qui reçoit un payement n'emporterait pas garantie. Le contraire résulte cependant d'une précédente décision émanée de la Cour suprême (V. arrêt, 4 févr. 1846, Pand. chr., et la note), qui assimile cette subrogation à une cession de créance, et lui fait produire les mêmes effets.

(2) Confirmation nouvelle d'une jurisprudence déjà ancienne sur une des questions les plus vivement controversées qui divisent encore les criminalistes les plus autorisés. V. Cass., 28 mars, 25 avril et 13 juin 1816; 14 sept. 1827; 17 janv. et 2 oct. 1828; 5 avril 1832 (S. 32. 1. 511. — P. chr. — D. 32. 1. 198); 24 déc. 1840 (*Bull. crim.*, n. 364); 9 mai 1852 (*ibid.*, n. 150); 20 juin 1856 (D. 56. 1. 374). — Il n'y aurait d'exception que pour le cas où le crime ayant été commis à l'étranger, au préjudice d'étranger, l'accusé, lui-même étranger, exciperait de ces circonstances pour décliner la compétence des tribunaux français; l'incompétence, en pareil cas, est absolue, permanente, et ne peut être couverte ni par le consentement, ni par le silence de l'accusé auquel on opposerait, dès lors, en vain son défaut de pourvoi contre l'arrêt de renvoi de la Chambre des mises en accusation. V. Cass., 10 janv. 1873 (Pand. chr.), et la note.

soit dans le délai fixé par l'art. 373, C. instr. crim., soit dans les conditions déterminées par l'art. 296 du même Code; qu'aux termes de ce dernier article, il est non recevable à se pourvoir contre ledit arrêt de la chambre des mises en accusation, qu'il n'a pas attaqué en temps utile, et qui a dès lors acquis l'autorité de la chose jugée; que la compétence de la Cour d'assises de l'Ain ayant été ainsi fixée d'une manière définitive, Mondière ne peut la contester en présentant, pour la première fois devant la Cour de cassation, une exception d'incompétence qui n'aurait pu être accueillie par la Cour d'assises elle-même; — Déclare non recevable le premier moyen du pourvoi;

Sur le second moyen (sans intérêt).

MM. Ronjat, prés.; Sallantin, rapp.; Roussellier, av. gén.

CASS.-CIV. 16 mars 1885.

ÉLECTIONS, LISTES ÉLECTORALES, INSCRIPTION, FEMME, DROITS POLITIQUES, INCAPACITÉ.

L'exercice des droits civils ne confère aucun droit à l'inscription sur les listes électorales; ce droit est attaché à la jouissance des droits politiques, réservée aux citoyens seuls (1) (C. civ., 7; Constit. 4 nov. 1848, art. 1, 24; L. 15 mars 1849, art. 1; Décr. 2 févr. 1852, art. 12; L. 7 juill. 1874, art. 5; L. 5 avril 1884, art. 14).

D'où les femmes ne peuvent, en l'absence de toute disposition constitutionnelle ou légale leur attribuant, avec la qualité de citoyens, l'exercice des droits politiques, réclamer leur inscription sur les listes électorales (2) (Id.).

(Barberousse.)

La demoiselle Barberousse, institutrice laïque et libre, demeurant à Paris, rue Saint-Honoré, où sont établis à la fois son école de jeunes filles et le siége de l'association dite « la Ligue pour la protection des femmes », a demandé son inscription sur les listes électorales du 1er arrondissement.

31 janv. 1885, décision de la commission municipale dudit arrondissement qui rejette sa demande.

Sur appel, confirmation de la décision par sentence du juge de paix du même arrondissement (M. Carré), en date du 13 févr. 1885, dont voici les termes : — « NOUS, JUGE DE PAIX; — Attendu que la demoiselle Barberousse fonde sa réclamation sur ce qu'aucun texte de la loi n'interdit aux femmes l'exercice des droits politiques, et sur ce que ces termes : *les Français*, employés par le législateur, doivent s'appliquer aux femmes en matière politique, comme ils s'y appliquent en matière civile; — Attendu que la constitution des 3-14 sept. 1791, confirmant les principes proclamés dans la Déclaration des droits de l'homme et du citoyen, ne reconnaissait comme électeurs que les citoyens actifs; que les citoyens actifs étaient ceux qui, aux conditions d'âge, de domicile, etc., réunissaient celle d'être inscrits, dans la municipalité de leur résidence, au rôle des gardes nationales (tit. 3, sect. 2, art. 1, 2 et 7); que la constitution du 24 juin 1793 déclarait que *tout homme* remplissant telles conditions était admis à l'exercice des droits des citoyens français (art. 4); que la Constitution du 5 fruct. an III déclarait que *tout homme* remplissant telles conditions était citoyen français (art. 8); que la constitution du 22 frim. an VIII reproduisait la même formule, et se servait des mêmes expressions : *tout homme* (art. 2); que dès lors, sous l'empire de ces textes, les femmes étaient, implicitement par les uns, explicitement par les autres, exclues des droits politiques; — Attendu que les constitutions qui se sont succédé depuis, notamment celles de 1848, de 1852 et 1875, sont muettes pour relever les femmes de cette exclusion; — Attendu que les lois électorales qui nous régissent aujourd'hui ont également écarté les femmes du suffrage universel; qu'en effet, pour être électeur, il faut être citoyen; que la loi du 7 juill. 1874, en son art. 5, dit : « Sont inscrits sur la liste des électeurs, tous les *citoyens* âgés de vingt et un ans jouissant de leurs droits civils et politiques »; que la loi du 5 avril 1884 en son art. 14, § 3, dit : « Sont également inscrits tous les *citoyens* »; — Attendu que le citoyen est le Français qui a la plénitude de ses droits politiques et civils; — Attendu que les femmes n'ont pas la plénitude des droits politiques; que, par exemple, elles ne peuvent pas faire partie du jury criminel; qu'elles ne peuvent pas servir de témoins dans les actes notariés; qu'elles ne peuvent pas être appelées à toutes les fonctions publiques; — Attendu que les femmes n'ont pas la plénitude des droits civils; qu'elles perdent leur qualité de Française en épousant un étranger; que, mariées, elles restent sous l'autorité maritale; qu'elles ont besoin du concours ou de l'autorisation du mari pour donner, aliéner, hypothéquer, acquérir; qu'elles ne peuvent ester en justice, ni spécialement se présenter à notre barre pour revendiquer l'électorat, sans ces mêmes concours et autorisation; qu'elles sont, en principe, exclues des conseils de famille; que, jusqu'à la puissance paternelle, elle leur échappe pendant le mariage; — Attendu que la volonté du législateur de refuser aux femmes toute immixtion dans les élections s'est révélée manifeste lors de la discussion de la loi du 8 déc. 1883, sur les élections consulaires; qu'un amendement, produit pour concéder le droit de suffrage aux femmes commerçantes, fut rejeté par la Chambre des députés; — Attendu que s'appuyer sur ces termes : *les Français*, souvent employés dans la loi, pour conclure qu'ils confèrent à l'un et à l'autre sexe des droits égaux, notamment les droits politiques, est une erreur juridique; que, si l'art. 8, C. civ., dispose que « tout Français jouira des droits civils », l'art. 7 déclare formellement que « l'exercice des droits civils est indépendant de la qualité de citoyen, laquelle ne s'acquiert et ne se conserve que conformément à la loi constitutionnelle »; — Attendu qu'il résulte de ce qui précède que les femmes ne réunissent pas toutes les conditions légales qui font les citoyens français; — Attendu, enfin, que si les femmes, répudiant les priviléges de leur sexe et s'inspirant de certaines théories modernes, croient l'heure arrivée pour elles de briser les liens tutélaires dont les ont entourées la tradition, les mœurs et la loi, ce n'est pas devant les tribunaux, mais devant le pouvoir législatif qu'elles doivent porter leurs revendications; — Par ces motifs, — Confirmons la décision de la commission municipale du premier arrondissement de Paris, en date du 31 janv. 1885; — Disons qu'il n'y a lieu d'inscrire le nom de la demoiselle Barberousse sur les listes électorales dudit arrondissement, etc. »

Pourvoi en cassation par Mlle Barberousse. — 1er *Moyen*. Fausse application de lois qui ne sont plus en vigueur, à savoir les constitutions des 3-14 sept. 1791 (tit. 3, sect. 2, art. 1, 2 et 7), du 24 juin 1793 (art. 4), du 5 fruct. an III (art. 8), du 22 frim. an VIII (art. 2).

2e *Moyen*. Violation de l'art. 1er de la constitution des 4-10 nov. 1848, établissant le suffrage universel, base de notre ordre politique actuel, lequel est ainsi conçu : « La

(1-2) Nous nous bornons à renvoyer au rapport très-complet de M. le conseiller Greffier, qui constitue, sur cette question d'actualité politique, sociale et juridique, la meilleure étude publiée jusqu'à ce jour.

souveraineté réside dans l'universalité des citoyens français; aucun individu, aucune fraction du peuple ne peut s'en attribuer l'exercice. »

3e *Moyen*. Violation également du décret organique des 2-21 févr. 1852 (art. 12), ainsi conçu : « Sont électeurs, sans condition de cens, tous les Français âgés de vingt et un ans accomplis, jouissant de leurs droits civils et politiques », et des lois électorales subséquentes, notamment celles des 7 juill. 1874 (art. 5) et du 5 avril 1884 (art. 14, § 3), conçues dans les mêmes termes, lesquelles dispositions doivent évidemment s'expliquer par les termes du décret du Gouvernement provisoire pour l'élection des représentants du peuple à l'Assemblée nationale, du 5 mars 1848 (art. 6), lequel dit : « Sont électeurs tous les Francais... non judiciairement privés ou suspendus de l'exercice des droits civiques. »

M. le conseiller Greffier, chargé du rapport, a présenté les observations suivantes :

« .....Les femmes françaises et majeures de vingt et un ans, résidant depuis plus de six mois dans une commune, jouissant des droits civils dans la mesure que la loi a déterminée, doivent-elles être inscrites sur les listes électorales? Les lois qui exigent du Français la jouissance des droits politiques leur en ferment-elles, au contraire, l'accès?

« La demoiselle Barberousse est âgée de quarante-neuf ans; elle réside, depuis plus de six mois, dans le 1er arrondissement; elle jouit de ses droits civils. Sa demande s'est produite en termes très-simples devant le juge de paix; le droit de la femme à l'électorat, et par conséquence à l'éligibilité, est né le jour où a été proclamé le suffrage universel; c'est, dit-elle dans son mémoire, sur le caractère d'universalité du suffrage électoral que je me fonde pour appuyer ma prétention; il importerait peu que les lois électorales n'eussent pas nommément désigné les Françaises comme appelées à l'exercice du droit électoral; le mot : *les Français*, englobe les deux sexes par brièveté, et suivant l'adage formulé depuis longtemps en latin : *Pronunciatio sermonis in sexu masculino ad utrumque sexum plerumque porrigitur*. La constitution du 4 novembre 1848, le décret sur les élections de la même année, l'instruction du Gouvernement provisoire du 8 mars 1848, ont donné une telle ampleur au mot *suffrage universel*, que l'on ne peut prétendre en exclure les femmes, alors que, par exemple, on en a conféré l'exercice même aux esclaves affranchis.

« Le juge de paix devant lequel cette argumentation a été produite a rejeté la demande d'inscription par un jugement du 13 février. C'est ce jugement que la demoiselle Barberousse défère à votre censure.

« Elle invoque contre le jugement trois moyens qui, en réalité, n'en font qu'un, et ne sont point, dans le mémoire ampliatif, discutés séparément. (V. ces moyens reproduits ci-dessus.)

« La Cour le voit, par cette formule des moyens de cassation (et, au surplus, la demoiselle Barberousse l'affirme à la fin de son mémoire), c'est une question d'interprétation de lois et de textes existants qu'elle prétend soumettre à la Cour; ce n'est point une thèse politique, philosophique ou sociale, que la demanderesse entend soutenir. Elle a compris, sans doute, que ce n'est point à vous qu'il appartient de donner à de telles thèses le caractère légal qui les consacre et les impose. Vous n'êtes ni une assemblée législative, ni une académie des sciences morales et politiques. Assurément, des esprits comme les vôtres ont bien des fois et mûrement réfléchi, en voyant se produire certaines revendications, toujours énergiques et souvent passionnées jusqu'à la violence, à ce grand problème de la condition de la femme dans la société; vous avez des idées arrêtées sur le rôle que les lois divines et humaines ont attribué à la femme dans un monde civilisé; sur les droits que sa nature propre, son caractère et jusqu'à son organisme physique permettent de lui reconnaître et commandent parfois de lui accorder. Ce n'est pas aujourd'hui pour la première fois que la femme se plaint de la part étroite que les lois, œuvres de l'homme, lui ont faite dans les jouissances de la vie sociale et dans la distribution des droits, des fonctions et des pouvoirs civiques et politiques. Plus de quatre siècles avant l'ère chrétienne, les *Harangueuses* d'Aristophane ont fait entendre, sur la scène, les plaintes des femmes d'Athènes contre la suprématie des hommes; elles ont, dans cette comédie, délibéré à la face du public sur l'étendue légitime de leur droit au pouvoir politique; elles se sont même emparées par ruse du rôle des hommes, et, il faut bien le dire, elles en ont fait le plus singulier usage.

« La question était donc née bien longtemps avant les constitutions de 1791 et de 1848. Elle avait, dès lors, comme depuis, fourni ample matière aux études, non-seulement des auteurs dramatiques, mais aussi des philosophes, des historiens, des jurisconsultes et des hommes d'Etat. Mais a-t-elle pris un corps dans la législation par une solution claire et formulée, proclamant pour la femme le droit de pénétrer sur le terrain du droit politique, et de s'y établir, égale de l'homme, un article de loi, ou, si l'on veut, un bulletin de vote à la main? Voilà la seule question qui puisse vous être posée. La demoiselle Barberousse prétend que cette grande évolution s'est faite par la promulgation de la constitution du 4 novembre 1848. L'égalité de l'homme et de la femme n'est pas seulement une théorie sociale; elle a désormais son affirmation dans le texte des lois électorales, et c'est parce que le juge de paix n'a pas voulu l'y voir qu'elle vous demande la cassation de son jugement. Ce n'est pas, suivant elle, et comme l'a dit le juge de paix, au Parlement qu'il fallait s'adresser pour faire reconnaître le droit de la femme, mais bien à la justice. Il s'agit d'une simple interprétation judiciaire de lois existantes. La demanderesse affirme que votre arrêt, favorable ou non, ne laissera pas d'être un pas réel de la civilisation dans la voie même du progrès moral et du bien social. La justice de la Cour suprême, c'est, dit-elle, le chemin pour arriver à la justice réelle elle-même! Ce n'est donc pas un débat de philosophie sociale que soulève le pourvoi; c'est un pur examen, une simple application des lois qu'il demande.

« Voyons comment son argumentation procède dans le mémoire adressé à la Cour. — D'abord, le jugement a violé le principe consacré par les art. 1 et 2 de la constitution du 4 novembre 1848. Le principe, il est ainsi formulé : « La souveraineté réside dans l'universalité des citoyens français; aucun individu, aucune fraction du peuple ne peut s'en attribuer l'exercice. » Puis, cette disposition textuelle qui met la maxime en pratique : « Le suffrage est direct et universel. » La portée de cette déclaration de la constitution est ainsi déterminée par le décret sur les élections du 5 mars 1848 : « Art. 6. Sont électeurs tous les Français non judiciairement privés ou suspendus de l'exercice des droits civiques. » Si le décret du 2 février 1852 et les lois des 7 juillet 1874 et 5 avril 1884 parlent, comme condition de l'électorat, de la jouissance des droits civils et politiques, ils reconnaissent, par référence au décret de 1848, que ceux-là seuls ne jouissent pas de ces droits, qui en ont été exclus ou suspendus par des décisions de justice. Le jugement attaqué a donc méconnu le principe du suffrage universel dans son esprit et dans la lettre des dispositions légales qui l'organisent.

« Le mémoire cite un long passage du rapport qui a précédé la constitution de 1848, et dans lequel on lit « que le suffrage universel, organe souple et fidèle de la volonté du peuple, apporte à la société un nouvel élément d'ordre, et donne au pouvoir la forme toute-puissante qui accompagne son incontestable souveraineté ». La demoiselle Barberousse prétend que, si l'on se rappelle la discussion de la loi sur les lycées de filles, de la loi sur le divorce, et encore les débats soulevés à l'occasion des acquittements de certaines femmes qui se sont faites les vengeresses de l'abandon et du mépris des droits de la femme, les paroles du rapporteur de la constitution de 1848 apparaissent comme des prophéties, et le suffrage universel comme la garantie des droits les plus élémentaires en même temps que du bon ordre social.

« Sortant de ces principes et de ces généralités, dans l'oubli desquels il place la violation des art. 1 et 24 de la constitution de 1848, le pourvoi affirme d'abord que toutes les citations de constitutions et de lois de 1791, 1792 et an VIII, qu'a accumulées le jugement, sont sans intérêt, puisque, notamment, il n'existe plus de garde nationale, et que, enfin, la constitution de 1848 a fait de la capacité politique le droit commun; il faudrait trouver dans les textes, non pas la mention du droit des femmes à l'électorat politique, mais leur exclusion formelle de l'exercice de ce droit. En vain on lit dans les lois de 1852, de 1874 et de 1884, les mots : « Sont électeurs *les Français* », une pareille expression, dans tous les textes de lois, comprend la généralité des habitants de la France, et l'on n'a jamais imaginé de prétendre les restreindre au sexe masculin. Une pareille acception donnée à ces mots serait contraire à toutes les règles d'une saine interprétation grammaticale. En vain encore le jugement attaqué a cité la discussion de la loi du 8 déc. 1883, sur les élections consulaires, et l'ajournement, après prise en considération, d'une proposition du député Georges Roche, tendant à faire participer les femmes commerçantes à l'élection des membres des tribunaux de commerce; la demanderesse affirme que la discussion a été toute favorable aux droits des femmes, et que l'ajournement, qui finalement a prévalu, n'a en rien préjugé le fond du droit. En vain aussi l'on s'efforce d'invoquer contre la femme mariée sa condition de subordination pour les actes de la vie civile; cet état de dépendance purement civile n'implique en aucune façon qu'elle soit, pour l'exercice des droits politiques, soumise à une sujétion incompatible avec la liberté que l'établissement du suffrage universel a inaugurée pour elle en matière électorale. En terminant, la demoiselle Barberousse s'élève contre une sorte de fin de non-recevoir qu'on pourrait être tenté de tirer du long retard apporté par les femmes dans la revendication de leur droit en justice; il n'y a pas de fin de non-recevoir ni de déchéance à faire sortir d'une abstention volontaire ou forcée contre un droit imprescriptible et inaliénable.

« Telle est l'argumentation de la demoiselle Barberousse; nous ne craignons pas d'être accusé de l'avoir affaiblie.

« Etablit-elle la violation des constitutions et des lois citées par le pourvoi? Détruit-elle dans ses parties vives et fortes la décision du juge de paix du Ier arrondissement? C'est ce que vous aurez à décider. Permettez-nous pourtant d'ajouter quelques brèves observations à cette analyse; la question est assurément plus importante qu'elle n'est difficile à résoudre pour des jurisconsultes et pour une Cour de justice comme la vôtre. Il ne faut pas la laisser passer sans un examen approfondi. Elle est importante, puisque, si vous la résolviez dans le sens du pourvoi, vous ouvririez les listes électorales à huit ou neuf millions d'électeurs, qui viendraient constituer un corps électoral véritablement formidable, et d'autant plus ardent qu'il aurait été longtemps mutilé. Cela serait-il bon? Cela serait-il mauvais et dangereux? Nous n'avons pas à le rechercher. Mais la législation offre-t-elle quelque obscurité sur le point qui nous occupe? Avant comme après 1848, les rédacteurs des listes électorales ont-ils oublié les droits d'une partie des électeurs, et fait litière des dispositions de lois électorales applicables à l'universalité des citoyens, sans distinction entre les sexes des électeurs? C'est là ce qu'il faut décider.

« Voici les observations qu'une étude attentive des travaux préparatoires et de la discussion des lois dans les assemblées qui les ont votées nous ont suggérées.

« 1° Le mémoire produit à la Cour ne veut pas qu'on remonte dans l'examen des lois électorales au delà de la constitution de 1848; il demande même la cassation du jugement attaqué, parce qu'il aurait faussement appliqué les constitutions et les lois en vigueur, de 1791 à 1848. La réponse au grief est facile. Le juge de paix n'a pas appliqué ces lois et ces constitutions; il en a interrogé les textes pour en tirer la preuve que c'était aux seuls citoyens actifs du sexe masculin que le droit électoral avait, en droit comme en fait, été reconnu. Et, en vérité, on peut dire que la discussion des lois électorales si nombreuses, qui ont été faites sous chacun des régimes en vigueur pendant ce long espace, ne révèle, à aucun point de vue, la pensée d'appeler les femmes à concourir à l'œuvre politique de l'élection des assemblées législatives, départementales ou municipales.

« 2° A partir de la constitution de 1848, les tendances et les choses ont-elles changé en droit et en fait? Trouve-t-on dans les fameuses instructions des 8 et 12 mars 1848, dans celles qui ont suivi les lois de 1849, 1852, 1874 et 1884, un seul mot d'où l'on puisse induire et même supposer que les femmes devaient être inscrites sur les listes? Aucune de ces instructions, pas même celle de 1849, si voisine par sa date de la constitution de 1848, ne fait la moindre allusion aux droits des femmes. L'application ainsi faite de toutes les lois qui ont pour objet la mise en action du suffrage universel aux seuls Français du sexe masculin, aussi bien dans la métropole que dans les colonies, ne révèle-t-elle pas l'intention du législateur, et ne condamne-t-elle pas manifestement les revendications d'aujourd'hui?

« 3° Les travaux préparatoires de cette législation montrent-ils au moins les membres des assemblées législatives disposés à reconnaître et à sanctionner ces revendications? Indiquent-ils que le vrai sens de leur texte, c'est, avec et par l'universalité du suffrage électoral, l'égalité de l'homme et de la femme devant l'urne du scrutin? Voici d'abord la première loi votée après 1848, celle du 15 mars 1849. Nous en avons relu la discussion avec soin; pas un mot à ce sujet ne s'y rencontre; et, pourtant, on avait déjà fait, sans le concours des femmes, les élections de l'Assemblée constituante, de l'Assemblée législative et du président de la République.

« Passons à 1870. C'était le moment de songer à des revendications politiques et sociales et aux droits des femmes, qui avaient fait, il faut en convenir, leur bonne part de bruit dans les événements terribles de l'époque. L'Assemblée de Bordeaux, celle de Versailles, ont-elles jugé à propos de modifier et d'étendre le régime électoral? Pas un amendement n'a été présenté en faveur des femmes; pas un mot n'a reconnu pour elles un droit antérieurement consacré! Chose remarquable encore! La Commune de 1871 a-t-elle appelé les femmes à élire ses membres? une seule femme a-t-elle siégé comme membre élu dans ses sinistres délibérations?

« Nous voici en 1874. On prépare, on discute, on vote la loi du 7 juill. 1874. Il y a été question du droit des femmes, et ce qui a été dit aboutit en définitive à une négation ou à une facétie d'un goût plus que douteux. M. Jozon, député, en développant une théorie demeurée célèbre sur la nature du suffrage universel, avait dit : « Pour que le suffrage universel soit efficace, il faut que tout Français jouissant de ses droits civils jouisse aussi ou puisse jouir, moyennant certaines conditions à sa portée, de ses droits politiques ». Une voix à droite lui crie : « Et les femmes! » M. Jozon répond : « J'ai dit tout Français; je n'ai pas dit toute Française. Je prends le suffrage universel tel qu'il est entendu dans le pays, et non pas tel qu'on pourrait l'entendre. » Un autre député, M. Othenin d'Haussonville, est loin de croire au dogme du suffrage universel exposé par M. Jozon, et il s'explique ainsi : « Le suffrage universel, a-t-on dit parfois, compense beaucoup d'inconvénients par un immense avantage, c'est qu'il n'y a rien de pire. J'entends par là qu'on ne peut rien demander au delà, excepté le suffrage universel accordé aux femmes, auquel certains de nos collègues arriveront peut-être. » Puis, voilà la facétie à laquelle je faisais allusion; un membre crie à M. d'Haussonville : « Vous seriez sûr d'être nommé! »

« Et c'est tout. Je me trompe. M. d'Haussonville ayant ajouté qu'il avait prononcé les paroles ci-dessus rappportées parce que M. John Stuart Mill ayant fait en Angleterre une campagne en faveur du suffrage des femmes, il avait pu supposer qu'il se rencontrait des adeptes du côté gauche de l'Assemblée, M. Schœlcher s'écria de sa place : « Mais certainement! Il y a déjà en Angleterre des femmes qui sont électeurs. » Un autre député parait se faire l'interprète des sentiments de la majorité de l'Assemblée, en disant : « Pour ce qui est des femmes, sans discuter leur droit, je les écarte sans hésitation, parce qu'il est évident qu'elles ont beaucoup mieux à faire que de se mêler aux luttes des comices, et qu'elles ne sont pas moins intéressées que nous à ce que leur rôle de modération et de paix s'exerce en toute liberté, ce qui ne peut avoir lieu que dans l'intérieur de la famille et abstraction faite de tout droit réglementé. » Probablement ce député se souvenait de ce passage de Rousseau, dans son *Emile* : « Quant aux femmes, les devoirs de leur sexe sont plus aisés à voir qu'à remplir; la première chose qu'elles doivent apprendre est à les aimer, par la considération de leurs avantages; c'est le seul moyen de les leur rendre faciles! Honorez votre état de femme, et, dans quelque rang que le ciel vous place, vous serez toujours une femme de bien. »

« Voilà tout ce que nous apprend la discussion de la loi de 1874. Si l'on a parlé des femmes, c'est pour dire que la loi n'est pas faite pour elles, et qu'elles doivent attendre les nouveaux efforts des adeptes de John Stuart Mill.

« La loi du 5 avril 1884, la seule qui se soit occupée depuis 1874 du régime électoral, énumère dans son article 14, § 3, les conditions essentielles de l'électorat; on y trouve les expressions et le texte littéral des lois antérieures. Pas un mot n'a été dit dans la discussion sur le droit des femmes, pas une voix ne s'est élevée, pas un amendement n'a été produit en leur faveur.

« Il y a pourtant une loi à l'occasion de laquelle on a parlé des femmes, et proposé par un amendement de les admettre comme les hommes sur une liste électorale toute particulière. C'est celle du 8 déc. 1883, sur la nomination des membres des tribunaux de commerce. M. Georges Roche et deux de ses collègues avaient proposé de dire : « Les membres des tribunaux de commerce sont élus par les citoyens commerçants et commerçantes. » Le rapporteur, au nom de la commission, a demandé, sinon le rejet, au moins l'ajournement de cette proposition, afin de ne pas retarder le vote de la loi en discussion. Et, comme pour consoler les auteurs de l'amendement, ses amis politiques, il ajoutait : « Que M. Roche présente à l'instant même ou dans quelques jours une proposition en ce sens, notre collègue trouvera certainement dans la Chambre un écho de ses tendances libérales et généreuses en faveur de l'élection des femmes. » Un écho, c'était bien peu. L'amendement fut retiré, et nous ignorons si M. Roche a saisi la Chambre d'une proposition spéciale. Ce qui est certain, c'est, quoi qu'en dise le pourvoi, qui voit dans les déclarations du rapporteur une reconnaissance positive du droit des femmes, que l'électorat commercial n'a pas plus été conféré à celles-ci par la loi du 8 déc. 1883, que l'électorat politique ne l'avait été par les lois de 1874 et de 1884.

« Enfin, récemment, une pétition de la demoiselle Hubertine Auclerc, demandant que le droit de vote fût accordé aux femmes, ayant été soumise à la commission des pétitions de la Chambre des députés, le rapporteur a proposé de passer à l'ordre du jour, en déclarant seulement qu'on ne pouvait, sans dépasser les bornes de la politesse qui est due à la pétitionnaire, que renvoyer, sans résultat possible, sa pétition à l'examen du Gouvernement et des pouvoirs publics.

« Ne doit-on pas conclure de cet historique de la question que, si quelques espérances ont pu être données aux femmes qui aspirent à la jouissance des droits politiques, elles n'ont encore, quant à présent, que la jouissance des droits civils, et dans la mesure qu'a spécifiée le législateur, et que, pour arriver à l'exercice des droits électoraux, ce n'est point aux juges qu'elles doivent s'adresser, mais aux assemblées législatives, qui ont seules mandat pour résoudre le grave problème soulevé par les revendications de la Ligue pour la protection des femmes, dont mademoiselle Barberousse nous paraît être ici la représentante attitrée et convaincue?

« La Cour dira si le jugement attaqué a violé la loi et méconnu les droits revendiqués par la demanderesse. »

ARRÊT.

LA COUR; — Statuant sur les trois moyens du pourvoi réunis à raison de leur connexité : — Attendu qu'aux termes de l'art. 7, C. civ., l'exercice des droits civils est indépendant de la qualité de citoyen, laquelle confère seule l'exercice des droits politiques et ne s'acquiert que conformément à la loi constitutionnelle; — Attendu que si les femmes jouissent des droits civils dans la mesure déterminée par la loi, suivant qu'elles sont célibataires ou mariées, aucune disposition constitutionnelle ou légale ne leur a conféré la jouissance et par suite l'exercice des droits politiques; — Attendu que la jouissance de ces derniers droits est une condition essentielle de l'inscription sur les listes électorales; — Attendu que la constitution du 4 nov. 1848, en substituant le régime du suffrage universel au régime du suffrage censitaire ou restreint, dont les femmes étaient exclues, n'a point étendu à d'autres qu'aux citoyens du sexe masculin, qui jusqu'alors en étaient seuls investis, le droit d'élire les représentants du pays aux diverses fonctions électives établies par les constitutions ou les lois; que cela résulte manifestement, non-seulement du texte de la constitution de 1848 et des lois des 15 mars 1849, 2 févr. 1852, 7 juill. 1874 et 5 avril 1884, mais plus encore de leur esprit, attesté par les travaux et les discussions qui les ont préparées, et aussi par l'application ininterrompue et jamais contestée qui en a été faite depuis l'institution du suffrage universel, lors de la formation première ou de la révision annuelle des listes électorales; — D'où il suit qu'en déclarant que la demoiselle Louise Barberousse ne devait point être inscrite sur les listes électorales du premier arrondissement, le jugement attaqué, loin de violer les dispositions de la loi invoquées par le pourvoi, en a fait une juste application; — Rejette, etc.

MM. Barbier, 1er prés.; Greffier, rapp.; Charrins, 1er av. gén. (concl. conf.).

CASS.-CIV. 16 mars 1885.

TRIBUNAL DE COMMERCE, JUGE SUPPLÉANT, JUGE TITULAIRE, FONCTIONS, DURÉE, INÉLIGIBILITÉ.

Le juge suppléant d'un tribunal de commerce nommé en août, installé en novembre, n'a pu être élu juge titulaire en décembre de la même année, faute d'une année d'exercice dans la première fonction, deux mois à peine s'étant écoulés depuis son installation (1) (L. 8 déc. 1883, art. 8, § 2).

(Hopquin c. Leparquois.) — ARRÊT.

LA COUR; — Statuant sur le moyen unique du pourvoi, tiré de la violation des art. 8 et 18 de la loi du 8 déc. 1883; — Attendu qu'aux termes de l'art. 8 de la loi précitée, nul ne peut être élu juge s'il n'a été juge suppléant pendant un an; — Attendu que Hopquin, nommé juge au tribunal de commerce de Saint-Lô, aux élections qui ont eu lieu le 21 déc. 1884, ne remplissait les fonctions de juge suppléant que depuis le 5 nov. précédent, date de son installation, à la suite d'élections faites au mois d'août 1884; — Attendu que, quel que soit le caractère exceptionnel ou temporaire de cette dernière élection, elle n'a pas pu avoir pour effet de faire considérer comme accomplie, par le juge suppléant élu, la condition d'une année d'exercice, exigée par l'art. 8 de la loi du 8 déc. 1883, alors qu'il n'avait occupé son siége que deux mois à peine; — D'où suit qu'en annulant l'élection du sieur Hopquin, comme juge au tribunal susdit, l'arrêt attaqué (Caen, 13 janv. 1885), loin de violer les articles de la loi invoqués par le pourvoi, en a fait une juste application; — Rejette, etc.

MM. Barbier, 1er prés.; Greffier, rapp.; Charrins, 1er av. gén. (concl. conf.).

CASS.-CRIM. 20 mars 1885.

FALSIFICATIONS, BOISSONS, MÉLANGE, MISE EN VENTE, INTENTION FRAUDULEUSE, CONSTATATION.

La falsification des boissons constitue un délit distinct et indépendant du délit de vente des boissons falsifiées (2) (LL. 27 mars 1851, art. 1; 5 mai 1855).

Et la seule constatation de la falsification implique suffisamment chez le délinquant une intention frauduleuse (3) (Id.).

Alors surtout qu'aucune circonstance de la cause ne laisse supposer que l'auteur de la falsification ait pu croire qu'en vendant le vin, le marchand révélerait à l'acheteur l'existence de la falsification (dans l'espèce, le mélange par addition d'eau au vin) (4) (Id.).

---

(1) Cette décision doit être approuvée en principe. Quand l'art. 8, § 2, de la loi du 8 déc. 1883, exige, pour être nommé juge, un stage d'*un an* comme juge suppléant, il se sert d'expressions très-claires qui ne semblent comporter aucune ambiguïté. Tout le monde sait ce qu'un an représente comme durée, c'est 365 jours écoulés, ni plus, ni moins. Le législateur, d'ailleurs, a voulu un stage sérieux, et non point fictif. Aussi, pour cette dernière raison, il semble impossible de s'arrêter seulement à la mesure de l'année judiciaire, qui peut comprendre moins de 365 jours révolus.

Mais le temps d'exercice doit-il compter du jour de l'*élection* ou du jour de l'*installation* seulement? Dans l'affaire actuelle, la question restait sans intérêt, puisqu'en prenant même le premier point de départ, le mois d'août, le stage dans la fonction n'aurait encore eu qu'une durée insuffisante, un peu moins de cinq mois au lieu d'un peu moins de deux mois. La situation légale n'était point changée. Mais ce n'était point une raison pour se départir de la manière de compter qui avait été jusqu'ici suivie et pour adopter arbitrairement l'un ou l'autre point de départ. Un pareil procédé déroute; il produit, comme à plaisir, des confusions inévitables qui deviennent pour l'avenir de nouvelles sources de procès.

Ainsi, il est permis de se demander si l'arrêt actuel, avec un nouveau point de départ, a inauguré une jurisprudence nouvelle. La chambre civile de la Cour de cassation, dans deux précédentes décisions des 20 nov. 1882 (S. 83. 1. 261. — P. 83. 1. 627. — D. 83. 1. 193), 2 mai 1883 (S. 85. 1. 21. — P. 85. 1. 32. — D. 83. 1. 193), rendues sous l'empire de l'art. 623, C. com., qui a été maintenu par l'art. 14 de la loi précitée de 1883, a formulé très-nettement ce principe, à notre avis indiscutable : « que la durée des fonctions du juge de commerce *date du jour de l'élection*, et expire à la fin de la période de deux années pour laquelle il a été élu. »

Il nous est impossible d'admettre que, sans s'expliquer autrement, l'arrêt actuel doive être considéré comme contenant abandon de cette doctrine, et qu'à l'avenir le temps d'exercice des fonctions de juges et de juges suppléants des tribunaux de commerce ne commence à compter que du jour de l'installation et non de l'élection. Une innovation de cette importance aurait besoin défaut à l'arrêt par quelques motifs spéciaux qui font absolument d'être défendue ci-dessus rapporté.

(2) Cette distinction résulte du texte même de l'art. 1er de la loi du 27 mars 1851 dont l'application a été étendue aux boissons par la loi du 5 mai 1855. Le délit de falsification est prévu au 1°, le délit de vente ou de mise en vente au 2° dudit article. « Seront punis: — 1° Ceux qui *falsifieront* des substances ou denrées alimentaires ou médicamenteuses destinées à être vendus; — 2° Ceux qui *vendront* ou *mettront en vente* des substances ou denrées alimentaires ou médicamenteuses qu'ils sauront être falsifiées ou corrompues... »

(3-4) La différence de rédaction des deux paragraphes de l'art. 1er de la loi du 27 mars 1851 conduit logiquement à la conséquence qu'en tire la Cour de cassation. Quand il s'agit de falsification, l'intention frauduleuse n'a pas besoin de faire l'objet d'une constatation expresse. Par cela même que les tribunaux proclament la falsification, ils proclament la fraude; l'une ne se conçoit pas sans l'autre; la fraude entre comme élément essentiel dans la falsification; là où il n'y a pas fraude, il n'y a pas falsification. — Au contraire, quand il s'agit de vente ou de mise en vente, la connaissance que le vendeur avait de la falsification n'est pas comprise dans la simple constatation du fait; le vendeur a pu lui-même être le premier trompé; de la meilleure foi du monde, il peut se faire l'instrument inconscient du fabricant de qui il tient sa marchandise, marchandise qu'il est d'autant plus auto-

(Chaudron et Pardon.)

29 avril 1884, jugement du tribunal correctionnel de la Seine (8 ch.), ainsi conçu : — « LE TRIBUNAL : — Attendu qu'il résulte des documents de la cause et des débats qu'en 1883, à Paris, Pardon a falsifié par addition d'eau dans une forte proportion du vin destiné à être vendu, délit prévu et puni par les art. 1er, § 1er, de la loi du 27 mars 1851, et 423, C. pén.; — En ce qui concerne Chaudron : — Attendu qu'il est également établi qu'à la même époque et au même lieu, Chaudron s'est rendu complice du délit commis par Pardon, en donnant à ce dernier les instructions pour le commettre; qu'aux termes des art. 59 et 60, C. pén., il y a lieu de lui faire application de l'art. 423 du même Code; — En ce qui concerne Georges : — Attendu qu'il est en outre établi qu'à ladite époque et audit lieu, Georges a mis en vente ce vin, qu'il savait être ainsi falsifié, délit prévu et puni par les art. 1er, § 1er de la loi du 27 mars 1851 et 423, C. pén.; — Par ces motifs; — Condamne, etc. »

Appel par Pardon et Chaudron; mais, le 6 nov. 1884, arrêt de la Cour de Paris, qui, adoptant les motifs des premiers juges, confirme purement et simplement le jugement du tribunal correctionnel.

Pourvoi en cassation par Chaudron et Pardon. Violation des art. 1er de la loi du 5 mai 1855, 1er, § 1er, de la loi du 27 mars 1851 et 423, C. pén., en ce que l'arrêt attaqué a condamné à tort le demandeur pour délit de falsification. — On prétendait, d'une part, que l'arrêt attaqué ne constatait pas l'existence de l'intention frauduleuse, qui est un élément essentiel du délit; d'autre part, que les demandeurs n'avaient aucune intention de fraude, car ils croyaient qu'en vendant le vin, le vendeur ferait connaître aux acheteurs qu'il était mélangé d'eau.

ARRÊT.

LA COUR : — Sur le premier moyen, tiré de la violation des art. 1er de la loi du 5 mai 1855 et 1er, § 1er de la loi du 27 mars 1851, ainsi que de l'art. 423, C. pén. : — Vu lesdits articles; — Attendu qu'aux termes des lois précitées, la falsification des boissons constitue un délit, indépendamment de la vente desdites boissons, qui constitue un second délit; que l'arrêt attaqué constate que Pardon *a falsifié*, et que ces termes impliquent que la falsification par adjonction d'eau a été faite dans une intention frauduleuse; que la Cour n'a pas dit que Pardon avait cru qu'en vendant ce vin, le vendeur ferait connaître qu'il était mélangé d'eau; — Attendu que tous les éléments du délit de falsification de boissons sont ainsi constatés;

Sur le second moyen (spécial à Chaudron) : ... (sans intérêt); — Rejette le pourvoi formé contre l'arrêt de la Cour de Paris, du 6 nov. 1884, etc.

MM. Ronjat, prés.; Auger, rapp.; Rousselier, av. gén.; Roger-Marvaise, av.

CASS.-CIV. 30 mars 1885.

LIBERTÉ DU COMMERCE ET DE L'INDUSTRIE, INTERDICTION, FONDS DE COMMERCE, ASSOCIÉ, CESSION, VALIDITÉ.

La renonciation à l'exercice d'un commerce ou d'une industrie, lorsqu'elle est générale et absolue, c'est-à-dire illimitée à la fois quant au temps et quant aux lieux, est nulle, comme ayant un objet illicite (1) (C. civ., 6, 1131, 1133). — Motifs.

Mais la renonciation est valable lorsque, perpétuelle quant au temps, elle est restreinte à un lieu déterminé, ou encore lorsque, s'étendant à tous les lieux, elle est renfermée dans un certain laps de temps (2) (C. civ., 1134).

Spécialement, *l'associé qui cède à son coassocié sa part dans la société et qui renonce à faire le même commerce que celui de la société dissoute, ne se soumet point par là à une interdiction générale et absolue, et il est facile de prévoir tels événements qui pourront mettre fin à l'interdiction et rendre au cédant sa pleine liberté : par exemple, la cessation de commerce du cessionnaire, ou toutes autres circonstances par suite desquelles l'exercice d'une industrie semblable à l'industrie cédée ne pourra plus faire concurrence au cessionnaire; une telle interdiction, quoique illimitée quant au lieu, se trouve donc limitée quant au temps* (3) (Id.).

(Lippens c. Perrot.) — ARRÊT.

LA COUR : — Sur le moyen unique; — Attendu, en droit, que, si toute personne est libre de faire tel négoce ou d'exercer telle industrie que bon lui semble, cette liberté peut cependant être restreinte par des conventions particulières, pourvu qu'elles n'entraînent pas une interdiction générale et absolue, c'est-à-dire illimitée à la fois quant au temps et quant aux lieux; qu'un tel engagement serait nul comme ayant un objet illicite; — Mais attendu que la renonciation à l'exercice d'un certain commerce et d'une certaine industrie n'a rien de contraire à la loi lorsque, librement consentie, elle est perpétuelle, mais restreinte à un lieu déterminé, comme aussi lorsque, s'étendant à tous les lieux, elle est renfermée dans un certain laps de temps; — Attendu, en fait, que, de l'interprétation souveraine que l'arrêt attaqué a donnée de la convention intervenue entre Lippens et Perrot, au moment où le premier a cédé au second, moyennant 2,500 fr., sa part dans la société existant entre eux, ce qui comprenait la clientèle et l'achalandage, il résulte que, si Lippens a renoncé à se livrer au commerce

---

risé à croire de bonne qualité qu'il y a mis le prix, qu'elle lui a été livrée comme telle, loyale et commerciale. Or, le délit ne va pas sans intention frauduleuse, et comme le simple fait de vente ou de mise en vente n'implique pas cette intention, il faut, de toute nécessité, qu'elle se dégage clairement des faits, qu'elle soit relevée par des considérants qui la visent spécialement.

Dans l'affaire actuelle, toute l'excuse de l'auteur de la falsification consistait à dire qu'il croyait que l'intermédiaire-marchand, en vendant le vin au public, lui ferait connaître la nature du mélange et ne lui livrerait pas le liquide comme du vin pur. Mais il n'y avait là qu'une allégation qui n'était justifiée par aucune circonstance de la cause. Les faits, au contraire, tels qu'ils étaient reconnus et prouvés, démontraient le concert frauduleux entre le falsificateur et le vendeur. Le vendeur était impliqué dans la même poursuite, il était condamné; il ne formait point de pourvoi en cassation. La fraude était bien certaine; il n'y avait point lieu de la constater, au regard du falsificateur, autrement que par la reconnaissance de la falsification.

Terminons par une remarque. La falsification, dans l'espèce de l'arrêt ci-dessus rapporté, résultait d'addition d'eau au vin. Ce mélange a déjà motivé des condamnations judiciaires par application de l'art. 1er de la loi du 27 mars 1851 et de celle du 5 mai 1855. — V. notamment Cass., 12 juill. 1855 (Pand. chr.), et la note.

(1) Principe constant. V. Cass., 1er juill. 1867 (S. 67. 1. 390. — P. 67. 1075. — D. 68. 1. 21); 25 mai 1869 (S. 69. 1. 307. — P. 69. 768); Paris, 23 juin 1882 (S. 83. 2. 13. — P. 83. 1. 98); Toulouse, 22 août 1882 (S. 83. 2. 64. — P. 83. 1. 349). V. aussi Cass., 9 janv. 1884 (Pand. chr.), et la note.

(2) V. en ce sens, Cass., 1er juill. 1867; Toulouse, 22 août 1882, précités. *Adde*, Cass., 31 mars 1884 (S. 84. 1. 232. — P. 84. 1. 553. — D. 84. 1. 366); 28 avril 1884 (Pand. chr.), et les renvois.

(3) V. anal., Cass., 9 janv. 1884, précité. — Au surplus, la question de savoir si l'obligation de garantie, à laquelle le vendeur d'un fonds de commerce est tenu vis-à-vis de son acheteur, comporte l'interdiction pour le premier d'ouvrir un établissement similaire dans le voisinage du fonds vendu, a été longtemps controversée. La jurisprudence, dans son dernier état, se prononce dans le sens de la prohibition, mais avec certains tempéraments. V. notre *Dictionnaire de dr. comm., ind. et marit.*, t. IV, vº *Fonds de commerce*, n. 44 et suiv.

de la confection pour hommes et enfants, qui faisait l'objet de la société dissoute, l'effet de cette renonciation prendra fin si Perrot cesse le commerce dont il s'agit, ou s'il se produit tout autre événement par suite duquel l'exercice d'une industrie semblable à l'industrie cédée ne pourra plus faire concurrence au cessionnaire; qu'en décidant que l'interdiction ainsi consentie, illimitée quant aux lieux, mais limitée quant au temps, n'était pas absolue, qu'elle était licite et n'excédait pas la mesure de la garantie due par le vendeur à l'acheteur, l'arrêt attaqué (Amiens, 14 avril 1883), n'a fait qu'une exacte application de la loi; — Rejette, etc.

MM. Barbier, 1er prés.; Monod, rapp.; Charrins, 1er av. gén. (concl. conf.); Lecointe et Morillot, av.

CASS.-CIV. 13 avril 1885.

CHEMIN DE FER, SAISIE-ARRÊT, EXPÉDITION, PORT DU, REMBOURSEMENT, EXPÉDITEUR, RESTITUTION (REFUS DE), DESTINATAIRE, LIVRAISON, FAUTE, DOMMAGES-INTÉRÊTS, GARANTIE, CRÉANCIER.

La saisie-arrêt pratiquée entre les mains d'une Compagnie de chemins de fer, par un créancier du destinataire, est essentiellement nulle, quand elle porte sur des marchandises expédiées en port dû et contre remboursement; *la propriété des marchandises, en pareil cas, n'étant transmise au destinataire que par le payement du prix des objets et du transport* (1) (C. proc., 557).

Par suite, la Compagnie qui n'a pas à tenir compte d'une telle saisie-arrêt, est en faute si elle invoque ce prétexte pour ne pas exécuter son mandat, en refusant soit de livrer les marchandises au destinataire, soit de les restituer à l'expéditeur (2) (C. civ., 1991 et suiv.).

Par suite encore, si les marchandises laissées en souffrance dans des entrepôts, grevées indûment de droits de magasinage, sont finalement refusées par le destinataire, la Compagnie en doit indemniser l'expéditeur (3) (Id.).

Et cette indemnité peut être compensée par l'exonération des frais de transport d'aller et retour et des frais de magasinage (4) (Id.).

Le destinataire ne peut être rendu responsable des conséquences d'une saisie-arrêt illégalement pratiquée sur des marchandises dont la propriété ne lui a pas été transférée, et doit être mis hors de cause en cas d'appel en garantie par la Compagnie.

Mais le créancier du destinataire, auteur de la saisie illégale, est, lui, tenu de garantir la Compagnie des condamnations qui n'ont été que la conséquence de l'exécution d'ordres par lui donnés (5) (C. civ., 1382).

(1 à 5) Cet arrêt a une grande importance d'application pratique. Le mouvement des transports par chemins de fer est devenu considérable. A chaque instant, des saisies-arrêts sont pratiquées entre les mains des Compagnies soit par les créanciers des expéditeurs, soit par les créanciers des destinataires. Il y a donc intérêt capital à ce que le sort de ces saisies soit réglé de manière à donner à tous les intéressés des directions sûres, à leur tracer une ligne de conduite qu'ils puissent suivre sans s'exposer à des mécomptes préjudiciables. Les Compagnies de chemin de fer surtout par leur immense trafic verraient leur responsabilité gravement engagée, si elles ne pouvaient se rendre un compte très-exact de la limite de leurs obligations, de ce qu'elles doivent exécuter ou ne pas exécuter. Les marchandises par leur nature périssable ne permettent point de longues hésitations, des réflexions suivies et reprises, il faut décider vite, trancher dans la difficulté. D'un autre côté, les retards entraîneraient des encombrements, des désordres de service, quantité d'erreurs qui en seraient la conséquence inévitable. Nous sommes à une époque de développement industriel où la rapidité dans les transports entre comme l'un des plus importants facteurs de la concurrence commerciale. Les grands courants d'autrefois, fixes dans leur assiette pendant des siècles, tendent à se déplacer et à se porter au plus court, au plus vite, là où se rencontrent les moindres entraves.

L'arrêt ci-dessus complète, en précisant avec plus de netteté encore, un précédent arrêt du 26 avril 1882 (V. Pand. chr., et nos observations en note). Voici les situations telles que les définissent ces deux importants documents judiciaires :

En principe, les Compagnies ne peuvent se faire juges des questions de propriété des marchandises, ni du mérite des saisies-arrêts pratiquées entre leurs mains. V. Cass., 19 juill. 1882 (Pand. chr.), et la note. C'est là une règle à peu près absolue qui doit recevoir son application toutes les fois que l'attribution de la propriété des colis ne résulte pas des conventions des parties, de la nature même des engagements pris par les Compagnies. Dans les transports ordinaires, accompagnés d'aucune mission spéciale déterminée à l'avance, les Compagnies reçoivent la marchandise; elles connaissent bien l'expéditeur, elles connaissent également le destinataire, mais c'est tout, elles ne savent rien de plus; elles ignorent quelles sont les situations respectives des deux parties en présence. Ces deux qualités ne prouvent pas la propriété. Aucune présomption même n'en peut être tirée. L'expéditeur peut n'être que le mandataire du destinataire, chargé par ce dernier de l'exécution de l'envoi.

Quand, au contraire, l'expédition des marchandises a lieu, comme dans l'espèce actuelle, *en port dû et contre remboursement*, une chose, entre toutes, reste certaine, c'est que le destinataire n'est pas propriétaire des objets transportés. Cette propriété, il ne l'acquerra qu'à une condition : de payer le prix de la facture et du transport. Pas de prix, pas de livraison. Donnant, donnant; l'argent contre la marchandise.

La Compagnie ne connaît que sa consigne, elle ne l'a point reçue du destinataire, mais de l'expéditeur. Le bulletin d'expédition suffit au besoin à la renseigner. La Compagnie a pris l'engagement de ne livrer que contre espèces sonnantes; elle doit, comme tout mandataire, remplir ses obligations (C. civ., 1991 et suiv.). Contre remboursement, elle est tenue d'effectuer la livraison. Sans remboursement, elle doit retenir la marchandise, mais pour la mettre à la disposition de l'expéditeur. Le destinataire n'a aucun droit sur la marchandise; elle lui reste complètement étrangère.

Quant aux créanciers du destinataire, ils ne sauraient avoir plus de droits que leur débiteur (C. civ., 1166). La saisie dont ils frappent l'expédition est une saisie sur des objets qui appartiennent à une tierce personne qui n'a pris à leur égard aucun engagement et qui n'était liée à leur débiteur que par une offre qui n'a pas reçu d'exécution. On ne peut pas saisir la chose d'autrui, qui n'est pas encore celle de son débiteur. A vouloir opérer ainsi, on opère irrégulièrement, contrairement à toutes les règles du droit et du bon sens; on exerce une poursuite radicalement nulle. Bien plus, comme un tel acte peut être gros de conséquences, qu'il peut porter sur des marchandises susceptibles de déperdition rapide, on s'expose à des condamnations pécuniaires, en réparation du préjudice.

Voilà une situation simple, dépourvue de toutes complications, que la Compagnie est en mesure de juger du premier coup et qui ne demande pas la mise en œuvre de moyens de fait ou de droit d'un examen délicat. « Vous saisissez en mes mains des marchandises comme appartenant à M. X..., votre débiteur, peut-elle répondre aux créanciers du destinataire, vous vous êtes trompés, M. X... n'a pas rempli les conditions auxquelles étaient subordonnées la cession et la livraison. Je retourne les marchandises à l'expéditeur; je ne connais pas M. X...; je n'ai rien reçu de lui... et ne lui dois rien. »

Ainsi donc, pas d'hésitation. Malgré la saisie, les marchandises doivent être tenues à la disposition de l'expéditeur.

Mais la Compagnie pourrait-elle sans avoir égard aux oppositions, passer outre et opérer la livraison aux mains du destinataire? C'est la question véritablement délicate à résoudre.

L'arrêt ci-dessus se prononce pour l'affirmative, mais comme en passant, sans s'y arrêter, sans donner un motif spécial de décision. A notre avis, la solution est à l'abri de critique. Essayons de la justifier.

La saisie opérée par le créancier du destinataire avant le payement du prix est radicalement nulle, parce qu'elle porte sur des objets qui n'appartiennent pas encore au saisi. Comment un acte vicié d'une nullité radicale pourrait-il produire un effet juridique quelconque? Il est comme s'il n'était pas; il ne compte pas. Ensuite la livraison et le payement du prix s'effectuant en même temps, il est difficile de déterminer un rang de priorité entre ces deux opérations. Si le payement avait lieu avant la livraison, on pourrait dire que, pendant un instant de raison, la marchandise a été détenue par la Compagnie pour le compte du destinataire et soutenir qu'à la grande rigueur elle a pu être arrêtée par la saisie. Mais, en réalité, dans la vie commerciale en action, cette division est chimérique. Il est bien clair d'ailleurs que le destinataire à qui la marchandise ne serait point livrée n'irait point en payer le prix; il ne ferait point à ses créanciers un avantage qui est d'ordinaire bien loin de ses préoccupations. On peut même, sans calomnier les intentions, être convaincu que c'est le souci contraire qui l'anime. Il payera, si la Compagnie lui délivre la marchandise; il ne payera pas autrement. Alors quel préju-

(Chemin de fer de l'État c. Clément, Gendrand et Faure.)

LA COUR : — Sur le moyen unique du pourvoi en tant qu'il s'applique à Clément : — Attendu que la marchandise confiée par Clément à l'Administration des chemins de fer de l'État était expédiée *en port dû et contre remboursement;* que la propriété ne devait, par conséquent, en être transmise au destinataire que par le payement du prix de la chose et du transport; que la saisie-arrêt pratiquée à l'encontre de la dame Gendrand sur cette marchandise, alors qu'elle n'avait pas cessé d'appartenir à l'expéditeur, était essentiellement nulle;

Attendu que l'Administration soutenait, ainsi que ses conclusions insérées aux qualités du jugement en font foi, que, « si elle avait refusé de livrer la marchandise au destinataire, c'est parce qu'elle n'avait pas cru pouvoir se faire juge des mérites de l'opposition »; — Mais attendu que, cette opposition étant évidemment sans valeur, le transporteur n'avait pas à en tenir compte, et qu'il ne pouvait se dispenser d'exécuter son mandat, en remettant les colis au destinataire ou à l'expéditeur; qu'en les laissant en souffrance dans ses magasins, et en exigeant à tort des droits de magasinage qui ont motivé, en dernier lieu, le refus de livraison opposé par la dame Gendrand, il a causé à l'expéditeur un dommage dont il lui devait réparation; — D'où il suit qu'en exonérant ce dernier des frais de transport, aller et retour, et des frais de magasinage, le jugement attaqué n'a violé aucun des articles visés au pourvoi.

En ce qui touche la dame Gendrand, appelée en garantie : — Attendu qu'on ne saurait la rendre responsable des conséquences d'une saisie-arrêt, illégalement pratiquée sur des marchandises dont la propriété ne lui avait pas été transférée; que c'est donc à bon droit qu'elle a été mise hors de cause; — Rejette le pourvoi, en tant que dirigé contre Clément et la dame Gendrand;

Mais en ce qui concerne Faure : — Vu l'art. 1382, C. civ.; — Attendu que l'Administration des chemins de fer de l'État, en gardant et en emmagasinant les marchandises dont il s'agit au procès, n'a fait qu'obéir aux injonctions de Faure, qui les avait saisies-arrêtées entres ses mains; que celui-ci est donc tenu de la garantir des condamnations motivées par l'exécution donnée à ses ordres; qu'en le mettant hors de cause, malgré les conclusions subsidiaires prises contre lui à cet effet, le jugement attaqué a formellement violé l'art. 1382, C. civ., ci-dessus visé; — Casse et annule, mais seulement en ce qui touche la garantie réclamée contre Faure par la Direction des chemins de fer de l'Etat, etc.

MM. Barbier, 1er prés.; Guérin, rapp.; Desjardins, av. gén. (concl. conf.); Mayer, av.

CASS.-CIV. 20 avril 1885.

LÉGITIMATION, MARIAGE, NULLITÉ (ACTION EN), INTÉRÊT (DÉFAUT D'), FIN DE NON-RECEVOIR, QUALITÉ POUR AGIR, TITRE NOBILIAIRE, COLLATÉRAUX.

L'action en nullité de la légitimation ne se confond pas avec l'action en nullité du mariage, et n'engage pas les mêmes considérations d'ordre public (1) (C. civ., 331 et suiv.).

Par suite, une telle action ne peut être écartée par la seule fin de non-recevoir tirée des art. 184 et 187 et fondée sur le défaut d'intérêt pécuniaire né et actuel des collatéraux demandeurs (2) (C. civ., 184, 187, 339).

Et il suffit que les collatéraux représentent la famille légitime, pour qu'ils aient intérêt à ce que l'enfant naturel ne puisse prendre la qualité de fils légitime du défunt, ni s'approprier un titre nobiliaire attaché à cette qualité (3) (C. civ., 331, 339).

Peu importe que l'enfant légitimé n'ait point encore fait usage du titre nobiliaire, ni même manifesté aucune intention à cet égard (Id.).

(De Cholier de Cibeins c. Cholier de Cibeins.) — ARRÊT.

LA COUR : — Sur la fin de non-recevoir opposée au pourvoi, et tirée d'un défaut absolu d'intérêt des demandeurs ;

---

dice la livraison opérée cause-t-elle aux créanciers? Aucun. La Compagnie de chemin de fer doit donc, malgré la saisie, livrer au destinataire l'expédition contre remboursement de la facture et du prix du transport. Cette solution est juridique; elle est pratique, commandée par les nécessités du commerce qui s'accommode mal d'entraves inutiles, sans profit pour personne.

(1-2-3) Les deux actions sont distinctes, distinctes aussi sont les conditions juridiques de leur exercice.

Quand il s'agit de la *nullité du mariage,* les collatéraux des époux, dans les cas où ils sont autorisés par la loi à faire prononcer cette nullité (C. civ., 184), ne sont recevables en leur action qu'autant qu'ils justifient d'un intérêt *pécuniaire, né et actuel;* un simple intérêt *moral,* fût-il même fondé sur la dignité de la famille et l'honneur du nom, ne fournirait pas à la recevabilité de leur demande la base juridique exigée par la jurisprudence. V. Lyon, 22 juill. 1846 (S. 47. 2. 49. — P. 47. 1. 291).

Au contraire, quand la *nullité de la reconnaissance* ou *de la légitimation* est seule en cause, que le mariage reste en dehors de tout débat, les fins de non-recevoir des art. 184 et 187, dictées par des considérations d'ordre public, ne trouvent plus leur application. En pareil cas, un simple *intérêt moral* suffit à justifier l'action des collatéraux; elle ne doit point nécessairement avoir pour base une question *d'argent* actuellement pendante. V. Cass., 17 mai 1870 (S. 70. 1. 385. — P. 70. 1007. — D. 70. 1. 241); Nîmes, 30 avril 1879 (S. 79. 2. 185. — P. 79. 823. — D. 79. 2. 133).

Dans l'affaire qui nous occupe, ce second point de vue était seul exact. Un premier mariage avait été célébré en Angleterre devant un prêtre catholique, mariage purement religieux, mais reconnu en cette forme par la loi du pays. Lors de ce mariage, il n'avait été nullement question de l'enfant naturel né de relations antérieures, non plus que d'une reconnaissance quelconque. Y avait-il eu omission volontaire, oubli, ignorance de la loi, il n'importe. Le point utile à retenir est que, quelques années plus tard, les mêmes conjoints faisaient procéder en France à une nouvelle célébration de leur mariage par un officier de l'état civil français. Cette fois, l'acte, constatant l'union des époux, portait une reconnaissance en règle, et il semble même que les formalités recommencées n'aient eu d'autre but que d'atteindre ce résultat, resté en dehors du premier mariage. Que prétendaient les collatéraux? Poursuivaient-ils l'annulation du mariage, visant le mariage lui-même, directement et principalement, de manière à en faire tomber tous les effets? Point du tout. L'état d'union, ils l'acceptaient et si bien qu'ils s'arrêtaient à la première célébration accomplie en Angleterre et dans les formes de la loi étrangère; ils s'en contentaient pleinement, déclarant n'avoir rien à y reprendre. Pour eux, dès ce jour-là, les époux avaient été bien et dûment mariés, et cette situation légale ne pouvait leur être contestée. C'était même toute la base de leur argumentation. Le premier mariage tenant debout, le second devenait une superfétation, une vaine formalité; il tombait de soi. On ne peut recommencer que ce qui a été mal fait, et en pareille matière ce qui a été mal fait n'a point été fait du tout; mais il n'est pas permis de greffer acte de l'état civil sur acte de l'état civil, mariage sur mariage. Avec un tel système, il ne manquerait pas de se produire des désordres, des perturbations dans l'état des personnes. Demander l'annulation de la célébration renouvelée en France n'était donc point demander l'annulation du mariage, puisque le lien conjugal n'en devait éprouver aucun relâchement, qu'il restait aussi solidement resserré après qu'avant; il n'en pouvait résulter que la suppression d'un acte sans valeur, sans efficacité, sans nécessité. L'acte annulé, la reconnaissance qu'il contenait était également anéantie, elle ne pouvait valoir qu'avec lui; lui disparaissant, elle subissait le même sort. Postérieure au mariage célébré à l'étranger, elle n'avait pu entraîner la légitimation. Les conditions imposées par la loi n'avaient point été remplies.

Ainsi, c'était bien la reconnaissance ou la légitimation qui était principalement visée, uniquement visée. Seule elle était atteinte, le mariage n'en éprouvait aucun contre-coup. Les principes consacrés par la jurisprudence, pour le cas d'une demande en nullité *de reconnaissance d'enfant* ou *de légitimation,* étaient donc applicables à l'exclusion des principes en matière de nullité *de mariage.*

— Attendu que les demandeurs, frères et sœurs du défunt, Pierre de Cholier, comte de Cibeins, et représentants de sa famille légitime, ont un intérêt incontestable à ce que le mineur Albéric, bien que portant le nom de Cibeins, ne puisse prendre la qualité de fils légitime de leur frère; qu'ils ont aussi intérêt à ce qu'il ne puisse prendre le titre de comte de Cibeins, que les lettres patentes de 1721 n'accordent qu'à la descendance légitime de Cholier; — Attendu que cet intérêt existe actuellement, sans qu'il soit nécessaire d'établir que le mineur a déjà fait usage du titre de comte, l'intention de prendre ce titre étant suffisamment manifestée par la prétention du mineur à la qualité d'enfant légitime, à laquelle le titre de comte est attaché; — Rejette la fin de non-recevoir;

Et sur le premier moyen : — Vu les art. 184, 187, 331, C. civ.; — Attendu que les consorts de Cibeins demandent la nullité de la légitimation du mineur Albéric-Pierre-Eugène de Cibeins, en se fondant sur ce que la reconnaissance qui a été faite de cet enfant par Pierre de Cholier de Cibeins et par Aimée-Valentine Privé est postérieure au mariage de ces derniers; — Attendu que cette action n'est point une action en nullité du mariage desdits époux; qu'elle ne dénie point leur état de mariage; que, si elle tend à faire déclarer que la célébration de mariage à laquelle lesdits mariés de Cibeins ont fait procéder à Presles en 1873 a été inefficace à opérer la légitimation du mineur Albéric, c'est en s'appuyant sur l'existence d'un mariage contracté par eux en Angleterre en 1871, et en soutenant que la célébration de 1873 a eu pour but unique de faire fraude à la loi, qui rendait desormais impossible la légitimation du mineur Albéric; — Attendu que l'objet véritable de cette action est la nullité de la légitimation dudit mineur; que, s'il est vrai de dire que la validité de la légitimation d'un enfant est liée à celle du mariage de ses père et mère, elle en est cependant distincte, la validité de la légitimation dépendant tout à la fois de la reconnaissance de l'enfant, du mariage de ses père et mère, et de la date respective de ces deux actes; que le mariage et la reconnaissance peuvent être valables sans que la légitimation en résulte; que l'action en nullité de la légitimation n'engage pas les mêmes intérêts et n'est pas régie par les mêmes considérations d'ordre public que l'action en nullité du mariage; qu'elle ne se confond pas nécessairement avec cette dernière; — Attendu, dès lors, que les fins de non-recevoir tirées des art. 184 et 187, C. civ., ont été à tort déclarées opposables à l'action des demandeurs, et qu'il a été ainsi fait une fausse application desdits articles; — Sans qu'il y ait lieu à examiner les autres moyens; — Casse l'arrêt de la Cour de Paris, du 25 juin 1883, etc.

MM. Barbier, 1er prés.; Onofrio, rapp.; Charrins, 1er av. gén. (concl. conf.); Dancongnée et Gosset, av.

CASS.-CIV. 22 avril 1885.

CHEMINS DE FER, TARIFS, RESPONSABILITÉ (CLAUSE DE NON-), AVARIES, DÉCHETS DE ROUTE, PREUVE, SÉCHERESSE, TRANSPORT, RÉSEAUX DIFFÉRENTS, RÉSEAU UNIQUE, PARCOURS (ABRÉVIATION DU).

Le choix par l'expéditeur d'un tarif spécial à prix réduits contenant décharge de garantie au profit de la Compagnie, ne rend plus cette dernière responsable des avaries et déchets de route qu'autant qu'il est établi qu'ils proviennent d'une faute imputable à elle ou à ses agents (1) (C. civ., 6, 1134; C. com., 103).

De ce que les Compagnies de chemins de fer ne sont point tenues de donner à la marchandise transportée des soins exceptionnels, non prévus par les tarifs (2), *il résulte qu'elles ne peuvent encourir aucune responsabilité à raison de déchets de route occasionnés par le manque de serre ou de pression des cercles sous l'action de la chaleur et de la sécheresse* (3) (Id.).

Les Compagnies de chemins de fer, pas plus que tous autres mandataires ou commissionnaires, ne sont obligées de se substituer un tiers pour l'accomplissement du mandat qu'elles peuvent remplir elles-mêmes, à moins que la condition ne leur en soit imposée par le contrat (4). — *Par suite, l'expéditeur qui entend obliger une Compagnie à se dessaisir de la marchandise qu'elle aurait pu conduire à destination sans quitter son propre réseau, est tenu de l'exprimer formellement dans sa déclaration d'expédition* (5) (C. civ., 1494; C. comm., 101).

Spécialement, *une expédition de marchandises de Laon à Troyes, avec la simple mention « Viâ Laon », pouvant être effectuée pour le parcours tout entier sur le réseau de la Compagnie de l'Est, n'implique pas, pour cette Compagnie, l'obligation de remettre à un point du trajet (à la gare de Coolus) les marchandises, au chemin de fer de l'État, malgré l'abréviation du parcours* (6) (Id.).

(Chem. de fer de l'Est c. Viard et Milau.) — ARRÊT.

LA COUR; — Sur le premier moyen du pourvoi : — Vu les tarifs généraux de la Comp. des chemins de fer de l'Est et l'art. 1134, C. civ.; — Attendu qu'il est constaté par le jugement attaqué que les fûts d'eau-de-vie confiés par Dècle et Cie à la Comp. du chemin de fer du Nord, pour être expédiés à Viard et Milau, en gare à Troyes, ont été remis à la Comp. des chemins de fer de l'Est, et transportés aux conditions des tarifs spéciaux les plus réduits de la 3e série, qui déclarent la Comp. transporteur affranchie de responsabilité; qu'il en résulte que ladite Comp. ne pouvait être responsable des avaries et déchets de route qu'autant que les expéditeurs ou les destinataires établiraient qu'ils provenaient d'une faute imputable à elle ou à ses agents; — Attendu qu'il est également déclaré par le jugement attaqué que la perte de 157 kilos, eau-de-vie, constatée à l'arrivée des six fûts à Troyes, était due au manque de serre ou de pression des cercles, occasionné par la sécheresse; — Attendu que ce fait, qui en soi ne révèle aucune faute imputable à la Comp., mais seulement une conséquence de la température, et, dans tous les cas, une insuffisance de force dans la pression des cercles contre les douves des tonneaux, ne peut engager la responsabilité de la Comp. demanderesse, alors qu'il n'est établi ni même prétendu que des dispositions expresses du tarif appliqué lui imposaient l'obligation de prendre des mesures exceptionnelles pour parer, en cours de route, à une avarie de cette nature; que, par conséquent, en condamnant la Comp. des chemins de fer de l'Est à payer à Viard et Milau la somme de 190 francs, pour prix du liquide perdu, le jugement attaqué a violé les dispositions de la loi et du tarif susvisés;

---

(1) V. conf., sur le principe, Cass. 9 mai 1883 (Pand. chr.); 26 août 1884 (Pand. chr.); 9 et 29 mars (trois arrêts) 1886 (Pand. per., 86. 1. 126), et les nombreux arrêts rappelés dans les notes.

(2) La solution ne fait pas difficulté. V. Cass., 17 mai 1882, Chem. de fer de Lyon c. Fage (Pand. chr.), et la note.

(3) V. anal., Cass., 20 févr. 1878 (S. 78. 1. 324. — P. 78. 796. — D. 79. 1. 171), 4 févr. 1885 (Pand. chr.), et la note. — Même solution au cas inverse où les avaries seraient causées par la gelée et le froid. V. Cass. 17 mai 1882, précité; 9 avril 1883 (Pand. chr.), et les renvois.

(4-5-6) V. dans le même sens, Cass. 20 mai 1885 (Pand. chr.); 4 août 1885 (Pand. chr.). V. aussi Cass. 3 févr. 1885 (Pand. chr.), et les notes.

Sur le deuxième moyen : — Vu les art. 101, C. comm., et 1994, C. civ. ; — Attendu qu'il est établi en fait par le jugement attaqué que les six fûts, troix-six, expédiés en destination de Troyes à Viard et Milau par Décle et Cie ont été remis, par ces derniers, à la Compagnie du chemin de fer du Nord, avec cette seule mention « *Viâ* Laon », portée sur le bulletin d'expédition et sur la lettre de voiture; que, conformément à cette indication, la Compagnie du chemin de fer du Nord a remis les colis à la Compagnie de l'Est, en sa gare de Laon, et que cette Compagnie les a transportés, sans quitter son réseau, jusqu'au lieu de destination; — Attendu que dans ces faits Viard et Milau prétendent rencontrer une faute de la Compagnie de l'Est, laquelle aurait pu, en confiant les colis au chemin de fer de l'Etat à la gare de Coolus, abréger le parcours de 8 kilomètres; — Attendu, en droit, que la Compagnie chargée du transport n'est, pas plus que tout autre mandataire ou commissionnaire, tenue de se substituer un tiers pour l'accomplissement du mandat qu'elle peut remplir elle-même, à moins que la condition ne lui en ait été imposée par le contrat; que, par conséquent, l'expéditeur qui entend obliger une Compagnie à se dessaisir de la marchandise qu'elle aurait pu conduire à destination sans quitter son propre réseau, est tenu de le déclarer en termes exprès; — Attendu que de la mention « *Viâ* Laon », portée sur le bulletin d'expédition, ne résultait pas pour la Compagnie des chemins de fer de l'Est l'obligation de remettre à la gare de Coolus la marchandise au chemin de fer de l'État, puisqu'elle pouvait, sans quitter son propre réseau, la transporter de Laon à Troyes, lieu de destination; — D'où il suit qu'en jugeant le contraire, et en condamnant la Compagnie des chemins de fer de l'Est à restituer à Viard et Milau la somme de 14 fr. 15 c. pour excédant de parcours, le jugement attaqué a violé les dispositions de la loi ci-dessus visées; — Casse le jugement du tribunal de commerce de Troyes, en date du 26 déc. 1881, etc.

MM. Barbier, 1er prés.; Michaux-Bellaire, rapp.; Charrins, 1er av. gén. (concl. conf.); Devin et Carteron, av.

CASS.-CIV. 22 avril 1885.

AGENTS DE CHANGE, EFFETS PUBLICS, NÉGOCIATIONS, COULISSIERS, NULLITÉ, ORDRE PUBLIC, SANCTION, REFUS D'ACTION, AVANCES, REMBOURSEMENT, MANDANT, ACTION EN RÉPÉTITION, RÈGLEMENT.

Sont nulles les négociations de titres cotés à la Bourse, opérées sans le ministère d'un agent de change (1) (Arrêt du Cons., 24 sept. 1724, art. 18; L. 28 vent. an IX, art. 7 et 8; Arr. 27 prair. an X, art. 4 et 7; C. comm., 76).

Et le refus d'action qui sert de sanction à cette nullité, s'applique à l'intermédiaire sans qualité, comme au client qui a provoqué ou accepté l'intervention de celui-ci (2) (Id.).

Ainsi, d'une part, l'intermédiaire sans qualité ne peut, s'agissant de pareilles opérations, poursuivre, par action en justice, ni le remboursement de ses avances, ni l'attribution des sommes déposées entre ses mains (3) (Id.).

D'autre part, aucune action en répétition des sommes par lui versées, ne saurait être ouverte au client qui, en connaissance de cause, a pris livraison des titres et en a payé le prix, ou qui, en l'absence de levée et de livraison de titres, a réglé définitivement les opérations faites (4) (Id.).

(Oudille c. Joly.) — ARRÊT *(ap. délib. en ch. du cons.)*.

LA COUR : — Sur l'unique moyen du pourvoi (violation des art. 76, C. comm., 7 et 8 de la loi du 28 vent. an IX, 4 et 7 de l'arrêté du 27 prair. an X, 6, C. civ., et fausse application des art. 36, C. comm., 1166, 1338 et 1991, C. civ.); — Attendu, en droit, que l'arrêt du conseil, du 24 septembre 1724, qui déclare nulles les négociations de papiers commerçables et effets, faites sans le ministère d'un agent de change, défend à tous huissiers de donner assignation sur icelles et à tous juges de prononcer aucun jugement; — Attendu que cette sanction de *refus d'action*, qui n'a été abrogée ni modifiée par aucune loi postérieure, et qui a été édictée dans une matière spéciale, doit être appliquée à l'intermédiaire sans qualité comme à celui qui a provoqué ou accepté son intervention, l'un et l'autre se trouvant en faute vis-à-vis de la loi; — Attendu que si, d'une part, tant que le règlement définitif des opérations n'a pas eu lieu, l'intermédiaire ne peut porter à son compte les négociations faites sans le concours d'un agent de change, et poursuivre, par action en justice, soit le remboursement intégral de ses avances, soit l'attribution de sommes déposées entre ses mains; d'autre part, on ne saurait accorder une action en répétition des sommes versées à celui qui, en connaissance de cause, a pris livraison des titres, et en a payé le prix, ou qui, en l'absence de levée et de livraison de titres, a réglé définitivement les opérations faites; — Attendu, en fait, que des constatations de l'arrêt attaqué, il résulte que Joly, après avoir versé à l'avance 22,000 francs, a accepté le transfert des vingt-cinq actions nominatives de l'Union générale, qui lui avaient été procurées par l'intermédiaire du Crédit provincial, et se les est ainsi appropriées; que, dans ces conditions, l'opération ayant été complètement réglée par Joly, celui-ci ne peut avoir action pour répéter les sommes par lui versées; — Attendu, dès lors, que c'est à bon droit que l'arrêt lui a refusé cette action ; — Rejette, etc.

MM. Barbier, 1er prés.; Legendre, rapp.; Charrins, 1er av. gén. (concl. conf.); Morillot et Brugnon, av.

CASS.-CIV. 29 avril 1885.

ASSURANCES MARITIMES, ASSURANCE IN QUO VIS, ASSURANCES SUCCESSIVES, CHARGEMENTS MULTIPLES, APPLICATION, DATE.

L'assurance in quo vis *prend vie par le fait seul du chargement sur un ou plusieurs navires successivement, sans qu'il*

(1) La jurisprudence est fixée en ce sens, surtout depuis l'arrêt de la Chambre des requêtes du 28 févr. 1881 (Pand. chr.). V. en outre, Paris, 2 juin 1881 et 1er févr. 1882 (S. 83. 2. 129. — P. 83. 1. 701. — D. 83. 2. 81); 10 mars, 1er avril, 16 et 22 juin 1882 (S. 82. 2. 177. — P. 82. 1. 909. — D. 82. 2. 222 et 83. 2. 81); 10 juill. 1882; 29 sept. 1882 (S. 83. 2. 129. — P. 83. 1. 701. — D. 83. 2. 81); 21 nov. 1882 (S. 83. 2. 12. — P. 83. 1. 97. — D. 83. 2. 81); Toulouse, 2 août 1882 (S. 83. 2. 129. — P. 83. 1. 701. — D., *ibid.*); Besançon, 27 déc. 1882 (S. P. et D., *ibid.*); Cass., 29 mai 1883 (S. 84. 1. 120. — P. 84. 1. 264. — D. 83. 1. 418), et sur renvoi Orléans, 5 janv. 1884 (S. 85. 2. 54. — P. 85. 1. 328); Cass., 21 avril 1885 (S. 85. 1. 249. — P. 85. 1. 622. — D. 85. 1. 275); Cass., 29 juin 1885 (Pand. chr.); Lyon (ch. réun.), 2 juill. 1885 (Pand. per., 86. 2. 24).

(2-3-4) Il avait été déjà décidé que l'intermédiaire sans qualité (le coulissier) n'avait aucune action en justice contre le client à raison des négociations opérées sans le ministère de l'agent de change : Cass., 28 févr. 1881 (Pand. chr.). — L'arrêt actuel étend le même refus d'action au client. Mandant et mandataire restent en face l'un de l'autre sur le même pied d'égalité, pas plus armé l'un que l'autre, le donneur d'ordre pour obtenir la restitution des sommes par lui versées, l'intermédiaire pour poursuivre le remboursement de ses avances. — Faisons toutefois observer que, dans le dernier état de la jurisprudence, c'est au coulissier chargé de donner ses soins à une opération d'achat et de vente d'effets publics et autres susceptibles d'être cotés à la Bourse, qu'il incombe, comme mandataire, de fournir au donneur d'ordre la preuve de la régularité des opérations, en rapportant un bordereau signé d'un agent de change. V. Cass., 29 mai 1883 (Pand. chr.). Toutefois la question est controversée. V. la note jointe à cet arrêt.

soit besoin d'une nouvelle manifestation de la volonté des contractants (1) (C. comm., 332, 337).

Et, comme cette assurance est faite pour une époque indéterminée, elle reste ouverte au profit de l'assuré, et s'alimente des chargements successifs opérés pour le compte de celui-ci, jusqu'à concurrence de la somme stipulée (2) (Id.).

La règle de l'application des contrats d'assurances suivant leur date, édictée par le § 3 de l'art. 359, C. comm., pour les assurances ordinaires, s'étend aux assurances in quo vis, *mais avec les modifications que comporte la nature spéciale de ces derniers contrats* (3) (C. comm., 337, 359).

Ainsi, en cas de plusieurs assurances in quo vis *successives, l'application de chacune d'elles doit être faite dans l'ordre de leurs dates respectives, pour chacun des chargements effectués par l'assuré et à mesure qu'il y est procédé* (4) (Id.).

(Comp. française d'assurances maritimes *le Lloyd français* et autres c. Vaillant et autres.)

23 avril 1881, jugement du tribunal de commerce de Marseille, conçu dans les termes suivants : — « LE TRIBUNAL : — Attendu que Vaillant et fils ont, par l'entremise du sieur Revol, représentant, d'une part, la maison Anderson de Calcutta, et du sieur Delvaux, d'autre part, représentant la maison Cohve de la même ville, fait expédier successivement, par ces maisons, diverses quantités de marchandises à leur adresse à Marseille ; que, pour couvrir les risques de ces envois, Vaillant et fils ont fait souscrire, par l'entremise des sieurs Massot et Brunet, courtiers, une série de polices d'assurances, savoir : deux aux dates des 30 janv. 1879 et 27 oct. 1880, et quatre aux dates des 7 août, 30 sept., 11 oct. et 23 déc. 1880 ; que ces polices d'assurances ont été faites *in quo vis,* sans aucune désignation spéciale de marchandises ou de navire et au nom des sieurs Vaillant et fils, bien que par les soins des sieurs Revol et Delvaux; que cette circonstance ne saurait avoir aucune importance aux débats, et autoriser une distinction quelconque entre les assureurs par polices Massot et les assureurs par polices Brunet; qu'il n'y a donc pas lieu de rechercher de quel expéditeur proviennent les marchandises chargées à bord du navire *Mac-Gregor*, qui a péri, à la date du 5 janv. 1881, dans sa traversée de Calcutta à Marseille, et qui ont fait l'objet du délaissement régulier fait par Vaillant et fils à leurs assureurs; — Attendu que le délaissement ne donne lieu à aucune contestation vis-à-vis d'eux; que le débat s'agite exclusivement entre les divers assureurs, à l'effet de savoir par qui sera réglée la perte; — Attendu que, d'après les assureurs par polices du sieur Massot, il y aurait lieu dans la cause à l'application de l'art. 359, C. comm., en ce sens que, le risque dont s'agit se trouvant couvert suffisamment par les polices, du sieur Brunet, des 30 sept. et 11 oct. 1880, préexistantes à celle du 27 oct. 1880, du sieur Massot, cette dernière devrait être ristournée, aux termes du premier paragraphe de l'article susvisé ; mais que cette prétention ne saurait être accueillie; qu'il ne s'agit point, en effet, de deux contrats d'assurances faits sans fraude sur le même chargement; que la condition imposée par la loi n'est pas réalisée, s'agissant d'assurances faites *in quo vis* sur facultés chargées ou à charger à Calcutta, à partir d'époques déterminées, sans fixation de terme, et qu'aucune de ces polices ne spécialise les risques, soit par la désignation de la marchandise, soit par le nom du navire; — Attendu que l'assurance *in quo vis* a pour but de couvrir les chargements qui doivent être effectués, pendant un espace de temps plus ou moins long, à des moments et sur des navires indéterminés; que cette assurance ne prend vie que par le fait matériel du chargement, sans qu'il soit besoin d'une déclaration préalable de l'assuré, pourvu que les conditions de la police soient respectées; que c'est donc au fur et à mesure des chargements effectués que ces assurances reçoivent leur exécution et leur effet; d'où il suit, comme conséquence nécessaire, dans le cas des polices successivement souscrites, comme dans l'espèce, par divers assureurs au profit du même assuré, que les applications doivent être faites, suivant les dates des chargements, aux polices antérieures, jusqu'à complète extinction de celles-ci, et successivement aux polices postérieures en date; — Attendu que les assureurs signataires des polices du sieur Brunet sont donc fondés à n'offrir que le solde complétant l'aliment de leurs polices des 7 août, 30 sept. et 11 oct. 1880, mais que ce solde, qui serait d'après eux de 759 fr. 79, doit être l'objet d'une vérification préalable entre les parties intéressées, avant qu'il puisse être statué sur les chiffres; — Préparatoirement, et avant dire droit au fond, renvoie les parties devant M..., à l'effet de vérifier quel est le solde qui peut demeurer à la charge des assureurs, souscripteurs des polices Brunet des 7 août, 30 sept. et 11 oct. 1880, pour, sur son rapport fait et déposé, être ensuite statué, dépens réservés, etc. »

Appel par les assureurs signataires de la police du 27 oct. 1880; mais, le 16 août 1880, arrêt confirmatif de la Cour d'Aix, par adoption pure et simple des motifs.

Pourvoi en cassation par la Comp. française d'assurances maritimes, et le *Lloyd* français. — 1er *Moyen*. Violation par fausse application des art. 359, C. comm., 348, du même Code, et 1184, C. civ., en ce que, méconnaissant les caractères légaux et les conséquences juridiques des assurances maritimes *in quo vis*, c'est-à-dire faites sans désignation spéciale de navires ou de marchandises, l'arrêt attaqué, au lieu de faire concourir simultanément les polices passées par les courtiers Brunet et Massot au nom des sieurs Vaillant et fils, les 30 sept. 1880, 11 oct. 1880, 27 oct. 1880, relativement aux chargements, faits pour le compte de ces assurés, de marchandises à transporter de Calcutta à Marseille et d'annuler par suite la police du courtier Massot, qui faisait double emploi avec les précédentes polices, a, au contraire, décidé que les diverses polices devaient être prises et recevoir application des marchandises expédiées successivement et par ordre de date, a fait ainsi supporter illégalement aux assureurs de la police du 27 oct. 1880 la perte du navire *Mac-Gregor* et de son chargement, alors d'ailleurs que les précédentes polices n'étaient pas épuisées, en appliquant à tort aux polices spéciales *in quo vis* les principes généraux admis pour les polices ordinaires. — 2e *Moyen* (sans intérêt).

ARRÊT *(après délib. en. ch. du cons.).*

LA COUR : — Sur le premier moyen du pourvoi : — Attendu qu'aux termes de l'art. 337, C. comm., l'assurance dite *in quo vis* ou flottante peut être faite sans désignation, soit du navire, soit du capitaine, soit même de la nature et de l'espèce des marchandises qui en font l'objet; que cet

(1-2) V. en ce sens, Aix, 25 août 1855, joint à Cass. 2 févr. 1857 (2e espèce) (S. 57. 1. 657. — P. 57. 1192.); Cass. 2 févr. 1857 (1re espèce) (S. et P., *ibid.* — D. 57. 1. 67). V. aussi les jugements et arrêts cités dans notre *Dictionnaire de dr. comm., ind. et marit.*, t. 1, v° *Assurance marit.*, n. 136. — On sait, d'ailleurs, que l'assurance *in quo vis*, quoique déclarée par le Code de commerce, art. 337, seulement applicable aux chargements faits dans les échelles du Levant, aux côtes d'Afrique et autres parties du monde, pour l'Europe, peut cependant être employée, lorsque le chargement s'opère en Europe même pour l'Europe. V. également notre *Dictionnaire, ubi supra*, n. 137. Dans l'affaire actuelle, cette dernière question n'était point soulevée, puisque les chargements avaient eu lieu à Calcutta pour Marseille.

(3-4) *Sic*, Cass. (trois arrêts), 2 févr. 1857 (S. 57. 1. 657. — P. 57. 1192. — D. 57. 1. 69 et 70).

article n'exige pas non plus, comme l'art. 332, que la police énonce les temps auxquels les risques doivent commencer et finir; qu'il suit de là, d'une part, que c'est le fait seul du chargement sur un ou plusieurs navires successivement qui donne vie à l'assurance, sans qu'il soit besoin d'une nouvelle manifestation de la volonté des contractants, et, d'autre part, que l'assurance étant faite pour une époque indéterminée, reste ouverte au profit de l'assuré, et s'alimente des chargements successifs opérés pour le compte de celui-ci, jusqu'à concurrence de la somme stipulée; — Attendu, en outre, que suivant le § 3 de l'art. 359, C. com., lorsqu'il existe plusieurs contrats d'assurance faits sans fraude sur les mêmes marchandises exposées aux risques de mer, si l'entière valeur des effets chargés n'est pas assurée par le premier contrat, les assureurs qui ont signé les contrats subséquents répondent de l'excédent, en suivant l'ordre de la date des contrats; qu'il ressort de la combinaison de ce texte avec celui de l'art. 337, que cette règle de l'application des contrats suivant leur date régit également les polices *in quo vis*, conformément à la nature spéciale de ce genre de contrat, et en ce sens que cette application de chacune d'elles doit être faite dans l'ordre de leurs dates respectives, pour chacun des chargements effectués par l'assuré, et à mesure qu'il y est procédé; — Attendu que l'arrêt attaqué constate en fait : 1° que les Comp. demanderesses à la cassation ont souscrit au profit de Vaillant et fils, par l'intermédiaire du courtier Massot, deux polices d'assurances *in quo vis*, l'une, le 30 janv. 1879, l'autre, le 27 oct. 1880; 2° que trois polices semblables ont été souscrites au profit des mêmes personnes, par les soins du courtier Brunet, les 7 août, 30 sept., 11 oct. 1880, et une quatrième le 23 déc. de la même année; 3° que, du 18 févr. 1879 au 21 déc. 1880, un certain nombre d'expéditions par navires distincts ont été adressées à Vaillant et fils, et sont arrivées à destination; qu'un dernier bâtiment, le *Mac-Gregor*, parti au mois de janv. 1881, s'est perdu en mer; — Attendu qu'en cet état des faits, l'arrêt attaqué a décidé que les applications des chargements devaient être faites suivant les dates des expéditions, aux polices antérieures dans l'ordre de leurs dates jusqu'à complet épuisement de chacune d'elles, quels que fussent les assureurs, et qu'il a ordonné que le compte des parties, et, par suite, la détermination de celles sur lesquelles retomberait la garantie du sinistre, serait établi et réglé sur ces bases; en quoi, loin de violer l'art. 359, C. comm., il s'est au contraire exactement conformé à ses prescriptions;

Sur le deuxième moyen (sans intérêt); — Rejette, etc.

MM. Barbier, 1er prés.; Descoutures, rapp.; Desjardins, av. gén. (concl. conf.); Costa et Morillot, av.

CASS.-CIV. 30 avril 1885.

ÉLECTIONS, CONDAMNATION POUR VOL, COMPLICE, PRIVATION DE VOTE, PRESCRIPTION.

La privation du droit de vote prononcée contre les individus condamnés à l'emprisonnement pour vol, s'applique au complice comme à l'auteur principal (1) (Décr. 2 févr. 1852, art. 15, § 5).

Cette incapacité, encourue par le seul fait de la condamnation, indépendamment de toute exécution de la peine (2), *ne peut se prescrire par un exercice même prolongé du droit de vote* (3) (Id.).

(Thomas c. Gardet.) — ARRÊT.

LA COUR : — Statuant sur le pourvoi du sieur Thomas, en cassation d'une sentence du juge de paix de Chamoux, du 27 févr. 1885, relative aux listes de la commune de ce nom; — Vu l'art. 15, § 5, du décret organique du 2 févr. 1852; — ...Sur le moyen tiré de la distinction indûment faite, au point de vue de la loi électorale, entre le complice et l'auteur principal ou le coauteur : — Attendu que le décret du 2 févr. 1852, en privant du droit de vote les individus condamnés à l'emprisonnement pour vol, atteint tous ceux qui ont été frappés de cette peine comme ayant pris part, d'une manière quelconque, à une soustraction frauduleuse; qu'il ne distingue pas entre le complice et l'auteur principal de ce délit, lesquels sont d'ailleurs complétement assimilés par l'art. 59, C. pén.; qu'il suit de là qu'en se basant sur cette considération que l'art. 15, § 5, du décret de 1852, ne s'applique pas au complice d'un vol, le jugement attaqué a formellement violé cette disposition légale;

Sur le moyen pris de la fausse application de la prescription; — Attendu que l'incapacité édictée contre les condamnés à l'emprisonnement pour vol résulte de plein droit de la condamnation même; qu'elle ne dépend pas de l'exécution de la sentence; qu'essentiellement continue, elle ne comporte par là même ni interruption ni limite de temps susceptible d'engendrer une prescription, et qu'il n'est pas, d'ailleurs, possible d'admettre, qu'en contrevenant aux dispositions pénales qui lui défendent de prendre part aux élections, le condamné puisse trouver, dans ces contraventions à la loi, le moyen d'acquérir ou de recouvrer le droit électoral dont il a été perpétuellement privé par l'effet du jugement rendu contre lui; — D'où il suit qu'en jugeant le contraire, la décision attaquée a violé l'art. 15, § 5, du susdit décret; — Casse, etc.

MM. Larombière, prés.; Guérin, rapp.; Desjardins, av. gén. (concl. conf.).

CASS.-CRIM. 1er mai 1885.

AFFICHAGE, AFFICHES, RÉGLEMENTATION, PERMIS, ABROGATION, NUMÉRO D'ORDRE, DISPOSITIONS FISCALES, MAINTIEN.

La loi du 29 juill. 1881, en inaugurant la liberté de l'affichage, a du même coup mis fin au pouvoir de réglementation dont était investie l'autorité municipale, notamment en ce qui concerne le permis d'affichage (4) (Décr. 25 août 1852, art. 3; L. 29 juill. 1881, art. 68).

Et la suppression du permis a eu pour conséquence la suppression de l'indication du numéro du permis sur chaque exemplaire de l'affiche (5) (Id.). — Sol. implic.

---

(1) L'art. 59, C. pén., fait au complice la même situation de droit qu'à l'auteur principal.

(2-3) Jugé que l'incapacité électorale attachée par l'art. 15 du décret du 2 févr. 1852 à certaines condamnations pénales, est encourue par le fait même de la condamnation, et subsiste bien que la peine n'ait pas reçu son exécution et qu'elle soit prescrite; Cass. 30 mars 1863 (Pand. chr.); — ou bien qu'il y ait eu remise de tout ou partie de la peine : Cass. 6 mars 1865 (Pand. chr.). — L'inscription sur les listes électorales si longtemps qu'elle ait été maintenue, l'exercice même prolongé du droit de vote, sont des contraventions formelles, permanentes aux prescriptions de la loi; ils constituent, — l'exercice du vote tout au moins, — de nouveaux délits dont le condamné pourrait avoir à rendre compte devant la juridiction correctionnelle; ils ne peuvent être le fondement d'un droit nouveau, d'un relèvement de capacité légale.

(4) La loi du 29 juill. 1881 a inauguré la liberté de l'affichage. C'est là un point qui ne fait plus de doute. V. Cass., 10 janv. 1885 (Pand. pér., 86. 1. 29), et nos observations détaillées; Orléans, 28 juill. 1885 (Pand. chr.) (cet arrêt a été rendu dans la même affaire, sur renvoi après cassation). V. aussi Paris, 12 janv. 1885 (Pand. chr.); Pau, 30 mai 1885 (Pand. chr.), et les lettre ministérielle et circulaire préfectorale citées en note sous Cass., 10 juin 1882 (Pand. chr.).

(5) Le principe admis, la conséquence s'en déduit avec une logique tout élémentaire.

Mais la loi du 29 juill. 1881 a laissé en vigueur les dispositions antérieures sur l'affichage qui sont d'ordre purement fiscal; — par exemple, celle prescrivant l'inscription, sur chaque exemplaire de l'affiche, préalablement à son apposition, d'un numéro d'ordre conforme à la déclaration passée au bureau d'enregistrement; cette mesure n'ayant d'autre but que de faciliter la surveillance des agents chargés d'assurer la répression de la fraude (1) (Id.).

(Richard.) — ARRÊT.

LA COUR : — Sur le moyen tiré de la violation des art. 30 de la loi du 8 juill. 1852, 3 et 8 du décret du 25 août de la même année, et de la fausse application de l'art. 68 de la loi du 29 juill. 1881 : — Vu lesdits articles; — Attendu que Richard a été cité devant le tribunal correctionnel de Dijon pour avoir, depuis moins de trois ans, sur le territoire de la commune de Grancey-le-Château, placardé différents exemplaires d'une affiche sans y indiquer : 1° le numéro du permis délivré par l'autorité municipale; 2° le numéro d'ordre dans lequel elles sont inscrites à la déclaration déposée au bureau d'enregistrement de Grancey, le 12 mars 1884; que, par un jugement en date du 21 nov. dernier, dont l'arrêt attaqué a adopté les motifs et confirmé le dispositif, le tribunal correctionnel a relaxé le prévenu, parce que la disposition de l'art. 3 du décret du 25 août 1852, relative au permis d'affichage, a été abrogée par l'art. 68 de la loi du 29 juill. 1881; qu'il en est de même en ce qui concerne la partie du paragraphe 3 de cet article, concernant le numéro que doit porter chaque exemplaire de l'affiche au moment où il est placardé, et que le texte de l'art. 2 du décret précité ne contient aucune disposition imposant à l'afficheur l'obligation d'inscrire un numéro sur chaque exemplaire de l'affiche, en déposant sa déclaration au bureau de l'enregistrement;

Attendu qu'il est certain que l'art. 68 de la loi du 29 juill. 1881, abrogeant toutes les dispositions législatives ou réglementaires antérieures sur l'affichage, a fait disparaître la partie de l'art. 3 du décret du 25 août 1852, relative au permis d'affichage, puisque ses auteurs ont entendu établir la liberté de l'affichage et proscrire toute mesure préventive; qu'en abrogeant le texte relatif à la nécessité du permis, le législateur n'a pu ni voulu augmenter le nombre des formalités que l'afficheur doit remplir au moment où il dépose sa déclaration au bureau de l'enregistrement, et qu'aucune des prescriptions de l'art. 2 du décret précité ne lui impose l'obligation d'inscrire à ce moment un numéro d'ordre sur chaque exemplaire de l'affiche;

Mais attendu que la disposition finale de l'art. 3 de ce décret, prescrivant l'inscription d'un numéro d'ordre sur chaque exemplaire de l'affiche au moment où il est placardé, n'a aucun rapport avec la liberté de l'affichage et ne constitue pas une mesure préventive; qu'elle a pour but de faciliter la surveillance des agents chargés de constater les infractions édictées par le décret précité, et, par conséquent, d'assurer la répression de la fraude; que cette disposition n'a donc pas été abrogée par l'art. 68 de la loi du 29 juill. 1881, dont le but unique a été d'établir la liberté de l'affichage et de faire disparaître toutes les lois et tous les règlements de nature à mettre obstacle à l'exercice de cette liberté; qu'en relaxant le prévenu, dans ces circonstances, l'arrêt attaqué a faussement appliqué l'art. 68 de la loi du 29 juill. 1881, et formellement violé les art. 30 de la loi du 8 juill., 3 et 8 du décret du 25 août 1852; — Casse et renvoie devant la Cour d'Orléans, etc.

MM. Ronjat, prés.; Vételay, rapp.; Loubers, av. gén.

CASS.-REQ. 4 mai 1885.

BREVET D'INVENTION, TÉLÉGRAPHIE ÉLECTRIQUE, PRINCIPES SCIENTIFIQUES, APPLICATION INDUSTRIELLE, ÉLÉMENTS NOUVEAUX, RÉSULTAT BREVETABLE, CONTREFAÇON (ABSENCE DE).

Le fait, par un inventeur, d'avoir, en appliquant certains principes scientifiques et en employant des procédés mécaniques connus, obtenu un résultat industriel, et acquis par un brevet le droit exclusif de l'exploiter à son profit, ne fait pas obstacle à ce que d'autres inventeurs, usant après lui d'une partie des mêmes principes ou procédés, mais les combinant avec d'autres éléments, obtiennent, sans commettre de contrefaçon, un autre résultat industriel nouveau (2) (L. 5 juill. 1844, art. 2, 20, 34, 40).

Spécialement, *c'est avec raison qu'un arrêt a refusé de voir, en matière d'appareils de télégraphie électrique, une contrefaçon dans le fait d'un inventeur qui, empruntant au domaine public un certain nombre d'éléments que lui avait également demandés un précédent inventeur, négligeant d'y prendre ceux-là mêmes auxquels le premier breveté avait attaché le plus d'importance, mais y puisant, par contre, quelques autres auxquels ce dernier n'avait pas songé, remplaçant enfin un système de rouages notoirement défectueux par des organes originaux de son invention, construit un appareil nouveau, dont le fonctionnement résout le problème insuffisamment résolu par l'autre brevet, et réalise, par la combinaison de ces principes et de ces moyens les uns connus, les autres créés, un résultat industriel autre que celui obtenu par le premier inventeur* (3) (Id.).

(Mimault c. Baudot et Dumoulin.)

A la suite de l'arrêt de cassation du 18 déc. 1883 (Pand. chr.), la Cour d'Amiens, saisie par renvoi de l'affaire, a statué le 29 mai 1884, et déclaré Mimault mal fondé dans ses prétentions, notamment du chef de la contrefaçon, par les considérations de droit suivantes : — « LA COUR; — ...En ce qui touche la contrefaçon : — Considérant, en droit, que le fait par un inventeur d'avoir, en appliquant certains principes scientifiques, et en employant certains procédés mécaniques connus, obtenu un résultat industriel, et acquis par un brevet le droit exclusif d'exploiter à son profit son invention ou sa découverte, ne fait pas obstacle à ce que d'autres inventeurs, usant après lui d'une partie des mêmes principes et des mêmes procédés, mais les combinant avec d'autres, obtiennent, sans être argués de contrefaçon, un nouveau résultat industriel; qu'il n'y a dans ce cas ni fabrication d'un produit, ni emploi de moyens ayant fait l'objet d'un brevet, constituant dans les termes de l'art. 40 de la loi du 5 juill. 1844 l'atteinte aux droits du breveté; — Considérant, en fait, que si Baudot a, dans l'appareil saisi, emprunté au domaine public les principes et les moyens qui lui sont communs avec Mimault, et que Mimault y avait pris lui-même, il les a combinés à son tour avec d'autres principes et d'autres moyens que Mimault n'avait pas appliqués ou mis en œuvre, et a obtenu ainsi un résultat industriel nouveau, etc. »

Pourvoi en cassation par le sieur Mimault, pour violation des art. 1, 2, 19 et 40 de la loi du 5 juill. 1844 et de la loi du brevet, en ce que l'arrêt attaqué, après avoir con-

---

(1) Sur le point de savoir si la loi du 29 juill. 1881 a laissé subsister les dispositions antérieures sur l'affichage qui sont d'ordre purement fiscal, v. nos observations jointes à Cass., 10 juin 1882 (Pand. chr.). V. aussi les arrêts précités de Paris, 12 janv. 1885; Pau, 30 mai 1885; Orléans, 28 juill. 1885, précités.

(2-3) V. nos observations sous l'arrêt de Cassation du 18 déc. 1883 (Pand. chr.), rendu dans la même affaire.

staté que Mimault avait, pour la première fois, combiné certains principes connus en télégraphie, et qu'à ce titre son brevet était valable, a néanmoins déclaré que l'appareil saisi ne contenait ni contrefaçon ni même perfectionnement de ce brevet.

ARRÊT.

LA COUR : — Sur le moyen unique, pris de la violation des art. 1, 2, 19 et 40 de la loi du 5 juill. 1844 et de la loi du brevet : — Attendu que, si l'arrêt attaqué a rendu justice à Mimault, en déclarant brevetable la combinaison, annoncée dans son brevet, de principes et de moyens connus en télégraphie pour produire un résultat industriel nouveau, il n'a pas commis l'erreur que lui reproche le pourvoi d'avoir ensuite refusé de le protéger contre la fabrication d'appareils reposant « sur la même combinaison, opérée sous le même mode, dans les mêmes conditions » ; — Attendu que, loin d'autoriser Mimault à affirmer que Baudot s'est emparé de son invention *entière*, et s'est borné à y ajouter des *perfectionnements* au sens des art. 16 et suiv. de la loi de 1844, la Cour d'appel s'est appliquée et a réussi à faire ressortir des différences réelles entre les deux découvertes, toutes deux brevetables isolément; — Attendu qu'elle a déclaré à bon droit que le fait par un inventeur d'avoir, en appliquant certains principes scientifiques, et en employant certains procédés mécaniques connus, obtenu un résultat industriel, et acquis par un brevet le droit exclusif de l'exploiter à son profit, ne fait pas obstacle à ce que d'autres inventeurs, usant après lui d'une partie des mêmes principes ou procédés, mais les combinant avec d'autres éléments, obtiennent sans être argués de contrefaçon, un autre résultat industriel nouveau; — Attendu que, par une juste application de ce principe, reconnu exact par le pourvoi lui-même, la Cour d'appel a refusé de voir une contrefaçon dans les inventions de Baudot, réalisées dans les appareils saisis; qu'elle l'a montré empruntant au domaine public quatre éléments que lui avait également demandés Mimault, y laissant au contraire la progression géométrique binaire à laquelle Mimault n'a cessé d'attacher une importance excessive, mais y prenant en outre le synchronisme et les électro-aimants polarisés, auxquels Mimault n'avait pas songé, enfin chargeant de la recomposition des signes et de leur impression automatique, non pas un organe insuffisant comme le *rameau conducteur* de Mimault, mais son *combinateur*, assorti du frotteur à cinq dents, mû par une pile locale, organes originaux dont le fonctionnement a résolu le problème posé par la science et l'administration des télégraphes; — Attendu que, de cette étude approfondie, et non réfutée par le pourvoi, du brevet Mimault et de l'appareil Baudot, la Cour d'appel a tiré légitimement la double conclusion que Baudot avait réalisé une combinaison de principes et de moyens connus ou créés par lui, constituant une invention propre, et qu'il a obtenu un résultat industriel nouveau, autre que celui indiqué dans le brevet Mimault; — Qu'ainsi l'arrêt attaqué, sans violer aucune des lois susvisées, a justifié sa déclaration, que l'action de Mimault en contrefaçon n'était pas fondée; — Rejette, etc.

MM. Bédarrides, prés.; Babinet, rapp.; Petiton, av. gén. (concl. conf.); Gosset, av.

CASS.-CIV. 6 mai 1885.

COMMUNAUTÉ CONJUGALE, PARTAGE D'ASCENDANT, VALEURS MOBILIÈRES, EXCLUSION, RÉSERVE, NULLITÉ.

La clause d'une donation-partage par laquelle le donateur stipule que les valeurs mobilières données ne tomberont point dans la communauté existant entre son fils donataire et la femme de celui-ci, est nulle dans tout ce qui excède la quotité disponible et empiète sur la réserve légale du donataire dans la succession du donateur (1) (C. civ., 900, 913, 1395, 1401).

(Consorts Leroy c. consorts Lerust.) — ARRÊT.

LA COUR : — Sur le moyen unique du pourvoi : — Vu les art. 913, 1395 et 1401, C. civ.; — Attendu que la transmission des biens compris dans la réserve s'opère par la volonté de la loi; que, dès lors, le père de famille ne peut, par aucune disposition entre-vifs ou testamentaire, modifier les conditions légales de cette transmission; — Attendu, en outre, qu'il ne peut être porté, ni directement ni indirectement, aucune atteinte aux stipulations d'un contrat de mariage; — Et attendu qu'il résultait de l'arrêt attaqué que Lerust père, en faisant à ses enfants la donation-partage de ses biens, a attribué à César-Auguste Lerust, l'un d'eux, des valeurs mobilières pour le remplir de sa part héréditaire, avec stipulation que les biens donnés ne tomberaient pas dans la communauté existant entre lui et sa femme Marie-Uranie Leroy; — Attendu que cette donation comprenait tous les biens qui devaient composer les droits héréditaires de César-Auguste Lerust, même la réserve; qu'elle paralysait donc l'effet du contrat de mariage des époux Lerust dans tout ce qui excédait la quotité disponible; que, en conséquence, la femme Lerust ou ses ayants cause étaient fondés à demander la nullité d'une condition qui faisait grief aux conventions matrimoniales, en ce qui concernait la réserve légale; qu'il suit de là que la Cour de Douai (arrêt, 9 mars 1883), en validant dans son entier la condition d'exclusion de communauté de l'acte de partage dont s'agit, et en repoussant, en ce qui concernait la réserve légale, la demande des héritiers de la dame Lerust-Leroy, a violé les articles de loi susvisés; — Casse, etc.

MM. Barbier, 1er prés.; Rohault de Fleury, rapp.; Charrins, 1er av. gén. (concl. conf.); de Valroger et Sabatier, av.

CASS.-CRIM. 7 mai 1885.

JEU ET PARI, PARI A LA COTE, COURSES DE CHEVAUX, CABARETIERS, CAFETIERS, MAISON DE JEUX, TENUE, JEUX DE HASARD.

Les paris à la cote constituent des jeux de hasard, lorsque, par l'intention commune des parties, par l'incompétence de la

---

(1) La question se présentait pour la première fois nettement et directement devant la Cour de cassation qui, jusqu'ici, n'avait eu à se prononcer que sur des analogies qui pouvaient cependant déjà, dans une certaine mesure, faire préjuger la solution actuelle.

Ainsi, il a été jugé que le donateur ou le testateur ne peut retirer au mari la jouissance des biens donnés ou légués à la femme, du moins quant à la réserve revenant de droit à la femme. V. Paris (motifs), 27 janv. 1835 (Pand. chr.); qu'il ne peut ni toucher à la réserve elle-même, ni en changer la nature. V. Cass., 6 mai 1878 (Pand. chr.); qu'enfin est nulle la clause pénale édictée en vue d'une disposition portant atteinte à la réserve. V. Cass., 9 déc. 1862 (S. 64. 1. 265. — P. 64. 881. — D. 63. 1. 36); Chambéry, 8 juill. 1873 (S. 74. 2. 12. — P. 74. 96. — D. 74. 2. 198); Cass., 22 juill. 1874 (S. 74. 1. 479. — P. 74. 1222. — D. 75. 1. 453); Caen, 9 juin 1874 (S. 76. 2. 233. — P. 76. 954. — D. 76. 2. 33); Cass., 6 mai 1878, précité.

La solution consacrée par l'arrêt ci-dessus rapporté était d'ailleurs celle qui prédominait déjà dans la doctrine, malgré certaines divergences. V. surtout Aubry et Rau, t. V, p. 287, § 507, note 20; Laurent, *Princip. de dr. civ.*, t. XXI, n. 277; Demante et Colmet de Santerre, *Cours analyt.*, t. VI, p. 49, n. 21 *bis*, et p. 51, n. 22 *ter*. — *Contrà*, Toullier, t. XII, n. 114.

plupart des parieurs en matière de courses de chevaux, par la nature même des combinaisons employées, par les conditions imposées à l'avance, aucune place n'est laissée à l'intelligence, à l'expérience, au calcul, à la liberté du choix, mais que tout est livré à l'esprit de spéculation, aux chances du sort, à la prédominance du hasard (1) (C. pén., 410).

L'art. 410, C. pén., s'applique à tous ceux qui tiennent des maisons de jeux de hasard, et ne contient aucune restriction relativement aux aubergistes, cabaretiers ou cafetiers (2) (C. pén., 410, 475, § 5).

Et le bookmaker qui établit son agence de paris dans un café, qui en dirige les opérations, alors même qu'il n'est pas le banquier de l'agence, n'en doit pas moins être considéré comme le chef de l'établissement de jeu, et reste, par suite, passible des peines portées par l'art. 410, C. pén. (3) (C. pén., 410).

(Serbat.) — ARRÊT.

LA COUR : — Sur la première branche du premier moyen, tiré d'une fausse application de l'art. 410, C. pén., en ce que le pari, dit *à la cote*, ne présenterait pas les caractères légaux du jeu de hasard : — Attendu que l'arrêt attaqué constate, en fait, que Serbat, en provoquant le public à engager avec lui des paris, n'avait d'autre but que d'exploiter à son profit les passions des joueurs pour les opérations aléatoires, et que les personnes qui y prenaient part étaient exclusivement animées d'un esprit de spéculation et du désir de profiter des chances du sort ; qu'en outre, le pari à la cote, dans les conditions où il était pratiqué par le demandeur, était pour la plupart de ceux qui s'y livraient un jeu où le hasard prédominait notablement sur les calculs et les combinaisons de l'intelligence ; qu'enfin, dans ces agences ouvertes au public de tout âge et de toute condition, la majorité des parieurs se composait de personnes hors d'état d'apprécier les chances respectives des chevaux engagés ; qu'obligées d'ailleurs de subir les conditions du pari imposées par le demandeur, la liberté du choix qui leur était laissée était en réalité complètement illusoire ; — Attendu, dès lors, qu'en déclarant, en l'état des faits constatés, que les paris à la cote, tels qu'ils étaient pratiqués par Serbat, constituaient des jeux de hasard, l'arrêt attaqué n'a, ni violé les dispositions de l'art. 410, C. pén., ni méconnu les règles de la matière ;

Sur la seconde branche du moyen, tirée de la fausse application et par suite de la violation de l'art. 410, C. pén., en ce que l'arrêt attaqué aurait, à tort, vu dans les faits de la cause le délit de tenue de maison de jeu, prévu par ledit article, et non la contravention prévue par l'art. 475, § 5, du même Code : — Attendu que l'art. 410, C. pén., s'applique à tous ceux qui tiennent des maisons de jeu de hasard, et qu'il ne contient aucune restriction relativement aux aubergistes, cabaretiers ou cafetiers ; — Attendu que l'art. 475 dudit Code a pour objet d'atteindre tout jeu de hasard qui, tenu d'une manière passagère ou accidentelle, ne pourrait par ce motif être considéré comme constituant l'établissement d'une maison de jeu, lorsque d'ailleurs il est tenu dans un lieu public ; qu'en conséquence, c'est avec raison que la Cour a fait au demandeur l'application de l'art. 410, C. pén. ;

Sur le second moyen, pris de la violation de l'art. 410, C. pén., en ce que Serbat ne peut être considéré comme banquier d'une maison de jeu : — Attendu que, dans l'état des faits établis par l'arrêt attaqué et rappelés ci-dessus, il résulte des circonstances du procès, souverainement constatées, et d'ailleurs reconnues par le demandeur, que, s'il n'a pas prêté son concours aux opérations incriminées, à titre de banquier de l'agence, il les aurait dirigées comme chef de cet établissement ; — Attendu que l'art. 410, C. pén., déclarant indistinctement passibles des peines qu'il édicte, ceux qui tiennent des maisons de jeux de hasard, et le banquier de ces maisons, la condamnation prononcée contre le prévenu se trouve dès lors nécessairement justifiée ; qu'en conséquence, l'erreur dénoncée n'aurait pu, à supposer qu'elle ait été commise, porter aucun préjudice au demandeur, et que celui-ci ne saurait être admis par suite à s'en faire un moyen de cassation ; — Rejette, etc.

MM. Ronjat, prés. ; Poux-Franklin, rapp. ; Roussellier, av. gén. ; Lefort, av.

CASS.-REQ. **12 mai 1885.**

AVOUÉ, VENTE PUBLIQUE D'IMMEUBLES, REMISE PROPORTIONNELLE, ADJUDICATION ABANDONNÉE, HONORAIRES, FIXATION.

La remise proportionnelle allouée par l'art. 11 de l'Ordonnance du 10 oct. 1841, à l'avoué qui a occupé sur une poursuite de vente d'immeuble, ne lui est acquise que dans le cas où l'adjudication a effectivement eu lieu (4) (Ord. 10 oct. 1841, art. 11).

Mais lorsque cette adjudication ne s'est pas réalisée, l'ordonnance de 1841 ne fait point obstacle à ce que l'avoué, comme tout autre mandataire salarié, puisse, en dehors des actes tarifés, recevoir, pour ses soins et travaux particuliers, une rémunération subordonnée à l'appréciation des juges du fond et à la constatation par eux d'un service réellement rendu (5) (Id.).

D'où il résulte qu'il ne saurait être dû de rémunération à l'avoué qui ne justifie d'aucun service appréciable (6) (Id.).

(Guégan c. vicomte de la Houssaye.) — ARRÊT.

LA COUR : — Sur le moyen unique du pourvoi, tiré de la violation des art. 1999, C. civ., 11 de l'ordonn. du 10 oct. 1841, et 7 de la loi du 20 avril 1810, pour défaut de motifs : — Attendu que des termes de l'art. 11 de l'ordonn. précitée, il résulte que la remise proportionnelle, prévue audit article, n'est due à l'avoué qui a occupé sur une poursuite de vente que dans le cas où l'adjudication a eu lieu, et que l'échelle en est graduée sur le prix de cette adjudication ; — Attendu que la partie poursuivante, maîtresse de ses droits, peut toujours renoncer à l'adjudication ; — Attendu que, lorsque cette adjudication ne s'est pas réalisée, l'ordonnance de 1841 ne fait pas obstacle à ce que l'avoué, comme tout autre mandataire salarié, puisse, en dehors des actes tarifés, recevoir le prix de soins et travaux particuliers se rattachant à la procédure, mais que cette allocation reste subordonnée à la constatation par les juges

---

(1) C'est la consécration définitive de la jurisprudence que la Cour de cassation a inaugurée sur les *paris à la cote*, par son arrêt du 5 janv. 1877 (Pand. chr.), et la note. V. aussi Paris, 8 déc. 1884 (Pand. chr.).

(2) Le principe est certain. V. Cass., 12 mai 1843 (S. 44. 1. 257. — P. 44. 1. 291. — D. 43. 1. 277); 3 juill. 1852 (S. 52. 1. 477. — P. 52. 2. 707. — D. 52. 1. 222); 1er août 1861 (S. 62. 1. 107. — P. 62. 316. — D. 61. 1. 454); Paris, 8 déc. 1884, précité.

(3) Dans l'arrêt précité du 5 janv. 1877, le caractère de *maison de jeux* avait été reconnu à une *voiture* dételée et stationnant à demeure sur le champ de courses. A plus forte raison, l'installation de ces paris dans un café ne permettait plus la moindre hésitation sur l'existence matérielle de l'établissement de jeux dans les conditions voulues par l'art. 410. Dès lors, il importait peu que le bookmaker condamné le fût comme *banquier* de l'agence ou comme *chef de l'établissement*, les mêmes peines s'appliquant sans distinction à l'une et à l'autre hypothèse.

(4-5-6) V. conf., et en termes presque identiques pour la partie doctrinale, Cass., 23 nov. 1869 (Pand. chr.), et la note. *Adde*, Paris, 16 janv. 1884 (Pand. chr.). — La jurisprudence peut donc être considérée comme définitivement fixée sur toutes ces questions de pratique journalière.

du fond d'un service réellement rendu; — Attendu que la Cour de Rennes, dans son droit souverain d'appréciation, après avoir constaté que Barreau avait abandonné les poursuites en saisie immobilière par lui dirigées contre la dame de la Houssaye, et que l'adjudication des biens saisis n'avait pas eu lieu, a déclaré que si, en principe, les avoués, comme mandataires, peuvent, suivant les circonstances, avoir droit à une rémunération pour soins et démarches en dehors de la procédure, dans l'espèce, Guégan ne justifiait d'aucun acte de nature à motiver cette rémunération; — Attendu que, par ces déclarations, l'arrêt attaqué (Rennes, 14 juin 1884) a donné des motifs explicites et juridiques qui justifient le rejet des conclusions de Guégan tendant à obtenir, soit la remise proportionnelle, totale ou partielle, soit des honoraires en dehors du coût des actes de procédure tarifés par l'ordonnance du 10 oct. 1841; que, dès lors, les articles visés au pourvoi n'ont pas été violés; — Rejette, etc.

MM. Bédarrides, prés.; Talandier, rapp.; Chevrier, av. gén. (concl. conf.); Perriquet, av.

CASS.-REQ. 13 mai 1885.

FAILLITE, CESSATION DE PAYEMENTS, DATE, REPORT, DÉLAI, CRÉANCIERS, PARTIES INTÉRESSÉES.

Le droit accordé par l'art. 581, C. comm., aux créanciers de se pourvoir, jusqu'à l'expiration des délais pour la vérification et l'affirmation des créances, afin de faire fixer la date de la cessation des payements du failli à une époque autre que celle résultant du jugement déclaratif de la faillite ou d'un jugement postérieur, n'appartient qu'à ceux qui agissent en qualité de créanciers et non à ceux qui, quoique ayant cette qualité, agissent dans un autre intérêt et pour sauvegarder des droits particuliers opposés à ceux de la faillite; ces derniers restent soumis, comme parties intéressées, aux dispositions de l'art. 580, même Code, qui limite au délai d'un mois le droit d'opposition au jugement fixant l'époque de l'ouverture de la faillite (1) (C. comm., 580, 581).

(Carlier c. synd. Soubirauve de la Motte.) — ARRÊT.

LA COUR : — Sur les deux moyens du pourvoi, pris de la fausse application de l'art. 580, C. comm., ainsi que de la violation de l'art. 581 du même Code, et de l'art. 7 de la loi du 20 avril 1810; — Attendu que, par jugement du 22 févr. 1884, publié conformément à l'art. 442, C. comm., le 25 du même mois, la date de la cessation de payements de Soubirauve de la Motte a été reportée au 1er sept. 1883; que Carlier et consorts ayant fait opposition à ce jugement le 1er sept. 1884, le tribunal les a déclarés non recevables, par application de l'art. 580, et que l'arrêt attaqué confirme cette décision, en adoptant purement et simplement les motifs des premiers juges; — Attendu, en effet, que l'art. 580 donne à toute partie intéressée le droit de faire opposition, *dans le délai d'un mois*, au jugement qui a fixé la date de la cessation des payements; que, si l'art. 581 accorde aux créanciers le droit de faire changer la date primitivement fixée *jusqu'à l'expiration des délais pour la vérification et l'affirmation des créances*, cet article ne s'applique qu'à ceux qui agissent en qualité de créanciers, mais non à ceux qui, quoique ayant cette qualité, agiraient dans un autre intérêt, et pour sauvegarder des droits particuliers opposés à ceux de la faillite; — Et attendu que le jugement dont l'arrêt attaqué a adopté les motifs constate, en fait, que c'est leur intérêt particulier qui rend Carlier et consorts opposants à un jugement de report de cessation de payements qui les atteint directement et personnellement, en les exposant avec certitude à une poursuite en recomblement de la part des syndics; — D'où il suit qu'en confirmant, avec adoption de motifs, le jugement qui avait déclaré Carlier et consorts non recevables dans leur opposition, l'arrêt attaqué n'a violé ou faussement appliqué aucun des articles cités; — Rejette, etc.

MM. Bédarrides, prés.; Demangeat, rapp.; Chevrier, av. gén. (concl. conf.); Demasure, av.

CASS.-REQ. 18 mai 1885.

SOCIÉTÉ ANONYME, NULLITÉ, ADMINISTRATEURS, RESPONSABILITÉ, VERSEMENT, RESTITUTION, ACTION SOCIALE, ACTION INDIVIDUELLE, FAILLITE, TRANSACTION, SYNDIC, ACTIONNAIRES, AVANTAGES PARTICULIERS.

Lorsque la nullité d'une société anonyme a été prononcée à raison de la déclaration mensongère de la souscription intégrale du capital social et du versement du quart, le souscripteur d'actions qui a dû en verser le montant, est autorisé à se retourner contre ceux des administrateurs qui ont pris part à cette illégalité, et à leur réclamer la restitution des fonds versés (2) (L. 24 juill. 1867, art. 1, 24, 41, 42).

Et il n'échet, en pareil cas, de rechercher si la ruine de la société et sa faillite n'ont pas été occasionnées exclusivement par l'insuffisance du capital primitivement réalisé ou par un concours d'autres fautes ou d'actes de mauvaise gestion (Id.).

Il n'y a pas là une action sociale réservée au seul syndic de la faillite, mais une action personnelle à l'actionnaire lésé (3) (L. 24 juill. 1867, art. 17, 39, 42).

D'où la transaction conclue entre un administrateur et le syndic n'est pas opposable à l'actionnaire, le syndic n'ayant pas qualité pour le représenter (4) (C. civ., 1315, 2044, 2052; C. com., 443, 532).

Il en est ainsi surtout quand cette transaction ne contient ni avantage, ni réparation au profit des actionnaires collectivement ou isolément, et qu'elle porte uniquement sur les condamnations et réparations que la faillite pouvait avoir à exercer contre l'administrateur (5) (Id.).

(Welesley c. Bolsigner.)

Voici, sur ces importantes questions, les parties les plus saillantes des observations de M. le conseiller rapporteur Babinet. Elles serviront à donner à l'arrêt sa véritable portée.

« .....Les créanciers, qui, tant que la société est *in bonis*, restent des individus exerçant leurs droits propres, deviennent, par le fait seul de la faillite, une masse qui n'agit plus que par l'entremise du syndic, unique adversaire qualifié de quiconque réclamerait une situation privilégiée.

« Bien différente est la condition des actionnaires. Tant que la société est *in bonis*, et avant que le vice radical de sa constitution ait apparu, leur action collective ou sociale s'exerce dans les conditions prévues par les statuts et par les représentants qui y sont désignés, mais déjà ils ont individuellement le droit de faire rompre ce lien apparent en démontrant la nullité de la constitution de la société, afin de ne pas rester exposés à ses conséquences ultérieures. Après la faillite, le syndic, dans l'intérêt de la masse, a mission de recouvrer et de reconstituer au besoin l'actif social. Il a donc seul l'action sociale contre les débiteurs et l'action contre chaque actionnaire en versement des apports par lui promis, sans qu'il puisse opposer la nullité de la société (Req., 10 févr. 1868, S. 68. 1. 149. — P. 68. 359. — D. 68. 1. 379, et Civ. rej., 21 juill. 1879. Pand. chr.).

(1) V. conf., et en termes presque identiques dans les parties essentielles et doctrinales, Cass., 23 avril 1861 (Pand. chr.), et la note.

(2 à 5) V., sur ces délicates questions, les observations de M. le conseiller rapporteur insérées au cours de l'article.

« Le syndic peut encore exercer contre les fondateurs et administrateurs l'action en responsabilité pour irrégularité dans la constitution de la société. Plusieurs Cours en avaient douté. L'arrêt de cassation de la chambre civile, du 16 mars 1870 (S. 70. 1. 209. — P. 70. 521. — D. 70. 1. 299), décide, sous l'empire de la loi du 17 juill. 1856, que les art. 7 et 10 ayant assimilé la responsabilité des administrateurs à celle du gérant, « cette assimilation ne permet pas de douter qu'une action fondée sur ces articles ne puisse intéresser la masse des créanciers, et que, par conséquent, l'exercice n'en appartienne au syndic ». C'est encore ce qu'a jugé la même chambre le 27 janv. 1873 (S. 73. 1. 163. — P. 73. 383. — D. 73. 1. 331), dans un cas où la faute reprochée aux administrateurs était l'irrégularité de constitution prévue par l'art. 25 de la loi du 23 mai 1863, et le motif de la condamnation leur responsabilité envers les tiers représentés par le syndic.

« Enfin, les arrêts, Civ. rej. 21 déc. 1875 (S. 79. 1. 97. — P. 79. 241. — D. 77. 1. 17) et Civ. rej., 13 mars 1876 (S. 76. 1. 361. — P. 76. 873. — D. 77. 1. 49) affirment le droit du syndic contre les fondateurs et administrateurs de la société en commandite (art. 8 et 9 de la loi du 24 juill. 1867) et de la société anonyme (art. 42 de la même loi).

« Dans ces diverses espèces, vous verrez toujours le syndic exercer les droits de la masse des créanciers. Mais à quel titre représenterait-il, soit un actionnaire isolé, soit l'ensemble des actionnaires au point de vue de leurs réclamations contre les fondateurs, administrateurs ou membres du conseil de surveillance? Est-ce qu'il faut confondre en sa personne des droits qui ne sont pas de la même nature? Le texte et l'esprit de la loi démontrent le contraire.

« L'art. 42 de la loi du 24 juill. 1867 déclare les fondateurs et administrateurs responsables envers les tiers, sans préjudice des droits des actionnaires.

« Les droits des tiers et ceux des actionnaires n'ont ni la même nature ni la même étendue. Il est constant aujourd'hui que la responsabilité des fondateurs vis-à-vis des créanciers, les tiers représentés par le syndic, s'étend à *toutes les dettes sociales*, malgré la disparition inexpliquée, dans l'article définitivement voté, de ces mots inscrits au projet. Par l'effet de la nullité, imputable à leur faute, les administrateurs sont tenus de toutes les dettes sociales, sous la seule déduction de l'actif réalisé, car ils se trouvent substitués à l'être moral qui, par leur faute ou leur négligence, est reconnu n'avoir pas d'existence légale. V. Cass., civ., 27 janv. 1873 (S. 73. 1. 163. — P. 73. 383. — D. 73. 1. 331); et Civ. rej., 13 mars 1876 (S. 76. 1. 361. — P. 76. 873. — D. 77. 1. 49). Les conséquences de la faute ne sont pas aussi absolues à l'égard des actionnaires, dont la loi se borne à réserver les droits, lesquels sont ceux qu'ils peuvent exercer d'après le droit commun. V. Req. 2 juill. 1873 (S. 73. 1. 306. — P. 73. 765. — D. 74. 1. 49). En effet, un autre arrêt des requêtes, du 8 mars 1876 (S. 76. 1. 409. — P. 76. 1051. — D. 77. 1. 168), autorise les juges du fond à apprécier souverainement et à atténuer, suivant les circonstances, le degré de responsabilité des membres d'un conseil de surveillance envers les actionnaires, et notamment d'obliger ceux-ci à tenir compte des dividendes exagérés qu'ils ont touchés.

« Vous avez vu tout à l'heure l'arrêt du 2 juill. 1873 déclarer que les droits réservés aux actionnaires sont ceux qu'ils peuvent exercer conformément aux principes du droit commun, et parallèlement vous entendez la chambre civile, dans son arrêt du 27 janv. de la même année, exprimer ce doute : « sans qu'il soit besoin d'examiner si l'action du syndic de la faillite serait recevable, alors même qu'elle ne serait fondée que sur les règles du droit commun. » L'identité des actions n'est donc rien moins qu'évidente.

« Il y a entre les intérêts des créanciers et ceux des associés ou actionnaires, non-seulement défaut d'identité et dissemblance, mais antagonisme. Les apports des actionnaires sont les éléments du fonds ou capital social, qui est lui-même la garantie des créanciers. Aucune loi n'a garanti aux actionnaires que la société prospérerait, ni que le capital social ne serait pas absorbé par les dettes, mais on leur a promis de ne pas ajouter aux risques du commerce les pertes dues à la violation d'une loi précise ou à des délits et quasi-délits de droit commun. Eux seuls peuvent se prévaloir de ces droits, les exercer ou transiger à leur égard; de même qu'on leur opposera, non pas l'irrecevabilité, mais le mal fondé de leurs prétentions, si, comme dans l'affaire Rodocanachi (Req., 2 juill. 1873, S. 73. 1. 306. — P. 73. 765. — D. 74. 1. 49), ils ont connu et approuvé les faits dont ils se plaignent.

« En vérité, ce serait un singulier représentant de leurs intérêts, ce syndic, tenu de verser dans sa caisse, pour les distribuer aux seuls créanciers vérifiés, les fonds réalisés à l'aide de poursuites contre les administrateurs. Bien loin de représenter les actionnaires, il doit exiger d'eux le versement du montant de leurs apports. On ne citerait pas une espèce dans laquelle le syndic ait agi, stipulé, transigé au profit des actionnaires. C'est leur adversaire-né.

« Tel n'est certainement pas le cas de l'arrêt de la chambre civile du 16 mars 1870, (S. 70. 1. 209. — P. 70. 521. — D. 70. 1. 299), qui casse une décision refusant au syndic le droit d'agir contre les fondateurs à raison de l'irrégularité de la constitution de la société. En effet, une autre partie du même arrêt attaqué n'avait pas été frappée de pourvoi. C'était celle qui, en dehors des conclusions du syndic, avait condamné les membres du conseil à garantir aux actionnaires une partie du capital de leurs actions. Voilà la dualité des actions dérivant de la divergence des intérêts.

« Ce n'est pas non plus, à coup sûr, notre espèce, où le syndic a transigé avec Welesley, en lui promettant, moyennant un versement dans la caisse de la faillite, libération à forfait de toutes les condamnations et répétitions quelconques que la faillite peut avoir à exercer contre lui tant à raison des condamnations sur lesquelles intervient la transaction que pour toute autre cause, de manière à ce qu'il ne puisse être inquiété, ni recherché à quelque titre que ce soit. Tout cela est fort bien quant aux droits quelconques que la faillite peut avoir à exercer; mais les actionnaires ne sont pas la faillite. Où est leur part dans le bénéfice de la transaction? Il n'est pas question d'eux. Admettez par pure hypothèse que le syndic ait pu les représenter, et vous serez obligés de reconnaître qu'il ne lui a pas convenu de le faire. On ne transige pas pour le compte et sur les droits de son mandant sans le vouloir et sans l'exprimer... »

ARRÊT.

LA COUR; — Sur les deux moyens réunis, pris de la violation et de la fausse application des art. 42 de la loi du 24 juill. 1867, 1315 et 1382, 2044 et 2052, C. civ., et 535 C. com.; — Attendu que le pourvoi reproche à tort à la décision attaquée de n'avoir pas constaté si la faute imputée à Welesley était la véritable cause du préjudice allégué par Bolsigner; — Attendu qu'il résulte des faits constatés par les juges et non contestés que la société anonyme, dont Welesley a été administrateur, sinon fondateur, a été constituée illégalement, que la souscription intégrale du capital social et le versement du quart de chaque action ont été mensongèrement déclarés, et que Welesley a pris part à cette violation de la loi, qui a entraîné la nullité de la société; — Attendu que Bolsigner, souscripteur d'actions, dont il a dû verser le montant, a invoqué à bon droit les principes du droit commun et les prescriptions de la loi spéciale, lorsqu'il a réclamé contre plusieurs administrateurs, dont un seul s'est pourvu en cassation, la restitution des fonds qui auraient dû lui être rendus ou n'auraient pas dû lui être demandés, puisque la condition d'une constitution régulière n'avait pas été remplie; qu'en effet, la responsabilité des fondateurs et administrateurs dans les sociétés anonymes a été établie expressément par les art. 41 et 42 de la loi de 1867, ainsi que par les dispositions du Code civil au titre « Du mandat »; que l'action de Bolsigner avait donc sa source dans une disposition du Code civil et les stipulations d'un contrat; que c'est sur ces dispositions qu'est motivée la condamnation prononcée; que c'est bien la faute de Welesley qui a été la cause du préjudice causé aux souscripteurs par l'absorption de leurs fonds dans une société nulle à l'égard de tous, excepté des tiers créanciers; — Attendu que de ces faits il résulte, d'une part, qu'il n'échet de rechercher si la ruine de la société et sa faillite ont été ou non occasionnées exclusivement par l'insuffisance du capital primitivement réalisé, ou par un concours d'autres fautes ou d'actes de mauvaise gestion; et, d'autre part, qu'il ne s'agissait pas d'une action sociale réservée au syndic de la faillite, mais bien d'une réparation personnelle à l'actionnaire lésé et exercée par lui dans les conditions de l'art. 42 de la loi de 1867 et du droit commun;

En ce qui concerne l'exception tirée par Welesley de ce que, poursuivi en responsabilité par le syndic, il avait transigé avec lui à forfait; — Attendu que de ce qui précède il résulte que le jugement attaqué a justement déclaré que cette transaction ne pouvait être opposable à un actionnaire, alors que le syndic n'avait pas qualité pour le représenter; — Attendu, du reste, que d'après les termes de cette transaction, il a été stipulé ni avantage ni réparation au profit des actionnaires collectivement ou isolément, alors qu'elle portait sur les condamnations et réparations que la faillite pouvait avoir à exercer contre Weleslcy; — Rejette le pourvoi contre le jugement du tribunal de commerce de la Seine du 31 mai 1883, etc.

MM. Bédarrides, prés.; Babinet, rapp.; Petiton, av. gén. (concl. conf.); Devin, av.

CASS.-CIV. 19 mai 1885.

INTERDICTION, CONSEIL DE FAMILLE, COMPOSITION, DEMANDEUR, ENFANTS.

Les enfants du demandeur en interdiction peuvent faire partie du conseil de famille appelé à donner son avis sur l'état de la personne dont l'interdiction est poursuivie (1) (C. civ., 494).

(Grabié c. Grabié.) — ARRÊT.

LA COUR : — Sur l'unique moyen du pourvoi : — Attendu qu'aux termes de l'art. 494, C. civ., le conseil de famille, appelé à donner son avis sur l'état de la personne dont l'interdiction est demandée, doit être formé selon le mode déterminé à la section 4 du chap. II du titre de la minorité, de la tutelle et de l'émancipation; que ce mode de procéder comprend non-seulement l'application des règles énumérées dans ladite section, et relatives à la composition et à la réunion des conseils de famille, mais encore l'application des prescriptions concernant les causes d'incapacité ou d'exclusion édictées dans la section 7 du même titre, qui en sont la conséquence nécessaire, que les dispositions contenues dans ces deux sections constituent, en effet, un ensemble législatif qui ne saurait être divisé, ainsi que cela résulte d'ailleurs de la référence indiquée dans l'art. 405, C. civ.; qu'il suit de là que l'art. 442 du même Code, placé dans la sect. 7, est applicable en matière d'interdiction, au même titre que les dispositions de la sect. 4, dont il est le complément inséparable; — Mais attendu que si, aux termes du n. 4 de cet article, ne peuvent être membres des conseils de famille ceux dont le père ou la mère ont, avec la personne dont l'interdiction est provoquée, un procès dans lequel son état, sa fortune ou une partie notable de ses biens sont compromis, cette cause d'incapacité ne saurait résulter de l'instance en interdiction elle-même qui, loin de compromettre la personne ou les biens de celui qui en est l'objet, a pour but de les protéger, et qui, si elle a pour effet de modifier sa capacité juridique, n'influe point sur son état au sens spécial que la loi donne à ce mot dans cet article; — Attendu, d'autre part, que si, aux termes de l'art. 495, C. civ., ceux qui auront provoqué l'interdiction ne peuvent faire partie du conseil de famille, cette incapacité ne saurait, dans le silence de la loi, être étendue à leurs enfants par voie d'interprétation; d'où il suit que la Cour d'appel de Toulouse (arrêt, 13 mars 1882), en déclarant valable la délibération du conseil de famille du 20 mars 1879, loin de violer les articles invoqués par le pourvoi, en a fait, au contraire, une exacte application; — Rejette, etc.

MM. Larombière, prés.; Tappie, rapp.; Charrins, 1er av. gén. (concl. conf.); Morillot et Sabatier, av.

CASS.-CIV. 19 mai 1885.

1° TESTAMENT AUTHENTIQUE, DATE, ERREUR, RECTIFICATION, ÉLÉMENT INTRINSÈQUE, NULLITÉ. — 2° NOTAIRE, RESPONSABILITÉ, TESTAMENT AUTHENTIQUE, NULLITÉ, MOTIFS DE JUGEMENT OU D'ARRÊT. — 3° LEGS, VALEURS MOBILIÈRES, MEUBLES INCORPORELS, INTERPRÉTATION.

1° *La fausseté de la date d'un testament, qu'il soit olographe ou fait par acte public, en entraîne la nullité, à moins qu'il ne se trouve dans le testament lui-même des énonciations qui permettent de rectifier ou de compléter cette date* (2) (L. 25 vent. an XI, art. 12 et 68; C. civ., 971, 1001).

Spécialement, *est nul le testament authentique, portant la date du samedi 14 février 1876, le 14 février en 1876 ne correspondant pas à un samedi, si rien dans le testament ne permet d'attribuer l'indication fautive à une erreur de mois plutôt que de jour, de quantième du mois, ou même d'année, et qu'ainsi il est impossible de rétablir la véritable date à l'aide de l'acte lui-même ou du calendrier* (3) (Id.).

Une telle preuve ne saurait être recherchée dans le répertoire du notaire rédacteur; ce répertoire, ne formant point corps avec le testament, ne fournit que des éléments

(1) Jugé, dans le sens de l'interprétation restrictive de l'art. 495, C. civ., que l'exclusion du conseil de famille ne peut être étendue aux gendres de celui qui a provoqué l'interdiction : Metz, 29 déc. 1818 (Pand. chr.). — Il est d'ailleurs généralement admis que les causes d'incapacité ou d'exclusion du conseil de famille énoncées dans les art. 442 et suiv., sont les seules susceptibles d'être retenues et appliquées; que ces articles ne sont pas démonstratifs, mais limitatifs, qu'ils doivent être pris à la lettre. V. Cass., 13 oct. 1807 (Pand. chr.); Besançon, 26 août 1808; Caen, 15 janv. 1811; Paris, 15 juin 1857 (Pand. chr.), et le renvoi. — V. toutefois Cass., 11 août 1852 (Pand. chr.), et la note.

(2-3) Les principes, en cette matière, sont depuis longtemps fixés, et ils sont les mêmes pour les testaments faits par acte public que pour les testaments olographes. Les voici en quelques propositions :

1° L'inexactitude ou l'erreur matérielle dans la date d'un testament n'est pas une cause de nullité du testament, lorsqu'elle est le résultat d'une inadvertance et qu'elle peut être rectifiée avec certitude à l'aide d'éléments fournis par le testament lui-même. V. notamment, en ce qui concerne les testaments olographes, Cass., 8 mai 1855 (S. 55. 1. 327. — P. 55. 2. 506. — D. 55. 1. 163); 6 août 1856 (S. 56. 1. 778. — P. 57. 662. — D. 56. 1. 431); Rouen, 11 (ou 22) mai 1857 (S. 57. 2. 728. — P. 58. 602. — D. 57. 2. 132); Nîmes, 28 juill. 1857 (S. 57. 2. 728. — P. 58. 602); Cass., 18 janv. 1858 (S. 58. 1. 177. — P. 58. 602. — D. 58. 1. 24); 28 juin 1869 (S. 70. 1. 16. — P. 70. 24. — D. 72. 1. 32); Riom, 19 juill. 1871, sous Cass., 5 févr. 1873 (S. 73. 1. 107. — P. 73. 242. — D. 73. 1. 435); Bordeaux, 28 févr. 1872 (S. 73. 2. 173. — P. 73. 715. — D. 72. 2. 204); Montpellier, 31 déc. 1872 (S. 73. 2. 173. — P. 73. 715. — D. 73. 2. 116); Lyon, 25 juin et 14 déc. 1875 (S. 76. 2. 55 et 293. — P. 76. 237 et 1126. — D. 76. 2. 199); 4 févr. 1879 (Pand. chr.); Aix, 16 févr. 1881; Douai, 7 nov. 1881 (S. 82. 2. 150. — P. 82. 1. 811) et les notes; et en ce qui concerne les testaments authentiques : Rouen, 23 juill. 1825; Limoges, 14 déc. 1842 (S. 44. 2. 7. — P. 44. 2. 314); 13 août 1856 (Pand. chr.); Cass., 18 janv. 1858 (Pand. chr.).

2° La fausseté de la date équivaut à l'absence de date et entraîne la nullité du testament, si l'erreur ne peut être rectifiée à l'aide du testament lui-même et des énonciations qu'il renferme. Les actes étrangers peuvent bien être consultés avec fruit, mais ce n'est qu'autant qu'ils viennent fortifier les éléments intrinsèques de vérification que fournit le testament. V. plus spécialement, pour les testaments olographes, Cass., 31 janv. 1859 (S. 59. 1. 337. — P. 59. 234. — D. 59. 1. 66); Lyon, 22 févr. 1859 (S. 59. 2. 545. — P. 59. 1100. — D. 59. 2. 112); Cass., 18 août 1859 (S. 60. 1. 139. — P. 59. 1100. — D. 59. 1. 415); 20 févr. 1860 (S. 60. 1. 769. — P. 60. 389. — D. 60. 1. 116); 31 juill. 1860 (S. 60. 1. 769. — P. 60. 1104. — D. 60. 1. 450); 11 mai 1864 (S. 64. 1. 233. — P. 64. 846. — D. 64. 1. 294); Orléans, 29 juill. 1865 (S. 65. 2. 272. — P. 65. 1097); Cass., 14 mai 1867 (S. 67. 1. 236. — P. 67. 614. — D. 67. 1. 201); Douai, 10 févr. 1873 (S. 75. 2. 16. — P. 75. 104. — D. 74. 2. 58); Cass., 8 janv. 1879 (Pand. chr.); 15 déc. 1879 (Pand. chr.); Nancy, 14 févr. 1880 (S. 80. 2. 238. — P. 80. 947); 13 mars 1883 (Pand. chr.); 10 déc. 1883 (S. 84. 1. 264. — P. 84. 1. 653), et les renvois.

3° Les juges du fond sont souverains, lorsque, par interprétation du testament, ils décident que l'acte ne contient pas en lui-même les éléments intrinsèques qui permettent de rectifier la da e. V. Cass., 18 nov. 1856 (S. 57. 1. 272. — P. 57. 1048. — D. 57. 1. 85); 18 août 1859 (S. 60. 1. 139. — P. 59. 1100. — D. 59. 1. 415); 8 janv. 1879 (Pand. chr.); 16 août 1881 (D. 82. 1. 247); 29 nov. 1882 (Pand. chr.).

de renseignements extrinsèques étrangers à l'acte (1) (Id.).

2° *Les notaires ne sont pas, de plein droit et d'une manière absolue, responsables des nullités ayant pour cause les omissions ou irrégularités qu'ils commettent lors de la rédaction de leurs actes. — Il appartient aux juges du fait de décider souverainement dans chaque espèce, suivant la nature et la gravité de l'omission ou de l'irrégularité, dans quels cas et dans quelle mesure cette responsabilité doit être retenue* (2) (L. 25 vent. an XI, art. 68; C. civ., 1382, 1383).

Par suite, les condamnations prononcées, en pareil cas, contre les notaires doivent contenir des constatations de faits suffisamment précises pour permettre de vérifier si les juges ont fait un usage légitime de leur pouvoir d'appréciation quant au principe et à l'étendue de la responsabilité (3) (Id.).

3° *Le legs des linges, mobiliers, effets, bijoux, provisions et valeurs mobilières, peut être considéré, surtout par la généralité de l'expression « valeurs mobilières », comme embrassant la totalité de la fortune mobilière du testateur, les meubles incorporels, comme les meubles corporels* (4) (C. civ., 534, 535, 895). — Rés. par la Cour d'appel.

(Bonnefoy et X... c. Bonnefoy.)

2 janv. 1883, arrêt de la Cour de Paris, conçu dans les termes suivants : — « LA COUR : — En ce qui touche la demande en nullité du testament portant la date du samedi 14 févr. 1876 ; — Considérant, en droit, qu'aux termes des art. 12 et 68 de la loi du 25 vent. an XI, les testaments publics doivent, à peine de nullité, être datés, c'est-à-dire contenir l'indication des jour, mois et an, où ils sont reçus ; que l'inexactitude de la date doit être assimilée au défaut de date, et entraîne la même nullité, à moins qu'elle ne puisse être rectifiée à l'aide du testament lui-même ; que les moyens de preuve tirés des documents étrangers au testament ne sauraient être accueillis, lorsque le germe de la rectification à opérer ne se trouve pas dans l'acte testamentaire ; — Considérant, en fait, que les différentes énonciations et la date du testament argué de nullité sont contradictoires et exclusives les unes des autres, puisque le 14 févr. 1876 ne correspond pas à un samedi ; que rien dans le testament ne permet de discerner si l'erreur commise par le notaire porte sur l'indication du jour de la semaine, sur celle du mois, du quantième du mois ou de l'année ; que les premiers juges, se référant au calendrier de l'année 1876, et constatant que le mois d'octobre de cette année était le seul qui présentât la réunion du samedi comme jour de la semaine, et du 14 comme quantième du mois, en ont conclu que le véritable date du testament était celle du 14 oct. 1876, et ils ont cru pouvoir la rectifier en ce sens ; mais que, pour opérer cette rectification, les premiers juges ont dû se livrer à une décomposition arbitraire de la date du testament, retenir comme constantes celles des énonciations qui sont relatives au jour de la semaine, au quantième du mois, au millésime, et rejeter comme erronée la désignation du mois ; qu'aucune des dispositions du testament ne justifie cette distinction entre les différents éléments de la date et la créance donnée aux uns à l'exclusion des autres ; que la décision du tribunal lui a été manifestement inspirée, non par des raisons puisées dans le testament, mais par des faits et des documents extrinsèques, tels que le répertoire et le grand-livre du notaire X..., la cote du testament, les agendas du second notaire et des témoins, les propres aveux de X..., qui tous représentent le testament comme ayant été reçu le 14 oct. 1876 ; que les faits et circonstances extrinsèques au testament peuvent sans doute être pris en considération pour apprécier la valeur et fixer la véritable signification des éléments de rectification contenus dans le testament, mais qu'en dehors de ce cas, et lorsque le testament est muet sur le moyen de remédier à l'infirmité de la date, il ne saurait en être fait état, sous peine d'anéantir la règle, suivant laquelle la validité des dispositions testamentaires est subordonnée à l'accomplissement des formalités prescrites par la loi ; qu'on objecterait vainement que les premiers juges n'ont pas méconnu cette règle, puisque le testament énonçait qu'il avait été reçu, en 1876, un samedi, le quatorzième jour d'un mois, et qu'ils se sont bornés à vérifier l'exactitude de ces énonciations à l'aide des faits et circonstances extrinsèques au testament ; que le tribunal a fait plus ; qu'il a rayé du testament le mot « février », pour le remplacer par le mot « octobre », et que, loin de s'appuyer sur les énonciations du testament pour opérer cette substitution, il s'est mis en contradiction ouverte avec elles ; que l'événement n'a pas tardé à démontrer la fragilité de l'argument à l'aide duquel le tribunal s'est cru autorisé à placer la confection du testament à une date postérieure au 10 juill. 1876 ; que cet argument, tiré de la clause portant révocation des codicilles antérieurement faits par la dame Bonnefoy, tombe de lui-même devant la production d'un troisième codicille en date du 10 mars 1871 ; que la production de cet acte explique l'emploi du mot « codicille » au pluriel dans le testament litigieux, abstraction faite du codicille du 10 juill. 1876, et ruine l'induction à laquelle il servait de base ;

« En ce qui touche l'étendue du legs fait au sieur Ruchon par le testament du 10 juill. 1876 : — Considérant que ce legs est conçu dans les termes suivants : « Je donne et lègue à M. Gustave, avoué à Lyon, mon neveu, tous mes linges, mobiliers, effets, bijoux, provisions et valeurs mobilières » ; que, par leur généralité et la place qu'elles occupent dans l'énumération des objets légués, les expressions « valeurs mobilières » embrassent la totalité de la fortune mobilière de la testatrice, les meubles incorporels comme les meubles corporels, sous la déduction toutefois des legs particuliers en valeurs de même nature ; que cette inter-

(1) Le répertoire du notaire rédacteur de l'acte, quand il s'agit de testament authentique, ne fait point corps avec le testament; il s'en sépare par une nature propre; il reste un de ces éléments extrinsèques qui peuvent compléter les indications déjà fournies par le testament, leur donner une autorité plus grande, mais qui n'y suppléent pas de toute pièce et intégralement. — C'est ainsi qu'il a été jugé, à propos de testament olographe, que la fausse date ne peut être rectifiée à l'aide de faits extrinsèques au testament lui-même, comme, par exemple, le *dépôt du testament chez un notaire* : Lyon, 14 déc. 1875 (Pand. chr.).

(2) V. en ce sens, sur le principe, Cass., 27 nov. 1837 (S. 37. 1. 945. — D. 37. 2. 489); Dijon, 12 août 1847 (Pand. chr.), — et sur les applications diverses du principe, Cass., 5 févr. 1872 (S. 72. 1. 386. — P. 72. 1016. — D. 72. 1. 225); Dijon, 16 févr. 1872 (S. 72. 2. 102. — P. 72. 481. — D. 72. 2. 213); Chambéry, 8 févr. 1875 (S. 75. 2. 143. — P. 75. 586. — D. 75. 2. 84); Cass., 4 mai 1875 (S. 75. 1. 274. — P. 75. 649. — D. 75. 1. 382); Toulouse, 24 mars 1879 (Pand. chr.), et les renvois. V. aussi Cass., 24 mai 1886 (Pand. pér., 86. 1. 157), et la note.

(3) Les juges du fait décident bien souverainement quand la responsabilité est encourue et dans quelle mesure le notaire peut être tenu. V. Cass., 5 févr. 1872 (S. 72. 1. 386. — P. 72. 1016. — D. 72. 1. 225); 19 juin 1872 (S. 72. 1. 281. — P. 72. 697. — D. 72. 1. 436); 17 juill. 1872 (S. 72. 1. 386. — P. 72. 1017. — D. 73. 1. 87); 20 nov. 1876 (D. 77. 1. 172). — Mais les condamnations judiciaires doivent contenir les motifs qui les justifient; c'est là une règle générale, une garantie de bonne justice qui n'a rien de particulier à la matière qui nous occupe.

(4) Comp. Nancy, 27 juin 1885 (Pand. chr.), et la note. — Les solutions peuvent être ici en sens contraire, sans qu'il y ait de contradiction véritable ni sur le fait, ni sur le droit. Tout dépend des circonstances spéciales à chaque affaire et de l'interprétation qu'en donnent les tribunaux. V. Cass., 9 août 1882 (S. 83. 1. 58. — P. 83. 1. 727. — D. 83. 1. 134); 18 déc. 1882 (S. 83. 1. 159. — P. 83. 1. 378. — D. 83. 1. 464).

prétation des volontés de la testatrice est confirmée par la remise par elle faite au sieur Ruchon, lors de la confection du testament, d'un carnet contenant l'indication de ses rentes, droits, actions et obligations;

« En ce qui concerne la responsabilité du notaire : — Considérant que l'inexactitude de la date du testament argué de nullité est imputable au notaire, qui devait veiller à sa régularité et à l'accomplissement des formalités nécessaires à sa validité; que l'erreur par lui commise constitue de sa part une faute, qui l'oblige à réparer le dommage qui pourra en résulter; — Par ces motifs, — Infirme la sentence dont est appel; — Déclare nul et de nul effet le testament de la dame veuve Bonnefoy, reçu par X..., notaire, sous la date du 14 févr. 1876; — Dit que le legs fait au sieur Ruchon par le testament du 10 juill. 1876 est de la totalité des meubles corporels et incorporels dépendant de la succession de la dame Bonnefoy, à la charge toutefois des legs particuliers en valeurs de même nature; — Condamne les légataires universels de la dame veuve Bonnefoy à faire au sieur Ruchon la délivrance dudit legs; — Condamne X..., notaire, à garantir et indemniser le sieur Antoine Bonnefoy et la dame Saint-Cricq de toutes les pertes en capital, intérêts et frais, à eux occasionnées par la nullité du testament portant la date erronée du samedi 14 févr. 1876, etc. »

Pourvoi en cassation par Antoine Bonnefoy et X..., notaire.

ARRÊT (*après délib. en ch. du cons.*).

LA COUR : — Joignant les deux pourvois; — Statuant sur les deux moyens communs à l'un et à l'autre pourvoi, ainsi que sur le moyen additionnel : — Attendu que, d'après l'art. 12 de la loi du 25 vent. an XI, tous les actes reçus par les notaires doivent énoncer l'année et le jour où ces actes sont passés; — Attendu que l'énonciation du jour, exigée par le législateur, comprend implicitement celle du mois, toutes les fois qu'il n'y est pas suppléé par une énonciation équipollente; que ces jour, mois et an sont évidemment ceux qu'indique le calendrier au moment où l'acte est souscrit; qu'enfin, il résulte de l'article ci-dessus cité combiné avec l'art. 1001, C. civ., que l'absence d'une date régulière et complète est, en matière de testaments, qu'ils soient olographes ou faits par acte public, une cause de nullité, à moins qu'on ne trouve dans le testament lui-même les moyens de rectifier ou de compléter cette date; — Attendu, en fait, que le testament litigieux porte la date du 14 févr. 1876, date nécessairement inexacte, puisque, d'après le calendrier, le 14 févr. n'était pas un samedi; — Attendu qu'après avoir constaté l'erreur commise par le notaire, l'arrêt attaqué déclare que rien, dans le testament, ne permet de discerner si elle porte sur l'indication du jour de la semaine, ou sur celle du mois, ou du quantième du mois, ou même de l'année, ni par conséquent de rétablir, à l'aide du testament ou du calendrier, la date véritable à laquelle l'acte a été reçu; — Attendu que, d'après le pourvoi, cette prétendue impossibilité de rectification ne résulterait que d'une erreur juridique, en ce que les juges du fond n'ont pas limité à l'énonciation du mois l'erreur commise par le notaire, et ont ainsi méconnu, quant aux autres portions de la date, la foi due aux actes authentiques; — Mais attendu que la foi due à l'acte authentique, qui, d'ailleurs, protégerait également et sans distinction toutes les parties de la date, est inapplicable au cas où la preuve de l'erreur ressort du testament lui-même, et que le pourvoi ne relève dans le testament de l'espèce aucune mention prouvant que c'est en effet l'indication du mois qui est fautive plutôt que celle du jour, ou du quantième, ou de l'année; qu'il est obligé de tirer cette preuve de documents tels que le répertoire du notaire rédacteur, sous le prétexte inadmissible que ce répertoire ferait corps avec l'acte lui-même, en serait un accessoire légal, et ne constituerait pas une preuve extrinsèque à cet acte; — Attendu qu'en se déclarant, dans ces circonstances, impuissante à rétablir, par les moyens légaux, la date véritable du testament litigieux, et en prononçant, par suite, la nullité de ce testament, la Cour de Paris n'a violé aucun des articles de loi ou des principes invoqués par le pourvoi; — Rejette, etc.;

Mais sur le troisième moyen; — Vu l'art. 68 de la loi du 25 vent. an XI; — Attendu qu'il résulte de cet article que les notaires ne sont pas, de plein droit et d'une manière absolue, responsables des nullités ayant pour cause les omissions ou irrégularités qu'ils commettent lors de la rédaction de leurs actes; que cet article ne les assujettit à des dommages-intérêts que *s'il y a lieu;* d'où il suit que la déclaration de nullité n'entraîne pas nécessairement la responsabilité du notaire, auteur de cette nullité; qu'en cette matière, les dommages-intérêts et leur quotité dépendent de la nature et de la gravité de l'omission ou de l'irrégularité reprochée au notaire, et sont subordonnés à l'appréciation équitable des tribunaux; que les art. 1382 et 1383, C. civ., n'ont point abrogé le droit spécial relatif au notariat, et n'obligent pas les juges à rendre les notaires responsables, dans tous les cas et intégralement, de la nullité de leurs actes; — Attendu, en fait, que, pour condamner le notaire X... à garantir et indemniser les consorts Antoine Bonnefoy de toutes pertes en capital, intérêts et frais à eux occasionnés par la nullité du testament litigieux, la Cour d'appel de Paris s'est bornée à constater que ce notaire avait commis une faute et en a conclu qu'elle l'obligeait à réparer le dommage pouvant en résulter et l'intégralité de ce dommage, sans qu'on puisse reconnaître si la Cour a fait usage du pouvoir que lui attribuait la loi spéciale d'apprécier l'étendue de la responsabilité encourue par le notaire et d'y proportionner la réparation; en quoi l'arrêt a méconnu la disposition légale ci-dessus visée; — Casse, etc.

MM. Barbier, 1er prés.; Merville, rapp.; Charrins, 1er av. gén. (concl. conf.); Morillot, Sabatier et Trézel, av.

CASS.-CIV. 20 mai 1885.

CHEMIN DE FER, TRANSPORT, RÉSEAUX DISTINCTS, MENTION, OMISSION, TARIF RÉDUIT, TRAJET PLUS COURT.

C'est à l'expéditeur qui veut que sa marchandise suive un itinéraire empruntant un autre réseau, au lieu de suivre sur tout le parcours celui de la Compagnie qu'il charge de l'expédition, à indiquer très-clairement cet itinéraire (1) (C. comm., 101, 102; Cah. des charg. du chem. de fer de l'Est, 49, 50).

Cette indication d'itinéraire ne saurait s'induire, notamment, de la seule demande d'application du tarif le plus réduit jusqu'à destination, mentionnée dans la déclaration d'expédition (2) (Id.).

Spécialement, *la Compagnie de l'Est qui reçoit de la Compagnie de Paris-Lyon-Méditerranée deux fûts de vin expédiés de Cette à Hirson aux conditions d'application du tarif le plus réduit jusqu'à destination, peut effectuer le transport en entier sur son réseau exclusivement, sans emprunter en partie le réseau de la Compagnie du Nord, bien que le trajet sur cette dernière ligne soit plus court et, par conséquent, moins coûteux* (3) (Id.).

(Chemin de fer de l'Est c. Bloëme.) — ARRÊT.

LA COUR : — Sur le premier moyen.....

Mais sur le deuxième moyen : — Vu les art. 101 et 102,

(1-2-3) V. sur tous ces points, Cass. 22 avril 1885 (Pand. chr.), et les renvois. V. aussi Cass., 3 févr. 1885 (Pand. chr.); 4 août 1885 (Pand. chr.), et les notes.

C. comm., 1382, C. civ., 49 et 50 du cahier des charges de la Compagnie de l'Est: — Attendu, en fait, qu'il résulte des constatations du jugement attaqué que la Compagnie des chemins de fer de l'Est a reçu de la Compagnie de Paris-Lyon-Méditerranée deux fûts de vin, expédiés par Arnauld Bloëme de Cette à Hirson, avec demande d'application du tarif le plus réduit jusqu'à destination, et qu'elle a opéré ce transport sur son propre réseau exclusivement, sans emprunter en partie le réseau de la Compagnie du Nord, qui dessert également le lieu de destination; — Attendu, en droit, que, lorsque l'expéditeur veut que la marchandise suive un itinéraire qui emprunte un autre réseau, au lieu de suivre, sur tout le parcours, celui de la Compagnie à laquelle il remet cette marchandise, il faut qu'il indique cet itinéraire, puisque, d'une part, la Compagnie ne serait pas autorisée à prendre sur elle le choix d'un autre transporteur, et que, d'autre part, elle ne peut être obligée à chercher elle-même, en dehors de son propre réseau, les moyens de faire parvenir la marchandise à destination dans les conditions les plus avantageuses pour l'expéditeur; — Que cette indication d'itinéraire ne saurait s'induire de la seule demande du tarif le plus réduit jusqu'à destination, mentionné dans la déclaration d'expédition; — Attendu néanmoins que, contrairement à ces principes, le jugement attaqué a déclaré que la Compagnie de l'Est était tenue, en pareil cas, de diriger la marchandise en lui faisant quitter son propre réseau sur un point donné, pour prendre, sur le réseau du Nord, la voie de Laon, plus courte et plus économique, et qu'il a condamné ladite Compagnie à payer au demandeur la somme de 6 fr. 35, formant l'excédent du prix du transport, qu'elle aurait perçue en trop, par suite de la direction suivie; — D'où il suit qu'il a violé les dispositions de la loi et les articles du cahier des charges susvisés; — Casse, etc.

MM. Barbier, 1er prés.; Tappie, rapp.; Charrins, 1er av. gén. (concl. conf.); Devin et Costa, av.

CASS.-CRIM. 23 mai 1885 (TROIS ARRÊTS).

RÈGLEMENT MUNICIPAL, DÉBITS DE BOISSONS, FEMMES, FILLES, PERSONNES DE LA FAMILLE, ASSOCIÉE, DÉCLARATION (ABSENCE DE), MAITRESSE DU DÉBITANT.

Est légal et obligatoire l'arrêté municipal qui, en vue de prévenir les abus de la prostitution, interdit aux débitants de boissons, maîtres de cafés, buvettes ou autres établissements analogues, d'employer des femmes ou des filles au service de la clientèle (1re et 2e espèce), *ou seulement d'employer celles qui ne seraient pas munies d'un certificat de bonnes vie et mœurs* (3e espèce) *et aussi d'en recevoir aucune dans les salles de café ou leurs dépendances* (1re et 2e espèce) (1) (L. L. 16-24 août 1790, tit. 2, art. 3; 2 mars 1791, art. 7; C. pén., 471, n. 15).

Et cette interdiction, par sa portée générale, s'étend à toutes les femmes ou filles dont la présence dans l'établissement pourrait être une cause de désordre, et non pas seulement à celles dont le débitant loue et rétribue les services (2) (Id.). — 2e espèce.

Mais il y a lieu d'excepter de l'interdiction la femme du débitant (2e espèce), *les personnes de sa famille* (1re et 2e espèce), *son associée* (3e espèce), *la femme de son associé* (1re espèce), *les personnes de la famille de cet associé* (1re et 3e espèce) (3) (Id.).

Et pour le cas de la femme d'un associé, l'exception subsisterait alors même que l'associé n'aurait pas fait la déclaration prescrite par l'art. 2 de la loi du 17 juill. 1880, l'absence d'une telle déclaration pouvant motiver contre la partie qui l'a omise l'application des peines portées en l'art. 4 de ladite loi, mais devant rester sans influence sur la validité de l'association (4) (L. 17 juill. 1880, art. 2). — 1re espèce.

Au contraire, la prohibition s'applique à la maîtresse du débitant, alors même qu'elle vit maritalement avec lui depuis longtemps (dans l'espèce, depuis seize ans) et qu'elle passe même auprès de la clientèle pour sa femme légitime (5) (Id.). — 2e espèce.

1re Espèce. — (Eutrope.) — ARRÊT.

LA COUR : — Sur le moyen pris de la violation de l'arrêté municipal du 18 mai 1883, de l'art. 471, n. 15, C. pén., et de l'art. 2 de la loi du 17 juill. 1880; — Attendu que l'arrêté pris par le maire d'Avignon dans l'intérêt de l'ordre et des bonnes mœurs, interdit à ceux qui exploitent des cafés, buvettes ou autres établissements analogues, d'employer des femmes ou des filles au service de la clientèle et d'en recevoir aucune dans les salles de café ou leurs dépendances, mais qu'on ne saurait comprendre dans la prohibition édictée par ledit arrêté les personnes de la famille du débitant non plus que les personnes de la famille de son associé;

Attendu qu'il est constaté, par le jugement attaqué, que la nommée Marie Noël qui a été trouvée dans le café du prévenu est la femme du sieur Fabre son associé, dont la qualité n'a pas été contestée; que si le sieur Fabre n'a point fait à la mairie d'Avignon, en ladite qualité, la déclaration prescrite par l'art. 2 de la loi du 17 juillet 1880, aucune disposition de la loi précitée ne subordonne la validité d'une telle association, ni l'un quelconque de ses effets légaux, à la formalité de la déclaration préalable dont l'omission ne pourrait avoir pour sanction que la pénalité édictée par l'art. 4; d'où il suit qu'en relaxant le sieur Eutrope des poursuites dirigées contre lui, le jugement attaqué n'a aucunement violé les dispositions susvisées; — Rejette, etc.

MM. Ronjat, prés.; Poulet, rapp.; Roussellier, av. gén. (concl. conf.).

2e Espèce. — (Goutard.) — ARRÊT.

LA COUR : — Sur le moyen pris de la violation par

(1 à 5) Ces arrêts ont de nouveau affirmé le principe de la réglementation qui, du reste, n'était plus en discussion depuis l'arrêt de la Cour de cassation du 21 juill. 1883 (S. 84. 1. 93. — P. 84. 1. 187. — D. 84. 1. 144). — V. aussi Cass. 9 mars 1860 (S. 61. 1. 569. — P. 61. 298. — D. 60. 1. 195). — Mais si nécessaire que soit une réglementation, quand il s'agit surtout de cet intérêt d'ordre social si supérieur, l'assainissement moral des lieux publics, encore faut-il qu'elle se tienne dans de justes limites, qu'elle ne soit ni tracassière, ni tyrannique. L'excès de pruderie confine à la prud'homerie. Le ridicule s'en mêle et noie le bon et le mauvais, la partie saine et le côté grotesque des mesures dans le même courant de désuétude anticipée ou d'abrogation à courte échéance.

Les limitations que la Cour de cassation apporte aux interdictions contenues dans les arrêtés municipaux, d'employer des femmes et des filles dans les débits, cafés, brasseries, etc., nous paraissent concilier tous les droits : de la société qui vit de moralité; du commerce et de l'industrie, qui vivent de liberté; du travail qui, lui aussi, ne peut vivre qu'à la condition de ne point se voir fermer arbitrairement les issues ouvertes à l'activité humaine.

Ces limitations ont été depuis consacrées à nouveau par un plus récent arrêt de la Cour de cassation, du 6 févr. 1886 (Pand. pér., 86. 1. 50), et nos observations.

La solution relative à la maîtresse du débitant, dans les circonstances de fait relevées par le 3e arrêt, peut paraître au premier abord empreinte d'une certaine rigueur. La difficulté vient de l'impossibilité de s'arrêter en pareille matière dans la voie des concessions. Combien faudrait-il d'années de concubinage, dans la meilleure acception du mot, pour conquérir le privilège? Comment établir que la concubine occupe réellement dans l'opinion publique le rang et la situation de la femme légitime? L'embarras serait inextricable.

fausse application de l'arrêté municipal du 18 mai 1883 et de l'art. 471, n. 15, C. pén.; — Vu les dispositions susvisées; — Attendu que l'arrêté pris par le maire d'Avignon dans l'intérêt de l'ordre et des bonnes mœurs interdit à ceux qui exploitent des cafés, buvettes ou autres établissements analogues, d'employer des femmes ou des filles au service de la clientèle et d'en recevoir aucune dans les salles de café ou leurs dépendances; que cette disposition ne s'applique pas seulement aux femmes ou filles dont le débitant loue et rétribue les services, qu'elle est générale et s'étend à toutes les femmes dont la présence est appréciée par l'arrêté municipal comme pouvant devenir une cause de désordre dans l'établissement, et qu'il n'y a lieu d'excepter de la prohibition qu'il édicte que la femme du débitant et les membres de la famille dont il est le chef;

Attendu qu'il est constaté par les jugements attaqués que le sieur Goutard vit maritalement depuis seize ans avec la nommée Marie Philippi, qui a été trouvée dans son cabaret; qu'elle passe aux yeux d'un grand nombre de personnes pour sa femme légitime; — Mais attendu que cette situation irrégulière ne saurait créer en faveur du prévenu une immunité qui ne résulte ni des dispositions dudit arrêté, ni d'aucune disposition légale; que, dès lors, en relaxant le sieur Goutard par l'unique motif que la femme Philippi était non pas sa domestique, mais sa concubine, les jugements attaqués ont faussement interprété l'arrêté du maire d'Avignon et violé, en ne l'appliquant pas, l'art. 471, n. 15, du Code pénal; — Casse, etc.

Mêmes magistrats.

3e Espèce. — (Femme Paumont.) — ARRÊT.

LA COUR : — Sur le moyen pris de la violation de l'art. 1er de l'arrêté du maire d'Alger, en date du 12 juillet 1884, de l'art. 471, n. 15, du Code pénal et de l'art. 2 de la loi du 17 juillet 1880; — Attendu que l'arrêté pris par le maire d'Alger, en vue de prévenir les abus de la prostitution clandestine, interdit aux débitants de boissons d'employer aucune femme qui ne serait pas munie d'un certificat de bonnes vie et mœurs délivré par l'autorité administrative compétente; que d'après les constatations du jugement attaqué la nommée Félicie Merlin, qui a été employée à servir les consommateurs dans le cabaret de la prévenue sans être munie du certificat exigé par ledit arrêté, est non pas sa domestique, mais bien son associée, et qu'elle a fait en cette qualité la déclaration prescrite par l'art. 2 de la loi du 17 juill. 1880; — Attendu que ladite loi du 17 juill. 1880, qui a abrogé le décret du 29 déc. 1851, a été par le décret du 5 mai 1881 rendue applicable en Algérie aux Français et naturalisés Français, et qu'il n'est pas contesté que la prévenue et Félicie Merlin, son associée, soient Françaises; que la loi susvisée a eu pour objet de rendre libre la profession de débitant de boissons pour toutes personnes, sauf celles expressément exceptées, et qu'aucune de ses dispositions n'interdit aux femmes d'ouvrir des débits de boissons, de s'associer en vue de les exploiter et d'en pratiquer en commun l'exploitation; que l'art. 2, en imposant à toute personne qui voudra ouvrir un débit de boissons l'obligation d'en faire quinze jours à l'avance la déclaration, n'a pas dérogé aux règles du droit commun en matière de société, ni astreint les propriétaires ou exploitants d'un débit de boissons à faire choix d'un gérant qui serait seul assujetti à la formalité de la déclaration préalable et deviendrait seul responsable de l'exploitation du débit; d'où il suit qu'en relaxant la nommée Julie Paumont, le jugement attaqué n'a aucunement violé ni faussement interprété les dispositions susvisées et qu'il en a fait au contraire une juste application; — Rejette, etc.

Mêmes magistrats.

CASS.-CIV. **3 juin 1885** (DEUX ARRÊTS).

1° COMPÉTENCE, OPÉRATIONS DE BOURSE, ACTE DE COMMERCE. — 2° SOCIÉTÉ ANONYME, CONSTITUTION IRRÉGULIÈRE, ACTIONS, NÉGOCIATION, NULLITÉ, NON-VERSEMENT DU QUART, DÉFAUT D'OBJET, ERREUR SUR LA SUBSTANCE, VICES CACHÉS, GARANTIE, SYNDIC, VERSEMENTS COMPLÉMENTAIRES, PAYEMENT.

1° Les contestations relatives à un achat d'actions d'une société financière par un non-commerçant, alors que cet achat fait partie d'un ensemble d'opérations effectuées par ministère d'agent de change et ayant toutes en vue la réalisation de bénéfices par l'achat et la revente des valeurs de bourse, ont un caractère marqué de commercialité et relèvent de la juridiction des tribunaux de commerce (1) (C. comm., 631, 632). — 1re espèce.

2° Il n'est de négociations prohibées par la loi que celles qui portent sur des titres révélant soit par leur examen matériel, soit par la vérification des conditions essentielles à la constitution des sociétés, les causes qui les vicient et empêchent de les négocier (2) (L. 24 juill. 1867, art. 14). — 1re et 2e espèce.

Spécialement, *doivent être maintenues les négociations de titres, réguliers en la forme, d'une société anonyme qui, par l'accomplissement de toutes les formalités légales, présente l'apparence d'une société organisée ainsi qu'elle doit l'être* (3) (Id.). — Id.

Peu importe qu'après les négociations, des fraudes seraient découvertes, que notamment la nullité de la société pour défaut de versement du quart sur la totalité du capital souscrit, viendrait à être prononcée; les opérations effectuées dans leur ignorance n'en restent ni plus ni moins valables (4) (L. 24 juill. 1867, art. 2). — Id.

La nullité d'une société pour inobservation des conditions de forme ou de fond prescrites par la loi, n'a point d'effet rétro-

---

(1) Les opérations de bourse n'ont point par elles-mêmes de caractère absolu. Tout dépend des circonstances. Elles ne deviennent commerciales, du moins de la part du client ou donneur d'ordres, que lorsqu'elles n'ont eu en vue qu'un but de spéculation, la réalisation de bénéfices par l'achat et la revente des valeurs. V. *Pand. fr. alph.*, t. I, v° *Acte de commerce*, n. 102 et 103. — La commercialité des opérations une fois reconnue, la compétence des tribunaux consulaires en dérive comme une conséquence nécessaire. V. *Pand. fr. alph.*, *loc. cit.*, n. 104.

(2 à 7) En restreignant la portée d'application de l'art. 14 de la loi du 24 juill. 1867 aux seules négociations de titres qui portent en eux-mêmes le signe de leur nullité ou qui proviennent de sociétés pour lesquelles les formalités de constitution et de publicité n'ont point été remplies, la Cour de cassation est restée fidèle à la méthode de simplification qu'elle a suivie dans toutes ces questions de bourse et de finance soulevées en ces dernières années. On ne saurait trop admirer, en effet, et nous aurons souvent l'occasion d'y revenir (V. notamment nos observations jointes aux célèbres arrêts du 29 juin 1885, Pand. chr.), et la hauteur des vues juridiques qui dominent ce corps de doctrine sur des problèmes du jour, et la perception si juste, le sentiment si profond des nécessités pratiques, des exigences d'ordre économique et social, qui semaient de tant de complications et d'écueils les orientations de la jurisprudence. Involontairement et comme par une poussée des souvenirs, l'esprit remonte aux comparaisons, et c'est avec un légitime orgueil qu'il assiste à des conceptions, à des édifications qui rivalisent avec les plus belles créations de l'œuvre des préteurs romains.

Dans l'espèce actuelle se figure-t-on l'ébranlement général du crédit, la perturbation dans les affaires, l'instabilité des transactions, qui résulteraient, même au seul point de vue des négociations d'actions, d'un effet rétroactif attaché à la nullité d'une

actif absolu et n'empêche pas qu'en fait la société n'ait existé dans le passé. — Il en résulte que les négociations antérieures à l'annulation ne peuvent être attaquées ni faute d'objet, ni pour erreur sur la substance de la chose cédée (5) (C. civ., 1108, 1109, 1110, 1116, 1131, 1133, 1604). — 1re espèce.

Et, en pareil cas, il n'y a pas lieu non plus à la garantie à raison des défauts cachés de la chose vendue, si des constatations souveraines de fait il résulte : — d'une part, que l'avilissement des actions n'a point eu pour cause le vice originaire de constitution; — d'autre part, qu'il n'est nullement établi que la connaissance de ce vice aurait empêché l'acquéreur de spéculer sur les actions litigieuses (6) (C. civ., 1641 et suiv.; L. 24 juill. 1867, art. 1, 13, 14). — 1re et 2e espèce.

Les porteurs de titres ne peuvent se prévaloir de la nullité de la société, à l'encontre du syndic, pour se refuser à effectuer le versement du solde complémentaire de leurs actions; la nullité d'une société n'ayant jamais pour effet de libérer ses débiteurs (7). — 2e espèce.

1re Espèce. — (Boucher c. Bouvier.)

Sur les très-importantes solutions ci-dessus, relatives aux effets de l'annulation d'une société par rapport aux négociations d'actions de cette société antérieure à l'annulation et à toute révélation et connaissance des vices de constitution qui frappaient la société dans son existence, M. l'avocat général Desjardins a pris les conclusions suivantes :

« ...Est-ce à bon droit que la Cour de Lyon a refusé, le 22 janv. 1884, d'annuler la négociation d'actions d'une société déclarée nulle pour défaut de versement du quart du capital?

« Déterminons d'abord le fait, car la question peut être envisagée sous deux faces, et la solution de droit est subordonnée à la détermination du fait. La société anonyme dite Banque de Lyon et de la Loire a été, sans doute, le 9 févr. 1883, déclarée nulle pour défaut de versement du quart sur la totalité des actions souscrites; mais il est constant que ce versement du quart avait été affirmé, vérifié et publié dans les formes prescrites par les art. 1, 24, 55 de la loi du 24 juill. 1867; toutes les autres formalités prescrites pour la constitution des sociétés anonymes ont été d'ailleurs remplies; c'est après cette constitution et avant l'instance en nullité qu'a eu lieu la négociation litigieuse.

« Il n'importe, je le sais, aux yeux du demandeur. Celui-ci, s'appropriant, à un certain point de vue, la thèse que M. Lyon-Caen a développée avec un incontestable talent (S. 84. 2. 49. — P. 84. 1. 316), essaye de démontrer que la loi de 1867 ne comporte aucune distinction. Les négociations faites avant et après la constitution apparente doivent subir le même sort. Ou elles sont indistinctement valables, ou elles sont indistinctement nulles. Seulement, tandis que M. Lyon-Caen propose d'en reconnaître indistinctement la validité, le demandeur en proclame indistinctement la nullité.

« Le pourvoi se trompe, à mon avis, quand il n'aperçoit aucune raison de distinguer entre ces deux sortes de négociations. La raison est écrite dans tout le chapitre IV de la loi de 1867, intitulé : *Dispositions relatives à la publication des actes de société.* Suivez la pensée du législateur. Un double de l'acte est déposé aux greffes; un extrait de l'acte constitutif avant qu'un mois se soit écoulé depuis la constitution, est publié dans un des journaux désignés pour recevoir les annonces légales; l'extrait doit énumérer tout ce qui peut intéresser les tiers; lorsqu'il s'agit d'une société en commandite par actions ou d'une société anonyme, toute personne a le droit de prendre communication des pièces déposées aux greffes de la justice de paix et du tribunal de commerce, ou même de s'en faire délivrer expédition ou extrait, ou encore de se faire délivrer au siége social une copie certifiée des statuts; les pièces déposées doivent être affichées d'une manière apparente dans les bureaux de la société, etc. Les tiers savent que ces formalités doivent être accomplies; s'ils ne le savent pas, ils sont d'une ignorance inexcusable; s'ils le savent, et ne vérifient pas leur accomplissement, ils sont d'une inexcusable étourderie. C'est pourquoi la prohibition des négociations antérieures à la constitution de la société est incontestablement garantie par une sanction pénale (art. 14, L. 24 juill. 1867). Est-ce qu'on peut comparer à des ignorants ou à des étourdis ces tiers de bonne foi, qui se comptent par centaines, peut-être par milliers, dûment avertis par l'accomplissement des formalités légales que la société est constituée sur des bases régulières, qui se fient à la fois aux prévisions du législateur et aux attestations données en conformité de ces prévisions, qu'on peut tromper encore, sans doute, mais qui n'ont aucun moyen de vérifier s'ils sont trompés? Non, ces deux situations ne se ressemblent pas, et je n'hésiterais pas, pour mon compte, à croire que les négociations antérieures à la constitution apparente doivent être annulées. Mais on vous demande une tout autre chose! On vous convie à casser l'arrêt de Lyon qui a validé la négociation d'actions non libérées du quart, postérieure à la constitution apparente.

« Le demandeur invoque avant tout l'art. 2 de la loi du 24 juill. 1867 : « Les actions ou coupons d'actions sont négociables après le versement du quart. » Négociables seulement après le versement du quart! Le sens de ces derniers mots n'est pas douteux, et M. Pont l'a précisé avec toute la netteté désirable dans son *Traité des sociétés*. Il est impossible de soutenir qu'on pourrait ostensiblement libérer du quart un cinquième des actions, par exemple, sans libérer les autres, et organiser ainsi, au fur et à mesure, la négociabilité fractionnée des actions individuellement libérées. Ce serait renverser la loi de fond en comble. « Toute action libérée jusqu'à concurrence du quart n'est pas par cela même négociable; il faut que les autres actions de la société soient libérées dans la même proportion » (Pont, n. 906). Ce point admis, a-t-on, dit le pourvoi, posé une règle pour qu'elle fût enfreinte? Cela ne signifie-t-il pas que, si la négociation a été faite, les tribunaux devront l'annuler? Quand le législateur a proclamé l'inaliénabilité du fonds dotal, a-t-il besoin d'ajouter que, si le fonds dotal est aliéné, l'aliénation est nulle?

« Même en droit civil, toutes les dispositions prohibitives de la loi ne sont pas garanties par la sanction de la nullité : le législateur a souvent égard aux droits acquis, à la bonne foi des tiers. La loi prohibe la vente de la chose d'autrui : n'avez-vous pas validé les aliénations faites par l'héritier apparent? Ai-je besoin de vous rappeler toutes les conséquences que la doctrine et la jurisprudence ont tirées de l'art. 2279, C. civ., le législateur ayant reconnu l'impossibilité de suivre de main en main la circulation des meubles? Mais, si nous sommes à la fois en matière mobilière et en matière commerciale, l'empire des mêmes considérations augmente. On ne revient pas, en général, sur les transactions commerciales, qui se succèdent si vite et en si grand nombre, sans troubler tout le commerce et sans provoquer de véritables désastres. La disposition prohibitive de l'art. 2 ne suffit pas à motiver, par elle-même, la cassation.

« On invoque, en outre, les précédents historiques, et notamment les arrêts par lesquels vous avez interprété la loi du 15 juill. 1845 (Cass., 12 août 1851, S. 51. 1. 65). — P. 51. 2. 433. — D. 51. 1. 253; 17 juill. 1854, S. 54. 1. 561. — P. 54. 2. 261. — D. 54. 1. 304). On fait remarquer que, d'après l'arrêt du 17 juill. 1854 (rapp. M. Laborie), la négociation d'actions « émise avant la constitution de la Comp. adjudicataire en société anonyme, et stipulées livrables à l'époque de l'émission des titres définitifs », a « une cause illicite, comme prohibée par la loi et contraire à l'ordre public, et ne peut, dès lors, avoir aucun effet ».

« La loi du 15 juill. 1845 disait (art. 10) : « La compagnie adjudicataire ne pourra jamais émettre d'actions ou promesses d'actions négociables avant de s'être constituée en société anonyme dûment autorisée, conformément à l'art. 37, C. comm. Sera puni d'une amende de 500 francs à 3,000 francs tout agent de change qui, avant la constitution de la société anonyme, se serait prêté à la négociation de récipissés ou promesses d'actions. » Cette hypothèse n'est pas semblable à la nôtre. Qu'est-ce qu'on prohibe en 1845? « la négociation des récipissés et promesses d'actions » des

société qui aurait derrière elle des années d'existence, régulière d'apparence, et dont les vices de constitution, de formation, soigneusement dissimulés à tous, surtout aux intéressés, ne se révéleraient qu'après des recherches, une instruction laborieuse!

« Imagine-t-on ces tiers de bonne foi, que rien ne pouvait prémunir, exposés à toutes les déconvenues? ce dédale inextricable de nullités? la foudre éclatant à coups répétés sur ces légions de vendeurs et d'acheteurs? Mais qui donc oserait désormais, à l'exception de quelques agioteurs, entrer dans les sociétés commerciales? Il faudrait s'attendre, si l'on est vendeur, à ne pas recevoir le prix; si l'on est acheteur, à ne pas recevoir le titre; si l'on est intermédiaire, à se voir privé de tout recours contre les auteurs mêmes de la négociation; si l'on est créancier, à ne pouvoir contraindre les actionnaires à tenir leurs engagements, et, par exemple, à compléter leurs mises. Belle perspective! » Ce langage vigoureux d'expression et de couleur était tenu par l'organe du ministère public. La Cour de cassation y a fait droit. Bornons-nous à ces considérations générales.

Quant à l'argumentation juridique, les conclusions ci-dessus reproduites de M. l'avocat général Desjardins en contiennent un exposé des plus complets. Nous ne nous risquerons point à faire une étude à côté; elle perdrait en autorité. Nous nous bornons donc à renvoyer nos lecteurs à l'œuvre distinguée de l'éminent magistrat.

chemins de fer dans les circonstances déterminées par les art. 8, 10, 13 (arrêt du 12 août 1851). La forme même du titre suffit à prémunir les tiers. Ce qui est contraire à l'ordre public, d'après l'arrêt du 17 juill. 1854, et ce qui ne peut produire dès lors aucun effet, c'est la négociation d'actions antérieure à la constitution, apparente et révélée par l'autorisation du Gouvernement, de la compagnie adjudicataire en société anonyme. Donc, il suffisait, ce semble, pour que ces négociations ne fussent pas annulées, que la société anonyme fût constituée suivant les formes prescrites. La loi du 17 juill. 1856 n'a pas modifié cette situation. Votre chambre criminelle a seulement jugé, le 11 août 1859 (S. 59. 1. 971. — P. 60. 172. — D. 59. 1. 472), que cette loi était une loi de police des sociétés en commandite; « qu'en réglementant les conditions matérielles d'existence de ces sociétés et des négociations d'actions, elle avait entendu donner aux capitalistes des garanties indépendantes du plus ou moins de bonne foi des fondateurs, et que l'inobservation de ces conditions constituait une contravention non excusée par l'absence d'intention frauduleuse ».

« En 1867, M. Millet proposa cet amendement à l'art. 2 : « La négociation des actions ou des coupons d'actions est interdite avant la constitution définitive de la société... » L'amendement fut repoussé comme inutile par la commission. « L'économie de la loi dans son ensemble, dit le rapporteur, implique cette idée... Dans la réalité des choses, ce n'est que quand la société aura été définitivement constituée que la négociation pourra être faite... Faut-il aller au delà, et la loi ne donne-t-elle pas satisfaction aux critiques de notre honorable collègue? » Donc, il faut, à coup sûr, pour la négociabilité des actions, que la société ait été constituée (du moins en apparence), et il suffit, ce semble, pour que la négociation des actions ne soit pas annulée, que la société ait été ou du moins ait paru à tous avoir été constituée. L'art. 50 de la loi du 24 juill. 1867, placé sous la rubrique : « *Dispositions particulières aux sociétés à capital variable* », répète : « Les actions ou coupons d'actions ne seront négociables qu'après la constitution définitive de la société », et tous les interprètes reconnaissent que cette disposition n'est pas spéciale aux sociétés à capital variable. Mais, répond le pourvoi, la société n'était pas définitivement constituée puisque, en fait, le quart n'était pas versé.

« Eh bien! nous croyons que, si le législateur de 1867 avait voulu innover et jeter, en innovant, cette immense perturbation sur le marché commercial français, il se fût expliqué formellement. Rien ne peut empêcher que la société ait été constituée, en fait. Elle n'aurait pas dû l'être, d'accord. Mais tout le monde a dû s'y méprendre. Les négociateurs ont été de bonne foi; comment ne pas tenir compte de cette bonne foi? L'art. 2 défend la négociation des actions antérieurement au versement du quart; mais cet article qui déroge au droit commun, puisqu'on peut négocier en principe tout ce qui est dans le commerce, doit être entendu *stricto sensu*; puisqu'il ne règle pas les conséquences de la prohibition, déterminons ces conséquences d'après les règles du sens commun et les principes généraux du droit.

« C'est ici que le pourvoi nous oppose son dernier et, selon moi, son plus sérieux argument. Soit, dit-il, appliquons les principes généraux; la négociation de ces actions est prohibée, sous une garantie pénale par l'art. 14 de la loi du 24 juill. L'ordre public est donc en jeu. Comment la sanction de la nullité civile ne viendrait-elle pas fortifier la sanction pénale?

« Cet argument s'écroule, à vrai dire, si l'on admet, avec M. Lyon-Caen, que ces négociations ne sont pas des infractions à la loi pénale, parce que « le législateur de 1867 n'a voulu réprimer les négociations illicites qu'autant que les titres portent le signe des causes qui doivent empêcher de les négocier ». Il serait désirable, à mon avis, qu'il en fût ainsi. Mais on peut se demander si cette interprétation s'accorde avec les travaux préparatoires. La commission du Corps législatif avait demandé au Gouvernement une autre rédaction de l'art. 14, parce que la sanction pénale ne devait pas atteindre, à son avis, les tiers de bonne foi. Or, comment aurait-elle réclamé ce changement de rédaction, si le délit n'avait pu exister à ses yeux, « qu'autant que les titres portaient le signe des causes de nullité »? Le Gouvernement ne songea pas même à répondre à la commission qu'elle se préoccupait d'une hypothèse chimérique, puisque ces tiers, sur le compte desquels elle s'apitoyait, seraient toujours avertis par la forme des titres. « Le Gouvernement, poursuit le rapport de M. Mathieu, n'a pas méconnu la gravité de nos observations et, sans leur avoir donné satisfaction en la forme, il a substitué aux amendements de la commission une disposition nouvelle qui déclare l'art. 463, C. pén. applicable aux faits prévus par les trois articles qui précèdent. » Mince satisfaction, car les tiers « de bonne foi » pourront toujours être poursuivis, dussent-ils n'être condamnés qu'à un franc d'amende. Il y a bien un autre moyen de tout concilier, c'est de dire que le rédacteur de l'art. 14 a, par ces mots « ou pour lesquels le versement du quart n'aurait pas été effectué conformément à l'article ci-dessus », seulement entendu parler du versement individuel à opérer sur l'action négociée (Conf. Paris, 10 mai 1883, S. 84. 1. 199. — P. 84. 1. 471. — D. 84. 2. 6). Malheureusement, cette autre interprétation est en contradiction formelle avec le texte de l'art. 2 visé par cet alinéa de l'art. 14, puisqu'aux termes de l'art. 2 toute action libérée jusqu'à concurrence du quart n'est pas nécessairement, et par cela même, négociable, ainsi que nous l'avons expliqué.

« D'ailleurs, l'art. 14 punit indistinctement des mêmes peines toute participation à ces négociations et toute publication de la valeur desdites actions; peut-on admettre un moment que le législateur ait entendu distinguer, un peu plus haut, entre les actions libérées par un versement individuel et les actions non négociables à raison du défaut de versement général du quart? Le gérant du journal ne publie pas la valeur de telle ou telle action, mais des actions en général; il est puni s'il publie la valeur des actions non libérées du quart, en masse, et c'est ainsi qu'il faut absolument entendre, en ce qui le concerne, ces mots de l'art. 14 « ou pour lesquels le versement du quart n'aurait pas été effectué conformément à l'art. 2 ». Or les mêmes mots employés dans le même article ne peuvent pas avoir deux sens différents.

« Il n'y aurait donc qu'un moyen rigoureusement légal de résoudre la difficulté. La sanction de la nullité, peut-on dire, s'adjoint le plus souvent, mais ne s'adjoint pas nécessairement à la sanction pénale. Voici, par exemple, des meubles qui parviennent aux mains d'un tiers à la suite d'un abus de confiance; la négociation a été viciée dans son essence, puisqu'on trouve un délit à l'origine des actes de disposition; cependant cette possession vaut titre : le délit n'a pas infirmé le titre : Cass. 22 juin 1858 (S. 58. 1. 591. — P. 59. 481. — D. 58. 1. 238). Bien plus, alors que la négociation de valeurs cotées ou susceptibles d'être cotées, opérée par d'autres intermédiaires que les agents de change, est réprimée par la loi pénale (art. 8, loi du 28 vent. an IX, et arrêté du 27 prair. an X), et même déclarée nulle, en principe, par la loi civile (art. 7 du même arrêté), votre arrêt du 22 avril 1885 (Pand. chr.) maintient néanmoins ces sortes d'opérations lorsqu'elles ont été l'objet d'un règlement complet et définitif. Les actes de commerce accomplis par les agents de change, quoique réprimés par la loi pénale (art. 87, C. com.), ne sont pas anéantis par la loi civile. On pourrait citer d'autres exemples. S'il n'y a pas la connexité nécessaire entre la sanction pénale et la sanction de la nullité civile, vous ne vous croirez pas liés par l'art. 14, disposition exorbitante, et tellement inapplicable, dans la pratique, aux tiers de bonne foi, en dépit de l'arrêt de la chambre criminelle du 11 août 1859 (S. 59. 1. 971. — P. 60. 172. — D. 59. 1. 472), qu'on n'ôtera jamais aux tribunaux l'envie de la corriger.

« Si vous croyez pouvoir aller plus loin sans dépasser votre pouvoir d'interprétation, c'est-à-dire restreindre la portée de l'art. 14 aux négociations de titres qui portent le signe de leur propre nullité, vous aurez tout simplifié. La sanction de la nullité civile et la sanction pénale, restreintes au même objet, se fortifieraient l'une par l'autre. Vous auriez fait, par la toute-puissance d'un arrêt souverain, ce que la commission du Corps législatif n'avait pu obtenir du Gouvernement en 1867. Par une voie ou par l'autre, l'arrêt attaqué échapperait à la cassation.

« Après avoir invoqué la loi de 1867, le pourvoi se prévaut du droit commun. La négociation litigieuse devrait être annulée, parce qu'il y aurait erreur sur la substance de la chose. — Mais qu'est-ce que l'erreur sur la substance? J'ai acheté un cheval et vous m'avez vendu un mulet; j'ai acheté un Titien et vous m'avez vendu un Courbet : l'art. 1110, C. civ., est applicable. Mais le demandeur a entendu acheter, dans l'espèce, une part d'associé; est-ce qu'on lui a vendu autre chose? « J'achète un livre, le croyant bon, dit M. Larombière; il est horriblement mauvais; je demande à un maquignon un bon cheval, il me vend une rosse; la convention est valable. » (*Traité des oblig.*, t. I, sur l'art. 1110, n. 4.) De même, j'achète une part d'associé, la croyant bonne; elle est « horriblement mauvaise »; l'art. 1110 est inapplicable.

« On invoque, en outre, il est vrai, l'erreur fondée sur l'inexistence de la chose cédée : *quod nullum est nullum producit effectum*. — Mais la nullité de la société ne saurait avoir cet effet rétroactif absolu. D'abord, elle ne peut pas être opposée aux tiers par les associés (art. 7, § 2, de la loi du 24 juill. 1867). Ensuite, si la société a fonctionné, la nullité n'a lieu que pour l'avenir, alors même qu'il s'agit de régler les rapports des associés entre eux. V. Cass. 7 juill. 1873 (S. 73. 1. 388. — P. 73. 957. — D. 73. 1. 327); 7 juill. 1879 (S. 80. 1. 206. — P. 80. 486. — D. 79. 1. 123). Est-ce que, la nullité prononcée, les actionnaires vont être destitués de tout droit sur l'actif à liquider? S'ils ont un droit sur l'actif, vont-ils être étrangers aux charges? Se figure-t-on une société qui se prévaudrait de sa nullité pour se débarrasser de toutes ses dettes? Il s'agit, en ce moment, de savoir si l'on a vendu une part d'associé « inexistante ». Il suffit que la nullité de la société ne puisse être prononcée que pour l'avenir dans les rapports des associés entre eux, pour qu'on n'ait pas vendu une part d'associé inexistante. On a seulement vendu une part dans une société susceptible d'être annulée. Mais, il se peut que, en fait, l'annulation prononcée, la part d'actif net, à toucher après la liquidation, soit supérieure au montant du prix de cession.

« Mais on a refusé à l'acheteur victime d'une pareille négociation une action en garantie pour vices cachés, et c'est le dernier grief du pourvoi. C'est un vice caché, dit-on, que le défaut de versement du quart non révélé par le titre, ou échappant aux investigations d'un acheteur prudent, et l'on peut invoquer à l'appui de cette proposition les termes d'un arrêt de votre chambre des requêtes, rendu le 8 août 1882, au rapport de M. Demangeat (S. 83. 1. 49. — P. 83. 1. 113. — D. 83. 1. 241). L'action qui dérive de l'art. 1641, C. civ., peut, d'ailleurs, être exercée même contre le vendeur de bonne foi.

« Toutefois, elle ne peut être exercée que : 1° si les vices cachés rendent la chose impropre à l'usage auquel on la destine; 2° s'il est établi par le demandeur en garantie que, connaissant le vice, il n'eût pas acquis la chose ou n'en eût donné qu'un moindre prix. Pour moi, j'admets qu'il pourrait subsister, en thèse, un certain doute sur ce point, si l'arrêt était autrement rédigé. On ne pourra pas toujours et indistinctement dire : Vous exercez l'action en garantie parce que le titre est déprécié; mais il n'y a pas de lien entre cette dépréciation, cause de l'action en garantie, et le vice caché qui provient du défaut de versement du quart. On pourrait, dans certains procès, discuter sur ce point : Je voulais, dirait le demandeur en quête d'un placement sérieux, un titre régulier, une valeur indiscutable, un vrai titre de société valable, avec l'intention de rester membre de cette société jusqu'à sa dissolution naturelle. J'ai été déçu. « Mais l'arrêt attaqué dit, en fait, que ce qui a déterminé « le marché, c'est l'existence du fait de l'association connue sous le « nom de Banque de Lyon, etc., le succès qui signalait cette entre« prise et les espérances de bénéfices que semblait promettre la « hausse des titres. » Il n'est donc pas jugé qu'on ne pouvait pas, en droit, se trouver dans l'hypothèse prévue par l'art. 1643 (et l'arrêt attaqué a corrigé ce qu'offrait, à ce point de vue, de trop absolu la décision des premiers juges), mais que, en fait, eu égard à la destination créée par l'intention de l'acheteur, la nullité de la société ne rendait pas la chose impropre à cette destination. Il restait à prouver qu'on n'aurait pas acheté si l'on avait connu le vice, pure question d'intention. Or, l'arrêt attaqué déclare souverainement, en fait, que le demandeur n'a pas, sur ce point, fait sa preuve, et cette déclaration échappe à votre censure.

« Je conclus au rejet du pourvoi du sieur Boucher. »

ARRÊT.

LA COUR : — Statuant sur le premier moyen (Violation des art. 631 et 632, C. comm., en ce que l'arrêt attaqué a décidé que l'ordre d'acheter ou de vendre des valeurs de bourse, donné par un commerçant à un agent de change, constitue une opération commerciale, alors que cet ordre constituait, en lui-même, de la part du commerçant, une opération purement civile et que, d'ailleurs, l'arrêt attaqué n'a relevé aucune circonstance de nature à imprimer à l'opération le caractère commercial); — Attendu que, d'après les art. 631 et 632, C. comm., les tribunaux de commerce connaissent, entre toutes personnes, des contestations relatives aux actes de commerce, et que la loi répute acte de commerce tout achat de marchandises pour les revendre; — Attendu qu'il s'agissait, dans la cause, de l'achat de cent actions d'une société financière, et de savoir si cet achat avait constitué, de la part du demandeur, un acte de commerce; que, à cet égard, il résulte des déclarations de l'arrêt sainement interprétées, que ledit achat faisait partie d'un ensemble d'opérations auxquelles Boucher s'est successivement livré par le ministère de l'agent de change Bouvier, et qui toutes avaient en vue de réaliser des bénéfices par l'achat et la revente de valeurs de bourse; que, dès lors, en admettant la compétence des tribunaux de commerce pour statuer sur la contestation dont s'agit dans l'espèce, l'arrêt attaqué a exactement appliqué la loi;

Sur le deuxième moyen (Violation des art. 1128, 1131, 1133 C. civ., 2, 7, 14, 41 et 45 de la loi du 24 juill. 1867, en ce que l'arrêt attaqué a refusé d'annuler la négociation d'actions d'une société déclarée nulle pour défaut de versement du quart du capital); — Attendu que si la Société anonyme dite Banque de Lyon et de la Loire a été, le 9 févr. 1883, par arrêt devenu définitif, déclarée nulle pour non-versement du quart sur la totalité des actions souscrites, il est constant en fait que ce versement du quart avait été affirmé, vérifié et publié dans les formes réglées par les art. 1, 24 et 55 de la loi du 24 juill. 1867; que toutes les autres formalités prescrites pour la constitution des sociétés anonymes avaient d'ailleurs été remplies, et que c'est, après cette constitution et avant l'instance en nullité, qu'a eu lieu la négociation litigieuse; — Attendu que, dans ces conditions, la négociation était valable; que, à la vérité, l'art. 2 de la loi de 1867 ne permet de négocier les actions ou coupons d'actions des sociétés anonymes qu'après le versement du quart; mais que, pour déterminer la portée de cet article, on doit le combiner avec l'art. 14 de la même loi, auquel il se lie étroitement, puisque l'objet de ce dernier article est de sanctionner par des peines correctionnelles l'inobservation des différentes règles prescrites pour la constitution des sociétés; — Attendu que cet art. 14 ne punit pas seulement ceux qui négocieraient des actions dans des conditions contraires aux prescriptions de la loi; qu'il étend l'application des mêmes peines à ceux qui serviraient d'intermédiaires à ces négociations, ou qui publieraient la valeur des actions ainsi négociées; que pour expliquer ces sévérités multipliées, il faut nécessairement admettre que l'art. 14 n'entend défendre et punir que la négociation des titres révélant par eux-mêmes les causes qui doivent empêcher de les négocier; qu'autrement, le plus grand nombre de personnes atteintes par les pénalités dont il s'agit ne seraient pas en mesure de les éviter; qu'il n'existe, en effet, pour se fixer sur la négociabilité des titres d'une société anonyme, d'autres moyens que l'examen, soit des titres eux-mêmes, soit des déclarations que les art. 55 et suiv. prescrivent de porter à la connaissance du public; que la loi n'exige ni même ne permet d'autres et plus amples recherches; que, par conséquent, si les titres négociés sont réguliers en la forme, si les déclarations prescrites ont eu lieu et constatent l'accomplissement des conditions de fond requises en pareil cas, telles que le versement du quart, l'art. 14 devient inapplicable, et, par suite, la négociation des actions, n'étant pas défendue, ne saurait être invalidée par l'effet de découvertes ultérieures; que la loi, par la responsabilité qu'impose l'art. 42 aux auteurs de la nullité, a d'ailleurs pourvu, autant que faire se pouvait, à la réparation du dommage que cette nullité a pu produire; — D'où il suit qu'en le décidant ainsi, l'arrêt attaqué n'a violé aucune des dispositions légales visées par le pourvoi;

Sur le troisième moyen (Violation des art. 1108 et suiv. et 1693, C. civ., en ce que la Cour d'appel a refusé à l'acheteur de titres d'une société déclarée nulle une action en nullité à raison soit de l'erreur commise sur la substance de la chose, soit de l'inexistence des titres cédés) : — Attendu que la nullité d'une société prononcée pour inobservation des conditions de forme ou de fond prescrites par la loi de 1867, n'a point d'effet rétroactif absolu, qu'elle n'empêche pas que, en fait, la société ait existé dans le passé, et doive, au moins en principe, être liquidée comme en cas de dissolution; que les actions de cette société gardent donc leur caractère *essentiel*, qui est de donner à leur propriétaire le droit de conserver les bénéfices qu'il aurait légitimement perçus avant l'instance en nullité, et celui de réclamer dans l'actif actuellement subsistant une part proportionnelle au nombre de ses actions; qu'ainsi, en décidant que la nullité judiciairement prononcée de la Banque de Lyon et de la Loire n'avait pu réagir sur le contrat de l'espèce, que ce contrat, d'une part, n'avait pas manqué d'objet et, d'autre part, n'était pas nul pour erreur sur la substance de la chose cédée, l'arrêt attaqué a sainement appliqué la loi;

Sur le quatrième moyen (Violation des art. 1626, 1641, 1315, C. civ., et de l'art. 7 de la loi du 20 avr. 1810, en ce que l'arrêt attaqué a refusé à l'acheteur d'actions d'une société annulée postérieurement aux négociations, le recours en garantie fondé sur le vice caché des objets vendus) : — Attendu que, si le vendeur est tenu de la garantie à raison des défauts cachés de la chose vendue, ce n'est qu'autant que ces défauts la rendent impropre à l'usage auquel l'acheteur la destinait, ou qu'ils diminuent tellement cet usage, que l'acheteur ne l'aurait pas acquise ou n'en aurait donné qu'un moindre prix, s'il les avait connus; que, de plus, d'après l'art. 1647, C. civ., si la chose qui avait des vices périt, non par suite de sa mauvaise qualité, mais par cas fortuit, la perte est au compte de l'acheteur; — Attendu qu'il est déclaré par l'arrêt attaqué : 1° que l'avilissement des actions de la Banque de Lyon et de la Loire n'a point eu pour cause le vice qui affectait cette société; 2° qu'il n'est point établi par Boucher, demandeur en garantie, tenu à ce titre de justifier sa demande, qu'il n'eût pas acheté les actions litigieuses, quand il aurait connu le retard apporté au versement du quart et l'irrégularité qui en était résultée pour la constitution de la société; — Attendu qu'en l'état de ces déclarations, qui rentraient dans les pouvoirs souverains des juges du fond, l'arrêt attaqué (Lyon, 23 janv. 1884); en repoussant l'application à la cause de l'art. 1641, C. civ., n'a violé ni cet article, ni aucune autre loi; — Rejette, etc.

MM. Barbier, 1er prés.; Merville, rapp.; Desjardins, av. gén. (concl. conf.); Morillot et Pérouse, av.

2e Espèce. — (Dailly, Cocheno et autres c. synd. et liquid. de la Banque de Lyon et de la Loire.) — ARRÊT.

LA COUR : — .....Sur le premier moyen de cassation : — Attendu que ce moyen est sans intérêt pour les demandeurs; que, en admettant en effet qu'ils fussent fondés, en principe, à opposer au syndic la nullité de la société dite Banque de Lyon et de la Loire, à raison de ce que le syndical avait lui-même demandé ou consenti cette nullité, celle-ci ne pouvait du moins avoir pour conséquence le rejet d'une demande tendant à obliger les actionnaires à compléter le versement de leur mise sociale, la nullité d'une société n'ayant jamais pour effet de libérer ses débiteurs, et, si elle est en faillite, d'empêcher le syndic de les poursuivre; — Attendu, d'autre part, que soit par les motifs qui lui sont propres, soit par ceux exprimés au jugement de première instance et qu'il déclare s'approprier, l'arrêt attaqué (Lyon, 8 mai 1884) a explicitement répondu aux conclusions des demandeurs concernant leur prétendu droit d'opposer au syndic la nullité de la société; d'où il suit qu'à aucun point de vue ce moyen n'est fondé;

Sur le deuxième moyen (motifs identiques avec ceux donnés sur le deuxième moyen de la 1re espèce);

Sur les troisième et quatrième moyens (motifs identiques avec ceux donnés sur le quatrième moyen de la 1re espèce); — Rejette, etc.

MM. Barbier, 1er prés.; Merville, rapp.; Desjardins, av. gén. (concl. conf.); Sabatier, Barry et Pérouse, av.

CASS.-REQ. 3 juin 1885.

TIERCE OPPOSITION, EFFET, ERREUR, PREUVE.

La tierce opposition n'a point pour effet d'anéantir de plein droit le jugement ou l'arrêt attaqué, les actes d'instruction qui l'ont précédé et préparé (1) (C. proc. 474; C. civ., 1351).

Il en résulte que la tierce opposition impose à celui qui la forme l'obligation de démontrer les erreurs qu'il impute à la décision attaquée et qui seraient, d'après lui, de nature à la faire rétracter au moins en ce qui le concerne (2) (Id.).

(Fourré c. Deboulay et Lebossé.) — ARRÊT.

LA COUR : — Sur le moyen unique, tiré de la violation des art. 474, C. proc., 1451 et 1319, C. civ.; — Attendu, en droit, que l'effet de la tierce opposition n'est pas d'anéantir de plein droit le jugement ou l'arrêt attaqué, ni les actes d'instruction qui l'ont précédé et préparé; — Que la tierce opposition impose à celui qui la forme l'obligation de démontrer les erreurs qu'il impute à la décision attaquée et qui seraient, d'après lui, de nature à la faire rétracter au moins en ce qui le concerne; — Attendu, en fait, qu'il résulte, tant des qualités que des constatations de l'arrêt attaqué, rendu par la Cour d'appel d'Angers, le 26 juin 1884, que les demandeurs en cassation, consorts Fourré, qui avaient formé tierce opposition à l'arrêt de la même Cour du 21 juin 1883, n'ont discuté ni cet arrêt ni ses motifs, qu'ils n'ont ni démontré ni offert de démontrer les erreurs de fait ou de droit qui auraient pu être de nature à le faire rétracter; — Attendu qu'en décidant, dans ces circonstances, que, si leur tierce opposition était recevable, elle n'était pas fondée, et en la rejetant, par suite, la Cour d'Angers (arrêt, 26 juin 1884), loin de violer les articles de loi visés au pourvoi, a fait une juste application des principes de la matière; — Rejette, etc.

MM. Bédarrides, prés.; George-Lemaire, rapp.; Chévrier, av. gén. (concl. conf.); André Morillot, av.

CASS.-CRIM. 5 juin 1885.

DÉGRADATION OU DESTRUCTION DE DÉCORATION PUBLIQUE, DRAPEAU, ENLÈVEMENT, FÊTE NATIONALE, MAISON D'ÉCOLE, MAIRE.

Le fait par un maire d'arracher et d'enlever du fronton et des fenêtres de la maison d'école communale le drapeau tricolore arboré par l'instituteur le jour de la fête nationale, constitue le délit de dégradation et de destruction d'objets destinés à la décoration publique et placés par l'autorité publique ou avec son autorisation; l'autorisation de décorer ou de pavoiser résultant implicitement pour tous les citoyens, et spécialement pour les fonctionnaires logés dans des bâtiments domaniaux, départementaux ou communaux, de la loi elle-même qui consacre le 14 juillet comme jour de fête nationale (3) (C. pén., 257; L. 6 juill. 1880).

(1) Il est, en effet, de principe que la tierce opposition à un jugement ou un arrêt n'entraine pas la révocation du jugement ou de l'arrêt, et ne remet point en question ce qui a été décidé entre les parties en cause, à moins que la matière ne soit indivisible. V. Cass., 24 germinal an VI; 15 pluviôse an IX; Nîmes, 16 fév. 1807; Cass., 12 janv. 1814.

(2) Une partie ne peut former tierce opposition à un jugement ou à un arrêt qu'autant que ce jugement ou cet arrêt préjudicie à ses droits (V. Cass., 15 juin, 1885, Pand. chr., et la note). — Or, pour établir le préjudice, il faut que le tiers opposant prouve, tout au moins en ce qui le concerne, le *mal jugé* de la décision qu'il attaque. — L'arrêt que nous rapportons ci-dessus fait faire un pas de plus à la jurisprudence, mais dans le sens d'un développement normal des principes déjà déduits et appliqués.

(3) L'application de l'art. 257, C. pén., au fait d'enlever et de déchirer des drapeaux aux couleurs nationales, placés sur les édifices publics à l'occasion du 14 juillet, en exécution d'instructions données par l'administration supérieure, avait été déjà consacrée par la Cour de cassation. V. arrêts des 31 mars et 9 juin 1882 (Pand. chr.), et les notes.

Mais la décision rendue dans l'affaire actuelle contient la formule d'un principe nouveau qu'il importe de dégager de l'ensemble des considérants et de mettre en bonne lumière. En effet, l'art. 257 exige que les objets destinés à la décoration publique

(De Fumel.) — ARRÊT.

LA COUR : — Sur le moyen unique, pris de la violation, par fausse application, de l'art. 257, C. pén. : — En fait; — Attendu que le 14 juillet dernier, jour de la fête nationale, l'instituteur et l'institutrice de Segoufielle (Gers) ayant placé des drapeaux aux couleurs françaises sur le fronton et aux fenêtres des maisons d'école, le sieur de Fumel, maire de la commune, a violemment abattu les drapeaux arborés; que, par suite de cette voie de fait, les hampes de deux de ces drapeaux ont été brisées; — En droit; — Attendu qu'il est allégué que, les maisons d'école étant la propriété de la commune de Segoufielle, l'instituteur et l'institutrice n'avaient pas le droit de les pavoiser sans l'autorisation du maire, et que, par conséquent, le sieur de Fumel, en enlevant les drapeaux placés sur ces édifices, n'a pas pu commettre le délit prévu par l'art. 257, C. pén.; — Attendu, il est vrai, que le fait d'abattre, de mutiler ou de dégrader des objets destinés à la décoration publique ne constitue le délit réprimé par l'art. 257, précité, qu'autant que ces objets ont été élevés par l'autorité publique ou avec son autorisation; — Mais attendu, sans qu'il soit besoin d'examiner la nature ou l'étendue des droits respectifs des communes et des intituteurs sur les maisons d'école, qu'il est hors de doute que la loi du 6 juill. 1880, en adoptant le 14 juillet comme jour de fête nationale annuelle, a nécessairement, quoique implicitement, autorisé les citoyens, et spécialement les fonctionnaires logés dans les bâtiments domaniaux, départementaux ou communaux, à arborer publiquement, pendant la durée de la fête, le drapeau de la nation sur les locaux qu'ils occupent ou dont ils ont la garde; que cette autorisation, dérivée de la loi elle-même, a un caractère général, et ne comporte d'autres limites que celles qui peuvent être prescrites dans un intérêt d'ordre public; — D'où il suit qu'en faisant application des peines portées en l'art. 257, C. pén., pour avoir volontairement abattu, mutilé ou dégradé des objets destinés à la décoration publique et élevés avec l'autorisation requise, la Cour d'appel d'Agen (arrêt du 11 octobre 1884), loin de violer les dispositions dudit article, s'y est exactement conformée; — Rejette, etc.

MM. Ronjat, prés.; de Larouverade, rapp.; Loubers, av. gén.; Sabatier, av.

CASS.-CRIM. 5 juin 1885.

DIFFAMATION, EXPERT, COMPÉTENCE.

Les experts désignés par justice ne peuvent être considérés, ni comme des fonctionnaires publics, ni comme des agents ou des dépositaires de l'autorité publique, ni comme des citoyens investis d'un mandat ou chargés d'un service public dans le sens de l'art. 31 de la loi du 29 juillet 1881. — En conséquence, c'est la juridiction correctionnelle qui est compétente pour statuer sur une poursuite en diffamation intentée par un expert (1) (L. 29 juill. 1881, art. 31, 32, 45, § 2).

(Lavignac c. Vallet.) — ARRÊT.

LA COUR : — Sur le moyen unique du pourvoi, tiré de la violation des art. 31, 32 et 45 de la loi du 29 juill. 1881, en ce que l'arrêt attaqué a décidé que les imputations diffamatoires dirigées contre Lavignac, en sa qualité d'expert, étaient justiciables de la Cour d'assises; — Attendu, en fait, que le sieur Vallet, se qualifiant d'horloger-observateur de la marine, a publié dans le numéro du 5 mai 1884 du *Journal de Bordeaux*, une lettre par laquelle il prétend que le sieur Lavignac, désigné comme capitaine-expert par le président du tribunal de commerce de cette ville, aurait abusé de cette qualité pour lui faire une concurrence déloyale; que le sieur Lavignac, se prétendant diffamé par cette publication, a fait citer Vallet, auteur de l'article, et Barrière, gérant du journal, devant le tribunal correctionnel de Bordeaux, qui s'est déclaré incompétent; que cette décision a été confirmée par l'arrêt attaqué, par le motif que Lavignac ayant été diffamé en sa qualité d'expert, c'était devant la Cour d'assises qu'il aurait dû porter son action; — Attendu, en droit, que les experts, désignés par les magistrats ou par les tribunaux pour fournir à la justice le secours de leurs lumières, ne peuvent être considérés, ni comme des fonctionnaires publics, ni comme des agents ou des dépositaires de l'autorité publique, ni comme des citoyens investis d'un mandat ou chargés d'un service public, dans le sens de l'art. 31 de la loi du 29 juill. 1881; qu'ayant seulement pour mission de faire des constatations matérielles ou d'émettre leur avis sur telles ou telles questions qui leur sont soumises d'une manière déterminée, ils n'ont d'autre autorité que celle que peuvent leur donner leur expérience et l'honorabilité de leur caractère, sans que leur opinion, qui peut toujours être contestée par les parties, puisse à aucun titre s'imposer aux magistrats; que, s'ils sont des auxiliaires utiles de la justice, ils ne sont chargés ni momentanément, ni d'une manière permanente, d'aucune partie de l'administration publique; — D'où il suit qu'en déclarant la juridiction correctionnelle incompétente pour statuer sur l'action en diffamation introduite par Lavignac dans les circonstances ci-dessus relatées, l'arrêt attaqué a fait une fausse application de l'art. 31 de la loi du 29 juill. 1881, et violé les dispositions des art. 32 et 45 de la même loi; — Casse, etc.

MM. Ronjat, prés.; Sallantin, rapp.; Loubers, av. gén.

CASS.-CIV. 10 juin 1885.

DOT, IMMEUBLE DOTAL, CONSTRUCTIONS, PLUS-VALUE, COPROPRIÉTÉ, INDEMNITÉ, RÉCOMPENSE, CRÉANCE CHIROGRAPHAIRE, MARI, FAILLITE, SYNDIC.

Les constructions et améliorations faites sur un immeuble, s'y incorporant pour ne former qu'un seul tout avec lui, ne peuvent

---

soient placés *par l'autorité publique* ou *avec son autorisation*. Cette autorisation, notre arrêt la fait dériver de la loi elle-même qui a adopté le 14 juillet comme jour de fête nationale annuelle. Rien de plus logique et en même temps de plus juridique. Qui veut la fin doit en procurer les moyens. On ne décrète une fête qu'autant que l'on est décidé à la célébrer, à lui donner le plus de solennité, le plus d'éclat possible. Le gouvernement ne saurait se désintéresser de la question; il doit même prendre la direction du mouvement par ses fonctionnaires, par tous ceux qui occupent une situation quelconque dans la hiérarchie des emplois administratifs. Aussi la décoration des édifices domaniaux, départementaux ou communaux, est prescrite par des instructions de l'autorité supérieure aux agents de tous ordres. Les employés de rang inférieur n'ont pas besoin à cet égard de prendre l'avis de leur chef, puisqu'ils restent dans leur droit en se montrant scrupuleux observateurs de la loi. Bien plus, tout citoyen qui contribue pour sa part aux splendeurs de la fête soit par des exhibitions de drapeaux, soit par des illuminations ou autres décorations, agit sous la protection de l'autorité publique; il manifeste avec l'autorisation de la loi.

Les adversaires trop peu tolérants qui ne peuvent en supporter la gêne et essayent d'y mettre obstacle par des dégradations ou des destructions, se mettent en état de rebellion contre l'ordre légal, ils se viennent heurter à l'art. 257 du Code pénal. Encore une fois le raisonnement est rigoureux, irréfutable; la conclusion forcée; elle ne peut qu'être approuvée.

(1) Telle était déjà la solution qui avait triomphé sous l'empire de la législation antérieure. V. Cass. 9 nov. 1872, aff. Halbron c. Monginot (S. 85. 1. 280, en sous-note. — P. 85. 1. 675, *ibid.* — D. 73. 1. 96).

constituer une propriété qui en soit distincte (1) (C. civ., 552).

Spécialement, *les améliorations faites par le mari à un immeuble dotal de la femme, bien que susceptibles de créer au profit de celui-ci droit à une récompense, ne sauraient lui conférer un droit de copropriété sur l'immeuble ou sur le prix en provenant* (2) (C. civ., 552, 1437, 1554).

Par suite, en cas de faillite du mari, le syndic ne peut avoir, comme le failli, pour ces améliorations, qu'une simple créance chirographaire contre la femme (3) (Id.).

(Mary-Dauphin c. syndic Mary-Dauphin.) — ARRÊT.

LA COUR : — Sur le moyen unique du pourvoi : — Vu les art. 552, 1437 et 1554, C. civ.; — Attendu que les constructions et améliorations faites sur un immeuble, s'y incorporant pour ne former qu'un seul tout avec lui, ne peuvent constituer une propriété qui en soit distincte; qu'ainsi, les améliorations faites à un immeuble de la femme par le mari peuvent donner à celui-ci droit à une récompense, mais ne sauraient lui conférer un droit de copropriété sur l'immeuble, ou sur le prix en provenant; que, dès lors, si le mari tombe en faillite, le syndic, qui n'a que les droits du failli, ne peut avoir, comme lui, pour cer améliorations, qu'une simple créance chirographaire contre la femme; — Attendu, en fait, qu'il résulte de l'arrêt attaqué que, pendant le mariage des époux Dauphin, il a été fait à un immeuble dotal appartenant à la femme des réparations qui ont occasionné une dépense de 26,774 fr.; que cette somme a été fournie : 1° à concurrence de 7,000 fr. par la femme, au moyen d'emprunt par elle fait au sieur Archer-Gervais, avec autorisation de justice et affectation hypothécaire sur l'immeuble dont s'agit; 2° à concurrence de 19,774 fr. par le mari; que l'immeuble ainsi affecté, ayant été saisi à la requête d'Archer-Gervais, a été adjugé au sieur Berthier, le 18 octobre 1880, au prix de 23,375 fr.; que la valeur de cet immeuble, déduction faite de toute plus-value résultant des améliorations, était de 11,232 fr. 40, et qu'ainsi les travaux, qui ont donné lieu à une dépense de 26,774 fr., n'ont produit qu'une plus-value de 12,142 fr. 60, sans qu'il soit possible de discerner la part de plus-value produite par l'emploi des 7,000 fr., fournis par la femme, de celle produite par les impenses du mari; — Attendu que, dans l'ordre ouvert pour la distribution du prix de son immeuble, la femme Dauphin ayant demandé que, sur ce prix : 1° une somme de 7,000 fr. fût prélevée pour éteindre sa dette envers Archer-Gervais; 2° une somme de 11,232 fr. 40 lui fût attribuée à elle-même, comme représentant la valeur primitive de son fonds dotal; 3° une autre somme de 400 fr. lui fût attribuée pour l'indemniser de la dépréciation de son trousseau et pour les frais éventuels de sa séparation de biens, par jugement du 16 nov. 1882, le tribunal civil de Bourgoin a accueilli sa demande sur ces trois chefs, mais que le syndic de la faillite Dauphin a interjeté appel de ce jugement; — Attendu que, devant la Cour de Grenoble, la dame Dauphin a, par conclusions principales, réclamé tout le prix d'adjudication comme représentant son immeuble, et demandé, par conclusions subsidiaires, que, tout au moins, il lui fût accordé collocation : 1° pour les 7,000 fr. dus par elle à Archer; 2° pour les 11,232 fr. 40 représentant la valeur primitive de son fonds dotal; 3° pour 1,500 fr. comme indemnité de la dépréciation de son immeuble par suite de la saisie; — Attendu que, si l'arrêt attaqué a déclaré non recevables, comme demandes nouvelles en appel, les conclusions principales de la dame Dauphin, ainsi que le troisième chef de ses conclusions subsidiaires, il a repoussé, en partie, par des motifs tirés du fond, les deux premiers chefs de ses conclusions subsidiaires, relatifs, l'un aux 7,000 fr. dus à Archer-Gervais, l'autre aux 11,232 fr. 40, valeur originaire de l'immeuble; — Attendu que, pour statuer ainsi, quant à ces deux chefs, il a basé sa décision sur ce que la plus-value donnée à l'immeuble de la femme Dauphin par les améliorations constituait une propriété spéciale, distincte dudit immeuble, et appartenant en commun aux deux époux en proportion des sommes fournies par chacun d'eux pour lesdites améliorations, et que la somme de 12,142 fr. 60, représentant cette plus-value, devait, dès lors, être attribuée à la femme pour 3,174 fr. 60 seulement, et au mari, ou à sa faillite, pour 8,968 fr.; — En quoi ledit arrêt a faussement appliqué, et par suite violé les articles de loi ci-dessus visés; — Casse et annule l'arrêt (Grenoble, 19 mai 1883), en ce qu'il a décidé que, sur la somme de 12,142 fr. 60, représentant la plus-value apportée au fonds de la dame Dauphin par les améliorations qui y ont été faites, la somme de 8,968 fr. serait attribuée au sieur Mary-Dauphin ou à sa faillite, en sorte que, dans l'ordre, les créanciers de la femme ne seraient colloqués que sur une somme de 14,407 fr., composée de celle de 11,232 fr. 40, valeur originaire de son fonds dotal, et de celle de 3,174 fr. 60, représentant sa part dans la plus-value, etc.

MM. Barbier, 1er prés.; de Lagrevol, rapp.; Charrins, 1er av. gén. (concl. conf.); Sauvel, av.

CASS.-REQ. 10 juin 1885.

PUISSANCE PATERNELLE, ADMINISTRATEUR LÉGAL, OPPOSITION D'INTÉRÊTS, TUTEUR AD HOC, NOMINATION, CONSEIL DE FAMILLE.

En cas d'opposition d'intérêts entre le mineur et son père administrateur légal, il y a lieu à la nomination d'un tuteur ad hoc, *chargé de représenter l'enfant* (4) (C. civ., 389). — Sol. implic.

C'est au conseil de famille, et non au tribunal de première instance, qu'il appartient de nommer ce tuteur (5) (C. civ., 420).

(Poirault c. Poirault.) — ARRÊT (*après délib. en ch. du cons.*).

LA COUR : — Sur le moyen unique du pourvoi, tiré de la violation de l'art. 389, C. civ.; — Attendu que, durant le mariage, le père ayant l'administration légale des biens

(1-2-3) V. dans le même sens, Cass., 14 février 1843 (Pand. chr.); Bordeaux, 17 juin 1874 (Pand. chr.), et les renvois. V. aussi Caen, 19 et 20 juill. 1866 (S. 67. 2. 261. — P. 67. 932).

(4) Bien que la solution de l'arrêt ci-dessus ne soit qu'implicite, elle n'en est pas moins très-claire et très-nette en faveur de la nomination d'un *tuteur ad hoc* chargé de représenter les intérêts du mineur. *Sic.* Bordeaux, 19 mars 1875 (S. 76. 2. 97. — P. 76. 441. — D. 77. 2. 26); Poitiers, 4 juin 1884 (c'est l'arrêt attaqué). — Suivant la majorité des arrêts, il y aurait lieu à la nomination, non d'un *tuteur ad hoc*, mais d'un *administrateur ad hoc*. V. Paris, 9 janv. 1874 (S. 74. 2. 85. — P. 74. 451. — D. 76. 2. 23); 5 avril 1876 (S. 76. 2. 331. — P. 76. 1258); Bordeaux, 2 juin 1876 (S. 76. 2. 330. — P. 76. 1256. — D. 78. 1. 227); Douai, 5 juill. 1878 (S. 80. 2. 8. — P. 80. 90. — D. 79. 2. 116). V. aussi Cass. (sol. implic.), 15 janv. 1878 (S. 78. 1. 218. — P. 78. 540. — D. 78. 1. 227).

(5) Que le représentant du mineur ait la qualité de *tuteur ad hoc* ou d'*administrateur ad hoc*, il n'en doit pas moins, suivant l'opinion la plus générale, être nommé par le conseil de famille. V. en ce sens, Turin, 9 janv. 1811; Bordeaux, 2 juin 1876; Douai, 5 juill. 1878; Poitiers, 4 juin 1884 (c'est l'arrêt attaqué), précités. — Toutefois, la question est controversée, et il est dans l'usage du tribunal civil de la Seine de faire lui-même cette nomination, sans recourir au conseil de famille. Cette pratique, d'ailleurs, a été, à plusieurs reprises, consacrée par la Cour de Paris. V. arrêts des 9 janv. 1874 (S. 74. 2. 85. — P. 74. 451. — D. 76. 2. 23); 5 janv. 1876 (S. 76. 2. 331. — P. 76. 1258).

de ses enfants mineurs, s'il vient à naître une contestation dans laquelle les intérêts du père sont en opposition avec ceux de l'un de ses enfants, les effets de cette administration se trouvent momentanément suspendus; que, dans cette situation, il appartient au conseil de famille de nommer le tuteur *ad hoc*, qui doit représenter le mineur; — Attendu, en fait, que le mineur Maurice Poirault avait été représenté par le sieur Van den Brûle, dans le procès soutenu en son nom, devant le tribunal civil de Poitiers, contre son père et les autres parties en cause; que ledit Van den Brûle avait été nommé tuteur *ad hoc* par délibération du conseil de famille, régulièrement convoqué à cet effet; que Maurice Poirault, parvenu à sa majorité, a attaqué, par la voie de la tierce opposition, le jugement intervenu le 8 févr. 1881, se fondant sur ce qu'il n'avait pas été valablement représenté dans l'instance, par le motif que ce n'était pas au conseil de famille, mais au tribunal de première instance, qu'il appartenait de nommer le tuteur *ad hoc*; — Attendu que l'arrêt attaqué a reconnu la compétence du conseil de famille pour faire cette nomination, et par suite a déclaré non recevable la tierce opposition; qu'en statuant ainsi, l'arrêt attaqué (Poitiers, 4 juin 1884) n'a pas violé la loi; — Rejette, etc.

MM. Bédarrides, prés.; Becot, rapp.; Petiton, av. gén. (concl. conf.); Carteron, av.

CASS.-CRIM. 13 juin 1885.

Règlement de police ou municipal, Comestibles, Commerçant, Vente a la criée, Prohibition.

Est illégal et non obligatoire l'arrêté municipal qui, malgré l'exception formelle et expresse de l'art. 2 de la loi du 25 juin 1841, en faveur des ventes à cri public de comestibles, interdit néanmoins de pareilles ventes, tant à domicile que sur la voie publique. — Par suite, ne viole aucune loi et doit être renvoyé des fins de la prévention, le marchand qui vend à la criée, dans l'intérieur de sa boutique, des produits alimentaires (1) (C. pén., 471, § 15; L. 25 juin 1841, art. 2).

(Chapas.) — Arrêt.

LA COUR: — Vu l'arrêté du maire de Nîmes, du 19 déc. 1884, ainsi conçu: « La vente à la criée des poissons, volailles, gibiers, fruits frais, primeurs et autres denrées est interdite sur tout le territoire de la commune, tant à domicile que sur la voie publique »; — Sur le moyen unique, pris de la violation dudit arrêté et de l'art. 471, n° 15, C. pén.: — En droit; — Attendu que si la loi du 25 juin 1841 interdit les ventes en détail des marchandises neuves à cri public, son art. 2 excepte formellement de cette prohibition « ...les ventes à cri public de *comestibles* et objets de peu de valeur connus dans le commerce sous le nom de menue mercerie »; — En fait: — Attendu qu'il est constaté par le jugement entrepris que Chapas, marchand de denrées alimentaires, domicilié à Nîmes, est le locataire, rue Guizot, n° 9, d'un magasin où il vend des comestibles achetés par lui aux lieux de production; que, s'il a, le jour indiqué au procès-verbal, vendu à la criée, dans l'intérieur de son magasin, des artichauts et une volaille, il n'a fait qu'user du droit expressément consacré par l'art. 2 précité de la loi du 25 juin 1841; — D'où suit qu'en déclarant illégal et non obligatoire l'arrêté susvisé du maire de Nîmes, en tant qu'il interdit les ventes à cri public de comestibles faites à domicile, et en refusant d'appliquer à Chapas les dispositions de l'art. 471, n° 15, C. pén., le tribunal de simple police s'est exactement conformé à la loi; — Rejette, etc.

MM. Ronjat, prés.; Chambareaud, rapp.; Loubers, av. gén.; Lesage et Arbelet, av.

CASS.-REQ. 15 juin 1885.

Tierce opposition, Préjudice, Preuve, Instance, Mise en cause.

La tierce opposition à un jugement ou à un arrêt n'est pas recevable de la part de celui qui n'éprouve de ce jugement ou de cet arrêt aucun préjudice (2), *et qui ne pouvait, ni ne devait, à aucun titre, être appelé dans l'instance* (3) (C. proc., 474).

(Préfet des Pyrénées-Orientales c. Lacombe-Saint-Michel.)

Arrêt.

LA COUR: — Sur le moyen unique du pourvoi, tiré d'un excès de pouvoirs et de la violation des art. 474 et suiv., C. proc., en ce que l'arrêt attaqué a rejeté la tierce opposition comme non recevable pour défaut d'intérêt, alors que l'intérêt de l'État ressort des constatations mêmes de l'arrêt, et que ce dernier, tout en réservant les droits que l'État peut faire valoir au principal, y porte cependant une atteinte directe et nécessaire, et que, tout en déclarant que l'État n'éprouve aucun préjudice, l'arrêt consomme ce préjudice par sa décision même; — Attendu qu'aux termes de l'art. 474, C. proc., pour qu'une partie puisse être admise à former tierce opposition à un jugement ou arrêt, il faut, indépendamment des autres conditions exigées par la loi, que ce jugement ou arrêt préjudicie à ses droits; — Et attendu que, dans la cause actuelle, il est expressément constaté par l'arrêt attaqué que l'arrêt de la Cour de Montpellier du 21 déc. 1883, contre lequel était dirigée la tierce opposition de l'État, « avait été rendu dans une instance où l'État ne pouvait pas et ne devait pas être appelé, et que, de plus, aucun préjudice n'était résulté et ne pouvait résulter pour lui de la décision qu'il attaquait »; que, dans ces circonstances, la Cour de Montpellier, après avoir développé et justifié cette constatation, a pu rejeter la tierce opposition de l'État sans commettre aucun excès de pouvoirs, ni aucune violation de loi; — Rejette, etc.

MM. Bédarrides, prés.; Féraud-Giraud, rapp.; Chevrier, av. gén. (concl. conf.); Nivard, av.

---

(1) V. dans le même sens: Caen, 3 janv. 1870, 1re espèce (Pand. chr.), et le renvoi. — Telle est aussi la jurisprudence du Conseil d'Etat qui n'a jamais hésité à annuler les arrêtés municipaux contenant de pareilles prohibitions, toutes les fois que la question de légalité lui était déférée. V. Cons. d'Etat, 7 avril 1885 (journal *la Loi*, 1er août 1885).

(2) Le préjudice est une condition absolue de la recevabilité de la tierce opposition. V. Cass., 2 mai 1881 (S. 83. 1. 52. — P. 83. 1. 119. — D. 82. 1. 255). — Ce préjudice d'ailleurs peut n'être qu'éventuel. V. Cass., 13 juill. 1870 (S. 71. 1. 105. — P. 71. 253. — D. 71. 1. 350). — Il suffirait même, pour autoriser ce recours, que la décision attaquée constituât un préjugé défavorable aux prétentions du tiers opposant ou qu'elle impliquât un droit incompatible avec celui qu'il revendique. V. Cass., 6 août 1862 (S. 62. 1. 773. — P. 63. 200. — D. 62. 1. 436).

(3) Cette deuxième considération est tout à fait accessoire et de second plan. Il est en effet de jurisprudence aujourd'hui constante, bien que la question ait été controversée, que, pour être recevable à former tierce opposition à un jugement ou à un arrêt, il n'est pas nécessaire qu'on ait dû y être appelé; qu'il suffit que le jugement ou l'arrêt préjudicie aux droits du tiers opposant, et que celui-ci n'ait été ni partie, ni représenté. V. Agen, 9 août 1827; Cass., 22 août 1827; Nîmes, 20 nov. 1829; Bordeaux, 4 janv. 1830; Douai, 23 mars 1831 (S. 31. 2. 244. — P. chr. — D. 31. 2. 161); Pau, 19 mars 1834 (S. 34. 2. 441. — P. chr. — D. 35. 2. 39); Cass., 9 déc. 1835 (S. 36. 1. 177. — P. chr.); 26 mars 1838 (S. 38. 1. 757. — P. 38. 1. 642. — D. 38. 1. 157).

CASS.-CIV. 16 juin 1885.

1° SOCIÉTÉ ÉTRANGÈRE, CONSTITUTION, NON-VERSEMENT DU QUART, ACTIONS, NÉGOCIATIONS, LOI ÉTRANGÈRE, VÉRIFICATION, CONCLUSIONS. — 2° AGENT DE CHANGE, EFFETS PUBLICS, COTE OFFICIELLE, NÉGOCIATIONS, MONOPOLE, OPÉRATIONS DE BOURSE, PREUVE, BORDEREAU, AVANCES, REMBOURSEMENT, CAUSE ILLICITE, ORDRE PUBLIC, BANQUIER, REFUS D'ACTION, COULISSIERS.

1° *Les règles relatives à la constitution des sociétés par actions, et les prohibitions destinées à leur servir de sanction, ne s'appliquent qu'aux sociétés françaises et non aux sociétés étrangères* (1).

Telles sont, par exemple, les dispositions de la loi du 24 juill. 1867 qui ont pour but de ne permettre la négociation des actions ou coupons d'actions qu'après le versement du quart du capital social (2) (L. 24 juill. 1867, art. 2, 14).

Par suite, ne sont point nulles, pour avoir précédé ce versement, les négociations d'actions ou de promesses d'actions d'une société étrangère (3) (Id.).

Alors surtout qu'il n'est pas prétendu que, d'après la législation étrangère, la validité des négociations dût être subordonnée à l'accomplissement préalable du versement (4) (Id.).

...Et qu'en l'absence même de conclusions formelles, les juges du fond n'ont ni vérification à faire de cette législation, ni explication à en fournir (5) (Id.).

2° *Ne peuvent être rangées dans la catégorie des effets ni cotés, ni susceptibles d'être cotés, dont la négociation constitue un monopole au profit des agents de change, les actions d'une société encore sans existence, qui par là n'étaient guère que des promesses d'actions futures plutot que des actions réellement existantes* (6) (C. com., 76).

En matière commerciale, la production de bordereaux d'agent de change, même non signés de la partie intéressée, peut fournir une présomption suffisante de l'existence d'opérations de bourse (7) (C. com., 109).

Le mandataire qui n'a fait qu'exécuter les ordres d'achats de titres tels qu'il les a reçus de son mandant, ainsi que le mandant eût procédé lui-même, s'il avait agi directement, sans l'office d'un intermédiaire, a droit au remboursement de ses avances, quand bien même il s'agirait d'actions d'une société nulle pour défaut de versement effectif du quart et que le mandat d'acheter de pareils titres fut nul comme portant sur un objet illicite (8) *si le vice qui atteignait la constitution de la société n'était ni apparent, ni connu du mandataire* (9) (C. civ., 1131, 1133, 1984, 1999).

La nullité des négociations sur effets cotés ou susceptibles de l'être, à raison de l'absence de concours d'un agent de change, est d'ordre public, et a pour effet d'interdire toute action au mandataire pour le remboursement de ses avances (10) (C. com., 76; C. civ., 1994).

Le refus d'action est à ce point absolu qu'il atteint même le banquier qui, chargé d'un ordre d'achat de pareilles valeurs, l'a transmis à un agent de change, si celui-ci, au lieu d'effectuer lui-même l'opération sur le marché public, l'a fait exécuter en coulisse (11) (Id.).

En vain le banquier prétendrait qu'autorisé et même obligé à se substituer un agent de change pour la réalisation de l'ordre d'achat, sa responsabilité disparaît, dès lors qu'il a fait choix d'un agent de change qui n'était point notoirement incapable, ni insolvable (12) (C. civ., 1994).

(Rogès c. Société générale.) — ARRÊT (*ap. délib. en ch. du cons.*).

LA COUR ; — Sur le premier moyen : — Attendu, en droit, que les articles de la loi du 24 juill. 1867, invoqué par le pourvoi, et qui ont pour but de ne permettre la négociation des actions ou coupons d'actions qu'après le versement du quart, ne s'appliquent qu'aux sociétés françaises, et non aux sociétés étrangères; que la prohibition écrite dans l'art. 2, et sanctionnée par les peines édictées à l'art. 14, est intimement liée aux règles prescrites par la

(1-2-3) Ces questions se posaient pour la première fois devant la Cour de cassation; elles avaient déjà été tranchées dans le sens des solutions ci-dessus par les Cours d'appel et Tribunaux. V. Paris, 22 févr. 1866 (*Gaz. des trib.*, 9 mars); Lyon, 7 janvier 1881 (S. 81. 2. 25. — P. 81. 1. 193. — D. 81. 2. 153). V. aussi Paris, 7 mai 1870 (S. 72. 1. 321. — P. 72. 846. — D. 72. 1. 244). Trib. civ. Seine, 10 févr. 1881 (*Journ. de dr. intern. privé*, 81. p. 158). — Quant aux indications d'auteurs professant les mêmes principes, consult. notre *Dictionnaire de dr. comm., ind. et marit.*, t. VI, v° *Société étrangère*, n. 23 et suiv.

(4-5) Les juges du fond, ni en première instance, ni en appel, n'avaient été saisis de cette question d'examen et de vérification de la loi étrangère. Jamais, au cours du procès, il n'avait été soutenu que les négociations, faisant l'objet du litige, eussent dû être déclarées nulles pour avoir été opérées en contravention des prescriptions de la loi étrangère (dans l'espèce, la loi mexicaine) qui elle aussi en conformité avec le droit français, subordonnerait la négociation des actions à la constitution de la société et au versement du quart. On ne pouvait donc pas devant la Cour de cassation faire grief aux juges du fond de ne point s'être prononcés sur une question non soulevée aux débats et qu'ils n'avaient point par cela même à résoudre. On sait, en effet, et c'est un principe constant, que les tribunaux ne sont tenus de s'expliquer que sur les chefs de demande expressément formulés dans les conclusions des parties. V. notamment Cass. 27 mars 1876 (S. 79. 1. 453. — P. 79. 1189); 25 avril 1881 (S. 82. 1. 420. — P. 82. 1. 1040 — D. 82. 1. 155); 18 mai 1881 (S. 82. 1. 57. — P. 82. 1. 126. — D. 82. 1. 115); 5 juill. 1882 (S. 83. 1. 85. — P. 83. 1. 173); 27 nov. 1883 (S. 85. 1. 66. — P. 85. 1. 142. — D. 84. 1. 77).

(6) Sur ce qu'il faut entendre par ces mots « effets susceptibles d'être cotés » dont l'interprétation a donné lieu en jurisprudence à divers systèmes, v. Cass. 1er juill. 1885 (Pand. chr.), et le rapport de M. le conseiller Crépon reproduit avec l'arrêt. V. aussi nos observations en note.

(7) Les juges du fond avaient attribué, dans l'espèce, le caractère de commercialité aux opérations de bourse, objet du litige. Or on sait qu'elles ne revêtent ce caractère, du moins de la part du client ou donneur d'ordre, que lorsqu'elles n'ont en vue qu'un but de spéculation, la réalisation de bénéfices par l'achat et la revente des valeurs. V. *Pand. fr. alph.*, v° *Acte de commerce*, n. 97 et suiv. V. aussi Cass. 3 juin 1885 (Pand. chr.), et la note. — Ce caractère de commercialité étant bien déterminé, tous les genres de preuves, et notamment les présomptions, étaient admissibles pour établir la réalité d'opérations dont l'existence était contestée. V. Cass. 2 avril 1879 (S. 80. 1. 116. — P. 80. 257); 30 mai 1883 (S. 84. 1. 154. — P. 84. 1. 368. — D. 84. 1. 292). Or cette valeur de présomption ne pouvait être sérieusement refusée à un bordereau d'agent de change non signé des parties. Revêtu des signatures, ce bordereau aurait, en effet, constitué à lui seul une preuve littérale complète (C. com. 109).

(8) De graves difficultés se sont élevées sur le point de savoir si la nullité d'une société pour défaut de versement du quart entraîne de plein droit la nullité des négociations d'actions qui se sont effectuées dans l'intervalle de la constitution ou de l'existence de fait jusqu'à l'annulation prononcée par justice. La jurisprudence n'admet cette conséquence de la nullité des négociations de titre, comme contre-coup de la nullité de la société, qu'autant que les titres révèlent par eux-mêmes les causes qui doivent empêcher de les négocier. V. Cass. 3 juin 1885 (deux arrêts) (Pand. chr.), et les renvois.

(9) Des applications identiques du même principe avaient été faites, antérieurement à la loi du 28 mars 1885 sur les marchés à terme, aux jeux de bourse. Il avait été décidé notamment que l'exception de jeu, opposé à un agent de change, pouvait être rejetée, si les juges du fond constataient qu'il n'était pas démontré que l'agent de change eût connu le caractère illicite des opérations. V. notamment Cass. 27 févr. 1878 (S. 79. 1. 444. — P. 79. 1174. — D. 79. 1. 367); 23 janv. 1882 (S. 82. 1. 263. — P. 82. 1. 630. — D. 82. 1. 286); Paris, 10 mars 1882 (S. 82. 1. 177. — P. 82. 1. 909. — D. 82. 2. 222).

(10) V. conf., Cass. 29 mai 1883 (S. 84. 1. 120. — P. 84. 1. 264. — D. 83. 1. 418); et sur renvoi Orléans, 5 janv. 1884 (S. 85. 2. 54. — P. 85. 1. 328); Cass. 21 avril 1885 (S. 85. 1. 249. — P. 85. 1. 622. — D. 85. 1. 275); 22 avril 1885 (Pand. chr.), et les renvois.

(11-12) Le banquier qui reçoit des ordres de bourse doit surveiller jusqu'au bout l'exécution de l'opération, il doit en garantir

loi pour la constitution des sociétés ; que ces règles ne concernant manifestement que les sociétés se constituant en France, les interdictions destinées à leur servir de sanction ne sauraient être étendues aux sociétés étrangères, dont la constitution n'a point été réglementée par la loi française ; — Attendu, en fait, que l'arrêt attaqué déclare qu'il résulte de tous les éléments de la cause que la société dite la Banque mexicaine est une société étrangère ; — Attendu que ce caractère n'a jamais été contesté par Rogès, de même que celui-ci n'a jamais prétendu que, d'après la loi mexicaine, la négociation des titres ne pouvait avoir lieu qu'après l'accomplissement de certaines prescriptions omises dans l'espèce ; que, par suite, l'arrêt attaqué n'avait pas à s'expliquer sur des moyens non visés dans les conclusions ; — Attendu que, dans ces conditions, c'est à bon droit que l'arrêt attaqué a déclaré qu'on ne pouvait dire nul l'achat des actions de la Banque mexicaine, comme fait en violation des dispositions de la loi du 24 juill. 1867 invoquées par le pourvoi ;

Sur la branche présentée subsidiairement au premier moyen : — Attendu que l'arrêt attaqué constate qu'au moment où ont eu lieu les négociations sur les actions de la Banque mexicaine, la société n'existait pas, que ses actions n'existaient pas davantage, qu'elles ne constituaient que des promesses d'actions futures ; que, par suite, ces actions ou promesses d'actions n'étaient ni cotées, ni susceptibles d'être cotées ; — Attendu que, dans ces conditions, c'est à bon droit qu'il a été déclaré que l'art. 76, C. comm., n'était pas applicable à l'espèce ;

Sur le troisième moyen : — Attendu que l'arrêt attaqué, en déclarant, dans une matière commerciale, que les bordereaux délivrés par l'agent de change formaient une présomption suffisante de l'achat, fait au nom de Rogès, de dix actions de la Banque de Lyon-Loire, n'a violé aucune loi ;

Sur le quatrième moyen : — Attendu que si Rogès, dans ses conclusions d'appel, soutient que la Société de Lyon-Loire ayant été déclarée nulle pour défaut de versement du quart prescrit par l'art. 1er de la loi du 24 juill. 1867, le mandat de négocier les actions de cette société était nul, comme portant sur un objet illicite, et ne pouvait, par suite, donner droit au mandataire de poursuivre le remboursement de ses avances, il n'articule pas que le vice qui atteignait la constitution de la société ait été apparent ou connu du mandataire ; — Attendu qu'en l'état de ces conclusions, l'arrêt attaqué, en déclarant que la Société générale avait régulièrement exécuté son mandat, et procédé comme Rogès lui-même aurait procédé s'il avait agi directement, sans l'office d'un mandataire, a pu maintenir au compte de la Société générale les avances par elle faites pour l'exécution de l'ordre donné par Rogès ; — Rejette ces trois moyens du pourvoi ;

Mais sur le deuxième moyen : — Vu les art. 76, C. comm., et 1994, C. civ. ; — Attendu, en droit, que le mandat donné à un banquier, et accepté par lui, de faire acheter des valeurs de bourse, comprend non-seulement le mandat de s'adresser à un intermédiaire autorisé, mais encore celui de veiller à ce que l'opération soit régulièrement faite par cet intermédiaire, et de ne l'accepter, notamment, pour la porter au compte du mandant, que si elle a eu lieu, en conformité des prescriptions de l'art. 76, C. comm., c'est-à-dire avec le concours d'un agent de change ; que les négociations sur effets publics faites en dehors de ces prescriptions sont nulles d'une nullité d'ordre public, qui a pour effet d'interdire toute action au mandataire pour le remboursement de ses avances ; que vainement le banquier prétendrait qu'étant autorisé et même obligé à se substituer un agent de change pour la réalisation de l'achat ordonné, sa responsabilité disparaît, conformément à la règle écrite dans l'art. 1994, C. civ., dès lors qu'il a fait choix d'un de ces agents qui n'était point notoirement incapable ou insolvable ; qu'il suffit pour que le banquier ne puisse avoir action afin d'assurer le remboursement d'avances faites à l'occasion de négociations effectuées contrairement aux prescriptions de l'art. 76, C. comm., que le mandat primitif subsiste, et que le remboursement soit poursuivi en vertu de ce mandat ; — Attendu, en fait, que, des constations de l'arrêt attaqué, il résulte que Rogès a donné à la Société générale l'ordre d'acheter huit actions des Pétroles du Caucase ; que cet ordre a été transmis par la Société générale à Fontaine, agent de change à Lyon ; que celui-ci, au lieu d'acheter lui-même les actions sur le marché public, les a fait acheter en coulisse ; que cette opération, ainsi faite sur des valeurs que le mandataire n'alléguait même pas ne point être non susceptibles d'être cotées, a été acceptée par la Société générale et portée par elle au compte de Rogès ; — Attendu que, dans ces conditions, c'est à tort que l'arrêt attaqué a déclaré Rogès tenu vis-à-vis de la Société générale de l'achat des actions des Pétroles du Caucase, et qu'en statuant ainsi, il a violé les articles de loi invoqués par le pourvoi ; — Casse, sur le deuxième moyen, l'arrêt de la Cour de Chambéry du 25 mai 1883, etc.

MM. Barbier, 1er prés. ; Crépon, rapp. ; Desjardins, av. gén. (concl. conf.) ; Pérouse et Sabatier, av.

CASS.-CRIM. 20 juin 1885.

DÉLITS DE LA PRESSE, PRESCRIPTION, INTERRUPTION, REMISE DE CAUSE, PRÉSENCE DES PARTIES, DÉFAUT DE CONSTATATION, CONSENTEMENT (ABSENCE DE).

La remise de cause, mentionnée sur le plumitif d'audience (1), *mais accordée sur la demande des avocats, sans constatation de la présence des parties, ne constitue pas un acte de poursuite interruptif de la prescription ; un tel effet ne peut résulter que d'une remise prononcée contradictoirement entre les parties présentes et consentantes* (2) (C. instr. crim., 637, 638 ; L. 29 juill. 1881, art. 65).

Jugé, dans le même sens, que la remise demandée par les avocats, quand il ne résulte nullement du plumitif de l'audience que le prévenu ait été présent ou représenté, n'est pas contradictoire (3) (Id.). — V. l'arrêt en sous-note (*a*).

.....*Qu'en conséquence, est nul le jugement rendu à la suite de cette remise, sans nouvelle assignation et en l'absence du prévenu* (4) (Id.). — Id.

---

la parfaite régularité. Le donneur d'ordre ne connaît pas l'agent de change, qui de son côté n'a pas eu affaire à lui et ne lui doit aucun compte des négociations qu'il a effectuées pour le banquier seul.

(1) La question ne se poserait même pas si la remise de cause n'avait point été constatée par la feuille d'audience ou consignée sur le plumitif du greffier. C'est qu'en effet tout acte de procédure qui ne laisse point une trace régulière, légale, juridique de son accomplissement, est considéré comme sans existence. En supposant même qu'il ait été exécuté, il est comme s'il n'était pas, par suite de l'impossibilité où l'on se trouve d'en rapporter la preuve. V. en ce sens, Cass. (motifs), 31 déc. 1885 (Pand. chr.), et M. Fabreguettes, *Tr. des infract. de l'écriture, de la parole et de la presse*, t. II, n. 2174, p. 409. V. aussi Cass., 28 fév. 1885 (S. 86. 1. 137.)

(2-3-4) A quelques mois de distance, par deux décisions en date des 30 oct. 1885 (S. 86. 1. 137), 31 déc. 1885 (Pand.

(*a*) Voici cet arrêt du 12 août 1886 :

(Lutaud c. Rogat et gérant du journal *le Pays*.)

LA COUR : — En ce qui touche la nullité du jugement du 22 avril 1886 : — Considérant qu'à la date du 20 mars 1886, Rogat a été assigné par Lutaud à comparaître le 24 mars suivant devant le tribunal correctionnel comme prévenu de délits de diffamation prévus et punis par les art. 29 et 31 de la loi du 29 juill. 1881 ; — Considérant qu'à ce jour (24 mars) l'affaire a été, sur la demande des avocats, remise au jeudi 15 avril suivant, mais qu'il ne résulte nullement du plumitif de l'audience que Rogat ait été présent ou représenté à l'au-

(Serre c. André.) — ARRÊT.

LA COUR : — Vu les art. 185, 186, C. instr. crim., 65 de la loi du 29 juill. 1881 ; — Attendu, en fait, qu'il est constant qu'une assignation pour diffamation notifiée à Serre par André, le 1er juill. 1884, n'a été suivie d'une nouvelle assignation qu'à la date du 10 nov. suivant; qu'il suit de là que plus de trois mois se sont écoulés entre le premier et le second acte de poursuite, et que, dès lors, la prescription édictée par l'art. 65 de la loi du 29 juill. 1881 est acquise; que vainement il est excipé, pour prétendre qu'il y a eu interruption de cette prescription, d'une remise de cause accordée le 21 août 1884; que mention de cette remise a été portée au plumitif tenu par le greffier dans les termes suivants : *Cause remise à la demande des avocats;* — Attendu qu'en matière correctionnelle, le tribunal saisi prononce défaut contre le prévenu qui ne comparaît pas en personne ou par un avoué dans les cas spécifiés par la loi (C. instr. crim., 185 et 186); que nul ne peut suppléer ce mandataire légal; que la remise accordée sur la demande des avocats, sans constatation de la présence des parties, ne peut constituer un acte de poursuite, à partir de la date duquel les trois mois exigés par la loi pour la prescription commenceraient à courir; que, pour donner ce caractère à une simple remise, il faudrait rapporter tout au moins la preuve que cette remise a eu lieu contradictoirement entre les parties présentes et consentantes; — Attendu que, ces conditions défaillant dans l'espèce, l'arrêt attaqué a violé les art. 185, 186, C. instr. crim., et 65 de la loi du 29 juill. 1881, en rejetant l'exception de prescription invoquée par Serre; — Casse, etc.

MM. Ronjat, prés. ; Chauffour, rapp. ; Loubers, av, gén.; Sauvel et Boivin-Champeaux, av.

CASS.-CRIM. **20 juin 1885.**

FALSIFICATION, VENTE DE MARCHANDISES, CHOCOLAT, MATIÈRES FÉCULENTES, MÉLANGE (CONNAISSANCE DU), AMENDE.

Constitue le délit de falsification de denrées alimentaires, dans le sens de la loi du 27 mars 1851, le fait par un fabricant de mauvaise foi de faire entrer, dans la composition du produit qu'il vend sous la dénomination de chocolat, un mélange de 25 pour 100 de matières féculentes : le chocolat, dans ses éléments constitutifs et substantiels, ne devant être composé que de cacao, de sucre et d'aromates (1) (L. 27 mars 1851, art. 1).

Et la connaissance par les acheteurs de la composition du mélange ne couvre pas le délit, quand ces acheteurs sont des commerçants qui n'achètent que pour revendre à leur tour (2) (Id.).

Pour justifier, en pareil cas, la condamnation à une amende supérieure à 50 francs, il suffit que le jugement énonce que le chiffre de l'amende n'excède pas le quart des restitutions et des dommages-intérêts, sans qu'il soit nécessaire de constater, d'une manière complète et précise, le montant de ces restitutions et dommages-intérêts (3) (C. pén., 423 ; L. 27 mars 1851).

(Payraud.) — ARRÊT.

LA COUR : — Sur le premier moyen, pris de la violation de l'art. 1er de la loi du 27 mars 1851, en ce que les faits relevés à la charge de Payraud ne présenteraient pas les caractères du délit de falsification de denrées alimentaires ; — Attendu que l'arrêt attaqué constate, en fait, que Payraud a, en 1884, fabriqué du chocolat, qu'il vendait sous le titre de chocolat d'Ambrosio Valcaneras, et dans la composition duquel il avait fait entrer 25 pour 100 de matières féculentes; que l'arrêt constate en outre que Payraud a agi de mauvaise foi ; — Attendu que, dans ces conditions, c'est à bon droit que la Cour d'appel de Lyon a déclaré que le mélange pratiqué par le demandeur altérait le chocolat dans ses éléments constitutifs et substantiels, le chocolat ne devant être composé que de cacao, de sucre et d'aromates; — Attendu, il est vrai, que Payraud soutenait devant les juges du fond qu'il n'avait fabriqué le chocolat saisi dans ses magasins que pour satisfaire aux exigences de sa clientèle; mais que l'arrêt attaqué a déclaré avec raison qu'alors même que les acheteurs auraient connu la composition du mélange qui leur était vendu, le délit de falsification de denrées alimentaires n'en serait pas moins constant; qu'il est certain, en effet, que le fait de vendre à des commerçants, qui doivent les revendre à leur tour, des denrées alimentaires falsifiées, constitue le délit prévu par l'art. 1er de la loi du 27 mars 1851, encore bien que l'acheteur n'ait pas ignoré la falsification.

Sur le second moyen, pris de la violation de l'art. 1er de la loi du 27 mars 1851, et de l'art. 423, C. pén., en ce que l'arrêt attaqué a condamné le demandeur à une amende supérieure à 50 francs, sans faire connaître le montant des restitutions qui pouvaient être à sa charge, et de la violation de l'art. 7 de la loi du 20 avril 1810, pour défaut de motifs : — Attendu que l'arrêt attaqué contient la disposition suivante : « Attendu que la condamnation à 200 fr. (prononcée par le juge du premier degré) n'excède pas le quart des restitutions dont le prévenu pourrait être passible; — Condamne Payraud à 200 francs d'amende, prononce la confiscation du chocolat saisi, etc. »; — Attendu que l'art. 423, C. pén., n'oblige pas le juge à constater d'une manière complète et précise le montant des restitutions et dommages-intérêts qui peuvent être dus par le prévenu; qu'en déclarant que la condamnation à 200 francs d'amende ne dépassait pas le quart des restitutions dont Payraud pouvait être passible, l'arrêt attaqué a donné une

---

chr.), la Cour de cassation faisant un retour sur les principes qu'elle avait consacrés par l'arrêt ci-dessus reproduit du 20 juin 1885, s'est prononcée en faveur de solutions diamétralement contraires. Cette évolution n'est pas heureuse. Les motifs juridiques qui servent à la justifier nous paraissent fort discutables. La lettre et l'esprit des textes de loi, l'analyse rigoureuse des idées, recommandent les règles posées dans notre sommaire, autant qu'ils s'opposent à l'admission des théories plus récemment émises. V. d'ailleurs nos observations critiques jointes à Cass., 31 déc. 1885 (Pand. chr.).

(1) V. conf., sur le principe et avec une analogie très-marquée d'espèces : Paris, 1er mai 1882 (Pand. chr.).

(2) *Sic*, Cass., 22 juill. 1869 (Pand. chr.). — Comp. Paris, 1er mai 1882, susmentionné.

(3) Jurisprudence certaine. V. Cass. 22 juill. 1869, précité. — Mais l'évaluation du chiffre des restitutions et dommages-intérêts n'est pas obligatoire pour le juge, tant que la condamnation qu'il prononce se maintient dans la limite du minimum au maximum de l'amende fixe de 50 à 500 francs édictée par l'art. 2 de la loi du 27 mars 1851, au cas d'aggravation de la pénalité par suite de falsifications au moyen de substances nuisibles à la santé; elle ne devient nécessaire que lorsqu'il y a lieu, vu la gravité du délit, d'infliger l'amende proportionnelle supérieure à 500 francs. V. Cass., 18 nov. 1880 (Pand. chr.), et la note.

dience; — Que, dans ces conditions, la remise n'a pas été contradictoire ; — Considérant que néanmoins, à l'audience du 15 avril, Lutaud a requis qu'il fût donné défaut contre Rogat non comparant et que, bien qu'il ne résulte d'aucune des pièces du dossier soumis à la Cour que Bonnet eût été assigné à nouveau à cette date, défaut a été octroyé par le tribunal, qui a remis au 22 avril pour le jugement au fond ; — Considérant que le 22 avril, toujours en l'absence de Rogat et sans nouvelle assignation à lui donnée, le tribunal a prononcé le jugement dont est appel ; — Considérant qu'intervenue dans les circonstances qui viennent d'être précisées, cette décision est nulle et qu'il y a lieu de faire droit à cet égard aux conclusions de l'appelant, etc.

C. Paris, ch. corr. — MM. Boucher-Cadart, prés. ; Reynaud, av. gén. ; Foucart (du barreau de Valenciennes) et Demange, av.

complète satisfaction à la loi, et suffisamment motivé sa décision; — Rejette, etc.

MM. Ronjat, prés.; Sallantin, rapp.; Loubers, av. gén.; Besson, av.

CASS.-CIV. 29 juin 1885.

AGENT DE CHANGE, EFFETS PUBLICS, NÉGOCIATIONS, COULISSIERS, NULLITÉ, ORDRE PUBLIC, SANCTION, REFUS D'ACTION, AVANCES, REMBOURSEMENT, MANDANT, ACTION EN RÉPÉTITION, RÈGLEMENT.

Sont nulles les négociations de titres cotés à la Bourse, opérées sans le ministère d'un agent de change (1) (Arrêt du cons., 24 sept. 1724, art. 18; L. 28 vent. an IX, art. 7 et 8; Arr. 27 prair. an X, art. 4 et 7; C. com., 76).

Et le refus d'action qui sert de sanction à cette nullité s'applique à l'intermédiaire sans qualité, comme au client qui a provoqué ou accepté l'intervention de celui-ci (2) (Id.).

Ainsi, d'une part, l'intermédiaire sans qualité ne peut, s'agissant de pareilles opérations, poursuivre par action en justice, ni le remboursement de ses avances, ni l'attribution des sommes déposées entre ses mains (3) (Id.).

D'autre part, aucune action en répétition des sommes par lui versées ne saurait être ouverte au client qui, en connaissance de cause, a pris livraison des titres et en a payé le prix, ou qui, en l'absence de levée et de livraison des titres, a réglé définitivement les opérations effectuées (4) (Id.).

(Crédit général français c. Bécus.) — ARRÊT.

LA COUR : — Sur les premier et deuxième moyens du pourvoi du Crédit général français : — Vu les art. 18 de l'arrêt du conseil du 24 sept. 1724, 13 de l'arrêt du conseil du 26 nov. 1781, 8 de la loi du 28 vent. an IX, 4 et 7 de l'arrêté du 27 prair. an X, 76, C. comm.; (suivent des motifs textuellement reproduits de l'arrêt de la même chambre civile du 22 avril 1885, Pand. chr. Puis l'arrêt continue ainsi :) — Attendu, en fait, qu'il résulte des déclarations de l'arrêt attaqué que Bécus a accepté le transfert des actions de la Société *les Réassurances*, achetées sur son ordre par le Crédit général français, qu'il a pris livraison des titres et en a payé le prix, sachant dans quelles conditions s'étaient faites les négociations; — Attendu qu'en l'état de ces constatations, c'est à tort que l'arrêt attaqué a accordé à Bécus la répétition des sommes par lui versées; — Casse, etc.

MM. Barbier, 1er prés.; Crépon, rapp.; Desjardins, av. gén. (concl. conf.); Sabatier, av.

CASS-CIV. 29 juin 1885 (DEUX ARRÊTS).

SOCIÉTÉ ANONYME, TITRES NOMINATIFS, TITRES AU PORTEUR, CONVERSION, APPEL DE FONDS, CESSIONNAIRES INTERMÉDIAIRES, CÉDANT, RECOURS, DÉTENTEUR ACTUEL, DÉSIGNATION, AGENT DE CHANGE, CESSIONNAIRE IMMÉDIAT.

Si les souscripteurs primitifs et leurs cessionnaires, antérieurs à la délibération de l'assemblée générale qui a autorisé la conversion des actions nominatives en titres au porteur, restent garants des versements complémentaires pendant deux ans encore après le vote de conversion, il n'en est plus de même des cessionnaires qui n'ont acquis leurs actions que postérieurement audit vote; ceux-ci, n'étant tenus que tant qu'ils conservent leur qualité d'actionnaires, cessent d'être obligés à compter du jour où ils ont eux-mêmes cédé leurs titres (5) (L. 24 juill. 1867, art. 3, 24). — 1re et 2e espèce.

Et, comme il est de l'essence même du titre au porteur de n'établir aucun lien de droit entre les détenteurs successifs, les nouveaux porteurs, après la transmission de leurs actions, ne peuvent plus être recherchés ni par le cédant primitif, ni par la société (6) (Id.). — Id.

Il en résulte que le cédant, dans le cas où il est obligé de libérer les actions par lui cédées, ne peut recourir que contre le détenteur actuel des titres sur qui pèse la charge définitive du payement (7) (Id.) — Id.

En pareil cas, le cédant n'est pas plus fondé que la société aux droits de laquelle il se trouve subrogé, à exiger de l'agent

---

(1 à 4) V. conf., sur tous ces points, et en termes absolument identiques, Cass., 22 avril 1885 (Pand. chr.), et les notes.

(5-6-7) Ces arrêts ont eu dans le monde du droit et dans celui des affaires un légitime retentissement. Ils ont été attaqués par des jurisconsultes autorisés (V. notamment M. Lyon-Caen, observations au S. 86. 1. 17); ils ont été défendus par les praticiens. Les gens de finance, les plus compétents en la matière, y ont applaudi. Avant même que la Cour de cassation eût arrêté ses résolutions, ils avaient manifesté nettement leurs préférences; ils avaient aidé à la préparation des solutions qui ont été consacrées. Des parères d'agents de change et de banquiers ont été produits aux débats; ils constataient que, dans la pratique des négociations financières, celui qui acquiert des actions au porteur non libérées, entend n'être tenu, même à l'égard de son cédant, que juste le temps pendant lequel il reste détenteur des titres; que toute transmission nouvelle emporte libération du cédant et ne laisse plus subsister de recours que contre le porteur actuel, sur qui doit peser seul la charge des versements complémentaires.

A notre avis, les solutions des arrêts qui précèdent se sont placées sur un terrain juridique suffisamment solide. Sans doute, elles peuvent être sérieusement discutées, elles prêtent à des objections, mais où sont donc les décisions simples, susceptibles de réunir l'unanimité des avis! La Cour suprême n'est pas, de par son origine et le but de son institution, une réunion de jurisconsultes n'ayant qu'une préoccupation, qu'une mission, celle de veiller à la conservation de principes abstraits d'un droit idéal dégagé de tous liens matériels. Elle tient compte des faits, des intérêts, des nécessités contingentes autant et plus que des raisons théoriques. Et il faut l'en approuver. La vie des affaires doit avoir un sérieuse influence sur les interprétations de la jurisprudence. Les règles écrites dans les lois ne sont point édictées pour contrarier des tendances, lutter contre des courants qui dérivent de la nature même des rapports sociaux, toutes les fois qu'il ne s'y mêle rien d'illicite, ni de contraire à l'ordre public. Aussi ne nous lassons pas de louer cet esprit de sagesse, fruit d'une longue tradition et d'expériences accumulées, qui incline toujours la Cour régulatrice vers les conciliations heureuses dans le sens du mouvement et du développement des entreprises humaines, sans qu'il en coûte le moindre sacrifice à la rectitude de la raison juridique.

L'incalculable avantage des décisions rendues par la Cour de cassation dans les affaires ci-dessus est de simplifier des situations qui autrement comporteraient des complications inextricables, des recours à l'infini, une filière de répondants toujours difficile, le plus souvent impossible à reconstituer. La porte se trouve ainsi fermée à des procès sans nombre, à des frais qui absorberaient autrement le plus clair des ressources de la liquidation ou de la faillite et seraient même, dans nombre de cas, peu en rapport avec le montant des versements à compléter.

Ensuite, ces décisions, par la limitation de leurs effets, ne remettent plus en question des situations acquises, elles ne créent point des responsabilités en quelque sorte rétrospectives. La thèse contraire constituerait, on a eu raison de l'affirmer, un véritable danger public; elle menacerait le crédit général d'une sérieuse perturbation. Elle pourrait être l'occasion d'une crise financière fatale, d'un effarement général, non pas seulement dans le monde de la Bourse, mais jusque dans les familles les plus modestes. Et que l'on ne dise pas que, comme il ne peut s'agir que des sociétés qui n'auraient pas deux ans d'existence lors de l'appel des fonds, et non de toutes les sociétés établies, l'effet de cette perturbation financière serait singulièrement amoindri.

Amoindri, oui. Mais même réduit, il serait encore considérable, si l'on se place à certaines époques, si l'on se reporte à un temps qui n'est pas encore loin de notre souvenir, où les créations de sociétés surprenaient l'imagination, emportaient les esprits les plus froids, les moins enthousiastes dans une sorte d'entraînement irrésistible. Ces rêves se sont vite évanouis. Naître et mourir, a été la devise de ces entreprises. Conçoit-on cette immense agitation de poursuites qui menaceraient quiconque, à un instant donné, aurait cédé à l'influence des milieux, aurait eu

de change, chargé des négociations, la révélation des noms des cessionnaires intermédiaires (1) (Id.). — 1re espèce.

Non plus qu'il ne pourrait contraindre son cessionnaire immédiat qui ne serait plus porteur de titres, à lui faire connaître le nom de son acheteur direct; cette obligation étant en contradiction avec la nature des titres au porteur, dont la transmission n'implique aucunement que le cédant connaisse son cessionnaire et soit en état de le désigner (2) (Id.). — 2e espèce.

1re Espèce. — (Société de l'Omnium marseillais c. Thouverey.) — ARRÊT (*après délib. en ch. du cons.*).

LA COUR : — Sur le moyen proposé dans le mémoire additionnel ; — Attendu que, d'après les art. 3 et 24 de la loi du 24 juill. 1867, lorsque l'assemblée générale des actionnaires d'une société anonyme, usant d'une faculté réservée par les statuts constitutifs de cette société, a décidé de convertir du nominatif en porteur les actions libérées de moitié les souscripteurs primitifs qui ont aliéné leurs actions et ceux auxquels ils les ont cédées, avant le versement de moitié, restent tenus au payement du montant de leurs actions pendant un délai de deux ans à partir de ladite délibération ; — Attendu que cette disposition indique clairement qu'en principe, il est permis à l'actionnaire, dès que ses actions ont revêtu valablement la forme au porteur, de se dégager envers la société en aliénant ses actions au profit d'un tiers, qui prend sa place comme associé et comme débiteur ; que, seulement, cette faculté a été refusée, pendant

---

dans son portefeuille des titres qui n'y auraient fait d'ailleurs que passer, que des transmissions nouvelles auraient portés entre les mains d'un nombre très-considérable de détenteurs successifs, qui seraient finalement cachés entre les mains d'un porteur inconnu, insaisissable.

Les cessionnaires intermédiaires qui à leur tour ont transmis leurs actions, ont du même coup rompu le lien de droit qui les rattachait à la société; ils ne sont plus actionnaires; ils ne lui doivent plus rien. Le souscripteur ou cédant originaire ne saurait donc être admis à se prétendre subrogé aux droits de la société. La subrogation a besoin d'un aliment; là où il n'y a rien, la subrogation perd ses droits.

Et du même coup disparaît l'argument qui consiste à dire qu'en opérant ces versements, le cédant primitif a payé pour les cessionnaires intermédiaires; qu'il a acquitté leur dette. Ce n'était pas leur dette, puisque le prétendu créancier, la société, n'aurait rien pu contre eux, ni les poursuivre, ni les saisir-exécuter. La vérité juridique est que la dette était bien celle du souscripteur, en vertu de la situation spéciale attachée à cette qualité par l'effet du vote de conversion (L. 24 juill. 1867, art. 3).

Vis-à-vis du porteur actuel, du titre il n'en va pas de même. La possession du titre établit un lien de droit, un principe d'obligation entre celui qui le détient et la société. La société peut réclamer le solde au détenteur, parce qu'il est actionnaire, qu'avec tous les avantages de la situation, il doit en supporter toutes les charges; elle peut le réclamer du souscripteur ou cédant originaire d'après une disposition expresse de la loi spéciale. Mais, alors, le souscripteur qui paye, paye une dette dont il est tenu avec d'autres; il doit pouvoir user du bénéfice de la subrogation légale, conformément à l'art. 1251, § 3, C. civ., mais seulement à l'encontre du détenteur actuel.

A défaut de subrogation, les souscripteurs qui libèrent leurs actions dans les deux ans de la conversion, peuvent-ils recourir contre les cessionnaires intermédiaires en vertu d'un droit propre, puisé dans la nature du contrat intervenu? Quel est ce contrat? Une cession. Que comprend une cession? le payement du prix contre livraison de la chose vendue. La chose vendue, c'est le titre en l'état des versements opérés, ni plus, ni moins. Le recours du vendeur contre l'acheteur suppose un engagement quelconque contracté par le dernier envers le premier et s'ajoutant à la cession. Où figure cet engagement? On parle d'une obligation de garantie, mais à une condition : de renverser les situations juridiques. En principe, c'est le vendeur qui doit la garantie à l'acheteur (C. civ., 1625 et suiv.). L'introduction d'une règle contraire, exceptionnelle au droit commun, nécessiterait une convention formelle.

Puis, comme une exception en entraîne toujours une autre dans les systèmes qui se fondent sur l'arbitraire, on est conduit nécessairement à faire aux cessionnaires intermédiaires une situation plus désavantageuse qu'aux souscripteurs ou cédants originaires. Car, tandis que ceux-ci ne sont tenus que pendant deux ans après le vote de conversion, ceux-là resteraient exposés pendant trente ans à l'action récursoire en remboursement des versements complémentaires. Ce résultat exorbitant devrait suffire à lui seul pour ruiner la thèse adverse. (V. dans le sens des arguments que nous combattons, le réquisitoire de M. le procureur général Baudouin, contraire aux arrêts ci-dessus.)

(1) On a objecté que, même pour atteindre le *détenteur actuel* sur lequel doit peser en fin de compte le fardeau de la dette, le souscripteur avait besoin de connaître les noms des cessionnaires intermédiaires, qu'autrement l'exercice du droit de recours deviendrait purement illusoire; qu'on enlèverait d'une main ce que l'on aurait accordé de l'autre, manquant ainsi à cet axiome de bon sens : « *Qui veut la fin, veut les moyens.* » (V. M. Lyon-Caen, *ubi suprà*; et le réquisitoire précité de M. le procureur général Baudouin.) Il est bien certain que la situation du souscripteur sera plus difficile si la révélation qu'il prétend obtenir de l'agent de change lui est refusée. Mais après tout, de quel droit peut-il se prévaloir pour faire échec à la règle du secret professionnel établie par l'art. 19 de l'arrêté du 27 prair. an X? D'aucun. Ici encore il se réclame d'une situation privilégiée. Généralement, la rupture du secret est autorisée par la jurisprudence dans le cas où, du marché conclu par l'intermédiaire de l'agent de change, naît un principe d'action d'un des contractants contre l'autre. (V. notamment, Cass., 8 août 1882, Pand. chr.; Douai (sol. implic.), 26 nov. 1884, (Pand. chr.). — Où est cette action? Elle n'existe pas. Le souscripteur n'a aucun recours contre les cessionnaires intermédiaires dont il cherche à retrouver la filière. Qu'il s'y prenne, comme il pourra, c'est son affaire. Il est dans la situation ordinaire de tout demandeur qui doit faire sa preuve; il lui reste les moyens de droit commun pour établir que celui contre lequel il agit, est bien le détenteur actuel des titres sur lesquels il a effectué les versements complémentaires. L'agent de change n'a pas à le seconder dans son travail d'instruction ou d'inquisition. La dignité de ses fonctions perdrait en prestige.

En pratique, d'ailleurs, l'agent de change ne tient qu'en médiocre état les noms des parties. Pour lui, vendeurs et acheteurs ne gardent pas toujours leur individualité distinctive avec le maintien des liens qui les rattachent les uns aux autres. Les règlements qui s'opèrent entre agents par voie de compensation et se bornent à la seule livraison du nombre de titres formant le solde, ne permettent pas le plus souvent de désigner au vendeur son acheteur direct, non plus que de renseigner l'acheteur sur le vendeur de qui il tient ses droits.

(2) L'argument ne manque pas de force. Il est tiré de la réalité pratique. Les négociations de titres au porteur se font rarement par le rapprochement direct des parties; le vendeur ne connaît pas l'acheteur, ni l'acheteur le vendeur. Ce sont toujours des intermédiaires, agents de change, banquiers, courtiers, etc., suivant la nature des valeurs, qui concentrent les offres et les demandes, et se chargent des transactions. Or, si ces intermédiaires, les agents de change tout au moins, restent dans les liens du secret professionnel, s'ils ne sont pas tenus de livrer les noms, s'ils ne doivent même pas les révéler, comment les cessionnaires successifs y parviendraient-ils? Quels moyens d'investigation ont-ils de plus que le souscripteur? Dira-t-on que si du moins ils ne sont pas obligés à donner les noms de leurs acquéreurs directs, il leur incombe d'établir le fait de la transmission, de la dépossession qui les libère? (V. Cass., 3 avril 1883, Pand. chr.; Trib. de comm. Seine, 12 nov. 1885, Pand. chr.), C'est ici qu'intervient avec utilité la considération de la nature même du titre au porteur que nos deux arrêts mettent en relief. La transmission de ces titres n'est subordonnée à l'accomplissement d'aucune formalité; elle s'opère par la tradition manuelle; elle peut ne laisser aucune trace. On n'est pas en faute, parce que l'on négocie une valeur telle qu'elle doit être négociée. La valeur n'a été du reste mise au porteur qu'en vue de cette facilité que l'on essayerait de faire tourner à son désavantage, lorsque la mauvaise fortune se dessine, qu'il n'y a plus de plus-value à attendre des cours, qu'il y a même un débours à supporter. C'est fort bien! Mais cette situation, qui l'a créée? qui l'a recherchée? qui l'a voulue? La majorité des actionnaires, formant l'expression de la volonté sociale. Les souscripteurs n'avaient qu'à ne pas poursuivre la conversion des actions nominatives en titres au porteur; ils auraient gardé leurs positions intactes; ils n'auraient point à s'égarer en recherches inextricables. Tout de suite, ils mettraient la main sur le vrai répondant. Mais non. La mise au porteur, on l'acclame dans ce qui est favorable, on ne la voit que dans la hausse toujours assurée des actions. On la rejette pour le reste. Eh bien! non. Il n'est pas possible de prendre d'une situation le bon, de refuser le mauvais. Avantages et désavantages se tiennent. Souscripteurs vous aviez le choix, vous vous êtes fait votre sort. Vous n'avez aucun droit de vous plaindre!

une période de deux ans, aux souscripteurs primitifs et à leurs cessionnaires antérieurs à la délibération de l'assemblée, pour leur ôter tout intérêt à voter une conversion téméraire ou même frauduleuse; mais que cette restriction n'est applicable, ni d'après les termes de la loi, ni d'après son esprit, à ceux qui sont devenus cessionnaires postérieurement au vote de conversion ; qu'en le décidant ainsi, l'arrêt attaqué a exactement appliqué l'art. 3 de la loi du 24 juill. 1867 ;

Sur les deux moyens formulés dans le mémoire ampliatif : — Attendu que, d'après le pourvoi, la cession d'actions non entièrement libérées dans une société anonyme, sur lesquelles le cédant serait tenu de verser les sommes encore dues, en cas d'appel de fonds par la société, emporterait, de la part du cessionnaire, obligation de rembourser lesdites sommes au cédant; — Attendu qu'il s'agissait, dans la cause, d'actions au porteur négociées après qu'une délibération de l'assemblée générale des actionnaires avait autorisé la négociation des actions sous cette forme ; — Attendu que la forme au porteur est par elle-même exclusive de l'engagement allégué par le pourvoi ; qu'il est, en effet, de l'essence du titre au porteur de n'établir aucun lien entre les porteurs successifs ; que la transmission qui en est faite a simplement pour effet de rendre le nouveau porteur membre de la société anonyme et de l'obliger envers elle, les droits que lui confère sa qualité d'associé étant inséparables des obligations qu'elle impose ; mais que, du moment où, par une cession nouvelle, il a lui-même transporté à autrui cette qualité d'associé, il ne saurait pas plus être recherché par le cédant que par la société elle-même, à raison d'obligations qui ont pris fin avec la détention des titres ; qu'il s'ensuit que le cédant, dans le cas ci-dessus prévu, où il est obligé de libérer les actions par lui cédées, n'a de recours que contre le détenteur actuel, sur qui porte, en droit, la charge définitive du payement ; — Attendu, en outre, que ce recours du cédant contre le détenteur des titres ne tire point son origine du contrat de cession, mais uniquement de ce fait qu'ayant payé à la société la dette du détenteur, le cédant se trouve subrogé par cela même aux droits et actions de la société contre lui ; d'où la conséquence que, n'ayant pas plus de droits que la société elle-même, et n'en puisant aucun dans la nature de l'opération qu'il avait faite à la Bourse de Lyon, par l'intermédiaire de Thouverey, l'Omnium marseillais était, dans l'espèce, sans action contre cet agent de change pour le contraindre à révéler le nom du cessionnaire des actions objet du procès ; qu'en le décidant ainsi, loin de violer les différents textes légaux visés par le pourvoi, l'arrêt attaqué (Lyon, 3 juill. 1883) s'est conformé à la loi ; — Rejette, etc.

MM. Barbier, 1er prés. ; Merville, rapp. ; Baudouin, proc. gén. (concl. contr.) ; Morillot et Sabatier, av.

2e Espèce. — (Desgeorges c. Eymard.) — ARRÊT (*après délib. en ch. du cons.*).

LA COUR : — Sur le moyen proposé dans le mémoire additionnel : — Attendu... (comme à l'arrêt de la première espèce) ;

Sur les deux moyens formulés dans le mémoire ampliatif : — Attendu... (motifs identiques avec ceux de l'arrêt rendu dans la première espèce, jusqu'aux mots : « sur qui porte en droit la charge définitive du payement ») ; — Attendu que, des constatations de l'arrêt attaqué, il ressort qu'avant tout appel de fonds sur les actions à lui cédées, Eymard les avait revendues à la Bourse de Paris, par l'intermédiaire du Comptoir d'escompte ; — Attendu, il est vrai, que, par des conclusions subsidiaires, Desgeorges demandait que Eymard fût tenu de lui faire connaître le nom de son propre acheteur, sous peine de dommages-intérêts ; — Mais attendu que l'aliénation de ses actions par Eymard l'ayant affranchi de toute action en versement d'apport social, soit de la part de la société, soit de la part de Desgeorges, la prétention de ce dernier d'obliger Eymard à faire connaître le nom de son acheteur ne repose sur aucun principe de droit ; qu'elle est d'ailleurs en contradiction avec la nature des titres au porteur, dont la transmission n'implique aucunement que le cédant connaisse son cessionnaire et soit en état de le désigner ; — D'où il suit qu'en rejetant les conclusions, tant principales que subsidiaires, de Desgeorges, l'arrêt attaqué (Lyon, 13 août 1884), loin de violer les différents textes légaux visés par le pourvoi, s'est conformé à la loi ; — Rejette, etc.

Mêmes magistrats; Devin et Brugnon, av.

CASS.-CIV. 1er juillet 1885.

AGENT DE CHANGE, EFFETS PUBLICS, NÉGOCIATION, MONOPOLE. COTE OFFICIELLE.

Par effets susceptibles d'être cotés, dont la négociation constitue un monopole réservé aux agents de change, il faut entendre les effets qui ont été jugés par la Chambre syndicale des agents de change, aptes à être portés sur la cote officielle de la Bourse (1) (C. comm., 76).

(1) En résumé, deux systèmes principaux divisaient jusqu'ici la jurisprudence sur cette intéressante question dont la solution est si intimement liée à la régularité et à la sécurité des négociations des valeurs sur notre marché financier.

Dans le premier système, et c'est celui qu'a consacré l'arrêt ci-dessus rapporté de la Cour suprême, par « *effets susceptibles d'être cotés* » à l'égard desquels l'art. 76, C. com., consacre le privilége des agents de change, on ne peut et ne doit entendre que les effets et valeurs dont le cours est régulièrement et authentiquement constaté, et qui ont été jugés, par la chambre syndicale des agents de change, aptes à être portés sur la cote officielle de la Bourse. V. Trib. comm. Seine, 26 avril 1850, sous Paris, 30 mai 1851, et 10 oct. 1850, sous Paris, 11 juill. 1851 (S. 51. 2. 508. — P. 51. 2. 131. — D. 52. 2. 93).

Cette jurisprudence tient compte des nécessités de la pratique ; elle leur donne toute satisfaction. D'abord, ainsi que l'a fait remarquer M. l'avocat général Desjardins, en ses conclusions : « elle simplifie tout. Quoi de plus net et quoi de plus commode ? Tout le monde sait à quoi s'en tenir. Telle valeur est-elle susceptible d'être négociée en banque ? Il suffit de consulter un tableau dressé méthodiquement et qui est à la disposition du premier venu. Les « coulissiers » n'empiéteront plus qu'à bon escient sur les attributions des intermédiaires officiels : les capitalistes et les spéculateurs sauront, après un examen préalable de cinq minutes, si la valeur qu'ils vont acheter ou vendre en Banque y est irrégulièrement ou régulièrement négociée. De quoi pourraient, d'ailleurs, se plaindre les agents de change ? C'est d'eux que dépend l'admission à la cote. S'il leur plaît d'étendre leur monopole sur une valeur susceptible d'être négociée par leur entremise, ils n'ont qu'un mot à dire. Et puis, personne n'ignore que les agents de change refusent le plus souvent, en fait, de négocier les valeurs non admises à la cote officielle. Il serait incompréhensible que le capitaliste en quête de ces valeurs, après s'être heurté au refus des intermédiaires officiels, fût encore arrêté par le *non possumus* des coulissiers. On aurait ainsi conféré un pouvoir exorbitant à la chambre syndicale ; elle frapperait d'indisponibilité non-seulement par son *veto*, mais par sa simple inaction, toutes les valeurs auxquelles elle n'aurait pas ouvert le marché officiel. Ce serait absurde. Les agents de change eux-mêmes ne réclament rien de semblable. »

D'après le second système, les « *effets susceptibles d'être cotés* » sont tous les effets qui, à raison de leur nature intrinsèque, peuvent devenir l'objet de marchés, de négociations en Bourse, et qui par là, bien que non portés sur la cote officielle, ont une aptitude éventuelle à y être admis. V. Paris, 30 mai, 11 juill. et 2 août 1851 (S. 51. 2. 508. — P. 51. 2. 131. — D. 52. 2. 93). V. aussi Paris, 13 nov. 1882 (D. 83. 2. 87). Les agents de change jouiraient alors d'un monopole portant sur l'universalité des valeurs mobilières et qui ne comporterait guère d'exception, car il est permis de se demander quels seraient, avec une pareille extension du

(Force c. Pelletier.)

M. le conseiller Crépon a développé sur cette importante question qui se présentait, pour la première fois, nettement et directement devant la Cour de cassation, les observations suivantes :

« Que doit-on entendre par les mots *effets publics ou autres susceptibles d'être cotés*, écrits dans l'art. 76, C. comm.?

« Trois interprétations sont en présence :

« 1° Première interprétation :

« Les mots employés désignent les valeurs cotées au moment de la promulgation du Code, et celles qui viendraient à l'être plus tard, mais de sorte que l'admission préalable à la cote fût nécessaire pour qu'elles tombassent sous le privilége des agents de change.

« C'est le système du pourvoi, et, suivant lui, la seule interprétation rationnelle; autrement, on arrive à l'excessif, puisque ce sont toutes les valeurs qui vont tomber sous le privilége de l'agent de change et nécessiter son intervention. Comment, en effet, affirmer qu'un jour ou l'autre telle valeur ne sera pas cotée? Toutes les valeurs industrielles, commerciales, financières, ne sont-elles pas, *par leur nature*, susceptibles d'être, à un instant quelconque, admises à la cote? Étendre jusque-là le monopole de l'agent de change, l'obligation imposée de cet intermédiaire, ce n'est plus donner des sauvegardes au crédit public, mais c'est lui créer des entraves faites pour gêner et restreindre son développement. — L'interprétation restrictive soutenue par le pourvoi est d'ailleurs, d'après lui, conforme à l'esprit des lois qui ont organisé les Bourses de commerce et fixé les attributions des agents de change. La Bourse, c'est le domaine de l'agent; mais son privilége s'arrête aux frontières de la Bourse et ne les dépasse pas pour atteindre toutes les opérations qui se font en dehors sur les valeurs non inscrites à la cote, et que, la plupart du temps, la Bourse ne connaît pas. — D'ailleurs, cette prétention, les agents de change ne l'ont jamais élevée, ils se contentent des négociations *en Bourse*, sans revendiquer les négociations *en banque*.

« 2° Deuxième interprétation :

« Les effets publics susceptibles d'être cotés sont tous les effets qui sont actuellement cotés, ou qui par suite de leur nature intrinsèque pourront l'être ultérieurement à un instant quelconque; et c'est aux tribunaux qu'il appartient d'apprécier, d'après sa nature, l'aptitude de la valeur à être cotée. C'est la thèse de la défense.

« Il importe peu à la défense que les agents de change ne soient point désireux de voir leur monopole agrandi jusque-là, la seule question est de savoir si, oui ou non, la loi l'impose.

« Et d'abord, l'interprétation du pourvoi est en formelle contradiction avec le texte de l'art. 76, C. comm. — Ce texte, prétend-on, doit être entendu en ce sens que : *susceptibles d'être cotés* signifie simplement : *actuellement cotés*. Mais alors pourquoi ne pas le dire? ce serait un langage clair, sans équivoque, traduisant la pensée du législateur d'une façon qui ne prêterait à aucune incertitude. Ce langage, il ne l'a pas employé; il n'a pas dit : *actuellement cotés*, il a dit : *susceptibles d'être cotés*, ce qui n'est nullement la même chose, ce qui indique, à moins qu'on ne prête irrespectueusement au législateur une ignorance complète de la valeur des mots, la volonté de dire plus et autre chose que ce qu'on voudrait lui faire dire.

« D'après l'interprétation donnée par le pourvoi à l'art. 76, ce ne serait pas seulement le sens des mots : *susceptibles d'être cotés*, qui serait violenté, ce serait aussi celui des mots : *effets publics*, qui deviendraient synonymes de : *effets actuellement cotés*. — Or, beaucoup d'effets *sont cotés* qui ne sont pas des *effets publics*; et, à l'inverse, il se peut que des effets publics ne soient pas *cotés*.

« La défense recherche ce que c'est qu'un *effet public*; ce caractère, suivant elle, dérive de l'origine du titre de sa nature même : les *effets publics* comprennent non-seulement les fonds d'État, mais encore les titres négociables émis, soit avec la garantie de l'État, soit en vertu d'une autorisation gouvernementale. Or, la négociation de ces valeurs, d'après toute la législation antérieure au Code de commerce, législation que l'art. 76 n'a nullement modifiée, appartenait et appartient encore incontestablement aux agents de change, en dehors de toute condition d'admission à la cote; donc : *effets publics* n'est pas synonyme d'*effets actuellement cotés*. Mais, en dehors des *effets publics*, il y a des valeurs négociables qui sont, *par leur nature*, susceptibles d'être cotées. Ce sont ces valeurs que l'arrêté de prair. an X a désignées sous la dénomination d'actions émises par les Comp. de banque et de commerce, et qui ont été ainsi assimilées aux effets publics et placées sous le monopole de négociation des agents de change. Ce sont là les autres effets dont parle l'art. 76. Et rentrent ainsi dans le monopole des agents de change : 1° les effets publics cotés ou non; 2° les autres effets cotés ou susceptibles de l'être; 3° les lettres de change ou billets et tous papiers commerçables. Quand cette dernière catégorie de valeurs est soumise au privilége des agents de change, comment admettre qu'il en fût autrement pour les actions émises par les sociétés d'industrie, de finance ou de commerce? Donc, le sens de l'art. 76 n'est pas douteux. Il a dit : *effets susceptibles d'être cotés*, parce qu'en outre des *effets publics*, il voulait faire tomber sous le monopole des agents de change les autres effets, comme les actions de sociétés, qu'il entendait, quant à la négociation, placer sur la même ligne que les *effets publics*.

« S'il en est ainsi, il n'y a plus qu'à se rappeler le caractère impératif et d'ordre public qui appartient aux dispositions de loi qui ont constitué et sanctionné le monopole des agents de change. La défense rappelle ces dispositions et l'interprétation que vos arrêts leur ont donnée, notamment, les arrêts du 28 févr. 1881 (Pand. chr.) et du 29 mai 1883 (S. 84. 1. 120. — P. 84. 1. 264. — D. 83. 1. 418). L'arrêt attaqué n'a fait que se conformer à cette interprétation.

« Mais, dit-on, l'admissibilité à la cote rentre essentiellement dans les attributions de la Chambre syndicale, qui est *maîtresse de la cote* : comment transporter à l'autorité judiciaire la détermination des valeurs cotables, sans faire une confusion des pouvoirs organisés par la loi et les règlements? — Point de confusion, répond la défense. A la Chambre syndicale la question de fait, c'est-à-dire la question de savoir si une valeur est dans des conditions qui permettent de lui appliquer la garantie de la cote; à l'autorité judiciaire, la question de droit, c'est-à-dire, d'aptitude de la valeur à être cotée.

« Nouvelle objection du pourvoi : Le règlement des agents de change leur interdit la négociation des valeurs non cotées; à qui donc s'adresser pour la négociation de ces valeurs si, *par leur nature*, elles tombent cependant sous le privilége des agents de change? Veut-on supprimer le marché de ces valeurs? — C'est une erreur, répond la défense, de prétendre que le règlement des agents de change leur interdit la négociation des valeurs non cotées; et, cela fût-il, qu'on serait en droit de rappeler que ce règlement n'a jamais reçu l'approbation de l'autorité publique.

« En résumé, la loi est formelle; elle est bonne ou mauvaise; ce n'est pas au juge à s'en préoccuper, sa seule attribution est de l'appliquer.

« 3° Nous vous avons dit, au début de ce rapport, qu'il existait une troisième interprétation consistant à comprendre les mots : *susceptibles d'être cotés*, de l'art. 76, en ce sens qu'il appartient au juge du fond de décider si, au moment ou l'opération s'est effectuée, la valeur qui a fait l'objet de cette opération donnait lieu, en Bourse, à des échanges assez fréquents pour qu'elle eût réellement un cours qui pût permettre de la coter. V. M. Jeannotte-Bozérian, *La Bourse*, t. 1, n. 45. V. aussi M. Buchère., *Opérat. de Bourse*, n. 253 et suiv.

« Cette interprétation, contre laquelle se réunissent les deux thèses absolues du pourvoi et de la défense, doit vous être indiquée pour que la question se présente devant vous entière et examinée sous tous ses aspects.

« Il y a (V. note de M. Labbé, sous Cass., 28 févr. 1881, S. 81. 1. 219. — P. 81. 1. 721) des titres négociables qui ne prétendent pas à la cote, qui sont presque inconnus sur le marché, qui fuient la spéculation autant que d'autres la recherchent, qui circulent dans un monde choisi. Ces titres ne sont ni cotés ni susceptibles de l'être. Ils ne tombent pas sous le privilége des agents de change. » — Restriction inadmissible, répond-on; l'art. 76 ne tenant compte que de la nature des titres, et non des conditions de négociation.

« L'art. 76 ne tient compte que de la nature des titres! — Mais

---

privilége, les effets qui resteraient en dehors et pourraient encore faire l'objet de transactions libres. Ce serait la suppression de cette catégorie d'affaires très-considérables et bien connues dans la pratique sous la désignation de « négociations en banque ». Il en résulterait une véritable perturbation dans les habitudes de nos grands établissements financiers; une source considérable de bénéfices se tarirait pour eux au plus grand profit de la corporation des agents de change, assez favorisée cependant pour qu'aucun besoin de la favoriser davantage ne s'impose au prix de la ruine d'autrui. — Les arrêts de la Cour de Paris, précités, élargissent le texte de l'art. 76, C. comm., au lieu de l'interpréter. Ils raisonnent, suivant la judicieuse remarque de M. l'avocat général, comme si cet article avait parlé non d'effets « susceptibles d'être cotés », mais d'effets susceptibles d'être « négociés ». Or ces deux expressions n'ont pas le même sens. Si tout ce qui est coté se négocie, tout ce qui se négocie n'est pas nécessairement coté.

V. d'ailleurs, pour plus de développements sur la question, les observations de M. le conseiller rapporteur, insérées au cours de cet article. V. aussi notre *Dictionnaire de dr. comm., ind. et marit.*, t. I, v° *Agent de change*, n. 93.

c'est par voie d'interprétation qu'on soutient cela, ce n'est pas dans le texte; et quand une interprétation conduit à des résultats aussi excessifs, aussi exorbitants que l'interprétation proposée, on est bien quelque peu en droit de se demander si cette interprétation est exacte. Car, enfin, les résultats sont ceux-ci : qu'il n'y a pas une négociation d'actions ou d'obligations d'une société financière, industrielle, commerciale quelconque, qui, faite le plus honnêtement du monde par un intermédiaire non agent de change, ne puisse être arguée de nullité et de nullité d'ordre public, et cela, quelque limité que soit le cercle dans lequel la société se meut, agit, se manifeste, est connue, que ses titres arrivent sur le marché financier ou n'y arrivent pas, qu'ils soient même inconnus en ce qu'on appelle *en banque*, et demeurent aux mains d'intéressés jaloux de ne pas donner occasion à l'œil du public de regarder dans leurs affaires. Il faut convenir qu'il y a, dans de pareilles conséquences, de quoi donner à réfléchir.

« Mais, dit-on, c'est l'histoire des monuments législatifs qui le veut ainsi, et qui commande de voir dans le texte de l'art. 76 tout ce que nous y avons vu (à savoir l'interprétation des mots : *effets susceptibles d'être cotés*, tirée de la nature intrinsèque des titres); — l'histoire est une chose excellente, mais il ne faut pas en abuser; il faut plutôt craindre, avec des arguments de cette nature, de prêter au législateur des intentions qu'il n'a pas eues, une volonté qui réellement n'est pas sienne. Il faut le craindre surtout quand on est dans une matière où le législateur n'a eu d'autre pensée que de défendre et de sauvegarder le crédit public, et qu'on arriverait, en définitive, à donner au texte adopté par le législateur un sens et une portée qui conduiraient à jeter dans le crédit public une véritable perturbation, à créer des entraves et des difficultés qui ne pourraient que nuire à son développement.

« En résumé, l'art. 76 a simplement attribué aux agents de change la négociation des effets susceptibles d'être cotés, rien de plus, rien de moins; le jour où, pour la première fois, il faut interpréter les termes de la loi, n'est-on pas en droit de se placer en regard des conditions économiques au milieu desquelles ils doivent être appliqués, pour faire qu'il n'y ait pas contradiction, lutte entre les unes et les autres, pour maintenir une harmonie qui profite aux intérêts qu'on a voulu protéger? »

ARRÊT.

LA COUR : — Sur le deuxième moyen, et sans qu'il soit besoin de statuer sur le premier moyen : — Vu l'art. 76, C. com.; — Attendu que l'art. 76, C. com., considère les effets publics comme étant de droit inscrits à la cote, et qu'il assimile aux effets publics les autres effets qui viendraient à être reconnus susceptibles d'être cotés, ce qui doit se comprendre des effets dont le cours est habituellement relevé, conformément à l'art. 72, C. com., et qui, par les conditions de régularité, de garanties sérieuses et de fréquence d'échanges dans lesquelles ils se trouvent, ont été jugés par la Chambre syndicale des agents de change aptes à être portés sur la cote officielle de la Bourse; que ces effets seuls sont soumis au privilège des agents de change; — Attendu que l'arrêt attaqué constate qu'une partie des valeurs achetées par Force pour le compte de Pelletier n'étaient pas cotées à la Bourse, et qu'il a cependant déclaré nulles toutes les négociations, comme faites hors du concours d'un agent de change, sans distinguer entre les valeurs cotées et non cotées; — Attendu qu'en statuant ainsi, l'arrêt attaqué (Orléans, 10 avril 1883) a fait une fausse application de l'art. 76, précité; — Casse, etc.

MM. Barbier, 1er prés.; Crépon, rapp.; Desjardins, av. gén. (concl. conf.); Devin et Durnerin, av.

CASS.-REQ. 13 juillet 1885.

ACQUIESCEMENT, JUGEMENT INTERLOCUTOIRE, EXÉCUTION, APPEL, FIN DE NON-RECEVOIR.

L'exécution, sans réserves par une partie, d'un jugement interlocutoire, la rend non recevable à en interjeter appel (1) (C. proc., 443, 451, 452).

(De Panisse c. Société des laits purs.) — ARRÊT.

LA COUR : — Sur le moyen unique, tiré de la violation des art. 443, 451, 452, C. proc.; — Attendu, en droit, que l'appel d'un jugement interlocutoire n'est pas recevable, s'il a été exécuté sans réserves; — Attendu que le jugement du 27 mars 1882 avait ce caractère; qu'il résulte tant des qualités que du jugement lui-même que les immeubles loués par le comte de Panisse à Farrenc et Anne, administrateurs de la Société des laits purs, pour une contenance de 155 hectares, n'ayant en réalité qu'une contenance inférieure des deux tiers environ à celle promise, ces derniers avaient demandé, conformément aux dispositions des art. 1765 et 1619, C. civ., que leur bailleur fût tenu de leur livrer la contenance de 155 hectares, et, à défaut, de souffrir une réduction proportionnelle du prix du bail; que le comte de Panisse ayant soutenu qu'à raison des circonstances qui avaient précédé la passation de l'acte, il existait en sa faveur une stipulation de non-garantie, les défendeurs éventuels non-seulement contestèrent cette prétention, mais que, dans leurs conclusions subsidiaires, ils demandèrent à prouver par témoins que l'engagement pris de leur assurer une superficie de 155 hectares avait été une condition essentielle de leur consentement; que le comte de Panisse avait conclu au rejet de cette preuve; — Attendu qu'en de pareilles circonstances, le jugement du 27 mars 1882, en ordonnant la preuve sollicitée, a nécessairement préjugé le fond; que ce jugement a été exécuté sans réserve par le comte de Panisse; qu'en décidant, par suite, que l'appel qu'en a émis ce dernier, conjointement avec l'appel du jugement définitif, était non recevable, l'arrêt attaqué, loin de violer les articles visés au pourvoi, en a fait une juste application; — Rejette, etc.

MM. Bédarrides, prés.; Voisin, rapp.; Chevrier, av. gén. (concl. conf.); Nivard, av.

CASS.-REQ. 13 juillet 1885.

GARDE PARTICULIER, NOMINATION, CAPACITÉ, MORALITÉ, APPRÉCIATION, AUTORITÉ JUDICIAIRE, SERMENT, REFUS, EXCÈS DE POUVOIRS.

Il y a excès de pouvoirs de la part du tribunal qui, en l'absence de toute incapacité légale relevée, et sous prétexte que l'impétrant ne remplit pas les conditions de moralité de l'emploi, refuse d'admettre un garde particulier à la prestation de serment; l'autorité judiciaire, ne pouvant s'immiscer dans l'appréciation des garanties de moralité que doivent présenter les agents nommés ou agréés par l'administration (2) (Décr. 20 messidor, an III, art. 2; L. 27 ventôse an VIII, art. 80; C. forest., 117; Ord. 1er août 1827, art. 150; L. 5 avril 1884, art. 168).

(Fautras.) — ARRÊT.

LA COUR : — Vu la lettre du Garde des sceaux, ministre de la justice, et le réquisitoire écrit du procureur général près la Cour de cassation, tendant à l'annulation, pour excès de pouvoir, d'une décision du tribunal civil de l'arrondissement des Andelys, en date du 16 mars 1885, qui a refusé d'admettre le sieur Fautras, garde particulier, à prêter serment devant ledit tribunal; — Vu la décision dénoncée et l'art. 80 de la loi du 27 ventôse an VIII; — Attendu que le sieur Fautras s'est présenté porteur d'une commission de garde particulier à lui délivrée par le sieur de Ribaillier, propriétaire, et revêtue du visa approbatif du sous-

(1) Principe constant. V. Metz, 26 mars 1821; Cass., 14 mai 1884 (S. 85. 1. 61. — P. 85. 1. 134. — D. 84. 1. 412). — V. en outre, comme application du principe, Cass., 11 mars 1856 (S. 57. 1. 571. — P. 57. 1146. — D. 56. 1. 147); 8 juin 1869 (S. 69. 1. 425. — P. 69. 1095. — D. 69. 1. 303); Dijon, 4 mars 1874 (S. 74. 2. 142. — P. 74. 610).

(2) V. conf., Cass. 27 nov. 1865 (Pand. chr.), et la note.

préfet de l'arrondissement des Andelys, conformément aux prescriptions des art. 117, C. for., et 150 de l'ordonnance du 1er août 1827; — Attendu que l'art. 2 du décret du 20 messidor an III, auquel le tribunal s'est référé, porte, dans sa première partie, que les gardes ne pourront être choisis que parmi les citoyens dont la probité, le zèle et le patriotisme seront généralement reconnus; que, s'il est juste de considérer cette disposition comme n'étant point touchée par l'abrogation prononcée par l'art. 168 de la loi du 5 avril 1884, il faut reconnaître en même temps qu'elle ne fait que formuler un principe général, une règle d'administration, subordonnée, dans son application, à un ensemble de circonstances dont l'appréciation appartient exclusivement à l'autorité chargée d'instituer les fonctionnaires dont il s'agit; — Attendu qu'en l'absence de toute cause d'incapacité légale, le principe de la séparation des pouvoirs s'oppose à ce que l'autorité judiciaire s'immisce dans l'examen d'une nomination régulièrement émanée de l'autorité administrative compétente; — Attendu que les faits sur lesquels est motivée la décision attaquée ne constituent pas, à l'encontre du sieur Fautras, une incapacité légale de remplir la fonction pour laquelle il a été agréé, et qu'en refusant d'admettre ce garde à la prestation du serment prescrit par la loi, le tribunal a excédé ses pouvoirs; — Annule, pour excès de pouvoirs, la décision rendue, le 16 mars 1885, par le tribunal civil des Andelys, etc.

MM. Bédarrides, prés.; Alméras-Latour, rapp.; Chevrier, av. gén. (concl. conf.).

CASS.-CIV. 15 juillet 1885.

1° Étranger, Contrat de mariage, Régime matrimonial, Communauté conjugale, Femme, Succession mobilière, Mutation (dr. de), Mari, Obligation, Payement. — 2° Enregistrement, Succession, Annuité, Pays étranger.

1° L'étranger domicilié en France et qui s'y est marié avec une Française peut, à raison de ces circonstances mêmes, être présumé avoir, à défaut de contrat, suivi le régime de la communauté légale, tel qu'il est réglé par le Code civil (1) (C. civ., 3, 1134, 1387, 1393).

Dès lors, il est tenu, comme époux commun en biens, du payement des droits de mutation, à raison d'une succession mobilière échue à sa femme (2) (C. civ., 1411, 1428).

Vainement prétendrait-il que ses conventions matrimoniales sont régies par une loi étrangère assurant à la femme la gestion indépendante et la libre disposition de ses biens, s'il ne produit aucune pièce à l'appui de ses allégations et si, par suite, la Cour de cassation se trouve dans l'impossibilité d'exercer son contrôle (3) (Id.).

2° La transmission d'un droit à une annuité dépendant d'une succession ouverte en France et régie par la loi française, est passible du droit de mutation par décès, quand bien même cette annuité portant sur une valeur mobilière étrangère (dans l'espèce, une valeur anglaise) serait frappée de substitution et aurait été, par suite, immobilisée par la loi étrangère; cette immobilisation ne lui imprimant pas le caractère d'immeuble réel et territorial par lequel seulement elle serait réputée faire partie du sol étranger et soustraite, à ce titre, à l'application de la loi française (4) (LL. 18 mai 1850; 23 août 1871).

(Hutchinson c. Enregistr.) — ARRÊT.

LA COUR; — Sur le premier moyen (fausse application de l'art. 7 de la loi du 18 mai 1850 et de l'art. 3 de la loi du 23 août 1871, violation de l'art. 3, C. civ., ainsi que de l'art. 1134 du même Code; fausse application de l'art. 1393, C. civ., et violation de l'art. 7 de la loi du 20 avril 1810): — Attendu que le choix du régime auquel doivent être soumis les intérêts civils des époux dépend de leur volonté; — Attendu que le jugement attaqué, dont certains motifs ne sauraient être approuvés, a néanmoins reconnu et décidé que les époux Hutchinson, domiciliés et manufacturiers en France depuis 1858, devaient, à raison d'un ensemble de circonstances révélant leur volonté commune, et notamment à raison de ce qu'ils demeuraient en France avant leur mariage, et de ce qu'ils s'y étaient mariés, être présumés avoir suivi le régime de la communauté légale, tel qu'il est réglé par le Code civil: — Attendu que les demandeurs prétendaient vainement que, dans l'espèce, par leurs conventions matrimoniales passées suivant les formes américaines, le sieur Hutchinson a laissé à sa femme la propriété et la disposition de ses capitaux futurs, et que, par suite, il n'a pu être poursuivi comme débiteur solidaire avec sa femme; que, d'une part, en effet, le jugement attaqué déclare que Hutchinson n'établit pas que les conventions matrimoniales sont régies par une loi étrangère assurant à la femme la gestion indépendante et la libre disposition de ses biens; que, d'autre part, Hutchinson ne produit devant la Cour aucune pièce de nature à contredire cette constatation, et à lui permettre d'exercer le contrôle qui lui appartient, et qui est sollicité d'elle; — D'où il suit qu'en donnant effet à la communauté légale adoptée par les époux Hutchinson en France, et en disant que le sieur Hutchinson était tenu, comme époux commun en biens, des droits réclamés, le jugement attaqué (Trib. civ. de Sancerre, 28 avril 1884) s'est conformé aux principes de la matière, n'a violé ni l'art. 3, C. civ., ni aucune autre loi, et a satisfait aux prescriptions de l'art. 7 de la loi du 20 avril 1810;

Sur le deuxième moyen (violation par fausse application de l'art. 7 de la loi du 18 mai 1850, et de l'art. 3 de la loi du 23 août 1871; violation de l'art. 3, C. civ.): — Attendu qu'aux termes de l'art. 3 de la loi du 23 août 1871, sont soumises aux droits établis pour les successions, les créances, parts d'intérêts, obligations de villes, établissements publics, et généralement toutes les valeurs mobilières étrangères, de quelque nature qu'elles soient, dépendant des

---

(1) Il a été jugé, en ce sens, que le régime de la communauté légale est applicable au mariage contracté en France, sans contrat de mariage, entre un étranger et une Française, lorsqu'il résulte des circonstances que cet étranger a eu la volonté d'adopter ce régime: Paris, 3 août 1849 (S. 49. 1. 420. — P. 50. 1. 563. — D. 49. 2. 182); 15 déc. 1853 (S. 54. 2. 105. — P. 56. 1. 482. — D. 55. 2. 192); Cass., 4 mars 1857 (S. 57. 1. 247. — P. 57. 1143. — D. 57. 1. 102). — Et la volonté d'adopter le régime de la communauté légale peut être considérée comme résultant suffisamment de ce seul fait que l'étranger avait, au moment de son mariage, son domicile en France et qu'il l'y a toujours conservé: Paris, 3 août 1849 et 15 déc. 1863, précités; Alger, 16 févr. 1867 (S. 68. 2. 48. — P. 68. 228); Bordeaux, 24 mai 1876 (S. 77. 2. 109. — P. 77. 471); Aix, 12 mars 1878 (Pand. chr.), et la note. — Il en est d'ailleurs ainsi, quand même il ne s'agirait que d'un simple domicile de fait établi sans autorisation du gouvernement. Mêmes arrêts de Paris, 3 août 1849, 15 déc. 1853, et d'Aix, 12 mars 1878, précités.

(2) C'était là une conséquence nécessaire du principe une fois admis que le régime matrimonial des époux est celui de la communauté légale. La succession mobilière échue à la femme tombait dans la communauté; les droits de mutation devenaient par là même une charge de la communauté. Le payement en incombait personnellement au mari. Il n'y a là qu'une application pure et simple de l'art. 1411, C. civ.

(3) Il est de jurisprudence constante que la Cour de cassation, en matière de contrat de mariage, se réserve le droit de déterminer le caractère légal des conventions matrimoniales et d'en qualifier les clauses. V. Cass., 8 juin 1858 (Pand. chr.); 13 mai 1885 (S. 85. 1. 312. — P. 85. 1. 760).

(4) V. conf., Trib. civ. Seine, 12 janv. 1861 (D. 61. 3. 31), et sur pourvoi: Cass., 28 juill. 1862 (S. 62. 1. 988. — P. 63. 310. — D. 62. 1. 372).

successions régies par la loi française; qu'ainsi, le capital de l'annuité de 225 livres sterling, dépendant de la succession de la dame de Loyauté, ouverte en France, et régie par la loi française, était, à raison de la transmission de cette annuité sur la tête des consorts Hutchinson, passible du droit de mutation par décès ; — Attendu que la circonstance que ladite annuité, frappée de substitution, avait été immobilisée par la loi anglaise, ne lui imprimait pas le caractère d'immeuble réel et territorial réputé faire partie du sol anglais, et devant être soustrait, à ce titre, à l'application de la loi française; qu'elle conservait sa nature de valeur mobilière dans la succession de la dame de Loyauté, ouverte en France, et relativement à l'acquittement des droits de mutation établis par la loi française, laquelle loi ne fait d'ailleurs aucune distinction entre les valeurs restées meubles et les valeurs qui, dans un intérêt spécial, auraient été immobilisées; qu'ainsi, le jugement attaqué (Trib. civ. Sancerre, 28 avril 1884) en décidant que les consorts Hutchinson devaient payer le droit proportionnel de mutation par décès sur le capital de l'annuité de 225 livres sterling, loin de violer les articles visés au pourvoi, a fait une juste application des principes de la matière ; — Rejette, etc.

MM. Bédarrides, prés.; Voisin, rapp.; Chevrier, av. gén. (concl. conf.); Sabatier, av.

CASS.-CIV. 15 juillet 1885.

Lettre missive, Secret, Séparation de corps, Adultère, Mari, Production en justice.

Le mari, malgré le principe de l'inviolabilité du secret des lettres, peut, dans une demande en séparation de corps pour cause d'adultère qu'il a formée contre sa femme, produire, devant la justice, les lettres adressées par celle-ci à son complice (1) (C. civ., 212, 213, 308; C. pén., 187).

Sauf aux tribunaux à apprécier les conditions dans lesquelles le mari s'est procuré cette correspondance, et à refuser d'en faire état si la détention des lettres n'est que le résultat d'un procédé délictueux (2) (Id.).

(Schwarz c. Schwarz.) — ARRÊT.

LA COUR : — Statuant sur le deuxième moyen de pourvoi..... (manque en fait); — Rejette ce moyen;

Mais, sur le premier moyen : — Vu les art. 212, 213 et 308, C. civ.; — Attendu que, pour rejeter du débat les lettres produites par le sieur Schwarz comme ayant été adressées par la dame Schwarz à son complice, l'arrêt attaqué se fonde uniquement sur ce qu'il est de principe que les lettres adressées à un tiers par la partie adverse ne peuvent être produites en justice que par le tiers qui les a reçues et à qui elles appartiennent; — Mais attendu que le respect que commande le principe de l'inviolabilité du secret des lettres n'est pas si absolu qu'il ne doive exceptionnellement fléchir dans une certaine mesure, lorsqu'il s'agit d'une demande en séparation de corps formée par le mari pour cause d'adultère ; qu'en effet, d'une part, le jugement qui prononce la séparation de corps, dans ce cas, doit prononcer en outre une peine d'emprisonnement de trois mois à deux ans; qu'ainsi, sous ce rapport, la matière est criminelle; que, d'autre part, le mari a incontestablement, en vertu de l'autorité domestique que la loi lui reconnaît, des droits d'investigation et de recherche pour découvrir les preuves de l'offense faite à son honneur; qu'il appartient seulement aux tribunaux d'apprécier les conditions dans lesquelles le mari s'est procuré les lettres de sa femme, et qu'ils ne peuvent refuser d'en faire état qu'en déclarant que la détention de ces lettres est le résultat d'un procédé délictueux rentrant dans la prohibition de la loi et employé par le mari; — D'où il suit qu'en ne s'expliquant point à cet égard, et en se fondant uniquement sur un principe absolu, inapplicable dans l'espèce, l'arrêt attaqué n'a point donné à sa décision une base légale, et a, par suite, violé les articles susvisés; — Casse, etc.

MM. Barbier, prés.; Manau, rapp.; Petiton, av. gén. (concl. conf.); Perriquet, av.

CASS.-REQ. 15 juillet 1885.

Saisie-arrêt, Déclaration affirmative, Déclaration insuffisante, Pièces justificatives, Non-production, Tiers saisi.

Est à bon droit déclaré débiteur pur et simple des causes de la saisie le tiers-saisi dont la déclaration, vague et insuffisante, ne permet pas de savoir s'il était ou non débiteur du saisi au moment où elle a été faite, et qui n'a produit aucune pièce justificative, même devant le deuxième degré de juridiction (3) (C. proc., 577).

(Bonaccorsi c. Virgitti). — ARRÊT.

LA COUR : — Sur le premier moyen (sans intérêt);

Sur le deuxième moyen, pris de la fausse application et de la violation des art. 573 et 574, C. proc., et d'un défaut de motifs : — Attendu qu'aux termes de l'art. 577, C. proc., le tiers saisi qui ne fait pas sa déclaration, ou qui ne fait pas les justifications ordonnées, doit être déclaré débiteur pur et simple des causes de la saisie; — Attendu qu'il résulte des constatations de l'arrêt que Louis Bonaccorsi, tiers saisi, n'a satisfait ni à l'une ni à l'autre de ces obligations; que, d'une part, sa déclaration est vague, insuffisante, et ne permet pas de savoir s'il était ou non débiteur du saisi au moment où elle était faite; que, d'autre part, aucune pièce justificative n'a été produite par lui-même devant le deuxième degré de juridiction; qu'en le condamnant par suite comme débiteur pur et simple des causes de la saisie, les juges d'appel, dont la décision est

---

(1-2) C'est la consécration par la Chambre civile de la Cour de cassation, en matière de séparation de corps intentée pour cause d'adultère par le mari contre sa femme, des principes adoptés par la Chambre criminelle pour l'instruction et la preuve du délit d'adultère. V. arrêt, 9 juin 1883 (Pand. chr.), et la note. — Avant ces deux arrêts, la production en justice de lettres confidentielles par l'un ou l'autre époux n'était point subordonnée à des règles bien précises. L'opinion dominante consistait à laisser les juges du fond souverains appréciateurs de l'opportunité ou de la convenance de cette communication; ils pouvaient la permettre ou l'interdire, selon les circonstances. V. notamment, sur ce point, Cass., 3 fév. 1873 (S. 73. 1. 313. — P. 73. 777. — D. 73. 1. 468); Paris, 11 juin 1875 (S. 75. 2. 200. — P. 75. 812); Rouen, 13 nov. 1878 (S. 79. 2. 80. — P. 79. 346. — D. 80. 2. 190). — Consult., d'ailleurs, sur l'ensemble de la question et en sens divers, Besançon, 20 fév. 1860 (S. 60. 2. 229. — P. 60. 436. — D. 60. 2. 54); Paris, 22 fév. 1860 (S. 60. 2. 231. — P. 60. 440. — D. 60. 5. 353); Besançon, 30 déc. 1862 (D. 63. 2. 63); Alger, 12 nov. 1866 (S. 67. 1. 152. — P. 67. 596. — D. 67. 2. 126); Dijon, 11 mai 1870 (S. 72. 2. 38. — P. 72. 213. — D. 71. 5. 239); Bruxelles, 28 avril 1875 (S. 77. 2. 161. — P. 77. 706. — D. 76. 2. 25); Cass., 3 mai 1875 (S. 75. 1. 197. — P. 75. 489. — D. 76. 1. 183); Bordeaux, 13 (ou 19) janv. 1879 (S. 79. 1. 108. — P. 79. 471. — D. 80. 2. 191); Nîmes, 6 janv. 1880 (S. 81. 1. 54. — P. 81. 1. 322. — D. 80. 2. 191); Aix, 24 janv. 1884 (D. 86. 2. 87). — Ces arrêts, ainsi que l'on peut se rendre compte à leur lecture, ou bien ne s'accordent point entre eux sur le principe même de la production des lettres confidentielles, ou bien lorsqu'ils procèdent de la même théorie, ne se déterminent point par des raisons toujours identiques.

(3) La jurisprudence n'assimile point, en matière de saisie-arrêt, la déclaration inexacte et fausse à l'absence de toute déclaration ou de production de pièces justificatives. Tandis que, dans le dernier cas, le tiers saisi doit être déclaré débiteur pur et simple des causes de la saisie (C. proc., 577), dans le premier, il ne peut

explicitement motivée, n'ont ni violé, ni faussement appliqué aucun des articles précités; — Rejette, etc.

MM. Bédarrides, prés.; Petit, rapp.; Chévrier, av. gén. (concl. conf.); Chaufton, av.

CASS.-CRIM. 17 juillet 1885.

Société anonyme, Constitution (condition de), Augmentation de capital, Ordre public, Versement du quart, Versement intégral, Versement effectif, Émission d'actions, Contravention, Intention frauduleuse (absence d').

Les conditions de souscription de l'intégralité du capital social et de versement du quart au moins de ce capital sont des prescriptions d'ordre public qui s'appliquent aux augmentations ultérieures du capital avec la même rigueur qu'au capital originaire lui-même (1) (L. 24 juill. 1867, art. 1 et suiv., 13, 45).

Et par le quart du capital social, *il faut entendre la totalité de la somme fournie par les actionnaires, et non point cette somme réduite des droits de commission pour le placement des actions et autres frais de constitution* (2) (Id.).

Il faut également entendre par versement, *un dépôt effectif réel des sommes dans la caisse de la société* (3) (Id.).

Spécialement, *ne remplit pas les conditions d'un tel versement, le rétablissement, au moment et pour la durée seulement des vérifications, des sommes antérieurement prélevées, à l'aide soit de deniers personnels à celui qui a opéré les prélèvements, soit de deniers empruntés pour la circonstance à des banquiers* (4) (Id.).

L'émission d'actions d'une société constituée contrairement aux prescriptions des art. 1er et suiv. de la loi de 1867 (dans l'espèce, par non-versement du quart du capital souscrit), constitue une infraction punissable en dehors de toute question d'intention frauduleuse (5) (L. 24 juill. 1867, art. 13, § 1).

(Bouchet, Poulet, Flavien et autres.) — ARRÊT.

LA COUR : — Sur le premier moyen (sans intérêt);

Sur le second moyen, pris de la violation de l'art. 4, C. pén., 1, 13 et 45 de la loi du 24 juillet 1867, en ce que l'arrêt attaqué aurait déclaré irrégulière l'émission des actions nouvelles de la Compagnie du Zodiaque, bien que la totalité du capital eût été souscrite et que le quart de ce capital eût été versé par les actionnaires : — Attendu qu'aux termes de l'art. 24 de la loi du 24 juill. 1867, les dispositions des art. 1, 2, 3 et 4 de ladite loi sont applicables aux sociétés anonymes; qu'il en résulte que les sociétés de ce genre ne sont autorisées qu'à la condition que les actions représentant le capital social seront intégralement souscrites et que le quart au moins du montant des actions aura été versé par chaque actionnaire; — Attendu que cette prescription d'ordre public s'applique aux augmentations de ce même capital autorisées par l'Assemblée générale des actionnaires; qu'aucune distinction ne saurait être faite entre le capital originaire et le capital nouveau qui ne peuvent être l'un et l'autre constitués que dans les mêmes conditions; — Attendu que si l'arrêt attaqué constate que les souscripteurs des actions de la Compagnie du Zodiaque ont versé le quart du capital souscrit, soit 125 francs par action

---

être condamné qu'à payer au saisissant les sommes qu'il est reconnu devoir au saisi, ainsi que les dommages-intérêts qui seraient demandés par le saisissant pour le tort qu'aurait pu lui causer la déclaration inexacte ou fausse. V. Cass., 1er févr. (et non 31 janv.) 1848 (S. 48. 1. 219. — P. 48. 1. 357. — D. 48. 1. 65); Paris, 16 juin 1849 (S. 49. 2. 487. — P. 49. 2. 69); Bordeaux, 28 juin 1854 (S. 55. 2. 761. — P. 55. 2. 134. — D. 56. 2. 50); 7 août 1856 (S. 56. 2. 640. — P. 57. 279. — D. 56. 5. 410); Grenoble, 27 mars 1865 (S. 65. 2. 266. — P. 65. 1026); Cass., 3 mai 1865 (Pand. chr.); Cass., 7 déc. 1869 (Pand. chr.); 5 mai 1876 (S. 77. 1. 20. — P. 77. 46); 10 août 1881 (Pand. chr.). — Mais une déclaration qui n'est pas conforme aux dispositions des art. 573 et 574, C. proc., en ce qu'elle ne contient ni les énonciations, ni les justifications prescrites, qui ne donne aucun renseignement précis sur la situation du tiers saisi par rapport au saisi au jour de la saisie, qui ne permet point de déterminer un chiffre certain de créance ni de libération jusqu'à concurrence de telle ou telle somme, n'a de la déclaration affirmative que l'étiquette; elle n'en remplit pas le but, donc elle n'en présente pas la réalité. Elle est comme si elle n'était pas, puisqu'elle n'est d'aucun secours au saisissant. La loi n'a point mis tant de soins à déterminer les conditions d'une déclaration affirmative régulière pour se contenter d'un simple simulacre, d'une marque de déférence purement de forme, sans signification ni portée. On réfute une erreur, on prouve la collusion quand on tient une déclaration complète, suffisante. La production des pièces en fournit quelquefois les éléments; elle met sur la trace des découvertes utiles. Mais on ne peut rien ni pour ni contre ce qui n'existe pas; une déclaration qui ne dit rien, qui ne s'appuie sur aucun document, ne peut ni être rectifiée, ni être incriminée; pour qu'elle devienne une déclaration véritable, il faut qu'elle soit recommencée, ou tout au moins complétée avec toute la précision voulue par les art. 573 et 574. Faute de ce complément, il y a lieu à l'application de l'art. 577 et à la condamnation du tiers saisi comme débiteur pur et simple des causes de la saisie, comme au cas d'absence de toute déclaration. Et l'on conçoit par les raisons qui viennent d'être exposées que le législateur ait montré plus de sévérité en ce cas que lorsqu'il s'agit d'une déclaration inexacte ou même frauduleuse. — Au surplus, la jurisprudence s'accorde à laisser au tiers saisi tout le temps voulu pour dégager sa responsabilité et échapper aux conséquences d'une condamnation pure et simple. Aucun délai fatal ne lui est imparti; il peut faire sa déclaration et produire ses pièces justificatives même en appel. V. Lyon, 3 avril 1846 (Pand. chr.), et les renvois; Toulouse, 5 juin 1851 (S. 51. 2. 369. — P. 51. 2. 61. — D. 51. 2. 208); 29 nov. 1861 (S. 62. 2. 232. — P. 63. 621).

(1) Cette solution est conforme à la jurisprudence dominante malgré quelques divergences. V. un relevé très-complet des arrêts sur la question, dans la note jointe à Paris (3e ch.), du 16 juill. 1885 (Pand. chr.). — V. aussi notre *Dictionnaire de dr. com., ind. et marit.*, t. VI, v° *Société anonyme*, n. 196.

(2-3-4) V. conf., et dans des circonstances de fait absolument identiques, Paris, 16 juill. 1885, précité, et nos observations en note.

(5) On s'est demandé, d'une manière générale, si les infractions prévues par la loi de 1867 (art. 13, 14, 15), en matière de société, constituaient des délits ou des contraventions, c'est-à-dire s'ils supposaient ou non l'intention, la mauvaise foi comme élément essentiel.

A notre avis, il faut distinguer : — Sont de véritables délits les faits prévus par les 3e et 4e alinéas de l'art. 13 et tous ceux relevés par l'art. 15; car ces articles se servent des mots *mauvaise foi, frauduleusement, frauduleux*; — Sont, au contraire, de véritables contraventions, les faits prévus par les 1er et 2e alinéas de l'art. 13, ainsi que les trois faits énumérés par l'art. 14. C'est dans le sens de cette distinction que se prononce la majorité des auteurs. V. notre *Dictionnaire*, t. VI, v° *Société en commandite*, n. 186 *bis*.

Or, l'infraction qui consiste dans l'*émission* d'actions d'une Société irrégulièrement constituée, comme dans l'espèce, par suite du non-versement du quart sur le capital social intégral, rentre dans les prévisions expresses du 1er alinéa de l'art. 13; elle forme donc une contravention. D'où cette conséquence irréfragable que tire notre arrêt : « Elle est punissable en dehors de toute question d'intention frauduleuse. » — La même solution était déjà intervenue, sous l'empire de la loi du 17 juill. 1856, art. 3 et 12, au sujet de la *négociation* des actions d'une société en commandite avant le versement des deux cinquièmes du montant de la souscription. V. Cass., 11 août 1859 (S. 59. 1. 971. — P. 60. 172. — D. 59. 1. 472). Les règles n'ont point été modifiées, en principe, par la loi de 1867; les raisons de décider sont restées les mêmes.

En dehors de l'existence ou de la non-existence de l'infraction, l'intérêt de la question est capital. Par exemple, y a-t-il lieu, en pareille matière, à l'application des règles de la complicité définie par les art. 59 et 60, C. pén.? Non, répondons-nous, sans hésitation, — bien que la Cour suprême ait décidé le contraire (V. arrêt, 28 févr. 1885, Pand. chr.), — pour cette raison que nous ne faisons qu'indiquer ici, et que nous avons longuement développée sous ledit arrêt du 28 février 1885, qu'il s'agit de contravention, et que la complicité, normale, de droit, sans nécessité de dispositions particulières au cas de crimes ou de délits, ne s'attache point de même aux contraventions; qu'elle exige, du législateur, une expression de volonté expresse, exceptionnelle, qui ne s'est d'ailleurs point manifestée au sujet des Sociétés.

de 500 francs, l'arrêt déclare que sur cette somme 95 francs seulement pour chacun des titres sont entrés dans la caisse sociale, le surplus ayant été prélevé à titre de commission par un courtier nommé Ogerdias qui avait opéré le placement desdites actions; — Attendu que, dans ces conditions, les prescriptions de la loi n'ont pas été observées; que le versement du quart du capital destiné à former le fonds de roulement nécessaire aux opérations de la Société ne peut s'entendre que d'un versement représentant la totalité de la somme fournie par les actionnaires, qu'autrement la Société n'aurait à sa disposition qu'un capital inférieur à celui que la loi, par une disposition formelle et impérative, déclare être obligatoire; — Attendu que les demandeurs prétendent vainement que la somme prélevée par le courtier Ogerdias représentait une dette de la Société, et que l'irrégularité relevée par l'arrêt se serait trouvée ainsi couverte; que les Sociétés anonymes ne sont légalement constituées qu'à la triple condition que toutes les actions soient souscrites, que le quart du capital souscrit ait été réellement déposé dans la caisse sociale, et que les apports aient été vérifiés par l'assemblée des actionnaires; que tant que ces conditions n'ont pas été remplies, la Société n'a pas d'existence légale; — Attendu qu'en disposant avant la constitution de la Société d'une partie de la somme versée par les souscripteurs des actions, les demandeurs ne se sont pas conformés aux dispositions de la loi; que l'arrêt attaqué, il est vrai, constate que pour faire croire aux actionnaires que le quart du capital avait été réellement versé dans la caisse sociale, la somme prélevée par le courtier Ogerdias avait été momentanément rétablie, soit à l'aide de deniers fournies par ce courtier, soit au moyen d'un emprunt contracté chez un banquier, mais que ce versement fictif, opéré dans un but de fraude, n'a pu faire disparaître le vice originel dont la Société était entachée, et que c'est, dès lors, à bon droit que les demandeurs ont été condamnés pour avoir commis l'infraction prévue par l'art. 13 de la loi du 24 juillet 1867;

Sur la violation des prescriptions de l'art. 7 de la loi du 20 avril 1810 en ce qui concerne Daniault : — Attendu qu'après avoir énoncé quels étaient les faits constituant, d'après la prévention, l'infraction prévue par l'art. 13 de la loi de 1867, l'arrêt déclare que la participation de Daniault à l'émission du 1er juin 1881 est suffisamment établie; que l'arrêt ajoute dans un autre passage que tous les appelants, parmi lesquels se trouve Daniault, ont commis la contravention spéciale d'émission d'actions d'une Société anonyme irrégulièrement fondée; que cette infraction constitue par elle-même une infraction punissable en dehors de toute question d'intention frauduleuse, et que la condamnation prononcée contre Daniault se trouve dès lors justifiée; — Rejette, etc.

MM. Ronjat, prés.; Sallantin, rapp.; Loubers, av. gén.; J. Lefort, Perrin, Devin et Aguillon, av.

CASS.-CRIM. 18 juillet 1885.

DIFFAMATION, HUISSIER, COMPÉTENCE.

Les huissiers, qu'ils agissent à la requête des particuliers ou à la requête du ministère public ou d'une administration publique, ne sont ni des fonctionnaires, ni des dépositaires ou agents de l'autorité publique, ni des citoyens chargés d'un service ou d'un mandat public. — En conséquence, la diffamation commise envers eux à raison de leur qualité et d'actes de leur ministère, est de la compétence des tribunaux correctionnels (1) (L. 29 juill. 1881, art. 31, 32, 45, §2).

(Legeay c. Lévy.)

26 février 1885, arrêt de la Cour d'Alger, conçu dans les termes suivants : — « LA COUR : — Attendu que les imputations injurieuses et diffamatoires relevées à la requête de Lévy contre Legeay s'adressent à Lévy en sa qualité d'huissier, et à raison d'actes de son ministère; — Attendu que, bien que nommés par le Gouvernement, les huissiers ne sont ni des fonctionnaires publics, ni des dépositaires ou agents de l'autorité publique, ni des citoyens chargés d'une manière permanente ou temporaire d'un service ou d'un mandat public; qu'en effet, lorsqu'ils agissent à la requête des particuliers, ils exercent leur ministère en vue d'intérêts purement privés, en vertu des pouvoirs qui leur sont conférés dans chaque affaire par ceux qui recourent à leur intervention; que si, lorsqu'ils agissent à la requête du ministère public ou d'une administration publique, ils procèdent dans un intérêt général, ils n'exercent au nom de l'État aucune portion de la puissance publique, dont aucune partie ne leur est déléguée; qu'il suit de là que les délits de diffamation et d'injures commis envers eux doivent être déférés, non pas à la juridiction des Cours d'assises, mais bien à celle des tribunaux correctionnels; que c'est, dès lors, à bon droit que Lévy, se prétendant injurié et diffamé par Legeay, à raison de sa qualité et d'actes de son ministère, a porté son action devant la juridiction correctionnelle; — Par ces motifs, etc. »

Pourvoi en cassation par Legeay.

ARRÊT.

LA COUR : — Attendu que l'arrêt est régulier en la forme; que la Cour, en statuant que la juridiction correctionnelle, était compétente pour connaître de l'action en diffamation intentée par Lévy, huissier, contre Legeay, a fait une saine appréciation des art. 31 et 32 de la loi du 29 juillet 1881; — Rejette, etc.

MM. Ronjat, prés.; Falconnet, rapp.; Loubers, av. gén.; Lehmann, av.

CASS.-CRIM. 24 juillet 1885.

DIFFAMATION, AVOUÉ, COMPÉTENCE.

Les avoués ne sont ni des fonctionnaires publics, ni des dépositaires ou agents de l'autorité publique, ni des citoyens chargés d'un service ou d'un mandat public, temporaire ou permanent. — En conséquence, la juridiction correctionnelle est compétente pour connaître du délit de diffamation dont ils sont l'objet en qualité d'officiers ministériels (2) (L. 29 juill. 1881, art. 31, 32, 45, § 2).

(Maurin c. Palvadeau, Etiennez et Delalande.)

25 juin 1885, arrêt de la Cour de Rennes qui confirme un jugement du tribunal correctionnel de Nantes, du 17 avril précédent, par les motifs suivants : — « LA COUR : — Attendu que, sous l'empire des lois du 17 et du 26 mai 1819, la connaissance des délits de diffamation, commis par la voie de la presse contre les avoués, pour des faits relatifs à leurs fonctions, appartenait à la juridiction correctionnelle, par le motif que, n'étant chargés d'aucune partie de l'administration publique et n'exerçant leurs fonctions que dans la sphère des intérêts privés, ces officiers

---

(1) La même solution était déjà adoptée avant la loi de 1881. V. Cass., 25 juin 1831 (P. chr.). — V. depuis cette loi, Agen, 25 nov. 1885 (Pand. chr.); M. Fabreguettes, *Tr. des infractions de la parole, de l'ecriture et de la presse*, t. I, n. 1291, p. 472.

(2) C'était d'ailleurs la solution déjà triomphante sous l'empire de la législation antérieure. V. Cass., 14 avril 1831 (S. 31. 1. 152. — Pand. chr.); 9 sept. 1836 (S. 36. 1. 868. — P. chr.).

ministériels ne pouvaient être considérés, ni comme dépositaires ou agents de l'autorité publique, ni comme agissant dans un caractère public, ni comme fonctionnaires publics; — Attendu qu'aux termes de l'art. 45 de la loi du 29 juill. 1881, les crimes et délits prévus par cette loi sont déférés à la Cour d'assises, mais que cette disposition est immédiatement restreinte par ce qui suit : « Sont exceptés et déférés aux tribunaux de police correctionnelle les délits et infractions prévus par les art. 3, 4, 9, 10, 11, 12; 13, 14, 17, §§ 2 et 4; 28, § 2; 32, 33, § 2; 38, 39 et 40 », d'où il appert que la portée du § 1, singulièrement exagérée par l'appelant, se réduit à ce qu'il est édicté *in globo* que les délits et infractions prévus par les articles non compris dans l'énumération qui va suivre, sont déférés à la Cour d'assises; que la question est donc uniquement de savoir si, dans les termes et dans l'esprit de la loi nouvelle, les avoués sont des particuliers (art. 32, 33, § 2) ou s'ils appartiennent à quelqu'une des catégories de l'art. 31; — Attendu que, dans ce dernier article, le législateur de 1881 s'est purement et simplement approprié, en les coordonnant et en les complétant, les dispositions des lois antérieures; qu'ainsi, les fonctionnaires publics étaient visés dans l'art. 6 de la loi du 25 mai 1822; les dépositaires ou agents de l'autorité publique dans l'art. 16 de la loi du 17 mai 1819 et dans l'art. 20 de la loi du 26 du même mois; que, si aucune des lois antérieures n'avait mentionné en termes exprès les citoyens chargés d'un service ou d'un mandat public, soit temporaire, soit permanent, la loi du 26 mai 1819 avait déjà rangé les personnes ayant agi dans un caractère public sur la même ligne que les dépositaires ou agents de l'autorité publique; — Attendu que les fonctions des avoués consistent exclusivement à remplir les mandats à eux donnés par les plaideurs, c'est-à-dire à gérer et à sauvegarder des intérêts privés d'ordre purement civil; qu'aucune portion de l'autorité, soit judiciaire, soit politique, soit administrative, ne leur est déléguée, d'où il suit qu'ils ne peuvent être réputés agents ou dépositaires de l'autorité publique; — Attendu, il est vrai, qu'aucune action ne peut être introduite devant les tribunaux civils sans le secours de leur ministère, mais que l'obligation pour les citoyens de plaider avec leur assistance n'influe en rien sur le caractère intrinsèque de leur fonction; que, mandataires nécessaires, ils n'en sont pas moins les mandataires de simples particuliers; qu'à ce point de vue, ils sont assimilables aux agents de change, et ne peuvent, non plus que ceux-ci, être réputés fonctionnaires publics; que l'art. 91 de la loi du 28 avril 1816 ne leur a point donné cette qualification, lorsqu'après avoir édicté que les avocats à la Cour de cassation, notaires, avoués, greffiers, huissiers, agents de change, courtiers, commissaires-priseurs, pourront présenter des successeurs à l'agrément du Roi, il stipule que cette faculté de présenter des successeurs ne dérogera point au droit de Sa Majesté de réduire le nombre desdits fonctionnaires; — Attendu que, par les motifs qui viennent d'être déduits, les avoués ne peuvent non plus être réputés citoyens chargés d'un service de ministère public; — Attendu que, par cela seul qu'ils ne sont compris dans aucune des trois catégories visées dans l'art. 31, les avoués doivent être considérés comme étant des particuliers; qu'ils ont, à la vérité, la qualité d'officiers ministériels, et que l'outrage à eux fait par paroles, gestes ou menaces dans l'exercice de leurs fonctions est puni par l'art. 224, C. pén.; mais que cette disposition de la loi ne peut être invoquée utilement par l'appelant, puisque, à dessein, manifestement, la catégorie des officiers ministériels a été omise dans l'énumération de l'art. 31; — Confirme, etc. »

Pourvoi en cassation par Maurin.

ARRÊT.

LA COUR : — Attendu que l'arrêt attaqué est régulier en la forme; qu'en décidant que les avoués ne sont, ni des fonctionnaires publics, ni des dépositaires ou agents de l'autorité publique, ni des citoyens chargés d'un service ou d'un mandat public, temporaire ou permanent, et en déclarant la juridiction correctionnelle compétente pour connaître du délit de diffamation dont ils sont l'objet, en qualité d'officiers ministériels, il a fait une saine interprétation de l'art. 31 de la loi du 29 juill. 1881; — Rejette, etc.

MM. Ronjat, prés.; Vételay, rapp.; Chevrier, av. gén.

CASS.-REQ. 28 juillet 1885.

PROTÊT, DISPENSE, TARIFS, APPRÉCIATION SOUVERAINE.

Il appartient aux juges du fond de décider souverainement entre deux négociants, que des tarifs invoqués par l'un comme impliquant une dispense de protêt acceptée par l'autre, ne contiennent pas une telle dispense (1) (C. com., 162, 168).

(Mallet c. Crédit Gourdonnais.) — ARRÊT.

LA COUR : — Sur le premier moyen, tiré de la violation des art. 162, 163, 165 et 170, C. com., et 1338, C. civ.; — Attendu que si, dans certains cas déterminés, la dispense de protêt peut être stipulée entre deux négociants, et si elle peut résulter des tarifs de l'un acceptés par l'autre, la Cour d'appel déclare, dans l'espèce, que les tarifs de Mallet, dont elle ne constate pas d'ailleurs l'acceptation par le Crédit Gourdonnais, ne contiennent pas cette dispense pour la ville de Terrasson, qui est la propre résidence de Mallet; qu'en le décidant ainsi par interprétation, elle n'a violé aucun des articles précités;

Sur le deuxième moyen (sans intérêt); — Rejette, etc.

MM. Bédarrides, prés.; Petit, rapp.; Chévrier, av. gén. (concl. conf.); Perrin, av.

CASS.-CRIM. 30 juillet 1885.

ADULTÈRE, MARI, PLAINTE, DÉSISTEMENT.

Le désistement exprès et formel du mari de sa plainte en adultère constitue une fin de non-recevoir contre toutes poursuites de ce délit, encore bien que le mari n'ait pas déclaré consentir à reprendre sa femme (2) (C. pén., 336, 337).

---

(1) Il est de jurisprudence que la formalité du protêt n'est pas d'ordre public et qu'il y peut être dérogé par les conventions des parties. V. Cass., 8 janv. 1878 (Pand. chr.), et la note. V. aussi notre *Dictionnaire de dr. comm., ind. et marit.*, t. VI, v° *Protêt*, n. 78. — Nombre de maisons de banque, d'établissements de crédit, de comptoirs d'escompte, ont profité de cette faculté pour insérer dans leurs tarifs, tantôt d'une manière générale pour tous les effets donnés en recouvrement, tantôt pour certaines catégories d'effets seulement, la dispense du protêt. V. Cass., 12 juill. 1864 (S. 65. 1. 23. — P. 65. 35. — D. 64. 1. 376); 7 nov. 1866 (S. 67. 1. 17. — P. 67. 21. — D. 67. 1. 144); 9 nov. 1870 (Pand. chr.); Agen, 10 août 1872 (Pand. ch.), et notre *Dictionnaire, loc. supra cit.*, n. 80. — Il appartient d'ailleurs au juge du fait d'apprécier souverainement le caractère et la portée des tarifs, comme la nature des circonstances, desquels on prétend induire une dispense de ce genre. V. Cass., 8 janv. 1878, précité et les renvois.

(2) Cette solution marque un revirement complet de la jurisprudence. La Cour de Nancy, dans cette affaire et par l'arrêt cassé, s'était décidée en sens contraire; elle avait fait de l'obligation pour le mari de reprendre sa femme une condition du désistement des poursuites; voici par quels motifs en droit : « Attendu qu'aux termes de l'art. 336, C. pén., l'adultère de la femme ne peut être dénoncé que par le mari, lequel, d'après la disposition écrite dans le § 2 de l'art. 337 du même Code, est le maître

(S...) — ARRÊT.

LA COUR : — Sur le moyen tiré de la violation des art. 336 et 337, C. pén., en ce que la Cour d'appel de Nancy a décidé que le désistement exprès du mari, au cours d'une instruction dirigée contre sa femme pour faits d'adultère, ne pouvait produire les effets d'un désistement régulier que dans le cas où le mari déclarait en même temps qu'il consentait à reprendre sa femme : — Attendu que, de l'arrêt attaqué, il résulte que S..., après s'être régulièrement désisté de la plainte qu'il avait formée contre sa femme et son complice A. C..., pour des faits d'adultère, a, postérieurement à ce désistement, qui avait été suivi d'une ordonnance de non-lieu, adressé une nouvelle plainte au ministère public, et provoqué ainsi une seconde information, à la suite de laquelle les défendeurs ont été renvoyés devant le tribunal correctionnel de Nancy, sous la prévention d'adultère; que ce tribunal a relaxé les prévenus en se fondant sur ce que S..., dans la seconde plainte, n'a signalé ni énoncé, d'une manière précise, aucun fait qui fût postérieur à ceux relevés dans sa première dénonciation et qui eût été établi dans l'instruction suivie devant le tribunal; que, sur l'appel du ministère public et de S..., la Cour d'appel de Nancy, sans constater si les faits reprochés aux prévenus étaient ou non postérieurs au désistement que S... avait régulièrement adressé au ministère public, a réformé le jugement ci-dessus visé, par le motif seulement que S..., en se désistant de sa plainte, n'avait pas, conformément aux dispositions du § 4 de l'art. 337, C. pén., déclaré qu'il consentait à reprendre sa femme; — Attendu, en droit, qu'aux termes de l'art. 336, C. pén., en matière d'adultère, les poursuites du ministère public ne peuvent être légalement exercées que sur une dénonciation du mari; que, par une conséquence nécessaire, l'action du ministère public cesse d'avoir un caractère légal lorsque, pendant les poursuites, le mari retire sa dénonciation par une déclaration formelle; que le mari, en se désistant de sa plainte, n'est nullement soumis à l'obligation de reprendre sa femme; que cette obligation ne lui est imposée que dans le cas où, conformément au § 2 de l'art. 337, C. pén., il veut user d'un droit de grâce que la

---

de faire cesser les effets de la condamnation prononcée contre sa femme, en consentant à la reprendre; que, par une conséquence nécessaire de ces principes, le mari peut, au cours de l'instruction dirigée contre sa femme, se désister de la plainte portée contre elle et arrêter l'action du ministère public, mais à la condition exigée par l'art. 337, c'est-à-dire, en consentant à reprendre sa femme, condition sans laquelle le désistement ne saurait produire effet; — Attendu, en fait, qu'il ressort de la procédure que S..., en retirant sa plainte, n'a fait que céder aux instances de sa famille, qui voulait éviter des débats scandaleux, et n'a jamais eu l'intention de reprendre sa femme, qui, depuis le 25 août, avait quitté le domicile conjugal; que, loin de se rapprocher de la dame S..., le mari a constamment agi comme si une réconciliation entre les époux était impossible; qu'on ne saurait, dès lors, attribuer à la lettre du 30 août, écrite par S... au juge d'instruction, l'effet d'un désistement régulier, faisant obstacle aux poursuites reprises sur charges nouvelles, ce qui dispense la Cour de rechercher si l'articulation faite par S... est pertinente et admissible; — Et attendu que le jugement étant infirmé, il y a lieu d'évoquer l'affaire, conformément à l'art. 215, C. instr. crim.; — Par ces motifs, — Rejette la fin de non-recevoir opposée à l'action du ministère public, etc. »

Par cette décision la Cour de Nancy ne faisait que se ranger à la doctrine des derniers arrêts de la Chambre criminelle de la Cour suprême. Cette Chambre, en effet, n'avait-elle point déclaré, le 25 août 1848, *aff.* D... (S. 48. 1. 731. — P. 49. 1. 577. — D. 48. 1. 161), dans des considérants d'une portée générale : « Que le désistement autorisé par l'art. 337, C. pén., ne peut consister que dans le rapprochement des époux, puisque ses effets sont subordonnés à la condition impérative que le mari consentira à reprendre sa femme; qu'il est bien évident que la volonté du législateur n'a pas été de créer en faveur du mari un droit illimité de grâce ou de pardon, puisqu'il n'a prononcé l'extinction de la poursuite et l'abolition de la condamnation qu'à la condition et en vue de la réconciliation des époux, qui ramène la concorde dans la famille, met fin à un scandale public, et donne ainsi une satisfaction aux bonnes mœurs offensées; que les principes ci-dessus posés sont *généraux et s'appliquent à toutes les phases de la poursuite en adultère*, etc. » — et, aussi le 31 août 1855, *aff.* B... (S. 55. 1. 753. — P. 56. 1. 16. — D. 55. 1. 377) : « Que le *seul* moyen pour lui (le mari) d'arrêter les poursuites est son *consentement à reprendre sa femme*. »

Il est vrai que, à y regarder de près, les circonstances de fait n'étaient plus les mêmes que dans notre affaire et qu'elles peuvent au besoin justifier les décisions intervenues.

Ainsi, dans l'arrêt du 25 août 1848, il y avait eu condamnation de la femme par décision rendue sur appel. Le mari était décédé deux jours après, et un pourvoi en cassation avait été formé, le lendemain du décès, par la femme. Bien que la condamnation ne fût pas encore passée en force de *chose jugée*, elle était néanmoins prononcée, acquise dans une certaine mesure, à moins d'une réformation. On conçoit qu'en cet état, le décès du mari n'ait pas été considéré comme suffisant pour éteindre l'action publique, mais que le désistement de la plainte suivi d'une réconciliation effective, d'une reprise de la vie commune, ait été jugé nécessaire pour produire un résultat équivalent en quelque sorte à un droit de grâce.

Dans l'arrêt du 31 août 1855, le mari n'avait jamais, à aucun moment de la procédure, exprimé de désistement bien catégorique. Après sa plainte portée, il s'était contenté de garder le silence; le ministère public avait, suivant son droit, exercé la poursuite seul, sans autre concours. Le silence du mari ne pouvait être considéré comme un désistement et former une fin de non-recevoir contre l'action du ministère public. Cette solution se concilie avec la doctrine de l'arrêt ci-dessus rapporté.

Mais il n'en reste pas moins certain que les principes juridiques sur lesquels s'appuient les arrêts de 1848 et de 1855 dépassent la portée des espèces jugées, qu'ils se présentent avec un caractère de généralité indéniable, et que par là, bien plus que par la nature des solutions intervenues, ils sont en contradiction formelle avec ceux adoptés dans la décision ci-dessus rapportée.

En définitive, après l'arrêt actuel, voici comment se détermine le dernier état de la jurisprudence sur la question :

Il n'y a point encore eu de condamnation prononcée. — La plainte a été déposée par le mari; l'instruction se poursuit. Le mari a deux moyens à sa disposition pour arrêter l'affaire, empêcher qu'elle se continue, et éteindre l'action publique : — 1° le désistement, à condition qu'il soit exprès et formel, qu'il résulte d'une déclaration catégorique, sans ambiguïté. Le silence du mari ne peut y suppléer; une fois la plainte déposée, le ministère public n'a besoin d'aucun concours pour suivre l'affaire; il lui est loisible d'agir seul; le mari qui peut empêcher et qui laisse faire, doit être présumé plus favorable qu'hostile à la poursuite. V. Cass., 31 août 1855 (S. 55. 1. 753. — P. 56. 1. 16. — D. 55. 1. 377). Mais le désistement se suffit à lui-même; il n'a pas besoin d'être corroboré, fortifié par l'engagement du mari de reprendre sa femme. V. Cass., 7 août 1823 (Pand. chr.); Liége, 4 fév. 1825 (S. chr.). — 2° Le pardon, l'oubli manifestés par une réconciliation effective avec cohabitation et retour à la vie commune. Sans doute, ce dernier moyen est plus souhaitable parce qu'il est le seul susceptible de ramener une harmonie relative, de relier cette chaîne des deux existences qu'un désistement de pure forme continuerait à laisser à jamais brisée. Mais, faute de mieux et si les répugnances du mari sont trop vives pour la reprise de l'existence conjugale, il y a lieu de se contenter du simple désistement. Ce qu'il importe, ainsi que le dit en termes excellents notre arrêt, c'est que « dans l'intérêt même des bonnes mœurs, un fait qui blesse la sainteté du mariage ne devienne pas, par une instruction devant les tribunaux, contre la volonté du mari, la cause d'un scandale public, et n'acquière pas, par des jugements, une certitude judiciaire ».

Il y a condamnation prononcée, — elle est devenue définitive. Alors, plus de désistement possible. Le désistement n'a trait qu'à l'instance, à la poursuite en cours; il efface et fait disparaître la plainte; la plainte retirée, le ministère public ne peut plus agir; l'action est éteinte. Au contraire, une fois la condamnation encourue, c'est l'hypothèse prévue à l'art. 337, § 2, C. pén., qui se réalise. Le mari peut encore intervenir efficacement; il est armé d'une sorte de droit de grâce; il lui est accordé de lever la peine. Mais des prérogatives aussi larges exigent des garanties; les décisions judiciaires ne doivent point être tenues en échec par la manifestation d'une volonté de pur caprice. Si elles perdent tout effet, faut-il au moins qu'elles ne le cèdent qu'à des considérations tout à fait supérieures d'ordre social. On conçoit facilement que, dans cette seule hypothèse, le législateur ait exigé du mari, comme une condition absolue, un engagement de reprendre sa femme; cet engagement, en effet, est le signe d'une réconciliation effective, durable; l'ordre social, la paix des familles en bénéficient. — Comp. Cass., 25 août 1848 (S. 48. 1. 731. — P. 49. 1. 577. — D. 48. 1. 161).

loi lui accorde, et arrêter les effets d'une condamnation prononcée contre sa femme; qu'il importe à l'intérêt des bonnes mœurs qu'un fait qui blesse la sainteté du mariage ne devienne pas, par une instruction devant les tribunaux, contre la volonté du mari, la cause d'un scandale public, et n'acquière pas, par des jugements, une certitude judiciaire; que, par conséquent, le pardon du mari ou son désistement doivent toujours être accueillis comme une fin de non-recevoir contre toutes poursuites; que la Cour d'appel de Nancy, dans l'arrêt attaqué, a fait une fausse application du § 2 de l'art. 337, C. pén., qui n'aurait pu être invoqué que dans le cas où une condamnation aurait été prononcée contre la femme S...; que, d'autre part, c'est contrairement aux dispositions de l'art. 336, C. pén., que la Cour de Nancy a décidé qu'il n'y avait pas lieu de s'arrêter au désistement de la plainte formée par S..., sans examiner et sans reconnaître si les faits, articulés par ce dernier dans une seconde plainte, étaient postérieurs à sa première dénonciation; — Sans qu'il soit nécessaire de statuer sur les autres moyens du pourvoi; — Casse l'arrêt de la Cour de Nancy, du 7 mai 1885, etc.

MM. Ronjat, prés.; Lescouvé, rapp.; Loubers, av. gén.; Perrin, av.

CASS.-CRIM. 30 juillet 1885.

LIBERTÉ DU COMMERCE ET DE L'INDUSTRIE, SOCIÉTÉ, ACTIONS, MARCHANDISES, EFFETS PUBLICS, HAUSSE OU BAISSE FACTICE, MANŒUVRES FRAUDULEUSES.

L'art. 419, C. pén., qui punit l'emploi des moyens frauduleux pour opérer la hausse ou la baisse du prix des denrées ou marchandises, ou des papiers et effets publics au-dessus ou au-dessous des prix qu'aurait déterminés la concurrence naturelle et libre du commerce, ne s'applique pas aux actions des Sociétés fondées par des particuliers, de pareilles valeurs ne pouvant être considérées ni comme des marchandises, ni comme des papiers ou effets publics (1) (C. pén., 419).

(Saunier et Richard-Koenig c. Orgeret.)

27 décembre 1884, arrêt de la Cour de Paris, confirmatif d'un jugement du tribunal de la Seine, lequel, sur la poursuite d'Orgeret, partie civile, condamnait Saunier et Richard Koenig, par application de l'art. 419, C. pén., pour avoir opéré par des moyens frauduleux la hausse des actions d'une Société à la tête de laquelle ils étaient placés.

Pourvoi en cassation par Saunier et Richard-Koenig, pour fausse application de l'art. 419, C. pén., en ce que la Cour de Paris a appliqué à tort l'art. 419 aux actions et obligations des Sociétés particulières.

M. le conseiller Auger, chargé du rapport, a présenté les observations suivantes :

« Vous avez à décider si l'art. 419, C. pén., qui punit certaines manœuvres frauduleuses ayant amené la hausse ou la baisse des denrées ou marchandises, ou des effets et papiers publics, permet de comprendre sous ce mot « marchandises » les actions d'une société anonyme.

« Aucun auteur ne semble avoir prévu la difficulté que soulève l'interprétation de cet article, et le concours de la doctrine nous fait ainsi entièrement défaut. La jurisprudence elle-même a été pendant longtemps aussi muette; en tout cas, le premier arrêt que nous rencontrons remonte au 1er juin 1843; il émane de la Cour de Paris, et repousse, d'une façon absolue et expresse, toute application de l'art. 419 aux manœuvres employées concernant des actions, qui ne peuvent être considérées comme des papiers ou effets publics (Pand. chr.). — Depuis, nous avons traversé bien des périodes, où l'on a pu constater les plus regrettables et les plus violents débordements de la spéculation, et cependant, il nous faut arriver jusqu'à l'année 1883, pour trouver un deuxième arrêt émanant encore de la Cour de Paris, mais en sens contraire, et qui fait application de l'art. 419 aux sieurs Feder et Bontoux, à raison de manœuvres par lesquelles ils avaient amené la hausse des actions de l'Union générale. V. Paris, 19 mars 1883, sous Cass., 23 juin 1883 (Pand. chr.). — Nous aurons à revenir sur la doctrine admise par cet arrêt.

« Le premier point, je dirai presque le point unique sur lequel doit porter votre attention, c'est l'interprétation à donner au mot « marchandises ». Certes, s'il nous était permis de nous en tenir à la définition donnée par M. Blanche, *Etudes prat. sur le C. pén.*, t. VI, p. 345, « tout ce qui peut être l'objet d'une spéculation, tout ce qui peut entrer en un mot dans le mouvement commercial », il ne saurait y avoir de doute. Une action, dans ce sens général, est bien une marchandise. Mais cette manière de procéder est-elle juridique? Peut-on s'en tenir à de pareilles définitions *in abstracto*, et n'est-il pas plus conforme à la saine logique de chercher ce que le rédacteur du Code pénal a pu entendre par ce mot, en étudiant, soit les autres articles où il l'a employé, et surtout et plus spécialement l'article dont nous cherchons le sens? Or, rien qu'en lisant les dispositions à interpréter, nous voyons de suite le vice de la définition si large de M. Blanche, et nous sommes obligés de reconnaître que, si excellente qu'elle puisse être au point de vue économique, elle peut laisser à désirer pour expliquer notre texte. En effet, il ne parle pas seulement des marchandises, mais des denrées. Or, à quoi sert cette adjonction, si ce mot « marchandises » a un sens aussi large? Outre les denrées, il parle encore des papiers et effets publics; et qui pourrait soutenir, en acceptant la définition proposée, que ces papiers ou effets publics ne sont pas aussi des marchandises, de même que les papiers ou effets privés?

« Il vous semblera indispensable de rechercher rapidement dans quel sens les autres articles du Code pénal ont entendu le mot « marchandises ». — Dans l'art. 387, il s'agit de marchandises confiées à un batelier, et ce mot semble ici ne comprendre que des objets corporels. — Mais un argument plus convaincant paraît résulter du rapprochement des art. 439 et 440, qui distinguent la destruction des registres, minutes, effets, titres, du pillage des denrées ou marchandises, punissant, quand il s'agit des premiers, la simple destruction volontaire, alors qu'ils exigent au contraire la violence quand il s'agit des marchandises ou denrées. N'est-il pas rationnel et juridique de ranger plutôt les actions parmi les effets et titres, quand il s'agit de l'application de ces dispositions, que parmi les marchandises ou denrées? — L'art. 408, qui, ayant à parler du détournement d'objets confiés, énumère les effets à côté des marchandises, ne semble-t-il pas aussi pouvoir être invoqué contre le sens si large que l'on veut donner à ce dernier mot, et ne prouve-t-il pas qu'aux yeux du législateur, lorsqu'un texte de loi devait s'étendre à la fois et aux marchandises et à ce groupe de valeurs qu'il appelle généralement les effets, titres, ou papiers, il ne suffisait pas de se servir seulement du mot « marchandises »? — Or, vous dira-t-on, quel criterium plus sûr peut-on trouver pour interpréter la portée juridique d'un mot que de chercher, d'après les autres articles du même Code, le sens et l'étendue que les rédacteurs de la loi ont bien voulu lui donner? De plus, ajoutera-t-on, est-ce que le mot « marchandises », dans l'art. 419 lui-même, peut comprendre les valeurs de toute sorte, alors que le législateur a cru devoir indiquer en dehors les papiers et effets publics?

« En outre, on vous fera observer que le mot « marchandises » a encore jusqu'à nos jours conservé ce sens restreint aux yeux du législateur, et que personne n'a pensé que les lois du 25 juin 1841, sur la vente aux enchères des marchandises neuves, du 28 mai 1858, sur les ventes publiques de marchandises en gros, du 3 juillet 1861, sur les ventes publiques des marchandises en gros ordonnées ou autorisées par la justice consulaire, ainsi que les deux décrets des 12 mars 1859 et 30 mai 1863, concernant l'exécution de ces lois, pouvaient être interprétés en ce sens que le mot « marchandises » comprendrait les actions. — Enfin, tout récemment encore, dans la loi du 8 avril 1885, sur les marchés à terme, l'art. 1er, qui établit la légalité de ces marchés, a eu bien soin de ne pas comprendre les effets publics ou autres parmi les marchandises, et il les énumère d'une façon distincte à côté de celles-ci. « Tous marchés à terme sur effets publics et autres, tous marchés à livrer sur denrées et marchandises sont reconnus lé-

---

(1) Voir, dans le même sens, un arrêt de Paris, du 1er juin 1843 (Pand. chr.), et les observations de M. le conseiller rapporteur Auger reproduites ci-dessus au cours de l'article. — En sens contraire, Paris, 19 mars 1883, sous cass., 23 juin 1883 (Pand. chr.), et l'opinion exprimée par M. Naquet dans son rapport au Sénat à l'occasion de la loi des 28 mars-8 avril sur les marchés à terme. — Faisons observer que l'arrêt que nous rapportons ne statue qu'à l'égard des *actions*. La même question se pose à propos des *obligations*, et les raisons de décider sont identiquement les mêmes.

gaux. » Ce qui prouve, vous dira-t-on au nom du demandeur, que le mot « marchandises » seul ne comprend pas pour le législateur, au moins d'une façon suffisamment claire, les effets publics et privés, c'est qu'il se croit obligé d'énoncer à la fois et les marchandises et les effets, et qu'importe alors une définition scientifique si, dans la pratique législative, on cherche vainement le mot « marchandises » pris dans cette acception générale qu'on voudrait aujourd'hui lui attribuer dans l'art. 419?

« Il nous faut maintenant retourner en arrière, et chercher si nous ne pouvons pas puiser quelques lumières dans les travaux préparatoires du Code pénal, tels que nous les a fait connaître l'ouvrage de M. Locré (*Législ. civ. commerc. et crim.*, t. III du Code pénal, p. 31, 41, 42, 125, 133, 153, 185, et, plus spécialement, p. 65). Après une première discussion qui amène, sur la demande du comte Begouen, la suppression de certaines manœuvres qui ont semblé ne pas devoir être punies par l'art. 419 (qui portait alors le n. 358), et était conçu dans les mêmes termes qu'aujourd'hui, sauf en ce qui concerne la partie discutée, ainsi rédigée à cette époque : « auront opéré la hausse ou la baisse du prix des denrées ou marchandises, ou des papiers et effets négociables, de quelque nature qu'ils soient au-dessus ou au-dessous, etc. », l'art. 421 prévoyait les paris faits sur la hausse ou la baisse des denrées, marchandises ou effets négociables, de quelque nature qu'ils soient, et s'appliquait ainsi exactement dans les mêmes cas que l'art. 419. Or, c'est sur la demande du comte Begouen que, dans le premier de ces deux articles, les expressions « papiers ou effets négociables de quelque nature qu'ils soient » ont été remplacés par « papiers ou effets publics ». En présentant cette modification, il n'en fait pas connaître le motif; mais dans la même séance, lorsqu'il propose presque simultanément de ne réprimer que les paris sur les effets publics, il dit que ces expressions « de quelque nature qu'ils soient » sont trop générales, il pense qu'on ne doit interdire les paris que sur les effets publics, et demande que l'effet de cet article ne soit pas étendu plus loin. La modification proposée aux deux articles est adoptée sans discussion, et l'on ne trouve de ce chef dans Locré aucun renseignement pouvant nous être de quelque utilité.

« La Cour de cassation de Belgique a eu à examiner la question qui vous est soumise, et, tout en ne voyant dans sa décision qu'un document doctrinal, il est difficile d'en méconnaître la portée. Or, le seul argument qu'elle invoque et qui lui a paru suffire pour justifier son arrêt, « c'est que les travaux préparatoires de l'art. 419 et les motifs qui l'ont dicté démontrent que le terme « marchandises » y a été employé par le législateur avec une portée si restreinte, que l'on ne peut l'étendre aux titres émis par les Compagnies ou entreprises particulières » (8 juillet 1878). La Cour belge, comme vous le voyez, n'hésite pas à penser que les motifs que M. le comte Begouen a fait connaître pour justifier la restriction apportée à l'art. 421 sont identiques avec ceux qu'il n'a pas fait connaître quand il s'agit de l'art. 419, ou qui ne nous sont pas indiqués par le procès-verbal très-sommaire qui nous reste des séances du Conseil d'État. A vous à voir s'il est logique de raisonner ainsi, et quelle portée vous devez attacher à l'opinion des législateurs de 1809 et 1810, lorsqu'il s'agit d'interpréter le mot « marchandises ». A vous de décider s'il y a lieu d'admettre ou de repousser le raisonnement si serré de M. l'avocat général Melot, qui s'exprimait en ces termes devant la Cour belge : « Le législateur de 1810 a restreint ainsi ces dispositions aux seuls papiers et effets publics, et, s'il a changé la rédaction du projet dans le but avoué d'exclure les papiers et effets négociables privés de la disposition de l'art. 419, il est impossible d'admettre qu'il les ait conservés dans le même article sous le nom de marchandises. »

« La Cour de Paris, dans son arrêt de 1883, qui applique l'art. 419 aux actions des Sociétés, arrêt dont on ne saurait méconnaître l'autorité, et qui est à bon droit invoqué par le défendeur au pourvoi, n'a pas cru devoir admettre les conséquences et les motifs de la modification apportée au texte primitif de l'art. 419. Suivant elle, en substituant l'expression d' « effets publics » à celle d'« effets négociables », qui figurait dans le projet de loi, ce que le législateur a voulu exclure, ce sont les lettres de change, qui sont sujettes aux variations de cours, et dont le projet avait dû faire une mention spéciale, ainsi que des fonds d'État, parce qu'il est douteux que ces deux espèces de valeurs puissent être considérées comme des marchandises. — La première objection que les demandeurs au pourvoi vont sûrement vous présenter concernant cette argumentation, c'est qu'elle a un point de départ un peu inexact. En effet, aucun des textes différents, que l'on fait connaître dans les divers projets concernant l'art. 419, ni celui qui a subi un changement proposé par le comte Begouen, ne portait seulement « effets négociables »; tous portent « des papiers et effets négociables de quelque nature qu'ils soient ». En présence d'une pareille généralité de termes, comment hésiter à admettre que ces expressions comprenaient et les actions et les effets publics, et sur quelle base s'appuyer pour soutenir qu'elles s'appliquaient seulement aux lettres de change? Puis, est-ce que le comte Begouen, lors de la modification analogue apportée à l'art. 421, qui comprenait exactement les mêmes expressions, a dit qu'il fallait les supprimer pour appliquer l'article aux effets publics qui n'avaient pas été prévus? N'a-t-il pas dit, au contraire, que ces expressions étaient trop générales, qu'il pensait qu'on ne devait interdire les paris que sur les effets publics, et demandait que l'effet de cet article ne fût pas étendu plus loin?

« Persévérant dans une interprétation contraire, et refusant d'attacher aux constatations de Locré la valeur que leur donnent les demandeurs au pourvoi, le défendeur vous dira qu'en 1809 et 1810, on ne connaissait pas les actions, ou qu'au moins elles étaient si peu connues qu'il est invraisemblable que le législateur ait cru devoir s'en occuper. — Mais le demandeur vous répondra que, longtemps auparavant, lors notamment du fameux financier Law, le mot n'était pas plus inconnu que la chose, et qu'on l'employait journellement, qu'on en trouve la définition dans le dictionnaire de Guyot, et qu'enfin le Code de commerce, promulgué dès 1809, et qui avait été discuté par les mêmes hommes, avait établi la division par actions des parts d'intérêts dans les Sociétés anonymes et dans les Sociétés en commandite. M. Alauzet, dans son *Traité des sociétés* (n° 591), dit même « que les réclamations nombreuses soulevées par le projet du Code de commerce, limitant aux seules Sociétés anonymes l'avantage d'avoir leur capital divisé en actions, semblent indiquer que l'usage avait introduit et maintenu sous l'ancienne jurisprudence cette manière de procéder pour les Sociétés en commandite ». Si les actions étaient moins connues et moins pratiquées à cette époque qu'aujourd'hui, vous penserez peut-être qu'il ne serait pas exact de supposer que les législateurs, qui les avaient admises dans le Code de commerce, n'en soupçonnaient plus l'existence, lorsqu'ils discutaient une partie du Code pénal qui a les plus grands rapports avec le commerce.

« Pour combattre le pourvoi et établir que l'art. 419 s'applique aux titres des Sociétés, le défendeur s'appuie encore sur votre jurisprudence, notamment sur vos arrêts des 1er février 1834 (S. 34. 1. 81. — P. chr.); 9 décembre 1836 (S. 36. 1. 881. — P. 37. 1. 623); 9 août 1839 (S. 39. 1. 721. — P. 39. 2. 297); 16 mai 1845 (S. 45. 1. 434. — P. 45. 2. 223. — D. 45. 1. 289); 26 juin 1850 (S. 50. 1. 726. — P. 51. 1. 166. — D. 50. 1. 212), etc. Vous avez à ces époques différentes décidé que le mot « marchandises » comprenait dans son acception générique, non-seulement les choses corporelles qui se comptent, se pèsent ou se mesurent, mais les choses incorporelles, en tant qu'elles sont l'objet des spéculations de commerce à un prix habituellement déterminé par la concurrence libre du marché. Seulement, il est légitime d'ajouter que jamais, lors de ces divers arrêts, il n'a été question d'actions, mais uniquement de transports, soit par terre, soit par mer, et d'assurances. N'est-ce pas en ce sens restreint que doit être entendue votre jurisprudence, et y a-t-il une identité telle en ce qui concerne les contrats d'assurance ou de transport et une action, que l'on puisse en inférer que ce que vous avez décidé pour les uns doive nécessairement s'appliquer à l'autre? On vous dira que votre doctrine ne disparaîtra pas, que, comme par le passé, elle continuera de s'appliquer aux mêmes marchandises qui, quoique incorporelles, n'avaient pas été rangées par le législateur de 1810 dans les « papiers ou effets de quelque nature qu'ils soient » et qui ont été exclus des dispositions de l'art. 419, mais qu'elle ne s'appliquera pas aux actions, dont vous ne vous étiez pas occupés à cette époque, et qu'on ne trouve citées indirectement ou directement dans aucun des nombreux arrêts, jugements, rapports, mémoires qui ont été publiés à l'occasion des difficultés si graves qui avaient à ce moment passionné le monde judiciaire.

« Le défendeur fait enfin remarquer que l'arrêt de la Cour de Paris de 1883, pour étendre l'application de l'art. 419 aux actions de société, invoque le langage de MM. Baroche et Mathieu lors de la discussion de la loi sur les Sociétés. Il aurait pu y joindre également M. Forcade de la Roquette. Et il ne faut pas méconnaître qu'en 1885, on peut également invoquer, dans le même sens, l'opinion qui s'est manifestée dans le Sénat lors de la discussion de la loi des 22 mars-8 avril 1885, sur les marchés à termes. — Mais les demandeurs répondent que les opinions des jurisconsultes, quelque éminents qu'ils puissent être, sont d'autant plus susceptibles d'erreurs, qu'ils les ont exprimés au milieu d'une discussion où ils ont été pris à l'improviste, et peut-être ne sera-t-il pas inutile, pour justifier ce qu'on peut dire du peu de sécurité qu'offre une interprétation juridique qui se manifeste ainsi, de vous dire qu'en 1867, les jurisconsultes dont on invoque aujourd'hui le témoignage ont affirmé hautement et avec insistance que l'art. 419 était appliqué aux actions, alors qu'à cette époque, le seul arrêt rendu était entièrement contraire (V. *Mon. off.* du 4 juin 1867, p. 677). Du reste, alors même que l'on arriverait à établir que la Chambre de 1867, comme le Sénat de 1885, ont été convaincus que l'art. 419 s'appliquait aux spéculations sur les actions des sociétés commerciales, leur opinion, si claire qu'elle puisse être, ne saurait s'élever à la hauteur d'un texte de loi, et, alors que l'on discute sur l'abrogation tacite des lois, on n'a pas pour cela été encore jusqu'à discuter sur ce que l'on peut appeler la création tacite d'une loi par voie d'interprétation législative. — Enfin les demandeurs vous rappellent que nous interprétons un texte pénal, et qu'en pareil cas il est de règle, lorsqu'il y a doute, de s'en tenir à l'interprétation la moins sévère. »

ARRÊT (*après délib. en ch. du cons.*).

LA COUR : — Sur le moyen unique, tiré de la fausse application de l'art. 419, C. pén. : — Attendu que l'art 419 punit l'emploi de moyens frauduleux pour opérer la hausse ou la baisse du prix des denrées ou marchandises, ou des papiers et effets publics au-dessus ou au-dessous du prix qu'aurait déterminé la concurrence naturelle et libre du commerce; — Attendu que les actions du Syndicat financier parisien et du Crédit provincial ne sauraient être considérées comme des papiers ou effets publics, dans le sens dudit article, puisque ce sont de simples papiers ou effets privés concernant des Sociétés anonymes non autorisées; — Attendu que lesdites actions ne sauraient non plus être considérées comme des marchandises, dans le sens du même article; qu'en effet, il résulte de l'examen des travaux préparatoires du Code pénal que la première rédaction dudit article comprenait, outre les denrées ou marchandises, les papiers et effets de quelque nature qu'ils soient, et que c'est intentionnellement, et pour restreindre la portée de cette disposition, que cette expression générale, qui s'appliquait évidemment aux actions des Sociétés fondées par des particuliers, sans intervention des pouvoirs publics, a été remplacée par l'expression limitée « papiers et effets publics »; que c'est donc à tort et par violation dudit article qu'il en a été fait application aux demandeurs; — Casse l'arrêt de la Cour d'appel de Paris, du 27 décembre 1884, qui condamne les sieurs Saunier et Richard Koenig, etc.

MM. Ronjat, prés.; Auger, rapp.; Chevrier, av. gén.; Devin et Aguillon, av.

CASS.-CRIM. 31 juillet 1885.

DIFFAMATION, CHEF DE CABINET DE MINISTRE, COMPÉTENCE.

Le chef adjoint du cabinet d'un ministre n'est ni un fonctionnaire public, ni un citoyen chargé d'un service ou mandat public; il doit être considéré comme un simple particulier relativement aux imputations diffamatoires dont il est l'objet. — En conséquence, c'est, non pas la Cour d'assises, mais le tribunal correctionnel qui doit connaître de la diffamation commise envers lui, à raison d'actes de son emploi (1) (L. 19 juill. 1881, art. 31 32, 45, § 2).

(Lutaud c. Delahodde, gérant de l'*Express du Nord et du Pas-de-Calais*, et Delattre.) — ARRÊT.

LA COUR : — Sur le moyen unique (violation des art. 31 et 45 de la loi du 29 juillet 1881, en ce que l'arrêt attaqué a décidé qu'une personne citée devant la juridiction correctionnelle comme prévenue de diffamation envers le chef adjoint du cabinet d'un ministre, à raison de son emploi, était fondée à demander son renvoi aux assises) : — Vu lesdits articles; — Attendu que le chef adjoint du cabinet d'un ministre ne peut être regardé, ni comme un fonctionnaire public, ni comme un citoyen chargé d'un service ou d'un mandat public, au sens des articles susvisés; — Attendu, en effet, qu'appelé personnellement par le ministre à diriger son cabinet, révocable à sa volonté, destiné à le suivre dans sa retraite, il n'appartient pas à la hiérarchie administrative; — Qu'il n'est revêtu d'aucun caractère public, n'exerce par lui-même aucun pouvoir, et qu'il n'est associé aux travaux de son chef que dans la mesure d'un concours purement privé et à titre de simple auxiliaire; — Que, dans ces conditions, étranger en réalité à la gestion des intérêts publics, et dépourvu de toute initiative personnelle, il doit être considéré, relativement aux imputations diffamatoires dont il est l'objet, comme appartenant à la classe des particuliers; — Attendu qu'en le décidant ainsi à l'égard du plaignant, qui se prétendait diffamé par les sieurs Delahodde, gérant du journal *l'Express du Nord*, et Delattre, rédacteur en chef dudit journal, l'arrêt attaqué (Douai, 27 avril 1885) a fait une juste et saine application de la loi; — Rejette, etc.

MM. Ronjat prés.; Poux-Franklin, rapp.; Loubers, av. gén.; Morillot et Roger, av.

CASS.-CIV. 4 août 1885.

CHEMIN DE FER, TARIFS, FORCE OBLIGATOIRE, LETTRE DE VOITURE, TRANSPORT, CONDITIONS, ERREUR, RÉSEAUX DISTINCTS.

Les tarifs des chemins de fer, régulièrement publiés, ayant force de loi (2), *nul n'est présumé en ignorer les dispositions; par conséquent, en pareille matière, l'erreur ne saurait être ni valablement alléguée, ni susceptible de relever qui l'a commise des suites de son ignorance* (3) (C. civ., 1, 3).

La lettre de voiture formant contrat entre l'expéditeur et le voiturier, celui-ci ne saurait être en faute, lorsqu'il se conforme strictement aux énonciations de ce titre (4) (C. civ., 1134, 1135; C. comm., 101).

Par suite, au cas d'une expédition de marchandises au tarif le plus réduit avec la mention : par toute voie d'un même réseau (dans l'espèce, le réseau de l'État), l'expéditeur ne saurait être admis à attribuer cette dernière clause au résultat d'une erreur contre laquelle il eût dû être prémuni par les agents du chemin de fer, et à soutenir que, de toute manière, les marchandises auraient dû suivre le parcours le moins onéreux et emprunter à cet effet le réseau d'une autre Compagnie (5) (Id.).

(Chemin de fer de l'État c. Cave.) — ARRÊT.

LA COUR : ...Vu l'art. 101, C. comm.; — Attendu que, pour repousser l'action dirigée contre elle, la demanderesse affirmait, dans ses conclusions prises devant le tribunal de commerce, que l'expéditeur Mesmin, lors de sa déclaration du 17 décembre 1881, en même temps qu'il réclamait le tarif le plus réduit, avait formellement demandé que l'expédition

---

(1) La jurisprudence de la Cour de cassation doit être considérée comme définitivement arrêtée et fixée en ce sens. V. un autre arrêt du 29 octobre 1885 (Pand. chr.), qui s'est approprié textuellement les termes de la décision que nous rapportons ci-dessus. V. aussi Rouen, 30 janv. 1886, reproduit en sous-note (*a*) de l'arrêt précité de Cass. 29 oct. 1885.

(2) Principe constant. V. notamment Cass., 9 mai 1883 (Pand. chr.); 2 juillet 1883 (D. 84. 5. 69); 13 août 1884 (Pand. chr.); 24 mars 1886 (Pand. pér., 86. 1. 134); 8 juin 1886 (Pand. pér., 86. 1. 162), et les renvois.

(3) L'erreur peut toujours être rectifiée : — qu'elle provienne ou non de la Compagnie seule, en raison de renseignements inexacts fournis par ses agents. V. Cass., 26 juillet 1871 (S. 71. 1. 58. — P. 71. 174. — D. 71. 1. 234); 21 décembre 1874 (S. 75. 1. 128. — P. 75. 294. — D. 75. 1. 304); 15 nov. 1876 (S. 77. 1. 32. — P. 77. 50. — D. 77. 1. 71); 20 févr. 1878 (Pand. chr.), et les renvois; 24 mai 1882 (S. 83. 1. 373. — P. 83. 1. 950. — D. 83. 1. 32); 2 juillet 1883 (D. 84. 5. 69); 2 févr. 1885 (S. 85. 1. 502. — P. 85. 1. 1186. — D. 85. 1. 436); — ou qu'elle lui soit commune avec l'expéditeur. V. Cass., 15 juin 1875 (S. 77. 1. 76. — P. 77. 158. — D. 76. 1. 314); 13 févr. 1878 (S. 78. 1. 325. — P. 78. 800. — D. 79. 1. 104); 11 mars 1878 (Pand. chr.), et les renvois.

(4) Ce point ne saurait être douteux. V. dans le même sens, Cass., 2 mai 1854 (D. 54. 1. 253); Montpellier, 23 avril 1872, sous Cass. (S. 74. 1. 274. — P. 74. 680). — Observons d'ailleurs que, dans le cas de doute ou d'ambiguïté, les conventions insérées dans la lettre de voiture s'interprètent contre l'expéditeur. V. notre *Dictionnaire de dr. comm., ind. et marit.*, t. V, v° *Lettre de voiture*, n. 20 et suiv.

(5) *Sic* Cass., 22 avril 1885 (Pand. chr.); 20 mai 1885 (Pand. chr.), et les renvois.

eût lieu par toutes voies de l'Etat; que l'expédition avait eu lieu conformément à cette double demande, c'est-à-dire entièrement sur le réseau de l'Etat, et par le tarif le plus réduit que ce trajet comportât; — Attendu que le jugement attaqué ne dénie aucune de ces circonstances; — Qu'il prétend seulement que si la mention : *par toute voie de l'Etat*, insérée dans la déclaration de l'expéditeur, émane réellement de ce dernier, elle a été donnée par erreur, et qu'il était du devoir de l'Administration d'appeler l'attention de l'expéditeur sur cette erreur, et dans tous les cas, de faire suivre à la marchandise le parcours le moins onéreux, en empruntant à cet effet le réseau de la Compagnie d'Orléans; — Mais attendu, d'une part, que les tarifs des chemins de fer, régulièrement publiés, ayant force de loi, nul n'est présumé en ignorer les dispositions; — Que, par conséquent, en cette matière, l'erreur ne saurait être valablement alléguée, et relever celui qui l'a commise des suites de son ignorance; — Attendu, d'autre part, que, la lettre de voiture formant contrat entre l'expéditeur et le voiturier, celui-ci ne saurait être en faute lorsqu'il se conforme strictement aux énonciations de ce contrat; — D'où il suit qu'en accueillant, par les moyens ci-dessus rappelés, l'action en détaxe exercée par Joseph Cave contre l'Administration des chemins de fer de l'État, le jugement attaqué a ouvertement méconnu l'article du Code de commerce ci-dessus visé; — Casse, etc.

MM. Larombière, prés.; Merville, rapp.; Charrins, 1er av. gén. (concl. conf.); Mayer, av.

CASS.-CIV. 4 août 1885.

USAGE FORESTIER, BOIS MORT, BOIS GELÉ.

L'usage au bois mort *dans une forêt ne donne droit qu'au bois, entièrement sec en cime et en racine, véritablement mort par caducité, et non au* bois gelé *de la cime au tronc* (1) (C. civ., 1134, 2052).

(Consorts de Damas c. commune de Cirey-sur-Blaise.) — ARRÊT (*après délib. en ch. du cons.*).

LA COUR : — Sur le deuxième moyen (sans intérêt);

Mais sur les premier et troisième moyens : — 1° Sur le premier moyen : — Vu les art. 1134 et 2052, C. civ.; — Attendu qu'aux termes de la sentence transactionnelle du 17 mai 1676, les habitants de Cirey-sur-Blaise ont le droit « d'aller prendre, quand bon leur semblera, du bois mort sur pied ou tombé, en ce qui concerne le bois taillis, en tous les bois du seigneur dudit Cirey »; — Attendu que, par ces expressions « bois mort », il faut entendre du bois qui, entièrement sec en cime et en racine, soit véritablement mort par caducité; — Que cette définition est conforme à l'avis du comité féodal du 27 oct. 1790, qui ne faisait que reproduire la coutume du Nivernais, et qu'en l'absence de tout texte de loi, il y a lieu de l'appliquer encore aujourd'hui; — Attendu qu'en décidant « que le bois taillis complètement mort de la cime au tronc, par suite de gelée, pourra être pris par les usagers », l'arrêt attaqué a donné, en les définissant, aux expressions « bois mort » un sens plus étendu que celui qu'elles comportent et qu'il a, par suite, violé les dispositions de loi précitées;

Sur la deuxième branche du troisième moyen (défaut de motifs. Sans intérêt doctrinal)... — Casse, mais seulement aux chefs relatifs aux premier et troisième moyens..., renvoie devant la Cour d'appel de Nancy.

MM. Larombière, prés.; Tappie, rapp.; Charrins, 1er av. gén. (concl. conf.); Boivin-Champeaux et Nivard, av.

CASS.-CIV. 5 août 1885.

OFFICE, CESSION, TRAITÉ SECRET, CLAUSES ACCESSOIRES, NULLITÉ, PRIX, PAYEMENT ANTICIPÉ, SERMENT, PRESTATION, TIERS, CRÉANCIER DU CÉDANT, COMPENSATION, CRÉANCE PRIVILÉGIÉE, FRAIS CONSERVATOIRES.

La transmission des offices ministériels, étant soumise à l'approbation du gouvernement, ne peut avoir lieu sous d'autres conditions que celles exprimées dans l'acte écrit produit à l'appui de la demande en nomination du cessionnaire, à tel point que toutes les conventions antérieures ou postérieures à la production de cet acte et qui ont pour résultat d'en modifier les clauses, même accessoires et d'exécution, sont frappées d'une nullité absolue (2) (LL. 28 avril 1816, art. 10; 25 juin 1841, art. 6 et suiv.).

Il en est ainsi de toute stipulation occulte se rattachant à l'intérêt des tiers et des créanciers des parties, notamment de celles qui disposent du prix de l'office (3) (Id.).

Par suite, les payements anticipés, sur le prix de l'office, effectués par le cessionnaire, en vertu de conventions dérogatoires au traité et avant la prestation de serment, ne sont ni opposables aux créanciers du cédant (4) (Id.).

.....*Ni susceptibles d'établir, au profit du cessionnaire, à l'encontre des mêmes créanciers, une libération par compensation légale ou conventionnelle sur le prix de l'office* (5) (Id.).

Alors que le cessionnaire ne peut attribuer à sa créance en répétition aucun caractère de créance privilégiée, par exemple pour frais qui auraient pu être avancés en vue de la conservation de l'office cédé (C. civ., 2102).

(Lagorce c. synd. Siou.) — ARRÊT.

LA COUR : — Au fond; — Sur la première branche du deuxième moyen, relative à la compensation : — Attendu que, d'après les dispositions des art. 10 de la loi du 28 avril 1816, et 6 de celle du 25 juin 1841, la transmission des offices ministériels, étant soumise à l'approbation du Gouvernement, ne peut avoir lieu sous d'autres conditions que celles exprimées dans l'acte écrit produit à l'appui de la demande en nomination du cessionnaire; que cette production ayant pour objet d'éclairer le Gouvernement sur les graves intérêts qu'il lui appartient de surveiller en vue de l'ordre public, toutes conventions antérieures ou postérieures à la production de cet acte, et qui ont pour résultat d'en modifier les clauses, même accessoires et d'exécution, sont frappées d'une nullité absolue; qu'il en doit être ainsi de toute stipulation occulte se rattachant à l'intérêt des tiers et des créanciers des parties, notamment de celles qui disposent du prix de l'office; — Attendu, en fait, que, d'une part, suivant le traité présenté à l'autorité, nulle portion de la charge d'huissier cédée par Siou à Lagorce n'était exigible avant la prestation du serment par ce dernier; que, d'autre part, l'arrêt attaqué constate que si les payements pour lesquels Lagorce oppose la compensation ont été faits avant les oppositions formées en ses mains, dans le courant du mois de juillet, par les créanciers de Siou, ils ont eu lieu avant qu'aucune partie du prix fût exigible, c'est-à-dire avant le 11 septembre 1883, jour de la prestation de serment par Lagorce; — Attendu que ces payements anti-

---

(1) Jugé, dans le même sens, que l'usager dont le droit se borne à prendre du bois mort dans une forêt ne peut pas enlever un arbre qui aurait été renversé par les vents ou endommagé par un autre accident, par exemple un tronc chaviré et devenu sec; il ne peut enlever que le bois mort par caducité en cime et racine : Cass., 26 mars 1830 (Pand. chr.). — V. aussi Orléans, 31 juill. 1848 (D. 50. 2. 56).

(2-3-4-5) V. dans le même sens, sur ces diverses questions, Cass. 19 nov. 1884 (Pand. chr.), et les renvois. V. aussi Cass. 13 juill. 1885 (Pand. pér., 86. 1. 23), et les arrêts cités en note.

cipés, effectués en vertu de conventions dérogatoires au traité soumis à l'approbation du Gouvernement, et avant que le cessionnaire fût investi de ses fonctions, n'étaient pas opposables aux créanciers du cédant; — D'où il suit que l'arrêt attaqué, en décidant que ces payements ne pouvaient établir au profit de Lagorce, contre les créanciers de Siou, une libération par compensation légale ou conventionnelle sur le prix de l'office, a fait à la cause une juste application des principes qui régissent les transmissions d'office, et n'a pu en conséquence violer aucun texte de loi;

Sur la deuxième branche du même moyen : — Attendu que l'arrêt attaqué a constaté, en fait, qu'aucune des causes attribuées par Lagorce aux dettes qu'il a payées pour Siou ne pouvait donner à sa créance en répétition le caractère de créance privilégiée, conformément aux dispositions de l'art. 2102, § 3, C. civ., ces causes n'étant pas de nature à attribuer aux payements par lui effectués le caractère de frais faits pour la conservation de la chose; — D'où il suit qu'en statuant ainsi qu'il l'a fait, l'arrêt attaqué n'a violé aucun texte de loi;

Sur la seconde branche du premier moyen : ... (sans intérêt).

MM. Larombière, prés.; de Lagrevol, rapp.; Charrins, 1er av. gén. (concl. conf.); Sabatier et Moret, av.

CASS.-CRIM. 7 août 1885.

RÉUNION PUBLIQUE, CARACTÈRES, DÉCLARATION, ÉLECTEURS PRUD'HOMMES, CHAMBRE SYNDICALE, ORGANISATION.

Toute réunion ouverte, soit au public en général, soit seulement à une certaine catégorie de citoyens sans désignation de personnes nominativement convoquées, est une réunion publique dans le sens de la loi du 30 juin 1881 et, comme telle, reste soumise à la formalité de la déclaration préalable (1) (L. 30 juin 1881, art. 2).

Il en est ainsi, spécialement, de la réunion à laquelle sont appelées, sans invitations particulières, par de simples affiches placardées sur la voie publique, certaines catégories d'électeurs prud'hommes à l'effet de procéder à la formation d'une chambre syndicale (2) (Id.).

(Dormoy.) — ARRÊT.

LA COUR : — Sur le moyen unique, pris de la violation de l'art. 2 de la loi du 30 juin 1881 : — Attendu que la loi du 30 juin 1881, en édictant la liberté des réunions publiques, a soumis néanmoins l'exercice du droit de réunion à l'accomplissement de certaines formalités préalables; que, notamment, elle impose dans son art. 2 l'obligation d'une déclaration faite à l'autorité par deux personnes, et indiquant le jour, l'heure, le lieu et le but de la réunion projetée; — Attendu que cette déclaration est exigée, soit que la réunion doive être ouverte au public en général, soit seulement à une certaine catégorie de citoyens sans désignation de personnes nominativement convoquées; qu'en effet l'art. 5 de ladite loi n'excepte pas de cette règle les réunions électorales où ne peuvent assister que les électeurs de la circonscription, les membres des deux Chambres, les candidats et le mandataire de chacun d'eux; — Attendu qu'il est constaté par un procès-verbal dressé par le commissaire de Montluçon, le 7 mars dernier, que Dormoy, sans faire de déclaration préalable, a, par des affiches placardées dans les rues de Montluçon, convoqué pour le 28 fév. précédent les électeurs prud'hommes des première et troisième catégories, pour la formation d'une chambre syndicale, et que la réunion a effectivement eu lieu ledit jour; qu'une réunion ainsi organisée est une réunion publique; qu'en décidant le contraire et en relaxant Dormoy, le tribunal de police de Montluçon a formellement violé les art. 2 et 10 de la loi du 30 juin 1881; — Casse, etc.

MM. Ronjat, prés.; Chauffour, rapp.; Petiton, av. gén.

CASS.-CIV. 11 août 1885.

EXPROPRIATION POUR UTILITÉ PUBLIQUE, INDEMNITÉ, SOMME D'ARGENT, ARBRES, ABANDON.

L'indemnité d'expropriation doit, en principe et à peine de nullité, consister en une somme d'argent (3) (L. 3 mai 1841, art. 38, 39).

Et si, par exception, il est permis au jury de comprendre dans les éléments d'indemnité certains avantages, tels que l'abandon, au profit de l'exproprié, d'arbres compris dans l'emprise, c'est seulement dans le cas où les parties sont d'accord pour les offrir et les accepter (4) (Id.).

(Francoz c. commune de Montal.) — ARRÊT.

LA COUR : — Sur le premier moyen : — Rejette, etc.;

Mais sur le deuxième moyen : — Vu l'art. 38 de la loi du 3 mai 1841; — Attendu que l'indemnité d'expropriation doit, en principe, consister en une somme d'argent; que si, par exception, il est permis au jury de comprendre dans les éléments d'indemnité certains avantages, tels que l'abandon, au profit de l'exproprié, d'arbres compris dans l'emprise, c'est seulement dans le cas où les parties sont d'accord pour les offrir et les accepter; — Attendu qu'il

---

(1-2) L'objet d'une réunion, le local où elle se tient, le nombre des personnes qui la composent, sont des considérations tout à fait accessoires, quand il s'agit de distinguer le caractère d'une réunion, de dire si elle est privée ou publique, d'après la législation existante (L. 30 juin 1881). Le criterium, la véritable pierre de touche, il faut les rechercher, avec la jurisprudence, dans le mode de convocation. Comment les assistants ont-ils été appelés? Y a-t-il eu choix, sélection, désignation individuelle et nominative, en un mot, ce que l'on appelle, dans le langage courant, *invitation*? La réunion est privée. On invite ou l'on ne fait inviter par des tiers que des personnes que l'on connaît plus ou moins, qui appartiennent généralement au même milieu social, qui se rapprochent et fraternisent dans des manières de voir communes. La personne de l'invité n'est jamais indifférente; ses qualités ou défauts contribuent à le faire agréer ou à le faire exclure. Si faible qu'il puisse être, il existe toujours un lien entre chacun des assistants et l'organisateur ou les organisateurs de la réunion. — Au contraire, quand la convocation est faite par voie d'affiches, qu'elle s'adresse à la généralité des citoyens, et non à tels ou tels individus déterminés, que qui se présente peut entrer avec ou sans formalités, avec ou sans cartes distribuées à la porte même ou dans des bureaux ouverts à cet effet, il y a réunion publique; les assistants sont des premiers venus, qui ne connaissent point les organisateurs et n'ont pas besoin de les connaître, et qui de leur côté ne sont ni connus ni n'ont besoin d'être connus d'eux, ce qui est le contraire de la manière dont les choses se passent d'ordinaire dans les relations de la vie privée. V. Cass., 4 fév. 1865 (S. 65. 1. 145. — P. 65. 307. — D. 65. 1. 89); 7 et 9 janv. 1869 (Pand. chr.); 4 juin 1869 (Pand. chr.); 5 déc. 1872 (Pand. chr.); 12 juin 1877 (S. 77. 1. 289. — P. 77. 753. — D. 79. 5. 369). Ces arrêts quoique antérieurs à la loi du 30 juin 1881, n'ont rien perdu de leur autorité doctrinale. — Dans l'espèce de l'arrêt que nous rapportons, la réunion n'était ouverte, il est vrai, qu'à une certaine catégorie de citoyens. Il importait peu, puisque la forme de l'invitation était collective, qu'elle ne s'adressait pas à des individus dénommés, qu'elle ne mettait en jeu aucune considération des qualités personnelles de chaque assistant.

(3-4) Le principe est certain. V. notamment Cass., 16 avril 1862 (S. 62. 1. 1069. — P. 62. 465. — D. 62. 1. 300); 19 mars 1872 (S. 72. 1. 440. — P. 72. 175); 20 août 1873 (S. 73. 1. 447. — P. 73. 1195. — D. 74. 1. 40); 31 juill. 1876 (S. 76. 1. 431. — P. 76. 1088. — D. 77. 1. 468); 5 fév. 1883 (deux arrêts) (S. 85. 1. 455. — P. 85. 1. 1087. — D. 84. 1. 278); 13 janv. 1886 (S. 86. 1. 320). — V. plus spécialement, en ce qui concerne l'abandon des arbres dont le terrain exproprié est planté, Cass. 18 fév. 1867 (S. 67. 1. 261. — P. 67. 655) 19 déc. 1877 (S. 78. 1. 78. — P. 78. 162. — D. 78. 1. 54).

n'est constaté, ni par le procès-verbal ni par les conclusions prises par les parties devant le jury d'expropriation, qu'une offre de cette nature ait été faite et acceptée; qu'il en résulte, au contraire, que l'administration n'a offert et l'exproprié n'a demandé qu'une indemnité pécuniaire; — D'où il suit qu'en allouant à ce dernier, en outre d'une indemnité pécuniaire, les arbres compris dans l'emprise, la décision dénoncée a violé la disposition de loi susvisée; — Sans qu'il soit besoin de statuer sur le troisième moyen; — Casse, etc.

MM. Barbier, 1er prés.; Tappie, rapp.; Desjardins, av. gén. (concl. conf.); Besson, av.

CASS.-CIV. 12 août 1885.

DIVORCE, SÉPARATION DE CORPS, CONVERSION, POUVOIR DU JUGE.

Les tribunaux ont un pouvoir discrétionnaire pour apprécier les demandes de conversion de séparation de corps en divorce (1), *lesquelles peuvent être introduites aussi bien par l'époux contre lequel la séparation a été prononcée que par son conjoint* (2) (C. civ., 310; L. 27 juill. 1884, art. 4).

(James c. James.) — ARRÊT.

LA COUR : — Sur le premier moyen (sans intérêt); ...Sur le second moyen (violation des art. 4 de la loi du 27 juill. 1884 et 310, C. civ., en ce que l'arrêt attaqué a admis en premier lieu que les tribunaux ont un pouvoir souverain d'appréciation pour prononcer sur la conversion d'une séparation de corps en divorce, alors même que la séparation a été prononcée contre la partie qui demande la conversion); — Attendu que les tribunaux ont un pouvoir discrétionnaire pour apprécier les demandes de conversion de séparation de corps en divorce, lesquelles, ainsi que cela résulte des travaux préparatoires et de la discussion de la loi du 27 juill. 1884, peuvent être introduites aussi bien par l'époux contre lequel la séparation a été prononcée que par son conjoint; — Attendu que la Cour de Caen, en déclarant que la dame James n'opposait aucun moyen sérieux et grave à la demande de son mari, et en jugeant non pertinents et non admissibles les faits articulés par elle à l'appui de son opposition, n'a fait du pouvoir qui lui était conféré par la loi qu'un usage qui échappe au contrôle de la Cour de cassation; qu'ainsi, elle n'a violé aucune loi; — Rejette, etc.

MM. le cons. Merville, prés.; Crépon, rapp.; Desjardins, av. gén. (concl. conf.); Sabatier et Devin, av.

CASS.-CIV. 12 août 1885.

ÉLECTIONS, APPEL, FORME, LETTRE MISSIVE, DÉPOT AU GREFFE, MENTIONS.

En matière électorale, l'appel contre la décision de la commission municipale est régulièrement interjeté par requête en forme de lettre missive, sous enveloppe ouverte, portant l'adresse du juge de paix, préalablement déposée au greffe de la justice de paix et transmise au magistrat par son greffier après constatation de la date de la réception (3) (Décr. 2 fév. 1852, art. 22).

Il en est ainsi surtout, alors que la requête est déposée dans le délai imparti par la loi, qu'elle est rédigée dans les formes légales, qu'elle indique les noms des parties, la date des décisions attaquées, et les moyens d'appel (4) (Id.).

(Goyenecke et autres.) — ARRÊT.

LA COUR : — Vu l'art. 22 du décret organique du 2 fév. 1852; — Attendu que, si une lettre missive adressée

---

(1) Ce premier point ne saurait être sérieusement contesté. L'art. 310 dans sa nouvelle rédaction contient le mot *pourra* : « Le jugement de séparation *pourra* être converti en jugement de divorce. » C'est la liberté d'appréciation dévolue par la loi aux magistrats. V. conf. Besançon, 27 déc. 1884 (Pand. chr.); Douai (sol. implic.), 5 fév. 1885 (Pand. chr.); Orléans, 5 mars 1885 (Pand. chr.), et les renvois.

(2) Le principe formulé par la Cour de cassation est d'une portée générale : Les demandes de conversion de séparation de corps en divorce peuvent être introduites aussi bien par l'époux contre lequel la séparation a été prononcée que par son conjoint. Aussi est-ce à tort, à notre avis, que la conversion a été refusée systématiquement aux époux coupables qui n'invoquaient d'autres griefs que ceux relevés contre eux par le jugement de séparation de corps, sous prétexte qu'ils ne pouvaient trouver, dans les manquements au devoir et à la loi, un titre suffisant pour obtenir, comme avantage ou bénéfice immérité, la rupture définitive du lien conjugal. V. Trib. Seine (1re ch.), 23 août 1884, *aff.* Casieu; 19 nov 1884 (Pand. chr.), 31 déc 1884, *aff.* Yung; Versailles, 27 août 1884, *aff.* Pillard; Sens, 4 déc. 1884, *aff.* P....; Arras, 24 déc. 1884, *aff.* E...; Charleville, 8 janv. 1885, *aff.* L...; Douai, 5 fév. 1885 (Pand. ch.); C. de la Martinique, 21 fév. 1885 (Pand. chr.). Le recours au divorce serait ainsi fermé arbitrairement, par voie de réglementation beaucoup plus que par faculté d'interprétation, à toute une catégorie de citoyens qui, si peu intéressante qu'elle soit, n'a point été cependant l'objet d'une exclusion formelle de la part du législateur. Il y aurait dans un tel motif, s'il était l'unique raison d'un refus de conversion, une violation manifeste de la loi donnant ouverture à cassation. — Sans doute, les juges restent souverains appréciateurs des circonstances dans lesquelles la demande en conversion se produit, ils pèsent la gravité des griefs, leur suffisance ou leur insuffisance pour faire admettre ou écarter le divorce. Mais cet examen, par cela seul qu'il est provoqué par l'époux coupable, ne doit point nécessairement porter sur des faits nouveaux, distincts de ceux retenus par le jugement de séparation.

Quand la conversion est refusée, la raison en doit être que les torts n'ont pas le caractère de gravité susceptible d'entraîner le divorce, qu'ils ne sont pas surtout irrémédiables, que tout espoir d'accord n'est pas perdu, que le lien conjugal momentanément relâché peut encore être renoué. V. Besançon, 27 déc. 1884 (Pand. chr.); Orléans, 5 mars 1885 (Pand. chr.) et les renvois. — Au contraire, lorsque des circonstances il résulte que la réconciliation est impossible, qu'elle ne sera jamais recherchée ni par l'une ni par l'autre des parties, que la rupture est consommée pour toujours, la conversion doit être accordée au demandeur, malgré l'indignité de sa conduite antérieure, et n'invoquerait-il d'autres motifs que les griefs relevés contre lui par le jugement de séparation. Cette solution qui nous paraît être celle de l'arrêt que nous rapportons — arrêt rédigé avec un excès de laconisme qui laisse trop à l'interprétation, — est la seule qui se concilie avec la déclaration énergique du rapporteur de la loi au Sénat : « Qu'un époux, même quand il a des torts considérables, ne peut pas être condamné à rester éternellement dans cette situation, *d'être marié sans l'être.* » V. aussi conf. Trib. civ. Troyes, 27 août 1884 (Pand. chr.); Trib. civ., Marseille, 19 nov. 1884, *aff.* P...; Trib. civ. Mâcon, 25 nov, 1884 (Pand. chr.); Trib. civ. Lyon, 8 janv. 1885, *aff.* G...; Seine (4e ch.), 3 mars 1885 (Pand. chr.); Caen, 20 avril 1885 (Pand. chr.). — V. aussi Paris (deux arrêts), 25 mars 1886 (Pand. pér., 86. 2. 112), et les renvois.

(3-4) Dans deux décisions antérieures, la Cour de cassation avait déclaré irrégulier et non recevable l'appel formé par simple lettre missive adressée soit au juge de paix (V. arrêt, 8 mai 1877, Pand. chr., et le renvoi), soit au greffier (V. arrêt, 12 mai 1880, Pand. chr., et la note). — Dans l'espèce actuelle, les faits différaient très-sensiblement de ceux des hypothèses précédentes. La requête d'appel n'avait de la lettre missive que la forme extérieure, apparente : au fond, elle réunissait tous les caractères, toutes les conditions d'une véritable *déclaration au greffe*. La Cour de cassation, afin que l'on ne s'y méprenne point, et pour éviter de se trouver en contradiction avec elle-même, appuie intentionnellement sur les circonstances de fait qui enlèvent à sa décision la portée générale d'une solution de principe. Les moindres détails sont mis en relief avec un soin tout particulier. Ainsi la requête est sous enveloppe ouverte; elle est déposée au greffe de la justice de paix; le greffier mentionne la date du dépôt, ce qui fixe avec certitude l'époque à laquelle l'appel aura été formé. Ce n'est qu'ensuite, que la lettre est transmise au juge de paix. Quant aux renseignements utiles à préciser l'appel, la requête n'en omet aucun; noms des parties, dates des décisions attaquées, moyens de recours proposés, tout s'y trouve, tout est régulier, conforme aux indications légales. Dans ces conditions, les exigences de l'art. 22 du décret organique du 2 février 1852 reçoivent pleine satisfaction; la requête, bien que sous forme de lettre, directement au juge de paix ne le saisit pas régulièrement d'un appel, il en est autrement quand il est prouvé que cette lettre a été préalablement déposée au greffe de la justice de paix par l'appelant, transmise au juge par son greffier, et que la date de la réception est constatée; que le dépôt, ainsi fait au greffe, équivaut alors à la déclaration prescrite par l'art. 22 du décret du 2 fév. 1852; — Attendu, en fait, qu'il résulte des constatations des jugements dénoncés que la lettre contenant requête d'appel a été remise au greffe de la justice de paix de Saint-Jean-de-Luz par Goyenecke, l'un des appelants, sous enveloppe ouverte, portant l'adresse du juge de paix, transmise par le greffier à ce magistrat, et reçue par lui le 16 fév. 1885; — Attendu que cette requête, rédigée dans les formes légales, indiquait les noms des parties, la date des décisions attaquées et les moyens proposés par les appelants; — Attendu, d'autre part, qu'il n'a été ni déclaré, ni même prétendu qu'à la date du 16 fév., le délai imparti par la loi fût expiré; que le juge, pour rejeter l'appel comme non recevable, s'est fondé, non sur sa tardiveté, mais sur cette double considération qu'il était vague et indéterminé, et que le dépôt d'une requête en forme de lettre missive fait au greffe ne saurait équivaloir à la déclaration exigée par l'art. 22, précité; — En quoi, il a faussement appliqué et, par conséquent, violé ledit article; — Casse, etc.

MM. le cons. Merville, prés.; Guérin, rapp.; Desjardins, av. gén. (concl conf.).

CASS.-REQ. **20 octobre 1885.**

1° SOCIÉTÉ (EN GÉNÉRAL), LIQUIDATION, ENGAGEMENTS, EXÉCUTION. — 2° ASSURANCES TERRESTRES, PORTEFEUILLE, CESSION, RÉSILIATION.

1° En principe, la mise en liquidation d'une société ne fait pas cesser la personnalité de cette société et ne délie pas ses débiteurs des engagements qu'ils ont contractés envers elle (1) (C. comm., 64; C. civ., 1134).

2° Mais la Compagnie d'assurances dissoute et mise en liquidation qui fait une cession générale et absolue de tous ses droits actifs et passifs à une autre Compagnie, cesse d'exister et se met dans l'impossibilité de tenir les engagements qu'elle a contractés vis-à-vis des tiers assurés. — Par suite, ceux-ci sont en droit de demander la résiliation de leur police (2) (C. civ., 1184, 1188).

(Compagnie d'assurances *la Nation* c. Chantôme.)

ARRÊT.

LA COUR : — Sur le moyen unique du pourvoi, tiré de la violation des art. 1134, 1271 et suiv., C. civ., ainsi que des principes en matière d'assurances; — Attendu que l'arrêt attaqué, tout en reconnaissant qu'en règle générale la mise en liquidation d'une Société ne fait pas cesser la personnalité de cette Société et ne délie pas ses débiteurs des engagements qu'ils ont contractés envers elle, constate, en fait, que la société *la Nation*, à laquelle Chantôme avait assuré sa maison, pour dix ans, à partir du 3 sept. 1877, a été déclarée dissoute par une délibération de l'Assemblée générale de ses actionnaires, en date du 2 mai 1881, que Sabatier, Ségaud et Penin, ont été chargés d'en effectuer la liquidation; que ces trois liquidateurs, autorisés par l'Assemblée générale, ont, le 9 mai 1881, traité avec une nouvelle Société, dite également *la Nation*; qu'ils ont déclaré lui apporter tout l'avoir, en quoi qu'il consiste, de la Société dissoute, sans exception ni réserve, composé des titres de la Société, du portefeuille, c'est-à-dire de toutes les polices d'assurances et de réassurances, ses créances, ses archives, son argent en caisse, toute son organisation à Paris et en province, enfin, toutes les opérations faites par la Société dissoute; que la nouvelle Société a été déclarée substituée à l'ancienne dans ses charges et avantages; qu'en représentation de cet apport, il a été attribué à Sabatier, Segaud et Penin, ès qualités, mille actions au porteur entièrement libérées de la nouvelle Société; — Attendu qu'en l'état de ces faits souverainement constatés, l'arrêt attaqué a décidé que l'ancienne Société, après liquidation suivie de la cession générale et absolue de tous ses droits actifs et passifs, avait cessé d'exister, qu'elle ne pouvait demander le maintien d'un contrat d'assurances, impliquant de sa part et de la part de Chantôme des obligations réciproques, et poursuivre contre Chantôme les engagements contractés par celui-ci, alors qu'elle s'était mise dans l'impossibilité de tenir ceux qu'elle avait pris elle-même; — Attendu qu'en statuant ainsi, l'arrêt attaqué (Dijon, 2 avril 1884) n'a pas violé les articles visés au pourvoi, mais a fait une exacte application des règles posées en l'art. 1184, Code civil; — Rejette, etc.

MM. Bédarride, prés.; Talandier, rapp.; Chévrier, av. gén. (concl conf.); Lefort, av.

CASS.-REQ. **21 octobre 1885.**

NOTAIRE, RESPONSABILITÉ, PLACEMENT HYPOTHÉCAIRE, FAUTE.

Le notaire qui s'est engagé à faire, au mieux des intérêts de son client, des placements hypothécaires dont il a seul l'initiative et qu'il contracte en l'absence et au nom de ce dernier, peut être déclaré responsable de la perte résultant d'un déficit de garantie, lorsque les immeubles étaient déjà grevés d'hypothèques antérieures passées en son étude même, et qu'ils étaient d'une insuffisance notoire pour assurer le remboursement intégral du capital (3) (C. civ., 1383, 1992).

(Mareschal c. hérit. Lefebvre.) — ARRÊT.

LA COUR : — Sur le deuxième moyen, fondé sur la violation des art. 1382 et 1992, C. civ. : — Attendu que l'arrêt attaqué constate que le demandeur en cassation, Mareschal, avait reçu de Lefebvre le mandat de placer pour lui une somme importante sur hypothèques; qu'il s'était engagé à faire les placements au mieux de ses intérêts, qu'il en avait seul l'initiative, et les opérait en son absence et à son nom; qu'il a fait avec les fonds de Lefebvre cinq prêts hypothécaires aux époux Gérardin-Fiquemont en 1869, 1871, 1872, 1875, et enfin le 17 janv. 1878; qu'à la suite

---

contient une véritable déclaration; et, comme elle est déposée au greffe, le vœu de la loi est rempli.

(1) V. en ce sens, sur le principe : Cass., 27 juill. 1863 (S. 63. 1. 457. — P. 64. 171. — D. 63. 1. 460); 29 mai 1865 (S. 65. 1. 325. — P. 65. 785); Pau, 2 fév. 1870 (S. 70. 2. 139. — P. 70. 579); Douai (motifs), 19 nov. 1879 (Pand. chr.); Agen (motifs), 24 nov. 1885 (Pand. chr.); Lyon, 29 déc. 1885 (Pand. chr.), et les renvois. — V. aussi Trib. civ. Seine (2e ch.), 17 mai 1886 (Pand. pér., 86. 2. 151), et la note.

(2) La jurisprudence paraît définitivement fixée en ce sens. — V. Trib. civ. Seine (6e ch.), 23 déc. 1880 (S. 82. 2. 1. — P. 82. 1. 78) et Paris (arrêt confirmatif par adoption des motifs), 4 août 1882 (S. 83. 2. 175. — P. 83. 1. 894); Toulouse, 2 mai 1883 (Pand chr.); Dijon, 2 avril 1884 (c'est l'arrêt attaqué); C. de just. de Genève, 25 août 1884 (S. 85. 4. 15. — P. 85. 2. 26). Comp. Agen, 24 nov. 1885, et Lyon, 29 déc. 1885, précités.

(3) La responsabilité du notaire, lorsque, comme dans l'espèce, une faute est relevée à sa charge, ne fait plus de difficultés; elle a reçu de nombreuses applications dans la pratique. V. notamment Cass., 11 juill. 1866 (S. 66. 1. 320. — P. 66. 878); 13 août 1874 (S. 75. 1. 208. — P. 75. 507. — D. 75. 1. 55); Angers, 14 janv. 1875 (S. 75. 1. 455. — P. 75. 1161. — D. 76. 1. 260); Cass., 20 nov. 1876 (S. 78. 1. 273. — P. 78. 678. — D. 78. 1 172); 7 janv. 1878 (S. 78. 1. 176. — P. 78. 422. — D. 78. 1. 158); 30 mai 1881 (S. 82. 1. 8. — P. 82. 1. 10. — D. 81. 1. 414); 20 déc. 1882 (S. 83. 1. 176. — P. 83. 1. 406. — D. 83. 1. 311). V. aussi Orléans, 14 mai 1886 (Journ. *la Loi*, n° 16 sept.).

de la vente des biens des débiteurs, la somme attribuée dans l'ordre aux héritiers Lefebvre n'a même pas suffi à couvrir le premier prêt, le quatrième a été remboursé par une caution, et les héritiers Lefebvre ont perdu le montant des deuxième, troisième et cinquième; — Attendu que l'arrêt constate que, si la valeur des biens hypothéqués à Lefebvre, et déjà grevés antérieurement d'hypothèques pour diverses obligations contractées dans l'étude même du notaire Mareschal, pouvait, à la rigueur, offrir une garantie suffisante pour les trois premiers placements, il n'en était plus de même pour le cinquième, le seul dont le notaire ait été déclaré responsable; qu'il résulte des constatations de l'arrêt que le notaire ne pouvait ignorer en 1878 que la valeur des immeubles alors hypothéqués par les époux Gérardin-Fiquemont était insuffisante pour garantir le remboursement du capital dont il opérait le placement pour le compte de Lefebvre, et qu'il a commis ainsi une faute lourde dans l'exécution du mandat que celui-ci lui avait confié; — Attendu qu'en se fondant sur ces faits souverainement constatés pour déclarer Mareschal responsable comme mandataire du préjudice causé aux défendeurs éventuels par le prêt du 17 janv. 1878, l'arrêt attaqué n'a pas violé les articles de loi visés au pourvoi; — Rejette, etc.

MM. Bédarrides, prés.; George-Lemaire, rapp.; Chevrier, av. gén. (concl. conf.); Cordoën, av.

CASS.-CIV. 26 octobre 1885.

1° GREFFIERS, TRIBUNAUX DE COMMERCE, ÉMOLUMENTS, TIMBRE, JUGEMENT DE RADIATION, JUGEMENT DE REMISE. — 2° JUGEMENT OU ARRÊT, JUGEMENT DE RADIATION OU DE REMISE, GREFFIERS.

1° Les greffiers des tribunaux de commerce n'ont pas le droit de percevoir : — 1° 0 fr. 10 cent. à titre d'émolument; — 2° 0 fr. 25 cent., à titre de remboursement de papier timbré, pour chaque mention d'un jugement de radiation de cause sur leur répertoire (1) (LL. 22 frim. an VII, art. 7, 49; 28 avril 1816, art. 38; Décr. 18 juin 1880, art. 10).

Ils n'ont pas non plus le droit de percevoir 0 fr. 25 cent., à titre de remboursement de papier timbré pour chaque mention d'un jugement de remise de cause sur la feuille d'audience (2) (L. 22 frim. an VII, art. 49; Décr. 18 juin 1880, art. 12).

2° Aucune disposition de loi ne prescrit aux greffiers de porter les jugements de radiation et de remise de cause, soit sur la feuille d'audience, soit sur un registre timbré, soit même sur leur répertoire; ce sont là de simples mesures d'ordre intérieur, plutôt que de véritables jugements (3) (Id.).

(Gillot c. Guénin.) — ARRÊT.

LA COUR : — Vu la connexité, joint les pourvois, et statuant par un seul et même arrêt; — Sur le pourvoi de Guénin, relatif au premier chef de l'arrêt attaqué : — Attendu que l'art. 10 du décret du 18 juin 1880 alloue aux greffiers des tribunaux de commerce 0 fr. 10 cent. pour la mention de chaque acte sur le répertoire dont la tenue est prescrite par l'art. 49 de la loi du 22 frim. an VII; — Attendu qu'aux termes dudit art. 49, les seuls jugements qui doivent être mentionnés au répertoire sont ceux qui doivent être enregistrés sur minute, et que, d'après l'art. 7 de ladite loi, les jugements rendus en matière civile ne sont point assujettis à l'enregistrement sur minute; — Attendu, il est vrai, que l'art. 38 de la loi du 28 avril 1816 a généralisé la nécessité de l'enregistrement sur minute pour tous les actes

---

(1-2-3) Ces solutions ont une réelle importance pratique; elles ne concernent pas que les greffiers des tribunaux de commerce, elles intéressent aussi les greffiers des tribunaux civils et des Cours d'appel. Le décret du 18 juin 1880, sauf quelques différences dans le tarif des droits, n'est guère qu'une reproduction textuelle des décrets des 8 décembre 1862 et 24 novembre 1871, applicables à tous les greffiers. — La Cour de Dijon, saisie de l'affaire, par suite du renvoi après cassation, a adopté, par arrêt du 21 avril 1886 (a), la même solution que la Cour suprême et décidé que les remises de cause prononcées par les tribunaux de commerce ne donnent droit pour les greffiers à aucune indemnité ou émolument. Mais la Cour de Dijon s'appuie sur des motifs tout différents; elle maintient, contrairement à l'opinion de l'arrêt de Cassation, que les remises de cause ne constituent pas de simples mesures d'ordre intérieur; qu'elles doivent être assimilées à de véritables jugements au point de vue de la nécessité de leur transcription sur les feuilles d'audience. A son avis, l'indemnité ne doit être refusée aux greffiers que parce qu'elle n'est prévue, ni allouée par aucun texte spécial de loi. Il nous a paru utile de rapprocher le texte des deux arrêts. V. la sous-note.

(a) Voici l'arrêt de la Cour de Dijon du 21 avril 1886 :

LA COUR : — Attendu qu'en admettant que les décisions portant remise de cause ne soient pas, quelles que soient les circonstances dans lesquelles elles sont prononcées, de véritables jugements au sens juridique du mot, elles sont certainement assimilées aux jugements par la jurisprudence et les divers documents législatifs qui les visent, et doivent, dès lors, être transcrites sur les feuilles d'audience, en vertu des art. 18 et 138, C. proc., et 36 du décret du 30 mars 1808; — Attendu, d'une part, en effet, que le décret du 18 juin 1880, qui ne fait, en cela, que répéter exactement les termes de l'ordonnance du 9 oct. 1825 et des décrets des 1er juin 1854, 8 décembre 1862 et 24 novembre 1871, les appelle expressément des jugements à deux reprises différentes, dans les art. 2 et 12, § 1er; que, d'autre part, cette assimilation, la Cour de cassation elle-même l'a reconnue et consacrée, en déclarant expressément que les décisions de cette nature sont susceptibles de pourvoi, et n'ont pas besoin d'être motivées, parce qu'elles ne constituent que de simples jugements préparatoires (V. Cass., 3 déc. 1827; 15 juin 1841, S. 41. 1. 868.— P. 43.2. 412), et implicitement ensuite que, pour être régulières, elles doivent être signées par le président et le greffier; — Attendu que, s'il est peut-être exact d'affirmer que les remises de cause, lorsqu'elles sont prononcées d'office, sans l'intervention d'aucune des parties, par des tribunaux ordinaires, ne constituent que des mesures d'ordre intérieur non soumises à l'inscription sur la feuille d'audience, il ne saurait en être de même de celles qui, dans les mêmes conditions, émanent des tribunaux de commerce; qu'en effet, devant ces juridictions où il n'existe pas d'avoués, l'instance reposant uniquement sur l'assignation, il est indispensable, pour qu'elle en reste le fondement, après le jour pour lequel elle a été donnée, que le tribunal rende une décision qui ait la même autorité que l'assignation elle-même (V. Cass., 12 mars 1879, S. 79. 1. 255. — P. 79. 633. — D. 79. 1. 260); d'où la conséquence qu'en matière commerciale, la nature des choses exige que toutes les décisions portant remise de cause soient couchées sur les feuilles d'audience; — Mais qu'il ne s'ensuit pas nécessairement que, si les greffiers des tribunaux de commerce sont astreints à cette obligation, ils soient en droit de percevoir une somme de 0 fr. 25 pour chaque remise, à titre de remboursement de papier timbré, pas plus qu'ils n'ont droit de ce chef à un émolument quelconque; — Attendu que le § 1er de l'art. 12 du décret du 18 juin 1880 exonère formellement les jugements de remise du droit de 0 fr. 80, et qu'aucune des autres dispositions de ce décret ne les soumet à une redevance quelconque envers les greffiers; qu'au contraire, le § 1er de l'art. 2 les dispense même de tout droit d'émolument; qu'évidemment, le législateur a été amené à cette résolution par la pensée qu'à raison de leur brièveté, les greffiers trouveraient, dans l'allocation de 0 fr. 80 pour chacun des autres jugements, une indemnité suffisante pour les couvrir des frais de coût du papier timbré employé pour la rédaction des feuilles d'audience; — Attendu que cette volonté d'exonérer du droit de remboursement du papier timbré ces jugements devient plus évidente encore, lorsqu'on rapproche du décret du 18 juin 1880 celui du 24 nov. 1871, qui accorde aux greffiers de paix seuls une somme de 0 fr. 25, à titre de remboursement de papier timbré pour chaque jugement de remise; que cette exception en faveur des greffiers de paix seuls, qui s'explique par le peu d'importance de leurs charges, et la nécessité d'en accroître les produits dans une mesure équitable, introduite dans un décret qui réglait aussi les droits que pourraient percevoir les greffiers des autres tribunaux, comme remboursement de papier timbré, démontre de la façon la plus claire que, devant les autres juridictions, et notamment devant les tribunaux de commerce, les jugements de remise sont affranchis du droit de timbre; qu'il est incontestable en effet que, si le législateur avait voulu accorder les mêmes droits aux autres greffiers, il n'eût pas manqué de le dire, comme il l'a fait pour ceux des justices de paix; — Attendu qu'en l'absence d'un texte spécial soumettant expressément ces décisions à une redevance à titre de remboursement de papier timbré, les premiers juges ont cru trouver dans le § 3 de l'art. 12 du décret de 1880, combiné avec l'art. 30 du décret du 30 mars 1808, qui prescrit de réunir en registre à la fin de chaque année les feuilles d'audience, la base de la réclamation de Guénin : — Attendu que ce paragraphe ne vise que les mentions faites sur un registre timbré; qu'il ne peut donc s'appliquer, ni aux remises de cause, que le décret qualifie de jugements, et classe dans cette catégorie d'actes judiciaires, ni aux feuilles d'audience qui, bien que réunies à la fin de l'année en registres, ne sont destinées à recevoir que des jugements, et non de simples mentions; — Attendu, d'ailleurs, que, tout étant en cette matière de droit étroit, il n'est pas possible de raisonner par voie d'analogie et d'appliquer un texte à des actes auxquels il ne se rapporte pas; d'où il suit que le tribunal de Besançon, en décidant que Guénin avait droit à 0 fr. 50, à titre de remboursement de papier timbré, pour l'inscription sur la feuille d'audience de deux jugements de remise dans l'affaire de Gillot contre Jouclard, a fait une fausse application de la loi, et qu'il y a lieu de réformer son jugement; — Par ces motifs; — Infirme le jugement rendu par le tribunal civil de Besançon, le 7 février 1882; — Déclare que Guénin n'avait pas le droit de réclamer à Gillot la somme de 0 fr. 50, à raison de l'inscription, sur les feuilles d'audience du tribunal de commerce de Besançon, de deux jugements de remise, etc.

MM. Marignan, 1er prés.; Bernard, av. gén.; Belin (du barreau de Besançon) et Laroze (du barreau de Paris), av.

judiciaires en matière civile; — Mais attendu qu'une décision portant seulement qu'une cause cessera d'être inscrite sur le rôle constitue, non un véritable jugement, mais une simple mesure d'ordre intérieur, non sujette à enregistrement; — Attendu, dès lors, qu'en déclarant que les greffiers des tribunaux de commerce n'ont pas le droit de percevoir : 1° 0 fr. 10 cent. à titre d'émolument; 2° 0 fr. 25 c. à titre de remboursement de papier timbré, pour chaque mention d'un jugement de radiation sur leur répertoire, le jugement attaqué n'a violé aucune des dispositions invoquées par le pourvoi ; — Rejette, etc.

Mais sur le pourvoi de Gillot, relatif au deuxième chef de l'arrêt attaqué; — Vu l'art. 12 du décret du 18 juin 1880, rendu en exécution de la loi du 31 juill. 1879; — Attendu que les décisions portant simple remise d'une audience à une autre, ne sont pas, à proprement parler, des jugements; qu'elles constituent, comme les décisions portant radiation du rôle, de simples mesures d'ordre intérieur, non sujettes à enregistrement; que, dès lors, le greffier n'est pas obligé d'en faire mention au répertoire dont la tenue est prescrite par l'art. 49 de la loi du 22 frim. an VII; — Attendu, d'ailleurs, qu'aucune disposition de la loi n'exige que lesdites décisions soient portées, soit sur la feuille d'audience, soit sur un registre timbré; que, dès lors, le greffier ne peut exiger de ce chef aucun remboursement de papier timbré, par application, soit du § 1er, soit du § 3 de l'art. 12, précité; — Attendu qu'en jugeant le contraire, et en condamnant Gillot à payer à Guénin 0 fr. 50 cent. à titre de remboursement de papier timbré, pour mention de deux jugements de remise sur la feuille d'audience, l'arrêt attaqué a faussement appliqué, et par suite violé lesdites dispositions; — Casse sur ce deuxième chef l'arrêt de Besançon, du 17 juill. 1882, etc.

MM. Larombière, prés.; Dareste, rapp.; Charrins, 1er av. gén. (concl. conf.); Perriquet et Roger-Marvaise, av.

CASS.-REQ. 28 octobre 1885.

MINES, SOCIÉTÉ COMMERCIALE, ACTE DE COMMERCE, SUSPENSION DE PAYEMENTS, FAILLITE.

Si l'exploitation ordinaire et normale d'une mine ne constitue pas une opération commerciale (1), *il en est autrement lorsqu'une société de mines, au lieu de se former pour cette exploitation, a pour but de la combiner avec un ensemble d'actes de commerce* (2) (C. comm., 1, 632, 633; L. 21 avril 1810, art. 32).

Ainsi a bien le caractère d'une société de commerce la Société de mines qui s'est constituée, non-seulement pour extraire des houilles dépendant de sa concession, mais pour acheter et vendre, après les avoir manipulés, les produits d'autres houillères, pour traiter des minerais de toute provenance, et pour se livrer à une série d'opérations d'achat et de vente (3) (Id.).

Alors, d'ailleurs, qu'il n'est nullement établi que le fonctionnement de la Société n'ait pas été conforme à ses statuts et au but qu'elle poursuivait en se formant (4) (Id.).

Par suite, une telle Société, lorsqu'elle vient à être en suspension de payements, peut être déclarée en faillite (5) (C. comm., 437).

(Société du Crédit mobilier c. Société des Houillères d'Auzits.)

10 avril 1884, jugement du tribunal de commerce de la Seine ainsi conçu : — LE TRIBUNAL : — « Attendu que le Crédit mobilier soutient que la Société des houillères d'Auzits serait une société civile, qui ne saurait être mise en faillite, et prétend subsidiairement qu'elle ne serait pas en état de cessation de payements; — Mais attendu que la Société des houillères d'Auzits a pour objet, d'après ses statuts, non-seulement l'exploitation de ses mines, mais encore la fabrication de briquettes et autres agglomérés provenant des houillères d'Auzits et de toutes autres, la vente des produits de ces houillères et d'autres origines, le traitement des minerais de toute provenance et toutes opérations d'achat et de vente, et tout ce qui pourrait être la conséquence des opérations susvisées; qu'ainsi, les statuts expliquent surabondamment que la société n'a pas pour but unique l'exploitation des produits des mines d'Auzits; que les fondateurs de la Société, dans un acte antérieur à sa création, reconnaissaient eux-mêmes qu'elle devrait, d'après la nature même des houilles qu'elle tirerait de la mine, se livrer à des opérations commerciales permanentes; qu'elle serait commerciale pour une notable partie de ses opérations, et qu'il convenait, en conséquence, d'adopter promptement la forme d'une société commerciale; — Attendu qu'il résulte de tout ce qui précède que la Société des houillères d'Auzits est bien commerciale; que, d'autre part, elle est en état de cessation de payements... (suit l'énoncé des faits constituant la cessation de payements); — Par ces motifs, etc. » — Appel.

19 août 1884, arrêt de la Cour de Paris qui confirme purement et simplement la décision des premiers juges.

Pourvoi en cassation par le Crédit mobilier.

ARRÊT.

LA COUR : — Sur le moyen unique du pourvoi, tiré de la violation de l'art. 32 de la loi du 21 avril 1810, et fausse application des art. 1er, 437, 632 et 633, C. comm., en ce que l'arrêt attaqué a décidé qu'une société minière pouvait être déclarée en faillite, sans constater qu'en fait et dans la réalité des choses elle ait ajouté, à l'exploitation proprement dite de la mine, un ensemble d'opérations industrielles et commerciales ; — Attendu que si l'exploitation ordinaire et normale d'une mine ne constitue pas une opération commerciale, il en est autrement lorsqu'une société de mines, au lieu de se former pour cette exploitation, a pour but de la combiner avec un ensemble d'actes de commerce; — Attendu qu'il est constaté par l'arrêt attaqué que la Société des houillères d'Auzits s'est constituée, non-seulement pour extraire des houilles dépendant de sa concession, mais pour acheter et vendre, après les avoir manipulés, les produits d'autres houillères, pour traiter les minerais de toute provenance, et pour se livrer à une série d'opérations d'achat et de vente; que ce but et cet objet sont constatés, non-seulement par les statuts sociaux, mais par les actes qui ont précédé leur rédaction, et qui prouvent combien ils

(1) Principe certain. V. Lyon, 13 fév. 1878 (Pand. chr.), et les renvois; Amiens, 26 fév. 1881 (S. 82. 2. 188. — P. 82. 1. 969).

(2-3) La solution dépend, en pareil cas, de la nature des opérations auxquelles s'est livrée la Compagnie, et de l'appréciation qu'en font les tribunaux. V. anal. Cass., 1er juill. 1878 (Pand. chr.), et la note.

(4) Dans l'espèce, c'était une considération de plus en faveur de la déclaration de commercialité. Mais supposons des statuts formels, prohibant expressément l'accomplissement de tout acte de commerce, s'il y a eu violation reconnue, si des opérations de négoce ont été réalisées, la Société, de civile qu'elle était par son étiquette ou dans l'intention de ses fondateurs, deviendra commerciale. Les statuts n'y apporteront aucun obstacle; ils ne peuvent préserver la Société des conséquences juridiques, normales de ses propres agissements. Pour ne point être commerçant, il ne suffit pas de le déclarer, de l'inscrire même dans des actes qui restent lettre morte. Il faut conformer sa conduite à ses affirmations, et ne point agir en commerçant, si l'on ne veut point être traité comme tel. Ces règles s'appliquent aux Sociétés comme aux individus.

(5) Du moment où le caractère commercial est reconnu à la Société, la conséquence de la faillite en cas de cessation de payement se déduit sans difficulté, par simple application de l'art. 437, C. comm.

étaient réels et sérieux ; qu'il n'est nullement établi que le fonctionnement de cette société n'ait pas été conforme à ses statuts et au but qu'elle poursuivait en se constituant ; que, dès lors, en lui reconnaissant un caractère commercial et en la déclarant en faillite, lorsqu'elle était en suspension de payements, l'arrêt attaqué n'a violé aucun des articles de loi susvisés; — Rejette, etc.

MM. Bédarrides, prés.; Féraud-Giraud, rapp.; Petiton, av. gén. (concl. conf.); Renault-Morlière, av.

CASS.-REQ. 28 octobre 1885.

OBLIGATION, CAUSE NON EXPRIMÉE, PRÉSOMPTIONS, PREUVE CONTRAIRE.

C'est au débiteur poursuivi en exécution d'une obligation dont la cause n'est pas exprimée, à prouver soit l'absence de toute cause, soit l'existence d'une cause illicite : la présomption étant qu'il y a cause, et cause licite (1) (C. civ., 1132).

(Baranès c. Ben-Simon et fils.) — ARRÊT.

LA COUR : — Sur le premier moyen du pourvoi... ; — Sur le deuxième moyen, tiré de la violation et fausse application des art. 1131 et 1132, C. civ., et 519 et 598, C. comm. : — Attendu qu'aux termes de l'art. 1132, C. civ., la convention n'est pas moins valable, quoique la cause ne soit pas exprimée ; — Attendu qu'il résulte de cette disposition de la loi que, bien que la cause ne soit pas exprimée dans une obligation, il y a, jusqu'à preuve contraire, présomption que cette cause existe et qu'elle est licite ; — Attendu que, si le débiteur, contre lequel le payement d'un telle obligation est poursuivi, veut exciper d'un défaut de cause ou de l'existence d'une cause illicite, il lui incombe d'en fournir la preuve ; — Attendu que la Cour d'Alger a souverainement constaté que Baranès n'a point prouvé que le bon de 10,000 fr. eût été souscrit sans cause, ou pour un cause illicite ; que, dès lors, en condamnant Baranès au payement du bon litigieux, loin de violer les articles susvisés, elle en a fait une juste application ; — Rejette le pourvoi formé contre l'arrêt de la Cour d'Alger, en date du 26 février 1884, etc.

MM. Bédarrides, prés.; Talandier, rapp.; Petiton, av. gén. (concl. conf.); Dareste, av.

CASS.-CRIM. 29 octobre 1885.

DIFFAMATION, CHEF DE CABINET DE MINISTRE, COMPÉTENCE.

Le chef adjoint du cabinet d'un ministre n'est ni un fonctionnaire public, ni un citoyen chargé d'un service ou d'un mandat public; il doit être considéré comme un simple particulier, relativement aux imputations diffamatoires dont il est l'objet. — En conséquence, c'est, non pas la Cour d'assises, mais le tribunal correctionnel qui doit connaître de la diffamation commise envers lui, à raison d'actes de son emploi (2) (L. 29 juill. 1881, art. 31, 32, 45, § 2).

(Lutaud c. Cointrié et Rogat : journal *le Pays*.) — ARRÊT.

LA COUR : — (Considérants reproduits littéralement d'un précédent arrêt, du 31 juillet 1885, aff. Lutaud c. Delahodde, gérant de l'*Express du Nord et du Pas-de-Calais*, et Delattre. — V. Pand. chr.); — Casse l'arrêt de Paris du 12 mai 1885.

Mêmes magistrats. — Me Roger-Marvaise, av.

CASS.-REQ. 3 novembre 1885.

JUGE DE PAIX, VISITE DES LIEUX, JUGEMENT.

La faculté de statuer sans désemparer sur le lieu contentieux même appartient au juge de paix, sans qu'il y ait à distinguer entre le cas où il procède seul à la visite, et celui où il se fait assister par des experts (C. proc., 41, 42).

(Matrand c. Marjot de Toucy.) — ARRÊT.

LA COUR : — Sur le premier moyen... — Sur le deuxième moyen, pris de la violation des art. 7 de la loi du 20 avril 1810, 116 et 1040, C. proc. : — Attendu que, par dérogation aux textes susvisés, l'art. 42, C. proc., autorise le juge de paix à statuer sans désemparer sur les lieux contentieux; — Attendu que cette disposition est applicable toutes les fois qu'aux termes de l'art. 41 un transport est nécessaire, « soit pour constater l'état des lieux, soit pour apprécier la valeur des indemnités et dédommagements demandés » ; qu'il n'y a donc pas à distinguer entre le cas où le magistrat procède seul à la visite, et celui où il se fait assister par des experts; — Rejette le pourvoi formé contre le jugement rendu le 20 avril 1883 par le tribunal civil de Clermont-Ferrand, etc.

MM. Bédarrides, prés.; Ballot-Beaupré, rapp.; Chevrier, av. gén. (concl. conf.); Moret, av.

CASS.-REQ. 4 novembre 1885.

USUFRUIT, AMÉLIORATION, CONSTRUCTION, INDEMNITÉ.

Constituent des améliorations dans le sens de l'art. 599, § 2, C. civ., pour lesquelles l'usufruitier ne peut, à la fin de son usufruit, réclamer aucune indemnité, soit des constructions nouvelles s'ajoutant au fonds et en augmentant la valeur, soit des constructions ayant pour effet d'achever un bâtiment commencé ou d'agrandir un édifice préexistant ; ici ne s'applique pas l'article 555, C. civ., l'usufruitier ne pouvant, à la cessation de sa jouissance, être assimilé, sous aucun rapport, à un tiers possesseur évincé (3) (C. civ., 555, 599, § 2).

(1) La jurisprudence est fixée en ce sens. V. Rennes, 24 août 1816; Bourges, 12 févr. 1825; Agen, 3 juill. 1830; Cass., 16 août 1848 (S. 49. 1. 113. — P. 48. 2. 185. — D. 48. 1. 193); Nîmes, 17 déc. 1849 (S. 50. 2. 118. — P. 50. 2. 14. — D. 52. 2. 69); Cass., 9 févr. 1864 (S. 64. 1. 107. — P. 64. 1. 708. — D. 64. 1. 210). — Mais la question est vivement controversée dans la doctrine où elle divise les auteurs en nombre à peu près égal.

(2) La jurisprudence est fixée sur ce point. V. l'arrêt du 31 juill. 1885 (Pand. chr.), dont l'arrêt actuel reproduit textuellement les considérants. — La Cour de Rouen, sur le renvoi que lui a fait de cette affaire la chambre criminelle, s'est prononcée dans le même sens. V. la sous-note (*a*).

(3) C'est l'opinion qui prédomine en jurisprudence, bien que la question soit vivement controversée, surtout en doctrine. V. Cass.

(*a*) Voici cet arrêt, rendu à la date du 30 janv. 1886 :

LA COUR : — Attendu que, pour apprécier si les écrits qualifiés diffamatoires dont Lutaud a été l'objet, alors qu'il était chef adjoint du cabinet du ministre de l'intérieur, et pour des faits se rattachant à sa fonction, sont ou non de la compétence de la Cour d'assises, aux termes des art. 31, 32 et 45 de la loi du 29 juill. 1881, il y a lieu de rechercher dans quelles conditions il avait été pourvu de cet emploi, et quelle était la nature de ses attributions; qu'il importe, tout d'abord, de constater qu'institué par la seule volonté du ministre, il était à tout moment révocable à son gré, et, dans tous les cas, destiné à disparaître avec lui; que la situation aléatoire et éphémère qui lui était ainsi faite ne le rattachait par aucun lien, et à aucun titre, à la hiérarchie administrative; qu'investi par la confiance de M. Waldeck-Rousseau du soin de lui alléger sa tâche en lui prêtant, dans le secret du cabinet, le concours de sa collaboration, il n'était auprès de lui qu'un simple auxiliaire; que ses attributions nettement définies dans le *Bulletin officiel du ministère de l'intérieur* ne peuvent laisser aucun doute sur le caractère essentiellement intime et privé de son assistance; que, chargé de concourir aux travaux du ministre, mais sans initiative comme sans responsabilité propres vis-à-vis de l'Etat ou des administrés, il était, en réalité, étranger à la gestion des intérêts publics; que, n'étant personnellement investi d'aucune délégation des pouvoirs publics, il était à ce point dépourvu de toute autorité, de toute puissance de commandement, qu'il n'eût pu valablement signer pour le ministre aucun acte officiel de la compétence de ce dernier; qu'il n'était, en conséquence, ni un fonctionnaire public, ni un dépositaire de l'autorité publique, ni même un citoyen chargé d'un service ou d'un mandat public, mais un simple particulier; que, dans ces circonstances, la diffamation dont il se plaint est, conformément aux dispositions des art. 32 et 45, précités, de la compétence de la juridiction correctionnelle; — Par ces motifs; — Et adoptant au surplus ceux qui ont déterminé les premiers juges; — Confirme, etc.

MM. Le Sénécal, prés.; Chrétien, av. gén.; Foucart (du barreau de Valenciennes), av.

(Hébert, administrateur de la succession Riario-Sforza, c. Min. de l'instr. publ.) — ARRÊT.

LA COUR : — Sur le moyen de cassation, tiré de la violation de l'art. 555, C. civ., et de la fausse application de l'art. 599 du même Code : — Attendu qu'aux termes de l'art. 599, C. civ., l'usufruitier ne peut, à la cessation de son usufruit, exiger aucune indemnité pour les améliorations par lui faites sur le fonds soumis à son usufruit, encore que la valeur de la chose en soit augmentée; que, suivant l'esprit de cette disposition, on doit considérer comme améliorations, soit les constructions nouvelles s'ajoutant au fonds et en augmentant la valeur, soit les constructions ayant pour effet d'achever un bâtiment commencé, ou bien d'agrandir un édifice préexistant; — Attendu qu'il est établi, en fait, au procès, que la dame Riario-Sforza, en sa seule qualité d'usufruitière, a fait élever le bâtiment litigieux, situé en façade sur la rue Royale, et reliant à ses extrémités deux maisons en partie expropriées pour cause d'utilité publique; que ces changements de constructions sont, de leur nature, de véritables améliorations; — Attendu que l'art. 555, C. civ., est sans application à la cause, l'usufruitier ne pouvant, à la cessation de sa jouissance, être assimilé, sous aucun rapport, à un tiers possesseur évincé; — D'où il suit qu'en rejetant la demande d'indemnité formée par le sieur Hébert, ès noms, l'arrêt attaqué (Paris, 29 févr. 1884) a fait une saine application des principes du droit; — Rejette, etc.

MM. Bédarrides, prés.; Alméras-Latour, rapp.; Chevrier, av. gén. (concl. conf.); Aiguillon, av.

CASS.-CRIM. 5 novembre 1885.

FALSIFICATIONS, BOISSONS, VIN, PIQUETTE, RAISINS SECS, MÉLANGE, QUALITÉ DES SUBSTANCES, CONSTATATION, EXPERTISE (ABSENCE D'), POUVOIR DU JUGE.

Le mélange de piquette de raisins secs avec le vin le dénature et constitue une falsification, quand il est combiné en vue de tromper l'acheteur à qui le vin est annoncé par des étiquettes et des prospectus comme vin de nature (1) (L. L. 27 mars 1851, art. 1, § 1; 5 mai 1855).

Aucune loi n'oblige les tribunaux à apprécier la qualité des substances qui ont été employées pour falsifier les liquides exposés ou mis en vente; ils ne sont tenus que de constater, d'après leur conviction, comme jurés, l'existence de la fraude, et leur déclaration à cet égard est souveraine et irréfragable (2) (Id.).

(Boari.) — ARRÊT.

LA COUR : — Sur le moyen unique du pourvoi, tiré de la prétendue violation des art. 1, § 1, de la loi du 27 mars 1851, et 423, C. pén., en ce que le délit de falsification de vin suppose un mélange frauduleux, tendant à détériorer la substance annoncée au préjudice de l'acheteur, mais que le coupage de vins, autorisé par les usages du commerce, ne peut constituer ce délit : — Attendu que l'arrêt attaqué constate, après avoir visé toutes les pièces, que le mélange de *piquette de raisins secs* avec le vin le dénature et constitue une falsification; — Attendu que cette falsification avait pour résultat de tromper l'acheteur sur la nature de la chose vendue, puisque ce vin lui était annoncé par des étiquettes et des prospectus comme *vin de nature;*

Attendu qu'aucune loi n'oblige les tribunaux à apprécier la qualité des substances qui ont été employées pour falsifier les liquides exposés ou mis en vente; qu'ils ne sont tenus que de constater, d'après leur conviction, comme jurés, l'existence de la fraude, et que leur déclaration à cet égard est souveraine et irréfragable; — Rejette, etc.

MM. Ronjat, prés.; Falconnet, rapp.; Loubers, av. gén.; Sabatier, av.

CASS.-REQ. 9 novembre 1885.

COMPÉTENCE, VENTE DE MARCHANDISES, LIEU DE PAYEMENT, FACTURES, ACCEPTATION.

L'indication, dans la facture, du domicile de l'acheteur comme lieu de payement du prix des marchandises, emporte attribution de juridiction au juge de ce domicile, si au reçu de cette facture l'acheteur n'a fait entendre ni protestations ni réserves (3) (C. proc., 59, 420).

(Oustalet, liquid. Société Deségaulx et Dufour, c. Bareau et Colas.) — ARRÊT.

LA COUR : — Sur le pourvoi en cassation, dont le moyen unique est tiré de la violation de l'art. 59, C. proc., et d'une fausse application de l'art. 420 du même Code; — Attendu qu'il n'a pas été contesté, devant les juges du fait, que Deségaulx et Dufour, fabricants de conserves alimentaires, eussent passé avec Bareau et Colas un marché de fournitures, dont l'exécution a été poursuivie contre eux par ces derniers; — Attendu qu'aux termes de l'art. 420, C. proc., l'assignation, en matière commerciale, peut être donnée devant le tribunal du lieu où le payement devait être effectué; — Attendu que l'arrêt attaqué constate en fait qu'aucune convention antérieure n'avait déterminé le lieu de payement du prix des ventes conclues entre les parties, lorsque Bareau et Colas ont envoyé, le 26 décembre 1883, une facture stipulée payable à Nantes, laquelle a été reçue par les acheteurs sans protestation ni réserves; qu'en induisant du silence gardé par Deségaulx et Dufour, au reçu de cette facture, qu'ils acceptaient la place de Nantes comme lieu de payement de la livraison litigieuse, et, par suite, la juridiction du tribunal de Nantes, les juges du fait se sont livrés, d'après l'examen des documents de la cause,

---

23 mars 1825 (Pand. chr.); Bourges, 24 février 1837 (Pand. chr.). V. aussi Colmar, 18 mars 1853 (Pand. chr.). — *Contrà*, Colmar, 18 mars 1831 (Pand. chr.).

(1) Jugé, dans le même sens, que le fait de mélanger du trois-six avec des eaux-de-vie vendues ensuite comme pures, constitue le délit de falsification de boissons : Cass., 22 juill. 1869 (Pand. chr.). — Dans l'espèce actuelle, comme dans l'arrêt de 1869, le délit ne consistait pas dans le mélange pris en lui-même, mais dans la combinaison poursuivie en vue de tromper le public. Ici et là, le falsificateur présentait à sa clientèle les eaux-de-vie coupées de trois-six comme des eaux-de-vie pures, les piquettes mouillées de vin comme des vins de nature. Il les vendait, bien entendu, au prix élevé de marchandises ou denrées de qualité irréprochable, prix qu'il n'eût jamais obtenu s'il eût révélé la composition vraie des produits mélangés. Là se concentre toute la fraude. — Mais les piquettes relevées par un mélange de vin et d'eau-de-vie peuvent être l'objet d'un commerce licite, lorsqu'elles sont annoncées telles qu'elles sont, et que leur nature et les coupages qu'elles ont subis sont ouvertement et loyalement portés à la connaissance des consommateurs. V. Cass., 25 juin 1880 (Pand. chr.), et la note.

(2) V. conf., Cass., 24 févr. 1854 (Pand. chr.); 13 nov. 1856 (D. 57. 1. 28). — Mais il n'en est plus de même des circonstances de dissimulation, de mise en vente, de vente et d'achat des piquettes présentées comme du vin de nature, qui, par cela même qu'elles constituent les éléments mêmes du délit, doivent être soigneusement relevées dans toute condamnation pour tromperie. V. Cass., 25 juin 1880, précité.

(3) La jurisprudence est fixée en ce sens par de nombreux arrêts. V. notamment Cass., 13 mars 1878 (S. 78. 1. 312. — P. 78. 775. — D. 78. 1. 311); 5 avril 1880 (S. 82. 1. 252. — P. 82. 1. 611); 21 juin 1882 (S. 84. 1. 102. — P. 84. 1. 235. — D. 83. 1. 472); 12 févr. 1883 (S. 84. 1. 183. — P. 84. 1. 443. — D. 83. 1. 257). — V. d'ailleurs une nomenclature complète des arrêts et des indications d'auteurs dans notre *Dict. de dr. comm., ind. et marit.*, t. III, v° *Compétence*, n. 212 et suiv.

à une interprétation de volontés qui n'est point sujette au contrôle de la Cour de cassation : ... — Rejette, etc.

MM. Bédarrides, prés.; Cotelle, rapp.; Petiton, av. gén. (concl. conf.); Roger, av.

CASS.-CIV. **11 novembre 1885.**

SAISIE CONSERVATOIRE, SAISIE-EXÉCUTION, CRÉANCE COMMERCIALE, COMPÉTENCE CIVILE.

Les règles de compétence qui attribuent aux tribunaux civils, à l'exclusion des tribunaux de commerce, la connaissance des demandes en validité et en mainlevée de saisies-exécutions, alors même que ces saisies ont pour cause une créance commerciale et qu'elles portent sur des bâtiments de mer, s'appliquent également, à défaut de dérogations expresses, aux saisies conservatoires pratiquées avec la permission du président du tribunal de commerce (1) (C. proc., 417, 442; C. comm., 197, 204; Avis Cons. d'Ét., 29 avril, 17 mai 1809).

(Mayer c. consorts Scott.) — ARRÊT.

LA COUR : — Sur le premier moyen du pourvoi (tiré de la violation des art. 442 et 553, C. proc., fausse application des art. 417, même Code, et 172, C. comm., en ce que l'arrêt attaqué a reconnu la compétence du tribunal de commerce pour statuer sur la mainlevée d'une saisie conservatoire); — Vu les art. 442, 553, 417, C. proc., et 172 C. comm.; — Attendu, en droit, que les tribunaux civils sont compétents, à l'exclusion des tribunaux de commerce, pour connaître des demandes en validité et en mainlevée des saisies-exécutions, alors même que ces saisies ont pour cause une créance commerciale, et qu'elles portent sur des bâtiments de mer; que cette règle de compétence, spécialement consacrée par les art. 442, C. proc., 197 et 204, C. comm., combinés, et par l'avis du Conseil d'Etat des 29 avril-17 mai 1809, ne souffre pas exception lorsqu'il s'agit de saisies conservatoires pratiquées avec la permission du président du tribunal de commerce, aucune disposition de loi n'ayant, pour ce cas, dérogé à la compétence des tribunaux civils; que les art. 608, C. proc., 210 et 211, C. comm., attribuent au juge de la saisie la connaissance des demandes en distraction formées par des tiers revendiquant tout ou partie des meubles saisis; — Attendu, en fait, que Mayer, se disant créancier de James-Édouard Scott, comme étant possesseur et propriétaire de lettres de change acceptées par celui-ci et protestées faute de payement, a fait pratiquer, le 27 octobre 1882, en vertu de la permission du président du tribunal de commerce de Caen, une saisie conservatoire contre ledit James-Édouard Scott, sur le steamer anglais *Marseille*, et a fait assigner, le 24 du même mois, ledit James-Édouard Scott devant le tribunal civil de Caen en validité de cette saisie; que, le 28 du même mois, James David, capitaine du *Marseille*, agissant tant en son nom propre que pour et au nom de Robert-Frazer Scott, propriétaire, selon lui, dudit steamer, a formé contre Mayer, devant le tribunal de commerce de Caen, une demande en mainlevée de la saisie; — Attendu que Mayer a opposé à cette demande l'incompétence du tribunal de commerce *ratione materiæ*, mais que le tribunal a repoussé cette exception et a prononcé au fond la mainlevée de la saisie; que Mayer a fait appel de ce jugement, et a reproduit devant la Cour de Caen la même exception d'incompétence; que, cependant, l'arrêt attaqué a confirmé la décision des premiers juges sur la question de compétence; que, pour statuer ainsi, cet arrêt s'est fondé sur ce qu'il appartiendrait à la juridiction consulaire de prononcer la mainlevée des saisies conservatoires pratiquées, pour cause commerciale, en vertu de la permission du président du tribunal de commerce; — En quoi ledit arrêt a méconnu les règles de la compétence et violé les articles de loi ci-dessus visés; — Sans qu'il y ait lieu de statuer sur le deuxième moyen du pourvoi; — Casse l'arrêt de la Cour d'appel de Caen, en date du 13 mars 1883, etc.

MM. Barbier, 1er prés.; de Lagrevol, rapp.; Desjardins, av. gén. (concl. conf.); Lehmann, av.

(1) V. conf., Cass. 22 août 1882 (Pand. chr.), et la note.

CASS.-CIV. **18 novembre 1885.**

ASSURANCES MUTUELLES, SOCIÉTÉ, DISSOLUTION, LIQUIDATION, CONSEIL GÉNÉRAL, EXCÈS DE POUVOIRS, CONTRATS ANTÉRIEURS, MAINTIEN, SOCIÉTÉ NOUVELLE, COTISATION.

Le droit conféré par les statuts d'une Compagnie d'assurances mutuelles terrestres à son conseil général de prononcer la dissolution de la Société, ne lui donne pas celui de décider, du même coup, que les contrats d'assurances antérieurs à cette dissolution continueront à produire leur effet (C. civ., 1134; L. 24 juill. 1867, art. 66; Décr. 22 janv. 1868, art. 20).

Une pareille décision qui aurait pour résultat, non de conduire à une liquidation véritable de la Société dissoute, mais de créer une Société nouvelle fonctionnant dans des conditions différentes de celles en vue desquelles les anciens associés ont contracté, ne saurait engager ces derniers malgré eux, notamment en ce qui concerne le payement des cotisations échues postérieurement à la dissolution (Id.).

(Liq. de la Comp. d'assur. mutuelles *la Prudence* c. consorts Châtel.) — ARRÊT (*après délib. en ch. du cons.*).

LA COUR : — ...Statuant sur les deux moyens réunis; — Vu l'art. 1134, C. civ.; — Attendu que, par délibération du 9 oct. 1879, le conseil général de la Société d'assurances mutuelles *la Prudence*, après avoir prononcé la dissolution de la Société, a décidé que, désormais, elle ne consentirait plus de nouveaux contrats d'assurance, mais que les anciens continueraient à produire leur effet; qu'en exécution de cette délibération, Lefrançois. ès qualité, actionne les héritiers Châtel en payement de la somme de 290 fr. 50, représentant, suivant lui, le montant des portions contributives aux charges sociales et accessoires dues par les défendeurs, du 1er févr. 1878 au 1er févr. 1881; — Attendu que l'art. 43 des statuts sociaux attribuait, il est vrai, au conseil général, le droit de déclarer la Société dissoute, de régler le mode de liquidation et de nommer le liquidateur; mais que la décision prise par le conseil, de maintenir l'effet des contrats d'assurance antérieurs à la dissolution, ne rentrait pas dans le cercle de ses pouvoirs, et ne saurait par suite engager malgré eux les anciens sociétaires; que vainement on appuie la thèse contraire sur ce que la Société se survit fictivement à elle-même pour les besoins de sa liquidation; qu'en effet, cette décision aurait pour résultat, non de conduire à la liquidation véritable de la Société dissoute, mais de créer une Société nouvelle fonctionnant dans des conditions différentes de celles en vue desquelles les anciens associés avaient contracté; — Mais attendu que, sans méconnaître ces principes, le jugement attaqué (Trib. civ. Seine, 10 avril 1883) a rejeté en bloc la demande de Lefrançois, sans distinguer entre les cotisations exigibles au moment de la dissolution et celles qui se rapportent à une époque postérieure; en quoi, il a violé l'art. 1134, C. civ., susvisé; — Casse, etc.

MM. Barbier, 1er prés.; Rohault de Fleury, rapp.; Charrins, 1er av. gén. (concl. conf.); Morillot, av.

CASS.-CIV. 18 novembre 1885.

FAILLITE, ARRANGEMENTS AMIABLES, LIQUIDATEUR, DESSAISISSEMENT, ACTION EN JUSTICE, ASSISTANCE, MISE EN CAUSE.

La nomination, à la suite d'arrangements amiables intervenus entre un débiteur commerçant et ses créanciers, d'un liquidateur à seule fin d'assurer l'exécution des engagements pris, ne dessaisit point le débiteur de l'administration de ses biens (1) (C. comm., 443).

Par suite, ce débiteur conserve entier son droit d'action en justice, sans qu'il ait besoin de se faire assister du liquidateur ou de le mettre en cause (2) (Id.).

(Moussy et comp. c. Cassard-Rouchon.) — ARRÊT.

LA COUR : — Sur le premier moyen; — Attendu que l'arrêt attaqué constate qu'à la suite d'arrangements amiables intervenus entre le sieur Cassard-Rouchon et ses créanciers, un liquidateur avait été nommé, simplement pour assurer l'exécution de ces engagements; — Attendu que, dans ces conditions, c'est à bon droit que l'arrêt attaqué a considéré Cassard-Rouchon comme n'étant pas dessaisi de l'administration de ses biens et conservant entier son droit d'action en justice, sans qu'il eût besoin de se faire assister du liquidateur ou de le mettre en cause;

Sur le deuxième et sur le troisième moyen :... — (Sans intérêt); — Rejette, etc.

MM. Barbier, 1er prés.; Crépon, rapp.; Charrins, 1er av. gén. (concl. conf.); Brugnon et Dareste, av.

CASS.-CRIM. 20 novembre 1885.

ADULTÈRE, FEMME, FIN DE NON-RECEVOIR, MARI, ENTRETIEN DE CONCUBINE.

La fin de non-recevoir tirée de l'entretien par le mari d'une concubine au domicile conjugal, ne peut être opposée par la femme prévenue d'adultère sur la poursuite de son mari, qu'autant que cet entretien est contemporain de l'adultère de la femme, et non lorsqu'il remonte à une date déjà ancienne (3) (C. pén., 336, 339).

(Mourlon.) — ARRÊT.

LA COUR : — Sur le moyen pris de la violation des art. 339, C. pén., et 7 de la loi du 20 avril 1810 : — Attendu que la Cour d'appel de Paris a repoussé la demande de sursis et d'enquête préalable formulée par la dame Mourlon, demanderesse en cassation, basée sur ce que son mari aurait entretenu une concubine au domicile conjugal, parce que les faits allégués étaient vagues et sans précision, parce que la prévenue ne prétendait même pas que son mari entretînt ou eût récemment entretenu une concubine au domicile conjugal, et parce qu'un fait de cette nature, qui se serait produit anciennement, ne s'opposerait pas, alors même qu'il serait établi, à ce que le mari poursuivît l'adultère actuel de sa femme; — Attendu que ce motif, très-explicite, suffisait pour écarter la demande de sursis formée par la femme Mourlon, l'exception énoncée en l'art. 336, C. pén., n'étant admissible qu'au cas où l'adultère du mari est, pour ainsi dire, contemporain de celui de la femme; — D'où il suit qu'en repoussant l'exception proposée, et en déclarant la demanderesse coupable du délit d'adultère, l'arrêt attaqué n'a ni violé, ni faussement appliqué les dispositions des lois susvisées; — Rejette, etc.

MM. Ronjat, prés.; Vételay, rapp.; Loubers, av. gén.; Massénat-Déroche, av.

CASS.-CRIM. 20 novembre 1885.

FALSIFICATIONS, LAIT, ÉCRÉMAGE, VENTE DE MARCHANDISES.

Constitue le délit de falsification, prévu par l'art. 1er de la loi du 27 mars 1851, le fait par un marchand d'enlever frauduleusement la crème du lait : la falsification se caractérisant aussi bien par le retranchement d'une partie des éléments de la denrée mise en vente que par un mélange avec une substance étrangère (4) (L. 27 mars 1851, art. 1).

(Vigneron.) — ARRÊT.

LA COUR : — Attendu qu'il résulte de l'arrêt attaqué que la demanderesse a frauduleusement enlevé la crème du lait qu'elle mettait en vente, dans la proportion de la moitié pour le lait froid et du quart pour le lait chaud; que cette manipulation, qu'elle dissimulait à l'acheteur, avait pour effet d'en diminuer les parties solides et nutritives, d'en altérer les qualités, et de le rendre, par suite, moins propre à l'usage auquel il était destiné; — Attendu que les faits ainsi constatés par les juges du fond constituent le délit de falsification prévu par l'art. 1er de la loi du 27 mars 1851, cette infraction se caractérisant aussi bien par le retranchement d'une partie des éléments de la denrée mise en vente que par son mélange avec une substance étrangère; — Rejette, etc.

MM. Ronjat, prés.; Poux-Franklin, rapp.; Loubers, av. gén. (concl. conf.).

CASS.-REQ. 23 novembre 1885.

DOT, IMMEUBLE DOTAL, INSAISISSABILITÉ, QUASI-DÉLIT, CONVENTION, INEXÉCUTION DOLOSIVE, DOMMAGES-INTÉRÊTS.

Il n'y a ni délit, ni quasi-délit, mais simplement inexécution dolosive d'un engagement contractuel, dans le fait par une femme dotale qui, après avoir promis de se libérer d'un emprunt par une livraison de bestiaux à choisir dans un troupeau d'après estimation, et après avoir laissé procéder aux évaluations convenues, refuse avec mauvaise foi, au moment de la livraison, d'opérer toute remise (5) (C. civ., 1134, 1382 et suiv., 1554, 1558).

D'où la condamnation en dommages-intérêts prononcée contre la femme, en raison de ce fait, n'est pas susceptible d'être exécutée sur ses immeubles dotaux et par suite de motiver une saisie valable (6) (Id.).

(1-2) La forme quelque peu laconique de cet arrêt ne l'empêche pas d'avoir une portée d'application pratique qui le signale à l'attention. La doctrine qui s'en dégage est en tous points irréprochable : un liquidateur amiable n'a d'autres pouvoirs que ceux qu'il tient de l'acte de sa nomination; au delà, le débiteur, comme toute personne majeure, conserve le libre exercice de ses droits et actions, tant qu'il n'est pas déclaré en faillite (C. com., 443). Comp. Cass., 20 oct. 1885 (Pand. chr.), et la note 1.

(3) V. dans le même sens, Paris, 18 juin 1870 (Pand. chr.), et en sens contraire, Montpellier, 17 juillet 1860 (*Journ. du Min. publ.*, t. III, p. 215). — Le rapprochement avec l'arrêt de Paris donne lieu à une remarque. Dans l'affaire actuelle, « les faits d'entretien de concubine étaient *vagues* et *sans précision* ». Au contraire, dans l'espèce sur laquelle la Cour de Paris a statué, il y avait eu condamnation du mari, par conséquent, un délit constant, indénié et indéniable, un scandale bien enregistré. Même dans ce cas qui paraît aussi favorable que possible à l'admission de la fin de non-recevoir des art. 336 et 339, C. pén., cette exception n'a point été accueillie; il faut un entretien contemporain de l'adultère de la femme; alors seulement les représailles sont dans une certaine mesure excusables. On conçoit qu'une telle théorie qui a ses partisans dans la doctrine, y rencontre aussi de nombreux détracteurs.

(4) Sic, Paris, 11 mars 1857, cité par M. Million, *Traité des fraudes en matière de vente de marchandises*, p. 104, note.

(5-6) Le régime dotal ne porte aucune atteinte à la capacité de la femme qui peut s'obliger aussi valablement en principe que toute autre femme mariée. Seulement, les engagements contractés sous ce régime ne sont point susceptibles d'une exécution forcée sur les biens dotaux; autrement l'inaliénabilité de la

(Cuvier c. duchesse de Bauffremont.) — ARRÊT.

LA COUR : — Sur l'unique moyen du pourvoi, pris de la violation des art. 1554, 1558, 1382, C. civ., et des principes qui régissent la fraude et la chose jugée ; — Attendu qu'il est constaté, en fait, par l'arrêt attaqué, que, le 2 oct. 1881, la duchesse de Bauffremont a emprunté 10,000 francs au sieur Cuvier; qu'elle a pris l'engagement de se libérer par une livraison de bestiaux à choisir dans le troupeau de la terre de Fontenailles sur l'estimation qui devait en être faite par le sieur Dupuy ; mais qu'après que cet arbitre eut procédé aux évaluations convenues, la duchesse de Bauffremont, au lieu de faire la remise des bestiaux, opposa au sieur Cuvier les refus les plus opiniâtres; qu'en conséquence, le 17 avril 1883, par un jugement aujourd'hui passé en force de chose jugée, elle a été condamnée à des dommages-intérêts; — Attendu que des faits ainsi constatés, il résulte qu'il y a eu, de la part de la duchesse de Bauffremont, non un délit ou un quasi-délit, mais l'inexécution dolosive d'un engagement contractuel; qu'il suit de là qu'en annulant la saisie, pour les causes dont il s'agit, de l'immeuble dotal de la duchesse de Bauffremont, l'arrêt attaqué n'a violé ni les articles, ni les principes invoqués au pourvoi, mais en a fait au contraire une juste application; — Rejette, etc.

MM. Bédarrides, prés.; Demangeat, rapp.; Petiton, av. gén. (concl. conf.); Lesage, av.

CASS.-CIV. 24 novembre 1885.

EXPROPRIATION POUR UTILITÉ PUBLIQUE, DÉCRET, FORMALITÉS, VÉRIFICATION, JUGEMENT.

Les tribunaux saisis d'une demande d'expropriation n'ont pour unique mission que de vérifier si les formalités prescrites par la loi ont été remplies (1) (L. 3 mai 1841, art. 14).

(Fenaux c. l'État.) — ARRÊT.

LA COUR : — Sur le moyen unique du pourvoi : — Attendu qu'il est interdit aux tribunaux de connaître des actes de l'administration de quelque nature qu'ils soient; que, par application de ce principe, l'art. 14 de la loi du 3 mai 1841 n'autorise le tribunal saisi d'une demande d'expropriation qu'à vérifier l'accomplissement des formalités prescrites par la loi; — Attendu que le jugement attaqué constate l'existence d'un décret ayant déclaré l'utilité publique des travaux à raison desquels l'expropriation de l'immeuble du demandeur était poursuivie; qu'il n'est d'ailleurs point contesté qu'au point de vue de la nature des travaux qu'il avait pour objet d'autoriser, ce décret ait été compétemment rendu ; que, dès lors, en se fondant sur ledit décret pour prononcer l'expropriation qui lui était demandée, le tribunal civil de Rocroy, loin d'avoir excédé ses pouvoirs, s'y est exactement conformé ; — Rejette, etc.

MM. Barbier, 1er prés.; Michaux-Bellaire, rapp.; Desjardins, av. gén. (concl. conf.); Lesage, Devin et Nivard, av.

CASS.-CIV. 1er décembre 1885.

CHOSE JUGÉE, SOLIDARITÉ, DÉBITEUR, CAUTION, ACTE UNIQUE, EXCEPTION PERSONNELLE, FRAUDE (ABSENCE DE).

La chose jugée avec l'un des codébiteurs solidaires est opposable à tous les autres codébiteurs; chacun des codébiteurs étant considéré comme le contradicteur légitime du créancier et le représentant nécessaire de ses coobligés (2) (C. civ., 1203, 1208, 1351).

Ces principes régissent également les rapports entre la caution solidaire et le débiteur principal; ce qui est jugé entre le créancier et la caution est opposable au débiteur (3) (C. civ., 2021).

Il en est ainsi du moins quand les deux engagements de la caution et du débiteur ont été contractés dans le même acte (Id.).

Alors surtout que le débiteur ne peut invoquer ni une exception personnelle, ni des faits de fraude ou de collusion (4) (Id.).

(Campocasso c. consorts Pinelli.) — ARRÊT.

LA COUR : — Sur le premier moyen ; — Vu les art. 474, C. proc., 1351, 2021 et 1208, C. civ.; — Attendu qu'il résulte de l'arrêt attaqué que, le 9 avril 1867, le sieur Pierre-Philippe Pinelli a souscrit, sous le cautionnement solidaire du sieur Bagnaninchi, une obligation hypothécaire d'une somme de 12,258 francs, productive d'intérêts, en faveur du sieur Ignace Campocasso; que les deux engagements ont été contractés dans le même acte, et qu'ainsi le débiteur principal et la caution solidaire se sont réciproquement constitués mandataires l'un de l'autre pour se représenter en justice; — Attendu que, par arrêt du 9 août 1882, la Cour d'appel de Bastia a condamné Bagnaninchi à payer audit Campocasso la somme de 12,258 francs,

---

dot ne serait plus qu'une vaine formule dépourvue de sanction efficace. La dette est régulière; elle existe, mais elle ne peut pas être exécutée; la femme est comme un insolvable sans biens offrant quelque prise. V. notamment Cass. 12 nov. 1879 (S. 80. 1. 65. — P. 80. 139. — D. 80. 1. 418); 7 fév. 1881 (Pand. chr.). — Mais les principes les plus féconds par l'utilité des services rendus ont besoin d'être contenus dans de sages limites. L'inaliénabilité de la dot deviendrait facilement un danger pour les tiers, si elle devait couvrir, en toutes circonstances, les agissements de la femme au point de paralyser tout recours sur les biens dotaux. Aussi la jurisprudence y a apporté une restriction en cas de délits ou de quasi-délits, la réparation peut en être poursuivie contre la femme dotale par la saisie de ses biens. V. Cass., 16 fév. 1880 (Pand. chr.), et les nombreux arrêts cités en note. — Il n'est pas nécessaire qu'il y ait délit pénalement constaté; il suffit d'un délit civil, d'un fait préjudiciable à autrui commis par la femme de mauvaise foi, avec une intention de fraude. Cette intention même n'est pas nécessaire dès l'instant que la situation faite à la femme est la même en ce qui concerne ses quasi-délits, faits nuisibles, mais résultant de simples négligences ou imprudences. V. nos observations sous Cass., 16 fév. 1880, précité. — Mais l'exception au principe de l'inaliénabilité de la dot ne saurait être étendue au delà; elle est spéciale aux obligations délictuelles ou quasi délictuelles, elle ne protége pas l'inexécution, même dolosive, d'un engagement contractuel. Autrement, la femme pourrait se faire un jeu de cette inaliénabilité, en apportant systématiquement une résistance frauduleuse à l'exécution de celles de ses obligations qu'elle voudrait favoriser d'une réalisation. — Dans l'espèce de l'arrêt ci-dessus, l'obligation résultait incontestablement de l'inexécution d'un contrat; elle n'en était pas distincte; elle n'avait sa cause ni dans un délit, ni dans un quasi-délit; elle ne pouvait donc faire brèche à l'insaisissabilité de la dot.

(1) Principe constant. V. notamment Cass., 14 juill. 1857 (S. 57. 1. 772. — P. 58. 298. — D. 57. 1. 292); 14 nov. 1876 (S. 77. 1. 278. — P. 77. 687. — D. 77. 1. 70); 9 avril 1877 (S. 78. 1. 128. — P. 78. 293. — D. 77. 1. 470).

(2-3-4) La Cour de cassation, sur tous ces points vivement controversés dans la jurisprudence et dans la doctrine, persiste dans les solutions qu'elle a consacrées par son arrêt du 28 déc. 1881 (Pand. chr.). V. dans nos observations en note l'exposé sommaire des trois systèmes en lutte. — Dans l'espèce de l'arrêt précité le jugement avait été rendu contre le débiteur principal, et il était opposé par le créancier à la caution qui n'y avait point été partie. Au contraire, dans l'affaire actuelle la situation de fait était renversée. Le débiteur principal était resté en dehors du procès, la caution seule y avait figuré. Ces circonstances ne pouvaient influer en rien sur les solutions juridiques; aussi ont-elles été maintenues intactes. Non-seulement la Cour suprême s'est arrêtée à la même argumentation sur le fond; mais elle s'est même approprié en grande partie les termes de son premier arrêt; c'est la même rédaction qui se retrouve dans la décision que nous rapportons ci-dessus, sauf quelques modifications sans intérêt en raison de la différence des espèces. V. conf., en droit et en fait, Alger, 7 déc. 1885 (Pand. chr.).

montant de la créance cautionnée; que les consorts Pinelli, héritiers du débiteur principal, ont formé contre cette décision une tierce opposition, qui a été admise par arrêt de la même Cour d'appel, en date du 15 janv. 1883; — Attendu qu'aux termes de l'art. 2021, C. civ., lorsque la caution s'est engagée solidairement avec le débiteur principal, son engagement se règle par les principes qui ont été établis pour les dettes solidaires; — Attendu qu'en matière d'obligations solidaires, et en raison même de la nature de ces obligations, chacun des codébiteurs solidaires, qui peut, aux termes de l'art. 1203, C. civ., être poursuivi seul pour la totalité de la dette, et qui a le droit, aux termes de l'art. 1208, même Code, d'opposer aux créanciers toutes les exceptions qui résultent de la nature de l'obligation, doit être considéré comme le contradicteur légitime du créancier, et le représentant nécessaire de ses coobligés; que, dès lors, la chose jugée avec l'un des codébiteurs solidaires est opposable à tous les autres codébiteurs; qu'il résulte de ces principes que c'est à tort que l'arrêt attaqué a déclaré recevable la tierce opposition des consorts Pinelli, alors qu'ils n'opposaient du chef de leur auteur, ni une exception personnelle au débiteur principal, ni des faits de fraude ou de collusion; par où il a faussement appliqué, et par conséquent violé, les dispositions de la loi précitées; — Casse, etc.

MM. Barbier, 1er prés.; Tappie, rapp.; Charrins, 1er av. gén. (concl. conf.); Brugnon et Aguillon, av.

CASS.-REQ. 1er décembre 1885.

DONATION, RÉVOCATION, INGRATITUDE, ATTENTAT A LA VIE, INTENTION HOMICIDE, SOINS (ABSENCE DE).

L'attentat à la vie du donateur qui, aux termes de l'art. 955, C. civ., entraîne la révocation des donations pour cause d'ingratitude, suppose nécessairement une intention homicide de la part du donataire (1) (C. civ., 955).

Et une pareille intention ne résulte pas suffisamment d'un simple manque de soins ou d'un défaut d'assistance (2) (Id.).

(Pourcelle c. veuve Pourcelle.) — ARRÊT.

LA COUR : — Sur le moyen unique du pourvoi, tiré de la violation de l'art. 955, C. civ., en ce que la Cour d'appel (Amiens, 24 déc. 1884) aurait refusé d'admettre la preuve d'un attentat à la vie du donateur, sous le prétexte que les faits articulés manquaient de gravité; — Attendu que l'attentat à la vie du donateur spécifié en l'art. 955, C. civ., comme entraînant la révocation des donations pour cause d'ingratitude, suppose nécessairement une intention homicide de la part du donataire à qui cet attentat est imputé; — Attendu que, dans l'espèce, les faits articulés en preuve par le demandeur en cassation se réduisaient à un défaut de soins et d'assistance, ne dénotant pas nécessairement chez la femme Pourcelle la volonté de hâter la mort de son mari; que le demandeur en cassation l'a reconnu lui-même, lorsque dans ses conclusions, il qualifiait ces faits d'homicide par imprudence; qu'il n'est donc pas exact de dire qu'il ait fait porter ses offres de preuves sur un attentat à la vie, tel que le prévoit l'art. 955, C. civ.; qu'en cet état, la critique formulée contre l'arrêt de la Cour d'appel manque en fait et ne se trouve point justifiée; — Rejette, etc.

MM. Bédarrides, prés.; Cotelle, rapp.; Chevrier, av. gén. (concl. conf.); Defert, av.

CASS.-CIV. 2 décembre 1885.

CONSEIL JUDICIAIRE, PRODIGUE, BAIL, IMMEUBLE, ASSISTANCE (DÉFAUT D'), NULLITÉ, TERMES ÉCHUS, INTÉRÊTS, PROFIT.

En principe, le prodigue peut sans l'assistance de son conseil judiciaire, prendre à bail des immeubles (3) (C. civ., 502, 513).

Mais l'engagement contracté cesse d'être valable, s'il est excessif, soit parce qu'il dépasse la limite des ressources du prodigue, soit parce qu'il ne répond pas à ses besoins (4) (Id.).

Dans ce dernier cas, le prodigue et son conseil judiciaire ès noms ne peuvent même être condamnés à payer les termes échus avec les intérêts, sous prétexte que le prodigue aurait profité de la location (5) (Id.).

(Thomas c. Guéret.) — ARRÊT.

LA COUR : — Sur le moyen unique : — Vu les art. 502 et 513, C. civ.; — Attendu que, si le prodigue peut, sans l'assistance de son conseil judiciaire, prendre à bail des immeubles, l'engagement contracté cesse d'être valable lorsqu'il est excessif, soit parce qu'il dépasse la limite des ressources du prodigue, soit parce qu'il ne répond pas à ses besoins; — Attendu qu'il est constaté en fait par l'arrêt attaqué que la location faite, le 15 janv. 1880, au sieur Guéret par le sieur Thomas, lequel était pourvu d'un conseil judiciaire, était excessive et de nature à entraîner une diminution de ses ressources; que l'arrêt attaqué a conclu de là, avec raison, que la nullité du bail devait être prononcée; que, néanmoins, l'arrêt attaqué a condamné Thomas et son conseil judiciaire ès nom à payer à Guéret la somme de 5,211 francs, avec les intérêts de droit pour les termes échus du 15 janv. 1880 au 15 oct. 1882, sous prétexte que Thomas aurait profité de la location; — Mais attendu, d'une part, que cette énonciation est contredite par les constatations de fait ci-dessus rappelées; que, d'autre part, en donnant effet à un engagement qu'il a déclaré lui-même être excessif et disproportionné avec les ressources du prodigue, qui s'en trouvaient amoindries, l'arrêt attaqué a violé les articles susvisés; — Casse, etc.

MM. Barbier, 1er prés.; Monod, rapp.; Charrins, 1er av. gén. (concl. conf.); Carteron, av.

(1-2) Tous les auteurs se prononcent en ce sens. V. notamment MM. Aubry et Rau, *Cours de dr. civ. français*, 4e édit., t. VII, § 708, p. 414. — Bien plus même, ne constituerait pas un attentat, dans le sens de cet art. 955, l'homicide du donateur, causé par l'imprudence, la négligence ou la maladresse du donataire. V. les mêmes auteurs que ci-dessus. — A plus forte raison encore, ne réunirait pas les conditions d'intention voulues par cet article l'homicide commis par un donataire qui n'aurait pas sa liberté morale au temps de l'action. V. Dijon, 17 juillet 1872 (Pand. chr.), et la note.

(3) La jurisprudence dans la pratique ordinaire des tribunaux est constante sur ce point, bien que les Recueils d'arrêts n'aient enregistré jusqu'ici aucun document topique sur la difficulté. V. en ce sens un jugement inédit de la 3e ch. Trib. civ. Seine, 10 août 1886, *aff.* Flourens c. Dehaynin et Davrillé des Essarts ès noms. — L'hypothèse que prévoient les arrêts recueillis est celle inverse où le prodigue, seul et sans l'assistance de son conseil, consent un bail à ferme de ses immeubles pour une durée excédant neuf ans, dépassant, par conséquent, les limites d'un acte d'administration. Il a été décidé qu'en pareil cas, le prodigue peut demander, avec l'assistance de son conseil, que l'exécution du bail soit renfermée dans la période de neuf ans. V. Toulouse, 23 août 1855 (S. 55. 2. 748. — P. 56. 2. 305. — D. 55. 2. 328). — Il n'en est ainsi d'ailleurs qu'autant que le bail ne déguise point un prêt et ne couvre point une fraude à la loi. V. Cass., 5 août 1840 (S. 40. 1. 907. — P. 40. 2. 475. — D. 40. 1. 300); 14 juill. 1875 (S. 75. 1. 463. — P. 75. 1175. — D. 76. 1. 202).

(4-5) V. en ce sens : Cass., 1er août 1860 (S. 60. 1. 929. — P. 61. 1172. — D. 60. 1. 316). — Dans le jugement inédit de la 3e ch. du tribunal civil de la Seine, précité, le prodigue et son conseil judiciaire ont été condamnés, mais les circonstances de la cause justifiaient la condamnation.

CASS.-CIV. 2 décembre 1885.

1° SÉPARATION DE BIENS, IMMEUBLE DOTAL, PRIX, REMPLOI, AUTORISATION DE FEMME MARIÉE, NULLITÉ. — 2° NOTAIRE, RESPONSABILITÉ, ERREUR DE DROIT, CONTROVERSE.

1° *Le remploi du prix d'un immeuble dotal exproprié en achat d'un autre immeuble, conformément aux clauses du contrat de mariage, n'est pas un acte de simple administration de nature à pouvoir être valablement fait par la femme séparée de biens seule, sans l'assistance de son mari ou de justice* (1) (C. civ., 271, 1449).

2° *Une erreur de droit ne peut engager la responsabilité du notaire qui la commet qu'autant qu'elle ne porte pas sur un point douteux et controversé* (2) (L. 25 vent. an XI, art. 68).

(Martin c. Saint-Phars-Pouzols et cons., veuve Lartigue, Congouille et autres.) — ARRÊT (*ap. délib. en ch. du cons.*).

LA COUR : — Sur le premier moyen : — Attendu que l'art. 1449, C. civ., limite aux actes d'administration les pouvoirs de la femme séparée de biens qui contracte sans être assistée de son mari ou de justice ; — Attendu que la dame Saint-Phars-Pouzols, mariée sous le régime dotal, avait reçu en dot le domaine de Caussia, et, aux termes de son contrat de mariage, ne pouvait vendre, aliéner ou échanger cet immeuble dotal qu'à la charge qu'il serait fait emploi du prix en immeubles suffisants et libres d'hypothèques, ou par reconnaissance sur des immeubles réunissant les mêmes conditions, ou par bonne et valable caution ; — Attendu que l'expropriation de cet immeuble ayant été prononcée en justice, il a été ordonné que la partie du prix qui était attribuée à ladite dame ne pourrait lui être payée qu'en se conformant aux dispositions de la loi et du contrat de mariage qui en prescrivait l'emploi ; que l'acte par lequel cet emploi était effectué, et qui substituait ainsi un nouvel immeuble à l'immeuble dotal dont ladite dame avait été expropriée, était un acte dépassant les limites de la simple administration ; qu'elle ne pouvait l'accomplir sans l'assistance de son mari ou de justice ; — Et attendu que, par l'acte du 20 août 1877, la dame Saint-Phars-Pouzols a acquis du sieur Congouille le domaine de Jouanicot, en déclarant faire emploi de partie du prix de son domaine de Caussia ; qu'elle a délégué au vendeur de l'immeuble qu'elle acquérait ainsi partie du prix qui lui était dû à elle-même ; qu'à cet acte elle n'était point assistée de son mari et n'avait reçu ni l'autorisation de celui-ci, ni celle de justice ; qu'en prononçant la nullité de cet acte, l'arrêt attaqué n'a pas violé les dispositions de loi invoquées, mais en a fait une saine application ; — Rejette ce moyen ;

Mais sur le second moyen : — Vu les art. 1382, C. civ., et 68 de la loi du 25 vent. an XI ; — Attendu que la responsabilité du notaire Martin envers le vendeur Congouille a été prononcée uniquement par ce motif qu'il a reçu un acte de vente dont la nullité devait être regardée comme certaine, et qu'il n'en a pas instruit les parties : — Attendu que, s'il est vrai que les notaires peuvent être déclarés responsables de leur erreur sur un point de droit, il faut encore, pour que cette erreur constitue une faute engageant leur responsabilité, qu'elle ne porte pas sur un point douteux et controversé ; que tel est le sens de la disposition de l'art. 68 de la loi du 25 vent. an XI, qui, au cas de nullité, admet s'il y a lieu la condamnation du notaire à des dommages-intérêts ; — Attendu que l'étendue des pouvoirs de la femme séparée de biens pour acquérir des immeubles a été entre les auteurs l'objet d'une controverse qui n'avait pas encore reçu de solution juridique ; — Attendu que, dans cet état, le fait du notaire Martin de n'avoir pas exigé, pour l'acquisition dont il recevait l'acte, l'autorisation de la dame Saint-Phars-Pouzols par son mari, ne suffisait pas, en l'absence de toute autre circonstance, à constituer sa responsabilité vis-à-vis du vendeur ; qu'en le condamnant pour ce fait à des dommages-intérêts, l'arrêt attaqué (Agen, 9 nov. 1881) a faussement appliqué et par là violé les dispositions de loi précitées ; — Casse, etc.

MM. Barbier, 1er prés. ; Onofrio, rapp. ; Charrins, 1er av. gén. (concl. conf.) ; Gaston Meyer, av.

CASS.-REQ. 8 décembre 1885.

IMMEUBLES PAR DESTINATION, VINS, CHAI, CUVES, FOUDRES, RÉCIPIENTS, ARBRE DE COUCHE, FIXATION.

Sont immeubles par destination les divers appareils, ustensiles et machines formant un ensemble indivisible et placés par le propriétaire dans un chai, avec la même affectation exclusive que le chai, à la manipulation et à la distillerie des vins (3) (C. civ., 524, 525).

Tels sont, par exemple, les cuves et foudres construits dans l'intérieur même du chai, où ils n'auraient pu entrer tout formés et d'où ils ne pourraient sortir sans être désassemblés (4) (Id.).

...Les récipients reposant sur des colonnes de fonte fixées au sol (Id.).

...L'arbre de couche également fixé au mur (Id.).

(Synd. Lyonnet c. Berq et autres.) — ARRÊT.

LA COUR : — Sur le moyen unique du pourvoi, tiré de la violation des art. 524 et 525, C. civ. : — Attendu qu'aux

(1) La question paraît neuve en jurisprudence. Elle intéresse surtout les notaires dont la responsabilité peut, jusqu'à un certain point, se trouver engagée. A l'avenir, une règle de prudence leur est tracée, dont ils ne devront point se départir. L'avertissement vient de haut; théoriquement et scientifiquement, il peut être discutable, susceptible d'objections sérieuses, de réfutations même triomphantes. Tous les auteurs ont prévu la solution, et par avance l'ont condamnée sans hésitation, n'attribuant à l'acte dont s'agit que le caractère d'un acte d'administration dans la limite des pouvoirs de la femme séparée de biens. V. notamment Aubry et Rau, t. V, § 516, p. 404, texte et note 59; Colmet de Santerre, continuateur de Demante, *Cours de C. civ.*, t. VI, p. 254, n. 101 *bis* II; Laurent, *Principes de dr. civ.*, t. XXII, n. 297; Demolombe, *Du mariage*, t. II, n. 157. Une seule autorité peut être invoquée dans un sens favorable à l'arrêt ci-dessus, M. Bellot des Minières, *Tr. du contr. de mar.*, t. IV, p. 313. — Quoi qu'il en soit, et la Cour suprême serait-elle seule de son avis, que sa décision n'emporterait ni plus ni moins d'autorité. Les directions qu'elle imprime à la solution des questions de droit controversées dans le domaine de l'application pratique doivent être suivies avec une soumission presque aveugle. Les hommes d'affaires se livreraient à un jeu puéril, souvent même dangereux, à vouloir tenter l'épreuve de retour de jurisprudence qu'ils n'ont aucune compétence à discuter. Ce qu'ils doivent désirer avant tout, ce sont des indications bien claires, qui ne leur permettent aucune hésitation sur l'étendue des formalités qui leur sont imposées dans la rédaction des actes de leur ministère. Or, ici les prescriptions qui se dégagent de l'arrêt rapporté sont d'une netteté absolue. L'acte par lequel un remploi est effectué et qui substitue un nouvel immeuble à l'immeuble dotal frappé d'expropriation est un acte qui dépasse les limites d'un acte d'administration; il ne peut être accompli par la femme seule séparée de biens; il exige soit l'*assistance du mari*, soit l'*autorisation de justice*. A défaut, l'acte est nul. Les notaires sont avertis. Comme leur responsabilité risque d'être engagée, ils se précautionneront à l'avenir, dans de semblables hypothèses, pour la régularité de l'acte de remploi, des conditions d'assistance ou d'autorisation exigées par la jurisprudence.

(2) Sur la question plus générale de responsabilité des notaires en cas d'erreur de droit, v. conf. Cass., 12 fév. 1883 (Pand. chr.), et les renvois. *Adde* Cass., 24 mai 1886 (Pand. pér., 86. 1. 157), et la note.

(3-4) Jugé que « d'après l'art. 524, C. civ., les cuves et tonnes (expressions qui comprennent les ustensiles connus sous le nom de *foudres*), placés par le propriétaire d'un chai, pour l'exploitation de ce chai, sont des immeubles par destination, tant qu'elles

termes des articles susvisés, les immeubles par destination sont de deux sortes, soit les objets que le propriétaire d'un fonds y a placés pour le service et l'exploitation de ce fonds, soit les effets mobiliers que le propriétaire a attachés à son fonds à perpétuelle demeure; — Attendu que l'arrêt attaqué (Montpellier, 16 mai 1884) constate que les divers appareils, ustensiles et machines servant, dans le chai construit par le sieur Farine, à la manipulation et à la distillerie des vins, formaient un ensemble indivisible qui présentait tous les caractères de cette double immobilisation; que, d'un côté, ils y avaient été placés par le propriétaire dans l'unique but de servir à l'exploitation de l'industrie auquel le chai est exclusivement affecté; que, de l'autre, les cuves et foudres avaient été construits dans l'intérieur même de ce bâtiment, où ils n'auraient pu entrer tout formés, et dont ils ne pourraient sortir sans être désassemblés; que les récipients reposaient sur des colonnes de fonte fixées au sol; que l'arbre de couche était fixé au mur; que la Cour de Montpellier, en tirant de ces constatations de fait la conséquence que ces appareils rentraient dans la double catégorie des immeubles par destination, loin de violer les dispositions de la loi sur lesquelles se fonde le pourvoi, en a fait une juste application; — Rejette, etc.

MM. Bédarrides, prés.; Bécot, rapp.; Petiton, av. gén. (concl. conf.); Defert, av.

CASS.-REQ. 14 décembre 1885.

DIVORCE, APPEL, CONCLUSIONS, DEMANDE NOUVELLE, DÉFENSE.

Le mari qui, sur une demande en divorce formée par sa femme, a conclu en première instance au rejet pur et simple de cette demande, peut, pour la première fois, en appel, conclure à ce que le divorce soit prononcé, mais à son profit et à l'encontre de sa femme; il n'y a point là demande nouvelle proprement dite, mais véritable défense à l'action principale (1) (C. proc., 337, 464).

(Servel c. Servel.) — ARRÊT.

LA COUR : — Sur le moyen unique du pourvoi : — Attendu qu'aux termes des art. 337 et 464, C. proc., les demandes incidentes sont formées par un simple acte contenant les moyens et les conclusions, et qu'il peut être formé en appel une demande nouvelle lorsqu'elle n'est que la défense à l'action principale; — Attendu que sur la demande en divorce formée par sa femme devant le tribunal civil de Marseille, Servel, après avoir conclu au déboutement en première instance, a pris en appel des conclusions tendant à ce que le divorce réclamé par sa femme fût prononcé, mais à l'encontre de cette dernière; qu'en agissant ainsi, il n'a pas substitué une demande nouvelle à la demande en divorce entre les époux dont le tribunal avait été investi; qu'il s'est borné à se défendre sur l'action dirigée contre lui, en concluant à ce que le divorce réclamé par la femme fût prononcé dans des conditions moins défavorables pour lui-même; — Qu'une pareille demande était d'autant plus recevable, qu'elle n'aurait pu être présentée par action principale, après jugement définitif du procès que lui avait intenté sa femme; que, dans ces circonstances, les articles de loi susvisés n'ont point été violés par l'arrêt attaqué (Aix, 21 mai 1885); — Rejette, etc.

MM. Bédarrides, prés.; Féraud-Giraud, rapp.; Chevrier, av. gén. (concl. conf.); Devin, av.

CASS.-CRIM. 18 décembre 1885.

AFFICHES-AFFICHAGE, AFFICHES ÉLECTORALES, ÉDIFICES RELIGIEUX, PROHIBITION, SANCTION (ABSENCE DE).

La prohibition de placarder les professions de foi, circulaires et affiches électorales sur les édifices consacrés au culte, bien qu'édictée par la loi du 29 juillet 1881, n'est assurée par aucune sanction pénale (2) (L. 29 juill. 1881, art. 16).

(Gorchon.) — ARRÊT.

LA COUR : — Sur le moyen tiré de la violation des art. 2, 15 et 17 de la loi du 29 juill. 1881 : — Attendu, en fait, que le prévenu a été traduit devant le tribunal de simple

---

restent affectées à cet usage » : Cass., 30 mai 1826, *aff.* Enregistr. c. Belof et Damaye. — V. au surplus, sur le caractère juridique des immeubles par destination, les observations insérées sous Cass., 9 déc. 1885 (Pand. pér., 86. 1. 34).

(1) La même question s'est posée en matière de séparation de corps et a reçu une solution absolument identique de la plupart des arrêts, malgré quelques dissidences. V. Toulouse, 7 déc. 1882 (Pand. chr.), et le résumé de la jurisprudence en note. — D'ailleurs, la question qui pouvait faire difficulté au moment où l'arrêt de cassation a été rendu ne nous paraît plus susceptible de controverse depuis la loi du 20 avril 1886 (V. Pand. pér., 86. 3. 65), qui a modifié la procédure en matière de divorce et de séparation de corps. L'art. 239 de cette loi porte, en effet, dans son § 3 : « Les demandes reconventionnelles en divorce peuvent être introduites par un simple acte de conclusion. » L'art. 248, § 4, est encore plus explicite; il dit expressément : « Les demandes reconventionnelles peuvent se produire en appel, sans être considérées comme demandes nouvelles. » — La solution devrait-elle être la même au cas où à une demande de séparation de corps le défendeur répondrait par une demande reconventionnelle en divorce? Nous ne le croyons pas. La question a été soulevée au Sénat, et M. le rapporteur de la loi y a répondu en termes catégoriques :

M. de Gavardie : « Sera-t-il possible pour la première fois en appel, lorsque les parties auront été privées du bénéfice de la première instance, sous prétexte que c'est une demande reconventionnelle, de former une demande en divorce? »

M. le rapporteur : « On cherche à remettre en question, à propos de chacune des expressions employées dans le projet, tous les principes du droit. Il est cependant bien certain pour tous les jurisconsultes qu'une demande en divorce ne peut jamais être considérée comme une demande reconventionnelle sur une demande en séparation de corps. La demande en séparation de corps et la demande en divorce sont des demandes absolument différentes, et l'on ne peut, sous le titre de demande reconventionnelle, les greffer l'une sur l'autre en appel; au contraire, il est conforme à tous les principes que, quand un époux a formé une demande de divorce en première instance ou en appel, l'autre partie puisse former à son tour une demande reconventionnelle. Sur quoi? Sur ce qui a fait le fond du débat, c'est-à-dire sur le divorce lui-même! Au contraire, si une demande en séparation de corps a été fournie en première instance, rien n'empêche qu'en appel l'époux défendeur ne réponde par une demande reconventionnelle en séparation de corps. Je n'ai pas à rappeler aux jurisconsultes qui siégent dans cette enceinte que les principes du droit ne permettent pas qu'une demande reconventionnelle porte sur autre chose que sur ce qui a fait le fond du débat en première instance. Je suis fâché d'être obligé d'insister sur ces principes, qui me paraissent élémentaires. »

M. de Gavardie : « Alors il est bien entendu qu'on ne peut pas opposer en appel à une demande en séparation de corps, et comme demande reconventionnelle, une demande en divorce? »

M. le rapporteur : « Non. »

M. Mazeau : « Ce serait une demande nouvelle » (Sénat, séance du 22 déc. 1885, *Journ. off.* du 23, déb. parl., p. 1358).

(2) Mais de ce que les affiches électorales apposées sur les édifices consacrés au culte ne s'y trouvent qu'au mépris d'une prohibition légale, faut-il conclure que toute personne peut impunément les enlever ou les déchirer? — Nous ne le croyons pas. Les affiches électorales sont protégées par leur caractère propre. L'art. 17, § 3, de la loi du 29 juill. 1881, est rédigé en termes généraux; il réprime l'atteinte portée à l'instrument au moyen duquel la volonté nationale est appelée à se manifester, et par là il sauvegarde un intérêt général de premier ordre. Il n'y a d'exception que dans certaines hypothèses très-strictement déterminées. Ainsi le fonctionnaire public n'encourt aucune peine, lorsqu'il enlève les affiches électorales apposées sur les emplacements réservés à l'administration; il en est de même du particulier qui enlève des affiches apposées sur sa propriété sans son autorisation (art. 17, §§ 3 et 4). — Mais le simple particulier qui se permettrait de lacérer les affiches sous prétexte qu'elles auraient été

police pour avoir, le 12 oct. 1885, placardé des affiches électorales sur les murs de l'église du château d'Oléron; — Attendu, en droit, qu'aux termes de l'art. 16 de la loi du 29 juill. 1881, « les professions de foi, circulaires et affiches électorales pourront être placardées, à l'exception des emplacements réservés par l'article précédent, sur tous les édifices autres que les édifices consacrés aux cultes, et particulièrement aux abords des salles de scrutin »; que cet article n'édicte aucune peine à l'appui de la prohibition de placarder les professions de foi, circulaires et affiches électorales sur les édifices consacrés aux cultes; qu'il ne se réfère, à cet égard, ni au 3e § de l'art. 15, ni à la disposition de l'art. 2 de la même loi : — Attendu, d'autre part, que l'art. 15 de cette loi, déterminant la compétence des diverses juridictions en matière de presse, après avoir déclaré en premier lieu que la juridiction de droit commun est la Cour d'assises, et énuméré ensuite les délits et infractions qui doivent être exceptionnellement déférés aux tribunaux correctionnels, énonce dans un 3e §, que : « sont encore exceptées et renvoyées devant les tribunaux de simple police les contraventions prévues par les art. 2, 15, 17 (§§ 1 et 3), 21 et 33 (§ 3) de la présente loi »; que cet article ne vise pas une contravention qui serait prévue par l'art. 16, et se référerait à la prohibition d'afficher des placards électoraux sur les édifices consacrés aux cultes; que d'ailleurs, en matière pénale, tout est de droit étroit; — D'où il suit qu'en relaxant le prévenu dans ces circonstances, le jugement attaqué n'a pas violé les art. 2, 15 et 16 de la loi du 29 juill. 1881; — Rejette le pourvoi formé contre le jugement du tribunal de police du château d'Oléron, en date du 31 oct. 1885, etc.

MM. Ronjat, prés.; Vételay, rapp.; Loubers, av. gén.; de Lalande, av.

CASS.-CIV. 23 décembre 1885.

1° HYPOTHÈQUE CONVENTIONNELLE, MANDAT, ACTE AUTHENTIQUE. — 2° SOCIÉTÉ EN COMMANDITE, GÉRANT, POUVOIRS, HYPOTHÈQUE CONVENTIONNELLE, ACTE AUTHENTIQUE, STATUTS SOCIAUX, ASSEMBLÉES GÉNÉRALES, DÉLIBÉRATIONS, INTERPRÉTATION.

1° *Le mandat donné pour hypothéquer doit être en forme authentique, comme l'acte même d'hypothèque conventionnelle* (1) (C. civ., 1988, 2127).

2° Spécialement, *le gérant d'une société en commandite, qui ne tient, ni de la loi en général, ni des règles particulières à la Société en commandite, le pouvoir d'hypothéquer, et qui ne peut, par suite, consentir un tel acte sur les immeubles sociaux que comme mandataire de la Société, doit être muni à cet effet d'un pouvoir constaté par acte authentique* (2) (C. com., 23, 24; C. civ., 1988, 2127).

Mais ce pouvoir est régulièrement établi lorsqu'il est expressément compris dans des statuts sociaux rédigés en la forme notariée (3) (Id.).

En pareil cas, il importerait peu que parmi les personnes qui ont constitué la Société, quelques-unes n'aient comparu à l'acte constitutif que par des mandataires munis de pouvoirs sous seings privés (4) (Id.).

Par contre ce pouvoir d'hypothéquer serait irrégulièrement constitué s'il ne l'était que par des délibérations d'assemblées générales transcrites sur les livres de la Société, mais non revêtues de la forme authentique (5) (Id.).

Au surplus, ce pouvoir quand il est régulier, étant conféré à la gérance, profite à tous les gérants qui se succèdent dans la fonction et n'est point spécialement attaché à la personne du gérant en place au moment où il a été constitué (Id.).

(Caisse industrielle du Nord c. synd. de la sucrerie d'Inchy.)

M. l'avocat général Desjardins a développé sur ces intéressantes questions les conclusions suivantes :

« Le pourvoi, a dit l'honorable magistrat, soulève une difficulté très-grave, et dont la solution est attendue avec une légitime impatience, non-seulement par les parties, mais par tous les notaires et par la plupart des établissements de crédit. Quand le gérant d'une Société en commandite a été autorisé à emprunter hypothécairement pour le compte de la Société, par un acte sous seing privé, même statutaire, l'hypothèque n'est-elle pas nulle? La Cour de Douai, par son arrêt du 20 déc. 1883, se prononce contre la validité de l'hypothèque. Il m'est impossible de ne pas mettre sous vos yeux le tableau de votre jurisprudence.

« Le mandat de constituer hypothèque doit-il être authentique? Vous avez d'abord résolu cette question négativement par deux arrêts (Cass. 27 mai 1819; 5 juill. 1827). « Attendu, dit le second de ces deux arrêts, que, d'après l'art. 1985, C. civ., le mandat peut être donné par acte sous seing privé; que cette règle est générale, et que la loi n'y a pas fait exception pour le cas où le mandat contient le pouvoir d'hypothéquer; que l'art. 1988, concernant le mandat à l'effet d'hypothéquer, n'exige d'autre condition, si ce n'est que le mandat soit exprès. »

« Mais cette jurisprudence fut vivement critiquée par Merlin. Un revirement s'opéra très-vite. Dès le 21 juill. 1830, votre Chambre des requêtes décidait que le mandat à l'effet de consentir la mainlevée à la radiation d'une inscription hypothécaire doit être donnée dans la forme authentique. Par une déduction logique des mêmes prémisses, vous assujettissiez, le 19 avril 1843 (S. 43. 1. 393. — P. 43. 2. 62. — D. 43. 1. 244), à la forme authentique, la procuration du donateur à l'effet de consentir une donation, comme l'acte de donation lui-même. Enfin, votre arrêt du 7 fév. 1854 (Pand. chr.) rendu contrairement aux conclusions de M. l'avocat général Vaïsse, répudia définitivement la thèse adoptée en 1819 : la procuration à l'effet de consentir une hypothèque dut être, comme l'acte constitutif de l'hypothèque, rédigée en la forme authentique. Cette jurisprudence nouvelle fut, à deux reprises, solennellement confirmée. (Cass., 12 nov. 1855, S. 56. 1. 254. — P. 56. 2. 213. — D. 55. 1. 453; 19 janv. 1864, S. 64. 1. 221. — P. 64. 908. — D. 64. 1. 292.)

« Quels motifs déterminèrent, il y a trente années, ce revirement définitif? C'est à votre jurisprudence même que je m'adresserai sans chercher soit à la justifier, soit à la censurer, car mon panégyrique n'en fortifierait pas, mes critiques n'en affaibliraient pas l'autorité. D'abord, avez-vous dit, « la loi, en l'absence d'une disposition expresse, ne peut être présumée avoir entendu autoriser le mandant à faire indirectement, et par l'intermédiaire de

---

placardées sans droit dans les emplacements réservés à l'administration, tomberait sous l'application de la pénalité de l'art. 17, § 3.— De même comme le propriétaire seul, ou son mandataire (Cass., 31 déc. 1885, Pand. chr. et les renvois), — et par hommage rendu au droit de propriété, — est autorisé à enlever les affiches placardées sur les murs de sa propriété, cette faculté ne lui est plus reconnue au delà. V. Cass. 20 janv. 1883 (Pand. chr.); 15 nov. 1884 (motifs)(Pand. chr.), et les notes.—L'édifice religieux n'est pas dans le domaine des particuliers; à quel titre les citoyens prétendraient-ils à la police extérieure d'un monument public? L'État est propriétaire des édifices consacrés au culte, c'est donc à l'État par ses agents qu'il appartient d'agir en cette qualité et de surveiller l'exécution et l'observance des lois.

(1) La jurisprudence est fixée en ce sens par de nombreuses décisions. V. notamment Cass., 7 févr. 1854 (Pand. chr.); 12 nov. 1855 (S. 56. 1. 254. — P. 56. 2. 213. — D. 55. 1. 453); Amiens, 9 avril 1856 (D. 57. 2. 20); Toulouse, 19 janv. 1859 (D. 59. 2. 201); 19 janv. 1864 (S. 64. 1. 221. — P. 64. 908. — D. 64. 1. 292); Bordeaux, 26 avril 1864 (S. 64. 2. 262. — P. 64. 1208. — D. 64. 2. 220); Paris, 5 juill. 1877 (S. 77. 2. 295. — P. 77. 1167. — D. 77. 2. 168); 15 nov. 1880 (S. 81. 1. 253. — P. 81. 1. 613. — D. 81. 1. 118); 27 juin 1881 (Pand. chr.); 29 juin 1881 (S. 83. 1. 218. — P. 83. 1. 523. — D. 82. 1. 106.)

(2-3-4-5) *Sic*, en ce qui concerne les Sociétés en commandite, Amiens, 24 févr. 1880 (S. 82. 2. 198. — P. 82. 1. 986); Cass., 15 nov. 1880, précité, — et en ce qui concerne les sociétés anonymes, auxquelles d'ailleurs les mêmes principes en cette matière sont applicables : Paris, 5 juill. 1877, précité; 5 (ou 7) août 1880 (S. 81. 2. 93. — P. 81. 1. 470) et sur pourvoi, Cass., 27 juin 1881 et 29 juin 1881, précités. — V. au surplus, sur toutes ces questions, les importantes conclusions de M. l'avocat général Desjardins insérées au cours de cet article.

son mandataire, ce que, personnellement et directement, il n'aurait pu faire » (Cass., 19 janv. 1864, précité).

« Vous avez ajouté (Cass., 7 fév. 1854) : « Le consentement du débiteur étant l'élément essentiel de la convention hypothécaire, si ce débiteur stipule par un mandataire, la procuration doit participer de l'authenticité du contrat même; ces deux actes forment ensemble un tout indivisible et sont soumis aux mêmes conditions. » Vous empruntiez cet argument à Merlin : « Sans doute, avait dit l'illustre jurisconsulte, l'acte authentique passé par le mandataire constitue l'hypothèque, mais non pas à lui seul. Il ne la constitue qu'en s'identifiant avec le mandat; c'est seulement dans le mandat qu'est le consentement qui fait sa force; il n'y a plus, si l'on fait abstraction du mandat, de consentement donné légalement à l'hypothèque. » Votre arrêt de cassation du 12 nov. 1855 précité exprime la même idée avec un surcroît d'énergie : « Attendu que, dans le cas où l'affectation hypothécaire est donnée par l'entremise d'un procureur fondé, le consentement du débiteur émane, en premier lieu, de l'acte au moyen duquel le pouvoir d'hypothéquer est conféré au mandataire; que, si cet acte n'existait pas et n'était pas précis et formel, on ne pourrait prétendre qu'il est intervenu un consentement à l'effet d'attribuer au créancier un droit d'hypothèque conventionnelle sur des biens qui doivent être énoncés dans le mandat pour qu'ils puissent l'être utilement dans l'acte qui est, ensuite, l'œuvre du mandataire. » Le même arrêt apporte un nouvel argument à l'appui de la même thèse : « En demandant, poursuit-il, l'authenticité dans l'acte par lequel l'hypothèque est constituée, la loi a entendu prévenir les dénégations d'écriture. » Enfin vous réfutez directement votre jurisprudence de 1819 et de 1827 : « Si, aux termes de l'art. 1988, C. civ., il peut suffire qu'à cet égard le mandat soit exprès, l'art. 2127 a ajouté à cette condition celle de l'authenticité en déclarant que toutes les preuves écrites, destinées à manifester la volonté de donner l'hypothèque, y seraient nécessairement soumises. » A tous ces arguments, la doctrine ajoute, par l'organe de M. le professeur Labbé, un argument nouveau : « La loi de 1843, qui maintient (art. 2), pour un certain nombre d'actes énumérés, la nécessité de la présence réelle d'un notaire en second ou de deux témoins, ordonne expressément la même présence réelle pour les procurations à l'effet de consentir à ces divers actes. Elle montre que, dans la pensée du législateur, la procuration doit être entourée des garanties de forme prescrites pour l'acte que le mandataire accomplira. »

« Mais il était inévitable que la même question fût posée à propos des emprunts hypothécaires consentis par l'administrateur et par le gérant d'une Société commerciale. En effet, votre chambre des requêtes décide, le 27 juin 1881 (Pand. chr.), que le délégué du Conseil d'administration d'une Société anonyme ne peut, à peine de nullité, conférer une hypothèque sur les immeubles sociaux s'il n'est muni d'un pouvoir authentique à cet effet. Deux jours après, vous statuez dans le même sens (Civ. cass. 29 juin 1881, S. 83. 1. 218. — P. 83. 1. 523. — D. 82. 1. 106). Le pouvoir d'hypothéquer des immeubles appartenant à une Société anonyme, dites-vous, ne peut résulter, au profit d'un administrateur, de l'acte sous seing privé constatant la délibération qui aurait été prise en ce sens par le conseil d'administration. Un lien logique unissait ces nouveaux arrêts aux anciens. On n'hésitait pas, en effet, à regarder ces administrateurs de Sociétés anonymes comme des mandataires, c'est-à-dire, à parler le langage de la loi (conf. art. 22, L. 24 juill. 1867). Dès lors, tout allait de soi; de ce que le mandant était un être collectif, il ne pouvait pas résulter que les principes généraux du droit fussent modifiés.

« Le pourvoi soutient, au contraire, que la doctrine de ces arrêts est inapplicable au gérant d'une Société en commandite. Celui-ci ne pourrait pas être, alors même qu'il hypothèque un immeuble social, regardé comme un mandataire. Mais il est indubitable que l'arrêt rendu par la chambre des requêtes le 15 nov. 1880 (S. 81.1. 253. — P. 81. 1. 613. — D. 81. 1. 118) repousse, du moins en principe, la distinction proposée. Aux termes de cet arrêt, le gérant d'une Société en commandite, d'ailleurs non autorisé par les statuts originaires à hypothéquer les immeubles sociaux, ne peut pas souscrire une obligation hypothécaire en vertu d'un pouvoir exprès et spécial de l'assemblée générale des associés, si ce pouvoir ne résulte pas d'un acte authentique. Dans une note sur cet arrêt, M. Labbé, raisonnant d'ailleurs hors de l'hypothèse où les actes statutaires auraient donné au gérant le pouvoir d'hypothéquer, sans omettre aucune des nuances juridiques qui séparent l'administrateur de la Société anonyme et le gérant de la Société en commandite, déclare ne faire aucune différence entre eux quant à la constitution de l'hypothèque. « Il est, dans tous les cas, dit-il, certain que le consentement des associés rend valable, au profit des tiers, l'acte de disposition que le gérant n'avait pas le pouvoir de faire. Il est certain aussi que la limitation des pouvoirs du gérant nous montre en lui un mandataire, mandataire *sui generis*, mais au fond mandataire, et nous fait apercevoir dans l'assemblée des associés le véritable maître, le véritable mandant. Les deux situations doivent donc être assimilées à notre point de vue. » D'ailleurs, l'arrêt de novembre 1880 déclare aussi que, dans les circonstances de la cause, la situation du gérant T... « n'était autre que celle d'un mandataire », et le pourvoi ne critique pas cette solution.

« Le débat se concentre donc sur la question suivante : Quand les statuts primitifs ou une délibération modificative des statuts primitifs sous signature privée ont autorisé le gérant à emprunter hypothécairement, l'hypothèque constituée en vertu de cette délégation est-elle valable? J'ai à peine besoin de faire observer que l'acte primitif et l'acte modificatif sont « statutaires » au même titre et qu'il n'y a nulle raison de distinguer. Or, dans l'espèce, toutes les délibérations sont statutaires, celle de 1872, qui nomme le gérant Delmotte, et l'autorise à emprunter hypothécairement jusqu'à concurrence de 50,000 francs (c'est la seule qui soit authentique); celle de 1875, qui remplace Delmotte par Dujardin et confère à ce dernier les mêmes pouvoirs qu'au gérant démissionnaire; celle de 1877, qui élargit les pouvoirs du second gérant quant au chiffre des emprunts hypothécaires à contracter : la première assemblée a voté les statuts originaires; les deux autres les ont modifiés. Dujardin a donc été autorisé par deux délibérations non authentiques à faire les deux emprunts. Il est tout au moins indubitable qu'il a été autorisé par un acte sous seing privé à faire le second, la délibération de 1877 ne pouvant être, à aucun point de vue, considérée comme la suite de l'acte de 1872, qu'elle abrogeait. Autorisé par un acte statutaire sous seing privé, le gérant a-t-il pu, comme le croit le demandeur, contracter un emprunt hypothécaire sans méconnaître l'interprétation que vous avez donnée à l'art. 2127, C. civ.? Je ne le pense pas.

« Il importe, en premier lieu, de rendre à l'arrêt du 15 nov. 1880 (S. 81. 1. 253. — P. 81. 1. 613. — D. 81. 1. 118) sa véritable portée. Dans cette affaire, l'acte statutaire initial, rédigé dans la forme authentique, ne permettait au gérant que d'accepter des hypothèques ou d'en donner mainlevée : par un acte statutaire du 6 novembre 1858, rédigé sous signatures privées, les statuts primitifs avaient été modifiés, et le gérant avait été autorisé à hypothéquer les immeubles sociaux jusqu'à concurrence de 300,000 francs. Ces faits étaient formellement constatés par la Cour d'appel, et néanmoins le pourvoi formé contre l'arrêt qui annulait l'inscription prise en vertu de la constitution d'hypothèque fut rejeté par la Chambre des requêtes. Qui n'aperçoit l'analogie des espèces? Il s'agissait alors, comme aujourd'hui, d'un acte sous seing privé modifiant un acte statutaire authentique, par conséquent statutaire lui-même, et qui conférait à un gérant le droit d'hypothéquer. L'arrêt du 15 novembre 1880 me paraît avoir, dans la cause actuelle, l'autorité d'un précédent. Je veux néanmoins raisonner, puisque le dernier mot appartient à la Chambre civile, comme si le précédent n'existait pas.

« Je concevrais la solution que le pourvoi propose si le gérant tenait de la loi la faculté d'hypothéquer. Mais celle-ci n'est qu'une dépendance, une dérivation du droit d'aliéner, et excède, comme le droit même d'aliéner, les pouvoirs d'un administrateur : « Attendu, en droit, avez-vous dit, le 21 avril 1841 (S. 41. 1. 395. — P. 41. 2. 381. — D. 41. 1. 222), qu'aucun article du Code de commerce ne donne expressément au gérant d'une Société en commandite le pouvoir de vendre ou d'hypothéquer les immeubles de la Société... » C'est donc en vain que le demandeur s'attache à la nature même des fonctions attribuées au gérant et s'épuise à démontrer que le gérant n'est pas, en thèse, un mandataire.

« D'abord est-il bien vrai que le gérant, même alors qu'il se meut dans le cercle naturel de ses attributions, ne soit pas un mandataire? N'est-il pas avéré que, d'après plusieurs arrêts de votre Chambre criminelle, 8 août 1845 (S. 46. 1. 59. — D. 45. 1. 364); 14 mars 1862 (D. 66. 1. 364), les gérants de Société en commandite sont, dans le sens légal, de véritables mandataires de leurs coassociés pour la gestion de l'administration de leurs affaires? Votre Chambre des requêtes n'a-t-elle pas qualifié de la même manière les gérants d'une Société, lorsqu'elle a dit, le 9 mai 1859 (S. 60. 1. 442. — P. 60. 870. — D. 59. 1. 497) : « La Société, en confiant à deux de ses membres le mandat d'administrer, pouvait légalement se réserver le droit de révoquer ce mandat pour des causes légitimes »? M. Pont n'a-t-il pas dit (*Sociétés commerciales*, n. 1348). « L'associé qui administre ne fait, à vrai dire, qu'exercer un mandat »? On insiste et l'on fait observer que, d'après M. Pont lui-même, « le gérant ne saurait être, à tous égards, assimilé au mandataire ordinaire », et s'il peut être regardé comme un mandataire dans ses rapports avec les associés, il cesse de l'être dans ses rapports avec les tiers. Mais d'une part il importe peu que le gérant n'exerce pas tous les pouvoirs d'un mandataire ordinaire, et qu'il n'ait pas, par exemple, de droit de rétention (Pont, n. 1349). L'éminent jurisconsulte a dit lui-même un peu plus loin, parlant du gérant étranger à la Société : « En se servant de la signature sociale que son mandat même l'autorise à employer, il l'oblige sans s'obliger lui-même, c'est une règle élémentaire en matière de mandat. » Je ne conçois pas ce personnage à double face que le pourvoi nous a présenté.

« Ce gérant est avant tout le ministre des relations extérieures, car c'est par lui que la Société communique avec les tiers. Cependant, au moment même où il entre en contact avec eux, le mandataire a disparu pour s'absorber dans le mandant, quoique toujours responsable de son mandat. Cette théorie me paraît subtile.

« Mais en admettant par hypothèse qu'il en soit ainsi quand le gérant exerce ses attributions naturelles, celles que son titre implique et qui sont inséparables, au moins dans le silence des statuts, de la gérance elle-même, tout ce raisonnement est inapplicable au pouvoir d'hypothéquer. Celui-ci, le gérant ne l'a pas trouvé dans son berceau. Il l'a quand on le lui donne, jusqu'où on le lui donne, et le perd quand on le lui ôte. Ce pouvoir, que la loi ne lui confère ni explicitement ni implicitement, il le tient nécessairement et exclusivement de la convention. Or, qu'est-ce qu'une convention par laquelle un être collectif charge un individu d'une opération juridique, telle qu'un acte d'aliénation ou de constitution d'hypothèque, si ce n'est un mandat?

« ...Il ne reste au pourvoi qu'une ressource, c'est d'invoquer la nature de l'acte statutaire. Celui-ci, dit le demandeur, a pour but de former une Société et de régler ses conditions d'existence. Dans cet acte, telle ou telle clause n'est qu'une partie intégrante d'un tout, qui a son caractère et ses conditions de validité. Or, le Code civil, le Code de commerce décident que toute convention de Société peut être valablement constatée par un acte sous seings privés; un écrit sous signatures privées peut donc valablement constater toute clause qu'une convention de Société comporte, par conséquent, l'organisation des pouvoirs de la gérance et la faculté d'hypothéquer, lorsqu'elle est un élément de cette organisation.

« Ce raisonnement, à mon avis, pèche par la base.

« C'est à tort qu'on représente l'acte statutaire comme un tout indivisible, et telle clause, même accidentelle, de l'acte comme une partie intégrante de ce tout. Comment justifier cette prétendue indivisibilité? Comment une clause serait-elle une partie intégrante des statuts, quand on peut indifféremment l'y souder ou l'en détacher? Est-ce que les statuts ne peuvent pas contenir les opérations juridiques les plus complexes et les plus distinctes? Ne peut-on pas y insérer, à la rigueur, même des actes à titre gratuit? Il faudrait au moins que la convention se rattachât à l'acte de Société comme la conséquence au principe. Quand elle n'est ni de l'essence ni même de la nature de l'acte initial, il faut nécessairement l'envisager en elle-même. Cette considération est décisive. Telle clause qui, envisagée dans sa nature intrinsèque, constitue un mandat, ne perd pas ce caractère parce qu'elle est accidentellement insérée dans un acte statutaire.

« Enfin, veuillez remarquer qu'une consitution d'hypothèque pourrait être faite directement dans les statuts. Est-ce qu'elle pourrait être faite sous signatures privées, au mépris de l'art. 2127, par la seule vertu de l'acte statutaire? Personne, si je ne me trompe, ne le soutiendra. Or, tout s'enchaîne, puisque votre jurisprudence proclame avec une énergie toujours croissante l'indivisibilité de l'hypothèque et du mandat. Si l'hypothèque doit être, même dans les statuts, constituée en la forme authentique, le mandat lui-même doit être, dans les statuts, conféré en la orme authentique.

« Je ne me dissimule aucun des inconvénients qu'entraînerait l'adoption de cette thèse juridique. Il faudra plus souvent recourir aux notaires, et cette intervention sera, je le crois, onéreuse aux sociétés. Puis, comme on n'avait pas calculé la portée de vos arrêts antérieurs, beaucoup d'emprunts hypothécaires ont été contractés irrégulièrement; un certain nombre de prêteurs devront renouveler leurs contrats et seront primés par des créanciers qu'ils devaient primer. Ces inconvénients l'emportent peut-être sur les avantages qu'offrira, dans la rédaction des actes statutaires, l'intervention d'un officier public, prémunissant les associés contre les illusions et contre l'excès de leur propre confiance. La Cour peut assurément, par un sentiment supérieur de son rôle et de certaines exigences sociales, se dégager des principes qu'elle-même a posés. Quant à l'organe du ministère public, il se croit tenu, par respect pour votre jurisprudence, de rester dans la logique de cette jurisprudence, et il y reste... »

ARRÊT (*après délib. en ch. du cons.*).

LA COUR : Sur les deux moyens réunis : — Vu l'art. 2127, C. civ.; — Attendu qu'aux termes de l'art. 2127, C. civ., l'hypothèque conventionnelle ne peut-être consentie que par acte passé en forme authentique; — Attendu qu'il suit de cette disposition que le mandat donné pour hypothéquer doit être également en forme authentique, la procuration dans laquelle le débiteur exprime lui-même son consentement à l'hypothèque devant, comme le contrat lui-même, présenter la garantie de l'authenticité; — Attendu que le gérant d'une Société en commandite, qui consent, au nom de la Société, hypothèque sur les immeubles sociaux, agit comme mandataire de la Société; que le gérant d'une Société en commandite ne tient pas de la loi, ni des règles générales de cette sorte de Société, le pouvoir d'hypothéquer; que si ce pouvoir, qui dépasse les pouvoirs ordinaires d'administration d'un gérant, lui est conféré par la volonté sociale, soit dans les statuts, soit dans les délibérations des assemblées ou des conseils de la Société, l'acte, qui exprime cette volonté, constitue un mandat spécial, c'est-à-dire le pouvoir de faire exceptionnellement, au nom et pour le compte d'autrui, un acte juridique, que le propriétaire avait seul le droit de faire;

Et attendu, en ce qui touche l'hypothèque de 70,000 fr. consentie le 13 août 1877, que les statuts de la sucrerie d'Inchy, en date du 3 août 1872, n'autorisaient l'hypothèque des immeubles sociaux que jusqu'à concurrence de 50,000 fr.; — Attendu que le gérant Dujardin n'a trouvé le pouvoir de consentir la seconde hypothèque de 70,000 fr. que dans la délibération du 23 août 1875, qui a donné aux assemblées générales le droit de modifier les statuts, et dans celle du 23 juillet 1877 qui, usant de cette faculté, a porté jusqu'à 120,000 fr. les pouvoirs du gérant, quant au droit de consentir hypothèque, et autorisé le gérant Dujardin à contracter cette hypothèque nouvelle; — Attendu que ces deux délibérations n'ont pas été rédigées en forme authentique; — D'où il suit que l'hypothèque du 13 août 1877 n'a point été consentie dans les conditions de l'art. 2127, C. civ., et qu'en en prononçant la nullité, la Cour de Douai n'a violé ni ledit article ni les principes de droit invoqués par le pourvoi;

Mais en ce qui concerne l'hypothèque de 50,000 fr. consentie le 9 février 1876 : — Attendu que les statuts du 3 août 1872, par lesquels la Société de la sucrerie d'Inchy a donné à son gérant le pouvoir d'hypothéquer les immeubles sociaux jusqu'à concurrence de 50,000 fr., ont été rédigés en un acte notarié; qu'il importe peu que, parmi les personnes qui ont constitué la Société, quelques-unes aient comparu à l'acte constitutif par des mandataires munis de pouvoirs sous seings privés, puisque c'est la Société, dûment constituée, qui a donné au gérant le pouvoir d'hypothéquer les immeubles de cette Société; — Attendu, d'autre part, que c'est bien de cet acte authentique du 3 août 1872 que le gérant Dujardin tenait le pouvoir d'hypothéquer les immeubles sociaux jusqu'à concurrence de 50,000 fr., puisque ce pouvoir était donné par les statuts à la gérance, et non à la personne du précédent gérant Delmotte; — Attendu, dès lors, que cette hypothèque de 50,000 fr. a été consentie dans les conditions de l'art. 2127, C. civ.; qu'en prononçant la nullité, la Cour de Douai (arrêt, 20 décembre 1883) a faussement appliqué, et par là violé ledit article; — Casse, etc.

MM. Barbier, 1er prés.; Onofrio, rapp.; Desjardins, av. gén. (concl. conf.); Morillot et Dareste, av.

CASS.-CRIM. 31 décembre 1885.

AFFICHES, APPOSITION, ENLÈVEMENT, PROPRIÉTAIRE, MANDATAIRE.

Le mandataire du propriétaire qui, sur ordre, enlève toutes les affiches apposées sur la maison de son mandant, ne commet aucune contravention; il est substitué au propriétaire qui peut exercer ce droit par lui-même ou par autrui (1) (L. 29 juill. 1881, art. 17, § 3).

(1) Aucune peine n'est encourue quand la lacération ou l'altération des affiches électorales a été commise par ceux sur la propriété desquels les affiches ont été apposées. Cette réserve a été formellement insérée dans l'art. 17, § 3 de la loi du 29 juill. 1881.

(Rellier). — ARRÊT.

LA COUR : — Sur le moyen pris de la violation de l'art. 17, § 3, de la loi du 29 juillet 1881 ; — Attendu que l'art. 17, § 3, reconnaît expressément au propriétaire le droit de lacérer ou d'enlever les affiches apposées, contre son gré, sur les maisons ou édifices qui lui appartiennent; qu'ayant ce droit, il peut l'exercer par lui-même ou par autrui ; — Attendu qu'il résulte des constatations du jugement attaqué que Girard, propriétaire, avait donné mandat à Rellier d'enlever toutes les affiches apposées sur sa maison ; — Attendu, dès lors, qu'en exécutant ce mandat, Rellier ne commettait aucune contravention : — D'où il suit qu'en le renvoyant des fins de la poursuite, le juge de police n'a nullement violé l'art. susvisé ; — Rejette, etc.

MM. Ronjat, prés. ; Hérisson, rapp. ; Loubers, av. gén. ; Dareste, av.

CASS.-CRIM. **31 décembre 1885.**

DÉLITS DE LA PRESSE, PRESCRIPTION, INTERRUPTION, REMISE DE CAUSE, PARTIES NON PRÉSENTES, PLUMITIF, MENTIONS, REMISE D'OFFICE, AVOCAT, REMISE CONTRADICTOIRE.

Une remise de cause prononcée en l'absence des parties et non mentionnée sur le plumitif de l'audience, ne constitue pas un acte d'instruction ou de poursuite susceptible d'interrompre la prescription de trois mois édictée par l'art. 65 de la loi du 29 juill. 1881, sur la presse (1) (C. instr. crim., 637, 638; L. 29 juill. 1881, art. 65). — Motifs.

Mais il en est autrement d'une remise de cause prononcée d'office par le tribunal, en l'absence du prévenu régulièrement cité, au jour fixé pour la comparution, et mentionnée sur la feuille d'audience; une telle remise a le caractère d'un jugement préparatoire, véritable acte d'instruction (2) (Id.).

Ce même caractère d'acte d'instruction, interruptif de la prescription, doit être reconnu à la remise de cause accordée sur la demande de l'avocat du prévenu non comparant, déclarant expressément parler au nom de son client (3) (Id.).

Bien plus, une remise ordonnée dans ces conditions, en présence du poursuivant, doit même être réputée contradictoire, l'inculpé ayant été légalement représenté par son avocat (4) (Id.).

(Serradeil c. Brousse et Rolland.) — ARRÊT.

LA COUR : — En fait; — Attendu que Serradeil, poursuivi à la requête des sieurs Brousse et Rolland, parties civiles, pour délits de diffamation commis par la voie de la presse, avait été valablement assigné devant le tribunal correctionnel de Perpignan, pour l'audience du 29 sept. 1884; qu'il n'a pas comparu, et qu'en son absence, le tribunal a prononcé d'office, le ministère public entendu, le renvoi de la cause au 6 déc. lors prochain; — Attendu qu'à la suite d'une seconde remise, également prononcée d'office, l'affaire a été appelée à l'audience du 20 déc., et que, ce jour-là, Mᵉ Guixou-Pagès, avocat, se présentant au nom de Serradeil absent, a demandé et obtenu un nouveau renvoi au 17 janv. 1885; qu'enfin, à cette dernière date, l'inculpé, n'ayant pas comparu, a été condamné par défaut à l'amende et à des dommages-intérêts, à raison des délits qui lui étaient imputés; — Attendu qu'il est soutenu, à l'appui du pourvoi, que les remises de cause précitées ne constituaient pas des actes de poursuite ou d'instruction, au sens de l'art. 637, C. instr. crim., et que, dès lors, plus de trois mois s'étant écoulés entre le 16 sept., date de l'assignation, et le 17 janv., date de la condamnation, l'action dirigée contre Serradeil se trouvait prescrite, quand elle a reçu jugement; — En droit : — Attendu que si une remise de cause, ordonnée en l'absence des parties et sans mention sur le plumitif, peut ne pas constituer un acte d'instruction ou de poursuite susceptible d'interrompre la prescription, il n'en

---

sur la liberté de la presse; elle n'est, suivant l'expression du rapport de M. Lisbonne à la Chambre des députés, « qu'un hommage rendu au droit de propriété ». V. conf. Cass. 20 janv. 1883 (Pand. chr.), et 11 nov. (2ᵉ espèce, motifs), 15 nov. 1884 (motifs) (Pand. chr.). — Ce droit, le propriétaire ne saurait être contraint à l'exercer lui-même; il peut donner des ordres et charger qui bon lui semble de leur exécution.

(1) V. sur ce premier point, nos observations conformes jointes à Cass., 20 juin 1885 (Pand. chr.).

(2-3-4) *Contrà*, même arrêt de Cass., 20 juin 1885, et Paris, 12 août 1886, *aff.* Lutaud c. Rogat et gérant journ. *le Pays*, en sous-note de l'arrêt précité. — Ces questions dans la pratique ont une importance considérable. L'application de la loi du 29 juill. 1881, fournit aux chambres correctionnelles du tribunal de la Seine notamment, un quart au moins des affaires qui surchargent les rôles. Il importe donc que parties en présence, avocats, magistrats, tous soient fixés sur la conduite à tenir et les exigences définitives de la jurisprudence. Or la contradiction dans les solutions, à quelques mois de distance, n'est pas faite pour imprimer aux affaires cette netteté de direction qui est la condition la plus essentielle de l'administration d'une bonne justice.

Constatons d'abord un point en dehors de toute controverse :

Une remise de cause prononcée contradictoirement en présence des deux parties, soit à leur demande d'accord, soit à la demande de l'une d'elles, constitue un véritable acte de poursuite dont l'effet est d'interrompre la prescription. Les plaideurs sont devant leur juge; demandeur et défendeur ne sont pas prêts, ou l'un est prêt, tandis que l'autre ne l'est pas, il importe peu : la démonstration est faite; il n'y a point désarmement. Qu'une remise soit accordée, quand se représentera l'affaire, les adversaires se trouveront en même situation; chacun aura gardé ses positions. C'est comme si une nouvelle citation était donnée, un nouveau rendez-vous pris à une date ultérieure.

Mais les difficultés commencent lorsque les parties, ou bien ne sont pas présentes à l'audience, ou bien, s'y étant rendues effectivement, n'ont pas pris la précaution de faire constater leur présence. Au fond, il n'y a pas à distinguer entre les deux hypothèses; une présence qui ne laisse point de trace régulière, légale, ne vaut pas mieux qu'une absence. V. la note 1 qui précède.

L'absence des parties s'explique généralement de deux manières : — 1° Elles auront compté sur une remise de cause qu'elles ont chargé leurs avocats de solliciter du tribunal; n'ayant pas de raisons particulières à faire valoir, pas de renseignements à fournir, elles n'auront pas attendu jusqu'à l'appel de leur cause; elles s'en seront rapportées à la vigilance de leurs conseils et seront parties. Les avocats présents à la barre se seront acquittés de leur mission; ils auront demandé et obtenu la remise. — 2° Les parties, au courant du rôle, par le nombre des affaires inscrites, par le rang assigné à leur cause, sont assurées de ne point venir en ordre utile. Elles savent qu'une remise nécessaire à une autre audience devra s'imposer; qu'au besoin, elle sera prononcée *d'office* par le tribunal. A quoi bon attendre? Pourquoi réclamer comme une faveur la mesure qui sortira forcément des circonstances?

Examinons les deux hypothèses :

1° *Remise prononcée à la demande des avocats.* — En matière correctionnelle, le prévenu doit comparaître en personne. Exceptionnellement, et seulement dans les affaires qui n'entraînent pas la peine d'emprisonnement, il peut se faire représenter par un *avoué* (C. instr. crim., 185). Quant à l'avocat, il reste le porte-parole de son client; il ne le remplace pas. Il ne peut occuper la barre qu'à la condition d'avoir, derrière lui ou à côté de lui, le prévenu lui-même ou l'avoué de ce dernier. Nous ne sommes plus devant les tribunaux de simple police, où la personne citée peut comparaître par un *fondé de procuration spéciale* (C. instr. crim., 152). Ah! si l'art. 185 avait employé les mêmes expressions, toute difficulté serait levée. L'inscription au tableau, l'honorabilité professionnelle, eussent assuré les meilleures garanties; elles auraient suffi à marquer d'une autorité absolue, devant laquelle les tribunaux n'auraient eu qu'à s'incliner, la déclaration de l'avocat se présentant et parlant au nom de l'inculpé non comparant. Il n'y aurait pas eu besoin d'un mandat exprès, d'une investiture spéciale et formelle.

Nous voulons bien, avec la jurisprudence, que la présence du prévenu ne soit pas nécessaire pour juger les exceptions préjudicielles qui sont indépendantes du fond. V. Cass., 11 févr. 1876

saurait être ainsi lorsque la remise, prononcée d'office par le tribunal le jour même où l'inculpé régulièrement cité devait comparaître, a été, comme dans l'espèce, mentionnée sur la feuille d'audience; que, dans ce cas, la remise est un véritable jugement préparatoire ayant le caractère d'un acte d'instruction, et, par suite, de nature à interrompre la prescription; — Attendu qu'il faut aussi reconnaître ce caractère à la remise de cause prononcée sur les conclusions de l'avocat qui a expressément déclaré parler au nom de l'inculpé non comparant; qu'une remise ordonnée dans ces conditions doit même être réputée contradictoire, l'inculpé ayant été légalement représenté; — D'où suit qu'en décidant que les jugements de remise, rendus les 29 sept. et 20 déc. 1884, par le tribunal correctionnel de Perpignan, avaient interrompu la prescription de l'action intentée contre Serradeil, l'arrêt attaqué (Montpellier, 4 juill. 1885), loin de violer les art. 65 de la loi du 29 juill. 1881 et 637, C. instr. crim., les a, au contraire, sainement interprétés et appliqués; — Rejette, etc.

MM. Ronjat, prés.; de Larouverade, rapp.; Rousselier, av. gén.; Sabatier et Devin, av.

(S. 76. 1. 233. — P. 76. 547. — D. 76. 1. 401). Mais est-ce à dire que la faculté lui sera ouverte de se substituer qui bon lui semblera, un fondé quelconque de procuration spéciale? Non. Ce rôle est réservé à l'avoué et à nul autre.

Donc la remise de cause accordée sur la demande des avocats, sans constatation de la présence des parties, reste sans valeur juridique; elle ne constitue pas un acte interruptif de prescription (V. Cass., 20 juin 1885, Pand. chr.); elle n'est pas contradictoire, et n'étant pas contradictoire, elle ne tient pas lieu d'une citation renouvelée à une date ultérieure. Aussi, le jugement qui interviendrait à cette date, sans nouvelle assignation et en l'absence du prévenu, est vicié de nullité. V. Paris, 12 août 1886, *aff.* Lutaud c. Rogat et gérant journ. *le Pays*, en sous-note avec Cass., 20 juin 1885, précité.

2° *Remise prononcée d'office par le tribunal.* — Nous supposons, bien entendu, l'absence des parties, du prévenu tout au moins. Quelle est la nature juridique d'un tel acte? Qu'il constitue un jugement, nous le concédons; mais un *« jugement préparatoire ayant le caractère d'un acte d'instruction »*, ainsi que le voudrait l'arrêt ci-dessus rapporté, jamais! Un acte d'instruction, une remise! Mais rien que le rapprochement de ces deux mots suffit à mettre l'esprit en éveil. La remise, mais c'est le déni de justice, si, de temporaire, elle devenait définitive; c'est la mise à l'écart d'une affaire pour quelque temps, c'est-à-dire le contraire de l'acte d'instruction qui marque toujours un effort, un progrès.

Mais est-ce que la considération de l'affaire entre pour quelque chose dans le genre de remise qui nous occupe? Pas le moins du monde. Le tribunal n'a en vue qu'une mesure d'ordre intérieur, le règlement de son audience, les commodités ou les exigences du service. Où est donc le lien?

On ajoute encore que la remise de cause est prononcée sur les conclusions du ministère public qui... En vérité, les idées, surtout les phrases toutes faites, ont une puissance bien dangereuse, puisqu'elles s'imposent aux esprits les plus déliés, qu'elles se transmettent de confiance au point que c'est presque une témérité de chercher à voir ce que cache l'enveloppe. Quel est donc le rôle joué par le ministère public, dans une remise d'*office?* Mais c'est affaire du président de régler son audience, de retenir le nombre de causes susceptibles d'être jugées, de renvoyer celles qui ne peuvent point venir utilement. Il n'y a point débat; il n'y a point même délibération au sens propre du mot. L'acte par sa réalité procéderait plutôt de la juridiction gracieuse que d'un véritable contentieux. Pour que le ministère public soit partie au procès, faut-il que par un côté quelconque, fût-ce sur un simple incident, il y ait engagement ou préliminaire d'engagement. Mais quand un tribunal ne s'occupe d'une affaire que pour dire qu'il ne s'en occupera pas, que le ministère public n'est pas partie poursuivante, qu'une observation de sa part ne serait qu'une remontrance publique au président, une inconvenance en dehors des habitudes judiciaires, nous restons dans les mesures d'ordre intérieur (Comp. Cass., 26 oct. 1885, Pand. chr.), qui, pour être prises à l'occasion d'une poursuite, ne sont pas la poursuite et s'en distinguent du tout au tout.

La remise est le contraire de la poursuite, voilà ce qui est dans le mot, voilà ce qui est au fond des réalités pour peu qu'on veuille y regarder. La procédure n'use pas des conventions de théâtre où l'on se poursuit sans se déplacer d'une ligne. Car, enfin, qu'est-ce qu'un *acte de poursuite?* Mangin (édit. Sorel), t. II, n. 342, répond : « l'acte de poursuite a pour objet de provoquer ou d'exécuter les actes destinés à parvenir au jugement du prévenu »; et Mangin cite comme exemples : « les réquisitions du ministère public aux officiers de police judiciaire, au juge d'instruction, aux agents de la force publique, et les citations aux prévenus ». On n'en croirait pas ses yeux si, comme complément de cette énumération, on lisait : *et les remises d'office prononcées par le tribunal.*

N'insistons pas davantage, et terminons par une considération qui a sa valeur. Le législateur en édictant une prescription d'aussi courte durée que celle de l'art. 65 de la loi du 29 juill. 1881 (trois mois), s'appliquant à l'action civile comme à l'action publique, a marqué nettement ses intentions. Il a voulu, dans un intérêt d'ordre social, étouffer dans leur germe la plupart de ces froissements, de ces griefs qui, pour être délictueux, n'ont cependant qu'une médiocre gravité et que les poursuites enveniment à l'excès, tandis que l'oubli les efface. Or la remise de cause, lorsqu'elle est réclamée par le poursuivant, a plutôt le caractère d'une trêve que d'une démonstration agressive, et lorsqu'elle est accordée d'office, elle laisse la poursuite en l'état, sans ni la fortifier, ni l'affaiblir. Que le poursuivant renouvelle ses citations, s'il tient toujours pour la répression!

La théorie de l'arrêt ci-dessus rapporté heurte directement le but visé par le législateur. En accordant à des actes qui sont le contraire d'actes de poursuite, l'effet interruptif de prescription, elle ne permet pas à l'oubli de faire son œuvre et conserve indéfiniment les positions de combat.

J. Ruben de Couder.

FIN DE LA PREMIÈRE PARTIE DU SIXIÈME VOLUME.

PARIS. TYPOGRAPHIE E. PLON, NOURRIT ET Cie, RUE GARANCIÈRE, 8.

PANDECTES CHRONOLOGIQUES

RECUEIL DE JURISPRUDENCE

DEUXIÈME PARTIE

COURS D'APPEL, TRIBUNAUX.

1878

CAEN (1re CH.) 15 janvier 1878.

JOURNAL, TITRE, PROPRIÉTÉ.

Le titre *ou* dénomination *d'un journal est une propriété privée, à laquelle il ne doit être porté aucune atteinte directe ou indirecte par la création postérieure d'autres feuilles périodiques* (1) (C. civ., 546).

Mais par titre *ou* dénomination, *il faut entendre uniquement le nom sous lequel le journal est connu et désigné, c'est-à-dire les mots écrits en très-grands caractères en tête de la première page, et non les qualifications qui suivent, imprimées en caractères beaucoup moins grands, en seconde et troisième ligne* (2) (Id.).

Spécialement, *le propriétaire d'un journal ayant pour titre unique* le Granvillais, *avec les mentions, au-dessous de* courrier d'Avranches, de Coutances et de la côte, *indicatives du rayon pour lequel la feuille est établie, ne saurait se plaindre d'une usurpation de titre résultant, à son préjudice, de la publication d'un autre journal s'intitulant :* le Courrier d'Avranches (3) (Id.).

(Durand c. Cagnant.) — ARRÊT.

LA COUR : — Attendu que le *titre* ou *dénomination* d'un journal est une propriété privée, à laquelle il ne doit être porté aucune atteinte directe ou indirecte par la création postérieure d'autres feuilles périodiques; mais que, par *titre* ou *dénomination* d'un journal, il faut entendre uniquement le nom sous lequel il est connu et désigné, c'est-à-dire les mots écrits en très-grands caractères en tête de la première page, et non les qualifications qui suivent, imprimées en caractères beaucoup moins grands, en seconde et troisième ligne; — Qu'en effet, ces qualifications, destinées soit à indiquer la ligne politique que le journal suivra, soit la circonscription pour laquelle il est spécialement créé, à laquelle il s'adresse et dont il donnera les nouvelles locales, sont dans le domaine public; et que d'autres feuilles peuvent reproduire les mêmes qualifications, ou même faire de l'une d'elles leur titre; — Attendu que le journal dont Cagnant est propriétaire porte ces mots : *Le Granvillais,* en très-grands caractères en tête de sa première page, et qu'ils remplissent la première ligne; que c'est là le titre unique de cette feuille périodique, titre sous lequel seulement il est connu et dénommé ; — Qu'à la vérité, au-dessous des mots *Le Granvillais,* en deuxième et troisième lignes, se trouvent imprimés, en caractères infiniment moins gros, les mots *Courrier d'Avranches, de Coutances et de la Côte;* que ces expressions ne font pas partie du titre du journal *Le Granvillais;* mais qu'elles indiquent le rayon pour lequel il est établi et dont il rapportera à ses lecteurs les nouvelles locales; que, dès lors, Durand, en intitulant son journal *Le courrier d'Avranches,* a pris des mots qui étaient dans le domaine public, et qu'il n'a commis aucune usurpation de titre au préjudice du *Granvillais;* — Par ces motifs, etc.

MM. Champin, 1er prés.; Soret de Boisbrunet, av. gén.; Carel et Laisné-Deshayes, av.

BOURGES (1re CH.) 16 janvier 1878.

PARTAGE, CESSION, INDIVISION, CESSATION PARTIELLE, EFFET RÉTROACTIF, FEMME, HYPOTHÈQUE LÉGALE.

(Langont c. Langont.)

V. le texte de cet arrêt rapporté avec Cass.-req. 9 déc. 1878, rendu dans la même affaire sur pourvoi (Pand. chr.).

---

(1) Il est certain que le titre d'un journal constitue une propriété privée assurée des mêmes garanties de protection que tout autre droit de ce genre. V. Paris, 2 mars 1832 (S. 32. 2. 176. — P. chr.); 1er févr. 1834 (S. 34. 2. 257. — P. chr.); Trib. comm. Seine, 28 déc. 1868 (S. 69. 2. 121. — P. 69. 472. — D. 69. 3. 7). V. aussi Cass., 13 juill. 1880 (Pand. chr.); Paris, 23 mars 1885 (Pand. chr.), et la note.

(2-3) Ce sont là des questions de fait qui varient avec les espèces.

BORDEAUX (2ᵉ ch.) 23 janvier 1878.

BAIL, BAIL A LOYER, PRIX, DURÉE, PREUVE TESTIMONIALE, PREUVE PAR ÉCRIT (COMMENCEMENT DE), SERMENT, EXPERTISE, CONGÉ, USAGES LOCAUX.

Le prix et la durée d'un bail verbal qui a reçu un commencement d'exécution, ne peuvent être établis par témoins, alors du moins qu'il s'agit d'un loyer annuel supérieur à 150 francs et qu'il n'existe pas de commencement de preuve par écrit (1) (C. civ., 1715, 1736).

En pareil cas, le prix se détermine d'après les règles édictées par l'art. 1716, C. civ., c'est-à-dire, à défaut de quittances, par le serment du propriétaire, si mieux n'aime le locataire demander l'estimation par experts, et la durée, par application de l'art. 1736, du même Code, d'après lequel l'une des parties ne peut donner congé à l'autre qu'en observant les délais fixés par l'usage des lieux (2) (Id.).

(Fouchier c. Furlaud.) — ARRÊT.

LA COUR : — Attendu que Furlaud ne rapporte ni une preuve écrite, ni un commencement de preuve par écrit du bail à loyer qu'il prétend avoir été fait entre lui et Fouchier d'une maison située à Cognac, à raison de 1,000 francs par an, et pour une durée de cinq années; qu'aux termes de l'art. 1341, C. civ., la preuve testimoniale de cette convention n'est pas recevable, s'agissant d'une chose ou valeur excédant 150 francs; que l'art. 1715 du même Code n'a pour but que d'exclure ce genre de preuve, relativement à un bail qui n'aurait encore reçu aucun commencement d'exécution, même dans le cas où le prix en serait au-dessous de ladite somme; que, par conséquent, il ne déroge en rien à la règle établie par l'art. 1341 à l'égard d'un bail excédant 150 francs et dont l'exécution aurait commencé; — Attendu que Fouchier dénie le bail allégué par Furlaud, et qu'en convenant avoir occupé la maison de ce dernier, il soutient que le bail ne devait être conclu que lorsque cette maison aurait été réparée à son entière convenance et qu'un acte public aurait été dressé; — Attendu que les contestations auxquelles peut donner lieu un bail verbal qui a reçu un commencement d'exécution ne peuvent porter que sur son prix ou sur sa durée; que, quant au prix, l'art. 1716 ordonne que le propriétaire en sera cru sur son serment, si mieux n'aime le locataire demander l'estimation par experts; et que, relativement à la durée du bail, l'art. 1736 dispose que l'une des parties ne pourra donner congé à l'autre qu'en observant les délais fixés par l'usage des lieux; que la loi ne laisse ainsi aucune raison d'ordonner en pareil cas une preuve par témoins; que ces règles sont formelles, et que, quelque graves que soient les présomptions invoquées par Furlaud, il n'est pas permis à la Cour de s'y arrêter dans une matière où la preuve testimoniale est elle-même inadmissible, etc.

MM. le cons. Vaucher, prés.; Peyrecave, av. gén.; Lafon et Monis (du barreau de Cognac), av.

AIX (ch. corr.) 25 janvier 1878.

OUTRAGE, GARDE CHAMPÊTRE.

Doit être considéré comme un citoyen chargé d'un ministère de service public, l'individu désigné par le maire pour remplir temporairement les fonctions de garde champêtre préposé à la police rurale. — En conséquence, l'outrage qui lui est adressé à l'occasion de l'exercice de ses fonctions, tombe sous l'application de l'art. 224, C. pén. (3) (C. pén., 224).

(Gilles.) — ARRÊT.

LA COUR : — Sur le chef d'outrage à un citoyen chargé d'un ministère de service public dans l'exercice de ses

---

(1-2) Un bail verbal a reçu un commencement d'exécution. Les parties sont d'accord pour le reconnaître; par là, se trouvent écartées toutes contestations sur le principe, sur l'existence même de la location. Mais des difficultés peuvent surgir, après coup, sur les conditions les plus importantes du bail, sur le *prix* ou sur la *durée*, pour rester dans l'espèce de l'affaire actuelle. Comment se décider entre des affirmations contraires? A quel mode de preuve recourir?

L'arrêt ci-dessus rapporté semble faire à la matière l'application des règles du droit commun, telles qu'elles sont établies par les art. 1341 et 1347, C. civ. Il n'écarte pas absolument la preuve testimoniale; il en subordonne l'admission à un commencement de preuve par écrit, quand il s'agit d'un loyer supérieur à 150 francs. Il est donc permis d'en induire que, dans l'hypothèse d'un loyer inférieur à 150 francs, le commencement de preuve par écrit ne serait plus nécessaire; que la preuve testimoniale devrait être accueillie sans autre exigence.

Si telle est la théorie d'ensemble de l'arrêt de Bordeaux, elle n'est pas en harmonie avec l'interprétation que la jurisprudence la plus ancienne et l'opinion de la majorité des auteurs ont donnée des art. 1716, 1736, 1758 et 1774, C. civ., le premier relatif au prix, les autres ayant trait à la durée du bail.

D'après un premier système, les contestations sur le prix et la durée ont été l'objet d'une réglementation spéciale, exceptionnelle, qui les a soustraites à l'application du droit commun en matière de preuve. Le caractère le plus saillant de cette réglementation consiste dans l'exclusion systématique, absolue, des témoignages. Point d'enquêtes sous aucun prétexte, pour aucune raison.

Arrière l'art. 1347 qui autorise la preuve testimoniale, quand il existe un commencement de preuve par écrit! Malgré l'existence de ce commencement de preuve, il n'y a pas lieu d'admettre la preuve testimoniale pour établir, ni le prix du bail (V. Nîmes, 6 juin 1823, *aff.* Blandas; Metz, 10 avril 1856, Pand. chr.; Toullier, t. IX, n. 32 et suiv.; Duvergier, *Louage*, t. I, n. 258 et suiv.; Troplong, *Louage*, t. I, n. 118; Massé et Vergé, sur Zachariæ, t. IV, § 699, p. 357, note 6); — ni sa durée (même arrêt de Metz, précité; Grenoble, 14 mai 1825, *aff.* Mesly; Colmar, 15 mars 1843, S. 43. 2. 373. — P. 44. 1. 398. — D. 44. 2. 4. V. aussi les auteurs ci-dessus).

Arrière également l'art. 1341, C. civ., qui autorise la preuve testimoniale au-dessous de 150 francs! Même au cas d'un loyer inférieur à ce chiffre, la preuve testimoniale doit être écartée, aussi bien pour arriver à la fixation du prix qu'à la détermination de la durée du bail. V. même arrêt de Metz que ci-dessus; Massé et Vergé, *ubi suprà*.

La théorie de l'arrêt de Bordeaux favorable à l'admission de la preuve testimoniale, quand il existe un commencement de preuve par écrit, n'est pas isolée; elle a été consacrée par des arrêts fort anciens (V. Nîmes, 14 juill. 1810, *aff.* Masbernard; Rouen, 22 juin 1842, S. 43. 2. 29. — P. 42. 2. 30. — D. 43. 2. 123), et par d'autres décisions plus récentes. V. Nancy, 3 août 1871 (S. 71. 2. 245. — P. 71. 811. — D. 72. 2. 150). V. aussi Bordeaux, 3 mai 1872 (Pand. chr.); Trib. civ. Saint-Girous, 22 juin 1886 (Pand. pér., 86. 2. 389), et la note. Des auteurs considérables (V. not. Aubry et Rau, t. IV, § 364, p. 467 et suiv.; Laurent, *Principes de dr. civ.*, t. XXV, n. 83) l'ont appuyée de leur autorité. Ces auteurs cependant, il importe de le remarquer, repoussent la preuve testimoniale, quand il s'agit d'un bail au-dessous de 150 francs.

Jusqu'ici nous n'avons envisagé qu'un bail ayant reçu un commencement d'exécution. Lorsque cette exécution fait totalement défaut, ou bien est contestée, la jurisprudence se prononce avec plus de fermeté et d'ensemble pour écarter la preuve testimoniale, malgré l'existence d'un commencement de preuve par écrit. V. not. Cass., 19 févr. 1873 (Pand. chr.); 26 nov. 1873 (Pand. chr.), et les renvois; Caen, 12 nov. 1883 (S. 84. 2. 15. — P. 84. 1. 103). Cependant la question est encore controversée. V. Cass., 1ᵉʳ août 1867 (S. 67. 1. 373. — P. 67. 1032. — D. 73. 5. 301).

Toutes ces controverses n'existent plus, quand il s'agit d'*aveu*. L'aveu est admissible en toutes matières; il forme preuve complète. V. Cass., 5 mars 1856 (S. 58. 1. 389. — P. 58. 837. — D. 56. 1. 146); 12 janv. 1864 (S. 64. 1. 88. — P. 64. 421. — D. 64. 1. 142); Caen, 12 nov. 1883, précité; Cass., 26 janv. 1885 (S. 85. 1. 109. — P. 85. 1. 245. — D. 85. 1. 234); Aubry et Rau, *loc. cit.*

(3) Même solution à l'égard des gardes champêtres et pompiers qui, sur l'ordre de l'autorité compétente, procèdent à la visite des fours et cheminées : Dijon, 20 mai 1879 (Pand. chr.); — à l'égard des cantonniers : Douai, 23 janv. 1882 (Pand. chr.); — et à l'égard des gardes particuliers : Trib. corr. Corbeil, 26 oct. 1881 (S. 82. 2. 94. — P. 82. 1. 471).

fonctions: — Attendu que les faits déclarés constants par les premiers juges sont établis; — Attendu que le sieur Soumille, outragé par le prévenu, était bien un citoyen chargé d'un ministère de service public dans l'exercice de ses fonctions; qu'en effet, par un arrêté en date du 21 oct. 1877, le maire d'Eygalières, visant une lettre du sous-préfet d'Arles qui réclamait, sur la demande du préfet, le remplacement du garde champêtre, et considérant que depuis le 10 du même mois ce garde avait cessé ses fonctions; que la campagne se trouvait sans surveillance et qu'il était urgent de pourvoir à ce service pour la conservation des récoltes, avait, provisoirement et jusqu'à la nomination par le préfet d'un garde champêtre, chargé Soumille de remplir temporairement les fonctions de garde champêtre de la commune d'Eygalières; que vainement prétendrait-on que la nomination des gardes champêtres appartenant à l'autorité préfectorale, le maire ne pouvait prendre l'arrêté ci-dessus; — Attendu, à cet égard, que par l'art. 10 de la loi du 13 juillet 1837, le maire est chargé de la police municipale et rurale, et que d'après l'art. 11 de la même loi, il prend des arrêtés à l'effet d'ordonner les mesures locales sur les objets confiés par les lois à sa vigilance et à son autorité; que le maire d'Eygalières avait donc qualité pour assurer provisoirement le fonctionnement de la police rurale en l'absence d'un garde champêtre; que, dès lors, les premiers juges ont à bon droit fait application au prévenu de l'art. 224, C. pén...

MM. Lescouvé, prés.; Soubrat, av. gén.; Bessat, av.

LYON (4e CH.) 13 février 1878.

MINES, SOCIÉTÉ CIVILE, CHARBONS AGGLOMÉRÉS, FABRICATION.

Ne perd point son caractère de Société civile et ne fait point acte de commerce, la Société minière qui transforme en charbons agglomérés les poussières et débris de houille qu'elle obtient de sa propre extraction; il n'y a là qu'un mode d'exploitation de la mine par l'utilisation de tous ses produits (1) (C. comm., 1, 632, 633; L. 21 avril 1810, art. 32).

Peu importe que cette fabrication nécessite l'achat de brai ou de goudron, si cette dernière matière n'entre qu'en petite quantité dans la composition et ne joue, par le peu d'élévation de son prix, qu'un rôle accessoire dans la valeur du produit revendu (2) (Id.).

(Société du Montcel-Sorbier c. Varagnat.) — ARRÊT.

LA COUR : — Attendu que la Compagnie du Montcel-Sorbier, exploitant les mines de charbon dont elle est concessionnaire, est une Société civile, aux termes de l'art. 32 de la loi du 21 avril 1810; qu'il n'est pas articulé qu'elle ait acheté pour les transformer en agglomérés d'autres poussières et débris de houille que ceux qu'elle obtient de sa propre extraction; que la vente de ces débris, sous la forme indiquée, n'est qu'un mode d'exploitation de sa concession;

Considérant qu'on objecte, à la vérité, que pour convertir ces résidus de houille en agglomérés, elle achète une matière étrangère, le brai ou goudron; que la combinaison de cette matière avec le charbon donne naissance à un produit industriel particulier; qu'il y a donc, dans cette opération, l'achat d'une marchandise pour la revendre, c'est-à-dire un acte de commerce; — Considérant que, si l'achat d'une chose destinée à être revendue constitue en thèse générale un acte de commerce, cette théorie cesse d'être vraie, lorsque l'objet acheté ne joue qu'un rôle accessoire dans la valeur du produit revendu; que, dans l'espèce, le brai est une matière de peu de valeur, qui n'entre pas pour un dixième dans la fabrication de l'aggloméré; qu'il doit donc être considéré comme adjoncteur indispensable peut-être, mais dont ni le prix, ni la proportion employée, n'empêche la chose non acquise de rester le principal objet du marché de revente; qu'ainsi, cette fabrication ne sort pas de la série des opérations auxquelles les débris de houille peuvent être soumis pour compléter l'utilisation de tous les produits de l'exploitation de la mine, et qu'elle ne peut pas modifier le caractère civil de la Compagnie qui a recours à cette annexe légitime de ses travaux d'extraction; — Par ces motifs, — ...Dit que le tribunal de commerce était incompétent pour connaître de la question qui lui était soumise; — Met son jugement à néant, etc.

MM. Baudrier, prés.; Debanne, av. gén.; Dulac et Thévenet, av.

AIX (1re CH.) 12 mars 1878.

1° FONDS DE COMMERCE, ÉLÉMENTS CONSTITUTIFS, CLIENTÈLE, ACHALANDAGE, DROIT AU BAIL, LOYERS D'AVANCE, USUFRUIT, RESTITUTION, VENTE, ABUS DE JOUISSANCE, DÉCHÉANCE,

---

(1-2) Une société formée pour l'exploitation d'une mine et qui limite ses opérations à l'extraction des matières qu'elle trouve dans le sol et à la mise en vente de ces produits au prix le plus avantageux possible, ne fait point par là acte de commerce et reste avec le caractère de Société civile. V. Aix, 31 oct. 1864 (*Journ. de Marseille*, 64, 1. 32); Cass., 31 janv. 1865 (Pand. chr.); Amiens, 26 févr. 1881 (S. 82. 2. 188. — P. 82. 1. 969); Cass., 28 janv. 1884 (S. 86. 1. 465. — P. 86. 1. 1147. — D. 84. 1. 146); (sol. implic.), 28 oct. 1885 (Pand. chr.); et notre *Dict. de dr. comm., ind. et marit.*, t. I, v° *Acte de commerce*, n. 104; Lyon-Caen et Renault, *Précis de dr. comm.*, t. I, n. 277 et 534.

Mais lorsque, avant d'apporter sur le marché les extraits de la mine, elle leur fait subir une préparation, une manipulation, qui les transforme, qui de matières premières leur donne une manière d'être industrielle, elle se livre alors à une véritable entreprise de manufactures. V. Colmar, 4 juin 1862 (Pand. chr.).

Toutes les manipulations ne produisent point ce résultat; il en est qui sont nécessaires pour l'utilisation des matières même sous leur forme naturelle, sans lesquelles aucun parti d'usage courant ne pourrait en être avantageusement tiré, ces opérations-là ne modifient en rien les situations de droit. Le cultivateur lui-même, qui représente le type du non-commerçant, se livre aussi, sur ses récoltes, à des préparations qui n'en changent pas le caractère, parce qu'elles sont généralement simples, d'une exécution facile, et surtout peu coûteuses en comparaison de la valeur intrinsèque des produits. Quand une Société ou un propriétaire de mine ne dépassent point cette limite, ils restent dans les exigences de leur exploitation minière; c'est l'extraction qui continue à être l'opération principale; et l'extraction est par elle-même de caractère civil. Les manipulations ne sont plus qu'un accessoire; elles ne donnent point leur caractère à l'extraction; elles le subissent et le reçoivent de l'extraction, ou, dans tous les cas, n'influent en rien sur celle-ci. C'est à cette appréciation qu'il y a lieu de s'arrêter, avec l'arrêt ci-dessus rapporté, relativement à la transformation en charbons agglomérés des houilles, menues poussières et débris de houille. V. en ce sens, Cons. d'Et., 21 janv. 1847 (Pand. chr.), et la note. Le produit, en pareil cas, ne reçoit pas une manière d'être nouvelle; il reste à peu de chose près ce qu'il était sous sa forme première.

Mais quand, au contraire, la mine groupe autour d'elle des usines, des forges, des fourneaux, que les matières extraites passent, avant d'être livrées au public, par une série de travaux et d'opérations compliqués, que le prix des produits naturels ne compte que pour peu en comparaison de l'augmentation résultant de la fabrication, alors les situations sont renversées; l'exploitation de la mine n'est plus qu'un accessoire dans l'ensemble de ces vastes entreprises commerciales; or, à ce rang, elle subit le caractère de ces entreprises et ne peut plus prétendre leur donner le sien propre. V. Grenoble, 19 mars 1870 (S. 71. 2. 35. — P. 71. 114); Cass., 1er juill. 1878 (Pand. chr.); 28 oct. 1885 (Pand. chr.), et les notes.

MESURES CONSERVATOIRES, EMPLOI DES CAPITAUX, CAUTION (DISPENSE DE). — 2° COMMUNAUTÉ LÉGALE, ÉTRANGER, RÉGIME MATRIMONIAL.

1° Un fonds de commerce (un café, par exemple) constitue une universalité juridique, qui se compose non-seulement des ustensiles, du matériel d'exploitation, des marchandises d'approvisionnement, du droit au bail, mais encore et surtout de l'achalandage et de la valeur attachée au renom de l'établissement, à sa situation dans tel quartier fréquenté (1) (C. civ., 546, 551).

Par suite, l'usufruitier du fonds de commerce doit, à la fin de l'usufruit, tenir compte au nu propriétaire de tous ces éléments de la nue propriété par comparaison de leur valeur avec celle qui leur était reconnue lors de l'ouverture de l'usufruit (2) (C. civ., 578 et suiv., 582, 1018).

Peu importe que le droit au bail fût arrivé à expiration au cours de l'usufruit, s'il a pu être renouvelé de manière à permettre la continuation de l'exploitation dans les conditions créées par le disposant (3) (Id.).

L'usufruitier qui ne peut ou ne veut continuer l'exploitation du fonds doit s'entendre avec le nu propriétaire avant de procéder à la vente (4) (C. civ., 582 et suiv., 588, 600).

Mais l'absence et le défaut d'autorisation du nu propriétaire ne suffisent point pour vicier la vente et en faire prononcer nécessairement l'annulation; elle est à bon droit maintenue lorsque le prix est en rapport avec la valeur du fonds (5) (Id.). — Motifs.

En outre du prix, l'usufruitier doit encore tenir compte au nu propriétaire de la somme versée par leur auteur entre les mains du bailleur, à titre de garantie du payement des loyers, et qu'il a compensée avec le dernier semestre de sa jouissance; l'usufruitier devant faire face aux charges périodiques de loyer sur les produits de l'exploitation courante (6) (C. civ., 608). — Motifs.

Et comme cette conversion d'un fonds apparent et tangible en une somme d'argent soustrait l'objet de l'usufruit à la surveillance du nu propriétaire, et lorsqu'elle est suivie de la prétention manifestée par l'usufruitier d'encaisser le prix de vente à son profit exclusif, constitue un sérieux abus de jouissance et autorise à craindre que cet usufruitier ne dissipe ou ne détourne la somme représentant actuellement la valeur de l'usufruit, il y a lieu, tout en écartant les rigueurs d'une déchéance, de prescrire, dans l'intérêt du nu propriétaire, des mesures conservatoires, telles que l'emploi des capitaux (7) (C. civ., 618).

Il en est ainsi, alors même que l'usufruitier serait, par son titre, formellement dispensé de donner caution; cette dispense ne pouvant s'étendre à un état de choses non prévu par le disposant (8) (Id.).

2° L'étranger marié en France à une Française est, en l'absence de contrat, présumé avoir adopté le régime de la communauté légale, si à l'époque de son mariage, et même antérieurement, il n'avait plus conservé de domicile dans son pays d'origine, s'il s'était fixé en France sans esprit de retour, y exploitait un établissement de commerce, et y a vécu jusqu'à son décès (9) (C. civ., 1387, 1393).

Peu importe que cette fixation de domicile en France n'ait point été accompagnée d'une autorisation du Gouvernement (10) (C. civ., 13).

(Camous c. Ghisla.)

25 mai 1877, jugement du tribunal civil de Marseille, ainsi conçu : — « Attendu que Frédéric Ghisla, frère des demandeurs au procès, est décédé à Maréols (Ardèche), le 23 juin 1870, en l'état d'un testament olographe daté du 14 juill. 1868, déposé après décès aux minutes de Mᵉ Sicard, notaire à Marseille, lieu du domicile du défunt; — Attendu qu'aux termes de ce testament, Frédéric Ghisla a légué à la veuve Eudoxie Salomon, son épouse, l'usufruit de tous ses biens, meubles et immeubles, et institué pour ses héritiers universels ses frères et sœurs par égales parts entre eux, à l'effet de recueillir ses biens au décès de sa femme seulement; que le testateur déclare dispenser sa femme de toutes formalités de justice, de faire inventaire, de donner caution, entendant que, dans le cas où ses frères et sœurs exigeraient une de ces formalités, ils seraient déchus de tous droits à la succession; — Attendu que Frédéric Ghisla, Suisse d'origine, s'était établi en France dès 1862; qu'il y avait contracté mariage à Maréols (Ardèche), avec la dame Eudoxie Salomon; qu'il exploitait à Marseille dans la maison Quai du Port et rue de la Loge, 17, un vaste établissement connu sous le nom de Café de la Marine; que c'est ce fonds de café qui constitue le principal actif de la succession; — Attendu que Frédéric Ghisla est décédé en 1870 au cours d'un bail qui,

(1-6) V. sur toutes ces questions les indications d'arrêts et d'auteurs contenues dans notre *Dictionn. de dr. comm., ind. et marit.*, t. IV, vº *Fonds de commerce*, n. 19 et suiv.

(7-8) Il est certain que l'usufruitier, qui ne doit jouir des biens soumis à son droit d'usufruit qu'à la charge d'en conserver la substance (C. civ., 578), ne peut les vendre, ni en disposer comme de choses lui appartenant, sans commettre un abus, et que cet abus est susceptible de faire prononcer contre lui la déchéance de son droit (C. civ., 618). V. Bordeaux, 19 avril 1847 (S. 48. 2. 183. — P. 48. 2. 106); Aubry et Rau, t. II, § 234, p. 515; Demolombe, *Usufruit*, t. II, n. 719. — Mais les tribunaux jouissent à cet égard d'un pouvoir souverain d'appréciation; ils ne se décident à une pareille extrémité que dans les cas d'une gravité exceptionnelle, alors que tout est compromis, que les mesures de sauvegarde et de conservation ne se présentent plus qu'avec un caractère d'efficacité douteuse.

Telles n'étaient pas les circonstances de l'espèce actuelle. Le fonds de commerce avait été vendu, mais au prix de sa valeur réelle; il n'y avait point eu disparition, destruction, de l'objet soumis à l'usufruit, mais simplement conversion d'un établissement industriel en une somme d'argent. A certains égards, la situation nouvelle pouvait même présenter des avantages pour le nu propriétaire, en ce sens que le commerce ne va pas sans risques, que l'industrie la plus prospère expose à des éventualités de pertes provenant de l'administration d'une gérance inhabile ou même d'événements généraux, fortuits, en dehors des prévisions humaines. Mais, d'autre part, un fonds de commerce est un bien avec une surface apparente, tangible; il n'échappe pas à toute surveillance du nu propriétaire, et par là il offre des garanties que ne fournit pas au même degré une somme d'argent. C'est cette préoccupation qui commande certaines mesures de sauvegarde; il ne faut pas que les capitaux restent à la disposition, sans contrôle, de l'usufruitier, libre désormais de les dissiper suivant sa fantaisie. Avec un emploi ordonné par justice, tous les intérêts se trouveront conciliés, parce qu'ils seront suffisamment protégés. Et l'usufruitier ne saurait exciper de ce que, en vertu du titre constitutif de ses droits, il serait formellement dispensé de fournir caution! Que n'est-il, en effet, resté dans la situation que lui créait ce titre, et que seule le disposant a pu envisager et régler! Mais il a modifié cette situation de son autorité privée, sans souci des droits d'autrui. Ces droits prennent leur revanche; chaque état de fait comporte une réglementation qui s'y approprie, et il appartient aux tribunaux de prescrire les mesures de circonstance. V. Nancy, 17 févr. 1844 (S. 44. 2. 162); Cass., 21 janv. 1845 (S. 45. 1. 129. — P. 45. 1. 261. — D. 45. 1. 105); Douai, 11 janv. 1848 (D. 48. 2. 148); Aubry et Rau, t. II, § 234, p. 515 et 516; Demolombe, *op. cit.*, t. II, n. 722.

(9-10) Jurisprudence constante. V. Paris, 3 août 1849 (S. 49. 2. 420. — P. 50. 1. 563. — D. 49. 2. 182); 15 déc. 1853 (S. 54. 2. 105. — P. 56. 1. 482. — D. 55. 2. 192); Aix, 27 nov. 1854 (S. 56. 2. 222. — P. 56. 2. 387. — D. 57. 2. 43); Cass., 11 juill. 1855 (S. 55. 1. 699. — P. 56. 1. 321. — D. 56. 1. 9); 4 mars 1857 (S. 57. 1. 247. — P. 57. 1143. — D. 57. 1. 102); Alger, 16 févr. 1867 (S. 68. 2. 48. — P. 68. 228); Bordeaux, 24 mai 1876 (S. 77. 2. 109. — P. 77. 471); Cass., 15 juill. 1885 (Pand. chr.); Massé et Vergé, sur Zachariæ, t. IV, § 639, p. 63, note 2; Aubry et Rau, 3ᵉ édit., t. IV, § 504 *bis*, p. 235 et suiv.; Coin-Delisle, *Rev. crit.*, t. VI, p. 193 et suiv.

suivant prorogation consentie par acte sous seing privé du 15 mars 1857, devait prendre fin le 29 sept. 1875; qu'aux termes de la convention originaire remontant au 17 nov. 1863, et qui devait prendre fin le 29 sept. 1875, il devait verser entre les mains des bailleurs, les sieurs Audibert, une somme de 5,000 fr., productive en sa faveur d'intérêts à 5 p. 100 l'an et laquelle devait être compensée avec le dernier semestre dudit bail, le prix annuel du loyer étant de 10,975 fr.; — Attendu qu'après le décès de son mari, la dame Eudoxie Salomon, veuve Ghisla, a continué l'exploitation du Café de la Marine, et ce, même après son second mariage avec le sieur Camous; que malgré certain projet de résiliation du bail dont il a été question au débat, ladite dame reconnaît avoir exploité l'établissement jusqu'à la cession dont il va être parlé et qu'elle a consentie à un sieur Nadal; — Qu'il est de plus établi et reconnu que la patente de l'année 1875 était encore en son nom, et qu'elle a payé le loyer des baux de Pâques à Saint-Michel de l'année; — Attendu que l'action en déchéance d'usufruit actuellement intentée par les consorts Ghisla, en leur qualité de légataires universels, se fonde sur des actes de disposition, d'appropriation personnelle accomplis par l'usufruitière avec le concours du sieur Camous, son second mari, des biens comprenant l'actif mobilier de la succession du défunt Ghisla, et spécialement du fonds de café susmentionné; — Attendu que ces actes sont reconnus par l'usufruitière et par son mari, en ce sens qu'ils conviennent avoir vendu le fonds de café moyennant le prix principal de 24,000 fr. à un sieur Nadal, par un acte sous seing privé intervenu le 24 sept. 1876, et ce sans autre réserve que celle relative aux objets mobiliers compris dans un inventaire joint à ladite vente, lesquels n'y ont été compris que provisoirement, étant stipulé qu'au cas où la dame Camous, qui s'en est reconnue simple usufruitière, n'en deviendrait pas propriétaire définitive, le sieur Nadal, acquéreur, aurait droit à la réduction sur le prix total de la valeur desdits objets et n'en payerait que l'intérêt à 5 p. 100 l'an; — Attendu qu'en ce qui concerne la somme de 5,000 fr. originairement versée par le défunt Ghisla en main des bailleurs, à titre de garantie, les époux Camous reconnaissent que, conformément aux stipulations du bail, ils l'ont compensée sur les derniers termes des loyers dus par eux et échus avant la cession du fonds; — Attendu que la prétention des époux Camous, ainsi nettement posée par leurs propres aveux et déclaration, tendrait à limiter le droit des propriétaires, en ce qui concerne le Café de la Marine, aux meubles corporels qui entrent dans l'exploitation et suivant l'énumération portée dans un inventaire qu'ils ne produisent même pas; qu'en ce qui concerne le droit au bail, ils soutiennent qu'il était expiré à partir du 29 sept. 1875, époque où expirait la prorogation du bail consenti au défunt Ghisla par l'acte susrelaté du 15 mars 1867; et enfin que, quant à l'achalandage et à la valeur d'exploitation créée par le défunt Ghisla, les époux Camous en font complétement abstraction et prétendent avoir pu valablement en disposer à leur profit personnel et exclusif comme de chose qui n'aurait continué d'exister que par leur volonté et par leur industrie; — Attendu que c'est là une prétention inadmissible; qu'en matière d'usufruit, il est de principe que la substance de la chose doit être conservée suivant la destination qui lui a été donnée par le propriétaire; qu'un fonds de commerce de la nature dont il s'agit dans la cause constitue une universalité juridique, comprenant non-seulement les ustensiles et les meubles servant à l'exploitation, les marchandises ou soit les approvisionnements qui se renouvellent, de telle sorte qu'à l'expiration de l'usufruit il doit en être tenu compte, par comparaison avec la valeur de ceux qui existaient lors de l'ouverture du droit, mais encore et principalement l'achalandage et la valeur parfois considérable qui s'attache à un établissement d'après le renom dont il jouit et le quartier dans lequel il est situé; — Attendu que les époux Camous se sont abstenus de produire l'acte de la cession du fonds par eux consentie à Nadal, mais leurs reconnaissances peuvent être complétées par l'extrait qui en est produit par les consorts Ghisla d'après la mention portée sur les registres du bureau de l'enregistrement; que, par cet extrait, on voit que cette cession a compris le droit au bail de la maison Quai du Port et rue de la Loge, 17, dans lequel existe le Café de la Marine, ainsi que le matériel qui y repose; — Attendu qu'il résulte de là que le bail avait dû être renouvelé par les époux Camous eux-mêmes; qu'ils avaient donc, en fait, conservé jusqu'à la cession la destination de la chose dans les conditions créées par leur auteur; — Attendu qu'en supposant qu'ils n'eussent pu obtenir le renouvellement du bail, ou même qu'ils n'eussent pas voulu prendre à leur charge les soins et les risques de l'exploitation, ils auraient dû appeler les nus propriétaires avant de procéder à une vente; — Attendu que, quoi qu'il en soit à cet égard aujourd'hui, en l'absence de ces derniers et sans aucune autorisation de leur part, ils ont transformé ce fonds de commerce, tel qu'il se composait, dans ses divers éléments, en une somme d'argent; que le prix de 24,000 fr. qu'ils en ont retiré ou doivent en toucher, paraît en rapport avec la valeur vénale de ce fonds; — Attendu qu'à ce prix, il faut ajouter la somme de 5,000 fr. qui avait été remise simplement à titre de prêt et de garantie par le défunt Ghisla en main du bailleur; qu'en effet, cette somme se trouvait encore sûre dans les biens du *de cujus*; que la compensation qui en a été opérée sur les derniers termes du loyer n'a pu dénaturer les obligations de l'usufruitier, tenu, d'après la loi, de faire face aux charges périodiques d'entretien sur les produits de l'exploitation courante; — Attendu que le chiffre de 29,000 fr. auquel on arrive n'est que de très-peu inférieur à celui de 30,000 fr. qui est porté dans les conclusions des consorts Ghisla comme représentant la valeur de l'actif aliéné; que ce chiffre doit donc être admis par le tribunal;

Attendu que la conversion d'un fonds qui constituait un objet apparent et tangible, sur lequel pouvait s'exercer la surveillance des nus propriétaires, en une somme d'argent que l'usufruitier prétend embourser comme lui appartenant en propre, a certainement constitué un abus sérieux de jouissance; qu'à cet égard la volonté d'appropriation manifestée par l'acte même de disposition et par les conditions dans lesquelles il est intervenu, volonté confirmée par la prétention soutenue dans le débat, donne lieu de craindre que les époux Camous ne dissipent ou plutôt ne détournent, au détriment des héritiers, la somme qui représente actuellement l'objet primitivement soumis à l'usufruit; — Attendu, par suite, que l'on se trouve conformément à des décisions nombreuses de jurisprudence dans le cas prévu par l'art. 618, C. civ.; que, sans user de l'extrême rigueur, en prononçant la déchéance, il y a lieu d'accorder aux propriétaires des mesures conservatoires; — Attendu que ces mesures sont indiquées par la nature même des choses, qu'elles consistent à astreindre les usufruitiers à faire emploi du capital; que là où les juges pourraient les déclarer déchus de la jouissance elle-même, ils sont autorisés à les priver simplement de la dispense de donner caution; que l'emploi sera l'équivalent de cette mesure; — Attendu qu'une telle prescription, loin d'aller à l'encontre de la volonté du testateur, tend au contraire à en assurer l'exécution complète, car cette volonté n'a pas été que l'usufruitière pût dissiper ou s'approprier le capital, ce qui entraînerait pour les héritiers la perte effective du bénéfice de l'institution faite à leur profit; que la dispense de caution ne saurait s'étendre à un état de choses que le défunt n'a pas prévu, et qu'il en faut conclure que les héritiers doivent rentrer sous l'empire du droit commun; — Attendu que, moyennant ce, les consorts Ghisla reçoivent une entière satisfaction, et qu'il n'y a pas lieu en l'état de leur allouer des dommages-intérêts;

Attendu toutefois que la dame Salomon, aujourd'hui épouse Camous, était unie en mariage avec Frédéric Ghisla; qu'il n'a été fait aucun contrat réglant les conditions pécuniaires de leur union; qu'elle entend, par suite, réclamer les avantages de la communauté légale de biens d'après les dispositions de la loi française, et non point être régie par la législation de cantons suisses, exclusive de communauté; qu'il suivrait de là que la demie du capital de 29,000 fr., représentant la valeur du fonds de commerce aliéné, lui appartiendrait, et que l'objet réuni à l'usufruit et devant être sauvegardé se réduirait à l'autre moitié; — Attendu que Ghisla, établi en France après 1862, n'avait conservé aucun domicile en Suisse, son pays d'origine; que c'est en France qu'il s'est marié; qu'avant, comme après son mariage, il a eu son domicile à Marseille, où il exploitait son unique établissement; que c'est dans la localité du département de l'Ardèche où il s'était marié qu'il s'est retiré pendant sa maladie, et que c'est là qu'il est décédé; que, dans de telles circonstances, l'intention et le fait donnent lieu de croire que Frédéric Ghisla avait voulu assurer à sa femme la faveur de la législation du pays dans lequel il s'est définitivement fixé avec elle; — Attendu qu'il a toujours été admis par les anciens auteurs et par une jurisprudence constante que les époux dont l'un est Français et l'autre étranger sont, en l'absence de contrat, régis par la loi du domicile matrimonial; que, sur ce point, l'intention est à considérer avant la nationalité, sans qu'il soit nécessaire que la fixation du domicile ait été accompagnée d'une autorisation du gouvernement, ce qui tient à ce que l'union conjugale est plutôt du droit des gens que du droit civil proprement dit;... — Par ces motifs; — Le tribunal, ayant tel égard que de raison à la demande des consorts Ghisla, déclare ladite dame Eudoxie Salomon, veuve de Frédéric Ghisla et épouse en secondes noces du sieur Camous, déchue de la dispense de donner caution qui lui avait été concédée par le testament olographe de feu Frédéric Ghisla son mari; — Déclare toutefois qu'elle a eu droit de s'attribuer la demie des biens composant la communauté légale qui avait existé entre sondit mari et elle en l'absence de contrat. » — Appel.

ARRÊT.

LA COUR : — Adoptant les motifs des premiers juges; — Confirme, etc.

MM. Rigaud, 1er prés.; Soubrat, av. gén.; De Séranon et Fernand Bouteille, av.

PAU 12 mars 1878.

REMORQUAGE, SERVICE PUBLIC, ETAT, CHAMBRE DE COMMERCE, PILOTES LAMANEURS, ABORDAGE, etc.

(Chambre de commerce de Bayonne c. Compagnie d'assurance maritime *British and Foreign*, Delalun et autres.)

V. le texte de cet arrêt reproduit *in extenso* avec Cass-civ., 27 janv. 1880, rendu dans la même affaire, sur pourvoi (Pand. chr.).

DIJON (3e CH.) 13 mars 1878.

FALSIFICATION, BOISSONS, VINS, CONDITIONS, VENTE, FUCHSINE, SUBSTANCE NUISIBLE, AGGRAVATION, COMPLICITÉ.

L'addition au vin de matières servant à lui donner l'apparence de qualités qu'il ne possède point par lui-même, n'ayant d'autre but et d'autre résultat que de tromper l'acheteur, constitue le délit de falsification de boissons (1) (LL. 25 mars 1851, art. 1; 5 mai 1855).

Il en est ainsi surtout, alors que, d'après les conditions du marché, les vins à livrer devaient être de telle année déterminée, naturels et purs de tout mélange (2) (Id.).

Et le délit de falsification s'aggrave encore de la nocuité de la substance employée, lorsqu'il s'agit, comme dans l'espèce, de fuchsine susceptible de provoquer des troubles fonctionnels et même des altérations organiques, et, par là, de compromettre la santé du consommateur (3) (LL. 27 mars 1851, art. 2; 5 mai 1855).

Le marchand qui a fourni les caramels à base de fuchsine ayant servi à ses colorations artificielles, sachant qu'ils devaient y servir, se rend complice du délit de falsification (4) (C. pén., 59, 60).

Sa culpabilité est même d'autant plus engagée que, dans un but de spéculation et pour réaliser de plus gros bénéfices, il a livré au commerce des produits impurs, préparés avec des matières de mauvaise qualité et rendus ainsi plus nuisibles que s'ils avaient été composés de substances de choix (5) (Id.).

Mais le marchand de caramels ne peut être déclaré complice du délit de vente de boissons falsifiées opérée par le falsificateur seul et sans qu'il y ait participé dans aucune mesure (6) (Id.).

(1-2-3) V. en ce sens, Cass., 29 nov. 1877 (Pand. chr.), et 30 nov. 1877 (Pand. chr.); 5 nov. 1885 (Pand. chr.), et les notes. *Adde*, Trib. corr. Seine (8e ch.), 26 mai 1887 (*Gaz. du Pal.*, 28 mai).

(4-5) *Sic*, Cass., 30 nov. 1877, précité; 18 nov. 1880 (Pand. chr.), et les renvois.

(6) La Cour de cassation par arrêt du 30 nov. 1877 (Pand. chr.), et la note, a décidé le contraire et a déclaré le fabricant de caramels complice même du délit de vente de boissons falsifiées, bien qu'il n'eût pas participé directement à la vente opérée par le falsificateur seul et aux agissements frauduleux vis-à-vis des clients par la raison qu'il connaissait la destination à laquelle les fournitures de caramels étaient réservées et qu'il en avait opéré quand même la livraison. Les circonstances relevées par la Cour suprême peuvent être décisives quand il s'agit de la complicité du délit de falsification proprement dit (V. Cass., 18 nov. 1880, Pand. chr., et les renvois en note); elles n'ont plus la même autorité relativement au délit de vente ou de mise en vente de boissons falsifiées. Ce sont là des délits absolument distincts. V. Cass., 20 mars 1885 (Pand. chr.), et la note.

Pour être complice de ce dernier délit, il faut une participation effective à l'un des actes quelconques qui constituent soit la vente, soit la mise en vente des produits. Généralement, ces actes commenceront, une fois l'œuvre de falsification achevée, consommée par le mélange et les combinaisons des opérations intérieures et secrètes. Il faut sortir les produits, les mettre en boutique, les exposer en montre, les tenir en un mot à la disposition du public, sous la main du consommateur. Ce n'est point tout : la clientèle ne vient pas toujours d'elle-même; il est nécessaire d'aller à elle, de l'appeler, de frapper son attention par des affiches ou étiquettes, de lui donner toutes les assurances d'une marchandise de qualité loyale et d'un bon marché exceptionnel, de l'amener par une infinité de petits et de grands moyens à traiter. C'est là le but où convergent toutes les ressources de l'esprit le plus inventif. Si le fabricant qui a fourni les substances ayant servi à la fraude, aide et assiste le marchand de vin dans ces démonstrations contre le public, il sera complice du délit de vente ou de mise en vente. Ce résultat est certain. Mais s'il n'y participe en aucune mesure, et dans la plupart des cas, il n'interviendra pas, son intervention n'étant pas nécessaire, comment pourrait-il être déclaré complice? Ces principes nous paraissent de toute évidence.

Nous nous sommes, peut-être, arrêté plus qu'il ne convenait à la solution de l'arrêt de Cassation qui n'a tranché la question que, pour ainsi dire, en passant, et sans s'y appesantir. Mais tous les documents qui émanent de la Cour régulatrice ont un tel prestige, une telle puissance d'autorité, qu'il y a mérite et service rendu à garantir contre les erreurs qui s'y peuvent glisser. Les

(Lireux.) — ARRÊT.

LA COUR : — Attendu que, par jugement du tribunal correctionnel de Saint-Dié en date du 30 mai 1877, Goupil Clément, négociant à Béziers, a été condamné à la peine de trois mois d'emprisonnement et 500 francs d'amende, pour avoir : 1° dans le courant de l'année 1876, à Béziers, falsifié une grande quantité de vins, destiné à être vendus dans l'arrondissement de Saint-Dié (Vosges), en les colorant frauduleusement par le mélange d'un caramel à base de fuchsine, substance nuisible à la santé ; 2° en août 1876, à Saint-Dié, mis en vente ces vins, sachant qu'ils étaient ainsi falsifiés ; — Que Lireux (Sosthène), fabricant de caramel à Rouen, a été, par le même jugement, condamné à la même peine, comme s'étant rendu complice de ces deux délits, en ayant en 1876, en France, procuré à Goupil la substance nuisible à la santé qui a servi à la falsification des vins mis en vente par Goupil, et sachant qu'elle devait y servir ; — Que les deux condamnés ayant relevé appel de cette décision devant la Cour de Nancy, la peine prononcée contre Goupil a été réduite à 15 jours d'emprisonnement et à 500 francs d'amende, et celle prononcée contre Lireux réduite à deux mois d'emprisonnement et 500 francs d'amende ; que cet arrêt est devenu définitif à l'égard de Goupil ; que Lireux au contraire, s'étant pourvu en cassation, et l'arrêt ayant été cassé (pour vice de forme), la procédure et les pièces ont été renvoyées devant la Cour de céans qui se trouve, en ce qui touche Lireux, appelée à statuer sur les poursuites ; — Attendu qu'il est prouvé par l'instruction et les débats que le 19 août 1876, Goupil, agent de la Société générale des vins du Midi, a expédié au sieur Eugène Gérard-Lacoque, négociant en vins au Souche d'Anourd (Vosges), 11 fûts contenant 34 hectolitres 17 litres de vin vieux de montagne, du prix de 28 francs l'hectolitre, et 28 hectolitres 45 litres de vin de Roussillon, du prix de 40 francs l'hectolitre ; — Que, d'après les conditions acceptées par Goupil, les vins à livrer devaient être de la récolte de 1874, naturels et purs de tout mélange ; — Attendu qu'à l'arrivée à la gare de Saint-Dié, le 29 août 1876, une première analyse ayant fait reconnaître dans ces vins un mélange de fuchsine, le sieur Gérard a refusé d'en prendre livraison ; — Que les vins ayant été saisis par l'ordre du juge d'instruction de Saint-Dié, une nouvelle analyse, faite par un des professeurs de la faculté de médecine de Nancy, a confirmé la première, et révélé la présence d'une forte quantité de fuchsine ajoutée sous forme de caramel pour rehausser la couleur de ces vins ; — Attendu que ces manipulations avaient pour but et pour résultat de tromper l'acheteur par l'addition au liquide de matières servant à lui donner la frauduleuse apparence de qualités qu'il ne possédait pas naturellement ; — Attendu que l'expert déclare que l'addition de fuchsine à une substance alimentaire doit être regardée comme nuisible à la santé ; que, si quelques controverses se sont élevées à l'origine sur la nocuité ou l'innocuité de la fuchsine lorsqu'elle est dégagée de toute trace appréciable d'arsenic ou d'aniline, on doit reconnaître, en l'état actuel de la science, et conformément à l'avis du comité consultatif d'hygiène publique de France, chargé en 1877 par le ministre de l'agriculture et du commerce, sur la demande du ministre de la justice, de l'examen de la question, que la fuchsine même complétement débarrassée d'arsenic est encore nuisible, en ce sens qu'elle peut sinon produire immédiatement des accidents d'empoisonnement, du moins amener, au bout d'un laps de temps encore indéterminé, des troubles fonctionnels et même des altérations organiques de nature à compromettre la santé du consommateur ; — Que, dès lors, c'est avec raison que les premiers juges ont ajouté au délit, reconnu constant de falsification de boisson, la circonstance aggravante tirée de la nocuité de la substance employée pour cette falsification.

Attendu que Lireux reconnaît avoir fourni à Goupil les caramels à base de fuchsine qui ont servi à ces colorations artificielles, sachant qu'ils devaient y servir ; que les premières livraisons de ces colorants remontent à mai 1875 ; qu'elles ont continué jusqu'en juillet 1876 et ont atteint le chiffre énorme de 44,517 kilogr., quantité suffisante pour colorer près de 200,000 hectolitres de vin ; qu'il s'est dès lors rendu complice d'une fraude qui a pris dans le Midi une extension considérable aussi contraire à la loyauté commerciale qu'aux vrais intérêts de la propriété agricole, et ne peut sous aucun prétexte exciper de la bonne foi ; — Attendu que les caramels sortis de ses laboratoires et livrés par lui à Goupil offraient un caractère particulièrement dangereux ; qu'en effet l'analyse d'un échantillon de son caramel saisi à Béziers chez Goupil, et qu'il reconnaît être le même que celui provenant de ses magasins, a permis de constater que ce colorant à base de fuchsine était impur, et contenait des composés arsenicaux dont la présence a été révélée par des expériences deux fois répétées, tandis qu'un autre échantillon remis par Lireux et traité avec les mêmes réactifs que le premier, a été reconnu exempt de composés arsenicaux, avec un pouvoir colorant moins prononcé et une couleur moins violacée, différences provenant, d'après l'expert chimiste, de ce que dans la préparation du caramel saisi à Béziers, on s'est servi, soit de fuchsine impure comme celle contenue dans les grenats, soit de glucoses préparées avec des matières de mauvaise qualité, tandis que le caramel présenté à son analyse par Lireux avait été obtenu avec des substances parfaitement pures ; que ces différences fournissent la preuve que Lireux, dans un but de spéculation, a livré au commerce des produits impurs rendus ainsi plus nuisibles que s'ils avaient été composés de substances bien préparées ;

En ce qui touche la complicité de Lireux dans la vente des boissons faite par Goupil à Girard-Lacoque : — Attendu que cette vente est le fait personnel de Goupil, qui, à l'insu de Lireux, et contrairement aux engagements pris par lui vis-à-vis de Girard-Lacoque de fournir des vins naturels et purs de tout mélange, a livré à celui-ci les vins falsifiés dont s'agit ; — Qu'il y a lieu, dès lors, de renvoyer Lireux de ce chef de complicité ; — Par ces motifs, vidant le renvoi ordonné devant elle par l'arrêt de la Cour de cassation, du 17 nov. 1877, et statuant sur l'appel interjeté par Lireux, du jugement contradictoirement rendu, le 30 mai 1877, par le tribunal correctionnel de Saint-Dié (Vosges), sur opposition à un jugement par défaut rendu, par le même tribunal, le 22 mars 1877 ; — Renvoie Lireux du chef de complicité relevé contre lui en ce qui concerne la vente des boissons falsifiées faite par Goupil à Girard-Lacoque ; — Déclare, au contraire, ledit Lireux coupable de s'être rendu complice du délit de falsification de boissons, à l'aide de substances nuisibles à la santé, commis en 1876, en France, et notamment à Béziers, par Goupil, en four-

poursuites contre les falsificateurs ont pris, en ces derniers temps, une extension considérable. Il ne s'agit pas d'une discussion théorique, mais essentiellement pratique, descendue dans le domaine des faits journaliers. Il faut donc que les responsabilités pénales soient nettement définies, et elles ne le sont qu'autant que les délits sont eux-mêmes bien arrêtés dans leurs contours. Or la Cour de cassation nous paraît avoir confondu les deux délits, essentiellement distincts dans leurs éléments, de falsification proprement dite et de vente et mise en vente de boissons falsifiées.

nissant à ce dernier les caramels à base de fuchsine qui ont servi à cette falsification, sachant qu'ils devaient y servir et que les boissons ainsi falsifiées étaient destinées à être vendues, etc.

MM. Klié, prés.; Poux-Francklin, av. gén.; Lenté, du barreau de Paris, av.

PARIS (4e CH.) 29 mars 1878.

PROPRIÉTÉ LITTÉRAIRE, DURÉE, ŒUVRES POSTHUMES, PUBLICATEUR, CESSIONNAIRE.

(Charpentier c. Lemerre et Chenier.)

V. le texte de cet arrêt rapporté avec Cass.-civ., 26 déc. 1880, rendu sur pourvoi dans la même affaire (Pand. chr.).

ORLÉANS (2e CH.) 9 avril 1878.

1° FAILLITE, UNION, TRAITÉ, MAJORITÉ, CRÉANCIERS DISSIDENTS, TIERS. — 2° RENTES SUR L'ÉTAT, INSAISISSABILITÉ, FAILLITE, SYNDIC, MAINMISE, VENTE.

1° Le traité, même dûment homologué, intervenu entre le failli et la majorité de ses créanciers en état d'union, n'est pas opposable aux créanciers dissidents; la règle de l'art. 570, C. comm., en vertu de laquelle les résolutions votées par la majorité lient la minorité, n'est édictée que dans les rapports des créanciers avec les tiers, et nullement des créanciers avec le failli (1) (C. comm., 507, 570).

2° L'insaisissabilité n'est pas de l'essence des rentes sur l'État au point de les soustraire, même en cas de faillite du titulaire, à la mainmise des créanciers (2) (LL. 8 nov. an VI, art. 4; 22 flor. an VII, art. 7; C. comm., 443).

Par suite de l'effet du dessaisissement du failli, les titres de rente tombent dans l'actif devenu le gage commun des créanciers, et peuvent être vendus par le syndic au profit de la masse (3) (Id.).

Jugé, au contraire, *que le principe de l'insaisissabilité des rentes sur l'Etat est absolu et de l'essence même de ces titres, et qu'il n'est nullement modifié par l'état de faillite du titulaire; que, par suite, le syndic de la faillite ne peut obtenir la remise entre ses mains des titres de rente appartenant au failli et les faire vendre au profit de la masse* (4) (Id.). — V. l'arrêt en sous-note (a).

Le syndic, agissant en cette circonstance, à l'encontre des intérêts personnels du failli opposés à ceux de la masse, ne peut représenter celui-ci, il est uniquement le mandataire des créanciers (5) (Id.). — Même arrêt en sous-note (a).

---

(1) V. en ce sens, Paris, 2 juill. 1840 (S. 40. 2. 424. — P. 41. 1. 360. — Journ. *le Droit*, n. 17 juill. 1840); Alauzet, *Comment. C. comm.*, t. VI, n. 2740, 2812; Bédarride, *Faillite*, n. 789; Laroque-Sayssinel et Dutruc, *Formulaire des faillites*, t. I, n. 995 et suiv.; Rousseau et Defert, *Codes des faillites*, p. 305, n. 6 et 7, et notre *Dictionnaire de dr. com., ind. et marit.*, t. VI, v° *Union*, n. 31.

(2-5) Le principe de l'insaisissabilité des rentes sur l'Etat qui les soustrait à toute espèce de mainmise de la part des tiers, est-il modifié par l'état de faillite du propriétaire de la rente?

A première vue, comme l'ont déjà fait remarquer avec tant d'autorité MM. Lyon-Caen et Renault, dans leur *Précis de dr. commerc.*, t. II, n. 267, la question peut paraître singulière. Pourquoi donc cet élément de l'actif échapperait-il à l'action des créanciers? Les débiteurs peu scrupuleux auraient alors un moyen très-simple de se dispenser de payer leurs créanciers; ils n'auraient qu'à employer leurs ressources à acheter des rentes sur l'Etat; ils pourraient se moquer impunément de la déconvenue de leurs victimes. Ce résultat serait déplorable, d'une injustice choquante.

Voyons s'il peut être évité, et si les expédients, les échappatoires, imaginés par la jurisprudence pour y remédier, se concilient avec les textes législatifs sur la matière et laissent suffisamment intact le principe de l'insaisissabilité.

Ce principe, tous les arrêts s'accordent à le reconnaître et à le proclamer. Il s'applique sans distinction aux rentes aux porteurs comme aux rentes nominatives. V. Bordeaux, 1er mars 1880 (Pand. chr.), et la note. De quels textes de loi dérive-t-il, et reçoit-il sa réglementation?

L'art. 4 de la loi du 8 nivôse an VI porte: « Il ne sera plus reçu à l'avenir d'opposition sur le tiers conservé de la dette publique inscrite ou à inscrire. » — L'art. 7 de la loi du 22 floréal an VII a complété ces dispositions; il est ainsi conçu: « Il ne sera plus reçu, à l'avenir, d'opposition au payement des arrérages dus pour rentes perpétuelles, viagères ou pensions, à l'exception de celle qui serait formée par le propriétaire de l'inscription ou du brevet de pension. »

L'exposé des motifs de la loi de l'an VI ne laisse subsister aucun doute, aucune équivoque, sur la signification d'une réglementation qui créait un droit nouveau; car la loi du 24 août 1793, en constituant le Grand-Livre de la dette publique, avait maintenu les rentes sous le régime du droit commun, et admis les oppositions non-seulement de la part du propriétaire en cas de perte de son titre, mais aussi de la part des créanciers du rentier. On y lit: « Il convenait de priver les créanciers pour l'avenir *de toute espèce* de droit, saisie ou opposition, soit sur le capital, soit sur les arrérages. Les créanciers *prévenus et instruits qu'ils n'auront point à compter sur cette ressource* pour le payement et la sûreté de leurs créances, régleront à l'avenir leurs transactions en conséquence, et se ménageront d'autres sûretés moins sujettes à tromper leur attente. »

Est-ce assez net, assez absolu! Comment exprimer en termes plus énergiques une règle plus générale? Si loin que se porte l'esprit d'investigation, il ne parvient pas à découvrir l'ombre d'un sous-entendu, d'une restriction. Les rentes sur l'État constituent bien, pour le titulaire auquel elles appartiennent, une partie de patrimoine qui se distingue de tous les autres biens, qui lui reste même quand il est dessaisi par la faillite de la totalité de son avoir, qui échappe à toute mainmise des créanciers.

La conséquence est sujette à critique; elle peut conduire à des résultats déplorables, scandaleux même; les récriminations, si fondées qu'elles soient, ne peuvent changer la loi. C'est ce que la Cour de cassation avait compris dans sa première jurisprudence; respectueuse des textes, imbue de ses devoirs de soumission, elle avait pensé qu'elle n'avait pas à substituer sa sagesse à celle du législateur; s'inclinant devant le principe, elle en acceptait toutes les déductions irrémédiables autant qu'irréductibles. Aussi avait-elle décidé, par un arrêt en date du 8 mai 1834 (Pand. chr.), que le failli n'était pas dessaisi de sa rente comme de ses autres biens, qu'il conservait seul le droit d'en disposer et de l'aliéner.

Préoccupée, effrayée peut-être des conséquences de ce premier arrêt, la Cour de cassation a cherché une conciliation entre le principe de l'insaisissabilité des rentes et le droit pour la masse de les réaliser à son profit. Le tempérament qu'elle a consacré dans son arrêt ultérieur, rendu après délibéré en chambre du conseil, à la date du 8 mars 1859 (Pand. chr.), avant d'être discuté, a besoin d'être présenté dans sa formule exacte, presque textuelle: Autre chose, dit la Cour régulatrice, est la saisie ou opposition dont les rentes sont affranchies, autre chose la mainmise qui succède, à l'égard du failli, à son dessaisissement de l'administration de tous ses biens sans exception. Cette mainmise peut, sans doute, selon les exigences de la liquidation de la faillite, être suivie de l'aliénation des rentes sur l'Etat dépendant de l'actif; mais alors, c'est au nom du failli, et comme ses mandataires légaux, que procèdent les syndics, sans porter, en conséquence, aucune atteinte aux règles de comptabilité et de crédit public qu'ont fondées les lois de nivôse an VI et de floréal an VII.

Le raisonnement est plus ingénieux que solide; pour peu qu'on le serre dans ses déductions, il se réduit à néant. Il laisse entières toutes les difficultés.

On a tôt fait de dire: Les syndics sont les mandataires légaux du failli, et quand ils aliènent, c'est comme si le failli aliénait lui-même. Cette première affirmation n'est pas d'une exactitude rigoureuse; elle a été rectifiée par l'arrêt d'Aix, reproduit en sous-note (a). Les syndics, lorsqu'ils aliènent, sont plutôt les manda-

(a) Cet arrêt d'Aix (1re ch.), 31 juill. 1882, aff. Syndic Roustan c. Roustan, est intervenu sur appel d'un jugement du tribunal civil de Digne, du 19 déc. 1881, ainsi conçu:

« LE TRIBUNAL: — Attendu que, par jugement du 19 mai 1880, le tribunal a ordonné le partage et la liquidation de la succession de dame Mélanie-Thérèse-Antoinette Paul, Vve Roustan, et désigné Me Martin, notaire aux Mées, pour y procéder; — Attendu qu'au nom des héritiers Roustan, on réclame la rectification du travail du notaire sur divers points, et, notamment, etc...; qu'une divergence complète s'est manifestée au sujet de l'attribution faite par le notaire à François-Auguste Roustan, pour le couvrir du tiers lui revenant comme héritier de sa mère, entre autres créances, de trois rentes au porteur, sur l'Etat français, relevant ensemble une valeur en capital de 4,018 fr. 55; — Attendu que le sieur François-Auguste Roustan se trouvant en état de faillite au moment où il a recueilli ces rentes, on soutient, au nom des syndics de la faillite, que c'est aux mains de ces derniers, comme représentant la masse des créanciers, non en celles d'Auguste Roustan, que ces valeurs devaient être versées; — Attendu que,

(Michau c. Michau et syndic Michau.) — ARRÊT.

LA COUR : — Attendu que le sieur Michau-Granger, ancien épicier, à Orléans, a été déclaré en état de faillite le 25 août 1875 ; qu'il n'avait pu obtenir de concordat de la part de ses créanciers, mais qu'au cours de l'union, ayant recueilli dans la succession de son père, décédé le 19 juill. 1876, un titre de rente de 5 pour 100 française de 892 fr., il contesta à Mᵉ Breton, agréé, son syndic, le droit de disposer de ce titre, en offrant toutefois de céder sur cette valeur portion suffisante pour parfaire avec l'actif réalisé par ailleurs un dividende de 63 pour 100 à chacun de ses créanciers; — Attendu qu'à la date du 3 oct. 1876, les créanciers, réunis sous la présidence du juge-commissaire, autorisèrent, au nombre de vingt-huit sur trente présents, le syndic à céder les droits successifs de leur débiteur dans les limites et conditions susénoncées, et que le 17 janvier suivant cette délibération fut homologuée par le tribunal de commerce; — Attendu que, pour en assurer l'effet, le titre de rente de Michau fut, suivant acte passé devant Mᵉˢ Dubec et Gitton, notaires à Orléans, en date du 17 oct. 1876, enregistré, cédé par Breton ès noms à une dame Gombault, sœur de Michau, moyennant un prix de 6,700 fr., calculé en vue de fournir aux créanciers unis le dividende nouveau. Mais il est à observer que le même jour, devant les mêmes notaires, la dame Gombault rétrocédait au sieur Michau, par un second acte identique avec le précédent, tous les droits qu'elle venait elle-même d'acquérir; — Attendu que Michau ayant assigné Breton, son syndic, en remise de la portion du titre de rente restant libre, ce dernier a réuni les créanciers pour leur rendre son compte; — Qu'au procès-verbal de reddition de compte sont intervenus, indépendamment du failli, la dame Michau-Granger, judiciairement séparée de biens avec son mari, et le sieur Granger, son père, protestant l'un et l'autre contre la proposition de Michau et le projet de compte, réclamant au contraire le maintien du titre de rente tout entier dans l'actif de la faillite et sa réalisation intégrale afin de pouvoir payer tous les créanciers ou, tout au moins, de les désintéresser eux-mêmes complétement; lesquels intervenant ont ensuite formé opposition en conformité de l'art. 532, C. comm. ; — Attendu qu'il a statué tant sur cette demande des opposants que sur les conclusions en défense du syndic par jugement du tribunal de commerce d'Orléans du 12 décembre dernier, lequel a débouté Granger père et la dame Michau de leurs prétentions, validé le traité de cession du 17 oct. 1876 pour être exécuté selon sa forme et teneur, et débouté de même le sieur Michau de l'action en garantie qu'il avait

---

taires des créanciers (C. comm., 532) que ceux du failli, et si, dans certains cas, ils ont aussi cette dernière qualité, elle cesse de leur appartenir toutes les fois que les intérêts personnels du failli sont en opposition avec ceux de la masse. C'est la situation de droit qui se présente, lorsque le syndic veut faire vendre au profit de cette masse un titre de rente que le failli prétend retenir et conserver en vertu d'un privilége spécial attaché à son titre.

Ensuite, en admettant même le mandat légal d'aliéner, ce mandat ne peut s'étendre qu'aux biens atteints par le dessaisissement. Comment pourrait-il porter sur une partie de patrimoine réservée, mise en dehors de l'accaparement des créanciers? Il y a une corrélation étroite entre les biens compris dans le dessaisissement et les biens auxquels s'appliquent les pouvoirs des syndics. L'argumentation de la Cour de cassation nous ramène donc à la question qui constitue tout le débat et qu'elle n'a pas avancé d'une ligne : les rentes sur l'Etat échappent-elles au dessaisissement? Ou bien, tombent-elles sous la mainmise de la masse, représentée par les syndics?

Le tempérament apporté à l'application des lois de nivôse et de floréal a été suivi par la Cour d'Orléans dans son arrêt ci-dessus rapporté; il est recommandé par Alauzet, *Comment. C. comm.*, n. 2739; Bédarride, *Faillite*, n. 776 *bis*, et *Gaz. des trib.*, 11 oct. 1860; Boistel, *Précis du cours de dr. comm.*, n. 1076; Trouillet, *Rev. pratique*, t. XI, p. 161.

Mais la tendance générale des Cours d'appel est d'y résister. Cette résistance a trouvé dans le jugement de Digne du 19 déc. 1881 et dans l'arrêt d'Aix, du 31 juill. 1882, reproduits en sous-note, une expression très-nette et très-juridique de sa manifestation. V. aussi Bordeaux (motifs), 1ᵉʳ mars 1880 (Pand. chr.), et la note. La majorité des auteurs se prononce également dans le sens de cette dernière jurisprudence. V. Laroque-Sayssinel et Dutruc, *Formulaire des faillites*, n. 986; Mollot, *Dissertation* insérée dans la *Gaz. des trib.*, n. 7 juin 1860; Massé, *Dr. commerc.*, t. II, n. 1185 *bis*; Demangeat, sur Bravard, t. V, p. 72, note; Trentesaux, *Etudes sur les rentes*, p. 201; Buchère, *Tr. des valeurs mobil.*, n. 151 et suiv.; *Opérat. de Bourse*, n. 167 et suiv.; Laurin, *Cours de dr. comm.*, n. 968, et surtout Lyon-Caen et Renault, *op. cit.*, n. 2672.

s'il est de principe que les biens d'un débiteur sont le gage de ses créanciers, et si ce principe est confirmé par les termes généraux de l'art. 443, C. comm., il y a lieu d'examiner si des lois spéciales n'ont pas dérogé aux dispositions précitées; — Attendu que la loi du 8 niv. an VI et celle du 22 flor. an VII disposent qu'aucune opposition ne sera reçue, à l'avenir, contre les titres de rente sur le Trésor public inscrits ou à inscrire, et que le payement des arrérages n'en pourra être arrêté, à moins que l'opposition à ce payement n'émane du propriétaire de l'inscription; — Attendu qu'en présence de dispositions aussi générales, on s'est demandé si les lois de l'an VI et de l'an VII avaient voulu soustraire les rentes sur l'Etat à toute mainmise des créanciers du titulaire, ou si la prohibition édictée par ces lois devait être restreinte au cas où, pour obtenir la remise des valeurs, les créanciers devaient procéder par voie de saisie-arrêt, entre les mains des agents du Trésor public; — Attendu que cette interprétation est celle des syndics de la faillite Roustan qui, trouvant entre les mains d'un tiers les titres de rente transférés au nom de François-Auguste Roustan, failli, voudraient qu'il fût ordonné par justice que ces titres seraient remis en leurs mains pour être versés à l'actif de la faillite; — Attendu qu'ils se fondent, pour le soutenir ainsi, sur un arrêt de la Cour de Lyon du 19 juin 1857, adopté, sur pourvoi, par la Cour de cassation (arrêt du 8 mars 1859, V. *ad notam*); mais que cet arrêt, le seul qui fasse la distinction qui vient d'être énoncée, se heurte à d'autres décisions nombreuses, émanant, soit de Cours d'appel, soit de la Cour de cassation elle-même; soit à des avis du Conseil d'Etat, qui proclament l'insaisissabilité absolue des rentes sur l'Etat à l'encontre de tous saisissants, et quelle que soit la procédure au moyen de laquelle on voudrait obtenir le transfert d'une rente contre le gré du titulaire; — Attendu que les décisions dont il vient d'être parlé, se sont inspirées des motifs exposés par les rapporteurs des lois de l'an VI et de l'an VII, au cours de leur discussion; qu'on y lit, en effet, que par les dispositions prises en faveur des rentes sur l'Etat, on a entendu non-seulement restituer à ces rentes le caractère de meubles qu'elles avaient presque partout, sauf dans quelques coutumes, mais encore priver les créanciers, pour l'avenir, de toute espèce de droit, saisie ou opposition, soit sur le capital, soit sur les arrérages; les créanciers, ajoute un rapporteur, prévenus et instruits qu'ils n'auront point à compter sur cette ressource pour le payement de leurs créances, se ménageront d'autres sûretés; enfin, en supprimant les oppositions de toute nature, on a voulu donner en quelque sorte aux rentes la valeur et l'effet du numéraire dont la transmission s'opère sans difficulté, et par là même, en accroître le nombre; — Attendu qu'il est impossible, en présence de ces déclarations du législateur, de ne pas reconnaître aux rentes sur l'Etat le caractère d'insaisissabilité la plus absolue, et de ne pas déclarer que ce caractère est supérieur à toute exception dont on se prévaudrait contre le propriétaire d'une telle rente pour l'en dépouiller; que son état de faillite, pas plus qu'un autre, ne fait donc obstacle à ce que cette rente lui soit personnellement attribuée, alors que, par suite de son dessaisissement général, tous les autres biens possédés par lui ou acquis depuis la déclaration de faillite, sont dévolus à ces créanciers; qu'il importe peu que, pour obtenir la remise forcée de titres de rentes, il suffise aux syndics d'un mandat de justice, sans engager aucune procédure de saisie-arrêt, les termes de la loi prohibant toute mainmise de leur part sur ces valeurs; — Attendu que ces principes n'ont reçu aucune atteinte dans les actes de procédure concernant la liquidation Roustan; que le jugement d'homologation qui a statué sur les diverses attributions faites aux cohéritiers, et notamment sur celle d'Auguste Roustan, désigné comme failli, n'a point entendu se prononcer sur la réclamation des syndics; qu'il n'y a pas, à cet égard, chose jugée; — Par ces motifs, — Déclare que les rentes sur l'Etat attribuées au lot de François-Auguste Roustan sont sa propriété exclusive, et ne peuvent être revendiquées par les syndics de sa faillite, à cause de leur insaisissabilité. » — Appel par les syndics.

ARRÊT.

LA COUR : — Attendu qu'aux termes de la loi du 8 niv. an VI, confirmée par celle du 22 flor. an VII, les rentes sur l'Etat ne peuvent être frappées d'aucune opposition; — Attendu qu'en règle générale, une mesure conservatoire n'est qu'un acheminement à une mesure d'exécution, et que là où l'une est prohibée, l'autre doit l'être également; — Attendu que les motifs qui ont inspiré les dispositions des lois précitées, et qui sont surtout tirés du désir d'augmenter le crédit de l'Etat en créant un privilége pour ses rentes, s'appliquent aussi bien aux mesures d'exécution qu'aux mesures conservatoires; — Attendu, dès lors, que les rentes sur l'Etat sont insaisissables dans le sens absolu du mot, et que, si ce principe existe au profit des titulaires de ces rentes tant qu'ils sont *integri status*, aucun texte n'autorise à le modifier lorsqu'une cause quelconque a amené le dessaisissement de leurs biens; — Attendu qu'on soutiendrait vainement, pour éluder cette règle, qu'au cas de faillite le syndic est le mandataire du failli, et qu'il peut exercer ses actions et faire tous les actes qu'il aurait pu faire lui-même; — Attendu que le syndic d'une faillite est, avant tout, le mandataire des créanciers; que si, dans certains cas, il est aussi le mandataire du failli, cette qualité cesse de lui appartenir toutes les fois que les intérêts personnels du failli sont en opposition avec ceux de la masse; tel est le cas où, comme dans l'espèce, le syndic veut faire vendre au profit de cette masse un titre de rente que le failli prétend avoir le droit de conserver en vertu d'un privilége spécial attaché à son titre; — Adoptant, d'ailleurs, les motifs des premiers juges; — Confirme.

MM. Rigaud, 1ᵉʳ prés.; Bujard, subst.; Poilroux et Paul Rigaud, av.

formée de son côté contre son syndic; — Attendu que la dame Michau-Granger a pu seule, à raison du chiffre de la créance, interjeter appel de ce jugement et reproduit devant la Cour ses conclusions primitives; — Attendu que diverses fins de non-recevoir lui sont opposées; — ... Sur le deuxième moyen tiré de ce que l'appelante serait liée par la résolution prise par la majorité des créanciers de son mari, le 3 oct. 1877, et par le pacte intervenu en conformité de cette délibération dûment homologuée : — Attendu qu'une fois les créanciers constitués en état d'union, le débiteur failli cesse de jouir de l'avantage anormal qu'aurait pu lui conférer un concordat, d'imposer à tous ses créanciers, même aux dissidents, tous traités consentis par la majorité de l'art. 507 du C. de comm.; que, désormais, il ne peut plus prétendre à une telle faveur, et qu'il ressort du système général de la loi sur la faillite et du texte même de l'art. 570, que cet article ne peut évidemment viser que des traités pouvant intervenir entre la majorité des créanciers et des tiers, mais non pas entre les créanciers et le failli lui-même; — Que c'est dans ce sens que doivent être interprétées les décisions de jurisprudence et de doctrine formulées sur cette question; — Attendu que, dans l'espèce, les contrats passés entre le syndic Breton au nom de Michau et de la dame Gombault, sœur de ce dernier, puis entre ladite dame et son frère, forment un seul tout qui ne saurait être divisé et présentent absolument le caractère d'un traité en réalité conclu entre les créanciers et le failli lui-même, au moyen de l'intervention de sa sœur, qui n'avait aucun intérêt personnel dans l'affaire et n'y a joué d'autre rôle que celui d'une personne un instant interposée; — Que la dame Michau, créancière dissidente, n'est donc pas liée par la concession consentie au profit de son mari par la majorité des autres créanciers, dont la décision ne lui est pas opposable; que, comme conséquence de cette solution, la dame Michau n'est pas liée davantage par le jugement du tribunal de commerce, homologuant la délibération dont il s'agit et qui n'a pas force de chose jugée en ce qui la concerne; qu'il en est enfin de même à l'égard des conventions arrêtées entre le syndic et la dame Gombault, lesquelles lui sont demeurées étrangères, et qu'elle n'était pas tenue d'appeler cette dernière en cause;

Attendu qu'il est encore objecté à la dame Michau qu'en vertu de l'insaisissabilité des rentes sur l'État, elle ne saurait rien prétendre contre le gré de son mari sur le titre de 892 francs de rente recueillie par celui-ci dans la succession de son père; — Mais attendu que les rentes sur l'État ne sont pas insaisissables de leur essence; qu'à l'origine, au contraire, elles avaient été expressément déclarées, par la loi du 24 août 1793, soumises à toutes oppositions de la part des créanciers de chaque rentier; que si, pour favoriser le crédit de l'État et dans un intérêt d'administration financière, les lois des 8 nivôse an VI et 22 floréal an VII ont déclaré qu'à l'avenir les rentes et leurs arrérages ne pourraient plus être frappées de saisie-arrêt, il ne ressort ni du texte ni des motifs de ces lois pris dans leur ensemble, que le législateur ait entendu imprimer à ces valeurs, devenues aujourd'hui l'un des principaux éléments de la richesse publique, un caractère d'insaisissabilité absolue et conférer aux titres ce privilège exorbitant de les voir, même en cas de faillite, échapper à toute atteinte, même de la part des créanciers les plus légitimes; — Attendu que, ramenées à leur véritable signification et renfermées dans leurs cadres, les dispositions des lois précitées ne sont donc point inconciliables avec le prescrit si formel de l'art. 443 du C. de comm.; et il faut reconnaître que, par l'effet du dessaisissement prononcé contre le failli par cet article, les titres de rente échus dans le patrimoine d'un débiteur, soit avant l'ouverture de sa faillite, soit durant le cours de cette faillite et avant la cessation de cet état, tombent dans l'actif devenu le gage commun des créanciers, et cela sans que ces derniers aient besoin de recourir à la voie d'action prohibée par les lois de l'an VI et de l'an VII; — D'où il suit que la dame Michau-Granger, n'étant pas liée personnellement par l'arrangement intervenu le 3 oct. 1876 entre son mari et la majorité de ses créanciers, est fondée à exiger que le titre de rente dont il s'agit soit réalisé par l'entremise du syndic, à concurrence de la somme nécessaire pour le remboursement intégral de sa créance vérifiée; — Par ces motifs; — Statuant sur les appels interjetés par la dame Michau et par Michau contre le jugement rendu par le tribunal de commerce d'Orléans, le 12 déc. 1877, infirme ledit jugement; — Autorise la dame Michau à ester dans l'instance dont la Cour est saisie; — Emendant et faisant droit à ses conclusions, la reçoit contestante au projet de compte soumis au Tribunal par le syndic de la faillite Michau; admet comme bonne et valable la critique élevée par elle contre ledit compte en ce qui concerne le titre 5 pour 100 recueilli par Michau dans la succession de son père; — Dit que le titre de rente 5 pour 100 de 892 francs, immatriculé au nom d'Alfred Michau en faillite sous le syndicat de Breton, est tombé dans l'actif de la faillite de cet ancien commerçant; — Déclare sans effet et comme non avenu au regard de la dame Michau la délibération prise par les créanciers dudit Michau, le 3 oct. 1876, homologuée, ainsi que les actes passés en conséquence entre le syndic et la dame Gombault; — Ordonne que le titre de rente sur l'Etat susénoncé sera, par les soins de Me Breton ès nom, réalisé jusqu'à due concurrence, pour le produit de cette aliénation être porté dans son compte définitif jusqu'à l'extinction en principal, intérêts et accessoires de la créance de l'appelante, etc.

MM. Boussion, prés.; d'Artemare, av. gén.; Léon Choppard (du barreau de Paris), Mouroux et Desplanches, av.

NANCY 10 avril 1878.

INTÉRÊTS, CAPITALISATION, PRESCRIPTION QUINQUENNALE.

Est licite la stipulation dans une obligation qu'à défaut de payement des intérêts à chaque échéance, ces intérêts, dus pour une année entière, seront capitalisés avec la somme principale et deviendront eux-mêmes productifs d'intérêts (1) (C. civ., 1154).

Et, par l'effet d'une telle clause, la prescription de cinq ans devient inapplicable aux intérêts ainsi capitalisés (2) (C. civ., 2277).

(Prémorel c. Irglebert.) — ARRÊT.

LA COUR : — Attendu que les frères Irglebert ne méconnaissent pas que, d'après la convention intervenue entre eux et Prémorel, il a été expressément stipulé qu'à défaut de payement des intérêts de leur dette à chaque échéance, ces intérêts se capitaliseraient et seraient productifs d'intérêts; qu'une telle stipulation, autorisée par l'art. 1130, C. civ., d'après lequel les choses futures peuvent être l'objet d'une obligation, n'est contraire ni au texte ni à l'esprit de l'art. 1154, C. civ., puisque, à l'époque où les intérêts capitalisés produisent eux-mêmes des intérêts, ils sont échus et dus pour une année entière;

(1-2) V. conf., sur ces deux points, Dijon, 26 avril 1866 (Pand. chr.); Bourges, 21 août 1872 (D. 73. 2. 182), et les renvois. — La même jurisprudence a été adoptée par le Conseil d'État (V. arrêt, 22 déc. 1882, Pand. chr., et la note).

Attendu que de plus la convention interdit aux intéressés le droit d'invoquer la prescription édictée par l'art. 2277, C. civ., qui s'applique aux intérêts non réclamés pendant cinq ans, et non à ceux qui, capitalisés par la volonté des parties, ne sont plus soumis qu'à la prescription trentenaire, etc.

MM. d'Hannoncelles, prés. ; Angenoux, av. gén. ; Ortlieb et Rémond, av.

PARIS (CH. CORR.) 27 avril 1878.

AGENCE DE RENSEIGNEMENTS, RENSEIGNEMENTS COMMERCIAUX, DIFFAMATION, PUBLICITÉ.

Les bulletins de renseignements fournis par les agences à leurs clients sur la solvabilité de tel ou tel commerçant, en réponse à une demande spéciale et expresse de ces clients, en dehors de toute distribution ouverte et spontanée, sous la condition formelle même du secret, participent du caractère confidentiel des lettres missives, et par suite restent dépourvus de la publicité, cet élément essentiel du délit de diffamation (1) (L. 17 mai 1819, art. 1, 13, 14).

(Allemand c. Moutier et Lemonnier.) — ARRÊT.

LA COUR : — Considérant qu'il résulte des débats que la plainte en diffamation dirigée par Allemand contre les frères Moutier et Lemonnier, gérants de l'agence de renseignements dite : « la Sûreté du commerce », est exclusivement fondée sur l'existence aux mains des correspondants de cette agence de cinq bulletins de renseignements émanant des prévenus, applicables au plaignant et portant la mention « nous nous abstiendrions », équivalents à une indication d'insolvabilité commerciale ; — Considérant que chacun de ces bulletins a été fourni en réponse à une demande spéciale et expresse de renseignements, en exécution du contrat intervenu entre l'agence et ses abonnés; qu'ils ne sont donc pas la preuve d'une distribution spontanée organisée par l'agence au préjudice d'Allemand; qu'obtenus dans ces conditions, ils participent par leur nature même du caractère confidentiel des lettres missives ; que, dans l'espèce, ce caractère doit être d'autant plus exactement retenu qu'il était la condition expresse du contrat intervenu entre les expéditeurs et les destinataires ; qu'encore, bien que, par des moyens ignorés de la Cour, les cinq bulletins se trouvent aujourd'hui dans les mains du plaignant, il n'appert d'aucune circonstance de la cause qu'ils aient reçu par l'initiative et le fait personnel des prévenus la publicité prévue par la loi du 17 mai 1819; — Considérant qu'en l'absence de cet élément essentiel de la diffamation, il devint superflu de rechercher jusqu'à quel degré les bulletins incriminés présenteraient par ailleurs les caractères du délit relevé par l'assignation ; — Par ces motifs, confirme, etc.

MM. Legendre, prés. ; d'Herbelot, av. gén. ; Carraby et Sagot-Lesage, av.

PARIS (1re CH.) 30 avril 1878.

BAIL A LOYER, TROUBLE, CONCIERGE, EXPULSION, RÉSILIATION.

Le locataire troublé dans la jouissance paisible des lieux qu'il occupe, par les procédés et les agissements vexatoires du concierge, est en droit de réclamer l'expulsion de ce concierge (2), *sans que rien ne l'oblige à demander du même coup la résiliation du bail dont l'exécution peut être pour lui avantageuse* (3) (C. civ., 1719).

(Gaches c. Auger et de Vatimesnil.)

10 août 1877, jugement du tribunal civil de la Seine, dont nous extrayons ce qui suit : — « LE TRIBUNAL : — Attendu que les époux Gaches, locataires, se plaignent de certains procédés et de certains agissements des époux Auger, concierges de la maison, et qu'ils demandent en conséquence que de Vatimesnil, propriétaire, soit tenu de les expulser sous peine de 50 francs par chaque jour de retard; qu'ils demandent en outre, tant contre de Vatimesnil que contre les époux Auger, une condamnation en 6,000 francs de dommages-intérêts ; — Attendu que, reconnaissant que les griefs qu'ils formulent ne sont pas établis en l'état, ils demandent à être autorisés à en faire la preuve : que, dans ce but, ils articulent quatorze faits; qu'il s'agit d'examiner si ces faits sont pertinents et admissibles ; (suit cet examen, et le tribunal conclut)... que tous ces faits d'ailleurs, fussent-ils prouvés, ne pourraient légitimer la demande des époux Gaches, tendant à faire ordonner que le propriétaire expulse les concierges; que le droit des époux Gaches ne saurait s'étendre jusque-là ; que, tout au plus, ils auraient pu, en demandant la résiliation du bail, la subordonner à la sortie des concierges, et faire du maintien de ceux-ci une cause légale de résiliation ; mais que, telle qu'elle est formulée, leur demande est inadmissible, et qu'à ce point de vue les faits qui en seraient le fondement manquent de pertinence; qu'il est vrai qu'ils demandent, en outre, des dommages-intérêts, et qu'à cet égard, la pertinence des faits doit être réglée par d'autres considérations ; — Qu'indépendamment de celles qui ont été indiquées plus haut, il faut ajouter que les faits restant à établir, en dehors de ceux qui sont d'ores et déjà démentis, n'ont aucune portée sérieuse; qu'ils se réduisent à des taquineries et à des propos de concierge, qui ne sauraient justifier, en aucun cas, la demande en dommages-intérêts, parce qu'ils n'auraient pu occasionner aucun préjudice appréciable ; qu'ainsi, à tous les points de vue, il y a lieu

---

(1) La question est très-controversée. V. en sens contraire, sur le caractère forcé de publicité des renseignements fournis par les agences, Aix, 19 mars 1885 (Pand. chr.). Ce dernier arrêt contient l'expression d'une thèse juridique très-hardie, mais, à notre avis, très-exacte, parce qu'elle ne se contente pas de la surface, de l'apparence des faits, qu'elle pénètre dans leurs éléments d'être, dans leur réalité vraie. Voici les considérants de l'arrêt d'Aix d'une portée générale qui renferment la réfutation catégorique du système consacré par la Cour de Paris dans l'affaire actuelle : — « En ce qui concerne la publicité : — Attendu que le fait même de l'organisation commerciale de ces agences implique nécessairement cet élément constitutif du délit; que par le nom qu'elles prennent d'agences de renseignements, bureaux internationaux de recherches, par leurs cartes et prospectus répandus à profusion, elles déclarent mettre à la disposition du public, sur le compte de tous ceux avec lesquels on peut être appelé à traiter, les renseignements les plus complets; que cette vente et mise en vente de fiches individuelles, que chacun peut se procurer au prix de 2 fr. ou 2 fr. 50, réunissent au plus haut degré l'élément de publicité exigé par l'art. 23 de la loi du 29 juill. 1881 ; que le caractère confidentiel qu'elles affectent de leur donner ne saurait le faire disparaître; *qu'une confidence offerte à tout le monde, au prix convenu, perd évidemment son caractère;* que le nom qu'elles lui conservent ne peut s'expliquer que par le désir de sauver les apparences ou d'interdire à leurs clients de divulguer les renseignements dont elles entendent se réserver la vente. » — C'est aussi notre opinion. V. nos observations jointes à ce même arrêt d'Aix du 19 mars 1885 (Pand. chr.).

(2) V. en ce sens, Trib. civ. Seine (5e ch.), 31 juill. 1862 (*Gaz. des trib.*, 15 août 1862); Paris, 29 juill. 1881 (Pand. chr.); Trib. civ. Seine (7e ch.), 27 janv. 1886 (Pand. pér., 86. 2. 71), et les renvois.

(3) Les agissements du concierge peuvent être une cause de résiliation du bail, mais faut-il du moins que cette résiliation soit réclamée par le locataire qui est seul juge de ce qui convient le mieux à ses intérêts. L'obliger à poursuivre cette résiliation pour pouvoir obtenir justice des vexations du concierge, ce serait le mettre sous la dépendance de ce dernier. V. Paris, 20 août 1861 (*Gaz. des trib.*, 12 oct. 1861).

de rejeter la double demande des époux Gaches, ainsi que l'offre de preuve par eux proposée, etc. » — Appel.

ARRÊT.

LA COUR : — En ce qui touche la demande des appelants en expulsion de concierges : — Considérant qu'aux termes de l'art. 1719, C. civ., le bailleur est tenu, pendant la durée du bail, de faire jouir paisiblement le preneur de la chose louée ; que, quand cette jouissance est gênée par des obstacles de quelque nature qu'ils puissent être, le preneur a le droit, s'il est au pouvoir du bailleur d'écarter ces obstacles, de lui demander de le faire, et de le rappeler ainsi à l'exécution du contrat ; qu'il n'est point réduit, pour obtenir justice, à demander la résiliation de ce contrat, au risque de perdre tous les avantages naissant pour lui de son exécution ; que la demande en expulsion formée par la dame Gaches était donc recevable, à la condition qu'elle prouvât : 1° que sa jouissance était troublée ; 2° qu'elle l'était par le fait des époux Auger ; — Qu'à la vérité, elle n'a point encore fourni cette preuve, mais qu'elle a demandé subsidiairement à la faire, et qu'elle a articulé comme propres à l'établir un certain nombre de faits dont la précision et la pertinence sont incontestables, et qui ont été à tort écartés par les premiers juges ; — Par ces motifs, donne acte aux appelants de ce qu'ils autorisent et offrent de prouver les faits contenus aux numéros, etc. — Dit que cette preuve sera faite, etc.

MM. le cons. Camuzat-Busseroles, prés. ; Onfroy de Bréville, av. gén. ; Lenté, Martini et de Corny, av.

BOURGES (CH. CORR.) 9 mai 1878.

RÉQUISITIONS MILITAIRES, CHEVAUX ET VOITURES, DÉCLARATION, DÉLAI.

En l'absence de toute fixation de délais par l'art. 37 de la loi du 3 juill. 1877, pour la déclaration à la mairie, par les propriétaires, des chevaux et voitures qu'ils possèdent, il y a lieu de s'en référer au délai de l'art. 74 du décret du 2 août 1877, qui prescrit de faire cette déclaration avant le 1er janvier de chaque année (1) (L. 3 juill. 1877, art. 37; Décr. 2 août 1877, art. 74).

En conséquence, est tardive et passible de la peine portée par la loi précitée, la déclaration faite à la mairie le 6 janvier seulement (2) (Id.).

(Mondain.) — ARRÊT.

LA COUR : — Considérant que l'art. 37 de la loi du 3 juill. 1877 ne fixant pas le délai dans lequel la déclaration obligatoire des propriétaires de chevaux et voitures doit avoir lieu, il appartenait au règlement d'administration publique légalement rendu et publié le 2 août 1877 pour l'exécution de cette loi de combler cette lacune ; — Considérant qu'aux termes de l'art. 74 de ce règlement, les propriétaires de chevaux et voitures doivent en faire la déclaration à leur mairie respective, avant le 1er janvier de chaque année ; — Considérant qu'il est établi que Mondain n'a fait sa déclaration à la mairie que le 6 janv. 1878 ; que, par conséquent, il n'a pas rempli son obligation dans le délai prescrit par la loi ; — Par ces motifs, infirme, etc.

MM. le cons. Brunet, prés. ; Duliège, av. gén.

PARIS (2e CH.) 20 mai 1878.

FAILLITE, ETRANGER, CRÉANCIER NON FRANÇAIS, CHOSE JUGÉE.

La loi des faillites est une loi d'ordre public et de police qui s'applique à tout commerçant en état de cessation de payements, sans distinction entre l'étranger établi en France et le Français (3) (C. civ., 3, 14 ; C. com., 437, 438).

Et la déclaration de faillite peut être prononcée, même en l'absence de créanciers français, à la requête des seuls créanciers étrangers (4) (Id.).

Le jugement qui refuse de déclarer une faillite ne revêt qu'un caractère essentiellement relatif et provisoire, et, par suite, ne met point obstacle à l'introduction d'une nouvelle demande appuyée sur des documents nouveaux (5) (C. com., 437 ; C. civ., 1351).

(Sammann c. Benecke, Sonchay et Cie.) — ARRÊT.

LA COUR : — En ce qui touche l'exception d'extranéité : — Considérant que, s'il est admis en jurisprudence que les tribunaux ne peuvent connaître des contestations entre étrangers quand le défendeur dénie la compétence, ce principe, limité dans son application aux litiges ordinaires, laisse subsister le droit des tribunaux français de connaître de la demande en déclaration de faillite formée par un étranger contre un étranger commerçant en France ; qu'en effet, la loi qui régit les faillites est une loi d'ordre public et de police du commerce, qui doit atteindre tous ceux qui habitent le territoire français ; que c'est dans un intérêt d'ordre public qu'est ordonnée la constatation judiciaire du fait de la cessation des payements, et non en vertu d'un droit civil soumis à la réciprocité par l'art. 11, C. civ. ; — Considérant que l'art. 437, C. comm., déclarant en état de faillite tout commerçant qui cesse ses payements, ne comporte, à raison de la généralité de ses termes, aucune distinction entre les Français et les étrangers ; qu'il suit de là que, même en l'absence des créanciers français et à la demande d'un seul ou de plusieurs créanciers étrangers, la

---

(1-2) V. en sens contraire, Montpellier, 16 mai 1885 (Pand. chr.), et la note.

(3) V. conf., Cass., 24 nov. 1857 (Pand. chr.), et la note. V. aussi Cass., 4 févr. 1885 (Pand. chr.), et les indications d'auteurs fournies par notre *Dictionnaire de dr. comm., ind. et marit.*, t. IV, vo *Faillite*, n. 27.

(4) Le principe admis, la conséquence s'en déduit sans difficulté. Il est certain, en effet, que l'étranger, au même titre que le Français, peut invoquer le bénéfice des lois de police et de sûreté dont l'observation intéresse l'ordre public.

(5) Quel est le caractère du jugement qui rejette une demande en déclaration de faillite ? Il ne paraît pas possible de donner à cette question une réponse absolue. La solution dépend des circonstances dans lesquelles le jugement est intervenu. V. nos observations sous Cass., 19 juin 1876 (Pand. chr.). — La rédaction de l'arrêt que nous rapportons ci-dessus manque de précision. Nous aimons mieux croire à un défaut de clarté qu'à la consécration d'une théorie manifestement erronée. Que dit, en effet, la Cour de Paris ? qu'après un premier rejet, la demande en déclaration de faillite peut être reprise, pourvu qu'elle soit appuyée de *documents nouveaux* susceptibles d'éclairer plus complètement la justice sur la situation véritable du commerçant. — Si les faits restent les mêmes, si ce sont exactement ceux qui ont été allégués dans une précédente instance qui sont reproduits avec de plus amples moyens de preuve, la chose jugée peut être opposée. La cause de la demande ne s'est pas modifiée ; elle a déjà été appréciée par le tribunal. Le demandeur est en faute s'il n'a pas présenté toutes ses preuves dans le premier procès. Il y a nécessité à ne pas multiplier les instances au gré des plaideurs sous prétexte de justifications nouvelles à fournir. — Au contraire, si par l'expression *documents* nouveaux la Cour de Paris a entendu ou voulu dire *faits* nouveaux, les critiques tombent ; la solution devient exacte, conforme à la jurisprudence de l'arrêt de cassation du 19 juin 1876 (Pand. chr.). Chaque fait ou ensemble de faits de nature à constituer l'état de cessation de payements et à motiver une déclaration de faillite forme une cause de demande distincte. C'est un autre procès qui est intenté eu égard aux circonstances qui ne sont plus les mêmes et dont la notification justifie un nouvel examen de justice, nonobstant la décision antérieure.

cessation de payements d'un étranger doit avoir pour conséquence légale la déclaration de faillite ;

En ce qui touche l'exception tirée de l'art. 1351, C. civ. : — Considérant que la décision qui refuse de déclarer une faillite ayant un caractère essentiellement relatif et provisoire, le jugement du 13 juill. 1875, qui a repoussé la demande de faillite formée par Benecke, Sonchay et Cie, ne pourrait faire légalement obstacle à ce que cette demande reproduite par le même créancier fût postérieurement accueillie, si elle se présentait appuyée de documents nouveaux susceptibles d'éclairer plus complétement la justice sur la situation véritable de Sammann ; — Considérant que ce qui a été jugé le 13 juill. 1875, sur la demande individuelle de Benecke, Sonchay et Cie, et en l'absence de tous autres créanciers, c'est que Sammann n'exerçait pas de commerce en France et n'y possédait aucun établissement; que depuis ce jugement aucun fait ne s'est produit qui soit de nature à modifier la situation de Sammann et à provoquer une décision nouvelle ; qu'aucune preuve n'est fournie d'actes commerciaux exercés en France, ou d'établissement commercial fondé par Sammann ; que, s'il a pris lui-même, dans la signification du jugement du 13 juill. 1875, la qualité de banquier, il l'avait prise aussi dans ses conclusions de défense à la demande de Benecke, Sonchay et Cie qui a été repoussée par ce jugement; qu'alors cette qualité a été jugée insuffisante pour caractériser l'état de faillite, et qu'elle l'est encore aujourd'hui ; que d'ailleurs Sammann soutient, sans être démenti par la preuve contraire, qu'il n'a été banquier qu'au Brésil et en l'absence, en France, de tout autre commerce ; — Considérant enfin que, l'unique créancier qui a demandé la déclaration de faillite ayant reçu satisfaction complète, la cessation de payements n'existe plus, même à l'égard de ce créancier, et que, dès lors, il y a lieu de rapporter la déclaration de faillite devenue sans objet et sans utilité ; — Par ces motifs, etc.

MM. Puget, prés.; Lefebvre de Viefville, av. gén.; Reittinger et Devin, av.

TRIB.-CORR. MELUN 23 mai 1878.

CHEMIN DE FER, COUPONS DE RETOUR, VENTE, GARE, COUR, TERRAIN, PROFESSION HABITUELLE.

La vente par des particuliers de billets ou coupons de retour délivrés par les Chemins de fer et non périmés, ne constitue par elle-même ni délit ni contravention (1) (C. civ., 1128, 1598).

Mais il en est autrement lorsque ce trafic se produit sur un terrain des Compagnies et d'une manière habituelle par des marchands de profession; il tombe alors sous l'application de l'art. 70 de l'ordonnance du 15 nov. 1846, qui interdit à tout vendeur d'objets quelconques d'exercer sa profession dans les cours et bâtiments des gares, sans une autorisation préfectorale (2) (L. 15 juill. 1845, art. 21 ; Ord. 15 nov. 1846, art. 70).

(Robert.) — JUGEMENT.

LE TRIBUNAL : — Attendu qu'il résulte des débats, d'un plan communiqué par la Compagnie du chemin de fer de Paris à Lyon et des aveux du prévenu Robert, que ce dernier a, le 7 avril 1878, dans la cour de la gare de Melun, vendu un coupon de retour, et qu'antérieurement il avait vendu, à différentes reprises et dans le même lieu, un certain nombre d'autres coupons ; — Attendu que si la vente par des particuliers de semblables billets non périmés ne constitue par elle-même ni délit ni contravention, il en est autrement lorsque ce fait se produit sur un terrain de la Compagnie du chemin de fer, et d'une manière habituelle ; — Attendu que dans ces dernières circonstances, le vendeur a fait de ce trafic une sorte de profession et se trouve ainsi soumis à l'ordonnance du 15 nov. 1846, qui interdit aux vendeurs d'objets quelconques d'exercer leur profession dans les cours des stations sans une autorisation préfectorale ; — Que telle est la situation du prévenu Robert; lui faisant application de l'art. 70 de l'ordonnance précitée et de l'art. 21 de la loi du 15 juill. 1845 ; — Condamne, etc.

MM. Mersier, prés.; Vignon, subst.

POITIERS (CH. CORR.) 1er juin 1878.

CHEMINS DE FER, BILLET, REPRÉSENTATION (DÉFAUT DE), ARRIVÉE, PRIX DU TRAJET, PAYEMENT, ABONNEMENT, CARTE.

L'obligation imposée par les tarifs homologués des Compagnies de chemins de fer, à tout voyageur qui ne présente point son billet à l'arrivée, de solder, avant de sortir de la station, le prix de la place qu'il a occupée, est absolue et ne comporte ni exception, ni restriction (3) (Tarifs génér. de la Comp. Paris à Orléans, art. 6 ; L. 15 juill. 1845, art. 21 ; Ord. 15 nov. 1846, art. 63, 79).

Jugé, cependant, qu'une Compagnie ne peut exiger le payement du prix de sa place de l'abonné dont la qualité n'est pas contestée, mais qui aurait oublié sa carte (4) (Id.). — V. le jugement en sous-note (*a*).

---

(1) Le propriétaire d'un billet d'aller et retour peut vendre ou donner le coupon de retour, et l'acquéreur de ce coupon peut le vendre ou le donner à son tour, sans encourir aucune peine. V. Nîmes, 27 juill. 1882 (Pand. chr.). V. aussi Paris, 30 juin 1881 (*Bull. annoté des chemins de fer*, 1883, 94).

Mais l'acheteur ou le donataire qui utilise le coupon à circuler sur la ligne doit être assimilé à un voyageur sans billet, et être, dès lors, passible des peines portées par l'art. 21 de la loi du 15 juill. 1845. V. Agen, 13 févr. 1879 (Pand. chr.); Paris, 21 mai 1881 (Pand. chr.); Nîmes, 27 juill. 1882 (Pand. chr.); Trib. corr. Sens, 6 juin 1882 (S. 83. 2. 207. — P. 83. 1. 1250); Trib. corr. Saint-Gaudens, 23 mai 1884, rapporté en note sous Paris, 21 mai 1881, précité; Bédarride, *Des chemins de fer*, t. I, n. 215. V. au surplus, sur ces questions, un très-remarquable rapport présenté au comité consultatif des chemins de fer, par M. le conseiller d'État Cauchat. Nous avons reproduit ce rapport, dans ses parties essentielles, en note sous Nîmes, 27 juill. 1882 (Pand. chr.).

(2) Par jugement, en date du 17 août 1868, le tribunal correctionnel de Bordeaux a également condamné un vendeur de billets de retour à une amende, pour avoir contrevenu à la même ordonnance (15 nov. 1846, art. 70) en poursuivant, dans l'intérieur de la gare d'Arcachon, les voyageurs de sollicitations importunes (*Bull. annoté des chemins de fer*, 1868, 8).

Cette solution, consacrée par les deux jugements de Bordeaux et de Melun, nous paraît fort contestable, en présence des termes de l'art. 70 de l'ordonnance du 15 nov. 1846, lequel se borne à exiger une autorisation préfectorale pour qu'un vendeur d'objets quelconques puisse être admis par une Compagnie à exercer sa profession dans les cours ou bâtiments des stations, et a, par conséquent, trait à un tout autre ordre d'idées et de faits. Jamais l'éventualité de la vente des billets de retour n'a pu se présenter à cette époque dans les prévisions du législateur. La création de ces billets et le trafic auquel ils ont donné lieu sont, en effet, de date relativement récente.

(3-4) Les deux situations doivent être soigneusement distinguées et régies par un traitement juridique différent.

(*a*) Ce jugement du Trib. civ. Seine (5e ch.), 24 mars 1870, aff. Dumas c. Chem. de fer d'Orléans, est ainsi conçu :

LE TRIBUNAL : — Attendu, en fait, qu'il est constant et reconnu entre les parties que Dumas était abonné pour le parcours de Fontenay à Paris du 8 juill. 1868 au 8 juill. 1869 ; — Que le 25 déc. 1868 il avait oublié sa carte d'abonnement ; — Que la Compagnie a exigé le payement du prix des transports à Paris et à Fontenay et lui en a donné deux reçus dans lesquels elle reconnaissait avoir reçu le prix des places bien que Dumas fut abonné ; — Attendu, en droit, que ce qui a été payé sans être dû est sujet à répétition ; — Attendu que par le prix de son abonnement, Dumas avait payé d'avance tous ses transports entre Paris et Fontenay, et que la Compagnie qui reconnaissait son titre d'abonné ne pouvait exiger un second payement que dans le cas où une convention intervenue entre

(Chem. de fer d'Orléans c. Gaultier.) — ARRÊT.

LA COUR : — Attendu que les tarifs des Comp. de chemins de fer régulièrement homologués sont obligatoires et ne peuvent être modifiés par voie d'interprétation ; — Attendu que l'art. 6 des tarifs généraux de la Comp. du chem. de fer de Paris à Orléans, homologués par décision ministérielle du 24 juill. 1874, est ainsi conçu : « Tout voyageur qui ne peut présenter son billet à l'arrivée doit solder, avant de sortir de la station, le prix de la place qu'il a occupée » ; — Attendu que les termes de cet article sont formels et qu'ils créent au profit de la Compagnie d'Orléans un droit précis qui ne comporte ni exception, ni restriction ; — Attendu qu'il est constaté par le jugement du tribunal de Civray que, le 27 janv. 1878, le sieur Gaultier descendant à Couhé-Vérac, du train n. 48, n'a pas remis son billet de place à l'agent chargé du contrôle, et est sorti de la station sans avoir voulu acquitter le prix de la place qu'il avait occupée; — Attendu qu'il résulte des faits ainsi reconnus constants que Gaultier s'est trouvé, à la date relevée dans le procès-verbal, dans le cas de l'art. 6 précité, et que dès lors il était redevable à l'égard de la Compagnie du prix du parcours qu'il avait effectué ; — Attendu qu'il est établi que Gaultier est parti d'Eparvilliers, qu'il est descendu à Couhé-Vérac, et qu'il a voyagé dans une voiture de troisième classe ; — Attendu que le prix de la place de deuxième classe entre les deux stations est de 0 fr. 60 cent.; — Par ces motifs, dit qu'il a été mal jugé par le tribunal de Civray, le 22 mars 1878, en ce qu'il n'a pas fait droit aux conclusions de la partie civile ; réforme en conséquence le jugement dont est appel, et, faisant ce que les premiers juges auraient dû faire, — Condamne, etc...

MM. Louvrier, prés. ; Sergent, av. gén. ; Orillard et Séchet, av.

CAEN (4e CH.) 4 juin 1878.

APPEL EN MATIÈRE CIVILE, TRIBUNAL DE COMMERCE, GREFFE, SIGNIFICATION.

L'acte d'appel d'un jugement de tribunal de commerce doit, à peine de nullité, être signifié à personne ou à domicile; il ne peut l'être au greffe du tribunal par application de l'art. 422, C. proc. (1) (C. proc., 422, 456).

(Abraham c. Leseigneur et autres.) — ARRÊT.

LA COUR : — Considérant qu'il convient, ainsi que le demande Abraham, de joindre les appels des 17, 23 et 24 nov. 1877, en raison de la connexité, pour statuer sur

---

Le voyageur ordinaire « qui ne peut pas présenter son billet à l'arrivée doit solder, avant de sortir de la station, le prix de la place qu'il a occupée ».

La présomption est très-claire, très-nette; elle est écrite en toutes lettres, dans l'art. 6 des tarifs génér. de la Comp. Paris-Orléans.

Or, il est de principe inconteste que les cahiers des charges des Compagnies de chemins de fer, ainsi que leurs tarifs généraux ou spéciaux, lorsqu'ils sont dûment approuvés et homologués, ont force de loi et doivent être exécutés et appliqués suivant leur forme et teneur. V. not. Cass., 17 mai 1882 (Pand. chr.); 9 mai 1883 (Pand. chr.); 26 nov. 1883 (S. 85. 1. 378. — P. 85. 1. 919. — D. 85. 1. 20); 13 août 1884 (Pand. chr.); 25 mars 1885 (S. 86. 1. 78. — P. 86. 1. 182. — D. 85. 1. 436); 4 août 1885 (Pand. chr.); 24 mars et 8 juin 1886 (Pand. pér., 86. 1. 134 et 162), ainsi que les notes jointes à ces arrêts.

Les conditions de rapidité des transports modernes, l'affluence des voyageurs comportent des mesures qui sont de nécessité et ne procèdent ni de l'arbitraire, ni de la fantaisie. Il est facile de se rendre compte du gâchis que produiraient des allégations plus ou moins fondées trop facilement acceptées.

S'il suffisait à un voyageur qui se présente sans billet, d'affirmer qu'il l'a pris au guichet, mais qu'il l'a perdu, pour être tenu quitte vis-à-vis de la Compagnie du prix du trajet, avant peu l'excuse deviendrait la règle; les trois quarts des voyageurs seraient atteints de la même fatalité par contagion. Seulement, la baisse des recettes fournirait la véritable explication de ces prétendus malheurs faits d'indélicatesses et de manque de scrupules.

Au surplus, supposons même qu'il y ait eu délivrance de billet au voyageur. Ce fait ne prouve rien ; le billet n'est pas personnel. La vigilance des employés est facile à tromper; le contrôle à l'entrée des salles d'attente ne peut s'exercer qu'avec tempérament. Il n'est pas impossible, il est même facile quand il y a foule, de se glisser dans le nombre et d'arriver jusqu'aux wagons sans exhibition préalable du ticket. La fraude est alors tout indiquée. Celui qui a pris son billet au guichet le passera à son compagnon de route. Si la Compagnie se montre trop accommodante, le tour sera joué; il sera recommencé. Les règlements se sont montrés prévoyants. En écartant systématiquement tout prétexte, toute excuse, ils ont ruiné, par la certitude de l'insuccès, jusqu'à l'idée même de fraude.

Le voyageur qui paye deux fois est-il d'ailleurs si autorisé qu'il le semble à première vue, à s'élever contre la rigueur des règlements ? N'est-il pas le premier en faute, le seul coupable de négligence ou d'inattention ? Que n'a-t-il plus soigneusement conservé son ticket ! il aurait ménagé sa bourse; toutes ces difficultés ne seraient point survenues. Quand on est soi-même l'artisan de sa mauvaise fortune, on ne récrimine pas; on subit la leçon des événements; il ne reste plus qu'à en faire son profit pour l'avenir.

Malgré l'honnêteté la plus avérée, l'absence de toute fraude du voyageur, le ticket a pu être ramassé par un individu peu scrupuleux, qui s'en sera servi lui-même ou qui l'aura vendu. Ce sera donc à la Compagnie de subir les conséquences de la faute d'autrui !

Quand un *abonné* a oublié sa *carte de circulation*, la situation est toute différente. L'abonnement est personnel; il ne profite qu'à l'individu qui l'a contracté, à lui seul et pas à d'autre. Les abonnés sont encore en nombre considérablement restreint, par rapport à la quantité des voyageurs ordinaires; ils sont le plus souvent par des habitudes anciennes, par la fréquence de leurs allées et venues, très-connus des employés qui ne leur réclament jamais l'exhibition de leur carte. La fraude devient par là impossible; dans tous les cas, la propagation n'en est pas à redouter; elle restera toujours circonscrite dans des limites très-restreintes.

L'art. 6 précité, des tarifs généraux, ne prévoit pas le cas d'abonnement qui donne lieu à un contrat spécial, à des conventions d'une nature particulière. En fait, les situations n'étant plus identiques, on conçoit qu'elles ne relèvent pas de la même réglementation uniforme. V. notre *Dictionnaire de dr. comm., ind. et marit.*, t. II, v° *Chemin de fer*, n. 17.

(1) V. conf., Florence, 11 déc. 1811; Besançon, 6 janv. 1818; Rennes, 29 août 1840 (S. 40. 2. 504. — P. 41. 1. 107); Colmar, 2 mars 1847 (D. 48. 2. 87); 3 févr. 1860 (D. 61. 2. 24); Rennes, 26 juin 1866 (S. 68. 2. 23. — P. 68. 202); Dijon, 25 janv. 1872 (S. 72. 2. 16. — P. 72. 103. — D. 73. 2. 99); Nancy, 4 mars 1873 (D. 74. 2. 41); Rennes, 19 mai 1879 (Pand. chr.). — Mais la doctrine et la jurisprudence sont à peu près unanimes à admettre, bien que la question reste controversée, qu'en matière commerciale, la signification du jugement faite au greffe du tribunal, à défaut par les parties non domiciliées dans le lieu ou siége ce tribunal d'y avoir élu domicile, fait courir le délai de l'appel; qu'à cet égard, l'art. 422, C. proc., déroge à l'art. 443 du même Code, suivant lequel ce délai ne court que du jour de la signification à personne ou à domicile. V. Rouen, 8 déc. 1879 (Pand. chr.), et les nombreux arrêts cités à la note.

elle et Dumas lui concéderait ce droit à titre de pénalité ou autrement ; — Attendu que la police d'abonnement est muette en cas d'oubli de la carte ; — Que si elle stipule une pénalité spéciale en cas de perte de ladite carte, il ne s'agit pas de perte dans l'espèce, et que ces deux hypothèses sont complétement distinctes ; — Attendu que si l'abonné doit présenter sa carte à toute réquisition, le défaut de présentation n'entraîne, d'après la convention, aucune pénalité; — Attendu, d'ailleurs, que la carte d'abonnement ne crée pas le droit de l'abonné, mais est seulement destinée à prouver ce droit aux employés de la Compagnie ; — Que, dans l'espèce, le titre d'abonné ayant été reconnu à Dumas, la représentation de sa carte devenait inutile, puisque son droit au parcours gratuit n'était pas méconnu par la Compagnie ; — Attendu que tant qu'une stipulation précise n'imposera pas à l'abonné qui ne sera pas porteur de sa carte, l'obligation de se munir, comme tout autre voyageur, d'un billet dont le prix ne sera pas remboursé, le seul droit de la Compagnie est de méconnaître le titre d'abonné et d'interdire l'entrée des wagons à toute personne non munie d'une carte ou d'un billet ; — Que, dans l'espèce, elle a reconnu à Dumas son titre d'abonné, et, dès lors, son droit de circuler sans payer de nouveau ; — Qu'elle ne peut donc pas se refuser à restituer à Dumas le prix qu'elle a exigé de lui et qu'elle avait déjà perçu ; — Infirme le jugement du juge de paix du Xe arrondissement de Paris du 13 janvier 1869, etc.

MM. Glandaz, prés. ; Provins et Lefèvre-Pontalis, av.

le tout par un seul arrêt; — Considérant, en fait, que le tribunal de commerce de Coutances a, par jugement du 20 oct. dernier, ordonné une enquête, aux fins d'établir qu'Abraham n'était pas un simple cultivateur, comme il le prétendait, mais qu'il exerçait réellement, en même temps, le commerce des bestiaux et des chevaux; que, nonobstant ses protestations au moment de l'enquête, et la représentation de l'exploit de notification d'appel dudit jugement faite au greffe du tribunal, il a été procédé à l'audition des témoins, par ce motif que cette signification faite au greffe ne remplissait point les conditions exigées par la loi pour l'acte d'appel; — Considérant, en effet, que l'art. 456, C. proc. civ., prescrit impérativement que cet acte sera signifié à personne ou domicile, et ce, à peine de nullité; qu'aucune disposition de loi n'a dérogé à ce principe absolu; qu'on objecte vainement le second paragraphe de l'art. 422 du même Code; que cet article pose une règle de précaution exceptionnelle qui ne doit pas être étendue au delà de ses termes et des nécessités de l'instance auxquelles elle pourvoit; que l'acte d'appel n'est pas un simple acte de la procédure en cours, mais bien le début d'une procédure nouvelle qu'il introduit; qu'il suit de là que le tribunal de Coutances a pu régulièrement procéder à l'enquête sans s'arrêter à une signification sans existence juridique, puisqu'elle n'avait point touché la partie intéressée, selon le vœu formel de la loi; — Par ces motifs, prononce la jonction des instances, et, statuant sur le tout, confirme purement et simplement les trois jugements du tribunal de commerce de Coutances, à la date des 20 oct. et 17 nov. 1877.

MM. Piquet, prés.; Tardif de Moidrey, av. gén.; Béuard et Jouen, av.

CHAMBÉRY 21 juin 1878.

LOUAGE DE SERVICE, OUVRIERS, SERVITEUR, CERTIFICAT DE PROBITÉ, REFUS, CONGÉ D'ACQUIT.

L'ouvrier ou le serviteur sortant n'ont droit qu'à un certificat constatant les services et le congé d'acquit d'engagement; ils ne peuvent exiger de leur patron ou maître la délivrance d'une attestation de probité et de moralité, avec déclaration d'opinion personnelle (1) (C. civ., 1780).

(Clerc c. chem. de fer de Paris-Lyon-Méditerranée.) — ARRÊT.

LA COUR : — Considérant qu'en soutenant avoir dû quitter le service de la Compagnie du chemin de fer de Paris à Lyon et la Méditerranée, pour ne pas subir une punition injustement infligée, et n'avoir pu obtenir le certificat de bonne conduite auquel il avait droit à sa sortie, Clerc a actionné cette Compagnie devant le tribunal de commerce pour la faire condamner à lui délivrer un certificat attestant qu'il s'était toujours conduit en homme probe et de bonnes mœurs, et à lui payer 5,000 francs pour le dommage causé par son refus, et en outre, 50 francs pour chaque jour de retard dans la délivrance de cette pièce; — Mais que le tribunal, considérant que, quoique aucune imputation ne fût faite contre le demandeur au regard de sa moralité, aucune loi cependant n'astreignait la Compagnie à lui délivrer d'autre attestation que le certificat d'usage constatant la durée de ses services et sa liberté de tout engagement, a condamné la Compagnie en 300 francs de dommages-intérêts pour son refus de délivrer le certificat demandé dont le jugement lui tiendrait lieu; — Attendu que la Compagnie de Paris-Lyon-Méditerranée a appelé de cette décision, offrant au demandeur la somme de 28 fr. 55, solde de ses salaires; — Considérant que toute obligation dérive de la convention ou de la loi; que Clerc reconnaît lui-même que ni les règlements de la Compagnie, ni la convention intervenue entre elle et lui ne renferment aucune clause qui puisse être invoquée à l'appui de sa demande; qu'aucune disposition de la loi ne prescrit au patron ou au maître de délivrer à l'ouvrier ou au serviteur sortant une attestation de probité et de moralité; que nul n'est tenu de rendre témoignage en dehors des cas et des formes déterminés par la loi; que ce serait astreindre à témoigner en dehors de ces cas et de ces formes, que de reconnaître à l'ouvrier le droit d'exiger du patron l'attestation de sa moralité et de sa probité, et la déclaration de son opinion personnelle sur lui; — Attendu que ce droit non-seulement n'a pas été donné par la loi, mais que, au contraire, aussi loin que l'on remonte dans la législation, on trouve une telle prétention repoussée par les lois et règlements intervenus à des époques diverses sur cette matière; que ce n'est déjà que d'un certificat de congé qu'il s'agit dans le règlement pour la police générale du 7 févr. 1867, et que c'est toujours seulement un certificat de cette espèce que les lois particulières ont prescrit; que c'est un simple certificat d'acquit de ses engagements qui doit être inscrit sur le livret de l'ouvrier, suivant la loi du 22 germ. an XI et celle du 22 juin 1854; que l'art. 8 de cette dernière va jusqu'à prohiber, en termes formels et pour tous les cas, qu'il soit fait sur le livret « aucune annotation favorable ou défavorable à l'ouvrier »; — Que le droit pour l'ouvrier de demander une attestation favorable aurait pour corrélatif nécessaire le droit pour le patron de la donner défavorable, ce qui ouvrirait la voie à des contestations incessantes qu'envenimerait le plus souvent la rupture du contrat; qu'en conséquence, la seule prétention légitime de l'ouvrier ou du serviteur sortant est de se faire délivrer un certificat constatant ses services et son congé d'acquit d'engagement; que l'usage constant, fondé apparemment sur les anciens règlements qui interdisaient de prendre en service quiconque ne justifiait pas de son congé d'acquit, explique cette prétention et oblige le maître à délivrer un tel certificat; — Attendu que la Compagnie appelante s'était conformée à cet usage en délivrant à Clerc dès avant l'intentat du procès, le 17 nov. 1876, ainsi qu'il le déclarait lui-même dans une lettre du 29 du même mois, un certificat constatant la date de son entrée, les divers emplois qu'il avait eus et la date à laquelle il avait quitté le service de la Compagnie; que cette pièce produite en appel et dont la Compagnie constatait en première instance la délivrance tout au moins par les copies de lettres existantes dans son dossier, remplissait toutes les conditions exigées en pareil cas; que notamment la mention, sans protester ni réserver, que c'était Clerc lui-même qui avait quitté le service de la Compagnie, équivaut évidemment à la constatation de son congé d'engagement; que le tribunal devait dès lors débouter le demandeur de ses conclusions; — Attendu qu'il ne peut s'agir d'entrer dans l'examen des récriminations de Clerc au sujet de la punition qui lui avait été infligée et de ses conséquences, la Cour n'ayant pas, à propos ou sous le prétexte du refus de certificat de moralité, à apprécier et à reviser les actes de l'administration intérieure de la Compa-

---

(1) Sic, notre *Dictionnaire de dr. commerc., ind. et marit.*, t. V, v° *Ouvrier*, n. 56. — La même solution a été consacrée, dans les rapports de l'employé de commerce avec son patron, par un jugement du trib. comm. Marseille, 28 juin 1883, rapporté en sous-note d'une autre décision du trib. comm. Seine, 8 sept. 1885 (Pand. chr.). V. ce dernier jugement et les observations qui l'accompagnent.

gnie de Paris-Lyon-Méditerranée; — Par ces motifs, infirme, etc.

M. Rosset de Tours, prés.

PARIS (4e ch.) 27 juin 1878.

TESTAMENT OLOGRAPHE, ENVOI EN POSSESSION, ORDONNANCE DU PRÉSIDENT, JURIDICTION GRACIEUSE, APPEL, FIN DE NON-RECEVOIR.

(A... c. N...)

V. le texte de cet arrêt reproduit en sous-note (a) avec Limoges (1re ch.) 3 janv. 1881, *aff.* hérit. de Bonfils Lavernelle (Pand. chr.).

BASTIA (ch. civ.) 23 juillet 1878.

ENFANT NATUREL, DISPOSITIONS ENTRE-VIFS ET TESTAMENTAIRES, INCAPACITÉ DE RECEVOIR, DESCENDANTS.

L'incapacité de ne rien recevoir, par donation entre-vifs ou par testament, au delà de ce qui leur est accordé par la loi, n'est relative qu'aux enfants naturels eux-mêmes et ne saurait être étendue à leur descendance légitime (1) (C. civ., 902, 908).

Ces descendants légitimes peuvent donc, après le décès de leur auteur et alors qu'une interposition de personnes n'est plus à redouter, recevoir, pour leur propre compte, au delà de ce que cet auteur aurait pu recevoir dans la succession de ses père et mère naturels (2) (C. civ., 902, 908, 911).

(Bourgeois c. Angeli.) — ARRÊT.

LA COUR : — Attendu que l'art. 908, C. civ., aux termes duquel les enfants naturels ne peuvent rien recevoir par donation entre-vifs ou par testament au delà de ce qui leur est accordé au titre des successions, n'est relatif qu'aux enfants naturels eux-mêmes, et ne saurait être étendu à leur descendance légitime; — Qu'il est, en effet, de principe et qu'il résulte du texte formel de l'art. 902 du même Code que toutes personnes peuvent disposer et recevoir, excepté celles que la loi en déclare incapables; que, d'autre part, l'art. 911 annule, pour cause d'interposition de personnes, toutes libéralités faites en faveur des descendants de l'enfant naturel reconnu incapable, d'où la conséquence implicite que, si celui-ci est décédé, rien ne s'oppose à ce que ces mêmes descendants soient gratifiés pour leur propre compte; — Attendu qu'on invoque en vain, à l'appui du jugement rendu par le tribunal de Bastia, les art. 759 et 760, C. civ.; que le premier de ces articles n'a été édicté qu'en vue d'affirmer le droit successif des descendants de l'enfant naturel, droit qui, dans le silence de la loi, aurait pu être contesté; — Que l'art. 760 est également sans application à l'espèce, puisqu'il n'impose aux descendants de l'enfant naturel avantagés d'autre obligation que celle qui pèse sur l'héritier donataire lui-même; — Attendu, au surplus, que si, dans l'intérêt de la conservation des familles et pour sauvegarder l'honneur du mariage, la loi n'a pas permis à l'enfant naturel, en cas de donation, d'autre part que celle qui lui est dévolue, à titre de réserve, sur la succession de ses auteurs, la même raison de décider n'existe pas lorsqu'il s'agit de ses descendants; — Qu'à défaut d'un texte de loi précis, il n'est possible d'admettre que ceux-ci soient traités avec plus de rigueur que si, comme leur père ou mère, ils étaient nés en dehors du mariage; — Qu'il suit de ce qui précède que l'action de l'appelante a été à tort repoussée par le tribunal, et que cette décision ne saurait, en l'état, être maintenue; — Par ces motifs, statuant sur l'appel de la partie de Me Valery, réforme le jugement rendu le 29 mars 1878, par le tribunal de première instance de Bastia, en ce qu'il n'a attribué aux hoirs de Bourgeois qu'un sixième de la succession de la dame Angeli; — Dit que cette succession sera partagée en conformité du testament de ladite dame Angeli, reçu par Me Suzzoni, notaire à Brando.

BORDEAUX (2e ch.) 24 juillet 1878.

VENTE DE MARCHANDISES, VINS, DEGRÉ ALCOOLIQUE, DÉGUSTATION, RÉSOLUTION.

Le fait par un acheteur d'avoir dégusté les vins, de les avoir ensuite expédiés dans sa clientèle, lui enlève bien le droit de se plaindre de leur couleur ou de leur goût, mais non de leur degré alcoolique qui échappe à la dégustation (3) (C. civ., 1587, 1642; C. com., 109).

(Lemonnier c. Vigier.)

22 mars 1878, jugement du tribunal de commerce de Périgueux, ainsi conçu : — « LE TRIBUNAL : — Considérant que, par exploit de Rousselot, huissier à Libourne, en date du 13 mars 1878, le sieur Vigier a fait assigner Lemonnier devant le tribunal pour voir homologuer un rapport dressé par M. Laroussie sur la qualité du vin qui fait l'objet du litige, s'entendre condamner à lui payer la somme de 1,739 fr. 86 c., pour les causes énoncées audit rapport, plus celle de 1,000 francs à titre de dommages-intérêts avec dépens; — Considérant que, par conventions verbales du 9 déc. dernier, Vigier acheta à Lemonnier une certaine quantité de vin blanc provenant de la commune des Eglisottes et autres communes voisines; que, comme condition essentielle, il était stipulé que ces vins pèseraient un minimum alcoolique de 9 degrés; — Considérant qu'une partie de ces vins a été adressée à Périgueux à Vigier; que ce dernier a refusé d'en prendre livraison sous le prétexte qu'ils ne pesaient pas le degré convenu; qu'après s'être assuré que ces vins n'étaient pas alcoolisés à cette dose, Vigier présenta une requête pour faire constater leur degré alcoolique; — Considérant que du rapport de l'expert il ressort qu'aucun de ces vins, qui se composent de trois années, ne renferme le nombre de degrés qu'il devait contenir; que, dans ces conditions, Vigier prétend qu'il est en droit de réclamer le montant de la différence produite dans la valeur du vin par le manquant d'alcool, plus des dommages-intérêts; — Considérant que Lemonnier, pour repousser l'action qui lui est intentée, soutient que la demande de Vigier n'est pas recevable; qu'il ne méconnaît point les conventions du marché; que les vins devaient avoir un minimum alcoolique de 9 degrés;

(1-2) C'est l'opinion consacrée par la presque unanimité des arrêts. V. Cass., 13 avril 1840 (S. 40. 1. 440. — P. 40. 1. 660. — D. 40. 1. 169); Montpellier, 28 janv. 1864 (S. 64. 2. 84. — P. 64. 9. — D. 65. 2. 58); Gand, 26 févr. 1874 (S. 75. 2. 23. — P. 75. 197); Cass. (motifs), 28 mai 1878 (S. 79. 1. 337. — P. 79. 865. — D. 78. 1. 401). — Mais la question est vivement controversée en doctrine; la majorité des auteurs se prononce même en faveur de la thèse opposée. V. conf. aux arrêts précités: Saintespès Lescot, *Donat. et testam.*, t. I, n. 238; Cadrès, *Enfants naturels*, n. 235; Massé et Vergé, sur Zachariæ, t. III, § 418, p. 40, note 23; Aubry et Rau, 4e édit., t. VII, § 649, p. 36; Laurent, *Principes de dr. civ.*, t. XI, n. 368. — *Contra*, Toullier, t. IV, n. 260; Duranton, t. VIII, n. 247; Delvincourt, t. I, p. 63, n. 5; Vazeille, *Donations*, t. II, sur l'art. 908; Belost-Jolimont, sur Chabot, t. I, sur l'art. 759, p. 579; Marcadé, t. III, sur l'art. 908; Boileux, *Comment. Code Nap.*, sur l'art. 908; Mourlon, *Répétitions écrites*, t. II, n. 561; Demante, *Cours analyt.*, t. IV, n. 28 *bis*, 3°; Demolombe, *Successions*, t. II, n. 95, et *Donations*, t. I, n. 561.

(3) Solution d'espèce susceptible de se modifier suivant les constatations de fait particulières à chaque affaire. V. en sens divers, Cass., 10 juill. 1877 (Pand. chr.); 13 mars 1878 (Pand. chr.); 4 juill. 1883 (Pand. chr.), et les notes.

mais que Vigier étant venu aux Eglisottes, le 27 février, a dégusté les vins, les a fait transvaser le même jour dans ses fûts, et en a fait expédier à Paris ou dans les environs; que, dès lors, ces vins ayant été agréés, on doit être forcé de reconnaître qu'il a pris définitivement livraison, et qu'il est par suite sans droit dans son action; — Considérant qu'il est constant et reconnu par toutes parties que les vins devaient peser au minimun 9 degrés; que Vigier s'est rendu dans le chai de Lemonnier aux Eglisottes; qu'il n'a rien relevé contre eux, si ce n'est une apparence de faiblesse dans les degrés alcooliques; qu'il ne serait point autorisé aujourd'hui à venir se plaindre, ni de leur couleur, ni de leur goût, puisqu'il aurait pu en juger par la dégustation qu'il en a faite; mais qu'il ne peut en être de même du degré d'alcool; que le dosage, en effet, ne peut être fixé d'une manière exacte par la dégustation; qu'il convient donc de reconnaître que, tout en faisant loger les vins dans ses fûts et en ordonnant de les expédier aux adresses qu'il avait indiquées, il n'entendait point renoncer à la richesse alcoolique qui était une condition essentielle du marché; que, par suite, il ne peut être décidé que Vigier ait définitivement agréé les vins, ni qu'il en ait pris livraison; — Par ces motifs, écartant l'exception soulevée par Lemonnier, dit que Vigier est recevable à faire constater le degré du vin vendu, etc. » — Appel.

ARRÊT.

LA COUR : — Sur l'appel principal de Lemonnier : — Adoptant les motifs des premiers juges; — ...Confirme.

MM. le cons. Habasque, prés.; Moulinier et Brochon, av.

AMIENS (CH. RÉUN.) 2 août 1878.

NOM COMMERCIAL, HOMONYME, CONCURRENCE DÉLOYALE, SUPPRESSION, RÉGLEMENTATION, POUVOIR DU JUGE.

(Erard c. Erard).

V. le texte de cet arrêt reproduit avec Cass.-req., 15 juill. 1879, rendu dans la même affaire (Pand. chr.).

TRIB.-CIV. CHATEAU-CHINON 30 août 1878.

CHASSE, GIBIER, POURSUITE SIMULTANÉE, OCCUPATION, PROPRIÉTÉ.

V. le texte de ce jugement reproduit avec Cass.-civ., 17 déc. 1879, rendu dans la même affaire sur pourvoi (Pand. chr.).

AIX (CH. CORR.) 14 novembre 1878.

ABUS DE CONFIANCE, VOL, GARNI, LOCATAIRE, OBJET MOBILIER, DÉTOURNEMENT.

Il y a abus de confiance, et non point vol dans le fait d'un locataire en garni qui enlève au préjudice du propriétaire et vend un objet mobilier garnissant les lieux loués (dans l'espèce, un matelas) (1) (C. pén., 408).

(Baudier). — ARRÊT.

LA COUR : — ...Au fond, en ce qui concerne le matelas appartenant à la veuve Giudicelli; — Attendu que de l'information et des débats il est résulté que le 12 oct. 1877, à Marseille, Baudier, locataire d'une chambre garnie à lui louée par la femme Giudicelli, a enlevé clandestinement au préjudice de la susnommée, et a vendu frauduleusement un matelas garnissant ledit appartement; — Attendu, en droit, que Baudier, locataire d'une chambre garnie, en enlevant, au préjudice de sa bailleuse, un objet mobilier garnissant les lieux à lui loués, ne semble pas avoir commis la soustraction frauduleuse prévue par l'art. 401, C. pén., mais bien plutôt le détournement, au préjudice du propriétaire, d'un objet remis à titre de louage à la charge de le rendre; — Attendu, quant à l'application de la peine...; — Déclare Baudier coupable d'avoir détourné frauduleusement et vendu, sachant qu'il appartenait à autrui, un matelas garnissant le lit de la chambre meublée à lui louée par la femme Giudicelli; le condamne à...

MM. Caresme, prés.; Alphandery, av. gén. (concl. contr.).

ROUEN (2e CH.) 14 décembre 1878.

PRESCRIPTION, PRESCRIPTION ANNALE, HUISSIER, SALAIRE, DÉBOURSÉS, AVANCES, *Negotiorum gestor*, MANDAT, AGENT D'AFFAIRES, PRESCRIPTION TRENTENAIRE.

La prescription annale de l'art. 2272, C. civ., contre l'action des huissiers en payement du salaire de leurs actes et commissions, s'applique tout aussi bien aux déboursés qu'aux émoluments de ces actes, mais ne saurait être étendue aux avances par eux opérées, *en dehors de leurs fonctions, soit comme mandataire, soit comme* negotiorum gestor, *à l'occasion des procédures dont ils sont chargés; ces avances sont régies, quant à la prescription, par le droit commun* (2) (C. civ., 1998 et 2272).

Cette prescription d'un an n'est d'ailleurs applicable que dans les rapports des huissiers avec leurs propres clients. — En conséquence, si un agent d'affaires charge un huissier d'instrumenter pour le compte de personnes dont il est le mandataire ou se fait le negotiorum gestor, *il prend, au regard de cet officier ministériel, l'obligation de recouvrer des intéressés, pour lui en tenir compte, le coût des actes à faire, et ne saurait, même pour les déboursés et émoluments, lui opposer la prescription annale* (3) (Id.).

(Lucas c. Bellelle.) — ARRÊT.

LA COUR : — Sur la demande principale de Bellelle, tendant à la restitution de divers dossiers, et sur la remise de pièces ordonnée en conséquence par le premier juge : — Attendu que le jugement a condamné Lucas, sous con-

---

(1) C'est là une jurisprudence dont on fait tous les jours l'application devant les Chambres correctionnelles du tribunal de la Seine. Il n'y a point vol, parce qu'il y a eu remise volontaire des objets au locataire pour son usage. Or la remise volontaire est, comme on sait, exclusive de la soustraction frauduleuse, l'élément essentiel du vol. V. conf., sur ce principe, Cass., 28 févr. 1883 (Pand. chr.): Bordeaux, 12 avril 1883 (Pand. chr.), et les renvois en note.

(2) Jurisprudence constante. V. les indications d'arrêts sous Cass., 25 févr. 1884 (Pand. chr.). *Adde* Cass., 23 juin 1863 (S. 63. 1. 349. — P. 63. 941. — D. 63. 1. 344); Trib. civ. Seine, 21 févr. 1887 (Journ. *la Loi*, 24 avril 1887).

(3) Ceux qui chargent un huissier de faire des actes pour eux ont l'habitude d'en payer le coût sans retard et sans en retirer de quittance. Il fallait les protéger, eux et leurs héritiers, contre le danger de payer une seconde fois. Tel est le fondement de la prescription annale. Cette disposition a donc pour but de régler les rapports des clients avec les huissiers qu'ils choisissent.

Lorsqu'un agent d'affaires, mandataire ou *negotiorum gestor* de ceux qui lui ont confié la direction de leurs intérêts, charge un huissier de faire, à ce sujet, tels ou tels actes de son ministère, quel est donc le contrat qui intervient entre eux? C'est, assurément, celui de mandat; d'où le règlement des frais y relatifs sera régi par les principes applicables à ce contrat et l'action de l'huissier en payement de ses salaires ne sera soumise qu'à la prescription trentenaire.

Dans les grandes villes, à Paris, par exemple, l'huissier ne connaîtra presque jamais les personnes pour lesquelles il a reçu mission d'instrumenter, et ce n'est pas à elles qu'il s'adressera pour le payement de ses salaires : il s'exposerait, d'ailleurs, à être débouté de sa demande, faute de lien de droit. Il actionnera

trainte de 200 francs, sauf à étendre, à remettre à Bellelle dans la quinzaine de la prononciation dudit jugement, les titres, pièces et dossiers restés entre ses mains ainsi qu'il l'a d'ailleurs reconnu dans les affaires Bellelle contre Bazile, Bellelle contre Tudeline, Dufour contre Bach, Lefroid contre Legrand, Klein contre Cabaret; — Attendu que Lucas reproduisant devant la Cour ses moyens de défense à l'action dirigée contre lui, conclut à ce qu'il lui soit donné acte de ce qu'il est prêt à effectuer la remise des dossiers ordonnée par le jugement contre payement de ses frais et avances selon lui encore dus; — Attendu que le tribunal a repoussé cette prétention et la demande reconventionnelle de Lucas par application de l'art. 2272, § 2, C. civ., ces frais ayant été faits antérieurement au 24 nov. 1876; qu'en l'état des faits et de l'instruction du procès, il y a donc lieu avant tout d'examiner si l'application de l'art. 2272, § 2, C. civ., faite par le premier juge, a été correcte et doit être maintenue; que cet examen s'impose aussi pour apprécier le mérite de la demande d'un compte général produit par Lucas; — Attendu que l'art. 2272, § 2, C. civ., relatif à la seule prescription contre les huissiers du salaire des actes qu'ils signifient et des commissions qu'ils exécutent, comprend sans doute et sans distinction les déboursés et émoluments s'y rattachant essentiellement, mais qu'il n'y a pas lieu de l'étendre aux sommes avancées par l'officier ministériel dans l'intérêt du client à l'occasion des procédures dont il est chargé, et, toutefois, en dehors des actes et commissions rentrant dans l'exercice de son ministère; — Attendu que l'huissier devenu par là en effet et pour ces avances *negotiorum gestor*, ou mandataire, reste à ce point de vue et pour cet objet soumis aux règles du droit commun, et ne se trouve plus, dès lors, atteint que par la prescription trentenaire (Cass., 9 mars 1875, S. 75. 1. 272. — P. 75.646. —D. 77. 1. 83); — Attendu, par suite, que pour toutes les avances de cette nature et ayant ce caractère ainsi précisé, dans les affaires faisant l'objet de la demande de Bellelle, ou du compte réclamé par Lucas, la prescription de courte durée de l'art. 2272, § 2, C. civ., ne saurait être appliquée; — Attendu que sous un autre rapport encore et dans une certaine mesure, la doctrine du jugement ne doit pas être accueillie; — Attendu, en effet, qu'il y a lieu de distinguer, même pour les frais et déboursés se rattachant essentiellement aux actes de fonctions dans les affaires confiées par Bellelle à Lucas, celles où Lucas, requis par Bellelle pour son propre compte et pour son propre intérêt, avait Bellelle pour client direct et personnel, et celles, au contraire, où Lucas, requis par Bellelle pour compte d'autrui et pour des clients le plus souvent inconnus, n'ayant pas à se faire payer de ses frais et déboursés par ses clients, laissait à Bellelle, qui en prenait ou en acceptait l'obligation, le soin de poursuivre lui-même un recouvrement dont, ensuite, il devait tenir compte à Lucas; — Attendu que cette situation différente et ce lien de droit spécial pour tous les actes et déboursés de l'huissier Lucas, dans les affaires non personnelles à Bellelle, mais dont il avait la direction, naissaient forcément de leurs relations particulières; qu'il apparaît, en effet, que, dans l'échange répété de leurs rapports, ils s'étaient donné l'un à l'autre un mandat tacite, mais réel et réciproquement accepté par tous deux, et que notamment Lucas, en compte ouvert avec Bellelle, avait pu parfois sans doute recevoir de celui-ci, pour une affaire déterminée, un payement particulier, sans compromettre par là son droit à un règlement général, droit rendu certain par les documents mêmes que Lucas produit devant la Cour, et toujours évidemment réservé par lui; — Attendu que Bellelle l'avait si bien compris que tout d'abord, et par son assignation du 15 févr. 1870, il demandait lui-même à la justice un compte dont il proclamait ainsi la nécessité; — Attendu, d'ailleurs aussi, que l'intimé acceptait si bien que, *negotiorum gestor* ou mandataire, il avait fait les recouvrements pour Lucas à ce titre, qu'aujourd'hui encore et dans l'instance actuelle, Bellelle se défend contre les prétentions de l'appelant par son affirmation d'avoir versé entre ses mains les frais et déboursés qu'il avait reçus pour lui; — Attendu que, de l'ensemble de ces faits, il ressort que l'art. 2272, § 2, ne saurait être appliqué à une situation pour laquelle les principes démontrent qu'il n'est pas fait; — Attendu que ces mêmes principes s'appliquent, avec la même autorité, aux éléments multiples du compte général réclamé par Lucas, et que, faisant disparaître les frais et déboursés des actes concernant Bellelle personnellement, lesquels sont prescrits aux termes de l'art. 2272 précité, il y aura lieu de maintenir au contraire dans ce compte avec les avances, lesquelles, dans tous les cas et pour toutes les affaires, ne sont atteintes que par la prescription trentenaire, les frais et déboursés proprement dits faits pour compte d'autrui, à la demande de Bellelle, qui avait à en assurer la perception, qui s'en trouve tenu comme *negotiorum gestor* ou comme mandataire, qui a déclaré même avoir fait ce recouvrement, et qui prétend s'être déchargé par des remises successives à Lucas sans apporter la preuve nécessaire de sa libération; — Par ces motifs, donne acte à Lucas de ce qu'il offre de remettre contre payement des frais les dossiers dont le premier juge a ordonné la restitution immédiate; — Confirme le jugement en tant qu'il déclare prescrits par application de l'art. 2272, § 2, C. civ., quant aux frais déboursés s'y rattachant directement, les actes du ministère de Lucas, antérieurs au 24 nov. 1876, faits pour Bellelle personnellement; — Déclare l'article 2272, § 2, inapplicable à toutes les avances faites par Lucas pour compte de Bellelle personnellement ou pour compte des clients de celui-ci, en dehors des frais et déboursés qui se rattachaient essentiellement aux actes du ministère de l'huissier; — Dit que, pour les frais et déboursés même des actes antérieurs au 24 nov. 1876, l'art. 2272, § 2, ne peut pas être appliqué dès que les actes ont été faits et les commissions exécutées non pour Bellelle personnellement, mais pour les tiers clients de l'agent d'affaires ayant un compte ouvert à cet effet, ou chargé d'assurer le recouvrement et ayant accepté par suite un mandat, ou rempli une gestion d'affaires dont il demeure tenu aux termes du droit commun et dans les délais de la prescription ordinaire, etc.

MM. Couvet, prés.; Chrétien, av. gén.; Godreuil et Ducôté, av.

TRIB.-CORR. AGEN 18 décembre 1878.

CHEMIN DE FER, BILLETS D'ALLER ET RETOUR, TRAIN DE PLAISIR, CONTRAVENTION, DOMMAGES-INTÉRÊTS.

(Chem. de fer d'Orléans c. D...).

V. le texte de ce jugement rapporté avec Agen (ch. corr.), 13 févr. 1879, rendu sur appel dans la même affaire (Pand. chr.).

---

son mandant qui, vis-à-vis de lui, a pris l'engagement de recouvrer de ses clients le coût des actes à faire et de lui en tenir compte, quand même.

Remarquons, en outre, qu'au regard de ses clients, l'agent d'affaires est, lui-même, mandataire ou *negotiorum gestor*; que dès lors, il ne sera pas soumis à la prescription annale; et il pourrait l'opposer à l'action de l'huissier! Pour des agents peu honnêtes, ce serait un mode de spéculation trop alléchant.

AGEN (CH. CORR.) **19 décembre 1878.**

ASSURANCES TERRESTRES, AGENTS, RÉVOCATION, INDEMNITÉ, TRAITÉ, RÉSILIATION, PORTEFEUILLE, CESSION.

La stipulation d'un traité entre une Compagnie d'assurance et un de ses agents privant ce dernier de toute remise sur le montant des polices ou avenants, échus ou à échoir, qui ne seraient pas recouvrés lors de la cessation de ses fonctions, reste sans application au cas de révocation sans motifs, par pur caprice, et combinée par la Compagnie de manière à profiter du travail de l'agent sans rémunération (1) (C. civ., 1134, 1382, 2004).

Mais elle est applicable à l'agent révoqué pour motifs graves, commandés par l'intérêt urgent de la Compagnie (2) (Id.).

Dans ce dernier cas, la Compagnie ne doit pas non plus d'indemnité à l'agent pour l'accroissement par lui donné au portefeuille, s'il est stipulé dans le traité qu'une résiliation intervenant n'importe à quelle époque et en quelque circonstance que ce soit, ne pourra donner lieu à aucuns dommages-intérêts ou indemnités (3) (Id.).

Et il en est ainsi, malgré l'usage généralement suivi d'après lequel l'agent d'assurances qui cesse ses fonctions, est admis à stipuler avec son successeur, sur la transmission du portefeuille, le payement d'une indemnité; aucune loi n'oblige, en effet, la Compagnie à ménager cette faculté à ses agents (4) (Id.).

Au contraire, une indemnité est due par la Compagnie à ses agents, quand elle a modifié dans son seul intérêt, en dehors du consentement de ceux-ci et dans des conditions qui n'en permettent plus l'exécution de bonne foi, un traité qui assurait à ces derniers, pendant une période de temps déterminé, des avantages sérieux (5) (Id.). — V. l'arrêt en sous-note (*a*).

Et s'agissant d'agences établies à l'étranger, l'indemnité doit comprendre les frais de déplacement, d'installation, d'organisation, aussi bien que la perte de la situation acquise (6) (Id.). — Ibid.

Cette éventualité se réalise à l'encontre de la Compagnie quand elle cède son portefeuille à une autre Compagnie, sans réserver les droits de ses agents et sans en assurer le maintien, et que, par suite de cet événement, elle leur fait perdre le moyen de tirer de la convention les avantages sur lesquels ils ont dû légitimement compter (7) (Id.). — Ibid.

(Comp. d'assur. terr. *l'Abeille* c. X...). — ARRÊT.

LA COUR : — Attendu que, par un double traité passé le 17 janv. 1874, entre la Compagnie *l'Abeille* et le prévenu, ce dernier a été constitué mandataire et agent général de la Compagnie, pour l'arrondissement d'Agen, tout ensemble pour l'assurance contre l'incendie et contre la grêle ; qu'il résulte des états de caisse dressés et signés par lui, les 20 et 24 août 1874, qu'il avait encaissé, pour le compte de la Compagnie, des primes s'élevant au total à la somme de 5,532 fr. 03 c., dont il doit compte, en sa qualité de mandataire ; — Attendu que la Compagnie ayant révoqué le mandat donné au prévenu et réclamé la restitution des sommes encaissées, ce dernier s'est vu dans l'impossibilité de satisfaire à cette réclamation, les fonds ne se trouvant pas dans sa caisse; que le prévenu prétend pour sa justification qu'il n'a jamais refusé de rendre ses comptes régulièrement; que si, d'un côté, il est comptable vis-à-vis de la Compagnie des sommes réellement encaissées, il a le droit de répéter contre elle et de compenser certaines sommes qu'elle lui doit et qui consistent en : 1° une somme de 2,300 francs de remises sur les primes échues et non encore encaissées au moment de sa révocation ; 2° une somme de 2,000 francs pour indemnité de l'augmentation considérable donnée au portefeuille de grêle par ses démarches et ses soins durant le cours de sa gestion; 3° une somme d'environ 500 francs de primes, dont il avait fait compte à la Compagnie alors que les quittances envoyées par lui à ses sous-agents étaient rentrées, le payement de ces primes ayant été refusé par les assurés; qu'il y a donc lieu d'examiner si cette exception est sérieuse et fondée dans les trois éléments qui la constituent; — Attendu, sur la somme de 2,300 francs de remises prétendues, qu'aux termes du traité du 17 janv. 1874, il n'est dû aucune remise sur le montant des polices ou avenants, échus ou à échoir, qui ne seraient pas recouvrés lors de la cessation de ses fonctions; que, néanmoins, la réclamation du prévenu

---

(1-2) V. nos observations sous Rennes, 8 mars 1880 (Pand. chr.).

(3-4) Il est certain que les agences d'assurances forment une véritable industrie, d'une importance souvent considérable; qu'aucune disposition légale, qu'aucune règle d'ordre public ne défendent de les transmettre par cession ou autrement. Mais les transmissions qui s'en opèrent ne lient pas les Compagnies qui peuvent se refuser à en reconnaître la validité (C. civ., 1165); elles ne tiennent qu'entre les parties qui ont traité à leurs risques et périls et en connaissance de cause. Et en effet, dans le rapport des Compagnies avec leurs agents, il ne peut être question que de l'application des principes du louage de services ou du mandat; or, l'un et l'autre de ces contrats reposent sur la confiance des mérites personnels, des qualités individuelles, d'intelligence ou de probité, toutes choses qui ne peuvent se transmettre à des successeurs. V. Besançon, 29 déc. 1875 (Pand. chr.), et la note.

Et si les Compagnies refusent leur ratification, les cessions ne peuvent produire aucun effet. V. Lyon, 12 juill. 1877 (Pand chr.). — Décidé même que, dans ce cas, si les Compagnies, en dehors des traités, nomment de leur propre choix les personnes désignées par les agents révoqués, ces derniers ne sont pas fondés à demander à leurs remplaçants une indemnité quelconque, fût-elle même convenue antérieurement. Lyon, 12 juill. 1877, précité.

(5-6-7) Ces solutions ne soulèvent pas de difficultés sérieuses ; elles ne contiennent qu'une question d'exécution de conventions synallagmatiques intervenues entre Compagnies et agents d'assurances. V. l'arrêt de Paris en sous-note (*a*).

(*a*) Cet arrêt de Paris (3e ch.), du 6 déc. 1882, aff. de la Tousche et Mullendorf, c. Comp. d'assur. terr. *la Patrie*, est ainsi conçu :

LA COUR : — Sur la demande en résiliation des conventions verbales du 4 avril 1877 : — Considérant que les conventions, légalement formées, tiennent lieu de loi à ceux qui les ont faites; qu'elles ne peuvent être révoquées ni modifiées que de leur consentement mutuel, et qu'enfin, elles doivent être exécutées de bonne foi; — Considérant qu'il est reconnu par toutes les parties, qu'à la date précitée du 4 avril 1877, la Compagnie *la Patrie* et les appelants ont fait une convention synallagmatique, par laquelle ces derniers se sont engagés à remplir, dans l'intérêt de la *Patrie*, des fonctions importantes en Belgique, et que de son côté la *Patrie* s'est obligée envers eux à leur concéder pendant douze années consécutives, des avantages de nature à leur procurer, pendant cette période de temps, des bénéfices considérables; — Considérant que les appelants se sont immédiatement mis à l'œuvre, qu'ils se sont installés à Bruxelles, et ont organisé des sous-agences dans les provinces belges; que pendant quatorze mois ils ont rempli leur mission sans encourir le moindre reproche et sans avoir à se plaindre de la Compagnie; — Mais considérant qu'à la date du 4 juin 1878, il est intervenu un événement qui, en changeant la situation de la Compagnie, a porté une atteinte sérieuse à la leur, et l'a profondément diminuée; qu'en effet, ce jour-là, la Compagnie *la Patrie* a cédé son portefeuille à la Compagnie *la Foncière*, sans introduire dans la cession de clause relative à ses engagements envers les appelants et devant en assurer le maintien ; qu'aussitôt les conséquences de la cession se sont fait sentir, et ont paralysé l'action des appelants ; que le mouvement des affaires a passé entre les mains de la *Foncière*, munie déjà de son personnel; que la *Patrie*, au contraire, n'a conservé qu'une existence nominale, et que ses agents ont ainsi perdu les moyens de réaliser les conditions de la convention du 4 avril 1877 qui leur étaient favorables ; — Considérant qu'il n'est pas exact de prétendre qu'ils n'ont pas été dépossédés de leur emploi ; qu'effectivement, si on leur laisse le titre qui les rattache à la *Patrie*, et si, en apparence, ils sont restés directeur et inspecteur divisionnaire en Belgique, en réalité, ils ont eu à lutter contre des obstacles qui ont rendu inexécutable la convention ; qu'il faut reconnaître que le contrat qui liait la *Patrie* envers eux a été modifié par elle en dehors de leur consentement et dans des conditions qui n'en permettent pas l'exécution de bonne foi ; qu'en conséquence, leur demande en résiliation a été mal à propos rejetée par les premiers juges, et doit être prononcée par la Cour à la charge des intimés ;

Sur les 40,000 fr. de dommages-intérêts demandés par les appelants : — Considérant que ce chiffre est manifestement exagéré, mais qu'une réparation est due aux appelants pour le préjudice que leur ont fait éprouver la modification du contrat et son inexécution ; qu'il y a lieu effectivement de les indemniser des frais de leur déplacement, de leur installation et de leur organisation en Belgique, de la courte durée de la convention, et de la perte de la situation qu'elle devait leur procurer pendant douze ans ; que la Cour, avec les éléments d'appréciation qu'elle possède, peut d'ores et déjà fixer les dommages-intérêts dus aux deux appelants ; — Par ces motifs : — Statuant par décision nouvelle, déclare résiliées, à la charge de la Compagnie *la Patrie*, les conventions verbales du 4 avril 1877, et faisant droit à la demande en dommages-intérêts des appelants, condamne la Compagnie *la Patrie* à leur payer la somme de 20,000 fr., etc.

MM. Burin des Roziers, prés. ; Victor Lefranc et Champetier de Ribes, av.

pourrait être fondée, si la révocation était sans motifs, par pur caprice et combinée par la Compagnie de manière à profiter de son travail de l'année sans rémunération, les conventions devant toujours être exécutées de bonne foi; — Mais qu'il n'en est pas ainsi dans l'espèce; qu'en effet, il résulte manifestement de la correspondance que le prévenu a toujours eu la plus grande négligence dans l'envoi de ses états de caisse et des fonds encaissés; que, malgré les réclamations et les menaces incessantes de la Compagnie, il s'efforçait d'éluder et de retarder cet envoi sous les plus futiles prétextes, et que les choses en étaient venues au point que la Compagnie avait juste sujet de craindre d'être victime d'un déficit de la part de cet agent; que cette crainte lui avait été manifestée et s'est trouvée justifiée par les aveux mêmes du prévenu contenus dans sa lettre du 6 août dernier; qu'ainsi la révocation était commandée par l'intérêt sérieux et urgent de la Compagnie, qui, dès lors, se prévaut à bon droit des termes du traité...;

Attendu qu'il en doit être de même de celle relative à une indemnité de 2,000 francs pour l'accroissement du portefeuille grêle dû à ses soins; que cette réclamation est en effet proscrite par les termes formels de l'art. 9 du traité, d'après lequel chaque partie conserve la faculté de la résilier à toute époque et en toute circonstance, sans que l'autre puisse prétendre à aucune indemnité ni dommages-intérêts; que si, d'après l'usage généralement suivi, l'agent d'une Compagnie d'assurance, qui cesse ses fonctions, est admis à stipuler avec son successeur, sur la transmission du portefeuille, le payement d'une indemnité, rien n'oblige la Compagnie à ménager cette faculté à ses agents, alors surtout qu'elle a, comme dans l'espèce, les plus grands motifs de les révoquer et le plus pressant intérêt à les remplacer sans délai; — Réforme, etc.

MM. Roque, prés.; Puech, av. gén.; Cabadé et Souegès, av.

ROUEN (2e CH.) 27 décembre 1878.

ÉLECTIONS MUNICIPALES, LISTES, NOMS, COMBINAISON, AUTORISATION (DÉFAUT D'), DOMMAGES-INTÉRÊTS, IMPRIMEUR.

N'est candidat à des élections que qui veut bien l'être. Par suite, nul ne peut être porté sur une liste, comme candidat, sans son assentiment, encore moins contre sa volonté formelle (1).

Et comme il appartient à chacun de régler, à sa convenance, la manifestation de ses opinions, de mettre à sa participation à la lutte les conditions et les garanties de telle nature qu'il lui plaît, le candidat qui figure déjà sur une liste déterminée, ne peut être porté sur une autre liste sans son autorisation et contre son gré (2).

A raison du préjudice matériel et moral que comportent de tels procédés, l'imprimeur qui a imprimé et fait distribuer la liste, est passible de dommages-intérêts (3) (C. civ., 1382).

(Bourden et autres c. Rodt). — ARRÊT.

LA COUR : — Attendu qu'il est établi et qu'il n'est pas méconnu que la liste électorale dite « liste républicaine », imprimée par Rodt et contenant le nom des appelants, a été publiée et distribuée par l'intimé à Evreux, la veille et le jour des élections municipales de janvier 1878; qu'il n'est pas moins constant que, nonobstant les défenses et la protestation des intéressés, Rodt a continué la distribution commencée; — Attendu qu'en faisant distribuer cette liste composée sans l'autorisation et même contre la volonté de ceux dont les noms y figuraient, Rodt a excédé son droit, et, par ce fait, causé un dommage qu'il doit réparer; — Attendu que l'intimé, pour s'exonérer de la responsabilité encourue, prétend en vain qu'étranger aux luttes politiques ou municipales il aurait cru ne faire qu'un acte de commerce et qu'en tout cas les noms inscrits sur la liste étant tous honorables, la possibilité d'un préjudice se trouverait par là même écartée; — Attendu qu'en portant atteinte au droit des appelants de ne laisser engager ni leur nom ni leur personnalité au milieu des ardeurs et des entraînements de la lutte, ou de n'y entrer qu'à des conditions et avec des garanties dont il n'appartenait qu'à eux de fixer le caractère et la nature, Rodt a causé un double préjudice moral et matériel, appréciable et certain; qu'il a fait violence, pour ceux-ci, à des convenances de discipline électorale, et à des engagements par eux acceptés; pour ceux-là, à des ménagements calculés dans un intérêt de fortune ou de famille; pour tous, à des sentiments et à des résolutions du domaine de la conscience, où la volonté de chacun doit demeurer souveraine; — ...Infirme, etc.

MM. Couvet, prés.; Chrétien, av. gén.; Ricard et Hardouin, av.

TRIB.-CORR. BAGNÈRES-DE-BIGORRE 28 décembre 1878.

(Chem. de fer d'Orléans c. X...).

V. le texte de ce jugement en sous-note d'Agen, 13 févr. 1879, *aff.* Chem. de fer d'Orléans c. D... (Pand. chr.).

---

(1) Cette première solution est pleinement consacrée par la jurisprudence. V. Trib. civ. Nevers, 22 juin 1881 (Pand. chr.); Trib. civ. Tours, 11 juin 1884 (S. 84. 2. 128. — P. 84. 1. 767). V. aussi nos observations jointes à Trib. civ. Toulouse (aud. des référés), 10 mai 1884 (Pand. chr.).

(2-3) *Contrà*, Trib. civ. Toulouse (aud. des référés), 10 mai 1884, précité. *Adde* Taillefer, *Comment. de la loi sur l'organisat. municip.*, n. 440 et suiv.; Sonnier, *Elections*, p. 212 et suiv. — Dans la théorie de l'arrêt ci-dessus, le grand argument, invoqué par M. l'avocat général, est celui-ci : « Chacun doit conserver libre et volontaire la manifestation de ses propres opinions politiques, philosophiques, sociales ou religieuses. Or, placer un citoyen sur une liste électorale contre son gré, l'y maintenir ensuite en dépit de ses protestations, c'est le contraindre à arborer un drapeau qu'il ne veut pas déployer. »

A ces objections on répond : Il n'y a aucune contrainte puisque l'on n'exige rien du candidat. Il y avait un moyen pour lui de se soustraire à ces éventualités qu'il pouvait prévoir du reste dans une certaine mesure, c'était de rester chez lui, de ne point briguer de suffrages. Quand on s'est jeté volontairement, par ambition ou par entraînement, dans la mêlée, on n'est pas toujours libre de choisir ses positions de combat; tel mouvement de l'adversaire peut séparer le chef de file du gros de ses partisans, le soldat de sa troupe. Il faut s'attendre à tout, et ne pas tenir trop de rigueur aux événements. V. au surplus nos observations sous Trib. civ. Toulouse (aud. des référés), 10 mai 1884, précité.

1879

CAEN (1re ch.) **6 janvier 1879.**

Lésion, Vente, Prix, Rente viagère, Evaluation, Pouvoir du juge.

La lésion de plus des sept douzièmes est, en matière de vente, une cause de rescision d'une portée générale, qui s'applique aux ventes faites moyennant une rente viagère, comme à toute autre vente (1) (C. civ., 1674, 1976).

En pareil cas, les tribunaux ont le pouvoir d'apprécier, par tous les moyens légaux, si le prix, quel qu'il soit, est inférieur aux cinq douzièmes de la valeur de l'immeuble (2) (Id.).

Ils peuvent, par suite, sans recourir à une expertise, rejeter l'action en rescision, lorsque, de leur évaluation, il résulte que la rente stipulée et les autres charges accessoires forment un tout supérieur aux cinq douzièmes de la valeur de l'immeuble (3) (C. civ., 1677, 1678).

(Choumier c. Deshayes). — ARRÊT.

LA COUR : — Attendu, en ce qui concerne la demande en rescision pour cause de lésion, que l'art. 1674, C. civ., est général et qu'il s'applique aux ventes faites moyennant une rente viagère comme à toutes les autres ventes; qu'à cet égard les tribunaux ont le pouvoir d'apprécier, par tous les moyens que la loi met à leur disposition, si le prix, quel qu'il soit, est inférieur aux cinq douzièmes de la valeur de l'immeuble; — Mais attendu que l'art. 1677 du même Code dispose que la preuve de la lésion ne pourra être admise que dans le cas seulement où les faits articulés seraient assez vraisemblables et assez graves pour la faire présumer; que, dans la cause, la réserve d'usufruit, le payement de deux rentes de 200 francs chacune, dont l'une est perpétuelle, les retenues faites par la venderesse et les réparations imposées à l'acquéreur, forment un tout supérieur aux cinq douzièmes de la valeur des immeubles vendus; d'où il suit qu'il n'y a pas lieu d'ordonner l'expertise sollicitée par l'appelant; — Par ces motifs, confirme, etc.

MM. Champin, 1er prés.; Tardif de Moidrey, av. gén. (concl. conf.); Laisné-Deshayes et Carel, av.

---

(1) Le principe de l'application de la rescision pour cause de lésion de plus des sept douzièmes aux ventes dont le prix consiste en une rente viagère, a été fort controversé. Au début, la jurisprudence s'est refusée à étendre à ce cas la disposition écrite dans l'art. 1674, C. civ., à raison du caractère aléatoire d'un pareil contrat. V. Poitiers, 10 prair. an XII, aff. Hilaire c. Barbaut; Cass., 16 avril 1822, aff. Audry c. Hilerais; Riom, 26 mai 1826, aff. Virgoulaz c. Mazelier; et sur pourvoi, Cass., 1er avril 1829; Agen, 5 mai 1829, aff. Lacoste c. Seignoles; Cass., 30 mai 1831 (S. 31. 1. 217. — P. chr.); Toulouse, 22 nov. 1831 (S. 32. 2. 108. — P. chr. — D. 32. 2. 34); Caen, 3 mars 1870 (D. 71.2. 213).

Cependant, la majorité des arrêts, tout en repoussant l'application de l'art. 1674, C. civ., avait recherché et trouvé un correctif dans l'art. 1591, du même Code. A défaut de rescision pour cause de lésion, la vente devait être annulée comme faite sans prix, si le produit des objets vendus était égal ou supérieur à la rente stipulée. V. Poitiers, 23 therm. an XI, aff. Venault c. Geffroi; Cass., 8 juill. 1806, aff. Jauffret c. Martelly; Paris, 12 juill. 1808, aff. Delisle c. Pied; Bourges, 10 mai 1826, aff. Millet c. Latour; Paris, 2 juill. 1826, aff. Maugeon c. Jelmain; Angers, 21 févr. 1828, aff. Gault c. Fournier; Orléans, 26 mai 1831, aff. Carré c. Gamelin; Poitiers, 9 juin 1840 (P. 41. 1. 622); Cass., 23 juin 1841 (P. 43. 2. 68).

Toutefois, dès 1836, la Cour de cassation décidait, d'une manière absolue, que les ventes faites moyennant une rente viagère sont susceptibles, comme les ventes faites moyennant tout autre prix, de l'action en rescision pour cause de lésion. C'est cette solution qui a définitivement prévalu et que consacre l'arrêt de Caen dans l'affaire actuelle. Cette dernière décision mérite d'être d'autant plus remarquée, que la même Cour s'était prononcée en sens contraire dans l'arrêt précité du 3 mai 1870. V. Cass., 22 févr. 1836 (S. 36. 1. 186. — P. chr. — D. 36. 1. 205); Nancy, 2 août 1837 (S. 39. 2. 183. — D. 38. 2. 220); 16 juill. 1856 (P. 57. 540. — D. 57. 1. 283); Montpellier, 8 déc. 1857 (D. 58. 2. 120); 13 nov. 1867 (S. 68. 1. 23. — P. 68. 35. — D. 68. 1. 344); Lyon, 10 juin 1875 (S. 76. 2. 119. — P. 76. 478).

Ce dernier système nous paraît le seul juridique; il se concilie avec les exigences qui sont de la nature du contrat de rente viagère. Ce contrat, en effet, ne peut échapper aux principes établis en matière de lésion qu'en raison de *l'alea* qui lui sert de base; or, lorsque la chance de gain ou de perte n'existe pas, lorsqu'en réalité le contrat ne présente plus aucun caractère aléatoire, il ne saurait plus être question de contrat de rente viagère; on se retrouve en présence d'une vente ordinaire; on retombe sous l'empire des principes édictés par l'art. 1674, C. civ. — V. toutefois Aubry et Rau, t. IV, § 349, p. 336, texte et note 26, et § 358, p. 415, texte et notes 8, 11 et 12.

(2) Aucune règle n'est imposée aux tribunaux pour l'évaluation des biens dont la vente est attaquée pour lésion. V. Cass., 22 févr. 1836 (S. 36. 1. 186. — P. chr. — D. 36. 1. 205); 16 juill. 1856 (P. 57. 540. — D. 57. 1. 283); Troplong, *Contrats aléatoires*, n. 211, p. 380, et *Vente*, t. I, n. 150. — Un point cependant sur lequel il n'y a pas accord des arrêts, c'est qu'en pareille hypothèse, on ne pourrait prendre pour base de la fixation du prix la durée probable de la vie du vendeur, par cette raison que cette durée, necessairement incertaine, est l'élément principal du caractère aléatoire du contrat. V. Cass., 31 déc. 1855 (S. 56. 1. 314. — P. 57. 154. — D. 56. 1. 19). — V. toutefois Lyon, 10 juin 1875 (S. 76. 2. 119. — P. 76. 478), qui décide que le supplément de prix à payer par l'acquéreur doit consister uniquement en une augmentation de la rente « exactement calculée sur les données mathématiques qui établissent la durée probable de la vie du vendeur et le taux de l'amortissement nécessaire pour amortir, pendant ce temps, le capital aliéné ». Comp. Montpellier, 8 déc. 1857 (D. 58. 2. 120).

(3) Les juges doivent rejeter l'offre de preuve et l'action en rescision quand, de l'examen des pièces et documents de la cause, ils recueillent cette conviction qu'il n'y a pas de lésion du tout (V. Cass., 7 déc. 1819, aff. Bosch; Merlin, *Rép.*, v° *Lésion*, n. 6; Duranton, t. XVI, n. 446; Troplong, *Vente*, t. II, n. 828 et suiv.; Duvergier, *id.*, t. II, n. 105; Aubry et Rau, t. IV, § 358, p. 417, texte et note 17; Laurent, *Princip. de dr. civ.*, t. XXIV, n. 436); ou bien que cette lésion est minime, qu'il n'y a eu ni dol, ni fraude, et que le consentement du vendeur a été donné en pleine connaissance de cause. V. Dijon, 24 févr. 1865 (S. 65. 2. 141. — P. 65. 695).— Dans tous les cas, l'action en rescision en matière de vente moyennant rente viagère ne doit être admise que quand seulement la lésion est de prime abord, aux termes de l'art. 1677, C. civ., vraisemblable et appuyée sur de graves présomptions. V. Douai, 25 juin 1845 (P. 45. 2. 250). — Mais alors se pose la question de savoir si les juges, pour déclarer la lésion et prononcer la rescision de la vente, doivent nécessairement recourir à une expertise ou bien peuvent négliger cette mesure d'instruction et se décider par leur propre lumière. V. en faveur de la première opinion, Delvincourt, t. III, p. 166; Taulier, *Théor. C. civ.*, t. VI, p. 165; Marcadé, sur l'art. 1680, n. 2; Aubry et Rau, t. IV, § 358, p. 416, note 15; — et en faveur de la seconde, Troplong, *Vente*, t. II, n. 831; Duvergier, *id.*, t. II, n. 106.

TRIB.-COM. AIX **29 janvier 1879.**

CHEMIN DE FER, MARCHANDISES, RÉCEPTION, PRIX, PAYEMENT, RÉSERVES, ETC.

(Chem. de fer Paris-Lyon-Méditerranée c. Jeanton et autres).

V. le texte de ce jugement reproduit avec Cass.-civ., 18 janv. 1882, rendu dans la même affaire (Pand. chr.).

CAEN (CH. CORR.) **3 février 1879.**

VOL, ESCROQUERIE, QUITTANCE, APPRÉHENSION FRAUDULEUSE.

Le fait par un débiteur, qui, après avoir effectué un payement et reçu quittance, profite du moment où son créancier passe dans une pièce contiguë et ne peut le voir, pour s'emparer subrepticement d'une partie des fonds restés sur une table, constitue non le délit d'escroquerie, mais le délit de vol (1) (C. pén., 401, 405).

(Porée). — ARRÊT.

LA COUR : — Attendu qu'il est établi par l'information que le 23 nov. 1876, dans l'après-midi, Porée se présenta au domicile de la veuve Cruchon, propriétaire à Granville, pour effectuer le remboursement d'une somme de 6,000 fr., montant d'une obligation exigible, par lui consentie au profit de cette dame, suivant acte notarié du 31 août 1849; qu'il versa effectivement ladite somme, plus un prorata d'intérêts, en billets, or et argent, aux mains de sa créancière, laquelle, après avoir compté à deux reprises la somme versée et l'avoir reconnue exacte, lui rendit le titre avec une quittance libératoire qu'elle inscrivit en marge d'icelui; qu'un instant après, alors que les billets roulés ensemble se trouvaient encore sur une petite table près de laquelle il était assis, Porée, profitant de ce que la veuve Cruchon l'avait quitté pour passer dans une pièce contiguë, d'où elle ne pouvait le voir, s'empara furtivement d'un des billets qui entrait pour un chiffre de 2,000 fr. dans la somme versée, puis se retira; — Attendu que la veuve Cruchon constata immédiatement cette soustraction, se mit de suite à la recherche de Porée, finit par le retrouver et lui réclama la pièce que seul il avait pu appréhender, aucun autre que lui, en effet, ne s'étant trouvé dans l'appartement où avait eu lieu le payement, et personne n'y étant entré depuis son départ, avant la constatation par elle faite de la disparition du billet en question; que Porée méconnut hardiment le fait à lui reproché, invoquant au surplus la quittance qui, d'après lui, le mettait à l'abri de toute réclamation; — Attendu que les déclarations répétées de la veuve Cruchon, dont l'honorabilité est parfaite, de l'aveu même de Porée, et qui d'ailleurs n'a pu se tromper, ont un caractère de netteté, de précision, d'uniformité, qui ne permet aucun doute sur la complète exactitude des faits par elle affirmés, corroborées qu'elles sont par les contradictions et les mensonges reconnus de Porée, et par tous les éléments de l'information; — Attendu que c'est à tort que dans les faits prérappelés et par eux déclarés constants les premiers juges ont trouvé les éléments constitutifs du délit d'escroquerie; qu'ils présentent tous les caractères du délit de vol, tel qu'il est défini par la loi; qu'on y rencontre en effet, également démontrées et concomitantes, l'appréhension de la propriété d'autrui et l'intention frauduleuse; que le jugement doit donc être réformé, en ce qui concerne la qualification du fait délictueux; — Attendu, quant à la peine infligée, qu'il y a lieu d'adopter la décision des premiers juges; — Par ces motifs, etc.

MM. Hain, prés.; Benoist, subst.; Simon (du barreau d'Avranches) et Carel, av.

BOURGES (CH.-CIV.) **10 février 1879.**

ACTE ADMINISTRATIF, FONCTIONNAIRE PUBLIC, POURSUITE, MAIRE, RAPPORT, IMPUTATIONS DIFFAMATOIRES, FAUTE PERSONNELLE, DOMMAGES-INTÉRÊTS, COMPÉTENCE.

Le décret du 19 sept. 1870, en abrogeant l'art. 75 de la Constitution de l'an VIII, a laissé intacts le principe fondamental de la séparation des pouvoirs et les règles de la compétence, en vertu desquels la connaissance des actes administratifs échappe à la juridiction des tribunaux civils (2) (L. 16-24 août 1790, tit. II, art. 13; Décr. 16 fruct. an III; Constit. an VIII, art. 75; Décr. 19 sept. 1870).

Spécialement, *ces tribunaux sont incompétents pour connaître d'une action en dommages-intérêts dirigée contre un maire par un employé révoqué, à la suite d'un rapport adressé par ce fonctionnaire au préfet, rapport qui reprochait à l'employé de négliger absolument son service, de manquer gravement à ses devoirs et de se montrer grossier vis-à-vis de l'autorité municipale; de telles appréciations fussent-elles d'une sévérité excessive ou même erronée, à la condition qu'elles soient de bonne foi, ne relèvent que de l'administration* (3) (Id.).

Mais il en serait différemment et les tribunaux civils deviendraient compétents pour connaître de cette action, si elle était fondée sur ce que le rapport contiendrait des imputations fausses, calomnieuses et de mauvaise foi; il y aurait, en pareil cas, une faute personnelle à l'agent (4) (C. civ., 1382).

(Colas c. Tissier). — ARRÊT.

LA COUR : — Considérant que le décret du gouvernement de la défense nationale, du 19 sept. 1870, a enlevé aux fonctionnaires publics, pour les faits relatifs à leurs fonctions, la garantie créée en leur faveur par l'art. 75 de la Constitution de l'an VIII, et les a soumis aux règles de responsabilité qui pèsent sur tous les citoyens, mais que les lois qui ont établi la séparation des pouvoirs et interdit aux corps judiciaires de connaître des actes administratifs, de quelque espèce qu'ils soient, sont toujours en vigueur; que pour concilier ces deux principes, celui-ci de droit politique, celui-là de droit naturel, il y a lieu de distinguer entre les faits dont la responsabilité remonte jusqu'à l'administration elle-même, et les faits qui n'engagent que la responsabilité personnelle du fonctionnaire public; que les premiers ne peuvent être soumis à la connaissance des tribunaux judiciaires, tandis que les autres peuvent donner ouverture, au profit des tiers qui ont été lésés, à une action en réparation devant les tribunaux de droit commun; — Considérant, en fait, que le rapport par lequel Tissier, en sa qualité de maire de Decize, a provoqué la révocation de Colas, préposé de l'octroi, en dénonçant par la voie hiérarchique cet employé au préfet de la Nièvre, en lui repro-

---

(1) V. en ce sens, Cass., 15 juill. 1865 (Pand. chr.), et le renvoi. — La situation inverse du créancier qui, mettant à profit l'oubli de son débiteur, aurait frauduleusement soustrait la quittance par lui donnée à celui-ci et laissée par le débiteur sur un meuble, donnerait également lieu à l'application de l'art. 401, C. pén. V. Cass., 15 mai 1863 (S. 63. 1. 406. — P. 63. 1099. — D. 63. 1. 266); 26 juin 1875 (Pand. chr.).

(2-3-4) Ces solutions découlent de principes consacrés par une jurisprudence constante. V. notamment Rennes, 8 déc. 1879 (Pand. chr.); Cass., 10 déc. 1879 (Pand. chr.); Trib. des conflits, 13 déc. 1879 (Pand. chr.); 14 avril 1883 (Pand. chr.); 7 juill. 1883 (deux jugements) (Pand. chr.), et les nombreux arrêts cités dans les notes. V. aussi Trib. des conflits, 9 août 1884 (S. 86. 3. 31. — P. chr. adm.); Cass., 12 juin 1886 (S. 86. 1. 489. — P. 86. 1. 1189).

chant de négliger absolument son service, de manquer gravement à son devoir et de s'être montré grossier envers lui-même, est un fait qui rentrait dans le cercle régulier de l'exercice de ses fonctions de maire; qu'en effet, il appartenait au maire, comme représentant de la commune, d'apprécier la manière dont ce préposé remplissait son emploi et la convenance de ses réponses aux observations qui lui étaient faites; qu'une appréciation de ce genre, fût-elle d'une sévérité excessive ou même erronée, à la condition qu'elle soit de bonne foi, ne relève que de l'Administration; qu'elle ne pourrait servir de base à une action en dommages-intérêts, sans que l'Administration fût mise indirectement en cause dans la personne de son agent, et sans qu'il en résultât une véritable confusion d'attributions; que le pouvoir judiciaire est sans qualité pour rechercher quels peuvent être le mérite, la capacité, le zèle d'un employé révocable discrétionnairement, et pour dire si un supérieur a eu tort ou raison de provoquer sa révocation; — Considérant, il est vrai, que Colas offre de prouver que les imputations contenues dans le rapport rédigé contre lui sont fausses, calomnieuses et de mauvaise foi, que la question étant ainsi posée, les tribunaux judiciaires seraient compétents pour statuer sur la demande en dommages-intérêts de Colas contre Tissier, parce que cette demande serait fondée sur des faits exclusivement personnels à Tissier, dont l'Administration, qu'il aurait induite en erreur, pourrait et devrait décliner la solidarité; que le fonctionnaire public convaincu d'avoir sciemment et méchamment abusé de sa fonction pour commettre un fait préjudiciable à autrui, loin d'être protégé par son caractère, doit être au contraire plus sévèrement jugé; — Mais considérant que le rapport dont se plaint Colas est conçu dans des termes relativement mesurés et qui semblent dès à présent exclure le reproche de fausseté intentionnelle et de calomnie; qu'il n'apparaît pas que Colas ait protesté devant l'autorité administrative supérieure contre l'exactitude des faits qui lui étaient reprochés, et qu'il y ait des moyens de preuve qu'ils étaient inexacts; qu'enfin l'articulation de Colas est formulée d'une manière vague et générale; — D'où suit que l'enquête sollicitée est dès à présent présumée ne pouvoir aboutir à aucun résultat; — Confirme.

MM. Boivin-Champeaux, 1er prés.; Duliége, av. gén.; Thiot-Varennes et Legrand, av.

AGEN (CH.-CORR.) 13 février 1879.

CHEMIN DE FER, TRAIN DE PLAISIR, BILLETS D'ALLER ET RETOUR, CESSION, DESTINATION, POINT INTERMÉDIAIRE, TRAJET ENTIER (PRIX DU), CONTRAVENTION, POURSUITE, PEINE.

La condition d'usage insérée dans les affiches et approuvée par le ministre des travaux publics, d'après laquelle les deux coupons d'aller et retour par trains de plaisir ne sont valables qu'autant qu'ils sont utilisés par la même personne, est obligatoire pour les voyageurs et s'oppose à tout trafic pour partie d'un même billet (1) (L. 15 juill. 1845, art. 21; Ord. 15 nov. 1846, art. 63). — V. aussi le jugement en sous-note (*a*).

Est également valable et obligatoire la condition portant que chaque coupon ne pourra servir que pour les points de départ et de destination y désignés, de telle sorte que si un voyageur descend, soit à l'aller, soit au retour, à un point intermédiaire en deçà ou au delà, le coupon qu'il représente est nul et sans valeur et qu'il a à payer le prix intégral de la place par lui occupée depuis le point de départ jusqu'au point d'arrivée (2) (Id.). — Résol. seulement par le jugement en sous-note (*a*).

Et le voyageur qui contrevient à l'une ou à l'autre des conditions ci-dessus relevées, s'expose à être poursuivi correctionnellement et puni comme s'il avait voyagé sans billet (3) (Id.). — V. aussi le jugement en sous-note (*a*).

---

(1) Il est certain qu'il y a là un contrat synallagmatique complet, d'ensemble, avec des avantages et des charges qui se tiennent et ne peuvent se séparer au gré de l'une seule des deux parties contractantes. Les modifications ne peuvent s'y introduire que d'accord. Faute d'entente, c'est la résiliation. Le voyageur qui ne se soumet pas aux clauses et conditions du traité spécial intervenu, retombe sous l'application du tarif général. V. Bédarride, *Des chemins de fer*, t. I, n. 215; Lamé-Fleury, *Code annoté des chemins de fer*, p. 248, à la note; Palaa, *Dict. des chemins de fer*, vo *Billets de place*, § 4, p. 157. — Mais s'il y a rupture du contrat civil, y a-t-il nécessairement contravention, manquement aux prescriptions des ordonnances? Il a été jugé que la vente ou l'achat de coupons de retour ne sont interdits par aucune disposition des règlements; que, spécialement, le propriétaire d'un billet d'aller et retour peut vendre ou donner le coupon de retour et l'acquéreur de ce coupon peut le vendre ou le donner à son tour, sans encourir aucune peine: Nimes, 27 juill. 1882 (Pand. chr.), et le rapport de M. le conseiller d'Etat Cauchat, reproduit, dans ses parties essentielles, en note de cet arrêt. V. aussi Trib. corr. Melun, 23 mai 1878 (Pand. chr.).

(2) Cette solution nous paraît trop absolue, et nous distinguerions: quand le voyageur qui a un billet d'aller et retour descend, à l'aller et au retour, en deçà des stations indiquées par son billet, suivant son intérêt ou les exigences de ses affaires, il ne doit aucun supplément de prix. On peut toujours dans l'exécution d'un contrat renoncer à tels ou tels avantages stipulés à son profit. La Compagnie n'a point à se plaindre, si le voyageur ne pousse pas jusqu'à l'extrême limite du parcours que lui assure son billet et dont il a payé le prix tout entier. V. Grenoble (motifs), 12 mai 1866 (S. 67. 2. 106. — P. 67. 462. — D. 66. 2. 214); Angers (4 arrêts), 10 mars 1873 (S. 74. 2. 4. — P. 74. 83. — D. 73. 2. 125), et notre *Dictionnaire de dr. commerc., ind. et marit.*, t. II, vo *Chemin de fer*, n. 21 et 22.

Au contraire, quand un voyageur continue son trajet au delà des stations indiquées, qu'il ne s'arrête qu'à une destination plus éloignée, il ne se tient plus dans les limites d'exécution de la convention; c'est un tout autre voyage qu'il entreprend, et en dehors des prévisions du début; il ne sera pas quitte en offrant de payer un supplément de prix correspondant à la distance parcourue en plus; comme le contrat originaire n'existe plus, il ne saurait plus être question de tarif exceptionnel; c'est le tarif normal, ordinaire, qui reçoit application. Nous y apportons cependant un tempérament; nous admettons en déduction du prix de transport, la somme représentant la valeur des coupons d'aller et retour. Aucune raison ni de droit ni d'équité n'autorise la Compagnie à garder ce qu'elle a perçu, et à ne pas en tenir compte. Il y aurait là un bénéfice que rien ne justifierait et qui serait une exploitation à outrance du public par les Compagnies déjà suffisamment avantagées par le monopole. V. en ce sens, Grenoble, 12 mai 1866 (S. 67. 2. 106. — P. 67. 462. — D. 66. 2. 214); Palaa, *Dict. des chem. de fer*, vo *Billets*, n. 4, p. 56, et notre *Dictionnaire, loc. cit.*, n. 19.

(3) Il n'est pas douteux, d'une part, que si la vente ou l'achat de coupons de retour ne constituent par eux-mêmes ni délit, ni contravention, il n'en est plus ainsi de l'utilisation ou de l'usage

(*a*) Ce jugement du trib. corr. de Bagnères-de-Bigorre, 28 déc. 1878, aff. Chem. de fer d'Orléans c. X..., est ainsi conçu:

LE TRIBUNAL: — Attendu que le 23 juin 1878, la Compagnie d'Orléans organisa, avec l'autorisation du ministre des travaux publics, un train de plaisir pour l'Exposition universelle de Paris, au départ de Toulouse, Albi, Montauban et de certaines autres stations au nombre desquelles se trouvait Vindrac, en fixant le retour au 1er juillet; que le prix des places de 2e et de 3e classe, composant seules ce train, était tellement réduit pour l'aller et le retour réunis, qu'il était inférieur au prix, soit de l'aller, soit du retour, considéré isolément d'après le tarif ordinaire; qu'aussi, la Compagnie avait subordonné cette faveur, faite au public, à deux conditions exprimées dans l'affiche annonçant le train; que, d'après la première, les deux coupons d'aller et retour n'étaient valables qu'autant qu'ils seraient utilisés par la même personne; que, d'après la seconde, ces coupons n'étaient non plus valables que pour les points de départ et de destination y désignés, de telle sorte, disait l'affiche, que, dans le cas où un voyageur descendrait, soit à l'aller, soit au retour, à un point intermédiaire en deçà ou au delà, le coupon qu'il représenterait serait nul et sans valeur, et qu'il aurait à payer le prix intégral de la place par lui occupée depuis le point de départ jusqu'au point d'arrivée; — Attendu que la première de ces conditions était valable et obligatoire; qu'elle imprimait au contrat un caractère d'indivisibilité qui ne permettait pas de le scinder en deux parties distinctes applicables, l'une à l'aller et l'autre au retour; que, par suite, le voyageur, qui était porteur d'un coupon de retour, tandis que le coupon d'aller avait été utilisé par un autre, était censé n'avoir pas de billet; que la seconde condition, avec la conséquence que lui assignait la Compagnie dans son affiche, était également valable lorsque son application, à raison de la réduction du tarif ordinaire, n'avait pas pour résultat de faire payer au voyageur qui y contrevenait une somme supérieure au prix de son voyage, d'après ce tarif, et qu'elle n'aboutissait pas par conséquent à

(Chem. de fer d'Orléans c. D...).

18 déc. 1878, jugement du tribunal correctionnel d'Agen, ainsi conçu : — « LE TRIBUNAL : — Attendu qu'aux termes de l'art. 63 de l'ordonn. du 15 nov. 1846, le fait de s'introduire sans billet dans les voitures d'un train de chemin de fer constitue une contravention ; que cette contravention ne saurait disparaître par cela seul que le contrevenant serait porteur de quelque billet dérisoire ou même simplement non valable ; — Attendu que les billets de train de plaisir ne sont valables que pour le train en vue duquel ils ont été délivrés, et en outre à la condition d'être utilisés par la même personne ; qu'on ne pourrait soutenir sérieusement qu'il n'y a pas d'action publique et que les Compagnies doivent être renvoyées à se pourvoir à fins civiles contre ceux qui, au mépris des règlements spéciaux aux trains de plaisir, prétendent utiliser pour partie un billet délivré à une autre personne ; que rien n'est plus légitime de la part des Compagnies que de fixer la limite des avantages qu'elles entendent accorder au public à l'occasion des trains de plaisir, et d'en exclure expressément la faculté de trafiquer sur les billets qu'elles délivrent dans ces circonstances ; que, moyennant l'approbation ministérielle dont elle est l'objet, cette réserve relative à l'interdiction du trafic devient une condition essentielle et réglementaire de la validité des deux parties d'un billet de train de plaisir ; que, si l'on ne peut contester aux Compagnies le droit de repousser comme non valable le coupon d'un billet de train de plaisir délivré à une autre personne, on ne peut contester davantage au ministère public le droit de poursuivre ce porteur de coupon pour contravention à l'art. 63 précité, pour s'être introduit dans les voitures sans billet valable ; — Attendu qu'il est justifié que les conditions d'usage pour les trains de plaisir, et notamment celle que les billets ne pourraient être utilisés que par la même personne, ont reçu l'approbation ministérielle pour le train de plaisir, aller et retour, des 28 juill. et 5 août 1878, d'Agen à Paris ; — Attendu que D... ne conteste pas avoir fait usage pour se rendre à Laroque-Timbault, par le train de plaisir du 5 août dernier, d'un coupon de retour faisant partie d'un billet délivré à une autre personne qui avait utilisé le coupon d'aller le 28 juill. ; — Attendu, en ce qui touche les dommages-intérêts... ; — Par ces motifs : — Condamne D... à 10 francs d'amende et alloue à la Compagnie partie civile, pour tous dommages, les frais qu'elle a exposés. » — Appel.

ARRÊT.

LA COUR : — Sur l'appel principal : — Adoptant les motifs des premiers juges, et attendu qu'il ressort des pièces produites devant la Cour que le ministre, au moment où il rendait sa décision, avait reçu de la Compagnie un exemplaire des affiches préparées en vue du train de plaisir du 28 juill., qu'il connaissait, par suite, toutes les conditions accessoires détaillées dans l'affiche, et que, n'en ayant rejeté aucune, il est censé les avoir approuvées toutes en autorisant l'organisation du train proposé... ; — Par ces motifs : — Démet le sieur D... de son appel et confirme, en ce qui le concerne, le jugement dont est appel, etc.

MM. Roques, prés. ; Grenier de Cardenal, rapp. ; Puech, av. gén. (concl. conf.) ; Vacquery et Pradelle, av.

TRIB.-CIV. BOURG 13 février 1879.

DONATION ENTRE ÉPOUX, PERSONNE INTERPOSÉE, ENFANT DE PREMIER LIT, PRÉSOMPTION LÉGALE, PREUVE CONTRAIRE, INTENTION, RÉVOCABILITÉ, CONTRAT DE MARIAGE, RÉDUCTION, NULLITÉ RADICALE.

(Millet c. Billiottet).

V. le texte de ce jugement reproduit avec Lyon (1re ch.), 14 mai 1880, rendu dans la même affaire, sur appel (Pand. chr.).

RENNES (3e CH.) 3 mars 1879.

SERVITUDE, VUE, DISTANCE LÉGALE, PORTE PLEINE, OUVERTURE D'ACCÈS.

Les dispositions des art. 678 à 680, C. civ., relatives aux distances à observer pour l'établissement des vues s'exerçant sur la propriété des voisins, ne s'appliquent pas aux ouvertures d'accès qui ne sont pas en même temps des ouvertures de vue, c'est-à-dire aux portes à panneaux pleins, sans imposte, ni vitrage (1) (C. civ., 678, 679, 680).

Par suite, la suppression de telles portes ne peut être réclamée sous prétexte qu'elles constitueraient une vue oblique établie à moins de 6 décimètres de distance du voisin (2) (C. civ., 679).

---

de ces coupons par une personne autre que le légitime propriétaire. Aussi l'acheteur ou le donataire qui se sert d'un pareil moyen pour circuler sur la ligne, est-il, à juste titre, assimilé à un voyageur sans billet et passible, dès lors, des peines portées par l'art. 21 de la loi du 15 juill. 1845. V. Paris, 21 mai 1881 (Pand. chr.) ; Nîmes, 27 juill. 1882 (Pand chr.), et les notes ; Trib. corr. Sens, 6 juin 1883 (S. 83. 2. 207. — P. 83. 1. 1256).

D'autre part, il est non moins constant que le fait de continuer son voyage et de rester dans un wagon après la station pour laquelle le billet a été délivré équivaut à la violation de la défense d'entrer dans une voiture de chemin de fer sans s'être muni d'un billet, et tombe sous la sanction des art. 63 de l'ordonnance du 15 nov. 1846 et de l'art. 21 de la loi du 15 juill. 1845. V. Dijon, 25 mars 1857 (S. 57. 2. 507. — P. 57. 304. — D. 57. 2. 124) ; Bordeaux, 27 juin 1862 (S. 62. 2. 540. — P. 62. 994. — D. 62. 2. 125) ; Toulouse, 26 juill. 1862 (D. 65. 2. 84) ; 7 avril 1865 (D. 65. 2. 85) ; 9 juill. 1868 (S. 69. 2. 12. — P. 69. 97. — D. 68. 2. 198) ; Cass., 6 mai 1865 (S. 65. 1. 240. — P. 65. 572. — D. 65. 1. 200) ; Angers, 7 févr. 1870 (S. 70. 2. 123. — P. 70. 723. — D. 70. 2. 58) ; 4 juill. 1870 (D. 70. 2. 156) ; Cass., 8 déc. 1870 (D. 70. 1. 447) ; Amiens, 8 nov. 1877 (S. 77. 2. 305. — P. 77. 1265. — D. 79. 2. 24). — Mais pour qu'il en soit ainsi, faut-il, du moins, qu'il y ait, de la part du voyageur, un fait actif et volontaire. V. Dijon, 25 mars 1857, précité. Il n'y aura pas contravention, et le voyageur ne sera passible d'aucune peine, si c'est seulement par inadvertance qu'il aura négligé de descendre à la gare de destination ; en pareil cas, il pourra n'être tenu de payer que le supplément du prix. V. Dijon, 9 mai 1877 (S. 78. 2. 5. — P. 78. 84. — D. 79. 2. 29).

(1-2) Solutions conformes à la jurisprudence antérieure. V. Cass., 7 juill. 1852 (D. 52. 1. 167) ; Caen, 2 mars 1853 (S. 58. 2. 177. — P. 58. 877) ; Montpellier, 14 nov. 1856 (S. 57. 2. 81. — P. 58. 876. — D. 59. 2. 185) ; Agen, 23 juin 1864 ; Bordeaux, 22 déc. 1863 et 16 juin 1864 (S. 64. 2. 163. — P. 64. 857) ; Cass., 28 juin 1865 (S. 65. 1. 339. — P. 65. 868. — D. 66. 1. 153) ; Bordeaux, 26 nov. 1885 (Pand. chr.). — Toutefois, il y a quelques arrêts en sens contraire. V. notamment Caen, 27 avril 1857 (S. 58. 2. 177. — P. 58. 877) ; Bordeaux, 23 juin 1869 (S. 70. 2. 46. — P. 70. 224. — D. 74. 5. 454).

une sorte de confiscation qui dépasserait la compétence du pouvoir réglementaire ; — Attendu qu'il résulte de l'instruction et des débats, que le 1er juillet, jour du retour du train de plaisir susénoncé, les prévenus, qui étaient à Paris sans y être venus par ledit train, imaginèrent néanmoins de s'en retourner par lui jusqu'à Toulouse, pour de là regagner leur domicile ; qu'à cet effet ils se procurèrent deux coupons de retour de troisième classe pour Vindrac, et qu'arrivés à cette dernière station, au lieu de s'y arrêter, ils jugèrent à propos de continuer leur voyage jusqu'à Toulouse, pensant en être quittes pour un supplément de prix correspondant au trajet de Vindrac à Toulouse ; — Attendu que, d'après ces faits, les prévenus doivent être déclarés convaincus d'avoir contrevenu sous trois rapports différents à la défense faite à tout voyageur, par l'art. 63 de l'ordonnance du 15 novembre 1846, d'entrer dans les voitures sans avoir pris un billet : 1° pour avoir fait usage de coupons de retour qui n'étaient valables que pour ceux qui avaient utilisé les coupons d'aller ; 2° pour avoir violé la condition de ne pas dépasser la destination indiquée dans ces coupons ; 3° enfin pour s'être trouvés dépourvus en réalité de billets applicables au trajet de Vindrac à Toulouse ; que ces contraventions sont punissables des peines de l'art. 21 de la loi du 15 juill. 1845 ; — Par ces motifs, etc.

M. de Barillac, prés.

(Jouanne c. Guellier). — ARRÊT.

LA COUR : — Attendu que, dans leur exploit introductif d'instance et dans leurs conclusions prises soit devant les premiers juges, soit devant la Cour, les époux Jouanne, appelants, articulent qu'ils sont propriétaires, au bourg de Thourie, d'une maison bornée à l'orient par une cour appartenant à Jean Guellier, intimé, cour sur laquelle ils ont une servitude de passage ; — Attendu que ce fait n'est pas contesté par Guellier; qu'il n'est pas davantage contesté entre les parties qu'en 1876, Guellier a ouvert sur ladite cour, tout auprès de la porte préexistante de la maison Jouanne, une autre porte à panneaux pleins, sans imposte ni vitrage, pour le service de sa propre habitation; qu'il n'est d'ailleurs produit dans la cause aucun titre spécial qui restreigne le droit de propriété de Guellier sur sa cour, sauf le droit de passage établi au profit de la maison Jouanne; — Attendu que les époux Jouanne demandent la suppression de la porte ouverte sur sa cour par Guellier, soit parce que cette porte constitue une vue oblique établie contrairement à l'art. 679, C. civ., à moins de 6 décimètres de distance de leur maison, soit parce que contrairement à l'art. 701, elle tend à diminuer l'usage de leur servitude de passage et à le rendre plus incommode;

En ce qui touche le moyen tiré de l'art. 679, C. civ. : — Attendu que tout propriétaire a le droit de disposer de sa chose de la manière la plus absolue, et d'en tirer tous les services qu'elle peut lui rendre; que les servitudes légales sont des restrictions qu'il n'est pas permis d'étendre par voie d'analogie; que, par suite, les dispositions des art. 678 à 680, relatives aux distances à observer pour l'établissement des vues s'exerçant sur la propriété des voisins, ne sauraient être appliquées aux ouvertures d'accès qui ne sont pas en même temps des ouvertures de vue, c'est-à-dire aux portes pleines, sans vitrage et sans imposte donnant jour; que, dans ces articles, le législateur a entendu réglementer, non le cas d'une vue accidentelle et momentanée que peut procurer une porte, lorsqu'elle est ouverte, mais celui de la vue proprement dite s'exerçant sur l'héritage du voisin comme servitude continue, au moyen d'ouvrages dont la destination est de la procurer d'une façon principale et permanente; que la destination véritable et essentielle d'une porte à panneaux pleins et sans vitrage, c'est l'accès; que les inconvénients qui peuvent résulter, pour les voisins, de la vue accidentelle et momentanée qu'elle permet d'exercer sur eux lorsqu'elle est ouverte, ne sont que secondaires et n'offrent pas la même gravité que ceux résultant de l'établissement d'une fenêtre qui, ouverte ou même fermée, permet d'exercer la vue d'une manière constante, à toute heure, à tout instant et en toute circonstance, au vu comme aussi à l'insu du voisin; que tout droit de passage comporte d'ailleurs dans une certaine mesure le droit de vue, mais à titre secondaire et accessoire seulement, la vue s'exerçant nécessairement partout où s'exerce le passage de l'homme, soit dans les champs, soit dans les cours, les jardins, et même les allées, les corridors ou les escaliers des maisons : que, s'il est très-vrai qu'accidentellement la vue peut s'exercer par une porte ouverte, et le passage par une fenêtre non fermée, il est bien clair que la destination essentielle de la porte n'est pas de permettre l'exercice habituel de la vue, de même que la destination de la fenêtre n'est pas de livrer habituellement passage; que, vouloir assimiler une porte à une fenêtre, ce serait faire violence, non-seulement à la langue usuelle, mais encore aux notions juridiques les plus certaines, puisqu'il faudrait en venir à confondre deux classes de servitudes très-distinctes, les servitudes continues et les servitudes discontinues; que l'art. 688, C. civ., distingue positivement, en effet, la servitude de vue qu'il déclare continue, et la servitude de passage qu'il déclare discontinue; la première pouvant être l'objet de la possession et de la prescription, la seconde ne le pouvant pas (art. 690); que les textes de loi ne semblent pas douteux d'ailleurs, les art. 678 à 680 s'appliquant, non, comme l'art. 675, à toute fenêtre *ou ouverture*, mais seulement aux *fenêtres d'aspect*, aux balcons ou autres semblables saillies; que la porte pleine de Guellier, s'ouvrant dans l'intérieur de son habitation, ne rentre évidemment pas dans la catégorie des balcons ou autres semblables saillies; qu'elle ne constitue pas surtout une fenêtre d'aspect, c'est-à-dire une ouverture établie tout exprès pour regarder ou pour voir; qu'elle n'est donc pas soumise à l'observation des distances prescrites par les art. 678 à 680, C. civ.;

En ce qui touche le moyen tiré de l'art. 701, C. civ. (sans intérêt); — Confirme.

MM. Derome, prés.; Buffe, subst. ; Hamard et Marie, av.

BORDEAUX (1re CH.) 4 mars 1879.

ANIMAUX, CHIEN, DESTRUCTION, TERRAIN CLOS, DÉGATS, CHASSE, GARDIEN, PRÉPOSÉ, RESPONSABILITÉ.

Le propriétaire d'un terrain clos a le droit incontestable de se défaire, sur ce terrain, des animaux qui y pénètrent abusivement, le troublent dans sa jouissance et causent à sa propriété des dégâts de toute nature (1) (C. civ., 544 et suiv.; C. pén., 454).

...Spécialement, *de détruire le chien d'autrui au moment où ce chien, d'ailleurs coutumier du fait, après avoir franchi le mur d'enceinte d'un parc de lapins, l'avait parcouru d'un bout à l'autre à toute vitesse, y occasionnant un dommage actuel et effectif* (2).

...*Ou avait été surpris en action de chasse* (3). — V. le jugement en sous-note (*b*).

Il en est ainsi surtout, alors que le maître du chien, plusieurs fois averti, n'a pas tenu compte des avertissements (4). — V. le même jugement en sous-note (*b*).

Et ce que le propriétaire peut faire lui-même, il peut le faire faire par son préposé, gardien ou garde-chasse (5) (Id.). — V. l'arrêt de Bordeaux ci-dessus rapporté et le jugement en sous-note (*b*).

Jugé, en sens contraire, *qu'un propriétaire n'a pas le droit de tirer un chien, même au moment où il le surprend en train de dévorer ses poules; un tel fait, de peu de gravité en lui-même, ne suffit pas à justifier la mesure extrême qu'implique le droit de tuer* (6). — V. l'arrêt de Poitiers en sous-note (*a*).

Peu importe que les mauvais instincts du chien fussent connus de son maître (7). — Ibid.

(1-7) En principe, le fait d'avoir tué volontairement sur son propre terrain un chien appartenant à autrui, tombe sous l'application non de l'art. 479, n. 3, C. pén., lequel prévoit uniquement le cas où les blessures faites à l'animal d'autrui sont le résultat soit de l'emploi ou de l'usage d'arme *sans précaution ou avec maladresse*, soit du jet de pierres ou autres corps durs, mais bien du n. 1 du même art. 479, qui punit tout dommage causé volontairement à la propriété mobilière d'autrui. V. Cass., 18 août 1853 (S. 53. 1. 799. — P. 56. 2. 270. — D. 53. 1. 263): 17 déc. 1864 (S. 65. 1. 392. — P. 65. 999. — D. 65. 1. 102); 17 nov. 1865 (S. 66. 1. 272. — P. 66. 675. — D. 66. 1. 95); 21 janv. 1873 (D. 73. 1. 168). — Mais ce principe comporte une restriction; un pareil fait n'est punissable qu'autant qu'il ne se justifie par aucune nécessité; qu'il n'est qu'un acte de sauvagerie sans prétexte ni raison. Si, au con-

(Deguilhem et Deganne c. Maître). — ARRÊT.

LA COUR : — Attendu qu'il est établi par l'enquête que Deganne est propriétaire, à Arcachon, d'un parc renfermant une grande quantité de lapins; que ce parc est entièrement clos au moyen d'un mur d'enceinte dans lequel, avant le fait qui donne lieu au procès, il n'existait qu'une brèche de 3 mètres réparée depuis; que Deganne a préposé, habituellement et moyennant salaire, à la surveillance de sa propriété close, le journalier Deguilhem, avec mission de repousser les personnes ou les animaux qui s'y introduisaient fréquemment malgré sa défense et y causaient des dégâts; que Deguilhem, armé d'un fusil et pourvu de munitions, a, dans plusieurs circonstances, menacé un individu trouvé dans l'enclos, tué dans cet enclos un chien et des chats errants; que, le 3 févr. 1876, deux grands chiens de Terre-Neuve appartenant à Maître, conduits par sa domestique, ont, suivant leur habitude, pénétré dans le parc, non par la brèche, mais bien en passant par-dessus le mur d'enceinte; qu'au bout de cinq minutes, alors qu'ils avaient parcouru le parc dans toute son étendue, Deguilhem tira sur eux deux coups de fusil; que l'un des chiens fut tué, que l'autre fut blessé et s'enfuit en franchissant le mur du côté opposé; — Attendu que, s'appuyant sur les art. 1382 et 1384, C. civ., Maître a demandé et obtenu en première instance condamnation solidaire à des dommages-intérêts et dépens contre Deguilhem, comme auteur d'un quasi-délit, et contre Deganne, comme responsable du fait de son préposé; — Attendu que le tribunal a fait une fausse application à la cause de la théorie des fautes et des responsabilités; qu'il a eu le tort de méconnaître ou de mettre en doute le droit incontestable du propriétaire d'un terrain clos de se défaire, sur ce terrain, des animaux qui y pénètrent abusivement, le troublant dans sa jouissance et y causant des dégâts, et de décider ensuite que le préjudice n'existait pas pour Deganne au moment où l'acte s'est accompli; — Attendu que, dans les circonstances de l'espèce, Deguilhem, en tuant et blessant les chiens de l'intimé, n'a commis aucune faute et n'a nullement engagé la responsabilité de son maître; et que Deganne, par l'acte de son préposé, n'a fait qu'user, rigoureusement peut-être, mais légalement, de son droit de propriétaire; — Attendu que tout démontre qu'il était dans l'exercice de son droit; — Attendu que pour sa défense et celle des siens, pour la conservation de sa propriété close peuplée de lapins, il avait la faculté de repousser et de détruire les chiens errants ou mal surveillés qui escaladaient trop souvent son mur d'enceinte et lui occasionnaient dans son parc des dommages de toute nature; — Attendu qu'il résulte de l'enquête que, quand Deguilhem a

---

traire, cette destruction volontaire répond à une légitime défense, si elle n'intervient que pour arrêter l'animal au milieu de déprédations et de dégâts commis sur le terrain d'autrui, elle échappe à toute répression. — V. les arrêts précités. *Adde*, Cass., 7 juill. 1871 (Pand. chr.). — Mais, même en pareil cas, l'acte de destruction ne peut être exercé qu'au moment précis d'un dégât *actuel et effectif*, et non en vue d'un dommage simplement *possible et imminent*. V. Cass., 26 déc. 1868 (S. 69. 1. 285. — P. 69. 684. — D. 69. 1. 389); 7 juill. 1871, précité.

Jugé, dans des circonstances de fait qui se rapprochent beaucoup des espèces actuelles, qu'il n'y a lieu à aucune répression lorsque le chien a été tué dans une cour close, alors que le propriétaire de cette cour venait d'y trouver ses lapins étranglés. V. Cass., 17 déc. 1864, précité; — ou dans un hangar dépendant d'une habitation, alors que ce chien brisait et mangeait les œufs des poules, ainsi que cela était déjà arrivé plusieurs fois, malgré les avertissements fréquents donnés au maître de l'animal. Dans des cas pareils, le prévenu est constitué en état de légitime défense (C. pén., 454). V. Cass., 17 nov. 1865, précité.

Ce sont ces principes qui ont été appliqués par l'arrêt de Bordeaux ci-dessus rapporté et par le jugement du tribunal civil de Dreux en sous-note (*b*). La Cour de Poitiers, dans son arrêt en sous-note (*a*), s'en est manifestement écarté, et par là se met en opposition avec une jurisprudence définitivement établie. Cette jurisprudence, tirée de la nécessité et de la légitime défense, trouve son appui dans l'art. 454, C. pén. Cet article réserve expressément cette excuse pour le cas où la destruction d'animaux domestiques appartenant à autrui constitue un délit. Comment supposer qu'il en puisse être autrement dans le cas où le même fait ne constitue plus qu'une simple contravention. La raison qui justifie un acte plus grave doit avoir la même puissance d'autorité pour légitimer un acte d'une gravité moindre.

(*a*) Cet arrêt de Poitiers (2e ch.), du 14 nov. 1879, *aff.* David c. Cuvier-Arnault, est ainsi conçu :

LA COUR : — Attendu qu'il est reconnu par toutes les parties que, le 22 oct. 1878, Cuvier-Arnault a tué de deux coups de feu le chien de David, qui avait pénétré sur la propriété du Peux, habitée et cultivée par Cuvier; — Attendu que, pour justifier cette contravention, Cuvier se fonde sur ce que le chien aurait été frappé alors qu'après avoir dévoré une première poule, il en tenait une seconde dans sa gueule; — Attendu qu'à l'effet d'établir sa justification, l'intimé articule encore « que David connaissait les instincts nuisibles et sauvages de son chien : qu'il avait été informé plusieurs fois que ce chien mangeait les volailles, et qu'il tirait sur lui avec un pistolet Flobert, lorsqu'il le surprenait courant les volailles »; — Attendu que ni les faits constatés et acquis, ni les faits articulés à fin de preuve, ne sauraient effacer la contravention relevée, alors qu'ils ne suffisaient pas à établir la nécessité et le péril en dehors desquels le droit de tuer n'existe pas; — Attendu que si un dommage avait été causé, il était d'une constatation et d'une répression faciles, et n'était pas de nature à constituer un danger sérieux et grave, pouvant légitimer la mesure extrême dont il a été usé et dont la réparation est à bon droit demandée; — Attendu que la Cour a les éléments nécessaires pour fixer le chiffre de cette réparation, en tenant compte de la situation respective des parties, des circonstances dans lesquelles les faits se sont produits et des causes qui les ont déterminés, sans recourir à la preuve offerte par David; — Par ces motifs; — Dit qu'il a été mal jugé par le jugement dont est appel en date du 17 mars 1877, rendu par le tribunal civil de Châtellerault; — Dit n'y avoir lieu de s'arrêter ni avoir égard à la preuve respectivement offerte par les parties, cette preuve étant irrelevante et sans intérêt; — Emendant : — Condamne Cuvier-Arnault à payer à David la somme de 50 francs pour la valeur de son chien et tous dommages-intérêts; — Donne acte à David de son offre de 10 francs pour le prix des deux poules tuées par son chien.

MM. Louvrier, prés.; Toinet, av. gén.; Pichot et Séchet, av.

(*b*) Ce jugement du tribunal correctionnel de Dreux, du 17 mai 1881, *aff.* Thevenet c. Colombel, contient les motifs suivants :

LE TRIBUNAL : — Attendu que Thevenet est appelant d'un jugement rendu le 13 janv. 1881 par M. le juge de paix du canton de Brézolles, qui l'a condamné 1° à deux amendes, l'une de 4 francs et l'autre de 1 franc, pour avoir tiré sur les deux chiens de Colombel, qu'il avait trouvés dans le bois des Brouillets, confié à sa garde, et appartenant au comte d'Aubigny, et avoir tué le chien le plus âgé et blessé l'autre; 2° et à 150 francs de dommages-intérêts envers Colombel, par application de l'art. 1382, C. civ.; — Attendu que ces chiens, que Thévenet n'avait pu rompre, menaient un chevreuil en l'absence de leur maître; que Thévenet, qui avait maintes fois prévenu Colombel d'avoir à mieux garder ses chiens, trop souvent trouvés en chasse dans les bois confiés à sa surveillance, s'est cru autorisé, voyant les avertissements donnés et même les procès-verbaux rédigés jusque-là contre Colombel absolument inutiles, à tirer sur ces chiens dépourvus de collier, les considérant alors comme des chiens errants, et s'y croyant autorisé par l'arrêté du préfet d'Eure-et-Loir, en date du 15 févr. 1878, concernant les chiens trouvés errants sur la voie publique; — Attendu que, si Thévenet n'avait pas le droit de considérer comme chiens errants sur la voie publique, par cela seul qu'ils étaient sans collier, les chiens de Colombel, qu'il avait parfaitement reconnus, et que, même sans collier, des chiens courants qui chassent au bois ne sauraient être assimilés à des chiens errants sur la voie publique, il est incontestable que ce garde avait, pour la conservation de la chasse du bois des Brouillets, le droit de faire ce que le propriétaire lui-même aurait été autorisé à faire; — Attendu que s'il est en principe incontestable qu'un chien, comme tout autre animal domestique, constitue une propiété mobilière, et que détruire volontairement cette propriété, même sur son propre terrain, c'est commettre la contravention prévue et punie par l'art. 479, C. pén., à moins que ce fait n'ait eu lieu par nécessité, c'est aux tribunaux qu'il appartient d'apprécier les circonstances qui peuvent, oui ou non, constituer cette nécessité; qu'un arrêt de la Cour de cassation, du 7 juill. 1871 (V. à la note), a décidé que les peines de l'art. 479, C. pén., ne sauraient être applicables à celui qui tue le chien d'autrui sur son propre terrain, au moment où cet animal cause un dommage à sa propriété; — Attendu que, dans l'espèce, il est certain que les chiens de Colombel causaient un dommage à la chasse du comte d'Aubigny, et que le droit de chasse est une partie et une partie importante, comme valeur matérielle, du droit de propriété; que la garde du bois des Brouillets est d'autant plus difficile que le périmètre en est plus étendu, et que les avertissements passés, les procès-verbaux transigés ayant été inutiles et les promesses faites par Colombel mal tenues par lui, le garde a pu, conformément au principe posé par l'arrêt précité de 1871, tirer sur les chiens de ce dernier au moment même où ils commettaient encore une fois de plus un dommage qu'il était impossible d'arrêter et d'empêcher autrement; qu'il résulte, en effet, des documents versés au procès, et des explications échangées à l'audience entre l'appelant et le garde du comte d'Aubigny, que le premier a eu le tort grave de laisser chasser trop souvent ses chiens au bois des Brouillets, malgré de fréquents avis, suivis, ainsi qu'il a été dit ci-dessus, de procès-verbaux sur lesquels le comte d'Aubigny avait ensuite transigé, confiant dans les promesses toujours mal tenues de Colombel; — Attendu que, dans ces conditions, ce dernier a mérité et attiré ce qui a fini par arriver, et que c'est à sa seule négligence qu'il doit imputer la perte d'un de ses chiens, l'autre n'ayant été que très-légèrement blessé; qu'il en résulte que le garde Thévenet, agissant dans l'intérêt de son maître et pour la répression d'un dommage actuel, échappait à toute incrimination; — Par ces motifs, etc,

MM. Vinnebaux, prés.; Lemaout, proc. (concl. contr.).

fait feu sur les chiens de Maître, ces animaux, coutumiers du fait, étaient lancés à toute vitesse dans le parc à lapins de Deganne et l'avaient parcouru d'un bout à l'autre; qu'il est certain, dès lors, qu'à ce moment ils lui causaient, dans une propriété de cette nature, un dommage actuel et effectif; que ce n'est donc pas sans nécessité que l'acte imputé aux appelants a été commis; — Par ces motifs, déclare Maître mal fondé dans sa demande en dommages-intérêts contre les appelants; l'en déboute, etc.

MM. Izoard, prés.; Bourgeois, av. gén.; Brochon et Habasque, av.

MONTPELLIER 24 mars 1879.

VENTE, ÉPOUX, CAUSE LÉGITIME, DOT, REPRISES, EXIGIBILITÉ.

(Robert c. Robert).

V. le texte de cet arrêt reproduit avec celui de Cass.-civ., 15 juin 1881, rendu dans la même affaire sur pourvoi (Pand. chr.).

RIOM (2e CH.) 29 mars 1879.

V. à sa date rectifiée, Riom, 29 nov. 1879, 2e part., p. 34.

DOUAI (1re CH.) 9 avril 1879.

SOCIÉTÉ EN COMMANDITE, INTÉRÊTS, PRÉLÈVEMENTS, FRAIS GÉNÉRAUX, BÉNÉFICES (ABSENCE DE), PUBLICITÉ, FAILLITE, RÉPÉTITION, APPORTS, COMPLÉMENT DE VERSEMENTS.

Est licite la clause insérée dans les statuts d'une Société en commandite, portant que le capital versé par chaque associé à titre de commandite sera productif d'intérêts à 5 ou 6 pour 100 l'an, ces intérêts rentrant avec les autres charges annuelles dans les frais généraux (1) (C. com., 26; L. 24 juill. 1867, art. 37). — V. aussi l'arrêt en sous-note (a).

Une pareille clause est valable et doit s'exécuter quand bien même la Société n'aurait réalisé aucun bénéfice (2) (Id.). — Ibid.

Et cette clause, pour être opposable aux tiers, n'a pas besoin d'être insérée dans l'extrait de l'acte de Société, publié en exécution des prescriptions des art. 55 et suiv. de la loi du 24 juill. 1867 (3) (L. 24 juill. 1867, art. 55 et suiv.).

Par suite, les intérêts ainsi payés aux commanditaires et par eux touchés de bonne foi, ne sont plus sujets à rapport, en cas de faillite de la Société (4) (L. 24 juill. 1867, art. 37).

Et même ces intérêts doivent venir en déduction des sommes que le syndic de la faillite peut réclamer des commanditaires, comme complément d'apports (5) (Id.). — Résol. par l'arrêt en sous-note (a).

(Synd. Bastenaire c. Colombier). — ARRÊT.

LA COUR : — Attendu que l'art. 5, § 2, de la Société en commandite à l'égard de Colombier et consorts, et en nom collectif à l'égard de Bastenaire, constituée suivant acte authentique reçu le 14 sept. 1871 par Me Lefèvre et son collègue, notaires à Lille, porte que les apports des associés produiront à leur profit respectif des intérêts sur le pied de 5 pour 100 par an, payables trimestriellement après chaque inventaire; que l'art. 8, relatif aux charges annuelles de la Société, stipule expressément que lesdites charges annuelles et les frais généraux comprendront les intérêts dus par la Société aux tiers et aux associés eux-mêmes, soit

(1-2) V. conf., Cass., 8 mars 1881 (deux arrêts) (Pand. chr.); Rouen, 15 juin 1882, en sous-note de ces arrêts, et nos observations également en note desdits arrêts, avec un résumé très-complet de la jurisprudence et de la doctrine des auteurs sur cette question controversée. V. au surplus des indications très-détaillées dans notre *Dictionnaire de dr. comm., ind. et marit.*, t. VI, vo *Société en commandite*, n. 402 et suiv.

(3) Pour être opposable aux tiers, la clause de stipulation d'intérêts au profit des commanditaires en l'absence de bénéfices, doit-elle être insérée dans l'extrait de l'acte de société, publié en exécution des prescriptions des art. 55 et suiv. de la loi du 24 juill. 1867?

La Cour de cassation en conteste la nécessité pour la raison que le payement des intérêts constitue, en quelque sorte, une charge sociale qu'aucune disposition de loi ne soumet à la publicité. V. arrêt, 8 mai 1867 (S. 67. 1. 253. — P. 67. 642. — D. 67. 1. 193). V. aussi Angers, 18 janv. 1865 (S. 65. 2. 211. — P. 65. 857. — D. 65. 2. 67); Paris, 9 août 1877 (S. 78. 2. 225. — P. 78. 968. — D. 78. 2. 194).

Nous ne saurions admettre cette doctrine. Avec elle, les tiers ne connaîtraient pas l'importance du capital sur lequel ils ont le droit de compter, quand ils traitent avec la Société, et la loi veut que les tiers connaissent la composition vraie du capital social. Pour atteindre ce résultat, il faut, de toute nécessité, que la clause dont s'agit soit comprise dans l'extrait qui paraît dans les journaux. Ce n'est que par ce moyen que l'on peut arriver à concilier, avec les exigences pratiques dont il est nécessaire de tenir compte pour attirer les capitaux dans les Sociétés de commerce et d'industrie, les principes essentiels de la commandite. Or, ces principes exigent, à leur tour, qu'il soit donné à la confiance publique, les garanties qui lui manqueraient, si le capital promis était exposé à décroître chaque année par des prélèvements opérés par les commanditaires, sans que les tiers fussent avertis de cette diminution successive du fonds social par aucune publication spéciale. *Sic*, Rennes, 25 août 1863 (S. 64. 2. 63. — P. 64. 539); Troplong, n. 191; Molinier, *Dr. commerc.*, n. 466 et 557; Mathieu et Bourguignat, *Comment. de la loi du 24 juill. 1867*, n. 92; Rivière, *id.*, n. 104; Vavasseur, *Soc. par actions*, n. 268; Bédarride, *Soc.*, n. 263; Alauzet, *Comment. C. comm.*, n. 686, p. 552; Lyon-Caen et Renault, *Précis. de dr. commerc.*, t. I, n. 456, p. 242 et 243; Mornard, *Soc. en commandite par actions*, p. 186 et 187; Pont, *Soc. commerc.*, n. 1456; Labbé, *Observations* insérées (S. 78. 2. 225. — P. 78. 968).

Et à notre avis, il n'y aurait pas publicité suffisante de cette clause par le seul dépôt, au greffe, de l'acte de société qui la contiendrait, sans mention dans l'extrait. V. notre *Dictionnaire de dr. commerc., ind. et marit.*, t. VI, vo *Société en commandite*, n. 498. — *Contrà*, Paris, 1er juin 1876 (S. 78. 2. 225. — P. 78. 966. — D. 78. 2. 193).

Si l'on admet avec nous la nécessité d'insérer dans l'extrait publié par les journaux la clause en question, on se trouve en présence d'une autre difficulté : quel est l'effet du défaut d'accomplissement de cette formalité? Nous croyons qu'il a pour conséquence, non de rendre nulle la Société elle-même, mais de permettre aux intéressés de faire considérer cette clause comme nulle à leur égard. *Sic*, Labbé, *ubi suprà*; Lyon-Caen et Renault, *op. cit.*, t. I, p. 243, note 1 *in fine*. — *Contrà*, Paris, 9 août 1877 (S. 78. 2. 225. — P. 78. 968. — D. 78. 2. 194), et sur pourvoi, du moins implicitement, Cass., 8 mars 1881 (1re espèce) (Pand. chr.).

(4-5) Ces deux solutions nous paraissent découler comme des conséquences nécessaires de la validité de la clause litigieuse une fois admise. — Mais il est à remarquer que si la jurispru-

(a) Cet arrêt de Paris (6e ch.), 5 déc. 1883, *aff.* Boulte c. Costadeau est ainsi conçu :

LA COUR : — Considérant que Boulte, associé commanditaire de la Société Costadeau et Cie, s'est engagé à verser à ladite Société une somme de 100,000 francs; — Considérant que la Société a été dissoute le 5 oct. 1878; que Boulte, après avoir versé le montant intégral de sa commandite, en a reçu partie, soit avant, soit après la dissolution, et avant que le liquidateur eût désintéressé tous les créanciers sociaux; — Considérant que Costadeau et Cie ont été déclarés en faillite, et qu'il y a lieu, pour éteindre les dettes, d'exiger des héritiers Boulte la reconstitution de la commandite; — Considérant que les premiers juges ont reconnu ces faits et adopté ces principes; que cependant l'appelante, ès noms qu'elle agit, soutient qu'ils en auraient fait une application inexacte; — Considérant, en effet, qu'aux termes de l'acte de société du 29 juill. 1876, régulièrement publié, le commanditaire a stipulé un intérêt de 6 pour 100 par an sur son apport, lequel intérêt sera compté parmi les frais généraux de la Société; que cette stipulation est reconnue valable par la jurisprudence et doit être exécutée, sans qu'il soit nécessaire de rechercher si la Société a fait des bénéfices; qu'il y a donc lieu, pour fixer exactement la somme dont les mineurs Boulte sont redevables envers la faillite, de faire le décompte des intérêts produits par les versements que leur auteur a faits à la Société, et des remboursements qu'il en a reçus; — Considérant qu'il résulte du compte régulièrement établi sur ces bases que la somme nette versée à Boulte par Costadeau est de 46,386 fr. 45 et non de 56,586 francs, comme l'ont pensé à tort les premiers juges; qu'il y a donc lieu, sur ce point, de réformer le jugement dont est appel; — Par ces motifs, etc.

MM. Violas, prés.; Bloch, subst.; de Cagny et Lenté, av.

pour leurs apports, soit sur leurs versements en compte courant; — Attendu que ces stipulations, consacrées d'ailleurs par un usage commercial constant, ne sont ni prohibées par la loi, ni en opposition avec les principes qui réglementent la Société en commandite; — Attendu, qu'en vain, on soutient que ces stipulations, pour être opposables aux tiers, auraient dû être insérées dans l'extrait de l'acte de société, qui a été publié en exécution des art. 42 et 43, C. comm., et 55 et suiv. de la loi du 24 juill. 1867 ; — Attendu que toutes les énonciations exigées par ces articles, et spécialement le montant des sommes composant la commandite, figurent dans cet extrait; — Attendu qu'il résulte tant de l'ensemble des dispositions de l'acte de société, que des termes formels de l'art. 8, que le prélèvement des intérêts de la commandite constitue à l'évidence non un élément éventuel de diminution du capital, mais une simple charge sociale dont le Code de commerce et la loi du 24 juill. 1867 n'exigent pas la publicité, et que les tiers peuvent, au besoin, connaître en demandant communication de l'acte de société lui-même; — Attendu, dès lors, que les intérêts de la commandite payés à Colombier, qui les a, d'ailleurs, reçus avec une entière bonne foi, ne peuvent être sujets à rapport; — Par ces motifs, met l'appel à néant, etc.

MM. Duhem, prés.; Grévin, av. gén.; Boutet et Théry (du barreau de Lille), av.

DIJON (1re CH.) 9 avril 1879.

TESTAMENT AUTHENTIQUE, PAYS ÉTRANGERS, CHANCELIER DE CONSULAT, FORMALITÉS, ACCOMPLISSEMENT, RÉDACTION, DICTÉE, LECTURE, TÉMOINS, PRÉSENCE, NULLITÉ.

Les chanceliers de consulat peuvent recevoir les testaments des Français à l'étranger dans les formes prescrites par l'art. 24, liv. Ier, tit. 9, de l'ordonnance de 1681 sur la marine, dont les dispositions n'ont été abrogées ni par l'art. 999, ni par l'art. 994, C. civ., non plus que par l'art. 7 de la loi du 30 vent. an XII (1) (Ord. août 1681, liv. I, tit. IX, art. 24; C. civ., 994, 999; L. 30 vent. an XII, art. 7).

Par suite, est valable le testament d'un Français reçu en pays étranger par le chancelier du consulat, en présence du consul et de deux témoins, conformément aux prescriptions de ladite ordonnance; il n'est pas nécessaire, *en outre, qu'il réunisse les conditions exigées par les art. 971 et suiv., C. civ., et par la loi du 25 vent. an XI* (2) (C. civ., 971 et suiv.; L. 25 vent. an XI, art. 68). — Solut. implic.

..... *Notamment, qu'il soit dicté par le testateur, écrit sous cette dictée par le chancelier, lu au testateur par le chancelier en présence des témoins* (3) (Id.) — Solut. implic.

Jugé, au contraire, *que l'art. 24 de l'ordonnance de 1681, n'a pas réglé les formalités intrinsèques des testaments reçus par les chanceliers de consulat, et s'en est référé aux dispositions du droit commun écrites soit dans l'ordonnance de 1735, soit dans le Code civil* (4) (Ord. 1735; C. civ., 971 et suiv.). — V. l'arrêt en sous-note (*a*).

..... *Que, par suite, le testament doit, à peine de nullité, être dicté par le testateur et écrit par le chancelier sous cette dictée* (5) (C. civ., 972). — Ibid.

(Nectoux c. Nectoux). — ARRÊT.

LA COUR : — Attendu que le testament de Claude Nectoux a été reçu par le chancelier du consulat de France à Rio-de-Janeiro, en présence du consul et revêtu de toutes les formes prescrites par l'art. 24, liv. Ier, tit. IX de l'ordonnance de 1681 sur la marine; — Attendu que les appelants soutiennent que cette disposition légale a été abrogée

---

dence permet d'exiger les intérêts tant que la Société est *in bonis*, qu'elle est en activité de fonctionnement, cette situation ne se continue plus, en cas de faillite déclarée; les actionnaires perdent alors tout droit de prélèvement sur le fonds social qui appartient aux créanciers. V. Paris, 14 août 1868 (S. 68. 2. 248. — P. 68. 980. — D. 68. 5. 376). V. aussi Cass., 8 mars 1881 (1re espèce) (Pand. chr.). Cette solution doit être approuvée sans réserve. En effet, par l'assurance d'un intérêt statutaire, la mise de chaque actionnaire n'est point affranchie des éventualités de perte.

(1-2-3-4-5) Les deux arrêts de Dijon, 9 avr. 1879, ci-dessus reproduit, et d'Aix, 16 févr. 1871, rapporté en sous-note (*a*), s'accordent sur un point; ils reconnaissent aux chanceliers de consulat toute compétence à l'effet de recevoir les testaments des Français à l'étranger.

L'argumentation de la Cour de Dijon est, à cet égard, triomphante; elle expose toutes les raisons de solution avec autant de clarté que de méthode. La Cour de cassation, dans un arrêt de sa Chambre civile, du 20 mars 1883 (Pand. chr.), a reproduit les mêmes raisonnements, en des termes à peu près identiques, inspirés, dans tous les cas, de cette décision antérieure. V. en faveur de la compétence consulaire, Trib. civ. Grasse, 11 août 1880, et sur appel, Aix, 30 mars 1881 (S. 82. 2. 241. — P. 82. 1. 1214. — D. 83. 1. 145) (le pourvoi en cassation contre ce chef de l'arrêt a été rejeté : V. Cass., 20 mars 1883, précité); Delvincourt, t. II, note 7, p. 88; Troplong, *Donat. et testam.*, t. III, n. 1738; Demante, *Cours analyt.*, t. IV, n. 138 *bis*; Massé et Vergé, sur Zachariæ, t. III, § 430, p. 80; Aubry et Rau, t. VII, § 661, p. 90; Demolombe, *Titre préliminaire*, t. I. n. 108, et *Donat. et testam.*, t. IV, n. 477; De Clercq et de Vallat, *Guide pratique des consulats*, t. I, p. 324; Féraud-Giraud, *De la juridiction française dans les Echelles du Levant*, t. II, p. 120. V. aussi les circulaires ministérielles des 22 mars 1834 et 30 avril 1851, qui témoignent d'une interprétation analogue dans la pratique administrative.

Cependant, cette première question est fortement controversée surtout dans la doctrine. On a soutenu que la disposition de l'ordonnance sur la marine de 1681, qui a consacré les pouvoirs des agents consulaires, en matière de rédaction de testament, a été abrogée à la fois par le Code civil, qui règle les conditions de forme des testaments dans les art. 994 et 999, par la loi du 25 vent. an XI, sur le notariat, et par celle du 30 vent. an XII, portant abrogation des ordonnnances, règlements et coutumes antérieures dans les matières qui font l'objet du Code civil.

On a ajouté, qu'en omettant de sanctionner et même de rappeler les termes de l'ordonnance de 1681, qu'ils connaissaient cependant si bien, les rédacteurs du Code ont marqué suffisamment la volonté de l'abolir. L'incompétence des chanceliers de consulat n'est plus que la conséquence nécessaire de cette abolition. *Sic*, Duranton, t. IX, n. 160 et 170; Duvergier, sur Toullier, t. V, p. 278, note *a*; Grenier, *Tr. des donat., des testam.*, etc., t. II, n. 280; Poujol, *Donat. entre-vifs et testam.*, sur l'art. 994, n. 2; Vazeille, *Successions et testam.*, t. II, sur l'art. 994, n. 2; R. Frémont, *Dissertation* insérée au journ. *la Loi*, n. 11 et 12 avr. 1883. V. aussi Trib. civ. Seine, 19 mars 1825, joint à Paris, 27 août 1825, et une circulaire ministérielle du 2 nov. 1815, rapportée depuis par celles précitées des 22 mars 1834 et 30 avril 1851.

La question de compétence, une fois résolue en faveur des agents consulaires, la controverse s'élève avec ardeur au sujet de la forme et de la rédaction à donner aux testaments reçus à l'étranger par les chanceliers. Ici, la Cour de Dijon et la Cour d'Aix, d'accord au début, au point de départ, se séparent à mi-chemin et aboutissent finalement à des conclusions distinctes qui constituent deux systèmes opposés.

La Cour de Dijon s'en tient uniquement à l'art. 24 de l'ord. de 1681, qui, suivant elle, constitue une réglementation complète; les testaments reçus par les chanceliers sont dispensés des formalités établies par le Code civil pour les testaments passés par-devant notaires; il suffit à leur validité, que les seules prescriptions de l'ordonnance soient observées. *Sic*, Trib. civ. Grasse, 11 août 1880, et sur appel, Aix, 30 mars 1881 (S. 82. 2. 241. — P. 82. 1. 1214. — D. 83. 1. 145), (mais cet arrêt a été cassé de ce

(*a*) Cet arrêt d'Aix (1re ch.), du 16 févr. 1871, *aff.* Lafont c. Lafont, est conçu dans les termes suivants :

LA COUR : — Attendu, en fait, que la dictée du testament n'est pas émanée exclusivement du testateur; — Attendu, en droit, que l'art. 24 de l'ordonnance de 1681, dit seulement que le testament reçu par le chancelier du consulat sera réputé solennel; que, pour déterminer les formalités intrinsèques d'un pareil acte, il faut recourir à la législation générale sur la matière; que, soit l'ordonnance de 1735, soit le Code civil, dans l'art. 972, exigent la dictée par le testateur, et que l'art. 1001 du même Code, ajoute que cette prescription doit être observée sous peine de nullité; — Par ces motifs; — Déclare nul le testament, etc.

MM. Poilroux, prés.; Desjardins, 1er av. gén.; Pontier et Charles Tavernier, av.

par l'art. 7 de la loi du 30 vent., an XII, déclarant que les ordonnances, coutumes, etc., cessent d'avoir force de loi dans les matières qui sont l'objet du Code civil; que, dès lors, la solution du procès dépend du point de savoir si, en ce qui concerne les testaments que peuvent faire les Français résidant à l'étranger, le Code civil a formulé des règles qui remplacent et rendent inutile l'art. 24 de l'ordonnance de 1681; — Attendu que le Code civil n'a touché à cette matière que dans les art. 999 et 994, et qu'il convient d'examiner successivement la portée de chacun de ces textes; — Attendu que l'art. 999 renferme une double disposition, dont la première accorde au Français qui se trouve en pays étranger la faculté de faire un testament olographe en se conformant à l'art. 970, et la deuxième l'autorise à tester « par acte authentique avec les formes usitées dans le lieu où cet acte sera passé »; — Attendu que cette dernière disposition a été diversement interprétée par la doctrine; que, d'après certains auteurs, son application s'étendrait aux testaments reçus par les chanceliers des consulats français; qu'il est, toutefois, plus généralement admis que l'art. 999 a simplement consacré la règle *locus regit actum*, en validant le testament fait par un Français devant un officier public étranger, suivant les formes prescrites par la loi étrangère; — Attendu que la première de ces interprétations impliquerait, non point l'abrogation, mais au contraire la confirmation expresse de l'art. 24 de l'ordonnance de 1681, puisque, au moment de la promulgation du Code civil, les règles tracées par l'ordonnance étaient une des formes de testament *usitées* dans les lieux où sont établis des consulats français; — Attendu que s'il faut reconnaître, suivant la deuxième opinion, que l'art. 999 n'a trait qu'aux testaments authentiques passés conformément à la loi étrangère, on ne saurait conclure du silence gardé par le Code sur le testament consulaire, à l'abrogation de l'art. 24 de l'ordonnance de 1681; — Attendu, en effet, que la compétence des agents consulaires pour recevoir des actes intéressant leurs nationaux, est une matière qui touche au droit public, autant qu'au droit privé; que le Code civil n'avait point pour objet de la réglementer; et qu'en l'absence d'une abrogation expresse, la législation en vigueur à l'époque de la promulgation du Code, a dû conserver toute sa force; — Attendu, spécialement en ce qui concerne les testaments, qu'il est inadmissible que les auteurs du Code civil aient voulu enlever aux Français résidant à l'étranger le droit de tester devant les officiers publics attachés aux consulats français, au moment même où il les autorise à tester devant un officier étranger; — Attendu qu'il n'est pas possible de séparer dans l'art. 24 de l'ordonnance de 1681, la disposition qui donne qualité au chancelier et au consul pour recevoir l'acte testamentaire, et celle qui règle la forme de cet acte; que l'art. 999 ayant complétement passé sous silence cette espèce particulière de testament, il faut, ou la rejeter d'une manière absolue, ou reconnaître qu'elle continue à être régie, tant au point de vue de la forme qu'en ce qui concerne la capacité des officiers publics, par la loi spéciale de la matière; — Attendu que l'art. 994 ne justifie pas mieux que l'art. 999 la thèse des appelants; — Attendu, en effet, que ce texte n'a pas pour objet principal de régler la forme des testaments faits par un Français en pays étranger, mais uniquement de statuer sur une hypothèse exceptionnelle en matière de testaments maritimes; qu'il ne peut, dès lors, être considéré comme une loi nouvelle qui, conformément à l'art. 7 de la loi du 30 vent. an XII, remplacerait et abrogerait implicitement la législation existante sur les testaments consulaires; — Attendu, d'ailleurs, que ce texte est loin d'être clair, et que les auteurs ne s'accordent pas sur son interprétation; — Attendu que, d'après l'opinion du plus grand nombre, les mots, « *où il y aurait un officier public français,* » se rapporterait uniquement à la terre de la domination française, et non point à la terre étrangère, d'où il résulterait que l'art. 994, comme l'art. 999, aurait laissé complétement en dehors de ses prévisions les testaments reçus par le chancelier du consulat français; — Attendu que d'après une autre opinion peut-être plus autorisée, l'art. 994 n'envisagerait que le cas où, soit sur la terre étrangère, soit sur la terre soumise à la France, il y aurait un *officier public français;* que, dans ce cas, l'officier public français résidant sur la terre étrangère serait évidemment un agent consulaire, et qu'il serait vrai de dire que l'art. 994 a fait allusion aux testaments reçus par le chancelier du consulat; — Mais attendu que l'art. 994 déclare que, dans le cas par lui prévu, le testament ne sera valable qu'autant qu'il aura été dressé suivant les formes prescrites en France, ou *suivant celles usitées dans les pays où il aura été fait;* que le sens naturel de cette disposition est celui-ci : Les formes prescrites en France seront exigées sur la terre de la domination française, et les formes autorisées par l'usage du pays, pourront être suivies sur la terre étrangère; d'où il suit que les testaments reçus par le chancelier du consulat dans les pays étrangers ne sont pas assujettis à d'autres règles que celles consacrées par l'usage et les anciens règlements; — Attendu, dès lors, que, quelle que soit l'interprétation qu'on doive donner à l'art. 994, C. civ., on n'en saurait jamais faire résulter une abrogation de l'art. 24 de l'ordonnance de 1681; — Par ces motifs, et adoptant au besoin ceux des premiers juges; — Statuant sur l'appellation interjetée par les consorts Nectoux du jugement rendu par le tribunal civil d'Autun, le 31 août 1878; — Met icelle à néant, et ordonne que ce dont est appel sortira effet.

MM. Cantel, 1er prés.; Lebon, av. gén.; Lombart et Ally, av.

---

chef, par l'arrêt de Cass.-civ., 20 mars 1883, précité); Massé et Vergé, sur Zachariæ, t. III, § 430, p. 80, note 3. V. aussi Féraud-Giraud, *op. cit.*, t. II, p. 119.

La Cour d'Aix reconnaît bien à l'ordonnance de 1681 le caractère de disposition fondamentale sur la matière; mais elle ne s'y tient pas exclusivement; elle la complète par les règles du droit commun sur la rédaction des actes notariés, et particulièrement des testaments authentiques, règles formulées dans la loi du 25 vent. an XI, et dans les art. 972 et suiv. du Code civil.

Cette opinion a reçu la consécration de la haute autorité de la Cour suprême. V. arrêt précité, 20 mars 1883; Pardessus, *Cours de dr. commerc.*, t. IV, n. 2467; Beaussant, *Code maritime*, t. II, p. 590; De Clercq et de Vallat, *op. cit.*, t. I, p. 322.

Ce système n'a pas paru suffisamment radical à un certain nombre d'auteurs et non des moins compétents. A les entendre, la question de maintien ou d'abrogation de l'art. 24 de l'ordonnance de 1681 est indifférente. La capacité des chanceliers, pour recevoir des testaments authentiques, est indiscutable; à défaut du texte spécial précité, la compétence, à cet effet, leur aurait été attribuée par des ordonnances ou des édits postérieurs d'un caractère plus général; elle résulterait notamment des dispositions qui ont investi en principe, les chanceliers des fonctions de notaires (V. Ord. 24 mai 1728; 16 mars 1781, et édit de Versailles, 1778). Or, ces dispositions, qui appartiennent plus au droit public qu'au droit civil proprement dit, n'ont point été touchées par la promulgation du Code civil et par la loi du 30 vent. an XII; elles sont toujours restées en vigueur. Si donc, les chanceliers sont de véritables notaires de nos nationaux à l'étranger, ils doivent agir en notaires et se conformer à toutes les prescriptions imposées en France à cette catégorie d'officiers ministériels, pour la rédaction des actes auxquels ils participent. V. en ce sens, Merlin, *Répert.*, v° *Testament,* sect. 2 et 3, n. 8; Coin-Delisle, sur l'art. 999, n. 10 et suiv.; Bayle-Mouillard, sur Grenier, *Donat. et testam.*, n. 280, note *e*, p. 606; Saintespès-Lescot, *Donat. et testam.*, t. IV, n. 1281; Boileux, *Comment. sur le C. civ.*, sur l'art. 999, p. 123; Marcadé, sur l'art. 999, n. 4.

RENNES (1re CH.) 19 mai 1879.

APPEL EN MATIÈRE CIVILE, TRIBUNAL DE COMMERCE, GREFFE, SIGNIFICATION.

L'acte d'appel d'un jugement de tribunal de commerce doit, à peine de nullité, être signifié à personne ou à domicile; il ne peut l'être au greffe du tribunal par application de l'art. 422, C. proc. (1) (C. proc., 422, 456).

(Godard c. Young). — ARRÊT.

LA COUR : — Considérant qu'aux termes de l'art. 456, C. proc., l'acte d'appel doit être signifié à personne ou à domicile à peine de nullité; que cette règle est absolue et ne comporte d'autres exceptions que celles expressément prévues par la loi; — Considérant que les dispositions de l'art. 422, C. proc., s'appliquent exclusivement à la procédure devant les tribunaux de commerce, et ne peuvent être étendues à la signification de l'acte initial de la procédure d'appel; qu'en notifiant son appel au greffe du tribunal de commerce, Godard a encouru la nullité de l'art. 456... ; — Par ces motifs ; — Dit l'appel de Godard irrecevable.

MM. de Kerbertin, 1er prés.; Belin, av. gén.; Dorange et Waldeck-Rousseau, av.

DIJON (3e CH.) 20 mai 1879.

OUTRAGE, GARDE CHAMPÊTRE, POMPIER.

Doivent être considérés comme des citoyens chargés d'un ministère de service public, le garde champêtre et les pompiers commandés pour la visite des fours et cheminées. — En conséquence, les outrages qui leur sont adressés à l'occasion de l'exercice de leurs fonctions tombent sous l'application de l'art. 224, C. pén. (2) (C. pén., 224).

(Picard). — ARRÊT.

LA COUR : — Considérant qu'il résulte de l'instruction et des débats que, le 12 janvier dernier, les sieurs Petitjean et Rémond, pompiers de la commune de Précy-sous-Thil, chargés de procéder à la visite des fours et cheminées, se présentèrent au presbytère vers huit heures du matin, accompagnés du garde champêtre, et demandèrent à l'abbé Picard, desservant de la commune, si ses cheminées étaient ramonées ; que sur la réponse négative de celui-ci, Petitjean déclara qu'il allait prendre note de la contravention ; qu'alors l'abbé Picard répondit vivement : « Vous agissez comme des péteux, et vous représentez une administration de péteux »; — Considérant que ces paroles constituent l'outrage prévu par les art. 222 et suivants du Code pénal; que l'épithète grossière employée par le prévenu est une expression de mépris pour le caractère et l'autorité de ceux à qui elle était adressée; — Que toutefois, en parlant de l'administration que représentaient les sieurs Petitjean et Rémond, il n'est nullement certain que l'abbé Picard ait voulu désigner le maire et les adjoints; qu'on ne peut donc pas affirmer que l'outrage ait été dirigé contre des magistrats de l'ordre administratif; mais qu'adressé à des pompiers et à un garde champêtre au moment où ils accomplissaient une mission de surveillance qui leur avait été confiée par l'autorité compétente, l'outrage a évidemment été reçu par des citoyens chargés d'un ministère de service public dans l'exercice de leurs fonctions ; — Par ces motifs, renvoie le prévenu sur le chef d'outrage à des magistrats de l'ordre administratif; — Le déclare coupable d'outrage à des citoyens chargés d'un ministère de service public dans l'exercice de leurs fonctions; — Pour réparation, le condamne, etc.

MM. Saverot, prés.; Cardot, av. gén.; De Saint-Loup, av.

BORDEAUX (2e CH.) 29 mai 1879.

BAIL A LOYER, RÉSILIATION, PUNAISES, DESTINATION DES LIEUX, MODIFICATIONS, CAFÉ.

L'existence de punaises dans un appartement, indépendante de tout fait du locataire actuel, peut, suivant la quantité de ces insectes, constituer un trouble de jouissance autorisant le locataire à demander la résiliation du bail avec dommages-intérêts (3) (C. civ., 1719).

....Alors surtout que le propriétaire mis en demeure à plusieurs reprises d'avoir à faire faire les travaux nécessaires à la cessation du trouble, ne les a point exécutés et n'a jamais même offert de les exécuter (4) (Id.).

Constitue aussi une cause de résiliation avec dommages-intérêts, la substitution, au rez-de-chaussée d'une maison louée bourgeoisement, d'un café à un magasin de chaussures (5) (Id.).

(Darriet c. Divielle).

30 avril 1878, jugement du tribunal civil de Bordeaux ainsi conçu : — « LE TRIBUNAL : — Attendu que, par un bail enregistré, Darriet a loué à Divielle, pour trois années entières et consécutives, le deuxième étage au-dessus de l'entresol, une portion de cave et une chambre de débarras au troisième étage ; le tout dans la maison située à Bordeaux, cours des Fossés, n. 80 ; qu'il est établi par des documents de la cause que Divielle a pris possession des lieux loués à partir du 22 octobre 1877 ; que, dans ces conditions, le locataire demande la résiliation du bail à lui consenti par deux motifs : — 1° parce que les appartements dont la location lui a été souscrite sont infectés de punaises en si grande quantité, que l'habitation est devenue intolérable ; — 2° parce que le rez-de-chaussée, qui au moment de la signature du bail et de l'entrée en jouissance était loué à un marchand de chaussures, a été converti en café ; qu'il y a donc lieu de rechercher si, par les deux faits ci-dessus relatés, la jouissance du preneur a reçu un trouble suffisant pour ouvrir à son profit le droit de résiliation ;

« Attendu, sur le premier grief, qu'il est démontré par le rapport de l'expert Bouluguet, ayant opéré avec l'assistance du sieur Baulliac, que dans les locaux loués à Divielle se trouvent des punaises; que l'introduction de ces insectes dans les appartements n'est pas due au fait du

(1) Jurisprudence certaine. V. Caen, 4 juin 1878 (Pand. chr.), et la note.

(2) Ainsi jugé même à l'égard de l'individu désigné par le maire pour remplir *provisoirement* les fonctions de garde champêtre préposé à la police rurale : Aix, 25 janv. 1878 (Pand. chr.). — Mais il a été décidé que les outrages proférés contre un commandant de sapeurs pompiers, à raison de ses fonctions, constituent le délit prévu par l'art. 6 de la loi du 25 mars 1822, et non celui prévu par l'art. 224 du Code pénal : Alger, 15 nov. 1879 (S. 81. 2. 173. — P. 81. 1. 945).

(3-4) V. en ce sens, Caen, 13 juill. 1883 (Pand. chr.). — Jugé que l'existence de punaises dans un appartement n'est pas une dégradation apparente dont la responsabilité incombe au locataire, par cela seul qu'il n'a pas fait constater la présence de ces insectes avant son entrée en jouissance; qu'en conséquence, il appartient au propriétaire qui invoque cette responsabilité, de prouver que les punaises ont été importées dans la maison par le locataire : Caen, 25 févr. 1871 (Pand. chr.).

(5) Il a été décidé de même au sujet de l'introduction, dans une maison habitée bourgeoisement, d'un hôtel meublé ou d'un cercle. V. Paris, 26 févr. 1869 (Pand. chr.); Riom, 12 avril 1869 (Pand. chr.); — ou d'une école de jeunes enfants. V. Trib. civ. Lyon, 25 janv. 1881 (Pand. chr.), et la note.

locataire actuel; que ce point a été établi par les constatations de ces experts d'une façon certaine; que, de ce qui précède, il résulte que la responsabilité du bailleur est engagée, soit que les punaises proviennent des étages inférieurs, soit que, laissées dans les appartements par des locataires antérieurs à Divielle, elles aient survécu aux travaux d'appropriation qui ont précédé l'entrée en jouissance du preneur actuel, puisque, dans l'une comme dans l'autre hypothèse, la jouissance garantie par le locateur au locataire subit une atteinte qui constitue un trouble dont le bailleur est tenu, et dont la cessation incombe à ce dernier; qu'il reste seulement à rechercher si ce trouble revêt, dans l'espèce, un caractère de gravité suffisant pour produire la résolution du contrat; — Attendu que l'expert, s'appuyant sur l'avis conforme du sieur Paulliac, est d'avis que, avec les circonstances atmosphériques au moment des constatations, le nombre des punaises trouvées et celui des œufs non encore éclos sont suffisants pour pouvoir affirmer que, de ce chef, le locataire doit éprouver un trouble très-sensible dans la jouissance à laquelle il a droit, et que ce trouble grandira certainement au fur et à mesure qu'arriveront les chaleurs de l'été; qu'il y a lieu également de remarquer que, mis en demeure à deux reprises différentes, de faire les travaux nécessaires pour assurer au preneur une jouissance conforme au droit, Darriet n'a tenu aucun compte de cette double injonction, et que même aujourd'hui il n'offre nullement de faire faire les travaux nécessaires pour amener la cessation du trouble; d'où il suit qu'une situation pareille et juridiquement constatée est de nature à constituer une cause de résiliation du bail;

« Attendu, sur le second grief, qu'il appert des écrits du procès que, postérieurement à la location consentie à Divielle, Darriet a remplacé par un café le magasin de chaussures précédemment établi au rez-de-chaussée; — Qu'il est incontestable que l'établissement d'un café dans un immeuble en dénature le mode de jouissance et cause aux locataires antérieurs à cette habitation un trouble dans la jouissance à laquelle ils ont droit, et que ce trouble est de nature à provoquer la résiliation du contrat; — Attendu que les deux griefs ci-dessus énoncés, envisagés, soit séparément, soit dans leur ensemble, justifient la demande en résiliation formulée par Divielle, et qu'il y a lieu de la prononcer à son profit; — Attendu, sur la demande en dommages-intérêts, qu'il est indubitable que la résiliation dans les conditions où elle intervient, cause à Divielle un préjudice dont Darriet lui doit réparation; que le tribunal possède les éléments nécessaires pour fixer l'étendue de ce préjudice, et qu'il y a lieu, de ce chef, d'allouer à Divielle une somme de 3,000 fr.; — Par ces motifs : — Prononce au profit de Divielle la résiliation du bail; — Le condamne, à titre de dommages-intérêts, etc. » — Appel.

ARRÊT.

LA COUR : — Adoptant les motifs des premiers juges; — Confirme, etc.

MM. Bourgade, prés.; Brochon et Bernard, av.

RENNES (1re CH.) 2 juin 1879.

FAILLITE, RAPPORT DU JUGE, NULLITÉ, JUGEMENT DÉCLARATIF, OPPOSITION, SYNDIC, MISE EN CAUSE, FIN DE NON-RECEVOIR.

Dans les contestations en matière de faillite, le rapport préalable du juge-commissaire ne constitue pas une de ces formalités prescrites à peine de nullité (1) (C. com., 452).

Et de ce qu'il n'est rien stipulé quant à la forme de ce rapport, il suffit que le juge commissaire ait pris part au jugement pour que les prescriptions de la loi doivent être considérées comme suffisamment observées (2) (Id.).

Est irrecevable l'opposition formée par le failli au jugement déclaratif de faillite, alors qu'elle n'a été notifiée qu'aux créanciers à la requête desquels la décision a été rendue, arrière du syndic, qui n'a même pas été mis en cause (3) (C. com., 443, 532, 580 et suiv.).

(Gay-Morgan c. Outré). — ARRÊT.

LA COUR : — Considérant que les nullités sont de droit étroit, et que le législateur n'a pas attaché cette pénalité à l'inobservation de la disposition finale de l'art. 452, C. comm.; que, d'ailleurs, cet article ne stipule rien quant

---

(1) Un arrêt de Bordeaux, du 16 août 1854 (Rec. de cette Cour, 54. 468), s'était également prononcé dans le sens de cette solution, à savoir que le rapport dont le juge-commissaire est chargé par l'art. 452, C. comm., « n'est pas prescrit à peine de nullité; qu'il n'est qu'une voie d'instruction dont l'objet est de faciliter l'intelligence des contestations à juger, mais que de l'observation rigoureuse de ce mode d'examen ne dépend pas la validité du jugement rendu ». — Jusqu'à la décision ci-dessus rapportée de la Cour de Rennes, l'arrêt de Bordeaux était resté un accident isolé de jurisprudence. L'opinion qui prédomine, en effet, est que le rapport constitue une formalité substantielle, indispensable à la validité du jugement. V. les indications contenues dans nos observations jointes à Caen, 14 déc. 1880 (Pand. chr.), et Cass., 8 avril 1884 (Pand. chr.). V. aussi Rennes, 23 nov. 1881 (Pand. chr.).

(2) V. dans le même sens, Besançon, 29 nov. 1843 (P. 44. 1. 641); Montpellier, 10 juill. 1858 (S. 59. 2. 247. — P. 59. 171. — D. 59. 2. 107). — *Contrà*, Aix, 12 déc. 1877 (S. 78. 2. 115. — P. 78. 480. — *Bull.* d'Aix, 78. 69); Cass., 8 avril 1884 (Pand. chr.), et la note.

(3) L'opposition, lorsqu'il s'agit d'une faillite déclarée à la requête de quelques-uns des créanciers, doit être signifiée à ces créanciers; ils ont été partie au jugement déclaratif, il serait singulier que ce jugement pût être rétracté sans qu'ils fussent appelés à faire valoir leurs observations. C'est donc là une nécessité absolue, à ce point que le défaut de mise en cause de ces créanciers suffirait à rendre l'opposition irrecevable. V. Chambéry, 29 déc. 1877 (Pand. chr.), et la note.

Ce principe n'était point contesté dans l'affaire actuelle puisque l'opposition du failli avait été notifiée aux créanciers qui avaient provoqué le jugement déclaratif de la faillite. Il n'en a pas toujours été ainsi cependant : un arrêt d'Aix, du 13 janv. 1872 (S. 73. 2. 89. — P. 73. 447. — D. 73. 5. 263), a décidé qu'il suffirait que l'opposition eût été formée contre le syndic. Mais ainsi que l'ont fait judicieusement remarquer MM. Lyon-Caen et Renault, *Précis de dr. commerc.*, t. II, n. 2619, p. 627, note 4, si la Cour d'Aix a justifié la nécessité de la mise en cause du syndic, elle n'a point expliqué du tout pourquoi on pouvait se dispenser de mettre également en cause les créanciers qui ont obtenu le jugement attaqué.

Que faut-il décider en ce qui concerne le syndic? Doit-il être mis *nécessairement* en cause? Et si l'opposition ne lui est pas signifiée, cette opposition sera-t-elle irrecevable?

Suivant un arrêt d'Agen, 4 juill. 1851 (S. 52. 2. 31. — P. 53. 1. 207. — D. 51. 2. 230), l'opposition reste soumise au droit commun; elle doit donc être signifiée seulement à celui qui a obtenu le jugement attaqué, sauf le droit pour le syndic d'intervenir dans l'instance.

Cette solution a été repoussée, avec juste raison, par l'arrêt de Rennes que nous rapportons. En effet, lorsque l'art. 443, C. comm., dit que « *toute* action mobilière ou immobilière ne pourra être saisie ou intentée que contre les syndics », il ne fait aucune distinction et comprend, dans cette disposition générale, l'opposition au jugement déclaratif qui, somme toute, n'est qu'une action en rétractation de la faillite. Ensuite, le syndic représente la masse des créanciers, l'ensemble des intérêts compromis. C'est cette situation qui fait de lui le contradicteur nécessaire de toute demande ayant pour but de faire disparaître un jugement acquis à la masse. V. Metz, 6 déc. 1849 (S. 50. 2. 390. — P. 50. 1. 66. — D. 50. 2. 146); Renouard, *Faillites*, t. II, p. 387; Lyon-Caen et Renault, *op. cit.*, t. II, n. 2619, p. 627, texte et note 3.

Une question identique se présente en matière d'appel et doit, à notre avis, être résolue dans le même sens et pour les mêmes motifs. V. Toulouse, 10 janv. 1880 (Pand. chr.), et notre *Dictionnaire de dr. comm., ind. et marit.*, t. IV, v° *Faillite*, n. 1128.

à la forme du rapport du juge-commissaire, et que ses prescriptions sont suffisamment obéies dès lors qu'il est constant, comme dans l'espèce, que ce magistrat a pris part au jugement rendu sur la contestation;

Considérant qu'aux termes de l'art. 440, C. comm., le jugement déclaratif de faillite est exécutoire par provision; que, suivant l'art. 443 du même Code, il emporte de plein droit dessaisissement immédiat pour le failli de l'administration de ses biens, et qu'à partir de sa date toute action mobilière ou immobilière ne peut être suivie ou intentée que contre le syndic; que cette formule est impérative et qu'elle s'applique au cas même où le jugement a été rendu par défaut; — Considérant, en effet, que l'opposition, surtout quand elle remet en question l'existence même de la faillite, intéresse tous les créanciers connus ou inconnus du failli; qu'elle doit donc, par dérogation au droit commun, être nécessairement formée contre le syndic, qui représente seul la masse, et peut seul prévenir l'effet d'une collusion possible entre le failli et quelques-uns de ses créanciers; — Considérant que Outré n'a notifié son opposition qu'aux deux créanciers qui avaient provoqué le jugement déclaratif de la faillite, et les a cités seuls devant le tribunal de commerce pour voir rapporter le jugement; qu'en cet état, et le syndic n'ayant pas été mis en cause, son opposition était irrecevable et a été à tort accueillie par le tribunal; que cette fin de non-recevoir a été implicitement au moins, proposée en première instance; qu'en tout cas elle procède devant la Cour, Morgan et Grandin n'ayant pu, par leur négligence, compromettre les droits de la masse des créanciers; — Par ces motifs, sans s'arrêter au premier moyen de nullité qui n'est pas fondé : — Dit irrégulière et irrecevable l'opposition formée par Outré, arrière du syndic, au jugement déclaratif de sa faillite.

MM. de Kerbertin, 1er prés.; Belin, av. gén.; Rouxin (du barreau de Saint-Malo) et Leborgne, av.

TRIB.-CIV. MACON 17 juin 1879.

TÉMOINS EN MATIÈRE CIVILE, CHEMIN DE FER, INSPECTEUR, CHEF DE SECTION, MÉDECINS, REPROCHES, POUVOIR DU JUGE.

(Vitrier c. Compagnie des Dombes).

V. le texte de ce jugement rapporté avec Dijon (3e ch.), 8 mars 1880, rendu sur appel, dans la même affaire (Pand. chr.).

DOUAI (2e CH.) 25 juillet 1879.

PARTAGE D'ASCENDANTS, CONDITIONS, INEXÉCUTION, RÉVOCATION PARTIELLE, SOULTE, PRIX D'IMMEUBLES, PÉTITION D'HÉRÉDITÉ (ACTION EN), PRESCRIPTION TRENTENAIRE.

Le partage d'ascendants effectué, d'après les prescriptions de l'art. 832, C. civ., entre tous les ayants droit à l'hérédité, ne devient pas nul pour le tout et à l'égard de tous les copartageants, par suite et comme conséquence de la révocation, pour inexécution des conditions, prononcée contre un seul des descendants; il n'y a là qu'une révocation partielle sans influence sur les rapports des copartageants entre eux (1) (C. civ., 832, 1076, 1078).

Par suite, le descendant évincé est sans droit à l'effet de réclamer un nouveau partage, après le décès des ascendants donateurs (2) (Id.).

Surtout si, lors de la liquidation de la succession de ces ascendants, il lui a été attribué, par prélèvement avant tout partage, des valeurs représentant celles dont il avait été dépouillé par suite de l'action en révocation (3) (Id.).

Jugé, en sens contraire, *qu'en pareil cas, la nullité affecte le partage tout entier, au regard des autres copartageants, et que, par suite le descendant évincé est autorisé à réclamer un nouveau partage après le décès des ascendants donateurs* (4) (Id.). — Résol. par l'arrêt en sous-note (*a*).

...Qu'il en est ainsi, alors même que ce descendant aurait conservé une somme d'argent qu'il aurait reçue à titre de soulte et le prix de certains immeubles compris dans son lot qu'il aurait vendus antérieurement à la révocation (5) (Id.). — Ibid.

L'action ainsi accordée au descendant évincé n'est pas une action en rescision de partage, prescriptible par dix ans, mais une véritable action en pétition d'hérédité qui ne se prescrit que par trente ans (6) (C. civ., 1078, 2262). — Ibid.

(Démaret c. consorts Démaret). — ARRÊT.

LA COUR : — Attendu que, par acte de donation du 25 mai 1864, les époux Démaret ont fait entre tous leurs enfants le partage anticipé de leurs biens, à la charge d'une rente viagère de 600 francs à servir divisément par les en-

---

(1 à 5) Ces questions sont très-controversées en jurisprudence et en doctrine; elles n'ont jamais été, à notre connaissance du moins, soumises à l'examen de la Cour suprême.

V. dans le sens de l'arrêt de Douai ci-dessus rapporté, Aubry et Rau, 4e édit., t. VIII, § 733, p. 27 et 28, note 4; Genty, *Des partages d'ascendants*, p. 281 et 282.

Et, dans le sens de l'arrêt de Besançon reproduit *infrà*, en sous-note (*a*), Bordeaux, 4 déc. 1871 (S. 72. 2. 163. — P. 72. 761. — D. 72. 2. 177); Réquier, *Tr. théorique et prat. des partages d'ascendants*, t. I, n. 83; Demolombe, *Donations et testam.*, t. VI, n. 141.

(6) *Sic*, Réquier, t. II, n. 616; Aubry et Rau, t. VIII, § 730, p. 11 et 15; Demolombe, *loc cit.*, n. 217.

(*a*) Cet arrêt de Besançon (1re ch.), du 23 mars 1880, *aff.* Dévoille c. Romary, a confirmé, par adoption pure et simple des motifs, un jugement du trib. civ. de Lure, en date du 23 juill. 1879, conçu dans les termes suivants :

« LE TRIBUNAL : — Attendu que le partage anticipé fait par les père et mère Dévoille, le 12 juin 1849, par acte reçu Déchambenoit, notaire à Luxeuil, a été résolu, par jugement du tribunal de Lure du 8 juin 1854, aux torts des époux Romary, en ce qui concerne le lot recueilli par ceux-ci; — Attendu que la résolution de la donation ainsi faite aux époux Romary, place ceux-ci dans la situation où ils auraient été s'ils n'avaient pas été compris au partage; que l'art. 1078 est donc applicable à l'espèce; qu'en vain les autres enfants donataires soutiennent que les époux Romary avaient reçu de l'un d'eux une somme de 500 francs à titre de soulte, et que les époux Romary n'ont pas restitué cette somme; que, d'autre part, parmi les immeubles compris dans le lot des époux Romary figuraient certains immeubles qui, avant la révocation, avaient été vendus par les époux Romary, qui en ont touché le prix; qu'ainsi les époux Romary ne peuvent pas être considérés comme omis, puisqu'ils ont figuré au partage et ont conservé une partie des objets donnés; que cette situation de fait ne change rien à la situation de droit; que la révocation du partage prononcée vis-à-vis des époux Romary entraîne, comme conséquence, le droit pour Dévoille, cohéritier, qui a versé 500 francs, de réclamer aux époux Romary le remboursement de ces 500 francs; le droit pour les héritiers des père et mère Dévoille de faire rentrer dans la succession les immeubles vendus par les époux Romary, sauf la garantie à laquelle ils seraient tenus, mais en même temps entraîne cette autre conséquence, que les époux Romary sont placés au même et semblable état que s'ils n'avaient pas figuré à un partage révoqué, et, par conséquent, considéré relativement comme n'existant pas à leur égard, et que, par suite, ceux-ci ont le droit absolu d'invoquer les dispositions de l'art. 1078 et de demander le partage des successions de leurs père et mère comme s'il n'y avait pas eu de partage;

« En ce qui concerne l'application de l'art. 1304 invoqué par les adversaires des époux Romary; — Attendu que l'action qui compète à l'enfant omis dans un partage d'ascendants n'est pas, à proprement parler, une action en rescision de partage; que le partage est nul de toute nullité; qu'ainsi l'action exercée par l'enfant omis est une véritable action en pétition d'hérédité qui ne se prescrit que par trente ans, et à laquelle l'art. 1304 n'est pas applicable; — Par ces motifs; — Dit que le partage d'ascendant fait le 12 juin 1849 est nul, etc. ». — Appel.

ARRÊT.

LA COUR : — Adoptant les motifs des premiers juges; — Confirme.

MM. Périvier, 1er prés.; Huart, av. gén. (concl. conf.); Bouvard et Marquiset, av.

fants sans solidarité entre eux ; — Attendu qu'Antoine Démaret prétend qu'il doit être procédé à un nouveau partage entre les ayants droit ; qu'en effet, la donation ayant été révoquée en ce qui le concerne, en 1866, faute du service de la rente, cette résolution légale doit le faire considérer comme n'ayant jamais été *appartagé;* que, par suite, il y a lieu à application de l'art. 1078, C. civ., prononçant, en pareil cas, la nullité du partage ; — Mais attendu que la nécessité juridique de procéder à un nouveau partage n'est aucunement établie; que l'acte du 25 mai 1864 a satisfait matériellement aux prescriptions de l'article précité, puisque la donation partagère a compris tous les enfants alors existants ; — Attendu que le vœu de la loi a été également rempli, puisque la sanction édictée par l'art. 1078 n'a en vue que le cas où le père de famille omettrait dans le partage un des ayants droit à l'hérédité ; qu'en vain l'on prétendrait que la révocation de la donation a tout anéanti rétroactivement et doit faire regarder cette donation comme n'ayant jamais existé à l'égard d'Antoine; qu'une fiction légale ou une analogie ne sauraient prévaloir contre la réalité des faits; que si, par une circonstance postérieure, et à lui personnelle, Antoine Démaret a vu prononcer la révocation du partage, en ce qui le concernait, il ne peut s'en prendre qu'à lui-même de la mesure dont il a été l'objet, laquelle n'affectait que les rapports entre lui et le père de famille, et ne pouvait avoir d'influence sur les rapports entre lui et ses frères; — Attendu qu'en vain, d'autre part, on invoquerait, pour faire annuler le partage, l'art. 832, C. civ.; que le partage a été conforme, en 1864, aux dispositions de cet article et qu'il tient toujours entre les parties intéressées ;

Attendu, en outre, que, pour intenter une action, il faut avoir un intérêt sérieux et actuel; qu'Antoine Démaret, failli non concordataire, séparé de biens d'avec sa femme, est resté débiteur vis-à-vis de ses parents ou de leurs ayants droit d'une somme d'environ 16,000 francs en principal ; que sur cette dette, qui remonte à 1865, il n'a jamais payé ni intérêts, ni à-compte; qu'en admettant que l'on dût procéder à un nouveau partage entre les héritiers Démaret, la part qui lui serait attribuée n'atteindrait certainement pas plus des deux tiers de sa dette en principal ; que, par conséquent, il n'aurait à toucher aucuns deniers, la compensation s'opérant de plein droit entre ce qui lui serait dû et ce qu'il doit; et que les immeubles de faible importance qui entreraient dans son lot pourraient être immédiatement saisis par ses cohéritiers, en vertu de leurs créances sur lui de beaucoup supérieures à la valeur de ces biens; qu'Antoine Démaret peut seulement prétendre qu'il y aurait avantage pour lui à voir diminuer le chiffre d'une dette sur laquelle, toutefois, depuis environ quinze ans, il n'a rien payé ni en principal, ni en intérêts ; — Mais que cet avantage lui est acquis dès aujourd'hui ; qu'en effet, par un sentiment de délicatesse, la liquidation a établi les droits d'Antoine comme si la donation partagère n'avait pas été révoquée; que le notaire lui a attribué des valeurs représentant, par une évaluation équitable, celles dont il a été dépouillé autrefois, et lui a fait prélever ces valeurs sur la succession de ses père et mère, avant tout partage; que l'action du demandeur ne peut donc avoir qu'un résultat : occasionner des frais frustratoires, et troubler une possession dans laquelle ses frères sont établis depuis quinze ans;... — Par ces motifs; — Confirme.

MM. Bottin, prés.; Pierron, av. gén.; Boutet et Dubois, av.

TRIB.-COMM. DIJON 8 août 1879.

ASSURANCES TERRESTRES, AGENTS, BRUSQUE RENVOI, MOTIFS (ABSENCE DE), INDEMNITÉ.

(Joly c. Comp. d'assur. terr. *l'Union.*)

V. le texte de ce jugement reproduit avec Dijon (3e ch.), 8 mars 1880, rendu dans la même affaire (Pand. chr.).

TRIB.-CIV. SEINE 29 août 1879.

PROPRIÉTÉ LITTÉRAIRE, AUTEUR, ÉDITEUR, MAINS DE PASSE, DOUBLE PASSE, JUSTIFICATION (DISPENSE DE).

(Darras c. Vivès.)

V. le texte de ce jugement confirmé par adoption pure et simple de motifs et reproduit avec Paris (1re ch.), 20 déc. 1880, rendu dans la même affaire (Pand. chr.).

DOUAI (1re CH.) 19 novembre 1879.

ASSURANCES TERRESTRES, PORTEFEUILLE, CESSION, EFFETS, POLICES, RÉSILIATION, ACTIF SOCIAL, ALIÉNATION, GARANTIE (DIMINUTION DE), EXISTENCE LÉGALE.

La cession de son portefeuille par une Compagnie d'assurance à une autre Compagnie n'a de valeur qu'entre les parties contractantes et ne peut être opposée aux assurés de la Compagnie cédante qui n'y ont point donné leur adhésion (1) (C. civ., 1273, 1275). — V. aussi l'arrêt en sous-note (*a*).

Lorsqu'une Compagnie d'assurance, par l'effet d'une ces-

(1 à 6) Les deux arrêts de Douai ci-dessus reproduit et de Paris rapporté en sous-note (*a*) sont contraires dans l'appréciation des mêmes faits. Mais ils s'inspirent des mêmes principes et ne sont nullement en opposition de doctrine. D'ailleurs les solutions qu'ils consacrent sont admises par une jurisprudence aujourd'hui à peu près unanime. V. dans le même sens, Trib. civ. Seine, 3 avril 1883 (Pand. chr.); Toulouse, 2 mai 1883 (Pand. chr.); Dijon, 2 avril 1884 (Pand. chr.); Cour justice de Genève, 25 août 1884 (S. 85. 4. 15. — P. 85. 2. 26); Cass., 20 oct. 1885 (Pand. chr.); Trib. civ. Bordeaux (4e ch.), 13 janv. 1886 (journ. *le Droit*, 12 sept.); Trib. civ. Valence (1re ch.), 6 déc. 1886, rapporté en sous-note avec Agen, 24 nov. 1885 (Pand. chr.). Comp. toutefois ce même arrêt d'Agen, 24 nov. 1885, et Lyon, 29 déc. 1885 (Pand. chr.), ainsi que nos observations en note.

(*a*) Cet arrêt de Paris (4e ch.), du 4 août 1882, *aff.* Compagnie d'assur. terr. *la Foncière* c. Millet, confirmatif, par adoption pure et simple des motifs, d'un jugement du trib. civ. de la Seine (6e ch.), rendu dans la même affaire à la date du 23 déc. 1880, est ainsi conçu :

« LE TRIBUNAL : — Attendu que Millet, qui s'est assuré, le 29 mars 1878, à la Compagnie d'assurances contre l'incendie *la Patrie*, prétend que cette Compagnie n'existe plus et demande la résiliation de son contrat d'assurance; — Attendu que, par acte du 4 juin 1878, la Compagnie *la Patrie* a cédé (art. 1er) son portefeuille à la Compagnie la *Foncière*, c'est-à-dire toutes les polices d'assurances et de réassurances, ses créances, son matériel, ses archives, son argent en caisse, tout son actif net et toute son organisation, de telle façon (art. 2) que la *Foncière* se trouve substituée purement et simplement à la *Patrie* dans tous ses droits, avantages, obligations et charges résultant ou pouvant résulter de ses contrats d'assurances et traités de coassurances et de réassurances; — Attendu que ces conventions établissent d'une façon évidente que la Compagnie *la Patrie* a cessé d'exister; — Attendu que, si l'art. 4 desdites conventions stipule que, dans le but d'assurer l'exécution des contrats d'assurances et de réassurances contractés par la *Patrie* et cédés par elle à la *Foncière*, la Compagnie *la Patrie* conservera son existence légale au besoin jusqu'à l'expiration de la dernière des polices actuellement en cours, il résulte des documents de la cause que cette existence légale est absolument fictive, et que toutes les sommes payées pour règlements de sinistre, pour patente, timbre et enregistrement de polices pendant les années 1878 et 1879, ont en réalité été acquittées par la *Foncière*, et que toutes les primes dues par les assurés de la *Patrie* ont été touchées par la *Foncière;* — Attendu que Millet s'est assuré à la *Patrie*, et qu'il ne peut être contraint d'accepter, sans son assentiment, la Compagnie *la Foncière* pour débitrice des indemnités éventuelles auxquelles il peut avoir droit; — Attendu, en conséquence, qu'il est fondé à demander la résiliation de son contrat d'assurance; — ...Par ces motifs, etc. » — Appel.

ARRÊT.

LA COUR : — Adoptant les motifs des premiers juges; — Confirme, etc.

MM. Sénart, prés.; Pradines, av. gén.; Champetier de Ribes et Duverdy, av.

sion, met fin à ses opérations, ne conserve plus ni son capital ni son administration à part bien distincts, et se met par là dans l'impossibilité de tenir les engagements qu'elle a contractés vis-à-vis de ses assurés, ceux-ci sont fondés à demander la résiliation de leur police (2) (C. civ., 1134, 1184).

Mais il n'en est plus ainsi et cette résiliation serait à tort réclamée, s'il était entendu que la Compagnie cédante conserverait au besoin son existence légale jusqu'à l'extinction de la dernière des polices en cours; toutes les garanties acquises aux assurés demeurant alors intactes, indépendamment des garanties additionnelles apportées par la nouvelle Compagnie (3) (Id.).

Toutefois, il a été jugé que la cession qui comprend toutes les polices, l'actif net, le matériel, l'organisation d'une Compagnie, met fin à l'existence de cette Compagnie (4) (Id.). — V. l'arrêt en sous-note.

Et qu'il importe peu que, par une clause du traité, la Compagnie cédante se soit réservé le droit de conserver au besoin son existence légale jusqu'à l'extinction de la dernière des polices en cours; cette existence n'étant plus qu'une pure fiction (5) (Id.). — Ibid.

Mais témoigne d'une existence réelle et non pas fictive la Société qui a conservé entier son capital-actions, qui continue de payer au fisc des sommes considérables pour patente, timbre, enregistrement de polices et transferts d'actions, et de fonctionner avec son conseil d'administration propre, conformément à ses statuts (6) (Id.). — V. l'arrêt de Douai.

(Compagnie d'assurances terrestres *la Foncière* et *la Patrie* c. Wartel.) — ARRÊT.

LA COUR : — Attendu que l'acte du 4 juin 1878, par lequel la *Patrie* a cédé son portefeuille à la *Foncière,* est étranger aux assurés de la *Patrie;* que leurs droits vis-à-vis de cette Compagnie restent entiers; qu'ils peuvent exiger d'elle la réparation de tout sinistre, suivant leur police d'assurance, les engagements respectifs constatés par cette police conservant entre les contractants toute leur valeur; — Attendu que, si la *Patrie* n'exécutait pas ses engagements, si elle renvoyait leur exécution à la *Foncière,* si son capital propre et son administration n'existaient plus, les assurés de la *Patrie* seraient évidemment en droit de lui refuser le payement de la prime d'assurance, en invoquant la résolution du contrat; — Mais attendu que telle n'est point la situation de cette Société d'assurances; que, sans doute, la *Foncière* avait pour but d'attirer vers elle tous les assurés de la *Patrie* et d'absorber complétement cette Compagnie, mais qu'impuissante à atteindre ce résultat en dehors de l'adhésion personnelle des assurés, elle n'a pu vouloir, sans aucun profit, que la *Patrie* perdît le bénéfice des polices d'assurances souscrites par ceux qui n'accepteraient pas la substitution poursuivie par l'acte du 4 juin 1878, et a dû tenir, au contraire, à ce que la *Patrie* continuât d'exister jusqu'à l'expiration des polices d'assurances liant les non adhérents au traité de substitution, et à se ménager ainsi la chance de les conquérir, à l'échéance desdites polices; — Attendu que tel a été l'objet de l'art. 4 du traité précité du 4 juin 1878, par lequel il est stipulé expressément, comme condition indivisible dudit traité, que, pour assurer l'exécution de ses polices, la *Patrie* conservera son existence légale, au besoin jusqu'à l'expiration de la dernière de ces polices : toutes les garanties acquises aux assurés demeurant intactes, indépendamment des garanties additionnelles apportées par la *Foncière;* — Attendu que, loin de pouvoir être considérée comme fictive, cette clause importante et rationnelle du traité a été exactement pratiquée; qu'il ressort, en effet, des documents produits que le conseil d'administration de la *Patrie* a continué de fonctionner depuis, comme avant le 4 juin 1874, conformément aux statuts; que le capital-actions de la *Patrie* est resté entier, qu'elle n'a pas cessé de payer au fisc des sommes considérables pour patente, timbre, enregistrement de polices et transferts d'actions; qu'enfin, du 4 juin 1878 au 1er janv. 1879, elle a réglé à divers pour 142,000 francs de sinistres, et pour plus de 180,000 du 1er janv. au 1er oct. 1879; — Attendu que, dans ces conditions d'existence, de garanties et d'exécution de ses engagements, la *Patrie* peut, à bon droit, exiger de ses assurés le payement des primes d'assurances, ceux-ci n'étant pas fondés à demander la résolution des polices d'assurances; — Attendu, enfin, que les Sociétés en liquidation conservent légalement leur existence et ont droit à l'exécution des obligations prises envers elles en exécutant, de leur côté, leurs engagements; — Attendu, par suite, qu'à tort les premiers juges ont prononcé la résolution de la police d'assurance souscrite entre l'intimé et la *Patrie,* et ont déchargé ledit intimé du payement de la prime d'assurance; — Par ces motifs : — Condamne l'intimé à payer à la *Patrie* la somme de 241 francs, montant de la prime échue et stipulée entre les parties par police du 3 déc. 1877.

MM. Bardon, 1er prés.; Pierron, av. gén.; de Beaulieu et Brochard (du barreau d'Arras), av.

TRIB. DE PAIX (1er ARRONDISSEMENT DE PARIS)
28 novembre 1879.

ANNONCES JUDICIAIRES OU LÉGALES, INSERTION (REFUS D'), DOMMAGES-INTÉRÊTS.

(Delpon de Vissec c. Bray et Prétet, gérant du journal *la Démocratie franc-comtoise.*)

V. le texte de ce jugement reproduit avec Trib. civ. Seine (1re ch.), 22 août 1882, rendu, dans la même affaire, sur appel (Pand. chr., 2e part., p. 102).

RIOM (2e CH.) **29 novembre 1879.**

1° TESTAMENT OLOGRAPHE, ENVOI EN POSSESSION, ORDONNANCE DU JUGE, APPEL, INCOMPÉTENCE. — 2° SCELLÉS, HÉRITIERS LÉGITIMES, LÉGATAIRE UNIVERSEL, OPPOSITION, INTÉRÊT (DÉFAUT D').

1° L'ordonnance par laquelle le président envoie en possession le légataire universel institué par testament olographe, peut être attaquée par la voie de l'appel au cas d'incompétence du magistrat qui l'a rendue (7) (C. civ., 1008).

(2-6) V. la note à la page qui précède.

(7) Dans l'espèce actuelle, toute la difficulté portait sur le point de savoir si le président qui avait rendu l'ordonnance d'envoi en possession était compétent à cet effet. Au fond, l'ordre des juridictions était en jeu; le recours par voie d'appel contre l'acte du magistrat s'imposait de droit.

Autre chose, comme le fait remarquer fort judicieusement l'arrêt ci-dessus, est la question si vivement controversée relative au recours dont est susceptible l'ordonnance sur requête par laquelle un président dont la compétence n'est pas contestée, envoie un légataire universel en possession de son legs. Ce n'est pas seulement telle ou telle voie particulière de recours qui est combattue, écartée, c'est le principe même d'un recours, quel qu'il soit, qui se trouve dénié par d'assez nombreux arrêts. V. en sens divers, Poitiers, 17 mars 1880 (Pand chr.); Limoges, 3 janv. 1881 (Pand. chr.). V. aussi en sous-note de ce dernier arrêt Paris, 27 juin 1878, et 26 mars 1884, et le relevé très-complet des documents de jurisprudence et de doctrine sur la difficulté.

2° La demande en apposition de scellés, formée contre le légataire universel, par les héritiers légitimes, uniquement à raison de leur qualité, est à bon droit repoussée lorsqu'elle ne se justifie par aucun motif sérieux et qu'elle se présente même comme une mesure vexatoire, vu l'absence de tout intérêt du chef de ceux qui la réclament (1) (C. proc., 909).

(Rouger c. veuve Montader.) — ARRÊT.

LA COUR : — En ce qui touche l'appel dirigé contre l'ordonnance d'envoi en possession rendue par M. le président du tribunal civil de Clermont, au profit de la dame Montader : — Attendu qu'il n'est point contesté que la demoiselle Anna Montader avait, à l'époque de son décès, son domicile à Vicq, canton d'Ebreuil, arrondissement de Gannat (Allier); que, dès lors, le président du tribunal civil de ce siége avait seul compétence pour rendre l'ordonnance dont il s'agit; que l'intimée n'est point fondée à soutenir que l'appel formé de ce chef par les consorts Nouge, appelants, n'est point recevable à raison de ce que les ordonnances de cette nature ne dérivent point de la juridiction contentieuse; que, s'il s'est élevé des difficultés sur ce point, en doctrine et en jurisprudence, ces difficultés n'ont aucun rapport avec l'espèce actuelle et ne s'appliquent point notamment au cas où il est établi que le magistrat qui a rendu l'ordonnance arguée de nullité n'était pas même investi de la juridiction gracieuse déterminée par les art. 1007 et 1008, C. civ.; — Or attendu que les dispositions législatives qui règlent les juridictions sont d'ordre public; que la voie de l'appel doit demeurer ouverte, lorsqu'elles sont méconnues, au profit des particuliers qui ont intérêt à les invoquer;

En ce qui touche l'appel dirigé contre l'ordonnance de référé rendue par M. le président du tribunal de Gannat, à la date du 4 août 1879 : — Attendu que le motif tiré de l'ordonnance d'envoi en possession, laquelle est affectée de nullité, ne pouvant plus être retenu à l'appui de la décision du juge du référé, les appelants soutiennent qu'il doit être dès lors fait droit à leur demande en apposition de scellés; qu'agissant en qualité d'héritiers légitimes de la demoiselle Montader, ils invoquent le bénéfice de l'art. 909, C. proc. civ., dont les termes sont impératifs et énoncent que cette mesure peut être requise, uniquement, prétendent-ils, à raison de leur qualité; — Mais attendu qu'il est du droit et du devoir du juge d'interroger avec soin l'esprit de la loi; qu'il est manifeste que l'apposition des scellés, lorsqu'elle est demandée à la suite d'un décès, n'a pour but que de prévenir les détournements, les dilapidations qui peuvent se produire à une époque voisine, de la part de ceux qui sont appelés à recueillir une succession récemment ouverte; que telle est manifestement la pensée du législateur dans les art. 901 et suiv., C. proc.; que ce serait ouvertement la méconnaître que d'autoriser, sur la seule qualité de ceux qui la demandent, la réalisation d'une mesure qui peut devenir vexatoire ou dont l'intérêt n'est nullement justifié; — Or, attendu que la demoiselle Montader est décédée le 20 août 1878, et que la demande portée devant M. le juge de paix d'Ebreuil n'est que du 4 août 1879, c'est-à-dire de près d'une année après la prise de possession par la veuve Montader des biens composant la succession de sa fille; qu'il n'est ni prétendu, ni même allégué par les appelants aucun fait de nature à justifier la mesure conservatoire par eux réclamée; — Attendu, au contraire, que la prise de possession par l'intimée leur était connue depuis longtemps, et tout au moins depuis le 27 janvier 1879; qu'il résulte, en effet, des pièces produites à cette époque, que la dame Montader était assignée en qualité de légataire universelle de sa fille, devant le tribunal civil de Riom, par l'un des appelants, auquel se sont joints des coïntéressés, parties dans l'instance actuelle; que si, à la vérité, on ne peut inférer de la qualité, par eux volontairement attribuée à la veuve Montader, que les appelants aient entendu consacrer ainsi la validité du titre d'où cette qualité était tirée, dans une instance où cette question n'était pas soulevée, ils ont cependant formellement reconnu, soit dans l'exploit, à la date précitée du 27 janv. 1879, soit dans tous les documents relatifs à cette instance, que la dame Montader était investie d'un titre servant de base à une possession qu'ils ne contestaient point, parce qu'ils n'avaient alors et qu'ils n'ont aujourd'hui aucun intérêt sérieux à la contester; — Par ces motifs : — Déclare nulle, comme incompétemment rendue, l'ordonnance d'envoi en possession rendue par M. le président du tribunal civil de Clermont du 3 sept. 1878 ; — Et statuant sur l'appel dirigé contre l'ordonnance de référé : — Par les motifs nouveaux ci-dessus spécifiés, déclare les appelants, quant à ce, mal fondés dans leurs fins et conclusions, les en déboute, ordonne que ce dont est appel sortira son plein et entier effet.

MM. Welter, prés.; Esparviès, av. gén.; Clausels et du Montat, av.

RIOM (CH. CORR.) 1er décembre 1879.

CIRCONSTANCES ATTÉNUANTES, AMENDE, MINIMUM.

(De Rubelles.)

V. le texte de cet arrêt cassé par celui de Cass.-crim., 3 janv. 1880, rendu dans la même affaire (Pand. chr.), et reproduit dans la note de ce dernier arrêt.

RENNES 8 décembre 1879.

ACTE ADMINISTRATIF, FONCTIONNAIRE PUBLIC, POURSUITE, LÉGALISATION, REFUS, MAIRE, INDEMNITÉ, SIGNATURES, COMPÉTENCE.

Le décret du 19 sept. 1870, en abrogeant l'art. 75 de la Constitution de l'an VIII, a laissé intacts le principe fondamental de la séparation des pouvoirs et les règles de la compétence, en vertu desquels la connaissance des actes administratifs échappe à la juridiction des tribunaux civils (2) (L.

---

(1) Cette solution est isolée en jurisprudence. La majorité des arrêts décide, au contraire, que l'envoi en possession des légataires universels, institués par testament, ne peut avoir pour effet de paralyser le droit qui appartient aux héritiers légitimes, même non réservataires, de requérir l'apposition et la levée des scellés, ainsi que la confection de l'inventaire. V. Bruxelles, 28 nov. 1810; Douai, 6 août 1838 (S. 45. 2. 543. — P. 48. 2. 209. — D. 49. 2. 26); 20 déc. 1847 (Pand. chr.); Nîmes, 26 (ou 27) déc. 1847 (Pand. chr.); Nancy, 6 mars 1885 (Pand. chr.), et les notes.

(2) Cette solution, à laquelle s'est ralliée la Cour de cassation, après un premier arrêt nettement contraire de la Chambre des requêtes, en date du 3 juin 1872 (S. 72. 1. 186. — P. 72. 421. — D. 72. 1. 385), parait définitivement acquise en jurisprudence. V. Cass. civ. (sol. implic.), 3 août 1874 (S. 76. 1. 193. — P. 76. 481. — D. 76. 1. 289); 15 déc. 1874 (Pand. chr.); 10 déc. 1879 (Pand. chr.); req., 8 févr. 1876 (S. 76. 1. 193. — P. 76. 481. — D. 76. 1. 289); Dijon, 15 déc. 1876 (S. 77. 2. 53. — P. 77 321); Bourges, 10 févr. 1879 (Pand. chr.); Trib. des conflits, 30 juill. 1873 (Pand. chr.); 28 nov. 1874 (S. 76. 2. 192. — P. chr. adm. — D. 75. 3. 75); 29 juill. 1876 (Pand. chr.); 5 mai 1877 (Pand. chr.); 24 nov. 1877 (S. 78. 2. 157. — P. chr. adm. — D. 78. 3. 17); 8 déc. 1877 (quatre jugements) (S. 79. 2. 279. — P. chr. adm. — D. 78. 3. 18); 15 déc. 1877 (six jugements) (S. 79. 2. 307. — P. chr. adm. — D. 78. 3. 19), et les notes.

16-24 août 1790, tit. II, art. 13; Décr. 16 fruct. an III; Constit. an VIII, art. 75; Décr. 19 sept. 1870).

Spécialement, *ces tribunaux sont incompétents pour connaître d'une demande en dommages-intérêts formée contre un maire à raison du refus de légalisation de signatures au bas de pétitions adressées aux Chambres; la légalisation des signatures se rattache, en effet, aux attributions conférées aux maires en leur qualité de représentants du pouvoir central et non d'officiers de l'état civil ou de police judiciaire* (1) (LL. 6 mars 1791, art. 11; 18 juill. 1837, art. 9).

(De Korthays et autres c. Burgault.) — ARRÊT.

LA COUR : — Considérant que, dans les premiers jours de mai 1879, les appelants ont présenté à la légalisation de M. le maire de la ville de Vannes leurs signatures apposées au pied d'une mention spéciale inscrite à la suite de pétitions adressées au Sénat à l'occasion du projet de loi sur l'enseignement, mention par laquelle ils attestaient la sincérité des signatures des auteurs de ces pétitions; — Considérant que, sur le refus du maire de Vannes de légaliser leurs signatures dans les conditions où elles lui étaient présentées, les appelants lui ont fait sommation, les 12 et 14 mai, et que, après un essai infructueux de conciliation, ils l'ont fait citer, à la date du 20 juin suivant, devant le tribunal civil de Vannes, à l'effet de s'entendre condamner à leur payer, à chacun, une somme de 300 francs à titre de dommages-intérêts; — Considérant que le décret du 19 sept. 1870 n'a pas eu pour effet de porter atteinte au principe fondamental de la séparation des pouvoirs; qu'en abrogeant l'art. 75 de la Constitution de l'an VIII, ce décret s'est borné à supprimer l'entrave apportée à l'action intentée par une partie à un fonctionnaire public pour des faits relatifs à ses fonctions, et qu'il en résulte seulement que celui-ci, n'étant plus couvert par la garantie constitutionnelle, ne pourra invoquer une fin de non-recevoir tirée du défaut d'autorisation préalable, mais qu'il n'a été en rien innové en ce qui concerne les règles de la compétence; — Considérant que, en vertu de ces principes et lorsqu'un fonctionnaire est actionné devant la juridiction ordinaire pour des faits accomplis dans l'exercice de ses fonctions, le juge a le droit et le devoir de rechercher si ces faits émanent de l'initiative privée de l'homme, abstraction faite de sa qualité d'agent du gouvernement, auquel cas ils ne peuvent avoir que le caractère d'actes personnels, dont les tribunaux ordinaires peuvent connaître; ou si, au contraire, ces faits, alors même qu'ils seraient abusifs et dommageables pour des tiers, sont intimement liés à l'exercice de la fonction, s'ils rentrent dans l'ordre des devoirs du fonctionnaire agissant sous le contrôle et l'autorité de ses chefs hiérarchiques, et s'ils constituent dès lors des actes administratifs de la compétence de la juridiction administrative qui seule a le droit de les apprécier; — Considérant que le pouvoir de constater par la légalisation la sincérité des signatures a été attribué aux maires par l'art. 11 du décret du 6 mars 1791, et que ce pouvoir a été virtuellement confirmé par l'art. 9, § 2, de la loi du 18 juill. 1837; qu'en pareille matière, le maire agit sous l'autorité de l'Administration supérieure, qui a le droit de lui donner à ce sujet des instructions auxquelles il est de son devoir de se conformer; — Considérant que, dans ces conditions, une légalisation donnée par un maire est un acte accompli en vertu de la loi par un fonctionnaire de l'ordre administratif, et qui intéresse essentiellement l'intérêt collectif et général; qu'il rentre dans le cercle de ses attributions, non comme officier de l'état civil ou de police judiciaire, mais comme agent du gouvernement qu'il représente dans sa commune; que c'est donc un acte de sa fonction administrative, et que, pour échapper à la compétence de l'autorité judiciaire, il importe peu que cet acte se manifeste par un arrêté ou revête toute autre forme; — Considérant que les appelants eux-mêmes ont rendu hommage à ces principes et ont implicitement reconnu que l'acte qu'ils reprochaient au maire de Vannes était réellement un acte administratif; que, d'une part, en effet, c'est en qualité de maire de la ville de Vannes qu'ils ont fait sommation à l'intimé et l'ont assigné devant le tribunal civil, et que, d'autre part, dans leurs sommations des 12 et 14 mai, ils se sont appuyés sur les termes de la circulaire adressée le 11 avril précédent par M. le préfet du Morbihan aux maires du département pour contraindre le maire de Vannes à légaliser leurs signatures conformément aux instructions qu'il avait reçues de son supérieur dans la hiérarchie administrative; — Par ces motifs : — Confirme.

MM. Grolleau-Villegueury, prés.; Belin, av. gén. (concl. conf.); Bastien et Leborgne, av.

ROUEN (1re CH.) 8 décembre 1879.

APPEL EN MATIÈRE CIVILE, DÉLAI, DOMICILE ÉLU, TRIBUNAL DE COMMERCE, GREFFE, PLUMITIF D'AUDIENCE, MENTIONS.

La signification du jugement définitif faite au greffe du tribunal de commerce, à défaut par les parties, non domiciliées dans le lieu où siège le tribunal, d'y avoir élu domicile, fait courir le délai de l'appel; l'art. 422, C. proc., dérogeant, en matière commerciale, au droit commun de l'art. 443, même Code, sur la nécessité d'une signification à personne ou à domicile (2) (C. proc., 422, 443, 645).

Il ne peut être suppléé à la mention spéciale de l'élection de

---

(1) C'est un point aujourd'hui constant que la légalisation des signatures, ne rentre dans les attributions des maires ni en leur qualité d'officiers de l'état civil, ni en celle d'officiers de police judiciaire, mais qu'elle se rattache à leurs pouvoirs d'administration, en tant qu'ils représentent, par délégation, l'autorité centrale. Il y a, à cet égard, accord complet entre la jurisprudence des Cours d'appel et celle du Tribunal des conflits. V. Paris, 23 févr. 1880 (Pand. chr.); Montpellier, 25 juin 1880 (Pand. chr.), et les renvois; Trib. des conflits, 29 nov. 1879 (Pand. chr.); 13 déc. 1879 (Pand. chr.), et les notes.

(2) La question est controversée; toutefois la jurisprudence, en son dernier état, s'est presque constamment prononcée dans le sens de la solution de l'arrêt ci-dessus rapporté. V. Riom, 3 févr. 1809; Dijon, 25 mars 1828; Paris, 14 févr. 1837 (S. 37. 2. 226. — P. 37. 1. 294. — D. 38. 2. 121); Toulouse, 31 mars 1845 (S. 45. 2. 415. — D. 45. 2. 143); Paris, 26 mars 1851 (S. 51. 2. 248. — P. 51. 2. 116. — D. 52. 2. 67); Dijon, 25 févr. 1852 (S. 52. 2. 302. — P. 52. 2. 209. — D. 52. 2. 68); Nîmes, 19 juill. 1852 (S. 52. 2. 658. — P. 54. 1. 165); Bourges, 18 nov. 1856 (D. 57. 2. 195); Bordeaux, 29 juill. 1857 (S. 58. 2. 29. — P. 58. 440. — D. 58. 2. 115); Aix, 25 nov. 1857 (S. 58. 2. 431. — P. 58. 440); Cass., 27 déc. 1857 (S. 58. 1. 550. — P. 58. 272. — D. 58. 1. 59); Nîmes, 6 août 1861 (S. 61. 2. 463. — P. 62. 70. — D. 61. 5. 24); Cass., 25 mars 1862 (S. 62. 1. 607. — P. 62. 1090. — D. 62. 1. 176); Paris, 19 août 1872 (S. 72. 2. 240. — P. 72. 947. — D. 73. 5. 21); Cass. (sol. implic.), 19 mai 1885, en sous-note (*a*), et notre *Dictionnaire de dr. comm.*,

(*a*) Cet arrêt de Cass-req., 19 mai 1885, *aff.* Péruvian Guano c. Dreyfus frères et Cie, est ainsi conçu :

LA COUR : — Sur le premier moyen, tiré de la violation des art. 157, 158, 422, 435 et 436, C. proc., 643, C. comm., 7 de la loi du 20 avril 1810, et fausse application de l'art. 69, C. proc. : — Attendu que, si l'art. 422, C. proc., autorisait Dreyfus et Cie à notifier le jugement dont s'agit au greffe du tribunal de commerce, il n'en résultait pas pour eux l'obligation de suivre exclusivement et à peine de nullité cette voie; que cet article, ne leur interdisant pas la

domicile ordonnée sur le plumitif de l'audience, par la mention d'un domicile élu dans l'exploit d'ajournement (1) (Id.).

(Jacquet c. Chambrelan.) — ARRÊT.

LA COUR : — Attendu qu'aux termes de l'art. 422, C. proc., relatif à la procédure devant les tribunaux de commerce, si les parties comparaissent et qu'il n'intervienne pas de jugement définitif à la première audience, celles qui ne sont pas domiciliées dans le lieu où siége le tribunal sont tenues d'y faire élection de domicile; que cette élection de domicile doit être mentionnée sur le plumitif de l'audience; et qu'à défaut de l'accomplissement de cette formalité, toute signification, même celle du jugement définitif, est valablement faite au greffe du tribunal consulaire; que, si l'art. 443 du même Code veut qu'en matière civile le jugement soit signifié à la personne ou au domicile réel, les prescriptions édictées par l'art. 422 dans un but d'économie et de célérité sont une dérogation au droit commun; que l'art. 645, C. comm., confirme cette exception, lorsqu'il fixe comme point de départ du délai d'appel le jour de la signification du jugement, sans ajouter : à personne ou domicile, ce qui s'applique évidemment à toute signification valable aux termes du droit commercial; que les régles, formes et délais de cette procédure diffèrent essentiellement des règles, formes et délais de la procédure ordinaire; que Jacquet ne peut donc s'en prendre qu'à lui-même de n'avoir point accompli les obligations qui lui étaient imposées; que c'est en vain qu'il oppose aux intimés l'élection de domicile par lui faite dans son exploit d'ajournement; qu'il ne peut être suppléé à la mention spéciale ordonnée par le législateur dans un intérêt d'utilité publique par une indication faite dans d'autres conditions et dans d'autres actes; qu'ainsi, en supposant que son fondé de pouvoirs ne lui ait pas fait connaître la sentence intervenue, ce qui n'est pas présumable, la signification régulièrement faite à l'appelant dans la forme de l'art. 422 a légalement porté ce jugement à sa connaissance; que, cette signification ayant eu lieu le 19 août 1878, et l'appel n'ayant été interjeté que le 8 avril 1879, c'est-à-dire six mois après l'expiration des délais, il s'est rendu non recevable à soumettre son différend à la Cour; — Par ces motifs, sans s'arrêter à l'appel interjeté par Jacquet du jugement rendu le 17 juillet 1878 par le tribunal de commerce du Havre, déclare ledit appel non recevable.

MM. Neveu-Lemaire, 1er prés.; Gaultier de la Ferrière, av. gén.; Ricard et Vaucquier du Traversain, av.

BOURGES (1re CH.) 10 décembre 1879.

RAPPORT A SUCCESSION, BAIL, REVENUS, MÈRE, ENFANTS, AVANTAGES, QUOTITÉ DISPONIBLE, LIBRE DISPOSITION, CHARGES.

Le père et la mère de famille ont sur leurs revenus le droit de disposition le plus large et le plus étendu, et l'usage qu'ils en font ne peut, sauf des cas tout à fait exceptionnels, être critiqué après leur décès, sous prétexte, soit d'empiétement sur la quotité disponible, soit d'atteinte au principe d'égalité qui règle les rapports des successibles au même degré (2) (C. civ., 843, 920 et suiv.).

Spécialement, *ne sont pas sujets à rapport les avantages résultant d'un bail à prix réduit et à des conditions minimes, consenti par une mère à l'un de ses enfants habitant avec elle; l'écart entre le taux stipulé et la valeur réelle de la location constitue, en effet, une portion de revenus disponibles* (3) (Id.).

Il en est ainsi surtout, alors que ces avantages sont sans importance notable, et sont même, dans une certaine mesure, compensés par des charges d'entretien, de communauté d'existence ou autres, imposées au preneur (4) (Id.).

(Goguelat c. Goguelat et autres.) — ARRÊT.

LA COUR : — Considérant qu'il est établi par l'ensemble des documents versés au procès que, le 30 mars 1854, la dame veuve Cornu, veuve depuis onze ans et alors âgée de plus de cinquante ans, fit à ses cinq filles une donation aux termes de laquelle elle leur abandonnait l'universalité de ses immeubles propres, et renonçait aux droits d'usufruit qui lui appartenaient sur les immeubles de son mari, à la condition que ses enfants lui payeraient une rente viagère de 3,000 francs, et lui laisseraient, durant sa vie, la jouissance de son logement et celle de diverses pièces de terre, jouissances qui furent évaluées par les parties à 1,076 francs de revenu; que l'une des filles de la dame Cornu, la dame Charles Goguelat, étant venue, vers 1837, demeurer à Saint-Révérienf, dans une partie de la maison occupée par sa mère, des relations d'une étroite intimité s'établirent nécessairement et naturellement entre la dame veuve Cornu et les époux Charles Goguelat; que, le 15 août 1860, la dame Cornu, alors âgée de près de quatre-vingts ans et ne pouvant plus exploiter par elle-même les biens dont elle s'était réservé l'usufruit, les afferma jusqu'à sa mort à son gendre, Charles Goguelat, et stipula comme prix de cette location certaines prestations, telles que le payement des impôts, l'obligation de pourvoir aux réparations d'entretien des bâtiments, de nourrir une

---

ind. et marit., t. I, v° *Appel*, n. 19. — *Contrà*, en ce sens que l'art. 422, C. proc., ne déroge pas à l'art. 443, même Code : Colmar, 5 août 1826; Rennes, 20 déc. 1827; Limoges, 21 nov. 1835 (S. 37. 2. 191. — P. chr. — D. 38. 2. 103); Colmar, 11 déc. 1861 (S. 61. 2. 205. — P. 62. 126).

Une autre question offre avec celle du présent arrêt une grande analogie. L'acte d'appel d'un jugement de tribunal de commerce doit-il, à peine de nullité, être signifié à personne ou à domicile conformément au droit commun (C. proc., 456), ou peut-il l'être au greffe du tribunal par application de l'art. 422, spécial à la procédure devant les tribunaux de commerce? La jurisprudence est unanime à repousser toute dérogation à l'art. 456, C. proc., et à maintenir la nécessité absolue d'une signification à personne ou à domicile. V. Caen, 4 juin 1878 (Pand. chr.); Rennes, 19 mai 1879 (Pand. chr.), et les renvois. V. aussi notre *Dictionnaire, loc. cit.*, n. 22.

(1) *Sic*, Nîmes, 6 août 1861 (S. 61. 2. 463. — P. 62. 70. — D. 61. 5. 24); Cass., 25 mars 1862 (S. 62. 1. 607. — P. 62. 1090. — D. 62. 1. 176).

(2-3-4) V. anal., sur le principe et son application au cas de baux consentis moyennant un prix inférieur à la valeur réelle des produits des biens loués ou affermés, Montpellier, 31 déc. 1863 (S. 66. 2. 186. — P. 66. 722); 4 juill. 1865 (S. et P., *ibid.*); Caen, 15 déc. 1872 (S. 73. 2. 251. — P. 73. 1068). V. aussi Bordeaux, 18 févr. 1831 (S. 31. 2. 137. — P. chr.); 17 juin 1846 (S. 46. 2. 644. — P. 49. 1. 331); Cass. 27 juill. 1881 (S. 82. 1. 157. — P. 82. 1. 374. — D 82. 1. 249); Trib. de l'empire d'Allemagne, siégeant à Leipzig, 23 févr. 1884 (S. 86. 4. 6. — P. 86. 2. 9); Grenier, *Donations*, n. 541; Vazeille, *Success.*, sur l'art. 852, n. 10; Chabot, *id.*, n. 2; Duranton, t. VII, n. 355; Marcadé, sur l'art. 852, n. 2; Aubry et Rau, t. VI, § 631, p. 636, texte et note 48; Demolombe, *Successions*, t. IV, n. 445; Laurent, *Principes de dr. civ.*, t. X, n. 630. — Comp. Limoges, 10 févr. 1884 (Pand. chr.), et la note.

faculté de faire faire cette notification en observant les règles du droit commun, leur permettait d'y recourir; que ces règles ont été régulièrement observées dans l'espèce; que, dès lors, en déclarant qu'on avait bien procédé en s'y conformant, l'arrêt attaqué n'a point violé les dispositions de loi susvisées; que, d'un autre côté, soit par l'ensemble des motifs qu'il donne à l'appui de sa décision, soit par ceux qu'il s'approprie en adoptant les motifs donnés par les premiers juges, ledit arrêt a pleinement satisfait aux prescriptions de l'art. 7 de la loi du 20 avril 1810; — ...Rejette, etc.

MM. Bédarrides, prés.; Féraud-Giraud, rapp.; Petiton, av. gén. (concl. conf.); Devin, av.

vache, de faire la cueillette des fruits et de les partager avec la dame Cornu, etc.; — Considérant que la dame Cornu étant décédée le 20 janvier 1878, à l'âge de quatre-vingt-dix-huit ans, il a été formé une demande en compte, liquidation et partage de sa succession; que, dans le cours de cette instance, les époux Alfred Goguelat et les consorts Bonabeau ont soutenu que le bail de 1860, et certaines jouissances antérieures qui avaient été consenties par la mère commune, aux époux Charles Goguelat, constituaient au profit de ces derniers un avantage indirect sujet à rapport; c'est pourquoi ils ont demandé au tribunal de première instance et obtenu de lui qu'il fût procédé, au moyen d'une expertise, à la recherche du point de savoir quelle était en 1860 la valeur locative des biens affermés et celle des charges qui étaient imposées au locataire; que, par cette décision, le tribunal a préjugé que, s'il y avait eu écart entre le taux ordinaire du prix des baux et le taux moyennant lequel le bail avait été souscrit, cet écart constituerait un avantage indirect sujet à rapport;

Mais considérant, en droit, eu égard au bail de 1860, que le père et la mère de famille ont sur leurs revenus le droit de disposition le plus large et le plus étendu; que l'usage qu'ils en font ne peut être, sauf des cas très-rares et exceptionnels, critiqué après leur mort pour prétendre, soit qu'ils ont excédé la quotité disponible, soit qu'ils ont porté atteinte au principe d'égalité qui règle les rapports des successibles au même degré; — Considérant, en fait, que le bail de 1860 constituât-il un avantage indirect au profit des époux Charles Goguelat, la dame Cornu n'aurait fait que disposer en leur faveur d'une portion de ses revenus; qu'il n'est certainement entré, ni dans la pensée de la dame Cornu, ni même dans l'esprit des époux Charles Goguelat, que cette portion de revenus, destinée à être immédiatement dépensée, pût se capitaliser à leur insu et devenir plus tard l'objet d'une demande en restitution ruineuse pour ceux à qui elle serait adressée; — Considérant, d'ailleurs, qu'il est dès à présent établi que, si les époux Charles Goguelat ont retiré quelque avantage du bail de 1860, cet avantage n'a pas d'importance notable, les prestations stipulées, dont quelques-unes avaient un caractère aléatoire, devant être considérées comme l'équivalent probable des revenus des immeubles affermés; — Considérant, enfin, que, en dehors des prestations énumérées littéralement dans le bail, la communauté d'existence qui s'était formée entre la veuve Cornu et les époux Charles Goguelat imposait à ces derniers, vis-à-vis de leur mère et belle-mère arrivée à un âge très-avancé et souvent malade, des soins et services assidus, ce qui expliquerait au besoin que le prix du bail par elle consenti n'ait pas été porté au même taux que s'il se fût agi d'étrangers;

Sur la question de savoir si les époux Charles Goguelat devront, dans la liquidation, justifier de l'acquit des prestations *en nature* qui avaient été stipulées par la dame Cornu : — Considérant que cette justification serait impossible; que d'ailleurs, aux termes de la clause finale du bail de 1860, il a été expressément convenu que, survenant le décès de la dame Cornu, toutes les charges imposées aux époux Charles Goguelat cesseraient, et que leurs cohéritiers n'auraient aucune espèce de recours contre eux; — Par ces motifs: — Emendant le jugement du 7 févr. 1879 sur un seul point; — Dit que si les époux Charles Goguelat ont tiré de leur convention avec leur mère et belle-mère quelques avantages, ces avantages ne sont pas sujets à rapport; — Dit, en conséquence, qu'il n'y a pas lieu à expertise.

MM. Boivin-Champeaux, 1er prés.; Lardenois, proc. gén. (concl. conf.); Thiot-Varennes et Legrand, av.

ROUEN (3e CH.) 21 décembre 1879.

CHASSE, BÊTES FAUVES, TERRAIN D'AUTRUI.

Le cultivateur qui, ayant blessé mortellement, sur son propre terrain, un sanglier au moment où il causait des dégâts à sa propriété, dépose son fusil, et va chercher et enlever la bête fauve sur un terrain voisin appartenant à autrui, où elle est allée mourir, ne commet aucun délit de chasse (1) (L. 3 mai 1844, art. 9, § 2, n. 3).

(Legros.) — ARRÊT.

LA COUR : — Attendu qu'il résulte de l'instruction et des débats que Legros, cultivateur au Mesnil-Jourdain, s'étant rendu dans sa cour, le 27 oct. 1879, vers neuf heures du soir, muni d'un fusil dont il s'était armé pour détruire les bêtes fauves portant dommage à sa propriété, a frappé mortellement un sanglier des deux coups de son arme; — Attendu que l'animal ainsi blessé, franchissant alors les limites de l'enclos de Legros, a été mourir à quelques centaines de mètres de là, sur un terrain appartenant à autrui, et que c'est dans ces circonstances que le prévenu, qui, d'ailleurs, avait déposé auparavant son fusil dans sa propriété, a été chercher et enlever dans une voiture, avec l'assistance de plusieurs voisins, l'animal auquel il avait donné la mort; — Attendu que l'acte ainsi précisé ne constitue pas un fait de chasse réprimé par la loi; que le tribunal, à tort, y a vu un délit, et que son jugement ne saurait être maintenu; — Réformant le jugement dont est appel; — Dit que Legros ne s'est pas rendu coupable du délit qui lui était imputé; en conséquence, le décharge des condamnations prononcées contre lui, etc.

MM. Couvet, prés.; Chrétien, av. gén.; Frère, av.

TRIB.-CIV. SEINE 24 décembre 1879.

FAILLITE, INSUFFISANCE D'ACTIF, CLOTURE, DESSAISISSEMENT, SYNDIC, EXPROPRIATION POUR UTILITÉ PUBLIQUE, INDEMNITÉ.

(Synd. Bouquin c. chemin de fer de Ceinture.)

Le texte de ce jugement, confirmé sur appel par adoption de motifs, se trouve rapporté avec Paris (5e ch.), 10 mai 1881, rendu dans la même affaire (Pand. chr., 2e part., p. 77).

---

(1) C'est un point depuis longtemps acquis en jurisprudence qu'un chasseur ne commet aucun délit quand il ramasse sur le terrain d'autrui une pièce de gibier tirée sur son propre terrain, et tombée morte sur l'héritage voisin. V. Amiens, 17 janv. 1842 (S. 42. 2. 104. — P. 45. 2. 709); Limoges, 5 févr. 1848 (S. 49. 2. 152. — P. 48. 2. 382); Paris, 2 déc. 1854 (S. 54. 2. 680. — P. 55. 1. 587. — D. 55. 2. 140); Cass., 28 août 1868 (Pand. chr.); 23 juill. 1869 (S. 70. 1. 94. — P. 70. 189. — D. 69. 1. 536); 30 (et non 31) janv. 1879 (sol. implic.) (Pand. chr.); Duvergier, *Collect. des lois*, 1844, p. 105; Berriat Saint-Prix, *Législation de la chasse*, p. 134; Gillon et Villepin, *Nouveau Code des chasseurs*, n. 175; Dalloz, *Jurispr. gén.*, v° *Chasse*, n. 239; Petit, *Du droit de chasse*, t. I, n. 2; Villequez, *Dr. du chasseur sur le gibier*, p. 36 et suiv.; Giraudeau, Lelièvre et Soudée, *la Chasse*, n. 110 et suiv.

Mais le chasseur qui a lancé une pièce de gibier sur sa propriété n'a pas le droit de la poursuivre sur un terrain dont la chasse ne lui appartient pas. V. Dijon, 2 août 1859 (S. 63. 1. 237 *ad notam*. — P. 63. 779 *ad notam*); Toullier, t. IV, n. 20; Demolombe, t. XIII, n. 25; Bellaigue, *Revue pratique*, t. XIII, p. 513; Sorel, *Du droit de suite et de la propriété du gibier*, n. 46.

ROUEN (1re CH.) 31 décembre 1879.

VENTE DE MARCHANDISES, VINS, FALSIFICATION, CARAMELS COLORANTS, FUCHSINE, PRIX, ACTION (DÉFAUT D').

Est illicite, et par conséquent sans effet à l'égard des deux parties, la vente de caramels colorants à base de fuchsine concertée en vue d'une opération délictueuse susceptible de produire de gros bénéfices, telle qu'une falsification de vins nuisible à la santé publique (1) (C. civ., 1131, 1134, 1650).

D'où le vendeur est sans droit pour réclamer le prix même des caramels consommés (2) (Id.).

(Lireux c. Carbou.) — ARRÊT.

LA COUR : — Attendu que Lireux demande contre Carbou aîné et fils condamnation à 19,284 fr. 75, pour prix de caramels qu'il leur a vendus; qu'il est appelant du jugement qui a rejeté sa demande ; que Carbou et fils soutiennent devant la Cour, pour obtenir la confirmation du jugement, que la vente de caramels que Lireux leur a faite porte sur une cause illicite; qu'elle est nulle et ne peut produire aucun effet, aux termes des art. 1131 et 1133, C. civ.; que, pour apprécier ce moyen, il faut rechercher dans quelles circonstances et sur quelle cause les parties ont contracté; — Attendu que les ventes de caramels de Lireux ont eu lieu en 1874 et 1876 ; que ces caramels étaient vendus à Carbou et fils comme ils étaient vendus à d'autres négociants pour la coloration artificielle de leurs vins; qu'il résulte des correspondances échangées entre les parties et des documents de la cause, que l'intention de Carbou et fils, en achetant les caramels, était, après la coloration de leurs vins, de les livrer au commerce comme des vins ayant leur couleur naturelle; que Lireux connaissait parfaitement cette intention, et entendait se prêter à son exécution; que l'entente des vendeurs et acheteurs était, dans leur intention commune, de colorer les vins des uns au moyen de la substance provenant des autres; que cette coloration constituait une falsification dont les deux parties tiraient profit; le fabricant de caramels, en en vendant dans de grandes portions et à des prix très-élevés, les acheteurs, en donnant à leurs vins la valeur de vins de couleur naturelle : que les opérations d'achat et de vente de caramels faites dans de telles conditions ont évidemment une cause illicite : que cette cause est prohibée par la loi, puisque la falsification des boissons constitue un délit aux termes de la loi du 27 mars 1851 ; qu'incorporer au vin, qui se juge en partie à la couleur, une préparation étrangère pour le colorer artificiellement, c'est commettre une falsification, puisque l'on trompe ainsi sur la qualité ; que l'on vend comme vins rouges des vins blancs colorés, et comme vins rouges de qualité naturelle des vins qui manquent de cette condition ; que la loi réprouve tellement de pareilles falsifications, qu'elle aggrave la peine s'il s'agit d'une marchandise contenant des mixtions nuisibles à la santé, et que, par les documents de la cause, il est constant que les caramels vendus par Lireux contiennent de la fuchsine, substance préparée industriellement avec l'emploi de l'acide arsenical, dont elle peut n'être pas entièrement purgée; que, si des préparateurs consciencieux et habiles ont cru, à force de soins, pouvoir dégager la fuchsine des éléments toxiques qu'elle renferme, ces préparations peuvent sans doute avoir une valeur scientifique ; mais qu'au point de vue industriel et commercial, l'expérience est loin d'être concluante ; que, s'il est possible de réduire aux plus minimes proportions les éléments toxiques que la fuchsine contient, on ne peut affirmer que son emploi est absolument inoffensif et qu'à la longue il n'exerce pas une influence pernicieuse sur la santé publique ; — Attendu enfin que Lireux a subi une condamnation correctionnelle prononcée par la Cour de Dijon, le 13 mars 1878, par confirmation d'un jugement du tribunal de Saint-Dié du 30 mai précédent, comme coupable de complicité du délit de falsification de vins, commis à l'aide de substances nuisibles à la santé, en fournissant à un sieur Goupil des caramels semblables à ceux vendus à Carbou et fils; — Attendu que les motifs qui précèdent repoussent non-seulement les conclusions principales diversement formulées par Lireux, mais aussi celles subsidiaires tendant à faire décider que Carbou et fils soient tenus de payer le prix des caramels qui auraient été consommés; que la convention sur laquelle sont basées ces conclusions étant reconnue illicite, Lireux est sans droit pour en réclamer l'exécution sous quelque forme que ce soit; que la loi, dans un intérêt d'ordre public, en prononçant la nullité d'opérations semblables à celles constatées dans la cause, veut qu'elles ne produisent aucun effet; que la Cour ne peut sanctionner les moyens et les procédés à l'aide desquels la fraude s'accomplit au grand préjudice du commerce honnête et loyal; — Par ces motifs; — Sans avoir égard à l'appel de Lireux et à ses conclusions principales ou subsidiaires, lesquelles sont rejetées; — Confirme le jugement en ce qu'il juge nulles et de nul effet les ventes de caramels faites à Carbou aîné et fils par Lireux, et qu'il juge, en conséquence, Lireux sans action et sans droit pour en exiger l'exécution, etc.

MM. Neveu-Lemaire, 1er prés.; Gaultier de la Ferrière, av. gén.; Hardouin, Ricard, Marais et Herni Frère, av.

Nota. — Du même jour, 6 arrêts identiques.

(1) V. conf., Cass., 23 juin 1879 (Pand. chr.), et la note.

(2) La Cour de Rouen (2e ch.), dans un autre arrêt, du 27 avril 1877, reproduit sous l'arrêt précité de Cass., du 23 juin 1879, et rendu dans une espèce identique, a tiré du principe la même conséquence nécessaire et certaine. V. cet arrêt et le renvoi à la note.

1880

RIOM 5 janvier 1880.

VENTE PUBLIQUE DE MEUBLES, MARCHANDISES NEUVES, JASPE, ALBATRE, PRODUITS INDUSTRIELS, OBJETS D'ART, DÉLIT CONTRAVENTIONNEL, INTENTION FRAUDULEUSE.

Les mots « marchandises neuves » *de la loi du 25 juin 1841 comprennent tous les objets matériels, soit naturels, soit façonnés de main d'homme, qui sont destinés au commerce, et spécialement les objets qui sont le résultat d'une fabrication courante, et sont offerts ensuite à la généralité du public* (1) (L. 25 juin 1841, art. 1).

Tels sont, par exemple, les produits en jaspe veiné d'Italie ou albâtre, empreints d'un caractère plus industriel qu'artistique et n'ayant qu'une très-médiocre valeur en argent (2) (Id.).

En conséquence, la vente de ces objets aux enchères publiques, sans autorisation de justice, constitue une infraction à la loi de 1841 (3) (Id.).

Peut-être pourrait-on excepter de la prohibition de la loi de 1841 les objets d'art ou de curiosité d'un prix supérieur et illimité, qui ne peuvent constituer de véritables marchandises accessibles au public (4) (Id.).

L'infraction à la loi du 25 juin 1841 constitue un délit contraventionnel punissable, même en l'absence de toute intention frauduleuse (5) (Id.).

(Badoche et Bertini.) — ARRÊT.

LA COUR : — Attendu que la loi du 25 juin 1841 a eu pour but de protéger tout à la fois la moralité du commerce et les intérêts du négoce local frappé auparavant d'une concurrence désastreuse par des trafiquants vendant au cri public; — Attendu que les mots : *marchandises neuves*, inscrits dans la loi dont il s'agit, comprennent dans leur sens direct, et suivant l'intention du législateur, tous les objets matériels, soit naturels, soit façonnés de main d'homme, qui sont destinés au commerce; que l'on doit particulièrement regarder comme marchandises les objets qui sont le résultat d'une fabrication courante et sont offerts ensuite à la généralité du public; que l'art. 2 de la loi énonce limitativement les exceptions à son application; qu'on ne pourrait tout au plus en affranchir que des objets d'art ou de curiosité d'un prix supérieur et illimité, qui ne peuvent constituer de véritables marchandises accessibles au public; — Attendu qu'il n'en est pas ainsi dans l'espèce; que les produits en jaspe veiné d'Italie ou albâtre, mis en vente aux enchères à Aurillac, avec le concours de Badoche, commissaire-priseur, par Bertini, qui les fabriquait en grand nombre, pour les écouler notamment en France, sont empreints d'un caractère bien plus industriel qu'artistique, et n'ont qu'une médiocre valeur en argent; que l'offre de vente s'adressait, par conséquent, à un public étendu et pouvait porter un préjudice direct ou indirect au commerce local; — Attendu, d'ailleurs, que, s'agissant d'un délit qui ne présuppose pas une intention frauduleuse, il n'y a pas à rechercher si les prévenus étaient ou non de bonne foi; — Attendu, en conséquence, qu'il y a lieu d'infirmer la décision des premiers juges, fondée sur des distinctions non autorisées par la loi; — Par ces motifs, etc.

MM. Ancelot, prés.; Eparvier, av. gén.; Lacarrière, av.

TOULOUSE (3ᵉ CH.) 10 janvier 1880.

FAILLITE, JUGEMENT DÉCLARATIF, APPEL, SYNDIC, MISE EN CAUSE, FIN DE NON-RECEVOIR.

L'appel par le failli du jugement déclaratif de faillite est irrecevable, lorsqu'il n'a été notifié qu'au créancier à la requête duquel la décision a été rendue, sans que le syndic ait été mis en cause (6) (C. com., 440, 442, 443 et 462).

(1-2-3) Dans l'espèce de cet arrêt, il ne pouvait y avoir de difficultés sérieuses. Il s'agissait, en effet, de produits de fabrication, sans caractère artistique, sans valeur réelle en argent. On se trouvait bien en face de *marchandises*, et de marchandises étrangères qui envahissaient le marché français et dont la mise en vente aux enchères publiques était de nature à porter préjudice au commerce local. Ces marchandises étaient *neuves*. L'application de la loi du 25 juin 1841 s'imposait par la réunion de toutes ces conditions.

(4) L'arrêt ne se prononce qu'avec hésitation sur l'exception à la prohibition de la loi du 25 juin 1841, qu'il tendrait à établir en faveur des objets d'art et de curiosité. Cette hésitation n'est pas partagée par la Cour suprême, qui admet bien que les objets d'art et de curiosité constituent des *marchandises* au sens étendu que ce mot comporte, mais exige, pour qu'ils soient atteints par l'interdiction de la loi de 1841, qu'ils soient *neufs*, c'est-à-dire qu'ils n'aient jamais servi, qu'ils n'aient jamais reçu une destination ou un emploi antérieur. C'est là, il faut le reconnaître, une question qui peut être délicate, puisque l'usage d'un tableau ne laisse point de trace; la solution est de pur fait, ne comporte pas de système absolu et doit se déterminer suivant les circonstances particulières à chaque espèce. V. Cass., 3 févr. 1884 (Pand. chr.), et les observations en note. — Quant à la raison de décider tirée du prix plus ou moins élevé des objets, elle ne résiste pas à l'examen. Il y a des marchandises de toute valeur. Le diamant ne perd pas, par l'élévation de son prix, le caractère de marchandises.

(5) L'exception de bonne foi a déjà été rejetée par un précédent arrêt de Paris du 26 mai 1842 (Pand. chr.) qui par là, d'ailleurs, n'a fait à la matière spéciale des ventes publiques de marchandises neuves que l'application des principes généraux qui régissent toutes les contraventions. V. notamment Cass., 12 mai 1871 (S. 72. 1. 48. — P. 72. 77. — D. 71. 1. 262); 2 janv. 1879 (S. 79. 1. 92. — P. 79. 185. — D. 79. 1. 377). — Cette théorie est la seule vraie; malheureusement la Cour de cassation ne l'a pas suffisamment généralisée en toutes matières et dans toutes ses déductions logiques. Les délits contraventionnels ont donné lieu à nombre de systèmes qui se contredisent; les arrêts, rédigés en dehors de toute règle fixe, s'inspirent plus de la fantaisie ou de la diversité des idées personnelles des rédacteurs que de l'analyse scientifique et d'une sérieuse méthode de raisonnement. V. à cet égard l'exposé de l'ensemble de la question sous Cass., 23 févr. 1884 (Pand. chr.); 13 juin 1884 (Pand. chr.); 28 févr. 1885 (Pand. chr.).

(6) En effet, comme le dit la Cour de Paris, dans un arrêt du 30 juin 1862 (S. 62. 2. 358. — P. 62. 387), « le créancier qui poursuit une déclaration de faillite agit dans son intérêt personnel et reste maître de son action jusqu'au jour où la faillite est déclarée; mais après cette déclaration, le jugement bénéficie à la masse des créanciers, représentée par les syndics; c'est à ceux-ci qu'appartient l'exécution du jugement, et, dès lors, c'est contre eux que sa réformation doit être demandée ». *Sic*, Demangeat, sur Bravard, *Dr. comm.*, t. V, p. 666; Alauzet, *Comment. C. comm.*, t. VIII, n. 2859; Lyon-Caen et Renault, *Précis de dr. commerc.*, t. II, n. 2624, p. 629, texte et note 1; et notre *Dictionnaire de dr. comm., ind. et marit.*, t. IV, vº *Faillite*, n. 1128. — Toutefois la question est controversée. Aussi a-t-il été décidé, en sens contraire, que le failli peut n'intimer sur l'appel du jugement qui l'a déclaré en faillite que le créancier à la requête duquel ce jugement a été prononcé; que l'intimation du syndic n'est pas nécessaire à la recevabilité de l'appel : Aix, 1ᵉʳ mai 1868 (D. 69. 2. 130).

La même controverse s'élève en matière d'opposition au jugement déclaratif de faillite. V. nos observations détaillées qui accompagnent l'arrêt de Rennes, 2 juin 1879 (Pand. chr.).

(Caulet c. Cazeneuve.) — ARRÊT.

LA COUR : — Attendu qu'aux termes des art. 440 et 462, C. comm., le jugement déclaratif de faillite est exécutoire provisoirement et porte la nomination d'un ou plusieurs syndics ; que, d'un autre côté, l'art. 443 du même Code déclare qu'à partir de sa date, ce jugement emporte de plein droit le dessaisissement pour le failli de l'administration de ses biens, et que, par suite, toutes les actions mobilières et immobilières ne peuvent désormais être suivies ou intentées que contre les syndics ; — Attendu qu'il résulte évidemment des dispositions précitées que le législateur a voulu placer immédiatement, dès la déclaration de la faillite, les intérêts de tous les créanciers et ceux du failli lui-même, sous la sauvegarde de tiers investis de la confiance de la justice ; qu'en conséquence, toutes les actions qui affectent ces intérêts communs d'une manière quelconque, ne peuvent être introduites que contre les syndics, devenus, par le fait même de la désignation des juges compétents, les représentants nécessaires de la masse ; — Attendu que la cessation des payements qui constitue l'état de faillite d'un commerçant et le jugement qui la constate intéressent au plus haut degré tous les créanciers ; que le but de la loi étant d'établir entre eux une parfaite égalité, il est évident que cet état est indivisible, en ce sens que la chose jugée à l'égard des uns doit l'être à l'égard des autres ; que, dès lors, ni un failli, ni un créancier agissant en son nom personnel, ne saurait, en l'absence du syndic, poursuivre régulièrement, par la voie de l'opposition ou de l'appel, la rétractation du jugement déclaratif de faillite ; que la décision qu'ils auraient ainsi provoquée ne pourrait, en effet, être opposée à la masse, puisque son représentant légal n'aurait pas été appelé dans l'instance, et que, dans cette situation, ce dernier pourrait et devrait même, sans y avoir égard, procéder, en vertu de son mandat, qui, en ce qui le concerne, résulte d'une décision non attaquée, aux diverses opérations de la faillite ; qu'il suffit de considérer ces conséquences si contraires à la nature des choses, à l'esprit de la loi et à la bonne administration de la justice, pour reconnaître que le syndic est le contradicteur nécessaire de la partie qui demande la rétractation du jugement déclaratif de faillite ; que, par suite, si, comme dans l'espèce, elle est poursuivie devant la Cour par le failli, en l'absence du syndic, l'appel doit être déclaré irrecevable ; — Par ces motifs ; — Déclare irrecevable l'appel relevé par Louis Cazeneuve, etc.

MM. Tourné, prés. ; Frézouls, av. gén. ; Dufau, av.

TRIB.-CIV. SEINE (1re CH.) 8 février 1880.

MITOYENNETÉ, CESSION, VENTE, DROIT DE PRÉFÉRENCE, PRIVILÉGE.

La cession des droits de mitoyenneté, qu'elle soit volontaire ou imposée par la loi, présente, au point de vue du droit de préférence, tous les caractères d'une vente (1) (C. civ., 660, 661, 1582 et suiv.).

D'où cette conséquence que le prix de la cession est garanti par le privilége de vendeur (2) (C. civ., 2103).

(Compagnie générale des travaux publics c. Mech.) — JUGEMENT.

LE TRIBUNAL : — En ce qui touche le contredit de la Compagnie générale de travaux publics et particuliers contre la collocation de Pinson : — Attendu que ce dernier a été colloqué par l'art. 3 sur toute la somme en distribution par privilége de vendeur, conformément à l'art. 2103, § 1er, C. civ., ledit privilége conservé par une inscription d'office prise au premier bureau des hypothèques de la Seine, le 14 avr. 1875, pour la somme de 2,914 fr. 45, montant des condamnations prononcées à son profit pour droit de mitoyenneté du mur séparatif de la propriété de Pinson de celle dont le prix est en distribution ; — Attendu que la Compagnie générale de travaux publics, à l'appui de son contredit, soutient : 1°... ; 2° que le privilége de vendeur ne s'applique pas aux droits de mitoyenneté, puisqu'il n'y a ni vente ni contrat dans les rapports de deux voisins, et que les art. 660 et 661, C. civ., ne sont que l'application d'une servitude légale existant à leur profit ;

En ce qui touche le privilége : — Attendu que la cession des droits de mitoyenneté, qu'elle soit volontaire ou imposée par la loi, moyennant une somme convenue entre les parties ou déterminée par le tribunal sur un rapport d'expert, contient, au point de vue du droit de préférence, tous les caractères d'une vente ; — Que les art. 660 et 661, C. civ., disposent que le voisin qui n'a pas contribué à l'exhaussement du mur peut en acquérir la propriété, et que tout propriétaire joignant un mur a, de même, la faculté de le rendre mitoyen en remboursant la moitié de sa valeur et la moitié du terrain ; — Que ce mot *acquérir* définit suffisamment le caractère de cette cession, et qu'il est impossible de ne pas reconnaître que le prix de cette cession est garanti par le privilége de l'art. 2103 ; — Attendu que Pinson a fait transcrire son titre dans les délais de la loi de 1855 ; — Qu'il est donc opposable à la Société de travaux publics ; — Par ces motifs ; — Dit et ordonne que le règlement provisoire de l'ordre Allain sera rectifié, etc.

MM. Casenave, prés. ; Villetard de Laguerie, subst. ; Da, Chenal et Thiroux, av.

TOULOUSE (CH. D'ACCUS.) 14 février 1880.

VOL, CHEMIN DE FER, GARDE-HALTE, SERVITEUR A GAGES, PRÉPOSÉ, VOITURIER.

Le garde-halte d'une Compagnie de chemin de fer, en raison de sa qualité d'agent assermenté, appelé éventuellement à remplir les fonctions d'officier de police judiciaire, ne peut être assimilé ni à un domestique, ni à un homme de service à gages. — Par suite, le vol par lui commis de ballots de marchandises ne constitue pas un vol domestique (3) (C. pén., 379, 401, 386, § 3).

Et il en est ainsi, alors surtout qu'il s'agit de marchandises de trafic, et que le détournement est opéré en cours de route, dans les wagons ; le vol n'étant, en pareille circonstance, commis, ni au préjudice de la Compagnie, ni dans la maison ou tout au moins dans une gare de cette dernière (4) (Id.).

(1-2) Il y a désaccord absolu sur cette question entre la doctrine et la jurisprudence. Tandis que les auteurs (V. notamment Demolombe, *Servitud.*, t. I, n. 367 ; Laurent, *Principes de dr. civ.*, t. VII, n. 521) se prononcent en faveur de l'assimilation de la cession de mitoyenneté à une vente véritable, les arrêts y résistent énergiquement et repoussent toute confusion. V. Paris, 23 juill. 1833 (S. 34. 2. 95. — P. chr.) ; 1er août 1861 (S. 61. 2. 476. — P. 62. 28) ; Cass., 17 févr. 1864 (S. 64. 1. 117. — P. 64. 459. — D. 64. 1. 87).
C'est aussi une question très-controversée en jurisprudence que de savoir si le compte de mitoyenneté, au même titre que la servitude de mitoyenneté, se passe de toute transcription. V. pour l'affirmative, Trib. civ. Seine, 25 févr. et 12 nov. 1885 (Pand. chr.) ; — et pour la négative, Paris, 25 nov. 1885 (Pand. chr.), et nos observations en note.

(3-4) C'est la première fois que la question se pose au sujet d'un garde-halte de Compagnie de chemins de fer. Aussi cette décision est sans précédent dans la jurisprudence. Mais il y a un rapprochement qui s'offre naturellement à l'esprit : les gardes particuliers reçoivent, eux aussi, un salaire des propriétaires qui les emploient, ils n'en sont pas moins des officiers de police judi-

Un pareil vol ne peut non plus être rangé dans la catégorie des vols par préposés de voiturier; le garde-halte, n'étant le préposé de la Compagnie que pour une mission toute spéciale exclusivement bornée au ralentissement de la marche des trains, et n'étant tenu à aucun devoir particulier de garde et de surveillance sur les marchandises transportées (1) (C. pén., 386, § 4).

(Francal.) — ARRÊT.

LA COUR : — Attendu que Francal exerçait les fonctions de garde-halte, comme préposé de la Compagnie des chemins de fer du Midi, au pont d'Empalot, et que l'objet de son service consistait principalement à assurer, à l'aide de signaux ou autrement, le ralentissement de la vitesse des trains circulant sur ce pont, ralentissement motivé par l'état de la voie ferrée sur ce point; que, dans ces conditions, le susnommé s'est, à diverses reprises, introduit dans des wagons renfermant des marchandises et dont les portes pouvaient s'ouvrir sans effraction, et qu'il s'est emparé d'un certain nombre de ballots de ces marchandises; — Attendu, qu'à raison de ces faits il a été déclaré par l'ordonnance du juge d'instruction du tribunal de 1re instance de Toulouse, du 11 févr. courant, suffisamment convaincu de la soustraction frauduleuse desdites marchandises, avec les circonstances aggravantes qu'il aurait commis ces soustractions au préjudice de la Compagnie des chemins de fer du Midi, alors qu'il était le domestique ou homme de service à gages de ladite Compagnie; — Attendu qu'une semblable qualification des faits imputés au prévenu ne saurait être admise; qu'en effet il est, d'une part, contestable qu'un garde-halte, agent assermenté de la Compagnie, appelé éventuellement en cette qualité à remplir les fonctions d'officier de police judiciaire, puisse être considéré comme domestique ou homme de service à gages de ladite Compagnie, et, dans tous les cas, la soustraction imputée audit préposé n'a pas été commise par lui au préjudice du maître, ni dans la maison de ce dernier; — Attendu, en effet, que les marchandises soustraites n'appartenaient point à la Compagnie, qui les détenait uniquement pour les transporter, et que si sa responsabilité civile a pu être ultérieurement engagée, cette responsabilité n'existait pas au moment du vol et ne saurait produire, à ce point de vue, des effets rétroactifs; — Attendu, d'un autre côté, qu'on ne saurait considérer les soustractions commises par Francal comme rentrant dans les prévisions de l'art. 386, C. pén.; que si, en effet, le prévenu était, à certains égards, le préposé du voiturier à qui les effets soustraits avaient été confiés pour être transportés, ses fonctions de garde-halte et la mission spéciale qui lui incombait d'assurer le ralentissement de la marche des trains, au passage du pont d'Empalot, ne lui imposaient aucun devoir particulier de garde et de surveillance sur les marchandises transportées par la Compagnie; que, dès lors, il n'y a pas lieu de le considérer comme le préposé de ladite Compagnie au point de vue de ce transport; — Attendu, en conséquence, que les faits incriminés rentrent dans la catégorie des vols simples; — Vu l'art. 230, C. instr. crim.; — Par ces motifs; — Réforme l'ordonnance de M. le juge d'instruction près le tribunal civil de Toulouse; — Déclare, etc.

M. le cons. Auzies, prés.

PARIS (1re CH.) 23 février 1880.

ACTE ADMINISTRATIF, FONCTIONNAIRE PUBLIC, POURSUITES, SIGNATURES, RÉSERVES, MAIRE, INDEMNITÉ, COMPÉTENCE.

L'abrogation de l'art. 75 de la Constitution de l'an VIII, n'a eu pour but et pour effet que de supprimer la fin de non-recevoir tirée du défaut d'autorisation préalable, sans apporter aucune modification à l'ordre des juridictions (2) (L. 16-24 août 1790, tit. 2, art. 13; Décr. 16 fruct. an III; Constit. an VIII, art. 75; Décr. 19 sept. 1870).

Par suite, l'autorité judiciaire est incompétente pour connaître d'une action en dommages-intérêts dirigée contre un maire à raison de réserves ou de mentions par lui ajoutées à la légalisation de signatures, au bas d'une pétition; le maire agit, en pareil cas, comme représentant du pouvoir central, et non comme officier de l'état civil ou de la police judiciaire (3) (LL. 6 mars 1791, art. 11; 18 juill. 1837, art. 9).

(Boussu c. Rameau et Fontaine.)

25 juin 1879, jugement du tribunal civil de Versailles conçu dans les termes suivants : — « LE TRIBUNAL : — Attendu que le principe de la séparation des pouvoirs s'impose au tribunal et domine la cause qui lui est soumise; qu'en procédant, comme adjoint au maire de la ville de Versailles, à la légalisation de la signature apposée par Boussu au bas de diverses feuilles de pétition, Fontaine a accompli, conformément à l'art. 9 de la loi du 18 juill. 1837, un acte d'une fonction spéciale qui lui est attribuée par les lois, et dont il est chargé sous l'autorité de l'administration supérieure, que l'examen de la manière dont il a accompli cet acte de sa fonction et de la forme de cet acte ne saurait appartenir qu'au pouvoir exécutif; — Attendu que l'abrogation de l'art. 75 de la Constitution de l'an VIII n'a eu pour but et pour effet que de supprimer une fin de non-recevoir sans apporter aucune modification à l'ordre des juridictions; — Par ces motifs; — D'office, se déclare incompétent, etc. » — Appel.

ARRÊT.

LA COUR : — Adoptant les motifs des premiers juges; — Confirme, etc.

---

ciaire; et cette qualité ne permet pas de les considérer comme des hommes de service à gages. V. Cass., 21 mai 1835 (S. 35. 1. 733. — P. chr.); Bourges, 2 janv. 1872 (Pand. chr.); Cass., 19 juill. 1883 (Pand. chr.). — Jugé, en ce qui concerne le simple homme d'équipe, que le vol commis par lui dans la gare où il est employé constitue le crime de vol domestique : Grenoble, 4 juill. 1872 (Pand. chr.). — On arrive à cette singulière anomalie que la qualité d'officiers de police judiciaire qui devrait donner aux vols commis par des gardes-halte de chemins de fer ou par des gardes particuliers un caractère de gravité plus prononcé, agit en manière d'atténuation, à tel point qu'elle les protège contre les rigueurs de l'art. 386, § 3, alors que ces rigueurs cependant restent entières quand il s'agit de soustractions dont se rendent coupables des gens de service du rang le plus inférieur. L'aggravation de peine prononcée par l'art. 198, C. pén., ne les atteindrait même pas, cet article visant les seuls fonctionnaires ou officiers publics. V. Nancy, 18 nov. 1869 (Pand. chr.).

(1) Il a été jugé, dans le même sens, que le vol commis sur un chemin de fer ne peut être considéré comme vol par un voiturier, s'il a pour auteur, non pas un préposé de la Compagnie, chargé de la garde et de la surveillance des marchandises, mais un ouvrier employé par elle à des travaux de réfection de la voie: Cass., 19 juill. 1872 (Pand. chr.).

(2) Jurisprudence constante. V. Rennes, 8 déc. 1879 (Pand. chr.), et les renvois.

(3) V. conf., Trib. de paix de Sarlat, 21 juill. 1879 (S. 79. 2. 301. — P. 79. 1162); Rennes, 8 déc. 1879 (Pand. chr.); Montpellier, 25 juin 1880 (Pand. chr.). — La même solution a été consacrée par le Tribunal des conflits dans deux jugements des 29 nov. et 13 déc. 1879 (Pand. chr.). — L'espèce de l'arrêt ci-dessus reproduit présente, rapprochée des autres décisions précitées, cette différence de fait que le maire n'avait pas opposé de refus absolu à la légalisation des signatures; il y avait même procédé; mais il avait cru devoir ajouter à son visa des réserves ou mentions inusitées.

MM. Larombière, 1er prés.; Robert, av. gén.; de la Chauvinière et Senard, av.

TRIB-CIV. DOMFRONT **27 février 1880.**

INTERDICTION, CONSEIL DE FAMILLE, COMPOSITION, MÈRE, BELLE-FILLE, BEAU-PÈRE.

(Guillouet c. Guillouet.)

V. le texte de ce jugement reproduit avec Caen (ch. réun.), 10 juin 1880, rendu dans la même affaire (Pand. chr.).

BORDEAUX (1re CH.) **1er mars 1880.**

RENTES SUR L'ÉTAT, TITRES AU PORTEUR, INSAISISSABILITÉ.

Le principe absolu de l'insaisissabilité est de l'essence même de la rente sur l'Etat; il s'applique, par conséquent, sans distinction, aux rentes au porteur, *comme aux rentes nominatives* (1) (LL. 24 août 1793; 8 niv. an VI; Ord. 29 avril-19 mai 1831).

(Nivel c. Durand.) — ARRÊT.

LA COUR : — Attendu que, pour valider la saisie-arrêt pratiquée par Durand entre les mains de Me Livran, notaire à Bordeaux, en tant que cette saisie frappe les titres de rente française au porteur appartenant à la dame Nivel, les premiers juges ont considéré que tous les biens d'un débiteur étant le gage commun de ses créanciers, il ne pouvait être dérogé à ce principe de droit et de justice que par une exception formelle de la loi; — Que, d'après eux, cette exception ne se rencontrerait pas dans les dispositions des lois qui ont organisé la dette publique; que ces lois n'auraient pas créé en faveur des rentes sur l'Etat un principe absolu d'insaisissabilité, mais auraient simplement établi, en fait, la défense de saisir les rentes sur l'Etat, en vue de simplifier la comptabilité publique; que cette prohibition, qui avait sa raison d'être par rapport aux titres nominatifs soumis à la nécessité d'un transfert devant accompagner chaque transmission, ne pouvait s'étendre aux titres au porteur créés plus récemment, et qui, devenus impersonnels et exempts de la formalité du transfert, sont, comme toute valeur mobilière, transmissibles par simple tradition; — Attendu que, la question ainsi posée, il y a lieu de rechercher si les premiers juges ont exactement apprécié la portée des lois spéciales relatives aux rentes sur l'Etat, et si la distinction qu'ils ont établie entre les titres *nominatifs* et ceux *au porteur* se trouve réellement justifiée; — Attendu que la loi du 24 août 1793, qui avait pour but, non-seulement de rendre uniforme la dette de l'Etat en créant le Grand-Livre de cette dette, mais encore de relever le crédit public, n'avait permis que deux sortes d'oppositions : les unes sur le remboursement ou l'aliénation de la propriété, les autres sur le payement annuel des arrérages; — Que de cette disposition ressortait la pensée du législateur de protéger dans une certaine mesure le crédi-rentier, en ne permettant, sur sa créance contre l'Etat, qu'une mainmise restreinte, créant en sa faveur une exception qui la classait déjà en dehors des créances du droit commun; — Attendu que, sous le coup des événements qui avaient continué d'accabler le pays, la dette arrivait à dépasser les ressources du Trésor; que le cours de la rente était tombé à vil prix; qu'il devenait urgent de relever le crédit de l'Etat et de tenter un effort suprême; — Que c'est dans ces circonstances qu'intervint la loi du 8 niv. an VI, organisant à nouveau la dette publique par la création du Grand-Livre du tiers consolidé; — Que l'art. 4 de la loi porte qu' « à l'avenir, il ne sera plus reçu d'opposition sur le tiers conservé de la dette inscrite ou à inscrire »; — Attendu que, par cette prohibition, le législateur avait voulu, pour attirer les capitaux, achever de placer les créanciers de l'Etat en dehors du droit commun, en consacrant au profit de leurs titres le principe absolu de l'insaisissabilité; — Que cette prohibition avait encore pour effet, en levant tout obstacle à la transmission des titres, de leur donner le caractère et la valeur du numéraire, dont le déficit pesait si lourdement sur toutes les transactions; qu'elle simplifiait en même temps la comptabilité des finances, devenue très-compliquée, et faisait disparaître de leur administration des embarras et des entraves considérables; — Mais que ce n'est là que le côté accessoire de la détermination du législateur; que la mesure, dans ce qu'elle avait de plus essentiel, était la création d'un privilége dans toute son étendue et toutes ses conséquences; — Que le rapporteur de la loi de l'an VI le comprenait si bien, qu'allant au-devant des objections que pourrait soulever le projet de loi, mais s'inspirant de la raison d'Etat et faisant céder l'intérêt privé devant l'intérêt public, il présentait les considérations suivantes : — « Il convenait, disait-il, de priver pour l'avenir les créanciers (du crédi-rentier) de toute espèce de droit, saisie ou opposition, soit sur le capital de la rente, soit sur les arrérages; les créanciers prévenus et instruits qu'ils n'auront point à compter sur cette ressource pour le payement de leurs créances, règleront à l'avenir leurs transactions en conséquence, et se ménageront d'autres sûretés, moins sujettes à tromper leur attente »; — Qu'il est donc constant que l'insaisissabilité est de l'essence de la rente, et repose sur un principe absolu; — Attendu qu'aucune des nombreuses lois de finances successivement intervenues pour l'émission de nombreux emprunts n'a dérogé à la prescription de la loi de l'an VI s'appliquant à la dette publique inscrite et à inscrire; — Que, dans la doctrine comme dans la jurisprudence et la pratique de l'administration financière, le privilége conféré aux créan-

(1) Une distinction entre les rentes au porteur et les rentes nominatives, qui aurait pour effet de soustraire les premières au principe de l'insaisissabilité réservé exclusivement à ces dernières, s'attaquerait à l'essence même de la rente, à sa manière d'être constitutive et fondamentale (LL. 24 août 1793; 8 niv. an VI; 22 flor. an VII, art. 7; Ord. 29 avril-19 mars 1831). — L'insaisissabilité ne souffre que deux exceptions, indépendantes de la forme du titre : l'une, en faveur du Gouvernement, vis-à-vis des comptables reliquataires et dont le compte n'a pas été apuré; l'autre, en faveur du propriétaire de l'inscription volée ou perdue. V. notre *Dictionnaire de dr. commerc., ind. et marit.*, t. IV, v° *Fonds publics*, n. 50 et suiv. *Adde*, Buchère, *Tr. des valeurs mobilières*, n. 149; Daniel de Folleville, *Tr. de la possession des meubles et des titres au porteur*, n. 361.

Le principe de l'insaisissabilité est à ce point absolu, en dehors des deux cas réservés, que c'est une des questions les plus vivement controversées en jurisprudence et en doctrine, que de savoir si l'état de faillite du propriétaire de la rente vient y apporter une modification. Le syndic pourra-t-il opérer mainmise sur les titres de rente comme sur tous les autres biens du failli et les faire vendre au profit de la masse? La Cour de cassation a répondu *oui*, en dernier lieu, par arrêt rendu, après délibéré en chambre du Conseil, le 8 mars 1859 (Pand. chr.); mais elle avait auparavant commencé par répondre *non*, par arrêt du 8 mai 1854 (Pand. chr.).

L'hésitation a persisté. Quelques Cours d'appel ont suivi la doctrine dernière de la Cour suprême, préférable par ses conséquences pratiques, mais fort discutable en droit. V. Orléans, 9 avril 1878 (Pand. chr.). — D'autres ont résisté; elles ont maintenu le principe de l'insaisissabilité jusqu'à ses déductions les plus extrêmes, et ont refusé au syndic le droit de se substituer au failli dans les pouvoirs de disposition et d'administration de cette partie de son patrimoine. V. Aix, 31 juill. 1882, rapporté en sous-note avec l'arrêt d'Orléans, précité. — V. au surplus, sur toute cette discussion, notre *Dictionnaire*, t. IV, v° *Fonds publics*, n. 62 et suiv.

ciers de l'Etat est considéré comme indiscutable; — Mais qu'il reste à examiner si l'ordonn. royale des 29 avril-19 mai 1831, autorisant la conversion des rentes nominatives en rentes au porteur, a dérogé par cette modification aux lois antérieures; — Qu'en principe, une simple ordonnance n'aurait pu avoir pour effet d'abroger une disposition de loi ou de la modifier dans ce qu'elle a d'essentiel; — Mais qu'il ressort des termes mêmes de l'ordonn. de 1831 que, par cette faculté accordée aux propriétaires de rentes, elle n'a entendu changer ni la nature ni la qualité de la dette de l'Etat; — Que, sous une autre dénomination, la rente au porteur n'a pas, en effet, cessé d'être inscrite au Grand-Livre, et de conserver, par suite, indépendamment de tout nom de créancier, son caractère de créance contre l'Etat, qui la met à l'abri de toute exécution forcée; — Que, s'il n'en était pas ainsi, des ventes nombreuses de titres ayant lieu à la fois par les voies judiciaires pourraient, à un moment donné, avoir pour effet de déprécier les cours de la rente; — Attendu, au surplus, que la loi du 24 mai 1842, qui apportait des modifications aux art. 636 et suiv., C. proc., relatifs à la saisie des rentes constituées sur particuliers, n'a rien statué à l'égard des rentes sur l'Etat; que le Garde des sceaux, dans l'exposé des motifs, et le rapporteur de la loi avaient reconnu que les dispositions de la nouvelle loi ne s'appliquaient pas aux rentes sur l'Etat déclarées insaisissables par des raisons d'intérêt et de crédit public; — Qu'enfin, une dernière considération achève de démontrer la nature privilégiée et exceptionnelle des titres de rente; — Que la loi qui, en 1871, soumettait à l'impôt les valeurs au porteur, a omis de frapper les titres de rentes, exempts déjà des droits de timbre et d'enregistrement, aux termes des lois de l'an VII; — Que, sans doute, le développement du crédit public et sa prospérité paraissent aujourd'hui rendre superflues les mesures de protection prises à l'origine en faveur des créanciers de l'Etat; — Mais que ces mesures ne peuvent être écartées tant qu'une loi nouvelle ne les aura pas rapportées; — Qu'au surplus, la question d'intérêt public devra toujours dominer en pareille matière celle de l'intérêt privé, parce qu'il importera toujours que l'Etat offre à ses créanciers des avantages de nature à attirer leurs capitaux et à assurer son crédit; — Par ces motifs, etc.

MM. Izoard, 1er prés.; Peyrecave, av. gén.; Trarieux et Moulinier, av.

RENNES (2e CH.) 4 mars 1880.

DOT, DOT MOBILIÈRE, ALIÉNATION, EMPLOI, NAVIRE, COPROPRIÉTÉ.

(Guitton c. Russeil.)

Cet arrêt, reproduit (S. 81. 2. 268. — P. 81. 1. 1271. — D. 81. 2. 213), a été, sur pourvoi, cassé par arrêt de la chambre civile, du 27 févr. 1883, inséré (S. 84. 1. 185. — P. 84. 1. 446. — D. 84. 1. 29).

DIJON (3e CH.) 8 mars 1880.

ASSURANCES TERRESTRES, AGENT, BRUSQUE RENVOI, MOTIFS LÉGITIMES (ABSENCE DE), INDEMNITÉ.

La faculté qu'une Compagnie d'assurances s'est réservée, dans un traité particulier avec l'un de ses agents investi d'une commission de sous-inspecteur pour une durée indéterminée, de supprimer cette commission quand elle le jugerait utile, ne l'autorise nullement à révoquer cet agent sans avertissement préalable et sans motifs graves (1) (C. civ., 1134, 2004).

Par suite, une indemnité est due par la Compagnie à l'agent ainsi congédié, à titre de réparation du préjudice causé (2) (C. civ., 1382).

(Comp. d'assur. terr. *l'Union* c. Joly.)

8 août 1879, jugement du tribunal de commerce de Dijon, ainsi conçu : — « LE TRIBUNAL : — Attendu que le 10 oct. 1878, la Compagnie d'assurances *l'Union* autorisait Joly à prendre le titre de sous-inspecteur, attaché à l'agence de Badet fils, à Dijon, et qu'en cette qualité, il avait droit à un traitement annuel fixe de 1,200 fr., payable annuellement, avec effet rétroactif du 1er juin; — Attendu qu'en nommant Joly sous-inspecteur, la Compagnie *l'Union* se réservait le droit de maintenir ou de supprimer dans l'avenir le titre et le traitement y affecté, mais sans déterminer que cette clause pourrait avoir un effet immédiat; — Attendu, dès lors, qu'en mettant fin brusquement au mandat de Joly, la Compagnie *l'Union* a causé à ce dernier un préjudice dont elle lui doit réparation; — Attendu toutefois que les avances faites par Badet à Joly, déduction faite de ses appointements jusqu'au 1er juin 1879, s'élèvent à la somme de 1,362 fr. 25; que ce chiffre n'est pas contesté par Joly; — Attendu que la demande en dommages-intérêts est justifiée par le préjudice qu'a causé à Joly le retrait subit de son traitement; mais que celle de 1,000 fr. représentant ses appointements de janvier à mai est mal fondée, vu que les appointements lui ont été soldés; — Attendu que la demande reconventionnelle n'est justifiée que pour la somme de 1,362 fr. 25 acquise à Badet, en raison de ses avances, mais que celle de la Compagnie *l'Union* n'est pas justifiée; — Attendu que les trois parties succombent également dans leurs prétentions; — Par ces motifs, etc. » — Appel.

ARRÊT.

LA COUR : — Considérant qu'il était expressément convenu entre Badet et Joly que leur traité particulier prendrait fin, par le retrait, de la part de la Compagnie *l'Union*, du mandat qu'elle avait donné à Joly; qu'ayant été révoqué par *l'Union* le 1er juin 1879, Joly est sans droit pour réclamer des dommages-intérêts à Badet, à raison de la résiliation du traité particulier que cette révocation avait entraîné; — Considérant que la Compagnie *l'Union* avait donné à Joly une commission de sous-inspecteur pour un temps indéterminé; qu'elle s'était seulement réservé le droit de la supprimer quand elle jugerait utile, mais que ni les termes de cette réserve, ni la nature du contrat, dans lequel elle avait été insérée, ne l'autorisaient à révoquer son agent sans avertissement préalable; — Qu'elle n'établit pas qu'elle ait eu à lui imputer des torts assez graves pour justifier une mesure aussi rigoureuse, et que c'est dès lors avec raison que les premiers juges ont décidé qu'elle était tenue de l'indemniser du préjudice que lui a causé le brusque retrait de son traitement; que toutefois le chiffre des dom-

(1-2) Cet arrêt fait aux rapports des Compagnies d'assurances avec leurs agents, inspecteurs ou sous-inspecteurs, l'application des principes généraux en matière de révocation de mandat. V. Paris, 31 déc. 1858 (P. 60. 814); Nancy, 23 juin 1860 (P. 61. 923); Cass., 10 juill. 1865 (S. 65. 1. 350. — P. 65. 886); Troplong, *Tr. du mandat*, n. 765, et notre *Dictionnaire de dr. commerc., ind. et marit.*, t. V, v° *Mandat*, n. 70. — Des règles identiques sont consacrées par la jurisprudence en matière de louage de services sans détermination de durée. V. notre *Dictionn.*, t. II, v° *Commis*, n. 16 et suiv., et t. V, v° *Ouvrier*, n. 100. — Mais les Compagnies ne doivent aucune indemnité à leurs agents revoqués pour motifs légitimes. V. Agen, 19 déc. 1878 (Pand. chr.), et la note.

mages-intérêts qui lui ont été alloués doit être réduit de moitié, puisqu'il n'y a pas d'appel de Joly contre l'*Union*, et qu'il est reconnu que Badet n'est tenu envers lui à aucune réparation pour la résiliation de son traité particulier; — Par ces motifs, etc.

MM. Julhiet, prés.; Lebon, av. gén.

DIJON (3e CH.) 8 mars 1880.

TÉMOINS EN MATIÈRE CIVILE, CHEMINS DE FER, INSPECTEUR, CHEF DE SECTION, CHEF DE GARE, CHEF DE TRAIN, MÉDECIN, REPROCHES, POUVOIR DU JUGE.

Des inspecteurs, des chefs de section de chemins de fer ne sauraient être considérés, dans leurs rapports avec leurs Compagnies, comme des serviteurs *ou* domestiques *dans le sens de l'art. 283, C. proc.* (1) (C. proc., 283).

Ils ne peuvent non plus être assimilés à des employés ou préposés se trouvant dans un état de subordination de nature à faire nécessairement suspecter leur sincérité (2) (Id.).

Il en est de même des chefs de gare et des chefs de train (3) (Id.). — V. l'arrêt en sous-note (*a*).

Et aussi des médecins qui reçoivent un traitement annuel des Compagnies (4) (Id.).

Dès lors, ils ne sont point reprochables comme témoins dans les affaires qui intéressent la Compagnie à laquelle ils appartiennent (5) (Id.).

Sauf aux juges, tout en rejetant les reproches, à peser les dépositions et à tenir tel compte que de droit de la situation personnelle de ces témoins (6) (Id.).

(Vitrier c. Comp. des Dombes.)

17 juin 1879, jugement du tribunal civil de Mâcon ainsi conçu : — « LE TRIBUNAL : — En ce qui concerne les témoins Florentin et Crette : — Attendu que ces témoins sont, le premier inspecteur et le deuxième chef de section de la Compagnie des Dombes; qu'on ne peut les considérer comme domestiques ou serviteurs, et qu'on ne peut non plus les assimiler à des employés ou préposés se trouvant dans un état de subordination qui serait de nature à faire nécessairement suspecter leur sincérité;

« En ce qui concerne le témoin Faucillon : — Attendu que ce témoin est le médecin des employés de la Compagnie, résidant à Cluny ou à proximité, et qu'à ce titre, il reçoit un traitement annuel de la défenderesse; que, néanmoins, ce serait tomber dans une exagération évidente que de l'assimiler à un serviteur ou domestique, et de lui appliquer la disposition de l'art. 283, C. proc.; — ...Attendu que, tout en rejetant les reproches formés par le demandeur, il appartient au tribunal de peser les dépositions des témoins reprochés, et de tenir compte de leur situation personnelle; — Par ces motifs, etc. » — Appel.

ARRÊT.

LA COUR : — Adoptant les motifs des premiers juges; — ...Confirme, etc.

MM. Julhiet, prés.; Lebon, av. gén.; Nourrissat et Dubreuil (du barreau de Lyon), av.

AIX (2e CH.) 10 mars 1880.

DONATION DÉGUISÉE, FEMME MARIÉE, AUTORISATION (DÉFAUT D'), QUALITÉ POUR AGIR, NULLITÉ, ORDRE PUBLIC.

Toute donation à une femme mariée, quoique faite sous la forme d'un contrat à titre onéreux, est nulle, si la femme n'a pas été autorisée à l'accepter; et il s'agit là d'une nullité radicale qui peut être opposée même par le donateur (7) (C. civ., 217, 934).

En vain exciperait-on que l'acte simulé servant à déguiser une libéralité est valable lorsqu'il est revêtu des formes qui lui sont propres; la nécessité de l'autorisation étant, en pareille matière, une règle d'ordre public qui intéresse à la fois l'honnêteté publique et la dignité du mariage, ne saurait être éludée au moyen d'un déguisement qui constitue une fraude à la loi (8) (Id.).

(Pierrugues c. Dol.)

Un jugement du tribunal civil de Draguignan statue, sur les faits du procès, de la manière suivante : — « LE TRIBUNAL : — Attendu que la demanderesse reconnaît, dans ses conclusions déposées, que les obligations sous seing privé ensemble de 7,000 francs, souscrites en sa faveur par Fauchier, sont des actes simulés; qu'elle n'a pas remis cette somme à Fauchier, et qu'en réalité, celui-ci lui en a fait donation; — Attendu que, d'après la jurisprudence, les libéralités déguisées sous la forme d'un contrat à titre onéreux sont valables lorsqu'elles ont lieu entre personnes capables de donner et de recevoir, par le motif que l'on peut faire indirectement ce qu'on peut faire d'une manière directe; — Mais, attendu que la dame Pierrugues était mariée au moment où ces obligations lui auraient été souscrites; qu'elle était donc incapable de recevoir et d'accepter une donation sans l'autorisation de son mari; qu'en vain soutiendrait-on que l'acte simulé, qui masque une libéralité, est valable quand il est revêtu des formes qui lui sont propres; que la nécessité de l'autorisation maritale, dans une donation faite à la femme, est une règle d'ordre public, intéressant, comme le dit la Cour de cassation dans un arrêt du 14 juill. 1856 (v. à la note), les mœurs et l'honnêteté publique et la dignité du mariage, et qu'il n'est pas permis de s'en affranchir au moyen d'un déguisement qui constitue une fraude à la loi; — Attendu qu'il ressort des circonstances de la cause, que les parties ont voulu

(1 à 5) La jurisprudence ne distingue pas entre les différentes catégories d'employés ou de personnes attachées aux administrations de chemins de fer. — Ou bien elle les assimile en bloc aux serviteurs et domestiques dans le sens de l'art. 283, C. proc. Mais cette opinion paraît aujourd'hui complètement abandonnée. — Ou bien, elle les laisse en dehors des dispositions de cet article, et alors elle les en exclut tous, depuis l'homme d'équipe le moins rétribué jusqu'aux chefs de service investis des fonctions les plus élevées. V. Trib. civ. Dinan, 4 déc. 1880 (Pand. chr.). V. aussi dans la généralité de sa rédaction, Cass., 29 déc. 1880 (Pand. chr.), et la note.

(6) Jurisprudence constante. V. not. Cass., 17 juin 1873 (S. 73. 1. 265. — P. 73. 649. — D. 74. 1. 167); 29 juill. 1873 (S. 74. 1. 360. — P. 74. 903. — D. 74. 1. 263); 16 juin 1874 (D. 75. 1. 177); 31 juill. 1876 (S. 77. 1. 176. — P. 77. 422. — D. 77. 1. 24); 5 nov. 1878 (S. 79. 1. 468. — P. 79. 1214); 14 déc. 1881 (S. 84. 1. 28. — P. 84. 1. 45. — D. 82. 1. 184); 8 mai 1883 (S. 83. 1. 295. — P. 83. 1. 731. — D. 83. 1. 393); 16 nov. 1885 (S. 86. 1. 175. — P. 86. 1. 404).

(7-8) Ces solutions prédominent en jurisprudence. V. Cass., 14 juill. 1856 (Pand. chr.), et nos observations : Toulouse, 9 mars 1885, sous Cass. (S. 86. 1. 316. — P. 86. 1. 751). — V. toutefois, Cass. Belg., 31 janv. 1867 (*Pasicrisie belg.*, 67. 1. 159); Laurent, *Principes de dr. civ.*, t. XII, n. 315.

(*a*) Cet arrêt de Nîmes (1re ch.), 20 août 1877, *aff.* Bousquet c. Chem. de fer de Lyon, est ainsi conçu :

LA COUR : — Attendu que les témoins nos 3 et 4 de la contre-enquête sont reprochés par ce motif qu'ils sont les employés de la Compagnie; — Attendu qu'un chef de gare et un chef de train ne peuvent pas être considérés comme rentrant dans la catégorie des témoins de l'art. 283, C. proc. civ., qui autorise le reproche; — Qu'on ne saurait dire qu'ils sont les domestiques de la Compagnie; — Attendu, d'ailleurs, que s'ils pouvaient être reprochés à cause de leurs rapports avec la Compagnie, le même reproche devrait s'étendre aux témoins de l'enquête administrée par Bousquet, qui sont pris parmi les employés de la Compagnie, et dans une catégorie où leur dépendance peut être facilement présumée; — Qu'il y a donc lieu d'ordonner qu'il sera passé outre à la lecture de leur déposition, sauf à y avoir tel égard que de raison, etc.

MM. Gouazé, 1er prés.; Pirouneau, subst.; Pascal et Fargeon père, av.

soustraire les dispositions que Fauchier faisait en faveur de la femme Pierrugues à la connaissance de son mari; que, dans les enquêtes au sujet du procès en séparation de corps des époux Pierrugues (dont les expéditions ont été versées au procès), on trouve la trace de l'opposition que Pierrugues faisait à ce que sa femme fréquentât la maison de Fauchier, son parrain, et du ressentiment que Pierrugues en éprouvait; que Fauchier, n'ayant pas d'enfant, pas d'héritier à réserve, vivant seul, aurait disposé par acte et ouvertement, s'il n'avait pas pensé que Pierrugues n'aurait pas donné son autorisation; — Attendu qu'il ne s'agit pas d'une simple rémunération, mais d'une donation importante relativement à la position de la femme Pierrugues, et qu'il y aurait danger évident à poser en principe qu'une pareille libéralité serait valablement faite à l'insu du mari et même malgré son opposition, pourvu qu'on eût soin de la déguiser sous un acte qui n'exigeât pas son consentement; — Attendu que les titres dont la demanderesse fait la base de son action étant frappés d'une nullité absolue, il est inutile d'examiner les autres objections présentées par le défendeur. » — Appel.

ARRÊT.

LA COUR : — Adoptant les motifs des premiers juges; — Confirme, etc.

MM. Madon, prés.; Alphandery, av. gén.; Abram et Arnaud, av.

POITIERS (1re CH.) 17 mars 1880.

1° ORDONNANCE SUR REQUÊTE, JURIDICTION GRACIEUSE, JURIDICTION CONTENTIEUSE, APPEL. — 2° TESTAMENT OLOGRAPHE, ENVOI EN POSSESSION, ORDONNANCE DU JUGE, APPEL. — 3° LEGS UNIVERSEL, ENVOI EN POSSESSION, REFUS, TESTAMENT, SINCÉRITÉ, APPRÉCIATION.

1° En principe, les ordonnances rendues sur requête ne sont pas susceptibles d'appel (1) (C. proc., 443).

A moins que le juge n'ait point eu à faire acte de juridiction purement gracieuse (2) (Id.).

Ce qui arrive, notamment, lorsque la matière qui lui a été soumise a donné lieu devant lui à une contestation sérieuse (3) (Id.).

2° Spécialement, *a un caractère essentiellement contentieux et, par suite, est susceptible d'appel l'ordonnance qui refuse l'envoi en possession au légataire institué par testament olographe, à la suite d'un débat contradictoire entre le légataire et l'héritier mis en cause* (4) (C. civ., 1008; C. proc., 443).

3° La faculté laissée au magistrat par l'art. 1008, C. civ., de refuser au légataire universel l'envoi en possession, s'exerce valablement lorsqu'une contestation d'une gravité suffisante est soulevée sur le droit du demandeur; par exemple, quand la sincérité du testament est mise en question par suite de la dénégation de l'écriture et de la signature du testateur qu'oppose l'héritier (5) (C. civ., 1008).

(Bouchet c. Chargelaigue.) — ARRÊT.

LA COUR : — Sur la recevabilité de l'appel : — Attendu que si, en principe, les ordonnances rendues sur requête ne sont pas susceptibles d'appel, la règle que l'appel est de droit commun doit cependant être appliquée toutes les fois que le juge n'a pas eu à faire acte de juridiction purement gracieuse, et spécialement lorsque la matière qui lui a été soumise a, en fait, donné lieu devant lui à une contestation; — Attendu que, dans l'espèce, il y a eu débat devant le président au sujet de l'opportunité de l'envoi en possession demandé par Bouchet en qualité de légataire universel, que ce débat s'est produit contradictoirement avec un héritier expressément mis en cause, et appelé par voie de sommation à s'expliquer sur le mérite de la demande; que les explications de cette partie et l'opposition formellement faite par elle ont motivé la décision qui est intervenue; que ces circonstances ont donné à ladite décision un caractère essentiellement contentieux à raison duquel l'appel doit être déclaré recevable;

Au fond : — Attendu que l'art. 1008, C. civ., laisse au magistrat auquel l'envoi en possession est demandé par un légataire universel la faculté de refuser cet envoi lorsqu'une contestation d'une gravité suffisante est soulevée sur le droit du demandeur, et notamment quand la sincérité du testament est mise en question; que la contestation de Chargelaigue et les articulations sérieuses sur lesquelles elle s'appuie créent une situation particulière en présence de laquelle il convient de ne pas accorder, quant à présent, à Bouchet la possession qu'il réclame; — Adoptant au surplus les motifs du premier juge; — Reçoit en la forme Bouchet appelant de l'ordonnance rendue le 29 janv. 1880 par le président du tribunal de Civray; — Dit au fond qu'il a été bien jugé, mal appelé, et que ladite ordonnance sortira effet.

MM. Merveilleux du Vignaux, 1er prés.; Chenon, av. gén. (concl. conf.); Pichot et Séchet, av.

CAEN (1re CH.) 17 mars 1880.

RESPONSABILITÉ, ACCIDENT, PATRON, OUVRIER, IMPRUDENCE, FAUTE COMMUNE, DOMMAGES-INTÉRÊTS, RÉDUCTION.

Les patrons sont tenus de prendre, dans leurs usines, toutes

---

(1) C'est une question des plus délicates et des plus controversées que celle de savoir si les ordonnances sur requête sont susceptibles de recours, et notamment si elles peuvent être attaquées par la voie de l'appel. V. sur ce point, Bertin, *Ordonnances sur requête*, n. 16 et suiv., 83 et suiv.; Bazot, *Ordonnances sur requête et sur référé*, p. 30 et suiv., 72 et suiv.; Naquet, *Observations* insérées sous Aix, 27 janv. 1871 (S. 72. 2. 289. — P. 72. 1178). — En ce qui concerne plus spécialement les ordonnances relatives à l'envoi en possession d'un légataire universel, V. Limoges, 3 janv. 1881 (Pand. chr.), avec une énumération très-complète des arrêts et des auteurs, en sens diamétralement contraire sur le fond même de la question. V. aussi en sous-note de cet arrêt, Paris, 27 juin 1878, et 26 mars 1884.

(2-3-4) V. en ce sens, Paris, 18 mai 1850 (P. 50. 2. 494. — D. 54. 5. 466); Bordeaux, 4 avril 1855 (S. 56. 2. 117. — P. 56. 2. 389. — D. 57. 5. 275); Orléans, 27 nov. 1857 (D. 61. 5. 471); Pau, 30 mai 1870 (S. 71. 2. 26. — P. 71. 100. — D. 71. 2. 84); Aix (sol. implic.), 29 août 1883 (S. 84. 2. 9. — P. 84. 1. 92. — D. 84. 2. 69). — La faculté d'appel paraît encore généralement admise quand l'ordonnance porte grief à un tiers ou renferme un excès de pouvoirs. V. Dijon, 28 déc. 1859 (S. 60. 2. 270. — P. 61. 599); Paris, 6 janv. 1866 (S. 66. 2. 44. — P. 66. 205. — D. 66. 2. 27); (sol. implic.), 23 janv. 1866 (S. et P., *ibid.* — D. 66. 2. 28); Toulouse, 15 mars 1881 (S. 83. 2. 213. — P. 83. 1. 1098. — D. 82. 2. 141); Dijon, 11 janv. 1883 (S. 83. 2. 70. — P. 83. 1. 443); Nancy, 19 mai 1883 (S. 84. 2. 124. — P. 84. 1. 632. — D. 84. 2. 67); Aix, 29 août 1883, précité; Bordeaux, 23 juin 1885 (S. 85. 2. 185. — P. 85. 1. 1001).

(5) La méconnaissance par les héritiers naturels de l'écriture ou de la signature du testament olographe, ne suffit pas à elle seule pour mettre un obstacle invincible à l'envoi en possession du légataire. Le président est investi du droit d'apprécier la force de cette méconnaissance et d'accorder ou de refuser cet envoi en possession suivant les circonstances. V. Poitiers, 5 mars 1856 (S. 56. 2. 205. — P. 56. 2. 623. — D. 56. 2. 143); Caen, 14 mai 1856 (S. 57. 2. 119. — P. 57. 650); Cass., 27 mai 1856 (S. 56. 1. 711. — P. 57. 647. — D. 56. 1. 249); 26 nov. 1856 (S. 57. 1. 113. — P. 57. 648. — D. 56. 1. 429); Agen, 26 août 1856 (S. 56. 2. 515. — P. 57. 647. — D. 56. 2. 296); Rouen, 23 mai 1880 (S. 81. 2. 232. — P. 81. 1. 1117); Coin-Delisle, *Donations et testam.*, sur l'art. 1008, n. 13; Marcadé, sur le même article, n. 1; Aubry et Rau, t. VII, § 710, p. 446, texte et note 9; Laurent, *Principes de dr. civ.*, t. XIV, n. 21 et suiv.

les précautions possibles pour préserver leurs ouvriers de tout accident, et même pour les prémunir contre les effets de leur imprudence (1) (C. civ., 1382 et suiv.).

L'imprudence ou la négligence de l'ouvrier, victime de l'accident, ne constituent jamais une cause d'exonération absolue du patron; elles viennent seulement en atténuation des dommages-intérêts à allouer (2) (Id.).

(Aupée c. Fauvel et Lehugeur.) — ARRÊT.

LA COUR : — Attendu que les patrons sont tenus de prendre dans leurs usines, toutes les précautions possibles pour préserver les ouvriers qu'ils emploient de tout accident et même de les prémunir contre les effets de leur imprudence; — Attendu qu'il résulte des divers documents de la cause que, le 31 oct. 1878, Aupée a été gravement blessé et est devenu aveugle par suite de l'explosion du couvercle d'une chaudière à vapeur dans laquelle il blanchissait des cotons pour le compte de Lehugeur et Fauvel; que de cette chaudière dépendait un tube de dégagement, par lequel s'échappait la vapeur, et que le couvercle de la chaudière ne devait être descellé que lorsque toute la vapeur s'était écoulée; — Attendu que le rapport des experts commis par les premiers juges, lequel porte la date du 4 mars 1879, constate : 1° que le tube avertisseur avait été martelé et aplati par le fait ou les ordres de Fauvel et Lehugeur, peu de jours avant l'accident, dans le but de diminuer la déperdition de la vapeur et d'économiser le combustible; 2° que cet aplatissement avait produit un rétrécissement tel que ce tube ne pouvait plus donner aucune indication utile; 3° que si ce tube eût fonctionné au moment de l'accident, comme autrefois, l'échappement de la vapeur eût été si fort qu'Aupée n'aurait pas pu s'approcher du couvercle de la chaudière pour le déboulonner; que, par conséquent, il n'aurait pas été blessé; qu'à la vérité, au lieu de ne considérer que le tube avertisseur, il aurait pu s'assurer par d'autres moyens qu'il n'y avait plus de vapeur dans la chaudière; mais que, si cette négligence doit être prise en considération pour la diminution des dommages-intérêts auxquels il a droit, elle ne saurait exonérer Fauvel et Lehugeur de la responsabilité qu'ils ont encourue; — Par ces motifs; — Infirme le jugement rendu par le tribunal civil de Vire le 26 juin 1879, et condamne, etc.

MM. Champin, 1er prés.; Lerebours-Pigeonnière, av. gén.; Carel et Laisné-Deshayes, av.

PARIS (2e CH.) 5 avril 1880.

EXCEPTION, ASSIGNATION, NULLITÉ, COMMUNICATION DE PIÈCES.

L'exception tirée de la nullité d'une assignation n'est plus opposable après une demande en communication de pièces (3) (C. civ., 173).

(Daumas c. Daumas.)

Jugement du tribunal de la Seine ainsi conçu : — « LE TRIBUNAL : — Attendu que la dame Daumas, par assignation en date du 14 août 1879, demande la séparation de corps contre son mari; que Daumas, par ses conclusions, demande la nullité de cet acte par le motif que l'assignation ne contient pas les motifs de la demande, bien que ces motifs lui aient été indiqués dans la citation en conciliation du 31 juill. 1879, et que l'assignation relate la citation et s'y réfère; — Attendu que l'affaire étant encore à l'audience, l'avoué de Daumas a posé des conclusions générales de communication de pièces, à la date du 23 août 1879; — Attendu que le 15 nov. 1870, de nouvelles conclusions ont été posées par lesquelles Daumas oppose à la demande une exception de nullité de l'assignation; — Attendu qu'aux termes de l'art. 173, C. proc. civ., toute nullité d'exploit ou d'acte de procédure est couverte si elle n'est proposée avant toute défense ou exception; que cet article doit s'appliquer à l'exception de communication qui est réglementée au même titre sous le § 5, art. 188; — Par ces motifs; — Déboute Daumas de l'exception par lui invoquée, et ordonne qu'il sera plaidé au fond. » — Appel.

ARRÊT.

LA COUR : — Adoptant les motifs des premiers juges; — Confirme, etc.

MM. Ducreux, prés.; Malapert et Reboul, av.

TRIB.-CIV. MALINES 22 avril 1880.

COMMERÇANT, PHOTOGRAPHE.

Un photographe n'est point un commerçant (4) (C. comm., 1).

(A... c. Y...) — JUGEMENT.

LE TRIBUNAL : — Attendu que le défendeur oppose à l'action du demandeur la prescription fondée sur l'art. 2272, C. civ., aux termes duquel l'action des marchands pour les marchandises qu'ils vendent aux particuliers non marchands se prescrit par un an; — L'art. 1er de la loi (belge) du 15 déc. 1872 range dans la catégorie des commerçants ceux qui exercent des actes qualifiés par la loi, et qui en font leur profession habituelle; — Dans l'art. 2, la loi répute acte de commerce tout achat de denrées et marchandises pour les revendre, soit en nature, soit après les avoir travaillées et mises en œuvre; — La profession de photographe ne tend pas à l'achat des matières premières et à leur revente après transformation; — Elle consiste plutôt, et principalement, dans l'emploi de procédés artistiques, avec l'aide de certaines substances, pour l'obtention de productions photographiques; — La vente de ces produits faite par le photographe n'est donc point commerciale; — D'où il suit que l'art. 2272 est inapplicable dans l'espèce, etc.

CAEN (4e CH.) 10 mai 1880.

TRIBUNAL DE COMMERCE, PROCÉDURE, DEMANDE RECONVENTIONNELLE, AJOURNEMENT, CONCLUSIONS, APPEL, DÉSISTEMENT, ORDRE PUBLIC, NULLITÉ.

Devant les tribunaux de commerce, les demandes reconven-

(1-2) Ces principes ne se discutent plus en jurisprudence; les applications seules donnent lieu à des difficultés à cause des circonstances de fait spéciales à chaque affaire. Le débat s'agite toujours sur le point de savoir quand il y a faute ou négligence, et quel en est le degré de gravité, pour y proportionner les dommages-intérêts dus à la victime. V. notamment Douai, 27 juin 1881 (Pand. chr.), et surtout Amiens, 15 nov. 1883 (Pand. chr.), et le relevé très-complet des arrêts en note.

(3) V. conf., Paris, 27 août 1827; Colmar, 5 janv. 1821; Bourges, 25 févr. 1834 (S. 34. 2. 656. — P. chr. — D. 35. 2. 29); 6 déc. 1841 (S. 43. 2. 4. — D. 42. 4. 233). V. aussi Cass., 27 déc. 1848 (S. 49. 1. 151. — P. 49. 1. 228. — D. 49. 1. 90). — Mais si les pièces dont la communication est demandée ont trait à la nullité et doivent servir à la démontrer, il n'y a pas déchéance; la nullité n'est pas couverte. V. Cass., 28 janv. 1878 (Pand. chr.), et la note.

(4) V. en sens contraire, Bordeaux, 29 févr. 1864 (Pand. chr.), et les renvois en note; Just. de paix, 5e canton de Nantes, 11 août 1869 (*Journ. de Nantes*, 1869, 378), et notre *Dictionnaire de dr. commerc., ind. et marit.*, t. II, v° *Commerçant*, n. 20-3°, et t. I, v° *Acte de commerce*, n. 52. — A notre avis, l'art du photo-

tionnelles peuvent être introduites autrement que par voie d'ajournement (1) (C. proc., 337, 415).

Spécialement, *elles sont régulièrement formées par de simples conclusions déposées sur la barre au cours de l'instance* (2) (Id.).

Jugé, en sens contraire, *que de telles demandes ne peuvent être formées que par exploit d'ajournement et non par de simples conclusions* (3) (Id.). — V. les arrêts en sous-notes (*a* et *b*).

Il en est ainsi surtout alors que l'action principale a cessé de subsister par suite du désistement de l'appelant (4) (C. proc., 402, 443). — V. l'arrêt en sous-note (*a*).

En pareil cas, il y a non pas seulement nullité d'exploit ou d'acte de procédure, mais nullité absolue et d'ordre public de nature à pouvoir être opposée pour la première fois en appel (5) (Id.). — Ibid.

(Mercuts c. Duval.) — ARRÊT.

LA COUR : — Sur la première fin de non-recevoir : — Attendu que l'appelant soutient que la demande reconventionnelle de Duval est non recevable, parce qu'elle n'a pas été formée par voie d'ajournement, aux termes de l'art. 415, C. proc., mais par de simples conclusions déposées sur la barre, au cours de l'instance ; — Attendu que les art. 415 et suivants ont eu en vue la prompte expédition des affaires commerciales; que ce but ne serait pas atteint si les parties étaient obligées de subir les délais et les formalités des ajournements, lorsqu'elles ont à former des demandes reconventionnelles; — Attendu que, si devant les tribunaux civils, ces demandes sont régulièrement formées par des conclusions signifiées à l'avoué de la partie adverse, à plus forte raison, le même errement peut-il être suivi devant la juridiction commerciale, où les parties, soit par elles-mêmes, soit par leurs mandataires, ne doivent pas rencontrer plus de difficultés pour obtenir les fins de leur action, que si elles plaidaient par le ministère d'avoués; qu'il suit de là qu'en matière commerciale, comme en matière civile, les demandes reconventionnelles ne peuvent être assimilées aux demandes principales, quant au mode de leur introduction; et que, par conséquent, Duval a pu valablement procéder ainsi qu'il l'a fait; que la première fin de non-recevoir doit donc être rejetée, etc.

MM. Hain, prés.; de Lomas, subst.; Caumont (du barreau du Havre) et Mériel, av.

LYON (1re CH.) 14 mai 1880.

DONATION ENTRE ÉPOUX, PERSONNE INTERPOSÉE, ENFANT D'UN PREMIER LIT, PRÉSOMPTION LÉGALE, PREUVE CONTRAIRE, INTENTION, RÉVOCABILITÉ, CONTRAT DE MARIAGE, RÉDUCTION, NULLITÉ RADICALE.

L'art. 1100, C. civ., qui répute faites par personnes interposées les donations de l'un des époux aux enfants de l'autre époux issus d'un premier mariage édicte, dans toute sa rigueur, une présomption légale absolue qui n'admet pas de preuve contraire (6) (C. civ., 1100).

...Même alors qu'il serait démontré par toutes les circonstances et documents de la cause que l'époux donateur n'aurait eu aucune pensée d'avantager son autre conjoint (7) (Id.).

L'application d'une telle présomption ne peut cesser de produire effet que dans le cas où il serait impossible à l'autre époux de profiter de la libéralité (8) (Id.).

---

graphe tient plus du métier que de l'art proprement dit; le côté *manipulation* est le côté dominant qui absorbe tout le reste; le tour de main remplace l'invention avec avantage.

(1-2-3-4) La question, ainsi qu'il est facile de s'en rendre compte par le sommaire ci-dessus, divisait les Cours d'appel autant que les auteurs. Toutefois, l'opinion qui prédominait se prononçait déjà en faveur de la thèse consacrée par la Cour de Caen. V. Bourges, 10 déc. 1830, *aff.* Grandvergne; Thomine-Desmazure, *Procédure civile*, t. I, p. 541; Favard de Langlade, *Rép.*, t. III, p. 17, vo *Incident*: Carré et Chauveau, *Lois de la proc.*, t. III, quest. 1267; Rodière, *Compét. et proc.*, 4e édit., t. II, p. 18.

La Cour de Cass.-civ., par arrêt délibéré en chambre du conseil, rendu à la date du 2 juill. 1884 (V. Pand. chr.), en se décidant pour cette solution, a consommé le discrédit du système contraire.

V. dans le sens de l'arrêt de Paris rapporté en sous-note (*a*) Camberlin, *Manuel pratique des Trib. de commerce*, p. 238; V. aussi Nîmes, 21 janv. 1881, également reproduit en sous-note (*b*). Dans ce dernier arrêt, il s'agissait d'une action en garantie formée en cours d'instance, au moyen de simples conclusions déposées sur la barre, par l'actionnaire d'une société en faillite, assigné par le syndic en payement du solde de ses actions, contre les fondateurs, directeur, administrateurs et commissaires de cette société.

Quant aux demandes *en intervention*, il est généralement admis qu'elles ne peuvent être régulièrement introduites que par exploit d'ajournement, et non par de simples conclusions. V. Amiens, 21 mai 1872 (Pand. chr.), et la note.

(5) Les nullités d'ordre public, à la différence des nullités d'exploits ou d'actes de procédure, qui sont généralement couvertes par les défenses au fond, peuvent être proposées en tout état de cause, même pour la première fois en appel. V. notamment Cass., 7 août 1849 (D. 50. 1. 82); 11 mai 1852 (S. 52. 1. 509. — P. 52. 2. 460); Paris, 19 août 1852 (S. 52. 2. 518. — P. 52. 2. 699. — D. 53. 2. 70); Caen, 30 avril 1853 (S. 53. 2. 699. — P. 54. 2. 393. — D. 54. 2. 257); Rouen, 28 mars 1866, sous Cass. (S. 68. 1. 219. — P. 68. 525); Cass., 9 mars 1881 (S. 84. 1. 21. — P. 84. 1. 32. — D. 82. 1. 125).

(6) *Sic*, sur la présomption établie par l'art. 1100, C. civ., Troplong, *Donations et testam.*, t. IV, n. 2752; Aubry et Rau, t. VII, § 690, p. 280. V. aussi, Marcadé, sur l'art. 1099, n. 1. — D'une manière générale, il est parfaitement exact que la présomption dite *légale, absolue, juris et de jure* ou *juris tantum*, n'admet aucune preuve contraire (C. civ., 1352). V. Toullier, t. X, n. 57 et suiv.; Duranton, t. XIII, n. 410; Marcadé, t. V, sur l'art. 1352, n. 1.

(7) Comp., Dijon, 7 mars 1866 (S. 66. 2. 314. — P. 66. 1143); Troplong, *op. cit.*, t. IV, n. 2263.

(8) V. en ce sens, Caen, 13 nov. 1847 (S. 48. 2. 677. — P. 49. 1. 213. — D. 49. 1. 71); Aubry et Rau, t. VII, § 690, p. 279, texte et note 28; Laurent, *Principes de dr. civ.*, t. XV, n. 441.

(*a*) Cet arrêt de Paris (4e ch.), rendu à la date du 21 juill. 1875, *aff.* Benier c. Picq, est ainsi conçu :

LA COUR : — Considérant que, dans le cours de l'instance engagée devant le tribunal de Tonnerre, jugeant commercialement, par Cochois, demandeur contre Picq et Benier, Picq a formé, par simples conclusions posées par l'avoué qui le représentait, une demande contre son codéfendeur Benier, demande qui a été accueillie par le tribunal; — Considérant qu'aux termes des art. 414, C. proc. civ., et 627, C. comm., le ministère des avoués est interdit devant la juridiction commerciale, et qu'aux termes de l'art. 415, C. proc. civ., toute demande doit y être formée par exploit d'ajournement; que l'avoué de Picq n'agissait que comme son fondé de procuration spéciale, et n'avait pu donner à ses conclusions contre Benier un caractère légal ayant pour effet de lier une instance; qu'un exploit d'ajournement était d'autant plus nécessaire que Picq voulait actionner Benier son codéfendeur, dans une procédure où Cauchois figurait seul comme demandeur; que Cauchois, qui avait interjeté appel du jugement, s'est désisté de son appel et ne figure pas dans l'instance dont la Cour est saisie; que les deux codéfendeurs Picq et Benier se trouvent seuls en présence, et que l'exploit d'ajournement par lequel Cochois avait saisi le premier juge n'existant plus, aucune action principale ne subsiste devant la Cour, ce qui prouve surabondamment le vice de la procédure suivie par Picq devant le tribunal de commerce; — Considérant qu'il ne s'agit pas ici d'une nullité d'exploit ou d'acte de procédure, mais d'une nullité absolue et d'ordre public pouvant dès lors être opposée pour la première fois en appel; que le tribunal de Tonnerre a statué sur une demande dont il n'a jamais été saisi légalement, puisqu'il ne pouvait l'être que par un exploit d'ajournement; que les règles de la procédure devant les tribunaux de commerce sont applicables aux tribunaux civils jugeant commercialement; — Par ces motifs; — Infirme.

MM. Delaborde, prés.; Ducreux, av. gén.; Deligand et Delamare, av.

(*b*) Voici, dans la seule partie qui se réfère à la question, le texte de cet arrêt de Nîmes (2e ch.), 21 janv. 1881, *aff.* Chabrol et consorts c. Lemaire et Cie, Perrotet, Gros et autres.

LA COUR : — Sur l'appel des actionnaires : — En ce qui concerne Billion, assigné primitivement par Perrotet, directeur du *Crédit collectif*, pour le payement du second quart de sa souscription, puis, après la faillite du *Crédit collectif*, par le syndic de cette faillite, pour le payement du solde de ses actions; — Attendu que cet actionnaire s'est présenté, sur ces assignations, sans former aucune demande en garantie contre qui que ce soit, et que ce n'est qu'au cours de l'instance engagée par le syndic qu'il a pris en barre, contre les fondateurs, directeur, administrateurs et commissaires du *Crédit collectif*, les mêmes conclusions que les actionnaires qui les avaient régulièrement assignés en garantie; que cette manière de procéder, contraire aux prescriptions de l'art. 415, C. proc. civ., suffit à faire déclarer l'appel de Billion irrecevable, etc.

MM. le cons. Dautheville, prés.; Fermaud, subst.; Pinchinat, Goubet et Pourquery de Boisserin (du barreau d'Avignon); Carcassonne, Rocher (du barreau de Paris), Robert et Roux, av.

Les donations entre époux, durant le mariage, faites à personnes interposées ou déguisées sous quelque forme que ce soit, sont essentiellement révocables, encore bien qu'elles aient été réalisées dans le contrat de mariage des donataires (1) (C. civ., 1096, 1099).

Du reste, de telles donations ne sont pas seulement réductibles à la quotité disponible; elles sont nulles et radicalement nulles pour le tout (2) (Id.).

(Millet c. Billiotet.)

13 févr. 1879, jugement du tribunal civil de Bourg ainsi conçu : — « LE TRIBUNAL : — Attendu que le contrat de mariage de Louis-Jules-Joseph Millet et de Marie-Antoinette Chossat, fille d'un premier lit de Jacques-Antoine Chossat, reçu par Mᵉ Debeney, notaire à Bourg, le 5 août 1864, contient la clause suivante : — « Art. 6. — Toujours en considération du mariage projeté, Mᵐᵉ Louise-Sarah Billiotet, épouse en secondes noces de M. Chossat ci-dessus nommé et qualifié, qui l'autorise spécialement à cet effet, déclare faire donation à Mˡˡᵉ Chossat, future épouse, sa belle-fille, acceptant avec reconnaissance, d'une somme de 15,000 francs, à prendre sur la part la plus liquide qui pourra lui revenir dans l'actif net de la communauté de biens réduite aux acquêts qui existe entre elle et ledit M. Chossat, son mari, aux termes de leur contrat de mariage, reçu par Mᵉ Codet et son collègue, notaires à Bourg, le 22 avril 1848. Mais Mˡˡᵉ Chossat ne jouira de cette somme qu'à la mort de la donatrice et à celle de M. Chossat, son père susnommé, auquel la donatrice en donne dès à présent la jouissance, sa vie durant, avec dispense formelle de fournir caution. Il est expliqué que les biens propres de Mᵐᵉ Chossat ne devront, en aucun cas, servir à compléter la somme qu'elle vient de donner » ; — Attendu que la dame Millet est morte, en 1870, laissant une fille mineure sous la tutelle de son père; — Que le père de la donataire, Jacques-Antoine Chossat, est décédé en 1873, et que la donatrice Sarah Billiotet, sa veuve, est à son tour décédée en 1878, après avoir ajouté à son testament un codicille, daté du 12 nov. 1876, et conçu dans les termes suivants : — « J'ai fait, à la pressante sollicitation de mon mari, une donation ou institution de 15,000 francs dans le contrat de mariage de Jules Millet et de Mˡˡᵉ Antonine Chossat, fille issue du premier mariage de Jacques-Antoine Chossat, mon mari. D'après les consultations que j'ai demandées, cette donation ou institution est nulle : 1° pour avoir été faite à mon mari, personne interposée; 2° et pour avoir été faite sous une forme tendant à la rendre irrévocable, tandis que les donations entre époux doivent toujours être révocables (art. 1096, 1099 et 1100, C. civ.). En conséquence, je déclare formellement, par les présentes, révoquer la donation ou institution de 15,000 francs susénoncée. — Je charge formellement mon ou mes successeurs universels, soit qu'ils tiennent leurs droits successifs de la loi, soit qu'ils les tiennent de testaments déjà faits ou de testaments ultérieurs, de faire valoir et proclamer en justice la nullité et la révocation de ladite donation ou institution de 15,000 fr.; déclarant, en mon âme et conscience, que je ne me sens chargée d'aucune obligation, même morale, d'exécuter ladite donation ou institution, et que mon ou mes successeurs universels pourront, en toute conscience, en refuser l'exécution, si elle leur est demandée »; — Attendu que Millet, tuteur légal de sa fille mineure, a actionné devant le tribunal l'héritier de Sarah Billiotet, veuve Chossat, en délivrance de la somme de 15,000 francs, montant de la donation faite, en 1864, à sa future épouse dans leur contrat de mariage prérappelé; — Attendu que, à cette demande, le défendeur oppose les fins de non-recevoir indiquées par le codicille et tirées des art. 1096, 1099 et 1100, C. civ., consistant à soutenir que les donations faites pendant le mariage par l'un des conjoints aux enfants de l'autre, issus d'une précédente union, sont censées faites au conjoint lui-même, par conséquent révocables, et même frappées par la loi d'une nullité absolue, comme faites par personnes interposées; — Attendu que ce qui s'impose en premier lieu aux délibérations du tribunal est de rechercher si la présomption de l'art. 1100, C. civ., est d'ordre public et entraîne la nullité de la donation; — Attendu que cet article répute faites par personnes interposées les donations de l'un des époux aux enfants de l'autre époux, issus d'un premier mariage; que ses termes sont absolus et n'admettent pas d'ailleurs la preuve contraire, suivant les dispositions combinées des art. 1099 et 1352, C. civ.; que cette présomption légale (*juris et de jure*) ne peut donc cesser que dans le cas où il serait impossible au conjoint du donateur de profiter de la libéralité (Troplong, *Donat.*, t. IV, p. 607, n. 2755); — Attendu que, par le contrat de mariage des époux Millet, la dame Chossat a donné à la fille de son mari la nue propriété d'une somme de 15,000 francs; que, bien que la jouissance de cette somme doive lui revenir seulement après le décès de son père et de la donatrice; que le mari de celle-ci ait été gratifié, sa vie durant, de la jouissance de ces 15,000 francs; enfin, que les circonstances dans lesquelles cette donation a été faite, et les termes dans lesquels elle l'a été, excluent de la part de la dame Chossat toute pensée d'avoir voulu disposer de ce capital en faveur de son mari, il n'est pas moins vrai de dire que le sieur Chossat, certaines éventualités venant à se produire, aurait pu devenir le véritable bénéficiaire de cette donation; que, par conséquent, il n'était pas dans l'impossibilité de profiter de la libéralité; — Attendu que cette donation doit donc être réputée faite au sieur Chossat lui-même par l'interposition de sa fille, et qu'aux termes de l'art. 1099, § 2, C. civ., cette donation est nulle, parce qu'elle est censée faite en fraude de la loi, sous une forme qui tendrait à la rendre irrévocable; que cette nullité est également d'ordre public, car, en disposant dans l'art. 1096 que les donations faites entre époux pendant le mariage sont toujours révocables, le législateur a voulu, comme le dit la Cour de cassation dans son arrêt du 16 avril 1850 (S. 50. 1. 591. — P. 50. 2. 50. — D. 50. 1. 153), maintenir la dignité et la pureté de l'union conjugale et empêcher que les donations entre époux, au lieu d'être l'expression de la volonté libre du donateur, puissent être l'effet, soit de la captation de la part de la femme, soit de l'abus d'autorité de la part du mari; — Attendu que le tribunal doit d'autant moins hésiter à se rattacher à cette jurisprudence et à cette doctrine, quelque rigoureuses que puissent en être les conséquences dans certains cas isolés, que, dans l'espèce, la donation a été révoquée par la dame Chossat, et que les termes de l'acte de dernière volonté, qui consacre cette révocation, met la conscience du juge à l'abri de tout scrupule; — Par ces motifs, — Déclare la donation faite par le contrat de mariage du

(1) Cette solution a été déjà consacrée par plusieurs arrêts. V. Dijon, 7 mars 1856, précité; Cass., 5 août 1867 (S. 68. 1. 68. — P. 68. 145); Paris, 24 avril 1869 (S. 69. 2. 288. — P. 69. 1142. D. 70. 2. 221).

(2) La jurisprudence, après bien des divergences, est fixée définitivement en ce sens. V. not., Pau 24 juill. 1872 (Pand. chr.); Montpellier, 28 févr. 1876 (S. 76. 2. 241. — P. 76. 967. — D. 79. 2. 249); Cass., 23 mai 1882 (Pand. chr.); 22 juill. 1884 (Pand. chr.). V. au surplus, dans nos observations, sous Cass., 23 mai 1882, précité, l'exposé des différents systèmes sur la question, avec l'énumération complète des arrêts et des auteurs à l'appui.

5 août 1864, au profit de la dame Millet, nulle et de nul effet; — Déboute, en conséquence, Millet de sa demande. » — Appel.

ARRÊT.

LA COUR : — Attendu que l'appelant soutient que le § 2 de l'art. 1099, C. civ., n'est qu'un développement et une application du § 1er; qu'entre époux les donations déguisées ou par personnes interposées comme les donations indirectes ne sont pas nulles, mais seulement réductibles lorsqu'elles dépassent la quotité disponible; qu'il en est ainsi notamment, aux termes de l'art. 843 en matière de succession, pour le rapport des objets reçus indirectement par un des cohéritiers, et aux termes des art. 908 et 911, relativement aux donations faites au profit spécialement d'un enfant naturel, par personne interposée, ou sous la forme d'un contrat onéreux; — Attendu que l'appelant soutient, en outre, que l'art. 1099 ne se rattache en aucune manière à l'art. 1096; qu'il y a, dans l'acte du 5 avril 1864, deux donations distinctes, directes, incompatibles l'une avec l'autre et irrévocables; qu'enfin et subsidiairement, au jour de la donation faite par la dame Chossat à la fille de son mari, le sieur Chossat n'était héritier présomptif de sa fille que d'un quart, et qu'il n'y a lieu, dans tous les cas, d'annuler la donation que dans la même proportion si la Cour ne croit pas devoir accueillir les conclusions principales prises au nom de la mineure Millet; — Attendu que, aux termes du § 2 de l'art. 1099, C. civ., toute donation entre époux faite pendant la durée du mariage est nulle, lorsqu'elle est, ou déguisée, ou faite à personne interposée, et que l'art. 1100 répute faite à des personnes interposées la donation d'un des époux à un enfant de l'autre époux, issu d'un premier mariage; — Attendu qu'il résulte de ces deux dispositions que les donations déguisées entre époux, quelque forme qu'elles affectent, sont intégralement nulles et non pas seulement réductibles, parce qu'il importe de prévenir toute fraude portant atteinte non-seulement à la quotité disponible, mais encore à la faculté de révocation qui est de l'essence des donations entre époux; — Attendu, dès lors, qu'on excipe vainement des analogies tirées des art. 843 et 911; qu'en effet, l'art. 843 a pour objet de maintenir l'égalité entre les cohéritiers, et l'art. 911 de réduire, dans les limites fixées par l'art. 908, la libéralité faite à l'enfant frappé d'une incapacité relative, tandis que pour les donations entre époux, il importe peu que la quotité disponible soit dépassée; qu'il suffit que, par la forme, cette donation puisse échapper au principe de la révocabilité pour être atteinte par la nullité prescrite par la loi, d'une manière générale et absolue; — Attendu qu'il est constant, en fait, que, au jour de la donation du 5 août 1864, Chossat père était héritier présomptif de sa fille pour un quart; que diverses éventualités pouvaient se produire qui l'auraient rendu bénéficiaire d'une part plus large et même de la totalité de ladite donation; — Attendu que cette donation est réputée faite à Chossat père, par l'interposition de sa fille, et qu'elle était, dès lors, essentiellement révocable; d'où il suit que la dame Chossat, en révoquant cette donation, par son testament du 12 nov. 1876, n'a fait qu'user de la disposition particulière de l'art. 1096, C. civ.; — Adoptant, au surplus, les motifs des premiers juges, en tant qu'ils n'ont rien de contraire à ceux qui précèdent; — Par ces motifs, — Confirme, etc.

MM. Fayard, prés.; Boubée, subst.; Mathevon et Jacquier, av.

CAEN (CH. RÉUNIES) **10 juin 1880.**

INTERDICTION, CONSEIL DE FAMILLE, MÈRE, BELLE-FILLE, BEAU-PÈRE.

La mère de la personne dont l'interdiction est demandée doit être admise à faire partie du conseil de famille, même du vivant de son mari (1) (C. civ., 408, 442).

Il n'importe que l'interdiction soit poursuivie à la requête de ce dernier (2) (C. civ., 494, 495).

Le beau-père, ne rentrant ni dans la famille paternelle ni dans la famille maternelle de sa belle-fille à laquelle il n'est uni que par son fils, ne peut, à titre d'allié, faire partie du conseil de famille appelé à donner son avis sur l'interdiction de sa bru (3) (C. civ., 407).

(Guillouet c. Guillouet.)

Jugement du tribunal civil de Domfront, du 27 févr. 1880, ainsi conçu : — « LE TRIBUNAL : — Attendu qu'Albert Guillouet, tout en protestant contre la demande en interdiction formée contre sa femme par Gustave Guillouet, soutient que cette demande ne doit point être accueillie en l'état, par le motif que le conseil de famille du 5 janv. dernier n'ayant pas été réuni et composé suivant les règles et formes déterminées par la loi, la délibération qui en émane est sans valeur et doit être annulée; — Attendu que les critiques formulées contre la composition du conseil de famille sont : — 1° que la dame Gustave Guillouet, épouse du poursuivant et mère de la dame Albert Guillouet, n'aurait pas dû faire partie dudit conseil; — 2° Que Gervais Guillouet, beau-père et cousin issu de germain de ladite dame Albert Guillouet, aurait dû, au contraire, y être appelé; — 3°...; — Attendu qu'il s'agit tout d'abord d'apprécier le bien ou mal fondé de ces soutiens;

« Attendu, sur la première critique, que le conseil de famille chargé d'émettre un avis sur l'état de la personne dont on poursuit l'interdiction doit être formé suivant les mêmes règles que le conseil de famille d'un mineur auquel il s'agirait de donner un tuteur; — Attendu que la mère, même mineure, par dérogation à la règle qui frappe les femmes d'incapacité, peut faire partie du conseil de famille de ses enfants; que cette capacité lui est concédée et reconnue en termes exprès par l'art. 442, § 1 et 3, C. civ., ainsi conçu : « Ne peuvent être tuteurs ni membres des conseils de famille, 1° les mineurs, excepté *le père ou la mère*; 2°...; 3° les femmes, autres que *la mère* et les ascendantes »; — Qu'ainsi en se tenant à la lettre de l'article précité, ce serait à bon droit que la dame Gustave Guillouet, en sa qualité de mère et de plus proche parente du côté maternel, aurait été appelée à faire partie du conseil de famille de sa

---

(1-2) Sur ce principe de jurisprudence constante qu'il n'appartient pas aux tribunaux d'admettre, quant à la composition du conseil de famille, d'autres motifs d'exclusion que ceux qui sont expressément prévus par la loi. V. Cass., 13 oct. 1807, *aff.* Dasnières; Caen, 15 janv. 1811, *aff.* Pierrepont; Paris, 15 juin 1857 (S. 58. 2. 104. — P. 57. 1032. — D. 58. 2. 91); Chardon, *Puissance tutél.*, n. 306; Marcadé, sur l'art. 442; Demante, *Cours analyt.*, t. II, n. 191 *bis*, II; Aubry et Rau, 3e édit., t. IV, § 336, p. 260, note 11; Demolombe, *Minor. et tutelle*, t. I, n. 468. — Jugé néanmoins que l'omission de l'aïeule, lors de la réunion du conseil de famille appelé à délibérer sur une demande d'interdiction, fût-elle volontaire, peut ne pas être considérée comme une cause de nullité de la délibération intervenue, si, en fait, il est démontré que, malgré son désir formel de prendre place au conseil, l'aïeule, par son âge, par sa santé et sa situation morale, était dans l'impossibilité de participer à cette délibération : Cass., 7 mai 1873 (S. 73. 1. 297. — P. 73. 750. — D. 73. 1. 243); 20 janv. 1875 (Pand. chr.), et nos observations.

(3) On sait que le beau-père, en sa seule qualité d'allié, est sans droit pour intenter contre son gendre une demande en nomination d'un conseil judiciaire. V. Cass., 20 janv. 1875 (Pand. chr.), et la note.

fille; — Attendu qu'on objecte que cette exception, créée en faveur de la mère à raison des liens qui l'unissent à ses enfants, ne s'applique qu'à la *mère veuve*, parce que c'est seulement après la dissolution du mariage par le décès du mari que, la tutelle étant ouverte, le conseil de famille se constitue et que la mère peut être appelée à en faire partie; — Attendu, assurément, que le cas le plus fréquent qui se présentera pour la mère de faire partie d'un conseil de famille, sera celui où elle se trouvera en état de viduité; mais qu'il ne s'ensuit pas nécessairement qu'elle ne devra jamais prendre part au conseil de famille de ses enfants, même s'il y avait lieu, comme dans l'espèce actuelle, de le convoquer, hors le cas de la dissolution du mariage; — Qu'en effet, la capacité concédée par l'art. 442 est absolue et s'applique à la mère, quel que soit son état, fille ou femme, veuve ou remariée; — Qu'il n'existe aucun texte limitant sa vocation et que les exclusions étant de droit étroit, il n'est pas possible de restreindre sa capacité, tant que la loi ne l'a pas fait d'une manière expresse; — Attendu, à la vérité, qu'on invoque, à l'encontre de cette théorie, l'art. 408, C. civ., qu'il faut, dit-on, rapprocher de l'art. 442 et qui, en parlant des ascendantes en général, admises avec les frères germains et les maris des sœurs germaines à former le conseil de famille, les désigne par cette expression : les *veuves d'ascendants*, d'où l'on conclut que c'est seulement lorsque l'ascendant n'est plus là pour remplir les fonctions de membre du conseil de famille dont la charge est spécialement dévolue à l'homme, que l'ascendante, mère ou aïeule, prend place au conseil;

« Mais attendu, encore que la question soit sujette à controverse, que si la capacité des ascendantes semble subordonnée, d'après l'art. 408, au décès de leurs maris, rien ne prouve que la mère soit comprise dans cette dénomination *veuves d'ascendants*, et que, s'il y a lieu du vivant des époux à convocation du conseil de famille d'un enfant commun, elle ne soit pas habile à faire partie de ce conseil; — Qu'on s'explique très-bien que le législateur ait fait une différence entre les ascendantes et la mère, et ait accordé à celle-ci, veuve ou non, la capacité de toujours et en toute circonstance faire partie du conseil de famille de ses enfants, alors qu'il ne concédait ce droit aux ascendantes qu'après le décès de leurs maris; — Qu'effectivement, la mère étant chef de sa ligne, ayant des droits de successibilité vis-à-vis de ses enfants égaux à ceux de son époux, ne peut être représentée par ce dernier qui, personnellement, a sa place marquée dans la ligne paternelle, tandis que l'ascendante ne pouvant jamais figurer que dans l'une ou l'autre ligne peut toujours être représentée dans sa ligne par son mari; — Que si la mère ne pouvait faire partie du conseil au même titre que le père dans les cas où il y a lieu de convoquer le conseil de famille d'un enfant qui a encore son père et sa mère, il en résulterait forcément qu'une des lignes, la ligne maternelle, serait privée de son parent le plus proche, ce qui serait contraire à l'esprit de la loi qui veut que les parents soient appelés suivant l'ordre de proximité et n'a jamais entendu créer une prédominance d'une ligne sur l'autre; — Qu'on ne comprendrait pas d'ailleurs que la mère, qui dans des cas nombreux est appelée avec le père à émettre son opinion sur le sort de ses enfants, ne vienne pas donner son avis lorsqu'il s'agira de savoir si cet enfant doit ou non être frappé d'interdiction; — Attendu que si la mère a une vocation toute particulière pour faire partie du conseil, ainsi que le tribunal vient de le décider, il est de toute évidence que la qualité de *poursuivant l'interdiction* prise par le père ne peut lui faire perdre un droit qui lui est propre; — Que c'est donc à bon droit que la dame Gustave Guillouet a pris part à la délibération du 5 janv.;

« Attendu, sur la seconde critique, que Gervais Guillouet dont la non-présence au conseil de famille du 5 janv. est invoquée par le défendeur comme un deuxième moyen de nullité est à la fois le beau-père et le cousin issu de germain dans les deux lignes de la dame Albert Guillouet; — Attendu qu'Albert Guillouet reconnaît que le conseil de famille, tel qu'il est organisé, se compose, tant dans la ligne maternelle que dans la ligne paternelle, de parents plus proches que Gervais Guillouet, mais qu'il soutient que si ce dernier peut être primé comme parent dans l'une et l'autre ligne par les membres composant le conseil, il a la primauté comme beau-père, c'est-à-dire comme allié au premier degré, et qu'à ce titre, son domicile se trouvant d'ailleurs à une distance de moins de 2 myriamètres du lieu où la tutelle est ouverte, il aurait dû être appelé à faire partie du conseil de famille de sa belle-fille; — Qu'il s'agit donc de savoir en droit si le beau-père doit être préféré aux parents pour former le conseil de famille; — Attendu qu'aux termes de l'art. 407 les six parents ou alliés qui sont appelés à la formation du conseil doivent être pris dans la famille du pupille et appartenir par moitié aux lignes paternelle et maternelle en suivant l'ordre de proximité; — Attendu que ces termes dont se sert la loi : *moitié du côté paternel, moitié du côté maternel*, ne permettent aucune équivoque sur le sens et la portée de cette expression : *parent ou allié*; qu'il ne peut évidemment s'agir que de parents descendants d'un auteur commun, sortant d'une même souche, habiles à se succéder les uns aux autres et tenant à la famille du père ou de la mère, soit comme membre direct, soit comme époux d'un membre propre de la famille; que le beau-père ne rentre ni dans la famille paternelle, ni dans la famille maternelle de sa belle-fille à laquelle il n'est uni que par son fils, c'est-à-dire par l'époux; qu'il ne doit pas plus figurer au conseil que les frères du mari qui sont les beaux-frères de l'épouse; qu'avec le système contraire, on arriverait à cette conséquence que le conseil de famille de la femme finirait par être constitué avec les parents du mari, ce qui est évidemment contraire au vœu de la loi; que ce n'est pas de cette affinité qui unit la femme aux parents du mari que le législateur a entendu parler quand il s'est servi de ce mot *allié* dans l'art. 407; qu'ainsi c'est à juste titre que Gervais Guillouet n'a pas été appelé comme beau-père à faire partie du conseil du 5 janv. par préférence aux parents qui ont concouru à sa formation; ... — Par ces motifs, en jugeant régulière l'action de Gustave Guillouet, déclare la dame Marie-Victorine Guillouet, épouse du sieur Albert Guillouet, interdite de l'administration de sa personne et de ses biens. » — Appel.

ARRÊT.

LA COUR : — Attendu que les époux Albert Guillouet demandent la nullité de la délibération du conseil de famille du 5 janv. 1880 : — 1° parce que la dame Gustave Guillouet était incapable de faire partie de ce conseil; — 2°...; — 3° enfin, parce que sa composition est irrégulière, et qu'elle a été organisée dans le but d'écarter Gervais Guillouet;

Sur le premier moyen : — Attendu qu'aux termes de l'art. 442, C. civ., la mère et les ascendantes peuvent être membres des conseils de famille; — Qu'à la vérité l'art. 408 du même Code apporte une restriction à la règle ci-dessus par rapport aux ascendantes, en exigeant que celles-ci soient veuves; mais qu'une restriction semblable n'a pas été faite à l'égard de la mère, et que les incapacités étant de droit étroit ne se suppléent pas; — D'où il suit qu'en matière d'interdiction, la mère doit être admise à faire partie du conseil de famille; — Qu'à la vérité il arrivera quelquefois que le mari et la femme se trouveront dans la même réunion de famille, chacun à la tête de sa ligne; que, dans ce cas, s'ils sont du même avis, la femme ne sera pas présumée absolument affranchie de l'influence maritale, et que, s'ils se trouvent en désaccord, il pourra en résulter un trouble dans le ménage; que, sans doute, ces inconvénients ont de la gravité, mais qu'ils ne sont pas suffisants pour autoriser les tribunaux à créer une cause d'incapacité qui n'est pas écrite dans la loi; — Qu'à la vérité encore, le législateur, au titre de la minorité, n'a pas prévu la coexistence du père et de la mère du mineur; qu'il a, au contraire, disposé en vue d'une tutelle ouverte par la mort de l'un ou de l'autre; que c'est ce qui résulte de l'art. 390, C. civ., et de l'art. 442 n. 1, du même Code, dans lequel se trouvent ces mots : « *le père ou la mère* »; mais que ces raisons ne paraissent pas devoir l'emporter sur la généralité des termes du numéro 3 de l'art. 442 précité; — Qu'à la vérité enfin, la dame Gustave Guillouet est la femme du poursuivant; mais que l'art. 495 ne prononce d'exclusion que contre le poursuivant lui-même, et que le numéro 4 de l'art. 442 n'édicte de prohibition de faire partie d'un conseil de famille que contre celui dont les père et mère ont un procès avec le mineur; — Qu'il suit de là que ce premier moyen de nullité doit être rejeté;

Sur le deuxième moyen : — ... (Sans intérêt);

Sur le troisième moyen : — Attendu qu'il n'est nullement justifié que Gervais Guillouet soit parent plus proche en degré de la dame Albert Guillouet que les personnes appelées dans sa ligne; — Par ces motifs, sans avoir égard aux nullités proposées contre la délibération prise par le conseil de famille de la dame Guillouet, le 5 janv. 1880, lesquelles sont rejetées; — Et adoptant au fond les motifs des premiers juges; — Confirme, etc.

MM. Champin, 1er prés.; Rémond, proc. gén.; Laisney-Deshayes et Carel, av.

PARIS (4e CH.) 12 juin 1880.

TRIBUNAL DE COMMERCE, MANDATAIRE, POUVOIR, LÉGALISATION, MANDANT, HUISSIER, EXPLOIT D'AJOURNEMENT, SIGNATURE.

(Esmard c. Compagnie française des tramways.)

V. le texte de cet arrêt rapporté en sous note de Cass.-civ., 1er mai 1883, aff. Jannin c. Renaud et Parent (Pand. chr.).

BORDEAUX (CH.-CORR.) 23 juin 1880.

VOL, MONNAIE, APPOINT, RÉTENTION FRAUDULEUSE.

Il y a vol, et non abus de confiance, dans le fait par un individu, qui reçoit une pièce de monnaie en payement, à condition de rendre l'excédent, de s'approprier et de retenir frauduleusement la valeur tout entière de la pièce (1) (C. pén., 401, 408).

(Vialain.) — ARRÊT.

LA COUR : — Attendu qu'au mois de février dernier, dans la commune de Balizac, le sieur Vialain, chaudronnier ambulant, se présenta au domicile des époux Fillaud, et convint avec eux de réparer un poêlon moyennant un salaire de 2 fr.; mais que, rapportant le poêlon quelques jours après, et profitant sans doute de cette circonstance que la femme Fillaud se trouvait seule au logis, Vialain voulut exiger d'elle 4 fr. 50 pour la réparation; — Attendu que la femme Fillaud, entendant maintenir le prix convenu et ayant remis à Vialain une pièce de 5 fr. pour qu'il lui rendît la différence, c'est-à-dire 3 fr., Vialain, après avoir tenté vainement d'obtenir de la femme Fillaud qu'elle se contentât de 50 c. comme appoint des 5 fr. qu'elle venait de lui remettre, se retira en conservant la pièce entière; qu'il a donc frauduleusement soustrait une somme d'argent au préjudice des époux Fillaud, et commis ainsi le délit prévu et puni par l'art. 401, C. pén., mais non celui réprimé par l'art. 408 du même Code, visé à tort par la citation; qu'il y a lieu dès lors de déqualifier le délit; — Attendu que les premiers juges ont cru devoir acquitter Vialain, défaillant, eu égard au peu d'importance de la somme soustraite, et parce que le fait soumis à leur appréciation leur a paru caractériser moins un délit qu'un désaccord sur les conditions d'un contrat, susceptible de donner lieu seulement à un débat civil; — Attendu qu'en admettant qu'il n'y ait eu, en effet, entre la femme Fillaud et Vialain qu'une simple divergence d'opinion sur un prix convenu, cette divergence ne pouvait, dans tous les cas, avoir pour objet que la différence entre la somme de 2 fr., prix offert, et celle de 4 fr. 50, prix demandé, et que, fût-il établi que cette somme de 4 fr. 50 était réellement due à Vialain, celui-ci, en s'appropriant la pièce de 5 fr. à lui remise par la femme Fillaud, a incontestablement soustrait la somme de 50 c. qui formait l'appoint de cette pièce et appartenait sans débat possible à la femme Fillaud; — Attendu, quant à la modicité de la somme soustraite, que si cette circonstance peut provoquer sans doute l'indulgence du magistrat, elle est sans valeur juridique au point de vue de la caractérisation du délit; qu'il est à peine besoin d'affirmer que la qualification du vol ne saurait se modifier, selon que les objets soustraits se trouvent être inférieurs ou supérieurs à un chiffre déterminé; — Par ces motifs, — Infirme le jugement du tribunal correctionnel de Bazas du 10 mai 1880.

MM. Louis Jacquemain, prés.; Calmon, av. gén.

---

(1) La remise volontaire est exclusive du délit de vol qui exige une appréhension de la chose d'autrui à l'insu et contre le gré du propriétaire. V. Cass. (motifs), 18 mai 1876 (Pand. chr.), et les renvois; 21 juill. 1882 (Pand. chr.), 28 févr. 1883 (Pand. chr.). — Mais dans quels cas y a-t-il ou non remise volontaire? Les solutions sont susceptibles de varier avec les espèces. Ainsi, d'après les circonstances de la cause actuelle, la remise n'aurait été que conditionnelle, avec cette restriction que la monnaie de l'appoint serait rendue, si bien que l'on pourrait dire, à la rigueur, qu'il n'y a pas eu remise pour toute la partie de la somme formant l'excédent. Ce tempérament qui permet d'atteindre un certain nombre de soustractions fréquemment employées nous paraît se concilier avec la rigueur des principes d'interprétation en matière pénale. (V. cependant, en sens contraire, Cass., 7 janv. 1864, Pand. chr.)

Il faut reconnaître toutefois que ce terrain n'est pas encore bien solide, et que faute de s'y placer résolûment, certaines Cours et la Cour suprême, elle aussi, se sont égarées dans des contradictions manifestes. En attribuant à des faits identiques avec ceux de l'affaire actuelle le caractère de l'*abus de confiance*, et en les réprimant des peines de ce délit, la Cour de Bordeaux elle-même (V. arrêt, 25 nov. 1881, Pand. chr.) semble avoir abandonné cette idée de l'absence de remise pour l'appoint à restituer, car l'abus de confiance ne peut exister qu'à la condition d'une remise volontaire, faite avec l'intention de laisser la chose entre les mains de celui qui l'a reçue, à l'un des titres déterminés par l'art. 408, C. pén. V. en ce dernier sens, Lyon, 29 avril 1857 (Pand. chr.), et Cass., 28 juin 1884 (Pand. chr.). Il faut opter entre l'un ou l'autre système.

A notre avis, l'idée de mandat ne se défend que par une argumentation pleine de subtilités, d'arguties d'école. Au contraire, l'absence de remise s'établit sans efforts juridiques; car la remise exige un consentement, un accord sur le fait même. Ici, il n'y a qu'une matérialité qui ne répond pas à une volonté concordante. On a donné la pièce entière, plus que la somme due, parce que l'on s'est trouvé sans monnaie, que l'on a suivi les usages courants qui réservent l'appoint. V. à l'encontre d'un abus de confiance : Bordeaux, 12 avril 1883 (Pand. chr.).

GRENOBLE (4e CH.) 24 juin 1880.

COMPÉTENCE, COMMIS VOYAGEUR, VENTE DE MARCHANDISES, MANDAT, CONTESTATIONS, ERREUR, ABUS DE POUVOIRS.

Les difficultés au sujet d'une vente de marchandises sur échantillons, conclue par le commis voyageur accrédité d'une maison de commerce, peuvent être valablement portées par l'acheteur devant le tribunal du lieu où le marché a été contracté et doit être exécuté, alors que l'existence de la convention n'est pas contestée (1) (C. proc., 420).

En vain la maison de commerce prétendrait décliner cette compétence facultative pour l'acheteur, sous prétexte que le marché aurait été conclu sans ordre, par erreur ou par abus de pouvoirs (2) (Id.).

(Gilibert-Tezier c. Chancel.) — ARRÊT.

LA COUR : — Attendu que Martinon, voyageur de Chancel, a vendu, le 23 nov. 1879, à Valence, au sieur Gilibert-Tezier, négociant en cette ville, une certaine quantité de papier livrable franco en gare de Valence, et payable à soixante jours de terme; — Attendu que, sur le refus de Chancel d'exécuter ce marché, Gilibert-Tezier, usant de la faculté accordée par l'art. 420, C. proc., l'a fait assigner devant le tribunal de commerce de Romans; — Attendu que Chancel, pour décliner la compétence de ce tribunal, soutient que le marché consenti à Gilibert-Tezier n'est pas valable; que Martinon a fait erreur, qu'il a vendu au-dessous de sa valeur un papier dont sa maison ne lui avait remis aucun échantillon; que cependant Chancel ne conteste ni l'existence même du marché, lequel est d'ailleurs constaté par écrit, ni que Martinon fût son commis voyageur, ni qu'il ait été présenté en cette qualité à Gilibert-Tezier par Bouvier, correspondant à Valence de la maison Chancel; — En droit : — Attendu que la compétence établie par l'art. 420 précité en faveur du tribunal du lieu où la promesse aurait été faite et la marchandise livrée, ou celui du lieu convenu pour le payement, suppose l'existence d'un marché qui détermine cette compétence, mais que, de même qu'il ne suffit pas au demandeur d'alléguer simplement un pareil marché pour saisir la juridiction exceptionnelle, il ne suffit pas au défendeur, pour y échapper, de contester d'une manière quelconque sa participation à la convention dont la preuve est rapportée (Cass., 2 mars 1867, S. 67. 1. 248. — P. 67. 635); — Attendu qu'il s'agit donc de rechercher préjudiciellement, non pas si la demande est juste et fondée, mais uniquement si le demandeur a réellement conclu un marché qui le place dans le cas de l'exception édictée par l'art. 420, ou s'il use, au contraire, d'un prétexte pour distraire le défendeur de ses juges naturels; — Attendu que la jurisprudence exige une contestation sérieuse, non pas une contestation qui porte sur le fond du procès, sur la validité du marché, mais bien et uniquement sur l'existence même du marché qui engagerait le défendeur; que s'il en était autrement, le fond se trouverait préjugé en même temps que le déclinatoire, en violation des art. 425 et 172, lesquels exigent qu'il soit rendu deux décisions distinctes : la première sur la compétence, et ensuite la seconde sur le fond ; — Attendu que dans le procès actuel la promesse est certaine, constatée par écrit et non déniée; qu'elle contient un marché ferme et sérieux qui a été contracté et doit être exécuté dans le ressort du tribunal de commerce de Romans; que c'est donc à bon droit que Gilibert-Tezier, usant de la faculté que lui accorde l'art. 420, a saisi la compétence de ce tribunal : ce qui n'empêchera pas plus tard, lorsque la contestation sera engagée sur le fond, de prononcer la nullité du marché et de rejeter les prétentions du demandeur, si le défendeur vient à prouver que Martinon, son commis, a excédé ses pouvoirs et n'a pas engagé son mandant; — Confirme, etc.

MONTPELLIER (2e CH.) 25 juin 1880.

ACTE ADMINISTRATIF, SIGNATURE, LÉGALISATION, REFUS, MAIRE, INDEMNITÉ, COMPÉTENCE.

L'autorité judiciaire est incompétente pour connaître d'une demande en dommages-intérêts dirigée contre un maire à raison du refus de légalisation de signatures au bas d'un certificat de bonnes vie et mœurs; le maire agissant, en pareil cas, sous le contrôle de l'Administration supérieure, comme représentant du pouvoir central, et non comme officier de l'état civil ou de la police judiciaire (3) (LL. 16-24 août 1790, tit. II, art. 13; 6 mars 1791, art. 11; 18 juill. 1837, art. 9).

(Simon c. Dijaud.) — ARRÊT.

LA COUR : — Attendu que le demandeur fonde uniquement son action sur le préjudice que lui aurait occasionné le maire de Neffiach, en refusant de légaliser certaines signatures apposées par des habitants de sa commune sur un certificat de bonne moralité délivré au sieur Dijaud; — Attendu que, devant le tribunal civil de Perpignan, le maire de Neffiach et le préfet des Pyrénées-Orientales, sur l'instance d'appel, ont l'un et l'autre décliné la compétence de la juridiction civile, en fondant leur exception sur ce que, d'après la loi, les tribunaux civils ne sont compétents, pour statuer sur les demandes en dommages formées contre des fonctionnaires publics, que lorsque ces demandes sont exclusivement fondées sur des faits personnels et non sur des actes administratifs; — Attendu que le tribunal a reconnu sa compétence, et qu'il a cru justifier sa décision en déclarant que le maire, quand il légalise une signature, n'agit pas comme représentant du gouvernement, mais en qualité d'officier public chargé de protéger les intérêts de la commune; — Attendu que cette théorie, qui ne s'évince d'aucune disposition légale, a de plus l'inconvénient de ne pas résoudre les difficultés soulevées par le déclinatoire de M. le préfet; — Attendu, en effet, que le maire est investi d'attributions multiples qui font de lui, suivant le cas, un magistrat administratif, un officier de l'état civil ou un auxiliaire de la justice, mais qu'aucun texte de loi ne lui attribue cette prérogative personnelle que suppose le tribunal pour justifier sa

(1-2) V. conf., Besançon, 13 avril 1870 (S. 70. 2. 240. — P. 70. 919. — D. 70. 2. 99), et notre *Dictionnaire de dr. commerc., ind. et marit.*, t. III, v° *Compétence*, n. 145. — Mais la compétence facultative de l'art. 420, C. proc., ne peut s'exercer qu'autant que l'existence de la convention ou de la promesse n'est pas sérieusement contestée. Dans le cas contraire, la maison de commerce ne pourrait être assignée par le client que devant le tribunal de son domicile conformément à la règle générale (C. proc., 59). V. Toulouse, 11 juin 1881 (S. 83. 2. 8. — P. 83. 1. 90. — D. 82. 2. 206); Cass., 13 juill. 1881 (S. 81. 1. 470. — P. 81. 1. 1203. — D. 82. 1. 447); 11 mars 1884 (S. 84. 1. 266. — P. 84. 1. 657. — D. 84. 1. 313), et notre *Dictionnaire*, *loc. suprà cit.*, n. 141 et suiv.

(3) V. conf., Rennes, 8 déc. 1879 (Pand. chr.); Paris, 23 févr. 1880 (Pand. chr.), et les renvois. — Il n'y a pas à tenir compte de cette différence de fait que, dans l'arrêt ci-dessus reproduit, les signatures à légaliser étaient apposées sur un certificat de bonnes vie et mœurs, tandis que dans les espèces des décisions des Cours de Rennes et de Paris, il s'agissait de signatures au bas de pétitions destinées aux Chambres législatives. Dans l'une ou l'autre hypothèse, les formes et les conditions juridiques de la légalisation restent identiquement les mêmes.

décision, et qui le rendrait indépendant à la fois du pouvoir administratif et de l'autorité judiciaire; — Attendu qu'il est d'autant moins vrai de prétendre que le maire puisse agir, dans certains cas, en vertu de ce pouvoir indépendant et personnel, que le législateur de 1837, qui règle les attributions du maire et les définit, oblige ce magistrat à exercer, sous l'autorité de l'administration supérieure, les fonctions spéciales qui lui sont personnellement attribuées par la loi; — Attendu que, parmi ces dernières attributions, figure évidemment le droit en vertu duquel le maire donne, par son attestation, un caractère d'authenticité indiscutable à la signature de ses administrés; mais que, même alors, il agit sous le contrôle de l'administration supérieure, puisque, dans le cas où le maire refuserait ou négligerait de faire un des actes qui lui sont prescrits par la loi, le préfet peut y procéder d'office par lui-même ou par un délégué; — Attendu, au surplus, que les lois de 1791 et de 1837 ne laisseraient aucun doute à cet égard; et que, suivant leurs textes sainement interprétés, le maire, soit qu'il légalise une signature, soit qu'il refuse de la légaliser, accomplit un acte d'administration dont les tribunaux civils ne peuvent ni examiner les motifs, ni apprécier la légalité; — Attendu que le tribunal civil de Perpignan a donc méconnu les prohibitions résultant des lois qui règlent la séparation des pouvoirs, en se déclarant compétent pour connaître de l'action intentée au maire de Neffiach; — Par ces motifs; — Vu le déclinatoire de M. le préfet des Pyrénées-Orientales, à la date du 4 février 1880; — Vu les conclusions écrites et signées de M. le procureur général, tendant à l'incompétence de la juridiction civile; — Annule comme incompétemment rendu le jugement dont est appel; — Délaisse les parties à se pourvoir, ainsi et comme elles aviseront, etc.

MM. de Labaume, prés.; Labroquère, av. gén.; Bressod et Roussel, av.

BORDEAUX 12 juillet 1880.

INSCRIPTION HYPOTHÉCAIRE, RENOUVELLEMENT, VENTE VOLONTAIRE, PURGE, NOTIFICATION, ETC.

(Guimaraes et cons. c. Moran.)

V. le texte de cet arrêt reproduit avec Cass.-civ., 14 nov. 1882, rendu dans la même affaire, sur pourvoi (Pand. chr.).

DIJON (3e CH.) 4 août 1880.

HYPOTHÈQUE LÉGALE, RENONCIATION, IMMEUBLE, VENTE, FEMME, GARANTIE, ACQUÉREUR, SUBROGATION, TRANSCRIPTION, CRÉANCIER, CESSION, INSCRIPTION.

La vente faite, conjointement et solidairement par une femme et son mari, d'un immeuble de communauté, avec toutes garanties de droit, et réalisée par le concours de la femme à l'acte, emporte virtuellement, de la part de celle-ci, renonciation, en faveur de l'acquéreur, à son hypothèque légale sur l'immeuble vendu (1) (C. civ., 1431, 2121, 2180).

L'acquéreur, en pareil cas, n'est point tenu, pour s'assurer, au regard des tiers, le bénéfice de cette renonciation, de requérir l'inscription ou la mention prescrite par l'art. 9 de la loi du 23 mars 1855; il suffit qu'il ait fait transcrire son acte de vente antérieurement aux subrogations consenties par la femme (2) (L. 23 mars 1855, art. 9).

Les formalités spéciales de l'art. 9 de la loi du 23 mars 1855 ne s'imposent exclusivement qu'aux créanciers cessionnaires de l'hypothèque légale ou bénéficiaires d'une renonciation à cette hypothèque (3) (Id.). — Motifs.

---

(1) V. en ce sens, Cass., 14 janv. 1817, *aff.* Mazure; Paris, 17 mars 1834 (S. 34. 2. 640. — P. chr. — D. 34. 2. 121); Amiens, 19 déc. 1846 (S. 47. 2. 193. — P. 47. 2. 99. — D. 47. 2. 97); Cass., 21 févr. 1849 (S. 49. 1. 643. — D. 49. 1. 157); Amiens, 16 févr. 1854 (S. 54. 2. 260. — P. 54. 2. 397. — D. 54. 2. 148); Cass., 6 nov. 1855 (S. 56. 1. 235. — P. 55. 2. 454. — D. 55. 1. 449); Cass., 26 août 1862 (Pand. chr.); 12 févr. 1868 (sol. implic.) (S. 68. 1. 389. — P. 68. 1061. — D. 68. 1. 346); Nancy, 10 août 1875 (S. 76. 2. 245. — P. 76. 974); Dijon, 19 nov. 1876 (S. 77. 2. 261. — P. 77. 1035. — D. 78. 2. 57); Trib. civ. la Flèche, 26 août 1878, en sous-note (*a*); Lyon, 6 mars 1880, sous Cass. (S. 81. 1. 473. — P. 81. 1. 1206. — D. 81. 1. 58); Flandin, *Transcription*, t. II, n. 1552; Aubry et Rau, 3e édit., t. III, § 288 *bis*, p. 463; Pont, *Privil. et hypoth.*, n. 465; Amiaud, *De la renonciation à son hypothèque légale par la femme du vendeur*, p. 215 et suiv.

Mais cette renonciation ne profite qu'à l'acquéreur entre les mains de qui l'immeuble passe libre de la charge de l'hypothèque légale; elle ne bénéficie en aucune mesure aux autres créanciers du mari, vis-à-vis desquels la femme peut exercer sur le prix de vente le droit résultant de son hypothèque; en d'autres termes, la femme perd seulement le droit de *suite* sur l'immeuble; elle conserve le droit de *préférence* sur le prix. V. les arrêts précités. *Adde*, Agen, 14 mars 1866 (S. 67. 2. 55. — P. 67. 321); Larombière, *Tr. des obligations*, sur l'art. 1250, n. 25; Pont, *op. cit.*, n. 485.

(2-3) *Sic*, Trib. civ. la Flèche, 26 août 1878, en sous-note (*a*);

(*a*) Ce jugement du Trib. civ. La Flèche, 26 août 1878, *aff.* de Paillot c. Girard, de la Porte et Masson, est ainsi conçu :

LE TRIBUNAL : — Considérant que suivant acte reçu par Me Loriol de Barny, notaire à Angers, le 3 déc. 1876, les époux de la Porte ont vendu à de Paillot un hôtel sis à la Flèche, moyennant le prix de 45,000 francs, prix qui a été payé comptant; — Considérant que ce contrat a été transcrit au bureau des hypothèques de la Flèche, le 28 déc. 1876, et qu'un état a été délivré par le conservateur des hypothèques à la date du 9 janvier 1877; — Considérant que les époux de la Porte sont mariés sous le régime de la communauté; qu'ils avaient acheté dans le cours de leur mariage le terrain sur lequel ils ont fait construire ledit hôtel, qui est devenu, par suite, un immeuble de communauté; — Considérant que le 3 déc. 1876, la dame de la Porte avait concouru, comme son mari, à la vente consentie à de Paillot, et que, dans l'acte, elle avait donné quittance de la somme reçue; — Considérant que postérieurement à cette vente, la dame de la Porte subrogea les consorts Girard dans son hypothèque légale; qu'aucune restriction ne fut apportée à cette subrogation; que conformément à la réquisition de ces créanciers, une inscription d'hypothèque légale fut prise à leur profit au bureau des hypothèques de la Flèche, le 8 nov. 1877; — Considérant qu'une autre inscription a été prise au même bureau, le 4 janv. 1878, au profit de la dame de la Porte, pour sûreté de ses reprises, sur tous les biens que cette hypothèque pourrait atteindre et aussi sans aucune restriction; — Considérant que ces deux inscriptions ont été relevées sur état demandé le 22 avril dernier, et que, sur le certificat délivré par le conservateur, ces deux inscriptions frappent aussi bien l'hôtel vendu à de Paillot que les autres immeubles appartenant aux époux de la Porte; — Considérant que de Paillot a formé, tant contre le conservateur que contre les consorts Girard et les époux de la Porte, une demande pour faire ordonner la radiation de ces deux inscriptions qui, suivant lui, ont été relevées à tort; — Considérant que les époux de la Porte ont été réassignés après jugement de défaut profit joint, et qu'ils continuent encore aujourd'hui à faire défaut; — Considérant que les consorts Girard, dans leurs conclusions, ont déclaré qu'ils reconnaissent n'avoir aucun droit sur l'hôtel vendu à de Paillot et sur le prix qui a été payé par ce dernier, et qu'ils n'entendent nullement faire obstacle à la radiation de leur inscription, comme subrogés dans l'hypothèque légale de la dame de la Porte, et qu'ils se bornaient à demander leur mise hors de cause sans dépens; — Considérant que le conservateur des hypothèques de La Flèche résiste seul à l'action intentée par de Paillot, et qu'il persiste à dire, dans ses conclusions, que c'est à bon droit qu'il a relevé les deux inscriptions dont s'agit; — Considérant, en ce qui concerne l'inscription prise le 4 janvier dernier au profit de la dame de la Porte, pour sûreté de ses reprises, que M. le conservateur prétend que M. de Paillot n'ayant pas rempli les formalités exigées par les art. 2193 et 2194, C. civ., l'hôtel est toujours frappé de l'hypothèque légale de la femme de la Porte; qu'en ce qui concerne spécialement l'inscription Girard et consorts, de Paillot a eu tort de ne pas observer les prescriptions de l'art. 9 de la loi du 23 mars 1855; que la renonciation à l'hypothèque légale de la femme ou la cession de cette hypothèque doit être inscrite; que le cessionnaire n'est saisi, à l'égard des tiers, que par l'inscription prise à son profit ou par la mention de la subrogation en marge de l'inscription préexistante; que de Paillot n'ayant pas fait cette inscription ou cette mention, ne peut alors adresser aucune critique au conservateur; — Considérant que cette théorie ne saurait être admise par le tribunal; — Considérant, en effet, que par suite de l'intervention directe de Mme de la Porte dans l'acte de vente, par suite de la quittance qu'elle a consentie à de Paillot, elle a, par cela même, renoncé d'une manière absolue à toute action et à toute hypothèque sur l'immeuble vendu, et que, dès lors, aucune inscription ne peut être prise sur cet hôtel au profit de cette femme; — Considérant que le conservateur a ainsi interprété d'une manière trop absolue l'art. 9 de la loi de 1855, loi qui avait principalement pour but de faciliter les transactions immobilières; qu'en effet, cet article ne s'applique pas à l'espèce soumise au tribunal, et que l'acquéreur, en faveur de qui la femme du vendeur a renoncé à son hypothèque légale sur l'immeuble aliéné, n'est pas tenu de remplir les formalités édictées par cette loi; qu'en effet, l'inscription hypothécaire suppose toujours une créance qu'elle a pour but de conserver; que l'hypothèque légale de la femme a été éteinte par sa renonciation; que cette renonciation a été rendue publique par la transcription du contrat, et que, dans ces circonstances, rien ne pourrait obliger de Paillot à inscrire une hypothèque réellement imaginaire, puisque cette hypothèque aurait cessé d'exister le jour où la femme de la Porte avait concouru à l'acte de vente, avait donné quittance et avait touché le prix de cession; — Con-

(Robin-Barbin c. Gautheron et François.) — ARRÊT.

LA COUR : — Considérant que, par acte reçu de Me Bertrand, notaire à Charlieu, le 1er janv. 1876, Gautheron a vendu aux mariés Bobin-Barbin une pièce de vigne sise à Saint-Bonnay de Cray, moyennant le prix de 1,600 francs payé comptant et quittancé; que la femme Gautheron a concouru à l'acte et vendu l'immeuble qui dépendait de la communauté conjointement et solidairement avec son mari, avec toutes les maintenues et garanties de droit; que ce concours a virtuellement emporté renonciation de sa part à son hypothèque légale sur ledit immeuble; que l'acte de vente a été régulièrement transcrit au bureau des hypothèques de Charolles le 8 janv. 1876; — Considérant que l'acquéreur d'un immeuble au profit duquel la femme du vendeur a renoncé à son hypothèque légale et qui a fait transcrire son contrat, n'est pas tenu de requérir l'inscription de cette hypothèque pour s'assurer, au regard des tiers, le bénéfice de la renonciation; que l'art. 9 de la loi du 23 mars 1855 n'impose qu'aux cessionnaires l'obligation de prendre inscription pour déterminer l'ordre dans lequel ils devront exercer les droits de la femme; que ce texte,

et Trib. civ. Beaune, 28 août 1879, en sous-note (*b*); Trib. civ. Mans, 28 janv. 1880 (D. 80. 3. 136); Grosse, *Commentaire de la L. du 23 mars 1855, sur l'art. 9*; *Dictionnaire du notariat*, v° *Subrogation*; Berger, *Transcription*, n. 343 et suiv.; Pont, *Privil. et hypoth.*, n. 486 et *Journ. le Droit*, n. 8 mars 1868; Coin-Delisle, *Consultation* citée par Pont, *ibid.*; Amiaud, *Revue pratique*, t. XXIV, p. 481, et t. XXVII, p. 58; Duchesneau, *Revue critique*, t. XI, p. 188; Thiercelin, *Observations* insérées au D. 64. 2. 193; Bufnoir, *Dissertation* insérée au S. 81. 1. 473. — P. 81. 1. 1206; et avec certaines nuances et distinctions, Labbé, *Dissertation* insérée au P. 64. 231; Mourlon, *Transcription*, t. II, n. 1105 et 1106; Larombière, *Tr. des obligations*, t. III, art. 1250, n. 61. — *Contra*, Lyon, 22 déc. 1863 (S. 67. 1. 9. — P. 64. 231), et sur pourvoi, Cass., 29 août 1866 (S. 67. 1. 9. — P. 67. 11. — D. 67. 1. 49). Mais il est juste d'observer que, dans ce dernier arrêt, la Cour de cassation ne s'est pas prononcée sur la question de principe; elle a jugé en fait et a rendu une décision purement d'espèce. V. en faveur de cette opinion, Aubry et Rau, t. III, § 288 *bis*, p. 466, texte et note 18; Verdier, *Transcription hypothéc.*, t. II, n. 600 et suiv., et *Revue pratique*, t. XXIV, p. 209, et t. XXVI, p. 5; Ducruet, *Etude sur la transcription*, n. 42; Bertauld, *Tr. de la subrogation à l'hypothèque légale des femmes mariées*, n. 99; Rivière et Huguet, *Questions sur la transcription*, n. 391; Rabot, *Subrogation à l'hypothèq. légale*, n. 80; Garnier, *De la subrogation à l'hypoth. légale de la femme*, n. 349 et suiv.; Le Baron, *Etude sur l'hypoth. légale de la femme mariée*, n. 627; Hervieu, *Journ. des conservat.*, t. II, p. 296; Leroux, *Control. de l'enregistrement*, art. 10, 689.

Jugé que, dans le cas de vente d'un immeuble de communauté faite par le mari avec le concours de la femme, il appartient aux juges du fond de rechercher, par l'examen des termes du contrat et des documents de la cause, en quelle qualité la femme figure à l'acte, si c'est pour y contracter les obligations d'une véritable venderesse, ou simplement pour renoncer à son hypothèque légale. V. Cass., 22 nov. 1880 (S. 81. 1. 473. — P. 81. 1. 1206. — D. 81. 1. 58).

sidérant que, si cette hypothèque légale a été ainsi anéantie, il est impossible d'admettre que la dame de la Porte puisse, plus tard, transférer à des tiers des droits qu'elle a perdus; — Considérant que l'art. 9 ne s'applique qu'aux cessionnaires de l'hypothèque légale des femmes mariées, et que l'acquéreur ne peut être considéré comme un cessionnaire; que la renonciation d'une femme mariée à son hypothèque légale en faveur de l'acquéreur ayant pour objet d'éteindre cette hypothèque, ce dernier n'est pas dans la nécessité d'accomplir la formalité de l'inscription; — Considérant, par suite, qu'il y a lieu d'ordonner la mainlevée pure et simple des deux inscriptions dont s'agit...

(*b*) Voici le texte de ce jugement, rendu par le trib. civ. Beaune, 28 août 1879, aff. Dupont c. Groffier et autres :

LE TRIBUNAL : — Considérant que par acte reçu par Me Misserey, notaire à Nuits, le 17 mai 1865, les mariés Goffier-Jacquin ont vendu au sieur Dupont-Marey-Monge un clos et un terrain attenant à Nuits, moyennant le prix de 14,040 fr., depuis longtemps payés; — Que cet acte a été transcrit au bureau des hypothèques de Beaune, le 1er juin suivant; que les propriétés ainsi vendues étaient des acquêts de communauté, et que la transcription ne révéla qu'une seule inscription prise au profit de la veuve et de la demoiselle Mangeon, précédentes venderesses, pour la conservation de leur privilège; que, néanmoins, ces propriétés et la maison importante qui y avait été construite ayant été licitées, entre le sieur Dupont et ses enfants mineurs, l'adjudication en fut tranchée suivant procès-verbal de M. Pingot, juge en ce siège, en date du 13 juill. 1878, aux Ursulines de Flavigny, moyennant le prix de 100,000 fr., et que, sur la transcription de ce procès-verbal, le conservateur des hypothèques de Beaune délivra un état révélant des inscriptions prises en 1878, au profit de quatre créanciers cessionnaires de l'hypothèque légale de la dame Groffier, en vertu des actes obligatoires créés à leurs dates en 1877 et 1878 par les époux Groffier; que Dupont demande aujourd'hui la mainlevée de ces inscriptions, qui, selon lui, ne sauraient grever l'immeuble par lui acquis et payé longtemps avant la création des obligations des créanciers inscrits, et qu'il a assigné en même temps le conservateur des hypothèques en 10,000 francs de dommages-intérêts pour avoir compris dans un état sur transcription des inscriptions qui ne grevaient pas les immeubles adjugés aux Ursulines; que les défendeurs, sauf le sieur Coste, ancien notaire, qui a donné mainlevée de son inscription, et à eux joint le conservateur des hypothèques, résistent à la demande par le motif que le demandeur, n'ayant pas fait inscrire, au vœu de l'art. 9 de la loi du 23 mars 1855, la renonciation faite à son profit dans l'acte de vente du 17 mai 1865 par la dame Groffier, il n'a point été saisi de cette renonciation vis-à-vis des tiers; que le conservateur soutient, de son côté, qu'il n'était pas juge de la validité des inscriptions révélées par ses registres, et conclut contre Dupont à 1,000 francs de dommages-intérêts pour avoir été par lui indûment mis en cause; — Considérant que la question principale du procès est donc celle de savoir si l'art. 9 de la loi de 1855 imposait à Dupont, acquéreur de la dame Groffier, l'obligation d'inscrire la renonciation à l'hypothèque légale de celle-ci, consentie à son profit par l'acte de vente du 17 mai 1865; — Considérant que le tribunal, s'appuyant sur les autorités les plus sérieuses, n'hésite pas à la trancher négativement; qu'en effet, dans ledit acte de vente du 17 mai 1865, la dame Groffier s'est portée covenderesse avec son mari, et a déclaré garantir l'acquéreur de tous troubles, évictions, dettes et charges hypothécaires quelconques, et renoncé à son hypothèque légale sur les immeubles vendus et le prix en provenant; que, par une clause spéciale, il a été stipulé en termes exprès que les deux premiers termes de 3,040 francs et 3,000 francs seraient payés entre les mains et sur les quittances du mari, et le surplus, soit 8,000 francs, entre les mains des veuve et demoiselle Mangeon à l'effet d'éteindre leur privilège de venderesses; qu'en concourant à cette stipulation, la dame Groffier, dûment autorisée par son mari, et agissant dans la plénitude de son droit, s'est, conjointement avec son mari, dessaisie de la chose et du prix, puisque non-seulement elle a renoncé à son hypothèque légale, ce qui était superflu, mais encore elle a imposé à son acquéreur un mode de libération auquel il était obligé de se soumettre et auquel il s'est soumis; qu'elle n'a donc pu ultérieurement transmettre à ses créanciers un droit complétement éteint; qu'il en serait évidemment ainsi, lors même que la vente aurait été faite sous signatures privées, et que, dès lors, il est certain que l'art. 9 de la loi de 1855, qui exige que toute cession ou renonciation d'hypothèque légale de la femme soit faite par acte authentique, ne s'applique pas aux renonciations virtuellement et implicitement comprises dans une stipulation de vente faite conjointement par des époux, mais seulement aux cessions ou renonciations d'hypothèques faites par la femme au profit de ses créanciers; que le § 2 de l'article s'en explique expressément, en disant que les dates des inscriptions déterminent l'ordre dans lequel les cessionnaires exercent les droits hypothécaires de la femme; que, du reste, il est impossible d'admettre qu'en édictant la loi de 1855, le législateur, qui n'avait pour but que de donner plus de fixité et de sécurité à la propriété par la transcription des actes de mutation, ait voulu, en même temps, imposer à l'acquéreur d'une femme mariée l'obligation d'une inscription renouvelable tous les dix ans, et exposer ainsi cet acquéreur à voir un immeuble, par lui publiquement acquis et légitimement payé, indéfiniment en butte aux inscriptions hypothécaires de créanciers qui n'y avaient aucun droit avant la vente; qu'un pareil système serait destructif du droit que la transcription a eu pour but de consacrer, enlèverait à l'acquéreur toute sécurité, et frapperait, pour ainsi dire, d'inaliénabilité les immeubles des époux unis par la loi du mariage : que, conservât-on quelque doute à cet égard, il suffirait, pour le dissiper, de recourir à l'examen des travaux préparatoires de la loi de 1855; que l'exposé des motifs, après avoir indiqué la théorie de l'art. 9, s'exprimait en ces termes : « On sait à quelles contestations a donné lieu l'exercice des droits hypothécaires de la femme par les créanciers subrogés, et quelles difficultés il a soulevées. Il y est mis fin en donnant à la date des inscriptions l'effet de régler l'ordre dans lequel seront admis les cessionnaires »; ce qui démontre bien, comme le fait si justement remarquer le savant commentateur de la loi de 1855, M. Paul Pont, qu'il n'est point question des acquéreurs; que c'est outre-passer les termes de l'art. 9, que de dire, avec les défendeurs, que ses termes sont généraux, et s'appliquent à toute espèce de renonciation de la femme à son hypothèque légale, puisque le § 2 a expliqué qu'il ne s'agissait que de celles faites aux cessionnaires; que cette interprétation est celle que lui a donnée, en 1862, M. le sénateur Casabianca, rapporteur d'une pétition des notaires d'Angoulême demandant une loi interprétative de l'art. 9; — Qu'en effet le rapporteur, après avoir établi que la renonciation de la femme en faveur d'un acquéreur est nécessairement extinctive de l'hypothèque légale, et que la transcription de l'acte contenant cette renonciation donne aux tiers un avertissement suffisant, ajoute qu'il n'est nullement nécessaire de provoquer une nouvelle loi pour modifier une loi récente, dont la saine interprétation suffit pour obvier aux inconvénients signalés par les pétitionnaires; qu'enfin, il n'est pas exact que l'arrêt de Lyon, du 22 déc. 1863, et celui de la Cour de cassation de 1866 (V. *suprà ad notam*), aient consacré le système des défendeurs; qu'il ne s'agissait, dans l'espèce, que de régler l'ordre entre les divers créanciers de la femme sur un prix que l'acquéreur avait consenti à rapporter, et que la Cour de cassation, tout en disant que l'acquéreur avait agi prudemment en inscrivant la renonciation de la femme, a évité de trancher la question de principe; qu'enfin, donner aujourd'hui à l'art. 9 l'extension que les défendeurs prétendent qu'il comporte, serait porter le trouble le plus grand dans les transcriptions immobilières intervenues depuis la loi de 1855, qui n'a jamais été ainsi interprétée ni appliquée dans la plupart des conservations d'hypothèques, et notamment dans celles du département de la Côte-d'Or; qu'il est donc juste de reconnaître avec le demandeur qu'en pareille situation les tiers ont été suffisamment avertis par la transcription de l'acte de vente, et que les créanciers de la femme Groffier n'ont pas sérieusement compté exercer les droits d'hypothèque légale de celle-ci sur un immeuble sorti des mains du mari depuis plus de douze ans, et dont le prix a été payé en conformité des stipulations expresses de la femme Groffier, qui n'était pas alors leur débitrice; qu'au surplus le sieur Groffier n'aurait pu transmettre un droit hypothécaire sur l'immeuble vendu à Dupont, sans s'exposer à l'action en garantie de celui-ci; que c'est donc avec raison que la femme Groffier soutient que c'est intentionnellement qu'elle n'a fait porter la cession de son hypothèque légale que sur les biens présents et à venir de son mari, et que ces biens ne comprenaient pas l'immeuble vendu à Dupont, qui, depuis plus de douze ans, n'était plus aux mains de celui-ci; d'où il suit qu'il y a lieu d'ordonner la radiation des inscriptions hypothécaires en litige...

qui s'applique sans difficulté au créancier bénéficiaire d'une renonciation, ne peut logiquement être opposé à l'acquéreur qui n'a pas de droits hypothécaires à exercer, et qu'il ressort des travaux préparatoires de la loi aussi bien que des discussions législatives auxquelles elle a donné lieu, que ses prescriptions ne s'étendent pas au cas où la renonciation de la femme, intervenant pour faciliter la vente d'un immeuble, a eu pour effet d'éteindre l'hypothèque légale dont il était grevé; que l'intérêt des tiers ne commandait pas cette extension; qu'ils sont, en effet, suffisamment avertis par la transcription de l'extinction de l'hypothèque légale en même temps que de l'aliénation de l'immeuble, et qu'ils peuvent dès lors être toujours éclairés sur la valeur des cessions qui leur seraient ultérieurement consenties; que, d'autre part, l'art. 9 de la loi précitée n'impose pas seulement l'obligation de la publicité; qu'il exige de plus que la renonciation soit faite par acte authentique, et qu'on ne saurait admettre que le législateur ait voulu soumettre à cette formalité toutes les ventes dans lesquelles la femme renonce à son hypothèque légale, alors que l'intérêt des tiers étant déjà suffisamment sauvegardé, rien ne justifierait plus une dérogation aux principes du Code civil aussi onéreuse pour la propriété; qu'en outre, si la renonciation de la femme au profit d'un acquéreur ne devait pas produire plus d'effet qu'une simple cession, l'acquéreur se trouverait encore dans la nécessité, pour se mettre à l'abri des surenchères des cessionnaires postérieurs, de purger l'hypothèque légale, et qu'ainsi il ne pourrait consolider absolument la propriété entre ses mains qu'en supportant les mêmes frais de procédure que s'il n'avait obtenu aucune renonciation; qu'on ne comprendrait pas enfin qu'un acquéreur qui a donné à son titre toute la publicité requise pour les mutations de propriété, demeurât indéfiniment exposé aux inscriptions hypothécaires de nouveaux cessionnaires, et qu'il fût astreint, pour conserver ses droits, à prendre lui-même à son profit et à renouveler périodiquement sur son propre immeuble l'inscription d'une hypothèque qui, par suite de la renonciation de la femme, devait, aux termes de l'art. 2180, être considérée comme ayant cessé d'exister; que c'est donc sans droit que François, agissant comme cessionnaire de l'hypothèque légale de la femme Gautheron, en vertu d'une inscription prise à son profit le 25 mai 1876, a fait sommation aux mariés Robin de payer le montant de sa créance ou de délaisser l'immeuble acquis par eux le 1er janv. 1876; — Considérant que les mariés Robin ne justifient pas d'un préjudice dont il leur soit dû réparation : — Par ces motifs; — Statuant sur l'appel interjeté par les mariés Robin-Barbin du jugement rendu dans la cause par le tribunal civil de Charolles le 6 sept. 1879, — Infirme ledit jugement; — Et par décision nouvelle, reçoit les appelants opposants à la sommation hypothécaire du 24 avril 1879; — Déclare ladite sommation nulle et de nul effet, et fait défense à François d'y donner suite, à peine de tous dommages-intérêts des appelants; — Rejette, quant à présent, la demande en dommages-intérêts des appelants, etc.

MM. Julhiet, prés.; Lebon, av. gén.; Pauly et Metman, av.

PARIS (2e CH.) 12 août 1880.

AGENT D'AFFAIRES, SUCCESSION, RÉVÉLATION, SALAIRE, IRRÉDUCTIBILITÉ.

Lorsque, pour prix de la révélation d'une succession, un agent d'affaires stipule de l'héritier l'abandon, à son profit, d'une quote-part de ce qu'il lui reviendra dans cette succession, le traité intervenu constitue, non un simple mandat de gestion d'affaires, mais, avant tout, un contrat sui generis, *aléatoire, ayant une cause licite, valable en lui-même, et devant faire la loi des parties, s'il est conforme aux règles ordinaires du droit sur la validité des conventions* (1) (C. civ., 1131, 1134).

Cette quote-part ne saurait être réduite par le juge, sous prétexte d'exagération, alors qu'elle a été débattue, librement acceptée, et qu'elle est non-seulement la représentation accessoire des honoraires de l'agent d'affaires, mais encore, et surtout, le prix de l'avantage procuré à l'héritier par la révélation d'une succession qu'il ne connaissait pas, et que, suivant toute probabilité, il aurait toujours ignorée (2) (Id.).

(Sénécart c. Hubert.) — ARRÊT.

LA COUR : — Sur la validité du traité du 17 juin 1870 :

(1-2) Les tribunaux ont été appelés bien des fois à se prononcer sur cette question. L'ont-ils toujours résolue d'après les vrais principes? Tel n'est pas notre avis.

Voyons le contrat qui se forme; puis nous examinerons le point de droit.

Habituellement, le chercheur de successions, quand il est à peu près sûr de son succès, va trouver l'héritier qu'il suppose ignorant de ses droits, et lui dit : Vous êtes intéressé dans une succession que vous ne connaîtriez pas sans moi. Si vous voulez m'abandonner telle quote-part de ce qui vous en reviendra, à titre d'honoraires, je me chargerai de tout, soins, démarches, procès; vous n'aurez à vous occuper de rien. Si je ne réussis pas, vous n'aurez point à me rémunérer de ma peine, tous les risques sont pour moi. — L'héritier se demande, tout d'abord, s'il ne pourrait pas se passer de cet officieux; en conséquence, il scrute ses souvenirs de famille, se torture l'esprit, ne trouve rien et finit toujours, quoique à regret, par recourir à l'intermédiaire qui est venu lui offrir ses services.

Nous sommes en présence de personnes également intéressées à la réussite de l'affaire. Nous pourrions même dire que l'intérêt de l'agent l'emporte sur celui de l'héritier, en ce sens que, si l'on découvre un testament, un héritier plus rapproché, s'il faut soutenir des procès, il s'expose à des frais et démarches inutiles. Il y a donc lieu de croire qu'en général du moins le salaire demandé sera débattu.

Le traité qui intervient est, dit notre arrêt, « non un simple « mandat de gestion d'affaires, mais, avant tout, un contrat *sui « generis*, aléatoire, en fait utile, ayant pour cause la révélation « d'une succession ». Ne peut-on pas se borner à le définir un contrat *sui generis*, ayant une cause licite, la révélation d'une succession, et devant faire la loi des parties, s'il est conforme aux règles ordinaires du droit sur la validité des conventions? Quelles sont ces règles? nous les trouvons dans l'art. 1108, C. civ. — Nous supposons, bien entendu, que les parties sont capables de s'obliger; il y a une cause licite, pas de doute à cet égard, et un objet certain forme la matière de l'engagement. En conséquence, si le consentement de l'héritier a été parfaitement libre, s'il y a eu révélation d'un véritable secret, et si l'héritier obtient sa part de succession, l'agent devra toucher l'intégralité du salaire qui lui a été promis; il aura satisfait à toutes ses obligations, à l'héritier, de remplir la sienne (C. civ., 1134).

Mais nous dira-t-on, le contrat n'est pas aussi simple que vous le présentez; il y a eu gestion d'affaires avant la vente du secret, et, ensuite, mandat de réaliser la part recueillie par l'héritier. Le salaire stipulé doit se répartir entre ces trois ordres de contrats, et, pour le dernier, comme pour le premier, c'est-à-dire le mandat et la gestion d'affaires, le juge a le droit et même le devoir de fixer le chiffre des honoraires, eu égard à l'importance du service rendu. C'est ce que nous trouvons dans un jugement de tribunal civil de la Seine confirmé par un arrêt de Paris du 17 mai 1867 (S. 68. 2. 5. — P. 68. 85).

Notre arrêt relève aussi deux contrats, un contrat *sui generis*, et le contrat de mandat-gestion d'affaires, et la Cour de cassation a décidé plusieurs fois qu'en matière de mandat confié à un agent d'affaires, les juges ont le droit, et même le devoir, de réduire le salaire stipulé, s'il est hors de proportion avec l'importance du service rendu. V. Cass., 11 mars 1824; 7 févr. et 18 avril 1855 (S. 55. 1. 527. — P. 55. 2. 515); 12 janv. 1863 (S. 63. 1. 249. — P. 63. 580. — D. 63. 1. 302); 8 avril 1872 (Pand. chr.); 28 févr. 1877 (S. 78. 1. 467. — P. 78. 1212. — D. 78. 1. 78); 13 mai 1884 (Pand. chr.), et les renvois. V. aussi notre *Dictionnaire de dr. commerc., ind. et marit.*, t. I, vo *Agent d'affaires*, n. 21 et suiv.

Certes, nous ne méconnaissons pas que le salaire stipulé est destiné, non-seulement à désintéresser l'agent de sa révélation,

— Considérant que, suivant traité sous seing privé, du 17 juin 1870, enregistré, Sénécart, pour prix de la révélation du secret d'une succession importante, a stipulé, à son profit, de la veuve Hubert, auteur des parties intimées, l'abandon du cinquième net des valeurs formant la part à revenir à ladite dame veuve Hubert-Delalon, dans la succession à révéler; que ces propositions ont été acceptées en présence du notaire Dargent; que la révélation de succession a été faite, et, par suite des recherches de Sénécart, le droit héréditaire de la veuve Hubert reconnu; — Considérant que le traité du 17 juin 1870 ne comporte pas un simple mandat de gestion d'affaires, mais, avant tout, un contrat *sui generis*, aléatoire, en fait, utile, ayant pour cause la révélation du secret d'une succession, valable en lui-même, et devant faire la loi des parties, s'il est conforme aux règles ordinaires du droit sur la validité des conventions; — Considérant que le consentement donné par la veuve Hubert-Delalon au traité de 1870 a été, de sa part, libre et réfléchi; qu'il est impossible de trouver dans la cause aucune manœuvre ayant, à un degré quelconque, un caractère dolosif et frauduleux, à l'aide duquel son consentement aurait été contraint ou surpris; que, pour ce qui concerne la part allouée à Sénécart dans la succession, cette cession du cinquième des valeurs a été débattue par les parties, librement stipulée et librement acceptée ; qu'elle est non-seulement la représentation accessoire des honoraires de l'agent d'affaires, mais, pour la part la plus considérable et principale, le prix de l'avantage important que Sénécart procurait à la veuve Hubert en lui révélant une succession absolument ignorée d'elle, et qui devait l'enrichir; — Considérant que l'ouverture de la succession dont il s'agissait était ignorée de la veuve Hubert et constituait, au regard d'elle, un véritable secret; que cette femme, âgée de soixante-dix-sept ans, sans relations et sans ressource, soutenue par l'assistance publique, ignorait non-seulement sa parenté avec Favrel, qui habitait un autre département, mais même l'existence dudit Favrel, ainsi qu'elle l'a reconnu devant Bury, notaire ; que Favrel était, par rapport à elle, dans la même ignorance; que, sauf l'acte de décès de la dame Favrel mère, décédée en 1830, le notaire liquidateur n'avait trouvé à son domicile, lors de la levée des scellés, aucun papier pouvant mettre sur la trace d'une parenté qui serait toujours restée ignorée suivant toutes probabilités ; — Considérant que les recherches généalogiques faites par Sénécart ont été laborieuses, difficiles, et que le notaire Bury s'était déjà vainement occupé de trouver ceux qui pouvaient être appelés à la succession Favrel; que, sur les seules indications fournies par l'acte de décès de la dame Favrel mère, Sénécart a pu remonter jusqu'à l'auteur commun, découvrir la ligne maternelle, et redescendre jusqu'à la veuve Hubert, dont il est parvenu à établir le lien de parenté qui la rattachait à Favrel, *de cujus*, comme cousine germaine; — Considérant que, sans parler des chances aléatoires que pouvait offrir la découverte d'un testament ou d'une parenté plus proche, il y a eu, de la part de Sénécart, des recherches à faire, des difficultés à surmonter, et qu'on doit reconnaître que la veuve Hubert aurait été, par elle-même, absolument incapable d'arriver au résultat obtenu; — Considérant que la veuve Hubert,

---

mais encore à le rémunérer de tous ses frais, soins et démarches, tant faits qu'à faire; seulement, nous disons : Il n'y a là qu'un seul contrat, ayant pour cause principale la révélation de la succession; si l'agent l'a exécuté, il a droit au salaire fixé à forfait, et, devant maintenir le traité, qui fait la loi des parties (C. civ., 1134), le juge n'a pas le droit de réduire la rémunération convenue. Voilà, selon nous, les vrais principes. *Sic*, Demolombe, *Revue de législ.*, t. XXVI, p. 447; Massé et Vergé, sur Zachariæ, t. V, §754, note 11, p. 49; Domenget, *Du mandat*, t. I, n. 152; Laurent, *Principes de dr. civ.*, t. XXVII, n. 347 et suiv.; Aubry et Rau, t. IV, § 414, note 9.

Parmi les décisions qui ont donné gain de cause aux chercheurs de successions, nous n'en avons pas trouvé une seule qui pose nettement les principes; elles contiennent presque toujours des sortes de réserves et d'échappatoires. Pourquoi, par exemple, notre arrêt constate-t-il que « les recherches de l'agent ont été « laborieuses, difficiles; que la découverte d'un testament ou d'une « parenté plus proche lui faisait courir des chances aléatoires » ? S'il n'en eût pas été ainsi, est-ce que la Cour aurait jugé autrement?

Avec notre système, qui repose uniquement sur le droit, peu importe que l'agent ait, ou non, couru des risques plus ou moins sérieux et qu'il ait eu plus ou moins de difficulté à surmonter pour arriver au résultat par lui promis! Par cela seul qu'il y est arrivé, et que le contrat a été valablement formé, l'intégralité du salaire lui est due.

Nous nous étonnons moins que la Cour relève, à l'appui de sa décision, le payement des honoraires; c'est l'exécution du contrat par l'héritier : nous ferons remarquer, toutefois, qu'antérieurement, il avait été décidé, par la même Cour, qu'en matière de mandat, le payement du salaire n'enlève pas au mandant le droit de demander la réduction du salaire convenu. V. Paris, 20 nov. 1854 (Pand. chr.). V. aussi Rouen, 12 déc. 1881 (S. 82. 2. 227. — P. 82. 1. 1112).

Les chercheurs de successions ont été confondus par les tribunaux dans le discrédit qui s'attache aux agents d'affaires, discrédit malheureusement trop justifié par tant d'agissements suspects. Ainsi, dans son arrêt précité du 17 mai 1867, la Cour de Paris compare le révélateur d'une succession à celui qui trouve un objet matériel sur la voie publique, et, de là, elle induit qu'il ne lui est dû qu'un faible salaire à déterminer par le juge! N'est-ce pas aller beaucoup trop loin? Le chercheur de successions est maître absolu de son secret, c'est sa propriété; il est libre de le garder, si on ne lui donne pas le prix qu'il désire.

Notre arrêt reconnaît qu'il y a là une industrie utile : si elle est utile, elle doit être reconnue sans arrière-pensée, et traitée selon ses mérites. Quand ces agents d'affaires d'une catégorie spéciale, s'écartent de la voie honnête, et surtout légale, les juges peuvent trouver dans les traités mêmes des armes juridiques suffisantes pour protéger les victimes.

Ainsi, par exemple, si le consentement de l'héritier n'a pas été parfaitement libre, ou a été surpris par dol, l'obligation de l'héritier disparaît : Dijon, 21 juill. 1880 (S. 81. 2. 85. — P. 81. 1. 47. — D. 82. 2. 115); Cass. (motifs), 16 janv. 1882 (S. 82. 1. 199. — P. 82. 1. 491. — D. 82. 1. 412); et l'agent n'a plus droit qu'à un salaire à fixer par le tribunal pour la rémunération de ses soins et débours : Paris (motifs), 27 juin 1863 (S. 63. 2. 249. — P. 63. 580, *ad notam*. — D. 63. 2. 164); 28 juill. 1879 (S. 80. 2. 262. — P. 80. 989).

Il en est de même encore quand il n'y a pas eu révélation d'un véritable secret. V. Paris, 28 juill. 1879; Dijon, 21 juill 1880, précités.

Or, les juges apprécient souverainement les faits susceptibles de vicier le consentement et de faire disparaître la cause de l'obligation. V. Cass. Turin, 9 mai 1882 (S. 82. 4. 33. — P. 82. 69. — D. 82. 5. 12).

Mais quand il n'y a eu ni dol, ni fraude, et quand, en même temps, sans la révélation qui lui en a été faite, l'héritier n'aurait pas eu connaissance de ses droits successoraux, c'est l'agent que les juges doivent protéger contre la mauvaise foi de l'héritier, et il serait contraire à tous les principes de réduire le salaire stipulé, par le motif qu'il serait hors de proportion, soit avec l'importance du service rendu, soit avec les soins, peines, démarches, déboursés, ou chances aléatoires de l'agent.

Si parmi les décisions rendues en cette matière, il en est qui nous ont paru un peu dures pour les révélateurs de successions et s'écarter des principes (V. surtout Paris, 17 mai 1867 *précité*), nous en avons trouvé qui apprécient mieux la situation des parties et sont plus conformes au droit. V. notamment Bordeaux, 11 avril 1866 (S. 66. 1. 273 *ad notam*. — P. 66. 737 *ibid.*); Paris, 27 juin 1863; Cass., 7 et 9 mai 1866; Paris, 28 juill. 1879; Dijon, 21 juill. 1880 précités; Rouen, 14 mai 1872; (D. 74. 5. 357) Turin, 29 déc. 1880 (S. 81. 4. 22. — P. 81. 2. 36. — D. 81. 2. 245); et sur pourvoi Cass. Turin, 9 mai 1882 (S. 82. 4. 33. — P. 82. 2. 69. — D. 82. 5. 12); Trib. civ. Seine, 9 mai 1883 (D. 84. 3. 111) et 12 juin 1886 (1re ch.), lequel porte que, « un contrat, ayant pour cause la révé« lation du secret d'une succession, est valable en lui-même et « doit, en conséquence, être exécuté à la lettre, notamment en ce « qui concerne le payement sans réduction du prix convenu ». Il n'est pas inutile de faire remarquer que ce jugement a été rendu contre une femme dotale et contre le syndic d'une faillite.

qui était au courant des recherches de Sénécart, a, ainsi que les consorts Hubert, après elle, par actes passés devant de Breux et Bornier, notaires, contenant approbation des comptes aux dates des 9 juin et 23 juill. 1871, complétement, et en connaissance de cause, exécuté et ratifié la convention du 17 juin 1870 ; que la veuve Hubert a consenti un transport de créances successorales, fait remettre à Sénécart des obligations de diverse nature, et enfin, le 8 août 1870, payé le solde de la somme convenue par le traité; — Considérant que cette exécution et cette ratification volontaires, suivies d'un silence de deux années, mettent obstacle à toute demande en nullité de la convention et à toute répétition de sommes payées, en tant qu'elles ne dépasseraient pas le cinquième attribué au révélateur par le traité de 1870; — Considérant enfin qu'il y a eu entre les contractants du 17 juin 1870 une convention ayant une cause parfaitement licite, librement et légalement formée, entièrement et volontairement exécutée, faisant ainsi la loi des parties; — Par ces motifs; — Emendant; — Déclare les consorts Hubert mal fondés dans leur demande en nullité dudit traité du 17 juin 1870; — Ordonne, en conséquence, que ce traité recevra sa pleine et entière exécution.

TRIB.-CORR. CHOLET 14 août 1880.

POSTE AUX LETTRES, BULLETINS DE VOTE, SUPPRESSION.

(Cholet.)

Ce jugement, confirmé par arrêt d'Angers, 6 sept. 1880, se trouve reproduit avec Cass.-crim., 20 nov. 1880, rendu dans la même affaire, sur pourvoi (Pand. chr.).

PARIS (4e CH.) 21 août 1880.

CHANGEURS DE MONNAIE, MATIÈRES D'OR ET D'ARGENT, RÉGLEMENTATION SPÉCIALE, TITRES AU PORTEUR, ACHAT, FEMME MARIÉE, DOMICILE, PAYEMENT, CAPACITÉ, EXERCICE D'UN COMMERCE, VÉRIFICATION (ABSENCE DE), ORIGINE DES TITRES, BORDEREAU D'ACQUISITION, PROPRIÉTÉ, SPÉCULATION, BÉNÉFICES.

En dehors du trafic des matières d'or et d'argent, les changeurs ne sont assujettis à aucune règle professionnelle spéciale (1) (LL. 21-27 mai 1791; 19 brum. an VI; Ord. police, 14 therm. an XIII).

Ainsi, spécialement, *ils ne relèvent que du droit commun en ce qui concerne leurs opérations sur les titres et valeurs de bourse* (2) (C. civ., 1382).

Et pour que leur responsabilité soit engagée, il faut qu'une faute personnelle soit établie à leur encontre (3) (Id.).

(1-2-3) Les changeurs qui se livrent au trafic des *lingots et matières métalliques,* doivent accomplir les prescriptions étroites des lois des 21-27 mai 1791 et 19 brum. an VI. Ainsi ils manquent à leurs obligations professionnelles : — 1° S'ils négligent de porter sur un double registre tous les articles de leur recette; — 2° s'ils omettent d'y consigner les noms et demeures de leurs vendeurs (L. 21-27 mai 1791, ch. IX, art. 1); — 3° s'ils achètent de personnes inconnues ou n'ayant pas de répondants d'eux connus (L. 19 brum. an VI, art. 74).

Cette réglementation qui ne vise expressément que le commerce des matières d'or et d'argent, doit-elle être étendue, par assimilation, aux opérations des changeurs sur les *valeurs au porteur* de toutes espèces? La question a été vivement controversée; la jurisprudence a varié. Ses premières tendances se sont affirmées dans un sens qui n'est plus en conformité avec ses résolutions dernières et définitives dont nous trouvons l'expression nettement arrêtée, formulée en système dans l'arrêt de Paris ci-dessus rapporté.

Au début, les décisions de justice ont appliqué aux négociations des titres au porteur les prescriptions édictées pour le trafic des lingots et matières métalliques. Le raisonnement qui conduisait à cette assimilation se déduisait des trois ordres de motifs suivants: — 1° Le texte de l'art. 74 de la loi du 19 brum. an VI est aussi général que possible : « les changeurs ne pourront acheter que des personnes connues ou ayant des répondants à eux connus »; — 2° au point de vue des principes, tous les décrets et toutes les lois ou ordonnances, relatifs aux changeurs, sont empreints d'un profond sentiment de défiance : le législateur cherche partout et toujours, par un luxe surprenant de formalités, à jeter la lumière sur les opérations de ces intermédiaires, qui, si elles étaient clandestines, présenteraient les plus grands périls; — 3° en raison et en équité, il n'y a aucun prétexte de distinguer entre les négociations de lingots ou de matières métalliques et les négociations de valeurs au porteur, en accordant plus de facilités aux transmissions de ces dernières; tout au contraire, la sévérité devrait être encore plus grande ici que là, à cause de la fréquence des fraudes auxquelles donnent lieu dans la pratique les négociations de titres de cette nature. V. Paris, 25 août 1855 (S. 58. 1. 173. — P. 57. 869. — D. 56. 1. 393), et sur pourvoi, Cass., 17 nov. 1856 (S. P. et D., *ibid.*); 23 déc. 1858 (S. 59. 2. 215. — P. 59. 149. — D. 59. 1. 111); Daniel de Folleville, *De la possession des meubles et des titres au porteur*, n. 581 *bis*, p. 785 et 786. Comp. Henri Ameline, *De la revendication des titres au porteur, Rev. crit.*, t. XXVII, p. 222.

Ces raisons étaient trop en l'air pour désarmer les résistances et fonder une conviction juridique inébranlable. L'arrêt de Cassation, du 5 janv. (ou juin) 1872 (S. 72. 1. 157. — P. 72. 376. — D. 72. 1. 161), a donné le premier le signal de la défection et marqué un revirement que les décisions ultérieures des tribunaux et des Cours d'appel ont développé et accentué. Voici l'argumentation résumée qui se dégage de ces documents de jurisprudence en réponse au premier système, à l'encontre de l'assimilation.

La portée de l'art. 74 de la loi du 19 brum. an VI est limitée par les autres articles qui le précèdent et le suivent, et par l'objet même de la loi qui concerne uniquement les *marchands d'ouvrages d'or et d'argent*. Les législateurs de 1791 et de l'an VI n'ont pas pu, en effet, viser dans leur réglementation les titres au porteur dont le commerce était, à cette époque, à peine en voie de formation.

Les agents de change ne sont point tenus (V. toutefois la loi des 15 juin-5 juill. 1872) de vérifier l'individualité des porteurs de titres; pourquoi les changeurs le seraient-ils?

Les négociations de lingots ou de matières métalliques sont relativement restreintes; on conçoit donc qu'elles s'accommodent de formalités plus ou moins impérieuses, plus ou moins gênantes. Mais la multiplicité et la rapidité des opérations sur les valeurs au porteur rendent dans la pratique l'accomplissement des mêmes prescriptions absolument impossible. Le commerce ne prospère que par l'activité. Au surplus, ces entraves tourneraient contre le but qu'elles se proposent d'atteindre; elles faciliteraient les traditions manuelles qui présenteraient au public encore moins de garantie. Et puis, celui qui préfère les titres au porteur aux titres nominatifs ne les prend-il pas le plus souvent à cause des avantages incontestables d'une transmission plus rapide et moins onéreuse? Il se soumet ainsi, en connaissance de cause, à toutes les chances de perte, de détournement et de destruction, inhérentes au caractère propre de ces valeurs. V. Rouen, 12 mars 1873 (S. 73. 2. 80. — P. 73. 346. — D. 73. 2. 188); Paris, 19 févr. 1875 (S. 77. 2. 170. — P. 77. 722. — D. 75. 2. 158); Trib. comm. Seine, 5 juin 1875 (*Journ. des trib. de comm.*, 76. 109); Douai, 25 déc. 1875 (S. 77. 2. 171. — P. 77. 723. — D. 76. 2. 153); Trib. civ. Seine (5e ch.), 4 mai 1887 (*Gaz. du Pal.*, 25 mai); Buchère, *Tr. des val. mobil.*, n. 900; Lyon-Caen et Renault, *Précis de dr. comm.*, t. I, n. 1532, texte et notes, p. 884 et 885; et notre *Dictionnaire de dr. comm., ind. et marit.*, t. II, v° *Changeur*, n. 6 et suiv.

On a quelquefois proposé d'appliquer aux changeurs l'ordonnance de police du 14 therm. an XIII (2 août 1805), défendant aux négociants et marchands, à Paris, d'acheter des marchandises à des individus dont ils ne connaissent pas les noms et demeures, et imposant aux prêteurs sur gages l'obligation de vérifier la propriété des emprunteurs. — Mais, comme on le voit, par la teneur même de l'ordonnance, elle ne réglemente que les achats et prêts sur marchandises, et ne concerne que les revendeurs et marchands de meubles, régis en principe par les anciennes ordonnances des 18 juin 1698 et 8 nov. 1780, auxquelles elle se réfère d'ailleurs. Dans aucune de ses dispositions, il n'est question de titres au porteur, ni de changeurs. *Sic*, Paris, 19 févr. 1875 (S. 77. 2. 170. — P. 77. 722. — D. 75. 2. 158); De Folleville, n. 583; Lyon-Caen et Renault, *loc. cit.*, p. 885, note 1 *in fine*, et notre *Dictionnaire, loc. cit.*, n. 12 et 13.

Mais est-ce à dire que, à défaut de responsabilité *professionnelle*, en cas de négociation de valeurs au porteur, les changeurs soient assurés de toute impunité pénale ou dispensés de toutes réparations civiles? Non certes. Ce serait faire aux changeurs une situation exceptionnelle et exorbitante du droit commun.

Il n'y a aucune faute personnelle de nature à engager la responsabilité du changeur, acheteur de titres détournés, vis-à-vis du véritable propriétaire de ces titres, dans ce fait qu'il n'a pas payé à domicile le prix de son acquisition, si le domicile de la cliente venderesse était connu de lui et existait réellement à l'adresse indiquée (1) (Id.).

...Ou dans cette circonstance qu'il n'a exigé de sa cliente aucune justification de sa capacité et de la réalité du commerce qu'elle prétendait exercer, si l'exercice d'un commerce public, sérieux d'apparence, faisait présumer l'autorisation maritale et établissait suffisamment aux yeux du changeur la capacité légale de la cliente (2) (Id.).

...Ou enfin, dans cette autre circonstance qu'il ne s'est pas enquis de l'origine des titres et qu'il n'a point exigé de sa venderesse la production d'un bordereau d'acquisition, si, auparavant, d'autres opérations avaient été faites avec la même cliente sans aucun incident de nature à éveiller les soupçons (3) (Id.).

Alors d'ailleurs qu'il n'a point réalisé, des opérations qui lui sont reprochées, un profit dont l'exagération puisse faire suspecter sa bonne foi (4) (Id.).

(Silva c. Péaud.)

30 janv. 1879, jugement du tribunal civil de la Seine, ainsi conçu : — « Le Tribunal : — Sur la demande principale : — Attendu qu'à la date du 8 juill. 1877, la dame Sauvage, née Jolard, marchande de comestibles (laquelle a été condamnée le 19 mars 1878 à une année d'emprisonnement pour abus de confiance et banqueroute simple), s'est fait remettre, comme cautionnement d'employée ou gérante, par la dame Péaud : 1° trois obligations, emprunt 1871 de la ville de Paris; 2° trois obligations du chemin de fer d'Orléans, le tout au porteur; — Attendu que, le 13 du même mois, elle a vendu pour le prix total de 1,730 francs à Lopès Silva, changeur, lequel bénéficiait ainsi de 30 fr. sur le cours de la Bourse, les trois obligations de la Ville, ainsi que la première et la dernière obligation d'Orléans; — Attendu enfin que, les 23 et 24 sept. 1877, Mme Péaud a pratiqué sur lesdits titres des oppositions qui ont été insérées, le 26 du même mois, au *Bulletin officiel*, institué par la loi du 15 juin 1872 ; — Attendu que, s'agissant de titres qui n'ont été ni perdus ni volés, et d'oppositions postérieures de plus de deux mois à l'acquisition de Lopès Silva, lesdites oppositions ne peuvent être maintenues; — En ce qui concerne les 500 francs de dommages-intérêts réclamés par Lopès Silva : — Attendu qu'il ne met à la charge de la dame Péaud aucun fait préjudiciable illicite; — Sur la demande reconventionnelle en 2,500 francs de dommages-intérêts fondée par Mme Péaud sur les art. 1382 et 1383, C. civ. : — Attendu, en droit, que si les changeurs ne sont assujettis, dans l'exercice de leur profession, à aucun règlement de police déterminé, ils ne sauraient échapper à la responsabilité générale qu'entraînent toute faute, toute négligence ou imprudence dommageable pour un tiers; — Attendu spécialement que tolérer de leur part des achats effectués sans précaution, sans s'assurer par exemple de la capacité et de l'origine de la propriété du vendeur, serait favoriser la fraude et faciliter le détournement dont les auteurs ont souvent recours, pour en tirer profit, à l'entremise desdits changeurs; — Attendu, dans l'espèce, que Lopès Silva n'établit nullement, bien qu'il l'allègue, avoir vérifié la véritable situation de la dame Sauvage, ni avoir payé à son domicile le prix convenu ; — Attendu qu'il achetait d'une femme incapable en principe d'aliéner sans le consentement marital; — Attendu sans doute qu'une marchande publique peut s'obliger sans ce consentement, mais que rien n'avertissait ici Lopès Silva, ni que la dame Sauvage exerçât le commerce avec l'autorisation de son mari, ni qu'elle fît, par la vente des titres, une opération concernant son négoce; — Attendu enfin que Lopès n'a réclamé de la dame Sauvage aucune sorte de justification de propriété quant aux titres cédés par elle ; — Attendu qu'il a manqué sous ces divers rapports aux règles les plus utiles et les plus élémentaires de la prudence ; — Sur le quantum des dommages-intérêts, etc. ; — Par ces motifs ; — Fait mainlevée pure et simple, entière et définitive des oppositions susvisées des 23 et 24 sept. 1877 ; — Condamne Lopès Silva à payer à titre de dommages-intérêts la somme de douze cents francs à la dame Péaud ; — Rejette le surplus des conclusions des contestants. » — Appel.

ARRÊT.

LA COUR : — Considérant qu'il est constant que les titres que Lopès Silva, changeur à Paris, a achetés, le 13 juill. 1877, à la femme Sauvage, et consistant en deux obliga-

Au point de vue pénal, les changeurs qui achètent de mauvaise foi des valeurs au porteur détournées, voient leur responsabilité engagée, car ils sont le plus habituellement complices par recel de l'auteur du détournement (C. pén., 62 et suiv.).

Au point de vue civil, les changeurs peuvent encore, dans certains cas, être atteints en vertu des principes de responsabilité qui protégent les citoyens contre le préjudice imputable aux fautes d'autrui. Et cette responsabilité est engagée, non-seulement par des fautes lourdes, mais encore par de simples négligences ou imprudences (C. civ., 1382 et 1383).

Peut-on tracer *à priori* des règles fixes et certaines pour caractériser la négligence ou l'imprudence? Cela ne nous paraît pas possible. Le juge seul peut apprécier les circonstances, et tirer les conséquences de son appréciation. V. Cass., 5 janv. (ou juin) 1872 (S. 72. 1. 157. — P. 72. 376. — D. 72. 1. 163). On ne trouve dans la jurisprudence que des arrêts d'espèces, et souvent les mêmes faits peuvent donner lieu à des solutions différentes.

Une dernière remarque : les principes du droit commun n'ont même pas été écartés, pour les changeurs, par la loi des 15 juin-5 juill. 1872, sur la perte des titres au porteur. L'art. 12 de cette loi se borne à déterminer les cas de responsabilité des *agents de change* dans les hypothèses où ils auraient négocié des titres perdus ou volés; il est muet sur les changeurs. *Sic*, Buchère, n. 1141 ; De Folleville, n. 584, p. 791 ; Lyon-Caen et Renault, t. I, n. 1532 *in fine*, p. 875 ; et notre *Dictionnaire*, t. I, v° *Agent de change*, n. 818 et suiv., et t. II, v° *Changeur*, n. 13 *bis*.

(1) Le changeur qui négocie des titres au porteur n'est pas tenu, en principe, de vérifier l'identité et le domicile du vendeur; sa responsabilité ne serait engagée que si les circonstances particulières de la vente avaient été de nature à éveiller des soupçons. V. Paris, 19 févr. 1875 (S. 77. 2. 170. — P. 77. 722. — D. 75. 2. 158); Douai, 25 déc. 1875 (S. 77. 2. 171. — P. 77. 723. — D. 76. 2. 153), et notre *Dictionnaire*, t. II, v° *Changeur*, n. 18.

(2) En règle générale, il y aurait faute de la part du changeur qui achèterait d'un mineur, d'une femme mariée, d'un clerc ou d'un domestique, sans exiger la preuve de l'autorisation du père, du tuteur, du mari, du patron, du maître. V. Paris, 26 août (ou nov.) 1864 (S. 65. 2. 172. — P. 65. 806. — D. 65. 2. 54); un article de la *Gaz. des trib.*, du 1er juill. 1874 ; De Folleville, p. 795, n. 586. — Toutefois, une réserve nous paraît nécessaire : même quand le changeur traite avec cette catégorie de vendeurs, sa responsabilité n'existe que lorsqu'il a connu la condition de ses clients, ou qu'il n'a pu l'ignorer, par exemple, si les apparences ou les circonstances sont telles qu'il a dû avoir des doutes sérieux sur la qualité de ces personnes pour effectuer la vente des valeurs. V. notre *Dictionnaire, ubi suprà*, n. 19 et 20. — Dans notre espèce, aucune faute de ce genre ne pourrait être reprochée au changeur; les faits de la cause paraissaient ne laisser aucun doute sur la régularité de la situation de la femme suffisamment autorisée de son mari.

(3) V. en ce sens, Cass., 5 janv. (ou juin) 1872 (S. 72. 1. 157. — P. 72. 376. — D. 72. 1. 163), et sur renvoi, Rouen, 12 mars 1873 (S. 73. 2. 80. — P. 73. 346. — D. 73. 2. 188); Trib. civ. Seine (5e ch.), 4 mai 1887 (*Gaz. du Pal.*, 25 mai); et notre *Dictionnaire, loc. cit.*, n. 22.

(4) La responsabilité du changeur ne ferait plus de difficultés s'il achetait au-dessous du cours, *à vil prix*. Cette circonstance, en effet, est de nature à éveiller ses soupçons. V. Aix, 9 juin 1869 (*Journ. de Mars.*, 70. 1. 168). V. aussi, Paris, 5 mai 1876 (S. 77. 1. 171. — P. 77. 723), et notre *Dictionnaire, ubi suprà*, n. 18 *in fine*.

tions du chemin de fer d'Orléans et trois obligations de la ville de Paris, étaient des titres au porteur, et qu'à l'époque de cet achat ils n'étaient frappés d'aucune opposition; que la question soumise à l'appréciation de la Cour est de savoir si, en achetant ces titres à la femme Sauvage, qui les avait détournés au préjudice des époux Péaud, Lopès Silva a commis soit une faute professionnelle, soit une faute de droit commun, qui engagerait sa responsabilité au regard des propriétaires de ces titres; — Considérant que les changeurs, en dehors des opérations sur les matières d'or et d'argent, ne sont assujettis à aucune règle professionnelle spéciale; que les opérations auxquelles ils se livrent sur les titres et valeurs de bourse les placent sous l'empire du droit commun, et que, dans ces termes, c'est aux époux Péaud à établir contre Lopès Silva une faute personnelle pouvant engager sa responsabilité conformément aux art. 1382 et 1383, C. civ.; — Considérant que les faits allégués par les époux Péaud consisteraient, de la part de Lopès Silva, à avoir payé les titres à un prix inférieur au cours de la Bourse, à avoir traité avec la femme Sauvage sans payer le prix à son domicile, à n'avoir exigé d'elle aucune justification soit de l'origine des titres, soit de la capacité de la venderesse et de la réalité du commerce qu'elle prétendait exercer; — Considérant qu'il est constant que Lopès Silva avait déjà fait avec la femme Sauvage plusieurs opérations sans aucun incident de nature à éveiller les soupçons; que son domicile était connu de lui et existait réellement à l'adresse indiquée par elle; qu'elle y exerçait publiquement un commerce assez sérieux en apparence pour qu'un grand nombre de négociants et les époux Péaud eux-mêmes y aient été trompés jusqu'à lui confier une partie de leur fortune; que la qualité de commerçante de la femme Sauvage est juridiquement reconnue par la déclaration de faillite prononcée contre elle peu de temps après; que, quels que soient les renseignements qu'une instruction judiciaire ait pu fournir depuis sur la véritable situation de la femme Sauvage, on ne saurait équitablement faire à Lopès Silva un grief de ce qu'il n'aurait pas, à propos d'une vente sans importance, procédé à une enquête et devancé l'œuvre de la justice correctionnelle; — Considérant que l'exercice, par la femme Sauvage, d'un commerce public dans les conditions de fait reconnues par les époux Péaud eux-mêmes était de nature à faire présumer par Lopès Silva l'autorisation maritale soit tacite, soit expresse, et établissait suffisamment à ses yeux la capacité légale de sa cliente; — Considérant, d'autre part, qu'il s'agit au procès de titres au porteur dont le caractère, contrairement à celui des titres nominatifs, est de se prêter à une circulation prompte et facile comme une véritable monnaie courante; que le fait seul de la possession de ces valeurs essentiellement mobilières est une présomption suffisante et juridique de sa légitimité; que, dans ces circonstances, Lopès Silva n'avait pas à s'enquérir de l'origine de ces titres et à exiger de la femme Sauvage la production d'un bordereau d'acquisition; — Considérant enfin qu'il n'apparaît pas qu'en achetant ces valeurs à ses risques et périls, avec un bénéfice de 30 francs sur les cours de la veille, Lopès Silva ait fait un profit dont l'exagération puisse faire suspecter sa bonne foi; qu'il résulte donc de ce qui précède que les époux Péaud, en livrant leurs titres à la femme Sauvage, sans aucune garantie, en ne frappant ces titres de leurs oppositions que longtemps après qu'elle s'en était dessaisie, ont commis personnellement une imprudence dont ils ne sauraient, pour une part quelconque, faire retomber la responsabilité sur Lopès Silva; — Mais adoptant les motifs des premiers juges sur la demande de celui-ci en 500 francs de dommages-intérêts; — Confirme le jugement sur ce dernier chef; — L'infirme en ce qu'il a déclaré l'appelant responsable pour partie envers les époux Péaud; — Déclare ceux-ci mal fondés dans leur demande, les en déboute, etc.

MM. Thomas, prés.; Pradines, av. gén.; Leven et Blot-Lequesne fils, av.

TRIB.-CIV. SAINT-ETIENNE 25 août 1880.

ARCHITECTE, TRAVAUX PARTICULIERS, HONORAIRES, RÈGLEMENT, APPRÉCIATION.

(Bertin c. Devun.)

Le texte de ce jugement, confirmé par adoption de motifs, se trouve rapporté avec Lyon (1re ch.), 31 mars 1881, rendu dans la même affaire (V. Pand. chr., 2e part., p. 75).

BORDEAUX (CH. CORR.) 25 août 1880.

OUTRAGE, INSTITUTEUR COMMUNAL.

L'instituteur communal, tenant sa nomination du pouvoir, rétribué sur les fonds communaux, préposé à une fonction d'intérêt public ou communal, est un citoyen chargé d'un ministère de service public. — En conséquence, l'outrage qui lui est adressé dans l'exercice ou à l'occasion de l'exercice de ses fonctions, tombe sous l'application de l'art. 224, C. pén. (1) (C. pén., 224).

(Roucou.) — ARRÊT.

LA COUR : — Attendu, sans nul doute, que, pour que l'art. 224, C. pén., soit applicable au prévenu Roucou, il faut que l'instituteur Maury, qui a été outragé, soit reconnu être un citoyen chargé d'un ministère de service public, et que les outrages dont il se plaint lui aient été adressés dans l'exercice ou à l'occasion de l'exercice de ses fonctions; — Attendu que l'art. 20 de la loi du 26 mai 1819, sur la preuve des faits diffamatoires, ajoutait déjà aux dépositaires et agents de l'autorité, *toute personne ayant agi dans un caractère public;* — Attendu que des expressions identiques ou analogues : *Citoyen chargé d'un ministère de*

---

(1) V. conf., Nancy, 25 janv. 1879 (S. 80. 2. 333.— P. 80. 1240); Bordeaux, 25 août 1880 (S. 81. 2. 52. — P. 81. 1. 319); Caen, 10 mars 1886 (S. 86. 2. 158. — P. 86. 1. 834). — Mais l'instituteur communal est-il un *citoyen chargé d'un service ou d'un mandat public,* dans le sens de l'art. 31 de la loi du 29 juill. 1881, quant aux diffamations qui seraient dirigées contre lui à raison de sa fonction ou de sa qualité? La question était déjà discutée sous l'empire de l'art. 16 de la loi du 17 mai 1819; la majorité des arrêts se déclarait nettement pour l'assimilation de l'instituteur communal à l'agent ou au dépositaire de la force publique. V. à l'égard des professeurs de l'Université : Cass., 8 nov. 1844 (S. 45. 1. 35. — P. 45. 2. 523); Paris, 8 mars 1856 (S. 56. 2. 177. — P. 56. 1. 486. — D. 56. 2. 148); Cass., 31 mai 1856 (S. 56. 1. 689. — P. 56. 1. 566. — D. 56. 1. 311), et plus particulièrement, en ce qui concerne les instituteurs communaux, Paris, 30 août 1877 (S. 80. 2. 333. — P. 80. 1240). V. aussi une dissertation de M. Reverchon, ancien avocat général à la Cour de cassation, insérée dans la *Revue critique*, 1875, p. 36. — *Contrà*, Nancy, 25 janv. 1879, précité.

Mais si l'instituteur ne peut être considéré comme un agent ou dépositaire de l'autorité publique, du moins nous ne serions pas éloignés de le comprendre dans la catégorie des citoyens « chargés d'un service ou d'un mandat public ». V. en ce sens, Nancy, 25 janv. 1879, Bordeaux, 25 août 1880, et Caen, 10 mars 1886, précités; M. Fabreguettes, *Tr. des infractions de la parole, de l'écriture et de la presse,* t. I, n. 1297, p. 475. — Toutefois, il faut reconnaître que les tendances générales de la jurisprudence se sont toujours manifestées à l'effet de restreindre et non d'étendre la portée des termes de l'art. 31 de la loi du 29 juill. 1881.

Sur les difficultés d'application respective des art. 222 et suiv., C. pén., et de la loi précitée du 29 juill. 1881, V. Cass., 15 mars 1883 (Pand. chr.); 23 août 1883 (Pand. chr.), et les notes.

service public, ont été ajoutées aussi d'abord, en matière de violences, dans l'art. 220, C. pén., et, plus tard, lors de la révision de 1863, en matière d'outrages, par paroles, gestes ou menaces, dans l'art. 224 du même Code, dont l'application est demandée; — Attendu, en droit, qu'il faut entendre par là toutes les personnes qui, sans être dépositaires ou agents de l'autorité, sont cependant revêtues d'un caractère public, qui sont nommées par le pouvoir à une fonction ou à un emploi institué dans un intérêt public; — Que c'est ainsi et avec beaucoup de raison que les proviseurs, les censeurs des lycées, les professeurs préposés à la surveillance, à la direction et à l'éducation de la jeunesse, nommés par le Gouvernement, rétribués par l'Etat, ont été, par la doctrine et la jurisprudence, rangés déjà dans la catégorie des citoyens agissant dans un caractère public, ou chargés d'un ministère de service public; qu'il ne saurait en être autrement d'un instituteur, qui est un professeur de l'enseignement primaire, tenant sa nomination du pouvoir, de son représentant, le préfet, rétribué sur les fonds communaux, et institué dans l'intérêt public ou communal; — Attendu que Maury, instituteur de la commune de Sivrac, a été en butte aux outrages de Roucou dans l'exercice ou à l'occasion de l'exercice de ses fonctions; — Attendu, en fait, qu'il est établi par la procédure, les débats et les explications du prévenu lui-même, qu'il y avait encore des enfants dans l'intérieur de l'école quand ces outrages se sont produits; qu'à ce moment, il est certain, pour la Cour, que Maury surveillait la sortie d'une partie de ses écoliers et la récréation de ceux qui étaient restés; — Par ces motifs, etc,

MM. Klecker, prés.; Calmon, av. gén.; Vézes, av.

ORLÉANS (CH. CORR.) 30 août 1880.

VOL, OBJET PERDU, INTENTION FRAUDULEUSE.

Il y a vol d'un objet trouvé, quand, au moment même de l'appréhension, le prévenu a immédiatement conçu l'intention de se l'approprier (1) (C. pén., 379, 401).

(Lepelletier.) — ARRÊT.

LA COUR : — Adoptant les motifs des premiers juges et attendu, en outre, que les circonstances dans lesquelles Lepelletier, qui a l'habitude de se tenir à la porte de l'évêché, a trouvé sur le trottoir, devant cet hôtel, un anneau épiscopal d'une grande valeur; que le soin par lui pris de conserver cet anneau pendant vingt-quatre heures environ, sans faire la moindre démarche pour en retrouver le propriétaire, et cela malgré les recherches faites sous ses yeux; que les pourparlers engagés par Lepelletier avec les sieurs Lacôte et Pineau, pour leur vendre l'anneau dont s'agit, et les mensonges sur la provenance du bijou par lui opposés au gendarme Beugnot; qu'en un mot, tous les faits de la cause démontrent que, dès l'instant où le prévenu a trouvé cet anneau, il l'a appréhendé et conservé avec une intention frauduleuse; que, par conséquent, le fait établi à sa charge constitue une soustraction frauduleuse qui tombe sous le coup de l'art. 401, C. pén.; — Par ces motifs; — Confirme le jugement, etc.

MM. Boussion, prés.; Foucqueteau, subst.; Lefèvre, av.

ANGERS (CH. CORR.) 6 septembre 1880.

POSTE AUX LETTRES, BULLETINS DE VOTE, SUPPRESSION.

(Chollet.)

V. le texte de cet arrêt reproduit avec Cass.-crim., 20 nov. 1880, rendu dans la même affaire, sur pourvoi (Pand. chr.).

TRIB.-CIV. SEINE 6 octobre 1880.

THÉATRE, ACTEUR, ENGAGEMENT, DIRECTEURS SUCCESSIFS, MINEUR, MÈRE TUTRICE, RATIFICATION, LÉSION, ETC.

(May c. Koning.)

V. le texte de ce jugement reproduit avec Paris (1re ch.), 8 juill. 1882, rendu dans la même affaire, sur appel (Pand. chr., 2e part., p. 97).

PARIS 26 novembre 1880.

1° CHÈQUE, ORDRE, ENDOSSEMENT, PROPRIÉTÉ, COMPTE COURANT, ETC. — 2° FAILLITE, DESSAISISSEMENT (DATE DU).

(Lazard et Cie c. syndic Rueff.)

V. le texte de cet arrêt reproduit avec celui de Cass.-civ., 7 mars 1882, rendu dans la même affaire, sur pouvoi (Pand. chr.).

TRIB.-CIV. DINANT (1re CH.) (BELGIQUE) 4 décembre 1880.

TÉMOINS EN MATIÈRE CIVILE, CHEMIN DE FER, EMPLOYÉS, REPROCHES, POUVOIR DU JUGE.

Les employés de chemins de fer, à quelque catégorie qu'ils appartiennent, ne peuvent être assimilés à des serviteurs *ou* domestiques *dans le sens de l'art. 283, C. proc., et, par suite, ne sont point reprochables comme témoins dans les enquêtes intéressant leur Compagnie* (2) (C. proc., 283).

Sauf aux juges à avoir tel égard que de raison à leur témoignage (3) (Id.).

(Laffineur c. Chem. de fer du Nord et de Chimai.) — JUGEMENT.

LE TRIBUNAL : — Attendu qu'il s'agit uniquement pour

---

(1) Le principe ne fait plus de difficulté. V. Cass., 2 avril 1835 (S. 35. 1. 699. — P. chr.); Orléans, 6 sept. 1853 (S. 56. 2. 54. — P. 54. 2. 33. — D. 55. 2. 102); Paris, 9 nov. 1855 (S. 56. 2. 49. — P. 55. 2. 544); Chambéry, 23 sept. 1861 (P. 62. 349); Cass., 30 janv. 1862 (Pand. chr.); Bourges, 2 janv. 1872 (Pand. chr.); Cass., 24 juin 1876 (Pand. chr.); Toulouse, 27 avril 1877 (Pand. chr.), et les renvois.

Mais il peut être souvent délicat d'établir en fait la concomittance de l'intention frauduleuse avec l'appréhension; tout dépendra de l'appréciation et de l'interprétation des circonstances particulières à chaque espèce. Ainsi il a été jugé que la preuve de l'existence de cette intention concomittante peut s'induire, — soit de ce que celui qui a trouvé ces objets n'a fait, dès le principe, aucune démarche pour en découvrir le propriétaire (V. Paris, 9 nov. 1855, et Cass., 30 janv. 1862, précités), — soit de ce qu'il en a plus tard nié la possession (V. même arrêt de Cass., 30 janv. 1862, et Bourges, 2 janv. 1872, Pand. chr.), et a refusé obstinément de les restituer (V. Bourges, 2 janv. 1872, précité), ou n'a consenti à les restituer que moyennant une somme débattue avec le propriétaire (V. Aix, 11 janv. 1872, Pand. chr.), ou en a réalisé la valeur peu de temps après (V. arrêt de Paris, 9 nov. 1855, précité). — Ce ne sont là que quelques exemples, car ils peuvent varier à l'infini, suivant la variété infinie des faits eux-mêmes.

(2) Cette question a, pendant longtemps, divisé en France nos Cours d'appel. V. conf. au jugement ci-dessus rapporté, Chambéry, 5 mai 1876 (S. 76. 2. 317. — P. 76. 1233); Nîmes, 20 août 1877 (Pand. chr.); Dijon, 8 mars 1880 (Pand. chr.); Besançon, 28 déc. 1880 (S. 82. 2. 60. — P. 82. 1. 336. — D. 81. 2. 101). — *Contrà*, Colmar, 21 juin 1859 (S. 59. 2. 523. — P. 59. 665. — D. 60. 2. 43); Caen, 7 févr. 1861 (S. 61. 2. 475. — P. 61. 1197. — D. 61. 2. 231); Chambéry, 30 nov. 1866 (S. 67. 2. 260. — P. 67. 930. — D. 67. 2. 47).

Depuis, la Cour de cassation a été appelée à se prononcer entre les deux systèmes; elle a consacré avec beaucoup de fermeté la thèse des arrêts favorables au jugement de Dinant. V. Cass., 29 déc. 1880 (Pand. chr.), et la note.

(3) Principe certain. V. Dijon, 8 mars 1880 (Pand. chr.), et les renvois.

le tribunal d'examiner à la lumière des enquêtes si la demanderesse, la veuve Laffineur, a dûment établi les faits de faute, d'imprévoyance ou de négligence, imputables à la Compagnie du Nord-Est et ayant occasionné la mort du sieur Laffineur; — Attendu, quant aux reproches articulés contre cinq témoins produits par la Société défenderesse, qu'il existe une différence essentielle entre les domestiques ou serviteurs et les employés d'une Compagnie de chemin de fer, à quelque catégorie qu'ils appartiennent; que les premiers, vivant à la table et sous le toit de leur maître, sont attachés par des liens beaucoup plus certains à sa personne ou à sa maison; que cette dépendance étroite et de tous les instants, jointe à l'humilité de leur condition, ne laisse pas à ces personnes une liberté suffisante pour témoigner dans une cause où les intérêts des maîtres peuvent se trouver compromis; qu'il en est autrement des employés d'une Compagnie de chemin de fer dont les fonctions bien déterminées de la vie au dehors n'ont de contact qu'avec un être moral et n'engendrent pas cette absolue subordination capable de faire suspecter leur témoignage, sauf pour les magistrats à y avoir tel égard que de raison; qu'en conséquence, les reproches articulés ne peuvent être admis; — Attendu (sans intérêt); — Par ces motifs; — Dit que les témoins NN..., produits par la défenderesse, ne sont pas reprochables, etc...

MM. Bribosca, prés.; Limelette, subst.; Lambert, Wauthier, Pierlot et Barré, av.

CAEN (4e CH.) 14 décembre 1880.

FAILLITE, RAPPORT DU JUGE, FORMALITÉ SUBSTANTIELLE, ACCOMPLISSEMENT, PREUVE, PAYEMENTS, MAUVAISE FOI, ANNULATION.

Dans les contestations en matière de faillite, le rapport préalable du juge-commissaire constitue une formalité substantielle, indispensable à la validité du jugement (1), *de telle sorte que le jugement est nul si l'accomplissement de cette formalité ne résulte ni des faits consignés audit jugement, ni d'aucun document* (2) (C. comm., 452).

L'annulation d'un payement en espèces pour dette échue, effectué en temps suspect par le failli, n'est point subordonné à la démonstration nécessaire de la mauvaise foi du créancier; il suffit qu'au courant de la cessation de payements du débiteur, il ait fait sciemment sa condition meilleure que celle des autres créanciers (3) (C. comm., 447).

(Gorre c. Breillot et Capelle.) — ARRÊT.

LA COUR : — Sur la demande en annulation du jugement dont est appel : — Considérant, en droit, que l'art. 452, C. comm., au titre de la faillite, porte textuellement que le juge-commissaire fera au tribunal de commerce le rapport de toutes les contestations que la faillite pourra faire naître; que les termes de la loi sont impératifs, et que l'accomplissement de cette formalité est une condition indispensable de la régularité du jugement à intervenir; — Or, considérant, en fait, qu'il n'apparaît d'aucun document, non plus que des faits consignés au jugement dont il s'agit, qu'il ait été précédé du rapport soit écrit, soit verbal, du juge-commissaire à la faillite des sieurs Cortey frères; que, dès lors, l'annulation demandée doit être prononcée;

Sur la demande en nullité formée par les syndics des payements de la somme de 6,330 fr. 75 cent., du 22 mars 1879, et de la somme de 8,000 francs du même mois, par application de l'art. 447, C. comm. : — Considérant que, pour rendre cet article applicable, il n'est pas nécessaire, comme on l'a soutenu dans l'intérêt du sieur Gorre, que le créancier non-seulement ait connu la cessation de payements du débiteur, mais encore ait été de mauvaise foi; qu'il suffit, à cet égard, qu'en prévision d'une catastrophe inévitable, il ait fait sciemment sa condition meilleure que celle des autres créanciers; — Or, considérant qu'on ne saurait contester sérieusement qu'aux dates des 22 et 25 mars 1879, le sieur Gorre connaissait depuis longtemps déjà la situation embarrassée des sieurs Cortey, etc.

MM. Blanche, prés.; Bénard, av. gén.

PARIS (1re CH.) 20 décembre 1880.

PROPRIÉTÉ LITTÉRAIRE, AUTEUR, EDITEUR, MAINS DE PASSE, DOUBLE PASSE, JUSTIFICATION (DISPENSE DE).

Les exemplaires dits mains de passe *ou* double passe, *qui s'ajoutent à l'édition à raison de dix pour cent du nombre des volumes, sont destinés à satisfaire soit à des hommages et dons*

---

(1) C'est l'opinion généralement admise. V. Besançon, 29 nov. 1843 (P. 44. 1. 641); Rennes, 23 août 1847 (P. 49. 2. 690); Douai, 27 févr. 1875 (*Rec. de cette Cour*, 75. 181); Aix, 12 déc. 1877 (S. 78. 2. 115. — P. 78. 480. — *Bull. d'Aix*, 78. 69); Cass. (sol. implic.), 9 mars 1880 (S. 80. 1. 313. — P. 80. 745. — D. 80. 1. 199); Orléans, 23 nov. 1881 (Pand. chr.); Cass., 8 avril 1884 (Pand. chr.), et les renvois; Renouard, *Faillites*, t. I, p. 413; Alauzet, *Comment. C. comm.*, t. V, n. 2250, et t. VI, n. 2681; Laroque-Sayssinel et Dutruc, *Fomulaire des faillites et banquer.*, t. I, n. 425; Rousseau et Defert, *Code des faillites*, sur l'art. 452, p. 152, n. 6; Demangeat, sur Bravard-Veyrières, *Cours de droit commerc.*, t. V, p. 101; Boistel, *Précis de dr. commerc.*, n. 962-3°; Laurin, *Cours élément. de dr. commerc.*, n. 1032, p. 636; Lyon-Caen et Renault, *Précis de dr. comm.*, t. II, n. 2802, texte et note 2, p. 752, et notre *Dictionn. de dr. commerc., ind. et marit.*, t. IV, v° *Faillite*, n. 470.

(2) Un point sur lequel il semble y avoir accord presque unanime des arrêts, est qu'il n'est pas nécessaire que le jugement contienne la mention *expresse* du rapport. V. Montpellier, 10 juill. 1858 (S. 59. 2. 247. — P. 59. 171. — D. 59. 2. 107); Besançon, 29 nov. 1843; Orléans, 23 nov. 1881; Cass., 8 avril 1884, précités. — Toutefois le contraire a été décidé par la Cour d'Aix, en matière d'homologation de concordat. V. arrêt du 12 déc. 1877 (S. 78. 2. 115. — P. 78. 480. — *Bull. d'Aix*, 78. 69).

Mais la preuve de l'accomplissement de la formalité substantielle du rapport peut-elle s'induire des faits et circonstances de la cause, même en dehors des constatations du jugement, ou bien ne peut-elle se puiser que dans ces seules constatations? — L'arrêt ci-dessus de Caen ne s'explique pas d'une manière bien catégorique sur ce point; cependant, il nous paraît considérer la preuve par les faits et circonstances de la cause comme suffisante pour répondre au vœu de la loi. V. en ce sens, Besançon, 29 nov. 1843; Montpellier, 10 juill. 1858, précités; Alauzet, *Comment. C. comm.*, t. VI, n. 2681; Laroque-Sayssinel et Dutruc, *Formul. des faillites et banquer.*, t. I, n. 809.

Telle n'est point l'opinion de la Cour de cassation qui, par son arrêt précité du 8 avril 1884 (Pand. chr.), décide que la preuve de l'accomplissement du rapport doit être tirée du jugement lui-même, sans pouvoir s'induire des circonstances de la cause, par voie d'appréciation ou de raisonnement. *Sic*, Aix, 12 déc. 1877, et Orléans, 23 nov. 1881, précités.

C'est à cette dernière doctrine que nous nous rallions pour cette raison de principe que tout jugement doit porter en lui-même la preuve de l'accomplissement des conditions exigées pour sa validité.

(3) Solution conforme à une jurisprudence bien constante. V. not. Cass., 12 févr. 1844 (S. 44. 1. 219. — P. 44. 1. 277. — D. 44. 1. 101); 24 déc. 1860 (S. 61. 1. 538. — P. 61. 225. — D. 61. 1. 71); 14 avril 1863 (S. 63. 1. 313. — P. 63. 888. — D. 63. 1. 293); 9 déc. 1868 (S. 69. 1. 117. — P. 69. 275. — D. 69. 1. 5); Nantes, 10 mars 1869 (*Journ. de Nantes*, 69. 1. 153); Rennes, 17 mars 1874 (*ibid.*, 74. 1. 205); Nantes, 12 mars 1875 (*ibid.*, 75. 1. 252); Cass., 28 juin 1875 (S. 75. 1. 309. — P. 75. 738. — D. 75. 1. 469); 14 déc. 1875 (S. 76. 1. 58. — P. 76. 128); 11 déc. 1876 (D. 77. 1. 359); 20 mars 1878 (S. 79. 1. 202. — P. 79. 497. — D. 79. 1. 69); 26 juill. 1880 (S. 82. 1. 356. — P. 82. 1. 865. — D. 80. 1. 360); 21 déc. 1881 (S. 82. 1. 202. — P. 82. 1. 496); Orléans, 1er févr. 1882 (S. 83. 2. 170. — P. 83. 1. 886. — D. 83. 2. 64); Cass., 19 mars 1883 (S. 83. 1. 203. — P. 83. 1. 498); 29 mai 1883 (S. 85. 1. 167. — P. 85. 1. 391. — D. 84. 1. 150), et les indications d'auteurs contenues dans notre *Dictionnaire de dr. comm., ind. et marit.*, t. IV, v° *Faillite*, n. 408.

gratuits, soit au remplacement des volumes avariés ou dépareillés (1). — Motifs.

D'après l'usage constant du commerce de la librairie et à moins de conventions contraires entre auteur et éditeur, les mains de passe sont abandonnées à l'éditeur, sans obligation d'en rendre compte (2).

(Darras c. Vivès.)

Le jugement du tribunal civil de la Seine, du 29 août 1879, s'exprime ainsi : — « LE TRIBUNAL : — En ce qui concerne le compte des droits d'auteur applicables au premier ouvrage, dit *Petite histoire de Paris* : — Attendu que par convention, en date du 21 mai 1853, l'abbé Darras a cédé à Vivès la propriété entière et exclusive de cet ouvrage, moyennant le prix, à titre de droit d'auteur, de 2 francs par exemplaire vendu ; — Attendu que l'abbé Darras est décédé le 8 nov. 1876 ; qu'avant son décès, et par assignation en date du 13 févr. 1876, il s'était borné de ce chef à réclamer le montant des droits d'auteur qui pouvaient lui être dus depuis le 30 sept. 1875, date du dernier payement effectué ; que ses héritiers, ajoutant à cette demande, concluent à ce qu'il soit procédé, devant un juge, à l'établissement d'un compte général relatif à cet ouvrage ; — Attendu que Vivès représente des quittances pour solde de l'abbé Darras, qui, en justifiant sa libération jusqu'au 30 sept. 1875, établissent que les comptes annuels antérieurs à cette date ont été complétement apurés et acceptés par ce dernier ; que ses héritiers fondent leur demande en établissement d'un nouveau compte et en redressement de celui qui est actuellement offert, sur l'omission au crédit de leur auteur du produit de la vente d'un nombre d'exemplaires dits *mains de passe* ou *double passe* supérieur à celui qui était indiqué pour chaque édition ; — Attendu qu'il résulte des documents de la cause que les exemplaires ainsi dénommés sont, d'après l'usage constant du commerce de la librairie, et à moins de conventions contraires entre l'auteur et son éditeur, réservés à ce dernier à raison de 10 pour 100 des volumes de l'édition, et sans qu'il soit tenu d'en rendre compte, à l'effet de satisfaire soit à des hommages et dons gratuits, utiles et proportionnés à la vente de l'ouvrage, soit au remplacement des volumes avariés ou dépareillés ; que l'abbé Darras a accepté sans protestation cet usage en conformité duquel il a toujours interprété les clauses de son traité et réglé ses droits d'auteur ; que même il est établi qu'il s'est fait remettre par Vivès quelques-uns de ces exemplaires destinés par lui à des hommages qu'il croyait utile de faire personnellement ; que, dès lors, ses héritiers ne peuvent pas plus que lui être fondés à demander qu'il leur soit fait état du prix de ces exemplaires, dits mains de passe, qui ne doivent pas figurer au compte à fournir par l'éditeur ; qu'il n'échet donc d'ordonner l'établissement d'un nouveau compte pour les opérations antérieures au 30 sept. 1875, etc. » — Appel.

ARRÊT.

LA COUR : — Adoptant les motifs des premiers juges ; — Confirme, etc.

MM. Larombière, 1er prés. ; Robert, subst. ; Pinard et Lesourd, av.

PAU (1re CH.) **21 décembre 1880.**

RÉFÉRÉ, APPEL, DÉLAI, POINT DE DÉPART, JUGEMENT.

L'appel en matière de référé doit être interjeté au plus tard le quinzième jour, à partir et non compris le jour de la signification de l'ordonnance (3) (C. proc., 809). — V. l'arrêt en sous-note (*b*).

Et cette règle s'applique au cas où la décision a été rendue par le tribunal entier jugeant en état de référé, aussi bien qu'au cas où elle a été rendue par le président seul, le jugement rendu par le tribunal étant de même nature que les ordonnances de référé, et les mêmes motifs de célérité justifiant l'abréviation du délai d'appel (4) (Id.).

(Larre c. Bachou.) — ARRÊT.

LA COUR : — Attendu qu'aux termes de l'art. 809, C. proc., l'appel des décisions sur référé n'est point recevable, s'il a été interjeté après la quinzaine de leur signification ; que cette disposition s'applique au cas où la décision a été rendue par le tribunal jugeant en état de référé, aussi bien qu'au cas où elle a été rendue par le président seul, le jugement rendu, en ce cas, par le tribunal étant de même nature que les ordonnances de référé, et les mêmes motifs de célérité justifiant l'abréviation de ce délai d'appel ; — Attendu, d'ailleurs, que c'est bien un référé qui a été jugé par la décision dont est appel ; que la cause, en effet, portée d'abord devant le président du tribunal en référé a été renvoyée par ce magistrat à l'audience ; qu'elle n'a pu y être régulièrement renvoyée qu'en l'état même où elle était devant le président, c'est-à-dire en état de référé ; que c'est ainsi, du reste, que les parties ont interprété le renvoi ; que la veuve Bachou, en effet, a conclu devant le tribunal, sur le référé par elle introduit et renvoyé à l'audience ; que les époux Larre ont conclu, de leur côté, au rejet des demandes, fins et conclusions, résultant de l'exploit du 17 avril 1880 qui avait introduit le référé ; que le tribunal enfin a déclaré statuer sur le référé introduit par la veuve Bachou contre les époux Larre et renvoyé à l'audience ;

(1-2) V. sur cet usage général en librairie, notre *Dictionnaire de dr. commerc., ind. et marit.*, t. VI, vº *Propriété littéraire*, n. 282 et suiv. V. aussi le jugement inédit, rendu sous notre présidence et rapporté en sous-note (*a*). — L'éditeur qui, en dehors des mains de passe, tirerait à un nombre d'exemplaires plus élevé que celui qui est déterminé par le contrat, s'exposerait à la résiliation du traité et à des dommages-intérêts. V. Paris, 15 janv. 1839 (*Gaz. des trib.*, 16 janv.) ; Gastambide, *Propriété des auteurs*, p. 139 ; Pouillet, *Propriété littér.*, n. 345.

(3) V. en ce sens, Amiens, 16 août 1825, *aff.* Codevelle ; Paris, 14 mai 1836 (S. 36. 2. 258. — P. chr.) ; 30 sept. 1880, en sous-note (*b*) ; Bioche, *Dict. de proc.*, vº *Référé*, n. 336 ; Debelleyme, *Ord. sur req. et sur référé*, t. I, n. 435 ; Bertin, *Id.*, t. II, n. 390. — Quand le dernier jour du délai est un jour férié, l'appel doit-il être prorogé au lendemain ? La question est controversée ; mais les tendances de la jurisprudence se prononcent très-fortement en faveur de l'affirmative. V. Paris, 11 juill. 1860 (Pand. chr.), avec nos observations.

(4) V. conf., Paris, 14 mai 1836, précité ; Bioche, *ubi suprà* ; Bertin, *op. cit.*, n. 392 ; Bazot, *Ord. sur req. et sur référé*, p. 392 et suiv. ; Rousseau et Laisney, *Dict. de proc.*, vº *Référé*, n. 247. — *Contrà*, Bordeaux, 19 déc. 1846 (Pand. chr.), et la note.

(*a*) Ce jugement du Trib. civ. de la Seine (3e ch.), 28 janv. 1886, *aff.* Leman c. Lemonnyer, est, dans sa partie essentielle, ainsi conçu :

LE TRIBUNAL : — ..Sur les passes : — Attendu que dans les usages de la librairie la *passe* est accordée à l'éditeur par l'auteur pour lui tenir compte des nombreux déchets de fabrication, de brochage et autres ; qu'elle constitue une sorte de forfait destiné à maintenir intact le chiffre du tirage convenu, quels que soient les accidents de la manipulation de l'ouvrage ; — Attendu qu'aucune clause des trois traités intervenus entre les parties n'oblige expressément, ni par interprétation, Lemonnyer à justifier de l'emploi détaillé de chaque exemplaire de passe ; qu'il n'est pas allégué qu'il ait été de ce chef tiré un nombre d'exemplaires supérieur au nombre convenu ; — ...Par ces motifs, etc.

MM. Ruben de Couder, prés. ; Bulot, subst. ; Coulon et Demombynes, av.

(*b*) Cet arrêt de Paris (ch. des vacat.), 30 sept. 1880, *aff.* Weble c. Rogniat, est ainsi conçu :

LA COUR : — Considérant qu'aux termes de l'art. 809, C. proc., l'appel des ordonnances de référé n'est pas recevable s'il a été interjeté après la quinzaine à dater du jour de la signification ; qu'il résulte clairement de ces expressions que l'appel doit être interjeté au plus tard le quinzième jour, à partir du jour et non compris le jour de la signification ; que, dans l'espèce, l'ordonnance a été signifiée le 16 août 1880 ; que l'appel n'a été interjeté que le 1er sept. suivant, qu'il aurait dû l'être, au plus tard, le 31 août ; qu'il est, par conséquent, tardif et non recevable ; — Par ces motifs, etc.

MM. Try, prés. ; Coffinhal-Laprade, av. gén. (concl. conf.) ; Ch. Lenté et Dufraisse, av.

qu'il n'y a pas lieu de rechercher si la cause excédait la compétence du juge statuant en référé, cette question ne pouvant être examinée que dans le cas où l'appel serait recevable; qu'il suffit de constater que le tribunal a jugé en état de référé, et que l'appel de ce jugement n'a pas été interjeté dans le délai prescrit par l'art. 809, C. proc.; — Par ces motifs; — Statuant sur ledit appel, le déclare irrecevable; — Dit que le jugement du 25 août 1880 sortira son plein et entier effet, sans aucun préjudice au principal; — Condamne les époux Larre, etc.

MM. Daguillhon, 1er prés.; Pouget, av. gén.; Riquoir et Forest, av.

TRIB.-civ. SEINE (ch. des saisies) **23 décembre 1880.**

Surenchère, Délai, Jour férié.

(Beaufils c. Baudry.)

V. le texte de ce jugement reproduit en sous-note (*a*) de l'arrêt de Pau, 3 août 1881, *aff.* Duclou c. Mailher (Pand. chr., 2e part., p. 81).

NANCY **31 décembre 1880.**

Dot, Constitution, Engagement, Solidarité, Imputation, etc.

(Veuve Pasquin c. synd. Pasquin.)

V. le texte de cet arrêt reproduit avec Cass.-civ., 13 nov. 1882, rendu dans la même affaire, sur pourvoi (Pand. chr.).

RENNES (2e ch.) **31 décembre 1880.**

Servitude, Vue, Distance, Toit, Prescription, Exhaussement, Suppression, Grenier.

L'existence d'une fenêtre donnant uniquement sur le toit du voisin et qui, par cela même, n'impose aucune gêne à celui-ci, n'implique point une possession utile pour prescrire (1) (C. civ., 678, 679, 2232).

Dès lors, elle ne saurait faire obstacle à l'exhaussement par le voisin de son bâtiment (2) (Id.).

... *Non plus qu'elle ne saurait l'autoriser à demander la suppression de ladite fenêtre* (3) (Id.). — Motifs.

Et il en est ainsi, quand même le toit du bâtiment sur lequel donne la fenêtre serait percé d'une ouverture, si cette ouverture ne sert pas à éclairer une pièce consacrée à l'habitation, mais un simple grenier à foin (Id.).

(Caujole c. James.)

Jugement du tribunal de Saint-Malo, ainsi conçu : — « Le Tribunal : — Attendu que, malgré la généralité des termes employés par les art. 678 et 679, C. civ., il est raisonnable de penser que le législateur n'a entendu restreindre le droit de propriété que dans l'intérêt du voisin; — Attendu, spécialement, qu'une vue qui n'incommode pas le voisin, comme une vue donnant sur un mur, sur le toit ou sur le ciel, par-dessus la propriété voisine, ne saurait, faute d'intérêt, fonder une action contre le possesseur de la vue; qu'ainsi l'entendent et le décident la plupart des auteurs et des arrêts sur la matière; — Attendu, d'autre part, que le propriétaire qui a pu légitimement ouvrir des vues de cette nature, alors qu'elles ne nuisaient point à son voisin, ne peut, même par une prescription trentenaire, grever d'une servitude « *altius non tollendi* » l'héritage sur lequel donne la vue, puisque le propriétaire de cet héritage n'avait pas à sa disposition les moyens légaux de s'opposer à la jouissance de la vue; — En fait : — Attendu qu'il résulte des enquêtes et contre-enquêtes que les maisons Caujole et James sont séparées par une ruelle large de 97 centimètres; que, dans la toiture de l'ancien hôtel du Chêne-Vert, aujourd'hui démoli, et sur l'emplacement duquel James a élevé une nouvelle construction, il existait autrefois une gerbière donnant sur la ruelle et sur la côtale Est de l'Hôtel-de-France appartenant à Caujole; que cette gerbière éclairait un grenier à foin; qu'elle était élevée de deux mètres au-dessus du plancher; que, même, depuis longtemps, elle était fermée par un volet plein, qu'elle était coupée à peu près par moitié par le plafond du grenier, en sorte qu'elle ne permettait ni aux habitants du Chêne-Vert de voir dans l'intérieur de l'Hôtel-de-France ni aux habitants de l'Hôtel-de-France de voir dans l'intérieur de l'hôtel du Chêne-Vert; — Attendu encore qu'à l'époque où Caujole ou ses auteurs ont ouvert des fenêtres dans le pignon Est de l'Hôtel-de-France, l'hôtel du Chêne-Vert était beaucoup moins élevé que ledit hôtel; que la vue des personnes placées aux fenêtres ouvertes ne pouvait porter que sur le toit du Chêne-Vert et sur la partie du ciel au-dessus; — Attendu, par suite, que les auteurs de James auraient été sans droit pour s'opposer au percement desdites fenêtres, et que Caujole, de son côté, n'a pu prescrire contre James le droit d'empêcher l'exhaussement de ses murs par la jouissance d'une vue à laquelle James ou ses auteurs n'avaient pu s'opposer (*contrà non valentem agere non currit præscriptio*); — Par ces motifs; — Dit et juge que l'établissement des fenêtres du pignon Est de l'Hôtel-de-France n'est pas un obstacle juridique à l'exhaussement du mur de la maison élevée par James à la place de l'ancien hôtel du Chêne-Vert; — Déboute Caujole de ces conclusions. » — Appel.

ARRÊT.

LA COUR : — Adoptant les motifs des premiers juges; — Confirme, etc.

MM. Grolleau-Villegueury, prés.; Arnault de Guényveau, av. gén.; Bodin et Mainsard (du barreau de Saint-Malo), av.

(1-2-3) V. conf., Cass. 24 déc. 1838 (S. 39. 1. 56. — P. 39. 1. 33. — D. 39. 1. 37); 18 juill. 1859 (S. 60. 1. 271. — P. 60. 923. — D. 59. 1. 400); 2 févr. 1863 (S. 63. 1. 92. — P. 63. 252. — D. 63. 1. 145); Orléans, 29 juill. 1865, sous Cass. 6 févr. 1867 (S. 67. 1. 109. — P. 67. 261. — D. 67. 1. 258); Pau, 20 nov. 1865 (S. 66. 2. 284. — P. 66. 1034. — D. 66. 2. 234). V. aussi Bordeaux, 7 mars 1873 (S. 74. 2. 172. — P. 74. 741. — D. 74. 2. 76); 26 nov. 1885 (Pand. chr.).

1881

LIMOGES (1re ch.) **3 janvier 1881.**

TESTAMENT OLOGRAPHE, ENVOI EN POSSESSION, ORDONNANCE DU PRÉSIDENT, JURIDICTION CONTENTIEUSE, APPEL, RECEVABILITÉ.

L'ordonnance d'envoi en possession d'un légataire universel institué par testament olographe, émanant de la juridiction contentieuse, *a tous les caractères d'un véritable jugement qui ne peut être attaqué par d'autre recours que l'appel* (1) (C. civ., 1008; C. proc., 443).

Jugé, en sens contraire, qu'une telle ordonnance, émanant de la juridiction gracieuse, *ne constitue pas une décision judiciaire susceptible d'appel* (Id.) (2). — V. les arrêts en sous-note (*a* et *b*).

(Hérit. de Bonfils-Lavernelle.) — ARRÊT.

LA COUR : — En la forme : — Considérant que l'ordonnance d'envoi en possession rendue dans les termes de l'art. 1008, C. civ., ne saurait être considérée comme émanant de la juridiction gracieuse et discrétionnaire, mais bien de la juridiction contentieuse, et qu'un tel acte a tous les caractères d'un jugement en premier ressort; — Considérant, dès lors, qu'il ne saurait être ouvert d'autre recours contre une décision de cette nature (qu'elle envoie ou refuse d'envoyer en possession) que la voie de l'appel devant les magistrats du degré immédiatement supérieur; que l'appel interjeté est donc recevable.

MM. Ardant, prés.; Barailler, av. gén.; Chauffour, av.

BRUXELLES **13 janvier 1881.**

INTERDICTION, TIERS, INTÉRÊT PÉCUNIAIRE, INTERVENTION, FRAUDE, PREUVE.

Des tiers qui n'excipent que d'un intérêt purement pécu-

(1-2) La question divise les différentes Cours d'appel. La Cour de cassation n'a point encore été appelée à la trancher.

V. dans le sens de l'arrêt de Limoges ci-dessus rapporté : Nîmes, 3 juin 1844, sous Cass. (S. 45. 1. 66. — P. 44. 2. 407. — D. 44. 1. 265); Bastia, 10 janv. 1849 (D. 52. 2. 130); Riom, 6 mai 1850 (S. 50. 2. 454. — D. 52. 2. 131); Bourges, 30 juin 1854 (S. 55. 2. 16. — P. 54. 2. 161. — D. 55. 5. 21); Caen, 14 mai 1856 (S. 57. 2. 119. — P. 57. 650); Paris, 10 janv. 1857 (S. et P., *ibid.*); Besançon, 26 févr. 1868 (S. 68. 2. 252. — P. 68. 986. — D. 68. 2. 92); 5 mai 1869 (S. 70. 2. 50. — P. 70. 231. — D. 69. 2. 163); Dijon, 25 mars 1870 (S. 70. 2. 175. — P. 70. 710. — D. 74. 5. 306); Nancy, 18 juin 1869, 3 févr. 1870, et Montpellier, 3 déc. 1870 (S. 70. 2. 316. — P. 70. 1171. — D. 70. 2. 113 et 114, 75. 2. 73). Dans tous ces arrêts l'ordonnance *accordait* au légataire universel l'envoi en possession qu'il réclamait. V. aussi Dijon, 11 janv. 1883 (S. 83. 2. 70. — P. 83. 1. 443); Nancy, 19 mai 1883 (S. 84. 2. 124. — P. 84. 1. 632. — D. 84. 2. 67). Dans ces deux derniers arrêts, il s'agissait d'une ordonnance *refusant* l'envoi en possession au légataire institué. — Quant aux auteurs, V. conf. Rolland de Villargues, *Rép.*, v° *Juridictions*, n. 17; Talandier, *De l'appel*, n. 42; de Belleyme, *Ordonn. sur référés*, 3e édit., t. I, p. 75 et 76; Bioche, *Dict. de proc.*, v° *Envoi en possession*, n. 35; Marcadé, *Explicat. théor. et prat. du C. civ.*, sur l'art. 1008, n. 1.

V. dans le sens des arrêts de Paris, rapportés en sous-note : Bruxelles, 3 janv. 1823, aff. N...; Paris, 25 mars 1854 (S. 54. 2. 173. — P. 54. 1. 139. — D. 55. 2. 13); Douai, 21 juill. 1854 (S. 56. 2. 116. — P. 56. 1. 409); Bordeaux, 6 mai 1863 (S. 63. 2. 155. — P. 63. 1138. — D. 63. 2. 178); Angers, 23 août 1867 (S. 69. 2. 108. — P. 69. 564. — D. 69. 2. 14); Pau, 30 mai 1870 (S. 71. 2. 26. — P. 71. 100. — D. 71. 2. 84); Poitiers, 12 août 1874 (S. 74. 2. 254. — P. 74. 1047. — D. 76. 2. 28); Paris, 27 juin 1878, en sous-note (*a*); 26 mars 1884, en sous-note (*b*); Merlin, *Rép.*, v° *Juridiction gracieuse*, n. 1. *Adde :* Saintespès-Lescot, *Donat. et testam.*, t. IV, n. 1360; Troplong, *id.*, t. IV, n. 1826; Demante et Colmet de Santerre, *Cours analyt. C. civ.*, t. IV, n. 151 *bis* II; Massé et Vergé, sur Zachariæ, t. III, § 498, p. 282, note 5; Demolombe, *Donat. et testam.*, t. IV, n. 510; Carré et Chauveau, *Lois de la proc.*, quest. 378; Dutruc, *Supplément*, v° *Ordonnance*, n. 8 et suiv.; Bertin, *Ordonn. sur requête*, n. 843, 848, 852 et suiv.; Bazot, *Ordonn. sur requête et sur référé*, p. 36, 37, 44, 52, 72 et suiv.; Rousseau et Laisney, *Dict. de proc.*, v° *Envoi en possession*, n. 49 et suiv.

Toute cette controverse se reproduit avec une égale vigueur, parce qu'elle engage les mêmes principes, en matière d'*opposition* à ces ordonnances. V. Agen, 7 juill. 1869 (Pand. chr.), et les renvois. *Adde :* Pau, 30 mai 1870 (S. 71. 1. 26. — P. 71. 100. — D. 71. 2. 84); Paris, 26 mars 1884, rapporté *infrà* en sous-note (*b*).

Au surplus, malgré ces dissentiments, il y a une tendance générale très-marquée à admettre l'appel, comme voie de recours contre les ordonnances, quand elles ont été précédées de débats contradictoires, parce qu'alors elles offrent tous les caractères de décisions contentieuses. V. Poitiers, 17 mars 1880 (Pand. chr.), et les renvois de la note.

Et quand bien même les ordonnances n'auraient point été précédées de débats contradictoires, on incline encore à admettre

(*a*) Cet arrêt de Paris, 27 juin 1878, *aff.* A... c. N..., est conçu dans les termes suivants :

LA COUR : — Statuant sur l'appel interjeté par la veuve A... d'une ordonnance d'envoi en possession rendue au profit de la dame N..., par le président du tribunal de la Seine, le 13 avril 1878 ; — Considérant qu'aux termes de l'art. 1008, C. civ., le légataire universel, lorsqu'il n'existe pas d'héritiers réservataires, est saisi par la mort du testateur sans être tenu de demander la délivrance aux héritiers; que la loi ne distingue pas à cet égard entre le cas où le testament est authentique et celui où il est olographe; qu'elle prescrit seulement pour ce dernier cas l'obtention d'une ordonnance d'envoi en possession ; — Que cette ordonnance est un acte de la juridiction volontaire du président du tribunal et que le droit de la rendre est exclusivement attribué à ses fonctions ; — Que l'envoi en possession n'a rien de contentieux et n'a d'autre but que de donner à l'acte olographe la forme d'exécution qui lui manque, et au légataire la saisine de fait, et de lui permettre ainsi l'exercice des droits que lui confère le testament ; — Que l'ordonnance ainsi rendue au bas de la requête qui est présentée au président du tribunal, sans contradiction de la part des héritiers qui ne doivent pas être appelés, ne constitue pas une décision judiciaire susceptible d'être attaquée par la voie d'appel ; — Par ces motifs, déclare l'appel de la veuve A... non recevable, etc.

MM. Salmon, prés. ; Harel, subst. ; Lesourd et Lenté, av.

(*b*) Cet autre arrêt de Paris (1re ch.), du 26 mars 1884, *aff.* Depuille c. Vigneau, est ainsi conçu :

LA COUR : — Considérant que l'ordonnance d'envoi en possession, prévue et spécifiée dans l'art. 1008, C. civ., est un acte de juridiction volontaire et gracieuse du président du tribunal civil, qu'elle n'a pour but et pour effet que de convertir en saisine de fait la saisine légale accordée par l'art. 1006, C. civ., au légataire universel qui ne se trouve pas en présence d'héritiers à réserve, lorsque le titre qui l'institue n'offre ni les garanties ni la force exécutoire d'un testament authentique ; que, dans les cas prévus par l'art. 1008, précité, le président du tribunal est investi d'un pouvoir qui lui est propre, à l'effet de vérifier la sincérité tout au moins apparente d'un testament olographe invoqué par le légataire universel avant que celui-ci puisse appréhender la succession dévolue par la loi aux héritiers du sang ; mais que son ordonnance ne préjudicie en rien aux droits de ces derniers et de tous autres prétendants qui peuvent non-seulement demander la nullité du testament, mais encore solliciter par voie de référé toute mesure urgente et provisoire destinée à assurer la conservation et la bonne administration de la succession devenue litigieuse ; que c'est par cette raison que le légataire universel n'est point tenu d'appeler devant le président du tribunal, duquel il sollicite une ordonnance d'envoi en possession, les héritiers naturels du *de cujus* ; qu'une pareille ordonnance, rendue sans contradiction de la part d'héritiers qui ne doivent point être appelés devant le président, ne constitue point une décision judiciaire susceptible d'être attaquée, soit par la voie de l'opposition, soit par la voie de l'appel, etc.

MM. Périvier, 1er prés. ; Loubers, av. gén. ; Rudelle (du barreau de Versailles) et Abbadie, av.

niaire, et qui ne sont ni parents, ni membres du conseil de famille de celui dont ils tiennent leurs droits, ne peuvent être admis à intervenir, comme parties, dans l'instance en interdiction poursuivie contre leur débiteur (1) (C. civ., 490; C. proc., 339).

Et en admettant même une exception à ce principe, au cas où la demande en interdiction présenterait un caractère frauduleux, faut-il tout au moins qu'il y ait fraude nettement démontrée, et non point simple allégation de fraude (2) (C. civ., 1116).

(Dufer c. Duvivier.) — ARRÊT.

LA COUR : — Attendu que c'est à bon droit que le jugement dont est appel a décidé que les tiers ne peuvent pas intervenir dans une instance en interdiction pour défendre à l'action intentée; que, dans cette instance, l'état, la capacité et la liberté de la personne dont l'interdiction est poursuivie forment seuls l'objet du litige, et qu'en intervenant pour provoquer le rejet de la demande, les tiers exerceraient un droit qui est exclusivement attaché à la personne du défendeur; que l'état civil et la capacité d'une personne ne font pas partie de son patrimoine, et que les tiers n'ont, quant à cet état, aucun droit propre qui puisse être lésé par le jugement à intervenir; que, d'autre part, les dispositions légales qui règlent la procédure en interdiction ne laissent dans cette procédure, aucune place aux tiers, c'est-à-dire à ceux qui ne sont pas parents du défendeur ni membres du conseil de famille, et que l'esprit des lois sur la matière, tel qu'il résulte des travaux préparatoires, démontre aussi l'intention du législateur de ne point les admettre comme parties dans une instance en interdiction; qu'il suit de là qu'il est inutile de rechercher si l'appelant, qui n'excipe que d'un intérêt purement pécuniaire, a véritablement un intérêt quelconque à solliciter le rejet de la demande formée par l'intimé;

Attendu qu'en supposant même que ces principes doivent fléchir, en cas de fraude, il ne suffirait pas, pour rendre recevable l'intervention d'un tiers, d'alléguer vaguement, comme le fait l'appelant, que la demande en interdiction a un caractère frauduleux, qu'elle est une manœuvre imaginée pour exonérer la veuve Dufer de la responsabilité qui, selon lui, doit peser sur elle; que, dans l'espèce, la fraude alléguée n'est ni établie ni même rendue vraisemblable par les éléments de la cause ou par les soutènements de l'appelant, qui n'articule pas même, à l'appui de ses allégations, des faits précis dont il offre la preuve; — Par ces motifs, — Confirme.

MM. Constant Casier, prés.; Van Schoor, av. gén. (concl. conf.).

NIMES (3e CH.) 15 janvier 1881.

FAILLITE, INSUFFISANCE D'ACTIF, CLOTURE, DESSAISISSEMENT, SAISIE-EXÉCUTION.

La clôture de la faillite pour insuffisance d'actif laisse subsister, avec l'état de faillite, le dessaisissement qui en est la conséquence (3) (C. comm., 443, 527).

Et ce dessaisissement s'applique même aux biens qui adviennent au failli postérieurement à la clôture (4) (Id.).

Par suite, tout intéressé peut, après avoir fait rapporter le jugement de clôture, pratiquer une saisie-exécution sur les biens constituant l'actif nouveau du failli (5) (C. proc., 557 et suiv.).

(Roque c. Jayet et autres.) — ARRÊT.

LA COUR : — Attendu que la clôture des opérations de la faillite ne fait cesser ni la faillite, ni le dessaisissement qui en résulte, et que ce dessaisissement s'applique même aux biens qui peuvent échoir au failli tant qu'il est en état de faillite; que, par suite, un failli ne peut contracter valablement pendant le cours de sa faillite des obligations qui en diminuent l'actif au détriment des créanciers antérieurs au jugement déclaratif; — Attendu que la clôture n'est point irrévocable, et que tout intéressé peut, à toute époque, faire rapporter le jugement qui l'a prononcée; — Attendu que Jayet est manifestement au nombre des intéressés; que sa créance a été admise, pour partie, dans le bilan provisoire, dressé par les syndics; que le rapport de l'expert Mouzien l'admet pour une somme plus considérable encore; qu'il suffit que Jayet soit au nombre des intéressés et qu'il ait toujours été considéré comme tel depuis l'origine de la faillite pour qu'il ait pu valablement en provoquer la réouverture; — Attendu, en outre, que Roque a pris sur lui-même l'initiative de l'exécution du jugement dont il est appel, ce qui équivaut de sa part à un acquiescement; — Attendu que la saisie-exécution pratiquée contre l'appelant était dans les droits des créanciers intéressés à prévenir le détournement ou la disparition de l'actif qui était survenu au failli...

MM. Auzolle, prés.; Duboin, av. gén.; Bouet, Penchinat, Carcassonne, av.

TRIB.-CIV. LYON (2e CH.) 25 janvier 1881.

BAIL A LOYER, TROUBLE, MAISON BOURGEOISE, PENSIONNAT.

L'introduction dans une maison de destination bourgeoise d'une école de jeunes enfants peut être considérée comme un trouble de jouissance; d'où le droit pour les autres locataires d'en exiger la suppression (6) (C. civ., 1719).

Il en est ainsi surtout alors qu'il s'agit d'une école fréquentée par un grand nombre d'enfants (cent), dont les allées et venues dans les escaliers se répètent plusieurs fois par jour (7) (Id.).

---

l'appel toutes les fois que ces décisions causent aux parties un grief sérieux, et qu'il ne leur reste d'autre voie de recours ouverte que celle de l'appel. V. Aix, 29 août 1883 (S. 84. 2. 9. — P. 84. 1. 92. — D. 84. 2. 68).

(1) V. dans le même sens, Grenoble, 9 déc. 1847 (S. 48. 2. 204. — P. 48. 2. 102); Proudhon, édit. Valette, *Etat des personnes*, t. II, p. 538; Demolombe, *Minor. et tutelle*, t. II, n. 654, p. 413; Laurent, *Principes de dr. civ.*, t. V, n. 278, p. 330. V. aussi Caen, 30 déc. 1857 (S. 58. 2. 625. — P. 58. 665. — D. 58. 2. 147); Nancy, 4 juill. 1860 (D. 63. 5. 23).

(2) Il nous semble que si l'interdiction n'avait d'autre but que de faire échec aux droits des créanciers, de les dépouiller d'avantages acquis, l'art. 1167, C. civ., fournirait à ces créanciers le moyen d'attaquer l'acte frauduleux et de le faire annuler. Il ne s'agirait plus alors d'exercer un droit attaché exclusivement à la personne du débiteur, mais de déjouer des combinaisons coupables, en rétablissant les faits dans leur réalité propre dégagée de toute étiquette mensongère.

(3) V. conf., Cass., 5 nov. 1879 (Pand. chr.), et la note; Paris, 29 mars et 10 mai 1881 (Pand. chr.); Aix, 20 mars 1884 (Pand. chr.).

(4) *Sic* Rouen, 3 mai 1879 (S. 80. 2. 236. — P. 80. 944. — D. 80. 2. 15).

(5) Le principe posé et admis sans contestation sérieuse, la conséquence, tirée par l'arrêt que nous rapportons, s'en dégageait logiquement. V. notre *Dictionnaire de droit commerc., ind. et marit.*, t. IV, v° *Faillite*, n. 657.

(6-7) La jurisprudence n'avait été jusqu'ici appelée à se prononcer que sur l'introduction, dans les maisons louées bourgeoisement, de garnis, de cercles ou de cafés; et elle a toujours vu dans ces installations un trouble de jouissance autorisant les locataires plus anciens à réclamer du bailleur, soit la suppression du nouvel établissement, soit la résiliation de leurs baux avec

(Randin c. Neyron.) — JUGEMENT.

LE TRIBUNAL : — Attendu que Randin, locataire de la veuve Neyron, au prix annuel de 600 francs, suivant bail enregistré du 5 févr. 1878, demande à celle-ci la suppression d'une école installée dans sa maison depuis le 1er nov. dernier; — Attendu que cette demande introduite par voie de référé a été renvoyée à l'audience; — Attendu que la demande de Randin se fonde sur l'art. 1719, § 3; qu'il soutient que, la maison Neyron étant destinée à être habitée bourgeoisement, la présence de nombreux enfants qui fréquentent l'école est une cause de trouble pour les locataires; — Attendu qu'il est justifié que, dès avant l'entrée de l'école dans la maison, Randin avait protesté contre son admission; que, dix jours après son entrée, Randin et d'autres locataires de la même maison demandaient tout au moins que l'escalier principal fût interdit aux enfants, et que leur passage se fît au moyen de l'escalier de service, ce qui, paraît-il, n'a pu avoir lieu; — Attendu que les dispositions de la maison Neyron, desservie par deux escaliers, dont l'un de service, la qualité des locataires qui l'occupent, les clauses mêmes de ses baux qui interdisent à tous ses locataires de rien entreposer dans l'escalier et la cour, d'y secouer des tapis, d'avoir des chiens, machines, rouets, ni rien qui puisse incommoder les locataires, suffisent à démontrer la destination bourgeoise de cette maison; — Attendu qu'il reste à examiner si la présence de l'école en question est de nature à troubler ou gêner la jouissance des locataires dans cette condition; — Attendu qu'il n'est pas douteux que la circulation quotidienne et répétée quatre fois par jour de plus de 100 enfants dans l'escalier principal constitue un embarras pour la circulation des locataires de la maison; que, malgré la surveillance la plus active, il n'est pas possible que cette circulation exceptionnelle n'apporte, du dehors, de la boue, et ne soit une cause de bruit de nature à troubler la paisible jouissance de locataires d'une maison bourgeoise; que le régisseur l'a lui-même si bien compris que, pour rassurer ses locataires qui exprimaient leurs craintes d'un pareil voisinage, il assurait n'avoir loué qu'à titre d'essai et pour une année seulement; qu'ainsi la veuve Neyron doit être tenue de supprimer la cause du trouble apporté par elle à la jouissance paisible de ses locataires; — Attendu, toutefois, qu'il y a lieu de lui impartir le délai indispensable pour provoquer la résiliation de son bail, soit jusqu'au plus prochain terme en usage pour les locations, c'est-à-dire jusqu'au 24 juin prochain; qu'à raison des inconvénients pour Randin de ce voisinage jusqu'au jour où il cessera, il y a lieu de lui allouer une indemnité sous forme de diminution de ses loyers soit pour une somme de 300 fr., et d'assurer la cessation du trouble; — Par ces motifs, — Dit que la veuve Neyron sera tenue, d'ici au 24 juin prochain, de supprimer l'école de filles par elle installée dans sa maison, rue Saint-Jean, 34; qu'à défaut par elle de l'avoir fait dans ce délai, les parties reviendront à l'audience sur simple acte d'avoué à avoué, pour fixer les nouveaux dommages; — Dit que pour le préjudice passé, et jusqu'au 24 juin prochain, elle est condamnée à payer à Randin la somme de 300 fr., etc.

M. Faye, prés.

TRIB.-CIV. GAND (BELGIQUE) 26 janvier 1881.

LEGS, RENTES SUR L'ÉTAT, CONVERSION, MAINTIEN, TAUX D'INTÉRÊT, RÉDUCTION, RÉVOCATION, CADUCITÉ.

Le legs d'un capital représenté par des rentes d'État 4 1/2 pour 100 ne devient point caduc par suite de la conversion en vertu d'une loi et de l'échange de ces rentes contre d'autres titres de même nature 4 pour 100 (1) (C. civ., 1038, 1042).

Il n'y a pas, en pareil cas, aliénation de la chose léguée, mais uniquement réduction du taux de l'intérêt (2) (Id.).

Au contraire, le legs devrait être considéré comme caduc ou révoqué pour toute la portion de rentes 4 1/2 non représentées dans la succession par des titres en 4 pour 100, et qui auraient été aliénées (3) *remboursées* (4) *ou perdues* (5) (Id.)

(Dam c. Dewitte.) — JUGEMENT.

LE TRIBUNAL : — Attendu qu'il résulte de l'ensemble des dispositions testamentaires du *de cujus* que le legs fait à la demanderesse en ces termes (traduction) : « Je donne et lègue, en outre, en pleine propriété, au même Edmond Genico vingt obligations sur l'Etat belge, rente 4 1/2 pour 100 d'un capital nominal de mille francs chacune », a pour objet des valeurs appartenant au testateur au moment de la confection de son testament, qu'il possédait à cette époque, et qui, comme il le dit très-expressément, étaient ordinairement déposées dans son coffre-fort; — Attendu que les titres 4 pour 100 trouvés dans la succession du *de cujus* représentent en partie les titres 4 1/2 pour 100 légués par le testateur; que la conversion autorisée par la loi du 23 juill. 1879 n'a pu changer la nature de l'obligation, mais uniquement le taux de l'intérêt; que l'obligation est restée la même, bien que représentée par un nouveau titre; qu'en acceptant un titre 4 pour 100 pour un titre 4 1/2 pour 100, le testateur n'a pas aliéné son obligation, mais consenti à la réduction du taux de l'intérêt;

---

dommages-intérêts. V. notamment Paris, 26 févr. 1869 (Pand. chr.); Riom, 12 avril 1869 (Pand. chr.); Bordeaux, 29 mai 1879 (Pand. chr.), et les notes. — Les inconvénients qui résultent du voisinage ou de la cohabitation d'une école, pour être d'un autre genre que ceux des établissements de commerce ci-dessus dénommés, n'en sont pas moins intolérables. Peut-être même le sont-ils plus au point de vue du trouble purement matériel. Le jugement du tribunal de Lyon en relève tout l'excès dans des constatations de fait d'une précision remarquable. Point n'est besoin de commentaire.

(1) V. anal., Paris, 2 août 1836 (S. 36. 2. 492. — P. 37. 1. 261. — D. 37. 2. 2); Toulouse, 19 juill. 1837 (S. 37. 2. 476. — P. 37. 2. 379. — D. 38. 2. 13).

(2) Dans l'espèce, le testateur avait légué « vingt obligations sur l'Etat belge, rente 4 1/2 pour 100 d'un capital nominal de 1,000 francs chacune ». La conversion ne pouvait avoir d'autre effet que de substituer des titres nouveaux 4 pour 100 aux anciens titres 4 1/2. La réduction d'intérêts devait donc être supportée par le légataire particulier.

Il en eût été différemment au cas de legs d'une rente viagère au service de laquelle le testateur eût affecté une inscription de rente 4 1/2 pour 100 sur l'Etat belge; c'est sur l'héritier ou le légataire universel, et non sur le légataire particulier de la rente viagère que la réduction aurait alors pesé; celui-ci aurait pu exiger de ceux-là un titre supplémentaire garantissant le service de la rente au taux que le testateur avait fixé. V. Lyon, 18 mars 1853 (S. 53. 2. 475. — P. 53. 2. 666. — D. 54. 2. 95); Paris, 28 juill. 1853 (S. 54. 2. 462. — P. 55. 2. 278. — D. 55. 2. 44); Douai, 1er juill. 1854 (S. et P., *ibid.* — D. 55. 2. 43); Nancy, 24 oct. 1885 (S. 86. 2. 84. — P. 86. 1. 464).

(3) L'aliénation de la chose léguée par le testateur entraîne la caducité du legs. V. Cass., 19 août 1862 (Pand. chr.), et les indications de la note. — Il ne s'élève de difficultés dans la doctrine que lorsque l'aliénation est faite sous condition suspensive et que la condition ne s'est point réalisée. V. Cass., 19 avril 1882 (Pand. chr.), et nos observations.

(4) Le remboursement de la créance n'est pas une cause de révocation du legs, lorsqu'il résulte des dispositions testamentaires que le legs porte plutôt sur la valeur de la créance que sur la créance même. V. Cass., 6 janv. 1874 (Pand. chr.), et la note; Laurent, *Princip. de dr. civ.*, t. XIV, n. 90.

(5) C'est la disposition expresse de l'art. 1042, C. civ.

qu'il a reçu une obligation du même emprunt belge; — Attendu que le legs doit donc recevoir son exécution jusqu'à concurrence des titres 4 pour 100 trouvés dans la succession du *de cujus;* — Attendu qu'il en est autrement des titres 4 1/2 pour 100 non représentés dans la succession par des valeurs de même nature en 4 pour 100, et qui, remboursés, aliénés ou perdus, rentrent dans les cas prévus par les art. 1038 et 1042, C. civ.; que le legs de ces valeurs doit être considéré comme caduc ou révoqué; — Par ces motifs, — Dit que le legs fait au demandeur dans le testament dont il s'agit comprend les obligations de l'emprunt belge 4 pour 100 trouvées dans la succession du *de cujus*, s'élevant ensemble à la valeur nominale de 14,000 francs; — Condamne le défendeur à délivrer ces obligations au demandeur avec les intérêts à partir du jour de la demande; déclare les parties non autrement fondées en leurs conclusions.

POITIERS (CH. D'ACCUS.) 5 février 1881.

ATTENTAT AUX MŒURS, MINEURE DE PLUS DE TREIZE ANS, ASCENDANT, BEAU-PÈRE.

L'art. 331, § 2, C. pén., qui punit de la réclusion l'attentat à la pudeur commis par tout ascendant sur la personne d'un mineur, même âgé de plus de treize ans, mais non émancipé par le mariage, s'applique aux ascendants par alliance, spécialement au beau-père qui attente sans violence à la pudeur de la fille issue du premier mariage de sa femme (1) (C. pén., 331, § 2).

(Marchais.) — ARRÊT.

LA COUR : — Vu la procédure suivie contre Marchais, inculpé d'attentats à la pudeur sans violence sur la personne de Malvina Fréchet, âgée de seize ans, fille d'un premier lit de sa femme et non émancipée par le mariage; — Vu l'ordonnance du juge d'instruction de Rochefort, portant qu'il n'y a lieu à suivre; — Vu l'opposition formée à cette ordonnance dans les délais légaux par le procureur de la République de Rochefort; — Attendu qu'il est établi en fait que, depuis 1879, Marchais a entretenu avec cette jeune fille des relations coupables, et que le juge d'instruction a renvoyé l'inculpé des fins de la prévention par ce motif de droit, d'une part, que Malvina Fréchet était âgée de plus de treize ans, et, d'autre part, que Marchais, beau-père de cette jeune fille, comme ayant épousé la mère de celle-ci, ne pouvait être considéré comme un ascendant, aux termes de l'art. 331, § 2; — Attendu que l'art. 331 n'a pas énuméré les ascendants dont il a pour but de réprimer les attentats, mais qu'il s'est servi de ces termes : *tout ascendant*, et qu'il a entendu confondre dans la généralité de cette expression non-seulement les ascendants légitimes, naturels ou adoptifs, mais aussi les ascendants par alliance; qu'il s'est servi des mêmes expressions dans l'art. 380, C. pén., en déclarant que les soustractions commises par des enfants au préjudice de leurs ascendants ne seraient pas punies comme vols, et que la jurisprudence a toujours étendu cette immunité aux soustractions commises par un enfant au préjudice de l'époux de sa mère; — Attendu que, dans le vague des termes employés, il convient de rechercher quelle a été l'intention du législateur et le but qu'il a voulu atteindre; que, d'une part, il a eu évidemment l'intention de punir les ascendants qui ont commis, sur les enfants confiés à leur garde, des attentats à la pudeur, et abusé ainsi de l'autorité morale que leur donnait leur situation; que, d'autre part, il a eu en vue le caractère incestueux que crée dans ces sortes de relations la qualité des parties; — Attendu que ces deux considérations existent lorsqu'il s'agit d'attentats à la pudeur commis par un individu sur la fille légitime de sa femme; que, en effet, l'art. 161, C. civ., a établi entre eux une prohibition absolue de mariage, que, par conséquent, leurs relations sont incestueuses; et qu'enfin le beau-père a, en réalité, sur les enfants de sa femme, la même autorité que celle-ci; — Attendu, dès lors, qu'à ce point de vue de la morale et des nécessités sociales, on comprend que le législateur ait entendu réprimer les attentats à la pudeur commis par tout ascendant, sans faire de distinction entre les ascendants par parenté ou par alliance; — Par ces motifs, — Réforme l'ordonnance du juge d'instruction de Rochefort; — Dit qu'il y a lieu d'accuser Marchais d'attentats à la pudeur consommés sans violence sur la personne de Malvina Fréchet, alors mineure et non émancipée par le mariage, et dont il était l'ascendant comme ayant épousé la mère de cette jeune fille; crimes prévus et punis par les art. 331 et 333, C. pén.

M. Bottard, prés.

LYON 5 février 1881.

COMMERÇANT, FEMME MARIÉE, EXPLOITATION EN COMMUN, FACTURE.

La femme mariée ne peut être considérée comme commerçante, quand bien même elle apporterait sa coopération pleine et entière à l'industrie de son mari, à ce point que les fournitures faites à la maison de commerce l'étaient sous les deux noms du mari et de la femme, s'il n'est pas établi que la femme ait eu une existence commerciale distincte et séparée de celle de son mari (2) (C. civ., 220; C. comm., 5, § 2).

(Jay, femme Tholozan, c. synd. Tholozan.) — ARRÊT.

LA COUR : — Attendu qu'aux termes des art. 220, C. civ., et 5 C. comm., la femme n'est pas réputée marchande publique si elle ne fait que détailler les marchandises de son mari, et qu'elle ne peut l'être que lorsqu'elle fait un commerce séparé; — Considérant que le législateur a établi ainsi un principe formel et créé en faveur de la femme une présomption légale qui doit être renversée seulement par des preuves nettes et précises, et non point par des inductions vagues et des distinctions dont la limite serait difficile à déterminer; — Attendu que s'il est établi, par tous les documents de la cause, que la femme Tholozan a apporté sa coopération pleine et entière à l'industrie de son

(1) La Cour d'assises de la Charente-Inférieure se conformant à la théorie de l'arrêt de renvoi ci-dessus rapporté, a condamné l'accusé à trois ans de prison par arrêt du 23 févr. 1881. Sur pourvoi, la Cour suprême a cassé cette décision par la raison que « le fait reconnu constant par le jury *ne constituant pas une infraction punissable*, la Cour d'assises devait, aux termes de l'art. 364, C. instr. crim., déclarer l'accusé absous; qu'en ne procédant pas ainsi, et en prononçant une condamnation, elle *a faussement interprété et appliqué* le § 2 de l'art. 331, C. pén. ». — La cassation atteint du même coup l'autorité de l'arrêt de Poitiers, dont les motifs sont directement visés par la Cour suprême dans son arrêt du 17 mars 1881 (Pand. chr.). La reproduction de la décision de la chambre des mises en accusation de la Cour de Poitiers permet de comparer les deux théories en présence et de se rendre compte des arguments qui n'ont point réussi à entraîner la conviction de la Cour de cassation. A notre avis, la Cour régulatrice est restée dans la vérité juridique et dans la stricte interprétation pénale du texte de l'art. 331, § 2, modifié par la loi du 13 mai 1863. — Mais les motifs de l'arrêt de Poitiers, remarquablement rédigé d'ailleurs, ont une puissance de moralité qui nous paraissent de nature à forcer l'attention du législateur et à passer dans la loi, à mériter sa sanction au cas d'une révision des art. 331 et 333, C. pén.

(2) V. anal., en l'espèce, Cass., 10 mai 1882 (Pand. chr.). — Sur le principe, V. Cass., 27 janv. 1875 (Pand. chr.), et la note. V. aussi Cass., 19 janv. 1881 (Pand. chr.); 11 août 1884 (Pand. chr.).

mari, il n'est pas démontré qu'elle ait eu une existence commerciale distincte de celui-ci, qu'il y ait eu un double négoce exercé sous le même toit par la femme et par le mari, et des intérêts séparés entre eux; qu'il n'est articulé aucun fait grave constatant cette séparation; qu'elle ne résulte ni des livres de commerce ni d'aucune des pièces produites; que, notamment, à l'exception d'une vente de valeur insignifiante, toutes les factures étaient faites au nom du mari; qu'il est indifférent, à cet égard, que les marchandises fournies aient été généralement facturées au nom de Tholozan-Jay; que l'usage de distinguer un individu quelconque par l'adjonction du nom de sa femme est d'une pratique générale, même en dehors du commerce, toutes les fois qu'on veut éviter une confusion ou mettre en plus grande évidence une personnalité quelconque; — Par ces motifs, — Infirme.

MM. Baudrier, prés.; Tallon, av. gén.; Robin et Lagrange, av.

ALGER (1re CH.) 9 février 1881.

RÉFÉRÉ, MATIÈRE ADMINISTRATIVE, AUTORITÉ JUDICIAIRE, INCOMPÉTENCE.

Le juge des référés est incompétent pour nommer des experts à l'effet de constater de prétendus dommages causés aux propriétés par des exercices de tir ordonnés par l'autorité militaire (1) (C. proc., 806).

Et cette incompétence, étant d'ordre public, doit être prononcée même d'office par le juge (2) (Id.).

(Préfet d'Alger c. Vacarises.) — ARRÊT.

LA COUR : — Attendu que l'autorité judiciaire n'est pas compétente pour statuer au fond sur la réparation du dommage que les époux Vacarises prétendent leur avoir été causé par les exercices de tir ordonnés par l'autorité militaire, et que cette incompétence n'est pas même contestée; que les intimés se bornent à soutenir que le président du tribunal, statuant en référé, était compétent pour nommer des experts afin de constater le dommage; — Attendu que les juges du fond sont seuls compétents pour statuer sur les mesures provisoires ou préparatoires d'instruction ou de constat destinées à fixer les bases de la décision à intervenir; que la juridiction spéciale en matière de référé, attribuée en première instance au président du tribunal, et en appel à la Cour, est essentiellement de l'ordre judiciaire; qu'elle ne peut, pas plus que toute autre juridiction judiciaire, connaître des questions exclusivement réservées à l'autorité administrative; — Attendu que le préfet d'Alger s'est borné, devant le juge des référés, à s'en rapporter à justice sur la nomination d'experts; que d'ailleurs l'incompétence est d'ordre public; — Par ces motifs, — Infirme, etc.

MM. Houyvet, 1er prés.; Garau et Cheronnet, av.

TRIB.-CIV. TROYES (1re CH.) 9 février 1881.

SERVITUDE, VUE, HANGAR, MUR PLEIN, DÉMOLITION.

Les intervalles ou espaces vides existant entre les poteaux d'un hangar constituent des vues dans le sens de l'art. 678, C. civ., lorsque ce hangar, en raison de son emplacement et de sa destination, est journellement fréquenté, qu'il est couvert de telle sorte que l'on peut y séjourner à l'abri des intempéries, qu'il sert de remise ou de dépôt à des objets, tels que voitures ou autres, derrière lesquels il est facile de se dissimuler comme en un poste d'observation (3) (C. civ., 678, 679).

Toutefois le voisin n'est pas fondé à demander la fermeture de ces vues dans toute la partie du hangar qui donne sur un mur plein de sa propriété (4) (Id.).

...Sauf le cas, bien entendu, où il viendrait à démolir ce mur plein et où la vue pénétrerait du hangar sur son héritage (5) (Id.).

(Henriot c. Vacherat.) — JUGEMENT.

LE TRIBUNAL : — En ce qui touche les vues du hangar : — Attendu que la loi a, dans les art. 678 et 679, C. civ., réglementé et limité la jouissance du droit de vue que le propriétaire d'un héritage a sur l'héritage voisin, lorsque, par suite d'un travail quelconque fait de main d'homme, l'état naturel des lieux a été modifié et que l'exercice de ce droit de vue est devenu plus facile pour l'un, plus gênant pour l'autre; — Attendu que Vacherat a construit, à moins de 19 décimètres du terrain de Henriot, un hangar dont la vue donne directement sur l'héritage de ce dernier et dont ledit Henriot demande la fermeture; — Attendu que le défendeur soutient que les intervalles ou espaces vides existant entre les poteaux sur lesquels ce bâtiment est élevé ne peuvent être considérés comme des ouvertures dans le sens de l'art. 678; que cet article est d'autant moins applicable que la construction dont s'agit n'est pas destinée à l'habitation; — Attendu que ce hangar est placé entre la maison et la grange de Vacherat, qui le ferment de deux côtés, qu'il est couvert de telle sorte que l'on peut y séjourner à l'abri des intempéries; qu'il dépend de la maison d'habitation du défendeur; qu'en raison de son emplacement et de sa destination, il est journellement fréquenté par Vacherat et ses domestiques; qu'il faut de plus remarquer que les voitures et autres objets qui y sont remisés ou déposés peuvent permettre de s'y dissimuler, pour observer ce qui se passe chez Henriot; — Attendu que c'est précisément en raison du caractère d'aggravation que de telles conditions donnent au droit de vue, qui s'exerce alors plus facilement, plus commodément et souvent d'une façon clandestine, que les art. 678 et 679 ont été édictés; qu'il n'y a plus seulement, dans ce cas, une vue donnant d'un terrain nu sur l'héritage contigu, dont on ne peut jouir sans être aperçu soi-même, et que le stationnement en plein air rend nécessairement moins fréquenté et moins prolongé; — Attendu que la forme et les dimensions des ouvertures ou espaces laissés libres importent peu, du moment où ils existent dans un bâtiment et permettent d'observer ce qui se passe chez le voisin dans des conditions tout autres que s'il n'y avait pas de constructions; — Attendu enfin que Vacherat soutient subsidiairement que les murs des bâtiments du demandeur masquant la vue de son hangar, sauf sur une très-faible

---

(1) Principe constant. V. notamment Cons. d'Ét., 22 janv. 1867 (D. 67. 3. 26); Limoges, 13 juill. 1869 (S. 70. 2. 104. — P. 70. 452. — D. 74. 5. 421); Nancy, 19 mars 1870 (S. 70. 2. 68. — P. 70. 334. — D. 70. 2. 164); Cass., 13 juill. 1871 (S. 71. 1. 66. — P. 71. 188. — D. 71. 1. 83); Pau, 20 déc. 1871 (S. 71. 2. 219. — P. 71. 784. — D. 72. 5. 380); Cass., 27 févr. 1872 (D. 72. 1. 76); Douai, 6 mars 1872 (D. 74. 5. 421); Lyon, 13 juin 1872 (S. 72. 2. 124. — P. 72. 608. — D. 73. 2. 6). V. aussi Cass., 16 déc. 1878 (Pand. chr.); Orléans, 4 juill. 1882 (Pand. chr.), et les renvois.

(2) *Sic* Lyon, 13 juin 1872, précité.

(3) C'est là une solution toute d'espèce qu'expliquent et justifient les circonstances de fait de la cause relevées par le jugement avec un soin minutieux des détails. Ces circonstances sont entièrement distinctes de celles constatées par la Cour de cassation dans son arrêt du 13 janv. 1879 (Pand. chr.), et la note. Il n'y a donc point opposition entre ces deux décisions, bien qu'elles concluent en sens diamétralement contraire. Loin de s'affaiblir, elles se prêtent un mutuel appui, car elles sont fondées sur l'application des mêmes principes.

(4-5) V. en ce sens, Bordeaux, 7 mars 1873 (S. 74. 2. 175. — P. 74. 741. — D. 74. 2. 76); Rennes, 31 déc. 1880 (Pand. chr.); Bordeaux, 26 nov. 1885 (Pand. chr.), et les renvois.

partie, Henriot n'a pas à en souffrir et qu'il est sans intérêt pour agir ; — Mais, attendu que si, pour la moitié du hangar qui tient à la maison Vacherat, la vue est, en effet, complétement obstruée par les murs pleins appartenant à Henriot, et si, par suite, ce dernier n'a, quant à présent, aucun intérêt à en demander la fermeture, il en est différemment pour l'autre moitié dont une partie donne en face de son jardin et permet de voir chez lui ; — Par ces motifs, — Déclare Henriot bien fondé dans sa demande ; — Dit, en conséquence, que Vacherat devra, dans les deux mois de ce jour, fermer l'ouverture existante dans la partie de son hangar située entre sa grange et le poteau du milieu dudit hangar et qui donne sur Henriot, et ce à peine de 5 fr. par chaque jour de retard ; — Dit n'y avoir lieu de condamner, quant à présent, Vacherat à fermer le surplus de l'ouverture du hangar qui est masqué par les bâtiments d'Henriot ; — Mais dit que, au cas où ce dernier démolirait ses murs, de telle sorte que la vue pénétrerait alors dudit hangar sur son héritage, Vacherat devra également fermer cette ouverture, si mieux il n'aime élever un mur de clôture entre lui et Henriot, de manière à intercepter la vue, etc.

MM. Costel, prés. ; Argence et Babeau, av.

POITIERS (CH.-CIV.) 16 février 1881.

EXPLOIT, COPIE, ORIGINAL, PARLANT-A, NULLITÉ, DOCUMENTS PRODUITS, PREUVE, INSUFFISANCE.

Est nul, malgré la régularité de l'original, l'exploit d'appel dont la copie ne fait pas connaître exactement à quelle personne s'adresse le parlant-à (1) ; *la copie destinée à chaque partie, tenant lieu d'original en ce qui touche cette partie, doit faire foi par elle-même de l'accomplissement des formalités essentielles* (2) (C. proc., 61, § 1, 456).

Et il en est ainsi alors même qu'une autre copie régulière se trouverait au dossier de la partie, si rien ne prouve que cette copie est parvenue par les voies normales et dans les délais légaux entre les mains du destinataire (3) (Id.).

(René c. Delaveau.) — ARRÊT.

LA COUR : — Attendu que si l'exploit d'appel signifié à la dame Delaveau est régulier en la forme, il n'en est pas de même de l'acte qui devait être notifié à son mari, dont la présence pour l'autoriser est nécessaire au débat ; qu'en effet, la mention relative à la remise de la copie destinée à Delaveau est ainsi conçue : « M. Cléophas Delaveau, propriétaire à la Roche-Posay, en son domicile et parlant à la personne de son mari » ; qu'une pareille indication, absolument dépourvue de sens, équivaut à l'absence de *parlant-à* ; que vainement les appelants produisent l'original de la signification où il est indiqué que la remise de l'exploit a été faite à Delaveau entre les mains de sa femme ; qu'il est de principe que la copie destinée à chaque partie tient lieu d'original en ce qui touche cette partie et doit faire foi par elle-même de l'accomplissement des formalités essentielles ; que, d'autre part, le fait que la copie qui devait être signifiée à Delaveau se trouve aujourd'hui au dossier de cet intimé, ne suffit pas pour établir qu'elle est parvenue par les voies régulières et dans les délais légaux, entre les mains du destinataire ; qu'en définitive la nullité de l'exploit doit être prononcée par application des art. 61, § 2, et 456, C. proc...

MM. Merveilleux-Duvignaux, 1er prés. ; Chenon, av. gén. (concl. conf.) ; Mousset et Gassan, av.

ANGERS (1re CH.) 16 février 1881.

VÉTÉRINAIRE, PROFESSION (EXERCICE DE LA), DIPLÔME, USURPATION, DOMMAGES-INTÉRÊTS.

Si l'art de guérir les animaux peut être exercé librement par toute personne (4), *il n'appartient qu'à ceux qui, après des études professionnelles dans des écoles spéciales, ont obtenu le diplôme institué par l'art. 19 de l'ordonnance du 1er sept. 1825, de prendre le titre de* vétérinaire (5) (Ord. 1er sept. 1825, art. 19).

En conséquence, l'usurpation de ce titre, même quand elle n'est accompagnée d'aucune circonstance aggravante, constitue en soi un fait illicite, susceptible de rendre son auteur passible de dommages-intérêts envers les vétérinaires brevetés qui en éprouvent un préjudice (6) (C civ., 1382).

(Geslin c. Landeau.) — ARRÊT.

LA COUR : — Considérant, en droit, que si l'art de guérir les animaux peut être exercé librement par toute personne, il n'appartient qu'à ceux qui, après avoir fait des études professionnelles dans des écoles spéciales, ont obtenu le diplôme institué par l'art. 19 de l'ordonnance du 1er sept. 1825, de prendre le titre de *vétérinaire* ; que l'usurpation de ce titre, même quand elle n'est accompagnée d'aucune circonstance aggravante, constitue en soi un fait illicite, lequel peut rendre son auteur passible de dommages-intérêts envers les vétérinaires brevetés qui en ont souffert préjudice ; — Considérant, en fait, qu'il est constant que Landeau père, qui exerce sans diplôme, à Javron et environs, l'art de guérir les animaux, a, depuis de longues années, fait apposer sur la façade de sa maison, située au milieu du bourg, sur la route nationale de Paris à Brest, une grande enseigne, portant en gros caractères le mot *Vétérinaire* ; qu'il s'est obstiné à conserver cette enseigne après avoir été invité, plusieurs fois, à la faire disparaître, par les membres du jury d'inspection des pharmacies et drogueries de l'arrondissement de Mayenne, et après avoir été sommé de l'enlever par un vétérinaire de Laval, en son nom et au nom de tous ses confrères de la région ; qu'en agissant ainsi, Landeau père a causé sans droit aux vétérinaires brevetés de Mayenne, Carrouges et Alençon, les plus rapprochés de sa résidence, un dommage moral et matériel, et aux vétérinaires de Laval, plus éloignés de Javron,

---

(1) V. en ce sens, Limoges, 25 janv. 1825 ; et sur pourvoi, Cass., 9 nov. 1826, *aff.* Pelouse.

(2) V. conf., sur le principe, Cass., 4 nov. 1868 (S. 69. 1. 109. — P. 69. 261. — D. 68. 1. 469) ; Besançon, 23 févr. 1880 (S. 82. 2. 9. — P. 82. 1. 91) ; Cass., 5 juill. 1882 (S. 84. 1. 115. — P. 84. 1. 255) ; Paris, 28 avril 1883 (D. 84. 2. 119) ; 13 févr. 1884 (S. 86. 1. 25. — P. 86. 1. 38. — D. 84. 1. 325) ; Rousseau et Laisney, *Dictionnaire de proc.*, v° *Exploit*, n. 61.

(3) Il est certain, d'une part, que la formalité du *parlant-à* étant intrinsèque et essentielle dans un exploit, doit être constatée par l'acte même et ne peut être suppléée par aucun autre document indépendant (V. Cass., 24 déc. 1811, *aff.* Dusautoir) ; — d'autre part, qu'un acte de procédure, mal fait, irrégulier, ne se valide pas par les circonstances qui surviennent après coup et qui lui enlèvent, au besoin, toute conséquence fâcheuse. V. dans une espèce analogue à celle de l'affaire actuelle, Lyon, 17 mars 1882 (motifs) (S. 84. 2. 79. — P. 84. 1. 419. — D. 83. 2. 126) ; Mourlon et Naquet, *Répétitions écrites sur la procédure*, n. 323.

(4) Jugé que l'exercice de la profession de vétérinaire et la vente de médicaments pour les bestiaux, par un individu sans diplôme, ne tombent sous l'application d'aucune loi : Angers, 8 avril 1845 (S. 60. 2. 437, *ad notam*) ; Orléans, 18 juill. 1860 (S. 60. 2. 437. — P. 61. 53. — D. 61. 5. 528) ; Cass., 17 juill. 1867 (Pand. chr.), et la note.

(5-6) V. conf., Cass., 1er juill. 1851 (Pand. chr.). Cet arrêt décide aussi très-expressément qu'il y aurait usurpation du titre de vétérinaire, alors même que celui qui prendrait ce titre ne se dirait pas muni d'un brevet.

un dommage au moins moral; qu'après les avertissements qu'il a reçus, il ne peut alléguer la bonne foi, qui ne serait pas d'ailleurs pour lui une excuse juridique; qu'il importe peu qu'il ne se soit pas dit expressément porteur du diplôme que le titre de vétérinaire suppose; que les offres qu'il a faites, en conciliation, de supprimer son enseigne, en payant à chacun des demandeurs un franc de dommages-intérêts et les frais, n'étaient pas satisfactoires; que le préjudice causé aux appelants, tel qu'il ressort des documents versés aux débats, ne pourra être pleinement réparé que par la publication du dispositif du présent arrêt aux frais de l'intimé et par la condamnation de celui-ci en tous les dépens de 1re instance et d'appel; — Par ces motifs, — Infirmant, dit que c'est sans droit que Landeau père, qui exerce sans diplôme à Javron et environs, l'art de guérir les animaux, a pris sur son enseigne le titre de *vétérinaire*, lequel n'appartient qu'à ceux qui, après avoir fait des études professionnelles dans des écoles spéciales, ont obtenu le diplôme institué par l'art. 19 de l'ordonnance du 1er sept. 1825; — Lui fait défense de commettre pareille usurpation à l'avenir; — Ordonne qu'en réparation du préjudice moral et matériel causé aux demandeurs, vétérinaires brevetés, par le fait de Landeau père, la présente décision sera, aux frais de ce dernier, affichée par extrait contenant le dispositif seulement de l'arrêt, dans chacune des communes du canton de Couptrain, d'où dépend Javron, et insérée, en outre, par semblable extrait, dans deux journaux au choix des appelants, etc.

MM. Jac, 1er prés.; Chudeau, av. gén.; Fairé et Bellanger, av.

TRIB.-COM. DOLE 19 février 1881.

COMMERÇANT, SYNDIC DE FAILLITE, FAILLITE.

Les syndics de faillite sont des commerçants (1) *qui peuvent, en cette qualité, être déclarés en faillite* (2) (C. comm., 1, 437, 632).

(Deville.) — JUGEMENT.

LE TRIBUNAL : — Attendu que Jean Deville était, au jour de son décès, syndic de plusieurs faillites; que celui qui remplit ces fonctions et en fait sa profession habituelle est commerçant; que cette solution découle, non pas de la nature du mandat en lui-même, mais de la succession et de la pluralité des mandats qu'il accepte, ce qui fait de lui un agent d'affaires dans le sens de l'art. 632, C. comm.; que, d'ailleurs, il se chargeait de la gestion des affaires d'autrui, de liquidations commerciales, et était agent de la Compagnie d'assurance la Providence; qu'à tous égards donc il doit être déclaré en faillite, s'il est mort en état de cessation de payement des dettes commerciales résultant de son agence d'affaires; — Attendu que depuis plusieurs années, et dès le mois de sept. 1877, l'état de gêne de Deville était certain; que des demandes de règlement de comptes et de payement de soldes lui étaient adressées et qu'il n'y donnait pas satisfaction; qu'il est constant, pour le tribunal, qu'il n'a pas distribué aux créanciers des faillites dont il était le syndic tous les dividendes qui leur revenaient; que ce fait par lui-même, et en dehors de toute poursuite, suffit à constituer la cessation de payements; — Vu l'art. 437, C. comm.; — D'office, déclare en état de faillite ouverte Jean Deville fils, en son vivant agent d'affaires et d'assurances; — Fixe au 1er sept. 1877 la date de la cessation de payements.

M. Bourgeois, prés.

DOUAI (1re CH.) 7 mars 1881.

CONSEIL JUDICIAIRE, ASSISTANCE, REFUS, MARIAGE, OPPOSITION, AUTORISATION DE JUSTICE.

La défense faite au prodigue de plaider, sans l'assistance de son conseil judiciaire, est générale et absolue (3) (C. civ., 499, 513).

En conséquence, cette assistance ne saurait être suppléée par une autorisation de justice (4) (Id.).

Spécialement, *le prodigue ne peut être admis à plaider sans cette assistance, même sur une demande en mainlevée de l'opposition faite à son mariage* (5), *sauf à lui à se pour-*

(1-2) *Contrà*, sur le principe, Besançon, 29 déc. 1875 (Pand. chr.). Cet arrêt se fonde sur ce que les syndicats de faillite constituent des *mandats de justice* attachés à la personne en raison de la confiance qu'elle inspire, de telle sorte que des motifs d'ordre public s'opposent à ce que ces syndicats puissent être considérés comme étant dans le commerce et à ce qu'ils fassent l'objet d'une transaction valable. V. notre *Dictionnaire de droit commerc., ind. et marit.*, t. II, v° *Commerçant*, n. 19-9°. — Dans l'espèce actuelle, le syndic avait annexé à son syndicat de faillite proprement dit une foule d'autres opérations, une agence de liquidations commerciales, une agence d'assurance, etc.; il était donc bien, par ces divers côtés au moins, un véritable agent d'affaires.

(3-4-5) Le conseil judiciaire d'un prodigue a pour mission de protéger ce dernier contre sa faiblesse et de l'empêcher de dissiper son patrimoine. Ce rôle ne vise que les biens; le prodigue est maître absolu de sa personne. Ainsi, notamment, il peut, sans l'assistance de son conseil, contracter mariage : Caen, 19 mars 1839 (Pand. chr.); Toulouse, 2 déc. 1839 (S. 40. 2. 161. — P. 40. 2. 254. — D. 40. 2. 90); Besançon, 11 janv. 1851 (S. 51. 2. 75. — P. 51. 1. 334. — D. 51. 2. 61); Caen, 20 mars 1878 (motifs) (S. 78. 2. 115. — P. 78. 463. — D. 78. 2. 217); Liége, 12 juill. 1882 (S. 82. 4. 47. — P. 82. 2. 78); Toulouse, 11 août 1884 (motifs), rapporté *infrà* en sous-note (*a*). — Et pourtant, il dépend de son conseil de le gêner et de l'entraver dans l'exercice de ce droit.

Au premier abord, on est surpris de cette sorte d'inconséquence; aussi Magnin, *Tr. des minorités*, t. I, n. 900, et Chardon, *De la puiss. tutél.*, n. 278, enseignent-ils que le refus d'assistance peut être suppléé par une autorisation de justice.

Cette doctrine n'a pas prévalu et ne pouvait prévaloir. — Lorsqu'un conseil judiciaire est donné à une personne, conformément aux art. 499 et 513, C. civ., l'interdiction de plaider sans l'assistance de ce conseil est générale et absolue, elle s'applique tout aussi bien aux procès qui touchent à la personne qu'à ceux qui touchent aux biens. V. en ce sens, arrêts précités de Besançon, 11 janv. 1851, Liége, 12 juill. 1882; Toulouse, 2 déc. 1839 et 11 août 1884. V. aussi Limoges, 2 juin 1856 (S. 56. 2. 601. — P. 57. 783. — D. 57. 2. 26); Amiens, 9 juill. 1873 (S. 73. 2. 225. — P. 73. 1039). — Toutefois, la Cour de cassation a fait exception à cette règle, en jugeant que le prodigue peut se passer de l'assistance de son conseil pour défendre à une demande d'interdiction intentée contre lui, et surtout pour interjeter appel du jugement ayant prononcé cette interdiction. V. arrêt, 15 mars 1858 (Pand. chr.), et la note.

L'assistance du conseil ne saurait donc être remplacée par une autorisation de justice. V. l'arrêt précité de Besançon, 11 janv. 1851; Orléans, 15 mai 1847 (S. 47. 2. 567. — P. 47. 2. 51. — D. 47. 2. 138); Douai (motifs), 31 août 1864 (S. 65. 2. 139. — P. 65. 693); Demolombe, *Minorité et tutelle*, t. II, n. 762; Aubry et Rau,

(*a*) Cet arrêt de Toulouse (2e ch.), 11 août 1884, *aff.* Doat c. Doat, est conçu dans les termes suivants :

LA COUR : — Attendu que Émile-Vincent Doat a été pourvu d'un conseil judiciaire, par jugement du tribunal d'Albi en date du 9 août 1882; que, par exploit du 14 juin dernier, il a assigné, sans le concours de son conseil, son père et sa mère devant ledit tribunal, pour obtenir une mainlevée des oppositions qu'il ont formées à Agen et à Albi entre les mains des officiers de l'état civil, au mariage dudit Vincent Doat avec la demoiselle Marie-Léonie Rolland; — Attendu que l'art. 513, C. civ., est absolu, et que l'individu pourvu d'un conseil judiciaire ne peut plaider sans l'assistance de son conseil; qu'il n'est pas permis de distinguer là où la loi ne le fait pas elle-même; que, sans doute, celui qui est pourvu d'un conseil judiciaire conserve la faculté de contracter mariage; mais qu'en présence du texte formel de l'art. 513, on doit reconnaître que, si, pour arriver au mariage, il est obligé de recourir à la justice, il ne peut le faire sans l'assistance de son conseil; — Attendu, par suite, que Vincent Doat ne pouvait intenter son action en mainlevée d'opposition qu'avec l'assistance du sieur Fabre, son conseil judiciaire, et que la décision des premiers juges doit être confirmée; — Par ces motifs, — Confirme, etc.

MM. Frezouls, prés.; Moras, av. gén.; Puget et Ebelot, av.

voir contre son conseil, comme il appartiendra (1) (Id.).

Doit être considéré comme un refus d'assistance le fait, par le conseil, de s'en rapporter à justice (2) (Id.).

(Descamps c. Descamps.)

Descamps fils a été pourvu d'un conseil judiciaire dans la personne du sieur Coquelle.

Sur l'opposition formée par son père à son mariage, Descamps fils l'a assigné en mainlevée de cette opposition, et a mis son conseil judiciaire en cause pour qu'il l'assiste en justice. — Coquelle ayant refusé son assistance et déclaré, qu'au surplus, il s'en rapportait à justice, le tribunal civil de Lille, par jugement en date du 14 janv. 1881, a autorisé le demandeur à ester en justice, et a donné mainlevée de l'opposition faite à son mariage.

Appel par Descamps père.

ARRÊT.

LA COUR : — Au fond... : — Attendu que l'intimé est pourvu d'un conseil judiciaire; qu'aux termes des art. 499 et 513, C. civ., celui qui est pourvu d'un conseil judiciaire ne peut *plaider* sans l'assistance de ce conseil; — Attendu que ces dispositions sont impératives et absolues, et que l'autorisation du juge ne saurait suppléer l'assistance voulue par la loi; — Attendu, en fait, que Coquelle, conseil judiciaire de l'intimé, ayant refusé de l'assister pour plaider devant les premiers juges, ceux-ci l'ont indûment autorisé à ester en justice et ont statué sur sa demande; — Attendu, par suite, que le jugement frappé d'appel, rendu sur une autorisation inopérante du juge et sans que le demandeur ait été assisté de son conseil judiciaire, se trouve destitué de toute valeur légale et ne peut sortir aucun effet; — Attendu, d'ailleurs, que Coquelle ès qualité, intimé devant la Cour, loin d'assister l'intimé pour défendre à l'appel, conserve l'attitude par lui prise en première instance, soit l'attitude de contradiction résultant de conclusions par lesquelles il s'en rapporte à justice; — Par ces motifs, — Met le jugement à néant, renvoie l'intimé à se pourvoir ainsi qu'il appartiendra.

MM. Bardon, 1er prés.; Chalonpin, av. gén.; Devimeux, et de Folleville, av.

DIJON (1re CH.) **11 mars 1881.**

ACTE DE COMMERCE, FERMIER, BESTIAUX, ACHAT, ENGRAISSEMENT, REVENTE, COMMERÇANT, FAILLITE, EMPRUNT, BILLET A ORDRE.

Le fait par un fermier de terres arables et d'herbages d'acheter des bestiaux pour les engraisser sur son domaine et les revendre ensuite, ne constitue pas un acte de commerce, mais bien une opération qui se lie étroitement à l'exploitation agricole de la ferme et participe, dès lors, de ce caractère (3) (C. comm., 632).

Par suite, ce fermier ne saurait être réputé commerçant, ni être déclaré en faillite (4) (C. comm., 1, 437).

Peu importe que, pour se procurer les fonds de roulement nécessaires à son exploitation, il ait eu recours à des banquiers et leur ait souscrit ou endossé des billets à ordre (5) (Id.).

(X... c. Boisseau.) — ARRÊT.

LA COUR : — Attendu qu'aux termes de l'art. 1er, C. comm., ceux-là seuls sont commerçants qui exercent les actes de commerce et en font leur profession habituelle; — Attendu qu'on ne saurait considérer comme un acte de commerce le fait d'un fermier qui achète des bestiaux pour leur faire consommer les fourrages produits par le domaine affermé, et les revendre après engraissement; que cette opération n'est qu'une des branches de l'exploitation agricole de la ferme, se lie étroitement à cette exploitation, et participe dès lors de son caractère; — Attendu que Boisseau, fermier d'un domaine composé de terres, prés, paquiers, etc., était d'ailleurs tenu, par une clause expresse de son bail, de faire consommer et employer à la bonification des fonds tous les foins, pailles et fourrages; — Attendu que le cheptel attaché au domaine, se composant de bêtes à corne d'une va-

---

t. 1, § 139, p. 568; Laurent, *Principes de dr. civ.*, t. V, n. 354, p. 430.

C'est en vain qu'on cherche à assimiler le prodigue à la femme mariée. Si le législateur le protège, c'est en vertu de considérations toutes différentes : le prodigue est incapable à raison de ses propres agissements, la diminution de sa personne est dans son intérêt propre et privé; l'incapacité de la femme repose sur des motifs de morale et d'ordre public dérivant du mariage; dans tous les cas, aucune loi ne confère aux tribunaux le pouvoir de remplacer l'assistance du conseil judiciaire par leur autorisation de plaider, et, en présence de textes formellement contraires, l'assimilation proposée par Magnin et Chardon, *ubi suprà*, ne nous paraît pas susceptible d'être acceptée.

(1) Que veulent dire ces expressions de l'arrêt : *en renvoyant le prodigue à se pourvoir, ainsi qu'il appartiendra?* Est-ce qu'en s'adressant à justice, le prodigue pourra, si le refus d'assistance n'est pas justifié, obtenir que son conseil sera remplacé d'une façon absolue, ou seulement pour son procès actuel? La Cour suprême a reconnu aux tribunaux les pouvoirs les plus étendus de révocation. V. arrêt, 12 août 1868 (Pand. chr.), et la note.

(2) L'assistance exigée par la loi ne consiste pas seulement dans la présence du conseil au procès; autrement, elle ne ferait jamais défaut, puisqu'il suffirait au prodigue d'appeler son conseil en cause, comme il a été fait dans notre espèce. Cette assistance implique le concours personnel du conseil, sa participation directe à l'instance; il doit approuver ce que fait le prodigue; il faut, pour ainsi dire, qu'il y ait identité de vues entre l'un et l'autre. V. en ce sens, Cass., 1er févr. 1876 (S. 76. 1. 153. — P. 76. 366. — D. 76. 1. 80); Aubry et Rau, t. I, § 139, p. 568; Laurent, *Princ. de droit civ.*, t. V, n. 360.

Dans notre espèce, ces conditions auraient été remplies si le conseil judiciaire avait figuré dans la demande en mainlevée de l'opposition. Il s'y est refusé; mis en cause par le prodigue, il a persisté dans son refus et s'est borné à déclarer dans ses conclusions qu'il s'en rapportait à justice.

Il n'avait donc pas été satisfait au vœu de la loi; en effet, une partie qui prend cette attitude peut être condamnée aux dépens (Cass., 8 nov. 1854, D. 54. 1. 427), et a le droit d'interjeter appel (Cass., 2 juin 1830 et 13 nov. 1833, S. 34. 1. 25. — P. chr.).

Nous objectera-t-on que, si le prodigue est défendeur dans un procès, son conseil prend souvent une attitude toute différente de la sienne; qu'il lui arrive, soit de contester la demande quand le prodigue s'abstient, ou en reconnait implicitement le bien fondé, soit de s'en rapporter à justice, lorsque le pourvu conteste; que, dans ces cas, le juge statue, que sa décision est parfaitement valable, et qu'on ne voit pas pourquoi la Cour de Douai ne s'est pas prononcée sur la demande en mainlevée d'opposition à mariage.

C'est confondre deux cas entre lesquels il n'y a qu'une analogie apparente.

Dans notre espèce, le prodigue était demandeur, il n'avait mis son conseil en cause que pour l'assister, et cette assistance lui était refusée; or dans les hypothèses visées par l'objection, par cela seul que le demandeur avait assigné le prodigue et son conseil, l'instance était régulièrement introduite, et le prodigue avait l'assistance voulue. Qu'importe que le conseil ait fait défaut ou qu'il ait pris des conclusions différentes de celles du prodigue? Libre à lui d'agir comme il l'entendra : il ne doit, il est vrai, avoir d'autre guide que l'intérêt du prodigue, mais il est là, il donne son assistance, et s'il manque à son devoir, s'il faillit à sa mission, à l'assisté de se pourvoir à cet effet.

(3-4) Consult., sur ces questions, les arrêts et autorités cités *Pand. fr. alph.*, v° *Acte de commerce*, n. 179 et suiv.

(5) Il est incontestable qu'un effet à ordre ne prend le caractère commercial que lorsqu'il a été souscrit par un commerçant ou à l'occasion d'une opération de commerce. C'est là même une différence caractéristique avec la lettre de change, qui est toujours réputée acte de commerce, quelle que soit la qualité des personnes qui la souscrivent et la cause qui lui donne naissance. V. à cet égard, notre *Dictionnaire de dr. commerc., ind. et marit.*, t. II, v° *Billet à ordre*, n. 5, 93 et suiv., 100.

leur de 2,000 francs environ, était évidemment insuffisant pour la consommation de tous les foins et fourrages produits par ce domaine ; que Boisseau était donc obligé, par les nécessités mêmes de son exploitation, d'acheter des bestiaux au printemps et de les revendre en automne ; — Attendu que, s'il est établi par les enquêtes qu'en dehors du mouvement normal de ces acquisitions et reventes, Boisseau a pu opérer en foire quelques achats de bestiaux dans un but de pure spéculation et faire ainsi des actes de commerce, ces actes rares et isolés ne constituaient pas la « profession habituelle » exigée par l'art. 1er, C. comm., pour le ranger dans la classe des commerçants ; — Attendu que si, pour se procurer les fonds nécessaires au roulement de son exploitation, Boisseau a eu recours aux banquiers de la région, a souscrit ou endossé des billets à ordre, il n'en résulte pas qu'il ait fait en cela acte de commerce, les emprunts et les souscriptions d'effets à ordre n'ayant pas par eux-mêmes le caractère commercial ; qu'un effet à ordre ne prend le caractère commercial que lorsqu'il a été souscrit par un négociant ou à l'occasion d'une opération de commerce ; — Attendu que Boisseau, n'étant pas commerçant, ne pouvait être déclaré en état de faillite ; — Par ces motifs, — Réforme, etc.

MM. Cantel, 1er prés. ; Cardot, av. gén. (concl. conf.) ; Nourissat et Lombart, av.

RIOM (1re CH.) 23 mars 1881.

DOT, BIENS PRÉSENTS ET A VENIR, FEMME, ACQUISITIONS, LOI QUINTUS-MUCIUS, PRÉSOMPTION, COMMERCE SÉPARÉ, BÉNÉFICES, PROPRIÉTÉ.

La présomption de la loi romaine Quintus-Mucius *que les acquisitions faites par la femme dotale ont été payées des deniers du mari, à moins qu'elle ne justifie y avoir pourvu par ses ressources personnelles, n'est pas applicable au cas où la femme, qui s'est constitué une dot illimitée, a créé un commerce séparé ; ce cas doit être régi par les clauses du contrat de mariage et par les principes du régime dotal* (1) (C. civ., 1540, 1541, 1542).

Le fait, par la femme dotale, de se constituer en dot tous ses biens présents et à venir ne lui permet ni de conserver ni d'acquérir aucun bien paraphernal (2) (C. civ., 1540, 1541, 1574).

En conséquence, lorsque la femme a exercé un commerce spécial et séparé sans l'autorisation, ni la participation de son mari, les bénéfices et économies en provenant ne sauraient être considérés comme des fruits que le mari a le droit de percevoir et qui sont appelés à concourir, avec les autres revenus, au soutien du ménage ; ils constituent des biens dotaux, dont les produits seuls doivent revenir au mari (3) (C. civ., 1540, 1549).

(Suc c. Vocanson.) — ARRÊT.

LA COUR : — Attendu que, par leur contrat de mariage en date du 14 sept. 1838, aux minutes de Vissaguet, notaire à Yssingeaux, Antoine Suc et Anne-Marie Pélissier ont déclaré adopter le régime dotal, et celle-ci s'est constitué en dot tous ses biens présents et à venir ; — Attendu qu'après quelque temps de vie commune à Yssingeaux, les époux Suc se sont volontairement séparés en l'année 1843 ; — Que la femme Suc, ayant quitté le domicile conjugal, s'est fixée à Paris, où elle a exercé, pendant plusieurs années, un commerce de brocantage, et où elle est décédée le 15 août 1877, laissant un testament olographe, en date du 1er juillet précédent, testament aux termes duquel elle institue sa légataire universelle Marie-Madeleine Pélissier, sa sœur, épouse de Philippe Vocanson ; — Attendu qu'il a été trouvé et inventorié en la demeure de la testatrice, à Paris, des objets mobiliers, des créances actives et des valeurs, le tout représentant une somme de certaine importance ;

(1-2) Une première question se posait devant la Cour : la présomption de la loi Quintus-Mucius a-t-elle été consacrée par notre Code ?

« Oui, dit Troplong ; elle est la base de notre régime dotal ; c'est une loi d'honnêteté conjugale et de moralité publique, et, ne pas l'observer, serait permettre aux époux de contrevenir indirectement à l'interdiction de se faire, pendant le mariage, des libéralités irrévocables. » (*Contrat de mariage*, t. IV, n. 3018.) — V. aussi Montpellier (arg.), 29 mars 1841 (S. 49. 2. 288).

Non, d'après la Cour de Pau, cette loi n'ayant pas été consacrée par le Code civil, ses dispositions se trouvent comprises dans l'abrogation des lois antérieures (Arrêt, 10 déc. 1832, S. 33. 2. 240. — P. chr. — D. *Jurispr. gén.*, vo *Obligations*, n. 4980, note 1).

Notre arrêt semble la trancher dans ce dernier sens ; seulement, il ne s'explique pas d'une manière bien catégorique.

N'en cherchons pas non plus la solution dans un arrêt de Lyon, 11 mai 1848 (S. 49. 2. 286. — D. 49. 5. 121), — ni dans un arrêt de Cass., 29 déc. 1863 (S. 64. 1. 11. — P. 64. 633. — D. 64. 1. 120) ; — ces arrêts sont intervenus dans des espèces où le contrat de mariage des époux était régi par un Code qui comportait l'application des lois romaines, et notamment de la loi Quintus-Mucius ; — ni enfin dans un autre arrêt de Cass., 22 janv. 1877 (S. 77. 1. 148. — P. 77. 375. — D. 77. 1. 214), qui statue sur des conventions matrimoniales arrêtées avant la promulgation du Code civil, en pays de droit écrit, où la loi Mucius était en vigueur. V. aussi Cass., 21 févr. 1855 (S. 55. 1. 88. — P. 55. 1. 275. — D. 55. 1. 76).

Quant à nous, nous n'hésitons pas à adopter la doctrine de la Cour de Pau. « La présomption légale aux termes de l'art. 1350, C. civ., est celle qui est attachée par une loi spéciale à certains actes ou à certains faits », et cet article en cite plusieurs cas. Il est vrai que cette énumération n'est pas limitative ; mais nous ne voyons, dans nos Codes, aucune loi qui établisse cette présomption, et il n'appartient pas aux tribunaux de la créer en la puisant dans des lois romaines que notre législateur n'a pas sanctionnées.

Néanmoins, lorsque la femme se sera mariée sous un régime, dotal ou autre, lui enlevant la disposition et la jouissance de tous ses biens présents et à venir, il sera bien permis au juge d'en induire que les acquisitions faites par la femme ont été payées avec des deniers du mari, et cette induction, tout en ne constituant qu'une présomption simple, pourra bien avoir, à l'encontre de la femme, la force et la puissance d'une présomption légale. *Sic* : Aubry et Rau, t. V, § 531, p. 511 ; Laurent, *Principes de dr. civ.*, t. XXIII, n. 416. — Comp., Caen, 8 août 1868 (S. 70. 2. 116. — P. 70. 561) ; Aix, 10 juill. 1869 (Pand. chr.) ; Cass., 19 déc. 1871 (S. 71. 1. 192. — P. 71. 602. — D. 72. 1. 77).

Dans notre espèce, par exemple, la femme s'était constitué en dot tous ses biens présents et à venir. La Cour, réformant, à bon droit, la décision rendue par les premiers juges, en a conclu que cette constitution n'avait permis à la femme ni de conserver, ni d'acquérir aucun bien paraphernal, et que les bénéfices résultant de son commerce étaient des biens dotaux.

Mais à l'aide de quels deniers ce fonds de commerce avait-il été créé ? La Cour ne le recherche pas ; elle se borne à répondre au mari qu'il n'établit pas que sa femme lui ait soustrait, en le quittant, une somme dont elle se serait servie pour fonder son établissement commercial. V. dans le même sens, Agen, 30 janv. 1882 (S. 83. 2. 223. — P. 83. 1. 115).

(3) Quel est le caractère juridique des profits et bénéfices provenant d'un commerce ou d'une industrie que la femme dotale exerce séparément ? A qui appartiennent-ils ?

La question est controversée. V. nos observations sous l'arrêt d'Aix précité, du 10 juill. 1869, qui décide qu'à moins de réserve expresse par la femme, la propriété de ces bénéfices doit être attribuée au mari ou, tout au moins, à la communauté conjugale.

Dans l'espèce qui lui était soumise, la Cour de Riom, s'appuyant sur des considérations de fait et de droit, a jugé que ces profits et bénéfices constituaient des biens dotaux ; elle en a tiré la conséquence que les revenus auraient dû être remis au mari comme administrateur de la dot. — Nous estimons que, de ce chef, sa décision est juridique. V. en ce sens, Cass., 13 fév. 1884, qui déclare bien dotal le traitement attribué aux fonctions d'institutrice communale exercées par une femme dont la constitution de dot était illimitée (Pand. chr.), et nos observations. V. aussi Rodière et Pont, *Contr. de mar.*, t. III, n. 1959, 1975 ; Aubry et Rau, t. V, § 534, p. 532, texte et note 7 ; Boistel, *Précis de dr. comm.*, n. 100 *bis* ; Lyon-Caen et Renault, *id.*, t. I, n. 193.

— Attendu que l'époux survivant s'est opposé à la mise en possession de la femme Vocanson, et qu'il soutient la nullité des dispositions testamentaires d'Anne-Marie Pélissier, par ces deux motifs : que les deniers à l'aide desquels elle avait pu établir son commerce avaient été soustraits par elle à son mari, et qu'en tout cas, les produits et économies quelconques provenant de ce commerce devaient, sous l'empire de leurs conventions matrimoniales, être considérés comme étant la propriété exclusive de lui, Antoine Suc; — Attendu que le tribunal civil d'Yssingeaux, appelé à statuer sur ces prétentions d'Antoine Suc, les a absolument rejetées, en considérant comme paraphernal l'avoir acquis par sa femme dans une industrie ou un commerce créé avec ses propres ressources ;

Attendu qu'il n'est nullement établi qu'au moment où elle s'est éloignée d'Yssingeaux, la femme Suc ait soustrait à son mari une somme quelconque et s'en soit ensuite servie pour fonder un établissement commercial; — Attendu que la loi romaine *Quintus-Mucius*, suivant laquelle la femme mariée, qui avait acquis personnellement des immeubles, était présumée en avoir payé le prix avec les deniers fournis par son mari, à moins qu'elle ne justifiât y avoir pourvu par ses ressources personnelles, provenant d'une industrie propre ou d'immeubles paraphernaux, n'est point applicable à l'espèce, qui se trouve régie par les clauses du contrat de mariage précitées et par les principes qui forment actuellement la base du régime dotal; — Attendu que l'adoption de ce régime par les époux Suc et la constitution générale, illimitée par Anne Pélissier, de tous ses biens présents et à venir, ne lui ont pas permis de conserver ni d'acquérir un avoir paraphernal; — Attendu, en effet, que lorsque les époux ont déclaré se soumettre au régime dotal, la constitution en dot par la femme de ses biens présents et à venir s'étend, sans exception aucune, à tous les biens qui adviendront à celle-ci, tant que l'union matrimoniale n'aura pas été dissoute; — Que la généralité de la constitution dotale comprend, dans les biens à venir, aussi bien que dans les biens présents, ceux qui n'auront pas été nommément réservés, de quelque nature et origine qu'ils soient; qu'aucune considération, ni juridique, ni morale, ni d'équité, ne justifierait, en l'absence de clauses formelles, une exception touchant les produits d'un commerce spécial, d'une industrie distincte exercée par la femme; que les bénéfices, les économies dont ce commerce ou cette industrie aura été la source, ne sauraient être considérés eux-mêmes comme rentrant dans la catégorie des fruits que le mari a le droit de percevoir et qui doivent concourir, avec les autres revenus des époux, au soutien du ménage; — Attendu que, si la règle que, sous le régime dotal, la femme travaille pour son mari, a pour effet de faire profiter le mari des avantages procurés au ménage par le travail personnel de la femme, cette règle cesse de recevoir son application, quand le travail de la femme perd le caractère d'une simple assistance à celui du mari, pour constituer, comme dans l'espèce, un commerce, une industrie s'exerçant en dehors du ménage, sans participation aucune du mari aux peines comme aux risques de ces entreprises ; qu'il faut reconnaître, en ce cas, que la femme travaille, bénéficie, économise pour elle-même, et que, par suite, les capitaux créés par elle, à l'aide de ses gains, se classent parmi ceux qu'elle s'était constitués, comme dotaux sous la désignation de biens à venir; — Attendu, en conséquence, que c'est à tort que les premiers juges ont qualifié paraphernaux ceux des biens qui, laissés par la femme Suc, au moment de son décès, avaient été acquis par elle dans un commerce de brocantage;

Attendu que, ces biens étant dotaux, ils auraient dû, suivant les prescriptions des art. 1540 et 1549, C. civ., être apportés par la femme Suc à son mari, administrateur et maître de la dot, dont les revenus lui appartenaient, pour supporter les charges du ménage, et que, la femme Suc les ayant, au contraire, gardés en sa possession au fur et à mesure de leur acquisition, il est dû compte par sa succession à son mari des fruits produits par ses biens; que vainement objecterait-on qu'étant demeurée durant trente-quatre ans environ éloignée du domicile conjugal, elle est restée tout ce temps sans profiter des ressources du ménage, et que, par conséquent, elle n'avait pas à y contribuer; car le fait de s'être mise et maintenue dans une situation irrégulière, et de s'être soustraite au devoir d'habiter avec son mari, n'a pas pu avoir pour effet de la relever des conséquences légales du régime auquel elle avait elle-même déclaré vouloir assujettir tous ses biens présents et à venir; — Attendu que les objets et valeurs existant au domicile commercial de la femme Suc se composent de son mobilier personnel, de sa garde-robe, de ses marchandises en magasin, de vingt-neuf billets souscrits à son profit par divers débiteurs, de douze obligations de la ville de Paris (emprunt de 1871) et d'une action du chemin de fer de l'Est; — Attendu que, si le mobilier, la garde-robe, les marchandises n'étaient pas de nature à produire des fruits et revenus, il n'en est pas de même des créances actives et des valeurs mobilières précitées, et que la légataire universelle de la femme Suc doit restituer à l'appelant tous les intérêts de ces créances et valeurs, pour le temps où celle-ci aurait dû mettre son mari à même de les percevoir ; — Attendu qu'il y a lieu à cet égard d'attribuer à Antoine Suc les intérêts et arrérages produits *constante matrimonio* par lesdites créances et valeurs... ; — Par ces motifs, etc.

MM. Moisson, 1er prés.; Berr, av. gén.; Everal et Ch. Vimal, av.

TRIB.-CIV. HAZEBROUCK 26 mars 1881.

1° COMMISSAIRE-PRISEUR, MATÉRIAUX DE DÉMOLITION, VENTE, NOTAIRE. — 2° IMMEUBLE, BATIMENTS, DÉMOLITION.

1° Les notaires seuls, à l'exclusion des commisseurs-priseurs et autres officiers ministériels, ont le droit de procéder à la vente des matériaux d'un édifice à démolir (1) (L. 5 juin 1881).

2° Des bâtiments, destinés à être ultérieurement démolis, ne perdent point pour cela leur caractère d'immeubles par nature (2) (C. civ., 518, 522).

---

(1) Cette solution était déjà consacrée par la jurisprudence antérieure à la loi du 5 juin 1851. V. Cass., 8 juin 1831 (S. 31. 2. 225. — P. chr.).

(2) Les principes sont fixés par deux dispositions du Code civil. Aux termes de l'art. 518, les *bâtiments* sont *immeubles* par leur nature. D'après l'art. 532, les *matériaux* provenant de la démolition d'un édifice... sont *meubles* jusqu'à ce qu'ils soient employés par l'ouvrier dans une construction. Ces deux dispositions se complètent, se corroborent. Jamais un bâtiment, une construction, ne peut constituer un meuble, c'est toujours un immeuble.

Peu importe le but envisagé par les parties, les résolutions ultérieures auxquelles elles doivent s'arrêter. De ce qu'elles considèrent les matériaux employés à la construction, non dans leur état actuel d'adhérence au sol, mais dans l'état où ils seront une fois détachés du sol et mobilisés, il ne saurait en résulter une transformation dans la nature propre et juridique des choses. En pareille matière, l'intention n'est rien ; la réalité domine tout. Tant que le bâtiment reste debout, avec la complète cohésion de tous ses éléments, il y a immeuble; une fois la désagrégation opérée, ce ne sont plus que des matériaux qui ne forment plus un corps d'ensemble, compacte, d'un seul bloc ; il y a des meubles. — Ces vérités sont trop élémentaires et ne demandent pas qu'on y insiste. — Rappelons toutefois que les particuliers ont le droit

(Gohelaere c. Chassaing.) — JUGEMENT.

LE TRIBUNAL : — Attendu, en fait, que le sieur Chassaing (commissaire-priseur) reconnait qu'il a procédé, le 27 juin 1880, à Merville, à une vente publique de deux maisons et une grange adhérentes au sol, et dont les matériaux qui les composaient ne devaient être enlevés qu'après ladite vente; — Attendu, en droit, que si, avant la loi du 5 juin 1851, des doutes pouvaient s'élever sur les prétentions qu'émettaient les notaires d'avoir seuls le droit de faire les ventes de cette nature, ces doutes ne peuvent subsister aujourd'hui; qu'il résulte, en effet, des discussions qui ont précédé le vote de ladite loi, qu'en accordant aux notaires, commissaires-priseurs, huissiers et greffiers le droit de procéder concurremment, et d'après le choix des parties, aux ventes publiques, soit à terme, soit au comptant, des fruits et récoltes pendants par racines et des coupes de bois taillis, même dans le lieu de résidence des commissaires-priseurs, le législateur a voulu réserver exclusivement aux notaires le droit de procéder aux ventes des coupes de haute futaie aménagées ou non aménagées et autres objets adhérents au sol ou vendus pour en être détachés; que ce qui le démontre, c'est que ces derniers objets avaient été compris d'abord dans l'énoncé proposé par la commission, mais qu'ils en ont été successivement retranchés; qu'à cet égard la loi s'en est référée au droit commun; — Attendu qu'aux termes de l'art. 518, C. civ., les bâtiments sont immeubles par nature; que ce caractère ne saurait être modifié par cette circonstance qu'ils doivent être ultérieurement démolis; que les notaires seuls, à l'exclusion des commissaires-priseurs et autres officiers ministériels, ont le droit de procéder aux ventes d'immeubles; que, de ce qui précède, il suit que c'est à tort que le sieur Chassaing a procédé à la vente du 27 juin 1880; — Attendu qu'en agissant ainsi qu'il l'a fait, le sieur Chassaing a causé au sieur Gohelaere, ès qualités qu'il agit, un préjudice qu'il doit réparer; que la condamnation aux dépens paraît une réparation suffisante; — Attendu que ledit Chassaing n'établit pas qu'un dommage lui ait été causé par le sieur Gohelaere; — Par ces motifs, etc.

PARIS 29 mars 1881.

FAILLITE, INSUFFISANCE D'ACTIF, CLÔTURE, DESSAISISSEMENT, SYNDICS, PARTAGE (ACTION EN).

La clôture de la faillite, pour insuffisance d'actif, laisse subsister l'état de dessaisissement du failli et ne met pas complétement fin aux fonctions des syndics (1) (C. comm., 443, 527).

Le droit de surveillance et la faculté de prendre toutes mesures utiles à la sauvegarde des intérêts de la masse, que les syndics continuent à exercer, même après la clôture de la faillite, leur donnent bien toute qualité à l'effet d'intervenir dans une instance en partage introduite contre le failli, et même de l'intenter au nom du failli contre les cohéritiers de celui-ci, mais ne les autorisent pas à la diriger personnellement contre le failli; l'action en partage étant, en effet, exclusivement réservée à un cohéritier contre son ou ses cohéritiers (2) (C. civ., 826, 827, 1004, 1011, 1014; C. proc., 966 et suiv.).

(Dejean et Barboux, synd., c. Jacmart-Chabrier.) — ARRÊT.

LA COUR : — Sur la demande à fin de partage et de licitation formée par Barboux, syndic de la faillite de l'appelant : — Considérant, en fait, que les opérations de la faillite étaient clôturées pour insuffisance d'actif au moment où la succession de Dejean père a été ouverte et où le syndic a engagé son action; — Qu'en cet état, en droit, si les opérations sont forcément arrêtées, la faillite n'en subsiste pas moins, particulièrement en ce qui touche le dessaisissement dont est frappé le failli, en vertu de l'art. 443, C. comm., et en ce qui touche les fonctions du syndic, qui ne cessent pas complétement; — Que ce dernier reste toujours investi du droit de surveillance qui lui appartient, et qu'il a surtout la faculté de prendre toutes les mesures conservatoires qu'il juge utiles à la sauvegarde des intérêts qui lui sont confiés; — Mais que si, à ce titre, il a qualité pour intervenir dans une instance en partage introduite contre le failli, et même pour l'intenter au nom de celui-ci contre ses cohéritiers, il n'en a aucune pour la diriger personnellement contre lui; — Que l'action en partage appartient exclusivement à celui qui a un droit sur une chose ou sur une valeur déterminées en commun, avec une ou plusieurs autres personnes, et que le syndic, même quand il agit au nom de la masse des créanciers, ne peut, sous aucun rapport, être considéré comme ayant des droits communs avec le failli dans une cohérie où celui-ci est appelé comme copartageant; — Qu'il suit de là que l'action en partage de la succession de Dejean père, formée par Barboux, syndic, contre Dejean fils, failli, n'a aucun fondement en droit, et qu'elle est non recevable; mais que la faillite ayant été réouverte depuis que le jugement dont est appel a été rendu, ainsi qu'il appert d'une sentence rendue par le tribunal de commerce de la Seine, en date du 29 mai 1880, il y a lieu de maintenir le syndic dans l'instance; — Que vainement l'appelant soutient que l'action en partage dirigée par la dame Jacmart contre lui seul n'est pas recevable, et que la procédure suivie contre lui est entachée de nullité; — Que la dame Jacmart n'était évidemment pas tenue d'appeler le syndic dans une instance où il était déjà parti en cette qualité, et où il lui était loisible de prendre telles conclusions que de droit...; — Par ces motifs, etc.

MM. Descoustures, prés.; Harel, av. gén.; Oscar Falateuf, Chaumat, Droz et Husson, av.

LYON (1re CH.) 31 mars 1881.

ARCHITECTE, TRAVAUX PARTICULIERS, HONORAIRES, RÈGLEMENT, APPRÉCIATION.

Il n'existe aucune loi, aucun règlement obligatoire qui fixe les honoraires dus à un architecte pour travaux particuliers; l'avis du conseil des bâtiments civils du 12 pluv. an VIII

---

de vendre leurs immeubles aux enchères, sans le ministère de notaires. V. Cass., 20 févr. 1843 (S. 43. 1. 309. — P. 43. 2. 334); Amiens, 19 nov. 1846 (D. 47. 2. 67), et sur pourvoi, Cass., 19 mai 1847 (S. 47. 1. 319. — P. 47. 1. 679. — D. 47. 1. 239); Caen, 26 févr. 1863 (S. 63. 2. 168. — P. 63. 1107); Dijon, 13 août 1868 (S. 68. 2. 351. — P. 68. 1261); Cass., 14 nov. 1883 (S. 85. 1. 449. — P. 85. 1. 1076. — D. 84. 1. 201); Rutgeerts et Amiaud, *Comment. sur la loi du 25 vent. an XI*, t. I, n. 209.

(1) Jurisprudence certaine. V. Cass. 5 nov. 1879 (Pand. chr.), et les renvois en note; Nîmes, 15 janv. 1881 (Pand. chr.); Paris, 10 mai 1881 (Pand. chr.); Aix, 20 mars 1884 (Pand. chr.).

(2) Il a été jugé que le failli, après la clôture pour insuffisance d'actif, ne peut procéder seul au partage des biens qui lui sont échus par succession : Bordeaux, 15 mars 1876 (Rec. de cette Cour, 76. 96); Rouen, 3 mai 1879 (S. 80. 2. 236. — P. 80. 944. — D. 80. 2. 15), et notre *Dictionnaire de droit commerc., ind. et marit.*, t. IV, v° *Faillite*, n. 653. — Dans notre espèce, la question était bien différente : le syndic avait formé contre le failli lui-même une demande en partage d'une succession qui était advenue à ce dernier après la clôture de la faillite. Or, par sa nature, une telle action ne peut appartenir qu'à un cohéritier contre un autre cohéritier, et le syndic, pas plus que la masse d'ailleurs, ne sont des cohéritiers du failli. Les motifs de l'arrêt ci-dessus nous paraissent donc bien déduits.

étant relatif uniquement au règlement des honoraires des architectes pour travaux publics (1) (Avis 12 pluv. an VIII).

D'où, à défaut de convention, les tribunaux doivent régler ces honoraires, comme ceux de tout mandat ou de tout louage d'industrie, eu égard aux travaux opérés (2) (C. civ., 1779 et suiv.).

(Bertin c. Devun.)

25 août 1880, jugement du tribunal civil de Saint-Étienne, ainsi conçu : — « LE TRIBUNAL : — Attendu que Devun, qui avait chargé Boutin de diriger, en qualité d'architecte, la construction d'une maison édifiée déjà en partie, lui a fait défense, le 18 février 1879, de continuer à s'occuper de ladite construction; que, dans cet état, par exploit du 26 févr. 1879, Boutin a fait assigner Devun aux fins de s'entendre condamner à lui payer la somme de 1,200 francs pour honoraires; — Attendu qu'un jugement du tribunal en date du 7 mars 1879 a nommé M. Ulysse Gros, architecte, expert; — Attendu que l'expert Gros évalue, après sérieux examen, à 12,000 fr. les travaux exécutés sous la surveillance de Boutin; — Attendu que l'expert fixe à 600 francs les honoraires dus à Boutin, en calculant les honoraires à raison de 5 pour 100 sur la somme de 12,000 francs valeur des travaux; — Attendu que Devun, qui, dans ses conclusions, reconnaissait que les honoraires à allouer à Boutin devaient être fixés d'après cette base, a prétendu à l'audience qu'ils devaient être calculés sur le pied de 3 pour 100 seulement; qu'il a soutenu en effet que les architectes, d'après l'avis du conseil des bâtiments civils du 12 pluv. an VIII, reçoivent les honoraires suivants : un et demi pour 100 pour plans et devis, un et demi pour 100 pour conduite des travaux et 2 pour 100 pour vérification et règlement des mémoires, et Boutin n'ayant pas procédé à ce dernier travail, ne devait pas recevoir la rémunération affectée à son exécution; qu'une pareille prétention ne saurait être admise; qu'en effet, l'avis du conseil des bâtiments civils du 12 pluv. an VIII est relatif uniquement au règlement des honoraires des architectes pour travaux publics et, par suite, n'est pas applicable aux travaux particuliers; qu'en outre, il n'existe aucune loi, aucun règlement obligatoire qui fixe les honoraires dus à un architecte pour travaux particuliers; — Attendu que, dans cet état, les tribunaux doivent régler les honoraires à défaut de convention, comme ceux de tout mandat ou de tout louage d'industrie, eu égard aux travaux opérés; — Attendu qu'aucune convention n'ayant existé entre Boutin et Devun relativement au quantum des honoraires, et l'allocation faite par l'expert n'étant pas exagérée, il y a lieu de la maintenir; — Par ces motifs, — En ayant tel égard que de raison au rapport de l'expert, fixe à 600 francs les honoraires dus à Boutin; — Condamne Devun à payer à ce dernier ladite somme. » — Appel.

ARRÊT.

LA COUR : — Sur la demande de Boutin contre Devun : — Adoptant les motifs des premiers juges, — Confirme.

MM. Valantin, prés.; Baudouin, av. gén.; Pine-Desgranges et Evrard, av.

PARIS (CH.-CORR.) 2 avril 1881.

ESCROQUERIE, JEU DE BONNETEAU, MANŒUVRES FRAUDULEUSES.

Le jeu des trois cartes dit de bonneteau, *qui consiste en un pari sur la place occupée par telle ou telle des cartes que le banquier a montrées à découvert et que les joueurs croient pouvoir suivre et désigner à coup sûr, une fois qu'elles sont remuées et déposées sur la table, constitue une escroquerie, lorsque, par un tour de main, le banquier a interverti l'ordre dans lequel il a présenté les cartes à l'assistance, si bien que l'égalité des risques se trouve rompue, et que les joueurs sont fatalement trompés dans leurs observations et leurs calculs* (3) (C. pén., 405).

(X...) — ARRÊT.

LA COUR : — Considérant que le jeu et le pari sont des conventions réciproques dont les effets, quant aux avantages et aux pertes, dépendent d'un événement incertain; qu'il n'en est pas ainsi du jeu dit de *bonneteau*, qui ne renferme aucun aléa, et ne fait courir que des risques imaginaires au banquier; que ce jeu consiste, de la part des adversaires du banquier, à engager un pari sur la place occupée par telle ou telle des cartes que celui-ci vient de leur montrer à découvert, et qu'il a ensuite déposées devant lui; que les personnes qui ont attentivement suivi les cartes de l'œil croient pouvoir désigner à coup sûr celle sur la-

(1-2) V. conf., Paris, 26 juin 1844, *aff.* Dommey c. Salverte : — « Attendu, porte cet arrêt, qu'aucune loi ne fixe les honoraires dus à l'architecte par le propriétaire autre que l'Etat; qu'ils doivent donc varier, suivant la nature et l'importance des constructions, les matériaux employés, les peines et la responsabilité de l'architecte, etc. » *Adde* : Paris, 29 déc. 1859 (P. 62. 180), et surtout Cass., 27 mars 1876 (S. 79. 1. 453. — P. 79. 1189. — D. 77. 1. 16); Frémy-Ligneville et Perriquet, *Traité de la législation des bâtiments*, t. I, n. 214.

Ainsi, en matière de travaux exécutés pour le compte des particuliers, pas de tarif déterminé à l'avance et pouvant tenir lieu de conventions entre les parties, comme pour les travaux publics. V. Dijon, 21 mai 1844 (P. 44. 2. 332). Cependant ce principe n'est pas absolument maintenu dans la pratique.

A Paris, notamment, il est de règle de suivre, dans la plupart des cas, l'avis du conseil des bâtiments civils du 12 pluv. an VIII, et d'en faire l'application aux entreprises privées. Les honoraires des architectes chargés de dresser les plans et devis de travaux et d'en diriger l'exécution, sont généralement arbitrés, sauf stipulation contraire, à 5 pour 100 du montant des travaux. *Sic* : Frémy-Ligneville et Perriquet, *loc. cit.*; Rendu et J. Sirey, *Code Perrin*, ou *Dict. des constructions*, v° *Architecte*, n. 297. — Seulement, quand il s'agit de travaux exécutés à forfait, après adjudication au rabais, le 5 pour 100 alloué doit être calculé sur le montant des forfaits consentis, c'est-à-dire sur la dépense réellement effectuée et non sur le chiffre des devis estimatifs. V. l'arrêt de Paris, en sous-note (*a*).

(3) Cet arrêt marque la constatation d'une jurisprudence qui s'est affirmée par des décisions sans nombre à Paris. Les quatre chambres du tribunal de police correctionnelle de la Seine et la Cour de Paris en font une application journalière, usuelle, à ce point que les feuilles judiciaires et les recueils d'arrêts ne s'embarrassent plus de documents trop connus des avocats et magistrats pour leur être encore de quelque utilité. Il convenait dans notre travail de refonte de ne pas omettre la question et de reproduire un arrêt-type; toutes les décisions que nous avons eues sous les yeux (V. notamment, Paris, 20 avril et 6 mai 1881) sont d'ailleurs conçues dans le même esprit, coulées pour ainsi dire dans le même moule de formules identiques. V. aussi Orléans, 12 déc. 1885 (Pand. chr.), et la note. — V. encore d'autres applications analogues de l'art. 405, C. pén., au cas de tricherie au jeu : Cass., 9 juill. 1859 (S. 59. 1. 772. — P. 60. 292. — D. 59. 1. 333); 16 mars 1860 (S. 60. 1. 919. — P. 61. 222. — D. 60. 5. 150); 6 juill. 1866 (D. 67. 1. 411); 31 janv. 1868 (S. 68. 1. 350. — P. 68. 914. — D. 68. 1. 240); 16 déc. 1882 (S. 84. 1. 349. — P. 84. 1. 844. — D. 83. 1. 439).

(*a*) Cet arrêt, rendu par la Cour de Paris (2e ch.), à la date du 6 déc. 1883, *aff.* Reboul c. Guérard, est ainsi conçu :

LA COUR : — ...Considérant que l'obligation prise par le propriétaire de payer 5 pour 100 à l'architecte n'a de base certaine et positive, à moins de convention expresse, qui n'existe pas dans la cause, que la dépense réelle à laquelle s'est élevée la construction dirigée par ce dernier; que, dans l'espèce, notamment, tout autre calcul de rémunération serait purement arbitraire et ne répondrait pas à l'intention commune des parties; — Considérant, en principe, d'autre part, que les rabais consentis dans les soumissions des entrepreneurs, pour fixer le chiffre de leurs forfaits respectifs, sont en réalité faits au propriétaire lui-même, dont l'architecte n'est que le mandataire dans les adjudications intervenues; — Adoptant au surplus les motifs des premiers juges, etc...

MM. Ducreux, prés.; Manuel, av. gén.; Dabot et Couteau, av.

quelle elles ont résolu de mettre leur enjeu ; mais que le banquier, par un coup de main, intervertit l'ordre dans lequel il a présenté les cartes à l'assistance, si bien que l'égalité des risques se trouve rompue, et que les adversaires sont fatalement trompés dans leurs calculs ; que de pareilles manœuvres, destinées à faire naître l'espérance d'un succès ou d'un événement chimérique, sont essentiellement constitutives de la fraude prévue et punie par l'art. 405, C. pén., etc.

MM. Manau, prés.; Maillard, av. gén.

PARIS (5e CH.) **10 mai 1881.**

FAILLITE, INSUFFISANCE D'ACTIF, CLÔTURE, DESSAISISSEMENT, SYNDIC, EXPROPRIATION POUR UTILITÉ PUBLIQUE, INDEMNITÉ.

La clôture de la faillite, pour insuffisance d'actif, laisse subsister l'état de dessaisissement du failli et ne met pas complètement fin à la mission des syndics (1) (C. comm., 443, 527).

Par suite, l'entente directe et amiable avec le failli, pendant la période de la clôture, au sujet d'une indemnité d'expropriation, et le payement au failli seul de cette indemnité, ne mettent pas obstacle à ce qu'une indemnité nouvelle soit réclamée par le syndic (2) (C. proc., 557 et suiv.).

Et le syndic ne peut se voir opposer, par l'expropriant, une déchéance résultant de ce qu'il n'aurait pas, conformément à la loi du 3 mai 1841, fait connaître sa situation de tiers intéressé; le syndic n'agissant pas comme tiers intéressé, mais comme représentant du failli, ne saurait encourir une déchéance qui n'atteindrait pas ce dernier (3) (L. 3 mai 1841, art. 6, et 21, § 2).

(Chemin de fer de Ceinture c. synd. Bouquin.)

24 déc. 1879, jugement du tribunal civil de la Seine, ainsi conçu : — « LE TRIBUNAL : — Attendu que Copin, syndic de la faillite Bouquin, demande à la Compagnie du chemin de fer de Grande-Ceinture de Paris le payement d'une somme de 5,000 francs, montant de l'indemnité hypothétique accordée par le jury d'expropriation pour le préjudice éprouvé par Bouquin, fermier ; — Attendu que la Compagnie défenderesse repousse la demande de Copin en excipant des art. 6 et 21 de la loi du 3 mai 1841, qui impartissent soit aux parties intéressées, soit aux locataires, des délais de rigueur pour se faire connaître à l'expropriant, et pour obtenir de lui une indemnité d'expropriation ; — Attendu que la première question à examiner est celle de savoir si, la faillite Bouquin ayant été clôturée pour insuffisance d'actif, Copin peut être recevable à agir en justice, soit comme représentant le failli, soit comme représentant la masse des créanciers ; — Attendu que la clôture pour insuffisance d'actif ne fait que suspendre les opérations de la faillite, mais ne fait pas cesser l'état de faillite et le dessaisissement qui en est la conséquence ; que le syndic a le droit et le devoir de recouvrer, dans l'intérêt des créanciers, tout actif dont l'existence lui est révélée ; que l'action de Copin est bien recevable ; — Attendu que, ce point étant admis, la deuxième question est celle de savoir si Copin peut être considéré comme représentant le failli ; — Attendu qu'il n'est pas douteux que le syndic de Bouquin, en demandant au jury d'expropriation l'indemnité due à Bouquin comme fermier, agit au nom et comme représentant le failli; que ce n'est donc pas comme partie intéressée, aux termes de l'art. 6 et du 2e § de l'art. 21 de la loi précitée, mais comme locataire, aux termes du 1er § dudit art. 21, que Copin a agi en justice; — Attendu que si, aux termes de cet article, le propriétaire de Bouquin était tenu, dans le délai de huitaine de la signification du jugement d'expropriation, d'appeler et de faire connaître Bouquin à l'expropriant, cette obligation ne peut subsister à l'égard du propriétaire que lorsqu'il n'a pas fait connaître son locataire avant cette période; qu'il est constant, dans l'espèce, que l'existence de Bouquin avait été révélée à l'expropriant qui avait traité avec lui et qui lui avait payé l'indemnité consentie à l'amiable; — Attendu, dès lors, que les dispositions de l'art. 21 ne sont pas applicables à Copin, qu'en effet cet article a pour but de mettre l'expropriant à l'abri de toute réclamation, pour un préjudice de lui ignoré au cours de la session du jury d'expropriation; qu'il a été édicté dans son intérêt pour le mettre à l'abri de toute fraude, mais qu'il n'est pas opposable à l'exproprié dont l'existence a été révélée à l'expropriant; qu'il résulte de ce qui précède que Copin, représentant légalement Bouquin, avait le droit de se présenter devant le jury au nom de ce dernier; que la Compagnie défenderesse allègue vainement avoir traité avec Bouquin ; qu'elle ne peut opposer à Copin, dont le concours était nécessaire pour habiliter le failli, une convention faite avec un incapable et un payement fait au préjudice des créanciers; qu'elle est responsable de l'imprudence qu'elle a commise, en traitant avec un failli qui a mis un empressement suspect à accepter les propositions à lui faites et à réclamer le payement de l'indemnité; qu'il y a lieu, par suite, de condamner la Compagnie défenderesse au payement de l'indemnité hypothétique fixée par le jury; — Par ces motifs, etc. »

Appel par la Compagnie du chemin de fer de Ceinture.

ARRÊT.

LA COUR : — Adoptant les motifs qui ont déterminé les premiers juges, — Confirme.

MM. Gilbert-Boucher, prés.; Mariage, av. gén.; Duverdy et Deloison, av.

PARIS (CH.-CORR.) **21 mai 1881.**

CHEMIN DE FER, COUPONS DE RETOUR, USAGE, CONTRAVENTION.

L'individu qui voyage avec un coupon de retour acheté à

---

(1) Question définitivement résolue en ce sens. V. Cass., 5 nov. 1879 (Pand. chr.), et la note; Nîmes, 15 janv. 1881 (Pand. chr.); Paris, 29 mars 1881 (Pand. chr.); Aix, 20 mars 1881 (Pand. chr.).

(2-3) Une solution analogue avait été déjà donnée au sujet d'indemnité pour dommages causés par des travaux publics. V. Cons. de préfect. de la Seine, 11 juill. 1877 (*Gaz. des trib.*, 29 sept.), et notre *Dictionnaire de dr. commerc., ind. et marit.*, t. IV, vo *Faillite*, n. 653. — C'est à tort, à notre avis, que l'arrêté prérappelé du Conseil de préfecture a été annulé par décision du Conseil d'Etat du 5 juill. 1878 (Pand. chr.). Cette décision n'est pas d'une netteté de motifs bien satisfaisante; il parait assez difficile de saisir le système juridique qui lui sert de base. Le Conseil d'Etat se fonde, en effet, sur ce que « si le jugement qui prononce la clôture des opérations de la faillite, par suite de l'insuffisance de l'actif, ne fait pas cesser le dessaisissement du failli, il ne saurait avoir pour effet, en privant le failli du droit d'intenter les actions en indemnité qui peuvent lui appartenir, de créer, au détriment de la masse des créanciers et au profit des tiers contre lesquels l'action est exercée, une fin de non-recevoir tirée du défaut de qualité du failli ». Si le dessaisissement du failli continue, malgré l'état de clôture, comment peut-il agir en dehors de toute intervention du syndic? Et s'il agit seul, son action n'est-elle pas susceptible d'être repoussée par une fin de non-recevoir? Ces questions ne font plus de difficulté en jurisprudence depuis l'arrêt de la Cour suprême du 5 nov. 1879 (Pand. chr.). Par ses tendances, la décision du Conseil d'Etat se rattachait, nous semble-t-il, au système définitivement abandonné aujourd'hui et qui consistait à refuser aux syndics, après la clôture de la faillite, toutes qualités pour exercer les actions du failli. V. en ce dernier sens, Bordeaux, 30 mai 1853 (S. 53. 2. 551. — P. 55. 2. 316. — D. 54. 2. 110); Paris, 30 août 1867 (S. 68. 2. 349. — P. 68. 1258. — D. 68. 2. 113).

un tiers, coupon sans valeur dès l'instant qu'il se trouve entre les mains d'une personne autre que celle qui a utilisé le coupon d'aller, doit être assimilé à un voyageur non muni de billet et encourt, dès lors, les peines édictées pour ce cas (1) (L. 15 juill. 1845, art. 21; Ord. 15 nov. 1846, art. 63; Règlem. 23 sept. 1880, art. 2).

(Chemin de fer Paris-Lyon-Méditerranée c. D...)

ARRÊT.

LA COUR : — Considérant qu'il est établi que D... a été trouvé, le 22 déc., voyageant sur la ligne Paris-Lyon-Méditerranée avec un billet de retour qu'il avait acheté chez un marchand de vin à Melun ; que ledit billet était sans valeur, aux termes du tarif spécial de la Compagnie, homologué par décision ministérielle du 23 sept. 1880, comme se trouvant entre les mains d'une personne autre que celle qui avait utilisé le coupon d'aller; que D... doit donc être assimilé à un voyageur monté en chemin de fer sans billet; qu'en agissant ainsi, il a commis une infraction à l'art. 63 de l'ordonn. du 15 nov. 1846, et à l'arrêté du préfet de Seine-et-Marne du 8 nov. 1880; qu'il importe peu que l'arrêté préfectoral susvisé se réfère ou non aux dispositions pénales de l'art. 21 de la loi du 15 juill. 1845 sur la police des chemins de fer; que les termes de l'art. 21 sont généraux, et qu'il est de jurisprudence constante qu'il s'applique à toute contravention aux ordonnances et arrêtés relatifs non-seulement à la police proprement dite, mais encore à l'exploitation commerciale des chemins de fer; — Infirme, etc.

MM. Legeard de la Dyriais, prés.; Maillard, av. gén.

GRENOBLE (4e CH.) 24 mai 1881.

BAIL, SOUS-LOCATION, CONSENTEMENT, POUVOIR DU JUGE, USAGES LOCAUX.

La clause portant que le preneur ne pourra sous-louer sans le consentement par écrit du bailleur, subordonne à ce consentement le principe même de toute sous-location que le propriétaire reste maître absolu d'autoriser ou de refuser (2) (C. civ., 1134, 1717).

Et, en cas de refus, les tribunaux ne peuvent se livrer à aucun contrôle d'examen et d'appréciation (3) (Id.).

Il n'y a pas lieu, non plus, de s'en référer aux usages locaux (4) (Id.).

(Lemâle c. Gaday.) — ARRÊT.

LA COUR : — Considérant que les termes dans lesquels est conçue la clause relative à la sous-location dans le bail consenti par Lemâle à Gaday, le 24 avril 1875, sont clairs et précis, et ne sauraient prêter à interprétation; — Considérant que Lemâle, en stipulant que Gaday ne pourrait sous-louer sans son consentement par écrit, a entendu se réserver à lui seul le droit absolu d'autoriser le fait même d'une sous-location, que c'est le sens formel de la clause en litige, et que c'est ainsi que l'a bien compris la veuve Gaday, lorsque en 1878 elle a demandé à Lemâle l'autorisation de sous-louer le premier étage de la maison, et que celui-ci a donné à cette sous-location son consentement par écrit; — Considérant que donner à cette clause un sens opposé, et dont le résultat serait de donner au locataire la faculté d'imposer au propriétaire le principe même d'une sous-location, ne serait autre chose que substituer une disposition de justice à une convention librement intervenue entre les parties ; — Considérant qu'il n'y a pas lieu de rechercher l'usage du pays où le contrat a été passé, l'article de la convention, sur lequel les parties sont en désaccord, ne rentrant pas dans les espèces pour lesquelles le Code civil renvoie aux usages des lieux ; — Par ces motifs, — Vidant le partage, — Réforme le jugement du tribunal de Grenoble du 7 févr. 1880.

MM. Orsat, prés.; Sarrut, av. gén.

NANCY (1re CH.) 28 mai 1881.

USUFRUIT LÉGAL, CAPITAUX, ARRÉRAGES, INTÉRÊTS, CHARGES, PAYEMENT, POINT DE DÉPART.

Les arrérages ou intérêts des capitaux dont le payement forme une charge de l'usufruit légal, ne doivent s'entendre que des arrérages ou intérêts échus depuis l'ouverture de l'usufruit et non de ceux échus antérieurement à cette époque (5) (C. civ., 385, § 3).

A cet égard, l'usufruit légal diffère de l'ancien droit de garde (6) (Id.) — Motifs.

(Héritier Louis c. Petit.) — ARRÊT.

LA COUR : — Sur le dixième chef : — Attendu que

(1) V. conf., Nîmes, 27 juill. 1882 (Pand. chr.); Trib. corr. Sens, 6 juin 1883 (S. 83. 2. 207. — P. 83. 1. 1256). — La même jurisprudence est aussi adoptée au sujet des billets d'aller et retour par train de plaisir. V. Trib. corr. Bagnères-de-Bigorre, 28 déc. 1878 (S. 79. 2. 122. — P. 79. 478); Agen, 13 févr. 1879 (Pand. chr.), et les renvois. *Adde* Trib. corr. de Saint-Gaudens (inédit), du 23 mai 1884, qui a condamné deux voyageurs à l'amende « pour être « venus de Bordeaux à Boussens avec des coupons de retour « achetés par eux à Bordeaux et qui n'étaient valables qu'à la « condition d'être utilisés par la même personne ».

(2-3-4) La question est vivement controversée. L'arrêt ci-dessus s'approprie les motifs presque textuels d'une précédente décision de la Cour de Paris, que nous rapportons en sous-note (*a*). V. encore, dans le même sens, Lyon, 26 déc. 1849 (S. 50. 2. 45. — P. 49. 2. 591. — D. 50. 2. 30); Colmar, 12 avril 1864 (S. 64. 2. 285. — P. 64. 1044. — D. 65. 2. 32); Trib. civ. Seine (7e ch.), 11 févr. 1887 (journ. *le Droit*, 11 mars); Aubry et Rau, t. IV, p. 491, § 368, texte et note 8; Laurent, *Princip. de dr. civ.*, t. XXV, n. 218. — *Contrà :* Paris, 6 août 1847 (S. 47. 2. 447. — P. 47. 2. 418. — D. 47. 2. 174); Grenoble, 7 août 1868 (Pand. chr.).

Quant à la forme dans laquelle le consentement peut être exprimé, il a été décidé que la clause d'un contrat de bail portant que le preneur ne pourra sous-louer sans le consentement *par écrit* du bailleur, n'est pas tellement de rigueur qu'un consentement *verbal* prouvé par le preneur ne puisse être déclaré suffisant pour autoriser une sous-location. En un tel cas, l'arrêt qui juge, par interprétation des termes du bail, que les parties n'ont pas entendu faire de l'*écriture* un élément substantiel de consentement à la sous-location, et qu'il suffit que ce consentement soit prouvé par tout autre moyen autorisé par la loi, échappe à la censure de la Cour de cassation : Cass., 19 juin 1839 (S. 39. 1. 462. — P. 39. 2. 37. — D. 39. 1. 287). V. aussi le jugement précité du trib. civ. de la Seine (7e ch.), 11 févr. 1887; Troplong, *Tr. du louage*, n. 141.

(5-6) *Sic :* Lyon, 16 févr. 1835 (S. 35. 2. 310. — P. chr. — D. 35. 2. 110); Nîmes, 9 juill. 1856 (S. 58. 2. 161. — P. 57. 132. — D. 57.

(*a*) Cet arrêt, rendu par la Cour de Paris (2e ch.), à la date du 6 janv. 1880, *aff.* Turgis c. Delagrave, est ainsi conçu :

LA COUR : — Considérant que les termes dans lesquels est conçue la clause relative à la sous-location dans le bail consenti par Haas (auteur de Turgis) à Delagrave, le 30 sept. 1875, enregistré, sont clairs et précis ; — Considérant que le propriétaire, en stipulant que le locataire ne pourrait sous-louer sans son consentement exprès et par écrit, a entendu se réserver à lui seul le droit absolu d'autoriser le fait même d'une sous-location, quelles que fussent les circonstances dans lesquelles elle serait proposée par le locataire; que tel est le sens formel de la clause en litige ; — Considérant que donner à cette clause un sens opposé et dont le résultat serait de donner au locataire la faculté d'imposer au propriétaire le principe même d'une sous-location, quel qu'en dût être le titulaire, ne serait autre chose que substituer une disposition de justice à une convention librement intervenue entre les parties ; — Considérant que si, dans l'espèce, la clause en question équivaut dans son application à l'interdiction de sous-louer, elle n'est que l'expression de la volonté même du propriétaire acceptée par Delagrave, locataire ; que c'est donc à tort que les premiers juges ont dit que Turgis sera tenu de donner à Delagrave son consentement à sous-louer à la demoiselle Boutet, et l'ont condamné à des dommages-intérêts ; — Par ces motifs, — Infirme; — Déclare Delagrave mal fondé dans toutes ses demandes, fins et conclusions.

MM. Ducreux, prés. ; Dubois, av. gén. (concl. conf.) ; Oscar Falateuf et Chaumat, av.

les intimés entendent faire supporter par la dame Petit, en sa qualité d'usufruitière légale, les intérêts dus par leur père et échus antérieurement à l'ouverture de l'usufruit; qu'à cet égard, ils se fondent sur le § 3 de l'art. 385, C. civ.; — Mais attendu que cette disposition, en indiquant, comme charges de la jouissance active, les revenus passifs, a, par cela même, exclusivement en vue les intérêts ou arrérages échus depuis l'époque où la jouissance elle-même a commencé; que, si elle avait voulu, au détriment de l'usufruitier légal, faire échec à ce principe de corrélation naturelle, elle l'aurait nettement déclaré; — Attendu que vainement on objecte que le payement des arrérages ou intérêts postérieurs à l'ouverture de l'usufruit est exigé déjà, — indépendamment du § 3, par le § 1er de l'art. 385, ainsi conçu : « Les charges de cette jouissance sont... celles dont sont tenus les usufruitiers »; — Mais, attendu, d'une part, que le titre III, livre XIII du Code civil, et notamment l'art. 612, relatif au remboursement des dettes, ont été promulgués seulement une année environ après l'art. 385; que, d'ailleurs, le § 1er, par ses expressions mêmes, se réfère, non pas à une charge particulière de l'usufruit à titre universel, mais évidemment aux charges ordinaires de l'usufruit en général; — Attendu, d'autre part, que le § 3, même en supposant qu'il reproduisît purement et simplement une règle déjà comprise dans le § 1er, aurait encore sa raison d'être, puisque, par exception à l'art. 612, il ne permettrait pas à l'usufruitier légal de s'affranchir du payement des intérêts en vendant des biens sujets à l'usufruit; — Attendu que, vainement encore, l'on objecte les traditions coutumières concernant la garde noble; que si, dans l'ancienne jurisprudence, le gardien était tenu même des dettes mobilières échues avant l'ouverture de son droit, c'est qu'en principe il devenait propriétaire de l'actif mobilier; qu'aucune analogie n'existe donc entre cette situation et celle de l'usufruitier légal; — Attendu, enfin, qu'il n'est pas exact de prétendre que, pendant le mariage, les père et mère ont déjà nécessairement profité d'une manière directe ou indirecte, et dans une mesure plus ou moins large, des sommes destinées à éteindre les intérêts restés dus; qu'en effet les mineurs peuvent avoir et ont souvent des biens qui, soumis à l'usufruit légal, leur sont advenus, à titre de succession, donation ou autrement, après la dissolution du mariage de leurs parents; — Confirme sur le dixième chef, relatif aux intérêts échus avant l'ouverture de l'usufruit légal, etc.

MM. Ballot-Beaupré, 1er prés.; Doyen et Guiton, av.

BRUXELLES (4e CH.) 2 juin 1881.

COMMERÇANT, PHARMACIEN, FAILLITE.

Un pharmacien est un commerçant (1) *qui, en cette qualité, peut être déclaré en faillite* (2) (C. comm., 1, 437).

(Jopart c. curateur à la faillite Jopart.) — ARRÊT.

LA COUR : — Attendu que c'est à bon droit que le premier juge a déclaré ouverte la faillite de l'appelant; — Attendu que vainement celui-ci critique cette décision, en soutenant que la profession de pharmacien a pour objet des actes qui ne réunissent pas les caractères exigés par la loi pour constituer des actes de commerce; — Attendu que le pharmacien achète des substances médicales pour les revendre en nature, soit telles qu'il les acquiert, soit sous forme de médicaments, après les avoir travaillées et préparées selon certaines indications à lui fournies; — Attendu que ces actes sont, à toute évidence, des actes de commerce aux termes de l'art. 2 de la loi du 15 déc. 1872; qu'il s'ensuit que les personnes qui, comme l'appelant, en font leur profession habituelle, sont des commerçants; — Attendu que, si la loi exige certaines garanties de capacité chez le pharmacien, dans l'intérêt de la santé publique, cette circonstance n'enlève pas le caractère commercial à leur opération; — Attendu que l'appelant reconnaît qu'il a exercé et qu'il exerce encore cette profession; qu'il se qualifie ainsi dans les conclusions prises par lui devant la Cour; — Attendu que Jopart-Jamain doit, en outre, être déclaré commerçant en sa qualité de banquier...; — Par ces motifs, etc.

MM. Jomar, prés.; Laurent, av. gén. (concl. conf.).; Gailly et F. de Wandre (du barreau de Charleroi) et Huysmans, av.

MONTPELLIER 13 juin 1881.

CONTRAT DE MARIAGE, MINEUR, CONVENTION, DONATION, RÉVOCATION, SURVENANCE D'ENFANT.

(Combes c. Pradal et Espitalier.)

V. le texte de cet arrêt reproduit avec Cass.-civ., 11 déc. 1882, rendu dans la même affaire (Pand. chr.).

TRIB.-CIV. NEVERS (1re CH.) 22 juin 1881.

ÉLECTIONS MUNICIPALES, LISTE DE CANDIDATS, NOMS, INSCRIPTION, AUTORISATION (DÉFAUT D').

En principe, nul ne peut être porté sur une liste de candidats, sans y avoir formellement consenti (3).

Peu importe que la liste n'ait aucune couleur politique et soit composée des noms les plus honorables.

L'inscription ainsi abusive d'un nom peut donner lieu à une réparation pécuniaire (4) (C. civ., 1382).

(Pillet c. Michot.) — JUGEMENT.

LE TRIBUNAL : — Considérant qu'en principe, nul ne doit être porté sur une liste de candidats sans y avoir for-

2. 83); Toullier, t. II, n. 1069; Duranton, t. III, n. 401; Rolland de Villargues, vo *Usufruit légal*, n. 55; Chardon, *Puissance patern.*, n. 150; Zachariæ, édit. Massé et Vergé, t. I, § 189, p. 372; Frédéric Duranton, *Revue historique*, 1858, t. IV, p. 152 et suiv. — Toutefois, la question est vivement controversée. V. dans le sens de l'opinion qui laisse à la charge du père ou de la mère, usufruitiers légaux, tous les intérêts ou arrérages, non-seulement ceux échus depuis l'ouverture de l'usufruit, mais encore ceux échus antérieurement, Trib. civ. Arras, 5 juin 1859 (S. 59. 2. 387. — D. 60. 3. 70); Trib. civ. Puy, 25 mars 1865 (Pand. chr.); Proudhon, *Usufr.*, t. I, n. 206; Marcadé, sur l'art. 385, n. 3; Valette, *Explication sommaire du livre I du Code civil*, p. 207, n. 6; Aubry et Rau, t. VI, § 550 *bis*, p. 88, texte et note 20; Laurent, *Principes de dr. civ.*, t. IV, n. 352, p. 436 et 437.

(1) Cette opinion, contestée en doctrine (V. notre *Dictionnaire de droit commerc., ind. et marit.*, t. II, vo *Commerçant*, n. 20-1o), est celle que la jurisprudence a toujours consacrée. V. Paris, 25 mars 1858 (S. 59. 2. 25. — P. 58. 724. — D. 58. 2. 75); Grenoble, 28 mars 1859 (Pand. chr.), et implicitement, Trib. civ. Villefranche, 26 août 1881 (Pand. chr.).

(2) C'est là une des nombreuses conséquences du principe admis.

(3-4) V. conf., Rouen, 27 déc. 1878 (Pand. chr.); Trib. civ. Tours, 11 juin 1884 (S. 84. 2. 128. — P. 84. 1. 767). — Mais il a été jugé que l'acceptation d'une candidature, même sur une liste déterminée, ne permet pas au candidat de s'opposer à l'usage qu'un groupe d'électeurs fait de son nom, dans des conditions honorables, en le portant sur une liste autre que celle à laquelle il avait donné son adhésion, les électeurs restant toujours libres d'opter entre les candidatures multiples qui s'offrent à eux, et de substituer, par suite de combinaisons plus conformes à leurs vues, aux listes proposées des listes établies indistinctement avec les noms des divers candidats en présence : Trib. civ. Toulouse (aud. des référés), 10 mai 1884 (Pand. chr.). V. nos observations conformes jointes à l'ordonnance. — La Cour de Rouen, par son arrêt du 27 déc. 1878, précité, s'est prononcée en sens contraire sur ce dernier point.

mellement consenti; qu'il importe peu que la liste n'ait aucune couleur politique, qu'elle soit composée des noms les plus honorables; qu'il faut, avant tout, respecter la personnalité et la volonté humaine, avec d'autant plus de raison qu'en pareille matière, si le préjudice matériel n'existe pas toujours, il y a toujours, au contraire, un préjudice moral qu'on ne saurait faire disparaître; qu'au surplus, dans l'espèce, la liste sur laquelle Michot reconnaît avoir fait figurer le nom de Pillet, sans son consentement, liste dont la distribution n'a pu être empêchée que d'une façon incomplète, était une liste vraiment politique; que les mots « République française » qui y figurent en tête, de même que les noms des candidats qui s'y trouvent désignés, ne permettent aucun doute à cet égard; qu'il n'est donc pas contestable qu'indépendamment d'un préjudice purement moral, Pillet a dû éprouver un préjudice matériel parfaitement appréciable; que, malheureusement, en effet, trop de personnes mêlent actuellement la politique aux choses qui lui sont le plus étrangères et poussent la passion jusqu'à exiger de leurs fournisseurs des opinions identiques à celles qu'ils professent eux-mêmes; que Pillet est donc bien fondé à réclamer la réparation du préjudice qui lui a été causé; — Par ces motifs, — Déclare la demande bien fondée; — Autorise Pillet à faire insérer un extrait du présent jugement dans deux journaux de la localité, à son choix, etc.

MM. Merijot, prés.; Regnault et Gautherin, av.

DOUAI (1re CH.) 27 juin 1881.

1° RESPONSABILITÉ, ACCIDENT, PATRON, OUVRIER, SURVEILLANCE (ABSENCE DE), TRAVAUX, ENTREPRENEUR, CHEF D'ÉQUIPE. — 2° CHEMIN DE FER, POLICE, TRAIN, ARRÊT COMPLET, MISE EN MARCHE, SIFFLET, LIGNE EN CONSTRUCTION.

1° Le devoir des patrons est de veiller à la conservation de leurs ouvriers et de les protéger contre les périls qui peuvent être la conséquence du travail auquel ils les emploient (1) (C. civ., 1383, 1384).

Spécialement, *un entrepreneur de travaux, sur une ligne de chemin de fer en construction, peut être déclaré responsable de l'accident causé à un ouvrier par un train de ballast dont l'arrêt définitif n'a été ni signalé, ni même surveillé par le chef d'équipe* (2) (Id.).

Peu importe qu'il y ait eu, antérieurement, des ordres formels donnés à tous les ouvriers de ne point aborder les wagons avant l'arrêt complet et définitif du train, si rien n'a été fait par le chef d'équipe pour assurer l'exécution de ces ordres (3) (Id.).

2° Les prescriptions des règlements sur la police des chemins de fer qui imposent au mécanicien l'obligation de siffler au départ, s'appliquent à toute mise en marche d'un train arrêté, et avant toute impulsion nouvelle après arrêt, si courte qu'en soit la durée (4) (Ord. 15 nov. 1846, art. 32).

En vain prétendrait-on que ces règlements sont exclusivement destinés aux chemins de fer en exploitation, et non à ceux en construction; il n'y là, en effet, qu'une mesure de prudence ordinaire, en dehors de tout règlement (5) (Id.).

(Ledoux c. Humez-Pérus et Chem. de fer de Boisleux à Marquion.) — ARRÊT.

LA COUR : — Sur les conclusions formulées contre Humez-Pérus : — Attendu qu'en sa qualité d'entrepreneur, chargé de certains travaux sur la voie de Boisleux à Marquion, pour lesquels travaux des matériaux étaient transportés à pied d'œuvre par les wagons et les employés de la Compagnie du chemin de fer, Humez-Pérus avait en chantier, à l'effet de décharger des matériaux et d'exécuter les travaux, une quarantaine d'ouvriers, sous la direction et la surveillance d'un chef d'équipe; — Attendu que ces ouvriers paraissent bien avoir reçu l'ordre de ne pas aborder les wagons avant l'arrêt complet et définitif du train, mais que cet ordre ne dispensait pas le chef d'équipe d'en surveiller et assurer l'exécution; — Attendu qu'il était difficile, sinon impossible, à des ouvriers échelonnés sur une ligne mesurant 160 mètres, de constater l'arrêt définitif d'un train qui ne pouvait être assuré d'emblée au point fixe où les travaux devaient se poursuivre, ce qui entraînait la nécessité d'une dernière impulsion pour rectifier, en avant ou en arrière, la position du train, afin de le placer exactement au point voulu pour le déchargement; — Attendu que le chef d'équipe devait, dès lors, en toute prudence, se placer lui-même au même point et avertir les ouvriers, par un signal, dès que le train l'aurait atteint, car alors seulement s'accomplissait son arrêt définitif; — Attendu qu'il est démontré par les éléments de la cause qu'au jour où l'accident s'est produit, ces mesures de précaution n'ont pas été remplies; que plusieurs ouvriers purent aborder le train, sans protestation, avant son arrêt définitif, et que l'accident dont l'un d'eux, Ledoux, a été victime, ne fût pas arrivé sans la négligence du chef d'équipe, lequel, avec une vigilance plus attentive, aurait pu et dû l'éviter; d'où Humez-Pérus a été, à tort, mis hors d'instance par les premiers juges, et il y a lieu, au contraire, de l'y maintenir, puisqu'une part de la responsabilité lui appartient, dans l'accident objet du litige;

Relativement aux conclusions prises contre la Compagnie du chemin de fer de Boisleux à Marquion : — Attendu que les règlements sur la police des chemins de fer imposent au mécanicien l'obligation de siffler au départ; que cette obligation est applicable à toute mise en marche d'un train arrêté, et avant toute impulsion nouvelle après arrêt, si courte que soit sa durée; — Attendu que vainement on prétendrait que ces règlements sont exclusivement destinés aux chemins de fer en exploitation, non à ceux en construction, la prudence commandant toujours cette mesure en dehors de tout règlement; — Attendu qu'il est certain et reconnu que le mécanicien dirigeant le train dont la dernière impulsion a occasionné la blessure et l'amputation subie par Ledoux, n'a pas fait jouer le sifflet de la machine avant de lui imprimer ce dernier mouvement, et que l'habitude de ce mécanicien d'agir de la sorte, alors que d'au-

(1-2-3) *Sic* : Cons. d'Ét., 4 avril 1879 (Pand. chr.), 11 mars 1881 (Pand. chr.); Caen, 17 mars 1880 (Pand. chr.); Amiens, 15 nov. 1883 (Pand. chr.); Cass., 10 nov. 1884 (Pand. chr.), et les nombreux arrêts cités en note. *Adde* Orléans, 28 janv. 1887 (journ. *la Loi*, 24 févr.).

(4) Jugé dans le même sens : — 1° que le signal d'arrêt, prescrit par l'art. 32 de l'ordonnance du 15 nov. 1846, doit être fait non-seulement lorsque le convoi se trouve complètement arrêté, mais encore lorsque le ralentissement de vitesse est assez prononcé pour faire croire à un arrêt véritable et amener tous les dangers d'un stationnement effectif : Cass., 20 août 1847 (S. 47. 1. 875. — P. 47. 2. 590. — D. 47. 1. 302); — 2° que la marche lente d'un wagon chargé de pierres et poussé par quelques hommes équivaut à un stationnement, et suffit pour rendre nécessaire le signal d'arrêt : Besançon, 26 août 1858 (S. 60. 2. 143. — P. 59. 1158. — D. 58. 2. 167).

(5) En pareil cas, il n'était même pas nécessaire de se référer aux prescriptions spéciales des règlements et d'appuyer la condamnation sur la violation qui en eût été commise; il y avait eu faute de droit commun, manquement aux mesures de prudence et de précaution les plus élémentaires; la responsabilité de la Compagnie se trouvait donc engagée en vertu des art. 1382 et suiv., C. civ. Cette déduction de l'arrêt de Douai ne laisse pas d'être absolument juridique.

tres mécaniciens, chargés de conduire le même train, suivaient une pratique contraire, ne pouvait qu'aggraver sa faute et la responsabilité de la Compagnie qui tolérait une abstention aussi périlleuse; — Attendu qu'un coup de sifflet, avant la dernière impulsion d'où est résulté le choc qui a privé Ledoux d'une de ses jambes, aurait permis à Ledoux d'en conjurer les atteintes; — D'où la responsabilité du chemin de fer est bien établie...; — Par ces motifs, — Condamne Humez-Pérus à payer à Ledoux, à titre de dommages-intérêts, une somme de 2,000 fr., avec les intérêts judiciaires; — Condamne la Compagnie du chemin de fer de Boisleux à Marquion, au même titre, à payer à Ledoux une rente annuelle et viagère de 100 fr., payable par trimestre et à partir du jour de l'accident.

MM. Bardon, 1er prés.; Delegorgue, av. gén.; Pâris (du barreau d'Arras), Dubron et Dubois, av.

PARIS (5e CH.) 29 juillet 1881.

BAIL A LOYER, TROUBLE, CONCIERGE, EXPULSION, PROPRIÉTAIRE, RESPONSABILITÉ.

Le locataire (dans l'espèce, un médecin) troublé dans la jouissance paisible de son appartement et entravé dans l'exercice de sa profession par les agissements et les procédés vexatoires du concierge, est en droit de réclamer l'expulsion de ce concierge et des dommages-intérêts (C. civ., 1719, 1382) (1).

Et le propriétaire peut être condamné solidairement avec son concierge comme civilement responsable, alors surtout que, prévenu par le locataire, il n'a rien fait pour mettre fin aux vexations (C. civ., 1384) (2).

(Crestey c. Horliac et Houssoit.) — ARRÊT.

LA COUR : — Statuant par un seul et même arrêt tant sur l'appel principal interjeté par les époux Horliac, d'un jugement rendu par le tribunal civil de la Seine, le 8 déc. 1880, que sur les appels principal et incident de Crestey, et l'appel incident des époux Houssoit, relevés contre ledit jugement; — Sur les appels principal et incident de Crestey : — Considérant que les faits allégués par Crestey sont complètement établis par l'enquête à laquelle il a été procédé; qu'il en résulte que les époux Horliac, concierges de la maison où il occupe un appartement comme locataire, et qui appartient aux époux Houssoit, ont systématiquement employé des moyens vexatoires pour lui nuire et l'entraver dans l'exercice de sa profession de médecin, soit en lui remettant tardivement les lettres de ceux de ses clients qui l'appelaient près d'eux, soit en faisant des réponses évasives ou inexactes à ceux qui se présentaient en personne à son domicile; qu'il a été constaté que des dépêches officielles, émanant de l'administration publique à laquelle il est attaché, ont été indûment conservées par les époux Horliac pendant plusieurs jours; que ces faits se sont fréquemment reproduits, et qu'indépendamment du préjudice qu'ils ont causé à Crestey, ils sont de nature à lui imposer des craintes légitimes pour l'avenir; qu'il n'apparaît pas, en effet, que les époux Houssoit aient pris des mesures propres à prévenir le retour de ces abus; que le locataire a incontestablement le droit d'exiger que les concierges préposés par le propriétaire à la garde de sa maison ne troublent pas celui-ci dans l'exercice de sa profession, alors surtout qu'ils ont été pleinement informés de la nature de cette profession et des inconvénients qu'elle peut entraîner; que les époux Houssoit ont commis la double faute de ne pas astreindre leurs concierges à l'accomplissement de leur service, et surtout de ne pas mettre fin aux actes qui ont motivé les plaintes de Crestey; qu'en présence de la gravité de ces actes et de la résistance passive des époux Houssoit, il y a lieu d'ordonner que, dans le délai et à peine des dommages-intérêts qui seront déterminés par le dispositif du présent arrêt, ils seront tenus d'expulser les époux Horliac de leur maison;

Sur les appels principal et incident desdits époux Horliac et des époux Houssoit : — Considérant que c'est avec raison que le tribunal, en reconnaissant le préjudice souffert par Crestey, a fixé à 1,000 fr. le chiffre des dommages-intérêts qui devaient lui être alloués et a condamné les époux Horliac a lui payer cette somme à ce titre; qu'il y avait lieu également, par application des dispositions de l'art. 1384, C. civ., de condamner les époux Houssoit comme civilement responsables des faits et gestes de leurs préposés et du dommage causé par eux dans les fonctions auxquelles ils étaient employés; — Par ces motifs, — Infirme la sentence dont est appel en ce qu'elle a rejeté (en se fondant sur ce que les faits relevés n'étaient pas suffisamment prouvés), la demande de Crestey tendant à l'expulsion des époux Horliac; — Emendant quant à ce, et statuant par décision nouvelle, — Dit et ordonne que dans le délai de huitaine, à partir de la signification du présent arrêt, les époux Houssoit seront tenus d'expulser de leur maison les concierges époux Horliac, et faute par eux de ce faire dans le délai, et celui-ci passé, les condamne dès à présent à payer à Crestey la somme de 30 fr. par jour, pendant quinze jours, après quoi il sera fait droit; — Confirme ladite sentence pour surplus, laquelle sera exécutée suivant sa forme et teneur; — Déclare les époux Houssoit et les époux Horliac respectivement mal fondés dans leurs conclusions.

MM. Descoutures, prés.; Mariage, av. gén.; Charles Lenté, Laroche et Jumin, av.

PAU (CH. CIV.) 3 août 1881.

SURENCHÈRE, DÉLAI, JOUR FÉRIÉ, PROROGATION, ORDRE PUBLIC.

L'art. 1033, C. proc., qui, lorsque le dernier jour du délai est un jour férié proroge le délai au lendemain, n'a aucun caractère restrictif et s'étend aux divers actes judiciaires, notamment à la surenchère du sixième, autorisée par l'art. 708 du même Code (C. proc., 708, 1033) (3).

(1) V. en ce sens, Trib. civ. Seine (4e ch.), 9 juin 1859 (journ. *le Droit*, 25 juin 1859); Paris, 30 avril 1878 (Pand. chr.); Trib. civ. Seine, 27 janv. 1886 (Pand. pér., 86. 2. 71), et les renvois.

(2) *Sic* : Trib. civ. Seine, 22 juill. 1857 (journ. *le Droit*, 26 juill.); Bordeaux, 7 févr. 1871 (Rec. de cette Cour, 71, p. 26); Trib. civ. Seine, 9 mai 1882 (Pand. chr.); 27 janv. 1886 (Pand. pér., 86. 2. 71).

(3) V. conf., Trib. civ. Mirecourt, 12 avril 1867 (S. 67. 2. 159. — P. 67. 604. — D. 67. 3. 80); Trib. civ. Havre, 16 mai 1872 (S. 72. 2. 152. — P. 72. 649. — D. 72. 3. 80); Besançon, 30 janv. 1873 (S. 74. 2. 149. — P. 74. 620. — D. 74. 5. 471); Trib. civ. Seine, 23 déc. 1880, rapporté en sous-note (*a*). — *Contrà* Lyon, 19 août 1865 (en sous-note de l'arrêt qui suit); Rouen, 21 juill. 1870 (Pand. chr.).

(a) Ce jugement, rendu par le Trib. civ. Seine (ch. des saisies), à la date du 23 déc. 1880, aff. Beaufils c. Baudry, est ainsi conçu :

LE TRIBUNAL : — Attendu que la question du procès est celle de savoir si le dernier alinéa de l'art. 1033, C. proc., se rattache exclusivement au premier, qui ne parle que des citations, sommations et autres actes faits à personne ou à domicile, ou si, au contraire, il constitue une disposition générale en matière de délais; — Attendu que le rapport présenté au Corps législatif, sur le projet de la loi du 3 mai 1862, porte : « Une dernière question restait à résoudre : les délais dans lesquels doivent être faits les actes judiciaires ou les significations, seront-ils de droit augmentés d'un jour, lorsque celui qui les termine se trouve être une fête légale? »; qu'en résolvant cette question par l'affirmative, il pose évidemment une règle applicable, non-seulement aux actes énoncés dans la première disposition de l'art. 1033, mais à tous les actes judiciaires; qu'il y a, en effet, pour tous même raison, celle d'assurer la franchise des délais; — Attendu que les conclusions du rapport susénoncé, ayant été adoptées sans aucune contestation ni observation par le Corps législatif, ont acquis une valeur légale et fixé le sens de la disposition dont s'agit; — Attendu, au surplus, que ce sens, s'il pouvait être douteux, serait déterminé par l'art. 9, de la loi du

(Duclos c. Mailher.) — ARRÊT.

LA COUR : — Attendu que le 8 janv. 1881, dans une vente aux enchères par licitation, devant un juge du tribunal de Tarbes, Mme veuve Auguste Mailher est restée adjudicataire, moyennant le prix de 10,000 fr., du premier lot des immeubles de la succession d'Auguste Mailher; — Attendu que, le lundi 17 janv. suivant, Martin Duclos, mandataire de sa femme Marie Mailher, a fait au greffe une surenchère du sixième et élevé le prix de vente à 11,678 fr. 35; — Attendu que les premiers juges ont annulé cette surenchère comme n'ayant pas été faite dans la huitaine, terme de rigueur prescrit par l'art. 708, C. proc.; — Attendu que le dernier jour du délai légal expirait un dimanche; — Attendu que l'art. 1033, C. proc., modifié par la loi du 3 mai 1862, est ainsi conçu : *Si le dernier jour du délai est un jour férié, le délai sera prorogé au lendemain;* — Attendu que ces termes sont clairs, précis, formels et sans restriction; — Attendu qu'ils sont d'accord avec l'esprit de la loi sur la surenchère, puisque le délai de huit jours serait réduit à sept lorsque le huitième jour serait un jour férié; — Attendu que le législateur a consacré le repos des jours de fête; que le greffier est libre ce jour-là de tenir son greffe ouvert ou fermé; qu'on ne peut supposer que la loi ait voulu faire dépendre la validité d'une surenchère, faite le dimanche, de l'absence ou de la présence d'un greffier, maître de recevoir tel acte et de ne pas recevoir tel autre; — Attendu que l'on objecte que toutes les dispositions de l'art. 1033 forment un ensemble, et que, si la disposition finale, au lieu de s'appliquer spécialement aux cas prévus par cet article, eût été une règle générale, on n'aurait pas manqué de l'inscrire dans un article séparé; — Attendu que l'intention du législateur de restreindre la faveur de la prorogation d'un délai aux cas spécifiés par l'art. 1033 ne se rencontre nulle part; — Attendu que le rapporteur de la loi du 3 mai 1862 ne lui donne aucun caractère restrictif, et l'étend aux divers actes judiciaires; — Attendu qu'il n'existerait aucun motif raisonnable d'établir une distinction entre les significations faites à personne, ou à domicile, et les actes faits aux greffes; que, dans la même année 1862 et le 2 juin, le législateur, appelé à régler les délais du pourvoi en cassation qui se fait au greffe, dit, comme dans l'art. 1033, que si le dernier jour du délai est un jour férié, ce délai sera prorogé au lendemain; — Attendu qu'on ne saurait prétendre que le législateur n'aurait pas eu besoin d'une disposition nouvelle, si la règle posée par la disposition finale de l'art. 1033 eût été générale; que les formalités du pourvoi en cassation ne sont pas écrites dans le Code, mais dans une loi réglementaire; — Attendu que, si le législateur eût placé dans un article spécial la règle posée à la fin de l'art. 1033 il lui aurait donné sans doute un caractère évident de règle générale, mais qu'il faut remarquer que, dans les remaniements du Code de procédure, on a toujours cherché à ne pas changer les numéros des articles, et qu'on s'est attaché à renfermer les dispositions nouvelles dans celles qui étaient supprimées; — Attendu que, dans l'interprétation du sens d'une loi, il faut s'inspirer de l'esprit qui l'a dictée, et que les dispositions favorables doivent être plutôt étendues que restreintes; — Attendu que la surenchère est, on peut le dire, d'ordre public, et que son utilité est évidente; elle empêche les ventes à vil prix; il n'existe donc aucun motif de réduire encore le court délai de l'art. 708, au lieu de faire participer le surenchérisseur au bénéfice de l'art. 1033, applicable à des cas moins favorables; — Par ces motifs, — Réformant, — Déclare régulière et valable la surenchère faite par les parties le 17 janv. 1881, etc.

MM. le cons. de Lagrèze, prés.; Héraud, av. gén.; et Lamaignière, av.

LYON (CH. CORR.) **10 août 1881.**

ABUS DE BLANC SEING, PREUVE TESTIMONIALE, PREUVE PAR ÉCRIT (COMMENCEMENT DE).

Les faits constitutifs d'un abus de blanc seing ne peuvent être prouvés par témoins, quand il s'agit d'obligation excédant 150 francs, que s'il existe un commencement de preuve par écrit (C. pén., 407; C. civ., 1341, 1347). — Sol. impl. (1)

Et ce commencement de preuve par écrit peut être puisé dans l'acte incriminé lui-même, alors qu'il est écrit et signé par le prévenu (Id.) (2).

(Dubief.) — ARRÊT.

LA COUR : — Au fond : — Considérant que l'acte incriminé est écrit et signé par Dubief; qu'il y a, dès lors, dans la cause, un commencement de preuve par écrit qui rend vraisemblable le fait allégué de la remise d'un blanc seing et qu'ainsi la preuve testimoniale est admissible; — Considérant que les faits reprochés à Dubief sont constants et suffisamment établis par les dépositions des témoins entendus..,; qu'il résulte, soit de l'instruction, soit des débats, la preuve que, dans le commencement de l'année 1876, Dubief, abusant d'un blanc seing qu'il avait obtenu du sieur Guignardat, et qui lui avait été remis pour servir seulement à créer une procuration nécessaire au recouvrement d'une créance, a frauduleusement inscrit au-dessus de ce blanc seing une obligation de 1,300 fr., à son profit, par Guignardat; — Par ces motifs, — Déclare Dubief coupable du délit d'abus de blanc seing prévu et puni par les art. 407 et 405, C. pén., etc.

MM. Valantin, prés.; Baudouin, av. gén. (concl. conf.); Niepce, av.

TRIB.-CIV. VILLEFRANCHE **26 août 1881.**

1° COMMERÇANT, PHARMACIEN. — 2° NOTAIRE, PHARMACIEN, CONTRAT DE MARIAGE, PUBLICATION (ABSENCE DE).

1° Un pharmacien est un commerçant (C. comm., 1). — Sol. implic (3).

2° Mais, vu l'état controversé de la question, le notaire, ré-

---

Là même controverse s'élève au sujet du délai de quarante jours dans lequel doit être signifiée la surenchère du dixième, sur aliénation volontaire, régie par l'art. 2185, C. civ. V. en faveur de l'extension de l'art. 1033, C. proc., Rouen, 21 juill. 1870 (Pand. chr.), — et contre cette extension, Rouen, 19 mars 1870 (Pand. chr.).

(1) Ce principe ne fait plus de difficultés; il a été consacré par un grand nombre d'arrêts. V. notamment, Cass., 3 mai 1848 (S. 48. 1. 321. — P. 48. 2. 281. — D. 48. 1. 145); Orléans, 7 févr. 1853 (S. 53. 2. 621. — P. 53. 1. 281. — D. 55. 5. 3); Nancy, 15 juin 1857 (S. 58. 2. 86. — P. 57. 922). — V. en matière d'abus de confiance proprement dit : Cass., 28 juin 1884 (Pand. chr.), et les renvois.

(2) *Sic* Riom, 30 mars 1844 (Pand. chr.).

(3) V. conf., C. Bruxelles, 2 juin 1881 (Pand chr.), et les arrêts cités en note.

2 juin 1862, concernant les délais des pourvois devant la Cour de cassation; que les analogies de forme qui existent entre la déclaration du pourvoi et la déclaration de surenchère, ne permettent pas de croire qu'au point de vue des délais, elles doivent être soumises à des règles différentes; — Par ces motifs, — Déclare la surenchère du sixième, faite à la requête de Victor Baudry, régulière, bonne et valable;

MM. Levesque, prés.; Lambert et de la Chauvinière, av.

dacteur d'un contrat de mariage, qui a cru de bonne foi que cette profession n'était pas commerciale, n'est point punissable pour n'avoir pas publié ce contrat (C. comm., 67 et 68) (1).

(D...) — JUGEMENT.

LE TRIBUNAL : — Attendu que, aux termes de la jurisprudence, lorsque le notaire a pu croire, de bonne foi, que la profession déclarée dans le contrat de mariage n'était pas commerciale, il n'est pas punissable, pour n'avoir pas publié ce contrat; — Attendu que les doutes élevés par la jurisprudence sur la question de savoir si un pharmacien doit être considéré comme un commerçant, et l'appréciation laissée à l'arbitrage des notaires par la circulaire du 7 avr. 1811, doivent faire reconnaître et proclamer la bonne foi du notaire D..., et que cette circonstance suffit seule pour déclarer qu'il n'est point passible des peines encourues pour contravention aux art. 67 et 68, C. comm.; — Par ces motifs, — Démet le ministère public de son appel et renvoie d'instance le notaire D...

TRIB.-CORR. LOUDUN 5 novembre 1881.

DIFFAMATION, CRÉDIT FONCIER, SOUS-GOUVERNEUR, COMPÉTENCE.

Un sous-gouverneur du Crédit foncier, n'étant chargé que de la gestion des intérêts privés d'une Société financière, n'est, à aucun titre, ni un fonctionnaire public, ni même un citoyen investi d'un service ou d'un mandat public. — En conséquence, la diffamation dont il est l'objet à raison de ses fonctions, est de la compétence, non de la Cour d'assises, mais du tribunal correctionnel (L. 29 juill. 1881, art. 31, 35, 45) (2).

(De Soubeyran c. Petit.) — JUGEMENT.

LE TRIBUNAL : — Sur la compétence : — Attendu que, si le baron de Soubeyran a été sous-gouverneur du Crédit foncier de France, il n'a jamais été dépositaire de l'autorité publique; que les actes du demandeur en la susdite qualité n'étaient relatifs qu'à la gestion d'intérêts privés d'une Société financière, et non d'un établissement public dont la direction et l'administration lui avaient été confiées (art. 3 des statuts); qu'ils étaient étrangers à ce qui constitue les fonctions publiques, un service ou un mandat public; qu'en effet, la direction du Crédit foncier ne confère aucune délégation des pouvoirs publics, aucune autorité sur l'ensemble des citoyens; qu'elle n'a été établie que pour régir et protéger les intérêts de cet important établissement de crédit; que, par la nomination du gouverneur et du sous-gouverneur du Crédit foncier par le pouvoir exécutif, l'Etat a voulu seulement s'assurer que les statuts et les conditions des privilèges spéciaux dont il l'a investi fussent observés par cet établissement; que, bien que nommés par l'Etat, le gouverneur et les sous-gouverneurs occupent la même situation que les directeurs d'une entreprise industrielle ou financière, élus par une assemblée d'actionnaires ou par un conseil d'administration, étant rétribués par cette Société comme s'ils avaient été choisis par cette Société même; que, dès lors, l'art. 45, § 1er, de la loi du 29 juill. 1881 n'est pas applicable dans l'espèce; — Par ces motifs, se déclare compétent, etc.

MM. Magne, prés.; Bona-Christave, proc. de la Républ.

ORLÉANS (2e CH.) 23 novembre 1881.

FAILLITE, RAPPORT DU JUGE, FORMALITÉ SUBSTANTIELLE, MENTION EXPRESSE, ÉQUIVALENTS, PREUVE, JUGE SUPPLÉANT, VOIX DÉLIBÉRATIVE.

Dans les contestations en matière de faillite, le rapport du juge-commissaire constitue une formalité substantielle, indispensable à la validité du jugement (C. comm., 452) (3).

Et si la preuve de l'accomplissement de cette formalité peut, à défaut d'une mention expresse, s'induire de certaines constatations équivalentes du jugement (4), elle ne saurait du moins résulter de cette mention que le juge suppléant, commissaire à la faillite, a assisté au jugement avec voix simplement consultative (5), alors que le juge-commissaire doit nécessairement avoir voix délibérative pour pouvoir valablement présenter son rapport au tribunal (Id.) (6).

(Johannet c. syndic Floquin.) — ARRÊT.

LA COUR : — Attendu que le rapport préalable des juges-commissaires prescrit par les art. 452 et 538, C. comm., comme devant précéder tout jugement sur les contestations en matière de faillite, constitue une formalité substantielle, indispensable à la validité de la sentence; que, si la preuve de l'accomplissement de cette formalité peut, à défaut d'une mention expresse dans le jugement, laquelle manque absolument dans la cause actuelle, s'induire de quelques constatations équivalentes, d'une présomption ayant force de preuve, elle ne saurait assurément résulter de la mention que le juge suppléant, commissaire à la fail-

---

(1) De ce que la qualité de commerçant appartient aux pharmaciens, la Cour de Grenoble dans son arrêt du 28 mars 1859 (Pand. chr.), a tiré cette conséquence que le notaire, rédacteur de leur contrat de mariage, est tenu d'en effectuer le dépôt aux lieux désignés par la loi. — En principe, cette obligation n'est pas discutable, et le jugement du tribunal de Villefranche n'y contredit en rien.

Mais, en cas d'omission, faut-il tenir compte au notaire de sa bonne foi ou de l'erreur de droit qu'il a pu commettre, dans l'appréciation du caractère véritable de la profession de ses clients? Sur ce point, l'accord n'est pas établi. V. conf. à la solution ci-dessus, un jugement du tribunal de Cusset du 2 (ou 7) mars 1837. — *Contra* Trib. civ. Saint-Pol, 8 mai 1862.

Notre avis est que, dans le doute, les notaires agissent avec prudence en accomplissant la formalité du dépôt exigée par la loi. V. notre *Dictionnaire de droit comm., ind. et marit.*, t. III, v° *Contrat de mar.*, n. 8.

Ajoutons toutefois que les notaires ne sont pas tenus de déposer les contrats de mariage des non-commerçants, notoirement tels, qui prennent, néanmoins, la qualité de négociants dans leur contrat. V. Trib. civ. Pointe-à-Pitre, 30 déc. 1852 (Pand. chr.); Foix, 10 juin 1862 (Pand. chr.); Valence, 10 déc. 1862 (Pand. chr.); Largentière, 11 janv. 1877 (Pand. chr.).

(2) *Sic* Fabreguettes, *Tr. des infractions de la parole, de l'écriture et de la presse*, t. I, n. 1268, 1295.

(3) La jurisprudence et la doctrine sont presque unanimes à se prononcer en ce sens. V. les indications d'arrêts et d'auteurs dans nos observations jointes à Caen, 14 déc. 1880 (Pand. chr.), et à Cass., 8 avril 1884 (Pand. chr.). — V. en sens contraire, Rennes, 2 juin 1879 (Pand. chr.), et la note.

(4) V. également sur ce point les notes sous Caen, 14 déc. 1880 (Pand. chr.), et sous Cass., 8 avril 1884 (Pand. chr.).

(5) La mention dans un jugement de la présence du juge-commissaire ne suffit pas, il faut, à peine de nullité, qu'il résulte des constatations du jugement que le rapport a été fait. V. en ce sens, Orléans, 20 mai 1868 (S. 69. 2. 48. — P. 69. 268. — D. 68. 2. 211); Aix, 12 déc. 1877 (S. 78. 2. 115. — P. 78. 480. — *Bull. d'Aix*, 78. 69); Cass., 8 avril 1884 (Pand. chr.). — *Contrà* Rennes, 2 juin 1879 (Pand. chr.), et la note.

(6) Il y a là une erreur. Le rapport du juge-commissaire est un document destiné à éclairer le tribunal; il peut être indifféremment écrit ou verbal. Quand il est rédigé par écrit, il ne suppose pas l'intervention personnelle de son auteur pour juger la contestation; le juge-commissaire n'est point, en pareil cas, tenu de siéger. V. Cass., 8 janv. 1866 (S. 66. 1. 45. — P. 66. 120. — D. 66. 1. 253). Bien plus même, au tribunal de commerce de la Seine, les juges-commissaires ne participent jamais au jugement. — (V. à cet égard, notre *Dictionnaire de dr. comm., ind. et marit.*, t. IV, v° *Faillite*, n. 472; Lyon-Caen et Renault, *Précis de dr. commerc.*, t. II, n. 2808, p. 752, note 2, et p. 753, texte et notes 1 et 2.)

lite, a assisté au jugement avec voix simplement consultative, tandis que le juge-commissaire doit nécessairement avoir voix délibérative pour pouvoir valablement présenter son rapport au tribunal.

Sur le deuxième moyen (sans intérêt)...; — Infirme, etc.

MM. Boussion, prés.; d'Autemarre, av. gén.; Desplanches et Oudin (du barreau de Tours), av.

BORDEAUX (CH. CORR.) 25 novembre 1881.

ABUS DE CONFIANCE, VOL, MONNAIE, APPOINT, RÉTENTION FRAUDULEUSE.

Il y a abus de confiance, et non point vol, dans le fait par un individu qui reçoit une pièce de monnaie en payement, à condition de rendre l'excédant, de s'approprier et retenir frauduleusement le montant tout entier de la pièce (C. pén., 406, 408, 401) (1).

(Lafourcade.) — ARRÊT.

LA COUR : — Attendu que, dans les derniers jours du mois de décembre 1880, la fille Clédat, domestique au service du curé de la paroisse de Saint-Front, fut chargée par le vicaire d'aller prendre un mandat-poste de 5 fr. et de lui rapporter, en même temps, pour 3 fr. de timbres-poste; que, pour ces divers objets, il lui remit une pièce d'or de 10 fr.; que la fille Clédat, quoique illettrée, connaît parfaitement la valeur des pièces de monnaie; que, d'ailleurs, la gouvernante vit la pièce et affirma qu'elle était de 10 fr.; que la fille Clédat, tenant à la main la pièce d'or, vint au guichet où était Lafourcade demander le mandat-poste de 5 fr. et remit la pièce d'or que celui-ci retira; qu'à ce moment la fille Clédat était seule dans la salle où entre le public; qu'elle l'affirme et que sa déclaration mérite toute confiance, car, dans toute cette affaire, elle a fait preuve d'une mesure, d'une sincérité et d'une délicatesse rares; qu'il est donc absolument certain que Lafourcade avait reçu 10 fr.; — Attendu qu'après la délivrance du mandat-poste, la fille Clédat demanda l'excédant de la pièce qu'elle avait remise; que Lafourcade soutint n'avoir reçu que 5 fr.; que la domestique insista avec fermeté et que Lafourcade, pour s'en débarrasser, lui dit : « Revenez demain, je ferai ma caisse »; que, le lendemain, il la renvoya au surlendemain, et que le surlendemain il se borna à dire qu'au lieu d'un excédant, il avait constaté un déficit; qu'au moment où la fille Clédat se présenta et où Lafourcade expédia le mandat-poste de 5 fr., cette fille était seule au guichet; que Lafourcade n'était donc ni surchargé de travail ni pressé; que rien n'expliquerait une erreur commise de bonne foi; que Lafourcade ne fit ni n'essaya même aucune vérification; qu'il promit de vérifier pour mettre fin aux réclamations, mais qu'il n'exécuta pas sa promesse; que les faits nombreux attestés par les témoins témoignent que les fréquentes erreurs alléguées par Lafourcade étaient toujours faites à son profit et de dessein prémédité; que l'inculpé a donc détourné au préjudice de la fille Clédat la différence entre le prix du mandat-poste de 5 fr. et la somme de 10 fr. qui lui avait été confiée par elle; — Attendu que c'est à bon droit que les premiers juges ont retenu ce fait délictueux et condamné Lafourcade à 15 jours d'emprisonnement; qu'ils se sont trompés, il est vrai, en qualifiant le fait de soustraction frauduleuse, car la pièce d'or a été volontairement remise par Marie Clédat à Lafourcade pour que celui-ci la gardât; qu'il n'y a donc pas eu l'appréhension frauduleuse, qui est l'un des éléments nécessaires du délit de vol; que le fait constitue le délit d'abus de confiance, parce que Marie Clédat avait donné mandat à Lafourcade de payer ou de faire payer à un tiers une somme de 5 fr., et que, pour l'exécution de ce mandat, elle lui avait confié une somme de 10 fr.; que, par la remise du mandat-poste de 5 fr., Lafourcade a justifié de l'emploi légitime de 5 fr. 05 cent., mais qu'il a frauduleusement détourné les 4 fr. 95 cent. qu'il devait rendre; que ce fait est prévu et puni par les art. 408 et 406, C. pén; — Par ces motifs, — Statuant sur le double appel interjeté par M. le procureur général et par Lafourcade : — Déclare ce dernier coupable d'avoir à Périgueux, dans les derniers jours du mois de déc. 1880, détourné au préjudice de la demoiselle Clédat une somme de 4 fr. 95 cent. qui lui avait été remise par celle-ci à titre de mandat et à la charge de les rendre; — Maintient, en conséquence, la condamnation prononcée par le jugement du tribunal correctionnel de Périgueux, en date du 14 sept. 1881.

MM. Bretenet, prés.; Labroquère, av. gén.; Bazot, av.

RENNES (3e CH.) 29 novembre 1881.

CONCLUSIONS, SIGNIFICATION, JOUR DE L'AUDIENCE, MATIÈRE COMMERCIALE.

En matière commerciale, comme en matière sommaire, des conclusions peuvent être utilement signifiées, déposées, lues et développées devant la Cour, le jour même de l'audience (Décr. 30 mars 1808, art. 70) (2).

(Trouillet c. Cheval et autres.) — ARRÊT.

LA COUR : — Considérant que, dans les matières commerciales, comme dans les matières sommaires, des conclusions peuvent être utilement signifiées, déposées, lues et développées devant la Cour, le jour même de l'audience; que la Cour peut et doit, par suite, statuer sur ces conclusions, sans que la partie adverse puisse s'opposer à leur admission, sous prétexte qu'elles sont prises tardivement; que, par suite, la fin de non-recevoir opposée par Trouillet aux dernières conclusions des intimés comme constituant des faits tardivement articulés, ne procède pas, d'autant que ces conclusions ne sont, les unes que la reproduction textuelle des conclusions de première instance, les autres que l'explication circonstanciée des conclusions d'appel; — Par ces motifs, etc.

MM. Derôme, prés.; Michel, av. gén.; Grivart et Roux-Lavergne, av.

TRIB.-CIV. SEINE (7e CH.) 10 décembre 1881.

BAIL A LOYER, BAIL VERBAL, DENIER A DIEU, PREUVE, PROJET.

La remise d'un denier à Dieu au concierge ne prouve pas l'existence d'une location réalisée, mais d'un simple projet de location, et ne peut, par conséquent, servir de base à une action en dommages-intérêts (C. civ., 1715) (3).

(1) V. dans le même sens, Lyon, 29 avril 1857 (Pand. chr.). — *Contra* Bordeaux, 23 juin 1880 (Pand. chr.), et la note; 12 avril 1883 (Pand. chr.).

(2) La question a été tranchée en ce sens pour les affaires sommaires. V. Cass., 22 nov. 1859 (Pand. chr.); 13 mars 1878 (S. 79. 1. 320. — P. 79. 789. — D. 79. 1. 38). V. aussi Paris, 28 juin 1872 (Pand. chr.).

(3) Quel est le caractère du denier à Dieu? Un jugement du tribunal de paix du premier arrondissement de Paris, en date du 22 déc. 1871, aff. Frère c. Thiebaut (S. 71. 2. 281. — P. 71. 872) a décidé que « c'est une *libéralité consentie en prévision d'une location qui doit s'effectuer*, et une sorte de *rémunération anticipée* des services que les concierges sont tenus de rendre aux locataires; que, dès lors, si le contrat n'est pas exécuté, c'est sans cause que le concierge détient le denier à Dieu »; et le jugement ajoute que « de ce que l'usage de Paris permet de se dédire d'une promesse de location en rendant ou retirant le denier à Dieu dans les vingt-quatre heures, il ne faut pas conclure que fatalement, passé ce

(Grangé Sainte-Beuve c. demoiselle Seckler.)

Le Tribunal : — Attendu que Grangé Sainte-Beuve demande à la demoiselle Seckler de réaliser un prétendu bail verbal qui serait intervenu entre eux, le 12 août 1881, sinon la résiliation, l'expulsion et des dommages-intérêts ; — Mais attendu que la demoiselle Seckler nie l'engagement ; — Qu'elle reconnaît seulement qu'il a existé un projet de bail, lequel n'a été suivi d'aucun commencement d'exécution ; — Attendu que Grangé Sainte-Beuve prétend faire résulter la preuve de l'engagement de la demoiselle Seckler du denier à Dieu qu'elle aurait remis à la concierge ; — Mais attendu que, s'il est vrai que la demoiselle Seckler ait donné un denier à Dieu, ce fait ne suffit pas pour constituer un lien juridique entre les parties, ni pour servir de base à l'action du demandeur ; — Qu'il ne prouve pas l'existence de la location, mais seulement qu'elle a été à l'état de projet entre les parties ; — Que, de plus, il est constant que ce prétendu contrat n'a reçu aucun commencement d'exécution ; — Par ces motifs, — Déclare Grangé Sainte-Beuve mal fondé en toutes ses demandes.

MM. Delahaye, f. f. prés. ; Fourcaulx et Balandreau, av.

ALGER (1re ch.) 26 décembre 1881.

1° Armateur, Connaissement, Responsabilité (Clause de non-), Acceptation, Signature, Commis, Mention équipollente, Transports antérieurs. — 2° Navire, Echouement, Marchandises, Vente sur place, Produit, Frais.

1° Est licite et obligatoire la clause d'un connaissement par laquelle des armateurs ou propriétaires de navires stipulent qu'ils ne seront pas responsables de barateries, fautes ou négligences du capitaine, et de toutes autres personnes embarquées à quelque titre que ce soit (C. civ., 6, 1134 ; C. comm., 216) (1).

Et l'acceptation de cette clause résulte formellement du connaissement signé entre les parties (Id.) (2).

Peu importe que le connaissement n'ait point été signé par les chargeurs eux-mêmes, s'il l'a été par un commis de ces derniers, préposé aux embarquements et ayant agi dans les termes de son mandat (Id.) (3).

Peu importe même que la clause dont s'agit n'ait point été textuellement reproduite, avec la formule ordinaire des connaissements des armateurs, sur le connaissement litigieux, si ce connaissement, émanant des chargeurs eux-mêmes, imprimé d'après un modèle par eux fourni, porte comme mention équivalente « que les chargeurs déclarent accepter les clauses contenues aux connaissements des armateurs dont lesdits chargeurs déclarent avoir parfaitement connaissance » (Id.) (4).

Alors surtout que la connaissance et l'acceptation de la clause d'exonération résultent de la production de connaissements se référant à des transports antérieurs effectués sous cette condition (Id.) (5).

2° La Compagnie de transports maritimes qui, en cas d'échouement du navire, vend sur place, au mieux des intérêts des consignataires absents, par autorité de justice et par voie d'enchères, les marchandises avariées menacées d'une perte totale, ne doit compte à ceux-ci que du produit de la vente, déduction opérée de tous frais légitimes (C. civ., 1372, 1949 ; C. comm., 234).

---

délai, le denier à Dieu ne puisse être répété, alors surtout qu'un fait postérieur, imputable au propriétaire, vient à rompre l'engagement ».

Le jugement que nous reproduisons ci-dessus, procède de la même doctrine juridique. La remise du denier à Dieu au concierge ne prouve pas la location, encore moins le commencement d'exécution du bail ; elle n'est que l'indice de pourparlers, le signe d'un projet qui a existé à un moment donné, mais dont la réalisation restait subordonnée à des éventualités, à des incertitudes, à des retours. Le denier à Dieu ne revient pas au propriétaire ; le concierge qui le reçoit le garde pour lui ; dans aucune hypothèse, il n'en fait état à son mandant.

Sous la forme d'une libéralité, c'est un gage de paix, un sacrifice en vue du repos, de la tranquillité de l'existence ; par là, le locataire qui arrive dans une maison commence par se concilier les bonnes dispositions de celui qu'il redoute à l'avance, qu'il sait être, avec plus ou moins de mesure, selon le tempérament, un tyran par état. Le denier à Dieu est une capitulation du locataire avant tout combat. Quant au propriétaire ou bailleur, sa personnalité n'est pas engagée ; elle n'est pas prise en considération. Vis-à-vis de lui, le preneur garde toute son indépendance jusqu'au moment où il aura signé un acte écrit de location ou bien, en cas de bail verbal, jusqu'à ce qu'il ait accompli un commencement d'exécution.

Sur la différence entre le denier à Dieu et les arrhes en matière de vente, V. Duvergier, *Louage*, t. I, n. 49 et suiv. ; Agnel, *Cod. man. des propr. et locat.*, n. 128 ; Dalloz, *Jurispr. gén.*, v° *Louage*, n. 84.

(1) Après une tendance nettement marquée de la part des tribunaux à considérer cette stipulation comme illégale et nulle (V. notamment Trib. comm. Marseille, 16 mars 1860, sous Cass. 23 févr. 1864, S. 64. 1. 385. — P. 64. 225. — D. 64. 1. 166 ; 8 juin 1874, sous Cass., 14 mars 1877, S. 79. 1. 423. — P. 79. 1091. — D. 77. 1. 449 ; Trib. comm. Alger, 12 juill. 1876, sous Cass. 23 juill. 1878, S. 79. 1. 423. — P. 79. 1091. — D. 78. 1. 349), après des hésitations à se prononcer même de la part de la Cour de cassation (V. Cass. 23 févr. 1864, S. 64. 1. 385. — P. 64. 225. — D. 64. 1. 166 ; 20 janv. 1869 [quatre arrêts], Pand. chr.), la jurisprudence a fini par se fixer définitivement dans le sens de la solution ci-dessus et en faveur de la validité de la clause par laquelle l'armateur s'affranchit de la responsabilité des faits du capitaine et des gens de l'équipage. V. Trib. comm. Havre, 15 janv. 1873 (Rec. Havre, 73. 1. 47) ; Aix, 16 mars 1875 (S. 77. 2. 286. — P. 77. 1152. — D. 77. 1. 449) ; Rouen, 14 juin 1876 (S. 77. 2. 287. — P. 77. 1154. — D. 77. 2. 68) ; Cass., 14 mars 1877 (Pand. chr.) ; 2 avril et 23 juill. 1878 (Pand. chr.) ; Aix, 4 déc. 1883 (deux arrêts) (D. 84. 2. 197) ; 22 janv. 1884 (Pand. chr.) ; 11 févr. 1884 (Pand. chr.), et les renvois. *Adde* notre *Dictionnaire de dr. comm., ind. et marit.*, v° *Armateur*, n. 26.

(2-3) Ces solutions ne pouvaient soulever de difficultés bien sérieuses. Il est certain, en effet : — d'une part, que lorsqu'il existe un connaissement régulier, ce connaissement doit faire la loi des parties pour les conditions d'exécution du transport : — d'autre part, que le commis du chargeur, préposé spécialement aux opérations d'embarquement, représente son patron, dans toute la série des actes qu'il accomplit dans la limite de son mandat. Or, la signature d'un connaissement entre dans les formalités ordinaires des expéditions de marchandises ; elle n'a pas pu ne pas être prévue par le patron, ne pas être par lui comprise dans l'ensemble des pouvoirs qu'il déléguait à son employé. La question d'ailleurs n'a jamais été discutée, même dans l'état le plus ancien de notre droit maritime. Emerigon, notamment, ne fait aucune distinction entre un connaissement signé par le chargeur lui-même et un connaissement signé par le commis du chargeur ; les deux, pour lui, ont une égale autorité, et le dernier lie le chargeur, vis-à-vis des armateurs, au même titre que le premier (t. I, p. 316).

(4-5) Généralement, on emploie pour les connaissements des formules imprimées dont les blancs sont remplis par l'une ou l'autre des parties. Les divers originaux peuvent ne pas être conformes ; l'art. 284, C. comm., a donné pour ce cas une solution très-simple et très-rationnelle, consistant à opposer à chaque intéressé son propre témoignage : « en cas de diversité entre les connaissements d'un même chargement, celui qui sera entre les mains du capitaine fera foi, s'il est rempli de la main du chargeur ou de son commissionnaire, et celui qui est présenté par le chargeur ou le consignataire sera suivi, s'il est rempli de la main du capitaine ». La loi n'a pas prévu le cas où chaque partie aurait un connaissement rempli par l'autre et où ces connaissements différeraient entre eux. Le juge doit alors décider selon les circonstances particulières de chaque espèce, en s'aidant de présomptions et autres moyens de preuve. — C'est bien ce qui a été fait par la Cour d'Alger dans l'affaire ci-dessus ; elle s'en est rapportée surtout aux expéditions antérieures qui toutes avaient été effectuées avec des connaissements portant la clause litigieuse d'exonération de responsabilité au profit des armateurs ; elle en a conclu que cette clause connue, acceptée dans des circonstances identiques, avait continué à former la loi du dernier transport. — Ajoutons, au surplus, qu'il n'y avait qu'une contradiction apparente entre les connaissements, puisque le connaissement produit par le chargeur se référait pour les clauses et conditions au connaissement des armateurs, dont le chargeur déclarait avoir parfaite connaissance et qu'il acceptait formellement. V. notre *Dictionnaire de dr. comm., ind. et marit.*, t. III, v° *Connaissement*, n. 116 et 117.

(Teissier c. Comp. générale transatlantique.) — ARRÊT.

LA COUR : — Attendu que Teissier est appelant d'un jugement du tribunal de Philippeville, jugeant en matière commerciale, en date du 24 févr. 1881, qui l'a débouté de sa demande en payement d'une somme déterminée pour prix de diverses marchandises perdues ou avariées par suite de l'échouement du paquebot *Charles-Quint*, lesdites marchandises chargées par Rossi et Magnificat, à destination de Teissier, leur consignataire ; — Attendu que la Compagnie transatlantique intimée a, de son côté, relevé appel principal dudit jugement, dans les dispositions qui la rendent responsable de marchandises également perdues ou avariées dans les mêmes circonstances, lesdites marchandises embarquées par Léon Chiche et Zermati, ayant également Teissier pour consignataire;

En ce qui touche l'appel de Teissier: — Attendu que la décision du tribunal est basée sur ce fait que l'échouement du *Charles-Quint* ne saurait être attribué à un vice propre du navire; qu'il serait dû à une faute imputable soit au capitaine, soit au mécanicien du bord, faute dont la Compagnie ne répondrait pas, aux termes de la clause 8 de ses connaissements ; — Attendu que, par ses conclusions signifiées en appel, il est soutenu par Teissier : 1° que la clause 8 du texte des connaissements de la Compagnie transatlantique serait illicite et violerait le principe de la responsabilité édictée par l'art. 216, C. comm.; qu'en admettant sa légalité, cette clause ne pouvait être invoquée dans l'espèce, la Compagnie ne justifiant pas de l'acceptation de ladite clause par les expéditeurs... ;

Sur la clause de l'art. 8 des connaissements : — Attendu que les conventions forment la loi des parties, si elles ne sont contraires à l'ordre public et aux bonnes mœurs; — Attendu qu'aucune loi n'interdit aux armateurs ou propriétaires de navires de s'affranchir de la responsabilité que l'art. 216, C. comm., leur impose; qu'à cet égard, une assimilation naturelle se fait logiquement entre le propriétaire du navire et le commissionnaire de transports qui, aux termes de l'art. 98, C. comm., peut stipuler qu'il ne répondra pas des faits de son voiturier, c'est-à-dire de son préposé ; qu'en stipulant qu'elle ne répondait pas des barateries, fautes ou négligences du capitaine ou de toutes autres personnes embarquées, à quelque titre que ce soit, la Compagnie transatlantique stipulait donc une clause licite qui, n'étant défendue par aucune loi, ne saurait être contestée; que les considérations si judicieuses, du reste, émises dans les conclusions, sur le préjudice sérieux que peut faire éprouver au commerce et aux relations avec le littoral une stipulation qui place les chargeurs entre la nécessité de recourir aux assurances ou de s'en tenir à la responsabilité (peut-être illusoire) des capitaines de la Compagnie, ne saurait enlever au contrat intervenu son caractère licite, et qu'il doit être la loi des parties, s'il a été librement consenti et accepté;

Attendu que, dans l'espèce, cette acceptation résulte formellement du connaissement signé entre les parties; qu'on ne saurait accueillir le moyen tiré de ce que le connaissement a été signé, non par Rossi et Magnificat, mais par leur commis; qu'en effet, accrédité par ladite Compagnie, préposé aux embarquements, agissant dans les termes de son mandat, ce commis engageait Rossi et Magnificat envers la Compagnie transatlantique, au même titre que la Compagnie vis-à-vis de ces derniers; — Attendu, au surplus, que Rossi et Magnificat ne sauraient sérieusement alléguer qu'ils n'avaient pas connaissance de la clause d'exonération, alors que déjà, antérieurement à l'échouement du *Charles-Quint*, comme chargeurs ou destinataires, ils recevaient ou transportaient leur marchandises dans les conditions de responsabilité que leur donnaient les connaissements de la Compagnie; qu'il y a donc lieu de confirmer, sur ce point, la décision du tribunal;

Attendu, en ce qui concerne les marchandises expédiées par Chiche et Zermati que si, sur le connaissement produit par Teissier, ne figurent pas les clauses inscrites aux connaissements de la Compagnie, il n'en résulte pas moins des documents de la cause que ces deux expéditeurs avaient une entière connaissance des stipulations de l'art. 8, et que leur acceptation de cette clause est formellement affirmée par la production de connaissements se référant à des transports antérieurs; qu'il y a lieu de remarquer que si, sur le connaissement du 19 oct. 1880, ne figurent pas les clauses des connaissements de la Compagnie, ce connaissement porte, toutefois, cette indication : « Que le chargeur déclare accepter les clauses contenues aux connaissements de la Compagnie, dont ledit chargeur déclare avoir parfaite connaissance » ; que cette déclaration emporterait, par elle-même, présomption suffisante qu'elle a été faite en connaissance de cause, si, du reste, la connaissance et l'acceptation de la clause, d'exonération ne demeuraient indiscutables, par cette circonstance que le connaissement produit par Chiche et Zermati, et sur lequel figure la déclaration d'acceptation, est un connaissement qui émane d'eux-mêmes; qu'il a été imprimé sur le texte par eux fourni ; que c'est donc à tort que les premiers juges, méconnaissant les termes du contrat intervenu, ont visé, pour fixer l'étendue de la responsabilité de la Compagnie, les dispositions de l'art. 216, C. comm.; qu'il y a lieu d'infirmer de ce chef;

Sur la responsabilité qui résulterait, pour la Compagnie, de la vente opérée à Djidjelli de tout ou partie des marchandises à destination de Teissier consignataire : — Attendu que si, par le fait de l'échouement, la Compagnie, à défaut des consignataires absents, se trouvait constituée dépositaire nécessaire des marchandises transbordées, ce dépôt, qui, du reste, ne la rendait responsable que de la valeur de ces marchandises dans l'état où elles lui étaient remises, ne pouvait être un obstacle à la vente qui en a été faite si, en fait, cette mesure, alors que le principe des responsabilités n'était pas fixé, était commandée par les circonstances, et si elle était prise dans un intérêt commun et au mieux de cet intérêt; qu'aujourd'hui la Compagnie doit, au regard de Teissier, être retenue comme *negotiorum gestor* dans les termes de l'art. 1372, C. civ.; que sa responsabilité ne peut être étendue au delà de la sauvegarde des intérêts de Teissier dans l'accomplissement du mandat dont elle était chargée; qu'à cet égard, il est manifeste, par l'expertise régulière à laquelle il a été procédé, que l'état d'avarie de ces marchandises commandait une vente immédiate; que cette mesure pouvait seule les soustraire à une perte totale; que, dans cet état d'urgence, et en admettant que l'état des ballots pût permettre d'en reconnaître les consignataires ou les chargeurs, le reproche qui est fait à la Compagnie de ne pas avoir avisé les parties intéressées ne saurait être accueilli; que la Compagnie a donc accepté et rempli un mandat impérieux qu'elle ne pouvait décliner, et qu'en agissant ainsi qu'elle l'a fait, en procédant par autorité de justice et par voie d'enchères, elle a donné toutes garanties et sauvegardé les intérêts des consignataires; qu'elle ne saurait donc être tenue, envers Teissier, au delà du produit de la vente, déduction faite de tous frais légitimes; — Par ces motifs, — Reçoit dans leurs appels respectifs Teissier et la Compagnie transatlantique; — Statuant sur l'appel de Teissier; — Confirme le jugement dans les dispositions qui ont rejeté la demande en responsabilité de la

Compagnie transatlantique à raison des marchandises Rossi et Magnificat; — Ce faisant : — Dit Teissier mal fondé dans son appel, l'en déboute, ainsi que de tous autres chefs ou moyens de conclusions; — Statuant sur l'appel de la Compagnie : — Dit la Compagnie non responsable du fait des marchandises Chiche et Zermati; — Dit, en conséquence, mal jugé, bien appelé; — Infirme, de ce chef, le jugement dont est appel.

MM. Parisot, prés.; Gabriel, av. gén.; Eugène Robe et Félix Huré, av.

LYON (CH. CORR.) 29 décembre 1881.

VOL, ERREUR, BILLET DE BANQUE, REMISE VOLONTAIRE, SOUSTRACTION FRAUDULEUSE (ABSENCE DE).

Le fait d'individu (dans l'espèce, un garçon de recettes) qui reçoit, par suite d'une erreur du débiteur, une somme en billets de banque supérieure à celle qu'il devait toucher, de retenir, même de mauvaise foi, l'excédant, ne constitue pas le délit de vol, à raison de l'absence de soustraction frauduleuse (C. pén., 379, 401) (1).

(Didier.) — ARRÊT.

LA COUR : — Attendu que Didier, garçon de recettes de la Société lyonnaise, était inculpé du fait suivant : Chargé, le 5 déc. 1881, d'opérer divers encaissements, et notamment celui d'une somme de 10,000 fr., chez un négociant de Lyon, il aurait reçu, par erreur, de ce dernier, onze billets de 1,000 fr., et il aurait cherché à s'approprier le billet remis en trop en le déposant chez lui sans prévenir personne de ladite erreur; — Attendu que l'art. 379, C. pén., déclare coupable de vol celui qui soustrait frauduleusement une chose qui ne lui appartient pas; que le mot *soustrait* emporte l'idée d'une appréhension, d'un enlèvement qui doit être le fait du coupable; que cet article n'est donc pas applicable à celui qui reçoit la chose ou à qui la chose est remise, et qui, ensuite, dans un esprit de fraude, la retient au préjudice du légitime propriétaire; que le fait imputé à l'inculpé n'est plus, dans ce cas, qu'une rétention qui, même frauduleuse, diffère essentiellement de la soustraction; qu'il importe peu que la remise ait été le résultat d'une erreur et que la personne inculpée ait sciemment et frauduleusement voulu profiter de cette erreur; — Attendu que la remise volontaire, étant par elle-même exclusive du fait même de la soustraction, il s'ensuit que toutes les circonstances ultérieures, quels qu'en soient le caractère et la moralité, ne peuvent point réagir contre cette remise pour en détruire la portée ou en modifier les effets; — Attendu, en conséquence, que le fait imputé à Didier ne constitue pas le délit de vol pour lequel il a été poursuivi et condamné; — Par ces motifs, — Réforme le jugement dont est appel et renvoie l'inculpé des poursuites.

MM. Baudrier, prés.; Tallon, av. gén. (concl. conf.); de Leiris, av.

LYON (CH. CORR.) 30 décembre 1881.

ABUS DE BLANC SEING, QUITTANCE, ADDITION.

L'abus de blanc seing n'existe qu'autant que la pièce altérée a été volontairement remise à titre de blanc seing à celui qui en a abusé (C. pén., 407). — Motifs (2).

Spécialement, *il n'y a pas abus de blanc seing dans le fait par un débiteur à qui une quittance est délivrée, d'insérer, dans un blanc laissé par inadvertance entre le texte de l'acquit et la signature du créancier, une décharge préjudiciable à celui-ci; la quittance devant être nécessairement remise au créancier et lui appartenir comme preuve de sa libération* (Id.) (3).

(Combes.) — ARRÊT.

LA COUR : — Attendu que des faits sur lesquels s'est basée la poursuite, il résulterait que Combes aurait ajouté, dans un blanc laissé par inadvertance entre la signature de Duffet et une quittance donnée par lui audit Combes, le dédit d'une somme de 3,000 fr. due par ce dernier à Duffet; — Attendu que cette quittance était la propriété de Combes, qu'elle devait lui être remise et être laissée en ses mains; — Attendu qu'il ressort des termes mêmes de l'art. 407, C. pén., que, pour que le délit prévu par la première disposition de cet article existe, il est indispensable que le blanc seing ait été confié à celui qui en a abusé, qu'il faut qu'il y ait eu remise imprudente, mais volontaire, et qu'enfin il doit avoir été confié à titre de blanc seing; que tel n'est pas le cas; — Attendu, en conséquence, qu'en supposant établis les faits ayant motivé la prévention, ils ne constitueraient pas le délit relevé par elle; — Par ces motifs, — Confirme.

MM. Baudrier, prés.; Tallon, av. gén.

---

(1) Dans l'espèce, il y avait eu une erreur commise par le débiteur qui, avant de payer, n'avait pas vérifié le nombre des billets, ou avait mal vérifié. Or l'erreur ne fait pas disparaître, d'une manière radicale, un consentement librement accordé (C. civ., 1110). Le débiteur avait bien voulu faire la remise complète, intégrale de tout ce qu'il avait donné en payement. C'était donc bien de par sa volonté, non à son insu et encore moins contre son gré, que l'appréhension s'était faite sans condition, sans restriction dans le dessaisissement. V. dans le même sens, Bordeaux, 12 avril 1883 (Pand. chr.). — La doctrine de ces deux arrêts se concilie avec celle d'un précédent arrêt de Bordeaux, du 23 juin 1880 (Pand. chr.), bien que les solutions soient absolument inverses. C'est qu'en effet, les circonstances que relève cette dernière décision sont bien différentes; elle n'admet pas l'existence d'une remise intégrale, mais conditionnelle et même partielle laissant en dehors toute la quotité de la somme non due, formant l'appoint à restituer. — Sur le principe que la remise volontaire, fût-elle erronée, exclut toute soustraction frauduleuse, V. Cass., 7 janv. 1864 (Pand. chr.); 2 déc. 1871 (Pand. chr.); 28 août 1873 (S. 74. 1. 40. — P. 74. 64. — D. 73. 1. 496); 8 nov. 1878 (S. 80. 1. 92. — P. 80. 185. — D. 79. 1. 387); 21 juill. 1882 (Pand. chr.); 28 févr. 1883 (Pand. chr.).

(2) Principe constant. V. Cass., 30 janv. 1875 (Pand. chr.), et le renvoi.

(3) Dans l'espèce, il s'agissait d'un acte complet, parachevé; il n'y avait pas de lacune à combler. Aucune mission de remplir des blancs qui n'existaient pas pour l'auteur de la quittance, n'avait été laissée au débiteur. Pas le moindre indice d'une pensée quelconque de mandat. La répression n'aurait eu quelques chances d'aboutir dans ses recherches que si ses vérifications avaient été dirigées du côté du crime de faux.

ALGER 3 janvier 1882.

ARMATEUR, RESPONSABILITÉ (CLAUSE DE NON-), CAPITAINE, ÉQUIPAGE, FAUTE, BULLETIN DE PASSAGE, ETC.

(Comp. transtlantique c. Lévy.)

V. le texte de cet arrêt reproduit avec celui de Cass.-civ., 22 janv. 1884, dans la même affaire (Pand. chr., 1re part., p. 254).

TOULOUSE (1re CH.) 17 janvier 1882.

ENQUÊTE, MATIÈRE COMMERCIALE, PROCÈS-VERBAL (DÉFAUT DE), NULLITÉ.

En matière commerciale, dans les causes sujettes à l'appel, la formalité du procès-verbal d'enquête est à ce point substantielle que son omission emporte la nullité du jugement (C. proc., 411, 432) (1).

(Vidal c. Pascot.)

ARRÊT.

LA COUR : — Attendu que le jugement dont est appel fait vu des déclarations des témoins entendus dans la chambre du conseil; qu'il en tire cette conséquence que Vidal n'a pas justifié que Pascot fût dans l'impossibilité de prêter les sommes exprimées dans les lettres de change des 11 juin et 1er oct. 1880, et qu'il n'en résulte pas que Vidal n'a pas reçu la contre-valeur desdites lettres de change, qu'il avait souscrites à l'ordre de Pascot; — Attendu qu'il n'a pas été dressé procès-verbal des dépositions des témoins entendus en la chambre du conseil; que le jugement ne fait pas même connaître le résultat de ces dispositions, et se borne dans ses motifs à indiquer la conclusion qu'il en tire; que l'enquête est un élément de la décision des premiers juges, et que la Cour ne peut apprécier la force probante de dépositions qui n'ont pas été rédigées, et qui sont, pour elle, comme si elles n'étaient pas; que l'art. 432, C. proc., dispose qu'en matière commerciale, dans les causes sujettes à appel, les dépositions seront rédigées par écrit et reproduites dans leur forme et teneur; que de l'esprit comme de la disposition impérative de la loi il s'évince que le procès-verbal d'enquête est une formalité substantielle; que l'absence de ce procès-verbal constitue une violation des art. 411 et 432, C. proc., qui doit faire prononcer l'annulation du jugement dont est appel; qu'il importe peu que l'appelant ait été demandeur en preuve; que l'irrégularité de l'enquête ne procédant pas de son fait, mais du fait du juge ou du greffier, rien ne l'empêche d'en exciper;

MM. de Saint-Gresse, 1er prés., Liège-Diray, av. gén.; Albert et Gamard, av.

PARIS (4e CH.) 21 janvier 1882.

ARCHITECTE, RESPONSABILITÉ, PRESCRIPTION, POINT DE DÉPART, EXPERTISE.

Dans le cas où, en l'absence de toute réception des travaux, les vices de construction n'ont été constatés et régulièrement reconnus qu'au cours d'une expertise ordonnée par justice, le délai de dix ans pour la prescription de l'action en garantie contre les architectes et entrepreneurs, ne commence à courir que du jour du dépôt du rapport d'expert ou, tout au plus, du jour de la rédaction de ce rapport (C. civ., 1792, 2270) (2).

(1) La question n'est pas neuve; elle a déjà été deux fois résolue dans le sens de l'arrêt ci-dessus. V. Paris, 10 nov. 1865 (*J. des trib. de comm.*, t. XV, p. 390); 17 mars 1866 (*ibid.*, t. XVI, p. 79). — Mais elle se rattache à la difficulté plus générale de savoir si la formalité du procès-verbal d'enquête, dans les *affaires sommaires* susceptibles d'appel, est substantielle. Au fond, les principes sont identiques et les raisons de décider absolument les mêmes. V. conf., Rennes, 4 mai 1815 (S. et P. chr.); 19 févr. 1821 (*ibid.*); Poitiers, 17 déc. 1840 (P. 43. 1. 234); Rouen, 23 nov. 1842 (S. 43. 2. 37. — P. 43. 1. 643); Douai, 29 janv. 1857 (Pand. chr.). — Toutefois, la question avait été au début controversée. V. en sens contraire aux arrêts précités, Bordeaux, 6 mai 1831 (S. 31. 2. 315. — P. chr.); Rouen, 15 mars 1847 (*J. des avoués*, t. II, p. 632). — Consult., sur l'ensemble de cette controverse, notre *Dictionnaire de dr. comm., ind. et marit.*, t. III, vo *Enquête*, n. 37 et suiv.

(2) Cet arrêt, s'il ne résout point expressément la question de savoir si l'action en garantie contre les architectes et entrepreneurs à raison des vices de construction se prescrit, comme la garantie elle-même, par le laps de dix ans, la résout implicitement dans le sens de l'affirmative, et en fait la base de toute son argumentation et de sa décision. Il y avait quelque mérite à procéder avec cette assurance.

A cette date (21 janv. 1882), les chambres réunies de la Cour de cassation ne s'étaient point encore prononcées sur la difficulté et n'avaient point infirmé l'autorité d'un récent arrêt de la Chambre civile, du 5 août 1879 (S. 79. 1. 405. — P. 79. 1061. — D. 80. 1. 17), où on lit : — « Attendu que ces articles (1792 et 2270, C. civ.), en limitant à dix ans la durée de la responsabilité des entrepreneurs ou architectes, pour les gros ouvrages qu'ils ont faits ou dirigés, ne se sont pas exprimés sur la durée de l'action à laquelle cette responsabilité donne naissance au profit du propriétaire; qu'aucune autre disposition de loi n'en règle la durée d'une manière spéciale; — Attendu que la prescription ne pouvant atteindre cette action avant qu'elle soit née, ne peut commencer à courir contre elle qu'à la manifestation du vice de construction ». — Cette thèse a été formellement condamnée par l'arrêt des chambres réunies du 2 août 1882 (Pand. chr.), et la note. V. aussi Bourges, 14 mai 1884 (Pand. chr.), et les renvois.

Quant au point de départ du délai de dix ans, il est aussi définitivement admis qu'il court du jour où les ouvrages ont été reçus par le propriétaire. V. Cass., 2 août 1882, et Bourges, 14 mai 1884, précités. — L'arrêt ci-dessus rapporté ne contredit pas à ce principe; il l'admet même implicitement. Mais quand il n'y a pas de réception, cette date échappe; il faut chercher ailleurs. Supposons, comme dans l'espèce actuelle, des difficultés litigieuses au sujet de l'exécution des travaux; une expertise judiciaire est ordonnée; les vices de construction ne seront guère constatés que par les vérifications de l'expert, au cours des opérations. Mais à quel moment fixer le point de départ précis du délai?

Est-ce, dès le début, à compter du jugement qui commet l'expert; ce serait une date bien déterminée, mais contredite par les faits, car l'expert peut apporter des retards à sa mission et n'y procéder que des mois ou même plusieurs années après.

Est-ce du jour de la rédaction du rapport? Les parties ne sont pas renseignées à cet égard d'une manière précise. D'ailleurs, tant que le rapport n'est pas déposé, l'expert peut revenir sur ses appréciations, formuler un avis différent de ses premières impressions.

Le dépôt seul du rapport arrête les situations définitives; il donne une date certaine. Le délai de la prescription décennale commencera donc à courir seulement du jour du dépôt du rapport. V. dans le même sens, mais implicitement, Cass., 24 janv. 1876 (Pand. chr.), et la note.

La règle n'est plus tout à fait la même, en matière de travaux publics. Le délai de dix ans court non plus de la réception des travaux, mais du jour de leur achèvement et de la mise en possession du propriétaire. V. Cons. d'Etat, 20 avril 1883 (Pand. chr.), et la note.

(Joubert c. Gauzin.)

Jugement du tribunal civil de la Seine, ainsi conçu : — « Le Tribunal : — Attendu qu'il est reconnu aux débats qu'au cours d'août 1869, Cuisinot et Lecourtois se sont obligés vis-à-vis de la veuve Gauzin à faire tous travaux et fournitures nécessaires pour l'érection, sur un terrain à elle appartenant, sis à Courbevoie, d'une maison, moyennant un prix fixé à forfait à la somme de 6,500 fr., — Attendu qu'il est également établi que Joubert, architecte, a rédigé le devis descriptif, et dressé les plans et cahiers des charges, d'après lesquels la construction devait être exécutée, et que c'est sous sa direction exclusive que les travaux de construction ont été effectués par les entrepreneurs Cuisinot et Lecourtois; — Attendu qu'il est enfin constant, en fait, que la construction dont s'agit a été délaissée par ces derniers en nov. 1869 ; que les travaux cependant n'ont jamais été reçus par la veuve Gauzin, et que, loin de là, elle s'est, après l'abandon des travaux, pourvue en référé, à l'effet de faire constater par expert commis l'état inachevé des travaux, les malfaçons, vices de construction, infractions aux conventions qu'elle imputait à Cuisinot, Lecourtois et Joubert, le préjudice qu'elle a subi, du chef de la mauvaise exécution des travaux et du retard apporté à cet exécution, et fixer tous dommages-intérêts à elle dus; — Attendu qu'aux fins ci-dessus, Collot, architecte à Paris, a été nommé expert, suivant ordonnance rendue par le président de ce tribunal, le 21 nov. 1869, sur le référé introduit par la veuve Gauzin, et que ledit expert a déposé son rapport au greffe de ce tribunal le 2 août 1871; — Attendu qu'il résulte de ce rapport que... (suit l'analyse du rapport); — Attendu que, toutes compensations faites, la veuve Gauzin, d'une part, et les entrepreneurs Cuisinot et Lecourtois, de l'autre, se trouvent respectivement quittes, la question des dépens d'ailleurs réservée, et que Joubert demeure débiteur de la veuve Gauzin d'une somme de 1,845 fr.; — Attendu que vainement Joubert oppose à la demande de la veuve Gauzin l'exception de prescription; — Attendu qu'il s'agit aux débats d'une construction entreprise à forfait; qu'il n'y a point eu réception des travaux; qu'en tout cas, l'existence des vices de construction n'a été effectivement constatée et régulièrement connue, qu'à la date du 2 août 1871, qui est celle du dépôt du rapport de l'expert Collot, et tout au plus à la date du 17 août 1870, qui est celle de la rédaction dudit rapport, et que la demande de la veuve Gauzin contre la veuve Joubert ayant été formée par assignation en date du 5 févr. 1880, la prescription décennale, édictée par les art. 1792 et 2270, C. civ., ne peut être, à aucun point de vue, utilement invoquée dans l'espèce par Joubert; — Par ces motifs, — Condamne Joubert à payer à la veuve Gauzin la somme de 1,845 fr. pour solde de compte, etc. » — Appel.

ARRÊT.

LA COUR : — Adoptant les motifs qui ont déterminé les premiers juges, — Confirme, etc.

DOUAI 23 janvier 1882.

Outrage, Cantonnier.

Les cantonniers sont des citoyens chargés d'un ministère de service public. — En conséquence, les outrages qui leur sont adressés à l'occasion de l'exercice de leurs fonctions tombent sous l'application de l'art. 224, C. pén. (1) (C. pén., 224).

(Ghislain.) — ARRÊT.

LA COUR : — Attendu que, le 12 sept. 1881, Coquelet, cantonnier assermenté à Louvroil, ayant constaté, devant la porte de Ghislain, un dépôt de matières fécales, sur la route nationale de Paris à Bruxelles, dont il a la surveillance, se rendit chez Ghislain pour lui dire de faire disparaître ce dépôt; qu'en son absence, il s'adressa à sa femme; que, peu après, Ghislain vint le trouver à son travail, sur la route, lui reprocha d'avoir été impoli chez lui, et le traita de gros mou, lâche, fainéant; — Attendu que ces outrages ont été adressés à Coquelet à l'occasion de l'exercice de ses fonctions de cantonnier, puisque c'est à la suite d'observations faites par lui, en sadite qualité, pour encombrement de la route, que Ghislain l'a outragé; — Attendu qu'un cantonnier n'a pas pour mission exclusive de réparer et d'entretenir les routes; qu'aux termes des lois de voirie, notamment des art. 49 et 50 du décret du 16 déc. 1811, les cantonniers doivent faire connaître chaque jour aux conducteurs des ponts et chaussées et au maire de leur commune les abus et délits qui seraient commis dans l'étendue de leur canton, et que les maires sont tenus de dresser sur-le-champ un rapport ou procès-verbal des plaintes du cantonnier; que la loi du 30 mai 1842 charge les piqueurs et cantonniers chefs de constater les délits de grande voirie; — Attendu qu'en admettant même que Coquelet, simple cantonnier, ne puisse dresser directement des procès-verbaux, il n'en aurait pas moins pour mission de constater les délits commis sur son canton, et d'en faire rapport à ses chefs ou au maire, et qu'en cette qualité il doit être rangé parmi les citoyens chargés d'un ministère de service public; qu'il suit de là que les outrages qui lui ont été adressés l'ont été à un citoyen chargé d'un ministère de service public, et tombent sous l'application de l'art. 224, C. pén.; — Par ces motifs, — Réformant, — Condamne Ghislain à 16 fr. d'amende, etc.

MM. le cons. Hibon, prés.; Delegorgue, av. gén.; de la Gorce, av.

DIJON (3e ch.) 25 janvier 1882.

Vol, Arbres, Pépinière.

L'enlèvement d'arbres ayant atteint le développement normal pour être livrés au commerce et transportés dans une pépinière comme des marchandises dans un magasin où elles attendent l'acheteur, constitue le vol simple puni par l'art. 401 du C. pén., et non le vol réprimé par l'art. 388, § 3, même Code (2) (C. pén., 388, 401).

(Martin.)

23 déc. 1881, jugement du trib. correct. de Dijon ainsi conçu : — « Le Tribunal : — ... Considérant que, le 27 oct. dernier, sur le territoire de Dijon, Martin a tenté de soustraire

---

(1) C'est le premier arrêt sur les outrages aux cantonniers. — Même solution pour les outrages aux gardes champêtres — V. Dijon, 20 mai 1879 (Pand. chr.) — et aux individus désignés par les maires pour remplir provisoirement les fonctions de gardes champêtres. V. Aix, 25 janv. 1878 (Pand. chr.).

(2) Il faut se bien pénétrer des circonstances particulières de l'espèce. Les arbres transportés dans la pépinière ne s'y trouvaient qu'en attendant leur tour de vente; ils avaient atteint leur développement normal; ils étaient là comme dans un magasin. D'assez grandes analogies rapprochent cette solution d'autres arrêts de la Cour de cassation rendus à propos de récoltes placées aux champs dans une fosse, pendant l'hiver, pour les préserver de la gelée. Il a été décidé que le vol, en pareil cas, tombe sous l'application non de l'art. 388, mais de l'art. 401, C. pén.: Cass., 12 janv. et 15 juin 1815 (S. et P. chr.); 11 juin 1829 (Pand. chr.).

frauduleusement deux arbres au préjudice de Viennot, pépiniériste, tentative que l'arrivée subite de Viennot a empêché d'aboutir; que, le même jour, Martin a soustrait frauduleusement deux ifs et deux thuyas au préjudice du même pépiniériste Viennot; qu'il a vendu ces arbres verts, à un cafetier de la rue de la Préfecture, pour une somme inférieure à leur valeur et en a livré quatre sans augmentation de prix, au lieu de deux qu'il avait réellement vendus; — Par ces motifs, — Déclare Martin coupable d'avoir, le 27 oct. 1881, dans une pépinière, sur le territoire de Dijon, soustrait ou tenté de soustraire frauduleusement, au préjudice du sieur Viennot, une certaine quantité d'arbres verts qui s'y trouvaient entreposés, laquelle tentative n'a manqué son effet que par des circonstances indépendantes de la volonté de son auteur; le condamne par application de l'art. 401, C. pén., etc. » — Appel.

ARRÊT.

LA COUR : — Adoptant les motifs des premiers juges ; — Considérant, en outre, que les ifs et les thuyas dont s'agit, après avoir subi plusieurs transplantations, avaient atteint le développement nécessaire pour être livrés au commerce; que, dans ce but, ils avaient été placés dans la pépinière comme des marchandises dans un magasin où elles attendent les acheteurs; — Considérant enfin que Martin a fait l'aveu des délits qui lui sont reprochés; — Par ces motifs, etc.

MM. Julhiet, prés.; Mairet, av. gén.; Cornu, av.

TRIB.-CIV. MARSEILLE (3e CH.) 24 février 1882.

THÉATRE, ENTRÉE (DROIT D'), PLACES, CONCESSION, OCCUPATION.

Le droit d'entrée à un théâtre est un droit essentiellement personnel qui ne peut profiter qu'au titulaire seul et ne peut être transmis par lui à autrui sans le consentement du directeur (1) (C. civ., 1134 et suiv.).

Mais il en est autrement de la concession aux copropriétaires du théâtre d'un certain nombre de places déterminées; les bénéficiaires de ces places peuvent, en effet, les utiliser à leur gré, y recevoir ou y envoyer qui bon leur semble, à la condition de ne pas admettre plus de personnes que le chiffre convenu, et aussi à la condition par ces personnes d'acquitter le droit d'entrée dans la salle (2) (Id.).

(Millon et Capelle c. Gautier.) — JUGEMENT.

LE TRIBUNAL : — Attendu que, suivant une convention sous seing privé, en date des 30 oct. et 3 nov. 1880, et par son art. 4, Gautier, directeur du théâtre du Gymnase marseillais, a concédé à la famille Millon, à Capelle et à Massol-Dandré, copropriétaires de ce théâtre, pendant toute la durée du bail, la faculté d'entrer dans la salle, au foyer et sur la scène, pendant et hors les représentations de jour comme de nuit; qu'il y est, en outre, stipulé que, pendant la même durée du bail, les copropriétaires jouiront de quatre loges, parfaitement désignées, chacune de ces loges ayant droit à deux entrées; — Attendu que, dans les termes, comme dans l'esprit de cette convention, il faut séparer deux choses bien distinctes et qui ont été l'objet de deux clauses différentes : le droit d'entrée au théâtre du Gymnase et le droit d'y occuper des places déterminées; — Attendu que le droit d'entrée est un droit essentiellement personnel qui ne peut profiter qu'au titulaire seul, et qui ne peut être transmis par lui à autrui sans le consentement du directeur ;

Mais attendu qu'il en est autrement des places; que, dans l'espèce, les copropriétaires du Gymnase devenant usufruitiers de diverses loges, pendant toute la durée de leur bail, peuvent y recevoir ou y envoyer qui bon leur semble, pourvu que le nombre des visiteurs n'excède pas celui déterminé par la convention, et pourvu que le droit d'entrée dans la salle ait été acquitté par eux au contrôle; — Attendu, dès lors, que Gautier est fondé dans sa prétention de n'admettre dans l'intérieur du théâtre qu'il exploite les personnes munies des clefs des quatre loges ou d'un bon de ces loges concédées à la famille Millon, Capelle et à Massol-Dandré, qu'après que ces personnes auront acquitté au contrôle le droit d'entrée; — Par ces motifs, — Déboute les demandeurs de leurs fins et conclusions.

M. Régimbault, prés.

AMIENS (CH. RÉUN.) 11 mars 1882.

MINES, ENFANTS, TRAVAIL DE NUIT, INTERDICTION, LOI DE 1874.

La prohibition absolue du travail de nuit des enfants dans les mines, rentre dans l'interdiction générale que prononce l'art. 4 de la loi du 19 mai 1874, de tout travail de nuit des enfants n'ayant pas l'âge de seize ans révolus (3) (L. 19 mai 1874, art. 1 et 4).

(Bureau.) — ARRÊT.

LA COUR : — Considérant qu'ils est établi par la procédure et par les débats : 1° que Jules Dupré, décédé le 12 févr. 1881, avait été employé en 1881, bien qu'âgé de douze ans seulement, à un travail ayant lieu entre neuf heures du soir et cinq heures du matin dans les mines de Flechinelle; 2° que Bureau, directeur desdites mines avait autorisé Jules Dupuis à y travailler aussi la nuit, alors qu'il connaissait l'âge du susnommé; — Considérant qu'il résulte de la combinaison des art. 3 et 4 de la loi du 19 mai 1874 que les enfants ne peuvent être employés dans les mines, à un travail de nuit, jusqu'à seize ans révolus; que cette prohibition générale et absolue n'a été restreinte par aucune disposition législative postérieure; — Considérant qu'en donnant sciemment l'autorisation susmentionnée, Bureau a commis le délit prévu par l'art. 25 de la loi précitée du 19 mai 1874; — Par ces motifs, — Statuant en vertu de l'arrêt de la Cour de cassation du 2 févr. 1882 (V. Pand. chr.), sur l'appel formé par Bureau du jugement contre lui rendu par le tribunal correctionnel de Saint-Omer, le 13 avril 1881, — Confirme ledit jugement en ce qu'il a déclaré Bureau coupable d'infraction à la loi du 19 mai 1874.

MM. de Cassières, prés.; Charmeil, av. gén.

TOULOUSE (2e CH.) 25 mars 1882.

AUTORISATION DE FEMME MARIÉE, JUGEMENT PAR DÉFAUT, OPPOSITION.

Par cela seul que la femme a été autorisée, par le jugement

(1) V. conf. notre *Dictionnaire de dr. comm., ind. et marit.*, t. VI, v° *Théâtre*, n. 41. — En principe, le droit d'entrer dans la salle ne donne pas celui de pénétrer sur la scène et dans les coulisses. V. *ibid.*, n. 40, et Constant, *Code des théâtres*, p. 214. — Dans notre affaire, cette difficulté ne pouvait se soulever, puisque la convention s'en expliquait très-nettement et comprenait l'ensemble de ces divers droits.

(2) V. dans le même sens, au sujet de locations de places dont le titulaire peut disposer à son gré au profit de qui lui plait, Lacan et Paulmier, *Tr. de la législation et de la jurisprudence théâtrales*, t. II, n. 509.

(3) V. conf. Cass., 2 févr. 1882 (Pand. chr.), rendu dans la même affaire. — V. en sens contraire, l'arrêt cassé de la Cour de Douai du 14 juin 1881, que nous avons reproduit en note sous Cass. précité. Ainsi se trouvent rapprochés les arguments pour et contre l'une et l'autre thèses.

de défaut pris contre elle, à ester en justice, elle a le droit de former opposition à ce jugement, sans avoir besoin d'une nouvelle autorisation (1) (C. civ., 215).

(Espiau c. Gerbaud.) — ARRÊT.

LA COUR : — Attendu que le sieur Espiau avait été assigné en même temps que sa femme devant le tribunal de commerce, afin qu'il autorisât celle-ci à ester en justice; qu'Espiau n'ayant pas comparu, sa femme a été autorisée d'office par le jugement de défaut rendu contre elle le 31 mai 1881; — Attendu qu'autorisée à plaider, la dame Espiau avait, par cela même et sans autorisation nouvelle, le droit de former opposition au jugement qui l'avait condamnée par défaut; que l'opposition, en effet, n'est pas une instance nouvelle, mais un incident de la même instance, pour laquelle l'autorisation a été déjà donnée; que cette voie de recours a dû nécessairement être prévue au moment où l'autorisation intervenait, alors surtout que c'est par un jugement de défaut qu'elle a été donnée; que, par suite, l'opposition de la dame Espiau était régulière, et que le jugement a eu tort de la déclarer irrecevable; — Attendu que la dame Espiau a été expressément autorisée par son mari à se pourvoir par appel; que la situation est donc régulière devant la Cour; — Par ces motifs, — Disant droit à l'appel relevé par la dame Espiau contre le jugement du tribunal de commerce de Toulouse, en date du 21 juin 1881; — Réformant sur ce point, déclare que l'opposition relevée envers le jugement de défaut était recevable et que le jugement aurait dû l'accueillir...

MM. Désarnauts, prés.; Moras, av. gén.; Gardelle et Albert, av.

ROUEN 6 avril 1882.

CONNAISSEMENT, FORMES, PAYS ÉTRANGER, LOI ÉTRANGÈRE, CHARGEUR, SIGNATURE, OMISSION, PREUVE, EQUIVALENCE, ASSUREUR.

(Comp. d'assur. marit. *le Zodiaque* c. Peulevey.)

V. le texte de cet arrêt reproduit avec celui de Cass.-req., 4 juill. 1883, dans la même affaire (Pand. chr., 1re part., p. 222).

PARIS (CH. CORR.) 1er mai 1882.

VENTE DE MARCHANDISES, FALSIFICATION, CHOCOLAT, FARINE, AMANDES.

Constitue le délit de falsification de denrées alimentaires, dans le sens de la loi du 27 mars 1851, le fait, par un fabricant, de faire entrer, dans la composition du produit qu'il vend sous la dénomination de chocolat, un mélange d'amandes et de farine, le chocolat, dans sa fabrication normale, ne devant être formé que de sucre, de cacao et d'aromates (2) (L. 27 mars 1851).

Il en est ainsi surtout quand le mélange a été pratiqué avec une intention de fraude, au préjudice de l'acheteur et à son insu (3) (Id.).

Le bas prix du produit ne saurait être considéré comme un avertissement du mélange, mais bien plutôt comme un effet de la libre concurrence (Id.).

(Rolland et veuve Henry.)

Jugement du tribunal correctionnel de la Seine, ainsi conçu : — « LE TRIBUNAL : — Attendu que la falsification prévue par la loi du 27 mars 1851 résulte de tout mélange frauduleux tendant à détériorer la substance annoncée au préjudice de l'acheteur; — Attendu que le chocolat est un produit alimentaire dont la composition normale n'est pas seulement définie par la science, mais connue de tous; qu'il ne doit entrer dans sa fabrication normale que du sucre, du cacao et des aromates; — Attendu que les prévenus reconnaissent eux-mêmes que le chocolat par eux fabriqué et vendu contient en outre 8 p. 100 d'amandes douces et 4 p. 100 de farine de blé; qu'ils reconnaissent également qu'ils n'ont pas fait connaître à leurs acheteurs leur mode de fabrication; qu'ils soutiennent seulement que leur prix de vente indiquait bien que le chocolat par eux fabriqué et vendu n'était pas exclusivement composé de sucre et de cacao, mais que cette circonstance ne saurait être considérée comme un avertissement du mélange pour les acheteurs, qui ont pu et dû croire que l'abaissement du prix de vente n'était que l'effet de la libre concurrence; que le mélange d'amandes et de farine, dans le produit annoncé par les prévenus au public sous la dénomination de chocolat, tend incontestablement à détériorer ce produit en lui enlevant une partie notable de ses propriétés analeptiques; qu'il constitue donc une falsification dans le sens de la loi du 27 mars 1851, et que cette falsification, faite dans un intérêt de lucre au préjudice de l'acheteur et à son insu, est, par cela même, une falsification frauduleuse; — Condamne, etc. » — Appel.

ARRÊT.

LA COUR : — Adoptant les motifs des premiers juges, — Confirme, etc.

MM. Fauconneau-Dufresne, prés.; Villetard de la Guérie, av. gén.; Champetier de Ribes, av.

TRIB.-CORR. SEINE 4 mai 1882.

DIFFAMATION, BANQUE DE FRANCE, DIRECTEUR, SECRÉTAIRE GÉNÉRAL, ENTREPRISE FINANCIÈRE, COMPÉTENCE.

Un directeur de succursale de la Banque de France, ou bien

---

(1) Cette solution résulte implicitement des observations que nous avons présentées sous un arrêt de Paris du 6 juin 1882 (Pand. chr.).

Nous avons dit, il est vrai, que la femme avait besoin d'une nouvelle autorisation pour ester devant la Cour, même comme intimée, mais l'opposition à un jugement par défaut ne donne pas lieu, comme l'appel, à une instance nouvelle; c'est le même procès, le même tribunal, et l'autorisation que les juges ont donnée habilite la femme jusqu'à ce que le litige ait pris fin devant leur juridiction.

Il en serait de même si l'opposition avait été faite à un arrêt. C'est ainsi qu'il a été jugé que la femme autorisée par son mari à interjeter appel, a le droit de former opposition, sans autorisation nouvelle, à l'arrêt de défaut rendu contre elle : Montpellier, 6 mars 1828, en sous-note (*a*), Rousseau et Laisney, *Dict. de proc. civ.*, t. II, v° *Autorisation de femme mariée*, n. 76 *in fine*.

(2) V. en ce sens, Cass., 20 juin 1885 (Pand. chr.).

(3) Jugé que même la connaissance, par l'acheteur, du mélange ne fait pas disparaître le délit, quand cet acheteur est un commerçant qui n'achète que pour revendre à son tour : Cass., 22 juill. 1869 (Pand. chr.); 20 juin 1885, précité.

(*a*) Cet arrêt de Montpellier (ch. civ.), *aff.* Baile c. Blanc, rendu à la date du 6 mars 1828, est ainsi conçu :

LA COUR : — Sur le moyen de nullité pris de ce que la dame Baile n'a pas été autorisée par son mari à former opposition envers l'arrêt de défaut du 31 déc. dernier; — Attendu que l'autorisation exigée par l'art. 215, C. civ., a été donnée pour interjeter l'appel; que cette autorisation, s'étendant à tous les actes de procédure qui peuvent avoir lieu en cause d'appel, a été suffisante pour valider l'opposition; d'où il suit que la nullité proposée par la partie de Me Delzer (le sieur Blanc) doit être déclarée mal fondée, etc.

MM. de Trinquelague, 1er prés.; Castan, av. gén.; Durand et Delzer, av.

un secrétaire général du même établissement, n'étant chargés que de la gestion d'intérêts privés, ne sont ni des fonctionnaires ni des agents ou dépositaires de l'autorité publique. — En conséquence, la diffamation commise envers eux, à raison de leurs fonctions, est de la compétence des tribunaux correctionnels (1) (L. 29 juill. 1881, art. 31, 35, 45).

Et la juridiction correctionnelle n'en resterait pas moins compétente, alors même que le caractère d'établissement industriel et financier, faisant appel à l'épargne et au crédit, serait reconnu à la Banque de France (2) (L. 29 juill. 1881, art. 35).

(Dubois de Jancigny c. Blée, Mercier et Bataille; journal *la Bourse*.)

JUGEMENT.

LE TRIBUNAL : — Attendu que le caractère public dont la Banque de France est investie par suite des priviléges dont l'Etat l'a dotée ne lui enlève pas sa nature originelle; qu'elle a été et reste une association formée à Paris entre capitalistes ; — Attendu qu'elle est placée par son gouverneur sous la surveillance de l'Etat et régie par des statuts qu'elle ne peut pas modifier sans l'autorisation gouvernementale; que cette organisation spéciale n'a pas pour conséquence d'entraîner la perte de sa personnalité et de la réduire à la situation de propriété de l'Etat; qu'elle a été créée et reconnue pour être une institution particulière; que les priviléges qui lui ont été octroyés n'ont pas altéré ni modifié sa situation; — Attendu que le directeur d'un comptoir d'escompte administre son comptoir sous la surveillance et le contrôle de la Banque de France de Paris; qu'il exerce ses fonctions dans les limites des attributions dont elle jouit; qu'il n'est responsable de sa gestion qu'envers elle; qu'il ne doit de comptes qu'à elle seule; que son devoir est d'exécuter les arrêtés du conseil général et de se conformer aux instructions du gouverneur; — Attendu que la qualité de fonctionnaire public appartient à la personne qui, nommée par le gouvernement, en reçoit, en même temps que son investiture, une portion quelconque de l'autorité publique; — Attendu que le directeur d'un comptoir d'escompte, quoique nommé par le gouvernement, ne participe en rien à la gestion de la chose publique et n'est investi d'aucun mandat ou délégation de l'autorité publique; — Attendu que le secrétaire général, malgré sa haute position, n'est qu'un employé de la Banque de France; qu'il ne doit son élévation qu'à elle seule, et n'a aucune attache directe avec le gouvernement; — Attendu qu'en admettant que la Banque de France soit l'un de ces établissements industriels et financiers faisant appel à l'épargne et au crédit visés par l'art. 35 de la loi du 29 juill. 1881, la juridiction correctionnelle n'en reste pas moins compétente pour connaître de la plainte déposée par Dubois de Jancigny; — Par ces motifs, — Se déclare compétent, etc.

MM. Gressier, prés.; Laffon, subst. (concl. conf.); Cléry, Durieux et Coulon, av.

TRIB.-CIV. SEINE (6e CH.) 9 mai 1882.

BAIL A LOYER, ANCIEN LOCATAIRE, NOUVELLE ADRESSE (REFUS D'INDICATION), CONCIERGE, DOMMAGES-INTÉRÊTS, PROPRIÉTAIRE, RESPONSABILITÉ.

Le concierge qui refuse d'indiquer la nouvelle adresse d'un locataire déménagé, alors que des cartes indicatives de cette adresse lui ont été laissées, en partant, par le locataire, est passible de dommages-intérêts pour le préjudice pouvant résulter de tels agissements (3) (C. civ., 1382).

Le propriétaire est, en pareil cas, civilement responsable des faits du concierge (4) (C. civ., 1384).

(Onfray c. Viderlé et Talon.) — JUGEMENT.

LE TRIBUNAL : — En ce qui touche les dommages-intérêts réclamés par Onfray par le motif que les concierges, les époux Viderlé, auraient refusé d'indiquer la nouvelle adresse de Onfray et Cie; — Attendu qu'il résulte des documents de la cause versés aux débats que les époux Viderlé, concierges, auxquels Onfray et Cie, en partant, avaient laissé des cartes indicatives de leur nouvelle adresse, ont répondu à diverses personnes, notamment à un facteur de la poste aux lettres et à un facteur du télégraphe, qu'ils ignoraient la nouvelle adresse de Onfray et Cie; — Attendu que ce mensonge, fait sciemment, constitue le fait causant préjudice dont ils leur doivent réparation; que le tribunal a les éléments nécessaires pour fixer le montant à 300 fr.; Attendu que Talon, propriétaire, est responsable du fait des époux Viderlé, qui ont agi en leur qualité de concierges de la maison; — Par ces motifs, — Condamne les époux Viderlé solidairement et Talon solidairement avec eux à payer aux demandeurs la somme de 300 fr., à titre de dommages-intérêts.

MM. Cartier, prés.; Marcel Maillard et Pinchon, av.

PARIS (5e CH.) 6 juin 1882.

1° AUTORISATION DE FEMME MARIÉE, APPEL, COMPÉTENCE. 2° HYPOTHÈQUE LÉGALE, BIENS DE COMMUNAUTÉ.

1° Le mari qui intente une action contre sa femme ne saurait empêcher cette dernière de se défendre par tous les moyens légaux; en conséquence, la femme peut interjeter appel d'un jugement rendu entre elle et son mari, sans recourir aux formalités prescrites par les art. 861 et suiv., C. proc.; il lui suffit de demander cette autorisation à la Cour par des conclusions sur lesquelles il est statué en même temps que sur le fond du litige (5) (C. civ., 215, 218; C. proc., 861 et suiv.).

---

(1) *Sic* Fabreguettes, *Tr. des infractions de la parole, de l'écriture et de la presse*, t. I, n. 1267, 1295.

(2) La compétence du tribunal correctionnel pour connaître des diffamations contre les directeurs et administrateurs d'entreprises financières faisant appel au public, n'est plus douteuse. V. Cass., 29 juin 1882 (Pand. chr.); 21 juin 1884 (Pand. chr.), et les renvois en note.

(3-4) C'est la jurisprudence courante dont les 5e, 6e et 7e chambres du tribunal civil de la Seine font l'application si fréquente aux contestations qui s'élèvent entre locataires et concierges. V. en ce sens, Trib. civ. Seine (5e ch.), 19 nov. 1852 (*Gaz. des trib.*, 20 nov. 1852); 22 juill. 1857 et 30 août 1859 (*Droit*, 26 juill. 1857, 10 sept. 1859, et *Gaz. des trib.*, 10 sept. 1859); (4e ch.), 25 juin 1868 (*Droit*, 6 août 1868); Paris (4e ch.), 4 janv. 1861 (*Gaz. des trib.*, 10 janv. 1861); (5e ch.), 29 juill. 1881 (Pand. chr.). V. aussi Trib. civ. Seine (7e ch.), 27 janv. 1886 (Pand. pér., 86. 2. 71).

(5) Outre les divergences qui existent sur plusieurs points touchant l'autorisation de la femme mariée pour ester en justice, la plupart des décisions rendues en cette matière (elles sont nombreuses) n'offrent pas la netteté et la précision désirables. Nous y avons souvent rencontré des hésitations, des sortes de tempéraments et d'échappatoires, même des contradictions, que la Cour suprême n'a pas su éviter. Il nous semble pourtant que le législateur a exprimé sa pensée d'une façon bien claire; c'est, en tout cas, ce que nous tenterons de faire ressortir.

Dans l'espèce de notre arrêt, la femme était appelante d'un jugement rendu entre elle et son mari; c'est un cas particulier qui, accidentellement, peut comporter une solution exceptionnelle. Nous voulons donner plus d'ampleur à la question, et, sauf à examiner plus loin le cas spécial de notre arrêt, nous supposerons la femme appelante d'un jugement rendu entre elle et un tiers quelconque, et nous rechercherons successivement : — 1° si

2° Le mari n'ayant pas plus de droits sur les acquêts de communauté que sur ses biens propres, la femme peut y faire inscrire son hypothèque légale, sauf résolution ultérieure de son droit hypothécaire, si, en acceptant la communauté, elle

elle a besoin d'une nouvelle autorisation pour ester devant la Cour; — 2° en cas d'affirmative, quelle est la juridiction compétente pour la lui accorder; — 3° à quelles formalités est soumise cette autorisation. — Ensuite, nous rechercherons ce qui doit se produire quand la femme est intimée vis-à-vis d'un tiers et vis-à-vis de son mari; puis nous discuterons l'arrêt rapporté et, enfin, nous signalerons, sur la même matière, des questions examinées dans ce Recueil.

I. La femme mariée, qui a été autorisée à plaider en première instance, a-t-elle besoin d'une nouvelle autorisation pour appeler du jugement rendu contre elle?

Il a été jugé plusieurs fois que les mots *poursuite de ses droits* de l'art. 861, C. proc., impliquaient, pour la femme, autorisation d'ester en justice jusqu'à la solution définitive de son procès, et que, par suite, elle n'avait nul besoin d'une nouvelle autorisation pour interjeter appel. V. notamment Poitiers, 21 mars 1827; Riom, 20 mai 1839 (S. 39. 2. 513. — P. chr.).

Cette doctrine était en contradiction manifeste avec le texte et l'esprit de l'art. 215, C. civ., qui porte « la femme ne peut ester en jugement sans..... »; et la Cour de cassation l'a proclamé dans de nombreux arrêts : 5 août 1840 (S. 40. 1. 768. — P. 40. 2. 205. — D. 40. 1. 291); 4 mars 1845 (S. 45. 1. 356. — D. 45. 1. 97); 15 déc. 1847 (S. 49. 1. 293); et 22 janv. 1879 (S. 79. 1. 252. — P. 79. 627. — D. 79. 1. 121).

Tenons donc pour constant que, pour ester en justice, sur son propre appel, la femme doit être pourvue d'une nouvelle autorisation.

Cette autorisation doit-elle être encore renouvelée, lorsque la femme autorisée à plaider par son mari ou par justice, se laisse condamner par défaut et veut ensuite former opposition au jugement et à l'arrêt? V. nos observations jointes à Toulouse, 25 mars 1882 (Pand. chr.).

II. Quelle est l'autorité compétente pour donner cette autorisation à défaut du mari?

Il nous semble que l'art. 861, C. proc., le dit nettement : c'est le *tribunal* réuni en la chambre du conseil, et le tribunal visé par cet article, est (ce dernier point n'est pas contesté) celui du domicile du mari. V. toutefois en cas de séparation de corps, Paris, 28 mai 1864 (S. 64. 2. 231. — P. 64. 1072. — D. 64. 2. 185); 19 déc. 1865 (S. 66. 2. 84. — P. 66. 350. — D. 66. 2. 45); Rouen, 31 mai 1870 (S. 70. 2. 332. — P. 70. 1198. — D. 70. 2. 106).

Cependant, telle n'est pas l'opinion dominante, et il a été jugé, dans le sens de notre arrêt, que la *Cour* saisie d'un appel interjeté par la femme est seule compétente pour lui accorder l'autorisation dont elle a besoin. *Sic* Besançon, 20 mai 1864 (S. 64. 2. 146. — P. 64. 835. — D. 64. 5. 23), qui ajoute même que si la demande d'autorisation était portée devant le tribunal de première instance, elle ne serait pas valablement formée. V. aussi Cass., 2 août 1853 (S. 55. 1. 209. — P. 55. 1. 581. — D. 54. 1. 353); Rouen, 29 févr. 1856 (S. 57. 2. 734. — P. 58. 278); Demolombe, *Mariage*, t. II, n. 287; Carré et Chauveau, *Lois de la proc.*, question 2910.

Pourquoi attribuer cette compétence à la Cour saisie de l'appel? Notre arrêt n'en donne pas de motifs et reconnaît implicitement, contrairement à l'arrêt précité de Besançon, que l'autorisation donnée par le tribunal de première instance serait valable. Mais, la Cour de Besançon, motivant sa décision, déclare que la demande d'autorisation est un incident d'appel et que, s'il appartenait au tribunal de première instance d'y statuer, il devrait réviser, soit sa propre décision, soit celle de ses pairs, ce qui serait contraire à l'ordre des juridictions.

Cette doctrine a été réfutée, avec beaucoup de force, par un arrêt d'Aix, du 13 mars 1862 (Pand. chr.). Il n'y a qu'à s'y référer.

Nous nous bornons à ajouter, en vue de répondre à un ordre d'idées tout spécial, que, pour autoriser la femme en connaissance de cause, la Cour serait appelée à préjuger la question qui lui est soumise. Faisons remarquer aussi que, dans l'espèce de la Cour d'Aix, la femme avait cité son mari devant ladite Cour, en chambre du conseil, pour déduire les motifs de son refus, et que, malgré ce, la Cour s'est déclarée d'office incompétente pour statuer sur l'autorisation qui lui était demandée. *Adde*, dans le même sens, Lyon, 7 janv. 1848, et Bordeaux, 4 avril 1849 (S. 50. 2. 463 et 464. — D. 52. 2. 43), et ce, dit ce dernier arrêt, « alors même que le tribunal à saisir de la demande en autorisation serait celui qui a rendu le jugement dont la femme a formé appel ». V. aussi Bordeaux, 3 mars 1851 (S. 51. 2. 424. — P. 51. 2. 215. — D. 52. 2. 43); 24 mai 1851 (S. 51. 2. 707. — P. 53. 1. 193).

III. Comment doit procéder la femme pour avoir cette autorisation?

D'après l'arrêt précité d'Aix, du 13 mars 1862, arrêt dont nous adoptons pleinement la doctrine, la femme doit se conformer aux prescriptions des art. 861 et suiv., C. proc., et c'est le tribunal du domicile du mari, réuni en chambre du conseil, qui, à défaut d'autorisation maritale, est appelé à statuer sur celle que la femme demande.

IV. Doit-il en être de même lorsque la femme est intimée?

Que la femme doive être autorisée, soit par son mari, soit par justice, pour défendre à l'appel d'un tiers, nul doute; les art. 215 et 218, C. civ., nous paraissent l'exiger impérieusement.

Le point délicat est de savoir quand et comment sera donnée cette autorisation. Devra-t-elle être expresse, préalable et conforme, suivant les circonstances, aux art. 861 et suiv., C. proc.? ou bien, sera-t-elle suffisante si, le mari ne la donnant pas, elle émane de la Cour, au moment où elle statuera sur le fond?

La difficulté vient de ce que la situation de la femme est toute différente de ce qu'elle était quand elle voulait appeler elle-même. Elle a obtenu gain de cause en première instance, et lui enjoindre de ne pas se défendre sans une nouvelle autorisation, sera souvent illusoire : or il n'est pas admissible que son adversaire souffre de son inertie ou du mauvais vouloir de son mari, et, comme elle pourrait demander la nullité, pour défaut d'autorisation, de l'arrêt qui serait obtenu contre elle, le demandeur doit veiller lui-même à ce qu'elle soit autorisée. Il pourrait, croyons-nous, faire le nécessaire pour que cette autorisation fût expresse et préalable. V. en ce sens, Carré et Chauveau, *Lois de la proc. civ.*, quest. 2911. — Mais il est généralement admis que les formalités des art. 861 et suiv., C. proc., ne sont prescrites que pour la femme *poursuivant ses droits*, c'est-à-dire jouant le rôle de demanderesse, et que, lorsqu'elle est défenderesse, l'autorisation lui est valablement donnée, soit par son mari, que le demandeur prend soin d'assigner à cet effet, soit, à son défaut, par le juge, au moment où il statue sur le fond. V. en ce sens, Carré et Chauveau, *loco suprà cit.*; Demolombe, *Mariage*, t. II, n. 265 et suiv.; Aubry et Rau, t. V, § 472, p. 157 et 158.

La Cour de cassation va plus loin encore; elle décide que, quand la femme a été autorisée à intenter une demande en première instance, elle trouve dans cette autorisation le droit de défendre à l'appel du jugement qu'elle a obtenu. V. en ce sens, ses arrêts des 1er déc. 1846 (D. 47. 4. 29); 15 mars 1848 (S. 48. 1. 285. — P. 48. 1. 718. — D. 48. 1. 119); 5 mai 1873 (S. 73. 1. 298. — P. 73. 753. — D. 73. 1. 438); 25 févr. 1879, en sous-note (*a*).

L'autorisation visée par ces arrêts est celle expresse et préalable du mari ou celle donnée par justice en conformité des art. 861 et suiv., C. proc.; si elle avait été fournie incidemment par les premiers juges, la Cour suprême en exigerait une nouvelle. V. notamment, Cass., 25 mars 1812; 16 janv. 1838 (S. 38. 1. 217. — P. chr.). V. aussi Rouen, 29 févr. 1856, précité.

Dans l'hypothèse de la femme préalablement autorisée à intenter une demande en première instance, la Cour suprême ne dit pas que, pour défendre sur l'appel, il n'est pas besoin d'une autorisation; elle pose en principe que la première autorisation suffit, qu'elle poursuit, pour ainsi dire, son cours.

Que les juges du fait décident que, d'après ses termes, cette autorisation renferme celle de se présenter, comme intimée, en appel, nous le comprendrions; mais la déduction juridique tirée par la Cour suprême nous semble contraire au texte et à l'esprit des art. 215 et 218, C. civ., qui prescrivent une nouvelle autorisation pour un nouveau degré de juridiction. Il est vrai que l'autorisation incidente de justice est bien insignifiante et sans portée; ce n'est plus qu'une pure formalité dans laquelle on ne trouve pas les garanties que le législateur a eues en vue. Défendre à un appel peut être aussi imprudent et dispendieux que d'intenter une demande; aussi Laurent (*Principes de dr. civ.*, t. III, n. 149) proteste-t-il contre les autorisations données incidemment.

V. Que doit faire la femme, si elle a son mari comme adversaire, et qu'elle se présente en justice sans autorisation?

Nous distinguerons, suivant son rôle.

Est-elle défenderesse? le seul fait par son mari de lui avoir intenté un procès (le principe s'applique en première instance

(a) Voici le texte de cet arrêt de Cass.-civ. rendu, après délibéré en ch. du conseil, à la date du 25 févr. 1879, *aff.* Pissard c. Maury et autres :

LA COUR : — Sur le premier moyen, tiré de la violation des art. 33 et 39 de la loi de 1838 et 215, C. civ.; — Attendu que la femme autorisée par son mari à intenter une demande en justice trouve dans cette autorisation, si elle n'est pas révoquée, le droit de défendre à l'appel interjeté contre elle du jugement qu'elle a obtenu en première instance; — Attendu, dès lors, que l'arrêt attaqué, en statuant sur le fond du litige par suite de l'autorisation donnée par Pissard à sa femme, avant sa séquestration dans une maison d'aliénés, n'a pas violé les articles précités.

MM. Mercier, 1er prés.; Rohault de Fleury, rapp.; Charrins, av. gén. (concl. conf.); Perriquet, av.

se rend garante des aliénations consenties par son mari (1) (C. civ., 2122).

(Préterre c. Préterre.)

La dame Préterre, mariée sous le régime de la communauté, a pris une inscription d'hypothèque légale sur des conquêts de communauté. Son mari a obtenu la radiation de cette inscription par jugement de défaut, maintenue sur opposition. — La dame Préterre ayant appelé de ces jugements a été déclarée, par arrêt de défaut, non recevable en son appel, par le motif qu'elle n'avait même pas demandé l'autorisation maritale pour ester en justice devant la Cour. — Opposition par la dame Préterre.

ARRÊT.

LA COUR : — Statuant sur l'opposition de la femme Préterre à l'exécution d'un arrêt rendu contre elle par défaut par cette chambre, le 11 mars 1882 ; — En la forme : — Considérant que Préterre, ayant introduit une instance contre sa femme, ne peut raisonnablement prétendre empêcher ladite dame de vaquer aux besoins de sa défense par tous les moyens légaux ; qu'aux termes de l'art. 218, C. civ., si le mari refuse d'autoriser sa femme à ester en jugement, il est de l'office du juge de donner cette autorisation; que, pour l'obtenir à l'effet de plaider contre son mari lui-même, la femme n'est point tenue de procéder ainsi qu'il est prescrit par les art. 861 et suiv., C. proc.; qu'il lui suffit de demander l'autorisation de justice par des conclusions, sur lesquelles il est statué en même temps que sur le fond du litige; qu'en l'état, il y a lieu d'autoriser la dame Préterre à plaider devant la Cour comme opposante à l'arrêt par défaut du 11 mars dernier, ensemble comme appelante des jugements rendus contre elle par le tribunal civil de la Seine, le premier par défaut, le 16 juin 1881, le second sur opposition, le 29 nov. suivant;

Au fond: — Considérant que l'inscription hypothécaire qui donne lieu au procès a été requise par l'appelante en vertu du droit conféré aux femmes mariées par l'art. 2121, C. civ.; que vainement l'intimé soutient que cette inscription aurait été prise abusivement par le motif que l'immeuble qui en est grevé serait un conquêt de la communauté; qu'aux termes de l'art. 2122, C. civ., l'hypothèque légale de la femme mariée porte sur tous les biens présents et à venir de son mari; qu'il faut ranger au nombre de ces biens les conquêts, puisque, appartenant au mari d'ores et déjà pour une moitié par indivis, ils lui seront dévolus pour le tout s'il plaît à la femme de renoncer à la communauté; que le mari ne saurait avoir sur ces biens, quant à la faculté de les aliéner, des droits plus étendus que ceux dont il est investi sur son patrimoine propre; que les conquêts doivent donc, tant que dure la communauté, répondre du payement des reprises de la femme, pour le cas où elle viendrait à renoncer, son droit hypothécaire devant être résolu du moment où son acceptation l'aura rendue garante des aliénations consenties par son mari comme administrateur et maître des affaires communes; — Considérant que l'hypothèque légale ainsi étendue aux conquêts n'est nullement en contradiction avec les pouvoirs conférés au mari par l'art. 1421, C. civ., non plus qu'avec le droit de purger qu'ont les acquéreurs, puisque la vente et la purge peuvent s'opérer sur les conquêts de la même manière que sur les biens personnels du mari; — Considérant que, lorsqu'il s'agit de faire valoir son hypothèque, c'est-à-dire de participer à la distribution d'un prix de vente, la femme n'y est admise, sur les conquêts aussi bien que sur les propres du mari, qu'à la charge de justifier des droits et créances à raison desquels elle aspire à se faire colloquer; que, si ces droits ne sont point liquides, il appartient au juge de l'ordre d'apprécier quelle somme doit être affectée à les garantir éventuellement; que, d'autre part, le mari peut, en se conformant à l'art. 2144, C. civ., obtenir que l'hypothèque légale de la femme soit restreinte à certains immeubles; mais qu'en l'état, la demande en radiation formée par Préterre contre sa femme n'est point susceptible d'être accueillie favorablement; — Par ces motifs, — Autorise, en tant que de besoin, la dame Préterre à ester en jugement devant la Cour ; — Infirmant, — Déclare Préterre mal fondé dans sa demande, etc.

MM. Cotelle, prés. ; Lefranc, subst. ; de Bigault du Granrut et Desjardins, av.

PARIS (CH. CORR.) 23 juin 1882.

CHASSE, TEMPS PROHIBÉ, TERRINES, PATÉS, CONSERVES DE GIBIER, MISE EN VENTE, DÉLIT, PRÉSOMPTION, PREUVE CONTRAIRE.

Un composé de viandes comestibles, dont partie en gibier, alors qu'il est renfermé dans des terrines en faïence hermétiquement bouchées et non dans une pâte, pénétrable à l'air libre

---

comme en appel), sera la preuve non équivoque qu'il l'autorise à ester en justice. C'est là une autorisation tacite : or on sait que l'autorisation maritale n'a pas besoin d'être expresse (Arg. de l'art. 217, *in fine*, C. civ.) : Cass., 24 févr. 1841 (S. 41. 1. 315).

Est-elle demanderesse? les juges pourront trouver cette autorisation tacite dans les faits de la cause. V. Cass., 18 mars 1878 (Pand. chr.).

Dans l'espèce soumise à la Cour de Paris, la femme était appelante. La Cour n'a pas vu d'autorisation tacite dans les faits de la cause; elle l'a conférée elle-même en disant que de simples conclusions prises, à cet effet, par la femme, la dispensaient de recourir aux formalités prescrites par le Code de proc., art. 861 et suiv.

A part les conclusions spéciales prises par la femme, la Cour a statué comme si cette dernière eût été intimée.

Pour nous, cette thèse viole la loi et à un double point de vue : la Cour n'était pas compétente, et, en admettant le contraire, elle aurait dû statuer en la chambre du conseil. Néanmoins, cette doctrine est consacrée par un arrêt de Cass. du 2 août 1853 (S. 55. 1. 209. — P. 55. 1. 581. — D. 54. 1. 353), qui porte (la femme était appelante) que « la Cour était évidemment compétente pour accorder l'autorisation incidemment à une instance déjà engagée, sans qu'il fût besoin de recourir au tribunal du domicile, ainsi que cela eût été nécessaire préalablement à l'introduction d'une demande principale ».

On en trouve encore la trace dans un arrêt de Cass., du 2 juill. 1878 (S. 78. 1. 341. — P. 78. 871. — D. 79. 1. 213), lequel semble dire que si la Cour d'appel avait conféré, de son chef, une nouvelle autorisation, il n'y aurait pas eu lieu de casser pour défaut d'autorisation. De sorte que, d'après la Cour suprême, une instance sur appel est une *instance déjà engagée!* Il nous semble que, pour être logique, elle devrait aller jusqu'à dire, qu'il suffit de l'autorisation donnée pour comparaître en première instance. C'est, du reste, ce qu'elle a fait pour une femme appelante du jugement, qui l'avait déboutée de sa demande en séparation de corps. (V. arrêt, 23 nov. 1864, S. 65. 1. 320. — P. 65. 776. — D. 65. 1. 385.)

VI. Demandons-nous, pour terminer, si la femme qui n'a pas été partie en première instance, dans un procès engagé entre son mari et un tiers, a besoin, pour intervenir en appel, d'être autorisée conformément aux art. 861 et suiv., C. proc., ou si la Cour peut lui conférer une autorisation valable. Par arrêt du 18 mai 1874 (Pand. chr.), la Cour de Montpellier a autorisé la femme, tandis que la Cour de Paris, par arrêt du 21 févr. 1883 (Pand. chr.), a exigé une autorisation conforme à celle prescrite par le Code de procédure.

(1) Cette solution nous paraît à l'abri de toute critique; elle est, du reste, conforme à une jurisprudence constante. V. notamment, Cass., 9 nov. 1819; 16 févr. 1841 (S. 41. 1. 650. — P. 41. 1. 754); 4 févr. 1856 (S. 56. 1. 225. — P. 56. 1. 449. — D. 56. 1. 61); Rouen, 11 mars 1846 (S. 46. 2. 503. — D. 46. 2. 182); Paris, 15 juin 1868 (D. 69. 2. 161); Bordeaux, 28 juin 1870 (S. 70. 2. 326. — P. 70. 1189. — D. 70. 2. 99). — Comp. Dijon, 17 et 19 nov. 1876 (S. 77. 2. 261. — P. 77. 1035. — D. 78. 2. 58).

et accessible à l'action des fermentations, constitue une préparation culinaire, connue sous le nom de conserve, *et non un gibier dans les termes et dans l'esprit de l'art. 4 de la loi du 3 mai 1844. — En conséquence, sa mise en vente pendant la fermeture de la chasse, bien que faite sous l'étiquette* « pâté de lièvre », *ne constitue pas le délit de mise en vente de gibier en temps prohibé* (1) (L. 3 mai 1844, art. 4, et 12, § 4).

Jugé, en sens contraire, que la vente ou la mise en vente de pâté de gibier, hors le temps pendant lequel la chasse est permise, constitue le délit prévu et puni par les art. 4 et 12, § 4, de la loi du 3 mai 1844, sans qu'il y ait à distinguer entre le gibier frais *et le gibier* conservé (2) (Id.). — V. l'arrêt de Paris en sous-note (*a*).

Si la vente, ou mise en vente, pendant la fermeture de la chasse, de gibier dit de conserve, *fait présumer que ce gibier a été obtenu par fraude à la loi, il n'y a là qu'une présomption qui n'exclut pas la preuve contraire. — Par suite, doit être relaxé de la prévention de mise en vente de gibier en temps prohibé, le restaurateur qui établit que ce gibier a été par lui acheté et enfermé dans des boîtes soudées à une époque où la chasse était permise* (3). — Autre arrêt de Paris en sous-note (*b*).

(1-2-3) De ces trois solutions, laquelle choisir?

Nous n'hésitons pas à préférer la seconde, celle qui ne distingue pas entre le gibier *frais* et la *conserve* et les frappe de la même prohibition. Ce système radical est seul conforme au texte et à l'esprit de la loi :

Au texte. Pas de difficulté possible, les art. 4 et 12 de la loi emploient le mot *gibier* sans distinguer s'il est frais ou conservé.

A l'esprit. Etudions la loi dans ses prescriptions pour le temps prohibé.

Dans nos observations jointes à un arrêt de cassation du 5 janvier 1883 (Pand. chr.), nous rappelons que le législateur de 1844 a eu pour but principal de préserver le gibier d'une destruction complète et prochaine.

Ainsi, la chasse est close chaque année pendant le temps nécessaire à la reproduction du gibier (art. 3); — elle peut être suspendue en temps de neige (art. 9), la poursuite et la capture du gibier étant plus faciles. — Il est défendu de prendre ou détruire, sur le terrain d'autrui, des œufs ou couvées de faisans, perdrix, cailles (art. 11-4°). — Toutes contraventions à ces dispositions sont punies par les art. 11, 12 et 16.

Ces mesures n'eussent point été encore suffisantes. Comme l'a dit M. Lenoble, dans son rapport à la Chambre des députés, « la « menace de la loi ne deviendra efficace que du jour où l'intérêt « de la violer n'existera plus », et, comme conséquence, il fallait interdire la vente, la mise en vente, l'achat, le transport et le colportage du gibier pendant le temps où la chasse n'est pas autorisée.

Une fois entré dans cette voie, qui tendait à empêcher le braconnage, le législateur a été plus loin encore; il a dit au propriétaire d'un terrain clos attenant à une habitation : « Vous pourrez y chasser et faire chasser en tout temps; mais défense vous est faite de vendre, même de faire sortir de votre propriété le gibier que je vous autorise à tuer. »

Enfin, le gouvernement prescrit aux douanes de ne pas laisser pénétrer en France, dans le temps prohibé, de gibier d'origine étrangère.

Les magistrats se sont associés aux vues du législateur, et il a été jugé que le droit de transporter du gibier cesse, dans chaque département, du jour même de la clôture de la chasse (Angers, 1er avril 1851, Pand. chr., et la note), et, comme conséquence, que, bien que la chasse soit autorisée aux lieux de départ et de destination du gibier transporté, il y a transport illicite, si le gibier est saisi dans un lieu intermédiaire où la chasse n'est pas permise. V. Paris, 22 nov. 1844 Pand. chr.), et la note.

Dans les divers cas que nous venons de parcourir, notamment dans celui du propriétaire d'un enclos, il aurait été facile d'établir l'origine du gibier qu'il aurait vendu ou fait sortir de sa propriété. Le législateur ne l'a pas permis, cela a été dit expressément lors de la discussion. Et, d'après la Cour de Paris, il en serait autrement du gibier *conservé*, quand elle déclare elle-même que, si ce gibier est vendu en temps prohibé, il y a présomption qu'il provient d'un délit!

Cette doctrine ne nous paraît pas admissible.

M. Lenoble disait encore, au sujet de la saisie du gibier en temps prohibé : « Pour les personnes auxquelles sont applicables les « prohibitions de l'art. 4, c'est-à-dire pour celles qui mettent en vente, vendent, achètent, transportent ou colportent du gibier, « la possession du gibier est *toujours* un délit; le fait seul de « l'existence du gibier constitue le délit d'une façon absolue, et il « n'y a pas lieu d'admettre une excuse, *même celle qui s'appuierait « sur la provenance légitime du gibier.* »

Ne ressort-il pas de là, et de toute évidence, que le législateur, qui voulait prévenir la destruction illicite du gibier en temps prohibé, en a interdit la vente ou mise en vente, l'achat..... par cela seul que le fait se produirait dans le temps où la chasse n'est pas permise? Dès lors, avons-nous besoin de réfuter ce motif, donné par la Cour de Paris dans son arrêt du 23 juin 1882 ci-dessus rapporté, que, un pâté, terrine ou conserve, qui contient du gibier avec d'autres viandes, *n'est pas un gibier?*

Nous arrêterons-nous davantage à cet autre argument du même arrêt, tiré de ce que le gibier saisi doit être immédiatement livré à l'établissement de bienfaisance le plus voisin, argument emprunté d'ailleurs à un arrêt de la Cour de cassation du 21 déc. 1844 (S. 45. 1. 107. — P. 45. 1. 374. — D. 45. 1. 113). — Le jugement du tribunal de la Seine, infirmé par l'arrêt du 22 janv. 1883 V. sous-note (*b*) y a répondu suffisamment.

(*a*) Voici dans quelles circonstances de fait cet arrêt de Paris (ch. corr.), *aff.* Voisin, intervenait à la date du 16 déc. 1875 :

Le tribunal correctionnel de Chartres avait condamné Voisin par un jugement ainsi motivé : — « Le Tribunal : — Attendu que de l'instruction et des débats résulte la preuve que, le 26 août 1875, à Chartres, à une époque où la chasse n'était pas permise dans l'arrondissement, le prévenu Voisin a détenu, mis en vente et vendu du gibier; — Attendu que, pour échapper à l'application de la loi, le prévenu Voisin prétend que le perdreau par lui converti en pâté, qui a été saisi par M. le commissaire de police, était un perdreau conservé, et ne pouvait pas, au moment où il a été saisi, être considéré comme gibier; — Attendu qu'en admettant même, ce qui n'est pas établi, que le perdreau saisi dans un pâté vendu par Voisin soit un perdreau conservé, le délit n'en existe pas moins, car la loi du 3 mai 1844 sur la chasse ne fait aucune distinction entre le gibier frais et le gibier conservé; qu'il n'en peut être autrement, à moins de supprimer la loi sur la chasse, car à toute époque de l'année, les pâtissiers, restaurateurs, etc., convertiraient du gibier en pâté, et se borneraient à répondre que c'est du gibier de conserve; — Attendu que le fait par Voisin d'avoir détenu, mis en vente et vendu du gibier en temps prohibé, constitue à sa charge le délit prévu et puni par l'art. 12 de la loi du 3 mai 1844, etc. » — Appel.

ARRÊT.

LA COUR : — Adoptant les motifs des premiers juges, — Confirme, etc.

MM. Rohault de Fleury, prés.; d'Herbelot, av. gén.; Choppard, av.

(*b*) Cet arrêt de Paris (ch. corr.), 22 janv. 1883, *aff.* Marguery, infirmait un jugement du trib. corr. de la Seine (11e ch.), ainsi conçu :

« Le Tribunal : — Attendu qu'il est établi, par l'information et les débats, que Marguery, restaurateur, le 9 août dernier, alors que la chasse était fermée depuis longtemps, a fait figurer sur ses menus du gibier, et en a servi aux consommateurs qui fréquentent son établissement; — Attendu que, pour échapper aux dispositions de la loi du 3 mai 1844, Marguery allègue que le gibier qu'il a mis en vente et vendu était du gibier conservé, appréhendé avant la fermeture; — Attendu que la loi du 3 mai 1844 a eu, avant tout, pour but de favoriser la conservation du gibier, en en défendant, pendant un temps déterminé, la poursuite et l'appréhension, et, par conséquent, la destruction; qu'après avoir prohibé, d'une façon absolue, la chasse en dehors des époques fixées par les arrêtés des préfets, la loi, pour assurer l'exécution stricte et rigoureuse de cette proscription, et empêcher le commerce du gibier pendant le temps où la chasse n'est pas permise, a défendu, pendant le même laps de temps, de transporter, colporter, mettre en vente, vendre et acheter le gibier; que les termes des art. 4 et 12 de la loi sont généraux et absolus; qu'ils ne comportent aucune exception, ni restriction; que le soin pris par le législateur d'énumérer, pour les prohiber, tous les actes qui tendent à faire passer le gibier des mains du chasseur dans celles de l'acheteur et du vendeur, démontre manifestement qu'il n'a nullement entendu restreindre les prohibitions au cas où il serait établi que le gibier a été appréhendé après la fermeture de la chasse; qu'une pareille restriction rendrait, le plus souvent, l'application de la loi impossible et illusoire, et tendrait à favoriser les fraudes qui ne manqueraient pas de s'organiser entre les braconniers et ceux qui font le commerce du gibier; — Attendu qu'il en serait surtout ainsi lorsque, comme dans l'espèce, il s'agit, non de gibier frais, mais de gibier conservé et vendu près de six mois après la fermeture de la chasse; — Attendu qu'on ne saurait non plus prétendre qu'en admettant que la prohibition s'étende au gibier frais, à quelque époque qu'il ait été appréhendé, elle ne saurait, au moins, s'étendre au gibier dit de conserve; qu'en effet, il suffirait, alors, à l'acheteur et au vendeur de faire subir au gibier une préparation culinaire quelconque pour échapper aux prescriptions formelles de la loi; que ce serait un véritable encouragement donné à la destruction du gibier en tout temps, puisque le braconnier y trouverait un moyen simple et facile de tirer profit du gibier appréhendé; — Attendu que le fait de soumettre une pièce de gibier à la cuisson et de l'enfermer, soit dans une boîte, soit dans une terrine, soit dans une croûte, n'en change pas la nature, et que cette pièce reste toujours un véritable gibier, dans le sens de l'esprit et du texte de la loi de 1844; — Attendu qu'on ne saurait induire que la loi ne s'applique qu'au gibier frais, des dispositions de l'art. 4, prescrivant de remettre, avant même le jugement de la contravention, à l'établissement de bienfaisance le plus voisin, le gibier colporté et vendu contrairement aux prohibitions dudit article, sous prétexte que cette disposition n'a eu pour but que d'empêcher le gibier saisi de se corrompre; qu'en effet, en ce qui concerne les terrines et les pâtés qui ne sont pas hermétiquement fermés, le même inconvénient peut se produire; qu'il en est de même, dans la plupart des cas, pour les boîtes de conserves, qui doivent être ouvertes pour en constater le contenu; que, d'ailleurs, ce n'est pas dans une disposition accessoire et ayant trait à l'exécution de la loi qu'on doit aller en chercher l'interprétation; qu'il est donc inexact de soutenir que la possession légitime du gibier en permet le transport, le colportage, la vente et l'achat en tout temps; qu'il résulte, au contraire, de l'ensemble des disposi-

(Robert.)

Le tribunal correctionnel de Reims avait statué comme suit par jugement du 22 mars 1882 : — « LE TRIBUNAL : — Attendu que, suivant procès-verbal du commissaire de police Wagner, du 1er arrondissement de Reims, il a été saisi, le 9 mars 1882, dans la boutique de Robert, charcutier, rue de l'Etape, n. 1, deux terrines pleines, et une autre presque vide, qui s'y trouvaient mises en vente, et contenant des pâtés faits avec de la viande de lièvre mélangée avec celle de porc; que Robert prétend qu'il ne saurait tomber sous l'application de l'art. 12, § 4, de la loi du 3 mai 1844 : 1° parce que les lièvres qui ont servi à faire les pâtés saisis auraient été tués et achetés par lui antérieurement au 15 janv. 1882, époque de la fermeture de la chasse, dans l'arrondissement de Reims; 2° parce que ces animaux, ayant perdu leur forme naturelle, ne constitueraient plus un gibier proprement dit; — Attendu que la loi, pour enlever aux braconniers la possibilité de trouver des recéleurs, a interdit d'une manière formelle, en temps de chasse prohibée, la mise en vente, la vente, l'achat, le transport et le colportage du gibier; qu'elle ne fait aucune distinction à l'égard de celui qui aurait pu être tué en temps permis; qu'en outre, il importe peu d'examiner si le gibier mis en vente, vendu, acheté, transporté ou colporté présente encore ou non sa forme primitive; — Par ces motifs, — Condamne, etc. » — Appel.

ARRÊT.

LA COUR : — Considérant que le composé de viandes comestibles saisi le 9 mars 1882, à Reims, dans la boutique de Robert, et mis en vente par ce dernier, sous l'étiquette « pâté de lièvre », était renfermé dans des terrines en faïence, hermétiquement bouchées, et non dans une pâte, pénétrable à l'air libre et accessible à l'action des fermentations; qu'en cet état, ce composé constituait une préparation comestible, connue dans les usages du commerce sous le nom de conserve, et non un gibier dans les termes et dans l'esprit de l'art. 4 de la loi du 3 mai 1844; qu'en effet, ce même article dispose qu'en cas d'infraction à l'interdiction de mise en vente de gibier, pendant le temps où la chasse n'est pas permise, le gibier doit être saisi, et, avant jugement, livré immédiatement à l'établissement de bienfaisance le plus voisin; que cette disposition, exceptionnelle en matière de confiscation, et d'un effet irrévocable, n'a eu en vue que le gibier même, exposé à se corrompre, et non ces préparations comestibles dans lesquelles les viandes sont assaisonnées, mélangées et dénaturées pour être conservées, dans le but de satisfaire aux besoins divers des consommations publiques, qui ne sont plus un gibier saisissable; que si Robert a eu le tort de le mettre en vente sous le nom de « pâté de lièvre », le tribunal de Reims, en validant la saisie des terrines dont s'agit, et en lui faisant l'application des sanctions pénales contenues dans l'art. 12 de la loi susvisée, a méconnu le sens et la portée de l'art. 4 de ladite loi; — Par ces motifs, — Infirme, etc.

M. le cons. Malher, prés.; Bernard, subst.; Lantiome (du barreau de Reims), av.

AMIENS 27 juin 1882.

PRIVILÉGE, BAILLEUR, BESTIAUX, SAISIE-REVENDICATION.

Le bailleur a le droit de saisir-revendiquer dans le délai de l'art. 2102, C. civ., entre les mains de tout tiers détenteur, même du tiers détenteur de bonne foi qui les aurait achetés en foire ou d'un marchand de produits similaires, les bestiaux garnissant la ferme qui ont été déplacés et vendus par le fermier; ici ne sont point applicables les art. 2279 et 2280, C. civ., exclusivement réservés aux cas de perte ou de vol (1) (C. civ., 2102, 2279, 2280).

(Frémy c. Cherpin et Verin.)

23 nov. 1881, jugement du tribunal civil de Senlis, ainsi conçu : — « LE TRIBUNAL : — Attendu que les animaux vendus ont été revendiqués par Frémy, qui, d'ailleurs, par ordonnance de référé rendue en date du 1er février dernier, en a été constitué séquestre; — Attendu que le peu de temps qui s'est écoulé entre la prise de possession de ces animaux par Cherpin et Verin et l'abandon de sa ferme par Rousseau, la connaissance qu'ils avaient de la situation obérée de ce dernier et d'autres circonstances attestent la

---

Faisons observer, en outre, que le gibier vivant doit être saisi et livré comme le gibier mort, et pourtant sa corruption n'est pas à redouter.

Selon nous, dès lors, pas de distinction à faire entre les pâtés de gibier proprement dits, qui ne se gardent que quelques jours, et les terrines soudées, où le gibier peut se conserver fort longtemps. Il est vrai que ces dernières préparations constituent une véritable industrie, et que notre doctrine est leur ruine. Il est vrai aussi que le gouvernement autorise certains propriétaires à transporter du gibier vivant, en temps prohibé, pour repeupler leurs chasses.

Ne pourrait-on pas, en conséquence, entrer dans une voie analogue au regard des fabricants de conserves de gibier en boîtes? — Vis-à-vis d'eux personnellement, peut-être serait-il possible de leur enjoindre des prescriptions de nature à établir que leur gibier a été mis en boîtes dans le temps où la chasse était autorisée. Il suffirait, par exemple, d'une marque ou étiquette qui serait apposée sur ces boîtes par les soins de l'administration, et, de cette façon, le gibier ainsi conservé aurait, pour ainsi dire, une date certaine, authentique. Mais ces commerçants fabriquent pour vendre, et leurs acheteurs, les restaurateurs notamment, appelés à s'expliquer sur la provenance du gibier par eux annoncé sur leurs menus, ou servi sur leurs tables, exhibant les fameuses boîtes administratives dont ils se seraient rendus acquéreurs, ne manqueraient pas de dire que telle est l'origine du gibier, dont, pourtant, ils se seraient pourvus près de braconniers.

Il n'y a donc pas lieu de faire d'exception en faveur des conserves de gibier; ce serait rouvrir au braconnage la porte que le législateur a voulu lui fermer aussi hermétiquement que possible.

Cette faveur se comprendrait mieux pour le propriétaire d'un terrain clos. Elle a été demandée lors de la discussion de la loi; on l'a repoussée par l'art. 715, C. civ., qui permet au législateur de réglementer le droit de chasse comme il le croit utile à l'intérêt général.

Ainsi, pas d'exception; ce serait aller contre le but et la volonté du législateur, qui, pour assurer autant que possible la conservation du gibier, en a défendu la vente *quand même*, pendant le temps où la chasse n'est pas permise.

(1) La question est controversée surtout en doctrine. Quant à la jurisprudence, elle s'est prononcée presque unanimement en faveur de la solution ci-dessus. V. Nancy, 6 déc. 1884 (Pand. chr.), avec les indications des jugements et arrêts en note.

tions de la loi, que la vente du gibier, sous quelque forme qu'il se présente, est interdite en dehors des limites fixées par les arrêtés des préfets; — Par ces motifs, — Condamne, etc. » — Appel.

ARRÊT.

LA COUR : — Considérant que, bien que les art. 4 et 12 de la loi du 3 mai 1844 semblent interdire d'une manière absolue le transport, le colportage, la vente et l'achat du gibier pendant le temps où la chasse n'est pas permise, il n'en faut pas moins, pour bien saisir le sens et préciser la portée de cette prohibition, rechercher le but que le législateur s'est proposé d'atteindre en l'édictant; — Considérant que son but a été d'assurer la conservation du gibier; que, dès lors, en défendant et en punissant le transport et la vente du gibier, il n'a pu avoir en vue que les animaux tués ou appréhendés en temps prohibé; — Considérant qu'à la vérité, par cela seul que le gibier dit de conserve est transporté et vendu en temps prohibé, il y a présomption qu'il a été obtenu par fraude à la loi; mais que ce n'est là qu'une présomption qui n'exclut pas la preuve contraire, lorsqu'elle est administrée par les inculpés; — Considérant, en fait, que Marguery a établi, tant par l'enquête faite à l'audience des premiers juges que par des notes et factures produites devant la Cour, que les perdrix par lui vendues et mises en vente dans son établissement, à Paris, le 9 août 1882, avaient été par lui achetées, préparées et renfermées en boîtes soudées en déc. 1881, c'est-à-dire à une époque où la chasse était permise; — Par ces motifs, — Renvoie Marguery des fins de la poursuite, etc.

MM. Cotelle, prés.; Caumartin, av. gén.; Barboux, av.

connivence qui existait entre eux et Rousseau ; qu'il y a donc lieu de considérer leurs acquisitions comme non avenues et de les déclarer nulles, comme aussi de déclarer valables les revendications faites de ce chef par le demandeur, comme s'appliquant à des objets frauduleusement déplacés de la ferme ; qu'en vain les défendeurs soutiennent, pour combattre cette revendication, que le bailleur ne peut exercer son droit de suite et de revendication à l'égard des acquéreurs de bonne foi, et que le bailleur ne saurait avoir des droits supérieurs à ceux du propriétaire volé ou qui a perdu sa chose et dont la situation est réglée par les art. 2279 et 2280, C. civ. ; — Attendu, à cet égard, et en principe, que les dispositions édictées par l'art. 2102 du même Code sont absolues et impératives, et qu'elles ne permettent pas de dénier au créancier gagiste le droit de suivre les meubles et objets qui constituent son gage, lorsque ces meubles et objets ont été déplacés sans son consentement, et les revendiquer utilement dans les délais qui lui sont impartis, même vis-à-vis des acquéreurs de bonne foi ou de ceux qui auraient acheté en foire ou chez un marchand vendant des objets similaires ; que le tribunal n'a point à se préoccuper de la question de savoir si de cette manière le bailleur serait traité plus favorablement que le maître de la chose volée ou perdue ; qu'il est certain que les art. 2279 et 2280 s'appliquent à un cas tout particulier, et que ces articles étant étrangers à la situation du propriétaire bailleur, il ne peut pas être permis, même dans une intention d'équité, d'en combiner le texte avec celui de l'art. 2102, qui, de son côté, règle une situation différente ; qu'il faut donc reconnaître que le bailleur a un droit de suite sur les objets mobiliers qui garnissaient la ferme, et qu'il peut exercer son privilége sur ces objets, vis-à-vis de tous les acquéreurs d'iceux, quels qu'ils soient, et quelles que soient les conditions ou les circonstances de leurs acquisitions ; que Frémy n'a fait qu'user de ce droit, en revendiquant les animaux remis par Rousseau à Cherpin et Verin, dont la bonne foi, d'ailleurs, est loin d'être établie, et que le tribunal ne peut que consacrer l'usage qu'il en a fait ; — Par ces motifs, — Déclare bonnes et valables les saisies pratiquées et la demande en revendication formulée par Frémy contre les défendeurs. » — Appel.

ARRÊT.

LA COUR : — Adoptant les motifs des premiers juges, — Confirme.

MM. de Roquemont, prés. ; Grenier, av. gén. (concl. conf.) ; Prouvost et Cléry (du barreau de Paris), av.

ORLÉANS (2e CH.) 4 juillet 1882.

RÉFÉRÉ, MATIÈRES ADMINISTRATIVES, TRAVAUX PUBLICS, EXÉCUTION, DOMMAGES, CONSTATATIONS, EXPERTISE, INCOMPÉTENCE.

L'appréciation de dommages causés par l'exécution, même ancienne, de travaux d'utilité publique, est de la compétence de la juridiction administrative (1) (L. 28 pluv. an VIII, art. 4).

Spécialement, *le juge civil des référés est incompétent à l'effet d'ordonner une expertise ayant pour objet de constater les dégâts provenant des infiltrations des eaux d'un canal à la suite de travaux d'endiguement exécutés par l'Etat* (2) (C. proc., 806 et suiv.).

(Préfet du Loiret c. de Rochefort.) — ARRÊT.

LA COUR : — Attendu qu'il est de principe que les juges du fond sont seuls compétents pour statuer sur les mesures provisoires ou préparatoires de constat et d'instruction destinées à fixer les bases de la décision à intervenir ; que, notamment, le juge civil des référés ne saurait connaître, dans aucune limite, des questions réservées à la juridiction administrative ; — Attendu que de l'interprétation extensive donnée par la jurisprudence au texte de l'art. 4 de la loi du 28 pluv. an VIII, il ressort que l'appréciation de dommages causés par l'exécution, même ancienne, de travaux d'utilité publique est de la compétence de la juridiction administrative ; — Attendu que l'appel relevé par le préfet du Loiret contre l'ordonnance de référé du 17 nov. 1881, se fonde sur l'incompétence du juge qui l'a rendue ; — Attendu, en effet, qu'en admettant que les demandeurs aient pu valablement modifier, ainsi qu'ils l'ont fait, en l'absence du défendeur, leur assignation originaire, il suffit de se référer au contexte de cette assignation pour se convaincre que, quels que soient les termes dans lesquels elle a été restreinte à l'audience, la réclamation des propriétaires de la terre de Cierge et des Mers vise directement les travaux d'endiguement exécutés par l'Etat depuis quelques années au réservoir du canal de la Sauldre, sa propriété ; que surtout, si l'on se reporte aux réclamations précédentes de MM. de Rochefort, on ne peut méconnaître que la demande actuelle d'une expertise ayant pour objet de rechercher les causes d'infiltration, pour lesquelles des indemnités ont déjà été accordées par l'administration, ne peut être autre chose que le préliminaire d'une action au fond basée sur les résultats et sur les conséquences de travaux d'utilité publique, action ressortissant au tribunal administratif, et que, par conséquent, le président du tribunal n'en pouvait être saisi ; — Par ces motifs, — Met ce dont est appel à néant ; — Dit que le juge du référé était incompétent *ratione materiæ* ; — Infirme, etc.

MM. Boussion, prés. ; Noblet, av. gén. ; Desplanches et Johannet, av.

PARIS (1re CH.) 8 juillet 1882.

THÉATRE, ACTEUR, ENGAGEMENT, DIRECTEURS SUCCESSIFS, MINEUR, MÈRE TUTRICE, RATIFICATION, LÉSION, NULLITÉ, RESCISION, DÉDIT, CLAUSE PÉNALE.

L'engagement théâtral lie l'artiste qui l'a contracté, non pas seulement vis-à-vis du directeur actuel, mais de tous les directeurs qui se succèdent dans l'administration du théâtre (3) (C. civ., 1779).

Le fait par la mère, tutrice légale, d'accompagner sa fille mineure aux répétitions et représentations, implique bien, dans une certaine mesure, une approbation donnée à l'engagement signé par la mineure seule, sans assistance ni autorisation, mais n'équivaut pas à une ratification, en pleine connaissance de cause, des clauses et conditions du contrat, seule susceptible de couvrir le vice dont il était entaché pour cause de minorité (4) (C. civ., 1305).

L'engagement théâtral contracté par la mineure dans ces

(1-2) V. en ce sens, Alger, 9 févr. 1881 (Pand. chr.), et les nombreux arrêts cités en note. *Adde :* Bertin, *Ord. de référé*, t. II, n. 232 et suiv. ; Bazot, *Ord. sur req. et sur référé*, p. 194 et suiv.

(3) Sic notre *Dictionnaire de dr. commerc., ind. et marit.*, t. VI, v° *Théâtre*, n. 174. Aux décisions et autorités qui s'y trouvent citées, *adde* Constant, *Code des théâtres*, p. 125. — Mais les acteurs sont déliés de leurs engagements par la faillite du directeur, à moins que les syndics n'offrent de continuer l'exécution des contrats et que l'état de la faillite ne présente des garanties suffisantes pour cette exécution. V. notre *Dictionnaire, ubi suprà*, n. 175.

(4) L'engagement, obligeant la personne même de l'artiste, ne peut intervenir qu'avec son consentement. Ainsi, l'enfant ne saurait être lié par son père, le pupille par son tuteur, en dehors de toute intervention de sa part. Trib. civ. Seine, 25 nov. 1836 (journ.

conditions n'est pas nul de plein droit, mais seulement rescindable, en cas de lésion à son préjudice (1) (Id.).

Spécialement, *la lésion résulte de l'exorbitance d'une clause pénale, en disproportion manifeste avec les appointements de l'artiste, stipulée à titre de dédit, en prévision de la rupture de l'engagement* (2) (Id.).

Et il en est ainsi surtout, alors que la clause pénale doit rester sans réduction possible, même au cas où l'inexécution du contrat viendrait à se produire dans les derniers jours de l'engagement (3) (Id.).

Mais de ce que la clause pénale est seule susceptible d'être rescindée pour cause de lésion, l'engagement reste maintenu pour le surplus (4) (C. civ., 1227, § 2).

(May c. Koning.)

6 oct. 1880, jugement du tribunal civil de la Seine, conçu dans les termes suivants : — « Le Tribunal : — Attendu que la demoiselle May a contracté, le 8 décembre 1878, avec le sieur Montigny, directeur du Gymnase, un engagement théâtral pour trois ans, à partir du 15 février 1879, lequel sera enregistré en même temps que le présent jugement ; que, contrairement à cet engagement, la demoiselle May a refusé de se rendre aux répétitions d'une nouvelle pièce intitulée *Nina la Tueuse*, où un rôle lui avait été distribué, et de jouer le rôle dont il s'agit; — Attendu qu'en présence de ce refus, Koning demande la résiliation de l'engagement et 50,000 fr. de dommages-intérêts, stipulés comme dédit dans le contrat lui-même; qu'en réponse à cette demande, la demoiselle May oppose une fin de non-recevoir tirée de ce qu'il n'existe aucun lien de droit entre Koning et elle; que, de plus, elle soutient qu'étant mineure au moment de son engagement, elle est fondée à en demander la nullité; qu'enfin, elle serait tout au moins en droit de demander la rescision de ce contrat pour cause de lésion;

« Sur la fin de non-recevoir : — Attendu qu'il résulte des termes de l'engagement que c'est avec Montigny, non personnellement, mais comme directeur du Gymnase, que la demoiselle May a contracté son engagement, et qu'elle a entendu le contracter vis-à-vis de l'administration du théâtre;

« Au fond, sur le moyen tiré de la minorité : — Attendu qu'il n'est pas contesté que la demoiselle May était mineure au moment de son engagement; qu'il est également constant que la mère de la demoiselle May, sa tutrice naturelle et légale, n'a pas figuré au contrat pour y donner son approbation; — Mais attendu qu'il est établi par les documents de la cause que la mère de la mineure a ratifié l'engagement postérieurement, non par son silence, qui ne suffirait pas pour constituer la ratification, mais par des actes qui ne laissent aucun doute sur son consentement et sur son approbation; qu'ainsi, il n'est pas dénié qu'elle accompagnât sa fille au théâtre pour les répétitions et les représentations; qu'elle a connu les précédents engagements de la demoiselle May sur d'autres scènes;

« Sur la rescision : — Attendu que l'engagement ayant été ratifié par la dame May, tutrice légale de sa fille mineure, doit produire l'effet qu'il aurait produit s'il avait été contracté en sa présence et avec son assentiment; qu'un contrat ainsi passé ne pourrait être rescindé pour cause de lésion que s'il était établi que le tuteur avait assisté le mineur dans des actes dépassant l'administration, circonstance qui ne se rencontre pas dans l'espèce; qu'ainsi, dans les circonstances de la cause, la question de lésion est sans intérêt, celle-ci ne pouvant être une cause de rescision qu'au cas où l'acte passé par le mineur seul n'aurait pas été ratifié depuis, soit par le tuteur, soit par le mineur lui-même, après sa majorité.... ; — Par ces motifs, — Déclare résiliées les conventions intervenues entre les parties; — Condamne la demoiselle May à payer à Koning, etc. » — Appel.

ARRÊT.

LA COUR : — Considérant que les premiers juges, dont la Cour adopte les motifs sur ce point, ont décidé avec raison que l'engagement contracté envers Lemoine-Montigny était réputé l'avoir été légalement envers Koning, son successeur dans la direction du théâtre du Gymnase;

Considérant que, le 8 décembre 1878, date de cet engagement, Jane May était mineure de dix-neuf ans ; qu'elle l'a signé seule, et que rien ne prouve qu'elle ait agi avec l'assistance et l'autorisation de sa mère, veuve May, sa tutrice légale; que, s'il est constant et non contesté que cette dernière a conduit sa fille au théâtre pour les répétitions et les représentations, et si, de ce fait, on peut conclure qu'elle a approuvé l'engagement que celle-ci avait contracté, rien n'établit qu'elle ait donné cette approbation en pleine connaissance des diverses clauses du contrat, de manière à couvrir les vices dont il était entaché pour cause de minorité;

Considérant que l'engagement ainsi contracté par la mineure Jane May seule n'est pas nul de plein droit, mais

---

le Droit, 26 nov.); Vivien et Blanc, *Législ. des théâtres*, n. 218; Demolombe, *Minorité*, t. I, n. 789 et suiv., et notre *Dictionnaire*, *loc. cit.*, n. 133. — Mais le consentement du père ou du tuteur est nécessaire à la validité de l'engagement. V. Trib. civ. Seine, 10 janv. 1828, cité par Vivien et Blanc, *op. cit.*, n. 212; 9 janv. 1839 (journ. *le Droit*, 10 janv.); 13 août 1845, et Paris, 17 mars 1847, cités par Lacan et Paulmier, *Législ. des théâtres*, t. I, n. 225 et suiv. ; Constant, *Code des théâtres*, p. 88, et notre *Dictionnaire*, *ibid.*, n. 120. — Seulement, l'autorisation du père ou du tuteur n'a pas besoin d'être expresse; elle peut être tacite et s'induire des circonstances. V. Paris, 23 août 1851 (D. 52. 2. 10); Trib. civ. Seine, 8 juill. 1864, cité par Constant, p. 246; Lacan et Paulmier, t. I, n. 234, et notre *Dictionnaire, ibid.*, n. 131. — Le jugement ci-dessus rapporté n'a point considéré comme une adhésion équivalant à une autorisation expresse le seul fait par la mère, tutrice légale, d'accompagner sa fille mineure aux répétitions et représentations théâtrales. Et, en effet, cette conduite ne prouve qu'une chose, c'est qu'elle est d'accord avec sa fille sur le choix de la carrière, ou tout au moins qu'elle n'y répugne point, qu'elle n'en redoute pas les dangers. Mais l'approbation reste de principe. La mère peut continuer à ignorer les clauses et conditions de l'engagement que sa fille a signé seule; si elle ne connaît pas ce contrat, elle ne le ratifie en aucune manière; le vice qui l'affecte persiste; il n'est pas purgé.

(1-2) Même l'intervention du tuteur à l'acte d'engagement ne met pas la stipulation d'un dédit à l'abri de toute contestation. C'est ce qui a lieu lorsque la somme fixée à ce titre est d'une importance considérable, exorbitante; l'autorisation que donne le tuteur à une telle stipulation dépasse la limite de ses pouvoirs. Il y a là un contrat sujet à rescision en partie. Sans doute, la nullité ne s'attaquera pas à l'engagement tout entier ; l'obligation principale subsistera; mais le dédit devra être annulé, dans tous les cas, ramené à des proportions plus réduites. V. notre *Dictionnaire, ibid.*, n. 124.

Le mineur ne pourra être tenu que des dommages-intérêts représentant réellement le préjudice éprouvé par le cocontractant en raison de l'inexécution de l'engagement. V. Paris, 1er mars 1877 (*Gaz. des trib.*, 13 avril); Trib. civ. Bruxelles, 5 févr. 1879 (journ. *le Droit*, 5 mars), et notre *Dictionnaire, loc. cit.*

(3) Entre majeurs, lorsque l'engagement a été exécuté en partie, la jurisprudence et la doctrine reconnaissent aux tribunaux le pouvoir de modifier le chiffre du dédit, de le modérer, si surtout ce chiffre n'est pas en rapport avec le préjudice causé par la rupture. V. Paris, 6 avril 1866 (*Journ. des trib. comm.*, t. XVI, 96); 31 déc. 1868; 13 juin 1870, cités par Constant, *ubi suprà*, p. 120; Trib. civ. Seine, 5 oct. 1880 (journ. *le Droit*, 7 oct.), et notre *Dictionnaire, ibid.*, n. 179. — A plus forte raison les mêmes principes doivent s'appliquer aux engagements contractés par des mineurs.

(4) La nullité de la clause pénale n'entraîne point celle de l'obligation principale, c'est la disposition textuelle du § 2 de l'art. 1227, C. civ.

seulement rescindable s'il en résulte une lésion à son préjudice; que, sans doute, au double point de vue de sa durée, trois ans à partir du 15 février 1879, des appointements de 4,800 fr. les deux premières années, et 6,000 fr. la troisième, il ne présente aucun caractère lésionnaire, alors surtout qu'il procurait à la jeune actrice, qui avait déjà figuré sur d'autres scènes, l'occasion de développer et de faire apprécier son talent sur un théâtre plus élevé; mais que la lésion résulte particulièrement de la clause pénale, qui contient la stipulation réciproque à la charge de tout contrevenant d'un dédit de 50,000 fr., sans réduction possible, même au cas où l'inexécution se serait produite dans les derniers jours de l'engagement; qu'une aussi énorme pénalité est en disproportion manifeste avec les salaires promis à Jane May; qu'elle est de nature à engager, non-seulement le présent, mais encore l'avenir, et que, strictement appliquée, elle serait une réparation excessive et exorbitante du dommage causé;

Considérant que la clause pénale étant seule susceptible d'être rescindée pour cause de lésion, l'engagement doit être maintenu pour le surplus; que Jane May y ayant contrevenu en refusant de se rendre aux répétitions, s'est rendue, par cette infraction, passible de dommages et intérêts dont la Cour est à même d'apprécier le montant, d'après les documents de la cause et indépendamment du dédit stipulé; — Faisant droit à l'appel, et réformant le jugement de première instance, qui est confirmé pour le surplus, — Réduit à 2,000 fr. les dommages et intérêts accordés à Koning, etc.

MM. Larombière, 1er prés.; Loubers, av. gén.; Aujay et Carraby, av.

RENNES 18 juillet 1882.

LOUAGE D'OUVRAGE ET D'INDUSTRIE, OUVRIERS TACHERONS, MALFAÇONS, RESPONSABILITÉ, RÉFECTIONS.

L'ouvrier qui exécute des travaux à la tâche, sous la direction, les ordres, la surveillance d'un entrepreneur général et avec des matériaux et des échafaudages qui lui sont fournis, n'est pas soumis à la responsabilité décennale pour vices de construction ou malfaçons édictée par les art. 1792 et 1799, C. civ. — Cette responsabilité n'incombe, en effet, qu'aux ouvriers qui, faisant directement des marchés à prix fait, sont réputés entrepreneurs dans la partie qu'ils traitent (1) (C. civ., 1792, 1799).

Il en est ainsi surtout alors que, depuis la réception, aucune mise en demeure n'a été adressée à l'ouvrier d'avoir à refaire les travaux reconnus défectueux et que même les réfections nécessaires ont été exécutées, sur ordres, par un autre entrepreneur; ces faits impliquant renonciation à tout recours contre le premier ouvrier (Id.).

(Fourcade c. Lahaye et fils et Lefeuvre.) — ARRÊT.

LA COUR : — Attendu qu'aux termes d'un traité sous seing privé, en date du 4 avril 1876, Lefeuvre, cimentier, s'est engagé envers Lahaye à exécuter, suivant des conditions déterminées, tous les travaux de main d'œuvre qui lui seraient commandés par ce dernier dans les travaux de construction de son adjudication à la maison centrale de Rennes; qu'il a été notamment convenu que les matériaux et échafaudages seraient fournis par Lahaye; que Lefeuvre devrait mettre en pratique les observations qui lui seraient faites par les architectes sur son travail; que les travaux devraient également recevoir l'approbation de ces architectes; que Lefeuvre serait tenu de refaire tous les travaux reconnus défectueux par la malfaçon; qu'il est démontré par la convention même des parties et par les débats, que Lefeuvre n'a fait qu'exécuter des travaux à la tâche sous la direction, les ordres, la surveillance de Lahaye, et avec des matériaux que celui-ci lui fournissait; qu'il ne peut y avoir lieu, dans ces circonstances, d'appliquer la responsabilité des art. 1792 et 1799, C. civ.; que, d'ailleurs, Lefeuvre n'a jamais été mis en demeure par Lahaye de refaire les travaux reconnus défectueux par la malfaçon; que ces travaux ont été, au contraire, refaits par un autre entrepreneur que Lahaye lui-même avait proposé aux réfections nécessaires; que ledit Lahaye a ainsi volontairement accepté la responsabilité des travaux exécutés par Lefeuvre, et implicitement renoncé au recours qu'il prétend aujourd'hui exercer contre ce dernier; — Par ces motifs, etc.

MM. Derôme, prés.; Michel, av. gén.; Grivart, Dorange, et Chatel, av.

NIMES (CH. CORR.) 27 juillet 1882.

CHEMIN DE FER, COUPONS DE RETOUR, VENTE, USAGE, CONTRAVENTION.

La vente ou l'achat de coupons de retour délivrés par une Compagnie de chemins de fer, ne sont interdits par aucune disposition des règlements qui ne prohibent que l'utilisation ou l'usage de ces coupons, par une personne autre que le légitime propriétaire, pour voyager dans les voitures de la Compagnie (2) (Régl. 21 sept. 1880, art. 2).

Spécialement, *le propriétaire d'un billet d'aller et retour peut vendre ou donner le coupon de retour, et l'acquéreur de ce coupon peut le vendre ou le donner à son tour, sans encourir aucune peine* (3) (Id.).

Mais l'acheteur ou le donataire qui utiliserait le coupon à circuler sur la ligne devrait être assimilé à un voyageur sans billet, et être, dès lors, passible des peines portées par la loi (4) (L. 15 juill. 1845, art. 21; Ord. 15 nov. 1846, art. 63). — Motifs.

---

(1) V. conf. Cass., 12 févr. 1868 (Pand. chr.), et la note.

(2-3-4) Toutes ces questions ont été examinées avec une grande autorité, par M. le conseiller d'Etat Cauchat, dans un rapport présenté au comité consultatif des chemins de fer sur des propositions modificatives de ses tarifs spéciaux soumises, vers la fin de 1884, par la Compagnie de l'Ouest, à l'approbation de M. le ministre des travaux publics.

Voici la partie la plus intéressante de cet important document, que nos lecteurs trouveront reproduit, dans sa teneur intégrale, par le journal *la Loi*, numéro du 22-23 nov. 1886 :

« Les premiers tarifs de billets d'aller et retour qui ont été homologués ne contenaient aucune clause de laquelle on pût induire qu'il étaient personnels et ne pouvaient être cédés. Ce n'est qu'en 1869 que la Compagnie d'Orléans appela l'attention de l'administration sur les abus auxquels donnaient lieu ces billets. La Compagnie a constaté, disait M. Solacroup dans une lettre du 26 avril 1869, qu'ils sont souvent pris par des personnes qui vendent le coupon de retour. Ces billets sont ainsi détournés de leur destination. En les créant, la Compagnie a voulu, en effet, favoriser le voyage des personnes qui ont à faire, dans un délai stipulé par le tarif, un trajet d'aller et un trajet de retour. Pour bien préciser la situation, la Compagnie demande à ajouter aux conditions de son tarif une clause ainsi conçue : « Les deux coupons d'un billet d'aller et retour ne peuvent être utilisés que par la même personne. En conséquence, la vente de l'un ou de l'autre de ces coupons est interdite. »

« M. Prosper Tourneux, inspecteur général des chemins de fer, fut chargé d'examiner la question, et, dans un rapport en date du 10 juin 1869, il fait remarquer que la première partie de cette clause peut être insérée dans le tarif, puisque c'est une de ces conditions spéciales qu'une Compagnie peut inscrire dans le contrat qu'elle passe avec le voyageur en lui accordant une diminution de prix. On peut bien se demander, ajoute-t-il, comment se fera la constatation de la vente que la Compagnie veut interdire; la clause parait plutôt comminatoire que facilement exécutable; mais c'est à elle à pourvoir à son exécution. Est-il besoin d'ajouter la clause relative à l'interdiction de la vente? Il n'est donné à personne de créer un délit : ce sera aux tribunaux de juger si le

(Brun.) — ARRÊT.

LA COUR : — Attendu qu'il résulte d'un procès-verbal du commissaire de police du quatrième arrondissement de la ville de Nîmes, à la date du 24 juin 1882, que, le 22 du même mois, le prévenu Brun a acheté, devant la gare des voyageurs, à Nîmes, un coupon de retour à une dame venant d'arriver par le train, et que, quelques minutes après, il a vendu un billet de retour à un voyageur qui voulait prendre le train ; — Attendu que, cité pour ce fait à comparaître devant le tribunal correctionnel de Nîmes comme ayant contrevenu au règlement et au tarif spécial homologué de la Compagnie des chemins de fer Paris-Lyon-Méditerranée, en faisant usage ou en vendant un billet de retour qui ne pouvait être utilisé que par la personne qui s'était servie du billet d'aller, Brun a déclaré qu'il avait acheté et non vendu un billet, et le tribunal l'a condamné dans les termes mêmes de la citation à trois jours de pri-

---

fait d'avoir vendu un coupon de retour est délictueux ou s'il donne simplement lieu à des dommages-intérêts envers la Compagnie. Il conclut en conséquence à ce que la seconde partie de la clause soit supprimée. Le comité consultatif des chemins de fer a, dans sa séance du 31 juillet 1869, adopté ces conclusions, que M. le ministre a approuvées le 20 août.

« Les autres Compagnies ont successivement fait introduire dans leurs tarifs de billets d'aller et retour une clause semblable à celle de l'Orléans, et qui se bornait à stipuler que les deux coupons ne peuvent être utilisés que par la même personne.

« Cette clause est restée la même pour toutes les Compagnies jusqu'en 1883. Voyons quel parti elles en ont tiré pendant ces treize années, et quelle a été la jurisprudence des Cours et des tribunaux.

« Quand les Compagnies ont poursuivi des voyageurs *utilisant* des billets d'aller et retour vendus, elles ont eu facilement gain de cause. Celui qui utilise un coupon de retour vendu contrevient, en effet, à l'art. 63, § 1er, de l'ordonnance de 1846, lequel interdit d'entrer dans les voitures sans avoir pris un billet. La sanction de l'art. 63 étant la peine édictée par l'art. 21 de la loi de 1845, ceux qui utilisent des coupons vendus se sont trouvés exposés à une amende de 16 à 3,000 francs, et en cas de récidive dans l'année, à une amende double, et même à un emprisonnement de trois jours à un mois. Des condamnations ont été ainsi prononcées par plusieurs tribunaux correctionnels ; nous citerons notamment un jugement du tribunal d'Agen, en date du 18 déc. 1878, confirmé par la Cour d'Agen le 13 févr. 1879 et rapporté (S. 81. 2. 111. — P. 81. 1. 584. — D. 80. 2. 173. — *Bull. des chem. de fer*, 1883, p. 96). V. aussi Paris, 21 mai 1881 (Pand. chr.); Trib. corr. Sens, 6 juin 1883 (S. 83. 2. 207. — P. 83. 1. 1256); Trib. corr. Saint-Gaudens, 23 mai 1884, cité en note sous Paris, 21 mai 1881, précité.

« Mais les Compagnies ont voulu poursuivre non-seulement l'individu qui utilise le coupon vendu, mais aussi le vendeur et surtout le trafiquant, c'est-à-dire celui qui achète et revend le coupon de retour sans l'utiliser.

« Elles ont d'abord soutenu que le fait de vendre un coupon de retour qui est nul constitue par lui-même une escroquerie. Un jugement du tribunal correctionnel de la Seine, en date du 11 févr. 1881, avait admis l'escroquerie, mais la Cour de Paris a infirmé ce jugement par un arrêt du 30 juin 1881. (*Bull. annoté des chem. de fer*, 1883, p. 94.)

« La Compagnie de Lyon a alors soutenu que celui qui vend son coupon de retour l'utilise contrairement aux prescriptions de la disposition du tarif spécial, et qu'il tombe ainsi sous les peines prévues par l'art. 21 de la loi de 1845. Le tribunal de Nîmes a ainsi condamné un sieur Brun qui avait acheté, devant la gare de Nîmes, un coupon de retour d'une dame venant d'arriver, et l'avait, quelques minutes après, revendu à un voyageur qui venait prendre le train. Mais la Cour de Nîmes a infirmé ce jugement par un arrêt du 27 juill. 1882 (suivent les considérants de l'arrêt ci-dessus reproduit).

« Les Compagnies semblent avoir vu dans l'arrêt de la Cour de Nîmes une indication; car, peu de temps après, au moment où la Compagnie d'Orléans a donné une grande extension à ses billets d'aller et retour, elle reprit sa proposition de 1869 et inséra dans son tarif spécial une clause prohibant formellement la vente des coupons de retour. L'application de ce tarif, qui, dans son ensemble, réalisait une réduction de prix désirée depuis longtemps, a été autorisée provisoirement par le ministre, le 29 déc. 1883, et l'homologation a été donnée le 18 janv. 1884.

« L'Est a inséré la même clause dans le tarif spécial de billets d'aller et retour qu'il a présenté à la même époque, et dont l'application a été autorisée par le ministre le 29 févr. 1884. Le comité se rappelle que, dans sa séance du 4 mai 1884, il a été d'avis qu'il y avait lieu de maintenir cette autorisation provisoire, mais de surseoir à statuer définitivement jusqu'à production des renseignements statistiques demandés.

« La Compagnie de Lyon a été plus loin que l'Est et l'Orléans ; elle a inséré dans son tarif spécial, n. 20, une clause qui prohibe non-seulement la vente, mais aussi l'achat des coupons de retour. Ce tarif a été homologué récemment; ce serait un précédent dont il y aurait lieu de tenir grand compte, si la question avait été discutée devant le Comité; mais aucune discussion n'a eu lieu sur ce point. Quoi qu'il en soit, c'est le seul précédent que puisse invoquer la Compagnie de l'Ouest, car les tarifs de l'Est et de l'Orléans ne contiennent pas de clause formelle contre l'acheteur; il y est seulement stipulé que la vente du coupon de retour est interdite; en parlant de vente, on n'a évidemment entendu atteindre que le voyageur qui a traité avec la Compagnie et a acheté au guichet les deux coupons d'aller et retour, à l'exclusion du trafiquant qui vend un coupon de retour après l'avoir acheté du voyageur primitif. »

Ces précédents établis, voici la clause nouvelle que la Compagnie des chemins de fer de l'Ouest voulait introduire dans ses tarifs spéciaux, relatifs aux billets d'aller et retour, d'excursions et de bains de mer, et dont elle présentait l'homologation à M. le ministre des travaux publics. A la suite de la stipulation portant que « les deux coupons d'un billet d'aller et retour ne sont « valables qu'à la condition d'être utilisés par la même personne », il était ajouté ces mots :

En conséquence, la vente et l'achat des coupons de retour sont interdits.

Cette clause devait emporter pour la Compagnie le droit de poursuivre correctionnellement, non plus seulement le voyageur qui vend le coupon de retour d'un billet dont il a lui-même utilisé le coupon d'aller, non plus seulement le voyageur qui utilise un coupon de retour, mais aussi les personnes qui vendent et achètent des coupons de retour sans les utiliser.

Nous partageons entièrement l'avis de M. le conseiller d'Etat; une telle proposition n'est pas susceptible d'homologation; elle n'est pas de nature à figurer dans un tarif. Un tarif, en effet, ne doit contenir que des clauses précisant le contrat qui intervient entre la Compagnie et les voyageurs. Tout ce qui est étranger à ce contrat doit en être exclu.

On peut admettre, à la rigueur, que, dans un intérêt public, on accorde aux Compagnies de chemins de fer le droit de poursuivre correctionnellement les voyageurs qui violent les contrats passés avec elles : c'est une exception aux règles ordinaires de notre droit; mais la régularité et la rapidité, qui sont des conditions indispensables d'un bon service, ne peuvent souvent être obtenues vis-à-vis de certains voyageurs que par la crainte de peines correctionnelles; d'ailleurs les voyageurs sont censés connaître les conditions du contrat de transport qu'ils passent avec les Compagnies. Il appartient au ministre qui homologue les conditions de ce contrat d'en modérer la sévérité; c'est une question de mesure. Mais le droit d'insérer dans les tarifs des clauses plus ou moins sévères vis-à-vis des voyageurs est incontestable.

Quand il s'agit, au contraire, d'atteindre non plus seulement le contractant, mais des tiers, comme dans le cas qui nous occupe, c'est-à-dire ceux qui ont acheté ou vendu des coupons de retour sans les utiliser, le ministre est sans droit pour homologuer de telles propositions.

« L'intervention du ministre résulte, en effet, de l'art. 44 de l'ordonnance de 1846, aux termes de laquelle aucune taxe, de quelque nature qu'elle soit, ne peut être perçue par la Compagnie qu'en vertu d'une homologation ministérielle. On a bien pu conclure de cet article combiné avec l'art. 48 du cahier des charges qui autorise les Compagnies à abaisser les taxes avec ou sans conditions, que le ministre est juge de ces conditions; mais évidemment il faut que les conditions s'appliquent directement à ceux qui usent du tarif, c'est-à-dire aux voyageurs. Quand il s'agit d'établir des prescriptions qui s'appliquent à des tiers, on n'est plus dans le cas de l'homologation, mais dans le cas des mesures de police prévues par l'art. 33 du cahier des charges; et alors c'est à des règlements d'administration publique qu'il appartient de les édicter. »

Malgré les conclusions éminemment juridiques du rapport que nous venons d'analyser, le comité consultatif a émis, après débat, mais à une faible majorité, un avis favorable à l'approbation, et la proposition de la Compagnie a été homologuée le 5 sept. 1885.

Une telle homologation nous paraît entachée d'excès de pouvoir, et laisserait de grandes chances de succès à un recours devant le conseil d'Etat en cas de poursuites dirigées contre les tiers qui trafiqueraient des coupons sans les utiliser personnellement. V. en ce sens, Lamé-Fleury, *Journ. des économistes*, numéro oct. 1885, p. 40 et 41. V. aussi l'opinion si autorisée du rédacteur anonyme du journ. *la Loi*, numéro 22-23 nov. 1886.

son et 16 fr. d'amende, par application de l'art. 63 de l'ordonnance du 15 nov. 1846 et de l'art. 21 de la loi du 15 juill. 1845 et de l'art. 463, C. pén.; — Attendu qu'un règlement sur les billets d'aller et de retour, vu par l'inspecteur général des mines, chargé de la direction du contrôle et homologué le 21 sept. 1880, contient dans son art. 2 la disposition suivante : « Les deux coupons d'aller et de retour dont se composent ces billets ne sont valables qu'à la condition d'être utilisés par la même personne »; — Qu'il résulte évidemment de là que nulle autre personne que celle qui a utilisé le coupon d'aller ne peut utiliser le coupon de retour; que la première ne peut concéder aucun droit sur le coupon de retour par donation ou par vente valable contre la Compagnie et que celui qui utiliserait un coupon de retour ainsi acquis serait assimilé à celui qui entrerait dans les voitures sans avoir pris un billet et passible de la pénalité édictée par l'art. 21 de la loi du 15 juill. 1845; — Attendu que le prévenu Brun ne se trouve pas dans ce cas; que s'il est certain qu'il a acheté un coupon de retour à la dame inconnue qui avait utilisé le coupon d'aller et qu'il l'a revendu à une autre personne, il l'est également qu'il n'a point utilisé ce coupon pour entrer dans les voitures de la Compagnie; — Qu'acheter ou vendre un coupon de retour, ce n'est point l'utiliser dans le sens de l'article du règlement précité; qu'utiliser un billet d'aller et de retour, c'est s'en servir pour aller et retourner dans les voitures de la Compagnie; d'où il suit que Brun, ne s'étant point servi du coupon de retour qu'il a acheté pour voyager dans les voitures de la Compagnie, n'a pas commis la contravention dont il est prévenu; — Attendu, d'ailleurs, qu'aucune disposition des règlements de la Compagnie régulièrement approuvés n'interdit au légitime propriétaire d'un billet d'aller et de retour de vendre ou de donner le coupon de retour, et à l'acquéreur de ce coupon de le vendre ou de le donner à son tour, et qu'en conséquence aucune pénalité ne peut atteindre cette opération, tant qu'elle reste exempte d'escroquerie; qu'à la vérité, cette opération peut favoriser des fraudes au préjudice de la Compagnie, mais qu'en l'état de la législation une telle opération ne peut être déférée à la justice criminelle, et qu'elle ne peut donner naissance qu'à une action civile; — Par ces motifs, — Réforme le jugement du tribunal correctionnel de Nîmes du 6 juill. 1882; — Dit que le prévenu n'a pas commis la prévention qui lui est reprochée; — Le relaxe sans dépens.

MM. Dautheville, prés.; Cazenavette, av. gén; Colomb, av.

PARIS (5e CH.) **4 août 1882** (DEUX ARRÊTS).

ACTE DE COMMERCE, OPÉRATIONS DE BOURSE, JEU, PARI, COMMERÇANT, COMPÉTENCE, TRIBUNAUX CIVILS.

Des opérations d'achat et de revente de valeurs de Bourse qui n'ont d'autre but que de spéculer sur des différences, sans jamais donner lieu à aucune livraison de titres, constituent des marchés fictifs, de véritables paris sur la hausse ou la baisse de ces valeurs, dépourvus de tout caractère commercial (1) (C. comm., 631, 632). — V. aussi les arrêts en sous-note.

Par suite, les contestations auxquelles peut donner lieu le règlement de ces opérations, relèvent, vis-à-vis du joueur ou parieur, de la compétence exclusive des tribunaux civils et non des tribunaux de commerce (2) (Id.). — Ibid.

Et il en est ainsi, quelle que soit la profession habituelle de ce dernier (3) (Id.). — V. l'arrêt en sous-note (*a*).

...*Qu'il soit un non-commerçant* (4) (Id.). — V. l'arrêt en sous-note (*d*).

...*Ou même un commerçant* (5) (Id.). — V. les arrêts en sous-note (*a* et *b*).

Au surplus, avant de statuer sur l'exception d'incompétence, il y a lieu de déterminer le véritable caractère des opérations intervenues entre les parties (6) (Id.). — V. l'arrêt en sous-note (*b*).

(1 à 5) V. dans le même sens, les quatre autres arrêts de Paris des 1er déc. 1882, 24 juin et 22 nov. 1884, et 16 avr. 1885, rapportés *infrà* en sous-note. *Adde* Cass., 27 juin 1883 (Pand. chr.), et les indications très-complètes de jurisprudence jointes à cet arrêt. — Rappelons en passant que, depuis la loi des 28 mars, 7 avril 1885, l'exception de jeu ne peut plus être invoquée contre la validité des marchés à terme et à livrer, alors même que ces marchés sont destinés à se résoudre par le payement de simples différences (art. 1er). La question de compétence à propos de ces marchés ne nous paraît pas avoir été supprimée du même coup; elle a diminué d'importance; elle ne se renouvellera pas avec la même fréquence; toutefois, elle peut encore se poser à nouveau en maintes occasions.

(6) *Sic* : Cass. (motifs), 8 août 1864 (S. 64. 1. 409. — P. 64. 1145. — D. 64. 1. 464); Paris, 10 déc. 1884 (S. 85. 2. 122. — P. 85. 1. 692). V. toutefois Paris, 28 déc. 1881 (S. 85. 2. 122. — P. 85. 1. 692).

(*a*) Ainsi jugé par un arrêt de Paris (5e ch.) du 1er déc. 1882, *aff.* Berney c. Laurent, conçu dans les termes suivants :

LA COUR : — Considérant que, quelle que soit la profession exercée habituellement par Berney, les actes auxquels il s'est livré et qui ont servi de base à la demande ne sont point des actes de commerce sérieux, mais des spéculations illicites, ainsi qu'il va être dit ci-après; — Qu'en conséquence, le tribunal de commerce n'était point compétent pour connaître de ladite demande; — Que, toutefois, la matière étant disposée à recevoir une décision définitive, il échet de statuer au fond...; — Par ces motifs, infirme le jugement du tribunal de commerce du 7 juin 1883 pour vice d'incompétence, etc.

MM. Poupardin, prés.; Harel, av. gén.; Pinchon et Duverdy, av.

(*b*) Cet arrêt de Paris (6e ch.) du 24 juin 1884, *aff.* Weiller c. Parent, liquidateur du *Crédit provincial*, est ainsi conçu :

LA COUR : — Sur l'exception d'incompétence : — Considérant que la compétence des tribunaux de commerce ne peut s'étendre qu'à ceux des actes du commerçant qui sont relatifs à son négoce, et constituent des actes de commerce; qu'on ne saurait, en principe, qualifier ainsi des opérations d'achat et de revente de valeurs de Bourse, sans autre but que de spéculer sur les différences qui peuvent ressortir de telles négociations en fin de liquidation; — D'où il suit qu'avant de statuer sur l'exception proposée, il y a lieu de déterminer le véritable caractère des opérations intervenues entre les parties; — Et considérant qu'il résulte des comptes courants adressés par le Crédit provincial à Weiller fils que, du 9 déc. 1881 au 6 févr. 1882, celui-ci s'est livré, par l'intermédiaire de cette banque, à une série d'opérations consistant en achat de valeurs de Bourse montant à plus de 23,000 francs; que Weiller n'a jamais pris livraison de ces valeurs et n'en a jamais payé le prix; que le Crédit provincial s'est borné, à chaque liquidation de quinzaine et de fin de mois, à créditer ou à débiter Weiller des différences de prix que comportaient lesdites valeurs; que c'est ainsi que Weiller s'est trouvé débiteur, en fin de compte, de la somme réclamée de 16,632 fr. 35; que ce mode d'opérer révélait suffisamment à lui seul au Crédit provincial le véritable caractère des négociations auxquelles se livrait Weiller fils, et le but qu'il poursuivait en procédant ainsi, lequel ne pouvait être que le jeu sur la hausse et la baisse des valeurs; que, dès lors, ces opérations n'ont pu constituer des actes de commerce, et que c'est à tort que la juridiction commerciale a été saisie et qu'elle a statué à leur égard; — Par ces motifs... — Renvoie la cause devant les juges qui doivent en connaître, etc.

MM. Villetard de Laguérie, prés.

(*c*) Voici cet arrêt de Paris (4e ch.), *aff.* Durand c. Brocard, du 22 nov. 1884, conçu dans les termes suivants :

LA COUR : — Sur la compétence : — Considérant que la compétence des tribunaux de commerce ne peut s'étendre à des actes autres que ceux qui ont un caractère réellement commercial; que, dans l'espèce, ainsi qu'il va être dit ci-après, les opérations d'achat et de vente faites par Brocard pour le compte de Durand n'ont été que des opérations fictives; que, dès lors, elles n'ont pas constitué des actes de commerce; qu'il s'ensuit que c'est à tort que la juridiction consulaire a été saisie et qu'elle a statué à leur égard; — Reçoit Durand appelant du jugement susdaté; — Annule ce jugement comme incompétemment rendu, etc.

MM. Faure-Biguet, prés.; Calary, av. gén.; Jumin et Maugras, av.

(*d*) La Cour de Paris (4e ch.), a rendu, à la date du 16 avril 1885, *aff.* Beuret c. synd. Blée, un nouvel arrêt dont voici les motifs :

LA COUR : — Statuant sur l'appel relevé par Beuret contre deux jugements rendus par le tribunal de commerce de la Seine des 18 janv. et 10 août 1883; — Considérant que les époux Beuret... (la Cour établit que les engagements contractés par madame Beuret sont nuls, à défaut d'autorisation du mari); — Considérant que, d'autre part, Blée est sans droit pour réclamer à Beuret la somme de 1,101 fr. 35, pour solde des opérations de Bourse qu'il prétend avoir faites pour le compte de la femme Beuret, et que c'est à tort qu'il a saisi le tribunal de commerce de cette réclamation; — Considérant, en effet, que les époux Beuret ne sont pas commerçants, et que les causes de la prétendue créance de Blée n'ont aucun caractère commercial; que les achats et les reventes de rente française qu'il présente comme opérés par lui, pour le compte de la femme Beuret, pendant les mois de mars, d'avril, de mai et de juin 1882, n'ont jamais eu qu'un caractère absolument fictif; que Blée ne justifie nullement qu'il ait effectivement opéré ces achats et ces reventes; qu'il se borne à produire des états de liquidation mensuels, desquels la femme Beuret ressort successivement créditrice, puis débitrice, de différences obtenues sur la réalisation, censée faite chaque mois, d'un capital de 5,000 francs de rente française 5 p. 100; que, des pièces

1re espèce. — (De la Panouse c. Dutilleul.) — ARRÊT.

LA COUR : — Statuant sur l'appel interjeté par de La Panouse, de deux jugements rendus par le tribunal de commerce de la Seine, le premier par défaut, le 29 mars 1882, le second sur opposition, le 2 juin suivant : — Considérant que la demande sur laquelle ont statué lesdits jugements, ne tend à rien autre chose qu'au payement de différences résultant de la baisse des valeurs sur lesquelles l'appelant a spéculé pendant la seconde quinzaine de janvier 1882 ; — Considérant qu'il résulte des documents du procès que, depuis plusieurs mois au moins, Dutilleul entretenait, comme agent de change, des relations très-actives avec de La Panouse pour des achats et ventes à terme qui se soldaient par de simples différences sans jamais donner lieu à aucune livraison de titres ; que ces négociations portaient d'une manière presque exclusive sur les parts et actions de l'Union générale et du canal de Suez, dont les variations étaient, à cette époque, le principal objectif des joueurs ; que l'importance normale des marchés s'est élevée pour la première quinzaine de novembre à 1,675,000 fr., pour la première quinzaine de décembre 2,279,000 francs, pour la première quinzaine de janvier à 5,412,429 fr., et pour la seconde quinzaine à 3,370,160 fr. ; que quelque idée qu'on se fît de la fortune de l'appelant, alors même qu'on aurait ignoré qu'il se livrait à des opérations semblables sous le couvert de plusieurs agents à la fois, Dutilleul n'a jamais pu croire que de La Panouse ait la volonté ni le moyen de lever les titres qu'il achetait et de fournir ceux qu'il vendait en quantités aussi demesurées ; que, dans l'intention commune des parties, telle qu'elle ressort au surplus du mode de règlement des comptes antérieurs au 31 janvier, lesdits marchés n'étaient que fictifs et se réduisaient à des combinaisons purement aléatoires constituant de véritables paris sur la hausse ou la baisse des valeurs que de La Panouse était réputé vendre et acheter ; — Considérant que, du moment où il est constaté que les transactions qui donnent lieu au litige n'ont présenté que l'apparence d'achats et de ventes, leur véritable objet ayant été de simples paris, on doit en conclure qu'il n'y a point eu là d'actes de commerce dont la juridiction consulaire fût appelée à connaître, mais que la procédure étant en état de recevoir une solution, il y a lieu d'évoquer le fond, et d'y statuer en même temps que sur l'exception d'incompétence présentée par l'appelant ; — Par ces motifs, annule le jugement comme incompétemment rendu, etc.

MM. Cotelle, prés. ; Harel, av. gén. (concl. conf.) ; Colmet-Daage et Barboux, av.

2e espèce. — (De Bacourt c. Dutilleul.) — ARRÊT.

LA COUR : — Statuant sur l'appel interjeté par de Bacourt d'un jugement rendu par le tribunal de commerce de la Seine, le 4 avr. 1882 ; — Considérant qu'il résulte des débats qu'en janvier 1882, l'appelant se chargeait comme remisier de transmettre à Dutilleul, agent de change, les ordres de La Panouse, en continuation d'opération à terme qui, depuis plusieurs mois, se réglaient par des payements de différences sans donner lieu à aucune livraison de titres ; que ces négociations portaient d'une manière presque exclusive sur les parts et actions du canal de Suez et de l'Union générale, dont les variations étaient à cette époque le principal objectif des joueurs ; que l'importance nominale des marchés s'était élevée pour la première quinzaine de novembre à 1,675,000 fr., et pour la première quinzaine de décembre à 2,279,000 fr., qu'elle est montée pendant la première quinzaine de janvier au total énorme de 5,412,429 fr., sur lequel de La Panouse s'est trouvé en perte de 1,084,874 fr, ; — Considérant qu'en atténuation de ce déficit, 484,000 fr. ont été payés par l'intimé ; que, pour les 600,000 fr. de surplus, l'appelant a été censé les solder à l'agent de change, comme responsable pour le client dont il avait reçu les commissions ; qu'en conséquence, de La Panouse s'est reconnu débiteur envers lui de pareille somme, par la souscription des billets qui donnent lieu au procès ; — Considérant que, quel que fût le chiffre réel ou supposé de la fortune de l'intimé, alors même qu'on aurait ignoré qu'il se livrait à des spéculations semblables sous le couvert de plusieurs agents à la fois, de Bacourt n'a jamais pu supposer que de La Panouse ait la volonté ni les moyens de lever les titres qu'il achetait et de fournir ceux qu'il vendait avec aussi peu de mesure et de retenue ; que, dans l'intention commune des parties, telle qu'elle ressort, au surplus, du mode de règlement des comptes antérieurs au 15 janvier, les marchés dont s'agit n'étaient que fictifs et se réduisaient à des combinaisons aléatoires constituant de véritables paris sur la hausse ou la baisse des valeurs que l'intimé était réputé vendre ou acheter ; — Par ces motifs, etc.

MM. Cotelle, prés. ; Harel av. gén. ; Salzedo et Colmet-Daage, av.

TRIB.-CIV. SEINE (1re CH.) 22 août 1882.

ANNONCES JUDICIAIRES OU LÉGALES, INSERTION (REFUS D'), DOMMAGES-INTÉRÊTS.

Un journal qui s'intitule Journal d'annonces judiciaires et légales *est tenu, par son titre même, d'insérer, dans les delais prescrits, les annonces qui lui sont transmises, à peine de dommages-intérêts* (1) (C. civ., 1382).

Même au cas où il croirait voir un motif légitime de surseoir à l'insertion, il devrait en informer immédiatement l'expéditeur (2) (Id.).

En vain prétendrait-il qu'en vertu d'un traité avec une agence, il se serait interdit de recevoir directement les annonces soit des intéressés eux-mêmes, soit de tous autres intermédiaires (3) (Id.).

(1-2-3) Les annonces légales et judiciaires sont très-recherchées par les journaux, non pas tant pour le profit qu'elles rapportent que pour la recommandation qui s'y rattache. Une publicité en entraine une autre ; elle crée des relations, des habitudes ; celui qui vient pour une annonce légale ou judiciaire, reviendra pour des insertions non obligatoires, quand le besoin de ses affaires

et documents du procès, il résulte qu'en réalité, et moyennant un premier versement de 800 francs, fait le 31 janv. 1882, et suivi d'autres remises de sommes ou titres, Blée a été censé associer la femme Beuret, pour la valeur capital nominal de 5,000 francs de rente française 5 p. 100, à certaines opérations à primes ; qu'aux termes de ses prospectus, il pratiquait, disait-il, à la Bourse, en son nom personnel, sous sa responsabilité exclusive, et sans aucun risque pour ses participants ; que, suivant les états mensuels présentés par lui, sans justifications à l'appui, la participation dont s'agit aurait produit d'abord, au profit de la femme Beuret, quelques gains, lesquels auraient été laissés entre les mains de Blée pour accroître la mise de jeu ; qu'ensuite, les pertes survenant, les titres détournés de la communauté Beuret auraient été aliénés ; qu'enfin, tout étant perdu, Blée serait resté créancier de 1,101 fr. 35 ; — Considérant que de semblables opérations, à supposer que Blée ne les ait pas simulées, n'étaient pas, dans tous les cas, par la commune intention des parties, destinées à aboutir jamais à aucune levée ou livraison de titres ; qu'elles devaient nécessairement se résoudre toujours par le payement de différences ; qu'elles ne constituaient, dès lors, ni des marchés à terme, ni des actes de commerce, mais seulement des paris sur la hausse ou la baisse de la rente française ; que le tribunal de commerce était incompétent pour en connaître, et qu'elles tombaient sous l'application de l'art. 1965, C. civ. ; — Considérant que c'est donc à tort que la juridiction consulaire a été saisie de la demande, et qu'elle a statué à son égard ; que le jugement du 10 août 1883 doit donc être annulé comme incompétemment rendu ; mais que, la cause étant en état, il y a lieu pour la Cour d'évoquer le fond... ; — Par ces motifs, — Reçoit Beuret appelant des deux jugements susdatés ; — Annule, comme incompétemment rendu, le jugement du 10 août 1883 ; — Met l'appellation et le jugement du 18 janv. 1883 à néant ; — Émendant, — Décharge Beuret des dispositions et condamnations contre lui prononcées ; — Évoquant le fond, et statuant à nouveau, — Condamne Chevillot ès noms, etc.

MM. Faure-Biguet, prés. Lefranc, subst. ; Marcelin Estibal et Henri Coulon, av.

(Bray c. Delpon de Vissec et Prétet, gérant du journal *la Démocratie franc-comtoise*.)

28 novembre 1879, sentence du juge de paix du 1er arrondissement de Paris conçue dans les termes suivants : — « Le Tribunal : — Attendu que Delpon de Vissec, avoué, a, le 28 février 1879, remis à Bray, courtier d'annonces, un exemplaire revêtu du bon à tirer de l'affiche d'une vente de biens de mineurs sis à Ornans (Doubs), pour être, ladite affiche, insérée dans le journal *la Démocratie franc-comtoise* ; — Attendu que, cette vente étant fixée au 16 mars, le délai de quinzaine pour la publication légale expirait le 29 février; que, bien que Bray ait eu, du 23 au 29 février, tout le temps nécessaire, l'insertion n'a pas été faite utilement, et que, par suite, Delpon de Vissec s'est vu obligé de recommencer la procédure de vente ; que, pour ces causes, il réclame à Bray la somme de 130 fr. 43 c. ; — Attendu que Bray, sans méconnaître la légalité de cette réclamation, rejette sur un tiers toute responsabilité ; qu'il prétend que l'affiche a par lui été adressée au directeur de *la Démocratie franc-comtoise* le 23 février dernier, le jour même où il l'avait tenue de Delpon de Vissec; que ce journal, l'ayant reçue le 24 février dernier, avait plus que le temps suffisant pour l'insérer dans ses colonnes avant le 29 février; que, si l'insertion n'a pas été faite, c'est par la négligence seule du directeur de la *Démocratie franc-comtoise*; que, dans ces circonstances, il a mis ce dernier en cause, pour être garanti des condamnations qui pourraient être prononcées ; — Attendu que le directeur de la *Démocratie franc-comtoise* repousse les prétentions de Bray ; qu'il déclare ne pas connaître Bray, n'avoir jamais contracté avec lui, et être lié, d'ailleurs, par des traités qui l'empêcheraient de contracter avec lui ; — Sur la demande principale : — Attendu que Bray s'est chargé, moyennant salaire, de faire insérer dans le journal *la Démocratie franc-comtoise* une annonce de vente de biens de mineurs; — Attendu que Delpon de Vissec lui a remis cette annonce en temps opportun ; — Attendu que l'insertion n'a pas été faite dans le délai nécessaire et convenu ; que Delpon de Vissec a dû recommencer la procédure et avancer les frais, que Bray est responsable des suites de l'inexécution de l'engagement directement contracté par lui avec Delpon de Vissec;

« Sur l'appel en garantie : — Attendu que le journal *la Démocratie franc-comtoise* est lié avec l'agence Havas de Paris, par un contrat qui lui défend d'insérer d'autres annonces que celles qui lui sont transmises par ladite agence; que Bray, agent de publicité, ne pouvait et ne devait pas ignorer cette prohibition ; — Attendu, au surplus, que le directeur de la *Démocratie franc-comtoise* n'a pas contracté, et ne pouvait pas contracter avec Bray; qu'il n'y a entre eux aucun lien de droit; que, si le journal *la Démocratie franc-comtoise* n'a pas répondu aux lettres répétées de Bray, que s'il a renvoyé l'affiche à l'agence Havas au lieu de la renvoyer à Bray, qui la lui avait adressée, ces actes, critiquables au point de vue des convenances, sont inopérants pour établir la responsabilité légale; — Sur le chiffre de la demande : — Attendu que le chiffre, fixé à 130 fr. 43 c. par Delpon de Vissec, et reposant sur des déboursés dont il justifie, n'est contesté par aucune des parties ; — Par ces motifs, — Condamne Bray à payer à Delpon de Vissec 130 fr. 43 c. pour les causes susénoncées, avec les intérêts de droit depuis le jour de la demande ; — Déboute Bray de sa demande en garantie contre le directeur de la *Démocratie franc-comtoise*. » — Appel par Bray.

JUGEMENT.

Le Tribunal : — Sur la demande de Delpon de Vissec contre Bray : — Adoptant les motifs du premier juge... — Sur la demande en garantie de Bray contre Prétet, en sa qualité de directeur du journal *la Démocratie franc-comtoise;* — Attendu que cette feuille s'intitule notamment *Journal d'annonces judiciaires et légales;* que, par ce titre, elle fait croire au public que les annonces de cette sorte à elle transmises seront insérées, et qu'elles le seront sans retard, à raison de la nature même de l'insertion, qui doit être faite dans un délai strictement limité par la loi, circonstance que le directeur d'un journal d'annonces légales ne peut être présumé ignorer; que, dès lors, si le directeur croit avoir un motif légitime de surseoir à l'insertion, il est tenu d'en informer aussitôt l'expéditeur, alors surtout que, comme dans l'espèce, le sursis a pour cause un fait qui ne peut être nécessairement connu de celui qui a requis l'insertion, à savoir, suivant l'allégation de l'intimé, l'existence d'une prohibition spéciale contenue dans un traité passé entre le journal et une agence; que vainement Prétet invoquerait l'avis imprimé dans sa feuille, désignant ceux « qui sont seuls chargés à Paris de recevoir les annonces pour le journal » ; que cet avis, dans les termes où il est conçu, n'indique pas que le journal n'insérera aucune annonce qui lui serait transmise directement de Paris à Besançon, en admettant qu'une exclusion de cette nature, s'appliquant à des annonces légales, puisse être considérée comme l'exercice d'un droit; — Attendu qu'il résulte de ce qui précède que Prétet, qui avait reçu, le 24 février 1879, l'insertion à lui expédiée le 23 par Bray, a été en faute de ne pas avoir informé aussitôt ce dernier de son refus d'insérer l'annonce ainsi transmise; que le silence qu'il a gardé vis-à-vis de l'appelant a induit ce dernier en erreur, en lui faisant croire, à raison de la nature même du journal, que l'annonce était acceptée, et que

---

l'exigera; il connait le chemin du journal, le personnel d'administration. Il y a là, en affaires, des motifs sérieux de préférence; il n'ira pas ailleurs, au concurrent avec lequel il ne s'est jamais trouvé en rapport.

C'est si vrai, que l'on a vu tout récemment, au commencement de cette année, à Paris, tous les journaux, judiciaires ou autres, rivaliser d'ardeur, se disputer les insertions en matière de faillite, les rechercher à n'importe quel prix, et, finalement, consentir sans hésitation à les publier gratuitement, à leurs frais. Et que l'on ne s'y méprenne point, ces feuilles s'imposent par là une dépense qui ne saurait être évaluée par an à moins de 8,000 francs. Elles n'auraient point consenti à un pareil sacrifice, si elles n'y avaient encore trouvé leur avantage; car elles n'impriment pas pour le plaisir d'imprimer, dans un but désintéressé; elles cherchent légitimement à faire des affaires aux conditions les plus rémunératrices.

Or tout avantage doit avoir sa contre-partie. Nul journal n'est contraint de devenir ou de se présenter comme feuille d'annonces judiciaires et légales. Mais la situation prise, une fois acceptée, comporte des obligations, entraîne des responsabilités. Il ne saurait dépendre du journal d'accueillir ou de refuser arbitrairement les insertions qui lui sont adressées et qu'il a sollicitées. En principe, il doit les publier de quelque manière qu'elles lui parviennent, sans considération de la personnalité de l'expéditeur direct ou bien de l'intermédiaire, agent d'affaires ou officier ministériel. Il y a là une sorte de service public; il a pris l'engagement d'en assurer le fonctionnement; il doit le tenir.

Dans certaines circonstances exceptionnelles, le refus d'insertion pourra s'appuyer sur des motifs légitimes; mais, même en pareil cas, des précautions sont exigées de l'administration du journal; il faut que l'expéditeur soit prévenu immédiatement; qu'il puisse, s'il en est temps encore, porter l'annonce à une feuille moins exigeante, ou faire les rectifications ou additions nécessaires. Le moindre retard, la négligence la plus légère, peut exposer aux plus graves conséquences, à des procédures renouvelées toujours coûteuses, dont le journal devra être condamné légitimement à supporter tous les frais, puisqu'il les aura occasionnés par une abstention impossible à prévoir.

c'est ainsi que d'autres diligences dans le délai, qui n'expirait que le 28 février, ont pu lui paraître inutiles; que Prétet ne saurait arguer de ce que Bray ne lui avait pas fait connaître d'une manière précise le dernier jour du délai; que l'appelant lui signalait suffisamment l'urgence, dans sa lettre du 23 février, en lui indiquant qu'il s'agissait d'une vente poursuivie par un avoué, et en lui demandant accusé de réception « dès qu'il aura reçu la lettre »; que, dans ces circonstances, Prétet est responsable du préjudice causé à Bray par l'expiration du délai légal sans insertion, et que, pour réparation, il doit garantir l'appelant des condamnations prononcées contre celui-ci au profit de Delpon de Vissec; — Par ces motifs, — Sur la demande formée par Delpon de Vissec contre Bray; — Confirme ledit jugement, pour être exécuté suivant sa forme et teneur; — Sur la demande en garantie de Bray contre le journal *la Démocratie franc-comtoise* : — Infirme; — Condamne Prétet, comme directeur dudit journal, à garantir et indemniser Bray des condamnations en principal, intérêts et frais, prononcées contre lui au profit de Delpon de Vissec, tant par le jugement dont est appel que par le présent jugement, etc.

MM. Flogny, prés.; Rau, subst.; Baton, Bordier et Octave Falateuf, av.

BORDEAUX (1re CH.) 8 novembre 1882.

LOUAGE D'OUVRAGE, OUVRIER A FAÇON, INCENDIE, MARCHANDISES, PERTE, RESPONSABILITÉ, PREUVE.

La perte, par suite d'un incendie, de marchandises confiées à un ouvrier pour être travaillées à façon, libère cet ouvrier, à moins que le propriétaire des marchandises ne prouve contre lui une négligence ou un défaut de surveillance (1) (C. civ., 1382, 1789).

(Comp. d'ass. terr. *la Métropole* c. Leveau.)

7 févr. 1882, jugement du tribunal civil de Bordeaux, ainsi conçu : — « LE TRIBUNAL : — Attendu que la Compagnie d'assurance *la Métropole* demande à Leveau la somme de 5,000 fr. par elle payée au sieur Lamothe pour les pertes qu'il a subies dans l'incendie survenu, le 9 mai dernier, dans la scierie qu'exploitait ledit Leveau, rue Peyronnet, n. 40; — Attendu qu'il est constant que les bois de Lamothe avaient été confiés à Leveau pour être sciés dans son usine, où l'incendie les a détruits; que c'est donc comme subrogée aux droits de Lamothe que la Compagnie agit dans la cause actuelle; qu'il y a donc lieu de déterminer, avant tout, les droits que Lamothe pouvait avoir contre Leveau par suite de l'incendie de son usine; qu'il est certain que ce dernier n'était, vis-à-vis de Lamothe, qu'un ouvrier à façon fournissant seulement son travail et son industrie; que, sans doute, Leveau était tenu, d'après les principes généraux et comme débiteur de la chose qui lui avait été confiée, de remettre à Lamothe les bois dont il s'agit ou de prouver qu'ils avaient péri par force majeure ou par leur vice propre; que, sans doute encore, s'il ne le faisait pas, il devait être présumé en faute; mais que, dans la cause, il est constant que les bois de Lamothe ont péri dans un incendie, c'est-à-dire par force majeure; que, par là même, Leveau se trouve avoir satisfait à l'obligation unique dont il était tenu; qu'il ne pourrait, en cet état, avoir encouru une responsabilité que s'il avait commis une faute ou une imprudence, puisqu'aux termes exprès de l'art. 1789, l'ouvrier à façon ne répond que de sa faute; mais que bien évidemment ce n'est pas à lui à prouver qu'il n'a pas commis de faute; que la loi n'a certainement pas voulu lui imposer cette preuve négative; que c'est donc à la Compagnie, qui invoque la faute de Leveau, qu'il incombe d'en faire la preuve; — Attendu que, loin de la faire, elle n'articule à cet égard aucun fait précis; qu'elle n'essaye pas même de prétendre que l'incendie du 9 mai serait imputable à une négligence ou à un défaut de précaution de la part de Leveau; que, néanmoins, elle insinue qu'un incendie n'étant pas exclusif de toute faute, il ne suffirait pas d'exciper de ce sinistre; mais que ce serait évidemment ajouter aux exigences de l'art. 1789, C. civ., lequel appliquant strictement la maxime *res perit domino*, ne met expressément à la charge de l'ouvrier que sa faute personnelle; — Attendu, en conséquence, que la Compagnie *la Métropole* est sans action contre Leveau, etc. » — Appel.

ARRÊT.

LA COUR : — ...Attendu que la preuve d'une faute qui engage la responsabilité de son auteur est à la charge de celui qui allègue l'existence de la faute; que cette règle de droit est générale, et que les rares exceptions qui y ont été apportées par le législateur ont fait l'objet de dispositions spéciales et formelles; — Attendu que l'art. 1789, C. civ., le seul qui soit applicable à l'espèce soumise à la Cour, résiste par la précision de son texte à toute interprétation imposant à l'ouvrier, qui fournit seulement son travail ou son industrie, l'obligation de prouver qu'il n'a commis aucune faute dans la surveillance de la chose qui a péri; qu'en l'absence de toute preuve rapportée ou offerte par la Compagnie *la Métropole*, l'articulation faite par Leveau doit être déclarée inutile et surabondante; — Adoptant, au surplus, les motifs des premiers juges; — Par ces motifs, etc.

MM. Bourgade, prés.; Lefranc, subst.; Levesque et Moulinier, av.

CAEN (1re CH.) 22 novembre 1882.

SAISIE-GAGERIE, DEMANDE EN VALIDITÉ, DEMANDE EN PAYEMENT, CONNEXITÉ, COMPÉTENCE.

De ce que l'art. 825, C. proc., dispose que les règles prescrites pour la saisie-exécution seront observées en matière de saisie-gagerie, il y a lieu de conclure que le tribunal compétent pour statuer sur une demande en validité de saisie-gagerie est, comme en matière de saisie-exécution, le tribunal du lieu de la saisie, et non celui du domicile du saisi (2) (C. proc. civ., 59, § 1 et 4, 608, 824 et 825).

Il en est de même pour la demande connexe en payement de loyers ou fermages, qui est inséparable de la demande en validité (3) (Id.).

---

(1) V. en ce sens, Cass., 22 avril 1872 (Pand. chr.), et la note. — Un arrêt de la Cour de Douai du 27 janv. 1879 (S. 81. 2. 191. — P. 81. 1. 974) a déclaré le filateur à façon responsable de la perte des laines à lui confiées, survenue par suite d'un incendie, faute par lui de prouver le cas fortuit ou la force majeure. Mais cette décision n'est pas de principe; elle est toute d'espèce; elle a été rendue par application d'usages locaux dont elle constate l'existence dans les départements du Nord, de l'Aisne, de la Marne, etc.

(2-3) En doctrine, comme en jurisprudence, la question est vivement controversée. — Dans le sens de notre arrêt, et en faveur du tribunal du lieu de la saisie, V. Trib. civ. Yvetot, 18 janvier 1866 (*Journal des avoués*, t. XCI, p. 346); Caen, 10 mars 1881 (S. 85. 2. 81, *ad notam*. — P. 85. 1. 448, *ad notam*); Bioche, *Dict. de proc.*, vis *Saisie gagerie*, n. 31, et *Saisie foraine*, n. 12; Carré et Chauveau, *Lois de la proc.*, quest. 2811, et Supplém., p. 765; Curasson, *Compétence des juges de paix*, t. I, n. 325, p. 470; Rodière, *Cours de comp. et de proc.*, t. I, p. 107, Boitard et Colmet Daage, *Leçons de proc.*, t. II, n. 1088, p. 498.

En sens contraire, et pour la compétence du tribunal du domi-

(Frilley c. de la Mariouze.)

21 déc. 1881, jugement du tribunal civil de Caen qui expose ainsi les faits de la cause : — « LE TRIBUNAL : — Attendu que l'art. 59, qui, en matière personnelle, pose en principe la compétence du tribunal du domicile des défendeurs, pose au contraire, en matière réelle, le principe de la compétence du tribunal de la situation de l'objet litigieux, et laisse en matière mixte l'option entre les deux compétences; — Attendu que si, par *matière réelle*, on entend communément *matière immobilière*, cependant, ni le sens grammatical du mot *réel*, ni le texte de l'art. 59, qui parle seulement de *la situation de l'objet litigieux*, ne permettent d'exclure les objets mobiliers qui sont l'objet du litige, quand, à raison de leur nature non fongible, ils ont une individualité certaine, et quand la force de la loi leur assigne une assiette, une situation déterminée; que ce n'est donc pas par une dérogation à l'art. 59, mais par une application spéciale du principe posé par cet article, qu'en matière de saisie-exécution le tribunal de la situation des objets litigieux est le tribunal compétent, la saisie-exécution constituant une mainmise sur les meubles saisis et une immobilisation de ces meubles, qui, placés sous la surveillance d'un gardien, ne doivent plus être déplacés; que la saisie, avec son organisation, les responsabilités qu'elle entraîne, les revendications qu'elle provoque, constitue un régime impliquant, s'il s'élève des difficultés, des questions de matière réelle qui ont déterminé la compétence;

---

cile du saisi, V. Trib. civ. Seine, 29 octobre 1875, en sous-note (*a*); Demiau-Crouzilhac, p. 499; Thomine-Desmazures, *Comment. sur le Code de proc.*, t. II, n. 968; Rousseau et Laisney, *Dict. de proc.*, t. VII, v° *Saisie-gagerie*, n. 26; Dalloz, *Jur. gén.*, v[is] *Compét. des Trib. d'arr.*, n. 187, et *Saisie-gagerie*, n. 48.

En présence des arguments produits de part et d'autre, nous n'hésitons pas à adopter ce dernier système. Avant de déduire nos motifs, examinons la valeur de ceux donnés à l'appui de la doctrine contraire.

Le jugement de Caen, dans l'affaire actuelle, invoque cette considération que, quand des meubles ont une individualité certaine et que la loi, par l'effet de la saisie qui les frappe, leur assigne une assiette fixe, une situation déterminée, l'action qu'ils engendrent est réelle, et doit, aux termes de l'art. 59, C. proc., être portée devant le tribunal de la situation de l'objet litigieux.

La Cour ne s'est pas arrêtée à ce moyen, et nous croyons qu'elle a bien fait : il est généralement reconnu, même par plusieurs auteurs qui attribuent compétence au tribunal du lieu de la saisie, que les mots ci-dessus de l'art. 59 ne visent que les matières réelles *immobilières*. — V. notamment, Rodière, *loc. cit.*, p. 93; Boitard et Colmet-Daage, t. I, n. 130, p. 93; Mourlon et Naquet, *Répétitions écrites du Code de proc.*, n. 190, p. 163; Garsonnet, *Tr. théorique et pratique de proc.*, t. I, p. 532, § 529; Bonfils, *Tr. élémentaire de proc.*, n. 396, p. 199; Dalloz, *Jur. gén.*, v° *Compétence civile des Trib. d'arr.*, n. 51.)

Et, en effet, pourquoi, en matière réelle immobilière, le législateur a-t-il dérogé à la compétence de droit commun? Parce que le litige, lorsqu'il porte sur un immeuble, nécessite souvent, pour son instruction, des descentes et opérations sur place qui auraient pu entraîner des retards et des frais considérables, si le tribunal du domicile eût été éloigné. De semblables inconvénients ne sont pas à redouter en matière de saisie-gagerie, et d'ailleurs, presque toujours, le domicile du saisi est au lieu de la saisie.

Quant à la Cour, après avoir soigneusement relevé une série de dispositions applicables en matière de saisie-exécution, elle en arrive à dire que la situation du propriétaire gagiste ne saurait être pire que celle d'un simple créancier chirographaire, et que l'art. 825, C. proc., doit être interprété en ce sens qu'en matière de saisie-gagerie, il faut observer toutes les règles prescrites pour la saisie-exécution, et notamment celle relative à la compétence.

Voyons ces deux arguments :

D'abord, il n'y a aucun rapprochement à faire entre les deux ordres de créanciers visés par l'arrêt; l'un est nanti d'un titre exécutoire, l'autre est obligé de faire consacrer sa créance par justice; ensuite, le domicile du saisissant peut être plus éloigné du lieu de la saisie que du domicile du saisi, et, *à priori*, nous ne voyons pas son avantage à intenter sa demande devant un tribunal plutôt que devant un autre; nous ne comprenons pas non plus comment, avec notre doctrine, il pourrait être obligé d'aller plaider devant plusieurs tribunaux à la fois.

D'un autre côté, quelles sont donc les règles prescrites pour la saisie-exécution que l'art. 825 enjoint d'observer en matière de saisie-gagerie? Il nous semble qu'on les trouve dans les art. 585 et suiv., et que les seules qui auraient de la valeur, celles relatives à l'élection de domicile du saisissant et des créanciers du saisi (art. 584 et 609) ne sont pas exigées en matière de saisie-gagerie; dans tous les cas, aucun auteur ne les cite comme étant communes aux deux saisies.

Enfin, lorsqu'on raisonne par analogie, il faut qu'il y ait quelques points de contact entre les matières qu'on veut assimiler. Or que dit l'arrêt de Caen? que la saisie-gagerie est une *exécution provisoire qui produit immédiatement tous les effets de la saisie-exécution, à la seule condition.....* Est-ce qu'il n'en est pas de même de la saisie-arrêt et de la saisie-revendication?

Par son caractère essentiellement conservatoire, la saisie-gagerie ressemble plus à ces deux saisies qu'à la saisie-exécution, et on sait que le tribunal compétent pour les valider est celui du domicile du saisi (C. proc., 567 et 831).

La doctrine de notre arrêt ne nous semble donc pas bien assise. Comme, en la combattant, nous avons, à diverses reprises, argumenté en faveur de l'autre système, que le tribunal de la Seine, dans son jugement du 29 octobre 1875, précité étaye, d'ailleurs, de solides considérations, il nous reste peu de chose à dire pour justifier complètement le choix que nous avons adopté.

L'arrêt de Caen et ses partisans se préoccupent uniquement de la situation du saisissant. Pourquoi mettre de côté celle du saisi? Est-ce qu'il ne peut pas arriver que la saisie-gagerie ne soit pas validée? Où serait alors la raison de distraire le débiteur de ses juges naturels? — Ne faut-il pas, d'ailleurs, établir avant tout qu'il est débiteur du saisissant? D'où résulte que, comme il y a, tout à la fois, demande en payement et demande en validité, c'est cette dernière, et non la première qui est l'accessoire de l'autre.

Nous objectera-t-on qu'on peut saisir-gager avec un titre exécutoire, qu'alors la créance est toute prouvée et qu'il n'y a plus de demande pure personnelle?

Un créancier, nanti d'un titre paré, procédera par voie de saisie-exécution et ne perdra pas son temps à saisir-gager : au surplus, il devra toujours faire valider sa saisie, et cette validation ne sera que la conséquence de la consécration par justice de sa créance.

A notre avis le législateur aurait pu, en matière de saisie-arrêt et de saisie-revendication, se dispenser de dire expressément que le tribunal compétent pour statuer sur la demande en validité est celui du domicile du saisi : en effet, d'une part, cette demande est essentiellement mobilière; d'autre part, elle n'est que l'accessoire d'une demande en payement, laquelle est personnelle et mobilière, et, par conséquent, la compétence devait être régie d'après les principes du droit commun. Pourquoi donc l'a-t-il fait?

Ne serait-ce pas pour éviter toute équivoque, à raison de la présence du tiers saisi et du tiers détenteur des objets déplacés, qui aurait pu jeter quelque incertitude sur le tribunal compétent?

N'est-il pas aussi permis de penser que si, en matière de saisie-exécution, il a dérogé au droit commun, c'est pour un motif analogue à savoir que celui qui se prétend propriétaire des meubles saisis, a deux adversaires, le saisissant et le saisi?

Si ces réflexions, que nous risquons pour ce qu'elles valent, avaient quelque chose de fondé, elles jetteraient un certain jour sur la solution de notre question. En matière de saisie-gagerie ou de saisie foraine, ce tiers n'existe que très-accidentellement; le saisissant et le saisi sont seuls en présence, et il n'y avait pas lieu de rappeler une règle de droit commun.

(*a*) Ce jugement, rendu par le tribunal civil de la Seine (ch. des vacat.), à la date du 29 oct. 1875, aff. Thierry c. Xatart, est conçu dans les termes suivants : LE TRIBUNAL : — Attendu que le Code de procédure civile et la loi du 25 mai 1838 ne contiennent aucune disposition particulière attribuant au juge du lieu dans lequel a été pratiquée une saisie-gagerie, la connaissance de la demande en validité de cette mesure d'exécution; qu'il suit de là que le législateur a entendu s'en référer, en cette matière spéciale, à la règle du droit commun; — Attendu qu'aux termes de l'art. 2, C. proc., la citation doit être donnée, en matière purement personnelle ou mobilière, lorsqu'il s'agit d'une demande qui, à raison de la somme réclamée, est de la compétence du juge de paix, devant le juge du domicile du défendeur; — Attendu que, si la demande en validité de saisie-gagerie a le caractère d'une action réelle en ce que son objet est de faire reconnaître le privilége accordé par l'art. 2102, C. civ., aux propriétaires et hôteliers, elle est en même temps mobilière et, comme telle, assimilée à l'action personnelle, quant à la juridiction qui doit en connaître, ainsi qu'il vient d'être dit; — Attendu que les dispositions de l'art. 59, C. proc., ne sont pas contraires à celles de l'art. 2; que, lorsqu'il oppose les actions réelles aux actions personnelles, il n'entend parler que des actions réelles immobilières; — Attendu, d'ailleurs, que, sauf de rares exceptions, l'action en validité de saisie-gagerie n'est que l'accessoire d'une action principale en payement; que l'on conçoit donc qu'elle doive être soumise au même juge; — Attendu, en outre, que, dans l'espèce, l'appelante avait cité devant le juge de paix du cinquième arrondissement de Paris non-seulement le sieur Xatart, mais encore la veuve Xatart, sa mère, laquelle n'est point propriétaire des objets saisis; — Attendu, dès lors, que c'est avec raison que le premier juge s'est déclaré incompétent; — Par ces motifs, confirme le jugement dont est appel, etc.

— Attendu que ce qui est vrai en matière de saisie-exécution ne l'est pas moins en matière de saisie-gagerie ou de saisie foraine, ces deux saisies (qui, si elles ne constituent pas immédiatement une saisie-exécution, y tendent nécessairement par la validation), constituent évidemment une mainmise sur les objets qui garnissent les lieux loués et les frappent d'immobilité sous la surveillance d'un gardien responsable (C. proc., 824); que cette vérité est plus saisissante encore en matière de saisie-brandon, variété de saisie-gagerie qui s'attaque aux récoltes qui font encore partie de l'immeuble; que les meubles saisis-gagés, ayant ainsi une individualité propre et une assiette en vertu de la loi, qui leur assigne une situation fixe, entraînent par voie de conséquence, pour toutes les questions relatives à la saisie, et qui sont de véritables questions réelles, la compétence du tribunal de la situation de l'objet litigieux; qu'il en est ainsi décidé par l'art. 825, qui applique, en matière de saisie-gagerie et de saisie foraine, non pas seulement les formes, mais *les règles* de la saisie-exécution, et, par suite, la même règle en ce qui concerne la compétence;

« Attendu que le tribunal de Caen, compétent sur la question de validité de la saisie-gagerie exercée par de la Mariouze sur Frilley, le 22 août dernier, doit l'être aussi pour statuer en même temps sur la demande en payement de loyers formée devant le même tribunal, demande à raison de laquelle il a compétence relative, *ratione materiæ;* — Attendu, en effet, que, si cette dernière demande est purement personnelle et mobilière, elle se rattache à la demande en validité de saisie avec une telle connexité, que les deux demandes ne forment véritablement qu'une seule action, qui, ne la considérât-on que comme une action mixte, entraînerait tout au moins une double compétence facultative; — Par ces motifs, — Rejette l'exception d'incompétence, etc... » — Appel par Frilley.

ARRÊT.

LA COUR : — Attendu que la loi, en organisant la procédure de saisie-exécution, qui est la plus ordinaire, a établi des règles générales applicables aux autres saisies de même nature; — Qu'elle a, dans un but de simplification, et pour éviter des lenteurs et des frais, rattaché à cette procédure tous les incidents contentieux auxquels elle peut donner lieu, en dérogeant aux règles ordinaires de compétence; qu'ainsi, le saisissant est tenu de faire élection de domicile au lieu de l'exécution; qu'à ce lieu peuvent se faire toutes offres réelles et significations d'appel, ainsi que les oppositions à poursuites et les demandes en nullité de la saisie (C. proc., 584); que c'est au même lieu que le gardien doit demander décharge (C. proc., 606), et que les tiers eux-mêmes doivent faire leurs oppositions et intenter leurs demandes en revendication (C. proc., 608, 609), le tout sans avoir égard aux demandes, soit du saisi, soit du saisissant; — Attendu que les règles de la saisie-exécution doivent, à plus forte raison, être appliquées à la saisie-gagerie; que la saisie-gagerie a pour but de créer des avantages exceptionnels en faveur du bailleur nanti d'un gage et ayant un privilége de premier ordre; qu'il n'est pas admissible, dès lors, que le bailleur soit dans une situation beaucoup plus désavantageuse que le simple créancier ordinaire qui agit par voie de saisie-exécution, et qu'il puisse, à la différence de ce dernier, être obligé d'aller plaider au loin et devant plusieurs tribunaux à la fois; — Attendu que la saisie-gagerie est une exécution provisoire qui produit immédiatement tous les effets de la saisie-exécution, à la seule condition d'être ultérieurement ratifiée par le juge; que le lieu où cette saisie est faite est, dès le principe, le lieu de l'exécution et celui où, en définitive, l'exécution sera consommée par la vente; que ce lieu doit, de même qu'en matière de saisie-exécution, au moins par analogie, entraîner la compétence pour tous les incidents auxquels la saisie peut donner lieu, et surtout pour toutes les demandes nécessaires pour régulariser la procédure et la conduire à fin; — Attendu que c'est en ce sens que doit être interprété l'art. 825, C. proc., qui dispose qu'en matière de saisie-gagerie seront observées toutes les règles prescrites pour les saisies-exécutions; que cet article se réfère ainsi aux règles de compétence; — Attendu, en fait, que le 22 août 1881, de la Mariouze a fait pratiquer une saisie-gagerie sur les bestiaux garnissant des herbages situés à Campandré-Valcongrain, arrondissement de Caen, et par lui affermés à Frilley, domicilié à Roucamps, arrondissement de Vire, et que, le 24 août suivant, il a notifié cette saisie-gagerie au débiteur, en l'assignant en validité devant le tribunal de Caen; que le tribunal de Caen s'est, avec raison, déclaré compétent pour connaître de cette demande et d'une demande connexe en payement de fermages, inséparable de la demande en validité, cette dernière étant subordonnée à la reconnaissance préalable d'une créance; — Par ces motifs, — Confirme, etc.

MM. Houyvet, 1er prés.; Faguet, proc. gén.; Desruisseaux et Carel, av.

CAEN (2e CH.) 23 novembre 1882.

HUISSIER, VENTE MOBILIÈRE, HONORAIRES, TARIF, PRIX DE VENTE, GARANTIE.

L'huissier qui s'attribue, pour une vente mobilière, des honoraires notablement supérieurs à ceux du tarif, devient par là garant de l'insolvabilité des acheteurs et du recouvrement de l'entier prix des ventes (C. civ., 1134 et suiv.) (1).

(Gilbert c. Essilliard.) — ARRÊT.

LA COUR : — ...Sur la quatrième question : — Attendu que Gilbert, qui a pris en appel, sur ce chef, de plus amples conclusions qu'en première instance, demande que Essilliard soit condamné à lui rendre un compte complet et détaillé du mandat qu'il lui aurait donné pour liquider sa situation; mais que Gilbert, n'ayant pas fait, devant la Cour, la preuve de ce prétendu mandat, il convient de restreindre cette demande, comme Gilbert l'avait d'ailleurs fait lui-même dans ses conclusions de première instance, au produit de six ventes mobilières instrumentées par Essilliard, ainsi qu'à toutes autres sommes que Gilbert justifierait avoir été reçues par ce dernier pour son compte; — Attendu, en ce qui concerne les ventes mobilières, qu'il doit être décidé, conformément aux conclusions prises par Gilbert, tant en première instance qu'en appel, que Essilliard devra porter en compte la somme entière de 8,860 fr. 35, total des prix desdites ventes, et non pas seulement le montant des prix recouvrés; qu'en effet, Essilliard, dans ses cahiers des charges, par lui rédigés, a imposé aux acheteurs l'obligation de payer 10 p. 100 en plus de leurs prix; que, d'un autre côté, il n'a jamais offert de tenir compte à Gilbert du produit de ce supplément de prix, défalcation faite des frais de la vente et des honoraires à lui dus d'après le tarif; qu'il s'est ainsi attribué des honoraires notablement supérieurs à ceux auxquels il avait droit; et que cette attribution d'honoraires plus élevés ne peut s'expliquer que parce qu'il se rendait garant du recouvrement des prix des ventes; que, d'ailleurs, la preuve de la responsabilité par lui assumée à cet égard

(1) V. conf. Caen, 23 nov. 1858 (S. 59. 2. 138. — P. 59. 201).

résulte encore des autres dispositions des cahiers des charges qui lui avaient conféré le mandat d'encaisser le produit des ventes avec le droit de demander caution aux acheteurs ne payant pas comptant et dont la solvabilité aurait été douteuse; que, s'il n'a pas usé de ce droit, il l'a fait à ses risques et périls; que, par suite, il demeure comptable de l'entier prix des ventes, sans pouvoir exciper de l'insolvabilité des acheteurs; — Par ces motifs, etc.

MM. Le Bourg, prés.; Mirande, av. gén.; Laisné-Deshayes et Desruisseaux, av.

NIMES (1re CH.) 27 novembre 1882.

DONATION ENTRE ÉPOUX, DONATION DÉGUISÉE, CONTRAT DE MARIAGE, APPORTS, RECONNAISSANCE, NULLITÉ, QUALITÉ POUR AGIR, HÉRITIERS RÉSERVATAIRES, ÉPOUX DONATEUR.

Les donations déguisées ou par personnes interposées, faites entre époux, sous forme de déclarations d'apports de dot, sont nulles et non pas seulement réductibles, mais dans le cas où elles excèdent la quotité disponible (C. civ., 1094, 1098, 1099) (1).

Par suite, la nullité de telles donations ne peut être invoquée que par ceux à qui elles préjudicient, c'est-à-dire par les héritiers réservataires du donateur (Id.) (2).

Elle ne pourrait l'être par l'époux donateur lui-même (Id.) (3).

Il n'en serait autrement que s'il s'agissait de donations entre époux faites pendant le mariage (C. civ., 1096) (4).

(Massé c. hérit. Julian.) — ARRÊT.

LA COUR : — Attendu que la nullité prononcée par le § 2 de l'art. 1099, C. civ., contre les donations déguisées ou par personnes interposées, qu'un époux fait à l'autre dans son contrat de mariage, n'a été édictée que comme sanction des dispositions qui fixent la quotité disponible en faveur des époux (art. 1094 et 1098) et la réserve; — Qu'en prononçant la nullité et non la réductibilité de ces donations, quand elles sont excessives, la loi a voulu protéger plus efficacement les droits des héritiers réservataires; mais, ainsi que le dit la Cour de cassation dans son arrêt du 2 mai 1885 (Pand. chr.), le déguisement de la donation ne peut pas suffire pour créer des droits en faveur de ceux à qui la loi n'en avait pas conféré sur les biens donnés; — Qu'il suit de là que ceux-là seuls peuvent invoquer cette nullité dont la donation faite sous cette forme lèse les droits; — Que l'époux donateur n'est pas dans ce cas, à moins qu'il ne s'agisse d'une donation faite pendant le mariage, cas auquel il est admissible à demander la nullité, afin que le principe de la révocabilité des donations entre époux pendant le mariage (C. civ., 1096) ne souffre pas d'atteinte; — Attendu, en fait, que Massé avait reconnu au profit de sa femme un apport dotal de 50,000 fr. dans son contrat de mariage du 30 juill. 1876, dont, par une autre disposition du même acte, il s'était fait donner l'usufruit à titre de gain de survie; — Attendu que Louise Julian, sa femme, étant décédée le 18 avr. 1881, sans enfants, les héritiers légitimes ont demandé qu'il fût dressé un inventaire des valeurs composant la dot, et que Massé fût condamné à fournir caution pour en assurer la représentation à la fin de son usufruit; — Attendu que Massé a soutenu que la dot de 50,000 fr. n'avait pas été apportée, et que la reconnaissance qu'il en avait faite n'était qu'une donation déguisée, par lui consentie à sa femme et tombant sous le coup du § 2 de l'art. 1099; — Attendu que l'affirmation de Massé au sujet de sa libéralité et du déguisement employé n'a pas été contredite, mais que les héritiers légitimes ont avec raison soutenu, par les motifs de droit ci-dessus exposés, qu'il n'avait pas qualité pour attaquer cette donation, parce qu'elle n'avait porté atteinte à aucun de ses droits; — Par ces motifs, sans s'arrêter à ceux donnés par le premier juge, déclare irrecevable et formée sans qualité l'action en nullité dirigée par Massé contre la donation déguisée par lui faite à sa femme, etc.

MM. Gouazé, 1er prés.; Fermaud, subst. du proc. gén.; Boyer de Bouillane (du barreau de Valence) et Porée (du barreau de Paris), av.

PARIS (5e CH.) 1er décembre 1882.

ACTE DE COMMERCE, OPÉRATIONS DE BOURSE, JEU, PARI, COMPÉTENCE, TRIBUNAUX CIVILS.

(Berney c. Laurent.)

V. le texte de cet arrêt reproduit en sous-note (*a*) avec Paris (5e ch.), 4 août 1882 (deux arrêts) (Pand. chr.).

TOULOUSE (2e CH.) 7 décembre 1882.

SÉPARATION DE CORPS, DEMANDE RECONVENTIONNELLE, APPEL, DEMANDE NOUVELLE, DÉFENSE.

L'époux défendeur à une demande principale en séparation de corps, intentée par son conjoint, peut à son tour former, pour la première fois en cause d'appel, une demande de même nature; il n'y a point là demande nouvelle proprement dite, mais véritable défense à l'action principale (C. proc., 464, 878) (5).

(Roques c. Roques.) — ARRÊT.

LA COUR : — En ce qui touche la demande reconventionnelle en séparation formée par le sieur Roques : — Attendu que cette demande, qui n'a pas été formulée en première instance, est l'objet d'une fin de non-recevoir prise de l'art. 464, C. proc., qui interdit de former, en cause d'appel, aucune nouvelle demande; — Attendu que la disposition dont il s'agit a pour but de soumettre toutes les demandes à un double degré de juridiction, mais que ce principe, si important qu'il soit, doit fléchir devant un intérêt supérieur, celui de la libre défense des parties; qu'aussi le même article qui renferme la prohibition fait-il exception à la règle pour le cas où la demande nouvelle est une défense à l'action principale; — Attendu que, cette exception étant des plus favorables, il convient de lui donner la plus large extension; qu'il n'est pas nécessaire, pour qu'elle reçoive son application, que la demande nouvelle ait directement pour but ou pour résultat de faire tomber, en tout ou en partie, l'action principale; qu'il suffit qu'elle en puisse modifier les conséquences, en diminuer les effets ou en at-

---

(1) V. conf. Bordeaux, 16 févr. 1874 (Pand. chr.), et la note.

(2-3) V. dans le même sens, Montpellier, 4 déc. 1867 (S. 68. 2. 256. — P. 68. 992); Cass., 25 juill. 1881 (Pand. chr.); 22 juill. 1884 (Pand. chr.), et les renvois.

(4) V. en ce qui concerne plus spécialement les donations entre époux faites *durant le mariage*, Cass., 23 mai 1882 (Pand. chr.), et nos observations à la suite de cet arrêt.

(5) La jurisprudence paraît se fixer définitivement en ce sens. — V. Caen (1re ch.), 4 juin 1834, aff. Caron, et 14 juin 1842, aff. Blouet, cités par M. Demolombe, *Séparat. de corps*, t. II, n. 437; Nancy, 21 janv. 1858 (S. 58. 2. 75. — P. 758.793. — D. 58. 2. 103); 16 déc. 1859 (S. 60. 2. 272. — P. 61. 836. — D. 60. 5. 351); Aix, 11 août 1875 (D. 76. 2. 134); Angers, 27 avril 1880 (S. 80. 2. 132. — P. 80. 551). — Toutefois, la question a été longtemps controversée. V. en sens contraire, Angers, 8 avril 1840 (S. 40. 2. 411); Paris, 21 août 1868 (S. 68. 2. 352. — P. 68. 1291).

La même question s'est posée absolument dans les mêmes termes en matière de divorce, et a reçu une solution identique avec celle que l'arrêt ci-dessus rapporté donne à la séparation de corps. V. Cass., 14 déc. 1885 (Pand. chr.), et la note.

ténuer la portée; — Attendu qu'une séparation de corps produit, au préjudice de celui qui l'a encourue, des effets de plusieurs natures; qu'elle constitue contre lui une condamnation morale extrêmement grave, puisqu'elle met à sa charge les torts principaux et, par suite, tant vis-à-vis du public que de la famille, la responsabilité de la cessation de la vie commune; qu'elle autorise les juges à restreindre ses droits en ce qui concerne la garde et la surveillance des enfants issus du mariage; qu'elle entraîne, enfin, de plein droit, la révocation des avantages consentis en sa faveur par son conjoint dans le contrat de mariage; — Attendu que la situation n'est plus la même quand la demande reconventionnelle en séparation est accueillie; qu'elle a pour conséquence, en effet, de diminuer la condamnation morale des époux et leur responsabilité en les partageant entre eux; qu'elle peut et doit modifier la décision à intervenir sur la garde et la surveillance des enfants; qu'elle rétablit, en outre, l'égalité entre les époux en révoquant au profit de tous les deux des libéralités qui n'étaient annulées que pour un seul; — Attendu que ces conséquences indiscutables démontrent, d'une manière manifeste, que la demande reconventionnelle en séparation exerce une grande influence sur l'action principale; qu'elle en atténue les effets et la portée, et que, par suite, elle est une défense à cette action; — Attendu que cette opinion, fondée sur les motifs les plus juridiques, a l'avantage, en outre, d'être celle qui présente le plus d'utilité pratique; qu'elle évite, en effet, en terminant toutes les contestations entre les époux, un procès nouveau et de nouveaux débats toujours si pénibles en pareille matière; qu'il convient, d'ailleurs, de remarquer que la demande principale et la demande reconventionnelle ont le même objet, la cessation de la vie commune et l'appréciation des torts respectifs des époux; qu'elles sont donc en quelque sorte inséparables et indivisibles, et qu'il est raisonnable de les soumettre toutes les deux à la même juridiction; — Attendu, dès lors, qu'à tous les points de vue, la fin de non-recevoir doit être écartée; — Attendu, au fond (sans intérêt); — Par ces motifs, — Confirme le jugement rendu par le tribunal civil de Toulouse, le 16 janv. 1882, et, sans s'arrêter ni avoir égard à la fin de non-recevoir élevée contre la demande reconventionnelle du sieur Roques, et la rejetant; — Faisant droit à cette demande, — Ordonne, etc.

MM. Bermond, prés.; Liége d'Iray, av. gén.; Désarnauts et Buffa, av.

PARIS (3e CH.) **14 décembre 1882.**

VENTE, OBJETS D'ART, ERREUR, SUBSTANCE, INTENTION DES PARTIES, RÉSILIATION.

La vente d'un objet d'art d'une époque déterminée (dans l'espèce, d'un coffret Louis XIII), doit être annulée, s'il est démontré plus tard que l'objet livré est de fabrication moderne (C. civ., 1109, 1110, 1641, 1658) (1).

Et il ne suffirait pas, pour empêcher la résiliation, que l'œuvre d'art fût seulement du style de l'époque (Id.) (2).

En outre du libellé du reçu donné par le vendeur, l'importance du prix constitue un élément précieux de renseignement sur l'intention véritable des parties et sur la cause déterminante de l'achat (Id.) (3).

(Deveuve c. De Vaere.)

2 nov. 1881, jugement du tribunal de commerce de la Seine, ainsi conçu : — « LE TRIBUNAL : — Attendu qu'il

---

(1-2-3) Dans les achats et ventes d'objets anciens et artistiques, ce que l'on achète, ce que l'on vend presque toujours à un prix considérable, exorbitant, ce n'est pas tel ou tel objet en lui-même, c'est tel objet de tel style, de telle époque, ayant telle origine et tel ou tel auteur. Ce sont ces qualités qui à elles seules constituent toute l'œuvre; qu'elles viennent à disparaître par une sorte de rectification d'un état civil plus sincère, il ne reste plus rien des mérites qui auparavant emportaient tous les éloges, toutes les admirations, sans jamais les épuiser. Le morceau qui faisait le plus bel ornement du cabinet de l'amateur, de la collection du riche banquier, ne sera plus jugé digne de la boutique d'un marchand de curiosités; il ira échouer à l'étalage du brocanteur, et peut-être, ne mesurant plus les degrés de sa décadence, finira-t-il même par se perdre dans le pêle-mêle, dans le fouillis sans nom ni origine de quelque dépôt de bric-à-brac. Lors donc qu'une méprise avérée se produit, il y a erreur sur la substance de la chose vendue. Le contrat doit donc être résilié; l'objet retourne au vendeur, l'argent du prix est restitué à l'acheteur. V. en ce sens, Douai, 27 mai 1846 (S. 46. 2. 501. — P. 46. 2. 696. — D. 46. 4. 509); Paris, 9 janv. 1849 (S. 49. 2. 80. — P. 49. 2. 347. — D. 49. 2. 67); 29 mars 1856 (S. 56. 2. 304. — P. 56. 2. 168. — D. 56. 12. 75), et surtout, comme présentant avec l'espèce actuelle une étroite analogie, Paris, 1er déc. 1877, reproduit en sous-note (*a*).

(*a*) Voici cet arrêt de Paris (4e ch.), 1er déc. 1877, aff. de Nolivos et Besnard c. Basilewski, dont les motifs nous paraissent rédigés avec un soin remarquable :

LA COUR : — Considérant qu'au mois de nov. 1874, Basilewski a acheté à de Nolivos, au prix de 8,000 francs, une épée paraissant remonter au douzième siècle et portant en incrustation, sur la lame, la double inscription suivante : « *Rodgierii gladius. Dextera Domini exaltavit me* »; — Que de Nolivos avait lui-même acheté cette épée quelques jours auparavant à Couvreur, marchand de curiosités, au prix de 4,000 francs; — Considérant que Basilewski allègue qu'en faisant cette acquisition, il a entendu acheter une arme ancienne, authentique, dont les inscriptions indiquaient non seulement l'époque, mais l'origine historique, et permettaient de croire qu'elle avait appartenu à Roger de Sicile; — Mais que, depuis la vente, il a appris que cette épée était un objet contrefait, de fabrication moderne; — Qu'en ces circonstances, il a été victime d'une erreur qui vicierait le contrat intervenu entre Nolivos et lui, et devrait en faire prononcer la nullité; — Considérant que Nolivos reconnait qu'au moment du contrat il avait, comme Basilewski, la pensée que l'épée était authentique, mais qu'il prétend que la falsification dont se plaint Basilewski n'est pas démontrée; que, d'ailleurs, il a vendu de bonne foi et sans garantie; qu'en conséquence le contrat doit être maintenu; — Qu'en tout cas, il devrait être garanti lui-même par Besnard ès noms, qui représente les héritiers de Couvreur, son propre vendeur : — Considérant que la bonne foi des contractants n'est contestée par aucun d'eux; qu'il s'agit donc seulement pour la Cour de rechercher si, dans les deux contrats qui lui sont déférés, le consentement des parties a été vicié par une erreur sur la substance de la chose vendue entraînant, aux termes de l'art. 1110, C. civ., la nullité du contrat; — En ce qui touche la vente faite par Nolivos à Basilewski : — Considérant qu'il résulte des documents du procès que Basilewski et Nolivos sont des collectionneurs sérieux d'objets artistiques ou historiques; que la notoriété dont ils jouissent à cet égard permet d'apprécier les intentions et le but qu'ils se proposent dans les achats d'objets anciens destinés à leurs collections; que l'importance du prix payé pour l'épée en litige, par Basilewski à Nolivos, démontre, d'autre part, que Basilewski entendait bien acheter avant tout une arme authentique et sérieuse; qu'il avait le droit de croire, notamment, que les inscriptions gravées dans la lame étaient authentiques comme l'épée elle-même, et remontaient comme elle aux temps anciens où elle paraissait avoir été fabriquée; — Considérant que, dans une vente d'objets d'art ou d'antiquité entre deux amateurs sérieux et de bonne foi, l'authenticité de la chose vendue est la raison principale et déterminante du contrat, sans laquelle les parties n'auraient pas consenti à s'obliger; — Que, quelle que puisse être d'ailleurs la valeur intrinsèque d'un objet de cette nature, tableau, statue ou médaille, l'authenticité de la signature ou du millésime est de l'essence même du contrat et peut, suivant les circonstances, constituer la substance même de la chose vendue; — Que l'erreur sur l'ancienneté ou l'origine d'un objet d'art, vendu comme ancien ou authentique, devient ainsi substantielle et vicie le contrat; — Que la falsification, en pareille matière, ne constitue pas seulement un vice de la chose vendue, qu'elle fait disparaître la chose elle-même que les parties avaient eu principalement en vue dans le contrat et qui en faisait la substance; — Que, dans l'espèce, les inscriptions incrustées dans le glaive vendu à Basilewski en fixaient la date et l'origine, et lui donnaient un caractère d'individualité qui le distinguait des autres armes du même genre et de la même époque; que l'authenticité de ces inscriptions était, bien plus que le métal sur lequel elles étaient gravées, l'objet essentiel du contrat intervenu entre les parties; — Considérant que l'épée en litige a été soumise par les parties elles-mêmes à l'épreuve des hommes les plus compétents et autorisés en la matière; — Que, sans recourir à une expertise, il résulte des documents soumis à la Cour et notamment des certificats de Longpérier, Labarthe, membres de l'Institut, Clément de Ris et Dural, que l'épée vendue à Basilewski est absolument fausse et de fabrication récente; qu'en tout cas les inscriptions gravées sur la lame sont modernes et copiées pour partie, par un contrefacteur habile, sur une monnaie de Tancrède; — Qu'ainsi dépouillée de son authenticité, l'épée livrée à Basilewski devient un objet absolument différent, dans son essence même, du glaive ancien et historique que les parties, agissant de bonne foi, avaient en vue dans leur contrat; — Que l'erreur de Basilewski porte sur la substance de l'objet du contrat, qu'elle vicie son consentement, qu'il y a lieu d'annuler la vente et d'ordonner la restitution du prix; — En ce qui touche la vente faite par Couvreur à de Nolivos, et dont celui-ci demande la nullité à titre de garantie; — Considérant que, de ce qui vient d'être dit, il résulte que de Nolivos a toujours cru à l'authenticité de l'épée que Couvreur lui a vendue au prix de 4,000 francs; — Qu'il résulte des documents de la cause que Couvreur, simple marchand de curiosités, avait payé cette épée 2,200 francs; — Qu'il la croyait authentique et qu'il n'est pas contesté qu'il l'ait revendue de bonne foi à Nolivos; — Considérant que, dans ces circonstances, les motifs qui déterminent la Cour à

appert des débats que, dans le courant de janv. 1882, Deveuve a vendu à De Vaere un coffret Louis XIII, garni d'émaux, pour le prix de 7,000 francs; — Qu'en fait, les documents de la cause démontrent que le coffret livré est de fabrication moderne; — Attendu que vainement le défendeur soutient aujourd'hui qu'il suffirait que le coffret fût de style Louis XIII pour entraîner la validité de la vente; — Qu'il est, en effet, acquis pour le tribunal que les conventions des parties ont eu en vue un objet ancien fabriqué sous le règne de Louis XIII; que cette interprétation résulte non-seulement des termes du reçu donné par Deveuve, mais encore du prix qu'a été payé le coffret, objet du litige; que, par suite, en livrant un coffret moderne pour un coffret ancien, Deveuve a contrevenu à ses obligations, et que, en l'état, ce dernier ne saurait prétendre qu'un contrat accompli par lui dans les conditions qui viennent d'être rappelées, puisse recevoir la sanction du tribunal; qu'il convient, au contraire, de l'annuler, et, en conséquence, de faire droit aux divers chefs de demande; — Par ces motifs, — Vu le rapport de l'arbitre, — Condamne Deveuve, par les voies de droit, à payer à De Vaere 7,000 francs avec les intérêts suivant la loi; — Dit qu'il sera tenu, lors du payement, de reprendre le coffret dont il s'agit aux débats. » — Appel.

ARRÊT.

LA COUR : — Adoptant les motifs des premiers juges, — Confirme.

MM. Alexandre, prés.; Lejoindre et Tissier, av.

TRIB.-CIV. CHATEAU-THIERRY 20 décembre 1882.

VALEURS MOBILIÈRES, PRIME DE REMBOURSEMENT, USUFRUIT, NUE PROPRIÉTÉ, CARACTÈRES.

Les primes de remboursement des obligations ne forment pas un complément d'intérêts avec le caractère de fruits, mais une augmentation de capital qui profite à la nue propriété (C. civ., 578, 582) (1).

(Beauvais c. Beauvais.) — JUGEMENT.

LE TRIBUNAL : — Sur le caractère de fruit ou de capital de la prime d'une obligation du Crédit foncier se trouvant dans le lot des mineurs, lors du partage provisionnel : — Attendu que si, lors de l'emprunt, la Société le Crédit foncier a eu en vue, dans les combinaisons financières qui président à la création des obligations, une retenue à opérer sur les intérêts à servir aux obligataires, pour constituer le montant des primes qui devaient échoir par voie de tirage au sort à quelques-uns d'entre eux, il n'en est pas moins vrai qu'au regard de ces obligataires, la prime ne saurait être considérée comme un fruit; que l'importance de ces primes, eu égard au capital nominal de l'obligation, ne permet pas de les considérer comme en étant le produit; que le titre lui-même porte : « Obligation de 500 francs 3 pour 100 », ce qui limite l'intérêt à 3 pour 100 du capital de 500 francs; que le payement de la prime comprend le remboursement du capital et, par suite l'extinction de l'obligation, sans distinction entre la prime elle-même et le capital; — Attendu que, dans ces circonstances, la prime ou lot échu au favori du sort ne peut être autre chose qu'une augmentation de capital; qu'elle doit donc être comprise au partage définitif et répartie entre les copartageants, suivant leurs droits; — Par ces motifs, etc.

MM. François de la Haye, prés.; Encelain et Le Temple, av.

BOURGES (CH. CORR.) 23 décembre 1882.

DIFFAMATION, HALLES ET MARCHÉS, DROITS DE PLACE, ADJUDICATAIRE, COMPÉTENCE.

L'adjudicataire des droits de place, dans les halles et marchés

---

Il y a eu cependant certaines décisions (V. notamment, Paris, 17 juin 1813; Trib. civ. Seine, 14 mars 1840, journ. *le Droit*, 16 mars; 28 janv. 1848, S. 48. 2. 99; Bruxelles, 8 nov. 1856, D. 57. 2. 110; Trib. civ. Seine (3e ch.), 25 juin 1886, journ. *la Loi*, 12 août) qui se sont refusées à attribuer à l'erreur cette portée de conséquences et ont maintenu quand même la vente. Mais faisons observer que ces solutions, bien que contraires, ne sont nullement contradictoires; elles s'expliquent logiquement par la différence des espèces et par les circonstances particulières à chaque affaire.

(1) V., dans le même sens, Cass., 14 mars 1877 (Pand. chr.), et nos observations en note ; Paris, 13 avril 1878 (S. 78. 2. 134. — P. 78. 586. — D. 77. 1. 353); Trib. civ. Villefranche-sur-Saône, 8 déc. 1882, et sur appel, Lyon, 29 mai 1884, rapportés ci-dessous en sous-note (a); Buchère, *Tr. des valeurs mobil.*, 2e édit., n. 505 et suiv.

annuler la vente faite par de Nolivos à Basilewski, doivent faire également prononcer la nullité du contrat intervenu entre Couvreur et de Nolivos ; — Par ces motifs, — Confirme, etc.

MM. Rohault de Fleury, prés. ; Harel, subst. ; Grelot, de Cagny, et Nogent-Saint-Laurens, av.

(a) L'arrêt de Lyon (2e ch.), aff. Sapaly c. Desnoyer et autres, rendu à la date du 29 mai 1884, n'a fait que confirmer, par adoption pure et simple des motifs, le jugement du tribunal de Villefranche-sur-Saône, du 8 déc. 1882, dont voici le texte :

« LE TRIBUNAL : — Attendu qu'Antoine-Marie Desgouttes est décédé à Randal, le 28 mars 1877, sans héritier à réserve, après avoir réglé sa succession par testament et codicille des 30 déc. 1874 et 29 nov. 1875 ; — Attendu que, par contrat de mariage, Antoine Desgouttes avait fait donation à mademoiselle Juguet, aujourd'hui veuve Desgouttes, et dame Sapaly en secondes noces, de l'usufruit d'un quart de tous ses biens ; — Attendu que, par jugement du 23 août 1880, Me de Launay, notaire à Poule, a été commis pour dresser la liquidation Desgouttes ; que son travail a été clos le 3 mai 1881 ; qu'il a donné lieu à divers contredits sur lesquels le tribunal doit statuer ; — En ce qui touche les contredits formés par les mariés Sapaly, sur la prime de 50,000 fr. de l'obligation du Crédit foncier : — Attendu que, parmi les valeurs encore indivises de la succession Desgouttes, se trouvait une obligation du *Crédit foncier de France*, qui a été remboursée au tirage du 7 déc. 1879, avec une prime de 50,000 fr. ; que, de ce chef, la succession s'est accrue d'une somme nette de 48,955 fr. ; — Attendu que le notaire liquidateur, considérant ladite prime comme un surcroît de capital, l'a attribuée en totalité au nu propriétaire ; — Attendu que cette attribution est critiquée par les mariés Sapaly, au nom desquels on soutient que toute prime de remboursement d'une obligation est bien un fruit ou produit de ce titre, puisqu'elle représente partie de son revenu ; que, dans l'espèce notamment, cette prime, à raison de son importance, doit être considérée comme une fraction des bénéfices annuels de la Société, attribuée par voie de tirage à l'un quelconque des ayants droit, au préjudice de tous les autres ; que la prime, ayant le caractère de *fruit*, doit, déduction opérée du capital primitif de 500 fr., être attribuée pour un quart à la dame Sapaly, *usufruitière* ; — Attendu que ce système ne saurait être consacré ; qu'il est de doctrine et de jurisprudence que l'usufruitier n'a droit qu'aux fruits naturels ou civils, produits par les choses soumises à l'usufruit ; qu'une prime de remboursement de certaines valeurs n'est autre chose que le capital éventuellement promis par l'emprunteur à celui auquel il s'adresse ; qu'en prêtant dans de telles conditions, le prêteur a compté toucher, le cas échéant, en remboursement de la somme par lui versée, une autre somme plus ou moins importante, et que, dès lors, en vertu même de la convention, le créancier ne reçoit absolument que le *capital stipulé* ; que, pour constituer une obligation sous condition, l'engagement du débiteur n'en est pas moins certain et précis ; que vainement oppose-t-on à ce système certaines décisions judiciaires, qui ont reconnu que la majoration du capital remboursable représentait une somme de fruits économisés : d'où, a-t-on conclu, la prime est un complément d'intérêts ; que son germe est dans les intérêts retenus ; qu'elle doit donc appartenir à l'usufruitier, qui a droit aux intérêts, comme fruits d'un capital ; — Attendu qu'il suffit de se pénétrer du mécanisme des opérations de la Société qui emprunte ; qu'elle économise et capitalise une *portion seulement du revenu*, afin de rembourser, au *terme*, un *capital* plus considérable que la somme versée par le prêteur ; qu'elle se charge de faire ce que tout capitaliste prudent doit faire, une épargne et une capitalisation d'une partie de son revenu, afin de parer à la dépréciation forcée du capital ; que c'est donc en vue *du capital*, en vue du remboursement de ce capital, sur lequel compte le prêteur, que la Compagnie opère une capitalisation, à l'aide d'une partie des *revenus qui tombent dans l'avoir social* et constituent un *fonds de réserve*, destiné à faire face à tous les engagements de la Société, y compris même le service des intérêts ; que cette capitalisation est un résultat de conventions que l'usufruitier doit respecter ; qu'à un autre point de vue, on peut soutenir que la prime attire les capitaux ; qu'elle peut être considérée comme un encouragement au versement du capital ; — Attendu, enfin, que le prêteur n'a pas en vue, en versant ses fonds, d'avoir un revenu exceptionnel du montant de la prime, mais bien, s'il est favorisé par le sort, de se constituer un surcroît de capital qui viendra augmenter son avoir, tout en augmentant ses revenus ; — Par ces motifs, — Rejette le contredit formé à la liquidation dressée par Me de Launay, notaire ; — Homologue son procès-verbal, pour être exécuté suivant sa forme et sa teneur. » — Appel par Sapaly.

ARRÊT.

LA COUR : — Adoptant les motifs des premiers juges, — Confirme, etc.

MM. Rieussec, prés. ; Tallon, av. gén. ; Charrat, Pines-Desgranges et Couprie (du barreau de Villefranche), av.

d'une commune, est un citoyen chargé d'un service public, dans le sens de l'art. 31 de la loi du 29 juill. 1881. — En conséquence, la diffamation commise envers lui, à raison de ses fonctions, échappe à la compétence de la juridiction correctionnelle (L. 29 juill. 1881, art. 31) (1).

(Roghi c. Depaigny.) — ARRÊT.

LA COUR : — Attendu que Roghi, adjudicataire des droits de place de la ville de Vierzon, a assigné devant le tribunal de police correctionnelle de Bourges le sieur Depaigny, pour avoir commis envers lui le délit de diffamation en le traitant publiquement, et sur la place de l'Hôtel de ville, de voleur, et en lui imputant de percevoir un droit de 10 cent., alors qu'il n'en était dû qu'un de 5 cent. ; — Attendu que ces propos et imputations, dont le caractère diffamatoire n'est pas douteux, étaient évidemment dirigés contre Roghi à raison de ses fonctions et de sa qualité d'adjudicataire des droits de place; qu'il le reconnaît lui-même, puisque, dans son assignation, il se plaint de ce que ces propos sont de nature à lui nuire sérieusement pour la perception qui lui est confiée; — Attendu que si, dans ses rapports avec la ville avec laquelle il a traité, l'adjudicataire des droits de place n'est lié que par un contrat purement privé, la situation est tout autre quand il s'agit des rapports dudit adjudicataire avec le public; que le produit des taxes municipales connues sous la dénomination de droits de place constitue pour le budget des villes une ressource qui donne lieu à une recette; que, pour le public, auquel les tarifs municipaux sont imposés d'autorité, qui n'a le droit ni de les discuter ni de refuser le payement des redevances qu'ils établissent, les recettes effectuées en vertu desdits tarifs sont une véritable contribution affectée aux besoins de la ville; que, sans être un fonctionnaire proprement dit, l'adjudicataire qui a reçu mission et pouvoir de recouvrer le produit de ces tarifs n'agit vis-à-vis du public contribuable qu'en qualité d'agent délégué et en exécution d'un mandat qu'il tient de l'autorité municipale ; qu'il est, dès lors, chargé de s'acquitter d'un mandat ou d'un service public, et qu'à ce titre il se trouve revêtu d'une qualité qui permet de le classer dans la catégorie des personnes désignées par les termes intentionnellement larges de l'art. 31 de la loi du 29 juill. 1881 ; que cet argument, tiré du texte même de la loi, est d'ailleurs confirmé par l'esprit dont s'est inspirée la nouvelle législation; qu'en conséquence c'est à bon droit que la juridiction correctionnelle s'est reconnue incompétente pour connaître du délit de diffamation qui lui était soumis par Roghi; — Par ces motifs, — Dit qu'il a été bien jugé par le tribunal de Bourges en ce qu'il s'est déclaré incompétent, etc.

MM. Chonez, prés. ; Andrieu, av. gén. (concl. conf.); Thiot-Varenne et Saint-Clivier, av.

POITIERS 28 décembre 1882.

BREVET D'INVENTION, COMPOSITIONS PHARMACEUTIQUES, ANIMAUX.

Les compositions pharmaceutiques ou remèdes de toute espèce ne sont pas susceptibles d'être brevetés, alors même qu'ils seraient exclusivement destinés au traitement des animaux (L. 5 juill. 1844, art. 3, § 1) (2).

(Ménard c. Arthus.) — ARRÊT.

LA COUR : — Attendu que, à l'appui de leur appel, les frères Ménard prétendent que l'art. 3, § 1er, de la loi du 5 juill. 1844, sur les brevets d'invention, ne s'applique pas aux remèdes destinés aux animaux ni, par conséquent, au liquide météorifuge par eux inventé ; — Attendu que les termes de l'art. 3, § 1er, sont formels, qu'ils portent *que ne sont pas susceptibles d'être brevetés les compositions pharmaceutiques ou remèdes de toute espèce;* que la loi n'établissant aucune distinction, les juges ne peuvent en faire ; que, bien plus, il résulte de la discussion de la loi à la Chambre des députés (séance du 11 avril 1844), qu'un amendement de M. Bethmont tendant à supprimer l'interdiction de breveter les compositions pharmaceutiques, et au cours de laquelle il avait été question de différences à établir entre les remèdes destinés aux animaux et ceux préparés pour les hommes, a été rejeté; que, pour combattre l'amendement de M. Bethmont, le docteur Bouillaud, dont la haute compétence est incontestable, s'est exprimé ainsi : « On a parlé aussi de l'art vétérinaire, et on nous a demandé si on a été jusqu'à proscrire les remèdes, les préparations pharmaceutiques pour le traitement des animaux ; sous ce rapport les animaux ressemblent beaucoup à l'homme, et les hommes et les animaux sont égaux devant la pharmacie. Sous le rapport qui nous occupe, il n'existe point, à proprement parler, deux médecines et deux pharmacies... On ne donnera donc pas plus de *brevets* à ceux qui feraient des inventions pour le traitement des animaux qu'à ceux qui en feraient pour le traitement des hommes » ; qu'il est donc certain que le législateur a dit, et entendu dire, que les compositions pharmaceutiques ou remèdes de toute espèce, destinés aux animaux comme aux hommes, ne sont pas susceptibles d'être brevetés; — Par ces motifs, — Dit qu'il a été bien jugé, mal appelé, etc.

M. Salmon, prés.

---

(1) L'adjudicataire des droits de place dans les halles et marchés n'est pas un fonctionnaire proprement dit, car il n'est lié à la ville ou à la commune que par un contrat purement privé; mais, vis-à-vis du public, il est substitué, par son adjudication, aux droits qu'aurait exercés le receveur municipal; il devient le délégué, le mandataire de la municipalité au nom de laquelle il opère les recouvrements de redevances. C'est bien là une véritable mission de service public.

(2) Il ne saurait y avoir de doute à cet égard. La disposition de l'art. 3 de la loi du 5 juill. 1844 ,qui déclare non susceptibles d'être brevetés les compositions pharmaceutiques ou remèdes de toute espèce, s'applique également aux préparations pharmaceutiques de l'art vétérinaire. V. les indications d'auteurs tous conformes dans notre *Dictionnaire de dr. commerc., ind. et marit.*, t. II, v° *Brevet d'invent.*, n. 141.

1883

ALGER (1re CH.) **2 janvier 1883.**

1° ADJUDICATION, NULLITÉ, CRÉANCIER POURSUIVANT, FAUTE, RESPONSABILITÉ, ADJUDICATAIRE, GARANTIE, PRIX DE VENTE, COLLOCATION, RESTITUTION; — 2° CHOSE JUGÉE, SOLIDARITÉ, CODÉBITEURS.

1° Si, en principe, le créancier poursuivant n'est pas un vendeur et n'est pas tenu, en cette seule qualité, des obligations d'un vendeur envers les adjudicataires (1), *il n'en est plus ainsi, lorsque ce créancier a commis dans ses poursuites d'expropriation des irrégularités entraînant la nullité de l'adjudication, ou a compris, dans sa saisie, des biens qui n'appartenaient pas à son débiteur; dans cette dernière hypothèse, il y a faute commise qui engage la responsabilité du créancier vis-à-vis des adjudicataires* (C. civ., 1382, 1626, 2204, 2205; C. proc., 717) (2).

Et alors même que le créancier poursuivant ne serait pas tenu à la garantie envers les adjudicataires, il n'en resterait pas moins obligé de leur restituer les sommes pour lesquelles il aurait été colloqué sur le prix des biens (C. civ., 1376, 1377, 1626) (3).

2° La chose jugée contre un débiteur solidaire seulement, n'est pas opposable aux autres codébiteurs qui n'ont point figuré au procès et sont restés étrangers au jugement (C. civ., 1203, 1208, 1351) (4).

(Puech c. El Aïd ben Baïche, El Hadj Maïza el Ouannougli, Mohammed ben Saâd et El Amri ben Yaya.) — ARRÊT.

LA COUR : — Au fond : — Attendu que, s'il est admis que le créancier poursuivant n'est pas un vendeur, qu'il n'est pas tenu en cette seule qualité des obligations d'un vendeur envers les adjudicataires, il n'en est plus ainsi lorsqu'il a commis dans ses poursuites d'expropriation des irrégularités entraînant la nullité de l'adjudication, ou a compris dans sa saisie des biens qui n'appartenaient pas exclusivement à son débiteur; qu'alors, en effet, il a commis une faute qui, aux termes de l'art. 1382, C. civ., engage sa responsabilité envers les adjudicataires qui se trouvent évincés et ne peuvent entrer en possession des biens qu'ils ont cru acquérir; que El Aïd ben Baïche et El Hadj Maïza el Ouannougli, soutenant qu'ils n'ont pu prendre possession des biens dont ils sont restés adjudicataires, parce que ces biens n'appartiennent pas exclusivement aux parties saisies et sont indivis entre celles-ci et des tiers, sont donc recevables à demander que Puech soit contraint de les indemniser du préjudice qu'il leur a causé en saisissant et mettant en vente des biens qui étaient la propriété de ses débiteurs et de tiers non obligés au payement de la dette;

Attendu d'ailleurs qu'alors même que Puech, en sa qualité de créancier poursuivant, ne serait pas tenu à la garantie envers les adjudicataires, il n'en serait pas moins obligé, si l'adjudication était déclarée nulle, de restituer à ceux-ci le prix dont il lui a été fait attribution; qu'il est constant, en effet, que l'adjudicataire évincé, après avoir payé son prix aux créanciers colloqués dans un ordre, peut, aux termes des art. 1376 et 1377, C. civ., exercer l'action en répétition contre ces créanciers, ceux-ci se trouvant avoir reçu ce qui ne leur était pas dû, puisqu'ils ont obtenu collocation sur le prix de biens qui, n'appartenant pas à leur débiteur, n'ont jamais été leur gage, tandis que lui-même se trouve avoir payé par erreur ce qu'il ne devait pas, puisqu'il n'a payé que dans la persuasion où il était que les biens compris dans l'adjudication étaient devenus sa propriété; que l'action en répétition qui appartient à l'adjudicataire évincé ne peut lui être refusée dans le cas où l'adjudication est annulée; que, dans ce cas, comme au cas d'éviction, il a payé par erreur ce qu'il ne devait pas, en même temps que les créanciers colloqués ont reçu ce qui ne leur était pas dû, puisque, de même que dans l'hypothèse d'une éviction, la vente est anéantie; — Attendu que Puech objecte vainement que les créanciers colloqués n'ont reçu que ce qui leur était dû, qu'ils l'ont en réalité reçu de leur débiteur, et que, dès lors, ils ne peuvent être contraints de restituer à l'adjudicataire les sommes qu'ils ont touchées, soit que celui-ci ait été évincé, soit que l'adjudication ait été annulée; que la question qui s'élève alors n'est pas celle de savoir si les créanciers colloqués étaient ou non créanciers du saisi, si le payement qui leur a été fait est censé fait par le saisi, mais bien celle de savoir si les créanciers colloqués ont pu exercer les droits de leur débiteur sur le prix de l'adjudication sans être tenus à restitution; si l'adjudicataire devait en réalité ce prix, alors que, soit par l'effet d'une éviction, soit par l'effet de l'annulation de l'adjudication, les droits qu'il avait cru acquérir se sont évanouis;

(1) Ce principe est assez généralement admis. V. Cass., 30 juill. 1834 (S. 35. 1. 311. — P. chr. — D. 34. 1. 454); Trib. civ. Lyon, 3 août 1839 (S. 42. 2. 168. — P. 42. 1. 445. — D. 42. 2. 123); Rouen, 25 juin 1849 (S. 50. 2. 383. — P. 50. 2. 106. — D. 50. 2. 146); Agen, 19 août 1867 (S. 68. 2. 67. — P. 68. 332); Cass., 7 avril 1879 (S. 80. 1. 103. — P. 80. 236. — D. 80. 1. 8). — Toutefois la question est controversée. V. en sens contraire, Colmar, 21 juill. 1813; Dijon, 25 août 1827; Caen, 7 déc. 1827; Lyon, 13 août 1852 (S. 53. 2. 119. — P. 52. 2. 635); C. Rome, 22 mars 1884 (S. 86. 4. 14. — P. 86. 2. 23).

(2) *Sic* Cass., 18 avril 1855 (S. 56. 1. 402. — P. 57. 260. — D. 55. 1. 203). — Il est vrai que l'arrêt du 7 avril 1879, précité, de la Cour de cassation a décidé que le créancier poursuivant n'était pas responsable du préjudice éprouvé par l'adjudicataire évincé. Mais cet arrêt a bien soin de constater que, dans l'espèce, aucune faute ne pouvait être reprochée au créancier poursuivant, victime lui-même, tout le premier, d'une erreur excusable. La diversité des faits écarte donc toute contradiction et justifie les solutions opposées. Il y a harmonie complète des théories.

(3) V. en ce sens, Paris, 6 févr. 1836 (S. 36. 2. 120. — P. chr.); Riom, 28 juin 1855 (S. 55. 2. 631. — P. 57. 77. — D. 56. 2. 136).

(4) La Cour d'Alger, par un récent arrêt, en date du 7 déc. 1885 (Pand. chr.), est revenue sur cette jurisprudence et s'est rangée à la doctrine définitivement consacrée par la Cour de cassation. D'après cette doctrine, la chose jugée avec l'un des codébiteurs solidaires est opposable à tous les autres codébiteurs; chacun des codébiteurs étant considéré comme le contradicteur légitime du créancier et le représentant nécessaire de ses coobligés. V. Cass., 1er déc. 1885 (Pand. chr.). — Toutefois la question reste vivement controverée par les auteurs, et il y a plusieurs systèmes en lutte. V. nos observations jointes à Cass. 28 déc. 1881 (Pand. chr.).

Attendu qu'aux termes d'un acte sous signatures privées, en date du 21 juill. 1874... (Suivent des motifs établissant qu'aux termes de cet acte Mohammed ben Saâd et El Amri ben Yaya se sont engagés à garantir Puech de tous les risques et conséquences des poursuites en expropriation forcée qu'il avait entreprises pour leur compte);

Attendu que ces faits étant reconnus constants, il faudrait conclure que Mohammed ben Saâd et El Amri ben Yaya sont tenus de garantir et d'indemniser Puech des condamnations prononcées contre lui; — Mais attendu que Mohammed ben Saâd a été seul mis en cause; qu'en cet état de la procédure, il y a lieu, la chose jugée contre un codébiteur solidaire n'étant pas jugée contre les autres codébiteurs étrangers au jugement, de réserver à Puech tous ses droits quant à son recours en garantie; — Par ces motifs, — Dit qu'il a été mal appelé, bien jugé : 1°... 2° en ce que les premiers juges ont annulé l'adjudication du 13 avril 1875, condamné Puech à la restitution du prix et des frais de cette adjudication et en 1,600 fr. de dommages-intérêts; 3° en ce que reconnaissant que Puech avait droit à être relevé et garanti des condamnations prononcées contre lui, ils lui ont réservé tous ses droits quant à son recours en garantie; — Confirme, etc.

M. Parisot, prés.

PARIS (1re ch.) 9 janvier 1883.

CAUTION *judicatum solvi*, APPEL, EXCEPTION, FRAIS, DOMMAGES-INTÉRÊTS, INTIMÉ.

Le Français défendeur qui n'a pas, en première instance, réclamé de l'étranger demandeur la caution judicatum solvi, *ne perd pas, par là, le droit d'exiger cette garantie en appel* (C. civ., 16; C. proc., 166) (1).

Il importe seulement qu'en appel, comme en première instance, la caution soit réclamée avant toutes exceptions ou défenses (Id.) (2).

Bien entendu, la caution ne peut être exigée que pour la garantie des frais et dommages-intérêts résultant uniquement de l'instance d'appel (Id.) (3).

Et à condition que le Français qui la réclame soit intimé et non appelant (Id.) (4).

(De Bauffremont c. Tausky.) — ARRÊT.

LA COUR : — Sur la fin de non-recevoir opposée à la demande de la dame de Bauffremont, et tirée du silence par elle gardé en première instance : — Considérant que si, aux termes de l'art. 166, C. proc., la caution *judicatum solvi* doit être demandée avant toute exception, cette règle n'implique, en aucune manière, que le silence gardé en première instance par le Français défendeur lui a fait perdre le droit d'exiger, par-devant les juges du second degré, la garantie que la loi lui accorde contre l'étranger demandeur; que de cette règle découle rationnellement une seule conséquence, à savoir que la caution doit, aux deux degrés de juridiction, être réclamée avant toutes exceptions ou défenses; que le silence gardé devant le tribunal de première instance par la dame de Bauffremont ne peut donc être considéré, ni en fait ni en droit, comme une renonciation aux droits introduits en sa faveur par les art. 16, C. civ., et 166, C. proc.; — Mais considérant, au fond, que les dispositions susvisées doivent être interprétées en ce sens que le Français ne peut, en appel, exiger de l'étranger d'autre garantie que celle des frais et des dommages-intérêts qui peuvent être la conséquence de cette nouvelle instance, et qu'il ne peut, en outre, faire cette réclamation qu'autant qu'à sa qualité de défendeur originaire il réunit au second degré de juridiction, celle d'intimé; — Considérant en effet que, s'il est vrai de dire que l'instance d'appel n'est que la continuation du procès porté devant les juges du premier degré, et que les deux parties y conservent, au point de vue de la preuve, les qualités qu'elles avaient en première instance, le Français qui s'est rendu appelant du jugement qui l'a condamné ne se trouve plus dans la situation favorable qui a motivé la faveur exceptionnelle qui lui est accordée par la loi, lorsqu'il est obligé de figurer dans une instance introduite contre lui et qu'il est obligé de subir; — Par ces motifs, — Sans s'arrêter ni avoir égard à la fin de non-recevoir proposée, — Déclare la dame de Bauffremont mal fondée dans sa demande et la condamne, etc.

MM. Périvier, 1er prés.; Loubers, av. gén.; Dreyfous et Reitlinger, av.

---

(1) V. conf. sur le principe, Paris, 14 mai 1831 (S. 31. 2. 177. — P. chr. — D. 31. 2. 140); 19 mars 1838 (S. 38. 2. 182. — P. 38. 1. 554. — D. 38. 2. 94); 23 juill. 1840 (S. 40. 2. 429. — P. 40. 2. 138. — D. 40. 2. 233); Bordeaux, 23 janv. 1849 (S. 51. 2. 45. — P. 51. 2. 328. — D. 51. 2. 119); Paris, 19 nov. 1856 (S. 57. 2. 348. — P. 57. 26. — D. 59. 5. 160); Lyon, 26 juin 1873 (S. 73. 2. 197. — P. 73. 859. — D. 74. 2. 120); Ponsot, *Cautionnement*, n. 398; Jaccoton, *Revue de législation*, t. XLIII, p. 206; Rodière, *Compétence et procédure*, t. I, p. 301; Massé et Vergé, sur Zachariæ, t. I, § 60, p. 76, note 13; Aubry et Rau, t. VI, § 747 *bis*, p. 309, texte et note 21; Legat, *Code des étrangers*, n. 314; Trochon, *Etrangers devant la justice française*, p. 237; Bonfils, *Compétence des tribunaux français à l'égard des étrangers*, n. 140; Demangeat, sur Fœlix, *Droit internat. privé*, t. I, n. 138; Massé, *Droit commercial*, t. II, n. 734. — Cependant la question est vivement controversée. V. en faveur de l'opinion qui décide que la caution *judicatum solvi* ne peut plus être demandée en cause d'appel, quand elle ne l'a pas été en première instance : Toulouse, 27 déc. 1819, aff. Delon; 16 août 1831 (S. 34. 2. 59); Bruxelles, 20 avril 1833 (S. 34. 2. 240); Poncet, *Actions*, n. 174; Fœlix, *Dr. internat. privé*, n. 113; Coin-Delisle, sur l'art. 16, C. civ., n. 12; Demante, *Cours analyt.*, t. I, n. 30 *bis* III; Demolombe, t. I, n. 257.

(2) L'exception de caution *judicatum solvi* doit être présentée avant l'exception prise de la nullité de l'exploit. V. Metz, 26 avril 1820, aff. Salis-Saglio. — Elle doit l'être, suivant l'opinion qui prédomine, même avant l'exception d'incompétence, mais la question reste controversée. V. Bruxelles, 17 oct. 1828, aff. N...; Poncet, *op. cit.*, n. 172; Legat, *op. cit.*, p. 311; Boncenne, t. III, n. 201; Bioche, *Dict. de proc.*, vº *Judicatum solvi*, n. 23. — *Contrà :* Pigeau, *Comment. C. proc.*, t. I, p. 374 et 380; Delvincourt, t. I, p. 198; Duranton, t. I, n. 163. — Suivant un arrêt de Bourges, 20 juill. 1838 (S. 43. 2. 561), aucune priorité n'existerait entre ces deux exceptions; elles peuvent être présentées l'une avant ou après l'autre indifféremment. Ce système intermédiaire a été soutenue par Favard, *Rép.*, vº *Exception*, § 2, n. 5; Lepage, *Quest.*, p. 157; Carré et Chauveau, *Lois de la proc.*, quest. 704; Ponsot, *op. cit.*, n. 397.

Mais les juges peuvent condamner l'étranger à fournir un supplément de caution *judicatum solvi*, lorsque la somme fixée *in limine litis* se trouve épuisée dès avant la fin du procès. V. Metz, 13 mars 1821, aff. Rouff; Thomines-Desmazures, t. I, n. 200; Carré et Chauveau, *op. cit.*, quest. 708.

(3) *Sic :* Bordeaux, 27 févr. 1843 (S. 43. 2. 248. — P. 45. 2. 520); Bruxelles, 20 janv. 1870 (D. 70. 2. 156); Lyon, 26 juin 1873, précité. *Adde :* Boncenne, t. III, p. 191; Carré et Chauveau, t. II, quest. 700, p. 162, *ad notam*.

(4) Jugé, en ce sens, que l'étranger, demandeur originaire qui, après avoir gagné son procès en première instance, est amené par un appel devant une juridiction supérieure, ne peut-être tenu de fournir à l'appelant la caution *judicatum solvi* : Aix, 9 juill. 1874 (S. 77. 2. 20. — P. 77. 111. — D. 76. 2. 136). V. aussi (sol. implic.) Nancy, 9 mars 1872 (S. 72. 2. 20. — P. 72. 196. — D. 72. 2. 238); Chauveau, sur Carré, t. II, quest. 700, p. 162, *ad notam*; Legat, *op. cit.*, p. 314; Trochon, *op. cit.*, n. 231; Demangeat, sur Fœlix, *op. cit.*, t. I, p. 300. — Toutefois, il a été décidé, dans un système inverse, que la caution peut être réclamée pour la première fois en appel, bien que l'étranger, demandeur en première instance, ne figure plus en instance d'appel que comme intimé; Bruxelles, 20 janv. 1870 (D. 70. 2. 156); Merlin, *Répert.*, vº *Caution judicatum solvi*, § 1, n. 4; Boncenne, t. III, p. 179; Bonfils, *op. cit.*, n. 139, p. 122.

AMIENS (2e CH.) **19 janvier 1883.**

OUTRAGE, FONCTIONNAIRE PUBLIC, LIEU PUBLIC, PROPOS NON PROFÉRÉS, COMPÉTENCE.

Des propos injurieux tenus dans un lieu public, mais sur le ton ordinaire de la conversation, dans un entretien particulier, et non proférés, ne tombent pas sous l'application des art. 23 et 31 de la loi du 29 juillet 1881 (L. 29 juill. 1881, art. 23 et 31) (1).

De semblables propos, lorsqu'ils sont adressés à un garde, constituent l'outrage prévu par l'art. 224, C. pén., et leur répression appartient non pas à la Cour d'assises, mais bien à la juridiction correctionnelle (C. pén., 224) (2).

(Lefebvre.)

LA COUR : — En ce qui concerne la compétence : — Considérant que les conditions de la publicité prévue par l'art. 23 de la loi du 29 juillet 1881, qui vise les discours, cris ou menaces *proférés* dans des lieux ou réunions publics ne se rencontrent pas dans l'espèce; — Que le prévenu a déclaré, au contraire, que le propos dont il a fait l'aveu à l'audience a été simplement tenu par lui et non proféré dans le sens de la loi susdite, ajoutant que des personnes placées à côté de lui n'avaient pu entendre ce qui s'était dit dans le rapide entretien échangé sur le ton ordinaire de la conversation entre lui et le sieur Dubois; — Que le contraire n'est pas suffisamment établi au procès; qu'en conséquence, il ne peut y avoir lieu à l'application de la loi sur la presse;

Au fond : — Considérant que le prévenu reconnaît avoir employé, en parlant à Dubois, qui lui demandait ce qui était advenu du procès que lui avait déclaré le garde Leseigneur, l'expression de *cochon* en l'appliquant audit garde, à qui il reprochait de lui avoir déclaré à tort un procès-verbal; — Que ce fait constitue l'outrage prévu par l'art. 224 du Code pénal; — Par ces motifs, etc.

MM. Charmeil, av. gén.; Lorgnier, av.

POITIERS (CH. CORR.) **26 janvier 1883.**

CHEMIN DE FER, TARIFS, CAHIER DES CHARGES, HOMOLOGATION, FORCE OBLIGATOIRE, PÉNALITÉ, BAGAGES, EMPRUNT DE BILLETS, CONTRAVENTION.

Les cahiers des charges et tarifs généraux des Compagnies de chemins de fer, dûment homologués, ont force de loi, et leur observation est garantie par la sanction pénale de l'art. 21 de la loi du 15 juill. 1845, à laquelle se réfère l'art. 79 de l'ordonnance du 15 nov. 1846 (L. 15 juill. 1845, art. 21; Ord. 15 nov. 1846, art. 79) (3).

Le droit au transport de bagages, jusqu'à concurrence de 30 kilogr., accessoire du transport de la personne même du voyageur, inhérent au droit à la place, n'en peut être détaché; le bénéfice, par conséquent, n'est pas de nature à pouvoir être transmis, ni gratuitement, ni à titre onéreux, à un autre voyageur (Cah. des charges, 11 avril 1857, art. 44; Tarifs, 24 juill. 1874, art. 8 et 9) (4).

Spécialement, *le voyageur qui, pour n'avoir point à payer de supplément de taxe pour ses colis, présente à l'enregistrement, en même temps que son billet, des billets empruntés à d'autres voyageurs, commet la contravention punie par l'art. 21 de la loi du 15 juill. 1845* (L. 15 juill. 1845, art. 21; Ord. 15 nov. 1846, art. 79) (5).

...*Alors surtout que ce voyageur est lui-même un commissionnaire de transports, que les prétendus bagages n'étaient que des colis qu'il s'était chargé de transporter, et qu'il se servait ainsi du chemin de fer pour lui faire concurrence* (Id.).

(Biscobi.) — ARRÊT.

LA COUR : — Attendu qu'il résulte d'un procès-verbal dressé par M. l'inspecteur spécial de police du chemin de fer d'Orléans, gare de Bordeaux-la-Bastide, le 23 août 1880, et des aveux faits par le prévenu, tant en première instance que devant la Cour, que ledit jour, 28 août, Biscobi a obtenu de divers voyageurs complaisants, à destination de Libourne, où il se rendait lui-même, la remise de leurs billets de place au chemin de fer, afin de lui procurer l'avantage de faire transporter gratuitement 30 kilogrammes pour chaque billet; qu'en agissant ainsi, Biscobi a fait transporter, sans payer aucun droit, 207 kilogrammes de bagages qu'il s'était chargé, a-t-il dit à l'audience de ce jour, de transporter en sa qualité de commissionnaire en transports, se servant ainsi du chemin de fer, pour lui faire concurrence; — Attendu qu'il résulte des dispositions des art. 44 du cahier des charges du 11 avril 1857, annexé à la loi de concession faite à la Compagnie d'Orléans, et des art. 8 et 9 des tarifs généraux de ladite Compagnie, homologués par décision du ministre des travaux publics, en date du 24 juill. 1874, que tout voyageur dont le bagage ne pèsera pas plus de 30 kilogrammes, n'aura à payer, pour le port de ce bagage, aucun supplément du prix de sa place, et qu'il devra acquitter, pour l'excédant des 30 kilogrammes, les prix fixés au tableau; qu'il n'est pas possible d'admettre que ce droit accordé à chaque voyageur, de ne pas payer pour 30 kilogrammes de bagages, puisse être cédé soit gratuitement, soit à prix d'argent; qu'il n'est que l'accessoire du droit principal qui concerne la personne même du voyageur, qu'il est inhérent au droit à la place et qu'il ne peut en être détaché; — Attendu qu'en empruntant les billets de plusieurs autres voyageurs, pour se dispenser de payer le port de ses colis, Biscobi a donc contrevenu aux dispositions des art. 44 du cahier des charges, et des art. 8 et 9 des tarifs généraux homologués, comme il est dit ci-dessus, par l'autorité compétente; que ces actes, régulièrement approuvés, ont force légale, et que l'exécution des obligations réciproques qu'ils créent entre la Compagnie et ceux qui traitent avec elle, est garantie par la sanction pénale de l'art. 21 de la loi du 15 juill. 1845, à laquelle se réfère l'art. 79 de l'ordonn. royale du 15 nov. 1846, portant règlement d'administration publique, sur la police, la sûreté et l'exploitation des chemins de fer; — Par ces motifs, — Statuant, par suite du renvoi (Cass., 16 déc. 1882, ch. crim., Pand. chr.) : — Déclare Biscobi coupable de la contravention ci-dessus, et, pour réparation, etc.

MM. Salmon, prés.; Broussard, av. gén.; Thézard, av.

DOUAI (1re CH.) **12 février 1883.**

SAISIE IMMOBILIÈRE, BAIL, DATE CERTAINE, ANNULATION, RÉDUCTION, APPRÉCIATION.

Le pouvoir conféré aux tribunaux par l'art. 684, C. proc., d'annuler, même en l'absence de fraude, les baux qui n'ont

(1) V. conf. Cass., 5 août 1882 (Pand. chr.), et les arrêts cités en note. V. aussi Cass., 23 août 1883 (Pand. chr.).

(2) Jurisprudence aujourd'hui constante. V. Cass., 15 mars 1883 (Pand. chr.), et la note; Bordeaux, 31 mars 1883 (S. 84. 2. 38. — P. 84. 1. 217); Cass., 12 juill. 1883 (Pand. chr.); 23 août 1883 (Pand. chr.); 16 nov. 1883 (Pand. chr.).

(3-4-5) V. conf. l'arrêt de Cassation du 16 déc. 1882 (Pand. chr.), et la note. — Remarquons toutefois que la Cour de Poitiers ne relève point la circonstance à laquelle la Cour suprême semble attacher quelque importance : que les voyageurs, prêteurs de billets, étaient dépourvus de bagages. Il n'y avait point lieu, en effet, de s'arrêter à cette distinction, dont il est difficile de pénétrer la raison d'être et qui, à notre avis, ne peut exercer aucune influence sur les solutions en litige. V. sur ce point nos observations jointes à l'arrêt de Cass. précité.

pas acquis date certaine avant le commandement préalable à la saisie immobilière (1), *contient le pouvoir d'en réduire durée* (C. proc., 684) (2).

(Ducrocq et Defoort c. Legrand, Caron et syndic Caron.)

ARRÊT.

LA COUR : — ...Attendu qu'aucune fraude n'est démontrée contre les époux Defoort; — Attendu, par suite, que la nullité du bail à eux consenti par les époux Caron, et relevée de ce chef, ne saurait être prononcée; — Attendu, toutefois, que, s'il est établi par la lettre du 13 juin 1881 que le notaire Ducrocq connaissait l'acte de bail du 20 févr. 1881, en tant qu'il contenait une cession du mobilier garnissant la maison louée, rien ne prouve qu'il connût la durée du bail de vingt-quatre années, consenti par ledit acte, et qu'il lui ait donné son approbation; — Attendu que les baux d'une durée excédant dix-huit années sont soumis à la transcription; qu'ils paraissent excéder les actes d'administration ordinaire, et peuvent être à bon droit critiqués par les créanciers qui ne leur ont pas donné un assentiment irrécusable, lorsque l'immeuble loué est saisi, et que le bail n'a pas une date certaine avant le commandement qui a précédé la saisie; que, dans ce cas, l'art. 684, C. proc., confère aux juges la faculté d'annuler le bail, sur la demande des créanciers, alors même qu'il n'y a pas de fraude; — Attendu que le pouvoir d'annuler un bail contient le pouvoir d'en réduire la durée; — Attendu que si, dans l'espèce, l'intérêt des locataires de bonne foi mérite considération, eu égard surtout aux conditions particulières contenues dans le bail d'où est né le litige, on ne saurait méconnaître que les intérêts des créanciers peuvent être lésés par un bail de vingt-quatre années; que la vente d'un immeuble, grevé d'une location aussi prolongée, peut écarter bien des enchérisseurs et aboutir à une adjudication à vil prix du seul gage restant à ces créanciers; — Attendu qu'il est au moins équitable de réduire la durée du bail dans les limites en dehors desquelles la transcription est exigée; — Par ces motifs, — Disant droit à l'appel; — Réduit à dix-huit années, etc.

MM. Bardon, 1er prés.; de Vaulx d'Achy, av. gén.; Devimeux et Testelin (du barreau de Lille), av.

C. D'ASSISES DE L'AUBE 16 février 1883.

AVORTEMENT, CIRCONSTANCES AGGRAVANTES, ART DE GUÉRIR, HERBORISTES.

Les herboristes ne sauraient être compris dans l'énumération des personnes se livrant à l'art de guérir, et assimilés aux médecins, chirurgiens, officiers de santé et pharmaciens, au point de vue de l'aggravation de peine du § 3, de l'art. 317, C. pén., en cas d'avortement d'une femme enceinte (C. pén., 317, § 3) (3).

(Royer.) — ARRÊT.

LA COUR : — Considérant que la loi du 19 vent. an XI ne comprend pas les herboristes dans l'énumération des personnes se livrant à l'art de guérir; — Considérant que, d'après la loi du 21 germ. an XI, la profession d'herboriste consiste uniquement dans la vente des plantes ou parties de plantes médicinales indigènes, fraîches ou sèches; — Considérant, dès lors, que les dispositions du troisième paragraphe de l'art. 317, C. pén., ne sont pas applicables à l'herboriste, et qu'en conséquence il n'y a pas lieu de faire application à Royer des dispositions aggravantes dudit paragraphe, mais seulement de celles comprises dans le premier paragraphe dudit article, etc.

MM. le cons. Millet, prés.; Brégeault, subst.; Petit, av.

PARIS (2e CH.) 21 février 1883.

1° AUTORISATION DE FEMME MARIÉE, APPEL, INTERVENTION. — 2° FAILLITE, VÉRIFICATION DE CRÉANCES, CLÔTURE, PROCÈS-VERBAL, REPORT.

1° *La femme qui n'a pas été personnellement en cause en première instance ne peut intervenir en appel sans l'autorisation de son mari, ou, à son défaut, sans une autorisation de justice obtenue conformément aux art. 861 et suiv., C. proc.* (C. proc., 861 et suiv.) (4).

2° *Lorsque, après l'expiration des délais fixés par les art. 492, 493 et 497, C. comm., pour la vérification et l'affirmation des créances, le juge-commissaire dresse un procès-verbal qu'il signe avec le syndic et le greffier, sans ordonner de sursis pour la continuation des opérations, ces opérations*

(1) *Sic* Cass., 8 mai 1872 (S. 72. 1. 241. — P. 72. 564. — D. 72. 1. 373); 22 mai 1878 (S. 79. 1. 109. — P. 79. 261. — D. 78. 1. 484); 9 déc. 1878 (Pand. chr.), et la note.

(2) L'annulation du bail est une mesure rigoureuse, qui ne se justifie qu'en cas de concert frauduleux, dûment établi entre le saisi et son locataire; alors, en effet, le locataire n'est pas digne de sollicitude; s'il vient à perdre tout le bénéfice de son contrat, il n'a que ce qu'il mérite. V. Bordeaux, 18 nov. 1848 (S. 49. 2. 282. — P. 50. 1. 207. — D. 49. 2. 153). Quand, au contraire, il n'y a eu aucune entente coupable, que le preneur a agi avec la plus entière bonne foi, la situation est sensiblement modifiée. Les juges se trouvent en présence d'un intérêt respectable qui mérite des égards; les créanciers inscrits ne sont plus seuls à accaparer toute l'attention. En pareil cas, il est juste qu'il y ait partage de faveurs. La réduction de la durée des baux laissera au preneur une partie des avantages sur lesquels il a pu légitimement compter, en même temps qu'elle diminuera sensiblement le préjudice causé aux créanciers inscrits. C'est un moyen terme entre deux solutions extrêmes, l'annulation du bail qui ferait tout peser sur le preneur, ou le maintien du contrat dont les créanciers devraient supporter toutes les conséquences dommageables. V. toutefois Nîmes, 4 mars 1850 (S. 50. 2. 452. — P. 51. 1. 190. — D. 52. 2. 249); Paris, 19 août 1852 (S. 52. 2. 199. — P. 53. 1. 33. — D. 53. 2. 221).

(3) La jurisprudence, celle de la Cour de cassation tout au moins, car la question est vivement controversée, assimile les sages-femmes aux officiers de santé, au point de vue de l'aggravation de peine portée par le 3e paragraphe de l'art. 317, C. pén.; elle se fonde sur un motif tiré du texte même de la loi. D'après cette interprétation, les expressions de l'art. 317 « *et autres* officiers de santé » ont un caractère générique; elles comprennent non-seulement les individus auxquels cette qualité appartient privativement, mais encore toutes personnes qui, munies d'un titre légal, exercent une des branches de l'art de guérir; quoi de plus juste et de plus logique alors que de les appliquer aux sages-femmes, auxquelles la loi confère, après des épreuves déterminées, le droit de se livrer à l'art des accouchements.

Cette argumentation résumée des arrêts de la Cour suprême nous paraît juridique; nous nous y associons par une approbation sans réserve. V. Cass., 23 nov. 1872 (Pand. chr.), et les renvois.

Mais le même raisonnement ne peut plus être poursuivi, quand il s'agit de l'assimilation des herboristes aux pharmaciens. L'art. 317, § 3, porte les pharmaciens, il ne dit pas *et autres* pharmaciens. Là est toute la différence; elle est capitale.

Que l'herboristerie ou la vente des plantes médicinales soit une des branches de la pharmacie, et la plus dangereuse même, nous le concédons; que l'art. 37 de la loi de germ. an XI soumette les herboristes à un examen d'aptitude, c'est la loi; que de nos jours nombre d'avortements aient pour auteurs, punis ou non, des individus exerçant cette profession, il n'y a pas à le nier. Mais toutes ces raisons excellentes pour prouver que le législateur aurait dû comprendre les herboristes dans la nomenclature de l'art. 317, ne prouve pas qu'il les y a compris.

Il y a une lacune, regrettable à tous égards. Les interprètes n'y peuvent rien. Au législateur seul, qui a commis l'oubli, appartient la faculté de le réparer. Les peines ne s'étendent point par assimilation, si conforme que se présente l'identité des situations. Quand la loi dit les *pharmaciens*, elle ne vise que les pharmaciens; elle laisse en dehors la catégorie des herboristes, qui ne sont point des pharmaciens.

(4) Cette solution est conforme aux observations que nous avons présentées sous un arrêt de Paris du 6 juin 1882 (Pand.

sont réputées avoir pris fin, bien que le procès-verbal n'en énonce pas formellement la clôture; et, à partir de ce moment, aucun créancier n'est recevable à demander le report de la faillite (C. comm., 492, 493, 497 et 581) (1).

(Deteure et autres c. Lenoir et syndic Lenoir.)

Un jugement du 29 juill. 1880 a prononcé la faillite de Lenoir, et fixé à cette date la cessation de ses payements. Au jour indiqué pour la clôture des opérations de vérification et d'affirmation des créances, un seul créancier s'est présenté; après quoi, le juge-commissaire a signé le procès-verbal avec le syndic et le greffier, sans énoncer qu'il y avait lieu de surseoir à la suite des opérations, mais sans déclarer non plus la clôture du procès-verbal.

Sur la demande ultérieure de la veuve Féron et autres créanciers, le tribunal a reporté la faillite au 16 juin 1880, et annulé une cession que le failli avait, le 3 juillet suivant, consentie à Deteure et consorts.

Sur l'appel de ces derniers, la femme du failli est intervenue.

ARRÊT.

LA COUR : — En ce qui touche l'intervention de la femme Lenoir; — Considérant que la susnommée, séparée de biens d'avec son mari, aux termes d'un jugement du tribunal civil de la Seine, en date du 14 oct. 1880, a, par des conclusions signifiées le 11 déc. 1882, déclaré intervenir dans l'instance pendante devant la Cour, et se joindre à la veuve Féron pour demander la confirmation du jugement dont est appel; — Mais considérant que cette intervention de la femme Lenoir, qui n'était pas personnellement en cause au procès en première instance, a été formée par elle sans l'assistance ni l'autorisation de son mari, et sans qu'elle eût, à défaut de cette autorisation, obtenu ni sollicité celle de justice, suivant les formes prescrites par les art. 861 et suiv., C. proc.; qu'en cet état, l'intervention de la femme Lenoir doit être déclarée nulle et non recevable, et qu'il n'y a point lieu pour la Cour, ainsi que le demande la femme Lenoir par ses conclusions du 24 janv. 1883, d'autoriser rétroactivement une intervention nulle dans son principe; que, eu égard à ce qui précède, il est superflu de statuer sur une autre fin de non-recevoir opposée subsidiairement à l'intervention de la femme Lenoir et tirée des dispositions de l'art. 466, C. proc.;

En ce qui touche le report au 16 juin 1880 de la cessation des payements de Lenoir, prononcée à la requête de la veuve Féron et consorts par le jugement dont est appel : — Considérant qu'aux termes de l'art. 581, C. comm., aucune demande des créanciers, tendant à faire fixer la date de la cessation des payements à une époque autre que celle qui résulterait du jugement déclaratif de faillite ou d'un jugement postérieur, n'est recevable après l'expiration des délais fixés pour la vérification et l'affirmation des créances; que, ces délais expirés, l'époque de la cessation des payements demeure irrévocablement déterminée à l'égard des créanciers; — Considérant, en fait, que la faillite de Lenoir a été prononcée par jugement en date du 29 juill. 1880; que le procès-verbal de vérification des créances a été ouvert le 30 oct. suivant, et continué le 6 nov.; que des créanciers ont comparu et ont affirmé leurs créances; qu'à la suite d'insertions convoquant les créanciers pour la clôture, une dernière séance a eu lieu le 13 nov. 1880; qu'un seul créancier s'y est présenté pour faire vérifier et affirmer sa créance, après quoi le juge-commissaire a signé avec le syndic et le greffier, sans indiquer qu'il y eût lieu de surseoir à la suite des opérations, mais sans énoncer formellement que le procès-verbal était clos; que, depuis le 13 nov. 1880 jusqu'à ce jour, il n'y a eu aucune réouverture dudit procès-verbal de vérification, lequel doit être réputé avoir pris fin le 13 nov. 1880; — Considérant que les termes de l'art. 581, C. comm., sont absolus; qu'il en résulte que la volonté du législateur a été de renfermer dans des délais strictement limités la faculté laissée aux créanciers de demander le report de la cessation des payements à une époque autre que celle qui résulte du jugement déclaratif de la faillite ou d'un jugement postérieur; que ce serait aller contre l'esprit de la loi que d'accorder à l'exercice de ce droit une latitude indéterminée, et de laisser indéfiniment en suspens une question qui fixe le point de départ des opérations de la faillite; que, dans l'espèce, les délais dont parle l'art. 581, se référant aux art. 492, 493 et 497, C. comm., ont expiré le 21 nov. 1880, c'est-à-dire huit jours après la comparution du dernier créancier vérifié; que l'action de la veuve Féron et consorts, formée seulement les 12, 14 et 15 févr. 1881, est tardive et non recevable; que la date du 29 juill. 1880, comme époque de la cessation des payements de Lenoir, demeure en conséquence irrévocablement déterminée à l'égard des

---

chr.). — Ainsi que nous l'avons établi, la femme mariée doit se pourvoir d'une nouvelle autorisation pour interjeter appel d'un jugement rendu contre elle; *à fortiori*, si elle n'a pas été partie en première instance et qu'elle intervienne en appel, a-t-elle besoin d'être autorisée par son mari, et, à défaut, par justice selon les règles prescrites par les art. 861 et suiv., C. proc. C'est donc à tort, selon nous, que la Cour de Montpellier a, par arrêt du 18 mai 1874 (Pand. chr.), décidé que l'autorisation, conférée incidemment par la Cour, était suffisante.

(1) Comme le dit notre arrêt, on ne pouvait laisser indéfiniment en suspens une question qui fixe le point de départ des opérations de la faillite, et le législateur a voulu renfermer dans des délais strictement limités la faculté concédée aux créanciers de demander le report de la faillite à une date autre que celle fixée par le jugement déclaratif ou par un jugement postérieur. Ces délais sont déterminés par l'art. 581, C. comm.

Il a donc été jugé qu'après leur expiration, toute demande de report était non recevable, alors même qu'une créance aurait été contestée au moment de la vérification et que la contestation aurait été renvoyée devant le tribunal. V. en ce sens Pau, 21 août 1867 (S. 68. 2. 209. — P. 68. 829); Cass. 21 déc. 1858 (S. 59. 1. 498. — P. 59. 897. — D. 59. 1. 35); 12 août 1868 (S. 69. 1. 70. — P. 69. 149. — D. 71. 5. 188). — Dans ces espèces, le procès-verbal énonçait la clôture, et on arguait de ce que, la créance contestée n'étant pas vérifiée d'une manière définitive, les opérations n'étaient pas closes.

Telle n'était pas la difficulté soumise à la Cour de Paris dans l'affaire actuelle. Il s'agissait de savoir si les opérations devaient être réputées closes, alors que le procès-verbal était muet à cet égard.

Selon nous, la solution ne pouvait être douteuse; les créanciers avaient été convoqués pour la clôture, les créances étaient vérifiées et affirmées, tout était fini, pas de clôture à prononcer.

Pourquoi donc l'arrêt relève-t-il à l'appui de cette solution, qu'aucun sursis n'avait été indiqué par le juge-commissaire? Probablement parce que, dans l'esprit de la Cour, la demande de report aurait été recevable, si le juge-commissaire avait prononcé un sursis non encore épuisé lors de cette demande; c'est effectivement ce qui a été jugé. V. Toulouse, 23 août 1878 (S. 78. 2. 253. — P. 78. 1014); et sur pourvoi, Cass., 1er avril 1879 (S. 80. 1. 21. — P. 80. 31. — D. 79. 1. 353.)

Le juge-commissaire aurait donc le droit de surseoir et de proroger ainsi des délais que le législateur a pris soin de déterminer d'une manière fixe? Nous ne le pensons pas.

Toutefois, il pourrait arriver qu'à la réunion indiquée par lui comme devant être la dernière, on n'eut pas le temps, par exemple, d'en finir avec tous les créanciers présents; alors, dans ce cas, il remettrait valablement à un autre jour la suite des opérations; mais si, comme dans notre espèce, la vérification et l'affirmation étaient terminées, il nous semble qu'il n'aurait pas le droit de prononcer un sursis.

L'arrêt précité de Cass., du 1er avril 1879, ne se prononce pas sur ce point d'une manière explicite; mais la Cour suprême a pris soin de relever que l'ordonnance de sursis n'avait pas été frappée d'appel, et il est permis d'en induire que le juge-commissaire n'est pas libre de prononcer tels sursis que bon lui semble.

créanciers par le jugement déclaratif de faillite; que le jugement dont est appel doit de ce chef être réformé; — Par ces motifs, — Déclare la femme Lenoir non recevable en son intervention, la met hors de cause; — Infirme; — Et, statuant à nouveau, déclare les intimés mal fondés dans leurs demandes et conclusions, les en déboute, etc.

MM. le cons. Rousselle, prés.; Bouchez, av. gén.; Maugras, Beurdeley et Beaupré, av.

PARIS (ch. corr.) 21 février 1883.

Marques de fabrique, Localités, Noms, Apposition, Produits, Provenance étrangère, Articles de Paris, Fausse indication, Délit (Absence de).

L'apposition sur un produit industriel du nom d'un lieu autre que celui de la fabrication (par exemple de Paris, sur des cartes de boutons de provenance allemande), ne tombe pas sous la répression des art. 1er de la loi du 28 juillet 1824 et 19 de la loi du 23 juin 1857, lorsqu'il s'agit de marchandises exécutées sur la commande et pour le compte d'un négociant français, domicilié à Paris et y exerçant le négoce (LL. 28 juill. 1824, art. 1; 23 juin 1857, art. 19) (1).

Peu importerait même que ces marchandises fussent destinées à être débitées comme articles de Paris (Id.) (2).

Il en est ainsi surtout alors que la ville dont le nom a été usurpé n'est point un lieu particulièrement renommé de fabrication de ces produits (Id.) (3).

(Persent et Van Guidertaele c. Ch. de commerce de Paris, Hartuy May et autres.) — arrêt.

LA COUR : — Considérant que le procès-verbal du 17 avril 1882, dressé par les agents de la douane, constate que, ledit jour, Van Guidertaele, commissionnaire, agissant pour le compte de Persent, négociant à Paris, a présenté au bureau de la gare du Nord, à Paris, une déclaration à l'effet d'acquitter les droits d'importation sur une caisse de provenance allemande contenant des boutons fixés sur des cartes portant la mention « Paris »; — Considérant que ce procès-verbal a été dressé en exécution de l'art. 19 de la loi du 23 juin 1857; qu'à l'égard de la loi du 28 juill. 1824, il ne saurait être invoqué dans l'espèce, les préposés de l'administration étant sans qualité pour constater des infractions à ladite loi; — Considérant, au surplus, que, ni la loi du 28 juill. 1824, ni l'art. 19 de la loi du 23 juin 1857, ne sont des lois de douane atteignant un fait purement matériel d'importation étrangère, mais bien des lois protectrices de la propriété industrielle; que, pour que ces textes soient applicables, il faut qu'il ait été fait un usage frauduleux d'une marque ou d'un nom usurpés, de manière à causer préjudice tout à la fois au public et aux maisons de commerce ayant un droit privatif aux noms et marques usurpés; — Considérant qu'il résulte des documents produits et qu'il n'est point contesté que l'indication « Paris » a été apposée sur les cartes dont s'agit par ordre de Persent, lequel est domicilié à Paris et y exerce le négoce; que les boutons saisis, fabriqués sur la commande dudit Persent, lui étaient destinés; — Considérant qu'il n'est pas établi que Paris soit pour les boutons un lieu particulièrement renommé de fabrication, comme le seraient Elbeuf et Sedan pour les draps; que le mot « Paris », tracé sur les cartes saisies, indiquait seulement que ces objets devaient être débités comme articles de Paris, qualification que Persent a le droit d'imprimer à ses marchandises par cela seul que le siége de son commerce est à Paris; — Considérant qu'en l'état aucune fraude n'est établie à la charge des appelants; — Par ces motifs, — Infirme, etc.

MM. Cotelle, prés.; Calary, av. gén.; Clunet et Ducuing, av.

PARIS (ch. corr.) 22 février 1883.

Vol, Filouterie d'aliments, Auberge, Crédit.

Le fait par un individu sans ressources, qui se sait dans l'impossibilité de payer, de se faire admettre comme voyageur dans plusieurs auberges successivement, de s'y faire nourrir et loger à crédit, ne constitue ni le délit de filouterie d'aliments prévu et puni par le dernier paragraphe additionnel de l'art. 401, C. pén. (C. pén. 401; L. 26 juill. 1873) (4).

...Ni aucun autre délit, en l'absence de toute manœuvre frauduleuse (C. pén., 405) (5).

(Grob.) — arrêt.

LA COUR : — Considérant que le délit de filouterie pour lequel Grob a été condamné n'est imputable qu'à l'individu qui se fait servir des boissons ou des aliments dans un cabaret dont le maître est fondé à compter sur un payement immédiat de sa marchandise, et que l'aubergiste qui suit la foi d'un voyageur en lui fournissant à crédit la nourriture et le logement n'a pas droit à la protection de l'art. 401, C. pén.; — Considérant que, dans les trois auberges où Grob s'est fait nourrir à crédit, il avait été inscrit comme voyageur, et a été logé à crédit; qu'aucune manœuvre frauduleuse n'étant relevée à sa charge par le ministère public, les actes indélicats dont il est convaincu, n'ont aucun caractère d'improbité; — Par ces motifs, — Infirme, etc.

MM. Cotelle, prés.

CAEN (1re ch.) 7 mars 1883.

Bail a ferme, Pailles, Pièces de terre, Ventes partielles, Quote-part.

La vente d'une pièce de terre désignée et détachée de l'ensemble d'un domaine affermé, ne donne pas droit à une quote-part proportionnelle des pailles que doit laisser le fermier sortant; ces pailles, si elles constituent des immeubles par destination, n'ont du moins ce caractère, dans l'intention du propriétaire, que par rapport à l'ensemble de l'exploitation et non à tel ou tel immeuble en particulier, fût-ce même l'immeuble sur lequel les pailles seraient excrues (C. civ., 524, 1778) (6).

(1-2-3) V. en sens contraire, dans des circonstances de fait à peu près identiques, Cass., 23 févr. 1884, en sous-note avec Cass., 27 févr. 1880 (Pand. chr.). V. aussi ce dernier arrêt. — Ainsi donc a doctrine, consacrée par la Cour de Paris, a été deux fois condamnée par la Cour suprême; elle l'a été avant 1883, dès 1880, et depuis en 1884. Il est heureux, dans l'intérêt de notre industrie nationale, de la prospérité de notre commerce, que cet arrêt de Paris, reste dénué de toute efficacité et ne constitue qu'un accident de jurisprudence. L'importance pratique de la question méritait à cette décision une mention toute spéciale. Un danger signalé est un danger évité. La vraie direction à suivre est donnée par la Cour de cassation; il y a sagesse à s'y conformer.

(4) C'est là une jurisprudence constante qui, pour n'avoir point été jusqu'ici consignée dans les recueils d'arrêts, est d'application usuelle, journalière dans les diverses chambres correctionnelles du tribunal de la Seine. Les jugements rendus en conformité de cette jurisprudence ne se comptent plus, ils sont même rédigés en manière de formules assez générales pour s'appliquer à toutes les espèces sans sérieuse modification. Nous n'avons relevé l'arrêt ci-dessus qu'à titre de constatation d'un état de solution qui ne présente plus la moindre difficulté, et dans le but d'éviter une lacune. V. conf. Douai, 14 nov. 1883 (Pand. chr.).

(5) Si des manœuvres frauduleuses étaient relevées à la charge du prévenu, il pourrait y avoir lieu à l'application, non de l'art. 401, mais de l'art. 405, C. pén. V. Dijon, 5 août 1868 (Pand. chr.), et le renvoi.

(6) V. en ce sens Dijon, 16 déc. 1867 (Pand. chr.), et la note.

(De Champagne c. Chalot et de Montessuy.) — ARRÊT.

LA COUR : — Attendu que le marquis de Champagne était propriétaire d'une ferme contenant 54 hectares, située à Gouvix, et comprenant par extension divers immeubles situés à Bretteville-sur-Laize, à une distance d'environ d'eux kilomètres; — Attendu que, le 6 mai 1874, il a vendu à Gaugain, représenté aujourd'hui par les époux Chalot, deux pièces, l'une dite l'herbage de Corneville, contenant 3 hectares, l'autre en labour, dite la pièce des Tailles d'Ifs, contenant 7 hectares; — Attendu que, le 6 mai 1873, le marquis de Champagne a vendu à la dame de Montessuy deux autres immeubles en labour, l'un dit Letourneux, contenant 3 hectares 8 ares, l'autre dit Lecupley, contenant 2 hectares 53 ares, lesquels étaient également réunis au domaine de Gouvix; — Attendu qu'il a été stipulé dans ces divers actes de vente, que les acquéreurs auraient la jouissance, par la perception des fermages, jusqu'au 29 sept. 1880, époque à laquelle devait expirer le bail de l'ensemble du domaine; — Attendu qu'il n'a rien été stipulé en ce qui concerne les pailles; — Attendu que les époux Chalot et la dame de Montessuy ont réclamé, les premiers sous une contrainte de 2,000 francs, et la dame de Montessuy sous une contrainte de 1,200 francs, la remise des pailles de blé, orge et avoine, provenant de la récolte de 1880, sur les portions de terre par eux acquises; — Attendu que les pailles sont immeubles par destination, lorsque le propriétaire d'un fonds les a destinées au service et à l'exploitation de ce fonds; — Attendu qu'on doit considérer comme le fonds, auquel les pailles sont attachées, l'ensemble du domaine et du corps de ferme considéré comme unité collective; que tous ceux qui, comme héritiers ou acquéreurs, ont droit à une quote-part de l'ensemble, ont droit à une quote-part égale dans les pailles; mais qu'il en est autrement de la vente d'un corps certain faite à titre particulier, telle que la vente d'une pièce de terre désignée et détachée de l'ensemble; que l'acquéreur ne peut, dans ce cas, prétendre aux pailles de la récolte de la dernière année; qu'en effet, ces pailles ne sont pas, dans l'intention du propriétaire, spécialement destinées à l'immeuble sur lequel elles sont excrues; mais qu'elles sont, au contraire, destinées à être employées pour les besoins de l'ensemble de l'exploitation; — Attendu que la ferme dite de Gouvix n'a point été vendue en détail; qu'elle n'a subi que des retranchements relativement peu importants, qui ont été compensés par des augmentations à peu près égales; qu'elle a continué à être louée, sous le même nom, à un seul fermier; — Par ces motifs, — Infirme, etc.

MM. Houyvet, 1er prés.; Lerebours-Pigeonnier, av. gén.; Lanfranc de Panthou et Desruisseaux, av.

TRIB.-CORR. AIX **8 mars 1883.**

VIOLENCES OU VOIES DE FAIT, LIQUIDE CORROSIF, JET, VÊTEMENTS.

Le fait de suivre des passants, de leur jeter par derrière un liquide corrosif qui brûle et détériore leurs vêtements, constitue le délit de violences et de voies de fait prévu et puni par l'art. 311, C. pén. (C. pén., 311) (1).

Peu importe qu'il n'y ait point eu de coups matériellement portés aux personnes (Id.) (2).

(1-2) Ce jugement a été, dans le journal *la Loi*, numéro du 15 juin 1883, vivement critiqué par M. Numa Syjel. La question est délicate, les objections méritent que l'on s'y arrête. Voici textuellement reproduits les principaux passages de l'argumentation de l'annotateur :

« Et d'abord les actes incriminés tombaient-ils sous le coup de l'art. 311 du Code pénal? Quel sens et quelle portée le législateur de 1863 a-t-il voulu donner à ces mots « violences et voies de fait » insérés dans l'article 311? M. de Belleyme nous le dit dans son rapport : « Les art. 309 et 311 ne parlent que des blessures et des coups. Nous y avons introduit par une mention spéciale toutes violences ou voies de fait, afin d'atteindre plus sûrement celles de ces violences qui, sans être précisément des coups, ont cependant un caractère de gravité punissable. Ainsi, le fait d'avoir livré un individu aux coups, de l'avoir jeté à terre, de l'avoir poussé contre un corps dur, de lui avoir arraché les cheveux, de lui avoir craché au visage, pourront désormais, sans contestation, tomber sous l'application de ces articles. » — De ces paroles du rapporteur, il résulte, ainsi que le décide la Cour de cassation (7 janvier 1865, *Bull. crim.*, n. 9), que la loi modificative du Code pénal n'a entendu changer ni le caractère ni la juridiction propres aux violences légères, mais faire punir de peines correctionnelles celles de ces violences qui, par leur gravité, seraient assimilables aux coups et blessures.

« Le législateur de 1863 a, du reste, nettement indiqué quelle signification devaient avoir les mots « violences et voies de fait », en les ajoutant aussi à l'art. 309, destiné à réprimer les blessures ayant occasionné une incapacité de travail de plus de vingt jours. N'a-t-on pas le droit d'en conclure, avec M. Faustin Hélie (*Théorie du Code pén.*, t. II, p. 21), que toute violence qui ne cause pas de blessures, qui n'est point accompagnée de coups, n'est qu'une violence légère de la compétence du juge de simple police. Et si l'on examine les exemples cités par M. de Belleyme, on doit, selon nous, en inférer que la voie de fait n'est un délit que lorsque la victime a éprouvé un mal, une souffrance physique, analogues à ce que fait ressentir un coup ou une blessure.

« Eh bien, nous le demandons, est-ce que l'action d'asperger, à l'insu de quelqu'un, ses vêtements d'acide est assimilable à une blessure? Est-ce que la personne éprouve par ce fait, qu'elle ignore même, une douleur physique, comparable à celle que produit un coup? — Et quand le jugement a dit : « Les actes reprochés au prévenu constituent des violences qui doivent être rangées parmi celles que le législateur a voulu atteindre, comme présentant un caractère de gravité punissable », les juges n'ont-ils pas confondu la gravité du préjudice pécuniaire causé avec la gravité de la violence? Certes, nous en convenons, la quantité de velours et de soie maculés autorisait une application sévère de l'art. 1382 du Code civil, mais non l'application de l'art. 311 du Code pénal.

« Mais nous allons plus loin; en admettant même, pour un instant, que les faits relevés contre le prévenu constituent des violences au sens de l'art. 311, il manquerait d'abord, dans l'espèce, un des éléments du délit prévu par cet article. — Le jugement déclare le prévenu coupable « d'avoir exercé des violences sur différentes personnes ». C'est donc sur la personne que les voies de fait ont dû être exercées pour être punissables, sur une personne et non sur une chose. Or il est certain que, dans le cas actuel, l'auteur ne visait que les vêtements, ne voulait que détériorer les vêtements. La preuve en est dans ces deux considérations : il projetait l'acide par derrière sur la robe ou sur le manteau, à la hauteur du dos, sans qu'il ait jamais atteint ni songé même à atteindre la personne; il employait un acide corrodant les étoffes, mais sans influence nuisible sur la peau.

« Il manquerait enfin, pour que la prévention fût fondée, l'élément essentiel, constitutif de tout délit, l'intention. Pour que l'art. 311 soit applicable, il est nécessaire que les violences et voies de fait aient été volontaires. Or, dans l'espèce, l'auteur n'avait pas l'intention de se livrer à des violences physiques sur les personnes, nous venons de le démontrer. Il ne voulait pas davantage exercer sur elle des violences morales, en les effrayant, en leur causant une vive émotion, puisqu'il se cachait, puisqu'il s'efforçait de n'être pas vu de ses victimes, et que le plus souvent, en effet, c'était seulement en rentrant chez elles que celles-ci s'apercevaient que leurs vêtements avaient été souillés d'acide. — Quelques-unes, il est vrai, se sentaient suivies et prenaient peur; mais prétendrait-on que suivre une femme constitue une violence morale? Or c'était précisément la poursuite qui leur donnait de l'effroi, et non le jet du liquide, qu'elles ne soupçonnaient même pas. Le jugement, d'ailleurs, en convient lui-même en déclarant que « les victimes éprouvaient de vives inquiétudes « pour leur sécurité en se voyant l'objet d'une poursuite dont « elles ne s'expliquaient pas le but ».

« En résumé, il était impossible de découvrir dans la pensée du prévenu une intention quelconque de violenter des personnes, et cela rendait l'art. 311 inapplicable. — Les seules infractions qu'on pouvait retenir étaient : soit les voies de fait et violences légères (art. 605 du Code du 3 brumaire an IV), soit le jet volontaire d'immondices sur quelqu'un (art. 475, § 8 du Code pénal), soit les dommages causés aux propriétés mobilières d'autrui (art. 479, § 1 du Code pénal). »

Si sérieuse que soit cette argumentation, elle laisse encore subsister la thèse juridique du jugement. Sans doute, le tribunal

(X...) — JUGEMENT.

LE TRIBUNAL : — Attendu qu'il résulte de l'information et des débats que dans le courant de janvier et de février 1883, le prévenu a jeté à différentes reprises, à Aix, un liquide corrosif sur un certain nombre de personnes; — Qu'il accomplissait d'ordinaire ces actes à la tombée de la nuit; que plusieurs de ses victimes ont été suivies par lui d'une façon opiniâtre et ont éprouvé de vives inquiétudes pour leur sécurité en se voyant l'objet d'une poursuite dont elles ne s'expliquaient pas le but; — Attendu que ces faits constituent des violences qui doivent être rangées parmi celles que le législateur de 1863 a voulu atteindre, comme présentant un caractère de gravité punissable, quoiqu'elles ne soient pas précisément des coups; — Que c'est le cas de faire au prévenu l'application de l'art. 311 du Code pénal; — Par ces motifs, — Déclare le prévenu atteint et convaincu d'avoir, à Aix, en janvier et février 1883, volontairement exercé des violences et voies de fait sur différentes personnes; — Le condamne, etc.

PARIS (CH. CORR.) 19 mars 1883.

1° SOCIÉTÉ ANONYME, ACTIONS, SOUSCRIPTION, VERSEMENT DU QUART, VERSEMENT EFFECTIF, COMPENSATION, OPÉRATION DE COMPTE, ETC. — 2° LIBERTÉ DU COMMERCE ET DE L'INDUSTRIE, MARCHANDISES, SOCIÉTÉS, ACTIONS, HAUSSE OU BAISSE FACTICE, MANŒUVRES FRAUDULEUSES.

(Bontoux et Feder.)

V. le texte de cet arrêt reproduit avec celui de Cass.-crim., 23 juin 1883, rendu dans la même affaire (Pand. chr., 1re part., p. 214 et suiv.).

TRIB.-CIV. ROUEN 21 mars 1883.

DÉPÔT, BAINS PUBLICS, PROPRIÉTAIRE, OBJETS PRÉCIEUX, VOL, RESPONSABILITÉ.

Les règles des art. 1952 et 1953, C. civ., en matière de dépôt d'hôtellerie, sont applicables aux dépôts dans les établissements de bains (C. civ., 1952, 1953) (1).

Spécialement, *un propriétaire de bains est responsable du vol d'objets précieux (dans l'espèce, une montre et sa chaîne en or), déposés par un baigneur au bureau spécial en échange d'un ticket numéroté, si ce ticket, laissé pendant le bain avec les effets du baigneur dans sa cabine, y a été soustrait par suite d'une faute lourde de l'employé préposé à la surveillance et à l'ouverture des cabines* (Id.) (2).

(Martel c. Catel.) — JUGEMENT.

LE TRIBUNAL : — Attendu que si, dans les art. 1952 et 1953, C. civ., le législateur a déclaré les aubergistes et les hôteliers dépositaires nécessaires, et comme tels responsables des effets apportés chez eux par les voyageurs, c'est pour ce motif que la confiance du voyageur dans le maître de l'hôtel ou de l'auberge est commandée par la nature même des choses; que la même solution s'impose quand il s'agit d'établissements de bains, puisque la responsabilité du propriétaire est basée sur le même principe; qu'en effet, un établissement de ce genre n'est pas autre chose qu'une hôtellerie, dans laquelle toute personne est admise à se baigner moyennant rétribution; que ceux qui y entrent sont *nécessairement* obligés d'accorder une pleine confiance au maître des bains et à ses préposés; — Attendu qu'il est constant, en fait, que, le 20 juill. 1882, en arrivant dans l'établissement Catel, Martin a remis sa montre et sa chaîne en or à une personne spécialement chargée de recevoir le dépôt des objets précieux appartenant aux baigneurs; qu'il a reçu en échange un ticket en bois portant le n° 10, qu'il a placé dans la poche de son gilet; qu'après s'être désha-

---

d'Aix est allé aux extrêmes limites d'extension et d'application de l'art. 311, C. pén.; il a fait faire à la jurisprudence un pas en avant; mais la tendance des arrêts antérieurs s'était prononcée nettement déjà dans le sens d'une interprétation extensive.

C'est ainsi que nous trouvons dans un arrêt d'Angers du 18 déc. 1876 (Pand. chr.) le considérant suivant, d'une portée générale : — « Attendu que les mots *violences et voies de fait* ont été précisément ajoutés pour combler les lacunes regrettables et punir des actes qui, *sans avoir le caractère de coups et blessures*, n'en sont pas moins répréhensibles, et portent une atteinte véritable à la sécurité des personnes. »

La théorie du jugement d'Aix n'est pas autre. Le fait qu'il a puni des peines de l'art. 311, C. pén., n'est pas seulement le jet de liquide corrosif, c'est aussi la poursuite des victimes *d'une façon opiniâtre*, poursuite leur inspirant *de vives inquiétudes pour leur sécurité*. Ce point de vue a été négligé ou légèrement touché par l'annotateur critique du journal *la Loi*; il ne s'y est point suffisamment appesanti, il n'en a tenu aucun compte; par là cependant le jugement d'Aix se rattache à l'arrêt d'Angers. V. aussi, dans le même sens, Metz, 18 nov. 1863 aff. Gatelet (D. 64. 2. 101).

Faisons toutefois observer qu'un tout récent arrêt, rendu par la Cour de Bordeaux, est venu apporter un appui de jurisprudence à la thèse défendue par M. Numa Syjel. Il s'agissait d'un individu qui, en manière de provocation, avait jeté son gant à la figure de son adversaire. Saisi de l'affaire, le tribunal correctionnel de Périgueux n'y avait vu qu'une *violence légère* de la nature de celle que réprime l'art. 605 du Code de brumaire an IV, et relevant non de la juridiction correctionnelle mais du tribunal de simple police. Il s'était, en conséquence, déclaré incompétent. Sur l'appel, la Cour de Bordeaux s'est prononcée dans le même sens et a confirmé cette solution par une argumentation des plus vigoureuses. V. les considérants de cet arrêt reproduit en sous-note (*a*).

(1-2) Cette solution est nettement contraire à celle d'un arrêt de Caen, 17 nov. 1875 (Pand. chr.). — Entre les deux systèmes, l'hésitation n'est pas possible; les art. 1952 et suiv., C. civ., sont étrangers aux propriétaires de bains publics, pour cette raison qu'à aucun point de vue, il ne saurait être question, en pareille matière, de dépôt nécessaire. V. nos observations jointes à Caen précité, ainsi que notre *Dictionnaire de dr. comm., ind. et marit.*, t. III, v° *Dépôt*, n. 80 *in fine*.

(*a*) Cet arrêt de Bordeaux (ch. corr.), du 17 févr. 1887, aff. Roux c. Crouzille, est ainsi conçu :

LA COUR : — Attendu que, par son assignation, le sieur Roux se plaint que le sieur de la Crouzille, à la suite d'une altercation entre eux, tira son gant de sa poche et le lança au visage du plaignant; — Attendu que Roux a cru pouvoir qualifier cette voie de fait dans les termes prévus par l'article 311 du Code pénal et traduire le sieur de la Crouzille devant le tribunal correctionnel de Périgueux; mais que les premiers juges, conformément au déclinatoire soulevé par le prévenu, se sont à bon droit déclarés incompétents; — Attendu, en effet, que l'article 311 du Code pénal, modifié par la loi du 13 mai 1863, qui punit les violences et voies de fait de peines correctionnelles, n'a point abrogé l'article 605 du Code de brumaire an IV, qui réprime les voies de fait et violences légères; qu'il reste donc à examiner si le fait reproché au prévenu offre une gravité suffisante pour être assimilé à des coups et blessures ou s'il ne présente, au contraire, que le caractère d'une voie de fait assez légère pour ne constituer qu'une contravention de police; qu'en pareille matière, les arrêts invoqués de part et d'autre ne peuvent offrir que des indications peu décisives, les juges ayant, dans chaque espèce, à tenir compte des circonstances qui ne sont jamais identiques; — Attendu qu'il convient de remarquer d'abord que la voie de fait doit être en elle-même plutôt que dans ses conséquences plus ou moins directes; — Attendu que le sieur Roux, en reprochant au sieur de la Crouzille de lui avoir lancé son gant au visage, n'articule même pas que cet acte ait été commis avec quelque brutalité ou ait produit une lésion quelconque, ou ait causé la moindre douleur; qu'ainsi cette voie de fait n'a pu, à aucun de ces points de vue, être considérée comme assez grave pour être assimilée à un coup ou à une blessure; qu'elle pouvait, il est vrai, au point de vue moral et dans l'état de nos mœurs, être envisagée comme un outrage et soulever la juste susceptibilité de l'offensé; que telle était si bien sa portée à raison de la situation sociale des intéressés, qu'elle fut suivie d'une correspondance où le sieur Roux a réclamé une réparation par les armes; que si cette solution a été écartée par des motifs que la Cour n'a pas à apprécier, il n'en résulte pas moins que cette voie de fait n'a eu de gravité que par son caractère injurieux; mais qu'au point de vue du droit pénal elle est restée à l'état de violence légère; — Qu'elle ne pouvait donc être réprimée que par le tribunal de simple police; — Par ces motifs, — Confirme le jugement du tribunal de Périgueux, du 4 janv. 1887, etc.

M. Boulineau, prés.; Habasque et Lanauve, av.

billé dans la cabine n° 19, il a laissé, en sortant, ses habits sous la garde et la surveillance d'un des employés de Catel, dont la fonction consiste à ouvrir aux baigneurs les cabines avant comme après le bain, et qui doit interdire à toute personne l'entrée dans une cabine autre que celle qui lui a été affectée; que, plus tard, quand il s'est rhabillé, Martin a constaté la disparition de son porte-monnaie et du ticket en bois; que, s'étant rendu au bureau pour réclamer sa chaîne et sa montre, il apprit que ces bijoux avaient été remis à un individu qui avait représenté le ticket; — Attendu que la soustraction du ticket n'a pu être accomplie que par un voleur qui se trouvait dans l'établissement, lequel est fermé de toutes parts, et où l'on ne pénètre que par une porte surveillée; qu'il a fallu que le malfaiteur, après s'être baigné, se fît ouvrir d'abord la cabine n° 19, puis une seconde cabine qui renfermait ses vêtements; que, si l'employé de Catel avait rempli son devoir, un pareil fait n'aurait pas pu se produire; que la responsabilité du maître se trouve donc, à cet autre point de vue, encore engagée par la faute lourde qu'a commis dans sa fonction son préposé; — Attendu que, dans ces circonstances, et sans qu'il soit besoin d'examiner la valeur du reproche adressé au demandeur de n'avoir point emporté le ticket, qu'il aurait dû attacher à son caleçon de bain, non plus que de rechercher à quelle date Catel aurait facilité aux baigneurs le moyen de prendre cette précaution, examen et recherche qui ne présentent, dans l'espèce, aucun intérêt, il y a lieu de faire droit aux conclusions dernières de Martin, qui a abandonné le chef de sa réclamation relatif au porte-monnaie qui lui a été dérobé; — Par ces motifs, — Déclare Catel responsable de la perte des bijoux appartenant à Martin, etc.

MM. Loiseau, prés.; Paris, subst.; Letortu et Hardouin, av.

TRIB.-CIV. SEINE 3 avril 1883.

ASSURANCES TERRESTRES, RÉASSURANCE, POLICES, MAINTIEN, ASSURÉS, PRIMES, PAYEMENT, PORTEFEUILLE, CESSION.

La réassurance de ses risques par une Compagnie d'assurance à une autre ne constitue qu'une simple opération de trésorerie, indifférente aux assurés, et qui ne nuit ni ne préjudicie à leurs droits (C. civ., 1273, 1275; C. com., 342) (1).

Alors surtout qu'en fait la Compagnie n'a pas cessé d'exister et qu'elle continue à fonctionner sous la surveillance et la direction de son conseil d'administration (Id.) (2).

Par suite, les assurés n'en restent pas moins tenus du payement de leurs primes (C. civ., 1184) (3).

Mais il n'en serait plus de même au cas de cession de portefeuille; les assurés seraient alors autorisés à demander la résiliation de leur contrat (Id.). — Sol. implic. (4).

(Comp. d'assur. terr. *le Midi* c. Barrande.)

JUGEMENT.

LE TRIBUNAL : — Attendu que Barrande a contracté une police d'assurance avec la Compagnie *le Midi;* qu'il prétend que cette Compagnie n'aurait plus qu'une existence illusoire, qu'elle aurait vendu son portefeuille à la *Continentale,* que cette Compagnie ne lui présenterait plus les mêmes garanties, et qu'il serait fondé à réclamer la résiliation de sa police; — Mais attendu que Barrande n'apporte aucune preuve à l'appui de ses allégations; qu'il est justifié, au contraire, que la Compagnie *le Midi* existe, et qu'elle continue à fonctionner sous la surveillance et la direction d'un conseil d'administration; — Attendu qu'il est, en outre, établi au tribunal que la Compagnie *le Midi* a non pas vendu son portefeuille, mais seulement réassuré à la Compagnie *la Continentale* les risques qu'elle avait contractés; qu'il en résulte qu'elle n'en est pas moins responsable vis-à-vis de Barrande des engagements qu'elle a pris envers lui; que l'acte incriminé par Barrande n'est qu'une opération de trésorerie dont il n'a point à connaître, et qui ne nuit ni ne préjudicie à ses droits; qu'il y a donc lieu de repousser les moyens opposés par Barrande; — Et attendu que la somme réclamée résulte d'une prime échue, le 13 mai 1882, que Barrande ne justifie pas s'en être libéré; que de ce qui précède, il ressort qu'il convient de débouter Barrande de son opposition; — Par ces motifs, — Jugeant en dernier ressort : — Déboute Barrande de son opposition au jugement du 20 février dernier; — Ordonne, en conséquence, que ledit jugement sera exécuté selon sa forme et teneur, nonobstant ladite opposition, etc.

TRIB.-CIV. VASSY 6 avril 1883.

SAISIE-ARRÊT, CRÉANCE, PRÉEXISTENCE, TIERS SAISI, OUVRIERS, SALAIRES, CHOSES FUTURES.

La saisie-arrêt, si elle ne frappe pas exclusivement les biens actuels et présents du débiteur, exige tout au moins, au moment où elle est formée, la préexistence d'un germe de créance, d'un lien de droit entre le débiteur et le tiers saisi (C. proc., 557) (5).

Spécialement, *la saisie-arrêt pratiquée entre les mains d'un patron sur les salaires d'un ouvrier, ne s'étend point aux sommes gagnées par cet ouvrier, postérieurement à la saisie, en vertu d'une série de contrats de louage distincts et indépendants les uns des autres* (Id.) (6).

Il en est ainsi surtout alors qu'il s'agit d'un simple journalier employé à la journée et d'une manière tout à fait intermittente (Id.) (7).

Les choses futures et qui n'existent qu'en espérance ne peuvent être l'objet d'une saisie-arrêt (Id.). — Motifs (8).

(1-2-3) V. en ce sens Agen, 24 nov. 1885 (Pand. chr.), et le renvoi.

(4) *Sic* : Trib. civ. Seine (6e ch.), 23 déc. 1880 (S. 82. 2. 1. — P. 82. 1. 78); Paris (arrêt confirmatif de ce jugement par adoption de motifs), 4 août 1882 (S. 83. 2. 175. — P. 83. 1. 894); Toulouse, 2 mai 1883 (Pand. chr.), et les nombreuses décisions citées sous ce dernier arrêt. *Adde* Cass., 26 juin 1883 (S. 86. 1. 359. — P. 86. 1. 887).

(5-6-7) V. dans le même sens, Cass., 15 mai 1876 (S. 77. 1. 29. — P. 77. 46. — D. 76. 1. 436); Rousseau et Laisney, *Dict. de proc.*, t. VII, v° *Saisie-arrêt*, n. 179 et 180. — Il est certain toutefois qu'en principe, et en dehors des circonstances spéciales de notre espèce et de celle qui a donné lieu à l'arrêt précité de cassation, la saisie-arrêt frappe les salaires et appointements, non-seulement échus, mais encore à échoir. V. Cass., 22 nov. 1853 (S. 54. 1. 31. — P. 54. 1. 5. — D. 53. 1. 321); Bordeaux, 27 nov. 1871 (D. 72. 5. 395).

(8) La jurisprudence est presque unanime à décider qu'une saisie-arrêt ne peut être formée pour une créance à terme (V. Bourges, 17 mars 1826; Douai, 9 mai 1853, S. 54. 2. 161. — P. 55. 1. 226. — D. 56. 2. 54; Paris, 23 févr. 1854, S. 54. 2. 334. — P. 55. 1. 616. — D. 55. 2. 67; Grenoble, 26 mai 1882, S. 83. 2. 84. — P. 83. 1. 463. — D. 83. 2. 126. — *Contrà* Orléans, 21 nov. 1822); — ou pour une créance éventuelle ou conditionnelle avant la réalisation de l'éventualité ou l'événement de la condition (V. Lyon, 3 juin 1841, S. 41. 2. 632. — P. 41. 2. 595. — D. 42. 2. 103; Poitiers, 12 déc. 1876, S. 78. 2. 39. — P. 78. 208. — D. 77. 2. 231. — *Contrà* Cass., 2 févr. 1820; Bordeaux, 29 mai 1840, S. 40. 2. 358; Riom, 10 déc. 1884, S. 86. 2. 215. — P. 86. 1212); — ou pour une créance ni certaine, ni liquide, ni exigible, dont l'existence, par exemple, dépendrait du résultat d'un compte à établir — (V. Bordeaux, 13 août 1846, S. 47. 2. 461. — P. 47. 2. 417. — D. 47. 4. 431; Limoges, 27 nov. 1868, S. 69. 2. 111. — P. 69. 568. — D. 69. 2. 48; Lyon, 5 févr. 1869, S. 69. 2. 250. — P. 69. 1003; Cass., 22 juin 1870, S. 71. 1. 196. — P. 71. 609. — D. 71. 1. 159; Dijon, 12 mars 1874, S. 74. 2. 210. — P. 74. 938. — D. 76. 2. 94; Poitiers, 12 déc. 1876, précité; Cass., 27 avril 1885, S. 86. 1. 115. — P. 86. 1. 256.)

A plus forte raison, ces solutions doivent être suivies au cas où la saisie-arrêt porte sur un droit qui n'est point encore né, qui n'existe même pas en germe, au moment où elle est pratiquée.

(Choppin c. Legrand.) — JUGEMENT.

LE TRIBUNAL : — Attendu qu'il est constant en fait que Chéry, débiteur saisi, n'est ni le domestique ni l'ouvrier au service habituel de Legrand; qu'il est simple journalier louant son travail à la journée, et que Legrand n'a jamais eu recours à ses services que d'une façon intermittente et chaque fois par l'effet d'un nouveau contrat de louage; que, d'autre part, il résulte des documents produits qu'au moment de la saisie du 5 août 1880, Legrand a employé Chéry pendant plusieurs journées, et qu'il lui doit, pour cette courte période de travail, la somme de 15 francs qu'il offre de payer au créancier saisissant; qu'il est enfin établi que Legrand a de nouveau eu recours aux services de Chéry, en juillet et août 1881 et 1882; que les salaires de Chéry, pour ces deux intervalles de temps, s'élèvent à la somme de 153 francs; mais que Legrand refuse de les payer par le motif que, la saisie-arrêt du 5 août 1880 n'ayant pu les atteindre, il était en droit de se libérer desdits salaires en les compensant avec le prix de diverses denrées qu'il avait fournies à son journalier; — Attendu, en droit, que l'art. 557, C. proc., en permettant au créancier de saisir-arrêter les sommes et effets appartenant à son débiteur, entend parler, sinon exclusivement des biens actuels et présents du débiteur, du moins de ceux sur lesquels il a, au moment de la saisie, un droit acquis pur et simple ou conditionnel; — Attendu, il est vrai, que les biens présents et à venir sont, aux termes de l'art. 2092, C. civ., le gage des créanciers; et que la combinaison de ce principe avec la règle édictée par l'art. 557, précité, fait admettre comme valable la saisie-arrêt des arrérages de rente ou de testament, des fermages, loyers ou intérêts non encore échus, mais qui existent déjà comme un élément appréciable dans le patrimoine du débiteur; que néanmoins on ne saurait assimiler à de pareilles créances les salaires d'un journalier qui ne s'acquièrent qu'au fur et à mesure de son travail et par l'effet d'une série de contrats de louage distincts et indépendants les uns des autres, et dont chacun fixe et règle à nouveau l'objet et la durée du louage, et le prix des services loués; — Attendu qu'on objecterait vainement que les choses futures, et qui n'existent encore qu'en espérance, forment un des éléments du patrimoine de chacun, qu'elles peuvent être aliénées, soit à titre aléatoire, soit en subordonnant l'effet de la cession, à la condition que la chose vendue ou cédée existera; et que, dès lors aussi, de pareils biens sont saisissables sous la condition suspensive que la créance saisie prendra naissance; — Mais attendu qu'aux termes de l'art. 557, C. proc., on ne peut admettre que la loi ait voulu aller jusqu'au point de permettre la saisie d'une créance pouvant sans doute naître dans un avenir plus ou moins prochain, mais qui n'existerait pas encore, même en germe, au moment de la saisie; que le but évident du législateur a été de subordonner la validité de la saisie-arrêt à la préexistence d'un droit quelconque du débiteur sur ce qui fait l'objet de la saisie-arrêt; qu'il faut, en d'autres termes, qu'il existe un lien de droit entre lui et le tiers saisi; que si la validité de la saisie-arrêt n'était pas soumise à cette condition, et si cette mesure d'exécution pouvait avoir pour objet des droits n'existant pas encore même en germe, la saisie pourrait s'étendre sans limites, et apporterait aux relations et aux intérêts privés de trop fâcheuses entraves pour ne pas atteindre gravement l'intérêt public; — Par ces motifs, etc.

M. Weber, prés.

V. Lyon, 8 févr. 1847 (*Journ. de proc.* de Bioche, 1847, n. 3742); Trib. Seine, 7 févr. 1881 (journ. *la Loi*, n° 18 févr.). — Peu importe que, par la suite, le tiers saisi devienne débiteur du saisi. Même arrêt de Lyon, précité. V. aussi l'arrêt de Dijon, 12 mars 1874, ci-dessus mentionné.

BORDEAUX (CH. CORR.) 12 avril 1883.

VOL, BILLET DE BANQUE, REMISE VOLONTAIRE, ERREUR, SOUSTRACTION FRAUDULEUSE (ABSENCE DE).

Le fait, par un vendeur qui reçoit de l'acheteur par erreur un billet de banque d'une valeur supérieure au prix de la marchandise, de retenir ce billet, même de mauvaise foi, ne constitue ni le délit de vol, à raison de l'absence de soustraction frauduleuse (1), *ni aucun autre délit* (C. pén., 401) (2).

(Guimberteau c. Lafont.) — ARRÊT.

LA COUR : — Attendu qu'il résulte de l'instruction faite devant le tribunal correctionnel, qu'à la date du 14 août 1881, Lafont, partie civile, acheta de Guimberteau, sur le champ de foire de Créon, une vache, moyennant le prix de 220 fr.; qu'après avoir versé entre les mains du vendeur 120 fr. en six pièces de 20 fr. chacune, Lafont lui remit un billet de banque plié, qu'il croyait être de 100 fr. seulement, et qui, d'après Guimberteau, comme d'après les témoins, ne fut ni déplié ni examiné pour en constater la valeur réelle; — Attendu qu'il est constant que, par suite d'une erreur, Lafont avait donné, pour le solde du prix de la vache, un billet de banque de 500 fr. au lieu d'un billet de 100 fr.; qu'en effet, en rentrant chez lui après le marché, en compagnie du témoin Bellue, le prévenu, voulant s'assurer qu'il avait bien reçu un billet de 100 fr., le retira de son porte-monnaie, le déplia en présence de son compagnon de route, et reconnut que le billet avait une valeur de 500 fr.; qu'il exprima aussitôt l'intention de revenir sur ses pas pour réparer l'erreur que Lafont avait commise; que Bellue lui conseilla d'attendre jusqu'au lendemain matin, et l'invita à venir souper chez lui; — Attendu que, pendant ce repas, Guimberteau reconnut encore, en présence de Bellue et de sa femme avoir reçu de Lafont un billet de 500 fr., et ajouta : « Si j'étais une canaille, je garderais ce billet; mais j'irai le rendre demain matin »; — Attendu que le prévenu ne conteste, sur aucun point, les dépositions des époux Bellue, qu'il prétend seulement, tantôt avoir oublié, tantôt avoir ignoré l'existence dans son porte-monnaie, d'un billet de banque de 500 fr., que sa femme y aurait placé; — Attendu que cette allégation, déjà invraisemblable par elle-même, est rendue suspecte encore par les contradictions de Guimberteau sur les circonstances dans lesquelles le billet, qu'il prétend lui appartenir, aurait été mis dans son porte-monnaie; qu'il est d'autant plus impossible de s'y arrêter, que le prévenu aurait déclaré au témoin Ribeyre qu'il allait vendre sa vache à la foire de Créon, parce qu'il avait besoin d'argent; — Attendu, toutefois, qu'il y a lieu d'examiner si les faits ainsi constatés réunissent tous les caractères du délit de vol pour lequel Gimberteau a été poursuivi et condamné; — Attendu, à cet égard, qu'il est de principe que l'un des éléments essentiels du délit de vol consiste dans la soustraction de la chose d'autrui contre le gré et sans le secours du propriétaire légitime; que la remise volontaire, de la part de ce dernier de la chose appréhendée, alors même qu'elle a été déterminée par une erreur, est exclusive de la

(1) V. dans le même sens, Lyon, 29 déc. 1881 (Pand. chr.), et nos observations en note.

(2) Il n'y a pas, par conséquent, non plus abus de confiance. *Sic* Bordeaux, 23 juin 1880 (Pand. chr.). — *Contrà* : Lyon, 29 avr. 1857 (Pand. chr.); Bordeaux, 25 nov. 1881 (Pand. chr.).

soustraction, par cela même de l'existence du délit; que la rétention frauduleuse de l'objet ainsi livré ne modifie pas la nature de l'acte, et ne peut tenir lieu de la soustraction que la loi exige pour constituer le vol punissable; — Attendu que Lafont ayant lui-même remis à Guimberteau le billet de banque que ce dernier s'est borné à retenir, il est certain que l'un des éléments essentiels du délit n'existait pas; que, dès lors, quelque blâmable que soit, au point de vue moral, l'acte du prévenu, il ne tombait pas sous le coup de la loi pénale; qu'il ne présente pas davantage le caractère d'aucun autre délit prévu par le Code pénal; — Par ces motifs, — Statuant sur l'appel du prévenu : — Dit que les faits constatés à sa charge ne réunissaient pas tous les éléments du vol; — Réforme, en conséquence, le jugement; — Émendant, — Décharge Guimberteau de la condamnation prononcée contre lui, etc.

MM. Dulamon, prés.; Bretenet et Dupuy, av.

TOULOUSE (3e CH.) 2 mai 1883.

ASSURANCES TERRESTRES, PORTEFEUILLE, CESSION, COMPAGNIE CÉDANTE, DÉCLARATIONS INEXACTES, ASSURÉS, POLICES, RÉSILIATION.

A la différence du contrat de réassurance des risques (1), *la cession par une Compagnie d'assurance à une autre de son portefeuille, de ses agences, de son organisation, de toutes ses créances sans exception et aussi de toutes ses dettes, met fin à l'existence de la Compagnie cédante et devient une cause de résiliation des polices et des avenants, dont peuvent se prévaloir les assurés qui n'ont pas agréé la Compagnie cessionnaire pour débitrice* (2) (C. civ., 1184, 1188; C. comm., 64).

Peu importe que, par une pure fiction, et dans le but d'empêcher les résiliations de se produire, la Compagnie cédante ait déclaré ne point se mettre en liquidation, conserver son existence, son conseil d'administration, son directeur, et ne vouloir faire qu'un simple contrat de réassurance; ces déclarations étant infirmées par la réalité des actes intervenus (3).

(Comp. d'assur. terrest. *l'Univers* c. Thomas.) — ARRÊT.

LA COUR : — Attendu que, par avenant de mutation sous la date du 30 juin 1881, la Société du Sud-Ouest, qui avait acheté le fonds de commerce de Thomas, à Toulouse, a été substituée dans les assurances que celui-ci avait contractées avec la Compagnie *l'Univers*, et aux termes desquelles, il devait payer une prime totale de 1,015 fr. 75 c. par an; — Attendu qu'à la première échéance, en date du 15 oct. 1881, la Société du Sud-Ouest refusa de payer la prime, et que, par exploit du 25 janv. 1882, Amédée Thouret, prétendant agir au nom de la Compagnie *l'Univers*, fit donner assignation pour obtenir payement de la somme de 1,015 fr. 75 c. avec l'intérêt légal; — Attendu qu'il résulte des documents produits devant la Cour que, dès le 23 août 1881, le directeur de la Société du Sud-Ouest faisait connaître à qui de droit qu'ayant dû, après la prise de possession des usines, chercher à se rendre compte des assurances faites antérieurement à la constitution de la Société, et dont celle-ci avait pris la suite par des avenants, il avait constaté que la Compagnie *l'Univers* ne figurait plus sur la table des Compagnies d'assurance; qu'on ne trouvait plus trace d'assemblées générales des actionnaires, et que *l'Univers* avait cédé son portefeuille à la Compagnie *l'Universelle;* — Attendu que, des pièces présentées par la Compagnie *l'Univers* elle-même, il résulte que les conventions intervenues en 1879 entre les deux Compagnies *l'Univers* et *l'Universelle* ne sauraient laisser aucun doute sur leur caractère; que si *l'Univers* a pris soin de faire constater qu'il ne se mettait pas en liquidation, qu'il conservait son existence, son conseil, son directeur, et qu'il ne faisait qu'un contrat de réassurance, c'était dans le but d'empêcher les assurés de résilier; — Attendu que *l'Univers* a perdu toute existence propre, puisque, en 1879, les commissaires ont constaté dans leur rapport que l'on cédait une organisation toute faite, comprenant cent douze agences, et que le prix du portefeuille était payé par l'acquit du passif de *l'Univers*, déduction faite de l'actif, et, pour le surplus, par la remise d'actions de *l'Universelle*, libérées de 125 fr.; qu'il y a là la preuve que la Compagnie *l'Univers* avait fait cession de ses droits à *l'Universelle*, et qu'il ne s'agissait point d'un contrat de réassurance; — Attendu que la Société du Sud-Ouest, représentant Thomas, ne saurait être tenue d'accepter la substitution d'un nouveau débiteur à celui avec lequel Thomas avait traité; que la correspondance établit que l'avenant du 30 juin 1881 avait été signé de bonne foi, avant que Thomas ou la Société du Sud-Ouest eussent appris que *l'Univers* n'existait plus que d'une manière apparente, et que ses actionnaires étaient devenus les actionnaires de *l'Universelle;* que la police d'assurance et les avenants qui s'y rattachent doivent donc être résiliés; — Attendu, d'autre part, que l'extrait du traité présenté par Thouret, et qui serait intervenu à Paris, le 21 mai 1879, constate que la Compagnie *l'Universelle* était alors en voie de formation; que *l'Univers* lui a cédé toutes ses créances sans exception, et qu'elle a pris à sa charge toutes les dettes et obligations de *l'Univers;* que Thouret, alors directeur de la Centrale et de la Caisse méridionale, intervenait à ce contrat comme représentant, non *l'Univers*, mais bien les fondateurs de *l'Universelle;* que, dans sa lettre du 17 avril 1881, le directeur divisionnaire de la Compagnie *l'Univers*, en résidence à Toulouse, répondant au directeur de la Société du Sud-Ouest, lui donnait les noms du directeur et des membres du conseil d'administration; que Thouret n'en faisait même pas partie, et ne rapporte pas devant la Cour la justification du mandat en vertu duquel il a fait donner l'assignation du 25 janv. 1882, et a réclamé, au nom de *l'Univers*, la prime échue le 15 oct. 1881; — Mais qu'il suffit, d'ailleurs, de constater à cet égard que la résiliation ne provient ni du fait ni de la faute de l'assuré, et que celui-ci, délié de ses obligations à raison de la non-existence de l'assureur, ne saurait être condamné à lui payer la prime réclamée; qu'il y a lieu sur ce point de réformer la décision des premiers juges et de dire droit de l'appel incident; — Confirme, etc.

MM. Frezouls, prés.; Barbe, av. gén.; Gardelle et Virenque, av.

TRIB.-CIV. SEINE (1re CH.) 14 juin 1883.

TRAVAUX PUBLICS, ECOLE COMMUNALE, PAYEMENT, COMPÉTENCE.

Les travaux de construction d'une école communale ont le

(1) Sur le caractère du contrat de réassurance de ses risques par une Compagnie d'assurance à une autre, V. Trib. civ. Seine, 3 avr. 1883 (Pand. chr.); Agen, 24 nov. 1885 (Pand. chr.), et les notes.

(2) V. en ce sens, Trib. civ. Seine, 3 avr. 1883 (Pand. chr.), et les renvois; Dijon, 2 avr. 1884 (S. 85. 2. 151. — P. 85. 1. 823); C. de justice de Genève, 25 août 1884 (S. 85. 4. 15. — P. 85. 2. 26); Cass., 20 oct. 1885 (Pand. chr.); Lyon, 29 déc. 1885 (sol. implic.) (Pand. chr.); Trib. civ. Bordeaux (4e ch.), 13 janv. 1886 (Journ. *le Droit*, 12 sept. 1886); Trib. civ. Valence (1re ch.), 6 déc. 1886, reproduit en sous-note de l'arrêt d'Agen, du 24 nov. 1885, précité.

(3) *Sic* Trib. civ. Seine (6e ch.), 23 déc. 1880 (S. 82. 2. 1. — P. 82. 1. 78); Paris (arrêt confirmatif de ce jugement par adoption de motifs), 4 août 1882 (S. 83. 2. 175. — P. 83. 1. 894); Trib. civ. Seine (1re ch.), 15 déc. 1885 (*Journ. des assur.*, 1886, n. 2). — *Contrà*, Douai, 19 nov. 1879 (S. 82. 2. 1. — P. 82. 1. 78).

caractère de travaux publics (1). — *En conséquence, la juridiction administrative est seule compétente pour connaître d'une demande en payement desdits travaux* (2) (L. 28 pluviôse an VIII, art. 4).

(Commune de Maisons-Alfort c. Lévy.) — JUGEMENT.

LE TRIBUNAL : — Attendu qu'un jugement de cette chambre, en date du 27 mars 1881, enregistré, a condamné par défaut la commune de Maisons-Alfort à payer à Lévy 2,070 fr.; — Attendu que, dans cette instance, Lévy agissait comme cessionnaire de Louis Joliet, architecte, qui se prétendait créancier de ladite commune à raison de travaux exécutés pour le compte de celle-ci; — Qu'il résulte des renseignements produits que les travaux dont s'agit avaient pour objet la construction des écoles de la commune de Maisons-Alfort; — Qu'ils ont le caractère de travaux publics, et qu'à ce titre, l'appréciation de la créance de Joliet ou de son cessionnaire doit être soumise à la juridiction administrative, aux termes de l'art. 4 de la loi du 28 pluv. an VIII; — Par ces motifs, — Reçoit Bustan, en sa qualité de maire de la commune de Maisons-Alfort, opposant au jugement par défaut de cette chambre, en date du 29 mars 1881; — Se déclare incompétent, etc.

MM. Casenave, prés.; Abbadie, av.

TRIB.-CORR. SEINE 3 juillet 1883.

SOCIÉTÉ ANONYME, FONDATEURS, APPORTS EN NATURE, ACTIONS, LIBÉRATION PARTIELLE, VERSEMENT EN NUMÉRAIRE.

Des actions, libérées seulement pour partie, peuvent être attribuées aux fondateurs d'une Société anonyme en représentation de leurs apports en nature (3) (L. 24 juill. 1867, art. 1, 2, 4, 24, 25).

L'obligation du versement du quart en espèces ne s'applique qu'aux actions souscrites en numéraire (4) (Id.).

(Jupeau, Blin et autres c. synd. Soc. gén. des Minoteries françaises.) — JUGEMENT.

LE TRIBUNAL : — Attendu que, dans aucune de ses parties, la loi de 1867 ne prescrit que les apports en nature ne pourront être payés qu'en actions entièrement libérées; — Qu'il est d'ailleurs constant que l'attribution faite, en échange de ces apports, d'actions incomplétement libérées, loin de préjudicier aux souscripteurs d'actions ou aux tiers, constitue pour eux une véritable garantie, les fondateurs restant intéressés à la prospérité de la Société, par l'engagement qu'ils ont pris de libérer complétement leurs actions; — Que, d'ailleurs, l'obligation du versement du quart exigé par l'art. 1er de la loi du 24 juillet 1867 ne doit s'entendre que des actions souscrites en numéraire, et qu'au surplus, si l'apport en nature vérifié peut, aux termes de la loi de 1867, libérer l'intégralité de l'action, après l'approbation de l'assemblée générale, il peut, par voie de conséquence et *à fortiori*, la libérer partiellement, lorsque cette libération atteint le quart au moins, et que le vœu de la loi concernant ce quart a été ainsi respecté; — Que la demande doit être repoussée; — Par ces motifs, — Déclare Jupeau et consorts mal fondés dans toutes leurs demandes, fins et conclusions.

M. Petit, prés.

GRENOBLE (CH. CORR.) 19 juillet 1883.

OUTRAGE, PERCEPTEUR, COMPÉTENCE.

Les percepteurs sont des citoyens chargés d'un ministère de service public. — En conséquence, les outrages qui leur sont adressés à l'occasion de l'exercice de leurs fonctions, restés en dehors des prévisions de la loi du 29 juill. 1881, sur la presse, continuent à être prévus et punis par l'art. 224, C. pén., et à relever de la compétence des tribunaux correctionnels et non de la Cour d'assises (5) (C. pén., 224).

(Trouillet c. Aufan.) — ARRÊT.

LA COUR : — Attendu que Trouillet, irrité contre le percepteur Aufan, parce que celui-ci avait, comme receveur municipal, refusé de lui payer un mandat de 25 francs ordonnancé au profit de cet inculpé, nonobstant toutes les démarches faites par ce dernier pour justifier de son droit, aurait, d'après la prévention, le 17 juin dernier, à Pontcharra, sur la voie publique, dit à ce percepteur : « Vous êtes un voleur, un assassin, un bandit, un maquereau », et lui aurait adressé encore d'autres paroles outrageantes; — Que de plus, à la même époque, au même lieu et pour les mêmes causes, Trouillet, tenant une hache et s'avançant vers Aufan, lui aurait dit encore : « Tiens, arrive »; — Attendu que ces faits, s'ils étaient prouvés, constitueraient les délits tout à la fois et d'outrages par paroles, et d'outrages par gestes envers un citoyen chargé d'un ministère de service public, à l'occasion de l'exercice de ses fonctions, délits prévus et punis par l'art. 224 du Code pénal; — Attendu que cet article n'a pas été abrogé par la loi du 29 juillet 1881 ; que les art. 31, 32, 33, § 1, de cette loi ne s'appliquent pas aux outrages par paroles proprement dits, publics ou non publics, non plus qu'aux outrages par gestes, lesquels, les uns comme les autres, doivent continuer à être punis par les art. 222 et suivants du Code pénal; — Attendu, dès lors, que les premiers juges se sont à tort déclarés incompétents; que la Cour doit réformer leur décision et statuer sur le fond; — Par ces motifs, — Réforme, se déclare compétente, etc.

MM. Sestier, prés.; Sarrut, av. gén.

TRIB. DE POLICE DE SCEAUX 20 juillet 1883.

RÈGLEMENT DE POLICE, CHAMPIGNONNISTE, FUMIER, MANIPULATION, DÉPÔT.

Ne rentre pas dans l'exercice légal du pouvoir de police attribué à l'autorité municipale, et, par conséquent, n'est pas obligatoire l'arrêté d'un maire qui, même dans l'intérêt de la salubrité publique, défend, dans les cours, jardins, etc., des particuliers les dépôts de fumier de cheval nécessaire à l'industrie des champignons et la manipulation de ce fumier par l'addition d'une certaine quantité d'eau (6) (LL. 16-24 août 1790; 18 juill. 1837).

Un tel arrêté ne saurait puiser sa légalité ni dans l'ordonnance du 14 janv. 1815, ces dépôts et manipulations ne pou-

---

(1-2) V. dans le même sens, Cass., 12 juill. 1871 (Pand. chr.), et la note.

(3-4) V. conf. sur ces deux questions, vivement controversées par la jurisprudence de la Cour de Paris, Cass., 15 févr. 1884 (Pand. chr.), et les renvois de la note. *Adde* Rouen, 10 mai 1884 (Pand. chr.). — Déjà le tribunal de commerce de la Seine s'était prononcé en faveur des solutions ci-dessus sous l'empire de la loi du 17 juill. 1856. V. jugement, 1er mai 1861 (Pand. chr.).

(5) Les percepteurs ont toujours été considérés comme des agents du gouvernement. Aussi sous l'empire de la législation de l'art. 75 de la constitution du 22 frim. an VIII, aujourd'hui abrogé, les percepteurs ne pouvaient être poursuivis en justice sans l'autorisation de l'administration. V. Cass., 30 nov. 1858 (S. 59. 1. 334. — P. 59. 9. — D. 59. 1. 20).

(6-7) Il a été jugé : — 1° que l'arrêté municipal qui ordonne à certains particuliers de détruire les foyers d'infection produits par la

vent pas être classés au nombre des établissements dangereux ou insalubres; — ni dans l'ordonnance de police du 24 déc. 1881, qui n'a en vue que les dépôts d'engrais composés de boue, d'immondices ou de débris de matières animales; — ni, enfin, dans la loi du 13 avril 1850, sur les logements insalubres, l'inculpé habitant seul la maison dont il est le propriétaire (7) (Ord. 14 janv. 1815; L. 13 avril 1850; Ord. de police, 24 déc. 1881).

(Monin.) — JUGEMENT.

LE TRIBUNAL : — Attendu que Monin exerce depuis longtemps son industrie de champignonniste dans une maison et un terrain y attenant, qu'il possède route des Moulineaux, n° 66, à Issy; — Que pour cette exploitation il se sert de fumier de cheval, destiné à être transporté dans ses carrières à champignons; — Qu'avant ce transport, et pour influer sur la fermentation de ce fumier, il se livre à une manipulation consistant à y mêler une quantité d'eau suffisante; — Que ce sont ces dépôts et manipulation que l'arrêté du maire d'Issy a voulu proscrire; — Qu'il s'agit donc, au préalable, d'examiner la légalité de cet arrêté; — Attendu, tout d'abord, que l'ordonnance du 14 janvier 1815 ne visant que les établissements classés comme dangereux ou insalubres, ne saurait s'appliquer à l'industrie de Monin, ni à l'emploi et à la manipulation du fumier de cheval, qui ne sont point compris dans l'énumération faite au tableau annexé à l'ordonnance; — Qu'il en est de même de l'ordonnance de police du 24 décembre 1881, qui n'a en vue que les dépôts d'engrais composés de boue, d'immondices ou de débris de matières animales; — Qu'elle ne saurait donc atteindre les dépôts de fumier de cheval; — Que les arrêtés des consuls, visés dans le susdit arrêté du maire, sont exclusivement relatifs aux attributions et à l'étendue du ressort du préfet de police; — Et qu'enfin, la loi du 13 avril 1850, sur les logements insalubres, aussi bien que le rapport de la commission spéciale, sont d'autant moins applicables dans l'espèce que l'inculpé habite seul la maison dont il est le propriétaire; — Attendu, dès lors, que l'arrêté du maire d'Issy n'a pu être pris par lui qu'en vertu des pouvoirs spéciaux qu'il tient des lois des 16 et 24 août 1790 et 18 juillet 1837; — Mais attendu que si l'autorité municipale est investie du droit de prescrire les mesures de police que peuvent exiger les intérêts confiés à sa vigilance, notamment les intérêts de la salubrité publique, ces mesures ne sauraient porter atteinte au droit de propriété; — Qu'ainsi, en vertu de ce principe, les maires ne peuvent, sans commettre un excès de pouvoir, déterminer eux-mêmes la nature et l'importance des travaux qui doivent être effectués, ni prescrire un moyen exclusivement obligatoire de faire disparaître les causes d'insalubrité, lorsqu'il peut en exister d'autres aussi efficaces et moins onéreux pour les propriétaires; — Qu'ainsi l'a décidé la Cour suprême, le 27 juin 1879, par rejet du pourvoi du ministère public près le tribunal de police de Bordeaux contre un jugement en faveur de Roux et autres (V. à la note); — Qu'un arrêt du conseil d'Etat du 12 mai 1882 (V. à la note), a décidé de même que l'arrêté d'un maire, ordonnant la suppression d'une écurie établie au centre d'une ville, est entaché d'excès de pouvoir parce que, s'il appartient au maire, en vertu de ses pouvoirs de police, d'enjoindre au propriétaire de faire disparaître les causes d'insalubrité provenant de cette écurie, aucune disposition de loi ne l'autorisait à déterminer la nature des travaux nécessaires et encore moins à ordonner la suppression de l'écurie; — Attendu, dès lors, et par analogie, que les mesures édictées par l'art. 1er de l'arrêté ne sauraient entrer dans les pouvoirs limités conférés au maire par les lois précitées; — Que, par suite, l'art. 1er de l'arrêté pris par lui est entaché d'excès de pouvoir; — Par ces motifs, — Le tribunal de police, constatant que l'art. 1er dudit arrêté a dépassé les pouvoirs du maire d'Issy, déclare qu'il ne saurait servir de base à une contravention, et renvoie, en conséquence, Monin des fins des poursuites purement et simplement et sans dépens.

M. Vincent, prés.

---

stagnation d'eaux pluviales dans leurs propriétés, est valable et obligatoire. V. Cass., 23 juill. 1864 (Pand. chr.); 16 mars 1867 (S. 67. 1. 416. — P. 67. 1104. — D. 67. 1. 415); 25 juin 1869 (S. 71. 1. 110. — P. 71. 262. — D. 70. 1. 379); — 2° qu'est également valable et obligatoire le règlement par lequel un maire défend de conserver dans les propriétés particulières situées le long des rues et autres lieux publics des amas de matières produisant des exhalaisons infectes : Cass., 6 février 1823 (S. chr.); — 3° qu'il en est aussi de même de l'arrêté par lequel le maire, en vue de prévenir une épidémie, enjoint aux propriétaires ou locataires de faire disparaître, à des époques déterminées, de leurs maisons, cours, ruelles, jardins ou dépendances, tous les *fumiers*, immondices et autres matières de nature à répandre des exhalaisons infectes et malsaines : Cass., 9 (ou 2) mars 1867 (S. 68. 1. 46. — P. 68. 75. — D. 67. 1. 414). Ce dernier arrêt offre avec notre espèce une grande analogie. Il nous paraît donc difficile de défendre la solution du jugement de police de Sceaux. Les pouvoirs de l'autorité municipale sont presque illimités en tout ce qui touche les mesures à prendre pour sauvegarder la salubrité publique.

Les maires tiraient, avant la loi du 5 avril 1884, des lois des 16-24 août 1790 et 28 juill. 1837, le droit d'ordonner les suppressions de tous dépôts de fumier ou autres pouvant occasionner des épidémies et compromettre la santé des habitants de la commune. — La loi du 18 juill. 1837 a été abrogée, il est vrai, par l'art. 168, 6° de la loi précitée du 5 avril 1884, sur l'organisation municipale, mais l'art. 97 de cette dernière loi a reproduit à peu près textuellement l'art. 3, tit. XI, de la loi des 16-24 août 1790. La situation juridique reste donc la même, puisque les pouvoirs des maires, en tout ce qui touche le bon ordre, la sûreté et la salubrité publique (art. 97, 1°) n'ont pas été modifiés.

Mais ce que les maires ne peuvent faire, *lorsqu'ils maintiennent ces dépôts*, c'est, pour nous servir des expressions propres d'un arrêt de cassation du 27 juin 1879 (Pand. chr.), « de déterminer eux-mêmes la nature et l'importance des travaux qui doivent être effectués et de prescrire un moyen exclusivement obligatoire à l'effet de faire disparaître les causes d'insalubrité, lorsqu'il peut en exister d'autres aussi efficaces et moins onéreux pour les propriétaires », parce qu'ils porteraient alors atteinte au droit de propriété. V. conf. sur ce dernier point : Cass., 23 juill. 1864 (Pand. chr.); Cons. d'Etat, 5 mai 1865 (S. 66. 2. 134. — P. chr. adm. — D. 68. 3. 17); Cass., 16 mars 1867 (S. 67. 1. 416. — P. 67. 1104. — D. 67. 1. 415).

Le jugement ci-dessus rapporté invoque, à l'appui de sa thèse, une décision du conseil d'Etat, du 12 mai 1882 (Pand. chr.). Mais nous cherchons en vain une analogie entre les deux espèces. L'existence des écuries de chevaux à l'intérieur des villes n'a jamais été, en aucun temps ni en aucun lieu, considérée ni prohibée comme nuisible à la santé publique. Quand cette influence pernicieuse vient à se produire, elle ne peut vraisemblablement être attribuée qu'aux conditions vicieuses d'installation ou à un défaut d'entretien ou de propreté. Rien de plus facile que de faire disparaître les causes d'insalubrité, quand elles existent. — Autre chose sont les dépôts de fumier dans le voisinage des agglomérations humaines; il n'y a plus là une de ces nécessités à subir, à cause d'avantages plus grands dont on risquerait d'être privé. Quelles que soient les précautions que l'on prenne, les prescriptions en vue de l'assainissement sont destinées à rester inefficaces. Point de demi-mesure. Le danger ne saurait être réduit. Le maintien du foyer de pestilence constitue une menace constante. La sécurité ne peut se concilier qu'avec une suppression, une disparition radicale.

En résumé, un maire, en vertu de la jurisprudence ci-dessus analysée, peut, dans l'intérêt de la salubrité publique, proscrire et défendre les manipulations de fumiers, même dans les propriétés particulières; mais, permettant l'existence de ces dépôts, et autorisant ces manipulations, il ne saurait prescrire un genre de mesure unique pour en atténuer les inconvénients et contraindre les propriétaires à se conformer sur ce point à son arrêté de police, s'il existait des moyens autres plus commodes et moins coûteux. C'est là la distinction que n'a pas faite le tribunal de police de Sceaux d'une manière suffisamment nette.

TRIB. DE POLICE DE SCEAUX **20 juillet 1883.**

RÈGLEMENT DE POLICE, VOIE PUBLIQUE, TRAVAUX, ECLAIRAGE (DÉFAUT D'), CONTRAVENTION, EMPLOYÉ DES PONTS ET CHAUSSÉES, COMPÉTENCE.

L'obligation d'éclairer les dépôts de matériaux sur la voie publique s'impose à l'administration des ponts et chaussées aussi bien qu'à tous citoyens (1) (C. pén., 471, n. 4).

Par suite, l'employé de cette administration qui manque à une telle obligation, commet la contravention punie par l'art. 471, n. 4, C. pén. (2) (Id.).

Par suite encore, c'est le tribunal de simple police qui est compétent pour connaître d'une pareille infraction (3) (Id.).

En vain, pour échapper à cette compétence, l'employé prétendrait n'avoir agi qu'en vertu des ordres de ses chefs et dans un travail par eux commandé. — Une telle infraction constitue un fait personnel au contrevenant dont il ne peut être relevé par l'intervention de l'administration (4) (Id.).

(1-4) Il a été jugé que le tribunal de police est compétent pour connaître d'une contravention aux règlements de police sur l'éclairage des matériaux déposés sur la voie publique, encore bien que la contravention ait été commise à l'occasion de travaux publics, par l'entrepreneur de ces travaux : Cass., 14 févr. 1834 (Pand. chr.).

L'espèce de cet arrêt présentait une certaine analogie avec l'affaire dans laquelle est intervenue la décision que nous rapportons ci-dessus. Il s'agissait, en effet, d'un maître maçon qui était cité en simple police pour avoir, malgré divers avertissements, négligé d'éclairer du sable et du mortier qu'il avait entreposés sur une place publique. Le maître maçon déclinait la compétence du tribunal de police sous prétexte que chargé de l'exécution de travaux publics, il ne pouvait pas répondre d'un acte quelconque de cette exécution devant d'autres tribunaux que devant les tribunaux administratifs. Le tribunal de police de Cherbourg, par jugement en date du 14 décembre 1833, avait accepté cette théorie, en déclarant « que la difficulté était en dehors de ses attributions, qu'il ne pouvait pas en connaître, et en renvoyant les parties à se pourvoir devant qui de droit ».

Ce jugement a été cassé par la Cour suprême, à laquelle il a été déféré comme « faisant une fausse application de l'art. 3 du décret des 6, 7-11 sept. 1789, ainsi que du décret du 9 fruct. an X (27 août 1802), et comme contenant une violation expresse des règles de la compétence ». L'arrêt de cassation (14 fév. 1834) appuyait sa décision, entre autres motifs, sur le considérant suivant, dont nous retrouvons la pensée, sinon les termes mêmes, dans le jugement du tribunal de police de Sceaux : — « Attendu que si ces matériaux sont nécessaires à l'entrepreneur pour la construction de l'établissement dont l'autorité municipale lui a consenti l'adjudication, il ne s'ensuit point que cet entrepreneur puisse être dispensé, sous ce rapport, de se conformer à la disposition *générale et absolue* de l'arrêté de police relatif à l'éclairage; — que la prévention d'y avoir contrevenu *ne se rattache point à l'exécution des engagements* que le cahier des charges lui impose envers la municipalité... »

Comme on le voit l'analogie avec notre espèce est frappante; dans l'un et l'autre cas, il s'agit de défaut d'éclairage d'un dépôt de matériaux sur la voie publique; dans l'un et l'autre cas, les travaux exécutés ont le caractère de travaux publics. Où est la différence? La seule à signaler est que dans le jugement de police de Cherbourg et dans l'arrêt de cassation figure un entrepreneur, un adjudicataire de travaux publics, tandis que dans l'affaire du tribunal de police de Sceaux, le contrevenant est un cantonnier chef, un employé des ponts et chaussées.

Cette différence entre les personnes peut-elle justifier une distinction de compétence?

Nous en cherchons vainement les raisons. Les règlements de police s'appliquent indistinctement à tous les citoyens, à toutes les administrations, à tous les fonctionnaires, si haute que soit leur situation dans la hiérarchie gouvernementale. Plus l'homme sort du rang, plus il doit donner l'exemple du respect et de la soumission aux lois; à cet égard les administrations ont, elles aussi, des devoirs à remplir plus stricts que les entreprises particulières, et c'est par là qu'elles se recommandent à toutes les bienveillances et à toutes les sympathies. Les règlements de police sont pris dans un intérêt général de défense et de conservation sociale; ils assurent le bon ordre dans la cité; ils facilitent la circulation; ils préservent la vie ou la santé des habitants contre les dangers que leur feraient courir l'insouciance ou l'égoïsme individuel; ils protègent les administrations, comme les associations ordinaires, les employés ou fonctionnaires, au même degré que les simples particuliers.

Quelle serait l'autorité de ces règlements, si leur application n'était pas générale, absolue, indépendante des personnes et de leur qualité? Elle serait à l'avance énervée. Chaque administration mettrait une sorte de point d'orgueil à se créer une situation à part, en dehors du droit commun. L'exemple actuel donné par l'un des services administratifs les plus considérés, les plus intelligents, ne le prouverait que trop.

Cet exemple est regrettable. Parce qu'un cantonnier oublie ou néglige d'éclairer un dépôt de pierres sur la voie publique, l'honneur de l'administration à laquelle il appartient n'est point engagé. C'est l'employé seul qui est fautif. Au lieu de couvrir de sa protection des défaillances de service qui mettent en jeu la sécurité des citoyens, l'administration devrait plutôt se joindre à l'action publique pour les poursuivre et les frapper d'une juste répression.

Voilà le conseil de la raison et du bon sens le plus vulgaire; le droit n'y contredit pas.

Quels sont, en effet, les arguments juridiques invoqués par les ponts et chaussées. Ils se résument en un seul : le principe de la séparation des pouvoirs administratif et judiciaire. L'action de l'administration doit être indépendante, maîtresse d'elle-même dans la résolution et l'exécution. Cette indépendance deviendrait une fiction si l'autorité judiciaire s'arrogeait le droit de citer à sa barre les agents administratifs et leur demandait compte des actes de leurs fonctions.

Nous nous inclinons devant ce principe et nous en proclamons la sagesse. Mais nous blâmons l'usage qu'en voudraient faire les administrations, qui s'en empareraient comme d'un bouclier d'impunité, destiné à protéger en toute occasion leurs agents.

Oui, il faut distinguer entre ce qui est de l'acte administratif et ce qui n'en est pas, entre les obligations professionnelles et les obligations de droit commun. Pour tout ce qui est technique, de la *spécialité*, suivant l'heureuse expression du jugement de police de Sceaux, l'agent ne relève que de ses chefs hiérarchiques et des tribunaux administratifs, s'il y a lieu. Mais pour le reste, et en tout ce qui ne tient pas au métier, à l'emploi, l'agent n'est plus qu'un citoyen, soumis comme tout le monde à l'observance des lois et surtout des règlements de police qui sont pris dans un intérêt général et d'ordre public. S'il les viole, il en doit compte à l'autorité judiciaire.

Faisons à notre espèce l'application de ces principes. Un cantonnier agit dans l'exercice de ses fonctions lorsqu'il s'empare de la voie publique pour y exécuter un travail commandé par ses chefs. Il remue le sol, descelle les pavés, les replace, modifie les pentes, dont il élève ou abaisse le niveau; l'autorité judiciaire n'a rien à y voir. L'administration des ponts et chaussées donne ses ordres comme elle l'entend; ses agents ne répondent que vis-à-vis d'elle de leur exécution technique.

Mais voici un cantonnier qui, même dans son travail, ne prend pas des précautions suffisantes; il entasse des pavés sans leur donner l'assiette nécessaire; un écroulement se produit; un passant est tué. Ou bien, pour ne pas nous écarter de notre espèce, à la fin de sa journée, le cantonnier s'en va, négligeant d'éclairer le tas de pavés qu'il a formé au milieu de la voie; un piéton vient s'y heurter pendant la nuit et se tue. Il y a un homicide par imprudence (C. pén., 319). — L'administration serait-elle autorisée à prétendre que cet accident, survenu au cours d'un travail par elle commandé, se lie intimement à l'exécution de ses ordres au point, pour ainsi dire, de ne faire qu'un seul corps avec l'acte administratif? Serait-elle autorisée, allant jusqu'aux conséquences extrêmes mais logiques du principe, à décliner la compétence des tribunaux correctionnels et à demander le renvoi de son agent devant qui de droit?

Ce serait là une énormité juridique; il est inutile de s'y arrêter.

En supposant mort d'homme, nous avons un peu forcé la situation; le défaut d'éclairage poursuivi et réprimé par le tribunal de police de Sceaux n'a pas occasionné d'accident. C'est un hasard heureux, indépendant de l'employé négligent et de l'administration qui le protège : nous ne saurions donc leur en attribuer le mérite.

Mais il reste une contravention, avec un caractère propre, particulier, bien distinct de l'acte administratif, sans relation aucune avec la qualité de l'agent. Pour l'apprécier, il n'est pas nécessaire de faire une incursion sur le terrain administratif, de rechercher la nature du travail accompli et les voies et moyens employés. Eclairer ou ne pas éclairer, pendant la nuit, un dépôt de matériaux sur la voie publique, n'est pas une prescription technique, puisque le travail de l'ingénieur ne saurait ni en profiter ni en souffrir. Mais il n'en est plus de même de cet intérêt d'ordre supérieur, la sécurité et la vie des citoyens, que les règlements de police ont pour but de défendre contre les négligences ou les défaillances de tous, des administrations comme des individus.

Le moyen tiré de la séparation des pouvoirs, si médiocre qu'il fût, pouvait encore se plaider; ce sont là de ces principes géné-

(H...)

D'un procès-verbal dressé le 7 mai 1883, il résulte que le 7 dudit mois de mai, à onze heures trois quarts du soir, il a été constaté qu'il existait sur l'un des trottoirs de la rue Houdan, à Sceaux, en face la maison n° 125, un tas de pavés, encombrant totalement ledit trottoir et pouvant occasionner des accidents graves, lequel dépôt de pavés, placé ledit jour en cet endroit par les soins du sieur H..., n'était pas éclairé.

Poursuivi pour ce fait, le sieur H..., assisté de Mᵉ P..., avocat, et de M. X..., ingénieur des ponts et chaussées, a déposé les conclusions suivantes : « — Vu la loi des 16-24 août 1790, titre II, art. 13, et celle du 16 fructidor an III; — Considérant que la loi des 16-24 août 1790, titre II, art. 3, dispose : « Les fonctions judiciaires sont distinctes et demeureront toujours séparées des fonctions administratives. Les juges ne pourront, à peine de forfaiture, troubler de quelque manière que ce soit les opérations des corps administratifs, ni citer devant eux les administrateurs pour raison de leurs fonctions » ; — Que le décret du 16 fructidor an III ajoute : « Défenses itératives sont faites aux tribunaux de connaître des actes administratifs de quelque espèce qu'ils soient » ; — Attendu qu'à la date du 7 mai dernier, un procès-verbal a été dressé contre le sieur H..., cantonnier en chef des ponts et chaussées, pour avoir contrevenu à l'art. 471 du Code pénal en n'éclairant pas un dépôt de pavés qui devait servir le lendemain à la réfection de la route; — Attendu que ce faisant le sieur H... agissait dans l'exercice de ses fonctions; qu'il exécutait un travail commandé par ses chefs et dans les conditions où ses chefs le lui avaient commandé; — Qu'il n'appartient pas aux magistrats de l'ordre judiciaire de connaître des actes administratifs de quelque espèce qu'ils soient; — Par ces motifs, — Se déclarer incompétent pour connaître des contraventions mentionnées au procès-verbal du 7 mai dernier, et renvoyer H... des fins de la citation. »

Mᵉ P..., avocat, a ensuite repris et développé les conclusions ci-dessus et en a requis l'adjudication. Puis M. X..., ingénieur des ponts et chaussées, a déclaré que l'inculpé n'avait agi que par les ordres de ses chefs et qu'il était couvert par leurs instructions.

JUGEMENT.

LE TRIBUNAL : — Attendu qu'un procès-verbal a été rédigé contre le chef cantonnier H... pour n'avoir pas fait éclairer un tas de pavés déposés en face le n° 125 de la rue Houdan, à Sceaux, ce qui constituerait une contravention à l'art. 471, n. 4, du Code pénal; — Attendu que l'administration des ponts et chaussées, par l'organe du Mᵉ P..., avocat à la Cour d'appel de Paris, soutient que le tribunal de police est incompétent pour statuer sur le fait reproché à cet inculpé, parce que, dit-on, il aurait ainsi agi dans l'exercice de ses fonctions, et n'aurait fait qu'exécuter les ordres de ses chefs; — Mais attendu que si l'on peut admettre que H... puisse être couvert par les instructions formelles de ses supérieurs hiérarchiques en ce qui concerne l'exécution des travaux de sa spécialité, il n'est pas possible d'admettre un seul instant que le fait de ne pas éclairer un tas de pavés, dans l'une des rues d'une ville surtout, puisse être considéré comme figurant au nombre des susdites instructions; — Qu'ainsi, dans l'espèce, H... a agi de sa propre initiative; — Que c'est donc un fait personnel qui constitue à sa charge, comme à celle de tout autre citoyen, une contravention prévue et punie par l'art. 471 du Code pénal, ainsi conçu : (suit le texte de l'article); — Vu l'art. 162 du Code d'instruction criminelle; — Faisant application de l'article précité et statuant en dernier ressort, condamne le prévenu H... à un franc d'amende et aux dépens, etc.

M. Vincent, prés.

NIMES (CH. CIV.) **7 août 1883.**

SURENCHÈRE, NANTISSEMENT, CAISSE DES DÉPOTS ET CONSIGNATIONS, GREFFE, VERSEMENT ULTÉRIEUR, NULLITÉ.

L'irrégularité de la consignation du nantissement en argent ou en rentes sur l'Etat que le surenchérisseur est tenu de fournir à défaut de caution, et résultant de ce que les fonds, au lieu d'être versés à la Caisse des dépôts et consignations, l'auraient été au greffe du tribunal, entraîne la nullité absolue de la surenchère (1) (C. proc., 832, 838; C. civ., 2185).

Et le vice de la consignation ne peut être réparé par un versement opéré à la Caisse des dépôts et consignations après l'expiration du délai de quarante jours accordé pour fournir ce nantissement (2) (Id.).

(Chiesa c. synd. de la Comp. des omnibus.) — ARRÊT.

LA COUR : — Attendu que le créancier surenchérisseur doit, dans les quarante jours de la notification du contrat,

---

...aux que l'on a trop l'habitude de rencontrer sur son chemin, dans des argumentations pleines de vague à dessein, pour en éprouver encore quelque surprise. Comme de vieilles connaissances, respectables entre toutes, on les salue bien bas et on passe; le plaideur lui-même qui les oppose n'a pas besoin d'attendre le jugement pour savoir à quoi s'en tenir.

Dans notre affaire, le sérieux administratif vient tout aggraver. On ne se défend pas pour se défendre, mais pour avoir raison, et on sent bien que l'on préfère tout à l'aveu d'un tort, si léger qu'il soit. C'est ainsi que nous voyons, par une solidarité mal comprise, l'ingénieur, chef du service, venir à la barre du tribunal, transformer en mérite professionnel la négligence d'un employé. Il n'aurait agi que d'après les ordres de ses supérieurs hiérarchiques, suivant des instructions précises. Nous ne pouvons mettre en doute l'existence de pareils ordres, ou de pareilles instructions, affirmée par l'autorité d'un chef de service; mais il nous est au moins permis de nous étonner de leur singularité.

Comment! voilà une mesure sage entre toutes, conseillée par la prudence la plus élémentaire : *éclairer les dépôts de matériaux sur la voie publique*, et il se trouve une administration qui en dégage ses employés! Et quelle administration? celle qui, à tout moment, est appelée, par les nécessités de la viabilité, à prendre possession des rues; celle qui, tantôt sur un point, tantôt sur un autre, vit, travaille sur le sol des chemins, le vrai domaine de son action. Mais si des précautions doivent être prises, c'est surtout par vous, employés des ponts et chaussées, et si les règlements de police sont utiles contre les particuliers qui n'occupent la voie publique que d'une manière intermittente, passagère, tout à fait accidentelle, ils sont contre vous, détenteurs pour ainsi dire *immobilisés* de ce sol, sollicités, rigoureusement commandés par la sécurité des citoyens.

Ainsi donc, si triste que soit l'enregistrement d'un tel aveu, il existe des instructions qui défendent aux employés des ponts et chaussées de se soumettre à certains règlements de police et qui leur ordonnent même énergiquement de les violer. Eh bien, de tels ordres ne sauraient en rien affaiblir l'autorité de ces règlements. Légalement, ils ne comptent pas; ils sont sans vertu efficace. Les infractions commises aux prescriptions de police n'en constitueront pas moins des faits personnels à chaque agent, des contraventions punies par le Code pénal et relevant des tribunaux de police.

Toute autre solution serait contraire au droit autant que fatale au prestige d'une administration dont les éminents services proclament les mérites. Il n'y a jamais profit à se mettre en dehors ou au-dessus de la loi commune; le conseil est d'ami.

(1) Les Cours d'appel sont divisées sur cette question, que la Cour de cassation n'a point encore été appelée à trancher. V. conf. à la solution de l'arrêt ci-dessus rapporté, Pau, 11 août 1852 (S. 53. 2. 249. — P. 53. 2. 597. — D. 53. 2. 71. — *Contrà*, Riom, 23 juin 1843 (S. 43. 2. 517. — P. chr.); Bourges, 17 mars 1852 (Pand. chr.).

(2) V. dans le même sens, Pau, 11 août 1852, précité; Chambéry, 25 nov. 1863 (Pand. chr.); Paris, 25 juin 1877 (Pand. chr.), et les renvois. — *Contrà*, Riom, 23 juin 1843, précité.

signifier au nouveau propriétaire sa réquisition de surenchère avec assignation en validité, et, s'il use de la faculté qui lui est accordée, de donner, à défaut de caution, un nantissement en argent ou en rentes sur l'Etat, cette assignation doit contenir copie de l'acte constatant réalisation du nantissement; — Attendu que de la combinaison des art. 2185, C. civ., 832 et 838, C. proc., il résulte que ces formalités sont substantielles et que leur inobservation entraîne la nullité de la surenchère; — Attendu que le nantissement n'est réalisé que par le dépôt de l'argent ou des rentes sur l'Etat qui le constituent à la caisse désignée pour le recevoir; que l'art. 832, il est vrai, ne désigne pas cette caisse, bien qu'il indique le greffe comme devant recevoir le dépôt des titres constatant la solvabilité de la caution, mais qu'on ne saurait induire de ce silence que le nantissement peut être réalisé entre les mains d'un officier public quelconque, au gré du créancier; que le législateur n'a pu abandonner au caprice ou au calcul de celui-ci l'intérêt d'ordre public qui s'attache à la sécurité du nantissement; que, s'il eût voulu que ce dépôt pût être fait au greffe, il s'en serait expliqué, ainsi qu'il l'a fait pour les titres justificatifs de la solvabilité de la caution; que, n'ayant pas exceptionnellement désigné le greffe pour recevoir ces sortes de dépôts, il s'en est évidemment référé à la loi spéciale qui a institué et organisé une caisse chargée de recevoir tout dépôt en numéraire ou valeurs ordonnés par la loi ou par le juge; — Attendu que l'ordonn. du 3 juill. 1816 dispose, dans son art. 1er, que la Caisse des dépôts et consignations recevra seule toutes les consignations judiciaires; que son art. 2 vise l'art. 2041, C. civ., auquel se réfère l'art. 832, C. proc.; enfin, par l'art. 3, il est fait défense aux Cours et tribunaux d'autoriser ou d'ordonner des consignations en d'autres caisses ou dépôts publics ou privés; et, au cas où de telles consignations auraient lieu, elles seront, dit l'article, « nulles et non libératoires »; — Attendu qu'en l'état de ces dispositions d'une ordonnance qui a force de loi, les greffiers sont sans qualité pour recevoir de semblables dépôts, et le versement fait en leurs mains ne constitue point le nantissement auquel est soumis le créancier qui ne présente pas une caution, d'où la conséquence que cette formalité substantielle n'ayant pas été accomplie, lorsque le créancier surenchérisseur s'est borné à déposer les fonds au greffe du tribunal, la surenchère est nulle;

En fait : — Attendu que Chiesa, créancier inscrit sur l'immeuble dont la vente à la Comp. des omnibus par la Comp. d'entreprise générale de construction et de travaux publics, est constatée par l'acte public du 26 sept. 1882, a fait signifier, le 2 janv. 1883 à Sauvalier, syndic de la Comp. des omnibus, nouveau propriétaire, sa réquisition de surenchère, avec la copie d'un acte constatant qu'il avait, le 28 déc. 1882, déposé au greffe des titres de rente sur l'Etat, au porteur, d'une valeur suffisante pour couvrir le prix et les charges, et tenir lieu du nantissement exigé par l'art. 832, C. proc.; — Attendu que ce dépôt ne satisfait pas aux prescriptions de la loi; qu'il ne saurait remplacer le nantissement exigé à défaut de caution; que le premier juge semble avoir reconnu lui-même son insuffisance, lorsqu'il a ordonné, par une disposition de la décision attaquée, que les titres de rente dont s'agit seraient déposés à la Caisse des dépôts et consignations; qu'aucune rectification n'était même possible en ce moment, puisque le délai de quarante jours accordé pour faire ce nantissement était depuis longtemps expiré; qu'il y avait lieu, dès lors, par application des art. 2185, C. civ., 832 et 838, C. proc., de prononcer la nullité de la surenchère; — Par ces motifs, — Infirme, etc.

MM. Gouazé, prés.; Duboin, av. gén.; Daudet et Gauger, av.

BORDEAUX 8 août 1883.

SAISIE-EXÉCUTION, OBJETS SAISIS, DÉTOURNEMENT, PARENTS, IMMUNITÉ.

L'immunité de l'art. 380, C. pén., ne s'étend pas au détournement d'objets saisis, l'art. 400 du même Code qui réprime ce délit ayant pour but d'assurer l'exécution des décisions judiciaires, bien plus que de réprimer les atteintes portées au droit de propriété. — Par suite, est passible des peines dudit article le fils qui détourne les objets confiés à sa garde à la suite d'une saisie-exécution pratiquée sur lui par son père (1) (C. pén., 380, 400).

(Virolleau.) — ARRÊT.

LA COUR : — Attendu que le prévenu se prévaut vainement de ce que la saisie-exécution, à la suite de laquelle il avait été constitué gardien, avait été pratiquée à la requête de son père; que l'immunité établie par l'art. 380, C. pén., ne peut recevoir d'application dans l'espèce, l'art. 400 du même Code ayant pour but d'assurer l'exécution des décisions judiciaires, bien plus que de réprimer les atteintes portées au droit de propriété; — Par ces motifs, etc.

MM. Dulamon, prés.; Bourgeois, av. gén.

DOUAI (3e CH.) 14 novembre 1883.

VOL, FILOUTERIE D'ALIMENTS, AUBERGE, CRÉDIT.

Le fait par un individu sans ressources, qui se sait dans l'impossibilité de payer, de se faire admettre dans plusieurs auberges successivement, de s'y faire nourrir et loger à crédit pendant plusieurs jours, ne constitue pas le délit de filouterie d'aliments prévu et puni par le dernier paragraphe additionnel de l'art. 401, C. pén. (2) (C. pén., 401; L. 26 juill. 1873).

(Lebourlhis.) — ARRÊT.

LA COUR : — En ce qui touche les 3e, 4e, 8e, 9e, 13e et 15e chefs du jugement de condamnation : — Attendu que, des documents de la cause et des débats, il est résulté qu'après avoir pris quelques jours sa pension chez divers cabaretiers qui avaient consenti à le loger et à le nourrir chez eux, le prévenu les a quittés, se trouvant dans l'impossibilité de leur payer ce qu'il leur devait à ce titre; — Attendu que le jugement attaqué a déclaré, à tort, que ces faits tombaient sous l'application des dispositions de la loi du 26 juill. 1873, art. 401, paragraphe additionnel du Code pénal; — Attendu, en effet, qu'en les édictant, le législateur n'a entendu réprimer et n'a visé que le fait de se faire servir, sachant qu'on est dans l'impossibilité de les payer, des aliments et des boissons que l'on consomme immédiatement, avant que le chef de l'établissement qui les fournit,

---

(1) La théorie de l'arrêt se résume en ceci : l'immunité de l'art. 380, C. pén., en faveur des conjoints, des ascendants, se restreint au vol, ou aux délits de même nature qui constituent des atteintes à la propriété, comme l'abus de confiance. Or la soustraction d'objets saisis revêt un autre caractère; l'art. 400 a eu pour but principal d'assurer avant tout le respect des décisions judiciaires. Or ce respect s'impose à tous sans distinction, sans considération des liens de parenté. Il ne peut y avoir de place à une immunité quelconque, autrement l'action de la justice en serait amoindrie. V. en ce sens, Paris, 7 janv. 1842 (S. 42. 2. 180); 13 févr. 1857 (S. 57. 2. 202. — P. 57. 343); Cass., 18 avril 1857 (S. 57. 1. 482. — P. 57. 343. — D. 57. 1. 226). — Comp. Cass., 8 janv. 1885 (Pand. chr.).

(2) V. conf. Paris, 22 févr. 1883 (Pand. chr.), et la note.

obligé de se conformer à un usage impérieux, ne puisse en réclamer le payement; d'où résulte, pour lui, l'impossibilité de se prémunir contre cette fraude; que cette loi n'est donc nullement applicable, lorsque, comme dans l'espèce, l'on a admis dans son auberge, et nourri, pendant plusieurs jours, un individu dont on a suivi la foi, et à qui l'on a consenti à faire crédit, sans prendre de garanties contre son insolvabilité; — ... Infirme, etc.

MM. Lemaire, prés.; Vibert, av. gén.

AMIENS (1re CH.) **15 novembre 1883.**

RESPONSABILITÉ, ACCIDENT, PATRON, OUVRIER, IMPRUDENCE PERSONNELLE, TRAVAIL DANGEREUX, SURVEILLANCE, MACHINE EN ROTATION, INHABILETÉ.

Les patrons ont pour devoir étroit de veiller à la conservation de leurs ouvriers et de les protéger contre les périls qui peuvent être la conséquence du travail auquel ils les emploient (1) (C. civ., 1383, 1384).

Ils doivent même prémunir leurs ouvriers contre les effets de leur imprudence personnelle (2) (Id.).

Et ces obligations sont d'autant plus impérieuses que le travail est difficile et dangereux (3) (Id.).

Spécialement, *le patron est responsable de l'accident survenu à un ouvrier, dans un travail commandé près de deux arbres de couche d'une machine en pleine rotation, en dehors de toute surveillance et même de toute présence du contremaître qui avait donné les ordres* (4) (Id.).

Alors surtout que l'on se trouvait à une heure peu éloignée du repas, temps d'arrêt habituel de l'usine (5) (Id.).

Peu importe que l'ouvrier eût pu exécuter son travail par d'autres procédés moins défectueux et avec moins de risques (6) (Id.).

(Pingot et Neveu c. Lenain.)

23 juin 1883, jugement du tribunal civil d'Amiens, conçu dans les termes suivants : — « LE TRIBUNAL : — En ce qui touche le principe de la responsabilité : — Attendu qu'il résulte des documents de la cause et des enquête et contre-enquête auxquelles il a été procédé que l'accident arrivé à Lenain a eu pour cause l'imprudence du contre-maître Pingot, qui lui a commandé un travail dangereux près de deux arbres de couche sans arrêter la marche de l'usine, sans même attendre l'heure du déjeuner, et qu'il a laissé l'ouvrier livré à lui-même sans instruction et sans surveillance; qu'il avait reproché à Juliette Bled de ne pas faire assez de travail pour une commande pressée; que, sur une objection faite par cette ouvrière, il est allé immédiatement chercher Lenain, avec lequel il est revenu et qu'il a laissé ensuite seul à son travail; — Attendu qu'il ne peut subsister un doute sur la volonté de Pingot de voir ses ordres exécutés sans retard; qu'en effet, une demi-heure après l'accident, alors qu'un témoin demandait à Lenain comment il se faisait que pour si peu on n'ait pas attendu l'heure du déjeuner, celui-ci répondait qu'on était venu le chercher plusieurs fois; que le contre-maître Manchion, quelques jours après l'accident, répondait à la même question que Pingot lui avait commandé de faire poser très-vivement la couronne et qu'il avait dû s'exécuter; qu'il ajoutait même qu'il avait fait observer à Pingot qu'on pouvait bien attendre l'heure du déjeuner, parce que l'endroit était dangereux, mais que celui-ci avait insisté pour qu'on fît le travail tout de suite parce que l'ouvrière était gênée; — Attendu que le travail imposé à Lenain était incontestablement dangereux, puisqu'il s'opérait à une très-petite distance de deux arbres de couche pendant leur mouvement de rotation rapide, à 13 centimètres de l'un d'eux, et qu'il devait être exécuté par un ouvrier placé dans des conditions difficiles; que le contre-maître Pingot devait donc toute son attention à l'opération périlleuse qu'il avait commandée; qu'au lieu d'assister l'ouvrier en le dirigeant et en le surveillant, il l'a abandonné à lui-même; que l'assistance de Bled ne saurait suppléer le défaut de surveillance du contre-maître; — Attendu qu'il n'est pas possible de dire, comme Neveu l'avait soutenu dans ses conclusions lors de la première audience, que Lenain avait une certaine indépendance, ne recevant pas d'ordres et dirigeant son travail comme il l'entendait; qu'il a été au contraire établi qu'il était placé sous la surveillance et la direction du contre-maître Manchion, qui commandait son travail, et qu'il ne pouvait rien faire sans ordres; — Attendu que les défendeurs reprochent à Lenain une imprudence résultant de la position donnée à son échelle; que les témoins dans l'enquête, et Pingot et Neveu à l'audience, ont indiqué différentes manières qui auraient été à la disposition du demandeur pour l'exécution de son travail; qu'il n'est pas démontré, d'une part, que Lenain ait pu installer son échelle autrement qu'il ne l'a fait ni qu'il ait eu sous la main une autre échelle que ses dimensions lui auraient permis de placer autrement que celle dont il s'est servi; que, d'autre part, un témoin de la contre-enquête semble condamner tous les moyens proposés en disant qu'il n'y avait pas d'autre garantie de sécurité que la construction d'un échafaudage exigeant deux heures, alors que le travail lui-même pouvait être entièrement effectué dans les trois quarts d'heure du déjeuner; — Attendu que, sans qu'il y ait lieu d'examiner si les modes de travail proposés par les témoins ou par les défendeurs sont préférables à celui employé par Lenain, et en admettant qu'il ait été possible d'en trouver un meilleur que celui auquel il a cru devoir s'arrêter, après plusieurs essais, la responsabilité de Neveu n'en serait pas diminuée, car, ainsi que le dit un témoin, on ne réfléchit pas toujours à tout, surtout lorsqu'on est pressé, et l'on ne peut demander à un ouvrier d'avoir ce surcroît d'intelligence de trouver instantanément ce que le patron a découvert après réflexion; que c'est d'ailleurs mal poser la ques-

---

(1-5) Le principe et les applications qu'en fait l'arrêt ci-dessus à l'espèce actuelle, ne paraissent devoir soulever aucune difficulté. V. dans le même sens, sur les devoirs et la responsabilité des patrons ou maîtres d'usine envers leurs ouvriers, Nancy, 9 déc. 1876 (S. 79. 2. 228. — P. 79. 972. — D. 79. 2. 47); Aix, 18 janv. 1877 (S. 77. 2. 336. — P. 77. 1306. — D. 77. 2. 204); 27 nov. 1877 (S. 78. 2. 132. — P. 78. 979); Dijon, 27 avril 1877, et Cass., 7 janv. 1878 (S. 78. 1. 412. — P. 78. 1074. — D. 78. 1. 297); Caen, 17 mars 1880 (S. 80. 2. 176. — P. 80. 789. — D. 81. 2. 79); Douai, 27 juin 1881 (S. 84. 2. 7. — P. 84. 1. 89. — D. 82. 2. 183); Paris, 12 déc. 1881 (S. 82. 2. 136. — P. 82. 1. 704); Cass., 28 août 1882 (S. 85. 1. 19. — P. 85. 1. 30. — D. 83. 1. 239).

(6) L'imprudence même commise par l'ouvrier en déférant à l'ordre ou à l'invitation du contre-maître, n'effacerait pas la faute imputable à celui-ci, et ne saurait affranchir le patron de la responsabilité demeurant à sa charge du fait de son préposé. V. Cass., 28 août 1882, précité; Orléans, 28 janv. 1887 (journ. *la Loi*, 24 févr.).

Toutefois la jurisprudence s'accorde à reconnaître qu'il y aurait lieu, en pareil cas, de modérer le chiffre des dommages-intérêts dus à l'ouvrier. V. Paris, 4 févr. 1870 (S. 70. 2. 324. — P. 70. 1186. — D. 70. 2. 111); 16 nov. 1871 (D. 71. 2. 208); Cass., 8 févr. 1875 (Pand. chr.); Nancy, 9 déc. 1876, Aix, 10 janv. 1877, précités; Bordeaux, 19 août 1878 (S. 79. 2. 13. — P. 79. 98); Cass., 20 août 1879 (Pand. chr.); 10 nov. 1884 (Pand. chr.), et les renvois. *Adde* Cass., 29 mars 1886 (S. 86. 1. 428. — P. 86. 1. 1039); Orléans, 22 janv. 1887 (journ. *la Loi*, 27 févr.); 28 janv. 1887 (*ibid.*, 24 févr.).

Bien plus même, le patron ne serait plus responsable si l'accident était exclusivement imputable à la seule imprudence de la victime. V. Cass., 15 nov. 1881 (S. 83. 1. 402. — P. 83. 1. 1025. — D. 83. 1. 159); 7 juin 1885 (Pand. pér., 86. 1. 175); Rouen, 25 juin 1886 (Pand. pér., 86. 2. 255), et les notes.

tion que de soutenir qu'il n'y avait pas pour Lenain impossibilité absolue d'échapper à un danger fatal, inévitable, et qu'il a commis une faute en ne trouvant pas le moyen de s'y soustraire; qu'il incombait au patron de surveiller et de diriger son ouvrier, alors qu'il lui commandait un travail dangereux et qu'avec trois quarts d'heure de retard tout péril pouvait être évité; qu'en effet, en droit, d'après une jurisprudence constante, les patrons ont le devoir de veiller à la conservation de leurs ouvriers et de les protéger contre les périls qui peuvent être la conséquence du travail auquel ils les emploient; que, sous peine de faute, ils doivent prévoir les causes possibles d'accident, et prendre et faire prendre par leurs agents toutes les mesures de précaution pouvant les prévenir ou les éviter; qu'ils doivent même prémunir leurs ouvriers contre les effets de leur imprudence personnelle; — Attendu que ces obligations sont d'autant plus étroites que le travail est difficile et dangereux; que, dans la cause, Pingot est donc en faute d'avoir ordonné un travail dans des conditions dangereuses, alors qu'il eût été facile, en le retardant seulement de trois quarts d'heure, de le rendre inoffensif, et de n'avoir pas fait ce qui pouvait être utilement fait pour protéger l'ouvrier abandonné à lui-même sans direction et sans surveillance; que, par suite de cette faute de son contre-maître, la responsabilité de Neveu se trouve engagée; — Attendu que vainement Cagnet, autre contre-maître de l'usine, premier témoin de la contre-enquête, est-il venu reprocher à Lenain d'avoir commis l'imprudence de ne pas défaire son tablier ou son gilet flottant; qu'en admettant qu'il ait conservé son tablier, il n'y aurait pas là une faute imputable à la victime et pouvant diminuer la responsabilité de son patron, puisqu'il devait tourner le dos à l'arbre de couche, et qu'en fait, il a été pris par le dos; qu'il ne saurait sérieusement lui être fait grief d'avoir conservé son gilet de laine à manches; qu'un semblable vêtement ne peut être considéré comme flottant, et qu'il y a lieu de se demander quel autre moins dangereux il eût pu porter en décembre pour exécuter le travail qui lui était commandé; — Par ces motifs, etc. »
— Appel par Neveu.

ARRÊT.

LA COUR : — Adoptant les motifs des premiers juges, — Confirme.

MM. Dauphin, 1er prés.; Grenier, av. gén.; Pinvert (du barreau de Paris) et Hardouin, av.

ORLÉANS 7 décembre 1883.

PÉREMPTION, DÉLAI, PROROGATION, NOUVEL AVOUÉ, CONSTITUTION, COUR DE RENVOI, CASSATION.

La constitution d'avoué faite après cassation devant la Cour de renvoi doit être considérée comme une constitution de nouvel avoué qui proroge de six mois le délai de la péremption (1) (C. proc., 397, § 2).

(Du Granlaunay c. Commune de Saint-Clément des Levées.) — ARRÊT.

LA COUR : — Attendu que les parties sont d'accord pour reconnaître qu'en fait, depuis le 5 mai 1880, date de la signification de l'arrêt de la Cour de cassation qui saisit la Cour d'Orléans, jusqu'au 8 mai 1882, date de la signification des conclusions en péremption d'instance, c'est-à-dire pendant un laps de temps de trois ans et trois jours, il n'a été fait aucun acte de procédure; — Attendu, toutefois, que la commune de Saint-Clément des Levées, défenderesse à l'action en péremption intentée par du Granlaunay et consorts, oppose à cette demande diverses fins de non-recevoir, l'une notamment fondée sur ce que, ayant dû constituer un nouvel avoué devant la Cour de renvoi, elle doit bénéficier du délai supplémentaire de six mois imparti pour le cas prévu par le § 2 de l'art. 397, C. proc.; — Sur cette exception : — Attendu que les expressions employées par le législateur dans l'art. 397, C. proc., « dans tous les cas où il y aura lieu à constitution de nouvel avoué », sont générales; que les cas dont il s'agit ne sont point déterminés par la loi; que les dispositions de l'art. 342 du même Code, qui en énonce quelques-uns, ne sont point limitatives; qu'à la vérité, la partie qui, franchissant un degré de juridiction, passe par la voie de l'appel d'une instance à une autre, ne peut être réputée faire une constitution de nouvel avoué; qu'elle suit alors librement, en choisissant un autre représentant, l'évolution naturelle de la procédure; mais qu'il en est différemment lorsque, comme dans la cause actuelle, le degré de juridiction restant le même, le juge seulement se trouve changé par un effet indépendant de la volonté des parties; que, dans ce cas, c'est bien effectivement un nouvel avoué qui vient prendre la place du précédent, devenu incompétent, non par l'attribution à une juridiction supérieure, mais par le simple transport de la cause à un autre siége; qu'il importe peu, à ce point de vue, que le juge ne soit plus le même, puisque c'est le même procès qu'il doit juger; qu'on ne peut méconnaître que, dans l'espèce, l'arrêt de cassation, en annulant celui de la Cour d'Angers, a fait revivre l'instance d'appel, et maintenu en même temps qu'elle tous les actes s'y référant antérieurs à l'arrêt annulé; que c'est donc bien, non à raison d'un changement survenu dans la nature de l'instance, qui reste la même, mais par suite d'un empêchement particulier à l'ancien avoué, devenu impuissant à continuer son ministère, que la partie se trouve dans l'obligation de le remplacer; qu'il y a donc, malgré le changement de juge, constitution de nouvel avoué; — Attendu, d'ailleurs, que l'esprit même de la loi de procédure est favorable à cette interprétation; qu'elle a voulu, en effet, par la prorogation du terme de la péremption, donner plus de latitude et de facilité à la partie qui, au cours de l'instruction du procès, se voit forcée, par une circonstance indépendante d'elle, de confier ses intérêts à des mains nouvelles; qu'il en est ainsi dans le cas où un plaideur se trouve renvoyé devant une autre Cour, après arrêt de cassation; — Attendu que de ces considérations il résulte qu'à bon droit la commune de Saint-Clément des Levées se prévaut contre la demande en péremption qui lui est opposée des dispositions du § 2 de l'art. 397, C. proc.; — Par ces motifs, et sans qu'il soit nécessaire d'examiner les autres fins de non-recevoir opposées par les défendeurs, — Déclare la demande en péremption formée par du Granlaunay et consorts, prématurée, non recevable et mal fondée, etc.

(1) V. en sens contraire, Bordeaux, 7 août 1877 (Pand. chr.); Cass., 13 mai 1878 (Pand. chr.), et les renvois.

NANCY (1re CH.) 14 décembre 1883.

DIFFAMATION, DOMMAGES-INTÉRÊTS, ACTION CIVILE, CITATION, FAITS CONSTITUTIFS, PRESCRIPTION CRIMINELLE, CONCLUSIONS MODIFICATIVES, ORDRE PUBLIC, APPEL, OFFICE DU JUGE.

L'action en dommages-intérêts formée devant la juridiction civile et fondée sur des faits de diffamation commis par la voie de la presse, relevés et mis en lumière avec leurs caractères constitutifs par l'assignation, est soumise non à la prescriptio de trente ans du droit commun, mais à la prescription de trois mois édictée par l'art. 65 de la loi du 29 juill. 1881, pour l'action publique comme pour l'action civile (1) (L. 29 juill. 1881, art. 65).

Et il en est ainsi alors même que, dans des conclusions signifiées en cours d'instance, le demandeur aurait tenté de modifier la nature de son action en visant les art. 1382 et 1383, C. civ., au lieu du délit de diffamation uniquement relevé par l'exploit introductif d'instance (2) (Id.).

La prescription, en pareille matière, étant d'ordre public, peut être opposée en tout état de cause, même en appel, et doit même être relevée d'office par le juge (3) (Id.).

(De Lamotte c. Humbert.) — ARRÊT.

LA COUR : — Sur la prescription opposée devant la Cour, à la demande en dommages-intérêts formée par de Lamotte contre Humbert, et jugée par le tribunal civil de Saint-Dié, le 10 mars 1882 : — Attendu que l'action intentée par de Lamotte contre Humbert devant les premiers juges est basée sur des faits de diffamation, commis par la voie de la presse, dont Humbert se serait rendu coupable dans le numéro du 8 oct. 1880 du journal *la Semaine religieuse*, de Saint-Dié; — Attendu que le libellé de la citation introductive d'instance ne laisse aucun doute sur le caractère attribué par de Lamotte aux faits qui sont le point de départ de son action; — Attendu, en effet, que cette citation, portant la date du 25 mars 1881, parlant de l'article publié par Humbert, allègue « que cet article contient des allégations diffamatoires à l'égard du requérant, en lui attribuant des actes d'improbité commerciale; qu'il est de nature à nuire à sa considération, et qu'il lui cause un préjudice grave en imputant aux voyageurs de sa maison des procédés déloyaux; que cette publication a eu évidemment pour but d'appuyer les manœuvres de certains libraires qui font à de Lamotte une concurrence déloyale »; — Attendu que, dans cette assignation, se trouvent relevés et mis en lumière tous les caractères constitutifs du délit de diffamation : la publicité, l'imputation d'un fait portant atteinte à l'honneur et à la considération de de Lamotte, enfin la mauvaise foi de l'auteur de l'imputation; — Attendu que vainement de Lamotte a-t-il tenté de modifier, dans ses conclusions du 9 mars

(1) Pour se rendre exactement compte du caractère d'une action intentée, il faut se reporter à l'exploit introductif d'instance. De quoi se plaint-on? Quels sont les griefs relevés et qui servent de fondement à l'assignation?

S'il ne s'agit que de faits préjudiciables, constitutifs d'une simple faute, d'un simple quasi-délit, l'action est purement civile; elle dérive des art. 1382 et 1383, C. civ. V. Cass., 3 mars 1879 (S. 81. 1. 351. — P. 81. 1. 858. — D. 81. 1. 212); Rennes, 25 mars 1879 (S. 81. 2. 90. — P. 81. 1. 465. — D. 80. 2. 166). En pareil cas, la prescription applicable est celle ordinaire en matière civile, c'est-à-dire la prescription de trente ans. V. Cass., 27 août 1867 (S. 68. 1. 117. — P. 68. 275. — D. 67. 1. 489); Douai, 18 août 1873 (D. 74. 5. 387); Bordeaux, 4 juin 1874 (D. 75. 2. 99); Cass., 7 mars 1877 (S. 78. 1. 97. — P. 78. 241); 9 janv. 1882 (S. 83. 1. 395. — P. 83. 1. 1012. — D. 83. 1. 136).

Au contraire, quand l'assignation a pour base exclusive un fait qui présente tous les caractères d'un délit, l'action civile, séparément portée devant la juridiction civile, est soumise à la même prescription que l'action publique (V. notamment Cass., 13 mai 1868, S. 68. 1. 356. — P. 68. 924. — D. 69. 1. 217; 12 janv. 1869, S. 69. 1. 99. — P. 69. 245. — D. 69. 1. 219; Nancy, 23 janv. 1875, S. 77. 2. 133. — P. 77. 585; Cass., 1er mai 1876, S. 76. 1. 445. — P. 76. 1144. — D. 76. 1. 400; 10 janv. 1877, S. 77. 1. 270. — P. 77. 674. — D. 77. 1. 197; 1er févr. 1882, S. 83. 1. 155. — P. 83. 1. 370. — D. 82. 1. 454), à la prescription de trois ans, s'il s'agit de délits ordinaires (V. les arrêts précités), — ou à des prescriptions de moindre durée, quand il s'agit de délits d'une nature particulière, par exemple à la prescription de trois mois en matière de diffamation, comme dans l'espèce actuelle. V. Paris, 28 nov. 1883 (D. 84. 2. 80); Limoges, 27 déc. 1883 (Pand. chr.); Cass., 14 mai 1884 (S. 84. 1. 314. — P. 84. 785); Trib. civ. Seine (3e ch.), 25 nov. 1886, rapporté en sous-note.

Or l'art. 65 de la loi du 29 juill. 1881 est très-explicite à cet égard : « L'action publique et l'action civile résultant des crimes, délits et contraventions prévus par la présente loi se prescrivent, porte-t-il, après trois mois révolus à compter du jour où ils auront été commis, ou du jour du dernier acte de poursuite, s'il en a été fait. » Le législateur a pensé que, dans cette matière, il importe de renfermer dans un délai très-restreint l'exercice de l'action civile aussi bien que celui de l'action publique.

(2) Les conclusions nouvelles, signifiées en cours d'instance, peuvent bien, dans une certaine mesure, modifier la demande originaire, la réduire ou l'étendre, suivant les nécessités du débat (V. Cass., 20 janv. 1873, D. 74. 1. 16; 19 nov. 1873, S. 74. 1. 380. — P. 74. 937. — D. 74. 1. 152), elles ne peuvent point la transformer du tout au tout, lui donner une base absolument distincte. Ce n'est plus le même litige qui se continue; c'est un nouveau procès qui se substitue à l'ancien autrement que par la voie régulière de l'ajournement. V. Limoges, 27 nov. 1868 (S. 69. 2. 111. P. 69. 568. — D. 69. 2. 48); Cass., 21 févr. 1877 (S. 78. 1. 51. — P. 78. 117. — D. 77. 1. 349). — Or autre chose est de commencer par poursuivre la réparation d'un délit caractérisé, celui de diffamation dans l'espèce (L. 29 juill. 1881), autre chose de ne plus prétendre qu'à des dommages-intérêts à raison d'une faute ou d'un fait préjudiciable rentrant dans le cercle d'application des art. 1382 et suiv., C. civ. — V. Trib. civ. Seine (3e ch.), 25 nov. 1886, en sous-note.

(3) La question ne fait pas de difficultés lorsqu'il s'agit de l'action publique exclusivement (V. notamment Cass., 20 mai 1824; Lyon, 10 août 1848, S. 49. 2. 161. — P. 48. 2. 434. — D. 49. 2. 241; Cass., 1er déc. 1848, S. 49. 1. 541. — D. 48. 5. 309; Orléans, 25 avril 1853, S. 54. 2. 497. — P. 53. 1. 692. — D. 54. 5. 585; Cass., 1er mars 1855, D. 55. 1. 192; 28 juill. 1882, S. 84. 1. 399. — P. 84. 1. 993. — D. 83. 1. 42), ou bien encore de l'action civile introduite devant la juridiction criminelle en même temps que l'action publique. V. Le Sellyer, *Tr. de l'exercice et de l'extinction des actions publique et privée*, t. II, n. 444; Sourdat, *Tr. de la responsabilité*, t. I, n. 406. — Mais il y a controverse pour le cas où l'action civile est portée devant la juridiction civile séparément, indépendamment de toute action publique. V. dans le sens de l'arrêt ci-dessus, Paris, 24 févr. 1855 (S. 55. 2. 409. — P. 55. 2. 326); Trib. civ. Seine (3e ch.), 25 nov. 1886, en sous-note (*a*); Brun de Villeret, *Prescrip. en mat. crim.*, n. 361. — Jugé, en sens contraire, que, dans cette dernière hypothèse, la prescription de l'action civile ne peut, à la différence de la prescription de l'action publique, être proposée pour la première fois devant la Cour de cassation : Cass., 28 févr. 1860 (S. 60. 1. 206. — P. 60. 1006. — D. 60. 1. 191).

(*a*) Ce jugement, rendu par la 3e ch. du tribunal civil de la Seine, à la date du 25 nov. 1886, aff. Helft c. Cahen, dit Michel, est ainsi conçu :

LE TRIBUNAL : — Attendu qu'à la date du 15 oct. 1881, Helft, négociant, assignait Cahen, dit Michel, représentant de commerce, en 20,000 francs à titre de dommages-intérêts pour réparation du préjudice que les propos diffamatoires de ce dernier auraient causé à la réputation du demandeur; — Attendu que l'assignation est très-nettement formulée; qu'il n'y est question que de diffamation et de nulle autre chose, d'atteinte portée à l'honneur et à la considération; — Que ce n'est que plus tard, lors des conclusions à fin d'enquête, que la demande s'est sensiblement modifiée, que le litige s'est déplacé pour se porter sur le terrain de la concurrence déloyale, qui n'est pas celui choisi par l'exploit introductif d'instance; — Attendu que ce déplacement de la discussion n'était point seulement une habileté de procédure, qu'il était une nécessité absolue, donnant un instant une illusion de vie à une action déjà éteinte; — Attendu, en effet, qu'il est de principe constant que l'action civile, alors même qu'elle est intentée seule et par demande principale et indépendante, devant la juridiction civile, se prescrit par le même laps de temps que l'action publique; — Qu'ainsi l'action en dommages-intérêts fondée sur un fait qualifié par le demandeur lui-même de diffamation et qui présente d'ailleurs d'après l'assignation tous les caractères de ce délit, est soumis, non à la prescription de trente ans du droit commun, mais à la prescription de trois mois de l'article 65 de la loi du 29 juillet 1881; — Qu'il importe peu que, par des conclusions en cours d'instance, le demandeur ait tenté de modifier la nature de son action en visant les articles 1382 et 1383 du Code civil, au lieu du délit de diffamation dont parlait uniquement l'exploit introductif;

Attendu que la prescription de l'action civile portée devant la juridiction civile participe de la nature juridique de la prescription de l'action criminelle portée devant la juridiction correctionnelle, que l'une comme l'autre sont d'ordre public; qu'elles peuvent être opposées en tout état de cause, même d'office par le juge; — Attendu que ces solutions se trouvent du reste confirmées par le texte même de l'art. 65 et par l'esprit qui a présidé à sa rédaction; que le législateur a recherché avant tout à étouffer dans leur germe le plus grand nombre de ces procès correctionnels ou civils, pour la plupart sans importance sérieuse, que les débats judiciaires enveniment et grossissent en des proportions outrées, tandis que le silence, opérant son œuvre salutaire d'oubli, en efface jusqu'au souvenir; — Attendu que des documents produits il résulte que de 1883 au 19 mars 1885, aucun acte de procédure n'a été renouvelé; que l'enquête ordinaire n'a pas pu faire revivre une action depuis longtemps éteinte; qu'elle a été en conséquence superfétative; qu'il n'y a lieu de s'y arrêter;

Par ces motifs, — Déclare prescrite et comme telle non recevable l'action introduite par Helft contre Cahen, dit Michel, au moyen de l'assignation du 15 octobre 1881, etc.

MM. Ruben de Couder, prés.; Flandin, subst.; Georges Fabre et de Gaguy, av.

1882, la nature de son action en visant les art. 1382 et 1883, C. civ., au lieu du délit de diffamation, dont parlait uniquement son exploit introductif d'instance du 25 mars 1881; — Attendu que les allégations nouvelles insérées dans ces conclusions ne sauraient changer le caractère de l'action, telle qu'elle a été engagée par l'assignation susvisée et formant l'unique base du procès; — Attendu que, constituant une action civile intentée à raison d'une diffamation, la demande de de Lamotte tombe sous l'application de la prescription résultant de l'art. 65 de la loi du 29 juill. 1881; — Attendu que, d'après cet article, l'action publique et l'action civile résultant des crimes, délits et contraventions prévus par la loi nouvelle sur la presse se prescrivent après trois mois révolus à compter du jour où ils ont été commis, ou du jour du dernier acte de poursuite, s'il en a été fait; — Attendu que, conformément aux principes généraux du droit, la durée de la prescription applicable à l'action civile est la même que celle de la prescription applicable à l'action publique, soit qu'elle ait été intentée concurremment avec cette dernière devant les tribunaux de répression, soit qu'elle ait été portée seule et par demande directe et indépendante devant la juridiction civile; — Attendu, en fait, que l'action ayant été engagée devant le tribunal de Saint-Dié par l'assignation du 25 mars 1881, et la loi sur la presse susvisée ayant été promulguée le 29 juill. 1881, il n'est intervenu aucun acte de poursuite entre la date de la promulgation de cette loi et le 9 mars 1882, jour où de Lamotte a fait signifier ses conclusions à Humbert; — Attendu que le § 2 de l'art. 65 de la loi du 29 juillet 1881, édictant que les prescriptions commencées à l'époque de la publication de ladite loi, et pour lesquelles il fallait encore, suivant les lois existantes, plus de trois mois à compter de la même époque, seraient par ce laps de trois mois définitivement acquises, l'action civile se trouve éteinte par la prescription, puisque, commencée le 25 mars 1881, elle n'a été l'objet d'aucun acte de procédure jusqu'au 9 mars 1882, c'est-à-dire pendant plus de trois mois à partir de la promulgation de la loi du 29 juill. 1881;

Attendu que la prescription, étant d'ordre public, peut être opposée en tout état de cause, même en appel, et qu'elle doit même être relevée d'office par le juge; — Attendu, d'ailleurs, qu'en cause d'appel la prescription serait encore acquise, le dernier acte de poursuite, c'est-à-dire la constitution par de Lamotte d'un avoué en appel remontant au 17 févr. 1882, et, par conséquent, un délai de dix-neuf mois s'étant écoulé depuis cet acte de procédure; — Attendu qu'il eût été facile à de Lamotte d'interrompre à son gré les délais de la prescription en première instance comme en appel, en faisant signifier à Humbert des actes de procédure pouvant sauvegarder ses droits, mais que, par suite de son inaction, la prescription est acquise contre lui; — Par ces motifs, — Déclare prescrite, etc.

MM. Serre, 1er prés.; Villard, av. gén.; Mengin et Francey, av.

LIMOGES 19 décembre 1883.

FABRIQUE D'ÉGLISE, TRÉSORIER, COMPTE, REDDITION, IRRÉGULARITÉ, MINISTÈRE PUBLIC, ACTION DIRECTE, CONTRAINTE, RESTITUTIONS, FIXATION, RECETTE ANNUELLE.

La délibération d'un conseil de fabrique qui, en même temps qu'elle prescrit au trésorier dernier nommé et en exercice de faire, dans le plus bref délai, toutes les démarches nécessaires pour obtenir la reddition des comptes de gestion de son prédécesseur immédiat, l'invite à surseoir en ce qui concerne la reddition des comptes d'un trésorier plus ancien, ne contient dans cette seconde partie que des réserves sans force obligatoire. Le trésorier en fonction conserve donc, malgré cette délibération, toute sa liberté d'action pour agir, dans le but de mettre à couvert sa responsabilité personnelle, soit contre l'un et l'autre des anciens trésoriers à la fois, soit contre le plus ancien seul, en premier lieu (Décr., 30 déc. 1809, art. 90).

Au surplus, en dehors de l'action, soit du conseil de fabrique, soit du trésorier en fonction, le ministère public a une action directe et personnelle à l'effet de contraindre les trésoriers de fabrique à rendre leur compte de gestion (1) (Id.).

Ne saurait mettre obstacle à l'action du ministère public la production, par le trésorier poursuivi, d'un prétendu compte de gestion, avec pièces justificatives, rendu devant un conseil de fabrique déclaré postérieurement, par arrêté ministériel, irrégulièrement constitué; un tel compte doit être considéré comme nul et non avenu (Id.).

Le tribunal civil compétent pour prononcer l'annulation d'une reddition de compte ne réunissant pas les conditions essentielles de validité, l'est également pour ordonner de nouvelles justifications et le dressement d'un compte définitif, ou bien pour fixer, en cas de résistance du trésorier, la somme à payer provisoirement à la fabrique (2) (Id.).

Pour la détermination de cette somme, il y a lieu de rechercher, d'après les documents de la cause, le chiffre de la recette moyenne annuelle, et d'évaluer la contrainte à la moitié du montant de ladite recette (3) (Id.).

(Lally.) — ARRÊT.

LA COUR : — Considérant que, par acte du 20 juin 1883, le procureur de la République près le tribunal de première instance de Chambon « agissant sur la demande du sieur Forest, pris en qualité de trésorier de la fabrique de Genouillat, et conformément aux dispositions de l'art. 90 du décret du 30 déc. 1809, a ajourné devant ledit tribunal le sieur Gadriel Lally, pour s'entendre condamner à rendre à qui de droit, dans un délai de deux mois, un compte

---

(1) Ce droit d'action, le ministère public le tient de l'art. 90 du décret du 30 déc. 1809. Il a, d'ailleurs, toujours été reconnu par la jurisprudence, d'une manière implicite tout au moins, car il ne peut être bien sérieusement contesté. V. notamment Chambéry, 4 mai 1870 (S. 72. 2. 307.— P. 72. 1209); Limoges, 16 juill. 1884 (Pand. chr.).

(2) Les tribunaux civils ne sont compétents que pour ordonner la reddition des comptes des trésoriers devant *qui de droit* et non pour recevoir eux-mêmes les comptes et régler les articles débattus. *Sic* Cass., 9 juin 1823 (S. et P. chr.); Cons. d'Et., 18 juin 1846 (S. 46. 2. 601. — P. chr. adm. — D. 47. 3. 19); 24 juill. 1862 (Pand. chr.); 15 juill. 1865 (Pand. chr.); Montpellier, 11 févr. 1870 (S. 71. 2. 134. — P. 71. 495. — D. 72. 534); 15 juill. 1871 (Pand. chr.); Toulouse (sol. implic.), 16 juill. 1884 (Pand. chr.), et les notes et renvois. *Adde* Cormenin, *Dr. admin.*, t. II, p. 241. — Jugé même que l'incompétence des tribunaux civils, à cet égard, étant d'ordre public, peut être proposée pour la première fois en appel : Montpellier, 15 juill. 1871 (Pand. chr.).

(3) Dans une circonstance analogue, alors qu'il s'agissait aussi de comptes remontant à plusieurs années, la Cour de Toulouse, par arrêt du 16 juill. 1884 (Pand. chr.), a condamné le trésorier récalcitrant au payement provisoire d'une somme calculée d'après la moyenne ordinaire de la recette de l'année ayant précédé l'entrée en fonction du trésorier, multipliée par un nombre égal à celui des années de durée de la gestion. — L'arrêt que nous rapportons ci-dessus, en limitant la condamnation du trésorier à la moitié seulement d'une année de recette moyenne, nous paraît donner, aux termes de l'art. 90 du décret du 30 déc. 1809, une interprétation beaucoup trop étroite. Le législateur n'a point prévu et n'a pas pu prévoir une suite d'irrégularités qui se perpétueraient, comme dans l'affaire actuelle, pendant un grand nombre d'années, à l'état chronique. Il a réglé la situation au point de vue des défaillances passagères des conseils de fabrique dans l'exercice de leur mission de surveillance. Il a pensé que les retards dans les redditions de comptes ne dépasseraient jamais une année; c'est sur cette base qu'il a établi la condamnation.

détaillé et en bonne forme, avec pièces à l'appui, de sa gestion comme trésorier de la fabrique de Genouillat, sinon se voir condamner à payer provisoirement, au profit de ladite fabrique, une somme égale à la moitié de la recette ordinaire de l'année antérieure à son exercice, et cela autant de fois que cet exercice aura duré d'années »; — Considérant que, par jugement du 4 août 1883, le tribunal de Chambon a dit n'y avoir lieu d'ordonner la reddition de compte sollicitée et a renvoyé Lally des fins de la demande sans dépens; que le ministère public a relevé appel de cette décision le 9 octobre dernier, et qu'il convient, pour statuer sur le mérite de cet appel, d'examiner les diverses critiques auxquelles la demande a donné lieu, tant en la forme qu'au fond, de la part de l'intimé; — Considérant, en premier lieu, que Lally a soutenu et soutient encore que l'action dirigée contre lui n'est point recevable, parce que cette action devait être intentée non contre lui, mais bien contre le sieur Mingasson, son successeur immédiat dans les fonctions de trésorier de la fabrique de Genouillat, ainsi, du reste, que l'aurait décidé le conseil de fabrique; — Considérant, il est vrai, que, par sa délibération du 8 avr. 1883, le conseil de fabrique a prescrit au sieur Forest, son trésorier, de faire, dans le plus bref délai, toutes les démarches nécessaires pour obtenir la reddition des comptes de gestion du sieur Mingasson, et l'a en même temps invité à surseoir, en ce qui concerne la reddition des comptes de Lally; mais que cette délibération ne pouvait pas lier ledit Forest; qu'en effet, aux termes du paragraphe 1er de l'art. 90 du décret de 1809, celui-ci était tenu, faute par son prédécesseur de présenter son compte et d'en payer le reliquat, de faire les diligences nécessaires pour l'y contraindre; qu'il conservait, dès lors, et malgré la délibération précitée, toute sa liberté d'action pour agir dans le but de mettre à couvert sa responsabilité personnelle; — Considérant que c'est ce qu'a fait le sieur Forest par sa lettre du 10 avr. 1883, puisqu'on lit dans la partie finale de cette lettre que, dans le but d'arriver à une solution prompte et définitive, Forest s'en remet complètement à M. le procureur de la République de Chambon du soin de savoir s'il convenait de poursuivre Mingasson seul, ou bien Mingasson et Lally; que, par conséquent, ce magistrat, en agissant d'abord contre Lally, n'a fait qu'user de la faculté de procéder qui avait été ainsi laissée à son choix;

Considérant, au surplus, qu'en se reportant aux termes mêmes de l'acte introductif d'instance, on demeure convaincu que, tout en agissant sur la demande du sieur Forest, le ministère public a également entendu user du droit de poursuivre d'office que lui confère le paragraphe 2 de l'art. 90 du décret de 1809; qu'en effet, après avoir déclaré que c'est sur la demande du trésorier Forest que l'action est formée, il est dit aussi que cette demande est engagée « conformément aux dispositions de l'art. 90 du décret du 30 déc. 1809 », c'est-à-dire en vertu d'un pouvoir attribué directement et personnellement par la loi aux magistrats du parquet; — Considérant, en second lieu, que Lally prétend que l'action du ministère public est irrecevable parce que l'arrêté pris à la date du 8 janv. 1883, par M. le ministre des cultes, ne lui est point applicable; mais que ce second moyen de forme ne résiste point à l'examen; car l'assignation du 20 juin 1883 démontre jusqu'à l'évidence que l'instance est poursuivie, non pas en suite des prescriptions de cet arrêté, mais uniquement en vertu des dispositions générales de l'art. 90 du décret du 30 déc. 1809; qu'à tous égards donc l'action du ministère public doit être accueillie en la forme;

Au fond : — Considérant que Lally reconnaît avoir exercé les fonctions de trésorier de la fabrique de Genouillat depuis l'année 1867 jusqu'au 6 déc. 1880, époque à laquelle il a donné sa démission; qu'à ce titre il était tenu de rendre compte de sa gestion, mais qu'il prétend avoir satisfait à cette obligation en produisant ledit compte, assorti de toutes les pièces justificatives, devant le conseil de fabrique de Genouillat, qui l'aurait vérifié et lui en aurait donné décharge, ainsi que cela résulterait de deux délibérations prises par ledit conseil aux dates des 8 mars et 24 avr. 1881; — Considérant que, sans entrer dans l'examen de la question de savoir si le conseil de fabrique dont émanent ces deux délibérations était, à la date de ces deux délibérations, constitué de manière à pouvoir statuer valablement sur les comptes qui lui auraient été présentés par son trésorier, ledit conseil a été dans son ensemble et sa constitution déclaré irrégulier par l'arrêté susvisé du ministre des cultes en date du 8 janv. 1883; qu'il doit, dès lors, être considéré comme n'ayant jamais eu, à un moment quelconque, d'existence légale; que, par suite, tous les actes par lui faits sont entachés de nullité et, comme tels, ne sauraient produire aucun effet; — Considérant qu'au nombre de ces actes se trouvent précisément les délibérations invoquées par l'intimé à l'appui de sa prétention; d'où il faut conclure que ce dernier ne justifie point avoir régulièrement rendu son compte de gestion; que c'est donc à tort que les premiers juges ont décidé n'y avoir lieu d'ordonner cette reddition de compte, et qu'il convient, au contraire, de contraindre Lally à rendre ledit compte dans un délai déterminé;

Considérant que, dans le cas où Lally persisterait dans le système de résistance derrière lequel il s'est retranché, il appartient au pouvoir judiciaire de déterminer, conformément à la partie finale de l'art. 90 du décret de 1809, la somme qu'il doit être condamné à payer à la fabrique; qu'il paraît juste de la fixer à la moitié de la recette ordinaire d'une seule année, et que les documents versés au procès fournissent à la Cour des éléments suffisants pour lui permettre d'arbitrer le chiffre de ces produits; — Par ces motifs, émendant et réformant, met à néant le jugement rendu par le tribunal de première instance de Chambon, le 4 août 1883; — En conséquence, déclare recevable la demande formée devant ce tribunal par M. le procureur de la République contre Lally; au fond, etc.

MM. Oger du Rocher, 1er prés.; Demartial, av. gén.; Cousset (du barreau de Chambon), av.

LIMOGES (CH. CORR.) 27 décembre 1883.

DIFFAMATION, ACTION CIVILE, ACTION PUBLIQUE, PRESCRIPTION, DURÉE, APPEL.

Au cas d'application de la loi du 29 juill. 1881, la prescription est acquise aussi bien pour l'action civile que pour l'action publique, lorsqu'il s'est écoulé plus de trois mois depuis l'appel interjeté contre un jugement du tribunal correctionnel, sans qu'il ait été exercé de nouvel acte de poursuite (1) (L. 29 juill. 1881, art. 65).

(Audoin c. Deroux.) — ARRÊT.

LA COUR : — Considérant que le délit qui sert de base à la plainte dirigée par Audoin contre Deroux est prévu par la loi du 29 juill. 1881; que le prévenu a été relaxé par jugement du 27 juin dernier et que le plaignant en a fait appel le 30 du même mois, mais que Deroux n'a été cité devant

(1) *Sic* Paris, 28 nov. 1883 (D. 84. 2. 80); Nancy, 1er déc. 1883 (D. 84. 2. 55). V. aussi nos observations jointes à Nancy, 14 déc. 1883 (Pand. chr.).

la Cour que le 22 décembre; qu'il s'est donc écoulé plus de trois mois depuis l'appel, que n'a suivi aucun autre acte de poursuite; que, dès lors, aux termes de l'art. 65 de la loi précitée, l'action civile est prescrite aussi bien que l'action publique; — Par ces motifs, déclare l'action civile et l'action publique prescrites à l'égard de Deroux, etc.

MM. Ardant, prés.; Dramard, rapp.; Meynieux, subst. proc. gén.; Delignat-Lavaud, av.

TRIB.-CIV. PONTARLIER **29 décembre 1883.**

PRIVILÉGE, BAILLEUR, BESTIAUX, SAISIE-REVENDICATION, MARCHAND, PRIX DE VENTE, REMBOURSEMENT.

Le bailleur a le droit de saisir-revendiquer, dans le délai de l'art. 2102, C. civ., entre les mains de tout tiers détenteur, les bestiaux garnissant la ferme, vendus et livrés par le fermier à un marchand qui, à son tour, les a revendus au possesseur actuel, et cela sans même être tenu envers ce dernier au remboursement du prix d'achat; ici ne sont point applicables les art. 2279 et 2280, C. civ., exclusivement réservés aux cas de perte ou de vol (1) (C. civ., 2102, 2279, 2280).

(Bourgeois c. Paton et Coudrier.) — JUGEMENT.

LE TRIBUNAL : — Attendu que deux vaches appartenant à Ulysse Coudrier, fermier du sieur Bourgeois, ont été déplacées sans le consentement du propriétaire de la ferme occupée par ledit Ulysse Coudrier, qui les aurait vendues à Jean-Félix Coudrier, lequel les aurait, à son tour, revendues à Paton, chez lequel elles ont été revendiquées par Bourgeois, moins de quarante jours après leur déplacement; qu'il n'y a pas lieu de distinguer tout d'abord si lesdites vaches ont été seulement déplacées ou vendues; que, si l'on admettait que la vente par le fermier des objets garnissant une ferme enlève au propriétaire le droit de revendication qui lui est accordé par l'art. 2102, C. civ., ce serait rendre illusoire et sans application possible le droit du propriétaire;

En droit : — Attendu qu'il est de principe que les meubles ne peuvent faire l'objet d'un droit de suite, sauf dans les cas prévus par les art. 2102 et 2279, C. civ.; que l'art. 2102 permet au propriétaire de saisir-revendiquer dans un délai de quarante jours, lorsqu'il s'agit d'une maison, les objets mobiliers qui garnissaient la ferme ou la maison, lorsque ces objets ont été déplacés sans son consentement; que l'art. 2279 permet au propriétaire d'une chose volée ou perdue de la revendiquer pendant trois ans à partir du jour de la perte ou du vol entre les mains de tout tiers détenteur; que, toutefois, l'art. 2280 a apporté à ce droit un tempérament, en décidant que, dans le cas où le tiers détenteur aurait acheté la chose perdue ou volée dans une foire ou un marché, ou d'une personne vendant des choses pareilles, le propriétaire ne pourra se faire remettre l'objet qu'en remboursant le prix qu'il a coûté; — Attendu que, dans l'espèce, le sieur Paton prétend qu'il a acheté les deux vaches saisies-revendiquées de Jean-Félix Coudrier, qui exerce la profession de marchand de bestiaux, et que, conformément à l'art. 2280, il ne doit être tenu de remettre lesdites vaches que contre remboursement du prix payé à son vendeur; que cette prétention fait naître la question de savoir si les dispositions de l'art. 2280 sont applicables au cas où la revendication est faite par un propriétaire bailleur, sur les objets qui garnissaient la ferme et déplacés sans son consentement par le fermier; que, pour trancher cette question, il importe de remarquer tout d'abord que les exceptions des art. 2102 et 2279, au principe que les meubles n'ont pas de suite par privilége ou hypothèque, ont pour base un fait différent; dans le premier cas, le déplacement des meubles sans le consentement du propriétaire, et, dans le second cas, la perte ou le vol d'une chose; en deuxième lieu, qu'en matière d'exception tout est de droit étroit, et qu'on doit se renfermer strictement dans les termes de la loi, sans les étendre ni modifier, et que, si le législateur avait entendu rendre applicable l'exception de l'art. 2280 à l'art. 2102, il se serait nécessairement expliqué sur ce point; qu'on pourrait peut-être dire qu'en accordant dans tous les cas au propriétaire bailleur le droit de revendiquer les objets déplacés sans son consentement, et sans être tenu de rembourser le prix d'achat au possesseur, qui a acheté dans une foire ou d'une personne vendant des choses pareilles, c'est lui accorder un droit plus étendu qu'au propriétaire qui a perdu sa chose ou à qui on l'a volée; mais que ce fait s'explique suffisamment par la différence qui existe entre la situation du locateur et celle du propriétaire; qu'il faut, en effet, remarquer que, si la loi s'est montrée toujours très-favorable au locateur, c'est parce que celui-ci, n'étant pas nanti de la chose qui est affectée à sa créance, ne l'ayant pas en sa possession, ne peut exercer directement et continuellement sur elle une surveillance personnelle, et que la chose venant à être déplacée sans son consentement, il n'y a aucune faute à lui imputer; qu'il n'en est pas de même du propriétaire d'une chose perdue ou volée; que celui-ci avait la chose en sa possession, et que, s'il l'a perdue ou si on la lui a volée, il doit s'attribuer une certaine négligence ou un défaut de surveillance qui le constitue en faute; que, d'autre part, l'art. 2279 et l'art. 2280, qui n'est que le corollaire du premier, ne sont applicables à aucun autre cas que ceux prévus par ces articles, c'est-à-dire au cas seulement de chose perdue ou volée; que décider le contraire, ce serait donner à la loi une extension qui n'était pas dans l'esprit du législateur, et qui n'a pas été exprimée par lui; qu'en conséquence, le tribunal doit déclarer valable, régulière, et convertie en saisie-exécution la saisie-revendication pratiquée par Bourgeois, à Dampierre, au domicile du sieur Paton; — Par ces motifs, etc.

M. Boyer, prés.

(1) Cette solution est adoptée par la presque unanimité des Cours et tribunaux qui ont eu à se prononcer sur la question. Elle continue néanmoins à rencontrer de la part des auteurs une énergique opposition. V. sous Nancy, 6 décembre 1884 (Pand. chr.), un résumé très-complet de la jurisprudence. Jusqu'ici la Cour de cassation n'a point encore été appelée à statuer sur la difficulté.

1884

DIJON (1re CH.) 3 janvier 1884.

NOTAIRE, ACTES NON RÉALISÉS, SOINS ET DÉMARCHES, HONORAIRES, COMPÉTENCE.

Les notaires ont droit à des honoraires pour tous soins et démarches qui n'ont rien d'étranger aux attributions officielles de leur fonction (1) (Décr. 16 févr. 1807, art. 173).

Notamment pour les actes par eux rédigés mais non réalisés par les parties (2) (Id.).

Et même pour ceux simplement préparés, dont aucun projet n'aurait été dressé (3) (Id.).

C'est au tribunal civil de l'arrondissement où réside le notaire que doivent être portées les difficultés relatives à ces réclamations d'honoraires (4) (L. 25 vent. an XI, art. 51; C. proc., 60).

Mais les notaires ne sont pas fondés à réclamer des honoraires pour des démarches entreprises par eux spontanément et non compatibles avec leur caractère d'officiers publics (5) (Décr. 16 févr. 1807, art. 173). — Résol. par le jugement en sous-note (*a*).

(Ducoin c. Me Monnet.)

7 mars 1883, jugement du tribunal civil de Charolles, ainsi conçu : — « LE TRIBUNAL : — Attendu que M. Ducoin, tout en reconnaissant les rapports d'affaires qui ont existé

(1 à 5) Des clients viennent trouver un notaire; ils le chargent de rédiger un acte; ils lui en fournissent tous les éléments. Cette démarche, cette réclamation de l'assistance ou du concours de l'officier ministériel témoignent d'une résolution bien arrêtée. Le notaire, et c'est sa fonction, défère à l'invitation qui lui est adressée; il ne suppose pas que c'est pour lui causer un dérangement inutile que les parties se sont transportées en son étude; il le supposerait d'ailleurs à tort, car la sincérité est absolue, les intentions sont droites et loyales, elles répondent aux faits.

Donc, le notaire se met à l'œuvre; il prépare le projet commandé, il le soumet aux parties intéressées, il recueille leur approbation; il les trouve dans les mêmes dispositions; rien n'indique une hésitation, encore moins un abandon de la résolution première.

Il ne reste plus que la dernière étape à franchir, celle qui consistera à rédiger le projet en minute. C'est ici qu'une volte-face s'opère; les parties ont changé d'avis; elles ne veulent plus donner suite à leur intention passagère. Leur liberté reste pleine et entière. L'intervention du notaire ne leur en enlève pas la plus légère parcelle; elle est, au contraire, un gage d'indépendance pour chacun, une garantie qu'aucune pression ne sera exercée sur les résolutions.

Voilà qui est fort bien. Mais, le notaire aura-t-il travaillé pour rien? aura-t-il perdu son temps sans compensation? Toute peine, en ce monde, mérite un salaire. Les officiers ministériels n'occupent point leur charge pour l'amour de l'art; ils y ont engagé une mise de fonds toujours considérable; c'est le moins qu'ils retirent l'intérêt de leur capital. Ils encourent des responsabilités lourdes. Tout n'est pas profit. Il faut aussi tenir compte des frais généraux de l'étude, du bail des lieux, des traitements des clercs, des menues dépenses de timbre ou autres, etc.

Eh bien! l'équité veut qu'en pareil cas, le notaire reçoive une allocation proportionnée au service rendu. La loi s'accorde avec l'équité dans une même sanction; la loi générale de l'art. 1999, C. civ., est formelle : le mandant doit rembourser au mandataire les avances et frais que celui-ci a faits pour l'exécution du mandat, et lui payer ses salaires, lorsqu'il en a été promis, quand bien même l'affaire n'aurait pas réussi. La loi spéciale qui régit le notariat (L. 27 vent. an XI, art. 51; Décr. 16 févr. 1807, art. 173) n'y contredit point; elle soumet les réclamations d'honoraires au contrôle des tribunaux; elle assure au public toute garantie contre les prétentions exagérées, ou même déraisonnables, lorsqu'elles se produisent. Mais par cela même qu'elle contient les abus par une sage réglementation, elle met le principe de la créance au-dessus de toute contestation. V. en ce sens, Alger, 20 oct. 1874 (Pand. chr.); Trib. civ. Louviers, 24 déc. 1882 (*Rev. du notar.*, n. 6606); Rolland de Villargues, *Rép. du notar.*, vo *Honoraires*, n. 99 et suiv.; Rutgeerts et Amiaud, *Comment. de la loi du 25 vent. an XI*, n. 1163.

Tout ce que nous venons de dire au sujet des actes restés imparfaits, par suite du refus des parties de les signer, serait également exact en ce qui concerne les soins et démarches donnés par un notaire à une affaire en vue d'un acte notarié à réaliser ultérieurement. Ainsi, un notaire est chargé de vendre un immeuble, il met des annonces dans les journaux, appose des affiches, entreprend des voyages. Grâce à cette propagande, il trouve acquéreur. Mais le propriétaire a changé d'avis, il ne veut plus vendre. Le notaire devra-t-il subir ce caprice, sans indemnité. Personne n'oserait le prétendre. Des honoraires lui sont bien dus, quoique la vente n'ait point été réalisée. V. Cass., 26 juill. 1832 (S. 32. 1. 492. — P. chr.); Douai, 21 nov. 1876 (S. 77. 2. 293. — P. 77. 1164. — D. 77. 2. 81); Rolland de Villargues, *op. et loc. cit.*, n. 71.

Jusqu'ici nous n'avons considéré le notaire que par rapport aux actes qui se relient comme des accessoires naturels, sinon forcés, à ses fonctions d'officier ministériel. Que décider dans le cas où il s'agirait de faits absolument étrangers à la charge, de services ordinaires tels que le premier venu eût pu les rendre tout aussi bien? Ainsi, pour prendre l'exemple du jugement du tribunal de la Seine, rapporté sous note (*a*), le notaire a prêté son concours à la formation d'une Société, il a recruté des commanditaires, procuré des ouvertures de crédit, etc. Ne lui sera-t-il rien dû? Distinguons :

Il pourra être dû quelque chose au notaire, une rémunération légitime, mais plus en tant qu'honoraires. Il y aura lieu, suivant les cas, à l'application des règles du mandat ou de la gestion d'affaires, conformément aux situations ordinaires. La qualité officielle du notaire ne saurait exercer aucune influence sur le règlement à intervenir. Le jugement ci-dessous reproduit n'a pas d'autre portée.

L'intérêt de cette distinction se révèle notamment au point de vue de la compétence.

Quand le notaire reste dans l'exercice de ses fonctions, quand il se meut dans le cercle de développement normal de ses attributions d'officier ministériel, quand, en un mot, il a droit à des *honoraires* proprement dits, les demandes en payement par lui formées relèvent de la compétence du tribunal où est établie sa résidence par application de l'art. 60, C. proc. civ., de l'art. 51 de la loi du 25 vent. an XI et de l'art. 173 du décret du 16 févr. 1807. V. notamment Poitiers, 27 janv. 1846 (D. 46. 1. 185); Cass., 25 janv. 1859 (S. 59. 1. 104. — P. 59. 384. — D. 59. 1. 76); Douai, 21 nov. 1876, précité; Rolland de Villargues, *op. et loc. cit.*, n. 241.

Au contraire, quand le notaire procède, non plus en cette qualité, mais comme mandataire ou *negotiorum gestor* ordinaire, en payement de commission ou de salaire pour des actes qui ne rentrent pas dans ses attributions officielles, sa demande doit, ainsi que toute action ordinaire, être portée devant le tribunal d'arrondissement du domicile du défendeur. *Sic* Bourges, 22 févr. 1842 (S. 45. 2. 142. — P. 42. 2. 745); Paris, 12 mars 1860 (D. 61. 5. 257); Cass., 21 juin 1865 (S. 65. 1. 304. — P. 65. 749. — D. 65. 1. 363); Rolland de Villargues, *op. et loc. cit.*, n. 255.

(*a*) Ce jugement du Trib. civ. de la Seine (2e chr.), du 6 janv. 1887, aff. Mme D... c. Dauchez de Lachaise, est conçu dans les termes suivants :

LE TRIBUNAL : — Attendu que D.... notaire à X., ne justifie pas avoir reçu de Mme Dauchez de Lachaise le mandat d'entreprendre des voyages, de recruter des commanditaires et de rechercher et procurer une ouverture de crédit pour arriver à la formation de la Société des mines de Puente-Viergo en Espagne; — Attendu qu'il résulte des documents fournis au Tribunal qu'il s'est offert spontanément à se livrer à ces démarches, lesquelles, dans tous les cas, n'étaient pas compatibles avec la réserve que lui imposaient sa qualité et son caractère d'officier public; — Déclare D... mal fondé en sa demande, l'en déboute, etc.

MM. Cadet de Vaux, prés.; Jacomy, subst. proc. de la Républ.; Lesenne et Thommy Martin, av.

entre Mᵉ Monnet et lui au cours des trois dernières années, entend repousser la demande qu'on lui intente, parce que, dans ces circonstances, le notaire n'aurait fait aucun acte professionnel, et que, par suite, l'art. 173 du décret du 16 févr. 1807 serait inapplicable dans la cause; — Attendu que l'on ne saurait interpréter ledit article d'une façon aussi restrictive; qu'il convient, au contraire, d'en faire également l'application chaque fois que les honoraires réclamés ont eu pour cause des soins et des démarches qui n'ont rien d'étranger aux attributions officielles du notariat; — Que cette solution trouve sa justification dans ce double motif que le juge taxateur appelé à en connaître est plus apte que tout autre à évaluer la légitimité d'une réclamation de frais faite dans son ressort, et qu'avant tout, il importe au public que les officiers ministériels, dont le ministère est forcé, ne soient point détournés de leurs fonctions par la nécessité de poursuivre le payement de leurs frais devant une juridiction peut-être éloignée; — Attendu, d'ailleurs, que la jurisprudence n'a pas hésité à apporter des tempéraments aux prescriptions de l'art. 173 du décret du 16 févr. 1807; que c'est ainsi, notamment, qu'elle admet que les actes commandés à un notaire doivent être passés en taxe, bien qu'ils soient restés imparfaits par suite du refus des contractants de les signer; — Attendu que l'on ne comprendrait pas pourquoi on en déciderait autrement lorsque, comme présentement, un projet de donation existe déjà en substance, qu'il a été communiqué aux intéressés, qui en ont approuvé les termes, et qu'il ne reste plus qu'à le rédiger en minute; — Attendu que la vente d'une maison à Mailly, se rattachant directement, dans l'esprit de M. Ducoin, à la donation précitée, doit être considérée comme son accessoire, et donne conséquemment naissance au même privilège; — Attendu que, si l'aliénation du pré de la Mazoirie n'avait aucun rapport direct avec l'acte de donation-partage, et n'a été l'objet d'aucun projet écrit, Mᵉ Monnet n'en a pas moins eu, pour se conformer aux intentions de son client, à examiner un contrat de mariage, à se pénétrer de divers documents qui lui ont été communiqués, et que, ce faisant, il n'est pas sorti de ses attributions officielles à raison desquelles il est en droit de réclamer des honoraires; — Par ces motifs, — Se déclare compétent, etc. »

Appel par M. Ducoin.

ARRÊT.

LA COUR : — Adoptant les motifs des premiers juges, — Confirme, etc.

M. Marignan, 1ᵉʳ prés.

PARIS (CH. CORR.) 8 janvier 1884.

DÉLITS DE LA PRESSE, PRESCRIPTION, INTERRUPTION, REMISE DE CAUSE, REMISE D'OFFICE, PARTIES CIVILES, PRÉVENU (ABSENCE DU), AVOCAT.

Les remises de cause prononcées par le tribunal, soit d'office, soit à la demande de l'avocat des parties civiles, représentées par des conclusions, mais en l'absence du prévenu toujours défaillant, n'ont point le caractère d'actes de poursuite susceptibles d'interrompre la prescription de trois mois édictée par l'art. 65 de la loi du 29 juill. 1881 (1) (C. instr. crim., 637, 638; L. 29 juill. 1881, art. 65).

Ce même caractère fait défaut aux remises de cause accordées à l'avocat du prévenu, hors la présence de ce dernier, l'avocat n'ayant pas qualité pour représenter son client (2) (Id.).

(Mongin.) — ARRÊT.

LA COUR : — Considérant qu'à la date du 8 févr. 1883, Cantin, agissant tant en son nom personnel que comme président du conseil d'administration de la Société de l'Eden-Théâtre, et les administrateurs de cette Société, ont fait donner à Mongin, gérant du journal *Paris-midi, Paris-minuit,* citation à comparaître devant le tribunal correctionnel de la Seine, à l'audience du 21 févr. 1883, pour s'entendre condamner à des dommages-intérêts et à l'insertion du jugement à intervenir dans *Paris-midi* et dans *Paris-minuit,* et dans trente journaux de Paris, pour réparation d'articles diffamatoires publiés dans *Paris-midi* et dans *Paris-minuit* contre l'administration et la Société de l'Eden-Théâtre; — Considérant qu'à cette audience du 21 févr., Mongin n'a pas comparu; que le tribunal a prononcé défaut contre lui et a renvoyé l'affaire à quinzaine; que de nombreux renvois ont été successivement prononcés depuis par le tribunal, jusqu'à l'audience du 18 juill. 1883, soit d'office, soit à la demande de l'avocat des parties civiles, représentées, dès le 21 févr., par des conclusions, soit à celle de l'avocat qui plaide pour Mongin devant la Cour, et alors que Mongin a fait constamment défaut à toutes les audiences auxquelles ces renvois ont été prononcés; — Considérant que les renvois demandés par l'avocat de Mongin n'ont pu changer la situation de défaillant de Mongin, l'avocat n'ayant pas qualité pour représenter son client; — Considérant qu'à l'audience du 18 juill., l'affaire ayant été plaidée par l'avocat des parties civiles, et le ministère public ayant été entendu, Mongin étant toujours défaillant, le tribunal a prononcé défaut contre lui et a renvoyé son jugement au 25 juill.; qu'à cette dernière date, il a adjugé le profit de ce défaut, et a prononcé contre Mongin une condamnation à l'amende et à des dommages-intérêts, condamnation à laquelle Mongin a fait opposition; — Considérant que, l'affaire venant sur cette opposition à l'audience du 7 nov. 1883, Mongin faisant encore défaut, le tribunal a déclaré cette opposition nulle et non avenue, et a maintenu son jugement du 25 juill.; — Considérant que Mongin a frappé d'un appel régulier cette décision; — Considérant que Mongin n'a pas eu légalement connaissance du défaut donné contre lui le 21 févr., ni des divers renvois qui ont été prononcés; — Considérant que plus de trois mois se sont écoulés entre la date de l'assignation et celle du jugement, sans qu'entre ces deux actes se place un acte de poursuite interrompant la prescription; que, par conséquent, il y avait, à la date de ce jugement, prescription acquise, conformément à l'art. 65 de la loi du 29 juill. 1881; — Par ces motifs, — Déclare éteinte l'action publique et l'action civile, etc.

MM. Faure-Biguet, prés.; Pradines, av. gén.; Doumerc et Gâtineau, av.

PARIS (1ʳᵉ CH.) 11 janvier 1884.

OBLIGATION, MARIAGE, COURTAGE, CAUSE ILLICITE, INDEMNITÉ, BILLET A ORDRE, TIERS PORTEUR, MAUVAISE FOI.

Est nulle, comme ayant une cause illicite, contraire à la dignité du mariage, la promesse d'une rémunération consentie à un tiers chargé de négocier une union matrimoniale,

(1-2) V. conf. sur tous ces points, nos observations jointes à Cass., 31 déc. 1885 (Pand. chr.). *Adde* Paris, 31 janv. 1884 (S. 86. 2. 68); 10 déc. 1886 (Journ. *le Droit*, 18 déc. 1886). Nous constatons avec satisfaction la résistance de la Cour de Paris à la jurisprudence de la Cour de cassation; cette résistance s'appuie sur les arguments les plus solides qui attendent encore leur réfutation. — *Contrà* Cass., 31 déc. 1885, précité; 18 déc. 1886 (Journ. *la Gazette du Palais*, n. 6 janv. 1887).

pour le cas où cette union se réaliserait (1) (C. civ., 1133).

Il en est ainsi, spécialement, *de l'obligation de payer à l'intermédiaire une certaine somme proportionnelle au montant de la dot* (2) (Id.). — Résol. par l'arrêt en sous-note (*a*).

Mais il y a lieu cependant d'indemniser l'intermédiaire de ses dépenses, démarches et peines (3) (C. civ., 1999). — Id.

Lorsque l'engagement s'est réalisé par la souscription d'un billet à ordre au profit de l'intermédiaire, le tiers porteur ne peut être considéré comme de bonne foi, s'il a été prévenu par le contexte même du billet de la condition qui y était insérée (4) (C. civ., 1133).

(Betty c. Marx.) — ARRÊT.

LA COUR : — ...Au fond : — Considérant que le billet dont s'agit est ainsi conçu : « Bon pour 2,000 francs. A présentation, je payerai à l'ordre de Mme Coblentz la somme de deux mille francs, valeur matrimoniale projetée entre moi soussigné, G. Betty, et Mlle Fontanier, rue Saint-Georges, à Paris; mais dans le cas que le mariage projeté n'aurait pas lieu, le présent engagement deviendrait nul et de nul effet; si oui, il deviendra payable comme ci-dessus à première présentation. — Paris, le 3 avril 1883. (Signé) : G. Betty »; qu'il résulte des termes mêmes du billet que la rémunération stipulée par la dame Coblentz était subordonnée au succès de son mandat; que toute convention contraire à la dignité du mariage doit être considérée comme contraire aux bonnes mœurs; que la cause du billet souscrit par Betty est donc illicite, dans les termes de l'art. 1133, C. civ.; — Considérant enfin que Marx, prévenu, par le contexte même du billet, de la condition qui y était insérée, ne peut être considéré comme un tiers porteur de bonne foi; — Par ces motifs, etc.

MM. Lefebvre de Viefville, prés.; Loubers, av gén. (concl. conf.); Richer et Masse, av.

PARIS (5e CH.) 16 janvier 1884.

AVOUÉ, VENTE PUBLIQUE D'IMMEUBLES, REMISE PROPORTIONNELLE, ADJUDICATION ABANDONNÉE, HONORAIRES, FIXATION.

La remise proportionnelle allouée par l'art. 11 de l'ordonnance du 10 oct. 1841 à l'avoué qui a occupé sur une poursuite de vente d'immeuble, ne lui est acquise que dans le cas où l'adjudication a effectivement eu lieu (5) (Ord. 10 oct. 1841, art. 11).

Mais lorsque l'adjudication ne s'est pas réalisée, surtout si elle n'a été empêchée que par la volonté des parties, les dispositions de l'ordonnance de 1841 ne s'opposent pas à ce que l'avoué, comme tout autre mandataire salarié, puisse, en dehors des actes tarifés de la procédure, réclamer le prix de ses soins, de ses démarches et des travaux par lui accomplis en vue de la vente qu'il était chargé de poursuivre (6) (Id.).

Il en est ainsi particulièrement lorsque, par les soins et par les démarches de l'avoué, la mise à prix a pu être fixée sans qu'il ait été besoin de recourir à une expertise (7) (Id.).

Toutefois, la rémunération reste subordonnée à l'appréciation des juges du fond, à la constatation par eux de services réellement rendus, et mesurée à leur importance (8) (Id.).

(X... c. Jacmart.)

28 décembre 1882, jugement du tribunal civil de Melun, conçu dans les termes suivants : — « LE TRIBUNAL : — Attendu que X... réclame aux époux Jacmart le payement d'une somme de 5,450 francs, comme ayant occupé dans une demande en compte, liquidation et partage de la succession du sieur Dejean père, et en licitation des immeubles dépendant de cette succession, situés tant à Paris que dans l'arrondissement de Melun; — Attendu que X... base cette demande sur différentes plaidoiries, sur des démarches faites et sur des soins particuliers donnés aux préliminaires d'une adjudication qui n'a point été réalisée; — Attendu que, de leur côté, les sieur et dame Jacmart repoussent cette demande en prétendant que X... a été suffisamment rétribué par les émoluments qui lui ont été alloués par le juge taxateur en vertu du tarif de 1807; — En droit : — Attendu que, des termes de l'art. 11 de l'ordonn. du 10 oct. 1841, il résulte que la remise proportionnelle n'est due aux avoués qui ont occupé sur une poursuite de vente que dans le cas où l'adjudication a eu lieu; que, sans doute, les parties maîtresses de leurs droits peuvent toujours renoncer à cette adjudication; que la loi ne leur impose aucune obligation, même conditionnelle, à laquelle l'art. 1178, C. civ., serait applicable; — Attendu, néanmoins, que si cette adjudication n'a pas eu lieu, surtout si elle n'a été empêchée que par la volonté des parties, les dispositions de l'ordonnance de 1841 ne s'opposent pas à ce que l'avoué, comme tout autre mandataire salarié, réclame, en dehors des actes tarifés de la procédure, le prix de ses soins, de ses démarches et des travaux accomplis par lui en vue de la vente qu'il était chargé de mettre à fin; — Attendu qu'il en peut être ainsi particulièrement lorsque, par les soins et par les démarches des avoués, la mise à prix a pu être fixée sans qu'il ait été besoin de recourir à une expertise; — Attendu qu'il est vrai que les tribunaux ne sont pas toujours obligés d'allouer aux avoués une rémunération, qui reste nécessairement subordonnée à la constatation, par eux, de services rendus, et mesurée à leur importance, mais qu'aucune prohibi-

(1-2) Le principe est aujourd'hui consacré par une jurisprudence constante. V. Trib. civ. Seine, 29 août 1849 (D. 49. 3. 64); Poitiers, 9 mars 1853 (S. 53. 2. 653. — P. 55. 1. 246. — D. 53. 2. 211); Cass., 1er mai 1855 (S. 55. 1. 337. — P. 55. 1. 565. — D. 55. 1. 147; Paris, 3 févr. 1859 (S. 59. 2. 295. — P. 59. 136. — D. 59. 2. 112); 8 févr. 1862 (S. 62. 2. 377. — P. 62. 390); Nîmes, 22 juin 1868 (S. 68. 2. 270. — P. 68. 1006. — D. 68. 2. 58); Paris, 24 août 1868 (S. et P., *ibid. ad notam*); Nîmes, 18 mars 1884, aff. X., rapporté en sous-note (*a*).

(3) V. conf. Nîmes, 22 juin 1868, précité. V. aussi Caen, 13 av. 1866 (S. 67. 2. 56. — P. 67. 235).

(4) Si, en général, le tiers porteur de billets à ordre n'est pas passible des exceptions opposables au souscripteur (V. notamment Cass., 4 août 1852, S. 52. 1. 657. — P. 54. 2. 280. — D. 52. 1. 300; Bourges, 14 juill. 1865, S. 65. 2. 288. — P. 65. 1111; Bordeaux, 6 mars 1868, S. 70. 1. 217. — P. 70. 535; notre *Dictionnaire de dr. commerc., ind. et marit.*, t. II, vo *Billet à ordre*, n. 42), ce bénéfice est restreint au souscripteur de bonne foi et ne saurait s'étendre à celui qui a connu la fraude ou le vice dont étaient entachés les billets à lui transmis. V. Cass., 19 mars 1860 (S. 61. 1. 168. — P. 60. 898. — D. 60. 1. 188).

(5-6-7-8) V. conf. sur tous ces points, Cass., 23 nov. 1869 (Pand. chr.), et la note. — La Cour de Paris, dans l'affaire actuelle, a emprunté à cet arrêt toute la partie juridique et doctrinale de sa décision; elle en a presque textuellement reproduit les termes. V. aussi Cass., 12 mai 1885 (Pand. chr.), et le renvoi.

(a) Cet arrêt de Nîmes (1re ch.), aff. X..., en date du 18 mars 1884, est ainsi conçu :

LA COUR : — Sur l'appel incident : — Attendu que la convention en vertu de laquelle les mariés X..., directeurs d'une agence matrimoniale, réclament aux époux Y..., dont ils ont procuré le mariage, le payement d'une somme de 9,000 francs, prime calculée sur la dot de la future et stipulée en vue du succès et selon l'importance du résultat obtenu, a une cause illicite comme étant contraire à l'ordre public et aux bonnes mœurs; qu'en effet, un pacte fait dans ces conditions est de nature à altérer la liberté du consentement des époux et de celui de leurs parents; qu'il est incompatible avec la dignité du mariage, et, pour ces motifs, condamné par la jurisprudence; que c'est, dès lors, à bon droit que le premier juge, faisant à la cause application des art. 1131, 1133 et 1134, C. civ., a déclaré nulle et sans effet ladite convention;

Sur l'appel principal : — Attendu que, subsidiairement, les époux X... ont demandé la rémunération de leurs peines et soins, le remboursement des dépenses et des frais par eux exposés dans l'intérêt des époux Y..., et dont ceux-ci ont profité; — Attendu que le bien fondé de cette demande n'est pas contesté en principe; que les époux Y... se reconnaissent en effet débiteurs à ce titre, et qu'ils ont offert au cours du procès, une somme de 2,000 francs; qu'il n'y a plus, dès lors qu'à rechercher si la somme offerte est suffisante...; — Par ces motifs, etc.

MM. Gouazé, 1er prés.; Cazenavette, av. gén.; Robert et Manse, av.

tion de la loi n'empêche que cette rémunération puisse être accordée suivant les circonstances; — En fait : — Attendu qu'il est reconnu par toutes les parties que X... a occupé comme avoué pour les époux Jacmart dans l'instance dont il s'agit; — Attendu qu'il résulte des pièces et documents de la cause que, non-seulement le demandeur a fait tous les actes de procédure qui ont donné lieu aux émoluments alloués par le juge taxateur en vertu du tarif de 1807, mais encore qu'à différentes reprises il a prononcé, devant le tribunal de Melun, plusieurs plaidoiries qui n'ont pu être soumises à la taxe; qu'en outre, par suite de nombreux incidents survenus au cours de la poursuite de vente, il a été obligé, dans l'intérêt de ses clients, de se déplacer et de se rendre à Paris pour fournir des renseignements et assister à de nombreuses conférences avec des hommes d'affaires de cette ville; qu'enfin il résulte de l'examen des pièces, que Me X... s'est livré à un travail spécial et à une longue correspondance pour répondre aux demandes de renseignements faites par les personnes qui se proposaient d'acheter les immeubles de la succession Dejean; que, dans ces circonstances, il a agi comme le mandataire des époux Jacmart; — Attendu que, si l'adjudication avait suivi son cours, la remise proportionnelle allouée par l'ordonnance de 1841 eût été la rémunération des travaux auxquels il s'était livrés et des services qu'il avait rendus; — Mais attendu que les parties maîtresses de leurs droits ont préféré recourir à une vente amiable; qu'elles ont exercé un droit incontesté et incontestable; mais qu'il est juste que Me X..., mandataire salarié et avoué des époux Jacmart, soit rétribué à raison de l'importance de ses travaux et de ses services; — Attendu que le tribunal possède les éléments suffisants pour apprécier les honoraires de l'avoué et la rémunération du mandataire; — Par ces motifs, — Condamne, etc. »

Appel par les époux Jacmart.

ARRÊT.

LA COUR : — Adoptant les motifs des premiers juges, — Confirme, etc.

MM. Portalis, prés.; Coulon et Constant, av.

DOUAI (2e CH.) 19 janvier 1884.

JUGEMENT OU ARRÊT, QUALITÉS, RÈGLEMENT, COMPÉTENCE, VACATIONS (CHAMBRE DES), PRÉSIDENT, MATIÈRE URGENTE.

Le président de la chambre des vacations a toute compétence à l'effet de régler les qualités d'un jugement, alors même qu'il n'y a pas concouru; c'est là un acte d'une nature urgente (1) (C. proc., 145).

TRIB.-CIV. SEINE (7e CH.) 25 janvier 1884.

THÉATRE, BILLET A DROIT, PRIX RÉDUIT, NOMBRE DE PLACES.

Le billet à droit délivré d'avance pour une représentation déterminée, et surtout à une personne dénommée, donne au porteur le droit d'exiger le nombre de places promises, à peine de dommages-intérêts (C. civ., 1134, 1135, 1142, 1156, 1161).

Mais l'administration du théâtre a le droit d'exiger du bénéficiaire qui se présente seul, non le prix d'une place, mais le prix du nombre de places que comporte le billet (Id.).

(Lassez c. Clèves, directeur du théâtre de la Porte-Saint-Martin.) — JUGEMENT.

LE TRIBUNAL : — Attendu que Lassez demande que Paul Clèves, directeur du théâtre de la Porte-Saint-Martin, soit tenu de mettre à sa disposition, pour le jour qui lui conviendra, et moyennant le versement de 2 fr., une place de la catégorie de celles habituellement affectées aux billets à droit, c'est-à-dire un fauteuil d'orchestre ou de balcon, et à lui payer 100 fr. à titre de dommages-intérêts, à raison du préjudice qui lui a été causé, alors qu'on lui a refusé l'entrée du théâtre, en prétendant qu'il devait payer 4 fr. et non 2 fr.; — Attendu que la difficulté naît de l'interprétation à donner au billet dont Lassez était porteur, et qui était ainsi conçu : « Théâtre de la Porte-Saint-Martin. Bon pour deux places. Représentation du 22 juin. Monsieur Legrand. Ce billet ne peut être vendu. Il sera perçu 2 fr. par place »; — Attendu que Lassez soutient qu'étant seul lorsqu'il a présenté ledit billet au contrôleur du théâtre, il ne devait payer que 2 fr.; que la mention : « Il sera perçu 2 fr. par place », établit pour le bénéficiaire le droit de ne payer que proportionnellement au nombre de places occupées; — Attendu que cette interprétation ne saurait être accueillie; qu'en effet, le billet de théâtre délivré d'avance pour une représentation déterminée, et surtout à une personne dénommée, donne au porteur le droit d'exiger le nombre de places promises, à peine de dommages-intérêts contre le directeur; que si, dans ce cas, le porteur d'un billet de deux places a le droit d'exiger ses deux places, l'administration, de son côté, a le droit d'exiger le prix attaché à ces deux places, alors qu'il ne se présenterait qu'un seul bénéficiaire; — Attendu que la mention du billet dont il s'agit dans l'espèce : « Il sera perçu 2 fr. par place », se rattache à cette autre mention : « Bon pour deux places »; que l'administration, ne pouvant diviser son engagement et ne délivrer qu'une place, le porteur ne peut davantage diviser son obligation, et ne payer que 2 fr.; qu'ainsi, la demande de Lassez est mal fondée; — Par ces motifs, etc.

MM. Pillet des Jardins, prés.; Emile Strauss et Pétrot, av.

NIMES (CH. CORR.) 31 janvier 1884.

ARMES PROHIBÉES (PORT D'), PISTOLET DE POCHE, DIMENSION.

Ne peut être rangé dans la catégorie des pistolets de poche dont le port est prohibé le pistolet qui mesure 21 centimètres de la vis du chien au bout du canon, et 31 centimètres dans sa longueur totale (2) (C. pén., 314; L. 24 mai 1834, art. 1er; Ord. 23 févr. 1837).

(Teissier.)

10 janv. 1884, jugement du tribunal correctionnel d'Uzès, conçu dans les termes suivants : — « LE TRIBUNAL : — Attendu qu'un pistolet de poche, qu'il est facile de dissimuler, peut être considéré comme une arme prohibée;

---

(1) V. le texte de cet arrêt en sous-note (*a*) de Cass., 24 août 1881 (Pand. chr.).

(2) Les autres décisions rendues sur la matière se contentent d'appliquer la loi en déclarant que l'arme est un pistolet de poche, sans indiquer les conditions de dimension qu'elle doit réunir. V. notamment Grenoble, 28 janv. 1886 (Pand. pér., 86. 2. 209); Trib. corr. Soissons, 2 févr. 1886 (Pand. pér., 86. 2. 150); Paris, 22 juin 1886 (Pand. pér., 86. 2. 209); Trib. corr. Oloron, 3 juill. 1886 (S. 86. 2. 193). — L'arrêt que nous rapportons nous renseigne au moins sur ce qui n'est pas un pistolet de poche.

A notre avis, les mêmes précisions devraient se trouver dans tous les jugements et arrêts soit de condamnation, soit d'acquittement; car, bien que l'ordonnance du 23 févr. 1837 ne donne aucune définition du pistolet de poche et n'en fixe ni les caractères distinctifs, ni les dimensions et mesures, ces questions ne sauraient être laissées à l'arbitraire des appréciations plus ou moins divergentes des juges du fond. La Cour de cassation doit pouvoir exercer son contrôle et voir si le texte de loi n'a pas reçu une portée d'application exagérée, au delà de toutes prévisions du législateur. Or comment remplirait-elle sa mission, si la décision qui lui est déférée ne contient aucun renseignement sur

— Mais attendu qu'il résulte de la mensuration faite du pistolet saisi sur le prévenu que cette arme a vingt et un centimètres de la vis du chien au bout du canon; que sa longueur totale est de trente et un centimètres; que, dès lors, cette arme n'entre pas dans la catégorie des armes dont il est parlé dans l'art. 314, C. pén.; qu'il y a par suite lieu de relaxer le prévenu; — Par ces motifs, etc. »

Appel par le ministère public.

ARRÊT.

LA COUR : — Adoptant les motifs des premiers juges, — Confirme, etc.

MM. Dautheville, prés.; Fermaud, subst.

TRIB.-CIV. PÉRIGUEUX 31 janvier 1884.

NOTAIRE, TAXE, EXÉCUTOIRE, OPPOSITION, DÉLAI.

En matière d'exécutoire délivré à un notaire, l'opposition est recevable, même après les trois jours de la signification et jusqu'à l'exécution, comme pour les jugements par défaut; ici n'est pas applicable l'art. 6 du deuxième tarif du 16 févr. 1807 (1) (L. 5 août 1881, art. 3; C. proc., 158).

(Margotin.) — JUGEMENT.

LE TRIBUNAL : — Attendu que la loi du 5 août 1881, en décidant que la taxe régulièrement faite par le président du tribunal donnera ouverture à un exécutoire qui sera susceptible d'opposition de la part de la partie, n'a pas fixé le délai dans lequel cette opposition doit être faite; — Attendu qu'il n'y a pas lieu, en matière d'exécutoire délivré à un notaire, de faire l'application du décret du 16 févr. 1807, qui fixe à trois jours le délai dans lequel l'opposition doit être faite à l'exécutoire délivré en matière de dépens, car les deux situations sont essentiellement différentes; — Attendu qu'il suffit que la loi de 1881 n'ait pas fixé le délai de l'opposition, pour que ce délai doive être déterminé par la règle du droit commun; — Attendu, d'ailleurs, que la discussion de la loi au Sénat fait disparaître tout doute à cet égard; qu'en effet, dans la séance du 28 juin 1881, il fut expliqué que la loi ne fixant aucun délai, l'opposition serait recevable jusqu'à l'exécution, comme en matière de jugement par défaut; qu'il suit que l'opposition des héritiers, ayant été faite avant l'exécution, est recevable, quoiqu'elle n'ait pas été formée dans le délai de trois jours; — Par ces motifs, — Déclare l'opposition des héritiers recevable en la forme, etc.

M. Vilotte, prés.

AIX (CH. CORR.) 7 février 1884.

TRAVAIL DES ENFANTS, MANUFACTURES, ÉCOLE, FRÉQUENTATION, OBLIGATION, ÉTRANGER, LOIS DE POLICE ET DE SURETÉ.

Les lois sur le travail des enfants dans les manufactures sont des lois de police et de sûreté, applicables à tous les enfants sans distinction de nationalité, aux enfants étrangers *comme aux enfants français* (2) (C. civ. 3; L. 19 mai 1874).

Telle est, notamment, la disposition de l'art. 8 de la loi du 19 mai 1874, qui interdit aux patrons de recevoir dans leurs ateliers des apprentis ayant moins de douze ans révolus, sans justification de la fréquentation d'une école publique ou privée (L. 19 mai 1874, art. 8).

Par suite, le patron qui contrevient à cette obligation au sujet d'un enfant étranger, encourt les peines portées par l'art. 25 de la loi du 19 mai 1874 (L. 19 mai 1874, art. 25).

(Marin.) — ARRÊT.

LA COUR : — Attendu qu'aux termes de l'art. 8 de la loi du 19 mai 1874, nul enfant ayant moins de douze ans révolus ne peut être employé par son patron qu'autant que ses parents ou son tuteur justifient qu'il fréquente actuellement une école publique ou privée; — Attendu que c'est là une mesure générale de protection prise dans l'intérêt de l'enfant, à raison de son âge seul, et exclusivement à toute question de nationalité; que le législateur, après s'être efforcé de prévenir, par d'autres dispositions, l'abus des forces physiques du jeune apprenti, impose ici au maître, dans un but de haute moralité, l'obligation de laisser audit apprenti le temps nécessaire pour son instruction; qu'une loi de cette nature est évidemment une loi de police et de sûreté, applicable aux enfants étrangers comme aux enfants français, dont l'application est également imposée au patron vis-à-vis de tous ses apprentis, et aux prescriptions de laquelle il ne peut se soustraire dans aucun cas; — Attendu, dès lors, que le sieur Marin, en recevant dans son atelier, à Toulon, en novembre dernier, les jeunes Pinte (Dominique) et Patre (Ange), d'origine italienne, sans justification de la fréquentation d'une école publique ou privée, a contrevenu à l'art. 8 de la loi du 19 mai 1874, et encouru les peines portées à l'art. 25 de ladite loi; — Par ces motifs, etc.

MM. Chabriniac, prés.; Bujard, av. gén.

DOUAI (2e CH.) 12 février 1884.

TESTAMENT OLOGRAPHE, DATE, SURCHARGE, VALIDITÉ.

Est valable le testament olographe dont la date est surchargée; un tel testament, n'étant point un acte authentique, n'est pas dès lors soumis aux dispositions de l'art. 6 de la loi du 25 ventôse an XI (3) (L. 25 vent. an XI, art. 9; C. civ., 970).

(Flacon c. Ville d'Avesnes.) — ARRÊT.

LA COUR : — Attendu que le testament olographe doit être daté par le testateur; que la date doit être certaine à peine de nullité, conformément aux dispositions de l'art. 970, C. civ.; — Mais attendu que ledit testament, n'étant pas un acte authentique, ne se trouve point soumis aux dispositions de l'art. 6 de la loi de vent. an XI, et que des surcharges peuvent se trouver sur la date sans que sa validité en soit affectée; qu'il suffit que ladite date puisse être reconnue et qu'elle soit certaine; — Attendu que le testament de Mme Hannoye indique en chiffres la date du mois

les dimensions, la manière d'être de l'arme? — *Contrà* Chauveau et Faustin Hélie, *Théor. C. pén.*, t. IV, n. 1401, p. 100.

(1) Cette solution était déjà suivie sous l'empire de la législation antérieure. V. Orléans, 17 janv. 1852 (Pand. chr.). — La loi du 5 août 1881 porte, art. 3 : « La taxe des actes notariés régulièrement faite par le président du tribunal donnera ouverture à un exécutoire qui sera délivré sur la réquisition du notaire par le greffier. Cet exécutoire sera susceptible d'opposition de la part de la partie. » La loi est restée muette sur le délai dans lequel l'opposition devra être formée. Dans ce silence, l'application du droit commun en matière de jugements par défaut semble devoir s'imposer. Les explications fournies au Sénat par le rapporteur de la loi dans la séance du 28 juin 1881 (*J. off.* du 29, p. 979) sont entièrement favorables à cette interprétation.

(2) *Sic* de Chauveron et Berge, *Comment. de la loi du 19 mai 1874*, sur l'art. 4.

(3) V. conf. Cass., 11 juin 1810; Nancy, 24 mai 1884 (S. 84. 2. 187. — P. 84. 1. 923); — et sur la question plus générale des surcharges non approuvées dans les testaments olographes, V. dans le même sens Paris, 22 janv. 1824; Aix, 12 janv. 1831 (S. 33. 1. 91. — P. chr.); Cass., 29 mai 1832 (P. chr.); 15 janv. 1834 (S. 34. 1. 173. — P. chr.); Douai, 26 mai 1838 (S. 38. 2. 262. — D. 38. 2. 184); Aubry et Rau, t. VII, p. 105, § 668, note 18; Laurent, *Principes de dr. civ.*, t. XIII, n. 190.

et de l'année de sa confection; que ces chiffres sont surchargés; mais qu'un examen attentif permet de les préciser et de donner au testament sa véritable date du 22 avril 1881; que ce testament est donc valable; — Par ces motifs, — Confirme, etc.

MM. Mazeaud, prés.; Paul Berton, av. gén.; Allaert et Dubois, av.

LIMOGES 19 février 1884.

RAPPORT A SUCCESSION, DONATION INDIRECTE, USUFRUIT, RENONCIATION, ÉVALUATION, FRUITS, PERCEPTION, CHARGES, DÉDUCTION.

La renonciation à un legs d'usufruit en faveur du bénéficiaire de la nue propriété, successible du légataire renonçant, constitue une donation indirecte rapportable à la succession de ce légataire (1) (C. civ., 843).

Peu importe que cette donation ne comprenne que des fruits, si ces fruits n'ont aucune destination alimentaire et obligatoire susceptible de les soustraire au rapport (2) (C. civ., 843, 856).

Le rapport ne doit pas, en pareil cas, comprendre le droit d'usufruit lui-même, mais bien tous les avantages que le bénéficiaire a retirés de la renonciation par la perception des fruits et revenus (3) (Id.).

Il y a lieu toutefois de déduire de ces revenus les charges qui ont grevé l'usufruit, tels que droits de mutation, frais de régie ou autres, comme aussi de tenir compte de l'habitation laissée au renonçant et de l'excédent de dépenses qu'aurait nécessairement amené dans le train de vie du renonçant l'augmentation de ressources et de fortune produite par l'usufruit (4) (Id.).

(Tailhardat c. Lauly.) — ARRÊT.

LA COUR : — Considérant que les époux Tailhardat ont relevé appel du jugement rendu entre eux et Victor Lauly par le tribunal civil d'Aubusson, le 31 août 1882, pour 1° faire élever à 180,000 fr. le rapport de 30,000 fr., auquel a été condamné Lauly, pour l'usufruit légué au père commun par Michel Lauly, son cousin, suivant son testament reçu par Mᵉ Macé, notaire à Crocq, le 15 janvier 1854, auquel Lauly père a renoncé, par acte au greffe du tribunal d'Aubusson, du 10 juill. de la même année; 2° faire réduire à 22,890 fr. 87, en capital et intérêts, les créances que Lauly fils réclame contre la succession de l'auteur commun; — Considérant que, de son côté, Victor Lauly, en demandant le rejet de ces prétentions, a formé appel incident pour se faire relever dudit rapport de 30,000 fr.; — Considérant que, pour justifier son appel incident, Lauly fils soutient, en droit, que la renonciation à une succession ne saurait constituer une donation indirecte; en fait, que celle du 10 juill. 1854 est plus à l'avantage du renonçant qu'au sien propre; — Considérant que la doctrine soutenue en droit, vraie tout au plus dans le droit romain, ne saurait être accueillie dans le droit français, où le mort saisit le vif (art. 711, 724 et 1006, C. civ.), où la renonciation est, par suite, une diminution du patrimoine du renonçant, contre laquelle peuvent se pourvoir les créanciers, et qui peut constituer une libéralité, une donation indirecte; qu'en vain prétend-on que celui qui renonce étant censé n'avoir jamais été héritier, l'accroissement se fait en vertu de la loi et non en vertu de la renonciation; que cette fiction de la loi ne saurait détruire la vérité du fait; que c'est bien la renonciation qui provoque l'accroissement; qu'il n'aurait pas lieu sans elle; qu'elle est le fait générateur de la libéralité, du transfert du droit acquis du renonçant dans le patrimoine de celui auquel il accroît, et dépouille le premier pour enrichir le second par une donation déguisée; — Considérant, en fait, que, bien qu'avancé en âge, Lauly père, en 1854, n'était atteint d'aucune infirmité; qu'il était physiquement et moralement capable d'administrer ses biens et ceux compris dans l'usufruit que lui avait légué son cousin; que, du reste, il aurait toujours pu le faire par fermier ou régisseur; que les droits de mutation à payer, non plus que les legs particuliers s'élevant à 14 ou 15,000 fr., payables en cinq ans sans intérêts, ne pouvaient être une charge pour lui, qui trouvait dans les biens soumis à l'usu-

(1-2) Qu'il y ait dans une telle renonciation le principe d'une donation indirecte, c'est ce que la jurisprudence est unanime à admettre. V. en ce sens Amiens, 24 janv. 1856 (S. 56. 2. 520. — P. 57. 936. — D. 57. 2. 24); Cass., 8 mars 1858 (S. 58. 1. 545. — P. 59. 180. — D. 58. 1. 97); 15 mai 1866 (S. 66. 1. 276. — P. 66. 743. — D. 66. 1. 250); Toulouse, 17 juin 1867 (S. 68. 2. 105. — P. 68. 466. — D. 67. 2. 100); Agen, 12 mai 1868 (S. et P., *ibid.*); Cass., 12 mai 1875 (S. 75. 1. 349. — P. 75. 833. — D. 75. 1. 345); 1ᵉʳ mai 1876 (S. 76. 1. 292. — P. 76. 727. — D. 76. 1. 453); 29 janv. 1877 (S. 77. 1. 199. — P. 77. 507. — D. 77. 1. 105); Toulouse, 31 déc. 1883 (S. 84. 2. 113. — P. 84. 1. 612. — D. 84. 2. 81); Demolombe, *Successions*, t. IV, n. 332 et suiv.; Aubry et Rau, t. VI, p. 628, § 631, texte et note 26; Laurent, *Principes de dr. civ.*, t. X, n. 605 et 606. — V. toutefois Toulouse, 3 déc. 1863 (S. 64. 2. 173. — P. 64. 901. — D. 66. 2. 250); Grenoble, 2 juin 1864 (S. 64. 2. 223. — P. 64. 1135). — Que cette donation soit, comme telle, rapportable à la succession du renonçant, c'est aussi ce qui est généralement reconnu par la plupart des arrêts précités. V. plus particulièrement Toulouse, 17 juin 1867; Agen, 12 mai 1868; Cass., 12 mai 1875; 1ᵉʳ mai 1876, 29 janv. 1877, *ubi suprà*.

Cette règle comporte une exception, pleinement admise, d'ailleurs, par l'arrêt ci-dessus rapporté, pour le cas où les fruits et revenus, objet de la renonciation, auraient été abandonnés à titre de prestations ayant un caractère alimentaire et obligatoire. Il n'y aurait plus lieu alors à rapport (C. civ., 856). *Sic* Montpellier, 31 décembre 1863 (S. 66. 2. 186. — P. 66. 722); 4 juillet 1865 (S. et P., *ibid.*); Caen, 13 déc. 1872 (S. 73. 2. 251. — P. 73. 1068); Paris, 23 août 1878, joint à Cass., 12 nov. 1879 (S. 80. 1. 65. — P. 80. 139. — D. 80. 1. 49); Demolombe, *op. cit.*, t. IV, n. 412 et suiv.; Laurent, *op. cit.*, t. X, n. 624.

(3-4) Que doit comprendre le rapport, et quels sont les avantages qui devront être reconstitués, pour être ensuite versés dans le patrimoine du renonçant? — Dans l'affaire actuelle, deux réponses différentes ont été données à la question.

Suivant les juges de première instance, ce qui doit être rapporté, c'est la valeur de l'usufruit calculée au jour où le droit s'est ouvert par la renonciation. Pour estimer cette valeur, il faudra tenir compte des probabilités résultant, quant à la durée de l'usufruit, de l'âge auquel le renonçant était parvenu. V. en ce sens Toulouse, 17 juin 1867 (S. 68. 2. 105. — P. 68. 466. — D. 67. 2. 100); Agen, 12 mai 1868 (S. et P., *ibid.*). — Ce système qui reposait sur des calculs de probabilités, sur la détermination d'une durée hypothétique de l'usufruit, alors que l'on se trouvait en face de la réalité, et que l'on pouvait compter exactement le temps de la jouissance par années, mois et jours, est une source de complications inutiles. C'est chercher, comme à plaisir, l'arbitraire dans une évaluation. Comment, on a des éléments certains, des données mathématiques, et on les écarterait pour leur préférer des appréciations fantaisistes, au moins par comparaison!

Aussi les magistrats d'appel ont-ils condamné, avec raison, cette méthode vicieuse de calcul. D'après notre arrêt, le successible doit rendre, non pas la totalité intégrale des fruits qu'il a perçus ou leur valeur, mais la portion de revenus qu'il a économisée, dont il a bénéficié, et dont a été privée, par suite, la succession du renonçant; et, à défaut de justification suffisante, cette évaluation peut se faire par comparaison avec les économies qu'aurait réalisées un bon administrateur de sa fortune, un homme sage et vigilant, sur les revenus de l'usufruit répudié. V. Amiens, 24 janv. 1856 (S. 56. 2. 520. — P. 57. 936. — D. 57. 2. 24). V. aussi une dissertation de M. Rodière, insérée au *Journ. du Pal.*, 56. 1. 505.

C'est aussi l'opinion à laquelle nous nous rallions, comme étant celle qui concilie le mieux le maintien des intentions libérales du donateur avec le principe d'égalité entre successibles. Ce principe d'égalité nous paraît absolument sacrifié par ceux qui professent que le successible, nu propriétaire, qui profite de la renonciation à l'usufruit faite en sa faveur, n'est tenu d'aucun rapport, sous prétexte qu'il s'agit de fruits (C. civ., 856). V. Bastia, 21 nov. 1832 (S. 33. 2. 6. — P. chr.); Massé et Vergé, sur Zachariæ, t. II, p. 416, § 400, n. 24; Aubry et Rau, t. VI, p. 634, § 631, texte et note 46; Demolombe, *op. cit.*, t. IV, n. 444; Laurent, *op. cit.*, t. X, n. 624 *in fine*.

fruit, d'après la déclaration de succession même, une ressource mobilière immédiate d'au moins 11,981 fr. 50, et le revenu d'immeubles qui, joint à celui du mobilier, a été déclaré être de 8,181 fr. 57; qu'embarrassé fût-il dans ses affaires, Lauly père aurait trouvé dans le revenu réel, bien supérieur à celui déclaré, une ressource considérable, tant pour achever sa libération en peu d'années, sans avoir besoin, comme il l'a fait, de vendre ses immeubles, que pour augmenter sa fortune; que l'invitation du testateur d'habiter Flayat ne pouvait être considérée comme une gêne, puisqu'il y a obtempéré, alors que, par sa renonciation, il n'était plus tenu de le faire; qu'en renonçant à tant d'avantages qui augmentaient son patrimoine, Lauly père n'a évidemment cédé qu'à ce désir, si bien démontré par tous les actes de sa vie, de faire profiter exclusivement de sa renonciation son enfant de prédilection, son fils Victor, qui acquérait et payait des immeubles presque au sortir du collége, auquel il avait assuré, par son contrat de mariage de 1852, toute la quotité disponible, alors qu'il avait refusé à sa fille, l'épouse Tailhardat, de figurer à son contrat, de la doter et de lui donner les aliments dont elle avait, dans sa misère, le plus grand besoin, et que les tribunaux l'ont forcé à lui fournir; que la renonciation du 10 juill. 1854 constitue donc une véritable donation indirecte au profit de Victor Lauly, légataire de la nue propriété;

Considérant que, pour se dispenser de rapporter la valeur de cette donation, l'intimé soutient qu'elle est une donation de fruits destinés à être consommés; que les fruits sont dans le domaine du père de famille, qui peut librement disposer de ses revenus, sans qu'ils soient soumis à aucun rapport, ainsi que cela résulte des dispositions des art. 852, 856, 928 et 1568, C. civ.; — Mais considérant que l'application de ces textes, qui régissent les fruits et revenus des choses soumises au rapport, ne saurait trouver place dans le cas d'un usufruit ou d'une rente viagère qui, s'éteignant par l'événement qui donne lieu à l'obligation de rapporter, ne peut jamais être rapporté; que cette doctrine ne saurait être admise sous l'empire de notre législation qui, limitant étroitement la disponibilité du père de famille, veut l'égalité entre les enfants, et soumet, pour l'obtenir (C. civ., 843), le successible au rapport de tout ce qu'il a reçu du défunt entre-vifs, directement ou indirectement, sans aucune distinction entre les fonds et les fruits; que là où la loi ne distingue pas, il n'y a pas lieu de distinguer; que les dispenses établies dans les articles invoqués étant une exception à la règle générale de l'obligation de rapporter, doivent être restreintes aux cas pour lesquels elles sont édictées; que ces exceptions seraient complétement inutiles si le père de famille avait l'entière disponibilité de son revenu; qu'il eût suffi au législateur de dire : « Tout ce qu'il a reçu en fonds ou capital », pour n'avoir pas à les formuler; qu'elles n'ont de raison d'être, en justifiant le principe de l'art. 843, que dans le caractère essentiellement alimentaire qui les distingue; que, dès lors, du moment où les donations de fruits sont rapportables, à moins qu'elles n'aient une destination alimentaire et obligatoire, la donation résultant de la renonciation du 10 juill. 1854 n'ayant point ce caractère, puisque, par son contrat de mariage, son père renonçant lui avait assuré les aliments qu'il pouvait lui devoir, Lauly fils doit le rapport de tous les avantages que lui a procurés la renonciation, sous peine de voir l'égalité détruite, la réserve de sa sœur absorbée, ce qui est contraire à la loi;

Considérant que, du moment où l'objet de la donation indirecte résultant de la renonciation du 10 juill. 1854 est rapportable, ce n'est évidemment pas le droit d'usufruit lui-même (il est éteint par l'événement qui donne lieu au rapport) qui est rapportable, mais les avantages qu'il a procurés à Victor Lauly fils; que ces avantages sont la perception, du jour de la mort du testateur, 17 janv. 1854, jusqu'à la mort de Lauly père, 25 janv. 1872, durant dix-huit ans, de tous les fruits et revenus des biens soumis à l'usufruit; qu'en présence de la perception de fruits, dont l'importance matérielle, comme la durée, peuvent être facilement établies, il est inutile de se livrer à des calculs hypothétiques, comme l'a fait le jugement dont est appel, du droit d'usufruit, qui n'est pas rapportable en nature, et pour lequel la renonciation n'est qu'une extinction prématurée; qu'il y a donc lieu de déterminer la valeur des fruits perçus, qui seuls doivent être rapportés; — Considérant que, d'après la déclaration de mutation et la soumission de 350 fr. qui l'a suivie, le revenu déclaré des valeurs mobilières et immobilières s'élève à 8,181 fr. 57; qu'il n'y a nulle exagération à le majorer à 10,000 fr., pour avoir le revenu réel que la renonciation du père a fait passer dans le patrimoine de son fils aux dépens du sien; mais qu'il convient de reconnaître que ce revenu n'était pas sans charge; qu'il aurait été réduit du revenu de la somme de 7,000 et quelques cents francs qu'auraient coûté les droits de mutation pour l'usufruit, somme dont a profité le patrimoine du renonçant; du revenu de 14 à 15,000 fr. de legs particuliers; des charges usufructuaires, des charges de régie par Lauly père ou par un tiers; des avantages qu'il a trouvés dans l'habitation commune à Flayat, habitation qui lui rendait disponible sa maison d'Ussel, qu'il a dû affermer; et, enfin, de l'excédent de dépenses qu'aurait nécessairement amené dans la maison l'augmentation de revenu et de fortune produite par l'usufruit; que c'est, à raison de ces charges, faire une juste appréciation du bénéfice net qu'a produit la renonciation que d'en fixer la valeur annuelle à 5,000 fr., et le montant du rapport que doit Lauly fils de ce chef, pour les dix-huit ans qu'aurait duré l'usufruit, à 90,000 fr.; que si, dans cette fixation, il n'était pas suffisamment tenu compte de la plus grande dépense inséparable d'une plus grande fortune, Lauly fils trouverait un dédommagement suffisant dans la dispense, par application de l'art. 856, C. civ., du rapport des intérêts ou fruits qu'a dû produire la somme annuelle des 5,000 fr. durant la vie du père renonçant...; — Par ces motifs, etc.

MM. Oger du Rocher, 1er prés.; Demartial, av. gén.; Royet (du barreau de Clermont-Ferrand) et Chouffour, av.

PARIS (7e CH.) 22 février 1884.

NOTAIRE, CHOIX, ACQUÉREUR, VENTE, ACTE, RÉDACTION, VENDEUR, FRAIS D'ACTE, PAYEMENT.

A défaut de convention expresse et contraire, le choix du notaire rédacteur de l'acte de vente appartient à l'acquéreur (1) (C. civ., 1593).

...Sauf le droit pour le vendeur d'exiger, s'il le juge utile, l'assistance à l'acte d'un autre notaire par lui choisi (2) (Id.).

La clause de la vente qui laisse les frais de l'acte à la charge du vendeur ne touche en rien aux droits de l'acquéreur sur le choix du notaire (3) (Id.).

(1-2) Dans l'usage, et d'une manière générale, ainsi que le constate l'arrêt actuel avec exactitude, le choix du notaire appartient au débiteur et non point au créancier. V. notamment Trib. civ. Gannat, 3 mai 1866 (D. 67. 3. 64); Cass., 30 avril 1873 (D. 73. 1. 469).

(3) Comp. Bordeaux, 26 juill. 1843, joint à Cass., 3 juill. 1844 (S. 44. 1. 667. — P. 44. 2. 223).

(Thouvenot c. Lejeune.) — ARRÊT.

LA COUR : — Considérant que, par lettre du 18 oct. 1881 dont la Cour ordonne l'enregistrement, Thouvenot s'est engagé à acheter à Lejeune une propriété sise à Levallois-Perret, moyennant le prix de 50,000 fr., et qu'il a été stipulé dans ledit acte que les frais de vente seraient payés par Lejeune, le vendeur; — Considérant, en principe, qu'à défaut de convention expresse et contraire, le choix du notaire rédacteur de l'acte de vente appartient à l'acquéreur; que c'est lui, en effet, qui est le principal intéressé à l'accomplissement des formalités qui doivent assurer entre ses mains la possession régulière et paisible de ce qu'il achète, et lui garantir une libération complète par le payement de son prix entre les mains des véritables créanciers; — Considérant que, dans la cause, aucune convention n'a dérogé au droit qu'a Thouvenot, l'acheteur, de confier la rédaction de l'acte à son notaire de Paris, assisté, si Lejeune le juge convenable, d'un autre notaire par lui choisi; que la clause particulière de la vente, qui laisse les frais de l'acte à la charge du vendeur, ne saurait modifier les droits de l'acquéreur sur le choix du notaire, ni motiver par elle seule une dérogation à l'usage; — Par ces motifs, etc.

MM. Fauconneau-Dufresne, prés.; Banaston, subst.; Worms et Varin, av.

AIX (CH.-CORR.) 6 mars 1884.

CHEMIN DE FER, ABONNEMENT, COMPARTIMENT, CLASSE SUPÉRIEURE, SUPPLÉMENT DE PRIX, PERCEPTION, FRAUDE (ABSENCE DE).

L'abonné de chemin de fer qui veut monter dans un wagon d'une classe supérieure à celle de son abonnement, n'est pas obligé de passer préalablement au guichet pour acquitter, avant le départ du train, le supplément de prix (1).

Et il ne résulte d'un tel fait aucune contravention à l'art. 63 de l'ordonnance du 15 nov. 1846, interdisant aux voyageurs de prendre une voiture d'une autre classe que celle qui est indiquée par le billet, dès l'instant que, par une circonstance ou par une autre, la perception du supplément est assurée (2) (L. 15 juill. 1845, art. 21; Ord. 15 nov. 1846, art. 63, 79).

...Par exemple, au moyen d'un avis donné à un employé du chemin de fer ou au conducteur du train (Id.).

...Ou par un payement en cours de route si le contrôle des billets s'opère pendant le voyage, ou bien tout au moins par le payement à l'arrivée à destination (Id.).

Alors surtout que la personnalité de l'abonné est signalée à la compagnie par des démêlés très-fréquents avec les agents du contrôle, démêlés qui ne permettent point à sa présence de passer inaperçue et excluent par là même, de sa part, toute pensée de fraude (Id.).

(Sambucy.) — ARRÊT.

LA COUR : — Sur l'infraction à l'interdiction de monter dans une voiture d'une classe supérieure à celle qui est indiquée sur le billet; — Attendu que, le 5 et le 27 déc. 1883, à Arles, Sambucy, muni d'une carte d'abonnement pour une place de 2e classe, est monté dans une voiture de 1re classe, sans avoir, malgré l'avis du chef de gare, payé un supplément au guichet; — Attendu que, tout en déclarant que l'abonné qui veut monter dans un wagon d'une classe supérieure à son abonnement n'est pas obligé de se rendre au guichet pour régulariser sa situation, les premiers juges ont ajouté que cet abonné doit être réputé coupable de l'infraction prévue par l'art. 68, § 1er, de l'ordonn. du 15 nov. 1846, s'il ne justifie pas qu'il a averti le conducteur du train avant de réaliser son intention, et remis à cet employé, contre reçu, le supplément à payer; — Attendu que la théorie du jugement, que la Cour adopte sur le premier point, viole, sur le second, la règle d'après laquelle la preuve du délit est à la charge du poursuivant; qu'en outre, l'expérience a introduit et fait admettre par les Compagnies de chemins de fer un usage contraire à l'exigence absolue sur laquelle les premiers juges ont fondé leur décision; qu'en effet, le strict accomplissement de la formalité ne serait pas toujours praticable en cours de route, soit à raison de la brièveté des arrêts, soit parce que les occupations du conducteur du train ne permettent pas d'arriver sans difficulté jusqu'à lui ou d'attirer son attention; qu'il suffit donc, d'après la règle généralement enseignée et suivie, que l'avis ait été donné à un employé du chemin de fer, qui puisse en justifier, ou que toute autre circonstance assure la perception du supplément; — At-

(1-2) La Cour d'Aix ne met point en doute l'application de l'art. 63, § 1, de l'ordonnance du 15 nov. 1846, au titulaire d'une carte d'abonnement qui prend place dans une voiture de classe supérieure à celle indiquée sur sa carte. Si elle renvoie le prévenu des fins de la poursuite, c'est que, dans l'état de la cause et des circonstances de fait soigneusement relevées, la contravention ne lui paraît pas suffisamment établie.

Dans un arrêt du 1er mai 1884 (Pand. chr.), la Cour de Nancy a, au contraire, nettement écarté la disposition de l'art. 63; elle en restreint l'application aux voyageurs ordinaires qui sont dans la nécessité de se munir d'un billet avant de monter en wagon, et qui ne peuvent prendre place que dans le compartiment auquel leur donne droit leur ticket. L'abonné, lui, est sous un régime spécial; un tarif homologué et approuvé règle sa situation vis-à-vis de la Compagnie. Il ne lui est pas interdit de passer d'une classe inférieure à une classe supérieure; mais ce déplacement doit être accompli avec certaines formalités, sous des conditions déterminées. S'il les observe, il n'y aura pas contravention; s'il les néglige, le fait n'échappera pas à toute répression. L'exécution stricte des tarifs et des règlements généraux de chemins de fer, lorsqu'ils ont été revêtus de l'approbation nécessaire, est, en effet, assurée, garantie par la sanction pénale de l'art. 21 de la loi du 15 juill. 1845, à laquelle se réfère l'art. 79 de l'ordonnance du 15 nov. 1846.

C'est aussi cette même sanction qui réprime les contraventions au § 1er de l'art. 63 de ladite ordonnance. L'intérêt de distinguer n'est donc pas dans la peine qui est la même, mais dans les conditions d'existence de l'infraction. L'art. 63 de l'ordonnance du 15 nov. 1846 paraît contenir des exigences plus rigoureuses que l'art. 4 du tarif visé par la Cour de Nancy. Le titulaire d'un abonnement peut donc avoir intérêt à se réclamer de la situation de faveur que lui crée son abonnement.

Au surplus, que l'on se place dans le système de l'un ou de l'autre arrêt, on aboutit à cette double conséquence d'une réelle importance pratique; — d'une part, l'abonné de chemin de fer qui veut monter dans un wagon d'une classe supérieure à celle de son abonnement, n'est pas obligé de passer préalablement au guichet pour acquitter, avant le départ du train, le supplément de prix; toutes les exigences des chefs de gare ou des agents du contrôle, en ce sens, sont purement arbitraires; la résistance et le refus d'y obtempérer, de la part des voyageurs munis de carte de circulation, ne constituent aucune infraction à la loi ni aux règlements dûment homologués; — d'autre part, dès l'instant que la perception du supplément de prix est assurée; que les circonstances de fait ne révèlent nulle pensée de fraude et excluent même toute possibilité de la réaliser, il ne peut y avoir contravention.

La Cour d'Aix pousse aussi loin que possible la tolérance dans la latitude laissée aux voyageurs et dans l'appréciation de leurs agissements. Et par là, loin de compromettre, elle sert plus utilement que par des sévérités malencontreuses les intérêts des compagnies. Les tracasseries routinières d'employés maussades ou trop zélés ont fait leur temps. Les besoins de circulation, les nécessités de déplacement forment un grand courant qui ne doit se trouver gêné, contrarié ou arrêté que par le minimum le plus réduit de réglementation. D'autant que lorsque la fraude se produit, la répression frappe avec assez de sévérité pour inspirer de salutaires réflexions à ceux qui seraient tentés de céder aux mauvais exemples et retenir les indécis dans le respect des lois et règlements. — Comp. Paris, 16 févr. 1885 (Pand. chr.), et la note.

tendu qu'avant de monter, les 5 et 27 déc. 1883, dans le train express composé exclusivement de voitures de 1re classe, Sambucy s'était fait voir par le chef de gare; que celui-ci, qui connaissait parfaitement le prévenu et le savait muni d'une carte de seconde classe seulement, a manifesté aussitôt, chaque fois, l'intention de l'obliger à se rendre au guichet, et que la contestation entre eux a eu pour unique cause, non le payement même du supplément, que Sambucy était prêt à effectuer sur place, mais l'exigence excessive à laquelle il résistait; — Attendu que le prévenu était dans l'usage d'avertir le conducteur du train quand les circonstances lui en laissaient la faculté; que, d'ailleurs, ses démêlés trop fréquents avec la Compagnie et les fonctionnaires du contrôle avaient acquis à sa personne et à son titre de voyage une notoriété telle qu'elle rendait de sa part toute fraude impossible; que, spécialement, quand il prenait un train ne comprenant que des wagons de 1re classe, il s'enlevait tout moyen de se soustraire à la perception du supplément par lui dû, et qu'il le payait nécessairement, soit en cours de route, si le contrôle des billets s'opérait pendant son voyage, soit au moins en arrivant à destination; qu'au surplus, aucun doute n'est même allégué à cet égard par les employés du chemin de fer ou par le ministère public; — Par ces motifs, — Réforme le jugement sur le chef d'infraction à l'art 63 de l'ordonn. du 15 nov. 1846, etc.

MM. Chabriniac, prés.; Bard, av. gén.

TRIB.-CORR. SEINE (10e CH.) 7 mars 1884.

OUTRAGES AUX BONNES MOEURS, ÉCRITS OBSCÈNES, ÉCRITS PÉRIODIQUES.

En dehors du livre qui constitue l'unique exception, tous autres écrits ou imprimés obscènes relèvent de la compétence des tribunaux correctionnels (1) (L. 2 août 1882, art. 1 et 2).

Et il n'y a pas à distinguer entre les écrits ou imprimés suivant qu'ils sont périodiques ou non (2) (Id.).

(Claudius Morel.) — JUGEMENT.

LE TRIBUNAL : — Statuant sur les conclusions d'incompétence déposées à l'audience par les prévenus; — Attendu que c'est à tort que Tuillier, Morel et Larguies prétendent que les articles 1 et 2 de la loi du 2 août 1882, visés par la prévention, ne leur sont pas applicables, et que la juridiction compétente est celle de la Cour d'assises; — Attendu que la simple lecture de la loi précitée suffit pour démontrer le mal fondé de leurs prétentions; — Qu'en effet, l'art. 1er punit de la peine de l'emprisonnement et de l'amende, et l'art. 2 renvoie devant les tribunaux correctionnels pour y être jugé, quiconque aura commis le délit d'outrages aux bonnes mœurs par la vente, l'offre, l'exposition, l'affichage ou la distribution gratuite sur la voie publique ou dans les lieux publics d'écrits, d'imprimés autres que le *livre*, d'affiches, dessins, gravures, peintures, emblèmes ou images obscènes; — Qu'on ne saurait donc admettre, en présence des termes généraux employés par la loi en ce qui concerne les écrits, et alors qu'elle ne fait d'exception que pour le livre, qu'il y ait lieu d'étendre ladite exception au cas actuel où, comme l'ont reconnu d'ailleurs les prévenus, il s'agit d'un écrit autre qu'un livre;

Attendu que la distinction que les prévenus entendent établir entre l'écrit périodique et celui qui ne l'est pas n'est pas mieux fondée; que le texte de la loi est précis et ne permet pas de renvoyer l'auteur d'un écrit périodique prétendu obscène devant la juridiction de la Cour d'assises, alors que l'auteur de l'écrit non périodique resterait soumis à la juridiction correctionnelle; — Attendu, dès lors, que la loi du 2 août 1882 visée par la prévention étant seule applicable, etc.; — Par ces motifs, — Rejette les conclusions à fin d'incompétence; — Dit qu'il sera passé outre aux débats.

M. Labour, prés.

TRIB.-CIV. LA CHATRE 13 mars 1884.

NOTAIRE, TAXE, EXÉCUTOIRE, ASSIGNATION, JUGEMENT, HYPOTHÈQUE JUDICIAIRE.

L'exécutoire de taxe délivré à un notaire en vertu d'une disposition toute de faveur de la loi du 5 août 1881, n'emporte pas hypothèque judiciaire (3) (C. civ., 2123; L. 5 août 1881, art. 3). — Sol. implic.

Il appartient donc au notaire qui veut s'assurer cet avantage de droit commun, de procéder par la voie ordinaire de l'assignation et d'obtenir un jugement (4) (C. proc., 60 et suiv.).

(M... c. C...) — JUGEMENT.

LE TRIBUNAL : — Attendu que C... soutient que M... n'est pas recevable dans sa demande, par le motif qu'au lieu d'agir par voie d'assignation, ce notaire aurait dû, conformément aux dispositions de la loi du 5 août 1881, requérir un exécutoire sur la taxe du président, et procéder, s'il l'avait jugé utile, par voie d'exécution contre son débiteur; — Mais attendu que la loi de 1881 a voulu seulement exonérer les notaires de la nécessité de poursuivre, dans tous les cas, le payement des frais à eux dus, au moyen d'une demande ou d'une action en justice, entraînant des avances ou frais toujours onéreux pour le débi-

---

(1-2) La loi n'a fait d'exception que pour le livre. Voici les raisons qui en ont été données par M. le rapporteur à la Chambre des députés (séance du 26 juin 1882, *J. off.* du 27, Déb. parl., p. 1033) : « Nous avons fait une exception pour le livre, non point, comme on l'a affirmé, que nous considérions le délit commis par la voie du livre comme devant rester impuni, mais uniquement parce que nous avons pensé que la loi du 29 juill. 1881, à l'égard du livre, assurait une répression suffisante. Il y a là, en effet, une différence essentielle et qui frappe tout le monde, sans qu'il soit besoin d'insister sur ce point. Le livre, par les conditions dans lesquelles il se vend, par le public auquel il s'adresse, par le plan, par le but même que l'auteur s'est proposé, le livre, au point de vue de la moralité publique, ne présente en aucune manière le même danger que les images obcènes dont le passant est poursuivi. En faisant cette distinction, nous avons entendu marquer une fois de plus ce que nous voulions atteindre, c'est-à-dire le délit de vente sur la voie publique, la spéculation immorale, qui ne peut trouver ici aucun défenseur. »

La question peut être délicate, lorsqu'il s'agit de définir exactement ce qu'est le livre, où il commence, où il finit. Quand on a dit, d'une manière générale, que le livre comporte certains développements, qu'il offre un corps, une surface, un ensemble, on n'a pas beaucoup avancé la solution des difficultés. On voit seulement par là que le livre se distingue de la brochure, du fascicule.

Mais *quid* des revues (*Nouvelle Revue, Revue des Deux Mondes*, etc., etc.)? — La réponse à cette question a été donnée par les auteurs (V. notamment M. Fabreguettes, *Tr. des infractions de la parole, de l'écriture et de la presse*, t. I, n. 1017). Mais elle n'a point encore été tranchée, à notre connaissance du moins, par des décisions de jurisprudence. Elle reste douteuse. L'assimilation de la revue au livre peut favoriser une foule de ruses, d'empiétements qui finiraient bien vite par abattre les barrières et confondre ce qui doit rester distinct.

Quoi qu'il en soit, ces difficultés ne se soulevaient point dans l'espèce actuelle, puisqu'il s'agissait d'un journal ou feuille périodique, c'est-à-dire d'une publication qui ne se rapproche même pas de la revue, et qui est le type de production littéraire le plus diamétralement opposé au livre, qui existe.

(3) La question a été expressément résolue en ce sens par un jugement du tribunal civil de Valence, en date du 30 juill. 1884 (Pand. chr.); elle est aussi préjugée et décidée implicitement par le jugement du tribunal civil de Langres du 14 mai 1884 (Pand. chr.).

(4) V. conf. même jugement de Langres, précité.

teur, et leur a, au contraire, reconnu le droit et la faculté d'agir par voie d'exécutoire, s'ils n'avaient pas intérêt à obtenir une garantie hypothécaire, ou s'il y avait urgence pour eux à poursuivre le recouvrement de leurs avances et honoraires; mais qu'elle n'a pas abrogé l'art. 60, C. proc., qui permet aux notaires de procéder par voie d'assignation et d'obtenir ainsi contre leurs débiteurs la garantie d'une hypothèque judiciaire; que, dès lors, la fin de non-recevoir doit être rejetée; — Par ces motifs, — Rejette la fin de non-recevoir proposée, etc.

M. Rondier, prés.

AIX (ch. corr.) 14 mars 1884.

Diffamation, Conseil de fabrique, Compétence.

Les membres des conseils de fabrique, n'étant chargés que de la gestion des intérêts privés des fabriques, ne sont ni des fonctionnaires publics, ni des dépositaires ou agents de l'autorité, ni même des citoyens investis d'un service ou d'un mandat public. — Par suite, la diffamation commise envers eux, à raison de leurs fonctions, est de la compétence des tribunaux correctionnels (1) (L. 29 juill. 1881, art. 31, 45, 60).

(H...) — arrêt.

LA COUR : — Attendu qu'il a été à tort soutenu en première instance que le tribunal n'était pas compétent, H... ayant été diffamé à raison de ses fonctions de membre du conseil de fabrique; que les membres des conseils de fabrique ne sont pas compris parmi les personnes spécialement visées par l'art. 31 de la loi sur la presse; qu'ils ne sont ni fonctionnaires publics, ni dépositaires ou agents de l'autorité publique, et qu'on ne peut même dire qu'ils sont chargés d'un service ou d'un mandat public; que leurs fonctions, précisées par l'art. 1er du décret du 30 déc. 1809, sont des fonctions purement privées; qu'ils ne sont que les gérants des intérêts privés des fabriques, et qu'ils n'ont aucun droit sur les citoyens...; — Par ces motifs, — Reçoit en la forme H... dans son appel, et le ministère public dans son appel *a minima;* — Confirme, etc.

MM. Chabriniac, prés.; Bujard, subst.; Guillibert et Isnel, av.

AIX (2e ch.) 20 mars 1884.

Faillite, Insuffisance d'actif, Cloture, Dessaisissement, Payements, Compensation.

La clôture de la faillite pour insuffisance d'actif ne fait pas cesser l'état de faillite et les incapacités légales attachées à cet état (2) (C. comm., 443, 527).

Par suite, tout payement, par voie de compensation ou autrement, effectué par le failli pendant la période de la clôture, est rapportable à la masse, au cas de réouverture de la faillite (3) (Id.).

(Bouvier c. syndic Nevière.)

8 janv. 1884, jugement du tribunal de commerce de Marseille, ainsi conçu : — « Le Tribunal : — Attendu que le sieur Nevière a été déclaré en faillite le 14 juin 1872; que sa faillite a été clôturée pour insuffisance d'actif, le 10 juill. 1882; — Attendu que Nevière est débiteur de Bouvier de 2,454 fr. 65, suivant jugement du tribunal de céans du 2 déc. 1881; que, d'autre part, Bouvier, comme commun en biens avec son épouse, est débiteur de Nevière de la somme de 2,280 fr. 84, suivant jugement du tribunal civil de Marseille, en date du 6 juill. 1881; — Attendu que la dette de Nevière a pour cause une société qui a existé entre lui et Bouvier, du 1er avril 1869 au 29 mars 1870; que la dette de Bouvier provient d'un rapport auquel a été tenue son épouse dans la succession de la mère de celle-ci, succession ouverte par le décès de la dame Margal, veuve Nevière, le 12 nov. 1876; que les dettes de Bouvier et de Nevière n'ont donc été liquidées qu'après la faillite de celui-ci, et que, de plus, les causes de la dette de Bouvier sont postérieures à cette faillite; — Attendu que la faillite de Nevière a été réouverte; que Bouvier a demandé à y être admis pour le montant de sa créance, déduction faite de sa dette, qu'il entend compenser; que le syndic a contesté la compensation; qu'il a offert d'admettre au passif de la faillite la créance entière de Bouvier, en se réservant de faire sortir à effet contre lui le jugement qui a reconnu sa dette; — Attendu qu'un failli ne peut pas effectuer de payements; que l'état de faillite exclut aussi toute compensation, postérieurement à la déclaration de faillite; que, dans l'espèce, la compensation n'a pu s'opérer antérieurement à la faillite de Nevière, et que l'une d'elles a des causes postérieures; mais que Bouvier objecte que la compensation s'est opérée dans la période de temps où la faillite de Nevière est restée clôturée pour insuffisance d'actif; — Attendu que cette clôture ne fait pas cesser l'état de faillite, et que toutes les incapacités légales résultant de la faillite continuent pendant la clôture; que si, aux termes de l'art. 527, C. comm., chaque créancier, par l'effet du jugement de clôture, rentre dans l'exercice de ses actions individuelles contre le failli, celui qui obtient des recouvrements est sujet à rapport dans le cas de réouverture de la faillite; qu'aussi l'art. 528 dispose que les frais de poursuites exercées en vertu de l'art. 527 doivent être acquittés avant la réouverture; que, dans le système même de Bouvier, qui accepte l'obligation de rembourser un payement reçu de mauvaise foi, ce serait encore la règle excluant la compensation qui devrait être appliquée; que, dans la matière spéciale des faillites, la mauvaise foi consiste à recevoir un payement en connaissant l'état de déconfiture de son débiteur; que Bouvier ne peut contester qu'il connût la situation de Nevière, son beau-frère; qu'il ne pouvait donc pas recevoir de payement sans être tenu à rapport, ni profiter d'une compensation;

(1) Jugé, en matière de voies de fait et de violences légères, et au point de vue de l'inapplicabilité de l'art. 186, C. pén., quant à l'aggravation de la peine, que le préposé de la fabrique d'une église chargé de toucher le prix de la location des chaises, ne saurait, à aucun titre, être considéré comme exerçant une fonction publique : Cass., 30 janv. 1885 (S. 85. 1. 328. — P. 85. 1. 787). — Toutefois il a été décidé que les membres des conseils de fabrique, bien qu'ils ne soient dépositaires d'aucune portion de l'autorité publique, doivent néanmoins être considérés comme des fonctionnaires publics dans le sens de l'art. 197, C. pén.; cet article devant être entendu dans un sens large et comprenant « tous les citoyens qui, sous une dénomination quelconque, ont été investis d'un mandat dont l'exécution se lie à un intérêt public, et qui, à ce titre, sont soumis à l'autorité du gouvernement »; que, par suite, les fabriciens qui, révoqués par arrêté du ministre des cultes, ont persisté à se réunir et à exercer leurs fonctions, malgré la notification qui leur a été faite de cet arrêté, sont passibles des peines portées dans ledit article : Cass., 30 oct. 1886 (Pand. pér., 86. 1. 249), et la note.

(2) C'est l'opinion admise par la grande majorité des arrêts; elle paraît même ne plus rencontrer de contradiction dans la jurisprudence depuis la décision de la Chambre civile de la Cour de cassation, du 5 nov. 1879 (Pand. chr.). — V. en outre Nîmes, 15 janv. 1881 (Pand. chr.); Paris, 29 mars et 10 mai 1881 (Pand. chr.), ainsi que les solutions émanées des tribunaux de commerce et mentionnées dans notre *Dictionnaire de dr. comm., ind. et marit.*, t. IV, v° *Faillite*, n. 652. — *Adde* Lyon-Caen et Renault, *Précis de dr. commerc.*, t. II, n. 2982 et suiv.

(3) V. conf., Paris, 8 mars 1856 (Pand. chr.); Trib. comm. Marseille, 30 juin 1870 (*Journ. de Mars.*, 70. 1. 194); Trib. comm. Seine, 2 août et 27 sept. 1871 (*Journ. des trib. de comm.*, t. XX, 354), et notre *Dictionnaire, verb. et loc. cit.*, n. 656, § 2.

— Par ces motifs, — Déboute le sieur Bouvier de sa demande, etc. »

Appel par Bouvier.

ARRÊT.

LA COUR : — Adoptant les motifs des premiers juges, — Confirme, etc.

MM. Germondy, prés.; Fabre, av. gén.; A. Crémieu et Contencin, av.

ALGER (1re CH.) 7 avril 1884.

MANDAT, TÉLÉGRAMME, ORIGINAL, REPRÉSENTATION, CONFORMITÉ, PREUVE.

De ce que le mandat peut être donné « même par lettre », *il résulte qu'il peut l'être par télégramme* (1) (C. civ., 1985).

Et la représentation du télégramme suffit pour établir la preuve du mandat, alors que la conformité de ce télégramme avec l'original déposé au bureau télégraphique n'est pas sérieusement contestée (2) (Id.).

(Clément c. Guarinos.) — ARRÊT.

LA COUR : — Sur la validité ou la nullité de la vente consentie le 2 nov. 1882, enregistrée et transcrite le 3 du même mois, par Rainero à Guarinos, moyennant le prix de 16,500 fr., et sur le point de savoir si elle doit être préférée à celle faite à Clément le 3, enregistrée le 9 et transcrite le 10 du même mois : — Attendu, en fait, que la vente du 2 nov. a été consentie à Guarinos par Fargues, mandataire de Rainero, en vertu d'un télégramme adressé par ce dernier, le 2 nov., à huit heures cinquante-huit minutes du soir, contenant ces instructions : « Vendez 16,500 fr.; passez acte Orléansville » ; — Attendu que ce télégramme était la réponse demandée par Fargues à Rainero, par son télégramme du 1er nov., huit heures du soir, ainsi conçu : « Puis-je vendre maison entière? Autre acquéreur, 16,500 fr., acte passé à Blidah »; — Attendu qu'en même temps que Rainero donnait ainsi mandat à Fargues de traiter à 16,500 fr., il télégraphiait le même jour au notaire Mathis, d'Orléansville, qui avait été chargé de son côté de lui faire des propositions : « Trouvé acquéreur à 16,500 fr., recevrez lettre »; — Attendu qu'il résulte évidemment de ces télégrammes que Rainero avait autorisé Fargues à accepter, pour la vente de la maison, l'offre de 16,500 fr. et à passer l'acte de vente pour ce prix; — Attendu, néanmoins, qu'au mépris de la vente consentie par lui à Guarinos, Rainero, le lendemain, donnait ordre à Fargues de vendre le même immeuble à Clément pour 17,000 fr., alors que Fargues lui faisait connaître qu'il avait traité la veille pour 16,500 f.; — Attendu que le notaire Mathis, de son côté, bien qu'il n'ait pu ignorer la vente faite à Guarinos, après le télégramme que lui avait adressé Rainero, passa nonobstant vente à Clément, du même immeuble, et, sur un télégramme de Rainero, du 8 nov., qui lui disait de réaliser la deuxième vente, la fit enregistrer et transcrire sans observations ni demande d'explications, imprudence qui a été la cause du procès actuel; — Attendu que, ne pouvant méconnaître ces faits, Clément soutient que le télégramme que Guarinos invoque comme une procuration aux fins de lui vendre l'immeuble dont il s'agit, ne peut constituer une procuration régulière; que l'art. 1985, C. civ., porte bien, à la vérité, que le mandat peut être donné par lettre missive, mais qu'un télégramme ne peut être assimilé à une lettre missive, cette dernière étant revêtue de la signature du mandant, tandis que le télégramme n'est que la copie, faite par l'administration, de l'écrit du mandant; — Attendu, en droit, que, par le mot *lettre*, dont se sert l'art. 1985, C. civ., on doit entendre tout écrit quelconque, adressé à un tiers; que le mode de transmission de cet écrit importe peu, et que le télégraphe ne fait que transmettre plus rapidement à destination que la poste l'écrit de l'expéditeur, quand toutefois l'authenticité du télégramme n'est pas contestée; — Attendu qu'il s'agit donc uniquement, dans la cause, de vérifier si les télégrammes adressés à Fargues par Rainero émanent bien de ce dernier; — Attendu que leur authenticité ne peut être sérieusement contestée; qu'elle résulte, en effet, du rapprochement des dates des divers télégrammes, notamment de celle du télégramme adressé par Rainero à Fargues, en réponse à celui qu'il lui adressait pour être autorisé à accepter les offres de Guarinos, et de celle du télégramme adressé au notaire Mathis, pour lui faire connaître qu'il avait trouvé acquéreur; — Attendu, au surplus, que leur sincérité n'a pas été contestée sérieusement en première instance, bien qu'en appel, Clément, pour les besoins de la cause, ait allégué qu'ils n'émanaient pas de Rainero, et qu'on s'est borné à soutenir, devant les premiers juges, qu'ils n'avaient pas un caractère suffisant pour constituer un mandat; — Attendu que Rainero n'a pas protesté contre les prétentions de Guarinos, son premier acquéreur, quoiqu'il n'ait pas craint de vendre une deuxième fois le même immeuble, pour réaliser un bénéfice de 500 fr., tout en reconnaissant par son télégramme du 8 nov., adressé au notaire Mathis, qu'il l'avait vendu une première fois, et s'est laissé condamner par défaut par le tribunal qui a ratifié la vente consentie à Guarinos; — Attendu que le mandat n'est soumis à aucune formalité sacramentelle, et qu'il suffit que la volonté du mandant, de transmettre ses pouvoirs, résulte clairement des termes employés par lui; qu'il ne peut rester aucun doute sur les instructions données par Rainero à Fargues, d'après le contexte des télégrammes qui lui ont été adressés, et qu'il avait bien une procuration de vendre; — Attendu que les parties étant tombées d'accord sur l'objet de la vente et sur le prix, aux termes de l'art. 1583, C. civ., la vente était parfaite et définitive, la transmission de la propriété ayant été opérée, vis-à-vis des tiers, par la transcription, et qu'il n'était pas besoin, ainsi que l'a fait Guarinos, par surcroît de précaution, de la faire ratifier par le tribunal; — Attendu, dès lors, que la vente consentie à Guarinos est régulière et valable, d'où il suit que l'acte de vente passé devant le notaire Mathis à Clément, le 8 nov., enregistré le 9 et transcrit le 10, aux termes de la loi du 23 mars 1855, ne peut être opposé à Guarinos et doit être écarté, etc.

MM. Sautayra, 1er prés.; Gariel, av. gén.; Robe et Jouyne, av.

(1-2) La validité du mandat adressé par voie télégraphique a été implicitement admise, tout au moins, par l'arrêt d'Amiens, en date du 11 mai 1854 (Pand. chr.). Dans cette espèce, il y avait eu une erreur commise par les préposés du télégraphe dans la transmission de la dépêche. Cette erreur dénaturait le mandat; le mandant, par suite, ne pouvait être considéré ni comme lié par des ordres qu'il n'avait point donnés, ni comme responsable, vis-à-vis des tiers, d'un accident qui n'était point de son fait et dont il n'avait même point eu connaissance. — Mais ces circonstances écartées, quand la transmission reproduit fidèlement l'original déposé, comme dans l'affaire actuelle, il ne saurait y avoir de doute : la forme est régulière; le télégraphe vaut la poste; il ne fait que porter plus rapidement à destination les ordres de l'expéditeur. Consult. Serafini, *Le télégraphe dans ses relations avec la jurisprudence* (traduct. de Lavielle de Lameillière), § 25 et suiv. — Or, quand le mandat est donné par *lettre*, il suffit, pour en établir la preuve, de représenter l'écrit. De même, la production du télégramme répond à toutes les exigences.

DOUAI (1re CH.) 29 avril 1884.

SÉPARATION DE CORPS, INJURE GRAVE, DEVOIR CONJUGAL, ABSTENTION, MOTIFS EXCUSABLES.

L'abstention persistante du devoir conjugal constitue une injure grave de nature à justifier une demande en séparation de corps (1) (C. civ., 231, 306).

...A moins que l'époux qui s'abstient ne rapporte la preuve d'empêchements susceptibles d'expliquer sa conduite et d'écarter toute idée de mépris et d'outrage (Id.).

(Callau c. Callau.) — ARRÊT.

LA COUR : — Attendu qu'il est établi par tous les documents de la cause, et qu'il n'est pas contesté par l'intimé, Paul Callau, que, depuis le 7 juill. 1881, date de son union avec la demoiselle Joséphine Pacile, sa femme, il n'a pas consommé le mariage; que, pendant dix-huit mois de vie commune, il n'a pas rempli ses devoirs d'époux; — Attendu qu'une telle abstention, contraire au but du mariage, doit être considérée comme injurieuse pour la femme qui la subit, à moins que le mari ne fasse la preuve d'empêchements qui justifient sa conduite, et écartent toute idée de mépris et d'outrage; — Attendu que Callau a cherché à expliquer son abstention constante, et offert d'établir que sa femme a été affectée, quelques jours après le mariage, d'une chlorose exceptionnellement grave, qui rendait impossible tout rapport entre les époux; — Mais attendu que cette preuve n'a pas été atteinte; que Callau a seulement démontré qu'il avait mis dans la confidence de ces questions intimes deux jeunes gens, dont l'un avait même été conduit par lui jusque dans le cabinet de toilette de sa femme; — Attendu, en outre, que la dame Callau a rapporté la preuve de l'inexactitude des affirmations de son mari; qu'il résulte, en effet, des certificats délivrés par les médecins qui l'ont visitée à la date du 6 févr. 1883, qu'elle était vierge, qu'elle ne portait les traces d'aucune affection, et qu'en supposant qu'elle eût été antérieurement atteinte de chlorose, cette maladie n'aurait été ni très-grave, ni exceptionnelle; — Attendu que Callau soutient vainement que sa femme s'est toujours refusée à accomplir ses devoirs d'épouse, et qu'il a été lui-même empêché de consommer le mariage par la résistance de cette femme qui poussait des cris chaque fois qu'il tentait de se rapprocher d'elle; que cette allégation, qui s'est produite seulement après les enquêtes et contre-enquêtes, est en contradiction manifeste avec l'excuse tirée de la prétendue maladie de la dame Callau; — Attendu que l'abstention du mari n'est donc pas justifiée; qu'elle a été le résultat d'un dessein fermement arrêté dès les premiers jours de ne pas accomplir les devoirs conjugaux; qu'elle constitue, dès lors, une injure pour la femme; que cette injure est encore aggravée par les allégations de Callau sur la santé de sa femme et les confidences qu'il en faisait à ses amis; que, pour en apprécier toute la gravité, il convient de tenir compte de la jeunesse des époux, de l'éducation de la dame Callau, et du milieu social dans lequel elle avait jusqu'alors vécu : — Par ces motifs, — Emendant et réformant : — Dit qu'il a été mal jugé, bien appelé; — Prononce la séparation de corps au profit de la dame Callau; — Dit qu'elle sera et demeurera séparée de corps d'avec son mari, etc.

MM. Mazeaud, prés.; Paul Berton, av. gén.; Cléry (du barreau de Paris) et de Beaulieu, av.

NANCY (CH. CORR.) 1er mai 1884.

CHEMIN DE FER, ABONNEMENT, COMPARTIMENT, CLASSE SUPÉRIEURE, CONTRAVENTION, TARIF, SUPPLÉMENT DE PRIX, PERCEPTION.

Le fait par le titulaire d'une carte d'abonnement de chemin de fer, de monter à une station intermédiaire, sur l'invitation d'un autre voyageur, dans un compartiment d'une classe supérieure à celle de sa carte, constitue, en principe, non une infraction à l'art. 63 de l'ordonnance du 15 nov. 1846, interdisant aux voyageurs de prendre une voiture d'une autre classe que celle indiquée par leur billet, mais une contravention à la disposition du tarif d'abonnement de la Compagnie qui n'autorise les abonnés à voyager dans les compartiments de classe supérieure qu'à la condition de payer la différence de prix et de prévenir le conducteur du train (2). — *Et la sanction d'une telle contravention se trouve dans l'art. 79 de l'ordonnance précitée du 15 nov. 1846, et dans l'art. 21 de la loi du 15 juill. 1845* (3) (L. 15 juill. 1845, art. 21; Ord. 15 nov. 1846, art. 79).

Mais, en fait, il n'y a pas contravention et il est pleinement satisfait aux prescriptions du tarif, lorsque le supplément de prix est offert spontanément à l'employé, chargé du contrôle des billets, par le voyageur au moment immédiat où il monte en voiture, avant même qu'il ait pris sa place, alors que la portière était encore ouverte et que le train n'était pas en marche (4) (Id.).

(Haut.)

Voici les faits tels qu'ils résultent du jugement du tribunal correctionnel de Toul dans ses parties utiles à connaître : — « LE TRIBUNAL : — Attendu que le prévenu est porteur d'une carte d'abonnement qui l'autorise à voyager en 3e classe sur la ligne de l'Est, de Pargny à Toul; que, le 24 déc. 1883, à la station intermédiaire de Révigny, il monta dans un compartiment de 2e classe, sur l'invitation d'un autre voyageur, et qu'il n'était pas encore assis lorsqu'un agent de la Compagnie se présenta pour contrôler les billets; que le prévenu exhiba immédiatement sa carte, en disant qu'il payerait le supplément stipulé par l'art. 4 du tarif des cartes d'abonnement; — Attendu que l'agent du contrôle, se fondant sur ce que le prévenu était monté sans avoir

---

(1) La jurisprudence est fixée en ce sens. V. Metz, 25 mai 1869 (S. 70. 2. 77. — P. 70. 422. — D. 69. 2. 202); Bordeaux, 5 mai 1870 (S. 71. 2. 35. — P. 71. 115. — D. 70. 2. 207); Aix, 7 avril 1876 (S. 76. 2. 332. — P. 76. 1259. — D. 77. 2. 127); Paris, 19 mai 1879 (S. 79. 2. 175. — P. 79. 723); Trib. civ. Tours, 3 fév. 1885 (*Gaz. du Pal.*, 85. 2. supp. 16). — Il y aurait même là une injure assez grave pour justifier, suivant les cas, une demande en divorce. V. Trib. civ. Dunkerque, 27 nov. 1884 (Pand. chr.). — Jugé toutefois que l'inaptitude de l'un des époux à l'accomplissement de l'acte physique du mariage, n'ayant point été placée par le législateur au nombre des causes légales de divorce, le fait seul de l'impuissance du mari ne saurait motiver par lui-même la rupture du lien conjugal : Trib. civ. Seine (4e ch.), 24 mars 1885 (*Gaz. du Pal.*, 85. 1. 492); 27 déc. 1886 (*la Loi*, 19 janv. 1887).

(2-3) V. nos observations jointes à l'arrêt d'Aix, du 6 mars 1884 (Pand. chr.), et dans lesquelles nous tenons compte de la solution de l'arrêt de Nancy ci-dessus rapporté.

(4) Dans l'espèce, la solution ne pouvait être douteuse. Le supplément du prix avait été offert par l'abonné à l'employé chargé du contrôle des billets spontanément, avant toute réquisition, au moment immédiat de monter en voiture, alors qu'il n'y avait point eu encore prise de place, installation effectuée, que la portière était restée ouverte et que le train n'était pas en marche. — La Cour d'Aix, dans son arrêt précité du 6 mars 1884, se montre plus tolérante, elle ne pousse pas aussi loin les exigences; il lui suffit, pour écarter toute contravention punissable, qu'une circonstance quelconque, en rendant la fraude impossible, ait assuré la perception du supplément de prix; elle ne fait pas de l'avertissement donné au contrôleur, avant le départ, la seule condition du renvoi des fins de la poursuite. — Nous avons approuvé l'arrêt d'Aix, qui nous semble s'inspirer très-heureusement des nécessités de la circulation, de jour en jour plus considérable, des voyageurs sur les lignes ferrées. — Comp. Paris, 16 févr. 1885 (Pand. chr.), et la note.

avisé le conducteur du train, exigea la place entière; que le prévenu ayant persisté à ne vouloir payer que le supplément, un procès-verbal fut dressé contre lui pour contravention à l'art. 63 de l'ordonn. de 1846; — Attendu que les faits ainsi établis ne soulèvent qu'une contestation sur l'exécution du contrat d'abonnement intervenu entre la Compagnie et le prévenu, pouvant donner lieu à une action civile, mais ne réunissant pas les caractères d'une contravention; qu'en effet, l'art. 63 dit qu'il est défendu d'entrer dans les voitures sans avoir pris de billet; que cette prohibition est loin d'être absolue, en ce sens qu'il est loisible aux Compagnies de la lever, notamment en donnant des autorisations spéciales de voyager sans billet, ce qui fait disparaître toute contravention du fait des voyageurs ainsi autorisés, d'où l'on peut, en même temps, tirer la conséquence que cet art. 63 ne vise que ceux qui sont dans la nécessité de se munir d'un billet pour voyager; — Attendu que l'abonné est, par son contrat même, dispensé de se munir d'un billet; qu'il est autorisé textuellement, par l'art. 4, précité, à monter dans des voitures d'une classe supérieure à celle de son abonnement; que la Compagnie met seulement pour condition qu'il payera un supplément de prix, s'il prévient au préalable le conducteur du train, ou la place entière, s'il ne l'a pas averti en temps utile; qu'ainsi, à ce double point de vue, l'art. 63 ne peut être invoqué contre le prévenu, et que la contestation qui peut naître sur la question de savoir s'il a donné en temps utile l'avertissement exigé par l'art. 4 de son contrat, est de l'ordre purement civil; — Attendu, enfin, que les faits ne révèlent de la part du prévenu aucune intention de fraude; — ...Dit que le fait imputé à ce dernier ne constitue pas une infraction tombant sous l'application des art. 63 de l'ordonn. du 15 nov. 1846, et 21 de la loi du 15 juill. 1845, etc. ».

Appel par le ministère public.

ARRÊT.

LA COUR : — Attendu que les faits reprochés au prévenu ont été irrégulièrement qualifiés par les premiers juges; qu'ils constitueraient, en effet, non pas une contravention à l'art. 63 de l'ordonn. du 15 nov. 1846, mais bien une contravention à l'art. 4 du tarif G. V., n. 5, dûment homologué, dont la sanction se trouve dans l'art. 79 de cette même ordonnance et l'art. 21 de la loi du 15 juill. 1845; — Attendu que la Cour n'est pas liée par cette même qualification, et qu'elle peut la modifier sans violer le droit de la défense, alors que les faits incriminés ne subissent eux-mêmes aucune modification; — Attendu que la carte d'abonnement dont le prévenu était porteur lui donnait le droit de pénétrer dans une classe supérieure, à la condition de payer la différence du prix, et en prévenant le conducteur du train; — Attendu, en fait, qu'il est établi, par le témoignage de Godelle et par les documents de la cause, qu'au moment où Haut est monté dans le compartiment de 2e classe, et avant même d'avoir pris place, alors que la porte était restée ouverte et que le train n'était pas encore en marche, il a immédiatement et spontanément offert à l'employé qui se présentait pour contrôler les billets, de payer le supplément de prix de transport, c'est-à-dire la différence entre le tarif de la 3e et de la 2e classe; qu'il a ainsi pleinement satisfait aux prescriptions de l'art. 4 du tarif G. V., n. 5., et que le fait qui lui est reproché ne constitue aucune contravention de nature à motiver l'application de la loi pénale; — Par ces motifs, — Rejette l'appel du ministère public; — Relaxe, etc.

M. Angenoux, prés.

ROUEN (3e CH.) 10 mai 1884.

SOCIÉTÉ ANONYME, APPORTS EN NATURE, ACTIONS, LIBÉRATION PARTIELLE, FONDATEURS, QUART EN NUMÉRAIRE, CONTRAVENTION (ABSENCE DE).

Des actions, libérées seulement pour partie, peuvent être attribuées aux fondateurs d'une Société anonyme, en représentation de leurs apports en nature (1) (L. 24 juill. 1867, art. 1, 2, 4, 13, 24, 25).

Si donc ces actions sont libérées d'un quart, par le fait même de l'apport en nature, elles ne sont pas de plus assujetties, préalablement à toute émission, au complément d'un nouveau quart en numéraire; l'apport vérifié équivalant à un versement en espèces (2) (Id.).

La négociation d'actions nouvelles d'une Société n'est punissable qu'autant que les titres, à leur seule inspection, ont pu renseigner sur les irrégularités commises, lesquelles ne concernent que la forme et la valeur nominale des titres, et nullement les vices dont la constitution de la Société est entachée (3) (L. 24 juill. 1867, art. 14).

(Duquesne-Stopin et Hugon c. Gindre-Malherbe). — ARRÊT.

LA COUR : — Attendu que la Société *l'Hypothèque foncière*, dont Gindre-Malherbe a été administrateur depuis

---

(1-2) V. conf. l'arrêt de renvoi de la Cour de cassation, en date du 15 févr. 1884 (Pand. chr.), et les conclusions de M. le procureur général Barbier, reproduites au cours de l'article. V. aussi un jugement du trib. comm. Seine, 3 juill. 1883 (Pand. chr.), et surtout un très-récent arrêt de la chambre des requêtes de la Cour de cassation, 22 déc. 1886 (journ. *le Droit*, 18 janv. 1887). — Au surplus, ces mêmes solutions avaient été déjà consacrées par la jurisprudence du tribunal de commerce de la Seine, sous l'empire de la loi du 17 juill. 1856. V. notamment un jugement de ce tribunal, en date du 1er mai 1861 (Pand. chr.).

(3) Au contraire, l'émission d'actions nouvelles tombe sous la répression de l'art. 13 de la loi du 24 juill. 1867, au cas d'irrégularité originelle dans la constitution de la Société.

Cette différence ressort nettement de la comparaison des textes; la rédaction des art. 13 et 14 n'est pas la même. Au surplus, les situations, elles aussi, sont essentiellement distinctes.

Quand il s'agit d'*émission*, la loi vise les fondateurs et les administrateurs; ceux-là doivent être au courant de tout ce qui intéresse la vie sociale non-seulement dans le présent, mais dans le passé; ils sont censés avoir procédé à des vérifications. On n'entre pas dans une Société que l'on ne connait pas; il est juste, salutaire d'imposer à tous ceux qui participent à un acte tel qu'une émission nouvelle d'actions, dont les conséquences peuvent être si préjudiciables pour les tiers, le soin de s'assurer non-seulement de la régularité de l'émission actuelle à laquelle ils prêtent leur concours, mais des conditions d'existence première de la Société, puisque ces conditions peuvent avoir leur contre-coup sur les appels de fonds successifs et ultérieurs.

Quant aux tiers, eux, plus particulièrement visés en matière de *négociation* par l'art. 14, ils n'appartiennent pas à la Société; ils ne la connaissent et ne peuvent la connaître que par le titre qu'ils détiennent. D'ailleurs, cette détention, avec la facilité de transmission des valeurs mobilières, n'est souvent que temporaire; elle ne laisse pas de trace. Que les irrégularités patentes, celles que la simple vue du titre suffit à révéler, mettent en garde les tiers contre toutes négociations, toute participation à des négociations nécessairement irrégulières, que le fait de passer outre constitue une infraction punissable, rien de mieux, mais aussi rien de plus. La loi ne pouvait aller au delà sans user de sévérité exagérée. V. Cass. (deux arrêts), 3 juin 1885 (Pand. chr.), et la note.

Cette distinction dans les traits généraux entre l'*émission* et la *négociation* des actions est exacte, parfaitement juridique. On peut rechercher seulement les raisons qui l'imposaient dans l'affaire actuelle. Dès l'instant que la régularité de la Société n'était attaquée que pour défaut de versement du quart en numéraire et qu'il était reconnu que les apports en nature vérifiés et approuvés équivalaient à des espèces, les poursuites, faute de base, s'effondraient; les plus belles théories juridiques n'étaient plus qu'œuvre superfétative.

l'origine a été constituée le 5 juin 1879, au capital de 5 millions; que sur les 10,000 actions de 500 francs composant le fonds social, 5,000 furent attribuées à Fleury-Flobert, directeur du Comptoir de la Bourse parisienne, en représentation de son apport, qui consistait notamment dans l'organisation de la Compagnie d'assurance *l'Hypothèque foncière*, avec ses relations d'affaires, agences et succursales; que les 5,000 autres actions furent offertes au public par voie de souscription; — Attendu que les 5,000 actions d'apport furent déclarées libérées jusqu'à concurrence du quart; qu'une assemblée générale, réunie conformément à la loi, vérifia et approuva la valeur de cet apport; qu'enfin, les fondateurs renoncèrent à la prescription de deux ans édictée par l'art. 3 de la loi de 1867, et s'engagèrent à libérer en espèces les trois quarts restés dus sur leurs actions; que la Société se trouva ainsi constituée : d'une part, par l'apport en nature, estimé à 625,000 fr.; et, d'autre part, par 625,000 fr. espèces, provenant de la souscription publique; — Attendu qu'en 1880, une nouvelle émission de 5,000 actions porta le capital à 7,500,000 fr.; qu'en oct. 1882, les administrateurs venaient d'appeler le deuxième quart sur l'ensemble des actions, lorsque deux actionnaires, Duquesne-Stopin et Hugon, croyant trouver, soit dans la non-libération intégrale des actions représentant l'apport en nature, soit dans l'absence d'un versement en espèces sur la partie non libérée de ces mêmes actions, un vice susceptible d'entraîner la nullité de la Société, assignèrent Gindre-Malherbe et deux autres administrateurs devant le tribunal correctionnel de la Seine, comme coupables d'infractions à la loi du 24 juill. 1867; — Attendu que, par suite de la cassation de l'arrêt de la Cour de Paris, rendu sur l'appel du jugement du tribunal correctionnel du 27 janv. 1883, la Cour est appelée à examiner les différents chefs de la prévention;

Sur le délit d'émission d'actions d'une Société constituée contrairement aux prescriptions des art. 1, 2 et 3 de la loi de 1867 : — Attendu qu'aux termes de l'art. 1er de cette loi, les Sociétés en commandite sont définitivement constituées par la souscription de la totalité du capital social et le versement par chaque actionnaire du quart au moins du montant des actions par lui souscrites; que, d'après l'art. 4 de la même loi, une Société peut se constituer à l'aide d'apports en nature; que, dans cette hypothèse, les dispositions relatives à la vérification de l'apport ne s'appliquent point aux associés, copropriétaires indivis de cet apport; qu'il ressort de la combinaison des art. 1er et 4 que le capital d'une Société peut se composer partie de numéraire, partie d'apports en nature; que, le plus souvent même, l'exploitation et la mise en œuvre des apports seront la cause première de la création de la Société et le but qu'elle se proposera; qu'il reste à rechercher quelles obligations la loi impose à ces deux catégories d'apports; — Attendu que, pour l'apport en numéraire, aucune difficulté n'est possible; qu'il doit être souscrit en totalité et versé jusqu'à concurrence du quart; qu'aucun texte ne réglant la libération de l'apport en nature, la raison de décider semble la même; qu'à côté de l'engagement pris de libérer plus tard en totalité les actions attribuées comme représentation de cet apport, il suffira que leur libération immédiate s'effectue dans la proportion du quart; que cette libération pourra se faire en nature aussi bien qu'en espèces, et qu'on ne doit point attacher une importance exagérée au mot « versement », inscrit dans l'art. 1er; que, de même qu'un immeuble apporté dans une Société représente les espèces qu'on a antérieurement versées pour l'acquérir, de même un droit incorporel, brevet d'invention, procédé industriel ou autre, représente les espèces qu'il faudrait se procurer pour obtenir le même résultat; que, lorsque l'apport en nature, présenté sans fraude, a été vérifié et accepté, il équivaut à des espèces, et que, s'il est égal au quart de la valeur des actions, il sera satisfait au vœu de la loi, qui, à côté de la souscription de la totalité du capital, se contente du versement, c'est-à-dire de la mise à la disposition de la Société, d'une valeur correspondant au quart du capital; — Attendu qu'en vain l'on objecte qu'un versement espèces est toujours indispensable pour la formation du fonds de roulement; que nulle part la loi ne subordonne l'existence d'une Société à la constitution d'un fonds de roulement; que les Sociétés composées exclusivement d'apports n'en possèdent pas; qu'elles n'en sont pas moins valables; que, d'ailleurs pour les Sociétés qui, comme l'*Hypothèque foncière*, libéraient leurs actions d'apport seulement jusqu'à concurrence du quart, l'inconvénient résultant de la diminution du fonds de roulement sera compensé par l'obligation imposée aux apporteurs de rester dans la Société et de s'intéresser à sa prospérité, soit, comme dans l'espèce, jusqu'à la libération intégrale de leurs actions, soit tout au moins jusqu'à leur libération de moitié; — Attendu qu'il n'y a pas davantage à s'arrêter à l'argument tiré des art. 4 et 25 de la loi du 24 juill. 1867; que ces articles, qui fixent la procédure à suivre pour la réunion des assemblées générales, n'ont point pour but de réagir sur le mode de constitution de la Société, dont les conditions sont réglées par l'art. 1er; que ces conditions, qui, comme on l'a dit, se réduisent à la formation de l'intégralité du fonds social et à la réalisation en espèces ou en nature du quart du capital, dispensent les apporteurs soit de libérer intégralement leurs actions, soit même d'effectuer sur la fraction non libérée un versement équivalant au quart de la partie due; que, d'abord, aucune disposition de la loi n'astreint les apporteurs en nature à libérer entièrement leurs actions; que si, d'ailleurs, on conteste au versement en nature un effet libératoire quelconque, on ne s'expliquerait pas comment ce versement, impuissant à libérer partiellement, suffirait cependant pour libérer en totalité; que, d'un autre côté, nulle part la loi n'exige des apporteurs en nature un versement partiel en numéraire; que si, dans l'espèce, on obligeait les porteurs des 5,000 actions libérées du quart, attribuées au Comptoir de la Bourse parisienne, à verser en argent le quart des trois quarts restés dus, il faudrait, dans les Sociétés où l'apport en nature libère la moitié de l'action, un versement en espèces du quart de l'autre moitié, soit d'un huitième; qu'il en faudrait un autre du quart du dernier quart, ou du seizième, là où l'apport en nature serait égal aux trois quarts; qu'on arriverait ainsi à créer arbitrairement des catégories d'actions, tandis que, d'après la loi, chaque action émise au même taux supporte les mêmes charges et recueille les mêmes avantages, et que toutes les actions sont négociables après le versement du quart; — Attendu qu'on doit d'autant plus se renfermer dans les limites de la loi qu'il s'agit d'appliquer une pénalité; que, pour prononcer une condamnation, le juge doit s'appuyer sur un texte, et que, là où ce texte n'existe pas, la liberté des conventions est la règle des parties; — Attendu qu'il n'est point établi que les apports du Comptoir de la Bourse parisienne à la Société *l'Hypothèque foncière* avaient une valeur inférieure aux 625,000 fr. montant de leur estimation; que ce prix, débattu et arrêté d'un commun accord, forme contrat entre les deux Sociétés; que ce contrat ne peut être révisé; que les actions attribuées aux fondateurs de l'*Hypothèque foncière* ayant été, lors de sa constitution, libérées du quart, Gindre-Malherbe n'a, par suite, commis aucune infraction aux art. 1er et 13 de la loi de 1867;

Sur les délits prévus par les art. 14 et 15 de la même loi : — Attendu qu'en édictant, pour la négociation des titres d'une Société constituée contrairement aux prescriptions de la loi, une pénalité, non-seulement contre toute personne ayant participé à la création de cette Société, mais encore contre tous les tiers de bonne foi, vendeurs, acheteurs et négociateurs des titres, l'art. 14 a eu en vue la forme et la valeur nominale de ces titres, non le vice originel dont la Société pouvait être entachée; qu'aucune irrégularité tenant à la forme même des actions n'a été commise par Gindre-Malherbe dans le transfert des titres de l'*Hypothèque foncière;* qu'il n'est pas davantage établi qu'il ait, par des publications faites de mauvaise foi, provoqué des souscriptions ou obtenu des versements; qu'aucun de ces deux délits ne peut donc être retenu contre lui; — Par ces motifs, — Statuant en exécution de l'arrêt de la Cour de cassation du 15 févr. 1884 (Pand. chr.); — Au fond : — Dit que Gindre-Malherbe n'a commis aucun des délits prévus par les art. 13, 14 et 15 de la loi du 24 juill. 1867, etc.

MM. Letellier, prés.; Reynaud, av. gén.; Marais, av.

TRIB.-CIV. TOULOUSE (AUD. DES RÉFÉRÉS) **10 mai 1884.**

ÉLECTIONS, ÉLECTIOMS MUNICIPALES, LISTES, CANDIDATURE, ACCEPTATION, FRANCHISE, COMBINAISON, AUTORISATION (DÉFAUT D'), DOMMAGES-INTÉRÊTS.

L'acceptation d'une candidature, même sur une liste déterminée, ne permet pas au candidat de s'opposer à l'usage qu'un groupe d'électeurs fait de son nom, en le portant sur une liste autre, sans son consentement, les électeurs restant toujours libres d'opter entre les candidatures multiples qui s'offrent à eux et de substituer, par suite de combinaisons plus conformes à leurs vues, aux listes proposées des listes établies indistinctement avec les noms des divers candidats en présence (1).

Le candidat ne peut échapper aux conséquences de cette situation et reprendre toutes les prérogatives de la propriété absolue de son nom qu'à la condition de renoncer à toute candidature et de se retirer de la lutte électorale (2).

Dans tous les cas, aucuns dommages-intérêts ne sauraient être dus au candidat qui n'allègue aucune cause particulière de préjudice, ni aucune manœuvre artificieuse dans la composition de la liste dont il réclame la suppression (3) (C. civ., 1382).

(Élect. de Toulouse.) — ORDONNANCE.

NOUS, président : — Attendu que les demandeurs sont candidats à l'élection qui doit avoir lieu, le 11 mai courant, pour la nomination du conseil municipal de Toulouse; que, à la vérité, ils ont donné leurs noms à une liste spéciale, mais que les électeurs ne sont point tenus de respecter l'organisation de cette liste; — Attendu, en effet, qu'en posant leurs candidatures à côté de nombreuses candidatures rivales, Cournau et consorts ont livré, sans réserves, leurs noms au choix du corps électoral, et, par cela même, virtuellement aliéné, tant que leurs candidatures demeurent en jeu, une partie des prérogatives que leur confère la propriété absolue de ces noms; que leur

---

(1-2) Voilà des principes nettement posés et qui définissent à merveille les situations des candidats d'une part, des électeurs d'autre part.

N'est candidat que qui veut bien l'être; il faut une autorisation, un consentement de toute personne que l'on propose aux suffrages de ses concitoyens, lorsqu'elle ne se présente point d'elle-même, de son propre mouvement. La propriété du nom est absolue; celui qui le porte a tout droit afin d'empêcher qu'il en soit fait un usage quelconque, si honorable qu'il puisse être, contre sa volonté. Chacun conduit sa vie comme il l'entend, et ne doit compte de ses préférences à personne dans le large domaine de la liberté individuelle.

L'ordonnance de référé ci-dessus rapportée reconnait ce point de départ, qu'elle met hors de toute discussion et que d'autres décisions judiciaires, en assez grand nombre, ont définitivement consacré. V. Rouen, 27 déc. 1878 (Pand. chr.); Trib. civ. Nevers, 22 juin 1881 (Pand. chr.); Trib. civ. Tours, 11 juin 1884 (S. 84. 2. 128. — P. 84. 1. 767).

Mais lorsqu'un citoyen brigue les suffrages, qu'il se jette de lui-même, ou sur des sollicitations qu'il agrée, dans la lutte électorale, qu'il figure sur une liste, il consent par là à subir toutes les conséquences d'une situation qu'il s'est créée à lui-même, dont il n'ignorait ni les avantages ni les inconvénients. Il ne s'appartient plus d'une manière absolue; il s'est mis à la disposition de ses concitoyens; il a, par là, renoncé au silence, à la vie privée dans laquelle l'ardeur des discussions ne serait point venue le troubler.

Au demeurant, il peut formuler toutes les réserves que bon lui semble, mettre à sa candidature toutes les conditions qu'il juge nécessaires à sa dignité. Mais il ne se fait aucune illusion sur la valeur des précautions dont il s'entoure; elles sont inefficaces, dénuées de toute force obligatoire. Que peuvent-elles valoir, en effet?

Le candidat est dans la situation d'un postulant. Celui qui postule n'a pas de loi à imposer, il la subit; il ne dicte pas ses conditions, il les reçoit souvent rigoureuses à l'excès. Et il n'en peut être autrement.

La force d'une élection réside dans la pleine et entière indépendance des électeurs. Tout ce qui vient restreindre la liberté de ce côté est condamnable. Des sanctions pénales ont été édictées dans le but d'assurer au vote franchise absolue, et même licence; car toutes les fois que l'on pèse sur les volontés, quelque mesure que l'on y porte, on en vicie la manifestation. Voilà avant tout l'intérêt qui domine le débat, au point de reléguer les autres considérations à un plan inférieur.

Sans doute, il serait plus juste, plus désirable de laisser à chaque candidat l'expression exacte de ses opinions politiques, philosophiques, sociales ou religieuses, de ne point le sortir du cadre qu'il s'est formé, de l'entourage dont il a accepté la solidarité, du milieu dans lequel il a voulu figurer et qui lui donne sa véritable couleur. Mais les *desiderata* platoniques ne réussissent guère à modifier la manière d'être des choses, alors surtout qu'il y a conflit d'intérêts.

Or les conditions posées par les candidats, si elles devaient faire loi, diminueraient la liberté du vote. Si l'électeur est tenu de respecter les convenances de l'un, les caprices ou les fantaisies de l'autre, comment la libre manifestation de sa volonté pourra-t-elle se frayer une route à travers tant d'écueils!

Après tout, de quoi peut se plaindre le candidat? Qui l'a obligé de sortir du rang, de se porter de l'avant? de demander à être l'objet d'une faveur marquée. D'ailleurs, il se propose, il est accepté. Que peut-il réclamer de plus? Peut-il imposer avec lui des amis qui déplaisent, dont le corps électoral ne veut à aucun prix? S'il était resté avec eux, il était compris dans le même naufrage. On le sauve, et il n'est pas content.

Sans doute, certaines défaites sont plus honorables que des victoires; mais on n'a pas toujours le choix, et il était facile au citoyen d'éviter à la fois l'une et l'autre extrémité, en se tenant à l'écart du champ de bataille électoral. Ce ne sont pas les candidats qui manqueront jamais. Le trop plein s'en est toujours fait sentir, à toutes les époques de l'histoire des sociétés, et quand même l'humanité serait menacée d'anéantissement, on peut être sûr que le dernier candidat ne disparaîtrait qu'avec le dernier survivant de l'espèce.

Bien entendu, si le corps électoral a toute latitude à l'effet de composer des listes, de proposer toutes combinaisons de son choix, avec les noms des citoyens qui se portent candidats, il ne peut qu'user de ce droit et non en abuser. L'abus qui consisterait à jeter du discrédit sur un candidat par la composition d'une liste injurieuse ou insultante à dessein, dans le seul but de faire échec à son élection, pourrait exposer les auteurs d'une pareille machination aux sévérités de la justice, et donner lieu soit à une condamnation à des dommages-intérêts civils, soit à l'application d'une peine, ou à la double répression à la fois. Sans compter que si des agissements présentaient ce caractère répréhensible, l'élection elle-même pourrait être atteinte dans son essence et viciée de nullité.

V. toutefois en sens contraire à l'ordonnance ci-dessus rapportée et à nos observations, Rouen, 27 déc. 1878 (Pand. chr.).

(3) C'est reconnaître du même coup implicitement qu'une réparation pécuniaire pourrait être due au cas de préjudice certain ou d'emploi de manœuvres déloyales. A cet égard, la jurisprudence est fixée. V. Rouen, 27 déc. 1878; Trib. civ. Nevers, 22 juin 1881; Trib. civ. Tours, 11 juin 1884, précités.

adhésion à une liste déterminée manifeste le caractère, mais ne s'impose point comme une condition de leur candidature; que les électeurs gardent toujours le droit d'opter entre les candidatures multiples qui s'offrent à eux, et, dès lors, par suite de combinaisons plus conformes à leurs vues, de substituer aux listes proposées des listes établies avec les noms des divers candidats en présence, sans aucune distinction ; — Attendu que ce droit appartient incontestablement, au moment du vote, à chaque électeur pris individuellement, et que rien ne s'oppose à ce que, par avance, sous forme d'affiches, un groupe d'électeurs, usant du même droit, désigne au corps électoral, en les réunissant dans une même liste, les noms dont le choix lui paraît être préféré; qu'au-dessus des convenances personnelles des candidats se place le pouvoir souverain des électeurs; que, pour échapper aux conséquences d'une combinaison qui les blesse, les candidats peuvent retirer leurs noms de la liste, mais qu'ils ne sauraient les y maintenir conditionnellement; — Attendu, en outre, que les demandeurs n'invoquent à l'appui de leur action aucune cause particulière de préjudice, ni aucune manœuvre artificieuse dans la composition de la liste dont ils réclament la suppression; — Attendu, enfin, que la matière est urgente, et que, dès lors, le juge des référés est compétent pour connaître; — Par ces motifs, — Rejetant la demande, etc.

BOURGES (CH. CIV.) 14 mai 1884.

ARCHITECTE, RESPONSABILITÉ, PRESCRIPTION, DÉLAI, POINT DE DÉPART.

L'action en garantie contre les architectes et entrepreneurs, à raison des vices de construction, se prescrit, comme la garantie elle-même, par le délai de dix ans (1) (C. civ., 1792, 2270).

Et cette prescription commence à courir du jour de la réception des travaux (2) (Id.).

(Wlache c. Desjobert.) — ARRÊT.

LA COUR: — Attendu qu'il est de jurisprudence aujourd'hui constante que l'exercice de l'action qui, en raison de la responsabilité des architectes ou entrepreneurs, peut être intentée contre eux, se restreint comme cette dernière dans un délai de dix ans; — Attendu que les travaux de l'entreprise exécutés par l'appelant ont été reçus le 9 oct. 1866; que l'action en responsabilité intentée contre lui ne l'a été que le 21 août 1883; qu'un délai de plus de dix années s'est donc écoulé depuis la réception des travaux jusqu'à l'exercice de l'action; que cette dernière est donc prescrite; — Par ces motifs, — Infirme le jugement du tribunal de Clamecy, du 27 nov. 1883, dont est appel; — Et, statuant par nouveau jugé, — Dit que l'action intentée par l'intimé est prescrite.

MM. Colle, prés.; Andrieu, av. gén.; Legrand et Thiot-Varennes, av.

TOULOUSE (CH. CORR.) 14 mai 1884.

CHEMIN DE FER, BILLET, VÉRIFICATION, EXHIBITION, REFUS.

Le refus par un voyageur d'exhiber en cours de route son billet, sur l'invitation de l'agent du contrôle, constitue la contravention prévue: — soit par le paragraphe final de l'art. 63 de l'ordonn. du 15 nov. 1846, qui oblige les voyageurs à obtempérer aux injonctions des employés de la Compagnie pour les vérifications au départ; — soit surtout par l'art. 6 des tarifs généraux approuvés et homologués, lequel, sanctionné par l'art. 79 de l'ordonnance précitée, oblige formellement les voyageurs à présenter leur billet à toute réquisition des contrôleurs de la Compagnie; — Contravention punie, dans l'un et l'autre cas, par l'art. 21 de la loi du 15 juill. 1845 (3) (L. 15 juill. 1845, art. 21; Ord. 15 nov. 1846, art. 79).

(Chemin de fer du Midi c. Rouzès.) — ARRÊT.

LA COUR: — Attendu qu'il est résulté d'un procès-verbal régulièrement dressé et de la déposition des témoins, que, le 13 févr. dernier, dans le parcours de Portet à Toulouse, le sieur Bordage, contrôleur de la Compagnie des chemins de fer du Midi, étant entré dans le wagon de 3e classe n. 508, où se trouvait le sieur Rouzès, demanda à celui-ci l'exhibition de son billet; que ledit Rouzès répondit: « Et vos gants? »; que la même demande lui ayant été adressée une seconde fois, il répondit: « Non, et vos gants? », sans montrer son billet; — Attendu que le contrôleur Bordage, obligé de visiter rapidement tous les compartiments du train, ne pouvait attendre indéfiniment qu'il plût au prévenu d'obéir à l'invitation qu'il lui adressait; qu'il a dû considérer comme un refus la réponse réitérée qui lui était faite, et qu'il s'est retiré en annonçant à Rouzès qu'il allait dresser procès-verbal, sans que ce dernier ait essayé de le retenir, ou l'ait rappelé pour exhiber son billet; — Attendu que ce refus constitue une contravention réprimée par l'art. 21 de la loi du 15 juill. 1845 sur les chemins de fer; — Attendu, en effet, que cet article édicte une peine de 16 à 3,000 fr. d'amende contre toute contravention aux ordonnances portant règlement d'administration publique sur la police, la sûreté et l'exploitation des chemins de fer; que l'ordonnance relative aux chemins de fer publiée à la date du 15 nov. 1846 défend au voyageur, dans son art. 63: 1° d'entrer dans les voitures sans avoir pris un billet, et de se placer dans une voiture d'une autre classe que celle indiquée dans le billet; 2° et que, dans son § final, ledit article ajoute que les voyageurs seront tenus d'obtempérer aux injonctions des agents de la Compagnie pour l'observation des dispositions mentionnées au § ci-dessus; que le refus d'obtempérer à des injonctions de ce genre est donc une contravention, et qu'on ne saurait dénier ce caractère à celles qui ont pour objet la vérification en cours de route des billets des voyageurs, vérification qui est le complément indispensable de celles qui ont lieu au départ et à l'arrivée, et qu'une expérience de tous les jours a fait reconnaître comme insuffisantes; — Attendu, du reste, que, s'il pouvait rester quelque doute à cet égard, ce doute serait complètement levé: 1° par l'art. 6 des tarifs généraux de la Compagnie, qui oblige formellement les voyageurs à présenter leur billet à toute réquisition des agents de la Compagnie; 2° par l'approbation et l'homologation de ces tarifs, donnée par le ministre des travaux publics, le 16 décembre 1862;

(1-2) C'est l'application de la jurisprudence définitivement fixée par l'arrêt des chambres réunies de la Cour de cassation, du 2 août 1882 (Pand. chr. et la note), et qui était déjà celle que de nombreux arrêts des Cours d'appel avaient auparavant consacrée. V. Paris, 15 nov. 1836 (S. 37. 2. 257. — P. chr. — D., *Jurispr. gén.*, v° *Louage d'ouvrage*, n. 155); 17 févr. 1853 (S. 53. 2. 157. — P. 53. 1. 279. — D. 53. 2. 133); 20 juin 1857 (S. 58. 2. 49. — P. 59. 515. — D. 58. 2. 88); 12 mai 1877 (S. 77. 2. 195. — P. 77. 837); Amiens, 16 mars 1880 (S. 80. 2. 317. — P. 80. 1215. — D. 80. 2. 227); Paris (sol. implic.), 21 janv. 1882 (Pand. chr.), et les notes. — V. conf. Cass. (ch. réun.), 2 août 1882 (Pand. chr.), et nos observations. — Pour le cas où il n'y a pas réception de travaux. V. Paris, 21 janv. 1882 (Pand. chr.), et la note.

(3) V. dans le même sens, un jugement du tribunal correctionnel de Compiègne, du 24 juin 1857, cité par Lamé-Fleury, *Code annoté des chemins de fer*, p. 45, note 5.

3° et enfin par l'art. 79 de l'ordonnance précitée du 15 nov. 1846, qui frappe des peines édictées par l'art. 21 de la loi de 1845 la contravention non-seulement à ses dispositions, mais aux décisions prises par le ministre des travaux publics pour leur exécution; — Attendu, dès lors, que c'est à tort que le tribunal de Toulouse a relaxé le prévenu des poursuites dirigées contre lui, et qu'il convient de réformer sa décision; — Par ces motifs, etc.

M. Bermond, prés.

TRIB.-CIV. LANGRES **14 mai 1884.**

NOTAIRE, TAXE, EXÉCUTOIRE, ASSIGNATION, JUGEMENT, HYPOTHÈQUE JUDICIAIRE.

L'exécutoire de taxe délivré aux notaires pour le recouvrement de leurs frais d'actes et honoraires, en vertu d'une disposition toute de faveur de la loi du 5 août 1881, n'emporte pas hypothèque judiciaire (1) (C. civ., 2123; L. 5 août 1881, art. 3). — Sol. impl.

Il appartient donc au notaire qui veut s'assurer cet avantage de droit commun, de procéder par la voie ordinaire de l'assignation et d'obtenir un jugement (2) (C. proc., 60 et suiv.).

(V... c. J...) — JUGEMENT.

LE TRIBUNAL : — Considérant que, par acte qu'a reçu Me V..., notaire à L..., le 22 octobre 1877, les époux Chappeaux ont vendu à leurs fils une maison et une vigne moyennant un prix qui a été délégué à J...; — Considérant que V... a assigné comme débiteur solidaire des frais de l'acte précité J..., qui a prétendu: 1° que la loi du 5 août 1881 obligeait les notaires à agir par voie d'exécution parée pour obtenir payement de leurs frais, et que, dérogeant au droit commun, cette loi enlevait aux notaires la faculté d'assigner leurs débiteurs et d'obtenir jugement contre eux; 2°... — Sur le premier moyen : — Considérant que le droit commun doit être appliqué toutes les fois qu'une loi spéciale n'y déroge point par une exception qui, étant de droit étroit, doit être très-clairement exprimée; — Considérant que le texte de la loi du 5 août 1881 n'est pas assez explicite pour permettre une dérogation au droit commun; — Considérant que la loi du 5 août 1881 a été évidemment édictée en faveur des notaires; qu'il est donc impossible d'admettre qu'elle ait eu pour résultat de les priver des avantages du droit commun; et ils en seraient privés si, toujours obligés d'agir par voie d'exécution parée, ils ne pouvaient prendre contre leur débiteur un jugement emportant hypothèque; qu'en résumé, la procédure introduite par la loi du 5 août 1881 n'est pas obligatoire, mais seulement facultative; d'où il suit que le premier moyen de défense doit être rejeté, etc.

ORLÉANS (CH.-CORR.) **27 mai 1884.**

CHEMIN DE FER, BAGAGES, SUPPLÉMENT, EMPRUNT DE BILLET, VOYAGE DE COMPAGNIE, INTÉRÊT COMMUN.

Le voyageur qui, pour ne pas payer de supplément de bagages, emprunte le billet d'une personne avec laquelle il voyage de compagnie et dans un intérêt commun, ne commet aucune contravention, alors surtout qu'il avait pris à son compte les deux places (3) (L. 15 juill. 1845, art. 21).

(Chemin de fer d'Orléans c. Viannay.) — ARRÊT.

LA COUR : — Attendu qu'il résulte du débat, et qu'il est constant en fait, que Viannay et la dame Morisseau voyageaient de compagnie, dans un intérêt commun; — Que Viannay avait pris à son compte les deux places; qu'il était donc régulièrement porteur des deux billets; — Que, dans ces circonstances, il a pu, sans excéder son droit et sans commettre la contravention qui lui est reprochée, présenter les deux billets à l'enregistrement des bagages; — Par ces motifs, etc.

MM. Boullé, prés.; Chenon, rapp.; Gonod d'Artemare, av. gén. (concl. conf.).

LIMOGES (CH. CORR.) **6 juin 1884.**

POSTE AUX LETTRES, LETTRE, SUPPRESSION MOMENTANÉE.

La suppression volontaire et par calcul d'une lettre, quoique temporaire et de courte durée, en vue seulement d'en retarder la distribution, tombe, tout aussi bien que la suppression complète et définitive, sous l'application de l'art. 187, C. pén. (4) (C. pén., 187).

(Létang.) — ARRÊT.

LA COUR : — Sur la suppression de la lettre du 27 mars : — Considérant qu'à cette date Fourton écrivit à sa femme, dont le silence le surprenait, une lettre qu'il chargea Marguerite Vaudioux de remettre à Létang, quand ce dernier passerait au village de Souspain, commune de Croze; que cette femme fit exactement la commission et chargea le facteur, qui accepta ce mandat, en sa qualité, de jeter immédiatement cette lettre à la boîte de Felletin; — Mais que le prévenu manqua volontairement et par calcul à cette obligation professionnelle, garda la lettre et ne la mit à la poste que le 30 mars; que, dès lors, cette suppression, quoique temporaire et de courte durée, constitue le délit prévu et puni par l'art. 187, C. pén.; qu'en effet, cet article a pour but de protéger le public, obligé d'avoir recours aux agents des postes, contre les retards que commettent les facteurs, quand il y a de leur part, comme dans l'espèce, une intention frauduleuse; — ...Déclare Létang coupable d'avoir, au mois de mars dernier, sur le territoire de la commune de Felletin, où il exerce les fonctions de facteur: 1°...; 2° supprimé frauduleusement une lettre adressée à la femme Fourton, qui lui avait été remise en sa qualité de facteur, le 27 mars dernier, pour qu'il la jetât immédiatement à la poste de Felletin, commission qu'il n'a remplie que le 30 du même mois, etc.

MM. Ardant, prés.; Meynieux, subst.

LIMOGES (CH. CORR.) **24 juin 1884.**

LÉGITIME DÉFENSE, ACQUITTEMENT, ABSENCE DE FAUTE, DOMMAGES-INTÉRÊTS, JURIDICTION CIVILE, CHOSE JUGÉE.

L'état de légitime défense constaté par un jugement correctionnel qui renvoie le prévenu des fins d'une poursuite pour coups et blessures volontaires, est exclusif de toute faute et, par conséquent, de toute condamnation ultérieure en dommages-intérêts au profit de la partie lésée. Il y a là chose

(1-2) V. conf. sur ces deux points, Trib. civ. La Châtre, 13 mars 1884 (Pand. chr.), et les notes.

(3) Le droit pour les personnes d'une même famille ou d'une même compagnie de réunir leurs bagages dans une déclaration commune d'enregistrement a été reconnu par arrêt de la chambre criminelle de la Cour de cassation, en date du 16 déc. 1882 (Pand. chr.). V. toutefois nos observations en note. — Dans l'affaire actuelle, la solution qui est intervenue était commandée par cette circonstance de fait, relevée avec soin par l'arrêt, que les deux billets avaient été pris par la même personne, qui les avait payés de ses deniers, et s'était ainsi chargée des frais de route de son compagnon de voyage.

(4) V. dans le même sens, Poitiers, 1er déc. 1877 (Pand. chr.), et la note.

irrévocablement jugée, laquelle ne peut plus être remise en question devant le juge civil (1) (C. civ., 1351, 1382; C. pén., 328).

(Dufour c. Marginier.) — ARRÊT.

LA COUR : — Considérant, en fait, que, par jugement du tribunal correctionnel de Limoges du 27 décembre 1882, confirmé par arrêt de la Cour du 26 janvier 1883, Dufour a été relaxé de la poursuite intentée contre lui par le ministère public sous l'inculpation d'avoir, le 21 novembre 1881, à Limoges, volontairement porté des coups et fait des blessures à Marginier, avec cette circonstance qu'il en était résulté une incapacité de travail de plus de vingt jours, et qu'il a été déclaré par ces jugement et arrêt que les coups portés et les blessures faites par Dufour à Marginier l'avaient été dans le cas de légitime défense; — Considérant, en droit, qu'il résulte du rapprochement des art. 1382, C. civ., et 328, C. pén., que l'action civile et le droit de demander des dommages-intérêts sont fondés sur la supposition qu'il y a eu faute commise de la part de celui contre qui cette action est intentée ; que la défense de soi-même est un droit naturel ; que la loi positive dispose également qu'il n'y a ni crime ni délit dans le cas de légitime défense de soi-même ou d'autrui; qu'il résulte naturellement de ces principes que la défense de soi-même exclut également toute faute, et qu'il ne peut en résulter une action en dommages-intérêts en faveur de celui qui l'a rendue nécessaire par son agression ; — Considérant, dès lors, que la juridiction correctionnelle ayant souverainement décidé que les coups portés et les blessures faites à Marginier par Dufour l'avaient été dans la nécessité de légitime défense, son jugement précis et absolu devait être pour les magistrats de la juridiction civile une règle dont ils ne pouvaient s'écarter sans tomber en contradiction manifeste avec ce jugement; que, cependant, le le tribunal civil de Limoges a accueilli la demande de Marginier, et condamné Dufour à 2,000 fr. de dommages-intérêts, et que sa décision ne peut être maintenue; — Par ces motifs, — Réforme, etc.

MM. Oger du Rocher, 1er prés.; Meynieux, subst. proc. gén.; Duteillet et de Bruchard, av.

ORLÉANS 25 juin 1884.

VENTE DE MARCHANDISES, VINS, PROPRIÉTAIRE, PRODUIT PUR, INDICATION DE LA RÉCOLTE, PRIX, MÉLANGE, FALSIFICATION, PIQUETTE, RÉSILIATION.

L'acheteur qui, pour sa provision de vins, s'adresse à un propriétaire faisant lui-même ses vins, est en droit de compter sur la livraison de produits purs de tout mélange de nature à en altérer la valeur (2) (C. civ., 1134, 1135, 1156, 1614).

Il en est ainsi surtout quand les récoltes ont été soigneusement distinguées par la date des années et qu'elles ont été vendues à des prix différents (3) (Id.).

En pareil cas, le mélange des vins d'une année avec ceux d'une autre constitue un fait contraire à l'essence même de la convention, susceptible d'entraîner la résiliation du marché (4) (C. civ., 1641, 1646).

A plus forte raison, en est-il de même au cas de falsification par addition de piquette, *puisqu'il s'agit alors d'un liquide autre que celui qui a fait l'objet de la convention* (5) (Id.).

(Villain, Tournois et Mirault c. Gaudard.) — ARRÊT.

LA COUR : — Attendu que le marché verbal conclu, le 12 nov. 1883, entre Gaudard, d'une part, et Villain, Tournois et Mirault, de l'autre, comprenait : 1° Vente de 345 pièces de vin rouge nouveau 1883 à 78 fr., nu; 2° 135 pièces vin rouge vieux 1882 à 55 fr., nu; 3° 8 pièces de vin noir nouveau à 55 fr., nu ; — Attendu que les acheteurs, s'adressant à un propriétaire faisant lui-même ses vins, étaient en droit de s'attendre à ce que ceux qui leur étaient vendus leur seraient livrés purs de tout mélange de nature à en altérer la valeur; — Que, notamment, le mélange des vins de 1882 avec ceux de 1883, dans les pièces vendues, ou dans un certain nombre d'entre elles, était un fait contraire à l'essence même de la convention, qui distinguait entre les vins de ces deux provenances et leur attribuait un prix différent; — Attendu cependant qu'il résulte d'une expertise faite par les soins du laboratoire municipal de Paris, dont les résultats sont consignés dans un rapport en date du 5 mars dernier, que sur les 22 cuvées contenant les 345 pièces de vin de 1883 vendues, les nos 11 à 22, soit 12 cuvées, sont falsifiées par addition de piquette, c'est-à-dire d'un liquide autre que celui qui a fait l'objet de la convention; —Attendu que ces conclusions

---

(1) La jurisprudence semble être définitivement fixée en ce sens. V. conf. Cass. 19 déc. 1817 (Pand. chr.); Rennes, 25 avr. 1836 (Pand. chr.). — Ajoutons qu'un pourvoi a été formé contre la décision ci-dessus rapportée et qu'il a été rejeté par la Cour de cassation en des termes à peu près identiques avec ceux employés par l'arrêt de 1817. Voici la partie la plus saillante des considérants, celle qui résume toute la doctrine juridique du nouvel arrêt, rendu à la date du 24 févr. 1886, entre les mêmes parties (Pand. pér., 86. 1. 117) : — « Attendu, en droit, y est-il dit, que la défense de soi-même ou des autres étant autorisée par la loi positive comme par la loi naturelle, ne fait pas seulement disparaître la criminalité pénale; qu'elle exclut également toute faute, et ne permet pas à celui qui l'a rendue nécessaire par son agression de demander des dommages-intérêts... » V. aussi *Pand. fr. alph.*, v° *Acquittement*, n. 137.

Mais la question est controversée. — D'après un autre système, qui compte parmi les auteurs de nombreux partisans, l'inculpé absous comme étant en état de légitime défense n'est pas, par le seul effet de cet acquittement, à l'abri de toute action en responsabilité de la partie lésée. Tout dépendra des circonstances, des conditions et de la mesure dans lesquelles la légitime défense se sera exercée. En dehors de toute criminalité, il peut subsister une faute insuffisante pour motiver une condamnation, susceptible, cependant, si légère qu'elle soit, d'ouvrir un principe de droit à une réparation pécuniaire. V. en ce dernier sens, C. d'ass. de l'Aveyron, 13 nov. 1835 (S. 36. 2. 357. — P. chr.).

(2-3-4) Lorsqu'un acheteur prend soin de stipuler dans un marché qu'il entend avoir des vins de telle année, que le propriétaire, de son côté, exige un prix déterminé à raison de l'année choisie, il est bien clair que la considération de l'année prend une importance capitale; elle absorbe à elle seule tout le contrat; le reste n'est que secondaire. Ce n'est point, en effet, un vin quelconque, même de tel cru désigné, qui a fait l'objet des conventions. On sait que la valeur de vins d'une même provenance varie du double, quelquefois du triple, suivant les années. Ne pas donner l'année promise, établir des mélanges, c'est manquer à la loi du contrat, violer le marché dans ce qu'il a d'essentiel. Et le violer dans le but de se faire un bénéfice, souvent exorbitant, toujours dolosif au préjudice de l'acheteur.

Il n'est pas jusqu'à la première règle formulée par notre sommaire qui ne contienne une idée juste. Quand un acheteur s'adresse à un propriétaire qui fait lui-même ses vins, il est en droit de compter sur des produits naturels, purs de tout mélange. Autrement, il irait directement au fabricant, au marchand de vins en gros ou en détail, plus accessible. Le propriétaire inspire une confiance toute particulière; il faut qu'il justifie cette confiance. L'acheteur y a compté. Mettant à profit cette situation, le propriétaire a pu retirer de ses produits un prix que n'eut pas obtenu le fabricant. Comme il s'indignerait, si on le payait en monnaie d'un titre inférieur! Comp. Paris, 18 mars 1870 (S. 70. 2. 321. — P. 70. 1179. — D. 71. 2. 31); Dijon, 13 mars 1878 (Pand. chr.).

(5) Le mélange ou l'addition de piquette pourrait même présenter de plus sérieuses conséquences qu'une simple résiliation du marché intervenu. Il est susceptible de constituer, suivant les circonstances, le délit de falsification de la marchandise vendue. V. nos observations jointes à Cass., 25 juin 1880 (Pand. chr.), et le résumé de la jurisprudence. — *Adde* Cass., 5 nov. 1885 (Pand. chr.), et la note.

de l'expertise sont de nature à inspirer toute confiance; qu'elles sont d'autant plus concluantes qu'elles s'appuient sur divers modes de vérification; que l'emploi des moyens empiriques, l'épreuve par la dégustation concordent avec l'analyse chimique pour démontrer le mélange ou la falsification; qu'il en résulte que la chose offerte par le vendeur, et dont il prétend contraindre les acheteurs à prendre livraison, n'est point, pour une notable partie, du moins, celle qui leur a été vendue; que ce manquement aux termes de la convention rend le marché inexécutable, dans cette partie, et doit en entraîner la résiliation, conformément à la demande reconventionnelle des appelants; — Attendu toutefois qu'aucun mélange n'a été constaté pour les vins de 1882 et pour les 8 pièces de vin noir nouveau; — Que le marché doit donc être maintenu quant à la vente de ces vins; — Par ces motifs, infirme.

MM. Boullé, 1er prés.; Gonod d'Artemare, av. gén.; Jobanet et Chevallier, av.

ROUEN (1re CH.) **4 juillet 1884.**

SURENCHÈRE, FOLLE ENCHÈRE.

La surenchère du dixième n'est pas admissible après une revente sur folle enchère poursuivie sur une première surenchère du sixième (1) (C. civ., 2185; C. proc., 710, 739, 740, 838, 965).

Et la nullité de la surenchère du dixième peut être invoquée même par l'adjudicataire sur folle enchère qui a fait aux créanciers inscrits les notifications prescrites par les art. 2183 et suiv., C. civ.; ces notifications ne pouvant être considérées, dans tous les cas, comme un consentement à ce qu'une surenchère nouvelle soit mise sur son prix d'adjudication (2) (Id.).

(Baillet c. Rillet et autres.) — ARRÊT.

LA COUR : — Attendu que, créancier de Tessier, Delacroipierre a fait procéder contre son débiteur, en nov. 1884, à la saisie réelle d'une propriété de celui-ci à Etretat; qu'après dénonciation et transcription, un jugement du tribunal civil du Havre, en date du 24 févr. 1882, a converti la saisie en vente sur publications judiciaires, et sans qu'il y ait eu, aux termes de l'art. 692, C. proc., sommation aux créanciers inscrits; que l'immeuble ainsi vendu a été, le 29 août 1882, adjugé à Rillet pour le prix de 25,000 fr. outre les charges; mais que, par suite d'une surenchère de Blanc, gendre de Tessier, partie saisie, ce même immeuble a été, le 20 juillet 1882, à la barre du même tribunal, adjugé de nouveau au surenchérisseur pour le prix de 29,200 fr.; — Attendu que, Blanc ne satisfaisant pas aux charges de l'adjudication sur la surenchère, des poursuites ont été dirigées contre lui, et que, par un dernier jugement du tribunal du Havre, en date du 31 août 1883, Rillet, l'adjudicataire primitif, s'est de nouveau rendu aux lieu et place de Blanc, dépossédé, adjudicataire de l'immeuble, mais alors pour le prix de 13,600 fr. seulement; — Attendu qu'après transcription, plusieurs inscriptions se sont trouvées révélées en l'état délivré par le conservateur; que les notifications prescrites par les art. 2183 et 2184 ont été faites aux créanciers; mais que la dame Baillet, créancière hypothécaire inscrite, ayant fait faire à Rillet une sommation de payer ou de délaisser, Rillet a formulé les plus expresses réserves de demander la nullité de ladite sommation et de contester la validité de toute surenchère qui pourrait désormais être formée; que c'est dans ces conditions de fait que s'est produite, le 4 avril 1884, et qu'il convient d'apprécier la surenchère du dixième de la veuve Baillet, surenchère formée par application prétendue de l'art. 2185, C. civ., déclarée valable par jugement du tribunal du Havre, en date du 16 mai dernier, nonobstant la première surenchère de Blanc, gendre de Tessier; — Attendu que l'art. 838, C. proc., n'admet pas la surenchère du dixième après une première surenchère du sixième, non plus qu'après la seconde adjudication sur surenchère, suivie de folle enchère, aucune autre surenchère des mêmes biens puisse être portée et validée; que la doctrine de l'art. 965 est conforme et fait apparaître également la volonté du législateur de prohiber toute surenchère nouvelle après folle enchère; que c'est là, toujours et partout, l'application de la maxime *surenchère sur surenchère ne vaut*, et que l'interdiction de soumettre la même adjudication à deux surenchères ne semble pas devoir être juridiquement contestée; que l'argument tiré de l'arrêt de la Cour de cassation en date du 6 juillet 1864 (V. à la note), ne saurait être accepté, dès qu'il est certain que l'arrêt ne statuait qu'en matière d'adjudication volontaire, et en présence d'une folle enchère qui n'existait pas sur un enchérisseur; que l'arrêt précité apporterait par là au contraire un soutien aux principes que le tribunal du Havre a refusé de consacrer; que, dans son ensemble la jurisprudence des Cours d'appel se rattache également à cette doctrine, et la fait prévaloir par une exacte application des art. 965, 973 et 710, C. proc. civ.; — Attendu qu'on objecte, il est vrai, que la folle enchère doit être considérée comme faisant disparaître légalement la première surenchère; mais que c'est là une doctrine non juridique, et qu'avec raison la jurisprudence condamne, et que la revente sur folle enchère est inconciliable avec la survenance d'une nouvelle adjudication, cette revente devant clore la procédure par la fixation irrévocable du prix de l'immeuble; — Attendu que, dans la discussion même de la loi du 2 juin 1841, un amendement avait été présenté à la Chambre des députés, à l'effet d'accorder aux créanciers inscrits la surenchère du dixième, même après une surenchère du sixième; que cet amendement a été rejeté; qu'il s'y rencontre ainsi un argument de plus contre la solution du premier juge; que, d'autre part, avec l'arrêt de la Cour de Colmar du 13 mai 1857 (V. à la note), et par les mêmes motifs, il convient de décider qu'il n'échet de s'arrêter à l'argument tiré contre Rillet des notifications faites par lui; — Par ces motifs, — Et réformant : — Dit et juge que l'immeuble sis à Etretat, adjugé au sieur Rillet, par jugement du tribunal civil du Havre, du 31 août 1883, après revente sur folle enchère sur un premier enchérisseur, ne peut être frappé d'une seconde surenchère, même de celle du dixième, résultant de l'art. 2185, C. civ., etc.

M. Montaubin, 1er prés.

CAEN (1re CH.) **8 juillet 1884.**

OFFRES RÉELLES, LIEU DE PAYEMENT, DOMICILE ÉLU, CONVENTION (ABSENCE DE), COMPÉTENCE.

Les demandes en validité ou en nullité d'offres réelles doi-

---

(1) V. dans le même sens, Colmar, 13 mai 1857 (S. 57. 2. 616. — P. 57. 350. — D. 58. 2. 45); Pau, 28 mars 1860 (D. 60. 2. 183); Bourges, 8 avr. 1873 (S. 74. 2. 255. — P. 74. 1049. — D. 74. 1. 114). — Même solution pour la surenchère du sixième. V. Cass., 31 mars 1884 (Pand. chr.), et les renvois. — V. toutefois Bordeaux, 23 juill. 1861 (S. 62. 2. 197. — P. 62. 1124. — D. 62. 2. 126), et sur pourvoi Cass., 6 juill. 1864 (S. 64. 1. 377. — P. 64. 1073. — D. 64. 1. 279); Bordeaux, 3 mai 1867 (S. 67. 2. 279. — P. 67. 995).

(2) *Sic* Colmar, 13 mai 1857, précité. — Faisons observer que la jurisprudence est presque unanime à reconnaître que la règle *surenchère sur surenchère ne vaut* est une règle qui tient à l'intérêt public, et à laquelle, par suite, il ne peut être valablement dérogé par les parties. V. Colmar, 13 mai 1857, précité; Pau, 28 mars 1860 (Pand. chr.).

vent, à défaut d'un lieu de payement convenu ou d'un domicile élu par les parties, être portées, d'après les règles ordinaires de compétence, devant le tribunal du domicile du défendeur (1) (C. proc., 59, 815).

(Lestret c. Huchon.) — ARRÊT.

LA COUR : — Attendu, en fait, que la dame Lestret, domiciliée à Vincennes, doit une certaine somme d'argent à Huchon, domicilié à Lisieux; — Attendu que, le 4 janv. 1884, la dame Lestret a offert à Huchon, en son domicile à Lisieux, une somme de 1,000 fr., à laquelle elle fixait le montant de sa dette; que cette offre n'a pas été acceptée; — Attendu qu'aucun lieu de payement n'a été fixé par la convention des parties; que la dame Lestret n'a fait aucune élection de domicile à Lisieux; qu'elle n'a point consigné la somme offerte et n'a donné aucune suite à ses offres; — Attendu que Huchon a, le 16 janv., ajourné la dame Lestret devant le tribunal de Lisieux pour voir déclarer ses offres nulles et la faire condamner au payement d'une somme de 2,566 fr.; que la dame Lestret a opposé l'incompétence du tribunal de Lisieux; — Attendu, en droit, que, d'après une règle générale consacrée par l'art. 59, C. proc., en matière personnelle, le débiteur doit être assigné devant le tribunal de son domicile; — Attendu que l'offre faite par le débiteur à son créancier, dans quelque forme qu'elle ait eu lieu, est un fait extrajudiciaire qui n'engage aucune instance et ne saisit aucune juridiction; que ce fait peut ultérieurement donner lieu à une demande en justice, soit de la part du débiteur, s'il veut faire déclarer les offres valables et libératoires, soit de la part du créancier, s'il a intérêt à faire déclarer les offres nulles ou insuffisantes; mais que, dans les deux cas, la demande ainsi formée doit, d'après la règle générale et les dispositions de l'art. 59, C. proc., être portée par le demandeur devant le domicile du défendeur; — Attendu qu'aucune disposition de loi n'a dérogé aux règles ordinaires de la compétence en matière d'offres réelles; qu'au contraire, l'art. 815 porte : « La demande qui pourra être intentée, soit en validité, soit en nullité des offres ou de la consignation, sera formée d'après les règles établies pour les demandes principales »; — Attendu, d'ailleurs, que la créance de Huchon n'est pas productive d'intérêts; que les offres, non suivies de consignation, ne pouvaient être libératoires; que, dans ces circonstances, Huchon n'avait aucun intérêt à intenter une demande en nullité d'offres; que l'instance par lui introduite n'a été pour lui qu'un prétexte pour former une demande en condamnation d'une somme de 2,566 fr., condamnation qu'il a obtenue des premiers juges; que cette demande était, en réalité, l'unique objet du procès, et qu'elle ne pouvait être portée que devant le tribunal du domicile du défendeur; — Dit à bonne cause l'appel; — Met à néant le jugement dont est appel, comme incompétemment rendu, etc.

MM. Houyvet, 1er prés.; Mirande, av. gén.; Desruisseaux et Laisné-Deshayes, av.

TOULOUSE 16 juillet 1884.

FABRIQUE D'ÉGLISE, DESSERVANT, COMPTABLE DE FAIT, REDDITION DE COMPTE.

Les fonds qui appartiennent aux fabriques, participant du caractère des fabriques elles-mêmes, rentrent dans la catégorie des deniers publics, et sont soumis aux règles en vigueur pour la comptabilité publique (2) (DD. 30 déc. 1809; 31 mai 1862, art. 1 et 25).

Il en est ainsi surtout au cas de gestion occulte et de maniement des deniers de la fabrique par des personnes sans qualité à cet emploi (3) (Id.).

Spécialement, *le desservant qui a rempli* en fait *les fonctions de trésorier, peut, tout comme le trésorier légal, s'il est en retard de rendre ses comptes, être assigné à cet effet par le procureur de la République devant le tribunal civil* (4) (Décr. 30 déc. 1809, art. 90).

Et la contrainte qui doit être prononcée, en cas de résistance du desservant, se calcule d'après la moyenne ordinaire de la recette de l'année qui a précédé la gestion du desservant, multipliée par un nombre d'années égal à la durée de sa gestion (5) (Id.).

(Genebès.) — ARRÊT.

LA COUR : — Attendu que l'abbé Genebès, desservant en 1875 la paroisse de Gèdre, s'est immiscé dans la gestion des deniers de la fabrique; que les trois trésoriers successifs investis légalement de ces fonctions n'ont eu qu'un titre nominal; que la gestion de fait des affaires de la fabrique n'a cessé depuis cette époque d'être exercée par le sieur Genebès; que, dans le cours d'une information ouverte contre lui, il a reconnu qu'il avait eu, pendant cette période de temps, le maniement des deniers de la fabrique, et déclaré qu'il ne refuserait pas de rendre le compte de sa gestion, si on le lui demandait; que, dans ces circonstances, le procureur de la République de Lourdes, agissant aux termes de l'art. 90 du décret du 30 déc. 1809, a cité devant le tribunal de Lourdes les sieurs Laurent Pontet, Pierre Fédacou, Jean Turonet, trésoriers de la fabrique de Gèdre, et l'abbé Genebès, les trois premiers en leur qualité d'anciens trésoriers de droit de la fabrique, et l'abbé Genebès en sa qualité de trésorier de fait, aux fins de les faire condamner à rendre compte de leur gestion, chacun pendant la durée de ses fonctions; qu'un jugement rendu par le tribunal de Lourdes, le 31 août 1881, a déclaré irrecevable

---

(1) *Sic* Thomine-Desmazures, *Comment. sur le Code de proc. civ.*, t. II, sur l'art. 815, n. 953, p. 407; Boitard et Colmet-D'Aage, *Leçons de proc.*, t. II, sur l'art. 815, n. 1077. — Toutefois, la question est controversée. D'autres auteurs (V. notamment Carré et Chauveau, *Lois de la proc.*, t. VI *bis*, quest. 2790; Bioche, *Dict. de proc.*, v° *Offres réelles*, n. 157; Rousseau et Laisney, *Dict. de proc.*, t. VI, v° *Offres réelles*, n. 39), s'appuyant sur l'art. 1258, § 6, C. civ., aux termes duquel les offres doivent, en principe, être faites au domicile du créancier, attribuent compétence au tribunal de ce domicile. — L'intérêt pratique de la solution la signale à l'attention de nos lecteurs.

Bien entendu, il n'y a plus de difficultés, lorsqu'un lieu a été convenu pour le payement, ou lorsqu'un domicile a été élu pour l'exécution de la convention. En pareil cas, c'est devant le tribunal de ce lieu ou de ce domicile que doit être portée la demande en validité ou en nullité d'offres (C. civ., 1258, § 6). V. Cass., 13 janv. 1847 (S. 47. 1. 844. — P. 47. 2. 573. — D. 47. 1. 285). V. toutefois Trib. civ. Tournay (Belgique), 4 avril 1859 (D. 59. 3. 79).

(2) Aux termes du décret du 31 mai 1862, portant règlement général sur la comptabilité publique, art. 1er : « Les deniers *publics* sont les deniers de l'État, des départements, des communes et des *établissements publics ou de bienfaisance* », les deniers dont l'administration est confiée aux conseils de fabrique rentrent bien dans cette énumération.

(3) L'assimilation des deniers des fabriques avec les deniers publics une fois établie, les principes relatifs aux gestions occultes devaient recevoir leur application. Ces principes ont été consacrés par l'art. 25 du décret précité du 31 mai 1862. V. pour la comptabilité des communes les art. 155, 157 et 159 de la loi du 5 avril 1884 sur l'administration municipale.

(4) Sur la compétence des tribunaux civils en matière de reddition de compte intentée contre les trésoriers des fabriques, V. Limoges, 19 déc. 1883 (Pand. chr.), et les renvois.

(5) Dans une circonstance analogue, alors qu'il s'agissait aussi de comptes remontant à plusieurs années, la Cour de Limoges, par l'arrêt précité du 19 déc. 1883, n'a condamné le trésorier récalcitrant qu'à une somme égale à la moitié d'une année ordinaire de recettes. C'était appliquer trop à la lettre les termes de l'art. 90 du décret du 30 déc. 1809.

l'action du ministère public contre l'abbé Genebès et le recours en garantie des anciens trésoriers contre le même Genebès, et condamné les sieurs Pontet, Turonet et Fédacou à rendre compte de leur gestion devant qui de droit; que ces derniers ont acquiescé au jugement rendu contre eux, mais que le ministère public a relevé appel de ce jugement devant la Cour de Pau contre le sieur Genebès; que la Cour de Pau, par arrêt du 8 août 1882, a confirmé ce jugement; que cet arrêt, déféré à la censure de la Cour suprême, a été cassé pour absence de motifs par arrêt de la Cour de cassation du 5 nov. 1883 (*Bull. civ.*, n. 205. — D. 84. 5. 342), qui a renvoyé la cause et les parties devant la Cour de Toulouse, au même et semblable état où elles étaient avant ledit arrêt; — Attendu que les trésoriers des fabriques sont tenus, dans la séance du premier dimanche du mois de mars, de présenter leur compte au bureau des marguilliers (Décr. 30 déc. 1809, art. 85); que, faute par le trésorier de présenter son compte dans le délai ci-dessus, et d'en payer le reliquat, celui qui lui succède est tenu de faire les diligences nécessaires pour l'y contraindre; qu'à son défaut, le procureur de la République est tenu, par une disposition impérative du décret du 30 déc. 1809, de poursuivre le comptable devant le tribunal, aux fins de le faire condamner à rendre son compte; que cette disposition s'applique non-seulement au comptable légal, mais au comptable de fait qui en a usurpé les fonctions; que les fabriques sont des établissements publics ayant une existence légale, et que les fonds des fabriques rentrent dans la catégorie des deniers publics et sont soumis aux règles qui régissent la comptabilité publique; que le décret du 12 janv. 1811 déclare que ceux qui ont pris part à la manutention des deniers publics, comme comptables indirects, ou agents des comptables directs, doivent être poursuivis et contraints par corps comme les comptables publics; que l'art. 8 de la loi du 17 avril 1832 soumet à la contrainte par corps non-seulement les comptables de deniers publics et les agents ou préposés officiels, mais toutes personnes qui, même sans qualité légale, ont perçu des deniers publics dont elles n'ont point effectué le versement ou l'emploi; que l'art. 64 de la loi du 18 juill. 1837 déclare que toute personne autre que le receveur municipal, qui, sans autorisation légale, se serait ingérée dans le maniement des deniers de la commune, serait par ce seul fait constituée comptable, et pourrait être poursuivie en vertu des dispositions de l'art. 258, C. pén.; qu'enfin, l'art. 25 du décret du 31 mai 1862 dispose « que toute personne autre que le comptable qui, sans autorisation légale, se serait ingérée dans le maniement des deniers publics est, par ce seul fait, constituée comptable »; que, de cet ensemble de textes, il s'évince que la loi a voulu établir une assimilation entière, au point de vue de la responsabilité, entre les comptables publics et les personnes qui, sans qualité légale, ont manié des deniers publics; qu'on objecte que l'art. 90 du décret du 30 déc. 1809 crée un droit exceptionnel, et ne donne action au procureur de la République que contre le trésorier légal de la fabrique; — Mais attendu que cette thèse est contredite par les textes susvisés; que le droit de coercition, que la loi attribue au ministère public contre les trésoriers de fabrique en retard de rendre leurs comptes, se fonde sur des considérations qui doivent s'étendre par analogie et par argument *a fortiori* aux personnes qui ont usurpé les fonctions de trésorier; que le but de la loi, en imposant au ministère public le droit d'agir dans les cas prévus par l'art. 90, a été de placer sous sa surveillance effective et sous sa garde les deniers affectés à un service public; que l'action de l'autorité publique est encore plus nécessaire lorsqu'il s'agit d'une comptabilité illégale et occulte; de tout quoi il suit que l'action du ministère public contre le curé Genebès est recevable et fondée; — Attendu que, dans le cas où le curé Genebès ne rendrait pas le compte que la loi et l'arrêt lui imposent, il appartient à la Cour, aux termes de la disposition de l'art. 90, de fixer la somme qu'il devra payer à la fabrique; que cette somme doit être calculée sur la moyenne ordinaire de la recette de l'année qui a précédé sa gestion, et que la condamnation doit porter sur le nombre d'années pendant lesquelles a duré sa gestion; — Par ces motifs, — Infirme le jugement rendu par le tribunal de Lourdes le 31 août 1881; — Déclare recevable la demande formée par le procureur de la République de Lourdes contre le curé Genebès, etc.

MM. de Saint-Gresse, 1er prés.; Moras, proc. gén.

TRIB.-CIV. VALENCE 30 juillet 1884.

NOTAIRE, TAXE, EXÉCUTOIRE, HYPOTHÈQUE JUDICIAIRE.

L'exécutoire de taxe délivré à un notaire, pour le recouvrement de ses frais d'actes, en vertu de l'art. 2 de la loi du 5 août 1881, n'emporte pas hypothèque judiciaire (1) (C. civ., 2117, 2123; L. 5 août 1881, art. 3).

Un tel effet ne pourrait être attaché à l'ordonnance d'exécutoire que s'il existait un jugement antérieur portant condamnation aux dépens (2) (Id.).

(Ginot c. Ferrand.) — JUGEMENT.

LE TRIBUNAL : — Attendu que Ferrand a obtenu, le 22 juin 1883, de M. le président du tribunal, exécutoire de la somme de 837 francs, pour divers actes reçus pendant l'année 1879, pour le compte de Ginot; qu'en vertu de cet exécutoire, inscription a été prise au bureau des hypothèques de Valence, le 29 févr. 1884, et commandement signifié à

(1) La jurisprudence est fixée sur ce point par divers jugements. V. Trib. civ. la Châtre, 13 mars 1884 (Pand. chr.); Trib. civ. Langres, 14 mai 1884 (Pand. chr.). — Ces solutions, pour être implicites dans ces deux jugements, n'en sont *pas moins formelles*. — V. toutefois, en sens contraire, Trib. civ. Brives, 10 nov. 1886, en sous-note (*a*).

(2) Le notaire qui veut s'assurer plus de garantie et prendre une hypothèque, doit avoir recours aux voies de droit commun. La loi du 5 août 1881, ainsi que l'a décidé en termes excellents le tribunal de Langres, dans le jugement précité, « a été évidemment édictée en faveur des notaires; il est donc impossible d'admettre qu'elle ait eu pour résultat de les priver des avantages du droit commun; et ils en seraient privés si, toujours obligés d'agir par voie d'exécution parée, ils ne pouvaient prendre contre leur débiteur un jugement emportant hypothèque; en résumé, la procédure introduite par la loi du 5 août 1881 n'est pas obligatoire, mais seulement facultative ». Il s'ensuit que le notaire procédera par assignation, conformément aux art. 60 et suiv., C. proc. civ. V. aussi Trib. civ. la Châtre, 13 mars 1884, précité.

(a) Ce jugement du tribunal civil de Brives, du 10 nov. 1886, aff. Tallet c. Labrousse, est ainsi conçu :

LE TRIBUNAL : — Attendu que Labrousse avait le droit de prendre hypothèque en vertu de l'exécutoire qui lui avait été délivré contre Tallet; — Attendu, en effet, que l'ordonnance de taxe est un véritable jugement rendu sur production de titre par le président du tribunal auquel la loi donne à cet effet délégation et attribution spéciale; que ce jugement comporte condamnation et que l'exécutoire est ce que la grosse est aux autres décisions de justice; que les deux effets des jugements étant l'exécution par voie parée et l'hypothèque, on ne comprendrait pas pourquoi l'ordonnance exécutoire de taxe assortie du premier serait privée du second; que ces deux effets, utiles au notaire, le sont encore plus au client, puisque les tribunaux qui, en admettant forcément le premier, refusent le second, ont été obligés sous peine de faire aux notaires, une situation bien pire encore que celle de simples créanciers chirographaires, de leur reconnaître le droit de former à grands frais, malgré l'exécutoire, une action en justice à l'effet d'y obtenir hypothèque; qu'aucun texte de loi ne s'oppose à cette solution, qui rentre au contraire dans les termes des art. 2117 et 2133, C. civ.; — Attendu, d'ailleurs, que si Labrousse a eu tort de prendre hypothèque, il était en tout cas certainement de bonne foi, et qu'il a, dès qu'il l'a pu, réparé sa faute; — Par ces motifs, dit que l'inscription prise, etc., était régulière et valable, etc.

MM. Quercy, prés.; de Lacoste et Raynaud (du barreau de Périgueux), av.

Ginot, les 14 et 15 mars suivants; que, par exploit du 5 juin dernier, Ginot a formé opposition à ce commandement, et assigné les liquidateurs de l'étude Ferrand devant le tribunal; — Attendu que Ginot soutient qu'il ne doit rien à Ferrand, qu'il est, au contraire, son créancier de la somme de 255 fr. 87; qu'il demande, en outre, la radiation de l'inscription hypothécaire comme irrégulièrement prise, l'exécutoire n'ayant pu la conférer, et enfin le payement d'une somme de 200 francs, à titre de dommages-intérêts; — En ce qui touche l'opposition à commandement...; — En ce qui touche la demande en radiation d'inscription hypothécaire : — Attendu qu'aux termes de l'art. 2117, C. civ., l'hypothèque judiciaire est celle qui résulte des « jugements ou actes judiciaires »; que l'art. 2123 établit, de l'avis des auteurs, la distinction qui doit être faite entre le premier et le second de ces termes; qu'il faut entendre par *jugement* la décision d'un tribunal sur un différend, et par *acte judiciaire* la constatation d'un fait par le tribunal; qu'ainsi, en prenant pour exemple un des cas prévus par ledit art. 2123, dans les termes suivants : « L'hypothèque judiciaire résulte aussi des reconnaissances ou vérifications, faites en jugement, des signatures apposées à un acte obligatoire sous seing privé », en cas de reconnaissance devant le tribunal, il y a acte judiciaire, et en cas de vérification, il y a jugement; — Attendu que, dans tous les cas, il faut, pour donner ouverture à l'hypothèque judiciaire, une décision de justice renfermant le principe d'une condamnation; que, par conséquent, l'ordonnance d'exécutoire délivrée à un officier ministériel ne peut conférer ce genre de garantie que lorsqu'il existe un jugement antérieur, portant condamnation aux dépens; que tel n'est pas le cas prévu et réglé par l'art. 3 de la loi du 5 août 1881, relatif aux taxes des notaires, en vertu duquel Ferrand s'est fait délivrer exécutoire et a cru pouvoir prendre inscription; — En ce qui touche la demande en dommages-intérêts...: — Par ces motifs, etc.; — Déclare nulle et de nul effet, comme irrégulièrement prise, l'inscription hypothécaire du 29 févr. 1884, etc.

LYON (2e CH.) 9 août 1884.

OFFICE MINISTÉRIEL, CESSION, DOSSIERS.

Le cessionnaire d'un office (dans l'espèce, un office d'avoué) a droit, aussitôt son entrée en fonction, à la remise immédiate et effective de tous les dossiers, sans exception, ni distinction entre les dossiers d'affaires terminées et les dossiers d'affaires courantes (1) (C. civ., 1615).

.....*Sauf le droit pour le cédant de consulter les dossiers des affaires terminées pour effectuer ses recouvrements, mais sans déplacement* (2) (Id.).

(L... c. M...) — ARRÊT.

LA COUR : — Attendu que le cessionnaire d'un office a droit, aussitôt son entrée en fonction, à la remise immédiate et effective des dossiers; qu'il n'y a pas de distinction à faire, sous ce rapport, entre les affaires terminées et les affaires courantes; que, si les dossiers des affaires courantes sont nécessaires au nouveau titulaire pour prendre la suite de la gestion, ceux des affaires terminées lui sont utiles pour connaître la clientèle de l'office et répondre aux réclamations émanant des clients; que le seul droit appartenant au cédant est de pouvoir consulter ces dossiers pour effectuer ses recouvrements, mais sans déplacement; que la doctrine et la jurisprudence, d'accord en cela avec la pratique, semblent être unanimes pour proclamer ces principes, qui non-seulement puisent leur source dans la saine interprétation du contrat de cession d'office, mais encore dans l'intérêt général; qu'en effet, les dossiers sont la propriété des clients, à qui ils doivent être remis sans distinction de pièces, lorsqu'ils les réclament après payement des frais; que décider, dès lors, qu'ils peuvent rester entre les mains des anciens titulaires, serait obliger ces clients à des recherches toujours difficiles et quelquefois impossibles; qu'en effet, les anciens titulaires pouvant avoir quitté la ville où ils exerçaient, leur nouvelle résidence serait parfois inconnue; que, souvent âgés et n'étant plus officiers ministériels, ils apporteraient nécessairement une certaine négligence dans la garde de tels documents; qu'enfin, après leur décès, on se demande ce qu'il adviendrait du dépôt; — Attendu que, des règles rappelées plus haut, en ce qui touche la possession des dossiers d'un office, il ressort que c'est à tort que le juge des référés avait ordonné la remise de ces dossiers entre les mains d'un séquestre; — Par ces motifs, — Dit que les dossiers resteront tous en la possession de L..., que M... sera tenu de lui restituer tous ceux qu'il détient, dans la quinzaine de la prononciation du présent arrêt, etc.

TRIB.-CIV. VENDOME 9 août 1884.

TESTAMENT OLOGRAPHE, SIGNATURE (ABSENCE DE), ENVELOPPE, SUSCRIPTION.

La signature du testateur sur l'enveloppe gommée qui contient un testament olographe ne saurait suppléer à l'absence de signature au bas du testament lui-même (3) (C. civ., 970).

(Ville de Montrichard c. hérit. Rigollot.) — JUGEMENT.

LE TRIBUNAL : — Attendu que l'écrit, daté du 8 août 1883, invoqué par la ville de Montrichard, comme étant le testament olographe du sieur Rigollot, n'est pas revêtu de la signature de ce dernier; — Attendu que l'apposition de la signature est une formalité essentielle du testament olographe, et la seule qui atteste que l'écrit n'est pas un simple projet, mais bien un acte définitif, auquel le testateur a imprimé, en le signant, comme le sceau de sa volonté certaine et persistante; — Attendu que l'écrit dont s'agit était renfermé dans une simple enveloppe gommée, dont la suscription, datée et signée par le sieur Rigollot, indiquait qu'elle contenait son testament; — Attendu que cette enveloppe ne faisait pas partie intégrante du testament, auquel elle n'était réunie par aucun lien matériel ni nécessaire, et que la signature dont elle est revêtue ne peut suppléer à celle omise au bas du testament; — Attendu que, s'il est vraisemblable que l'écrit renfermé dans l'enveloppe contenait la manifestation des volontés du défunt, rien n'assure cependant qu'un simple projet sur papier libre, à dessein non signé, et peut être modifié depuis, n'a pu être inséré par erreur dans l'enveloppe, à la place du testament véritable; — Attendu que la volonté du défunt ne se trouve donc pas attestée avec certitude, et qu'en tout cas, elle n'a pas reçu une manifestation conforme aux exigences de la loi; — Par ces motifs, — Déclare nul et de nul effet, à titre de testament, l'écrit dont s'agit, etc.

MM. Isnard, prés.; Van Cassel, proc. de la Rép.; Petit et Deloynes (du barreau de Blois), av.

(1-2) V. conf., mais au cas de la cession d'un office d'huissier, Orléans, 27 juin 1877 (Pand. chr.).

(3) Même solution en ce qui concerne l'inscription de la date sur l'enveloppe et son omission dans le testament proprement dit. V. Paris, 3 juin 1867 (S. 68. 2. 178. — P. 68. 720), et sur pourvoi, Cass., 9 juin 1869 (Pand. chr.).

TRIB.-civ. LANGRES 13 août 1884.

DIVORCE, INJURE GRAVE, DOMICILE CONJUGAL, ABANDON, MALADIE, RÉINTÉGRATION (REFUS DE), PRÉTEXTES FUTILES.

L'abandon par la femme du domicile conjugal ne devient une cause de divorce que lorsqu'il n'est justifié par aucune des raisons fort graves de dignité méconnue ou de sécurité compromise, et qu'il dégénère en injure à l'encontre du mari (1) (C. civ., 231).

Ainsi, spécialement, prend le caractère d'injure, le refus par la femme, malgré les tentatives de rapprochement du mari et une sommation à elle adressée, de réintégrer le domicile conjugal qu'elle a abandonné depuis longtemps (treize ans), alors que, dans cet intervalle, le mari a fait deux maladies assez sérieuses, et que la femme en a montré la plus complète indifférence (2) (Id.).

Vainement alléguerait-elle pour justifier sa conduite des griefs tels que la communauté d'habitation de son mari avec ses parents à lui, et des propos blessants tenus par ceux-ci sur le compte de leur belle-fille, si ces griefs, par leur futilité, ne sont point de nature à excuser des manquements aussi graves aux devoirs conjugaux (3) (Id.).

(Bocquenet c. Bocquenet.) — JUGEMENT.

LE TRIBUNAL : — Considérant que Bocquenet a déclaré convertir en une action en divorce la demande en séparation de corps qu'il avait d'abord intentée contre sa femme; — Considérant que la régularité de cette conversion, conforme à l'art. 4 de la loi du 29 juill. 1884, n'a pas été critiquée par la défenderesse; — Considérant que Bocquenet fonde sa demande sur ce motif que, depuis 1869, sa femme a abandonné le domicile conjugal, domicile qu'elle n'a pas voulu réintégrer malgré les démarches faites par lui, Bocquenet, et malgré une mise en demeure signifiée au début de cette instance; — Considérant que, pour se justifier, la femme Bocquenet prétend qu'elle n'a quitté son mari que parce que celui-ci lui imposait l'obligation de vivre en commun avec ses parents, ce qu'elle ne pouvait supporter; — Considérant que l'abandon par la femme du domicile conjugal n'est pas, à lui seul, une cause de divorce, mais qu'il en est autrement s'il dégénère en injure, ce qui arrive lorsque cet abandon n'est pas justifié par des raisons fort graves, car le devoir de cohabitation étant de l'essence même du mariage, la femme ne peut s'en affranchir sans de puissants motifs, tirés, soit de sa dignité méconnue, soit de sa sécurité compromise; — Considérant qu'il résulte des enquêtes auxquelles il a été procédé que la dame Bocquenet a abandonné le domicile conjugal il y a environ treize ans, et qu'elle ne l'a pas réintégré depuis, malgré les tentatives de rapprochement faites par le mari, au début de la séparation, et malgré la sommation précitée; que, depuis qu'elle a quitté son mari, celui-ci a fait deux maladies assez sérieuses; qu'elle ne lui a donné aucun soin, et qu'elle ne s'est même pas enquise de son état près du médecin, qui, pourtant, habite le même village qu'elle; que, loin de rechercher un rapprochement, la dame Bocquenet se retirait à l'intérieur de la demeure de ses parents, dès que la présence de son mari lui était signalée, et qu'elle répondait sur le ton de la plaisanterie aux personnes qui la lui signalaient; — Considérant qu'à l'appui de ses prétentions la dame Bocquenet a prouvé : 1° qu'elle et son mari vivaient sous le même toit que les parents de celui-ci, mais dans un logement distinct, tellement distinct que des étrangers à la famille l'avaient habité avant eux; 2° que les parents de Bocquenet reprochaient à sa femme de manger en cachette, et que, dans un repas de famille, en présence d'un étranger, ils avaient tenu des propos désagréables pour leur bru, propos que le témoin qui en a déposé n'a pas reproduits; — Considérant que de tout ce qui précède, il résulte que la demande de Bocquenet doit être accueillie : d'une part, en effet, les faits révélés par l'enquête constituent à la charge de la femme Bocquenet une infraction grave aux devoirs conjugaux, infraction d'autant plus grave et d'autant plus injurieuse pour le mari, complétement délaissé, qu'elle a duré pendant longtemps et qu'elle dure encore; que, d'autre part, rien ne justifie la conduite de la défenderesse : en effet, ni son mari, ni les parents de celui-ci, ne se sont livrés envers elle à des sévices qui aient compromis sa sécurité; ils ont, au contraire, témoigné le désir de la voir revenir au domicile conjugal; que la communauté d'habitation, dans les conditions où elle a eu lieu, était sinon agréable, du moins possible et tolérable; qu'enfin, les propos à l'adresse de la dame Bocquenet pouvaient peut-être blesser son amour-propre, mais qu'ils n'étaient assurément pas de nature à justifier un manquement aux devoirs conjugaux, c'est-à-dire l'abandon dans lequel la dame Bocquenet a délaissé et délaisse encore son mari, et l'indifférence coupable et inju-

(1-2-3) Les mêmes principes ont reçu depuis longtemps application en matière de séparation de corps. Ainsi, il est bien certain que l'abandon par la femme du domicile conjugal n'est pas en lui-même un motif suffisant pour faire prononcer la séparation de corps. Il n'y a rien d'absolu; il faut considérer, moins l'abandon lui-même, que l'esprit qui l'a inspiré, les circonstances qui l'ont provoqué, déterminé, celles qui l'ont suivi, accompagné; c'est cet esprit, ce sont ces circonstances qui donnent à l'abandon son véritable caractère.

Quand la femme ne peut invoquer aucun grief sérieux, que son départ ne se présente que comme un acte de coup de tête ou de pur caprice, que son absence se perpétue pendant une longue suite d'années, malgré des tentatives de rapprochement du mari, ou des événements tels que maladies graves de l'époux délaissé qui auraient dû remuer son indifférence et la ramener au domicile conjugal, l'abandon de la femme constitue une véritable injure grave, parce qu'il marque l'oubli le plus complet de tous les devoirs conjugaux. V. Paris, 23 févr. 1847 (P. 47. 1. 435); 9 avril 1875 (S. 75. 2. 133. — P. 75. 568); 8 juill. 1886 (V. la sous-note *a*).

Au contraire, quand l'abandon du domicile conjugal n'est employé par la femme que comme un moyen extrême, comme une ressource dernière pour faire respecter sa dignité méconnue ou pour assurer sa sécurité matérielle compromise, l'abandon n'est plus une cause de séparation, parce qu'il est justifié par les circonstances, qu'ainsi il perd tout caractère injurieux vis-à-vis de l'autre époux et devient de la légitime défense. — Jugé, en ce dernier sens, que le refus de cohabitation de la part de la femme ne saurait être considéré comme une injure motivant la séparation de corps, lorsqu'en fait le domicile du mari est le même que celui de ses père et mère, et qu'il est établi que les contrariétés de toute espèce auxquelles la femme y était chaque jour en butte, la soumission qu'on exigeait d'elle et l'isolement dans lequel on se plaisait à la laisser lui rendaient intolérable cette cohabitation commune : Cass., 20 nov. 1860 (Pand. chr.), et le renvoi.

Cet arrêt de cassation mérite d'être rapproché du jugement ci-dessus rapporté. La comparaison achèvera de démontrer qu'en cette matière, il n'y a point de principe absolu, que les solutions dépendent des circonstances de chaque espèce et peuvent être contraires sans être contradictoires.

(a) Voici cet arrêt de la Cour de Paris (1re ch.), du 8 juill. 1886, aff. G... c. G... : LA COUR : — Donne défaut contre la dame G..., et pour le profit; — Considérant que les causes du divorce sont les mêmes que celles de la séparation de corps; — Considérant que les époux G... ont contracté mariage le 25 août 1846; que, cinq années après, le 3 déc. 1851, la dame G... a, sans motifs, abandonné son mari et sa fille légitime alors âgée de quatre ans; que, malgré les ordres de justice, elle a constamment refusé de réintégrer le domicile conjugal; — Considérant que la cohabitation constitue la principale obligation du mariage; que, dans les circonstances où il s'est produit et perpétré, l'abandon par la dame G... du domicile conjugal constitue pour le mari l'injure grave de nature à motiver au premier chef la prononciation du divorce; — Réformant le jugement du trib. civ. de la Seine (4e ch.) du 7 mai 1885, — Prononce à la requête du mari et aux torts et griefs de la femme le divorce d'entre les époux G...; — Ordonne que le présent arrêt sera exécuté conformément à la loi du 18 avril 1886, etc.

MM. Périvier, prés.; Manuel, av. gén.; Carpentier, av.

rieuse, tant elle a été notoire, dont elle a fait preuve à son égard, alors qu'il était malade; — Par ces motifs, — Déclare les époux Bocquenet divorcés, etc.

MM. Durand, prés.; Guénot, proc. de la Rép.; Mougeot et Villars, av.

ORLÉANS 14 août 1884.

SURENCHÈRE, SURENCHÈRE DU SIXIÈME, LIQUIDATION ET PARTAGE, NOTAIRE COMMIS, COMPÉTENCE.

La surenchère du sixième au cours d'une demande en liquidation et partage, après adjudication devant un notaire de l'arrondissement des biens, commis à cet effet par le tribunal, n'étant qu'un des incidents de la liquidation, doit être formée au greffe du tribunal qui a ordonné l'adjudication, et non au greffe du tribunal de la résidence du notaire et de la situation des immeubles (1) (C. proc., 708, 709, 973).

(Momon et Belfond-Poitevin c. Vallée.) — ARRÊT.

LA COUR : — Considérant qu'en droit, le tribunal saisi de la demande de liquidation et partage est seul compétent pour connaître de tous les incidents auxquels peut donner lieu la poursuite de liquidation et de vente, jusques et y compris l'homologation; que la surenchère du sixième n'est qu'un des incidents de la liquidation; que, sans doute, le tribunal saisi de la poursuite peut, lorsqu'elle comprend des immeubles éloignés du lieu de l'ouverture de la succession, commettre, pour procéder à la vente, le notaire de la localité où ils sont situés; mais que cette délégation est rigoureusement limitée, et que le tribunal ne saurait se trouver dessaisi du droit qui lui est propre de statuer sur tous les incidents de la liquidation ou de la vente; — Considérant qu'en fait et dans l'espèce, le tribunal de Poitiers a délégué pour procéder à l'adjudication des immeubles de Beaulieu, Me Pitet, notaire de cette localité, mais qu'il ne s'est pas dessaisi du surplus de la poursuite; qu'en réalité, c'est ce tribunal qui a prononcé l'adjudication au profit des appelants, par l'intermédiaire du notaire par lui délégué, et qu'une fois le mandat donné au notaire accompli, il est resté seul compétent pour statuer au surplus des poursuites, conformément aux dispositions de l'art. 709, C. proc.; qu'il suit de là que ce tribunal seul avait le droit de recevoir la surenchère, et qu'à tort les premiers juges ont déclaré valable la surenchère faite à la requête de Vallée, par acte au greffe du tribunal de Loches, du 17 déc. 1883; — Par ces motifs, — Infirme, etc.

MM. Dumas, 1er prés.; Gonod d'Artemare, av. gén.; Johanet et Charoy, av.

BORDEAUX (CH. CORR.) 20 août 1884.

FALSIFICATIONS, BOISSONS, CONFISCATION, ORDONNANCE DE NON-LIEU, VINS, ACIDE SALICYLIQUE, NOCUITÉ, INCERTITUDE.

La confiscation de denrées falsifiées (de vins, dans l'espèce), constituant une mesure toujours rigoureuse par l'atteinte portée au droit de propriété, ne doit être prononcée, après une ordonnance de non-lieu intervenue en faveur du négociant poursuivi, qu'autant qu'il s'agit de denrées vraiment nuisibles à la santé publique (2) (LL. 27 mars 1851, art. 5; 5 mai 1855; C. pén., 470).

Spécialement, *il n'y a pas lieu de prononcer la confiscation de vins, exempts de tout mélange, additionnés seulement d'acide salicylique dans une proportion de quatre centigrammes par litre, alors qu'en l'état de la science il n'est pas démontré qu'un dosage d'acide salicylique, même dans des proportions bien supérieures (10 centigr.), constitue un mélange nuisible à la santé publique* (3) (Id.);

.....*Que, bien plus, l'usage modéré de cet acide est recommandé par des savants comme un antiseptique précieux* (4) (Id.);

.....*Que, en présence de ces incertitudes, l'action administrative en vue de poursuites judiciaires à exercer a été paralysée, et que les circulaires ministérielles, malgré leur rappel réitéré, sont restées à l'état de lettre morte* (5) (Id.);

.....*Qu'enfin, la nécessité d'une nouvelle et plus décisive consultation des corps savants s'est affirmée et a été recherchée par l'autorité supérieure* (6) (Id.).

(Dörr.) — ARRÊT.

LA COUR : — Attendu que Charles Dörr, négociant à Bordeaux, a reçu, au mois de novembre 1881, à titre de consignataire de Brandt et Cie, de Huelva (Espagne), un chargement de 159 fûts de vin blanc, représentant environ 967 hectolitres; — Attendu que ces vins arrivés à Bordeaux sur le steamer *Cambrian* ont été saisis, le 28 déc. 1881, à la requête du ministère public, comme contenant un mélange d'acide salicylique; — Attendu que Charles Dörr, poursuivi sous prévention du délit de falsification prévu par la loi du 27 mars 1851, a été l'objet d'une ordonnance de non-lieu, rendue à son profit le 30 janv. 1884; mais qu'il a été, néanmoins, renvoyé devant le tribunal correctionnel de Bordeaux, pour entendre prononcer, en exécution de l'art. 5 de la loi précitée, la confiscation des vins saisis; — Attendu que cette mesure rigoureuse ne saurait être ordonnée que si ces vins sont de nature à nuire à la santé publique; qu'en effet, la confiscation, toujours grave par l'atteinte portée au droit de propriété, peut devenir ruineuse quand il s'agit de 967 hectolitres, dont la

---

(1) V. en ce sens Bordeaux, 15 mars 1850 (S. 50. 2. 293. — P. 50. 2. 195. — D. 50. 2. 141); Aix, 10 févr. 1876 (S. 76. 2. 196. — P. 76. 811. — D. 76. 5. 435); Limoges, 27 nov. 1880 (S. 81. 2. 93. — P. 81. 1. 471); Toulouse, 10 janv. 1884 (S. 84. 2. 60. — P. 84. 1. 336); Rousseau et Laisney, *Dict. de proc.*, t. VIII, vo *Vente judic. d'immeubles sur surenchère*, n. 293 et suiv. — Toutefois la question divise la jurisprudence. V. en sens contraire Trib. civ. Saint-Omer, 9 oct. 1859 (D. 60. 3. 60); Grenoble, 10 juill. 1874 (S. 75. 2. 14. — P. 75. 2. 14. — D. 75. 2. 32). La Cour de cassation, à notre connaissance du moins, n'a pas encore été appelée à la trancher.

(2-6) Il n'est pas douteux que la confiscation des marchandises falsifiées doivent être prononcée, même malgré l'acquittement du prévenu à raison de sa bonne foi, si elles contiennent des mixtions ou dosages de nature à nuire à la santé publique. V. Cass. 3 janv. 1857 (Pand. chr.); 12 juill. 1860 (Pand. chr.).

L'arrêt ci-dessus reproduit ne contredit pas à cette jurisprudence; il la reconnait même formellement. Mais la confiscation est une mesure de rigueur; elle peut entraîner la ruine du négociant; elle constitue une grave atteinte au droit de propriété. Pour ces raisons, elle ne doit point être ordonnée à la légère; elle ne se justifie et ne se légitime que lorsque la santé publique est menacée; que la nature de la falsification est telle qu'il y aurait un danger certain à laisser dans la circulation des marchandises ou denrées dont la nocuité est démontrée sans contestation sérieuse.

Or, la science n'est pas encore fixée sur les propriétés hygiéniques ou malsaines de l'acide salicylique mélangé au vin dans certaines proportions de dosage déterminées. Partisans et adversaires se neutralisent par le nombre et l'autorité. La question reste ouverte. Dans cet état du problème dont la solution ne relève point de leur ressort, les tribunaux doivent s'abstenir et attendre que la science ait dit son dernier mot.

Ajoutons aux constatations si précises, et si consciencieusement mises en œuvre par la Cour de Bordeaux, un renseignement personnel. Nous tenons de sources autorisées que les vins récemment expédiés au Tonkin à l'usage du résident général et de sa maison ont été légèrement dosés d'acide salicylique. Cet exemple semble bon à méditer, car nul n'ignore la compétence, en pareille matière, de l'illustre et regretté Paul Bert.

perte peut être évaluée à près de 100,000 fr. ; — Attendu que la Cour n'hésiterait pas cependant à en prononcer la confiscation, s'il était démontré que ces vins seraient nuisibles à la santé; — Attendu qu'il résulte de l'expertise faite par le chimiste Robineau que les vins saisis sont des vins blancs naturels, exempts de tout mélange, mais seulement additionnés d'acide salicylique, dans la proportion de 4 centigr. par litre; qu'enfin, l'expert déclare que, malgré cette faible dose d'acide salicylique, ces vins pouvaient cependant, par l'usage continuel, porter atteinte à la santé; — Attendu que l'expert prend soin d'ajouter que cette conclusion ressort d'un avis du Comité consultatif d'hygiène de France; — Attendu, en effet, qu'à plusieurs reprises et à des époques diverses, ce comité a proscrit, comme dangereux pour la santé publique, l'usage des vins contenant une dose quelconque d'acide salicylique ; — Attendu que, malgré l'autorité considérable qui s'attache à cet avis du comité, il faut reconnaître que ces conclusions ont motivé les dénégations les plus énergiques; qu'ainsi, depuis l'année 1881 surtout, des savants, des professeurs illustres, ont admis comme absolument inoffensif le mélange avec le vin de l'acide salicylique dans des proportions bien supérieures à 4 centigr., et même à 10 centigr.; qu'ils ont, au contraire, recommandé l'usage modéré de cet acide comme un antiseptique précieux; — Attendu que cette question est donc aujourd'hui encore vivement controversée au point de vue scientifique; — Attendu qu'elle offre, au point de vue administratif, les mêmes incertitudes ; qu'en effet, si une circulaire de M. le ministre du commerce, du 7 fév. 1881, a formellement prohibé l'usage de l'acide salicylique dans une denrée alimentaire quelconque, il est certain qu'elle a soulevé les protestations les plus graves; qu'il en est résulté de telles hésitations chez les représentants de l'autorité, que l'introduction des vins salicylés a été de nouveau tolérée, et que la circulaire ministérielle est restée à l'état de lettre morte; — Attendu que ces derniers mots sont textuellement extraits d'une autre circulaire émanée du même ministère, au mois de janvier dernier, et qui, faisant revivre son aînée, prescrit encore aux préfets de provoquer des poursuites judiciaires pour toutes les substances alimentaires mélangées d'acide salicylique; — Mais attendu que cette nouvelle circulaire n'a pas suffi à vaincre les résistances, et que M. le ministre du commerce, sollicité de toutes parts, semble avoir reconnu l'utilité de consulter d'autres corps savants, et notamment l'Académie de médecine; — Attendu qu'en présence de ces faits, les juges ont le devoir d'être plus circonspects; qu'ils ne sauraient prononcer une peine ou ordonner une confiscation que s'il leur est démontré qu'il s'agit d'une denrée vraiment nuisible à la santé publique ; — Attendu que, pour les vins de Charles Dörr, cette démonstration ne résulte suffisamment, ni du rapport de l'expert, qui ne constate qu'un salycilage de 4 centigr. par litre, ni des autres documents produits devant la Cour; qu'ainsi les premiers juges ont, à bon droit, refusé d'appliquer les dispositions de la loi du 27 mars 1851 ; — Par ces motifs, — Confirme, etc.

MM. Boulineau, prés. ; Bourgeois, av. gén. ; Lafon, av.

CAEN (1re CH.) 21 août 1884.

SÉPARATION DE CORPS, INVENTAIRE, TITRES, PAPIERS, JUGE DE PAIX, EXAMEN, CHOIX.

L'inventaire des effets mobiliers de la communauté, auquel il est procédé au cours d'une instance en séparation de corps, à la requête de la femme, est une mesure exceptionnelle qui doit se restreindre aux seuls titres et papiers qui peuvent être utiles au règlement des intérêts pécuniaires de la femme et à la liquidation éventuelle de ses droits et reprises, et ne s'étend point aux titres et papiers qui y sont étrangers (1) (C. civ., 270).

Et, comme une vérification est, par suite, nécessaire, les juges peuvent commettre à cet examen le juge de paix, chargé de la levée des scellés, qui distinguera quels sont les titres ou papiers qui doivent être portés à l'inventaire, quels sont ceux qui n'y doivent point figurer, sauf à mettre ces derniers sous scellés, après les avoir numérotés et parafés, jusqu'après la décision à intervenir sur l'instance en séparation de corps (2) (Id.).

(Corchon c. Corchon.) — ARRÊT.

LA COUR : — Attendu que la dame Corchon, autorisée à faire opérer une apposition de scellés, en vertu de l'art. 270, C. civ., a fait procéder à la levée de scellés et à l'inventaire des objets compris sous ces scellés, et que, dans cet inventaire, elle a voulu faire comprendre, avec les objets mobiliers, tous les titres et papiers se trouvant au domicile, lieu de l'apposition des scellés; — Attendu que Corchon a élevé la prétention de faire exclure de l'inventaire tous les titres et papiers étrangers aux affaires de la communauté, et de se faire remettre tous ces titres et papiers; que cette prétention a été écartée par l'ordonnance dont est appel, laquelle a ordonné que tous les titres et papiers se trouvant au domicile, lieu de l'apposition des scellés, seraient compris dans l'inventaire, selon les formes de droit; — Attendu que devant la Cour, Corchon, modifiant ses conclusions devant le juge des référés, demande, ou que les titres et papiers sans intérêt pour les affaires de la communauté ne soient pas compris dans l'inventaire et lui soient remis, ou que la Cour, si elle le préfère, ordonne que ces titres et papiers, après avoir été cotés et parafés, soient placés sous enveloppe et remis sous scellés jusqu'à la fin de l'instance; — Attendu que l'art. 270, C. civ., a pour but d'assurer la conservation des droits de la femme en ne permettant pas au mari des actes de disposition abusive, de détournement ou de dissimulation, préjudiciables à la femme; — Attendu que, ayant disposé dans ce but, et ayant autorisé l'apposition des scellés uniquement sur les effets mobiliers de la communauté, son application doit être renfermée dans la mesure qu'il a prescrite, et ne point s'étendre à autre chose qu'aux effets mobiliers de la communauté, aux titres et papiers pouvant avoir de l'intérêt

---

(1-2) V. conf., Caen, 19 déc. 1865 (S. 66. 2. 234. — P. 66. 918. — D. 66. 2. 70). V. aussi Rouen, 23 mars 1864 (Pand. chr.), et le renvoi. — Un récent arrêt de la Cour de Paris s'est également prononcé dans le même sens, en matière de divorce. V. la sous-note (*a*).

(a) Voici les parties utiles de cet arrêt de Paris (7e ch.), du 2 mars 1886, aff. Préterre c. Préterre.

LA COUR : — Considérant que l'inventaire autorisé par l'art. 270, C. civ., au profit de la femme commune, demanderesse en divorce, est une mesure de protection exceptionnelle, qui doit se restreindre à la garantie des intérêts pécuniaires de la femme et à la liquidation éventuelle de ses droits et reprises légitimes ; que cet inventaire ne saurait porter sur les papiers et lettres missives étrangers à ces intérêts pécuniaires, et qui sont la propriété personnelle de chacun des époux ; que la femme n'a pas le droit, sous le couvert de cette procédure conservatoire, de se livrer à des perquisitions dans les papiers de son mari, pour y rechercher des révélations compromettantes et des moyens et éléments de preuve à l'appui de sa demande en divorce ;... — Par ces motifs, — Reçoit Préterre appelant de l'ordonnance de référé du 6 févr. 1886 ; — Infirme ladite ordonnance en ce qu'elle a décidé que les pièces ayant trait à la demande en divorce seraient mises sous scellés jusqu'à ce qu'il ait été statué ; — Dit, au contraire, que, après examen par les notaires des pièces et documents trouvés chez Préterre, les titres et papiers intéressant la situation active et passive de la communauté seront seuls inventoriés ; que les lettres adressées à Préterre ou émanées de lui, les notes, ordonnances et papiers de toute nature, qui sont sa propriété personnelle, et qui sont sans rapport avec la liquidation éventuelle dont s'agit, seront remis à Préterre, et ce nonobstant toute opposition de la dame Préterre, etc.

MM. Fauconneau-Dufresne, prés. ; Andrieu, subst. ; Rousse et Bigault du Grandrut, av.

pour l'établissement de la consistance de la communauté et des droits pécuniaires de la femme; — Attendu que cette mesure, dans laquelle doit être faite l'apposition des scellés, détermine la mesure dans laquelle doit être fait l'inventaire suivant la levée des scellés; qu'il n'est donc point vrai, comme l'ordonnance dont est appel le déclare, que l'inventaire doit comprendre toutes les choses, notamment tous les titres et papiers sur lesquels a été opérée l'apposition des scellés; que la règle générale de l'art 943, C. proc., comporte exception dans le cas spécial prévu par l'art. 270, C. civ.; qu'ainsi, c'est à bon droit que Corchon élève la prétention de soustraire aux formalités de l'inventaire les titres et papiers sans intérêt pour l'établissement de la communauté et des droits pécuniaires de la dame Corchon trouvés au domicile, lieu de l'apposition des scellés;

Mais attendu, d'une part, que les titres et papiers trouvés au domicile, lieu de l'apposition des scellés, comportent une vérification pour savoir jusqu'à quel point ils peuvent offrir intérêt pour la conservation des droits pécuniaires de la dame Corchon, et, d'autre part, que la vérification de ces titres et papiers ne peut être faite que d'une façon sommaire et non contradictoire; que, par suite, c'est le cas de recourir à la mesure adoptée par des décisions de jurisprudence antérieures, et à laquelle Corchon se déclare disposé à se soumettre, laquelle consiste à ordonner que les titres et papiers trouvés au domicile, lieu de l'apposition des scellés, seront examinés par M. le juge de paix procédant à la levée des scellés, que ceux de ces titres et papiers qui lui paraîtront offrir de l'utilité pour l'établissement de la consistance de la communauté et des droits pécuniaires de la dame Corchon, seront compris dans l'inventaire, et que les autres seront par lui numérotés et parafés, et renfermés dans des paquets sur lesquels les scellés seront de nouveau apposés, pour n'être levés qu'après la décision à intervenir sur l'instance en séparation de corps entre les époux Corchon; — Par ces motifs, — Infirme l'ordonnance sur référé dont est appel; — Dit que ne seront pas indistinctement compris dans l'inventaire tous les titres, papiers et lettres trouvés au domicile, lieu de l'apposition des scellés; — Dit que M. le juge de paix du canton est de Caen, connaissance par lui prise de ces titres, papiers et lettres, décidera quels seront ceux qui lui paraîtront offrir de l'utilité pour le règlement des intérêts pécuniaires de la dame Corchon et pour la liquidation éventuelle de ses droits et reprises, et les fera comprendre dans l'inventaire, et que, quant aux autres, après les avoir numérotés et parafés, il les fera renfermer dans des paquets sur lesquels les scellés seront de nouveau apposés, pour n'être levés qu'après l'instance en séparation de corps entre les époux Corchon, et dans le cas où il y aurait lieu à liquidation entre eux, etc.

MM. le cons. Guillard, prés.; Vaudrus, subst.; Desruisseaux et Bénard, av.

TRIB.-CIV. TROYES 27 août 1884.

DIVORCE, SÉPARATION DE CORPS, CONVERSION, ÉPOUX COUPABLE, RAPPROCHEMENT, IMPOSSIBILITÉ.

L'époux contre lequel la séparation de corps a été prononcée, quels qu'aient été ses torts, peut poursuivre la conversion de la séparation de corps en divorce, si, à raison même de la gravité des griefs relevés à sa charge et des circonstances de la cause, tout espoir de rapprochement ou d'accord est devenu impossible (1) (C. civ., 310; L. 27-29 juill. 1884).

Les tribunaux ont un pouvoir souverain d'appréciation à l'effet de décider si les griefs, accueillis par le jugement de séparation, sont ou non suffisants pour entraîner le divorce (2) (Id.). — Motifs.

(Barbuat c. Barbuat.) — JUGEMENT.

LE TRIBUNAL : — Attendu que les époux Barbuat ont contracté mariage à Troyes le 9 août 1879, et qu'il est issu de ce mariage une petite fille, âgée aujourd'hui de quatre ans; que, par jugement de ce siége, en date du 16 mars 1881, la séparation de corps a été prononcée contre Barbuat, à la requête de sa femme, et que l'enfant a été confiée à la mère, avec la condition imposée au mari de payer une pension mensuelle de 15 francs; que plus de trois ans se sont écoulés depuis ladite décision, et que la demande de conversion en divorce formée par Barbuat est recevable; qu'à la vérité, la défenderesse proteste contre cette demande, et allègue qu'ayant seule obtenu à son profit la séparation de corps, elle a seule qualité pour en demander la conversion; — Mais attendu que cette prétention ne saurait être accueillie; qu'en effet les travaux préparatoires et les opinions manifestées devant le Parlement, lors du vote définitif de la loi du 29 juill. 1884, montrent que le droit de demander la conversion appartient à l'un ou à l'autre des époux, quel qu'ait été le jugement de séparation; que les scrupules et les sentiments de la dame Barbuat, quelque respectables qu'ils soient, ne peuvent entraver, au préjudice de son mari, l'exercice d'un droit qui lui est conféré par un texte de loi net et précis; que l'existence d'un enfant n'est pas non plus de nature à entraver l'action du demandeur, car un amendement dans ce sens n'a point été admis; mais que le tribunal a à apprécier si les motifs qui avaient entraîné la séparation peuvent, après les trois années d'épreuve, être considérés comme suffisants pour faire admettre le divorce; que la défenderesse pourrait invoquer telles circonstances, laissant espérer qu'un accord est possible entre les époux, dans un avenir plus ou moins rapproché; qu'au contraire, dans l'espèce, non-seulement la vie commune a cessé dès 1881 entre Barbuat et sa femme, mais qu'ils sont restés complétement étrangers l'un à l'autre, et aucun fait ne s'est produit qui puisse rendre vraisemblable l'espoir dont il vient d'être parlé; que, d'autre part, les considérants du jugement relèvent contre Barbuat des actes de violence et des injures qui ont eu lieu dans les conditions les plus fâcheuses et les plus outrageantes pour sa femme; qu'ainsi, le divorce est complétement justifié, et toute vie commune entre les époux désormais impossible...; — Par ces motifs, — Admet, à la requête du mari, le divorce entre Alexandre Barbuat et sa femme; — Condamne Barbuat aux dépens, etc.

M. Le Blanc-Duvernoy, prés.

TRIB.-CIV. SEINE (4e CH.) 29 août 1884.

DIVORCE, CONVERSION, ARRÊT DE DÉFAUT, SIGNIFICATION, NON-EXÉCUTION, ORDRE PUBLIC, FIN DE NON-RECEVOIR.

Est non recevable la demande de conversion en divorce d'une séparation de corps prononcée par arrêt de défaut, sim-

(1) V. dans le même sens : Trib. civ. Marseille, 19 nov. 1884, aff. P...; Trib. civ. Lyon, 8 janv. 1885, aff. G...; Trib. civ. Macon, 25 nov. 1884 (Pand. chr.); Trib. civ. Seine (4e ch.), 5 mars 1885 (Pand. chr.); Caen, 20 avril 1885 (Pand. chr.); Cass., 12 août 1885 (Pand. chr.), et les notes et renvois. — Toutefois, la question était, surtout avant l'arrêt de la Cour de cassation précité, vivement controversée en jurisprudence. V. en sens contraire : C. Martinique, 21 févr. 1885 (Pand. chr.), et les nombreuses décisions mentionnées en note.

(2) V. sur ce point, désormais certain, Orléans, 5 mars 1885; Trib. civ. Seine (4e ch.), 5 mars 1885 (Pand. chr.); Cass., 12 août 1885 (Pand. chr.), et les notes.

plement signifié, mais non suivi d'exécution; une telle décision étant sans caractère définitif (1) (C. civ., 310 ; L. 27-29 juill. 1884, art. 4).

Et cette fin de non-recevoir touchant à une matière qui intéresse l'ordre public, peut être opposée d'office par le tribunal (2) (Id.).

(Morand c. Morand.) — JUGEMENT.

LE TRIBUNAL : — Donne défaut contre Morand, etc.; — Attendu que, suivant arrêt en date du 1er juill. 1872, la Cour d'appel de Paris a, par infirmation d'un jugement du tribunal civil de la Seine, du 12 déc. 1871, prononcé par défaut la séparation de corps d'entre les époux Morand à la requête de la dame Morand; — Attendu que cette dernière a assigné son mari au parquet de M. le procureur de la République pour voir convertir en jugement de divorce l'arrêt qui a prononcé la séparation de corps des époux Morand; — Attendu qu'il a été produit un exploit du ministère de Levasseur, huissier à Paris, en date du 26 août 1882, portant signification, au parquet de M. le procureur de la République, à Morand, dont le domicile était inconnu, de l'arrêt susénoncé; mais qu'il a été reconnu que cette signification n'aurait été suivie d'aucun acte d'exécution dudit arrêt; qu'il appartient au tribunal, dans une matière qui intéresse l'ordre social, d'examiner d'office si l'action est recevable; — Et attendu que la simple signification d'une décision par défaut est un acte préliminaire à l'exécution de cette décision; que l'objet de cette signification est de notifier et de faire connaître la décision rendue à la partie contre laquelle elle a été rendue, et de manifester l'intention où est la partie qui l'a obtenue de s'en prévaloir; mais qu'un tel acte ne peut être considéré, en lui-même, comme constituant un des faits qui, aux termes de la loi, sont de nature à caractériser et à constituer l'exécution d'une décision judiciaire; que l'arrêt susénoncé du 1er juill. 1872 n'ayant pas été exécuté, n'a donc pu devenir définitif, et que, par suite, la dame Morand doit être déclarée non recevable en la demande qu'elle a formée en vertu du dernier paragraphe de l'art. 4 de la loi du 29 juill. 1884, qui n'admet la conversion en jugement de divorce que des décisions devenues définitives avant la promulgation de cette loi; — Par ces motifs, — Déclare la dame Morand non recevable, etc.

MM. Brisout de Barneville, prés.; Cruppi, subst.

TRIB.-CIV. LIMOGES 7 novembre 1884.

DIVORCE, CONDAMNATION, PEINE AFFLICTIVE ET INFAMANTE, CONTUMACE, DÉLAI.

La condamnation par contumace de l'un des époux à une peine afflictive et infamante n'est une cause de divorce qu'autant que cette condamnation est devenue définitive par l'expiration de vingt années depuis qu'elle est intervenue (3) (C. civ., 232, 261; C. instr. crim., 476, 635, 641; L. 27-29 juill. 1884).

(C... c. C...) — JUGEMENT.

LE TRIBUNAL : — En droit : — Attendu que l'effet de l'art. 232 nouveau, C. civ., portant que la condamnation de l'un des époux à une peine afflictive et infamante sera pour l'autre une cause de divorce, est subordonné aux dispositions de l'art. 261 du même Code, qui veut que le divorce, qui est poursuivi pour cette cause, ne puisse être prononcé qu'autant que la décision qui prononce la condamnation n'est pas susceptible d'être réformée par les voies légales; — Attendu que, d'après les art. 476, 635 et 641, C. instr. crim., tout jugement rendu par contumace, portant condamnation à une peine afflictive et infamante, est anéanti et susceptible d'être réformé lorsque, pendant les vingt ans qui suivent la date du jugement, le condamné se constitue prisonnier, ou qu'il est arrêté; que, sous l'empire du Code civil, et antérieurement à la loi de 1816, abolitive du divorce, la Cour de cassation avait décidé que le divorce ne pouvait être obtenu par l'épouse du condamné contumax avant l'expiration de ce délai de vingt ans: qu'une doctrine unanime a consacré une solution semblable au cas où la séparation de corps est poursuivie par l'épouse de celui qui a été condamné par contumace à une peine afflictive et infamante; — Attendu, en fait, que par arrêt de contumace du 8 mars 1874, rendu par la Cour d'assises de la Haute-Vienne, Léopold C... a été condamné à la peine afflictive et infamante de dix ans de réclusion pour abus de confiance qualifiés; que, depuis la date de cet arrêt jusqu'au moment actuel, moins de vingt ans se sont écoulés; que, d'un autre côté, C... ne s'est point constitué prisonnier, ni n'a été arrêté; que, conséquemment, aujourd'hui l'arrêt du 18 mai 1874 est encore susceptible d'être réformé par une voie légale ordinaire; que le certificat, délivré, le 26 août 1884, par le greffier de la Cour d'appel de Limoges, se borne à énoncer qu'il n'existe sur les registres du greffe aucune mention de déclaration constatant qu'un recours quelconque a été formé contre l'arrêt prédaté; que la vérité de cette attestation n'infirme nullement les propositions ci-dessus émises, desquelles il résulte que si, maintenant ou jusqu'au 8 mai 1894, le condamné se constituait prisonnier, ou était arrêté, l'arrêt de condamnation tomberait de plein droit; — Par ces motifs, etc.

M. Gilbert, prés.

DOUAI (CH. CORR.) 10 novembre 1884.

DIFFAMATION, AVOCAT, COMPÉTENCE, MAGISTRAT, REMPLACEMENT.

Les avocats, dans l'exercice de leur profession, ne sont pas des citoyens chargés d'un service ou d'un mandat public. — En conséquence, la diffamation commise envers un avocat à l'occasion de l'exercice d'un acte de sa profession, relève de la compétence, non de la Cour d'assises, mais du tribunal de police correctionnelle (4) (L. 29 juill. 1881, art. 31, 32, 45 § 2).

Mais quand un avocat est appelé par exception et temporairement à compléter le tribunal, le caractère d'avocat disparaît sous celui de magistrat (5). — Motifs.

(Dujardin, gérant du *Progrès du Nord*.)

20 septembre 1884, jugement du tribunal de Lille ainsi conçu : — « LE TRIBUNAL : — Attendu que, dans son numéro

(1) L'art. 4 de la loi du 29 juill. 1884 porte : « Pourront être convertis en jugements de divorce, comme il est dit à l'art. 310, tous jugements de séparation de corps *devenus définitifs* avant la promulgation de la présente loi. » Or, aux termes de l'art. 156, C. proc. civ., un jugement par défaut qui n'est pas exécuté dans les six mois de son obtention, doit *être réputé non avenu.* Il n'existe donc plus, et n'existant plus, il ne peut donner lieu à conversion.

(2) Principe constant, et dont l'application a été faite en diverses matières. V. notamment Cass., 17 juill. 1883 (S. 85. 1. 439. — P. 85. 1. 1059. — D. 85. 1. 14); Nancy, 14 déc. 1883 (S. 84. 2. 157. — P. 84. 1. 871).

(3) V. conf., sous l'empire du Code civil, en matière de divorce, Cass., 17 juin 1813 (Pand. chr.), — et en matière de séparation de corps, Paris, 6 août 1840 (Pand. chr.).

(4-5) La conséquence de cette dernière hypothèse serait la compétence de la Cour d'assises à l'exclusion du tribunal correctionnel, au cas où la diffamation se produirait à l'occasion d'un fait relatif à la fonction de magistrat rempli par l'avocat. V. Fabreguettes, *Tr. des infractions de la parole, de l'écrit et de la presse*, t. I, n. 1298.

du 9 août 1884, le journal *le Progrès du Nord* a inséré un article ayant pour titre : « Un avocat peu scrupuleux », et se terminant par ces mots : « Il n'en eût certes pas été quitte à si bon marché » ; que X..., se prétendant diffamé par ledit article, a assigné Dujardin, gérant du journal, et la Société du *Progrès du Nord*, dont la raison sociale est Dujardin et Cie, comme civilement responsable ; — Attendu que Dujardin a déclaré n'être pas l'auteur de l'article, mais en accepter, comme gérant, la responsabilité; qu'il décline la compétence du tribunal, par le motif que la diffamation, si elle avait été commise, l'aurait été envers un avocat à l'occasion de l'exercice de ses fonctions, c'est-à-dire envers un citoyen chargé d'un service ou mandat public, et, comme telle, serait justiciable, non du tribunal correctionnel, mais de la Cour d'assises; — Attendu que, dans l'exercice de leur profession, où ils se montrent à bon droit jaloux de leur indépendance, les avocats défendent les intérêts privés et non ceux de la société, confiés aux magistrats du ministère public; qu'ils ne détiennent aucune part, soit de la puissance, soit de l'administration publique; que si, en retour de la protection qu'elle leur accorde et des immunités qu'elle leur assure, la loi leur impose, à titre de devoir professionnel, la défense d'office des accusés, il ne s'ensuit pas qu'ils puissent être considérés comme chargés d'un service ou d'un mandat public, au sens de l'art. 31 de la loi du 29 juill. 1881 ; qu'ils peuvent être, par exception et temporairement, appelés à compléter le tribunal ; mais qu'alors leur caractère d'avocat disparaît sous celui de magistrat ; que les diffamations commises envers eux, en tant qu'avocats, tombent sous l'application des art. 32 et 60 de ladite loi ; — Se déclare compétent, etc. »

Appel par Dujardin.

ARRÊT.

LA COUR : — Adoptant les motifs des premiers juges. — Confirme, etc.

MM. Honoré, prés.; Maxime Lecomte et Merlin, av.

TRIB.-CORR. COMPIÈGNE 11 novembre 1884.

VOL, RÉCOLTES, FRUITS TOMBÉS.

Le fait de ramasser sous les arbres d'autrui les fruits qui en sont tombés (dans l'espèce, des pommes), et d'en faire provision pour les emporter, ne constitue ni le vol de récoltes déjà détachées du sol (C. pén., 388, § 3), ni le vol de récoltes non encore détachées du sol (C. pén., 475, n. 15), mais bien le délit de vol simple (C. pén., 401) (1) (C. pén., 388, § 3, 401, 475, n. 15).

(Mallet.) — JUGEMENT.

LE TRIBUNAL : — Attendu qu'il résulte de l'information et des débats la preuve que, le 6 octobre dernier, à midi, la femme Mallet a été surprise par le garde champêtre de Mareuil-la-Motte au moment où elle ramassait des pommes sous quatre pommiers appartenant à Dufour, et où elle cachait ces pommes dans une botte d'herbes qu'elle se préparait à emporter chez elle ; que la quantité de pommes ainsi dérobées s'élevait à environ 10 litres ; que vainement la prévenue soutient que lesdites pommes étaient tombées des branches qui penchaient sur son propre terrain, et qu'elle les avait ramassées dans son champ ; qu'elle a reçu, à cet égard, le démenti le plus formel de la part du garde champêtre, et que, d'ailleurs, il a été constaté que les pommiers de Dufour étaient plantés à une assez grande distance de la pièce de terre des époux Mallet ; — Sur l'application de la peine : — Attendu que le ministère public requiert celle prévue par l'art. 388, C. pén., paragraphe 3 (suit le texte) ; que, de son côté, la défense soutient qu'en admettant la culpabilité de la prévenue, la seule peine applicable serait celle déterminée par l'art. 475, n. 15, du même Code (suit le texte) ; — En ce qui touche l'art. 388, paragraphe 3 : — Attendu qu'en édictant cet article, le législateur a eu pour but unique de protéger les récoltes pendant tout le temps où, après avoir été détachées, soit du sol, soit de leur tige, par le propriétaire lui-même, ou par l'un de ses préposés, elles sont forcément laissées sur place et confiées à la foi publique, jusqu'au moment où elles pourront être rentrées; que ces expressions « récoltes ou autres productions utiles de la terre déjà détachées du sol, meules de grains faisant partie de récoltes », impliquent donc nécessairement un fait constituant de la part du propriétaire une sorte d'appropriation volontaire des productions détachées du sol et de leur tige; qu'on ne saurait appliquer ces mêmes termes à des fruits tombés accidentellement d'un arbre, le plus souvent à raison de leur défectuosité, avant leur maturité et celle de la récolte entière, hors la vue du propriétaire, et non mis en tas par lui; que, dans cette situation, de pareils fruits ne peuvent être considérés comme récoltes dans le sens de la loi, et que, pour en décider autrement, il faudrait avoir recours à une fiction inadmissible en droit pénal, et prêter arbitrairement au propriétaire l'intention de les ramasser ultérieurement, intention que, pour une raison quelconque, il peut ne pas avoir ; que, dans ces circonstances, l'art. 388, paragraphe 3, n'est point applicable ; — En ce qui touche l'art. 475, n. 15 : — Attendu que les dispositions dudit article ne sauraient être invoquées davantage; — Attendu, en effet, qu'elles ne s'appliquent qu'au vol relativement peu important de récoltes ou autres productions utiles de la terre, non encore détachées du sol; que le sens littéral de ces derniers mots ne souffre aucune interprétation, et qu'on ne saurait considérer les pommes tombées à terre comme n'étant pas encore détachées du sol; qu'il n'y a donc lieu d'appliquer non plus l'art. 475, paragraphe 15 ; — Attendu que, dans ces circonstances, et en dehors de tout texte spécial, la soustraction commise par la femme Mallet rentre dans la catégorie générale des délits énumérés dans l'art. 401, C. pén. ; — Attendu qu'encore bien que le propriétaire des pommes tombées n'ait manifesté antérieurement à leur enlèvement aucune intention formelle de les récolter, ces pommes n'en constituaient pas moins sa propriété, et que, dès lors, en s'en emparant subrepticement, la femme Mallet a commis une soustraction frauduleuse prévue et punie par l'art. 401, C. pén., — Condamne, etc.

MM. Sorel, prés.; Bongrand, subst.

NANCY (2e CH.) 12 novembre 1884.

1° DIVORCE, MARI, ADULTÈRE. — 2° SÉPARATION DE CORPS, MARI, ADULTÈRE, LOI NOUVELLE, EFFET RÉTROACTIF.

1° L'adultère du mari, même en dehors du domicile conjugal, est une cause péremptoire de divorce, qui ne laisse aucune place au pouvoir d'appréciation du juge, une fois la preuve rapportée (C. civ., 230; L. 27-29 juill. 1884). — Motifs.

---

(1) La Cour de cassation, dans une espèce qui paraît offrir quelque analogie avec celle du jugement que nous rapportons, s'est prononcée pour l'application de l'art. 388, soit §§ 3 et 4, soit § 5. V. arrêt du 16 mai 1867 (Pand. chr.), et les renvois.

2° L'adultère du mari, même en dehors du domicile conjugal, constituant depuis la loi du 27 juill. 1884 une cause de divorce, est devenu par là même une cause de séparation de corps (1) (C. civ., 230, 306; L. 27-29 juill. 1884).

Et un tel adultère, bien que commis et constaté antérieurement à la loi du 27 juill. 1884, peut néanmoins, depuis la promulgation de cette loi, être invoqué par la femme pour servir de fondement à une demande en séparation de corps (2) (Id.).

(Lefort c. Lefort.) — ARRÊT.

LA COUR : — Attendu que, depuis l'ouverture de la procédure, en la date du 1er mai 1884, Lefort a été trouvé, à Reims, en flagrant délit d'adultère avec une femme Guillaume, avec laquelle, de son propre aveu, il entretenait auparavant des relations intimes ; — Attendu que ce fait, qui, d'ailleurs, n'est pas dénié par Lefort, est établi en outre par un document judiciaire qui est passé en force de chose jugée, et doit être tenu pour constant par la Cour ; — Attendu qu'aux termes de l'art. 230, C. civ. (Loi du 27 juillet 1884), l'adultère du mari, même en dehors du domicile conjugal, est une cause de divorce ; — Attendu qu'il ressort, de l'esprit général de cette nouvelle législation et des discussions parlementaires auxquelles elle a donné lieu, que les tribunaux sont tenus de prononcer le divorce, lorsque la demande de la femme est fondée sur cette cause ;

Attendu qu'aux termes de l'art. 306, C. civ., modifié par la même loi, dans le cas où il y a lieu à une demande en divorce de la part des époux, ceux-ci sont autorisés à former, s'ils le veulent, une demande en séparation de corps ; — Attendu, enfin, que les demandes en séparation de corps, engagées avant la loi du 27 juill. 1884, peuvent, même en cause d'appel, être converties en demandes de divorce ; qu'il résulte, de ces diverses dispositions combinées, que le fait d'adultère de Lefort, bien qu'il soit antérieur à la promulgation de la loi précitée, peut néanmoins être invoqué aujourd'hui par la femme et servir de fondement à sa demande en séparation de corps ; qu'il constitue évidemment une injure grave, et que, s'il est considéré par le législateur comme suffisant pour motiver le divorce, à plus forte raison l'est-il pour entraîner la séparation de corps ; — Par ces motifs, — Confirme, etc.

MM. Angenoux, prés. ; Luxer, av. gén. ; Blondel et Lallement, av.

TRIB.-CIV. SEINE (1re CH.) 19 novembre 1884.

DIVORCE, SÉPARATION DE CORPS, CONVERSION, REJET.

L'époux contre lequel la séparation de corps a été prononcée à raison de torts de la plus haute gravité, alors que l'autre conjoint est exempt de tout reproche, ne peut se prévaloir des griefs relevés à sa charge par le jugement de séparation de corps, pour obtenir la conversion de la séparation en divorce (3) (C. civ., 310; L. 27 juill. 1884).

(V... c. V...) — JUGEMENT.

LE TRIBUNAL : — Donne défaut contre la dame V..., non comparante, quoique régulièrement assignée, et pour le profit; — Attendu que V... demande la conversion en jugement de divorce du jugement du tribunal de Provins, en date du 22 nov. 1878, qui a prononcé la séparation de corps d'entre lui et la dame V...; — Attendu que la séparation de corps a été prononcée contre V.... à raison des mauvais traitements et des outrages de la plus haute gravité qu'il avait exercés sur la personne de sa femme; qu'aucun reproche, au contraire, n'a été relevé contre celle-ci; — Attendu que V... ne saurait se prévaloir des violences et des excès relevés à sa charge par le jugement susvisé pour obtenir la rupture d'une union qui lui est devenue à charge, et dont il a vainement demandé la nullité; que, dans ces circonstances, la demande ne saurait être accueillie; — Par ces motifs, — Déclare V... mal fondé en sa demande, etc.

MM. Aubépin, prés. ; Cruppi, subst. ; Dumont, av.

PARIS (CH. CORR.) 20 novembre 1884.

OUTRAGES AUX BONNES MOEURS, ÉCRITS OBSCÈNES, AFFICHAGE, EXPOSITION, BOUTIQUE.

Le fait d'appliquer un numéro de journal, contenant un article obscène, contre la porte vitrée d'une boutique ouverte au public, et d'offrir ainsi aux passants la lecture de cet article, réunit les conditions à la fois d'affichage sur la voie publique et d'exposition dans un lieu public constitutives du délit d'outrage aux bonnes mœurs réprimé par la loi du 2 août 1882 (4) (L. 2 août 1882, art 1er).

(Claudius Morel.) — ARRÊT.

LA COUR : — Sur les conclusions tendant à faire déclarer la loi du 2 août 1882 inapplicable à la cause, soit parce que le numéro incriminé du journal *le Tricolore* n'aurait été ni vendu, ni offert, ni exposé, ni affiché ou distribué gratuitement sur la voie publique ou dans des lieux publics, soit parce que le délit, à supposer qu'il existât, serait, non celui d'outrage aux bonnes mœurs, mais celui de diffamation, et ne pourrait être, par conséquent, poursuivi qu'en conformité des dispositions de la loi du 29 juill. 1881; — Considérant que si, à la vérité, le numéro dont il s'agit, quoique tiré à plusieurs milliers d'exemplaires, a été vainement recherché dans les lieux ordinaires de vente des journaux et sur la voie publique, il résulte du procès-verbal du 17 mars 1884, que le commissaire de police, qui s'est transporté ledit jour dans la boutique composant la librairie Doucé, rue Drouot 18, au rez-de-chaussée de la

---

(1) L'art. 306, C. civ., modifié par la loi du 27 juill. 1884, porte : « Dans le cas où il y a lieu à demande en divorce, il sera libre aux époux de former une demande en séparation de corps. » Or, depuis la promulgation de ladite loi, l'adultère du mari, même commis en dehors du domicile conjugal, est devenu une cause de divorce. La conséquence logique et nécessaire est qu'il constitue également une cause de séparation de corps.

(2) Ce même effet rétroactif existe au sujet des condamnations à une peine afflictive et infamante prononcées antérieurement à la promulgation de la loi du 27 juill. 1884, qui peuvent servir de fondement à des demandes en divorce introduites depuis cette promulgation. V. Trib. civ. Limoges (sol. implic.), 7 nov. 1884 (Pand. chr.), — et, sous l'empire du Code civil, Turin, 25 mai et 8 oct. 1808 (Pand. chr.), et les renvois.

(3) La question est vivement controversée en jurisprudence. V. dans le sens du jugement ci-dessus, Trib. civ. Seine (1re ch.), 23 août 1884, aff. Casieu; Trib. civ. Versailles, 27 août 1884, aff. Pillard ; Trib. civ. Sens, 4 déc. 1884, aff. P... ; Trib. civ. Arras, 24 déc. 1884, aff. E... ; Trib. civ. Seine (1re ch.), aff. Yung; Trib. civ. Charleville, aff. L... ; Douai, 5 févr. 1885 (Pand. chr.); C. Martinique, 21 févr. 1885 (Pand. chr.), et les renvois. — *Contrà* Trib. civ. Seine (4e ch.), 5 mars 1885 (Pand. chr.); Caen, 20 avril 1885 (Pand. chr.), et les jugements et arrêts cités en note.

(4) Une seule des deux conditions constatées par l'arrêt ci-dessus, l'affichage sur la voie publique ou l'exposition dans un lieu public suffirait à la répression. — Nous croyons avec M. Fabreguettes, *Tr. des infractions de la parole, de l'écriture et de la presse*, t. I, n. 1031, que les tribunaux doivent, d'une manière générale, se montrer moins exigeants pour la publicité de l'art. 1er de la loi du 2 août 1882, que pour la publicité de l'art. 23 de la loi du 29 juill. 1881, sur la presse.

maison, à l'entresol de laquelle étaient situés les bureaux du *Tricolore*, a constaté que ce numéro était appliqué contre la porte vitrée donnant accès à ladite librairie; que la lecture en était ainsi offerte aux passants; qu'en outre, la librairie Doucé était un lieu public, puisqu'elle était ouverte aux acheteurs et accessible à tout le monde; qu'il y a donc eu à la fois affichage sur la voie publique et exposition dans un lieu public; — Considérant, d'autre part, que c'est avec raison que les premiers juges ont constaté le caractère particulièrement obscène de l'article qui leur était déféré, et y ont trouvé tous les éléments du délit d'outrage aux bonnes mœurs...; — Par ces motifs, etc.

MM. le cons. Bresselle, prés.; Quesnay de Beaurepaire, av. gén.

TRIB.-CIV. MACON 25 novembre 1884.

Divorce, Séparation de corps, Conversion, Époux coupable, Admission, Enfants, Réconciliation (Refus de).

La faculté de demander la conversion du jugement de séparation de corps en jugement de divorce appartient sans restriction, et quelle que soit la gravité des torts, aussi bien à l'époux coupable contre lequel la séparation a été prononcée qu'à l'époux sans reproche qui a obtenu la séparation à son profit (1) (C. civ., 310; L. 27-29 juill. 1884).

Et il en est ainsi quand bien même l'époux qui a obtenu la séparation s'opposerait au divorce, et que la demande en conversion ne s'appuierait sur d'autres griefs que ceux qui ont motivé le jugement de séparation (2) (Id.);

.....*Alors surtout qu'il n'y a pas d'enfant issu du mariage* (Id.);

..... *Que, depuis la séparation, il ne s'est produit aucune tentative de rapprochement* (3) (Id.);

Et que, tout en concluant au rejet de la demande en conversion, l'autre époux n'offre pas de reprendre la vie commune (4) (Id.).

(Aucaigne c. Aucaigne.) — jugement.

Le Tribunal : — Attendu qu'un jugement contradictoire, rendu par le tribunal civil de ce siége, le 24 déc. 1879, a prononcé la séparation de corps des époux Aucaigne, aux torts du mari; que cette décision, passée en force de chose jugée, se fonde sur une autre décision contradictoire, rendue par le tribunal correctionnel de cette ville, le 8 déc. précédent, qui condamne Aucaigne à une peine d'amende, comme coupable d'avoir entretenu une concubine au domicile marital; — Attendu qu'Aucaigne, se fondant sur les dispositions de l'art. 4 de la loi du 27 juill. 1884, combiné avec l'art. 310 nouveau, C. civ., a ajourné Mme Aucaigne devant le tribunal pour voir convertir en jugement de divorce le jugement de séparation de corps du 24 déc. 1879; — Attendu que Mme Aucaigne résiste à cette demande; qu'elle soutient que l'art. 310, C. civ., modifié par le législateur de 1884, donne au tribunaux un pouvoir absolu d'appréciation pour rejeter ou admettre, suivant les circonstances, les demandes tendant à convertir les séparations de corps en divorce; qu'elle prétend que cette faculté d'appréciation a été surtout donnée aux tribunaux dans le but d'empêcher qu'un défendeur, qui aurait succombé dans l'instance en séparation de corps, pût, à un moment donné, profiter de la même faute qu'il aurait commise pour avoir le droit d'imposer le divorce à son conjoint; — Attendu qu'aux termes de l'art. 310 nouveau, les deux époux, demandeur ou défendeur, celui qui a obtenu la séparation à son profit, comme celui contre lequel la séparation a été prononcée, sont recevables à demander la conversion du jugement de séparation en jugement de divorce; que cette faculté est donnée aux époux sans restriction; qu'il s'agit, dès lors, d'apprécier seulement si les faits qui ont motivé la séparation de corps seraient suffisamment graves pour autoriser le tribunal à prononcer le divorce; — Attendu que l'adultère du mari est une cause de divorce; — Attendu, en outre, que, quelque regrettable qu'il soit de voir le demandeur invoquer sa propre faute dans sa demande en conversion, il y aurait peut-être plus d'inconvénients encore à en prononcer le rejet; que l'on irait ainsi directement à l'encontre du vœu du législateur, qui, en rétablissant le divorce, a voulu donner aux époux séparés de corps la faculté de contracter de nouvelles unions, et ainsi, faire cesser les scandales d'unions illégitimes qui sont imposées forcément aux époux en état de séparation de corps; — Attendu, enfin, que le mariage des époux Aucaigne remonte à 1867, et qu'il n'est pas né d'enfant de cette union; qu'à l'appui de sa demande en séparation de corps, Mme Aucaigne articule de nombreux faits d'injures graves de son mari envers elle, faits que le tribunal n'a pas jugé à propos de retenir en preuve, l'adultère du mari étant d'ores et déjà établi par le jugement correctionnel du 8 déc. 1879; que, depuis le 8 déc. 1879 jusqu'à ce jour, il n'y a pas eu de tentatives de rapprochement; que Mme Aucaigne, tout en demandant aujourd'hui le rejet de la demande de son mari, n'offre pas à ce dernier de réintégrer son domicile; — Attendu, au surplus, que Mme Aucaigne ne semble craindre qu'une union de son mari avec sa complice dans la faute qui a motivé la condamnation du 8 déc. 1879; que cette crainte n'est pas sérieuse; qu'en effet, aux termes de l'art. 298, C. civ., l'époux coupable d'adultère ne pouvant jamais se marier avec son complice, l'officier de l'état civil manquerait à tous ses devoirs si, dans le cas où Aucaigne voudrait s'unir à sa complice, il prononçait cette union; que l'on ne peut pas supposer de la part de l'officier de l'état civil un pareil manquement à ses devoirs; — Par ces motifs, — Dit qu'il y a lieu à divorce; met à la charge du demandeur les dépens faits par ce dernier, et laisse à la charge de la défenderesse les conclusions de son avoué, etc.

MM. Clerget-Allemand, prés.; Frèze, subst.; Thévenin et Dumont, av.

PARIS (ch. corr.) 25 novembre 1884.

Citation, Matière correctionnelle, Chambre saisie, Indication erronée, Comparution, Nullité.

Est nulle la citation donnée à un prévenu, par la partie

(1-2-3-4) V. dans le même sens, Trib. civ. Seine (4e ch.), 5 mars 1885 (Pand. chr.); Caen, 20 avril 1885 (Pand. chr.), et les renvois. Ce dernier arrêt surtout mérite une attention toute particulière par la vigueur des aperçus juridiques et la hardiesse des applications pratiques qu'il fait de principes qui sont également communs au jugement actuel.

Ainsi, d'après l'arrêt de Caen, la demande en conversion, introduite par le défendeur à la séparation de corps, devrait être accueillie quand bien même, depuis la séparation, il y aurait eu, de la part de cet époux, aggravation de ses torts, par l'entretien d'une concubine et la naissance d'enfants issus de ces relations irrégulières.

L'arrêt va même plus loin, et déclare formellement qu'il n'y a pas lieu de s'arrêter à cette considération que la demande en conversion peut n'être inspirée, dictée que par le secret désir ou la résolution même manifeste chez le conjoint de se dégager des liens du premier mariage pour recouvrer la liberté qui lui permettra d'épouser sa concubine.

Enfin, l'arrêt dégage nettement ce point de vue qui domine d'ailleurs les déductions ci-dessus : « que l'admission du divorce doit être la règle générale et le rejet de la demande une exception qui doit se motiver par des causes graves et particulières. »

Dans aucun document judiciaire, à notre connaissance du moins, les principes n'accusent une égale puissance de relief.

civile, à comparaître devant une chambre de la Cour autre que celle au rôle de laquelle l'affaire a été inscrite (par exemple, devant la 7e chambre de la Cour de Paris, jugeant correctionnellement, au lieu de la chambre des appels de police correctionnelle) (1) (C. proc., 61; C. instr. crim., 182).

La comparution du prévenu devant la chambre effectivement saisie, mais pour faire prononcer la nullité de la citation, ne couvre pas l'irrégularité commise (2) (Id.). — Sol. impl.

(Mansart c. Habert.)

A la suite de l'appel par lui interjeté d'un jugement du tribunal correctionnel de la Seine, du 7 mai 1884, Mansart fut assigné par la partie civile devant la chambre des appels correctionnels de la Cour de Paris, pour l'audience du 6 août suivant. — Après plusieurs remises successives au 4 nov. d'abord, au 25 ensuite, et entre temps, Mansart reçut, le 5 nov., une nouvelle assignation à comparaître devant la 7e chambre de la même Cour jugeant correctionnellement. Il y avait eu erreur. L'affaire n'avait pas quitté le rôle de la chambre des appels de police correctionnelle. Mansart, d'ailleurs, ne s'y laissa pas tromper; il comparut au jour et devant la chambre même à laquelle il était déféré, mais ce fut pour invoquer l'irrégularité de la citation et en faire prononcer la nullité.

ARRÊT.

LA COUR : — Considérant que le débat n'a pas été lié contradictoirement, puisqu'une nouvelle assignation a été nécessaire, et qu'elle a été faite à la date du 5 nov.; — Considérant que la citation n'est pas régulière, et qu'en présence de la mention « 7e chambre », il a pu y avoir doute sur le point de savoir à quelle chambre Mansart devait comparaître; — Par ces motifs, — Annule la citation du 5 nov. et renvoie l'affaire au premier jour sur citation nouvelle, etc.

MM. Boucher-Cadart, prés.; Quesnay de Beaurepaire, av. gén.; Fabre et Ameline de la Brisclaine, av.

(1-2) Les principales formalités nécessaires pour la validité des exploits et citations en matière correctionnelle, sont contenues dans les art. 182, 183 et 184, C. instr. crim. Ces dispositions, si succintes, prises dans un but de simplification, sont nécessairement incomplètes. Le Code de procédure civile peut y suppléer; il servira de guide. Mais, comme les art. 182, 183 et 184, précités, ne sont pas prescrits à peine de nullité (V. Pau, 24 déc. 1829; Cass., 20 janv. 1826, 14 janvier 1830), l'inobservation des règles tracées pour la validité des assignations en matière civile ne saurait comporter une sanction plus rigoureuse; il n'y a point de déchéance absolue, légale, qui s'impose en dehors de toute appréciation des tribunaux.

C'est avec cette explication qu'il faut entendre ce principe d'une jurisprudence constante que les dispositions du Code de procédure civile, relatives aux formes des exploits, ne sont pas applicables aux citations en matière correctionnelle. V. Cass., 5 mai 1809; 18 oct. (ou nov.) 1813; 2 avril 1819; 30 déc. 1825; 25 janv. 1828; 14 févr. 1851 (*Bull. crim.*, n. 67); 25 nov. 1875 (S. 76. 1. 385. — P. 76. 913); 6 mars 1879 (Pand. chr.), et les renvois. V. aussi Faustin Hélie, *Instr. crim.*, t. VI, n. 2833.

Ainsi, il a été décidé qu'une citation correctionnelle peut être déclarée valable notamment : — 1° bien qu'elle ne porte pas de date et qu'il soit par suite impossible de vérifier le délai laissé au prévenu pour comparaître, si la comparution a eu effectivement lieu : Cass., 25 janv. 1828; 30 janv. 1846 (Pand. chr.); — 2° bien qu'elle ne contienne pas le nom de famille du plaignant, mais indique seulement son prénom, si ce prénom sert généralement à le désigner, et si le prévenu n'a pu être induit en erreur : Cass., 24 déc. 1846 (S. 47. 1. 105. — P. 47. 2. 159. — D. 47. 4. 242); — 3° ou, à l'inverse, bien que le prévenu n'y soit pas désigné par ses nom et prénoms, s'il n'y a pas d'incertitude possible sur la personne citée : Grenoble, 8 mai 1824. V. aussi Cass., 6 mars 1879 (Pand. chr.).

La considération dominante, celle qui résume toutes les autres, qui se substitue aux arguties de procédure, est de savoir si le prévenu a joui de tous ses moyens de défense. Le moindre empêchement, l'obstacle le plus insignifiant devient en pareil cas un motif légitime d'annulation ou de déchéance. Il n'y a plus alors de petites ou de grandes irrégularités; elles sont toutes substantielles et vicient la procédure. Mais quand le prévenu a su, malgré les défectuosités apparentes, à quoi s'en tenir, quand il comparaît en temps et lieu, aux jour et heure voulus, devant la juridiction qui doit connaître de l'affaire, quand aucune gêne n'a été apportée à la défense, qu'elle a disposé de toutes ses franchises, de toutes ses libertés, les violations de pure forme restent sans importance et ne sauraient arrêter le cours de la justice.

Ces principes établis et ces précédents rappelés, comment ne pas condamner la théorie de l'arrêt ci-dessus rapporté. Les faits sont bien précis. Une assignation est donnée à comparaître devant une chambre déterminée; au jour indiqué, le prévenu se présente, l'affaire est renvoyée à une audience ultérieure. A cette audience nouvelle, remise à jour fixe. Mais, dans l'intervalle, une nouvelle citation, sans doute en vue d'interrompre pour plus de sûreté la prescription, est notifiée au prévenu; elle contient une erreur de numéro de chambre. Le prévenu est si peu trompé, qu'il ne s'égare pas; d'ailleurs deux chambres seules sont chargées de l'expédition des affaires correctionnelles. Il attend; il est bien à la chambre au rôle de laquelle son affaire est inscrite. A l'appel, il répond. Mais ce n'est pas pour se défendre, pour s'expliquer sur le fond de la prévention; c'est pour soulever des minuties de procédure et demander la nullité de la citation.

Sans doute les incorrections, quelles qu'elles soient, sont toujours regrettables, et mieux vaut faire les choses régulièrement. Mais nous ne sommes pas ici au grand criminel où la substitution d'un mot à un autre peut produire un désastre et remettre tout en question. La meilleure preuve que l'erreur dans l'indication de la chambre n'a point fait compte, c'est la comparution du prévenu là même où il devait se présenter, où il était attendu.

Sur quels motifs l'arrêt s'appuie-t-il pour annuler la citation et renvoyer l'affaire au premier jour? Sur cette raison unique « qu'il a pu y avoir doute sur le point de savoir à quelle chambre le prévenu devait comparaître ». L'arrêt ne poursuit pas assez loin ses investigations; il s'arrête à moitié chemin du raisonnement juridique à parcourir. Qu'importe qu'il ait pu y avoir doute! Le point vraiment intéressant était de savoir s'*il y avait eu réellement* doute. Ce qui est bien différent.

A coup sûr, si le prévenu était resté à la chambre indiquée dans la citation, et y avait attendu, sans le voir venir, le tour de son affaire, qui se passait ailleurs, il n'y aurait pas d'hésitation possible; la nullité de l'assignation s'imposerait et, comme contre-coup, celle du jugement qui aurait été surpris à la Cour. Mais on en voit tout de suite la raison. C'est que le droit supérieur de défense eût été de telle manière entravé qu'il n'eût pu s'exercer. Le vice de la citation conduisant à un tel résultat dépasse la portée ordinaire d'une irrégularité de procédure, il touche à des droits sacrés qui doivent rester debout tout entiers, intacts dans leurs moindres prérogatives.

Mais quand la perspicacité du prévenu a suffi pour remédier à l'erreur, l'erreur est comme si elle n'avait jamais existé. Il ne faut point abuser des grands principes. A les appliquer en toutes occasions, à des circonstances par trop secondaires, on risque de les compromettre dans leur prestige.

En quoi l'erreur dans l'indication d'une chambre est-elle plus substantielle que les erreurs dans la date, dans les mentions de nom, prénoms, etc., quand les corrections s'opèrent facilement et que la comparution du prévenu vient y suppléer. Nous cherchons les raisons qui ont bien pu déterminer la Cour; l'arrêt ne les indique pas, et, nous l'avouons en toute franchise, nous ne les rencontrons pas; elles nous échappent totalement.

Tous les arguments que le prévenu aurait développés pour sa défense devant la 7e chambre, ne pouvait-il les exposer devant la chambre ordinaire des appels correctionnels, où il s'était rendu et où il était effectivement cité? N'était-il pas assuré de trouver chez les magistrats de l'une ou de l'autre chambre la même attention, la même impartialité, une égale intelligence, une conscience aussi haute du devoir professionnel? Par quel côté, sous quel aspect la défense éprouvait-elle une gêne, même la plus insignifiante? Les subtilités peuvent se livrer toute carrière, elles n'aboutiront à rien, parce qu'il n'y a rien.

Encore une fois, qu'on laisse, hors de ce débat, les principes du grand criminel, qui n'ont que faire dans une question de procédure correctionnelle. Il ne reste plus qu'une irrégularité de détail, sans importance, puisqu'elle était réparée par la comparution, une de ces formalités de même nature que celles sur lesquelles la jurisprudence s'est plus d'une fois prononcée et auxquelles elle a toujours refusé la sanction de la déchéance.

DOUAI (1re CH.) 26 novembre 1884.

1° SOCIÉTÉ (EN GÉNÉRAL), SOCIÉTÉ CIVILE, PART D'INTÉRÊTS, CESSION, GARANTIE, RECOURS, ACHETEUR, AGENT DE CHANGE, CLIENT, INDICATION, SECRET PROFESSIONNEL. — 2° AGENT DE CHANGE, RÈGLEMENT PAR COMPENSATION, RESPONSABILITÉ.

1° En raison de la nature spéciale des actions des Sociétés civiles qui, par cela même qu'elles représentent une part d'intérêts, soumettent ceux qui en sont propriétaires à l'obligation de contribuer au payement des dettes sociales, la vente d'un titre de cette nature doit avoir pour effet d'ouvrir, au profit du vendeur, contre son acheteur, un recours éventuel en garantie au cas où lui, vendeur, viendrait à être appelé à supporter une part quelconque du passif social (1) (C. civ., 1853, 1863).

Par suite, le vendeur est en droit d'exiger de l'agent de change auquel le titre a été livré, l'indication de l'acheteur au nom et pour le compte duquel l'acquisition a été effectuée (2) (Id.).

Et cet agent de change est à son tour en droit d'exiger d'un autre confrère auquel il a ultérieurement livré le titre, la même justification (3) (Id.).

2° L'agent de change qui, au lieu de délivrer à l'acheteur l'action même qui provient directement du vendeur, règle avec son confrère, lors de la liquidation, par voie de compensation, c'est-à-dire en lui remettant seulement le solde des actions restant dû, et se trouve ainsi dans l'impossibilité de désigner la personne de l'acquéreur, commet une faute qui engage sa responsabilité dans toute la mesure où le cessionnaire eût été lui-même tenu vis-à-vis du vendeur (4) (Id.).

(Caplain c. Paquin, Liagre et Paquet.) — ARRÊT.

LA COUR : — ... En ce qui touche la demande en garantie de Paquet contre Liagre : — Attendu que l'action de Ferfay et Ames, n. 1084, qui fait l'objet du litige, a été vendue et livrée les 8 et 12 oct. 1874, en Bourse de Lille, à Liagre, agent de change près cette Bourse, par Fevez, également agent de change près la même Bourse et mandataire de Paquet; — Attendu que cette action, dont le caractère se révélait par les mentions inscrites sur le titre qui la spécialisait, représentait une part d'intérêt dans une Société civile, soumettant comme telle, ceux qui en deviendraient propriétaires, à l'obligation de contribuer, en cas de liquidation onéreuse de la Société, au payement des dettes sociales, dans les proportions déterminées par les art. 1853 et 1863, C. civ.; — Attendu que la vente d'un titre de cette nature avait pour but et devait avoir pour effet, non-seulement de procurer au vendeur le prix afférent à la chose vendue, mais encore d'ouvrir à son profit, contre son acheteur, devenu cessionnaire des droits et obligations inhérents à cette chose, un recours éventuel en garantie au cas où lui, vendeur, viendrait à être appelé à contribuer pour une part quelconque au payement d'un passif social; — Attendu qu'en raison de la condamnation prononcée contre lui au regard du demandeur principal, Paquet a actuellement intérêt à exercer ce recours; qu'il est, par suite, en droit de réclamer de Liagre l'indication de l'acheteur, au nom et pour compte de qui a été contractée l'acquisition de son action vendue le 8 oct. 1874; — Attendu que Liagre, sans plus contester ce droit, et sans persister dans les réserves opposées par lui devant les premiers juges à la réclamation de Paquet, a produit au cours des débats d'appel toutes les indications de ses livres se rapportant à son opération, relatives à l'action dont s'agit, mais que les productions faites par lui à cet égard ne fournissent pas à Paquet les satisfactions que celui-ci est fondé à exiger; qu'il en résulte, en effet, qu'en admettant que Liagre ait pu, comme il l'allègue, alors que le 8 oct. 1874 il s'est rendu acquéreur de l'action 1084, contracter cette opération à l'intention d'un acquéreur déterminé, un sieur Porte, jamais en réalité, il n'a livré ce titre à cet acheteur, dont il a, au contraire, rempli l'ordre au moyen d'autres titres acquis à une date postérieure de huit jours à celle susmentionnée ; que, seulement le 12 oct., il a transmis l'action 1084 à son confrère Paquin dans un lot de titres similaires, comme élément de liquidation d'une vente par lui faite audit Paquin pour compte de divers, et sans souci de la personne destinée à devenir cessionnaire de cette action; — Attendu que cette façon de procéder de Liagre, que n'autorisait pas la nature spéciale de la valeur litigieuse, a actuellement pour conséquence de laisser Paquet dépouillé de la garantie qu'il avait entendu s'assurer par sa vente du 8 oct. 1874; — Qu'elle constitue de la part de Liagre une faute ayant occasionné à Paquet un préjudice dont réparation lui est due; que cette réparation doit comprendre tout ce dont aurait pu être tenu vis-à-vis de Paquet le cessionnaire que Liagre avait le devoir de lui procurer, c'est-à-dire le remboursement en capital, intérêts et frais, des condamnations prononcées contre ledit Paquet du chef de la demande principale; — En ce qui touche la demande de garantie de Liagre contre Paquin : — Attendu que l'action litigieuse n. 1084 a été, le 12 oct. 1874, délivrée par Liagre à son confrère Paquin, en exécution d'une opération de Bourse intervenue entre ces deux agents de change le 9 du même mois, et consistant en la vente, par le premier au deuxième, de cinq actions de Ferfay ; — Que, en raison de la condamnation prononcée à sa charge au profit de Paquet, Liagre est à son tour fondé, pour les mêmes causes qui ont déterminé cette condamnation, à exiger de Paquin la désignation de l'acheteur, devenu par son entremise cessionnaire de l'action dont s'agit; — Attendu que Paquin ne lui fournit pas cette désignation, qu'il résulte

(1) Dans l'espèce de l'affaire actuelle, il s'agissait d'une Société civile ayant revêtu la forme anonyme. Quelle est l'influence de cette forme sur l'étendue des obligations des actionnaires quant au payement des dettes de la Société? La question est vivement controversée.

Dans une première opinion, les associés ne devraient être tenus que jusqu'à concurrence de leurs mises, de la même manière qu'ils le seraient d'ailleurs dans une Société de commerce ayant la même forme. V. les autorités citées dans notre *Dictionnaire de dr. comm., ind. et marit.*, t. VI, vº *Société*, n. 96.

Mais cette opinion n'a pas réuni le plus grand nombre de suffrages, et elle n'est pas admise surtout en jurisprudence. La plupart des arrêts ont, en effet, décidé que, dans une pareille Société, les actionnaires sont tenus, même au delà de leurs mises. V. Douai, 23 mars 1879 (D. 79. 2. 109); Bruxelles, 2 févr. 1882 (D. 83. 2. 1); Douai, 23 août 1882 et 24 déc. 1883 (D. 85. 2. 105); Cass., 21 févr. 1883 (sol. implic.) (Pand. chr.); 2 juill. 1884 (S. 86. 1. 169. — P. 86. 1. 394. — D. 85. 1. 148); 31 janv. 1887 (la *Loi*, 3 févr.); Delangle, *Soc. comm.*, t. I, n. 35; Bédarride, *id.*, n. 97 et 123.

(2-3-4) V. en ce sens, Cass., 8 août 1882 (S. 83. 1. 49. — P. 83. 1. 113. — D. 83. 1. 241); Lyon, 31 juill. 1883 (D. 84. 2. 181); Cass., 31 janv. 1887 (la *Loi*, 3 févr.). — Toutefois, il a été décidé par deux célèbres arrêts de la chambre civile de la Cour de cassation du 29 juin 1885 (Pand. chr.), par un arrêt de la Cour de Paris, du 26 nov. 1886 (la *Loi*, n. du 23 janv. 1887), et par trois jugements du 10 déc. 1886, du Trib. comm. Seine (V. la *Loi*, n. du 12 déc. 1886), toutes ces décisions en matière de Sociétés anonymes de commerce, que le vendeur n'est pas fondé à exiger de l'agent de change, chargé des négociations, la révélation des noms des cessionnaires, non plus qu'il ne serait autorisé à contraindre son cessionnaire de lui connu, qui ne serait plus porteur de titres, à lui indiquer le nom de l'acheteur à qui les actions auraient été transmises; une pareille obligation étant en contradiction avec la nature des titres au porteur, dont la transmission n'implique aucunement que le cédant connaisse son cessionnaire et soit en état de le désigner. V. aussi nos observations jointes aux arrêts de Cass., 29 juin 1885, et à un jugement, en sens contraire, du Tribunal de commerce de la Seine, du 12 nov. 1885 (Pand. chr.).

seulement de ses explications que, le 14 sept. 1874, ayant été successivement, et à des dates différentes, acheteur de Liagre, sur ordre de Ridoux frères, de trois actions de Ferfay, et vendeur sur ordre des mêmes, au profit de son confrère Bourdonnais du Clésio, de six actions de la même Société, il a, considérant les actions achetées et vendues comme choses fongibles, compensé entre elles les deux opérations d'achat et de vente, et remis directement au dit Bourdonnais du Clésio le solde de cette compensation, soit trois actions, parmi lesquelles s'est accidentellement trouvé le n. 1084; — Attendu que Ridoux frères sont restés étrangers à cette opération de compensation, et n'ont jamais été, de l'aveu même de Paquin, régulièrement investis de la qualité de cessionnaires de l'action dont s'agit; — Attendu que l'opération ainsi pratiquée par Paquin était contraire à la nature spéciale des titres qui en ont fait l'objet, et constitue de sa part une faute préjudiciable à Liagre, pour laquelle il lui doit réparation, etc.

MM. Lemaire, prés.; Berton, av. gén.; Chesnelon et Théry (du barreau de Lille), Camus (du barreau de Béthune), et Dubois, av.

TRIB.-CIV. DUNKERQUE 27 novembre 1884.

DIVORCE, INJURE GRAVE, DEVOIR CONJUGAL, ABSTENTION.

L'abstention systématique et prolongée du devoir conjugal constitue une injure grave de nature à justifier une demande en divorce (1) (C. civ., 231, 306).

(Masson c. Masson.) — JUGEMENT.

LE TRIBUNAL : — Attendu que la dame Caroline-Eugénie Joane Kind a épousé le sieur Antoine Masson à la mairie de Gravelines le 10 févr. 1883; — Attendu que l'expertise médicale à laquelle il a été procédé le 23 mai 1884 établit d'une manière certaine que la dame Masson est encore vierge; — Attendu que, du rapprochement des faits constatés ci-dessus, il résulte à l'évidence que, pendant le temps qu'a duré la cohabitation des époux Masson, aucune relation intime ne s'est établie entre eux; — Attendu que l'état d'abstention prolongée, reproché par la demanderesse à son mari, constitue de la part de ce dernier une injure grave de nature à justifier la demande de la dame Masson; — Attendu qu'aux termes de l'art. 4 de la loi du 29 juill. 1884, la demande en séparation de corps, originairement formée par la concluante, peut être convertie en instance en divorce, et que la dame Masson entend user du bénéfice de cette loi; — Par ces motifs, — Admet le divorce entre la dame Masson et son mari; — Dit que la dame Masson se retirera devant l'officier de l'état civil de la ville de Gravelines pour le faire prononcer, etc.

M. Tabary, prés.

TRIB.-CIV. MONTDIDIER 27 novembre 1884.

PRIVILÉGE, FRAIS DE DERNIÈRE MALADIE, MALADIE CHRONIQUE, DURÉE, LIMITATION, POUVOIR DU JUGE.

Le privilége des frais de dernière maladie se restreint, en cas de maladie chronique de longue durée, aux seuls frais faits à partir du moment où la maladie à laquelle le débiteur a succombé, est entrée dans sa période grave et dangereuse (2) (C. civ., 2101, § 3).

Et il appartient alors aux tribunaux de déterminer, d'après le caractère, les progrès et la gravité du mal, la durée de cette phase dernière (3) (Id.).

(L... c. B...) — JUGEMENT.

LE TRIBUNAL : — Attendu que le législateur, en déclarant privilégiés les frais de dernière maladie, a voulu assurer aux malades tous les soins que leur état rendait nécessaires, et enlever à leurs créanciers toute préoccupation sur leurs intérêts personnels, à un moment où les malades, faisant appel à leur science et à leur crédit, se trouvaient dans l'impossibilité de faire face aux justes réclamations qui auraient pu leur être adressées; mais que cette disposition, dictée par un sentiment d'humanité, ne peut s'étendre à tous les frais d'une maladie chronique de longue durée, et qu'il appartient, dans ce cas, aux tribunaux de déterminer, d'après le caractère, les progrès et la gravité du mal, ce qui, quant aux frais privilégiés, peut constituer la dernière maladie; — Attendu que X... était atteint d'une gastro-enté-

---

(1) Le principe a été consacré, à maintes reprises, en matière de séparation de corps. V. Douai, 29 avril 1884 (Pand. chr.), et les renvois.

(2) Il est généralement admis, en jurisprudence, que les frais de la *dernière maladie*, pour le payement desquels l'art. 2101, § 3, C. civ., accorde un privilége, doivent s'entendre exclusivement de ceux de la maladie *suivie du décès* du débiteur. C'est, d'ailleurs, l'hypothèse dans laquelle est intervenu le jugement ci-dessus reproduit. D'où il résulte que l'art. 2101, § 3, ne s'applique point aux frais de la dernière maladie qui précède tout événement, autre que la mort, nécessitant une distribution de deniers, tel, par exemple, que celui de la faillite. V. Trib. comm. Seine, 17 déc. 1857 (D. 59. 3. 64); 11 déc. 1862 (D. 66. 3. 39); Cass., 21 nov. 1864 (Pand. chr.); Trib. civ. Nantes, 13 déc. 1865 (D. 66. 3. 39). — *Contrà* Trib. civ. Saint-Amand, 6 janv. 1865 (S. 65. 1. 25 *ad notam*. — P. 65. 38 *ad notam*). — La question reste toutefois vivement controversée par les auteurs, partagés, en nombre à peu près égal, dans l'un et l'autre sens.

Ce premier point écarté, reste la détermination de l'étendue que comporte le privilége. S'étend-il à la maladie entière, quelle qu'en soit la durée? ou bien, en cas de maladie chronique qui mine lentement, met des mois, des années à accomplir son œuvre de destruction, doit-il se restreindre exclusivement aux seuls frais exposés pendant la période aiguë, celle où la gravité du mal marque le dernier assaut et le terme de la souffrance.

A notre avis, le privilége des frais de dernière maladie ne peut jamais, quels que soient la nature et le caractère de la maladie, les circonstances qui l'entourent, être réclamé pour des soins remontant à plus d'une année, c'est un maximum de durée. En effet, la disposition de l'art. 2272, C. civ., qui déclare prescriptible par un an la créance des médecins, chirurgiens et apothicaires, est générale; elle s'applique à toutes les hypothèses; elle domine toutes les situations, même celle de l'art. 2101, § 3. *Sic* Pont, *Privil. et hypoth.*, t. I, n. 77 et 78.

Mais, même ainsi limité, le privilége comprendrait encore une portée d'étendue en dehors des prévisions de la loi. Les maladies chroniques, plus que toutes les autres, subissent des phases de développements suffisamment accentuées, elles s'avancent progressivement vers le dénoûment fatal en marquant chaque étape de symptômes caractéristiques qui n'échappent point à l'observation du praticien. C'est à cette seule période, qui constitue l'état de crise finale, le dernier degré ascensionnel du mal, que se restreint le bénéfice de l'art. 2101, § 3, C. civ. Ainsi se concilient avec les devoirs d'humanité envers le débiteur malade, les droits des créanciers non privilégiés à se faire payer.

C'est la théorie du jugement; elle était, d'ailleurs, déjà recommandée par la majorité des auteurs (V. notamment, Valette, *Tr. des privil. et hypoth.*, t. I, n. 27, p. 33; Massé et Vergé, sur Zachariæ, t. V, p. 133, § 790, note 7; Aubry et Rau, t. III, p. 132, § 260, texte et note 18). — Nous donnons aussi à cette opinion notre entière approbation.

(3) Dans les limites que nous venons de poser, nous reconnaissons aux tribunaux le pouvoir de déterminer, d'après les documents de la cause, la période d'aggravation de la maladie qui doit fatalement aboutir à la mort, et d'arrêter, du même coup, par voie de conséquence, la quotité des frais garantis par le privilége de l'art. 2101, § 3, C. civ. Le jugement ci-dessus reproduit ne contient, d'ailleurs, pas d'autre solution. — Nous ne pouvons admettre la théorie des auteurs qui tendrait à laisser aux juges toute latitude, la liberté la plus entière à l'effet de fixer arbitrairement, *ex æquo et bono*, le montant des frais de la dernière maladie. V. notamment, en ce dernier sens, Mourlon, *Examen crit. du Comment. de Troplong sur les priviléges*, n. 753, p. 201. L'arbitraire du juge, en matière de privilége, où tout est de droit restreint, étroit, est une hérésie juridique qui ne mérite point de faire école, quelle que soit l'autorité de ceux qui la professent.

rite, maladie chronique remontant au moins à l'année 1880, et qu'il est mort, le 22 févr. 1882, d'une péritonite; que cette péritonite n'était qu'une phase nouvelle ou une complication de la première affection, et ne saurait être considérée isolément comme étant la dernière maladie de X...; mais qu'il est facile de reconnaître que c'est au mois de mai 1881 qu'a commencé la période grave et dangereuse de cette maladie, et, par suite, de déterminer les frais qui doivent bénéficier de l'art. 2101, C. civ.; — Attendu que la demande de L... est justifiée et s'applique au temps de la dernière maladie; — Par ces motifs, — Déclare non recevable et mal fondée la contestation soulevée contre la créance du docteur L... et dit que la collocation provisoire et privilégiée de celui-ci sera maintenue, etc.

MM. Pillon, prés.; Lafon de Fongaufier, proc. de la Rép.

NANCY (1re CH.) 6 décembre 1884.

PRIVILÉGE, BAILLEUR, BESTIAUX, SAISIE-REVENDICATION, PRIX DE VENTE, FOIRES ET MARCHÉS, REMBOURSEMENT.

Le bailleur a le droit de saisir-revendiquer, dans le délai de l'art. 2102, C. civ., les bestiaux garnissant la ferme qui ont été vendus en foire par le fermier, sans même être tenu envers l'acheteur au remboursement du prix d'achat et des autres frais accessoires, tels que frais de nourriture et de garde; l'art. 2280, C. civ., est inapplicable à ce cas (1) (C. civ., 2102, 2280).

(De Berlaymont c. Maire.) — ARRÊT.

LA COUR : — Sur l'appel de Berlaymont et de Dominique Maire : — Attendu que les premiers juges, tout en validant la saisie pratiquée, le 17 juin 1883, entre les mains de Maire, se sont bornés à donner acte à Maire de ce qu'il offre de remettre à de Berlaymont les animaux saisis-revendiqués contre le payement du prix d'achat desdits animaux, soit 1,875 fr., des intérêts de cette somme et des frais de nourriture et d'entretien des bestiaux depuis le jour de la vente; — Attendu que c'est à tort qu'ils ont imposé à l'appelant, comme condition de la reprise par lui des animaux constituant son gage privilégié de propriétaire, le payement du prix payé par Maire pour la vente qui lui en a été indûment faite, ainsi que divers frais accessoires; — Attendu que vainement le tribunal déclare, pour faire droit à la prétention de Maire, que l'art. 2280, C. civ., est applicable, non-seulement à la revendication par le propriétaire des choses qui lui ont été dérobées, ou qui ont été par lui perdues, mais à la revendication par le bailleur des objets mobiliers sur lesquels il ne possède qu'un simple droit de gage; — Attendu qu'on ne saurait étendre l'application de l'art. 2280 à des cas qu'il n'a pas prévus, et à la situation du détenteur d'une chose qui n'a été ni perdue ni volée, mais qui, grevée d'un droit de gage en faveur du bailleur, est revendiquée par ce dernier, en vertu des dispositions de l'art. 2102, C. civ.; — Attendu, en effet, que les art. 2279 et 2280, insérés au titre de la prescription, et l'art. 2102, inséré au titre des priviléges et hypothèques, se réfèrent à deux situations absolument distinctes, les art. 2279 et 2280, se rapportant au propriétaire qui revendique un objet lui appartenant en propriété, et l'art. 2102 se rapportant à un bailleur qui revendique une chose appartenant à un tiers, mais sur laquelle il est constitué à son profit un droit de gage, en garantie de sa créance de loyers et fermages; — Attendu que ces deux situations sont si bien dissemblables aux yeux de la loi que les délais impartis pour l'exercice de l'action en revendication dans l'un et l'autre cas, ne sont pas du tout les mêmes, le délai étant, dans le cas de l'art. 2102, tantôt de quinze, tantôt de quarante jours, et dans le cas des art. 2279 et 2280, de trois années entières; — Attendu, en conséquence, qu'agissant en vertu de l'art. 2102 et du droit de suite que lui conférait cette disposition législative sur les objets mobiliers appartenant à son fermier, de Berlaymont avait incontestablement le droit de saisir-revendiquer les bestiaux formant son gage entre les mains de Maire, sans être obligé envers ce dernier au remboursement de son prix d'achat; — Attendu qu'il y a lieu, dès lors, de réformer de ce chef le jugement entrepris; — Infirme, etc.

---

(1) V. dans le même sens, Nancy, 20 août 1881 (*Rec. de cette Cour*, 1881, p. 147); Trib. civ. Gray, 3 mars 1881 (S. 82. 2. 229. — P. 82. 1. 1117. — D. 82. 3. 62); Trib. de Senlis, 23 nov. 1881, et sur appel, Amiens, 27 juin 1882 (Pand. chr.); C. sup. de Luxembourg, 14 août 1883 (S. 85. 4. 8. — P. 85. 2. 13); Trib. civ. Saint-Nazaire, 9 nov. 1883 (S. 85. 2. 92. — P. 85. 1. 470), Trib. civ. Pontarlier, 29 déc. 1883 (Pand. chr.); Trib. civ. Mayenne, 23 nov. 1885; Angers, 2 avril 1886, sous note (*a*), et Chambéry, 13 juill. 1886, sous note (*b*). — *Contrà* Trib. civ. Hazebrouck, 23 oct. 1880 (S. 85. 2. 92. — P. 85. 1. 470); et le jugement du Trib. civ. de Montmédy, du 20 mars 1884 (S. 84. 2. 86. — P. 84. 1. 752), infirmé par l'arrêt ci-dessus rapporté.

(*a*) Le jugement du tribunal civil de Mayenne, du 23 nov. 1885 et l'arrêt de la Cour d'Angers, du 2 avril 1886, aff. Savaton c. Mouchet, sont ainsi conçus :

« LE TRIBUNAL :... Attendu que les époux Jacquelin, fermiers de Savaton et ses débiteurs d'une somme importante pour fermages arriérés, ont, le 16 juin 1885, transporté sur le marché de Chalonnes la presque totalité des animaux garnissant la métairie et les ont vendus à Mouchet père et fils; que, le 20 du même mois, Savaton a fait saisir-revendiquer chez les acheteurs ceux desdits animaux qui se trouvaient encore entre leurs mains et qui sont décrits au procès-verbal de saisie; que ces faits sont reconnus, mais que Mouchet père et fils s'opposent à la validité de la saisie par ces motifs qu'ils auraient acheté, en foire, de bonne foi, les animaux dont s'agit; — Attendu que la disposition de l'art 2102, qui autorise le propriétaire à saisir les objets qui garnissent les lieux loués et qui forment son gage, ne comporte ni restriction ni distinction; qu'il suffit qu'il y ait déplacement sans son consentement, pour que son droit de saisie puisse s'exercer; que les acquéreurs ne peuvent opposer leur bonne foi pour arrêter l'exercice de ce droit, puisque ce serait créer une exception que la loi n'a pas prévue; que de même les acquéreurs ne sont pas fondés à mettre, à la restitution des objets, la condition que le bailleur leur tiendra compte du prix payé et des accessoires; que, s'il en était ainsi, le privilége accordé au bailleur serait illusoire, puisque, pour ressaisir son gage, il serait obligé d'abord d'en payer la valeur; que, d'autre part, il n'y a aucun argument d'analogie à tirer des articles 2279 et 2280, C. civ., qui visent une situation toute différente; que ces articles se rapportent à des objets perdus ou volés et revendiqués par le propriétaire, tandis que l'article 2102 s'applique à des objets appartenant à un tiers constitués en gage pour payement des loyers ou fermages et revendiqués à ce titre par le bailleur... — Par ces motifs, etc. » — Appel par Savaton.

ARRÊT.

LA COUR : —...Sur l'appel principal : —Adoptant les motifs des premiers juges...; Confirme le jugement en ce qu'il a déclaré bonne et valable la saisie-revendication sur les animaux encore existants; dit qu'il sera passé outre à la saisie et que les animaux devront être restitués en bon état dans les vingt-quatre heures de la signification du présent, sous une contrainte de 10 francs par jour de retard, etc.

M. Forquet de Dorne, 1er prés.

(*b*) Voici les termes de l'arrêt de Chambéry, du 13 juill. 1886, aff. Raffin c. Deborne :

LA COUR : — Attendu que Deborne, créancier de Donques pour fermages échus, en vertu d'un bail sous seings privés, du 21 janvier 1881, enregistré, a fait procéder au préjudice de son fermier : 1° à une saisie-gagerie des objets restés dans la ferme; 2° à la saisie-revendication de quatre bœufs déplacés de ladite ferme et vendus par Donques sur le marché d'Annecy à Raffin; — Que, par un jugement du 17 avril dernier, le Tribunal d'Annecy a condamné Donques à payer à Deborne la somme de 2,043 francs, montant de fermages échus, puis a validé les saisie-arrêt et saisie-revendication ci-devant mentionnées, en condamnant Raffin aux dépens de son opposition à cette dernière saisie; — Attendu que, pour fonder son appel, Raffin fait valoir sa qualité d'acheteur et sa bonne foi; qu'il prétend, en invoquant les dispositions de l'article 2280 du Code civil, n'être dans l'obligation de relâcher les bœufs saisis-revendiqués, qu'à charge par Deborne de lui en rembourser le prix, ainsi que les frais de nourriture et de garde de ces animaux; — Mais attendu que c'est à bon droit que les premiers juges ont écarté cette prétention, qui ne tendrait à rien moins qu'à supprimer le privilége du bailleur; qu'il est si vrai de dire que l'article 2280 du Code civil est sans application dans la cause actuelle, qu'il ne vise que les deux cas de vol ou de perte de la chose; qu'au contraire, l'espèce est régie par la disposition de l'article 2102, qui, pour assurer le privilége du bailleur, lui garantit, pendant un temps d'ailleurs fort restreint, un droit de revendication qui n'est soumis à aucune restriction et qui vise tous les débiteurs de la chose déplacée, sans distinction de bonne ou de mauvaise foi; — Attendu qu'en repoussant les conclusions subsidiaires de Raffin contre Deborne, tendantes au remboursement d'une somme de 1,600 fr. pour frais de nourriture et de garde des bœufs dont il s'agit, le tribunal d'Annecy a encore bien jugé, par la raison que ces frais sont le résultat de l'indue opposition à la saisie et du refus de Raffin de relâcher les bœufs, sauf contre remboursement du prix par lui prétendu payé à Donques; — Par ces motifs, — Déclare Raffin mal fondé dans son appel du jugement du Tribunal d'Annecy, en date du 17 avril 1886; — Confirme en conséquence le prédit jugement...

MM. le cons. Deschamps, prés.; Molines, av. gén.; Descotes et Rossel, av.

MM. Serre, 1er prés.; Luxer, av. gén.; Mengin, Lombard, Pagny, Moreau et Blum, av.

PARIS (CH. CORR.) 8 décembre 1884.

JEU ET PARI, PARI A LA COTE, COURSES DE CHEVAUX, MAISON DE JEU, TENUE, JEU DE HASARD, CAFÉ, LIEU PUBLIC.

Les paris à la cote constituent des jeux de hasard lorsque, par l'intention des parties, par l'incompétence de la plupart des parieurs en matière de courses de chevaux, par la nature même des combinaisons employées, par les conditions imposées à l'avance, aucune place n'est laissée à l'intelligence, à l'expérience, au calcul, à la liberté du choix, mais que tout est livré à l'esprit de spéculation, aux chances du sort, à la prédominance du hasard (1) (C. pén., 410).

Et il importe peu que les agences, ouvertes à ces paris, soient installées dans des bars ou cafés; la disposition de l'art. 410, C. pén., qui punit de peines correctionnelles la tenue de maisons de jeux de hasard, est générale et absolue et n'exclut, en aucune façon, les établissements ayant le caractère de lieu public (2) (Id.).

(Valentine.)

13 août 1884, jugement du tribunal correctionnel de la Seine (9e chambre), ainsi conçu : — « LE TRIBUNAL : — Attendu que, depuis moins de trois ans, antérieurement aux premières poursuites, et notamment en 1884, dans un local situé rue de Hanovre, n. 3, à Paris, dont elle est personnellement locataire, la dame Valentine a tenu une maison où le public était librement admis, et où étaient librement pratiqués, par le sieur Valentine, son mari, les paris dits « à la cote » sur les courses de chevaux en France et en Angleterre; — Attendu que le pari à la cote, dans les agences de courses, consiste : 1° pour le directeur de l'agence, ou bookmaker, dans l'offre publiquement faite, d'engager avec toute personne, contre les chevaux devant prendre part à une course, des paris à des taux variant, pour chaque cheval, selon la cote, c'est-à-dire selon l'évaluation, faite par le bookmaker lui-même, des chances respectives des divers chevaux entre eux; 2° pour les parieurs, dans le choix d'un cheval et dans le versement immédiat, entre les mains du bookmaker, d'un enjeu donnant droit à ceux dont le cheval arrive le premier, à un gain proportionnel à la cote dudit cheval; — Attendu que Valentine, en conviant le public à engager avec lui des paris dans les conditions susdites, n'a eu d'autre but que d'exploiter, à son profit, la passion des parieurs pour les opérations aléatoires, en leur offrant un gain éventuel dépendant d'un événement futur et incertain contre la perte d'un enjeu déterminé; qu'il est non moins certain que les personnes tenant les paris ainsi proposés par Valentine, dans son agence, y sont exclusivement attirées par l'esprit de spéculation et le désir de profiter des chances du sort; qu'ainsi, par sa nature et le but commun que se proposent les parties, le pari à la cote présente dans la cause tous les caractères juridiques du jeu; — Attendu qu'il résulte, en outre, des débats et des documents de la cause, que le pari à la cote, tel qu'il est proposé par Valentine dans son agence, est, pour la plupart des parieurs, un jeu où le hasard et les chances du sort prédominent notablement sur les combinaisons de l'intelligence; qu'il est, en effet, constant, d'une part, que le résultat d'une course dépend toujours, dans une large mesure, de l'imprévu et de circonstances fortuites échappant aux prévisions; que, d'autre part, dans les agences ainsi ouvertes aux individus de tout âge et de toute condition, la majorité des parieurs se compose de personnes absolument hors d'état d'apprécier, par un calcul rationnel, les chances respectives des chevaux; qu'obligés de subir, sans pouvoir même les discuter, les conditions du pari, improvisées par le bookmaker, ils sont, la plupart du temps, guidés dans le choix du cheval, moins par des appréciations réfléchies et personnelles, que par des impressions irraisonnées ou des considérations étrangères à la valeur des chevaux; qu'il suit de là que la liberté du choix du cheval est, en réalité, purement illusoire, et qu'elle n'enlève pas au pari ainsi fait le caractère aléatoire que lui assigne la vérité des faits; — Attendu que le législateur, en frappant de peines sévères la tenue des maisons de jeux de hasard, a voulu prohiber, dans un intérêt élevé de moralité sociale, toute maison ouverte au public pour y tenter les chances du sort; que l'agence des époux Valentine, par l'appel fait au public, l'incertitude du résultat des paris, les entraînements auxquels ils donnent lieu, réunit tous les caractères et offre tous les dangers des maisons de jeu publiques; — Attendu qu'il résulte des motifs qui précèdent que les époux Valentine ne sont pas fondés à prétendre que l'art. 410, C. pén., ne serait pas applicable à leur agence, par le motif que la cote pour le bookmaker, et le choix du cheval pour le parieur, seraient exclusivement déterminés par la connaissance de l'état des chevaux et de l'habileté des jockeys, c'est-à-dire par des combinaisons éclairées de l'intelligence; — Attendu que, s'il en est ainsi, en effet, pour certains individus suivant habituellement les courses, fréquentant le personnel des écuries, faisant du pari un métier et des combinaisons une science et parfois même un moyen de tromperie pour les naïfs, les calculs particuliers au bookmaker et limités à une catégorie spéciale de parieurs ne sauraient ni supprimer les hasards des courses, ni enlever aux agences le caractère de maisons de jeu, ni modifier la nature aléatoire des paris, tels qu'ils y sont pratiqués par la majeure partie du public; — Par ces motifs, — Condamne, etc. » — Appel.

ARRÊT.

LA COUR : — En ce qui touche les conclusions principales : — ...Adoptant les motifs des premiers juges;

Sur les conclusions subsidiaires : — Considérant que peu importe que l'établissement dans lequel les appelants conviaient le public à venir déposer des enjeux eût l'apparence d'un bar ou d'un café; qu'il suffit qu'ils y aient donné habituellement à jouer à des jeux de hasard pour qu'ils aient encouru l'application de l'art. 410, C. pén., dont les dispositions sont générales et absolues, et n'excluent en aucune façon les établissements ayant le caractère de lieu public; — Confirme, etc.

MM. Boucher-Cadart, prés.; Quesnay de Beaurepaire, av. gén.; Antoine Faure, av.

ANGERS 11 décembre 1884.

DIVORCE, CONDAMNATION, PEINE AFFLICTIVE ET INFAMANTE, REQUÊTE, ASSIGNATION (DISPENSE D').

La demande en divorce à raison de la condamnation de

(1-2) V. conf. sur ces deux points, Cass., 7 mai 1885 (Pand. chr.), et la note. — Dans certains cas même, il pourrait y avoir un délit plus grave que celui de tenue de maison de jeux de hasard. Ainsi, notamment, le fait d'installer sur un champ de courses un simulacre d'agence de paris à la cote, avec la mise en scène nécessaire pour attirer le public; puis, après avoir, sous un faux nom, reçu l'argent des parieurs, de prendre la fuite, constitue, à n'en pas douter, le délit d'escroquerie prévu et puni par l'art. 405, C. pén. V. Paris, 19 oct. 1886, aff. Cazeneuve (journ. *le Droit*, 4 nov. 1886).

l'un des époux à une peine afflictive et infamante, doit être introduite par voie de simple requête, sans assignation à l'époux condamné; ce dernier étant formellement exclu de toute audience soit en première instance, soit en appel (1) (C. civ., 261; L. 27-29 juill. 1884).

(Poupard c. Poupard.) — ARRÊT.

LA COUR : — Attendu que, d'après l'art. 261, C. civ., lorsque le divorce est demandé dans le cas prévu à l'art. 232, les seules formalités à observer consistent à présenter au tribunal de première instance une expédition en bonne forme de la décision portant condamnation, avec un certificat du greffier de la Cour d'assises constatant que cette décision n'est plus susceptible d'être réformée par les voies légales ordinaires, ce certificat devant être visé par le procureur général ou par le procureur de la République; — Attendu que les prescriptions de cet article, qui déroge au droit commun, sont, en la matière, impératives et exclusives, à l'encontre du condamné, de toute audience en première instance; qu'elles le sont aussi en appel, puisque le jugement, régi par une forme particulière, n'est ni contradictoire ni par défaut; que, dans l'espèce, on ne peut tirer un argument contraire du droit que l'art. 272 confère à l'époux défendeur d'invoquer l'exception de réconciliation, car la réconciliation suppose toujours un fait injurieux antérieur, tandis que le condamné, que vise l'art. 261, n'est qu'un infâme; que l'on ne peut davantage invoquer l'art. 264, C. civ., qui oblige l'époux qui a obtenu le divorce à appeler son conjoint devant l'officier de l'état civil pour faire prononcer le divorce, puisqu'il ne s'agit plus d'un débat judiciaire, mais seulement de faire proclamer sans contestation possible un fait définitivement acquis; — Par ces motifs, — ...Admet la demande en divorce, etc.

MM. Forquet de Dorne, 1er prés.; Bernard, av. gén.; Leury, av.

BESANÇON (AUD. SOL.) 27 décembre 1884.

DIVORCE, SÉPARATION DE CORPS, CONVERSION, GRIEFS, EXAMEN NOUVEAU, POUVOIR DES JUGES, CHOSE JUGÉE.

Les juges saisis d'une demande en conversion de séparation de corps en divorce, formée par l'époux qui a obtenu la séparation, peuvent, sans violer l'autorité de la chose jugée, soumettre les griefs de séparation à un nouveau et plus rigoureux contrôle et refuser la conversion si les torts sont réciproques, s'ils n'ont pas un caractère de gravité et de permanence tel qu'ils rendent dans l'avenir tout rapprochement impossible et que, par là, ils justifient la rupture complète du lien conjugal (2) (C. civ., 310, 1351; L. 27-29 juill. 1884).

(Genoux c. Genoux.) — ARRÊT.

LA COUR : — ...Attendu qu'en autorisant la demande de conversion en divorce de la séparation prononcée entre époux depuis plus de trois ans, la loi du 27 juill. 1884 a remis à l'appréciation des juges la question de l'opportunité de la mesure sollicitée (art. 310); que le texte si formel de cet article a été encore élucidé par les discussions du Parlement, et par la substitution du texte de cet article au texte primitif, qui liait le juge et l'obligeait à accorder la conversion, du moment où elle était provoquée; qu'il y a donc lieu de rechercher en fait si la conversion doit ou non être ordonnée; — Attendu que les époux Genoux ont été déclarés séparés de corps et de biens par un jugement du tribunal de Dôle en date du 9 juill. 1877; que cette séparation a été prononcée aux torts du mari, à raison uniquement de lettres injurieuses adressées par lui à sa femme; que, si ces lettres contiennent incontestablement des injures graves, leur portée est atténuée, d'une part, par l'état de faiblesse d'esprit de l'appelant, d'autre part, par le refus prolongé de la femme de rentrer au domicile conjugal, et par ses légèretés de conduite, révélées et attestées dans l'enquête à laquelle a donné lieu la demande reconventionnelle de Genoux; — Attendu que ces torts réciproques n'ont pas un caractère de gravité et de permanence tel qu'ils nécessitent la rupture complète du lien conjugal, relâché par le jugement de séparation; que l'existence d'un fils issu du mariage, en créant un intérêt commun entre les époux, peut faire espérer dans l'avenir un rapprochement désirable, qu'il est du devoir de la justice de ne pas rendre impossible en prononçant le divorce; — Par ces motifs, etc.

MM Chauffour, 1er prés.; Masse, av. gén.; Pformer et Belin, av.

---

(1) Telle était déjà, antérieurement à la loi du 27 juill. 1884, la solution qui triomphait en jurisprudence dans l'application faite de l'art. 261 à la matière de la séparation de corps. Il était, en effet, presque unanimement admis que la demande en séparation de corps, fondée sur la condamnation de l'un des époux à une peine infamante, pouvait être formée par simple requête, sans qu'il fût nécessaire de procéder par la voie ordinaire de l'assignation. V. Paris, 6 août 1840 (Pand. chr.); Colmar, 15 juill. 1846 (S. 47. 2. 196. — P. 47. 440. — D. 47. 2. 38); Paris, 3 févr. 1852 (S. 52. 2. 60. — P. 52. 1. 183. — D. 52. 2. 204); Dijon, 28 déc. 1864 (S. 65. 2. 124. — P. 65. 583. — D. 65. 2. 7); Caen, 13 mai 1867 (S. 68. 2. 112. — P. 68. 568. — D. 67. 5. 393); Bordeaux, 11 août 1868 (Pand. chr.); Caen, 29 janv. 1872 (Pand. chr.). — Toutefois, quelques rares décisions avaient été rendues en sens contraire. V. Trib. civ. Versailles, 25 nov. 1851; Seine, 9 mars 1855, rapportés par M. Bertin, *Ch. du cons.*, t. II, p. 274. — Mais la question était surtout controversée entre les auteurs, divisés en deux camps de même nombre et d'égale autorité.

(2) V. dans le même sens, Trib. civ. Troyes (motifs), 27 août 1884 (Pand. chr.); Seine (4e ch.) (motifs), 5 mars 1885 (Pand. chr.); Douai (sol. implic.), 5 févr. 1885 (Pand. chr.); C. de la Martinique (sol. implic.); 21 févr. 1885 (Pand. chr.); Orléans, 5 mars 1885 (Pand. chr.); Caen, 20 avril 1885 (Pand. chr.); Cass., 12 août 1885 (Pand. chr.), et la note sous ce dernier arrêt.

1885

PARIS (CH. CORR.) 2 janvier 1885.

CITATION, MATIÈRE CORRECTIONNELLE, CHAMBRE SAISIE, INDICATION ERRONÉE.

Est nulle la citation donnée à un prévenu, par une partie civile, à comparaître devant un tribunal composé de plusieurs chambres correctionnelles (dans l'espèce, le tribunal correctionnel de la Seine avec ses quatre chambres), sans l'indication, dans la copie délivrée, du numéro exact de la chambre qui doit connaître de l'affaire (1) (C. proc., 61 ; C. instr. crim., 182).

Peu importe que cette indication soit inscrite sur l'original de la citation (2) (Id.).

En pareil cas, le jugement par défaut rendu sur cette citation est entaché du même vice d'irrégularité et doit être aussi annulé (3) (Id.).

(Masson c. Alekan.) — ARRÊT.

LA COUR : — Considérant que, par exploit de Choppin, huissier à Paris, du 4 mars 1884, Alekan a fait citer Masson à comparaître, le mardi 22 avril 1884, devant le tribunal civil de la Seine, jugeant correctionnellement, sous la prévention d'abus de confiance ; que l'original de cet exploit énonçait le numéro de la chambre devant laquelle la comparution devait avoir lieu, mais que le numéro ne figurait pas sur la copie; — Considérant que Masson, qui n'avait d'autres indications que celles qu'il trouvait dans la copie remise entre ses mains, était laissé ainsi dans l'ignorance de la chambre devant laquelle la cause devait être appelée; qu'il ne pouvait dépendre de la partie civile de l'obliger à aller successivement, dans les diverses chambres correctionnelles du tribunal de la Seine, s'enquérir de celle où son nom était inscrit sur le rôle ; que l'irrégularité de la citation qu'il avait reçue était de nature à préjudicier à sa défense; — Par ces motifs, — Dit que la citation délivrée à Masson, le 4 mars 1884, est nulle, que le jugement par défaut auquel il a été fait opposition est également nul, etc.

MM. le cons. Bresselle, prés.; Potier, av. gén.; Donzel, av.

TRIB.-CIV. SEINE (4e CH.) 3 janvier 1885.

DIVORCE, SÉPARATION DE CORPS, CONVERSION, PENSION ALIMENTAIRE, DÉCHÉANCE.

La pension alimentaire accordée à l'époux contre lequel la séparation de corps a été prononcée cesse d'être due, en cas de conversion de la séparation en divorce, du jour de la prononciation du divorce par l'officier de l'état civil (4) (C. civ., 212, 301, 310).

(1-2-3) Pour les mêmes raisons que nous avons combattu les solutions de l'arrêt du 25 nov. 1884 (Pand. chr.), également rendu par la Chambre des appels correctionnels de la Cour de Paris, nous approuvons celles du présent arrêt. Ici, en effet, l'intérêt de la défense n'est plus de ces mots qui sonnent creux, parce qu'ils ne sont pas de situation, n'ayant rien à démêler aux débats.

En fait, il existe au tribunal de la Seine quatre chambres exclusivement réservées aux affaires correctionnelles et qui siégent les mêmes jours, concurremment, et aux mêmes heures. Elles sont placées dans un même corps de bâtiment, mais à des étages différents. L'affluence du public en rend l'accès presque inabordable. Souvent même, par la force des nécessités du service, et pour réserver la place aux véritables intéressés, parties civiles, témoins, prévenus, la consigne exige à la porte des salles d'audience l'exhibition des citations, visant le numéro de la chambre où on est appelé. Sans ce laissez-passer, on risque de rester au dehors. Il est même à notre connaissance personnelle que des magistrats en costume de ville se sont vu refuser l'entrée du prétoire par les gardes qui ignoraient leur qualité. Ajoutez à ces difficultés que les rôles de chaque chambre ne sont point affichés à l'extérieur; ce qui est une lacune et ôte au public toute possibilité de se renseigner sur les affaires de chaque chambre.

Ces difficultés matérielles ont leur importance. On ne peut pas exiger qu'un prévenu cité par erreur devant une chambre, s'enquière du rôle des trois autres chambres et soit prêt à répondre à l'appel de son nom là où il se produit. Or il arrivera le plus souvent ce qui est arrivé dans l'affaire actuelle : le prévenu ne comparaîtra pas; une condamnation par défaut sera prise contre lui. Il n'y a pas eu de défense possible; il y a eu une entrave presque absolue résultant de la citation même. La citation sera annulée; le jugement, entaché du même vice, tombera avec elle, confondu dans la même ruine. Ainsi les principes seront sauvegardés.

Et il n'y a pas à s'arrêter à cette considération que l'erreur n'était que dans la copie et point dans l'original, qui était exact. Le prévenu ne connaît et ne reçoit que sa copie, elle seule compte pour lui; elle seule le renseigne. V. Cass., 4 nov. 1868 (S. 69. 1. 109. — P. 69. 261); c'est à son invitation qu'il se rend ou qu'il obéit. La régularité de l'original ne couvre donc pas la nullité dont est entachée la copie d'un exploit. V. Besançon, 23 févr. 1880 (S. 82. 2. 9. — P. 82. 1. 91. — D. 80. 2. 225).

Mais supposons le prévenu renseigné exactement et sur l'erreur de la citation et sur le numéro de la chambre correctionnelle; il se trouve bien en présence de ses juges. A l'appel de sa cause, il se présente. Pourra-t-il encore s'emparer de l'irrégularité de l'exploit à laquelle il a cependant suppléé? Nous ne le croyons pas, parce que dès que sa comparution s'effectue, l'irrégularité n'est plus de nature à préjudicier à sa défense; elle reste avec toute la liberté de ses moyens d'action, la pleine possession de ses prérogatives les plus étendues. Avec cette hypothèse, nous retombons dans l'espèce de l'arrêt précité du 25 nov. 1884 (Pand. chr.), dont nous avons combattu la doctrine.

Il est inutile de répéter notre argumentation; nous nous bornons à y renvoyer nos lecteurs.

(4) Il est certain qu'en principe, et aux termes d'une jurisprudence constante, le jugement de conversion de la séparation de corps en divorce ne réforme ni ne révise le premier jugement de séparation, notamment en ce qui concerne soit la garde des enfants, soit la pension alimentaire allouée à l'époux au profit de qui la séparation a été prononcée. V. Douai, 25 juin 1885 (Pand. chr.), et les renvois. — Mais il faut s'entendre sur les formules; trop d'absolu dans l'énonciation d'un principe peut fausser les idées et convertir facilement les vérités les mieux établies en erreurs.

Le divorce a ses effets; la séparation de corps, les siens; les deux états produisent des situations légales qui se caractérisent par des distinctions profondes.

Que le divorce survienne à la suite d'une séparation de corps antérieurement prononcée, par voie de conversion, ou qu'il soit la conséquence d'une action directe et principale, c'est toujours le divorce; il est un; il a les mêmes effets; il entraîne notamment la dissolution du lien conjugal avec toutes les conséquences attachées à cette rupture.

Le divorce, après conversion, n'est pas qu'un changement d'étiquette, une sorte de situation intermédiaire, de régime bâtard entre la séparation de corps et le vrai divorce. C'est à cette conclusion cependant que conduirait l'arrêt précité de Douai, si l'on devait prendre à la lettre et poursuivre, jusqu'en ses déductions extrêmes, cette proposition trop générale, à savoir : que le jugement de conversion, « simple jugement de conversion et non de révision, « laisse les deux époux dans la situation de droit qui leur appar- « tenait l'un vis-à-vis de l'autre dans le jugement de séparation « de corps, qu'il ne réforme ni ne révise. »

Qu'il n'y ait ni réformation ni révision, nous le concédons. Mais comme le divorce prendra la place de la séparation,

(Léger c. Léger.) — JUGEMENT.

LE TRIBUNAL : — Attendu que, par jugement du 15 mars 1845, la séparation de corps a été prononcée entre les époux Léger, à la requête du sieur Léger; que, par un jugement du 4 août 1876, confirmé par arrêt de la Cour, du 3 déc. 1876, le sieur Léger a été condamné à payer à sa femme une pension alimentaire de 600 fr. par an; qu'un jugement de la première chambre de ce tribunal, du 29 août 1884, a admis le divorce à la requête du sieur Léger; que l'officier de l'état civil du Ve arrondissement a prononcé le divorce le 5 déc. 1884; que le sieur Léger a assigné, le 9 déc. 1884, la dame Hubert, pour faire prononcer la cessation de la pension à partir du jour de la prononciation du divorce; — Attendu que la pension de 600 fr. avait été accordée en vertu des dispositions de l'art. 212, C. civ., qui règle les obligations respectives des époux, obligations que la séparation de corps ne fait pas disparaître; mais que la prononciation du divorce fait disparaître ces obligations, puisque le lien conjugal est complétement rompu; qu'il n'y a à cet égard aucune différence entre le divorce prononcé par action principale, et le divorce prononcé par voie de conversion; que, d'ailleurs, aux termes de l'art. 301, C. civ., la dame Hubert, contre laquelle le divorce a été prononcé, ne saurait, en aucun cas, réclamer une pension du sieur Léger; qu'en conséquence la pension doit cesser d'être servie à partir du jour de la prononciation du divorce; — Par ces motifs, etc.

MM. Brisout de Barneville, prés.; Sagot-Lesage, av.

PAU (CH. CIV.) 5 janvier 1885.

ÉCHANGE, ÉPOUX, PROHIBITION, NULLITÉ RADICALE.

La prohibition générale des actes de vente entre époux édictée par l'art. 1595, C. civ., s'applique aux actes d'échange (1) (C. civ., 1595).

(Pecondom c. Pecondom.) — ARRÊT.

LA COUR : — ...Sur la question relative à la validité de l'acte d'échange passé entre les époux Pecondom : — Attendu que l'art. 1707, C. civ., au titre de l'échange, impose à ce contrat toutes les règles prescrites pour le contrat de vente autres que celles qui sont tracées dans les art. 1702 et suiv.; — Attendu que la généralité des termes de cette disposition ne permet pas de douter que la prohibition générale des actes de vente entre époux (C. civ., 1595) ne soit applicable à l'échange; — Qu'on objecte que l'assimilation entre la vente et l'échange n'est pas absolue, puisqu'il existe entre les règles de ces deux contrats des différences que la loi ne prévoit pas, et qui, cependant, ne sont pas contestées; qu'ainsi les dispositions des art. 1593 et 1602, C. civ., applicables à la vente, ne sauraient recevoir leur application quand il s'agit d'échange; — Attendu qu'il suffit, pour faire tomber cette objection, de faire remarquer que ces différences résultent de la nature même des contrats; qu'il est bien évident que, dans un acte de vente, les parties contractantes n'ont pas les mêmes qualités que dans un acte d'échange, puisque, dans le premier, il y a un acheteur et un vendeur, tandis que, dans le second, les deux contractants réunissent la double qualité de vendeur et d'acheteur; qu'il n'y a pas lieu de s'étonner que le Code civil n'ait pas fait allusion à des différences que suffisent à expliquer la nature et le caractère de ces contrats; — Attendu qu'il y a des raisons identiques à celles qui ont fait interdire la vente entre époux pour prohiber entre eux les contrats d'échange; — Que, dans les trois exceptions posées par l'art. 1595, le Code civil a toujours supposé aux actes de vente consentis un motif légitime qui exclut toute pensée de libéralité déguisée; — Qu'un acte d'échange pourrait couvrir une libéralité de cette nature et lui imprimer un caractère d'irrévocabilité que la loi refuse aux libéralités entre époux; — Qu'il faut donc dire, sans s'arrêter aux objections des intimés, que l'acte d'échange intervenu entre les époux Pecondom, le 16 janv. 1878, est radicalement nul; — Par ces motifs, etc.

MM. Piette, 1er prés.; Flandin, av. gén. (concl. conf.); Lamaignère et Bouvet, av.

BORDEAUX (CH. CORR.) 7 janvier 1885.

CHASSE, ENCLOS, ENGINS PROHIBÉS.

Le fait de chasser, même dans un terrain clos attenant à une habitation, à l'aide d'engins prohibés, constitue un délit, alors surtout que la simple détention de ces engins est elle-même délictueuse (2) (L. 3 mai 1844, art. 2, 9, 12, § 2 et 3).

---

comme les époux ne seront plus des époux séparés de corps, mais divorcés, il y aura des modifications qui s'imposeront.

C'est ainsi que nous arrivons à l'hypothèse du jugement ci-dessus rapporté. Un époux contre lequel la séparation de corps a été prononcée a obtenu, vu son état de dénûment et de misère, de son conjoint plus fortuné, une pension alimentaire. Ce résultat n'a rien d'exorbitant. La séparation de corps laisse subsister le lien conjugal et avec lui les obligations corrélatives du mariage, au premier rang desquelles se place la dette alimentaire (C. civ., 212). Le divorce, au contraire, brise le lien commun, rompt le mariage; les époux ne se connaissent plus; ce sont des étrangers qui ne se doivent plus rien. Voilà les deux situations nettement déterminées.

L'époux contre lequel la séparation de corps a été prononcée, si son conjoint ne demande pas la conversion, a deux partis à prendre : — Rester sous le régime de la séparation, qui lui assurera, toutes choses en l'état, la continuation de sa pension; — ou bien demander la conversion en jugement de divorce, comme c'est son droit (V. Trib. civ. Troyes, 27 août 1884, Pand. chr.; Trib. civ. Mâcon, 25 nov. 1884, Pand. chr.; Trib. civ. Seine (4e ch.), 5 mars 1885, Pand. chr.; Caen, 20 avril 1885, Pand. chr.; Cass., 12 août 1885, Pand. chr., et les notes et renvois). — Il a le choix entre l'une ou l'autre situation; mais il doit s'en tenir à l'une ou à l'autre, avec les avantages comme avec les inconvénients inhérents à chacune. Il ne saurait être admis à prendre des deux côtés tout ce qui peut lui être favorable et à rejeter les conséquences dommageables ou moins fructueuses. Il veut le divorce, il l'aura, malgré ses torts; mais le divorce ne sera pas pour cela prononcé à son profit; il le sera contre lui, comme la séparation de corps; et en aucun cas l'époux contre lequel le divorce est prononcé ne peut réclamer de pension de son ancien conjoint, qui n'est plus, vis-à-vis de lui, qu'un étranger, ni plus ni moins tenu que le premier venu. V. en ce sens, Paris, 20 oct. 1886, aff. Genuyt de Beaulieu (Journ. *le Droit*, 28 oct. 1886).

(1) Posée en ces termes généraux, la question ne pouvait pas soulever d'objections bien sérieuses. — La majorité des arrêts subordonne, même en matière de vente, à l'*exigibilité* de la créance de la femme la validité de la cession des biens mobiliers de communauté que son mari lui a consentie avant séparation judiciairement prononcée, en remploi de ses propres aliénés, par application des §§ 1 et 2 de l'art. 1595, C. civ. V. Cass., 1er juill. 1873 (Pand. chr.); 15 juin 1881 (Pand. chr.), et les renvois. Toutefois la question est controversée. V. en sens contraire, Nancy, 18 févr. 1885 (Pand. chr.), et le résumé très-complet de la jurisprudence en note.

(2) V. dans le même sens, Cass., 16 juin 1866 (Pand. chr.); Montpellier, 28 janv. 1867 (Pand. chr.), et la note. — Il a été également jugé que la détention d'engins prohibés constitue un fait punissable aussi bien pour le propriétaire d'un terrain clos que pour tout autre. V. Cass., 16 juin 1866, précité. — Remarquons que notre arrêt ne se prononce pas sur la question controversée de savoir si le propriétaire peut chasser dans son enclos avec certains engins dont l'emploi est interdit pour la chasse ordinaire, et qui sont par là compris dans la catégorie des engins prohibés, mais dont la détention est absolument licite et ne constitue point par elle-même, en dehors de tout usage, un fait délictueux. V. pour l'affirmative, Orléans, 11 mai 1869 (Pand. chr.); Poitiers, 18 févr. 1869 (Pand. chr.). V. aussi Cass., 7 mars 1868 (Pand. chr.). — Et pour la négative, en ce sens que le propriétaire ne peut chasser dans son enclos qu'avec les seuls moyens ou procédés de chasse ordinaire. V. Cass., 26 avril 1845 (S. 45. 1. 389. — P. 45. 2. 709); Aix, 4 nov. 1867 (D. 67. 2. 206); Limoges, 5 mars 1857 (S. 57. 2. 282. — P. 58. 1012. — D. 57. 2.

(Condes.) — ARRÊT.

LA COUR : — Attendu que Condes est prévenu d'avoir chassé avec des engins prohibés; qu'il dénie les faits qui lui sont imputés et soutient qu'en tout cas il n'aurait pas commis de délit, l'acte de chasse qu'on lui reproche ayant été accompli dans un enclos attenant à son habitation; — Attendu que le procès-verbal dressé par la gendarmerie de Branne énonce vaguement que la prairie de Condes n'est pas close, mais que cette indication est en contradiction avec l'attitude des gendarmes, qui n'ont pas cru avoir le droit de pénétrer dans ladite prairie, et les divers documents du procès, desquels il résulte qu'on a été d'accord pour reconnaître, devant le tribunal de Libourne, que le fait de chasse dont s'agit aurait eu lieu dans un terrain clos; — Attendu que les premiers juges ont décidé, en principe, que l'art. 2 de la loi du 3 mai 1844 confère au propriétaire le droit de chasser dans son enclos, même avec des engins prohibés, et que, par suite, aucun délit ne saurait être relevé contre le prévenu; — Attendu que de la combinaison des §§ 2 et 3 de l'art. 12 de la loi du 3 mai 1844, il ressort que la chasse avec engins prohibés est interdite aussi bien dans les terrains clos que dans les terrains ouverts; que ces deux textes, qui punissent, l'un la chasse avec engins prohibés, l'autre la simple détention de ces objets, doivent logiquement s'appliquer dans la même situation; que la détention d'engins prohibés au domicile, ou dans l'enclos y attenant, constituant un délit, la chasse avec ces engins ne peut être licite; qu'autrement, on arriverait à ce résultat non moins étrange qu'inexplicable, qu'on aurait le droit de chasser avec des engins dont la simple détention est délictueuse; qu'on ne saurait raisonnablement prêter au législateur une pareille inconséquence; que vainement les premiers juges invoquent le rapport de M. Frank-Carré sur la loi du 3 mai 1844; que le passage auquel ils se réfèrent serait certainement contraire au texte et à l'esprit de la loi, s'il avait le sens qui lui est attribué; mais qu'en le lisant attentivement, on voit que le rapporteur se préoccupait exclusivement de l'inviolabilité du domicile, et qu'il a voulu seulement proclamer qu'on ne pourrait y pénétrer, pour la constatation des délits de chasse, qu'en se conformant aux lois; qu'ainsi, c'est à tort que le tribunal de Libourne a reconnu au prévenu le droit de chasser dans son enclos avec des engins prohibés, et l'a relaxé par cet unique motif; — Mais attendu, en ce qui touche le fait de chasse en lui-même, que le procès-verbal dressé contre Condes n'a pas toute la précision nécessaire pour mettre la Cour en état de statuer quant à présent; — Par ces motifs, etc.

MM. Beylot, prés.; Labroquère, av. gén.

PARIS (7e CH.) 12 janvier 1885.

AFFICHAGE, AFFICHES, LIBERTÉ DE L'AFFICHAGE, DISPOSITIONS FISCALES, TAXE, PAYEMENT PRÉALABLE, CONTRAVENTION, AMENDE.

La loi du 29 juill. 1881, en inaugurant la liberté de l'affichage, a laissé en vigueur les dispositions antérieures d'ordre purement fiscal; par exemple, celles relatives au payement de la taxe (1) (L. 8 juill. 1852, art. 30; Décr. 25 août 1852, art. 8; L. 29 juill. 1881, art. 68).

Par suite, le fait d'avoir apposé dans un lieu public des affiches peintes, sans en avoir préalablement acquitté les droits, continue, même depuis la loi de 1881, à être passible des peines portées à l'art. 30 de la loi du 8 juill. 1852 (2) (Id.).

Et il y a lieu à autant d'amendes que de contraventions (3) (Id.).

(Claisse.) — ARRÊT.

LA COUR : — Considérant qu'il résulte d'un procès-verbal dressé, le 24 janv. 1884, à la requête de l'administration de l'enregistrement et des domaines, et qu'il est, d'ailleurs, reconnu par Claisse, que celui-ci, en sa qualité d'entrepreneur d'affichage, a, en 1884, à Saint-Germain, fait inscrire dans diverses rues de cette ville des affiches peintes, destinées à appeler l'attention du public sur un établissement commercial *l'Union musicale;* que, sans avoir payé le droit d'affichage établi par l'art. 30 de la loi de finances du 8 juill. 1852, il a fait placer trois de ces affiches dans les endroits ci-après désignés : 1° rue Saint-Thomas, sur la façade de la maison portant le n° 9; 2° rue de Hermenont, sur la facade de la maison Simon-Laurent; et 3° rue Devant le nouvel hospice, façade Masson; — Considérant que l'art. 30 de la loi du 8 juill. 1852 a eu pour objet de compléter les dispositions de l'art. 69 de la loi de finances de 1816, en appliquant l'impôt aux affiches sur toiles, sur bois et sur murailles; que la contravention fiscale résultant du non-payement des droits établis par la loi de 1852 est distincte de celles pouvant donner lieu en même temps à l'application des peines édictées pour infractions aux lois réglementant, antérieurement à la loi du 29 juill. 1881, l'exercice de la profession d'afficheur; que cela ressort clairement des diverses dispositions du décret du 23 août 1852, rendu en exécution de la loi dont s'agit; — Considérant, en effet, que l'art. 1er de ce décret impose à l'afficheur, d'une part, le payement préalable des droits d'affichage, et, d'autre part, l'obligation d'obtenir de l'autorité municipale, dans les départements, et, à Paris, du préfet de police, l'autorisation ou permis d'afficher; qu'il est dit, en outre, sous l'art. 2, que les droits perçus seront restitués si l'autorisation d'afficher est refusée par l'administration, et, sous l'art. 3, que celle-ci ne délivrera de permis d'affichage qu'au vu et sur le dépôt de la déclaration portant quittance du receveur d'enregistrement; qu'il est dit, enfin, dans le second paragraphe de l'art. 8, qu'il sera dû une amende pour chaque exemplaire d'affiche inscrit sans payement du droit, et pour chaque exemplaire posé dans un emplacement autre que celui indiqué dans la déclaration; — Considérant que, si la loi du 29 juill. 1881 a affranchi l'afficheur des entraves apportées par la législation antérieure dans l'exercice de sa profession, elle n'a apporté aucune dérogation à la loi de finances du 8 juill. 1852, assujettissant au payement de l'impôt les affiches inscrites dans un lieu public, et que cette loi n'a été abrogée ni expressément ni implicitement par l'art. 68 de la loi du 29 juill. 1881; qu'il suit de là que c'est à tort que les premiers juges, tout en reconnaissant l'existence du fait constituant la contravention, se sont refusés à faire application de la peine édictée par l'art. 30 de la loi du 8 juill. 1852; que chacun des faits relevés à la charge de Claisse constitue la contra-

---

124); Cass., 1er mai 1868 (Pand. chr.); Melun, 10 mars 1874 (D. 76. 5. 75); Montbrison, 10 janv. 1876 (D. 76. 5. 75); Aix, 2 mars 1876 (Pand. chr.), et les renvois.

(1-2) V. conf. Cass., 10 juin 1882 (Pand. chr.); 1er mai 1885 (Pand. chr.); Pau, 30 mai 1885 (Pand. chr.); Orléans, 28 juill. 1885 (Pand. chr.), et les notes.

(3) V. comme application identique, Cass., 10 juin 1882 (Pand. chr.), — et sur le principe, bien constant en matière de contravention, d'après lequel l'art. 365, C. instr. crim., prohibitif du cumul des peines, n'est point applicable à cette catégorie d'infractions, les nombreuses décisions citées en note sous cet arrêt, du 10 juin 1882, précité.

vention prévue et punie par les art. 1er et 8 du décret du 25 août 1852, et 30 de la loi du 8 juill. 1852; — Par ces motifs, — Infirme le jugement du tribunal de Versailles du 28 mai 1884, — Condamne Claisse à la peine de 100 francs d'amende en raison de chacune des trois contraventions constatées, etc.

MM. le cons. de Thévenard, prés.; Lefranc, subst.

PARIS (1re CH.) 14 janvier 1885.

PROPRIÉTÉ ARTISTIQUE, ŒUVRE D'ART, TABLEAU, AUTEUR, SIGNATURE, SUBSTITUTION, FRAUDE, EXPOSITION, MISE EN VENTE, ACQUÉREURS SUCCESSIFS, DÉTENTEUR ACTUEL, BONNE FOI.

Tout acquéreur d'un objet d'art (d'un tableau, dans l'espèce) portant la signature de son auteur contracte implicitement l'obligation de ne l'exposer et mettre en vente que sous la signature de l'artiste à l'œuvre duquel il est dû, et cette obligation se transmet, par la nature même de la convention et de la chose qui en est l'objet, à tous les acquéreurs successifs (1) (C. civ., 1134, 1135).

Dès lors, l'auteur a le droit de s'adresser au détenteur actuel de l'objet d'art pour le faire condamner à lui laisser apposer sa signature aux lieu et place de celle qui a été frauduleusement substituée à la sienne (2) (C. civ., 1382 et suiv.).

Et il en serait ainsi alors même que la substitution eût été opérée par d'autres et en dehors de toute participation du détenteur actuel (3) (Id.).

(Trouillebert c. Tedesco frères et Cordeil.) — ARRÊT.

LA COUR : — ...Considérant, en droit, que tout acquéreur d'un objet d'art portant la signature de son auteur contracte implicitement l'obligation de ne l'exposer et mettre en vente que sous la signature de l'artiste à l'œuvre duquel il est dû; — Que cette obligation se transmet, par la nature même de la convention et de la chose qui en est l'objet, à tous les acquéreurs successifs, qui ne sauraient, dans un but de spéculation inavouable, sans manquer aux règles de la délicatesse et à l'esprit de la convention primitive, priver l'auteur du bénéfice pouvant résulter du mérite artistique d'une œuvre qui peut être, comme dans l'espèce, l'un des éléments principaux de sa réputation; — Considérant, dès lors, que Trouillebert, par cela seul qu'il se prétend l'auteur du paysage dont il s'agit, a eu le droit de s'adresser aux sieurs Tedesco frères, en leur qualité de détenteurs et cessionnaires de ce tableau, pour les faire condamner à lui laisser apposer sa signature aux lieu et place de celle qu'il prétend avoir été, même en dehors de leur participation, substituée frauduleusement à la sienne; — Qu'il y a lieu, par suite, de rejeter, comme mal fondée, la fin de non-recevoir opposée à la demande; ...— Par ces motifs, etc.

MM. Périvier, 1er prés.; Manuel, av. gén.; Jullien, Cléry et Carraby, av.

TRIB.-CORR. SEINE (11e CH.) 27 janvier 1885.

CHEMIN DE FER, ENFANT, BILLET (DÉFAUT DE), CONTRAVENTION.

Celui qui voyage avec un enfant âgé de plus de trois ans (de quatre ans, dans l'espèce), sans s'être au préalable muni d'un billet pour cet enfant, commet l'infraction prévue par l'art. 63 de l'ord. du 15 nov. 1846, et punie par l'art. 21 de la loi du 15 juill. 1845 (4) (L. 15 juill. 1845, art. 21; Ord. 15 nov. 1846, art. 63).

(Morel.) — JUGEMENT.

LE TRIBUNAL : — Attendu qu'il résulte d'un procès-verbal régulier, en date du 20 mai 1884, affirmé et enregistré, dressé par Morlet, chef de gare au chemin de fer de ceinture, que ledit jour, Morel a contrevenu aux lois et ordonnances sur la police des chemins de fer, en voyageant avec un enfant de quatre ans, sans avoir au préalable pris de billet pour ce dernier, sur la ligne du chemin de fer de ceinture entre Paris-Saint-Lazare et la gare du Point du Jour, infraction prévue par l'art. 63 de l'ordonn. du 15 nov. 1846, et punie par l'art. 21 de la loi du 15 juill. 1845; — Condamne Morel, etc.

M. Barbier, prés.

DOUAI (CH. RÉUN.) 5 février 1885.

DIVORCE, SÉPARATION DE CORPS, CONVERSION, REJET.

De ce qu'il appartient à chacun des époux de demander la conversion d'un jugement de séparation de corps en jugement de divorce (5) *les tribunaux n'en restent pas moins, même en l'absence de toute opposition ou résistance de la part de l'époux défendeur à la demande en conversion, souverains appréciateurs de la question de savoir si les griefs accueillis par le jugement de séparation sont ou non d'une gravité suffisante pour entraîner le divorce* (6) (C. civ., 310; L. 27-29 juill. 1884).

Mais au cas où le conjoint au profit de qui la séparation de corps a été prononcée s'oppose à la conversion, cette dernière demande doit être examinée en se plaçant au jour du jugement, comme si, à cette époque, l'époux défendeur en séparation, eût été reconventionnellement demandeur en divorce (7) (Id.).

Par suite, doit être rejetée la demande en conversion formée par l'époux défendeur à la séparation, lorsqu'il ne peut invoquer à l'appui de sa demande que les griefs qui ont motivé la séparation prononcée contre lui, et qu'aucun tort n'a pu être relevé contre l'autre époux (8) (Id.).

(Liénard c. Liénard.) — ARRÊT.

LA COUR : — ...Au fond : — Attendu que, par un jugement du tribunal d'Avesnes, en date du 31 août 1876, confirmé par arrêt de cette Cour, en date du 22 nov. suivant, la séparation de corps a été prononcée au profit de la femme Liénard contre son mari; que, par ces mêmes jugement et arrêt, la demande reconventionnelle du mari a été rejetée comme non justifiée; — Attendu que le législateur a laissé aux juges une souveraine appréciation sur la question de savoir si les faits reconnus constants par le jugement de séparation de corps étaient d'une gravité suffisante pour justifier la demande en divorce; que la loi permet à chacune des parties de demander la conversion du jugement de séparation en jugement de divorce; que, quand l'époux défendeur à cette demande en conversion ne s'y oppose pas, il appartient aux juges d'apprécier si les faits constatés lors de l'instance en séparation, sont assez graves pour permettre de prononcer la rupture du lien conjugal; —

(1-2-3) Comp. Cass., 29 nov. 1879 (D. 80. 1. 400). V. aussi notre *Dictionnaire de droit comm., ind. et marit.*, t. V, v° *Propriété artistique*, n. 96, 97 et 127.

(4) V. conf., avec des motifs plus complets, Rouen, 25 mars 1875 (Pand. chr.), et la note.

(5) La jurisprudence paraît être définitivement fixée en ce sens, surtout depuis l'arrêt de cassation du 12 août 1885 (Pand. chr.), et la note.

(6) Sur le pouvoir d'appréciation des tribunaux, V. Besançon, 27 déc. 1884 (Pand. chr.); Orléans, 5 mars 1885 (Pand. chr.); Cass., 12 août 1885 (Pand. chr.), et les renvois.

(7-8) V. dans le même sens, Trib. civ. Seine, 19 nov. 1884 (Pand. chr.); C. Martinique, 21 fév. 1885 (Pand. chr.), et les renvois. — V. toutefois, en sens contraire, Trib. civ. Seine (4e ch.), 5 mars 1885 (Pand. chr.); Caen, 20 avril 1885 (Pand. chr.), et les notes.

Mais attendu que lorsque, comme dans l'espèce, c'est l'époux qui a été condamné par le jugement de séparation qui demande la conversion, et que la femme s'y oppose, il y a lieu, pour le juge, d'examiner la cause, comme si, au jour du jugement, l'époux, alors défendeur en séparation, était reconventionnellement demandeur en divorce; qu'il résulte des jugement et arrêt précités que les griefs articulés par Liénard contre sa femme à l'appui de sa demande reconventionnelle en séparation ne sont pas justifiés; que s'il avait à cette époque demandé le divorce en se basant sur les mêmes faits, il eût, *à fortiori*, été repoussé; qu'en admettant que les faits articulés par la femme Liénard, et reconnus vrais par lesdits jugement et arrêt, fussent d'une gravité suffisante pour faire prononcer le divorce à son profit, si elle l'avait demandé, prononcer aujourd'hui le divorce en se basant sur ces seuls faits, alors que la femme s'y oppose formellement, ce serait pour ainsi dire punir cette dernière, à l'égard de laquelle il a été souverainement jugé qu'à l'époque de la séparation elle n'avait aucun tort à se reprocher; que c'est donc à bon droit que les premiers juges ont rejeté la demande de Liénard.

MM. Mazeaud, 1er prés.; Dumas, av. gén.; Allaert et Dubron, av.

BOURGES (1re CH.) 9 février 1885.

ACTE DE COMMERCE, PROPRIÉTAIRE, FERMIER, BESTIAUX, ACHAT, ENGRAISSEMENT, REVENTE, COMMERÇANT, FAILLITE, EMPRUNT, EXPLOITATION AGRICOLE.

Le fait, par le propriétaire ou fermier d'une terre comprenant des herbages, d'acheter des bestiaux pour les engraisser sur ses domaines et les revendre ensuite, ne constitue pas un acte de commerce, mais bien une dépendance étroite de son exploitation agricole, un complément de l'ensemble de cette exploitation (1) (C. comm., 632).

D'où cette double conséquence qu'un tel individu ne peut être considéré comme commerçant ni être déclaré en faillite (2) (C. comm., 1, 437).

Peu importe d'ailleurs qu'il ait eu recours, pour ces opérations, à des fonds empruntés à des banquiers, dès l'instant que ces fonds ont été par lui employés à une utile exploitation de ses terres (3) (Id.).

(Marcillat c. Banque de France et Barret.) — ARRÊT.

LA COUR : — Considérant que, par jugement en date du 8 déc. 1884, le tribunal de commerce de Nevers, à la requête de Barret et de la Banque de France, a prononcé la faillite de Marcillat; que ce dernier a fait appel de cette décision; — Considérant que Marcillat, sans contester le chiffre des dettes pour lesquelles sa faillite a été déclarée, soutient qu'il n'était pas et n'avait jamais été commerçant; que, par conséquent, son état de déconfiture, qui est notoire, ne pouvait constituer un état de faillite; — Considérant qu'il ne saurait être contesté qu'au moment des poursuites dirigées contre lui par Barret et par la Banque de France, Marcillat n'était pas commerçant; que les nombreux actes signifiés à la requête de Barret le qualifient toujours de propriétaire; qu'à la vérité, dans quelques actes notifiés à la diligence de la Banque de France, cette dénomination de propriétaire est précédée ou suivie de ces mots : *ancien commerçant;* — Considérant que c'est sur cet état d'ancien commerçant que le tribunal de commerce de Nevers s'est fondé pour déclarer la faillite de Marcillat, mais que, pour arriver à cette décision, les premiers juges ont fait une appréciation erronée des circonstances de la cause; — Considérant que, pendant plusieurs années, Marcillat a exploité une ferme assez importante, la ferme de Chassenay; qu'en outre, il possède une propriété pouvant fournir une certaine quantité de fourrages; — Considérant que le propriétaire ou le fermier d'une terre comprenant des herbages en trouve l'emploi naturel dans l'engraissement du bétail; — Qu'en achetant des bestiaux pour les placer dans les herbages du domaine et les revendre après engraissement, il ne fait pas un acte de commerce, mais se livre à une opération qui se lie intimement à l'exploitation agricole et complète même son ensemble; — Considérant que Marcillat n'a pas fait autre chose, soit comme fermier, soit comme propriétaire; que c'est en vain qu'on se livrerait à des calculs, dont l'exactitude ne saurait être démontrée, pour établir que Marcillat s'est montré dans l'impossibilité d'engraisser les bestiaux qu'il semble avoir vendus, avec les fourrages provenant des terres dont il disposait; — Qu'il importe peu, dès lors, qu'il ait opéré de la sorte avec les fonds de certains banquiers, puisque les sommes qu'il s'est ainsi procurées avaient pour but de lui permettre de tirer parti, selon leur destination, des terres qu'il possédait soit en location, soit en propriété: — Qu'en procédant ainsi, Marcillat n'a donc pas fait acte de commerce; — Par ces motifs, réformant : — Déclare Marcillat relevé de la faillite prononcée contre lui le 8 déc. 1884 par le tribunal de commerce de Nevers.

MM. Vidal, 1er prés.; Andrieu, av. gén. (concl. conf.); Legrand et Lucas, av.

PARIS (7e CH.) 16 février 1885.

CHEMIN DE FER, BILLET DE SÉRIE, BILLET ORDINAIRE, CLASSE DIFFÉRENTE, REPRÉSENTATION A L'ARRIVÉE, CONTRAVENTION.

Le voyageur qui, déjà nanti d'un billet de série de première classe, prend à la gare de départ un billet ordinaire de deuxième classe, mais monte dans un compartiment de première et présente en cours de route au conducteur du train son billet de série, dont le coupon est immédiatement détaché par l'employé, ne commet aucune contravention à l'art. 63 de l'ordonnance du 15 nov. 1846 par cela seul qu'à l'arrivée il conserve son billet de série et ne remet aux agents du contrôle que le billet de deuxième classe (4) (L. 15 juill. 1845, art. 21; Ord. 15 nov. 1846, art. 63).

(Chem. de fer de l'Ouest c. Vaussard.)

7 mai 1884, jugement du tribunal correctionnel de la Seine (8e ch.) ainsi conçu : — « LE TRIBUNAL : — Attendu qu'il résulte des débats la preuve que, le 3 janv. 1884, Vaussard a été trouvé entre la Porte-Maillot et la gare Saint-Lazare dans une voiture de 1re classe, et que, sur la demande du conducteur du train, il a alors présenté à celui-ci un billet de série de

(1-2) V. conf. Dijon, 11 mars 1881 (Pand. chr.), et les renvois.

(3) Il en serait ainsi alors même que ces emprunts auraient revêtu la forme de billets à ordre souscrits ou endossés par le cultivateur. V. Dijon, 11 mars 1881, précité.

(4) Sans doute, il peut y avoir et il y a dans de tels agissements un système, un calcul. Certains voyageurs trouvent ainsi moyen de se prélasser en première avec des billets de seconde. Le contrôle dans les trains qui desservent la banlieue de Paris, n'est jamais ni bien régulier ni bien vigilant. Les départs sont trop nombreux, les stations trop rapprochées; la quantité de voyageurs toujours considérable; le temps matériel fait défaut; ou bien il faudrait toute une armée d'employés exclusivement occupés à poursuivre la fraude sous quelque forme qu'elle se dissimule. Les résultats ne répondraient point à l'effort, et le profit serait loin de couvrir les frais des dépenses supplémentaires. Toutes ces considérations ont bien leur valeur; mais elles ne prouvent qu'une chose, la possibilité de frauder; ce n'est point assez pour constituer une contravention, qui exige le fait accompli, démontré à l'encontre du voyageur. — Comp. Aix, 6 mars 1884 (Pand. chr.); Nancy, 1er mai 1884 (Pand. chr.), et les notes.

1re classe, pris à l'avance ; que Vaussard s'était donc ainsi placé dans une voiture de la classe même indiquée par son billet, et que, dès lors, la contravention relevée à sa charge, et prévue par les art. 63 de l'ordonn. du 15 nov. 1846 et 21 de la loi du 15 juill. 1845, n'est pas établie; que si, à la sortie de la gare Saint-Lazare, au lieu de remettre au contrôle le billet de série qu'il avait présenté en cours de route, et dont le conducteur du train avait détaché le coupon, Vaussard a remis alors un billet de 2e classe dont il s'était également muni, cette substitution, quelle qu'ait pu être l'intention de son auteur, ne tombe sous l'application d'aucune disposition pénale; que, d'ailleurs, aux termes mêmes de l'avis imprimé sur chaque billet de série, le billet conservé par Vaussard n'avait plus aucune valeur, puisque le coupon en avait été détaché lors du contrôle effectué en cours de route; que si, néanmoins, et ainsi que l'a soutenu la Compagnie du chemin de fer, partie civile au procès, la rétention d'un billet de série dont le coupon a été détaché peut et devient souvent l'occasion de fraude commise à son préjudice, parce qu'en fait, le contrôle de cette sorte de billet et le détachement du coupon qui devraient se faire au moment où le voyageur qui en est muni entre dans la salle d'attente ou sur le quai de départ, ne se font presque jamais à ce moment, et parce que, en cours de route, le conducteur du train, à qui un voyageur présente un billet de série dont le coupon a été détaché, est sans moyen de s'assurer que ce billet n'a pas déjà servi, cette circonstance, indifférente au point de vue de la contravention spéciale relevée à la charge de Vaussard, serait encore insuffisante pour imprimer à la substitution, dont il se reconnaît l'auteur, un caractère délictueux ; qu'en effet, fût-il même établi que cette substitution eût été volontaire, et qu'en conservant le billet de série dont le coupon avait été détaché, Vaussard ait eu lui-même l'intention d'en faire, à l'occasion, un nouvel usage, ce nouvel usage seul pourrait être incriminé ; — Par ces motifs, — Renvoie Vaussard des fins de la poursuite, etc.

Appel par la Compagnie.

ARRÊT.

LA COUR : — Considérant qu'il ressort du jugement attaqué, et qu'il est d'ailleurs reconnu que, le 3 janv. 1884, Vaussard, muni d'un billet de 2e classe délivré au guichet de la station de Neuilly, et qu'il a ensuite remis à la sortie de la gare Saint-Lazare, a effectué le trajet en prenant place dans une voiture de 1re classe ; qu'il est constant également que, pour justifier son droit à la place par lui occupée, au lieu de représenter ce billet, en offrant de solder la différence de prix pouvant être réclamé, il a exhibé au conducteur du train un billet de série de 1re classe, dont il était aussi porteur, et que cet employé a laissé entre ses mains, après en avoir détaché le coupon; — Considérant que c'est avec raison qu'en cet état les premiers juges ont déclaré que, Vaussard ayant justifié, au moment où il en était requis, de son droit à occuper une place dans un compartiment de 1re classe, la contravention relevée à sa charge n'était pas établie; qu'il n'y a pas à rechercher les motifs ayant déterminé Vaussard, soit à se faire délivrer au départ de la station de Neuilly un billet de 2e classe, alors qu'il était déjà nanti du billet de série par lui ensuite représenté en cours de route, soit à dissimuler au conducteur du train la possession dudit billet, et à en opérer la remise, à l'arrivée, en conservant le billet de série; qu'à supposer que la rétention de ce dernier billet ait eu lieu dans la pensée d'en faire ultérieurement et abusivement un nouvel usage, cette circonstance et la possibilité même de l'utiliser dans l'état où il avait été laissé entre ses mains, ne peuvent, en dehors de tout fait pouvant établir que Vaussard en a fait ou tenté de faire cet usage, être retenues comme constituant une preuve juridique de la contravention spéciale formant l'objet de la prévention; — Considérant enfin qu'il appartient à la Compagnie des chemins de fer de l'Ouest de prendre les mesures d'ordre et de contrôle nécessaires pour prévenir les abus auxquels peut donner lieu la délivrance des billets de série; — Adoptant, au surplus, les motifs du jugement attaqué, lesquels répondent suffisamment aux conclusions prises par la partie civile; — Confirme, etc.

MM. le cons. Rouillon, prés.; Lefranc, subst.; Jacquin et Coulon, av.

NANCY (1re CH.) 18 février 1885.

VENTE, ÉPOUX, COMMUNAUTÉ, MOBILIER, FEMME, PROPRES, REMPLOI, CRÉANCE, EXIGIBILITÉ, FRAUDE, SIMULATION, APPRÉCIATION.

La vente du mobilier de communauté, consentie par le mari à sa femme non séparée judiciairement, en remploi de ses propres aliénés, est valable, bien que la créance de cette dernière ne soit pas encore exigible (1) (C. civ., 1595, § 2).

Mais il n'en est ainsi qu'autant qu'il s'agit d'une vente sérieuse et réelle, et non d'un simulacre, d'un concert frauduleux organisé entre les deux époux à l'effet de soustraire le mobilier, objet de la vente, à l'action des créanciers personnels du mari (2) (Id.).

Et le concert frauduleux peut s'induire de certaines circonstances de fait, telles que le rapprochement de la date de la vente avec la date d'un commandement à fin de saisie, le choix pour la réalisation de la vente d'un notaire étranger à la localité et même au département du domicile des époux, l'étendue de la vente, qui ne laisse en dehors de ses effets aucun objet quelconque et englobe même les outils servant à la profession du mari, et jusqu'aux provisions du ménage, le mode de jouissance, qui reste après ce qu'il était avant, conservant au mari les avantages de la propriété et n'investissant la femme d'aucun droit privatif et nouveau (3) (Id.).

(Gaillet c. Labbé.) — ARRÊT.

LA COUR : — Attendu qu'aux termes de l'art. 1595, § 2, C. civ., la vente entre époux est autorisée, lorsque la

---

(1) V. en ce sens, Bordeaux, 1er déc. 1829; Poitiers, 11 août 1863 (S. 65. 2. 303. — P. 65. 1136. — D. 65. 2. 103); Dijon, 5 août 1874 (D. 77. 5. 459); Chambéry, 21 févr. 1876 (S. 76. 2. 143. — P. 76. 586. — D. 77. 2. 47); Douai, 10 nov. 1880, et Trib. Arras, 7 oct. 1882 (S. 83. 2. 253. — P. 83. 1. 1245); Alger, 6 mars 1882 (S. 84. 2. 137. — P. 84. 1. 730). — Toutefois la question est vivement controversée, et la majorité des Cours d'appel, appuyée de l'autorité de la Cour de cassation, se prononce en sens contraire, subordonnant à l'*exigibilité* de la créance de la femme la validité de la vente que son mari lui a consentie. V. Caen, 4 janv. 1851 (P. 53. 2. 219); Riom, 24 mars 1852 (P. 53. 2. 221); Bourges, 14 mars 1853 (S. 53. 2. 512. — P. 54. 1. 148. — D. 55. 2. 7); 25 janv. 1871 (S. 71. 2. 9. — P. 71. 78); Besançon, 15 juin 1881 (S. 82. 2. 127. — P. 82. 1. 690. — D. 82. 2. 52); Nîmes, 9 janv. 1882 (S. 83. 2. 253. — P. 83. 1. 1245); Bordeaux, 15 fév. 1882 (S. 84. 2. 27. — P. 84. 1. 198. — D. 83. 2. 176); Cass., 28 nov. 1855 (S. 56. 1. 680. — P. 56. 1. 536. — D. 56. 1. 319); 1er juill. 1873 (Pand. chr.); 15 juin 1881 (Pand. chr.), et les notes.

La même controverse existe en matière d'échange. V. Pau, 5 janv. 1885 (Pand. chr.), et les renvois.

(2-3) L'action dérivant de l'art. 1167, C. civ., ne saurait être refusée aux créanciers du mari, à l'effet de faire prononcer la nullité de la vente entre époux, au cas où cette vente n'aurait été imaginée que dans un but de fraude à leurs droits. V. Cass., 28 nov. 1855, déjà cité; 11 mai 1868 (S. 68. 1. 432. — P. 68. 1164. — D. 68. 1. 456); 18 févr. 1878 (S. 78. 1. 165. — P. 78. 403. — D. 78. 1. 291). — Mais, bien entendu, comme il s'agit d'un acte à titre onéreux, il faut que la fraude soit établie contre la femme

cession que le mari fait à la femme, même non séparée, a une cause légitime, telle que le remploi de ses propres aliénés pendant le cours de la communauté; — Attendu que cette disposition est applicable toutes les fois que la créance de la femme a une cause légitime et une existence certaine, et qu'en présence du silence de la loi, il serait arbitraire, à défaut d'un texte précis, de la restreindre au cas seulement où cette créance est devenue exigible; — Attendu, dans l'espèce, que la créance de la femme Gaillet résulte de l'aliénation d'un certain nombre d'immeubles à elle propres, qui a eu lieu postérieurement à son mariage et pendant l'existence de la communauté, et qu'à ce point de vue, la vente serait autorisée par les termes de l'art. 1595, § 2, précité, si elle réunissait d'ailleurs les caractères d'une vente sérieuse;

Mais, attendu que les conditions dans lesquelles elle s'est produite, les circonstances qui l'ont accompagnée et suivie, ainsi que la nature des objets auxquels elle s'applique, tout tend à démontrer qu'elle n'est que le résultat d'une simulation organisée par les deux époux, à l'effet de soustraire le mobilier, qui en fait l'objet, à l'action des créanciers personnels du mari; — Attendu, en effet, que c'est la veille même du jour où le créancier allait faire signifier le commandement préalable à la saisie, que les époux Gaillet songèrent à réaliser cette vente, dont le but, par ce rapprochement des dates, devient manifeste; que, pour mieux en assurer l'exécution, ils se rendirent dans l'étude d'un notaire étranger à la localité, et même au département qu'ils habitent; — Attendu, en outre, que cette vente comprend, non-seulement les meubles, mais encore tous les objets de quelque nature qu'ils soient, tels que les outils servant à la profession de Gaillet, et les provisions de ménage destinées à être consommées par l'usage journalier; — Attendu que, depuis cette époque, Gaillet a continué la vie commune avec sa femme, et n'a cessé d'exercer, comme précédemment, la profession de sellier, dans la maison qu'il habite avec elle, en usant des objets compris dans la vente, comme il le faisait auparavant; qu'il faut donc en conclure que la vente du 28 mai 1884 n'ayant ni dépouillé le mari d'aucun des avantages de la propriété, ni investi la femme d'aucun droit privatif et nouveau, elle n'est en réalité qu'une vente apparente et simulée, ne pouvant produire aucun effet juridique, et que, dès lors, elle ne peut être opposée à la demoiselle Labbé, dont la saisie devra recevoir son exécution; — Par ces motifs, etc.

MM. Angenoux, prés.; Luxer, av. gén.; Gutton et Renard, av.

C. DE LA MARTINIQUE 21 février 1885.

DIVORCE, SÉPARATION DE CORPS, CONVERSION, REJET, ÉPOUX COUPABLE, RÉCONCILIATION (REFUS DE).

La faculté d'appréciation souveraine laissée aux tribunaux d'admettre ou de rejeter la conversion de la séparation de corps en divorce (1), *comporte pour eux le droit de repousser la demande en conversion formée par l'époux défendeur à la séparation, alors qu'il ne peut invoquer à l'appui de sa demande que les griefs qui ont motivé la séparation de corps prononcée contre lui* (2) (C. civ., 310; L. 27-29 juill. 1884).

Et alors que, avant comme depuis la séparation prononcée, aucun grief n'a pu être relevé à la charge de l'autre époux (3) (Id.).

Il importe peu, d'ailleurs, que cet époux interpellé ait opposé un refus formel à toute réconciliation, si, depuis le jugement de séparation, l'époux coupable n'a rien tenté pour faire oublier ses torts et amener un rapprochement (4) (Id.).

(L... c. L...) — ARRÊT.

LA COUR : — Attendu que, par jugement du tribunal de première instance de Fort-de-France en date du 25 mars 1871, les époux L... ont été déclarés séparés de corps; que cette décision, devenue définitive dès 1871, a été rendue contre le mari, à raison d'outrages de la plus haute gravité et de mauvais traitements qu'il avait exercés sur la personne de sa femme; — Attendu que L..., se fondant sur les dispositions de l'art. 4 de la loi du 29 juillet 1884, combiné avec l'art 310, nouveau, C. civ., a demandé la conversion en jugement de divorce du jugement de séparation de corps du 25 mars 1871; — Attendu que le texte si formel de l'article invoqué, élucidé encore par les débats au Parlement, a laissé à l'appréciation des tribunaux la question de l'opportunité de la mesure sollicitée; — Attendu, en fait, que lors de l'instance en séparation de corps, aucun fait n'a été relevé à la charge de la femme; qu'il n'a été articulé contre elle aucun grief dont on ait pu se prévaloir depuis le jugement de séparation de corps; que L... réclame ainsi le bénéfice de la conversion, en s'appuyant uniquement sur les actes qui ont motivé la séparation de corps, c'est-à-dire sur les actes dont il s'est rendu coupable; — — Attendu qu'il ne saurait être admis que L... puisse trouver dans ses propres torts, dans l'adultère par lui commis, un titre suffisant pour imposer à sa femme une rupture définitive, à laquelle elle répugne, et qu'elle n'avait même pas pu prévoir comme conséquence de l'instance qu'elle avait engagée; — Attendu que le demandeur a fait état, il est vrai, de ce que sa femme, interpellée par lui devant les premiers juges, s'était refusée à toute réconciliation; mais qu'il appert, d'autre part, des renseignements et documents versés au procès, que L..., depuis la séparation de corps prononcée, n'a rien tenté pour faire oublier ses torts et amener un rapprochement; qu'il y a lieu, par suite, de reconnaître que le refus de la femme, dans les conditions où il s'est produit, ne saurait être pris en considération; — Par ces motifs, — Met à néant le jugement dont est appel; — Emendant, — Déclare L... mal fondé dans sa demande; — L'en déboute, etc.

MM. Duchassaing de Fontbressin, prés.; Herlé, subst.; Trillard et Basiege, av.

TRIB.-CIV. SEINE 25 février 1885.

MITOYENNETÉ, ACQUISITION, DROIT RÉEL, PAYEMENT DU PRIX, TIERS DÉTENTEUR, TRANSCRIPTION, CONVENTION (ABSENCE DE), ACTE CONSTITUTIF, RÈGLEMENT.

L'obligation imposée à tout propriétaire joignant un mur, s'il use de la faculté de le rendre mitoyen, de rembourser au maître de ce mur la moitié de sa valeur, est attachée activement et passivement aux héritages qu'elle concerne, et les suit en quelques mains qu'ils passent (5) (C. civ., 661).

---

par la preuve du concours direct qu'elle y aurait prêté. V. Cass., 11 mai 1868, susindiqué; 22 déc. 1880 (Pand. chr.), et la note. V. aussi Cass., 17 juin 1884 (Pand. chr.), et les renvois.

(1) Sur le pouvoir d'appréciation des tribunaux, V. Cass., 12 août 1885 (Pand. chr.), et les renvois. V. aussi Cass., 24 mars 1886 (D. 86. 1. 459).

(2-3) V. dans le même sens, Trib. civ. Seine (1re ch.), 19 nov. 1884 (Pand. chr.); Douai, 5 févr. 1885 (Pand. chr.), et les arrêts cités en note. — Mais la question est controversée. V. en sens contraire à l'arrêt ci-dessus, entre autres jugements et arrêts, Trib. civ. Seine (4e ch.), 5 mars 1885 (Pand. chr.); Caen, 20 avril 1885 (Pand. chr.), et les renvois.

(4) *Contrà* Trib. civ. Troyes, 27 août 1884 (Pand. chr.); Trib. civ. Mâcon, 25 nov. 1884 (Pand. chr.); Trib. civ. Seine (4e ch.), 5 mars 1885 (Pand. chr.); Caen, 20 avril 1885 (Pand. chr.), et les notes.

(5-6) La servitude de mitoyenneté ne constitue pas un démem-

Ce droit réel, pour être opposable au tiers détenteur de l'immeuble grevé, n'a pas besoin de faire l'objet d'une transcription, puisqu'il existe, indépendamment de toute convention entre les parties, par le seul effet des dispositions de la loi (6) (L. 23 mars 1855, art. 2).

Le compte de mitoyenneté dressé par l'architecte du maître du mur n'étant pas l'acte constitutif de la servitude, puisque la servitude préexiste à l'établissement dudit compte, n'a pas non plus besoin d'être transcrit (7) (Id.).

Et la libération du compte de mitoyenneté peut d'autant mieux être poursuivie contre le tiers détenteur, qu'il a été prévenu de l'existence de la dette par une mention insérée au cahier des charges, lors de l'adjudication, à la requête du maître du mur non payé (Id.).

(Harouard c. Drache et Thorin.) — JUGEMENT.

LE TRIBUNAL : — Attendu que Drache soutient qu'il n'existe aucun lien de droit entre lui et Harouard, et conclut, en conséquence, à la non-recevabilité de la demande formée contre lui; — En droit : — Attendu que l'action exercée par Harouard contre Drache est une action réelle mobilière; — Attendu qu'en effet, si le législateur a, dans l'art. 661, C. civ., créé une servitude en faveur de tout propriétaire joignant un mur, en lui accordant la faculté d'acquérir la mitoyenneté de ce mur, en tout ou en partie, même sans le consentement de celui qui l'a construit, il a, en même temps, imposé audit propriétaire l'obligation de rembourser au maître du mur la moitié de la valeur dudit mur, ou la moitié de la valeur de la portion qu'il veut rendre mitoyenne, et moitié de la valeur du sol sur lequel le mur est bâti; — Attendu que cette obligation est attachée activement et passivement, aux héritages qu'elle concerne; qu'elle les suit, en conséquence, en quelques mains qu'ils passent; — Attendu que cette obligation est le lien de droit qui a donné naissance à l'action exercée par Harouard contre Drache, détenteur actuel de l'immeuble à l'occasion duquel est née ladite obligation; — Attendu que vainement il a été plaidé, dans l'intérêt de Drache, que, si l'action exercée contre lui par Harouard a un caractère réel, ce droit réel, pour être opposable au tiers détenteur de l'immeuble grevé, aurait dû être transcrit conformément à l'art. 2 de la loi du 23 mars 1855, suivant lequel tout acte constitutif de servitude doit être soumis à cette formalité; qu'en effet, la servitude invoquée par Harouard ne résulte pas d'un acte; qu'elle a été créée par l'art. 661, C. civ.; qu'il s'agit d'une servitude qui apparaît aux yeux, et qui, par sa nature même, n'a pas besoin d'être inscrite pour être portée à la connaissance des tiers; — Attendu que le législateur de 1855, en imposant la formalité de la transcription pour les actes constitutifs de servitude, n'a entendu parler que des servitudes résultant de conventions que les tiers ne peuvent connaître que par la publicité de la transcription; — Attendu qu'aucune convention n'est intervenue entre Harouard et Thorin, lorsque ce dernier s'est emparé de la mitoyenneté du mur dont s'agit; qu'aucune convention n'était nécessaire pour que Thorin pût s'en emparer, puisqu'il pouvait le faire sans le consentement de Harouard; qu'en conséquence, en l'absence de toute convention particulière, la loi de 1855 n'est pas applicable; — Attendu que vainement Drache a prétendu que Harouard aurait dû faire transcrire le compte de mitoyenneté dressé par son architecte; — Attendu qu'en effet, on ne saurait voir, dans un tel document, l'acte constitutif de servitude visé par la loi de 1855; qu'il est constant que ce compte, émanant de Harouard ou de son mandataire, et non reconnu par Thorin, n'a pas créé la servitude de laquelle découle l'action réelle exercée par Harouard; qu'en effet, cette servitude était préexistante à l'établissement dudit compte, puisqu'il s'agissait d'une servitude légale, pour laquelle la formalité de l'écriture n'est pas nécessaire; — Attendu qu'il est inexact de prétendre que, faute d'interpréter la loi de 1855 dans le sens général qu'on voudrait lui donner, l'acquéreur d'un immeuble pourrait être recherché pour le payement d'un droit réel, et tenu au delà de son prix, sans avoir aucun moyen de se soustraire à l'action réelle exercée contre lui; qu'en effet, Drache pouvait facilement savoir, si l'immeuble qu'il se proposait d'acquérir était libéré du prix de la mitoyenneté due au voisin; qu'il n'était nullement nécessaire pour cela que le compte de mitoyenneté dressé par Harouard fût transcrit; que, d'ailleurs, Harouard avait pris soin de faire mentionner au cahier des charges que Thorin n'avait pas acquitté la somme de 4,269 fr. 86, montant du prix de la mitoyenneté par lui dû; que le même cahier des charges avait prévenu Drache qu'il ne pourrait prétendre à aucune diminution du prix ni à aucune garantie ni indemnité, à raison des droits de mitoyenneté ou de surcharge des murs séparant la maison mise en vente des propriétés voisines, alors que ces droits seraient encore dus; — Attendu, enfin, que, s'il a été déclaré par l'avoué poursuivant, audit cahier des charges, que l'adjudicataire n'aurait rien à payer du chef de la réclamation de Harouard, en sus du prix à résulter de l'adjudication, Drache ne saurait se prévaloir vis-à-vis de Harouard, de cette déclaration, à laquelle ce dernier est resté complètement étranger; — Attendu que, de ce qui précède, il résulte que la demande formée par Harouard contre Drache est recevable et fondée; — Attendu qu'en l'état de la cause il y a lieu de renvoyer Drache devant l'expert précédemment commis, à l'effet de vérifier et de régler le compte de mitoyenneté dont s'agit, pour qu'il puisse faire valoir les réclamations qu'il croirait devoir élever sur les prix et travaux visés audit compte; — Par ces motifs, etc.

---

brement de la propriété; elle ne résulte pas d'un acte de l'homme, elle dérive des dispositions de la loi; par là, elle n'a pas besoin d'être transcrite. Sur ce point, l'accord existe en jurisprudence et en doctrine. V. Paris, 22 janv. 1834 (S. 34. 2. 94. — P. chr.); 3 avril 1841 (S. 41. 2. 540. — P. 41. 1. 580); Cass., 21 mars 1843 (S. 43. 1. 350. — P. 43. 1. 637); Trib. civ. Seine (5e ch.), 12 nov. 1885 (Pand. chr.); Paris (1re ch.), 25 nov. 1885 (Pand. chr.), et les renvois.

Mais est-ce à dire que l'obligation d'acquitter le prix de la mitoyenneté constitue une dette « attachée activement et passivement aux *héritages* qu'elle concerne? » Ces expressions du jugement ci-dessus rapporté manquent d'exactitude et pourraient être la cause d'erreurs préjudiciables.

Supposons l'hypothèse, devenue si fréquente dans ces dernières années, de terrains loués avec promesse de vente moyennant un prix déterminé, mais à charge par le preneur d'édifier des constructions. Les bâtiments sont élevés à grand'peine; aussi toutes les ressources sont-elles absorbées avant que le propriétaire ait pu être payé du prix du sol. Suivant les stipulations du contrat, il y aura vente aux enchères publiques. Sur le montant de l'adjudication, le propriétaire prélèvera la part qui lui revient, le surplus seulement, représentant la valeur des constructions, restera au preneur ou à sa faillite. Si le maître du mur mitoyen n'a pas exigé du constructeur, avant toute prise de possession, comme il en a le droit, le payement du prix de la mitoyenneté, pourra-t-il recourir contre le propriétaire du sol qui, lui, n'aura jamais été investi d'un droit de propriété quelconque sur les bâtiments, et faire peser sur ce dernier les conséquences dommageables de l'insolvabilité du constructeur? L'affirmative devrait s'imposer, si réellement l'obligation de mitoyenneté était attachée activement et passivement *aux héritages*. Une pareille solution cependant ne nous semblerait pas juridique; elle a été repoussée par un jugement de la 3e ch. du tribunal civil de la Seine, rendu à la date du 27 déc. 1886, aff. Bouvet et Chalvet c. *Compagnie foncière immobilière* et *Société de la rue des Belles-Feuilles* (Journ. *la Loi*, n. 4 janv. 1887), jugement dont nous approuvons les motifs en droit.

(7) V. conf. Trib. civ. Seine (5e ch.), 12 nov. 1885 (Pand. chr.). — *Contrà* Paris (2e ch.), 25 nov. 1885 (Pand. chr.), et la note.

ORLÉANS (ch. civ.) 5 mars 1885.

Divorce, Séparation de corps, Conversion, Pouvoir des juges, Griefs, Examen nouveau, Chose jugée.

Les juges saisis d'une demande en conversion de séparation de corps en divorce, formée par l'époux qui a obtenu la séparation, peuvent, sans violer l'autorité de la chose jugée, soumettre les griefs de séparation à un nouveau et plus rigoureux contrôle, à l'effet de décider s'ils sont ou non suffisants pour entraîner le divorce (1) (C. civ., 310, 1351; L. 27-29 juill. 1884).

(Sajou c. Sajou.) — arrêt.

LA COUR : — En ce qui touche le divorce : — Considérant que Sajou a assigné la dame Sajou devant le tribunal civil de Blois, pour faire convertir en jugement de divorce le jugement de séparation de corps qu'il a obtenu contre elle du tribunal civil de la Seine, le 11 janvier 1879; que les premiers juges ont accueilli sa demande; qu'aux termes de leur jugement, on violerait l'autorité de la chose jugée, si l'on décidait que les faits qui ont entraîné la séparation de corps n'ont pas une gravité suffisante pour faire prononcer le divorce, alors qu'il ne se rencontre dans la cause aucune exception opposable à la demande, et qu'il n'existe pas de raisons morales de nature à la faire repousser; que ce jugement se fonde encore sur ce que le législateur a admis comme causes du divorce et de la séparation de corps les excès, sévices et injures graves, et qu'il aurait ainsi manifesté l'intention de placer le divorce sur la même ligne que la séparation de corps; — Mais, considérant que la décision intervenue sur la demande en séparation de corps n'a pas l'autorité de la chose jugée, en ce qui concerne le divorce; que, cette autorité est limitée à la constatation et à l'appréciation, au point de vue de la séparation de corps, des faits qui lui ont servi de base; que ces faits, sans doute, ne peuvent plus être remis en question; qu'il ne saurait être prétendu qu'ils n'avaient pas un caractère suffisant pour faire admettre la demande en séparation de corps, ni que cette séparation de corps était sans cause juridique, et qu'elle aurait été le résultat d'un concert entre les deux époux; mais que les magistrats ont le droit d'apprécier ces faits, mais au point de vue plus rigoureux du divorce; que cette appréciation a sa raison d'être dans la nature même des choses, puisque le divorce brise le lien conjugal, tandis que la séparation de corps ne fait que le relâcher; qu'il résulte de ces mots de l'art. 310, C. civ., modifié par la loi du 27 juillet 1884 : « le jugement pourra être converti », que le législateur a réservé aux tribunaux le pouvoir d'accueillir ou de rejeter la demande, en en appréciant les motifs; que ce pouvoir est conforme à l'esprit de la loi, et que son rapporteur s'est exprimé à cet égard, devant le Sénat (séance du 24 juin 1884), dans des termes qui ne laissent place à aucune incertitude; qu'il convient donc de faire application de ces principes à la cause, d'examiner si les raisons qui ont fait prononcer la séparation de corps, et si les faits qui ont pu survenir depuis lors, sont assez graves pour entraîner le divorce; s'il est constant que tout retour à la vie commune soit désormais impossible entre les époux; si l'accueil fait à la demande ne serait pas préjudiciable aux enfants nés de leur union, s'il ne constituerait pas une situation outrageante pour la défenderesse, contraire aux bonnes mœurs et à la morale publique...; — Par ces motifs, — Reçoit, en la forme, la dame Sajou, appelante du jugement du tribunal civil de Blois, du 20 août 1884; — Et, statuant sur ledit appel, — Confirme ce jugement, etc.

MM. Dubec, prés.; Gonod d'Artemare, av. gén.; Foucqueteau et Desplanches, av.

TRIB.-civ. SEINE (4e ch.) 5 mars 1885.

Divorce, Séparation de corps, Conversion, Epoux coupable, Admission, Réconciliation (Refus de).

La faculté de demander la conversion du jugement de séparation de corps en jugement de divorce, appartient aussi bien à l'époux coupable contre lequel la séparation a été prononcée qu'à l'époux sans reproche qui a obtenu la séparation à son profit (2) (C. civ., 310; L. 27-29 juill. 1884).

Et il en est ainsi, quand bien même l'époux qui a obtenu la séparation s'opposerait au divorce et que la demande en conversion ne s'appuierait sur d'autres griefs que ceux qui ont motivé le jugement de séparation (3) (Id.).

Alors surtout que, pendant une longue période d'années (treize ans), aucune tentative de rapprochement ne s'est produite, que tout espoir de reprise de la vie commune a disparu par le refus formel que maintient à cet égard l'époux offensé dans ses conclusions en rejet de la demande en conversion (4) (Id.).

Les tribunaux ont un pouvoir souverain d'appréciation à l'effet de décider si les griefs accueillis par le jugement de séparation sont ou non suffisants pour entraîner le divorce (5) (Id.). — Motifs.

(C... c. C...) — jugement.

Le Tribunal : — Attendu que, suivant jugement de cette chambre, en date du 16 mars 1870, confirmé par arrêt en date du 19 avr. 1872, les époux C... ont été séparés de corps; que ledit arrêt a repoussé une demande reconventionnelle en séparation formée par C..., et a accueilli la demande de la dame C..., se fondant sur les injures graves dont C... s'était rendu coupable envers elle, résultant des accusations mal fondées portées contre elle, des soupçons de C... et de la violence morale employée pour obtenir l'aveu de faits imaginaires; — Attendu que cet arrêt étant devenu définitif avant la promulgation de la loi du 27 juill. 1884, C..., en se fondant sur ce que la séparation a duré plus de trois ans, et en se basant sur les dispositions de l'art. 310 nouveau, C. civ., et de l'art. 4 de ladite loi, demande la conversion en jugement de divorce dudit arrêt de séparation; que la dame C... s'oppose énergiquement à la demande de son mari; qu'elle soutient « qu'il serait contraire à la raison comme à la morale que l'époux coupable pût invoquer ses propres torts pour aggraver la situation de son conjoint, quand ce dernier n'a rien à se reprocher »; qu'elle ajoute que C... est dans l'impuissance de formuler un grief quelconque contre elle depuis la séparation; qu'enfin,

---

(1) La jurisprudence est fixée en ce sens. V. Trib. civ. Seine (4e ch.) (motifs), 5 mars 1885, qui suit; Besançon, 27 déc. 1884 (Pand. chr.); Douai (sol. implic.), 5 févr. 1885 (Pand. chr.); C. de la Martinique (sol. implic.), 21 févr. 1885 (Pand. chr.); Caen, 20 avril 1885 (Pand. chr.); Cass., 12 août 1885 (Pand. chr.), et la note jointe à ce dernier arrêt.

(2-3-4) V. dans le même sens Trib. civ. Troyes, 27 août 1884 (Pand. chr.); Trib. civ. Mâcon, 25 nov. 1884 (Pand. chr.); Orléans, 5 mars 1885, qui précède; Caen, 20 avril 1885 (Pand. chr.), et les renvois. — V. aussi Cass., 12 août 1885 (Pand. chr.), et la note. — Mais un système contraire consiste à refuser à l'époux coupable le droit de poursuivre la conversion de la séparation de corps en divorce, lorsqu'il ne peut relever d'autres griefs que ceux-là mêmes qui ont motivé le jugement de séparation contre lui. V. Trib. civ. Seine (1re ch.), 19 nov. 1884 (Pand. chr.); Douai, 5 févr. 1885 (Pand. chr.); C. Martinique, 21 févr. 1885 (Pand. chr.), et les renvois.

(5) La jurisprudence est fixée en ce sens. V. Cass., 12 août 1885 (Pand. chr.), et les renvois.

elle articule contre son mari divers faits dont elle se déclare, en cas de dénégation, prête à faire la preuve, et qui seraient, suivant elle, de nature à établir l'indignité de C.... à obtenir la conversion qu'il sollicite; — Attendu que l'art. 310 nouveau, C. civ., a donné à l'un et à l'autre des époux séparés de corps, à celui contre lequel, comme à celui au profit duquel la séparation a été admise depuis plus de trois ans, le droit de demander que le divorce soit substitué à la séparation de corps; mais qu'en même temps, cet article a donné aux tribunaux la faculté d'apprécier s'il convient d'admettre ou de rejeter la demande de conversion dont ils sont saisis; qu'il convient de rechercher, dans les travaux préparatoires qui ont précédé le vote de l'art. 310, quelle pensée a déterminé l'adoption de cet article dans sa forme définitive; — Attendu qu'il paraît utile de remarquer tout d'abord que, d'après le Code civil, le droit de demander la conversion de la décision qui avait prononcé la séparation de corps en jugement de divorce n'appartenait qu'à l'époux contre lequel la séparation avait été prononcée, et que les tribunaux ne pouvaient se refuser à faire droit à cette demande, lorsque l'époux qui avait obtenu la séparation de corps n'offrait pas de reprendre la vie commune; qu'il n'y avait d'exception à cette règle et à ce droit du défendeur que pour les cas où la séparation avait été prononcée contre la femme adultère; que le motif de cette disposition était, ainsi que le disait Treilhard dans l'exposé des motifs fait au Corps législatif dans la séance du 30 vent. an XI: « qu'il ne serait pas juste que l'époux qui a choisi, comme plus conforme à sa croyance, la voie de la séparation, pût maintenir pour toujours l'autre époux, dont la croyance peut n'être pas la même, dans une interdiction absolue de contracter un nouveau mariage », parce que, disait-il, « cette liberté, que la Constitution garantit à tous, se trouverait alors violée dans la personne de l'un des deux époux »; — Attendu que la Chambre des députés avait, lors de la discussion qui a précédé le vote de la loi du 27 juill. 1884, adopté une rédaction qui ne différait de l'art. 310 que par le droit égal accordé aux deux époux, et par la suppression de l'exception relative au cas où la séparation était basée sur l'adultère de la femme, mais qui maintenait l'obligation pour les tribunaux de faire droit aux demandes dont ils étaient saisis; que cette rédaction fut présentée au Sénat par sa commission, qui expliquait, par l'organe de son rapporteur, que ce système s'appuyait, en ce qui concerne le droit concédé à l'époux contre lequel la séparation avait été prononcée, sur la pensée qui avait inspiré les rédacteurs du Code civil; que le rapporteur expliquait cette disposition en disant « qu'un époux, même quand il a eu des torts considérables, ne peut pas être condamné à rester éternellement dans cette situation, d'être marié sans l'être »; — Attendu qu'au cours de la discussion, le Sénat, tout en maintenant formellement à l'un et à l'autre des époux le droit de demander la conversion, s'est contenté de substituer à l'obligation de faire droit à toute demande de conversion une faculté d'appréciation pour les tribunaux; que cette modification du texte de l'art. 310 était le résultat d'une sorte de transaction intervenue à la suite de cette observation que l'obligation pour les tribunaux de substituer le divorce à la séparation sur la demande de l'époux défendeur rendrait impossible aux adversaires de l'institution du divorce l'usage même de la séparation de corps; mais que le sens de cette disposition résulte cependant bien nettement du rapport supplémentaire fait au Sénat à l'appui de cette nouvelle rédaction; que le rapporteur disait au Sénat, en effet, que l'un ou l'autre des époux pourrait, après trois ans de séparation de corps, porter à nouveau devant le tribunal les motifs de la désunion qui existe entre eux, et que le tribunal aurait à apprécier si les motifs qui avaient été suffisants pour prononcer la séparation de corps pouvaient, après les trois ans d'épreuve, être considérés comme suffisants pour prononcer le divorce; que, de son côté, le rapporteur de la Chambre des députés, après avoir vivement critiqué la rédaction du Sénat, et avoir fait observer que le défendeur qui pourrait, comme le demandeur à la séparation, demander la conversion, n'aurait aucun fait à invoquer, puisque c'est contre lui que la séparation aurait été prononcée, et que, par suite, on concevrait difficilement sur quoi se fonderaient les tribunaux pour accorder la conversion, conclut à l'adoption de la nouvelle rédaction, puisque, disait-il, le défendeur pourra demander au tribunal de transformer la séparation en divorce, sans qu'il soit dit qu'il sera tenu, pour l'obtenir, d'apporter des faits nouveaux; qu'il ajoute « qu'il dépendra de la jurisprudence de corriger ce que le nouvel art. 310 a de mauvais », et que « les tribunaux n'auront pour cela qu'à se montrer très-larges dans l'usage du droit de conversion que la loi leur confère »; — Attendu que de tout ce qui précède et de l'analyse des travaux préparatoires de la loi, il résulte que c'est à tort qu'on prétend exiger de l'époux contre lequel la séparation a été prononcée, la production de griefs à l'appui de sa demande de conversion; que, s'il en était ainsi, et en présence surtout du système qui voudrait soustraire à la procédure de faveur de l'art. 310 toute demande en conversion à l'appui de laquelle on invoquerait des griefs postérieurs à la séparation de corps, on arriverait, tout en déclarant recevable la demande en conversion qui émanerait du défendeur à la séparation, à faire toujours rejeter cette demande comme mal fondée, puisque le jugement de séparation a définitivement apprécié et déclaré de quel côté étaient les torts au moment de la séparation; que le législateur aurait, pour ainsi dire, retiré d'une main ce qu'il aurait donné de l'autre, et rendu ainsi illusoire le droit concédé à l'époux contre lequel la séparation aurait été prononcée; qu'il faut, au contraire, rechercher uniquement la base de ce droit dans le fait que la séparation a duré plus de trois ans, qu'aucun rapprochement n'est intervenu entre les époux et n'est offert par celui qui a obtenu la séparation, et dans les raisons tirées de la liberté individuelle, qui avaient déterminé les rédacteurs du Code civil, et qui ont été de nouveau affirmées au nom de la commission du Sénat; que là seulement est la raison d'être du droit du défendeur à la séparation, et non dans les griefs qu'il pourrait avoir à invoquer contre l'époux qui a obtenu la séparation, et qui ne peuvent venir, la plupart du temps, à l'appui de sa demande, que comme complément d'éléments d'appréciation pour le tribunal; qu'à la vérité, le tribunal a un pouvoir souverain d'appréciation, mais que ce pouvoir souverain, qui ne doit, pour répondre au vœu du législateur, s'exercer dans le sens du rejet de la demande que dans des cas exceptionnels, doit porter, aussi bien lorsque la demande de conversion émane du demandeur que lorsqu'elle vient du défendeur à la séparation, surtout sur le point de savoir, ainsi que le disait le rapporteur de la loi au Sénat, si les motifs qui avaient fait prononcer la séparation de corps peuvent, après les trois années d'épreuves, être considérés comme suffisants pour prononcer le divorce; qu'il résulte de ce qui précède que la dame C... ne peut opposer à la demande de conversion de C... l'absence de griefs formulés contre elle; qu'il est évident, d'autre part, que les griefs qui ont servi de base à l'arrêt pour prononcer la séparation de corps entre les époux C.... sont d'une gravité suffisante pour qu'il soit certain, alors que treize ans se sont écoulés sans rapprochement entre les époux, que la vie commune ne sera jamais renouée dans l'avenir; qu'à la vérité la demande en conversion de C... devrait être rejetée, si la dame C... offrait à son mari de faire cesser la séparation prononcée à son profit ; qu'en effet, cette disposition de l'ancien art. 310, bien que n'ayant pas été reproduite dans le texte de l'art. 310 nouveau, n'en a disparu que parce qu'elle a été déclarée surabondante et inutile, et doit être considérée comme toujours applicable ; — Mais, attendu que la dame C..., loin d'offrir d'oublier ses griefs et de reprendre la vie commune, a, au contraire, déclaré, dans une note remise en son nom au tribunal, que ce n'était pas à l'époux offensé, outragé, diffamé de prendre l'initiative d'un rapprochement ; que, dans ces conditions, l'objection qui aurait pu, sur ce point, s'élever contre la demande de C... n'existe pas, et ne saurait arrêter le tribunal ; — Attendu, enfin, que les faits articulés par la dame C... ne seraient pas, en présence des circonstances de la cause, des motifs de dissension profonde et irréparable qui existent entre les époux, de nature à faire rejeter la demande de C... ; que ces faits, qui seraient de beaucoup postérieurs à la séparation, qui n'ont aucun lien avec les griefs qui lui ont servi de base, ne sont donc pas pertinents, et qu'il n'y a lieu d'en ordonner la preuve ; qu'il résulte de tout ce qui précède que la demande de C... doit être admise, et que la conversion qu'il sollicite doit être prononcée ; — Par ces motifs, — Déclare converti en jugement de divorce, avec toutes les conséquences de droit, l'arrêt du 19 avril 1872, qui a prononcé la séparation entre les époux C... ; — Autorise en conséquence C... à se retirer pour faire prononcer le divorce devant l'officier de l'état civil de son domicile, qui, dans le silence du Code civil, doit être considéré comme seul compétent, par analogie avec la disposition de l'art. 16 de la loi du 20 sept. 1792, sur le divorce ; — Condamne la dame C... aux dépens, etc.

MM. Horteloup, prés. ; Flandin, subst. ; Carraby et Péronne, av.

NANCY 6 mars 1885.

SCELLÉS, INVENTAIRE, HÉRITIERS NON RÉSERVATAIRES, CRÉANCIERS, LÉGATAIRE UNIVERSEL, ENVOI EN POSSESSION, FRAIS, AVANCES.

L'envoi en possession de légataires universels, institués par testament, ne peut avoir pour effet de paralyser le droit qui appartient aux héritiers légitimes, même non réservataires, de requérir l'apposition et la levée des scellés, ainsi que la confection de l'inventaire (1) (C. proc., 909, 930, 941).

Il en est ainsi surtout quand les héritiers sont en même temps créanciers de la succession (2) (Id.).

Mais ces mesures étant prescrites dans l'intérêt exclusif des héritiers, ceux-ci doivent en faire l'avance des frais, sauf à réclamer qu'il soit statué sur leur attribution définitive lors du jugement sur la validité du testament (3) (Id.).

(Hérit. Baudrillard c. Aubry et Alliot.) — ARRÊT.

LA COUR : — Attendu qu'il ressort des termes de l'art. 909, C. proc., que les héritiers légitimes, même non réservataires, ainsi que les créanciers de la succession, peuvent, après décès, requérir l'apposition des scellés au domicile du défunt ; — Attendu que les appelants, réunissant cette double qualité, étaient certainement fondés à requérir, ainsi qu'ils l'ont fait, l'apposition des scellés au domicile de Jules Baudrillard ; — Attendu qu'aux termes des art. 930 et 941, C. proc., tous ceux qui ont le droit de requérir l'apposition des scellés ont également la faculté d'en demander la levée et de requérir inventaire ; — Attendu que l'envoi en possession de la veuve Aubry et de la dame Alliot, légataires universelles, ne peut paralyser ce droit de requérir inventaire ; que l'inventaire, en effet, n'est qu'une mesure conservatoire destinée à protéger et à garantir les droits éventuels que les héritiers et les créanciers pourraient avoir sur la succession ; qu'il est hors de doute que les appelants ont intérêt à s'assurer s'il existe ou non dans les papiers du défunt un autre testament révoquant ou modifiant celui qui les a exhérédés, ou des documents de nature à justifier, soit la demande en nullité qu'ils se proposent d'introduire, soit les réclamations qu'ils se croient en droit de formuler en qualité de créanciers, et qui pourraient disparaître, s'ils n'étaient constatés et décrits par un inventaire fidèle et régulier ; qu'ils ont encore, à ce double point de vue, intérêt à faire constater régulièrement les forces et charges de la succession ;

Attendu, néanmoins, que cette mesure étant réclamée dans l'intérêt exclusif des appelants, ils doivent être tenus de faire l'avance des frais d'inventaire, sauf à statuer ultérieurement sur le sort définitif de ceux-ci, selon qu'à la suite de l'instance qu'ils se proposent d'introduire, le testament aura été ou non maintenu, et la créance de la demoiselle Aimée Baudrillard justifiée ou non ; — Par ces motifs, — Reçoit l'appel des consorts Baudrillard ; — Ordonne que les scellés apposés au domicile de Jules Baudrillard seront levés, et qu'en même temps il sera procédé à un inventaire régulier des forces et charges de la succession et à la vérification des papiers en dépendant ; — Dit que les appelants seront tenus de faire l'avance des frais, etc.

PARIS (CH. CORR.) 9 mars 1885.

OUTRAGES AUX BONNES MOEURS, DESSINS ET GRAVURES, OBSCÉNITÉ, COMPÉTENCE, CONNEXITÉ, LIVRE.

Contenus ou non dans un livre, les dessins et gravures obscènes sont et restent de la compétence des tribunaux correctionnels ; ici ne s'applique pas la distinction, au point de vue de la compétence, entre le livre et les imprimés autres que le livre (4) (L. 2 août 1882, art. 1 et 2).

---

(1) La question est controversée ; mais elle a été résolue dans le sens de la solution ci-dessus rapportée par la majorité des arrêts. V. Bruxelles, 28 nov. 1810 ; Douai, 6 août 1838 (S. 45. 2. 544) ; 28 mai 1845 (S. 45. 2. 543. — P. 48. 2. 209. — D. 49. 2. 26) ; 20 déc. 1847 (Pand. chr.) ; Nîmes, 26 (ou 27) déc. 1847 (Pand. chr.), et les notes. — V. toutefois Riom, 29 mars 1879 (Pand. chr.).

(2) Ce dernier titre aurait à lui seul suffi, aux termes de l'article 909, § 2, pour autoriser les héritiers à requérir l'apposition et la levée des scellés, ainsi que l'inventaire de la succession.

(3) Les héritiers doivent faire l'avance des frais nécessités par les mesures qu'ils réclament. V. Douai, 20 déc. 1847, précité. — Et ces frais restent définitivement à leur charge, si le testament vient à sortir effet. V. Douai, 6 août 1838, et 28 mai 1845, également précités.

(4) Cette manière de distinguer radicalement dans un livre, les dessins ou gravures du texte, et de les soumettre à des juridictions différentes ne laisse pas, à première vue, que de surprendre. A y regarder de plus près, elle se légitime par les meilleurs arguments. La dualité existe toujours entre l'œuvre de l'écrivain et l'œuvre de l'artiste ; quand elle ne serait que la résultante de la diversité des tempéraments ; cette seule cause suffirait à les distinguer. En réalité, il est même rare qu'il y ait entre eux, à l'origine première du travail, cette collaboration commune qui les confond dans la même création. Généralement, ainsi que l'a fait remarquer M. Fabreguettes, *Tr. des infractions de la parole, de l'écriture et de la presse*, n. 1021, p. 373, « les dessins ne sont introduits qu'après un premier tirage et dans des éditions de luxe. Aucun auteur de renom, aucun écrivain digne de ce nom ne voudrait se subalterniser au dessinateur, au graveur ou au peintre. A chacun son art, à chacun sa palette ». Aussi on peut toucher aux dessins sans toucher au livre.

Il n'y aurait exception, et attribution de compétence aux cours d'assises, en vertu des principes de la connexité, que si le livre était poursuivi en même temps que les dessins et gravures (1) (Id.).

Et toute connexité doit être écartée là où, d'une part, le texte n'emprunte aucun éclaircissement aux dessins et gravures, et où, d'autre part, les dessins et gravures s'expliquent d'eux-mêmes et sans le secours du livre (2) (Id.).

...Et quand les dessins et gravures sont vendus dans des conditions de prix autres que celles des fascicules du texte, qu'ils le sont séparément et à tout individu, souscripteur ou non du livre, qui en fait la demande (3) (Id.).

(Jogand, dit Léo Taxil.) — ARRÊT.

LA COUR : — Sur la compétence : — Considérant qu'il s'agit en la cause d'un délit d'outrage aux bonnes mœurs par la vente dans un lieu public de gravures obscènes ; — Considérant que, d'après la loi du 2 août 1882 (art. 1er et 2), la poursuite des délits de ce genre a lieu devant le tribunal correctionnel, conformément au droit commun et suivant les règles édictées par le Code d'instr. crim. ; — Considérant que, vainement, pour échapper à cette juridiction, les prévenus prétendent que les gravures incriminées composaient le dernier fascicule du livre la *Prostitution contemporaine;* qu'elles faisaient, dès lors, partie intégrante dudit livre et concouraient à former avec lui un seul et même tout homogène et indivisible; qu'en effet, si la loi précitée du 2 août 1882 ne soumet à la juridiction correctionnelle que les imprimés obscènes autres que le livre, elle ne fait aucune distinction pour les dessins et gravures; d'où la conséquence que, contenus ou non dans un livre, les dessins et gravures obscènes sont et restent de la compétence correctionnelle; qu'il ne saurait y avoir exception, en vertu du principe de la connexité, que si, ce qui n'existe pas dans l'espèce, le livre était poursuivi en même temps que les dessins et gravures; — Considérant, d'ailleurs, que les gravures dont s'agit se rattachent d'autant moins nécessairement au texte que celui-ci ne leur emprunte aucun éclaircissement, et que celles-là, de leur côté, s'expliquent d'elles-mêmes et sans le secours du livre; — Et que, en fait, vendues déjà dans des conditions de prix autres que celles des fascicules du texte, elles ont encore été vendues séparément et à qui, souscripteur ou non du livre, en faisait la demande; — Se déclare compétente, etc.

MM. le cons. de Thévenard, prés.; Lefranc, subst.; Jullien, av.

AIX (CH. CORR.) **19 mars 1885.**

AGENCE DE RENSEIGNEMENTS, RENSEIGNEMENTS COMMERCIAUX, FAUSSETÉ, MAUVAISE FOI, DIFFAMATION, PUBLICITÉ.

L'agence de renseignements qui met à la disposition du public, moyennant une minime rétribution, des fiches individuelles sur la solvabilité de tout commerçant, commet le délit de diffamation, si les renseignements, mensongers à dessein, ou tout au moins empreints d'une impardonnable légèreté, sont de nature à nuire au crédit du commerçant (4) (L. 29 juill. 1881, art. 23 et 32).

Et, en pareil cas, la publicité, élément essentiel du délit de diffamation, résulte du caractère même de ces agences, de leur organisation commerciale, des appels incessants par elles adressés à leur clientèle sous les formes les plus multiples, cartes, prospectus répandus à profusion, etc., de la facilité laissée à quiconque se présente et acquitte la rémunération tarifée d'obtenir les renseignements (5) (Id.).

Et il importerait peu que les renseignements aient été donnés à titre confidentiel ; cette précaution, prise dans le but de sauver les apparences, ne peut en rien modifier la réalité des faits (6) (Id.).

Ajoutons d'ailleurs que l'image licencieuse est plus dangereuse que le livre de ce caractère; elle produit un effet immédiat, par sa simple vue; du premier coup, elle renseigne à fond; elle se fait comprendre de tous les âges, des intelligences les plus faibles, parce qu'elle parle aux sens, et les secoue avec violence.

Comme le mal qu'elle cause se répand avec cette rapidité que développe le flot des passants qu'elle attire, il faut que la répression accomplisse vite son œuvre et mette fin au plus tôt au scandale. Si elle est lente à se mettre en mouvement et à sévir, le mal est en quelque sorte irréparable; il a produit tout son effet, quand la condamnation intervient.

Toutes ces raisons militent en faveur de la distinction, de la séparation des dessins et gravures d'avec le texte du livre, de l'attribution des premiers aux tribunaux correctionnels et du maintien de la Cour d'assises pour le livre.

Bien entendu, nous laissons en dehors de ces aperçus, les livres scientifiques qui contiennent des figures ou planches de nature à aider à la compréhension du texte, nécessaire même souvent à l'expliquer. La science a ses exigences; il faut les respecter même dans l'abus qui pourrait en être commis. En pareil cas, les poursuites ne peuvent avoir quelques chances d'aboutir à des condamnations que si les circonstances sont particulièrement graves et témoignent d'une intention coupable éclatante.

(1) Telle est aussi l'opinion exprimée par M. Fabreguettes, *op. et loc. cit.*, n. 1024.

(2-3) Ces circonstances de fait étaient des plus favorables dans le sens de la solution intervenue.

(4 à 6) Nous approuvons sans restriction les solutions juridiques que nous avons extraites de l'arrêt d'Aix ci-dessus rapporté et qui nous paraissent avoir aussi été consacrées, quoique dans une rédaction moins nette, moins énergique, par la décision de la 6e chambre de la Cour de Paris reproduite en sous-note (*a*).

Il n'y a point à prendre parti pour ou contre l'institution des

(*a*) Cet arrêt de Paris (6e ch.), aff. Lampronti c. Wys-Muller et Cie, rendu à la date du 6 mai 1886, est ainsi conçu :

LA COUR : — Considérant qu'il résulte de l'enquête à laquelle il a été procédé en exécution de l'arrêt de cette chambre du 14 janvier 1886, et qu'il n'est plus méconnu par Wys-Muller et Cie : 1° que leur agence a, le 26 octobre 1883, sous le n° 56,627, adressé au sieur Delettrez une fiche relative à Lampronti et indiquant que la maison Mayer et Cie avait fait de mauvaises affaires ; que Lampronti avait pris la suite des opérations de cette maison; qu'on n'avait qu'une très-médiocre confiance dans Lampronti aîné, et qu'il avait déjà des protêts ; 2° que la même agence a, plus tard, envoyé au même négociant une note signalant que la maison Lampronti aîné, ne vivant qu'à l'aide de circulation d'effets de complaisance, avait déjà perdu une dizaine de mille francs en mauvaises créances, était menacée d'une catastrophe, en cas de faillite ferait perdre deux tiers ; 3° et que, malgré les protestations de Lampronti, transmises par lettre recommandée et les affirmations du témoin Cohen, lors d'une démarche faite par lui dans les bureaux de l'agence Wys-Muller et Cie, cette agence a, le 3 octobre 1884, sous le numéro 46,437, fourni aux sieurs Achille, Léopold et Paul Lévy, une autre fiche signalant : que Lampronti aîné n'a absolument que des dettes, que son crédit est tombé, que le Comptoir d'escompte, qui le soutient, doit incessamment lui fermer sa caisse, qu'il est complétement à bout et que ce n'est plus qu'une question de temps pour en arriver à une cessation de payements ; — Considérant que Lampronti établit par les documents qu'il produit que les renseignements fournis sur son compte par Wys-Muller et Cie sont complétement erronés ; — Considérant que les agissements des intimés ont apporté un trouble profond dans le commerce de l'appelant ; — Considérant que la note adressée en second lieu au sieur Delettrez n'est pas conçue dans les termes laconiques habituellement employés par les agences de renseignements ; qu'elle renferme des développements inusités, qui témoignent tout à la fois de la malveillance des personnes qui en ont fourni les éléments aux intimés et du peu de scrupule de ceux-ci à transmettre à leur client des renseignements essentiellement compromettants pour l'honneur et les intérêts commerciaux du négociant qu'ils concernaient; — Considérant que si la fiche du 31 octobre 1884 n'a été demandée par un tiers que pour être remise à Lampronti, celui-ci a usé d'un moyen légitime pour s'assurer si Wys-Muller et Cie donneraient les mêmes renseignements que ceux qu'ils avaient déjà fournis, et obtenir ainsi la preuve de leur persistance inqualifiable ; — Considérant qu'il importe peu que les intimés considérassent comme confidentiels les renseignements qu'ils transmettaient ; qu'ils n'en causaient pas moins un tort grave à Lampronti dans l'esprit du client auquel ces renseignements étaient adressés ; que, d'ailleurs, les fiches et la note produites ne portent même aucune mention du caractère confidentiel que les intimés voudraient faire attribuer aux pièces émanées de leur maison ; — Considérant que la Cour possède des éléments suffisants pour apprécier l'importance du dommage causé à Lampronti ; — Considérant que, comme complémentaire de la réparation qui lui est due, il y a lieu d'ordonner que les motifs et le dispositif du présent arrêt soient insérés dans un certain nombre de journaux aux frais des intimés ; — Par ces motifs, — Infirme le jugement rendu par le trib. de commerce de la Seine du 4 mars 1885 ; — Statuant à nouveau : — Condamne Wys-Muller et Cie à payer à Lampronti la somme de 8,000 fr. de dommages-intérêts ; — Ordonne l'insertion des motifs et du dispositif du présent arrêt, etc.

MM. Villetard de Laguérie, prés.; Cruppi, subst.; Bigault du Grandrut et Ledru, av.

...Ou qu'ils aient été fournis à un tiers envoyé spécialement dans ce but par le commerçant intéressé; c'est bien là un moyen légitime d'information et de preuve (1) (Id.).

Il importerait peu encore qu'une stipulation de non-garantie des renseignements fournis ait été expressément convenue; cette stipulation ne saurait avoir pour effet de faire disparaître toute imputation de légèreté ni de mauvaise foi à l'encontre des agences (2) (Id.).

(A... c. X... et Y...) — ARRÊT.

LA COUR : — Attendu que, dans le courant de déc. 1884, la maison A..., de Marseille, recevait de ses correspondants de Lyon et de Paris les renseignements les plus fâcheux lui annonçant que son crédit était ruiné sur ces deux places, et qu'elle devait se hâter, si elle était en mesure de le faire, de réagir contre une pareille situation; que les sieurs A..., après quelques hésitations, furent obligés de céder à l'évidence; que, munis de tous les titres et documents nécessaires, ils se rendirent à Paris et à Lyon, et parvinrent non sans peine à démontrer à leurs correspondants combien étaient calomnieux les bruits répandus sur leur compte; que la chambre syndicale du commerce et de l'industrie des tissus de la Seine, après avoir étudié avec soin leurs livres, s'empressa d'attester la solidité de leur crédit et la parfaite honorabilité de leur maison; que la Société instituée à Marseille pour la défense du commerce, dans le but de protester également contre ces honteux agissements, se fit un devoir de leur ouvrir ses rangs par un vote unanime; — Attendu que, persuadés qu'ils devaient chercher à Marseille l'origine de ces manœuvres coupables, les sieurs A... firent demander par des tiers, à certaines agences d'une moralité fort douteuse, des renseignements sur leur propre maison; qu'à la date du 10 et du 12 févr. 1885, ils reçurent d'un bureau dirigé par X..., une fiche où on lisait : « Cette maison vient de prendre un arrangement avec ses créanciers, qui ont accepté 40 0/0 de leurs créances, payements échelonnés pendant une durée de trois ans »; que, le 18 du même mois, ils reçurent également de la maison dirigée à Marseille par Y... une fiche ainsi conçue : « Cette maison a changé sept fois de commissionnaires pendant ces derniers temps... ; obérée avec un lourd passif, sans capitaux ni immeubles... ; gênée dans ses payements...; appelée à succomber dans un prochain avenir; s'abstenir à découvert »; que la question qui s'agite au procès est de savoir si ces renseignements réunissent les caractères de mauvaise foi et de publicité constitutifs du délit de diffamation; — Attendu que la fréquence et la rapidité des transactions, la considérable étendue du marché, les crises périodiques qu'il subit, etc..., rendent chaque jour plus nécessaires les investigations les plus minutieuses sur le crédit, la surface, les habitudes commerciales, et jusqu'au train de vie de ceux avec lesquels on traite; que, pour répondre à ce besoin pratique et assurer autant que possible la sécurité des transactions, des agences nombreuses, dans la plupart des grands centres, se sont créées, et rendent au commerce des services dont on ne saurait nier l'importance et l'utilité; que ces agences, à la condition de ne pas s'écarter du but de leur institution, et de recueillir avec un soin scrupuleux les renseignements qui leur sont demandés, ne sauraient commettre un délit en fournissant au commerce des renseignements destinés à en assurer le libre et régulier fonctionnement; que si, au contraire, obéissant à des sentiments inavouables ou agissant avec une coupable légèreté, elles semblent se faire un jeu de l'honneur et du crédit des maisons sur le compte desquelles elles sont consultées, et fournissent des renseignements aussi faux que calomnieux, il appartient aux tribunaux, souverains appréciateurs du fait et de l'intention délictueuse, en conciliant de leur mieux le respect dû aux personnes avec les exigences du commerce, de décider si la mauvaise foi caractéristique du délit de diffamation se rencontre dans l'espèce qui leur est soumise; — Attendu que les renseignements fournis par les agences tenues à Marseille par par X... et Y... réunissent au plus haut degré le caractère délictueux dont il s'agit; qu'elles ne se sont pas contentées

---

agences de renseignements. Elles peuvent rendre les plus éminents services au commerce; elles peuvent aussi bien lui être fatales, et causer des ruines et des désastres incalculables.

Entre les mains de directeurs honnêtes, qui cherchent à s'instruire avant de renseigner les autres, qui ont la conscience des responsabilités qu'ils assument et agissent avec prudence et circonspection, l'instrument sera excellent, utile, il ne blessera personne. Employé par des individus sans aveu, qui ne poursuivent dans la fondation d'établissements de ce genre que des ressources passagères, l'appat de primes à encaisser, une manière comme une autre d'escroquerie ou de chantage, il devient une menace, un danger public; toutes les sollicitudes de la justice ont besoin d'être en éveil. Et quand le mal se révèle, l'action de la répression civile ou pénale doit être aussi prompte qu'énergique.

Toutes les situations se tiennent dans le commerce; les répercussions des ruines se multiplient à l'infini. Il suffit de la chute d'une maison importante pour causer le désarroi des affaires de toute une place entière. Et il n'existe pas d'établissements, si prospères qu'ils soient, qui, dans les habitudes du négoce moderne, se puissent passer de crédit. Là où le crédit est atteint, la faillite ou la liquidation ne se fait pas longtemps attendre. Or une agence de renseignements qui, sans vérification sérieuse, sans contrôle, dans le but de nuire, par méchanceté ou par calcul d'un profit illicite, donne de mauvaises notes sur la solvabilité d'une maison de commerce, fait à cette maison le plus grave des torts. V. en ce sens Aix, 19 févr. 1869 (S. 69. 2. 81. — P. 69. 357. — D. 69. 2. 83); Rouen, 18 juin 1881 (S. 83. 1. 457. — P. 83. 1. 1148); Paris, 6 mai 1886, rapporté dans la sous-note qui précède.

On peut se demander comment la question de publicité a pu un instant faire hésiter la jurisprudence (V. notamment Paris, 27 avril 1878, S. 78. 2. 181. — P. 78. 820. — D. 79. 2. 38). La publicité! Mais elle est de l'essence même des renseignements donnés; elle pénètre l'existence entière des agences, dont le métier est de s'adresser au public et qui ne vivent que de cette profession. Les circonstances que relève notre sommaire sont à cet égard, aussi caractéristiques que décisives. Depuis l'arrêt d'Aix, la difficulté, si elle a jamais été sérieuse, n'en est plus une. L'analyse des idées ne peut pas donner d'autres résultats. La raison juridique et l'intérêt du commerce s'accordent ici dans la même solution. Consult. aussi le rapport de M. le cons. Lepeytre (S. 69. 2. 81. — P. 69. 357. — D. 69. 2. 83).

Peut-on aussi s'arrêter à cet argument que les renseignements sont fournis à titre confidentiel. Belles confidences que celles qui se livrent à prix d'argent, qui s'épanchent vis-à-vis du premier venu, le plus souvent un inconnu! Qui, après celui-là, passent à un autre, à quantité d'autres! Que le nombre des confidents n'effraye point, ne lasse point, tout au contraire! Comp. Rouen, 18 juin 1881 (S. 83. 1. 457. — P. 83. 1. 1148) (*b*).

(1) Il a été jugé que le commerçant peut être admis à prouver par témoins que le directeur de l'agence a fourni de mauvais renseignements sur lui à divers clients de l'agence. V. Caen, 8 juill. 1865 (S. 66. 2. 59. — P. 66. 322); Cass., 5 déc. 1881 (S. 83. 1. 457. — P. 83. 1. 1148. — D. 83. 1. 224).

(2) C'est un principe constant que nul ne peut, par une stipulation de non-garantie, se soustraire à la responsabilité de ses fautes ou de ses négligences graves (C. civ., 1382 et suiv.). V. Cass., 19 août 1878 (S. 79. 1. 422. — P. 79. 1090. — D. 79. 1. 214). — Les plus nombreuses applications qu'ait reçues cette règle sont relatives à la matière des transports. V. notre *Dictionnaire de dr. comm., ind. et marit.*, t. II, v° *Chemin de fer*, n. 292 et suiv.

Dans tous les cas, une telle stipulation intervenue entre l'agence et les clients qui s'adressent à ses services est *res inter alios acta* par rapport à celui sur qui les renseignements sont fournis et ne lui est pas, dès lors, opposable.

(*b*) Ces observations étaient déjà imprimées, lorsque les journaux judiciaires (V. le *Droit*, n. 13 janv. 1887) ont porté à notre connaissance l'arrêt de la chambre criminelle, en date du 23 oct. 1886, qui a cassé celui de la Cour d'Aix ci-dessus reproduit. La cassation est motivée par l'insuffisance des constatations de fait; la question de droit, de principe, celle qui réside dans la nature même des agences, dans le caractère intrinsèque des renseignements n'est pas abordé. Nos observations restent donc entières. Nous en appelons à un nouvel examen de la Cour suprême, à une discussion, moins d'espèce, plus scientifique.

d'appeler l'attention de leurs clients sur des bruits plus ou moins fâcheux, en leur laissant le soin d'en contrôler la valeur; mais qu'elles ont formulé contre la maison A... les articulations les plus précises et les plus graves, affirmant que cette maison venait de prendre un arrangement avec ses créanciers, qui avaient accepté 40 0/0 de leurs créances... ; qu'elle était obérée, avec un lourd passif, sans capitaux ni immeubles, appelée à sombrer dans un avenir prochain, etc.; que la conduite de ces agences est d'autant plus étrange que, placées au siége même de la maison A..., il leur était plus facile de contrôler la valeur de renseignements qui ne reposaient sur aucun fondement; qu'en accumulant ainsi, comme à plaisir, les faits les plus mensongers, dont elles sont aujourd'hui impuissantes à indiquer même la source, ces agences semblent, sinon avoir obéi à un calcul perfide, pour discréditer cette maison ou l'amener à composition, du moins avoir accueilli avec la plus impardonnable légèreté des renseignements puisés aux sources les plus suspectes et les moins sûres;

En ce qui concerne la publicité : — Attendu que le fait même de l'organisation commerciale de ces agences implique nécessairement cet élément constitutif du délit; que, par le nom qu'elles prennent d'agences de renseignements, bureaux internationaux de recherches, par leurs cartes et prospectus répandus à profusion, elles déclarent mettre à la disposition du public, sur le compte de tous ceux avec lesquels on peut être appelé à traiter, les renseignements les plus complets; que cette vente et mise en vente de fiches individuelles, que chacun peut se procurer au prix de 2 fr. ou 2 fr. 50, réunissent au plus haut degré l'élément de publicité exigé par l'art. 23 de la loi du 29 juill. 1881; que le caractère confidentiel qu'elles affectent de leur donner ne saurait le faire disparaître; qu'une confidence offerte à tout le monde, au prix convenu, perd évidemment son caractère; que le nom qu'elles lui conservent ne peut s'expliquer que par le désir de sauver les apparences ou d'interdire à leurs clients de divulguer les renseignements dont elles entendent se réserver la vente;

Attendu que la stipulation de non-garantie n'est pas davantage de nature à amoindrir leur responsabilité; qu'elle ne fait disparaître l'imputation ni de légèreté ni de mauvaise foi; — Attendu qu'on objecterait vainement que la fiche vendue n'est pas destinée à être publiée; que la vente n'est pas faite en vue de la publicité; qu'une pareille réserve n'est point, en effet, exclusive du délit; que la publication résulte ici de la mise en vente et de la vente à quiconque se présente pour obtenir le renseignement; — Attendu que les règles et les principes du mandat ne peuvent davantage être invoqués dans l'espèce; qu'en effet, ces agences offrent elles-mêmes la marchandise dont elles trafiquent et la recueillent pour enrichir leurs sommiers; — Attendu qu'il serait également puéril de prétendre qu'il n'est point établi, dans l'espèce, que les renseignements aient été vendus à d'autres qu'à l'employé ou au gendre des sieurs A...; que, cette vente rentrant dans le trafic habituel de ces maisons, il n'était pas nécessaire que les sieurs A..., pour rapporter la preuve du délit, multipliassent ces demandes et prolongeassent une expérience dont le résultat ne pouvait être douteux; — Attendu, enfin, que la publicité qui résulte du fonctionnement de ces agences est considérable; que, refuser dans la circonstance, d'en reconnaître les éléments, serait mettre fatalement le commerce à la merci des entreprises les plus audacieuses et les plus coupables; — Par ces motifs, — Réformant la décision des premiers juges en ce qui concerne X... et Y..., — Condamne, etc.

MM. Lorin de Reure, prés.; Bujard, av. gén.; Platy-Stamaty, Coulon et Ambard (du barreau de Marseille), av.

PARIS (3e CH.) **23 mars 1885.**

JOURNAL, TITRE, PROPRIÉTÉ.

Il y a usurpation de titre, au préjudice du journal qui a acquis par une possession presque centenaire le titre de Moniteur universel, *de la part d'un autre journal qui s'intitule :* Moniteur universel des voyageurs (1) (C. civ., 546).

Peu importe qu'il n'ait été emprunté qu'une partie du titre, que des différences de caractères et de dimension distinguent les deux feuilles, que le dernier venu soit un journal hebdomadaire, tandis que le premier est quotidien; ce ne sont là que des atténuations impuissantes à légitimer l'usurpation (2) (Id.).

(Laromiguière-Lafon c. Société des Publications périodiques.) — ARRÊT.

LA COUR : — Statuant sur l'appel interjeté par Laromiguière-Lafon du jugement rendu par le tribunal de commerce de la Seine, le 31 janv. 1884; — En ce qui touche le titre du journal : — Considérant que la Société intimée a, par une possession presque centenaire, acquis un droit privatif au titre de *Moniteur universel*, appliqué à un journal politique; que l'appelant a porté à ce droit une atteinte qui peut bien être atténuée, mais non rendue légitime, par ces circonstances que sa feuille était dénommée *Moniteur universel des voyageurs*, qu'elle n'était qu'hebdomadaire, et qu'elle présentait au regard de celle de M. Dalloz des différences de caractères et de dimension; que c'est à bon droit que les premiers juges ont admis la revendication de la Société intimée; — Par ces motifs, etc.

MM. Cotelle, prés.; Sarrut, subst.; Lucien Henry et Carraby, av.

CAEN (1re CH.) **20 avril 1885.**

DIVORCE, SÉPARATION DE CORPS, CONVERSION, EPOUX COUPABLE, CONCUBINE, POUVOIR DU JUGE, RÉCONCILIATION, IMPOSSIBILITÉ.

La faculté de demander la conversion du jugement de séparation de corps en jugement de divorce appartient aussi bien à l'époux contre lequel la séparation a été prononcée qu'à l'époux qui a obtenu la séparation à son profit; une situation égale étant faite à l'un et à l'autre (3) (C. civ., 310; L. 27-29 juill. 1884).

Il en est ainsi, alors même que l'époux qui a obtenu la séparation s'opposerait au divorce (4) (Id.).

...Et quand bien même l'époux contre lequel la séparation a été prononcée aurait depuis aggravé ses torts en entrete-

---

(1) Le *titre* ou *dénomination* d'un journal est une propriété à laquelle il ne peut être porté aucune atteinte directe ou indirecte par la création d'autres feuilles. V. Caen, 15 janv. 1878 (Pand. chr.), et la note. — La propriété privative du titre *Moniteur universel* avait été reconnue bien antérieurement par un jugement du trib. de commerce de la Seine, en date du 28 déc. 1868 (S. 69. 2. 121. — P. 69. 472. — D. 69. 3. 7).

(2) Peut-être cette seconde partie de la solution contient quelque chose de trop absolu. Il n'y a d'usurpation qu'autant que la confusion est possible, facile; quand elle est impossible, ou à ce point difficile qu'elle n'a pas chance de se produire, les deux publications se distinguent, elles n'empiètent pas sur le domaine l'une de l'autre. Toute prohibition devient abusive. C'est donc là, croyons-nous, une question d'espèce; chaque cas doit être examiné avec les circonstances spéciales qui l'entourent. V. Trib. comm. Havre, 14 nov. 1868 (Pand. chr.).

(3-4) V. conf., Trib. civ. Troyes, 27 août 1884 (Pand. chr.); Trib. civ. Mâcon, 25 nov. 1884 (Pand. chr.); Trib. civ. Seine (4e ch.), 5 mars 1885 (Pand. chr.), et les renvois. V. aussi Cass., 12 août 1885 (Pand. chr.), et la note. — V. toutefois, en sens

nant une concubine de laquelle il aurait eu des enfants, si surtout ces relations irrégulières ne se sont établies que bien longtemps (plus de douze ans) après la séparation (1) (Id.).

Peu importerait même que le demandeur en divorce n'eût d'autre but, en introduisant son action, que d'arriver à épouser sa concubine (2) (Id.).

En pareil cas, il doit être fait droit à la demande en conversion, lorsque des circonstances de la cause il résulte que la vie commune n'a duré que dix-huit mois, que vingt-deux années se sont écoulées depuis la séparation, que l'animosité des époux l'un contre l'autre n'a fait que s'accroître; les tribunaux n'ayant de pouvoir à l'effet de rejeter une demande de cette nature que s'il reste encore un espoir sérieux de réconciliation (3) (Id.).

(Lenoir c. Lenoir.) — ARRÊT.

LA COUR : — Attendu que les époux Lenoir se sont mariés le 13 févr. 1860; que la séparation de corps a été prononcée entre eux, au profit de la femme, pour injures graves, par jugement du tribunal de Falaise, en date du 15 mai 1862, confirmé par arrêt de la Cour, du 19 mars 1863; — Attendu que Lenoir demande la conversion en divorce de la séparation de corps; que la dame Lenoir résiste à cette demande; — Attendu que le nouvel art. 310, C. civ., qui autorise chacun des époux à demander, après trois ans, la conversion du jugement de séparation de corps en jugement de divorce, donne aux tribunaux la faculté d'admettre ou de repousser la demande; — Attendu que cette faculté n'a point été accordée aux juges pour faire de l'arbitraire et protester contre le divorce, mais pour appliquer la loi comme en toutes matières, en s'inspirant de son esprit; — Attendu que le législateur de 1884 a pensé que le divorce était préférable à la séparation de corps, et qu'il convenait de ne pas maintenir indéfiniment, contre le gré de l'un des époux, une situation fausse qui ne laisse d'autre alternative qu'un célibat rigoureux ou l'adultère; — Attendu que l'admission du divorce doit, par suite, être la règle générale, et le rejet de la demande une exception qui doit se motiver par des causes graves et particulières; — Attendu que l'ancien art. 310, C. civ., accordait à l'époux contre lequel la séparation de corps a été prononcée, le droit d'obtenir le divorce après trois ans, quels qu'eussent été ses torts; — Attendu que la loi de 1884 donne le même droit aux deux époux, à celui qui a obtenu la séparation de corps et à celui contre lequel elle a été prononcée; qu'elle leur a fait à l'un et à l'autre une situation égale; — Attendu que ce serait, par suite, violer la loi dans son texte comme dans son esprit que de repousser la demande en conversion, par le motif que la séparation de corps aurait été prononcée contre le demandeur en conversion; — Attendu que les torts que ce dernier aurait eus depuis la séparation, même lorsqu'ils seraient de nature à motiver eux-mêmes une séparation, ne sont, pas plus que les torts antérieurs, une raison pour repousser la demande; qu'ils ont pour résultat d'éloigner de plus en plus les époux l'un de l'autre et de rendre toute réconciliation impossible; — Que l'ancien art. 310 ne tenait aucun compte des griefs postérieurs à la séparation; — Que le nouvel article est, à cet égard, conçu dans les mêmes termes et inspiré par le même esprit; — Attendu qu'il est allégué par la dame Lenoir que son mari aurait, depuis la séparation, entretenu une concubine de laquelle il aurait eu deux enfants naturels, et que son but, en réclamant le divorce, serait d'épouser cette concubine; — Attendu que, d'après l'allégation, Lenoir, qui, au point de vue des mœurs, avait eu une conduite irréprochable pendant son mariage, n'aurait pris que douze ans après la séparation de corps une servante chargée de diriger avec lui son exploitation agricole, et dont il aurait plus tard fait sa concubine; — Attendu que l'intention qu'on lui prête d'épouser cette concubine est une pure hypothèse; mais, en admettant qu'elle fût fondée, que le mariage projeté ne serait point, comme le prétend la dame Lenoir, et comme l'a décidé le jugement dont est appel, une atteinte profonde à la morale et un outrage à la loi; — Qu'il est au contraire moral, conforme au vœu de la loi, et d'un intérêt d'ordre public, de substituer à une situation immorale et irrégulière, une situation régulière et légale; — Attendu que les faits dont la dame Lenoir demande à faire la preuve ne sont donc pas concluants, et qu'en définitive il n'existe aucun motif sérieux de repousser la demande; — Attendu que cette demande se justifie, au contraire, par ces considérations que le mariage a été contracté en 1860 et que la vie commune n'a duré que dix-huit mois; que le mari a énergiquement résisté à la demande en séparation de corps; que vingt-deux années se sont écoulées depuis cette séparation; que l'animosité des époux l'un contre l'autre n'a fait que s'accroître, et qu'il n'y a aucun espoir de réconciliation entre eux...; — Par ces motifs, infirme le jugement dont est appel; — Et, sans avoir égard à la preuve sollicitée par la dame Lenoir, laquelle est rejetée comme inconcluante; — Déclare convertie en divorce la séparation de corps prononcée entre les époux Lenoir, au profit de la femme, par arrêt du 19 mars 1863...

MM. Houyvet, 1er prés.; Lerebours-Pigeonnière, av. gén. (concl. conf.); Desruisseaux et Carel, av.

CAEN (2e CH.) 25 avril 1885.

AVOUÉ, AVOCAT, HONORAIRES, PAYEMENT, ACTION EN RÉPÉTITION.

L'avoué qui a payé les honoraires de l'avocat a une action en répétition contre son client, alors surtout que l'intervention de l'avocat s'est produite utilement et que le chiffre des honoraires n'excède pas les limites d'une juste rétribution (4) (C. civ., 1999).

(Année c. Chatel.) — ARRÊT.

LA COUR : — Attendu que la somme de 425 fr. 37, dont condamnation est demandée par Me Année, se compose de deux éléments; que le premier, s'élevant à 325 fr. 37,

---

contraire, Trib. civ. Seine (1re ch.), 19 nov. 1884 (Pand. chr.); Douai, 5 févr. 1885 (Pand. chr.); C. Martinique, 21 févr. 1885 (Pand. chr.), et les renvois.

(1-2) Ces deux solutions se distinguent de toutes celles intervenues jusqu'ici, par l'extrême hardiesse de leur conception juridique. Elles procèdent de principes déjà consacrés; mais elles tirent de ces principes tout ce qu'ils peuvent donner; elles les portent jusqu'à cette limite extrême qui peut être à la rigueur atteinte, mais qui ne saurait être dépassée sans excès.

(3) Ici encore l'arrêt reconnait bien aux tribunaux un pouvoir d'appréciation à l'effet d'admettre ou de repousser la demande en conversion. V. conf. Cass., 12 août 1885 (Pand. chr.), et les renvois. — Mais ce pouvoir, il le limite, il le restreint par ce principe très-catégoriquement formulé : *l'admission du divorce doit être la règle générale, et le rejet de la demande l'exception.* Le rejet ne peut donc s'exercer qu'autant que les torts ne présentent que peu de gravité, que tout espoir de réconciliation, de reprise de la vie commune ne parait pas irrémédiablement compromis et perdu. Autrement, un devoir s'impose aux tribunaux, et ne laisse plus carrière à leur pouvoir d'interprétation : prononcer le divorce. V. Trib. civ. Seine, 5 mars 1885 (Pand. chr.), et les renvois.

(4) Point certain. V. Rouen, 17 mai 1828; Pau, 7 juin 1828; Limoges, 10 août 1829; Bourges, 26 avril 1830; Toulouse, 11 mai 1831 (S. 32. 2. 581. — P. chr.); Montpellier, 12 mars 1832 (S. 33. 2. 128. — P. chr.); Toulouse, 20 mars 1833 (S. 33. 2. 484. — P. chr.); Caen, 30 déc. 1840 (S. 41. 2. 271. — D. 41. 2. 100); Paris, 25 août 1849 (S. 49. 2. 491. — P. 49. 2. 345. — D. 49. 2. 196); Besançon, 19 févr. 1858 (S. 58. 2. 187. — P. 58. 747. — D. 58. 2. 172). — La question vraiment controversée est celle de savoir si l'action de l'avoué contre son client en remboursement des

pour frais faits par Me Année, est établi par un état de frais régulier et dûment taxé; que le second comprend une somme de 100 francs, pour honoraires payés à l'avocat qui a instruit et plaidé l'affaire dans l'intérêt des époux Chatel; qu'il est justifié de ce payement, que Me Année avait pouvoir de faire, et qu'il a fait utilement pour la défense des époux Chatel, qu'il représentait en justice; que, d'ailleurs, cette somme de 100 francs n'excède pas les limites d'une juste rétribution; — Par ces motifs; — Condamne les époux Chatel, etc.

MM. Thiphaigne, prés.; Mirande, av. gén.

PARIS (CH. CORR.) 25 avril 1885.

DIFFAMATION, MISSION D'EXPLORATION, COMPÉTENCE.

Le citoyen, adjoint par arrêté ministériel à une mission d'exploration, doit être considéré comme chargé d'un mandat public, alors que par cette situation il est amené à arrêter des comptes, à délivrer des ordres de payement, à acheter des fournitures, à communiquer officiellement avec les commandants des forces de terre et de mer, etc. — En conséquence, la diffamation dont il est l'objet, à raison d'actes de sa gestion, est de la compétence, non du tribunal correctionnel, mais de la Cour d'assises (1) (L. 29 juill. 1881, art. 23, 31).

(Blondel c. Genay, gérant du journal *la Lanterne*.) — ARRÊT.

LA COUR : — Considérant que Blondel, se trouvant diffamé par divers articles publiés dans le journal *la Lanterne*, au cours du mois de juill. 1884, a fait citer, devant le tribunal correctionnel de la Seine, Genay, gérant de ce journal; — Considérant que Genay a excipé de l'incompétence dudit tribunal, par ce motif que Blondel a fait partie de la mission Brazza, et que les articles incriminés ont été dirigés, non contre un simple particulier, mais contre un fonctionnaire public, ou tout au moins contre un citoyen chargé d'un service ou d'un mandat public, à raison de ses fonctions; — Considérant que c'est à bon droit que le tribunal a accueilli cette exception; qu'il est constant, en effet, que Blondel, adjoint à la mission par arrêté ministériel, a visité des postes, s'est enquis de leurs besoins, a arrêté les comptes des employés, fait des commandes de marchandises, pris les mesures nécessaires pour leur transport ainsi que pour leur emploi; que, de plus, son propre registre-copie de lettres le montre, au cours du deuxième semestre de l'année 1883, correspondant en qualité de représentant de la mission avec le commandant du Gabon, les officiers de la marine de l'État, les capitaines des navires de commerce, le chef du service administratif de Libreville et les autres fonctionnaires de la colonie, délivrant des ordres de payement sur la caisse du trésorier-payeur, écrivant notamment, le 10 janv. 1884, à un sieur Saint-John, dans les termes suivants : « J'ai l'avantage de vous remettre, sur le Trésor du Gabon, un chèque, n° 7749, de 2,632 fr. 70, pour solde de toutes les factures faites par la mission française de l'Ouest africain, de mai à fin déc. 1883 », et signant : « Pour le commissaire du gouvernement dans l'Ouest africain, L. Blondel »; adressant enfin directement au ministre de l'instruction publique des rapports mensuels signés de lui, en la même qualité, lui remettant, le 8 janv. 1884, sa démission, et lui en expliquant les causes; — Considérant qu'il est donc hors de doute que Blondel gérait, en l'absence de Brazza et par délégation de lui, les intérêts de toute nature de la mission dans la région où il résidait; qu'il n'est pas contesté que ces intérêts eussent le caractère d'intérêts publics; qu'ainsi, Blondel était un citoyen chargé d'un mandat public; que peu importe d'ailleurs qu'il n'agit que comme délégué de Brazza; qu'adjoint par l'État à un service public, puis investi de la direction d'une partie de ce service, il était responsable, non-seulement vis-à-vis de Brazza, mais encore vis-à-vis de l'État, dont il gérait l'affaire et dont les fonds étaient à sa disposition dans une mesure déterminée; — Par ces motifs, — Confirme, etc.

MM. le cons. Bresselle, prés.; Potier, av. gén.; Strauss et Jullien, av.

TRIB.-CIV. SEINE (5e CH.) 5 mai 1885.

COMMUNICATION DE PIÈCES, GREFFE, COPIE, PHOTOGRAPHIE.

La communication d'une pièce faite par la voie du greffe la rend commune entre toutes les parties (2) (C. proc., 189).

Et le droit incontesté qui appartient à la partie à laquelle cette communication est faite d'en relever copie par l'écriture lui donne celui de se servir dans le même but d'un moyen mécanique, tel que la photographie (3) (Id.).

(Desbrières c. Coquerel.)

LE TRIBUNAL : — Attendu que la communication d'une pièce faite par la voie du greffe la rend commune entre toutes les parties; — Attendu que la partie à laquelle cette communication est faite a le droit incontesté d'en relever copie par écrit ou expédition; — Attendu que ce droit peut aussi bien être exercé par un moyen mécanique, tel que la photographie, que par l'écriture; qu'en effet aucune altération ne saurait résulter, pour la pièce communiquée, de l'emploi de ce moyen mécanique, qui ne nécessite aucun déplacement, aucun dessaisissement de ladite pièce; — Attendu que Desbrières a intérêt à avoir une reproduction aussi exacte que possible du bail dont s'agit...; — Attendu que Coquerel ne justifie d'aucun préjudice; — Par ces motifs, déclare Desbrières recevable en ses conclusions. — Au fond : — l'autorise à faire photographier à ses frais, au greffe, la pièce y déposée le 25 avr. 1885, et ce en se conformant au règlement dudit greffe.

MM. Pilet-Desjardins, prés.; Jambois, subst. (concl. conf.); Oscar Falateuf et Lacoin, av.

BORDEAUX (CH. CORR.) 15 mai 1885.

DIFFAMATION, HOSPICES, COMMISSIONS ADMINISTRATIVES, COMPÉTENCE.

Les membres des commissions administratives des hospices, n'étant chargés, en réalité, que de gérer les intérêts privés d'établissements municipaux, ne sont ni des dépositaires ou agents de l'autorité publique, ni des citoyens investis d'un mandat ou

avances par lui faites pour honoraires d'avocat est soumise à la règle spéciale établie par l'art. 60, C. proc. civ., d'après laquelle les demandes formées pour frais par les officiers ministériels doivent être portées au tribunal où les frais ont été faits, ou bien est régie par les principes du droit commun quant à la compétence. V. dans le premier système, Toulouse, 11 mai 1831 et 20 mars 1833; Montpellier, 12 mars 1832 et Caen, 30 déc. 1840, précités. *Adde* Montpellier, 7 juin 1850 (S. 50. 2. 445. — D. 52. 2. 141), — et, dans le second système, Orléans (et non Douai), 16 févr. 1843 (S. 44. 2. 498. — P. 43. 1. 542); Chambéry, 11 mars 1863 (S. 63. 2. 187. — P. 63. 1108. — D. 64. 5. 196).

(1) Comp. Cass., 5 juill. 1883 (Pand. chr.).

(2) *Sic* Besançon, 12 avril 1815 (Pand. chr.), et le renvoi.

(3) C'est le moyen qui garantit le mieux la conservation de l'original et en reproduit le plus fidèlement la physionomie exacte. Aussi, après certaines résistances qui se comprennent sans qu'il soit nécessaire de s'en expliquer autrement, l'usage de la photographie pour les pièces les plus importantes s'est répandu dans les tribunaux affairés. Devant le tribunal de la Seine, notamment, les épreuves photographiques de testaments ou autres documents litigieux sont placées, dans nombre de procès, sous les yeux des magistrats.

d'un service public, dans le sens de l'art. 31 de la loi du 29 juillet 1881. — En conséquence, la diffamation commise envers eux à raison de leurs fonctions est de la compétence des tribunaux correctionnels (1) (L. 29 juill. 1881, art. 31, 45).

(Tailhade, gérant du *Courrier de Tarn-et-Garonne*, c. Parriel.) — ARRÊT.

LA COUR : — Attendu qu'en suite de l'arrêt de renvoi (V. Cass. crim., 27 févr. 1885, Pand. chr.), la Cour a seulement à examiner si le tribunal correctionnel de Moissac est compétent pour connaître de l'action en diffamation formée devant lui par Parriel contre Tailhade; — Attendu que Tailhade prétend que l'article du journal *le Courrier de Tarn-et-Garonne* qui a donné lieu à la plainte, ayant trait exclusivement à des actes que Parriel aurait accomplis en qualité de membre de la commission de l'hospice de Lauzerte, celui-ci serait à ce titre chargé d'un service ou d'un mandat public, et que, dès lors, le fait incriminé serait de la compétence de la Cour d'assises, aux termes des art. 31 et 45 de la loi du 29 juill. 1881; — Attendu que, pour apprécier le mérite de l'exception proposée, il faut rechercher si les administrateurs des hospices sont compris dans la dénomination de *citoyens chargés d'un service ou d'un mandat public;* que, si l'on veut se rendre exactement compte du sens et de la portée véritables de ces expressions, « service et mandat publics », il est indispensable de consulter les travaux préparatoires de la loi précitée; — Attendu qu'il en résulte que, sur ce point particulier, le législateur n'a entendu faire aucune innovation; que la formule employée n'embrasse pas d'autres personnes que celles désignées dans les lois antérieures sous la qualification de « citoyens ayant agi dans un caractère public » ou « chargés d'un ministère de service public »; qu'en effet, le rapporteur de la loi du 29 juill. 1881 a nettement déclaré que le système de la loi du 26 mai 1819 avait été adopté; qu'il s'est, au surplus, servi de l'expression de « citoyens ayant agi dans un caractère public », que l'on rencontre dans l'art. 20 de cette dernière loi, lorsqu'il s'est occupé des personnes auxquelles la loi de 1881 donne le nom de citoyens chargés d'un service ou d'un mandat public; qu'ainsi, il faut le reconnaître, la pensée du législateur s'est clairement manifestée, et que l'on ne saurait tirer aucun argument de l'appellation nouvelle qui se trouve dans la loi de 1881; — Attendu que, suivant la loi de 1819, pour être investi d'un caractère public, le citoyen devait avoir une action dans les services publics, participer, en un mot, d'une façon quelconque, à l'autorité publique; que cela résulte des termes mêmes de la loi; que telle était, au surplus, l'interprétation qui lui avait été donnée par une jurisprudence constante; — Attendu qu'il n'est pas douteux que le législateur s'en serait expliqué s'il avait entendu élargir le cercle tracé par les lois antérieures et imprimer un caractère public à tous ceux qui, de près ou de loin, tiennent à un service public; que, non-seulement il n'apparaît point qu'il ait voulu modifier l'ancien état de choses, mais qu'il s'en est référé expressément à la loi de 1819, et a déclaré qu'il en adoptait le système; que, d'ailleurs, il ressort de l'ensemble des discussions qui ont eu lieu à la Chambre des députés et au Sénat que, dans la pensée des auteurs de la loi nouvelle, le service et le mandat publics sont déterminés par la participation du citoyen, dans une certaine mesure, à l'autorité publique; que c'est ainsi qu'un député, M. Bardoux, qualifiait le citoyen chargé d'un service ou d'un mandat public : « toute personne qui, à une heure donnée, est déléguée par la puissance publique »; — Attendu que les administrateurs des hospices ne reçoivent point de délégation de la puissance publique; qu'ils ont des attributions définies par la loi de 1851, et qui ne leur confèrent aucune autorité contre les autres citoyens; que c'est donc avec raison que le tribunal correctionnel de Moissac a déclaré qu'ils ne pouvaient être considérés comme étant chargés d'un service ou d'un mandat public, et a retenu la cause portée devant lui; — Par ces motifs, etc.

MM. Beylot, prés.; Bruno-Lacombe, subst.; Buscon (du barreau de Montauban), et Calhiat (du barreau de Moissac), av.

MONTPELLIER (CH. CORR.) 16 mai 1885.

RÉQUISITIONS MILITAIRES, CHEVAUX, RECENSEMENT, DÉLAI.

Le délai imparti aux propriétaires de chevaux, mules et mulets, pour le recensement desdits animaux, a été fixé par l'art. 37 de la loi du 3 juill. 1877, jusqu'au 16 janvier de chaque année, comme limite extrême; le décret de réglementation du 2 août 1877, art. 74, qui, en vue de faciliter les opérations de l'administration, enjoint à ces propriétaires de faire leur déclaration avant le 1er janvier ne contient qu'une invitation dépourvue de toute sanction pénale (2) (L. 3 juill. 1877, art. 37; Décr. 2 août 1877, art. 74).

En conséquence, n'est passible d'aucune peine, comme intervenue dans le délai légal, la déclaration faite à la mairie le 3 et non le 1er janvier (3) (Id.).

(Genieys.) — ARRÊT.

LA COUR : — Attendu que la loi du 3 juill. 1877 fixe au 16 janv. la limite extrême du délai imparti aux propriétaires de chevaux, mules et mulets, pour mettre le maire en mesure de procéder au recensement desdits animaux; — Attendu que l'inobservation de cette formalité dans ledit délai entraîne contre le propriétaire des chevaux, mules ou mulets non recensés, une pénalité variant entre 25 et 1,000 francs d'amende; — Attendu que le décret de réglementation rendu sous la date du 2 août 1877 ne paraît pas avoir pour but de modifier la loi du 3 juill., dont il n'abroge les dispositions ni tacitement ni expressément; qu'il a simplement pour objet de faciliter les opérations imposées aux maires en invitant les propriétaires de chevaux, mules et mulets à faire leur déclaration avant le 1er janv., mais qu'il ne contient aucune disposition pénale contre les contrevenants à cette injonction; que le législateur l'a si bien voulu ainsi, qu'il prescrit aux maires, à partir du 1er janv. et jusqu'au 16 du même mois, l'obligation d'inscrire d'office les animaux qui n'auront pas été l'objet d'une déclaration antérieurement à cette date; — Attendu que, dans l'espèce, G... n'ayant pas fait de déclaration avant le 1er janv., il n'était passible d'aucune peine à raison de cette omission jusqu'au 15 du même mois; que le fait d'avoir d'abord déclaré, le 3 janv., ses chevaux, mules et

---

(1) V. conf. l'arrêt de renvoi rendu dans la même affaire par la chambre criminelle de la Cour de cassation, à la date du 27 févr. 1885 (Pand. chr.), et la note.

(2-3) *Contrà* Bourges, 9 mai 1878 (Pand. chr.). — Il serait à désirer que la question fût portée devant la Cour de cassation et tranchée dans un sens ou dans l'autre. Les citoyens, d'une part, passibles d'amendes variant entre 25 et 1,000 francs, ont le droit d'être fixés sur l'étendue exacte de leur obligation. L'intérêt de la défense nationale, d'autre part, exige que des déclarations de cette importance soient faites dans le délai exactement imparti par la loi, sans aucun retard. Enfin, l'égalité de situation doit être assurée à tous; il est inadmissible que les habitants du ressort de la cour de Montpellier aient jusqu'au 16 janvier pour accomplir les formalités de déclaration, tandis que ceux du ressort de Bourges se trouveraient en contravention après le 1er janvier.

mulets, le place d'ailleurs en dehors de toute critique; — Par ces motifs, confirme le jugement du 17 mars 1885 du tribunal correctionnel de Béziers, etc.

BORDEAUX (ch. corr.) 27 mai 1885.

Poste aux lettres, Papiers d'affaires ou de commerce, Factures, Mentions manuscrites, Correspondance, Recouvrements, Date, Lieu de payement, Avis de traite, Contraventions.

Contrevient aux prohibitions de l'art. 9 de la loi du 25 juin 1856 le commerçant qui expédie par la poste, au tarif réduit fixé pour les papiers d'affaires ou de commerce, une facture portant au bas une mention manuscrite, alors que cette mention, par son sens et sa portée, se réfère, de toute évidence, soit à une observation de l'acheteur à laquelle il est donné satisfaction, soit à un retour de marchandises accepté par l'expéditeur, et a, par là, le caractère de correspondance ou peut en tenir lieu (1) (Arr. 27 prair. an IX; LL. 22 juin 1854, art. 20 et suiv.; 25 juin 1856, art. 5 et 9).

Il en est de même du négociant qui fait insérer, dans des factures expédiées également au tarif réduit, des papiers d'affaires ou de commerce, des mentions manuscrites indiquant la date et le lieu de recouvrement des factures; un tel relevé de compte, constituant un avis de traites déguisé, est soumis au tarif ordinaire des correspondances (2) (Id.).

(X...) — Arrêt.

LA COUR : — Attendu que X... est prévenu : 1° d'avoir expédié, le 17 avril 1883, sous enveloppe ouverte, affranchie à 0 fr. 05, à un sieur Delmas, de Libourne, une facture portant la mention suivante : « Le cordonnet a été déduit de celui livré » ; 2° d'avoir transmis, dans les mêmes conditions, le 19 août 1884, à un sieur Fréchingle, à Vic-Fezensac, un relevé de factures avec cette indication manuscrite : « Payable dans Bordeaux le 5 oct., 165 fr. 60 »; — Attendu qu'aux termes de l'art. 9 de la loi du 25 juin 1856, les papiers de commerce expédiés au tarif réduit ne doivent contenir aucune lettre ou note ayant le caractère d'une correspondance ou pouvant en tenir lieu; que la loi vise ainsi les moyens détournés qui pourraient être employés pour éluder l'application du tarif ordinaire, et que favorisent, dans une certaine mesure, les facilités accordées au commerce et à l'industrie;

Attendu, sur le premier chef de la prévention, que la note insérée au bas de la facture du 17 avril 1883 tient évidemment lieu de correspondance entre X... et son client; que c'est là, en effet, un renseignement particulier qui devait faire l'objet d'une lettre, et ne rentre en aucune façon dans le cadre de la facture; que vainement il est allégué qu'il s'agit de la simple déduction d'un article du compte, mais qu'il y a lieu de remarquer que la mention incriminée a un sens et une portée plus larges; qu'elle se réfère, évidemment, soit à une observation de l'acheteur à laquelle il est donné satisfaction, soit à un retour de marchandises qui est accepté par X... ; que, dans l'un et l'autre cas, elle a incontestablement le caractère d'une correspondance; qu'ainsi la décision des premiers juges est pleinement justifiée;

Sur le second chef de la prévention : — Attendu qu'il n'est pas douteux que les avis de traite, donnés par un commerçant à ses clients, constituent une véritable correspondance et sont soumis, dès lors, au tarif ordinaire; — Attendu, dans l'espèce, que cette indication : « Payable dans Bordeaux le 5 oct. », qui se trouve sur le relevé des factures adressé par le prévenu à Fréchingle, avait évidemment pour objet de remplacer un avis de traite; qu'elle ne peut recevoir aucune autre explication; qu'elle serait absolument inutile, s'il s'agissait d'un simple arrêté de compte; que cette prétention tardive de X... ne saurait d'ailleurs arrêter l'attention de la Cour, en présence de la déclaration qu'il a faite dans sa réponse à la note de l'administration des postes du 25 nov. 1884; qu'il reconnait expressément que le relevé des factures, sans avis de traite, n'aurait pas raison d'être; qu'il est donc avéré que le relevé de compte dont s'agit n'est qu'un avis de traite déguisé; qu'il ne pouvait, par suite, bénéficier du tarif réduit, et que la contravention imputée à X... est, dès lors, établie ; — Par ces motifs, — Confirme sur le premier chef, et réforme sur le second, etc.

MM. Beylot, prés.; Moulinier, av.

PAU (ch. corr.) 30 mai 1885.

Affichage-Affiches, Liberté de l'affichage, Réglementation, Permis, Abrogation, Dispositions fiscales, Maintien, Taxe, Payement préalable, Bonne foi, Contravention, Amende.

La loi du 29 juill. 1881, en inaugurant la liberté de l'affichage, a, du même coup, abrogé toutes les dispositions administratives antérieures, prescrites pour obtenir le permis d'affichage (3) (L. 29 juill. 1881, art. 68).

Elle n'a laissé en vigueur que les dispositions d'ordre purement fiscal; par exemple, celles relatives au payement de la taxe (4) (L. 8 juill. 1852, art. 30; Décr. 25 août 1852, art. 8).

Par suite, le fait d'avoir apposé dans un lieu public des affiches peintes sans en avoir préalablement acquitté les droits, continue, même depuis la loi de 1881, à être passible des peines portées par l'art. 30 de la loi du 8 juill. 1852 (5) (Id.).

En pareil cas, la bonne foi du contrevenant fût-elle évidente, le minimum de l'amende encourue ne pourrait être inférieur à 100 francs; ici ne sont point applicables les peines de simple police de l'art. 464, C. pén. (6) (Id.).

(Tarrouet.) — Arrêt.

LA COUR : — Attendu qu'à la requête de l'administration de l'enregistrement, des domaines et du timbre, procès-verbal régulier a été dressé le 19 janvier dernier contre Jean Tarrouet, marchand de chaussures à Pau « pour avoir

(1-2) V. dans le même sens, Trib. corr. Seine, 7 janv. 1864 (S. 72. 1. 93, en sous-note. — P. 72. 187, en sous-note. — D. 65. 5. 22); Cass., 11 févr. 1870 (S. et P., *ibid.* — D. 71. 1. 359); Douai, 17 févr. 1885 (S. 86. 2. 44. — P. 86. 1. 342). — Toutefois le fait d'avoir simplement, en dehors de l'envoi de tout imprimé, expédié par la poste, sous enveloppe ouverte, affranchie au moyen d'un timbre-poste de 0 fr. 05, une lettre particulière et personnelle, échappe à toute sanction pénale, le caractère délictueux de la correspondance ou de ce qui peut en tenir lieu étant, d'une façon aussi explicite que nécessaire, subordonné à l'existence d'un imprimé. V. Trib. corr. Saint-Amand, 27 juill. 1886 (Pand. pér., 86. 2. 364) et nos observations en note.

(3-4-5) V. conf., Paris, 12 janv. 1885 (Pand. chr.); Orléans, 28 juill. 1885 (Pand. chr.), et les renvois.

(6) Tous les arrêts sont d'accord pour appliquer, au cas de non payement des droits, l'amende de 100 francs à 500 francs édictée par l'art. 30 de la loi du 8 juill. 1852. Il y a là, en effet, une fraude qui menace les intérêts du Trésor et qui doit être sévèrement réprimée. V. Cass., 10 juin 1882 (Pand. chr.); Paris, 12 janv. 1885, précité. — Les peines de simple police de l'art. 464, C. pén., sont réservées à la répression des contraventions d'une gravité moindre comme, par exemple, l'omission de l'inscription, sur chaque exemplaire de l'affiche, d'un numéro d'ordre conforme à la déclaration passée au bureau de l'enregistrement, formalité n'ayant d'autre but que de faciliter la surveillance des agents chargés d'assurer le recouvrement des droits du Trésor et de poursuivre les fraudes. V. Orléans, 28 juill. 1885, précité, et nos observations en note.

inscrit dans son intérêt une affiche de plus d'un mètre, à Pau, sur le mur des bains Cambustou, situés chemin de la gare, affiche apposée sans avoir été l'objet des formalités prescrites par l'art. 30 de la loi du 8 juill. 1852 et par le règlement d'administration publique du 25 août 1852, à savoir, dit le procès-verbal : « déclaration d'affichage, payement de la taxe, obtention du permis d'affiche, indication du numéro du permis et du numéro d'ordre du registre d'inscription » ; — Attendu qu'aux termes de l'art. 68 de la loi du 29 juill. 1881 sur la liberté de la presse, tout ce qui était antérieurement prescrit pour obtenir administrativement le permis d'affiche se trouve abrogé ; que, par suite, les affiches peintes ne sont plus assujetties qu'aux prescriptions fiscales de l'art. 30 de la loi du 8 juill. 1852 et du règlement d'administration publique du 25 août 1852 ; que Tarrouet n'a donc à répondre que de la contravention relative au non-payement de la taxe ; — Attendu que cette contravention, qui est certaine et reconnue par Tarrouet, tombe sous l'application de l'art. 30 de la loi du 8 juill. 1852 ; — Que, quelque apparente que soit à la lecture de ce texte la faculté pour le juge de prononcer soit une amende de 100 à 500 francs, soit les peines portées à l'art. 464, C. pén., cet art. 30 de la loi du 8 juill. 1852, sainement entendu, ainsi que l'a décidé un arrêt de la Cour de cassation (ch. crim.) en date du 10 juin 1882 (Pand. chr.), édicte, pour le non-payement des droits à payer au fisc, une amende de 100 à 500 francs ; que, dans tous les cas, même dans celui où la bonne foi du contrevenant, comme dans l'espèce, est évidente, le minimum de la peine à appliquer ne peut être une amende inférieure à 100 francs ; — Par ces motifs, etc.

MM. Soulé, prés. ; Chaudreau, av. gén.

NANCY (1re CH.) 30 mai 1885.

ASSURANCES TERRESTRES, DÉCHÉANCE, PRESCRIPTION, INTERRUPTION, EXPERTISE, ACTION EN JUSTICE.

La prescription de six mois à compter du jour de l'incendie ou des dernières poursuites, édictée par une clause de la police d'assurance contre toute réclamation de l'assuré en payement de l'indemnité de sinistre, n'est pas interrompue par la nomination amiable d'experts et par l'expertise qui s'en est suivie ; ce sont là de simples moyens en vue d'arriver à un règlement d'accord qui ne peuvent produire l'effet d'une réclamation par la voie judiciaire (1) (C. civ., 2244 et suiv.).

(Gillet c. Comp. d'assur. terr. l'*Union*.) — ARRÊT.

LA COUR : — ... Sur l'exception de prescription de l'action : — Attendu que, d'après les termes de l'art. 35 de la police d'assurance, formant les conventions des parties, les dommages résultant de l'incendie doivent être réclamés par le sinistré dans un délai de six mois, à compter du jour de l'incendie ou des dernières poursuites ; — Attendu que, l'incendie étant survenu à la date du 9 janv. 1883, et l'assignation n'ayant été donnée que le 11 juill. suivant, la réclamation de Gillet ne s'est produite judiciairement qu'après l'expiration du délai de six mois écoulé depuis l'incendie ; — Attendu que Gillet soutient, pour repousser la déchéance à lui opposée pour prescription de son action, que ladite prescription a été interrompue par la nomination amiable d'experts et par l'expertise du 25 janv. suivant ; — Attendu que cette objection ne saurait être accueillie, en présence des termes si nets et si caractéristiques de l'art. 35 de la police d'assurance ; — Attendu, en effet, que, suivant cet article, les dommages doivent être réclamés par le sinistré dans le délai de six mois, à compter du jour de l'incendie ou des dernières poursuites ; — Attendu que cette réclamation s'entend, évidemment, d'une réclamation *judiciaire*, et non de simples démarches faites pour arriver au règlement amiable du sinistre, démarches telles que la déclaration devant le juge de paix, imposée comme une obligation par la police, ou telles encore que la nomination d'experts et l'expertise en évaluation de dommages, nomination et expertise qui constituent simplement un moyen, pour la Comp. et pour le sinistré, d'arriver à une entente amiable et d'éviter un procès ; — Attendu que, la

(1) D'après les principes généraux du droit, l'action de l'assuré en payement de l'indemnité de sinistre devrait durer trente ans. Mais, en général, les polices des Compagnies à primes limitent à six mois le délai d'action de l'assuré, et ce délai court à compter du jour de l'incendie. Cette clause a été maintes fois validée par les tribunaux ; elle ne soulève plus en elle-même de difficultés. V. Nancy, 25 juill. 1851 (S. 51. 2. 576. — P. 52. 1. 315. — D. 52. 2. 67) ; Cass., 1er févr. 1853 (S. 56. 1. 892. — P. 53. 1. 697. — D. 53. 1. 77) ; 16 janv. 1865 (S. 65. 1. 80. — P. 65. 152. — D. 65. 1. 12) ; Bruxelles, 10 mai 1867 (*Journ. des Assur.*, 68. 133), ainsi que les autorités citées dans notre *Dictionnaire de dr. comm., ind. et marit.*, t. I, v° *Assurance terrestre*, n. 239.

Il existe toutefois, sur cette question, quelques points secondaires et d'application toute pratique à régler, et sur lesquels l'accord n'est pas encore établi. Ainsi, par exemple, la déchéance du droit à l'indemnité, faute par l'assuré de l'avoir *réclamée* dans le délai imparti par la police, est-elle couverte ou du moins interrompue par la nomination amiable d'experts en vue d'évaluer le dommage résultant du sinistre ? Ou bien faut-il que l'assuré procède, à peine de forclusion, par les voies de rigueur de l'art. 2244, C. civ., c'est-à-dire par citation en justice, par commandement ou par saisie signifiés à la Compagnie ?

L'arrêt ci-dessus rapporté se prononce en faveur de cette dernière opinion. Cette solution n'est pas heureuse ; elle mettra neuf fois sur dix l'assuré mal renseigné, désarmé, à la discrétion des Compagnies. Le calcul sera bien simple : endormir les intéressés par la perspective d'un règlement toujours imminent, mais qui ne viendra pas, traîner avec habileté les pourparlers en longueur, — six mois sont vite écoulés, — gagner le terme fatal, opposer la déchéance. Le tour à jouer ne sera donc pas difficile ; il est tentant ; nombre de Compagnies aux abois, peu scrupuleuses dans leurs moyens, ne se feront point faute d'en user. L'excès de confiance, la bonne foi qui doit présider à l'exécution des engagements (C. civ., 1134) seront ainsi tenus en échec par la ruse et l'esprit de fraude. Les tribunaux ne sauraient sanctionner de tels résultats. Aussi croyons-nous que la solution de l'arrêt de Nancy restera comme un accident de jurisprudence isolé.

Il a été jugé, avec pleine raison, dans un sens diamétralement contraire : 1° que la déchéance résultant du défaut de réclamation dans les six mois est suspendue par la simple sommation faite à la Compagnie de se trouver à l'expertise ayant pour objet de fixer le quantum de l'indemnité. Trib. civ. Vervins, 28 août 1849, cité dans notre *Dictionnaire*, t. I, v° *Assurance terrestre*, n. 240 ; — 2° Qu'en tout cas, l'expertise impliquant la reconnaissance de la dette, une Compagnie qui participe à la nomination des experts chargés d'apprécier la valeur des objets incendiés est présumée renoncer par cela même à opposer valablement à l'assuré la déchéance encourue par ce dernier pour n'avoir fait valoir son droit qu'après l'expiration des six mois. Colmar, 21 août 1854 (*J. des assur.*, 55. 85). V. aussi Riom, 5 juill. 1886 (la *Loi*, 26 janv. 1887).

C'est d'ailleurs la même doctrine qu'avait consacrée la Cour de Nancy dans un précédent arrêt du 30 mai 1856 (Pand. chr.), se réfutant elle-même par anticipation.

Dans l'espèce actuelle, l'obligation imposée à l'assuré pour ne pas encourir la prescription était purement et simplement de *réclamer* dans les six mois. Le mode de réclamation n'était pas spécifié par la police ; nulle part il n'était dit que cette réclamation dût se produire par la voie judiciaire, à l'exclusion de toute autre. D'action en justice, de commandement ou de saisie, il n'était pas plus question. Pourquoi ne pas entendre le mot *réclamer* dans le sens le plus large de toute réclamation même extra-judiciaire ?

Car enfin, dans un contrat d'assurance, malgré son caractère synallagmatique, quel est le véritable, le premier stipulant ? C'est la Compagnie ; c'est elle qui se réserve la prime, qui impose ses polices toutes rédigées, ses formules générales étudiées avec une compétence consommée de la matière, avec une malice intéressée, lorsqu'elle y introduit des expressions dont l'autre partie ne peut mesurer ni le sens ni la portée juridique. S'il en est ainsi, revenons aux principes. Or, aux termes de l'art. 1162, C. civ., « dans le doute, la convention s'interprète contre celui qui a stipulé, et en faveur de celui qui a contracté l'obligation. »

citation devant le tribunal étant du 11 juill. 1883, et l'incendie du 9 janv. précédent, la prescription de six mois édictée par l'art. 35 de la police était acquise au moment où l'intimée a été assignée; que la déchéance résultant de cette prescription était encourue, et qu'il y a lieu de déclarer irrecevable la demande de Gillet; — Par ces motifs, — Déclare prescrite l'action de Gillet, etc.

MM. Serre, 1er prés.; Luxer, av. gén.; Renard et Larcher, av.

BESANÇON (1re CH.) 1er juin 1885.

DIVORCE, CASSATION, POURVOI, EFFET SUSPENSIF, SÉPARATION DE CORPS, MESURES ACCESSOIRES, GARDE DES ENFANTS, REPRISES, LIQUIDATION, PENSION ALIMENTAIRE.

Le pourvoi contre un arrêt rendu en matière de divorce est suspensif, sans qu'il y ait à distinguer, suivant que l'arrêt admet ou rejette le divorce, ou bien ne se borne qu'à prononcer la séparation de corps réclamée par l'une des parties, l'arrêt devant être considéré, même en ce dernier cas, comme rendu en matière de divorce (1) (C. civ., 263).

Cet effet suspensif s'applique non-seulement à l'exécution de la disposition principale de l'arrêt, mais encore à celle de ses dispositions accessoires, prises en vue du règlement de la situation nouvelle créée aux époux (2) (Id.).

... Par exemple, aux dispositions relatives à la garde des enfants, à la liquidation des reprises de la femme, à la fixation de la pension alimentaire (3) (Id.).

(Kœhl c. Kœhl.) — ARRÊT.

LA COUR : — Attendu que Kœhl s'est pourvu en cassation contre l'arrêt du 18 févr. 1885, qui a rejeté sa demande en divorce et prononcé la séparation de corps à la demande de la femme; — Attendu qu'aux termes de l'art. 263, C. civ., le pourvoi contre un jugement rendu en matière de divorce est suspensif; — Que la loi ne fait aucune distinction entre le jugement qui admet le divorce et celui qui a rejeté la demande; qu'elle ne fait aucune distinction non plus entre les diverses mesures prescrites par ledit jugement, soit qu'il s'agisse de l'exécution de la disposition principale, soit qu'il s'agisse de dispositions accessoires que les juges ont prises en vue de la situation nouvelle créée aux époux par leur jugement; — Attendu que, bien que l'arrêt dont s'agit ait prononcé la séparation de corps, il n'en a pas moins été rendu en matière de divorce, puisqu'en première instance, les deux époux avaient été autorisés à convertir en demande en divorce l'instance en séparation de corps qu'ils avaient introduite; que la femme, en appel, avait posé des conclusions subsidiaires en divorce, et qu'enfin la Cour, en prononçant la séparation de corps, avait réformé le jugement du tribunal et débouté le mari de sa demande; — Qu'en confiant la garde de la fille à la mère, la Cour n'a pas entendu prendre une mesure provisoire pour la durée du procès, mais bien régler définitivement la situation de l'enfant durant la séparation; qu'elle participe donc du caractère définitif de l'arrêt et ne peut en être distraite pour être exécutée isolément, et alors que l'exécution de l'arrêt lui-même est suspendue par le pourvoi; — Qu'il en est de même de la liquidation des reprises de la femme, et en ce qui concerne la pension alimentaire demandée par elle; que, d'ailleurs, sur cette dernière demande, la Cour n'ayant rendu aucune décision, il ne saurait s'agir ici de l'exécution de son arrêt, mais bien d'une demande nouvelle; — Par ces motifs, etc.

MM. Faye, 1er prés.; Masse, av. gén.; Belin et Bouvard, av.

TRIB.-CORR. SEINE (10e CH.) 18 juin 1885.

LOTERIE, VALEURS A LOTS, VALEURS ÉTRANGÈRES, OBLIGATIONS DE LA VILLE DE BRUXELLES.

La vente effectuée en France d'obligations à lots de la ville de Bruxelles, remboursables par la voie du sort, rentre dans la catégorie des loteries prohibées par la loi (4) (C. pén., 410; L. 21 mai 1836, art. 2).

Il en est ainsi du moins, depuis le traité franco-belge du 31 oct. 1881, qui n'a pas reproduit l'autorisation contenue au traité antérieur du 1er mai 1861 (Tr. intern. 1er mai 1861; 31 oct. 1881).

(Bosc c. Baze.) — JUGEMENT.

LE TRIBUNAL : — Attendu que Baze a, depuis moins de trois ans, vendu au sieur Bosc une obligation de la ville de Bruxelles, emprunt 1874, moyennant le prix de 150 fr., payable par versements successifs; — Attendu que la loi du 21 mai 1836, qui prohibe les loteries de toute espèce, leur assimile les ventes d'immeubles, de meubles et de marchandises par la voie du sort, les ventes des mêmes objets auxquelles sont réunies des primes ou autres bénéfices dus au hasard, et généralement toutes opérations offertes au public pour faire naître l'espérance d'un gain qui serait acquis par la voie du sort; — Attendu que la vente des obligations de la ville de Bruxelles, valeurs à lots, remboursables par la voie du sort, rentre dans la catégorie des ventes prohibées par la loi; que, s'il est vrai que, par dérogation à la législation générale, des lois spéciales ont pu autoriser l'émission et la vente de valeurs à lots, c'est en vain que Baze prétend faire bénéficier de ces dispositions les obligations de la ville de Bruxelles; qu'en effet, si le traité de commerce intervenu le 1er mai 1861, et prorogé successivement jusqu'en 1879, entre la France et la Belgique, autorisait, dans son art. 36, la cote réciproque, aux Bourses de Paris et de Bruxelles, des titres émis par les provinces, les communes, les établissements publics et les Sociétés anonymes de Belgique ou de France, cette disposition n'a pas été reproduite dans le nouveau traité de commerce du 31 oct. 1881, entre la France et la Belgique; que si l'ancien traité, loi spéciale et essentiellement temporaire, avait pu suspendre momentanément l'exécution de la loi générale, cette loi a repris, par suite de la nouvelle convention, toute son autorité; — Attendu que la vente d'obligations de la ville de Bruxelles, reprochée à Baze, constitue le délit prévu et puni par l'art. 2 de la loi du 21 mai 1836, et l'art. 410, C. pén.; — Par ces motifs, — Condamne, etc.

MM. Barthelon, prés.; Laffon, subst.; Rousseau et Loustauneau, av.

NANCY (1re CH.) 27 juin 1885.

LEGS, MAISON, BIENS MEUBLES, TITRES, CRÉANCES, INTERPRÉTATION.

Le legs « d'une maison et de tous les biens meubles, droits

(1-2-3) On pourrait objecter que les dispositions relatives soit à la séparation de corps, soit aux mesures accessoires, telles que la garde des enfants, la liquidation des reprises, la fixation de la pension alimentaire, ne participent point du caractère irréparable qui s'attache au divorce, caractère qui a motivé, par l'effet suspensif attribué au pourvoi en cassation, une dérogation aux principes du droit commun.

(4) Même solution relativement à des valeurs à lots émises par une ville italienne. V. Paris, 25 mars 1870 (Pand. chr.), et la note. *Adde* Poitiers, 12 nov. 1886 (la *Loi*, n. 9 janv. 1887).

et choses réputées mobilières, sans exception, qui se trouvent dans ladite maison au jour du décès du testateur » ne comprend pas nécessairement les titres, effets, créances mobilières, etc. (1) (C. civ., 534, 535 et 895).

... *Alors, d'ailleurs, que la valeur de la maison est de beaucoup inférieure à celle des titres, effets et créances* (2) (Id.).

Et alors surtout qu'il est démontré par les circonstances de la cause que les expressions dont s'est servi le testateur ont un caractère équivoque à dessein, qu'elles lui ont été dictées et qu'il a pu les transcrire sans en comprendre la portée exacte (3) (Id.).

(Dupont c. hérit. Marchot.) — ARRÊT.

LA COUR : — Attendu qu'il paraît impossible à la Cour de donner à ces mots, insérés dans le testament de Marchot : « Je donne et lègue à Thomas Dupont ma maison et tous les biens meubles, droits et choses réputées mobilières, sans exception, qui se trouvent dans ma maison au jour de mon décès », l'interprétation que lui donnent les conclusions de l'appelant; — Attendu, en effet, que, voulant faire à son cousin Thomas Dupont un avantage aussi considérable que celui qui serait représenté par le legs de sa maison, accompagné du legs de tous les titres et valeurs pouvant être retrouvés dans ladite maison au moment de son décès, Marchot n'aurait pas manqué de faire une disposition testamentaire nette et claire, indiquant fermement cette volonté, au lieu de recourir à la forme ambiguë et équivoque d'un legs de valeurs mobilières accessoire au legs principal de sa maison; — Attendu qu'on ne comprendrait pas que ce legs si important, s'élevant à une soixantaine de mille francs de créances, fût ainsi l'accessoire et la conséquence d'une maison d'une valeur totale de 18,000 fr. seulement; — Attendu que par ces mots « meubles, droits et choses réputées mobilières », Marchot a simplement entendu parler des meubles meublants, des objets mobiliers, des droits qu'il pouvait avoir comme propriétaire de l'immeuble par lui légué, et que ce serait interpréter abusivement sa volonté que d'attribuer à ces expressions le sens étendu et la portée que veulent lui donner les conclusions de Dupont; — Attendu, d'ailleurs, que les enquête et contre-enquête établissent les circonstances dans lesquelles a été rédigé le testament de Marchot, alors affaibli par la maladie; — Attendu qu'il en résulte les présomptions les plus graves, que le modèle du testament a été fourni à Marchot par le clerc du notaire même de Thomas Dupont; que le testament a été fait à une date concordant avec un séjour de Dupont et de sa famille dans la maison de Marchot; — Attendu qu'on peut supposer avec raison que les expressions équivoques employées dans le testament ont été à dessein inspirées et comme dictées à son auteur à l'effet d'être plus tard exploitées, après le décès de Marchot, et qu'elles ont été volontairement calculées de manière que Marchot pût se méprendre sur leur portée; — Par ces motifs, — Confirme le jugement du tribunal civil de Rocroi, en date du 25 juill. 1884, etc.

M. Serre, 1er prés.

DOUAI (1re CH.) **29 juin 1885.**

DIVORCE, SÉPARATION DE CORPS, CONVERSION, AVANTAGES PÉCUNIAIRES, MAINTIEN, ALIMENTS.

Le jugement de conversion de la séparation de corps en divorce ne réforme ni ne révise le jugement de séparation de corps, et laisse les deux époux dans la situation de droit qui leur appartenait l'un vis-à-vis de l'autre, notamment en ce qui concerne les avantages pécuniaires alloués à l'époux au profit de qui la séparation a été prononcée (4) (C. civ., 300).

Ainsi, par exemple, il ne porte aucune atteinte à la pension alimentaire de la femme, qui reste telle qu'elle a été fixée par le jugement de séparation, à moins qu'il ne soit démontré que, depuis cette époque, les ressources de la femme aient augmenté ou que celles du mari aient diminué (5) (C. civ., 301).

(Tancrez c. Tancrez.) — ARRÊT.

LA COUR : — Attendu qu'en 1874, l'épouse Tancrez a demandé et obtenu la séparation de corps contre son mari, et que ce dernier a été condamné à lui servir une rente annuelle et viagère de 1,200 francs; — Attendu que le 23 mars 1885, c'est-à-dire après plus de trois années écoulées sans qu'aucun rapprochement ne se soit effectué entre les deux époux, Tancrez a formé une demande en conversion de la séparation de corps en divorce; — Qu'il a conclu, en outre, à la cessation du service de la pension de 1,200 fr. qu'il avait été condamné, par le jugement de séparation de corps, à servir à sa femme; — Attendu que la conversion a été prononcée, mais que le jugement n'a pas statué sur le service de la pension annuelle et viagère; — Que Tancrez ayant alors cessé de payer les arrérages de ladite pension, sa femme lui signifia un commandement auquel il fit lui-même une opposition qui fut suivie du jugement qui le déboutait de ses prétentions et dont il a relevé appel; — Attendu que le droit de demander la conversion est accordé aux deux époux, après trois années de séparation de corps, que ce droit accordé par le législateur, même à l'époux coupable, n'est nullement fondé sur les torts de l'un des conjoints; qu'il ne demande pas, comme le divorce pour cas déterminé, un époux outragé et un époux indigne; qu'il a été organisé par la loi pour permettre aux conjoints dont le rapprochement est désormais impossible de contracter une nouvelle union; que, simple jugement de conversion et non de révision, il laisse les deux époux dans la situation de droit qui leur appartenait l'un vis-à-vis de l'autre dans le jugement de séparation de corps, qu'il ne réforme ni ne révise; que, dès lors, celui qui a fait prononcer la séparation de corps conserve toujours cette situation et les avan-

---

(1-2-3) Ce sont là des questions d'interprétation, et les solutions peuvent varier avec les espèces, sans que les principes se trouvent engagés. V. dans le même sens, Alger, 1er févr. 1886, en sous-note (a). — Comp. Cass., 19 mai 1885 (Pand. chr.), et la note.

(4-5) V. dans le même sens, Trib. civ. Marseille, 19 nov. 1884 (Gaz. du Pal., 14 janv. 1885); 21 nov. 1884 (le *Droit*, 17 déc.); Lyon, 8 janv. 1885 (la *Loi*, 16 janv.); Paris, 21 janv. 1886 (*Gaz. des Trib.*, 28 janv.); 4 févr. 1886 (*ibid.*, 10 févr.). — V. aussi conf., en matière de séparation de corps, Cass., 3 avril 1883 (Pand. chr.), et la note. — Si la solution de l'arrêt de Douai est à l'abri de toute critique, la formule employée ne nous paraît pas devoir être acceptée dans toute sa rigueur; elle comporte des réserves. Ainsi, il a été jugé, avec pleine raison, suivant nous, que la pension alimentaire accordée à l'époux *contre* lequel la séparation de corps a été prononcée, cesse d'être due, en cas de conversion de la séparation en divorce, du jour de la prononciation du divorce par l'officier de l'état civil. Trib. civ. Seine. 3 janv. 1885 (Pand. chr.), et nos observations. V. aussi Cass., 24 nov. 1886 (la *Loi*, 30 janv. 1887).

(a) Cet arrêt d'Alger, du 1er févr. 1886, aff. Ricoux c. de Joussincoud de Iourdonnet, est ainsi conçu :

LA COUR : — ...Sur le legs fait à la dame Merle des Isles : — Considérant que le legs d'une maison avec le mobilier la garnissant ne peut s'entendre que de la maison avec ses meubles meublants, qui seuls effectivement la garnissent; — Qu'on ne peut y comprendre une créance dont le titre y est déposé, mais n'a pas pour effet de la garnir; — Que l'art. 536 du C. civ. donne, sur ce point, une interprétation conforme à celle des premiers juges; qu'il y a donc lieu de la maintenir; — Considérant que les derniers mots de cette disposition testamentaire, en exceptant du mobilier garnissant la maison ce qui est compris dans les legs suivants, ne font pas obstacle à cette interprétation, puisque plusieurs de ces legs comprennent des objets mobiliers garnissant la maison et justifient ainsi la restriction apportée par anticipation à l'étendue du legs fait à madame Merle des Isles, etc.

MM. Cammartin, 1er prés.; Daudonneau, av. gén.; Lemaire et Dain, av.

tages que la loi y attache, alors même que le défendeur condamné à la séparation serait devenu le demandeur en divorce; que ce divorce n'est en réalité prononcé au profit ni contre aucun des époux; — Que la dame Tancrez, qui a fait prononcer contre son mari la séparation, doit être considérée comme si elle avait obtenu le divorce; — Attendu que le tribunal a la faculté d'accorder à l'époux qui a obtenu le divorce une pension alimentaire qui ne peut excéder le tiers des revenus de son conjoint; — Que Tancrez ne prouve pas que la pension qu'il doit servir à sa femme excède cette proportion; — Attendu, en outre, que le jugement de conversion laisse subsister le jugement de séparation de corps, qu'il modifie seulement en ce qui concerne la faculté pour les époux de contracter un nouveau mariage; qu'il ne porte nulle atteinte aux autres dispositions de ce jugement, aux avantages pécuniaires, par exemple, qu'il avait consacrés au profit de l'époux demandeur; — Attendu que la pension alimentaire accordée par le tribunal à la femme Tancrez est essentiellement modifiable suivant les besoins de celle qui la reçoit et les ressources de celui qui la sert; — Que le tribunal, en la fixant à 1,200 francs, a fait une saine appréciation de la situation respective des deux époux; que Tancrez ne démontre pas que, depuis le jugement, les ressources de sa femme aient augmenté ou que les siennes aient diminué; — Qu'il y a donc lieu de maintenir sa décision; — Confirme...

MM. Mazeaud, 1er prés., Allaert et Devimeux, av.

NIMES (3e ch.) 4 juillet 1885.

FAILLITE, MARCHANDISES, REVENDICATION, RENONCIATION, VENDEUR, SYNDIC.

Le droit de revendication ouvert au vendeur de marchandises, en cas de faillite de l'acheteur, crée une faculté dont le vendeur est libre de ne pas user, s'il juge plus favorable à ses intérêts de se faire payer en monnaie de faillite (1) (C. comm., 576).

Il en est ainsi notamment quand les marchandises expédiées se trouvent grevées de droits de magasinage supérieurs à leur valeur (2) (Id.).

Par suite, c'est au syndic à prendre livraison de ces marchandises, qui dépendent de la masse de la faillite, et à en acquitter les droits de magasinage (3) (Id.).

(Société des chaux de Meysse c. synd. Sabatier.)

ARRÊT.

LA COUR : — Attendu que, suivant conventions verbales intervenues entre Sabatier et la Société des chaux de Meysse, celle-ci a fait à Sabatier, les 19, 20 et 21 sept. 1884, des expéditions de six cent vingt sacs de chaux; que Sabatier, étant venu à mourir le 20 sept., la marchandise, qui était arrivée en gare du Pont-d'Avignon, y est restée en souffrance, et que sa non-livraison a entraîné des droits de magasinage; — Attendu que, le 2 oct. dernier, Sabatier a été déclaré en faillite; qu'à cette époque, les sacs de chaux n'avaient pas été retirés de la gare; que l'appelante, à laquelle l'art. 576, C. comm., donnait la faculté de revendiquer la marchandise non payée, n'a pas jugé à propos d'user de ce droit, et qu'elle a déclaré laisser aux risques et périls du syndic les six cent vingt sacs de chaux demandés par son acheteur, Sabatier; — Attendu, il est vrai, qu'en procédant ainsi, l'appelante, au lieu de recouvrer sa marchandise, s'exposait à être payée en monnaie de faillite et à voir le dividende d'autant plus réduit que les frais de magasinage seraient plus élevés; mais que l'appelante, parfaitement juge de ses actions et des conséquences de sa détermination, n'a fait qu'user du droit de non-revendication qui résulte implicitement des dispositions de l'art. 576, susvisé, et que la solution adoptée par les premiers juges rendrait illusoire; — Attendu, dès lors, que la marchandise expédiée à Sabatier et devenue la propriété de celui-ci est tombée dans la masse de la faillite, et que le syndic, en présence du refus de l'appelante de la revendiquer, aurait dû en prendre livraison; qu'en ne le faisant point, il a occasionné des frais de magasinage qui doivent rester à sa charge; — Par ces motifs, — Condamne le syndic, ès qualités, à prendre livraison des six cent vingt sacs de chaux expédiés à Sabatier, et à en payer le prix avec les frais de magasinage, etc.

MM, Chaloupin, prés.; Cazenavette, av. gén.; Manse et Brunel, av.

AGEN (ch. corr.) 8 juillet 1885.

ADULTÈRE, APPEL, MARI.

Le mari qui se borne à déposer contre sa femme une plainte en adultère, mais qui, à aucun moment des poursuites devant le tribunal de police correctionnelle, ne s'est constitué partie civile et se refuse encore devant la Cour à prendre cette situation, est sans qualité pour interjeter appel à minima *de la décision des premiers juges* (4) (C. pén., 336 et 337).

(D... c. D..., P... et C...)

6 juin 1885, jugement du tribunal correctionnel de Condom, qui condamne pour adultère, sur la plainte de D..., la femme D... et ses complices, C... et P..., à des peines d'emprisonnement. D..., qui ne s'était pas porté partie civile devant le tribunal correctionnel, a néanmoins interjeté appel de ce jugement. Le ministère public s'est abstenu.

ARRÊT.

LA COUR : — Vu les art. 1, 67, 202, C. instr. crim., 336 et 337, C. pén., et l'art 308, C. civ.; — Considérant que, quelque étendues que puissent être en faveur du mari les dérogations aux règles ordinaires qui régissent l'action

---

(1-2-3) L'hypothèse de cet arrêt est curieuse à noter; elle ne s'était point encore formulée en litige. Aussi nous n'avons trouvé dans la jurisprudence aucune analogie. Il n'est pas à craindre qu'une contestation de cette nature se reproduise souvent dans la pratique des affaires. Toujours, en effet, ou presque toujours, le prix de la marchandise est notablement supérieur aux droits de magasinage ou autres frais qui la grèvent. Les procès naissent non point parce que l'on ne revendique pas assez, mais parce que l'on revendique trop, en dehors même des conditions exigées par la loi. C'est que la revendication assure au créancier une situation privilégiée; elle réduit sa perte à un minimum d'expression qui se borne souvent à un manque de gain; quelquefois même, si la marchandise a augmenté de valeur depuis l'expédition, elle peut réserver au vendeur un bénéfice possible. A toutes éventualités, la solution est préférable à un droit à des dividendes ou à des payements en monnaie de faillite. Or si la revendication est une faveur réelle, il y peut être renoncé comme à tout avantage; la contagion de l'exemple n'est point à redouter. Mais, à plus forte raison, la renonciation doit être permise, quand la revendication est destinée à créer au vendeur une infériorité par rapport aux créanciers chirographaires. Comme cette dernière qualité lui appartient, il peut toujours réclamer le traitement d'égalité.

(4) Bien entendu, ce droit appartient sans difficulté au mari qui a été partie aux poursuites. V. Angers, 9 déc. 1844 (Pand. chr.); Cass., 3 mai 1850 (Pand. chr.). — Dans l'espèce actuelle, la circonstance la plus décisive résidait dans cette considération que le mari, même devant la Cour, se refusait encore à se porter partie civile; il restait par là complètement étranger aux poursuites; il n'était rien aux débats; il n'y jouait aucun rôle. En vertu de quelle qualité pouvait-il, dès lors, intervenir et prétendre se substituer au ministère public?

publique, on ne saurait aller jusqu'à lui permettre de se substituer purement et simplement au ministère public, à moins d'une disposition expresse de la loi l'y autorisant; que, dans l'information close par le jugement dont est appel, D... n'a joué que le rôle de plaignant; qu'il ne s'est à aucun moment constitué partie civile, qu'il déclare à la Cour ne point vouloir prendre cette qualité; qu'il ne saurait donc, à aucun titre, être admis à requérir, au point de vue pénal, une répression plus sévère contre sa femme et ses complices, ou à mettre le parquet en demeure de le faire; qu'au surplus, M. le procureur général déclare s'y refuser, en concluant à l'irrecevabilité de l'appel et en n'interjetant pas lui-même appel; — Par ces motifs, — Rejette, etc.

MM. Barcier de Labusquette, prés.; Dubouch, subst.

CAEN (1re CH.) 13 juillet 1885.

BAIL A LOYER, RÉSILIATION, VICE CACHÉ, PUNAISES, CONNAISSANCE DU PRENEUR.

L'existence de punaises dans une maison constitue un vice caché, dans le sens de l'art. 1721, C. civ., qui autorise le preneur à demander la résiliation du bail (1) (C. civ., 1721).

Il n'en serait autrement que si le preneur avait été averti de l'existence des punaises et s'il avait traité en connaissance de cause (2) (Id.).

(Martine c. Guillon.) — ARRÊT.

LA COUR : — Attendu qu'il est allégué par les époux Martine, et non méconnu par la veuve Guillon, que l'auberge louée par cette dernière aux époux Martine est infestée de punaises; — Attendu que l'existence de punaises dans une maison constitue un *vice caché*, qui permet au preneur d'invoquer l'art. 1721, C. civ., et l'autorise à demander la résiliation du bail; — Attendu qu'il en serait autrement, ainsi que l'ont déclaré les premiers juges, si le preneur avait été averti de l'existence des punaises et s'il avait traité en connaissance de cause; — Mais attendu que rien ne justifie que les époux Martine aient eu cette connaissance; qu'ils ont loué de la veuve Guillon *l'auberge de la Victoire*, le 26 juin 1883, et que cette dernière allègue et demande à prouver que ce serait seulement le 2 oct. suivant que les époux Martine auraient été avertis de l'existence des punaises; — Attendu que la veuve Guillon soutient que les époux Martine ont dû être, à cette époque aussi, avertis par la constatation faite de traces de punaises sur différents meubles; que ces meubles, destinés à une auberge de dernier ordre, ont pu être achetés dans des ventes publiques, et que les traces anciennes de punaises sur ces meubles n'indiquaient pas suffisamment que la maison en fût infestée; — Attendu que la Cour a les éléments nécessaires pour apprécier le préjudice causé par la résiliation; — Par ces motifs, — Infirme...; — Déclare résilié, à partir du 2 oct. prochain, le bail consenti aux époux Martine par la veuve Guillon; — Condamne la veuve Guillon en 500 francs de dommages-intérêts, etc.

MM. Houyvet, 1er prés.; Vaudrus, subst.; Tillaye et Bénard, av.

PARIS (3e CH.) 16 juillet 1885.

SOCIÉTÉ ANONYME, VERSEMENT DU QUART, ORDRE PUBLIC, AUGMENTATION DE CAPITAL, VERSEMENT EFFECTIF, COMMISSION (DROIT DE), PRÉLÈVEMENT, STATUTS, CLAUSE, VALIDITÉ.

L'obligation du versement, par chaque actionnaire, du quart au moins du montant des actions par lui souscrites, constitue une prescription d'ordre public (3) (L. 24 juill. 1867, art. 1 et suiv.).

Et cette prescription s'applique, avec la même rigueur qu'à la constitution du capital initial, aux augmentations ultérieures du capital social (4) (Id.). — Motifs.

Le versement du quart ne peut s'entendre que d'un versement opéré dans les caisses de la Société (5) (Id.).

Spécialement, *il n'y a pas versement, dans le sens de la loi, lorsque partie de ce quart est prélevée à titre de commis-*

(1) Cette solution a déjà été consacrée par un arrêt de Bordeaux, du 29 mai 1879 (S. 80. 2. 4. — P. 80. 83). — Elle est également approuvée par les auteurs. V. notamment Guillouard, *Tr. du louage*, t. I, n. 118.

(2) Il est, en effet, de principe constant que « le bailleur ne doit pas au preneur la garantie des vices apparents, dont ce dernier a connu ou pu connaître l'existence ». V. Paris, 3 juill. 1882 (S. 84. 2. 79. — P. 84. 1. 419). — V. aussi Paris, 23 (ou 29) janv. 1849 (S. 49. 2. 77. — P. 49. 1. 268. — D. 49. 5. 272); Lyon, 6 juin 1873 (S. 73. 2. 194. — P. 73. 846. — D. 74. 2. 109).

(3-4) L'émission d'actions nouvelles est soumise à l'art. 1er de la loi du 24 juill. 1867. Les prescriptions de cet article, celles relatives notamment au versement du quart sur chaque action, sont, en effet, trop absolues pour que l'on puisse soustraire à son application un capital qui, pour être supplémentaire, n'en a pas moins le caractère de capital social, comme celui qui a été primitivement souscrit. Et il paraît d'autant plus sage d'exiger, en pareil cas, l'accomplissement des conditions prescrites par l'art. 1er, que cette augmentation du capital social après coup a été, dans la période de 1878 à 1882, le moyen le plus ordinairement employé par les tripoteurs d'affaires pour réaliser leurs combinaisons toujours dolosives, souvent même frauduleuses et passibles de l'art. 405, C. pén. V. en matière de Société en commandite par actions, Cass., 27 janv. 1873 (S. 73. 1. 163. — P. 73. 383. — D. 73. 1. 331); Orléans, 9 mars 1876, sous Cass., 13 et 14 nov. 1876 (S. 78. 1. 201. — P. 78. 510); Cass., 5 nov. 1879 (Pand. chr.). — *Adde* en matière de Société anonyme, Lyon, 12 mars 1885 (D. 86. 2. 136); Cass., 17 juill. 1885 (Pand. chr.); Paris, 11 juin 1886 (*J. des Sociétés*, 1887, 28), et les autorités citées dans notre *Dict. de dr. comm., ind. et marit.*, t. VI, v° *Société anonyme*, n. 196.

Bien plus même, l'augmentation du capital social, prise en elle-même et indépendamment de la constitution initiale de la Société, fût-elle en tous points régulière, les conditions de souscription intégrale de l'émission nouvelle et de versement du quart eussent-elles été accomplies soigneusement, que cette émission n'en serait pas moins pénétrée, entachée par le vice qui attaquerait la Société jusque dans son principe, dans l'essence de son existence, si ces prescriptions de la loi n'avaient point été respectées, si elles avaient été violées à l'origine. On ne peut, en effet, faire vivre et développer que ce qui est; or une Société constituée contrairement aux exigences de l'art. 1er de la loi de 1867 est nulle et de nul effet (L. 24 juill. 1867, art. 41 et suiv.). On peut accumuler émissions sur émissions, que la Société n'en vaudra ni plus ni moins. C'est le tonneau de vinaigre qui fait tourner à l'aigre les meilleures liqueurs que l'on y verse. V. Paris, 10 mai 1883 (S. 84. 1. 199. — P. 84. 1. 471. — D. 84. 2. 6). V. aussi Lyon, 12 mars 1885 (S. 86. 2. 241. — P. 86. 1. 1245. — D. 86. 2. 136).

(5-6-7) V. conf. Cass., 17 juill. 1885 (Pand. chr.). — Le versement du quart par chaque action doit être fait en espèces ou tout au moins en valeurs d'un recouvrement immédiat et qui ne comportent pas de difficultés de payement. V. notamment Cass., 27 janv. 1873 (S. 73. 1. 163. — P. 73. 383. — D. 73. 1. 331); Lyon, 15 mars 1879 (S. 81. 1. 459. — P. 81. 1. 1184); Paris (motifs), 18 fév. 1881 (S. 81. 2. 97. — P. 81. 1. 561); 5 déc. 1881 (D. 85. 1. 355); 13 janv. 1882 (S. 83. 2. 233. — P. 83. 1. 1210. — D. 83. 2. 73); Beudant, *Rev. crit.*, t. XXXVI, p. 130 et suiv.; Lyon-Caen et Renault, *Préc. de dr. comm.*, t. I, n. 416; Pont, *Soc. civ. et comm.*, t. II, n. 894-896; Vavasseur, *Soc.*, t. I, n. 393 et 394. — Ce versement doit être effectif et ne saurait être remplacé par des jeux d'écritures ou des opérations de comptes sur les livres de la Société. *Sic* Chambéry, 28 janv. 1881 (S. 81. 2. 260. — P. 81. 1. 1252); Paris, 19 mars 1883 (S. 83. 2. 97. — P. 83. 1. 565. — D. 83. 1. 425); Grenoble, 15 juill. 1886 (S. 86. 2. 241. — P. 86. 1. 1245).

Ce qu'il faut, en un mot, c'est qu'au début de la Société, au moment où commenceront les opérations de son fonctionnement régulier, le premier quart soit bien une réalité et non une fiction, une véritable ressource à la disposition des administrateurs ou gérants, sous leurs mains, qu'ils pourront employer, comme bon leur semblera, mais sous leur responsabilité, au mieux des intérêts qu'ils ont mission de faire prospérer. Quand l'arrêt de Par-

sion pour le placement des actions au moment même du placement, qu'elle est directement touchée par le courtier des mains des souscripteurs, qu'elle ne passe point par les caisses de la Société (6) (Id.).

Peu importe que les reçus délivrés par le courtier l'aient été en l'acquit de la Société, si les sommes encaissées par lui étaient, dès l'instant du versement et d'une façon irrévocable, devenue sa propriété personnelle (7) (Id.).

La clause des statuts d'une Société qui stipule qu'au cas où la Société ne parviendrait pas à se constituer, la commission payée aux courtiers, pour le placement des actions, par les souscripteurs, leur restera personnellement et définitivement acquise, avec dispense de toute restitution, est-elle valable? (8) — Sol. implic. négat. dans les motifs.

(Agnel et autres c. la Société *la Réparation*.) — ARRÊT.

LA COUR : — Sur le moyen de nullité de la Société *la Réparation*, tiré du non-versement du quart, lequel est commun à tous les appelants; — Considérant qu'au cours de l'année 1878, le sieur Lefebvre, se disant organisateur d'assurances, domicilié à Joinville-le-Pont (Seine), s'est concerté avec sept officiers de sapeurs-pompiers de la banlieue de Paris pour fonder, sous le nom de la *Réparation*, une nouvelle Société d'assurances à primes fixes contre l'incendie, offrant cette particularité qu'elle faisait appel, pour la souscription de ses actions, aux capitaux des sapeurs-pompiers et promettait (art. 49 des statuts) de créer une caisse de gratifications et de pensions de retraite « pour MM. les pompiers et de distribuer des pompes aux communes, afin de stimuler la création de compagnies de pompiers dans toutes les communes de France »; — Considérant que, dans les statuts déposés le 26 septembre 1878, chez Me Viau, notaire à Paris, Lefebvre a inséré les dispositions suivantes : — « Art. 16. Il sera fait en souscrivant un premier versement de 25 francs par chaque action souscrite. Aussitôt les 2,000 actions souscrites, il sera fait un deuxième versement de 100 francs sur chaque action, afin de procéder, dans la quinzaine de cet appel de 100 francs par action, à la constitution de la Société. — Art. 27. Les fondateurs administrateurs de la présente Société dont il va être parlé chargent M. Lefebvre, organisateur d'assurances, du placement du capital social de la présente Société, moyennant une commission de 5 0/0 sur le capital nominal de la Société, soit 25 fr. par chaque action, et lui attribuent en outre cinq cents parts de fondateur. La commission de 25 francs par action souscrite sera payée comptant à M. J. Lefebvre par l'encaissement à son profit des 25 francs versés sur chaque action en souscrivant, mais à la condition expresse que, si la Société ne pouvait se constituer par insuffisance de la souscription des actions devant former le capital social de un million de fr., ou pour toute autre cause, tous les frais faits par M. J. Lefebvre resteraient à sa charge personnelle, sans aucun recours contre les actionnaires souscripteurs, ni contre les administrateurs fondateurs, les 25 francs versés sur chaque action par les actionnaires, et encaissés au profit de M. J. Lefebvre, devant, en cette circonstance, lui tenir compte de toute indemnité, lui étant irrévocablement acquis. M. J. Lefebvre est autorisé par les présents statuts à encaisser les 25 francs versés sur chaque action en souscrivant, et à délivrer en son nom, et pour le compte de la Société, un reçu de 25 francs par chaque action souscrite. Ces reçus devront être détachés de registres à souche et porter un numéro d'ordre de 1 à 2,000. En effectuant le deuxième versement, fixé à 100 francs par chaque action, les souscripteurs recevront des titres provisoires, libérés de 125 francs, portant les mêmes numéros d'ordre que les premiers reçus. Ces titres provisoires, signés de deux fondateurs membres du conseil d'administration, seront remplacés par des actions définitives après la constitution de la Société. M. J. Lefebvre, chargé du placement général des actions de capital, recevra par chaque action placée en augmentation du capital, 25 francs, comptant par chaque action émise au pair, c'est-à-dire à 125 francs, pour le versement à effectuer sur chaque action par les actionnaires. Il recevra en plus, et comptant, 10 0/0 de la prime que ces actions pourraient obtenir. M. J. Lefebvre aura droit en outre à une part de fondateur par chaque quatre actions placées en augmentation du capital social »; — Considérant que les sept fondateurs de la Société ont accepté toutes ces dispositions; — Que Lefebvre s'est mis à l'œuvre; — Qu'il a distribué des imprimés exaltant sa sollicitude pour les pompiers, et le succès tout spécial promis à la Société nouvelle; — Qu'il a recueilli des souscriptions, encaissé des fonds, et que ses efforts ont abouti, le 20 mars 1880, c'est-à-dire dix-huit mois environ après le dépôt des statuts, à la constitution de la Société au capital de un million de francs; — Considérant qu'après avoir porté ce capital à 3 millions de francs, par l'émission de 4,000 actions nouvelles avec 25 fr. de prime, et après avoir vainement tenté de le porter à 12 millions, la Société en est venue rapidement à une situation telle que ses administrateurs ont dû appeler une partie du capital non versé et, en dernier lieu, céder son portefeuille à une autre Compagnie; — Considérant qu'aux termes des art. 1 et 24 de la loi du 24 juill. 1867, il faut, pour qu'une

---

ris ci-dessus reproduit parle de versements « *opérés dans les caisses de la Société* », il y a là des expressions qu'il ne faut pas prendre à la lettre; des versements effectués dans les caisses d'une *banque* chargée de centraliser les souscriptions et les recouvrements, au crédit de la Société en formation, avec affectation spéciale et déterminée à la libération du premier quart des actions souscrites, rempliraient en tous points les exigences les plus extrêmes de la loi. V. Paris, 5 mars 1885, aff. synd. de l'*Union provinciale* c. Palombe (Journ. *le Droit*, 11 avril 1886). Mais, en pareil cas, faut-il nécessairement qu'il soit établi et démontré par les écritures de la maison de banque, par l'état de sa caisse, qu'au jour des vérifications par l'assemblée générale des actionnaires, la somme représentative du premier quart était bien intacte, disponible, prête à passer d'une caisse à l'autre, et non déjà absorbée en partie par des dépenses ou des engagements qui, contractés avant toute existence de la Société, avant tout fonctionnement, ne peuvent être ni des dépenses sociales ni des engagements sociaux. C'est ce qui arrive lorsque, sur le quart versé par les souscripteurs, le courtier chargé du placement des actions conserve un tant pour cent à titre de commission. Le quart, au jour de la vérification, n'est plus au complet; il n'existe que sur le papier.

Rappelons, d'ailleurs, que la Cour de cassation (arrêt, 2 juill. 1884, S. 85. 1. 28. — P. 85. 1. 45) reconnaît aux juges du fond le pouvoir d'apprécier souverainement les faits et documents, d'où résulte la preuve que le versement du quart a été réellement effectué.

(8) Cette clause, à notre avis, n'a pas la moindre valeur. Les statuts d'une Société n'ont de force obligatoire que si la Société parvient à se constituer; autrement, ils restent à l'état de simple projet, de propositions auxquelles manquera toujours la consécration définitive. En cas d'échec, les engagements pris vis-à-vis des tiers ne lient pas les souscripteurs; la souscription ne tient plus, quand la constitution de la Société, condition essentielle de la souscription, n'a pas abouti. Les fondateurs ou organisateurs seuls restent obligés. V. Paris, 13 janv. 1882 (S. 83. 2. 223. — P. 83. 1. 1210. — D. 83. 2. 73); Poitiers, 24 févr. 1886 (*Revue des Sociétés*, 1886, p. 265).

Cependant si, dans son bulletin de souscription, le signataire prenait l'engagement d'abandonner au courtier, d'une manière définitive, avec dispense de restitution au cas où la Société ne parviendrait pas à se constituer, une partie de la somme par lui versée à titre de commission, il y aurait là une obligation valable qui lierait individuellement le souscripteur. Mais alors il ne saurait plus être question ni de statuts sociaux ni de Société. Tout individu majeur et maître de ses droits reste bien libre de contracter les engagements qu'il lui plaît. Et quand il a promis, il doit tenir.

Société anonyme puisse être définitivement constituée, que chaque actionnaire ait versé le quart au moins du montant des actions par lui souscrites; — Que cette prescription, d'ordre public, ne peut s'entendre que d'un versement *opéré dans les caisses de la Société;* — Qu'il n'est pas exact de dire, comme l'ont fait les premiers juges, que satisfaction a été donnée à la loi, dès lors qu'il n'est pas établi que les actionnaires aient rien retenu sur les sommes formant le quart de leurs souscriptions, et qu'il est constant, au contraire, qu'ils ont intégralement versé ce quart; — Qu'en faisant de ce versement une condition stricte de la validité de la constitution de la Société, le législateur s'est proposé, il est vrai, de garantir le caractère sérieux des souscriptions; mais qu'il a voulu également assurer à la Société le capital nécessaire pour qu'elle puisse fonctionner et remplir le but de sa création; — Que, la Société une fois constituée, ses administrateurs deviennent les maîtres de faire, sous leur responsabilité, tel emploi qu'ils jugent bon des deniers sociaux; mais que tout ce qui précède et accompagne sa constitution est assujetti à des règles qui ne peuvent être éludées sans dommage pour l'ordre public et sans péril pour les intérêts privés; — Qu'on ne saurait, sans méconnaître l'esprit de la loi, autoriser des promoteurs d'affaires à s'attribuer, en vertu de clauses habilement introduites dans les statuts par eux rédigés, une part plus ou moins importante des sommes versées sur des souscriptions d'actions, sans même s'astreindre à les faire passer par les mains des caissiers de la Société, et leur permettre de stipuler que ces mêmes sommes leur resteront acquises en entier, à eux personnellement, si pour une cause dépendant ou non de leur volonté, la Société n'arrive pas à se constituer; — Considérant que c'est là ce qu'a fait Lefebvre; qu'il s'est fait remettre tout d'abord 25 francs par les souscripteurs des actions primitives en ne leur laissant que 100 francs à verser plus tard chez les banquiers de la Société; qu'il s'est fait remettre, de la même façon, 30 francs, par les souscripteurs des actions nouvelles, émises à 150 francs, en ne leur laissant que 120 francs à porter à la caisse sociale; — Que peu importe que ces reçus fussent censés délivrés pour le compte de la Société, alors que les sommes encaissées par lui étaient, dès le moment du versement, et d'une façon irrévocable, devenues sa propriété personnelle; — Que, dans ces circonstances de fait, il y a lieu de déclarer que le versement du quart n'a pas été effectué en conformité de la loi; — Considérant qu'aux termes de l'art. 41 de la loi précitée, le défaut de versement du quart entraîne la nullité de la Société; — Par ces motifs, — Déclare la Société *la Réparation* nulle, tant dans sa constitution initiale que dans les modifications qu'elles a subies lors de l'augmentation du capital social, comme ayant été constituée en violation des art. 1 et 24 de la loi du 24 juill. 1867 par suite du non-versement du quart, etc.

MM. Bresselle, prés.; Bertrand, av. gén.; Deville et Philbert, av.

PARIS (7e CH.) 17 juillet 1885.

BUREAU DE PLACEMENT, OFFRE D'EMPLOI, APPORTS INTÉRESSÉS, RENSEIGNEMENTS COMMERCIAUX, FAUSSETÉ, MAUVAISE FOI, RESPONSABILITÉ, MANDAT, FAUTE, DOMMAGES-INTÉRÊTS, RESTITUTION.

La demande, par la voie de la publicité, d'employés avec apport intéressé, locution qui a remplacé celle de cautionnement, *ne cache, le plus souvent, qu'une escroquerie bien connue surtout des placeurs et à laquelle ne se laissent plus prendre que les personnes habitant la province ou arrivées tout récemment à Paris* (1) (C. pén., 405). — Motifs.

Par suite, le fait d'un directeur de bureau de placement qui, recevant une telle demande, n'apporte aucune circonspection à la transmettre à la clientèle de sa maison, qui, bien plus même, entraîné par l'appât d'une prime ou remise à toucher, fournit des renseignements inexacts, incomplets ou faux, sur la situation des affaires et la solvabilité du négociant, et détermine par là un tiers à se présenter comme employé et à verser le cautionnement, condition de l'agrément, — ce fait constitue une faute de nature à engager la responsabilité du directeur, soit au point de vue de l'application de l'art. 1382, C. civ., soit au point de vue des principes du mandat (2) (C. civ., 1382, 1992).

D'où cette conséquence, qu'en cas de faillite du commerçant et de disparition, peu de temps après la réalisation de l'engagement et le versement du cautionnement, l'employé est autorisé à réclamer des dommages-intérêts du directeur de l'agence (3) (Id.).

Et ces dommages-intérêts peuvent consister dans le remboursement du cautionnement fourni au commerçant et dans la restitution de la remise perçue par l'agence (4) (Id.).

(Coitteux c. de Villaines.)

Jugement du tribunal civil de la Seine (6e ch.), qui fait suffisamment connaître les faits de la cause : — « LE TRIBUNAL : — Attendu qu'il résulte des débats que Barrault, photographe, a, le 2 déc. 1879, demandé à Coitteux, tenant bureau de placement, un employé avec apport intéressé d'au moins 3,000 francs; — Attendu que Coitteux a indiqué ledit emploi à de Villaines, qui est entré chez Barrault, lui a remis 3,000 francs et a perdu ladite somme, Barrault, ayant disparu et ayant été mis en faillite quelque temps après; — Attendu que de Villaines, prétendant qu'il n'a été admis à contracter avec Barrault et à lui verser les 3,000 francs, que par suite des bons renseignements à lui donnés sur Barrault par Coitteux, qui n'était pas sincère en les lui donnant, réclame audit Coitteux et à Coitteux et Cie, à titre de dommages-intérêts, 3,000 francs, et la restitution des sommes qu'il a versées pour son placement; — Attendu que Coitteux se défend, en prétendant n'avoir fait que servir d'intermédiaire entre de Villaines et Barrault, qui paraissait alors solvable; — Attendu que pour quiconque a l'expérience des demandes de places et des agissements des placeurs, le commerce sérieux et honnête de Paris ne demande jamais, par la voie de la publicité, d'employés avec apport intéressé, locution qui a remplacé, dans ces derniers temps, celle de cautionnement, et que de semblables demandes ne sont autre chose que des escroqueries; — Attendu que cela est tellement connu que les habitants de Paris ne s'y laissent plus prendre, et qu'à présent, toutes les dupes qui viennent se plaindre de telles escroqueries devant le tribunal de police correctionnelle sont des gens habitant la province ou arrivés tout récemment à Paris; — Attendu que les placeurs sont, mieux que qui que ce soit, au courant de ce que dessus; qu'ils doivent donc montrer la plus grande circonspection, lorsque leur arrivent des demandes d'employés intéressés; — Attendu que Coit-

(1-4) Le principe de la responsabilité des agences de renseignements a été plus d'une fois consacré par la jurisprudence. Toutes les difficultés ne résident plus que dans une appréciation des faits et circonstances de chaque espèce. V. notamment Riom, 28 juin 1859 (S. 59. 2. 550. — P. 59. 1086. — D. 60. 2. 18); Caen, 8 juill. 1865 (S. 66. 2. 59. — P. 66. 322); Laurent, *Princip. de dr. civ.*, t. XX, n. 479 et suiv. V. aussi Trib. comm. Marseille, 29 oct. 1869 et 15 déc. 1869; Aix, 7 févr. 1870 (*Journ. de Mars.*, 70. 1. 53 et 272); Nancy, 3 juill. 1878 (S. 78. 2. 249. — P. 78. 1007).

teux a eu le tort de ne pas montrer cette circonspection vis-à-vis de Barrault; qu'au lieu de donner simplement à de Villaines, habitant la province et, par suite, plus facile à tromper, l'adresse de Barrault, il lui a écrit à la date du 15 déc. 1879 une lettre qui sera timbrée et enregistrée en même temps que le présent jugement, et dans laquelle on lit : « La surface de garantie qu'offre M. Barrault est au delà de la garantie de 3,000 francs, que vous faites vous-même » ; et plus loin : « M. Barrault est, en outre, propriétaire d'immeubles dans le département de l'Indre, et sa situation comme chef de maison à Paris le place au rang des notables industriels » ; — Attendu que Coitteux aurait dû ajouter que les immeubles étaient grevés au delà de leur valeur; que rien ne l'autorisait à placer Barrault, qui devait faire faillite huit mois après, au rang des notables industriels de Paris; — Attendu qu'il a à s'imputer d'avoir donné là des renseignements inexacts, et peut-être sciemment, car le placement de de Villaines chez Barrault devait produire pour Coitteux un gain de 115 francs, qu'il a effectivement encaissé; qu'il avait donc intérêt à donner sur Barrault des renseignements assez satisfaisants pour déterminer de Villaines à confier à Barrault ses 3,000 francs; — Attendu qu'il résulte du rapport du syndic de la faillite Barrault, que Barrault, à l'époque où les renseignements ont été donnés, avait recours à des emprunts et se faisait verser des cautionnements pour payer ses fournisseurs; qu'au mois d'avril 1879, il devait environ 2,000 francs pour loyers échus, et était l'objet de poursuites pour le payement desdits loyers et de la plus grande partie des travaux d'installation exécutés pour son compte; — Attendu que, dans ces circonstances, qu'il pouvait connaître, le fait par Coitteux d'avoir donné sur Barrault des renseignements inexacts, incomplets et faux, et ce dans le but de déterminer de Villaines à verser son argent et prendre un emploi devant rapporter une remise de 4 p. 100 à Coitteux, constitue, à la charge de celui-ci, le fait préjudiciable prévu par l'art. 1382, C. civ., et la faute lourde du mandataire prévue par l'art. 1992 du même Code, et qui autorise de Villaines à réclamer des dommages-intérêts; — Attendu que les dommages-intérêts doivent consister dans le remboursement des 3,000 francs versés par de Villaines à Barrault et des 115 francs versés par lui à Coitteux; qu'il y a lieu, toutefois, d'ajouter qu'en recevant cette somme de Coitteux, de Villaines sera tenu de le subroger dans tous ses droits contre Barrault, et notamment dans l'effet de la production qu'il a faite à la faillite de Barrault; — Par ces motifs, — Condamne Coitteux, tant en son nom personnel que comme directeur de la Société A. Coitteux et Cie, dite de l'*Indicateur universel*, etc. ». — Appel.

ARRÊT.

LA COUR : — Adoptant les motifs des premiers juges, — Confirme, etc.

MM. Fauconneau-Dufresne, prés.; Lemaire et Chaumat, av.

ORLÉANS 28 juillet 1885.

AFFICHAGE-AFFICHES, RÉGLEMENTATION, PERMIS, ABROGATION, NUMÉRO D'ORDRE, DISPOSITIONS FISCALES, MAINTIEN, CONTRAVENTION, PEINE.

La loi du 29 juill. 1881, en inaugurant la liberté de l'affichage, a, du même coup, mis fin au pouvoir de réglementation dont était investie l'autorité municipale, notamment en ce qui concerne le permis d'affichage (1) (Décr. 25 août 1852, art. 3; L. 29 juill. 1881, art. 68).

Et la suppression du permis a eu pour conséquence la suppression de l'indication du numéro du permis sur chaque exemplaire de l'affiche (2) (Id.). — Sol. implic.

Mais la loi du 29 juill. 1881 a laissé en vigueur les dispositions antérieures sur l'affichage qui sont d'ordre purement fiscal; — par exemple, celle prescrivant l'inscription, sur chaque exemplaire de l'affiche, préalablement à son apposition, d'un numéro d'ordre conforme à la déclaration passée au bureau d'enregistrement, cette mesure n'ayant d'autre but que de faciliter la surveillance des agents chargés d'assurer la répression de la fraude (3) (Id.).

Et les contraventions, en pareil cas, ne sont punies que des peines de simple police de l'art. 464, C. pén., les peines plus graves de l'art. 30 de la loi du 8 juill. 1852 étant réservées à la répression du défaut de payement des droits (4) (C. pén., 464; L. 8 juill. 1852, art. 30; Décr. 25 août 1852, art. 1 et 8).

(Richard.) — ARRÊT.

LA COUR : — En ce qui concerne l'inscription sur les affiches du numéro du permis délivré par l'autorité municipale : — Attendu que c'est à bon droit que les premiers juges ont relaxé le prévenu à cet égard ; — Qu'en effet, si l'apposition des affiches peintes était subordonnée, par l'art. 1er du décret du 25 août 1852, à l'obtention du permis de l'autorité municipale ou du préfet de police, cette disposition du décret n'est plus en vigueur depuis que la liberté de l'affichage a été proclamée par la loi du 29 juill. 1881 et que cette loi a abrogé, par son article 68, les lois, décrets, ordonnances et règlements antérieurs relatifs à l'affichage ;

En ce qui touche l'indication sur les affiches du numéro de l'ordre dans lequel elles ont été inscrites à la déclaration faite par Richard au bureau de Grancey ; — Attendu que le tribunal a déclaré à tort que cette obligation n'existait plus depuis la loi du 29 juill. 1881, et qu'il a ainsi confondu, dans le décret du 25 août 1852, les prescriptions relatives à la liberté de l'affichage et celles qui ont trait uniquement à la perception d'un impôt; — Qu'en effet, la disposition finale de l'art. 3 de ce décret impose à l'afficheur l'inscription d'un numéro d'ordre sur chaque exemplaire de l'affiche ; qu'il résulte de l'ensemble des prescriptions du décret que ce numéro d'ordre ne peut être que celui dans lequel chaque exemplaire soumis à la perception du droit a été inscrit au bureau de l'enregistrement ; que cette indication, nécessaire pour permettre aux agents du Trésor de

---

(1-2-3) V. conf. sur tous ces points, Cass., 10 janv. 1885 (Pand. pér., 86. 1. 29); 1er mai 1885 (Pand. chr.); Pau, 30 mai 1885 (Pand. chr.), et les renvois.

(4) V. dans le même sens Cass., 10 juin 1882 (Pand. chr.); Paris, 12 janv. 1885 (Pand. chr.); Pau, 30 mai 1885, précité. — Il est toutefois à remarquer que, dans ces arrêts, les Cours ont appliqué la peine de 100 francs à 500 francs d'amende, édictée par les art. 69 de la loi de finances de 1816 et 30 de la loi du 8 juill. 1852 combinés, au lieu des peines de simple police de l'art. 464, C. pén. Mais l'infraction était bien différente de celle relevée dans l'espèce actuelle. Là, en effet, il y avait eu omission d'acquitter le montant des droits d'affichage; le trésor avait subi une perte; ces genres de fraude sont contagieux; il faut les réprimer avec sévérité plus encore pour l'exemple que pour le préjudice en lui-même. Ici, au contraire, les droits fiscaux ont été acquittés; le trésor n'a été exposé à aucun détournement. La prescription omise a sa valeur, puisque l'accomplissement en est exigé par la loi, une valeur toute relative, celle qui s'attache aux mesures ordinaires de sûreté et de police. Il n'y a aucune raison de sortir de la sphère d'application de l'art. 464, C. pén., et de montrer plus de rigueur que ne le comporte la gravité de l'infraction.

s'assurer que chaque affiche avait payé l'impôt, l'est toujours aujourd'hui au même titre qu'autrefois ; qu'elle est le résultat d'une prescription ayant pour objet d'assurer une perception fiscale, et que, par cette raison, elle n'a pu être rapportée par l'art. 68 de la loi du 29 juill. 1881 ;

Sur l'application de la peine : — Attendu que l'art. 8 du décret du 25 août 1852 renvoie à l'art. 30 de la loi du 8 juill. 1852 pour la peine dont sont passibles les contraventions au dernier alinéa de l'art. 3 dudit décret ; — Que l'art. 30 dispose que les infractions à la loi et les contraventions au règlement peuvent être punies d'une amende de 100 à 500 francs, ainsi que des peines portées par l'art. 464 du Code pénal, c'est-à-dire d'une peine de simple police ; — Que cette disposition doit être entendue en ce sens qu'il y a lieu de distinguer entre les contraventions fiscales et les contraventions considérées comme moins graves ; — Que le défaut de payement du droit, constituant une grave infraction à la loi, doit être puni de l'amende élevée de 100 à 500 francs ; — Que les contraventions plus légères sont passibles des peines de simple police ; — Attendu que Richard a acquitté, le 12 mars 1884, les droits qui étaient dus à raison de l'apposition de ces affiches ; — Que la simple omission du numéro d'ordre constitue une contravention d'une moindre gravité que celle du non-payement du droit, contravention à laquelle il convient de n'appliquer que les peines de l'article 464 du Code pénal, c'est-à-dire l'amende de simple police ; — Par ces motifs, — Statuant sur le renvoi prononcé par l'arrêt de cassation du 1er mai 1885 (Pand. chr.), — Confirme le jugement du tribunal de police correctionnelle de Dijon du 21 nov. 1884, en ce qu'il a renvoyé Richard du chef de la prévention relatif au défaut d'inscription sur les affiches du numéro du permis de l'autorité municipale ; — Infirme, au contraire, ce jugement en ce qu'il a déclaré que Richard n'avait pas commis le second délit relevé contre lui ; — Condamne Richard en 5 francs d'amende pour chacun des cinq exemplaires de l'affiche qu'il a apposés, soit une amende totale de 25 francs, etc.

M. Boullé, 1er prés.

PARIS (CH. CORR.) 12 août 1885.

DÉLITS DE LA PRESSE, JOURNAUX, ACTE D'ACCUSATION, PUBLICATION ANTICIPÉE, MENTION EXPRESSE, REPRODUCTION PARTIELLE.

Constitue le délit de publication anticipée d'un acte d'accusation, l'article de journal qui n'est que la reproduction le plus souvent littérale et presque intégrale de ce document judiciaire (1) (L. 29 juill. 1881, art. 38).

Peu importe que l'article ne mentionne pas que ce qui est publié est l'acte d'accusation lui-même (2) (Id.).

Au surplus, l'interdiction de publication s'entend non-seulement de toute reproduction intégrale, mais encore de toute reproduction partielle, les motifs de prohibition étant les mêmes (3) (Id.).

(X..., gérant du *Journal des Débats*.)

11 juill. 1885, jugement du tribunal correctionnel de la Seine, ainsi conçu : — « LE TRIBUNAL : — Attendu que l'art. 38 de la loi du 29 juill. 1881 prohibe la publication, avant l'ouverture des débats, de l'acte d'accusation et de tous actes de procédure ; que la prohibition s'entend, non-seulement de toute reproduction intégrale, mais encore de toute reproduction partielle desdits actes, les motifs de prohibition étant les mêmes ; — Attendu qu'il faut entendre par reproduction partielle même celle qui consiste à ne prendre dans l'acte d'accusation que des paragraphes ou des phrases de cet acte, quelque arrangement que l'on donne à l'article publié, si cet article conserve, avec ces emprunts, le caractère et la physionomie dudit acte d'accusation ; — Condamne les gérants des journaux *la France, les Débats, le Cri du Peuple*, etc. » — Appel.

ARRÊT.

LA COUR : — Considérant que, dans son numéro du 11 juin, le *Journal des Débats* a publié un article sous le titre : « Bulletin judiciaire : affaire Pel » ; que cet article n'est que la reproduction le plus souvent littérale et presque intégrale de l'acte d'accusation ; qu'il n'y a pas à s'arrêter à cette considération que l'article ne mentionne pas que ce qui est publié est l'acte d'accusation lui-même ; que la loi, en interdisant la publication des actes d'accusation et de tous autres actes de procédure criminelle ou correctionnelle avant qu'ils aient été lus en audience publique, a voulu que le débat, avec tous ses éléments juridiques d'appréciation, fût soumis aux juges qui ont à en connaître, avant que, par des publications antérieures ou presque concomitantes, et d'autant plus dangereuses que l'impression qui peut être produite est la plus rapprochée de la décision, il soit, sous quelque forme et quelque dénomination que ce puisse être, donné connaissance de ces mêmes éléments ; — Adoptant, au surplus, les motifs des premiers juges, — Confirme, etc.

MM. Boucher-Cadart, prés. ; Sarrut, subst. ; Léon Renault, av.

TRIB.-CIV. VERVINS 14 août 1885.

RÉTENTION (DROIT DE), DÉTENTEUR, FRAIS D'ADJUDICATION, IMPENSES, REMBOURSEMENT, SUPPLÉMENT DE PRIX (ACTION EN), OPTION, DÉLAISSEMENT.

Le droit de rétention, fondé sur un principe d'équité d'une

(1-2) L'interdiction prononcée par la loi se justifie par deux raisons que nous trouvons résumées en quelques lignes dans l'excellent commentaire que M. Fabreguettes, dans son *Traité des infractions de la parole, de l'écriture et de la presse*, a donné de la loi du 29 juill. 1881 sur la presse. « Il y aurait danger, lisons-nous t. II, n. 1661, à ce que l'opinion publique pût être égarée par la publication anticipée de documents judiciaires que l'inculpé n'a pas encore été appelé à débattre contradictoirement. — Il est également contraire à l'intérêt de la justice, non moins qu'à celui du prévenu, de laisser se former ainsi sur la cause un préjugé qui risquerait d'influencer, malgré eux et à leur insu, les juges, aussi bien que les jurés, en même temps qu'il exposerait l'accusé à se voir condamner par le public avant d'avoir été mis en situation de se défendre. »

Toutefois, il faut reconnaître que dans la pratique une grande tolérance doit être accordée. Tous les jours, en effet, des renseignements officieux sont fournis aux journaux qui deviennent ainsi les auxiliaires utiles de la justice. Les services que rend la presse, par les avantages de sa publicité, dans la découverte des crimes et la recherche des coupables, sont considérables. Il est difficile de se montrer bien sévère, vis-à-vis de collaborateurs qui ne sont pas tenus au secret professionnel, chez qui l'indiscrétion, la rapidité des informations constituent même une vertu de métier dont les plus sages ne peuvent pas toujours se garer. L'affaire actuelle en est un exemple caractéristique.

Ainsi la prohibition de l'art. 38 de la loi du 29 juill. 1881 ne saurait s'appliquer aux renseignements publiés par un journal à l'occasion de faits judiciaires déjà notoires et entourés d'une certaine publicité. V. Trib. corr. Lyon, 8 juill. 1881 (*Gaz. des Trib.*, nº 2 oct. 1881). Cette décision, rendue par application de l'art. 10 de la loi du 27 juill. 1849, a conservé sa rigoureuse exactitude sous la législation actuellement en vigueur.

(3) V. en ce sens, mais sous l'empire de l'art. 10 précité de la loi du 27 juill. 1849, sans que l'art. 38 de la loi du 29 juill. 1881 ait en rien innové, Cass., 31 mars 1854 (S. 54. 1. 442. — P. 54. 2. 443. — D. 54. 1. 166) ; Fabreguettes, *op. et loc. cit.*, n. 1663.

application générale, appartient à tout détenteur qui se trouve être créancier à l'occasion de la chose dont la restitution est poursuivie (1) (C. civ., 2094).

Spécialement, *ce droit peut être exercé, pour le remboursement des frais et loyaux coûts de l'adjudication et des autres impenses, en sus de la restitution du prix, par l'adjudicataire sur saisie-immobilière qui, à une action en supplément de prix pour excédant de contenance, oppose le délaissement de l'immeuble* (2) (C. civ., 1621 et suiv., 1673 et suiv., 2194).

(Médoux c. Poquet.) — JUGEMENT.

LE TRIBUNAL : — Attendu que les experts ont reconnu que le lot adjugé à Poquet, le 14 déc. 1883, présente un excédant de plus d'un vingtième, eu égard à la valeur de la totalité des objets vendus; qu'il y a lieu d'adopter les conclusions des experts, sur lesquelles les parties n'élèvent aucune difficulté; — Attendu que Poquet, invoquant les dispositions de l'art. 1620, C. civ., déclare se désister de la vente ; qu'il y a lieu de donner acte à Médoux de cette déclaration ;—Attendu qu'aux termes de l'art. 1621, C. civ., quand l'acheteur use de la faculté qui lui est ouverte par l'article précédent, le vendeur est tenu de lui restituer, outre le prix, s'il l'a reçu, les frais du contrat; — Attendu que Poquet, en se déclarant prêt à se désister de la vente moyennant le remboursement des frais d'adjudication et de ses impenses, a indiqué par le libellé de ses conclusions, qu'il prétend, pour assurer le recouvrement de ces sommes, user du droit de rétention de l'immeuble dont il est en possession ; — Attendu que Médoux soutient, au contraire, que le remboursement de ces sommes ne peut être poursuivi par l'acquéreur que par la voie d'une action ordinaire contre le saisi, et qu'il n'est pas garanti par le droit de rétention; — Attendu que le droit de rétention est fondé sur un principe d'équité que le Code civil consacre en en faisant des applications dans les art. 867, 1612, 1673, 1498 et 1749; que ces textes n'étant que l'application d'un principe général, le bénéfice qu'ils consacrent doit s'étendre à toutes les hypothèses analogues, et peut être invoqué par tout détenteur qui se trouve être créancier à l'occasion de la chose dont la restitution est effectuée; — Attendu que la situation de Poquet offre une parfaite analogie avec celle prévue par l'art. 1673, C. civ.; qu'il y a connexité entre la chose que Poquet demande à retenir et la dette dont est tenu le vendeur, dont Médoux exerce les droits; qu'il est impossible d'admettre que l'acquéreur, qui opte et est souvent forcé d'opter pour le délaissement, puisse être exposé, en remettant l'immeuble détenu par lui, à perdre le prix qu'il a payé, les frais de son acquisition et ses impenses, pendant que le vendeur insolvable s'enrichirait à ses dépens; que le délaissant trouve, dans le droit de rétention, la seule sauvegarde efficace de ses intérêts; — Attendu que la saisie a produit tout son effet par suite de l'adjudication, et que, par conséquent, Médoux ne saurait reprendre l'ancienne procédure, qui se trouve aujourd'hui entièrement éteinte; — Par ces motifs, — Donne acte à Médoux de ce que Poquet délaisse l'immeuble à lui adjugé le 14 déc. 1883; — Dit que Poquet est autorisé à retenir l'immeuble jusqu'au remboursement des frais et loyaux coûts de l'adjudication et de ses impenses, etc.

TRIB-COMM. SEINE 8 septembre 1885.

LOUAGE DE SERVICES, EMPLOYÉ, CERTIFICAT, USAGES COMMERCIAUX, PATRON, REFUS, DOMMAGES-INTÉRÊTS.

Dans le ressort du tribunal de commerce de la Seine, il est d'usage constant que l'employé qui quitte une maison de commerce, libre envers elle de toute obligation, est en droit de requérir du patron de cette maison la délivrance d'un certificat (3) (C. civ., 1780).

Ce certificat doit énoncer la nature de l'emploi tenu, les dates d'entrée et de sortie de l'employé, la déclaration qu'il est quitte de tout engagement envers le patron signataire, sans introduction de commentaires défavorables (4) (Id.).

---

(1) V. dans le sens d'une application extensive du droit de rétention, Douai 18 mars 1840 (S. 40. 2. 289. — P. 40. 1. 620); Montpellier, 25 nov. 1852 (S. 53. 2. 191. — P. 54. 2. 237. — D. 56. 2. 20); Bastia, 9 juill. 1856 (S. 56. 2. 404. — P. 56. 2. 132. — D. 56. 2. 262); Rouen, 18 déc. 1856 (S. 57. 2. 558. — P. 57. 1249. — D. 57. 2. 109); Grenoble, 10 juill. 1860 (S. 61. 2. 21. — P. 61. 776. — D. 62. 2. 40); Demolombe, *Tr. de la propr.*, t. I, n. 682. — D'après un système diamétralement opposé, le droit de rétention ne peut être accordé que dans les seules hypothèses où il est expressément prévu par une disposition formelle de la loi. V. Rennes, 3 juill. 1858 (S. 59. 2. 170. — P. 59. 87); Laurent, *Princip. de dr. civ.*, t. XXIX, n. 293 et suiv.

(2) *Contrà* Angers, 28 avril 1853 (Pand. chr.).

(3) Le jugement constate un usage d'application générale dans le ressort du tribunal de commerce de la Seine. Cet usage n'est point suivi partout en France. A Marseille, notamment, les juges consulaires se sont refusés à le reconnaître; ils ont denié à l'employé le droit d'exiger de son ancien patron la délivrance d'un certificat constatant le temps de la durée de ses services et les causes qui y ont mis fin. V. Trib. comm. Marseille, 28 juin 1883, sous note (*a*). — La même solution avait été déjà consacrée par un arrêt de Chambéry, du 21 juin 1878 (Pand. chr.), dans les rapports de l'ouvrier et du maître. V. notre *Dictionnaire de dr. comm., ind. et marit.*, t. V, vº *Ouvrier*, n. 56.

(4) Tel que doit être rédigé le certificat avec les précisions du jugement ci-dessus rapporté, ce document semblerait se rapprocher bien plus d'une sorte d'*acquit de livret* que d'un certificat proprement dit. C'est ainsi, par exemple, qu'il ne peut, non plus, jamais être fait sur le livret aucune annotation favorable ou défavorable à l'ouvrier. V. notre *Dictionnaire de dr. comm., ind. et marit., loc. cit.*, n. 56 et suiv.

Les motifs fournis à l'appui du jugement ont une valeur incontestable. Cependant, il peut y avoir quelque danger à assimiler le commis, l'employé à l'ouvrier. Le commis contribue plus intimement à la marche des affaires et à la prospérité de la maison ; il entre plus dans la confiance du patron ; il a le plus souvent des maniements de fonds à opérer, il évolue dans le voisinage de la caisse, il en détient même quelquefois les clefs.

Les renseignements sur la nature de l'emploi tenu, les dates d'entrée et de sortie, l'acquit de tous engagements, suffisant pour l'admission de l'ouvrier, sont presque sans intérêt, quand il s'agit du choix d'un employé. Est-il intelligent, est-il probe? Voilà les questions que se pose le nouveau patron et sur lesquelles il désire être éclairé par quelques documents susceptibles d'inspirer confiance.

Si le certificat produit ne répond pas à ces préoccupations, il n'est d'aucune utilité. A quoi bon alors imposer à l'ancien patron l'obligation de le délivrer. Il est même probable, qu'il pourrait faire, par ce qu'il ne dirait pas, plus de mal que de bien à celui qui s'en servirait.

Le jugement ci-dessus défend l'introduction dans ce document de tout commentaire défavorable. C'est aussi fermer la porte à tout éloge ; car il faut le contrepoids nécessaire. Si l'ancien patron ne peut que relever les qualités de l'employé sans indiquer les défauts, le certificat ne sera pas sincère; il pourra égarer et faire naître même, suivant les circonstances, contre son auteur

(*a*) Ce jugement, aff. Lanerie c. Espanet, rendu à la date du 28 juin 1883, est ainsi conçu :

LE TRIBUNAL : — Attendu que Lanerie, ex-employé au service de la Compagnie d'assurances *la France*, réclame à Espanet fils, agent général à Marseille de ladite Compagnie, un certificat constatant le temps pendant lequel il est resté au service de la Compagnie et les causes de la cessation de ce service; que, sur le refus dudit sieur Espanet, il a cité ce dernier aux fins d'être contraint par justice de délivrer ledit certificat; — Attendu qu'un employé est sans action pour contraindre un patron à lui délivrer un certificat que celui-ci lui refuse, aucune loi ou usage n'imposant à ce dernier une obligation de cette nature ; — Par ces motifs, — Déboute, etc.

MM. Gaudois, prés. ; Goirand et Senès, av.

Mais le refus de certificat ne suffit pas à lui seul, en l'absence de justification d'un préjudice, pour motiver contre le patron une condamnation (1) (C. civ., 1382).

(Rimbaud c. Drexel, Harjès et Cie.) — JUGEMENT.

LE TRIBUNAL : — Sur la demande d'un certificat : — Attendu que Rimbaud, commis de Drexel, Harjès et Cie depuis dix ans, a été congédié par ces derniers le 31 mars 1885; qu'il a, dès le 20 avril, réclamé de ses anciens patrons un certificat, et que, jusqu'au 1er août, ceux-ci, pour en tenir lieu, ne lui ont jamais offert qu'une déclaration conçue dans des termes défavorables et de nature à lui porter préjudice; — Attendu que le louage de services intervenu entre Rimbaud et Drexel, Harjès et Cie n'était point un contrat assujetti par sa nature à des formalités particulières; qu'il pouvait être et a été tacite; qu'il se trouve, dès lors, soumis aux règles que l'usage des lieux a établies; qu'aux termes de l'art. 1135, C. civ., les conventions obligent, en effet, à toutes les suites que l'usage donne à l'obligation d'après sa nature; — Et attendu que, suivant un usage constant dans le ressort de ce tribunal, tout employé sortant d'une maison de commerce, et quitte envers elle de ses obligations, peut requérir du patron de cette maison la délivrance d'un certificat; que ce certificat énonce la nature de l'emploi tenu, les dates d'entrée et de sortie de l'employé, et la déclaration que le sortant est libre d'engagement à l'égard du patron signataire; que tout commentaire défavorable à l'employé doit en être absolument écarté; que cet usage puise sa raison d'être dans son incontestable utilité pour les louages de services; qu'il apporte aux patrons des moyens de renseignements et de contrôle, en même temps qu'il assure aux commis, à toute éventualité, l'attestation impartiale des emplois qu'ils ont tenus; — Attendu qu'il est acquis aux débats que Rimbaud a quitté Drexel, Harjès et Cie, le 31 mars 1885, libre d'engagement envers eux; — Attendu que, par suite de ce qui précède et en conséquence du louage de services intervenu, Drexel, Harjès et Cie avaient le devoir de délivrer à Rimbaud, leur commis sortant, un certificat comme d'usage; que ne saurait valoir pour tel celui qu'ils ont offert le 22 avril 1885, et dont la teneur était malveillante et défavorable; que si, le 1er août seulement, ils se sont décidés à apporter à la barre un certificat dans les termes réclamés, il convient de leur en donner acte, mais en les condamnant aux frais jusqu'au dit jour;

Sur les 4,800 fr. de dommages-intérêts : — Attendu que le refus opposé jusqu'au 1er août par Drexel, Harjès et Cie, de délivrer à Rimbaud le certificat comme d'usage, ne suffit pas à lui seul pour constituer ces derniers débiteurs de dommages et intérêts; — Par ces motifs, etc.

M. Dervillé, prés.

DOUAI (1re CH.) 27 octobre 1885.

EXPLOIT, COPIE, VOISIN, REMISE, VISA, SIGNATURE, MENTION, APPEL, NULLITÉ.

La copie d'un exploit remise à un voisin au cas d'absence de la partie assignée, doit, à peine de nullité, faire mention du visa et de la signature apposés par ce voisin sur l'original (2) (C. proc., 68, 70).

Est donc nul l'acte d'appel dont la copie ne contient pas cette mention (3) (C. proc., 456).

(Duchesnes c. Duchesnes.) — ARRÊT.

LA COUR : — Attendu que, par exploit du 6 mars 1885, Maria Desprez, femme Duchesnes, a relevé appel d'un jugement du tribunal civil d'Avesnes, qui avait repoussé la demande en séparation de corps formée par elle contre son mari, le sieur Duchesnes; — Attendu que ce dernier ne se rencontrant pas à domicile, l'huissier chargé de la communication laissa copie de l'acte d'appel au plus proche voisin, qui consentit à la recevoir; — Mais attendu que cette copie, après avoir constaté l'absence de Duchesnes de son domicile et la remise au plus proche voisin, ne mentionne pas la signature que ce voisin a dû apposer sur l'original; — Que Duchesnes demande la nullité de l'acte d'appel de ce chef, l'exploit ne contenant pas les formalités exigées par l'art. 68

---

un principe de responsabilité. Consult. Bordeaux, 19 juill. 1869 (S. 70. 2. 12. — P. 70. 97. — D. 70. 2. 150); Paris, 26 juill. 1869 (S. 70. 2. 12. — P. 70. 97. — D. 70. 2. 150).

Aussi le certificat obligatoire du tribunal de commerce de la Seine n'est pas un certificat de capacité, de moralité ou de probité; ce dernier genre de document, le patron n'est pas tenu de le fournir.

Par ce côté, la théorie du tribunal de commerce de la Seine se rapproche singulièrement de celle du tribunal de commerce de Marseille, et il y a, pour les deux jugements, un terrain de conciliation utile à indiquer. L'employé qui, devant les juges de Marseille, réclamait la délivrance d'un certificat, prétendait imposer à son ancien patron l'obligation de constater, dans ce document, les causes de la cessation de ses services. Or ces causes peuvent être fort complexes, d'une appréciation délicate; leur énonciation n'irait pas sans soulever le plus souvent des protestations de la part de l'employé. Aussi le tribunal de Marseille a repoussé ces exigences, et le tribunal de la Seine les eut également condamnées, s'il avait eu à les juger.

(1) C'est l'application à notre espèce des principes généraux. Pour que des dommages-intérêts soient alloués, il faut, en effet, non-seulement qu'une faute soit relevée à la charge du défendeur, mais encore que cette faute ait été la cause d'un préjudice que les juges constatent et évaluent. V. Cass., 19 août 1874 (S. 75. 1. 24. — P. 75. 37. — D. 76. 5. 388); 3 mars 1879 (D. 81. 1. 122); 5 févr. 1883 (S. 86. 1. 15. — P. 86. 1. 22. — D. 83. 1. 451). V. aussi Cass., 8 juill. 1884 (S. 85. 1. 487. — P. 85. 1. 1160. — D. 85. 1. 231).

(2-3) Cet arrêt contient un enseignement d'une utilité pratique incontestable, à l'usage des huissiers. A le négliger, ils pourraient voir leur responsabilité fortement engagée. Les exigences de la Cour de Douai sont, d'ailleurs, faciles à satisfaire et n'ont rien qui doive augmenter sensiblement la peine et les ennuis des officiers ministériels.

Au surplus, les raisons de droit que donne la Cour de Douai nous paraissent à l'abri de toute critique; les textes sont formels; il n'y a qu'à s'y soumettre.

Ajoutons que la jurisprudence, qui n'avait point eu encore à se prononcer directement sur la difficulté, en avait cependant préjugé la solution dans ses décisions antérieures. Ainsi il a été jugé : — 1° que lorsque ne trouvant personne au domicile de la partie assignée, l'huissier remet la copie de l'exploit à un voisin, il faut, à peine de nullité, que cette *copie* fasse mention de la qualité de voisin appartenant à celui à qui elle est remise; *il ne suffirait pas que l'original contînt cette mention* (Poitiers, 9 févr. 1830); — 2° que l'exploit remis au maire, dans le cas prévu par l'art. 68, C. proc., doit également, à peine de nullité, contenir, *tant sur la copie* que sur l'original, la mention que l'original a été visé; il ne suffirait pas que le visa existât sur l'original. Bourges, 16 déc. 1828; Cass., 19 mai 1830; Aix, 7 mars 1836 (S. 36. 2. 300. — P. chr. — D. 36. 2. 143); Limoges, 19 juill. 1862 (S. 62. 2. 307. — P. 62. 1019. — D. 62. 5. 148); Cass., 21 juill. 1863 (S. 63. 1. 412. — P. 63. 1178. — D. 63. 1. 425). — Enfin, la solution de l'arrêt de Douai que nous rapportons, trouve encore un appui sinon exprès, tout au moins nettement implicite, dans les considérants d'un arrêt de la Chambre civile de la Cour de cassation du 25 avr. 1876 (Pand. chr.), rendu dans l'hypothèse de l'art. 69, C. proc., en matière d'assignation donnée à une commune. On y lit, en effet : « ...Attendu que ce jugement a été signifié à la commune de Vauchy, le 15 avr. 1874; que l'original de l'exploit constate que la copie a été remise, suivant la prescription de l'art 69, C. proc. civ., au procureur de la République, qui a visé l'original en l'absence du maire et de l'adjoint; que, si la mention de l'absence de ces deux fonctionnaires n'est pas reproduite dans la copie, cette omission ne peut entraîner la nullité de la signification; qu'en effet, l'art. 69, qui règle les formes des significations à faire aux communes, n'exige pas, *comme l'art. 68, que tout ce qui est mentionné par l'original soit énoncé dans la copie*, et que la peine de nullité, prononcée par l'art. 70, ne peut être étendue par analogie d'un cas à l'autre... »

C. proc., et tombant, en conséquence, sous les dispositions de l'art. 70 du même Code; — Attendu que l'art. 70 dispose, en effet, que ce qui est prescrit par l'art. 68 sera observé à peine de nullité; qu'il y a donc à rechercher si ce dernier article exige que la copie de l'exploit laissée au voisin fasse mention du visa et de la signature que celui-ci a dû apposer sur l'original; — Attendu que, pour soutenir la négative, on expose vainement que l'art. 68 prévoit deux situations parfaitement distinctes en fait et réglées par des dispositions de droit différentes; que si, dans le cas où elle est remise au maire, la copie doit faire mention du visa et de la signature de l'original, il n'en est plus ainsi lorsque la copie est remise au voisin; que, dans cette hypothèse, l'art. 68 dispose seulement que le voisin signera l'original, sans ajouter, comme il le fait pour le cas précédent, que la copie comme l'original fera mention de l'accomplissement de cette formalité; — Attendu qu'il n'est pas possible de diviser ainsi les prescriptions de l'art. 68; que le texte et la ponctuation de cet article s'y opposent manifestement; qu'ils démontrent qu'après avoir réglé le cas où la copie est remise au voisin, puis l'hypothèse où elle est remise au maire, l'article dispose que l'huissier fera mention du tout, c'est-à-dire du visa et de la signature sur l'original et aussi sur la copie; — Attendu que, le visa et la signature ayant uniquement pour but de protéger l'absent, on ne comprendrait pas que le législateur eût prescrit un surcroît de précautions lorsque la copie est remise entre les mains du maire de la commune; — Attendu qu'il n'y a pas non plus à s'arrêter à cette circonstance que, dans l'espèce, l'original étant visé et signé par le voisin, Duchesnes aurait pu aisément s'assurer, en exigeant la production de cet original, que la formalité avait été remplie; — Qu'en effet, la loi, en prescrivant des formalités protectrices lorsqu'on signifie un exploit à un non-présent, a voulu que ces formalités fussent observées rigoureusement, à peine de nullité de l'exploit; que, dès lors, on ne peut les suppléer par des équivalents; — Par ces motifs, — Déclare l'acte d'appel du 6 mars 1885 nul et de nul effet; — Dit la dame Duchesnes non recevable en son appel, l'en déboute, etc.

MM. Mazeaud, 1er prés.; de Savignon, av. gén. (concl. conf.); de Beaulieu et Georges Legrand, av.

MONTPELLIER 29 otobre 1885.

CHEMIN DE FER, NON-GARANTIE (CLAUSE DE), TARIF SPÉCIAL, FUTS VIDES, AVARIES DE ROUTE, FAUTE, PREUVE.

La clause d'un tarif spécial de chemin de fer, portant stipulation de non-garantie des avaries et déchets de route, n'a point pour effet d'affranchir la Compagnie de la responsabilité de ses fautes ou de celles de ses agents, mais seulement d'en mettre la preuve à la charge de l'expéditeur ou du destinataire (1) (C. civ., 1382 et suiv., 1784; C. comm., 103).

Par suite, c'est à tort qu'en l'absence de toute preuve, de toute constatation d'aucun fait précis constitutif de faute ou de négligence, la Compagnie est déclarée responsable d'avaries survenues en cours de route à des fûts vides transportés dans de pareilles conditions (2) (Id.).

(Chemin de fer du Midi c. Romain et Moulins.) — ARRÊT.

LA COUR : — Attendu qu'il est constant que les fûts, objets du litige, ont voyagé : les uns aux conditions du tarif spécial P. 4, aux termes duquel les transporteurs sont affranchis des avaries de route; les autres aux conditions du tarif commun S. 25, qui les décharge également de toute responsabilité pour déchets et pour lesdites avaries; — Attendu que les clauses de non-garantie insérées au tarif des Compagnies ne les rendent pas irresponsables de leurs fautes ou de leur négligence, mais ont pour effet, contrairement aux règles du droit commun en matière de transport, de mettre la preuve de la faute à la charge de celui qui se plaint du dommage; — Que les fûts expédiés à Romain et Moulins ont subi des avaries consistant en peignes cassés et en un fond entier manquant; — Qu'il est soutenu par les sieurs Romain et Moulins que ces avaries ne se seraient pas produites si le transport se fût opéré dans des conditions normales, et qu'elles sont le résultat de la faute ou de la négligence de la Compagnie; — Mais attendu qu'ils ne fournissent ni n'articulent à cet égard aucune preuve et ne justifient à la charge de la Compagnie ou de ses agents d'aucun fait précis constitutif d'une faute ou d'une négligence; — Qu'ainsi les premiers juges, en déclarant la Compagnie du Midi responsable des avaries dont s'agit, ont violé les dispositions du tarif précité, et qu'il y a lieu de la décharger des condamnations prononcées contre elle; — Par ces motifs, — Faisant droit à l'appel, dit qu'il a été mal jugé, bien appelé, et réforme le jugement entrepris; — Déboute Romain et Moulins de leur demande, et décharge la Compagnie du Midi des condamnations prononcées contre elle; — Condamne Romain et Moulins à payer à ladite Compagnie le montant des frais de transport...

MM. Pailhé, prés.; Labroquère, av. gén. (concl. conf.); Lisbonne fils et Roussel, av.

ALGER (1re CH.) 2 novembre 1885.

RÉMÉRÉ, VENDEUR, CONDITION SUSPENSIVE, HYPOTHÈQUE, VALIDITÉ, CONTRAT PIGNORATIF, SIMULATION, VILETÉ DU PRIX, RELOCATION, FRAIS ET LOYAUX COUTS, NULLITÉ.

Le vendeur à réméré peut, en sa qualité de propriétaire sous condition suspensive, consentir sur l'immeuble vendu des hypothèques valables, susceptibles de produire effet au cas d'exercice en temps utile de la faculté de rachat (3) (C. civ., 1673, 2125).

La vente à réméré doit être annulée lorsqu'elle ne sert qu'à déguiser un contrat pignoratif (4) (C. civ., 1659, 2078, 2088).

---

(1) V. conf. sur le principe, Cass., 4 févr. 1885 (Pand. chr.); Paris, 26 déc. 1885 (Pand. chr.), et les renvois.

(2) Il ne suffit pas d'une déclaration vague, générale de responsabilité; il faut l'indication d'un fait précis, bien déterminé, impliquant une faute ou une négligence à la charge de la Compagnie. V. Cass., 5 et 19 nov. 1883 (Pand. chr.), et la note.

(3) V. dans le même sens, sur cette question vivement controversée en jurisprudence et en doctrine, Douai, 22 juill. 1820 (Pand. chr.). V. aussi implicitement Rennes, 6 avril 1870 (S. 70. 2. 245. — P. 70. 927. — D. 71. 2. 67); Cass., 12 mai 1880 (S. 81. 1. 295. — P. 81. 1. 732. — D. 81. 1. 19). — *Contrà* Cass., 21 déc. 1825 (Pand. chr.); Bordeaux, 5 janv. 1833 (S. 33. 2. 188. — P. chr.); Nîmes, 18 déc. 1849 (Pand. chr.); Paris, 12 août 1871 (Pand. chr.), et les notes. — Dans l'affaire actuelle, comme dans l'espèce de l'arrêt de Douai, du 22 juill. 1820, précité, le réméré était exercé par le vendeur lui-même; au contraire, dans les espèces des arrêts de Cass., 21 déc. 1825; Bordeaux, 5 janv. 1833; Nîmes, 18 déc. 1849; Paris, 12 août 1871, précités, il l'était par un cessionnaire du vendeur. Cette différence dans les situations a pu peser plus que de raison sur les solutions qui sont intervenues en faveur du cessionnaire, dont les droits doivent être sauvegardés de préférence à tous autres. Mais en visant un but légitime, la jurisprudence a dépassé la mesure; elle pouvait facilement éviter cette extrémité d'annuler les hypothèques consenties par le vendeur à pacte de rachat, et concilier avec leur maintien l'intérêt légitime du cessionnaire. V. nos observations sous Nîmes, 18 déc. 1849 (Pand. chr.), où le système est indiqué.

(4) Le principe ne fait pas de difficultés; il a été très-explicitement consacré par un jugement du Trib. de Pont de Veyle, 6 vend. an IV, joint à Cass., 26 vend. an V (S. chr.), et il est implicitement reconnu par toutes les décisions qui sont relevées à la note suivante.

Et le caractère d'impignoration du contrat se révèle par le concours de circonstances telles que la vileté du prix, la relocation au vendeur qui reste en possession des lieux et y élève des constructions, l'obligation de payer les frais et loyaux coûts du contrat laissés à sa charge (1) (Id.).

(Hurlimann c. Comptoir d'escompte de Mascara.)

15 janv. 1885, jugement du tribunal de Mascara, conçu dans les termes suivants : — « LE TRIBUNAL : — Attendu que les contestants fondent leur demande en réformation du règlement provisoire de l'ordre Carlini, en date du 20 août 1884, sur la prétendue nullité de l'inscription du 2 août 1881, vol. VI, n° 20, en tant que prise par le directeur du Comptoir d'escompte de Mascara sur des immeubles vendus à pacte de rachat, alors que le réméré n'avait pas été exercé; que, suivant acte reçu aux minutes de Me Lelarge, alors notaire à Saint-Denis du Sig, le 25 oct. 1869, le sieur Carlini a vendu, sous la réserve de réméré, le bien dont le prix est en distribution; qu'il appert de l'acte du 21 oct. 1882, passé devant le successeur de Me Lelarge, que c'est par le vendeur lui-même que le réméré a été exercé en temps utile; que de la combinaison des art. 1662, 1664 et 1673, C. civ., il résulte, jusqu'à l'évidence, que le vendeur à réméré conserve sur la chose un droit réel, puisqu'il peut agir contre les tiers sous-acquéreurs, et que tous les droits concédés par l'acquéreur s'évanouissent par l'exercice du réméré; qu'en sa qualité de propriétaire sous condition suspensive, le vendeur à pacte de rachat peut, aux termes de l'art. 2125 du même Code, consentir une hypothèque frappant l'immeuble si la condition s'accomplit; que l'exercice en temps utile par le sieur Carlini de la faculté de réméré a eu pour effet de résoudre le contrat de vente et de le replacer au même état que si ce contrat n'avait jamais existé; que ces principes, soutenus par la presque unanimité des auteurs et par les Cours de Douai, 22 juill. 1820 (V. à la note), et de Rennes, 6 avr. 1870 (V. à la note), ont reçu une consécration nouvelle par arrêt de la Cour régulatrice, du 12 mai 1880 (V. également à la note); que la validité des hypothèques conférées par le vendeur a réméré n'a été contestée que dans des espèces où le rachat avait été exercé, non par le vendeur lui-même, mais bien par le cessionnaire;

« Attendu, d'ailleurs, que le contrat du 25 oct. 1869 ne cache rien moins qu'un prêt, qu'un contrat pignoratif, ainsi que le soutient le Comptoir d'escompte dans ses conclusions subsidiaires; qu'en effet, on rencontre dans l'espèce le concours des principales circonstances auxquelles on peut reconnaître l'impignoration, savoir : 1° vente à réméré; 2° vileté de prix; 3° relocation au vendeur; que la vileté de prix résulte de la différence entre la somme de 20,000 fr., prix de la vente à réméré, et celle de 37,000 fr., prix de l'adjudication porté au jugement de l'audience des criées du tribunal de céans, en date du 20 mars 1884; que les parties de Me Massa n'apportent aucun élément pour déterminer l'importance de la plus-value résultant pour les immeubles vendus à réméré des constructions y édifiées par le sieur Carlini postérieurement à cette vente; que s'il fallait s'en référer à l'acte de retrait de réméré, la plus-value payée par le retrayant à l'acquéreur ne serait que de 200 fr., quoiqu'elle doive être bien supérieure à ce chiffre; qu'il est à considérer que les immeubles de Perrégaux avaient, avant le mois de déc. 1881, époque de la rupture du barrage de l'oued Fergoug, une valeur de beaucoup supérieure à celle à laquelle on les a évalués ensuite, et que la vente aux enchères du 20 mars 1884 a eu lieu dans des conditions encore plus défavorables que celle de même nature; que la relocation s'induit de ces circonstances que le sieur Carlini est resté, comme par le passé, en possession des immeubles à pacte de rachat, et qu'il y a élevé des constructions après la vente; que le maintien en possession est attesté par le bail du 24 mars 1884, enregistré au Sig le 31, même mois, et les reçus des 2 mai et 11 juill. 1881, enregistrés à Mascara le 22 déc. 1884; que, tout en déniant l'existence des constructions pour écarter la relocation, les contestants la reconnaissent, dans leurs conclusions, pour repousser la vileté du prix; que l'obligation licite, mais insolite, imposée au vendeur par l'acte de 1869, de supporter les frais et loyaux coûts du contrat, évalués à 900 fr., achève de former la conviction du tribunal sur le caractère simulé de ce contrat; — Par ces motifs, — Déclare valable l'inscription prise le 2 août 1881, vol. 6, n° 20, par le directeur du Comptoir d'escompte de Mascara; — Déboute les parties de Me Massa de leur contestation, etc. »

Appel par Hurlimann.

ARRÊT.

LA COUR : — Adoptant les motifs qui ont déterminé les premiers juges, — Confirme purement et simplement le jugement dont est appel, etc.

MM. Puech, prés.; du Miron, av. gén.; Chéronnet et Doudart de la Grée, av.

AGEN (CH. CORR.) 5 novembre 1885.

APPEL EN MATIÈRE CORRECTIONNELLE, FORMES, LETTRE MISSIVE, GREFFE, DÉLAI.

L'appel en matière correctionnelle n'est assujetti à aucune forme de déclaration particulière; il est valablement interjeté par simple lettre missive, pourvu qu'elle parvienne au greffe du tribunal qui a rendu le jugement, dans le délai de la loi (2) (C. instr. crim., 203).

(A...) — ARRÊT.

LA COUR : — Attendu que, sur l'assignation du parquet général d'Agen, en date du 19 sept. dernier, le prévenu appelant ne se présente pas; qu'il y a donc lieu de statuer par défaut; — Attendu que, tout d'abord, il conviendrait d'apprécier la recevabilité de l'appel relevé dans les délais légaux, mais en la forme d'une lettre missive, au greffe du tribunal civil de Marmande, et dont, à ce titre, la régularité est déniée par le ministère public; — Attendu que, si l'ap-

(1) Sur les circonstances susceptibles de révéler le caractère d'impignoration du contrat, telles que la vileté du prix et la relocation au profit du vendeur. V. Pau, 15 févr. 1826; Colmar, 12 fév. 1831 (S. 31. 2. 304. — P. chr. — D. 33. 2. 169); 17 févr. 1832, joint à Cass., 22 avr. 1835 (S. 35. 1. 436); Lyon, 27 août 1841 (S. 42. 2. 32). — Ces deux circonstances doivent au moins être réunies; la seule relocation de l'immeuble au vendeur, sans vileté de prix, serait insuffisante pour donner à la vente le caractère de contrat pignoratif. V. Rouen, 26 déc. 1862 (Pand. chr.). — Au surplus, ce sont là des questions d'interprétation abandonnées à l'appréciation souveraine des juges du fond. V. Cass., 23 déc. 1845 (S. 46. 1. 732. — P. 46. 1. 182. — D. 54. 1. 422); 22 avr. 1846 (D. 54. 1. 423); Rouen, 26 déc. 1862 (Pand. chr.).

(2) La question est neuve en jurisprudence. — Le seul point qui ait été résolu jusqu'ici, et qui n'était pas controversé dans l'affaire actuelle, est celui de savoir quelle est la véritable portée de la déclaration au greffe prescrite par l'art. 203, C. instr. crim. Y a-t-il là une de ces formalités substantielles qui doivent être observées à peine de nullité, ou bien peut-on y suppléer par des équipollents, par exemple, au moyen d'une notification de l'appel au parquet, par exploit d'huissier? La négative a toujours été consacrée par les arrêts : l'appel doit être formé, à peine de déchéance, par déclaration au greffe, sans qu'aucun autre acte, de quelque nature qu'il soit, en puisse tenir lieu. V. Cass., 9 juin 1809 (*Bull.*, n. 102); 22 mai 1835 (Pand. chr.); Paris, 1er juin 1855 (Pand. chr.), et les renvois.

pel doit être formé, à peine de déchéance, par déclaration au greffe (art. 203, C. instr. crim.), sans qu'aucun autre acte, de quelque nature qu'il soit, notamment une notification au parquet, par ministère d'huissier, y puisse suppléer, il est certain qu'aucune forme particulière n'est prescrite pour cette déclaration, et qu'il suffit, dès lors, que l'intention d'appeler soit rendue manifeste au greffe, dans le délai de la loi; que cette intention est suffisamment déclarée par lettre adressée au greffe du tribunal qui a rendu le jugement, alors surtout que l'écriture et la signature de la lettre, comme dans l'espèce, ne sont nullement contestées; qu'il ne faut pas perdre de vue que l'on se trouve ici en matière pénale, et que le doute doit profiter à l'appelant; — Attendu, en outre, qu'il résulte nettement de l'interprétation, donnée en matière d'appel pour refus d'inscription sur les listes électorales (art. 18 de la loi des 8 févr.-15 mars 1849, et 22 du décret du 2 févr. 1852, dont le texte est le même que celui de l'art. 203, C. instr. crim.), que l'appel est valablement interjeté en la forme d'une lettre missive, s'il est constaté que cette lettre a été déposée au greffe de la justice de paix dans les délais utiles (1) ; que cette raison d'analogie peut être invoquée; que, pour statuer autrement, il faudrait décider que le mot « déclaration » implique la nécessité de la présence de l'intéressé en personne ou de son mandataire régulier; mais que la terminologie, soit juridique, soit usuelle, n'a jamais eu cette portée, etc.

MM. Douarche, prés. ; Mazeau, av. gén.

PARIS (2e CH.) 9 novembre 1885.

FONDS DE COMMERCE, VENTE, NOM, USAGE, AUTORISATION, RÉSERVES, ETABLISSEMENT SIMILAIRE, CIRCULAIRES, CLIENTÈLE (DÉTOURNEMENT DE), CONCURRENCE DÉLOYALE.

Le vendeur d'un fonds de commerce qui a autorisé son successeur à conserver son nom sur l'enseigne de la maison vendue ne peut, bien qu'il se soit formellement réservé, dans l'acte de cession, le droit « de se remettre dans une entreprise industrielle et commerciale d'une nature similaire à celle qu'il a cédée », fonder, sous ce même nom, à peu de distance de l'ancienne maison, un établissement nouveau se livrant exactement au même commerce (2) (C. civ., 544, 1604).

... *Alors surtout que, par des circulaires adressées à son ancienne clientèle, il essaye de lui donner le change sur le caractère de la cession qu'il a opérée de sa première maison, en la présentant comme un simple arrangement d'affaires, et qu'il réclame de cette clientèle la continuation de la confiance qu'elle lui avait accordée autrefois* (3) (Id.).

(Gamain-Griffon c. Degand.)

2 mai 1884, jugement du tribunal de commerce de Reims, ainsi conçu : — « LE TRIBUNAL : — Considérant que, suivant acte sous seings privés, en date du 4 mars 1879, Gamain-Griffon a cédé à Degand le commerce d'épicerie, de vins et spiritueux qu'il exploitait à Reims, rue de Talleyrand; que le pas de porte et la clientèle ont été vendus 12,000 francs, qui ont été payés par Degand; que, dans l'acte de vente, il a été dit que, pendant cinq années, Gamain-Griffon s'interdisait directement ou indirectement toute industrie similaire; que, pour une coopération qui demeurait facultative à Gamain-Griffon, il lui était attribué une part dans les bénéfices et un appointement mensuel jusqu'en 1885; qu'à ce même acte est stipulé un dédit de 20,000 francs, auquel serait tenu celui qui voudrait rompre son engagement; — Considérant que, le 3 oct. 1883, Gamain-Griffon, qui avait déjà résolu de fonder à nouveau une maison, et qui cherchait le moyen d'éviter, au moins en partie, le payement du dédit stipulé, a, par une manœuvre habile, obtenu de Degand l'annulation de toutes les clauses, à partir du mois de juillet précédent, du traité passé le 4 mars 1879; que la résiliation de ce traité a été obtenue moyennant une somme de 11,000 francs qui, d'un commun accord, a été ajoutée à la somme qui restait due par Degand, avec de nouvelles époques de payement; que, dans le cas où Gamain-Griffon se remettrait dans une entreprise industrielle ou commerciale d'une nature similaire à celle qu'il a cédée à Degand, il s'engage à payer à celui-ci une indemnité de 20,000 francs; — Considérant qu'au moyen de cette indemnité, payée par lui le 29 janv. 1884, Gamain-Griffon s'est cru en droit de fonder une maison de commerce nouvelle d'épicerie, vins et spiritueux sous son nom personnel; qu'il a établi cette maison rue Thiers, 20, à peu de distance de celle qu'il avait cédée à Degand; — Considérant que, par des circulaires rédigées de manière à faire croire qu'il n'avait eu avec Degand qu'un simple arrangement, Gamain-Griffon faisait part à toute sa clientèle qu'il venait de fonder à nouveau, 20, rue Thiers, une maison de commerce d'épicerie, vins et spiritueux ; qu'il serait secondé par M. Clot, ancien voyageur de la maison, qu'il prenait comme associé, ajoutant qu'il osait espérer la continuation de la confiance qui lui avait été accordée autrefois; — Considérant que Gamain-Griffon, qui avait depuis plusieurs années cédé à Degand la maison de commerce exploitée rue de Talleyrand, qui avait reçu le prix de la clientèle (12,000 francs), qui, depuis cette époque, avait autorisé Degand à prendre pour enseigne:

---

(1) Cette affirmation de l'arrêt n'est pas d'une exactitude absolument rigoureuse. La question, en l'état de la jurisprudence, reste pour le moins indécise.

Sur trois arrêts, deux se prononcent en sens contraire : c'est ainsi qu'il a été jugé qu'en matière électorale, les actes d'appel devant être faits au greffe de la justice de paix du canton, il y a lieu de déclarer non recevable l'appel formé par une simple lettre missive adressée soit au juge de paix : Cass. 8 mai 1877 (Pand. chr.), et le renvoi, — soit au greffier : Cass., 12 mai 1880 (Pand. chr.), et la note.

Il est vrai qu'un arrêt plus récent de la chambre civile du 12 août 1885 (Pand. chr., et nos observations en note) paraît fournir un sérieux argument à la solution consacrée par la cour d'Agen. Il y est jugé, en effet, que l'appel contre la décision de la commission municipale est régulièrement interjeté par requête *en forme de lettre missive*, sous enveloppe ouverte, portant l'adresse du juge de paix, préalablement déposée au greffe de la justice de paix et transmise au magistrat par son greffier après constatation de la date de la réception. Mais il importe de bien mettre en relief cette circonstance de fait que, dans l'espèce, l'appelant s'était *lui-même et en personne transporté au greffe* de la justice de paix, qu'il y avait déposé sa requête d'appel; que la forme de lettre missive n'était qu'apparente, d'intérêt tout à fait secondaire; qu'en réalité, les démarches, les agissements, les intentions même de l'appelant réunissaient tous les caractères, toutes les conditions d'une véritable *déclaration* au greffe.

(2-3) Jugé, en ce sens, que le vendeur qui s'est réservé le droit de créer un établissement similaire, ou à qui ce droit a été reconnu par les tribunaux, ne peut cependant rien faire qui puisse détourner la clientèle attachée au fonds qu'il a cédé : Paris, 31 mai 1862 (*Journ. trib. comm.*, t. II, 345). — Ainsi, notamment, il ne peut se servir des mêmes enseignes : Paris, 19 nov. 1824; 26 juill. 1844 (Journ. *le Droit*, 27 juill.); 13 févr. 1861 (*Journ. trib. comm.*, t. X, 323); Cass., 2 mai 1860 (S. 60. 1. 308. — P. 60. 1006. — D. 60. 1. 218). V. aussi Trib. comm. Marseille, 6 févr. 1878 (*Journ. de Mars.*, 78. 1. 91); — ni adresser des circulaires à son ancienne clientèle : Trib. comm. Seine, 7 juin 1853 (*Journ. trib. comm.*, t. II, 285); 13 févr. 1861 (*ibid.*, t. X, 323). V. d'ailleurs, sur tous ces points, notre *Dictionnaire de dr. comm., ind. et marit.*, t. IV, v° *Fonds de commerce*, n. 49 et 50.

En pareil cas, il appartient aux tribunaux de prendre toutes mesures nécessaires pour déjouer la fraude et mettre fin aux actes de concurrence illicite. V. Cass., 28 avr. 1884 (Pand. chr.), et les renvois. — Mais ils ne peuvent prononcer contre un commerçant l'interdiction absolue de se servir de son nom patronymique et de se livrer à tel genre d'industrie ou de commerce qu'il lui convient. Même arrêt de Cass., 28 avr. 1884, précité. V. toutefois Cass. 15 mars 1886 (S. 86. 1. 296. — P. 86. 1. 716).

Maison Gamain-Griffon, Degand successeur, ne peut avoir le droit de fonder à nouveau, comme il le dit, une maison d'épicerie, vins et spiritueux, portant le même nom; que les mots « se remettre dans une entreprise industrielle et commerciale d'une nature similaire à celle qu'il a cédée », ne l'autorisent pas à fonder, en son nom de Gamain-Griffon, une maison faisant exactement le même commerce que celle qu'il a vendue, et en s'adressant, comme il l'a fait, à la même clientèle, par une circulaire capable de lui donner le change; — Considérant qu'il a, par toutes ces manœuvres, causé un préjudice considérable à son successeur Degand, préjudice dont il lui doit réparation, et que le tribunal est à même d'apprécier par les éléments en sa possession; — Par ces motifs, — Condamne Gamain-Griffon à payer à Degand, à titre de dommages-intérêts, la somme de 6,000 fr.; — Fait défense à Gamain-Griffon de continuer sous ces deux noms la maison de commerce qu'il a créée et qu'il exploite depuis quatre mois sous la raison de commerce Gamain-Griffon; — Dit qu'il devra supprimer le nom de Griffon de ses factures et de ses circulaires; — Autorise Degand à conserver sur sa maison et sur ses factures les mots: « Maison Gamain-Griffon, Degand successeur », etc. » — Appel.

ARRÊT.

LA COUR : — Adoptant les motifs des premiers juges, — Confirme, etc.

MM. Ducreux, prés.; Harel, av. gén.; Vallé et Lantiaume (du barreau de Reims), av.

TRIB.-CIV. SEINE (5e CH.) 12 novembre 1885.

MITOYENNETÉ, SERVITUDE LÉGALE, DROIT RÉEL, COMPTE DE MITOYENNETÉ, PAYEMENT, TIERS ACQUÉREUR, TRANSCRIPTION.

La servitude de mitoyenneté ne constituant pas un démembrement de la propriété et ne résultant pas d'un acte de l'homme, n'a pas besoin d'être transcrite pour être portée à la connaissance des tiers (1) (C. civ., 661; L. 21 mars 1855, art. 1 et 2).

Il en est de même du compte de mitoyenneté dont le payement peut être poursuivi contre tous les acquéreurs successifs de l'immeuble voisin, en dehors de toute transcription; il y a là, en effet, un droit réel dû par l'immeuble même (2) (Id.).

(Duhard c. Sauvé et Salaud.) — JUGEMENT.

LE TRIBUNAL : — Attendu que la demanderesse, propriétaire d'un immeuble sis à Paris, boulevard Arago, 6, contigu à un autre immeuble ayant appartenu à Salaud et acquis par Sauvé, réclame tant à ce dernier qu'à Salaud la somme de 1,150 fr. 79, pour solde de compte de mitoyenneté; — Attendu que la créance de la demanderesse n'est pas contestée; que Sauvé prétend seulement que, dans l'acte de vente du 10 nov. 1883, Salaud s'est obligé formellement à payer toutes mitoyennetés qui pourraient être dues; que c'est lui d'ailleurs qui a acquis la mitoyenneté faisant l'objet du litige; que lui, Sauvé, doit être mis hors de cause; — Mais attendu qu'un compte de mitoyenneté n'a pas un caractère personnel, mais constitue, au contraire, un droit réel dû par l'immeuble, et pouvant être poursuivi sur tous les acquéreurs successifs; — Attendu que Sauvé ne peut pas être fondé à prétendre que, l'action exercée par la demanderesse ayant un caractère réel, ce droit réel ne pouvait lui être opposé comme tiers détenteur de l'immeuble qu'à la condition d'avoir été transcrit antérieurement à la transcription de son titre d'acquisition; — Attendu, en effet, que la servitude de mitoyenneté n'est pas un démembrement de la propriété, et ne résulte pas d'un acte de l'homme; qu'elle a un caractère légal et apparent, et qu'elle n'a pas besoin d'être transcrite pour être portée à la connaissance des tiers; — Attendu qu'en exigeant la transcription d'un acte constitutif de servitude, le législateur a voulu que les tiers intéressés ne pussent ignorer les charges de cette nature résultant des conventions; que ce motif ne saurait s'appliquer à un compte de mitoyenneté, puisque les tiers peuvent savoir si l'immeuble est libéré du prix de mitoyenneté dû au voisin; — Attendu, dès lors, que la demanderesse est fondée à demander à Sauvé, en qualité de tiers détenteur, le reliquat du compte de mitoyenneté dû par Salaud, son auteur, bien que son titre n'ait pas été transcrit; — Condamne Sauvé à payer à la demanderesse, la somme de 1,150 fr. 79, pour les causes susénoncées, etc.

MM. Delegorgue, prés.; Moleux, subst.; Volait, Combes et de Sal, av.

TRIB.-COMM. SEINE 12 novembre 1885.

SOCIÉTÉ ANONYME, TITRES NOMINATIFS, TITRES AU PORTEUR, CONVERSION, APPEL DE FONDS, CESSIONNAIRES INTERMÉDIAIRES, RECOURS, PREUVE, DÉTENTEUR ACTUEL.

C'est à celui qui, depuis la conversion des actions nominatives d'une Société anonyme en titres au porteur, est devenu cessionnaire d'actions et est assigné en cette qualité, comme porteur et détenteur actuel des titres, en payement du solde complémentaire des versements sur lesdites actions, à prouver que, par une cession nouvelle, il s'est, à son tour, dessaisi des titres et que, par là, il est à l'abri de tout recours et de son cédant immédiat et de la Société elle-même (3) (C. civ., 1315; L. 24 juill. 1867, art. 3).

Faute de produire cette preuve, le cessionnaire qui s'est révélé porteur des actions doit être réputé en avoir conservé la propriété, et, par suite, est tenu des versements complémentaires (4) (Id.).

(1-2) V. conf. sur ces deux points, Trib. civ. Seine, 25 févr. 1885 (Pand. chr.), et le renvoi. — Toutefois la question de savoir si le payement du compte de mitoyenneté, pour être poursuivi contre les tiers détenteurs, ne nécessite pas la transcription du titre qui le constate, reste vivement controversée. V. en sens contraire au jugement ci-dessus reproduit, Paris (2e ch.), 25 nov. 1885 (Pand. chr.), et nos observations en note.

(3-4) Le système juridique qui sert de base au présent jugement avait été nettement formulé par M. le procureur général Baudouin, au cours de la discussion et dans son réquisitoire, lors des célèbres arrêts du 29 juin 1885 (Pand. chr.).

Voici le passage textuel de ce réquisitoire ayant trait à la difficulté de l'espèce. « ...Nous sommes, a dit M. le procureur général, en présence d'un souscripteur qui, comme garant tenu envers la Société, a été obligé de payer la dette d'un débiteur principal qu'il ne connaît pas. — Pourquoi ne le connaît-il pas? Parce que, tout en restant obligé à l'égard de la Société, comme garant, il a aliéné son action au porteur; il l'a cédée. Que peut-il faire pour exercer son recours? S'adresser à son cessionnaire, s'il le connaît, cessionnaire qui, jusqu'à preuve contraire, est présumé le détenteur. Ce cessionnaire ne peut être dégagé de l'obligation de versement complémentaire, c'est-à-dire ne peut cesser d'être le débiteur principal, comme réputé détenteur, que s'il a aliéné lui-même l'action. Il doit donc prouver cette aliénation. C'est la condition forcée de son exonération, au point de vue du remboursement. S'il ne prouve pas cette aliénation, il est tenu, il doit rembourser. — Mais il prétend avoir sous-cédé l'action au porteur. Soit; mais sa parole ne suffit pas. Il faut qu'il prouve, il faut qu'il fasse connaître son propre cessionnaire. »

La Cour de cassation n'a pas suivi les théories juridiques exposées et recommandées par M. le procureur général. Le désaccord a été absolu, complet, éclatant. Il n'est resté aucun point dans l'ombre. Les arrêts du 29 juin 1885 ont été aussi énergiques dans l'affirmation des principes nouveaux qu'ils ont consacrés que l'avait été le réquisitoire de l'éminent magistrat dans le sens diamétralement contraire.

(Gillet, liquid. de la Banque de prêts à l'industrie, c. Brottier, Hart et Société générale.) — JUGEMENT.

LE TRIBUNAL : — Attendu que Gillet, ès qualités, assigne Brottier en payement d'une somme de 6,300 fr., représentant le solde des versements qui resteraient à effectuer sur quarante-deux actions de la Banque de prêts, de 500 fr. chacune, dont Brottier serait porteur; — Attendu que si, en effet, Brottier, ainsi qu'il l'allègue en ses conclusions motivées, n'a été ni souscripteur ni cessionnaire desdites actions avant la délibération de l'assemblée des actionnaires qui a voté leur mise au porteur, il résulte des pièces produites au procès qu'il s'est révélé porteur de ces actions; que c'est donc en cette qualité de porteur qu'il est poursuivi; — Attendu que Brottier justifie avoir chargé la Société générale de vendre trente-deux des actions susindiquées, ce qui, d'ailleurs, n'est pas dénié par cette Société; qu'il est, en outre, établi que la Société générale a fait exécuter cet ordre de Brottier par le ministère de Hart, agent de change; — Attendu, en ce qui concerne les dix autres, que si Brottier prétend s'en être dessaisi et n'en être plus porteur, les ayant fait vendre par l'intervention de la Banque nationale, il ne produit, à l'appui de son dire, aucune sorte de justification; — Attendu qu'il s'agit ainsi, en l'espèce, d'actions au porteur dont Gillet, ès qualités, réclame la libération; que, s'il résulte, en effet, de la jurisprudence, notamment de l'arrêt de la Cour de cassation du 29 juin 1885 (V. à la note), que, du moment où, par une cession nouvelle, le porteur s'est dessaisi de ses titres, aucune action ni recours ne peuvent être exercés contre lui, non-seulement par son cédant, mais encore par la Société elle-même, l'arrêt ajoute, d'autre part, que la Société ou le cédant, obligé de libérer les titres, peuvent exercer leur recours contre le détenteur actuel, sur qui doit porter la charge du payement; — Attendu qu'il s'agit, pour Gillet, représentant la Société « la Banque de prêts à l'industrie », de rechercher le détenteur actuel; qu'on ne saurait mettre à sa charge, ainsi que le prétend le défendeur aux débats, la preuve de la possession des titres, c'est-à-dire que le défendeur est actuellement porteur des titres dont on lui réclame la libération; que cette preuve est impossible à faire; que, s'il en était ainsi, le droit accordé de faire payer le détenteur des titres, au moment de l'appel de fonds, serait absolument illusoire; que, d'ailleurs, l'arrêt précité est muet sur le fardeau de la preuve; d'où il convient de conclure que, faute par Brottier de produire la preuve de la cession des titres dont il s'est révélé porteur, il doit être réputé en avoir conservé la propriété, et, par suite, la responsabilité;... — Par ces motifs, etc.

M. Chevalier, prés.

ALGER (1re CH.) **18 novembre 1885.**

BREVET D'INVENTION, VENTE, ACTION EN NULLITÉ, CONTESTATION SUR LA PROPRIÉTÉ, COMPÉTENCE.

L'action en nullité d'une vente de brevet, constituant une contestation sur la propriété de ce brevet, est de la compétence du tribunal civil, à l'exclusion de celle du tribunal de commerce (1) (L. 5 juill. 1844, art. 34).

Le jugement ci-dessus rapporté, et M. Lyon-Caen après lui, appuyant cette affirmation de sa haute compétence (V. S. 86. 1. 18. — P. 86. 1. 25), prétendent que les arrêts du 29 juin 1885 manquent de clarté ou bien ne se sont pas prononcés sur la question de savoir à qui, du souscripteur ou cédant primitif, ou bien des cessionnaires intermédiaires, incombe la charge de la preuve, soit de la possession actuelle des titres, soit de leur transmission en de nouvelles mains.

Il nous semble cependant que les motifs du deuxième arrêt du 29 juin 1885 sont on ne peut plus explicites : — « Attendu, y lisons-« nous en effet, que, par des conclusions subsidiaires, Desgeorges « demandait que Eymard fût tenu de lui faire connaître le nom « de son propre acheteur, sous peine de dommages-intérêts; — « Mais attendu que l'aliénation de ses actions par Eymard l'ayant « affranchi de toute action en versement d'apport social, soit de « de la part de la Société, soit de la part de Desgeorges, la pré-« tention de ce dernier d'obliger Eymard à faire connaître le nom « de son acheteur ne repose sur aucun principe de droit; qu'elle « est d'ailleurs en contradiction avec la nature des titres au por-« teur, dont la transmission n'implique aucunement que le cédant « connaisse son cessionnaire et soit en état de le désigner. »

Comment, après cette dispense si générale, si large, reconnue au cessionnaire intermédiaire de faire connaître le nom de son acheteur direct, cette proclamation de principe qu'une telle obligation serait « *en contradiction avec la nature des titres au porteur* », serait-il encore permis d'imposer à ce même cessionnaire la charge de prouver que, par une transmission nouvelle, il s'est dessaisi de ses titres, et que, par là, il s'est mis à l'abri de tout recours et de son cédant immédiat et de la Société? Et s'il ne fait pas cette preuve, il sera réputé avoir conservé la propriété des actions et tenu d'en acquitter les versements complémentaires! Mais c'est, par une voie détournée, revenir au même point de départ, reprendre d'une main ce que l'on a accordé de l'autre, et contraindre les cessionnaires intermédiaires à des révélations, à des indications tout au moins, dont la Cour de cassation les relève formellement. C'est le cas de répéter avec M. le procureur général Baudouin l'axiome : « *Qui veut la fin veut les moyens.* »

La Cour de cassation, pour des raisons que nous avons exposées et que nous avons défendues avec une approbation sans réserve (V. nos observations jointes aux arrêts du 29 juin 1885, Pand. chr.), dégage entièrement le cessionnaire intermédiaire de tout lien de droit vis-à-vis du souscripteur ou cédant originaire; c'est le détenteur actuel du titre sur qui seul doit peser la charge du payement. Il peut être commode pour le souscripteur de mettre en cause telle personne qui, à un moment donné, s'est révélée porteur de titres, et, en suivant la filière des transmissions, d'arriver au véritable et dernier détenteur; mais c'est précisément à ce déploiement d'actions, à ce luxe de poursuites, à ces enchevêtrements de recours et de responsabilité, que les arrêts du 29 juin 1885 ont voulu remédier dans l'intérêt du crédit général autant que de la fortune privée. Encore une fois, le souscripteur est dans la situation ordinaire, ni meilleure ni pire que celle de tout demandeur. Il a payé une dette, il prétend que cette dette est, en définitive, celle d'un autre. A lui de l'établir, à lui de procéder à ses investigations comme il l'entend. Il n'a pas de secours à attendre, d'ailleurs, de gens surtout à qui il ne pourrait rien réclamer, parce qu'ils ne lui doivent rien.

En résumé, le jugement du tribunal de commerce, malgré ses protestations, nous paraît en contradiction absolue avec les arrêts précités de cassation. Et qu'il nous soit permis de terminer par cette réflexion : dans la lutte des deux systèmes opposés, c'est la Cour suprême qui se préoccupe le plus des légitimes satisfactions à donner aux nécessités de la pratique et des tempéraments à apporter à la rigueur du droit; c'est le tribunal de commerce qui cherche à remonter le courant des usages, des habitudes d'affaires, et ne recule point devant les complications inextricables. Ce n'est pas la première fois que pareil phénomène nous frappe et que nous sommes appelé à le signaler. La remarque, que l'on ne se méprenne point sur les intentions, est d'un partisan convaincu de la juridiction commerciale.

Ces observations étaient sous presse, lorsque le tribunal de commerce de la Seine, par trois jugements rendus à la date du 10 déc. 1886, aff. Pinet, synd. du *Crédit de France* c. Catteaux-Vernier et autres, la *Banque Parisienne* et la chambre syndicale des agents de change de Paris (V. journ. *la Loi*, n. 12 déc. 1886), est revenu sur sa première jurisprudence et a donné pleine satisfaction à nos critiques. Les jugements du 10 déc. 1886 sont d'ailleurs fort remarquables, autant par leur rédaction que par les solutions qu'ils comportent. Ce sont bien là les principes et les applications conformes à la doctrine des célèbres arrêts de la chambre civile de la Cour de cassation du 29 juin 1885 (Pand. chr.), et nos observations. V. aussi conf. deux récents arrêts de la Cour de Paris, 26 nov. 1886 (3e ch.) (la *Loi*, n. 23 janv. 1887); 4 janv. 1887 (7e ch.) (la *Loi* et le *Droit* du 27 janv. 1887).

(1) La solution que la Cour d'Alger donne à la question nous paraît trop absolue. La demande en nullité ou en résolution d'une vente de brevet n'est point, à proprement parler, une contestation sur la propriété du brevet; c'est une difficulté en matière de cession. Elle se posera le plus souvent pour défaut de payement du prix par l'acquéreur, ou parce que les conditions du contrat n'auront point été exécutées par l'une ou l'autre et quelquefois par l'une et l'autre des parties; la résiliation pourra même être

(Roguet c. Hartog et autres.) — ARRÊT.

LA COUR : — Attendu que, suivant acte aux minutes de Me Frank, notaire à Alger, en date du 25 juill. 1881, Hartog, de Landtsheer et de Backer ont cédé et transporté à Just Roguet tous les droits qui leur étaient conférés : 1° par un brevet d'invention à eux délivré par le gouvernement français, le 14 août 1874, pour procédés et appareils de travail automatique du lin, des étoupes et autres matières textiles; 2° par un certificat d'addition à ce brevet, délivré par le même gouvernement aux mêmes personnes, le 15 mars 1875; qu'aux termes de cette cession, consentie pour le prix de 10,000 fr., Roguet a été investi par les cédants de la pleine et entière propriété de ce brevet et de toute addition antérieure ou à venir; — Attendu que, des contestations s'étant élevées entre les parties, Hartog, agissant en son nom personnel et au nom de ses cocédants, a, par exploit du 3 mars 1884, fait assigner Roguet devant le tribunal de commerce d'Alger, pour voir prononcer la nullité de l'acte de cession du 25 juill. 1881, et pour procéder à une liquidation et à un règlement de compte, à raison de divers faits qui ont pris naissance dans la cession critiquée et en sont une simple conséquence; — Attendu que les difficultés soumises au tribunal de commerce, et sur appel à la Cour, ont pour objet principal et dominant l'examen de la validité ou de la nullité de l'acte de cession du 25 juill. 1881; que cet acte a pour but unique de transférer à Roguet la propriété du brevet d'invention et du certificat additionnel délivrés à Hartog et consorts; qu'ainsi, la contestation engagée entre les parties a trait à la propriété du brevet d'invention; qu'il suit de là que l'action aurait dû être portée devant les tribunaux civils, qui seuls étaient compétents, aux termes de l'art. 34 de la loi du 5 juillet 1844; — Attendu que la solution des autres griefs articulés par Hartog, en son nom personnel, dans le même exploit introductif d'instance, est subordonnée à la décision qui interviendra sur la valeur de l'acte de cession du 25 juill. 1881; qu'on ne saurait, sans dommages pour toutes les parties, scinder les diverses contestations qui les divisent et qui sont étroitement liées par leur origine; — Par ces motifs, — Réforme; — Dit que le tribunal de commerce d'Alger était incompétent aux termes de la loi du 5 juill. 1844, art. 34, etc.

MM. Puech, prés.; Dandonneau, av. gén.; Lemaire et Chéronnet, av.

AGEN (1re CH.) 24 novembre 1885.

ASSURANCES TERRESTRES, RÉASSURANCE, CARACTÈRES, NOVATION, CONTRAT, RÉSILIATION, ASSURÉ, RÉASSURANCE GÉNÉRALE, PORTEFEUILLE, CESSION, ACTIF SOCIAL, ALIÉNATION, GARANTIES (DIMINUTION DES), SOCIÉTÉ, INEXISTENCE, OPÉRATIONS SOCIALES, SUSPENSION, LIQUIDATION, DISSOLUTION, FAILLITE.

Le contrat de réassurance n'opère pas novation, et n'apporte aucune modification aux conventions intervenues entre l'assureur et l'assuré (1) (C. civ., 1273, 1275; C. comm., 342).

Par suite, l'assuré ne saurait se prévaloir de la réassurance qui lui procure un second débiteur et ajoute aux garanties de solvabilité de l'assureur originaire, pour se dégager de ses propres engagements (2) (C. civ., 1184).

Et il en est ainsi, alors même que la réassurance serait générale et s'appliquerait à tous les risques courus et à courir, moyennant l'abandon, comme contre-partie, de toutes les primes échues ou à échoir (3) (Id.).

La cession consentie par une Compagnie d'assurance à une autre de son portefeuille équivaut à une véritable réassurance générale, lorsqu'elle se limite aux risques et aux primes; elle ne s'en distingue et ne devient une cause de nullité de l'assurance que lorsqu'elle emporte aliénation de tout ou partie du capital social; dans ce cas seulement il y a diminution des garanties sur lesquelles l'assuré était en droit de compter (4) (Id.).

---

poursuivie des deux côtés. Mais, en pareil litige, c'est la vente qui attire tout l'effort de la discussion, ce sont les vices qu'elle recèle que chacun essayera de dégager de l'obscurité et de mettre en pleine lumière, vices de forme ou vices de fond, vices originaires de constitution du contrat ou vices postérieurs d'exécution. La question de propriété n'est qu'accessoire; elle n'est qu'indirectement engagée. Sans doute, suivant l'issue du procès, elle restera à l'acquéreur si la vente est maintenue, ou elle pourra être considérée comme n'étant jamais sortie du patrimoine du vendeur si la résiliation est prononcée; mais c'est là une conséquence sous-entendue, d'arrière-plan; elle n'est point le siége de la difficulté; elle ne soulève même point de discussion; elle découlera de l'appréciation de la vente, qui sera le vrai terrain de la lutte. Or la vente d'un brevet n'a pas de caractère absolu; elle est, selon les circonstances, un contrat civil ou un contrat commercial. On devra rechercher si les parties sont commerçantes et si elles ont fait un acte de commerce. C'est l'application des principes ordinaires en matière de vente de choses mobilières. V. en ce sens Lyon, 4 janv. 1839 (Pand. chr.); Bourges, 5 févr. 1853 (Pand. chr.), et les arrêts et autorités citées dans notre *Dictionnaire de dr. comm., ind. et marit.*, t. II, v° *Brevet d'invent.*, n. 434.

(1-2) Il a été jugé que la Compagnie d'assurance qui, en dehors de toute cession de portefeuille à une autre Compagnie, s'est bornée à faire réassurer l'ensemble des risques par elle acceptés, ne cesse pas d'exister et d'être responsable vis-à-vis de ses assurés, alors d'ailleurs que, par cette réassurance, elle ne se livre qu'à une opération de trésorerie et qu'elle continue son fonctionnement; d'où cette conséquence que les assurés n'en restent pas moins tenus du payement de leurs primes aux échéances stipulées : Trib. civ. Seine, 3 avril 1883 (Pand. chr.). — Mais faut-il du moins que le contrat de réassurance ne constitue pas une cession déguisée de portefeuille. V. Trib. civ. Seine, 23 déc. 1880 (S. 82. 2. 1. — P. 82. 1. 78) et Paris (arrêt confirmatif par adoption de motifs), 4 août 1882 (S. 83. 2. 175. — P. 83. 1. 894); Trib. civ. Seine (1re ch.), 15 déc. 1885 (*Journ. des assur.*, 1886, n. 2).

(3-4) Nous ne saurions accepter cette théorie. Quand une Société d'assurance se met en liquidation, c'est que ses opérations n'ont point été prospères, qu'au lieu de bénéfices elle a subi des pertes. D'une manière générale, une résolution de cette gravité n'est prise que lorsque la Compagnie a épuisé toutes ses disponibilités, qu'il ne lui reste plus rien, ou à peu près, en caisse; il n'y a plus que des éventualités de sinistres et de risques à courir. Tout l'effort de la liquidation ne tend plus qu'à un but : soustraire la Société à ces menaces de pertes.

En pareille situation, il existe encore cependant une ressource, la seule de quelque valeur; ce sont les primes des polices. Enlevez à la Société cette dernière réserve ou qu'elle en abandonne le bénéfice à une autre Compagnie qui se chargera des risques correspondants, il n'y aura plus que le matériel des bureaux pour représenter le capital social. Tout aura disparu. L'existence de la Société ne sera plus qu'une pure fiction. Quand une Compagnie d'assurance n'a plus de portefeuille, quand toutes ses polices ont passé à une autre Société, il n'y a pas seulement diminution des garanties sur lesquelles les assurés ont pu légitimement compter, il y a effondrement, absorption de toutes les sûretés. Une cause de résiliation est donc ouverte. V. en ce sens, Cass., 28 oct. 1885 (Pand. chr.).; Lyon, 29 déc. 1885 (Pand. chr.), et les notes. *Adde* Trib. civ. Bordeaux (4e ch.), 13 janv. 1886 (Journ. *le Droit*, 12 sept. 1886); Trib. civ. Valence (1re ch.), 6 déc. 1886, sous note (*a*).

(*a*) Ce jugement du Trib. civ. de Valence (1re ch.), aff. Comp. d'assur. *le Midi* c. Boucherand, rendu à la date du 6 déc. 1886, est ainsi conçu :

LE TRIBUNAL : — Attendu qu'il résulte des documents produits et des faits exposés par Boucherand et non contredits par la Compagnie *le Midi*, qu'en février et mars 1882 cette Compagnie d'assurance, dans le but de conjurer la crise à laquelle elle se voyait exposée, fit avec la Compagnie dite *la Continentale* un traité par lequel elle réassurait ses risques pour les assurances en cours et pour les assurances à venir à la Compagnie *la Continentale*, à laquelle elle céda toutes les primes échues et à échoir, et ce moyennant la somme de 900,000 fr.; — Attendu qu'antérieurement à cette époque, la Compagnie *le Midi* avait pris avec une autre Société dite *la Confiance* des arrangements analogues et dans le même but, mais qui ne sont pas dans leurs détails portés à la connaissance du tribunal et qui paraissent n'avoir pas abouti; — Attendu que, les accords intervenus avec la *Continentale* n'ayant pas eu plus de succès, et cette Compagnie

L'effet du contrat d'assurance ne cesse qu'avec l'existence même de la Compagnie et comme une conséquence de cette inexistence (1).

Il ne suffirait pas, pour entraîner la rupture du contrat, que la Compagnie ait restreint ou même suspendu ses opérations (2).

...Ni qu'elle procédât à sa liquidation (3).

Mais la dissolution ou la faillite mettent fin à l'existence de la Société (4).

(Compagnie d'assurance *le Midi* c. Lutzy.) — ARRÊT.

LA COUR : — En droit : — Attendu que le contrat de réassurance n'opère pas novation ; — Qu'il n'apporte aucune modification au contrat synallagmatique intervenu entre l'assureur et l'assuré; — Qu'il est favorable à ce dernier, puisqu'il lui procure, pour ainsi dire, un second débiteur; — Et que, par suite, l'assuré ne saurait se prévaloir de la réassurance pour se dégager de ses propres engagements; — Attendu que la réassurance peut être générale, c'est-à-dire s'appliquer à tous les risques courus et à courir, moyennant l'abandon de toutes les primes échues ou à échoir; — Que le Code de commerce (art. 342) l'autorise implicitement; — Que cette généralité même ajoute aux garanties de solvabilité de l'assureur; — Et que, conséquemment, l'assuré ne saurait davantage se prévaloir de ce que le contrat de réassurance ait un pareil caractère; — Attendu que la cession d'un portefeuille d'assurances se confond avec cette réassurance générale, lorsqu'elle ne s'applique qu'aux risques et aux primes; — Qu'elle ne s'en distingue, quant aux droits de l'assuré, qu'autant que, consentie par une Compagnie d'assurances, elle comporte la cession de son actif en tout ou en partie; — Que, dans ce cas, les garanties sur lesquelles l'assuré était en droit de compter peuvent être diminuées; mais que cette diminution de garanties n'est une cause de nullité de l'assurance qu'autant qu'il y a eu aliénation par la Compagnie de tout ou partie de son capital social, les simples engagements contractés par elle conformément à ses statuts n'étant que des actes d'administration qu'il n'appartient pas à l'assuré de contrôler; — Attendu que, si une seconde distinction doit être admise entre les cas où une personne seule a assuré et celui où l'assurance a été faite par une Compagnie, et que, si l'effet du contrat d'assurance doit cesser avec l'existence même de cette Compagnie, c'est seulement lorsque, en réalité, elle n'existe plus; — Attendu qu'il ne suffirait pas que l'assuré prouvât que la Compagnie a restreint ou même suspendu ses opérations, son abstention pouvant n'être inspirée que par un sentiment de prudence, et, en lui étant avantageuse, être profitable à l'assuré lui-même; — Attendu qu'il ne suffirait pas non plus que la Société procédât à sa liquidation, puisque cette liquidation est un acte de son existence même et qu'elle ne peut se terminer à l'avantage des assurés qu'autant qu'ils payeront leurs primes jusqu'à l'expiration de leurs polices et la fin de cette liquidation; — Attendu que la dissolution ou la faillite peuvent seules mettre fin à l'existence de cette Société; — En fait : — Attendu que, par deux traités, sous la date du 18 févr. 1882, approuvés par l'assemblée générale le 15 mars suivant, la Compagnie d'assurance contre l'incendie *le Midi* a : 1° chargé à forfait la Compagnie *la Continentale* de liquider son exercice de 1881, et 2° lui a réassuré ses risques, tant pour les assurances en cours que pour celles qu'elle contracterait à l'avenir; — Attendu que, dans le second de ces traités, il est dit « qu'en raison de la réassurance consentie, le *Midi* cède à la *Continentale* sa réserve des risques en cours au 1er janv. 1882, ainsi que toutes les primes échues et à échoir, et que cette cession est faite moyennant, outre l'obligation de payer les sinistres postérieurs à cette date, une somme de 900,000 francs en trois annuités égales »; — Attendu que le *Midi*, après s'être ainsi mis en mesure de conjurer, par cette réassurance générale et cette stipulation de payement, les périls dont la crise alors subie par l'industrie des assurances menaçait cette Compagnie, elle a, il est vrai, placé à sa tête le directeur de la *Continentale*, transporté son domicile au siége de celle-ci, mis son personnel à sa disposition, cessé de faire figurer dans ses comptes annuels l'état de ses opérations et réduit ces comptes à de simples comptes de caisse; — Mais qu'il est non moins certain que ses assemblées annuelles ont été régulièrement tenues; qu'il y a été procédé à la nomination de ses administrateurs; que ses commissaires ont vérifié ses comptes annuels; que des frais généraux y ont figuré; que, depuis 1882, il lui a été souscrit des polices et qu'elle a réglé quelques sinistres; et enfin, et surtout, qu'au

(1-2) Suivant les circonstances, il peut y avoir prudence et sagesse, de la part d'une Compagnie, à restreindre ses affaires, si elle les a étendues d'une manière demesurée en raison de son capital social. Certaines époques de crise peuvent même amener la suppression momentanée des opérations. Ce sont là de simples accidents, des actes d'administration ou de gestion qui laissent la Société avec toute son existence légale et ne touchent point au pacte social.

(3) Il est de principe que la mise en liquidation d'une Société ne fait pas cesser la personnalité de cette Société, qui se survit à elle-même pour les besoins de cette liquidation et conserve, dans ce but, tous ses droits et tous ses biens. V. Cass., 20 oct. 1885, et Lyon, 29 déc. 1885 (Pand. chr.), et les renvois. V. aussi Paris (5e ch.), 15 nov. 1886 (Journ. *le Droit*, 30 nov. 1886).

(4) Que la dissolution ou la faillite mettent fin à l'existence d'une Société d'assurances ou autres, c'est là une vérité juridique qui n'a pas besoin de démonstration (C. civ., 1865 et suiv.; C. com., 443).

ayant été, le 18 mars 1885, mise en liquidation par jugement du tribunal de la Seine, la Compagnie *le Midi* s'est adressée à une troisième Compagnie d'assurances dite *la Ruche*, à laquelle elle a cédé ses assurances jusqu'à l'expiration des contrats et la totalité des risques en cours sans exception provenant des contrats d'assurance que les Compagnies *la Continentale* et *le Midi* avaient souscrits dans les agences dont les noms sont indiqués dans la procuration déposée le 5 janvier 1886 aux minutes de Me Aumont-Thiéville, notaire à Paris, et dont il sera parlé plus loin; elle lui a cédé également toutes les primes à échoir, et il a été convenu expressément que toutes les polices réassurées devraient, à la date du 30 septembre 1886, être remplacées par la *Ruche* et résiliées en vertu des clauses inscrites aux conditions générales des polices, de telle sorte que les Compagnies *la Continentale* et *le Midi* fussent, le 30 septembre 1886, complètement dégagées vis-à-vis de leurs assurés; — Que, dans le cas où ce dernier engagement ne serait pas complètement rempli, la Compagnie *la Ruche* prendrait les dispositions nécessaires pour dégager complètement la responsabilité des Compagnies *la Continentale* et *le Midi*; que les différents services des Compagnies *le Midi* et *la Continentale*, en ce qui concernait les affaires cédées, seraient faits par la *Ruche*, à laquelle seraient remises toutes les polices en cours et toutes les archives des agences cédées; — Enfin, le 11 août 1885, le *Midi* et la *Continentale* ont remis à la *Ruche* une procuration enregistrée le 12 du même mois et déposée, ainsi qu'il est dit plus haut, aux minutes de Me Aumont-Thiéville, notaire, conférant à la *Ruche* les pouvoirs généraux les plus complets pour agir en leurs lieu et place; — Attendu que le *Midi*, qui, tout au moins depuis le commencement de l'année 1882, ne touche plus de primes et n'a plus eu qu'une existence plutôt nominale que réelle, a de la sorte fini par mettre les contrats d'assurance par elle souscrits dans un danger d'inexécution assez grave pour qu'il puisse être assimilé à une inexécution actuelle et donne lieu à l'application de l'art. 1184 du C. civ.; — Attendu, d'un autre côté, que le *Midi*, qui jusque-là avait conservé au moins une existence apparente, a, par ses arrangements avec la *Ruche*, organisé la cessation complète de cette existence et fixé même l'époque où, ayant fait place à la *Ruche*, elle disparaîtrait elle-même d'une manière complète; — Attendu qu'il n'est plus possible de voir dans la situation où s'est placé le *Midi* quelque chose qui ressemble même à cet état de liquidation, mais que c'est bien réellement la fin d'une liquidation, et que, dès lors, cette Société, ayant cessé d'exister, ne peut demander le maintien d'un contrat dont elle ne peut plus, en ce qui la concerne, assurer l'exécution; — Attendu que s'il est démontré que, depuis le mois d'août 1885, époque où sont intervenus entre le *Midi* et la *Ruche* les arrangements rapportés ci-dessus, la Société *le Midi* n'est plus en droit d'exiger de Boucherand le maintien et l'exécution du contrat d'assurance conclu entre eux, cette conséquence n'est pas dérivée uniquement de son traité avec la *Continentale*, mais seulement de l'ensemble des faits qui se sont continués depuis lors jusqu'au mois d'août 1885, et que Boucherand n'a pas complètement justifié qu'antérieurement à cette époque, la Compagnie *le Midi* eût été hors d'état de remplir ses engagements; — Par ces motifs, — Déboute le *Midi* de sa demande, en tant qu'elle a trait au payement de la prime échue le 1er juill. 1885 et au maintien et à l'exécution pour l'avenir des contrats d'assurance intervenus entre le *Midi* et Boucherand; déclare lesdits contrats résiliés à partir du 1er août 1885.

MM. Roche, prés.; Berthaud, Chalamet, av.

31 déc. 1884, il lui restait encore pour couvrir ses risques non-seulement l'intégralité de son capital social non appelé, 4,500,000 francs, mais encore 1,060,500 francs de valeurs en rente 3 pour 100 et en obligations de chemins de fer où du Crédit foncier; — Attendu qu'en cet état de choses, Lutzy, qui, le 1er mai 1881, s'était assuré au *Midi* pour un capital de 64,000 francs, moyennant une prime de 63 fr. 35, se refuse à payer les primes échues et demande l'annulation de sa police; — Attendu qu'il fonde sa demande sur ce triple moyen : que la convention du 18 févr. 1882 aurait modifié les conditions de son assurance; que, depuis cette convention, le *Midi* aurait diminué ses garanties de payement d'indemnité au cas de sinistre; et que cette Compagnie aurait cessé d'exister; — Attendu, en ce qui touche la convention du 18 février; — Que, dût-elle être considérée comme une cession de portefeuille, elle ne constitue au fond qu'un contrat de réassurance générale; — Qu'elle ne porte que sur des primes et risques et laisse intact le capital statutaire du *Midi*, et qu'elle a même augmenté les ressources de son actif; — Qu'étant étrangère à Lutzy, la convention n'a rien innové dans ses rapports avec cette Compagnie, et qu'il n'est pas plus obligé de renoncer à ses droits éventuels contre elle qu'il n'est tenu de payer ses primes à la *Continentale;* — Attendu, sur la diminution des garanties postérieures à la convention; — Que, si le *Midi* a distribué en 1883 à ses actionnaires une somme de 45 francs par action, ce payement n'a été que le remboursement partiel d'une prime de 55 francs que ces actionnaires avaient consenti en 1878 à payer en dehors de la portion du capital statutaire qu'ils avaient encore à verser, et dont ils restent encore les débiteurs; — Attendu, sur le dernier moyen : — Que, depuis 1882, le *Midi* a continué de fonctionner comme Société, conservant son existence propre et distincte de celle de la *Continentale*, en mesure de régler ses sinistres et en réglant, contractant des assurances, vivant, en un mot, comme une Compagnie qui n'a point fusionné, mais qui s'est seulement juxtaposée à une autre Compagnie; — Attendu, au surplus, que depuis le 18 mars 1882, la *Continentale* ayant été mise en liquidation par jugement du tribunal de la Seine, le *Midi* se trouve actuellement dans la même situation qu'avant la convention intervenue; qu'il est, par suite, dans la nécessité de reprendre, dans une plus large mesure, des opérations dont il avait espéré pouvoir se désintéresser; et que, dans une semblable situation, on ne peut lui refuser le droit de percevoir de ses assurés des primes dont le recouvrement est pour eux-mêmes la principale garantie de l'exécution de ses engagements; — Par ces motifs, réformant : — Dit que la convention du 18 févr. 1882 n'est qu'un contrat de réassurance; que le *Midi*, n'étant pas en dissolution, a conservé son existence légale; — En conséquence, déboute Lutzy de sa demande en nullité de son contrat d'assurance du 1er mai 1881, etc.

MM. le cons. de Calmels-Puntis, prés.; Dubuc, av. gén.; Duverdy (du barreau de Paris), et Montels, av.

AGEN (3e CH.) 25 novembre 1885.

DIFFAMATION, FONCTIONNAIRE PUBLIC, HUISSIER, GREFFIER, SYNDIC DE FAILLITE, COMPÉTENCE.

Au point de vue de la compétence, en matière de diffamation, ceux-là seulement sont des fonctionnaires publics, dans le sens de la loi du 29 juill. 1881, qui sont investis d'une portion de l'autorité publique et gouvernementale, et non ceux qui, sans caractère politique, ne sont investis que d'une fonction sociale (1) (L. 29 juill. 1881, art. 31, 32, 45).

Spécialement, *l'huissier, qu'il agisse à la requête des particuliers ou à la requête du ministère public ou d'une administration publique, n'est ni un fonctionnaire public, ni un dépositaire ou agent de l'autorité publique, ni un citoyen chargé d'un service ou d'un mandat public* (2) (Id.).

Il en est de même d'un syndic de faillite, qui n'est que le représentant d'intérêts privés (3) (Id.).

Quid *d'un greffier de tribunal de commerce* (4) (Id.)?

Dans tous les cas, même en reconnaissant à un greffier la qualité de citoyen chargé d'un service ou d'un mandat public, cette qualité ne modifie en rien la compétence, quand il n'y a pas, comme dans l'espèce, diffamation à raison de la fonction (5) (Id.).

Par suite, la juridiction correctionnelle est seule compétente, à l'exclusion de la Cour d'assises, pour connaître de la diffamation commise envers l'huissier et le syndic de faillite, même à raison de leurs fonctions, et aussi envers le greffier de tribunal de commerce, tout au moins pour des faits en dehors de sa fonction (6) (Id.).

(Carbonnel c. Boyé, Fillol, Pascaillou et autres.) — ARRÊT.

LA COUR : — Adoptant les motifs qui ont déterminé les premiers juges; — Considérant, en outre, qu'il importe, pour déterminer la compétence, de rechercher si les intimés appartiennent à cette classe de fonctionnaires qui doivent nécessairement appeler devant les Cours d'assises ceux qui les ont injuriés ou diffamés, à raison de leurs fonctions ou qualité; — Considérant que la loi du 29 juillet 1881 n'a pas donné au mot *fonctionnaire public* le sens absolu que lui prête Carbonnel; qu'il faut distinguer entre le fonctionnaire investi d'une portion de l'autorité publique et gouvernementale, et celui qui, sans caractère politique, n'est investi que d'une fonction sociale; que cette distinction était admise avant la loi du 29 juill. 1881, et que rien, ni dans les travaux préparatoires de cette loi, ni dans les discussions auxquelles elle a donné lieu devant le Parlement, ni dans son texte, n'autorise à croire que le législateur de 1881 ait voulu apporter à ce principe une modification quelconque;

Considérant que si l'art. 21 du décret du 14 juin 1883, portant règlement sur l'organisation et le service des huissiers, les constitue à l'égard de tous et dans certaines conditions déterminées, les mandataires nécessaires des particuliers, en leur attribuant le droit d'exploiter seuls devant les cours et tribunaux, et de faire tous actes pour l'exécution des ordonnances de justice, jugements et arrêts, cet article ne les investit d'aucune partie de l'administration publique, politique ou gouvernementale, et qu'ils n'exer-

---

(1) Cette distinction entre les fonctionnaires publics nous paraît être dans l'esprit de la loi du 29 juill. 1881; elle est aussi en parfaite harmonie avec l'ensemble des décisions judiciaires sur la matière.

(2) V. conf. Cass., 18 juill. 1885 (Pand. chr.), et le renvoi.

(3) Mais il a été jugé, en matière d'outrage dans l'exercice ou à l'occasion de l'exercice de leurs fonctions, et par application de l'art. 224, C. pén., que les syndics de faillite, associés à l'œuvre de justice et investis d'une véritable délégation judiciaire, doivent être considérés comme des citoyens chargés d'un ministère de service public. V. Cass., 12 fév. 1880 (Pand. chr.), et la note. — Sur la portée d'application respective des art. 222 et suivants, C. pén., et de la loi du 29 juill. 1881, V. Cass., 15 mars 1883 (Pand. chr.); 23 août 1883 (Pand. chr.), et les notes.

(4-5) L'arrêt paraît assez décidé à faire entrer les greffiers dans la catégorie « des citoyens chargés d'un service ou d'un mandat public ». V. en ce sens, Fabreguettes, *Tr. des infractions de la parole, de l'écriture et de la presse*, t. I, n. 1291, p. 472. — Dans l'espèce, la solution de la question n'était d'aucune utilité, puisque le greffier n'avait pas été diffamé à raison de ses fonctions.

(6) La compétence doit suivre logiquement le caractère juridique ou la qualité reconnue aux citoyens qui ont à se plaindre de la diffamation.

cent dans ce cas leur ministère que dans des intérêts privés; qu'il en est de même quand les huissiers procèdent aux prisées et ventes publiques de meubles et effets mobiliers, puisqu'ils exercent encore dans ce cas leur ministère en vue d'intérêts privés et comme mandataires choisis par des particuliers; — Considérant, que si le même décret attribue aux huissiers le droit et leur impose l'obligation de faire inclusivement, près les cours ou tribunaux, le service personnel aux audiences, aux enquêtes, interrogatoires et autres commissions, ainsi qu'au parquet, il n'est utile de rechercher si cette fonction est de celles qui doivent entraîner la compétence de la Cour d'assises, la citation et les affiches incriminées ne portant pas que les injures reprochées ont été commises à raison d'une déposition comme témoin; qu'en conséquence Fillol, Pascaillou et Boyé ne sauraient, dans l'espèce, être considérés, dans le sens de l'art. 31 de la loi de 1881, ni comme fonctionnaires publics, ni comme dépositaires ou agents de l'autorité publique, ni comme citoyens chargés d'un service ou d'un mandat public;

Considérant qu'il pourrait en être autrement en ce qui concerne Cassaigne, greffier du tribunal de commerce, mais qu'il n'y a pas lieu de résoudre cette question dans l'espèce;

Considérant que les fonctions de syndic sont d'ordre particulier; que le syndic est un mandataire, représentant la masse des créanciers et le failli, faisant tous actes utiles sous la surveillance constante des créanciers, du failli lui-même, du juge-commissaire et du tribunal; qu'il ne détient aucune portion de la puissance publique;

Considérant, d'ailleurs, qu'à l'égard de Cassaigne et de Lury, il convient de remarquer que la citation et les affiches incriminées ne portent pas que les injures aient été commises à raison des fonctions de greffier et de syndic, ni à raison de déposition comme témoin; qu'en conséquence Cassaigne et Lury ne peuvent être considérés, dans le sens de l'art. 31 de la loi de 1881, ni comme fonctionnaires publics, ni comme dépositaires ou agents de l'autorité publique, ni comme citoyens chargés d'un service ou d'un mandat public; — Confirme, etc.

MM. Douarche, prés.; Mazeau, av. gén. (concl. conf.).

PARIS (2e ch.) 25 novembre 1885.

MITOYENNETÉ, DROIT RÉEL, COMPTE, PAYEMENT DU PRIX, TIERS ACQUÉREUR, TRANSCRIPTION, TITRE.

L'exercice du droit à la mitoyenneté d'un mur engendre un droit réel susceptible d'être opposé aux divers détenteurs de l'immeuble voisin (1) (C. civ., 661 et suiv.).

Mais, à la différence du droit à la mitoyenneté lui-même, dont la transcription n'est pas exigée (2), *la créance de l'indemnité de mitoyenneté ne peut être poursuivie contre les tiers détenteurs qu'à la condition de leur avoir été révélée par la transcription du titre* (3) (C. civ., 661; L. 23 mars 1855, art. 1 et 2).

Et le propriétaire à qui est due l'indemnité de mitoyenneté a toujours la possibilité de se procurer, soit amiablement, soit judiciairement, un titre susceptible de transcription (compte approuvé de mitoyenneté ou réglé par jugement) (4) (Id.).

(Ganivet et Bardon c. Beurthenot.)

25 juin 1884, jugement du tribunal civil de la Seine (5e ch.), ainsi conçu : — « LE TRIBUNAL : — Attendu que le but de la loi sur la transcription est de porter à la connaissance des tiers, non-seulement la mutation de la propriété immobilière, mais ses démembrements ou charges qui peuvent en modifier la valeur; qu'à ce titre, elle exige la transcription de tout acte transférant la propriété ou la modifiant dans sa plénitude; — Attendu que le propriétaire qui réclame à son voisin la mitoyenneté du mur séparatif de leur propriété respective use d'un droit résultant de la loi, et dont l'exercice a pour conséquence un démembrement de propriété; — Attendu que, si ce droit de mitoyenneté, en tant que droit incorporel créé par la loi, peut ne pas être transcrit, il en est différemment de l'obligation de payer l'indemnité due; que l'exercice du droit a donné naissance à une créance qui, lorsqu'elle n'est pas acquittée, est une charge qui pèse sur l'immeuble et en altère la valeur; — Attendu que cette créance est réelle; qu'à raison de sa nature, elle doit être transcrite; qu'il en résulte que le droit de suite n'existe contre les divers détenteurs de l'immeuble débiteur du prix de mitoyenneté qu'à la condition d'avoir été révélé aux tiers par une inscription; que rien ne s'oppose à ce que cette

---

(1-2) V. conf. Trib. civ. Seine, 25 févr. et 12 nov. 1885 (Pand. chr.), et les renvois.

(3-4) La question est vivement controversée. Voici par quels arguments de droit M. l'avocat général Quesnay de Beaurepaire a justifié la nécessité de la transcription de la créance de mitoyenneté : « Demandons-nous quel est l'acte constitutif d'une servitude comme celle-ci, qui préexiste par le fait de la loi au point de vue de son essence, mais qui n'acquiert la vie réelle et n'opère que par le fait de l'homme? Ce n'est qu'un droit latent, tant que le voisin s'abstient; ce n'est un droit objectif que s'il agit. Donc, la mainmise du voisin est l'acte générateur. De par la loi, il y a droit à la mitoyenneté; de par l'homme, il y aura mur mitoyen. Dès lors, quand le voisin prend (moyennant le dédommagement pécuniaire) moitié du mur et moitié du terrain, une situation nouvelle en découle, qui fait corps avec le principe de la servitude, puisqu'elle en est l'application directe, nécessaire et, pour ainsi dire, indivisible. La conséquence est celle-ci, à mon estime : la constitution de l'état de mitoyenneté est et doit être « l'acte constitutif de la servitude », suivant les expressions du législateur de 1855. Et qu'est-ce que cette constitution? C'est la convention ou le jugement fixant la transmission immobilière et fixant le prix. En d'autres termes, le compte de mitoyenneté, qui est ce règlement, est l'acte à transcrire comme constituant, dans sa forme concrète et efficace, la servitude dont le principe théorique préexistait de par la loi.

« Si cette thèse paraît à quelques-uns d'ordre trop absolu, n'est-il pas du moins indiscutable que le règlement de la mitoyenneté est l'exercice du droit légal, et que l'exercice du droit est de même nature, de même valeur que le droit lui-même; et que cet exercice d'une servitude, unique affirmation possible du droit, doit être revêtu des mêmes formalités et des mêmes garanties que la servitude en général, quand il s'agit surtout d'une servitude qui en est affranchie? Dire le contraire, ce serait affirmer qu'en notre matière la transcription ne serait exigée ni pour le droit ni pour l'exercice; et c'est précisément ce que la loi de 1855 n'a pas voulu. »

V. dans le sens de ces conclusions, Le Senne, *Comment. de la loi du 23 mars 1855*, n. 41; Mourlon, *Tr. de la transcription*, t. I, p. 247, *ad notam*; Flandin, *De la transcription en matière hypothéc.*, t. I, n. 417; Verdier, *Transcript. hypothéc.*, t. I, n. 233. V. aussi Demolombe, *Servit.*, t. I, n. 374 *quater*.

Cette thèse juridique est diamétralement contraire à celle que le tribunal civil de la Seine avait consacrée par deux jugements antérieurs des 25 févr. et 12 nov. 1885 (Pand. chr.), aux termes desquels, le compte de mitoyenneté, au même titre que la servitude de mitoyenneté, se passe de toute transcription.

Cette dernière jurisprudence nous paraît dangereuse pour les tiers qui deviennent acquéreurs de l'immeuble, quelquefois à la suite d'une série de transmissions, et qui n'ont été prévenus par aucune publicité; ils ont été autorisés à croire et ils ont cru l'immeuble libre de toutes charges, et voici qu'ils se voient menacés d'une dette, toujours considérable, dont rien ne pouvait leur révéler l'existence. Et ils seront tenus de payer, à moins de délaisser. Et qui bénéficiera de cette situation? le maître du mur qui a commis l'imprudence de ne point exiger le payement de l'indemnité de mitoyenneté, comme il en avait le droit, préalablement à toute entreprise de son voisin. Ce serait inique. Transcription ou inscription, peu importe. Ce qu'il faut, c'est que les tiers soient prévenus par une publicité quelconque. A défaut, le maître du mur ne mérite aucun intérêt.

créance soit constatée par un acte, soit par un contrat, s'il y a accord entre les parties pour en déterminer le montant, soit par un compte établi par expert, à défaut d'accord; — Attendu que Bardon est créancier de Ganivet, en qualité de cessionnaire régulier de Landau, d'une somme de 2,773 fr. 59, pour droits de mitoyenneté dus à ce dernier par Ganivet, aux termes d'un acte sous seings privés, en date du 30 mars 1883, enregistré à Paris, le même jour; que, dans l'espèce, il existait des actes susceptibles d'être transcrits; — Attendu que, pour avoir payement de cette somme, Bardon a formé des saisies-arrêts entre les mains de Soye et de Soqui, par exploits de Vincelet, huissier à Paris, en date des 4 juill. et 19 août 1882, sur toutes les sommes qui pouvaient être dues à Ganivet; — Attendu que la créance de 2,773 fr. 59 résulte d'un compte de mitoyenneté dressé par Bardon, contre lequel aucune critique sérieuse n'est soulevée; — Attendu que les saisies-arrêts sont régulières et fondées; — Attendu que, suivant contrat reçu par Carré, notaire à Paris, Beurthenot a acquis de Ganivet, le 16 janv. 1883, l'immeuble débiteur du droit de mitoyenneté; — Attendu que, sur l'état délivré après transcription du contrat, l'inscription de la créance pour prix de mitoyenneté ne s'y est pas trouvée; que la maison est devenue la propriété de Beurthenot, libre de cette charge; — Par ces motifs, etc. »

Appel par Ganivet et Bardon.

ARRÊT.

LA COUR : — Vu la connexité; — Joint les appels; — Sur l'appel de Ganivet...; — Sur l'appel de Bardon : — Considérant que l'action dirigée par Bardon contre Beurthenot ne se fonde pas sur une obligation personnelle de ce dernier; que le contrat de la vente faite par Ganivet à Beurthenot ne révèle pas l'existence d'un compte de mitoyenneté grevant l'immeuble acquis par celui-ci; qu'aucune transcription d'un compte de cette nature n'a été faite au bureau des hypothèques en vue de le rendre opposable aux tiers, en conformité des art. 1, 2 et 3 de la loi du 23 mars 1855; que, néanmoins, Bardon, cessionnaire d'un sieur Landau, a assigné Beurthenot, conjointement et solidairement avec Ganivet, en payement du compte de mitoyenneté dû à son cédant; que, déclaré mal fondé en sa demande contre Beurthenot par le jugement dont est appel, Bardon prétend que son action s'appuie sur un droit réel opposable au tiers détenteur de l'immeuble sans être assujetti à la nécessité de la transcription; — Mais, considérant que, si le droit de mitoyenneté établi par la loi n'est pas susceptible de transcription, il en est autrement de l'obligation corrélative qui incombe à celui qui exerce ce droit de payer l'indemnité due au propriétaire qui a cédé une partie de son terrain et de sa construction; que l'exercice du droit à la mitoyenneté, ainsi que l'ont déclaré à bon droit les premiers juges, engendre alors, pour le propriétaire soumis à l'exercice de la servitude légale, un droit réel susceptible d'être opposé aux divers détenteurs de l'immeuble, mais à la condition que cette créance soit révélée aux tiers par la transcription du titre qui la constate, conformément aux prescriptions de la loi du 23 mars 1855; — Considérant, d'ailleurs, que le propriétaire à qui est due l'indemnité de mitoyenneté, s'il est vigilant de ses intérêts, a toujours la possibilité de se procurer, soit amiablement, soit judiciairement, un titre susceptible de transcription; que, sans qu'il y ait lieu de rechercher si, en fait, Bardon était pourvu de titres susceptibles d'être transcrits, il suffit de constater que, n'ayant pas accompli les formalités exigées par la loi du 23 mars 1855, il se trouve sans action à l'égard de Beurthenot, tiers acquéreur de l'immeuble; qu'une solution contraire aurait pour conséquence d'exposer l'acquéreur d'un immeuble à payer une seconde fois, comme tiers détenteur, la valeur d'une mitoyenneté qu'il aurait déjà, comme dans l'espèce, payée comme acheteur; — Adoptant, au surplus, de ce chef, les motifs des premiers juges en ce qu'ils n'ont pas de contraire à ceux qui précèdent; — Par ces motifs, — Confirme, etc.

MM. le cons. Rousselle, prés.; Quesnay de Beaurepaire, av. gén. (concl. conf.); E. Deroste, Renoult, Bilhaud-Durouyet, av.

BORDEAUX (2e ch.) 26 novembre 1885.

Servitude, Vue, Distance légale, Porte, Ouverture d'accès, Mur plein, Toits.

La réglementation par les art. 678 et 679, C. civ., de la distance légale des vues sur le voisin, ne s'applique point aux portes et ouvertures d'accès (1) (C. civ., 678, 679).

Elle ne s'occupe, d'ailleurs, que des jours incommodes pour le voisin, de ceux qui plongent sans obstacle jusque dans l'intérieur de la propriété contiguë, et non des ouvertures qui donnent exclusivement sur des murs pleins et sur des toits (2) (Id.).

(Chenier c. Locquié.) — ARRÊT.

LA COUR : — Sur le premier chef : — Attendu qu'en laissant au midi de son hangar la baie dont la fermeture est demandée, Locquié a simplement usé de son droit; que les art. 678 et 679 ne sont pas applicables aux portes et ouvertures d'accès; qu'ils n'ont pour objet de réglementer que les fenêtres d'aspect; que, dans l'espèce, il ne s'agit point d'une construction faite pour établir une vue droite sur le voisin; que Locquié s'est borné à laisser sans clôture une portion de son héritage; qu'en agissant ainsi, il n'a en rien aggravé la situation de Chenier et n'a enfreint aucune disposition légale; — Qu'au surplus, dût-on considérer l'ouverture qu'il a laissée pour pénétrer dans son hangar, comme une vue droite, Chenier ne serait pas fondé, dans l'état actuel des choses, à en demander la suppression; — Qu'en effet cette ouverture donne exclusivement sur le mur et les toits du chai de ce dernier; qu'il n'en est, dès lors, nullement incommodé; — Que le législateur n'a eu évidemment en vue, dans les art. 678 et 679, C. civ., que les jours qui peuvent plonger sans obstacle jusque dans l'intérieur de la propriété voisine; — Qu'il est sans intérêt et ne saurait, par suite, avoir une action pour en poursuivre la fermeture; — Confirme, etc.

MM. Beylot, prés.; Valler, av. gén.; Girard et Tardy (du barreau de Blaye), av.

TRIB. de paix de PANTIN 4 décembre 1885.

Responsabilité, Propriétaire, Locataire, Maladie contagieuse, Indemnité.

L'individu qui, connaissant la nature et la gravité de la maladie contagieuse dont est mort le dernier occupant d'un logement voisin, n'hésite pas à louer ce même local et insiste pour en prendre possession immédiatement, sans attendre que les lieux soient vidés et assainis, qui, bien plus même, fait usage des objets contaminés de son prédécesseur, dans l'état de malpropreté où ils ont été laissés, ne peut prétendre droit à une indemnité pour vice caché de la chose louée, dans le cas où des membres

(1) V. conf. Rennes, 3 mars 1879 (Pand. chr.), et les arrêts cités en note.

(2) Jurisprudence certaine. V. Cass., 7 nov. 1849 (S. 50. 1. 18. — P. 50. 1. 741. — D. 49. 1. 295); Rennes, 31 déc. 1850 (Pand. chr.); Trib. civ. Troyes, 9 févr. 1881 (Pand. chr.), et les renvois.

de sa famille viendraient à être atteints de la même maladie contagieuse (C. civ., 1645).

(Férisse c. Fontanier.) — JUGEMENT.

LE TRIBUNAL : — Attendu que Férisse expose que, le 8 juill. dernier, il a emménagé dans un logement habité avant lui par les époux Vinzac et dépendant d'une maison sise aux Lilas, rue du Pré Saint-Gervais, dont Fontanier est principal locataire; — Que la femme Vinzac venait de mourir dans ledit logement des suites d'une fièvre typhoïde, compliquée d'une fièvre muqueuse et d'un cancer ulcéreux; que, trois jours après son emménagement, Férisse fils fut atteint de la fièvre typhoïde, et que le médecin traitant a attribué cette maladie au défaut de désinfection du local et à l'emmagasinement du lit et du sommier de la défunte sur le palier dudit logement, ainsi qu'à la présence dans le local et à l'emmagasinement sur le palier du vase de nuit de la dame Vinzac, lequel était encore souillé; que la maladie de son fils lui a causé un préjudice évalué à 200 fr.; qu'en conséquence il concluait à la condamnation de Fontanier au payement à son profit de ladite somme; — Attendu qu'il résulte des débats que Férisse habitait, rue de la Fontaine Saint-Pierre une maison voisine de celle occupée par les époux Vinzac; qu'il connaissait la nature et la gravité de la maladie de cette femme; qu'il n'a cependant pas hésité à louer le logement, et qu'il a insisté pour en prendre possession le 8 juill., sans attendre que le local soit débarrassé et assaini; — Qu'en entrant dans les locaux, il a vu le lit et le sommier sur lequel la dame Vinzac était morte; qu'il a remarqué également, sous le lit, le vase de nuit ayant servi à la malade, et qu'il a vu que ce vase n'était que très-imparfaitement nettoyé; — Attendu que la présence de ces objets, avec l'indication que lui donnait la fille Vinzac de l'usage auquel ils venaient de servir, étaient de nature à éveiller sa sollicitude pour la santé de sa famille; que, loin de prendre aucune précaution et d'exiger l'enlèvement des objets et l'assainissement des lieux, Férisse a accepté la proposition de la fille Vinzac de se servir desdits objets; qu'il s'en est servi, et que ce n'est que quelques jours après qu'il a démonté le lit; que c'est lui-même qui a serré dans un cabinet, sur le palier, le lit, le sommier et le vase sans le nettoyer; — Qu'il a ainsi parfaitement connu les dangers que son entrée précipitée dans les lieux et l'usage des objets contaminés faisaient ou pouvaient faire courir soit à lui, soit à sa famille; — Qu'il ne peut donc soutenir que son droit à une indemnité tiendrait à un vice caché de la chose louée; qu'en effet la possibilité de la contagion était démontrée par la présence de ces objets et par la connaissance que Férisse avait de l'usage auxquels ils avaient servi, ainsi que de la nature contagieuse de la maladie de la dame Vinzac; — Qu'il ne peut attribuer le préjudice qu'il a éprouvé qu'à son imprudence, à sa malpropreté et à sa faute; — Par ces motifs, — Déclarons Férisse non recevable, en tout cas mal fondé en sa demande; l'en déboutons.

M. Beker, prés.

ALGER (1re CH.) 7 décembre 1885.

CHOSE JUGÉE, SOLIDARITÉ, MOYEN COMMUN, DÉBITEUR, CAUTION.

La chose jugée, sur un moyen commun, avec l'un des codébiteurs solidaires, est opposable à tous les autres codébiteurs; chacun des codébiteurs étant considéré comme le contradicteur légitime du créancier et le représentant nécessaire de ses coobligés (1) (C. civ., 1203, 1208, 1351).

Ces principes régissent également les rapports entre la caution solidaire et le débiteur principal; ce qui est jugé entre le créancier et la caution est opposable au débiteur (2) (C. civ., 2021).

(Deliot c. Broche et Garnier.) — ARRÊT.

LA COUR : — Sur la fin de non-recevoir dirigée par les époux Broche contre la tierce opposition de Deliot envers l'arrêt du 17 nov. 1884; — Attendu que cet arrêt, confirmatif d'un jugement du tribunal civil d'Oran, du 17 déc. 1883, a statué entre les époux Broche et la veuve Garnier sur l'opposition dont cette dernière avait frappé un commandement signifié, le 29 juin de la même année, par les époux Broche tant au sieur Deliot qu'à ladite veuve; que le tribunal et la Cour, par les décisions susvisées, ont débouté la dame Garnier de sa demande, tendant à la nullité dudit commandement, à la validité des offres réelles par elle faites en sa qualité de caution solidaire de Deliot, et à la mainlevée de l'hypothèque par elle fournie en cette même qualité; — Attendu que Deliot, qui aurait pu, de même que sa caution, frapper d'opposition ce commandement, ou tout au moins intervenir dans l'instance engagée entre sa belle-mère et les époux Broche, n'a fait ni l'un ni l'autre; mais que, comme débiteur principal, soumis à l'action récursoire de la veuve Garnier, en cas d'exécution des condamnations prononcées contre celle-ci, il a cru devoir attaquer par la voie de la tierce opposition l'arrêt du 17 nov. 1884, et, remettant en question les divers points du litige tranchés par cette décision, conclure notamment à l'inexigibilité du capital de la rente, déclaré exigible par l'arrêt; que c'est sur la recevabilité de cette demande qu'il s'agit de statuer; — Attendu qu'aux termes de l'art. 474, C. proc., la tierce opposition de Deliot ne pouvait être formée que si l'arrêt du 17 nov. 1884 avait préjudicié à ses droits sans qu'il y eût été représenté; mais que Deliot n'est pas un tiers par rapport à la veuve Garnier, qui est sa caution solidaire; que l'art. 2021, C. civ., dispose que dans le cas de cautionnement solidaire, comme dans le cas où la caution renonce au bénéfice de discussion, l'engagement qu'elle a pris simultanément avec le débiteur se règle par les principes qui ont été établis pour les dettes solidaires; que, par ces dispositions, la loi a virtuellement assimilé l'obligé principal, tout aussi bien que la caution, à un débiteur engagé dans les liens de la solidarité; que, dès lors, la question de savoir si la tierce opposition de Deliot est valable n'est autre que la question de savoir si une décision de justice rendue au profit du créancier contre l'un des débiteurs solidaires a ou n'a pas l'autorité de la chose jugée vis-à-vis des codébiteurs; que l'affirmative se dégage du texte et de l'esprit des art. 1197, 1200, 1203, 1206 et suivants du Code civil; qu'il est certain que, par cela seul que des codébiteurs s'engagent solidairement à la même dette, ils se constituent, suivant les expressions de Merlin, mandataires l'un de l'autre pour la payer et, par suite, pour se représenter mutuellement dans tous les actes et dans toutes les procédures qui tendraient à les faire payer, et pour faire

---

(1-2) V. conf. Cass., 1er déc. 1885 (Pand. chr.), et la note. — Il y a lieu de remarquer que la Cour d'Alger se rallie par cet arrêt à la jurisprudence dominante; jusqu'ici elle s'était montrée favorable au système contraire, qui refuse toute autorité, toute puissance d'effet juridique à la chose jugée contre l'un des codébiteurs solidaires seulement, à l'égard des autres codébiteurs, soit que le débiteur qui était au procès ait perdu, soit qu'il ait gagné. V. Alger, 2 janv. 1883 (Pand. chr.), et les renvois.

valoir, dans l'intérêt commun, tous les moyens qu'ils pourraient avoir de s'exempter de la payer; que cette doctrine est non-seulement juridique, mais qu'elle évite la multiplicité des contestations et des frais, ainsi que la contrariété des décisions judiciaires; qu'il y a lieu de l'appliquer à la cause, en décidant que Deliot a été représenté par la veuve Garnier, sa belle-mère, lors de l'arrêt du 17 nov. 1884, et qu'en conséquence, il ne peut y former tierce opposition; que la présente solution s'impose d'autant plus, dans l'espèce, que Deliot ne produit aucun argument nouveau et ne relève aucun fait personnel de nature à modifier la situation réglée par le premier débat; — Par ces motifs, — Déclare Deliot non recevable dans sa tierce opposition envers l'arrêt du 17 nov. 1884, rendu à l'encontre de la dame Garnier, sa caution solidaire et hypothécaire, aux termes du contrat du 17 juin 1877; l'en déboute, etc.

MM. Puech, prés.; Dandonneau, av. gén.; Chéronnet, Doudart de la Grée et Mallarmé, av.

LYON (4e CH.) **8 décembre 1885.**

VOL, ALLIÉS, IMMUNITÉ, MARIAGE SUBSÉQUENT, CONDAMNATION, APPEL.

L'immunité établie par l'art. 380, C. pén., à l'égard des soustractions commises entre proches parents ou alliés, profite à l'auteur d'un vol, bien que l'alliance ne se soit réalisée, par un mariage subséquent, qu'après la perpétration du délit, même après un jugement de condamnation, dans l'intervalle entre ce jugement et le jour fixé par la Cour pour statuer sur l'appel (1) (C. pén., 380, 401).

(Veuve Greffe, actuellement femme Ballet.) — ARRÊT.

LA COUR : — Considérant qu'il est constant, en fait, que la prévenue a, en août 1885, à Lyon, de concert avec Joseph Ballet, soustrait frauduleusement des objets mobiliers appartenant à la veuve Ballet, mère de ce dernier; — Qu'elle a, le 21 novembre dernier, contracté mariage avec ledit Joseph Ballet et est ainsi devenue la belle-fille de la veuve Ballet, victime de la soustraction; — Que la prévenue, se fondant sur ce fait, réclame le bénéfice de l'immunité établie par l'art. 380, § 1, C. pén.; — Considérant que le vol incriminé a été commis antérieurement au mariage contracté par la veuve Greffe avec Joseph Ballet, mais qu'il faut envisager, pour l'application de la peine, non la date du délit, mais bien celle à laquelle est rendu le jugement en dernier ressort; — Qu'il suit de là que l'art. 401, C. pén., a cessé d'être applicable à la prévenue, à raison du changement survenu dans son état civil, et qu'il y a lieu, en s'inspirant du principe posé dans l'art. 4 du même Code, d'appliquer la disposition la plus favorable, c'est-à-dire l'art. 380 précité; — Considérant, d'ailleurs, que les raisons d'honnêteté publique qui ont déterminé le législateur à admettre seulement l'action civile à l'égard des soustractions entre proches parents ou alliés, existent dans le cas actuel aussi bien que si le lien qui unit l'auteur et la victime du vol eût existé au moment de sa perpétration; — Par ces motifs, relève la prévenue de la condamnation prononcée contre elle par le jugement du tribunal correctionnel de Lyon, du 5 sept. 1885, et la renvoie des fins des poursuites.

MM. le cons. Boyer, prés.; Darrigand, rapp.; Le Gall, subst. (concl. contr.); Henry Duquaire, av.

ORLÉANS (CH. CORR.) **12 décembre 1885.**

ESCROQUERIE, JEU DE BONNETEAU, JEU DES TROIS PALETS, MANŒUVRES FRAUDULEUSES.

Le jeu des trois cartes, dit de bonneteau, *qui consiste en un pari sur la place occupée par telle ou telle des cartes que le banquier a montrées à découvert et que les joueurs croient pouvoir suivre et désigner à coup sûr, une fois qu'elles sont remuées et déposées sur la table, constitue une escroquerie, lorsque, par un tour de main, le banquier a interverti l'ordre dans lequel il a présenté les cartes à l'assistance, si bien que l'égalité des risques se trouve rompue, et que les joueurs sont fatalement trompés dans leurs observations et leurs calculs* (2) (C. pén., 405).

Il en est de même du jeu dit des trois palets, *qui consiste dans l'emploi de procédés et de tours de main identiques* (3) (Id.).

(Binault.) — ARRÊT.

LA COUR : — Attendu que Binault se trouvait à la foire d'Ouzouer-sur-Trézé, le 25 octobre dernier, en compagnie d'un nommé Robin; que Binault faisait jouer au jeu des trois cartes ou bonneteau et au jeu des trois palets; que Robin gagnait presque constamment; qu'il montrait aux assistants un porte-monnaie bien garni de pièces d'or et d'argent, leur vantait son gain et les invitait à faire comme lui; qu'il a été établi que Robin était le compère de Binault; qu'il a été condamné par les premiers juges pour

---

(1) Cette solution est neuve en jurisprudence et en doctrine; elle ne peut se présenter que dans des circonstances tout à fait exceptionnelles, et méritait d'être recueillie à titre de curiosité juridique plutôt que comme précédent utile à invoquer en prévision du renouvellement d'hypothèses identiques.

La Cour de Lyon s'appuie sur deux arguments qui sont loin d'avoir la même autorité. — Le premier, celui tiré de la rétroactivité des lois pénales plus favorables (C. pén., art. 4), n'a rien de commun avec l'espèce de l'arrêt ci-dessus. Il n'y a pas eu changement de législation, mais modification dans la situation du prévenu, dans son état civil, et cette modification s'est produite par l'action principale, décisive de sa seule volonté. Peut-être même ne s'est-elle effectuée que par crainte de la répression et pour y échapper. La société, qui abroge ou adoucit les peines, lorsqu'elle les juge inutiles ou trop sévères, n'intervient pas; elle ne manifeste ni sentiments favorables, ni sentiments défavorables; elle s'en tient aux prescriptions qu'elle a édictées et qui continuent à rester ce qu'elles étaient avant comme après l'événement particulier. — Le second argument, fondé sur l'intérêt des familles, est le seul vraiment décisif. Que le mariage ait été déterminé par telles ou telles considérations, peu importe. Il faut le prendre dans son existence, avec les conditions d'être qui lui sont comme des organes nécessaires de vie.

Tout ce qui pourrait troubler l'harmonie du ménage doit être écarté. Une condamnation deviendrait, pour nous servir des termes mêmes de l'exposé des motifs de l'art. 380, C. pén., « *une source éternelle de divisions et de haines* ». Dans l'espèce, le ressentiment de la bru contre sa belle-mère n'aurait pas tardé à rompre l'accord des époux et à altérer l'intimité de la vie commune. La Cour de Lyon a donc fait une saine application de la loi en étendant le bénéfice de l'immunité prononcée par l'art. 380, C. pén., à la femme convaincue de vol qui, après la perpétration du délit, après même la condamnation prononcée par les juges du premier degré, devient, par un mariage subséquent intervenu avant l'arrêt d'appel, la bru de la personne victime du vol. L'appel est, en effet, dévolutif. Il remet tout en question, fait et droit, comme si l'affaire venait pour la première fois et n'avait point subi d'examen antérieur.

(2-3) V. conf., sur le jeu de *bonneteau* tout au moins, Paris, 2 avril 1881 (Pand. chr.), et la note. — Le jeu des *trois palets* est une variante du bonneteau; il consiste dans les mêmes procédés, dans des tours de main identiques; il cache ni plus ni moins de tricheries. Dans l'un comme dans l'autre jeu, il ne reste plus d'*alea*, plus de chances de gain ou de perte imprévues. Les joueurs ne peuvent que perdre, et ils perdent toujours; le banquier, lui, à l'inverse, ne court que des risques imaginaires; il ne peut que gagner, et il gagne à coup sûr. Les manœuvres, la mise en scène destinées à tromper les badauds, à leur faire croire à la réalité d'un *alea*, à des éventualités partagées de gains sont, ici et là, constitutives au même degré d'escroquerie.

C'est, d'ailleurs, en ce sens que se prononce, avec une invariable fermeté, dans ses applications journalières, la jurisprudence des chambres correctionnelles du tribunal de la Seine et de la Cour de Paris.

complicité d'escroquerie et n'a pas interjeté appel; que les sieurs Girault (Armand), Girault (Alexandre), Leguay, Cirode, Huet et d'autres, jouèrent les uns aux trois cartes, les autres aux trois palets, quelques-uns aux deux jeux successivement; qu'après avoir toujours gagné au début, sur de faibles mises, ils perdirent constamment lorsqu'ils eurent engagé, sur les invitations de Robin, des mises plus élevées; que Binault a fait à leur préjudice un bénéfice qui n'a été obtenu qu'à l'aide de manœuvres frauduleuses;

Attendu qu'en effet le bonneteau se joue avec trois cartes que le banquier montre à découvert; qu'il invite le joueur à suivre des yeux l'une d'elles, qui sera la carte gagnante; qu'il les place toutes les trois sur une table, l'envers en dessus; qu'il les remue ensuite rapidement; — Que le joueur indique la carte qu'il croit être celle qu'il a remarquée; mais que, cette carte étant retournée, il en trouve une autre que celle qu'il était convaincu n'avoir pas perdu de vue; que si, au moment où les cartes sont montrées à découvert, le banquier les plaçait effectivement sur la table dans l'ordre qu'il annonce et qui fait le point de départ des paris, le résultat de ces paris pourrait dépendre d'un événement incertain ou de la dextérité avec laquelle le banquier battrait les cartes et que le jeu renfermerait un véritable *alea;* mais qu'il n'en est pas ainsi; que l'opération est faussée dès le début, par ce tour de main qui consiste à intervertir d'une manière occulte, et contrairement à ce qui est annoncé, l'ordre dans lequel les cartes sont placées; qu'à partir de ce moment, les observations et les calculs des joueurs sont nécessairement inexacts, et que le banquier s'assure ainsi le gain de la partie;

Attendu que le jeu des trois palets repose sur un procédé identique, et qu'il résulte de l'instruction que les manœuvres qui viennent d'être décrites ont été employées par Binault; qu'il est donc prouvé qu'en intervertissant l'ordre des cartes et des palets, et en en substituant à ceux qu'il indiquait, il s'est livré à des manœuvres frauduleuses pour persuader l'existence d'un crédit imaginaire et faire naître l'espérance d'un succès chimérique; qu'il a ainsi escroqué différentes sommes d'argent et escroqué partie de la fortune d'autrui; — Par ces motifs, — Confirme, etc.

M. Dubec, prés.

ALGER (1re CH.) 18 décembre 1885.

COURTIER MARITIME, MONOPOLE, COMMIS, DÉCLARATIONS, IMMIXTION ILLÉGALE (ABSENCE D').

Le mandataire spécial ou commis d'un armateur, exclusivement aux ordres et n'ayant d'autre personnalité que celle de cet armateur, sans existence commerciale propre, ne fait point acte de courtage illicite, attentatoire au privilège des courtiers maritimes, en expédiant en douane, à leur entrée et à leur sortie du port où il réside, les navires de son mandant ou patron (1) (LL. 28 vent. an IX; 27 prair. an X).

(Payri c. Lapasset.)

25 sept. 1885, jugement du tribunal correctionnel de Mostaganem, ainsi conçu : — « LE TRIBUNAL : — Attendu que le 28 juill. dernier, Payri, courtier maritime, a assigné Lapasset à comparaître devant le tribunal de céans aux fins de s'entendre : 1° déclarer convaincu de s'être, à Mostaganem, depuis le 16 mai de l'année courante jusqu'à ce jour, livré à des actes de courtage illicite, notamment en expédiant en douane, à leur entrée et à leur sortie, les bateaux de la Compagnie transatlantique; 2° en réparation de ce délit, prévu et réprimé par les art. 8 et 6 des lois des 28 vent. an IX et 27 prair. an X, condamner à payer la somme de 3,000 francs, à titre de dommages-intérêts avec dépens, sauf au ministère public à prendre telles conclusions que de droit, dans l'intérêt de la vindicte publique; — Attendu que, sur cette assignation, le sieur Lapasset a fait déposer sur le bureau du tribunal des conclusions par lesquelles il déclare être le préposé de la Compagnie transatlantique, son agent exclusif à Mostaganem, et qu'en dehors des fonctions dont cette Compagnie l'a revêtu, il n'exerce aucun négoce pour son compte personnel et ne paye aucune patente; que si, antérieurement au mois de mai, il a été le représentant de diverses maisons de commerce, il a cessé de l'être à partir de cette époque; qu'étant le préposé et l'*alter ego* de l'armateur des navires qu'il a expédiés en douane, à leur entrée et à leur sortie, sans avoir recours à l'intermédiaire de courtiers maritimes, il n'a commis aucun acte de courtage illicite et n'a usé que du droit qu'il tenait de sa qualité de commis de la Compagnie de navigation transatlantique, agissant sur l'ordre et d'après les instructions de celle-ci; — Attendu qu'en réponse à ces conclusions, le sieur Payri reconnaît que la doctrine et la jurisprudence permettent à l'armateur de se faire représenter par un mandataire spécial, un commis, à la condition que ce mandataire spécial ou ce commis soit exclusivement aux ordres de cet armateur et n'ait pas d'autre personnalité que la sienne; mais qu'il allègue que telle n'est pas la situation du défendeur, qui réunit en sa personne deux qualités bien distinctes, celle d'agent de la Compagnie de navigation transatlantique et celle de représentant de plusieurs maisons de commerce; — Attendu, au contraire, qu'il n'est pas prouvé que Lapasset ait fait acte de commerce depuis qu'il est agent de la Compagnie transatlantique, et qu'il ait, en dehors de sa qualité de représentant de cette Compagnie, une existence commerciale qui lui soit propre; — Attendu, dès lors, qu'il doit être considéré uniquement comme le commis de la Compagnie transatlantique, exclusivement et uniquement à ses ordres, et n'ayant d'autre personnalité que la sienne; — Attendu qu'en cette qualité, il avait incontestablement le droit de procéder aux actes à raison desquels, aux termes de la loi, l'armateur ou patron (en l'espèce, la Compagnie transatlantique), pouvait personnellement procéder sans être obligé de recourir à l'intermédiaire du courtier, et qui lui sont imputés à délit par le sieur Payri; — Par ces motifs, etc. » — Appel.

ARRÊT.

LA COUR : — Adoptant les motifs des premiers juges, — Confirme, etc.

MM. Blankaert, prés.; Mansart, subst.; Jouyne et Rose, av.

TRIB.-CORR. ALBI 19 décembre 1885.

CHASSE, PERMIS, ARRÊTÉ PRÉFECTORAL, LAPINS, DÉLIT, PREUVE.

C'est à l'individu surpris en action de chasse et sans per-

(1) Le droit de faire en douane le dépôt du manifeste et les déclarations voulues par la loi appartient au commis ou préposé attaché exclusivement à une maison de commerce, parce qu'alors c'est la maison elle-même qui est censée agir par l'intermédiaire de son employé; elle ou lui, lui ou elle constitue une seule et même personne (C. comm., 634). V. Cass., 31 janv. 1852 (Pand. chr.); 27 déc. 1873 (sol. implic.) (S. 74. 1. 138. — P. 74. 310. — D. 75. 1. 89); et 17 mars 1886 (Journ. la *Gaz. du Palais*, 86. 1. 661); 6 nov. 1886 (Pand. pér., 86. 1. 252), et la note. V. sur l'ensemble de cette question, les arrêts et auteurs mentionnés dans notre *Dictionnaire de dr. commerc., ind. et marit.*, t. III, v° *Courtier*, n. 125 et suiv., 130 et suiv.

mis, qui excipe d'un arrêté préfectoral autorisant tout propriétaire possesseur ou fermier à détruire les lapins sur ses terres, qu'il appartient de faire la preuve qu'il ne chassait que le lapin (1) (L. 3 mai 1844, art. 1, 11).

(Boularau.) — JUGEMENT.

LE TRIBUNAL : — Attendu qu'il résulte des débats que le nommé Boularau a été trouvé en action de chasse et sans permis, tenant son arme horizontalement abattue dans ses mains, et accompagné de deux chiens courants; — Attendu que le prévenu reconnaît le fait, mais qu'il prétend n'avoir fait qu'user de l'autorisation donnée par l'art. 3 de l'arrêté préfectoral du 13 juillet 1885; — Qu'à la vérité, l'art. 3 de cet arrêté autorise tout propriétaire, possesseur ou fermier, à détruire les lapins sur ses terres; — Attendu que l'arrêté précité, invoqué par Boularau, n'est qu'une exception à la règle générale; que nul ne peut chasser sans permis; — Attendu que celui qui invoque une exception doit la démontrer, et que ce qu'il importe pour Boularau, dans la cause actuelle, c'est de prouver qu'il ne chassait que le lapin; — Attendu qu'il ne fait pas cette preuve, et qu'il importe peu qu'un témoin à décharge, plus ou moins expert dans la matière, soit venu déclarer qu'il a chassé pendant vingt ans dans l'endroit où Boularau a été surpris, et que jamais il n'y a trouvé d'autre gibier que des lapins; — Attendu que, d'après la description qui a été faite des lieux, et dudit Boularau, le tribunal doit en conclure qu'il ne chassait pas seulement le lapin, mais encore toute autre espèce de gibier; — Par ces motifs, etc.

M. Gaillard, prés.

DIJON (1re CH.) 23 décembre 1885.

INCENDIE, LOCATAIRE, RESPONSABILITÉ, PRÉJUDICE, RÉPARATION INTÉGRALE.

Le locataire dans l'appartement duquel un incendie a éclaté est responsable, sous l'empire de la loi du 5 janv. 1883, comme il l'était antérieurement, de l'intégralité des dommages causés par le sinistre, et non pas seulement en proportion de la valeur locative de son appartement (2) (C. civ., 1734; L. 5 janv. 1883).

---

(1) En principe, le ministère public n'est tenu que d'établir le fait de chasse. V. Limoges, 11 févr. 1886 (Pand. pér., 86. 2. 245). C'est au prévenu qui invoque une exception à rapporter la preuve de cette exception.

La jurisprudence a fait de cette règle de nombreuses applications. Ainsi, par exemple, tout individu, trouvé en action de chasse doit justifier d'un permis; le traqueur, lui, en est dispensé. Mais, tout au moins, faut-il qu'il prouve que le chasseur qu'il aidait en était muni. V. Limoges, 11 févr. 1886, précité. — Un chasseur, surpris sur le terrain d'autrui, invoque comme moyen de défense le bénéfice d'une permission; il doit reproduire cette permission ou en démontrer l'existence. V. Dijon, 15 janv. 1873 (S. 73. 2. 280. — P. 73. 1216. — D. 74. 2. 92). — Le passage d'une meute sur le terrain d'autrui est illicite; il y a présomption de délit. Toutefois le prévenu peut invoquer l'excuse admise par l'art. 11, § 3, de la loi du 3 mai 1844, et prouver que la pièce de gibier poursuivie avait été lancée dans un lieu où il avait le droit de chasse, et que, de plus, il avait été dans l'impossibilité d'arrêter ses chiens. V. Cass., 7 déc. 1872 (S. 73. 1. 94. — P. 73. 189. — D. 72. 1. 476); 4 janv. 1878 (S. 78. 1. 190. — P. 78. 444. — D. 79. 1. 334); 26 juill. 1878 (S. 78. 1. 440. — P. 78. 1120. — D. 79. 1. 142); 2 janv. 1880 (S. 80. 1. 390. — P. 80. 922); Paris, 18 mars 1882 (S. 82. 2. 187. — P. 82. 1. 926).

Toute cette jurisprudence nous paraît à l'abri de critique. Ce sont là, en effet, de véritables exceptions, faciles à établir. Il appartient donc à qui les invoque d'en rapporter la preuve.

En est-il de même dans l'espèce du jugement ci-dessus reproduit. Nous ne le croyons pas. Ce que le tribunal d'Albi érige en exception, c'est le délit lui-même; ce qu'il demande au prévenu de démontrer, c'est sa non-culpabilité, et avant toute preuve de culpabilité de la part du ministère public. Les rôles sont simplement renversés. Aussi nous nous associons pleinement aux critiques si fondées que la *Loi* (V. n° 24 juin 1886) a publiées sur le jugement d'Albi.

Avec ce journal, nous pensons que lorsqu'un arrêté préfectoral a autorisé les propriétaires ou fermiers à détruire sur leurs terres, en tous temps et sans permis, les animaux nuisibles, dans la catégorie desquels se trouve rangé le lapin, c'est au ministère public à prouver que le citoyen, surpris en action de chasse, sans permis, outrepassait les termes de l'arrêté préfectoral et chassait autre chose que le lapin.

« Comment le prévenu parviendrait-il à faire la preuve de son innocence? Comment, par exemple, établirait-il que, sortant de chez lui, il n'avait d'autre projet que de tuer des lapins; que, surpris le fusil à la main, accompagné d'un ou de plusieurs chiens, il ne chassait à ce moment que le lapin et non pas d'autre gibier.

« La loi n'ayant pu lui imposer de faire une preuve impossible, c'est au ministère public à le convaincre d'avoir abusé de l'arrêté préfectoral et de s'être livré à la chasse de toutes sortes de gibier.

« Et cette preuve sera toujours possible lorsqu'il y aura eu véritablement délit. Elle pourra se trouver dans ce fait que le chasseur a tiré sur un lièvre, ou qu'il avait des perdreaux dans sa gibecière, etc., etc., au moment où il a été supris en chasse.

« Ce qu'il faut dire, c'est que le bénéfice de l'arrêté préfectoral ne saurait être invoqué pour masquer de véritables faits de chasse. V. Trib. corr. Vassy, 9 juill. 1882 (D. 82. 5. 63, 64); Amiens, 7 févr. 1882 (*Recueil de cette Cour*). Mais ce n'est pas au prévenu à faire la preuve de son innocence. C'est au ministère public à établir la culpabilité de celui-ci.

« Au surplus, le tribunal semble l'avoir compris dans une certaine mesure, puisqu'il prend soin de relever dans son jugement que, *d'après la description des lieux, on devait conclure que l'inculpé ne chassait pas seulement le lapin, mais encore toute espèce de gibier.* » — *Sic* Lajoye, *Quest. de chasse*, p. 53 et suiv.

(2) C'est en ce sens que s'est déjà prononcée la presque unanimité des Cours et des tribunaux. V. notamment Nîmes, 15 mars 1884 (S. 85. 2. 1. — P. 85. 1. 79. — D. 84. 2. 97); Trib. civ. Bordeaux, 7 mai 1884 (S. 85. 2. 1. — P. 85. 1. 79); Trib. civ. Seine, 2 août 1884 (S. et P., *ibid.*); Toulouse, 19 févr. 1885 (S. 85. 1. 73. — P. 85. 1. 434. — D. 85. 2. 137); Paris (1re ch.), 10 nov. 1886, sous note (*a*); Trib. civ. Seine, 24 nov. 1886 (la *Loi*, 30 janv. 1887); Batbie, *Rev. crit.*, 1884, p. 739 et suiv. — Toutefois la ques-

(*a*) Cet arrêt de Paris (1re ch.) du 10 nov. 1886, aff. Alibert c. Compagnie *la Mutuelle immobilière*, est ainsi conçu :

LA COUR : — En fait : — Considérant qu'il est établi aux débats et reconnu par toutes les parties que, le 18 févr. 1883, un incendie a éclaté dans la maison sise rue Le Peletier, n. 3, et a pris naissance dans l'appartement occupé par Alibert à titre de locataire; — Que la Compagnie d'assurances *la Mutuelle immobilière*, assureur du propriétaire, ayant payé à celui-ci, pour réparation des dommages à lui causés par le sinistre, la somme de 2,789 fr. 50, demande à Alibert le remboursement de cette somme; — Que ce dernier résiste à cette prétention et prétend que la responsabilité des locataires a été modifiée par la loi du 5 janvier 1883; que cette loi a substitué la responsabilité proportionnelle à la responsabilité solidaire, et que, dès lors, il n'est débiteur que d'une somme de 243 fr. 60, par lui réellement offerte et consignée; — Considérant que, de son côté, la *Mutuelle immobilière*, pour faire déclarer ces offres insuffisantes et non libératoires, soutient que la loi précitée n'a apporté aucune modification au § 2 de l'ancien art. 1734 du Code civil, réglant la situation juridique du locataire dans l'appartement duquel a éclaté l'incendie, et qu'au surplus la loi du 5 janvier 1883, en admettant qu'elle ait modifié le paragraphe deuxième dudit article, ne saurait être applicable à l'espèce par le motif qu'elle n'a point un effet rétroactif remontant à l'époque où a été conclu le bail d'Alibert; — En droit : — Considérant que, aux termes de l'art. 1733 du Code civil, le locataire répond de l'incendie, à moins qu'il ne prouve que l'incendie est arrivé par cas fortuit ou par vice de construction, ou que le feu a été communiqué par la maison voisine; — Que cette disposition a posé nettement le principe et la règle générale suivant lesquels doit être appréciée la responsabilité du locataire en matière d'incendie, et qu'il n'est pas la conséquence de la présomption rationnellement admise par le législateur, que l'incendie doit être attribué, dans la plupart des cas, à la faute de celui ou de ceux qui habitent la maison incendiée; — Que, sous l'empire du Code civil, il a toujours été reconnu, en doctrine et en jurisprudence, que l'article 1734, qui prévoit l'hypothèse où la maison est habitée par plusieurs locataires, n'était que l'application de la présomption et de la règle générale ci-dessus énoncée, d'où la conséquence que le locataire dans l'appartement duquel il était démontré que l'incendie avait pris naissance était seul responsable, pour le tout, en vertu du § 2 dudit article, la présomption de faute ne pouvant plus, en ce cas, être opposée aux autres locataires; — Considérant que le nouvel article 1734 n'a été modifié que dans son premier paragraphe par la loi du 5 janvier 1883, et en ce sens que la proportionnalité a été purement et simplement substituée à la solidarité édictée par le Code civil entre les divers locataires; — Que la rédaction du § 2 dudit article est restée ce qu'elle était avant la loi précitée; — Qu'il serait, dès lors, irrationnel d'attribuer à cette disposition une signification nouvelle, alors surtout qu'il résulte de la discussion de la loi susvisée que le parlement n'a voulu apporter aux dispositions de l'ancien article 1734 d'autre innovation que celle ci-dessus rapportée; — Considérant que ledit article est ainsi conçu : — S'il y a plusieurs locataires, tous sont respon-

(Dargaud et Compagnie *l'Urbaine* c. Compagnie *la Nationale.*) — ARRÊT.

LA COUR : — En droit : — Attendu que, sous l'empire du Code civil, le locataire dans l'appartement duquel il était démontré que l'incendie avait pris naissance en était seul responsable pour le tout, aux termes de l'art. 1733 et du § 2 de l'art. 1734, à l'exclusion de tous les autres locataires ; — Attendu que la modification apportée à l'art. 1734 par la loi du 5 janv. 1883, n'a rien changé à cette situation de droit; qu'ayant eu pour but unique de faire disparaître la solidarité qui liait tous les locataires d'un même immeuble vis-à-vis du propriétaire, la nouvelle loi a formellement maintenu toutes les autres dispositions de l'ancien art. 1734 ; — Attendu qu'en dehors du texte même du § 2 de l'art. 1734, dont les termes ne laissent par leur précision aucune place à l'équivoque et ne se prêtent à aucune interprétation, la pensée du législateur résulte très-clairement, à cet égard, des travaux préparatoires de la loi du 5 janv. 1883, et notamment du rapport présenté au Sénat par M. Batbie, dans lequel on lit cette phrase décisive : « Si la Compagnie ou le propriétaire démontrait contre son locataire que l'incendie a commencé chez lui, le preneur serait responsable en vertu de l'art. 1733, C. civ., que nous ne vous proposons pas de modifier » ; — Attendu que ces paroles du rapporteur établissent ainsi, d'une façon péremptoire, qu'aux yeux du législateur, la preuve faite que le feu a commencé chez un locataire déterminé équivaut à la démonstration d'une faute par lui commise, des conséquences de laquelle il ne peut se dégager qu'en justifiant, à son tour, qu'il se trouve dans une des exceptions prévues par l'art. 1733; — Attendu que cette preuve peut être faite directement ou indirectement; qu'elle peut résulter notamment de cette circonstance que, seul, un des locataires de l'immeuble incendié se trouve dans l'impossibilité de démontrer que le feu n'a pas pris chez lui, tandis que les autres se sont exonérés; qu'à cet égard encore, le rapport de M. Batbie est très-formel, et déclare que, dans ce cas, le locataire qui ne peut faire aucune preuve, est seul responsable du sinistre; — Attendu que *à fortiori*, il doit en être ainsi lorsque le locataire chez lequel le feu a éclaté en convient et reconnaît ainsi sa faute; — En fait : — Attendu qu'il est démontré, et reconnu par Dargaud lui-même que l'incendie survenu le 27 févr. 1884 a pris naissance dans l'appartement de la maison Néron qu'il occupait; que, ne se prévalant d'aucune des causes d'excuses spécifiées dans l'art. 1733, il doit donc être déclaré responsable, vis-à-vis du propriétaire, de toutes les conséquences de ce sinistre, et non pas seulement en proportion de la valeur locative de son appartement; que c'est à bon droit, par suite, que le tribunal a validé la saisie-arrêt pratiquée contre lui par la Compagnie *la Nationale* aux mains de la Compagnie *l'Urbaine;* que la Compagnie *l'Urbaine* ayant déclaré prendre le fait et cause de Dargaud, il y a lieu de faire droit, à ce sujet, aux conclusions de ce dernier, qui demande qu'il lui soit donné acte de cette déclaration; — Par ces motifs, — Confirme, etc.

MM. Marignan, 1er prés.; Bernard, av. gén.; Mathevon (du barreau de Lyon) et de la Salle (du barreau de Mâcon), av.

PARIS (5e CH.) **26 décembre 1885.**

CHEMIN DE FER, NON-GARANTIE (CLAUSE DE), TARIF SPÉCIAL, ANIMAUX, ACCIDENT, DÉCHARGEMENT, FAUTE, PREUVE.

La clause d'un tarif à prix réduit de chemin de fer, spécifiant que la Compagnie ne répond pas des déchets et avaries de route, et que le chargement et le déchargement doivent être opérés par les soins des expéditeurs et destinataires, à leurs frais, risques et périls, n'a point pour effet d'affranchir la Compagnie de la responsabilité de ses fautes ou de celles de ses agents, mais seulement d'en mettre la preuve à la charge des expéditeurs ou destinataires (1) (C. civ., 1382 et suiv., 1784; C. comm., 103).

Spécialement, *en cas de choix d'un pareil tarif pour l'expédition d'animaux en cage, la Compagnie ne saurait être déclarée responsable de l'accident arrivé, pendant le déchargement, par suite de la rupture de la chaîne d'une grue de gare, alors que, d'une part, c'était l'expéditeur lui-même qui manœuvrait la grue, et que, d'autre part, aucun défaut de l'appareil, aucune faute des agents de la Compagnie ne sont établis à l'encontre de celle-ci* (2) (Id.).

... *Et alors surtout qu'il est certain que le poids de la cage était bien inférieur à celui pour lequel l'appareil a été estampillé et que la rupture de la chaîne paraît devoir être attribuée plus particulièrement aux bonds désordonnés des animaux* (3) (Id.).

(Pianet frères c. Chem. de fer de l'Est.) — ARRÊT.

LA COUR : — Considérant qu'aux termes d'une jurisprudence constante, la clause de non-garantie insérée dans la convention de tarifs à prix réduits pour les colis dont le transport est confié aux Compagnies de chemins de fer, n'a pas pour effet d'exonérer uniquement ces entreprises de

---

tion est controversée. V. en sens contraire aux décisions ci-dessus, Trib. civ. Lyon, 9 janv. 1884 (S. 85. 2. 1. — P. 85. 1. 79. — D. 84. 3. 104); Trib. civ. Chatellerault, 15 juill. 1885, aff. Comp. *la Paternelle* c. Bonnion et Soc. immobilière du Mans; et c'est à cette dernière opinion que se rallie la grande majorité des auteurs. V. Guillouard, *Du louage*, t. I, n. 277; De Lalande et Couturier, *De l'assurance contre l'incendie*, n. 670 et suiv.; Descos de Colombier, *Journal de la semaine*, 8 avril 1883; Vavasseur, *Journ. des assurances*, mai 1883; A. Lassaigne, *Appendice au manuel des assurés*, 1883; Sauzet, *De la responsabilité des locataires envers le bailleur en cas d'incendie*; — *Revue critique*, 1885, p. 166 et suiv.; Labbé, *Dissertations* insérées au *Sirey* 85. 2. 1 et 273, et au *J. du Palais*, 85. 1. 79 et 434.

(1) Il n'y a plus de difficulté sur la portée de cette clause de non-garantie. V. Cass., 30 mai 1877 (Pand. chr.); 4 févr. 1885 (Pand. chr.); Montpellier, 29 oct. 1885 (Pand. chr.), et les renvois.

(2-3) Il est certain que, en principe, les Compagnies de chemins de fer sont responsables des animaux féroces qu'elles transportent, comme de tous autres. V. en ce sens Trib. comm. Seine, 6 juill. 1867 (*Code ann. des ch. de fer*, p. 677, et *Journ. des trib. de comm.*, 1868, p. 16). — Mais, aux termes des titres II, chapitre II, § 2, de l'arrêté ministériel du 30 nov. 1876, réglant les frais accessoires, « le chargement et le déchargement des animaux dangereux, pour lesquels des règlements de police prescriraient des précautions spéciales, sont effectués par les soins et aux frais des expéditeurs et destinataires », et, d'autre part, le tarif appliqué ajoute que les risques et périls de ces opérations sont à la charge du propriétaire des animaux. — Les demandeurs n'auraient donc pu obtenir réparation du dommage causé à leurs animaux qu'en prouvant que la grue mise à leur disposition par la Compagnie, ainsi qu'il est d'usage pour les chargements et déchargements que les tarifs laissent aux soins du public, était défectueuse. C'est cette preuve qu'ils ne rapportaient point.

sables de l'incendie, proportionnellement à la valeur locative de l'immeuble qu'ils habitent, à moins qu'ils ne prouvent que l'incendie a commencé dans l'habitation de l'un d'eux, auquel cas celui-là seul en est tenu ; ou que quelques-uns ne prouvent que l'incendie n'a pu commencer chez eux, auquel cas ceux-là n'en sont pas tenus ; — Considérant, ainsi qu'il a été dit ci-dessus, qu'Alibert, reconnaissant lui-même que l'incendie dont la réparation lui est demandée a commencé dans son appartement, il doit seul en être tenu conformément aux dispositions claires et précises du § 2 de l'art. 1734, réglant la situation dans laquelle il se trouve ; — Considérant enfin que de ce qui précède il résulte qu'il doit être fait à la cause l'application d'une disposition qui, pour être passée dans la loi du 5 janvier 1883, n'a point cessé d'appartenir au Code civil; — Qu'il n'y a pas lieu, dès lors, d'examiner la question de savoir si la loi du 5 janvier 1883 a un effet rétroactif ; — Par ces motifs, et sans adopter ceux des premiers juges, confirme le jugement du trib. civ. de la Seine du 2 août 1884, dont est appel, avec amende et dépens.

MM. Périvier, 1er prés.; Rau, subst.; Vavasseur et Magnier, av.

toute responsabilité, mais en supprimant la présomption légale de l'art. 103 du Code de commerce, de renverser le fardeau de la preuve et de mettre à la charge de l'expéditeur la preuve de la faute qui serait commise par l'entrepreneur de transports; — Qu'il n'est pas contesté, dans l'espèce, que Pianet n'ait adopté le tarif 36, qui est un tarif à prix réduit, en faisant voyager la caisse contenant son rhinocéros et son zèbre, tarif qui spécifiait que la Compagnie ne répondait pas des déchets et avaries de route, et qui laissait à l'expéditeur les soins du chargement et du déchargement de ses colis, à ses frais, risques et périls; — Que, sans doute, Pianet a dû se servir de la grue, dont la chaîne s'est rompue, pour opérer le chargement de la caisse contenant ses animaux, puisque cette grue est un accessoire nécessaire de l'exploitation pour laquelle la Compagnie de l'Est a obtenu son monopole; — Mais que cette Compagnie allègue que la rupture ne s'est produite dans la chaîne de son appareil, estampillé pour enlever des poids de 8,000 kil., et qui en enlevait journellement d'un poids presque aussi considérable, qu'en raison des bonds désordonnés du rhinocéros qu'elle renfermait, lorsqu'il s'est vu enlevé de terre; — Que, si l'animal fût resté immobile dans une caisse, qui, de l'aveu des deux parties, était loin de peser 8,000 kil., l'accident ne se fût pas produit; — Qu'on peut ajouter que c'était à Pianet, manœuvrant la grue, qu'il appartenait de prendre les précautions nécessaires pour réduire l'animal à l'immobilité ou pour prévenir l'état de surexcitation dans lequel il était entré; — Qu'en tout cas, Pianet n'établit pas, comme il lui incomberait de le faire, que l'appareil mis à sa disposition fût défectueux, ni que les agents de la Compagnie aient commis, soit *in agendo*, soit *in omittendo*, une faute quelconque ayant amené la détérioration de cet appareil, destiné à enlever des poids bien supérieurs; — Que c'est donc à tort que les premiers juges ont admis, dans les circonstances de la cause, le principe de la responsabilité de la Compagnie, et ont condamné celle-ci à réparer un préjudice résultant d'un accident dont il n'est pas établi qu'elle fût l'auteur; — Par ces motifs, — Infirme le jugement dont est appel, etc.

MM. Pradines, prés.; Potier, subst. proc. gén.; Vallé et Porée, av.

LYON (1re CH.) 29 décembre 1885.

1° ASSURANCES TERRESTRES, SOCIÉTÉ, DISSOLUTION, LIQUIDATION, POLICES, RÉSILIATION, APPORTS, MODIFICATIONS, SURETÉS, DIMINUTION, ACTIF DISPONIBLE, RÉPARTITION, STATUTS, ASSURÉS, ACTION EN JUSTICE. — 2° SOCIÉTÉ ANONYME, CAPITAL SOCIAL, AUGMENTATION.

1° Si, en principe, une Société d'assurances dissoute se survit à elle-même pour les besoins de sa liquidation et conserve, dans ce but, tous ses droits et tous ses biens (1), *c'est à la condition qu'elle n'altère et ne diminue en rien, par ses actes, les sûretés qu'elle présentait à ceux qui ont traité avec elle. Autrement le contrat d'assurances est vicié dans son essence, et les assurés peuvent poursuivre la résiliation des engagements qui les lient à la Compagnie* (2) (C. civ., 1184, 1188; C. comm., 64).

L'apport, par les liquidateurs d'une Société d'assurances à une autre Société, moyennant l'attribution d'un certain nombre d'actions libérées, du résultat éventuel actif net, quel qu'il soit, que donnera la liquidation de la Société dissoute après extinction du passif, n'équivaut par lui-même ni à une fusion entre les deux Sociétés, ni à une cession de portefeuille, et n'entraîne pas nécessairement une diminution de garanties pour les assurés qui, par suite, restent sans droit à l'effet de demander la résiliation de leur police (3) (Id.).

A moins, bien entendu, que l'interprétation donnée à ce traité, et l'exécution qu'il reçoit par la suite, ne viennent apporter des modifications profondes et préjudiciables à la situation respective de la liquidation et des assurés (4) (Id.).

C'est ce qui a lieu, au surplus, lorsque, sans attendre la fin de la liquidation, il est procédé à la répartition anticipée, entre les actionnaires de la Société dissoute, contre remise et annulation des actions anciennes libérées d'un quart seulement, des actions nouvelles entièrement libérées représentant le prix de la cession, ces dernières actions constituant le seul capital immédiatement disponible appartenant à la Société et garantissant l'exécution des polices (5) (Id.).

Alors surtout que cette opération s'est effectuée contrairement aux statuts sociaux, qui interdisent toute répartition des capitaux de la société avant l'extinction des risques (Id.).

Le droit, en pareil cas, de demander la résiliation, étant facultatif pour l'assuré, ne peut produire d'effet que du jour où se manifeste l'intention de l'exercer, c'est-à-dire du jour de l'action en justice (6) (C. civ., 1184).

2° L'augmentation par une Compagnie d'assurances de son capital social, sans recevoir d'argent en échange, mais seulement contre la remise du reliquat net de l'actif d'une autre Compagnie à réaliser, et qui peut se réduire à néant, est-elle licite et régulière? (7) (C. civ., 6, 1134, 1832).

(1-2) *Sic*, sur le principe, Agen, 24 nov. 1885 (Pand. chr.). V. aussi Cass., 20 oct. 1885 (Pand. chr.), et les renvois. *Adde* Paris (5e ch.), 15 nov. 1886 (Journ. le *Droit*, 30 nov. 1886).

(3-4-5) La jurisprudence est presque unanime à reconnaître que la Compagnie d'assurances qui cède son portefeuille à une autre Compagnie cesse d'exister; que, par suite, les assurés qui n'ont point agréé la Compagnie cessionnaire pour débitrice sont fondés à demander la résiliation de leur contrat. V. en ce sens Trib. civ. Seine, 23 déc. 1880 (S. 82. 2. 1. — P. 82. 1. 78); Paris (arrêt confirmatif du précédent jugement par adoption de motifs), 4 août 1882 (S. 83. 2. 175. — P. 83. 1. 894); Toulouse, 2 mai 1883 (Pand. chr.); Dijon, 2 avril 1884 (S. 85. 2. 151. — P. 85. 1. 823); C. de justice de Genève, 25 août 1884 (S. 85. 4. 15. — P. 85. 2. 26); Trib. civ. Bordeaux (4e ch.), 13 janvier 1886 (Journ. *le Droit*, n. 12 sept. 1886). C'est aussi à cette théorie que se rallie implicitement l'arrêt de Lyon ci-dessus repoduit. — *Contrà* Douai, 19 nov. 1879 (S. 82. 2. 1. — P. 82. 1. 78).

Entre ces deux opinions extrêmes se place un système intermédiaire. Suivant l'arrêt d'Agen, 24 nov. 1885, précité (V. Pand. chr.), la cession consentie par une Compagnie d'assurances à une autre de son portefeuille équivaut à une véritable réassurance générale, toutes les fois qu'elle se limite aux risques et aux primes seulement et qu'elle ne comprend aucun autre objet; elle ne s'en distingue et ne devient une cause de nullité de l'assurance que lorsqu'elle emporte aliénation de tout ou partie du capital social, parce que, dans ce dernier cas uniquement, il y a diminution des garanties sur lesquelles les assurés ont pu compter. Comp. Cass., 20 oct. 1885 (Pand. chr.), et la note.

(6) Le droit de demander la résiliation de leurs polices est facultatif pour les assurés; ils peuvent ne pas en user et accepter la substitution d'une Compagnie à une autre. Cette acceptation n'a même pas besoin d'être expresse; tacite, elle est pleinement valable. *Sic* Grenoble, 17 nov. 1880, et Trib. civ. Nyons, 4 déc. 1880 (S. 82. 2. 1. — P. 82. 1. 78. — D. 84. 5. 31). — Et dans ce dernier cas, elle peut résulter soit du payement des primes à la nouvelle Compagnie (V. Grenoble, 17 nov. 1880, précité), — soit même de la réclamation de l'indemnité de sinistre adressée par l'assuré à la Compagnie substituée. V. Cass., 26 juin 1883 (S. 86. 1. 360. — P. 86. 1. 887. — D. 84. 1. 155).

(7) A notre avis, il y a là une augmentation du capital social frappée d'une nullité radicale, quelles que soient les éventualités de l'issue de la liquidation, et alors même que cette liquidation produirait dans un avenir plus ou moins éloigné un actif net. En effet, aux termes de l'art. 1832, C. civ., la Société ne peut exister et n'a de raison d'être qu'à la condition « de mettre *quelque chose* en commun ». Les titres qu'émet une Compagnie doivent être la représentation de ce quelque chose. Les augmentations de capital social sont soumises à cette même condition primordiale. (V. notamment Paris (3e ch.). 16 juill. 1885, Pand. chr., et la note.) Or il est impossible d'évaluer *à priori* ce que

(Compagnies d'assurances *l'Europe* et *la Renaissance* c. Ranc.) — ARRÊT.

LA COUR : — Considérant que s'il est exact de dire avec une doctrine et une jurisprudence à peu près unanime, qu'une Société d'assurances dissoute et en liquidation se survit à elle-même pour les besoins de sa liquidation, et que, pour ce but, elle conserve tous ses droits et tous ses biens, il faut aussi, et de toute nécessité, qu'elle n'altère et ne diminue en rien, par ses actes ou ses conventions, les sûretés qu'elle présentait à ceux qui ont traité avec elle; que, s'il en est autrement, le contrat intervenu entre l'assureur et l'assuré est vicié, et l'action résolutoire, sous-entendue dans tous les contrats synallagmatiques, peut être invoquée contre elle;

Considérant que la Société d'assurances à primes fixes *l'Europe* a été, dans l'assemblée générale du 10 oct. 1883, déclarée dissoute purement et simplement à compter dudit jour et mise en liquidation; — Considérant que les liquidateurs nommés par cette même délibération, agissant en vertu des pouvoirs qui leur avaient été conférés, ont fait avec la Société d'assurances à primes fixes *la Renaissance*, et sous la date du 10 nov. 1883, un traité aux termes duquel les liquidateurs de l'*Europe* font apport à la *Renaissance* du résultat éventuel actif net, quel qu'il soit, que donnera la liquidation après extinction du passif, et, en représentation de cet apport, le conseil d'administration de la *Renaissance* crée et attribue à la liquidation de la Compagnie *l'Europe* 2,400 actions nominatives entièrement libérées; — Considérant que ces actions ainsi créées ont été remises entre les mains des liquidateurs de la Compagnie *l'Europe* après la délibération de l'assemblée générale de la *Renaissance* du 29 déc. 1883, approuvant le susdit traité; — Considérant que, sans qu'il soit nécessaire d'examiner la valeur légale de ce traité et de se demander si l'obligation consentie par la *Renaissance* d'augmenter son capital social de 1,200,000 francs, non-seulement sans recevoir d'argent en échange, mais encore et seulement contre la remise du reliquat net d'un actif à réaliser et qui peut se réduire à néant, est bien régulière, il est certain que le traité intervenu entre les deux Sociétés, pris dans ces termes, n'a point opéré de fusion entre elles; qu'il n'y a pas eu cession de portefeuille et qu'il n'en résulte pas nécessairement une diminution actuelle et présente des garanties qui avaient été offertes aux assurés de l'*Europe* au moment où ils poursuivaient leurs polices;

Mais que l'interprétation donnée à ce traité par les administrateurs de l'*Europe* et l'exécution qu'il a reçue de la part des liquidateurs ont, postérieurement au traité, apporté des modifications profondes et préjudiciables à la situation respective de la liquidation et des assurés; — Qu'en effet, dans le rapport adressé par le conseil d'administration de l'*Europe* à l'assemblée générale des actionnaires de cette Société, le 6 juin 1884, on lit : « Avant de vous prononcer sur l'approbation des comptes, vous entendrez le rapport sur le bilan arrêté au 10 oct. 1883; ce bilan et le compte des profits et pertes qui l'accompagnent sont deux documents de constatation et de règlement, car leur teneur ne peut exercer aucune influence sur le résultat définitif de votre liquidation; en effet, quel que soit ce résultat, vous avez droit à 2,400 actions libérées en échange des 8,000 actions libérées seulement de 125 francs inscrites sous vos noms, et vous échappez ainsi à toute crainte d'appel de fonds dans l'avenir »; — Que c'est sur la foi de cette affirmation tendant à faire supposer aux actionnaires que, moyennant l'acceptation de cet échange, ils étaient entièrement libérés de toute obligation future de verser tout ou partie du capital souscrit, que l'assemblée a voté l'approbation des comptes et donné décharge aux administrateurs; — Que, conformément aux termes de cette promesse, faite et acceptée, les liquidateurs ont invité les actionnaires à faire tout de suite l'échange de leurs titres, libérés de 125 francs, contre les actions créées par la *Renaissance* et entièrement libérées de 500 francs dans la proportion de 10 actions de l'*Europe* pour 3 de la *Renaissance*; — Que cet échange a eu lieu sans attendre la fin de la liquidation, par les soins des liquidateurs eux-mêmes, et que les actions nouvelles ont été délivrées contre remise des anciennes, qui ont été annulées; — Considérant, dès lors, que les liquidateurs de l'*Europe* ne sauraient être admis aujourd'hui à prétendre que, dans leur pensée et dans celle des actionnaires, ces derniers, malgré les affirmations contraires, ne demeuraient et ne se savaient pas moins tenus au versement, en cas de nécessité, du reliquat du capital social;

Considérant, d'ailleurs, que si la validité de la promesse faite par les liquidateurs aux actionnaires peut être sérieusement discutée, il demeure tout au moins acquis que les appels de fonds obligatoires pour les actionnaires avant l'assemblée du 6 juin 1884 et la répartition des actions de la *Renaissance* deviennent sujettes aux éventualités et aux lenteurs d'une procédure et d'un débat judiciaire au cas où cet appel deviendrait nécessaire pour le règlement de leurs sinistres; — Considérant qu'aux termes des statuts de l'*Europe*, art. 69, la répartition des capitaux de la Société avant l'extinction des risques était interdite, afin que la Société pût présenter une garantie suffisante pour les engagements pris par elle pendant toute la durée de l'assurance, et qu'il a été formellement contrevenu à cette disposition par la répartition anticipée des actions représentant le prix de la cession faite à la *Renaissance* et qui constituaient le seul capital immédiatement disponible appartenant à la Société; — Considérant que de l'ensemble de tous ces faits il résulte bien que les garanties existant au moment où l'assuré Ranc a contracté son assurance, et sur lesquelles il était en droit de compter jusqu'à l'expiration du contrat, ont été amoindries, sinon détruites, dans tous les cas, exposées à des contestations, par le fait des administrateurs et des liquidateurs; — Qu'il ne saurait être établi une compensation à la disparition de ces garanties par celles pouvant résulter des engagements pris par la *Renaissance*, Ranc n'ayant été appelé ni à les discuter ni à les consentir, et n'étant en conséquence point obligé d'en tenir compte; — Que son obligation de payer les primes était subordonnée au maintien des sûretés promises pour le payement du

---

peut donner une liquidation; il n'y a aucune base d'appréciation; c'est l'inconnu avec plus de chances de pertes que de gains, de passif et de déficit, que d'actif ou de bonis. Au moment donc où les titres sont délivrés par la Société, ces titres ne répondent à rien et ne peuvent être que des créations de l'imagination et de la fantaisie.

Ce moyen a été, il faut le reconnaître, bien souvent employé dans la période si funeste au crédit, de 1878 à 1882, où tant de Sociétés se sont multipliées par une sorte de phénomène de génération spontanée, se constituant en vue de l'exploitation de simples illusions, procédant à des émissions successives, à des augmentations de capital sous prétexte de fusions, de mirages de liquidations à réaliser, créant des titres qui ne représentaient même pas la valeur du papier au kilo. Combien ont eu à répondre de leurs agissements devant la police correctionnelle, et la plupart des poursuites ont abouti à des condamnations. Souvent même il y a eu application, et application sévère, de l'art. 405, C. pén. Ces sévérités avaient leur raison d'être. Le principe de l'association est une des grandes forces de l'époque moderne; il ne faut pas que cette force, source de bienfaits et de progrès, se change, par les calculs de l'égoïsme individuel et les combinaisons de tripoteurs véreux, en une cause de ruines irrémédiables.

sinistre, et que celles-ci n'existant plus ou s'étant transformées, Ranc est en droit d'invoquer les dispositions de l'art. 1184, C. civ., et de demander la résiliation de son contrat d'assurance pour se soustraire au payement des primes réclamées;

Considérant que ce droit, facultatif pour l'assuré, ne peut produire d'effet que du jour où se manifeste l'intention de l'exercer, c'est-à-dire du jour de la demande; — Par ces motifs, etc.

MM. Forcade, 1er prés.; Lavigne, Rodolphe Rousseau (du barreau de Paris), et Faucher, av.

PARIS (1re CH.) 29 décembre 1885.

Société anonyme, Revendication d'apports, Action sociale, Compétence, Faillite, Acte de société, Extraits, Dépot, Publication, Omission, Nullité, Succursale.

La revendication de l'apport de l'un des associés dans une Société anonyme en faillite est, par essence, une véritable action sociale de la compétence, à ce titre, du tribunal du siége de la Société (1) (C. proc., 59, § 7).

Les dépôt et publication prescrits, en matière de Société, par les art. 55 et 56 de la loi du 24 juill. 1867, doivent être effectués aussi bien au lieu dans lequel sont établies les succursales qu'au lieu du siége social, sous la même sanction de la nullité de la Société en cas d'omission (2) (L. 24 juill. 1867, art. 55, 56 et 59).

(Obers, syndic de la Société Dufils et Cie c. Maillard, syndic de la Société l'Union syndicale des banquiers). — ARRÊT.

LA COUR : — Considérant que l'action de Maillard, ès qualité, tendant à faire ordonner entre ses mains la remise de l'actif de la Société Dufils et Cie constitue, ainsi que l'ont déclaré les premiers juges, la revendication de l'apport de l'un des associés dans la Société anonyme l'Union syndicale des banquiers déclarée en faillite par jugement du tribunal de commerce de la Seine, en date du 17 janv. 1882; qu'à ce titre, elle est, par essence, une véritable action sociale, de la compétence du tribunal de commerce de la Seine, dans l'arrondissement duquel la Société l'Union syndicale des banquiers avait son siége social (C. proc., 59);

Au fond : — Considérant que pour repousser la demande intentée contre lui par Maillard, Obers, en sa qualité de syndic de la faillite de la Société Dufils et Cie, invoque la nullité de la Société l'Union syndicale des banquiers, par le motif qu'elle n'avait pas été publiée à Lille, conformément aux dispositions de l'art 59 de la loi du 24 juill. 1867; — Considérant tout d'abord (sans intérêt);

Considérant, d'autre part, que le mérite de ce moyen de nullité ne saurait être sérieusement contesté; qu'en effet, il est constant que la Banque lilloise, connue sous la raison sociale Dufils et Cie, n'était, aux termes mêmes de l'acte constitutif de la Société l'Union syndicale des banquiers, qu'une succursale, à Lille, de cette dernière Société, et que les dépôt et publication prescrits, à peine de nullité, par les art. 55 et 56 de la loi du 24 juill. 1867, n'ont point été effectués dans l'arrondissement de Lille; que si l'art. 59 de la loi précitée, qui prescrit ces formalités dans les divers arrondissements où une Société a des maisons de commerce, ne réédite point la peine de nullité comme sanction de leur omission, on ne saurait méconnaître que telle a été néanmoins la volonté des législateurs; que la publicité organisée par la loi pour protéger les intérêts des tiers doit être considérée comme étant de l'essence des Sociétés, qu'il s'agisse des dépôt et publication prescrits au lieu du siége social ou au lieu dans lequel sont établies les succursales; qu'au surplus, la disposition de l'art. 59 de la loi du 24 juill. 1867 n'est que le rappel des formalités prescrites dans le même but et dans le même esprit, à peine de nullité, par l'ancien art. 42, C. comm., que le législateur de 1867

(1) La revendication de l'apport par l'associé était basée sur la nullité même de la Société, pour défaut d'accomplissement des formalités de publicité prescrites par les art. 55, 56 et 59 de la loi du 24 juill. 1867. C'était cette nullité qu'il fallait commencer par faire prononcer. Il y avait donc bien là une véritable action sociale, par la nature des questions qu'allait soulever le litige. La compétence du tribunal du siége social ne pouvait être douteuse; elle s'imposait. V. au surplus l'exposé des règles sur la matière dans notre *Dictionnaire de dr. comm., ind. et marit.*, t. III, v° *Compétence*, n. 222 et suiv., t. VI, v° *Société*, n. 196 et suiv.

(2) La question n'avait point encore été résolue par la jurisprudence, à notre connaissance du moins. Elle avait été agitée par les auteurs, qui se sont divisés en deux camps, les uns favorables à la thèse, consacrée par la Cour de Paris, de la nullité de la Société — (V. notamment, Rivière, *Comment. de la loi du 24 juill. 1867*, n. 378; Pont, *Sociétés*, t. II, n. 1223; Rousseau, *Soc. commerc.*, t. I, n. 238), les autres, contraires à cette solution, n'admettant point, par conséquent, la nullité comme sanction. — V. notamment Deloison, *Tr. des sociétés commerc.*, t. I, n. 51; Beudant, *Revue prat.*, 1876, t. XXV, p. 338 et 340, article intitulé : *De la publicité des actes de société d'après la loi du 24 juill. 1867*, n. 41 et 44; Lyon-Caen et Renault, *Précis de dr. comm.*, t. I, n. 305, et surtout Lyon-Caen, *Observations* insérées au *Sirey*, 1886, 2e part., p. 41, et au *Journ. du Palais*, 1re part., p. 316).

Nous donnons notre approbation sans réserve à l'arrêt de la Cour de Paris ci-dessus reproduit, pour les raisons indiquées dans les motifs de cette décision, et pour d'autres qui n'y ont point trouvé place et que nous essayerons de mettre en relief.

Quand on vient dire que, dans l'hypothèse des faits de l'espèce, alors qu'aucune formalité légale de publicité n'a été remplie par la Société dans un arrondissement où elle avait ouvert une succursale, la loi de 1867 ne prononce pas de nullité, on résout la question par la question; on affirme, quand il faudrait démontrer. Le problème n'avance pas d'une ligne.

Il ne reçoit pas non plus de bien grandes lumières de ce principe que, même en matière de société, les nullités sont de droit étroit. Nous y adhérons sans difficulté; cette concession n'est point le moins du monde gênante, tant que les limites ou le champ d'évolution du *droit étroit* restent sans démarcation bien précise.

Lorsque l'on ajoute que les nullités relevées par la loi du 24 juill. 1867 sont déjà très-nombreuses, qu'elles le sont même beaucoup trop, on déplace le terrain de la discussion, on se jette dans l'inconnu des réformes législatives. On refait la loi; on ne l'interprète plus.

Prenons la loi telle qu'elle existe et serrons nos arguments.

L'art. 59 de la loi du 24 juill. 1867, qui, prévoyant le cas où une Société a plusieurs maisons de commerce situées dans divers arrondissements, exige que le dépôt et la publication de l'acte de société aient lieu dans chacun de ces arrondissements, n'est point dû à un fait de génération spontanée; à une éclosion d'idées sans origine dans le passé, ne se reliant à rien de ce qui avait pu exister jusque-là dans la législation sur la matière. Tout au contraire, cet article est reproduit de l'ancien art. 42, C. comm., en termes sinon textuels, du moins dans son esprit, dans son but et même dans ses lignes principales. Or, dans le Code de commerce, la disposition qui prononçait la nullité comme sanction du défaut de publicité était insérée à la fin de l'art. 42; elle couvrait de son autorité toutes les parties de cet article et en assurait l'exécution, sans distinction entre les publications au lieu du siége social et les publications dans les arrondissements des diverses succursales. Sous l'empire de cette législation primordiale, la difficulté actuelle n'aurait jamais pu se poser sérieusement, elle eût été résolue du premier coup par la simple lecture du texte de loi.

D'où vient la complication? Du déplacement du paragraphe qui contient la sanction de nullité. Cette disposition, dans la loi de 1867, précède les prescriptions relatives à la publication dans les divers arrondissements (art. 59); elle est inscrite à la suite des formalités à remplir au siége social (art. 56). Or l'art. 59 ne reproduit pas la clause de nullité si expressément introduite dans l'art. 56.

Qu'il y ait omission matérielle, oui! omission intentionnelle, c'est ce que nous contestons.

La discussion de la loi ne fournit aucune lumière sur une modification qui aurait mérité quelques explications, si elle avait été dans la pensée du législateur. Le maintien de l'ancien texte dans ses dispositions principales, dans son esprit, avec les mêmes sanctions, se concilie seul avec le silence observé. Quand l'état de choses ancien se continue, les esprits n'ont nul besoin d'y être préparés, amenés.

a manifestement voulu s'approprier; — Considérant, dès lors, qu'Obers, en sa qualité de syndic de la faillite de la Société Dufils et Cie, représentant la masse des créanciers de cette Société, a l'intérêt le plus direct à invoquer la nullité dont il s'agit; — Par ces motifs, — Confirme la décision des premiers juges, en ce qu'ils se sont déclarés compétents; — Et, statuant au fond, — Déclare nulle, à l'égard de la masse des créanciers de la faillite Dufils et Cie, la Société l'Union syndicale des banquiers, pour défaut de dépôt et de publication prescrits par les art. 55, 56 et 59 de la loi du 24 juill. 1867, etc.

MM. Périvier, 1er prés.; Manuel, av. gén.; Pannier et E. Worms, av.

D'ailleurs, quelles sont les raisons de distinguer? Qu'il s'agisse de siége social ou de succursale, l'objet des prescriptions légales n'est-il pas toujours le même? Ici et là, n'est-il pas question de publication des actes de société et de nulle autre chose?

A quel besoin répond cette formalité? A la protection des tiers, de ceux qui seront mis en rapport avec la Société, qui traiteront avec elle, qui auront, par conséquent, un intérêt capital à connaître qui elle est, la constitution, l'organisation, la destination, la capacité de l'être moral agissant et fonctionnant.

Cette garantie donnée aux tiers, l'est-elle aux dépens des Sociétés? Ce qui est avantage d'un côté se traduit-il en désavantage de l'autre? Pas le moins du monde.

La publicité est utile et profitable aux tiers; elle est plus utile, plus profitable encore aux Sociétés. Elle ne serait point ordonnée, elle ne serait point imposée à peine de nullité (L. 24 juill. 1867, art. 56), que les Sociétés iraient d'elles-mêmes, sollicitées par leur intérêt, au-devant de cette formalité. Supprimez demain cette obligation, elle n'en continuerait pas moins à être observée par les Compagnies qui se fondent en vue d'entreprises sérieuses, d'une exploitation d'une certaine durée. Toute formalité destinée à faire connaître une Société tourne à son bénéfice, lorsqu'il n'y a pas simple prétexte à escroquerie.

C'est cette situation que la Cour de Paris a caractérisée en termes excellents quand elle a considéré la publicité comme de l'*essence* des Sociétés. Elle n'a point, par là, commis une pétition de principes; elle n'a point tenu pour démontré le problème qui restait à résoudre; elle a fait usage de la méthode scientifique, elle a procédé par l'analyse, elle a décomposé les éléments de la formalité prescrite par la loi, elle a donné les résultats de l'expérience, la formule du plus pur métal déposé au fond du creuset.

Si, par nature et par nécessité, la publicité est de l'*essence* des Sociétés, toute atteinte, toute restriction à ce principe devient vice originel. Quand l'être se trouve touché dans les conditions nécessaires à son organisme et à son fonctionnement, il n'y a pas d'existence possible, pas plus pour les Sociétés que pour les individus. Ce sont des débris ou des fœtus sans nom, sans état civil régulier.

Y a-t-il quelques raisons de distinguer entre les deux publicités du siége social et des succursales, de déclarer la première *essentielle*, tandis que la seconde ne serait que *facultative?* Nous n'en voyons pas. A notre avis, les nécessités sont tout aussi urgentes ici que là; les conséquences sont les mêmes. Le droit qu'ont les tiers qui traitent avec la Société d'être renseignés, l'intérêt qu'a la Société elle-même à ce que les tiers soient renseignés, ne sauraient varier avec les latitudes. Le Marseillais qui noue des relations d'affaires avec une Société qui possède une agence à Marseille, y fait des spéculations, s'y livre à des entreprises sur une vaste échelle, doit se trouver dans la situation du Parisien qui contracte à Paris, au lieu du siége social; la protection accordée par la loi à l'un mérite d'être étendue à l'autre, à moins d'une inégalité de traitement sans prétexte. On a tôt fait de dire que le Marseillais pourra s'adresser à Paris. Et les retards! Et l'impossibilité de faire soi-même son enquête, la nécessité de s'adresser à des intermédiaires plus ou moins dignes de confiance! Les frais de commission ou autres! Ces obstacles, ces empêchements, ces ennuis ne sont pas compatibles avec les nécessités du commerce moderne. Là où les affaires ne peuvent se mener rondement, sans entraves, le courant du grand négoce n'est pas long à se retirer rapidement et à se porter ailleurs. L'interprétation des lois ne doit point rester indifférente à ces résultats, et à moins d'être réduit aux plus dures extrémités, ce qui n'est pas le cas actuel, entre deux solutions, l'une nuisible, défectueuse pour le moins, l'autre utile et pratique, le juge n'a pas à hésiter, il prend celle-ci et rejette celle-là.

On trouvera peut-être qu'une solution qui aboutit à la nullité d'une Société est un correctif d'un radicalisme bien énergique, presque toujours gros de conséquences désastreuses. Nous le reconnaissons. Mais l'absence de toute publicité est encore plus à redouter. Et quand une Société a une succursale, la maison mère compte peu ou point; elle est souvent comme si elle n'était pas. L'agence se suffit suivant des tendances commerciales qui s'accentuent de jour en jour, elle a ses organes complets de fonctionnement, elle dispose de pleins pouvoirs pour traiter les affaires de toute nature, de toute importance; elle est à elle-même, dans ses rapports avec le public, son centre d'exploitation. C'est bien le moins qu'elle ne jouisse de ces avantages qu'à la condition de se soumettre aux charges qui en sont la contre-partie, et qu'elle réunisse, dans les lieux choisis par elle, pour la base de ses opérations, tous les renseignements dont la publication est prescrite, à peine de nullité, au siége social.

Ce raisonnement acquiert une force tout à fait irrésistible lorsque, par les circonstances de milieux, d'administration intelligente, ou autres, la prospérité et l'éclat de la succursale viennent à éclipser le fonctionnement modeste de la maison mère et à accaparer toute la notoriété, toute la confiance, tout le crédit commercial, comme le fleuve majestueux fait vite oublier le ruisseau où il prend sa source. Les exemples n'en sont point rares.

A Paris, on pourrait citer nombre de succursales plus importantes que les installations du siége social fixées en province. L'un de nos plus grands établissements financiers, trop connu pour qu'il soit besoin de le nommer, est dans cette situation. Que signifie, en pareille hypothèse, la préférence donnée au lieu du siége social pour l'accomplissement des formalités de publicité? N'est-elle pas au rebours de tous les intérêts, contre le bon sens le plus vulgaire? Le défaut de renseignements sur la date de la constitution de la Société, sur sa durée, sur le montant de son capital, sur les noms de ses administrateurs, aura des conséquences autrement graves au lieu de la situation de la succursale que s'il se produit au siége social. Du coup, tout l'effort des adversaires de notre thèse se trouve renversé, détruit; car l'importance secondaire de la succursale, par comparaison avec l'établissement du lieu d'origine, entre comme facteur nécessaire dans leur raisonnement. On voit ce qu'il en faut penser dans la pratique de la vie commerciale.

Réduire l'art. 59 de la loi du 29 juill. 1867 à la portée d'un simple conseil, d'une invitation dépourvue de sanction, dont l'observation ne serait même pas assurée par la plus légère amende (Comp. même loi, art. 64), alors que les mêmes formalités, des prescriptions identiques sont dictées, imposées par l'art. 56, à peine de nullité de la Société, c'est apprécier avec des poids et des mesures différents deux situations dont la similitude proteste contre toute inégalité de traitement. La nullité qui est la règle indiscutable, expressément écrite dans un cas, doit être aussi la sanction de l'autre. Les tiers, comme les sociétés elles-mêmes, ont tout à gagner, rien à perdre à la publication des renseignements utiles à connaître, au lieu où sont établies des succursales, aussi bien qu'au lieu du siége social. En y tenant la main, les tribunaux font œuvre raisonnée et pratique. Telle est notre conclusion.

J. RUBEN DE COUDER.

FIN DE LA DEUXIÈME PARTIE DU SIXIÈME VOLUME.

PANDECTES CHRONOLOGIQUES

RECUEIL DE JURISPRUDENCE

TROISIÈME PARTIE

JURISPRUDENCE ADMINISTRATIVE

1878

TRIB. DES CONFLITS 12 janvier 1878.

(QUATRE JUGEMENTS.)

ACTE ADMINISTRATIF, « BULLETIN DES COMMUNES », DIFFAMATION, MINISTRE DE L'INTÉRIEUR, IMPRIMEUR, ÉDITEUR, COMPÉTENCE.

Le Bulletin des communes, *rédigé par les soins et sous la surveillance du ministre de l'intérieur, en exécution des décrets des 12 févr. 1852 et 27 déc. 1871, constitue, dans ses parties officielles, un acte d'administration* (1) (DD. 12 févr. 1852; 27 déc. 1871).

Par suite, les illégalités ou les excès de pouvoir, de quelque nature qu'ils soient, contenus dans les communications ministérielles insérées audit Bulletin, *échappent à l'appréciation de l'autorité judiciaire* (2) (Id.).

Spécialement, *cette autorité est sans compétence pour statuer sur l'action en diffamation intentée contre le ministre, à raison du compte rendu communiqué d'une revue militaire passée par le chef de l'État* (3) (Id.).

Elle est également incompétente en cas de poursuite dirigée contre l'imprimeur et l'éditeur substitués à l'Imprimerie nationale, pour la publication du Bulletin, *en vertu d'un traité régulier passé avec le ministre* (4) (Id.).

1re Espèce. — (Bousquet c. Pougin, Dalloz et de Fourtou.)
Rédaction semblable à celle du jugement du 29 déc. 1877, aff. Viette (Pand. chr.).
MM. Aucoc, rapp.; Desjardins, comm. du gouv.

2e Espèce. — (Bernard Lavergne c. Pougin, Dalloz et de Fourtou.)
Même rédaction.
MM. Alméras-Latour, rapp.; David, comm. du gouv.

3e Espèce. — (Mallet c. Pougin, Dalloz et de Fourtou.)
Même rédaction.
MM. Groualle, rapp.; Charrins, comm. du gouv.

4e Espèce. — (Ducamp c. Pougin, Dalloz et de Fourtou.)
Même rédaction.
MM. Groualle, rapp.; Charrins, comm. du gouv.

CONS. D'ÉTAT 8 février 1878.

COMMUNE, EAU, DISTRIBUTION, CONCESSION, RÉSILIATION.

Le traité qui assure à un particulier l'établissement et l'exploitation de la fourniture de l'eau nécessaire à la consommation publique et privée d'une ville, pendant un nombre d'années déterminé, moyennant une indemnité payable par la ville et variable suivant la quantité d'eau fournie, constitue, non un marché de travaux publics, mais un traité de concession (5) (L. 28 pluv. an VIII).

Dès lors, ce traité ne peut être résilié par la ville en dehors du cas d'inexécution des conditions ou des autres cas prévus par le cahier des charges (6) (Id.).

(1 à 4) V. conf. Trib. des conflits, 29 déc. 1877 (Pand. chr.), et la note. — V. aussi Bourges, 11 févr. 1878, sous Cass., 24 nov. 1879 (S. 80. 1. 267. — P. 80. 621. — D. 80. 1. 105).

(5-6) Ces solutions nous paraissent contraires à la jurisprudence de la Cour de cassation et du tribunal des conflits sur la matière. Elles sont même en opposition avec les décisions antérieures du conseil d'Etat. V. notamment Cons. d'Et., 19 janv. 1854 (D. 54. 3. 29); 16 janv. 1862 (D. 62. 3. 51); 30 janv. 1868 (deux arrêts) (Pand. chr.).

Quant à la Cour de cassation, voici ce qu'elle a décidé par arrêt en date du 1er mai 1882, aff. Compagnie Limiter c. commune de Saint-Césaire : — « Attendu, y est-il dit, que, par le traité passé le 6 janv. 1868 devant Mes Perrale et Guymard, et visé par l'arrêt attaqué, la Compagnie concessionnaire du canal de la Siagne s'est engagée, moyennant une redevance annuelle de 1,000 francs et la cession de diverses sources et pièces de terre, à amener dans la commune de Saint-Césaire, d'une manière continue, un volume d'eau de 250 mètres cubes par vingt-quatre heures, dirigé du canal de Siagne, et à construire et entretenir à ses frais, pendant cinquante ans, les machines nécessaires pour faire monter l'eau, ainsi que les bâtiments qui contiendraient lesdites machines; qu'il a en outre été convenu qu'à l'expiration de la période de cinquante ans, la propriété des machines élévatoires et leurs dépendances resterait à la commune; — Attendu

(Pasquet c. ville de Bourges.)

LE CONSEIL D'ÉTAT : — Vu la loi du 28 pluv. an VIII ; — ..... Considérant que, par un traité en date du 18 mars 1864, le maire de Bourges a concédé au sieur Pasquet, au nom de la ville, l'établissement et l'exploitation de la fourniture de l'eau nécessaire à la consommation publique et privée de la ville de Bourges pour une durée de trente et une années, moyennant le payement par la ville d'une annuité fixe de 80,000 fr., et d'une annuité variable avec la quantité d'eau élevée jusqu'à concurrence d'une quantité prévue de 2,600 mètres cubes ; que ce traité ne constituait pas seulement un marché de travaux publics dont la résiliation peut toujours être prononcée lorsque l'administration le juge à propos, sauf l'indemnité pour l'entrepreneur, mais qu'il porte concession au sieur Pasquet du droit d'exploiter le service de la fourniture des eaux de la ville pendant une période déterminée, et que le sieur Pasquet est fondé à soutenir que cette concession ne peut lui être retirée qu'autant qu'il aurait encouru la déchéance, soit pour cause d'inexécution des obligations de son marché, soit dans les cas prévus par le cahier des charges ; qu'il suit de là que c'est à tort que le conseil de préfecture a déclaré résilié le traité intervenu entre la ville de Bourges et le sieur Pasquet ; que, d'autre part, aucune disposition de loi n'autorisait le maire de Bourges, en vertu de ses pouvoirs d'administration et de police, à prononcer cette résiliation ; — Art. 1er. L'arrêté du conseil de préfecture du Cher est annulé. — Art. 2. La ville de Bourges est condamnée à exécuter dans sa teneur le traité du 18 mars 1864 passé avec le sieur Pasquet.

MM. Mathéus, rapp. ; Braun, comm. du gouv. ; Sabatier et Barry, av.

CONS. D'ÉTAT 16 février 1878.

CARRIÈRE, EXPLOITATION, INTERDICTION, CHEMIN DE FER, INDEMNITÉ.

Le propriétaire d'une carrière, en pleine activité d'exploitation lors de l'établissement d'une voie ferrée, a droit à une indemnité en cas d'interdiction de son exploitation dans l'intérêt exclusif du chemin de fer (1) (L. 15 juill. 1845, art. 10).

(Chem. de fer de Paris à Lyon et à la Méditerranée c. commune de Modane.)

LE CONSEIL D'ÉTAT : — Vu le décret en forme de règlement d'administration publique du 9 mars 1863, concernant l'exploitation des carrières dans le département de la Savoie ; — Vu la loi du 15 juill. 1845 et les arrêts des 5 avril 1772 et 17 juill. 1781 ; Vu la loi du 21 avril 1810 ; Vu la loi du 28 pluv. an VIII ; — Considérant que la carrière appartenant à la commune était en pleine exploitation antérieurement à l'établissement de la voie ferrée ; que le préfet, par son arrêté du 7 févr. 1871, a interdit l'exploitation de cette carrière sur la demande de la Compagnie, et dans l'intérêt exclusif de la conservation de ses ouvrages ; que, d'après l'art. 10 de la loi du 15 juill. 1845, cette interdiction ne pouvait être prononcée sans ouvrir en faveur de la commune un droit à indemnité, droit qui, d'ailleurs, avait été formellement réservé par l'arrêté précité ; — Art. 1er. La requête... est rejetée.

MM. de Baulny, rapp. ; David, comm. du gouv. ; Aguillon et Housset, av.

CONS. D'ÉTAT 16 février 1878.

ÉLECTIONS DÉPARTEMENTALES, COMMUNE, ABSENCE DE VOTE.

Le fait que, par suite de l'absence des membres désignés pour former le bureau, il n'a pu être procédé au vote dans une commune, n'entraîne pas l'annulation des opérations électorales, si, malgré l'attribution de toutes les voix de la commune empêchée au concurrent du candidat élu, ce dernier n'en devait pas moins conserver la majorité nécessaire (2).

(Élect. de Pero-Casevecchie.)

LE CONSEIL D'ÉTAT : — Considérant que si, dans la commune de Velone-Orneto, le scrutin a été interrompu à onze heures du matin, et n'a pas été repris ultérieurement, c'est à raison de l'absence des membres qui avaient été désignés pour former le bureau ; que si, par suite de cette circonstance, aucun procès-verbal n'ayant été dressé, le vote des électeurs qui avaient pris part au scrutin n'a pas été compté dans le résultat des opérations électorales du canton, et si un certain nombre d'électeurs de la commune a été empêché de voter, il résulte de l'instruction que, dans les autres communes du canton, le sieur Mattei a obtenu 237 suffrages contre 3 attribués à un sieur Fani ; qu'en admettant même que les 143 électeurs inscrits dans la commune de Velone-Orneto eussent voté en faveur du sieur Fani, le sieur Mattei n'en aurait pas moins la majorité nécessaire pour être élu ; que, dès lors, c'est à tort que le conseil de préfecture a annulé les opérations électorales par le motif que les électeurs de la commune de Velone-Orneto auraient été empêchés de prendre part au scrutin ; — Art. 1er. L'arrêté est annulé. — Art. 2. Est déclarée valable l'élection du sieur Mattei comme conseiller d'arrondissement pour le canton de Pero-Casevecchie.

MM. Sauzey, rapp. ; Braun, comm. du gouv.

---

que ce traité constitue un marché de travaux publics ; que, par suite, l'action intentée par la commune, à raison de son inexécution, contre la Compagnie concessionnaire du canal, était de la compétence des tribunaux administratifs ; que la Cour d'appel d'Aix était tenue de se dessaisir d'office du litige, et qu'en statuant sur la contestation irrégulièrement portée devant elle, elle a violé l'article ci-dessus visé de la loi du 23 pluv. an VIII ; — Casse, etc. »

C'est aussi en ce sens que s'est prononcé le tribunal des conflits, par jugement en date du 20 déc. 1879, aff. ville de Beaucaire c. syndicat du canal d'irrigation de Beaucaire (Pand. chr.), et nos observations en note.

(1) L'art 10 de la loi du 15 juill. 1845 ouvre aux intéressés un droit à indemnité quand la suppression ou l'interdiction s'exerce dans une certaine zone rapprochée de la voie ferrée. V. comme application, Cons. d'Et., 3 juin 1881 (S. 83. 3. 8. — P. chr. adm. — D. 83. 3. 115). — Dans l'espèce de l'arrêt ci-dessus, la carrière se trouvait placée au delà de la distance réglementaire. Le préfet n'avait pu en interdire l'exploitation qu'en faisant usage des pouvoirs généraux qui lui appartiennent en matière de grande voirie. C'était une raison de plus pour que la prohibition n'eût pas lieu sans dédommagement. — Il est utile de remarquer que, dans l'affaire actuelle, la question de compétence n'a point été soulevée ; elle l'a été cependant ultérieurement dans une espèce qui offre avec celle du présent arrêt les plus grandes analogies. V. Cons. d'Et., 18 mars 1881 (Pand. chr.), et la note.

(2) C'est la solution qui a toujours prédominé. V. Cons. d'Et., 20 juill. 1853, aff. Elect. de Castelnau-Magnoac ; 16 avril 1856, aff. Elect. Saint-Nicolas. V. aussi Cons. d'Et., 14 janv. 1881 (Pand. chr.).

Dans certains cas, cependant, le conseil d'Etat a prononcé l'annulation des opérations électorales, bien que, par la majorité acquise au candidat élu, les résultats du vote n'eussent pu être modifiés par la participation de la commune au scrutin. V. notamment Cons. d'Et., 31 déc. 1862, aff. Elect. de Ghisoni (Rec. de Lebon, p. 881). Mais, dans ces annulations, le conseil d'Etat faisait justice d'abus de pouvoirs commis par des maires ; il imposait le respect et l'observation de la loi aux volontés rebelles à dessein. Ce sont des hypothèses exceptionnelles, en dehors de la jurisprudence ordinaire en la matière.

CONS. D'ÉTAT 1er mars 1878.

CONTRIBUTIONS DIRECTES, FAILLITE, SYNDIC, RÉCLAMATION, QUALITÉ (DÉFAUT DE).

Le syndic d'une faillite n'est pas recevable, en cette qualité, à demander décharge, aux lieu et place du failli et sans justification de mandat spécial, d'une contribution directe à laquelle le failli a été imposé postérieurement à sa mise en faillite (1) (C. comm., 443).

(Ferry.)

LE CONSEIL D'ÉTAT : — Vu les lois du 21 avr. 1832 et du 25 avr. 1844; — Considérant que la faillite du sieur Méténier ayant été prononcée le 29 oct. 1876, le sieur Ferry n'était pas recevable, par application des lois ci-dessus visées, à demander, en sa qualité de syndic, la décharge de la contribution personnelle et mobilière à laquelle le sieur Méténier a été, postérieurement à sa mise en faillite, imposé pour l'année 1877; que, d'autre part, le sieur Ferry ne justifie d'aucun mandat qu'il aurait reçu du sieur Méténier, pour demander en son nom décharge de ladite contribution; que, dès lors, sa requête doit être rejetée; — Art. 1er. La requête... est rejetée.

MM. de Claye, rapp.; Laferrière, comm. du gouv.

CONS. D'ÉTAT 15 mars 1878.

RESPONSABILITÉ, ÉTAT, MILITAIRE, IMPRUDENCE, TIR, ACCIDENT.

L'État n'est pas responsable d'un accident causé par l'imprudence d'un militaire qui se serait exercé isolément au tir, en dehors de tout service commandé, malgré la défense de ses chefs (2) (C. civ., 1382).

(Gaucher c. l'État.)

LE CONSEIL D'ÉTAT : — Vu le décret du 2 nov. 1864 et la loi du 24 mai 1872; — Considérant que le sieur Gaucher soutient que le coup de feu qui l'a blessé a été tiré par un garde mobile du Cantal s'exerçant au tir; que sa demande tend à faire déclarer l'État responsable du fait de ce soldat; — Mais considérant qu'il résulte de l'instruction que, le 11 oct. 1870, jour de l'accident, aucune fraction du corps des mobiles du Cantal ne s'est exercée au tir sur l'ordre ou avec la permission de ses chefs; que, d'autre part, aucun homme du corps n'était employé à un service commandé en arme, dans la direction où le coup de feu a été tiré; que, dans ces circonstances, en admettant que l'accident dont le sieur Gaucher a été victime soit imputable à l'imprudence d'un homme du corps qui, malgré les défenses de ses chefs, se serait exercé isolément à tirer des coups de feu avec son arme, l'État ne saurait être déclaré responsable de ce fait et tenu d'en réparer les conséquences; qu'il suit de là que l'indemnité de 4,500 francs, allouée par le ministre de la guerre au sieur Gaucher, n'a été accordée qu'à titre gracieux, et que la décision par laquelle le ministre a refusé d'élever le chiffre de cette indemnité n'est pas susceptible de recours par la voie contentieuse; — Art. 1er. La requête... est rejetée.

MM. Mathéus, rapp.; Laferrière, comm. du gouv.; Barry et Nivard, av.

CONS. DE PRÉFECTURE DE LA SEINE-INFÉRIEURE, 28 mai 1878.

PATENTE, ASSURANCES MUTUELLES, SOCIÉTÉS MULTIPLES, ADMINISTRATION, AGENT D'AFFAIRES.

Bénéficie de l'exemption de patente accordée aux directeurs de Sociétés d'assurances mutuelles, le particulier qui gère simultanément les affaires de deux Sociétés de cette nature, alors qu'il agit pour le compte exclusif de ces Sociétés (3) (L. 25 avril 1844, art. 13).

(Lanne.)

LE CONSEIL DE PRÉFECTURE : — Considérant qu'il résulte de l'instruction que le sieur Adolphe Lanne n'exerce d'autre profession que celle de directeur des Sociétés d'assurances mutuelles dites *la Mutualité immobilière* et *l'Ancienne Mutuelle de la Seine-Inférieure*, pour le compte exclusif desquelles il agit; — Considérant que la circonstance que le sieur Lanne gère simultanément deux Sociétés ne saurait changer sa situation de représentant de Compagnies d'assurances mutuelles régulièrement autorisées et exemptes de la patente, aux termes de l'art. 13 de la loi du 25 avr. 1844; — Que, ne se livrant à aucune autre opération que celle résultant du contrat d'assurance, c'est à tort que le réclamant a été imposé au rôle de 1877, comme agent d'affaires; — Arrête : — Décharge est accordée au sieur Lanne des droits de patente auxquels il a été imposé.

MM. Legrand, prés.; de la Brière, rapp.; Lebon, comm. du gouv.; Taillet, av.

CONS. D'ÉTAT 7 juin 1878.

MINES, MACHINE A VAPEUR, IMPOT FONCIER.

Les machines servant à l'exploitation des mines ne doivent pas être évaluées et imposées, en vertu d'une taxe spéciale, à la contribution foncière (4) (LL. 3 frim. an VII; 15 sept. 1807; 21 avril 1810).

---

(1) V. dans le même sens, Cons. d'Et., 4 avril 1873, aff. Arnaud, et surtout, 12 août 1879, aff. Gaudin (Pand. chr.), dont la rédaction reproduit textuellement les considérants de l'arrêt ci-dessus rapporté.

(2) C'est qu'en effet les militaires, même sous les drapeaux, ne peuvent être assimilés à des agents ou préposés de l'État. Comp. Cons. d'Et., 19 mars 1875 (S. 77.2.62. — P. chr. adm. — D. 75.3.109). — L'Etat n'est tenu que quand il y a service commandé; le militaire qui exécute un ordre n'a à en calculer ni la portée ni les conséquences; il fait acte d'obéissance et de discipline; il agit comme un instrument. Si des fautes ou des négligences se glissent dans le commandement, l'Etat en subit les conséquences. V. Cons. d'Et., 25 févr. 1881 (Pand. chr.), et la note.

(3) Depuis le revirement opéré dans la jurisprudence du conseil d'Etat, l'exemption de patente paraît être définitivement acquise aux directeurs d'assurances mutuelles, même lorsqu'ils se chargent à forfait, moyennant une remise proportionnelle, de pourvoir aux frais d'administration de ces Sociétés. V. Cons. d'Et., 1er févr. 1871 (Pand. chr.); 17 mars 1876 (Pand. chr.), et les notes.

Mais faut-il faire encore un pas de plus, et accorder la même exemption aux individus qui vivent de ces administrations comme d'une profession, réunissent dans leurs mains la gestion simultanée de plusieurs Sociétés? La décision du conseil de préfecture ci-dessus transcrite semble bien l'admettre, et il est difficile de rencontrer un motif d'une portée plus générale que celui sur lequel s'appuie tout l'arrêté : « Considérant que la circonstance que le sieur Lanne gère simultanément deux Sociétés *ne saurait changer sa situation de représentant de Compagnies d'assurances mutuelles*, régulièrement autorisées et exemptes de la patente, etc. »

Observons toutefois que, dans l'affaire sur laquelle le conseil de préfecture de la Seine-Inférieure était appelé à statuer, le gérant agissait pour le compte exclusif des Sociétés, qu'il n'avait point pris à forfait les dépenses d'administration. Ces circonstances auraient pu être plus fortement marquées, mieux mises en relief par l'arrêté, qui aurait gagné à se présenter comme une décision d'espèce et non de principe. Dans la situation inverse, le conseil d'Etat, par arrêt du 20 juin 1879 (Pand. chr.), a assimilé le gérant à un véritable agent d'affaires et l'a imposé en cette qualité à la patente.

(4) Jurisprudence certaine. V. Cons. d'Et., 26 sept. 1871, aff. Denier; 8 nov. 1872, aff. Mines de Littry; 14 févr. 1873. aff. Mines de Blanzy.

(Comp. des Mines d'Anzin.)

LE CONSEIL D'ÉTAT : — Vu la loi du 3 frim. an VII, 15 sept. 1807 et 21 avril 1810; — Considérant que les machines servant à l'exploitation des mines ne doivent pas être évaluées et imposées d'une façon spéciale à la contribution foncière; que ces machines, en effet, ne produisent pas de revenus propres; que le revenu qu'elles peuvent indirectement donner se confond avec les produits de l'exploitation et est atteint par la redevance proportionnelle calculée sur le produit net et imposée aux concessionnaires de mines en exécution de la loi ci-dessus visée du 21 avril 1810; que, dès lors, c'est à tort que la Compagnie des mines d'Anzin a été imposée à la contribution foncière à raison desdites machines; — Mais considérant que l'état de l'instruction ne permet pas de reconnaître dans quelle mesure la contribution foncière, mise à la charge de la Compagnie, s'applique soit aux machines qui ne doivent pas être assujetties à la contribution foncière, ainsi qu'il a été ci-dessus établi, soit au bâtiment qui contient lesdites machines et qui reste imposable comme propriété bâtie; qu'il y a lieu, par suite, de renvoyer la Compagnie requérante devant le conseil de préfecture, pour être statué sur sa demande en réduction de la contribution foncière d'après les bases ci-dessus indiquées;... — Art. 1er. Décharge est accordée à la Compagnie de la contribution foncière afférente aux machines servant à l'exploitation de la mine, la Compagnie restant imposée à ladite contribution à raison du bâtiment contenant les machines, évalué comme propriété bâtie. — Art. 2. La Compagnie est renvoyée devant le conseil de préfecture, etc.

MM. d'Aillières, rapp.; David, comm. du gouv.; Sabatier, av.

CONS. D'ÉTAT 28 juin 1878.

CHEMIN DE FER, GARE NOUVELLE, MINISTRE, EXCÈS DE POUVOIR.

Le ministre des travaux publics n'a pas le droit, en dehors de tout accord préalable, de prescrire à une Compagnie, concessionnaire d'un chemin de fer en exploitation, la construction et l'établissement de nouvelles gares (Conv. 26 juin 1857, art. 9).

(Chem. de fer du Nord.)

LE CONSEIL D'ÉTAT : — Vu le cahier des charges annexé à la convention intervenue le 21 juin entre l'État et la Compagnie des chemins de fer du Nord, notamment l'art. 9, ainsi conçu : « Le nombre, l'étendue et l'emplacement des gares d'évitement seront déterminés par l'administration, la Compagnie entendue. Le nombre des voies sera augmenté, s'il y a lieu, dans les gares et aux abords de ces gares, conformément aux décisions qui seront prises par l'administration, la Compagnie entendue. Le nombre et l'emplacement des stations de voyageurs et des gares de marchandises seront également déterminés par l'administration, sur les propositions de la Compagnie, après une enquête spéciale, etc. »; Vu la loi du 15 juill. 1845 et l'ord. du 15 nov. 1846; Vu la loi du 28 pluv. an VIII, art. 4; — Considérant qu'il résulte, tant de l'ensemble des lois et règlements sur les chemins de fer que du cahier des charges ci-dessus visé, que, si les concessionnaires restent tenus, pendant toute la durée de la concession, de se conformer à toutes les mesures que l'Administration supérieure juge convenable de leur prescrire dans l'intérêt du bon entretien du chemin de fer et de la sûreté de la circulation sur la voie ferrée, ils n'ont, en ce qui touche les travaux de construction des chemins de fer et des ouvrages qui en dépendent, d'autre obligation que celle d'exécuter ces travaux, conformément aux plans approuvés par le ministre des travaux publics dans les termes de l'art. 3 du cahier des charges, sauf les cas où l'Administration s'est expressément réservé le droit de leur imposer des travaux complémentaires, comme elle l'a fait par l'art. 6, pour l'établissement d'une seconde voie, et par le § 2 de l'art. 9, pour les voies dans les gares et aux abords de ces gares; que ni l'art. 9 ni aucun autre article du cahier des charges ne contiennent, pour les gares de voyageurs et les stations de marchandises, aucune réserve de cette nature; que, dès lors, le ministre des travaux publics n'est pas fondé à soutenir que, en vertu de l'art. 9 du cahier des charges ci-dessus visé, il avait le droit de prescrire à la Compagnie des chemins de fer du Nord, en dehors d'un accord préalable avec cette Compagnie, la construction de deux gares nouvelles (l'une à Hachette, sur la ligne de Saint-Quentin à Erquelines; l'autre à Camiers, sur celle d'Amiens à Boulogne), en sus de celles dont il avait déterminé le nombre et l'emplacement lors de la construction de ces lignes; — Art. 1er. Le recours du ministre des travaux publics est rejeté.

MM. de Baulny, rapp.; David, comm. du gouv.; Fosse et Devin, av.

CONS. D'ÉTAT 5 juillet 1878.

FAILLITE, INSUFFISANCE D'ACTIF, CLÔTURE, TRAVAUX PUBLICS, DOMMAGES, INDEMNITÉ.

Le dessaisissement du failli qui se continue après la clôture de la faillite, pour insuffisance d'actif, ne saurait avoir pour effet d'autoriser, contre les actions intentées par le failli seul, une fin de non-recevoir tirée du défaut de qualité du demandeur (1) (C. comm., 443, 527).

Spécialement, *est recevable la demande formée par le failli seul, contre une ville, en réparation de dommages à lui causés par l'exécution de travaux publics* (2) (L. 28 pluv. an VIII, art. 4).

(Jarry c. Ville de Paris.)

LE CONSEIL D'ÉTAT : — Vu la loi du 28 pluv. an VIII, art. 4, et les art. 443 et 528, C. comm.; — Considérant qu'aux termes du § 4 de l'art. 443, C. comm., le failli, bien qu'il soit dessaisi, dans l'intérêt de la masse de ses créanciers, de l'administration de tous ses biens, peut être admis à plaider et à intervenir dans les instances introduites par le syndic; — Considérant que, si le jugement qui prononce la clôture des opérations de la faillite par suite de l'insuffisance de l'actif ne fait pas cesser ce dessaisissement, il ne saurait avoir pour effet, en privant le failli du droit d'intenter les actions en indemnité qui peuvent lui appartenir, de créer, au détriment de la masse des créanciers et au profit des tiers contre lesquels l'action est exercée, une fin de non-recevoir tirée du défaut de qualité du failli; — Considérant que, par jugement du 26 févr. 1874, la clôture des

---

(1-2) Cette décision doit être rapprochée d'un arrêt de la Cour de Paris, en date du 10 mai 1881 (Pand. chr.), lequel reconnaissant au syndic seul le droit de toucher les indemnités dues au failli pour cause d'expropriation pour utilité publique, a condamné une Compagnie expropriante, qui s'était entendue directement avec le failli et avait traité à l'amiable avec lui, à payer, comme si de rien n'était, au syndic une indemnité nouvelle. Ces deux solutions, dont les conséquences sont opposées, nous paraissent dériver de deux systèmes différents qui se partageaient alors la jurisprudence. Depuis l'arrêt de la Cour suprême du 5 nov. 1879 (Pand. chr.), les divergences de vue ont pris fin, et c'est à la théorie de la Cour de Paris qu'il y a lieu de se rallier d'une manière définitive. V. les observations qui accompagnent l'arrêt précité de Paris.

opérations de la faillite du requérant a été prononcée pour cause d'insuffisance d'actif, en vertu et par application de l'art. 527, C. comm.; que, dès lors, c'est à tort que, par la décision attaquée (du 11 juill. 1877) le conseil de préfecture a déclaré le sieur Jarry non recevable dans sa demande en indemnité contre la ville de Paris, et qu'ainsi il y a lieu d'annuler ladite décision et de renvoyer le requérant devant le conseil de préfecture, pour y être statué au fond sur sa réclamation; — Art. 1er. L'arrêté du conseil de préfecture de la Seine, du 11 juill. 1877, est annulé. — Art. 2. Le sieur Jarry est renvoyé devant le même conseil de préfecture pour y être statué au fond sur sa demande d'indemnité dirigée contre la ville de Paris.

MM. Fould, rapp.; Laferrière, comm. du gouv.; Rigot, av.

CONS. D'ÉTAT **26 juillet 1878.**

CONTRIBUTIONS DIRECTES, IMPOT FONCIER, MARCHÉ, COMMUNE.

L'exemption de la contribution foncière accordée aux foires et marchés qui ont lieu sur les rues ou places publiques, ne saurait être étendue à des bâtiments couverts ayant la même affectation; ce sont là des immeubles communaux productifs de revenus dans le sens de l'art. 105 de la loi du 3 frim. an VII (1) (L. 3 frim. an VII, art. 103, 105).

(Ville de Gap.)

LE CONSEIL D'ÉTAT : — Vu la loi du 3 frim. an VII et le décret du 11 août 1808; — En ce qui touche la contribution foncière afférente à la halle au blé : — Considérant qu'aux termes de l'art. 109 de la loi du 3 frim. an VII, les propriétés communales productives de revenus doivent être imposées dans la même proportion que les autres biens situés dans la commune; que les bâtiments servant aux halles et marchés ne sont compris dans aucune des exceptions prévues par la loi; que l'exemption portée par l'art. 103 de la loi précitée n'est applicable qu'aux foires et marchés qui ont lieu sur les rues ou places publiques; que l'art. 105 de la même loi ne s'applique qu'aux édifices non productifs de revenus et dont la destination a pour but l'utilité générale; — Considérant qu'il résulte de l'instruction que les bâtiments qui sont affectés à l'usage de halle au blé dans la ville de Gap appartiennent à ladite ville et sont productifs de revenus; que, dès lors, c'est à tort que le conseil de préfecture a accordé à la ville de Gap décharge de la contribution foncière assise sur ces bâtiments... (Le reste sans intérêt.) — Art. 1er. L'arrêté du conseil de préfecture... est annulé.

MM. de Claye, rapp.; Braun, comm. du gouv.

CONS. D'ÉTAT **2 août 1878.**

VOIE PUBLIQUE, PAVAGE, TAXE, PROPRIÉTAIRES SUCCESSIFS, RECOUVREMENT.

La taxe de premier pavage, afférente aux immeubles en bordure sur la voie publique, est due par les propriétaires de ces immeubles au moment même de l'achèvement des travaux de viabilité, et non par les propriétaires ultérieurs, fussent-ils devenus acquéreurs avant la publication des rôles (2) (LL. 18 juill. 1837, art. 44; 25 juin 1841, art. 28; 4 août 1844, art. 8).

(Desportes c. Ville de Paris.)

LE CONSEIL D'ÉTAT : — Vu les anciens édits et règlements sur le pavage des rues de Paris, notamment l'arrêt du Conseil du 30 déc. 1785; — Vu la loi du 11 frim. an VII, et l'avis du Conseil d'État approuvé par l'Empereur le 25 mars 1807; — Vu la loi du 25 juin 1841, art. 28; la loi du 18 juill. 1837, art. 44; — Considérant que, sur le rôle dressé en 1862, par le préfet de la Seine, à raison des travaux de mise en état de viabilité de la rue d'Aubervilliers, la taxe de pavage due pour l'immeuble n° 78 a été inscrite au nom du sieur Marteaux, qui était propriétaire dudit immeuble au moment de l'achèvement des travaux, et qui, par suite, était redevable de ladite taxe; que le sieur Desportes, étant devenu acquéreur de l'immeuble Marteaux en 1862, ledit sieur Desportes a été imposé, sur un nouveau rôle dressé en 1865, à la taxe précédemment mise à la charge du sieur Marteaux; que la circonstance que la Ville n'avait pas recouvré, antérieurement à l'aliénation, le montant de la taxe due par le sieur Marteaux, ne pouvait autoriser l'Administration à émettre un nouveau rôle au nom de l'acquéreur; qu'il résulte de ce qui précède qu'il y a lieu d'accorder au sieur Desportes décharge de la taxe à laquelle il a été imposé sur le rôle dressé en 1865 par le préfet de la Seine; — Art. 1er. L'arrêté... est annulé; — Art. 2. Décharge.

MM. de Saint-Laumer, rapp.; Braun, comm. du gouv.; Arbelet, av.

CONS. D'ÉTAT **8 novembre 1878.**

CONTRIBUTIONS DIRECTES, LOCATAIRE, DÉMÉNAGEMENT, PROPRIÉTAIRE, RESPONSABILITÉ.

Le propriétaire qui a négligé de prévenir le percepteur du déménagement d'un locataire, n'encourt aucune responsabilité, quand le locataire ne quitte pas le ressort de la même perception et qu'il a payé, avant de partir, tous les termes de ses contributions exigibles (LL. 21 avril 1832, art. 22; 25 avril 1844, art. 25).

(Pierlot.)

LE CONSEIL D'ÉTAT : — Considérant, d'une part, qu'aux termes des art. 22 de la loi du 25 avril 1844, les contributions personnelle-mobilière et des patentes ne deviennent immédiatement exigibles pour la totalité de l'année courante qu'en cas de déménagement hors du ressort de la perception, ou en cas de vente volontaire ou forcée; — Considérant qu'il résulte de l'instruction que la demoiselle Drouhaud ne se trouvait dans aucun des cas précités, et qu'ainsi les contributions personnelle-mobilière et des patentes auxquelles elle avait été imposée n'avaient pas cessé d'être payables par douzièmes; — Considérant, d'autre part, qu'il

---

(1) Le conseil d'Etat, dans l'espèce actuelle, se fonde, pour repousser l'exemption réclamée, sur deux raisons : 1° il s'agissait de bâtiments affectés au service des foires et marchés; 2° ces bâtiments, par la perception des droits de place, étaient productifs de revenus. — Mais l'arrêt ne fait qu'énoncer la première des deux raisons; il ne s'arrête pas à rechercher et à bien établir les conditions d'édification et d'installation matérielle des bâtiments. Or c'est à ce *criterium* surtout, et même exclusivement, que la jurisprudence du conseil d'Etat s'attache, depuis la décision du 25 juin 1880 (Pand. chr.), pour décider si la construction doit ou non être considérée comme un immeuble imposable à la contribution foncière. L'édifice est-il incorporé au sol au moyen d'assises ou maçonnerie? c'est un immeuble. Ne fait-il que poser sur le sol, sans fondations? ce n'est point un immeuble. V. nos observations sous l'arrêt précité.

C'est conformément à ces principes, que, dans une espèce analogue, il a été jugé que des abris affectés par une ville à l'usage de marchés, lorsqu'ils sont fixés au sol par des piliers en fonte, constituent des immeubles dans le sens de l'art. 105 de la loi du 3 frim. an VII : Cons. d'Et., 4 janv. 1884 (Pand. chr.).

(2) Par cette décision le conseil d'Etat persiste dans la jurisprudence qu'il a inaugurée par l'arrêt de principe du 12 mai 1876 (Pand. chr.), et la note. — Faisons observer que cette jurisprudence s'est encore fortifiée par l'extension et l'application des mêmes règles au recouvrement des frais de trottoirs. V. Cons. d'Et., 14 nov. 1879 (Pand. chr.).

résulte de l'instruction, et qu'il est reconnu par le ministre des finances, qu'à la date du 24 juin 1876, jour du déménagement de la demoiselle Drouhaud, il avait été versé par la ladite demoiselle une somme de 20 francs équivalant à plus des six douzièmes de ses contributions ; qu'ainsi, le sieur Pierlot ne pouvait encourir aucune responsabilité pour défaut de déclaration du déménagement de la demoiselle Drouhaud, sa locataire; — Art. 1er. L'arrêté du conseil de préfecture du Cher, du 29 nov. 1879, est annulé.

MM. Sauzey, rapp.; Flourens, comm. du gouv.

CONS. D'ÉTAT 29 novembre 1878.

DOMAINE PUBLIC, VOIRIE, PERMISSION, RETRAIT, INTÉRÊT FINANCIER DE L'ÉTAT, PRÉFET, EXCÈS DE POUVOIR.

La faculté qui appartient au préfet, de retirer, dans l'intérêt de la conservation et de la police du domaine public, les autorisations d'occuper temporairement une partie de ce domaine (dans l'espèce, d'établir des tuyaux dans le sous-sol d'une route nationale), ne lui donne pas le droit, sans excès de pouvoir, d'imposer au permissionnaire, dans l'intérêt financier de l'État, le payement d'une redevance dont la légalité est contestée (1) (LL. 7-14 oct. 1790; 24 mai 1872, art. 9; Décr. 25 mars 1852).

(Dehaynin.)

LE CONSEIL D'ÉTAT : — Vu la loi du 27 déc. 1789, sect. 3, art. 2; Vu le décret du 25 mars 1852; Vu les lois des 7-14 oct. 1790 et 24 mai 1872 ; — Considérant que l'arrêté attaqué, pris en vertu d'une instruction du ministre des finances visée dans ledit arrêté, a subordonné le maintien de l'autorisation précédemment accordée au sieur Dehaynin d'établir des tuyaux sous le sol de diverses routes nationales, à la condition qu'il consentirait à payer une redevance annuelle à l'État; qu'il appartenait au ministre, s'il se croyait fondé à réclamer cette redevance, à en poursuivre le recouvrement par les voies de droit, sauf au sieur Dehaynin à en contester la légalité devant l'autorité judiciaire; mais que, si le préfet avait le droit, dans l'intérêt de la conservation et de la police du domaine public, de retirer les autorisations données au sieur Dehaynin d'occuper temporairement une partie de ce domaine, il ne pouvait, sans excès de pouvoir, user de ce droit dans l'intérêt financier de l'État, pour obliger le sieur Dehaynin à se soumettre à une redevance dont il contestait la légalité; qu'ainsi, le requérant est fondé à demander l'annulation de l'arrêté attaqué; — Art. 1er. Est annulé, pour excès de pouvoir, l'arrêté du préfet de l'Oise, du 13 nov. 1876, en tant qu'il a subordonné le maintien de l'autorisation accordée au sieur Dehaynin d'établir des tuyaux sous le sol de diverses routes nationales, à la condition qu'il payerait à l'État une redevance de 0 fr. 02 c. par mètre courant.

MM. de Baulny, rapp.; Braun, comm. du gouv.; Bosviel, av.

CONS. D'ÉTAT 6 décembre 1878.

EAUX MINÉRALES, RÉGLEMENTATION, AUTORISATION, REFUS, INTÉRÊT FINANCIER DE L'ÉTAT, MINISTRE, EXCÈS DE POUVOIR.

Les pouvoirs de réglementation attribués à l'administration sur les eaux de sources minérales, ne lui sont conférés que dans l'intérêt de la santé publique. — Par suite, est entaché d'excès de pouvoir l'arrêté par lequel le ministre refuse à un particulier l'autorisation d'exploiter une source d'eau minérale, dans le seul but de protéger une source voisine appartenant à l'État (2) (Arr. du Cons., 5 mai 1781; Arr. 29 flor. an VII; Ord. 18 juin 1823; L. 14 juill. 1856).

(Larbaud.)

LE CONSEIL D'ÉTAT : — Vu l'arrêt du Conseil du 5 mai 1781, l'arrêté du Directoire exécutif du 29 flor. an VII, et l'ord. du 18 juin 1823; Vu les lois des 7-14 oct. 1790 et 24 mai 1872; — Considérant que l'arrêt du Conseil du 5 mai 1781, l'arrêté du gouvernement du 29 flor. an VII et l'ord. du 18 juin 1823, qui ont soumis à une autorisation préalable, après une instruction dont les formes sont déterminées, l'exploitation et la mise en vente des eaux des sources minérales qui viendraient à être découvertes, n'ont conféré à l'administration le pouvoir d'apprécier les demandes qui lui sont présentées à cet effet que dans le but de prévenir les dangers qui peuvent résulter de la distribution et de la mise en vente de médicaments nuisibles à la santé publique; qu'il résulte, tant du texte de la décision attaquée que des déclarations que le ministre de l'agriculture et du commerce a faites sur le pourvoi, que ledit ministre n'a pas entendu apprécier la demande qui lui était soumise par le sieur Larbaud au point de vue de l'intérêt de la santé publique, mais qu'en refusant l'autorisation d'exploiter l'eau minérale de la source Prunelle, il a entendu prendre une mesure de conservation pour la protection d'une source minérale voisine appartenant à l'État; que si la loi du 14 juill. 1856 autorise l'administration à prendre dans l'intérêt de la conservation des sources minérales les mesures de protection que ladite loi détermine, le ministre ne pouvait faire servir à ce but les pouvoirs qui lui ont été conférés, dans l'intérêt de la santé publique, par l'arrêt du Conseil du 5 mai 1781, l'arrêté du gouvernement du 29 flor. an VII et l'ord. du 18 juin 1823; qu'il suit de là qu'en prenant la décision attaquée, le ministre a excédé ses pouvoirs; — Art. 1er. La décision du ministre du commerce du 16 avril 1876, est annulée pour excès de pouvoir.

MM. Mathéus, rapp.; Flourens, comm. du gouv.; Coulombel, av.

CONS. D'ÉTAT 13 décembre 1878.

GARDE PARTICULIER, AGRÉMENT, REFUS, SOUS-PRÉFET.

Le refus, par le sous-préfet, d'agréer un garde particulier n'est pas de nature à être attaqué devant le conseil d'État, pour excès de pouvoir (3) (LL. 20 mess. an III, art. 4; 28 pluv. an VIII, art. 9).

(1) La jurisprudence est fixée sur ce point par de nombreux arrêts. Il y a lieu à recours pour excès de pouvoir toutes les fois qu'un fonctionnaire fait un usage abusif de son autorité, en dehors des cas et pour des motifs autres que ceux en vue desquels cette autorité lui a été conférée. Les actes qui marquent ces détournements de pouvoir restent susceptibles d'annulation, quel que soit le mobile de l'agent et l'intérêt à sauvegarder, qu'il s'agisse de finances de l'État (V. Cons. d'Ét., 14 nov. 1873, Pand. chr.; 26 nov. 1875 (deux arrêts) Pand. chr.; 6 déc. 1878, qui suit), — des départements (V. Cons. d'Ét., 18 mars 1868, S. 69. 2. 62. — P. chr. adm. — D. 70. 3. 20) — ou des communes (V. Cons. d'Ét., 20 déc. 1872, Pand. chr.; 21 mars 1873, S. 75. 2. 8. — P. chr. adm. — D. 73. 3. 91).

(2) V. nos observations jointes à Cons. d'Ét., 29 nov. 1878 (Pand. chr.), qui précède.

(3) Mais il y aurait excès de pouvoir et recours ouvert par la voie contentieuse, si, une fois l'agrément donné, le sous-préfet tentait de le retirer, soit indirectement et pour ainsi dire de biais, en rapportant l'arrêté qui le contient, soit directement et ouvertement, en révoquant le garde d'une manière expresse. V. Cons. d'Ét., 23 janv. 1880 (deux arrêts) (Pand. chr.), et les conclusions de M. le commissaire du gouvernement Le Vavasseur de Précourt. V. aussi un dernier arrêt du conseil d'État du 23 nov. 1883 (Pand. chr.), dont les termes ont été textuellement empruntés aux décisions du 23 janv. 1880, précitées.

(Rogerie et Sériot.)

LE CONSEIL D'ÉTAT : — Vu les lois des 7 et 14 oct. 1790 et 24 mai 1872; Vu les lois des 20 mess. an III, art. 4, et 28 pluv. an VIII, art. 9; — Considérant que, aux termes de l'art. 4 de la loi du 20 mess. an III, tout propriétaire qui veut avoir, pour ses domaines, un garde champêtre particulier est tenu de le faire agréer par le conseil général de la commune; que le pouvoir conféré par cette loi au conseil général de la commune, a été transféré au sous-préfet par l'art. 9 de la loi du 28 pluv. an VIII; qu'ainsi le sous-préfet de l'arrondissement de Saint-Yrieix, en refusant d'agréer le sieur Nicolas, comme garde particulier des sieurs Rogerie et Sériot, a statué dans la limite de ses pouvoirs, et que l'appréciation des motifs sur lesquels est fondée sa décision ne saurait être soumise au conseil d'État par la voie contentieuse; — Art. 1er. La requête... est rejetée.

MM. Le Vavasseur de Précourt, rapp.; Laferrière, comm. du gouv.

CONS. D'ÉTAT 20 décembre 1878.

CONTRIBUTIONS DIRECTES, PORTES ET FENÊTRES, TRAVAUX PUBLICS, ENTREPRENEURS, HANGARS, MAGASINS.

Les hangars et magasins élevés, pour les besoins de son entreprise, par un entrepreneur de travaux publics sur un terrain appartenant à l'administration, susceptibles d'être déplacés et destinés à disparaître après l'achèvement des travaux, ne constituent pas des bâtiments imposables à la contribution des portes et fenêtres (1) (L. 4 frim. an VII).

Peu importe, du reste, que ces constructions soient édifiées depuis plus d'une année; cette circonstance ne pouvant exercer aucune influence sur le caractère proprement dit des bâtiments (2) (Id.).

(Candas.)

LE CONSEIL D'ÉTAT : — En ce qui concerne la contribution des portes et fenêtres : — Considérant qu'il résulte de l'instruction, et notamment de l'expertise, que les hangars et magasins élevés par le sieur Candas, entrepreneur des travaux du fort de Saint-Cyr, sur un terrain militaire et pour les besoins de son entreprise, sont susceptibles d'être déplacés; qu'ils sont destinés à disparaître après l'achèvement des travaux en vue desquels ils ont été édifiés; que si, en fait, les constructions dont s'agit ont eu une durée de plus d'une année, cette circonstance ne suffit pas pour changer leur caractère et les faire considérer comme des bâtiments imposables à la contribution des portes et fenêtres, par application de la loi du 4 frim. an VII; — Que, dès lors, le sieur Candas est fondé à demander décharge de la contribution des portes et fenêtres, à laquelle il a été imposé à raison desdites contributions...; — (Le reste sans intérêt); — Décharge.

MM. Tixier, rapp.; Braun, comm. du gouv.; Panhard, av.

CONS. D'ÉTAT 20 décembre 1878.

ÉLECTIONS MUNICIPALES, CURÉ, INTERVENTION, DISCOURS EN CHAIRE, LIBERTÉ DU VOTE.

Le fait par un curé de s'occuper en chaire d'élections municipales prochaines ne suffit pas pour entraîner l'annulation des opérations électorales, s'il n'a été recommandé aucune candidature et s'il n'est pas établi que les allocutions prononcées aient eu pour but et pour effet de porter atteinte à la liberté et à la sincérité du scrutin (3).

(Elect. de Beauvoir.)

LE CONSEIL D'ÉTAT : — Considérant qu'il résulte de l'instruction que le sieur Mouquet, curé de Beauvoir, n'a recommandé en chaire aucune candidature pour l'élection du conseil municipal; et qu'il n'est pas établi que les allocutions qu'il a prononcées pendant les offices religieux des dimanches 30 déc. 1877 et 6 janv. 1878 aient eu pour but et pour effet de porter atteinte à la liberté et à la sincérité du scrutin; que, dans ces circonstances, c'est à tort que le conseil de préfecture, se fondant sur le grief tiré de l'intervention du curé, a annulé l'élection des cinq derniers conseillers élus; — Art. 1er. L'arrêté... est annulé.

MM. de Claye, rapp.; Braun, comm. du gouv.; Brugnon, av.

(1-2) Le motif prédominant et décisif de la solution ci-dessus paraît être dans le caractère mobile de ces constructions légères qui suivent les entrepreneurs partout où ils exercent leur industrie, qui se montent et se démontent, sont aujourd'hui dans un endroit, demain dans un autre, suivant les nécessités de l'entreprise, qui, enfin, sont enlevées et disparaissent après l'achèvement des travaux. Il n'y a pas là de constructions à perpétuelle demeure, comme lorsqu'il s'agit même d'une échoppe d'écrivain public, par exemple (V. Cons. d'Et., 6 juin 1866, aff. Valette). — V. en ce sens, Cons. d'Et., 20 juin 1865 (Pand. chr.), et la note. — V. toutefois Cons. d'Et., 25 juin 1880 (Pand. chr.).

(3) *Sic* Cons. d'Et., 7 août 1875, aff. Elect. de Bugeaud. — Mais la recommandation directe de certains candidats pourrait, au contraire, être considérée comme une pression sur les électeurs et entraîner l'annulation du scrutin. V. Cons. d'Et., 6 août 1878, aff. Elect. de Plougastel-Daoulas (D. 79. 3. 5).

Ainsi, il n'y point de principes absolus; tout dépendra des circonstances, du degré et de la mesure de l'intervention.

Ajoutons qu'il y a toujours là un spectacle peu édifiant; la politique, quels que soient les temps, n'est jamais à sa place en chaire. Quand ces écarts de conduite se produisent, c'est la religion qui en fait tous les frais.

1879

CONS. D'ÉTAT **17 janvier 1879.**

TABAC, PLANTEUR, MANQUANTS, VOL.

Le vol de feuilles de tabac sur pied, en dehors de toute faute imputable au planteur, alors qu'il est prouvé et qu'il a été régulièrement déclaré, doit être assimilé au cas de force majeure, et emporte décharge de la valeur des feuilles non représentées (1) (L. 28 avril 1816, art. 197).

(Richet.)

LE CONSEIL D'ÉTAT : — Vu la loi du 28 avril 1816, tit. V, et la loi du 21 déc. 1872; Vu l'arrêté du préfet de Meurthe-et-Moselle, du 31 janv. 1876; — Considérant que le sieur Richet a soutenu qu'il avait été victime d'un vol, et que le ministre des finances reconnaît que ce planteur a fait régulièrement les déclarations prescrites, en cas de vol, par l'art. 47 de l'arrêté du préfet de Meurthe-et-Moselle, du 31 janv. 1876; que le conseil de préfecture s'est fondé, pour lui accorder décharge, sur ce qu'il résultait de l'instruction que le vol était réel et ne devait pas être imputé à la faute du sieur Richet, et que le ministre des finances n'établit pas que le conseil de préfecture ait fait une appréciation inexacte des circonstances de l'affaire; — Art. 1er. Le recours du ministre des finances est rejeté.

MM. Le Vavasseur de Précourt, rapp.; Laferrière, comm. du gouv.

CONS. D'ÉTAT **24 janvier 1879.**

PATENTE, ENTREPRENEUR, FABRIQUE DE BRIQUES.

L'entrepreneur qui fabrique des briques qu'il emploie exclusivement aux besoins de ses entreprises, et dont il n'effectue aucune vente à des tiers, ne doit pas être imposé à la patente de fabricant de briques (2) (LL. 25 avril 1844; 18 juin 1850; 25 mars 1872).

(Fortier.)

LE CONSEIL D'ÉTAT : — Vu les lois des 25 avr. 1844, 18 juin 1850 et 25 mars 1872; — Considérant qu'il résulte de l'instruction que le sieur Fortier est domicilié à Valenciennes, où il est imposé à la contribution des patentes en qualité d'entrepreneur de travaux publics; que s'il fait fabriquer des briques à Marly, il emploie exclusivement lesdites briques pour les besoins de ses entreprises et n'effectue aucune vente à des tiers; — Que, dans ces circonstances, la fabrication dont s'agit n'est que l'accessoire de la profession à raison de laquelle le requérant est imposé et qu'elle ne constitue pas l'exercice d'une industrie distincte; que, dès lors, le sieur Fortier est fondé à demander la décharge des droits de patente auxquels il a été assujetti sur le rôle de la commune de Marly, en qualité de fabricant de briques; — Art. 1er. L'arrêté... est annulé.

MM. Tixier, rapp.; Braun, comm. du gouv.

CONS. D'ÉTAT **4 avril 1879.**

RESPONSABILITÉ, ÉTAT, CHEF D'ÉQUIPE, ACCIDENT, SURVEILLANCE (DÉFAUT DE), TRAVAIL DANGEREUX.

L'État est responsable de l'accident arrivé à un chef d'équipe employé dans l'un de ses ateliers, au cours du chargement et du transport d'un canon de dimension et de poids exceptionnels, lorsqu'il n'a été pris aucune des mesures de surveillance et de précaution commandées par les dangers de l'opération (3) (C. civ., 1382).

(Guérin.)

LE CONSEIL D'ÉTAT : — Vu...; — ...Considérant qu'il résulte de l'instruction que la mort du sieur Guérin a été causée par la chute d'une pièce de canon de 19 centimètres, du poids de 8,000 kilogrammes, qu'il avait reçu l'ordre de transporter de l'atelier d'ajustage de la fonderie de Bourges dans un autre atelier; qu'en raison de la dimension et du poids exceptionnels de cette pièce, son chargement et son transport exigeaient une surveillance spéciale; et que, en négligeant de surveiller ces opérations, les chefs du sieur Guérin ont engagé la responsabilité de l'État; que, dès lors, la requérante est fondée à réclamer une indemnité, et qu'il sera fait une juste et suffisante appréciation de cette indemnité en condamnant l'Etat à lui payer, à partir du 8 août 1876, jour du décès de son mari, une rente annuelle et viagère de 150 fr.; — Art. 1er. La décision du ministre

---

(1) Mais faut-il tout au moins que le vol soit absolument établi et que la surveillance du planteur n'ait point été prise en défaut. V. Cons. d'Et., 5 déc. 1879 (Pand. chr.).

(2) La même situation est faite à l'entrepreneur qui tire d'une carrière des matériaux destinés exclusivement à ses travaux. V. Cons. d'Et., 11 févr. 1859, aff. Toutain. V. aussi Cons. d'Et., 19 mars 1862, aff. Dosmond; 30 avril 1862, aff. Freynet.

(3) L'Etat est dans la situation d'un patron ordinaire à l'égard des ouvriers qu'il emploie dans ses usines et manufactures. Il doit, en conséquence, prendre toutes les précautions de nature à empêcher les accidents. Ces précautions sont de deux sortes : d'ordre général, applicables en toutes circonstances et à toutes les industries; d'ordre spécial, commandées par la nature exceptionnelle du travail ou le caractère particulier de l'exploitation. Toute faute ou négligence dans la surveillance, de la part de ses agents, engage sa responsabilité. V. anal., Cons. d'Et., 11 mars 1884 (Pand. chr.). — Sur l'ensemble des devoirs et de la responsabilité des patrons, V. notamment, Caen, 22 déc. 1876 (S. 77. 2. 49. — P. 77. 234); Aix, 10 janv. 1877 (S. 77. 2. 336. — P. 77. 1306. — D. 77. 2. 204); 27 nov. 1877 (S. 78. 2. 232. — P. 78. 979); Caen, 17 mars 1880 (Pand. chr.); Douai, 27 juin 1881 (Pand. chr.); Paris, 12 déc. 1881 (S. 82. 1. 136. — P. 82. 1. 704); Amiens, 15 nov. 1883 (Pand. chr.); Cass., 26 nov. 1877 (S. 78. 1. 148. — P. 78. 374. — D. 78. 1. 118); 7 janv. 1878 (S. 78. 1. 412. — P. 78. 1074. — D. 78. 1. 297); 28 août 1882 (Pand. chr.), et les notes. — L'imprudence même commise par l'ouvrier ou employé n'efface pas la faute du patron; elle permet seulement aux tribunaux de modérer le chiffre des dommages-intérêts à allouer. V. Cass., 20 août 1879 (Pand. chr.); 10 nov. 1884 (Pand. chr.), et les renvois.

de la guerre... est annulée. — Art. 2. L'Etat payera, etc.
MM. Fould, rapp.; Flourens, comm. du gouv.; Gosset et Nivard, av.

CONS. D'ÉTAT 30 mai 1879.

CERCLE, TAXE, COTISATION EXTRAORDINAIRE.

La taxe établie par la loi du 16 sept. 1871 sur les cercles est due non-seulement sur les cotisations annuelles, mais aussi sur les cotisations extraordinaires ayant fait l'objet d'un vote spécial et destinées à faire face à des dépenses exceptionnelles (1) (L. 16 sept. 1871, art. 9; Décr. 27 déc. 1871).

(Cercle de Saint-Julien de Vouvantes.)

LE CONSEIL D'ÉTAT : — Vu la loi du 16 sept. 1871 et le décret du 27 déc. suivant; — Considérant qu'aux termes de la loi du 16 sept. 1871, les abonnés des cercles où se payent des cotisations, supportent une taxe de 20 p. 100 desdites cotisations payées par les membres ou associés; — Considérant qu'il résulte de l'instruction que le produit des cotisations payées par les abonnés du cercle de Saint-Julien de Vouvantes s'est élevé, pendant l'année 1877, à la somme de 770 francs, provenant soit des cotisations ordinaires, soit des cotisations extraordinaires; que la disposition de loi ci-dessus rappelée n'établit aucune distinction entre les cotisations annuelles qui sont exigées de tous les sociétaires uniformément, en vertu des statuts de la Société, et celles qui peuvent leur être imposées par un vote spécial et en vue de dépenses extraordinaires; que, dès lors, c'est avec raison que le conseil de préfecture a refusé d'accorder audit cercle la réduction demandée; — Art. 1er. La requête... est rejetée.
MM. Sauzey, rapp.; Braun, comm. du gouv.

CONS. D'ÉTAT 13 juin 1879.

ALIGNEMENT, PLAN NOUVEAU, MODIFICATION, ACCÈS (PRIVATION D'), INDEMNITÉ.

L'adoption et la mise à exécution par une ville d'un plan nouveau d'alignement n'ouvrent pas, au profit des propriétaires qui ont construit d'après l'ancien alignement, un droit à indemnité (2) (L. 28 pluv. an VIII, art. 4).

Mais il y a lieu d'allouer une indemnité au propriétaire dont la maison se trouve, en attendant l'achèvement des travaux entrepris en vue du nouvel alignement, séparée de la voie publique par un talus haut de plusieurs mètres, dépourvu de parapet, n'y accédant qu'au moyen d'une rampe d'accès trop étroite pour le passage et la circulation des voitures (3) (Id.).

(Cornail et Decugis c. Ville de Nice.)

LE CONSEIL D'ÉTAT : — Vu la loi du 28 pluv. an VIII, art. 4; — Considérant qu'il résulte de l'instruction que la maison que les requérants possèdent en bordure du chemin du Lazaret a été construite par eux, en 1849, conformément à l'alignement qui leur avait été délivré, le 19 sept. 1848, par le conseil d'ornement de la ville de Nice, d'après les indications d'un plan adopté par des patentes royales en date du 25 oct. 1842, en vue de l'élargissement du chemin du Lazaret; que les alignements, ainsi que la direction du susdit chemin, ont été modifiés en 1869, époque à laquelle sa largeur a été augmentée, son niveau abaissé et son nom même changé en celui de boulevard de l'Impératrice de Russie; et que, par suite des travaux alors exécutés par la ville de Nice, l'immeuble des requérants se trouve aujourd'hui séparé du nouveau boulevard par une bande de terrain triangulaire, formant un talus destiné à disparaître, lorsque le boulevard de l'Impératrice de Russie aura sur ce point sa largeur normale de 15 mètres; — Considérant que le sieur Cornail et la dame veuve Decugis fondent leur demande en indemnité sur ce que la ville de Nice leur aurait causé un double préjudice, d'une part, en modifiant les alignements du chemin du Lazaret adoptés en 1842; d'autre part, en coupant ce chemin lors des travaux entrepris en 1869, et en plaçant leur maison en contre-haut; — Considérant que l'autorisation de bâtir, qui a été donnée le 19 sept. 1848 au sieur Cornail, ne constituait qu'une permission de voirie au profit de ce propriétaire, et que l'adoption ainsi que la mise à exécution, en 1869, d'alignements autres que ceux qui avaient été arrêtés en 1842, pour le chemin du Lazaret, ne sauraient ouvrir, au profit du sieur Cornail et de la dame Decugis, aucun droit à indemnité; — Mais considérant, d'autre part, que la rue Haute qui, en attendant l'achèvement du boulevard de l'Impératrice de Russie, a été ménagée au droit de l'immeuble des requérants, est bordée du côté du boulevard par un talus haut de 2 m. 50 cent. en moyenne et dépourvu de parapet; qu'elle ne se raccorde à son extrémité sud avec le susdit boulevard qu'au moyen d'une rampe d'accès large seulement de 1 m. 20 cent., et qu'elle présente le long de la maison Cornail une largeur insuffisante pour permettre aux voitures de tourner devant cette maison et d'accéder au magasin situé vers l'angle sud-est du rez-de-chaussée; que ce nouvel état des lieux a entraîné pour les requérants, depuis 1869, des pertes de loyer et la diminution de la valeur locative de leur immeuble; que la maison qu'ils possèdent restera ainsi dépréciée jusqu'au jour où la ville de Nice raccordera ladite maison avec le boulevard de l'Impératrice de Russie; que l'état de l'instruction et notamment les rapports d'expertise et de tierce expertise permettent d'apprécier le montant de l'indemnité à laquelle ont droit les requérants, etc.; — Art. 1er. L'arrêté du conseil de préfecture des Alpes-Maritimes, du 17 juin 1876, est annulé.
MM. Gomel, rapp.; Flourens, comm. du gouv.; Sauvel et Demasure, av.

CONS. D'ÉTAT 13 juin 1879.

GARDE PARTICULIER, RÉVOCATION, EXCÈS DE POUVOIR.

La faculté de ne point agréer un garde particulier, laissée au préfet ou sous-préfet, n'implique point, en leur faveur, le droit de révoquer ce garde, une fois l'agrément donné et la prestation de serment accomplie (4) (LL. 20 mess. an III, art. 4; 3 brum. an IV, art. 40; 28 pluv. an VIII, art. 9).

(Grellier.)

LE CONSEIL D'ÉTAT : — Vu les lois des 7-14 oct. 1790 et 24 mai 1872; — Vu les lois des 20 mess. an III, art. 4; 3 brum. an IV, art. 40, et 28 pluv. an VIII, art. 9; — Vu les art. 17 et 279 à 282, C. instr. crim.; — Considérant

(1) V. en ce sens, Cons. d'Ét., 1er juin 1877, aff. Cercle des Phocéens. — Mais la taxe n'est plus due quand il s'agit des cotisations purement facultatives : Cons. d'Ét., 6 août 1875, aff. Cercle de la Petite-Eglise.

(2) V. en ce sens, Cons. d'Ét., 24 avril 1837 (S. 37. 2. 379. — P. chr. adm. — D. 38. 2. 222). V. aussi Cons. d'Ét., 15 mai 1869 (Pand. chr.).

(3) V. anal., Cons. d'Ét., 16 déc. 1864 (S. 65. 2. 245. — P. chr. adm. — D. 65. 3. 68); 4 juill. 1873 (S. 75. 2. 188. — P. chr. adm. — D. 73. 3. 81); 19 déc. 1873 (Pand. chr.).

(4) V. conf. Cons. d'Ét., 23 janv. 1880 (2e espèce) (Pand. chr.). V. aussi, sur l'ensemble de la question, les conclusions de M. le commissaire du gouvernement jointes à l'arrêt précité et à une autre décision de la même date.

que, d'après les termes de l'arrêté attaqué, le sieur Grellier est révoqué de ses fonctions de garde particulier; — Considérant que la révocation, prononcée par mesure administrative, ne saurait s'appliquer qu'aux agents et employés qui tiennent leur nomination de l'administration; que les gardes particuliers sont choisis et rémunérés exclusivement par les propriétaires qui les emploient; que si, aux termes des dispositions des lois ci-dessus visées des 20 mess. an III et 28 pluv. an VIII, ils doivent être agréés par le sous-préfet, ainsi que l'a été, en fait, le sieur Grellier, à la date du 9 mars 1878, ils ne sauraient, à raison de cet agrément, être considérés comme des agents ou employés de l'administration, et que, si le sous-préfet a la faculté de ne pas agréer un garde particulier, aucune disposition de loi ne l'autorise à révoquer le garde qui a été agréé par lui, qui a prêté serment devant le tribunal, et qui, d'ailleurs, en tant qu'officier de police judiciaire, est placé sous la surveillance de l'autorité judiciaire; qu'ainsi le sous-préfet de l'arrondissement de Saint-Jean d'Angély n'a pu, sans excéder ses pouvoirs, révoquer le sieur Grellier de ses fonctions de garde particulier; — Art. 1er. L'arrêté du sous-préfet de Saint-Jean d'Angély, du 23 mai 1878, est annulé pour excès de pouvoir.

MM. Le Vavasseur de Précourt, rapp.; Flourens, comm. du gouv.; Bellaigue, av.

TRIB. DES CONFLITS 14 juin 1879.

Acte administratif, Secrétaire de mairie, Traitement, Retenue, Compétence.

La retenue qu'un maire exerce, à titre disciplinaire, même par voie de mesure administrative, sur le traitement du secrétaire de mairie, n'a pas le caractère d'un acte administratif (1) (L. 28 pluv. an VIII, art. 4).

Par suite, c'est à l'autorité judiciaire seule qu'il appartient de connaître des difficultés en cas de litige (2) (Id.).

(Labrebis c. Commune de Nonancourt.)

LE TRIBUNAL DES CONFLITS : — Vu les art. 12, 30 de la loi du 18 juill. 1837; — Vu la loi du 28 pluv. an VIII et celle du 25 mai 1838; — Vu l'art. 13, titre II, de la loi des 16-24 août 1790 et la loi du 16 fruct. an III; — Vu les ordonn. des 1er juin 1828 et 12 mars 1831, le règlement d'administration publique du 26 oct. 1849 et la loi du 24 mai 1872; — Considérant qu'aucun texte de loi ne confère à l'autorité municipale le pouvoir de retenir, par voie de mesure administrative et à titre disciplinaire, tout ou partie des appointements qui peuvent être dus par la commune à ses employés; que, dès lors, l'arrêté pris par le maire de Nonancourt, le 13 avril 1878, approuvé par la délibération du conseil municipal du 14 mai suivant, et déclarant qu'il y a lieu de retenir au sieur Labrebis, ancien secrétaire de la mairie, 20 fr. sur son traitement du mois de janv. 1878, pour avoir laissé inexécutés divers travaux rentrant dans son service, ne constituait pas un acte administratif faisant obstacle à ce que le sieur Labrebis pût saisir de sa demande en payement de la somme qu'il prétendait lui rester due, le juge compétent pour statuer sur le litige existant entre lui et la commune; — Considérant que les secrétaires de mairie ne sont pas des fonctionnaires ou des agents dont les services doivent être assimilés aux services administratifs de l'État; et que ni la loi du 28 pluv. an VIII, relative aux travaux publics, ni aucune autre loi n'a attribué à la juridiction administrative contentieuse la connaissance des difficultés auxquelles peut donner lieu le règlement des salaires dus par les communes aux secrétaires de mairie; qu'en l'absence d'une disposition contraire, c'est aux tribunaux judiciaires qu'il appartient de connaître de ces difficultés, qui se rattachent à des conventions de droit commun, et que, par suite, c'est à tort que le préfet du département de l'Eure a revendiqué pour l'autorité administrative le litige pendant entre le sieur Labrebis et la commune de Nonancourt; — Art. 1er. L'arrêté de conflit pris par le préfet de l'Eure, le 7 mars 1879, est annulé.

MM. Groualle, rapp.; Charrins, comm. du gouv.

CONS. D'ÉTAT 20 juin 1879.

Patente, Assurances mutuelles, Sociétés multiples, Administration, Agent d'affaires.

Doit être considéré comme agent d'affaires et imposé en cette qualité à la patente, sans titre aucun à l'exemption accordée aux directeurs de Sociétés d'assurances mutuelles, l'individu qui, moyennant une remise proportionnelle, s'est chargé de gérer les intérêts de deux Compagnies d'assurances mutuelles et de pourvoir à toutes les dépenses d'administration de ces Compagnies (3) (L. 25 avril 1844, art. 13).

(Letartre.)

LE CONSEIL D'ÉTAT : — Vu la loi du 25 avril 1844; — Considérant que le sieur Letartre s'est chargé, moyennant une remise proportionnée à la valeur des assurances, de gérer les intérêts de deux Compagnies d'assurances mutuelles, *le Centre mutuel* et *la Compagnie d'assurances mutuelles contre l'incendie du département d'Eure-et-Loir*, et de pourvoir à toutes les dépenses d'administration desdites Compagnies; que ces faits constituent une industrie spéciale qui, pour s'exercer à propos des assurances, n'en reste pas moins parfaitement distincte de ce contrat, et pour laquelle, dès lors, on ne peut se prévaloir de l'exemption de patente que l'art. 13 de la loi du 25 avril 1844 accorde aux assurances mutuelles autorisées; — Considérant que le sieur Letartre, par la nature de ses relations avec les deux Compagnies dont il gère les intérêts et des opérations auxquelles il se livre, doit être considéré comme exerçant la profession d'agent d'affaires, et que c'est avec raison que le sieur Letartre a été imposé en cette qualité, pour les années 1876 et 1877, sur les rôles de la ville de Chartres; — Art. 1er. La requête... est rejetée.

MM. Busson-Billault, rapp.; Braun, comm. du gouv.

(1-2) Ainsi que le reconnaît le présent jugement en ses motifs, les secrétaires de mairie ne sont pas des fonctionnaires ou agents dont les services doivent être assimilés aux services administratifs de l'État. Plusieurs applications de ce principe ont été faites par la jurisprudence, notamment en matière de diffamation (V. Cass., 22 juin 1883, Pand. chr.) et de louage de services (V. Lyon, 3 févr. 1872, Pand. chr.; Cass., 21 juill. et 5 août 1873, Pand. chr., et les renvois). Ces derniers arrêts décident que le renvoi des secrétaires de mairie ne peut avoir lieu qu'en observant les délais de congé consacrés par l'usage, qu'autrement il naît, en leur faveur, un droit à une indemnité. Ce n'est pas là la situation des fonctionnaires proprement dits, dont la révocation reste dans les mains et à la discrétion du gouvernement. Si le contrat qui lie les secrétaires de mairie à l'administration communale constitue un louage de services, les difficultés au sujet du règlement des salaires, des retenues sur ces salaires, se rattachent par là même à l'exécution d'une convention de droit commun et relèvent nécessairement de la compétence de l'autorité judiciaire.

(3) Cette décision nous paraît difficile à concilier avec l'arrêté, d'une rédaction trop générale, du conseil de préfecture de la Seine-Inférieure, en date du 28 mai 1878 (Pand. chr.), et nos observations critiques en note. — A notre avis, l'hésitation n'est pas possible. L'administration, par un même individu, de plusieurs Sociétés d'assurances mutuelles, à forfait, constitue une véritable industrie qui est restée en dehors des exemptions restreintes de la loi du 25 avril 1844, art. 13.

CONS. D'ÉTAT 4 juillet 1879.

CONTRIBUTIONS DIRECTES, IMPÔT FONCIER, PORTES ET FENÊTRES, OMNIBUS, PAVILLON.

Des pavillons construits par une Compagnie d'omnibus sur des voies ou places publiques, alors qu'ils reposent sur des fondations en maçonnerie et qu'ils sont établis à perpétuelle demeure, peuvent, suivant leurs dimensions et leur aménagement, être considérés comme des immeubles imposables à la contribution foncière et à celle des portes et fenêtres (1) (LL. 3 frim. an VII; 20 févr. 1849).

(Comp. lyonnaise des Omnibus.)

LE CONSEIL D'ÉTAT : — Vu la loi du 3 frim. an VII; Vu la loi du 20 févr. 1849; — En ce qui concerne la contribution foncière et la contribution des portes et fenêtres : — Considérant qu'il résulte de l'instruction que les pavillons construits par la Compagnie lyonnaise des Omnibus sur le quai Saint-Antoine, la place Bellecour, le boulevard du Nord et la place Morand, reposent sur des fondations en maçonnerie et sont établis sur le sol à perpétuelle demeure; qu'ils servent de bureaux aux employés de la Compagnie; que, par leurs dimensions et leur aménagement, ils doivent être considérés comme des immeubles imposables à la contribution foncière et à la contribution des portes et fenêtres; que, dans ces circonstances, c'est avec raison que le conseil de préfecture a rejeté la demande de la Compagnie en décharge desdites contributions (le surplus sans intérêt); — Art. 1er. La requête... est rejetée.

MM. Vandal, rapp.; Dunoyer, comm. du gouv.

AVIS CONS. D'ÉTAT 9 juillet 1879.

CHEMIN DE FER, GARES, STATIONS, AVENUES D'ACCÈS, DOMAINE PUBLIC.

Les avenues d'accès aux gares et stations, tant qu'elles n'ont pas été remises aux communes, aux départements ou à l'État, et classées comme annexes des chemins vicinaux ou des routes départementales ou nationales, doivent être considérées comme faisant partie du domaine public des chemins de fer (2) (C. civ., 538, 653 et suiv.).

LE CONSEIL D'ÉTAT : — Sur la question de savoir si les avenues d'accès aux gares et stations, tant qu'elles n'ont pas été remises aux communes, aux départements ou à l'État, et classées comme annexes des chemins vicinaux ou des routes départementales ou nationales, doivent être considérées comme faisant partie du domaine public des chemins de fer : — Considérant que ces avenues ont été établies par les Compagnies sur des terrains acquis de leurs deniers et avec l'autorisation de l'État; qu'elles sont indispensables à l'exploitation du chemin de fer et affectées, comme les gares et les stations elles-mêmes, à l'usage du public; qu'il est, par conséquent, hors de doute que, réunissant les caractères du domaine public, elles n'en fassent partie au même titre que les gares et les stations; que, dès lors, tant qu'elles n'ont pas été classées dans le réseau des routes nationales et départementales ou dans celui des chemins vicinaux, elles demeurent soumises aux dispositions de la loi du 15 juill. 1845, à l'exception de celles qui ont été édictées spécialement en vue de la circulation des locomotives et des trains; qu'ainsi, il appartient sans contestation aux Compagnies auxquelles incombe la charge de les entretenir, de pouvoir les préserver par l'établissement de clôtures longitudinales, et que les riverains n'acquièrent pas sur ces avenues les droits et les facultés dont ils jouissent le long des voies publiques, notamment en ce qui concerne les accès et les jours;

Est d'avis que les avenues d'accès aux gares et stations, tant qu'elles n'ont pas été remises aux communes, aux départements ou à l'État et classées comme annexes des chemins vicinaux ou des routes départementales ou nationales, doivent être considérées comme faisant partie du domaine des chemins de fer.

CONS. D'ÉTAT 12 août 1879.

CHEMINS VICINAUX, PRESTATIONS EN NATURE, VOITURE ATTELÉE, CONDUCTEUR.

L'individu porté, à raison d'un cheval et d'une voiture, au rôle des prestations en nature pour les chemins vicinaux, n'est pas tenu de fournir un conducteur; ce serait autrement lui imposer une journée d'homme dont il n'est pas redevable (3) (L. 21 mai 1836, art. 4 et 21).

(Lazare.)

LE CONSEIL D'ÉTAT : — Vu la loi du 21 mai 1836, notamment les art. 14 et 21; — Considérant qu'il n'est pas contesté que le sieur Lazare était imposé pour trois journées de prestations à raison de son cheval et de sa voitur seulement, et qu'il a offert d'acquitter ces prestations en nature; que cette offre a été refusée par le motif que, contrairement à l'art. 27 du règlement en date du 24 févr. 1872, pris pour l'exécution de la loi du 21 mai 1836, son cheval et sa voiture ont été conduits sur le chantier sans être accompagnés d'un homme pour les conduire; — Mais, considérant que cette disposition du règlement ne pouvait avoir pour effet d'obliger le sieur Lazare à fournir une journée d'homme dont il n'était pas redevable; que le sieur Lazare a été ainsi privé de la faculté que la loi lui accorde d'acquitter ses prestations en nature, et que, dès lors, il est fondé à demander la décharge desdites prestations; — Art. 1er. L'arrêté... est annulé. — Art. 2. Décharge.

MM. Vandal, rapp.; Flourens, comm. du gouv.

---

(1) Cet arrêt est en parfaite concordance avec la doctrine générale de deux décisions antérieures du conseil d'État, des 20 juin 1865 et 20 déc. 1878 (Pand. chr.). Il s'appuie, en effet, pour déterminer le caractère des constructions, sur ces trois circonstances qui se retrouvent dans les précédents indiqués : 1° l'existence de fondations en maçonnerie; 2° l'établissement à perpétuelle demeure; 3° les dimensions et le mode d'aménagement des locaux. — Observons toutefois que, dans l'arrêt du 20 juin 1865, il était établi que les kiosques lumineux reposaient sur des fondations en maçonnerie. Malgré cette constatation, ces constructions ont continué à bénéficier de l'exemption de l'impôt.

Depuis, et par arrêt du 25 juin 1880 (Pand. chr.), le conseil d'État s'est prononcé en faveur d'un nouveau système; il semble ne plus s'attacher qu'à l'une seulement des trois circonstances ci-dessus relevées : l'existence ou le défaut de fondations en maçonnerie; les autres considérations sont négligées comme sans valeur.

(2) Décidé, dans le même sens, qu'une avenue établie par une Compagnie de chemin de fer sur des terrains acquis au moyen de l'expropriation et conduisant à une gare, constitue une dépendance du chemin de fer faisant partie de la grande voirie; qu'en conséquence, des travaux exécutés par un particulier, sans autorisation, sur les talus de cette avenue constituent une contravention de grande voirie: Cons. d'Ét., 1er févr. 1884 (S. 85. 3. 75. — P. chr. adm. — D. 85. 3. 52). V. aussi Cass., 12 janv. 1881 (S. 81. 1. 413. — P. 81. 1. 1038. — D. 81. 1. 323), et le rapport de M. le conseiller Babinet.

Quant à ce principe, aujourd'hui incontesté, que les gares et stations font partie du domaine public des chemins de fer et sont, à ce titre, imprescriptibles et inaliénables, V. Avis Cons. d'Ét., 13 avr. 1880 (Pand. chr.), et la note.

(3) V. en sens contraire, Circ. min., 15 juin 1837, sur l'application de la loi du 21 mai 1836. La pratique administrative unanime attestée par les nombreux règlements préfectoraux s'était, jusqu'à la décision ci-dessus reproduite, conformée aux prescriptions de la circulaire ministérielle.

CONS. D'ÉTAT **12 août 1879.**

CONTRIBUTIONS DIRECTES, SYNDIC, FAILLITE, RÉCLAMATION, QUALITÉ (DÉFAUT DE).

Le syndic d'une faillite n'est pas recevable, en cette qualité, à demander décharge, aux lieu et place du failli et sans justification de mandat spécial, d'une contribution directe à laquelle le failli a été imposé postérieurement à sa mise en faillite (1) (C. comm., 443).

(Gaudin.)

LE CONSEIL D'ÉTAT : — ...Considérant que la faillite du sieur Le Lamo ayant été prononcée le 28 déc. 1877, le sieur Gaudin (la suite des motifs textuellement reproduite de l'arrêt du conseil d'État, du 1er mars 1878, aff. Ferry, Pand. chr.) ; — Art. 1er. La requête du sieur Gaudin est rejetée.

MM. de Claye, rapp.; Flourens, comm. du gouv.

CONS. D'ÉTAT **14 novembre 1879.**

GAZ, ÉCLAIRAGE, TRAITÉ, INTERPRÉTATION, COMPÉTENCE.

S'il appartient au conseil de préfecture de statuer sur les difficultés qui s'élèvent entre les villes et les Compagnies concessionnaires de l'éclairage par le gaz, relativement à l'interprétation et à l'exécution de leurs marchés (2), *aucune disposition de loi ne l'autorise à connaître des contestations entre les concessionnaires et les particuliers sur le prix du gaz livré et sur l'application des tarifs du cahier des charges* (3) (L. 28 pluv. an VIII, art. 4).

(Comp. du gaz d'Arles c. Roche, Roman et autres.)

LE CONSEIL D'ÉTAT : — Vu la loi du 28 pluv. an VIII; — Considérant que s'il appartient au conseil de préfecture, par la loi du 28 pluv. an VIII, de statuer sur les difficultés qui s'élèvent entre les villes et les Compagnies concessionnaires de l'éclairage par le gaz, relativement à l'interprétation et à l'exécution de leurs marchés, aucune disposition de loi ne l'autorise à connaître des contestations existant entre les concessionnaires et les particuliers sur le prix du gaz livré à ceux-ci; que, dans l'espèce, il n'existe aucune contestation entre la ville d'Arles et la Compagnie requérante; que les demandes des sieurs Roche et autres, tendant à obtenir, en vertu de l'art. 26 du cahier des charges, l'application du prix inférieur à celui qui leur est réclamé par la Compagnie, et le remboursement des sommes qu'ils auraient payées en trop, n'étaient pas de nature à être portées devant le conseil de préfecture, et que, par suite, l'arrêté qui est intervenu doit être annulé pour incompétence; — Art. 1er. L'arrêté du 8 mai 1877 est annulé pour incompétence.

MM. Mayniel, rapp.; Gomel, comm. du gouv.; Bosviel et Mazeau, av.

CONS. D'ÉTAT **14 novembre 1879.**

MINE, PATENTE, LOCATAIRE.

Le locataire d'une mine, aux lieu et place du concessionnaire direct, lorsqu'il se borne à extraire le minerai et à vendre les matières extraites, a droit à l'exemption de patente et ne peut être rangé dans la catégorie des exploitants d'extraction de minerai de fer (4) (L. 21 avril 1810, art. 32).

(Cahen et Rambaud.)

LE CONSEIL D'ÉTAT : — Vu les lois du 21 avril 1810, art. 32, et du 25 avril 1844, art. 13; — Considérant qu'aux termes de l'art. 32 de la loi du 21 avril 1810, l'exploitation des mines n'est pas considérée comme un commerce et n'est pas sujette à patente; — Considérant qu'il résulte de l'instruction que les mines de fer de Saint-Remy, concédées par décret du 28 sept. 1875 au sieur Croizilles, ont été louées par lui aux sieurs Cahen et Rambaud, qui se bornent à extraire le minerai et à vendre les matières extraites; qu'il suit de là que les requérants sont fondés à demander décharge de la contribution des patentes à laquelle ils ont été imposés, pour l'année 1878, en qualité d'exploitants d'extraction de minerai de fer; — Art. 1er. L'arrêté du conseil de préfecture du Calvados, du 24 juin 1879, est annulé.

MM. Baudenet, rapp.; Chante-Grellet, comm. du gouv.

CONS. D'ÉTAT **14 novembre 1879.**

VOIE PUBLIQUE, TROTTOIRS, TAXE, PROPRIÉTAIRES SUCCESSIFS, RECOUVREMENT.

La portion de dépense à la charge des riverains de la voie publique dans la construction des trottoirs, constitue la dette directe des propriétaires des immeubles en bordure au moment même de l'exécution des travaux, et non celle des propriétaires ultérieurs, fussent-ils devenus acquéreurs avant l'émission des rôles (5) (LL. 18 juill. 1837, art. 44; 25 juin 1841, art. 28; 7 juin 1845, art. 1, 2 et 3).

(Ville de Gray c. Trayvon.)

LE CONSEIL D'ÉTAT : — Vu les lois du 18 juill. 1837, 25 juin 1841 et 7 juin 1845; — Considérant que, d'après les art. 1, 2 et 3 de la loi du 7 juin 1845, 28 de la loi du 25 juin 1841 et 44 de la loi du 18 juill. 1837 combinés, la portion de la dépense de construction des trottoirs à la charge des propriétaires riverains est recouvrée au moyen de rôles dressés par l'administration et déterminant nominativement ceux qui doivent contribuer au payement de ladite dépense; que la ville est en droit, immédiatement après l'exécution des travaux, de réclamer le remboursement de la portion de la dépense de construction des trottoirs à la charge des propriétaires des immeubles qui bordent la voie, et que, dès lors, la taxe est due par ceux à qui appartiennent à ce moment lesdits immeubles; que la circonstance que la ville aurait cru devoir retarder l'émission du rôle et qu'avant cette émission l'immeuble aurait été l'objet d'une aliénation, ne saurait avoir pour effet d'autoriser l'administration à substituer sur le rôle le nouveau propriétaire au premier débiteur de la taxe; — Considérant qu'il résulte de l'instruction que les travaux de construction des trottoirs ont été exécutés sur le port de la ville de Gray dans le courant de l'année 1875, et que le

---

(1) V. conf. Cons. d'Et., 1er mars 1878 (Pand. chr.), et le renvoi.

(2) V. en ce sens, Trib. des conflits, 15 déc. 1876 (Pand. chr.); Cass., 2 mars 1880 (Pand. chr.), et les notes.

(3) *Sic* Cass., 16 déc. 1878 (Pand. chr.).

(4) L'exploitation des mines n'est pas considérée comme un commerce et n'est pas sujette à la patente (L. 21 avril 1810, art. 32). — S'il en est ainsi, on ne voit pas la différence de situation juridique entre l'exploitation par un locataire qui ne fait que ce que le concessionnaire eût fait lui-même et l'exploitation directe par ce concessionnaire. Dans l'un et l'autre cas, il s'agit d'une entreprise avec un caractère purement civil. V. d'ailleurs, sur cette question, Cass., 1er juill. 1878 (Pand. chr.); 28 oct. 1885 (Pand. chr.), et les renvois.

(5) Ce sont les mêmes principes qu'en matière de recouvrement de taxes de pavage. Il n'y a pas, en effet, de raisons de différence. V. Cons. d'Ét., 12 mai 1876, aff. Ville de Paris (Pand. chr.); 2 août 1878, aff. Desportes (Pand. chr.), et les notes.

sieur Trayvon reconnaît que c'est seulement à la date du 1er mars 1876 qu'il a vendu l'immeuble bordant le port de ladite ville et dont il était propriétaire; que, dans ces circonstances, c'est à tort que le conseil de préfecture lui a accordé décharge de la portion de dépense qui avait été mise à sa charge à raison de la construction desdits trottoirs; — Art. 1er. L'arrêté du conseil de préfecture de la Haute-Saône, du 29 mai 1878, est annulé.

MM. Vallon, rapp.; Gomel, comm. du gouv.; Bosviel et Michaux-Bellaire, av.

TRIB. DES CONFLITS **15 novembre 1879.**

VOIE PUBLIQUE, DÉCLASSEMENT, SUPPRESSION, RIVERAIN, DOMMAGE, INDEMNITÉ, COMPÉTENCE.

C'est au conseil de préfecture qu'il appartient de connaître des dommages causés au riverain d'une voie publique par le déclassement et la suppression de cette voie, et, par suite, de statuer sur l'indemnité qui peut être due de ce chef (1) (L. 28 pluv. an VIII, art. 4).

(Auzou c. Commune de Varvannes.)

LE TRIBUNAL DES CONFLITS : — Vu la loi du 24 mai 1872 et l'ord. du 1er juin 1828; — Vu la loi du 28 pluv. an VIII; — Considérant que de la double déclaration d'incompétence opposée à la demande d'Auzou par le tribunal civil de Dieppe et par le conseil de préfecture du département de la Seine-Inférieure, il résulte un conflit négatif, et qu'il y a lieu de régler la compétence; — Considérant qu'Auzou soutient que le déclassement du chemin vicinal n° 5 de la commune de Varvannes et l'aliénation des parcelles déclassées ont eu pour conséquence de modifier les accès de sa propriété et lui ont causé un dommage à raison duquel une indemnité lui serait due par la commune; — Considérant que les dommages qui peuvent résulter de l'établissement, du déplacement ou de la suppression d'une voie publique sont de ceux dont il appartient aux conseils de préfecture de connaître, par application de l'art. 4 de la loi du 28 pluv. an VIII; — Art. 1er. Est considéré comme non avenu l'arrêté du conseil de préfecture du département de la Seine-Inférieure du 11 janv. 1879. — Art. 2. La cause et les parties sont renvoyées devant le conseil de préfecture du département de la Seine-Inférieure.

MM. Laferrière, rapp.; Desjardins, comm. du gouv.; Chambon et Bosviel, av.

CONS. D'ÉTAT **28 novembre 1879.**

CHEMIN DE FER, VOIE FERRÉE, ANIMAUX, INTRODUCTION, PASSAGE A NIVEAU, BARRIÈRE, FERMETURE (DÉFAUT DE), CONTRAVENTION (ABSENCE DE).

Le fait, par un particulier, d'avoir laissé des bestiaux (des bœufs) s'introduire sur une voie ferrée par un passage à niveau dont les barrières étaient restées ouvertes la nuit, contrairement aux prescriptions des règlements administratifs enjoignant de les tenir fermées, ne constitue aucune contravention de voirie (2) (Arr. du Cons., 16 déc. 1759; LL. 29 flor. an X; 23 mars 1842; 15 juill. 1845, art. 2).

(Ministre des travaux publics c. Farçat.)

LE CONSEIL D'ÉTAT : — Vu les lois du 29 flor. an X et du 15 juill. 1845; — Considérant qu'aux termes de l'art. 2 de l'arrêté du préfet de l'Isère, du 7 août 1868, les barrières des passages à niveau de la première catégorie seront habituellement fermées pendant la nuit; — Considérant qu'il est reconnu qu'au moment où les bœufs du sieur Farçat se sont introduits dans l'enceinte de la voie ferrée, par le passage à niveau n° 3, qui appartient à la première catégorie, il faisait nuit, et que les barrières étaient ouvertes; que, dans ces circonstances, c'est avec raison que le conseil de préfecture de l'Isère a renvoyé le sieur Farçat des fins du procès-verbal ci-dessus visé; — Art. 1er. Le recours... est rejeté.

MM. Mayniel, rapp.; Cazalens, comm. du gouv.

CONS. D'ÉTAT **28 novembre 1879.**

INSTRUCTION PRIMAIRE, DÉLÉGUÉS CANTONAUX, RÉVOCATION, RECOURS.

Les délégués cantonaux préposés à la surveillance des écoles primaires, quoique nommés pour trois ans, peuvent toujours être remplacés dans leurs fonctions par le conseil départemental, et ce remplacement, quels qu'en puissent être les motifs, ne saurait donner lieu à un recours, devant le conseil d'État, pour excès de pouvoir (LL. 15 mars 1850, art. 42; 14 juin 1854, art. 7).

(De Laage et autres.)

LE CONSEIL D'ÉTAT : — Vu la loi du 15 mars 1850, le décret du 9 mars 1852 et la loi du 14 juin 1854; Vu les lois des 7-14 oct. 1790 et 24 mai 1872, art. 9; — Considérant que, d'après les art. 42 de la loi du 15 mars 1850, et 7 de la loi du 14 juin 1854 combinés, le conseil départemental de l'instruction publique désigne, pour surveiller les écoles dans chaque canton, des délégués qu'il nomme pour trois ans et qui sont révocables; qu'aucune disposition de loi ne limite les cas ni ne détermine les motifs pour lesquels les délégués peuvent être révoqués; qu'il suit de là que les délégués en exercice peuvent toujours être remplacés dans leurs fonctions par le conseil départemental, et que, quelles que soient les causes pour lesquelles le conseil croit devoir procéder à des nominations nouvelles, les délégués remplacés ne sont pas recevables à demander au conseil d'Etat, par application des lois des 7-14 oct. 1790 et 24 mai 1872, art. 9, l'annulation de la délibération qui a désigné leurs successeurs; — Art. 1er. La requête... est rejetée.

MM. Tirman, rapp.; Cazalens, comm. du gouv.; Besson, av.

TRIB. DES CONFLITS **29 novembre 1879.**

ACTE ADMINISTRATIF, FONCTIONNAIRE PUBLIC, FAUTE PERSONNELLE, SIGNATURE, LÉGALISATION, REFUS, MAIRE, INDEMNITÉ, COMPÉTENCE.

Il n'appartient aux tribunaux civils de statuer sur les demandes en dommages-intérêts formées contre les fonctionnaires publics, que lorsque ces demandes sont fondées sur des faits personnels à ceux-ci, et non sur des actes d'administration (3)

(1) Cette décision et celle du même tribunal, du 26 juin 1883 (Pand. chr.), ne font que confirmer la jurisprudence résultant de deux arrêts antérieurs du conseil d'Etat, des 15 juin 1842 (Dalloz, *Jurispr. gén.*, v° *Servitudes*, n. 763), et 24 juill. 1856 (S. 57. 2. 399. — P. chr. adm. — D., *Jurispr. gén.*, v° *Voirie par terre*, n. 1572).

(2) V. conf. Cons. d'Ét., 5 août 1881 (Pand. chr.). V. aussi nos observations sous Cons. d'Et., 3 févr. 1882 (Pand. chr.).

(3) Jurisprudence constante sur laquelle existe l'accord le plus complet entre le tribunal des conflits et la Cour de cassation. V. conf. sur le principe, Trib. des conflits, 24 nov. 1877 (S. 78. 2. 157. — P. chr. adm. — D. 78. 3. 17); 8 déc. 1877 (quatre jugements) (S. 79. 2. 279. — P. chr. adm. — D. 78. 3. 17); 17 janv. 1880 (Pand. chr.); 11 déc. 1880 (deux jugements) (S. 83. 3. 20. — P. chr. adm.); 2 avril 1881 (S. 82. 3. 79. — P. chr. adm.); 19 nov. 1881 (S. 82. 3. 49. — P. chr. adm. — D. 83. 3. 23); 18 mars 1882 (S. 84.

(LL. 16-24 août 1790, tit. II, art. 13; 16 fruct. an III; 24 mai 1872).

Spécialement, *ces tribunaux sont incompétents pour connaître d'une demande en indemnité dirigée contre un maire à raison du refus de légalisation d'une signature au bas d'une pétition, la légalisation des signatures se rattachant aux attributions conférées aux maires en leur qualité de représentants du pouvoir central et non d'officiers de l'état civil ou de police judiciaire* (1) (LL. 6 mars 1791, art. 11 ; 18 juill. 1837, art. 9).

(De Boislinard c. Puissesseau.)

LE TRIBUNAL DES CONFLITS : — Vu la loi des 16-24 août 1790, titre III, art. 13, la loi du 16 fruct. an III, et la loi du 18 juill. 1837, art. 9; Vu l'ord. du 1er juin 1828 et celle du 12 mars 1831 ; le règlement du 26 oct. 1849 et la loi du 24 mai 1872 ; — Considérant que, par exploit du 12 mai 1879, le sieur de Boislinard a fait donner assignation, devant le tribunal civil de Montmorillon, au sieur Puissesseau, maire de la commune de Leignes, pour s'entendre condamner à 300 francs de dommages-intérêts; — Considérant que cette demande est exclusivement fondée sur ce que le maire de Leignes a refusé de certifier la sincérité de la signature apposée par le sieur de Boislinard au bas d'une pétition ; — Considérant que les tribunaux civils ne sont compétents, pour statuer sur les demandes en dommages-intérêts formées contre les fonctionnaires publics, que lorsqu'elles sont fondées sur des faits personnels à ceux-ci, et non sur des actes administratifs; — Considérant que c'est en leur qualité d'agents du pouvoir central, sous l'autorité et d'après les instructions de leurs supérieurs hiérarchiques, que les maires certifient la sincérité des signatures de leurs administrés; qu'on ne saurait rattacher ces actes ni aux fonctions des maires comme officiers de l'état civil ni à l'exercice de la police judiciaire; qu'en conséquence la décision du maire, soit qu'il délivre, soit qu'il refuse ces certificats, constitue un acte d'administration dont les tribunaux civils ne peuvent ni examiner les motifs, ni apprécier la légalité; — Considérant que le tribunal civil de Montmorillon a donc méconnu les prohibitions résultant des lois ci-dessus visées des 16-24 août 1790 et 16 fruct. an III, en se déclarant compétent pour connaître de l'action intentée au maire de Leignes par le sieur de Boislinard; — Art. 1er. L'arrêté de conflit pris par le préfet de la Vienne, le 5 août 1879, est confirmé. — Art. 2. Sont considérés comme non avenus : 1° l'exploit à la date du 12 mai 1879, par lequel le sieur de Boislinard a fait assigner le sieur Puissesseau, maire de Leignes; 2° le jugement du tribunal civil de Montmorillon, en date du 29 juill. 1879, par lequel ledit tribunal s'est déclaré compétent pour connaître de la demande contenue audit exploit.

MM. Collet, rapp.; Charrins, comm. du gouv.; Sabatier, av.

TRIB. DES CONFLITS 29 novembre 1879.

COMMUNE, PRISE D'EAU, AUTORISATION, ABUS, INDEMNITÉ, USINIERS, DÉCLARATION D'UTILITÉ PUBLIQUE, INTERPRÉTATION, QUESTION PRÉJUDICIELLE, SURSIS, COMPÉTENCE.

L'autorité judiciaire est seule compétente pour statuer sur une demande en indemnité formée par des usiniers contre une ville, à raison de ce que cette ville a usé d'une prise d'eau, dans une rivière, en dehors des conditions d'autorisation prescrites par un décret d'utilité publique, et a, par là, diminué d'une manière notable la force motrice de leurs usines (2) (LL. 16-24 août 1790, tit. II, art. 13; 16 fruct. an III; 28 pluv. an VIII, art. 4).

Mais, au cas de contestations sur le sens et la portée du décret d'utilité publique, l'autorité judiciaire doit, non point se déclarer définitivement incompétente, mais surseoir jusqu'à ce que l'autorité administrative ait fixé les points d'interprétation en litige (3) (Id.).

(Balos et autres c. Ville de Saint-Chamond.)

LE TRIBUNAL DES CONFLITS : — Vu la loi des 16-24 août 1790, le décret du 16 fruct. an III, et la loi du 28 pluv. an VIII, art. 4 ; — ...Considérant que si, aux termes de l'art. 4 de la loi du 28 pluv. an VIII, il appartient aux conseils de préfecture de statuer sur les indemnités qui peuvent être dues pour torts et dommages résultant de travaux publics, il est prétendu par les demandeurs que le préjudice par eux souffert, bien loin de résulter des travaux exécutés en vertu du décret du 2 juin 1866, aurait pour cause des actes contraires à ses prescriptions formelles, dont ils ne contestent nullement les conséquences; que ce décret a déclaré d'utilité publique les travaux nécessaires pour assurer l'alimentation des fontaines publiques de la ville de Saint-Chamond et améliorer le régime du Gier; que cependant cette ville, qui, d'après ces termes, devait se borner à prendre dans les eaux du Ban, sur lequel elle a fait établir un barrage, celles qu'exigeaient les besoins de ses fontaines, l'excédant devant être rendu au Gier, les a détournées en totalité pour en livrer une partie à des industriels à qui elle a fait des concessions d'eau; que ce détournement total, opéré au moyen de la fermeture de l'orifice ménagé dans le barrage, a privé complètement le Gier des eaux du Ban et diminué d'une manière notable la force motrice de leurs usines;

Mais considérant que, de leur côté, la ville de Saint-Chamond et le préfet soutiennent que le décret du 2 juin 1866 n'a pas le sens restrictif qui lui est attribué ; que, par ces mots : *travaux nécessaires pour assurer l'alimentation des fontaines publiques*, on doit entendre non-seulement les travaux destinés à conduire l'eau aux fontaines et aux établissements publics, mais l'ensemble des travaux nécessaires pour amener l'eau dans toutes les parties de la ville et la livrer à ceux qui en font la demande; que les concessions d'eau forment avec les fontaines un même tout et concourent au même but, en mettant à la portée des

---

2. 19. — P. chr. adm. — D. 83. 2. 83); 7 juill. 1883 (deux jugements) (Pand. chr.). V. aussi un jugement rendu dans des circonstances de fait en tous points semblables à celles de l'affaire actuelle par le même tribunal, à la date du 13 déc. 1879 (Pand. chr.), et conçu dans des termes à peu près identiques. *Adde* également conformes sur le principe, Cass., 10 déc. 1879 (Pand. chr.); 12 mai 1880 (Pand. chr.), 4 août 1880 (Pand. chr.); Montpellier, 12 janv. 1883 (S. 83. 2. 173. — P. 83. 1. 891); Cass., 25 mars 1884 (deux arrêts) (Pand. chr.), et les renvois; Trib. civ. Nîmes, 6 janv. 1887 (la *Loi*, 1er févr.).

(1) Même accord sur cette question entre le tribunal des conflits et les Cours d'appel. V. Trib. des conflits, 13 déc. 1879, précité; Rennes, 8 déc. 1879 (Pand. chr.); Paris, 23 févr. 1880 (Pand. chr.); Montpellier, 25 juin 1880 (Pand. chr.), et les renvois. — Faisons d'ailleurs observer que ce n'est point là une jurisprudence particulière à la matière de la légalisation des signatures; elle dérive d'une théorie générale, de principes plus étendus qui ont reçu diverses applications notamment : aux déclarations pour ouverture de cafés, cabarets et débits de boissons (L. 17 juill. 1880, art. 2). V. Cons. d'Et., 7 août 1883 (Pand. chr.), 4 juill. 1884 (Pand. chr.), et les notes; — aux déclarations de colportage de journaux. V. Trib. des conflits, 21 mai 1881 (Pand. chr.), et la note; — à propos, en un mot, du refus des maires de délivrer les récépissés obligatoires de toute nature.

(2-3) V. dans le même sens, Trib. des conflits, 24 mai 1884 (Pand. chr.), et les observations en note. Comp. Trib. des conflits, 16 juill. 1881 (Pand. chr.), et les renvois.

habitants les eaux qu'ils seraient obligés d'aller chercher au loin pour leurs besoins domestiques et ceux de leur industrie; — Considérant qu'en présence de ce désaccord sur le sens du décret du 2 juin 1866, il y a lieu à son interprétation; que le point de savoir si le préjudice allégué a ou non pour cause les travaux qu'il a autorisés et, par suite, si le tribunal est compétent, dépend de cette interprétation; que cette question préjudicielle entraînait, non l'incompétence absolue de l'autorité judiciaire, mais un simple jugement de sursis jusqu'à ce que le sens et la portée du décret eussent été fixés par l'autorité administrative; — Art. 1er. L'arrêté de conflit est confirmé, mais seulement en ce qu'il revendique pour l'autorité administrative l'interprétation du décret du 2 juin 1866; ledit arrêté est annulé pour le surplus.

MM. Tardif, rapp.; Gomel, comniss. du gouv.; Aguillon, av.

CONS. D'ÉTAT **5 décembre 1879.**

TABAC, PLANTEUR, MANQUANTS, VOL, PREUVE.

Il ne suffit pas au planteur, pour obtenir décharge, en cas de vol, de la valeur des feuilles de tabac non représentées, de faire sa déclaration en temps utile; il faut encore qu'il prouve la soustraction frauduleuse dont il prétend avoir été victime (1) (L. 28 avril 1816, tit. V, ch. II et III).

(Juan.)

LE CONSEIL D'ÉTAT : — Vu la loi du 28 avril 1816, tit. V, et la loi du 21 déc. 1872; — Vu l'arrêté du préfet du département du Var, relatif à la culture du tabac, en date du 10 mars 1877; Vu la loi du 22 frim. an VII, notamment l'art. 65; Vu la loi du 21 avril 1832, art. 28; — Sur les conclusions de la dame Juan, tendant à ce qu'il lui soit accordé décharge de la somme de 7,848 francs : — Considérant que, si la dame Juan a fait, en temps utile, la déclaration prescrite en cas de vol par l'art. 47 de l'arrêté du préfet du département du Var, du 10 mars 1877, sur la culture du tabac, l'instruction à laquelle il a été procédé à la suite de cette déclaration ne permet pas de considérer comme établie la soustraction frauduleuse dont la dame Juan prétend avoir été victime, et d'accorder à celle-ci la décharge de la somme qui lui a été imposée comme représentant la valeur des tabacs manquants; que, d'ailleurs, aucune contestation ne s'élève sur la quantité des manquants.

MM. Tixier, rapp.; Chante-Grellet, comm. du gouv.; Jozon, av.

TRIB. DES CONFLITS **13 décembre 1879.**

ACTE ADMINISTRATIF, FONCTIONNAIRE PUBLIC, FAUTE PERSONNELLE, SIGNATURES, LÉGALISATION, REFUS, MAIRE, INDEMNITÉ, COMPÉTENCE.

Il n'appartient aux tribunaux civils de statuer sur les demandes en dommages-intérêts formées contre les fonctionnaires publics, que lorsque ces demandes sont fondées sur des faits personnels à ceux-ci, et non sur des actes d'administration (2) (LL. 16-24 août 1790, tit. II, art. 13; 16 fruct. an III; 24 mai 1872).

Spécialement, *ces tribunaux sont incompétents pour connaître d'une demande d'indemnité dirigée contre un maire à raison du refus de légalisation d'une signature au bas d'une pétition, la légalisation des signatures se rattachant aux attributions conférées aux maires en leur qualité d'agents du pouvoir central et non d'officiers de l'état civil ou de police judiciaire* (3) (LL. 6 mars 1791, art. 11; 18 juill. 1837, art. 9).

(Bernard de la Frégeollière et Perrichet c. Bineteau.)

LE TRIBUNAL DES CONFLITS : — Vu les lois (*comme au jugement du même tribunal, du 29 nov. 1879*, Pand. chr.); — Considérant que, par l'exploit du 27 mai 1879, les dames Bernard de la Frégeollière et Perrichet ont donné assignation devant le juge de paix du canton de Noyant, au sieur Bineteau, maire de la commune de Chigné, pour s'entendre condamner à 125 francs de dommages-intérêts, à raison du préjudice qu'il leur aurait causé par le refus de légaliser immédiatement les signatures qu'elles se proposaient d'apposer en sa présence sur une pétition destinée aux Chambres législatives; que, sur la décision par laquelle le juge de paix du canton de Noyant s'est déclaré incompétent, lesdites dames Bernard de la Frégeollière et Perrichet ont, par voie d'appel, reproduit, devant le tribunal civil de première instance de Baugé, les mêmes conclusions, fondées exclusivement sur le même motif; — (*suivent des considérants sur le fond du droit textuellement reproduits du jugement précité du 29 nov. 1879*, Pand. chr.). — Considérant que le tribunal de Baugé a donc méconnu les prohibitions résultant des lois ci-dessus visées des 16-24 août 1790 et 16 fruct. an III, en se déclarant compétent pour connaître de l'action intentée au maire de Chigné par les dames Bernard de la Frégeollière et Perrichet; — Art. 1er. L'arrêté du 19 sept. 1879, par lequel le préfet de Maine-et-Loire a élevé le conflit d'attributions est confirmé. — Art. 2. Sont considérés comme non avenus : l'exploit introductif d'instance du 27 mai 1879, l'acte d'appel du 19 juill. suivant, et le jugement du tribunal civil de première instance de Baugé, du 13 sept. de la même année.

MM. de Lavenay, rapp.; Desjardins, comm. du gouv.

TRIB. DES CONFLITS **20 décembre 1879.**

TRAVAUX PUBLICS, SERVICE DES EAUX, COMMUNE, SYNDICAT, TRAITÉ, ABONNEMENT ANNUEL, COMPÉTENCE.

Le traité intervenu entre une ville et un syndicat d'irrigation pour l'arrosage et le service des eaux, moyennant une annuité payable par la ville, constitue un marché de travaux publics; dès lors, l'autorité administrative est seule compétente pour connaître des difficultés auxquelles peut donner lieu l'exécution de ce traité (4) (L. 28 pluv. an VIII, art. 4).

---

(1) Jugé que le vol de feuilles de tabac sur pied, en dehors de toute faute imputable au planteur, alors qu'il est prouvé et qu'il a été régulièrement déclaré, doit être assimilé au cas de force majeure, et emporte décharge de la valeur des feuilles non représentées : Cons. d'Et., 17 janv. 1879 (Pand. chr.). Dans cette espèce, on le voit, à la différence de l'arrêt ci-dessus rapporté, le vol était dûment établi par une instruction judiciaire.

(2-3) V. conf. sur les deux points, Trib. des conflits, 29 nov. 1879 (Pand. chr.), et la note.

(4) V. en ce sens, Cons. d'Et., 19 janv. 1854 (D. 54. 3. 29); 16 janv. 1862 (D. 62. 2. 51); 30 janv. 1868 (deux arrêts) (Pand. chr.), et la note. — Cette jurisprudence d'ailleurs n'a rien de spécial aux conventions passées pour le service et la distribution des eaux; elle s'applique à tous les traités de même nature qui portent sur des objets divers, sur des fournitures aussi variables que les besoins mêmes des agglomérations humaines qu'elles sont destinées à satisfaire. Ainsi, par exemple, la même compétence s'impose quand il s'agit de traités passés par une ville avec une Compagnie concessionnaire pour l'éclairage au gaz des rues, places et lieux publics. V. Trib. des conflits, 16 déc. 1876 (Pand. chr.), et la note; Cons. d'Et., 14 nov. 1879 (Pand. chr.), V. aussi Cass., 2 mars 1880 (Pand. chr.), et la note. — V. toutefois, Cons. d'Et., 8 févr. 1878 (Pand. chr.), et la note.

(Ville de Beaucaire c. Syndicat du canal d'irrigation de Beaucaire.)

LE TRIBUNAL DES CONFLITS : — Vu les lois des 16-24 août 1790, 16 fruct. an III, et 28 pluv. an VIII; Vu l'ordonn. du 1er juin 1828 et la loi du 24 mai 1872 ; — Sur la recevabilité du conflit... ; — Sur le fond : — Considérant que la demande formée par le maire de la ville de Beaucaire, en sa qualité de représentant de la commune, suivant exploit introductif d'instance du 28 nov. 1877, tend à faire prononcer par le tribunal civil de Nîmes contre l'administration du séquestre du canal de Beaucaire une condamnation en 10,000 francs de dommages-intérêts pour réparation du préjudice causé à la ville de Beaucaire par le syndicat en n'exécutant pas les engagements par lui contractés vis-à-vis de ladite commune; que, suivant le même exploit, l'inexécution des engagements de la part de l'administration du canal aurait consisté : 1° en ce que de fréquentes interruptions se seraient produites dans le service des eaux de la ville, laissé en souffrance à plusieurs reprises au cours des années 1876 et 1877 ; 2° en ce que, indépendamment de ces interruptions, les eaux, lorsqu'elles coulaient normalement, seraient arrivées avec une pression si faible et si inférieure à celle qui avait été stipulée, que les quartiers élevés de la ville en auraient été complétement privés; — Considérant que la ville de Beaucaire, en alléguant ainsi l'inexécution par le syndicat des engagements qui le liaient vis-à-vis d'elle, élève une difficulté sur le sens et l'exécution des clauses d'un marché relatif à un travail public; — Considérant qu'aux termes de l'art. 4 de la loi du 28 pluv. an VIII, les conseils de préfecture prononcent sur les difficultés qui peuvent s'élever entre les entrepreneurs de travaux publics et l'administration, concernant le sens et l'exécution des clauses de leurs marchés; — Considérant qu'il ne peut être contesté que le caractère de marché de travaux publics appartienne à la convention intervenue entre la ville et le syndicat constitué pour l'établissement, l'entretien et le perfectionnement du canal d'irrigation de Beaucaire, convention d'après laquelle, moyennant la souscription à un abonnement annuel, la ville de Beaucaire a stipulé que l'arrosage et le service de ses eaux lui seraient fournis par le syndicat du canal dans des conditions déterminées; — Considérant que de ce qui précède il résulte que le préfet du Gard a revendiqué à bon droit pour l'autorité administrative la connaissance du litige; — Art. 1er. L'arrêté de conflit du 24 juill. 1879 est confirmé. — Art. 2. Sont considérés comme non avenus : l'exploit en date du 28 nov. 1877, le jugement du 20 févr. 1878, l'arrêt de la Cour de Nîmes du 11 août 1878, et enfin le jugement du 8 juill. 1879.

MM. Barbier, rapp. ; Cazalens, comm. du gouv. ; Jozon, av.

CONS. D'ÉTAT 26 décembre 1879.

PATENTE, SOCIÉTÉ, ASSOCIÉ PRINCIPAL, ACTE CONSTITUTIF, RAISON SOCIALE.

A défaut d'indications plus précises, il y a lieu, pour l'établissement du droit proportionnel de patente dans les Sociétés en nom collectif, de considérer, comme associé principal, l'associé dont le nom figure le premier dans l'acte de société et dans la raison sociale (1) (L. 25 avril 1844, art. 9, 10, 16).

(Fauveau et autres.)

LE CONSEIL D'ÉTAT : — Vu la loi du 25 avril 1844, art. 9, 10 et 16; — Considérant qu'aux termes des dispositions ci-dessus visées, le droit proportionnel, dans les Sociétés en nom collectif, est établi sur l'habitation de l'associé principal; que, dans l'acte constitutif de la Société formée entre les sieurs Fauveau, Ballon et Lemonchaux, ainsi que dans la raison sociale adoptée par eux, le nom du sieur Fauveau figure le premier; qu'il suit de là que le sieur Fauveau doit être considéré comme associé principal, et que, dès lors, c'est avec raison qu'il a été imposé et maintenu au droit proportionnel de patente pour son habitation personnelle ; — Art. 1er. La requête... est rejetée.

MM. Vandal, rapp.; Le Vavasseur de Précourt, comm. du gouv.

---

(1) Une circulaire ministérielle du 14 août 1844 a décidé qu'on doit considérer, comme associé principal, le premier associé inscrit dans l'acte de société, s'il a la gestion des affaires, et, dans le cas contraire, celui qui a la plus forte mise de fonds. La jurisprudence du conseil d'État est venue depuis confirmer et développer les données de la circulaire ministérielle. Ainsi, il a été jugé que la qualité d'associé principal appartient : — 1° à l'associé dont le nom est placé le premier dans l'acte de société : Cons. d'Et., 19 mars 1864, aff. Watel; — 2° à l'associé qui figure seul dans la raison sociale et qui habite seul à proximité du siège de l'établissement industriel : Cons. d'Et., 31 juill. 1874, aff. Louault (Pand. chr.); — 3° à l'associé, premier inscrit dans l'acte de société, mais qui ne figure pas le premier dans la raison sociale, s'il a fourni la plus forte part du fonds social : Cons. d'Et., 3 déc. 1867, aff. Kahn. — Mais, à l'inverse, la qualité d'associé principal ne saurait appartenir à l'associé, premier inscrit dans l'acte de société, mais dont le nom ne figure pas dans la raison sociale et dont les intérêts dans la Société sont moins considérables que ceux de ses coassociés. V. Cons. d'Et., 1er déc. 1852 (Pand. chr.). — V. d'ailleurs notre *Dictionnaire de dr. comm., ind. et marit.*, t. V, v° *Patente*, n. 238 et suiv.

1880

CONS. D'ÉTAT 16 janvier 1880.

ÉTABLISSEMENTS INSALUBRES, GAZOMÈTRES, INSTALLATION, MAISON D'HABITATION, DISTANCE.

Un propriétaire ne peut s'opposer à l'installation d'un gazomètre à moins de trente mètres d'un bâtiment lui appartenant, qu'au cas seulement où ce bâtiment réunit les conditions d'une maison propre à l'habitation (1) (Décr. 9 févr. 1867, art. 2).

(Delacourcelle.)

LE CONSEIL D'ÉTAT : — Vu les décrets du 15 oct. 1810, du 31 déc. 1865 et du 9 févr. 1867 ; — Considérant que, pour demander l'annulation de l'arrêté préfectoral du 1er mai 1878, qui a autorisé la construction de l'usine à gaz du sieur Foucart, le sieur Delacourcelle se fonde uniquement sur ce qu'il posséderait une maison d'habitation à moins de trente mètres de cette usine, et qu'ainsi ledit arrêté aurait été pris contrairement aux dispositions de l'art. 2 du décret du 9 févr. 1867 ; — Considérant qu'il résulte de l'instruction que le bâtiment que possède le requérant ne constitue pas une maison d'habitation à laquelle les prescriptions de l'art. 2 du décret précité soient applicables ; que, dès lors, c'est avec raison que le conseil de préfecture a rejeté l'opposition formée par le sieur Delacourcelle contre l'arrêté préfectoral du 1er mai 1878, portant autorisation au sieur Foucart d'établir une usine à gaz au lieu dit la Varenne ; — Art. 1er. La requête est rejetée.

MM. de Rouville, rapp. ; Gomel, comm. du gouv. ; Chambareaud, av.

CONS. D'ÉTAT 23 janvier 1880 (DEUX ARRÊTS).

GARDE PARTICULIER, NOMINATION, RETRAIT DE L'ARRÊTÉ, RÉVOCATION, EXCÈS DE POUVOIR.

La faculté d'agrément, dans les nominations de garde particulier, n'emporte point, pour les préfets et sous-préfets, le droit de retirer cet agrément une fois qu'ils l'ont donné, soit en rapportant l'arrêté qui le contient (2) (LL. 20 mess. an III, art. 4 ; 3 brum. an IV, art. 40 ; 28 pluv. an VIII, art. 9) ; — 1re espèce.

...*Soit en révoquant le garde d'une manière expresse* (3) (Id.) ; — 2e espèce.

1re espèce. — (Du Bos et Lenglet.)

M. le commissaire du gouvernement, Le Vavasseur de Précourt a pris, dans cette affaire, les conclusions suivantes :

« C'est pour la troisième fois depuis un an que le conseil d'État est appelé à statuer sur des difficultés relatives au pouvoir des préfets et sous-préfets à l'égard des gardes particuliers.

« Dans un premier arrêt du 13 déc. 1878 (Pand. chr.), le conseil d'Etat a décidé que le refus par le sous-préfet d'agréer un garde était un acte du pouvoir discrétionnaire ; par une seconde décision, du 13 juin 1879 (Pand. chr.), vous avez annulé l'arrêté d'un sous-préfet révoquant un garde précédemment agréé.

« Dans l'affaire qui vous est soumise, le préfet de la Somme n'a pas révoqué expressément le garde du sieur du Bos ; il a rapporté l'arrêté par lequel le sieur Lenglet avait été agréé en 1874, en se fondant sur ce que ce garde aurait pris part à un colportage de pétitions. Le résultat est le même, mais la forme de l'arrêté est différente, et bien que cette différence ne nous paraisse avoir aucune portée juridique, nous la constatons, et elle nous permet de reprendre la question dans son ensemble, en laissant de côté, pour un moment, la précédente décision du conseil d'État. — Nous avons à rechercher : 1° quels sont les textes de loi applicables ; 2° quelle est la nature du droit d'agrément ; 3° quel est le caractère spécial du garde particulier, en tant qu'officier de police judiciaire.

« Les textes applicables sont peu nombreux et peu précis.

« La loi du 20 mess. an III (art. 4) reconnaît expressément à tout propriétaire le droit d'avoir un garde champêtre particulier, pour la surveillance de ses propriétés, garde qui doit être soumis à l'agrément du conseil général de la commune : la loi du 3 brum. an IV (art. 40) reproduit la même disposition, en l'étendant expressément aux gardes forestiers. Le droit d'agrément, attribué par ces lois au conseil général de la commune, est transféré au sous-préfet par l'art. 9 de la loi du 28 pluv. an VIII ; il appartient au préfet dans les arrondissements des chefs-lieux de préfecture. Aucune de ces lois ne contient de disposition relative au droit qui appartiendrait à l'administration de retirer à un garde l'agrément une fois donné. Vous remarquerez que ce droit considérable, s'il existait en réalité, aurait appartenu d'abord à l'assemblée des élus de la commune, pour être transféré ensuite au sous-préfet, qui n'était, dans la pensée des auteurs de la loi du 28 pluv. an VIII, telle qu'elle résulte du rapport de M. Rœderer, qu'un agent investi de très-minimes attributions.

« Le Code d'instruction criminelle place les gardes particuliers, comme tous les officiers de police judiciaire, sous la surveillance de l'autorité judiciaire : nous reviendrons ultérieurement sur ces dispositions.

« Le Code forestier nous fournit d'importants éléments de discussion. Nous citerons d'abord l'art. 117, qui consacre, en faveur des propriétaires, le droit d'avoir un garde qui doit être agréé par le sous-préfet. Cet article a donné lieu à une vive discussion devant la Chambre des députés. La commission avait proposé de transférer à l'agent forestier local le droit d'agrément. On a soutenu que ce droit, en lui-même, était une atteinte au droit absolu du propriétaire de choisir son garde ; un amendement présenté par M. Duhamel a proposé de substituer au mot « agréer » le mot « reconnaître » ; finalement, par forme de transaction, sur la proposition de M. Sébastiani, on a maintenu le mot « agréer », en réservant l'agrément, non à l'agent forestier local, mais au sous-préfet. Il résulte de la discussion que la concession du droit d'agréer a été, de la part de la Chambre, une concession restreinte à l'agrément proprement dit. — L'art. 188 détermine la valeur des procès-verbaux des gardes particuliers : ils ne font foi que jusqu'à preuve contraire, tandis que ceux des

(1) Il s'agit là d'une question qui, de jour en jour, devient plus pratique. L'éclairage par le gaz s'est partout répandu ; les villes les moins importantes possèdent leur usine. Ces établissements ne vont pas sans causer à leur voisinage des désagréments multiples : fumée, poussière, odeur, etc. ; il y a plus même, ce sont, à un certain degré, des foyers d'insalubrité. Aussi le décret du 9 févr. 1867, art. 2, a fixé à trente mètres au moins de toute maison d'habitation, la distance *minima* de l'emplacement d'un gazomètre. Que faut-il entendre par *maison d'habitation*. L'arrêt que nous rapportons ne s'explique pas autrement qu'en s'emparant des termes mêmes du décret ; ce qui n'éclaire rien ; il ne relève pas les circonstances de fait qui donnent seules à la décision une valeur réelle d'application pratique. Ces circonstances, les voici avec une rigoureuse exactitude. Le bâtiment situé à moins de trente mètres de l'emplacement assigné au gazomètre se composait d'un sous-sol avec un petit fourneau, d'une pièce unique trop petite pour permettre d'y placer un lit, au-dessus d'un grenier. Ces trop modestes proportions suffisaient à démontrer que le bâtiment, qui n'avait jamais d'ailleurs été habité, n'était pas même susceptible d'être approprié à l'habitation.

(2-3) La question a été traitée, avec les développements les plus complets, par M. le commissaire du gouvernement dans les conclusions ci-dessus reproduites. — V. aussi Cons. d'Et., 23 nov. 1883 (Pand. chr.).

gardes des bois de l'Etat, des communes et des établissements publics, font foi jusqu'à inscription de faux. Quelle est la raison de cette différence? Le rapporteur du Code forestier, M. Favart de Langlade, la donne dans son rapport : « La commission, dit-il, a été forcée de reconnaître que les gardes particuliers sont, relativement aux propriétaires qui les désignent, dans une sorte de rapports qui n'existent pas entre les autres gardes de l'administration forestière, les communes et les établissements publics; que, si l'administration agrée leur nomination, elle n'a le droit ni de les révoquer, ni même de les suspendre; qu'ils sont, dès lors, affranchis de cette constante surveillance qui maintient dans la ligne du devoir les agents inférieurs de l'administration forestière. » A défaut d'un texte de loi précis sur la question qui nous occupe, ce commentaire autorisé, donné par le rapporteur même de la loi, nous parait avoir une importance capitale.

« Mais, dit-on (et nous arrivons ici à la seconde partie de nos observations), le droit de nomination suppose implicitement le droit de révocation, à moins de disposition spéciale de la loi. Nous reconnaissons ce principe. — On ajoute: le droit de donner l'agrément comporte, de même, le droit de retirer l'agrément. Nous repoussons absolument cette analogie. L'agrément n'a, selon nous, aucune corrélation avec la nomination; il se rapproche, au contraire, du droit d'approbation réservé à l'autorité administrative, en de nombreuses matières, en vertu des principes qui constituent la tutelle administrative. Or votre jurisprudence constante établit que le préfet, qui a le droit de refuser son approbation à une délibération d'un conseil municipal, par exemple, ne peut pas retirer son approbation, dès qu'elle a produit son effet (Cons. d'Et., 2 mars 1877, S. 77. 2.309. — P. chr. adm. — D. 77. 3. 36; 6 juill. 1877, S. 79. 2. 188. — P. chr. adm. — D. 77. 3. 102). Nous appliquons cette même doctrine au droit d'agrément, et nous disons : l'agrément donné à un garde produit son effet du jour où le garde a prêté serment devant le tribunal, et l'arrêté qui a agréé le garde ne peut plus, dès lors, être rapporté.

« D'ailleurs, ce n'est pas dans cette matière spéciale seulement que nous trouvons dans la loi ce mot d'agrément.

« D'après l'art. 23 de la loi du 15 juill. 1845, les Compagnies de chemins de fer peuvent avoir des gardes agréés par l'administration et assermentés, investis du pouvoir de dresser des procès-verbaux. Cet agrément peut-il être retiré? Nullement, et la preuve, c'est qu'en 1852, on a dû faire un décret spécial, qui porte la date du 21 mars, pour placer ce personnel assermenté et agréé des chemins de fer sous la surveillance de l'administration publique et lui donner le droit de requérir des Compagnies la révocation de leurs agents; et encore, ce sont les Compagnies, et non l'administration, qui retirent à l'agent les pouvoirs dont il est investi.

« Dans un tout autre ordre d'idées, en matière de cultes, nous retrouvons le mot : *agréer*. D'après l'art. 10 du Concordat, les choix des évêques, pour les nominations des curés, ne peuvent porter que sur des personnes agréées par le gouvernement; il en est de même, d'après les articles organiques, de la nomination des chanoines pour le culte catholique, et de celle des pasteurs protestants. Dira-t-on que le gouvernement a, à tout moment, le droit de retirer à un curé, à un chanoine, à un pasteur l'agrément une fois donné? Ce serait la conséquence logique de la thèse que nous combattons.

« Mais, dit-on, les gardes particuliers sont dans une situation spéciale. Que sont-ils donc? Ce ne sont pas des fonctionnaires. La Cour de cassation a refusé de les comprendre parmi les fonctionnaires qui peuvent, sans condition de domicile, réclamer leur inscription sur la liste électorale (Cass., 29 avril 1879, S. 80. 1. 133. — P. 80. 284. — D. 80. 1. 332); le conseil d'Etat a décidé que la prohibition de distribuer des bulletins électoraux, faite à tout agent de l'autorité par la loi du 30 nov. 1875, ne s'appliquait pas à eux.

« Ils sont, nous le reconnaissons, officiers de police judiciaire; ils peuvent dresser des procès-verbaux, mais dans quelles limites? Uniquement sur les propriétés de leurs mandants (Cass., 4 mars 1828, *Jur. gén.*, v° *Garde champêtre*, n° 40). Si un autre arrêt de la Cour de cassation, du 2 juill. 1846 (D. 46. 4. 301), indique qu'ils ont le devoir d'arrêter les auteurs de crimes ou délits surpris en cas de flagrant délit ou dénoncés par la clameur publique, ce devoir leur est commun avec tous les citoyens, d'après l'art. 106, C. instr. crim. Comme officiers de police judiciaire, aux termes des art. 17, 279 à 282 du même Code, ils sont placés sous la surveillance du procureur général et du procureur de la République; ils peuvent être réprimandés par le procureur général, cités devant la Cour, et condamnés aux frais de la citation et de l'arrêt de réprimande. Ce pouvoir disciplinaire est-il suffisant? Le législateur seul peut modifier la loi, s'il la juge incomplète. Et, s'il la modifiait, il restreindrait certainement aux cas disciplinaires proprement dits l'action de l'administration sur les gardes. Si les autres officiers de police judiciaire sont révocables, c'est qu'ils sont, en même temps, agents de l'administration, et comme tels, soumis à leurs supérieurs dans l'administration (C. instr. crim., art. 17). D'ailleurs, on peut très-bien concevoir une loi municipale dans laquelle les maires, nommés par les conseils municipaux, bien qu'officiers de police judiciaire, ne seraient pas révocables; et, pour rester dans la législation actuelle, des auteurs autorisés, et parmi eux M. Faustin Hélie, enseignent que le juge d'instruction ne peut être relevé de l'instruction, c'est-à-dire de ses fonctions d'officier de police judiciaire, qu'à l'expiration de la période de trois ans pour laquelle il est nommé. Le danger de voir maintenir en fonction un garde indigne n'est pas bien grave : car les procès-verbaux du garde ne faisant foi que jusqu'à preuve contraire, le propriétaire sera le premier intéressé à changer un garde dont les procès-verbaux n'auraient plus d'autorité devant le tribunal.

« Nous devons maintenant parler de la pratique administrative: on cite uniquement un arrêté d'un préfet qui, en 1862, aurait révoqué un garde. Cet arrêté isolé est sans importance. Ce qui nous prouve que la pratique administrative n'est pas contre nous, c'est que, s'il en était autrement, beaucoup de réclamations se seraient déjà produites dans une matière qui touche si directement à l'intérêt privé, et, de plus, nous pouvons invoquer un article publié, en 1838, dans le *Bulletin officiel du ministère de l'intérieur*, et qui dénie au sous-préfet le droit de révocation. Ainsi, sur le terrain des textes, nous nous appuyons sur le rapport si formel de M. Favart de Langlade; sur le terrain doctrinal, nous estimons que le droit d'agrément est absolument différent du droit de nomination et que le garde agréé échappe à tout autre contrôle que celui de l'autorité judiciaire.

« Il nous reste à conclure; mais nous voulons, en terminant, appeler toute l'attention du conseil sur la décision du 13 juin 1879 (Pand. chr.). L'affaire, en réalité, est déjà jugée : un débat important, auquel a pris part le président de l'Ordre des avocats, a eu lieu à cette époque, et les commentateurs de vos décisions, ont déjà pris possession de l'arrêt du 13 juin. Dans cette matière spéciale des recours pour excès de pouvoir, la jurisprudence du conseil d'Etat a toujours été progressive, étendant, sans les restreindre jamais, les garanties données à l'intérêt privé. Nous invoquons, en terminant, l'autorité de ce récent arrêt, et nous concluons à l'annulation, pour excès de pouvoir, de l'arrêté attaqué du préfet de la Somme.

« La seconde affaire est identique, avec cette différence pourtant que le préfet du Tarn a employé le mot de révocation; nous concluons, par les mêmes motifs, à l'annulation de son arrêté. »

LE CONSEIL D'ÉTAT : — Vu les lois des 20 mess. an III, art. 4, 3 brum. an IV, art. 40, 28 pluv. an VIII, art. 9; Vu l'art. 117, C. forest.; Vu les lois des 7-14 oct. 1790 et 24 mai 1872, art. 9; — Considérant que d'après les dispositions combinées des lois des 20 mess. an III, 3 brum. an IV et 28 pluv. an VIII, et de l'art. 117, C. forest., le garde particulier est choisi par le propriétaire qui veut lui confier la surveillance de ses domaines; qu'il est rémunéré et peut être révoqué par lui; que, s'il doit être agréé par le préfet ou sous-préfet et prêter serment devant le tribunal, aucune disposition de loi n'a réservé à l'administration la faculté de retirer ses fonctions à un garde particulier, soit en le révoquant, soit en rapportant l'arrêté par lequel il a été agréé; — Considérant que, s'il appartient à l'administration, à moins d'exceptions formellement prévues par la loi, de retirer aux agents ou employés nommés par elle le mandat qu'elle leur a confié, elle ne saurait user de cette faculté, lorsqu'elle ne lui est réservée par aucune disposition législative, à l'égard des agents qui ne sont pas nommés par elle et qui doivent seulement obtenir son agrément; qu'il suit de là que le préfet de la Somme, en rapportant, par l'arrêté attaqué, l'arrêté par lequel le sieur Lenglet a été agréé en qualité de garde particulier des propriétés du sieur Du Bos, a excédé la limite de ses pouvoirs; — Art. 1er. L'arrêté est annulé.

MM. de Rouville, rapp.; Le Vavasseur de Précourt, comm. du gouv.

2e espèce. — (Doumayrou.)

LE CONSEIL D'ÉTAT : — (Même rédaction que ci-dessus, sauf la révocation du garde, prononcée par l'arrêté annulé).

Mêmes rapporteur et commissaire du gouvernement.

AVIS CONS. D'ÉTAT 24 mars 1880.

BUREAUX DE BIENFAISANCE, CHARITÉ PRIVÉE, QUÊTES, SOUSCRIPTIONS, REVENDICATION, MAIRE, EMPLOI DES FONDS, SURVEILLANCE.

Les bureaux de bienfaisance n'ont aucune qualité pour revendiquer les sommes recueillies par des tiers ou des comités charitables dans l'intérêt des pauvres, aucune atteinte ne devant être portée à la liberté de la charité privée (L. 7 frim. an V; Arr. 5 prair. an XI; Décr. 30 déc. 1809).

Ce droit de revendication n'appartient pas davantage aux maires (Id.).

Mais les maires sont recevables à agir en justice et à faire tous actes destinés à assurer la conservation et l'emploi des sommes versées, au cas où les intermédiaires viennent à les compromettre ou à les détourner du but charitable qui leur a été assigné (C. civ., 910, 937; Ord. 2 avril 1817, art. 3).

LE CONSEIL D'ÉTAT : — Consulté par M. le ministre de l'intérieur et des cultes sur les questions suivantes :

1° Quelle est l'étendue des droits et prérogatives conférés au bureau de bienfaisance par les lois et règlements en vigueur, en ce qui concerne les quêtes et souscriptions?

2° Quels sont actuellement les moyens de sauvegarder ces droits?

Vu la loi du 7 frim. an V; l'arrêté du ministre de l'intérieur du 5 prair. an XI; le décret du 12 sept. 1806; le décret du 30 déc. 1809, art. 75; les art. 910 et 937 du C. civ.; l'ordonnance du 2 avril 1817, art. 3; — Considérant, d'une part, que la liberté de la charité privée ne saurait être contestée; — Considérant, d'autre part, que la loi du 7 frim. an V, qui a institué le bureau de bienfaisance pour distribuer des secours aux indigents, l'autorise à recevoir, en outre du dixième du prix des places dans les théâtres, « les dons qui lui sont offerts »; — Que l'arrêté du 5 prair. an XI lui accorde également le produit des quêtes faites par ses membres dans les édifices publics, des sommes trouvées dans les troncs placés par lui dans ces édifices et des collectes qu'il doit faire tous les trois mois; — Qu'enfin, le décret du 30 déc. 1809 lui attribue la faculté de faire des quêtes dans les églises; — Qu'aucune disposition législative n'a étendu les droits conférés au bureau de bienfaisance par les lois, décrets, ordonnance et arrêté précités et ne lui a donné qualité pour revendiquer les sommes recueillies par des tiers dans l'intérêt des pauvres; — Que le maire n'a pas davantage reçu de la loi ce droit de revendication, mais qu'en vertu des art. 910 et 937, C. civ., et de l'art. 3 de l'ordonnance du 2 avril 1817, il serait recevable à agir en justice et à faire tous actes destinés à assurer la conservation et l'emploi des sommes versées, si les intermédiaires venaient à les compromettre ou à les détourner du but charitable qui leur avait été assigné; — Que ces solutions laissent intacts les droits qui appartiennent au gouvernement pour maintenir le respect des lois qui régissent les quêtes dans les églises et pour réglementer celles qui seraient faites dans les lieux et édifices publics;

Est d'avis qu'il y a lieu de répondre aux questions posées par M. le ministre de l'intérieur dans le sens des observations qui précèdent.

AVIS CONS. D'ÉTAT 6 avril 1880.

1° ÉVÊCHÉ, MENSE ÉPISCOPALE, PERSONNALITÉ CIVILE. — 2° DIOCÈSE, PERSONNALITÉ CIVILE, DONS ET LEGS.

1° L'évêché ou mense épiscopale constitue une personne civile (Décr. 6 nov. 1813; L. 2 janv. 1817; Ord. 2 avril 1817).

2° Mais le diocèse n'a pas de personnalité civile et, par suite, ne peut recevoir des dons et legs (1) (Id.).

(Diocèse de Clermont.)

LE CONSEIL D'ÉTAT : — Considérant que la personnalité civile d'un établissement ne peut résulter que d'une disposition précise ou d'un ensemble de dispositions impliquant son existence; — Considérant qu'il n'a jamais été contesté que la personnalité civile du diocèse n'a été établie par aucun texte formel, mais que l'avis du conseil d'État, du 13 mai 1874, considère que l'art. 73 de la loi du 18 germ. an X, rendue en exécution de l'art. 15 du Concordat, et le décret du 19 therm. an XIII, impliquent cette personnalité; — Considérant que l'art. 73 de la loi du 18 germ. an X se borne à désigner l'évêque pour accepter les fondations qui ont pour objet l'entretien des ministres de l'exercice du culte, sans désigner au nom de quel établissement cette acceptation doit avoir lieu; que cette désignation de l'évêque n'avait d'autre but que de permettre l'exécution des libéralités pieuses, jusqu'à ce que les divers organes du culte catholique aient été constitués avec leurs attributions spéciales et en vue de leur mission particulière; que, d'une part, d'après le décret du 6 nov. 1813, les libéralités faites pour l'entretien des ministres du culte doivent être attribuées aux cures ou succursales, menses épiscopales, chapitres et séminaires, suivant la catégorie d'ecclésiastiques que les bienfaiteurs ont entendu gratifier, et que, d'autre part, d'après l'art. 1er du décret du 30 déc. 1809, les fabriques ont été chargées d'administrer tous les fonds qui sont affectés à l'exercice du culte; — Considérant que, si le décret du 19 therm. an XIII a constitué un fonds de secours pour les ecclésiastiques âgés ou infirmes, et a confié à l'évêque l'administration de ce fonds de secours, la seule conséquence à en tirer est que l'évêque peut être autorisé à accepter les libéralités dans l'intérêt des prêtres âgés ou infirmes; — Qu'il résulte de ce qui précède que ni l'art. 73 de la loi organique du 18 germ. an X, ni le décret du 19 therm. an XIII ne contiennent de dispositions relatives à la personnalité civile du diocèse; — Considérant que, si l'ordonnance du 2 avr. 1816 autorise les évêques à accepter les libéralités faites à leurs évêchés, et si le mot *évêché* a dans plusieurs textes législatifs et réglementaires le sens du mot *diocèse*, ladite ordonnance, prise en exécution de la loi du 2 janv. précédent, n'a pu avoir pour effet de créer un établissement dont l'existence n'aurait pas été précédemment reconnue; que le mot *évêché*, dans ladite ordonnance, ne peut s'appliquer qu'à l'ensemble des biens constitués sous le nom de *mense épiscopale* par le décret du 6 nov. 1813, dont les évêques, appelés au gouvernement des diocèses, ont successivement la jouissance ou l'usufruit en raison de l'exercice de leurs fonctions; — Que, dans l'état actuel de notre législation, l'évêché ou mense épiscopale constitue une personne civile, mais que le diocèse ne représente qu'une division du territoire français, qui a été faite au point de vue religieux, et sur laquelle s'étend la juridiction épiscopale;

(1) V. dans le même sens, Avis Cons. d'Et., 5, 26 mars et 21 déc. 1841, cités par le *Rép. gén. J. Pal.*, v° *Diocèse*, n. 39 et suiv. *Adde* Ducrocq, *Cours de dr. adm.*, 5e édit., t. II, n. 1530; A. Blanche, *Dict. d'administr.*, 2e édit., v° *Evêché*, n. 10; L. Béquet, *Personnalité civ. des diocèses*, p. 6 et suiv. — Toutefois, le conseil d'Etat a lui-même varié sur cette question controversée. Dans un avis du 13 mai 1874 (D. 75. 3. 86), il s'était prononcé en faveur de la personnalité civile des diocèses, et, par voie de conséquence, de leur capacité de posséder, de recevoir et d'acquérir. *Sic* Ch. de Franqueville, *Personnalité civile des diocèses*, p. 16 et suiv.

En ce qui touche le décret proposé : — Considérant que, le diocèse n'ayant pas la personnalité civile, il y a lieu de substituer à la formule proposée par le projet de décret la formule adoptée par la jurisprudence pour les libéralités faites aux établissements dépourvus d'existence légale;

Est d'avis :

1° Que la question de principe soit résolue dans le sens des observations qui précèdent; — 2° Que le dispositif du décret porte qu'il n'y a pas lieu de statuer sur les legs faits au diocèse de Clermont, cet établissement n'ayant pas d'existence civile.

AVIS CONS. D'ÉTAT **8 avril 1880.**

SOCIÉTÉ ANONYME, SOCIÉTÉ D'ASSURANCE, TRANSFORMATION, AUTORISATION DU GOUVERNEMENT, ASSURANCES MUTUELLES.

Les Sociétés d'assurance anonymes, autres que sur la vie, constituées antérieurement à la loi du 24 juill. 1867, n'ont pas besoin de l'autorisation du gouvernement pour se transformer en Sociétés anonymes libres, et se placer sous le régime fixé par ladite loi et par le règlement du 22 janv. 1868 (1) (L. 24 juill. 1867, art. 66 et 67).

Et il n'y a pas lieu de distinguer, à cet égard, entre les Sociétés d'assurances mutuelles *et les Sociétés* à primes fixes (2) (Id.).

(Comp. d'assur. *le Soleil* et *la Centrale.*)

LE CONSEIL D'ÉTAT : — Qui, sur le renvoi ordonné par M. le ministre de l'agriculture et du commerce, a pris connaissance de deux projets de décrets tendant à autoriser la transformation en Sociétés anonymes libres dans les termes de la loi du 24 juill. 1867 et du règlement d'administration publique du 22 janv. 1868, des Sociétés anonymes *le Soleil* et *la Centrale,* Compagnies d'assurance à primes fixes contre l'incendie; — Considérant que la loi du 24 juill. 1867 contient un titre V spécial aux tontines et aux Sociétés d'assurance, et qu'il est rationnel de chercher dans les art. 66 et 67, qui composent ce titre, l'ensemble des règles applicables aux différentes sociétés de cette nature; — Considérant que l'art. 66, après avoir fixé le régime des tontines et des Sociétés d'assurance sur la vie, dispose dans son paragraphe 2 que les autres Sociétés d'assurance pourront se former à l'avenir sans l'autorisation du gouvernement, en se conformant aux conditions édictées par un règlement d'administration publique qui a été rendu ultérieurement à la date du 22 janv. 1868; que, d'autre part, l'art. 67, visant les Sociétés d'assurance de cette espèce qui existaient au moment de la promulgation de la loi, leur permet également de se placer, sans l'autorisation du gouvernement, sous le régime établi par le règlement précité, en observant les formes et les conditions prescrites pour les modifications de leurs statuts; — Considérant, à la vérité, que l'exposé des motifs et le rapport fait au Corps législatif restreindraient l'application de l'art. 67 aux seules Sociétés d'assurance qui se seraient constituées avant la loi du 24 juill. 1867 sous la forme de Sociétés en commandite ou de Sociétés à responsabilité limitée; que, dès lors, d'après ces documents, les Sociétés qui auraient été constituées avant ladite époque sous la forme de Sociétés anonymes seraient soumises à l'art. 46 de la loi du 24 juill. 1867 et ne pourraient se transformer en Sociétés anonymes libres dans les termes de la nouvelle loi et du règlement du 22 janv. 1868 qu'avec l'autorisation du gouvernement; — Mais considérant que ces explications ne sauraient être invoquées pour modifier le sens d'une disposition parfaitement claire, qui ne laisse aucune place au doute et avec laquelle lesdites explications sont en contradiction formelle; — Considérant, en outre, qu'il est naturel d'admettre que la soumission au régime établi par le gouvernement, dans le règlement d'administration publique du 22 janv. 1868, a eu précisément pour but de remplacer les garanties résultant de l'intervention dans chaque espèce de l'autorisation gouvernementale, tant pour la création des nouvelles sociétés que pour la transformation des sociétés déjà existantes au moment de la promulgation de la loi du 24 juill. 1867; — Considérant, en conséquence, que ces dernières sociétés peuvent se placer sans l'autorisation du gouvernement sous le régime fixé par la nouvelle loi et par le règlement de 1868, sans qu'il y ait lieu d'établir à cet égard entre les Sociétés d'assurances mutuelles et à primes fixes une distinction que repoussent à la fois le texte et l'esprit de ladite loi et dudit règlement;

Est d'avis — Qu'il n'y a pas lieu de donner suite aux deux projets de décrets, proposés comme étant sans utilité.

AVIS CONS. D'ÉTAT **13 avril 1880.**

CHEMINS DE FER, GARES, STATIONS, DOMAINE PUBLIC, IMPRESCRIPTIBILITÉ, INALIÉNABILITÉ, MITOYENNETÉ, CESSION, MUR DE CLÔTURE.

Les gares et stations font partie du domaine public des chemins de fer, et sont, à ce titre, imprescriptibles et inaliénables (3) (C. civ., 538, 653 et suiv.).

En conséquence, une Compagnie de chemins de fer ne saurait être autorisée à céder la mitoyenneté du mur de clôture d'une gare (4) (Id.).

(Chem. de fer du Nord.)

LE CONSEIL D'ÉTAT : — La section des travaux publics, de l'agriculture et du commerce, consultée par M. le ministre des travaux publics sur la suite à donner à une demande de la Compagnie des chemins de fer du Nord tendant à obtenir l'autorisation de céder la mitoyenneté du mur de clôture de la gare Saint-Sauveur, à Lille, au sieur Wulvéryck, qui a déjà élevé des constructions sur un terrain contigu en les appuyant sur ledit mur :

Vu les avis du ministre des finances et du conseil général des ponts et chaussées; — Vu le précédent avis de la section des travaux publics en date du 9 juill. 1879 (Pand. chr.); — Vu l'art. 538 et les art. 653 et suiv., C. civ.;

Considérant qu'il est incontestable, ainsi que l'a reconnu l'avis ci-dessus visé, en date du 9 juill. 1879, de la section des travaux publics, que les gares et stations font partie du domaine public des chemins de fer, comme étant indispensables à l'exploitation de ces chemins et affectées à l'usage du public; qu'elles sont, à ce titre, imprescriptibles

---

(1) V. en ce sens, Pont, *Tr. des Sociétés civiles et commerc.*, t. II, n. 1075; Vavasseur, *Id.*, t. II, n. 1063; Rousseau, *Soc. commerc.*, t. II, n. 1693 et suiv.; Lyon-Caen et Renault, *Préc. de dr. comm.*, n. 501; et notre *Dictionnaire de dr. comm., ind. et marit.*, t. I, v° *Assurance terrestre*, n. 12. — *Contrà*, et dans le sens de la nécessité d'une autorisation du gouvernement, Rivière, *Comment. de la loi de 1867*, n. 426; Mathieu et Bourguignat, *Id.*, n. 337; Bédarride, *Id.*, n. 652.

(2) V. sur ce second point un premier avis, en sens contraire, du Conseil d'État, en date du 10 oct. 1872 (Pand. chr.), et la note.

(3-4) Un autre avis du conseil d'État, du 9 juill. 1879 (Pand. chr.) a pareillement déclaré que les avenues d'accès, comme les gares et stations, font partie du domaine public des chemins de fer. *Sic* Cons. d'Ét., 1er févr. 1884 (S. 85. 3. 75. — P. chr. adm. — D. 85. 3. 52). V. aussi Cass., 12 janv. 1881 (S. 81. 1. 413. — P. 81. 1. 1058. — D. 81. 1. 223), et le rapport de M. le conseiller Babinet.

et inaliénables; — Considérant, d'autre part, que la mitoyenneté d'un mur donne à celui qui l'obtient un droit de copropriété de ce mur; que, dès lors, le mur de clôture d'une gare, appartenant au domaine public comme la gare elle-même dont il fait partie, ne saurait devenir mitoyen qu'après avoir perdu en totalité le caractère de dépendance du domaine public, c'est-à-dire après avoir été déclassé par l'autorité compétente et déclaré inutile au service du chemin de fer; — Mais, considérant, sans qu'il soit besoin de rechercher si cette déclaration serait justifiée dans l'espèce, que la mitoyenneté entraîne un régime légal de droits et d'obligations réciproques, qui restreint notablement la liberté de chacun des copropriétaires du mur, et donne souvent naissance entre eux à des difficultés et à des procès; — Considérant, qu'il serait, en principe, imprudent et regrettable de renoncer par une désaffectation au bénéfice de l'imprescriptibilité et de l'inaliénabilité, et d'exposer aux inconvénients de la mitoyenneté ci-dessus indiqués l'État et les Compagnies concessionnaires, qui sont chargées de veiller, sous leur responsabilité, jusqu'à l'expiration des concessions, à la conservation et à l'intégrité des chemins de fer et de leurs dépendances;

Est d'avis de rejeter la demande de la Compagnie du chemin de fer du Nord par les motifs qui viennent d'être développés.

CONS. D'ÉTAT **16 avril 1880.**

CHEMIN DE FER, VOIE FERRÉE, ANIMAUX, INTRODUCTION, PASSAGE A NIVEAU, BARRIÈRE OUVERTE, DÉGATS (ABSENCE DE), CONTRAVENTION.

Le fait, par un particulier, d'avoir laissé des animaux (dans l'espèce, des chevaux) se répandre sur une voie ferrée par un passage à niveau dont les barrières étaient ouvertes, constitue une contravention de voirie, si les barrières étaient restées ouvertes conformément aux prescriptions des règlements sur la police des chemins de fer (1) (Arr. du Cons., 16 déc. 1759; L. 15 juill. 1845, art. 2).

Peu importe que cette introduction n'ait donné lieu à aucune dégradation (Id.).

(Emonot.)

LE CONSEIL D'ÉTAT : — Vu les lois du 29 flor. an X et du 15 juill. 1845; Vu l'arrêt du Conseil du 16 déc. 1759; Vu la loi du 23 mars 1842; — Considérant que, pour renvoyer le sieur Emonot des fins du procès-verbal dressé contre lui, le conseil de préfecture s'est fondé uniquement sur ce qu'il n'était pas établi que les chevaux du requérant eussent brisé les clôtures des chemins de fer, ni qu'ils eussent causé aucune dégradation à la voie ferrée; — Considérant que l'arrêt du Conseil, du 16 déc. 1759, fait défense de laisser répandre les bestiaux sur les bords des grands chemins plantés soit d'arbres, soit de haies d'épines ou autres, et que les contraventions sont punies d'une amende de 100 livres, alors même qu'elles n'auraient donné lieu à aucune dégradation; que l'art. 2 de la loi du 15 juill. 1845 déclare applicables aux chemins de fer les lois et règlements sur la grande voirie qui ont pour objet d'assurer la conservation des fossés, talus, levées et ouvrages d'art dépendant des routes, et d'interdire sur toute leur étendue le pacage des chevaux; — Considérant qu'il résulte du procès-verbal que, le 10 janv. 1879, à cinq heures du soir, trois chevaux appartenant au sieur Emonot ont pénétré sur la voie ferrée par le passage à niveau de la première catégorie n° 101, dont les barrières étaient ouvertes; que, d'après l'art. 2 de l'arrêté du préfet du Doubs, en date du 30 nov. 1867, les barrières des passages à niveau de la première catégorie restent habituellement ouvertes pendant le jour et ne sont fermées que lorsqu'un train est en vue ou qu'il est attendu, et qu'il n'est pas allégué qu'au moment où lesdits chevaux ont pénétré sur la voie, les barrières eussent dû être fermées conformément à l'arrêté préfectoral ci-dessus rappelé; que, de ce qui précède, il résulte que c'est à tort que le conseil de préfecture a renvoyé le sieur Emonot des fins du procès-verbal dressé contre lui; — Considérant qu'à raison des circonstances de l'affaire, il y a lieu de réduire à 16 francs le chiffre de l'amende encourue par le sieur Emonot; — Art. 1er. L'arrêté du conseil de préfecture du Doubs, du 13 mai 1879, est annulé. — Art. 2. Le sieur Emonot est condamné à 16 fr. d'amende et aux frais du procès-verbal.

MM. Baudenet, rapp.; Chante-Grellet, comm. du gouv.

CONS. D'ÉTAT **30 avril 1880.**

CONTRIBUTIONS DIRECTES, IMPÔT FONCIER, PORTES ET FENÊTRES, EXEMPTION, BATIMENTS RURAUX.

Ne peuvent être considérés comme des bâtiments ruraux et, comme tels, exempts de l'impôt foncier et de la contribution des portes et fenêtres, des locaux dans lesquels un cultivateur, au moyen d'un outillage fixé au sol (dans l'espèce, une machine à vapeur et un générateur), distille des betteraves provenant même de ses propres récoltes (2) (L. 3 frim. an VII, art. 85; 4 frim. an VII, art. 5).

(Sainte-Beuve.)

LE CONSEIL D'ÉTAT : — Vu les lois des 3 et 4 frim. an VII; — Considérant qu'il résulte de l'instruction que, dans les locaux pour lesquels il a été imposé, le sieur Sainte-Beuve procède à la fabrication de l'esprit de betterave, au moyen d'un outillage fixé au sol, comprenant une machine à vapeur de huit chevaux et un générateur ayant 12 mètres de capacité; que, si le requérant ne distille que les betteraves provenant de ses récoltes, les conditions dans lesquels il fabrique ne sauraient faire considérer les locaux qu'il emploie à cet effet comme bâtiments ruraux exempts de la contribution foncière, aux termes de l'art. 85 de la loi du 3 frim. an VII, et de la contribution des portes et fenêtres, aux termes de l'art. 5 de la loi du 4 frim. de la même année, et que, dès lors, c'est à tort que le conseil de préfecture de l'Oise a accordé au sieur Sainte-Beuve la décharge desdites contributions, auxquelles il avait été imposé, pour l'année 1879, sur le rôle de la commune de Nanteuil; — Art. 1er. Le sieur Sainte-Beuve sera rétabli sur le rôle de la commune de Nanteuil pour les contributions foncières et des portes et fenêtres, à raison de sa fabrique d'esprit de betterave.

MM. de Mouy, rapp.; Gomel, comm. du gouv.

---

(1) Jugé, dans le même sens, que le fait d'avoir laissé pénétrer des bestiaux sur la voie ferrée par un passage à niveau dont la barrière avait été régulièrement ouverte pour livrer passage à une voiture et à un troupeau, constitue une contravention à l'arrêt du Conseil du 16 déc. 1759 : Cons. d'Ét., 5 août 1881, aff. Sauloup (*Rec.* de Lebon, p. 791). — Mais il n'en serait plus de même, et toute contravention audit arrêt disparaîtrait, si la barrière n'était restée ouverte qu'au mépris des règlements administratifs. V. Cons. d'Ét., 28 nov. 1879 (Pand. chr.); 5 août 1881 (Pand. chr.); 7 août 1883 (Pand. chr.), et les renvois sous ces arrêts.

(2) V. en ce sens, Cons. d'Ét., 7 janv. 1857, aff. Perodeau (Pand. chr.), et la note.

CONS. D'ÉTAT 30 avril 1880.

PATENTE, USINE, COPROPRIÉTAIRE, EXPLOITATION ALTERNATIVE, DROIT FIXE ENTIER.

Lorsqu'un établissement industriel (dans l'espèce, une scierie mécanique), est la copropriété d'individus qui l'exploitent à tour de rôle pendant le cours de l'année, sans société, chacun à son profit et pour son compte personnel, il est dû autant de droit fixe entier de patente qu'il y a d'exploitants (1) (L. 25 avril 1844).

(Haxo.)

LE CONSEIL D'ÉTAT : — Vu la loi du 25 avril 1844 ;— Considérant qu'il résulte de l'instruction qu'il n'existe aucune société entre le requérant et le sieur Christophe, copropriétaire de la scierie mécanique de Moyen-Moutier, et qu'ils exploitent ledit établissement alternativement pendant le cours de l'année, chacun pour son compte personnel; que, dans ces conditions, le requérant doit être soumis à la contribution des patentes conformément à l'art. 1er de la loi ci-dessus visée ; que, dès lors, c'est avec raison qu'il a été imposé et maintenu au droit fixe de patente, pour l'année 1879 sur le rôle de la commune de Moyen-Moutier, en qualité d'exploitant de scierie mécanique; — Art. 1er. La requête... est rejetée.

MM. de Prunières, rapp.; Gomel, comm. du gouv.

CONS. D'ÉTAT 14 mai 1880 (CINQ ARRÊTS).

ASSURANCES SUR LA VIE, SOCIÉTÉ ANONYME, MINISTRE, SURVEILLANCE ADMINISTRATIVE, AUTORISATION, STATUTS, ETATS DE SITUATION, MODÈLE.

La surveillance qui appartient au gouvernement sur les Compagnies d'assurance à primes fixes sur la vie, ne peut s'exercer que suivant le mode prévu par les actes d'autorisation de ces Sociétés annexés aux statuts, et non selon des règles susceptibles d'être modifiées au seul gré de l'administration (2) (L. 24 juill. 1867, art. 66, § 1).

Ainsi, spécialement, *lorsque des remises d'états de situation semestriels sont prévus par les statuts, il reste dans les pouvoirs normaux de l'administration d'exiger que ces états soient dressés dans une certaine forme, d'après des modèles par elle étudiés et arrêtés* (3) (Id.).

Mais, par contre, l'administration excède ses pouvoirs, lorsque, en l'absence de toute disposition des statuts à cet effet, elle organise un contrôle exercé par des agents de surveillance, au moyen de la vérification directe des comptes et opérations de la Société (4) (Id.).

(Compagnie d'assurance sur la vie *l'Union*.)

LE CONSEIL D'ÉTAT : — Vu la loi du 24 juill. 1867, sur les Sociétés, et notamment l'art. 66, § 1 ; Vu les lois des 7-14 oct. 1790 et 24 mai 1872 ; — Considérant que l'art. 66 de la loi du 24 juill. 1867 porte que les Sociétés d'assurance sur la vie humaine restent soumises à l'autorisation et

---

(1) Pour l'application, dans l'espèce, d'une moitié de droit fixe à chacun des exploitants, on invoquait une décision du conseil d'Ét., du 27 févr. 1868, aff. Durand. Il s'agissait, dans cette circonstance, de deux copropriétaires exploitant en commun, sans association, un moulin ayant deux paires de meules ; ils n'ont été assujettis chacun qu'au demi-droit de patente. Cette décision et une autre plus ancienne dans le même sens, du 19 déc. 1848 (D. 49. 3. 37), constituent des exceptions dans la jurisprudence, qui paraît se prononcer de plus en plus nettement pour une application extensive de la loi de 1844, ne comportant que dans des cas exceptionnels des réductions de droit. V. Cons. d'Ét., 13 mai 1869, aff. Gabard; Trib. des conflits, 15 janv. 1875 (Pand. chr.).

(2-3-4) La décision du ministre frappée de recours et annulée dans les plus importantes de ses dispositions, contenait tout un système de surveillance, d'ensemble et de détail des Sociétés anonymes d'assurance sur la vie : 1° remise d'états semestriels conformes à des modèles à déterminer par le ministre; 2° en outre, production de tous les documents énumérés à l'art. 34 de la loi du 24 juill. 1867; 3° contrôle confié aux membres de la commission de surveillance : ce contrôle devant porter sur les dispositions statutaires qui règlent les conditions générales de police, les tarifs, la constitution d'un fonds de garantie des risques en cours, etc.; 4° accès des commissaires dans les bureaux des Sociétés pour y vérifier tous les comptes et les éléments des états; 5° entrée des commissaires aux assemblées générales; 6° traitement des commissaires supporté par les Compagnies.

Le conseil d'État, dans l'arrêt ci-dessus rapporté, reconnaît à l'administration, au cas où les moyens de surveillance et de contrôle qu'elle s'était réservés jusqu'ici, lui sembleraient devenus insuffisants, d'en imposer de plus rigoureux dans les autorisations nouvelles de créations de Sociétés anonymes d'assurance sur la vie.

Quant aux Sociétés existantes et en état de fonctionnement, l'administration n'a plus cette même latitude; elle est liée par l'approbation donnée aux statuts. Tout son droit ne va pas au delà des formalités et des conditions dictées d'un côté, acceptées de l'autre. Il y a une sorte de contrat qui lie les deux parties. Tant que la Société accomplit ses engagements, elle reste dans une situation inattaquable; autrement, elle serait exposée à l'arbitraire de prétentions et d'exigences qui ne connaîtraient aucune limite. L'administration a toujours le droit de réclamer la production des états de situation, des pièces de comptabilité, de tous les documents mentionnés dans l'art. 34 de la loi du 24 juill. 1867 et dont la communication est prescrite aux commissaires et à l'assemblée générale des actionnaires. Pourquoi? parce que ces pièces sont essentielles à toute vérification, à tout contrôle; que, sans elles, la surveillance n'est qu'une illusion; que l'acte d'autorisation et les dispositions de loi spéciales en réservant à l'administration un droit supérieur de surveillance lui a ménagé par cela même les moyens de l'exercer avec compétence et autorité. Et c'est à juste titre qu'il n'est point fait de distinction entre les états semestriels de situation et les documents énumérés dans l'art. 34 précité, tels que inventaire, bilan, compte de profits et pertes. Ce sont ces dernières pièces surtout qui donneront les véritables éléments de la situation financière; à ce titre, elles rentrent virtuellement autant et plus que les états semestriels dans les ordonnances et décrets d'autorisation. L'administration reste donc dans son droit en réclamant les productions qui lui semblent utiles à l'éclairer. Il n'est pas nécessaire, ainsi que l'a soutenu M. le commissaire du gouvernement, pour obtenir de telles communications, de procéder par voie de décret rendu en conseil d'Etat, puisqu'il n'y a ni modification, ni développement apportés aux décrets d'autorisation, mais bien application stricte de ces décrets eux-mêmes, et qu'il n'en résulte, par suite, aucun empiétement sur le pouvoir réglementaire du chef de l'État.

Quant à l'organisation d'un mode de surveillance tout autre que celui prévu dans les actes d'autorisation et qui consisterait non plus dans l'examen de documents de comptabilité fournis par les Sociétés et dépouillés, vérifiés dans les bureaux du ministère du commerce, mais dans le contrôle et l'ingérence de commissaires du gouvernement opérant au siége même des Sociétés, se livrant à des recherches, à des vérifications dans leurs bureaux, dans leurs écritures, le conseil d'État ne l'admet pas; il y voit un retour sur les autorisations données, des conditions nouvelles qui équivalent à un retrait de ces autorisations, alors que les Sociétés ont pu ne contrevenir à aucune de leurs obligations et qu'elles aient même toujours rempli scrupuleusement les conditions imposées à leur existence.

Ajoutons que cette surveillance n'est pas dans le rôle de l'État; qu'elle doit rester l'œuvre des intéressés, actionnaires des Sociétés ou public qui traite avec elles. En se mêlant de choses qui n'entrent point directement dans la sphère de ses attributions d'ordre général, en étendant sa tutelle là où cette tutelle peut être avantageusement remplacée par les initiatives individuelles, l'Etat augmente, comme à plaisir, le poids de ses responsabilités, déjà trop lourdes. Pour se rendre compte d'une gestion financière, il faut être dans le secret des opérations et des combinaisons. Autrement, il n'est que trop facile d'arranger les chiffres, de les grouper avec art, et de faire dire aux écritures, aux livres de comptabilité très-correctement les choses les moins correctes du monde, parfois même les plus délictueuses. L'exemple de ces dernières années d'expérience est utile à méditer; les événements humains portent leur leçon. L'administration n'a rien à gagner, tout à perdre, d'engager plus avant sa responsabilité; c'est elle qui supporterait tout le poids des mécomptes que la surveillance la plus active serait impuissante à conjurer, avec d'autant plus de raison que son intervention inspirerait au public une trompeuse confiance.

à la surveillance du gouvernement; — Considérant que, s'il appartient au ministre de l'agriculture et du commerce de prescrire les mesures propres à garantir la surveillance imposée auxdites Sociétés suivant le mode prévu par les actes d'autorisation, aucune disposition de loi n'a attribué audit ministre compétence pour modifier la nature de cette surveillance; — Considérant que l'ordonnance du 21 juin 1829, qui a autorisé la Société requérante, après avoir, dans son art. 2, déclaré que l'autorisation pourrait être révoquée en cas de violation ou de non-exécution des statuts approuvés, dispose, dans son art. 3, que la Société sera tenue de remettre au ministre, tous les six mois, un extrait de son état de situation; — Considérant que les documents dont la remise a été prescrite par la décision ministérielle du 15 mai 1877 ne sont autres que les éléments d'un état de situation; et que, par suite, le ministre a pu, sans excéder ses pouvoirs en exiger la production suivant des modèles donnés par lui; — Mais considérant qu'il ne rentrait pas dans les pouvoirs dudit ministre d'organiser un contrôle exercé par des agents de surveillance, au moyen de la vérification directe des comptes et opérations spécifiés dans ladite décision; — Art. 1er. Est annulée la décision du ministre de l'agriculture et du commerce, du 15 mai 1877, sauf dans celle de ses dispositions qui prescrit la remise à l'administration, suivant des modèles donnés par elle, des éléments constitutifs de l'état de situation. — Art. 2. Sont également annulés les arrêtés du 29 juin 1877.

MM. Lamé-Fleury, rapp.; Gomel, comm. du gouv.; Sabatier, av.

Nota. — Du même jour, quatre arrêts semblables intervenus sur les pourvois des Compagnies *la Nationale* (Me Bellaigue, av.); la *Compagnie générale d'assurance sur la vie* (Me Michaux-Bellaire, av.); le *Soleil* (Me Mazeaux, av.), et l'*Urbaine* (Me Bosviel, av.).

CONS. D'ÉTAT **25 juin 1880.**

CONTRIBUTIONS DIRECTES, IMPÔT FONCIER, OMNIBUS, PAVILLON.

Un pavillon construit par une Compagnie d'omnibus sur la voie publique doit être considéré comme immeuble et, par suite, passible de la contribution foncière, s'il est incorporé au sol au moyen d'assises en maçonnerie (1) (LL. 3 frim. an VII; 20 févr. 1849).

A l'inverse, il n'a point le caractère d'immeuble et doit être exempté de l'impot foncier, s'il repose, sans fondations de maçonnerie, sur le sol de la voie publique (2) (Id.).

(Compagnie générale des omnibus.)

LE CONSEIL D'ÉTAT : — En ce qui concerne le pavillon sis rue d'Allemagne, n° 176 : — Considérant qu'il résulte de l'instruction que ledit pavillon est incorporé au sol au moyen d'assises en maçonnerie; qu'ainsi il doit être considéré comme immeuble, et que, par suite, il est imposable à la contribution foncière;

En ce qui concerne les neuf autres pavillons à raison desquels la Compagnie a été imposée : — Considérant que lesdits pavillons reposent sans fondations en maçonnerie sur le sol de la voie publique; qu'ainsi, ils ne sauraient être considérés comme des immeubles, et que, dès lors, il y a lieu d'accorder décharge de la contribution foncière à laquelle ils ont été imposés... : — (Le reste sans intérêt.)

MM. Vandal, rapp.; Chante-Grellet, comm. du gouv.

CONS. D'ÉTAT **30 juillet 1880.**

FACTEURS AUX HALLES, MESURES RÉGLEMENTAIRES, DÉCRETS, ABROGATION, AVIS DU CONSEIL D'ÉTAT, INDEMNITÉ.

Les dispositions des décrets des 21 sept. 1807 et 28 janv. 1811, relatives aux facteurs à la halle de Paris, étant purement réglementaires, ont pu être légalement abrogées par un simple décret (3) (Décr. 21 sept. 1807 et 28 janv. 1811).

L'avis du conseil d'État ne s'impose au chef de l'État que pour les projets de règlements d'administration publique ou de décrets qu'une disposition législative spéciale prescrit de rendre dans la forme de ces règlements; il n'est point obligatoire pour l'abrogation de décrets antérieurs qui, même en fait, auraient été rendus sur la consultation de cette assemblée (4) (L. 24 mai 1872, art. 8).

Un décret n'est pas nul par cela seul qu'il ne contiendrait pas réserve expresse d'un droit à indemnité pour le préjudice résultant de son application; il suffit que rien dans ses dispositions ne fasse obstacle à l'action des intéressés, devant qui de droit, s'ils s'y croient fondés (5).

(Brousse et autres.)

LE CONSEIL D'ÉTAT : — En ce qui touche le pourvoi des sieurs Brousse et consorts : — Sur le moyen tiré de ce que au pouvoir législatif seul il eût appartenu de modifier les décrets des 21 sept. 1807 et 28 janv. 1811 : — Considérant que celles des dispositions des décrets des 21 sept. 1807 et 28 janv. 1811 qui ont été abrogées par le décret attaqué sont purement réglementaires, et qu'elles ont pu, par suite, être légalement abrogées par un décret;

Sur le moyen tiré de ce que, en tout cas, le décret attaqué serait illégal en ce qu'il n'aurait pas été rendu après avis du conseil d'État : — Considérant que l'art. 8 de la loi du 24 mai 1872 n'appelle le conseil d'État à donner nécessairement son avis que sur les règlements d'administration publique et sur les décrets qu'une disposition législative spéciale prescrit de rendre dans la forme des règlements d'administration publique, et que le décret attaqué ne rentre point dans les cas spécifiés par la loi précitée du 24 mai 1872;

Sur le moyen tiré de ce que le décret du 22 janv. 1878 aurait à tort écarté ou tout au moins omis de réserver le

---

(1-2) Cet arrêt marque une modification sensible dans l'état de la jurisprudence. Antérieurement, l'existence ou le défaut de fondations en maçonnerie était relevé avec soin et pris en sérieuse considération; mais il ne formait pas un *criterium* exclusif; d'autres circonstances étaient pesées, vérifiées, et pouvaient emporter la décision, même malgré la constatation de pareilles fondations. (V. Cons. d'Et., 20 juin 1865, Pand. chr.)

L'arrêt ci-dessus néglige les autres faits, tels que, notamment : l'établissement à perpétuelle demeure; les dimensions des constructions; leur mode d'aménagement, leur nature, etc. (V. Cons. d'Et., 20 juin 1865, précité; 20 déc. 1878, Pand. chr.; 4 juill. 1879, Pand. chr.), il ne s'attache qu'à un point unique : Y a-t-il ou non des assises en maçonnerie? Si oui, la construction est passible de la contribution foncière; si non, elle jouit de l'exemption.

Ainsi, les vérifications se trouvent simplifiées; les classifications s'opèrent avec une netteté qui ne comporte aucun arbitraire d'appréciation. V. en ce sens, Cons. d'Et., 4 janv. 1884 (Pand. chr.). — Cette dernière jurisprudence est, d'ailleurs, en parfaite harmonie avec le point de vue plus général de la distinction des biens en meubles et en immeubles, d'après lequel sont meubles les constructions *simplement posées sur le sol, sans fondations ni pilotis*, sans adhérence ni incorporation durable. C. civ., 518, 525. V. notamment Cass., 11 mai 1853 (Pand. chr.); 17 janv. 1859 (Pand. chr.), et les notes.

(3) V. en ce sens, sur le principe, Cass., 13 févr. 1827 (Pand. chr.).

(4) L'avis du conseil d'Etat n'est exigé, à peine d'irrégularité du décret, que dans les cas mentionnés par la décision ci-dessus. L'art. 8 de la loi du 24 mai 1872 n'a, sur ce point, rien changé à l'état de choses antérieur.

(5) Cette action en indemnité a fait l'objet d'une instance ultérieure; mais la prétention des facteurs a été écartée par un arrêt du conseil d'Etat en date du 20 janv. 1882 (Pand. chr.), et la note.

droit des facteurs à une indemnité : — Considérant qu'aucune disposition du décret attaqué ne fait obstacle à ce que les requérants, s'ils s'y croient fondés, poursuivent devant qui de droit l'allocation d'une indemnité à raison du préjudice que l'application de ce décret leur aurait causé. — ...Art. 2. La requête des sieurs Brousse et consorts est rejetée.

MM. Braun, rapp.; Chante-Grellet, commiss. du gouv.; Chambareaud et Sabatier, av.

CONS. D'ÉTAT 6 août 1880.

PATENTE, DROIT FIXE, BANQUIER, AGENCE, ÉTABLISSEMENT DISTINCT, CAISSE D'AVANCES ET DE PRÊTS SUR TITRES.

Doit être considérée comme un établissement distinct du siége principal et, par suite, doit être imposée à un droit fixe entier de patente, l'agence d'une maison de banque de Paris établie en province, avec un préposé spécial, une comptabilité particulière, et traitant d'affaires indépendantes de celles du siége social (1) (L. 29 mars 1872).

Et une telle agence, quand elle se livre aux achats et ventes de valeurs, au payement des coupons, aux avances et prêts sur titres, aux souscriptions, aux émissions, au change des monnaies, est à juste titre imposée en qualité de tenant une caisse d'avances et prêts sur titres, bien que la Société soit déjà imposée comme banquier (Id.).

(Soc. *le Comptoir de la presse financière.*)

LE CONSEIL D'ÉTAT : — En ce qui concerne le droit fixe : — Considérant qu'aux termes de l'art. 1er de la loi du 29 mars 1872, le patentable ayant plusieurs établissements, boutiques ou magasins de même espèce ou d'espèces différentes, est passible d'un droit fixe entier en raison du commerce, de l'industrie ou de la profession exercés dans chacun de ces établissements, boutiques ou magasins; — Considérant que la Société le Comptoir de la presse financière, dont le siége est à Paris, possède à Tours une maison qui a pour objet les achats et ventes de valeurs, le payement des coupons, les avances et prêts sur titres, les souscriptions aux émissions et le change des monnaies; que ladite maison est placée sous la direction d'un préposé spécial et a une comptabilité particulière; — Que, dans ces circonstances, c'est avec raison que son gérant, le sieur Dupuy, a été imposé et maintenu sur le rôle de la commune de Tours au droit fixe de la première classe du tableau A, en qualité de tenant une caisse d'avances et prêts sur titres... — (Le reste sans intérêt); — Art. 1er. La requête ... est rejetée.

MM. Guillemin, rapp.; Chante-Grellet, comm. du gouv.

CONS. D'ÉTAT 26 novembre 1880.

CONTRIBUTIONS DIRECTES, IMPOT FONCIER, VIGNES, DESTRUCTION, PHYLLOXERA, FAIT GÉNÉRAL, CADASTRE, RÉVISION.

Le contribuable dont les vignes ont été entièrement détruites par le phylloxera, ne trouve pas dans cet événement la raison de demander un nouveau classement de ses terres, si le fléau ne s'est pas limité à sa seule propriété, mais a procédé par invasion s'étendant à toute la contrée (2) (L. 15 sept. 1807, art. 3; Ord. 3 oct. 1821, art. 9).

Un tel événement ne pourrait donner lieu qu'à une révision du cadastre dans les communes intéressées, révision qui sort des attributions du conseil d'État statuant au contentieux (3) (Id.).

(Saucerotte.)

LE CONSEIL D'ÉTAT : — Vu la loi du 15 sept. 1807, art. 3, l'ordonnance du 3 oct. 1821, art. 9, et le règlement du 10 du même mois, art. 31; — Considérant que les requérants fondent leur réclamation sur ce que la propriété, à raison de laquelle ils ont été imposés à la contribution foncière dans la commune de Gadagne, aurait subi, par l'effet du phylloxera, une détérioration telle que les vignes auraient entièrement péri sans espoir de reproduction; et sur ce que cette destruction constituerait un événement imprévu, étranger et postérieur au classement, et indépendant de la volonté des propriétaires, de nature à les autoriser à réclamer contre le classement de leurs propriétés plus de six mois après la mise en recouvrement du premier rôle cadastral; — Considérant qu'il résulte de l'instruction que la destruction de la vigne par le phylloxera n'est pas un événement particulier à la propriété des époux Saucerotte; qu'il s'est produit d'une manière générale dans la contrée; qu'ainsi, les requérants ne peuvent se prévaloir des dispositions législatives ci-dessus visées pour demander le classement à nouveau de leur propriété; — Considérant, d'ailleurs, qu'il n'appartient pas au conseil d'État, statuant au contentieux, d'examiner si l'événement dont s'agit peut donner lieu à une révision du cadastre dans les communes où la maladie de la vigne s'est manifestée, et où elle aurait modifié notablement le revenu assigné aux propriétés, lors des opérations cadastrales; — Art. 1er. La requête... est rejetée,

MM. Saint-Paul, rapp.; Gomel, comm. du gouv.

---

(1) V. en ce sens, antérieurement à la loi du 29 mars 1872, Cons. d'Ét., 8 janv. 1867, aff. Simon Rémy, — et sous l'empire de cette loi, outre la décision ci-dessus rapportée, Cons. d'Ét., 15 janv. 1875, aff. Drouot. — La loi du 15 juill. 1880 a reproduit presque textuellement, dans son art. 8, l'art. 1er de la loi du 29 mars 1872; les différences de rédaction n'ont, en cette matière, aucune importance. Aussi des décisions identiques ont été rendues depuis cette loi par le conseil d'État. V. deux arrêts du 8 févr. 1884, aff. Société générale et Crédit lyonnais (Pand. chr.).

(2-3) La jurisprudence paraît définitivement fixée en ce sens. V. Cons. d'Ét., 1er juin 1870 (S. 72. 2. 88. — P. chr. adm. — D. 71. 3. 75). — Remarquons d'ailleurs que, sauf les circonstances différentes des espèces, la décision ci-dessus rapportée reproduit presque textuellement les termes de l'arrêt du 1er juin 1870, précité.

1881

CONS. D'ÉTAT 3 janvier 1881.

ÉLECTIONS DÉPARTEMENTALES, BULLETIN, DISTRIBUTION, GARDE CHAMPÊTRE, NULLITÉ.

L'irrégularité résultant de la distribution, par le garde champêtre, des bulletins d'un candidat au conseil général, n'entraîne la nullité de l'élection qu'au cas d'atteinte portée à la liberté du vote (1) (L. 30 nov. 1875, art. 3, § 3).

(Élect. de Château-Porcien.)

LE CONSEIL D'ÉTAT : — Sur le grief tiré de ce que, dans plusieurs communes, des bulletins de vote au nom du candidat élu auraient été distribués par des gardes champêtres : — Considérant que, si c'est à tort, et contrairement à l'article 3 de la loi du 30 novembre 1875, que les gardes champêtres ont procédé à la distribution des bulletins du candidat élu, il ne résulte pas de l'instruction que ces agents aient cherché à porter atteinte à la liberté du vote ; — Art. 1er. Le recours... est rejeté.

MM. Quennec, rapp.; Le Vavasseur de Précourt, comm. du gouv.

CONS. D'ÉTAT 3 janvier 1881.

ENTREPRENEUR, ARCHITECTE, RESPONSABILITÉ, PRESCRIPTION, DÉLAI, AUGMENTATION.

Le délai de dix ans à l'expiration duquel les architectes et entrepreneurs sont déchargés de la garantie des gros ouvrages qu'ils ont faits ou dirigés, ne constitue pas un véritable délai de prescription auquel il ne pourrait être dérogé à l'avance par des stipulations particulières (2) (C. civ., 1792, 2270, 2220).

Il forme seulement un temps d'épreuve de la bonne exécution des travaux et de la solidité des constructions, susceptible, par suite, d'être augmenté au gré des parties contractantes (3) (Id.).

Spécialement, *l'entrepreneur chargé de la construction d'un abattoir public a pu valablement s'engager à supporter, pendant vingt ans, les conséquences qui se produiraient dans ses travaux* (4) (Id.).

(Ville de la Fère c. héritiers Galant.)

LE CONSEIL D'ÉTAT : — Vu la loi du 28 pluv. an VIII; — Vu les art. 1792, 2270 et 2220, C. civ.; — Considérant qu'aux termes, tant du marché intervenu à la date du 13 mai 1863 entre la ville de la Fère et le sieur Galant pour la construction d'un abattoir public, que d'une convention supplémentaire en date du 17 sept. 1864, les grosses réparations provenant des défauts de construction devaient rester, jusqu'au 1er juill. 1883, à la charge de cet entrepreneur; qu'il résulte de l'instruction et que d'ailleurs il n'est pas contesté qu'avant l'expiration de ce délai, dans le cours de l'année 1875, des vices de construction de nature à engager la responsabilité du sieur Galant se sont manifestés dans les murs et bâtiments de l'abattoir; — Considérant, à la vérité que, pour échapper aux conséquences de la responsabilité acceptée par leur auteur, les héritiers du sieur Galant soutiennent que la convention par laquelle ledit sieur Galant a consenti à prendre à sa charge, pendant une période de vingt années, les grosses réparations provenant de vices de construction devait être considérée comme nulle par le motif que le délai de dix ans, à l'expiration duquel, aux termes des art. 1792 et 2270, C. civ., les architectes et entrepreneurs sont déchargés de la garantie des gros ouvrages qu'ils ont faits ou dirigés, constituerait un véritable délai de prescription, auquel, par application des dispositions de l'art. 2220, C. civ., il ne pourrait être dérogé par des stipulations particulières; — Mais considérant que le délai de dix ans fixé par les articles précités ne constitue qu'un temps d'épreuve de la bonne exécution des travaux et de la solidité des constructions, qui peut être augmenté au gré des parties contractantes;

(1) V. anal., en matière d'élections municipales et par application de l'art. 14 de la loi du 5 avril 1884, qui se réfère formellement aux §§ 3 et 4, de l'art. 3 de la loi du 30 nov. 1875, Cons. d'Ét., 28 nov. 1884 (Pand. chr.), et la note.

(2-3-4) Ces solutions nous paraissent se rattacher, par un lien étroit de corrélation, à la question plus générale de savoir si le délai de dix ans, à dater de la réception des travaux, fixé par l'art. 1792 et répété par l'art. 2270, C. civ., pour la durée de la responsabilité des architectes et des entrepreneurs, à raison des vices de construction dans les gros ouvrages, s'applique avec la même rigueur à l'action en garantie du propriétaire une fois le vice découvert dans ce délai, ou bien si cette action ne s'éteint que par trente ans à compter du moment de cette découverte. — L'action en garantie se prescrit-elle comme la responsabilité elle-même et par le même laps de temps, le délai de dix ans constitue alors une véritable prescription; d'où cette conséquence qu'il ne saurait y être valablement dérogé, à l'avance, même par des stipulations expresses (C. civ., 2220.) — Au contraire, y a-t-il distinction, et l'action en garantie se dégage-t-elle de cette durée de dix ans pour ne plus être régie que par le temps ordinaire de la prescription des actions, ce délai n'est plus qu'une période d'épreuve, susceptible, par suite, d'être augmenté au gré des parties contractantes.

L'arrêt que nous reproduisons ci-dessus dérive, à notre avis, de cette dernière doctrine. Au moment où il a été rendu il se trouvait en parfaite harmonie avec la jurisprudence que la Chambre civile de la Cour de cassation avait inaugurée par sa décision du 5 août 1879 (S. 79. 1. 405. — P. 79. 1061. — D. 80. 1. 17), qui laissait l'action en garantie, quant à sa durée, sous l'empire du droit commun de la prescription de trente ans.

Mais, depuis, il y a eu un revirement de système, d'autant plus remarquable que les chambres réunies de la Cour suprême ont été appelées à se prononcer et à donner la solution définitive. Dans le dernier état de la jurisprudence, tel qu'il résulte de l'arrêt du 2 août 1882 (Pand. chr.), l'action en garantie se prescrit, comme la responsabilité elle-même, par le laps de dix ans à compter de la réception des travaux, et non à compter seulement de la manifestation extérieure des vices de construction qui s'est produite dans ce délai. V. aussi conf., Bourges, 14 mai 1884 (Pand. chr.), et la note. — Il est donc permis de se demander si les solutions ci-dessus adoptées par le conseil d'État peuvent se concilier avec les principes aujourd'hui définitivement consacrés, et conserver leur autorité. Nous hésitons à l'admettre; nous pensons qu'une consultation nouvelle, si l'occasion s'en présentait, aboutirait à des réponses contraires.

qu'ainsi le sieur Galant a pu, sans violer aucune des dispositions susmentionnées, s'engager à supporter, pendant vingt années, les conséquences des malfaçons dont il s'agit; qu'il suit de là que c'est à tort que le conseil de préfecture a refusé de condamner les héritiers du sieurs Galant à la réparation du préjudice causé de ce chef à la ville de la Fère; — Considérant toutefois que l'état de l'instruction ne permet pas de déterminer dès à présent le chiffre de l'indemnité qui doit être mise à la charge des héritiers du sieur Galant; qu'il y a lieu, en conséquence, de renvoyer les parties devant l'administration et, en cas de contestation, devant le conseil de préfecture, pour qu'il soit procédé à cette estimation; — Art. 1er. L'arrêté est annulé. — Art. 2. Les parties sont renvoyées devant l'administration et, en cas de contestation devant le conseil de préfecture, pour qu'il soit procédé à la détermination du chiffre de l'indemnité à laquelle la ville de la Fère est, dès à présent, reconnue avoir droit.

MM. Gauwain, rapp.; Chante-Grellet, comm. du gouv.; Jozon et Lesage, av.

CONS. D'ÉTAT **14 janvier 1881.**

ÉLECTIONS, COMMUNE, ABSENCE DE VOTE.

Il ne suffit pas, pour entraîner la nullité d'une élection, que, dans une commune, il n'ait point été procédé au vote, si ce fait, auquel d'ailleurs sont restés étrangers les partisans du candidat élu, n'a pu modifier les résultats de la majorité nécessaire, supérieure au nombre de suffrages de tous les électeurs inscrits de la commune (1).

(Elect. de Sermano.)

LE CONSEIL D'ÉTAT : — Sur le grief tiré de ce que, dans la commune d'Alando, il n'a pas été procédé au vote : — Considérant que, si le vote n'a pas eu lieu dans la commune d'Alando, il résulte de l'instruction que ce fait, qui d'ailleurs n'est pas imputable aux partisans du sieur Giulj, n'a pu modifier les résultats de l'élection; qu'en effet, il résulte du procès-verbal de recensement général des votes qu'au scrutin qui a eu lieu le 1er août, le nombre des suffrages exprimés dans toutes les communes du canton de Sermano était de 717; qu'en supposant que les 36 électeurs inscrits dans la commune d'Alando aient pris part au vote et aient donné leur suffrage au concurrent du candidat élu, le nombre des suffrages exprimés dans le canton serait de 753 et la majorité absolue de 377; que, dès lors, le sieur Giulj, qui a réuni 380 voix contre 323 attribuées au sieur Gabrielli, a obtenu la majorité nécessaire pour être élu et conserverait dans tous les cas un plus grand nombre de suffrages que son concurrent; — Art. 1er. La requête est rejetée, etc.

MM. de Mouy, rapp.; Marguerie, comm. du gouv.

CONS. D'ÉTAT **4 février 1881.**

COMICE AGRICOLE, COMICES MULTIPLES, DISSOLUTION, EXCÈS DE POUVOIR.

Doit être annulé pour excès de pouvoir l'arrêté préfectoral qui rapporte l'approbation donnée aux statuts d'un comice agricole, en se fondant sur cet unique motif qu'il ne saurait exister simultanément deux comices agricoles dans le même arrondissement (2) (L. 20 mars 1851, art. 2, § 3).

(D'Argent et autres.)

LE CONSEIL D'ÉTAT : — Vu la loi du 20 mars 1851, art. 2, § 3; — Vu le décret-loi du 25 mars 1852; — Vu les art. 291 et 292, C. pén.; — Vu les lois des 7-14 oct. 1790 et 24 mai 1872; — Considérant qu'il résulte des termes mêmes de l'arrêté attaqué que le préfet d'Eure-et-Loir, en rapportant l'approbation donnée aux statuts du comice agricole de Châteaudun, s'est uniquement fondé sur la nécessité de supprimer, en exécution de la loi du 20 mars 1851, l'un des deux comices agricoles existant dans l'arrondissement de Châteaudun; — Mais considérant qu'aucune disposition, soit de la loi précitée du 20 mars 1851, soit des lois postérieures, ne fait obstacle à ce que deux comices agricoles puissent exister dans le même arrondissement; qu'ainsi, le préfet d'Eure-et-Loir, en prenant l'arrêté attaqué, a usé des pouvoirs qui lui appartiennent, pour un objet autre que celui à raison duquel ils lui ont été conférés, et que les sieurs d'Argent et autres sont fondés à demander, de ce chef, l'annulation dudit arrêté. — Art. 1er. L'arrêté ... est annulé.

MM. Bousquet, rapp.; Marguerie, comm. du gouv.; Sabatier, av.

CONS. D'ÉTAT **11 février 1881.**

TRAMWAYS, OMNIBUS, REDEVANCE, CAHIER DE CHARGES, COMPÉTENCE.

Les contestations entre une Compagnie de tramways et une Compagnie d'omnibus d'une même ville, au sujet de droits et obligations résultant pour l'une et l'autre de leur cahier des charges ou de conventions particulières, ne rentrent pas, comme les difficultés en matière de travaux publics, dans la compétence du conseil de préfecture (3) (L. 28 pluv. an VIII, art. 4).

---

(1) V. en ce sens, Cons. d'Et., 16 févr. 1878 (Pand. chr.), et la note. — Mais il en serait autrement, si l'absence de vote était de nature à modifier le résultat des opérations. V. Cons. d'Et., 30 nov. 1883 (Pand. chr.).

(2) L'arrêt que nous rapportons énonce dans ses motifs : « qu'aucune disposition, soit de la loi du 20 mars 1851, soit des lois postérieures, ne fait obstacle à ce que deux comices agricoles puissent exister dans le même arrondissement ». La proposition est exacte, mais le conseil d'Etat s'arrête à moitié chemin de la vérité légale.

La loi du 20 mars 1851 prévoit expressément dans son art. 1er l'existence simultanée de plusieurs comices dans le même arrondissement. Voici, en effet, le texte de l'article : « Il sera établi, dans chaque arrondissement, un ou *plusieurs* comices agricoles. » — L'arrêté préfectoral était donc pris en violation flagrante de l'art. 1er de la loi du 20 mars 1851, et non point en conformité des prescriptions de cette loi.

Il y a plus : en usant du pouvoir qui lui appartient de retirer une autorisation prédemment concédée, d'agir par voie de suppression ou de dissolution, mais en dehors des cas, et pour des motifs autres que ceux en vue desquels ce pouvoir lui est confié, le préfet commettait un véritable abus, un détournement d'autorité; l'acte au moyen duquel cet abus était consommé, l'arrêté préfectoral, se trouvait par là vicié d'une cause d'annulation (LL. 7-14 oct. 1790; 24 mai 1872, art. 9). — L'application de ces principes a été consacrée par la jurisprudence du conseil d'Etat en maintes circonstances analogues. V. notamment, Cons. d'Et., 18 mars 1868 (Pand. chr.); 20 déc. 1872 (Pand. chr.); 14 nov. 1873 (Pand. chr.); 26 nov. 1875 (Pand. chr.); 29 nov. 1878 (Pand. chr.), et les renvois.

(3) Cet arrêt fait pour la première fois, à notre connaissance du moins, l'application aux tramways des principes de compétence qui régissent les chemins de fer. On sait, en effet, qu'en cette dernière matière, il appartient à l'autorité judiciaire seule d'interpréter les clauses des cahiers des charges lorsqu'elles présentent quelque ambiguïté. V. notamment Trib. des conflits (deux jugements), 3 janv. 1851 (S. 51. 2. 376. — P. chr. adm. — D. 51. 3. 39); Cons. d'Etat, 17 avril 1866 (S. 67. 2. 166. — P. chr. adm. — D. 69. 3. 34); 22 janv. 1867 (D. 69. 3. 34). — C'est aussi la jurisprudence que la Cour de cassation a consacrée par de nombreux arrêts. V. Cass., 5 février 1864 (S. 62. 1. 196. — P. 62. 891. — D. 61. 1. 364); 30 mars 1863 (S. 63. 1. 252. — P. 63. 844. — D. 63. 1. 178); 31 déc. 1866 (S. 67. 1. 34. — P. 67. 50. — D. 67. 1. 56); 21 janv. 1868 (S. 68. 1. 104. — P. 68. 254); 26 août 1874 (Pand. chr.), et les

(Tramways-nord parisiens c. Compagnie des omnibus.)

LE CONSEIL D'ÉTAT : — Vu la loi du 28 pluv. an VIII; — Considérant que l'action intentée par la Compagnie des omnibus tendait à faire déclarer la Compagnie des tramways-nord débitrice envers elle d'une indemnité kilométrique de 4,000 francs, à raison du parcours dans Paris de ses voitures venant de Courbevoie, par application, soit des clauses insérées au cahier des charges annexé au décret du 18 oct. 1873, soit des stipulations contenues dans les conventions intervenues entre les deux Compagnies; — Considérant que, de son côté, la Compagnie des tramways soutient qu'aux termes de son cahier des charges et du traité intervenu entre elle et la Compagnie requérante, le 4 juin 1874, elle était quitte de toute redevance moyennant le payement de l'indemnité kilométrique de 6,000 fr. stipulée par l'art. 1er de ladite convention; — Considérant que ce litige n'était pas de ceux qui, aux termes de l'art. 4 de la loi du 28 pluv. an VIII, doivent être portés devant le conseil de préfecture; qu'ainsi il y a lieu d'annuler pour incompétence l'arrêté dudit conseil; — Art. 1er. L'arrêté... est annulé.

MM. Bousquet, rapp.; Gomel, comm. du gouv.; Sabatier et Devin, av.

CONS. D'ÉTAT 25 février 1881.

RESPONSABILITÉ, ETAT, TROUPES, EXERCICES A FEU, PRÉCAUTIONS (DÉFAUT DE), BLESSURE.

L'État est responsable des conséquences d'une blessure causée à un individu par un projectile au cours d'exercices à feu exécutés par des troupes sous les ordres de leurs chefs, alors même que l'individu, au moment où il a été atteint, se trouvait à proximité du tir, si aucune défense de stationner en cet endroit n'avait été adressée au public (1) (C. civ., 1382).

(Desvoyes c. l'État.)

LE CONSEIL D'ÉTAT : — Vu le décret du 2 nov. 1864 et la loi du 24 mai 1872; — Considérant qu'il résulte de l'instruction que, le 7 sept. 1877, au moment où le 21e et le 109e régiments d'infanterie de ligne, commandés pour un service en armes, s'exerçaient, sous les ordres de leurs chefs, à des manœuvres à feu sur le terrain de la Scudre, le sieur Desvoyes, qui, avec d'autres personnes, se trouvait à proximité des troupes, mais de l'autre côté de la route de Langres, sans qu'aucune défense de stationner en cet endroit eût été faite au public, a été atteint par un projectile et grièvement blessé; que, dans ces circonstances, le ministre de la guerre n'est pas fondé à soutenir que cet accident n'est pas imputable à la faute de l'administration militaire; — Considérant que, en raison de la blessure reçue par Desvoyes et des conséquences qu'elle pourra avoir, il y a lieu d'élever à 9,000 francs l'indemnité qui lui a été allouée par le ministre de la guerre; — Art. 1er. La décision... est annulée. — Art. 2. L'État payera au sieur Desvoyes une somme de 9,000 francs, etc.

MM. Bousquet, rapp.; Chante-Grellet, comm. du gouv.; Mazeau et Nivard, av.

CONS. D'ÉTAT 4 mars 1881.

CHEMIN DE FER, VOIE FERRÉE, ANIMAUX, INTRODUCTION, CLOTURE, CONTRAVENTION.

Un propriétaire d'animaux qui les a laissés se répandre sur une voie ferrée, ne peut, pour échapper à la contravention relevée contre lui, se prévaloir du défaut de solidité de la clôture du chemin de fer, alors que cette clôture se poursuivait sans discontinuité, et qu'il n'est pas établi qu'elle ne fût pas conforme au mode admis par l'administration, ni qu'elle eût cessé de recevoir un entretien suffisant (2) (LL. 29 flor. an X; 23 mars 1842; 15 juill. 1845, art. 2).

(Filoque.)

LE CONSEIL D'ÉTAT : — Vu l'arrêt du Conseil du 16 déc. 1739; Vu la loi du 15 juill. 1845; Vu la loi du 29 flor. an X et la loi du 23 mars 1842; — ...Au fond : — Considérant que l'arrêt du Conseil du 16 déc. 1759 fait défense, à peine de 100 francs d'amende, de laisser répandre les bestiaux sur les bords des grands chemins plantés soit d'arbres, soit de haies d'épines et autres; que l'art. 2 de la loi du 15 juill. 1845 déclare applicables aux chemins de fer les lois et règlements sur la grande voirie, qui ont pour objet d'assurer la conservation des talus, levées et ouvrages d'art dépendant des routes; — Considérant qu'il est constaté par le procès-verbal que huit génisses appartenant au sieur Filoque se sont introduites sur la voie du chemin de fer de Paris à Cherbourg, qu'il résulte de l'instruction que la clôture qui séparait la voie des propriétés privées n'était pas discontinue, et que le sieur Filoque n'établit pas qu'elle ne fût pas conforme au mode admis par l'administration supérieure, ni qu'elle eût cessé de recevoir un entretien suffisant; que, dès lors, il n'est pas fondé à se prévaloir du peu de solidité que présentait ladite clôture, pour échapper à la contravention qui lui est imputée; — Art. 1er. L'arrêté... est annulé. — Art. 2. Le sieur Filoque est condamné à 16 francs d'amende et aux frais du procès-verbal.

MM. Labiche, rapp.; Marguerie, comm. du gouv.

CONS. D'ÉTAT 11 mars 1881.

RESPONSABILITÉ, ÉTAT, OUVRIER, BLESSURE, FAUTE.

L'État est responsable de l'accident arrivé à un ouvrier de ses ateliers, dans l'exécution d'ordres donnés par des chefs de service, lorsqu'il n'a été pris par ceux-ci aucune des mesures de surveillance et de précaution commandées par les dangers de l'opération (3) (C. civ., 1382).

Peu importe que le travail ordonné l'ait été en violation

---

renvois. V. d'ailleurs, pour plus de renseignements, notre *Dictionnaire de dr. comm., ind. et marit.*, t. II, vo *Chemin de fer*, n. 412 et suiv.

(1) L'Etat a été, en maintes circonstances, condamné à réparer les dégâts causés par les projectiles aux propriétés voisines des champs de tir. V. Cons. d'Etat, 21 juin 1859 (S. 60. 2. 285. — P. chr. adm. — D. 60. 3. 11); 27 févr. 1862 (P. chr. adm. — D. 62. 3. 28); 9 août 1865 (S. 66. 2. 272. — P. chr. adm. — D. 66. 3. 27); 12 févr. 1870 (D. 70. 3. 108); 6 mars 1874 (S. 76. 2. 30. — P. chr. adm. — D. 75. 3. 20). — A plus forte raison, le même principe de responsabilité doit s'étendre aux dommages causés aux personnes, alors surtout que, comme dans les faits de la cause actuelle, l'administration militaire n'a pris aucune mesure pour empêcher les accidents et a montré la plus entière négligence. — Mais il a été jugé que l'État ne saurait être déclaré responsable des conséquences d'un accident occasionné par l'imprudence d'un militaire qui, en dehors de tout service commandé, malgré la défense de ses chefs, se serait exercé isolément au tir : Cons. d'Etat, 15 mars 1878 (Pand. chr.), et la note.

(2) *Sic* Cons. d'Etat, 14 août 1867 (S. 68. 2. 240. — P. chr. adm. — D. 68. 3. 41); 15 janv. 1868 (D. 68. 3. 100); 18 août 1869 (S. 70. 2. 302. — P. chr. adm.); 7 avril 1876 (D. 76. 3. 83); 13 fév. 1880 (S. 81. 3. 55. — P. chr. adm. — D. 80. 3. 86). Comp. en sens divers, Cons. d'Etat, 28 nov. 1879 (Pand. chr.); 16 avril 1880 (Pand. chr.); 5 août 1881 (Pand. chr.); 3 févr. 1882 (Pand. chr.); 7 août 1883 (Pand. chr.), et les notes et renvois.

(3) V. anal., Cons. d'Etat, 4 avril 1879 (Pand. chr.), et les indications d'arrêts en note.

d'une défense formelle de la consigne générale de l'atelier connue des ouvriers (1) (C. civ., 1382).

Peu importe encore que, par des avis affichés, l'administration ait prévenu les ouvriers qu'elle ne prenait envers eux aucun engagement, en cas d'accident survenu dans leur travail ou par l'emploi des machines (2) (Id.).

(Lanciaux.)

LE CONSEIL D'ÉTAT : — Vu...; Sur le pourvoi dirigé contre la décision du ministre de la guerre, en date du 21 nov. 1879 : — ...Au fond : — Considérant que c'est en procédant, le 11 août 1876, dans l'atelier d'emplombage des obus de l'arsenal de Douai, à l'extraction d'une chaudière hors de service du logement qu'elle occupait dans le fourneau à côté, et à 0 mèt. 80 c. d'une autre chaudière pleine de plomb en fusion, et parce qu'il était monté sur la plate-forme du fourneau, que le sieur Lanciaux a éprouvé l'accident qui l'a privé de l'usage du pied gauche; — Considérant, d'une part, qu'en admettant que la consigne générale de l'atelier défende aux ouvriers de monter sur ladite plate-forme, le sieur Lanciaux soutient et qu'il n'est pas contesté qu'il en avait reçu l'ordre du brigadier de service; que, d'ailleurs, il ne résulte pas de l'instruction que les chefs du sieur Lanciaux aient exercé la surveillance et pris les précautions commandées par le danger que présentait l'opération dont il s'agit; — Considérant, d'autre part, que si, par des avis affichés dans les ateliers, l'administration de l'arsenal prévient les ouvriers qu'elle ne prend envers eux aucun engagement en ce qui concerne les accidents qui peuvent leur arriver dans leur travail ou par l'emploi des machines, cette circonstance ne saurait avoir pour effet de décharger l'État de la responsabilité qui lui incombe par suite des faits ci-dessus énoncés; que, de ce qui précède, il résulte que le requérant est fondé à réclamer une indemnité, et qu'il sera fait une juste et suffisante appréciation de cette indemnité en condamnant l'État à lui payer une rente annuelle et viagère de 500 francs, dont les arrérages courront à partir du 11 août 1877, date à laquelle il a cessé de recevoir son salaire quotidien, et qui, dans le cas du décès de Lanciaux sera reversée sur ses enfants mineurs jusqu'à leur majorité; — Art. 1er. La décision... est annulée. — Art. 2. L'État payera, etc.

MM. Vallon, rapp.; Gomel, comm. du gouv.; Jozon et Nivard, av.

CONS. D'ÉTAT **17 mars 1881.**

CULTE, DESSERVANT, INJURES, VIOLENCE, BAPTÊME, POURSUITE CORRECTIONNELLE, AUTORISATION.

Les particuliers ont, aussi bien que le ministère public, le droit de poursuivre directement les ministres du culte devant les tribunaux de droit commun (dans l'espèce, devant le tribunal de police correctionnelle) pour faits de violences et d'injures à l'occasion d'un baptême; il n'est nullement nécessaire, à cet effet, d'obtenir du conseil d'État une autorisation préalable d'aucune sorte (3) (L. 18 germ. an X, art. 6, 7 et 8; C. instr. crim., 1 et 64).

(Bertheley c. Guy.)

LE PRÉSIDENT DE LA RÉPUBLIQUE FRANÇAISE : — Sur le rapport de la section de l'intérieur, des cultes, de l'instruction publique et des beaux-arts; — Vu la requête présentée par les époux Bertheley, demeurant à Varennes-le-Grand (Saône-et-Loire); — Vu le rapport du ministre de l'intérieur et des cultes en date du 14 septembre dernier; — Vu les art. 1er et 64, C. instr. crim., et l'art. 5 de la loi du 26 mai 1819; — Considérant que la demande des époux Bertheley, dans la forme où elle est présentée, tend à obtenir, à raison de faits de violences et d'injures dont l'abbé Guy, desservant de Sevray, se serait rendu coupable envers la femme Bertheley, à l'occasion d'un baptême, l'autorisation de poursuivre ledit abbé devant le tribunal de police correctionnelle; — Considérant que la nécessité d'une semblable autorisation ne résulte d'aucun texte de loi; que les particuliers ont, aussi bien que le ministère public, le droit de poursuivre directement les ministres du culte devant les tribunaux de droit commun; — Le conseil d'État entendu; — Décrète : — Art. 1er. Il n'y a lieu de statuer sur la requête. — Art. 2. Le garde des sceaux, ministre de la justice et des cultes, etc.

M. Castagnary, rapp.

CONS. D'ÉTAT **18 mars 1881.**

CARRIÈRE, CHEMIN DE FER, EXPLOITATION, INTERDICTION, DÉPOSSESSION, INDEMNITÉ, COMPÉTENCE.

L'interdiction, fût-elle même prononcée pour une durée indéfinie, d'exploiter une carrière dans l'intérêt de la conservation d'un chemin de fer, constitue un dommage permanent et

---

(1) Les patrons s'en tireraient à trop bon compte s'il suffisait d'une simple consigne une fois donnée pour les dispenser de toute surveillance. Une consigne ne vaut quelque chose qu'autant qu'un contrôle sévère en assure l'exécution. Autrement, elle reste lettre morte. Donner des ordres, c'est fort bien; tenir la main à ce qu'ils soient observés vaut mieux encore. Pour dégager sa responsabilité il ne suffit pas de faire l'un, il faut faire l'un *et* l'autre.

(2) Il est de principe, susceptible de nombreuses applications pratiques, que nul ne peut s'affranchir de la responsabilité de ses propres fautes ou de celle de ses préposés. V. notamment, comme se rapprochant plus particulièrement de l'espèce actuelle, Dijon, 24 juill. 1874 (Pand. chr.), et la note.

(3) Déjà il a été jugé, d'une manière absolue, que la loi du 18 germ. an X, en spécifiant dans ses art. 6 et 7 les cas d'abus, n'a eu ni pour but, ni pour effet d'établir une immunité en faveur des ecclésiastiques pour ceux de leurs actes qui tomberaient sous l'application des lois pénales : Cons. d'État, 17 août 1880 (deux arrêts) (S. 82. 3. 14. — P. chr. adm.). — De ce principe la jurisprudence avait tiré cette conséquence, qu'il n'était pas besoin d'une autorisation préalable pour la poursuite, par le ministère public, des crimes et délits de droit commun commis par les ecclésiastiques dans l'exercice de leurs fonctions; que, dans le silence de la loi, la règle générale écrite dans les art. 1 et 22, C. instr. crim., sur l'indépendance et la liberté entière de l'action publique, conservait son empire. V. notamment Cass., 3 nov. 1831 (S. 32. 1. 307. — P. chr.); 25 nov. et 23 déc. 1831 (S. 32. 1. 306 et 307. — P. chr.); 10 août 1861 (Pand. chr.); 8 mai 1869 (Pand. chr.). V. aussi Cass., 25 mars 1880 (Pand. chr.). — Mais la jurisprudence par une contradiction difficile à expliquer, ou par des scrupules qui n'ont rien de juridique, n'accordait cette liberté d'allures qu'à l'action publique; elle refusait les mêmes franchises à l'action civile, qui continuait à être soumise à un examen préalable par le conseil d'Etat et à la nécessité d'une déclaration d'abus. On arrivait donc, dans ce système mixte, à ce singulier résultat que, pour le même délit, le libre exercice de l'action directe était dénié à la partie civile et reconnu à la partie publique. Il faudrait au moins un texte de loi bien formel pour établir une distinction si contraire aux principes, et ce texte n'existe pas. Aussi la décision que nous rapportons, en effaçant toute différence entre les deux actions, en les mettant sur le même plan d'égalité, nous paraît avoir adopté la solution logique et en même temps la seule vraiment juridique de la difficulté. V. nos observations sous Cass., 19 avril 1883 (Pand. chr.); 23 févr. 1884 (Pand. chr.).

non une dépossession définitive équivalant à une expropriation (1) (L. 28 pluv. an VIII, art. 8).

Par suite, il appartient au Conseil de préfecture, à l'exclusion des tribunaux civils, de statuer sur la demande d'indemnité formée par le propriétaire de la carrière contre la Compagnie de chemin de fer (2) (Id.).

(Perravex et Bozzino c. Chemin de fer d'Annecy.)

LE CONSEIL D'ÉTAT : — Vu le décret du 7 mars 1863, portant règlement général des carrières du département de la Haute-Savoie; — Vu les lois des 15 juill. 1845 et 28 pluv. an VIII; — Considérant que, par son arrêté du 18 juin 1878, le préfet de la Haute-Savoie a, par application des art. 9 et 10 du règlement du 7 mars 1863 et des art. 3 et 10 de la loi du 15 juill. 1845, interdit l'exploitation des carrières du sieur Perravex, comme compromettant la solidité des ouvrages du chemin de fer d'Annecy à Annemasse; que si cette interdiction a été prononcée pour une durée indéfinie, et si elle a eu pour effet de priver le propriétaire de la faculté d'user de sa propriété de la façon la plus avantageuse, elle n'a eu pour effet ni d'en déposséder le sieur Perravex, ni de l'empêcher d'en jouir, suivant tel autre mode qu'il pourra adopter; que, dans ces circonstances, les sieurs Perravex et Bozzino ne sont pas fondés à soutenir que l'interdiction d'exploiter les carrières équivalait à une dépossession complète de la propriété, et que le préjudice qui en était résulté pour eux devait être apprécié par l'autorité judiciaire suivant les formes prescrites par la loi du 3 mai 1841; que, dès lors, il y a lieu d'annuler l'arrêté par lequel le conseil de préfecture de la Haute-Savoie s'est déclaré incompétent pour connaître de la réclamation, et de renvoyer les sieurs Perravex et Bozzino devant ledit conseil de préfecture pour y être statué sur l'indemnité à laquelle ils auraient droit; — Art. 1er. L'arrêté... est annulé. — Art. 2. Les sieurs Perravex et Bozzino sont renvoyés devant ledit conseil pour être statué sur l'indemnité.

MM. Sauzey, rapp.; Le Vavasseur de Précourt, comm. du gouv.; Jozon, av.

AVIS CONS. D'ÉTAT 24 mars 1881.

FABRIQUES D'ÉGLISE, DONS, LEGS, CAPACITÉ, ÉCOLES, FONDATION, ENTRETIEN.

Les fabriques ayant été instituées exclusivement dans l'intérêt de la célébration du culte et pour l'administration des aumônes, ne sont aptes à recevoir et à posséder que dans les limites de ces attributions (3) (L. 18 germ. an X, art. 76; Décr. 30 déc. 1809).

Par suite, les fabriques ne peuvent être autorisées à recevoir des libéralités en vue de fonder ou d'entretenir des écoles (4) (L. 15 mars 1850, art. 17).

(Fabrique de Poudis.)

LE CONSEIL D'ÉTAT : — Qui, sur le renvoi ordonné par M. le ministre de l'intérieur et des cultes, a pris connaissance d'un projet de décret tendant, notamment, à refuser à la fabrique de l'église paroissiale de Poudis (Tarn) l'autorisation d'accepter le legs universel en nue propriété fait à cet établissement par la demoiselle Angélique Bonhoure, en vue de l'entretien d'une école congréganiste de filles : — Vu le testament de la demoiselle Bonhoure et les autres pièces du dossier; — Vu les art. 910 et 937, C. civ., la loi du 2 janv. 1817, les ordonnances des 2 avril 1847 et 14 janv. 1831; — Vu la loi du 18 germ. an X, portant organisation du culte catholique, et le décret du 30 déc. 1809 sur les fabriques; — Vu les lois des 3 sept. 1791, 5 niv. an II, 3 brum. an IV, 11 flor. an X, et le décret du 17 mars 1808, qui font de l'enseignement une charge exclusive de l'État et des communes; — Vu la loi du 15 mars 1850, art. 17, qui met les écoles publiques à la charge de l'État, des départements ou des communes, et laisse aux particuliers et aux associations la faculté de fonder des écoles libres; — Vu les avis de la section de l'intérieur des 15 avril, 17 juin et 6 nov. 1836; — Vu les avis du conseil d'État des 12 avril 1837 et 21 juill. 1873; — Considérant que le projet du décret tend à apporter une modification aux règles tracées par la jurisprudence du conseil d'État; qu'il y a lieu, dès lors, d'examiner de nouveau la question de savoir si une fabrique peut être autorisée à recevoir les libéralités destinées à la fondation ou à l'entretien d'une école; — Considérant que les fabriques, comme les autres établissements publics, n'ont été investies de la personnalité civile qu'en vue de la mission spéciale qui leur a été confiée; — Considérant qu'il résulte des art. 76 de la loi du 18 germ. an X et 1er du décret du 30 déc. 1809, que les fabriques ont été établies « pour veiller à l'entretien et à la conservation des temples, et à l'administration des aumônes »; — Considérant qu'aucune loi postérieure n'a modifié les attributions des fabriques, et ne leur a accordé le droit de fonder ou d'entretenir des écoles; qu'il ne peut être suppléé au silence du législateur par ce motif que les fabriques pourraient être considérées comme *représentant les intérêts religieux d'un groupe d'habitants* et chargées, par suite, de pourvoir à la création et à l'entretien d'écoles confessionnelles; que, lorsqu'il s'agit des attributions de personnes morales, créées par la loi, ce n'est pas dans le droit commun qu'il faut chercher les règles à appliquer, mais dans la loi spéciale qui les a instituées; qu'il suit de là que ni les traditions historiques, ni les considérations d'utilité publique ne peuvent autoriser à étendre les attributions des fabriques à un service qui ne leur a été restitué ni en l'an X ni en 1809; qu'en même temps, en effet, qu'il ordonnait la vente, au profit de la nation, des biens appartenant aux fabriques et aux établissements scolaires, le législateur faisait de l'instruction du peuple une charge de l'État; que cette obligation, constamment respectée, a été maintenue, notamment par la loi du 11 flor. an X et le décret du 17 mars 1808, préparés en même temps que la loi de germ. an X et le décret du 3 déc. 1809; que, dans ces circonstances, la restitution aux fabriques de services relatifs à l'enseignement n'aurait pu se concilier avec l'attribution exclusive de ces mêmes services à l'Etat ou aux communes; qu'on ne saurait davantage invoquer en faveur des fabriques le principe de la liberté de l'enseignement proclamé par les lois de la révolution; que ce principe ne s'appliquait qu'au droit individuel des citoyens à enseigner et non au droit collectif ayant appartenu aux

(1-2) V. dans le même sens, au sujet des concessions de mines, Cons. d'Etat, 11 mars 1861 (Pand. chr.); Trib. des conflits, 7 avril 1884 (Pand. chr.). Comp. Trib. des conflits, 5 mai 1877 (Pand. chr.). Ainsi que nous l'avons fait remarquer en note de ce dernier jugement, la solution qu'il comporte, justifiée par les circonstances exceptionnelles de la cause, n'est nullement en contradiction avec l'ensemble de la jurisprudence sur la matière. — Dans des espèces, presque identiques à celle de l'affaire actuelle, jugées par le conseil d'Etat antérieurement (V. arrêt, 16 févr. 1878, Pand. chr.), et postérieurement (V. arrêt, 3 juin 1881, S. 83. 2. 8. — P. chr. adm. — D. 82. 3. 115), la question de compétence n'a même point été soulevée.

(3-4) V. en sens contraire, deux Avis antérieurs du conseil d'État, en date des 12 avril 1837 et 24 juill. 1873 (D. 73. 3. 98). — V. toutefois anal., en ce qui concerne les conseils presbytéraux des Églises réformées, Av. cons. d'Et., 13 avril 1881 (Pand. chr.), et la note. Consult. aussi Av. cons. d'Ét., 2 déc. 1881, aff. Chambre des notaires de Paris (Pand. chr.).

corps supprimés par ces mêmes lois; que c'est, en effet, par l'art. 17 de la loi du 15 mars 1850 que le droit de créer des écoles libres a été rendu aux associations, mais que ce droit n'a pas été étendu par la même loi aux établissements ecclésiastiques; — Considérant, d'autre part, qu'en confirmant par son art. 11 la suppression de tous établissements ecclésiastiques autres que ceux dont elle autorisait la reconstitution, la loi de germ. an X n'a pu investir ces derniers d'une attribution générale pour l'acceptation des dons et legs, parce qu'en leur conférant cette attribution générale, elle leur aurait fourni en même temps le moyen de réorganiser les établissements supprimés et d'éluder sa prohibition; — Considérant, enfin, que c'est au gouvernement, en conseil d'Etat, qu'il appartient de statuer sur l'autorisation réclamée; qu'en effet, si la capacité d'un établissement public pour recevoir ou posséder est une question essentiellement judiciaire, le droit de veiller à ce que les établissements publics placés sous la tutelle du gouvernement ne franchissent pas les limites de leurs attributions, soulève au contraire une question essentiellement administrative, puisqu'il s'agit d'exercer le pouvoir qui lui a été réservé par les art. 910 et 937 du C. civ.;

Est d'avis : — 1° que les fabriques, ayant été instituées exclusivement dans l'intérêt de la célébration du culte et pour l'administration des aumônes, ne sont aptes à recevoir et à posséder que dans les limites de ces attributions; — 2° qu'il y a lieu de refuser à la fabrique de Poudis (Tarn) l'autorisation de recevoir le legs de la demoiselle Bonhoure et d'en appliquer les arrérages à l'entretien d'une école.

CONS. D'ÉTAT 1er avril 1881.

CHASSE, BATTUES, ARRÊTÉ PRÉFECTORAL, EXCÈS DE POUVOIR, ANIMAUX NUISIBLES.

Est entaché d'excès de pouvoir l'arrêté préfectoral qui ordonne la destruction, au moyen de battues, des cerfs, biches et lapins; ces animaux ne rentrant pas dans la catégorie des animaux malfaisants ou nuisibles (1) (Arr. 19 pluv. an V, art. 3 et suiv.).

Mais est valable l'arrêté pris pour la destruction des sangliers qui, eux, sont bien des animaux malfaisants ou nuisibles (2) (Id.).

(Schneider.)

LE CONSEIL D'ÉTAT : — Vu l'arrêté du Directoire du 19 pluv. an V; Vu les ordonnances du 20 août 1814; Vu la loi du 3 mai 1844; Vu les lois des 7-14 oct. 1790 et 24 mai 1872, art. 9; — Considérant qu'aux termes de l'arrêté du Directoire du 19 pluv. an V, les autorités départementales peuvent ordonner des battues aux loups, renards, blaireaux et autres animaux nuisibles; — Considérant que, pour demander l'annulation dé l'arrêté en date du 31 mars 1880, par lequel le préfet d'Indre-et-Loire a autorisé des battues pour la destruction des sangliers, cerfs, biches et lapins sur le territoire de la commune de Chambourg, le sieur Paul Schneider se fonde sur ce que lesdits animaux ne sont pas des animaux nuisibles dans le sens de l'arrêté du 19 pluv. an V; — Considérant que, si le sanglier n'est pas un animal essentiellement nuisible, il peut le devenir par suite de circonstances particulières, notamment de sa trop grande multiplication dans un pays; qu'ainsi il appartenait au préfet, en se conformant aux prescriptions des art. 3, 4 et 5 de l'arrêté du 19 pluv. an V et de l'ordonnance du 20 août 1814, d'autoriser des battues pour la destruction de sangliers, qui, d'ailleurs ont été désignés comme animaux malfaisants ou nuisibles par un arrêté du préfet d'Indre-et-Loire, en date du 1er mars 1863, pris en exécution du § 3 de l'art. 9 de la loi du 3 mai 1844;

Mais considérant que les cerfs, biches et lapins, qui ont été également désignés par le même arrêté, ne rentrent pas dans la catégorie des animaux nuisibles dans le sens de l'arrêté du 19 pluv. an V; que si l'arrêté préfectoral du 1er mars 1863 a eu pour effet d'autoriser le propriétaire, possesseur ou fermier, à détruire ces animaux en tout temps sur ses terres, il n'a pu conférer au préfet le droit d'ordonner que les cerfs, biches et lapins seraient détruits au moyen des battues prévues par l'arrêté du 19 pluv. an V...; — Art. 1er. L'arrêté... est annulé en tant qu'il a autorisé des battues pour la destruction des cerfs, biches et lapins. — Art. 2. Le surplus des conclusions est rejeté.

MM. de Rouville, rapp.; Marguerie, comm. du gouv. (concl. contr. sur le second point); Fosse, av.

CONS. D'ÉTAT 8 avril 1881.

CERCLE, DISSOLUTION, TAXE.

La taxe de 20 pour 100 frappe tous les abonnés ou membres d'un cercle dissous au 1er janvier d'une année, d'après les cotisations versées pendant l'année précédente (3) (L. 16 sept. 1871, art. 9).

(1) Sur le premier point, l'hésitation n'était guère possible. Il est certain que les cerfs, biches et lapins sont généralement compris dans la qualification de *gibier*. Or le gibier proprement dit ne peut être détruit en vertu des pouvoirs conférés à l'administration pour la destruction des animaux malfaisants ou nuisibles.

(2) Quant au second point, la question paraissait plus délicate. M. le commissaire du gouvernement demandait encore, même de ce chef, l'annulation de l'arrêté préfectoral. A son avis, la destruction des sangliers ne pouvait être l'objet de battues ordonnées d'office par le préfet, pour cette double raison : — d'une part, que l'édit de 1601, dans son art. 4, considérait le droit de chasser les *bêtes noires* comme un privilège accordé aux seigneurs, et que, par *bêtes noires*, il fallait entendre les *sangliers*; — d'autre part, que l'ordonnance du 20 août 1814, qui a été considérée comme le Code de la louveterie, ne permet aux louvetiers de tirer sur les sangliers que dans un cas exceptionnel, lorsqu'ils font tête aux chiens, et uniquement dans les forêts de l'Etat.

Mais le conseil d'Etat, en consacrant la thèse contraire, s'est conformé à la jurisprudence de la Cour de cassation, expressément formulée dans les arrêts des 3 janv. 1840 (S. 42. 1. 657), 21 janv. 1864 (Pand. chr.), et implicitement reconnue, au point de ne plus être discutée aujourd'hui, par les arrêts des 22 juin 1843 (S. 43. 1. 845. — P. 43. 2. 554); 18 janv. 1879 (Pand. chr.); 29 déc. 1883 (Pand. chr.), et les renvois. La Cour de cassation, dans son arrêt du 3 janv. 1840, surtout dans celui du 21 janv. 1864, précités, s'était fondée sur ce que « le sanglier, qui n'est pas un animal essentiellement nuisible, pouvait le devenir par suite de circonstances particulières, notamment de sa trop grande multiplication dans un pays ».

C'est ce même motif, textuellement reproduit, que nous retrouvons dans la décision du conseil d'Etat ci-dessus rapportée.

(3) « La taxe des cercles, d'après la loi du 16 sept. 1871 qui l'a instituée, a dit M. le ministre des finances dans ses observations sur cette affaire, présente cette particularité qu'elle doit être assise sur des faits accomplis, tandis que, pour les contributions directes proprement dites, les cotes sont calculées d'après la situation des contribuables au 1er janv. de l'année à laquelle elles se rapportent. Aussi, pour les contributions directes, les rôles peuvent être mis en recouvrement dès le commencement de l'année; tandis que, pour la taxe des cercles, il est nécessaire d'attendre l'expiration de l'année pour connaître le montant des cotisations payées devant servir de base à cette taxe. Le décret du 27 déc. 1871 délibéré en conseil d'Etat, et portant règlement d'administration publique pour l'exécution des lois des 16 sept. et 18 déc. 1871, par ce motif, prescrit aux gérants des cercles de faire chaque année, avant le 31 janv., une déclaration indiquant : 1° le nombre des abonnés ayant fait partie de la réunion pendant l'année précédente; 2° le montant correspondant de leurs cotisations. »

Ces principes bien établis, la solution du litige en découlait comme une conséquence logique; elle est ce qu'elle devait être, juridique, irréfutable, et ne pouvait point être différente.

(Delhomme.)

LE CONSEIL D'ÉTAT : — Vu la loi du 16 sept. 1871 et le décret du 27 déc. suivant; — Considérant qu'aux termes de l'art. 9 de la loi du 16 sept. 1871, les abonnés des cercles, sociétés et lieux de réunions où se payent des cotisations, supportent une taxe de 20 pour 100 desdites cotisations payées par les membres ou associés, et que, d'après l'art. 1er du décret du 27 déc. 1871, il doit être fait chaque année, avant le 31 janvier, une déclaration indiquant le nombre des abonnés ayant fait partie du cercle pendant l'année précédente, ainsi que le montant correspondant de leurs cotisations; — Considérant qu'il résulte de l'instruction que le cercle existant au Havre sous le nom de « Cercle des mécaniciens » n'a été dissous qu'à dater du 1er janv. 1879; que le sieur Delhomme, trésorier dudit cercle, a été régulièrement imposé à la taxe, à raison des cotisations versées en 1878, sur le rôle dont la mise en recouvrement a eu lieu dans le courant de l'année 1879; que, dans ces circonstances, c'est avec raison que le conseil de préfecture a rejeté la demande du sieur Delhomme; — Art. 1er. La requête... est rejetée.

MM. Villetard de Prunières, rapp.; Chante-Grellet, comm. du gouv.

CONS. D'ÉTAT **13 avril 1881.**

CIMETIÈRE, DISTANCE, HABITATIONS ISOLÉES.

La prohibition d'agrandir les cimetières situés à moins de 35 mètres de l'enceinte des villes ou communes, ne s'applique pas aux cimetières situés à plus de 35 mètres en dehors de ladite enceinte, alors même qu'il y aurait, dans le voisinage, des maisons isolées à moins de 35 mètres (1) (Décr. 23 prair. an XII, art. 1 et 2; Ord. 6 déc. 1843).

...Ou des jardins dépendant de ces maisons isolées, alors surtout qu'ils ne forment point avec elles partie intégrante, à cause notamment de leur grande étendue (2) (Id.).

(Lallouette c. Commune de Nesle.)

LE CONSEIL D'ÉTAT : — Vu le décret du 23 prair. an XII et l'ordonn. du 6 déc. 1843; Vu les lois des 7-14 oct. 1790 et 24 mai 1872, art. 9; — Au fond : — Considérant qu'il résulte des dispositions du décret du 23 prair. an XII et de l'ordonnance du 6 déc. 1843 qu'il ne peut pas être procédé à l'agrandissement des cimetières situés à moins de 35 mètres de l'enceinte des villes ou communes, mais que cette prohibition ne s'applique pas aux cimetières situés à plus de 35 mètres en dehors de ladite enceinte, alors même qu'il y aurait, dans le voisinage, des maisons isolées situées à moins de 35 mètres; — Considérant que le cimetière de la commune de Nesle et le terrain qui y sera réuni, par suite de l'acquisition qu'a autorisée l'arrêté attaqué, sont situés en dehors de la masse des habitations agglomérées de la commune, à plus de 35 mètres de ces habitations; que la propriété du sieur Lallouette, qui, d'ailleurs, ne fait pas partie de la masse des habitations, est séparée du terrain qu'il s'agit d'annexer par un jardin qui ne fait pas partie intégrante de la maison d'habitation appartenant au requérant; que, dans ces circonstances, le sieur Lallouette n'est pas fondé à demander l'annulation pour violation des prescriptions du décret du 23 prair. an XII de l'arrêté par lequel le préfet de la Somme a autorisé l'acquisition d'un terrain pour l'agrandissement du cimetière de Nesle; — Art. 1er. L'intervention de la commune de Nesle est admise. — Art. 2. La requête du sieur Lallouette... est rejetée.

MM. de Rouville, rapp.; Le Vavasseur de Précourt, comm. du gouv.; Mimerel et Chambareaud, av.

AVIS CONS. D'ÉTAT **13 avril 1881.**

ÉTABLISSEMENTS PUBLICS, CONSEILS PRESBYTÉRAUX, ÉGLISES RÉFORMÉES, PERSONNALITÉ CIVILE, DONS, LEGS, ACCEPTATIONS, ÉCOLES, FONDATION, CONDITIONS, AUTORISATION.

Les conseils presbytéraux, comme les autres établissements publics, ne sont investis de la personnalité civile qu'en vue de la mission spéciale qui leur a été confiée par les lois et règlements (3) (L. 18 germ. an X, art. 5 et 20; Décr. 26 mars 1852, art. 14).

En conséquence, les conseils presbytéraux des Églises réformées ne peuvent être autorisés à accepter des dons et legs à eux faits à charge de fonder ou d'entretenir des écoles (4) (C. civ., 910, 937; LL. 28 juin 1833; 15 mars 1850).

(Conseil presbytéral de Saint-Germain en Laye.)

LE CONSEIL D'ÉTAT; — Qui, sur le renvoi ordonné par M. le ministre de l'intérieur et des cultes a pris connaissance d'un projet de décret tendant à refuser au conseil presbytéral de l'Église réformée à Saint-Germain en Laye (Seine-et-Oise) l'autorisation d'accepter le legs qui lui a été fait par le sieur Muller, consistant en une maison estimée 50,000 francs environ, à charge d'employer intégralement le montant des revenus à payer les dépenses des écoles protestantes de cette ville; — Vu le testament authentique du sieur Muller, en date du 21 mai 1873; — Vu les délibérations du conseil presbytéral de Saint-Germain en Laye, en date des 8 oct. 1876, 11 déc. 1878 et 12 juin 1879; — Vu les délibérations du consistoire de l'Église réformée de Paris, des 8 déc. 1876 et 20 déc. 1878; — Vu la loi du 18 germ. an X, art. 5 et 20; — Vu le décret du 26 mars 1852; — Vu l'arrêté ministériel du 20 mai 1853; — Vu les lois des 3 sept. 1791, 5 niv. an II, 3 brum. an IV, 11 flor. an X; — Vu le décret du 17 mars 1808; — Vu les lois des 28 juin 1833 et 15 mars 1850; — Vu les avis du conseil d'État des 12 avril 1837 et 24 juill. 1873 : — Considérant que le projet de décret apporte une modification aux règles tracées par la jurisprudence du conseil d'État, et qu'il y a lieu, par suite, d'examiner de nouveau la question de savoir si un conseil presbytéral peut être autorisé à recevoir des libéralités en vue de fonder ou d'entretenir des écoles; — Considérant que les conseils presbytéraux, comme les autres établissements publics, n'ont été investis de la personnalité civile qu'en vue de la mission spéciale qui leur a été confiée par les lois et règlements; — Considérant qu'aux termes de l'art. 1er de l'arrêté ministériel du 20 mai 1853, rendu en vertu de la délégation contenue dans l'art. 14 du décret du 26 mars 1852, le conseil presbytéral maintient l'ordre et la discipline dans la paroisse, veille à

---

(1) V. dans le même sens, Cons. d'Ét., 10 janv. 1856 (D. 56. 3. 43); 7 janv. 1869 (Pand. chr.), et la note.

(2) Comp. Cons. d'Et., 4 avril 1861 (Pand. chr.).

(3) V. conf., sur le principe, Avis cons. d'Et., 24 mars-13 avril 1881, aff. Fabrique de Poudis (Pand. chr.); 7 juill. 1881, aff. Bureau de bienfaisance de Calais (Pand. chr.); 13 juill. 1881, aff. Fabrique de Saint-Jean-Baptiste de Belleville (Pand. chr.); 2 déc. 1881, aff. Chambre des notaires de Paris et adm. de l'Assistance publique (Pand. chr.). *Adde* Laurent, *Principes de dr. civ.*, t. XI, n. 287 et suiv.; Béquet, *De la personnalité civile des diocèses, fabriques et consistoires*, p. 53 et suiv. — *Contrà*, Avis cons. d'Et., 24 juill. 1873 (D. 73. 3. 98).

(4) V. anal., en ce qui concerne les fabriques d'églises, Avis cons. d'Et., 24 mars-13 avril 1881, aff. Fabrique de Poudis (Pand. chr.); Béquet, *op. cit.*, p. 75 et suiv. — *Contrà*, même Avis cons. d'Et., 24 juill. 1873, précité.

l'entretien des édifices religieux et administre les biens de l'église et les deniers provenant des aumônes; — Considérant qu'on ne saurait faire dériver des dispositions qui précèdent la capacité d'accepter des libéralités, à charge de créer ou d'entretenir des établissements scolaires; qu'à la vérité, le chap. IV de l'ancienne discipline des Églises réformées porte que ces Églises « feront tout devoir de faire dresser des écoles »; — Mais considérant que si les art. 5 et 20 de la loi organique du 18 germ. an X ont expressément maintenu l'ancienne discipline, ces dispositions n'ont pas eu pour effet de reconnaître aux établissements publics du culte réformé des prérogatives en contradiction avec les lois qui venaient de réorganiser l'instruction publique en France; — Considérant que les lois ci-dessus visées ont fait de l'enseignement public une charge de l'État, des départements et des communes; qu'on ne saurait d'ailleurs invoquer le principe de la liberté de l'enseignement; que, si l'art. 17 de la loi du 15 mars 1850 donne aux particuliers et associations le droit de fonder des écoles libres, aucun texte n'a reconnu ce droit aux conseils presbytéraux et consistoires des Églises réformées; — Considérant que l'art. 8 de la loi du 18 germ. an X, en stipulant expressément que les dispositions portées par les articles organiques du culte catholique sur la liberté des fondations seront communes aux Églises protestantes, ne permet pas à celles-ci de réclamer le bénéfice d'une situation privilégiée;

Est d'avis : — 1° En principe, que les conseils presbytéraux des Églises réformées ne peuvent être autorisés à accepter des dons et legs qui leur sont faits à charge de fonder ou d'entretenir des écoles; — 2° Dans l'espèce, qu'il y a lieu d'adopter le décret proposé, portant refus d'autoriser le conseil presbytéral de Saint-Germain en Laye à accepter le legs qui lui a été fait par le sieur Muller.

AVIS CONS. D'ÉTAT 13 avril 1881.

FABRIQUES D'ÉGLISE, DONS, LEGS, CAPACITÉ, ÉCOLES, FONDATION, ENTRETIEN.

(Fabrique de Poudis.)

V. à la date du 24 mars 1881.

TRIB. DES CONFLITS 7 mai 1881.

MARCHÉ DE FOURNITURES, COMMUNE, TRAVAUX PUBLICS, TRAVAUX ACCESSOIRES, COMPÉTENCE.

Il appartient à l'autorité judiciaire seule de connaître des contestations auxquelles donnent lieu les marchés de fournitures intéressant les communes (1) (L. 28 pluv. an VIII, art. 4).

...*Alors même que ces marchés comportent quelques travaux accessoires, si, à raison de leur peu d'importance, ces travaux ne sont pas susceptibles de transformer les contrats en marchés de travaux publics* (2) (Id.).

(Pérot et Lerat c. Comm. de Germaine.)

LE TRIBUNAL DES CONFLITS : — Vu la loi du 24 mai 1872, le règlement d'admin. publ. du 26 oct. 1849 et l'ord. du 1er juin 1828; Vu les lois des 28 pluv. an VIII et 21 mai 1836; ensemble les lois des 16-24 août 1790 et 16 fruct. an III; — Considérant que de la double déclaration d'incompétence opposée à la demande des sieurs Pérot et Lerat par le tribunal civil de Reims et par le conseil de préfecture de la Marne, il résulte un conflit négatif et qu'il y a lieu de régler la compétence; — Considérant, sur la compétence, que les sieurs Lerat et Pérot réclament la somme de 824 francs comme représentant le prix d'une fourniture de pierres par eux faite et de quelques journées de travail; qu'ils se fondent sur ce que cette fourniture a été faite en vertu d'un marché intervenu entre eux et la commune de Germaine; — Considérant que les contestations auxquelles peuvent donner lieu les marchés de fournitures intéressant les communes échappent à la juridiction administrative, et qu'il appartient à l'autorité judiciaire d'en connaître, alors même que l'exécution comporte quelques travaux accessoires, si, à raison de leur peu d'importance, ces travaux ne sont pas susceptibles de transformer le contrat en marché de travaux publics; — Considérant, dans l'espèce, que les journées de travail figurent pour une somme de 14 francs seulement dans celle de 824 francs qui est réclamée par les sieurs Pérot et Lerat, et qu'il n'est même pas établi que les journées de travail n'ont pas été employées au transport des pierres fournies; que c'est donc à tort que le tribunal civil de Reims s'est déclaré incompétent pour statuer sur la demande des sieurs Lerat et Pérot; — Art. 1er. Est considéré comme non avenu le jugement du tribunal civil de Reims en date du 17 oct. 1879. — Art. 2. La cause et les parties sont renvoyées devant le tribunal civil de Reims.

MM. Pont, rapp.; Gomel, comm. du gouv.; Perriquet, av.

CONS. D'ÉTAT 13 mai 1881.

1° LÉGION D'HONNEUR, CONDAMNATION, RADIATION, AMNISTIE, EFFETS, RÉINTÉGRATION, POUVOIR DISCIPLINAIRE, LOI, NON-RÉTROACTIVITÉ. — 2° CONSEIL D'ÉTAT, EXCÈS DE POUVOIR, RECOURS, ANNULATION, EXÉCUTION.

1° *Le condamné, rétabli dans l'entier exercice de ses droits civils et politiques par une mesure spéciale de grâce qui lui a conféré sans réserve le bénéfice d'une amnistie, recouvre du même coup tous les avantages et prérogatives attachés à la qualité de membre de la Légion d'honneur qu'il avait perdue par sa radiation des cadres* (3) (Décr. 16 mars 1852, art. 38 et 39; L. 3 mars 1879).

Le pouvoir disciplinaire conféré au conseil de l'ordre de la Légion d'honneur et au président de la République par la loi du 25 juill. 1873 et par le décret du 14 avril 1874, ne peut s'exercer qu'autant qu'il s'agit de faits postérieurs et non an-

(1) Principe constant. V. Cons. d'Ét., 10 janv. 1861 (S. 61. 2. 526. — P. chr. adm. — D. 61. 3. 14); 12 déc. 1868 (P. chr. adm. — D. 69. 3. 100); 2 févr. 1877 (S. 77. 2. 341. — P. chr. adm. — D. 77. 3. 48). V. aussi Cass., 19 déc. 1877 (S. 78. 1. 57. — P. 78. 126. — D. 78. 1. 204).

(2) V. en ce sens, Cons. d'Ét., 28 févr. 1859 (D. 61. 3. 14); 7 sept. 1869 (D. 70. 3. 112); 3 janv. 1873 (D. 73. 3. 55). — Mais si les travaux ont une importance telle qu'ils deviennent l'objet principal du marché, ils modifient le caractère du contrat; c'est au conseil de préfecture qu'appartient la connaissance des contestations. V. Cons. d'Et., 13 juin 1860 (S. 61. 2. 46. — P. chr. adm. — D. 60. 3. 67); 9 janv. 1867 (D. 68. 3. 3); 26 déc. 1867 (P. chr. adm. — D. 68. 3. 3).

(3) L'amnistie rendait-elle au requérant la qualité de légionnaire? Pour résoudre cette question, il suffit de se reporter aux dispositions des décrets des 16 mars et 24 nov. 1852, en vertu desquelles avait été prononcée, dans l'espèce, l'exclusion de la Légion. Il avait été fait application au requérant des dispositions contenues dans l'art. 38 du décret du 16 mars 1852, et plus spécialement dans l'art. 1er du décret du 24 nov. 1852. Cet art. 1er porte :

« Tout individu qui a perdu la qualité de Français, est rayé des matricules de l'Ordre à la diligence du grand chancelier de la Légion d'honneur, le conseil de l'Ordre préalablement entendu. La même radiation a lieu, dans la même forme, sur le vu de tout jugement rendu contre un membre de l'Ordre et portant condamnation à une peine afflictive ou infamante, ou emportant la dégradation militaire. »

C'est donc sur le vu du jugement du 2 sept. 1871, non pas à raison des faits qui avaient motivé la condamnation, mais à rai-

térieurs à ces dispositions législatives qui, d'ailleurs, n'ont pas d'effet rétroactif (1) (C. civ., 2; L. 25 juill. 1873; Décr. 14 avril 1874).

2° *Il n'appartient pas au conseil d'État, statuant sur un recours pour excès de pouvoir, d'ordonner les mesures à prendre en exécution de sa décision* (2) (LL. 7-14 oct. 1790; 24 mai 1872, art. 9).

(Brissy.)

LE CONSEIL D'ÉTAT : — Vu la loi du 3 mars 1879; — Vu le décret organique du 16 mars 1852, art. 38 et 39; — Vu le décret du 24 nov. 1852; — Vu la loi du 25 juill. 1873 et le décret du 14 avr. 1874; — Vu la loi des 7-14 oct. 1790 et celle du 24 mai 1872; — Sans qu'il soit besoin de statuer sur les autres moyens du pourvoi; — Considérant que Brissy a été, par application de la loi du 3 mars 1879 et dans le délai prévu par ladite loi, l'objet d'une mesure spéciale de grâce qui lui a conféré sans réserve le bénéfice de l'amnistie; que, par l'effet de cette amnistie, Brissy a été rétabli dans l'entier exercice de ses droits civils et politiques, et que, conformément aux dispositions expresses des art. 38 et 39 du décret organique du 16 mars 1852, il y a lieu de décider qu'il a recouvré l'exercice des droits et prérogatives attachés à sa qualité de membre de la Légion d'honneur; — Considérant que, si la décision attaquée a retenu, au point de vue de l'exercice du pouvoir disciplinaire conféré au conseil de l'Ordre et au président de la République, certains faits à la charge de Brissy, il résulte des termes mêmes de ladite décision que ces faits remontent à 1870; qu'ainsi, ils sont antérieurs à la loi susvisée du 25 juill. 1873 et au décret du 14 avr. 1874, lesquels ne sauraient avoir d'effet rétroactif, et qu'il y a lieu d'annuler, pour ce motif, la décision attaquée;

Sur les conclusions tendant à ce que le conseil d'Etat prescrive la réintégration du requérant sur les contrôles de la Légion d'honneur et le payement des arrérages à partir du 1er juill. 1871 : — Considérant qu'il n'appartient pas au conseil d'Etat, statuant sur un recours pour excès de pouvoir, d'ordonner les mesures à prendre en exécution de sa décision; qu'ainsi il n'y a pas lieu, en l'état de statuer sur lesdites conclusions... — Art. 1er. La décision attaquée est annulée. — Art. 2. Le surplus des conclusions est rejeté.

MM. Bertout, rapp.; Marguerie, comm. du gouv.; Chambareaud, av.

TRIB. DES CONFLITS 21 mai 1881.

COLPORTAGE, JOURNAUX, DÉCLARATION, RÉCÉPISSÉ, DÉLIVRANCE, MAIRE, REFUS, ACTE D'ADMINISTRATION, COMPÉTENCE.

Le refus par un maire de délivrer récépissé d'une déclaration de colportage de journaux constitue un acte d'administration accompli par ce fonctionnaire dans le cercle de ses attributions d'agent du pouvoir central (3) (L. 17 juin 1880, art. 1, § 2).

Par suite, la demande en dommages-intérêts intentée contre le maire, par le déclarant, à raison du préjudice résultant de ce refus de délivrance, ne relève point de la juridiction des tribunaux civils, ces tribunaux n'étant compétents que pour apprécier les faits ou fautes personnels aux agents (4) (LL. 16-24 août 1790, tit. II, art. 13; 16 fruct. an III).

---

son de la condamnation elle-même, que le sieur Brissy avait été exclu de la Légion d'honneur.

Par l'effet de l'amnistie, la condamnation n'existe plus; le jugement est censé n'avoir jamais été rendu; il doit être considéré, par suite, comme n'ayant jamais été mis sous les yeux du conseil de l'Ordre, ni mentionné sur les registres de la grande chancellerie. Et, dès lors, en vertu de la fiction légale qui s'attache à l'amnistie, il n'a jamais pu y avoir perte de la qualité de légionnaire. (Analyse des conclusions de M. le commissaire du gouvernement.)

Jugé toutefois que la réintégration sur les contrôles de la Légion d'honneur et dans le grade qu'on occupait au moment de la radiation, ne peut être revendiquée comme une conséquence légale et forcée de la réhabilitation; qu'il en est ainsi surtout alors que la radiation a été opérée en vertu d'une décision du président de la République, conformément aux décrets du 16 mars et du 24 nov. 1852, à la suite d'une condamnation à trois mois d'emprisonnement : Cons. d'Et., 20 févr. 1885 (Pand. chr.). V. nos observations, en sens contraire, jointes à cet arrêt.

(1) Le principe de la non-rétroactivité (C. civ., art. 2) s'applique-t-il en matière disciplinaire? — V. pour la négative, et en sens contraire à la solution ci-dessus, Cass., 9 nov. 1852 (Pand. chr). Comp. Cons. d'Et., 26 janv. 1877 (S. 79. 2. 64. — P. chr. adm. — D. 77. 3. 38).

(2) Jurisprudence constante. V. Cons. d'Et., 16 janv. 1874 (S. 75. 2. 340. — P. chr. adm. — D. 74. 3. 100); 5 fév. 1875 (S. 76. 2. 307. — P. chr. adm.); 28 juill. 1876 (S. 78. 2. 309. — P. chr. adm. — D. 77. 3. 3); 7 mai 1877 (D. 77. 3. 108); 13 juill. 1877 (S. 79. 2. 189. — P. chr. adm. — D. 77. 3. 108); 7 mai 1880 (D. 81. 3. 62); 25 juin 1880 (D. 81. 3. 33).

(3-4) La même question pourrait encore se représenter sous l'empire de l'art. 18 de la loi du 29 juill. 1881, ainsi conçu : « La déclaration contiendra..... — Il sera délivré immédiatement, et sans faire de frais au déclarant, un récépissé de sa déclaration. » « Que faut-il entendre par le mot *immédiatement*, et qu'arrivera-t-il si le récépissé n'est pas délivré immédiatement? » a demandé M. Duclaud.

M. le rapporteur : « Si le récépissé n'est pas délivré, le requérant passe outre, et il fait constater le refus. C'est ce que signifie le mot *immédiatement*. » — M. Clémenceau : « Mais comment fera-t-il constater le refus? » — M. Franck-Chauveau : « C'est au nom de la commission que je demande à donner une explication. La situation est ici la même que celle qui se présente dans tous les cas où, aux termes de la loi, une déclaration doit être faite. Si le maire refuse le récépissé, le déclarant le constatera par témoins, ou bien il fera sa déclaration par huissier; il ne sera passible d'aucune pénalité, et même il pourra réserver la question des dommages-intérêts contre celui qui aura violé son droit. C'est purement et simplement l'application du droit commun. » (Chambre des députés, séance du 14 févr. 1881; *Journ. off.* du 15, p. 241.) — C'est bien le cas de notre espèce.

Mais quelle sera la nature de l'acte par lequel le maire se refusera à la délivrance du récépissé? Cet acte, il faut bien le reconnaître, il ne l'accomplira que sous l'impulsion de certaines préoccupations administratives, exclusives de toutes autres. Le fonctionnaire ira à l'encontre de la loi, il commettra une illégalité flagrante, mais dans une action qui ne dépasse pas le cercle étroit de ses attributions. Il y aura fait d'administration, rien de ce qui constitue la faute personnelle de l'agent, née d'une résolution spontanée, en dehors ou à côté mais distincte, dans tous les cas, du but administratif. L'illégalité reprochée à un acte ne saurait lui enlever le caractère intrinsèque qu'il tire de sa nature propre.

Le caractère de l'acte commande la juridiction. L'autorité judiciaire ne peut, sans manquement au principe de la séparation des pouvoirs, connaître des actes d'administration. Aux tribunaux administratifs seuls appartient cette compétence. L'intérêt n'est pas tant dans le choix du juge que dans l'annulation de l'excès de pouvoir et le redressement de l'acte d'arbitraire. Cet intérêt-là n'est pas compromis, parce qu'il se trouve placé sous la sauvegarde des magistrats administratifs.

Les principes qui sont consacrés par la décision ci-dessus, et qui avaient déjà reçu, en matière de colportage, diverses applications (V. notamment, Trib. des conflits, 24 nov. 1877, S. 78. 2. 157. — P. chr. adm. — D. 78. 3. 17; 8 déc. 1877, S. 79. 2. 279. — P. chr. adm. — D. 78. 3. 17), ont été étendus aux déclarations pour ouverture de cafés, cabarets et débits de boissons. Là aussi la délivrance d'un récépissé au déclarant est prescrite par la loi (L. 17 juill. 1880, art. 2). V. Cons. d'Et., 7 août 1883 (Pand. chr.); 4 juill. 1884 (Pand. chr.), et la note.

Mais il y a plus : la théorie que nous venons d'exposer domine toute la matière du droit administratif; c'est ainsi que, malgré la différence des sujets, nous retrouvons la doctrine et les termes mêmes du jugement ci-dessus, dans deux autres décisions du tribunal des conflits, intervenues au cas de refus par des maires de légaliser des signatures. On y lit, en effet : « que c'est en leur qualité d'agents du pouvoir central, sous l'autorité et d'après les instructions de leurs supérieurs hiérarchiques, que les maires certifient la sincérité des signatures de leurs administrés; qu'on ne saurait rattacher ces actes ni aux fonctions des maires, officiers de l'état

(Cunéo d'Ornano c. Raballet).

LE TRIBUNAL DES CONFLITS : — Vu les lois des 16-24 août 1790 et 16 fruct. an III; Vu la loi du 17 juin 1880 et celle du 18 juill. 1837; Vu l'ord. du 1er juin 1828, le règlement d'admin. publ. du 26 oct. 1849 et la loi du 24 mai 1872; — Considérant que l'assignation donnée au sieur Raballet, maire de la commune de Montembœuf, à la requête du sieur Cunéo d'Ornano, devant le tribunal civil de Confolens, en payement d'une somme de 300 francs à titre de dommages-intérêts, est exclusivement fondée sur ce que le maire de Montembœuf aurait refusé de délivrer un récépissé de la déclaration qui, conformément à l'art. 1er, § 2, de la loi du 17 juin 1880, lui a été faite par le nommé Ardoin de son intention de vendre sur la voie publique le journal *le Napoléon*, dont le sieur Cunéo d'Ornano est propriétaire; — Considérant que les tribunaux civils ne sont compétents pour statuer sur les demandes en dommages-intérêts formées contre les fonctionnaires que lorsqu'elles sont fondées sur des faits personnels à ceux-ci et non sur des actes d'administration; — Considérant que c'est en sa qualité d'agent du pouvoir central que le maire est chargé de délivrer le récipissé de la déclaration qui, en ce qui concerne le colportage des journaux, peut, aux termes de la disposition précitée de la loi du 17 juin 1880, être faite à la mairie de la commune dans laquelle doit se faire la distribution; que cette délivrance du récépissé rentre dans le cercle de ses attributions, non comme officier de l'état civil ou de police judiciaire, mais comme agent du pouvoir central qu'il représente dans sa commune; que, dès lors, la décision du maire, soit qu'il délivre le récépissé, soit qu'il en ajourne la délivrance, constitue un acte d'administration dont les tribunaux civils ne peuvent apprécier la légalité; — Considérant que le tribunal civil de Confolens a donc méconnu les prohibitions résultant des lois ci-dessus visées des 16-24 août 1790 et 16 fruct. an III, en se déclarant compétent pour connaître de l'action intentée au maire de Montembœuf par le sieur Cunéo d'Ornano; — Art. 1er. L'arrêté de conflit du 23 févr. 1881 est confirmé. — Art. 2. Sont considérés comme non avenus : 1° l'exploit du 30 nov. 1880, par lequel le sieur Cunéo d'Ornano a fait assigner le sieur Raballet, maire de Montembœuf; 2° le jugement du tribunal civil de Confolens, en date du 11 févr. 1881, par lequel ledit tribunal s'est déclaré compétent pour connaître de la demande contenue audit exploit.

MM. Pont, rapp.; Gomel, comm. du gouv.

CONS. D'ÉTAT 3 juin 1881.

MONT-DE-PIÉTÉ, CONSEIL D'ADMINISTRATION, DISSOLUTION, PRÉFET, EXCÈS DE POUVOIR.

La disposition de l'art. 2 de la loi du 24 juin 1851, qui donne au ministre à Paris, au préfet dans les départements, le droit de révoquer les conseils d'administration des monts-de-piété, n'est pas applicable aux monts-de-piété établis à titre purement charitable, et qui, au moyen de dons ou fondations spéciales, prêtent gratuitement ou à un intérêt inférieur au taux légal, ces monts-de-piété étant exclusivement régis par les conditions de leur acte constitutif (Ord. 28 juin 1831; L. 24 juin 1851, art. 10).

Par suite, un préfet ne peut, sans excès de pouvoir, en dehors des conditions de l'acte constitutif, prononcer la dissolution du conseil d'administration d'un mont-de-piété de cette dernière catégorie, ni nommer, sans présentation préalable, les nouveaux membres qui doivent le composer (Id.).

(Repert et autres c. Mont-de-piété de Carpentras.)

LE CONSEIL D'ÉTAT : — Vu l'ordonnance du 28 juin 1831 et le règlement y annexé; Vu la loi du 24 juin 1851 (art. 10); Vu les lois des 7-14 oct. 1790 et 24 mai 1872; — Considérant que si, d'après l'art. 2 de la loi du 24 juin 1851, les conseils d'administration des monts-de-piété peuvent être révoqués à Paris par le ministre et dans les départements par les préfets, il résulte de l'art. 10 de ladite loi que la disposition précitée n'est pas applicable aux monts-de-piété établis à titre purement charitable, et qui, au moyen de dons ou fondations spéciales, prêtent gratuitement ou à un intérêt inférieur au taux légal; qu'aux termes dudit art. 10, ces monts-de-piété sont régis par les conditions de leurs actes constitutifs : — Considérant qu'il résulte de l'instruction et qu'il n'est pas contesté que le Mont-de-piété de Carpentras est de ceux auxquels s'applique l'art. 10 précité; que, par suite, il est exclusivement régi par le règlement annexé à l'ordonnance du 28 juin 1831; — Considérant qu'aucune disposition de ce règlement ne confère au préfet le droit de prononcer la dissolution du conseil d'administration ni de nommer, sans présentation préalable, les membres qui doivent le composer; qu'il suit de là que les requérants sont fondés à demander l'annulation de l'arrêté attaqué par application des lois des 7-14 oct. 1790 et 24 mai 1872; — Art. 1er. L'arrêté... est annulé.

MM. Vallon, rapp.; Chante-Grellet, comm. du gouv.; Costa, av.

AVIS CONS. D'ÉTAT 16 juin 1881.

COMMUNAUTÉ RELIGIEUSE, CONGRÉGATION D'HOMMES, PERSONNALITÉ CIVILE, DÉCRET, LOI, DONS, LEGS, AUTORISATION.

A la différence des congrégations de femmes, les congrégations religieuses d'hommes ne peuvent, en aucun cas, être constituées en personnes civiles par un simple décret; *une* loi *est nécessaire à cet effet* (1) (L. 2 janv. 1817; Ord. 2 avril 1817; L. 24 mai 1825),

En conséquence, une congrégation religieuse d'hommes, autorisée comme association charitable par une ordonnance royale, n'a pas la personnalité civile, et ne peut être autorisée à accepter des libéralités (2) (C. civ., 910, 937).

(Société de Marie.)

LE CONSEIL D'ÉTAT : — Qui, sur le renvoi ordonné par M. le ministre de l'instruction publique et des beaux-arts, a pris connaissance d'une dépêche ministérielle appelant le conseil d'État à examiner la question de savoir si la Société de Marie, autorisée par ordonnance royale du 16 nov. 1825, comme association charitable en faveur de l'instruction primaire, possède la personnalité civile; — Vu la loi du 2 janv. 1817, l'ordonnance du 2 avril 1817 et la loi du 24 mai 1825; — Vu les ordonnances du 29 févr. 1816, art. 36 et 37, des 14 avril 1824, art. 12, et 21 avril

civil, ni à l'exercice de la police judiciaire; qu'en conséquence, la décision du maire, soit qu'il délivre, soit qu'il refuse ces certificats, constitue un acte d'administration dont les tribunaux civils ne peuvent ni examiner les motifs, ni apprécier la légalité. » V. jugements des 29 nov. et 13 déc. 1879 (Pand. chr.). V. aussi, Rennes, 8 déc. 1879 (Pand. chr.); Paris, 23 févr. 1880 (Pand. chr.); Montpellier, 25 juin 1880 (Pand. chr.).

(1-2) Il y a sur tous ces points concordance, harmonie parfaite entre la doctrine du conseil d'État exprimée dans l'avis ci-dessus rapporté et la jurisprudence des Cours et tribunaux. V. notamment Cass., 3 juin 1861 (S. 61. 1. 615. — P. 61. 1025. — D. 61. 1. 218); Nancy, 15 juin 1878 (S. 78. 2. 289. — P. 78. 1142. — D. 79. 2. 236); Lyon, 12 juill. 1878, sous Cass., 5 mai 1879 (S. 79. 1. 313. — P. 79. 777); Dalloz, *Jurispr. gén.*, v° *Culte*, n. 418; Vuillefroy, *Tr. de l'adm. du culte catholique*, p. 170, *ad notam*; Clamageran, *Revue prat.*, t. III, p. 3 et suiv.

1828, et la loi du 15 mars 1850, art. 31 et 79; — Vu l'ordonnance du 16 nov. 1825, autorisant la Société établie à Bordeaux (Gironde), sous le nom de Société de Marie, comme association charitable en faveur de l'instruction primaire, ensemble les statuts annexés à ladite ordonnance; — Vu les décrets des 18 avril 1857 et 18 août 1860; — Considérant que, d'après les principes de notre droit public, les congrégations religieuses ne peuvent, avec l'autorisation du gouvernement, recevoir des libéralités ou acquérir des biens immeubles ou des rentes que si elles ont été reconnues par une disposition législative; que, si la loi du 24 mai 1825 a permis au gouvernement, dans certains cas et sous certaines conditions, de constituer, par simple décret, en personnes civiles les congrégations religieuses de femmes, aucun texte de loi ne lui donne le même droit en ce qui concerne les associations religieuses d'hommes; — Considérant, en fait, qu'aucune loi n'a reconnu la Société de Marie; que l'ordonnance du 16 nov. 1825, autorisant cette congrégation comme association charitable en faveur de l'instruction primaire, n'a pu suppléer à la loi qui était nécessaire pour lui donner la personnalité civile; que l'incapacité de cette association pour recueillir directement des libéralités ressort même de l'obligation où l'on s'est trouvé, pour parer à son défaut de qualité, d'insérer dans l'ordonnance de 1825 un article spécial disposant que « le conseil royal de l'instruction publique pourra, en se conformant aux lois et règlements d'administration publique, recevoir les legs et donations qui seraient faits en faveur de ladite association et de ses écoles » (art. 2); que le décret du 18 avril 1857, en abrogeant cette disposition de l'ordonnance de 1825, n'a pu avoir pour conséquence de conférer à ladite association une capacité qui ne lui avait jamais appartenu;

Est d'avis que la Société de Marie ne possède pas la personnalité civile.

AVIS CONS. D'ÉTAT 7 juillet 1881.

ÉTABLISSEMENTS PUBLICS, ATTRIBUTIONS, EXTENSION, LEGS, CONDITIONS, AUTORISATION, CURÉ, VICAIRES, SECOURS, DISTRIBUTION, BUREAU DE BIENFAISANCE, ACCEPTATION.

Les établissements publics ayant été créés en vue de destinations spéciales, on ne saurait ni étendre leurs attributions, ni les en dépouiller, sans violer la loi de leur institution (1) (L. 7 frim. an V; Ord. 2 avril 1817; 30 oct. 1821).

Spécialement, *dans le cas d'un legs fait aux malades pauvres d'une paroisse, à charge de distribution par le curé et les vicaires, le bureau de bienfaisance seul a qualité pour accepter ce legs, mais en tant seulement que les clauses et conditions du testament n'ont rien de contraire aux lois* (2) (C. civ., 910, 937).

(Bureau de bienfaisance de Calais.)

LE CONSEIL D'ÉTAT : — Qui, sur le renvoi ordonné par M. le ministre de l'intérieur et des cultes, a pris connaissance d'un projet de décret tendant à autoriser notamment la commission administrative du bureau de bienfaisance de Calais à accepter un legs à titre universel d'une part de sa fortune, fait aux malades pauvres de la paroisse de Notre-Dame de Calais par le sieur Isaac, à la charge de distribution par le curé et les vicaires, a été amené à examiner la question de savoir s'il y a lieu d'insérer dans l'art. 2 dudit décret la réserve que l'autorisation n'est donnée d'accepter, aux clauses et conditions du testament, qu'en tant qu'elles n'ont rien de contraire aux lois; — Vu la disposition testamentaire ainsi conçue : « Une part formera capital, dont le produit sera distribué par le doyen de Calais à ses vicaires, paroisse de Notre-Dame, pour qu'ils soulagent les malades pauvres qu'ils visiteront »; — Vu la loi du 7 frim. an V; — Vu l'ordonn. du 2 avril 1817; — Vu l'ordonn. du 30 oct. 1821; — Considérant que les établissements publics ayant été créés en vue de destinations spéciales, on ne saurait ni étendre leurs attributions, ni les en dépouiller sans violer la loi de leur institution; — Considérant que les bureaux de bienfaisance tiennent des lois, décrets et ordonnances la mission exclusive d'administrer les biens des pauvres et celle de faire la répartition des secours;

Est d'avis qu'il y a lieu d'autoriser la commission administrative du bureau de bienfaisance de Calais à accepter aux clauses et conditions du testament, en tant qu'elles n'ont rien de contraire aux lois, le legs résultant en faveur des pauvres des dispositions testamentaires faites par le sieur Isaac.

AVIS CONS. D'ÉTAT 13 juillet 1881.

ÉTABLISSEMENTS PUBLICS, CONSEILS PRESBYTÉRAUX, FABRIQUES D'ÉGLISE, CAPACITÉ, LEGS, PAUVRES, AUTORISATION.

Ni les conseils presbytéraux, ni les fabriques d'église n'ont capacité pour recevoir des legs dans l'intérêt des pauvres (3) (LL. 18 germ. an X, art. 5 et 20; 2 janv. 1817; Ordonn. 2 avril 1817, 14 janv. 1831; C. civ., 910, 937).

(Fabrique de Saint-Jean-Baptiste de Belleville, etc.)

LE CONSEIL D'ÉTAT : — Sur le renvoi ordonné par M. le ministre de l'intérieur et des cultes, après avoir pris connaissance de trois projets de décrets tendant : le premier, à l'acceptation du legs universel fait par la dame veuve Lauzero à la fabrique de l'église Saint-Jean-Baptiste de Belleville, à Paris (Seine), à la charge, notamment, d'affecter une partie des revenus dudit legs aux œuvres paroissiales de charité; le deuxième, à l'acceptation de legs faits par le sieur Mettetal à divers établissements des départements de la Seine et de Seine-et-Oise, notamment, d'une somme de 10,000 francs au conseil presbytéral de l'Église réformée de Paris pour le service des pauvres; le troisième, à l'acceptation du legs universel fait par la dame veuve Dupré à la fabrique de l'église succursale de Malemort (Vaucluse), à la charge, notamment, de distribuer annuellement aux familles les plus nécessiteuses de cette commune le pain de 4 hectol. de blé, le tout à perpétuité;

---

(1) V. conf., sur le principe, Avis cons. d'Ét., 24 mars-13 avril 1881, aff. Fabrique de Poudis (Pand. chr.); 13 avril 1881, aff. Conseil presbytéral de Saint-Germain en Laye (Pand. chr.); 13 juill. 1881, aff. Fabrique de Saint-Jean-Baptiste de Belleville (Pand. chr.); 2 déc. 1881, aff. Chambre des notaires de Paris et Adm. de l'Assistance publique (Pand. chr.), et les notes.

(2) V. dans le même sens, sur les droits reconnus aux bureaux de bienfaisance, en pareille matière, Avis cons. d'Et., 13 juill. 1881 et 2 déc. 1881, précités. — C'est aussi la même jurisprudence qui a été définitivement consacrée par la Cour de cassation et les Cours d'appel. V. notamment, Cass., 4 août 1856 (S. 57. 1. 273. — P. 56. 2. 575. — D. 56. 1. 453); 14 juin 1875 (S. 75. 1. 467. — P. 75. 1180. — D. 76. 1. 132); Dijon, 14 mai 1879 (S. 79. 2. 202. — P. 79. 841); Demolombe, *Donat. et testam.*, t. I, n. 613; Aubry et Rau, d'après Zachariæ, t. VII, p. 72, § 656; Laurent, *Principes de dr. civ.*, t. XI, n. 209 et suiv., 217, 312; Béquet, *Personnalité civile des diocèses, fabriques et consistoires*, p. 52; Leberquier, *Adm. de la commune de Paris*, n. 312, p. 301. — V. toutefois Avis cons. d'Et., 24 mars 1880 (Pand. chr.); Cass., 18 mai 1852 (S. 52. 1. 524. — P. 52. 2. 98. — D. 52. 1. 137).

(3) V. en ce sens, Avis cons. d'Ét., 13 avril 1881 (Pand. chr.), et surtout 2 déc. 1881 (Pand. chr.). — Toutefois un avis contraire avait été émis antérieurement par le conseil d'État, à la date du 6 mars 1873 (D. 73. 3. 97).

— Vu les art. 910 et 937, C. civ., la loi du 2 janv. 1817, les ordonn. du 2 avril 1817 et du 14 janv. 1831 ; — Vu la loi du 18 germ. an X ; — Vu le décret du 30 déc. 1809; — Vu le décret du 26 mars 1852 ; — Vu les avis du conseil d'Etat, en date des 12 avril 1837 et 6 mars 1873 ; — Considérant que les établissements publics ne sont aptes à recevoir et à posséder que dans l'intérêt des services qui leur ont été spécialement confiés par les lois et dans les limites des attributions qui en dérivent; — Considérant que ni les fabriques ni les conseils presbytéraux n'ont été institués pour le soulagement des pauvres et pour l'administration des biens qui leur sont destinés ; que la loi du 18 germ. an X, en effet, n'a eu pour but que de pourvoir à l'administration des paroisses et au service du culte; que si les art. 76, relatif au culte catholique, et 20, relatif aux cultes protestants, ont parlé de l'administration des aumônes ou de l'administration des deniers provenant des aumônes, ils se réfèrent uniquement aux offrandes et aux dons volontaires faits par les fidèles pour les besoins du culte; que le décret du 30 déc. 1809, en chargeant les fabriques d'administrer les aumônes, n'a pas entendu donner au mot *aumônes* un sens différent de celui qu'il avait dans la loi de germ. an X; qu'en effet, après avoir énuméré les différents biens dont il confie l'administration aux conseils de fabrique, l'art. 1er détermine nettement la destination de ces biens par ces mots : *et généralement tous les fonds affectés à l'exercice du culte ;*

Est d'avis que ni les conseils presbytéraux ni les fabriques n'ont capacité pour recevoir des biens dans l'intérêt des pauvres (en conséquence, le conseil a modifié la rédaction des projets de décret présentés dans le sens des observations qui précèdent).

TRIB. DES CONFLITS 16 juillet 1881.

CHEMIN DE FER, TRAVAUX PUBLICS, PRISES D'EAU, GARE, USINE, LOCATAIRE, PROPRIÉTAIRE, GARANTIE, COMPÉTENCE.

Les travaux exécutés par une Compagnie de chemin de fer, avec l'autorisation et l'approbation du ministre compétent, pour pratiquer une prise d'eau dans une rivière et amener les eaux ainsi dérivées, nécessaires à l'alimentation des locomotives, dans le réservoir d'une gare, participent du caractère de travaux publics des ouvrages entrepris dans les dépendances des gares (1) (L. 28 pluv. an VIII, art. 4).

Par suite, le conseil de préfecture seul est compétent pour connaître de l'instance introduite contre la Compagnie du chemin de fer par le propriétaire d'une usine, tendant à le garantir des fins d'une action intentée contre lui par les locataires ou fermiers de cette usine à l'effet de faire supprimer les travaux de dérivation, et de faire cesser le trouble causé à leur jouissance par la prise d'eau (2) (Id.).

(Anna Mary c. Chem. de fer de l'Ouest.)

LE TRIBUNAL DES CONFLITS : — Vu la loi des 16-24 août 1790, celle du 16 fruct. an III et celle du 28 pluv. an VIII, art. 4; Vu la loi du 24 mai 1872, notamment les art. 25 à 28 ; la loi du 4 févr. 1850, le règlement du 26 oct. 1849, les ordonn. du 1er juin 1828 et du 12 mars 1831 ; — Considérant que la demande en recours formée par la dame Anna Mary, propriétaire d'une usine hydraulique, située sur la Soulle et par elle affermée aux époux Pasturel, tend à faire condamner la Compagnie des chemins de fer de l'Ouest à garantir la demanderesse des fins de l'action contre elle intentée par les fermiers de son usine devant le tribunal civil de Coutances et portée en appel devant la Cour de Caen, pour s'entendre condamner à faire supprimer les ouvrages exécutés par la Compagnie pour amener au réservoir de la gare de Coutances les eaux dérivées de la Soulle au moyen de la prise d'eau établie par la Compagnie en amont de ladite usine hydraulique, et ce, sans préjudice de justes dommages-intérêts à raison du trouble apporté à la possession paisible, publique et plus que séculaire qu'a la demanderesse de ladite usine en vertu de justes titres ; — Considérant que les travaux qui ont donné lieu à l'action en garantie de la dame Anna Mary ont été exécutés par la Compagnie, en sa qualité de concessionnaire de la ligne d'intérêt général de Saint-Lô à Lamballe, pour amener dans le réservoir de la gare de Coutances l'eau nécessaire à l'alimentation des machines locomotives; qu'ils ont été autorisés et approuvés par décision du ministre des travaux publics, en date du 5 févr. 1879, et que, exécutés dans ces conditions, les ouvrages forment une dépendance de la gare de Coutances; qu'aux termes de son cahier des charges, la Compagnie est obligée d'entretenir les ouvrages dépendant du chemin de fer et de les remettre en bon état à l'expiration de sa concession ; qu'il suit de là que les travaux exécutés pour la construction ou pour l'entretien de ces ouvrages ont le caractère de travaux publics; qu'en conséquence, c'est à l'autorité administrative qu'aux termes de l'art. 13, titre II, de la loi des 16-24 août 1790 et de l'art. 4 de la loi du 28 pluv. an VIII, il appartient de connaître du différend survenu entre la dame Anna Mary et la Compagnie de l'Ouest à l'occasion desdits travaux ; — Art. 1er. L'arrêté, du 20 avril 1881, par lequel le préfet de la Manche à élevé le conflit, est confirmé. — Art. 2. Sont considérés comme non avenus : 1° le jugement du tribunal civil de Coutances du 31 déc. 1880 et l'arrêt de la Cour d'appel de Caen du 6 avril 1881 ; 2° l'exploit du 24 juill. 1880.

MM. Pont. rapp.; Chante-Grellet, comm. du gouv.; Sabatier et Perouse, av.

(1) V. conf., Cons. d'Et., 14 déc. 1865 (S. 66. 2. 203. — P. chr. adm.); 15 déc. 1866 (S. 67. 2. 363. — P. chr. adm. — D. 67. 3. 84); 26 déc. 1867 (S. 68. 2. 294. — P. chr. adm. — D. 68. 3. 92); Trib. des conflits, 16 janv. 1875 (S. 75. 2. 152. — P. chr. adm. — D. 75. 3. 105); 13 mars 1875 (S. 76. 2. 344. — P. chr. adm. — D. 75. 3. 105); 30 mars 1878 (D. 78. 3. 72). — La jurisprudence de la Cour de cassation et des Cours d'appel diffère sur ce point de celle du conseil d'Etat et du tribunal des conflits. V. en sens contraire, Cass., 10 août 1864 (S. 64. 1. 443. — P. 64. 1203. — D. 64. 1. 482); 12 févr. 1873 (Pand. chr.); Limoges, 1er août 1874 (S. 75. 2. 54. — D. 75. 325). Mais il n'y a plus de difficulté, et c'est incontestablement l'autorité judiciaire qui est seule compétente, lorsqu'une demande d'indemnité est dirigée contre une Compagnie de chemins de fer, à raison du détournement par cette Compagnie des eaux d'une rivière, en dehors des conditions de règlement et de fonctionnement de la prise d'eau, telles qu'elles sont déterminées soit par un arrêté d'autorisation ou par un décret d'utilité publique. V. Trib. des conflits, 29 nov. 1879 (Pand. chr.); 24 mai 1884 (Pand. chr.), et les notes et renvois.

(2) Il est clair que le recours par la voie de l'action en garantie ne peut modifier l'ordre des juridictions, déplacer les compétences, et attribuer à l'autorité judiciaire la connaissance d'action en responsabilité contre l'Etat qui, de leur nature, sont dans les attributions des tribunaux administratifs. V. conf., sur le principe, Cons. d'Et., 1er juin 1861 (S. 61. 2. 519. — P. chr. adm. — D. 61. 3. 42); 13 déc. 1866 (S. 67. 2. 335. — P. ch. adm. — D. 67. 3. 57); 11 mai 1870 (S. 72. 2. 120. — P. chr. adm. — D. 71. 3. 62); 11 avril 1872 (D. 73. 3. 13). V. aussi Paris, 19 mai 1866 (S. 67. 2. 221. — P. 67. 822. — D. 68. 2. 155); Trib. des conflits, 17 déc. 1881 (Pand. chr.), et les renvois en note. — Quant à l'action intentée par un locataire contre le propriétaire, à raison du trouble apporté à sa jouissance, même par l'exécution d'un travail public, elle reste exclusivement dans la compétence de l'autorité judiciaire. V. Cons. d'Et., 11 avril 1872, précité.

CONS. D'ÉTAT 5 août 1881.

CHEMIN DE FER, VOIE FERRÉE, ANIMAUX, INTRODUCTION, PASSAGE A NIVEAU, BARRIÈRE, FERMETURE, CONTRAVENTION.

Le fait, par un particulier, d'avoir laissé des bestiaux (des vaches) pénétrer sur une voie ferrée par un passage à niveau dont les barrières étaient restées ouvertes contrairement aux prescriptions des règlements administratifs enjoignant de les tenir fermées, ne constitue aucune contravention de voirie (1) (Arr. du Cons. 16 déc. 1759; LL. 29 flor. an X; 23 mars 1842; 15 juill. 1845, art. 2).

(Geoffroy.)

LE CONSEIL D'ÉTAT : — Vu l'arrêt du Conseil du 16 déc. 1759; Vu la loi des 19-22 juill. 1791, la loi du 29 flor. an X, et la loi du 23 mars 1842; — Considérant qu'il résulte de l'instruction et qu'il n'est pas contesté, qu'au moment où les vaches du sieur Geoffroy ont pénétré dans l'enceinte de la voie ferrée par le passage à niveau du n° 26, ce passage, qui appartenait à la première classe devait, conformément aux prescriptions des règlements administratifs, être fermé; — Considérant qu'il est, au contraire, reconnu que les barrières dudit passage à niveau étaient ouvertes; que, dans ces circonstances, c'est avec raison que le conseil de préfecture de la Côte-d'Or a renvoyé le sieur Geoffroy des fins du procès-verbal dressé contre lui; — Art. 1er. Le recours du ministre est rejeté.

MM. Villetard de Prunières, rapp.; Chante-Grellet, comm. du gouv.; Labiche, av.

AVIS CONS. D'ÉTAT 2 décembre 1881.

ÉTABLISSEMENTS PUBLICS, CHAMBRE DES NOTAIRES, ASSISTANCE PUBLIQUE, ATTRIBUTIONS, DONS, LEGS, PAUVRES, DISTRIBUTION, AUTORISATION.

Les établissements publics ne sont investis de la personnalité civile qu'en vue de la mission spéciale qui leur a été confiée et dans la limite des attributions qui en découlent (2) (L. 7 frim. an V; Ord. 2 avril 1817; 14 janv. 1831).

Spécialement, *une chambre de notaires ne peut être autorisée à accepter des legs faits en sa faveur au profit des personnes malheureuses et misérables, l'administration de l'Assistance publique à Paris ayant seule mission pour accepter les dons et legs faits aux pauvres et en faire la distribution* (3) (C. civ., 910, 937; L. 25 vent. an XI; Ord. 4 janv. 1843).

(Chambre des notaires de Paris et adm. de l'Assistance publique.)

LE CONSEIL D'ÉTAT : — Vu le testament du sieur B... de V..., en date du 18 févr. 1877; — Vu les délibérations prises par la chambre des notaires, les 20 nov. 1879, 3 juin et 25 nov. 1880; — Vu la délibération prise par le conseil d'administration de l'Assistance publique, le 24 juill. 1879; — Vu l'art. 910, C. civ.; — Vu les ordonn. des 2 avril 1817 et 14 janv. 1831; — Vu l'art. 25, § 7, de l'ordonn. du 4 janv. 1843; — Vu la loi du 7 frim. an V; — Considérant que le testament du sieur B... de V... contient diverses dispositions distinctes : 1° une institution universelle de la chambre des notaires, en la personne de son président; 2° des legs en faveur de ladite chambre et au profit de familles malheureuses et misérables;

En ce qui concerne l'institution universelle : — Considérant que les établissements publics n'ont été investis de la personnalité civile qu'en vue de la mission spéciale qui leur a été confiée et dans la limite des attributions qui en découlent; — Considérant que le droit de recevoir et de distribuer des secours aux pauvres ne rentre pas dans les attributions légales des chambres des notaires, instituées et organisées par la loi du 25 vent. an XI et par l'ordonn. du 4 janv. 1843;

En ce qui concerne le legs particulier fait à la chambre des notaires : — Considérant que rien ne s'oppose à ce que la chambre des notaires soit autorisée à accepter les différents objets qui lui ont été légués par le testateur; — En ce qui concerne la disposition relative à des secours à distribuer à des familles malheureuses et misérables : — Considérant que l'administration de l'Assistance publique, à Paris, a seule mission, d'après les lois en vigueur, pour accepter les dons et legs faits au profit des pauvres et pour en faire la distribution;

Est d'avis : — Qu'il y a lieu d'autoriser la chambre des notaires a accepter le legs particulier d'objets mobiliers à elle fait par le sieur B... de V...; — Et l'administration de l'Assistance publique à accepter le legs fait par ledit testateur au profit de familles malheureuses et misérables, mais en insérant la disposition : aux clauses et conditons énoncées au testament, en tant qu'elles ne sont pas contraires aux lois ou à l'ordre public.

TRIB. DES CONFLITS 17 décembre 1881.

1° AUTORITÉ ADMINISTRATIVE, AUTORITÉ JUDICIAIRE, COMPÉTENCE, FONCTIONNAIRE PUBLIC, GARANTIE, ACTE ADMINISTRATIF, FAIT PERSONNEL, SURSIS. — 2° ÉTABLISSEMENT INSALUBRE, FERMETURE, SALUBRITÉ, POLICE ADMINISTRATIVE, EXCÈS DE POUVOIR, RESPONSABILITÉ, ÉTAT.

1° L'action en garantie dirigée contre des fonctionnaires publics à raison non de faits personnels à ces agents et engageant leur responsabilité directe, mais de conséquences d'actes administratifs dont la régularité est attaquée, ne relève point de la compétence de l'autorité judiciaire (4) (LL. 16-24 août 1790, tit. II, art. 13; 16 fruct. an III; 28 pluv. an VIII).

En pareil cas, le tribunal civil devant lequel cette demande en garantie a été portée doit, non-surseoir à statuer jusqu'à la décision de l'autorité administrative sur la légalité des actes contestés, mais se déclarer immédiatement incompétent (5) (Id.).

2° L'arrêté par lequel un préfet, d'après des instructions mi-

---

(1) V. conf., Cons. d'Et., 28 nov. 1879 (Pand. chr.). V. aussi un autre arrêt du 7 août 1883 (Pand. chr.), et nos observations sous Cons. d'Et., 3 févr. 1882 (Pand. chr.).

(2) V. conf., Avis cons. d'Et., 7 juill. 1881, aff. Bureau de bienfaisance de Calais (Pand. chr.), et les renvois. V. aussi Avis cons. d'Et., 13 juill. 1881, aff. Fabrique de Saint-Jean-Baptiste de Belleville (Pand. chr.).

(3) Sur ce principe que les bureaux de bienfaisance (ou l'Assistance publique à Paris) ont seuls qualité pour accepter les dons et legs faits aux pauvres, pour administrer les biens qui leur reviennent et opérer la répartition des secours, V. les avis précités des 7 et 13 juill. 1881 (Pand. chr.), et les notes.

(4-5) Lorsqu'une action en responsabilité est intentée contre l'Etat à raison d'une mesure d'administration, cette action ne relève pas de la compétence des tribunaux civils. Il n'appartient, en effet, qu'à l'autorité administrative de connaître des instances qui tendent à constituer l'Etat débiteur, à moins que la loi n'en ait disposé autrement. V. notamment Cons. d'Et., 1er juin 1861 (S. 61. 2. 519. — P. chr. adm. — D. 61. 3. 42); 6 août 1861 (S. et P., *ibid.*); 22 nov. 1867 (S. 68. 2. 291. — P. chr. adm. — D. 68. 3. 41); 21 janv. 1871 (D. 71. 3. 25); Trib. des conflits, 8 févr. 1873 (deux jugements) (S. 73. 2. 153 et 154. — P. chr. adm. — D. 73. 3. 17 et 20); 4 juill. 1874 (S. 74. 2. 328. — P. chr. adm. — D. 75. 3. 68); 18 mars 1876 (S. 76. 2. 160. — P. chr. adm.); 4 août 1877 (S. 77. 2. 312. — P. chr. adm.); 20 mai 1882 (Pand. chr.); Cons. d'Et., 12 juill. 1882 (Pand. chr.); 7 juill. 1883 (Pand. chr.), et les notes. V. aussi Cass., 19 nov. 1883 (S. 84. 1. 310. — P. 84. 1. 779. — D. 84. 1. 246); 17 mars 1884 (S. 84. 1. 224. — P. 84. 1. 539. — D. 84. 1. 327); 26 août 1884 (S. 85. 1. 128. — P. 85. 1. 278. — D. 85. 1. 72). — Ce principe qui tient à la séparation des pouvoirs et à l'ordre

nistérielles, ordonne la fermeture provisoire d'un établissement insalubre (d'une fabrique d'engrais et de sulfate d'ammoniaque), et les mesures prises pour l'exécution de cet arrêté, constituent essentiellement des actes de police administrative (1) (Id.).

Par suite, alors même que l'arrêté viendrait à être annulé pour excès de pouvoir par l'autorité administrative compétente, il ne pourrait résulter de cette annulation, pour les propriétaires de la fabrique, que la faculté de poursuivre contre l'État, s'ils s'y croyaient fondés, la réparation du dommage par eux éprouvé (2) (Id.).

(Compagnie parisienne des vidanges et engrais c. Andrieux, préfet de police, et autres).

LE TRIBUNAL DES CONFLITS : — Vu la loi des 16-24 août 1790, tit. II, art. 13; celles du 16 fruct. an III et du 28 pluv. an VIII; — Vu la loi des 16-24 août 1790, tit. XI, art. 3, § 5; les arrêtés consulaires du 12 mess. an XIII et du 3 brum. an IX; la loi du 30 juin 1853 et le décret du 25 mars 1852; — Vu le décret du 15 oct. 1810; l'ordonnance du 14 janv. 1815 et la loi du 31 déc. 1866; — Vu les ordonnances du 1er juin 1828 et du 12 mars 1831; le règlement du 26 oct. 1849; la loi du 4 févr. 1850 et celle du 24 mai 1872; — Considérant que l'action en garantie introduite par la Compagnie parisienne des vidanges et engrais est dirigée contre MM. Andrieux, préfet de police; Tirard, ministre de l'agriculture et du commerce; Ternaux, ancien maire, et Hennape, maire de Nanterre, tant en leurs qualités susdites qu'en leur nom personnel; — Mais considérant que la Compagnie demanderesse n'allègue aucun fait pouvant engager la responsabilité personnelle des défendeurs; — Qu'elle fonde son action en garantie uniquement sur la nullité prétendue par elle de l'arrêté par lequel le préfet de police a ordonné la fermeture provisoire de sa fabrique d'engrais et de sulfate d'ammoniaque sise à Nanterre, — arrêté qui aurait été indûment pris, ordonné et exécuté par les défendeurs; — Considérant que ces divers actes sont essentiellement des actes de police administrative pris, ordonnés et exécutés par les fonctionnaires de l'ordre administratif susnommés dans l'exercice des pouvoirs conférés à l'administration pour le maintien de la salubrité publique; — Considérant qu'alors même que l'arrêté préfectoral serait annulé pour excès de pouvoir par l'autorité administrative, il ne pourrait résulter de cette annulation, pour la Compagnie demanderesse, que la faculté de poursuivre contre l'État, si elle s'y croyait fondée, la réparation du dommage qu'elle a éprouvé; — Que, dès lors, c'est avec raison que le tribunal civil de la Seine, sans s'arrêter à la demande de sursis, s'est déclaré incompétent; — Art. 1er. L'arrêté de conflit pris par le préfet de police... est confirmé.

MM. Chauffour, rapp.; Ronjat, comm. du gouv.

CONS. D'ÉTAT 23 décembre 1881.

PATENTE, MARCHAND DE VIN, RAISINS SECS.

Doit être soumis à la patente de marchand de vins en gros l'individu qui vend habituellement par pièces, à des marchands, des vins fabriqués qu'il obtient par la macération et la fermentation de raisins secs (3) (L. 25 avril 1844).

(Subra.)

M. le ministre des finances a présenté les observations suivantes :

« Aux termes de la loi du 25 avril 1844, sont réputés marchands de vins en gros ceux qui vendent habituellement du vin par pièces. Or, d'après les résultats de l'instruction, la profession du requérant consiste à fabriquer, pour le vendre par pièces ou par barriques, un liquide qu'il obtient en macérant des raisins secs additionnés de sucre ou de glucose dans une quantité d'eau déterminée, jusqu'à ce que la fermentation se soit produite. Le liquide ainsi extrait du raisin par voie de fermentation ne diffère en rien du vin par son origine, et si sa qualité est inférieure, cette circonstance ne doit pas empêcher celui qui en fait commerce d'être qualifié de marchand de vin. Il semble d'ailleurs qu'il importe peu, au point de vue de la patente, que le vin soit fait avec du raisin vert ou avec du raisin sec; le législateur, en inscrivant au tarif des patentes la profession de marchand de vins en gros, n'a établi en effet aucune distinction entre le marchand qui vend du vin fait au moment même de la vendange avec du raisin vert, et le marchand qui vend du vin fait avec du raisin sec, c'est-à-dire du raisin conservé pour pouvoir être mis en fermentation et transformé en vin à toute époque de l'année. Dans ces circonstances, le requérant a été considéré, à juste titre, comme exerçant la profession de marchand de vins en gros, et il est mal fondé à soutenir que les opérations qu'il effectue constituent l'exercice d'une profession non inscrite au tarif des patentes, à raison de laquelle il ne pouvait être imposé qu'en vertu d'un arrêté d'assimilation. Au surplus, le sieur Subra paye à la régie des contributions directes la licence de marchand de vins en gros, et acquitte tous les droits qui frappent le vin proprement dit. — Quant au motif tiré par lui de ce que, se bornant à vendre le vin qu'il fabrique, il ne saurait en aucun cas être imposé comme marchand, je ferai remarquer à cet égard que, dans l'espèce, la fabrication consiste dans de simples manipulations, et ne forme en réalité qu'une partie accessoire de la profession, dont l'objet principal ou l'essence même est incontestablement une spéculation commerciale. »

LE CONSEIL D'ÉTAT : — Vu la loi du 25 avril 1844 et les tableaux y annexés; — Sans qu'il soit besoin de distinguer si le vin fabriqué par le requérant provient de la fermentation de raisins secs ou de raisins frais; — Considérant que le sieur Subra vend habituellement des vins par pièces à des marchands; que ces faits constituent la profession de marchand de vins en gros; que, dès lors, c'est avec raison que le sieur Subra a été imposé et maintenu, pour l'année 1880, à la contribution des patentes, sur le rôle de la ville de Nantes en qualité de marchand de vins en gros; — Art. 1er. La requête... est rejetée.

MM. Romieu, rapp.; Le Vavasseur de Précourt, comm. du gouv.

---

des juridictions est absolu; il ne peut recevoir aucune modification de ce seul fait que la demande en responsabilité s'introduirait par la voie du recours en garantie. V. en ce sens, Cons. d'Et., 13 déc. 1866 (S. 67. 2. 335. — P. chr. adm. — D. 67. 3. 57); Aix, 6 mai 1872 (D. 73. 2. 57); Paris, 9 juill. 1872 (D. 74. 2. 193); Trib. des conflits, 16 juill. 1881 (Pand. chr.), et la note. — Mais il appartient aux tribunaux civils de statuer sur les demandes en dommages-intérêts formées contre les fonctionnaires publics, lorsque ces demandes sont fondées sur des faits personnels à ceux-ci et non sur des actes d'administration. V. Trib. des conflits, 13 déc. 1879 (Pand. chr.), et le renvoi.

(1-2) *Sic* Trib. des conflits, 5 mai 1877 (Pand. chr.), et la note.

(3) Il y a également lieu d'imposer à la même patente de marchand de vins en gros l'individu qui vend, par pièce, à des marchands des vins provenant du pressurage des lies de vin, soit employées exclusivement (Cons. d'Et., 19 mars 1862, aff. Dupuy, *Rec. de Lebon*), soit mélangées avec des vins naturels (Cons. d'Ét., 9 avril 1867, aff. Courthey, *Rec. de Lebon*).

1882

CONS. D'ÉTAT 20 janvier 1882.

FACTEURS AUX HALLES, MONOPOLE, SUPPRESSION, INDEMNITÉ.

Les facteurs aux halles de Paris n'ayant reçu le droit de présenter leurs successeurs, ni de la loi du 28 avril 1816, ni d'aucune autre disposition législative ou réglementaire, ne sont pas fondés à réclamer de l'État une indemnité à raison du préjudice que leur a causé le décret du 23 janv. 1878, en proclamant la liberté du factorat (1) (Décr. 23 janv. 1878).

(Brousse, Lecœur et autres.)

LE CONSEIL D'ÉTAT : — Vu la loi des 4, 6, 11 août, 3 nov. 1789, art. 7; Vu la loi des 3, 14 sept. 1791; Vu le décret du 23 prair. an III; Vu l'arrêté du 25 therm. an III; Vu les ordonnances de police relatives aux factoreries, et notamment l'arrêté du 15 germ. an IV, les ordonn. du 23 prair. an VIII, 19 frim. an X, 23 vent. et 2 fruct. an XII, 28 mai 1806, 20 nov. 1858; Vu l'art. 91 de la loi du 28 avril 1816; Vu le décret du 23 janv. 1878; Vu la loi du 24 mai 1872, art. 9; — Sur le recours formé contre la décision du ministre de l'intérieur en date du 1er sept. 1880 : — Considérant, d'une part, que les facteurs aux halles de Paris ne sont pas compris dans l'énumération des officiers auxquels la loi du 28 avril 1816 a conféré le droit de présenter leur successeur; — Considérant, d'autre part, qu'aucune disposition législative ou réglementaire, et notamment aucune des ordonnances susvisées qui ont établi des facteurs aux halles de Paris, ne leur a reconnu ce droit; qu'il suit de là qu'ils ne sont pas fondés à réclamer une indemnité à l'Etat à raison du préjudice dont ils se plaignent, et que c'est avec raison que le ministre de l'intérieur a rejeté leur réclamation; — Art 1er. Le recours... est rejeté.

MM. Bousquet, rapp.; Chante-Grellet, comm. du gouv.; Chambareaud et Sabatier, av.

CONS. D'ÉTAT 3 février 1882.

CHEMIN DE FER, GARE, ANIMAUX, VOIE FERRÉE, INTRODUCTION, GRANDE VOIRIE, CONTRAVENTION (ABSENCE DE).

Il n'y a pas contravention de grande voirie, à la charge du propriétaire, dans ce fait que des bestiaux, reçus dans les dépendances d'une gare et y séjournant avec la permission et sous la surveillance des agents de la Compagnie, se sont, au moment de leur embarquement, détachés du gros du troupeau et répandus sur la voie ferrée (2) (Arr. du Cons. 16 déc. 1759; LL. 29 flor. an X; 23 mars 1842; 15 juill. 1845, art. 2).

---

(1) Les facteurs, entre autres arguments, prétendaient que le droit de présenter leurs successeurs leur avait été reconnu par une décision de la Cour suprême. Ils invoquaient à cet égard un arrêt, du 27 janv. 1852 (S. 52. 1. 119. — P. 52. 1. 536. — D. 52. 1. 219), rendu dans un litige entre un facteur et son prédécesseur, portant sur la validité de l'acte de cession consentie par celui-ci. Du maintien du contrat et des motifs de l'arrêt, les facteurs croyaient pouvoir tirer la preuve que l'office était déclaré transmissible et que le titulaire pouvait trafiquer du droit de présentation. — Mais, ainsi que l'a fait observer fort judicieusement M. le commissaire du gouvernement, c'est le contraire qui est dit.

Aux termes de l'arrêt, on reconnait aux facteurs une situation spéciale qui leur donne quel droit? « Celui de se former une clientèle ou achalandage », droit variable suivant sa bonne ou mauvaise gestion et susceptible de former une propriété dont la cession n'est pas interdite, le droit absolu de nomination et de révocation appartenant d'ailleurs à l'autorité municipale et restant entier. Quant au droit à l'office, au privilège de la présentation, il est bien évident, dès lors, qu'il n'est pas susceptible de propriété cessible, et, par conséquent, il n'existe pas. L'administration pouvait toujours nommer qui bon lui semblait, même un autre que le successeur présenté.

La situation de ces facteurs a pu être comparée et assimilée à celle des bouchers de Paris, des maitres de postes et des imprimeurs, dont les industries ont été aussi affranchies de tout monopole, sans donner lieu à des indemnités au profit des titulaires en jouissance. V. en ce qui concerne les bouchers, Cons. d'Et., 30 juin 1859 (S. 60. 2. 282. — P. chr. adm. — D. 60. 3. 10), — les maitres de postes : Cons. d'Et., 29 mars 1855 (S. 55. 2. 744. — P. chr. adm. — D. 55. 3. 59); 26 juin 1856 (S. 57. 2. 396. — P. chr. adm. — D. 57. 3. 14); 23 janv. 1874 (D. 75. 3. 12); — les imprimeurs : Cons. d'Et., 4 avr. 1879 (D. 79. 3. 49).

Il est bon d'ajouter que, dans une instance antérieure, les mêmes facteurs avaient attaqué le décret du 23 janv. 1878 pour cause d'illégalité; leur recours a été rejeté par le conseil d'Etat (arrêt du 30 juill. 1880, Pand. chr.).

(2) V. anal., en sens divers, Cons. d'Et., 28 nov. 1879, aff. Farçat (Pand. chr.); 16 avril 1880, aff. Emonot (Pand. chr.); 29 juill. 1881. aff. Bramard (*Rec. de Lebon*, p. 791): 5 août 1881, aff. Geoffroy (Pand. chr.); 7 août 1883, aff. Breton (Pand. chr.)

Dans toutes ces affaires, il s'agissait d'animaux qui s'étaient introduits sur la voie ferrée par des passages à niveau, et le ministre des travaux publics demandait l'annulation des arrêtés par lesquels les conseils de préfecture, se fondant sur ce que les animaux n'avaient eu à franchir aucune clôture, s'étaient refusés à appliquer l'arrêt de 1759.

Dans les affaires Farçat, Bramard, Geoffroy et Breton les recours du ministre ont été rejetés par le motif qu'au moment où l'introduction des animaux avait eu lieu, les barrières des passages à niveau auraient dû être fermées d'après les règlements administratifs; ainsi était maintenue cette jurisprudence d'après laquelle, lorsque les Compagnies sont en faute, il n'y a plus lieu de prononcer de condamnation. Mais, dans les affaires Emonot et Sauloup (16 avril 1880 et 5 août 1881), le recours du ministre a été admis et des condamnations ont été prononcées, motivées sur cette seule circonstance qu'au moment de l'introduction des animaux, les barrières étaient réglementairement ouvertes.

Dans l'espèce actuelle, l'introduction des animaux sur la voie ferrée ne se s'était point opérée sur le parcours de la ligne, mais dans l'intérieur même de la gare, à la suite des opérations d'embarquement. La situation de fait n'était plus la même. Quant au point de vue juridique, on peut se demander si le règlement du 16 déc. 1759 n'est pas, d'une manière absolue, inapplicable aux contraventions qui se commettent dans l'enceinte des gares.

D'ailleurs, aucun doute ne pouvait exister sur la solution qui est intervenue. Au moment où les bestiaux se sont répandus sur la voie ferrée, ils n'étaient plus placés légalement sous la surveillance de leur propriétaire, mais sous celle des agents de la Compagnie. « La police des gares et de leurs dépendances, a dit M. le commissaire du gouvernement, appartient exclusivement aux agents des Compagnies; d'après l'art. 61 de l'ordonn. de 1846, les agents des Compagnies ont seuls le droit de pénétrer dans les gares de marchandises. Si, pour échapper à des responsabilités auxquelles elles se trouvent exposées comme entrepreneurs de transports, et diminuer leurs frais de personnel, les Compagnies admettent dans les gares de marchandises les propriétaires et conducteurs des animaux dont elles doivent effectuer le transport, si elles ont inséré dans les tarifs spéciaux une clause d'après laquelle elles déclarent ne pas répondre des avaries de route, elles peuvent invoquer toutes ces circonstances devant l'autorité

(Min. des travaux publ. c. Bouchard.)

LE CONSEIL D'ÉTAT : — Vu les lois du 29 flor. an X, et du 15 juill. 1845; Vu l'arrêt du Conseil du 16 déc. 1759; Vu la loi du 23 mars 1842; — Considérant qu'il résulte de l'instruction que le troupeau du sieur Bouchard avait été reçu dans les dépendances de la gare de Valence, et qu'il y séjournait avec la permission et sous la surveillance des agents de la Compagnie, au moment où plusieurs moutons, s'écartant du troupeau, se sont répandus sur les voies ferrées; que, dès lors, cette dernière circonstance ne saurait constituer de la part du sieur Bouchard une contravention aux lois et règlements sur la grande voirie; qu'ainsi c'est avec raison que le conseil de préfecture de la Drôme a renvoyé le sieur Bouchard des fins de la poursuite intentée contre lui; — Art. 1er. Le recours du ministre est rejeté.

MM. Vandal, rapp.; Marguerie, comm. du gouv.

CONS. D'ÉTAT 17 février 1882.

CONSUL, DROITS DE CHANCELLERIE, TARIF, APPLICATION, COMPÉTENCE.

Les droits de chancellerie qui se perçoivent dans les consulats, au profit de l'État, constituent un impôt de la nature des contributions indirectes; par suite, c'est à l'autorité judiciaire qu'il appartient de statuer sur les contestations relatives à l'application des tarifs de pareils droits (1) (L. 7-11 sept. 1790).

(Lemaître et Bergmann.)

LE CONSEIL D'ÉTAT : — Vu les lois des 7-11 sept. 1790, l'ordonn. royale du 24 oct. 1833, et les décrets des 20 août 1860 et 25 oct. 1865, sur les droits de chancellerie; — Vu le décret du 22 juill. 1806; — Considérant que le pourvoi des sieurs Lemaître et Bergmann tend à obtenir l'annulation de l'arrêté du ministre des affaires étrangères du 29 avril 1879, et la décharge d'une somme de 14,480 fr., dont ils ont été constitués débiteurs par ledit arrêté envers la chancellerie de l'agence et consulat général de France à Bucharest, comme représentant un droit de 2 pour 100 sur une somme de 724,000 fr. qu'ils auraient recouvrée à la suite de l'intervention de l'agent et consul général de France auprès du gouvernement roumain; — Mais considérant que les droits de chancellerie qui se perçoivent dans les consulats sont compris au nombre des perceptions faites au profit de l'Etat, qui sont autorisées chaque année par la loi des finances; que le produit de ces droits est porté en recette dans le tableau des services spéciaux rattachés au budget de l'Etat, lequel est soumis au vote des Chambres; qu'enfin la comptabilité de ces fonds est soumise à la Cour des comptes; que, dès lors, les droits dont il s'agit constituent un impôt au profit de l'Etat; que d'autre part, cet impôt est de la nature des contributions indirectes; que, par suite, en vertu des dispositions de la loi des 7-11 sept. 1790, c'est à l'autorité judiciaire qu'il appartient de statuer sur les contestations relatives à l'application du tarif qui les régit; — Considérant qu'il suit de là qu'il n'appartient pas au conseil d'Etat de statuer sur la demande formée par les sieurs Lemaître et Bergmann, tendant à obtenir décharge des droits de chancellerie dont ils ont été constitués débiteurs.

MM. Matheus, rapp.; Chante-Grellet, comm. du gouv.

CONS. D'ÉTAT 3 mars 1882.

PATENTE, FACTEUR AUX HALLES, COMMIS.

Tout individu inscrit comme facteur aux halles de Paris, et qui, en cette qualité, procède aux criées, doit être assujetti à la patente, quand même il ne serait, en réalité, que le commis d'un autre facteur (2) (L. 25 avril 1844; Décr. 23 janv. 1878).

LE CONSEIL D'ÉTAT; — Vu la loi du 25 avril 1844; — Considérant que d'après le décret du 23 janv. 1878, les ventes à la criée ne peuvent être faites que par les personnes inscrites, en qualité de facteurs, au greffe du tribunal de commerce; que le sieur Bessin a satisfait aux conditions et formalités imposées par ledit décret; que, s'il est intervenu des conventions particulières entre le sieur Bessin et le sieur Picher, cette circonstance n'est pas de

judiciaire pour refuser d'indemniser les propriétaires des animaux transportés en cas de perte ou d'accidents, il s'agit alors d'interpréter des conventions de droit privé; mais elles ne peuvent répudier, vis-à-vis de l'autorité publique, la situation qu'elles tiennent de la loi. Lorsque des propriétaires et conducteurs d'animaux sont admis par les Compagnies de chemins de fer dans une gare de marchandises, ils sont soumis aux ordres des agents des Compagnies; ils leur doivent obéissance, ils deviennent momentanément des agents auxiliaires, et c'est aux chefs de gare à prescrire toutes les mesures nécessaires pour que l'embarquement soit effectué en toute sécurité. Si des animaux échappent à la surveillance dont ils doivent être l'objet, la faute ne peut plus être reprochée en droit qu'à la Compagnie, qui a la police de la gare. »

(1) La question a été résolue dans le même sens et en des termes presque identiques, par décision du Tribunal des conflits, 1er mai 1875 (Pand. chr.).

(2) Le ministre des finances s'était prononcé en sens contraire. Il avait conclu, en faveur du préposé du facteur, à l'exemption de patente spécifiée au profit des commis travaillant pour le compte des personnes de leur profession par l'art. 13, § 6, de la loi du 25 avril 1844. Voici d'ailleurs sur quels motifs s'appuyait l'avis ministériel : — « Suivant les termes de l'art. 1er de la loi de 1844 : « La contribution des patentes doit être supportée par tout individu... qui exerce en France un commerce, une industrie, une profession non compris dans les exceptions déterminées par la loi. » De ces termes précis il résulte bien que c'est à l'exercice effectif de la profession qu'est subordonnée l'imposition de la patente; le législateur n'a dérogé à ce principe général qu'à l'égard d'une seule catégorie de patentables, les avocats, qu'il a portés au tarif sous la rubrique « Avocats inscrits au tableau des cours et tribunaux », et qui, dès lors, par le seul fait de leur inscription au tableau de l'Ordre, se trouvent imposables, sans qu'il y ait à rechercher s'ils exercent ou non. Pour le surplus des patentables astreints à la possession d'un diplôme, ou tenus de se faire inscrire au tableau des Cours et tribunaux (médecins, pharmaciens, vétérinaires, architectes, ingénieurs civils, experts près les cours et tribunaux), en l'absence dans le tarif de dispositions expresses analogues à celle concernant les avocats, ils demeurent sous le régime de droit commun institué par l'art. 1er de la loi susvisée. Quant aux exceptions prévues par ledit article, elles sont énumérées aux derniers paragraphes de l'art. 13, lequel en particulier déclare non imposables les commis travaillant pour le compte des personnes de leur profession. Dès lors, on ne saurait se borner à opposer aux patentables en question une fin de non-recevoir tirée, soit du titre qu'ils portent, soit de leur situation au point de vue des règlements spéciaux à leur profession; pour justifier leur imposition à la patente, il devient nécessaire d'établir, d'une part, qu'ils exercent en fait, d'autre part, qu'ils ne rentrent dans aucune des exceptions déterminées par la loi... Il semble que la situation du requérant serait susceptible d'être utilement comparée à celle de l'individu qui, pourvu du diplôme nécessaire, tiendrait une pharmacie pour le compte d'un tiers, à celle d'un médecin qui exercerait pour le compte et dans l'établissement d'un autre, à celle du commis-greffier assermenté qui, sans perdre le caractère d'un simple employé, remplace éventuellement le greffier titulaire. C'est ainsi que le conseil d'État, sur l'avis conforme du ministre, qui avait fait remarquer que les commis-greffiers, encore qu'ils aient en quelque sorte une existence légale, ne sont cependant pas de simples commis à traitement fixe, a prononcé la décharge du droit de patente attribué à un sieur Vallier, commis-greffier (Cons. d'Et., 19 déc. 1855. — P. chr. adm.). Je pense que l'exposant serait recevable à prétendre au bénéfice de l'exemption de patente spécifiée en faveur des commis travaillant pour le compte des personnes de leur profession par l'art. 13, § 6, de la loi précitée. »

nature à affranchir ledit sieur Bessin des droits de patente, auxquels sont assujettis les facteurs à la halle; que, dans ces circonstances, c'est avec raison qu'il a été imposé et maintenu en ladite qualité sur le rôle de la ville de Paris pour l'année 1879; — Art 1er. La requête du sieur Bessin est rejetée.

MM. de Mouy, rapp.; Chante-Grellet, comm. du gouv.

CONS. D'ÉTAT 10 mars 1882.

RIVAGES DE LA MER, DOMAINE PUBLIC, DÉLIMITATION, FLEUVE, EMBOUCHURE, BAIE, CARACTÈRES, GRAND FLOT DE MARS, PHÉNOMÈNES MÉTÉRÉOLOGIQUES.

Pour la délimitation du domaine public maritime, il y a lieu de tenir compte des éléments que fournissent tout à la fois la configuratoin physique des lieux, la nature des eaux et celle des atterrissements (1) (Décr. 21 févr. 1852, art. 2).

Spécialement, *il n'y a pas étendue du domaine public maritime au delà de ses limites naturelles, lorsque l'on comprend dans ce domaine une baie (la baie de Seine) existant à l'embouchure d'un fleuve et qui pénètre à une certaine profondeur dans les terres, si les eaux du fleuve, pour gagner la pleine mer, suivent un chenal relativement étroit, d'une assiette mobile et variable, si, en dehors du chenal, les eaux qui occupent la baie dans des proportions bien plus considérables que les eaux du fleuve, sont celles de la mer, si, enfin, les atterrissements qui se forment dans la baie ou sur ses bords proviennent, non des apports du fleuve, mais des eaux maritimes qui déposent dans l'estuaire les matériaux enlevés par elle au fond de la pleine mer* (2) (Id.).

Les rivages de la mer comprennent tous les terrains couverts habituellement par le grand flot de mars (3) (Ord. août 1681, sur la marine, liv. IV, tit. VII, art. 1). — Sol. implic.

Mais ils ne comprennent point les terrains qui ne sont couverts par les eaux qu'accidentellement, dans le cas où la marée est influencée par des circonstances météorologiques exceptionnelles (4) (Id.).

(Duval et autres.)

LE CONSEIL D'ÉTAT : — Vu les décrets des 24 févr. 1869 et 9 juin 1877; Vu l'arrêté du préfet de l'Eure du 1er mai 1878, portant publication du décret du 9 juin 1877; — Vu l'ordonn. d'août 1681 sur la marine, livre IV, titre VII, art. 1er; — Vu la loi des 22 déc. 1789, 8 janv. 1790, sect. 3, art. 2, et le décret du 21 févr. 1852; — Vu la loi des 7-14 oct. 1790, et celle du 24 mai 1872; — Vu le décret du 2 nov. 1864; — En ce qui touche la délimitation transversale de la mer et de la Seine à son embouchure, à laquelle il a été procédé par le décret du 24 févr. 1869; — Considérant qu'il résulte de l'instruction que le décret du 24 févr. 1869, en fixant la délimitation transversale de la mer et de la Seine à son embouchure, d'après une ligne partant du cap Hode, au nord, et aboutissant au sud à un point en aval de Berville, n'a pas étendu le domaine maritime au delà de ses limites naturelles par rapport à l'embouchure de la Seine; — Considérant, en effet, que le relief et la direction des côtes, dont le parallélisme antérieur a définitivement disparu, l'étendue et la forme du bassin qu'elles circonscrivent en aval de la délimitation contestée, révèlent l'existence d'une baie maritime qui pénètre à une certaine profondeur dans les terres, et dans laquelle la Seine a son embouchure; que si les eaux du fleuve parcourent cette baie avant de gagner la pleine mer, en suivant un chenal relativement étroit dont la direction est mouvante et variable, il ne s'ensuit pas que ladite baie puisse être considérée comme formant le lit du fleuve; — Considérant, d'autre part, que les eaux qui occupent la baie, en dehors du chenal dont il a été fait mention, sont les eaux de la mer qui s'élèvent ou s'abaissent selon le mouvement des marées, et dont le volume dépasse dans des proportions considérables celui des eaux fluviales; — Considérant enfin que les atterrissements qui se forment dans la baie ou sur ses bords proviennent, non des apports du fleuve, mais des eaux de la mer qui déposent dans l'estuaire les matériaux enlevés par elle aux rivages de la pleine mer; qu'ainsi le caractère maritime de la baie de la Seine, en aval de la délimitation contestée, résulte à la fois de la configuration physique de ladite baie, de la nature des eaux qui l'occupent et de la nature des atterrissements qui s'y forment; qu'il suit de là que les requérants ne sont pas fondés à demander l'annulation de la délimitation dont il s'agit;

En ce qui touche la délimitation latérale du rivage de la mer dans la partie nord et la partie sud de la baie, à laquelle il a été procédé par le décret du 9 juin 1877 : — Considérant que le décret du 9 juin 1877 a fixé la limite du rivage de la mer dans la partie sud de la baie en aval de la délimitation transversale fixée par le décret précédent, d'après la ligne atteinte par le flot dans la marée du 30 mars 1873, conformément au tracé fait sur les lieux par une commission instituée à cet effet; — Mais considérant qu'il résulte de l'instruction et notamment de la vérification faite par la commission instituée par la décision du 22 juill. 1881, que la marée observée en mars 1873, qui a servi de base à la délimitation attaquée aujourd'hui par les riverains, a été influencée par des circonstances météorologiques exceptionnelles, sans lesquelles le flot n'aurait pas atteint la hauteur où il est parvenu; que les

(1-2) Comp. Cass., 23 juin 1830; 4 mai 1836 (S. 36. 1. 465. — P. chr. — D. 36. 1, 366); Rouen, 26 août 1840 (S. 41. 2. 32. — P. 41. 1. 262. — D. 41. 2. 112); Cass., 22 juill. 1841 (S. 41. 1. 620. — D. 41. 1. 325); Cons. d'Et., 27 mai 1863 (S. 63. 2. 240. — P. chr. adm. — D. 63. 3. 63); Cass., 28 juill. 1869 (S. 71. 1. 141. — P. 71. 416. — D. 69. 1. 489); 9 août 1876 (S. 78. 1. 469. — P. 78. 1215. — D. 78. 1. 18).

(3-4) Que doit-on entendre par le « grand flot de mars »? C'est la plus grande marée de mars, et non la plus grande marée de l'année, si elle se place à un autre mois. Le commentateur de l'ordonnance de 1681, Valin, dit que, par rapport au rivage de la mer, il ne faut entendre que la partie jusqu'où s'étend ordinairement le grand flot de mars, laquelle partie est facile à reconnaître par le gravier qui y est déposé, et nullement l'espace où parvient quelquefois l'eau de la mer par les coups de vent forcés, causes et suites tout à la fois des ouragans et des tempêtes, et il cite, en ce sens, un arrêt du parlement d'Aix, du 11 mai 1742. Dans une circulaire du 18 juin 1864, le ministre de la marine distingue également le grand flot de mars du flot de tempête. Comment peut-on constater si le grand flot de mars a été augmenté par des causes météorologiques? L'*Annuaire officiel des marées* donne à l'avance les hauteurs de chaque marée, dans chaque port, d'après des calculs basés sur l'action des astres, et dont les formules ont été données par Laplace dans son *Traité de la mécanique céleste*. Lors donc qu'une marée constatée au marégraphe excède notablement la hauteur prévue à l'*Annuaire*, il y a, sinon certitude, du moins présomption qu'elle a été influencée par des troubles météorologiques. D'après l'ordonnance de 1681, les rivages doivent être couverts et recouverts par le flot : ainsi il faut que le terrain soit non pas imbibé d'eau, mais recouvert d'une nappe qui le fasse disparaître. Enfin, à l'embouchure des fleuves, il peut y avoir lieu de tenir compte de cette circonstance que les eaux du fleuve refoulées par la marée produisent, même sur le rivage maritime, une plus grande extension du flot. (Analyse des conclusions de M. le commissaire du gouvernement.)

Faisons observer que l'ordonnance de 1681 est applicable seulement aux rivages de l'Océan. Dans la mer Méditerranée, on suit toujours la règle du droit romain ainsi formulée dans les *Institutes : « Est autem littus maris quantum hibernus maximus fluctus excurrit. »* On s'attache au plus grand flot d'hiver qui n'est pas toujours le plus grand flot de mars. Cette règle, appliquée par le parlement d'Aix, a toujours été suivie sans difficulté. V. Cons. d'Et., 27 juin 1884 (Pand. chr.), et la note.

requérants sont fondés à se prévaloir de cette circonstance pour demander l'annulation de la délimitation intervenue, laquelle a pu avoir pour effet de comprendre dans le rivage de la mer, même dans la partie sud, des terrains qui ne sont pas habituellement couverts par le grand flot de mars, dans le sens de l'art. 1er, livre IV, tit. VII, de l'ord. d'août 1681 sur la marine; — Art. 1er. Le décret du 9 juin 1877, portant délimitation du rivage de la mer dans la partie nord et la partie sud de la baie de Seine, en aval de la délimitation transversale fixée par le décret du 24 févr. 1869, est annulé. — Art. 2. Le surplus des pourvois est rejeté.

MM. Mathéus, rapp.; Le Vavasseur de Précourt, comm. du gouv.; Gosset et Boivin-Champeaux, av.

TRIB. DES CONFLITS **18 mars 1882.**

1° TRAVAUX PUBLICS, CANALISATION D'EAU, LAVOIR COMMUNAL, PRESBYTÈRE, DÉPENDANCES, DÉPOSSESSION DÉFINITIVE, PROPRIÉTÉ, FABRIQUE D'ÉGLISE, COMMUNE, EXPROPRIATION, DISTRACTION, MAIRE, FAUTE PERSONNELLE, COMPÉTENCE. — 2° CONFLIT, DÉCLINATOIRE, REJET, PRÉFET, DÉPENS.

1° *Les travaux de canalisation pour le passage, à travers les dépendances d'un presbytère, d'une conduite d'eau nécessaire à l'alimentation d'un lavoir communal, constitue une prise de possession permanente et définitive du sous-sol et non un simple dommage* (1) (L. 28 pluv. an VIII).

En conséquence, de pareils travaux ne peuvent être exécutés, qu'après expropriation, conformément à la loi du 3 mai 1841, si le presbytère appartient à la fabrique (2) (L. 3 mai 1841).

Ou, après distraction du terrain en vertu d'un décret, conformément à l'ordonnance du 3 mars 1825, si le presbytère appartient à la commune et si l'autorité diocésaine s'oppose à l'exécution des travaux (3) (Ord. 3 mars 1825).

A défaut de l'accomplissement de ces formalités, le maire qui pénètre dans la propriété litigieuse par une brèche au mur de clôture, qui s'empare du terrain, qui y arrache les arbres, y pratique des excavations, se livre à des actes ou faits personnels *dépourvus de tout caractère d'actes d'administration. — Par suite, de pareils faits peuvent être déférés directement à l'autorité judiciaire, sans renvoi préalable à l'autorité administrative, en l'absence de toute question préjudicielle* (4) (C. civ., 1382 et suiv.).

2° *Même au cas de rejet du déclinatoire préalable au conflit, le préfet, qui agit comme représentant de la puissance publique, ne peut être condamné aux dépens* (5).

(Daniel c. Le Léannec.)

LE TRIBUNAL DES CONFLITS : — Vu la loi du 28 pluv. an VIII, la loi du 3 mai 1841, et l'ordonn. du 3 mars 1825; — Vu les ordonn. des 1er juin 1828 et 12 mars 1831, le règlement du 26 oct. 1849, et la loi du 24 mai 1872; — Considérant que, suivant les termes de la citation, des ouvriers auraient, le 29 août 1881, sur l'ordre du sieur Le Léannec, maire de Quéven, pénétré, en démolissant un mur, dans le jardin clos attenant au presbytère occupé par l'abbé Daniel, desservant de Quéven; que le sieur Le Léannec s'y serait introduit lui-même à plusieurs reprises, malgré l'opposition du desservant; qu'enfin des excavations auraient été pratiquées dans ledit jardin et des arbres arrachés; — Considérant que le devis régulièrement approuvé du lavoir à construire dans la commune de Quéven prévoyait le passage d'une conduite d'eau à travers le jardin du presbytère, et que ce travail de canalisation devait entraîner la prise de possession permanente et définitive du sous-sol; que, dès lors, si le presbytère était la propriété de la fabrique, il devait être procédé conformément à la loi du 3 mai 1841; que si le presbytère appartenait à la commune, la distraction du terrain nécessaire aux travaux ne pouvait être obtenue, en présence de l'opposition de l'autorité diocésaine, que par un décret rendu conformément à l'ordonnance du 3 mars 1825; — Considérant qu'à ces divers points de vue, la prise de possession par le maire de Quéven n'était pas régulière, et que, par suite, l'autorité administrative n'est pas fondée à se prévaloir de la loi du 28 pluv. an VIII; — Considérant que les faits relevés par la citation ne sauraient être considérés comme des actes administratifs, et qu'il ne se rencontre, dans l'espèce, aucune question préjudicielle à soumettre à l'autorité administrative; que les actes reprochés au sieur Le Léannec constituent des faits personnels, à raison desquels l'abbé Daniel a pu recourir à l'autorité judiciaire;

Considérant toutefois que, lorsque le préfet propose un déclinatoire dans une instance engagée devant un tribunal de l'ordre judiciaire, le préfet agit comme représentant de la puissance publique, et qu'il ne peut être considéré comme partie en cause et être condamné aux dépens de l'incident; — Art. 1er. L'arrêté de conflit est annulé. — Art. 2. La disposition du jugement rendu par le tribunal correctionnel de Lorient, le 23 déc. 1881, qui condamne le préfet aux dépens de l'exception d'incompétence, est considérée comme non avenue.

MM. Collet, rapp.; Tappie, comm. du gouv.; Besson, av.

CONS. D'ÉTAT **5 mai 1882.**

PATENTE, DROIT FIXE, NOMBRE D'OUVRIERS, EMPLOI TEMPORAIRE, CONSERVES ALIMENTAIRES (FABRICANT DE).

Dans les industries soumises au droit fixe de patente, d'après le nombre des ouvriers employés (par exemple, dans

---

(1-2) Jugé, en ce sens, que le fait d'ouvrir une tranchée dans une propriété à l'effet de détourner les eaux, constitue une dépossession et non un simple dommage : Cons. d'Et., 21 juin 1866 (S. 67. 2. 246. — P. chr. adm. — D. 67. 5. 443). — De même du percement d'un tunnel de chemin de fer à travers une carrière. V. Cons. d'Et., 15 avril 1857 (S. 58. 2. 143. — P. chr. adm. — D. 58. 3. 3); Trib. des conflits, 13 févr. 1875 (S. 76. 2. 311. — P. chr. adm. — D. 75. 3. 112). V. aussi Trib. des conflits, 5 mai 1877 (S. 77. 2. 221. — P. chr. adm. — D. 77. 3. 65).

(3) Comp. Cons. d'Et., 29 juill. 1858 (D. 71. 5. 315). — Quant au caractère et à l'étendue du droit de jouissance des curés ou desservants sur les presbytères appartenant aux communes, V. Cass., 9 juin 1882 (Pand. chr.); 16 févr. 1883 (Pand. chr.); 7 déc. 1883 (Pand. chr.), et surtout Trib. des conflits, 15 déc. 1883 (Pand. chr.), et les indications de la jurisprudence en note.

(4) Il est de principe constant que les tribunaux judiciaires sont compétents pour connaître des actions auxquelles peuvent donner lieu les faits accomplis par un fonctionnaire public, dans l'exercice ou à l'occasion de l'exercice de ses fonctions, alors qu'ils constituent à sa charge une faute personnelle et qu'ils sont distincts de l'acte administratif proprement dit. V. notamment Trib. des conflits, 24 nov. 1877 (S. 78. 2. 157. — P. chr. adm. — D. 78. 3. 17); 29 nov. 1879 (S. 81. 3. 20. — P. chr. adm. — D. 80. 3. 96); 13 déc. 1879 (S. 81. 3. 31. — P. chr. adm. — D. 80. 3. 132); 11 déc. 1880 (deux jugements) (S. 82. 3. 20 et 21. — P. chr. adm. — D. 82. 3. 56 et 57); 7 juill. 1883 (deux jugements) (S. 85. 3. 12. — P. chr. adm. — D. 85. 3. 27). — Sur ce point, il y a conformité parfaite, entre la jurisprudence du tribunal des conflits et celle de la Cour de cassation. V. Cass. (deux arrêts), 25 mars 1884 (Pand. chr.), et les renvois. V. aussi Cass., 7 mai 1884 (S. 85. 1. 437. — P. 85. 1. 1056. — D. 84. 1. 220); Trib. civ. Nîmes, 6 janv. 1887 (Journ. *la Loi*, 1er févr.).

(5) Jurisprudence certaine. V. Cons. d'Et., 2 mai 1866 (D. 67. 3. 14); 12 déc. 1868 (S. 69. 2. 309. — P. chr. adm. — D. 69. 3. 100); 21 oct. 1871 (S. 73. 2. 159. — P. chr. adm. — D. 72. 3. 61); Trib. des conflits, 18 juill. 1874 (S. 76. 2. 187. — P. chr. adm. — D. 75. 3. 94); 11 déc. 1875 (S. 76. 2. 280. — P. chr. adm. — D. 76. 3. 39); 25 nov. 1882 (S. 84. 2. 65. — P. chr. adm. — D. 84. 3. 50); 15 déc. 1883 (S. 85. 2. 67. — P. chr. adm. — D. 85. 3. 59). V. toutefois Trib. des conflits, 29 nov. 1884 (D. 85. 3. 50).

la fabrication des conserves alimentaires), le droit se calcule sur le plus fort chiffre des ouvriers au moment où la fabrication est dans son plein; peu importe que le travail ne dure qu'une partie de l'année (1) (L. 15 juill. 1880).

(Guilbaud.)

LE CONSEIL D'ÉTAT : — Vu la loi du 15 juill. 1880 et les tableaux y annexés; — Considérant que la loi du 15 juill. 1880 assujettit les fabricants de conserves alimentaires à un droit fixe de patente, calculé d'après le nombre des ouvriers, sans distinguer si ces ouvriers ne sont employés que temporairement ou pendant toute l'année; — Considérant qu'il est reconnu que le sieur Guilbaud n'emploie pas moins de trente-cinq ouvriers pendant la période de sa fabrication; que, dans ces circonstances, c'est à tort que le conseil de préfecture de Maine-et-Loire a accordé au sieur Guilbaud une réduction du droit fixe de la patente auquel il avait été imposé à raison de trente-cinq ouvriers, par le motif que les ouvriers qu'il emploie temporairement ne feraient que le travail de dix ouvriers employés toute l'année; — Art 1er. L'arrêté ... est annulé.

MM. Menant, rapp.; Chante-Grellet, comm. du gouv.

CONS. D'ÉTAT 12 mai 1882.

RÈGLEMENT DE POLICE, SALUBRITÉ, ÉCURIES, SUPPRESSION, EXCÈS DE POUVOIR.

S'il appartient au maire, dans l'exercice de ses pouvoirs de police, d'enjoindre à un particulier d'avoir à faire disparaître toute cause d'insalubrité provenant d'écuries établies au centre de la ville, tels notamment que les dépôts et stagnation d'eaux et matières putrides, il ne lui appartient pas du moins de déterminer lui-même les travaux à effectuer dans ce but, et encore moins d'ordonner la suppression des écuries (2) (LL. 14-21 déc. 1789, art. 50; 16-24 août 1790, tit. XI, art. 3; 19-22 juill. 1791, tit. I, art. 46; 18 juill. 1837, art. 11).

(Palazzi.)

18 févr. 1881, arrêté par lequel le maire de la ville de Corte a ordonné la suppression, dans le centre de l'agglomération urbaine, et le transfert à l'extérieur de la ville, d'écuries servant aux chevaux des messageries-poste et appartenant à Palazzi. Cet arrêté était motivé sur ce que « ces écuries, situées sur le cours qui est la promenade la plus fréquentée de la ville, sont une cause d'infection et d'insalubrité et contribuent pour une large part à l'entretien des fièvres dont les habitants sont affligés annuellement ».

Pourvoi par Palazzi contre cet arrêté pour excès de pouvoir.

M. le ministre de l'intérieur a présenté, dans le sens du pourvoi, les observations suivantes :

« Il rentre incontestablement dans les attributions de l'autorité municipale, telles qu'elles ont été déterminées par la loi des 16-24 août 1790 (tit. XI, art. 3), et par la loi du 18 juill. 1837 (art. 10 et 11), d'assurer par toutes les prescriptions convenables la salubrité publique; mais l'exercice de ce pouvoir doit se concilier avec le respect de la propriété. Il ne va pas jusqu'à permettre au maire de combler un fossé ou une mare d'où se dégagent des miasmes délétères. Le propriétaire du fossé ou de la mare peut seulement être mis en demeure d'exécuter, dans un délai déterminé, les travaux propres à faire cesser toutes exhalaisons insalubres, et il doit être laissé libre du choix des mesures à prendre à cet effet. Lorsque, à l'expiration du délai imparti, aucune disposition n'a été prise, ou que les travaux effectués sont jugés insuffisants par les hommes de l'art, le contrevenant est cité devant l'autorité judiciaire. Il appartient alors à celle-ci de le condamner, non-seulement à l'amende édictée par l'art. 471, C. pén., mais encore à exécuter d'office à ses frais les travaux qu'exige l'intérêt de la salubrité publique (V. Cons. d'Etat, 5 mai 1865. V. à la note). La jurisprudence de la Cour de cassation est conforme sur ce point à celle du conseil d'Etat. (V. Cass., 27 juin 1879. V. à la note). S'il en est ainsi quand il ne s'agit que d'un fosse ou d'une mare, à bien plus forte raison un maire ne saurait-il avoir le droit de prescrire la suppression d'un établissement d'une importante valeur industrielle, installé et fonctionnant depuis de longues années dans des conditions conformes à l'usage. L'existence des écuries de chevaux à l'intérieur des villes n'a jamais été considérée ni prohibée comme nuisible à la santé publique. L'influence pernicieuse signalée par le conseil d'hygiène de Corte ne peut vraisemblablement être attribuée qu'aux conditions défectueuses dans lesquelles les écuries seraient établies à l'intérieur de cette ville, ou à un défaut d'entretien ou de propreté. Le maire de Corte me paraît donc avoir excédé ses pouvoirs en ordonnant la translation, hors de l'intérieur de la ville, de l'établissement du sieur Palazzi, au lieu de se borner à enjoindre au propriétaire de faire disparaître les causes d'insalubrité de l'établissement. J'ajouterai qu'il est convenable que les arrêtés municipaux, pris en pareil cas, interviennent le plus souvent sous forme de disposition générale. On comprendrait d'autant moins qu'il en fût autrement dans l'espèce que, d'après les termes mêmes de l'avis du conseil d'hygiène, l'écurie du sieur Palazzi ne serait pas la seule se trouvant à l'intérieur de la ville et exigeant des mesures d'assainissement. »

LE CONSEIL D'ÉTAT : — Vu les lois des 14-22 déc. 1789, art. 50; 16-24 août 1790, titre XI, art. 3 et 4; 19-22 juill. 1791, titre I, art. 46; 18 juill. 1837, art. 11; — Vu les lois des 7-14 oct. 1790 et 24 mai 1872; — Considérant que, s'il appartenait au maire de Corte, agissant en vertu des pouvoirs de police qu'il tient des lois susvisées, d'enjoindre au sieur Palazzi d'avoir à faire disparaître toute cause d'insalubrité pouvant provenir des écuries établies par ledit sieur Palazzi au centre de la ville, et notamment de supprimer le dépôt et la stagnation des eaux et matières insalubres au droit de cette propriété, aucune disposition de loi ne l'autorisait à déterminer lui-même la nature et l'importance des travaux à effectuer, et qu'il lui appartenait encore moins d'ordonner la suppression des écuries dont il s'agit; — Considérant que, de ce qui précède, il résulte qu'en prescrivant au sieur Palazzi de supprimer dans le délai de deux mois lesdites écuries, le maire de Corte a excédé ses pouvoirs; — Art. 1er. L'arrêté... est annulé.

MM. Flourens, rapp.; Gomel, comm. du gouv.

CONS. D'ÉTAT 19 mai 1882 (DEUX ARRÊTS).

PATENTE, ÉTABLISSEMENT CHARITABLE, FOURNEAUX ÉCONOMIQUES, DISTRIBUTION GRATUITE, VENTE A PERTE.

Une Société philanthropique, reconnue d'utilité publique, qui débite dans des établissements dits fourneaux économiques *des aliments au-dessous de leur valeur réelle, et dont les opérations se soldent, chaque année, par une perte qui n'est couverte qu'au moyen des souscriptions des membres de la Société et des subventions de l'administration, ne peut être considérée comme exerçant une profession, un commerce ou*

(1) Une décision analogue avait déjà été prise à l'égard d'un fabricant de conserves alimentaires, sous l'empire de la législation antérieure. V. Cons d'Et., 4 juin 1870, aff. Leménager. V. aussi, dans le même sens, Cons. d'Et., 31 juill. 1856 (P. chr. adm. — D. 57. 3. 18).

(2) Cette décision nous paraît en parfaite conformité avec la jurisprudence antérieure des arrêts du conseil d'État (V. 5 mai 1865, S. 66. 2. 134. — P. chr. adm. — D. 68. 3. 17) et de la Cour de cassation. V. 23 juill. 1864 (Pand. chr.); 9 (ou 2) mars 1867 (S. 68. 1. 46. — P. 68. 75. — D. 67. 1. 414); 16 mars 1867 (S. 67. 1. 416. — P. 67. 1104. — D. 67. 1. 415); 1er mai 1868 (S. 68. 1. 187. — P. 68. 424. — D. 68. 1. 363); 27 juin 1879 (Pand. chr.); 16 déc. 1881 (D. 82. 1. 185); 5 août 1882 (D. 82. 1. 485). V. aussi Trib. police de Sceaux, 20 juill. 1883 (Pand. chr.), et nos observations en note. — La loi du 5 avril 1884, sur l'organisation municipale, n'a opéré en cette matière aucune modification (art. 97).

une industrie quelconque, et n'est pas, dès lors, soumise à la patente (1) (LL. 25 avril 1844; 15 mars 1850; 15 juill. 1880, art. 1). — 1re espèce.

Il en est de même du particulier qui, dans un but d'assistance envers la classe pauvre, a fondé un établissement dit pension alimentaire, *où il distribue des aliments, partie gratuitement, partie au-dessous de leur valeur réelle, et dont les opérations ne sont pas susceptibles de bénéfices et se soldent par des pertes annuelles importantes* (2) (Id.). — 2e espèce.

1re espèce. — (Société philanthropique.)

LE CONSEIL D'ÉTAT : — Vu la loi du 15 juill. 1880, l'ordonnance du 27 sept. 1839, reconnaissant comme établissement d'utilité publique la Société philanthropique, et le règlement de ladite Société y annexé; — Considérant que la Société philanthropique a été reconnue comme établissement d'utilité publique; que ses statuts ont été approuvés par ordonnance royale en date du 27 sept. 1839; que, aux termes desdits statuts, « son but est de faire connaître et de mettre en pratique tout ce qui peut concourir à soulager les besoins du pauvre, et que les soupes économiques seront toujours le premier de ses soins » ; — Considérant qu'il résulte de l'instruction et qu'il est reconnu par le ministre des finances que les aliments que débite la Société philanthropique dans les établissements dits *fourneaux économiques*, sont vendus au-dessous de la valeur réelle, et ne sauraient procurer aucun bénéfice ; qu'en fait, l'opération se solde chaque année par une perte, qui n'est couverte qu'au moyen des souscriptions des membres de la Société et des subventions de l'Etat et de la ville de Paris ; que, dans ces circonstances, la Société philanthropique ne saurait être considérée, à raison des fourneaux économiques, comme exerçant une profession, une industrie ou un commerce, au sens de l'art. 1er de la loi du 15 juill. 1880, et que c'est à bon droit que le conseil de préfecture de la Seine a accordé à la Société philanthropique décharge des droits de patente auxquels elle avait été assujettie, pour l'année 1881, dans la ville de Paris ; — Art. 1er. Le recours... est rejeté.

MM. Menant, rapp. ; Gomel, comm. du gouv.

2e espèce. — (Ruel.)

LE CONSEIL D'ÉTAT : — Vu la loi du 15 juill. 1880 ; — Considérant qu'il résulte de l'instruction et qu'il est reconnu par le ministre des finances que c'est dans un but d'assistance envers la classe pauvre que le sieur Ruel a fondé l'établissement dit *Pension alimentaire;* qu'une partie des aliments livrés par cet établissement est distribuée gratuitement, et que le surplus, vendu au-dessous de la valeur réelle, ne saurait procurer au sieur Ruel aucun bénéfice; qu'en fait, l'opération se solde par une perte qui, chaque année, ne s'élève pas à moins de 30,000 fr.; que, dans ces circonstances, le sieur Ruel ne saurait être considéré, à raison de la *Pension alimentaire,* comme exerçant une profession, une industrie ou un commerce, au sens de la loi du 15 juill. 1880, et que c'est à bon droit que le conseil de préfecture de la Seine a accordé au sieur Ruel décharge des droits de patente auxquels il avait été imposé sur le rôle de la ville de Paris, en qualité de marchand de bouillon et de bœuf cuit. — Art. 1er Le recours... est rejeté.

Mêmes magistrats.

TRIB. DES CONFLITS **20 mai 1882.**

ETAT, RESPONSABILITÉ, DOMMAGE, CONTRIBUTIONS INDIRECTES, AGENT, FAUTE PERSONNELLE, INDEMNITÉ, COMPÉTENCE.

La responsabilité qui peut incomber à l'Etat du fait de ses employés agissant dans l'exercice d'un service public n'est pas absolue et ne tombe pas, d'une manière générale, sous l'application des art. 1382 et suiv., C. civ. (3) (LL. 16-24 août 1790; 16 fruct. an III; C. civ., 1382 et suiv.).

Ainsi, sauf certaines exceptions formellement édictées, l'autorité administrative est seule compétente pour connaître des actions en responsabilité intentées contre l'État, considéré comme puissance publique, et représenté par l'une de ses administrations chargée de pourvoir, dans l'intérêt général, à un service public (4) (Id.).

Par suite, c'est à cette autorité qu'il appartient de statuer sur une demande en indemnité dirigée par un particulier contre l'État à raison d'actes de violence commis par des agents des contributions indirectes (5) (Id.).

(De Divonne et du Roure c. Contribut. indirectes.)

LE TRIBUNAL DES CONFLITS : — Vu les lois des 16-24 août 1790 et 16 fruct. an III; — Vu le décret du 26 sept. 1793; — Vu l'ordonnance royale du 1er juin 1828 et la loi du 24 mai 1872; — Considérant que la demande formée par les sieurs de Divonne et du Roure contre l'administration des contributions indirectes, en la personne de son directeur général, a pour objet de faire condamner ladite administration, conjointement et solidairement avec quatre de ses agents, comme civilement responsable du fait de ces employés, à leur payer la somme de 30,000 fr. en réparation du dommage matériel et moral qui leur aurait été causé par des actes de violence commis par lesdits agents; — Que les actes imputés à ces derniers

---

(1) Les établissements publics peuvent être imposés à la patente, de même que les villes et les départements (Cons. d'Ét., 23 avril 1880, aff. Ville de Saint-Etienne, service de distribution d'eaux (*Recueil* de Lebon, p. 388); 3 janv. 1881, aff. Ville d'Aubenas, bureau de conditionnement des soies (*ibid.*, p. 4), lorsqu'ils exercent une véritable profession se traduisant en bénéfices, quel que soit l'emploi de ces bénéfices. V. aussi Cons. d'Et., 18 avril 1860, aff. Hospice de Saint-Omer (*Rec.* de Lebon, p. 324); 9 févr. 1870, aff. Hospice Saint-Nicolas (*ibid.*, p. 53); 27 avril 1877, aff. Hospice de Jouarre (*ibid.*, p. 386); 12 mars 1880 (*ibid.*, p. 289).

Il n'y a pas lieu à imposition, au contraire, lorsque l'établissement charitable reste dans les limites mêmes tracées par le décret qui l'a autorisé et que les perceptions qu'il fait sont insuffisantes pour constituer un bénéfice quelconque et ne peuvent servir qu'à le faire vivre. V. Cons. d'Et., 27 janv. 1867, aff. Hospice des Sables d'Olonne (*Rec.* de Lebon, p. 41); 13 févr. 1869, aff. Hospice de Pontorson (*ibid.*, p. 154); 23 mars 1880, aff. Asile des aliénés de Blois (*ibid.*, p. 345); 13 janv. 1882 (S. 84. 3. 1. — P. chr. adm. — D. 83. 3. 44).

L'institution des *fourneaux économiques* se rapproche de ces derniers établissements; elle vend à des prix manifestement insuffisants pour constituer des bénéfices; elle est toujours en perte et ne se soutient qu'au moyen des souscriptions de ses membres et surtout des subventions très-généreuses de l'Etat et de la Ville de Paris; elle fonctionne dans un but de charité; elle ne fait point de commerce. Il n'y a donc pas lieu de l'imposer à la patente.

(2) La situation des établissements privés est moins favorable au point de vue de la décharge de la patente. Cependant, lorsque le but exclusivement charitable est bien démontré, l'exemption est accordée. Il y a à cet égard de nombreux exemples dans la jurisprudence. V. Cons. d'Et., 17 nov. 1876, aff. Boulangerie des familles (*Rec.* de Lebon, p. 820); 8 juin 1877, aff. Soc. coopérative d'Anzin (S. 79. 2. 154. — P. chr. adm. — D. 77. 3. 100); 29 juin 1877, aff. Soc. des forges de Guérigny (S. 79. 2. 158. — P. chr. adm.— D. 77. 3. 100); 9 juin 1882, aff. Halluin (Pand. chr.).

(3-4-5) V. en ce sens, Trib. des conflits, 1er mai 1875 (Pand. chr.), et les renvois en note; Cons. d'Et., 12 juill. 1882 (Pand. chr.); 7 juill. 1883 (Pand. chr.). V. aussi Cass., 30 déc. 1873 (D. 74. 1. 379); 19 nov. 1883 (S. 84. 1. 310. — P. 84. 1. 779. — D. 84. 1. 246); 17 mars 1884 (S. 84. 1. 224. — P. 84. 1. 539. — D. 84. 1. 327); 26 août 1884 (S. 85. 1. 128. — P. 85. 1. 278. — D. 85. 1. 72).

ont été accomplis pendant qu'ils exerçaient un service de surveillance pour la répression des fraudes sur les boissons soumises aux droits du trésor public; — Considérant que la responsabilité qui peut incomber à l'Etat du fait de ses employés agissant dans l'exercice d'un service public n'est pas absolue, et qu'elle ne tombe pas, d'une manière générale, sous l'application des art. 1382 et suiv., C. civ.; — Que si quelques lois spéciales très-peu nombreuses ont, pour des cas particuliers et à l'égard de certains services publics nommément désignés, édicté en termes exprès la responsabilité civile de l'Etat et la compétence des tribunaux ordinaires, ces dispositions légales ne se comprendraient pas si, d'une manière générale et absolue, cette responsabilité était engagée dans les termes du droit commun ; — Considérant qu'au contraire, il ressort de l'ensemble des lois qui ont établi le principe de la séparation des pouvoirs, spécialement de celles qui ont appliqué ce principe au règlement des créances sur l'Etat, qu'en général, et sauf les exceptions formellement exprimées, l'autorité administrative est seule compétente pour connaître des actions en responsabilité dirigées contre l'Etat considéré comme puissance publique et représenté par l'une de ses administrations chargée de pourvoir, dans l'intérêt général, à un service public; — Considérant qu'aucune disposition légale n'a dérogé à cette règle en ce qui concerne l'administration des contributions indirectes, et que, dès lors, par application des lois susvisées, l'autorité administrative était seule compétente pour connaître de l'action dirigée contre ladite administration. — Art. 1er. Est confirmé l'arrêté de conflit, relativement à l'action en responsabilité dirigée contre l'administration des contributions indirectes. — Art. 2. Sont considérés comme non avenus, en ce qui concerne ladite administration, l'exploit introductif d'instance et le jugement du tribunal civil de Tarascon.

MM. Chauffour, rapp.; Ronjat, comm. du gouv.; Pérouse, av.

CONS. D'ÉTAT 9 juin 1882.

PATENTE, MAÎTRE DE PENSION, ÉTABLISSEMENT CHARITABLE, ENFANTS PAUVRES, ENTRETIENS, BÉNÉFICE (ABSENCE DE).

Ne peut être considéré comme exerçant une profession, une industrie ou un commerce quelconque, et par suite n'est pas assujetti à la patente (dans l'espèce, par exemple en qualité de maître de pension), le particulier qui, dans un but d'assistance envers la classe pauvre, a fondé un établissement où il élève des enfants et des jeunes gens pour la plupart gratuitement, pour quelques-uns seulement moyennant une modique rétribution ou avec le prélèvement opéré sur le produit de leur travail, alors que ces ressources sont insuffisantes pour couvrir les dépenses et que l'œuvre ne peut subsister qu'à l'aide des dons de la charité privée et des subventions de l'administration (1) (LL. 25 avril 1844; 15 mars 1850; 15 juill. 1880, art. 1).

(Halluin.)

LE CONSEIL D'ÉTAT : — Vu les lois du 25 avril 1844, et du 15 mars 1850; — Considérant qu'il résulte de l'instruction et qu'il est reconnu par l'administration que c'est dans un but d'assistance envers la classe pauvre que le sieur Halluin a fondé l'établissement qu'il dirige; que les enfants et les jeunes gens qui y sont élevés y sont admis en majeure partie gratuitement, et que la modique rétribution payée par certains d'entre eux et le prélèvement opéré sur le produit du travail des apprentis sont insuffisants pour couvrir les dépenses que nécessitent leur logement, leur nourriture et leur entretien, et ne sauraient procurer au requérant aucun bénéfice; que l'œuvre ne peut se soutenir qu'à l'aide des dons de la charité privée et des subventions fournies par l'Etat, le département et la ville d'Arras; que, dans ces circonstances, le sieur Halluin ne saurait être considéré, à raison de cet établissement, comme exerçant une profession, une industrie ou un commerce, au sens de l'art. 1er de la loi du 25 avril 1844; que, par suite, il est fondé à demander décharge de la contribution des patentes à laquelle il a été assujetti en 1880 sur le rôle de la ville d'Arras, en qualité de maître de pension; — Art 1er. L'arrêté... est annulé.

MM. Guillemin, rapp.; Le Vavasseur de Précourt, comm. du gouv.

CONS. D'ÉTAT 23 juin 1882.

PENSION, ACCIDENT DE SERVICE, MALADIE ÉPIDÉMIQUE, VEUVE.

Le fonctionnaire qui succombe à une maladie (des fièvres paludéennes) régnant à l'état endémique au lieu de sa résidence officielle, doit être considéré comme victime d'un accident dérivant de l'exercice même de ses fonctions; par suite, sa veuve a droit, à titre exceptionnel, à une pension de retraite (2) (L. 9 juin 1853, art. 11, § 2 et 14).

(Arrighi.)

LE CONSEIL D'ÉTAT : — Vu la loi du 9 juin 1853, notamment, l'art. 11, § 2, et l'art. 14; — Considérant qu'il résulte de l'instruction que le sieur Arrighi a contracté la maladie à laquelle il a succombé par suite de son séjour à Calvi, où ses fonctions de président du tribunal civil l'obligeaient à résider, et où les fièvres paludéennes règnent à l'état endémique; que, dans ces circonstances, la dame Arrighi est fondée à soutenir que le décès de son mari a été occasionné par un accident résultant notoirement de l'exercice de ses fonctions; que, dès lors, elle a droit à une pension de retraite, par application des dispositions combinées des art. 11, § 2, et 14, § 2, de la loi du 9 juin 1853; — Art. 1er. La décision du ministre de la justice, du 15 juill. 1881, est annulée. — Art. 2. La dame Arrighi est renvoyée devant le ministre de la justice pour y être procédé à la liquidation de sa pension.

MM. Vandal, rapp.; Le Vavasseur de Précourt, comm. du gouv.; Boivin-Champeaux, av.

(1) V. en ce sens, Cons. d'Et., 19 mai 1882 (2e espèce) (Pand. chr.), et la note.

(2) V. conf. Cons. d'Et., 23 mai 1884 (D. 85. 3. 82). — Mais le conseil d'Etat semble établir une différence entre les maladies *endémiques* et les maladies *épidémiques*. Ces dernières ne donnent point lieu, en principe, à pension au profit de la veuve. V. Cons. d'Et., 11 janv. 1884 (Pand. chr.). — Toutefois il paraît difficile, en pareille matière, de formuler des règles bien définies. Lorsque l'on examine les espèces, on s'étonne de la diversité des solutions qui interviennent dans des circonstances souvent identiques. Cette méthode de procéder est défectueuse, à tous égards regrettable. L'octroi d'une pension doit rester un acte de haute justice; il ne faut pas qu'il puisse s'y mêler, si restreinte qu'elle soit, la moindre part d'arbitraire. Le soupçon même en est nuisible. Des principes nettement posés, formulés en un corps de doctrine dont l'application facile s'adapterait à toutes les hypothèses, à toutes les réclamations pour les faire agréer ou repousser, tel est le seul moyen de mettre fin à des contradictions qui conduisent à des inégalités de traitement qui, pour n'être ni voulues ni calculées, n'en constituent pas moins au profit des personnes qui en bénéficient, de véritables traitements de faveur. V. nos observations insérées sous Cons. d'Et., 11 janv. 1884, précité.

CONS. D'ÉTAT 12 juillet 1882.

ÉTAT, RESPONSABILITÉ, AGENTS, FAUTE PERSONNELLE, COMPÉTENCE, AUTORITÉ ADMINISTRATIVE, BONS DU TRÉSOR, ESCOMPTE, FALSIFICATION, VÉRIFICATION (DÉFAUT DE), BANQUIER, OPÉRATION ANNULÉE, DÉCHÉANCE, SUBROGATION, INTÉRÊTS, TITRES NON PRODUITS, JUSTIFICATION (ABSENCE DE.)

En principe, c'est à l'autorité administrative qu'il appartient de déterminer la responsabilité pouvant incomber à l'État du fait de ses agents dans l'exécution des services publics (1) (LL. 16-24 août 1790, tit. II, art. 13; 16 fruct. an III).

Par suite, le ministre des finances est compétent pour statuer sur l'action en responsabilité dirigée contre l'État à raison de fautes commises par des employés du Trésor dans les opérations de controle et de vérification (2) (Id.).

...Et, spécialement, *à raison, d'une part, de ce que ces employés auraient affirmé à tort la validité et la sincérité de bons du Trésor présentés à leur examen et reconnus depuis falsifiés; d'autre part, de ce que ces employés auraient escompté ces bons, sans vérification préalable par leur rapprochement avec la souche* (3) (Id.).

En pareil cas, le banquier qui, invité à restituer au Trésor le montant du bordereau d'escompte, en opère le remboursement sans réserves, est censé par là consentir à l'annulation de l'opération d'escompte et n'est plus recevable personnellement à revenir sur son consentement et sur le payement qui en a été l'exécution (Id.).

Et le tiers de qui le banquier tiendrait lesdits bons ne saurait non plus, sous prétexte qu'il aurait remboursé le montant du bordereau, être admis, comme subrogé aux droits du banquier, à contester la validité du payement effectué dans les caisses du Trésor, ni à exercer l'action en répétition de l'indu (C. civ., 1250, 1377).

Tout porteur de valeurs du Trésor qui néglige de demander au ministre des finances, dans les formes de droit, la vérification des titres dont la sincérité lui était suspecte, n'est pas fondé à se plaindre et à essayer de rendre l'État responsable de l'absence ou de l'insuffisance d'une vérification qui n'était point exigée par les règlements (4).

En cas d'ordres donnés par le ministre des finances pour le remboursement à leur échéance de la valeur réelle des bons falsifiés, il n'est dû, au porteur des titres, aucuns intérêts de retard pour le temps pendant lequel, par suite des mesures d'instruction, le porteur s'est trouvé dans l'impossibilité de remplir les conditions exigées par les règlements pour que le payement pût en être effectué (5).

(Cordier et Cie.)

LE CONSEIL D'ÉTAT : — Vu les lois des 16-24 août 1790, du 16 fruct. an III, et l'art. 1377, C. civ.; — Sur la compétence : — Considérant que la demande dont le sieur Cordier avait saisi le ministre des finances tendait à faire condamner l'Etat à lui payer la somme de 78,244 fr., 60, comme responsable de la faute qu'auraient commise les agents du Trésor, en affirmant au sieur Bérend, qui avait présenté quatre bons du Trésor à leur examen, que ces bons étaient sincères et valables, et en consentant ultérieurement à escompter audit sieur Bérend les bons dont il s'agit; — Considérant que, d'après les lois ci-dessus visées, c'est à la juridiction administrative qu'il appartient en principe de déterminer la responsabilité pouvant incomber à l'Etat du fait de ses agents dans l'exécution des services publics, et que, dès lors, c'est à tort que le sieur Cordier soutient que la décision attaquée du ministre des finances doit être annulée pour incompétence, et l'affaire renvoyée devant l'autorité judiciaire;

Au fond : — En ce qui touche les conclusions prises

(1-2) Le principe sur lequel repose cette solution est incontesté, même par l'autorité judiciaire. V. sous Trib. des conflits, 1er mai 1875 (Pand. chr.) et Cons. d'Ét., 20 mai 1882 (Pand. chr.), le relevé complet des arrêts rendus sur la matière, depuis le célèbre jugement du tribunal des conflits du 8 févr. 1873, aff. Blanco (Pand. chr.), et la note. *Adde* Trib. civ. Nimes, 6 janv. 1887 (la *Loi*, 1er févr.).

(3-4) D'après les règlements du ministère des finances, il n'est pas loisible au porteur d'un bon du Trésor qui a des raisons de croire que ce bon n'est pas valable, d'aller consulter à ce sujet n'importe quel employé de l'administration centrale, et, suivant la réponse qu'il en obtient, de dire ensuite que la régularité de son titre a été reconnue ou non par qui de droit. En pareil cas, il faut qu'il s'adresse au chef du bureau de la comptabilité à la caisse centrale du Trésor, qu'il lui fournisse des renseignements sur l'origine du bon suspect, et qu'il demande par écrit au ministre des finances de faire procéder aux vérifications nécessaires. On rapproche le bon de la souche, on vérifie les chiffres et les signatures, et on découvre la fraude, s'il y en a une.

Dans l'affaire actuelle, le banquier, averti par son client, porteur originaire des titres, que les bons litigieux provenaient d'un inconnu, s'était borné à envoyer un de ses commis au ministère des finances; ce commis avait consulté un chef de bureau qui n'était pas celui de la comptabilité, et qui n'appartenait même pas au service de la caisse centrale; il ne l'avait interrogé que sur la régularité des signatures. — Dans ces conditions, le Trésor n'était pas en faute de n'avoir pas découvert une falsification que personne ne soupçonnait alors.

Mais la prétention du réclamant que les bons auraient dû être rapprochés des talons au moment de l'escompte, et que l'omission de cette formalité, dans l'espèce, aurait constitué une négligence grave, reprochable aux employés du Trésor, est-elle exacte et fondée? En aucune façon. L'escompte effectué par le Trésor n'est ni plus ni moins qu'une opération de banque ordinaire. La nature du bon, sa manière d'être, la date de l'échéance ne se trouvent point par là modifiées. Le titre reste ce qu'il est, tel qu'il a été constitué.

Au moyen de l'escompte, le Trésor fournit au porteur des bons leur montant, sous déduction d'une certaine somme destinée à le couvrir du loyer de l'argent qu'il avance jusqu'à la date de l'échéance; mais à cela se borne l'opération; les bons escomptés continuent à être des valeurs à l'échéance portée aux titres; si donc, postérieurement à l'escompte, l'Etat a besoin d'argent, il peut remettre les mêmes bons en circulation. Dans ces conditions, il est évident que, tant que la date de l'échéance n'est pas arrivée, le bon reste une valeur négociable; il entre tel quel dans le portefeuille du Trésor, et il n'a pas besoin d'être vérifié, car la vérification n'est utile qu'au moment du payement, afin que l'État soit sûr de payer valablement, de façon à se libérer et à ne se libérer que de ce qu'il doit. L'escompte, qui est consenti avant l'échéance, n'expose du reste le Trésor, à aucune perte, car si les titres sont faux, le trésor est garanti par les banquiers qui les lui ont négociés.

Aussi les règlements de la caisse centrale, conformes à l'esprit de la loi du 24 avril 1833, qui a prescrit l'emploi de registres à souche, n'enjoignent-ils de rapprocher les bons de leurs talons qu'à la date de l'échéance. C'est uniquement lors du payement, c'est-à-dire lorsque du numéraire va sortir des caisses de l'Etat, que la vérification a lieu.

Dans son livre récent sur le ministère des finances, M. Josat expose que chaque émission de valeurs par le Trésor fait l'objet d'un enregistrement par ordre numérique des titres mis en circulation, que le *payement* est constaté en regard de la somme, et que les émargements du caissier-payeur central, de même que le visa du contrôle, n'interviennent qu'au moment du *payement*. Ces règles sont la reproduction d'une instruction du 20 mars 1866, sur le service de trésorerie, rédigée par le caissier-payeur central, instruction en vertu de laquelle les bons du Trésor doivent être vérifiés et *rapprochés des carnets d'échéances* avant d'être *acquittés*; mais ces formalités ne s'appliquent pas aux simples opérations d'escompte.

Ceci étant, les agents de l'Etat n'ont pas violé les règlements en ne rapprochant pas les bons de leurs talons lorsqu'ils ont été présentés à l'escompte par le commis du banquier; ils ne se sont donc rendus coupables d'aucune faute, et, par suite, la responsabilité de l'État n'est pas engagée. (Analyse des conclusions de M. le commissaire du gouvernement.)

(5) V. en ce sens, Cons. d'Et., 24 mars 1882 (D. 83. 3. 91); 22 déc. 1882 (Pand. chr.); 13 avril 1883 (Pand. chr.), et les notes. — Les intérêts ne pourraient être dus que si le payement n'avait été retardé que par un fait imputable à l'Etat. V. Cons. d'Et., 5 juin 1874 (D. 75. 3. 28, 29).

par le sieur Cordier; — Considérant qu'il résulte de l'instruction qu'à la date du 10 juin 1876 le sieur Cordier a reçu du sieur Fréret, qui prenait alors le nom d'Albert Morin, quatre bons du Trésor d'une valeur totale de 78,280 francs, à l'échéance du 28 févr. 1877, et fait sur ces bons une avance de 62,000 francs; que, le 16 sept. 1876, le sieur Cordier a escompté les quatre bons dont il s'agit, et versé pour solde audit sieur Fréret la somme complémentaire de 14,083 fr. 85 c.; — Considérant que le sieur Cordier allègue qu'avant de terminer cette opération, il aurait transmis les quatre bons au sieur Bérend, qui les aurait présentés pour vérification à la caisse centrale du Trésor; que les agents du Trésor auraient déclaré les bons valables, puis consenti à les escompter à la date du 14 sept. 1876, alors cependant que ces titres, d'une valeur réelle de 1,030 francs chacun, étaient falsifiés, et qu'en les rapprochant de la souche il eût été facile d'en découvrir l'altération; que, dans ces circonstances, le requérant soutient que le Trésor est responsable de la faute de ses agents, et qu'il n'a pu faire retomber sur les tiers les conséquences de cette faute; — Considérant qu'à la demande du sieur Cordier le ministre des finances oppose une fin de non-recevoir tirée de ce que le sieur Bérend ayant, en l'absence de toute décision exécutoire, et après que les bons eurent été reconnus faux, remboursé volontairement au Trésor la somme de 78,244 fr. 70, le sieur Cordier n'aurait aucune action à exercer de ce chef, en admettant que, par suite du remboursement par lui fait au sieur Bérend, il pût être considéré comme subrogé à ses droits; — Considérant qu'à la date du 15 févr. 1877, l'administration des finances, après avoir reconnu faux les quatre bons qu'elle avait escomptés au sieur Bérend, le 14 sept. précédent, lui a retourné ces bons en l'invitant à en rembourser le montant; que le sieur Bérend a accepté de reprendre les titres, et qu'il a effectué immédiatement et sans aucune réserve le remboursement qui lui était demandé, en retirant un reçu dans lequel la falsification des bons était de nouveau mentionnée; qu'ainsi, le sieur Bérend a consenti en réalité à annuler l'opération du 14 sept. 1876, et qu'il ne serait pas recevable personnellement à revenir aujourd'hui sur cette convention, et sur le payement qui n'en a été que l'exécution; — Considérant dès lors, que le sieur Cordier, qui se prétend subrogé aux droits du sieur Bérend, auquel il a remboursé à son tour le montant desdits bons, ne peut, en cette qualité, contester la validité du payement effectué par le sieur Bérend dans les caisses du Trésor, en vertu de l'arrangement précité, ni exercer l'action en répétition du payement de l'indu prévue par l'art. 1377, C. civ.;

Considérant, à la vérité, que le sieur Cordier ne se présente pas seulement comme subrogé aux droits du sieur Bérend; qu'il déclare agir en même temps en son nom personnel, et réclame en cette seconde qualité la réparation du préjudice qui lui aurait été causé par la faute des agents du Trésor; — Mais, considérant qu'il appartenait au sieur Cordier, comme à tout porteur de valeurs du Trésor, de demander directement au ministre des finances, dans les formes de droit, la vérification des titres dont la sincérité lui était suspecte; que le requérant a négligé de recourir à ce mode de vérification, et qu'il ne saurait aujourd'hui, pour mettre en cause la responsabilité de l'Etat, se prévaloir des conditions dans lesquelles serait intervenue, au mois de sept. 1876, l'opération d'escompte entre le sieur Bérend et le Trésor;

En ce qui touche les conclusions subsidiaires du sieur Cordier : — Considérant qu'il y a lieu de donner acte au requérant de l'offre faite par le ministre des finances de lui rembourser la somme de 4,120 francs qui représente la valeur des quatre bons, moyennant l'accomplissement des formalités qu'il appartient à l'administration de prescrire pour la sauvegarde des intérêts du Trésor; mais que ladite somme ayant été, à partir de l'échéance des bons, à la disposition du sieur Cordier, qui n'a pas fait le nécessaire pour la toucher, il ne lui est dû aucuns intérêts de retard; — Art. 1er. Il est donné acte au sieur Cordier de l'offre faite par le ministre des finances, aux conditions ci-dessus énoncées, de lui rembourser la somme de 4,120 francs représentant la valeur réelle des quatre bons à l'échéance du 28 févr. 1877. — Art. 2. Le surplus des conclusions est rejeté.

MM. Chabrol, rapp.; Gomel, comm. du gouv.; Chambareaud, av.

CONS. D'ÉTAT 27 juillet 1882.

CULTE, PROCESSIONS, INTERDICTION, ARRÊTÉ MUNICIPAL, ÉGLISES DIFFÉRENTES, TEMPLE, AGRÉGATION DE FIDÈLES.

Les maires ont le droit de défendre les processions sur la voie publique, partout où l'exigent la sécurité et les besoins de la circulation (1) (LL. 14-22 déc. 1789, art. 50; 16-24 août 1790, tit. XI, art. 3 et 4; Conv. 26 mess. an IX, art. 1).

(1) Cette question n'a pas toujours été résolue avec cette netteté et cette vigueur d'affirmation dans le sens de la pleine indépendance des pouvoirs de l'autorité municipale. La jurisprudence du conseil d'État s'est, pendant longtemps, montrée favorable à la recevabilité du recours comme d'abus contre les arrêtés des maires interdisant les processions dans leur commune ou en réglant les conditions. V. notamment Cons. d'Etat, 22 déc. 1876 (S. 79. 2. 28. — P chr. adm.); 23 mai 1879 (S. 80. 2. 344. — P. chr. adm. — D. 80. 3. 102); 17 août 1880 (S. 82. 3. 13. — P. chr. adm.).

Telle était également et telle est encore la jurisprudence de la Cour de cassation (V. arrêts, 5 déc. 1878 (deux arrêts), S. 79. 1. 185. — P. 79. 436. — D. 79. 1. 185; 25 mars 1880 (deux arrêts). S. 80. 1. 329. — P. 80. 771. — D. 80. 1. 185; 31 mars 1881, S. 83. 1. 385. — P. 83. 1. 969. — D. 81. 1. 393; 11 août 1881 (sol. implic.), S. 83. 1. 388. — P. 83. 1. 974. — D. 81. 1. 393; 26 et 27 mai 1882, S. 83. 1. 388 et 437. — P. 83. 1. 976 et 1084. — D. 82. 1. 379 et 381).

Depuis un arrêt du 17 août 1880 (S. 82. 3. 13. — P. chr. adm.), le recours comme d'abus n'est plus admis par le conseil d'Etat contre les arrêtés pris par les maires. La nouvelle décision ci-dessus rapportée marque la confirmation, la consécration définitive de ce revirement dans les solutions juridiques.

Actuellement, la doctrine du conseil d'État est en antagonisme avec celle de la Cour de cassation, qui n'a point varié. A laquelle des deux théories donner la préférence?

Nous répondrons sans hésitation, à la jurisprudence du conseil d'Etat.

La Cour de cassation a, en maintes circonstances, proclamé le principe « de la force due aux règlements administratifs, tant qu'ils n'ont pas été régulièrement rapportés ». V. notamment Cass., 16 févr. 1872 (*Bull. crim.*, n. 42). Or si, au mépris d'un arrêté d'interdiction, un ecclésiastique avait le droit d'organiser une procession sur la voie publique, de la faire circuler dans les rues, sous prétexte que cet arrêté constituerait un abus, on voit ce que deviendrait l'arrêté. Il serait comme s'il n'était pas, puisqu'il n'aurait pu rien empêcher; ses prescriptions les plus formelles auraient été transgressées, son autorité aurait été tenue en échec par la résistance d'un ecclésiastique qui n'est ni plus ni moins qu'un citoyen ordinaire devant la loi, et l'on parlerait encore de force due aux règlements administratifs! La force qui se laisse fouler aux pieds est une singulière force. Il nous serait difficile, quant à nous, de la distinguer de la faiblesse, puisqu'elle en a toutes les apparences et toutes les réalités.

Au fond de ce problème, il ne saurait être question ni de liberté ni d'exercice public du culte, qui ne sont point en jeu. L'intolérance et la persécution ont fait leur temps; les retours n'en sont plus à craindre. Mais l'antagonisme entre l'élément civil et l'élément religieux subsiste, plus ardent que jamais. Cette ardeur doit être contenue, ramenée au respect des règlements administratifs. S'ils sont contraires au droit, qu'on en poursuive le retrait ou l'annulation par les voies légales. Mais jusque-là, point

Et ce droit leur appartient là surtout où existent des temples affectés à des cultes différents (1) (L. 18 germ. an X, art. 45).

Par le mot temple il faut entendre l'édifice même consacré au culte, et non une agrégation de fidèles (2) (Id.).

(Taillet.)

LE PRÉSIDENT DE LA RÉPUBLIQUE FRANÇAISE : — Sur le rapport de la section de l'intérieur, des cultes, de l'instruction publique et des beaux-arts ; — Vu le recours formé par MM. Taillet et consorts, habitants de la ville de Rouen, enregistré le 1er juin 1882 au conseil d'État, et tendant à faire déclarer qu'il y a abus dans l'arrêté par lequel le maire de cette ville a interdit les processions hors des édifices consacrés au culte ; — Vu l'arrêté du maire de Rouen, en date du 4 févr. 1882 ; — Vu le rapport du ministre de la justice et des cultes du 31 mai 1882 ; — Vu le décret du 10 nov. 1852, réglant la fixation des circonscriptions consistoriales des églises protestantes ; — Vu l'art. 1er de la convention du 26 mess. an IX, les art. 7, 8 et 45 de la loi du 18 germ. an X, ensemble les autres pièces du dossier ; — Considérant qu'aux termes de l'art. 1er de la convention du 26 mess. an IX, l'exercice public du culte catholique n'a été autorisé en France qu'à la condition, pour ses ministres, de se conformer aux règlements de police que le gouvernement juge nécessaires pour la tranquillité publique ; — Considérant que les maires ont le droit de défendre les processions sur la voie publique, partout où l'exigent la sécurité et les besoins de la circulation ; — Considérant d'ailleurs que le maire de la ville de Rouen, en prenant son arrêté du 4 févr. 1882, n'a fait que se conformer aux dispositions de l'art. 45 de la loi du 18 germ. an X, lequel interdit les cérémonies religieuses hors des édifices consacrés au culte catholique dans les villes où il y a des temples destinés à différents cultes ; — Considérant que, dans la lettre comme dans l'esprit de la loi, le mot *temple* s'entend de l'édifice même consacré au culte, et non d'une église ou agrégation de fidèles ; que, au surplus, cette distinction est sans objet pour la ville de Rouen, qui, en même temps qu'elle possède des temples affectés à différents cultes, est le chef-lieu d'une des quatre églises consistoriales de la Seine-Inférieure, ainsi qu'il appert du tableau annexé au décret du 10 nov. 1852 ; qu'en conséquence, le maire de la ville de Rouen n'a porté aucune atteinte à l'exercice public du culte catholique tel qu'il a été autorisé en France ; — Le conseil d'État entendu ; — Décrète : — Art. 1er. Le recours pour abus est rejeté.

CONS. D'ÉTAT 8 août 1882.

ÉTANG, SUPPRESSION, INSALUBRITÉ, CONSEIL MUNICIPAL, AVIS CONTRAIRE, PRÉFET, EXCÈS DE POUVOIR.

Le desséchement ou la suppression d'un étang pour cause d'insalubrité ne peut être ordonné par le préfet en l'absence de toute demande et contre l'avis du conseil municipal de la commune intéressée (3) (Décr. 11-19 sept. 1792).

(Bacquetot et Miconnet.)

LE CONSEIL D'ÉTAT : — Vu le décret des 11-17 sept. 1792, relatif à la suppression des étangs marécageux ; — Vu le décret des 14-16 frim. an II, relatif au desséchement des étangs ; — Vu le décret du 13 mess. an III, qui a rapporté le décret du 14 frim. an II ; la loi du 21 juill. 1856 sur la licitation des étangs dans le département de l'Ain ; — Vu la loi des 7-14 oct. 1820 et la loi du 24 mai 1872 ; — Considérant qu'aux termes du décret des 11-19 sept. 1792, lorsque les étangs, d'après les avis et procès-verbaux des gens de l'art, pourront occasionner par la stagnation de leurs eaux des maladies épidémiques et épizootiques, les conseils généraux des départements sont autorisés à en ordonner la destruction, sur l'avis favorable des conseils généraux des communes, et d'après les avis des administrateurs de district ; que, s'il appartient au préfet, sous la législation actuelle, d'ordonner la destruction des étangs marécageux et de prendre, pour l'application du décret des 11-19 sept. 1792, les mesures d'exécution conformes aux délibérations des conseils généraux, qui appartenaient aux directoires de département sous la législation en vigueur au moment de la promulgation du décret précité, la suppression d'un étang ne saurait en aucun cas être ordonnée par le préfet, sans qu'elle ait été demandée ou consentie par le conseil municipal de la commune intéressée ; — Considérant qu'il résulte de l'instruction que le conseil municipal de la Chapelle-Saint-Sauveur, sur le territoire de laquelle sont situés les étangs Rivet et des Grandes-Levées, s'est opposé à leur desséchement, notamment par une déli-

---

de révolte ; la soumission reste la règle, applicable à tous, sans distinction de qualités, ni de catégories. V. aussi Circ. min. justice aux préfets, 13 juin 1882, sous note (*a*).

Ajoutons, au surplus, pour compléter cette vue d'ensemble, que les arrêtés des maires, en la matière qui nous occupe, ne sont point non plus susceptibles d'être déférés au conseil d'État par la voie du recours pour excès de pouvoir. Sur ce point la jurisprudence n'a jamais varié. V. Cons. d'État, 23 mai 1879, précité.

(1-2) V. conf. Circ. min. just., 13 juin 1882 précitée.

(3) *Sic* Cons. d'Et., 16 déc. 1858 (S. 59. 2. 457. — P. chr. adm. — D. 59. 3. 32). V. aussi, mais implicitement, Cons. d'Et., 31 déc. 1869 (Pand. chr.), et le renvoi.

(*a*) Voici le texte de cette circulaire :

MONSIEUR LE PRÉFET, vous me faites connaître que vous vous attendez à recevoir un arrêté de M. le maire de... interdisant les processions sur le territoire de cette commune ; vous ajoutez que les églises dissidentes qui existent à... ne sont pas consistoriales, et vous me demandez si, en conséquence, il y a lieu de suivre l'interprétation donnée par la circulaire du 30 germ. an XI, qui veut que les processions puissent se faire partout où il n'y a pas d'églises consistoriales.

Portalis a, en effet, commenté en ces termes l'art. 45 des Articles organiques ; mais cette interprétation a déjà été plusieurs fois condamnée, et l'on ne saurait voir dans la circulaire précitée qu'une recommandation dictée par un esprit de conciliation et de bonne administration, qui, pour provenir d'un des auteurs de la loi, ne peut néanmoins modifier celle-ci. Or l'art. 45 porte « qu'aucune cérémonie religieuse n'aura lieu hors des édifices consacrés au culte catholique dans les villes où il y a des temples destinés à différents cultes ».

Pour se convaincre que c'est bien un édifice et non une collectivité de fidèles légalement reconnue que le législateur a eu en vue dans cet article, il suffit de le rapprocher des art. 44 et 46, où les mots *chapelle, oratoires* et *temples* sont employés dans leur acception la plus ordinaire, ainsi que de l'art. 18 du décret du 23 prair. an XII, où les dispositions de l'art. 45 des Organiques se trouvent paraphrasées. Il ne me paraît donc pas possible, au point de vue de la saine interprétation des textes, d'appliquer au mot *temple* la double acception que peut avoir le mot *église* employé notamment dans l'art. 16 des Articles organiques du culte protestant, et qui peut seul désigner les collectivités de 6,000 âmes de la même communion.

J'estime, en conséquence, dans l'espèce qui vous occupe, que le maire de... pourrait légalement viser dans son arrêté l'art. 45 des Organiques, la circulaire que vous rappelez ne devant être considérée par vous que comme une règle d'administration applicable suivant les circonstances, mais ne pouvant, je le répète, changer le véritable caractère de la loi.

En outre, Monsieur le Préfet, il ne faut pas perdre de vue que les maires peuvent interdire les processions en vertu des pouvoirs de police qu'ils tiennent des art. 50 de la loi des 14-22 déc. 1789, 3 et 4 de la loi des 16-24 août 1790 (titre XI), 10 de la loi du 18 juill. 1837, et en dehors de toute autre considération.

Ainsi que l'a formellement reconnu le conseil d'État (décret du 17 août 1880, préfet de Maine-et-Loire contre les desservants de Sainte-Mélaine et Chigné, (V. ci-dessus à la note 1), en interdisant les processions, les maires « agissent dans la limite des attributions de police qui leur ont été conférées par la loi. Si l'art. 45 de la loi du 18 germ. an X autorise implicitement les processions publiques dans les communes où il n'existe pas de temple affecté à un culte autre que le culte catholique, cette disposition ne fait pas obstacle aux mesures que les maires croient devoir prendre dans l'intérêt de la circulation ou pour prévenir des désordres ; le droit de police de l'administration a été, en effet, expressément réservé par l'art. 1er de la convention du 26 mess. an IX, qui a admis la publicité du culte catholique ».

L'arrêté pris par un maire pour interdire les cérémonies extérieures du culte catholique, soit à titre permanent, soit à titre provisoire, est donc régulier au fond comme en la forme, s'il est revêtu de l'approbation préfectorale ou si le délai d'opposition est écoulé, pourvu que cet arrêté vise l'art. 45 de la loi de germinal ainsi que les lois de 1790 dans les villes où des lieux de culte autres que ceux des catholiques sont ouverts, et les lois de police municipale seulement dans les localités où le culte catholique est uniquement pratiqué.

Recevez, etc.

bération en date du 13 févr. 1881 ; que, dans ces conditions, le préfet du département de Saône-et-Loire n'a pu, sans excéder ses pouvoirs, ordonner qu'il serait procédé audit dessèchement ; — Art. 1er. L'arrêté... est annulé.

MM. Jagerschmidt, rapp.; Le Vavasseur de Précourt, comm. du gouv.; Godefroy, av.

AVIS CONS. D'ÉTAT 16 novembre 1882.

CONSEIL GÉNÉRAL, CONSEILLERS, CONSEIL DE RÉVISION, COMPOSITION, COMMISSION DÉPARTEMENTALE, DÉSIGNATION ILLÉGALE.

L'art. 82 de la loi du 10 août 1871 donne à chaque conseiller général le droit de faire partie du conseil de révision d'un des cantons du département (L. 10 août 1871 art. 82).

En conséquence, la commission départementale ne pourrait, sans violer la loi, soit exclure systématiquement certains conseillers, soit ne les désigner que comme suppléants (Id.).

LE CONSEIL D'ÉTAT : — Consulté par M. le ministre de l'intérieur et des cultes sur la question de savoir « si l'art. 82 de la loi du 10 août 1871 donne à chaque conseiller général le droit de faire partie du conseil de révision d'un des cantons du département, et si la commission départementale est obligée, à moins que quelques membres ne se récusent, d'assigner un canton à chaque conseiller, son rôle se bornant à faire la répartition des cantons entre chacun des membres de l'assemblée départementale » ; — Vu l'art. 82 de la loi du 10 août 1871, ensemble les pièces du dossier; — Considérant que l'art. 82 de la loi du 10 août 1871 est ainsi conçu : « La commission départementale assigne à chaque membre du conseil général et aux membres des autres conseils électifs le canton pour lequel ils devront siéger dans le conseil de révision » ; — Considérant que cette disposition constitue au profit des conseillers généraux un droit auquel ils peuvent renoncer pour cause d'empêchement légitime, mais que la commission départementale ne peut leur retirer arbitrairement; — Que les termes de l'art. 82 : « La commission départementale *assigne à chaque membre* du conseil général, etc... » indiquent clairement que le législateur a placé les conseillers généraux sur un pied d'égalité complète et voulu qu'aucun d'eux ne fût écarté des opérations des conseils de révision; que cette interprétation est confirmée par les observations qui ont été échangées lors de la discussion de la loi et la substitution de l'amendement Chevandier (de la Drôme) à la rédaction primitive, substitution adoptée par l'Assemblée, précisément parce qu'elle mettait mieux en lumière le droit pour tous les membres du conseil général d'être successivement désignés;

Est d'avis que l'art. 82 de la loi du 10 août 1871 donne à chaque conseiller général le droit de faire partie du conseil de révision d'un des cantons du département, et qu'en conséquence, la commission départementale ne peut, sans violer la loi, soit exclure systématiquement certains conseillers généraux, soit ne les désigner que comme suppléants.

AVIS CONS. D'ÉTAT 14 décembre 1882.

CULTE, SUCCURSALES, AUTORITÉ DIOCÉSAINE, AVIS CONTRAIRE, DROIT DU GOUVERNEMENT, SUPPRESSION.

Il appartient au gouvernement, statuant en conseil d'Etat, de supprimer des succursales, contrairement à l'avis de l'autorité diocésaine (1) (Conv. 26 mess. an IX, art. 9; L. 18 germ. an X, art. 60 et suiv.; Décr. 11 prair. an XII, art. 1 et suiv.; 30 sept. 1807, art. 1 et suiv.; Ord. 17 sept. 1819, art. 1 et 2).

LE CONSEIL D'ÉTAT : — Qui, ayant pris connaissance du projet de décret tendant à supprimer la succursale de l'Orbehaye, section de la commune de Montaigu-les-Bois (Manche), érigée par décret du 8 août 1877, et de la note de l'administration générale des cultes du 29 juill. 1882, a été amené à examiner la question de savoir s'il appartient au gouvernement, statuant en conseil d'Etat, de prononcer la suppression des succursales, contrairement à l'avis de l'autorité diocésaine; — Vu le décret du 8 août 1877, qui a érigé en succursale l'église de l'Orbehaye, section de la commune de Montaigu-les-Bois (Manche); — Vu les délibérations du conseil municipal de Montaigu-les-Bois, en date des 4 juill. 1880 et 13 nov. 1881; — Vu la délibération du conseil de fabrique de Montaigu-les-Bois, en date du 7 oct. 1880; — Vu la délibération du conseil de fabrique de l'église de l'Orbehaye, en date du 24 oct. 1880; — Vu les lettres du préfet de la Manche, en date des 30 août 1880 et 23 juin 1881; — Vu la lettre de l'évêque de Coutances, en date du 13 juin 1881; — Vu l'art. 9 de la convention du 26 mess. an IX, ensemble les art. 60, 61 et 62 de la loi du 18 germ. an X; — Vu le décret du 11 prair. an XII, art. 1, 2 et 3; — Le décret du 30 sept. 1807, art. 1, 2, 3 et 4; — L'ordonnance royale du 17 sept. 1819, art. 1 et 2;

Sur la question de droit : — Considérant qu'en vertu des lois, ordonnances et décrets ci-dessus visés, c'est au gouvernement qu'il appartient d'ériger les succursales, après une instruction confiée aux évêques et aux préfets; que l'intervention de l'autorité diocésaine dérive de la nécessité d'obtenir son concours pour la création d'une circonscription ecclésiastique, mais qu'elle laisse entier le droit de décision attribué au gouvernement; que si, pour la suppression des succursales, il y a lieu de suivre la même procédure que pour leur création, et si, à ce titre, l'avis de l'évêque est un élément essentiel du dossier, aucune disposition de loi ni de décret ne lui attribue un droit d'opposition de nature à arrêter l'exercice des prérogatives gouvernementales; — Considérant qu'il est conforme à l'esprit général de nos lois sur la matière de laisser au gouvernement, statuant en conseil d'Etat, l'appréciation souveraine de conflits qui peuvent exister entre les autorités locales, civiles et religieuses, alors surtout qu'il s'agit de maintenir ou de supprimer un établissement public dont l'existence peut imposer des charges au budget des communes et de l'Etat;

En fait : — Considérant que la section de l'Orbehaye compte une population de deux cent cinquante habitants à peine; que les chemins qui la relient à Montaigu-les-Bois, situé à deux kilomètres environ, sont en bon état de viabilité; qu'il résulte de l'instruction que la division de la commune de Montaigu en deux paroisses a eu pour résultat de nuire à la bonne administration des intérêts municipaux; que, dans ces circonstances, il serait tenu un compte suffisant tant des sacrifices faits par les habitants de l'Orbehaye, pour construire une église et un presbytère, que des intérêts religieux de cette population, en érigeant provisoirement en chapelle de secours, après instruction régulière, l'église de la paroisse supprimée;

Est d'avis en principe : — Qu'il appartient au gouvernement de supprimer les succursales, contrairement à l'avis de l'autorité diocésaine; — Dans l'espèce : — Qu'il y a lieu d'adopter le projet de décret portant suppression de la succursale de l'Orbehaye.

---

(1) *Contrà*, Bresson, *Revue catholique des institutions et du droit*, 1883, p. 509.

CONS. D'ÉTAT 22 décembre 1882.

Élections départementales, Percepteur, Mise en disponibilité, Cessation de fonctions, Période électorale, Inéligibilité.

Un percepteur simplement mis en disponibilité au moment où s'ouvre la période électorale et qui n'est remplacé dans ses fonctions qu'au cours de cette période, quelques jours seulement avant l'élection (cinq jours), n'est pas éligible au conseil général (1) (L. 10 août 1871, art. 8, 12).

(Elect. de Château-la-Vallière.)

LE CONSEIL D'ÉTAT : — Vu la loi du 10 août 1871 et la loi du 31 juill. 1875; — Considérant qu'aux termes de l'art. 8 de la loi du 10 août 1871, « ne peuvent être élus membres du conseil général... 13° les agents et comptables de tout ordre employés à l'assiette, à la perception et au recouvrement des contributions directes, dans le département où ils exercent leurs fonctions »; — Considérant que cette disposition a pour but d'assurer la liberté du vote en empêchant que les fonctionnaires énumérés dans l'art. 8 puissent user de leurs fonctions dans l'intérêt de leur candidature; — Considérant que si le sieur Guillon, percepteur des contributions directes à Château-la-Vallière et candidat au conseil général dans ledit canton, a cessé de remplir ses fonctions avant le jour de l'élection, le sieur Guillon, qui, d'ailleurs, avait été simplement mis en disponibilité, n'a remis son service à son remplaçant que le 14 mars, c'est-à-dire plusieurs jours après l'ouverture de la période électorale, et cinq jours seulement avant l'élection; que, dans ces circonstances, il doit être considéré comme inéligible par application de la disposition de loi précitée; — Art. 1er. Les opérations électorales auxquelles il a été procédé le 19 mars 1881, dans le canton de Château-la-Vallière, pour la nomination d'un conseiller général, et à la suite desquelles le sieur Guillon a été proclamé élu, sont annulées.

MM. Bénac, rapp.; Le Vavasseur de Précourt, comm. du gouv.; Renault-Morlière, av.

CONS. D'ÉTAT 22 décembre 1882.

Intérêts, Traitement, Payement, Retard, Dette publique.

Le retard dans le payement d'un traitement par le Trésor ne donne pas lieu à l'allocation des intérêts (2) (C. civ., 1153).

(Basset.)

LE CONSEIL D'ÉTAT : — Sur la demande du sieur Basset tendant au payement des intérêts des quatre annuités dont il s'agit : — Considérant qu'aucune disposition de loi ne permet d'allouer des intérêts pour le retard dans le payement d'un traitement; ... — (Le reste sans intérêt).

MM. Flourens, rapp.; Le Vavasseur de Précourt, comm. du gouv.; Lehmann, av.

CONS. D'ÉTAT 22 décembre 1882.

Travaux publics, Entrepreneur, Intérêts, Capitalisation, Stipulation licite.

La clause d'un marché de travaux publics stipulant qu'en cas de retard dans les payements, les intérêts dus pour une année entière deviendront eux-mêmes productifs d'intérêts, est licite et n'a rien de contraire aux prescriptions de l'art. 1154, C. civ. (3) (C. civ., 1154).

(Comm. de Langogne c. Dumolard et Viallet.)

LE CONSEIL D'ÉTAT : — Sur les intérêts des intérêts : — Considérant qu'il résulte du cahier des charges qu'en cas de retard dans les payements, les intérêts deviendront eux-mêmes productifs d'intérêts; que cette convention, relative à des intérêts dus pour une année entière, n'est pas contraire aux prescriptions de l'art. 1154, C. civ.; que, dès lors, la commune de Langogne n'est pas fondée à demander sur ce point la réformation de l'arrêté attaqué; (le surplus sans intérêt); — Art. 1er...; — ... Art. 3. La commune est condamnée à payer les sommes avec les intérêts, et les intérêts des intérêts échus conformément aux conventions stipulées, etc.

MM. de Rouville, rapp.; Le Vavasseur de Précourt, comm. du gouv.; Sabatier et Chambareaud, av.

---

(1) La cessation des fonctions doit précéder l'ouverture de la période électorale; une démission donnée au cours de cette période ne relève pas le fonctionnaire de son incapacité. Telle est la règle qui se dégage de l'arrêt ci-dessus rapporté, avec une remarquable netteté.

Nous donnons à cette solution notre adhésion sans réserve. En effet, on ne peut admettre qu'un fonctionnaire, exerçant sur ses concitoyens une autorité qu'il tient de la loi, puisse en même temps venir solliciter leurs votes; car, s'il est élu, l'indépendance du vote peut être révoquée en doute; s'il ne l'est pas, son autorité morale subit une atteinte fâcheuse. Or l'inéligibilité a pour but d'empêcher les fonctionnaires de solliciter les suffrages des électeurs. A quelle époque se place la sollicitation des suffrages? A une époque parfaitement déterminée : à la période électorale, pendant laquelle le candidat peut poser sa candidature dans les réunions publiques.

Comp. Cons. d'Et., 13 juill. 1877, aff. Elect. de Chef-Boutonne. — Dans l'espèce de cet arrêt, il s'agissait également d'un percepteur, candidat aux élections au conseil général et élu au scrutin. Le conseil d'Etat a maintenu l'élection. Mais voici les différences à noter entre les deux situations, et qui expliquent la contrariété des solutions, sans toucher à l'harmonie des principes. En 1877, le percepteur avait été admis à la retraite *avant* l'ouverture de la période électorale; il est vrai qu'il n'avait pas été immédiatement remplacé. Mais sa mise à la retraite marquait bien nettement la fin de sa carrière, de sa vie de fonctionnaire. S'il continuait à pourvoir aux nécessités du service jusqu'à la nomination de son successeur, c'était là un état provisoire, qui pouvait cesser d'une minute à l'autre, et dont il ne pouvait retirer aucun prestige. Ensuite, il n'était pas possible de rendre l'ancien fonctionnaire responsable du retard apporté par l'administration à son remplacement.

(2) C'est la solution déjà consacrée par un précédent arrêt du 26 janv. 1877 (D. 77. 3. 20) et qu'une nouvelle décision du 13 avr. 1883 (Pand. chr.) a encore sanctionnée depuis. — V. toutefois, en sens contraire, mais comme unique décision, Cons. d'Et., 9 août 1880 (D. 82. 3. 4).

(3) Le Conseil d'Etat n'avait jamais été appelé, à notre connaissance du moins, à se prononcer sur cette question. Il s'est décidé en faveur de la solution que de nombreux arrêts ont rendue définitive en matière civile. V. Montpellier, 20 juin 1839 (S. 39. 2. 497. — P. 45. 1. 116), et sur pourvoi, Cass., 11 déc. 1844 (S. 45. 1. 97. — P. 45. 1. 116. — D. 45. 1. 125); Bastia, 16 juill. 1856 (D. 57. 2. 19); Cass., 10 août 1859 (Pand. chr.); Dijon, 26 avril 1866 (Pand. chr.); Bourges, 21 août 1872 (D. 73. 2. 182); Nancy, 10 avr. 1878 (Pand. chr.), et les notes.

1883

AVIS CONS. D'ÉTAT **11 janvier 1883.**

TIMBRE, ÉTATS ÉTRANGERS, FONDS PUBLICS, TITRES, RENOUVELLEMENT, CAPITAL, INTÉRÊTS, ECHÉANCE (DATE D'), MODIFICATIONS.

Le renouvellement des titres de fonds d'Etats étrangers donne lieu à la perception d'un nouveau droit de timbre indépendant de celui qui a été appliqué aux titres renouvelés, lorsque le changement du titre apporte des modifications, soit aux chiffres du capital, soit au taux des intérêts ou aux époques d'échéances.

LE CONSEIL D'ÉTAT : — Considérant que le gouvernement espagnol a demandé au gouvernement français l'exemption des droits de timbre proportionnel pour les titres de la dette espagnole convertie; — Considérant que, par suite de la conversion de cette dette, tout porteur d'une inscription de 100 fr. de capital produisant un intérêt effectif de 1 fr. 25, doit recevoir un capital de 43 fr. 75, correspondant à une rente de 1 fr. 75; qu'ainsi, tant au point de vue du capital qu'au point de vue des intérêts, les titres nouveaux ne sauraient être regardés comme délivrés en renouvellement des titres anciens; — Considérant que les dispositions de l'art. 17 de la loi du 5 juin 1850, qui autorisent à timbrer gratuitement les titres d'actions remis par suite de renouvellement, ne pourraient même pas être étendues par analogie aux titres de la dette espagnole, puisqu'ils ne constituent pas un renouvellement pur et simple; qu'en l'état actuel de la législation, lesdits titres doivent être assujettis aux droits de timbre; — Considérant, en fait, qu'il résulte de l'instruction que la faculté du timbrage gratuit n'a pas été accordée : 1° lors du renouvellement des titres de la dette italienne, en 1871, à 309 coupures de 1,000 fr. de rente chacune destinées à remplacer 25,922 coupures variant de 5 fr. à 500 fr. de rente; 2° aux titres de la dette belge 4 pour 100 provenant de la conversion du 4 1/2 pour 100 effectuée en 1879; 3° aux nouvelles obligations tunisiennes 4 pour 100 de 500 fr. en capital créées le 23 mars 1870 en remplacement des anciennes obligations 7 pour 100 au même capital nominal; 4° aux titres de la dette espagnole 3 pour 100 intérieur provenant de la réunion effectuée en 1880 pour une série de ces titres de 4 coupures de 250 pesetas en une coupure de 1,000 pesetas; que, dans ces divers cas, les droits de timbre proportionnel ont été perçus sur les titres nouveaux, par le motif qu'ils ne reproduisaient les titres anciens qu'avec des modifications portant sur un ou plusieurs de leurs éléments essentiels, capital, intérêts ou époques d'échéances; — Considérant, d'ailleurs, que des titres de la dette espagnole convertie ont été présentés aux bureaux du timbre et y ont été revêtus de la formalité du visa après l'acquittement des taxes prévues par les lois des 13 mai 1863, 8 juin 1864 et 25 mai 1872; que ces taxes ont été légalement perçues; que, dès lors, il ne saurait appartenir au ministre des finances d'en prononcer la remise et d'en ordonnancer le montant sur le crédit des remboursements qui est ouvert au budget pour pourvoir aux répétitions des droits de timbre indûment perçus; qu'une décision portant restitution serait illégale et engagerait la responsabilité du ministre;

Est d'avis qu'il y a lieu de répondre dans le sens des observations qui précèdent à la communication ordonnée par le ministre des finances.

TRIB. DES CONFLITS **13 janvier 1883.**

ENSEIGNEMENT, CONGRÉGANISTES, INSTITUTEURS LAÏQUES, REMPLACEMENT, ACTE ADMINISTRATIF, COMPÉTENCE, RÉFÉRÉ, RÉINTÉGRATION, DONATION.

L'arrêté préfectoral qui remplace des congréganistes par des laïques dans la direction d'une école communale, constitue un acte d'administration dont il n'appartient pas à l'autorité judiciaire de retarder ou d'entraver l'exécution (1) (LL. 16-24 août 1790, tit. II, art. 13; 16 fruct. an III; 15 mars 1850, art. 31, 33, 37 et 53; 14 juin 1854, art. 8).

D'où l'incompétence du juge des référés à l'effet d'ordonner la réintégration provisoire des congréganistes dans l'immeuble (2) (Id.).

Et cette situation légale subsistera tant que l'affectation au service public de l'enseignement primaire n'aura pas été retirée à l'immeuble par un acte administratif (3) (Id.).

Ou tant que les congréganistes n'auront pas fait consacrer par un jugement au fond les droits d'usage et d'habitation qu'ils prétendent tenir de l'acte même de donation de l'immeuble (4) (Id.).

(Muller et Derieu c. Ville de Paris.)

LE TRIBUNAL DES CONFLITS : — Vu la loi du 15 mars 1850, art. 31, 33, 37 et 53; le décret du 9 mars 1852, art. 4, et la loi du 14 juin 1854, art. 8; — Vu la loi des 16-24 août 1790, tit. II, art. 13, et le décret du 16 fruct. an III; — Vu les ordonn. du 1er juin 1828 et du 12 mars 1831 et la loi du 24 mai 1872; — Considérant que l'assignation donnée au préfet de la Seine, devant le président du tribunal civil, tenant l'audience des référés, par les dames Muller et Derieu, filles de la Charité, avait pour objet de faire ordonner qu'elles reprendraient possession et jouissance complète de l'immeuble sis au n° 12 de la rue de la Lune; — Considérant qu'il est déclaré, par l'ordonnance

---

(1-2-3) V. dans le même sens, Trib. des conflits, 28 déc. 1878 (S. 80. 2. 190. — P. chr. adm. — D. 79. 3. 65); 11 janv. 1879 (deux jugements) (S. 80. 2. 221. — P. chr. adm. — D. 79. 3. 65); 27 déc. 1879 (S. 81. 3. 38. — P. chr. adm. — D. 80. 3. 91); 14 janv. 1880 (deux jugements) (S. 81. 3. 39. — P. chr. adm. — D 80. 3. 91); 13 nov. 1880 (S. 82. 3. 16. — P. chr. adm. — D. 81. 3. 89); 27 janv. 1883, qui suit; 14 avr. 1883 (S. 85. 3. 16. — P. chr. adm. — D. 84. 3. 73).

(4) *Sic* Trib. des conflits, 28 déc. 1878, 13 nov. 1880, précités; 26 mars 1881 (S. 82. 3. 71. — P. chr. adm. — D. 82. 3. 60), et surtout 14 avril 1883, ci-dessus mentionné. V. aussi Cass., 8 juill. 1885 (Pand. pér., 86. 1. 66), et les observations en note.

même du juge des référés, que la maison de la rue de la Lune, n° 12, appartenant à l'Assistance publique, est louée par elle à la ville de Paris, et qu'elle est affectée à l'usage d'école communale; — Considérant que, malgré toutes les dénégations des demanderesses, et nonobstant leur offre de rendre le mobilier scolaire, leur action avait évidemment pour but de faire suspendre ou d'entraver, en ce qui touche l'usage des bâtiments affectés à l'école communale, l'exécution des arrêtés du préfet, en date des 11 août, 20 et 27 sept. 1882, décidant que la direction de cette école serait retirée aux Sœurs de la Charité, à partir du 1er oct., pour être conférée à des institutrices laïques, nommant à cet emploi la dame Laurent et révoquant la directrice congréganiste; — Considérant que les arrêtés pris par le préfet dans l'exercice des pouvoirs qui lui sont conférés, sous l'autorité du ministre de l'instruction publique, par les art. 37 de la loi du 15 mars 1850, 4 du décret du 9 mars 1852, et 8 de la loi du 14 juin 1854 combinés, sont des actes administratifs qui ne pouvaient être déférés qu'au ministre compétent ou au conseil d'Etat, statuant au contentieux, et dont il n'appartient pas à l'autorité judiciaire de connaître; que le ministre et le conseil d'Etat, auxquels la réformation de ces actes peut être demandée, peuvent seuls aussi ordonner, s'il y a lieu, qu'il sera sursis à leur exécution; — Considérant que les demanderesses ont invoqué, à l'appui de leur prétention, et pour justifier la compétence du juge des référés, un acte authentique en date du 1er mars 1693, par lequel la dame Louvet a fait donation de la maison dont il s'agit aux pauvres de la charité de la paroisse de Notre-Dame de Bonne-Nouvelle, à la condition expresse que cet immeuble « servira de logement pour les Sœurs de charité, et pour exempter lesdits pauvres du loyer d'une autre maison, qu'il faut pour le logement desdites Sœurs »; qu'elles ont encore invoqué d'autres stipulations de cette donation, telles que la clause portant que l'immeuble donné « servira perpétuellement au logement des sœurs, sans qu'il puisse servir à d'autre usage, ni être vendu, engagé, ni aliéné », et la condition « d'y faire dire par les pauvres petites escolières, tous les jours de chaque année », certaines prières, soit durant la vie, soit après le décès de la donatrice; — Considérant que les stipulations ci-dessus rappelées, en admettant qu'elles aient eu la portée que les demanderesses leur attribuent, et qu'elles n'aient subi aucune atteinte par l'effet des changements survenus dans la législation, ne pouvaient faire obstacle ni à l'exercice des pouvoirs du préfet en vertu des lois précitées, ni aux conséquences de ses décisions à l'égard d'un immeuble depuis longtemps affecté à un service public et qui conserve cette affectation tant qu'elle ne lui a pas été enlevée par un acte de l'autorité administrative à ce compétente, ou tant qu'un jugement, statuant au fond sur les droits prétendus par les demanderesses, n'en a pas retiré à l'Assistance publique la libre disposition; — Considérant qu'il résulte de ce qui précède que le juge des référés, en se déclarant compétent, a méconnu le principe de la séparation des pouvoirs; — Art. 1er. L'arrêté de conflit pris par le préfet de la Seine, le 21 oct. 1882, est confirmé; — Art. 2. Sont considérés comme non avenus : 1° l'exploit d'assignation du 30 sept. 1882, et 2° l'ordonnance rendue le 11 oct. suivant, en état de référé, par le président du tribunal civil de la Seine.

MM. Berger, rapp.; Tappie, comm. du gouv.; Bosviel et Arbelet, av.

TRIB. DES CONFLITS **27 janvier 1883.**

ENSEIGNEMENT, CONGRÉGATION, REMPLACEMENT, LOGEMENT, RÉINTÉGRATION, RÉFÉRÉ, COMPÉTENCE.

Lorsqu'en exécution d'un arrêté préfectoral, des congréganistes ont été remplacés par des laïques dans la direction d'une école communale, le juge des référés est incompétent à l'effet d'ordonner toute réintégration provisoire (1) (LL. 16-24 août 1790, tit. II, art. 13; 16 fruct. an III; 15 mars 1850, art. 31, 33, 37 et 53; 14 juin 1854, art. 8).

Et il en est ainsi, quand bien même cette réintégration est limitée exclusivement à la partie des locaux affectés à l'habitation personnelle des anciens instituteurs (2) (Id.).

(Caseneuve et autres c. Ville de Montauban.)

LE TRIBUNAL DES CONFLITS : — Vu la loi des 16-24 août 1790, tit. II, art. 13, et la loi du 16 fruct. an III; — Considérant, en fait, que les arrêtés préfectoraux, en date du 29 sept. 1882, ont nommé des instituteurs et des adjoints laïques aux écoles de Villenouvelle et Villebourbon, en remplacement des instituteurs et adjoints congréganistes; — Considérant qu'à la suite de l'exécution de ces arrêtés, les Frères ont saisi le juge des référés d'une demande en réintégration; — Considérant que, dans ces circonstances, la demande en référé formée par les Frères tendrait évidemment à paralyser les effets des arrêtés préfectoraux; — Considérant qu'à la vérité le juge des référés ne s'est déclaré compétent qu'en ce qui concerne la partie des locaux affectés au logement de l'instituteur; mais que le local affecté à l'habitation est l'accessoire de la fonction d'instituteur communal, et doit être fourni par la commune en même temps que le local où l'enseignement est donné; que le droit de l'occuper cesse avec la qualité d'instituteur, et passe, en vertu de l'arrêté qui l'a nommé, à celui qui a été investi de cette qualité; qu'il suit de là que le juge des référés, même en ne se déclarant compétent qu'en ce qui touche les locaux affectés à l'habitation de l'instituteur, a méconnu le principe de la séparation des pouvoirs, puisqu'il n'appartenait qu'à l'autorité administrative, compétente pour statuer sur la validité des arrêtés préfectoraux de l'espèce, d'ordonner au besoin qu'il serait sursis à leur exécution; — Art. 1er. L'arrêté de conflit pris par le préfet du Tarn-et-Garonne, le 31 oct. 1882, est confirmé. — Art. 2. Sont déclarées non avenues la demande en référé du 3 oct. 1882, et l'ordonn. du 14 oct. suivant, en tant que le juge des référés se déclare compétent.

MM. Demangeat, rapp.; Gomel, comm. du gouv.

CONS. D'ÉTAT **2 février 1883.**

POIDS ET MESURES, VÉRIFICATION, TAXE.

La décharge de la contribution des patentes, accordée à un individu assujetti par sa profession à la vérification des poids et mesures, ne le dispense pas de la taxe afférente à cette vérification (3) (Décr. 26 févr. 1873, art. 7).

(1-2) V. conf., Trib. des conflits, 13 janv. 1883, qui précède, et les renvois.

(3) Il est bien certain qu'il n'est pas nécessaire, pour qu'un individu soit passible de la taxe des poids et mesures, qu'il soit redevable de la contribution des patentes. Les marchands ambulants, ceux qui vendent dans les marchés, sur les foires et dans les rues, ne sont pas astreints à la patente, et payent toutefois la rétribution pour les poids et mesures dont ils font usage. — Dans l'espèce, il résultait de faits constants que l'individu déchargé de la patente n'était pas un cultivateur se bornant à vendre le produit de sa récolte, mais un fabricant de vins de Champagne. Or la profession de fabricant de vins de Champagne est inscrite sur le tableau A annexé au décret du 26 févr. 1873 et comprenant les professions assujetties à la vérification des poids et mesures.

(Mérion.)

LE CONSEIL D'ÉTAT : — Vu la loi du 4 juill. 1847 et l'ordonn. du 17 avril 1839 ; — Vu le décret du 26 févr. 1873 ; — Vu le décret du 22 juill. 1806 ; — Considérant qu'aux termes de l'art. 6 du décret ci-dessus visé du 26 févr. 1873, sont assujettis à la vérification des poids et mesures les commerces, industries et professions désignés au tableau A, joint à ce décret, et que la profession de fabricant de vins de Champagne est spécialement dénommée audit tableau ; — Considérant qu'il résulte de l'instruction que, dans les conditions où il a vendu le produit de sa récolte, le sieur Mérion devait être considéré comme ayant exercé, pendant l'année 1880, la profession de fabricant de vins de Champagne ; — Considérant, d'autre part, que la circonstance que le sieur Mérion aurait obtenu, pour ladite année, décharge de la contribution des patentes à laquelle il avait été assujetti, ne saurait faire obstacle à son imposition à la taxe pour vérification des poids et mesures ; — Art. 1er. L'arrêté de conseil de préfecture de la Meuse, du 28 mai 1881, est annulé dans l'intérêt de la loi.

MM. Quennec, rapp. ; Marguerie, comm. du gouv.

CONS. D'ÉTAT **9 février 1883.**

PENSION, RÉVERSIBILITÉ, VEUVE, BANQUE DE FRANCE, EMPLOYÉ, COMPÉTENCE.

La réversibilité de la pension en faveur de la veuve d'un employé de la Banque de France n'exige d'autres conditions que celle de trois ans de mariage lors du décès de l'employé (Décr. 28 août 1808 ; 15 juill. 1874, art. 8).

C'est au conseil d'Etat qu'il appartient de statuer sur les contestations entre la Banque de France et ses employés pour le règlement des pensions (1) (L. 22 avril 1806, art. 21). — Sol. implic.

(Doisy de Villargennes c. Banque de France).

Voici les observations présentées par M. le commissaire du gouvernement Gomel sur la question de compétence :

« C'est en vertu d'une législation tout exceptionnelle, et qui va être appliquée pour la première fois, que le conseil d'Etat peut statuer sur un débat de la nature de celui soulevé par la dame Doisy, débat existant entre deux personnes privées, et dont la solution n'intéresse pas l'administration. Aux termes de l'art. 21 de la loi du 22 avril 1806, « le conseil d'Etat connaît, sur le rapport du ministre des finances, des infractions aux lois et règlements qui régissent la Banque et des contestations relatives à sa police et à son administration intérieures ». Les mots « sur le rapport du ministre des finances » jettent une certaine incertitude sur la qualité en laquelle le conseil d'Etat est appelé à se prononcer sur les contestations relatives à l'administration intérieure de la Banque, et semblent indiquer que ces contestations devraient être soumises au conseil dans la forme administrative. Mais, comme elles sont contentieuses de leur nature, il faut lire l'art. 21 comme s'il portait que le conseil d'Etat statuera sur les contestations dont il s'agit, après communication au ministre des finances. Telle est, au surplus, l'interprétation que les auteurs ont donnée à l'art. 21 de la loi du 22 avril 1806 (V. Aucoc, *Confér. de droit administratif*, 2e édit., t. I, p. 590 ; Ducrocq, *Droit administratif*, 4e édit., n. 213, p. 271). Ces auteurs admettent que l'attribution ainsi conférée par la loi de 1806 au conseil rentre dans les cas où il statue en premier et dernier ressort. Cette attribution n'est peut-être pas aussi anormale qu'elle le paraît d'abord. En effet, il suffit de se reporter à l'exposé des motifs de la loi du 22 avril, rédigé par Regnault de Saint-Jean d'Angely, pour constater qu'on a voulu alors faire de la Banque de France une véritable institution d'Etat ; le législateur l'a considérée, non pas comme un établissement particulier, mais comme un service public, et voilà comment, au point de vue de la reconnaissance du droit à pension, les employés de la Banque ont des garanties analogues à celles dont jouissent les employés de l'Etat.

LE CONSEIL D'ÉTAT : — Vu la loi du 22 avril 1806 ; — Vu les décrets des 28 août 1808 et 25 juill. 1874 ; — En ce qui touche le droit à pension : — Considérant que l'art. 8 du décret du 15 juill. 1874, portant règlement pour la caisse de réserve des employés de la Banque de France, et sous l'empire duquel a été liquidée la pension du sieur Doisy de Villargennes, ne soumet la réversibilité de la pension en faveur de la veuve à d'autre condition que celle d'être mariée depuis trois ans ; qu'il n'est pas contesté que la dame Doisy de Villargennes remplit cette condition, etc.

MM. Bousquet, rapp. ; Gomel, comm. du gouv. ; Demasure et Rambaud de Larocque, av.

CONS. D'ÉTAT **16 février 1883** (DEUX ARRÊTS).

COMMUNE, FRAIS DE CASERNEMENT, PRÉLÈVEMENT, EFFECTIF DES TROUPES, OFFICIERS, CHEVAUX, LOGEMENT EN VILLE.

Le prélèvement à faire sur les revenus des communes pour les frais de casernement doit être calculé d'après le chiffre total de l'effectif en hommes et en chevaux (2) (L. 15 mai 1818, art. 46).

Par suite, il y a lieu de faire figurer dans cet effectif, au même titre que les hommes de troupes et les chevaux logés dans les bâtiments militaires, les officiers logés en ville et qui reçoivent une indemnité représentative de leurs frais de logement, ainsi que leurs chevaux pour lesquels des rations de fourrages leur sont allouées par l'Etat (3) (Id.).

1re espèce. — (Ville de Lorient.)

LE CONSEIL D'ÉTAT : — Vu les lois des 8-10 juill. 1791 et 23 mai 1792 ; — Vu les décrets des 23 avril, 7 août 1810 et 16 sept. 1811 ; — Vu la loi du 15 mai 1818, art. 46, et l'ordonn. royale du 5 août 1818 ; — Vu la loi du 24 mai 1872 ; — Considérant que l'art. 46 de la loi du 15 mai 1818 n'a déchargé les communes des frais de casernement et des dépenses concernant les lits militaires qui leur incombaient antérieurement que moyennant un prélèvement au profit de l'Etat, tant sur le produit des droits d'octroi que sur l'ensemble de leurs autres revenus, dont le chiffre annuel

---

(1) V. sur la compétence, les conclusions de M. le commissaire du gouvernement ci-dessus reproduites. Aux autorités citées, *adde* Dalloz, *Jurispr. gén.*, v° *Banque*, n. 168 ; *Dictionnaire général d'administration* de Blanche, v° *Banque*, III, § 3.

(2-3) Sur cette question, si importante pour les communes, la jurisprudence du conseil d'Etat a varié suivant les époques. V. dans le sens de la solution ci-dessus, un avis de la section des finances et de la guerre du conseil d'Etat, en date du 7 mars 1876, ainsi qu'une circulaire de M. le ministre de la guerre, du 5 juill. suivant, renouvelée d'ailleurs d'une circulaire du 2 oct. 1818. — *Contrà*, Avis cons. d'Etat, 17 mai 1833, ainsi conçu : — « Considérant qu'il ne peut y avoir lieu à interprétation d'une disposition légale que lorsque l'ambiguïté de son texte présente des doutes réels ; que l'art. 46 de la loi de finances du 15 mai 1818 est précis dans son texte ; qu'il interdit de faire, dans aucun cas et sous aucun prétexte, au profit du Trésor, un prélèvement sur les revenus des communes, à l'exception ... ; 2° des dépenses de casernement et des lits militaires, qui ne pourront s'élever au delà de 7 francs par homme et de 3 francs par cheval, pendant la durée d'occupation ; que les expressions de *casernement* et de *lits militaires* ont une acception définie et limitée, et que, par conséquent, ce serait ajouter à la disposition légale que de vouloir l'étendre indistinctement à tous les modes possibles de logements militaires ; — Considérant que le premier paragraphe de l'art. 3 de l'ordonnance d'exécution du 5 août 1818 en a fait une juste application ; que, au contraire, les neuvième et dixième paragraphes de l'instruction ministérielle du 2 octobre suivant leur avaient donné une application excessive : — Est d'avis que les deux paragraphes précités sont à considérer comme non avenus, et qu'on doit s'en tenir au texte rigoureusement littéral du § 1er de l'art. 3 de l'ordonnance du 5 août 1818. » V. aussi Circ. min. intér. et guerre, 15 juill. 1833.

On remarquera que, dans son récent arrêt, le conseil d'Etat ne se préoccupe plus de l'ordonnance du 5 août 1818 ; il n'en fait même pas mention, tout au moins dans ses motifs, et dans la discussion du point de droit, il se place exclusivement sur le terrain de l'art. 46 de la loi du 15 mai 1818.

est fixé au maximum à 7 fr. par homme et 3 fr. par cheval; que cette disposition avait pour objet de compenser, dans une faible mesure d'ailleurs, le surcroît de dépenses résultant pour l'Etat de ce que l'administration de la guerre prenait à sa charge pour l'avenir les dépenses de toute sorte concernant le logement des troupes, qui étaient auparavant à la charge des localités, et que le prélèvement qu'elle institue s'applique, dès lors, à l'ensemble, sans distinction, de l'effectif en hommes et en chevaux dont le logement, comme l'entretien, constitue désormais une charge de l'Etat; — Considérant que les officiers étaient, antérieurement à la loi ci-dessus visée des 8-10 juill. 1791, logés aux frais des localités; que, d'après les principes de l'organisation militaire tels qu'ils sont établis, tant par ladite loi que par celle du 23 mai 1792, l'Etat doit aux officiers, aussi bien qu'aux hommes de troupes sans distinction, le logement en nature, ou, à défaut de ce logement, une indemnité représentative des frais qu'il comporte; qu'ainsi, le logement des officiers constitue une des charges que l'Etat a prises à son compte en vertu de la loi du 15 mai 1818, en même temps qu'il en déchargeait les villes; qu'il en est de même du logement des chevaux que ces officiers sont tenus d'entretenir, en vertu des règlements, et pour lesquels des rations de fourrages leur sont allouées par l'Etat; — Considérant enfin que, si l'administration de la guerre fournit aux officiers, au lieu du logement en nature, une indemnité représentative dudit logement, soit d'ailleurs que cette indemnité s'ajoute à la solde ou qu'elle y soit comprise, sans y figurer sous un titre distinct, cette disposition qui concerne exclusivement les rapports de l'autorité militaire avec ses subordonnés, ne peut être invoquée par les villes comme un motif de dégrèvement de tout ou partie des obligations que la loi leur a imposées à l'égard de l'Etat, relativement aux dépenses du logement des troupes; qu'il résulte de ce qui précède que le logement des officiers et des chevaux qu'ils possèdent en exécution des règlements est une des charges que l'art. 46 de la loi du 15 mai 1818 a eues en vue; que, dès lors, la ville de Lorient n'est pas fondée à se plaindre de la décision du ministre de la guerre; — Art. 1er. La requête... est rejetée.

MM. Mathéus, rapp.; Chante-Grellet, comm. du gouv.; Lesage, av.

2e espèce. — (Ville de Besançon.)

Même rédaction, mêmes magistrats et avocats.

CONS. D'ÉTAT 2 mars 1883.

PENSION, MILITAIRE, PERTE D'UN ŒIL.

La perte de la vision d'un œil, par suite de blessure reçue en temps de guerre, constitue une infirmité grave et incurable, équivalente à la perte absolue de l'usage d'un membre, et donne lieu à la pension de faveur des art. 12 et 13 de la loi du 11 avril 1831 (1) (L. 11 avril 1831, art. 12 et 13).

(Sénéchal.)

LE CONSEIL D'ÉTAT : — Vu la loi du 11 avril 1831, et l'ordonn. du 2 juill. de la même année; — Considérant qu'il est établi par l'instruction, et notamment par le certificat en date du 5 mars 1882, délivré par le médecin en chef de l'hôpital militaire du Val-de-Grâce, que le sieur Sénéchal est atteint, par suite d'une blessure reçue pendant la guerre de 1870-1871, d'une taie cicatricielle du centre de la cornée gauche, occasionnant la suppression de la vision; qu'il en résulte pour le requérant une infirmité grave et incurable, équivalente à la perte absolue de l'usage d'un membre; qu'ainsi, le sieur Sénéchal se trouve dans le cas prévu par les art. 12 et 13 de la loi du 11 avril 1831, et qu'il est fondé à réclamer une pension par application desdits articles; — Art. 1er. La décision du ministre de la guerre est annulée. — Art. 2. Le sieur Sénéchal est renvoyé devant le ministre pour y être procédé à la liquidation de sa pension.

MM. de Mouy, rapp.; Gomel, comm. du gouv.

CONS. D'ÉTAT 13 avril 1883.

INTÉRÊTS, TRAITEMENT, PAYEMENT, RETARD, DETTE PUBLIQUE.

Le retard dans le payement d'un traitement par le Trésor ne donne pas lieu à l'allocation des intérêts (2) (C. civ., 1155).

(Bonnet de Malherbe.)

LE CONSEIL D'ÉTAT : — (Mêmes motifs et dispositif que dans la précédente décision du 22 déc. 1882, Pand. chr.).

MM. Vandal, rapp.; Le Vavasseur de Précourt, comm. du gouv.; Michaux-Bellaire, av.

TRIB. DES CONFLITS 14 avril 1883.

ACTE ADMINISTRATIF, PALAIS ÉPISCOPAL, FÊTE NATIONALE, PAVOISEMENT, ILLUMINATION, PRÉFET, ENTREPRENEUR, COMPÉTENCE.

Au cas où un bâtiment de l'Etat a été affecté administrativement à un évêque pour son habitation personnelle, comme palais épiscopal, les difficultés auxquelles peuvent donner lieu les droits et obligations résultant de cette affectation ne relèvent point de la compétence de l'autorité judiciaire (3) (L. 18 germin. an X, art. 71).

Ainsi, spécialement, il appartient à l'autorité administrative seule de statuer sur le litige soulevé par l'évêque, au sujet du pavoisement et de l'illumination du palais épiscopal, à l'occasion de la fête nationale, alors d'ailleurs que ce pavoisement et cette illumination ont été prescrits par le préfet, d'ordre du ministre (4) (Id.).

Peu importe que l'action ne soit dirigée que contre l'entrepreneur qui s'est chargé de la décoration, s'il n'a fait que procéder à l'exécution des arrêtés du préfet et s'il n'a com-

(1) Cette jurisprudence a déjà été consacrée par plusieurs décisions conformes du conseil d'Etat. V. arrêts 10 mars 1865, aff. Maurié; 9 janv. 1868, aff. Jenot (S. 68. 2. 325. — P. chr. adm.).

(2) V. conf. et en termes absolument identiques, Cons. d'Et., 22 déc. 1882 (Pand. chr.), et la note.

(3) Relativement au caractère juridique des droits qui appartiennent aux évêques sur les palais épiscopaux, V. les conclusions de M. le commissaire du gouvernement ci-après reproduites.

(4) La reconnaissance même, au profit des évêques, d'un droit sur les palais épiscopaux analogue à celui des curés sur les presbytères, droit que la jurisprudence du tribunal des conflits et de la Cour de cassation s'accorde à qualifier *de jouissance sui generis*, n'empêcherait pas l'autorité administrative d'agir encore, dans la plénitude de ses pouvoirs, en faisant décorer et illuminer les édifices publics affectés à l'habitation des fonctionnaires ecclésiastiques. Dans tous les cas, il y aurait là un acte administratif dont l'appréciation ne relèverait, sous aucun rapport, de la compétence des tribunaux ordinaires. V. notamment Trib. des conflits, 15 déc. 1883 (Pand. chr.), et Cass., 9 juin 1882 (Pand. chr.), et les notes. En quoi, d'ailleurs, la décoration extérieure d'un édifice peut-elle porter atteinte à la jouissance de qui l'habite? Aussi, a-t-il été décidé, avec juste raison, relativement aux bâtiments communaux, presbytères ou maisons d'école, qu'il s'agisse de curés ou de maires opposants, que le fait d'enlever et de détruire des drapeaux aux couleurs nationales placés par les soins de l'autorité administrative, sur des édifices communaux, un jour de fête nationale, constitue le délit de dégradation d'objets destinés à la décoration publique, prévu et puni par l'art. 257, C. pén.: Cass., 31 mars et 9 juin 1882 (Pand. chr.); Grenoble, 3 juin 1882

mis aucune faute susceptible d'engager sa responsabilité personnelle et directe (1) (Id.).

(Évêque d'Angers c. Devanlay).

Nous extrayons des conclusions de M. le commissaire du gouvernement, Chante-Grellet, toute la partie de la discussion relative au caractère juridique des droits qu'ont les évêques sur les palais épiscopaux.

« ...Les droits des évêques sur les immeubles affectés à leur habitation ont donné lieu, à une époque déjà reculée, à un vif et important débat où nous pouvons trouver d'utiles renseignements. C'était en 1837, à l'occasion d'un échange projeté entre l'Etat et la ville de Paris, et ayant pour objet les terrains de l'archevêché, derrière Notre-Dame. M. de Quélen, alors archevêque de Paris, voulut prétendre que ces immeubles faisaient partie des biens restitués à l'Église et appartenaient à l'archevêché. Il rédigea même une déclaration solennelle, lue dans toutes les églises du diocèse, dans laquelle il revendiquait hautement cette propriété. Cette déclaration fut suivie d'une ordonnance rendue en conseil d'Etat le 21 mars 1837 et décidant : « ...qu'en revendiquant par ces motifs les terrains et emplacements qui appartiennent à l'Etat, il a méconnu l'autorité des lois susvisées qui ont réuni au domaine de l'Etat les biens ecclésiastiques et lui ont conféré un droit de propriété que n'ont pas modifié les affectations consenties par le Concordat de 1801 et les articles organiques du 18 germ. an X, *affectations dans lesquelles les palais archiépiscopaux et épiscopaux ne sont même pas compris* ». Mais, en même temps, les Chambres étaient saisies d'un projet de loi portant approbation de l'échange, et le projet donna lieu, comme la déclaration, soit dans la presse, soit dans le monde politique et les Chambres, à des discussions violentes, nous pourrions dire passionnées même, qui montrent que les luttes auxquelles nous assistons de nos jours sont loin d'être nouvelles. M. Affre, alors vicaire général, et depuis archevêque, celui qui fut victime de son noble courage sur les barricades de 1848, fit paraître un volume intitulé : *Des biens ecclésiastiques*, qui semble n'avoir eu d'autre but que de revendiquer au profit de l'Église des propriétés dont l'usage avait pu être affecté à l'exercice du culte et, parmi elles, les presbytères et les palais épiscopaux.

« Cette théorie fut absolument repoussée par l'adoption du projet de loi, et nous trouvons dans les documents parlementaires de la Chambre des députés comme de la Chambre des pairs, la preuve de la distinction fondamentale qui a été faite, dès le début du rétablissement de la religion catholique, entre les curés et les évêques, les presbytères et les palais épiscopaux. « ...Si la propriété de l'Etat demeure certaine à l'égard des objets dont parle l'art. 12 du Concordat, son droit est bien plus incontestable encore à l'égard des objets dont cet article ne parle pas. Or il n'est aucunement question, dans l'article, des édifices destinés à l'habitation des évêques; tout au contraire, l'art. 71 de la loi du 18 germ. an X, loi rédigée pour la mise en vigueur du Concordat, dit, en termes exprès, que les conseils généraux des départements sont autorisés à procurer aux évêques des logements convenables; pourtant, à cette époque, un grand nombre des anciens palais épiscopaux était encore dans la main du gouvernement; le gouvernement ne se croyait donc ni engagé à les abandonner aux évêques, ni même obligé à les remettre à leur disposition. Ainsi, les évêques n'ont jamais eu le droit de réclamer les anciens palais épiscopaux comme une propriété cléricale, comme une dépendance des cathédrales; le texte, comme l'esprit de la loi de l'an X, ne leur a garanti que le droit d'être pourvu d'un logement convenable. Et ce qu'il y a de plus remarquable, c'est que cet art. 71, relatif au logement des évêques, qui reste muet sur la remise des palais épiscopaux, est immédiatement suivi de l'art. 72, qui stipule en termes formels la remise aux curés des presbytères et jardins non aliénés, et qui n'autorise les communes à fournir à ces ecclésiastiques un logement nouveau que dans le cas où les anciens n'existeraient plus dans le domaine public. La comparaison de ces deux articles n'offre-t-elle pas une preuve évidente que, dans la pensée du législateur de l'an X, les palais épiscopaux n'étaient pas réservés? — Aussi, depuis cette loi comme auparavant, le gouvernement a agi constamment comme propriétaire de ces anciens palais. Tantôt il a rendu les édifices à leurs anciennes destinations, tantôt il les a consacrés à d'autres services; mais, lors même qu'il les a affectés au logement des évêques, il l'a toujours fait spontanément, non pas à titre de restitution, mais en vertu d'une disposition nouvelle *toujours révocable et qu'il a quelquefois révoquée* » (Rapport de M. Fréteau de Pény). M. Portalis a développé la même idée dans le discours qu'il prononça à cette occasion.

« C'est, en effet, un point indiscutable : 1° qu'il n'y a eu aucune affectation primitive des palais épiscopaux, aux termes du Concordat et des articles organiques; 2° qu'il y a une différence essentielle entre les curés, auxquels sont remis les presbytères, et les évêques, pour lesquels aucune remise ni restitution n'est prévue. Cette différence s'accentue, malgré les affirmations de la Cour d'Angers, dans les lois et décrets qui ont suivi. — C'est d'abord le décret du 30 déc. 1809 qui impose aux communes l'obligation de fournir un logement aux curés et desservants, et qui édicte des règles applicables aux fabriques et municipalités. Il n'est rien dit des évêques; il n'est rien imposé à leur égard aux départements. Il y est question, il est vrai, de réparations aux palais épiscopaux, mais c'est là une charge toute spéciale qui incombe aux fabriques des cathédrales, et aux départements en cas d'insuffisance, mais sans aucune obligation vis-à-vis des titulaires des évêchés, qui sont absolument en dehors. — C'est ensuite le décret du 6 nov. 1813, sur les biens des curés et les menses épiscopales. L'arrêt en tire un argument d'analogie, les droits des curés et ceux des évêques sur ces biens étant identiques. Mais, comme les presbytères ne font pas partie des biens des cures, au moins généralement, et comme les palais épiscopaux, qui appartiennent à l'Etat, ne font jamais partie des biens des menses épiscopales, les droits des évêques sur ces derniers, fussent-ils ceux d'un usufruitier, ne peuvent influer sur les droits à leur attribuer sur les palais épiscopaux. Et, de même que l'usufruit des biens de cures ne s'étend pas aux presbytères appartenant aux communes, de même l'usufruit des biens des menses épiscopales ne saurait s'étendre au delà. La différence subsiste donc entière. — Enfin, l'ordonnance du 29 août 1825, qui règle les formalités à remplir en cas de distractions de parties superflues de presbytères, ne parle pas des palais épiscopaux. S'il y avait eu parité de droits et de situation, on n'aurait pu les passer sous silence. C'est là une confirmation évidente de la différence signalée, et M. l'évêque Freppel lui-même l'a admise, quand il a laissé opérer, sans son intervention et sans l'accomplissement d'aucune des formalités de l'ordonnance de 1825, un échange de partie de terrain de l'évêché d'Angers qu'il occupe, ainsi qu'il a été fait par acte passé, le 25 juill. 1881, entre le receveur des domaines et le maire d'Angers. — On peut encore citer une circulaire du 21 germ. an X, au lendemain de la loi organique, qui prescrit aux préfets de faire « procéder sans délai aux réparations nécessaires pour recevoir le nouvel évêque » dans l'ancienne maison épiscopale, si elle est convenable, ou de trouver une nouvelle maison appartenant à l'Etat et de la mettre à la disposition de l'évêque. Il n'y a rien là qui indique une restitution ou une affectation avec concession de droits quelconques sur l'immeuble. Il n'y a qu'un fonctionnaire qui doit être reçu et logé d'une manière analogue à sa dignité et à la considération dont il doit être entouré, mais rien de plus. — Et, de même, l'ordonnance du 7 avril 1819, la loi du 26 juill. 1829, art. 8, et l'ordonnance du 4 janv. 1832, qui sont relatives à l'entretien et au récolement des mobiliers des palais épiscopaux, semblent bien ne pas faire de différence entre l'évêque et un fonctionnaire public logé dans les bâtiments de l'Etat. — Donc, il n'est pas établi, et le contraire paraît certain, que les évêques aient sur les édifices leur servant de demeure, aucun droit réel privé, analogue à l'usufruit, suivant l'expression de la Cour d'Angers.

« Ont-ils même un droit absolu au logement? Aucune loi ne le leur confère, car le Concordat, qui, seul, promet un logement, n'est pas une loi. Quant à la loi organique, elle invite seulement les conseils généraux à les pourvoir, mais n'en fait pas une obligation. — En fait, le palais dont il s'agit a été mis à la disposition du titulaire de l'évêché, conformément à la circulaire que

(S. 83. 2. 63. — P. 83. 1. 348); Cass., 5 juin 1885 (Pand. chr.), et les renvois. — Ce dernier arrêt surtout mérite de retenir tout particulièrement l'attention; il pose un principe général d'une logique irréfutable dans le considérant suivant : — « Attendu, y est-il dit, sans qu'il soit besoin d'examiner la nature ou l'étendue des droits respectifs des communes et des instituteurs sur les maisons d'école, qu'il est hors de doute que la loi du 6 juill. 1880, en adoptant le 14 juill. comme jour de fête nationale annuelle, a nécessairement, quoique implicitement, autorisé les citoyens, et spécialement les fonctionnaires logés dans des bâtiments domaniaux, départementaux ou communaux, à arborer publiquement, pendant la durée de la fête, le drapeau de la nation sur les locaux qu'ils occupent ou dont ils ont la garde; que cette autorisation, dérivée de la loi elle-même, a un caractère général, et ne comporte d'autres limites que celles qui peuvent être prescrites dans un intérêt d'ordre public. » Ainsi, tout drapeau arboré le 14 juill., tout pavoisement, toute décoration sont protégés par l'art. 257, C. pén. Cette protection leur est accordée parce que, s'ils ne sont point l'œuvre directe de l'autorité publique elle-même, c'est à son incitation, avec ses encouragements, avec son autorisation implicite pour le moins, que ces signes extérieurs de réjouissance sont exhibés.

(1) V. dans le même sens, Trib. des conflits, 22 déc. 1880 (Pand. chr.), et les renvois.

nous avons citée, par délibération du conseil général de Maine-et-Loire, du 9 prair. an X. Après l'installation de l'évêque seulement, et pour sa commodité, on a déplacé une bibliothèque publique qui y avait été installée et en occupait une partie. Mais jamais il n'y a eu remise du palais, dans le sens de l'art. 72 de la loi organique. D'ailleurs, le conseil général ne l'eût pas pu, l'immeuble étant domanial. Et depuis, il a toujours été considéré comme tel. L'Etat l'a entretenu et augmenté à diverses époques, notamment en 1845, 1861 et 1872, comme un domaine sur lequel il possède tous les droits de propriété. — Il nous semble donc certain que la thèse fondamentale de la Cour d'Angers n'est pas acceptable.

« Mais, au surplus, admettons pour un moment que l'évêque ait un droit sur cet immeuble; quel serait-il? Un droit d'usufruit? Non, nous savons qu'il est réservé pour les biens de la mense épiscopale, ce qui est tout différent. Un droit d'usage et d'habitation? Non encore; ce ne peut être celui du Code civil, qui vise une tout autre situation. Ce sera un droit spécial, analogue à l'usufruit, sans être aussi complet, comme celui du curé sur le presbytère. C'est ce droit qui a été reconnu au curé, à peu près dans ces termes, par la Cour de cassation, dans plusieurs décisions; mais encore faut-il s'entendre, et, croyons-nous faire une distinction importante. Nous admettons comme un droit réel ce droit à la jouissance des presbytères, lorsqu'il s'agit des presbytères remis en vertu de la loi organique. Mais nous avons peine à l'admettre, quand il s'agit de presbytères fournis depuis, ou construits par les communes en vertu du décret de 1809. Les droits du curé ne paraissent pas devoir être les mêmes; nous avons déjà eu l'honneur de nous expliquer sur ce point devant le tribunal dans une précédente affaire (Trib. des conflits, 16 déc. 1882, *Duchenot*, S. 1884. 3. 71. — P. chr.). Dans ce cas, il y a une affectation spéciale en vue d'un service public à un fonctionnaire ecclésiastique (avis du conseil d'Etat du 21 avril 1839), et le droit du bénéficiaire semble n'être qu'un droit personnel. De plus, toutes mesures prises à l'égard de ces immeubles et toute question s'y rattachant semblent ne constituer que des actions d'affectation, qui sont essentiellement du domaine administratif. La question de jouissance d'un presbytère de cette nature n'appartiendrait pas, dès lors, à l'autorité judiciaire, et n'est-il pas évident que les palais épiscopaux ne pourraient être rangés que dans cette catégorie?... »

LE TRIBUNAL DES CONFLITS : — Vu la loi des 16-24 août 1790, tit. II, art. 13, et le décret du 16 fruct. an III; — Vu la loi du 18 germ. an X, art. 71 ; — Vu la loi du 6 juill. 1880; — Considérant que, par deux arrêtés en date du 12 juill. 1882, le préfet de Maine-et-Loire a prescrit le pavoisement et l'illumination du palais épiscopal d'Angers, et confié au sieur Devanlay l'exécution des travaux nécessaires à cette fin ; — Considérant que la demande en dommages-intérêts introduite par M. Freppel contre le sieur Devanlay est fondée sur le préjudice que lui aurait causé l'exécution desdits arrêtés pris contrairement à ses droits; — Considérant que le palais épiscopal d'Angers appartient sans contestation à l'Etat; qu'il a été affecté administrativement à l'évêque pour son habitation personnelle, et que les droits et obligations résultant de cette affectation spéciale ne sont pas de ceux dont il appartient à l'autorité judiciaire de connaître; — Considérant, en outre, que le préfet de Maine-et-Loire, en prenant les arrêtés susmentionnés, n'a fait que se conformer aux ordres du ministre de la justice et des cultes, qui lui-même agissait en exécution de la loi du 6 juill. 1880, et de la loi des finances, d'où il résulte que ces arrêtés constituent des actes administratifs, que les tribunaux civils n'ont pas le droit d'apprécier; — Considérant que si, dans ses conclusions, M. Freppel allègue une faute personnelle de la part du sieur Devanlay, il ne précise aucun fait qui ne se rattache directement à l'exécution même des arrêtés du préfet, et qui puisse être considéré comme engageant la responsabilité personnelle de cet entrepreneur; — Art. 1er. L'arrêté du 1er févr. 1883, par lequel le préfet de Maine-et-Loire a élevé le conflit, est confirmé. — Art. 2. Sont considérés comme nuls : 1° l'assignation du 20 juill. 1882; 2° l'acte d'appel du 14 sept. 1882; 3° l'arrêt rendu par la Cour d'Angers, le 25 janv. 1883.

MM. Accarias, rapp.; Chante-Grellet, comm. du gouv.; Bosviel, av.

CONS. D'ÉTAT 20 avril 1883.

ARCHITECTE, ENTREPRENEUR, RESPONSABILITÉ, DÉLAI, POINT DE DÉPART, TRAVAUX DÉPARTEMENTAUX.

Le délai de dix ans, fixé par les art. 1792 et 2270, C. civ., pour l'exercice de l'action en responsabilité contre les architectes ou entrepreneurs, court, en matière de travaux départementaux, non point de la date du procès-verbal de la réception des travaux, mais bien du jour de leur prise de possession effective par le département (1) (C. civ., 1792, 2270).

(Département du Jura c. Besson.)

LE CONSEIL D'ÉTAT : — ...Vu les art. 1792 et 2270, C. civ.; — ...Au fond : — Considérant que le délai de garantie fixé par les art. 1792 et 2270, C. civ., doit courir, non pas de la date du procès-verbal de la réception définitive des travaux, mais du jour de leur prise de possession par le propriétaire; — Considérant qu'il résulte de l'instruction et qu'il n'est, d'ailleurs, pas contesté, que le pavillon de Mailly, dépendant de l'asile public des aliénés de Dôle a été achevé dans le courant de l'année 1867, et que l'établissement public dont il s'agit en a pris possession le 13 déc. 1867; — Que le préfet du Jura, représentant le département, a cité, le 25 sept. 1879, l'entrepreneur et l'architecte,

(1) Dans le droit commun et pour les travaux privés, le délai de la prescription court à partir du jour où les ouvrages ont été reçus par le propriétaire. V. Cass., 2 août 1882 (Pand. chr.); Bourges, 14 mai 1884 (Pand. chr.), et les renvois. — En matière de travaux publics, au contraire, la prescription court du jour où l'administration a pris possession sans réserve des travaux après leur achèvement et non pas de la date du procès-verbal de la réception des travaux, si cette réception a été postérieure à la mise en possession. V. en ce sens, Cons. d'Et., 13 août 1850 (Dalloz, *Jurispr. gén.*, v° *Travaux publics*, n. 572); 7 janv. 1858, aff. Tircuit. — La raison de la différence en est simple.

Lorsqu'il s'agit de travaux privés, il y a le plus ordinairement simultanéité entre la prise de possession et la réception; les deux formalités se confondent pour n'en plus faire qu'une. Quand même elles se distinguent par la rédaction d'un procès-verbal en règle, cette rédaction très-sommaire se prépare et se signe séance tenante, ou dans un délai si rapproché de l'entrée en jouissance, qu'il n'y a aucun intérêt pratique à bien marquer les dates séparées à peine l'une de l'autre par un intervalle de quelques jours.

Au contraire, pour les travaux publics, la prise de possession a lieu aussi rapidement que possible, elle s'effectue à peine les ouvrages entièrement achevés. Il faut en effet répondre à des besoins urgents, à des exigences impérieuses de service public. Quant à la formalité du procès-verbal de réception, elle nécessite des vérifications minutieuses, des déplacements d'employés ou d'autorités de tous ordres, de commissions formées de membres assez nombreux; ces rouages-là se mettent toujours difficilement en mouvement. — D'ailleurs, la prise de possession effectuée, le reste ne presse plus; la réception régulière et définitive viendra quand elle pourra, toujours des mois et, souvent même, des années après. La responsabilité des architectes et entrepreneurs ne peut pas ainsi s'élargir indéfiniment quant à la durée. Voilà pourquoi il faut un point de départ fixe, et que ce point de départ du délai est placé avec raison au jour de la prise de possession.

Remarquons toutefois que cette jurisprudence n'est pas établie avec un caractère bien absolu de fixité. Il y a eu des décisions en sens diamétralement opposé. Ainsi, dans un arrêt du 3 févr. 1859, aff. Batine et Ronut (Pand. chr.), le conseil d'Etat a décidé en termes généraux : « Que jusqu'à la réception définitive, l'entrepreneur est responsable des dégradations et des malfaçons qui se manifestent dans ses travaux; que, pour se soustraire à cette responsabilité, l'entrepreneur est en droit, à l'expiration du délai de garantie, de demander qu'il soit procédé à la réception définitive de ses travaux. » Ce sont là, comme on le voit, des principes nettement contraires à ceux de l'arrêt que nous rapportons.

Le conseil d'Etat n'a pas toujours suivi la même doctrine. La question demanderait à être tranchée par une décision de principe; elle est d'une importance pratique trop considérable pour être méconnue.

devant le conseil de préfecture, pour les faire déclarer responsables des détériorations survenues dans le courant de l'année 1878; que cette demande a été formée plus de dix ans après la prise de possession précitée; qu'il y a lieu, dès lors, de la déclarer non recevable, aux termes des art. 1792 et 2270, C. civ., etc.

MM. Jagerschmidt, rapp.; Chante-Grellet, comm. du gouv.; Moret et Brugnon, av.

AVIS CONS. D'ÉTAT 26 avril 1883.

CULTE, MINISTRES DU CULTE, TRAITEMENTS, SUSPENSION, SUPPRESSION, DROIT DU GOUVERNEMENT.

Le droit du gouvernement de suspendre ou de supprimer les traitements ecclésiastiques, par mesure disciplinaire, s'applique indistinctement à tous les ministres du culte salarié par l'Etat (1) (Conv. 26 mess. an IX, art. 1, 14 et 16; L. 18 germ. an X, art. 68 et 70; Décr. 17 nov. 1811; 6 nov. 1813, art. 27).

LE CONSEIL D'ÉTAT : — Consulté par M. le ministre de la justice et des cultes sur la question de savoir si la distinction établie par la loi de finances du 30 déc. 1882 entre les allocations des vicaires généraux, chanoines, desservants et vicaires et les traitements des évêques et curés ne porte aucune modification aux droits de police du gouvernement, et notamment à son pouvoir de prononcer la suppression des traitements comme des allocations par voie disciplinaire; — Vu les art. 1er, 14 et 16 de la convention du 26 mess. an IX, ensemble les articles 68 et 70 de la loi de germinal an X; — Vu le décret du 17 nov. 1811; — Vu l'art. 27 du décret du 6 nov. 1813; — Considérant que l'Etat possède sur l'ensemble des services publics un droit supérieur de direction et de surveillance qui dérive de sa souveraineté; qu'en ce qui concerne les titulaires ecclésiastiques, ce droit a existé à toute époque, et s'est exercé dans l'ancien régime, notamment par voie de saisie du temporel; qu'il n'a pas été abrogé par la législation concordataire, et que son maintien résulte de l'art. 16 de la convention du 26 messidor an IX, qui a formellement reconnu au chef de l'Etat les droits et prérogatives autrefois exercés par les rois de France; que, depuis, il n'a été dérogé à cette législation traditionnelle par aucune mesure législative ou réglementaire; qu'au contraire, les Chambres en ont approuvé l'application, toutes les fois qu'elle leur a été soumise, notamment en 1832, en 1861 et en 1882; — Considérant, d'autre part, que ni dans les discussions auxquelles le principe a donné lieu, ni dans les applications qui en ont été faites, il n'y a eu de distinction entre les différents titulaires ecclésiastiques; que la modification apportée à l'intitulé du chapitre IV du budget des cultes pour 1883, n'a eu ni pour but ni pour effet de changer l'état de choses antérieur;

Est d'avis que le droit du gouvernement de suspendre ou de supprimer les traitements ecclésiastiques par mesure disciplinaire s'applique indistinctement à tous les ministres du culte salarié par l'Etat.

CONS. D'ÉTAT 4 mai 1883.

CHEMINS VICINAUX, CHEMIN D'INTÉRÊT COMMUN, DÉGRADATIONS, QUALITÉ POUR AGIR, COMMUNES INTÉRESSÉES, PRÉFET, MAIRE.

C'est au préfet et non aux maires des communes intéressées qu'il appartient d'agir, devant le conseil de préfecture, à l'effet de faire payer des indemnités ou subventions spéciales par les particuliers qui ont causé des dégradations extraordinaires à un chemin vicinal d'intérêt commun (2) (LL. 21 mai 1836, art. 9, 14; 10 août 1871).

(Mader.)

LE CONSEIL D'ÉTAT : — Vu la loi du 21 mai 1836; — Vu la loi du 10 août 1871; — Considérant qu'aux termes de l'art. 9 de la loi du 21 mai 1836, les chemins vicinaux de grande communication sont sous l'autorité du préfet; que la loi du 10 août 1871 a assimilé, par diverses dispositions, les chemins vicinaux d'intérêt commun aux chemins vicinaux de grande communication; qu'il suit de là que, dans la même mesure que ces derniers, les chemins vicinaux d'intérêt commun sont placés sous l'autorité du préfet; que c'est à lui qu'il appartient d'agir au nom des communes intéressées à ces chemins, et de réclamer en leur nom, devant le conseil de préfecture, les subventions qui peuvent être exigées en vertu de l'art. 14; que, dès lors, c'est à tort que le conseil de préfecture du Lot a rejeté comme non recevable la demande de subvention formée par le préfet devant ce conseil, par le motif qu'en matière de chemins d'intérêt commun, il appartiendrait aux maires seuls de représenter les communes intéressées; — Art. 1er. Le préfet du Lot est renvoyé devant le conseil de préfecture pour y être statué, après instruction régulière.

MM. Simon, rapp.; Le Vavasseur de Précourt, comm. du gouv.

CONS. D'ÉTAT 15 juin 1883.

PATENTE, CARRIÈRE, EXPLOITANT, INTÉRÊT AGRICOLE, BÉNÉFICES.

Doit être imposé à la patente, comme exploitant de carrière, le propriétaire qui a employé plusieurs ouvriers à l'extraction de pierres sur sa propriété et a passé des traités avec des tiers pour des fournitures de matériaux (3) (L. 15 juill. 1880).

Peu importe que cette extraction n'ait eu lieu que dans un intérêt purement agricole et que les conditions de vente des matériaux n'aient point été rémunératrices (4) (Id.).

(Dubois.)

LE CONSEIL D'ÉTAT : — Vu les lois des 25 avril 1844 et 15 juill. 1880; — Considérant qu'il résulte de l'instruction, que pendant les années 1880 et 1881, le sieur Dubois a employé plusieurs ouvriers à l'extraction de pierres dans sa propriété; qu'il a passé des traités avec diverses personnes pour la fourniture de matériaux; que ces faits constituent l'exercice de la profession d'exploitant de carrière, et que c'est à tort que le conseil de préfecture s'est fondé sur ce que cette extraction de matériaux aurait été faite dans un intérêt agricole, et que les conditions de vente n'avaient

---

(1) *Contrà*, Reverchon, *Revue critique*, t. XIX, p. 264; Batbie, *Tr. de dr. public et admin.*, t. III, p. 37, n. 41.

(2) Le conseil d'Etat persiste dans la jurisprudence qu'avait inaugurée son arrêt du 12 janv. 1877, aff. Perognet (S. 79. 2. 29. — P. chr. adm. — D. 77. 3. 10). — Précédemment, il avait jugé, en sens contraire, que les maires des communes intéressées, à l'exclusion du préfet, avaient seuls qualité pour réclamer, devant le conseil de préfecture, les subventions spéciales affectées à l'entretien des chemins vicinaux d'intérêt commun. V. arrêts, 17 mars 1857 (D. 57. 3. 85); 25 janv. 1865 (S. 65. 2. 22. — P. chr. adm. — D. 65. 3. 69); 1er déc. 1876, deux décisions (S. 78. 2. 342. — P. chr. adm. — D. 77. 3. 9).

(3-4) V. en sens contraire, Cons. d'Et., 29 janv. 1847 (Pand. chr.); 30 oct. 1849 (Pand. chr.).

pas été rémunératrices, pour déclarer que le sieur Dubois n'exerçait pas une profession, au sens de la législation des patentes; — Art. 1er. L'arrêté du conseil de préfecture de Saône-et-Loire, du 23 avril 1882, est annulé.

MM. Menant, rapp.; Le Vavasseur de Précourt, comm. du gouv.

TRIB. DES CONFLITS **26 juin 1883.**

Voie publique, Déclassement, Suppression, Riverain, Dommage, Indemnité, Compétence.

C'est au conseil de préfecture qu'il appartient de connaître des dommages causés au riverain d'une voie publique, par le déclassement et la suppression de cette voie et, par suite, de statuer sur l'indemnité qui peut être due de ce chef (1) (L. 28 pluv. an VIII, art. 4).

(Dor c. Ville de Marseille.)

LE TRIBUNAL DES CONFLITS : — Considérant que, de la double déclaration d'incompétence opposée à la demande des sieurs Dor par le conseil de préfecture du département des Bouches-du-Rhône et par le tribunal civil de Marseille, il résulte un conflit négatif, et qu'il y a lieu de régler la compétence; — ...(Motifs et dispositif semblables à ceux de la décision du même tribunal, du 15 nov. 1879, aff. Anzou c. commune de Varvannes, Pand. chr.). — Art. 1er... — Art. 2. La cause et les parties sont renvoyées devant le conseil de préfecture du département des Bouches-du-Rhône.

MM. Braun, rapp.; Desjardins, comm. du gouv.; Chambon et Hérisson, av.

TRIB. DES CONFLITS **7 juillet 1883.**

(deux jugements.)

Autorité judiciaire, Autorité administrative, Compétence, Fonctionnaire public, Dommages-intérêts, Responsabilité, Faute personnelle, Cantonnier, Arbres, Élagage, Règlement, Inobservation, Acte administratif, Application, Ordres et instructions hiérarchiques, Exécution, Conducteur des ponts et chaussées, Expropriation, Engagement au nom de l'État.

L'autorité judiciaire est compétente pour connaître d'une demande en dommages-intérêts formée contre un agent de l'administration à raison d'une faute personnelle à cet agent (C. civ., 1382) (2). — 1re et 2e espèces.

...Par exemple, contre un cantonnier pour avoir élagué d'office des arbres plantés sur une propriété le long d'un chemin vicinal, sans s'être conformé aux prescriptions d'un règlement général sur les chemins vicinaux (3). — 1re espèce.

Et l'application du règlement, quand la légalité n'en est pas contestée, quand les termes en sont clairs et précis et ne prêtent à aucune ambiguïté, doit être faite par l'autorité judiciaire, sans renvoi préalable à l'autorité administrative (4). — Id.

Mais il y a lieu à la compétence exclusive de l'autorité administrative, lorsqu'il s'agit de faits accomplis par les agents de l'administration en conformité d'ordres et d'instructions reçus, en dehors de tout reproche de faute personnelle (5) (LL. 16-24 août 1790, tit. II, art. 13; 16 fruct. an III). — 2e espèce.

...Par exemple, quand il s'agit d'une action dirigée contre un conducteur des ponts et chaussées à l'effet de le faire déclarer personnellement responsable d'engagements par lui pris au nom de l'État devant le jury d'expropriation, alors que, dans toute la série des actes qui ont précédé ou suivi l'expropriation, l'agent n'a figuré que comme délégué de l'administration, sous le contrôle et sous l'autorité de ses chefs hiérarchiques (6) (Id.). — Id.

1re espèce. — (Pougault c. Desjours-Perrot.)

LE TRIBUNAL DES CONFLITS : — Vu les lois des 16-24 août 1790 et 16 fruct. an III; — Vu la loi du 18 juill. 1837; — Vu la loi du 21 mai 1836 sur les chemins vicinaux, et les art. 192 et suiv. du règlement général sur les chemins vicinaux dans le département de Saône-et-Loire, approuvé le 24 févr. 1872; — Vu l'ordonn. du 1er juin 1828 et la loi du 24 mai 1872; — Considérant que, dans l'instance pendante devant le tribunal d'Autun, il s'agissait de décider si le sieur Desjours-Perrot, en procédant à l'élagage des arbres appartenant au sieur Pougault, s'était conformé aux prescriptions des art. 192 et 193 du règlement général sur les chemins vicinaux, pris, pour le département de Saône-et-Loire, par arrêté préfectoral du 20 déc. 1871, approuvé par le ministre le 23 févr. 1872; que la légalité de ce règlement général n'était pas contestée, et que ses termes dans les articles précités sont clairs, précis et ne prêtent à aucune ambiguïté; que le tribunal, par conséquent, n'avait pas à les interpréter, mais uniquement à les compléter; — Considérant, en outre, qu'il n'est justifié d'aucun acte administratif relevant, à tort ou à droit, le sieur Desjours-Perrot de l'observation des formalités prescrites par ledit règlement; qu'il en résulte que c'est à bon droit que le tribunal d'Autun a rejeté le déclinatoire du préfet et maintenu sa compétence; que, dès lors, l'arrêté de conflit doit être annulé; — Art. 1er. L'arrêté du 21 avril 1883, par lequel le préfet de Saône-et-Loire a élevé le conflit est annulé.

MM. Chauffour, rapp.; Ronjat, comm. du gouv.

2e espèce. — (De Dalmassy c. Hausser.)

LE TRIBUNAL DES CONFLITS : — Vu les lois des 16-24 août 1790 et 16 fruct. an III; — Vu l'ordonn. du 1er juin 1828, le règlement d'administration publique du 26 oct. 1849 et la loi du 24 mai 1872; — Considérant que, par son exploit du 23 févr. 1883, le sieur de Dalmassy a assigné l'Etat et le sieur Hausser, conducteur des ponts et chaussées, devant le tribunal civil de Vesoul; qu'il demande à l'Etat l'exécution d'engagements pris envers lui devant le jury, lors de l'expropriation de son moulin du Haut-d'Ormoy pour la construction du canal de l'Est, et qu'il soutient qu'en vertu de ces engagements, il est resté propriétaire du canal d'amener; — Considérant que l'action dirigée contre le sieur Hausser a pour objet de le faire condamner comme personnellement responsable desdits engagements, auxquels il a pris part en qualité de délégué spécial de l'administration, et comme tenu de réparer les dommages pouvant résulter de la décision à intervenir entre l'Etat et le sieur de Dalmassy; — Considérant que les tribunaux civils ne sont compétents pour statuer sur les demandes en dommages-

---

(1) V. conf. Trib. des conflits, 15 nov. 1879 (Pand. chr.), dont la décision ci-dessus s'est appropriée les termes textuels.

(2) Principe certain. V. Trib. des conflits, 29 nov. 1879 (Pand. chr.), et les nombreux jugements et arrêts cités en note. *Adde* Trib. des conflits, 19 nov. 1881 (Pand. chr.).

(3) V. anal., Dijon, 15 déc. 1876 (D. 78. 2. 31). — Comp. également nos observations jointes à un jugement du tribunal de police de Sceaux, 20 juill. 1883 (Pand. chr.).

(4) Jurisprudence constante. V. notamment Cass., 26 avril 1881 (S. 82. 1. 396. — P. 82. 1. 998. — D. 82. 1. 157); 26 juill. 1881 (S. 82. 1. 210. — P. 82. 1. 509); 28 févr. 1883 (S. 83. 1. 470. — P. 83. 1. 1171. — D. 83. 1. 209); 6 mars 1883 (S. 84. 1. 124. — P. 84. 1. 272. — D. 83. 1. 265); 28 mai 1883 (S. 84. 1. 379. — P. 84. 1. 678. — D. 83. 1. 310); 27 juin 1883 (D. 84. 1. 300); 25 nov. 1884 (D. 85. 1. 35).

(5-6) V. dans le même sens, Trib. des conflits, 22 avril 1882 (S. 84. 3. 26. — P. chr. adm. — D. 83. 3. 94); 14 avril 1883 (Pand. chr.). V. aussi les arrêts mentionnés *suprà*, note 2.

intérêts formées contre les agents de l'administration que lorsqu'elles sont fondées sur des faits personnels à ceux-ci ; — Considérant que, ni dans son assignation ni dans sa requête à fin d'interrogatoire sur faits et articles, le sieur de Dalmassy ne relève aucun fait de nature a constituer une faute personnelle du sieur Hausser; que, dans les actes qui ont précédé ou suivi l'expropriation, celui-ci n'a figuré que comme agent de l'administration, sous le contrôle et sous l'autorité de ses chefs hiérarchiques ; — Considérant que les tribunaux administratifs sont seuls compétents pour connaître des faits accomplis par les agents de l'administration, en conformité des ordres et des instructions à eux donnés ; que, dès lors, le tribunal de Vesoul, en se déclarant compétent à l'égard du sieur Hausser, a méconnu le principe de la séparation des pouvoirs ; — Art. 1er. L'arrêté de conflit pris par le préfet de la Haute-Saône, le 30 avril 1883, est confirmé. — Art. 2. Sont annulés le jugement du tribunal civil de Vesoul, du 18 avril 1883, qui s'est déclaré compétent en ce qui concerne le sieur Hausser, et l'exploit d'assignation du 23 févr. précédent, en tant qu'il est dirigé contre le sieur Hausser.

MM. Collet, rapp. ; Ronjat, comm. du gouv.

CONS. D'ÉTAT 13 juillet 1883.

COURS D'EAU, INONDATIONS, RETENUE, ABAISSEMENT, USINE, RÈGLEMENT, PROPRIÉTÉS RIVERAINES, DOMMAGE, OUVRAGES, AUTORISATION PRÉCAIRE, FOSSÉS, CURAGE, BERGES, ENTRETIEN, EXHAUSSEMENT, TRAVAUX, ASSAINISSEMENT, MARAIS.

Le préfet n'excède pas les limites de ses pouvoirs de police sur les cours d'eau, en prescrivant au propriétaire d'un moulin d'avoir à abaisser le niveau réglementaire de ses retenues pour faire cesser les dommages causés aux propriétés riveraines (1) (LL. 22 déc. 1789 ; 12-20 août 1790 ; 28 sept. 1791).

...Ou en déclarant que les emplacements et dispositions actuels du réservoir et des vannes de décharge ne sont maintenus qu'à titre de tolérance, d'une manière précaire et révocable, si cette déclaration n'est dictée par aucun autre intérêt que celui de la police et de la répartition des eaux (2) (Id.).

Mais le préfet ne peut, sans excès de pouvoir, imposer à l'usinier, d'une manière générale et permanente, l'obligation de curer les fossés, d'entretenir les berges en bon état, et de les exhausser, alors qu'il n'a pas été préalablement établi qu'aucun riverain n'est intéressé à ces travaux et ne doit y contribuer (3) (L. 14 flor. an XI).

...Ni prescrire à l'usinier, comme condition de son exploitation, de participer aux travaux d'assainissement et d'évacuation des eaux destinés bien moins à prévenir les inconvénients résultant de l'état actuel du moulin et de son installation qu'à amener le dessèchement de terrains d'une nature marécageuse, situés en contre-bas du lit de la rivière (4) (Id.).

(Vasse.)

LE CONSEIL D'ÉTAT : — Vu les lois des 22 déc. 1789, 12-20 août 1790, 28 sept.-6 oct. 1791, les décrets des 25 mars 1852 et 13 avril 1861 ; — Vu la loi des 7-14 oct. 1790 et la loi du 24 mai 1872, art. 9 ; — En ce qui concerne l'arrêté attaqué, prescrivant au sieur Vasse d'abaisser de 0 m. 098 le niveau de la retenue de son moulin : — Considérant qu'il résulte de l'instruction que le préfet, en ramenant à une hauteur de 1 m. 918 le niveau légal de la retenue dudit moulin, n'a eu pour but que de faire cesser les dommages qui résultaient pour les terrains riverains du maintien de la retenue à son niveau actuel ; que, d'ailleurs, la disposition dont il s'agit n'est que le maintien des prescriptions de l'art. 2 de l'arrêté du 11 août 1827, qui avaient cessé d'être observées en fait ; que, dans ces circonstances, le requérant n'est pas fondé à demander l'annulation pour excès de pouvoir de l'art. 2 de l'arrêté attaqué ;

En ce qui concerne les dispositions contenues à l'art. 6, § 1er, dudit arrêté : — Considérant que si, par les dispositions dont s'agit, le préfet a décidé que les emplacements et dispositions actuelles du déversoir et des vannes de décharge, n'étaient maintenus qu'à titre de tolérance, d'une manière précaire et révocable, cette disposition n'a eu pour but et ne saurait avoir pour effet d'exiger de l'usinier des conditions autres que celles qui seraient justifiées par l'intérêt de la police et de la répartition des eaux, et qu'il appartient à l'administration de prescrire en vertu des lois et décrets ci-dessus visés ; que, dans ces circonstances, le préfet a statué dans la limite de ses pouvoirs ;

En ce qui concerne les dispositions de l'arrêté attaqué, par lesquelles le préfet a imposé à l'usinier, d'une manière générale et permanente, le curage du fossé de la Viorne et des fossés d'assainissement qui y aboutissent, ainsi que l'entretien en bon état des berges du canal et leur exhaussement à 0 m. 30 cent. au-dessus du plan de la retenue ; — Considérant qu'aux termes de la loi du 14 flor. an XI, lorsqu'il y a lieu de procéder au curage des rivières non navigables et à l'entretien des digues et ouvrages qui y correspondent, il doit y être pourvu conformément aux anciens règlements ou aux usages locaux, et que, dans le cas où l'administration juge à propos de prendre des dispositions nouvelles, ces dispositions doivent être conçues de manière à ce que la quotité de la contribution de chaque imposé soit toujours en rapport avec le degré d'intérêt qu'il aura dans les travaux à exécuter ; que, dès lors, c'est à tort que l'arrêté attaqué a prescrit au sieur Vasse de curer le fossé de la Viorne et les fossés d'assainissement qui y aboutissent, ainsi que d'entretenir en bon état les berges du canal et de les exhausser de 0 m. 30 cent. au-dessus du plan de la retenue, jusqu'à une distance de 1,050 mètres en amont de son usine, sans qu'il ait été préalablement établi qu'aucun riverain ne devait contribuer aux travaux dont s'agit, à raison de l'intérêt qu'il aurait dans lesdits travaux ;

En ce qui concerne les dispositions de l'arrêté attaqué prescrivant à l'usinier de participer aux travaux d'assainissement et d'évacuation des eaux que l'administration pourra ordonner : — Considérant qu'il résulte de l'instruction que les travaux de cette nature sont moins destinés à prévenir les inconvénients que le maintien de l'état actuel du moulin pourrait causer aux propriétés riveraines, qu'ils n'ont pour objet d'amener le dessèchement de terrains d'une nature marécageuse, situés en contre-bas du lit actuel de la rivière ; que, dans ces circonstances, le requérant est fondé à soutenir que le préfet, en prescrivant à l'usinier l'obligation de participer auxdits travaux, comme condition

---

(1-2) Sur les pouvoirs qui appartiennent aux préfets de prescrire toutes les mesures nécessaires pour assurer l'écoulement des eaux et prévenir les inondations, même en cas d'existence légale antérieure d'usines sur les cours d'eau, V. Cons. d'Ét., 23 mars 1870 (S. 72. 2. 31. — P. chr. adm. — D. 71. 3. 29) ; 14 août 1871 (S. 73. 2. 95. — P. chr. adm. — D. 72. 3. 49) ; 9 août 1880 (D. 81. 3. 91) ; 3 juin 1881 (D. 82. 3. 107) ; 27 juill. 1883 (D. 85. 3. 35) ; Trib. des conflits, 30 mai 1884 (Pand. chr.).

(3) V. en ce sens, Cons. d'Et., 5 août 1854 (S. 61. 2. 111, *ad notam*. — D. 55. 3. 39) ; 7 juin 1859 (D. 61. 3. 33) ; 5 déc. 1860 (S. 61. 2. 111. — P. chr. adm. — D. 61. 3. 33) ; 24 févr. 1865 (S. 66. 2. 102. — P. chr. adm. — D. 68. 5. 150). V. aussi Cons. d'Et., 24 nov. 1876 (D. 77. 3. 35).

(4) V. conf. Cons. d'Et., 24 févr. 1865, précité. V. aussi Cons. d'Et., 20 janv. 1882 (S. 84. 2. 3. — P. chr. adm. — D. 83. 3. 47) ; Block, *Dictionnaire d'adm. franç.*, v° *Usines et moulins*, n. 14.

imposée au fonctionnement de l'usine, a excédé la limite de ses pouvoirs; — Art. 1er. Sont annulées les dispositions de l'arrêté, en date du 24 avril 1880, par lesquelles le préfet de Seine-et-Marne a prescrit au sieur Vasse : 1° de curer le fossé de la Viorne et les fossés d'assainissement qui y aboutissent; 2° d'entretenir les berges du canal et de les exhausser de 0 m. 30 cent. au-dessus du plan de la retenue; et 3° de participer aux travaux d'assainissement et d'évacuation des eaux que l'administration pourra ordonner. — Art. 2. Le surplus des conclusions du sieur Vasse est rejeté.

MM. Saint-Paul, rapp.; Chante-Grellet, comm. du gouv.; Carteron, av.

CONS. D'ÉTAT 27 juillet 1883.

DROIT DES PAUVRES, BAL DE BIENFAISANCE, ANNONCES, PRIX D'ENTRÉE.

Le droit des pauvres doit être perçu sur la recette de tout bal, même de bienfaisance, auquel le public est convié par des annonces insérées dans les journaux et où il est admis en payant (1) (LL. 7 frim. an V; 8 therm. an V; DD. 26 nov. 1808 et 9 déc. 1809).

(Viénot.)

LE CONSEIL D'ÉTAT : — Vu la loi du 7 frim. an V et celle du 8 therm. de la même année; — Vu le décret du 26 nov. 1808, celui du 9 déc. 1809 et les lois de finances qui ont autorisé la perception des droits des pauvres établis par les lois de l'an V; — Vu le décret du 8 fruct. an XIII et la loi du 21 avril 1832; — Considérant qu'aux termes des lois et décrets ci-dessus visés, le droit des pauvres est établi sur les spectacles, bals, concerts et autres fêtes où le public est admis en payant; que ces textes ne font aucune distinction entre les représentations ou réunions qui sont organisées dans un but de spéculation et celles qui ont pour objet une œuvre de bienfaisance; que l'art. 4 du décret du 9 déc. 1809 assujettit à la taxe les représentations à bénéfices dans la limite du prix ordinaire des places; que l'art. 2 du décret du 26 nov. 1808 n'excepte de la perception les bals de société où l'on entre par abonnement qu'autant qu'il est constant que l'abonnement n'est pas public; — Considérant que le bal donné le 28 janv. 1882 au profit de la caisse maçonnique de Rouen ne constituait pas une réunion privée, mais était une fête à laquelle le public avait été convié par des annonces insérées dans les journaux et où l'on était admis en payant; que le bureau de bienfaisance était donc fondé à réclamer au sieur Viénot, comme ayant présidé à l'organisation du bal le payement du droit des pauvres sur la recette;

Sur les conclusions à fin de dépens (sans intérêt).

MM. Guillemin, rapp.; Gomel, comm. du gouv.; Sauvel et Michaux-Bellaire, av.

CONS. D'ÉTAT 7 août 1883.

CHEMIN DE FER, VOIE FERRÉE, ANIMAL, INTRODUCTION, PORTE OUVERTE, CONTRAVENTION (ABSENCE DE).

Le fait, par un particulier, d'avoir laissé un animal (dans l'espèce, un cheval) s'introduire sur la voie ferrée par une porte restée ouverte par suite de la négligence des agents de la Compagnie, alors que réglementairement elle eût dû se trouver fermée, ne constitue pas une contravention de grande voirie (2) (LL. 29 flor. an X; 15 juill. 1845).

(Breton.)

LE CONSEIL D'ÉTAT : — Vu les lois du 29 flor. an X et du 15 juill. 1845; — Considérant qu'il résulte de l'instruction que le cheval du sieur Breton s'est introduit dans l'enceinte de la voie ferrée par la porte de sortie des voyageurs de la gare de Bessay; que ladite porte, qui ne doit s'ouvrir que pour laisser passer les voyageurs après l'arrivée des trains, eût dû se trouver fermée au moment où le cheval pénétra dans la cour sur laquelle elle donne; qu'ainsi, la négligence de la Compagnie a été la cause première et principale de l'introduction de l'animal sur la voie ferrée; que, dans ces circonstances, le ministre des travaux publics n'est pas fondé à soutenir que c'est à tort que le conseil de préfecture a renvoyé le sieur Breton des fins du procès-verbal dressé contre lui... — Art. 1er. Le recours du ministre des travaux publics est rejeté.

MM. Vandal, rapp.; Le Vavasseur de Précourt, comm. du gouv.

CONS. D'ÉTAT 7 août 1883.

DÉBITS DE BOISSONS, OUVERTURE, ÉCOLE, DISTANCE, ARRÊTÉ MUNICIPAL, INTERDICTION, RECOURS.

L'arrêté par lequel le maire, le conseil municipal entendu, fixe la distance à laquelle les débits de boissons peuvent être établis autour d'une école, n'est pas susceptible d'être attaqué devant le conseil d'État pour excès de pouvoir (3) (L. 17 juill. 1880, art. 9).

(Veuve François.)

LE CONSEIL D'ÉTAT : — Vu les lois des 7-14 oct. 1790, 24 mai 1872 et 17 juill. 1880; — Considérant qu'aux termes de l'art. 9 de la loi du 17 juill. 1880, les maires pourront, les conseils municipaux entendus, prendre des arrêtés pour déterminer, sans préjudice des droits acquis, les distances auxquelles les cafés et débits de boissons ne pourront être établis autour des édifices consacrés à un culte quelconque, des cimetières, des hospices, des écoles primaires, collèges ou autres établissements d'instruction publique; — Considérant qu'en édictant les prohibitions contenues dans l'arrêté du 12 oct. 1882, après avoir pris l'avis du conseil municipal, le maire du Chatelare a agi dans la limite des pouvoirs que lui confère ladite loi; — Que, dès

(1) La loi du 7 frim. an V, celle du 8 therm. an V, l'arrêté du 8 therm. an IX et le décret du 9 déc. 1809, qui ont établi la taxe des droits des pauvres, les lois de finances qui les consacrent annuellement, ne font aucune distinction entre les spectacles ou bals entrepris par spéculation, ou ceux qui sont organisés dans un but philanthropique. Cette taxe frappe, non point l'industriel qui dirige un théâtre ou organise des fêtes, mais les spectateurs ou les personnes qui, moyennant payement, viennent chercher une distraction et un amusement dans une réunion ouverte au public; ce qui est imposé, c'est le plaisir, non l'industrie. Dès lors, le mobile qui a fait agir les organisateurs importe peu au point de vue de l'existence du droit. Il a fallu une disposition spéciale pour soustraire au droit des pauvres les représentations gratuites et à bénéfices, qui ne sont d'ailleurs exemptées que sur l'augmentation du prix ordinaire du billet (Décret, 9 déc. 1809, art. 3), ainsi que les bals et concerts de réunion et de société où l'on n'entre que par abonnement, sous la triple condition que l'abonnement ne soit pas public, qu'il ne soit pas la chose d'un entrepreneur, et qu'il n'entre dans la réunion aucun objet de spéculation de la part des sociétaires et des abonnés (Décr., 26 nov. 1808). C'est en se fondant, non point sur l'absence d'intention de spéculer, mais uniquement sur la réunion, dans l'espèce, des trois conditions exigées par le décret du 26 novembre 1808, qu'un arrêt du 21 avril 1836 (*Recueil* de Lebon, p. 178) a déclaré non passible du droit des pauvres le bal de la Société dite de Bellevue.

(2) V. dans le même sens, Cons. d'Et., 5 août 1881 (Pand. chr.), et le renvoi.

(3) V. conf. Cons. d'Et., 4 juillet 1884 (Pand. chr.), et la note.

lors, la dame veuve François, dont l'immeuble avait d'ailleurs cessé d'être affecté à un débit de boissons, n'est pas fondée à demander l'annulation dudit arrêté. — Art. 1er. La requête... est rejetée.

MM. Dédebat, rapp.; Le Vavasseur de Précourt, comm. du gouv.

CONS. D'ÉTAT 7 août 1883.

MAIRE, DÉMISSION, PRÉFET, ACCEPTATION, RÉINTÉGRATION.

Le préfet qui a définitivement accepté la démission d'un maire, en l'invitant à remettre le service de la mairie à son adjoint, ne peut plus, sans excès de pouvoir, une fois que cette remise s'est effectuée, autoriser le démissionnaire à reprendre ses fonctions (1) (L. 12 août 1876).

(Bernard.)

LE CONSEIL D'ÉTAT : — Vu les lois des 7-14 oct. 1790 et du 24 mai 1872; — Vu la loi du 12 août 1876; — En ce qui touche le recours du sieur Bernard : — Considérant que la démission du sieur Languinier des fonctions de maire et de conseiller municipal de la commune d'Urzy avait été acceptée, le 25 sept. 1882, par le préfet de la Nièvre, qui l'a invité à remettre le service de la mairie entre les mains de son adjoint, et que les fonctions du maire ont été remplies depuis cette date par ledit adjoint; que si, le 14 nov. 1882, le préfet a cru devoir rapporter l'arrêté par lequel il avait accepté la démission du sieur Languinier, cette décision ne pouvait, sans excès de pouvoir, autoriser ce dernier à reprendre des fonctions dont il s'était démis, alors que cette démission avait été définitivement acceptée, et que ledit sieur Languinier avait cessé l'exercice desdites fonctions... (le surplus sans intérêt); — Art. 1er... — Art. 2. Sont annulées, pour excès de pouvoir, la décision par laquelle le préfet de la Nièvre a rapporté son acceptation de la démission du sieur Languinier, et l'a réintégré dans ses fonctions de maire, ainsi que la décision du ministère de l'intérieur, du 23 janv. 1883, confirmative de cet arrêté.

MM. Labiche, rapp.; Chante-Grellet, comm. du gouv.; Panhard, av.

CONS. D'ÉTAT 23 novembre 1883.

GARDE PARTICULIER, NOMINATION, RETRAIT DE L'ARRÊTÉ, RÉVOCATION, EXCÈS DE POUVOIR.

La faculté d'agrément, dans les nominations de garde particulier, n'emporte point pour les préfets et sous-préfets, le droit de retirer cet agrément une fois qu'ils l'ont donné, soit en révoquant le garde d'une manière expresse, soit en rapportant l'arrêté d'agrément (2) (LL. 20 mess. an III, art. 4; 3 brum. an IV, art. 40; 28 pluv. an VIII, art. 9).

(Godefroy de Dampierre.)

LE CONSEIL D'ÉTAT : — (Rédaction identique avec celle des arrêts du 23 janv. 1880, Pand. chr.); — Art. 1er. L'arrêté du préfet de Lot-et-Garonne, du 12 janv. 1883, est annulé.

MM. Bousquet, rapp.; Le Vavasseur de Précourt, comm. du gouv.

CONS. D'ÉTAT 23 novembre 1883.

TRAITEMENT, CUMUL, ÉVÊQUE, DÉPUTÉ, FONCTIONNAIRE PUBLIC, INDEMNITÉ, RETENUE.

La prohibition du cumul d'un traitement de fonctionnaire avec l'indemnité de député s'applique aux évêques, les évêques étant des fonctionnaires publics dans le sens des lois relatives au mandat parlementaire et à l'indemnité qui y est attachée (3) (LL. 16 févr. 1872, art. 5; 30 nov. 1875, art. 8 et 17).

Et cette prohibition frappe même les traitements qui ne sont point sujets à retenue (4) (Id.).

(Évêque d'Angers.)

Nous extrayons des conclusions de M. le commissaire du gouvernement les passages suivants, qui ont directement trait aux questions résolues par l'arrêt :

« I ...Pour soutenir qu'un évêque n'est pas un fonctionnaire, on invoque plusieurs arrêts de la Cour de cassation, et les termes mêmes du Concordat. — Pour soutenir que l'allocation touchée par l'évêque n'est pas un traitement, on invoque l'origine des allocations des ministres du culte catholique consenties en leur faveur, en 1789, à titre de compensation de la réunion des biens du clergé au domaine de la nation.

« Le mot « fonctionnaire » peut être pris, soit dans un sens restreint, comme synonyme d'agent du gouvernement, soit dans un sens large, comme s'appliquant à toute personne rétribuée par le budget. C'est dans le premier sens et avec raison que l'a pris la Cour de cassation dans les arrêts cités par la requête. De quoi s'agissait-il, en effet? Par les deux arrêts des 23 juin et 9 sept. 1831 (V. à la note), la Cour de cassation a décidé que les évêques n'étaient pas protégés par l'art. 75 de la Constitution de l'an VIII, qui interdisait de poursuivre, sans autorisation du conseil d'Etat, les agents du gouvernement autres que les ministres. Par l'arrêt du 22 févr. 1845 (V. à la note), elle a décidé que les dispositions de la loi du 17 mai 1819, sur la diffamation, concernant les dépositaires ou agents de l'autorité publique, ne s'appliquaient pas aux évêques. Nous comprenons parfaitement ces décisions. Tout fonctionnaire n'est pas un agent du gouvernement exerçant une portion de la puissance publique, par délégation de la loi ou du pouvoir exécutif, dans l'ordre judiciaire administratif ou militaire. L'ancien conseil d'Etat n'a jamais appliqué l'art. 75 de la Constitution de l'an VIII aux employés des minis-

(1) Force était, dans l'espèce, de recourir à une réintégration par nouvelle nomination. Or le préfet ne pouvait se substituer au conseil municipal, seul investi de cette attribution. La question ne pourrait même plus se poser sous le nouveau régime municipal consacré par la loi du 5 avril 1884. L'art. 60 de cette loi, dans son paragraphe deuxième, a déterminé avec précision les conditions que doivent réunir les démissions des membres des conseils municipaux pour être considérées comme définitives : « Les démissions, y est-il dit, sont adressées au sous-préfet; elles sont définitives à partir de l'accusé de réception par le préfet, et, à défaut de cet accusé de réception, un mois après un nouvel envoi de la démission constatée par lettre recommandée. » — Comp. Cons. d'Ét., 21 nov. 1884 (Pand. chr.).

(2) V. conf. Cons. d'Ét., 23 janv. 1880 (deux arrêts) (Pand. chr.), et les conclusions de M. le commissaire du gouvernement.

(3) M. le commissaire du gouvernement, dans les conclusions reproduites au cours de cet article, s'était posé nettement la question de savoir si les évêques, les ministres des cultes, qui touchent un traitement de l'Etat, ne doivent pas être considérés comme des *fonctionnaires publics* dans l'acception large de ce mot, et il l'a résolue affirmativement. V. toutefois Cass., 23 juin et 9 sept. 1831 (S. 31. 1. 264 et 353. — P. chr.); 22 févr. 1845 (S. 45. 1. 552. — P. 45. 1. 698. — D. 45. 1. 169). — Le conseil d'Etat n'a point voulu aborder cet examen d'ensemble; il s'est confiné dans la spécialité; il n'a discuté et tranché la difficulté qu'en se maintenant sur le terrain exclusif des lois relatives au mandat parlementaire et à l'indemnité qui y est attachée. Ainsi limité le problème devient moins ardu et la solution qu'y apporte notre arrêt ne semble pas devoir soulever d'objections bien sérieuses.

Faisons observer que le conseil d'Etat, avant l'affaire actuelle, avait été appelé, deux fois, à se prononcer sur des difficultés relatives au cumul des traitements de fonctionnaires avec les indemnités parlementaires. Par arrêt du 26 janv. 1877 (S. 77. 2. 125. — P. chr. adm. — D. 77. 3. 20), rendu sur la requête du colonel de Bastard, sénateur, il a décidé que les dispositions prohibitives du cumul, édictées par la loi du 16 févr. 1872, et rappelées par la loi du 30 nov. 1875, sur les élections des députés, ne s'appliquaient pas à l'indemnité des sénateurs. Par une décision du 1er juin 1883, aff. Datas (S. 85. 3. 29. — P. chr. adm.— D. 84. 3. 83), il a admis le cumul de l'indemnité de député avec le supplément de pension militaire de la loi du 18 août 1881.

(4) Cette question a été traitée avec tous les développements qu'elle comporte par M. le commissaire du gouvernement dans la seconde partie de ses remarquables conclusions.

tères, qui sont bien des fonctionnaires, mais non pas des agents du gouvernement (Cons. d'Et., 7 janv. 1856, aff. Richert). Le mot de fonctionnaire a été appliqué dans un sens bien plus large que celui d'agent du gouvernement, dans les lois qui ont, avec celle du cumul, une connexité très-grande, les lois sur les incompatibilités parlementaires. C'est ainsi que le décret organique du 2 févr. 1852 (art. 30), énumérant les fonctionnaires publics qui ne peuvent être élus députés, dans le lieu où ils ont exercé leurs fonctions, que six mois après la cessation de leurs fonctions, comprenait dans cette énumération les archevêques, les évêques et vicaires généraux. De même, la loi du 30 nov. 1875 (art. 8) comprend expressément parmi les fonctionnaires éligibles à la Chambre des députés, les archevêques et évêques, en même temps que certains ministres des cultes protestant et israélite. Le Concordat s'oppose-t-il à ce que les ministres du culte catholique soient qualifiés de fonctionnaires? Nous ne le pensons pas. Sans doute, l'évêque, dont les fonctions sont de l'ordre spirituel le plus élevé, doit recevoir du Pape l'institution canonique; mais il est nommé par le chef de l'Etat (art. 5 du Concordat), il prête serment (art. 6), et, certainement, en retenant le droit de nomination, le premier consul Bonaparte entendait faire des évêques des fonctionnaires, dans l'ordre ecclésiastique, et les rattacher au pouvoir exécutif, qu'il constituait sur les bases les plus larges et les plus autoritaires. La réorganisation du clergé était une des parties de la réorganisation générale des services publics. Le droit de nomination a toujours été jugé si important que, à deux reprises, en 1872, le gouvernement français a fait des observations au sujet des variantes que la Cour de Rome avait voulu apporter dans les bulles d'institution canonique des évêques, en substituant au mot *nominavit*, pour indiquer l'acte du président de la République nommant l'évêque, les mots *presentavit* et *nobis nominavit* (décrets portant réception de bulles pontificales d'institution canonique des 3 avril et 27 octobre). La Cour de Rome s'est inclinée devant ces observations, ainsi qu'il résulte d'une lettre du cardinal Antonelli à l'ambassadeur de France, visée dans ces décrets.

« Si l'évêque est un fonctionnaire ecclésiastique, l'allocation qu'il reçoit est un traitement d'une nature spéciale, il est vrai, puisqu'il n'ouvre aucun droit à la retraite. L'argument tiré par la requête de la loi des 2-4 nov. 1789, qui, en réunissant au domaine de l'Etat les biens du clergé, a chargé la nation du soin de pourvoir à l'entretien des ministres du culte, tendrait à établir, non pas que la qualification de traitement est inexacte, mais que le traitement a un caractère de dette obligatoire pour l'Etat, sauf l'application des lois financières d'ordre général sur le cumul. Toute discussion paraît d'ailleurs superflue en présence du texte des Articles organiques : la sect. 3 du tit. IV est intitulée : *Du traitement des ministres du culte*, et les art. 64 et 65 fixent les chiffres du traitement des archevêques et évêques. — Mais, dit-on, le traitement d'évêque n'ouvre aucun droit à pension, et la loi de 1872 ne s'applique qu'aux traitements ouvrant des droits à la pension de retraite, puisque l'art. 4 de cette loi maintient formellement ce droit en faveur des fonctionnaires élus députés. Cet article, introduit dans la loi sur la proposition de trois députés, a pour but de préciser la situation des fonctionnaires en vue de la retraite, mais nullement d'excepter de l'application de la loi les fonctionnaires n'ayant pas droit à pension, comme le sont les ministres des cultes, comme peuvent l'être certains fonctionnaires chargés de cours spéciaux et relevant du ministre de l'instruction publique. Ce n'est pas l'art. 4, mais l'art. 1er, qui pose le principe, et cet article déclare la loi applicable « aux fonctionnaires de tout ordre ». Nous n'avons pas à rechercher si la loi a eu tort d'appliquer à des ministres du culte et à des militaires le nom de fonctionnaires, plus généralement réservé aux fonctionnaires civils, mais à constater dans quel sens étendu elle a employé ce mot.

« II. La seconde question soulevée par la requête a une portée plus générale. Si les traitements sujets à retenue sont seuls frappés par l'interdiction du cumul, il faut en conclure que, tandis que la loi s'appliquerait à ceux des membres de la magistrature, de la diplomatie et de la Cour des comptes qui peuvent être élus députés, le cumul serait permis aux ministres, aux sous-secrétaires d'Etat, au préfet de la Seine, au préfet de police, élus députés, leurs traitements n'étant pas sujets à retenue. Cette distinction, qui, à première vue, semble résulter du texte littéral de l'art. 5 de la loi de 1872, est absolument contraire à la logique et au principe qui domine la loi : l'interdiction du cumul de deux allocations personnelles. L'art. 5 n'existait pas dans le projet primitif, et il a été ajouté à la loi à la suite d'observations qui avaient été présentées au sujet du traitement éventuel de fonctionnaires de l'instruction publique; il se réfère aux dispositions de la loi et du règlement de 1853 sur les pensions civiles, et il a pour but d'établir que, seuls, les suppléments de traitement constituant un émolument personnel et sujets à retenue, sont frappés par l'interdiction du cumul, tandis que les suppléments s'appliquant à certains frais matériels, tels que seraient, suivant l'exemple donné par le ministre dans ses observations, les frais de tournée épiscopale, n'y sont pas soumis. Les mots « sujets à retenue » ne s'appliquent qu'aux suppléments de traitement. C'est dans ce sens que la loi est appliquée. Les ministres, les sous-secrétaires d'Etat, le préfet de police ne cumulent pas leur traitement et leur indemnité de députés. Quant au gouverneur du Crédit foncier, s'il touche son indemnité de député, c'est parce que son traitement n'est pas payé sur le budget de l'État. Cette interprétation nous paraît confirmée par deux arguments de texte. Si les traitements sujets à retenue avaient seuls été visés, l'art. 5 de la loi n'aurait pas parlé des traitements militaires en même temps que des traitements civils, car si les soldes militaires étaient frappées de retenues, ces retenues n'avaient aucune corrélation avec l'établissement des pensions militaires, jusqu'à la loi du 22 juin 1878, qui a précisément établi cette corrélation; et avant cette même loi, dans le langage juridique, on ne qualifiait pas les traitements militaires de traitements avec retenues. En second lieu, l'art. 6 ne se comprendrait pas si la loi ne s'appliquait pas aux traitements non sujets à retenue, aussi bien qu'aux autres traitements. En effet, cet article excepte de l'application de la loi la solde des officiers généraux du cadre de réserve, les pensions, les traitements de la Légion d'honneur et de la Médaille militaire, les pensions concédées à titre de récompense nationale. Cette exception, s'appliquant à des allocations non soumises à retenue, ne se conçoit et ne s'explique que dans le sens du système qui attribue à l'art. 5 une portée générale; elle serait absolument inutile si tous les traitements non soumis à retenue étaient soustraits à l'application de la loi.

« En résumé, la loi du 16 févr. 1872 nous paraît s'appliquer à tous les traitements de fonctionnaires de tout ordre, que ces traitements soient ou non sujets à retenue; l'évêque n'est pas un agent du gouvernement, ni un dépositaire de l'autorité publique, mais il est un fonctionnaire dans le sens large où ce mot est employé tant par la loi de 1872 que par celle du 30 nov. 1875. L'évêque député doit donc toucher au budget la même somme que tous les autres évêques... »

LE CONSEIL D'ÉTAT : — Vu le décret du 29 janv. 1871; — Vu la loi du 16 févr. 1872; — Vu les art. 8 et 17 de la loi du 38 nov. 1875; — Considérant que l'évêque d'Angers, pour contester l'application qui lui a été faite par l'arrêté attaqué de la loi du 16 févr. 1872, prohibant le cumul d'un traitement de fonctionnaire avec l'indemnité de député, se fonde, en premier lieu, sur ce que les ministres du culte ne sauraient être considérés comme des fonctionnaires publics, dans le sens de la loi précitée; — Considérant que, si les évêques ne sont pas des dépositaires ou agents de l'autorité publique, ils n'en sont pas moins des fonctionnaires publics, dans le sens des lois relatives au mandat parlementaire, et à l'indemnité qui y est attachée; qu'en effet, l'art. 8 de la loi du 30 nov. 1875, sur l'élection des députés, après avoir établi que « l'exercice des fonctions publiques rétribuées sur les fonds de l'État est incompatible avec le mandat de député », et que « tout fonctionnaire élu député sera remplacé dans ses fonctions », mentionne expressément les archevêques et les évêques parmi les fonctionnaires publics qui sont exceptés de cette disposition; qu'il suit de là que les évêques doivent être considérés comme compris parmi les « fonctionnaires de tout ordre élus députés », dont le traitement ne peut, aux termes de la loi du 16 févr. 1872, être cumulé avec l'indemnité parlementaire; — Considérant que le requérant se fonde, en second lieu, sur ce que, d'après l'art. 5, de la même loi du 16 févr. 1872, la prohibition du cumul ne s'appliquerait qu'aux traitements assujettis à la retenue, et sur ce que le traitement des évêques est affranchi de toute retenue; — Mais, considérant que, si ledit art. 5, dans le but de déterminer quels sont, parmi les émoluments accessoires du traitement, ceux qui ne peuvent être cumulés avec l'indemnité législative, range dans cette catégorie « les suppléments de toute nature assujettis à la retenue au profit du Trésor », il ne résulte pas de cette disposition que les traitements eux-mêmes ne peuvent être soumis à l'interdiction du cumul qu'à la condition d'être assujettis à la retenue; que l'interprétation contraire résulte de l'art. 6 de la loi précitée du 16 févr. 1872, qui contient des dispositions spéciales destinées à affranchir de la prohibition du cumul les pensions civiles et militaires, et les traitements de la Légion d'honneur et de la Médaille militaire, bien que lesdits traitements et pensions ne soient assujettis à aucune retenue; — Considérant que, de ce qui précède, il résulte que l'évêque d'Angers n'est pas fondé à demander l'annulation de la décision par laquelle le garde des sceaux, ministre de la justice et des cultes, lui a fait application de la loi du 16 févr. 1872, prohibant le cumul d'un traitement de fonctionnaire avec l'indemnité de député; — Art. 1er. La requête de l'évêque d'Angers est rejetée.

MM. Coulon, rapp.; Le Vavasseur de Précourt, comm. du gouv.; Bosviel, av.

CONS. D'ÉTAT 30 novembre 1883.

Élections départementales, Commune, Absence de vote.

L'absence d'ouverture du scrutin dans une commune, par suite du refus des conseillers municipaux et des électeurs présents dans la salle du vote de constituer le bureau, entraîne l'annulation des opérations, alors que la participation des électeurs de cette commune au scrutin aurait pu modifier le résultat de l'élection (1).

(Élect. de Barjols.)

LE CONSEIL D'ÉTAT : — Considérant que, par suite du refus des conseillers municipaux et des électeurs qui se sont présentés dans la salle du vote de constituer le bureau, il n'a pas été procédé à l'ouverture du scrutin dans la commune de Bras, et que les électeurs de cette commune, qui compte 476 inscrits, n'ont pu exercer leurs droits électoraux; que le candidat élu n'a obtenu que 64 voix, en sus du chiffre de la majorité absolue et 250 de plus que son concurrent; que, s'ils avaient pris part au vote, le résultat de l'élection pouvait donc être modifié; qu'ainsi, les sieurs Planchut et consorts sont fondés à demander l'annulation des opérations électorales qui ont eu lieu le 12 août 1883, dans le canton de Barjols, pour la nomination d'un membre du conseil général; — Art. 1er. Les opérations électorales sont annulées.

MM. Guillemin, rapp.; Le Vavasseur de Précourt, comm. du gouv.

CONS. D'ÉTAT 30 novembre 1883.

Établissements insalubres, Autorisation, Refus, Santé publique, Excès de pouvoir.

Le refus d'autoriser l'ouverture d'un établissement insalubre (dans l'espèce, une porcherie et un atelier d'équarrissage, établissement de première classe) ne saurait, sans excès de pouvoir, être motivé uniquement sur les inconvénients que pourrait présenter pour la santé publique la consommation des produits de l'industrie projetée (DD. 15 oct. 1810; 31 déc. 1866).

Un tel refus ne peut légalement se baser que sur les inconvénients résultant pour le voisinage à raison de la distance trop rapprochée ou des vices de l'aménagement de l'établissement (Id.).

(Houette.)

LE CONSEIL D'ÉTAT : — Vu les décrets des 15 oct. 1810 et 31 déc. 1866; — Vu les lois des 7-14 oct. 1790 et 24 mai 1872; — Considérant que, pour refuser l'autorisation demandée par le sieur Houette, le préfet de l'Yonne s'est fondé sur les inconvénients que pourrait présenter pour la santé publique la consommation des produits de son industrie; — Mais, considérant que ce n'est pas par application des dispositions du décret du 15 oct. 1810, sur les ateliers insalubres, qu'il appartient à l'administration d'exercer sur les produits livrés à la consommation la surveillance qui lui est confiée par les lois; — Considérant qu'il résulte de l'instruction que la porcherie et l'atelier d'équarissage établis par le sieur Houette sont situés à une distance de quatre kilomètres de toute agglomération; que la ferme la plus rapprochée est à 500 mètres; — Considérant qu'à raison de son éloignement et de l'aménagement décrit par le requérant dans sa demande, l'établissement ne saurait présenter pour le voisinage des inconvénients de nature à motiver le refus d'autorisation demandée; — Art. 1er. Le sieur Houette est autorisé à exploiter l'établissement qu'il possède à Bléneau. — Art. 2. Le sieur Houette est renvoyé devant le préfet de l'Yonne, afin de faire déterminer les conditions dans lesquelles il pourra profiter de la présente autorisation.

MM. Bousquet, rapp.; Chante-Grellet, comm. du gouv.; Dareste, av.

CONS. D'ÉTAT 14 décembre 1883.

Patente, Banquier, Valeurs étrangères, Payement de coupons.

N'est pas soumis au rehaussement de moitié du droit fixe de patente, le banquier qui, ne représentant aucun État étranger, aucune Société, Compagnie ou ville étrangère, se borne à payer les coupons de valeurs étrangères qui lui sont présentés à l'escompte (2) (L. 15 juill. 1880, tabl. B.).

(Lenglet et Dietz.)

LE CONSEIL D'ÉTAT : — Considérant que, des termes mêmes du tarif des patentes de 1880, il résulte que le droit fixe afférent à la profession de banquier n'est rehaussé de moitié que pour ceux dont les opérations comprennent l'émission des titres d'États étrangers, de Sociétés, Compagnies et villes étrangères, et pour ceux qui se chargent du payement des intérêts et dividendes desdits titres, pour le compte de ces mêmes États, Sociétés, Compagnies et villes; — Considérant qu'il résulte de l'instruction que les sieurs Lenglet et Dietz ne sont pas les représentants d'États étrangers, ni de Sociétés, Compagnies ou villes étrangères, et qu'ils se bornent à payer les coupons de valeurs étrangères qui leur sont présentés à l'escompte; que, dans ces conditions, lesdits sieurs Lenglet et Dietz sont fondés à demander décharge du droit fixe additionnel auquel ils ont été soumis. — Art. 1er. L'arrêté... est annulé. — Art. 2. Décharge.

MM. Romieu, rapp.; Gomel, comm. du gouv.; Démonts, av.

TRIB. DES CONFLITS 15 décembre 1883.

Presbytère, Pavoisement, Fête nationale, Curé, Maire, Arrêté, Compétence.

Le droit de jouissance sui generis *reconnu aux desservants sur les presbytères communaux* (3) *ne saurait tenir en*

(1) Mais il y aurait lieu à la solution inverse, et les opérations électorales devraient être maintenues, si l'absence de vote n'était pas de nature à modifier les résultats de la majorité de rigueur, supérieure au nombre de suffrages de tous les électeurs inscrits de la commune qui s'est abstenue de voter. V. Cons. d'Ét., 16 févr. 1878 (Pand. chr.); 14 janv. 1881 (Pand. chr.), et les renvois.

(2) Comp. Cons. d'Ét. (deux arrêts), 8 févr. 1884 (Pand. chr.). — Il n'y a pas contradiction entre ces arrêts et celui que nous rapportons ci-dessus. Le payement de coupons de titres étrangers ne pourrait être pris en considération pour le rehaussement de moitié du droit fixe qu'autant que ce payement serait opéré en vertu d'une délégation, pour le compte des Sociétés, Compagnies, villes et États étrangers. Tel n'était pas le cas de l'espèce.

(3) Cette solution marque un accord complet entre le tribunal

échec l'arrêté du maire qui prescrit de décorer extérieurement ces édifices à l'occasion de la fête nationale (1) (L. 18 germ. an X, art. 72; Décr. 6 nov. 1813).

Un tel arrêté constitue, d'ailleurs, un acte administratif dont il n'appartient qu'à l'autorité administrative de connaître, à l'exclusion de l'autorité judiciaire (2) (Id.).

(Fonteny c. Boisard.)

M. le commissaire du gouvernement Gomel a présenté les observations suivantes :

« Dans la plupart des communes, le presbytère est une propriété communale, car, sans parler du cas où il a été, soit acheté, soit construit aux frais de la commune, cet édifice est généralement un de ces biens dans lesquels les communautés d'habitants étaient, sous l'ancien régime, en vertu de l'édit de 1693, tenues de loger les ministres du culte, qui ont été ensuite attribués à la nation par la loi du 2 nov. 1789, puis qui, en exécution de l'art. 72 de la loi du 18 germ. an X, ont été restitués par l'Etat aux communes, sous la condition de servir au logement des curés et desservants. Quelle que soit l'origine du presbytère de Volandry, il n'est pas contesté qu'il appartienne à la commune, et ce point est essentiel à constater, car d'importantes conséquences découlent du droit de propriété reconnu au profit de la commune.

« Aucun doute ne paraît s'être élevé pendant fort longtemps sur la nature et le caractère du droit de jouissance que les curés et desservants ont sur les presbytères. En effet, l'art. 6 du décret du 6 nov. 1813 n'attribue à ces ecclésiastiques les avantages et les charges de l'usufruit que sur les biens des cures, et l'on admettait dans la doctrine que, les presbytères n'appartenant pas aux cures, les curés et desservants ne possédaient pas à l'égard des presbytères un véritable droit d'usufruit. De son côté, l'administration n'avait pas une doctrine moins nette : dès 1808, une décision ministérielle, en date du 8 avril, posa en principe que les curés n'étaient pas usufruitiers des presbytères, et qu'ils n'avaient droit qu'à l'usage personnel de ces édifices. — Une opinion contraire s'est produite seulement dans ces dernières années. Un arrêt de la Cour de Caen, en date du 26 déc. 1877, ayant assimilé les presbytères aux biens des cures, et ayant même déclaré qu'ils forment la partie principale de ces biens, la chambre des requêtes de la Cour de cassation rejeta le pourvoi formé contre cet arrêt (4 févr. 1879, Commune de Mesnil-Rainfray, S. 81. 1. 395. — P. 81. 1. 1028. — D. 79. 1. 221); et le motif de sa décision est tiré de ce « qu'en vertu des art. 6, 13, 14 et 21 du décret du 6 nov. 1813, les curés et desservants ont l'usufruit des presbytères ». Plusieurs Cours d'appel s'empressèrent d'adhérer à la théorie ainsi formulée; d'autres, au contraire, la repoussèrent, et notamment un arrêt de la Cour de Riom, du 2 août 1880, Commune de Trévol (D. 82. 2. 124), se refusa à admettre que le droit de jouissance du curé sur le presbytère constituât un droit réel figurant au nombre des biens de la cure.

« La Cour de cassation ne devait pas être longue, du reste, à revenir à une interprétation différente de celle contenue dans son arrêt de 1879. En effet, à l'occasion des poursuites dirigées, par application de l'art. 257, C. pén., contre l'abbé Verroux, pour avoir arraché et brisé les drapeaux placés, le jour de la fête nationale, au-dessus de la porte de son presbytère, la chambre criminelle reconnut, dans un arrêt du 31 mars 1882 (Pand. chr.), que, le presbytère étant un édifice communal, le maire avait pu légitimement y faire apposer une décoration de drapeaux à l'extérieur. Ce premier arrêt fut, bientôt après, confirmé par un autre en date du 9 juin 1882, aff. Maury (Pand. chr.), dans lequel on lit « que les curés et desservants n'ont sur les presbytères qu'un droit d'usufruit spécial et d'habitation », et que ce droit ne reçoit aucune atteinte lorsque le maire fait apposer, le 14 juillet, le drapeau national à la façade du presbytère. Ainsi, la Cour de cassation établissait une différence entre le droit d'usufruit ordinaire, tel qu'il est réglé par le Code civil, et le droit d'habitation garanti aux curés et desservants; elle admettait implicitement que ceux-ci ne peuvent pas se prévaloir de l'art. 578, C. civ., aux termes duquel l'usufruit est le droit de jouir des choses dont un autre a la propriété, comme le propriétaire lui-même, car, si les curés étaient des usufruitiers de droit commun, ils auraient pu s'opposer à ce qu'on décorât la façade des presbytères, tout comme un simple particulier aurait qualité pour empêcher le propriétaire de la maison qu'il tient en usufruit ou en location, de couvrir les murs de cette maison d'une décoration de lanternes et de drapeaux.

« La Cour ne tarda pas à compléter sa doctrine et à dégager sa pensée d'une façon encore plus nette. Dans l'arrêt du 9 juin, elle avait prononcé le mot d'usufruit; dans un nouvel arrêt du 11 nov. 1882, aff. Bergerat (Pand. chr.), elle n'hésita pas à dire que « le droit des curés n'a pas les caractères légaux d'un usufruit, mais que c'est un droit spécial de jouissance qui en est l'équivalent »; et, dans un autre arrêt du 16 févr. 1883, aff. Chincholle (Pand. chr.), la Cour a affirmé « que les desservants ont sans doute, au regard des simples particuliers, le droit de faire respecter la jouissance *sui generis* qui leur appartient sur les presbytères, mais que ce droit des desservants ne saurait faire obstacle à ce que l'autorité municipale, procédant en vertu du droit de propriété de la commune, fasse apposer à l'extérieur des presbytères, dans des emplacements à ce réservés, les affiches des lois et autres actes de l'autorité publique ». Ces principes se trouvent confirmés par un arrêt tout récent du 7 déc. 1883, aff. Ribert et Vigneron (Pand. chr.), et on doit, en conséquence, considérer comme acquis que, dans l'opinion de l'autorité judiciaire, les curés et desservants ne possèdent pas, à proprement parler, un droit d'usufruit sur les presbytères mis à leur disposition par les communes, qu'ils n'ont qu'un droit de jouissance spécial, que leur droit est d'être logés dans l'édifice communal consacré à cet usage, que leur habitation ne doit pas être troublée, qu'ils ont une action contre tout acte d'un tiers qui compromettrait leur jouissance, mais que la commune propriétaire peut librement disposer de l'extérieur du presbytère et en décorer la façade, à l'occasion des fêtes publiques, ou apposer des affiches sur les murs de ce bâtiment.

« Le système auquel a fini par se rallier la Cour suprême est conforme au texte et à l'esprit de la législation. En effet, l'art. 72 de la loi du 18 germ. an X se borne à disposer que les anciens presbytères confisqués seront rendus aux communes pour être affectés au logement des curés et desservants; deux avis du conseil d'Etat, en date du 3 niv. an XI et du 2 pluv. an XII, approuvés par l'Empereur, ont proclamé le droit de propriété des communes, et aucune disposition du décret du 6 nov. 1813 ne confère aux curés l'usufruit des presbytères; l'art. 6 de ce décret ne les déclare, au contraire, usufruitiers que des biens des cures. D'autre part, le décret de 1813 n'est relatif, d'après son intitulé, qu'à « l'administration et à la conservation des biens que possède le clergé dans plusieurs parties de l'empire ». Or, si le droit de jouissance des curés et desservants était un véritable usufruit, il constituerait un droit foncier très-important; il serait même généralement le seul bien de la cure; d'où il suit que toutes les cures posséderaient un droit foncier, et qu'au lieu de prévoir comme un cas exceptionnel celui où les cures auraient des biens-fonds, le décret aurait dû le considérer comme étant la règle générale. Le texte de l'art. 1er, qui est rédigé d'une façon évidemment restrictive, et qui confie aux fabriques le soin de veiller à la conservation des biens des cures dans les paroisses où les cures ont des biens, ne se prête pas à l'interprétation d'après laquelle chaque cure posséderait comme droit foncier l'usufruit du presbytère. Les art. 13 et 21 du décret du 6 nov. 1813, conformes à l'art. 44 du décret du

---

des conflits et la Cour de cassation, relativement au caractère juridique du droit reconnu aux curés et aux desservants sur les presbytères communaux. Ce droit n'est ni un droit d'*usufruit* ni un droit d'*habitation*, tels qu'ils sont définis et réglés par le Code civil; il ne se comporte pas non plus comme une simple *affectation administrative*; c'est un droit de jouissance *sui generis*. V. Cass., 9 juin 1882 (Pand. chr.); 11 nov. 1882 (Pand. chr.); 16 févr. 1883 (Pand. chr.); 7 déc. 1883 (Pand. chr.). — Et il n'y a pas à distinguer dans cette théorie entre les presbytères remis aux curés en vertu de la loi organique, et les presbytères fournis depuis ou construits par les communes en vertu du décret de 1809. V. toutefois les conclusions de M. le commissaire du gouvernement jointes à Trib. des conflits, 16 déc. 1882 (S. 84. 3. 71. — P. chr. adm.) et 14 avril 1883 (Pand. chr.).

Cette jouissance *sui generis* n'est point un droit purement nominal; elle ne manque pas, suivant les cas, d'importance pratique; ainsi, elle donne aux curés et desservants qualité pour introduire directement une action en justice à l'effet de faire respecter leur prérogative à l'encontre de quiconque essayerait d'y porter atteinte. V. Cons. d'Et., 29 juill. 1858, aff. David-Faure; 1er juill. 1882, aff. Abbé Forces; Trib. des conflits, 18 mars 1882, aff. Daniel (Pand. chr.), et aussi Cass., 4 févr. 1879 (S. 81. 1. 395. — P. 81. 1. 1028. — D. 79. 1. 221). S'il n'y avait qu'une *affectation administrative*, comme lorsqu'il s'agit de palais épiscopaux mis par l'Etat à la disposition des évêques (V. Trib. des conflits, 14 avril 1883, Pand. chr.), les curés ou desservants troublés dans leur jouissance ne pourraient pas s'adresser aux tribunaux; ils n'auraient d'autre ressource que de réclamer administrativement. — V. sur tous ces points les conclusions de M. le commissaire du gouvernement reproduites au cours de cet article.

(1-2) Même accord avec la Cour de cassation, quant au droit reconnu aux maires de prescrire la décoration extérieure des presbytères, à l'occasion de la fête nationale. V. Cass., 31 mars et 9 juin 1882 (Pand. chr.); 7 déc. 1883 (Pand. chr.). Il y a, sur ce point, assimilation complète entre les presbytères et les palais épiscopaux. V. Trib. des conflits, 14 avril 1883 (Pand. chr.), et la note. — V. aussi, en ce qui concerne les maisons d'école, Cass., 5 juin 1885 (Pand. chr.), et la note.

30 déc. 1809 sur les fabriques, ne décident-ils pas d'ailleurs que les titulaires des cures ne sont tenus à l'égard des presbytères qu'aux réparations locatives? Or, si l'on veut connaître quelles sont les réparations locatives ou de menu entretien, il faut se reporter à l'art. 1754, C. civ., article qui se trouve au titre du contrat de louage, et non à celui de l'usufruit. Les charges de l'usufruitier sont plus considérables; il est tenu des réparations d'entretien, aux termes de l'art. 605, et, d'après l'art. 608, de toutes les charges annuelles de l'héritage. La situation d'un curé ou desservant n'est donc pas, en ce qui regarde la jouissance du presbytère, celle d'un usufruitier, et, quand on remarque qu'en vertu, tant de l'art. 72 de la loi du 18 germ. an X que de l'art. 92 du décret du 30 déc. 1809, les communes doivent fournir à leurs pasteurs, à défaut de presbytère, un logement, et, à défaut de logement, une indemnité équivalente, on est amené à reconnaître que le droit des ecclésiastiques est uniquement d'être logés, et que leur droit d'habitation dans les presbytères communaux ne saurait être assimilé à l'usufruit du Code civil.

« Dans les observations qu'il a présentées au sujet de l'arrêté de conflit pris dans l'affaire actuelle par le préfet de Maine-et-Loire, M. le ministre de la justice et des cultes n'accepte pas la théorie qui vient d'être exposée, et il demande au tribunal de dénier aux curés et desservants qualité pour introduire en justice une action ayant pour objet de faire respecter les droits qui leur appartiennent sur les presbytères. Le ministre soutient que, si les titulaires des cures sont logés dans les presbytères, c'est en vertu d'une simple affectation administrative, et il en conclut que les droits et obligations résultant de cette affectation ne rentrent pas dans la compétence de l'autorité judiciaire. Suivant le mémoire ministériel, toute contestation relative aux effets de l'affectation d'un presbytère ne pourrait être appréciée que par l'administration, et si, soit la commune, soit un tiers venait à troubler la jouissance d'un curé sur son presbytère, cet ecclésiastique ne pourrait pas s'adresser aux tribunaux, et il en serait réduit à ne réclamer qu'administrativement. Le ministre s'efforce d'établir qu'il n'y a pas de différence entre le cas d'un desservant qui occupe un presbytère, par application de l'art. 72 de la loi du 18 germ. an X et le cas d'un évêque auquel un bâtiment de l'Etat a été affecté à titre de palais episcopal, par application de l'art. 71 de la même loi, et il pense que, pour confirmer l'arrêté de conflit, le tribunal devrait se fonder sur le même motif qu'il a adopté le 14 avril 1883 (Pand. chr.), dans l'affaire concernant Mgr Freppel, évêque d'Angers.

« Il ne paraît pas possible d'admettre cette thèse. Nulle analogie n'existe, en effet, entre l'affectation des presbytères au logement des curés et desservants, et celle des palais épiscopaux au logement des évêques. Tandis que les palais épiscopaux ont été mis, par des décisions administratives purement gracieuses, à la disposition des évêques, la restitution des presbytères a été faite aux communes par le législateur lui-même, avec la condition formelle qu'ils serviraient à loger les titulaires de cures. A la vérité, la restitution de chaque presbytère a dû donner lieu à un envoi en possession émanant du ministre des finances; mais cette formalité n'avait pour objet que de constater le dessaisissement de l'Etat, et on n'oserait prétendre que l'Etat est libre de revenir sur les restitutions opérées en vertu de l'art. 72 de la loi de germinal. Les communes ne peuvent pas davantage consacrer à un autre usage que le logement du curé, les presbytères qui leur ont été rendus; l'art. 72 ne leur laisse pas la libre disposition des presbytères, et les précautions prises par l'ordonn. du 3 mars 1825, en ce qui concerne la distraction des parties superflues des presbytères, sont la preuve manifeste de l'indisponibilité de ces édifices au regard des communes. Le caractère des affectations administratives n'est-il pas d'ailleurs de ne pas constituer de droit au profit de ceux qui bénéficient de l'affectation, et, par suite, d'être révocables au gré de l'administration? Au contraire, l'art. 72 ordonne que les presbytères confisqués seront rendus, il décide que les curés et desservants en auront la jouissance, et c'est par un abus de langage qu'on voit dans ces dispositions une affectation. Les dispositions dont il s'agit consacrent un état de choses définitif, et ils ont créé un droit à la propriété au profit des communes, un droit à l'habitation au profit des ecclésiastiques.

« Sans doute encore, un avis du conseil d'Etat, en date du 21 avril 1839, a qualifié l'indemnité de logement « d'affectation faite à un fonctionnaire ecclésiastique pour un service public »; mais l'indemnité de logement a un caractère particulier, c'est un accessoire du traitement dans le cas où il n'y a pas de presbytère à mettre à la disposition du curé, et, en disant qu'à défaut de presbytère, le curé touchera une indemnité, le décret du 30 déc. 1809 n'a fait qu'imposer une obligation aux communes et aux fabriques. Aussi la jurisprudence reconnaît-elle qualité aux curés et desservants pour plaider dans l'intérêt de leur droit de jouissance sur les presbytères. V. Cass., 4 févr. 1879, précité; Riom, 25 mars 1879; Cons. d'Etat, 29 juill. 1858, aff. David-Faure (D. 71. 5. 315); 1er juill. 1881, aff. Abbé Forces; Trib. des conflits, 18 mars 1882, aff. Daniel (Pand. chr.).

« Il n'y a donc pas lieu de reproduire l'arrêt Freppel, du 15 avril 1883; mais, comme l'usufruit des presbytères n'appartient pas aux curés, que ceux-ci n'ont qu'un droit de jouissance *sui generis*, et que les communes peuvent faire pavoiser l'extérieur des presbytères, l'acte par lequel le maire de Volandry a prescrit la décoration du presbytère de cette commune est administratif, et le conflit doit être confirmé. »

LE TRIBUNAL DES CONFLITS : — Vu les lois des 16-24 août 1790, tit. II, art. 13, et le décret du 16 fruct. an III; — Vu les dispositions de la loi du 18 germ. an X et du décret du 6 nov. 1813; — Vu l'ordonn. du 1er juin 1828; — Vu la loi du 6 juill. 1880; — Considérant que, par arrêté du 14 juill. 1883, à l'occasion de la fête nationale, le maire de la commune de Volandry a prescrit le pavoisement de la porte principale du presbytère, donnant sur la voie publique, et a chargé le sieur Boisard d'exécuter les travaux nécessaires à cette fin; — Considérant que la demande du sieur Fonteny est fondée sur le dommage que lui aurait causé l'exécution de cet arrêté, pris contrairement à son droit d'usufruit sur le presbytère; — Considérant que le droit de jouissance *sui generis*, qui est conféré aux desservants par la loi du 18 germ. an X et par le décret du 6 nov. 1813, n'a pas pu faire obstacle à ce que le maire de Volandry ordonnât valablement la décoration extérieure du presbytère à l'occasion de la fête nationale; qu'il suit de là qu'en prenant l'arrêté du 14 juill., il n'a fait qu'un acte administratif, dont il n'appartient pas aux tribunaux civils de connaître; — Art. 1er. L'arrêté de conflit est confirmé. — Art. 2. Sont considérés comme nuls : 1° l'assignation du 28 juill. 1883; 2° le jugement du tribunal de Baugé, en date du 22 août 1883.

MM. Accarias, rapp.; Gomel, comm. du gouv.

1884

CONS. D'ÉTAT 4 janvier 1884.

CONTRIBUTIONS DIRECTES, IMPÔT FONCIER, BATIMENTS RURAUX, NOURRISSEUR.

Ne peuvent être considérés, au point de vue de l'exemption de l'impôt foncier, comme des bâtiments ruraux, destinés à loger les bestiaux des fermes et métairies, des dépendances détachées du service d'une exploitation agricole et louées à un nourrisseur de chèvres et moutons pour l'exercice de sa profession (1) (L. 3 frim. an VII, art. 85).

(Rouch.)

LE CONSEIL D'ÉTAT : — Vu la loi du 3 frim. an VII; — Considérant qu'il résulte de l'instruction que, si le revenu cadastral servant de base à la contribution foncière à laquelle le sieur Rouch a été imposé sur le rôle de la commune de Villeneuve-les-Beziers, pour l'année 1882, a été augmenté de 16 francs, cette augmentation s'applique à un bâtiment jusqu'alors exempté de la contribution foncière comme bâtiment rural; — Considérant que ledit bâtiment a été loué, pour l'année 1882, à un nourrisseur de chèvres et de brebis pour l'exercice de sa profession; qu'il ne saurait, dès lors, être considéré comme bâtiment rural, au sens de l'art. 85 de la loi du 3 frim. an VII, qui n'exempte que les bâtiments servant à loger les bestiaux des fermes et métairies; que, dès lors, le sieur Rouch n'est pas fondé à demander la décharge de la contribution foncière à laquelle il a été imposé à raison de ladite bergerie; — Art. 1er. La requête... est rejetée.

MM. Ménant, rapp.; Chante-Grellet, comm. du gouv.

CONS. D'ÉTAT 4 janvier 1884.

CONTRIBUTIONS DIRECTES, IMPÔT FONCIER, MAINMORTE, MARCHÉ, COMMUNE.

Des abris affectés par une ville à l'usage de marchés, lorsqu'ils sont fixés au sol par des piliers en fonte, constituent des immeubles communaux productifs de revenus, passibles, par suite, de l'impôt foncier et de la taxe des biens de mainmorte (2) (L. 3 frim. an VII, art. 103, 105).

(Ville de Paris.)

LE CONSEIL D'ÉTAT : — Vu la loi du 3 frim. an VII, notamment les art. 2, 5, 103 et 105, le décret du 11 août 1808, et la loi du 20 févr. 1849; — ... Au fond : — Considérant qu'aux termes de l'art. 105 de la loi du 3 frim. an VII, les propriétés communales productives de revenus doivent être imposées dans la commune; que si, aux termes de l'art. 103 de la loi précitée, les places publiques servant aux foires et marchés ne sont pas cotisables, cette exemption ne s'étend pas aux édifices servant aux halles et marchés; que les abris affectés par la ville de Paris à l'usage de marché aux fleurs et fixés au sol par des piliers en fonte constituent des immeubles productifs de revenus; que, dès lors, c'est avec raison que la ville de Paris a été imposée et maintenue à la contribution foncière et à la taxe des biens de mainmorte, à raison de ces abris. — Art. 1er. La requête... est rejetée.

MM. Guillemin, rapp.; Marguerie, comm. du gouv.; Arbelet, av.

CONS. D'ÉTAT 11 janvier 1884.

PENSION, ACCIDENT DE SERVICE, MALADIE ÉPIDÉMIQUE, VEUVE.

Un fonctionnaire qui succombe à l'invasion d'une maladie épidémique dans la ville de sa résidence officielle, ne peut être considéré comme ayant succombé à un accident de service; par suite, sa veuve n'est pas fondée à réclamer, même à titre exceptionnel, une pension de retraite (3) (L. 9 juin 1853, art. 11, § 2, et 14, § 2).

---

(1) V. dans le même sens, Cons. d'Et. 25 avril 1866, aff. Peyronnet. Il s'agissait dans cette espèce d'une écurie louée par un cultivateur à un marchand de chevaux; l'exemption n'a point été admise.

(2) V. en ce sens, Cons. d'Et., 26 juill. 1878 (Pand. chr.), et nos observations. — Pour déclarer que les abris litigieux constituaient des immeubles, l'arrêt ci-dessus relève, comme unique considération, qu'ils étaient fixés au sol par des piliers en fonte. Le conseil d'État a fait ainsi une application à l'espèce d'une jurisprudence qu'il avait sinon inaugurée, du moins mieux précisée, dans une décision du 25 juin 1880 (Pand. chr.), et la note.

(3) Dans cette question, qui intéresse à un si haut degré les finances publiques qu'une trop grande facilité à accorder des pensions risque de compromettre, le conseil d'État ne nous paraît point se diriger par un ensemble de théories, de principes bien nettement arrêtés. On cherche la loi juridique de ses décisions; on ne la trouve pas. Sans doute des auteurs ou des arrêtistes ont posé certaines règles qu'ils se sont efforcés d'étayer par des citations d'arrêts rendus dans le sens de leurs déductions. Mais ces arrêts sont contredits par d'autres, sans cependant des différences de fait et de circonstances d'espèce assez caractéristiques pour justifier la divergence des solutions. Qu'une large part d'appréciation soit laissée à l'administration et, en des cas de pourvoi, au conseil d'Etat, rien de mieux. Mais, dans une matière où les entraînements de générosité sont si naturels, où les tendances poussent toujours à accorder, jamais à refuser, il est regrettable que des limites précises ne viennent pas tracer la ligne de démarcation entre les concessions légales, justifiées par le droit, et les prétentions inadmissibles qui ne peuvent devoir leur succès qu'à la faiblesse ou tout au moins à des défaillances de résistance. Les principes ont plus de force que les volontés même les mieux intentionnées; ils soutiennent les caractères, et impriment aux résolutions une énergie qui fait défaut le plus souvent au tempérament des individus ou des assemblées.

Ainsi, d'une part, et pour ne citer que quelques exemples de cette absence de toutes règles, il y a eu refus de pension, à titre exceptionnel, à la veuve d'un magistrat du parquet qui avait succombé à une affection rhumatismale contractée dans les locaux humides et malsains où les services judiciaires étaient installés. V. Cons. d'Et., 2 mars 1870, aff. Margier. — Mais, d'autre part, une pension a été accordée à la veuve d'un percepteur décédé, au bout de deux ans, des suites d'un rhume, dégénéré en bronchite et en maladie de poitrine, et occasionné par le séjour dans une pièce non chauffée où ce fonctionnaire avait dû stationner pour exercer ses recouvrements. V. Cons. d'Et., 22 juill. 1881 (D. 83. 3. 12).

(Ager.)

LE CONSEIL D'ÉTAT : — Vu l'avis de la section des finances du 11 avril 1883; — Vu la loi du 9 juin 1853, art. 11, § 2, et 14, § 2; — Considérant que le sieur Ager, brigadier des douanes, a succombé aux atteintes d'une épidémie de variole qui régnait à Cette, lieu de sa résidence habituelle; que ce fait n'a pas eu le caractère d'un accident de service, dans le sens de l'art. 11, § 2, de la loi du 9 juin 1853; que, par suite, la dame Ager, sa veuve, n'est pas fondée à réclamer une pension de retraite, par application des dispositions des art. 11 et 14 de la loi précitée; — Art. 1er. La requête... est rejetée.

MM. Labiche, rapp.; Gomel, comm. du gouv.; Trezel, av.

CONS. D'ÉTAT **18 janvier 1884.**

CONTRIBUTIONS DIRECTES, RÉCLAMATION, TIMBRE, DÉPENS.

En matière de contributions directes, l'admission d'une réclamation ne comporte pas de condamnation aux dépens; il n'y a, en effet, d'autres dépens que les frais de timbre dont le remboursement n'est pas autorisé (1).

(Torterue.)

LE CONSEIL D'ÉTAT : — En ce qui concerne les dépens mis à la charge de l'administration : — Considérant qu'en dehors des frais d'expertise, les réclamations en matière de contributions directes ne peuvent occasionner d'autres frais que ceux résultant des droits, de timbre et qu'aucune disposition de loi n'en prescrit le remboursement aux parties, lorsque leur recours est reconnu fondé; que, dans ces circonstances, c'est à tort que le conseil de préfecture d'Indre-et-Loire a mis à la charge de l'administration les dépens de l'instance introduite par le sieur Torterue; — Art. 1er... (sans intérêt). — Art. 2. L'arrêté attaqué est annulé dans celles de ses dispositions par lesquelles il met les dépens de l'instance introduite à la charge de l'administration.

MM. Tardif, rapp.; Gomel, comm. du gouv.

CONS. D'ÉTAT **18 janvier 1884.**

PATENTE, DROIT FIXE, OUVRIÈRES, CALCUL.

Pour le calcul du droit fixe de patente d'après le nombre d'ouvriers d'une fabrique, il n'y a pas lieu de distinguer, suivant le sexe, entre les ouvriers et les ouvrières, et de ne compter celles-ci que pour la moitié de leur nombre, comme les vieillards ou les enfants (2) (L. 15 juill. 1880).

(Société des Tuileries de Montceau-les-Mines.)

LE CONSEIL D'ÉTAT : — Vu la loi du 15 juill. 1880; — En ce qui concerne le droit fixe : — Considérant que

Ainsi encore le droit à une pension a été dénié à la veuve d'un employé des contributions indirectes dont la mort était attribuée aux refroidissements qu'il avait éprouvés dans une tournée, en passant alternativement d'une atmosphère brûlante dans des caves froides et humides. V. Cons. d'Et., 4 juill. 1860, aff. Orphila. — Par contre, le même droit a été reconnu à la veuve d'un sous-inspecteur des contributions indirectes qui avait été atteint d'une néphrite à la suite d'opérations qui s'étaient prolongées dans l'humidité pendant plusieurs heures. V. Cons. d'Et., 16 déc. 1863, aff. Renault.

Même refus de pension à la veuve d'un sous-inspecteur des forêts atteint d'une pneumonie compliquée de catarrhe suffocant dont la cause était attribuée à des courses dans les montagnes par une température souvent froide et humide. V. Cons. d'Et., 8 mars 1860, aff. Fiat. — Autre concession, au contraire, à la veuve d'un préposé des douanes atteint d'une péritonite à la suite d'un refroidissement gagné pendant une observation matinale. V. Cons. d'Et., 19 mai 1864, aff. Delenclos.

Le conseil d'Etat semble aussi faire une distinction entre les maladies *endémiques* et les maladies *épidémiques*, les premières seules donnant droit à pension à la veuve en cas de décès du mari, les dernières n'y ouvrant aucun recours. — Jugé, d'une part, que pension est due à la veuve d'un magistrat emporté soit par des fièvres paludéennes, soit par des fièvres intermittentes, *à l'état endémique* dans la ville où il exerçait ses fonctions. V. Cons. d'Et., 23 juin 1882 (Pand. chr.); 23 mai 1884 (Pand. chr.); — et, d'autre part, que pension n'est point due à la veuve d'un brigadier des douanes qui a succombé aux atteintes d'une *épidémie* de variole qui régnait au lieu de sa résidence habituelle. C'est dans cette espèce qu'est intervenu l'arrêt ci-dessus rapporté.

Par quels motifs se justifie cette dernière distinction? On dit que lorsqu'un fonctionnaire est envoyé dans un pays malsain et qu'il succombe à une maladie *endémique* qui n'existe que dans cette localité, il est, par le seul fait de son séjour dans le poste qui lui est assigné, exposé à un péril permanent. Il existe alors une relation de cause à effet entre l'exercice des fonctions et la maladie qui a entraîné la mort. Tandis qu'en cas d'*épidémie*, le fonctionnaire est dans la situation ordinaire de tous les habitants que le souci de leurs affaires privées retient dans la ville. Il partage le sort commun; il n'encourt, par le fait de sa fonction, nul danger particulier.

Ces raisons ne nous touchent pas; elles ne sont point absolument exactes. Le particulier n'a pas de devoir à remplir; il peut quitter le pays, fuir devant l'invasion; se mettre à l'abri des atteintes du mal. Cette conduite ne sera pas héroïque sans doute; elle n'implique cependant aucun déshonneur. Le fonctionnaire, lui, doit rester; s'il part, c'est la révocation avec toutes ses conséquences de perte matérielle, de flétrissure morale. — Le particulier qui reste se ménage, prend des précautions, surveille sa conduite, évite les milieux contaminés. Le courage est une vertu, on ne peut le rendre obligatoire, l'exiger de tout le monde. Le fonctionnaire, au contraire, doit rester pour agir, se multiplier, se montrer partout, braver les foyers de pestilence. Si modeste que soit la position qu'il occupe, il a un exemple à donner. Chef, il se doit à ses inférieurs; inférieur, il se doit aux employés de sa condition. D'ailleurs, le danger rapproche les rangs et égalise les niveaux. Que dire de ceux qui occupent les situations les plus élevées de l'administration, de l'armée, de la magistrature, etc.? Et quand le fonctionnaire aura ainsi tout risqué, tout osé; qu'à force de provocation et de défi, il tombera victime volontaire du devoir, on disputera à sa veuve une pension; on la lui refusera, sous prétexte de distinction entre les maladies endémiques et les maladies épidémiques.

Mais, en pareil cas, la distinction se produit à rebours. C'est en temps d'épidémie que la fonction expose le plus. La jurisprudence du conseil d'Etat n'est rien moins qu'un encouragement; elle ne laisse aux dévouements les plus admirables d'autre satisfaction que celle du devoir accompli. Les veuves qui survivent sont en droit de compter sur quelque chose de plus; autrement, elles feraient seules tous les frais de l'héroïsme de leur mari.

Nous appelons toute l'attention du conseil d'Etat sur cette matière si digne de sa haute sollicitude. La tâche est double, à notre avis. D'une part quelques principes généraux demanderaient à être nettement posés, bien définis, de manière à être connus de tous les intéressés, et à faire cesser les contradictions que présente la diversité des solutions. D'autre part, certaines règles sur lesquelles l'accord semble s'être établi, auraient besoin d'être soumises à un nouvel examen, parce qu'elles reposent sur des raisons plus spécieuses que réellement décisives et que souvent même elles conduiraient à des distinctions à rebours qui blesseraient tout sentiment de justice.

Signalons toutefois en terminant, comme exemple d'une solution à l'abri de toute critique, une décision du 18 nov. 1881, aff. Streissel (S. 83. 2. 34. — P. chr. adm. — D. 83. 3. 36). Il s'agissait d'un garde forestier tué par des délinquants surpris en contravention, sans même qu'il y ait eu rixe. Le droit à une pension a été accordé à la veuve. Cette espèce présente de toute certitude, une relation étroite de cause à effet entre l'exercice de la fonction et l'événement qui a entraîné la mort. Il serait toutefois trop rigoureux de restreindre à cette seule hypothèse les délivrances de pensions.

(1) Jurisprudence certaine. V. conf. Cons. d'Et., 14 juin 1866 (P. chr. adm.). V. aussi, dans le même sens, en matière de taxes assimilées aux contributions directes, Cons. d'Et., 11 nov. 1881 (D. 83. 2. 21); 17 nov. 1882 (D. 84. 5. 287); 22 févr. 1884 (D. 85. 3. 61).

(2) La même solution avait été déjà consacrée sous l'empire de l'art. 10 de la loi du 4 juin 1858, textuellement reproduit par l'art. 10 de la loi du 15 juill. 1880. V. Cons. d'Et., 28 mars 1860, aff. Dézarnaud; 22 janv. 1868 (S. 68. 2. 260. — P. chr. adm.); 21 juill. 1876, aff. Courvoiser. V. aussi notre *Dictionnaire de dr. comm., ind. et marit.*, t. V, v° *Patente*, n. 67 et 68.

pour l'établissement du droit fixe, calculé en vertu de la loi du 15 juill. 1880, d'après le nombre d'ouvriers occupés par le fabricant, il doit être tenu compte de toutes les personnes employées à la fabrication, sans distinction de sexe, et qu'aucune disposition de loi ne permet d'assimiler les femmes aux individus âgés de plus de soixante ou de moins de seize ans qui, aux termes de l'art. 10, doivent seuls n'être imputés dans les éléments de cotisation que pour la moitié de leur nombre; que, dès lors, la requête de la Société des Tuileries réunies n'est pas fondée de ce chef : ... — (Le reste sans intérêt).

MM. Tardif, rapp. ; Gomel, comm. du gouv.

CONS. D'ÉTAT 25 janvier 1884.

DROIT DES PAUVRES, EXPOSITION UNIVERSELLE, ASCENSEUR.

Un ascenseur, figurant au nombre des produits d'une exposition universelle et établi, en vertu d'un traité passé avec l'État, pour transporter le public au sommet d'une tour, ne peut être considéré comme destiné à procurer un spectacle ou un divertissement donnant lieu à la perception du droit des pauvres (1) (LL. 7 frim. an VI; 8 therm. an VI; Arr. 10 therm. an XI; DD. 8 fruct. an XIII; 9 déc. 1809).

(Edoux.)

LE CONSEIL D'ÉTAT : — Vu les lois des 7 frim. an VI, et 8 therm. de la même année ; — Vu le décret du 9 déc. 1809, et les lois annuelles de finances qui autorisent la perception des droits établis par les lois ci-dessus visées ; — Vu l'arrêté du 10 therm. an XI et le décret du 8 fruct. an XIII ; — Considérant que, conformément à un traité passé avec l'Etat, le sieur Edoux a établi en 1878, dans la tour est du palais du Trocadéro, un ascenseur qu'il a employé pendant la durée de l'Exposition universelle a transporter le public au sommet de la tour; que cet ascenseur figurait au nombre des produits exposés, et qu'il résulte de l'instruction qu'il ne peut, dans les conditions où il a fonctionné, être considéré comme destiné à procurer au public un spectacle ou un divertissement, dans le sens des lois ci-dessus visées; que, dès lors, c'est à tort que le conseil de préfecture a décidé que le droit des pauvres devait être prélevé sur les sommes payées au sieur Edoux par les visiteurs de l'Exposition universelle qui ont fait usage de l'ascenseur... — Art. 1er. L'arrêté... est annulé. — Art. 2. Il est accordé décharge au sieur Edoux des droits auxquels il avait été imposé. — Art. 3...

MM. Baudenet, rapp. ; Chante-Grellet, comm. du gouv. ; Rambaud de Larocque et Arbelet, av.

CONS. D'ÉTAT 25 janvier 1884.

PATENTE, LOUEUR EN GARNI, BAINS DE MER.

L'exemption de patente établie en faveur des propriétaires louant accidentellement tout ou partie de leur habitation personnelle ne profite pas à l'individu qui, chaque année, pendant la saison des bains, loue une maison qu'il a disposée en vue de cette location (2) (L. 15 juill. 1880, art. 17, § 3).

(Leroux.)

LE CONSEIL D'ÉTAT : — Vu la loi du 15 juill. 1880, art. 17, § 3 ; — Considérant que la demoiselle Leroux met chaque année en location pendant la saison des bains de mer la maison à raison de laquelle elle a été imposée à la contribution des patentes; qu'il résulte de l'instruction que la maison qu'elle donne ainsi en location est disposée en vue de cette location; que, dans ces conditions, elle n'est pas fondée à réclamer le bénéfice de l'exemption établie par l'art. 17, § 3, de la loi du 15 juill. 1880, en faveur des propriétaires louant accidentellement tout ou partie de leur habitation personnelle ; — Art. 1er. La requête... est rejetée.

MM. Mayer, rapp. ; Le Vavasseur de Précourt, comm. du gouv.

CONS. D'ÉTAT 8 février 1884 (DEUX ARRÊTS).

PATENTE, SOCIÉTÉ DE BANQUE, DROIT FIXE, ETABLISSEMENTS DISTINCTS, REHAUSSEMENT DE DROIT, VALEURS ÉTRANGÈRES, PAYEMENT DE COUPONS.

Une Société de banque imposée comme telle d'après le tarif établi pour les banquiers par le tableau B, et non d'après le tarif spécial aux Sociétés par actions porté au tableau C, tableaux annexés à la loi du 15 juill. 1880, est passible d'autant de droits fixes qu'elle possède d'agences ou établissements distincts (3) (L. 15 juill. 1880, tabl. B.).

Et l'on doit considérer comme des établissements de banque distincts, des bureaux, nominativement désignés par la Société sur ses enseignes et dans ses prospectus, ouverts dans les différents quartiers d'une ville, où elle a installé des préposés spéciaux chargés de la représenter vis-à-vis du public, et où elle se livre à des opérations indépendantes de celles du siège social (4) (L. 15 juill. 1880, art. 8).

Alors que, notamment, ces bureaux escomptent ou payent des coupons, délivrent des chèques, reçoivent des souscriptions aux émissions, ouvrent des comptes de dépôts, prennent à l'encaissement des factures et effets de commerce, se chargent des ordres de Bourse, etc. (5) (Id.).

Ces bureaux ne sont point passibles du rehaussement de moitié du droit fixe applicable au siège social, alors même qu'ils reçoivent, pour la Société, des souscriptions aux émissions de valeurs étrangères, si ces souscriptions n'ont point le caractère d'opérations d'émissions proprement dites, et si la Société ne fait point procéder par ses bureaux, en ses lieu et place, et pour le compte des Sociétés, Compagnies, villes, Etats étrangers, au payement des coupons des titres de ces mêmes Sociétés, Compagnies, villes, États (6) (Id.).

---

(1) Comp. Cons. d'Ét., 7 mai 1857 (Pand. chr.).

(2) La circonstance décisive qui, dans notre espèce, a entraîné la solution, c'est l'appropriation de la maison en vue de la location en garni. V. dans ce sens, Cons. d'Et., 28 déc. 1858 (*Rec. de Lebon*, p. 750). — Il a été également jugé que l'exemption ne profite pas non plus au propriétaire qui, n'habitant qu'une partie de sa maison, en loue, pendant la saison des eaux, une autre partie qui reste fermée et complètement inhabitée en hiver : Cons. d'Et., 9 février 1869 (Pand. chr.), et le renvoi. — V. au surplus notre *Dictionnaire de dr. commerc., ind. et marit.*, t. V, v° *Patente*, n. 192 et suiv.

(3) L'application du tarif porté au tableau B ne pouvait, dans les espèces ci-dessus, soulever de difficultés bien sérieuses. Voici le texte littéral du tableau C relatif aux Sociétés par actions: « Les Sociétés formées par actions pour opérations de banque, de crédit, d'escompte, de dépôts, comptes courants, etc., y est-il dit, sont assujetties à un droit fixe de 0 fr. 30 par 1,000 fr. du capital versé ou non versé. Dans le cas où l'ensemble des droits fixe et proportionnel, calculés conformément au tableau C, serait inférieur au total qui résulterait de l'application du tarif du tableau A ou du tableau B, selon la nature des professions exercées, ce serait le tarif de ces derniers tableaux qu'on devrait appliquer. » — Or, dès l'instant qu'il était fait à ces Sociétés l'application du tarif des banquiers, l'assimilation des situations devait être complète. C'eût été rompre toute égalité devant l'impôt que de frapper ceux-ci d'autant de droits fixes que d'établissements distincts, et de ne grever celles-là que d'un seul droit en raison uniquement de son siège social.

(4-5) V. dans le même sens, Cons. d'Et., 8 janv. 1867, aff. Simon Remy; 15 janv. 1875, aff. Drouot; 6 août 1880 (Pand. chr.), et la note.

(6) La jurisprudence du conseil d'Etat doit être considérée comme définitivement fixée sur ce point. V. un précédent arrêt du 14 déc. 1883 (Pand. chr.), et la note.

1re espèce. — (Société générale.)

LE CONSEIL D'ÉTAT : — Sur les conclusions de la Société générale, tendant à ce qu'il soit décidé qu'elle ne doit être imposée qu'à un seul droit fixe calculé sur l'ensemble des éléments imposables existant à son siége social et dans ses agences et bureaux de quartier; et que lesdits bureaux ne sont pas imposables comme établissements distincts : — Considérant que, d'après le tableau C, annexé à la loi du 15 juill. 1880, les Sociétés formées par actions pour opérations de banque, de crédit, d'escompte, de dépôts, comptes courants, etc., sont assujetties à un droit fixe de 0 fr. 30 par 1,000 fr. du capital versé ou non versé; mais que le même tableau indique que ce mode d'imposition ne doit pas être suivi dans le cas ou l'ensemble des droits fixe et proportionnel calculés comme il vient d'être dit, serait inférieur au total qui résulterait de l'application des tarifs des tableaux A ou B, selon la nature des professions exercées, et qu'alors, c'est le tarif de ces derniers tableaux qu'il convient d'appliquer; qu'il suit de là que les Sociétés formées par actions pour opérations de banque et de crédit doivent être cotisées, soit d'après les règles du tableau C, soit d'après celles du tableau B, relatives à la profession de banquier, suivant que l'un ou l'autre classement donne le total de droits le plus élevé; — Considérant qu'en vertu du tableau B, le droit fixe des banquiers est fixé à Paris à 2,000 fr., plus 50 fr. par employé en sus du nombre 5, et que ce droit est rehaussé de moitié pour les banquiers dont les opérations comprennent l'émission de valeurs étrangères ou le payement des intérêts et dividendes des mêmes valeurs; qu'en outre, les banquiers ayant plusieurs établissements sont, par application de l'art. 8 de la loi du 15 juill. 1880, passibles d'un droit fixe en raison de la profession exercée dans chacun de ces établissements, et que le même principe a été étendu aux Sociétés et Compagnies anonymes par l'art. 22 de ladite loi; — Considérant qu'il résulte de l'instruction et qu'il n'est pas contesté que l'imposition de la Société générale, en qualité de banquier, donne lieu à la perception de droits plus élevés que ceux qu'elle aurait à payer, si elle était taxée d'après le montant de son capital social, conformément au tableau C; que, de ce qui précède, il résulte que la Société requérante n'est pas fondée à prétendre qu'elle n'est imposable qu'à un seul droit fixe, quel que soit le nombre de ses agences; — Considérant qu'en fait, indépendamment de son établissement principal, situé rue de Provence, 54, la Société générale a ouvert, dans différents quartiers de Paris, des bureaux, nominativement désignés dans ses enseignes ou prospectus, où des préposés spéciaux la représentent vis-à-vis du public, et où elle se livre à des opérations distinctes de celles du siége social; que, notamment, ces bureaux escomptent ou payent des coupons, délivrent des chèques sur les succursales de la Société et sur ses correspondants de la France et de l'étranger, reçoivent les souscriptions aux émissions, ouvrent des comptes de dépôts, prennent à l'encaissement les factures et les effets de commerce, acceptent les ordres de Bourse et se chargent de les faire exécuter; que, dans ces conditions, c'est avec raison qu'ils ont été considérés comme des établissements distincts, dans le sens de l'art. 8 de la loi du 15 juill. 1880, et imposés à ce titre, au droit fixe de patente, en 1881, sur les rôles de la ville de Paris;

Sur les conclusions de la Société générale, tendant à ce qu'il soit décidé que le droit fixe appliqué à chacun de ses bureaux de quartier a été à tort rehaussé de moitié : — Considérant qu'aux termes du tarif annexé à la loi du 15 juill. 1880, le droit fixe est rehaussé de moitié pour les banquiers dont les opérations comprennent l'émission de titres d'États étrangers, des Sociétés, Compagnies et villes étrangères, et pour ceux qui se chargent du payement des intérêts et dividendes desdits titres pour le compte de ces mêmes États, Sociétés, Compagnies et villes; — Considérant que les souscriptions aux émissions de valeurs étrangères que la Société générale a reçues en 1881, dans ses bureaux de quartier, n'ont pas eu le caractère d'opérations d'émission, dans le sens de la disposition précitée, et que, si ladite Société a été officiellement constituée par des États étrangers, Sociétés, Compagnies ou villes étrangères, pour le payement des intérêts et dividendes de leurs titres, à son siége social, il ne résulte pas de l'instruction qu'elle se soit chargée d'effectuer, dans les bureaux de quartier, le payement des coupons desdits titres pour le compte de ces mêmes Etats, Sociétés, Compagnies ou villes; que, dès lors, c'est à tort que le droit fixe imposé en raison de chacun d'eux a été rehaussé de moitié; — Art. 1er. Il est accordé à la Société générale décharge des demi-droits fixes auxquels la Société a été imposée, pour l'année 1881, sur les rôles de la ville de Paris, en raison de ses bureaux de quartier, comme banquier émettant des valeurs étrangères et se chargeant du payement des intérêts et dividendes desdites valeurs... — Art. 4. Le surplus des conclusions est rejeté.

MM. Guillemin, rapp.; Gomel, comm. du gouv.; Sabatier, av.

2e espèce. — (Société du Crédit lyonnais.)

LE CONSEIL D'ÉTAT : — Sur les conclusions de la Société du Crédit lyonnais tendant à ce qu'il soit décidé qu'elle ne doit être imposée qu'à un seul droit fixe (rédaction semblable à celle de la 1re espèce);

Sur les conclusions de la Société requérante tendant à ce qu'il soit décidé que la profession exercée dans ses agences n'est pas celle de banquier, mais simplement celle de changeur ou de tenant caisse ou comptoir d'avances ou de prêts, de recettes ou de payements : — Considérant qu'il résulte de ce qui précède que les opérations auxquelles se livrent ou participent les agences sont de la même nature que celles de l'établissement principal et constituent l'exercice de la profession de banquier; que c'est donc à bon droit qu'elles ont été imposées sous cette dénomination;

Sur les conclusions de la Société du Crédit lyonnais tendant à ce qu'il soit décidé que le droit fixe a été à tort rehaussé de moitié (considérants et dispositif semblables à ceux de la 1re espèce).

MM. Guillemin, rapp.; Gomel, comm. du gouv.; Devin, av.

CONS. D'ÉTAT 15 février 1884.

TRAMWAYS, TARIFS, CONTESTATIONS, INTERPRÉTATION, COMPÉTENCE, SURSIS, FIN DE NON-RECEVOIR.

L'autorité judiciaire est compétente à l'exclusion de l'autorité administrative, non-seulement pour appliquer, mais aussi pour interpréter les tarifs des tramways sur le transport des voyageurs et le service des correspondances (1) (LL. 7-11 sept. 1790; 5 vent. an XII).

Par suite, doit être rejetée comme non recevable la demande en interprétation formée devant le conseil d'État à la suite d'un sursis ordonné à cet effet par l'autorité judiciaire en cours d'instance (2) (Id.).

(1-2) C'est la confirmation de la jurisprudence qui applique aux tramways les principes de compétence constants en matière de

(Jurie et Courtet c. Compagnie des tramways de Bordeaux.)

LE CONSEIL D'ÉTAT : — Vu le décret du 29 janv. 1879 et les cahiers des charges y annexés; — Vu les lois des 16-24 août 1790 et 16 fruct. an III; — Vu les lois des 6-7-11 sept. 1790 et 5 vent. an XII, portant que les contestations qui pourront s'élever sur la perception des impôts directs seront jugées par les tribunaux de première instance; — Considérant que la requête des sieurs Jurie et Courtet tend à obtenir l'interprétation de l'art. 22 du cahier des charges annexé au décret du 29 janv. 1879, en tant que ledit article régit le transport des voyageurs et le service des correspondances dans les tramways de Bordeaux; — Considérant que l'art. 22, précité, n'a pas entre les requérants et la Compagnie des tramways de Bordeaux, le caractère d'un acte ou d'un contrat administratif; que la requête devant le conseil d'Etat constitue une demande d'interprétation d'une clause d'un tarif; que le jugement des contestations relatives, soit à l'application et à la perception, soit à l'interprétation des tarifs autorisés pour le transport des voyageurs dans les tramways, a lieu comme en matière de contributions indirectes; qu'ainsi, et aux termes des lois ci-dessus visées des 6-7-11 sept. 1790 et du 5 vent. an XII, la juridiction administrative n'est pas compétente pour en connaître; que, de ce qui précède, il résulte que la requête des sieurs Jurie et Courtet doit être rejetée comme non recevable; — Art. 1er. La requête... est rejetée.

MM. Bousquet, rapp. ; Le Vavasseur de Précourt, comm. du gouv. ; Bouchié de Belle et G. Mayer, av.

CONS. D'ÉTAT 22 février 1884.

PATENTE, SERVICE DES EAUX, CANALISATION, ENTREPRENEUR DE TRAVAUX PUBLICS.

La Compagnie concessionnaire de la régie intéressée des eaux d'une ville ne peut être imposée à la patente d'entrepreneur de travaux publics, à raison des travaux de canalisation et de fontainerie qu'elle n'exécute et dont elle n'est rémunérée que par l'exercice même de sa profession de distributeur d'eau (1) (L. 15 juill. 1880).

(Compagnie générale des eaux de Rennes.)

LE CONSEIL D'ÉTAT : — Vu la loi du 15 juill. 1880 et les tarifs y annexés; — Considérant que le traité passé entre la ville de Rennes et la Compagnie générale des eaux a eu pour objet de conférer à la Compagnie des eaux, aux clauses et conditions stipulées dans ledit traité, la régie intéressée des eaux de la ville de Rennes pour une période de cinquante ans; que si, aux termes de l'art. 3, la Compagnie s'est chargée d'exécuter à ses frais, risques et périls, la canalisation et les ouvrages de fontainerie, conformément aux plans et devis arrêtés d'accord avec la ville, l'exécution par la Compagnie de ces travaux, qui ne seront rémunérés que par l'exercice même de la profession de distributeur d'eau au moment où le service de distribution d'eau commencera à fonctionner, ne saurait constituer l'exercice par la Compagnie de la profession d'entrepreneur de travaux publics; qu'ainsi, c'est à tort qu'elle a été imposée et maintenue en ladite qualité pour l'année 1881 sur le rôle de la ville de Rennes; — Art. 1er. L'arrêté du conseil de préfecture d'Ille-et-Vilaine, du 22 juill. 1882, est annulé.

MM. Romieu, rapp. ; Chante-Grellet, comm. du gouv. ; Roger, av.

CONS. D'ÉTAT 29 février 1884 (DEUX ARRÊTS).

PATENTE, DROIT FIXE, DROIT PROPORTIONNEL, FABRIQUE, MAGASIN SÉPARÉ, VENTE EN GROS.

Le dépôt ou magasin séparé qu'un industriel, dont les ateliers sont installés en province, possède à Paris, pour la vente exclusivement en gros des seuls produits de sa fabrication, forme, non un établissement distinct, mais une dépendance de l'exploitation industrielle affranchie de tout droit fixe de patente (L. 15 juill. 1880, art. 9).

Un tel dépôt ou magasin doit être imposé au droit proportionnel d'après le taux de l'établissement industriel, et non d'après le taux des établissements de marchands en gros *des mêmes produits* (Même loi, art. 15).

1re espèce. — (Sallandrouze).

LE CONSEIL D'ÉTAT : — Vu la loi du 15 juill. 1880; — Considérant qu'il résulte de l'instruction et qu'il n'est pas contesté que les sieurs Sallandrouze frères, fabricants de tapis, n'effectuent aucune vente dans leurs ateliers situés à Aubusson, et possèdent à Paris un magasin dans lequel sont vendus exclusivement, en gros, les seuls produits de leur fabrication; que ce magasin, affranchi de tout droit fixe, aux termes de l'art. 9 de la loi du 15 juill. 1880, est uniquement affecté à l'écoulement des tapis fabriqués en vue de la vente, et forme ainsi une dépendance de l'exploitation industrielle; que, dès lors, il ne saurait être considéré comme un établissement distinct, aux termes de l'art. 15 de la loi du 15 juill. 1880;

Considérant qu'aucune disposition de la loi ne frappe le magasin de vente séparé d'un droit proportionnel différent de celui applicable à l'établissement industriel; que, dès lors, c'est avec raison que le conseil de préfecture de la Seine a décidé que les sieurs Sallandrouze seraient imposés au droit proportionnel du soixantième sur le dépôt et le magasin de vente qu'ils possèdent à Paris, et non à celui du vingtième afférent à la profession de marchand de tapis en gros : — Art. 1er. Le recours du ministre des finances est rejeté.

MM. Tardif, rapp.; Marguerie, comm. du gouv.; de Ramel, av.

2e espèce. — (Wallaert.)

Du même jour. — Même rédaction. — Mêmes magistrats et avocats.

CONS. D'ÉTAT 14 mars 1884.

ÉTRANGER, EXPULSION, ARRÊTÉ, INFRACTION, POURSUITE CORRECTIONNELLE, INSTANCE PENDANTE, COMPÉTENCE.

L'autorité judiciaire, compétente en matière d'infraction à un arrêté d'expulsion du territoire français commise par un étranger, l'est également à l'effet de statuer sur tous moyens de défense invoqués par le prévenu, notamment sur le moyen

---

tarifs de chemins de fer. V. Cons. d'Et., 11 févr. 1881 (Pand. chr.), et la note.

(1) Jugé que le traité qui assure à un particulier l'établissement et l'exploitation de la fourniture de l'eau nécessaire à la consommation publique et privée d'une ville, pendant un nombre d'années déterminé, moyennant une indemnité payable par la ville et variable suivant la quantité d'eau fournie, constitue, non un marché de travaux publics, mais un traité de concession; que, par suite, ce traité ne peut être résilié par la ville en dehors du cas d'inexécution des conditions ou des autres cas prévus par le cahier des charges : Cons. d'Et., 8 févr. 1878 (Pand. chr.). V. toutefois nos observations en note.

tiré de l'illégalité prétendue de l'arrêté ministériel (1) (L. 3 déc. 1849, art. 7).

En conséquence, il n'appartient nullement au conseil d'État, saisi par le prévenu au cours des poursuites correctionnelles, de statuer sur le mérite desdits moyens de défense par la voie du recours pour excès de pouvoir (2) (Id.).

(Morphy.)

LE CONSEIL D'ÉTAT : — Vu la loi du 3 déc. 1849 ; — Considérant qu'il résulte des termes mêmes de la requête que l'arrêté par lequel le ministre de l'intérieur a enjoint au sieur Morphy de sortir du territoire français n'a été déféré au conseil d'État qu'au cours de poursuites dirigées contre le requérant par le ministère public devant le tribunal correctionnel de la Seine, à raison de l'infraction que ledit sieur Morphy aurait commise à l'arrêté précité; — Considérant que l'autorité judiciaire, compétente pour statuer sur les poursuites exercées en vertu de l'art. 8 de la loi du 3 déc. 1849, l'est également pour apprécier les moyens de défense que le prévenu croit pouvoir tirer de l'illégalité prétendue de l'arrêté pris contre lui par le ministre de l'intérieur, et qu'il n'appartient pas au conseil d'État de statuer sur le mérite desdits moyens de défense par la voie du recours pour excès de pouvoir; — Art. 1er. La requête... est rejetée.

MM. Dédebat, rapp.; Le Vavasseur de Précourt, comm. du gouv.

CONS. D'ÉTAT **14 mars 1884.**

PATENTE, SOCIÉTÉ ÉTRANGÈRE, SUCCURSALE, LIQUIDATION, EXEMPTION.

La mise en liquidation, par jugement étranger, d'une Société anonyme étrangère, qui possède une succursale en France, n'équivaut point à une déclaration de faillite donnant droit à la décharge des douzièmes de la patente échus depuis la fermeture de la succursale (3) (L. 15 juill. 1880, art. 28). — Motifs.

Et il en est ainsi, alors surtout que le tribunal de commerce du lieu de la succursale a adjoint aux liquidateurs étrangers un liquidateur français plus spécialement chargé de la protection des intérêts des créanciers nationaux (4) (Id.).

(The english and french Bank).

LE CONSEIL D'ÉTAT : — Vu la loi du 15 juill. 1880; — Considérant qu'aux termes de l'art. 28 de la loi du 15 juill. 1880, la contribution des patentes est due pour l'année entière par tous les individus exerçant au mois de janvier une profession imposable, et qu'il n'est fait exception à cette règle, au cas de fermeture de magasin, que lorsque la faillite a été déclarée; — Considérant qu'il résulte de l'instruction que si, par décision de la Cour de chancellerie de Londres, du 18 févr. 1882, la Société « the english and french Bank » a été mise en liquidation, et si, le 3 mars suivant, le tribunal de commerce de la Seine a nommé un liquidateur adjoint dans l'intérêt des créanciers français, aucun jugement déclaratif de faillite n'a été prononcé contre elle; que, dès lors, c'est à tort que le conseil de préfecture lui a accordé, par application de la disposition précitée, décharge des dix derniers douzièmes de la contribution de patente à laquelle elle est imposée, pour l'année 1882, sur les rôles de la ville de Paris, à raison de la succursale qu'elle possédait dans cette ville; — Art. 1er. La Société « the english and french Bank » sera rétablie sur les rôles pour la patente à laquelle elle avait été imposée.

MM. Guillemin, rapp.; Gomel, comm. du gouv.

CONS. D'ÉTAT **28 mars 1884.**

PATENTE, HORTICULTEUR, PLANTES EXOTIQUES.

L'exemption de patente, accordée par l'art. 17, § 3, de la loi du 15 juill. 1880, aux cultivateurs pour la vente et la manipulation de leurs récoltes et fruits, ne s'étend pas à l'horticulteur qui n'entretient dans son établissement que des plantes rares ou exotiques, cultivées uniquement dans des serres ou châssis sur couches, et destinées à être par lui vendues en boutique (5) (L. 15 juill. 1880, art. 17, § 3).

(1-2) Comp. Cass., 7 déc. 1883 (Pand. chr.), et la note. Dans cet arrêt, en effet, la Cour suprême vérifie le mérite de l'arrêté d'expulsion, puisqu'elle en prononce l'illégalité.

(3-4) Sur ce principe certain que l'état de liquidation n'équivaut pas à une déclaration de faillite pour la décharge des douzièmes de la patente échus postérieurement à la fermeture de l'établissement, V. Cons. d'Ét., 9 nov. 1850 (Pand. chr.); 26 févr. 1862 (P. chr. adm.); 13 sept. 1864, aff. Bossé. V. aussi Cons. d'Et., 24 avril 1874 (S. 76. 2. 64. — P. chr. adm. — D. 74. 3. 95), et notre *Dictionnaire de dr. comm., ind. et marit.*, t. V, vº *Patente*, n. 304 et 305. — Mais il en a été décidé autrement, en ce qui concerne l'état de liquidation judiciaire par application spéciale de la loi du 22 avril 1871; cet état, en vertu de circonstances tout à fait exceptionnelles qui ont disparu, a valu à ceux qui en ont bénéficié l'exemption des douzièmes de la patente non échus lors de la fermeture. V. Cons. d'Et., 15 mai 1874 (S. 76. 2. 94. — P. chr. adm. — D. 75. 3. 48).

(5) M. le ministre des finances, consulté, s'était prononcé dans un sens absolument favorable à l'admission du pourvoi. Voici, d'ailleurs par quelles considérations se motive l'avis ministériel : « L'établissement exploité par le sieur Labrousse, à Neuilly, consiste dans une propriété close de murs, laquelle comprend l'habitation du jardinier préposé à l'exploitation, une écurie, une remise, un hangar et des serres. Le requérant fait principalement le commerce de plantes rares, qu'il importe de Belgique et surtout d'Amérique. Ces plantes ne lui parviendraient pas à l'état de simples boutures, comme il le prétend, mais il n'en est pas moins obligé, à leur arrivée dans son établissement horticole, de les soumettre, avant de pouvoir les vendre, à un long traitement, soit pour leur rendre de la vigueur, soit pour en obtenir la floraison. Il est donc avéré que les plantes qui arrivent dans l'établissement de Neuilly ne sont pas en état d'être immédiatement vendues, et qu'elles ne parviennent à cet état qu'après une période dont l'instruction n'a pas indiqué la durée, mais qui se prolongerait parfois pendant plusieurs années, suivant le requérant. Or, dans le cours de cette période, les plantes sont l'objet de travaux, de soins qui rentrent dans le domaine de l'horticulture; en d'autres termes, elles sont soumises à une culture assez complète et assez prolongée pour qu'elles puissent être considérées, au moment de la vente, comme des produits de cette culture. Elles conservent d'ailleurs ce caractère même lorsque, après avoir été exposées dans le magasin de Paris, sans y être vendues, elles sont ramenées à Neuilly pour recevoir les soins nécessaires à leur conservation, et à leur rétablissement jusqu'à une nouvelle mise en vente. Dans cette circonstance, en effet, le sieur Labrousse agit comme la plupart des cultivateurs, lorsqu'ils ramènent chez eux les produits de leur exploitation, lorsqu'ils n'ont pas réussi à les vendre au marché. »

Malgré l'autorité de l'avis ministériel, nous croyons qu'il a été bien jugé par le conseil d'Etat. L'horticulteur de la catégorie du réclamant n'a rien de commun avec le laboureur ou le cultivateur qui se fait lui-même marchand des fruits et récoltes qu'il tire de ses champs, des terrains qu'il exploite. Ici tout est factice, tout tient à la main-d'œuvre, aux soins, à l'art, à l'industrie. Il n'y a point de sol proprement dit ; il est de composition, de couches qui se renouvellent sans cesse; l'air et la chaleur sont distribués suivant des données presque scientifiques ; l'aménagement des serres et châssis exige des dépenses considérables, une mise de fonds en comparaison de laquelle la valeur du terrain est insignifiante. Quant au personnel des jardiniers ou aides, il est très-nombreux et d'élite.

Une telle situation n'est même pas assimilable à celle des pépiniéristes qui vendent les produits des terrains leur appartenant et par eux exploités. Ceux-ci se livrent bien à quelques manipulations, mais ces manipulations n'ont rien de compliqué; elles se bornent à quelques transplantations, à des greffages, à des tailles successives, toutes opérations ordinaires dans la culture. En somme, le produit, arbre ou arbuste, tient sa vie de la pleine

(Labrousse.)

M. Labrousse, horticulteur à Neuilly, ayant été imposé aux rôles des patentes comme marchand de fleurs naturelles et de plantes d'agrément, avait réclamé contre cette imposition, sous prétexte qu'il n'était que cultivateur et qu'il devait bénéficier de l'exemption de taxe de l'art. 17, § 3, de la loi du 15 juill. 1880.

4 mai 1882, arrêté du conseil de préfecture de la Seine qui rejette la réclamation.

Pourvoi par Labrousse.

LE CONSEIL D'ÉTAT : Vu la loi du 15 juill. 1880; — Considérant qu'il résulte de l'instruction que le sieur Labrousse n'entretient dans son établissement horticole de Neuilly que des plantes rares ou exotiques, destinées à être vendues dans son magasin sis à Paris ; que ces plantes sont cultivées uniquement dans des serres ou châssis sur couches ; que, dans ces circonstances, le sieur Labrousse n'est pas fondé à réclamer le bénéfice de l'art. 17, § 3, de la loi du 15 juill. 1880, qui accorde l'exemption de la contribution des patentes aux laboureurs et cultivateurs, pour la vente et la manipulation des récoltes et fruits provenant des terrains par eux exploités, et que c'est avec raison que le conseil de préfecture a rejeté sa réclamation ; — Art. 1er. La requête... est rejetée.

MM. Séligman, rapp. ; Le Vavasseur de Précourt, comm. du gouv.

CONS. D'ÉTAT **4 avril 1884.**

TRAVAUX PUBLICS, FORÊT DE L'ÉTAT, CHEMIN DE VIDANGE, ENTREPRENEUR, CAHIER DES CHARGES, ORDRE PUBLIC, COMPÉTENCE.

Les ouvrages exécutés pour la construction d'une route forestière de vidange, exclusivement destinée à l'exploitation d'une forêt domaniale, n'ont point le caractère de travaux publics; par suite, les contestations qui s'élèvent à leur occasion entre l'entrepreneur et l'administration échappent à la compétence de l'autorité administrative (1) (L. 28 pluv. an VIII, art. 4).

Peu importe que la clause du cahier des charges contienne attribution de compétence au conseil de préfecture, la volonté des parties ne pouvant déroger à l'ordre des juridictions(2)(Id.).

(Barthe.)

LE CONSEIL D'ÉTAT : — Vu le cahier des clauses et con-

---

terre, des qualités du sol, de l'air et de la chaleur naturels, et non point de l'habileté et des connaissances toutes particulières de l'horticulteur. Aussi est-ce avec raison que la jurisprudence ne reconnaît pas, en principe, au pépiniériste le caractère de commerçant. V. Colmar, 17 juin 1809 (Pand. chr.); Metz, 4 août 1819 (Pand. chr.); Cass. (sol. implic.), 13 mars 1878 (S. 78. 1. 312. — P. 78. 775), et notre *Dictionnaire de dr. comm., ind. et marit.*, t. II, v° *Commerçant*, n. 19, § 23°, et qu'elle lui accorde l'exemption de patente dont jouissent les cultivateurs ordinaires. V. Cons. d'Et., 29 juill. 1883 (D. 85. 5. 345-346). — V. toutefois, comme décision d'espèce, Cass., 20 mai 1878 (Pand. chr.), et la note; Paris (7e ch.), 29 nov. 1886 (la *Loi*, n. du 4 févr. 1887).

(1-2) L'arrêt ci-dessus reproduit fixe définitivement la jurisprudence sur cette question des plus controversées. La solution a d'autant plus d'importance qu'elle avait été combattue par M. le commissaire du gouvernement, avec une grande énergie. Le conseil d'Etat ne s'est pas seulement contenté de maintenir le système déjà consacré; il a réédité, dans sa nouvelle décision, les termes textuels de son arrêt du 2 mai 1873 (S. 75. 2. 125. — P. chr. adm. — D. 74. 3. 1).

Voici les deux principales raisons à l'appui de la thèse qui a prévalu :

La première est tirée de ce que les forêts domaniales ne sont pas classées dans le domaine public, et de ce qu'elles font partie des biens que l'Etat possède au même titre qu'un particulier, et qui, par suite, ne sont ni inaliénables ni imprescriptibles. On en conclut que les travaux entrepris en vue de faciliter l'exploitation des forêts sont d'une utilité, non pas générale, mais privée, puisque l'Etat les exécute en qualité de propriétaire, et non pas comme représentant de la puissance publique. D'où encore cette conséquence que l'établissement de routes d'exploitation ne pourrait être poursuivi par voie d'expropriation pour cause d'utilité publique, ainsi que l'a décidé le conseil d'Etat, par un avis du 7 nov. 1872, portant rejet d'un projet de décret tendant à déclarer d'utilité publique l'achèvement de la route forestière de la Charmette (Isère).

La seconde peut se résumer ainsi : Il est de principe que toutes les difficultés auxquelles donne lieu la gestion des biens composant le domaine de l'Etat rentrent dans la compétence de l'autorité judiciaire; en vertu de l'art. 4 de la loi du 28 pluv. an VIII, les conseils de préfecture ne peuvent connaître que des contestations se rattachant aux ventes des biens de l'Etat. Dans tous les autres cas, les tribunaux civils sont compétents, et, comme la construction d'une route de vidange dans une forêt domaniale est un acte de gestion du domaine forestier, il faut admettre que les difficultés nées à l'occasion de cet acte, doivent être portées devant l'autorité judiciaire.

Dans le système contraire, on objecte :

Il n'y a aucune analogie a établir entre le domaine forestier et les autres biens du domaine de l'Etat. La préservation des forêts est une question vitale pour le pays tout entier. Il en est si bien ainsi que tandis que les autres biens, productifs de revenus, dont l'Etat est propriétaire, sont aliénables, susceptibles de faire retour au commerce, d'être remis dans le courant de la circulation, l'inaliénabilité reste la règle générale des forêts domaniales.

De plus, le Code forestier a également soumis les bois et forêts de l'Etat à un régime spécial que justifie seul l'intérêt public; leur exploitation est confiée à un corps de fonctionnaires, leur aménagement est réglé par décrets, et, au moyen de procès-verbaux de délimitation générale, les agents de l'administration peuvent arrêter les actions en bornage formées par les propriétaires limitrophes. Si la législation a protégé de la sorte le domaine forestier de l'Etat, c'est qu'il a entendu sauvegarder les intérêts les plus graves.

L'existence de grands massifs forestiers a, en effet, une heureuse influence sur le climat d'un pays, en régularisant le régime des pluies, en faisant obstacle au dessèchement des sources, en empêchant, ou du moins en atténuant les inondations. Dans les montagnes surtout, la conservation et l'extension des bois sont d'une telle utilité, que plusieurs lois ont été rendues pour en faciliter le reboisement. — En outre, l'Etat seul peut aménager les forêts en vue de l'avenir, et y entretenir les futaies pour les besoins de la marine militaire; les particuliers, au contraire, se préoccupent exclusivement du rendement de leur bois, et ils les exploitent en taillis.

Pour utiliser les produits des forêts de l'Etat, la première condition est qu'ils puissent être transportés; il faut donc construire des routes forestières. Ces routes, d'ailleurs, servent non-seulement à l'exploitation des bois, elles servent encore à leur préservation, car une forêt dont les arbres ne sont pas coupés et périssent sur pied, finit par s'épuiser et par dépérir. En conséquence, il est permis de soutenir que la construction de routes forestières répond à une utilité générale ; cette utilité est reconnue chaque année par les Chambres, puisqu'elles inscrivent dans le budget des sommes importantes pour permettre l'établissement de nouvelles routes et l'entretien des anciennes.

Les forêts domaniales donnent, tous les ans, des recettes considérables ; ces recettes augmentent avec les facilités d'exploitation ; l'exploitation profite de l'extension des routes forestières, et, par suite, celles-ci ont une influence directe sur les recettes du Trésor. De puissantes considérations militent donc pour leur faire attribuer le caractère d'ouvrages publics.

Enfin, l'impossibilité de recourir à l'expropriation pour permettre ou simplement faciliter la construction d'une route forestière, conséquence du système qui refuse à ces routes le caractère de travaux publics, amène en pratique des résultats fâcheux, essentiellement préjudiciables à l'intérêt du trésor public. Il est, en effet, facile de supposer une forêt domaniale séparée du chemin le plus proche par une bande de terre appartenant à un particulier ; si celui-ci ne veut pas vendre son terrain, ou oppose aux offres de l'administration des exigences déraisonnables, on ne pourra pas prolonger la route forestière jusqu'au chemin, et l'on sera obligé de lui faire subir un détour long et dispendieux.

Tels sont les arguments que M. le commissaire du gouvernement a développés à l'appui de la thèse contraire à celle qui a prévalu. Ils méritent une attention sérieuse. Par l'importance de l'intérêt en jeu, ils ne seraient pas indignes de solliciter un examen du conseil, soit en assemblée générale et administrative, soit statuant au contentieux.

ditions générales de 1863 applicables aux travaux du service forestier, et notamment l'art. 37 desdites clauses; — Vu la loi du 28 pluv. an VIII, art. 4; — Considérant que les travaux dont le sieur Barthe a été déclaré adjudicataire avaient pour objet la construction d'une route forestière de vidange exclusivement destinée à l'exploitation de la forêt domaniale de Grésigne; que lesdits travaux ne rentraient pas dans la catégorie de ceux auxquels s'applique l'art. 4 de la loi du 28 pluv. an VIII, et qu'aucune disposition législative n'a fait rentrer dans la compétence de la juridiction administrative les contestations auxquelles les travaux de cette nature peuvent donner lieu entre l'entrepreneur et l'administration; que, dès lors, nonobstant les termes de l'art. 47 des clauses ci-dessus visées, lequel n'a pu déroger aux règles de compétence, le conseil de préfecture était incompétent pour statuer sur la réclamation qui lui était soumise par le sieur Barthe; — Art. 1er. L'arrêté... est annulé.

MM. Bousquet, rapp.; Gomel, comm. du gouv.; Barrey, av.

TRIB. DES CONFLITS 7 avril 1884.

MINES, EXPLOITATION, INTERDICTION, CHEMIN DE FER, DOMMAGE PERMANENT, INDEMNITÉ, COMPÉTENCE.

L'interdiction d'exploiter, jusqu'à ce qu'il en soit autrement ordonné, toute la partie d'une mine située à moins d'une distance déterminée (dans l'espèce, trente mètres) de l'axe d'un chemin de fer, constitue un dommage permanent et non une dépossession complète et définitive équivalant à une expropriation (1) (L. 28 pluv. an VIII, art. 4).

Et il en est ainsi, quelles qu'aient pu être déjà dans le passé la durée de l'interdiction et l'étendue du préjudice souffert, si la reprise de l'exploitation reste à l'état d'éventualité toujours ouverte, si improbable toutefois qu'en puisse être la réalisation (2) (Id.).

En pareil cas, c'est au conseil de préfecture, à l'exclusion de l'autorité judiciaire, qu'il appartient de statuer sur la demande d'indemnité formée par le concessionnaire contre la Compagnie du chemin de fer (3) (Id.).

(Coste et consorts c. Chemin de fer de Paris-Lyon-Méditerranée.)

LE TRIBUNAL DES CONFLITS: — Vu les lois des 16-24 août 1790, du 8 mars 1810, du 7 juill. 1833 et du 3 mai 1841; — Vu les lois des 7-11 nov. 1790, du 28 pluv. an VIII et du 16 sept. 1807; — Vu la loi du 21 avril 1810, sur les mines; — Vu la loi du 24 mai 1872, les ordonn. du 1er juin 1828 et du 12 mars 1831, le règlement d'admin. publ. du 26 oct. 1849; — Considérant que la demande d'indemnité, formée contre la Compagnie du chemin de fer de Paris à Lyon et à la Méditerranée par les sieurs Coste, Clavel et Cie, par la Société anonyme des houillères de Rive-de-Gier, est fondée sur le préjudice qui résulte pour les sieurs Coste et consorts de la décision, en date du 11 juin 1844, par laquelle le ministre des travaux publics a interdit, jusqu'à ce qu'il en soit autrement ordonné, l'exploitation des mines des Combes et Egarande à moins de trente mètres du plan vertical passant par l'axe du chemin de fer de Saint-Étienne à Lyon; — Considérant que les sieurs Coste et consorts prétendent que, à raison du long temps écoulé depuis que cette interdiction a été prononcée et de l'incertitude qui existe sur le point de savoir si elle pourra jamais être levée, le préjudice dont ils se plaignent doit être considéré comme équivalant à une dépossession complète et définitive d'une partie de la concession minière; — Mais considérant, d'une part, et en fait, qu'il n'est pas établi par l'instruction que l'exploitation du massif houiller actuellement frappé d'interdiction ne pourra jamais être autorisée sans compromettre la sécurité des ouvrages dépendant de la voie ferrée; que la Compagnie du chemin de fer soutient, au contraire, que cette exploitation ne produirait, moyennant certaines précautions, aucun inconvénient pour la superficie; — Considérant, d'autre part, que le jour où il serait permis d'extraire le charbon qui se trouve dans la zone déterminée par l'arrêté ministériel du 11 juin 1844, l'exploitation s'en ferait au profit et pour le compte des Sociétés concessionnaires de mines; d'où la conséquence que ces Sociétés ne sont pas fondées à soutenir que l'interdiction d'exploiter la partie de leurs mines située à moins de trente mètres de l'axe du chemin de fer, équivaut à une expropriation, et que, par suite, le préjudice qui en résulte pour elles doit être apprécié par l'autorité judiciaire, par application de la loi du 3 mai 1841; — Considérant que le préjudice allégué ne constitue qu'un dommage en matière de travaux publics, et que la connaissance des demandes en indemnité pour la réparation des dommages de cette nature, lors même qu'ils sont permanents et qu'elle qu'en soit l'étendue, est réservée à la juridiction administrative par l'art. 4 de la loi du 28 pluv. an VIII; que, dès lors, c'est à bon droit que le conflit d'attributions a été élevé; — Art. 1er. L'arrêté... est confirmé. — Art. 2. Sont considérés comme nuls, etc.

MM. Demangeat, rapp.; Gomel, comm. du gouv.; Durnerin et Aguillon, av.

CONS. D'ÉTAT 2 mai 1884.

RIVAGES DE LA MER, DOMAINE PUBLIC, INALIÉNABILITÉ, ILE, CONCESSION, ETENDUE, VARECH, RÉCOLTES, CONDITIONS, RÉVOCATION.

Dans l'ancien droit, comme dans le droit moderne, les rivages de la mer ont toujours fait partie du domaine public inaliénable et imprescriptible (4) (C. civ., 538).

Par suite, la concession d'une île n'a jamais pu comprendre les rivages de l'île (Id.).

Mais rien ne s'opposait à ce qu'elle emportât attribution, au bénéficiaire, du droit exclusif de récolter les varechs croissant sur les rochers du littoral (Id.).

...Sauf l'application, s'il y a lieu, des règles relatives à la révocabilité des concessions faites sur le domaine public (Id.).

(Lecardonnel et autres c. Hédouin et Harasse.)

LE CONSEIL D'ÉTAT: — ...En ce qui concerne le pourvoi des sieurs Lecardonnel et autres: — Considérant

(1-2-3) Toute la question, en pareille matière, consiste à rechercher, ainsi que l'a fait observer M. le commissaire du gouvernement, si, en définitive, l'interdiction d'exploiter cause un dommage aux concessionnaires, et il n'y a pas à distinguer entre les dommages suivant leur importance ou leur durée, ou bien si elle leur enlève la propriété d'une partie de leur mine. Cette question une fois tranchée dans un sens ou dans l'autre, suivant les circonstances particulières à chaque espèce, la compétence soit administrative, soit judiciaire, en découle tout naturellement. V. Cons. d'Etat, 11 mars 1861 (Pand. chr.); 16 févr. 1878 (Pand. chr.); 18 mars 1881 (Pand. chr.); 3 juin 1881 (S. 83. 3. 8. — P. chr. adm. — D. 83. 3. 115), et les notes. V. aussi Trib. des conflits, 5 mai 1877 (Pand. chr.). Les concessionnaires dans l'affaire actuelle invoquaient l'autorité de ce dernier jugement pour décliner la compétence de la juridiction administrative. Mais, ainsi que nous l'avons déjà fait remarquer, le tribunal des conflits n'a point entendu consacrer par cette décision un changement de jurisprudence; il a rendu une solution toute d'espèce, qui se restreint aux circonstances particulières de la cause et n'étend point au delà sa portée d'application. V. nos observations jointes à ce jugement (Pand. chr.).

(4) Sur le principe de l'inaliénabilité, dans notre ancien droit, du domaine de l'État, V. Chopin, *De domanio Franciæ*, lib. II; Pocquet de Livonnière, liv. II, tit. I, règle 10.

qu'il y a lieu de rechercher : 1° si la concession du 28 juill. 1772 a pu comprendre et a compris en effet soit la propriété des rivages maritimes des îles de Chausey, soit le droit exclusif de récolter les varechs croissant sur ces rivages... ; — 2°... (sans intérêt);

Sur la première question : — Considérant qu'il était de principe, dans l'ancien droit, comme dans le droit moderne, que les rivages de la mer font partie du domaine inaliénable et imprescriptible, et ce parce qu'ils échappent, par la nature des choses, à toute appropriation privée; que l'édit de février 1710, invoqué par la dame Hédouin et la demoiselle Harasse, ne déroge pas à ce principe; que, si le préambule semble indiquer que les bords et rivages de la mer appartiennent au Roi au même titre que les îles et atterrissements, cette confusion ne se retrouve pas dans les dispositions mêmes de l'édit; que ces dispositions distinguent, au contraire, d'une part, les îles, îlots, créments, atterrissements, lais et relais de la mer, dont elles maintiennent les détenteurs en possession, moyennant certaines conditions, et, d'autre part, les rivages proprement dits, à l'égard desquels elles ne prononcent ni ne confirment aucun abandon de propriété du sol; qu'elles se bornent sur ce point à confirmer les concessions de certains droits, tels que ceux d'épaves et pêcheries, de madragues, bordigues et autres, concessions déjà prévues par la législation en vigueur et notamment par l'ordonnance d'août 1681 ; qu'il suit de là que la concession faite à l'abbé Nolin, par l'arrêt du 28 juillet 1772, des îles de Chausey, n'a pu comprendre les rivages desdites îles;

En ce qui concerne le droit de récolter les varechs : — Considérant que l'ordonnance d'août 1681 autorise, sous certaines conditions, les habitants du littoral à couper les varechs croissant dans l'étendue des côtes de leurs paroisses; que la déclaration du 30 mai 1731, après avoir maintenu, pour les habitants des paroisses qu'elle énumère, le droit de récolter les varechs croissant sur les rochers du littoral, permet à toute personne d'aller cueillir ceux qui croissent sur les îles et rochers déserts en pleine mer, tolérance qui était accordée en vertu du droit du Roi sur ces îles et rochers; — Mais, considérant qu'il est reconnu qu'en 1772 les îles de Chausey ne dépendaient d'aucune paroisse; que, d'autre part, par suite de la concession faite de la propriété desdites îles, elles ont cessé d'être des îles et rochers déserts dans le sens de la déclaration précitée du 30 mai 1731; qu'il suit de là que l'arrêt du 28 juill. 1772 instituant ladite concession a pu légalement avoir et a eu effectivement pour conséquence d'accorder aux bénéficiaires dudit acte le droit exclusif de récolter les varechs croissant sur les rivages des îles concédées, sauf l'application, s'il y a lieu, des règles relatives à la révocabilité des concessions faites sur le domaine public;

Sur la seconde question ... (sans intérêt) : — Art. 1er..... — Art. 2. Il est déclaré que l'arrêt du Conseil du 28 juill. 1772 doit être interprété en ce sens : 1° que la concession de propriété ne comprend pas les rivages des îles de Chausey; 2° qu'elle emporte un droit exclusif à la récolte des varechs croissant sur lesdits rivages, sauf application, s'il y a lieu, des règles relatives à la révocabilité des concessions faites sur le domaine public...; 3° ... (sans intérêt).

MM. Maynicl, rapp.; Chante-Grellet, comm. du gouv.; Sabatier, av.

CONS. D'ÉTAT 16 mai 1884.

Epizootie, Abatage, Indemnité, Refus, Déclaration tardive.

Le propriétaire qui a gardé dans son étable, pendant plusieurs jours, des animaux atteints de maladie contagieuse, au lieu d'en faire la déclaration immédiate à la mairie, peut, en raison de cette infraction aux lois, se voir refuser, à juste titre, toute indemnité pour perte d'animaux abattus ensuite par mesure de police sanitaire (1) (L. 21 juill. 1881, art. 3, 22).

(Lafon.)

LE CONSEIL D'ÉTAT : — Vu la loi du 21 juill. 1881 ; — Considérant qu'aux termes de l'art. 3 de la loi du 21 juill. 1881, tout propriétaire d'un animal, atteint ou soupçonné d'être atteint d'une maladie contagieuse, est tenu d'en faire sur-le-champ la déclaration au maire de la commune; qu'aux termes de l'art. 22, toute infraction aux dispositions de ladite loi peut entraîner la perte de l'indemnité allouée aux propriétaires d'animaux abattus par mesure de police sanitaire; — Considérant qu'il résulte de l'instruction que le sieur Lafon a gardé dans son étable pendant plusieurs jours des animaux atteints de péripneumonie contagieuse avant de faire la déclaration prescrite; qu'ainsi, il a contrevenu à l'art. 3 de la loi du 21 juill. 1881 ; que, dès lors, il n'est pas fondé à se plaindre de ce que le ministre, par application de l'art. 22, lui ait refusé toute indemnité pour perte de ses animaux abattus par ordre de l'administration; — Art. 1er. La requête... est rejetée.

MM. Vandal, rapp.; Gomel, comm. du gouv.; G. Mayer, av.

TRIB. DES CONFLITS 24 mai 1884.

Chemin de fer, Prise d'eau, Autorisation, Abus, Indemnité, Compétence.

L'autorité judiciaire est seule compétente pour statuer sur une demande en indemnité dirigée contre une Compagnie de chemins de fer, à raison du détournement, par cette Compagnie, des eaux d'une rivière, en dehors des conditions de règlement et de fonctionnement de la prise d'eau (dans l'espèce, des conditions de temps et de quantité), telles qu'elles

(1) « L'article 22 de la loi du 21 juill. 1881, sur la police sanitaire des animaux, n'est pas impératif. Il laisse donc au pouvoir la faculté d'apprécier si les infractions commises entraînent la perte de l'indemnité. » (Rapport au Sénat, *Imprimés*, session de 1879, n° 126.)

Avant cette loi, sous le régime de l'art. 5 de l'édit du 1er nov. 1775, la déchéance était de rigueur en cas de déclaration tardive; et la déclaration intervenait tardivement quand elle était effectuée plus de vingt-quatre heures après l'apparition de la maladie contagieuse. V. Cons. d'Et., 9 avril 1873 (S. 75. 2. 63. — P. chr. adm. — D. 74. 2. 3). On voit quelle pouvait être, dans ce système, la difficulté de préciser le jour, l'heure même exacte de l'invasion du fléau. Sous l'apparence de se prêter à moins d'arbitraire, il en comportait peut-être plus. L'autorité administrative restait maîtresse d'avancer ou de reculer le point de départ du délai. Aussi la loi de 1881 n'a pas proscrit un temps de rigueur pour la déclaration; l'art. 3 est à la fois plus et moins exigeant que l'art. 5 de l'édit de 1775; il enjoint au propriétaire de l'animal ou des animaux atteints de faire sa déclaration à la mairie, non plus dans les vingt-quatre heures, mais *sur-le-champ*, dès que la maladie se manifeste. Si les faits, par leur gravité, par la violence du mal à ses débuts, viennent démontrer que la déclaration aurait pu avoir lieu plus tôt, fût-elle intervenue même dans les vingt-quatre heures, la déclaration pourra être considérée comme tardive et susceptible de constituer le propriétaire en contravention. Le ministre, une fois l'infraction bien établie, reste encore souverain appréciateur de la question de savoir s'il peut être équitable ou non d'allouer une indemnité, et d'user de la faculté que lui réserve l'art. 22 de la loi précitée.

sont fixées par l'arrêté d'autorisation (1) (LL. 16-24 août 1790, tit. II, art. 13; 16 fruct. an III; 28 pluv. an VIII, art. 4).

(Sauze et cons. c. Chem. de fer de Paris-Lyon-Méditerranée.)

LE TRIBUNAL DES CONFLITS: — Vu l'art. 13, titre II, de la loi des 16-24 août 1790, et la loi du 16 fruct., an III; — Vu la loi du 28 pluv. an VIII, art. 4; — ...Au fond: — Considérant que si, aux termes de l'art. 4 de la loi du 28 pluv. an VIII, il appartient au conseil de préfecture de statuer sur les indemnités qui peuvent être dues pour torts et dommages résultant de travaux publics, il est prétendu, par les sieurs Sauze et autres, que le préjudice par eux souffert aurait pour cause des actes contraires aux prescriptions formelles de l'arrêté du 31 déc. 1855, qui a autorisé la Compagnie à établir une prise d'eau et en a réglé le fonctionnement; — Que les demandeurs soutiennent, notamment, que la Compagnie prend l'eau en excédant la quantité qu'elle a été autorisée à détourner, et que l'arrêté précité a strictement limitée à 50 mètres cubes par vingt-quatre heures; que, en outre, et contrairement aussi aux prescriptions formelles de cet arrêté, elle ouvre sa prise d'eau le mercredi et le samedi pendant la saison des irrigations; — Considérant que le tribunal de Riom n'a retenu la cause pendante devant lui, pour y être statué au fond, que en tant qu'elle porte sur le préjudice que la Compagnie causerait aux demandeurs, en détournant les eaux en dehors des conditions de temps et de quantité fixées par l'arrêté d'autorisation; que, dans ces circonstances, le préfet n'était pas fondé à revendiquer pour l'autorité administrative la connaissance du litige. — Art. 1er. L'arrêté... est annulé.

MM. Braun, rapp.; Ronjat, comm. du gouv.; Aguillon, av.

TRIB. DES CONFLITS 24 mai 1884.

RESPONSABILITÉ, ÉTAT, ACCIDENT, COMPÉTENCE.

C'est à l'autorité judiciaire seule qu'il appartient de connaître d'une action en responsabilité dirigée contre l'État, à raison d'un accident arrivé à un ouvrier occupé dans un bâtiment de l'État, si l'accident n'a point eu d'autre cause que le vice de construction du bâtiment (2) (LL. 16-24 août 1790, tit. II, art. 13; 16 fruct. an III; C. civ., 1386).

(Linas.)

LE TRIBUNAL DES CONFLITS: — Vu la loi des 16-24 août 1790, titre II, art, 13, et celle du 16 fruct. an III; — Vu les ordonn. des 1er juin 1828 et 12 mars 1831, le réglement du 26 oct. 1849, et la loi du 24 mai 1872; — Considérant que l'assignation délivrée au préfet de Tarn-et-Garonne, à la requête de la veuve Linas, avait pour objet de faire condamner l'Etat à payer des dommages-intérêts à ladite dame, tant pour elle que pour ses enfants mineurs, à raison d'un accident qui a occasionné la mort de son mari, et qui, d'après l'assignation, aurait été la conséquence des vices de construction du grand portail d'un édifice appartenant à l'Etat; — Considérant qu'ainsi formulée, la demande de la veuve Linas n'était point dirigée contre l'Etat à raison d'actes faits par l'administration pour l'exécution des services publics auxquels elle est chargée de pourvoir, mais contre l'Etat propriétaire d'un bâtiment mal construit, et responsable, à ce titre, d'après la disposition de l'art. 1386, C. civ.; — Considérant que l'Etat, comme propriétaire, est soumis, dans ses rapports avec les particuliers, aux règles du droit civil; — Art. 1er. L'arrêté de conflit pris par le préfet de Tarn-et-Garonne, le 3 mars 1884, est annulé.

MM. Merville, rapp.; Chante-Grellet, comm. du gouv.

TRIB. DES CONFLITS 30 mai 1884.

COURS D'EAU, INONDATION, BARRAGE, DESTRUCTION, MESURES PRÉVENTIVES, TRAVAUX DE MAIN D'HOMME, ARRÊTÉ PRÉFECTORAL, LÉGALITÉ.

Est valable, comme pris dans les limites des pouvoirs de police et d'administration supérieure, l'arrêté par lequel un préfet, en vue de prévenir des inondations, ordonne la destruction de barrages établis sur un cours d'eau non navigable (3) (LL. 12-20 août 1790; 28 sept.-6 oct. 1791).

...Ou même sur un bras de ce cours d'eau creusé de main d'homme pour le fonctionnement d'une usine (4) (Id.).

(Paignon.)

LE CONSEIL D'ÉTAT: — Sur le grief tiré de ce que le bras de la Tardoire, sur lequel ont été établis deux des barrages du sieur Paignon, serait la propriété privée du requérant, et à ce titre ne serait pas soumise aux pouvoirs de police du préfet; — Considérant que, si le sieur Paignon prétend que le bras de la Tardoire, sur lequel il a établi deux de ses barrages, a été creusé de main d'homme pour le fonctionnement d'une usine métallurgique aujourd'hui détruite, il n'apporte aucune preuve à l'appui des faits qu'il allègue, lesquels d'ailleurs ne seraient pas de nature à faire obstacle aux droits appartenant à l'administration préfectorale en vertu des lois des 12-20 août 1790, 28 sept.-6 oct. 1791, afin d'assurer le libre écoulement des eaux; — Sur le grief tiré de ce que l'arrêté attaqué aurait été pris non dans un but de police, mais dans un intérêt privé: — Considérant

---

(1) V. en ce sens, Trib. des conflits, 29 nov. 1879 (Pand. chr.). Dans cette affaire, il ne s'agissait pas d'une Compagnie de chemins de fer, mais d'une commune actionnée par des usiniers, à raison de ce qu'elle avait usé d'une prise d'eau dans une rivière, *en dehors des conditions d'autorisation prescrites par un décret d'utilité publique*, et de ce qu'elle avait, par là, diminué d'une manière notable la force motrice des usines. — Au fond, les deux décisions mettent en jeu l'application des mêmes principes. L'autorité judiciaire n'est compétente que parce que la Compagnie et la commune ne sont point restées dans les limites de l'arrêté d'autorisation ou du décret d'utilité publique; elles ont empiété sur le droit d'autrui, elles ont commis des usurpations, des voies de fait. Les tribunaux administratifs n'ont rien à voir dans de pareils débats. Les actes de l'administration n'en peuvent recevoir aucune atteinte; leur maintien dans toute leur étendue, dans toutes leurs conséquences n'est point en question. — Au contraire, quand la Compagnie ou la commune ont respecté scrupuleusement les autorisations qu'elles se sont fait délivrer, qu'elles n'ont commis aucun écart, quand les contestations s'élèvent sur le sens et la portée des concessions elles-mêmes, il n'appartient qu'à la juridiction administrative de fixer les points en litige. L'autorité judiciaire saisie doit surseoir jusqu'à ce qu'il ait été statué sur les difficultés d'interprétation. V. même jugement du Trib. des conflits, 29 nov. 1879, précité. V. aussi Trib. des conflits, 16 juill. 1881 (Pand. chr.), et la note.

(2) En pareil cas, l'Etat n'est plus considéré comme puissance publique, mais comme personne civile, en qualité de propriétaire ordinaire. V. Cons. d'Et., 24 févr. 1864 (Pand. chr.); Trib. d'Espalion, 23 févr. 1882, sous Cass., 16 avril 1884 (S. 85. 1. 487. — P. 85. 1. 1161), et les renvois. — Mais si l'ouvrier avait été victime d'un accident, en travaillant dans un atelier de l'Etat, par suite de l'imprudence et de la négligence des chefs de service dont il exécutait les ordres, il n'y aurait plus lieu à la compétence des tribunaux de droit commun. La demande en indemnité tendant alors à faire déclarer l'Etat débiteur, comme responsable de faits accomplis dans un service public, devrait être portée devant l'autorité administrative. V. Cons. d'Et. (sol. implic.), 11 mars 1881 (Pand. chr.); Trib. des conflits, 20 mai 1882 (Pand. chr.), et les indications d'arrêts en note.

(3-4) V. dans le même sens, Cons. d'Et., 13 juill. 1883 (Pand. chr.), et les renvois en note. V. aussi Cons. d'Et., 27 juill. 1883 (D. 85. 3. 35).

qu'il résulte de l'instruction que l'arrêté attaqué, en ordonnant la destruction des barrages établis par le requérant dans le lit de la Tardoire, a eu pour but de prévenir les inondations qui menaçaient les propriétés voisines; qu'ainsi, il a été pris dans un but d'utilité générale et dans la limite des pouvoirs qui sont attribués à l'administration par les lois précitées; — Art. 1er. La requête... est rejetée.

MM. Labiche, rapp.; Chante-Grellet, comm. du gouv.; Chambon et Choppard, av.

CONS. D'ÉTAT 27 juin 1884.

RIVAGES DE LA MER, DÉLIMITATION, MÉDITERRANÉE, FLOT D'HIVER, DROITS PRIVÉS, RÉSERVE, ÉTANGS SALÉS.

Le rivage de la mer comprend, dans la Méditerranée, tous les terrains habituellement couverts par le plus grand flot d'hiver dont la crue est constatée par une ligne de dépôts de varechs ou d'algues (1) (LL. 7-14 oct. 1790; 24 mai 1872).

Sauf toutefois les droits conférés aux tiers sur le domaine public antérieurement à l'année 1566 (2) (Id.).

Et ces règles sont applicables à la délimitation des étangs salés susceptibles de propriété privée (3) (Id.).

(Ville de Narbonne et Delmas.)

LE CONSEIL D'ÉTAT : — Vu la loi des 22 déc. 1789, 8 janv. 1790, sect. 3, art. 2, et le décret du 21 févr. 1852; — Vu la loi des 7-14 oct. 1790, et celle du 24 mai 1872; — Considérant que, pour demander l'annulation du décret du 19 nov. 1878, portant délimitation du rivage de la mer dans la partie septentrionale de l'étang salé de Gruissan, les requérants se fondent sur ce que ledit décret aurait compris dans le domaine public des parcelles soustraites à l'action du plus grand flot d'hiver et susceptibles de propriété privée, et sur ce qu'il aurait méconnu des droits de propriété existant en vertu de titres antérieurs à l'année 1566; — Considérant que le décret attaqué a fixé les limites de l'étang d'après une ligne pointillée bleue sur le plan annexé audit décret, qui est la ligne de niveau à la cote de 0 m. 80, cote moyenne des emplacements où la laisse des hautes eaux était constatée par des dépôts de varechs ou d'algues; qu'il résulte de l'instruction, et notamment des procès-verbaux des deux commissions réunies successivement, sur l'ordre du ministère de la marine, à l'effet de vérifier l'exactitude des constatations matérielles faites par la première commission, et qui ont opéré, l'une, le 16 et le 19 mai 1876, et l'autre le 28 mai, le 11 juin et le 9 juill. 1877, que les terrains compris dans les limites tracées par le décret sont habituellement couverts par le plus grand flot d'hiver, et qu'enfin le débordement des eaux du canal de la Robine ne peut dans aucun cas produire une surélévation appréciable des eaux de l'étang de Gruissan; qu'il suit de là que le décret attaqué a été pris dans la limite des pouvoirs qui appartiennent à l'autorité supérieure en vertu des lois ci-dessus visées, et que les requérants ne sont pas fondés à en demander l'annulation, par application des lois des 7-14 oct. 1790 et 24 mai 1872; — Considérant, d'ailleurs, que le décret, dans son art. 1er, réserve expressément les droits des tiers, et qu'il ne fait pas obstacle à ce que la commune de Narbonne et le sieur Delmas fassent valoir, s'ils s'y croient fondés, devant l'autorité compétente, les droits qui leur auraient été conférés sur le domaine public, antérieurement à l'année 1566; — Art. 1er. Les requêtes... sont rejetées.

MM. Jagerschmidt, rapp.; Le Vavasseur de Précourt, comm. du gouv.; Boivin-Champeaux, av.

CONS. D'ÉTAT 4 juillet 1884.

DÉBITS DE BOISSONS, OUVERTURE, ÉGLISE, ÉCOLE, DISTANCE, ARRÊTÉ MUNICIPAL, INTERDICTION, RECOURS, RÉCÉPISSÉ, DÉLIVRANCE OBLIGATOIRE.

L'arrêté par lequel le maire, le conseil municipal entendu, fixe la distance à laquelle les cafés, cabarets et débits de boissons peuvent être établis autour de l'église et des écoles n'est pas de nature à être attaqué devant le conseil d'État pour excès de pouvoir (4) (L. 17 juill. 1880, art. 9).

Mais il y aurait excès de pouvoir, de la part du maire qui, en pareil cas, refuserait de délivrer récépissé de la déclaration d'ouverture d'un café (5) (Même loi, art. 2).

...Alors même qu'il estimerait que ce café ne pourrait être ouvert qu'en violation de la loi (6) (Id.).

(Blanc et Delcasso.)

LE CONSEIL D'ÉTAT : — Vu les lois des 7-14 oct. 1790 et du 24 mai 1872; — Vu la loi du 17 juill. 1880; — Sur les conclusions des requérants tendant à l'annulation de l'arrêté du maire de Montlouis, en date du 23 août 1880 : — Considérant que l'arrêté par lequel le maire de Montlouis, le conseil municipal entendu, a fixé à 60 mètres la distance à laquelle les cafés, cabarets et débits de boissons pourraient être établis autour de l'église et des écoles primaires, a été pris dans la limite des pouvoirs qui lui sont conférés par l'art. 9 de la loi du 17 juill. 1880; que, dès lors, les sieurs Blanc et Delcasso ne sont pas fondés à en demander l'annulation, par application des lois des 7-14 oct. 1790 et 24 mai 1872;

Sur les conclusions des requérants tendant à l'annulation de la décision du maire de Montlouis, qui a refusé de délivrer au sieur Delcasso récépissé de la déclaration d'ouverture d'un café dans l'immeuble du sieur Blanc: — Consi-

---

(1) D'après l'ordonnance sur la marine de 1681, applicable seulement aux rivages de l'Océan, le rivage de la mer comprend tout ce qu'elle couvre et découvre pendant les nouvelles et pleines lunes et jusqu'où le plus grand flot de mars se peut étendre. V. notamment Cons. d'Et., 10 mars 1882 (Pand. chr.). — Dans la mer Méditerranée, on suit toujours la règle du droit romain, ainsi formulée dans les *Institutes : Est autem littus maris quatenus hibernus maximus fluctus excurrit*. On s'attache au plus grand flot d'hiver, qui n'est pas le plus grand flot de mars; cette règle, appliquée par le parlement d'Aix, a toujours été suivie sans difficulté. *Sic* Merlin, *Quest.*, v° *Rivage de la mer*; Garnier, *Tr. des chemins*, p. 62; Dufour, *Droit administr.*, t. II, n. 1106.

(2) V. en ce sens, Trib. des conflits, 11 janv. 1873 (S. 73. 2. 25. — P. chr. adm. — D. 73. 3. 65); 1er mars 1873 (S. 74. 2. 61. — P. chr. adm. — D. 73. 3. 65); 12 mai 1883 (S. 85. 2. 27. — P. chr. adm. — D. 85. 3. 10).

(3) Consult., sur cette matière, une remarquable étude de M. Aucoc, intitulée : *Les étangs salés des bords de la Méditerranée et leur condition légale.*

(4) V. Conf. Cons. d'Et., 7 août 1883 (Pand. chr.), et le renvoi.

(5-6) L'obligation absolue de délivrer le récépissé est formellement écrite dans l'art. 2 de la loi du 17 juill. 1880. — Mais supposons cette obligation violée par le maire; il y a refus de délivrance. Quelle est la nature de cet acte? Quelle est l'autorité qui sera appelée à en apprécier la légalité, et à connaître notamment d'une demande en dommages-intérêts, au cas où elle viendrait à être intentée par le postulant, en réparation du préjudice que lui aurait causé le refus de délivrance? Une question identique s'est posée, relativement à l'application de la loi du 17 juin 1880 (art. 1er) en matière de colportage de journaux; elle pourrait se représenter encore, de la même manière, sous le régime de l'art. 18 de la loi du 29 juill. 1881 sur la liberté de la presse. Pour le colportage de journaux, au même titre que pour les ouvertures de cabarets, cafés, débits de boissons, la délivrance du récipissé de la déclaration est obligatoire. Le tribunal des conflits, par décision en date du 21 mai 1881 (Pand. chr.), a décidé que le refus de la délivrance du récépissé au colporteur constitue un acte d'administration accompli par le maire en sa qualité d'agent du pouvoir central; que l'autorité judiciaire est, par suite, sans compétence pour en apprécier la légalité et pour statuer sur la demande en dommages-intérêts qui en dériverait. V. nos observations en note.

dérant qu'aux termes de l'art. 2 de la loi du 17 juill. 1880, le maire doit immédiatement donner récépissé de la déclaration qu'est tenue de lui faire, sous peine d'amende, quinze jours à l'avance, toute personne qui veut ouvrir dans la commune un café, cabaret ou autre débit de boissons; que son intervention doit se borner à constater l'accomplissement de cette formalité, sans examen préalable de la capacité du déclarant ou de la situation du débit, et à transmettre dans les trois jours copie intégrale au procureur de la République, auquel il appartient de rechercher et de poursuivre les infractions qui pourraient être commises; qu'il suit de là que le maire de la commune de Montlouis ne pouvait, sans excès de pouvoir, refuser d'accomplir un acte qui lui était prescrit par la loi; — Art. 1er. La décision par laquelle le maire de Montlouis a refusé de délivrer au sieur Delcasso récépissé de la déclaration d'ouverture d'un café dans l'immeuble du sieur Blanc, et la décision confirmative du ministre de l'intérieur, sont annulées. — Art. 2. Le surplus des conclusions est rejeté.

MM. Guillemin, rapp; Chante-Grellet, comm. du gouv.; Costa, av.

CONS. D'ÉTAT 4 juillet 1884.

EXPOSITION UNIVERSELLE, EMPLACEMENT, CONCESSION, RÉCLAMATIONS, COMPÉTENCE.

Le marché relatif à la concession d'un emplacement dans l'enceinte d'une exposition universelle n'a pas le caractère d'un marché de travaux publics, mais bien d'un marché passé avec un ministre pour le service de son département. — Par suite, c'est au ministre compétent, sauf recours au conseil d'État, et non au conseil de préfecture, qu'il appartient de statuer sur les difficultés auxquelles ce marché peut donner lieu (L. 28 pluv. an VIII, art. 4; Décr. 11 juin 1806, art. 14).

(François c. l'État.)

LE CONSEIL D'ÉTAT : — Vu la loi du 28 pluv. an VIII et le décret du 11 juin 1806; — Considérant que le marché passé entre le sieur François et le ministère du commerce, représenté par le commissaire général de l'Exposition, délégué à cet effet, avait pour objet l'exploitation d'un restaurant dans l'enceinte de ladite Exposition; qu'il ne saurait être considéré comme ayant le caractère d'un marché de travaux publics, dans le sens de l'art. 4 de la loi du 28 pluv. de l'an VIII, et que ni ladite loi, ni aucune autre disposition législative n'attribuait compétence au conseil de préfecture pour connaître des contestations auxquelles son exécution pouvait donner lieu; — Considérant que les conventions dont s'agit constituent un marché fait avec un ministre pour le service de son département, dont il appartient au ministre de connaître, par application de l'art. 14 du décret du 11 juin 1806, sauf recours du conseil d'État; — Art. 1er. L'arrêté du conseil de préfecture de la Seine, du 25 juill. 1882, est annulé pour incompétence. — Art. 2. Le sieur François est renvoyé devant le ministre du commerce pour qu'il soit statué sur ce qu'il appartiendra.

MM. Flourens, rapp.; Chante-Grellet, comm. du gouv.; Trézel et Fosse, av.

CONS. D'ÉTAT 3 août 1884.

CULTE, DESSERVANT, DIFFAMATION, ACTION CIVILE, DOMMAGES-INTÉRÊTS, AUTORISATION PRÉALABLE.

Les particuliers, diffamés par les ministres des cultes dans l'exercice de leur ministère sacerdotal, ont le droit de les citer directement en dommages-intérêts devant les tribunaux civils, sans qu'il y ait lieu d'obtenir au préalable une autorisation du conseil d'État (1) (L. 18 germ. an X, art. 6, 7 et 8; C. instr. crim., 1 et 64).

(Bac c. Gaubil.)

LE PRÉSIDENT DE LA RÉPUBLIQUE FRANÇAISE : — Vu les art. 6 et 8 de la loi du 18 germ. an X; les art. 1er et 64, C. instr. crim.; — Considérant que la demande du sieur Guillaume Bac, dans la forme où elle est présentée, tend à obtenir l'autorisation de poursuivre en dommages-intérêts l'abbé Exupère Gaubil, qui, un jour de dimanche, au prône, aurait diffamé ses deux filles mineures; — Considérant que la nécessité d'une semblable autorisation ne résulte d'aucun texte de loi; — Le conseil d'Etat entendu; — Décrète : — Art. 1er. Il n'y a pas lieu de statuer sur la requête. — Art. 2. Le garde des sceaux, ministre de la justice et des cultes, etc.

M. Castagnary, rapp.

CONS. D'ÉTAT 7 novembre 1884.

ÉLECTIONS MUNICIPALES, ALLIANCE, BEAUX-FRÈRES.

Deux citoyens ayant épousé les deux sœurs, ne sont pas beaux-frères au sens de l'art. 35 de la loi du 5 avril 1884, et peuvent, par conséquent, faire partie du même conseil municipal dans une commune de plus de 500 habitants (2) (L. 5 avril 1884, art. 35).

(Élect. de Croix-de-Vie.)

LE CONSEIL D'ÉTAT : — Considérant que le sieur Le Bignais se fonde, pour demander l'annulation de l'élection des sieurs Marcetteau et Collinet, sur ce que, étant alliés, ils ne sauraient faire partie du même conseil municipal; — Mais considérant que, si les sieurs Marcetteau et Collinet ont épousé les deux sœurs, ils ne sont pas beaux-frères, au sens de l'art. 35 de la loi du 5 avril 1884; que, dès lors, c'est avec raison que le conseil de préfecture a rejeté la

---

(1) La doctrine du conseil d'Etat paraît bien définitivement fixée en ce sens. Par là s'accentue, sur une question de haute importance pratique, un désaccord très-nettement tranché avec la jurisprudence de la Cour de cassation. Ainsi que nous l'avons déjà fait observer, et il n'est pas inutile de le répéter : c'est le conseil d'Etat qui a raison. La distinction établie par la Cour de cassation entre l'action publique et l'action civile est purement arbitraire; elle ne repose sur aucun texte de loi; elle répond à des préoccupations qui n'ont rien de juridique. V. nos observations sous Cons. d'Et., 17 mars 1881 (Pand. chr.), et sous Cass., 19 avril 1883 (Pand. chr. V. aussi Cass., 23 févr. 1884 (Pand. chr.).

Ajoutons, au surplus, que par l'un de ses derniers arrêts la Cour de cassation, loin de montrer des tendances à se rapprocher de la théorie du conseil d'Etat, s'en éloigne au contraire par une déclaration de principes en contradiction avec toute sa jurisprudence antérieure. Ne dit-elle pas, en effet, que la compétence en matière d'abus, étant *d'ordre public*, ne peut, par suite, être modifiée par les conventions des parties (arrêt du 11 févr. 1885, Pand. chr., et la note). Or il avait toujours été reconnu jusqu'ici par cette même Cour que l'exception préjudicielle d'abus devait être proposée par les ecclésiastiques poursuivis; que le juge n'avait pas à la suppléer d'office; qu'elle ne pouvait plus être invoquée pour la première fois devant la Cour de cassation. V. Cass., 11 août 1881 (S. 83. 1. 388. — P. 83. 1. 974. — D. 81. 1. 393); 26 mai 1882 (deux arrêts) (Pand. chr.); 27 mai 1882 (S. 83. 1. 437. — P. 83. 1. 1084. — D 82. 1. 381). — Toutes ces conséquences ne seraient plus exactes si vraiment il s'agissait d'une exception d'ordre public.

(2) Il ne saurait y avoir assimilation entre ce cas et celui où l'un des candidats aurait épousé la sœur de l'autre, seule hypothèse prévue par la loi.

protestation formée contre leur élection; — Art. 1er. La requête..... est rejetée.

MM. Vandal, rapp.; Chante-Grellet, comm. du gouv.

CONS. D'ÉTAT 7 novembre 1884.

ÉLECTIONS MUNICIPALES, ÉLIGIBILITÉ, ARMÉE DE MER, EMPLOYÉS, COMMIS DES DIRECTIONS DES TRAVAUX DE LA MARINE.

Ne doivent point être considérés comme des employés de l'armée de mer, au sens de l'art. 31 de la loi du 5 avril 1884, et, par suite, sont éligibles au conseil municipal, les commis des directions des travaux de la marine, lesquels, d'ailleurs, ne figurent point sur la liste des agents assimilés *de l'armée de mer* (1) (L. 5 avril 1884, art. 31).

(Élect. d'Indret.)

LE CONSEIL D'ÉTAT : — Vu la loi du 5 avril 1884 ; — Considérant que les commis des directions des travaux de la marine ne figurent pas sur la liste des agents assimilés de l'armée de mer; que, dès lors, le sieur Ragarn La Touche n'est pas fondé à soutenir que les sieurs Ronneau et Poupelard, commis des directions des travaux de la marine, doivent être considérés comme des employés de l'armée de mer au sens de la loi susvisée du 5 avril 1884 et à demander l'annulation de leurs élections. — Art. 1er. La requête..... est rejetée.

MM. Menant, rapp.; Gomel, comm. du gouv.

CONS. D'ÉTAT 7 novembre 1884.

ÉLECTIONS MUNICIPALES, INÉLIGIBILITÉ, AGENT SALARIÉ, SURVEILLANT DE PORT.

Est agent salarié de la commune, comme tel inéligible, aux termes de l'art. 33, § 10, de la loi du 5 avril 1884, l'individu qui, en dehors de l'exercice de toute profession, se charge, moyennant une rémunération proportionnelle, de la perception des droits de port dus à la commune par les bateliers (L. 5 avril 1884, art. 33, § 10).

(Élect. de Port-Marly.)

LE CONSEIL D'ÉTAT : — Considérant qu'il résulte de l'instruction que le sieur Dagron reçoit un salaire de la commune de Port-Marly à raison des services qu'il rend pour la surveillance du port et la perception des droits; que ces services ne sont d'ailleurs pas rendus par ledit sieur Dagron dans l'exercice de sa profession; que, dans ces circonstances, c'est avec raison que le conseil de préfecture de Seine-et-Oise a décidé qu'aux termes de l'art. 33, § 10, de la loi susvisée du 5 avr. 1884, le requérant ne pouvait être élu membre du conseil municipal de ladite commune. — Art. 1er. La requête... est rejetée.

MM. Colson, rapp.; Gomel, comm. du gouv.

CONS. D'ÉTAT 7 novembre 1884.

ÉLECTIONS MUNICIPALES, LISTE DE CANDIDATS, NOMS, INSCRIPTION, AUTORISATION (DÉFAUT D'), MANŒUVRE (ABSENCE DE).

Le fait d'inscrire sur une liste, en vue des élections municipales, sans y être autorisé, divers noms de candidats, n'est une cause de nullité des opérations électorales que lorsqu'il a constitué une manœuvre de nature à porter atteinte à la liberté et à la sincérité du vote (2).

(Élect. de Saint-Cyr des Goets.)

LE CONSEIL D'ÉTAT : — En ce qui touche les sieurs Couturier et Pommereau : — Considérant qu'en admettant que les sieurs Gelot et Girard aient porté sur leur liste les noms de divers candidats, bien que n'y ayant pas été autorisés, les auteurs de la protestation n'établissent pas que ce fait ait constitué une manœuvre de nature à porter atteinte à la liberté et à la sincérité du vote; — Art. 1er... — Art. 2. La requête... est rejetée.

MM. Guillemin, rapp.; Chante-Grellet, comm. du gouv.

CONS. D'ÉTAT 14 novembre 1884.

ÉLECTIONS MUNICIPALES, ÉLIGIBILITÉ, AGENT SALARIÉ, PROFESSION (EXERCICE DE), INDEMNITÉ, MÉDECIN DE DISPENSAIRE.

N'est point au rang des agents salariés de la commune, déclarés inéligibles par l'art. 33, § 10, de la loi du 5 avril 1884, le médecin du dispensaire municipal d'une ville qui reçoit une simple indemnité à raison des services qu'il lui rend dans l'exercice de sa profession (3) (L. 5 avril 1884, art. 33, § 10).

---

(1) V. anal., en ce qui concerne les maîtres de port, Cons. d'Et., 18 mai 1877, aff. Elect. d'Arzon (D. 77. 3. 74). — Aux termes de cette décision, les maîtres de port ne peuvent être rangés dans la catégorie des *employés* de l'armée de mer et restent, par conséquent, éligibles.

(2) Il est de jurisprudence aujourd'hui constante que nul ne peut être porté sur une liste de candidats contre sa volonté, ou même sans son consentement tout au moins tacite. Les électeurs qui font ainsi abus du nom d'autrui s'exposent, au cas de préjudice souffert par le candidat, à une condamnation pécuniaire. V. Rouen, 27 déc. 1878 (Pand. chr.); Trib. civ. Toulouse (aud. des référés) (motifs), 10 mai 1884 (Pand. chr.), et les renvois. — Mais quel peut être le contre-coup de pareils agissements sur les opérations électorales et le sort définitif de l'élection? A cet égard, les solutions absolues et de principe doivent être exclues. Tout dépend des faits, des circonstances, de l'intention qui a présidé à leur invention, du caractère de leur mise en œuvre, de l'influence plus ou moins décisive qu'ils ont exercée sur les résultats du scrutin. Quand aucune atteinte n'a été portée à la liberté et à la sincérité du vote, quand, ni de près ni de loin, rien ne se rencontre qui présente quelque apparence suspecte, quelque tournure de manœuvres malhonnêtes et déloyales, l'election tient bon. Elle doit, au contraire, être annulée, quand une atteinte a été portée à la liberté et à la sincérité du vote. C'est la théorie qui se dégage des arrêts du conseil d'Etat et qui nous paraît, en tous points, irréprochable. V. arrêts 14 mars 1879 (Rec. Lebon, p. 220); 4 avril 1879 (*ibid.*, p. 293). — Comp. Cons. d'Et., 16 janv. 1885 (Pand. chr.), et la note.

(3) Cette affaire présentait cette particularité, que le conseil d'Etat s'était prononcé contre l'éligibilité du même médecin et avait annulé une élection antérieure (V. arrêt, 8 juill. 1881, D. 83. 5. 225). Mais cette annulation avait lieu conformément à l'art. 9 de la loi du 5 mai 1855, qui déclarait inéligibles *les agents salariés de la commune*, sans distinction ni exception. La jurisprudence appliquait ce texte à tout médecin qui touchait une rétribution inscrite au budget municipal, — soit pour visiter les indigents : Cons. d'Et., 28 mars 1866 (S. 67. 2. 165. — P. chr. adm. — D. 67. 3. 17); 7 août 1875 (S. 77. 2. 276. — P. chr. adm. — D. 76. 3. 34), — soit pour constater les décès : Cons. d'Et., 28 mars 1866, précité. — L'art. 33, § 10, de la loi du 5 avril 1884 a modifié cette situation; elle a introduit un tempérament sensible à la rigueur de l'ancien texte, en excluant de la catégorie des agents salariés de la commune « ceux qui, étant fonctionnaires publics ou exerçant une profession indépendante, ne reçoivent une indemnité de la commune qu'à raison des services qu'ils lui rendent dans l'exercice de cette profession ». — Cette disposition, ainsi que l'a constaté M. le ministre de l'intérieur, dans la circulaire explicative de la loi, en date du 10 avril 1884 (*J. off.*, 11 avril), « a surtout été introduite dans l'intérêt des médecins chargés du service de la médecine gratuite ou de l'état civil ». — Dans l'espèce actuelle, le service n'était pas gratuit; un traitement de 700 francs y était attaché. Il ne s'agissait pas non plus de l'état civil, mais d'un dispensaire. Quoi qu'il en soit, et si large que paraisse être l'interprétation que le conseil d'Etat donne aux restrictions apportées au § 10 de l'art. 33, cette interprétation ne fait nulle violence au texte écrit de la loi; elle se concilie en tous points avec l'intention bien avérée du législateur. Elle se conforme aussi à ce principe, d'une portée d'application générale, que les inéligibilités, au même titre que les déchéances sont de droit étroit; que, dans le silence de la loi, les entraves disparaissent, la capacité devient la règle; que le doute même s'interprète en faveur de la liberté d'élire et d'être élu.

(Élect. d'Angers.)

LE CONSEIL D'ÉTAT : — Vu la loi du 5 avr. 1884 ; — Considérant qu'aux termes de l'art. 33, § 10, de la loi susvisée du 5 avr. 1884, ne sont pas compris parmi les agents salariés de la commune, déclarés inéligibles par ledit article, ceux qui, étant fonctionnaires publics ou exerçant une profession indépendante, ne reçoivent une indemnité de la commune qu'à raison des services qu'ils lui rendent dans l'exercice de ce cette profession ; — Considérant qu'il résulte de l'instruction que le sieur Legludic exerce les fonctions de médecin du dispensaire municipal d'Angers, dans les conditions prévues par l'art. 33, § 10, de la loi susvisée; que l'allocation de la somme de 700 fr. qui lui est attribuée par la commune, constitue une simple indemnité dans le sens dudit article ; que, dans ces circonstances, c'est avec raison que le conseil de préfecture a rejeté la protestation formée contre l'élection du sieur Legludic. — Art. 1er. La requête... est rejetée.

MM. Arrivière, rapp. ; Le Vavasseur de Précourt, comm. du gouv. ; Roger, av.

CONS. D'ÉTAT 21 novembre 1884.

CONSEIL MUNICIPAL, MEMBRE, DÉMISSION, INSTALLATION, MAIRE, ADJOINT, ÉLECTION.

La démission d'un conseiller municipal, tant qu'elle n'est point devenue définitive, ne l'empêche point de continuer à faire partie du conseil (1) (L. 5 avril 1884, art. 60).

Et il en est ainsi bien que ce conseiller n'ait pas encore été installé (2) (Id.).

Par suite, lorsque plusieurs conseillers élus, mais non encore installés, donnent leur démission au début d'une séance dans laquelle doit avoir lieu l'élection du maire et de l'adjoint, le conseil n'en reste pas moins complet et a, par conséquent, toute capacité à l'effet de procéder à ces nominations (3) (L. 5 avril 1884, art. 60, 67).

(Élect. d'Autry.)

LE CONSEIL D'ÉTAT : — Considérant que les sieurs Daveil-Debritte, Emile Poulet et Laurent, élus conseillers municipaux dans la commune d'Autry, ayant fait déposer leur démission sur le bureau du conseil municipal au début de la séance dans laquelle ont été élus le maire et l'adjoint, n'en continuaient pas moins à compter au nombre des membres en exercice jusqu'à ce que ladite démission fût devenue définitive, conformément aux dispositions de l'art. 60 de la loi du 5 avr. 1884 ; qu'ainsi ledit conseil était complet au moment où il a été procédé à l'élection du maire et de l'adjoint; que, dans ces circonstances, c'est avec raison que le conseil de préfecture des Ardennes a refusé d'annuler pour violation de l'art. 77 de la loi du 5 avril 1884, l'élection des sieurs Guillaume et Francart; — Art. 1er. La requête... est rejetée.

MM. Colson, rapp. ; Gomel, comm. du gouv.

CONS. D'ÉTAT 28 novembre 1884.

ALIGNEMENT, RECULEMENT, MUR, MAUVAIS ÉTAT, CRÉPISSAGE, TRAVAUX CONFORTATIFS.

Le crépissage d'un mur en mauvais état, faisant saillie sur la voie publique, constituant un travail confortatif, peut n'être autorisé qu'à partir d'une certaine hauteur au-dessus du sol (4 mètres) (4) (Edit. déc. 1687 ; L. 19-22 juill. 1791).

(Savineau.)

LE CONSEIL D'ÉTAT : — Vu l'édit de déc. 1687 et la loi des 19-22 juill. 1791 ; — Vu la loi des 7-14 oct. 1790 et la loi du 24 mai 1872 ; — Considérant qu'il résulte de l'instruction, et notamment du rapport de l'agent voyer de la commune de Marans, commis par le maire à l'effet d'examiner l'état du mur de façade de la maison du sieur Savineau, en saillie sur l'alignement de la rue Dauphin ; que ce mur est en mauvais état, et que l'exécution du crépissage que le sieur Savineau demandait l'autorisation de faire opérer serait de nature à en augmenter la solidité et la durée ; qu'ainsi, le maire de la commune de Marans, en n'accordant l'autorisation d'exécuter ce travail qu'à partir d'une hauteur de 4 mètres au-dessus du sol n'a pas excédé la limite de ses pouvoirs ; — Art. 1er. La requête... est rejetée.

MM. Guillemin, rapp. ; Marguerie, comm. du gouv.

CONS. D'ÉTAT 28 novembre 1884.

ÉLECTIONS MUNICIPALES, BULLETIN, DISTRIBUTION, GARDE CHAMPÊTRE, NULLITÉ.

L'irrégularité résultant de la distribution des bulletins de vote par un garde champêtre, n'entraîne la nullité de l'élection qu'au cas d'atteinte portée à la liberté et à la sincérité du vote (5) (L. 5 avril 1884, art. 14).

(Élect. d'Annoy.)

LE CONSEIL D'ÉTAT : — Vu la loi du 5 avril 1884 ; — Considérant que si c'est à tort, et contrairement aux dispositions de l'art. 14 de la loi ci-dessus visée, que le garde champêtre a distribué des bulletins, il ne résulte pas de l'instruction que cette irrégularité, dans les circonstances où elle s'est produite, ait porté atteinte à la liberté du vote et à la sincérité des opérations électorales... (le surplus sans intérêt).

MM. Meyer, rapp. ; Le Vavasseur de Précourt, comm. du gouv.

---

(1) Même avant la loi du 5 avril 1884, il était de jurisprudence constante que la démission d'un conseiller municipal ne produisait effet que du jour où elle avait été définitivement acceptée par le préfet. V. Cons. d'Et., 10 mars 1864 (S. 64. 2. 277. — P. chr. adm. — D. 64. 3. 26); 13 févr. 1869 (S. 70. 2. 94. — P. chr. adm. — D. 70. 3. 36); 3 août 1877 (S. 79. 2. 221. — P. chr. adm. — D. 78. 3. 6); 17 mars 1882 (D. 83. 5. 250). — L'art. 60 de la loi du 5 avril 1884 a mis fin à toutes les difficultés antérieures, en déterminant d'une manière bien nette les conditions de nature à rendre une démission définitive. « Les démissions, porte cet article, sont adressées au sous-préfet; elles sont *définitives* à partir de l'accusé de réception par le préfet, et, à défaut de cet accusé de réception, un mois après un nouvel envoi de la démission constaté par lettre recommandée. »

(2) C'est encore un point définitivement résolu par la jurisprudence, que les conseillers élus peuvent exercer, même avant leur installation, tous les droits qu'ils tiennent de leur élection. Application de ce principe a été faite au cas de nomination de délégués chargés de concourir à une élection sénatoriale; il a été décidé que les conseillers élus, quoique *non* installés, devaient être convoqués à la séance du conseil municipal tenue à cet effet. V. Cons. d'Et., 26 déc. 1878, aff. Elect. de Sousceyrac (S. 80. 2. 186. — P. chr. adm. — D. 79. 3. 99).

(3) Cette conséquence découle naturellement des principes ci-dessus posés.

(4) L'exécution des crépis et rejointoyements est autorisée par l'art. 11 du règlement modèle de 1858, élaboré par le ministère de l'intérieur, mais seulement pour les murs et façades en bon état, qui ne présentent ni surplomb ni crevasses profondes, et dont ces ouvrages ne peuvent augmenter ni la solidité ni la durée. V. Aucoc, *Conférences sur le droit adm.*, 2e édit., t. III, n. 1046, p. 107.

(5) Il n'y a pas, en pareil cas, de nullité absolue. Le conseil d'État se réserve l'examen des circonstances de la cause, et il annule ou maintient l'élection, suivant que l'intervention du garde champêtre a pu ou non porter atteinte à la liberté et à la sincérité du vote. V. anal., en matière d'élections départementales, Cons. d'Et., 3 janv. 1881 (Pand. chr.).

CONS. D'ÉTAT 5 décembre 1884.

ÉLECTIONS MUNICIPALES, ÉLIGIBILITÉ, AGENT SALARIÉ, INDEMNITÉ, PROFESSION, HORLOGER.

N'est point au rang des agents salariés de la commune, déclarés inéligibles par l'art. 33, § 10, de la loi du 5 avril 1884, l'horloger chargé de remonter, moyennant un salaire annuel, l'horloge de la commune (1) (L. 5 avril 1884, art. 33, § 10).

(Élect. de la Ferté-Alais.)

LE CONSEIL D'ÉTAT : — Vu la loi du 5 avr. 1884 ; — Considérant que si le sieur Cartault, qui exerce la profession d'horloger, est chargé de remonter, moyennant un salaire annuel, l'horloge de la commune de la Ferté-Alais, cette circonstance ne saurait le faire considérer comme agent salarié de ladite commune; qu'ainsi, le requérant n'est pas fondé à soutenir que ledit sieur Cartault était inéligible; — Art. 1er. La requête... est rejetée.

MM. Romieu, rapp.; Chante-Grellet, comm. du gouv.

TRIB. DES CONFLITS 20 décembre 1884.

TRAVAUX PUBLICS, COMPÉTENCE JUDICIAIRE, DOMMAGES, INDEMNITÉ, POSSESSION ANNALE.

L'autorité judiciaire, incompétente pour statuer sur les questions de dommages résultant de l'exécution de travaux publics (2), *a pleine compétence à l'effet de se prononcer sur les questions de possession qui peuvent être la condition du droit à indemnité* (3) (LL. 16-24 août 1790 ; 28 pluv. an VIII; C. proc. civ., 23 et 25; L. 25 mai 1838, art. 6).

(Ledieu c. Commune de Maing.)

LE TRIBUNAL DES CONFLITS : — Vu les lois des 16-24 août 1790, 14 flor. an XI et 28 pluv. an VIII; —Vu les art. 23 et 25, C. proc. civ., et l'art. 6 de la loi du 25 mai 1838 ; — Vu les ordonnances du 1er juin 1828 et du 12 mars 1831, le règlement du 20 oct. 1849 et la loi du 24 mai 1872; — Considérant que si l'autorité judiciaire est incompétente pour statuer sur les questions de dommages résultant de l'exécution de travaux publics, il lui appartient de prononcer sur les questions de possession qui peuvent être la condition du droit à indemnité, quand cette possession est contestée ; — Considérant que, dans sa citation, Ledieu demandait à être maintenu dans la possession annale du fossé de dessèchement de ses prairies, et des dommages-intérêts à raison du préjudice que la commune de Maing lui aurait causé en déversant dans ce fossé des eaux chargées de terre et d'autres matières étrangères; que le tribunal civil de Valenciennes s'est déclaré incompétent pour juger ce dernier chef de demande, par le motif que le préjudice prétendu serait résulté de l'exécution de travaux publics, et qu'il a retenu seulement la connaissance de la question de la possession annale invoquée par Ledieu et contestée par la commune de Maing; qu'en statuant en ces termes, il s'est renfermé dans la limite de ses attributions; — Art. 1er. L'arrêté de conflit... est annulé.

MM. Petit, rapp.; Chante-Grellet, comm. du gouv.

CONS. D'ÉTAT 23 décembre 1884.

ÉLECTIONS MUNICIPALES, BUREAU, CANDIDAT ÉLU, PROCLAMATION, REFUS, EXCÈS DE POUVOIR, INÉLIGIBILITÉ, INDIGENTS, DISTRIBUTION DE SECOURS.

Le bureau électoral ne peut, sans excès de pouvoir, statuer sur des questions de capacité ou d'incompatibilité, et, par conséquent, refuser de déclarer élu tel candidat et proclamer, en ses lieu et place, tel autre candidat venant après dans l'ordre des suffrages (4) (L. 5 avril 1884, art. 21).

L'inéligibilité édictée par l'art. 32, § 3, de la loi du 5 avril 1884, à l'encontre des individus secourus par les bureaux de bienfaisance, s'applique, en l'absence de bureau de bienfaisance dans une commune, à ceux qui figurent sur la liste des indigents et prennent part, en qualité de nécessiteux, aux distributions de secours (5) (L. 5 avril 1884, art. 32, § 3).

(Élect. de Thisy.)

LE CONSEIL D'ÉTAT : — Considérant que si, aux termes de l'art. 11 de la loi du 5 avr. 1884, le bureau juge provisoirement les difficultés qui s'élèvent sur les opérations de l'assemblée électorale, il ne peut, sans excéder ses pouvoirs, statuer sur une question de capacité ou d'incompatibilité; que, dès lors, c'est à tort que le président du bureau électoral de la commune de Thisy a refusé de déclarer élu le sieur Benoit, par le motif qu'il était porté sur la liste des indigents de la commune, et a proclamé en ses lieu et place le sieur Montarlot, qui venait immédiatement après lui dans l'ordre des suffrages; — Mais considérant qu'il résulte de l'instruction que le sieur Benoit figure sur la liste des indigents de la commune de Thisy et qu'il prend part aux distributions de secours faites aux habitants nécessiteux de la commune; que, dès lors, aux termes de l'art. 32 de la loi du 5 avr. 1884, il ne pouvait faire partie du conseil municipal et que c'est à tort que le conseil de préfecture l'a déclaré élu; — Art. 1er. L'élection du sieur Benoit est annulée.

MM. Seligman, rapp.; Gomel, comm. du gouv.

---

(1) Décision d'espèce et non de principe. — On peut concevoir, en effet, des circonstances dans lesquelles l'horloger se présenterait avec la situation d'un véritable agent salarié de la commune, sans que cette solution inverse constituât une contradiction entre les décisions. C'est d'ailleurs ce qui a été déjà jugé sous la législation antérieure. V. Cons. d'Etat, 22 août 1844 (D. 45. 3. 73); 6 juin 1866 (D. 67. 3. 17).

(2-3) Les mêmes principes ont été consacrés par la Cour de cassation, dans un arrêt en date du 12 févr. 1883 (S. 83. 1. 312. — P. 83. 1. 761. — D. 84. 1. 108). V. aussi, sur le dernier point, Cass., 8 nov. 1864 (S. 64. 1. 495. — P. 64. 1260. — D. 65. 1. 61); 6 déc. 1881 (S. 82. 1. 221. — P. 82. 1. 528. — D. 82. 1. 27).

(4) V. dans le même sens, sous l'empire de l'art. 34 de la loi du 5 mai 1855, dont l'art. 21 de la loi du 5 avril 1884 n'est que la reproduction textuelle, Cons. d'Et., 26 mars 1856 et 30 août 1861 (D. 63. 3. 54 et 55); 7 avril 1866 (D. 67. 3. 15); 9 août 1869 (S. 70. 2. 278. — P. chr. adm.); 8 nov. 1878 (S. 80. 2. 126. — P. chr. adm. — D. 79. 3. 5). V. aussi Cons. d'Etat, 11 juin 1870 (S. 72. 2. 160. — P. chr. adm. — D. 71. 5. 85); 6 déc. 1878 (S. 80. 2. 157. — P. chr. adm. — D. 79. 3. 85).

(5) La même solution était déjà adoptée sous l'art. 9, § 4 de la loi précitée du 5 mai 1855. V. Cons. d'Et., 11 nov. 1881 (D. 83. 5. 223).—On ne voit pas, en effet, quelles peuvent être les raisons sérieuses de distinguer entre ces deux catégories d'individus. V. au surplus les explications fournies par M. de Marcère, rapporteur de la loi du 5 avril 1884, à la Chambre des députés, sur un amendement de M. de Hérédia (séance des 2 et 5 juillet 1883; *Journ. off.*, des 3 et 6, Déb. parl., p. 1551 et suiv., 1599 et suiv.).

1885

CONS. D'ÉTAT 9 janvier 1885.

ÉLECTIONS MUNICIPALES, ÉLECTEURS, CONVOCATION, PUBLICATION, DÉLAI.

La publication de l'arrêté de convocation des électeurs, pour le renouvellement du conseil municipal, moins de quinze jours avant le scrutin, entraîne la nullité des opérations électorales (L. 5 avril 1884, art. 15).

(Élect. de Strasbourg, Algérie).

LE CONSEIL D'ÉTAT : — Considérant qu'aux termes de l'art. 15 de la loi du 5 avr. 1884, l'arrêté de convocation des électeurs est publié dans la commune quinze jours au moins avant l'élection; — Considérant qu'il n'est pas contesté que l'arrêté du préfet de Constantine convoquant, à la date du 4 mai 1884, les électeurs de la commune de Strasbourg, pour procéder au renouvellement du conseil municipal, a été publié dans la commune moins de quinze jours avant le jour de l'élection; — Que, dans ces circonstances, les requérants sont fondés à soutenir que la convocation a été tardivement portée à la connaissance des électeurs; que, dès lors, il y a lieu de déclarer nulles les opérations; — Art. 1er. L'arrêté est annulé; — Art. 2. Les opérations électorales... sont annulées.

MM. Dedebat, rapp.; Le Vavasseur de Précourt, comm. du gouv.

CONS. D'ÉTAT 9 janvier 1885.

ÉLECTIONS MUNICIPALES, MAIRE, CANDIDAT, BULLETINS, DISTRIBUTION.

La distribution par le maire, candidat à des élections municipales, mais sans le concours d'aucun agent de l'autorité, des bulletins de la liste où se trouve porté son nom, ne constitue que l'exercice d'un droit légitime et régulier (1) (LL. 23 nov. 1875, art. 3, § 3; 5 avril 1884, art. 14).

(Élect. de Combiers).

LE CONSEIL D'ÉTAT : — Considérant qu'en distribuant des bulletins de la liste où son nom était porté, le maire de la commune de Combiers n'a fait qu'user du droit qui appartient à tout candidat, et qu'il n'est pas justifié qu'il ait requis pour cette distribution le concours d'un agent de l'autorité municipale, que, dès lors, c'est avec raison que le Conseil de préfecture a rejeté la protestation du sieur Janet de Lasonds; — Art. 1er. La requête... est rejetée.

MM. Simon, rapp.; Le Vavasseur de Précourt, comm. du gouv.

CONS. D'ÉTAT 16 janvier 1885.

CHEMIN DE FER, CAMIONNAGE, GARE, FERMETURE, MARCHANDISES, INTRODUCTION, BUREAU DE VILLE, CONCURRENCE.

L'arrêté par lequel le ministre des travaux publics permet l'accès des gares, après l'heure de la fermeture réglementaire, aux marchandises provenant des bureaux de ville des Compagnies de chemins de fer, n'est pas susceptible d'être déféré au Conseil d'État pour excès de pouvoir par les autres camionneurs ou entrepreneurs de transports, alors que, d'une part, l'arrêté a été pris dans l'exercice et l'étendue des pouvoirs que confèrent les cahiers des charges des Compagnies, et que, d'autre part, les camionneurs peuvent saisir l'autorité judiciaire du préjudice causé à leur industrie par l'usage de cette autorisation et l'atteinte portée au principe de la libre concurrence (2) (LL. 7-14 oct. 1790; 24 mai 1872).

(Galbrun et autres).

LE CONSEIL D'ÉTAT : — Vu le cahier des charges des Compagnies de chemins de fer, et notamment l'art. 50; — Vu les lois des 7-14 oct. 1790 et 24 mai 1872; — Considérant que l'arrêté attaqué a été pris par le ministre des travaux publics, sur les propositions des Compagnies de chemins de fer, dans l'exercice des pouvoirs qui lui sont conférés par les cahiers des charges desdites Compagnies, notamment par l'art. 50; que, d'ailleurs, si les requérants se croient fondés à soutenir que l'usage de l'autorisation ainsi donnée aux Compagnies porte atteinte aux droits qui appartiendraient à toutes les entreprises de transports en vertu du principe de la libre concurrence, l'arrêté précité ne fait pas obstacle à ce qu'ils exercent, de ce chef, devant l'autorité judiciaire, telles actions qu'ils croiraient leur appartenir; que, dès lors, ledit arrêté n'est pas susceptible d'être déféré au Conseil d'Etat, par application des lois des 7-14 oct. 1790 et 24 mai 1872; — Art. 1er. La requête... est rejetée.

MM. Mayniel, rapp.; Le Vavasseur de Précourt, comm. du gouv.; Sabatier, av.

---

(1) Ce droit a été reconnu expressément lors de la discussion de l'art. 14. — *M. le sous-secrétaire d'Etat à l'intérieur* : « Je fais remarquer que cette interdiction ne peut s'appliquer au maire candidat et à sa liste. » — *A droite* : « Il faut faire une réserve pour le droit du maire candidat. » — *M. le sous-secrétaire d'Etat* : « Elle a été faite d'une façon suffisante et conformément à la jurisprudence du Conseil d'État (Chambre des députés, du 10 févr. 1883; *Journ. off.* du 11, *Déb. parl.*, p. 268). » — La jurisprudence à laquelle faisait allusion M. le sous-secrétaire d'Etat, et qui avait consacré le droit de distribution du maire candidat, s'était affirmée dans les arrêts des 24 juin et 11 nov. 1881 (D. 83. 3. 79); 10 mars 1882 (S. 84. 3. 18. — P. chr. adm. — D. 83. 3. 79).

(2) Le Conseil d'Etat s'est refusé à déclarer les arrêtés ministériels entachés d'excès de pouvoir; il les a maintenus comme pris par l'autorité administrative dans le cercle des attributions qui lui sont conférées par les cahiers des charges des Compagnies de chemins de fer. Mais en même temps le droit des camionneurs libres, menacés dans leur industrie, placés dans une situation évidente d'infériorité, de poursuivre devant l'autorité judiciaire réparation du préjudice qui pouvait leur être causé, a été pleinement réservé. Or, on sait que toutes les fois que la question s'est posée, le principe d'une action en dommages-intérêts contre les Compagnies de chemins de fer a été consacré par une jurisprudence aujourd'hui constante. V. notamment Cass., 21 juin 1882 (Pand. chr.); 22 août 1883 (Pand. chr.), et les notes et renvois.

CONS. D'ÉTAT **16 janvier 1885.**

ÉLECTIONS MUNICIPALES, CANDIDATURE (RETRAIT DE), MANŒUVRE.

Le retrait par un candidat aux élections municipales de sa candidature, au dernier moment, avec menaces de poursuites judiciaires aux électeurs qui se serviraient de la liste sur laquelle figurait son nom, peut, à raison des circonstances, constituer une manœuvre de nature à vicier de nullité les opérations électorales (1).

(Élect. de Plestin).

LE CONSEIL D'ÉTAT : — Considérant que les requérants ne justifient pas que le Conseil de préfecture ait fait une inexacte appréciation des circonstances de la cause en décidant que le sieur Tual avait commis une manœuvre de nature à vicier l'élection, en retirant sa candidature au dernier moment, et en publiant dans la commune un placard menaçant de poursuites judiciaires les électeurs qui se serviraient de la liste sur laquelle figurait son nom; que, dès lors, la requête doit être rejetée; — Art. 1er. La requête... est rejetée.

MM. Seligman, rapp.; Marguerie, comm. du gouv.

AVIS CONS. D'ÉTAT **20 janvier 1885.**

MAIRE, ADJOINT, DÉMISSION, ACCEPTATION, FONCTIONS, CONTINUATION, CESSATION, SUPPLÉANT, REMISE DE SERVICE, INCOMPATIBILITÉ, ÉLECTION, ANNULATION, RÉÉLECTION.

Depuis, comme avant la loi du 5 avril 1884, les démissions des maires et adjoints ne sont définitives que quand elles ont été acceptées par l'autorité supérieure; ici ne sont point applicables les dispositions de l'art. 60 de la nouvelle loi relatives aux démissions des conseillers municipaux (2) (L. 5 avril 1884, art. 36, 60, 80, 81, 84, 86, 92).

Le maire ou l'adjoint dont la démission a été acceptée doit rester en fonction jusqu'à l'installation de son successeur; mais ce n'est là qu'une obligation dans l'intérêt des services publics, et non un droit susceptible d'être opposé à l'autorité supérieure (3) (Même loi, art. 81, § 2, 84).

Dès lors, il appartient au préfet d'autoriser ou de contraindre le maire ou l'adjoint démissionnaire à remettre le service à son suppléant, conformément à l'art. 84 de la loi du 5 avril 1884 (4) (Id.).

Le maire ou l'adjoint qui vient à perdre les conditions requises pour l'éligibilité à ces fonctions doit, sur l'injonction du préfet, remettre immédiatement le service à son suppléant (5) (Même loi, art. 80, 81, § 2).

Même solution quand l'élection du maire ou de l'adjoint, soit comme maire ou adjoint, soit comme conseiller municipal, vient à être annulée; en pareil cas, la remise du service au suppléant doit être effectuée dès la notification de l'arrêt qui a définitivement annulé l'élection (Id.).

Le maire dont l'élection comme conseiller municipal a été annulée, ne reprend pas l'exercice de ses pouvoirs de maire par le seul fait de sa réélection comme conseiller municipal; une nouvelle élection comme maire est nécessaire (Id.).

LE CONSEIL D'ÉTAT (section de l'intérieur), qui, sur le renvoi ordonné par M. le ministre de l'intérieur, a examiné les questions suivantes : 1° les règles tracées par l'art. 60 de la loi du 5 avr. 1884, pour l'acceptation des démissions des conseillers municipaux, sont-elles applicables aux démissions des maires et adjoints? 2° le maire ou l'adjoint démissionnaire conserve-t-il, en principe, ses fonctions jusqu'à l'installation de son successeur, ou doit-il remettre le service à son suppléant, dès que sa démission est définitive? 3° en admettant que le maire ou l'adjoint conserve, en principe, ses fonctions jusqu'à l'installation de son successeur, peut-il être autorisé ou contraint à remettre le service à son suppléant dès que sa démission est définitive? 4° le maire ou l'adjoint qui vient à perdre les conditions requises pour l'éligibilité aux fonctions de maire, et notamment la qualité de conseiller municipal, doit-il remettre immédiatement le service à son suppléant, ou peut-il rester en fonction jusqu'à l'installation de son successeur? 5° dans quelle forme le maire ou l'adjoint qui vient à perdre les conditions requises pour l'éligibilité aux fonctions de maire doit-il être déclaré déchu desdites fonctions? 6° le maire ou l'adjoint dont l'élection comme maire ou adjoint, ou comme conseiller municipal, a été définitivement annulée, doit-il remettre le service à son suppléant, conformément à l'art. 84 de la loi, dès la notification officielle de la décision d'annulation, ou peut-il conserver l'exercice de ses fonctions jusqu'à l'installation de son successeur? 7° le maire ou l'adjoint dont l'élection comme conseiller municipal a été annulée et qui vient à être réélu conseiller, reprend-il, sans nouvelle investiture, l'exercice du pouvoir municipal? 8° une démission donnée par un maire et dont le préfet a accusé réception peut-elle être retirée? 9° la démission adressée par lettre recommandée au préfet devient-elle définitive, sans nouvel envoi, un mois après la réception de la lettre?

Vu la loi du 5 avr. 1884, notamment les art. 36, 60, 80, 81, 84, 86 et 92 ; — Sur les questions 1 et 8 : — Considérant que le maire conserve, sous l'empire de la loi du 5 avr.

(1) C'est une décision toute d'espèce dans une matière qui, d'ailleurs, ne comporte point de solution absolue. V. nos observations jointes à Cons. d'État, 7 nov. 1884, *aff.* élect. de Saint-Cyr des Goets (Pand. chr.). — Le plus ordinairement, le retrait de la candidature s'opérera parce que le candidat se verra porté sur une liste autre que celle à laquelle il a donné son adhésion, en compagnie de citoyens pour lesquels il ne sent aucune sympathie, dont il ne partage ni les idées, ni les convictions. A cette situation, il n'y a d'autre remède qu'un retrait direct de la candidature. Les électeurs, en effet, restent toujours libres d'opter entre les candidatures multiples qui s'offrent à eux, et de substituer, par suite de combinaisons plus conformes à leurs vues, aux listes proposées, des listes établies indistinctement avec les noms des divers candidats en présence. Une autorisation spéciale n'est plus nécessaire à cet effet; elle résulte implicitement, et comme une conséquence forcée, de la situation même de candidat. V. Trib. civ. Toulouse (aud. des référés), 10 mai 1884 (Pand. chr.), et nos observations en note. — On conçoit donc que si, au lieu de procéder avec mesure, de faire connaître son désistement au corps électoral dans des formes convenables, le candidat de la veille use de menaces, fait appel à des poursuites judiciaires imminentes, ne cherche qu'à désorganiser et intimider, les opérations électorales s'en trouveront viciées dans leur essence. L'élection devra être annulée.

(2) Une application de ce principe a été faite par le Conseil d'Etat au contentieux, dans un arrêt en date du 27 mars 1885, *aff.* Elect. de Visan. En voici les termes :

« Considérant qu'au premier tour de scrutin le sieur Jules Rippert a obtenu neuf voix et a été proclamé maire, qu'il a, en cette qualité, présidé les opérations du premier tour qui ont eu lieu pour la nomination de l'adjoint, et que si, ultérieurement, il a déclaré refuser les fonctions de maire qu'il avait précédemment acceptées, *cette démission, qui n'avait pas été acceptée par l'autorité compétente*, n'autorisait pas à procéder à une élection nouvelle, en dehors des règles fixées par l'art. 79 de la loi précitée; que, dans ces circonstances, c'est avec raison que le Conseil de préfecture a maintenu l'élection du sieur Rippert et annulé celle du sieur de Caseneuve. »

Sur les démissions des conseillers municipaux, V. Cons. d'Etat, 21 nov. 1884 (Pand. chr.), et la note.

(3-4) Déjà sous l'empire de l'art. 2 de la loi du 5 mai 1855, une difficulté presque identique avait reçu une solution analogue. V. Cons. d'Etat, 20 avril 1883 (D. 84. 3. 123).

(5) Comp. Cons. d'Etat, 12 juill. 1882 (D. 84. 3. 13).

1884, le double caractère de représentant de la commune et d'agent du pouvoir central; qu'en cette dernière qualité, il est chargé, sous l'autorité de l'Administration supérieure, de la publication des lois et règlements, et de l'exécution des mesures de sûreté générale (art. 92); qu'en vertu de l'art. 86 il peut être suspendu par le préfet et révoqué par le chef de l'Etat; — Considérant que l'art. 50, relatif aux démissions des conseillers municipaux, est contenu dans le titre II, absolument étranger aux attributions des maires; — Qu'en l'absence d'un texte de loi formel, on ne saurait appliquer, par analogie, les dispositions concernant les conseillers municipaux chargés exclusivement de délibérer sur les intérêts de la commune et que le pouvoir central ne peut ni révoquer, ni suspendre un fonctionnaire public investi des fonctions d'agent du Gouvernement; — Qu'il suit de là qu'il convient d'appliquer, après comme avant la loi du 5 avr. 1884, les règles tracées par une jurisprudence constante, en vertu de laquelle la démission des maires et adjoints n'est définitive que quand elle a été acceptée par l'autorité supérieure;

Sur les questions 2 et 3 : — Considérant que l'art. 81, § 2, dispose que les maires et adjoints continuent l'exercice de leurs fonctions jusqu'à l'installation de leurs successeurs, sauf les exceptions résultant de l'application des art. 80, 86 et 87; qu'il résulte de ce texte, que le maire dont la démission a été acceptée *doit* rester en fonction jusqu'à l'installation de son successeur; — Mais considérant que cette disposition n'a eu pour but que d'imposer aux maires et adjoints une obligation dans l'intérêt des services publics qui leur sont confiés (Cons. d'Etat, 20 avr. 1883, aff. Paquet, D. 84. 3. 123), et qu'elle ne leur a pas conféré un droit dont ils puissent se prévaloir vis-à-vis de l'autorité supérieure; qu'il appartient, dès lors, au préfet d'autoriser ou de contraindre le maire ou l'adjoint démissionnaire, si l'intérêt public l'exige, à remettre le service à son suppléant, conformément aux dispositions de l'art. 84;

Sur les questions 4, 5 et 6 : — Considérant qu'aux termes de l'art. 80, ne peuvent être maires ou adjoints, *ni en exercer temporairement les fonctions*, les agents et employés des administrations financières, les trésoriers-payeurs généraux, les receveurs particuliers et les percepteurs, les agents des forêts, des postes et télégraphes, les gardes des établissements publics et des particuliers; que lorsque le maire vient à se trouver dans un des cas d'incapacité prévus par ledit article, il doit, sur l'injonction du préfet, remettre immédiatement le service à son suppléant, par application des dispositions combinées des art. 80 et 81, § 2; — Considérant qu'il est conforme à l'esprit de la loi, aux règles d'une bonne administration et au respect de la chose jugée, d'adopter la même solution dans le cas où l'élection d'un maire, soit comme maire, soit comme conseiller municipal, est annulée, et qu'il doit, dans cette hypothèse, remettre le service à son suppléant, dès la notification de l'arrêt qui a définitivement annulé son élection;

Sur la 7ᵉ question : — Considérant que le maire dont l'élection comme conseiller municipal a été annulée, a perdu la qualité de maire dès l'arrêt définitif qui a prononcé cette annulation; que, dès lors, s'il vient à être réélu conseiller municipal, une nouvelle élection est nécessaire pour lui conférer les pouvoirs de maire;

Sur la 9ᵉ question : — Considérant que l'art. 60 de la loi du 5 avr. 1884 ayant été reconnu inapplicable aux démissions des maires et adjoints, cette question devient sans objet :

Est d'avis : 1° que... (les cinq numéros de la réponse ne sont que la reproduction des notices qui se trouvent en tête du présent avis).

CONS. D'ÉTAT 23 janvier 1885.

PATENTE, AVOCAT, DROIT PROPORTIONNEL, DOUBLE RÉSIDENCE.

L'avocat qui, n'ayant qu'un pied-à-terre et un cabinet pour l'exercice de sa profession dans la ville où siège le tribunal, possède dans une autre commune une maison dont il fait sa résidence habituelle et principale, doit être imposé au droit proportionnel de patente à raison des deux locaux (1) (L. 15 juill. 1880, art. 12, 14).

(Min. fin. c. Roux-Lavergne).

LE CONSEIL D'ÉTAT : — Au fond :... — Considérant que la loi du 15 juill. 1880 assujettit au droit proportionnel de patente les avocats inscrits au tableau des cours et tribunaux; — Qu'aux termes des art. 12 et 14 de ladite loi, le droit proportionnel de patente est établi sur la maison où le patentable fait sa résidence habituelle et principale, et qu'en outre il est dû à raison des autres maisons d'habitation que possède le patentable, lorsqu'elles servent à l'exercice de sa profession; — Considérant qu'il résulte de l'instruction que, si le sieur Roux-Lavergne a, dans la ville de Vannes, un pied-à-terre et un cabinet pour l'exercice de sa profession d'avocat, la maison qu'il occupe dans la commune de Caudan constitue sa résidence habituelle et principale dans le sens de l'art. 14 précité; — Que, dès lors, et par application des dispositions législatives ci-dessus visées, il doit être imposé au droit proportionnel de patente à raison de la maison d'habitation qu'il possède dans ladite commune; — Qu'ainsi, c'est à tort que le Conseil de préfecture du Morbihan lui a accordé décharge de la contribution à laquelle il a été assujetti sur les rôles de la commune de Caudan; — Art. 1ᵉʳ. Les arrêtés... sont annulés. — Art. 2. Le sieur Roux-Lavergne sera rétabli aux droits proportionnels de patente qui lui avaient été primitivement assignés.

MM. Arrivière, rapp.; Chante-Grellet, comm. du gouv.; Boivin-Champeaux, av.

CONS. D'ÉTAT 6 février 1885.

ÉLECTIONS MUNICIPALES, ÉLIGIBILITÉ, PATENTE, PROFESSION, EXERCICE, ANNÉE COMMENCÉE.

Un citoyen non domicilié dans une commune n'est pas éligible au conseil municipal, s'il n'était pas inscrit le 1ᵉʳ janvier au rôle des patentes, et s'il n'a commencé à exercer son industrie que dans le courant seulement de ce mois (le 15 janvier) (L. 5 avril 1884, art. 31).

Peu importe qu'aux termes de la loi spéciale sur les patentes, l'exigibilité de la contribution remonte au premier jour du mois de l'exercice de la profession (L. 15 juill. 1880, art. 28).

(Élect. d'Equancourt).

LE CONSEIL D'ÉTAT : — Considérant qu'aux termes de l'art. 31 de la loi du 5 avr. 1884, « sont éligibles au conseil municipal, tous les électeurs de la commune et les citoyens inscrits au rôle des contributions directes ou justifiant qu'ils

---

(1) V. conf., sous l'empire de l'art. 10 de la loi du 25 avril 1844, Cons. d'Etat, 17 sept. 1854 (S. 55. 2. 287. — P. chr. adm. — D. 55. 3. 38); 19 déc. 1855 (S. 56. 2. 447. — P. chr. adm. — D. 56. 3. 43). — Mêmes décisions à l'égard des notaires : Cons. d'Etat, 11 nov. 1852 (Pand. chr.); — des commissaires-priseurs : Cons. d'Etat, 2 janv. 1876 (Pand. chr.).

devaient y être inscrits au 1er janvier de l'année de l'élection, âgés de vingt-cinq ans accomplis »; — Mais considérant qu'il résulte de l'instruction et qu'il n'est pas contesté que le sieur Claviez n'était pas inscrit le 1er janvier au rôle de la contribution des patentes, et qu'il n'exerçait pas à ladite date la profession de brasseur, qu'il n'a entreprise que le 15 janvier; — Que si, aux termes de l'art. 28 de la loi du 15 juill. 1880, la contribution des patentes est due à partir du premier jour du mois dans lequel a commencé l'exercice de la profession qui y est assujettie, le sieur Claviez ne saurait se prévaloir de cette prescription de la loi pour soutenir qu'il était éligible aux termes de l'art. 31 de la loi du 5 avr. 1884; que, dès lors, c'est à tort que le Conseil de préfecture a décidé que le sieur Claviez était éligible; — Art. 1er. L'arrêté... est annulé; — Art. 2. L'élection du sieur Claviez... est annulée.

MM. Noël, rapp.; Chante-Grellet, comm. du gouv.

CONS. D'ÉTAT 20 février 1885.

LÉGION D'HONNEUR, RADIATION, RÉHABILITATION, RÉINTÉGRATION.

La réintégration sur les contrôles de la Légion d'honneur et dans le grade que l'on occupait au moment de la radiation, ne peut être revendiquée comme une conséquence, légale et forcée, de la réhabilitation (1) (Décr. 16 mars 1852, art. 46; 24 nov. 1852; L. 25 juill. 1873; Décr. 14 avril 1874; C. instr. crim., 634).

Il en est ainsi surtout alors que la radiation a été opérée en vertu d'une décision du président de la République, conformément aux décrets du 16 mars et du 24 nov. 1852, à la suite d'une condamnation à trois mois d'emprisonnement (2) (Id.).

Quid *du cas où la radiation doit être effectuée par le Grand chancelier sur le simple vu du jugement de condamnation, en vertu de l'art. 1er du décret du 24 nov. 1852?* (3) (Décr. 16 mars 1852, art. 38; 24 nov. 1852, art. 1). — Non résolu.

(1-2-3) Consult., sur ces intéressantes questions, les conclusions de M. le commissaire du Gouvernement ci-dessus reproduites dans leurs parties essentielles. — Au moment où M. le commissaire du Gouvernement présentait ses observations, les modifications aux articles du Code d'instruction criminelle, sur la réhabilitation des condamnés (619 à 634), n'étaient encore qu'à l'état de simple projet; elles ont reçu depuis la consécration des pouvoirs publics et ont été comprises dans la loi des 14-15 août 1885, dont elles forment le titre III. Nous n'avons pas à entrer dans le détail de cette réforme législative; il nous suffira d'examiner en quelques mots si elle a laissé à la réhabilitation son caractère ancien, ou bien si ce caractère n'a pas été profondément altéré, et d'en tirer les conséquences de droit, par rapport à la solution des difficultés soulevées dans l'affaire actuelle.

Et d'abord, nous nous arrêterons au seul article 634, et uniquement au § 1er de cet article. Comparons les rédactions : — *Texte ancien* : « La réhabilitation fait cesser pour l'avenir, dans la personne du condamné, toutes les incapacités qui résultaient de la condamnation. » — *Texte nouveau* : « La réhabilitation *efface la condamnation* et fait cesser pour l'avenir toutes les incapacités qui en résultaient. » — Si la fin du paragraphe, modifié par la loi des 14-15 août 1885, ne contient que des variantes de rédaction sans importance, il n'en est plus de même du commencement, qui comprend l'adjonction au texte primitif des mots « *efface la condamnation* ».

Ces mots ont été à la Chambre des députés, aussi bien qu'au Sénat, l'objet d'un examen approfondi, de discussions prolongées. Ils ne se sont point glissés dans la loi par inadvertance, encore moins par surprise. Adversaires et partisans ont été renseignés sur l'innovation considérable qu'ils introduisaient dans le système pénal en vigueur.

Ainsi, dans son premier rapport au Sénat, M. Bérenger, le promoteur de la loi, s'exprimait en ces termes, qui ne supportent pas d'ambiguïté : « Il faut, encore une fois, revenir au passé et rendre à la réhabilitation le caractère d'une réparation morale. Et si on veut qu'elle redevienne telle, il faut être conséquent et déclarer que la peine prononcée ne subsiste plus, et que le casier judiciaire doit cesser de faire mention de la condamnation. C'est pour satisfaire à cet ordre d'idées que la commission a décidé que « la réhabilitation efface la condamnation » (art. 634). Comme conséquence, « mention de l'arrêt de réhabilitation sera faite au casier judiciaire », et « les extraits qui en seront délivrés ne devront plus relever la condamnation ». (*Journ. off., Docum. parl.* de janv. 1884, p. 1187 et suiv.).

M. Gomot, à la Chambre des députés, ne tenait pas un langage moins expressif. « L'art. 634 nouveau revient aux vrais principes qui dominent la matière par ces mots essentiels : « La réhabilitation efface la condamnation... » Nous avons tenu à mettre tout d'abord en relief ces deux innovations de principe : la réhabilitation cessant d'être une faveur pour devenir un droit. La réhabilitation faisant disparaître non plus certains effets de la condamnation, mais *la condamnation elle-même* » (premier rapport de M. Gomot, *J. off., Doc. parl.* de mai 1885, p. 2106 et suiv.).

Lors de la discussion au Sénat, M. Humbert a insisté avec énergie pour la suppression des mots « efface la condamnation », en se plaçant plus spécialement au point de vue de la récidive. « Quelle sera la conséquence de l'innovation introduite? a dit l'honorable sénateur. C'est que la condamnation étant effacée, si l'individu réhabilité n'est véritablement pas revenu à de meilleurs sentiments, s'il n'a obtenu sa réhabilitation que par fraude, ou par hypocrisie, si, dans tous les cas, une erreur a été commise, cet individu pourra de nouveau commettre un crime ou un délit, sans se trouver en état de récidive, il échappera à toutes les conséquences pénales de la récidive. C'est là, je le répète, une innovation d'une gravité considérable et qui dépasse, j'en suis sûr, les intentions de la Commission; j'appelle sur ce point l'attention du Sénat. Cette innovation présentera toutes sortes d'inconvénients au point de vue pénal. » — Voici en substance la réponse de M. le rapporteur Bérenger : « C'est *sciemment* et après *mûre réflexion* que la Commission a voulu donner à la réhabilitation le caractère nouveau qui vient d'être critiqué... La condamnation étant effacée, il faut bien aller, si l'on veut être logique, jusqu'à cette conséquence, qu'elle ne peut plus produire d'effet, et que, dès lors, les peines de la récidive deviennent inapplicables... » (1re délibérat., séance du 22 mars 1884, *J. off.* du 23, *Doc. parl.*, p. 771).

Ainsi, la condamnation n'existe plus; elle est comme si elle n'avait jamais été; il n'en reste plus de trace au casier judiciaire. Si un retour au mal se produit, si une nouvelle peine est encourue, la première faute ne revivra pas en manière d'aggravation légale. Les juges pourront se montrer plus ou moins sévères; ils n'auront pas à faire application des peines de la récidive. Voilà qui est net.

Si la condamnation tombe, tout ce qui dérive de la condamnation doit être emporté dans le même néant; il n'en peut rien subsister. Nécessairement lorsque la radiation des cadres de la Légion d'honneur s'est opérée en exécution de l'art. 1er du décret du 24 nov. 1852, comme de plein droit, sur le vu du jugement de condamnation, par le Grand chancelier, gardien du prestige de l'ordre, sans l'intervention d'un décret présidentiel, cette radiation n'est et ne peut être qu'une conséquence de la peine; sans la condamnation, elle serait un acte monstrueux d'arbitraire. Supprimez la condamnation, la radiation ne se comprend plus; elle n'a plus de raison d'être. Or, c'est à cet état que conduit la nouvelle réhabilitation. Elle replace le bénéficiaire dans la situation antérieure à la faute, avec tous les avantages susceptibles d'être reconstitués à son profit, sans empiéter sur les droits qui ont pu être acquis définitivement aux tiers dans l'intervalle.

Cet effet d'ailleurs n'a rien de choquant en lui-même. Il se produit, et la question n'est plus discutée, en matière d'amnistie. V. Cons. d'État, 13 mai 1881 (Pand. chr.), et la note. Or le rapprochement a été établi, à propos de la récidive, entre la réhabilitation et l'amnistie, et la faveur est loin de s'attacher à cette dernière mesure.

Les arguments restent les mêmes quand il s'agit de décorations honorifiques. L'amnistie ne s'inspire nullement de la considération des personnes; elle est un acte de pur intérêt politique. Elle n'est point une récompense accordée à la bonne conduite, méritée par de longues et difficiles épreuves, ménagée avec discernement et après enquête. Elle peut tomber sur les sujets les moins dignes, les moins repentants, fort enclins à considérer l'impunité qu'on leur octroie comme une faiblesse sociale et, par suite, comme un encouragement à recommencer. Eh bien, si, par le seul fait qu'elle efface la peine, elle rétablit dans les distinctions honorifiques, dans le cadre et dans le grade que le bénéficiaire occupait, avant sa condamnation, dans la Légion d'honneur, si cet effet est certain, appuyé qu'il est par la jurisprudence du Conseil d'État, pourquoi en serait-il différemment au cas de réhabilitation? Comment, sans injustice criante, reconnaître moins d'efficacité et de puissance à la vraie réparation

(Delahourde).

Voici la partie la plus importante des conclusions de M. le commissaire du Gouvernement, dégagées des considérations historiques et d'une étude très-complète des dispositions des décrets des 16 mars et 24 nov. 1852 :

« ...Actuellement, ce qui est certain, c'est que le réhabilité n'est pas replacé absolument dans la même situation que celle qu'il avait auparavant. La condamnation produit encore des effets; et toute trace n'en est pas effacée, aux termes mêmes de l'art. 634. En effet, le deuxième paragraphe de l'article prévoit certaines interdictions prononcées par le Code de commerce qui sont maintenues. Et, ce qui est plus grave, le réhabilité, qui vient à commettre un nouveau crime ou délit, est en état de récidive. Ce résultat, qui paraît étrange, et qui est certainement fort sévère, a été proclamé par la Cour de cassation, dans un arrêt du 6 févr. 1823.

« C'est l'interprétation nécessaire du texte de la loi, et cette jurisprudence n'a pas été modifiée depuis. On a essayé, dans la pratique, d'arriver à une modification en supprimant, sur les casiers judiciaires, la mention de la condamnation, suivie d'une réhabilitation, dans les extraits délivrés aux particuliers, et cela à la suite d'une circulaire du ministre de la justice de 1871; mais ce n'est qu'une pratique administrative, ce n'est pas une prescription légale, et on est autorisé à dire que la condamnation subsiste. La jurisprudence, dans diverses circonstances, a été encore obligée de l'admettre. Ainsi, la Cour de cassation a jugé (arrêt du 31 mars 1851, D. 51. 1. 110) qu'un officier ministériel, destitué après une condamnation, est inapte à être encore officier ministériel, même après la réhabilitation. Et le tribunal de Toulon (30 nov. 1869, S. 70. 2. 125. — P. 70. 472. — D. 70. 3. 86) a jugé que la réhabilitation accordée à un officier ministériel destitué, un courtier maritime, par exemple, avait seulement pour effet de lui rendre pour l'avenir la possibilité d'exercer ses fonctions s'il était de nouveau nommé, mais non de le rétablir *ipso facto* dans celle-ci, alors qu'il n'avait pas encore été pourvu à son remplacement. Donc, certains effets mêmes de la condamnation subsistent, comme devraient subsister tous les faits matériels qui ne peuvent être effacés et de même tous les faits acquis, le payement de dommages-intérêts, par exemple, et il y a une différence absolue entre l'amnistie et la réhabilitation. On peut dire que l'amnistie anéantit le délit, que la grâce fait disparaître la peine, mais que la réhabilitation ne fait disparaître ni le délit, ni la peine, ni même le jugement, mais seulement certaines conséquences de ce jugement. Et, parmi ces conséquences, doit-on comprendre la radiation des cadres de la Légion d'honneur? C'est ce qu'il nous reste à déterminer.

« Or, il nous paraît impossible que cet effet de la condamnation puisse être effacé par la réhabilitation, et cela pour deux raisons : la première est que la radiation des cadres de la Légion d'honneur est une véritable peine; la seconde, que seules, et pour l'avenir seulement, les incapacités sont effacées par la mesure dont il s'agit. La radiation des cadres de la Légion d'honneur est une peine, disons-nous, oui, une peine accessoire et consécutive de la condamnation principale. Or, en matière de réhabilitation, la peine n'est pas effacée, si bien qu'il faut absolument qu'elle ait été subie ou qu'elle ait fait l'objet d'une grâce pour que la réhabilitation soit accordée. Or, prise à ce point de vue, la radiation dont il s'agit est un fait accompli, définitif, acquis, nécessaire, et qui devait l'être pour qu'il puisse y avoir réhabilitation, mais qui, par cela même, ne pouvait être effacé par celle-ci. Puis, il résulte des termes de l'art. 634 que c'est pour l'avenir seulement que les effets de cette mesure se produisent. Donc, tout ce qui s'est passé jusqu'au jour où elle intervient reste irrévocable, et cela doit s'appliquer à un événement en quelque sorte matériel, comme celui de la radiation des cadres de la Légion d'honneur. Enfin, et cela ne nous paraît pas discutable, le même article vise seulement les incapacités; or, le fait de n'être plus inscrit sur les cadres de l'Ordre n'est pas une incapacité, par cette raison toute simple que le fait d'être inscrit n'est pas le résultat d'un droit.

« Une distinction honorifique comme la qualité de légionnaire, et un droit comme celui de voter, sont deux choses absolument différentes et distinctes, la privation du second crée une incapacité, mais la privation d'une distinction constitue simplement une peine; et du moment que cette peine et le fait qui l'a motivée ne sont pas anéantis, on ne peut revendiquer cette distinction comme l'on revendique le droit dont on a été privé, et qui est expressément rendu par la loi. Le seul résultat de la réhabilitation, à ce point de vue, sera de rendre le réhabilité apte à être l'objet à nouveau d'une distinction honorifique, mais par décision nouvelle et spéciale. Il ne peut, croyons-nous, à aucun point de vue, revendiquer sa réintégration comme une conséquence légale et forcée de la réhabilitation. Sous l'empire de la loi nouvelle en préparation, cela se pourrait-il? Celle-ci, comme nous l'avons dit, étend les effets de la mesure en disant que la réhabilitation efface le jugement; mais elle ajoute que les incapacités disparaissent pour l'avenir, et, en somme, les mêmes raisons de décider existeraient peut-être. Ce qu'on rend, pour l'avenir seulement, au condamné, ce sont les droits dont il a été déchu, et, nous le répétons, on ne peut donner ce caractère au fait d'être inscrit sur les cadres de la Légion d'honneur (V. à la note). »

LE CONSEIL D'ÉTAT : — Vu le décret organique du 16 mars 1852, art. 46; — Vu le décret du 24 nov. 1852; — Vu la loi du 25 juill. 1873 et le décret du 14 avr. 1874; — Vu l'art. 634, C. instr. crim.;... — Considérant que le sieur Delahourde, condamné le 12 déc. 1873, par jugement du tribunal de la Seine, à trois mois d'emprisonnement, a été exclu de la Légion d'honneur, par décision du président de la République rendue conformément aux décrets du 16 mars et du 24 nov. 1852; — Considérant que si le sieur Delahourde a obtenu d'être réhabilité, cette mesure ne saurait avoir pour effet de le réintégrer dans le grade qu'il occupait dans la Légion d'honneur, et qui lui a été retiré par application de la législation spéciale régissant cet ordre; que, dès lors, c'est avec raison que le ministre de la justice a rejeté la demande du sieur Delahourde tendant à obtenir d'être rétabli sur les contrôles de la Légion d'honneur; — Art. 1er. La requête... est rejetée.

MM. Vandal, rapp.; Chante-Grellet, comm. du gouv.

CONS. D'ÉTAT 20 mars 1885.

CHEMIN DE FER, GARES, COURS, STATIONNEMENT, EMPLACEMENT RÉSERVÉ, VOITURES, CATÉGORIES DIVERSES, RÉGLEMENTATION, POLICE.

C'est aux préfets (à Paris, au préfet de police) qu'il appartient de régler, sous l'approbation du ministre des travaux publics, l'emplacement réservé, dans les cours des gares de chemins de fer, à chacune des diverses catégories de voitures

---

parce qu'elle est méritée, conquise par des épreuves prolongées, par une conduite exemplaire, par la justification d'un mérite éprouvé et reconnu?

Ainsi donc, à notre avis, l'hésitation n'est pas possible. La radiation opérée sur le seul vu d'un jugement de condamnation, conséquence du jugement, ne peut avoir de sort indépendant; il vaut tant que vaut le jugement et ce que le jugement vaut, rien de moins, mais aussi rien de plus.

La question devient plus délicate quand la radiation ne peut plus avoir lieu d'office; qu'elle ne s'impose pas de plein droit; qu'elle n'est que facultative; qu'elle nécessite une décision du conseil de l'ordre, un examen disciplinaire, le tout complété par un décret spécial du chef de l'Etat. Dans cette dernière hypothèse, l'exclusion n'est plus la conséquence nécessaire de la peine; elle a pu être provoquée par le jugement, cause première de la mesure de rigueur, mais elle ne procède pas de la condamnation; elle n'en est pas une suite directe. Elle revêt le caractère de mesure disciplinaire, elle émane d'une autorité distincte, chargée de veiller au maintien des traditions d'honneur parmi les légionnaires. Or la réhabilitation, depuis la loi des 14-15 août 1885, efface la condamnation; elle ne va pas au delà; elle n'exerce point de contre-coup sur des actes qui ont une existence propre, en dehors de la décision judiciaire, tels que la délibération du conseil de l'ordre et le décret du président de la République. Ces actes ne sont point touchés; ils continuent à rester ce qu'ils sont, et pour les rapporter il ne faudrait rien moins qu'une mesure en sens contraire prise par les mêmes autorités.

Ce système, il faut le reconnaître, aboutit à ce résultat, qu'il conduit à une sévérité plus grande dans le cas d'une condamnation légère ayant nécessité une décision de radiation sur laquelle on aurait le droit de ne pas revenir que dans le cas d'un crime où, l'exclusion ayant eu lieu de plein droit, la réintégration s'opérerait de même par l'effet de la réhabilitation. L'anomalie existe; elle est indéniable; il appartenait au législateur de la prévoir et d'y remédier. Les interprètes n'y peuvent suppléer. A chaque pouvoir ses attributions.

qui desservent ces gares (1) (Ord. 15 nov. 1846, art. 1).

Et ils font un usage régulier de leurs pouvoirs de réglementation, toutes les fois que les mesures prises le sont uniquement en vue d'un intérêt de police et de service public, et non dans le but de créer un monopole au profit de certains voituriers privilégiés (2) (Id.).

(Paul et autres).

LE CONSEIL D'ÉTAT : — Vu la loi des 22 déc. 1789, 7 janv. 1790 et l'ordonn. royale du 15 nov. 1846 ; — Vu les lois des 7-14 oct. 1790 et 24 mai 1872 ; — Considérant qu'en vertu de l'art. 1er de l'ordonn. royale du 15 nov. 1846, il appartient aux préfets, sous l'approbation du ministre des travaux publics, de régler l'entrée, le stationnement et la circulation des voitures publiques ou particulières dans les cours dépendant des stations de chemins de fer ; qu'en réglant, par son ordonnance du 18 mai 1882, l'emplacement réservé, dans la cour de la gare d'arrivée du chemin de fer du Nord, à chacune des diverses catégories de voitures qui desservent ladite gare, le préfet de police a agi dans l'exercice des pouvoirs qui lui ont été conférés par les dispositions précitées ; que les requérants n'établissent pas qu'il ait statué en vue d'un intérêt autre qu'un intérêt de police et de service public ; qu'il suit de là que c'est avec raison que le ministre des travaux publics a refusé de prononcer l'annulation de l'ordonnance préfectorale du 18 mai 1882 ; — Art. 1er. La requête... est rejetée.

MM. Gauwain, rapp. ; Chante-Grellet, comm. du gouv. ; Morillot, av.

CONS. D'ÉTAT 1er mai 1885.

ELECTIONS MUNICIPALES, BULLETINS, DISTRIBUTION, APPARITEUR COMMUNAL, NULLITÉ.

La distribution des bulletins de vote par l'appariteur de la commune entraîne l'annulation des opérations, lorsque cette irrégularité a pu modifier le résultat du scrutin (3) (L. 5 avril 1884, art. 14).

(Elect. de Nougaroulet).

LE CONSEIL D'ÉTAT : — En ce qui touche l'élection des sieurs Boubée, Angelé, Podio, Latour et Brasset : — Considérant qu'aux termes de l'art. 3, § 3, de la loi du 30 nov. 1875, rendu applicable aux élections municipales par l'art. 14 de la loi du 5 avril 1884, il est interdit à tout agent de l'autorité publique ou municipale de distribuer des bulletins de vote ; — Considérant qu'il résulte de l'instruction que les sieurs Boubée et consorts ont fait distribuer les bulletins de leur liste par l'appariteur de la commune, et que cette irrégularité, dans les circonstances où elle s'est produite, a pu modifier le résultat du scrutin ; que, dès lors, c'est avec raison que le Conseil de préfecture a annulé lesdites opérations... (le surplus sans intérêt).

MM. Simon, rapp. ; Marguerie, comm. du gouv.

AVIS CONS. D'ÉTAT 13 mai 1885.

POSTES, TÉLÉGRAPHES, CORRESPONDANCE, REMISE, INCAPABLES, TUTEURS, REPRÉSENTANTS LÉGAUX.

Aucun texte de loi n'attribue, d'une manière expresse, aux représentants des incapables, le droit, sur la seule justification de leur qualité, de se faire remettre ou même seulement de faire arrêter la correspondance adressée à des incapables (4) (Instr. du service des postes, art. 605, 608).

Par suite, l'Administration des postes ne saurait, sans engager sa responsabilité, modifier le mandat qu'elle a reçu de l'expéditeur, et déférer, de sa propre autorité, aux demandes formées par les représentants des incapables (5) (Id.).

LE CONSEIL D'ÉTAT : — Sur le renvoi qui lui a été fait, par le ministre des postes et des télégraphes, de la question de savoir « si, en cas de réclamation des tuteurs ou des représentants légaux, on ne devrait pas, sur la notification de leurs droits sur les personnes qu'ils représentent, arrêter la distribution des correspondances adressées aux mineurs et aux personnes légalement considérées comme telles, et même faire remettre ces correspondances aux requérants, et, dans le cas de l'affirmative, quelles seraient les pièces à exiger comme justification des droits » : — Vu la dépêche de M. le ministre des postes et des télégraphes en date du 5 avril 1885 ; — Vu l'avis de la section des finances du 6 août 1883 ; — Vu l'instruction du service des postes, notamment les art. 605 et 608 ; — Considérant qu'aucun texte de loi n'attribue d'une manière expresse, aux représentants des incapables, le droit, sur la seule justification de leur qualité, de se faire remettre ou même seulement de faire arrêter la correspondance qui est adressée aux incapables ; que, par suite, l'Administration des postes ne saurait, sans engager sa responsabilité, modifier le mandat qu'elle a reçu de l'expéditeur, et déférer, de sa propre autorité, aux demandes formées par les représentants des incapables ;

Est d'avis de répondre dans le sens des observations qui précèdent à la question posée par M. le ministre des postes et des télégraphes.

CONS. D'ÉTAT 20 novembre 1885.

DROIT DES PAUVRES, CONCERT DE BIENFAISANCE, INVITATIONS PERSONNELLES, DAMES PATRONNESSES, DISTRIBUTION DE CARTES, PRIX D'ENTRÉE, RETENUE, QUOTITÉ, RÉUNION D'ARTISTES.

Il y a lieu à la perception du droit des pauvres sur la re-

(1-2) Il est de principe constant que l'attribution faite aux préfets de régler l'entrée, le stationnement et la circulation des voitures publiques ou particulières dans les cours des gares (Ord. 15 nov. 1846, art. 1) ne peut s'exercer que dans un intérêt de police et de service public, et non dans le but de créer des priviléges ou monopoles. Ainsi, par exemple, il serait fait un abus certain de ce pouvoir de réglementation par le préfet qui, par voie d'ordonnance et sous prétexte de mesures de police à prescrire, conférerait à un entrepreneur de voitures publiques le droit d'être admis, à l'exclusion de tous autres entrepreneurs de transports, dans les cours d'une gare de chemin de fer, pour y recevoir et y déposer des voyageurs. V. Cons. d'État, 25 févr. 1864 (S. 64. 2. 307. — P. chr. adm. — D. 64. 3. 25) ; 7 juin 1865 (S. 65. 2. 218. — P. chr. adm. — D. 66. 3. 29), et notre *Dictionnaire de dr. commerc., ind. et marit.*, v° *Chemin de fer*, n. 284 et 285. — Comp. toutefois Paris, 9 avril 1862 (S. 62. 2. 286. — P. 62. 883. — D. 62. 2. 181), et sur pourvoi, Cass., 6 déc. 1862 (S. 63. 1. 55. — P. 63. 543. — D. 63. 1. 390) ; Cass., 25 août 1864 (S. 64. 1. 516. — P. 64. 1259. — D. 65. 1. 48), et sur renvoi, Amiens, 3 février 1865 (S. 65. 2. 144. — P. 65. 701. — D. 65. 2. 70).

(3) V. conf. Cons. d'Etat, 28 nov. 1884 (Pand. chr.), et la note.

(4-5) La jurisprudence reconnaît cependant au mari, dans un but de haute moralité, le droit d'intercepter les lettres et correspondances adressées à sa femme ; mais elle lui recommande en même temps de n'user de ce pouvoir qu'avec une extrême réserve et pour des causes d'une gravité exceptionnelle. V. Bruxelles, 28 avril 1875 (S. 77. 2. 161. — P. 77. 706); Nîmes, 6 janv. 1880 (S. 81. 2. 54. — P. 81. 1. 322); Vanier, *Revue pratique*, 1866, t. XXI, p. 80 ; Rousseau, *De la correspondance*, 2e édit., n. 140 et suiv. — Les droits qui, à cet égard, peuvent, dans l'état de notre législation, de nos mœurs et de notre civilisation, être reconnus au mari, ne sauraient, sans inconvénients, être étendus au tuteur. Les situations ne sont plus les mêmes ; il n'y a plus cet intérêt supérieur de l'unité de la famille à sauvegarder ; l'indépendance individuelle du mineur doit être respectée, dût-il même en résulter des abus. A ce dernier point de vue, nous approuvons sans réserve la solution de l'avis ci-dessus rapporté.

celle d'un concert de bienfaisance, bien que l'on n'y ait été admis que sur la présentation de cartes d'invitation personnelle distribuées aux seules personnes portées sur une liste arrêtée par le comité d'organisation, si ces cartes, remises en blanc à des dames patronnesses, ont été placées par elles aux mains d'un grand nombre d'invités et contre rétribution (1) (LL. 7 frim. an V; 8 therm. an V; Décr. 9 déc. 1809; L. 3 août 1875, art. 23).

La réduction du droit des pauvres à 5 pour 100 de la recette brute est spéciale aux concerts non quotidiens donnés par des artistes et ne s'étend pas aux concerts organisés au profit d'une œuvre de bienfaisance (2) (LL. 8 therm. an V, 3 août 1875, art. 23).

(Bureau de bienfaisance de Saint-Servan c. Guibourg).

LE CONSEIL D'ÉTAT : — Vu la loi du 7 frim. an V et celle du 8 thermidor de la même année, le décret du 9 déc. 1809 et les lois de finances qui ont autorisé la perception des droits des pauvres établis par les lois de l'an V, notamment la loi du 3 août 1875, art. 23 ; — Considérant, d'une part, qu'en vertu des lois et décrets susvisés, le droit des pauvres est établi sur les spectacles, bals, concerts et autres fêtes où l'on est admis en payant ; — Considérant qu'il n'est pas contesté qu'on n'était admis au concert donné le 22 août 1882, que moyennant le payement d'une somme de 5 fr.; que quatre cents personnes environ assistaient audit concert; que si les cartes d'invitation étaient personnelles, et en admettant que le comité d'organisation ait dressé une liste des personnes auxquelles elles étaient destinées, ces invitations ont été placées dans les deux villes de Saint-Servan et de Saint-Malo par des dames patronnesses auxquelles elles ont été remises en blanc; que, dans ces conditions, le bureau de bienfaisance est fondé à soutenir que le droit des pauvres devait être perçu sur la recette dudit concert;

Considérant, d'autre part, qu'en vertu de la loi du 8 therm. an V, il est prélevé, pour droit des pauvres, un quart de la recette brute des concerts non quotidiens, et que l'art. 23 de la loi du 3 août 1875 ne réduit le droit à percevoir à 5 pour 100 de la recette brute qu'autant qu'il s'agit de concerts donnés par des artistes; que les organisateurs de la matinée musicale du 22 août 1882 ne sauraient, à raison des conditions dans lesquelles elle a eu lieu, réclamer le bénéfice de la disposition précitée; — Considérant que le chiffre de 2,000 francs, auquel a été évaluée la recette brute dudit concert, n'a pas été contesté; que, dès lors, c'est avec raison que le bureau de Saint-Servan avait réclamé 500 francs pour le droit des pauvres; — Art. 1er. L'arrêté... est annulé; — Art. 2. Les organisateurs de la matinée musicale, donnée à Saint-Servan le 22 août 1882, payeront au bureau de bienfaisance de ladite ville une somme de 500 francs pour droit des pauvres.

MM. Menant, rapp.; Marguerie, comm. du gouv.; Roger et Perrin, av.

CONS. D'ÉTAT 20 novembre 1885.

PATENTE, GREFFIERS, TRIBUNAUX DE SIMPLE POLICE, CONSEILS DE GUERRE.

Les greffiers près les tribunaux de simple police sont soumis à la patente (3) (L. 15 juill. 1880, tabl. D).

Il n'y a d'exemption qu'en faveur des greffiers près les conseils de guerre (4) (Id.). — Motifs.

(Prévot).

LE CONSEIL D'ÉTAT : — Vu la loi du 15 juill. 1880; — Considérant que la loi du 15 juill. 1880 a soumis les greffiers au droit de patente et n'a établi d'exception qu'en faveur des greffiers près les conseils de guerre; que les greffiers près les tribunaux de simple police, qui sont au nombre des officiers publics auxquels la loi du 28 avr. 1816 a reconnu le droit de présenter un successeur à la nomination du chef de l'Etat, ne sauraient se prévaloir de l'exemption établie par l'art. 17 de la loi du 15 juill. 1880 au profit des fonctionnaires et employés de l'Administration; qu'ainsi c'est avec raison que le Conseil de préfecture du Pas-de-Calais a rejeté la demande du sieur Prévot; — Art. 1er. La requête... est rejetée.

MM. Simon, rapp.; Gomel, comm. du gouv.

---

(1) Jugé que le droit des pauvres doit être perçu sur la recette de tout bal, même de bienfaisance, auquel le public est convié par des annonces insérées dans les journaux et où il est admis en payant : Cons. d'Etat, 27 juill. 1883 (Pand. chr.), et la note. — Dans l'espèce ci-dessus rapportée, les cartes d'entrée n'avaient de personnel que l'apparence; elle avaient été *remises en blanc* par les organisateurs aux dames patronnesses, qui les avaient placées dans leurs relations, moyennant rétribution. La perception du droit des pauvres était donc justifiée.

V. au surplus, sur la nature et le caractère de ce droit, nos observations sous Cons. d'Etat, 27 juill. 1883, précité, et notre *Dictionnaire de dr. commerc., ind. et marit.*, t. VI, v° *Théâtre*, n. 18 et suiv.

(2) Le ministre de l'intérieur, consulté sur la difficulté, s'était prononcé dans le même sens :

« Il paraît résulter, a-t-il dit, des termes mêmes de l'art. 23 de la loi du 3 août 1875, qu'il vise uniquement les concerts organisés par des artistes ou des associations d'artistes *à leur profit*. Cette interprétation semble bien ressortir également du discours prononcé par M. Tirard, à l'Assemblée nationale, dans la séance du 3 août 1875, pour soutenir l'amendement de MM. Beau et d'Osmoy, qui est devenu le § 2 de l'art. 23 de la loi du 3 août 1875 (*Journ. off.* du 4 août 1875, p. 6345). L'orateur citait, en effet, comme exemples des concerts en faveur desquels il proposait une exception à la législation antérieure, les concerts populaires et les concerts du Châtelet, dont les bénéfices se répartissent entre les musiciens associés qui les organisent. L'interprétation contraire réduirait à 5 pour 100 le droit des pauvres sur les recettes de tous les concerts, puisque tous sont donnés avec le concours d'artistes, et il paraît certain que cette conséquence ne serait pas conforme aux intentions du législateur, dont le but semble avoir été de favoriser les artistes. »

Ces observations comportent, à notre avis, certaines restrictions. Trop d'exigence dans le maintien de la quotité intégrale du droit fixé au *quart* de la recette brute, risquerait fort de décourager les initiatives individuelles et de tarir l'une des sources les plus abondantes, à notre époque, de la charité privée. Les pauvres y perdraient plus qu'ils n'y gagneraient. Que l'Administration veuille bien réfléchir à ce résultat possible, et elle se départira de toute rigueur. Ici, les ménagements ne compromettent rien. Ce qui est enlevé aux pauvres finit toujours par leur retourner. Les voies peuvent être différentes. Qu'importe! si les pauvres n'en souffrent point.

(3) Le tableau D de la loi du 15 juill. 1880, sur les patentes, porte : « Il (le droit proportionnel) est fixé au 15e de la valeur locative de tous les locaux occupés par les patentables exerçant les professions ci-après, qui comportent le droit proportionnel, sans droit fixe : ..... Greffiers. » L'expression dont s'est servi le législateur est générale; elle comprend *tous* les greffiers. Pour exonérer de la patente les greffiers des *tribunaux de police*, il faudrait une disposition formelle qui n'existe pas. Le silence de la loi est d'autant plus significatif que la question s'était déjà posée sous la loi du 18 mai 1850, tableau G, et qu'elle avait été résolue dans le même sens, par les mêmes motifs et en des termes presque identiques. V. conf. Cons. d'Etat, 9 août 1869, *aff.* Saffray (S. 70. 2. 280. — P. chr. adm. — D. 70. 3. 105). — Dans la nomenclature que contient le tableau D de la loi précitée du 15 juill. 1880, les *commis-greffiers* ne figurent point; nous pensons qu'il n'y a pas lieu de les assimiler aux greffiers titulaires; ils profitent donc de l'exemption. Il en était déjà ainsi sous la loi du 18 mai 1850. V. Cons. d'Etat, 19 déc. 1855, *aff.* Vallier (P. chr. adm.).

(4) Cette exemption était déjà consacrée par la jurisprudence sous la législation antérieure. V. Cons. d'Etat, 11 janv. (ou 27 juill.) 1853, *aff.* Michel (P. chr. adm. — D. 54. 5. 555).

CONS. D'ÉTAT **27 novembre 1885.**

COMMUNE, BUDGET, DÉPENSE OBLIGATOIRE, INSCRIPTION D'OFFICE, CONSEIL DE PRÉFECTURE, AVIS, CONSEIL MUNICIPAL, DÉLIBÉRATION SPÉCIALE, INVITATION.

L'inscription d'office, par le préfet, au budget d'une commune, d'une somme affectée à une dépense obligatoire (aux frais de l'instruction primaire, dans l'espèce), n'est régulièrement effectuée que par arrêté pris en Conseil de préfecture, après mise en demeure adressée au conseil municipal d'avoir à délibérer sur ce sujet (1) (L. 5 avril 1884, art. 149).

(Commune de Buzançais).

LE CONSEIL D'ÉTAT : — Vu la loi du 5 avr. 1884; — Vu les lois des 7-14 oct. 1790 et 24 mai 1872; — Considérant qu'aux termes du paragraphe 1er de l'art. 149 de la loi du 5 avr. 1884, lorsqu'un conseil municipal n'alloue pas les fonds exigés pour une dépense obligatoire, ou n'alloue qu'une somme insuffisante, l'allocation ne peut être inscrite au budget pour les communes dont le revenu est inférieur à 3 millions, que par un arrêté du préfet en Conseil de préfecture; qu'aux termes du paragraphe 2 du même article, le conseil municipal doit être au préalable appelé à prendre dans tous les cas une délibération spéciale à ce sujet; — Considérant que l'arrêté du 7 juill. 1884, par lequel le préfet de l'Indre a inscrit d'office au budget additionnel de la commune de Buzançais, pour l'exercice 1884, une somme de 2,925 francs applicable aux dépenses de l'instruction primaire, a été pris sans l'avis du Conseil de préfecture, et sans que le conseil municipal de Buzançais ait été préalablement appelé à délibérer sur ce sujet; qu'il suit de là qu'en prenant ledit arrêté le préfet de l'Indre a excédé les limites de ses pouvoirs; — Art 1er. L'arrêté... est annulé.

MM. Gauwain, rapp.; Gomel, comm. du gouv.

CONS. D'ÉTAT **18 décembre 1885.**

ELECTIONS MUNICIPALES, ALLIANCE POSTÉRIEURE, INCOMPATIBILITÉ, SUFFRAGES (NOMBRE DE), DÉMISSION D'OFFICE, PRÉFET.

En cas d'alliance au degré prohibé, survenue postérieurement à l'élection entre deux conseillers municipaux élus le même jour, c'est, à raison de l'impossibilité où ils se trouvent de continuer à siéger simultanément, celui des deux ayant obtenu le moins grand nombre de suffrages, qui doit être déclaré démissionnaire par le préfet (2) (L. 5 avril 1884, art. 35, 36, 49).

(Elect. de Saint-Florent).

LE CONSEIL D'ETAT : — Vu la loi du 5 avr. 1884, et le décret du 12 juill. 1885; — ...Au fond : — Considérant qu'il résulte de l'instruction qu'aux élections du 4 mai 1884, les sieurs Piétri et Feydel ont été élus conseillers municipaux, le premier par quatre-vingt-neuf, le second par soixante-dix-sept suffrages; — Considérant que, postérieurement à l'élection, le sieur Piétri est devenu le gendre du sieur Feydel; que, dès lors, lesdits sieurs Piétri et Feydel ne pouvaient rester simultanément membres du conseil municipal de la commune de Saint-Florent, qui compte plus de 501 habitants; que, le sieur Piétri n'ayant pas cessé de faire partie du conseil municipal, c'est avec raison que le préfet de la Corse a déclaré démissionnaire le sieur Feydel, qui a obtenu moins de voix que le sieur Piétri; — Art. 1er. La requête... est rejetée.

MM. Meyer, rapp.; Le Vavasseur de Précourt, comm. du gouv.

---

(1) Ces solutions prédominaient déjà en jurisprudence sous la législation antérieure. — Ainsi, d'une part, il avait été jugé, dans la matière spéciale qui nous occupe, que l'arrêté préfectoral portant inscription d'office au budget communal d'une dépense obligatoire, doit être annulé lorsqu'il n'a pas été pris en Conseil de préfecture : Cons. d'Etat, 14 mai 1880, *aff.* Comm. de Bruyères-le-Chatel (D. 80. 3. 119). Ce n'était là, d'ailleurs, que l'application à l'espèce du principe, d'une portée plus générale, que l'avis du Conseil de préfecture doit être pris par le préfet, à peine de nullité de l'arrêté rendu, toutes les fois que la loi lui impose l'obligation de statuer en Conseil de préfecture. V. notamment Cons. d'Etat, 16 août 1862 (S. 63. 2. 142. — P. chr. adm. — D. 66. 5. 77).

D'autre part, la nécessité pour le préfet, avant d'inscrire une dépense obligatoire au budget d'une commune, de mettre le conseil municipal en demeure de la voter, avait été affirmée par de nombreuses décisions. V. not. Cons. d'Etat, 10 févr. 1869 (S. 69. 2. 219. — P. chr. adm. — D. 69. 3. 52); 24 janv. 1872 (S. 73. 2. 192. — P. chr. adm. — D. 72. 3. 59); 12 févr. 1875 (S. 76. 2. 310. — P. chr. adm.); 28 janv. 1876 (S. 78. 2. 61. — P. chr. adm. — D. 76. 3. 53); 12 janv. 1877 (D. 77. 3. 42); 22 nov. 1878 (S. 80. 2. 153. — P. chr. adm. — D. 79. 3. 73); 14 nov. 1879 (D. 80. 3. 27); 21 nov. 1879 (D. 80. 3. 25); 8 juin 1883 (D. 85. 3. 16).

La nouvelle loi d'organisation municipale s'est exprimée, sur ce dernier point, en des termes trop explicites pour laisser place au moindre doute. L'art. 149, § 2, porte, en effet : « Aucune inscription d'office ne peut être opérée sans que le conseil municipal ait été, au préalable, appelé à prendre une délibération spéciale à ce sujet. » Ce texte est plus clair, plus complet que celui du § 2 de l'art. 39 de la loi de 1837, et en a fait disparaître toutes les obscurités, s'il pouvait en subsister. — La mise en demeure d'avoir à délibérer sur l'inscription de la dépense au budget communal, doit être adressée au conseil, lors même que, par une délibération antérieure, ce conseil aurait refusé de voter cette dépense. V. Cons. d'Etat, 24 janv. 1872, précité.

La sanction, dans le cas où le préfet a inscrit d'office la dépense au budget communal sans avoir préalablement mis le conseil en demeure de la voter, c'est que l'arrêté préfectoral est vicié de nullité et que les contribuables sont fondés à demander décharge de l'opposition qui en résulte. V. Cons. d'Etat, 22 nov. 1879 (S. 80. 2. 153. — P. chr. adm. — D. 79. 3. 73).

(2) La voie du sort doit être, dans tous les cas, écartée. Cette solution se déduit sans effort de la combinaison des art. 35, 36 et 49 de la loi du 5 avril 1884. V. dans le même sens, Cons. d'Etat, 14 nov. et 23 déc. 1884 (D. 86. 3. 39). — A égalité de suffrages, c'est la priorité d'âge qui doit être préférée; la démission d'office frappera donc le plus jeune des deux conseillers. — V. sur ces questions, Morgand, *Loi municipale*, 2e édit., t. Ier, p. 220, et surtout le *Nouveau guide pratique des maires*, de Durand de Nancy, tenu par nous au courant des derniers changements de la législation, 12e édit., p. 80.

J. RUBEN DE COUDER.

FIN DU SIXIÈME VOLUME.

TABLE COMPLÉMENTAIRE

DES JUGEMENTS, ARRÊTS, ETC., RAPPORTÉS EN NOTE, EN SOUS-NOTE

OU AVEC LES DÉCISIONS INSÉRÉES EN ORDRE CHRONOLOGIQUE.

1878-1886

NOTA. — Les décisions insérées dans l'ordre chronologique n'ont, pour cette raison même, nul besoin d'une table chronologique. Il y aurait double emploi.

1828

Mars.

6 Montpellier. II 91 (sous-note.)

1862

Août.

7 Rouen. I 165 (sous-note.)

1865

Novembre.

4 Cass.-crim. I 75 (note.)

1868

Mars.

26 Trib. corr. Clermont (Oise). I 165 (sous-note.)

1869

Janvier.

21 Trib. civ. Seine avec Cass. I 28

1870

Mars.

24 Trib. civ. Seine. II 13 (sous-note.)

1871

Février.

16 Aix. II 28 (sous-note.)

1872

Novembre.

11 Trib. corr. Montbrison. I 165 (sous-note.)

1873

Janvier.

17 Trib. Melun avec Cass. I 28

1874

Décembre.

28 Trib. comm. Seine avec Cass. I 12

1875

Mars.

19 Bordeaux avec Cass. I 5

Juillet.

21 Paris. II 48 (sous-note.)

Octobre.

29 Trib. civ. Seine. II 105 (sous-note.)

1875

Décembre.

16 Paris. II 95 (sous-note.)

1876

Juin.

2 Bordeaux avec Cass. I 6
5 Caen avec Cass. I 9

Juillet.

29 Paris avec Cass. I 13

Août.

7 Paris avec Cass. I 19

1877

Février.

13 Paris avec Cass. I 19

Mars.

17 Paris avec Cass. I 22

Mai.

25 Trib. civ. Marseille avec Cass. II 4

Juin.

9 Bourges avec Cass. I 2

Août.

2 Cour supér. de just. du Luxembourg. I 299 (sous-note.)
10 Trib. civ. Seine avec Paris. II 11
11 Paris avec Cass. I 11
13 Rouen avec Cass. I 24
20 Nîmes. II 45 (sous-note.)
24 Trib. civ. Seine avec Cass. I 90

Décembre.

1 Paris. II 108 (sous-note.)
14 Nancy avec Cass. I 31

1878

Janvier.

16 Bourges avec Cass. I 36

Mars.

11 Cass.-civ. I 13 (sous-note.)
22 Trib. comm. Périgueux avec Bordeaux. II 16

Avril.

5 Lyon avec Cass. I 48
30 Trib. civ. Bordeaux avec Bordeaux. II 30

1878

Mai.

20 Orléans. I 1 (sous-note.)

Juin.

27 Paris. II 65 (sous-note.)

Août.

2 Amiens avec Cass. I 51
26 Trib. civ. de la Flèche. II 54 (sous-note.)
30 Trib. civ. Chateau-Chinon avec Cass. I 58

Novembre.

4 Trib. corr. Loudun I 33 (sous-note.)

Décembre.

18 Trib. corr. Agen avec Agen. II 24
28 Trib. corr. Bagnères de Bigorre. II 23 (sous-note.)

1879

Janvier.

29 Trib. com. Aix avec Cass. I 102
30 Trib. civ. Seine avec Paris. II 59

Février.

13 Trib. civ. Bourg avec Lyon. II 49
25 Cass.-civ. II 93 (sous-note.)
25 Nancy avec Cass. I 82
26 Nîmes avec Cass. I 110

Mars.

6 Paris avec Cass. I 91

Mai.

21 Paris avec Cass. I 98
29 Aix avec Cass. I 102

Juin.

10 (ou 11) Trib. civ. Saint-Affrique avec Cass. I 187
17 Trib. civ. Mâcon avec Dijon. II 45
21 Trib. civ. Verdun avec Cass. I 147
25 Trib. civ. Versailles avec Paris. II 42

Juillet.

23 Trib. civ. Lure avec Besançon. II 32 (sous-note.)

1879

Août.

26 Cass.-civ. I 52 (note.)
28 Trib. civ. Beaune. II 55 (sous-note.)
29 Trib. civ. Seine avec Paris. II 63

Novembre.

14 Poitiers. II 26 (sous-note.)
28 Justice de paix (1er arrond.) de Paris avec trib. civ. Seine. II 103

Décembre.

1 Riom. I 62 (note.)
24 Montpellier avec Cass. I 188
25 Trib. civ. Seine avec Paris. II 77

1880

Janvier.

6 Paris. II 78 (sous-note.)

Février.

27 Trib. civ. Domfront avec Cass. II 50

Mars.

23 Besançon. II 32 (sous-note.)
25 Rouen avec Cass. I 144

Avril.

3 Trib. supér. Nouméa avec Cass. I 80

Juin.

1 Poitiers avec Cass. I 193
12 Paris. I 198 (sous-note.)

Juillet.

12 Bordeaux avec Cass. I 150
29 Paris avec Cass. I 161

Août.

14 Trib. corr. Cholet avec Cass. I 75
16 Aix avec Cass. I 330
25 Trib. civ. Saint-Etienne avec Lyon. II 76

Septembre.

6 Angers avec Cass. I 75
30 Paris. II 63 (sous-note.)

Octobre.

6 Trib. civ. Seine avec Paris. II 98

TABLE ALPHABÉTIQUE

DES NOMS DES PARTIES EN CAUSE DANS LES DÉCISIONS

PUBLIÉES PAR CE VOLUME

1878-1886

T

U

V

TABLE ALPHABÉTIQUE

DES MATIÈRES CONTENUES DANS CE VOLUME

1878-1886

E

S

FIN.

ERRATA

PREMIÈRE PARTIE.

Page 245, col. 2, note, ligne 9, *au lieu de :* P. 73, *lisez :* P. 74.

Page 259, col. 1, note, ligne 1, *au lieu de :* 24 mars 1885 (PAND. CHR.), *lisez* : 24 mars 1885 (S. 85. 1. 220. — P. 85. 1. 527. — D. 85. 1. 254).

Page 309, col. 2, note, ligne dernière, *au lieu de :* Paris, 23 nov. 1882 (Pand. chr.), *lisez :* Paris, 23 nov. 1882, RAPPORTÉ EN SOUS-NOTE (*b*) AVEC CASS., 8 JUILL. 1882 (Pand. chr.).

DEUXIÈME PARTIE.

Page 6, col. 2, ligne 14, *au lieu de :* (PAND. CHR.), *lisez :* (D. 80. 1. 402).

Page 8, col. 1, ligne 12, *au lieu de :* (PAND. CHR.), *lisez :* (S. 78. 2. 145. — P. 78. 606. — D. 78. 2. 137).

Page 27, col. 1, ligne 18, *au lieu de :* (PAND. CHR.), *lisez :* (S. 83. 1. 473. — P. 83. 1. 1175. — D. 82. 1. 194).

Page 85, col. 1, note, ligne dernière, *au lieu de :* 22 janv. 1884, *lisez :* CASS., 22 janv. 1884.

Page 180, col. 2, ligne 12, *au lieu de :* Aix, 19 mars 1885, *lisez* avec certains Recueils : Aix, 19 mars 1886.

Page 188, col. 2, note, ligne dernière, *au lieu de :* POITIERS, 12 NOV., *lisez :* NANCY, 1er DÉCEMBRE.

TROISIÈME PARTIE.

Page 55, col. 2, note, lignes avant-dernière et dernière, *au lieu de :* (PAND. CHR.), *lisez :* (S. 82. 3. 57. — P. CHR. ADM. — D. 81. 3. 20).

PARIS. — TYPOGRAPHIE DE E. PLON, NOURRIT ET Cie, RUE GARANCIÈRE, 8.

www.ingramcontent.com/pod-product-compliance
Lightning Source LLC
Chambersburg PA
CBHW031540210326
41599CB00015B/1955